anglais
maxi

le Robert & Collins

anglais maxi

français-anglais / anglais-français

le Robert
Collins

HarperCollins Publishers
Westerhill Road
Bishopbriggs
Glasgow
G64 2QT
Great Britain

Septième édition en France/Seventh edition in France 2015

ISBN 978-0-00-754642-8

www.collinslanguage.com

Dictionnaires Le Robert
25, avenue Pierre de Coubertin,
75211 Paris cedex 13
France

www.lerobert.com

ISBN Maxi+ 978-2-32100-630-5
ISBN Maxi 978-2-32100-624-4

Dépôt légal mars 2015
Achevé d'imprimer en mars 2015

Photocomposition/Typeset by
Thomas Callan
RefineCatch Ltd, Bungay, Suffolk

Imprimé en Italie par/Printed in Italy
Legoprint

DIRECTION ÉDITORIALE/
EDITORIAL DIRECTORS

Catherine Love
Helen Newstead

CHEFS DE PROJET/PROJECT EDITORS

Teresa Álvarez
Susie Beattie
Janice McNeillie

COLLABORATEURS/CONTRIBUTORS

Phyllis Buchanan
Daphne Day
Laurence Larroche
Cordelia Lilly
Christian Salzédo
Anna Stevenson

INFORMATIQUE ÉDITORIALE/
TECHNICAL SUPPORT

Thomas Callan
Agnieszka Urbanowicz

POUR LA MAISON D'ÉDITION/
FOR THE PUBLISHER

Gerry Breslin
Kerry Ferguson

Pour l'achat du **Maxi anglais**, le téléchargement de 6000 mots prononcés vous est offert. Rendez-vous sur www.lerobert.com et suivez les instructions.

Table des matières

Contents

Introduction

Vous désirez apprendre l'anglais ou approfondir des connaissances déjà solides. Vous voulez vous exprimer dans la langue de Shakespeare, lire ou rédiger des textes en anglais ou converser avec des interlocuteurs anglophones. Que vous soyez lycéen, étudiant, touriste, secrétaire ou chef d'entreprise, vous venez de choisir le compagnon de travail idéal pour vous exprimer et communiquer en anglais, à l'oral comme à l'écrit. Résolument pratique et moderne, ce dictionnaire fait une large place au vocabulaire de tous les jours, aux domaines de l'actualité, des affaires, de la bureautique et du tourisme. Comme dans tous nos dictionnaires, nous avons mis l'accent sur la langue contemporaine et les expressions idiomatiques.

Mode d'emploi

Vous trouverez ci-après quelques explications sur la manière dont les informations sont présentées dans ce dictionnaire.

Les articles

Voici les différents éléments dont se compose une entrée ou un article type du dictionnaire :

Transcription phonétique

La prononciation de tous les mots figure, entre crochets, immédiatement après l'entrée, qui est en caractères gras. Comme la plupart des dictionnaires modernes, nous avons opté pour le système dit « alphabet phonétique international ». Vous trouverez ci-dessous, aux pages xii et xiii, une liste complète des caractères utilisés.

Données grammaticales

Les mots appartiennent tous à une catégorie grammaticale donnée : substantif, verbe, adjectif, adverbe, pronom, article, conjonction. Les substantifs peuvent être singuliers ou pluriels et, en français, masculins ou féminins. Les verbes peuvent être transitifs, intransitifs, pronominaux (ou réfléchis) ou encore impersonnels. La catégorie grammaticale des mots est indiquée en *italique*, immédiatement après le mot.

Souvent un mot se subdivise en plusieurs catégories grammaticales. Ainsi le français **creux** peut-il être un adjectif ou un nom masculin et l'anglais **early** peut-il être soit un adverbe, soit un adjectif. De même le verbe **fumer** est parfois transitif (« fumer un cigare »), parfois intransitif (« défense de fumer »). Pour vous permettre de trouver plus rapidement le sens que vous cherchez, et pour aérer la présentation, nous avons séparé les différentes catégories grammaticales par un petit triangle bleu ▸.

Subdivisions sémantiques

La plupart des mots ont plus d'un sens ; ainsi **bouchon** peut être un objet servant à boucher une bouteille, ou, dans un sens figuré, un embouteillage. D'autres mots se traduisent différemment selon le contexte dans lequel ils sont employés : **couler** se traduira en anglais « to leak » ou « to sink » selon qu'il s'agit d'un stylo ou d'un bateau. Pour vous permettre de choisir la bonne traduction dans tous les contextes, nous avons subdivisé les articles en catégories de sens: chaque catégorie est introduite par une « indication d'emploi » entre parenthèses et en *italique*. Pour les exemples ci-dessus, les articles se présenteront donc comme suit :

bouchon [buʃɔ̃] *nm* (*en liège*) cork; (*autre matière*) stopper; (*de tube*) top; (*fig : embouteillage*) holdup; (*Pêche*) float

couler [kule] /1/ *vi* to flow, run; (*fuir : stylo, récipient*) to leak; (: *nez*) to run; (*sombrer : bateau*) to sink

De même, certains mots changent de sens lorsqu'ils sont employés dans un domaine spécifique, comme par exemple **puce** que nous employons généralement dans son acception de « petit insecte sauteur », mais qui est aussi un terme d'informatique. Pour montrer à l'utilisateur quelle traduction choisir, nous avons donc ajouté, en *italique* entre parenthèses, et commençant par une majuscule, une indication de domaine, dans ce cas (*Informatique*), que nous avons abrégée pour gagner de la place en (*Inform*) :

puce [pys] *nf* flea; (*Inform*) chip

Une liste complète des abréviations utilisées dans ce dictionnaire figure ci-dessous aux pages x et xi.

Traductions

La plupart des mots français se traduisent par un seul mot anglais, et vice-versa, comme dans les exemples ci-dessus. Parfois cependant, il arrive qu'il n'y ait pas d'équivalent exact dans la langue d'arrivée et nous avons donné un équivalent approximatif, indiqué par le signe ≈. C'est le cas par exemple pour le mot **baccalauréat**, dont l'équivalent anglais est « A levels » : il ne s'agit pas d'une traduction à proprement parler puisque les deux systèmes scolaires sont différents :

baccalauréat [bakalɔʀea] *nm* ≈ A levels *pl* (BRIT), ≈ high school diploma (*US*)

Parfois, il est même impossible de trouver un équivalent approximatif. C'est le cas par exemple pour les noms de plats régionaux, comme le plat languedocien suivant :

cassoulet [kasulɛ] *nm sausage and bean hotpot*

L'explication remplace ici une traduction (qui n'existe pas) ; pour plus de clarté, cette explication, ou glose, est donnée en *italique*.

Souvent aussi, on ne peut traduire isolément un mot ou une acception particulière d'un mot. La traduction anglaise d'**éponge**, par exemple, est « sponge » ; cependant **passer l'éponge** se traduit par « to let bygones be bygones ». Dans cette phrase, « sponge » (la traduction d'**éponge**) n'est pas utilisé du tout. C'est là que votre dictionnaire se révélera particulièrement utile et complet, car il contient un maximum de composés, de phrases et d'expressions idiomatiques.

Registre

En français, vous saurez instinctivement quand dire **j'en ai assez** et quand dire **j'en ai marre** ou **j'en ai ras le bol**. Mais lorsque vous essayez de comprendre quelqu'un qui s'exprime en anglais, ou de vous exprimer vous-même en anglais, il est très important de savoir ce qui est poli et ce qui l'est moins. Nous avons donc ajouté l'indication (*fam*) aux expressions de langue familière ; les expressions particulièrement grossières se voient dotées d'un point d'exclamation supplémentaire (*fam!*) dans la langue de départ comme dans la langue d'arrivée, vous incitant à une prudence accrue. Notez également que dans la partie français-anglais, les traductions qui appartiennent au registre vulgaire sont suivies d'un point d'exclamation entre parenthèses.

Mots-clés

Une importance particulière a été accordée aux mots qui figurent dans le texte sous la mention **mot-clé**. Il s'agit de certains des mots les plus courants, comme **être** et **faire** ou leurs équivalents anglais **be** et **do**, que nous avons traités d'une manière plus approfondie parce que ce sont des éléments de base de la langue.

Notes culturelles

Les articles présentées sous forme de notices en-dessous de l'entrée expliquent certaines caractéristiques culturelles des pays francophones et anglophones. Les médias, l'éducation, la politique et les fêtes figurent parmi les sujets traités. Exemples : **afternoon tea**, **Super Bowl**, **Pacs** et **fête des rois**.

Notes linguistiques

De nombreuses notes sur la langue anglaise ont été introduites pour compléter les informations données dans les entrées. Ces notes d'usage permettent d'éviter un certain nombre d'erreurs courantes en anglais et d'expliquer plus en détail certaines différences entre les deux langues.

Abréviations		Abbreviations
abréviation	*ab(b)r*	abbreviation
adjectif, locution adjectivale	*adj*	adjective, adjectival phrase
administration	*Admin*	administration
adverbe, locution adverbiale	*adv*	adverb, adverbial phrase
agriculture	*Agr*	agriculture
anatomie	*Anat*	anatomy
architecture	*Archit*	architecture
article défini	*art déf*	definite article
article indéfini	*art indéf*	indefinite article
automobile	*Aut(o)*	cars
aviation, voyages aériens	*Aviat*	flying, air travel
biologie	*Bio(l)*	biology
botanique	*Bot*	botany
anglais britannique	*Brit*	British English
chimie	*Chem*	chemistry
cinéma	*Ciné, Cine*	cinema
commerce, finance, banque	*Comm*	commerce, finance, banking
informatique	*Comput*	computing
conjonction	*conj*	conjunction
construction	*Constr*	building
nom utilisé comme adjectif	*cpd*	compound element
cuisine	*Culin*	cookery
article défini	*def art*	definite article
déterminant : article, adjectif démonstratif *ou* indéfini, etc	*dét*	determiner: article, demonstrative, etc
économie	*Écon, Econ*	economics
électricité, électronique	*Élec, Elec*	electricity, electronics
en particulier	*esp*	especially
exclamation, interjection	*excl*	exclamation, interjection
féminin	*f*	feminine
langue familière (! emploi vulgaire)	*fam(!)*	colloquial usage (! particularly offensive)
emploi figuré	*fig*	figurative use
(verbe anglais) dont la particule est inséparable	*fus*	(phrasal verb) where the particle is inseparable
généralement	*gén, gen*	generally
géographie, géologie	*Géo, Geo*	geography, geology
géométrie	*Géom, Geom*	geometry
histoire	*Hist*	history
humoristique	*hum*	humorous
langue familière (! emploi vulgaire)	*inf(!)*	colloquial usage (! particularly offensive)
infinitif	*infin*	infinitive
informatique	*Inform*	computing
invariable	*inv*	invariable
irrégulier	*irrég, irreg*	irregular
domaine juridique	*Jur*	law

Abréviations		Abbreviations
grammaire, linguistique	*Ling*	grammar, linguistics
littéral	lit	literal
masculin	*m*	masculine
mathématiques	*Math*	mathematics
médecine	*Méd, Med*	medical term, medicine
masculin *ou* féminin	*m/f*	masculine *or* feminine
domaine militaire, armée	*Mil*	military matters
musique	*Mus*	music
nom	*n*	noun
navigation, nautisme	*Navig, Naut*	sailing, navigation
nom *ou* adjectif numéral	*num*	numeral noun *or* adjective
	o.s.	oneself
péjoratif	*péj, pej*	derogatory, pejorative
photographie	*Phot(o)*	photography
physiologie	*Physiol*	physiology
pluriel	*pl*	plural
politique	*Pol*	politics
participe passé	*pp*	past participle
préposition	*prép, prep*	preposition
pronom	*pron*	pronoun
psychologie, psychiatrie	*Psych*	psychology, psychiatry
temps du passé	*pt*	past tense
quelque chose	*qch*	
quelqu'un	*qn*	
religion, domaine ecclésiastique	*Rel*	religion
	sb	somebody
enseignement, système scolaire et universitaire	*Scol*	schooling, schools and universities
(verbe anglais) dont la particule est séparable	*sep*	(phrasal verb) where the particle is separable
singulier	*sg*	singular
	sth	something
subjonctif	*sub*	subjunctive
sujet (grammatical)	*su(b)j*	(grammatical) subject
superlatif	*superl*	superlative
technologie	*Tech*	technology
télécommunications	*Tél, Tel*	telecommunications
théâtre	*Théât, Theat*	theatre
télévision	*TV*	television
typographie	*Typ(o)*	typography, printing
anglais des USA	*US*	American English
verbe (auxiliaire)	*vb (aux)*	(auxiliary) verb
verbe intransitif	*vi*	intransitive verb
verbe pronominal	*vpr*	pronominal verb
verbe transitif	*vt*	transitive verb
zoologie	*Zool*	zoology
marque déposée	®	registered trademark
indique une équivalence culturelle	≈	introduces a cultural equivalent

Transcription phonétique

Consonnes		Consonants
poupée	p	*puppy*
bombe	b	*baby*
tente thermal	t	*tent*
dinde	d	*daddy*
coq qui képi	k	*cork kiss chord*
gag bague	g	*gag guess*
sale ce nation	s	*so rice kiss*
zéro rose	z	*cousin buzz*
tache chat	ʃ	*sheep sugar*
gilet juge	ʒ	*pleasure beige*
	tʃ	*church*
	dʒ	*judge general*
fer phare	f	*farm raffle*
valve	v	*very rev*
	θ	*thin maths*
	ð	*that other*
lent salle	l	*little ball*
rare rentrer	ʀ	
	r	*rat rare*
maman femme	m	*mummy comb*
non nonne	n	*no ran*
agneau vigne	ɲ	
	ŋ	*singing bank*
hop !	h	*hat reheat*
yaourt paille	j	*yet*
nouer oui	w	*wall bewail*
huile lui	ɥ	
	x	*loch*

Divers		Miscellaneous
pour l'anglais : le **r** final se prononce en liaison devant une voyelle	ʳ	in English transcription: final **r** can be pronounced before a vowel
pour l'anglais : précède la syllabe accentuée	ˈ	in French wordlist: no liaison before aspirate **h**

NB : p, b, t, d, k, g sont suivis d'une aspiration en anglais.

NB: p, b, t, d, k, g are not aspirated in French.

En règle générale, la prononciation est donnée entre crochets après chaque entrée. Toutefois, du côté anglais-français et dans le cas des expressions composées de deux ou plusieurs mots non réunis par un trait d'union et faisant l'objet d'une entrée séparée, la prononciation doit être cherchée sous chacun des mots constitutifs de l'expression en question.

Phonetic transcription

Voyelles		Vowels
ici vie lyrique	i iː	heel bead
	ɪ	hit pity
jouer été	e	
lait jouet merci	ɛ	set tent
plat amour	a æ	bat apple
bas pâte	ɑ ɑː	after car calm
	ʌ	fun cousin
le premier	ə	over above
beurre peur	œ	
peu deux	ø əː	urgent fern work
or homme	ɔ	wash pot
mot eau gauche	o ɔː	born cork
genou roue	u	full hook
	uː	boom shoe
rue urne	y	

Diphtongues		Diphthongs
	ɪə	beer tier
	ɛə	tear fair there
	eɪ	date plaice day
	aɪ	life buy cry
	au	owl foul now
	əu	low no
	ɔɪ	boil boy oily
	uə	poor tour

Voyelles nasales		Nasal vowels
matin plein	ɛ̃	
brun	œ̃	
sang an dans	ɑ̃	
non pont	ɔ̃	

NB : La mise en équivalence de certains sons n'indique qu'une ressemblance approximative.

NB: The pairing of some vowel sounds only indicates approximate equivalence.

In general, we give the pronunciation of each entry in square brackets after the word in question. However, on the English-French side, where the entry is composed of two or more unhyphenated words, each of which is given elsewhere in this dictionary, you will find the pronunciation of each word in its alphabetical position.

Le verbe anglais

present	pt	pp
arise	arose	arisen
awake	awoke	awoken
be (am, is, are)	was, were	been
bear	bore	born(e)
beat	beat	beaten
become	became	become
befall	befell	befallen
begin	began	begun
behold	beheld	beheld
bend	bent	bent
beset	beset	beset
bet	bet, betted	bet, betted
bid *(at auction, cards)*	bid	bid
bid *(say)*	bade	bidden
bind	bound	bound
bite	bit	bitten
bleed	bled	bled
blow	blew	blown
break	broke	broken
breed	bred	bred
bring	brought	brought
build	built	built
burn	burnt, burned	burnt, burned
burst	burst	burst
buy	bought	bought
can	could	(been able)
cast	cast	cast
catch	caught	caught
choose	chose	chosen
cling	clung	clung
come	came	come
cost	cost	cost
cost *(work out price of)*	costed	costed
creep	crept	crept
cut	cut	cut
deal	dealt	dealt
dig	dug	dug
do (*3rd person:* **he/she/it does)**	did	done
draw	drew	drawn
dream	dreamed, dreamt	dreamed, dreamt
drink	drank	drunk
drive	drove	driven
dwell	dwelt	dwelt
eat	ate	eaten
fall	fell	fallen
feed	fed	fed
feel	felt	felt
fight	fought	fought
find	found	found
flee	fled	fled
fling	flung	flung
fly	flew	flown
forbid	forbad(e)	forbidden
forecast	forecast	forecast
forget	forgot	forgotten
forgive	forgave	forgiven
forsake	forsook	forsaken
freeze	froze	frozen
get	got	got, *(US)* gotten
give	gave	given
go (goes)	went	gone
grind	ground	ground
grow	grew	grown
hang	hung	hung
hang *(execute)*	hanged	hanged
have	had	had
hear	heard	heard
hide	hid	hidden
hit	hit	hit
hold	held	held
hurt	hurt	hurt
keep	kept	kept
kneel	knelt, kneeled	knelt, kneeled
know	knew	known
lay	laid	laid
lead	led	led
lean	leant, leaned	leant, leaned
leap	leapt, leaped	leapt, leaped
learn	learnt, learned	learnt, learned
leave	left	left
lend	lent	lent
let	let	let
lie	lay	lain
light	lit, lighted	lit, lighted
lose	lost	lost

present	pt	pp
make	made	made
may	might	—
mean	meant	meant
meet	met	met
mistake	mistook	mistaken
mow	mowed	mown, mowed
must	(had to)	(had to)
pay	paid	paid
put	put	put
quit	quit, quitted	quit, quitted
read	read	read
rid	rid	rid
ride	rode	ridden
ring	rang	rung
rise	rose	risen
run	ran	run
saw	sawed	sawed, sawn
say	said	said
see	saw	seen
seek	sought	sought
sell	sold	sold
send	sent	sent
set	set	set
sew	sewed	sewn
shake	shook	shaken
shear	sheared	shorn, sheared
shed	shed	shed
shine	shone, shined	shone, shined
shoot	shot	shot
show	showed	shown
shrink	shrank	shrunk
shut	shut	shut
sing	sang	sung
sink	sank	sunk
sit	sat	sat
slay	slew	slain
sleep	slept	slept
slide	slid	slid
sling	slung	slung
slit	slit	slit
smell	smelt, smelled	smelt, smelled
sow	sowed	sown, sowed

present	pt	pp
speak	spoke	spoken
speed	sped, speeded	sped, speeded
spell	spelt, spelled	spelt, spelled
spend	spent	spent
spill	spilt, spilled	spilt, spilled
spin	spun	spun
spit	spat	spat
spoil	spoiled, spoilt	spoiled, spoilt
spread	spread	spread
spring	sprang	sprung
stand	stood	stood
steal	stole	stolen
stick	stuck	stuck
sting	stung	stung
stink	stank	stunk
stride	strode	stridden
strike	struck	struck
strive	strove	striven
swear	swore	sworn
sweep	swept	swept
swell	swelled	swollen, swelled
swim	swam	swum
swing	swung	swung
take	took	taken
teach	taught	taught
tear	tore	torn
tell	told	told
think	thought	thought
throw	threw	thrown
thrust	thrust	thrust
tread	trod	trodden
wake	woke, waked	woken, waked
wear	wore	worn
weave	wove	woven
weave *(wind)*	weaved	weaved
wed	wedded, wed	wedded, wed
weep	wept	wept
win	won	won
wind	wound	wound
wring	wrung	wrung
write	wrote	written

Les nombres / Numbers

un (une)	1	one
deux	2	two
trois	3	three
quatre	4	four
cinq	5	five
six	6	six
sept	7	seven
huit	8	eight
neuf	9	nine
dix	10	ten
onze	11	eleven
douze	12	twelve
treize	13	thirteen
quatorze	14	fourteen
quinze	15	fifteen
seize	16	sixteen
dix-sept	17	seventeen
dix-huit	18	eighteen
dix-neuf	19	nineteen
vingt	20	twenty
vingt et un (une)	21	twenty-one
vingt-deux	22	twenty-two
trente	30	thirty
quarante	40	forty
cinquante	50	fifty
soixante	60	sixty
soixante-dix	70	seventy
soixante et onze	71	seventy-one
soixante-douze	72	seventy-two
quatre-vingts	80	eighty
quatre-vingt-un (-une)	81	eighty-one
quatre-vingt-dix	90	ninety
cent	100	a hundred, one hundred
cent un (une)	101	a hundred and one
deux cents	200	two hundred
deux cent un (une)	201	two hundred and one
quatre cents	400	four hundred
mille	1 000	a thousand
cinq mille	5 000	five thousand
un million	1 000 000	a million

Les nombres

premier (première), 1er (1ère)
deuxième, 2e *or* 2ème
troisième, 3e *or* 3ème
quatrième, 4e *or* 4ème
cinquième, 5e *or* 5ème
sixième, 6e *or* 6ème
septième
huitième
neuvième
dixième
onzième
douzième
treizième
quartorzième
quinzième
seizième
dix-septième
dix-huitième
dix-neuvième
vingtième
vingt et unième
vingt-deuxième
trentième
centième
cent-unième
millième

Numbers

first, 1st
second, 2nd
third, 3rd
fourth, 4th
fifth, 5th
sixth, 6th
seventh
eighth
ninth
tenth
eleventh
twelfth
thirteenth
fourteenth
fifteenth
sixteenth
seventeenth
eighteenth
nineteenth
twentieth
twenty-first
twenty-second
thirtieth
hundredth
hundred-and-first
thousandth

L'heure

quelle heure est-il ?
il est ...
minuit
une heure (du matin)
une heure cinq
une heure dix
une heure et quart
une heure vingt-cinq
une heure et demie,
une heure trente
deux heures moins vingt-cinq,
une heure trente-cinq
deux heures moins vingt,
une heure quarante
deux heures moins le quart,
une heure quarante-cinq
deux heures moins dix,
une heure cinquante
midi
deux heures (de l'après-midi),
quatorze heures
sept heures (du soir),
dix-neuf heures

à quelle heure ?
à minuit
à sept heures

dans vingt minutes
il y a un quart d'heure

The time

what time is it?
it's ...
midnight, twelve p.m.
one o'clock (in the morning), one (a.m.)
five past one
ten past one
a quarter past one, one fifteen
twenty-five past one, one twenty-five
half-past one,
one thirty
twenty-five to two,
one thirty-five
twenty to two,
one forty
a quarter to two,
one forty-five
ten to two,
one fifty
twelve o'clock, midday, noon
two o'clock (in the afternoon),
two (p.m.)
seven o'clock (in the evening),
seven (p.m.)

(at) what time?
at midnight
at seven o'clock

in twenty minutes
fifteen minutes ago

## La date	## The date
aujourd'hui	today
demain	tomorrow
après-demain	the day after tomorrow
hier	yesterday
avant-hier	the day before yesterday
la veille	the day before, the previous day
le lendemain	the next *or* following day
le matin	morning
le soir	evening
ce matin	this morning
ce soir	this evening
cet après-midi	this afternoon
hier matin	yesterday morning
hier soir	yesterday evening
demain matin	tomorrow morning
demain soir	tomorrow evening
dans la nuit du samedi au dimanche	during Saturday night, during the night of Saturday to Sunday
il viendra samedi	he's coming on Saturday
le samedi	on Saturdays
tous les samedis	every Saturday
samedi passé *ou* dernier	last Saturday
samedi prochain	next Saturday
samedi en huit	a week on Saturday
samedi en quinze	a fortnight *or* two weeks on Saturday
du lundi au samedi	from Monday to Saturday
tous les jours	every day
une fois par semaine	once a week
une fois par mois	once a month
deux fois par semaine	twice a week
il y a une semaine *ou* huit jours	a week ago
il y a quinze jours	a fortnight *or* two weeks ago
l'année dernière	last year
dans deux jours	in two days
dans huit jours *ou* une semaine	in a week
dans quinze jours	in a fortnight *or* two weeks
le mois prochain	next month
l'année prochaine	next year
quel jour sommes-nous ?	*what day is it?*
le 1er/24 octobre 2015	the 1st/24th of October 2015, October 1st/24th 2015
en 2015	in 2015
mille neuf cent quatre-vingt seize	nineteen ninety-six
deux mille quinze	two thousand (and) fifteen, twenty fifteen
44 av. J.-C.	44 BC
14 apr. J.-C.	14 AD
au XIXe (siècle)	in the nineteenth century
dans les années trente	in the thirties

Aa

A, a [ɑ] *nm inv* A, a; **A comme Anatole** A for Andrew (Brit) *ou* Able (US); **de a à z** from a to z; **prouver qch par a + b** to prove sth conclusively ▸ *abr* = **anticyclone** ; **are**; (*ampère*) amp; (*autoroute*) ≈ M (Brit)

a [a] *vb voir* **avoir**

MOT-CLÉ

à [a] (*à + le* = **au**, *à + les* = **aux**) *prép* **1** (*endroit, situation*) at, in; **être à Paris/au Portugal** to be in Paris/Portugal; **être à la maison/à l'école** to be at home/at school; **à la campagne** in the country; **c'est à 10 m/km/à 20 minutes (d'ici)** it's 10 m/km/20 minutes away

2 (*direction*) to; **aller à Paris/au Portugal** to go to Paris/Portugal; **aller à la maison/à l'école** to go home/to school; **à la campagne** to the country

3 (*temps*) : **à 3 heures/minuit** at 3 o'clock/midnight; **au printemps** in the spring; **au mois de juin** in June; **à Noël/Pâques** at Christmas/Easter; **au départ** at the start, at the outset; **à demain/la semaine prochaine !** see you tomorrow/next week!; **visites de 5 heures à 6 heures** visiting from 5 to *ou* till 6 o'clock

4 (*attribution, appartenance*) to; **le livre est à Paul/à lui/à nous** this book is Paul's/his/ours; **donner qch à qn** to give sth to sb; **un ami à moi** a friend of mine; **c'est à moi de le faire** it's up to me to do it

5 (*moyen*) with; **se chauffer au gaz** to have gas heating; **à bicyclette** on a *ou* by bicycle; **à pied** on foot; **à la main/machine** by hand/machine; **à la télévision/la radio** on television/the radio

6 (*provenance*) from; **boire à la bouteille** to drink from the bottle

7 (*caractérisation, manière*) : **l'homme aux yeux bleus** the man with the blue eyes; **à la russe** the Russian way; **glace à la framboise** raspberry ice cream

8 (*but, destination*) : **tasse à café** coffee cup; **maison à vendre** house for sale; **je n'ai rien à lire** I don't have anything to read; **à bien réfléchir ...** thinking about it ..., on reflection ...; **problème à régler** problem to sort out

9 (*rapport, évaluation, distribution*) : **100 km/unités à l'heure** 100 km/units per *ou* an hour; **payé à l'heure** paid by the hour; **cinq à six** five to six

10 (*conséquence, résultat*) : **à ce qu'il prétend** according to him; **à leur grande surprise** much to their surprise; **à nous trois nous n'avons pas su le faire** we couldn't do it even between the three of us; **ils sont arrivés à quatre** four of them arrived (together)

Å *abr* (= *Ångstrom*) Å *ou* A

AB *abr* = **assez bien**

abaissement [abɛsmɑ̃] *nm* lowering; pulling down

abaisser [abese] /1/ *vt* to lower, bring down; (*manette*) to pull down; (*fig*) to debase; to humiliate; **s'abaisser** *vpr* to go down; (*fig*) to demean o.s.; **s'~ à faire/à qch** to stoop *ou* descend to doing/to sth

abandon [abɑ̃dɔ̃] *nm* abandoning; deserting; giving up; withdrawal; surrender, relinquishing; (*fig*) lack of constraint; relaxed pose *ou* mood; **être à l'~** to be in a state of neglect; **laisser à l'~** to abandon

abandonné, e [abɑ̃dɔne] *adj* (*solitaire*) deserted; (*route, usine*) disused; (*jardin*) abandoned

abandonner [abɑ̃dɔne] /1/ *vt* (*personne*) to leave, abandon, desert; (*projet, activité*) to abandon, give up; (*Sport*) to retire *ou* withdraw from; (*Inform*) to abort; (*céder*) to surrender, relinquish; **~ qch à qn** to give sth up to sb; **s'abandonner** *vpr* to let o.s. go; **s'~ à** (*paresse, plaisirs*) to give o.s. up to

abasourdi, e [abazuʀdi] *adj* stunned, dumbfounded

abasourdir [abazuʀdiʀ] /2/ *vt* to stun, stagger

abat *etc* [aba] *vb voir* **abattre**

abâtardi, e [abɑtaʀdi] *adj* (*style, langue*) bastardized, watered-down

abat-jour [abaʒuʀ] *nm inv* lampshade

abats [aba] *vb voir* **abattre** ▸ *nmpl* (*de bœuf, porc*) offal *sg* (Brit), entrails (US); (*de volaille*) giblets

abattage [abataʒ] *nm* cutting down, felling

abattant [abatɑ̃] *vb voir* **abattre** ▸ *nm* leaf, flap

abattement [abatmɑ̃] *nm* (*physique*) enfeeblement; (*moral*) dejection, despondency; (*déduction*) reduction; **~ fiscal** ≈ tax allowance

abattis [abati] *vb voir* **abattre** ▸ *nmpl* giblets

abattoir [abatwaʀ] *nm* abattoir (Brit), slaughterhouse

abattre [abatʀ] /41/ *vt* (*arbre*) to cut down, fell; (*mur, maison*) to pull down; (*avion, personne*) to shoot down; (*animal*) to shoot, kill; (*fig : physiquement*) to wear out, tire out; (*: moralement*)

to demoralize; **~ ses cartes** (*aussi fig*) to lay one's cards on the table; **~ du travail** *ou* **de la besogne** to get through a lot of work; **ne pas se laisser ~** to keep one's spirits up, not to let things get one down; **s'abattre** *vpr* to crash down; **s'~ sur** (*pluie*) to beat down on; (*coups, injures*) to rain down on
abattu, e [abaty] *pp de* **abattre** ▸ *adj* (*déprimé*) downcast
abbatiale [abasjal] *nf* abbey (*church*)
abbaye [abei] *nf* abbey
abbé [abe] *nm* priest; (*d'abbaye*) abbot; **M l'~** Father
abbesse [abɛs] *nf* abbess
abc, ABC [abese] *nm* alphabet primer; (*fig*) rudiments *pl*
abcès [apsɛ] *nm* abscess
abdication [abdikasjɔ̃] *nf* abdication
abdiquer [abdike] /1/ *vi* to abdicate ▸ *vt* to renounce, give up
abdomen [abdɔmɛn] *nm* abdomen
abdominal, e, -aux [abdɔminal, -o] *adj* abdominal; **abdominaux** *nmpl* : **faire des abdominaux** to do sit-ups
abdos [abdo] *nmpl* (*fam : muscles*) abs (*fam*); (*: exercices*) abdominal exercises, ab exercises (*fam*)
abécédaire [abesedɛʀ] *nm* alphabet primer
abeille [abɛj] *nf* bee
aberrant, e [abeʀɑ̃, -ɑ̃t] *adj* absurd
aberration [abeʀasjɔ̃] *nf* aberration
abêtir [abetiʀ] /2/ *vt* to make morons (*ou* a moron) of
abêtissant, e [abetisɑ̃, -ɑ̃t] *adj* stultifying
abhorrer [abɔʀe] /1/ *vt* to abhor, loathe
abîme [abim] *nm* abyss, gulf
abîmé, e [abime] *adj* (*objet*) damaged; **~ dans la prière** deep in prayer, lost in prayer
abîmer [abime] /1/ *vt* to spoil, damage; **s'abîmer** *vpr* to get spoilt *ou* damaged; (*fruits*) to spoil; (*tomber*) to sink, founder; **s'~ les yeux** to ruin one's eyes *ou* eyesight
abject, e [abʒɛkt] *adj* abject, despicable
abjection [abʒɛksjɔ̃] *nf* abjectness
abjurer [abʒyʀe] /1/ *vt* to abjure, renounce
ablatif [ablatif] *nm* ablative
ablation [ablasjɔ̃] *nf* removal
ablutions [ablysjɔ̃] *nfpl* : **faire ses ~** to perform one's ablutions
abnégation [abnegasjɔ̃] *nf* (self-)abnegation
aboie *etc* [abwa] *vb voir* **aboyer**
aboiement [abwamɑ̃] *nm* bark, barking *no pl*
aboierai *etc* [abwajəʀe] *vb voir* **aboyer**
abois [abwa] *nmpl* : **aux ~** at bay
abolir [abɔliʀ] /2/ *vt* to abolish
abolition [abɔlisjɔ̃] *nf* abolition
abolitionniste [abɔlisjɔnist] *adj, nmf* abolitionist
abominable [abɔminabl] *adj* abominable
abomination [abɔminasjɔ̃] *nf* abomination
abondamment [abɔ̃damɑ̃] *adv* abundantly
abondance [abɔ̃dɑ̃s] *nf* abundance; (*richesse*) affluence; **en ~** in abundance
abondant, e [abɔ̃dɑ̃, -ɑ̃t] *adj* plentiful, abundant, copious
abonder [abɔ̃de] /1/ *vi* to abound, be plentiful; **~ en** to be full of, abound in; **~ dans le sens de qn** to concur with sb
abonné, e [abɔne] *nm/f* subscriber; season ticket holder ▸ *adj* : **être ~ à un journal** to subscribe to *ou* have a subscription to a periodical; **être ~ au téléphone** to be on the (tele)phone
abonnement [abɔnmɑ̃] *nm* subscription; (*pour transports en commun, concerts*) season ticket
abonner [abɔne] /1/ : **s'abonner** *vpr* : **s'~ à** to subscribe to, take out a subscription to; **s'~ aux tweets de qn sur Twitter** to follow sb on Twitter
abord [abɔʀ] *nm* : **être d'un ~ facile** to be approachable; **être d'un ~ difficile** (*personne*) to be unapproachable; (*lieu*) to be hard to reach *ou* difficult to get to; **de prime ~, au premier ~** at first sight, initially; **d'~** *adv* first; **tout d'~** first of all; **abords** *nmpl* (*environs*) surroundings
abordable [abɔʀdabl] *adj* (*personne*) approachable; (*marchandise*) reasonably priced; (*prix*) affordable, reasonable
abordage [abɔʀdaʒ] *nm* boarding
aborder [abɔʀde] /1/ *vi* to land ▸ *vt* (*sujet, difficulté*) to tackle; (*personne*) to approach; (*rivage etc*) to reach; (*Navig : attaquer*) to board; (*: heurter*) to collide with
aborigène [abɔʀiʒɛn] *nm* aborigine, native
Abou Dhabî, Abu Dhabî [abudabi] *nm* Abu Dhabi
abouler [abule] *vt* (*fam : payer*) to fork out (*fam*); **~ le fric** to fork out (*fam*)
abouti, e [abuti] *adj* accomplished
aboutir [abutiʀ] /2/ *vi* (*négociations*) to succeed; **~ à/dans/sur** to end up at/in/on; **n'~ à rien** to come to nothing
aboutissants [abutisɑ̃] *nmpl voir* **tenant**
aboutissement [abutismɑ̃] *nm* success; (*de concept, projet*) successful realization; (*d'années de travail*) successful conclusion
aboyer [abwaje] /8/ *vi* to bark
abracadabrant, e [abʀakadabʀɑ̃, -ɑ̃t] *adj* incredible, preposterous
abrasif, -ive [abʀazif, -iv] *adj, nm* abrasive
abrasion [abʀɑzjɔ̃] *nf* abrasion
abrégé [abʀeʒe] *nm* summary; **en ~** in a shortened *ou* abbreviated form
abréger [abʀeʒe] /3, 6/ *vt* (*texte*) to shorten, abridge; (*mot*) to shorten, abbreviate; (*réunion, voyage*) to cut short, shorten
abreuver [abʀœve] /1/ *vt* to water; (*fig*) : **~ qn de** to shower *ou* swamp sb with; (*injures etc*) to shower sb with; **s'abreuver** *vpr* to drink
abreuvoir [abʀœvwaʀ] *nm* watering place
abréviation [abʀevjasjɔ̃] *nf* abbreviation
abri [abʀi] *nm* shelter; **être à l'~** to be under cover; **se mettre à l'~** to shelter; **à l'~ de** sheltered from; (*danger*) safe from
Abribus® [abʀibys] *nm* bus shelter
abricot [abʀiko] *nm* apricot
abricotier [abʀikɔtje] *nm* apricot tree
abrité, e [abʀite] *adj* sheltered
abriter [abʀite] /1/ *vt* to shelter; (*loger*) to accommodate; **s'abriter** *vpr* to shelter, take cover

abrogation [abʀɔgasjɔ̃] *nf (Jur)* repeal, abrogation
abroger [abʀɔʒe] /3/ *vt* to repeal, abrogate
abrupt, e [abʀypt] *adj* sheer, steep; *(ton)* abrupt
abruti, e [abʀyti] *adj* stunned, dazed; **~ de travail** overworked ▸ *nm/f (fam)* idiot, moron
abrutir [abʀytiʀ] /2/ *vt* to daze; *(fatiguer)* to exhaust; *(abêtir)* to stupefy; **s'abrutir** *vpr (s'abêtir)* to vegetate; **s'~ de travail** to work o.s. stupid; **s'~ devant la télé** to vegetate in front of the TV
abrutissant, e [abʀytisɑ̃, -ɑ̃t] *adj (bruit, travail)* stupefying
abscisse [apsis] *nf* X axis, abscissa
abscons, e [apskɔ̃, -ɔ̃s] *adj* abstruse
absence [apsɑ̃s] *nf* absence; *(Méd)* blackout; **en l'~ de** in the absence of; **avoir des absences** to have mental blanks
absent, e [apsɑ̃, -ɑ̃t] *adj* absent; *(chose)* missing, lacking; *(distrait : air)* vacant, faraway ▸ *nm/f* absentee
absentéisme [apsɑ̃teism] *nm* absenteeism
absenter [apsɑ̃te] /1/ : **s'absenter** *vpr* to take time off work; *(sortir)* to leave, go out
abside [apsid] *nf (Archit)* apse
absinthe [apsɛ̃t] *nf (boisson)* absinth(e); *(Bot)* wormwood, absinth(e)
absolu, e [apsɔly] *adj* absolute; *(caractère)* rigid, uncompromising ▸ *nm (Philosophie)* : **l'~** the Absolute; **dans l'~** in the absolute, in a vacuum
absolument [apsɔlymɑ̃] *adv* absolutely
absolution [apsɔlysjɔ̃] *nf* absolution; *(Jur)* dismissal *(of case)*
absolutisme [apsɔlytism] *nm* absolutism
absolvais *etc* [apsɔlvɛ] *vb voir* **absoudre**
absorbant, e [apsɔʀbɑ̃, -ɑ̃t] *adj* absorbent; *(tâche)* absorbing, engrossing
absorbé, e [apsɔʀbe] *adj* absorbed, engrossed
absorber [apsɔʀbe] /1/ *vt* to absorb; *(Méd : manger, boire)* to take; *(Écon : firme)* to take over, absorb; **s'absorber** *vpr* : **s'~ dans** *(dans un travail, une activité)* to be absorbed in
absorption [apsɔʀpsjɔ̃] *nf* absorption
absoudre [apsudʀ] /51/ *vt* to absolve; *(Jur)* to dismiss
absous, -oute [apsu, -ut] *pp de* **absoudre**
abstenir [apstəniʀ] /22/ : **s'abstenir** *vpr (Pol)* to abstain; **s'~ de qch/de faire** to refrain from sth/from doing
abstention [apstɑ̃sjɔ̃] *nf* abstention
abstentionnisme [apstɑ̃sjɔnism] *nm* abstaining
abstentionniste [apstɑ̃sjɔnist] *nm* abstentionist
abstenu, e [apstəny] *pp de* **abstenir**
abstiendrai [apstjɛ̃dʀe], **abstiens** *etc* [apstjɛ̃] *vb voir* **abstenir**
abstinence [apstinɑ̃s] *nf* abstinence; **faire ~** to abstain *(from meat on Fridays)*
abstint *etc* [apstɛ̃] *vb voir* **abstenir**
abstraction [apstʀaksjɔ̃] *nf* abstraction; **faire ~ de** to set *ou* leave aside; **~ faite de ...** leaving aside ...
abstraire [apstʀɛʀ] /50/ *vt* to abstract; **s'abstraire** *vpr* : **s'~ (de)** *(s'isoler)* to cut o.s. off (from)
abstrait, e [apstʀɛ, -ɛt] *pp de* **abstraire** ▸ *adj* abstract ▸ *nm* : **dans l'~** in the abstract
abstraitement [apstʀɛtmɑ̃] *adv* abstractly
abstrayais *etc* [apstʀɛjɛ] *vb voir* **abstraire**
absurde [apsyʀd] *adj* absurd ▸ *nm* absurdity; *(Philosophie)* : **l'~** absurd; **par l'~** ad absurdum
absurdité [apsyʀdite] *nf* absurdity
abus [aby] *nm (excès)* abuse, misuse; *(injustice)* abuse; **~ de confiance** breach of trust; *(détournement de fonds)* embezzlement; **il y a de l'~ !** *(fam)* that's a bit much!
abuser [abyze] /1/ *vi* to go too far, overstep the mark ▸ *vt* to deceive, mislead; **~ de** *(force, droit)* to misuse; *(alcool)* to take to excess; *(violer, duper)* to take advantage of; **s'abuser** *vpr (se méprendre)* to be mistaken
abusif, -ive [abyzif, -iv] *adj* exorbitant; *(punition)* excessive; *(pratique)* improper
abusivement [abyzivmɑ̃] *adv* exorbitantly; excessively; improperly
abyssal, e [abisal] *adj (Géo : faune)* abyssal; *(fig : déficit, décalage)* huge; **fosse abyssale** deep-sea trench
abysse [abis] *nm (fonds marin)* abyssal zone; **abysses** *nmpl* : **les abysses** the abyss
AC *sigle f* = **appellation contrôlée**
acabit [akabi] *nm* : **du même ~** of the same type
acacia [akasja] *nm (Bot)* acacia
académicien, ne [akademisjɛ̃, -ɛn] *nm/f* academician
académie [akademi] *nf (société)* learned society; *(école : d'art, de danse)* academy; *(Art : nu)* nude; *(Scol : circonscription)* ≈ regional education authority; **l'A~ (française)** the French Academy

ACADÉMIE FRANÇAISE

The **Académie française** was founded by Cardinal Richelieu in 1635, during the reign of Louis XIII. It is made up of forty elected scholars and writers who are known as *les Quarante* or *les Immortels*. One of the *Académie's* functions is to keep an eye on the development of the French language, and its recommendations are frequently the subject of lively public debate. It has produced several editions of its famous dictionary and also awards various literary prizes.

académique [akademik] *adj* academic
Acadie [akadi] *nf* : **l'~** the Maritime Provinces
acadien, ne [akadjɛ̃, -ɛn] *adj* Acadian, of *ou* from the Maritime Provinces
acajou [akaʒu] *nm* mahogany
acariâtre [akaʀjɑtʀ] *adj* sour(-tempered) (BRIT), cantankerous
acarien [akaʀjɛ̃] *nm* dust mite
accablant, e [akɑblɑ̃, -ɑ̃t] *adj (chaleur)* oppressive; *(témoignage, preuve)* overwhelming
accablé, e [akable] *adj (effondré)* overwhelmed; **l'air ~** looking overwhelmed; **~ de** *(dettes, soucis)* weighed down with; **~ de chagrin** grief-stricken
accablement [akɑbləmɑ̃] *nm* deep despondency

accabler [akɑble] /1/ vt *(suj : témoignage)* to condemn, damn; **~ qn d'injures** to heap *ou* shower abuse on sb; **~ qn de travail** to overwork sb
accalmie [akalmi] *nf* lull
accaparant, e [akapaʀɑ̃, -ɑ̃t] *adj* that takes up all one's time *ou* attention
accaparer [akapaʀe] /1/ vt to monopolize; *(travail etc)* to take up (all) the time *ou* attention of
accéder [aksede] /6/ **: ~ à** vt *(lieu)* to reach; *(fig : pouvoir)* to accede to *(: poste)* to attain; *(accorder : requête)* to grant, accede to
accélérateur [akseleʀatœʀ] *nm* accelerator
accélération [akseleʀasjɔ̃] *nf* speeding up; acceleration
accéléré [akseleʀe] *nm* **: en ~** *(Ciné)* speeded up
accélérer [akseleʀe] /6/ vt *(mouvement, travaux)* to speed up ▶ *vi (Auto)* to accelerate; **s'accélérer** *vpr (processus, rythme)* to speed up
accent [aksɑ̃] *nm* accent; *(inflexions expressives)* tone (of voice); *(Phonétique, fig)* stress; **aux accents de** *(musique)* to the strains of; **mettre l'~ sur** *(fig)* to stress; **~ aigu/grave/circonflexe** acute/grave/circumflex accent
accentuation [aksɑ̃tɥasjɔ̃] *nf* accenting; stressing
accentué, e [aksɑ̃tɥe] *adj* marked, pronounced
accentuer [aksɑ̃tɥe] /1/ vt *(Ling : orthographe)* to accent; *(: phonétique)* to stress, accent; *(fig)* to accentuate, emphasize; *(effort, pression)* to increase; **s'accentuer** *vpr* to become more marked *ou* pronounced
acceptable [aksɛptabl] *adj* satisfactory, acceptable
acceptation [aksɛptasjɔ̃] *nf* acceptance
accepter [aksɛpte] /1/ vt to accept; *(tolérer)* **: ~ que qn fasse** to agree to sb doing; **~ de faire** to agree to do
acception [aksɛpsjɔ̃] *nf* meaning, sense; **dans toute l'~ du terme** in the full sense *ou* meaning of the word
accès [aksɛ] *nm (à un lieu, Inform)* access; *(Méd)* attack; *(: de toux)* fit; *(: de fièvre)* bout; **d'~ facile/malaisé** easily/not easily accessible; **facile d'~** easy to get to; **donner ~ à** *(lieu)* to give access to; *(carrière)* to open the door to; **avoir ~ auprès de qn** to have access to sb; **l'~ aux quais est interdit aux personnes non munies d'un billet** ticket-holders only on platforms, no access to platforms without a ticket; **~ de colère** fit of anger; **~ de joie** burst of joy ▶ *nmpl (routes etc)* means of access, approaches
accessible [aksesibl] *adj* accessible; *(personne)* approachable; *(livre, sujet)* **: ~ à qn** within the reach of sb; *(sensible)* **: ~ à la pitié/l'amour** open to pity/love
accession [aksɛsjɔ̃] *nf* **: ~ à** accession to; *(à un poste)* attainment of; **~ à la propriété** home-ownership
accessit [aksesit] *nm (Scol)* ≈ certificate of merit
accessoire [akseswaʀ] *adj* secondary, of secondary importance; *(frais)* incidental ▶ *nm* accessory; *(Théât)* prop
accessoirement [akseswaʀmɑ̃] *adv* secondarily; incidentally
accessoiriste [akseswaʀist] *nmf (TV, Ciné)* property man/woman
accident [aksidɑ̃] *nm* accident; **par ~** by chance; **~ de parcours** mishap; **~ de la route** road accident; **~ du travail** accident at work; industrial injury *ou* accident; **accidents de terrain** unevenness of the ground
accidenté, e [aksidɑ̃te] *adj* damaged *ou* injured (in an accident); *(relief, terrain)* uneven; hilly
accidentel, le [aksidɑ̃tɛl] *adj* accidental
accidentellement [aksidɑ̃tɛlmɑ̃] *adv (par hasard)* accidentally; *(mourir)* in an accident
accise [ɑksiz] *nf* **: droit d'~(s)** excise duty
acclamation [aklamasjɔ̃] *nf* **: par ~** *(vote)* by acclamation; **acclamations** *nfpl* cheers, cheering *sg*
acclamer [aklame] /1/ vt to cheer, acclaim
acclimatation [aklimatasjɔ̃] *nf* acclimatization
acclimater [aklimate] /1/ vt to acclimatize; **s'acclimater** *vpr* to become acclimatized
accointances [akwɛ̃tɑ̃s] *nfpl* **: avoir des ~ avec** to have contacts with
accolade [akɔlad] *nf (amicale)* embrace; *(signe)* brace; **donner l'~ à qn** to embrace sb
accoler [akɔle] /1/ vt to place side by side
accommodant, e [akɔmɔdɑ̃, -ɑ̃t] *adj* accommodating, easy-going
accommodement [akɔmɔdmɑ̃] *nm* compromise
accommoder [akɔmɔde] /1/ vt *(Culin)* to prepare; *(points de vue)* to reconcile; **~ qch à** *(adapter)* to adapt sth to; **s'accommoder** *vpr* **: s'~ de** to put up with; *(se contenter de)* to make do with; **s'~ à** *(s'adapter)* to adapt to
accompagnateur, -trice [akɔ̃paɲatœʀ, -tʀis] *nm/f (Mus)* accompanist; *(de voyage)* guide; *(de voyage organisé)* courier; *(d'enfants)* accompanying adult
accompagnement [akɔ̃paɲmɑ̃] *nm (Mus)* accompaniment; *(Mil)* support
accompagner [akɔ̃paɲe] /1/ vt to accompany, be *ou* go *ou* come with; *(Mus)* to accompany; **s'accompagner** *vpr* **: s'~ de** to bring, be accompanied by
accompli, e [akɔ̃pli] *adj* accomplished
accomplir [akɔ̃pliʀ] /2/ vt *(tâche, projet)* to carry out; *(souhait)* to fulfil; **s'accomplir** *vpr* to be fulfilled
accomplissement [akɔ̃plismɑ̃] *nm* carrying out; fulfilment (Brit), fulfillment (US)
accord [akɔʀ] *nm (entente, convention, Ling)* agreement; *(entre des styles, tons etc)* harmony; *(consentement)* agreement, consent; *(Mus)* chord; **donner son ~** to give one's agreement; **mettre deux personnes d'~** to make two people come to an agreement, reconcile two people; **se mettre d'~** to come to an agreement (with each other); **être d'~** to agree; **être d'~ avec qn** to agree with sb; **d'~ !** OK!, right!; **d'un commun ~** of one accord; **~ parfait** *(Mus)* tonic chord
accord-cadre [akɔʀkadʀ] *(pl* **accords-cadres***)* *nm* framework *ou* outline agreement

accordéon [akɔʀdeɔ̃] *nm* (*Mus*) accordion
accordéoniste [akɔʀdeɔnist] *nmf* accordionist
accorder [akɔʀde] /1/ *vt* (*faveur, délai*) to grant; (*attribuer*) : **~ de l'importance/de la valeur à qch** to attach importance/value to sth; (*harmoniser*) to match; (*Mus*) to tune; **je vous accorde que …** I grant you that …; **s'accorder** *vpr* to get on together; (*être d'accord*) to agree; (*couleurs, caractères*) to go together, match; (*Ling*) to agree
accordeur [akɔʀdœʀ] *nm* (*Mus*) tuner
accoster [akɔste] /1/ *vt* (*Navig*) to draw alongside; (*personne*) to accost ▸ *vi* (*Navig*) to berth
accotement [akɔtmɑ̃] *nm* (*de route*) verge (BRIT), shoulder; **~ stabilisé/non stabilisé** hard shoulder/soft verge *ou* shoulder
accoter [akɔte] /1/ *vt* : **~ qch contre/à** to lean *ou* rest sth against/on; **s'accoter** *vpr* : **s'~ contre/à** to lean against/on
accouchement [akuʃmɑ̃] *nm* delivery, (child)birth; (*travail*) labour (BRIT), labor (*US*); **~ à terme** delivery at (full) term; **~ sans douleur** natural childbirth
accoucher [akuʃe] /1/ *vi* to give birth, have a baby; (*être en travail*) to be in labour (BRIT) *ou* labor (*US*); **~ d'un garçon** to give birth to a boy ▸ *vt* to deliver
accoucheur [akuʃœʀ] *nm* : **(médecin) ~** obstetrician
accoucheuse [akuʃøz] *nf* midwife
accouder [akude] /1/ : **s'accouder** *vpr* : **s'~ à/contre/sur** to rest one's elbows on/against/on; **accoudé à la fenêtre** leaning on the windowsill
accoudoir [akudwaʀ] *nm* armrest
accouplement [akupləmɑ̃] *nm* coupling; mating
accoupler [akuple] /1/ *vt* to couple; (*pour la reproduction*) to mate; **s'accoupler** *vpr* to mate
accourir [akuʀiʀ] /11/ *vi* to rush *ou* run up
accoutrement [akutʀəmɑ̃] *nm* (*péj*) getup (BRIT), outfit
accoutrer [akutʀe] /1/ *vt* (*péj*) to do *ou* get up; **s'accoutrer** *vpr* to do *ou* get o.s. up
accoutumance [akutymɑ̃s] *nf* (*gén*) adaptation; (*Méd*) addiction
accoutumé, e [akutyme] *adj* (*habituel*) customary, usual; **comme à l'accoutumée** as is customary *ou* usual
accoutumer [akutyme] /1/ *vt* : **~ qn à qch/faire** to accustom sb to sth/to doing; **s'accoutumer** *vpr* : **s'~ à** to get accustomed *ou* used to
accréditer [akʀedite] /1/ *vt* (*nouvelle*) to substantiate; **~ qn (auprès de)** to accredit sb (to)
accro [akʀo] *nmf* (*fam* : = *accroché(e)*) addict
accroc [akʀo] *nm* (*déchirure*) tear; (*fig*) hitch, snag; **sans ~** without a hitch; **faire un ~ à** (*vêtement*) to make a tear in, tear; (*fig* : *règle etc*) to infringe
accrochage [akʀɔʃaʒ] *nm* hanging (up); hitching (up); (*Auto*) (minor) collision; (*Mil*) encounter, engagement; (*dispute*) clash, brush
accroche-cœur [akʀɔʃkœʀ] *nm* kiss-curl
accrocher [akʀɔʃe] /1/ *vt* (*suspendre*) to hang; (*fig*) to catch, attract; **~ qch à** (*suspendre*) to hang sth (up) on; (*attacher* : *remorque*) to hitch sth (up) to; (*déchirer*) to catch sth (on); **il a accroché ma voiture** he bumped into my car ▸ *vi* to stick, get stuck; (*fig* : *pourparlers etc*) to hit a snag; (*plaire* : *disque etc*) to catch on; **s'accrocher** *vpr* (*se disputer*) to have a clash *ou* brush; (*ne pas céder*) to hold one's own, hang on in (*fam*); **s'~ à** (*rester pris à*) to catch on; (*agripper, fig*) to hang on *ou* cling to
accrocheur, -euse [akʀɔʃœʀ, -øz] *adj* (*vendeur, concurrent*) tenacious; (*publicité*) eye-catching; (*titre*) catchy, eye-catching
accroire [akʀwaʀ] /44/ *vt* : **faire** *ou* **laisser ~ à qn qch/que** to give sb to believe sth/that
accrois [akʀwa], **accroissais** *etc* [akʀwasɛ] *vb voir* **accroître**
accroissement [akʀwasmɑ̃] *nm* increase
accroître [akʀwatʀ] /55/ *vt*, **s'accroître** *vpr* to increase
accroupi, e [akʀupi] *adj* squatting, crouching (down)
accroupir [akʀupiʀ] /2/ : **s'accroupir** *vpr* to squat, crouch (down)
accru, e [akʀy] *pp de* **accroître**
accu [aky] *nm* (*fam* : = *accumulateur*) accumulator, battery
accueil [akœj] *nm* welcome; (*endroit*) reception (desk); (*dans une gare*) information kiosk; **comité/centre d'~** reception committee/centre
accueillant, e [akœjɑ̃, -ɑ̃t] *adj* welcoming, friendly
accueillir [akœjiʀ] /12/ *vt* to welcome; (*aller chercher*) to meet, collect; (*loger*) to accommodate
acculer [akyle] /1/ *vt* : **~ qn à** *ou* **contre** to drive sb back against; **~ qn dans** to corner sb in; **~ qn à** (*faillite*) to drive sb to the brink of
acculturation [akyltyʀasjɔ̃] *nf* acculturation
accumulateur [akymylatœʀ] *nm* accumulator, battery
accumulation [akymylasjɔ̃] *nf* accumulation; **chauffage/radiateur à ~** (night-)storage heating/heater
accumuler [akymyle] /1/ *vt* to accumulate, amass; **s'accumuler** *vpr* to accumulate; to pile up
accusateur, -trice [akyzatœʀ, -tʀis] *nm/f* accuser ▸ *adj* accusing; (*document, preuve*) incriminating
accusatif [akyzatif] *nm* (*Ling*) accusative
accusation [akyzasjɔ̃] *nf* (*gén*) accusation; (*Jur*) charge; (*partie*) : **l'~** the prosecution; **mettre en ~** to indict; **acte d'~** bill of indictment
accusé, e [akyze] *nm/f* accused; (*prévenu(e)*) defendant ▸ *nm* : **~ de réception** acknowledgement of receipt
accuser [akyze] /1/ *vt* to accuse; (*fig*) to emphasize, bring out; (: *montrer*) to show; **~ qn de** to accuse sb of; (*Jur*) to charge sb with; **~ qn/qch de qch** (*rendre responsable*) to blame sb/sth for sth; **~ réception de** to acknowledge receipt of; **~ le coup** (*fig*) to be visibly affected; **s'accuser** *vpr* (*s'accentuer*) to become more marked; **s'~ de qch/d'avoir fait qch** to admit sth/having done sth; to blame o.s. for sth/for having done sth

a

acerbe [asɛʀb] *adj* caustic, acid
acéré, e [aseʀe] *adj* sharp
acétate [asetat] *nm* acetate
acétique [asetik] *adj* : **acide ~** acetic acid
acétone [asetɔn] *nf* acetone
acétylène [asetilɛn] *nm* acetylene
ach. *abr* = **achète**
achalandé, e [aʃalɑ̃de] *adj* : **bien ~** (*magasin : en marchandises*) well-stocked; (*: en clients*) with a large clientele
acharné, e [aʃaʀne] *adj* (*lutte, adversaire*) fierce, bitter; (*travail*) relentless, unremitting
acharnement [aʃaʀnəmɑ̃] *nm* fierceness; relentlessness
acharner [aʃaʀne] /1/ : **s'acharner** *vpr* : **s'~ sur** to go at fiercely, hound; **s'~ contre** to set o.s. against; to dog, pursue; (*malchance*) to hound; **s'~ à faire** to try doggedly to do; to persist in doing
achat [aʃa] *nm* buying *no pl*; (*article acheté*) purchase; **faire l'~ de** to buy, purchase; **faire des achats** to do some shopping, buy a few things
acheminement [aʃ(ə)minmɑ̃] *nm* conveyance
acheminer [aʃ(ə)mine] /1/ *vt* (*courrier*) to forward, dispatch; (*troupes*) to convey, transport; (*train*) to route; **s'acheminer vers** *vpr* to head for
acheter [aʃ(ə)te] /5/ *vt* to buy, purchase; (*soudoyer*) to buy, bribe; **~ qch à** (*marchand*) to buy *ou* purchase sth from; (*ami etc : offrir*) to buy sth for; **~ à crédit** to buy on credit
acheteur, -euse [aʃ(ə)tœʀ, -øz] *nm/f* buyer; shopper; (*Comm*) buyer; (*Jur*) vendee, purchaser
achevé, e [aʃ(ə)ve] *adj* : **d'un ridicule ~** thoroughly *ou* absolutely ridiculous; **d'un comique ~** absolutely hilarious
achèvement [aʃɛvmɑ̃] *nm* completion, finishing
achever [aʃ(ə)ve] /5/ *vt* to complete, finish; (*blessé*) to finish off; **s'achever** *vpi* to end
achoppement [aʃɔpmɑ̃] *nm* : **pierre d'~** stumbling block
achopper [aʃɔpe] *vi* to stumble; **~ sur** (*problème*) to come up against
acide [asid] *adj* sour, sharp; (*ton*) acid, biting; (*Chimie*) acid(ic) ▸ *nm* acid
acidifiant [asidifjɑ̃] *nm* acidifier
acidifier [asidifje] /7/ *vt* to acidify; **s'acidifier** *vpr* to acidify
acidité [asidite] *nf* sharpness; acidity
acidulé, e [asidyle] *adj* slightly acid; **bonbons acidulés** acid drops (BRIT), ≈ lemon drops (US)
acier [asje] *nm* steel; **~ inoxydable** stainless steel
aciérie [asjeʀi] *nf* steelworks *sg*
acné [akne] *nf* acne
acolyte [akɔlit] *nm* (*péj*) associate
acompte [akɔ̃t] *nm* deposit; (*versement régulier*) instalment; (*sur somme due*) payment on account; (*sur salaire*) advance; **un ~ de 10 euros** 10 euros on account
acoquiner [akɔkine] /1/ : **s'acoquiner avec** *vpr* (*péj*) to team up with
Açores [asɔʀ] *nfpl* : **les ~** the Azores
à-côté [akote] *nm* side-issue; (*argent*) extra
à-coup [aku] *nm* (*du moteur*) (hic)cough; (*fig*) jolt; **sans à-coups** smoothly; **par à-coups** by fits and starts
acouphène [akufɛn] *nm* (*Méd*) tinnitus; **souffrir d'acouphènes** to have tinnitus
acoustique [akustik] *nf* (*d'une salle*) acoustics *pl*; (*science*) acoustics *sg* ▸ *adj* acoustic
acquéreur [akeʀœʀ] *nm* buyer, purchaser; **se porter/se rendre ~ de qch** to announce one's intention to purchase/to purchase sth
acquérir [akeʀiʀ] /21/ *vt* to acquire; (*par achat*) to purchase, acquire; (*valeur*) to gain; (*résultats*) to achieve; **ce que ses efforts lui ont acquis** what his efforts have won *ou* gained (for) him
acquiers *etc* [akjɛʀ] *vb voir* **acquérir**
acquiescement [akjɛsmɑ̃] *nm* acquiescence, agreement
acquiescer [akjese] /3/ *vi* (*opiner*) to agree; (*consentir*) : **~ (à qch)** to acquiesce *ou* assent (to sth)
acquis, e [aki, -iz] *pp de* **acquérir** ▸ *nm* (accumulated) experience; (*avantage*) gain ▸ *adj* (*achat*) acquired; (*valeur*) gained; (*résultats*) achieved; **être ~ à** (*plan, idée*) to be in full agreement with; **son aide nous est acquise** we can count on *ou* be sure of his help; **tenir qch pour ~** to take sth for granted
acquisition [akizisjɔ̃] *nf* acquisition; (*achat*) purchase; **faire l'~ de** to acquire; to purchase
acquit [aki] *vb voir* **acquérir** ▸ *nm* (*quittance*) receipt; **pour ~** received; **par ~ de conscience** to set one's mind at rest
acquittement [akitmɑ̃] *nm* acquittal; payment, settlement
acquitter [akite] /1/ *vt* (*Jur*) to acquit; (*facture*) to pay, settle; **s'acquitter de** *vpr* to discharge; (*promesse, tâche*) to fulfil (BRIT), fulfill (US), carry out
âcre [ɑkʀ] *adj* acrid, pungent
âcreté [ɑkʀəte] *nf* acridness, pungency
acrimonie [akʀimɔni] *nf* acrimony
acrimonieux, -euse [akʀimɔnjø, -jøz] *adj* (*ton, débat*) acrimonious
acrobate [akʀɔbat] *nmf* acrobat
acrobatie [akʀɔbasi] *nf* (*art*) acrobatics *sg*; (*exercice*) acrobatic feat; **~ aérienne** aerobatics *sg*
acrobatique [akʀɔbatik] *adj* acrobatic
acronyme [akʀɔnim] *nm* acronym
Acropole [akʀɔpɔl] *nf* : **l'~** the Acropolis
acrosport [akʀospɔʀ] *nm* acrosport
acrostiche [akʀɔstiʃ] *nm* (*poème*) acrostic
acrylique [akʀilik] *adj, nm* acrylic
acte [akt] *nm* act, action; (*Théât*) act; **prendre ~ de** to note, take note of; **faire ~ de présence** to put in an appearance; **faire ~ de candidature** to submit an application; **~ d'accusation** charge (BRIT), bill of indictment; **~ de baptême** baptismal certificate; **~ de mariage/naissance** marriage/birth certificate; **~ de vente** bill of sale; **actes** *nmpl* (*compte-rendu*) proceedings
acteur [aktœʀ] *nm* actor
actif, -ive [aktif, -iv] *adj* active; **prendre une part active à qch** to take an active part in sth; **population active** working population ▸ *nm* (*Comm*) assets *pl*; (*Ling*) active (voice); (*fig*) : **avoir**

à son ~ to have to one's credit; **mettre à son ~** to add to one's list of achievements; **~ toxique** toxic asset; **l'~ et le passif** assets and liabilities; **actifs** *nmpl* people in employment
action [aksjɔ̃] *nf* (*gén*) action; (*Comm*) share; **une bonne/mauvaise ~** a good/an unkind deed; **mettre en ~** to put into action; **passer à l'~** to take action; **sous l'~ de** under the effect of; **l'~ syndicale** (the) union action; **un film d'~** an action film *ou* movie; **~ en diffamation** libel action; **~ de grâce(s)** (*Rel*) thanksgiving
actionnaire [aksjɔnɛʀ] *nmf* shareholder
actionnariat [aksjɔnaʀja] *nm* (*statut*) shareholding; (*actionnaires*) shareholders *pl*
actionner [aksjɔne] /1/ *vt* to work; (*mécanisme*) to activate; (*machine*) to operate
activation [aktivasjɔ̃] *nf* (*de dispositif, logiciel*) activation; (*Bio, Chimie : de gène, cellule*) activation
active [aktiv] *adj f voir* **actif**
activement [aktivmɑ̃] *adv* actively
activer [aktive] /1/ *vt* (*dispositif, logiciel*) to activate; (*Bio, Chimie*) to activate; **s'activer** *vpr* (*s'affairer*) to bustle about; (*se hâter*) to hurry up
activisme [aktivism] *nm* activism
activiste [aktivist] *nmf* activist
activité [aktivite] *nf* activity; **en ~** (*volcan*) active; (*fonctionnaire*) in active life; (*militaire*) on active service
actrice [aktʀis] *nf* actress
actualisation [aktɥalizasjɔ̃] *nf* (*de connaissances, réglementation, base de données*) updating; (*Finance : de valeur, coûts*) conversion to current value
actualiser [aktɥalize] /1/ *vt* (*connaissances*) to bring up to date; (*base de données*) to update
actualité [aktɥalite] *nf* (*d'un problème*) topicality; (*événements*) : **l'~** current events; **les actualités** (*Ciné, TV*) the news; **l'~ politique/sportive** the political/sports *ou* sporting news; **les actualités télévisées** the television news; **d'~** topical
actuel, le [aktɥɛl] *adj* (*présent*) present; (*d'actualité*) topical; (*non virtuel*) actual; **à l'heure actuelle** at this moment in time, at the moment

⚠ **actuel** is not usually translated by *actual*.

actuellement [aktɥɛlmɑ̃] *adv* at present, at the present time
acuité [akɥite] *nf* acuteness
acuponcteur, acupuncteur [akypɔ̃ktœʀ] *nm* acupuncturist
acuponcture, acupuncture [akypɔ̃ktyʀ] *nf* acupuncture
adage [adaʒ] *nm* adage
adagio [ada(d)ʒjo] *adv, nm* adagio
adaptable [adaptabl] *adj* adaptable
adaptateur, -trice [adaptatœʀ, -tʀis] *nm/f* adapter
adaptation [adaptasjɔ̃] *nf* adaptation
adapter [adapte] /1/ *vt* to adapt; **~ qch à** (*approprier*) to adapt sth to (fit); **~ qch sur/dans/à** (*fixer*) to fit sth on/into/to; **s'adapter** *vpr* : **s'~ (à)** (*personne*) to adapt (to); (*objet, prise etc*) to apply (to)
addenda [adɛ̃da] *nm inv* addenda
addictologie [adiktɔlɔʒi] *nf* addiction studies *pl*
Addis-Ababa [adisababa], **Addis-Abeba** [adisabəba] *n* Addis Ababa
additif [aditif] *nm* additional clause; (*substance*) additive; **~ alimentaire** food additive
addition [adisjɔ̃] *nf* addition; (*au café*) bill
additionnel, le [adisjɔnɛl] *adj* additional
additionner [adisjɔne] /1/ *vt* to add (up); **~ un produit d'eau** to add water to a product; **s'additionner** *vpr* to add up
adduction [adyksjɔ̃] *nf* (*de gaz, d'eau*) conveyance
adepte [adɛpt] *nmf* follower
adéquat, e [adekwa(t), -at] *adj* appropriate, suitable
adéquation [adekwasjɔ̃] *nf* appropriateness; (*Ling*) adequacy
adhérence [adeʀɑ̃s] *nf* adhesion
adhérent, e [adeʀɑ̃, -ɑ̃t] *nm/f* (*de club*) member
adhérer [adeʀe] /6/ *vi* (*coller*) to adhere, stick; **~ à** (*coller*) to adhere *ou* stick to; (*se rallier à : parti, club*) to join, to be a member of; (*: opinion, mouvement*) to support
adhésif, -ive [adezif, -iv] *adj* adhesive, sticky; **ruban ~** sticky *ou* adhesive tape ▸ *nm* adhesive
adhésion [adezjɔ̃] *nf* (*à un club*) joining; membership; (*à une opinion*) support
ad hoc [adɔk] *adj inv* ad hoc
adieu, x [adjø] *excl* goodbye ▸ *nm* farewell; **dire ~ à qn** to say goodbye *ou* farewell to sb; **dire ~ à qch** (*renoncer*) to say *ou* wave goodbye to sth
adipeux, -euse [adipø, -øz] *adj* bloated, fat; (*Anat*) adipose
adiposité [adipozite] *nf* adiposity
adjacent, e [adʒasɑ̃, -ɑ̃t] *adj* : **~ (à)** adjacent (to)
adjectif [adʒɛktif] *nm* adjective; **~ attribut** adjectival complement; **~ épithète** attributive adjective
adjectival, e, -aux [adʒɛktival, -o] *adj* adjectival
adjoignais *etc* [adʒwaɲɛ] *vb voir* **adjoindre**
adjoindre [adʒwɛ̃dʀ] /49/ *vt* : **~ qch à** to attach sth to; (*ajouter*) to add sth to; **~ qn à** (*personne*) to appoint sb as an assistant to; (*comité*) to appoint sb to, attach sb to; **s'adjoindre** *vpr* (*collaborateur etc*) to take on, appoint
adjoint, e [adʒwɛ̃, -wɛ̃t] *pp de* **adjoindre** ▸ *nm/f* assistant; **~ au maire** deputy mayor; **directeur ~** assistant manager
adjonction [adʒɔ̃ksjɔ̃] *nf* attaching; addition; appointment
adjudant [adʒydɑ̃] *nm* (*Mil*) warrant officer; **~-chef** ≈ warrant officer 1st class (Brit), ≈ chief warrant officer (US)
adjudicataire [adʒydikatɛʀ] *nmf* successful bidder, purchaser; (*pour travaux*) successful tenderer (Brit) *ou* bidder (US)
adjudicateur, -trice [adʒydikatœʀ, -tʀis] *nm/f* (*aux enchères*) seller
adjudication [adʒydikasjɔ̃] *nf* sale by auction; (*pour travaux*) invitation to tender (Brit) *ou* bid (US)
adjuger [adʒyʒe] /3/ *vt* (*prix, récompense*) to award; (*lors d'une vente*) to auction (off); **adjugé !** (*vendu*) gone!, sold!; **s'adjuger** *vpr* to take for o.s.

adjurer [adʒyʀe] /1/ *vt* : **~ qn de faire** to implore *ou* beg sb to do
adjuvant [adʒyvɑ̃] *nm* (*médicament*) adjuvant; (*additif*) additive; (*stimulant*) stimulant
admettre [admɛtʀ] /56/ *vt* (*visiteur*) to admit, let in; (*candidat : Scol*) to pass; (*Tech : gaz, eau, air*) to admit; (*tolérer*) to allow, accept; (*reconnaître*) to admit, acknowledge; (*supposer*) to suppose; **j'admets que ...** I admit that ...; **je n'admets pas que tu fasses cela** I won't allow you to do that; **admettons que ...** let's suppose that ...; **admettons** let's suppose so
administrateur, -trice [administʀatœʀ, -tʀis] *nm/f* (*Comm*) director; (*Admin*) administrator; **~ délégué** managing director; **~ judiciaire** receiver
administratif, -ive [administʀatif, -iv] *adj* administrative
administration [administʀasjɔ̃] *nf* administration; **l'A~** ≈ the Civil Service
administrativement [administʀativmɑ̃] *adv* (*rattaché, dépendre*) for administrative purposes
administré, e [administʀe] *nm/f* ≈ citizen
administrer [administʀe] /1/ *vt* (*firme*) to manage, run; (*biens, remède, sacrement etc*) to administer
admirable [admiʀabl] *adj* admirable, wonderful
admirablement [admiʀabləmɑ̃] *adv* admirably
admirateur, -trice [admiʀatœʀ, -tʀis] *nm/f* admirer
admiratif, -ive [admiʀatif, -iv] *adj* admiring
admiration [admiʀasjɔ̃] *nf* admiration; **être en ~ devant** to be lost in admiration before
admirativement [admiʀativmɑ̃] *adv* admiringly
admirer [admiʀe] /1/ *vt* to admire
admis, e [admi, -iz] *pp de* **admettre**
admissibilité [admisibilite] *nf* eligibility; admissibility, acceptability
admissible [admisibl] *adj* (*candidat*) eligible; (*comportement*) admissible, acceptable; (*Jur*) receivable
admission [admisjɔ̃] *nf* admission; **tuyau d'~** intake pipe; **demande d'~** application for membership; **service des admissions** admissions
admonester [admɔnɛste] /1/ *vt* to admonish
ADN *sigle m* (= *acide désoxyribonucléique*) DNA
ado [ado] *nmf* (*fam* : = *adolescent(e)*) ado, teenager, adolescent
adolescence [adɔlesɑ̃s] *nf* adolescence
adolescent, e [adɔlesɑ̃, -ɑ̃t] *nm/f* adolescent, teenager
adonner [adɔne] /1/ : **s'adonner à** *vpr* (*sport*) to devote o.s. to; (*boisson*) to give o.s. over to
adopter [adɔpte] /1/ *vt* to adopt; (*projet de loi etc*) to pass
adoptif, -ive [adɔptif, -iv] *adj* (*parents*) adoptive; (*fils, patrie*) adopted
adoption [adɔpsjɔ̃] *nf* adoption; **son pays/sa ville d'~** his adopted country/town
adorable [adɔʀabl] *adj* adorable
adoration [adɔʀasjɔ̃] *nf* adoration; (*Rel*) worship; **être en ~ devant** to be lost in adoration before
adorer [adɔʀe] /1/ *vt* to adore; (*Rel*) to worship
adossé, e [adose] *adj* : **~ à** (*mur, contreforts : personne*) leaning against; (: *maison*) built right up against
adosser [adose] /1/ *vt* : **~ qch à** *ou* **contre** to stand sth against; **s'adosser** *vpr* : **s'~ à** *ou* **contre** to lean with one's back against
adouber [adube] *vt* (*Hist : vassal*) to dub; (*nommer : successeur, ministre*) to name
adoucir [adusiʀ] /2/ *vt* (*goût, température*) to make milder; (*avec du sucre*) to sweeten; (*peau, voix, eau*) to soften; (*caractère, personne*) to mellow; (*peine*) to soothe, allay; **s'adoucir** *vpr* to become milder; to soften; (*caractère*) to mellow
adoucissant [adusisɑ̃] *nm* (*pour le linge*) fabric softener
adoucissement [adusismɑ̃] *nm* becoming milder; sweetening; softening; mellowing; soothing
adoucisseur [adusisœʀ] *nm* : **~ (d'eau)** water softener
adr. *abr* = **adresse ; adresser**
adrénaline [adʀenalin] *nf* adrenaline
adresse [adʀɛs] *nf* skill, dexterity; (*domicile, Inform*) address; **à l'~ de** (*pour*) for the benefit of; **~ électronique** email address; **~ Web** web address
adresser [adʀese] /1/ *vt* (*lettre : expédier*) to send; (: *écrire l'adresse sur*) to address; (*injure, compliments*) to address; **~ qn à un docteur/bureau** to refer *ou* send sb to a doctor/an office; **~ la parole à qn** to speak to *ou* address sb; **s'adresser** *vpr* : **s'~ à** (*parler à*) to speak to, address; (*s'informer auprès de*) to go and see, go and speak to; (: *bureau*) to enquire at; (*livre, conseil*) to be aimed at
Adriatique [adʀijatik] *nf* : **l'~** the Adriatic
adroit, e [adʀwa, -wat] *adj* (*joueur, mécanicien*) skilful (Brit), skillful (US), dext(e)rous; (*politicien etc*) shrewd, skilled
adroitement [adʀwatmɑ̃] *adv* skilfully (Brit), skillfully (US), dext(e)rously; shrewdly
AdS *sigle f* = **Académie des Sciences**
ADSL *sigle m* (= *asymmetrical digital subscriber line*) ADSL, broadband; **avoir l'~** to have broadband
adulation [adylasjɔ̃] *nf* adulation
aduler [adyle] /1/ *vt* to adulate
adulte [adylt] *nmf* adult, grown-up; **formation/film pour adultes** adult training/film ▸ *adj* (*personne, attitude*) adult, grown-up; (*chien, arbre*) fully-grown, mature; **l'âge ~** adulthood
adultère [adyltɛʀ] *adj* adulterous ▸ *nmf* adulterer/adulteress ▸ *nm* (*acte*) adultery
adultérin, e [adylteʀɛ̃, -in] *adj* born of adultery
advenir [advəniʀ] /22/ *vi* to happen; **qu'est-il advenu de ... ?** what has become of ...?; **quoi qu'il advienne** whatever befalls *ou* happens
adventiste [advɑ̃tist] *nmf* (*Rel*) Adventist
adverbe [advɛʀb] *nm* adverb; **~ de manière** adverb of manner
adverbial, e, -aux [advɛʀbjal, -o] *adj* adverbial
adversaire [advɛʀsɛʀ] *nmf* (*Sport, gén*) opponent, adversary; (*Mil*) adversary, enemy

adverse [advɛʀs] *adj* opposing
adversité [advɛʀsite] *nf* adversity
AELE *sigle f* (= *Association européenne de libre-échange*) EFTA (= *European Free Trade Association*)
AEN *sigle f* (= *Agence pour l'énergie nucléaire*) ≈ AEA (= *Atomic Energy Authority*)
aérateur [aeʀatœʀ] *nm* ventilator
aération [aeʀasjɔ̃] *nf* airing; (*circulation de l'air*) ventilation; **conduit d'~** ventilation shaft; **bouche d'~** air vent
aéré, e [aeʀe] *adj* (*pièce, local*) airy, well-ventilated; (*tissu*) loose-woven; **centre ~** outdoor centre
aérer [aeʀe] /6/ *vt* to air; (*fig*) to lighten; **s'aérer** *vpr* to get some (fresh) air
aérien, ne [aeʀjɛ̃, -ɛn] *adj* (*Aviat*) air *cpd*, aerial; (*câble, métro*) overhead; (*fig*) light; **compagnie aérienne** airline (company); **ligne aérienne** airline
aérobic [aeʀɔbik] *nf* aerobics *sg*
aérobie [aeʀɔbi] *adj* aerobic
aéro-club [aeʀoklœb] *nm* flying club
aérodrome [aeʀɔdʀɔm] *nm* airfield, aerodrome
aérodynamique [aeʀɔdinamik] *adj* aerodynamic, streamlined ▸ *nf* aerodynamics *sg*
aérofrein [aeʀofʀɛ̃] *nm* air brake
aérogare [aeʀɔgaʀ] *nf* airport (buildings); (*en ville*) air terminal
aéroglisseur [aeʀɔglisœʀ] *nm* hovercraft
aérogramme [aeʀɔgʀam] *nm* air letter, aerogram(me)
aéromodélisme [aeʀɔmɔdelism] *nm* model aircraft making
aéronaute [aeʀɔnot] *nmf* aeronaut
aéronautique [aeʀɔnotik] *adj* aeronautical ▸ *nf* aeronautics *sg*
aéronaval, e [aeʀɔnaval] *adj* air and sea *cpd*
Aéronavale [aeʀɔnaval] *nf* ≈ Fleet Air Arm (Brit), ≈ Naval Air Force (US)
aéronef [aeʀɔnɛf] *nm* aircraft
aérophagie [aeʀɔfaʒi] *nf* wind; (*Méd*) aerophagia; **il fait de l'~** he suffers from abdominal wind
aéroport [aeʀɔpɔʀ] *nm* airport; **~ d'embarquement** departure airport
aéroporté, e [aeʀɔpɔʀte] *adj* airborne, airlifted
aéroportuaire [aeʀɔpɔʀtɥɛʀ] *adj* of an *ou* the airport, airport *cpd*
aéropostal, e, -aux [aeʀɔpɔstal, -o] *adj* airmail *cpd*
aérosol [aeʀɔsɔl] *nm* aerosol
aérospatial, e, -aux [aeʀɔspasjal, -o] *adj* aerospace ▸ *nf* the aerospace industry
aérostat [aeʀɔsta] *nm* aerostat
aérotrain [aeʀɔtʀɛ̃] *nm* hovertrain
AF *sigle fpl* = **allocations familiales** ▸ *sigle f* (Suisse) = **Assemblée fédérale**
AFAT [afat] *sigle m* (= *Auxiliaire féminin de l'armée de terre*) *member of the women's army*
affabilité [afabilite] *nf* affability
affable [afabl] *adj* affable
affabulateur, -trice [afabylatœʀ, -tʀis] *nm/f* storyteller
affabulation [afabylasjɔ̃] *nf* invention, fantasy
affabuler [afabyle] /1/ *vi* to make up stories
affacturage [afaktyʀaʒ] *nm* factoring
affadir [afadiʀ] /2/ *vt* to make insipid *ou* tasteless; **s'affadir** *vpr* to become insipid, to become tasteless
affaibli, e [afebli] *adj* (*parti, autorité*) weakened; (*personne, voix*) weak
affaiblir [afebliʀ] /2/ *vt* (*parti, authorité*) to weaken; **s'affaiblir** *vpr* to weaken, grow weaker; (*vue*) to grow dim
affaiblissement [afeblismɑ̃] *nm* weakening
affaire [afɛʀ] *nf* (*problème, question*) matter; (*criminelle, judiciaire*) case; (*scandaleuse etc*) affair; (*entreprise*) business; (*marché, transaction*) (business) deal, (piece of) business *no pl*; (*occasion intéressante*) good deal; **tirer qn/se tirer d'~** to get sb/o.s. out of trouble; **ceci fera l'~** this will do (nicely); **avoir ~ à** (*comme adversaire*) to be faced with; (*en contact*) to be dealing with; **tu auras ~ à moi !** (*menace*) you'll have me to contend with!; **c'est une ~ de goût/d'argent** it's a question *ou* matter of taste/money; **c'est l'~ d'une minute/heure** it'll only take a minute/an hour; **affaires** *nfpl* affairs; (*activité commerciale*) business *sg*; (*effets personnels*) things, belongings; **affaires de sport** sports gear; **ce sont mes affaires** (*cela me concerne*) that's my business; **occupe-toi de tes affaires !** mind your own business!; **toutes affaires cessantes** forthwith; **les affaires étrangères** (*Pol*) foreign affairs
affairé, e [afeʀe] *adj* busy
affairer [afeʀe] /1/ : **s'affairer** *vpr* to busy o.s., bustle about
affairisme [afeʀism] *nm* wheeling and dealing
affairiste [afeʀist] *nmf* wheeler-dealer
affaissé, e [afese] *adj* (*sol, épaules*) sagging
affaissement [afɛsmɑ̃] *nm* subsidence; collapse
affaisser [afese] /1/ : **s'affaisser** *vpr* (*terrain, immeuble*) to subside, sink; (*personne*) to collapse; (*dos, épaules*) to sag
affalé, e [afale] *adj* : **~ dans un fauteuil** slumped in an armchair; **~ sur un banc** slumped on a bench
affaler [afale] /1/ : **s'affaler** *vpr* : **s'~ dans/sur** to collapse *ou* slump into/onto
affamé, e [afame] *adj* starving, famished
affamer [afame] /1/ *vt* to starve
affectation [afɛktasjɔ̃] *nf* allotment; appointment; posting; affectedness
affecté, e [afɛkte] *adj* affected
affecter [afɛkte] /1/ *vt* (*émouvoir*) to affect, move; (*feindre*) to affect, feign; (*telle ou telle forme etc*) to take on, assume; **~ qch à** to allocate *ou* allot sth to; **~ qn à** to appoint sb to; (*diplomate*) to post sb to; **~ qch de** (*de coefficient*) to modify sth by
affectif, -ive [afɛktif, -iv] *adj* emotional, affective
affection [afɛksjɔ̃] *nf* affection; (*mal*) ailment; **avoir de l'~ pour** to feel affection for; **prendre en ~** to become fond of
affectionner [afɛksjɔne] /1/ *vt* to be fond of
affectueusement [afɛktɥøzmɑ̃] *adv* affectionately

affectueux, -euse [afɛktɥø, -øz] *adj* affectionate
afférent, e [afeʀɑ̃, -ɑ̃t] *adj* : **~ à** pertaining *ou* relating to
affermir [afɛʀmiʀ] /**2**/ *vt* to consolidate, strengthen; **s'affermir** *vpr* (*tendance, position*) to become stronger; (*peau, muscles*) to become firmer
affichage [afiʃaʒ] *nm* billposting, billsticking; (*électronique*) display; « **~ interdit** » "stick no bills", "billsticking prohibited"; **~ à cristaux liquides** liquid crystal display, LCD; **~ numérique** *ou* **digital** digital display
affiche [afiʃ] *nf* poster; (*officielle*) (public) notice; (*Théât*) bill; **être à l'~** (*Théât*) to be on; **tenir l'~** to run
affiché, e [afiʃe] *adj* (*ambition, volonté, optimisme*) declared
afficher [afiʃe] /**1**/ *vt* (*affiche*) to put up, post up; (*réunion*) to put up a notice about; (*électroniquement*) to display; (*fig*) to exhibit, display; « **défense d'~** » "no bill posters"; **s'afficher** *vpr* (*péj*) to flaunt o.s.; (*électroniquement*) to be displayed
affichette [afiʃɛt] *nf* small poster *ou* notice
affilé, e [afile] *adj* sharp
affilée [afile] : **d'~** *adv* at a stretch
affiler [afile] /**1**/ *vt* to sharpen
affiliation [afiljasjɔ̃] *nf* affiliation
affilié, e [afilje] *adj* : **être ~ à** to be affiliated to ▸ *nm/f* affiliated party *ou* member
affilier [afilje] /**7**/ : **s'affilier à** *vpr* to become affiliated to
affinage [afinaʒ] *nm* (*de fromages, des huîtres*) maturing; (*de métaux*) refining
affiner [afine] /**1**/ *vt* (*métaux, concept*) to refine; (*fromages*) to mature; (*huîtres*) to allow to mature; **s'affiner** *vpr* to become (more) refined
affinité [afinite] *nf* affinity
affirmatif, -ive [afiʀmatif, -iv] *adj* affirmative ▸ *nf* : **répondre par l'affirmative** to reply in the affirmative; **dans l'affirmative** (*si oui*) if (the answer is) yes ..., if he does (*ou* you do *etc*) ...
affirmation [afiʀmasjɔ̃] *nf* assertion
affirmativement [afiʀmativmɑ̃] *adv* affirmatively, in the affirmative
affirmé, e [afiʀme] *adj* (*volonté*) declared; (*personnalité*) assertive
affirmer [afiʀme] /**1**/ *vt* (*prétendre*) to maintain, assert; (*autorité*) to assert; **s'affirmer** *vpr* to assert o.s.; to assert itself
affleurer [aflœʀe] /**1**/ *vi* to show on the surface
affliction [afliksjɔ̃] *nf* affliction
affligé, e [afliʒe] *adj* distressed, grieved; **~ de** (*maladie, tare*) afflicted with
affligeant, e [afliʒɑ̃, -ɑ̃t] *adj* distressing
affliger [afliʒe] /**3**/ *vt* (*peiner*) to distress, grieve; **s'affliger** *vpr* (*être attristé*) : **s'~ de** to be distressed about
affluence [aflyɑ̃s] *nf* crowds *pl*; **heures d'~** rush hour *sg*; **jours d'~** busiest days
affluent [aflyɑ̃] *nm* tributary
affluer [aflye] /**1**/ *vi* (*secours, biens*) to flood in, pour in; (*sang*) to rush, flow
afflux [afly] *nm* flood, influx; rush
affolant, e [afɔlɑ̃, -ɑ̃t] *adj* terrifying
affolé, e [afɔle] *adj* panic-stricken, panicky
affolement [afɔlmɑ̃] *nm* panic
affoler [afɔle] /**1**/ *vt* to throw into a panic; **s'affoler** *vpr* to panic
affranchi, e [afʀɑ̃ʃi] *adj* (*lettre*) stamped; **~ de qch** (*conventions, entraves*) liberated from sth; **esprit ~** free spirit
affranchir [afʀɑ̃ʃiʀ] /**2**/ *vt* (*lettre*) to put a stamp *ou* stamps on; (*à la machine*) to frank (Brit), meter (*US*); (*esclave*) to enfranchise, emancipate; (*fig*) to free, liberate; **machine à ~** franking machine, postage meter; **s'affranchir de** *vpr* to free o.s. from
affranchissement [afʀɑ̃ʃismɑ̃] *nm* (*Postes*) franking (Brit), metering (*US*); (*prix payé*) postage; (*des esclaves*) freeing; **tarifs d'~** postage rates
affres [afʀ] *nfpl* : **dans les ~ de** in the throes of
affréter [afʀete] /**6**/ *vt* to charter
affreusement [afʀøzmɑ̃] *adv* dreadfully, awfully
affreux, -euse [afʀø, -øz] *adj* dreadful, awful
affriolant, e [afʀijɔlɑ̃, -ɑ̃t] *adj* tempting, enticing
affront [afʀɔ̃] *nm* affront
affrontement [afʀɔ̃tmɑ̃] *nm* (*Mil, Pol*) clash, confrontation
affronter [afʀɔ̃te] /**1**/ *vt* to confront, face; **s'affronter** *vpr* to confront each other
affubler [afyble] /**1**/ *vt* (*péj*) : **~ qn de** to rig *ou* deck sb out in; (*surnom*) to attach to sb
affût [afy] *nm* (*de canon*) gun carriage; **à l'~ (de)** (*gibier*) lying in wait (for); (*fig*) on the look-out (for)
affûter [afyte] /**1**/ *vt* to sharpen, grind
afghan, e [afgɑ̃, -an] *adj* Afghan
Afghanistan [afganistɑ̃] *nm* : **l'~** Afghanistan
afin [afɛ̃] : **~ que** *conj* so that, in order that; **~ de faire** in order to do, so as to do
AFNOR [afnɔʀ] *sigle f* (*= Association française de normalisation*) *industrial standards authority*
a fortiori [afɔʀsjɔʀi] *adv* all the more, a fortiori
AFP *sigle f* = **Agence France-Presse**
AFPA *sigle f* = **Association pour la formation professionnelle des adultes**
africain, e [afʀikɛ̃, -ɛn] *adj* African ▸ *nm/f* : **Africain, e** African
afrikaans [afʀikɑ̃] *nm, adj inv* Afrikaans
afrikaner [afʀikanɛʀ] *adj* Afrikaner ▸ *nm/f* : **Afrikaner** Afrikaner
Afrique [afʀik] *nf* : **l'~** Africa; **l'~ australe/du Nord/du Sud** southern/North/South Africa
afro [afʀo] *adj inv* : **coupe ~** afro hairstyle ▸ *nmf* : **Afro** Afro
afro-américain, e [afʀoameʀikɛ̃, -ɛn] *adj* Afro-American
AG *sigle f* = **assemblée générale**
ag. *abr* = **agence**
agaçant, e [agasɑ̃, -ɑ̃t] *adj* irritating, aggravating
agacement [agasmɑ̃] *nm* irritation, aggravation

agacer [agase] /**3**/ *vt* to pester, tease; (*involontairement*) to irritate, aggravate; **s'agacer** *vpr* to get annoyed; **s'~ de qch** to get annoyed about sth
agapes [agap] *nfpl* (*humoristique : festin*) feast
agate [agat] *nf* agate
agave [agav] *nm* agave
AGE *sigle f* = **assemblée générale extraordinaire**
âge [ɑʒ] *nm* age; **quel ~ as-tu ?** how old are you?; **une femme d'un certain ~** a middle-aged woman, a woman who is getting on (in years); **bien porter son ~** to wear well; **prendre de l'~** to be getting on (in years), grow older; **limite d'~** age limit; **dispense d'~** special exemption from age limit; **le troisième ~** (*personnes âgées*) senior citizens; (*période*) retirement; **l'~ ingrat** the awkward *ou* difficult age; **~ légal** legal age; **~ mental** mental age; **l'~ mûr** maturity, middle age; **~ de raison** age of reason
âgé, e [ɑʒe] *adj* old, elderly; **~ de 10 ans** 10 years old
agence [aʒɑ̃s] *nf* agency, office; (*succursale*) branch; **~ immobilière** estate agent's (office) (BRIT), real estate office (US); **~ matrimoniale** marriage bureau; **~ de placement** employment agency; **~ de publicité** advertising agency; **~ de voyages** travel agency
agencé, e [aʒɑ̃se] *adj* : **bien/mal ~** well/badly put together; well/badly laid out *ou* arranged
agencement [aʒɑ̃smɑ̃] *nm* putting together; arrangement, laying out
agencer [aʒɑ̃se] /**3**/ *vt* to put together; (*local*) to arrange, lay out
agenda [aʒɛ̃da] *nm* diary; **~ électronique** PDA
agenouillé, e [aʒ(ə)nuje] *adj* kneeling, kneeling down
agenouiller [aʒ(ə)nuje] /**1**/ : **s'agenouiller** *vpr* to kneel (down)
agent, e [aʒɑ̃, -ɑ̃t] *nm/f* (*aussi* : **agent(e) de police**) policeman (policewoman); (*Admin*) official, officer; (*fig : élément, facteur*) agent; **~ d'assurances** insurance broker; **~ de change** stockbroker; **~ commercial** sales representative; **~ immobilier** estate agent (BRIT), realtor (US); **~ (secret)** (secret) agent
agglo [aglo] *nm* (*fam*) = **aggloméré**
agglomérat [aglɔmeʀa] *nm* (*Géo*) agglomerate
agglomération [aglɔmeʀasjɔ̃] *nf* town; (*Auto*) built-up area; **l'~ parisienne** the urban area of Paris
aggloméré [aglɔmeʀe] *nm* (*bois*) chipboard; (*pierre*) conglomerate
agglomérer [aglɔmeʀe] /**6**/ *vt* to pile up; (*Tech : bois, pierre*) to compress; **s'agglomérer** *vpr* to pile up
agglutiner [aglytine] /**1**/ *vt* to stick together; **s'agglutiner** *vpr* to congregate
aggravant, e [agʀavɑ̃, -ɑ̃t] *adj* : **circonstances aggravantes** aggravating circumstances
aggravation [agʀavasjɔ̃] *nf* worsening, aggravation; increase
aggraver [agʀave] /**1**/ *vt* to worsen, aggravate; (*Jur : peine*) to increase; **~ son cas** to make one's case worse; **s'aggraver** *vpr* to worsen
agile [aʒil] *adj* agile, nimble
agilement [aʒilmɑ̃] *adv* nimbly
agilité [aʒilite] *nf* agility, nimbleness
agios [aʒjo] *nmpl* bank charges, charges
agir [aʒiʀ] /**2**/ *vi* (*se comporter*) to behave, act; (*faire quelque chose*) to act, take action; (*avoir de l'effet*) to act; **il s'agit de** it's a matter *ou* question of; (*ça traite de*) it is about; (*il importe que*) : **il s'agit de faire** we (*ou* you *etc*) must do; **de quoi s'agit-il ?** what is it about?
agissements [aʒismɑ̃] *nmpl* (*péj*) schemes, intrigues
agitateur, -trice [aʒitatœʀ, -tʀis] *nm/f* agitator
agitation [aʒitasjɔ̃] *nf* (hustle and) bustle; (*trouble*) agitation, excitement; (*politique*) unrest, agitation
agité, e [aʒite] *adj* (*remuant*) fidgety, restless; (*troublé*) agitated, perturbed; (*journée*) hectic; (*mer*) rough; (*sommeil*) disturbed, broken
agiter [aʒite] /**1**/ *vt* (*bouteille, chiffon*) to shake; (*bras, mains*) to wave; (*préoccuper, exciter*) to trouble, perturb; **« ~ avant l'emploi »** "shake before use"; **s'agiter** *vpr* to bustle about; (*dormeur*) to toss and turn; (*enfant*) to fidget; (*Pol*) to grow restless
agneau, x [aɲo] *nm* lamb; (*toison*) lambswool
agnelet [aɲ(ə)lɛ] *nm* little lamb
agnostique [agnɔstik] *adj, nmf* agnostic
agonie [agɔni] *nf* mortal agony, death pangs *pl*; (*fig*) death throes *pl*
agonir [agɔniʀ] /**2**/ *vt* : **~ qn d'injures** to hurl abuse at sb
agoniser [agɔnize] /**1**/ *vi* to be dying; (*fig*) to be in its death throes
agoraphobe [agɔʀafɔb] *adj* agoraphobic
agoraphobie [agɔʀafɔbi] *nf* agoraphobia
agrafe [agʀaf] *nf* (*de vêtement*) hook, fastener; (*de bureau*) staple; (*Méd*) clip
agrafer [agʀafe] /**1**/ *vt* to fasten; to staple
agrafeuse [agʀaføz] *nf* stapler
agraire [agʀɛʀ] *adj* agrarian; (*mesure, surface*) land *cpd*
agrandir [agʀɑ̃diʀ] /**2**/ *vt* (*magasin, domaine*) to extend, enlarge; (*trou*) to enlarge, make bigger; (*Photo*) to enlarge, blow up; **s'agrandir** *vpr* (*ville, famille*) to grow, expand; (*trou, écart*) to get bigger
agrandissement [agʀɑ̃dismɑ̃] *nm* extension; enlargement; (*photographie*) enlargement
agrandisseur [agʀɑ̃disœʀ] *nm* (*Photo*) enlarger
agréable [agʀeabl] *adj* pleasant, nice
agréablement [agʀeabləmɑ̃] *adv* pleasantly
agréé, e [agʀee] *adj* : **concessionnaire ~** registered dealer; **magasin ~** registered dealer('s)
agréer [agʀee] /**1**/ *vt* (*requête*) to accept; **~ à** *vt* to please, suit; **veuillez ~, Monsieur/Madame, mes salutations distinguées** (*personne nommée*) yours sincerely; (*personne non nommée*) yours faithfully
agrég [agʀɛg] *nf* (*fam*) = **agrégation**
agrégat [agʀega] *nm* aggregate
agrégateur [agʀegatœʀ] *nm* (*Inform*) aggregator
agrégation [agʀegasjɔ̃] *nf* *highest teaching diploma in France*
agrégé, e [agʀeʒe] *nm/f* holder of the *agrégation*
agréger [agʀeʒe] /**3**/ : **s'agréger** *vpr* to aggregate

a

agrément [agʀemɑ̃] *nm (accord)* consent, approval; *(attraits)* charm, attractiveness; *(plaisir)* pleasure; **voyage d'~** pleasure trip
agrémenter [agʀemɑ̃te] /1/ *vt* : **~ (de)** to embellish (with), adorn (with)
agrès [agʀɛ] *nmpl* (gymnastics) apparatus *sg*
agresser [agʀese] /1/ *vt* to attack
agresseur [agʀɛsœʀ] *nm* aggressor, attacker; *(Pol, Mil)* aggressor
agressif, -ive [agʀɛsif, -iv] *adj* aggressive
agression [agʀɛsjɔ̃] *nf* attack; *(Pol, Mil, Psych)* aggression
agressivement [agʀɛsivmɑ̃] *adv* aggressively
agressivité [agʀɛsivite] *nf* aggressiveness
agreste [agʀɛst] *adj* rustic
agricole [agʀikɔl] *adj* agricultural, farm *cpd*
agriculteur, -trice [agʀikyltœʀ, -tʀis] *nm/f* farmer
agriculture [agʀikyltyʀ] *nf* agriculture; farming
agripper [agʀipe] /1/ *vt* to grab, clutch; *(pour arracher)* to snatch, grab; **s'agripper à** *vpr* to cling (on) to, clutch, grip
agritourisme [agʀituʀism] *nm* agritourism
agroalimentaire [agʀoalimɑ̃tɛʀ] *adj* farming *cpd* ▸ *nm* farm-produce industry; **l'~** agribusiness
agrocarburant [agʀokaʀbyʀɑ̃] *nm* agrofuel
agro-industrie [agʀoɛ̃dystʀi] *nf* : **l'~** agribusiness; **les agro-industries** agribusiness
agronome [agʀɔnɔm] *nmf* agronomist
agronomie [agʀɔnɔmi] *nf* agronomy
agronomique [agʀɔnɔmik] *adj* agronomic(al)
agrumes [agʀym] *nmpl* citrus fruit(s)
aguerri, e [ageʀi] *adj (soldat, sportif, homme politique)* battle-hardened
aguerrir [ageʀiʀ] /2/ *vt* to harden; **s'aguerrir** *vpr* : **s'~ (contre)** to become hardened (to)
aguets [agɛ] : **aux ~** *adv* : **être aux ~** to be on the look-out
aguichant, e [agiʃɑ̃, -ɑ̃t] *adj* enticing
aguicher [agiʃe] /1/ *vt* to entice
aguicheur, -euse [agiʃœʀ, -øz] *adj* enticing
ah [ɑ] *excl* ah!; **ah bon ?** really?, is that so?; **ah mais ...** yes, but ...; **ah non !** oh no!
ahuri, e [ayʀi] *adj (stupéfait)* flabbergasted; *(idiot)* dim-witted
ahurir [ayʀiʀ] /2/ *vt* to stupefy, stagger
ahurissant, e [ayʀisɑ̃, -ɑ̃t] *adj* stupefying, staggering, mind-boggling
ai [ɛ] *vb voir* **avoir**
aide [ɛd] *nmf* assistant; **~ de camp** *nmf* aide-de-camp; **~ comptable** *nmf* accountant's assistant; **~ électricien** *nmf* electrician's mate; **~ de laboratoire** *nmf* laboratory assistant ▸ *nf* assistance, help; *(secours financier)* aid; **à l'~ de** with the help *ou* aid of; **aller à l'~ de qn** to go to sb's aid, go to help sb; **venir en ~ à qn** to help sb, come to sb's assistance; **appeler (qn) à l'~** to call for help (from sb); **à l'~ !** help!; **~ familiale** *nf* mother's help, ≈ home help; **~ judiciaire** *nf* legal aid; **~ ménagère** *nf* ≈ home help (Brit) *ou* helper (US); **~ technique** *nf* ≈ VSO (Brit), ≈ Peace Corps (US); **~ sociale** *nf (assistance)* state aid
aide-éducateur, -trice [ɛdmedykatœʀ, -tʀis] *nm/f* classroom assistant
aide-mémoire [ɛdmemwaʀ] *nm inv* memoranda pages *pl*; (key facts) handbook
aider [ede] /1/ *vt* to help; **~ à qch** to help (towards) sth; **~ qn à faire qch** to help sb to do sth; **s'aider de** *vpr (se servir de)* to use, make use of
aide-soignant, e [ɛdswanjɑ̃, -ɑ̃t] *nm/f* auxiliary nurse
aie *etc* [ɛ] *vb voir* **avoir**
aïe [aj] *excl* ouch!
AIEA *sigle f (= Agence internationale de l'énergie atomique)* IAEA (= *International Atomic Energy Agency*)
aïeul, e [ajœl] *nm/f* grandparent, grandfather/grandmother; *(ancêtre)* forebear
aïeux [ajø] *nmpl* grandparents; forebears, forefathers
aigle [ɛgl] *nm* eagle
aiglefin [ɛgləfɛ̃] *nm* = **églefin**
aigre [ɛgʀ] *adj* sour, sharp; *(fig)* sharp, cutting; **tourner à l'~** to turn sour
aigre-doux, -douce [ɛgʀədu, -dus] *adj (fruit)* bitter-sweet; *(sauce)* sweet and sour
aigrefin [ɛgʀəfɛ̃] *nm* swindler
aigrelet, te [ɛgʀəlɛ, -ɛt] *adj (goût)* sourish; *(voix, son)* sharpish
aigrette [ɛgʀɛt] *nf (plume)* feather
aigreur [ɛgʀœʀ] *nf* sourness; sharpness; **aigreurs d'estomac** heartburn *sg*
aigri, e [egʀi] *adj* embittered
aigrir [egʀiʀ] /2/ *vt (personne)* to embitter; *(caractère)* to sour; **s'aigrir** *vpr* to become embittered; to sour; *(lait etc)* to turn sour
aigu, ë [egy] *adj (objet, arête)* sharp, pointed; *(son, voix)* high-pitched, shrill; *(note)* high(-pitched); *(douleur, intelligence)* acute, sharp
aigue-marine [ɛgmaʀin] *(pl* **aigues-marines***)* *nf* aquamarine
aiguillage [egɥijaʒ] *nm (Rail)* points *pl*
aiguille [egɥij] *nf* needle; *(de montre)* hand; **~ à tricoter** knitting needle
aiguiller [egɥije] /1/ *vt (orienter)* to direct; *(Rail)* to shunt
aiguillette [egɥijɛt] *nf (Culin)* aiguillette
aiguilleur [egɥijœʀ] *nm* : **~ du ciel** air traffic controller
aiguillon [egɥijɔ̃] *nm (d'abeille)* sting; *(fig)* spur, stimulus
aiguillonner [egɥijɔne] /1/ *vt* to spur *ou* goad on
aiguiser [egize] /1/ *vt* to sharpen, grind; *(fig)* to stimulate; (: *esprit*) to sharpen; (: *sens*) to excite
aiguisoir [egizwaʀ] *nm* sharpener
aïkido [ajkido] *nm* aikido
ail [aj] *nm* garlic
aile [ɛl] *nf* wing; *(de voiture)* wing (Brit), fender (US); **battre de l'~** *(fig)* to be in a sorry state; **voler de ses propres ailes** to stand on one's own two feet; **~ libre** hang-glider
ailé, e [ele] *adj* winged
aileron [ɛlʀɔ̃] *nm (de requin)* fin; *(d'avion)* aileron
ailette [ɛlɛt] *nf (Tech)* fin; (: *de turbine*) blade
ailier [elje] *nm (Sport)* winger
aille *etc* [aj] *vb voir* **aller**
aillé, e [aje] *adj (pain, sauce)* garlic *cpd*

ailleurs [ajœʀ] *adv* elsewhere, somewhere else; **partout/nulle part ~** everywhere/nowhere else; **d'~** *adv* (*du reste*) moreover, besides; **par ~** *adv* (*d'autre part*) moreover, furthermore
ailloli [ajɔli] *nm* garlic mayonnaise
aimable [ɛmabl] *adj* kind, nice; **vous êtes bien ~** that's very nice *ou* kind of you, how kind (of you)!
aimablement [ɛmabləmɑ̃] *adv* kindly
aimant[1] [ɛmɑ̃] *nm* magnet
aimant[2]**, e** [ɛmɑ̃, -ɑ̃t] *adj* loving, affectionate
aimanté, e [ɛmɑ̃te] *adj* magnetic
aimanter [ɛmɑ̃te] /1/ *vt* to magnetize
aimer [eme] /1/ *vt* to love; (*d'amitié, affection, par goût*) to like; (*souhait*) : **j'aimerais ...** I would like ...; **je n'aime pas beaucoup Paul** I don't like Paul much, I don't care much for Paul; **~ faire qch** to like doing sth, like to do sth; **j'aime faire du ski** I like skiing; **je t'aime** I love you; **aimeriez-vous que je vous accompagne ?** would you like me to come with you?; **j'aimerais (bien) m'en aller** I should (really) like to go; **bien ~ qn/qch** to like sb/sth; **j'aime mieux Paul (que Pierre)** I prefer Paul (to Pierre); **j'aime mieux** *ou* **autant vous dire que** I may as well tell you that; **j'aimerais autant** *ou* **mieux y aller maintenant** I'd sooner *ou* rather go now; **j'aime assez aller au cinéma** I quite like going to the cinema; **s'aimer** *vpr* to love each other; to like each other
aine [ɛn] *nf* groin
aîné, e [ene] *adj* elder, older; (*le plus âgé*) eldest, oldest ▸ *nm/f* oldest child *ou* one, oldest boy *ou* son/girl *ou* daughter; **il est mon ~ (de 2 ans)** he's (2 years) older than me, he's (2 years) my senior; **aînés** *nmpl* (*fig : anciens*) elders
aînesse [ɛnɛs] *nf* : **droit d'~** birthright
ainsi [ɛ̃si] *adv* (*de cette façon*) like this, in this way, thus; (*ce faisant*) thus ▸ *conj* thus, so; **~ que** (*comme*) (just) as; (*et aussi*) as well as; **pour ~ dire** so to speak, as it were; **~ donc** and so; **~ soit-il** (*Rel*) so be it; **et ~ de suite** and so on (and so forth)
aïoli [ajɔli] *nm* = **ailloli**
air [ɛʀ] *nm* air; (*mélodie*) tune; (*expression*) look, air; (*atmosphère, ambiance*) : **dans l'~** in the air (*fig*); **prendre de grands airs (avec qn)** to give o.s. airs (with sb); **en l'~** (up) into the air; **tirer en l'~** to fire shots in the air; **paroles/menaces en l'~** empty words/threats; **prendre l'~** to get some (fresh) air; (*avion*) to take off; **avoir l'~** (*sembler*) to look, appear; **avoir l'~ triste** to look *ou* seem sad; **avoir l'~ de qch** to look like sth; **avoir l'~ de faire** to look as though one is doing, appear to be doing; **courant d'~** draught (Brit), draft (US); **le grand ~** the open air; **mal de l'~** air-sickness; **tête en l'~** scatterbrain; **~ comprimé** compressed air; **~ conditionné** air-conditioning
airbag [ɛʀbag] *nm* airbag
aire [ɛʀ] *nf* (*zone, fig, Math*) area; (*nid*) eyrie (Brit), aerie (US); **~ d'atterrissage** landing strip; landing patch; **~ de jeu** play area; **~ de lancement** launching site; **~ de stationnement** parking area
airelle [ɛʀɛl] *nf* bilberry
aisance [ɛzɑ̃s] *nf* ease; (*Couture*) easing, freedom of movement; (*richesse*) affluence; **être dans l'~** to be well-off *ou* affluent
aise [ɛz] *nf* comfort; **frémir d'~** to shudder with pleasure; **être à l'~** *ou* **à son ~** to be comfortable; (*pas embarrassé*) to be at ease; (*financièrement*) to be comfortably off; **se mettre à l'~** to make o.s. comfortable; **être mal à l'~** *ou* **à son ~** to be uncomfortable; (*gêné*) to be ill at ease; **mettre qn à l'~** to put sb at his (*ou* her) ease; **mettre qn mal à l'~** to make sb feel ill at ease; **à votre ~** please yourself, just as you like; **en faire à son ~** to do as one likes; **en prendre à son ~ avec qch** to be free and easy with sth, do as one likes with sth ▸ *adj* : **être bien ~ de/que** to be delighted to/that; **aises** *nfpl* : **aimer ses aises** to like one's (creature) comforts; **prendre ses aises** to make o.s. comfortable
aisé, e [eze] *adj* easy; (*assez riche*) well-to-do, well-off
aisément [ezemɑ̃] *adv* easily
aisselle [ɛsɛl] *nf* armpit
ait [ɛ] *vb voir* **avoir**
ajonc [aʒɔ̃] *nm* gorse *no pl*
ajouré, e [aʒuʀe] *adj* openwork *cpd*
ajournement [aʒuʀnəmɑ̃] *nm* adjournment; deferment, postponement
ajourner [aʒuʀne] /1/ *vt* (*réunion*) to adjourn; (*décision*) to defer, postpone; (*candidat*) to refer; (*conscrit*) to defer
ajout [aʒu] *nm* addition; **merci pour l'~** thanks for the add
ajouter [aʒute] /1/ *vt* to add; **~ à** (*accroître*) to add to; **~ que** to add that; **~ foi à** to lend *ou* give credence to; **s'ajouter à** *vpr* to add to
ajustage [aʒystaʒ] *nm* fitting
ajusté, e [aʒyste] *adj* : **bien ~** (*robe etc*) close-fitting
ajustement [aʒystəmɑ̃] *nm* adjustment
ajuster [aʒyste] /1/ *vt* (*régler*) to adjust; (*vêtement*) to alter; (*coup de fusil*) to aim; (*cible*) to aim at; (*adapter*) : **~ qch à** to fit sth to; **~ sa cravate** to adjust one's tie
ajusteur [aʒystœʀ] *nm* metal worker
alaise [alɛz] *nf* = **alèse**
alambic [alɑ̃bik] *nm* still
alambiqué, e [alɑ̃bike] *adj* convoluted, overcomplicated
alangui, e [alɑ̃gi] *adj* languid
alanguir [alɑ̃giʀ] /2/ : **s'alanguir** *vpr* to grow languid
alarmant, e [alaʀmɑ̃, -ɑ̃t] *adj* alarming
alarme [alaʀm] *nf* alarm; **donner l'~** to give *ou* raise the alarm; **jeter l'~** to cause alarm
alarmer [alaʀme] /1/ *vt* to alarm; **s'alarmer** *vpr* to become alarmed
alarmiste [alaʀmist] *adj* alarmist
Alaska [alaska] *nm* : **l'~** Alaska
albanais, e [albanɛ, -ɛz] *adj* Albanian ▸ *nm* (*Ling*) Albanian ▸ *nm/f* : **Albanais, e** Albanian
Albanie [albani] *nf* : **l'~** Albania
albâtre [albɑtʀ] *nm* alabaster
albatros [albatʀos] *nm* albatross
albigeois, e [albiʒwa, -waz] *adj* of *ou* from Albi

albinos [albinos] *nmf* albino
album [albɔm] *nm* album; **~ à colorier** colouring book; **~ de timbres** stamp album
albumen [albymɛn] *nm* albumen
albumine [albymin] *nf* albumin; **avoir** *ou* **faire de l'~** to suffer from albuminuria
alcalin, e [alkalɛ̃, -in] *adj* alkaline
alchimie [alʃimi] *nf* alchemy
alchimiste [alʃimist] *nm* alchemist
alco(o)lo [alkɔlo] *(fam) adj* alcoholic ▸ *nm/f* alcoholic, alkie *(fam)*
alcool [alkɔl] *nm* : **l'~** alcohol; **un ~** a spirit, a brandy; **bière sans ~** non-alcoholic *ou* alcohol-free beer; **~ à brûler** methylated spirits (BRIT), wood alcohol (US); **~ à 90°** surgical spirit; **~ camphré** camphorated alcohol; **~ de prune** *etc* plum *etc* brandy
alcoolémie [alkɔlemi] *nf* blood alcohol level
alcoolique [alkɔlik] *adj, nmf* alcoholic
alcoolisé, e [alkɔlize] *adj* alcoholic; **une boisson non alcoolisée** a soft drink
alcoolisme [alkɔlism] *nm* alcoholism
alcootest® [alkɔtɛst] *nm (objet)* Breathalyser®; *(test)* breath-test; **faire subir l'~ à qn** to Breathalyse® sb
alcopop [alkopɔp] *nm* alcopop
alcôve [alkov] *nf* alcove, recess
aléas [alea] *nmpl* hazards
aléatoire [aleatwaʀ] *adj* uncertain; *(Inform, Statistique)* random
alémanique [alemanik] *adj* : **la Suisse ~** German-speaking Switzerland
ALENA [alena] *sigle m (= Accord de libre-échange nord-américain)* NAFTA *(= North American Free Trade Agreement)*
alentour [alɑ̃tuʀ] *adv* around (about); **alentours** *nmpl* surroundings; **aux alentours de** in the vicinity *ou* neighbourhood of, around about; *(temps)* around about
alerte [alɛʀt] *adj* agile, nimble; *(style)* brisk, lively ▸ *nf* alert; warning; **donner l'~** to give the alert; **à la première ~** at the first sign of trouble *ou* danger; **~ à la bombe** bomb scare
alerter [alɛʀte] /1/ *vt* to alert
alèse [alɛz] *nf (drap)* undersheet, draw-sheet
aléser [aleze] /6/ *vt* to ream
alevin [alvɛ̃] *nm* alevin, young fish
alevinage [alvinaʒ] *nm* fish farming
Alexandrie [alɛksɑ̃dʀi] *n* Alexandria
alexandrin [alɛksɑ̃dʀɛ̃] *nm* alexandrine
alezan, e [alzɑ̃, -an] *adj* chestnut
algarade [algaʀad] *nf* row, dispute
algèbre [alʒɛbʀ] *nf* algebra
algébrique [alʒebʀik] *adj* algebraic
Alger [alʒe] *n* Algiers
Algérie [alʒeʀi] *nf* : **l'~** Algeria
algérien, ne [alʒeʀjɛ̃, -ɛn] *adj* Algerian ▸ *nm/f* : **Algérien, ne** Algerian
algérois, e [alʒeʀwa, -waz] *adj* of *ou* from Algiers ▸ *nm* : **l'A~** *(région)* the Algiers region
algorithme [algɔʀitm] *nm* algorithm
algue [alg] *nf* seaweed *no pl*; *(Bot)* alga
alias [aljas] *adv* alias
alibi [alibi] *nm* alibi
aliénation [aljenasjɔ̃] *nf* alienation
aliéné, e [aljene] *nm/f* insane person, lunatic *(péj)*
aliéner [aljene] /6/ *vt* to alienate; *(bien, liberté)* to give up; **s'aliéner** *vpr* to alienate
aligné, e [aliɲe] *adj (politiquement)* aligned; *(en rang)* in a line, lined up; **~ sur** aligned with; **pays non alignés** non-aligned countries
alignement [aliɲ(ə)mɑ̃] *nm* alignment, lining up; **à l'~** in line
aligner [aliɲe] /1/ *vt* to align, line up; *(idées, chiffres)* to string together; *(adapter)* : **~ qch sur** to bring sth into alignment with; **s'aligner** *vpr (soldats etc)* to line up; **s'~ sur** *(Pol)* to align o.s. with
aliment [alimɑ̃] *nm* food; **~ complet** whole food
alimentaire [alimɑ̃tɛʀ] *adj* food *cpd*; *(péj : besogne)* done merely to earn a living; **produits alimentaires** foodstuffs, foods
alimentation [alimɑ̃tasjɔ̃] *nf* feeding; *(en eau etc, de moteur)* supplying, supply; *(commerce)* food trade; *(produits)* groceries *pl*; *(régime)* diet; *(Inform)* feed; **~ (générale)** (general) grocer's; **~ de base** staple diet; **~ en feuilles/en continu/en papier** form/stream/sheet feed
alimenter [alimɑ̃te] /1/ *vt* to feed; *(Tech)* : **~ (en)** to supply (with), feed (with); *(fig)* to sustain, keep going
alinéa [alinea] *nm* paragraph; **« nouvel ~ »** "new line"
alité, e [alite] *adj (malade)* confined to bed; **infirme ~** bedridden person *ou* invalid
aliter [alite] /1/ : **s'aliter** *vpr* to take to one's bed; **infirme alité** bedridden person *ou* invalid
alizé [alize] *adj, nm* : **(vent) ~** trade wind
allaitement [alɛtmɑ̃] *nm* feeding; **~ maternel/au biberon** breast-/bottle-feeding; **~ mixte** mixed feeding
allaiter [alete] /1/ *vt (femme)* to (breast-)feed, nurse; *(animal)* to suckle; **~ au biberon** to bottle-feed
allant [alɑ̃] *nm* drive, go
alléchant, e [aleʃɑ̃, -ɑ̃t] *adj* tempting, enticing
allécher [aleʃe] /6/ *vt* : **~ qn** to make sb's mouth water; to tempt sb, entice sb
allée [ale] *nf (de jardin)* path; *(en ville)* avenue, drive; **allées et venues** comings and goings
allégation [alegasjɔ̃] *nf* allegation
allégé, e [aleʒe] *adj (yaourt etc)* low-fat
allègement [alɛʒmɑ̃] *nm (de charges)* lightening
alléger [aleʒe] /6, 3/ *vt (voiture)* to make lighter; *(chargement)* to lighten; *(souffrance)* to alleviate, soothe
allégorie [alegɔʀi] *nf* allegory
allégorique [alegɔʀik] *adj* allegorical
allègre [alɛgʀ] *adj* lively, jaunty (BRIT); *(personne)* gay, cheerful
allègrement [alɛgʀəmɑ̃] *adv* cheerfully; *(péj)* blithely
allégresse [alegʀɛs] *nf* elation, gaiety
allegretto [al(l)egʀet(t)o] *adv, nm* allegretto
allegro [al(l)egʀo] *adv, nm* allegro
alléguer [alege] /6/ *vt* to put forward (as proof *ou* an excuse)

Allemagne [almaɲ] *nf* : **l'~** Germany; **l'~ de l'Est/Ouest** East/West Germany; **l'~ fédérale (RFA)** the Federal Republic of Germany (FRG)
allemand, e [almɑ̃, -ɑ̃d] *adj* German ▸ *nm (Ling)* German ▸ *nm/f* : **Allemand, e** German; **A~ de l'Est/l'Ouest** East/West German
aller [ale] /**9**/ *nm (trajet)* outward journey; *(billet)* single (BRIT) *ou* one-way ticket (US); **~ simple** *(billet)* single (BRIT) *ou* one-way ticket; **~ (et) retour** *(trajet)* return trip *ou* journey (BRIT), round trip (US); *(billet)* return (BRIT) *ou* round-trip (US) ticket ▸ *vi (gén)* to go; **~ à** *(convenir)* to suit; *(forme, pointure etc)* to fit; **cela me va** *(couleur)* that suits me; *(vêtement)* that suits me; that fits me; *(projet, disposition)* that suits me, that's fine *ou* OK by me; **~ à la chasse/pêche** to go hunting/fishing; **~ avec** *(couleurs, style etc)* to go (well) with; **je vais le faire/me fâcher** I'm going to do it/to get angry; **~ voir/chercher qn** to go and see/look for sb; **comment allez-vous ?** how are you?; **comment ça va ?** how are you?; *(affaires etc)* how are things?; **ça va ? — oui (ça va) !** how are things? — fine!; **pour ~ à** how do I get to; **ça va (comme ça)** that's fine (as it is); **il va bien/mal** he's well/ not well, he's fine/ill; **ça va bien/mal** *(affaires etc)* it's going well/not going well; **tout va bien** everything's fine; **ça ne va pas !** *(mauvaise humeur etc)* that's not on!, hey, come on!; **ça ne va pas sans difficultés** it's not without difficulties; **~ mieux** to be better; **il y va de leur vie** their lives are at stake; **se laisser ~** to let o.s. go; **~ jusqu'à** to go as far as; **ça va de soi, ça va sans dire** that goes without saying; **tu y vas un peu fort** you're going a bit (too) far; **allez !** go on!; come on!; **allons !** come now!; **allons-y !** let's go!; **allez, au revoir !** right *ou* OK then, bye-bye!
allergène [alɛʀʒɛn] *nm* allergen
allergie [alɛʀʒi] *nf* allergy
allergique [alɛʀʒik] *adj* allergic; **~ à** allergic to
allergologue [alɛʀgɔlɔg] *nmf* allergist, allergy specialist
allez [ale] *vb voir* **aller**
alliage [aljaʒ] *nm* alloy
alliance [aljɑ̃s] *nf (Mil, Pol)* alliance; *(mariage)* marriage; *(bague)* wedding ring; **neveu par ~** nephew by marriage
allié, e [alje] *nm/f* ally; **parents et alliés** relatives and relatives by marriage
allier [alje] /**7**/ *vt (métaux)* to alloy; *(Pol, gén)* to ally; *(fig)* to combine; **s'allier** *vpr* to become allies; *(éléments, caractéristiques)* to combine; **s'~ à** to become allied to *ou* with
alligator [aligatɔʀ] *nm* alligator
allitération [aliteʀasjɔ̃] *nf* alliteration
allô [alo] *excl* hullo, hallo
allocataire [alɔkatɛʀ] *nm/f* beneficiary
allocation [alɔkasjɔ̃] *nf* allowance; **~ (de) chômage** unemployment benefit; **~ (de) logement** rent allowance; **allocations familiales** ≈ child benefit *no pl*; **allocations de maternité** maternity allowance
allocs [alɔk] *nfpl (fam : allocations familiales)* ≈ child benefit *no pl*
allocution [alɔkysjɔ̃] *nf* short speech
allongé, e [alɔ̃ʒe] *adj (étendu)* : **être ~** to be stretched out *ou* lying down; *(long)* long; *(étiré)* elongated; *(oblong)* oblong; **rester ~** to be lying down; **mine allongée** long face
allongement [alɔ̃ʒmɑ̃] *nm (de jours)* lengthening; *(de durée de travail)* extension
allonger [alɔ̃ʒe] /**3**/ *vt* to lengthen, make longer; *(étendre : bras, jambe)* to stretch (out); *(: sauce)* to spin out, make go further; **~ le pas** to hasten one's step(s); **s'allonger** *vpr* to get longer; *(se coucher)* to lie down, stretch out
allouer [alwe] /**1**/ *vt* : **~ qch à** to allocate sth to, allot sth to
allumage [alymaʒ] *nm (Auto)* ignition
allume-cigare [alymsigaʀ] *nm inv* cigar lighter
allume-gaz [alymgɑz] *nm inv* gas lighter
allumer [alyme] /**1**/ *vt (lampe, phare, radio)* to put *ou* switch on; *(pièce)* to put *ou* switch the light(s) on in; *(feu, bougie, cigare, pipe, gaz)* to light; *(chauffage)* to put on; **~ (la lumière** *ou* **l'électricité)** to put on the light; **s'allumer** *vpr (lumière, lampe)* to come *ou* go on
allumette [alymɛt] *nf* match; *(morceau de bois)* matchstick; *(Culin)* : **~ au fromage** cheese straw; **~ de sûreté** safety match
allumeuse [alymøz] *nf (péj)* tease *(woman)*
allure [alyʀ] *nf (vitesse)* speed; *(: à pied)* pace; *(démarche)* walk; *(maintien)* bearing; *(aspect, air)* look; **avoir de l'~** to have style; **à toute ~** at full speed
allusion [a(l)lyzjɔ̃] *nf* allusion; *(sous-entendu)* hint; **faire ~ à** to allude *ou* refer to; to hint at
alluvions [alyvjɔ̃] *nfpl* alluvial deposits, alluvium *sg*
almanach [almana] *nm* almanac
aloès [alɔɛs] *nm (Bot)* aloe
aloi [alwa] *nm* : **de bon/mauvais ~** of genuine/ doubtful worth *ou* quality

MOT-CLÉ

alors [alɔʀ] *adv* **1** *(à ce moment-là)* then, at that time; **il habitait alors à Paris** he lived in Paris at that time; **jusqu'alors** up till *ou* until then
2 *(par conséquent)* then; **tu as fini ? alors je m'en vais** have you finished? I'm going then
3 *(expressions)* : **alors ? quoi de neuf ?** well *ou* so? what's new?; **et alors ?** so (what)?; **ça alors !** (well) really!
▸ *conj* **1** : **alors que** *(au moment où)* when, as; **il est arrivé alors que je partais** he arrived as I was leaving
2 : **alors que** *(tandis que)* whereas, while; **alors que son frère travaillait dur, lui se reposait** while his brother was working hard, HE would rest
3 : **alors que** *(bien que)* even though; **il a été puni alors qu'il n'a rien fait** he was punished, even though he had done nothing
4 : **alors que** *(pendant que)* while, when; **alors qu'il était à Paris, il a visité ...** while *ou* when he was in Paris, he visited ...

alouette [alwɛt] *nf* (sky)lark

alourdir [aluʀdiʀ] /2/ *vt* to weigh down, make heavy; **s'alourdir** *vpr* to grow heavy *ou* heavier
aloyau [alwajo] *nm* sirloin
alpaga [alpaga] *nm* (*tissu*) alpaca
alpage [alpaʒ] *nm* high mountain pasture
Alpes [alp] *nfpl* : **les ~** the Alps
alpestre [alpɛstʀ] *adj* alpine
alphabet [alfabɛ] *nm* alphabet; (*livre*) ABC (book), primer
alphabétique [alfabetik] *adj* alphabetic(al); **par ordre ~** in alphabetical order
alphabétisation [alfabetizasjɔ̃] *nf* literacy teaching
alphabétiser [alfabetize] /1/ *vt* to teach to read and write; (*pays*) to eliminate illiteracy in
alphanumérique [alfanymeʀik] *adj* alphanumeric
alpin, e [alpɛ̃, -in] *adj* (*plante etc*) alpine; (*club*) climbing
alpinisme [alpinism] *nm* mountaineering, climbing
alpiniste [alpinist] *nmf* mountaineer, climber
Alsace [alzas] *nf* Alsace; **l'~** Alsace
alsacien, ne [alzasjɛ̃, -ɛn] *adj* Alsatian ▸ *nm/f* : **Alsacien, ne** Alsatian
altercation [altɛʀkasjɔ̃] *nf* altercation
alter ego [altɛʀego] *nm* alter ego
altérer [alteʀe] /6/ *vt* (*faits, vérité*) to falsify, distort; (*qualité*) to debase, impair; (*données*) to corrupt; (*donner soif à*) to make thirsty; **s'altérer** *vpr* to deteriorate; to spoil
altermondialisation [altɛʀmɔ̃djalizasjɔ̃] *nf* anti-globalization
altermondialisme [altɛʀmɔ̃djalism] *nm* anti-globalism
altermondialiste [altɛʀmɔ̃djalist] *adj, nmf* anti-globalist
alternance [altɛʀnɑ̃s] *nf* alternation; **en ~** alternately; **formation en ~** sandwich course
alternateur [altɛʀnatœʀ] *nm* alternator
alternatif, -ive [altɛʀnatif, -iv] *adj* alternating ▸ *nf* alternative
alternative *nf* (*choix*) alternative
alternativement [altɛʀnativmɑ̃] *adv* alternately
alterner [altɛʀne] /1/ *vt* to alternate; **(faire) ~ qch avec qch** to alternate sth with sth ▸ *vi* : **~ (avec)** to alternate (with)
Altesse [altɛs] *nf* Highness
altier, -ière [altje, -jɛʀ] *adj* haughty
altimètre [altimɛtʀ] *nm* altimeter
altiport [altipɔʀ] *nm* mountain airfield
altiste [altist] *nmf* viola player, violist
altitude [altityd] *nf* altitude, height; **à 1000 m d'~** at a height *ou* an altitude of 1000 m; **en ~** at high altitudes; **perdre/prendre de l'~** to lose/gain height; **voler à haute/basse ~** to fly at a high/low altitude
alto [alto] *nm* (*instrument*) viola ▸ *nf* (contr)alto
altruisme [altʀɥism] *nm* altruism
altruiste [altʀɥist] *adj* altruistic
alu [aly] *nm* (*fam : aluminium*) foil; **en ~** foil
aluminium [alyminjɔm] *nm* aluminium (Brit), aluminum (US)
alun [alœ̃] *nm* alum
alunir [alyniʀ] /2/ *vi* to land on the moon
alunissage [alynisaʒ] *nm* (moon) landing
alvéole [alveɔl] *nm ou f* (*de ruche*) alveolus
alvéolé, e [alveɔle] *adj* honeycombed
AM *sigle f* = **assurance maladie**
amabilité [amabilite] *nf* kindness; **il a eu l'~ de** he was kind *ou* good enough to
amadou [amadu] *nm* touchwood, amadou
amadouer [amadwe] /1/ *vt* to coax, cajole; (*adoucir*) to mollify, soothe
amaigri, e [amegʀi] *adj* (*visage, personne*) : **je l'ai trouvée très amaigrie depuis ma dernière visite** I thought she was a lot thinner than the last time I visited her, I thought she'd lost a lot of weight since the last time I visited her
amaigrir [amegʀiʀ] /2/ *vt* to make thin *ou* thinner; **s'amaigrir** *vpr* to get thinner
amaigrissant, e [amegʀisɑ̃, -ɑ̃t] *adj* : **régime ~** slimming (Brit) *ou* weight-reduction (US) diet
amalgame [amalgam] *nm* amalgam; (*fig : de gens, d'idées*) hotch-potch, mixture
amalgamer [amalgame] /1/ *vt* to amalgamate
amande [amɑ̃d] *nf* (*de l'amandier*) almond; (*de noyau de fruit*) kernel; **en ~** (*yeux*) almond *cpd*, almond-shaped
amandier [amɑ̃dje] *nm* almond (tree)
amanite [amanit] *nf* (*Bot*) *mushroom of the genus Amanita*; **~ tue-mouches** fly agaric
amant [amɑ̃] *nm* lover
amarre [amaʀ] *nf* (*Navig*) (mooring) rope *ou* line; **amarres** *nfpl* moorings
amarrer [amaʀe] /1/ *vt* (*Navig*) to moor; (*gén*) to make fast
amaryllis [amaʀilis] *nf* amaryllis
amas [amɑ] *nm* heap, pile
amasser [amɑse] /1/ *vt* to amass; **s'amasser** *vpr* to pile up, accumulate; (*foule*) to gather
amateur [amatœʀ] *nm* amateur; **en ~** (*péj*) amateurishly; **musicien/sportif ~** amateur musician/sportsman; **~ de musique/sport** *etc* music/sport *etc* lover
amateurisme [amatœʀism] *nm* amateurism; (*péj*) amateurishness
Amazone [amazɔn] *nf* : **l'~** the Amazon
amazone [amazɔn] *nf* horsewoman; **en ~** side-saddle
Amazonie [amazɔni] *nf* : **l'~** Amazonia
ambages [ɑ̃baʒ] : **sans ~** *adv* without beating about the bush, plainly
ambassade [ɑ̃basad] *nf* embassy; (*mission*) : **en ~** on a mission; **l'~ de France** the French Embassy
ambassadeur, -drice [ɑ̃basadœʀ, -dʀis] *nm/f* ambassador/ambassadress
ambiance [ɑ̃bjɑ̃s] *nf* atmosphere; **il y a de l'~** everyone's having a good time
ambiant, e [ɑ̃bjɑ̃, -ɑ̃t] *adj* (*air, milieu*) surrounding; (*température*) ambient
ambidextre [ɑ̃bidɛkstʀ] *adj* ambidextrous
ambigu, ë [ɑ̃bigy] *adj* ambiguous
ambiguïté [ɑ̃bigɥite] *nf* ambiguousness *no pl*, ambiguity
ambitieux, -euse [ɑ̃bisjø, -jøz] *adj* ambitious
ambition [ɑ̃bisjɔ̃] *nf* ambition
ambitionner [ɑ̃bisjɔne] /1/ *vt* to have as one's aim *ou* ambition

ambivalence [ɑ̃bivalɑ̃s] *nf* ambivalence
ambivalent, e [ɑ̃bivalɑ̃, -ɑ̃t] *adj* ambivalent
amble [ɑ̃bl] *nm* : **aller l'~** to amble
ambre [ɑ̃bʀ] *nm* : **~ (jaune)** amber; **~ gris** ambergris
ambré, e [ɑ̃bʀe] *adj* (*couleur*) amber; (*parfum*) ambergris-scented
ambulance [ɑ̃bylɑ̃s] *nf* ambulance
ambulancier, -ière [ɑ̃bylɑ̃sje, -jɛʀ] *nm/f* ambulanceman/woman (BRIT), paramedic (US)
ambulant, e [ɑ̃bylɑ̃, -ɑ̃t] *adj* travelling, itinerant
âme [ɑm] *nf* soul; **rendre l'~** to give up the ghost; **bonne ~** (*aussi ironique*) kind soul; **un joueur/tricheur dans l'~** a gambler/cheat through and through; **~ sœur** kindred spirit
amélioration [ameljɔʀasjɔ̃] *nf* improvement
améliorer [ameljɔʀe] /1/ *vt* to improve; **s'améliorer** *vpr* to improve, get better
aménagé, e [amenaʒe] *adj* (*cave, grenier*) converted; **ferme aménagée** converted farmhouse
aménagement [amenaʒmɑ̃] *nm* fitting out; laying out; development; **l'~ du territoire** ≈ town and country planning; **aménagements** *nmpl* developments; **aménagements fiscaux** tax adjustments
aménager [amenaʒe] /3/ *vt* (*agencer : espace, local*) to fit out; (*: terrain*) to lay out; (*: quartier, territoire*) to develop; (*installer*) to fix up, put in
amende [amɑ̃d] *nf* fine; **mettre à l'~** to penalize; **faire ~ honorable** to make amends
amendement [amɑ̃dmɑ̃] *nm* (*Jur*) amendment
amender [amɑ̃de] /1/ *vt* (*loi*) to amend; (*terre*) to enrich; **s'amender** *vpr* to mend one's ways
amène [amɛn] *adj* affable; **peu ~** unkind
amener [am(ə)ne] /5/ *vt* to bring; (*causer*) to bring about; (*baisser : drapeau, voiles*) to strike; **~ qn à qch/à faire** to lead sb to sth/to do; **s'amener** *vpr* (*fam*) to show up, turn up
amenuiser [amənɥize] /1/ : **s'amenuiser** *vpr* to dwindle; (*chances*) to grow slimmer, lessen
amer, amère [amɛʀ] *adj* bitter
amèrement [amɛʀmɑ̃] *adv* bitterly
américain, e [ameʀikɛ̃, -ɛn] *adj* American; **en vedette américaine** as a special guest (star) ▸ *nm* (*Ling*) American (English) ▸ *nm/f* : **Américain, e** American
américaniser [ameʀikanize] /1/ *vt* to Americanize
américanisme [ameʀikanism] *nm* Americanism
amérindien, ne [ameʀɛ̃djɛ̃, -ɛn] *adj* Amerindian, American Indian
Amérique [ameʀik] *nf* America; **l'~ centrale** Central America; **l'~ latine** Latin America; **l'~ du Nord** North America; **l'~ du Sud** South America
Amerloque [ameʀlɔk] *nmf* (*fam*) Yank, Yankee
amerrir [ameʀiʀ] /2/ *vi* to land (on the sea); (*capsule spatiale*) to splash down
amerrissage [ameʀisaʒ] *nm* landing (on the sea); splash-down
amertume [amɛʀtym] *nf* bitterness
améthyste [ametist] *nf* amethyst
ameublement [amœbləmɑ̃] *nm* furnishing; (*meubles*) furniture; **articles d'~** furnishings; **tissus d'~** soft furnishings, furnishing fabrics
ameuter [amøte] /1/ *vt* (*badauds*) to draw a crowd of; (*peuple*) to rouse, stir up
ami, e [ami] *nm/f* friend; (*amant/maîtresse*) boyfriend/girlfriend; **un ~ des arts** a patron of the arts; **un ~ des chiens** a dog lover; **petit ~/petite amie** (*fam*) boyfriend/girlfriend ▸ *adj* : **pays/groupe ~** friendly country/group; **être (très) ~ avec qn** to be (very) friendly with sb; **être ~ de l'ordre** to be a lover of order
amiable [amjabl] : **à l'~** *adv* (*Jur*) out of court; (*gén*) amicably
amiante [amjɑ̃t] *nm* asbestos
amibe [amib] *nf* amoeba
amical, e, -aux [amikal, -o] *adj* friendly ▸ *nf* (*club*) association
amicalement [amikalmɑ̃] *adv* in a friendly way; (*formule épistolaire*) regards
amidon [amidɔ̃] *nm* starch
amidonner [amidɔne] /1/ *vt* to starch
amincir [amɛ̃siʀ] /2/ *vt* (*objet*) to thin (down); **~ qn** to make sb thinner *ou* slimmer; (*vêtement*) to make sb look slimmer; **s'amincir** *vpr* to get thinner *ou* slimmer
amincissant, e [amɛ̃sisɑ̃, -ɑ̃t] *adj* slimming; **régime ~** diet; **crème amincissante** slimming cream
aminé, e [amine] *adj* : **acide ~** amino acid
amiral, -aux [amiʀal, -o] *nm* admiral
amirauté [amiʀote] *nf* admiralty
amitié [amitje] *nf* friendship; **prendre en ~** to take a liking to; **faire** *ou* **présenter ses amitiés à qn** to send sb one's best wishes; **amitiés** (*formule épistolaire*) (with) best wishes
ammoniac [amɔnjak] *nm* : **(gaz) ~** ammonia
ammoniaque [amɔnjak] *nf* ammonia (water)
amnésie [amnezi] *nf* amnesia
amnésique [amnezik] *adj* amnesic
Amnesty International [amnɛsti-] *n* Amnesty International
amniocentèse [amnjosɛ̃tɛz] *nf* amniocentesis
amnistie [amnisti] *nf* amnesty
amnistier [amnistje] /7/ *vt* to amnesty
amocher [amɔʃe] /1/ *vt* (*fam*) to mess up
amoindrir [amwɛ̃dʀiʀ] /2/ *vt* to reduce
amollir [amɔliʀ] /2/ *vt* to soften
amonceler [amɔ̃s(ə)le] /4/ *vt* to pile *ou* heap up; **s'amonceler** *vpr* to pile *ou* heap up; (*fig*) to accumulate
amoncellement [amɔ̃sɛlmɑ̃] *nm* piling *ou* heaping up; accumulation; (*tas*) pile, heap; accumulation
amont [amɔ̃] : **en ~** *adv* upstream; (*sur une pente*) uphill; **en ~ de** *prép* upstream from; uphill from, above
amoral, e, -aux [amɔʀal, -o] *adj* amoral
amorce [amɔʀs] *nf* (*sur un hameçon*) bait; (*explosif*) cap; (*tube*) primer; (*: contenu*) priming; (*fig : début*) beginning(s), start
amorcer [amɔʀse] /3/ *vt* to bait; to prime; (*commencer*) to begin, start
amorphe [amɔʀf] *adj* passive, lifeless

amortir [amɔRtiR] **/2/** *vt* (*atténuer : choc*) to absorb, cushion; (*: bruit, douleur*) to deaden; (*Comm : dette*) to pay off, amortize; (*: mise de fonds, matériel*) to write off; **~ un abonnement** to make a season ticket pay (for itself)
amortissable [amɔRtisabl] *adj* (*Comm*) that can be paid off
amortissement [amɔRtismɑ̃] *nm* (*de matériel*) writing off; (*d'une dette*) paying off
amortisseur [amɔRtisœR] *nm* shock absorber
amour [amuR] *nm* love; (*liaison*) love affair, love; (*statuette etc*) cupid; **un ~ de** a lovely little; **faire l'~** to make love
amouracher [amuRaʃe] **/1/** : **s'amouracher de** *vpr* (*péj*) to become infatuated with
amourette [amuRɛt] *nf* passing fancy
amoureusement [amuRøzmɑ̃] *adv* lovingly
amoureux, -euse [amuRø, -øz] *adj* (*regard, tempérament*) amorous; (*vie, problèmes*) love *cpd*; (*personne*) : **être ~ (de qn)** to be in love (with sb); **tomber ~ de qn** to fall in love with sb; **être ~ de qch** to be passionately fond of sth ▸ *nm/f* lover; **un ~ de la nature** a nature lover ▸ *nmpl* courting couple(s)
amour-propre [amuRpRɔpR] (*pl* **amours-propres**) *nm* self-esteem, pride
amovible [amɔvibl] *adj* removable, detachable
ampère [ɑ̃pɛR] *nm* amp(ere)
ampèremètre [ɑ̃pɛRmɛtR] *nm* ammeter
amphétamine [ɑ̃fetamin] *nf* amphetamine
amphi [ɑ̃fi] *nm* (*Scol : fam : = amphithéâtre*) lecture hall *ou* theatre
amphibie [ɑ̃fibi] *adj* amphibious
amphibien [ɑ̃fibjɛ̃] *nm* (*Zool*) amphibian
amphithéâtre [ɑ̃fiteɑtR] *nm* amphitheatre; (*d'université*) lecture hall *ou* theatre
amphore [ɑ̃fɔR] *nf* amphora
ample [ɑ̃pl] *adj* (*vêtement*) roomy, ample; (*gestes, mouvement*) broad; (*ressources*) ample; **jusqu'à plus ~ informé** (*Admin*) until further details are available
amplement [ɑ̃pləmɑ̃] *adv* amply; **~ suffisant** ample, more than enough
ampleur [ɑ̃plœR] *nf* scale, size; (*de dégâts, problème*) extent, magnitude
ampli [ɑ̃pli] *nm* (*fam : = amplificateur*) amplifier, amp
amplificateur [ɑ̃plifikatœR] *nm* amplifier
amplification [ɑ̃plifikasjɔ̃] *nf* amplification; expansion, increase
amplifier [ɑ̃plifje] **/7/** *vt* (*son, oscillation*) to amplify; (*fig*) to expand, increase; **s'amplifier** *vpr* (*oscillations*) to become amplified; (*contestation*) to intensify
ampliforme [ɑ̃plifɔRm] *adj* (*soutien-gorge*) maximizer *cpd*
amplitude [ɑ̃plityd] *nf* amplitude; (*des températures*) range
ampoule [ɑ̃pul] *nf* (*électrique*) bulb; (*de médicament*) phial; (*aux mains, pieds*) blister
ampoulé, e [ɑ̃pule] *adj* (*péj*) pompous, bombastic
amputation [ɑ̃pytasjɔ̃] *nf* amputation
amputer [ɑ̃pyte] **/1/** *vt* (*Méd*) to amputate; (*fig*) to cut *ou* reduce drastically; **~ qn d'un bras/pied** to amputate sb's arm/foot
Amsterdam [amstɛRdam] *n* Amsterdam
amulette [amylɛt] *nf* amulet
amusant, e [amyzɑ̃, -ɑ̃t] *adj* (*divertissant, spirituel*) entertaining, amusing; (*comique*) funny, amusing
amusé, e [amyze] *adj* amused
amuse-gueule [amyzgœl] *nm inv* appetizer, snack
amusement [amyzmɑ̃] *nm* (*voir amusé*) amusement; (*voir amuser*) entertaining, amusing; (*jeu etc*) pastime, diversion
amuser [amyze] **/1/** *vt* (*divertir*) to entertain, amuse; (*égayer, faire rire*) to amuse; (*détourner l'attention de*) to distract; **s'amuser** *vpr* (*jouer*) to amuse o.s., play; (*se divertir*) to enjoy o.s., have fun; (*fig*) to mess around; **s'~ de qch** (*trouver comique*) to find sth amusing; **s'~ avec** *ou* **de qn** (*duper*) to make a fool of sb
amusette [amyzɛt] *nf* idle pleasure, trivial pastime
amuseur [amyzœR] *nm* entertainer; (*péj*) clown
amygdale [amidal] *nf* tonsil; **opérer qn des amygdales** to take sb's tonsils out
amygdalite [amidalit] *nf* tonsillitis
AN *sigle f* = **Assemblée nationale**
an [ɑ̃] *nm* year; **être âgé de** *ou* **avoir 3 ans** to be 3 (years old); **en l'an 1980** in the year 1980; **le jour de l'an, le premier de l'an, le nouvel an** New Year's Day
anabolisant [anabɔlizɑ̃] *nm* anabolic steroid
anachronique [anakRɔnik] *adj* anachronistic
anachronisme [anakRɔnism] *nm* anachronism
anaconda [anakɔ̃da] *nm* (*Zool*) anaconda
anaérobie [anaeRɔbi] *adj* anaerobic
anagramme [anagRam] *nf* anagram
ANAH *sigle f* = **Agence nationale pour l'amélioration de l'habitat**
anal, e, -aux [anal, -o] *adj* anal
analgésique [analʒezik] *nm* analgesic
anallergique [analɛRʒik] *adj* hypoallergenic
analogie [analɔʒi] *nf* analogy
analogique [analɔʒik] *adj* (*Logique : raisonnement*) analogical; (*calculateur, montre etc*) analogue; (*Inform*) analog
analogue [analɔg] *adj* : **~ (à)** analogous (to), similar (to)
analphabète [analfabɛt] *nmf* illiterate
analphabétisme [analfabetism] *nm* illiteracy
analyse [analiz] *nf* analysis; (*Méd*) test; **faire l'~ de** to analyse; **une ~ approfondie** an in-depth analysis; **en dernière ~** in the last analysis; **avoir l'esprit d'~** to have an analytical turn of mind; **~ grammaticale** grammatical analysis, parsing (*Scol*)
analyser [analize] **/1/** *vt* to analyse; (*Méd*) to test
analyste [analist] *nmf* analyst; (*psychanalyste*) (psycho)analyst
analyste-programmeur, -euse (*pl* **analystes-programmeurs, analystes-programmeuses**) [analist-] *nm/f* systems analyst
analytique [analitik] *adj* analytical
analytiquement [analitikmɑ̃] *adv* analytically
ananas [anana(s)] *nm* pineapple
anarchie [anaRʃi] *nf* anarchy
anarchique [anaRʃik] *adj* anarchic

anarchisme [anaʀʃism] *nm* anarchism
anarchiste [anaʀʃist] *adj* anarchistic ▸ *nmf* anarchist
anathème [anatɛm] *nm* : **jeter l'~ sur, lancer l'~ contre** to anathematize, curse
anatomie [anatɔmi] *nf* anatomy
anatomique [anatɔmik] *adj* anatomical
ancestral, e, -aux [ɑ̃sɛstʀal, -o] *adj* ancestral
ancêtre [ɑ̃sɛtʀ] *nmf* ancestor; (*fig*) : **l'~ de** the forerunner of
anche [ɑ̃ʃ] *nf* reed
anchois [ɑ̃ʃwa] *nm* anchovy
ancien, ne [ɑ̃sjɛ̃, -jɛn] *adj* old; (*de jadis, de l'antiquité*) ancient; (*précédent, ex-*) former, old; (*par l'expérience*) senior; **un ~ ministre** a former minister; **mon ancienne voiture** my previous car; **être plus ~ que qn dans une maison** to have been in a firm longer than sb; (*dans la hiérarchie*) to be senior to sb in a firm; **~ combattant** ex-serviceman; **~ (élève)** (*Scol*) ex-pupil (Brit), alumnus (US) ▸ *nm* (*mobilier ancien*) : **l'~** antiques *pl* ▸ *nm/f* (*dans une tribu etc*) elder
anciennement [ɑ̃sjɛnmɑ̃] *adv* formerly
ancienneté [ɑ̃sjɛnte] *nf* oldness; antiquity; (*Admin*) (length of) service; (*privilèges obtenus*) seniority
ancrage [ɑ̃kʀaʒ] *nm* anchoring; (*Navig*) anchorage; (*Constr*) anchor
ancre [ɑ̃kʀ] *nf* anchor; **jeter/lever l'~** to cast/weigh anchor; **à l'~** at anchor
ancrer [ɑ̃kʀe] /1/ *vt* (*Constr : câble etc*) to anchor; (*fig*) to fix firmly; **s'ancrer** *vpr* (*Navig*) to (cast) anchor
andalou, -ouse [ɑ̃dalu, -uz] *adj* Andalusian
Andalousie [ɑ̃daluzi] *nf* : **l'~** Andalusia
andante [ɑ̃dɑ̃t] *adv, nm* andante
Andes [ɑ̃d] *nfpl* : **les ~** the Andes
andin, e [ɑ̃dɛ̃, -in] *adj* Andean
Andorre [ɑ̃dɔʀ] *nf* Andorra
andouille [ɑ̃duj] *nf* (*Culin*) *sausage made of chitterlings*; (*fam*) clot, nit
andouillette [ɑ̃dujɛt] *nf small andouille*
androgyne [ɑ̃dʀɔʒin] *adj* (*allure, visage*) androgynous
âne [ɑn] *nm* donkey, ass; (*péj*) dunce, fool
anéantir [aneɑ̃tiʀ] /2/ *vt* (*ville, armée*) to annihilate, wipe out; (*fig : espoirs*) to dash, destroy; (*déprimer*) to overwhelm
anéantissement [aneɑ̃tismɑ̃] *nm* (*d'armée, ville*) annihilation; (*d'espoirs*) dashing
anecdote [anɛkdɔt] *nf* anecdote
anecdotique [anɛkdɔtik] *adj* anecdotal
anémie [anemi] *nf* anaemia
anémié, e [anemje] *adj* anaemic; (*fig*) enfeebled
anémique [anemik] *adj* anaemic
anémone [anemɔn] *nf* anemone; **~ de mer** sea anemone
ânerie [ɑnʀi] *nf* stupidity; (*parole etc*) stupid *ou* idiotic comment *etc*
anéroïde [aneʀɔid] *adj voir* **baromètre**
ânesse [ɑnɛs] *nf* she-ass
anesthésiant, e [anɛstezjɑ̃, -ɑ̃t] *adj, nm* anaesthetic
anesthésie [anɛstezi] *nf* anaesthesia; **sous ~** under anaesthetic; **~ générale/locale** general/local anaesthetic; **faire une ~ locale à qn** to give sb a local anaesthetic
anesthésier [anɛstezje] /7/ *vt* to anaesthetize
anesthésique [anɛstezik] *adj, nm* anaesthetic
anesthésiste [anɛstezist] *nmf* anaesthetist
aneth [anɛt] *nm* dill; **du saumon à l'~** salmon in dill
anfractuosité [ɑ̃fʀaktɥozite] *nf* crevice
ange [ɑ̃ʒ] *nm* angel; **être aux anges** to be over the moon; **~ gardien** guardian angel
angélique [ɑ̃ʒelik] *adj* angelic(al) ▸ *nf* angelica
angelot [ɑ̃ʒ(ə)lo] *nm* cherub
angélus [ɑ̃ʒelys] *nm* angelus; (*cloches*) evening bells *pl*
angevin, e [ɑ̃ʒ(ə)vɛ̃, -in] *adj* of *ou* from Anjou; of *ou* from Angers
angine [ɑ̃ʒin] *nf* sore throat, throat infection; **~ de poitrine** angina (pectoris)
angiome [ɑ̃ʒjom] *nm* angioma
anglais, e [ɑ̃glɛ, -ɛz] *adj* English; **filer à l'anglaise** to take French leave; **à l'anglaise** (*Culin*) boiled ▸ *nm* (*Ling*) English ▸ *nm/f* : **Anglais, e** Englishman/woman; **les A~** the English
anglaises [ɑ̃glɛz] *nfpl* (*cheveux*) ringlets
angle [ɑ̃gl] *nm* angle; (*coin*) corner; **~ droit/obtus/aigu/mort** right/obtuse/acute/dead angle
Angleterre [ɑ̃glətɛʀ] *nf* : **l'~** England
anglican, e [ɑ̃glikɑ̃, -an] *adj, nm/f* Anglican
anglicanisme [ɑ̃glikanism] *nm* Anglicanism
anglicisme [ɑ̃glisism] *nm* anglicism
angliciste [ɑ̃glisist] *nmf* English scholar; (*étudiant*) student of English
anglo... [ɑ̃glɔ] *préfixe* Anglo(-)
anglo-américain, e [ɑ̃glɔameʀikɛ̃, -ɛn] *adj* Anglo-American ▸ *nm* (*Ling*) American English
anglo-arabe [ɑ̃glɔaʀab] *adj* Anglo-Arab
anglo-canadien, ne [ɑ̃glɔkanadjɛ̃, -ɛn] *adj* Anglo-Canadian ▸ *nm* (*Ling*) Canadian English
anglo-normand, e [ɑ̃glɔnɔʀmɑ̃, -ɑ̃d] *adj* Anglo-Norman; **les îles anglo-normandes** the Channel Islands
anglophile [ɑ̃glɔfil] *adj* Anglophilic
anglophobe [ɑ̃glɔfɔb] *adj* Anglophobic
anglophone [ɑ̃glɔfɔn] *adj* English-speaking
anglo-saxon, ne [ɑ̃glɔsaksɔ̃, -ɔn] *adj* Anglo-Saxon
angoissant, e [ɑ̃gwasɑ̃, -ɑ̃t] *adj* harrowing
angoisse [ɑ̃gwas] *nf* : **l'~** anguish *no pl*
angoissé, e [ɑ̃gwase] *adj* anguished; (*personne*) distressed
angoisser [ɑ̃gwase] /1/ *vt* to harrow, cause anguish to ▸ *vi* to worry, fret
Angola [ɑ̃gɔla] *nm* : **l'~** Angola
angolais, e [ɑ̃gɔlɛ, -ɛz] *adj* Angolan
angora [ɑ̃gɔʀa] *adj, nm* angora
anguille [ɑ̃gij] *nf* eel; **~ de mer** conger (eel); **il y a ~ sous roche** (*fig*) there's something going on, there's something beneath all this
angulaire [ɑ̃gylɛʀ] *adj* angular
anguleux, -euse [ɑ̃gylø, -øz] *adj* angular
anhydride [anidʀid] *nm* anhydride

anicroche [anikʀɔʃ] *nf* hitch, snag
animal, e, -aux [animal, -o] *adj, nm* animal; **~ domestique/sauvage** domestic/wild animal
animalerie [animalʀi] *nf (magasin)* pet shop
animalier, -ière [animalje, -jɛʀ] *adj* : **peintre ~** animal painter
animalité [animalite] *nf* animality
animateur, -trice [animatœʀ, -tʀis] *nm/f (de télévision)* host; *(de music-hall)* compère; *(de groupe)* leader, organizer; *(Ciné : technicien)* animator
animation [animasjɔ̃] *nf (voir animé)* busyness; liveliness; *(Ciné : technique)* animation; **centre d'~** ≈ community centre; **animations** *nfpl (activité)* activities
animé, e [anime] *adj (rue, lieu)* busy, lively; *(conversation, réunion)* lively, animated; *(opposé à inanimé, aussi Ling)* animate
animer [anime] /1/ *vt (ville, soirée)* to liven up, enliven; *(mettre en mouvement)* to drive; *(stimuler)* to drive, impel; **s'animer** *vpr* to liven up, come to life
animisme [animism] *nm* animism
animiste [animist] *adj (tribu, peuple)* animist
animosité [animozite] *nf* animosity
anis [ani(s)] *nm (Culin)* aniseed; *(Bot)* anise
anisé, e [anize] *adj (apéritif, goût)* aniseed
anisette [anizɛt] *nf* anisette
Ankara [ɑ̃kaʀa] *n* Ankara
ankyloser [ɑ̃kiloze] /1/ : **s'ankyloser** *vpr* to get stiff
annales [anal] *nfpl* annals
anneau, x [ano] *nm (de rideau, bague)* ring; *(de chaîne)* link; *(Sport)* : **exercices aux anneaux** ring exercises; **~ gastrique** *(Méd)* gastric band
année [ane] *nf* year; **souhaiter la bonne ~ à qn** to wish sb a Happy New Year; **tout au long de l'~** all year long; **d'une ~ à l'autre** from one year to the next; **d'~ en ~** from year to year; **l'~ scolaire/fiscale** the school/tax year
année-lumière [anelymjɛʀ] *(pl* **années-lumières***) nf* light year
annexe [anɛks] *adj (problème)* related; *(document)* appended; *(salle)* adjoining ▸ *nf (bâtiment)* annex(e); *(de document, ouvrage)* annex, appendix; *(jointe à une lettre, un dossier)* enclosure
annexer [anɛkse] /1/ *vt* to annex; **~ qch à** *(joindre)* to append sth to; **s'annexer** *vpr (pays)* to annex
annexion [anɛksjɔ̃] *nf* annexation
annihiler [aniile] /1/ *vt* to annihilate
anniversaire [anivɛʀsɛʀ] *nm* birthday; *(d'un événement, bâtiment)* anniversary ▸ *adj* : **jour ~** anniversary
annonce [anɔ̃s] *nf* announcement; *(signe, indice)* sign; *(aussi :* **annonce publicitaire***)* advertisement; *(Cartes)* declaration; **~ personnelle** personal message; **les petites annonces** the small *ou* classified ads
annoncer [anɔ̃se] /3/ *vt* to announce; *(être le signe de)* to herald; *(Cartes)* to declare; **je vous annonce que ...** I wish to tell you that ...; **~ la couleur** *(fig)* to lay one's cards on the table; **s'annoncer** *vpr* : **s'~ bien/difficile** to look promising/difficult
annonceur, -euse [anɔ̃sœʀ, -øz] *nm/f (TV, Radio : speaker)* announcer; *(publicitaire)* advertiser
annonciateur, -trice [anɔ̃sjatœʀ, -tʀis] *adj* : **~ d'un événement** presaging an event
Annonciation [anɔ̃sjasjɔ̃] *nf* : **l'~** *(Rel)* the Annunciation; *(jour)* Annunciation Day
annotation [anɔtasjɔ̃] *nf* annotation
annoter [anɔte] /1/ *vt* to annotate
annuaire [anɥɛʀ] *nm* yearbook, annual; **~ téléphonique** (telephone) directory, phone book
annuel, le [anɥɛl] *adj* annual, yearly
annuellement [anɥɛlmɑ̃] *adv* annually, yearly
annuité [anɥite] *nf* annual instalment
annulaire [anylɛʀ] *nm* ring *ou* third finger
annulation [anylasjɔ̃] *nf* cancellation; annulment; quashing, repeal
annuler [anyle] /1/ *vt (rendez-vous, voyage)* to cancel, call off; *(mariage)* to annul; *(jugement)* to quash (Brit), repeal (US); *(résultats)* to declare void; *(Math, Physique)* to cancel out; **s'annuler** *vpr* to cancel each other out
anoblir [anɔbliʀ] /2/ *vt* to ennoble
anoblissement [anɔblismɑ̃] *nm* ennoblement
anode [anɔd] *nf* anode
anodin, e [anɔdɛ̃, -in] *adj* harmless; *(sans importance)* insignificant, trivial
anomalie [anɔmali] *nf* anomaly
ânon [ɑnɔ̃] *nm* baby donkey; *(petit âne)* little donkey
ânonner [ɑnɔne] /1/ *vi, vt* to read in a drone; *(hésiter)* to read in a fumbling manner
anonymat [anɔnima] *nm* anonymity; **garder l'~** to remain anonymous
anonyme [anɔnim] *adj* anonymous; *(fig)* impersonal
anonymement [anɔnimmɑ̃] *adv* anonymously
anorak [anɔʀak] *nm* anorak
anorexie [anɔʀɛksi] *nf* anorexia
anorexique [anɔʀɛksik] *adj, nmf* anorexic
anormal, e, -aux [anɔʀmal, -o] *adj* abnormal; *(insolite)* unusual, abnormal
anormalement [anɔʀmalmɑ̃] *adv* abnormally; unusually
ANPE *sigle f (= Agence nationale pour l'emploi) national employment agency (functions include job creation)*
anse [ɑ̃s] *nf* handle; *(Géo)* cove
antagonisme [ɑ̃tagɔnism] *nm* antagonism
antagoniste [ɑ̃tagɔnist] *adj* antagonistic ▸ *nm* antagonist
antalgique [ɑ̃talʒik] *adj, nm* analgesic
antan [ɑ̃tɑ̃] : **d'~** *adj* of yesteryear, of long ago
antarctique [ɑ̃taʀktik] *adj* Antarctic; **le cercle A~** the Antarctic Circle; **l'océan A~** the Antarctic Ocean ▸ *nm* : **l'A~** the Antarctic
antécédent [ɑ̃tesedɑ̃] *nm (Ling)* antecedent; **antécédents** *nmpl (Méd etc)* past history *sg*; **antécédents professionnels** record, career to date
antédiluvien, ne [ɑ̃tedilyvjɛ̃, -ɛn] *adj (fig)* ancient, antediluvian
anténatal, e, -aux [ɑ̃tenatal, -o] *adj* antenatal
antenne [ɑ̃tɛn] *nf (de radio, télévision)* aerial; *(d'insecte)* antenna, feeler; *(poste avancé)* outpost; *(petite succursale)* sub-branch; **sur l'~** on the air; **passer à/avoir l'~** to go/be on the air; **deux heures d'~** two hours' broadcasting time;

hors ~ off the air; **~ chirurgicale** (*Mil*) advance surgical unit; **~ parabolique** satellite dish; **~-relais** mobile phone mast (Brit), cell tower (US)
antépénultième [ɑ̃tepenyltjɛm] *adj* antepenultimate
antérieur, e [ɑ̃teʀjœʀ] *adj* (*d'avant*) previous, earlier; (*de devant*) front; **~ à** prior *ou* previous to; **passé/futur ~** (*Ling*) past/future anterior
antérieurement [ɑ̃teʀjœʀmɑ̃] *adv* earlier; (*précédemment*) previously; **~ à** prior *ou* previous to
antériorité [ɑ̃teʀjɔʀite] *nf* precedence (*in time*)
anthologie [ɑ̃tɔlɔʒi] *nf* anthology
anthracite [ɑ̃tʀasit] *nm* anthracite ▸ *adj* : **(gris) ~** charcoal (grey)
anthropocentrisme [ɑ̃tʀɔposɑ̃tʀism] *nm* anthropocentrism
anthropologie [ɑ̃tʀɔpɔlɔʒi] *nf* anthropology
anthropologique [ɑ̃tʀɔpɔlɔʒik] *adj* anthropological
anthropologue [ɑ̃tʀɔpɔlɔg] *nmf* anthropologist
anthropomorphisme [ɑ̃tʀɔpɔmɔʀfism] *nm* anthropomorphism
anthropophage [ɑ̃tʀɔpɔfaʒ] *adj* cannibalistic
anthropophagie [ɑ̃tʀɔpɔfaʒi] *nf* cannibalism, anthropophagy
anti... [ɑ̃ti] *préfixe* anti...
antiaérien, ne [ɑ̃tiaeʀjɛ̃, -ɛn] *adj* anti-aircraft; **abri ~** air-raid shelter
antialcoolique [ɑ̃tialkɔlik] *adj* anti-alcohol; **ligue ~** temperance league
antiatomique [ɑ̃tiatɔmik] *adj* : **abri ~** fallout shelter
antibactérien, ne [ɑ̃tibakteʀjɛ̃, -jɛn] *adj* antibacterial
antibiotique [ɑ̃tibjɔtik] *nm* antibiotic
antibrouillard [ɑ̃tibʀujaʀ] *adj* : **phare ~** fog lamp
antibruit [ɑ̃tibʀɥi] *adj inv* : **mur ~** (*sur autoroute*) sound-muffling wall
antibuée [ɑ̃tibɥe] *adj inv* : **dispositif ~** demister; **bombe ~** demister spray
anticalcaire [ɑ̃tikalkɛʀ] *adj inv* anti-liming, anti-scale
anticancéreux, -euse [ɑ̃tikɑ̃seʀø, -øz] *adj* cancer *cpd*
anticapitaliste [ɑ̃tikapitalist] *adj* (*parti, mouvement*) anticapitalist
anticasseur, anticasseurs [ɑ̃tikasœʀ] *adj* : **loi/mesure ~(s)** law/measure against damage done by demonstrators
antichambre [ɑ̃tiʃɑ̃bʀ] *nf* antechamber, anteroom; **faire ~** to wait (for an audience)
antichar [ɑ̃tiʃaʀ] *adj* antitank
antichoc [ɑ̃tiʃɔk] *adj* shockproof
anticipation [ɑ̃tisipasjɔ̃] *nf* anticipation; (*Comm*) payment in advance; **par ~** in anticipation, in advance; **livre/film d'~** science fiction book/film
anticipé, e [ɑ̃tisipe] *adj* (*règlement, paiement*) early, in advance; (*joie etc*) anticipated, early; **avec mes remerciements anticipés** thanking you in advance *ou* anticipation
anticiper [ɑ̃tisipe] /1/ *vt* (*événement, coup*) to anticipate, foresee; (*paiement*) to pay *ou* make in advance ▸ *vi* to look *ou* think ahead; (*en racontant*) to jump ahead; (*prévoir*) to anticipate; **~ sur** to anticipate
anticlérical, e, -aux [ɑ̃tikleʀikal, -o] *adj* anticlerical
anticoagulant, e [ɑ̃tikɔagylɑ̃, -ɑ̃t] *adj, nm* anticoagulant
anticolonialisme [ɑ̃tikɔlɔnjalism] *nm* anticolonialism
anticonceptionnel, le [ɑ̃tikɔ̃sɛpsjɔnɛl] *adj* contraceptive
anticonformisme [ɑ̃tikɔ̃fɔʀmism] *nm* nonconformism
anticonformiste [ɑ̃tikɔ̃fɔʀmist] *adj, nmf* nonconformist
anticonstitutionnel, le [ɑ̃tikɔ̃stitysjɔnɛl] *adj* unconstitutional
anticorps [ɑ̃tikɔʀ] *nm* antibody
anticyclone [ɑ̃tisiklon] *nm* anticyclone
antidater [ɑ̃tidate] /1/ *vt* to backdate, predate
antidémocratique [ɑ̃tidemɔkʀatik] *adj* antidemocratic; (*peu démocratique*) undemocratic
antidépresseur [ɑ̃tidepʀɛsœʀ] *nm* antidepressant
antidérapant, e [ɑ̃tideʀapɑ̃, -ɑ̃t] *adj* nonskid
antidopage [ɑ̃tidɔpaʒ], **antidoping** [ɑ̃tidɔpiŋ] *adj* (*lutte*) antidoping; (*contrôle*) dope *cpd*
antidote [ɑ̃tidɔt] *nm* antidote
anti-émeute [ɑ̃tiemøt] *adj* (*police*) riot; (*lutte*) against rioting
antienne [ɑ̃tjɛn] *nf* (*fig*) chant, refrain
antigang [ɑ̃tigɑ̃g] *adj inv* : **brigade ~** commando unit
antigel [ɑ̃tiʒɛl] *nm* antifreeze
antigène [ɑ̃tiʒɛn] *nm* antigen
antigouvernemental, e, -aux [ɑ̃tiguvɛʀnəmɑ̃tal, -o] *adj* antigovernment
Antigua et Barbude [ɑ̃tigaebaʀbyd] *nf* Antigua and Barbuda
antihéros [ɑ̃tieʀo] *nm* antihero
antihistaminique [ɑ̃tiistaminik] *nm* antihistamine
anti-inflammatoire [ɑ̃tiɛ̃flamatwaʀ] *adj* anti-inflammatory
anti-inflationniste [ɑ̃tiɛ̃flasjɔnist] *adj* anti-inflationary
antillais, e [ɑ̃tijɛ, -ɛz] *adj* West Indian, Caribbean ▸ *nm/f* : **Antillais, e** West Indian, Caribbean
Antilles [ɑ̃tij] *nfpl* : **les ~** the West Indies; **les Grandes/Petites ~** the Greater/Lesser Antilles
antilope [ɑ̃tilɔp] *nf* antelope
antimatière [ɑ̃timatjɛʀ] *nf* antimatter
antimilitarisme [ɑ̃timilitaʀism] *nm* antimilitarism
antimilitariste [ɑ̃timilitaʀist] *adj* antimilitarist
antimissile [ɑ̃timisil] *adj* antimissile
antimite(s) [ɑ̃timit] *adj, nm* : **(produit) antimite(s)** moth proofer, moth repellent
antimondialisation [ɑ̃timɔ̃djalizasjɔ̃] *nf* anti-globalization
antinucléaire [ɑ̃tinykleeʀ] *adj* antinuclear

antioxydant [ɑ̃tiɔksidɑ̃] *nm* antioxidant
antiparasite [ɑ̃tipaʀazit] *adj (Radio, TV)* anti-interference; **dispositif ~** suppressor
antipathie [ɑ̃tipati] *nf* antipathy
antipathique [ɑ̃tipatik] *adj* unpleasant, disagreeable
antipelliculaire [ɑ̃tipelikylɛʀ] *adj* anti-dandruff
antipersonnel [ɑ̃tipɛʀsɔnɛl] *adj inv (mines)* antipersonnel
antiphrase [ɑ̃tifʀɑz] *nf* : **par ~** ironically
antipodes [ɑ̃tipɔd] *nmpl (Géo)* : **les ~** the antipodes; *(fig)* **être aux ~ de** to be the opposite extreme of
antipoison [ɑ̃tipwazɔ̃] *adj inv* : **centre ~** poison centre
antipoliomyélitique [ɑ̃tipɔljɔmjelitik] *adj* polio *cpd*
antipollution [ɑ̃tipɔlysjɔ̃] *adj* environmentally friendly, eco-friendly
antiquaire [ɑ̃tikɛʀ] *nmf* antique dealer
antique [ɑ̃tik] *adj* antique; *(très vieux)* ancient, antiquated
antiquité [ɑ̃tikite] *nf (objet)* antique; **l'A~** Antiquity; **magasin/marchand d'antiquités** antique shop/dealer
antirabique [ɑ̃tiʀabik] *adj* rabies *cpd*
antiracisme [ɑ̃tiʀasism] *nm* anti-racism
antiraciste [ɑ̃tiʀasist] *adj* antiracist
antireflet [ɑ̃tiʀəflɛ] *adj inv (verres)* antireflective
antirépublicain, e [ɑ̃tiʀepyblikɛ̃, -ɛn] *adj* antirepublican
antirides [ɑ̃tiʀid] *adj inv (crème)* anti wrinkle
antirouille [ɑ̃tiʀuj] *adj inv* anti-rust *cpd*; **peinture ~** antirust paint; **traitement ~** rustproofing
antisémite [ɑ̃tisemit] *adj* anti-Semitic
antisémitisme [ɑ̃tisemitism] *nm* anti-Semitism
antiseptique [ɑ̃tisɛptik] *adj, nm* antiseptic
antisismique [ɑ̃tisismik] *adj (dispositif, protection)* earthquake *cpd*; *(construction)* earthquake-safe; **normes antisismiques** earthquake safety standards
antisocial, e, -aux [ɑ̃tisɔsjal, -o] *adj* antisocial
antispasmodique [ɑ̃tispasmɔdik] *adj, nm* antispasmodic
antisportif, -ive [ɑ̃tispɔʀtif, -iv] *adj* unsporting; *(hostile au sport)* antisport
antitabac [ɑ̃titaba] *adj inv (lutte, campagne)* anti-smoking
antiterroriste [ɑ̃titeʀɔʀist] *adj (mesures, loi)* anti-terrorist
antitétanique [ɑ̃titetanik] *adj* tetanus *cpd*
antithèse [ɑ̃titɛz] *nf* antithesis
antitrust [ɑ̃titʀœst] *adj inv (loi, mesures)* antimonopoly
antituberculeux, -euse [ɑ̃titybɛʀkylø, -øz] *adj* tuberculosis *cpd*
antitussif, -ive [ɑ̃titysif, -iv] *adj* antitussive, cough *cpd*
antivariolique [ɑ̃tivaʀjɔlik] *adj* smallpox *cpd*
antiviral, e, -aux [ɑ̃tiviʀal, -o] *adj (Méd)* antiviral
antivirus [ɑ̃tiviʀys] *nm (Inform)* antivirus (program)
antivol [ɑ̃tivɔl] *adj, nm* : **(dispositif) ~** antitheft device; *(pour vélo)* padlock
antonyme [ɑ̃tɔnim] *nm* antonym
antre [ɑ̃tʀ] *nm* den, lair
anus [anys] *nm* anus
Anvers [ɑ̃vɛʀ] *n* Antwerp
anxiété [ɑ̃ksjete] *nf* anxiety
anxieusement [ɑ̃ksjøzmɑ̃] *adv* anxiously
anxieux, -euse [ɑ̃ksjø, -jøz] *adj* anxious, worried; **être ~ de faire** to be anxious to do
anxiogène [ɑ̃ksjɔʒɛn] *adj (situation, climat)* stressful
anxiolytique [ɑ̃ksjɔlitik] *nm* anxiolytic
AOC *sigle f (= Appellation d'origine contrôlée) guarantee of quality of wine*
aorte [aɔʀt] *nf* aorta
août [u(t)] *nm* August; *voir aussi* **Assomption**; **juillet**
aoûtien, ne [ausjɛ̃, -ɛn] *nm/f* August holiday-maker
AP *sigle f* = **Assistance publique**
apaisant, e [apɛzɑ̃, -ɑ̃t] *adj* soothing
apaisement [apɛzmɑ̃] *nm* calming; soothing; *(aussi Pol)* appeasement; **apaisements** *nmpl* soothing reassurances; *(pour calmer)* pacifying words
apaiser [apeze] /1/ *vt (colère)* to calm, quell, soothe; *(faim)* to appease, assuage; *(douleur)* to soothe; *(personne)* to calm (down), pacify; **s'apaiser** *vpr (tempête, bruit)* to die down, subside; *(personne)* to calm down
apanage [apanaʒ] *nm* : **être l'~ de** to be the privilege *ou* prerogative of
aparté [apaʀte] *nm (Théât)* aside; *(entretien)* private conversation; **en ~** *adv* in an aside (BRIT); *(entretien)* in private
apartheid [apaʀtɛd] *nm* apartheid
apathie [apati] *nf* apathy
apathique [apatik] *adj* apathetic
apatride [apatʀid] *nmf* stateless person
APCE *sigle f (= Agence pour la création d'entreprises) business start-up agency*
apercevoir [apɛʀsəvwaʀ] /28/ *vt* to see; **s'apercevoir de** *vpr* to notice; **s'~ que** to notice that; **sans s'en ~** without realizing *ou* noticing
aperçu, e [apɛʀsy] *pp de* **apercevoir** ▸ *nm (vue d'ensemble)* general survey; *(intuition)* insight
apéritif, -ive [apeʀitif, -iv] *adj* which stimulates the appetite ▸ *nm (boisson)* aperitif; *(réunion)* (pre-lunch *ou* -dinner) drinks *pl*; **prendre l'~** to have drinks (before lunch *ou* dinner) *ou* an aperitif
apéro [apeʀo] *nm (fam : apéritif)* aperitif, drink *(before lunch or dinner)*; **prendre l'~** to have an aperitif
apesanteur [apəzɑ̃tœʀ] *nf* weightlessness
à-peu-près [apøpʀɛ] *nm inv (péj)* vague approximation
apeuré, e [apœʀe] *adj* frightened, scared
aphasie [afazi] *nm* aphasia
aphone [afɔn] *adj* voiceless
aphorisme [afɔʀism] *nm* aphorism
aphrodisiaque [afʀɔdizjak] *adj, nm* aphrodisiac

aphte [aft] *nm* mouth ulcer
aphteuse [aftøz] *adj f*: **fièvre ~** foot-and-mouth disease
à-pic [apik] *nm* cliff, drop
apicole [apikɔl] *adj* beekeeping *cpd*
apiculteur, -trice [apikyltœʀ, -tʀis] *nm/f* beekeeper
apiculture [apikyltyʀ] *nf* beekeeping, apiculture
apitoiement [apitwamɑ̃] *nm* pity, compassion
apitoyer [apitwaje] **/8/** *vt* to move to pity; **~ qn sur qn/qch** to move sb to pity for sb/over sth; **s'apitoyer** *vpr* to feel pity *ou* compassion; **s'~ (sur qn/qch)** to feel pity *ou* compassion (for sb/over sth)
ap. J.-C. *abr* (= *après Jésus-Christ*) AD
APL *sigle f* (= *aide personnalisée au logement*) *housing benefit*
aplanir [aplaniʀ] **/2/** *vt* to level; (*fig*) to smooth away, iron out
aplati, e [aplati] *adj* flat, flattened
aplatir [aplatiʀ] **/2/** *vt* to flatten; **s'aplatir** *vpr* to become flatter; (*écrasé*) to be flattened; (*fig*) to lie flat on the ground; (: *fam*) to fall flat on one's face; (: *péj*) to grovel
aplomb [aplɔ̃] *nm* (*équilibre*) balance, equilibrium; (*fig*) self-assurance; (: *péj*) nerve; **d'~** *adv* steady; (*Constr*) plumb
APN *sigle m* (= *appareil photo(graphique) numérique*) digital camera
apnée [apne] *nf*: **apnées du sommeil** sleep apnoea; **la plongée en ~** free-diving
apocalypse [apɔkalips] *nf* apocalypse
apocalyptique [apɔkaliptik] *adj* (*fig*) apocalyptic
apocryphe [apɔkʀif] *adj* apocryphal
apogée [apɔʒe] *nm* (*fig*) peak, apogee
apolitique [apɔlitik] *adj* (*indifférent*) apolitical; (*indépendant*) unpolitical, non-political
apologie [apɔlɔʒi] *nf* praise; (*Jur*) vindication
apoplexie [apɔplɛksi] *nf* apoplexy
a posteriori [apɔsteʀjɔʀi] *adv* after the event, with hindsight, a posteriori
apostolat [apɔstɔla] *nm* (*Rel*) apostolate, discipleship; (*gén*) evangelism
apostolique [apɔstɔlik] *adj* apostolic
apostrophe [apɔstʀɔf] *nf* (*signe*) apostrophe; (*appel*) interpellation
apostropher [apɔstʀɔfe] **/1/** *vt* (*interpeller*) to shout at, address sharply
apothéose [apɔteoz] *nf* pinnacle (of achievement); (*Mus etc*) grand finale
apothicaire [apɔtikɛʀ] *nm* apothecary
apôtre [apotʀ] *nm* apostle, disciple
apparaître [apaʀɛtʀ] **/57/** *vi* to appear ▸ *vb copule* to appear, seem
apparat [apaʀa] *nm*: **tenue/dîner d'~** ceremonial dress/dinner
appareil [apaʀɛj] *nm* (*outil, machine*) piece of apparatus, device; (*électrique etc*) appliance; (*politique, syndical*) machinery; (*avion*) (aero)plane (Brit), (air)plane (US), aircraft *inv*; (*téléphonique*) telephone; (*dentier*) brace (Brit), braces (US); **~ digestif/reproducteur** digestive/reproductive system *ou* apparatus; **l'~ productif** the means of production; **qui est à l'~?** who's speaking?; **dans le plus simple ~** in one's birthday suit; **~ (photo)** camera; **~ numérique** digital camera
appareillage [apaʀɛjaʒ] *nm* (*appareils*) equipment; (*Navig*) casting off, getting under way
appareiller [apaʀeje] **/1/** *vi* (*Navig*) to cast off, get under way ▸ *vt* (*assortir*) to match up; (*Méd : prothèse*) to fit with a prosthesis; (: *appareil acoustique*) to fit with a hearing aid
appareil photo [apaʀɛjfɔtɔ] (*pl* **appareils photos**) *nm* camera
apparemment [apaʀamɑ̃] *adv* apparently
apparence [apaʀɑ̃s] *nf* appearance; **malgré les apparences** despite appearances; **en ~** apparently, seemingly
apparent, e [apaʀɑ̃, -ɑ̃t] *adj* visible; (*évident*) obvious; (*superficiel*) apparent; **coutures apparentes** topstitched seams; **poutres apparentes** exposed beams
apparenté, e [apaʀɑ̃te] *adj*: **~ à** related to; (*fig*) similar to
apparenter [apaʀɑ̃te] **/1/**: **s'apparenter à** *vpr* to be similar to
apparier [apaʀje] **/7/** *vt* (*gants*) to pair, match
appariteur [apaʀitœʀ] *nm* attendant, porter (*in French universities*)
apparition [apaʀisjɔ̃] *nf* appearance; (*surnaturelle*) apparition; **faire son ~** to appear
appartement [apaʀtəmɑ̃] *nm* flat (Brit), apartment (US)
appartenance [apaʀtənɑ̃s] *nf*: **~ à** belonging to, membership of
appartenir [apaʀtəniʀ] **/22/**: **~ à** *vt* to belong to; (*faire partie de*) to belong to, be a member of; **il lui appartient de** it is up to him to
appartiendrai [apaʀtjɛ̃dʀe], **appartiens** *etc* [apaʀtjɛ̃] *vb voir* **appartenir**
apparu, e [apaʀy] *pp de* **apparaître**
appas [apɑ] *nmpl* (*d'une femme*) charms
appât [apɑ] *nm* (*Pêche*) bait; (*fig*) lure, bait
appâter [apɑte] **/1/** *vt* (*hameçon*) to bait; (*poisson, fig*) to lure, entice
appauvrir [apovʀiʀ] **/2/** *vt* to impoverish; **s'appauvrir** *vpr* to grow poorer, become impoverished
appauvrissement [apovʀismɑ̃] *nm* impoverishment
appel [apɛl] *nm* call; (*nominal*) roll call; (: *Scol*) register; (*Mil : recrutement*) call-up; (*Jur*) appeal; **faire ~ à** (*invoquer*) to appeal to; (*avoir recours à*) to call on; (*nécessiter*) to call for, require; **faire** *ou* **interjeter ~** (*Jur*) to appeal, lodge an appeal; **faire l'~** to call the roll; (*Scol*) to call the register; **indicatif d'~** call sign; **numéro d'~** (*Tél*) number; **produit d'~** (*Comm*) loss leader; **sans ~** (*fig*) final, irrevocable; **~ d'air** in-draught; **~ d'offres** (*Comm*) invitation to tender; **faire un ~ de phares** to flash one's headlights; **~ (téléphonique)** (tele)phone call
appelé [ap(ə)le] *nm* (*Mil*) conscript
appeler [ap(ə)le] **/4/** *vt* to call; (*Tél*) to call, ring; (*faire venir : médecin etc*) to call, send for; (*fig : nécessiter*) to call for, demand; **~ au secours** to

call for help; **~ qn à l'aide** *ou* **au secours** to call to sb to help; **~ qn à un poste/des fonctions** to appoint sb to a post/assign duties to sb; **être appelé à** (*fig*) to be destined to; **~ qn à comparaître** (*Jur*) to summon sb to appear; **en ~ à** to appeal to; **s'appeler** *vpr* : **elle s'appelle Gabrielle** her name is Gabrielle, she's called Gabrielle; **comment vous appelez-vous ?** what's your name?; **comment ça s'appelle ?** what is it *ou* that called?

appellation [apelasjɔ̃] *nf* designation, appellation; **vin d'~ contrôlée** "appellation contrôlée" wine, *wine guaranteed of a certain quality*

appelle *etc* [apɛl] *vb voir* **appeler**

appendice [apɛ̃dis] *nm* appendix

appendicectomie [apɛ̃disɛktɔmi] *nf* appendicectomy, appendectomy (*US*)

appendicite [apɑ̃disit] *nf* appendicitis

appentis [apɑ̃ti] *nm* lean-to

appert [apɛʀ] *vb* : **il ~ que** it appears that, it is evident that

appesantir [apəzɑ̃tiʀ] /**2**/ : **s'appesantir** *vpr* to grow heavier; **s'~ sur** (*fig*) to dwell at length on

appétissant, e [apetisɑ̃, -ɑ̃t] *adj* appetizing, mouth-watering

appétit [apeti] *nm* appetite; **couper l'~ à qn** to take away sb's appetite; **bon ~ !** enjoy your meal!

applaudimètre [aplodimɛtʀ] *nm* applause meter

applaudir [aplodiʀ] /**2**/ *vt* to applaud ▸ *vi* to applaud, clap; **~ à** *vt* (*décision*) to applaud, commend

applaudissements [aplodismɑ̃] *nmpl* applause *sg*, clapping *sg*

appli [apli] *nf* app

applicable [aplikabl] *adj* applicable

applicateur [aplikatœʀ] *nm* applicator

application [aplikasjɔ̃] *nf* application; (*d'une loi*) enforcement; **mettre en ~** to implement

applique [aplik] *nf* wall lamp

appliqué, e [aplike] *adj* (*élève etc*) industrious, assiduous; (*science*) applied

appliquer [aplike] /**1**/ *vt* to apply; (*loi*) to enforce; (*donner : gifle, châtiment*) to give; **s'appliquer** *vpr* (*élève etc*) to apply o.s.; **s'~ à** (*loi, remarque*) to apply to; **s'~ à faire qch** to apply o.s. to doing sth, take pains to do sth; **s'~ sur** (*coïncider avec*) to fit over

appoint [apwɛ̃] *nm* (extra) contribution *ou* help; **avoir/faire l'~** (*en payant*) to have/give the right change *ou* money; **chauffage d'~** extra heating

appointements [apwɛ̃tmɑ̃] *nmpl* salary *sg*, stipend

appointer [apwɛ̃te] /**1**/ *vt* : **être appointé à l'année/au mois** to be paid yearly/monthly

appontage [apɔ̃taʒ] *nm* landing (*on an aircraft carrier*)

appontement [apɔ̃tmɑ̃] *nm* landing stage, wharf

apponter [apɔ̃te] /**1**/ *vi* (*avion, hélicoptère*) to land

apport [apɔʀ] *nm* supply; (*argent, biens etc*) contribution

apporter [apɔʀte] /**1**/ *vt* to bring; (*preuve*) to give, provide; (*modification*) to make; (*remarque*) to contribute, add

apposer [apoze] /**1**/ *vt* to append; (*sceau etc*) to affix

apposition [apozisjɔ̃] *nf* appending; affixing; (*Ling*) : **en ~** in apposition

appréciable [apʀesjabl] *adj* (*important*) appreciable, significant

appréciation [apʀesjasjɔ̃] *nf* appreciation; estimation, assessment; **appréciations** *nfpl* (*avis*) assessment *sg*, appraisal *sg*

apprécier [apʀesje] /**7**/ *vt* to appreciate; (*évaluer*) to estimate, assess; **s'apprécier** *vpr* (*monnaie*) to rise; **l'euro s'est apprécié de 8,4% par rapport au dollar** the euro has risen 8.4% against the dollar

appréhender [apʀeɑ̃de] /**1**/ *vt* (*craindre*) to dread; (*arrêter*) to apprehend; **~ que** to fear that; **~ de faire** to dread doing

appréhensif, -ive [apʀeɑ̃sif, -iv] *adj* apprehensive

appréhension [apʀeɑ̃sjɔ̃] *nf* apprehension

apprendre [apʀɑ̃dʀ] /**58**/ *vt* to learn; (*événement, résultats*) to learn of, hear of; **~ qch à qn** (*informer*) to tell sb (of) sth; (*enseigner*) to teach sb sth; **tu me l'apprends !** that's news to me!; **~ à faire qch** to learn to do sth; **~ à qn à faire qch** to teach sb to do sth

apprenti, e [apʀɑ̃ti] *nm/f* apprentice; (*fig*) novice, beginner

apprentissage [apʀɑ̃tisaʒ] *nm* learning; (*Comm, Scol : période*) apprenticeship; **école** *ou* **centre d'~** training school *ou* centre; **faire l'~ de qch** (*fig*) to be initiated into sth

apprêt [apʀɛ] *nm* (*sur un cuir, une étoffe*) dressing; (*sur un mur*) size; (*sur un papier*) finish; **sans ~** (*fig*) without artifice, unaffectedly

apprêté, e [apʀete] *adj* (*fig*) affected

apprêter [apʀete] /**1**/ *vt* to dress, finish; **s'apprêter** *vpr* : **s'~ à qch/à faire qch** to prepare for sth/for doing sth

appris, e [apʀi, -iz] *pp de* **apprendre**

apprivoisé, e [apʀivwaze] *adj* tame, tamed

apprivoiser [apʀivwaze] /**1**/ *vt* to tame

approbateur, -trice [apʀɔbatœʀ, -tʀis] *adj* approving

approbatif, -ive [apʀɔbatif, -iv] *adj* approving

approbation [apʀɔbasjɔ̃] *nf* approval; **digne d'~** (*conduite, travail*) praiseworthy, commendable

approchant, e [apʀɔʃɑ̃, -ɑ̃t] *adj* similar, close; **quelque chose d'~** something similar

approche [apʀɔʃ] *nf* approaching; (*arrivée, attitude*) approach; **à l'~ du bateau/de l'ennemi** as the ship/enemy approached *ou* drew near; **l'~ d'un problème** the approach to a problem; **travaux d'~** (*fig*) manoeuvrings; **approches** *nfpl* (*abords*) surroundings

approché, e [apʀɔʃe] *adj* approximate

approcher [apʀɔʃe] /**1**/ *vi* to approach, come near ▸ *vt* (*vedette, artiste*) to approach, come close to; (*rapprocher*) : **~ qch (de qch)** to bring *ou* put *ou* move sth near (to sth); **~ de** *vt* (*lieu, but*) to draw near to; (*quantité, moment*) to approach;

s'approcher de *vpr* to approach, go *ou* come *ou* move near to; **approchez-vous** come *ou* go nearer
approfondi, e [apʀɔfɔ̃di] *adj* thorough, detailed
approfondir [apʀɔfɔ̃diʀ] /2/ *vt* to deepen; (*question*) to go further into; **sans ~** without going too deeply into it
approfondissement [apʀɔfɔ̃dismɑ̃] *nm* (*de connaissances*) deepening
appropriation [apʀɔpʀijasjɔ̃] *nf* appropriation
approprié, e [apʀɔpʀije] *adj* : **~ (à)** appropriate (to), suited (to)
approprier [apʀɔpʀije] /7/ *vt* (*adapter*) adapt; **s'approprier** *vpr* to appropriate, take over
approuver [apʀuve] /1/ *vt* to agree with; (*autoriser : loi, projet*) to approve, pass; (*trouver louable*) to approve of; **je vous approuve entièrement/ne vous approuve pas** I agree with you entirely/don't agree with you; **lu et approuvé** (read and) approved
approvisionnement [apʀɔvizjɔnmɑ̃] *nm* supplying; (*provisions*) supply, stock
approvisionner [apʀɔvizjɔne] /1/ *vt* to supply; (*compte bancaire*) to pay funds into; **~ qn en** to supply sb with; **s'approvisionner** *vpr* : **s'~ dans un certain magasin/au marché** to shop in a certain shop/at the market; **s'~ en** to stock up with
approximatif, -ive [apʀɔksimatif, -iv] *adj* approximate, rough; (*imprécis*) vague
approximation [apʀɔksimasjɔ̃] *nf* approximation
approximativement [apʀɔksimativmɑ̃] *adv* approximately, roughly; vaguely
appt *abr* = **appartement**
appui [apɥi] *nm* support; **prendre ~ sur** to lean on; (*objet*) to rest on; **point d'~** fulcrum; (*fig*) something to lean on; **à l'~ de** (*pour prouver*) in support of; **à l'~** *adv* to support one's argument; **l'~ de la fenêtre** the windowsill, the window ledge
appuie *etc* [apɥi] *vb voir* **appuyer**
appui-tête, appuie-tête [apɥitɛt] *nm inv* headrest
appuyé, e [apɥije] *adj* (*regard*) meaningful; (*: insistant*) intent, insistent; (*excessif : politesse, compliment*) exaggerated, overdone
appuyer [apɥije] /8/ *vt* (*poser, soutenir : personne, demande*) to support, back (up); **~ qch sur/contre/à** to lean *ou* rest sth on/against/on ▸ *vi* : **~ sur** (*bouton*) to press, push; (*mot, détail*) to stress, emphasize; **~ sur le frein** to brake, to apply the brakes; **~ sur le champignon** to put one's foot down; **~ contre** (*toucher : mur, porte*) to lean *ou* rest against; **~ à droite** *ou* **sur sa droite** to bear (to the) right; **s'appuyer sur** *vpr* (*chose : peser sur*) to rest (heavily) on, press against, to lean on; (*compter sur*) to rely on; **s'~ sur qn** to lean on sb
apr. *abr* = **après**
âpre [ɑpʀ] *adj* acrid, pungent; (*fig*) harsh; (*lutte*) bitter; **~ au gain** grasping, greedy
après [apʀɛ] *prép* after; **d'~** *prép* (*selon*) according to; **d'~ lui** according to him; **d'~ moi** in my opinion; **~ quoi** after which; **et (puis) ~ ?** so what? ▸ *adv* afterwards; **deux heures ~** two hours later; **~ qu'il est parti/avoir fait** after he left/having done; **courir ~ qn** to run after sb; **crier ~ qn** to shout at sb; **~ coup** *adv* after the event, afterwards; **être toujours ~ qn** (*critiquer etc*) to be always on at sb; **~ tout** *adv* (*au fond*) after all
après-demain [apʀɛdmɛ̃] *adv* the day after tomorrow
après-guerre [apʀɛgɛʀ] *nm* post-war years *pl*; **d'~** *adj* post-war
après-midi [apʀɛmidi] *nm ou f inv* afternoon
après-rasage [apʀɛʀazaʒ] *nm inv* after-shave
après-shampooing [apʀɛʃɑ̃pwɛ̃] *nm inv* conditioner
après-ski [apʀɛski] *nm inv* (*chaussure*) snow boot; (*moment*) après-ski
après-soleil [apʀɛsɔlɛj] *adj inv* after-sun *cpd* ▸ *nm* after-sun cream *ou* lotion
après-vente [apʀɛvɑ̃t] *adj inv* after-sales *cpd*
âpreté [ɑpʀəte] *nf* (*voir âpre*) pungency; harshness; bitterness
à-propos [apʀɔpo] *nm* (*d'une remarque*) aptness; **faire preuve d'~** to show presence of mind, do the right thing; **avec ~** suitably, aptly
apte [apt] *adj* : **~ à qch/faire qch** capable of sth/doing sth; **~ (au service)** (*Mil*) fit (for service)
aptitude [aptityd] *nf* ability, aptitude
apurer [apyʀe] /1/ *vt* (*Comm*) to clear
aquaculture [akwakyltyʀ] *nf* fish farming
aquagym® [akwaʒim] *nf* aquaerobics *sg*
aquaplanage [akwaplanaʒ] *nm* (*Auto*) aquaplaning
aquaplane [akwaplan] *nm* (*planche*) aquaplane; (*sport*) aquaplaning
aquaplaning [akwaplaniŋ] *nm* aquaplaning
aquarelle [akwaʀɛl] *nf* (*tableau*) watercolour (Brit), watercolor (US); (*genre*) watercolo(u)rs *pl*, aquarelle
aquarelliste [akwaʀelist] *nmf* painter in watercolo(u)rs
aquarium [akwaʀjɔm] *nm* aquarium
aquatique [akwatik] *adj* aquatic, water *cpd*
aqueduc [ak(ə)dyk] *nm* aqueduct
aqueux, -euse [akø, -øz] *adj* aqueous
aquilin [akilɛ̃] *adj m* : **nez ~** aquiline nose
AR *sigle m* = **accusé de réception**; (*Aviat, Rail etc*) = **aller (et) retour**; **lettre/paquet avec AR** recorded delivery letter/parcel ▸ *abr* (*Auto*) = **arrière**
arabe [aʀab] *adj* Arabic; (*désert, cheval*) Arabian; (*nation, peuple*) Arab ▸ *nm* (*Ling*) Arabic ▸ *nmf* : **Arabe** Arab
arabesque [aʀabɛsk] *nf* arabesque
Arabie [aʀabi] *nf* : **l'~** Arabia; **l'~ Saoudite** *ou* **Séoudite** Saudi Arabia
arable [aʀabl] *adj* arable
arachide [aʀaʃid] *nf* groundnut (plant); (*graine*) peanut, groundnut
araignée [aʀeɲe] *nf* spider; **~ de mer** spider crab
araser [aʀɑze] /1/ *vt* to level; (*en rabotant*) to plane (down)
aratoire [aʀatwaʀ] *adj* : **instrument ~** ploughing implement

a

arbalète [aʀbalɛt] *nf* crossbow
arbitrage [aʀbitʀaʒ] *nm* refereeing; umpiring; arbitration
arbitraire [aʀbitʀɛʀ] *adj* arbitrary
arbitrairement [aʀbitʀɛʀmɑ̃] *adv* arbitrarily
arbitre [aʀbitʀ] *nm* (*Sport*) referee; (: *Tennis*, *Cricket*) umpire; (*fig*) arbiter, judge; (*Jur*) arbitrator
arbitrer [aʀbitʀe] /1/ *vt* to referee; to umpire; to arbitrate
arboré, e [aʀbɔʀe] *adj* (*jardin*) planted with trees
arborer [aʀbɔʀe] /1/ *vt* to bear, display; (*avec ostentation*) to sport
arborescence [aʀbɔʀesɑ̃s] *nf* tree structure
arboricole [aʀbɔʀikɔl] *adj* (*animal*) arboreal; (*technique*) arboricultural
arboriculture [aʀbɔʀikyltyʀ] *nf* arboriculture; **~ fruitière** fruit (tree) growing
arbre [aʀbʀ] *nm* tree; (*Tech*) shaft; **~ à cames** (*Auto*) camshaft; **~ fruitier** fruit tree; **~ généalogique** family tree; **~ de Noël** Christmas tree; **~ de transmission** (*Auto*) drive shaft
arbrisseau, x [aʀbʀiso] *nm* shrub
arbuste [aʀbyst] *nm* small shrub, bush
arc [aʀk] *nm* (*arme*) bow; (*Géom*) arc; (*Archit*) arch; **~ de cercle** arc of a circle; **en ~ de cercle** *adj* semi-circular
arcade [aʀkad] *nf* arch(way); **~ sourcilière** arch of the eyebrows; **arcades** *nfpl* arcade *sg*, arches
arcanes [aʀkan] *nmpl* mysteries
arc-boutant [aʀkbutɑ̃] (*pl* **arcs-boutants**) *nm* flying buttress
arc-bouter [aʀkbute] /1/ : **s'arc-bouter** *vpr* : **s'~ contre** to lean *ou* press against
arceau, x [aʀso] *nm* (*métallique etc*) hoop
arc-en-ciel [aʀkɑ̃sjɛl] (*pl* **arcs-en-ciel**) *nm* rainbow
archaïque [aʀkaik] *adj* archaic
archaïsme [aʀkaism] *nm* archaism
archange [aʀkɑ̃ʒ] *nm* archangel
arche [aʀʃ] *nf* arch; **~ de Noé** Noah's Ark
archéologie [aʀkeɔlɔʒi] *nf* arch(a)eology
archéologique [aʀkeɔlɔʒik] *adj* arch(a)eological
archéologue [aʀkeɔlɔg] *nmf* arch(a)eologist
archer [aʀʃe] *nm* archer
archet [aʀʃɛ] *nm* bow
archétype [aʀketip] *nm* (*modèle*) archetype; **être l'~ de qch** to epitomize sth
archevêché [aʀʃəveʃe] *nm* archbishopric; (*palais*) archbishop's palace
archevêque [aʀʃəvɛk] *nm* archbishop
archi... [aʀʃi] *préfixe* (*très*) dead, extra
archibondé, e [aʀʃibɔ̃de] *adj* chock-a-block (BRIT), packed solid
archiduc [aʀʃidyk] *nm* archduke
archiduchesse [aʀʃidyʃɛs] *nf* archduchess
archipel [aʀʃipɛl] *nm* archipelago
archisimple [aʀʃisɛ̃pl] *adj* dead easy *ou* simple
architecte [aʀʃitɛkt] *nm* architect
architectural, e, -aux [aʀʃitɛktyʀal, -o] *adj* architectural
architecture [aʀʃitɛktyʀ] *nf* architecture
architrave [aʀʃitʀav] *nf* (*Archit*) architrave
archivage [aʀʃivaʒ] *nm* filing
archive [aʀʃiv] *nf* file; **archives** *nfpl* (*collection*) archives
archiver [aʀʃive] /1/ *vt* to file
archiviste [aʀʃivist] *nmf* archivist
arçon [aʀsɔ̃] *nm voir* **cheval**
arctique [aʀktik] *adj* Arctic; **le cercle A~** the Arctic Circle; **l'océan A~** the Arctic Ocean ▸ *nm* : **l'A~** the Arctic
ardemment [aʀdamɑ̃] *adv* ardently, fervently
ardent, e [aʀdɑ̃, -ɑ̃t] *adj* (*soleil*) blazing; (*fièvre*) raging; (*amour*) ardent, passionate; (*prière*) fervent
ardeur [aʀdœʀ] *nf* blazing heat; (*fig*) fervour, ardour
ardoise [aʀdwaz] *nf* slate
ardu, e [aʀdy] *adj* (*travail*) arduous; (*problème*) difficult; (*pente*) steep, abrupt
are [aʀ] *nm* are, 100 square metres
arène [aʀɛn] *nf* arena; (*fig*) : **l'~ politique** the political arena; **arènes** *nfpl* bull-ring *sg*
arête [aʀɛt] *nf* (*de poisson*) bone; (*d'une montagne*) ridge; (*Géom etc*) edge (*where two faces meet*)
arg. *abr* = **argus**
argent [aʀʒɑ̃] *nm* (*métal*) silver; (*monnaie*) money; (*couleur*) silver; **en avoir pour son ~** to get value for money; **gagner beaucoup d'~** to earn a lot of money; **~ comptant** (hard) cash; **~ de poche** pocket money; **~ liquide** ready money, (ready) cash
argenté, e [aʀʒɑ̃te] *adj* silver(y); (*métal*) silver-plated
argenter [aʀʒɑ̃te] /1/ *vt* to silver(-plate)
argenterie [aʀʒɑ̃tʀi] *nf* silverware; (*en métal argenté*) silver plate
argentin, e [aʀʒɑ̃tɛ̃, -in] *adj* Argentinian, Argentine ▸ *nm/f* : **Argentin, e** Argentinian, Argentine
Argentine [aʀʒɑ̃tin] *nf* : **l'~** Argentina, the Argentine
argentique [aʀʒɑ̃tik] *adj* (*appareil photo*) film *cpd*
argile [aʀʒil] *nf* clay
argileux, -euse [aʀʒilø, -øz] *adj* clayey
argot [aʀgo] *nm* slang

> **ARGOT**
>
> **Argot** was the term originally used to describe the jargon of the criminal underworld, characterized by colourful images and distinctive intonation and designed to confuse the outsider. Some French authors wrote in *argot* and so have helped it spread and grow. More generally, the special vocabulary used by any social or professional group is also known as *argot*.

argotique [aʀgɔtik] *adj* slang *cpd*; (*très familier*) slangy
arguer [aʀgɥe] /1/ : **~ de** *vt* to put forward as a pretext *ou* reason; **~ que** to argue that
argument [aʀgymɑ̃] *nm* argument
argumentaire [aʀgymɑ̃tɛʀ] *nm* list of sales points; (*brochure*) sales leaflet
argumentation [aʀgymɑ̃tasjɔ̃] *nf* (*fait d'argumenter*) arguing; (*ensemble des arguments*) argument

argumenter [aʀgymɑ̃te] /1/ *vi* to argue
argus [aʀgys] *nm guide to second-hand car etc prices*
arguties [aʀgysi] *nfpl* pettifoggery *sg* (Brit), quibbles
aride [aʀid] *adj* arid
aridité [aʀidite] *nf* aridity
arien, ne [aʀjɛ̃, -ɛn] *adj* Arian
aristocrate [aʀistɔkʀat] *nmf* aristocrat
aristocratie [aʀistɔkʀasi] *nf* aristocracy
aristocratique [aʀistɔkʀatik] *adj* aristocratic
arithmétique [aʀitmetik] *adj* arithmetic(al) ▸ *nf* arithmetic
armada [aʀmada] *nf (fig)* army
armagnac [aʀmaɲak] *nm* Armagnac
armateur [aʀmatœʀ] *nm* shipowner
armature [aʀmatyʀ] *nf* framework; *(de tente etc)* frame; *(de corset)* bone; *(de soutien-gorge)* wiring
arme [aʀm] *nf* weapon; **se battre à l'~ blanche** to fight with blades; **~ à feu** firearm; *(section de l'armée)* arm; **armes** *nfpl* weapons, arms; *(blason)* (coat of) arms; **les armes** *(profession)* soldiering *sg*; **à armes égales** on equal terms; **en armes** up in arms; **passer par les armes** to execute (by firing squad); **prendre/présenter les armes** to take up/present arms; **armes de destruction massive** weapons of mass destruction
armé, e [aʀme] *adj* armed; **~ de** armed with
armée [aʀme] *nf* army; **~ de l'air** Air Force; **l'~ du Salut** the Salvation Army; **~ de terre** Army
armement [aʀməmɑ̃] *nm (matériel)* arms *pl*, weapons *pl*; (: *d'un pays*) arms *pl*, armament; *(action d'équiper : d'un navire)* fitting out; **armements nucléaires** nuclear armaments; **course aux armements** arms race
Arménie [aʀmeni] *nf* : **l'~** Armenia
arménien, ne [aʀmenjɛ̃, -ɛn] *adj* Armenian ▸ *nm (Ling)* Armenian ▸ *nm/f* : **Arménien, ne** Armenian
armer [aʀme] /1/ *vt* to arm; *(arme à feu)* to cock; *(appareil photo)* to wind on; **~ qch de** to fit sth with; *(renforcer)* to reinforce sth with; **~ qn de** to arm *ou* equip sb with; **s'armer** *vpr* : **s'~ de** to arm o.s. with
armistice [aʀmistis] *nm* armistice; **l'A~** ≈ Remembrance (Brit) *ou* Veterans (US) Day
armoire [aʀmwaʀ] *nf* (tall) cupboard; *(penderie)* wardrobe (Brit), closet (US); **~ à pharmacie** medicine chest
armoiries [aʀmwaʀi] *nfpl* coat of arms *sg*
armure [aʀmyʀ] *nf* armour *no pl*, suit of armour
armurerie [aʀmyʀʀi] *nf* arms factory; *(magasin)* gunsmith's (shop)
armurier [aʀmyʀje] *nm* gunsmith; *(Mil, d'armes blanches)* armourer
ARN *sigle m (= acide ribonucléique)* RNA
arnaque [aʀnak] *nf (fam)* swindling; **c'est de l'~** it's daylight robbery
arnaquer [aʀnake] /1/ *vt (fam)* to do *(fam)*, swindle; **se faire ~** to be had *(fam) ou* done
arnaqueur [aʀnakœʀ] *nm* swindler
arnica [aʀnika] *nm* : **(teinture d')~** arnica
arobase [aʀobaz] *nf (Inform)* "at'" symbol, @; **« paul ~ société point fr »** "paul at société dot fr"
aromates [aʀɔmat] *nmpl* seasoning *sg*, herbs (and spices)
aromathérapie [aʀɔmateʀapi] *nf* aromatherapy
aromatique [aʀɔmatik] *adj* aromatic
aromatisé, e [aʀɔmatize] *adj* flavoured
arôme [aʀom] *nm* aroma; *(d'une fleur etc)* fragrance
arpège [aʀpɛʒ] *nm* arpeggio
arpentage [aʀpɑ̃taʒ] *nm* (land) surveying
arpenter [aʀpɑ̃te] /1/ *vt* to pace up and down
arpenteur [aʀpɑ̃tœʀ] *nm* land surveyor
arqué, e [aʀke] *adj* arched; *(jambes)* bow *cpd*, bandy
arr. *abr* = **arrondissement**
arrachage [aʀaʃaʒ] *nm* : **~ des mauvaises herbes** weeding
arraché [aʀaʃe] *nm (Sport)* snatch; **obtenir à l'~** *(fig)* to snatch
arrache-pied [aʀaʃpje] : **d'~** *adv* relentlessly
arracher [aʀaʃe] /1/ *vt* to pull out; *(page etc)* to tear off, tear out; *(déplanter : légume, herbe, souche)* to pull up; *(bras etc : par explosion)* to blow off; (: *par accident)* to tear off; **~ qch à qn** to snatch sth from sb; *(fig)* to wring sth out of sb, wrest sth from sb; **~ qn à** *(solitude, rêverie)* to drag sb out of; *(famille etc)* to tear *ou* wrench sb away from; **se faire ~ une dent** to have a tooth out *ou* pulled (US); **s'arracher** *vpr (article très recherché)* to fight over; **s'~ de** *(lieu)* to tear o.s. away from; *(habitude)* to force o.s. out of
arraisonner [aʀɛzɔne] /1/ *vt* to board and search
arrangeant, e [aʀɑ̃ʒɑ̃, -ɑ̃t] *adj* accommodating, obliging
arrangement [aʀɑ̃ʒmɑ̃] *nm* arrangement
arranger [aʀɑ̃ʒe] /3/ *vt* to arrange; *(réparer)* to fix, put right; *(régler)* to settle, sort out; *(convenir à)* to suit, be convenient for; **cela m'arrange** that suits me (fine); **s'arranger** *vpr (se mettre d'accord)* to come to an agreement *ou* arrangement; *(s'améliorer : querelle, situation)* to be sorted out; *(se débrouiller)* : **s'~ pour que ...** to arrange things so that ...; **je vais m'~** I'll manage; **ça va s'~** it'll sort itself out; **s'~ pour faire** to make sure that *ou* see to it that one can do
arrangeur [aʀɑ̃ʒœʀ] *nm (Mus)* arranger
arrestation [aʀɛstasjɔ̃] *nf* arrest
arrêt [aʀɛ] *nm* stopping; *(de bus etc)* stop; *(Jur)* judgment, decision; *(Football)* save; **être à l'~** to be stopped, have come to a halt; **rester** *ou* **tomber en ~ devant** to stop short in front of; **sans ~** without stopping, non-stop; *(fréquemment)* continually; **~ d'autobus** bus stop; **~ facultatif** request stop; **~ de mort** capital sentence; **~ de travail** stoppage (of work); **arrêts** *nmpl (Mil)* arrest *sg*
arrêté, e [aʀete] *adj (idées)* firm, fixed ▸ *nm* order, decree; **~ municipal** ≈ bylaw, bye-law
arrêter [aʀete] /1/ *vt* to stop; *(chauffage etc)* to turn off, switch off; *(Comm : compte)* to settle; *(Couture : point)* to fasten off; *(fixer : date etc)* to appoint, decide on; *(criminel, suspect)* to arrest; **~ de faire** to stop doing; **arrête de te plaindre** stop complaining; **ne pas ~ de faire** to keep on

a

doing; **s'arrêter** *vpr* to stop; (*s'interrompre*) to stop o.s.; **s'~ de faire** to stop doing; **s'~ sur** (*choix, regard*) to fall on
arrhes [aʀ] *nfpl* deposit *sg*
arrière [aʀjɛʀ] *nm* back; (*Sport*) fullback; **à l'~** *adv* behind, at the back; **en ~** *adv* behind; (*regarder*) back, behind; (*tomber, aller*) backwards; **en ~ de** *prép* behind ▶ *adj inv* : **siège/roue ~** back *ou* rear seat/wheel; **arrières** *nmpl* (*fig*) : **protéger ses arrières** to protect the rear
arriéré, e [aʀjeʀe] *adj* (*péj*) backward ▶ *nm* (*d'argent*) arrears *pl*
arrière-boutique [aʀjɛʀbutik] *nf* back shop
arrière-cour [aʀjɛʀkuʀ] *nf* backyard
arrière-cuisine [aʀjɛʀkɥizin] *nf* scullery
arrière-garde [aʀjɛʀgaʀd] *nf* rearguard
arrière-goût [aʀjɛʀgu] *nm* aftertaste
arrière-grand-mère [aʀjɛʀgʀɑ̃mɛʀ] (*pl* **arrière-grands-mères**) *nf* great-grandmother
arrière-grand-père [aʀjɛʀgʀɑ̃pɛʀ] (*pl* **arrière-grands-pères**) *nm* great-grandfather
arrière-grands-parents [aʀjɛʀgʀɑ̃paʀɑ̃] *nmpl* great-grandparents
arrière-pays [aʀjɛʀpei] *nm inv* hinterland
arrière-pensée [aʀjɛʀpɑ̃se] *nf* ulterior motive; (*doute*) mental reservation
arrière-petite-fille [aʀjɛʀpətitfij] (*pl* **arrière-petites-filles**) *nf* great-granddaughter
arrière-petit-fils [aʀjɛʀpətifis] (*pl* **arrière-petits-fils**) *nm* great-grandson
arrière-petits-enfants [aʀjɛʀpətizɑ̃fɑ̃] *nmpl* great-grandchildren
arrière-plan [aʀjɛʀplɑ̃] *nm* background; **à l'~** in the background; **d'~** *adj* (*Inform*) background *cpd*
arriérer [aʀjeʀe] /**6**/ : **s'arriérer** *vpr* (*Comm*) to fall into arrears
arrière-saison [aʀjɛʀsɛzɔ̃] *nf* late autumn
arrière-salle [aʀjɛʀsal] *nf* back room
arrière-train [aʀjɛʀtʀɛ̃] *nm* hindquarters *pl*
arrimer [aʀime] /**1**/ *vt* (*cargaison*) to stow; (*fixer*) to secure, fasten securely
arrivage [aʀivaʒ] *nm* consignment
arrivant, e [aʀivɑ̃, -ɑ̃t] *nm/f* newcomer
arrivée [aʀive] *nf* arrival; (*ligne d'arrivée*) finish; **~ d'air/de gaz** air/gas inlet; **courrier à l'~** incoming mail; **à mon ~** when I arrived
arriver [aʀive] /**1**/ *vi* to arrive; (*survenir*) to happen, occur; **j'arrive !** (I'm) just coming!; **il arrive à Paris à 8 h** he gets to *ou* arrives in Paris at 8; **~ à destination** to arrive at one's destination; **~ à** (*atteindre*) to reach; **~ à (faire) qch** (*réussir*) to manage (to do) sth; **~ à échéance** to fall due; **en ~ à faire ...** to end up doing ..., get to the point of doing ...; **il arrive que ...** it happens that ...; **il lui arrive de faire ...** he sometimes does ...
arrivisme [aʀivism] *nm* ambition, ambitiousness
arriviste [aʀivist] *nmf* go-getter
arrobase [aʀɔbaz] *nf* (*Inform*) "at" symbol, @
arrogance [aʀɔgɑ̃s] *nf* arrogance
arrogant, e [aʀɔgɑ̃, -ɑ̃t] *adj* arrogant
arroger [aʀɔʒe] /**3**/ : **s'arroger** *vpr* to assume (without right); **s'~ le droit de ...** to assume the right to ...
arrondi, e [aʀɔ̃di] *adj* round ▶ *nm* roundness
arrondir [aʀɔ̃diʀ] /**2**/ *vt* (*forme, objet*) to round; (*somme*) to round off; **~ ses fins de mois** to supplement one's pay; **s'arrondir** *vpr* to become round(ed)
arrondissement [aʀɔ̃dismɑ̃] *nm* (*Admin*) ≈ district

ARRONDISSEMENT MUNICIPAL

An **arrondissement municipal** is an administrative subdivision of the cities of Paris, Lyon and Marseille, which have 20, nine and 16 *arrondissements* respectively. Each *arrondissement* has an elected *conseil* which, in turn, chooses a mayor. It is not to be confused with the *arrondissement départemental*, which is a subdivision of a *département* made up of several *cantons*.

arrosage [aʀozaʒ] *nm* watering; **tuyau d'~** hose(pipe)
arroser [aʀoze] /**1**/ *vt* to water; (*victoire etc*) to celebrate (over a drink); (*Culin*) to baste
arroseur [aʀozœʀ] *nm* (*tourniquet*) sprinkler
arroseuse [aʀozøz] *nf* water cart
arrosoir [aʀozwaʀ] *nm* watering can
arrt *abr* = **arrondissement**
arsenal, -aux [aʀsənal, -o] *nm* (*Navig*) naval dockyard; (*Mil*) arsenal; (*fig*) gear, paraphernalia
arsenic [aʀsənik] *nm* arsenic
art [aʀ] *nm* art; **avoir l'~ de faire** (*fig : personne*) to have a talent for doing; **les arts** the arts; **livre/critique d'~** art book/ critic; **objet d'~** objet d'art; **~ dramatique** dramatic art; **arts martiaux** martial arts; **arts et métiers** applied arts and crafts; **arts ménagers** home economics *sg*; **arts plastiques** plastic arts
art. *abr* = **article**
artère [aʀtɛʀ] *nf* (*Anat*) artery; (*rue*) main road
artériel, le [aʀteʀjɛl] *adj* arterial
artériosclérose [aʀteʀjɔskleʀoz] *nf* arteriosclerosis
arthrite [aʀtʀit] *nf* arthritis
arthropode [aʀtʀɔpɔd] *nm* arthropod
arthroscopie [aʀtʀɔskɔpi] *nf* arthroscopy
arthrose [aʀtʀoz] *nf* (degenerative) osteoarthritis
artichaut [aʀtiʃo] *nm* artichoke
article [aʀtikl] *nm* article; (*Comm*) item, article; **faire l'~** (*Comm*) to do one's sales spiel; **faire l'~ de** (*fig*) to sing the praises of; **à l'~ de la mort** at the point of death; **~ défini/indéfini** definite/ indefinite article; **~ de fond** (*Presse*) feature article; **articles de bureau** office equipment; **articles de voyage** travel goods *ou* items
articulaire [aʀtikylɛʀ] *adj* of the joints, articular
articulation [aʀtikylasjɔ̃] *nf* articulation; (*Anat*) joint
articulé, e [aʀtikyle] *adj* (*membre*) jointed; (*poupée*) with moving joints
articuler [aʀtikyle] /**1**/ *vt* to articulate; **s'articuler sur** *vpr* (*Anat, Tech*) to articulate (with); **s'~ autour de** (*fig*) to centre around *ou* on, turn on

artifice [aRtifis] *nm* device, trick
artificiel, le [aRtifisjɛl] *adj* artificial
artificiellement [aRtifisjɛlmɑ̃] *adv* artificially
artificier [aRtifisje] *nm* pyrotechnist
artificieux, -euse [aRtifisjø, -øz] *adj* guileful, deceitful
artillerie [aRtijRi] *nf* artillery, ordnance
artilleur [aRtijœR] *nm* artilleryman, gunner
artisan [aRtizɑ̃] *nm* artisan, (self-employed) craftsman; **l'~ de la victoire/du malheur** the architect of victory/of the disaster
artisanal, e, -aux [aRtizanal, -o] *adj* of *ou* made by craftsmen; *(péj)* cottage industry *cpd*, unsophisticated; **de fabrication artisanale** home-made
artisanalement [aRtizanalmɑ̃] *adv* by craftsmen
artisanat [aRtizana] *nm* arts and crafts *pl*
artiste [aRtist] *nmf* artist; *(Théât, Mus)* artist, performer; *(de variétés)* entertainer
artistique [aRtistik] *adj* artistic
artistiquement [aRtistikmɑ̃] *adv* artistically
arum [aRɔm] *nm* arum lily
aryen, ne [aRjɛ̃, -ɛn] *adj* Aryan
AS *sigle fpl (Admin)* = **assurances sociales** ▸ *sigle f (Sport : = Association sportive)* ≈ FC (= Football Club)
as *vb* [a] *voir* **avoir** ▸ *nm* [ɑs] ace
a/s *abr (= aux soins de)* c/o
ASBL *sigle f (= association sans but lucratif)* non-profit-making organization
asc. *abr* = **ascenseur**
ascendance [asɑ̃dɑ̃s] *nf (origine)* ancestry; *(Astrologie)* ascendant
ascendant, e [asɑ̃dɑ̃, -ɑ̃t] *adj* upward ▸ *nm* influence; **ascendants** *nmpl* ascendants
ascenseur [asɑ̃sœR] *nm* lift (BRIT), elevator (US)
ascension [asɑ̃sjɔ̃] *nf* ascent; *(de montagne)* climb; **l'A~** *(Rel)* the Ascension *(: jour férié)* Ascension (Day); *see note*; **(île de) l'A~** Ascension Island

L'ASCENSION

The **fête de l'Ascension** is a public holiday in France. It always falls on a Thursday, usually in May. Many French people take the following Friday off work too and enjoy a long weekend, a practice known as *faire le pont* (see note at entry *pont*).

ascète [asɛt] *nmf* ascetic
ascétique [asetik] *adj* ascetic
ascétisme [asetism] *nm* asceticism
ascorbique [askɔRbik] *adj* : **acide ~** ascorbic acid
ASE *sigle f (= Agence spatiale européenne)* ESA *(= European Space Agency)*
asepsie [asɛpsi] *nf* asepsis
aseptique [asɛptik] *adj* aseptic
aseptisé, e [asɛptize] *adj (péj)* sanitized
aseptiser [asɛptize] *vt (stériliser : pièce, instruments)* to sterilize; *(fig, péj)* to sanitize
asexué, e [asɛksɥe] *adj* asexual
ashkénaze [aʃkenɑz] *adj, nmf* Ashkenazi
asiatique [azjatik] *adj* Asian, Asiatic ▸ *nmf* : **Asiatique** Asian
Asie [azi] *nf* : **l'~** Asia
asile [azil] *nm (refuge)* refuge, sanctuary; *(pour malades, vieillards etc)* home; **droit d'~** *(Pol)* (political) asylum; **accorder l'~ politique à qn** to grant *ou* give sb political asylum; **chercher/trouver ~ quelque part** to seek/find refuge somewhere
asocial, e, -aux [asɔsjal, -o] *adj* antisocial
aspartame [aspaRtam] *nm* aspartame
aspect [aspɛ] *nm* appearance, look; *(fig)* aspect, side; *(Ling)* aspect; **à l'~ de** at the sight of
asperge [aspɛRʒ] *nf* asparagus *no pl*
asperger [aspɛRʒe] /3/ *vt* to spray, sprinkle
aspérité [aspeRite] *nf* excrescence, protruding bit (of rock *etc*)
aspersion [aspɛRsjɔ̃] *nf* spraying, sprinkling
asphalte [asfalt] *nm* asphalt
asphyxiant, e [asfiksjɑ̃, -ɑ̃t] *adj* suffocating; **gaz ~** poison gas
asphyxie [asfiksi] *nf* suffocation, asphyxia, asphyxiation
asphyxier [asfiksje] /7/ *vt* to suffocate, asphyxiate; *(fig)* to stifle; **mourir asphyxié** to die of suffocation *ou* asphyxiation
aspic [aspik] *nm (Zool)* asp; *(Culin)* aspic
aspirant, e [aspiRɑ̃, -ɑ̃t] *adj* : **pompe aspirante** suction pump ▸ *nm (Navig)* midshipman
aspirateur [aspiRatœR] *nm* vacuum cleaner, hoover®; **passer l'~** to vacuum
aspiration [aspiRasjɔ̃] *nf* inhalation, sucking (up); drawing up; **aspirations** *nfpl (ambitions)* aspirations
aspirer [aspiRe] /1/ *vt (air)* to inhale; *(liquide)* to suck (up); *(appareil)* to suck *ou* draw up; **~ à** *vt* to aspire to
aspirine [aspiRin] *nf* aspirin
assagir [asaʒiR] /2/ *vt*, **s'assagir** *vpr* to quieten down, settle down
assaillant, e [asajɑ̃, -ɑ̃t] *nm/f* assailant, attacker
assaillir [asajiR] /13/ *vt* to assail, attack; **~ qn de** *(questions)* to assail *ou* bombard sb with
assainir [aseniR] /2/ *vt* to clean up; *(eau, air)* to purify
assainissement [asenismɑ̃] *nm* cleaning up; purifying
assaisonnement [asɛzɔnmɑ̃] *nm* seasoning
assaisonner [asɛzɔne] /1/ *vt* to season; **bien assaisonné** highly seasoned
assassin [asasɛ̃] *nm* murderer; assassin
assassinat [asasina] *nm* murder; assassination
assassiner [asasine] /1/ *vt* to murder; *(Pol)* to assassinate
assaut [aso] *nm* assault, attack; **prendre d'~** to (take by) storm, assault; **donner l'~ (à)** to attack; **faire ~ de** *(rivaliser)* to vie with *ou* rival each other in
assèchement [asɛʃmɑ̃] *nm* draining, drainage
assécher [aseʃe] /6/ *vt* to drain
ASSEDIC [asedik] *sigle f (= Association pour l'emploi dans l'industrie et le commerce)* unemployment insurance scheme
assemblage [asɑ̃blaʒ] *nm (action)* assembling; *(Menuiserie)* joint; **un ~ de** *(fig)* a collection of; **langage d'~** *(Inform)* assembly language

assemblée [asɑ̃ble] *nf (réunion)* meeting; *(public, assistance)* gathering; assembled people; *(Pol)* assembly; *(Rel)* : **l'~ des fidèles** the congregation; **l'A~ nationale (AN)** the (French) National Assembly; *see note*

ASSEMBLÉE NATIONALE

The **Assemblée nationale** is the lower house of the French Parliament, the upper house being the *Sénat*. It is housed in the Palais Bourbon in Paris. Its members, or *députés*, are elected every five years.

assembler [asɑ̃ble] /1/ *vt (joindre, monter)* to assemble, put together; *(amasser)* to gather (together), collect (together); **s'assembler** *vpr* to gather, collect
assembleur [asɑ̃blœʀ] *nm* assembler, fitter; *(Inform)* assembler
assener, asséner [asene] /5/ *vt* : **~ un coup à qn** to deal sb a blow
assentiment [asɑ̃timɑ̃] *nm* assent, consent; *(approbation)* approval
asseoir [aswaʀ] /26/ *vt (malade, bébé)* to sit up; *(personne debout)* to sit down; *(autorité, réputation)* to establish; **faire ~ qn** to ask sb to sit down; **~ qch sur** to build sth on; *(appuyer)* to base sth on; **s'asseoir** *vpr* to sit (o.s.) up; to sit (o.s.) down; **asseyez-vous !, assieds-toi !** sit down!
assermenté, e [asɛʀmɑ̃te] *adj* sworn, on oath
assertion [asɛʀsjɔ̃] *nf* assertion
asservir [asɛʀviʀ] /2/ *vt* to subjugate, enslave
asservissement [asɛʀvismɑ̃] *nm (action)* enslavement; *(état)* slavery
assesseur [asesœʀ] *nm (Jur)* assessor
asseyais *etc* [asɛjɛ] *vb voir* **asseoir**
assez [ase] *adv (suffisamment)* enough, sufficiently; *(passablement)* rather, quite, fairly; **~ !** enough!, that'll do!; **~/pas ~ cuit** well enough done/underdone; **est-il ~ fort/rapide ?** is he strong/fast enough?; **il est passé ~ vite** he went past rather *ou* quite *ou* fairly fast; **~ de pain/livres** enough *ou* sufficient bread/books; **vous en avez ~ ?** have you got enough?; **en avoir ~ de qch** *(en être fatigué)* to have had enough of sth; **j'en ai ~ !** I've had enough!; **travailler ~** to work (hard) enough

Fairly, **quite** et **rather** servent tous à modifier un adjectif ou un adverbe, mais avec des nuances : **rather** est moins neutre que **quite** et **fairly**. Par exemple, **it's rather expensive** suggère que la personne qui parle trouve la chose en question un peu trop chère, alors que **it's quite** ou **fairly expensive** est plus neutre.

assidu, e [asidy] *adj* assiduous, painstaking; *(régulier)* regular; **~ auprès de qn** attentive towards sb
assiduité [asidɥite] *nf* assiduousness, painstaking regularity; attentiveness; **assiduités** *nfpl* assiduous attentions
assidûment [asidymɑ̃] *adv* assiduously, painstakingly; attentively
assied *etc* [asje] *vb voir* **asseoir**
assiégé, e [asjeʒe] *adj* under siege, besieged
assiéger [asjeʒe] /3, 6/ *vt* to besiege, lay siege to; *(foule, touristes)* to mob, besiege
assiérai *etc* [asjeʀe] *vb voir* **asseoir**
assiette [asjɛt] *nf* plate; *(contenu)* plate(ful); *(équilibre)* seat; *(de colonne)* seating; *(de navire)* trim; **il n'est pas dans son ~** he's not feeling quite himself; **~ à dessert** dessert *ou* side plate; **~ anglaise** assorted cold meats; **~ creuse** (soup) dish, soup plate; **~ de l'impôt** basis of (tax) assessment; **~ plate** (dinner) plate
assiettée [asjete] *nf* plateful
assignation [asiɲasjɔ̃] *nf* assignation; *(Jur)* summons; (: *de témoin*) subpoena; **~ à résidence** compulsory order of residence
assigner [asiɲe] /1/ *vt* : **~ qch à** to assign *ou* allot sth to; *(valeur, importance)* to attach sth to; *(somme)* to allocate sth to; *(limites)* to set *ou* fix sth to; *(cause, effet)* to ascribe *ou* attribute sth to; **~ qn à** *(affecter)* to assign sb to; **~ qn à résidence** *(Jur)* to give sb a compulsory order of residence
assimilable [asimilabl] *adj* easily assimilated *ou* absorbed
assimilation [asimilasjɔ̃] *nf* assimilation, absorption
assimilé, e [asimile] *adj (semblable)* similar; **ils sont assimilés aux infirmières** *(Admin)* they are classed as nurses ▸ *nm* : **cadres et assimilés** managers and those of equivalent grade
assimiler [asimile] /1/ *vt* to assimilate, absorb; *(comparer)* : **~ qch/qn à** to liken *ou* compare sth/sb to; **s'assimiler** *vpr (s'intégrer)* to be assimilated *ou* absorbed
assis, e [asi, -iz] *pp de* **asseoir** ▸ *adj* sitting (down), seated; **~ en tailleur** sitting cross-legged ▸ *nf (Constr)* course; *(Géo)* stratum (*pl* -a); *(fig)* basis (*pl* bases), foundation
assises [asiz] *nfpl (Jur)* assizes; *(congrès)* (annual) conference
assistanat [asistana] *nm* assistantship; *(à l'université)* probationary lectureship
assistance [asistɑ̃s] *nf (public)* audience; *(aide)* assistance; **porter** *ou* **prêter ~ à qn** to give sb assistance; **A~ publique** *public health service*; **enfant de l'A~ (publique)** child in care; **~ technique** technical aid
assistant, e [asistɑ̃, -ɑ̃t] *nm/f* assistant; *(d'université)* probationary lecturer; **assistante sociale** social worker; **assistants** *nmpl (auditeurs etc)* those present
assisté, e [asiste] *adj (Auto)* power-assisted; **~ par ordinateur** computer-assisted; **direction assistée** power steering ▸ *nm/f* person receiving aid from the State
assister [asiste] /1/ *vt* to assist; **~ à** *vt (scène, événement)* to witness; *(conférence)* to attend, be (present) at; *(spectacle, match)* to be at, see
associatif, -ive [asɔsjatif, -iv] *adj* : **mouvement ~** community movement; **vie/radio associative** community life/radio; **tissu ~** fabric of community life
association [asɔsjasjɔ̃] *nf* association; *(Comm)* partnership; **~ d'idées/images** association of ideas/images

associé, e [asɔsje] *nm/f* associate; (*Comm*) partner
associer [asɔsje] /7/ *vt* to associate; **~ qn à** (*profits*) to give sb a share of; (*affaire*) to make sb a partner in; (*joie, triomphe*) to include sb in; **~ qch à** (*joindre, allier*) to combine sth with; **s'associer** *vpr, vpr* to join together; (*Comm*) to form a partnership; (*collaborateur*) to take on (as a partner); **s'~ à** (*couleurs, qualités*) to be combined with; (*opinions, joie de qn*) to share in; **s'~ à** *ou* **avec qn pour faire** to join (forces) *ou* join together with sb to do
assoie *etc* [aswa] *vb voir* **asseoir**
assoiffé, e [aswafe] *adj* thirsty; **~ de** (*sang*) thirsting for; (*gloire*) thirsting after
assoirai [asware], **assois** *etc* [aswa] *vb voir* **asseoir**
assolement [asɔlmɑ̃] *nm* (systematic) rotation of crops
assombrir [asɔ̃briʀ] /2/ *vt* to darken; (*fig*) to fill with gloom; **s'assombrir** *vpr* to darken; (*devenir nuageux, fig : visage*) to cloud over; (*fig*) to become gloomy
assommant, e [asɔmɑ̃, -ɑ̃t] *adj* (*ennuyeux*) deadly boring, deadly dull; **c'est ~** it's a real bore
assommer [asɔme] /1/ *vt* to knock out, stun; (*fam : ennuyer*) to bore stiff
Assomption [asɔ̃psjɔ̃] *nf* : **l'~** the Assumption

L'ASSOMPTION

The **fête de l'Assomption**, more commonly known as *le 15 août* is a national holiday in France. Traditionally, large numbers of people either set off on or return from their holidays on 15 August, frequently causing chaos on the roads.

assorti, e [asɔʀti] *adj* matched, matching; **fromages/légumes assortis** assorted cheeses/ vegetables; **~ à** matching; **~ de** accompanied with; (*conditions, conseils*) coupled with; **bien/ mal ~** well/ill-matched
assortiment [asɔʀtimɑ̃] *nm* (*choix*) assortment, selection; (*harmonie de couleurs, formes*) arrangement; (*Comm : lot, stock*) selection
assortir [asɔʀtiʀ] /2/ *vt* to match; **~ qch à** to match sth with; **~ qch de** to accompany sth with; **s'assortir** *vpr* to go well together, match; **s'~ de** to be accompanied by
assoupi, e [asupi] *adj* dozing, sleeping; (*fig*) (be)numbed; (*sens*) dulled
assoupir [asupiʀ] /2/ : **s'assoupir** *vpr* (*personne*) to doze off; (*sens*) to go numb
assoupissement [asupismɑ̃] *nm* (*sommeil*) dozing; (*fig : somnolence*) drowsiness
assouplir [asupliʀ] /2/ *vt* to make supple, soften; (*membres, corps*) to limber up, make supple; (*fig*) to relax; (: *caractère*) to soften, make more flexible; **s'assouplir** *vpr* to soften; to limber up; to relax; to become more flexible
assouplissant [asuplisɑ̃] *nm* (fabric) softener
assouplissement [asuplismɑ̃] *nm* softening; limbering up; relaxation; **exercices d'~** limbering up exercises
assourdir [asuʀdiʀ] /2/ *vt* (*bruit*) to deaden, muffle; (*bruit*) to deafen
assourdissant, e [asuʀdisɑ̃, -ɑ̃t] *adj* (*bruit*) deafening
assouvir [asuviʀ] /2/ *vt* to satisfy, appease
assouvissement [asuvismɑ̃] *nm* (*action, résultat*) satisfaction
assoyais *etc* [aswajɛ] *vb voir* **asseoir**
assujetti, e [asyʒeti] *adj* : **~ (à)** subject (to); (*Admin*) **~ à l'impôt** subject to tax(ation)
assujettir [asyʒetiʀ] /2/ *vt* to subject, subjugate; (*fixer : planches, tableau*) to fix securely; **~ qn à** (*règle, impôt*) to subject sb to
assujettissement [asyʒetismɑ̃] *nm* subjection, subjugation
assumer [asyme] /1/ *vt* (*fonction, emploi*) to assume, take on; (*accepter : conséquence, situation*) to accept
assurance [asyʀɑ̃s] *nf* (*certitude*) assurance; (*confiance en soi*) (self-)confidence; (*contrat*) insurance (policy); (*secteur commercial*) insurance; **prendre une ~ contre** to take out insurance *ou* an insurance policy against; **~ contre l'incendie** fire insurance; **~ contre le vol** insurance against theft; **société d'~, compagnie d'assurances** insurance company; **~ au tiers** third party insurance; **~ maladie** health insurance; **~ tous risques** (*Auto*) comprehensive insurance; **assurances sociales** ≈ National Insurance (BRIT), ≈ Social Security (US)
assurance-vie [asyʀɑ̃svi] (*pl* **assurances-vie**) *nf* life assurance *ou* insurance
assurance-vol [asyʀɑ̃svɔl] (*pl* **assurances-vol**) *nf* insurance against theft
assuré, e [asyʀe] *adj* (*réussite, échec, victoire etc*) certain, sure; (*démarche, voix*) assured; (*pas*) steady, (self-)confident; (*certain*) : **~ de** confident of; (*Assurances*) insured ▸ *nm/f* insured (person); **~ social** ≈ member of the National Insurance (BRIT) *ou* Social Security (US) scheme
assurément [asyʀemɑ̃] *adv* assuredly, most certainly
assurer [asyʀe] /1/ *vt* (*Comm*) to insure; (*stabiliser*) to steady, stabilize; (*victoire etc*) to ensure, make certain; (*frontières, pouvoir*) to make secure; (*service, garde*) to provide, operate; **~ qch à qn** (*garantir*) to secure *ou* guarantee sth for sb; (*certifier*) to assure sb of sth; **~ à qn que** to assure sb that; **je vous assure que non/si** I assure you that that is not the case/is the case; **~ qn de** to assure sb of; **~ ses arrières** (*fig*) to be sure one has something to fall back on; **s'assurer** *vpr* (*Comm*) : **s'~ (contre)** to insure o.s. (against); **s'~ de/que** (*vérifier*) to make sure of/that; **s'~ (de)** (*aide de qn*) to secure; **s'~ sur la vie** to take out life insurance; **s'~ le concours/la collaboration de qn** to secure sb's aid/ collaboration
assureur [asyʀœʀ] *nm* insurance agent; (*société*) insurers *pl*
Assyrie [asiʀi] *nf* : **l'~** Assyria
assyrien, ne [asiʀjɛ̃, -jɛn] *adj* Assyrian ▸ *nm/f* : **Assyrien, ne** Assyrian
astérisque [asteʀisk] *nm* asterisk

astéroïde [asteʀɔid] *nm* asteroid
asthénie [asteni] *nf* asthenia
asthmatique [asmatik] *adj, nmf* asthmatic
asthme [asm] *nm* asthma
asticot [astiko] *nm* maggot
asticoter [astikɔte] /1/ *vt* (*fam*) to needle, get at
astigmate [astigmat] *adj* (*Méd : personne*) astigmatic, having an astigmatism
astiquer [astike] /1/ *vt* to polish, shine
astrakan [astʀakɑ̃] *nm* astrakhan
astral, e, -aux [astʀal, -o] *adj* astral
astre [astʀ] *nm* star
astreignant, e [astʀɛɲɑ̃, -ɑ̃t] *adj* demanding
astreindre [astʀɛ̃dʀ] /49/ *vt* : **~ qn à qch** to force sth upon sb; **~ qn à faire** to compel *ou* force sb to do; **s'astreindre à** *vpr* to compel *ou* force o.s. to
astreinte [astʀɛ̃t] *nf* on-call duty; **être d'~** to be on call
astringent, e [astʀɛ̃ʒɑ̃, -ɑ̃t] *adj* astringent
astrologie [astʀɔlɔʒi] *nf* astrology
astrologique [astʀɔlɔʒik] *adj* astrological
astrologue [astʀɔlɔg] *nmf* astrologer
astronaute [astʀonot] *nmf* astronaut
astronautique [astʀɔnotik] *nf* astronautics *sg*
astronef [astʀɔnɛf] *nm* spacecraft, spaceship
astronome [astʀɔnɔm] *nmf* astronomer
astronomie [astʀɔnɔmi] *nf* astronomy
astronomique [astʀɔnɔmik] *adj* astronomic(al)
astrophysicien, ne [astʀɔfizisjɛ̃, -ɛn] *nm/f* astrophysicist
astrophysique [astʀɔfizik] *nf* astrophysics *sg*
astuce [astys] *nf* shrewdness, astuteness; (*truc*) trick, clever way; (*plaisanterie*) wisecrack
astucieusement [astysjøzmɑ̃] *adv* shrewdly, cleverly, astutely
astucieux, -euse [astysjø, -øz] *adj* shrewd, clever, astute
asymétrie [asimetʀi] *nf* asymmetry
asymétrique [asimetʀik] *adj* asymmetric(al)
asymptomatique [asɛ̃ptɔmatik] *adj* (*maladie, sujet*) asymptomatic
AT *sigle m* (= *Ancien Testament*) OT
atavique [atavik] *adj* atavistic
atavisme [atavism] *nm* atavism, heredity
ataxie [ataksi] *nf* ataxia
atelier [atəlje] *nm* workshop; (*de peintre*) studio
atermoiements [atɛʀmwamɑ̃] *nmpl* procrastination *sg*
atermoyer [atɛʀmwaje] /8/ *vi* to temporize, procrastinate
athée [ate] *adj* atheistic ▸ *nmf* atheist
athéisme [ateism] *nm* atheism
Athènes [atɛn] *n* Athens
athénien, ne [atenjɛ̃, -ɛn] *adj* Athenian
athlète [atlɛt] *nmf* (*Sport*) athlete; (*costaud*) muscleman
athlétique [atletik] *adj* athletic
athlétisme [atletism] *nm* athletics *sg*; **faire de l'~** to do athletics; **tournoi d'~** athletics meeting
Atlantide [atlɑ̃tid] *nf* : **l'~** Atlantis
atlantique [atlɑ̃tik] *adj* Atlantic ▸ *nm* : **l'(océan) A~** the Atlantic (Ocean)
atlantiste [atlɑ̃tist] *adj, nmf* Atlanticist
Atlas [atlɑs] *nm* : **l'~** the Atlas Mountains
atlas [atlɑs] *nm* atlas
atmosphère [atmɔsfɛʀ] *nf* atmosphere
atmosphérique [atmɔsfeʀik] *adj* atmospheric
atoll [atɔl] *nm* atoll
atome [atom] *nm* atom
atomique [atɔmik] *adj* atomic, nuclear; (*usine*) nuclear; (*nombre, masse*) atomic
atomiser [atɔmize] *vt* (*vaporiser*) to spray
atomiseur [atɔmizœʀ] *nm* atomizer
atomiste [atɔmist] *nmf* (*aussi* : **savant atomiste**) atomic scientist
atone [atɔn] *adj* lifeless; (*Ling*) unstressed, unaccented
atours [atuʀ] *nmpl* attire *sg*, finery *sg*
atout [atu] *nm* trump; (*fig*) asset; (*: plus fort*) trump card; « **~ pique/trèfle** » "spades/clubs are trumps"
ATP *sigle f* (= *Association des joueurs de tennis professionnels*) ATP (= *Association of Tennis Professionals*) ▸ *sigle mpl* = **arts et traditions populaires**; **musée des ~** ≈ folk museum
âtre [ɑtʀ] *nm* hearth
atroce [atʀɔs] *adj* atrocious, horrible
atrocement [atʀɔsmɑ̃] *adv* atrociously, horribly
atrocité [atʀɔsite] *nf* atrocity
atrophie [atʀɔfi] *nf* atrophy
atrophier [atʀɔfje] /7/ : **s'atrophier** *vpr* to atrophy
atropine [atʀɔpin] *nf* (*Chimie*) atropine
attabler [atable] /1/ : **s'attabler** *vpr* to sit down at (the) table; **s'~ à la terrasse** to sit down (at a table) on the terrace
ATTAC *sigle f* (= *Association pour la Taxation des Transactions pour l'Aide aux Citoyens*) ATTAC, *organization critical of globalization originally set up to demand a tax on foreign currency speculation*
attachant, e [ataʃɑ̃, -ɑ̃t] *adj* engaging, likeable
attache [ataʃ] *nf* clip, fastener; (*fig*) tie; **à l'~** (*chien*) tied up; **attaches** *nfpl* (*relations*) connections
attaché, e [ataʃe] *adj* : **être ~ à** (*aimer*) to be attached to ▸ *nm/f* (*Admin*) attaché; **~ de presse/d'ambassade** press/embassy attaché; **~ commercial** commercial attaché
attaché-case [ataʃekɛz] *nm inv* attaché case (Brit), briefcase
attachement [ataʃmɑ̃] *nm* attachment
attacher [ataʃe] /1/ *vt* to tie up; (*étiquette*) to attach, tie on; (*ceinture*) to fasten; (*souliers*) to do up; **~ qch à** to tie *ou* fasten *ou* attach sth to; **~ qn à** (*fig : lier*) to attach sb to; **~ du prix/de l'importance à** to attach great value/attach importance to ▸ *vi* (*poêle, riz*) to stick; **s'attacher** *vpr* (*robe etc*) to do up; **s'~ à** (*par affection*) to become attached to; **s'~ à faire qch** to endeavour to do sth
attaquant [atakɑ̃] *nm* (*Mil*) attacker; (*Sport*) striker, forward
attaque [atak] *nf* attack; (*cérébrale*) stroke; (*d'épilepsie*) fit; **être/se sentir d'~** to be/feel on form; **~ à main armée** armed attack

attaquer [atake] /1/ *vt* to attack; (*en justice*) to sue, bring an action against; (*travail*) to tackle, set about ▶ *vi* to attack; **s'attaquer à** *vpr* (*personne*) to attack; (*épidémie, misère*) to tackle, attack
attardé, e [ataʀde] *adj* (*passants*) late; (*enfant*) backward; (*conceptions*) old-fashioned
attarder [ataʀde] /1/ : **s'attarder** *vpr* (*sur qch, en chemin*) to linger; (*chez qn*) to stay on
atteignais *etc* [ateɲɛ] *vb voir* **atteindre**
atteindre [atɛ̃dʀ] /49/ *vt* to reach; (*blesser*) to hit; (*contacter*) to reach, contact, get in touch with; (*émouvoir*) to affect
atteint, e [atɛ̃, -ɛ̃t] *pp de* **atteindre** ▶ *adj* (*Méd*) : **être ~ de** to be suffering from ▶ *nf* attack; **hors d'atteinte** out of reach; **porter atteinte à** to strike a blow at, undermine
attelage [at(ə)laʒ] *nm* (*de remorque etc*) coupling (Brit), (trailer) hitch (US); (*animaux*) team; (*harnachement*) harness; (: *de bœufs*) yoke
atteler [at(ə)le] /4/ *vt* (*cheval, bœufs*) to hitch up; (*wagons*) to couple; **s'atteler à** *vpr* (*travail*) to buckle down to
attelle [atɛl] *nf* splint
attenant, e [at(ə)nɑ̃, -ɑ̃t] *adj* : **~ (à)** adjoining
attendant [atɑ̃dɑ̃] : **en ~** *adv* (*dans l'intervalle*) meanwhile, in the meantime
attendre [atɑ̃dʀ] /41/ *vt* to wait for; (*être destiné ou réservé à*) to await, be in store for; **je n'attends plus rien (de la vie)** I expect nothing more (from life); **attendez-moi, s'il vous plaît** wait for me, please; **~ un enfant** to be expecting a baby; **~ qch de** to expect sth of; **~ de pied ferme** to wait determinedly; **~ de faire/d'être** to wait until one does/is; **~ que** to wait until; **attendez qu'il vienne** wait until he comes; **faire ~ qn** to keep sb waiting; **se faire ~** to keep people (*ou us etc*) waiting; **en attendant** *adv voir* **attendant** ▶ *vi* to wait; **attendez que je réfléchisse** wait while I think; **s'attendre** *vpr* : **s'~ à (ce que)** (*escompter*) to expect (that); **je ne m'y attendais pas** I didn't expect that; **ce n'est pas ce à quoi je m'attendais** that's not what I expected
attendri, e [atɑ̃dʀi] *adj* tender
attendrir [atɑ̃dʀiʀ] /2/ *vt* to move (to pity); (*viande*) to tenderize; **s'attendrir** *vpr* : **s'~ (sur)** to be moved *ou* touched (by)
attendrissant, e [atɑ̃dʀisɑ̃, -ɑ̃t] *adj* moving, touching
attendrissement [atɑ̃dʀismɑ̃] *nm* (*tendre*) emotion; (*apitoyé*) pity
attendrisseur [atɑ̃dʀisœʀ] *nm* tenderizer
attendu, e [atɑ̃dy] *pp de* **attendre** ▶ *adj* (*événement*) long-awaited; (*prévu*) expected ▶ *nm* : **attendus** *reasons adduced for a judgment*; **~ que** *conj* considering that, since
attentat [atɑ̃ta] *nm* (*contre une personne*) assassination attempt; (*contre un bâtiment*) attack; **~ à la bombe** bomb attack; **~ à la pudeur** (*exhibitionnisme*) indecent exposure *no pl*; (*agression*) indecent assault *no pl*; **~ suicide** suicide bombing
attente [atɑ̃t] *nf* wait; (*espérance*) expectation; **contre toute ~** contrary to (all) expectations
attenter [atɑ̃te] /1/ : **~ à** *vt* (*liberté*) to violate; **~ à la vie de qn** to make an attempt on sb's life; **~ à ses jours** to make an attempt on one's life
attentif, -ive [atɑ̃tif, -iv] *adj* (*auditeur*) attentive; (*soin*) scrupulous; (*travail*) careful; **~ à** paying attention to; (*devoir*) mindful of; **~ à faire** careful to do
attention [atɑ̃sjɔ̃] *nf* attention; (*prévenance*) attention, thoughtfulness *no pl*; **mériter ~** to be worthy of attention; **à l'~ de** for the attention of; **porter qch à l'~ de qn** to bring sth to sb's attention; **attirer l'~ de qn sur qch** to draw sb's attention to sth; **faire ~ (à)** to be careful (of); **faire ~ (à ce) que** to be *ou* make sure that; **~ !** careful!, watch!, watch out!; **~ à la voiture !** watch out for that car!; **~, si vous ouvrez cette lettre** (*sanction*) just watch out, if you open that letter; **~, respectez les consignes de sécurité** be sure to observe the safety instructions
attentionné, e [atɑ̃sjɔne] *adj* thoughtful, considerate
attentisme [atɑ̃tism] *nm* wait-and-see policy
attentiste [atɑ̃tist] *adj* (*politique*) wait-and-see ▶ *nmf* believer in a wait-and-see policy
attentivement [atɑ̃tivmɑ̃] *adv* attentively
atténuant, e [atenɥɑ̃, -ɑ̃t] *adj* : **circonstances atténuantes** extenuating circumstances
atténuer [atenɥe] /1/ *vt* (*douleur*) to alleviate, ease; (*couleurs*) to soften; (*diminuer*) to lessen; (*amoindrir*) to mitigate the effects of; **s'atténuer** *vpr* to ease; (*violence etc*) to abate
atterrant, e [ateʀɑ̃, -ɑ̃t] *adj* appalling
atterrer [ateʀe] /1/ *vt* to dismay, appal
atterrir [ateʀiʀ] /2/ *vi* to land
atterrissage [ateʀisaʒ] *nm* landing; **~ sur le ventre/sans visibilité/forcé** belly/blind/forced landing
attestation [atɛstasjɔ̃] *nf* certificate, testimonial; **~ médicale** doctor's certificate
attesté, e [atɛste] *adj* (*mot, emploi*) attested
attester [atɛste] /1/ *vt* to testify to, vouch for; (*démontrer*) to attest, testify to; **~ que** to testify that
attiédir [atjediʀ] /2/ : **s'attiédir** *vpr* to become lukewarm; (*fig*) to cool down
attifé, e [atife] *adj* (*fam*) got up (Brit), decked out
attifer [atife] /1/ *vt* to get (Brit) *ou* do up, deck out
attique [atik] *nm* : **appartement en ~** penthouse (flat (Brit) *ou* apartment (US))
attirail [atiʀaj] *nm* gear; (*péj*) paraphernalia
attirance [atiʀɑ̃s] *nf* attraction; (*séduction*) lure
attirant, e [atiʀɑ̃, -ɑ̃t] *adj* attractive, appealing
attirer [atiʀe] /1/ *vt* to attract; (*appâter*) to lure, entice; **~ qn dans un coin/vers soi** to draw sb into a corner/towards one; **~ l'attention de qn** to attract sb's attention; **~ l'attention de qn sur qch** to draw sb's attention to sth; **~ des ennuis à qn** to make trouble for sb; **s'attirer** *vpr* : **s'~ des ennuis** to bring trouble upon o.s., get into trouble
attiser [atize] /1/ *vt* (*feu*) to poke (up), stir up; (*fig*) to fan the flame of, stir up

a

attitré, e [atitʀe] *adj* qualified; (*agréé*) accredited, appointed
attitude [atityd] *nf* attitude; (*position du corps*) bearing
attouchements [atuʃmɑ̃] *nmpl* touching *sg*; (*sexuels*) fondling *sg*, stroking *sg*
attractif, -ive [atʀaktif, -iv] *adj* attractive
attraction [atʀaksjɔ̃] *nf* attraction; (*de cabaret, cirque*) number
attrait [atʀɛ] *nm* appeal, attraction; (*plus fort*) lure; **éprouver de l'~ pour** to be attracted to; **attraits** *nmpl* attractions
attrape [atʀap] *nf voir* **farce**
attrape-nigaud [atʀapnigo] *nm* con
attraper [atʀape] /1/ *vt* to catch; (*habitude, amende*) to get, pick up; (*fam : duper*) to con, take in (Brit); **se faire ~** (*fam*) to be told off
attrayant, e [atʀɛjɑ̃, -ɑ̃t] *adj* attractive
attribuer [atʀibɥe] /1/ *vt* (*prix*) to award; (*rôle, tâche*) to allocate, assign; (*imputer*) : **~ qch à** to attribute sth to, ascribe sth to, put sth down to; **s'attribuer** *vpr* (*s'approprier*) to claim for o.s.
attribut [atʀiby] *nm* attribute; (*Ling*) complement
attribution [atʀibysjɔ̃] *nf* (*voir attribuer*) awarding; allocation, assignment; attribution; **complément d'~** (*Ling*) indirect object; **attributions** *nfpl* (*compétence*) attributions
attristant, e [atʀistɑ̃, -ɑ̃t] *adj* saddening
attrister [atʀiste] /1/ *vt* to sadden; **s'attrister** *vpr* : **s'~ de qch** to be saddened by sth
attroupement [atʀupmɑ̃] *nm* crowd, mob
attrouper [atʀupe] /1/ : **s'attrouper** *vpr* to gather
atypique [atipik] *adj* (*aussi Méd*) atypical
au [o] *prép voir* **à**
aubade [obad] *nf* dawn serenade
aubaine [obɛn] *nf* godsend; (*financière*) windfall; (*Comm*) bonanza
aube [ob] *nf* dawn, daybreak; (*Rel*) alb; **à l'~** at dawn *ou* daybreak; **à l'~ de** (*fig*) at the dawn of
aubépine [obepin] *nf* hawthorn
auberge [obɛʀʒ] *nf* inn; **~ de jeunesse** youth hostel
aubergine [obɛʀʒin] *nf* aubergine (Brit), eggplant (US)
aubergiste [obɛʀʒist] *nmf* inn-keeper, hotel-keeper
auburn [obœʀn] *adj inv* auburn
aucun, e [okœ̃, -yn] *adj, pron* no; (*positif*) any; **il n'y a ~ livre** there isn't any book, there is no book; **~ homme** no man; **sans ~ doute** without any doubt; **sans aucune hésitation** without hesitation; **en aucune façon** in no way at all ▸ *pron* none; (*positif*) any(one); **je n'en vois ~ qui ...** I can't see any which ..., I (can) see none which ...; **plus qu'~ autre** more than any other; **il le fera mieux qu'~ de nous** he'll do it better than any of us; **plus qu'~ de ceux qui ...** more than any of those who ...; **~ des deux** neither of the two; **~ d'entre eux** none of them; **d'aucuns** (*certains*) some
aucunement [okynmɑ̃] *adv* in no way, not in the least
audace [odas] *nf* daring, boldness; (*péj*) audacity; **il a eu l'~ de ...** he had the audacity to ...; **vous ne manquez pas d'~ !** you're not lacking in nerve *ou* cheek!
audacieusement [odasjøzmɑ̃] *adv* daringly
audacieux, -euse [odasjø, -øz] *adj* daring, bold
au-dedans [odədɑ̃] *adv, prép* inside
au-dehors [odəɔʀ] *adv, prép* outside
au-delà [od(ə)la] *adv* beyond; **~ de** *prép* beyond ▸ *nm* : **l'~** the hereafter
au-dessous [odsu] *adv* underneath; below; **~ de** *prép* under(neath), below; (*limite, somme etc*) below, under; (*dignité, condition*) below; **~ de tout** the (absolute) limit
au-dessus [odsy] *adv* above; **~ de** *prép* above
au-devant [od(ə)vɑ̃] : **~ de** *prép* : **aller ~ de** (*personne, danger*) to go (out) and meet; (*souhaits, désirs de qn*) to anticipate; **aller ~ de qn** to go out to meet sb; **aller ~ des ennuis** *ou* **difficultés** to be asking for trouble
audible [odibl] *adj* audible
audience [odjɑ̃s] *nf* audience; (*Jur : séance*) hearing; **trouver ~ auprès de** to arouse much interest among, get the (interested) attention of
audimat® [odimat] *nm* (*taux d'écoute*) ratings *pl*
audio [odjo] *adj inv* (*fichier, matériel*) audio
audioguide [odjogid] *nm* audio guide
audiovisuel, le, audio-visuel, le [odjovizɥɛl] *adj* audio-visual ▸ *nm* (*équipement*) audio-visual aids *pl*; (*méthodes*) audio-visual methods *pl*; (*média, secteur*) : **l'~** radio and television
audit [odit] *nm* audit
auditeur, -trice [oditœʀ, -tʀis] *nm/f* (*à la radio*) listener; (*à une conférence*) member of the audience, listener; **~ libre** unregistered student (*attending lectures*), auditor (US)
auditif, -ive [oditif, -iv] *adj* (*mémoire*) auditory; **appareil ~** hearing aid
audition [odisjɔ̃] *nf* (*ouïe, écoute*) hearing; (*Jur : de témoins*) examination; (*Mus, Théât : épreuve*) audition
auditionner [odisjɔne] /1/ *vt, vi* to audition
auditoire [oditwaʀ] *nm* audience
auditorium [oditɔʀjɔm] *nm* (public) studio
auge [oʒ] *nf* trough
augmentation [ɔgmɑ̃tasjɔ̃] *nf* (*action*) increasing; raising; (*résultat*) increase; **~ (de salaire)** rise (in salary) (Brit), (pay) raise (US)
augmenter [ɔgmɑ̃te] /1/ *vt* to increase; (*salaire, prix*) to increase, raise, put up; (*employé*) to increase the salary of, give a (salary) rise (Brit) *ou* (pay) raise (US) to ▸ *vi* to increase; **~ de poids/volume** to gain (in) weight/volume
augure [ogyʀ] *nm* soothsayer, oracle; **de bon/mauvais ~** of good/ill omen
augurer [ɔgyʀe] /1/ *vt* : **~ qch de** to foresee sth (coming) from *ou* out of; **~ bien de** to augur well for
auguste [ɔgyst] *adj* august, noble, majestic
aujourd'hui [oʒuʀdɥi] *adv* today; **~ en huit/quinze** a week/two weeks today, a week/two weeks from now; **à dater** *ou* **partir d'~** from today('s date)
aulne [o(l)n] *nm* alder

aumône [omon] *nf* alms *sg (pl inv)*; **faire l'~ (à qn)** to give alms (to sb); **faire l'~ de qch à qn** *(fig)* to favour sb with sth
aumônerie [ɔmonʀi] *nf* chaplaincy
aumônier [ɔmonje] *nm* chaplain
auparavant [opaʀavɑ̃] *adv* before(hand)
auprès [opʀɛ] : **~ de** *prép* next to, close to; *(recourir, s'adresser)* to; *(en comparaison de)* compared with, next to; *(dans l'opinion de)* in the opinion of
auquel [okɛl] *pron voir* **lequel**
aura *etc* [ɔʀa] *vb voir* **avoir**
aurai *etc* [ɔʀe] *vb voir* **avoir**
auréole [ɔʀeɔl] *nf* halo; *(tache)* ring
auréolé, e [ɔʀeɔle] *adj (fig)* : **~ de gloire** crowned with *ou* in glory
auriculaire [ɔʀikylɛʀ] *nm* little finger
aurifère [ɔʀifɛʀ] *adj* gold-bearing
aurons *etc* [ɔʀɔ̃] *vb voir* **avoir**
aurore [ɔʀɔʀ] *nf* dawn, daybreak; **~ boréale** northern lights *pl*
auscultation [ɔskyltasjɔ̃] *nf* auscultation
ausculter [ɔskylte] /1/ *vt* to sound; **~ un patient** to listen to a patient's chest
auspices [ɔspis] *nmpl* : **sous les ~ de** under the patronage *ou* auspices of; **sous de bons/mauvais ~** under favourable/unfavourable auspices
aussi [osi] *adv (également)* also, too; *(de comparaison)* as; **~ fort que** as strong as; **moi ~** me too; **lui ~** *(sujet)* he too; *(objet)* him too; **~ bien que** *(de même que)* as well as ▸ *conj* therefore, consequently

> **Also** n'est jamais placé en fin de phrase, contrairement à **too**.
> *Il était aussi artiste.* **He was also an artist.**
> *Elle est chanteuse et aussi actrice.* **She's a singer and an actress too.**

aussitôt [osito] *adv* straight away, immediately; **~ que** as soon as; **~ envoyé** as soon as it is *(ou* was) sent; **~ fait** no sooner done
austère [ɔstɛʀ] *adj* austere; *(sévère)* stern
austérité [ɔsteʀite] *nf* austerity; **plan/budget d'~** austerity plan/budget
austral, e [ɔstʀal] *adj* southern; **l'océan A~** the Antarctic Ocean; **les Terres Australes** Antarctica
Australie [ostʀali] *nf* : **l'~** Australia
australien, ne [ɔstʀaljɛ̃, -ɛn] *adj* Australian ▸ *nm/f* : **Australien, ne** Australian
autant [otɑ̃] *adv* so much; **je ne savais pas que tu la détestais ~** I didn't know you hated her so much; *(comparatif)* : **~ (que)** as much (as); *(nombre)* as many (as); **~ (de)** so much *(ou* many); as much *(ou* many); **n'importe qui aurait pu en faire ~** anyone could have done the same *ou* as much; **~ partir** we *(ou* you *etc)* may as well leave; **~ ne rien dire** best not say anything; **~ dire que ...** one might as well say that ...; **fort ~ que courageux** as strong as he is brave; **pour ~** for all that; **il n'est pas découragé pour ~** he isn't discouraged for all that; **pour ~ que** *conj* assuming, as long as; **d'~** *adv* accordingly, in proportion; **d'~ plus/mieux (que)** all the more/the better (since)

autarcie [otaʀsi] *nf* autarky, self-sufficiency
autel [otɛl] *nm* altar
auteur [otœʀ] *nm* author; **l'~ de cette remarque** the person who said that; **droit d'~** copyright
auteur-compositeur [otœʀkɔ̃pozitœʀ] *pl*, **auteurs-compositeurs** *nmf* composer-songwriter
authenticité [ɔtɑ̃tisite] *nf* authenticity
authentification [otɑ̃tifikasjɔ̃] *nf* authentication
authentifier [ɔtɑ̃tifje] /7/ *vt* to authenticate
authentique [otɑ̃tik] *adj* authentic, genuine
autisme [otism] *nm* autism
autiste [otist] *adj* autistic ▸ *nmf* autistic person
auto [oto] *nf* car; **autos tamponneuses** bumper cars, Dodgems®
auto... [oto] *préfixe* auto..., self-
autobiographie [otobjɔgʀafi] *nf* autobiography
autobiographique [otobjɔgʀafik] *adj* autobiographical
autobronzant [otobʀɔ̃zɑ̃] *nm* self-tanning cream *(ou* lotion *etc)*
autobus [ɔtɔbys] *nm* bus
autocar [ɔtɔkaʀ] *nm* coach
autochtone [ɔtɔktɔn] *nmf* native
autocollant, e [otokɔlɑ̃, -ɑ̃t] *adj* self-adhesive; *(enveloppe)* self-seal ▸ *nm* sticker
auto-couchettes [otokuʃɛt] *adj inv* : **train ~** car sleeper train, motorail® train (BRIT)
autocratie [otokʀasi] *nf* autocracy
autocratique [otokʀatik] *adj* autocratic
autocritique [otokʀitik] *nf* self-criticism
autocuiseur [otokwizœʀ] *nm (Culin)* pressure cooker
autodéfense [otodefɑ̃s] *nf* self-defence; **groupe d'~** vigilante committee
autodérision [otodeʀizjɔ̃] *nf* self-mockery
autodestruction [otodɛstʀyksjɔ̃] *nf* self-destruction
autodétermination [otodetɛʀminasjɔ̃] *nf* self-determination
autodidacte [otodidakt] *nmf* self-taught person
autodiscipline [otodisiplin] *nf* self-discipline
autodrome [otodʀom] *nm* motor-racing stadium
auto-école [otoekɔl] *nf* driving school
autoentrepreneur, -euse [otoɑ̃tʀəpʀənœʀ, øz] *nm/f* self-employed businessman/woman
autofinancement [otofinɑ̃smɑ̃] *nm* self-financing
autogéré, e [otoʒeʀe] *adj* self-managed, managed internally
autogestion [otoʒɛstjɔ̃] *nf* joint worker-management control
autographe [otogʀaf] *nm* autograph
autoguidé, e [otogide] *adj* self-guided
automate [ɔtɔmat] *nm (robot)* automaton; *(machine)* (automatic) machine
automatique [ɔtɔmatik] *adj* automatic
automatiquement [ɔtɔmatikmɑ̃] *adv* automatically

automatisation [ɔtɔmatizasjɔ̃] *nf* automation
automatiser [ɔtɔmatize] /1/ *vt* to automate
automatisme [ɔtɔmatism] *nm* (*Tech : mécanisme*) automatic device; (*activité*) automatic reflex; **devenir un ~** to become an automatic reflex
automédication [otomedikasjɔ̃] *nf* self-medication
automitrailleuse [otomitʀɑjøz] *nf* armoured car
automnal, e, -aux [ɔtɔnal, -o] *adj* autumnal
automne [ɔtɔn] *nm* autumn (BRIT), fall (US)
automobile [ɔtɔmɔbil] *adj* motor *cpd* ▸ *nf* (motor) car; **l'~** motoring; (*industrie*) the car *ou* automobile (US) industry
automobiliste [ɔtɔmɔbilist] *nmf* motorist
automutilation [otomytilasjɔ̃] *nf* self-harm
automutiler [otomytile] /1/ : **s'automutiler** *vpr* to self-harm
autonettoyant, e [otonɛtwajɑ̃, -ɑ̃t] *adj* : **four ~** self-cleaning oven
autonome [ɔtɔnɔm] *adj* autonomous
autonomie [ɔtɔnɔmi] *nf* autonomy; (*Pol*) self-government, autonomy; **~ de vol** range
autonomiste [ɔtɔnɔmist] *nmf* separatist
autoportrait [otopɔʀtʀɛ] *nm* self-portrait
autoproclamé, e [otopʀɔklame] *adj* (*leader, vainqueur*) self-proclaimed; **le président ~** the self-proclaimed president
autoproclamer [otopʀɔklame] : **s'autoproclamer** *vpr* to declare o.s.
autopsie [ɔtɔpsi] *nf* post-mortem (examination), autopsy
autopsier [ɔtɔpsje] /7/ *vt* to carry out a post-mortem *ou* an autopsy on
autoradio [otoʀadjo] *nf* car radio
autorail [otoʀɑj] *nm* railcar
autorisation [ɔtɔʀizasjɔ̃] *nf* permission, authorization; (*papiers*) permit; **donner à qn l'~ de** to give sb permission to, authorize sb to; **avoir l'~ de faire** to be allowed *ou* have permission to do, be authorized to do
autorisé, e [ɔtɔʀize] *adj* (*opinion, sources*) authoritative; (*permis*) : **~ à faire** authorized *ou* permitted to do; **dans les milieux autorisés** in official circles
autoriser [ɔtɔʀize] /1/ *vt* to give permission for, authorize; (*fig*) to allow (of), sanction; **~ qn à faire** to give permission to sb to do, authorize sb to do; **s'autoriser** *vpr* (*audace, dépenses*) to allow o.s.; **s'~ à faire** to permit o.s. to do; **il s'est autorisé à faire des commentaires** he permitted himself to make some remarks; **elle ne s'autorise que trois morceaux de chocolat par semaine** she only allows herself three pieces of chocolate a week
autoritaire [ɔtɔʀitɛʀ] *adj* authoritarian
autoritarisme [ɔtɔʀitaʀism] *nm* authoritarianism
autorité [ɔtɔʀite] *nf* authority; **faire ~** to be authoritative; **autorités constituées** constitutional authorities
autoroute [otoʀut] *nf* motorway (BRIT), expressway (US); **~ de l'information** (*Inform*) information superhighway; *see note*

AUTOROUTE

French **autoroutes**, indicated by blue road signs with the letter A followed by a number, are toll roads. The speed limit is 130 km/h (110 km/h when it is raining). At the tollgate, the lanes marked with an orange T are reserved for people who subscribe to *télépéage*, an electronic payment system.

autoroutier, -ière [otoʀutje, -jɛʀ] *adj* motorway *cpd* (BRIT), expressway *cpd* (US)
autosatisfaction [otosatisfaksjɔ̃] *nf* self-satisfaction
auto-stop [otostɔp] (*pl* **autos-stops**) *nm* : **l'~** hitch-hiking; **faire de l'~** to hitch-hike; **prendre qn en ~** to give sb a lift
auto-stoppeur, -euse [otostɔpœʀ, -øz] *nm/f* hitch-hiker, hitcher (BRIT)
autosuffisance [otosyfizɑ̃s] *nf* self-sufficiency
autosuffisant, e [otosyfizɑ̃, -ɑ̃t] *adj* self-sufficient
autosuggestion [otosygʒɛstjɔ̃] *nf* autosuggestion
autour [otuʀ] *adv* around; **~ de** *prép* around; (*environ*) around, about; **tout ~** *adv* all around

MOT-CLÉ

autre [otʀ] *adj* **1** (*différent*) other, different; **je préférerais un autre verre** I'd prefer another *ou* a different glass; **d'autres verres** different glasses; **se sentir autre** to feel different; **la difficulté est autre** the difficulty is *ou* lies elsewhere
2 (*supplémentaire*) other; **je voudrais un autre verre d'eau** I'd like another glass of water
3 : **autre chose** something else; **autre part** somewhere else; **d'autre part** on the other hand
▸ *pron* **1** : **un autre** another (one); **nous/vous autres** us/you; **d'autres** others; **l'autre** the other (one); **les autres** the others; (*autrui*) others; **l'un et l'autre** both of them; **ni l'un ni l'autre** neither of them; **se détester l'un l'autre/les uns les autres** to hate each other *ou* one another; **d'une semaine/minute à l'autre** from one week/minute *ou* moment to the next; (*incessamment*) any week/minute *ou* moment now; **de temps à autre** from time to time; **entre autres** (*personnes*) among others; (*choses*) among other things
2 (*expressions*) : **j'en ai vu d'autres** I've seen worse; **à d'autres !** pull the other one!

autrefois [otʀəfwa] *adv* in the past
autrement [otʀəmɑ̃] *adv* differently; (*d'une manière différente*) in another way; (*sinon*) otherwise; **je n'ai pas pu faire ~** I couldn't do anything else, I couldn't do otherwise; **~ dit** in other words; (*c'est-à-dire*) that is to say
Autriche [otʀiʃ] *nf* : **l'~** Austria
autrichien, ne [otʀiʃjɛ̃, -ɛn] *adj* Austrian ▸ *nm/f* : **Autrichien, ne** Austrian
autruche [otʀyʃ] *nf* ostrich; **faire l'~** (*fig*) to bury one's head in the sand
autrui [otʀɥi] *pron* others

auvent [ovɑ̃] *nm* canopy
auvergnat, e [ɔvɛʀɲa, -at] *adj* of *ou* from the Auvergne
Auvergne [ɔvɛʀɲ] *nf* : **l'~** the Auvergne
aux [o] *prép voir* **à**
auxiliaire [ɔksiljɛʀ] *adj, nmf* auxiliary
auxquels, auxquelles [okɛl] *pron voir* **lequel**
AV *sigle m (Banque : = avis de virement) advice of bank transfer* ▸ *abr (Auto)* = **avant**
av. *abr (= avenue)* Av(e)
avachi, e [avaʃi] *adj* limp, flabby; *(chaussure, vêtement)* out-of-shape; *(personne)* : **~ sur qch** slumped on *ou* across sth
avais *etc* [avɛ] *vb voir* **avoir**
aval [aval] *nm (accord)* endorsement, backing; *(Géo)* : **en ~** downstream, downriver; *(sur une pente)* downhill; **en ~ de** downstream *ou* downriver from; downhill from
avalanche [avalɑ̃ʃ] *nf* avalanche; **~ poudreuse** powder snow avalanche
avaler [avale] /1/ *vt* to swallow
avaliser [avalize] /1/ *vt (plan, entreprise)* to back, support; *(Comm, Jur)* to guarantee
avance [avɑ̃s] *nf (de troupes etc)* advance; *(progrès)* progress; *(d'argent)* advance; *(opposé à retard)* lead; being ahead of schedule; **une ~ de 300 m/4 h** *(Sport)* a 300 m/4 hour lead; **(être) en ~** (to be) early; *(sur un programme)* (to be) ahead of schedule; **on n'est pas en ~ !** we're kind of late!; **être en ~ sur qn** to be ahead of sb; **d'~, à l'~, par ~** in advance; **~ (du) papier** *(Inform)* paper advance; **avances** *nfpl* overtures; *(amoureuses)* advances
avancé, e [avɑ̃se] *adj* advanced; *(travail etc)* well on, well under way; *(fruit, fromage)* overripe; **il est ~ pour son âge** he is advanced for his age ▸ *nf* projection; overhang; *(progrès)* advance; **une avancée majeure** a major advance
avancement [avɑ̃smɑ̃] *nm (professionnel)* promotion; *(de travaux)* progress
avancer [avɑ̃se] /3/ *vi* to move forward, advance; *(projet, travail)* to make progress; *(être en saillie)* to overhang; to project; *(montre, réveil)* to be fast; *(: d'habitude)* to gain; **j'avance (d'une heure)** I'm (an hour) fast ▸ *vt* to move forward, advance; *(argent)* to advance; *(montre, pendule)* to put forward; *(faire progresser : travail etc)* to advance, move on; **s'avancer** *vpr* to move forward, advance; *(fig)* to commit o.s.; *(faire saillie)* to overhang; to project
avanies [avani] *nfpl* snubs (BRIT), insults
avant [avɑ̃] *prép* before; **~ tout** *(surtout)* above all; **en ~ de** in front of; **à l'~** *(dans un véhicule)* in (the) front; **~ qu'il parte/de partir** before he leaves/leaving; **~ qu'il (ne) pleuve** before it rains *(ou* rained) ▸ *adv* : **trop/plus ~** too far/further forward; **en ~** *(se pencher, tomber)* forward(s); **partir en ~** to go on ahead ▸ *adj inv* : **siège/roue ~** front seat/wheel ▸ *nm (d'un véhicule, bâtiment)* front; *(Sport : joueur)* forward; **aller de l'~** to steam ahead *(fig)*, make good progress
avantage [avɑ̃taʒ] *nm* advantage; *(Tennis)* : **~ service/dehors** advantage *ou* van (BRIT) *ou* ad (US) in/out; **tirer ~ de** to take advantage of; **vous auriez ~ à faire** you would be well-advised to do, it would be to your advantage to do; **à l'~ de qn** to sb's advantage; **être à son ~** to be at one's best; **avantages en nature** benefits in kind; **avantages sociaux** fringe benefits
avantager [avɑ̃taʒe] /3/ *vt (favoriser)* to favour; *(embellir)* to flatter
avantageusement [avɑ̃taʒøzmɑ̃] *adv* : **remplacer ~ qch** to be a good replacement for sth
avantageux, -euse [avɑ̃taʒø, -øz] *adj (prix)* attractive; *(intéressant)* attractively priced; *(portrait, coiffure)* flattering; **conditions avantageuses** favourable terms
avant-bras [avɑ̃bʀa] *nm inv* forearm
avant-centre [avɑ̃sɑ̃tʀ] *nm* centre-forward
avant-coureur [avɑ̃kuʀœʀ] *adj inv (bruit etc)* precursory; **signe ~** advance indication *ou* sign
avant-dernier, -ière [avɑ̃dɛʀnje, -jɛʀ] *adj, nm/f* next to last, last but one
avant-garde [avɑ̃gaʀd] *nf (Mil)* vanguard; *(fig)* avant-garde; **d'~** avant-garde
avant-goût [avɑ̃gu] *nm* foretaste
avant-hier [avɑ̃tjɛʀ] *adv* the day before yesterday
avant-poste [avɑ̃pɔst] *nm* outpost
avant-première [avɑ̃pʀəmjɛʀ] *nf (de film)* preview; **en ~** as a preview, in a preview showing
avant-projet [avɑ̃pʀɔʒɛ] *nm* preliminary draft
avant-propos [avɑ̃pʀɔpo] *nm* foreword
avant-veille [avɑ̃vɛj] *nf* : **l'~** two days before
avare [avaʀ] *adj* miserly, avaricious; **~ de compliments** stingy *ou* sparing with one's compliments ▸ *nmf* miser
avarice [avaʀis] *nf* avarice, miserliness
avarie [avaʀi] *nf (Navig)* damage; **en cas d'~** in the event of damage
avarié, e [avaʀje] *adj (viande, fruits)* rotting, going off (BRIT); *(Navig : navire)* damaged
avaries [avaʀi] *nfpl (Navig)* damage *sg*
avatar [avataʀ] *nm* misadventure; *(transformation)* metamorphosis
avec [avɛk] *prép* with; *(à l'égard de)* to(wards), with; **~ habileté/lenteur** skilfully/slowly; **~ eux/ces maladies** with them/these diseases; **~ ça** *(malgré ça)* for all that; **et ~ ça ?** *(dans un magasin)* anything *ou* something else? ▸ *adv (fam)* with it *(ou* him *etc)*
avenant, e [av(ə)nɑ̃, -ɑ̃t] *adj* pleasant ▸ *nm (Assurances)* additional clause; **à l'~** *adv* in keeping
avènement [avɛnmɑ̃] *nm (d'un roi)* accession, succession; *(d'un changement)* advent; *(d'une politique, idée)* coming
avenir [avniʀ] *nm* : **l'~** the future; **à l'~** in future; **sans ~** with no future, without a future; **carrière/politicien d'~** career/politician with prospects *ou* a future
Avent [avɑ̃] *nm* : **l'~** Advent
aventure [avɑ̃tyʀ] *nf* : **l'~** adventure; **une ~** an adventure; *(amoureuse)* an affair; **partir à l'~** to go off in search of adventure; *(au hasard)* to go where one's fancy takes one; **roman/film d'~** adventure story/film

aventurer [avɑ̃tyʀe] /1/ *vt* (*somme, réputation, vie*) to stake; (*remarque, opinion*) to venture; **s'aventurer** *vpr* to venture; **s'~ à faire qch** to venture into sth
aventureux, -euse [avɑ̃tyʀø, -øz] *adj* adventurous, venturesome; (*projet*) risky, chancy
aventurier, -ière [avɑ̃tyʀje, -jɛʀ] *nm/f* adventurer ▸ *nf* (*péj*) adventuress
avenu, e [av(ə)ny] *adj* : **nul et non ~** null and void
avenue [avny] *nf* avenue
avéré, e [aveʀe] *adj* recognized, acknowledged
avérer [aveʀe] /6/ : **s'avérer** *vpr* : **s'~ faux/coûteux** to prove (to be) wrong/expensive
averse [avɛʀs] *nf* shower
aversion [avɛʀsjɔ̃] *nf* aversion, loathing
averti, e [avɛʀti] *adj* (well-)informed
avertir [avɛʀtiʀ] /2/ *vt* : **~ qn (de qch/que)** to warn sb (of sth/that); (*renseigner*) to inform sb (of sth/that); **~ qn de ne pas faire qch** to warn sb not to do sth
avertissement [avɛʀtismɑ̃] *nm* warning
avertisseur [avɛʀtisœʀ] *nm* horn, siren; **~ (d'incendie)** (fire) alarm
aveu, x [avø] *nm* confession; **passer aux aveux** to make a confession; **de l'~ de** according to
aveuglant, e [avœglɑ̃, -ɑ̃t] *adj* blinding
aveugle [avœgl] *adj* blind ▸ *nmf* blind person; **les aveugles** the blind; **test en (double) ~** (double) blind test
aveuglement [avœgləmɑ̃] *nm* blindness
aveuglément [avœglemɑ̃] *adv* blindly
aveugler [avœgle] /1/ *vt* to blind
aveuglette [avœglɛt] : **à l'~** *adv* groping one's way along; (*fig*) in the dark, blindly
avez [ave] *vb voir* **avoir**
aviaire [avjɛʀ] *adj* avian
aviateur, -trice [avjatœʀ, -tʀis] *nm/f* aviator, pilot
aviation [avjasjɔ̃] *nf* (*secteur commercial*) aviation; (*sport, métier de pilote*) flying; (*Mil*) air force; **terrain d'~** airfield; **~ de chasse** fighter force
aviculteur, -trice [avikyltœʀ, -tʀis] *nm/f* poultry farmer; bird breeder
aviculture [avikyltyʀ] *nf* (*de volailles*) poultry farming
avide [avid] *adj* eager; (*péj*) greedy, grasping; **~ de** (*sang etc*) thirsting for; **~ d'honneurs/d'argent** greedy for honours/money; **~ de connaître/d'apprendre** eager to know/learn
avidement [avidmɑ̃] *adv* avidly
avidité [avidite] *nf* (*péj*) greed; eagerness
avilir [aviliʀ] /2/ *vt* to debase
avilissant, e [avilisɑ̃, -ɑ̃t] *adj* degrading
avilissement [avilismɑ̃] *nm* (*abjection*) abasement
aviné, e [avine] *adj* drunken
avion [avjɔ̃] *nm* (aero)plane (Brit), (air)plane (US); **aller (quelque part) en ~** to go (somewhere) by plane, fly (somewhere); **par ~** by airmail; **~ de chasse** fighter; **~ de ligne** airliner; **~ à réaction** jet (plane)
avion-cargo [avjɔ̃kaʀgo] (*pl* **avions-cargos**) *nm* air freighter
avion-citerne [avjɔ̃sitɛʀn] (*pl* **avions-citernes**) *nm* air tanker
aviron [aviʀɔ̃] *nm* oar; (*sport*) : **l'~** rowing
avis [avi] *nm* opinion; (*notification*) notice; (*Comm*) : **~ de crédit/débit** credit/debit advice; **à mon ~** in my opinion; **je suis de votre ~** I share your opinion, I am of your opinion; **être d'~ que** to be of the opinion that; **changer d'~** to change one's mind; **sauf ~ contraire** unless you hear to the contrary; **sans ~ préalable** without notice; **jusqu'à nouvel ~** until further notice; **~ de décès** death announcement
avisé, e [avize] *adj* sensible, wise; **être bien/mal ~ de faire** to be well-/ill-advised to do
aviser [avize] /1/ *vt* (*voir*) to notice, catch sight of; (*informer*) : **~ qn de/que** to advise *ou* inform *ou* notify sb of/that ▸ *vi* to think about things, assess the situation; **nous aviserons sur place** we'll work something out once we're there; **s'aviser** *vpr* : **s'~ de qch/que** to become suddenly aware of sth/that; **s'~ de faire** to take it into one's head to do
aviver [avive] /1/ *vt* (*douleur, chagrin*) to intensify; (*intérêt, désir*) to sharpen; (*colère, querelle*) to stir up; (*couleur*) to brighten up
av. J.-C. *abr* (= *avant Jésus-Christ*) BC
avocat, e [avɔka, -at] *nm/f* (*Jur*) ≈ barrister (Brit), lawyer; (*fig*) advocate, champion; **se faire l'~ du diable** to be the devil's advocate; **l'~ de la défense/partie civile** the counsel for the defence/plaintiff; **~ d'affaires** business lawyer; **~ général** assistant public prosecutor ▸ *nm* (*Culin*) avocado (pear)
avocat-conseil [avɔkakɔ̃sɛj] (*pl* **avocats-conseils**) *nm* ≈ barrister (Brit)
avocat-stagiaire [avɔkastaʒjɛʀ] (*pl* **avocats-stagiaires**) *nm* ≈ barrister doing his articles (Brit)
avoine [avwan] *nf* oats *pl*

MOT-CLÉ

avoir [avwaʀ] /34/ *vt* **1** (*posséder*) to have; **elle a deux enfants/une belle maison** she has (got) two children/a lovely house; **il a les yeux bleus** he has (got) blue eyes; **vous avez du sel ?** do you have any salt?; **avoir du courage/de la patience** to be brave/patient
2 (*éprouver*) : **qu'est-ce que tu as ?, qu'as-tu ?** what's wrong?, what's the matter?; **avoir de la peine** to be *ou* feel sad; *voir aussi* **faim** ; **peur** *etc*
3 (*âge, dimensions*) to be; **il a 3 ans** he is 3 (years old); **le mur a 3 mètres de haut** the wall is 3 metres high
4 (*fam : duper*) to do, have; **on vous a eu !** you've been done *ou* had!; (*fait une plaisanterie*) we *ou* they had you there
5 : **en avoir contre qn** to have a grudge against sb; **en avoir assez** to be fed up; **j'en ai pour une demi-heure** it'll take me half an hour; **n'avoir que faire de qch** to have no use for sth
6 (*obtenir, attraper*) to get; **j'ai réussi à avoir mon train** I managed to get *ou* catch my train; **j'ai réussi à avoir le renseignement qu'il me**

fallait I managed to get (hold of) the information I needed
▸ *vb aux* **1** to have; **avoir mangé/dormi** to have eaten/slept; **hier je n'ai pas mangé** I didn't eat yesterday
2 (*avoir + à + infinitif*) : **avoir à faire qch** to have to do sth; **vous n'avez qu'à lui demander** you only have to ask him; **tu n'as pas à me poser des questions** it's not for you to ask me questions
▸ *vb impers* **1 : il y a** (*+ singulier*) there is; (*+ pluriel*) there are; **il y avait du café/des gâteaux** there was coffee/there were cakes; **qu'y a-t-il ?**, **qu'est-ce qu'il y a ?** what's the matter?, what is it?; **il doit y avoir une explication** there must be an explanation; **il n'y a qu'à ...** we (*ou* you *etc*) will just have to ...; **il ne peut y en avoir qu'un** there can only be one
2 : il y a (*temporel*) : **il y a 10 ans** 10 years ago; **il y a 10 ans/longtemps que je le connais** I've known him for 10 years/a long time; **il y a 10 ans qu'il est arrivé** it's 10 years since he arrived
▸ *nm* assets *pl*, resources *pl*; (*Comm*) credit; **avoir fiscal** tax credit

avoisinant, e [avwazinɑ̃, -ɑ̃t] *adj* neighbouring
avoisiner [avwazine] /1/ *vt* to be near *ou* close to; (*fig*) to border *ou* verge on
avons [avɔ̃] *vb voir* **avoir**
avorté, e [avɔʀte] *adj* (*tentative, révolution*) abortive
avortement [avɔʀtəmɑ̃] *nm* abortion
avorter [avɔʀte] /1/ *vi* (*Méd*) to have an abortion; (*fig*) to fail; **faire ~** to abort; **se faire ~** to have an abortion
avorton [avɔʀtɔ̃] *nm* (*péj*) little runt
avouable [avwabl] *adj* respectable; **des pensées non avouables** unrepeatable thoughts
avoué, e [avwe] *adj* avowed ▸ *nm* (*Jur*) ≈ solicitor (Brit), lawyer
avouer [avwe] /1/ *vt* (*crime, défaut*) to confess (to); **~ avoir fait/que** to admit *ou* confess to having done/that; **~ que oui/non** to admit that that is so/not so ▸ *vi* (*se confesser*) to confess; (*admettre*) to admit
avril [avʀil] *nm* April; *voir aussi* **juillet**
axe [aks] *nm* axis (*pl* axes); (*de roue etc*) axle; (*fig*) main line; **dans l'~ de** directly in line with; **~ routier** trunk road (Brit), main road, highway (*US*)
axer [akse] /1/ *vt* : **~ qch sur** to centre sth on
axial, e, -aux [aksjal, -o] *adj* axial
axiome [aksjom] *nm* axiom
ayant [ɛjɑ̃] *vb voir* **avoir** ▸ *nm* : **~ droit** assignee; **~ droit à** (*pension etc*) person eligible for *ou* entitled to
ayatollah [ajatɔla] *nm* ayatollah
ayons *etc* [ɛjɔ̃] *vb voir* **avoir**
azalée [azale] *nf* azalea
Azerbaïdjan [azɛʀbaidʒɑ̃] *nm* Azerbaijan
azerbaïdjanais, e [azɛʀbajdʒanɛ, -ɛz] *adj* Azerbaijani ▸ *nm/f* : **Azerbaïdjanais, e** Azerbaijani
azimut [azimyt] *nm* azimuth; **tous azimuts** *adj* (*fig*) omnidirectional
azote [azɔt] *nm* nitrogen
azoté, e [azɔte] *adj* nitrogenous
AZT *sigle m* (= *azidothymidine*) AZT
aztèque [aztɛk] *adj* Aztec
azur [azyʀ] *nm* (*couleur*) azure, sky blue; (*ciel*) sky, skies *pl*
azyme [azim] *adj* : **pain ~** unleavened bread

Bb

B, b [be] *nm inv* B, b; **B comme Bertha** B for Benjamin (BRIT) *ou* Baker (*US*) ▸ *abr* = **bien**
BA *sigle f* (= *bonne action*) good deed
baba [baba] *adj inv* : **en être ~** (*fam*) to be flabbergasted ▸ *nm* : **~ au rhum** rum baba
B.A.-BA [beaba] *nmsg* ABC; **le ~ de qch** the basics of sth
babil [babi] *nm* prattle
babillage [babijaʒ] *nm* chatter
babiller [babije] /1/ *vi* to prattle, chatter; (*bébé*) to babble
babines [babin] *nfpl* chops
babiole [babjɔl] *nf* (*bibelot*) trinket; (*vétille*) trifle
bâbord [bɑbɔʀ] *nm* : **à** *ou* **par ~** to port, on the port side
babouin [babwɛ̃] *nm* baboon
baby-foot [babifut] *nm inv* table football
Babylone [babilɔn] *n* Babylon
babylonien, ne [babilɔnjɛ̃, -ɛn] *adj* Babylonian
baby-sitter [babisitœʀ] *nmf* baby-sitter
baby-sitting [babisitiŋ] *nm* baby-sitting; **faire du ~** to baby-sit
bac [bak] *nm* (*Scol*) = **baccalauréat**; (*bateau*) ferry; (*récipient*) tub; (: *Photo etc*) tray; (: *Industrie*) tank; **~ à glace** ice-tray; **~ à légumes** vegetable compartment *ou* rack
baccalauréat [bakalɔʀea] *nm* ≈ A-levels *pl* (BRIT), ≈ high school diploma (*US*); *see note*

> **BACCALAURÉAT**
>
> The **baccalauréat**, more commonly known as the *bac*, is the school-leaving examination taken by final-year pupils at French *lycées*, when they are around 18 years old. It marks the end of seven years' secondary education. Several subject combinations are available, although in all cases a broad range is studied. Successful candidates can go on to study at university.

bâche [bɑʃ] *nf* tarpaulin, canvas sheet
bachelier, -ière [baʃəlje, -jɛʀ] *nm/f holder of the baccalauréat*
bâcher [bɑʃe] /1/ *vt* to cover (with a canvas sheet *ou* a tarpaulin)
bachot [baʃo] *nm* = **baccalauréat**
bachotage [baʃɔtaʒ] *nm* (*Scol*) cramming
bachoter [baʃɔte] /1/ *vi* (*Scol*) to cram (for an exam)
bacille [basil] *nm* bacillus
bâcler [bɑkle] /1/ *vt* to botch (up)
bacon [bekɔn] *nm* bacon
bactéricide [bakteʀisid] *nm* (*Méd*) bactericide
bactérie [bakteʀi] *nf* bacterium
bactérien, ne [bakteʀjɛ̃, -ɛn] *adj* bacterial
bactériologie [bakteʀjɔlɔʒi] *nf* bacteriology
bactériologique [bakteʀjɔlɔʒik] *adj* bacteriological
bactériologiste [bakteʀjɔlɔʒist] *nmf* bacteriologist
badaud, e [bado, -od] *nm/f* idle onlooker
baderne [badɛʀn] *nf* (*péj*) : **(vieille) ~** old fossil
badge [badʒ] *nm* badge
badger [badʒe] *vi* to swipe one's card
badigeon [badiʒɔ̃] *nm* distemper; colourwash
badigeonner [badiʒɔne] /1/ *vt* to distemper; to colourwash; (*péj* : *barbouiller*) to daub; (*Méd*) to paint
badin, e [badɛ̃, -in] *adj* light-hearted, playful
badinage [badinaʒ] *nm* banter
badine [badin] *nf* switch (*stick*)
badiner [badine] /1/ *vi* : **~ avec qch** to treat sth lightly; **ne pas ~ avec qch** not to trifle with sth
badminton [badmintɔn] *nm* badminton
BAFA [bafa] *sigle m* (= *Brevet d'aptitude aux fonctions d'animation*) *diploma for youth leaders and workers*
baffe [baf] *nf* (*fam*) slap, clout
Baffin [bafin] *nf* : **terre de ~** Baffin Island
baffle [bɑfl] *nm* baffle (board)
bafouer [bafwe] /1/ *vt* to deride, ridicule
bafouillage [bafujaʒ] *nm* (*fam* : *propos incohérents*) jumble of words
bafouiller [bafuje] /1/ *vi*, *vt* to stammer
bâfrer [bɑfʀe] /1/ *vi*, *vt* (*fam*) to guzzle, gobble
bagage [bagaʒ] *nm* : **bagages** luggage *sg*, baggage *sg*; (*connaissances*) background, knowledge; **faire ses bagages** to pack (one's bags); **~ littéraire** (stock of) literary knowledge; **bagages à main** hand luggage

> **Luggage** est indénombrable, c'est-à-dire qu'il ne peut pas désigner un seul sac ou valise. Pour traduire *un bagage*, il faut dire **a piece of luggage**. Notez que **luggage** ne prend jamais de **-s** et s'emploie avec un verbe au singulier.
> *Vos bagages sont trop lourds*. **Your luggage** *is* **too heavy**.
> *Vous avez droit à un seul bagage à main*. **You are only allowed one piece of hand luggage**.

bagagiste [bagaʒist] *nmf* baggage handler

bagarre [bagaʀ] *nf* fight, brawl; **il aime la ~** he loves a fight, he likes fighting
bagarrer [bagaʀe] /1/ : **se bagarrer** *vpr* to (have a) fight
bagarreur, -euse [bagaʀœʀ, -øz] *adj* pugnacious ▸ *nm/f* : **c'est un ~** he loves a fight
bagatelle [bagatɛl] *nf* trifle, trifling sum (*ou* matter)
Bagdad, Baghdâd [bagdad] *n* Baghdad
bagnard [baɲaʀ] *nm* convict
bagne [baɲ] *nm* penal colony; **c'est le ~** (*fig*) it's forced labour
bagnole [baɲɔl] *nf* (*fam*) car, wheels *pl* (Brit)
bagout [bagu] *nm* glibness; **avoir du ~** to have the gift of the gab
bague [bag] *nf* ring; **~ de fiançailles** engagement ring; **~ de serrage** clip
baguenauder [bagnode] /1/ : **se baguenauder** *vpr* to trail around, loaf around
baguer [bage] /1/ *vt* to ring
baguette [bagɛt] *nf* stick; (*cuisine chinoise*) chopstick; (*de chef d'orchestre*) baton; (*pain*) stick of (French) bread; (*Constr : moulure*) beading; **mener qn à la ~** to rule sb with a rod of iron; **~ magique** magic wand; **~ de sourcier** divining rod; **~ de tambour** drumstick
Bahamas [baamas] *nfpl* : **les (îles) ~** the Bahamas
Bahreïn [baʀɛn] *nm* Bahrain *ou* Bahrein
bahut [bay] *nm* chest
bai, e [bɛ] *adj* (*cheval*) bay
baie [bɛ] *nf* (*Géo*) bay; (*fruit*) berry; **~ (vitrée)** picture window
baignade [bɛɲad] *nf* (*action*) bathing; (*bain*) bathe; (*endroit*) bathing place; **« ~ interdite »** "no bathing"
baigné, e [beɲe] *adj* : **~ de** bathed in; (*trempé*) soaked with; (*inondé*) flooded with
baigner [beɲe] /1/ *vt* (*bébé*) to bath ▸ *vi* : **~ dans son sang** to lie in a pool of blood; **~ dans la brume** to be shrouded in mist; **ça baigne !** (*fam*) everything's great!; **se baigner** *vpr* to go swimming *ou* bathing; (*dans une baignoire*) to have a bath
baigneur, -euse [bɛɲœʀ, -øz] *nm/f* bather ▸ *nm* (*poupée*) baby doll
baignoire [bɛɲwaʀ] *nf* bath(tub); (*Théât*) ground-floor box
bail [baj] (*pl* **baux** [bo]) *nm* lease; **donner** *ou* **prendre qch à ~** to lease sth
bâillement [bajmɑ̃] *nm* yawn
bâiller [baje] /1/ *vi* to yawn; (*être ouvert*) to gape
bailleur [bajœʀ] *nm* : **~ de fonds** sponsor, backer; (*Comm*) sleeping *ou* silent partner
bâillon [bajɔ̃] *nm* gag
bâillonner [bajɔne] /1/ *vt* to gag
bain [bɛ̃] *nm* (*dans une baignoire, Photo, Tech*) bath; (*dans la mer, une piscine*) swim; **costume de ~** bathing costume (Brit), swimsuit; **prendre un ~** to have a bath; **se mettre dans le ~** (*fig*) to get into (the way of) it *ou* things; **~ de bouche** mouthwash; **~ de foule** walkabout; **~ moussant** bubble bath; **~ de pieds** footbath; (*au bord de la mer*) paddle; **~ de siège** hip bath; **~ de soleil** sunbathing *no pl*; **prendre un ~ de soleil** to sunbathe; **bains de mer** sea bathing *sg*; **bains(-douches) municipaux** public baths
bain-marie [bɛ̃maʀi] (*pl* **bains-marie**) *nm* double boiler; **faire chauffer au ~** (*boîte etc*) to immerse in boiling water
baïonnette [bajɔnɛt] *nf* bayonet; (*Élec*) : **douille à ~** bayonet socket; **ampoule à ~** bulb with a bayonet fitting
baisemain [bɛzmɛ̃] *nm* kissing a lady's hand
baiser [beze] /1/ *nm* kiss ▸ *vt* (*main, front*) to kiss; (!) to screw (!)
baisse [bɛs] *nf* fall, drop; (*Comm*) : **« ~ sur la viande »** "meat prices down"; **en ~** (*cours, action*) falling; **à la ~** downwards
baisser [bese] /1/ *vt* to lower; (*radio, chauffage*) to turn down; (*Auto : phares*) to dip (Brit), lower (US) ▸ *vi* to fall, drop, go down; (*vue, santé*) to fail, dwindle; **se baisser** *vpr* to bend down
baissier, -ière [besje, -jɛʀ] *adj* (*Finance : à la baisse : marché, cycle*) bearish; **une spirale baissière** a downward spiral; **la tendance baissière** the downward trend
bajoues [baʒu] *nfpl* chaps, chops
bal [bal] *nm* dance; (*grande soirée*) ball; **~ costumé/masqué** fancy-dress/masked ball; **~ musette** dance (*with accordion accompaniment*)
balade [balad] (*fam*) *nf* (*à pied*) walk, stroll; (*en voiture*) drive; **faire une ~** to go for a walk *ou* stroll; to go for a drive
balader [balade] /1/ *vt* (*fam : traîner*) to trail around; **se balader** *vpr* to go for a walk *ou* stroll; to go for a drive
baladeur [baladœʀ] *nm* personal stereo, Walkman®; **~ numérique** MP3 player
baladeuse [baladøz] *nf* inspection lamp
baladin [baladɛ̃] *nm* wandering entertainer
baladodiffusion [baladodifyzjɔ̃] *nf* podcasting
balafre [balafʀ] *nf* gash, slash; (*cicatrice*) scar
balafrer [balafʀe] /1/ *vt* to gash, slash
balai [balɛ] *nm* broom, brush; (*Auto : d'essuie-glace*) blade; (*Mus : de batterie etc*) brush; **donner un coup de ~** to give the floor a sweep; **~ mécanique** carpet sweeper
balai-brosse [balɛbʀɔs] (*pl* **balais-brosses**) *nm* (long-handled) scrubbing brush
balance [balɑ̃s] *nf* (*à plateaux*) scales *pl*; (*de précision*) balance; (*Comm, Pol*) : **~ des comptes** *ou* **paiements** balance of payments; (*signe*) : **la B~** Libra, the Scales; **être de la B~** to be Libra; **~ commerciale** balance of trade; **~ des forces** balance of power; **~ romaine** steelyard
balancelle [balɑ̃sɛl] *nf* garden hammock-seat
balancer [balɑ̃se] /3/ *vt* to swing; (*lancer*) to fling, chuck; (*renvoyer, jeter*) to chuck out ▸ *vi* to swing; **se balancer** *vpr* to swing; (*bateau*) to rock; (*branche*) to sway; **se ~ de qch** (*fam*) not to give a toss about sth
balancier [balɑ̃sje] *nm* (*de pendule*) pendulum; (*de montre*) balance wheel; (*perche*) (balancing) pole
balançoire [balɑ̃swaʀ] *nf* swing; (*sur pivot*) seesaw
balayage [balɛjaʒ] *nm* sweeping; scanning

balayer [baleje] /**8**/ *vt* (*feuilles etc*) to sweep up, brush up; (*pièce, cour*) to sweep; (*chasser*) to sweep away *ou* aside; (*radar*) to scan; (*phares*) to sweep across
balayette [balɛjɛt] *nf* small brush
balayeur, -euse [balɛjœʀ, -øz] *nm/f* road sweeper ▸ *nf* (*engin*) road sweeper
balayures [balɛjyʀ] *nfpl* sweepings
balbutiement [balbysimɑ̃] *nm* (*paroles*) stammering *no pl*; **balbutiements** *nmpl* (*fig : débuts*) first faltering steps
balbutier [balbysje] /**7**/ *vi, vt* to stammer
balcon [balkɔ̃] *nm* balcony; (*Théât*) dress circle
balconnet [balkɔnɛ] *nm* half-cup bra (Brit), demi-cup bra (*US*)
baldaquin [baldakɛ̃] *nm* canopy
Bâle [bɑl] *n* Basle *ou* Basel
Baléares [baleɑʀ] *nfpl* : **les ~** the Balearic Islands, the Balearics
baleine [balɛn] *nf* whale; (*de parapluie*) rib; (*de corset*) bone
baleinier [balenje] *nm* (*Navig*) whaler
baleinière [balɛnjɛʀ] *nf* whaleboat
balisage [balizaʒ] *nm* (*signaux*) beacons *pl*; buoys *pl*; runway lights *pl*; signs *pl*, markers *pl*
balise [baliz] *nf* (*Navig*) beacon, (marker) buoy; (*Aviat*) runway light, beacon; (*Auto, Ski*) sign, marker
baliser [balize] /**1**/ *vt* to mark out (with beacons *ou* lights *etc*)
balistique [balistik] *adj* (*engin*) ballistic ▸ *nf* ballistics
balivernes [balivɛʀn] *nfpl* twaddle *sg* (Brit), nonsense *sg*
balkanique [balkanik] *adj* Balkan
Balkans [balkɑ̃] *nmpl* : **les ~** the Balkans
ballade [balad] *nf* ballad
ballant, e [balɑ̃, -ɑ̃t] *adj* dangling
ballast [balast] *nm* ballast
balle [bal] *nf* (*de fusil*) bullet; (*de sport*) ball; (*du blé*) chaff; (*paquet*) bale; (*fam : franc*) franc; **~ perdue** stray bullet
ballerine [bal(ə)ʀin] *nf* (*danseuse*) ballet dancer; (*chaussure*) pump, ballet shoe
ballet [balɛ] *nm* ballet; (*fig*) : **~ diplomatique** diplomatic to-ings and fro-ings
ballon [balɔ̃] *nm* (*de sport*) ball; (*jouet, Aviat, de bande dessinée*) balloon; (*de vin*) glass; **~ d'essai** (*météorologique*) pilot balloon; (*fig*) feeler(s); **~ de football** football; **~ d'oxygène** oxygen bottle
ballonné, e [balɔne] *adj* bloated; **se sentir ~** to feel bloated; **j'ai le ventre ~** my stomach's bloated
ballon-sonde [balɔ̃sɔ̃d] (*pl* **ballons-sondes**) *nm* sounding balloon
ballot [balo] *nm* bundle; (*péj*) nitwit
ballottage [balɔtaʒ] *nm* (*Pol*) second ballot
ballotter [balɔte] /**1**/ *vi* to roll around; (*bateau etc*) to toss ▸ *vt* to shake *ou* throw about; to toss; **être ballotté entre** (*fig*) to be shunted between; (*: indécis*) to be torn between
ballottine [balɔtin] *nf* (*Culin*) : **~ de volaille** *meat loaf made with poultry*
ball-trap [baltʀap] *nm* (*appareil*) trap; (*tir*) clay pigeon shooting
balluchon [balyʃɔ̃] *nm* bundle (of clothes)
balnéaire [balneɛʀ] *adj* seaside *cpd*; **station ~** seaside resort
balnéothérapie [balneɔteʀapi] *nf* spa bath therapy
BALO *sigle m* (= *Bulletin des annonces légales obligatoires*) ≈ Public Notices (*in newspapers etc*)
balourd, e [baluʀ, -uʀd] *adj* clumsy ▸ *nm/f* clodhopper
balourdise [baluʀdiz] *nf* clumsiness; (*gaffe*) blunder
balsamique [balsamik] *adj* balsamic; **vinaigre ~** balsamic vinegar
balte [balt] *adj* Baltic ▸ *nmf* : **Balte** native of the Baltic States
baltique [baltik] *adj* Baltic ▸ *nf* : **la (mer) B~** the Baltic (Sea)
baluchon [balyʃɔ̃] *nm* = **balluchon**
balustrade [balystʀad] *nf* railings *pl*, handrail
bambin [bɑ̃bɛ̃] *nm* little child
bambou [bɑ̃bu] *nm* bamboo
ban [bɑ̃] *nm* round of applause, cheer; **être/mettre au ~ de** to be outlawed/to outlaw from; **le ~ et l'arrière-~ de sa famille** every last one of his relatives; **bans (de mariage)** banns, bans
banal, e [banal] *adj* banal, commonplace; (*péj*) trite; **four/moulin ~** village oven/mill
banalisé, e [banalize] *adj* (*voiture de police*) unmarked
banalité [banalite] *nf* banality; (*remarque*) truism, trite remark
banane [banan] *nf* banana; (*sac*) waist-bag, bum-bag
bananeraie [bananʀɛ] *nf* banana plantation
bananier [bananje] *nm* banana tree; (*bateau*) banana boat
banc [bɑ̃] *nm* seat, bench; (*de poissons*) shoal; **~ des accusés** dock; **~ d'essai** (*fig*) testing ground; **~ de sable** sandbank; **~ des témoins** witness box; **~ de touche** dugout
bancaire [bɑ̃kɛʀ] *adj* banking; (*chèque, carte*) bank *cpd*
bancal, e [bɑ̃kal] *adj* wobbly; (*personne*) bow-legged; (*fig : projet*) shaky
bandage [bɑ̃daʒ] *nm* bandaging; (*pansement*) bandage; **~ herniaire** truss
bande [bɑ̃d] *nf* (*de tissu etc*) strip; (*Méd*) bandage; (*motif, dessin*) stripe; (*Ciné*) film; (*Radio, groupe*) band; (*péj*) : **une ~ de** a bunch *ou* crowd of; **par la ~** in a roundabout way; **donner de la ~** to list; **faire ~ à part** to keep to o.s.; **~ dessinée** strip cartoon (Brit), comic strip; **~ magnétique** magnetic tape; **~ passante** (*Inform*) bandwidth; **~ perforée** punched tape; **~ de roulement** (*de pneu*) tread; **~ sonore** sound track; **~ de terre** strip of land; **~ Velpeau**® (*Méd*) crêpe bandage
bandé, e [bɑ̃de] *adj* bandaged; **les yeux bandés** blindfold
bande-annonce [bɑ̃danɔ̃s] (*pl* **bandes-annonces**) *nf* (*Ciné*) trailer
bandeau, x [bɑ̃do] *nm* headband; (*sur les yeux*) blindfold; (*Méd*) head bandage
bandelette [bɑ̃dlɛt] *nf* strip of cloth, bandage

bander [bɑ̃de] /1/ *vt* (*blessure*) to bandage; (*muscle*) to tense; (*arc*) to bend; **~ les yeux à qn** to blindfold sb ▸ *vi* (*!*) to have a hard on (*!*)
banderole [bɑ̃dʀɔl] *nf* banderole; (*dans un défilé etc*) streamer
bande-son [bɑ̃dsɔ̃] (*pl* **bandes-son**) *nf* (*Ciné*) soundtrack
bandit [bɑ̃di] *nm* bandit
banditisme [bɑ̃ditism] *nm* violent crime, armed robberies *pl*
bandoulière [bɑ̃duljɛʀ] *nf*: **en ~** (slung *ou* worn) across the shoulder
Bangkok [bɑ̃ŋkɔk] *n* Bangkok
Bangladesh [bɑ̃gladɛʃ] *nm*: **le ~** Bangladesh
banjo [bɑ̃(d)ʒo] *nm* banjo
banlieue [bɑ̃ljø] *nf* suburbs *pl*; **quartiers de ~** suburban areas; **trains de ~** commuter trains
banlieusard, e [bɑ̃ljøzaʀ, -aʀd] *nm/f* suburbanite
bannière [banjɛʀ] *nf* banner
bannir [baniʀ] /2/ *vt* to banish
banque [bɑ̃k] *nf* bank; (*activités*) banking; **~ des yeux/du sang** eye/blood bank; **~ d'affaires** merchant bank; **~ de dépôt** deposit bank; **~ de données** (*Inform*) data bank; **~ d'émission** bank of issue
banqueroute [bɑ̃kʀut] *nf* bankruptcy
banquet [bɑ̃kɛ] *nm* (*de club*) dinner; (*de noces*) reception; (*d'apparat*) banquet
banquette [bɑ̃kɛt] *nf* seat
banquier [bɑ̃kje] *nm* banker
banquise [bɑ̃kiz] *nf* ice field
bantou, e [bɑ̃tu] *adj* Bantu
baobab [baɔbab] *nm* (*Bot*) baobab
baptême [batɛm] *nm* (*sacrement*) baptism; (*cérémonie*) christening; baptism; (*d'un navire*) launching; (*d'une cloche*) consecration, dedication; **~ de l'air** first flight
baptiser [batize] /1/ *vt* to christen; to baptize; to launch; to consecrate, dedicate
baptiste [batist] *adj, nmf* Baptist
baquer [bake]: **se baquer** *vpr* to bathe
baquet [bakɛ] *nm* tub, bucket
bar [baʀ] *nm* bar; (*poisson*) bass
baragouin [baʀagwɛ̃] *nm* gibberish
baragouiner [baʀagwine] /1/ *vi* to gibber, jabber
baraque [baʀak] *nf* shed; (*fam*) house; **~ foraine** fairground stand
baraqué, e [baʀake] *adj* (*fam*) well-built, hefty
baraquements [baʀakmɑ̃] *nmpl* huts (*for refugees, workers etc*)
baratin [baʀatɛ̃] *nm* (*fam*) smooth talk, patter
baratiner [baʀatine] /1/ *vt* (*fam: fille*) to chat up
baratineur, -euse [baʀatinœʀ, -øz] *nm/f* (*fam*) smooth talker
baratte [baʀat] *nf* churn
Barbade [baʀbad] *nf*: **la ~** Barbados
barbant, e [baʀbɑ̃, -ɑ̃t] *adj* (*fam*) deadly (boring)
barbare [baʀbaʀ] *adj* barbaric ▸ *nmf* barbarian
Barbarie [baʀbaʀi] *nf*: **la ~** the Barbary Coast
barbarie [baʀbaʀi] *nf* barbarism; (*cruauté*) barbarity
barbarisme [baʀbaʀism] *nm* (*Ling*) barbarism
barbe [baʀb] *nf* beard; **(au nez et) à la ~ de qn** (*fig*) under sb's very nose; **la ~ !** (*fam*) damn it!; **quelle ~ !** (*fam*) what a drag *ou* bore!; **~ à papa** candy-floss (Brit), cotton candy (US)
barbecue [baʀbəkju] *nm* barbecue
barbelé [baʀbəle] *adj, nm*: **(fil de fer) ~** barbed wire *no pl*
barber [baʀbe] /1/ *vt* (*fam*) to bore stiff; **se barber** *vpr* (*fam*) to be bored stiff
barbiche [baʀbiʃ] *nf* goatee
barbichette [baʀbiʃɛt] *nf* small goatee
barbiturique [baʀbityʀik] *nm* barbiturate
barboter [baʀbɔte] /1/ *vi* to paddle, dabble ▸ *vt* (*fam*) to filch
barboteuse [baʀbɔtøz] *nf* rompers *pl*
barbouillé, e [baʀbuje] *adj*: **avoir l'estomac ~** to feel queasy
barbouiller [baʀbuje] /1/ *vt* to daub; (*péj: écrire, dessiner*) to scribble
barbu, e [baʀby] *adj* bearded
barbue [baʀby] *nf* (*poisson*) brill
Barcelone [baʀsəlɔn] *n* Barcelona
barda [baʀda] *nm* (*fam*) kit, gear
barde [baʀd] *nf* (*Culin*) piece of fat bacon ▸ *nm* (*poète*) bard
bardé, e [baʀde] *adj*: **~ de médailles** *etc* bedecked with medals *etc*
bardeaux [baʀdo] *nmpl* shingle *no pl*
barder [baʀde] /1/ *vt* (*Culin: rôti, volaille*) to bard ▸ *vi* (*fam*): **ça va ~** sparks will fly
barème [baʀɛm] *nm* (*Scol*) scale; (*liste*) table; **~ des salaires** salary scale
barge [baʀʒ] *nf* barge
barguigner [baʀgiɲe] *vi*: **sans ~** without any shilly-shallying
baril [baʀi(l)] *nm* (*tonneau*) barrel; (*de poudre*) keg
barillet [baʀijɛ] *nm* (*de revolver*) cylinder
bariolé, e [baʀjɔle] *adj* many-coloured, rainbow-coloured
barman [baʀman] *nm* barman
baromètre [baʀɔmɛtʀ] *nm* barometer; **~ anéroïde** aneroid barometer
baron [baʀɔ̃] *nm* baron
baronne [baʀɔn] *nf* baroness
baroque [baʀɔk] *adj* (*Art*) baroque; (*fig*) weird
baroud [baʀud] *nm*: **~ d'honneur** gallant last stand
baroudeur [baʀudœʀ] *nm* (*fam*) fighter
barque [baʀk] *nf* small boat
barquette [baʀkɛt] *nf* small boat-shaped tart; (*récipient: en aluminium*) tub; (*: en bois*) basket; (*pour repas*) tray; (*pour fruits*) punnet
barracuda [baʀakyda] *nm* barracuda
barrage [baʀaʒ] *nm* dam; (*sur route*) roadblock, barricade; **~ de police** police roadblock
barre [baʀ] *nf* (*de fer etc*) rod; (*Navig*) helm; (*écrite*) line, stroke; (*Danse*) barre; (*Jur*): **comparaître à la ~** to appear as a witness; (*niveau*): **la livre a franchi la ~ des 1,70 euros** the pound has broken the 1.70 euros barrier; **être à** *ou* **tenir la ~** (*Navig*) to be at the helm; **coup de ~** (*fig*): **c'est le coup de ~ !** it's daylight robbery!; **j'ai le coup de ~ !** I'm all in!; **~ fixe** (*Gym*) horizontal

b

bar; **~ de mesure** (*Mus*) bar line; **~ à mine** crowbar; **barres parallèles/asymétriques** (*Gym*) parallel/asymmetric bars
barreau, x [baʀo] *nm* bar; (*Jur*) : **le ~** the Bar
barrer [baʀe] /1/ *vt* (*route etc*) to block; (*mot*) to cross out; (*chèque*) to cross (Brit); (*Navig*) to steer; **se barrer** *vpr* (*fam*) to clear off
barrette [baʀɛt] *nf* (*pour cheveux*) (hair) slide (Brit) *ou* clip (*US*); (*broche*) brooch
barreur [baʀœʀ] *nm* helmsman; (*aviron*) coxswain
barricade [baʀikad] *nf* barricade
barricader [baʀikade] /1/ *vt* to barricade; **se barricader** *vpr* : **se ~ chez soi** (*fig*) to lock o.s. in
barrière [baʀjɛʀ] *nf* fence; (*obstacle*) barrier; (*porte*) gate; **la Grande B~** the Great Barrier Reef; **~ de dégel** (*Admin : on roadsigns*) no heavy vehicles — road liable to subsidence due to thaw; **barrières douanières** trade barriers
barrique [baʀik] *nf* barrel, cask
barrir [baʀiʀ] /2/ *vi* to trumpet
bar-tabac [baʀtaba] (*pl* **bars-tabacs**) *nm* bar (*which sells tobacco and stamps*)
baryton [baʀitɔ̃] *nm* baritone
bas, basse [bɑ, bɑs] *adj* low; (*action*) low, ignoble; **la tête basse** with lowered head; (*fig*) with head hung low; **avoir la vue basse** to be short-sighted; **au ~ mot** at the lowest estimate; **enfant en ~ âge** infant, young child; **~ morceaux** (*viande*) cheap cuts ▸ *adv* low; (*parler*) softly; **plus ~** lower down; more softly; (*dans un texte*) further on, below; **mettre ~** *vi* (*animal*) to give birth; **à ~ la dictature !** down with dictatorship! ▸ *nm* (*vêtement*) stocking; (*partie inférieure*) : **le ~ de** the lower part *ou* foot *ou* bottom of; **de ~ en haut** upwards; from the bottom to the top; **des hauts et des ~** ups and downs; **en ~** down below; (*d'une liste, d'un mur etc*) at (*ou* to) the bottom; (*dans une maison*) downstairs; **en ~ de** at the bottom of; **un ~ de laine** (*fam : économies*) money under the mattress (*fig*) ▸ *nf* (*Mus*) bass
basalte [bazalt] *nm* basalt
basané, e [bazane] *adj* (*teint*) tanned, bronzed; (*foncé : péj*) swarthy
bas-côté [bakote] *nm* (*de route*) verge (Brit), shoulder (*US*); (*d'église*) (side) aisle
bascule [baskyl] *nf* : **(jeu de) ~** seesaw; **(balance à) ~** scales *pl*; **fauteuil à ~** rocking chair; **système à ~** tip-over device; rocker device
basculer [baskyle] /1/ *vi* to fall over, topple (over); (*benne*) to tip up ▸ *vt* (*aussi* : **faire basculer**) to topple over; (: *contenu*) to tip out; (: *benne*) tip up
base [bɑz] *nf* base; (*fondement, principe*) basis (*pl* bases); **la ~** (*Pol*) the rank and file, the grass roots; **jeter les bases de** to lay the foundations of; **à la ~ de** (*fig*) at the root of; **sur la ~ de** (*fig*) on the basis of; **de ~** basic; **à ~ de café** *etc* coffee *etc* -based; **~ de données** (*Inform*) database; **~ de lancement** launching site
base-ball [bɛzbol] *nm* baseball
baser [bɑze] /1/ *vt* : **~ qch sur** to base sth on; **se ~ sur** (*données, preuves*) to base one's argument on; **être basé à/dans** (*Mil*) to be based at/in
bas-fond [bɑfɔ̃] *nm* (*Navig*) shallow; **bas-fonds** *nmpl* (*fig*) dregs
basilic [bazilik] *nm* (*Culin*) basil
basilique [bazilik] *nf* basilica
basket [baskɛt], **basket-ball** [baskɛtbol] *nm* basketball
baskets [baskɛt] *nfpl* (*chaussures*) trainers (Brit), sneakers (*US*)
basketteur, -euse [baskɛtœʀ, -øz] *nm/f* basketball player
basquaise [baskɛz] *adj f* Basque ▸ *nf* : **B~** Basque
basque [bask] *adj, nm* (*Ling*) Basque; **le Pays ~** the Basque country ▸ *nmf* : **Basque** Basque
basques [bask] *nfpl* skirts; **pendu aux ~ de qn** constantly pestering sb; (*mère etc*) hanging on sb's apron strings
bas-relief [bɑʀəljɛf] *nm* bas-relief
basse [bɑs] *adj voir* **bas** ▸ *nf* (*Mus*) bass
basse-cour [baskuʀ] (*pl* **basses-cours**) *nf* farmyard; (*animaux*) farmyard animals
bassement [bɑsmɑ̃] *adv* basely
bassesse [bɑsɛs] *nf* baseness; (*acte*) base act
basset [basɛ] *nm* (*Zool*) basset (hound)
bassin [basɛ̃] *nm* (*cuvette*) bowl; (*pièce d'eau*) pond, pool; (*de fontaine, Géo*) basin; (*Anat*) pelvis; (*portuaire*) dock; **~ houiller** coalfield
bassine [basin] *nf* basin; (*contenu*) bowl, bowlful
bassiner [basine] /1/ *vt* (*plaie*) to bathe; (*lit*) to warm with a warming pan; (*fam : ennuyer*) to bore; (: *importuner*) to bug, pester
bassiste [basist] *nmf* (double) bass player
basson [basɔ̃] *nm* bassoon
bastide [bastid] *nf* (*maison*) country house (*in Provence*); (*ville*) walled town (*in SW France*)
bastingage [bastɛ̃gaʒ] *nm* ship's rail, rail
bastion [bastjɔ̃] *nm* (*aussi fig, Pol*) bastion
baston [bastɔ̃] *nm ou f* fistfight, punch-up (Brit)
bastonner [bastɔne] (*fam*) : **se bastonner** *vpr* to have a punch-up (Brit), to trade punches
bas-ventre [bɑvɑ̃tʀ] *nm* (lower part of the) stomach
bat [ba] *vb voir* **battre**
bât [bɑ] *nm* packsaddle
bataille [bataj] *nf* battle; (*rixe*) fight; **en ~** (*en travers*) at an angle; (*en désordre*) awry; **elle avait les cheveux en ~** her hair was a mess; **~ rangée** pitched battle
bataillon [batajɔ̃] *nm* battalion
bâtard, e [bɑtaʀ, -aʀd] *adj* (*enfant*) illegitimate; (*fig*) hybrid; **chien ~** mongrel ▸ *nm/f* illegitimate child, bastard (*péj*) ▸ *nm* (*Boulangerie*) ≈ Vienna loaf
batavia [batavja] *nf* ≈ Webb lettuce
bateau, x [bato] *nm* boat; **~ de pêche/à moteur/à voiles** fishing/motor/sailing boat ▸ *adj inv* (*banal, rebattu*) hackneyed
bateau-citerne [batositɛʀn] (*pl* **bateaux-citernes**) *nm* tanker
bateau-mouche [batomuʃ] (*pl* **bateaux-mouches**) *nm* (passenger) pleasure boat (*on the Seine*)
bateau-pilote [batopilɔt] (*pl* **bateaux-pilotes**) *nm* pilot ship
bateleur, -euse [batlœʀ, -øz] *nm/f* street performer

batelier, -ière [batəlje, -jɛʀ] *nm/f* ferryman/-woman
bat-flanc [baflɑ̃] *nm raised boards for sleeping, in cells, army huts etc*
bâti, e [bɑti] *adj* (*terrain*) developed; **bien ~** (*personne*) well-built ▸ *nm* (*armature*) frame; (*Couture*) tacking
batifoler [batifɔle] /1/ *vi* to frolic *ou* lark about
batik [batik] *nm* batik
bâtiment [bɑtimɑ̃] *nm* building; (*Navig*) ship, vessel; (*industrie*) : **le ~** the building trade
bâtir [bɑtiʀ] /2/ *vt* to build; (*Couture : jupe, ourlet*) to tack; **fil à ~** (*Couture*) tacking thread
bâtisse [bɑtis] *nf* building
bâtisseur, -euse [bɑtisœʀ, -øz] *nm/f* builder
batiste [batist] *nf* (*Couture*) batiste, cambric
bâton [bɑtɔ̃] *nm* stick; **mettre des bâtons dans les roues à qn** to put a spoke in sb's wheel; **à bâtons rompus** informally; **parler à bâtons rompus** to chat about this and that; **~ de rouge (à lèvres)** lipstick; **~ de ski** ski stick
bâtonnet [bɑtɔnɛ] *nm* short stick *ou* rod
bâtonnier [bɑtɔnje] *nm* (*Jur*) ≈ President of the Bar
batraciens [batʀasjɛ̃] *nmpl* amphibians
bats [ba] *vb voir* **battre**
battage [bataʒ] *nm* (*publicité*) (hard) plugging
battant, e [batɑ̃, -ɑ̃t] *vb voir* **battre** ▸ *adj* : **pluie battante** lashing rain; **tambour ~** briskly ▸ *nm* (*de cloche*) clapper; (*de volets*) shutter, flap; (*de porte*) side; (*fig : personne*) fighter; **porte à double ~** double door
batte [bat] *nf* (*Sport*) bat
battement [batmɑ̃] *nm* (*de cœur*) beat; (*intervalle*) interval (*between classes, trains etc*); **~ de paupières** blinking *no pl* (of eyelids); **un ~ de 10 minutes, 10 minutes de ~** 10 minutes to spare
batterie [batʀi] *nf* (*Mil, Élec*) battery; (*Mus*) drums *pl*, drum kit; **~ de cuisine** kitchen utensils *pl*; (*casseroles etc*) pots and pans *pl*; **une ~ de tests** a string of tests
batteur [batœʀ] *nm* (*Mus*) drummer; (*appareil*) whisk
batteuse [batøz] *nf* (*Agr*) threshing machine
battoir [batwaʀ] *nm* (*à linge*) beetle (*for laundry*); (*à tapis*) (carpet) beater
battre [batʀ] /41/ *vt* to beat; (*pluie, vagues*) to beat *ou* lash against; (*œufs etc*) to beat up, whisk; (*blé*) to thresh; (*cartes*) to shuffle; (*passer au peigne fin*) to scour; **~ la mesure** to beat time; **~ en brèche** (*Mil : mur*) to batter; (*fig : théorie*) to demolish (*: institution etc*) to attack; **~ son plein** to be at its height, be going full swing; **~ pavillon britannique** to fly the British flag; **~ la semelle** to stamp one's feet ▸ *vi* (*cœur*) to beat; (*volets etc*) to bang, rattle; **~ des mains** to clap one's hands; **~ des ailes** to flap its wings; **~ de l'aile** (*fig*) to be in a bad way *ou* in bad shape; **~ en retraite** to beat a retreat; **se battre** *vpr* to fight
battu, e [baty] *pp de* **battre** ▸ *nf* (*chasse*) beat; (*policière etc*) search, hunt
baud [bo(d)] *nm* baud
baudruche [bodʀyʃ] *nf* : **ballon en ~** (toy) balloon; (*fig*) windbag
baume [bom] *nm* balm; **~ labial** lip balm; (*fig*) : **mettre du ~ au cœur à qn** to hearten sb
bauxite [boksit] *nf* bauxite
bavard, e [bavaʀ, -aʀd] *adj* (very) talkative; gossipy
bavardage [bavaʀdaʒ] *nm* chatter *no pl*; gossip *no pl*
bavarder [bavaʀde] /1/ *vi* to chatter; (*indiscrètement*) to gossip; (*révéler un secret*) to blab
bavarois, e [bavaʀwa, -waz] *adj* Bavarian ▸ *nm* (*Culin*) bavarois ▸ *nm/f* : **Bavarois, e** Bavarian
bave [bav] *nf* dribble; (*de chien etc*) slobber, slaver (Brit), drool (US); (*d'escargot*) slime
baver [bave] /1/ *vi* to dribble; (*chien*) to slobber, slaver (Brit), drool (US); (*encre, couleur*) to run; **en ~** (*fam*) to have a hard time (of it)
bavette [bavɛt] *nf* bib
baveux, -euse [bavø, -øz] *adj* dribbling; (*omelette*) runny
Bavière [bavjɛʀ] *nf* : **la ~** Bavaria
bavoir [bavwaʀ] *nm* (*de bébé*) bib
bavure [bavyʀ] *nf* smudge; (*fig*) hitch; (*policière etc*) blunder
bayer [baje] /1/ *vi* : **~ aux corneilles** to stand gaping
bazar [bazaʀ] *nm* general store; (*fam*) jumble
bazarder [bazaʀde] /1/ *vt* (*fam*) to chuck out
BCBG *sigle adj* (= *bon chic bon genre*) smart and trendy, ≈ preppy
BCG *sigle m* (= *bacille Calmette-Guérin*) BCG
bcp *abr* = **beaucoup**
BD *sigle f* = **bande dessinée**; (= *base de données*) DB
bd *abr* = **boulevard**
b.d.c. *abr* (*Typo* : = *bas de casse*) l.c.
béant, e [beɑ̃, -ɑ̃t] *adj* gaping
béarnais, e [beaʀnɛ, -ɛz] *adj* of *ou* from the Béarn
béat, e [bea, -at] *adj* showing open-eyed wonder; (*sourire etc*) blissful
béatitude [beatityd] *nf* bliss
beau, bel, belle, beaux [bo, bɛl] *adj* beautiful, lovely; (*homme*) handsome; **un ~ geste** (*fig*) a fine gesture; **un ~ salaire** a good salary; **un ~ gâchis/rhume** a fine mess/nasty cold; **le ~ monde** high society; **~ parleur** smooth talker; **un ~ jour** one (fine) day; **de plus belle** more than ever, even more; **bel et bien** well and truly; (*vraiment*) really (and truly); **il a ~ jeu de protester** *etc* it's easy for him to protest *etc* ▸ *nf* (*Sport*) : **la belle** the decider; **en faire/dire de belles** to do/say (some) stupid things ▸ *adv* : **il fait ~** the weather's fine; **on a ~ essayer** however hard *ou* no matter how hard we try ▸ *nm* : **avoir le sens du ~** to have an aesthetic sense; **le temps est au ~** the weather is set fair; **le plus ~ c'est que ...** the best of it is that ...; **c'est du ~ !** that's great, that is!; **faire le ~** (*chien*) to sit up and beg
beauceron, ne [bos(ə)ʀɔ̃, -ɔn] *adj* from the Beauce

MOT-CLÉ

beaucoup [boku] *adv* **1** a lot; **il boit beaucoup** he drinks a lot; **il ne boit pas beaucoup** he doesn't drink much *ou* a lot

2 (*suivi de plus, trop etc*) much, a lot, far; **il est beaucoup plus grand** he is much *ou* a lot *ou* far taller; **c'est beaucoup plus cher** it's a lot *ou* much more expensive; **il a beaucoup plus de temps que moi** he has much *ou* a lot more time than me; **il y a beaucoup plus de touristes ici** there are a lot *ou* many more tourists here; **beaucoup trop vite** much too fast; **il fume beaucoup trop** he smokes far too much
3 : **beaucoup de** (*nombre*) many, a lot of; (*quantité*) a lot of; **pas beaucoup de** (*nombre*) not many, not a lot of; (*quantité*) not much, not a lot of; **beaucoup d'étudiants/de touristes** a lot of *ou* many students/tourists; **beaucoup de courage** a lot of courage; **il n'a pas beaucoup d'argent** he hasn't got much *ou* a lot of money; **il n'y a pas beaucoup de touristes** there aren't many *ou* a lot of tourists
4 : **de beaucoup** by far
▸ *pron* : **beaucoup le savent** lots of people know that

beau-fils [bofis] (*pl* **beaux-fils**) *nm* son-in-law; (*remariage*) stepson
beau-frère [bofʀɛʀ] (*pl* **beaux-frères**) *nm* brother-in-law
beau-père [bopɛʀ] (*pl* **beaux-pères**) *nm* father-in-law; (*remariage*) stepfather
beauté [bote] *nf* beauty; **de toute ~** beautiful; **en ~** *adv* with a flourish, brilliantly; **finir qch en ~** to complete sth brilliantly
beaux-arts [bozaʀ] *nmpl* fine arts
beaux-parents [bopaʀɑ̃] *nmpl* wife's/husband's family, in-laws
bébé [bebe] *nm* baby
bébé-éprouvette [bebeepʀuvɛt] (*pl* **bébés-éprouvette**) *nm* test-tube baby
bec [bɛk] *nm* beak, bill; (*de plume*) nib; (*de cafetière etc*) spout; (*de casserole etc*) lip; (*d'une clarinette etc*) mouthpiece; (*fam*) mouth; **clouer le ~ à qn** (*fam*) to shut sb up; **ouvrir le ~** (*fam*) to open one's mouth; **~ de gaz** (street) gaslamp; **~ verseur** pouring lip
bécane [bekan] *nf* (*fam*) bike
bécarre [bekaʀ] *nm* (*Mus*) natural
bécasse [bekas] *nf* (*Zool*) woodcock; (*fam*) silly goose
bec-de-cane [bɛkdəkan] (*pl* **becs-de-cane**) *nm* (*poignée*) door handle
bec-de-lièvre [bɛkdəljɛvʀ] (*pl* **becs-de-lièvre**) *nm* harelip
béchamel [beʃamɛl] *nf* : **(sauce) ~** white sauce, bechamel sauce
bêche [bɛʃ] *nf* spade
bêcher [beʃe] /**1**/ *vt* (*terre*) to dig; (*personne : critiquer*) to slate; (*: snober*) to look down on
bêcheur, -euse [bɛʃœʀ, -øz] *adj* (*fam*) stuck-up ▸ *nm/f* fault-finder; (*snob*) stuck-up person
bécoter [bekɔte] /**1**/ : **se bécoter** *vpr* to smooch
becquée [beke] *nf* : **donner la ~ à** to feed
becqueter [bɛkte] /**4**/ *vt* (*fam*) to eat
bedaine [bədɛn] *nf* paunch
bédé [bede] *nf* (*fam*) = **bande dessinée**
bedeau, x [bədo] *nm* beadle
bedonnant, e [bədɔnɑ̃, -ɑ̃t] *adj* paunchy, potbellied
bée [be] *adj* : **bouche ~** gaping
beffroi [befʀwa] *nm* belfry
bégaiement [begɛmɑ̃] *nm* stammering, stuttering
bégayer [begeje] /**8**/ *vt, vi* to stammer
bégonia [begɔnja] *nm* (*Bot*) begonia
bègue [bɛg] *nmf* : **être ~** to have a stammer
bégueule [begœl] *adj* prudish
beige [bɛʒ] *adj* beige
beignet [bɛɲɛ] *nm* fritter
bel [bɛl] *adj m voir* **beau**
bêler [bele] /**1**/ *vi* to bleat
belette [bəlɛt] *nf* weasel
belge [bɛlʒ] *adj* Belgian ▸ *nmf* : **Belge** Belgian
Belgique [bɛlʒik] *nf* : **la ~** Belgium
Belgrade [bɛlgʀad] *n* Belgrade
bélier [belje] *nm* ram; (*engin*) (battering) ram; (*signe*) : **le B~** Aries, the Ram; **être du B~** to be Aries
Bélize [beliz] *nm* : **le ~** Belize
bellâtre [bɛlɑtʀ] *nm* dandy
belle [bɛl] *adj, nf voir* **beau**
belle-famille [bɛlfamij] (*pl* **belles-familles**) *nf* (*fam*) in-laws *pl*
belle-fille [bɛlfij] (*pl* **belles-filles**) *nf* daughter-in-law; (*remariage*) stepdaughter
belle-mère [bɛlmɛʀ] (*pl* **belles-mères**) *nf* mother-in-law; (*remariage*) stepmother
belle-sœur [bɛlsœʀ] (*pl* **belles-sœurs**) *nf* sister-in-law
belliciste [belisist] *adj* warmongering
belligérance [beliʒeʀɑ̃s] *nf* belligerence
belligérant, e [beliʒeʀɑ̃, -ɑ̃t] *adj* belligerent
belliqueux, -euse [belikø, -øz] *adj* aggressive, warlike
belote [bəlɔt] *nf* belote (*card game*)
belvédère [bɛlvedɛʀ] *nm* panoramic viewpoint (*or small building there*)
bémol [bemɔl] *nm* (*Mus*) flat
ben [bɛ̃] *excl* (*fam*) well
bénédiction [benediksjɔ̃] *nf* blessing
bénéfice [benefis] *nm* (*Comm*) profit; (*avantage*) benefit; **au ~ de** in aid of
bénéficiaire [benefisjɛʀ] *nmf* beneficiary
bénéficier [benefisje] /**7**/ *vi* : **~ de** to enjoy; (*profiter*) to benefit by *ou* from; (*obtenir*) to get, be given
bénéfique [benefik] *adj* beneficial
Benelux [benelyks] *nm* : **le ~** Benelux, the Benelux countries
benêt [bənɛ] *nm* simpleton
bénévolat [benevɔla] *nm* voluntary service *ou* work
bénévole [benevɔl] *adj* voluntary, unpaid
bénévolement [benevɔlmɑ̃] *adv* voluntarily
Bengale [bɛ̃gal] *nm* : **le ~** Bengal; **le golfe du ~** the Bay of Bengal
bengali [bɛ̃gali] *adj* Bengali, Bengalese ▸ *nm* (*Ling*) Bengali
Bénin [benɛ̃] *nm* : **le ~** Benin
bénin, -igne [benɛ̃, -iɲ] *adj* minor, mild; (*tumeur*) benign
bénir [beniʀ] /**2**/ *vt* to bless

bénit, e [beni, -it] *adj* consecrated; **eau bénite** holy water
bénitier [benitje] *nm* stoup, font (*for holy water*)
benjamin, e [bɛ̃ʒamɛ̃, -in] *nm/f* youngest child; (*Sport*) under-13
benne [bɛn] *nf* skip; (*de téléphérique*) (cable) car; **~ basculante** tipper (Brit), dump *ou* dumper truck; **~ à ordures** (*amovible*) skip
benzine [bɛ̃zin] *nf* benzine
béotien, ne [beɔsjɛ̃, -ɛn] *nm/f* philistine
BEP *sigle m* (= *Brevet d'études professionnelles*) *school-leaving diploma, taken at approx. 18 years*
BEPC *sigle m* (= *Brevet d'études du premier cycle*) *former school certificate (taken at approx. 16 years)*
béquille [bekij] *nf* crutch; (*de bicyclette*) stand
berbère [bɛʀbɛʀ] *adj* Berber ▸ *nm* (*Ling*) Berber ▸ *nmf*: **Berbère** Berber
bercail [bɛʀkaj] *nm* fold
berceau, x [bɛʀso] *nm* cradle, crib
bercer [bɛʀse] **/3/** *vt* to rock, cradle; (*musique etc*) to lull; **~ qn de** (*promesses etc*) to delude sb with
berceur, -euse [bɛʀsœʀ, -øz] *adj* soothing ▸ *nf* (*chanson*) lullaby
berceuse *nf* lullaby
Bercy [bɛʀsi] *n the offices of the French Ministry of Finance and Industry*
BERD [bɛʀd] *sigle f* (= *Banque européenne pour la reconstruction et le développement*) EBRD
béret [beʀɛ] *nm* (*aussi*: **béret basque**) beret
bergamote [bɛʀgamɔt] *nf* (*Bot*) bergamot
berge [bɛʀʒ] *nf* bank
berger, -ère [bɛʀʒe, -ɛʀ] *nm/f* shepherd/ shepherdess; **~ allemand** (*chien*) alsatian (dog) (Brit), German shepherd (dog) (US)
bergerie [bɛʀʒəʀi] *nf* sheep pen
bergeronnette [bɛʀʒəʀɔnɛt] *nf* wagtail
béribéri [beʀibeʀi] *nm* beriberi
Berlin [bɛʀlɛ̃] *n* Berlin; **~-Est/-Ouest** East/West Berlin
berline [bɛʀlin] *nf* (*Auto*) saloon (car) (Brit), sedan (US)
berlingot [bɛʀlɛ̃go] *nm* (*emballage*) carton (*pyramid shaped*); (*bonbon*) lozenge
berlinois, e [bɛʀlinwa, -waz] *adj* of *ou* from Berlin ▸ *nm/f*: **Berlinois, e** Berliner
berlue [bɛʀly] *nf*: **j'ai la ~** I must be seeing things
bermuda [bɛʀmyda] *nm* (*short*) Bermuda shorts
Bermudes [bɛʀmyd] *nfpl*: **les (îles) ~** Bermuda
Berne [bɛʀn] *n* Bern
berne [bɛʀn] *nf*: **en ~** at half-mast; **mettre en ~** to fly at half-mast
berner [bɛʀne] **/1/** *vt* to fool
bernois, e [bɛʀnwa, -waz] *adj* Bernese
berrichon, ne [bɛʀiʃɔ̃, -ɔn] *adj* of *ou* from the Berry
besace [bəzas] *nf* beggar's bag
besogne [bəzɔɲ] *nf* work *no pl*, job
besogneux, -euse [bəzɔɲø, -øz] *adj* hard-working
besoin [bəzwɛ̃] *nm* need; (*pauvreté*): **le ~** need, want; **le ~ d'argent/de gloire** the need for money/glory; **besoins (naturels)** nature's needs; **faire ses besoins** to relieve o.s.; **avoir ~ de qch/faire qch** to need sth/to do sth; **il n'y a pas ~ de (faire)** there is no need to (do); **au ~, si ~ est** if need be; **pour les besoins de la cause** for the purpose in hand; **être dans le ~** to be in need *ou* want
bestial, e, -aux [bɛstjal, -o] *adj* bestial, brutish ▸ *nmpl* cattle
bestiole [bɛstjɔl] *nf* (tiny) creature
bêta [beta] *adj, nm inv* beta
bétail [betaj] *nm* livestock, cattle *pl*
bétaillère [betajɛʀ] *nf* livestock truck
bête [bɛt] *nf* animal; (*bestiole*) insect, creature; **les bêtes** (the) animals; **chercher la petite ~** to nit-pick; **~ noire** pet hate, bugbear (Brit); **~ sauvage** wild beast; **~ de somme** beast of burden ▸ *adj* stupid, silly
bêtement [bɛtmɑ̃] *adv* stupidly; **tout ~** quite simply
Bethléem [bɛtleɛm] *n* Bethlehem
bêtifier [betifje] **/7/** *vi* to talk nonsense
bêtise [betiz] *nf* stupidity; (*action, remarque*) stupid thing (to say *ou* do); (*bonbon*) type of mint sweet (Brit) ou candy (US); **faire/dire une ~** to do/say something stupid
bêtisier [betizje] *nm* collection of howlers
béton [betɔ̃] *nm* concrete; **(en) ~** (*fig*: *alibi, argument*) cast iron; **~ armé** reinforced concrete; **~ précontraint** prestressed concrete
bétonner [betɔne] **/1/** *vt* to concrete (over)
bétonnière [betɔnjɛʀ] *nf* cement mixer
bette [bɛt] *nf* (*Bot*) (Swiss) chard
betterave [bɛtʀav] *nf* (*rouge*) beetroot (Brit), beet (US); **~ fourragère** mangel-wurzel; **~ sucrière** sugar beet
beugler [bøgle] **/1/** *vi* to low; (*péj*: *radio etc*) to blare ▸ *vt* (*péj*: *chanson etc*) to bawl out
Beur [bœʀ] *adj, nmf see note*

> **Beur**
>
> **Beur** is a term used to refer to a person born in France of North African immigrant parents. It is not racist and is often used by the media, anti-racist groups and second-generation North Africans themselves. The term itself comes from the reversal of the word *arabe*.

beurre [bœʀ] *nm* butter; **mettre du ~ dans les épinards** (*fig*) to add a little to the kitty; **~ de cacao** cocoa butter; **~ noir** brown butter (sauce)
beurré, e [bœʀe] *adj* (*brioche, poêle*) buttered; (*fam*: *ivre*) plastered (*fam*); **une tartine beurrée** a piece of bread and butter
beurrer [bœʀe] **/1/** *vt* to butter
beurrier [bœʀje] *nm* butter dish
beuverie [bœvʀi] *nf* drinking session
bévue [bevy] *nf* blunder
Beyrouth [beʀut] *n* Beirut
Bhoutan [butɑ̃] *nm*: **le ~** Bhutan
bi... [bi] *préfixe* bi..., two-
Biafra [bjafʀa] *nm*: **le ~** Biafra
biafrais, e [bjafʀɛ, -ɛz] *adj* Biafran
biais [bjɛ] *nm* (*moyen*) device, expedient; (*aspect*) angle; (*bande de tissu*) piece of cloth cut on the bias; **en ~, de ~** (*obliquement*) at an angle; (*fig*) indirectly; **par le ~ de** by means of

biaiser [bjeze] /1/ *vi* (*fig*) to sidestep the issue
biathlon [biatlɔ̃] *nm* biathlon
bibelot [biblo] *nm* trinket, curio
biberon [bibʀɔ̃] *nm* (feeding) bottle; **nourrir au ~** to bottle-feed
bible [bibl] *nf* bible
bibliobus [biblijɔbys] *nm* mobile library van
bibliographie [biblijɔgʀafi] *nf* bibliography
bibliophile [biblijɔfil] *nmf* book-lover
bibliothécaire [biblijɔtekɛʀ] *nmf* librarian
bibliothèque [biblijɔtɛk] *nf* library; (*meuble*) bookcase; **~ municipale** public library
biblique [biblik] *adj* biblical
bibliquement [biblikmɑ̃] *adv* : **connaître qn ~** (*euphémisme*) to know sb in the biblical sense
bic® [bik] *nm* Biro®
bicarbonate [bikaʀbɔnat] *nm* : **~ (de soude)** bicarbonate of soda
bicentenaire [bisɑ̃t(ə)nɛʀ] *nm* bicentenary
biceps [bisɛps] *nm* biceps
biche [biʃ] *nf* doe
bichonner [biʃɔne] /1/ *vt* to groom
bicolore [bikɔlɔʀ] *adj* two-coloured (BRIT), two-colored (US)
bicoque [bikɔk] *nf* (*péj*) shack, dump
bicorne [bikɔʀn] *nm* cocked hat
bicyclette [bisiklɛt] *nf* bicycle
bidasse [bidas] *nm* (*fam*) squaddie (BRIT)
bide [bid] *nm* (*fam* : *ventre*) belly; (*Théât*) flop
bidet [bidɛ] *nm* bidet
bidoche [bidɔʃ] *nf* (*fam*) meat
bidon [bidɔ̃] *nm* can ▸ *adj inv* (*fam*) phoney
bidonnant, e [bidɔnɑ̃, -ɑ̃t] *adj* (*fam*) hilarious
bidonville [bidɔ̃vil] *nm* shanty town
bidule [bidyl] *nm* (*fam*) thingamajig
bielle [bjɛl] *nf* connecting rod; (*Auto*) track rod
biélorusse [bjelɔʀys] *adj* Belarussian ▸ *nm* (*Ling*) Belarussian ▸ *nmf* : **Biélorusse** Belarussian
Biélorussie [bjelɔʀysi] *nf* Belorussia

MOT-CLE

bien [bjɛ̃] *nm* **1** (*avantage, profit*) : **faire le bien** to do good; **faire du bien à qn** to do sb good; **ça fait du bien de faire** it does you good to do; **dire du bien de** to speak well of; **c'est pour son bien** it's for his own good; **changer en bien** to change for the better; **le bien public** the public good; **vouloir du bien à qn** (*vouloir aider*) to have sb's (best) interests at heart; **je te veux du bien** (*pour mettre en confiance*) I don't wish you any harm
2 (*possession, patrimoine*) possession, property; **son bien le plus précieux** his most treasured possession; **avoir du bien** to have property; **biens (de consommation** *etc*) (consumer *etc*) goods; **biens durables** (consumer) durables
3 (*moral*) : **le bien** good; **distinguer le bien du mal** to tell good from evil
▸ *adv* **1** (*de façon satisfaisante*) well; **elle travaille/mange bien** she works/eats well; **aller** *ou* **se porter bien** to be well; **croyant bien faire, je/il ...** thinking I/he was doing the right thing, I/he ...; **tiens-toi bien !** (*assieds-toi correctement*) sit up straight!; (*debout*) stand up straight!; (*sois sage*) behave yourself!; (*prépare-toi*) wait for it!
2 (*valeur intensive*) quite; **bien jeune** quite young; **bien assez** quite enough; **bien mieux** (very) much better; **bien du temps/des gens** quite a time/a number of people; **j'espère bien y aller** I do hope to go; **je veux bien le faire** (*concession*) I'm quite willing to do it; **il faut bien le faire** it has to be done; **il y a bien deux ans** at least two years ago; **cela fait bien deux ans que je ne l'ai pas vu** I haven't seen him for at least *ou* a good two years; **il semble bien que** it really seems that; **peut-être bien** it could well be; **aimer bien** to like; **Paul est bien venu, n'est-ce pas ?** Paul HAS come, hasn't he?; **où peut-il bien être passé ?** where on earth can he have got to?
3 (*conséquence, résultat*) : **si bien que** with the result that; **on verra bien** we'll see; **faire bien de ...** to be right to ...
▸ *excl* right!, OK!, fine!; **eh bien !** well!; **(c'est) bien fait !** it serves you (*ou* him *etc*) right!; **bien sûr !, bien entendu !** certainly!, of course!
▸ *adj inv* **1** (*en bonne forme, à l'aise*) : **je me sens bien, je suis bien** I feel fine; **je ne me sens pas bien, je ne suis pas bien** I don't feel well; **on est bien dans ce fauteuil** this chair is very comfortable
2 (*joli, beau*) good-looking; **tu es bien dans cette robe** you look good in that dress
3 (*satisfaisant*) good; **elle est bien, cette maison/secrétaire** it's a good house/she's a good secretary; **c'est très bien (comme ça)** it's fine (like that); **ce n'est pas si bien que ça** it's not as good *ou* great as all that; **c'est bien ?** is that all right?
4 (*moralement*) right; (: *personne*) good, nice; (*respectable*) respectable; **ce n'est pas bien de ...** it's not right to ...; **elle est bien, cette femme** she's a nice woman, she's a good sort; **des gens bien** respectable people
5 (*en bons termes*) : **être bien avec qn** to be on good terms with sb

bien-aimé, e [bjɛ̃neme] *adj, nm/f* beloved
bien-être [bjɛ̃nɛtʀ] *nm* well-being
bienfaisance [bjɛ̃fəzɑ̃s] *nf* charity
bienfaisant, e [bjɛ̃fəzɑ̃, -ɑ̃t] *adj* (*chose*) beneficial
bienfait [bjɛ̃fɛ] *nm* act of generosity, benefaction; (*de la science etc*) benefit
bienfaiteur, -trice [bjɛ̃fɛtœʀ, -tʀis] *nm/f* benefactor/benefactress
bien-fondé [bjɛ̃fɔ̃de] *nm* soundness
bien-fonds [bjɛ̃fɔ̃] (*pl* **biens-fonds**) *nm* property
bienheureux, -euse [bjɛ̃nœʀø, -øz] *adj* happy; (*Rel*) blessed, blest
biennal, e, -aux [bjenal, -o] *adj* biennial
bien-pensant, e [bjɛ̃pɑ̃sɑ̃, -ɑ̃t] *adj* right-thinking ▸ *nm/f* : **les bien-pensants** right-minded people
bien que [bjɛ̃k] *conj* although
bienséance [bjɛ̃seɑ̃s] *nf* propriety, decorum *no pl*; **les bienséances** (*convenances*) the proprieties
bienséant, e [bjɛ̃seɑ̃, -ɑ̃t] *adj* proper, seemly
bientôt [bjɛ̃to] *adv* soon; **à ~** see you soon
bienveillance [bjɛ̃vɛjɑ̃s] *nf* kindness
bienveillant, e [bjɛ̃vɛjɑ̃, -ɑ̃t] *adj* kindly

bienvenu, e [bjɛ̃vny] *adj* welcome ▸ *nm/f* : **être le ~/la bienvenue** to be welcome ▸ *nf* : **souhaiter la bienvenue à** to welcome; **bienvenue à** welcome to
bière [bjɛʀ] *nf* (*boisson*) beer; (*cercueil*) bier; **~ blonde** lager; **~ brune** brown ale (Brit), dark beer (US); **~ (à la) pression** draught beer
biffer [bife] /1/ *vt* to cross out
bifteck [biftɛk] *nm* steak
bifurcation [bifyʀkasjɔ̃] *nf* fork (*in road*); (*fig*) new direction
bifurquer [bifyʀke] /1/ *vi* (*route*) to fork; (*véhicule*) to turn off
bigame [bigam] *adj* bigamous
bigamie [bigami] *nf* bigamy
bigarré, e [bigaʀe] *adj* multicoloured (Brit), multicolored (US); (*disparate*) motley
bigarreau, x [bigaʀo] *nm type of cherry*
bigleux, -euse [biglø, -øz] *adj* (*fam : qui louche*) cross-eyed; (*: qui voit mal*) short-sighted; **il est complètement ~** he's as blind as a bat
bigorneau, x [bigɔʀno] *nm* winkle
bigot, e [bigo, -ɔt] (*péj*) *adj* bigoted ▸ *nm/f* bigot
bigoterie [bigɔtʀi] *nf* bigotry
bigoudi [bigudi] *nm* curler
bigrement [bigʀəmɑ̃] *adv* (*fam*) fantastically
bijou, x [biʒu] *nm* jewel
bijouterie [biʒutʀi] *nf* (*magasin*) jeweller's (shop) (Brit), jewelry store (US); (*bijoux*) jewellery, jewelry
bijoutier, -ière [biʒutje, -jɛʀ] *nm/f* jeweller (Brit), jeweler (US)
bikini [bikini] *nm* bikini
bilan [bilɑ̃] *nm* (*Comm*) balance sheet(s); (*annuel*) end of year statement; (*fig*) (net) outcome; (*: de victimes*) toll; **faire le ~ de** to assess; to review; **déposer son ~** to file a bankruptcy statement; **~ de santé** (*Méd*) check-up; **~ social** *statement of a firm's policies towards its employees*
bilatéral, e, -aux [bilateʀal, -o] *adj* bilateral
bilboquet [bilbɔkɛ] *nm* (*jouet*) cup-and-ball game
bile [bil] *nf* bile; **se faire de la ~** (*fam*) to worry o.s. sick
biler [bile] : **se biler** *vpr* (*fam*) to get worked up
biliaire [biljɛʀ] *adj* biliary
bilieux, -euse [biljø, -øz] *adj* bilious; (*fig : colérique*) testy
bilingue [bilɛ̃g] *adj* bilingual
bilinguisme [bilɛ̃gɥism] *nm* bilingualism
billard [bijaʀ] *nm* billiards *sg*; (*table*) billiard table; **c'est du ~** (*fam*) it's a cinch; **passer sur le ~** (*fam*) to have an (*ou* one's) operation; **~ électrique** pinball
bille [bij] *nf* ball; (*du jeu de billes*) marble; (*de bois*) log; **jouer aux billes** to play marbles
billet [bijɛ] *nm* (*aussi* : **billet de banque**) (bank)note; (*de cinéma, de bus etc*) ticket; (*courte lettre*) note; **~ à ordre** *ou* **de commerce** (*Comm*) promissory note, IOU; **~ d'avion/de train** plane/train ticket; **~ circulaire** round-trip ticket; **~ doux** love letter; **~ de faveur** complimentary ticket; **~ de loterie** lottery ticket; **~ de quai** platform ticket; **~ électronique** e-ticket
billetterie [bijɛtʀi] *nf* ticket office; (*distributeur*) ticket dispenser; (*Banque*) cash dispenser
billion [biljɔ̃] *nm* billion (Brit), trillion (US)
billot [bijo] *nm* block
bimbeloterie [bɛ̃blɔtʀi] *nf* (*objets*) fancy goods
bimensuel, le [bimɑ̃sɥɛl] *adj* bimonthly, twice-monthly
bimestriel, le [bimɛstʀijɛl] *adj* bimonthly, two-monthly
bimoteur [bimɔtœʀ] *adj* twin-engined
binaire [binɛʀ] *adj* binary
biner [bine] /1/ *vt* to hoe
binette [binɛt] *nf* (*outil*) hoe
binoclard, e [binɔklaʀ, -aʀd] (*fam*) *adj* specky ▸ *nm/f* four-eyes
binocle [binɔkl] *nm* pince-nez ▸ *nmpl* (*fam*) glasses
binocles [binɔkl] *nmpl* glasses
binoculaire [binɔkylɛʀ] *adj* binocular
binôme [binom] *nm* binomial
bio [bjo] *adj* (*fam*) = **biologique**; (*produits, aliments*) organic
bio... [bjɔ] *préfixe* bio...
biocarburant [bjokaʀbyʀɑ̃] *nm* biofuel
biochimie [bjɔʃimi] *nf* biochemistry
biochimique [bjɔʃimik] *adj* biochemical
biochimiste [bjɔʃimist] *nmf* biochemist
biocompatible [bjokɔ̃patibl] *adj* biocompatible
biodégradable [bjɔdegʀadabl] *adj* biodegradable
biodiesel [bjodjezɛll] *nm* biodiesel
biodiversité [bjodivɛʀsite] *nf* biodiversity
bioéthique [bjoetik] *nf* bioethics *sg*
biographe [bjɔgʀaf] *nmf* biographer
biographie [bjɔgʀafi] *nf* biography
biographique [bjɔgʀafik] *adj* biographical
biologie [bjɔlɔʒi] *nf* biology
biologique [bjɔlɔʒik] *adj* biological; (*produits*) organic
biologiste [bjɔlɔʒist] *nmf* biologist
biomasse [bjomas] *nf* biomass
biométrie *nf* biometrics
biométrique [bjometʀik] *adj* biometric
biopsie [bjɔpsi] *nf* (*Méd*) biopsy
biosphère [bjɔsfɛʀ] *nf* biosphere
biotechnologie [bjotɛknɔlɔʒi] *nf* biotechnology
bioterrorisme [bjotɛʀɔʀism] *nm* bioterrorism
bioterroriste [bjotɛʀɔʀist] *nmf* bioterrorist
biotope [bjɔtɔp] *nm* biotope
bip [bip] *nm* : **~ sonore** beep; **laissez votre message après le ~ sonore** leave a message after the beep
bipartisme [bipaʀtism] *nm* two-party system
bipartite [bipaʀtit] *adj* (*Pol*) two-party, bipartisan
bipède [bipɛd] *nm* biped, two-footed creature
biphasé, e [bifaze] *adj* (*Élec*) two-phase
biplace [biplas] *adj, nm* (*avion*) two-seater
biplan [biplɑ̃] *nm* biplane
bipolaire [bipɔlɛʀ] *adj* bipolar
bique [bik] *nf* nanny goat; (*péj*) old hag
biquet, te [bikɛ, -ɛt] *nm/f* : **mon ~** (*fam*) my lamb
BIRD [biʀd] *sigle f* (= *Banque internationale pour la reconstruction et le développement*) IBRD

b

biréacteur [biReaktœR] *nm* twin-engined jet
birman, e [biRmã, -an] *adj* Burmese
Birmanie [biRmani] *nf* Burma; **la ~** Burma
bis¹, e [bi, biz] *adj (couleur)* greyish brown ▸ *nf (baiser)* kiss; *(vent)* North wind; **faire une** *ou* **la bise à qn** to kiss sb; **grosses bises (de)** *(sur lettre)* love and kisses (from)
bis² [bis] *adv* : **12 ~** 12a *ou* A ▸ *excl, nm* encore
bisaïeul, e [bisajœl] *nm/f* great-grandfather/great-grandmother
bisannuel, le [bizanɥɛl] *adj* biennial
bisbille [bisbij] *nf* : **être en ~ avec qn** to be at loggerheads with sb
Biscaye [biske] *nf* : **le golfe de ~** the Bay of Biscay
biscornu, e [biskɔRny] *adj* crooked; *(bizarre)* weird(-looking)
biscotte [biskɔt] *nf* toasted bread *(sold in packets)*
biscuit [biskɥi] *nm* biscuit (BRIT), cookie (US); *(gâteau)* sponge cake; **~ à la cuiller** sponge finger
biscuiterie [biskɥitRi] *nf* biscuit manufacturing
bise [biz] *adj f, nf voir* **bis¹**
biseau, x [bizo] *nm* bevelled edge; **en ~** bevelled
biseauter [bizote] /1/ *vt* to bevel
bisexué, e [bisɛksɥe] *adj* bisexual
bisexuel, le [bisɛksɥɛl] *adj, nm/f* bisexual
bismuth [bismyt] *nm* bismuth
bison [bizɔ̃] *nm* bison
bisou [bizu] *nm (fam)* kiss
bisque [bisk] *nf* : **~ d'écrevisses** shrimp bisque
bissectrice [bisɛktRis] *nf* bisector
bisser [bise] /1/ *vt (faire rejouer : artiste, chanson)* to encore; *(rejouer : morceau)* to give an encore of
bissextile [bisɛkstil] *adj* : **année ~** leap year
bistouri [bistuRi] *nm* lancet
bistre [bistR] *adj (couleur)* bistre; *(peau, teint)* tanned
bistro(t) [bistRo] *nm* bistro, café
BIT *sigle m (= Bureau international du travail)* ILO
bit [bit] *nm (Inform)* bit
bite [bit] *nf (! : pénis)* prick (!)
biterrois, e [bitɛRwa, -waz] *adj* of *ou* from Béziers
bitte [bit] *nf* : **~ d'amarrage** bollard *(Navig)*
bitume [bitym] *nm* asphalt
bitumer [bityme] /1/ *vt* to asphalt
bivalent, e [bivalã, -ãt] *adj* bivalent
bivouac [bivwak] *nm* bivouac
bizarre [bizaR] *adj* strange, odd
bizarrement [bizaRmã] *adv* strangely, oddly
bizarrerie [bizaRRi] *nf* strangeness, oddness
blackbouler [blakbule] /1/ *vt (à une élection)* to blackball
blafard, e [blafaR, -aRd] *adj* wan
blague [blag] *nf (propos)* joke; *(farce)* trick; **sans ~ !** no kidding!; **~ à tabac** tobacco pouch
blaguer [blage] /1/ *vi* to joke ▸ *vt* to tease
blagueur, -euse [blagœR, -øz] *adj* teasing ▸ *nm/f* joker
blair [blɛR] *nm (fam)* conk
blaireau, x [blɛRo] *nm (Zool)* badger; *(brosse)* shaving brush
blairer [bleRe] /1/ *vt* : **je ne peux pas le ~** I can't bear *ou* stand him
blâmable [blɑmabl] *adj* blameworthy
blâme [blɑm] *nm* blame; *(sanction)* reprimand
blâmer [blɑme] /1/ *vt (réprouver)* to blame; *(réprimander)* to reprimand
blanc, blanche [blã, blãʃ] *adj* white; *(non imprimé)* blank; *(innocent)* pure; **d'une voix blanche** in a toneless voice; **aux cheveux blancs** white-haired ▸ *nm (couleur)* white; *(linge)* : **le ~** whites *pl*; *(espace non écrit)* blank; *(aussi* : **blanc d'œuf***)* (egg-)white; *(aussi* : **blanc de poulet***)* breast, white meat; *(aussi* : **vin blanc***)* white wine; **le ~ de l'œil** the white of the eye; **laisser en ~** to leave blank; **chèque en ~** blank cheque; **à ~** *adv (chauffer)* white-hot; *(tirer, charger)* with blanks; **saigner à ~** to bleed white; **~ cassé** off-white ▸ *nf (Mus)* minim (BRIT), half-note (US); *(fam : drogue)* smack ▸ *nm/f* : **Blanc, Blanche** white, white man/woman
blanc-bec [blãbɛk] *(pl* **blancs-becs***)* *nm* greenhorn
blanchâtre [blãʃatR] *adj (teint, lumière)* whitish
blancheur [blãʃœR] *nf* whiteness
blanchiment [blãʃimã] *nm* money laundering; **le ~ d'argent sale/de capitaux** money laundering
blanchir [blãʃiR] /2/ *vt (gén)* to whiten; *(linge, fig : argent)* to launder; *(Culin)* to blanch; *(fig : disculper)* to clear; **blanchi à la chaux** whitewashed ▸ *vi* to grow white; *(cheveux)* to go white
blanchissage [blãʃisaʒ] *nm (du linge)* laundering
blanchisserie [blãʃisRi] *nf* laundry
blanchisseur, -euse [blãʃisœR, -øz] *nm/f* launderer
blanc-seing [blãsɛ̃] *(pl* **blancs-seings***)* *nm* signed blank paper
blanquette [blãkɛt] *nf (Culin)* : **~ de veau** veal in a white sauce, blanquette de veau
blasé, e [blaze] *adj* blasé
blaser [blaze] /1/ *vt* to make blasé
blason [blɑzɔ̃] *nm* coat of arms
blasphémateur, -trice [blasfematœR, -tRis] *nm/f* blasphemer
blasphématoire [blasfematwaR] *adj* blasphemous
blasphème [blasfɛm] *nm* blasphemy
blasphémer [blasfeme] /6/ *vi* to blaspheme ▸ *vt* to blaspheme against
blatte [blat] *nf* cockroach
blazer [blazɛR] *nm* blazer
blé [ble] *nm* wheat; **~ en herbe** wheat on the ear; **~ noir** buckwheat
bled [blɛd] *nm (péj)* hole; *(en Afrique du Nord)* : **le ~** the interior
blême [blɛm] *adj* pale
blêmir [blemiR] /2/ *vi (personne)* to (turn) pale; *(lueur)* to grow pale
blennorragie [blenɔRaʒi] *nf* blennorrhoea
blessant, e [blɛsã, -ãt] *adj* hurtful
blessé, e [blese] *adj* injured ▸ *nm/f* injured person, casualty; **un ~ grave, un grand ~** a seriously injured *ou* wounded person

blesser [blese] /1/ *vt* to injure; (*délibérément : Mil etc*) to wound; (*souliers etc, offenser*) to hurt; **se blesser** *vpr* to injure o.s.; **se ~ au pied** *etc* to injure one's foot *etc*
blessure [blesyʀ] *nf* (*accidentelle*) injury; (*intentionnelle*) wound
blet, te [blɛ, blɛt] *adj* overripe
blette [blɛt] *nf* = **bette**
bleu, e [blø] *adj* blue; (*bifteck*) very rare; **avoir une peur bleue** to be scared stiff; **zone bleue** ≈ restricted parking area; **fromage ~** blue cheese ▸ *nm* (*couleur*) blue; (*novice*) greenhorn; (*contusion*) bruise; (*vêtement : aussi :* **bleus**) overalls *pl* (BRIT), coveralls *pl* (US); **au ~** (*Culin*) au bleu; **~ (de lessive)** ≈ blue bag; **~ de méthylène** (*Méd*) methylene blue; **~ marine/nuit/roi** navy/midnight/royal blue
bleuâtre [bløɑtʀ] *adj* (*fumée etc*) bluish, blueish
bleuet [bløɛ] *nm* cornflower
bleuir [bløiʀ] /2/ *vt, vi* to turn blue
bleuté, e [bløte] *adj* blue-shaded
blindage [blɛ̃daʒ] *nm* armo(u)r-plating
blindé, e [blɛ̃de] *adj* armoured (BRIT), armored (US); (*fig*) hardened ▸ *nm* armoured *ou* armored car; (*char*) tank
blinder [blɛ̃de] /1/ *vt* to armour (BRIT), armor (US); (*fig*) to harden
blizzard [blizaʀ] *nm* blizzard
bloc [blɔk] *nm* (*de pierre etc, Inform*) block; (*de papier à lettres*) pad; (*ensemble*) group, block; **serré à ~** tightened right down; **en ~** as a whole; wholesale; **faire ~** to unite; **~ opératoire** operating *ou* theatre block; **~ sanitaire** toilet block; **~ sténo** shorthand notebook
blocage [blɔkaʒ] *nm* (*voir bloquer*) blocking; jamming; (*des prix*) freezing; (*Psych*) hang-up
bloc-cuisine [blɔkkɥizin] (*pl* **blocs-cuisines**) *nm* kitchen unit
bloc-cylindres [blɔksilɛ̃dʀ] (*pl* **blocs-cylindres**) *nm* cylinder block
bloc-évier [blɔkevje] (*pl* **blocs-éviers**) *nm* sink unit
bloc-moteur [blɔkmɔtœʀ] (*pl* **blocs-moteurs**) *nm* engine block
bloc-notes [blɔknɔt] (*pl* **blocs-notes**) *nm* note pad
blocus [blɔkys] *nm* blockade
blog, blogue [blɔg] *nm* blog
blogging [blogiŋ] *nm* blogging
blogosphère [blɔgɔsfɛʀ] *nf* (*Inform*) blogosphere
bloguer [blɔge] /1/ *vi* to blog
blond, e [blɔ̃, -ɔ̃d] *adj* fair; (*plus clair*) blond; (*sable, blés*) golden; **~ cendré** ash blond ▸ *nm/f* fair-haired *ou* blond man/woman
blondeur [blɔ̃dœʀ] *nf* fairness; blondness
blondin, e [blɔ̃dɛ̃, -in] *nm/f* fair-haired *ou* blond child *ou* young person
blondinet, te [blɔ̃dinɛ, -ɛt] *nm/f* blondie
blondir [blɔ̃diʀ] /2/ *vi* (*personne, cheveux*) to go fair *ou* blond
bloquer [blɔke] /1/ *vt* (*passage*) to block; (*pièce mobile*) to jam; (*crédits, compte*) to freeze; (*personne, négociations etc*) to hold up; (*regrouper*) to group; **~ les freins** to jam on the brakes; **se bloquer** *vpr* (*pièce mobile*) to jam; (*tuyau*) to get blocked
blottir [blɔtiʀ] /2/ : **se blottir** *vpr* to huddle up
blousant, e [bluzɑ̃, -ɑ̃t] *adj* blousing out
blouse [bluz] *nf* overall
blouser [bluze] /1/ *vi* to blouse out
blouson [bluzɔ̃] *nm* blouson (jacket); **~ noir** (*fig*) ≈ rocker
blue-jean [bludʒin], **blue-jeans** [bludʒins] *nm* jeans
blues [bluz] *nm* blues *pl*
bluet [blyɛ] *nm* = **bleuet**
bluff [blœf] *nm* bluff
bluffer [blœfe] /1/ *vi, vt* to bluff
BNF *sigle f* = **Bibliothèque nationale de France**
boa [bɔa] *nm* (*Zool*) : **~ (constricteur)** boa (constrictor); (*tour de cou*) (feather *ou* fur) boa
bob [bɔb] *nm* = **bobsleigh**
bobard [bɔbaʀ] *nm* (*fam*) tall story
bobèche [bɔbɛʃ] *nf* candle-ring
bobine [bɔbin] *nf* (*de fil*) reel; (*de machine à coudre*) spool; (*de machine à écrire*) ribbon; (*Élec*) coil; **~ (d'allumage)** (*Auto*) coil; **~ de pellicule** (*Photo*) roll of film
bobo [bobo] *sigle mf* (= *bourgeois bohème*) boho ▸ *nm* (*fam*) sore spot
bobonne [bɔbɔn] *nf* (*péj, fam : nom donné à l'épouse légitime*) missus (*fam*)
bobsleigh [bɔbslɛg] *nm* bob(sleigh)
bocage [bɔkaʒ] *nm* (*Géo*) bocage, *farmland criss-crossed by hedges and trees*; (*bois*) grove, copse (BRIT)
bocal, -aux [bɔkal, -o] *nm* jar
bock [bɔk] *nm* (beer) glass; (*contenu*) glass of beer
body [bɔdi] *nm* body(suit); (*Sport*) leotard
bœuf [bœf] (*pl* **bœufs** [bø]) *nm* ox, steer; (*Culin*) beef; (*Mus : fam*) jam session
bof [bɔf] *excl* (*fam : indifférence*) don't care!, meh; (*: pas terrible*) nothing special
Bogota [bɔgɔta] *n* Bogotá
bogue [bɔg] *nf* (*Bot*) husk ▸ *nm* (*Inform*) bug
Bohème [bɔɛm] *nf* : **la ~** Bohemia
bohème [bɔɛm] *adj* happy-go-lucky, unconventional
bohémien, ne [bɔemjɛ̃, -ɛn] *adj* Bohemian ▸ *nm/f* gipsy
boire [bwaʀ] /53/ *vt* to drink; (*s'imprégner de*) to soak up; **~ un coup** to have a drink
bois [bwɑ] *vb voir* **boire** ▸ *nm* wood; (*Zool*) antler; (*Mus*) : **les ~** the woodwind; **de ~, en ~** wooden; **~ vert** green wood; **~ mort** deadwood; **~ de lit** bedstead
boisé, e [bwaze] *adj* woody, wooded
boiser [bwaze] /1/ *vt* (*galerie de mine*) to timber; (*chambre*) to panel; (*terrain*) to plant with trees
boiseries [bwazʀi] *nfpl* panelling *sg*
boisson [bwasɔ̃] *nf* drink; **pris de ~** drunk, intoxicated; **boissons alcoolisées** alcoholic beverages *ou* drinks; **boissons non alcoolisées** soft drinks
boit [bwa] *vb voir* **boire**
boîte [bwat] *nf* box; (*fam : entreprise*) firm, company; **aliments en ~** canned *ou* tinned (BRIT) foods; **~ à gants** glove compartment; **~ à musique** musical box; **~ à ordures** dustbin (BRIT), trash can (US); **~ aux lettres** letter box, mailbox (US); (*Inform*) mailbox; **~ crânienne**

cranium; **~ d'allumettes** box of matches; (*vide*) matchbox; **~ de conserves** can *ou* tin (BRIT) (of food); **~ de nuit** night club; **~ de sardines/petits pois** can *ou* tin (BRIT) of sardines/peas; **mettre qn en ~** (*fam*) to have a laugh at sb's expense; **~ de vitesses** gear box; **~ noire** (*Aviat*) black box; **~ postale** PO box; **~ vocale** voice mail

boiter [bwate] /1/ *vi* to limp; (*fig*) to wobble; (: *raisonnement*) to be shaky

boiteux, -euse [bwatø, -øz] *adj* lame; wobbly; shaky

boîtier [bwatje] *nm* case; (*d'appareil photo*) body; **~ de montre** watch case

boitiller [bwatije] /1/ *vi* to limp slightly, have a slight limp

boive *etc* [bwav] *vb voir* **boire**

bol [bɔl] *nm* bowl; (*contenu*) : **un ~ de café** *etc* a bowl of coffee *etc*; **un ~ d'air** a breath of fresh air; **en avoir ras le ~** (*fam*) to have had a bellyful; **avoir du ~** (*fam*) to be lucky

bolée [bɔle] *nf* bowlful

boléro [bɔleʀo] *nm* bolero

bolet [bɔlɛ] *nm* boletus (mushroom)

bolide [bɔlid] *nm* racing car; **comme un ~** like a rocket

Bolivie [bɔlivi] *nf* : **la ~** Bolivia

bolivien, ne [bɔlivjɛ̃, -ɛn] *adj* Bolivian ▸ *nm/f* : **Bolivien, ne** Bolivian

bolognais, e [bɔlɔɲɛ, -ɛz] *adj* Bolognese

Bologne [bɔlɔɲ] *n* Bologna

bombance [bɔ̃bɑ̃s] *nf* : **faire ~** to have a feast, revel

bombardement [bɔ̃baʀdəmɑ̃] *nm* bombing

bombarder [bɔ̃baʀde] /1/ *vt* to bomb; **~ qn de** (*cailloux, lettres*) to bombard sb with; **~ qn directeur** to thrust sb into the director's seat

bombardier [bɔ̃baʀdje] *nm* (*avion*) bomber; (*aviateur*) bombardier

bombe [bɔ̃b] *nf* bomb; (*atomiseur*) (aerosol) spray; (*Équitation*) riding cap; **faire la ~** (*fam*) to go on a binge; **~ atomique** atomic bomb; **~ à retardement** time bomb

bombé, e [bɔ̃be] *adj* rounded; (*mur*) bulging; (*front*) domed; (*route*) steeply cambered

bomber [bɔ̃be] /1/ *vi* to bulge; (*route*) to camber ▸ *vt* : **~ le torse** to swell out one's chest

MOT-CLÉ

bon, bonne [bɔ̃, bɔn] *adj* **1** (*agréable, satisfaisant*) good; **un bon repas/restaurant** a good meal/restaurant; **être bon en maths** to be good at maths

2 (*charitable*) : **être bon (envers)** to be good (to), to be kind (to); **vous êtes trop bon** you're too kind

3 (*correct*) right; **le bon numéro/moment** the right number/moment

4 (*souhaits*) : **bon anniversaire !** happy birthday!; **bon courage !** good luck!; **bon séjour !** enjoy your stay!; **bon voyage !** have a good trip!; **bon week-end !** have a good weekend!; **bonne année !** happy New Year!; **bonne chance !** good luck!; **bonne fête !** happy holiday!; **bonne nuit !** good night!

5 (*approprié*) : **bon à/pour** fit to/for; **bon à jeter** fit for the bin; **c'est bon à savoir** that's useful to know; **à quoi bon (...) ?** what's the point *ou* use (of ...)?

6 (*intensif*) : **ça m'a pris deux bonnes heures** it took me a good two hours; **un bon nombre de** a good number of

7 : **bon enfant** *adj inv* accommodating, easy-going; **bonne femme** (*péj*) woman; **de bonne heure** early; **bon marché** cheap; **bon mot** witticism; **pour faire bon poids ...** to make up for it ...; **bon sens** common sense; **bon vivant** jovial chap; **bonnes œuvres** charitable works, charities; **bonne sœur** nun

▸ *nm* **1** (*billet*) voucher; (*aussi* : **bon cadeau**) gift voucher; **bon de caisse** cash voucher; **bon d'essence** petrol coupon; **bon à tirer** pass for press; **bon du Trésor** Treasury bond

2 : **avoir du bon** to have its good points; **il y a du bon dans ce qu'il dit** there's some sense in what he says; **pour de bon** for good

▸ *nm/f* : **un bon à rien** a good-for-nothing

▸ *adv* : **il fait bon** it's *ou* the weather is fine; **sentir bon** to smell good; **tenir bon** to stand firm; **juger bon de faire ...** to think fit to do ...

▸ *excl* right!, good!; **ah bon ?** really?; **bon, je reste** right, I'll stay; *voir aussi* **bonne**

bonasse [bɔnas] *adj* soft, meek

bonbon [bɔ̃bɔ̃] *nm* (boiled) sweet

bonbonne [bɔ̃bɔn] *nf* demijohn; carboy

bonbonnière [bɔ̃bɔnjɛʀ] *nf* sweet (BRIT) *ou* candy (US) box

bond [bɔ̃] *nm* leap; (*d'une balle*) rebound, ricochet; **faire un ~** to leap in the air; **d'un seul ~** in one bound, with one leap; **~ en avant** (*fig* : *progrès*) leap forward

bonde [bɔ̃d] *nf* (*d'évier etc*) plug; (: *trou*) plughole; (*de tonneau*) bung; bunghole

bondé, e [bɔ̃de] *adj* packed (full)

bondieuserie [bɔ̃djøzʀi] *nf* (*péj* : *objet*) religious knick-knack

bondir [bɔ̃diʀ] /2/ *vi* to leap; **~ de joie** (*fig*) to jump for joy; **~ de colère** (*fig*) to be hopping mad

bonheur [bɔnœʀ] *nm* happiness; **avoir le ~ de** to have the good fortune to; **porter ~ (à qn)** to bring (sb) luck; **au petit ~** haphazardly; **par ~** fortunately

bonhomie [bɔnɔmi] *nf* good-naturedness

bonhomme [bɔnɔm] (*pl* **bonshommes** [bɔ̃zɔm]) *nm* fellow; **un vieux ~** an old chap; **~ de neige** snowman; **aller son ~ de chemin** to carry on in one's own sweet way ▸ *adj* good-natured

boni [bɔni] *nm* profit

bonification [bɔnifikasjɔ̃] *nf* bonus

bonifier [bɔnifje] /7/ : **se bonifier** *vpr* to improve

boniment [bɔnimɑ̃] *nm* patter *no pl*

bonjour [bɔ̃ʒuʀ] *excl, nm* hello; (*selon l'heure*) good morning (*ou* afternoon); **donner** *ou* **souhaiter le ~ à qn** to bid sb good morning *ou* afternoon; **c'est simple comme ~ !** it's easy as pie!

Bonn [bɔn] *n* Bonn

bonne [bɔn] *adj f voir* **bon** ▸ *nf* (*domestique*) maid; **~ à toute faire** general help; **~ d'enfant** nanny

bonne-maman [bɔnmamɑ̃] (*pl* **bonnes-mamans**) *nf* granny, grandma, gran
bonnement [bɔnmɑ̃] *adv* : **tout ~** quite simply
bonnet [bɔnɛ] *nm* bonnet, hat; (*de soutien-gorge*) cup; **~ d'âne** dunce's cap; **~ de bain** bathing cap; **~ de nuit** nightcap
bonneterie [bɔnɛtʀi] *nf* hosiery
bon-papa [bɔ̃papa] (*pl* **bons-papas**) *nm* grandpa, grandad
bonsoir [bɔ̃swaʀ] *excl* good evening
bonté [bɔ̃te] *nf* kindness *no pl*; **avoir la ~ de** to be kind *ou* good enough to
bonus [bɔnys] *nm* (*Assurances*) no-claims bonus; (*de DVD*) extras *pl*
bonze [bɔ̃z] *nm* (*Rel*) bonze
boomerang [bumʀɑ̃g] *nm* boomerang
booster [buste] *vt* to boost
boots [buts] *nfpl* boots
borborygme [bɔʀbɔʀigm] *nm* rumbling noise
bord [bɔʀ] *nm* (*de table, verre, falaise*) edge; (*de rivière, lac*) bank; (*de route*) side; (*de vêtement*) edge, border; (*de chapeau*) brim; **(monter) à ~** (to go) on board; **jeter par-dessus ~** to throw overboard; **le commandant de ~/les hommes du ~** the ship's master/crew; **du même ~** (*fig*) of the same opinion; **au ~ de la mer/route** at the seaside/roadside; **être au ~ des larmes** to be on the verge of tears; **virer de ~** (*Navig*) to tack; **sur les bords** (*fig*) slightly; **de tous bords** on all sides; **~ du trottoir** kerb (Brit), curb (US)
bordeaux [bɔʀdo] *nm* Bordeaux ▸ *adj inv* maroon
bordée [bɔʀde] *nf* broadside; **une ~ d'injures** a volley of abuse; **tirer une ~** to go on the town
bordel [bɔʀdɛl] *nm* brothel; (*!*) bloody (Brit) *ou* goddamn (US) mess (*!*) ▸ *excl* hell!
bordelais, e [bɔʀdəlɛ, -ɛz] *adj* of *ou* from Bordeaux
border [bɔʀde] /1/ *vt* (*être le long de*) to line, border; (*qn dans son lit*) to tuck up; **~ qch de** (*garnir*) to line sth with; to trim sth with
bordereau, x [bɔʀdəʀo] *nm* docket, slip
bordure [bɔʀdyʀ] *nf* border; (*sur un vêtement*) trim(ming), border; **en ~ de** on the edge of
boréal, e, -aux [bɔʀeal, -o] *adj* boreal, northern
borgne [bɔʀɲ] *adj* one-eyed; **hôtel ~** shady hotel; **fenêtre ~** obstructed window
bornage [bɔʀnaʒ] *nm* (*d'un terrain*) demarcation
borne [bɔʀn] *nf* boundary stone; (*aussi* : **borne kilométrique**) kilometre-marker, ≈ milestone; **sans ~(s)** boundless; **bornes** *nfpl* (*fig*) limits; **dépasser les bornes** to go too far
borné, e [bɔʀne] *adj* narrow; (*obtus* : *personne*) narrow-minded
Bornéo [bɔʀneo] *nm* : **le ~** Borneo
borner [bɔʀne] /1/ *vt* (*délimiter*) to limit; (*limiter*) to confine; **se ~ à faire** (*se contenter de*) to content o.s. with doing; (*se limiter à*) to limit o.s. to doing
bosniaque [bɔznjak] *adj* Bosnian ▸ *nmf* : **Bosniaque** Bosnian
Bosnie [bɔsni] *nf* Bosnia
Bosnie-Herzégovine [bɔsniɛʀzegɔvin] *nf* Bosnia-Herzegovina
bosnien, ne [bɔznjɛ̃, -ɛn] *adj* Bosnian ▸ *nm* (*Ling*) Bosnian ▸ *nm/f* : **Bosnien, ne** Bosnian
Bosphore [bɔsfɔʀ] *nm* : **le ~** the Bosphorus
bosquet [bɔskɛ] *nm* copse (Brit), grove
bosse [bɔs] *nf* (*de terrain etc*) bump; (*enflure*) lump; (*du bossu, du chameau*) hump; **avoir la ~ des maths** *etc* (*fam*) to have a gift for maths *etc*; **il a roulé sa ~** (*fam*) he's been around
bosseler [bɔsle] /4/ *vt* (*ouvrer*) to emboss; (*abîmer*) to dent
bosser [bɔse] /1/ *vi* (*fam*) to work; (: *dur*) to slave (away), slog (hard) (Brit)
bosseur, -euse [bɔsœʀ, -øz] *nm/f* (hard) worker, slogger (Brit)
bossu, e [bɔsy] *nm/f* hunchback
bot [bo] *adj m* : **pied ~** club foot
botanique [bɔtanik] *nf* botany ▸ *adj* botanic(al)
botaniste [bɔtanist] *nmf* botanist
Botswana [bɔtswana] *nm* : **le ~** Botswana
botte [bɔt] *nf* (*soulier*) (high) boot; (*Escrime*) thrust; (*gerbe*) : **~ de paille** bundle of straw; **~ de radis/d'asperges** bunch of radishes/asparagus; **bottes de caoutchouc** wellington boots
botter [bɔte] /1/ *vt* to put boots on; (*donner un coup de pied à*) to kick; (*fam*) : **ça me botte** I fancy that
bottier [bɔtje] *nm* bootmaker
bottillon [bɔtijɔ̃] *nm* bootee
bottin® [bɔtɛ̃] *nm* directory
bottine [bɔtin] *nf* ankle boot
botulisme [bɔtylism] *nm* botulism
bouc [buk] *nm* goat; (*barbe*) goatee; **~ émissaire** scapegoat
boucan [bukɑ̃] *nm* din, racket
bouche [buʃ] *nf* mouth; **une ~ à nourrir** a mouth to feed; **les bouches inutiles** the non-productive members of the population; **faire du ~ à ~ à qn** to give sb the kiss of life (Brit), give sb mouth-to-mouth resuscitation; **de ~ à oreille** confidentially; **pour la bonne ~** (*pour la fin*) till last; **faire venir l'eau à la ~** to make one's mouth water; **~ cousue !** mum's the word!; **rester ~ bée** to stand open-mouthed; **~ d'aération** air vent; **~ de chaleur** hot air vent; **~ d'égout** manhole; **~ d'incendie** fire hydrant; **~ de métro** métro entrance
bouché, e [buʃe] *adj* (*flacon etc*) stoppered; (*temps, ciel*) overcast; (*carrière*) blocked; (*péj* : *personne*) thick; (*trompette*) muted; **avoir le nez ~** to have a blocked(-up) nose; **c'est un secteur ~** there's no future in that area; **l'évier est ~** the sink's blocked
bouchée [buʃe] *nf* mouthful; **ne faire qu'une ~ de** (*fig*) to make short work of; **pour une ~ de pain** (*fig*) for next to nothing; **bouchées à la reine** chicken vol-au-vents
boucher [buʃe] /1/ *nm* butcher ▸ *vt* (*pour colmater*) to stop up; (*trou*) to fill up; (*obstruer*) to block (up); **se boucher** *vpr* (*tuyau etc*) to block up, get blocked up; **se ~ le nez** to hold one's nose
bouchère [buʃɛʀ] *nf* butcher; (*femme du boucher*) butcher's wife
boucherie [buʃʀi] *nf* butcher's (shop); (*métier*) butchery; (*fig*) slaughter, butchery
bouche-trou [buʃtʀu] *nm* (*fig*) stop-gap

bouchon [buʃɔ̃] *nm (en liège)* cork; *(autre matière)* stopper; *(de tube)* top; *(fig : embouteillage)* holdup; *(Pêche)* float; **~ doseur** measuring cap
bouchonner [buʃɔne] /1/ *vt* to rub down ▸ *vi* to form a traffic jam
bouchot [buʃo] *nm* mussel bed
bouclage [buklaʒ] *nm* sealing off
boucle [bukl] *nf (forme, figure, aussi Inform)* loop; *(objet)* buckle; **~ (de cheveux)** curl; **~ d'oreille** earring
bouclé, e [bukle] *adj (cheveux)* curly; *(tapis)* uncut
boucler [bukle] /1/ *vt (fermer : ceinture etc)* to fasten; (*: magasin*) to shut; *(terminer)* to finish off; (*: circuit*) to complete; *(budget)* to balance; *(enfermer)* to shut away; (*: condamné*) to lock up; (*: quartier*) to seal off; **~ la boucle** to loop the loop ▸ *vi* to curl; **faire ~** *(cheveux)* to curl
bouclette [buklɛt] *nf* small curl
bouclier [buklije] *nm* shield
bouddha [buda] *nm* Buddha
bouddhisme [budism] *nm* Buddhism
bouddhiste [budist] *nmf* Buddhist
bouder [bude] /1/ *vi* to sulk ▸ *vt (chose)* to turn one's nose up at; *(personne)* to refuse to have anything to do with
bouderie [budʀi] *nf* sulking *no pl*
boudeur, -euse [budœʀ, -øz] *adj* sullen, sulky
boudin [budɛ̃] *nm (Tech)* roll; *(Culin)* : **~ (noir)** black pudding; **~ blanc** white pudding
boudiné, e [budine] *adj (doigt)* podgy; *(serré)* : **~ dans** *(vêtement)* bulging out of
boudoir [budwaʀ] *nm* boudoir; *(biscuit)* sponge finger
boue [bu] *nf* mud
bouée [bwe] *nf* buoy; *(de baigneur)* rubber ring; **~ (de sauvetage)** lifebuoy; *(fig)* lifeline
boueux, -euse [bwø, -øz] *adj* muddy ▸ *nm (fam)* refuse (Brit) *ou* garbage (US) collector
bouffant, e [bufɑ̃, -ɑ̃t] *adj* puffed out
bouffe [buf] *nf (fam)* grub, food
bouffée [bufe] *nf (de cigarette)* puff; **une ~ d'air pur** a breath of fresh air; **~ de chaleur** *(gén)* blast of hot air; *(Méd)* hot flush (Brit) *ou* flash (US); **~ de fièvre/de honte** flush of fever/shame; **~ d'orgueil** fit of pride
bouffer [bufe] /1/ *vi (fam)* to eat; *(Couture)* to puff out ▸ *vt (fam)* to eat
bouffi, e [bufi] *adj* swollen
bouffon, ne [bufɔ̃, -ɔn] *adj* farcical, comical ▸ *nm* jester
bouge [buʒ] *nm (bar louche)* (low) dive; *(taudis)* hovel
bougeoir [buʒwaʀ] *nm* candlestick
bougeotte [buʒɔt] *nf* : **avoir la ~** to have the fidgets
bouger [buʒe] /3/ *vi* to move; *(dent etc)* to be loose; *(changer)* to alter; *(agir)* to stir; *(s'activer)* to get moving; **les prix/les couleurs n'ont pas bougé** prices/colours haven't changed ▸ *vt* to move; **se bouger** *vpr (fam)* to move (oneself)
bougie [buʒi] *nf* candle; *(Auto)* spark(ing) plug
bougon, ne [bugɔ̃, -ɔn] *adj* grumpy
bougonner [bugɔne] /1/ *vi, vt* to grumble
bougre [bugʀ] *nm* chap; *(fam)* : **ce ~ de ...** that confounded ...
boui-boui [bwibwi] *(pl* **bouis-bouis**) *nm (fam)* greasy spoon
bouillabaisse [bujabɛs] *nf type of fish soup*
bouillant, e [bujɑ̃, -ɑ̃t] *adj (qui bout)* boiling; *(très chaud)* boiling (hot); *(fig : ardent)* hot-headed; **~ de colère** *etc* seething with anger *etc*
bouille [buj] *nf (fam)* mug
bouilleur [bujœʀ] *nm* : **~ de cru** (home) distiller
bouillie [buji] *nf* gruel; *(de bébé)* cereal; **en ~** *(fig)* crushed
bouillir [bujiʀ] /15/ *vi* to boil; **~ de colère** *etc* to seethe with anger *etc* ▸ *vt (Culin : aussi* : **faire bouillir**) to boil
bouilloire [bujwaʀ] *nf* kettle
bouillon [bujɔ̃] *nm (Culin)* stock *no pl*; *(bulles, écume)* bubble; **~ de culture** culture medium
bouillonnement [bujɔnmɑ̃] *nm (d'un liquide)* bubbling; *(des idées)* ferment
bouillonner [bujɔne] /1/ *vi* to bubble; *(fig : idées)* to bubble up; *(torrent)* to foam
bouillotte [bujɔt] *nf* hot-water bottle
boulanger, -ère [bulɑ̃ʒe, -ɛʀ] *nm/f* baker ▸ *nf (femme du boulanger)* baker's wife
boulangerie [bulɑ̃ʒʀi] *nf* bakery, baker's (shop); *(commerce)* bakery; **~ industrielle** bakery
boulangerie-pâtisserie [bulɑ̃ʒʀipɑtisʀi] *(pl* **boulangeries-pâtisseries**) *nf* baker's and confectioner's (shop)
boule [bul] *nf (gén)* ball; *(de pétanque)* bowl; *(de machine à écrire)* golf ball; **roulé en ~** curled up in a ball; **se mettre en ~** *(fig)* to fly off the handle, blow one's top; **perdre la ~** *(fig : fam)* to go off one's rocker; **~ de gomme** *(bonbon)* gum(drop), pastille; **~ de neige** snowball; **faire ~ de neige** *(fig)* to snowball
bouleau, x [bulo] *nm* (silver) birch
bouledogue [buldɔg] *nm* bulldog
bouler [bule] /1/ *vi (fam)* : **envoyer ~ qn** to send sb packing; **je me suis fait ~** *(à un examen)* they flunked me
boulet [bulɛ] *nm (aussi* : **boulet de canon**) cannonball; *(de bagnard)* ball and chain; *(charbon)* (coal) nut
boulette [bulɛt] *nf (de viande)* meatball
boulevard [bulvaʀ] *nm* boulevard
bouleversant, e [bulvɛʀsɑ̃, -ɑ̃t] *adj (récit)* deeply distressing; *(nouvelle)* shattering
bouleversé, e [bulvɛʀse] *adj (ému)* deeply distressed; shattered
bouleversement [bulvɛʀsəmɑ̃] *nm (politique, social)* upheaval
bouleverser [bulvɛʀse] /1/ *vt (émouvoir)* to overwhelm; *(causer du chagrin à)* to distress; *(pays, vie)* to disrupt; *(papiers, objets)* to turn upside down, upset
boulier [bulje] *nm* abacus; *(de jeu)* scoring board
boulimie [bulimi] *nf* bulimia; compulsive eating
boulimique [bulimik] *adj* bulimic
boulingrin [bulɛ̃gʀɛ̃] *nm* lawn
bouliste [bulist] *nmf* bowler
boulocher [bulɔʃe] /1/ *vi (laine etc)* to develop little snarls
boulodrome [bulɔdʀɔm] *nm* bowling pitch

boulon [bulɔ̃] *nm* bolt
boulonner [bulɔne] /1/ *vt* to bolt
boulot[1] [bulo] *nm* (*fam* : *travail*) work
boulot[2]**, te** [bulo, -ɔt] *adj* plump, tubby
boum [bum] *nm* bang ▸ *nf* (*fam*) party
bouquet [bukɛ] *nm* (*de fleurs*) bunch (of flowers), bouquet; (*de persil etc*) bunch; (*parfum*) bouquet; (*fig*) crowning piece; **c'est le ~ !** that's the last straw!; **~ garni** (*Culin*) bouquet garni
bouquetin [buk(ə)tɛ̃] *nm* ibex
bouquin [bukɛ̃] *nm* (*fam*) book
bouquiner [bukine] /1/ *vi* (*fam*) to read
bouquiniste [bukinist] *nmf* bookseller
bourbeux, -euse [burbø, -øz] *adj* muddy
bourbier [burbje] *nm* (quag)mire
bourde [burd] *nf* (*erreur*) howler; (*gaffe*) blunder
bourdon [burdɔ̃] *nm* bumblebee
bourdonnement [burdɔnmɑ̃] *nm* buzzing *no pl*, buzz; **avoir des bourdonnements d'oreilles** to have a buzzing (noise) in one's ears
bourdonner [burdɔne] /1/ *vi* to buzz; (*moteur*) to hum
bourg [bur] *nm* small market town (*ou* village)
bourgade [burgad] *nf* township
bourgeois, e [burʒwa, -waz] *adj* ≈ (upper) middle class; (*péj*) bourgeois; (*maison etc*) very comfortable ▸ *nm/f* (*autrefois*) burgher
bourgeoisie [burʒwazi] *nf* ≈ upper middle classes *pl*; bourgeoisie; **petite ~** middle classes
bourgeon [burʒɔ̃] *nm* bud
bourgeonner [burʒɔne] /1/ *vi* to bud
bourgogne [burgɔɲ] *nm* Burgundy (wine) ▸ *nf* : **la B~** Burgundy
bourguignon, ne [burgiɲɔ̃, -ɔn] *adj* of *ou* from Burgundy, Burgundian; **bœuf ~** bœuf bourguignon
bourlinguer [burlɛ̃ge] /1/ *vi* to knock about a lot, get around a lot
bourrade [burad] *nf* shove, thump
bourrage [buraʒ] *nm* (*papier*) jamming; **~ de crâne** brainwashing; (*Scol*) cramming
bourrasque [burask] *nf* squall
bourratif, -ive [buratif, -iv] *adj* (*fam*) filling, stodgy
bourre [bur] *nf* (*de coussin, matelas etc*) stuffing
bourré, e [bure] *adj* (*rempli*) : **~ de** crammed full of; (*fam* : *ivre*) pickled, plastered
bourreau, x [buro] *nm* executioner; (*fig*) torturer; **~ de travail** workaholic, glutton for work
bourrelé, e [bur(ə)le] *adj* : **être ~ de remords** to be racked by remorse
bourrelet [burlɛ] *nm* draught (Brit) *ou* draft (*US*) excluder; (*de peau*) fold *ou* roll (of flesh)
bourrer [bure] /1/ *vt* (*pipe*) to fill; (*poêle*) to pack; (*valise*) to cram (full); **~ de** to cram (full) with, stuff with; **~ de coups** to hammer blows on, pummel; **~ le crâne à qn** to pull the wool over sb's eyes; (*endoctriner*) to brainwash sb
bourricot [buriko] *nm* small donkey
bourrique [burik] *nf* (*âne*) ass
bourru, e [bury] *adj* surly, gruff
bourse [burs] *nf* (*subvention*) grant; (*porte-monnaie*) purse; **sans ~ délier** without spending a penny; **la B~** the Stock Exchange; **~ du travail** ≈ trades union council (regional headquarters)
boursicoter [bursikɔte] /1/ *vi* (*Comm*) to dabble on the Stock Market
boursier, -ière [bursje, -jɛr] *adj* (*Comm*) Stock Market *cpd* ▸ *nm/f* (*Scol*) grant-holder
boursouflé, e [bursufle] *adj* swollen, puffy; (*fig*) bombastic, turgid
boursoufler [bursufle] /1/ *vt* to puff up, bloat; **se boursoufler** *vpr* (*visage*) to swell *ou* puff up; (*peinture*) to blister
boursouflure [bursuflyr] *nf* (*du visage*) swelling, puffiness; (*de la peinture*) blister; (*fig* : *du style*) pomposity
bous [bu] *vb voir* **bouillir**
bousculade [buskylad] *nf* (*hâte*) rush; (*poussée*) crush
bousculer [buskyle] /1/ *vt* to knock over; (*heurter*) to knock into; (*fig*) to push, rush; **se bousculer** *vpr* (*se presser*) to rush
bouse [buz] *nf* : **~ (de vache)** (cow) dung *no pl* (Brit), manure *no pl*
bousiller [buzije] /1/ *vt* (*fam*) to wreck
boussole [busɔl] *nf* compass
bout [bu] *vb voir* **bouillir** ▸ *nm* bit; (*extrémité* : *d'un bâton etc*) tip; (: *d'une ficelle, table, rue, période*) end; **au ~ de** at the end of, after; **au ~ du compte** at the end of the day; **pousser qn à ~** to push sb to the limit (of his patience); **venir à ~ de** to manage to finish (off) *ou* overcome; **~ à ~** end to end; **à tout ~ de champ** at every turn; **d'un ~ à l'autre, de ~ en ~** from one end to the other; **à ~ portant** at point-blank range; **un ~ de chou** (*enfant*) a little tot; **~ d'essai** (*Ciné etc*) screen test; **~ filtre** filter tip
boutade [butad] *nf* quip, sally
boute-en-train [butɑ̃trɛ̃] *nm inv* live wire (*fig*)
bouteille [butɛj] *nf* bottle; (*de gaz butane*) cylinder
boutiquaire [butikɛr] *adj* : **niveau ~** shopping level
boutique [butik] *nf* shop (Brit), store (*US*); (*de grand couturier, de mode*) boutique
boutiquier, -ière [butikje, -jɛr] *nm/f* shopkeeper (Brit), storekeeper (*US*)
boutoir [butwar] *nm* : **coup de ~** (*choc*) thrust; (*fig* : *propos*) barb
bouton [butɔ̃] *nm* (*de vêtement, électrique etc*) button; (*Bot*) bud; (*sur la peau*) spot; (*de porte*) knob; **~ de manchette** cuff-link; **~ d'or** buttercup
boutonnage [butɔnaʒ] *nm* (*action*) buttoning(-up); **un manteau à double ~** a coat with two rows of buttons
boutonner [butɔne] /1/ *vt* to button up, do up; **se boutonner** *vpr* to button one's clothes up
boutonneux, -euse [butɔnø, -øz] *adj* spotty
boutonnière [butɔnjɛr] *nf* buttonhole
bouton-poussoir [butɔ̃puswar] (*pl* **boutons-poussoirs**) *nm* pushbutton
bouton-pression [butɔ̃prɛsjɔ̃] (*pl* **boutons-pression**) *nm* press stud, snap fastener
bouture [butyr] *nf* cutting; **faire des boutures** to take cuttings

bouvreuil [buvʀœj] *nm* bullfinch
bovidé [bɔvide] *nm* bovine
bovin, e [bɔvɛ̃, -in] *adj* bovine ▸ *nm* : **bovins** cattle *pl*
bowling [bɔliŋ] *nm* (tenpin) bowling; (*salle*) bowling alley
box [bɔks] *nm* lock-up (garage); (*de salle, dortoir*) cubicle; (*d'écurie*) loose-box; (*aussi* : **box-calf**) box calf; **le ~ des accusés** the dock
boxe [bɔks] *nf* boxing
boxer [bɔkse] /**1**/ *vi* to box ▸ *nm* [bɔksɛʀ] (*chien*) boxer
boxeur [bɔksœʀ] *nm* boxer
boyau, x [bwajo] *nm* (*corde de raquette etc*) (cat) gut; (*galerie*) passage(way); (narrow) gallery; (*pneu de bicyclette*) tubeless tyre; **boyaux** *nmpl* (*viscères*) entrails, guts
boycottage [bɔikɔtaʒ] *nm* (*d'un produit*) boycotting
boycotter [bɔjkɔte] /**1**/ *vt* to boycott
BP *sigle f* = **boîte postale**
brabançon, ne [bʀabɑ̃sɔ̃, -ɔn] *adj* of *ou* from Brabant
Brabant [bʀabɑ̃] *nm* : **le ~** Brabant
bracelet [bʀaslɛ] *nm* bracelet
bracelet-montre [bʀaslɛmɔ̃tʀ] (*pl* **bracelets-montres**) *nm* wristwatch
braconnage [bʀakɔnaʒ] *nm* poaching
braconner [bʀakɔne] /**1**/ *vi* to poach
braconnier [bʀakɔnje] *nm* poacher
brader [bʀade] /**1**/ *vt* to sell off, sell cheaply
braderie [bʀadʀi] *nf* clearance sale; (*par des particuliers*) ≈ car boot sale (Brit), ≈ garage sale (US); (*magasin*) discount store; (*sur marché*) cut-price (Brit) *ou* cut-rate (US) stall
braguette [bʀagɛt] *nf* fly, flies *pl* (Brit), zipper (US)
braillard, e [bʀɑjaʀ, -aʀd] *adj* (*fam*) bawling, yelling
braille [bʀɑj] *nm* Braille
braillement [bʀɑjmɑ̃] *nm* (*cri*) bawling *no pl*, yelling *no pl*
brailler [bʀɑje] /**1**/ *vi* to bawl, yell ▸ *vt* to bawl out, yell out
braire [bʀɛʀ] /**50**/ *vi* to bray
braise [bʀɛz] *nf* embers *pl*
braiser [bʀeze] /**1**/ *vt* to braise; **bœuf braisé** braised steak
bramer [bʀɑme] /**1**/ *vi* to bell; (*fig*) to wail
brancard [bʀɑ̃kaʀ] *nm* (*civière*) stretcher; (*bras, perche*) shaft
brancardier [bʀɑ̃kaʀdje] *nm* stretcher-bearer
branchages [bʀɑ̃ʃaʒ] *nmpl* branches, boughs
branche [bʀɑ̃ʃ] *nf* branch; (*de lunettes*) side(-piece)
branché, e [bʀɑ̃ʃe] *adj* (*fam*) switched-on, trendy ▸ *nm/f* (*fam*) trendy
branchement [bʀɑ̃ʃmɑ̃] *nm* connection
brancher [bʀɑ̃ʃe] /**1**/ *vt* to connect (up); (*en mettant la prise*) to plug in; **~ qn/qch sur** (*fig*) to get sb/sth launched onto
branchies [bʀɑ̃ʃi] *nfpl* gills
brandade [bʀɑ̃dad] *nf* brandade (*cod dish*)
brandebourgeois, e [bʀɑ̃dəbuʀʒwa, -waz] *adj* of *ou* from Brandenburg
brandir [bʀɑ̃diʀ] /**2**/ *vt* (*arme*) to brandish, wield; (*document*) to flourish, wave
brandon [bʀɑ̃dɔ̃] *nm* firebrand
branlant, e [bʀɑ̃lɑ̃, -ɑ̃t] *adj* (*mur, meuble*) shaky
branle [bʀɑ̃l] *nm* : **mettre en ~** to set swinging; **donner le ~ à** to set in motion
branle-bas [bʀɑ̃lbɑ] *nm inv* commotion
branler [bʀɑ̃le] /**1**/ *vi* to be shaky, be loose ▸ *vt* : **~ la tête** to shake one's head; **se branler** *vpr* (*! : se masturber*) to jerk off (!), to wank (!)
braquage [bʀakaʒ] *nm* (*fam*) stick-up, hold-up; (*Auto*) : **rayon de ~** turning circle
braque [bʀak] *nm* (*Zool*) pointer
braquer [bʀake] /**1**/ *vi* (*Auto*) to turn (the wheel) ▸ *vt* (*revolver etc*) : **~ qch sur** to aim sth at, point sth at; (*mettre en colère*) : **~ qn** to antagonize sb, put sb's back up; **~ son regard sur** to fix one's gaze on; **se braquer** *vpr* : **se ~ (contre)** to take a stand (against)
bras [bʀa] *nm* arm; (*de fleuve*) branch; **~ dessus ~ dessous** arm in arm; **à tour de ~** with all one's might; **~ droit** (*fig*) right hand man; **~ de fer** arm-wrestling; **une partie de ~ de fer** (*fig*) a trial of strength; **~ de levier** lever arm; **~ de mer** arm of the sea, sound ▸ *nmpl* (*fig : travailleurs*) labour *sg* (Brit), labor *sg* (US), hands; **à ~ raccourcis** with fists flying; **baisser les ~** to give up; **se retrouver avec qch sur les ~** (*fam*) to be landed with sth
brasero [bʀɑzeʀo] *nm* brazier
brasier [bʀɑzje] *nm* blaze, (blazing) inferno; (*fig*) inferno
Brasilia [bʀazilja] *n* Brasilia
bras-le-corps [bʀalkɔʀ] : **à ~** *adv* (a)round the waist
brassage [bʀasaʒ] *nm* (*de la bière*) brewing; (*fig*) mixing
brassard [bʀasaʀ] *nm* armband
brasse [bʀas] *nf* (*nage*) breast-stroke; (*mesure*) fathom; **~ papillon** butterfly(-stroke)
brassée [bʀase] *nf* armful; **une ~ de** (*fig*) a number of
brasser [bʀase] /**1**/ *vt* (*bière*) to brew; (*remuer : salade*) to toss; (*: cartes*) to shuffle; (*fig*) to mix; **~ l'argent/les affaires** to handle a lot of money/ business
brasserie [bʀasʀi] *nf* (*restaurant*) bar (*selling food*), brasserie; (*usine*) brewery
brasseur [bʀasœʀ] *nm* (*de bière*) brewer; **~ d'affaires** big businessman
brassière [bʀasjɛʀ] *nf* (baby's) vest (Brit) *ou* undershirt (US); (*de sauvetage*) life jacket
bravache [bʀavaʃ] *nm* blusterer, braggart
bravade [bʀavad] *nf* : **par ~** out of bravado
brave [bʀav] *adj* (*courageux*) brave; (*bon, gentil*) good, kind
bravement [bʀavmɑ̃] *adv* bravely; (*résolument*) boldly
braver [bʀave] /**1**/ *vt* to defy
bravo [bʀavo] *excl* bravo! ▸ *nm* cheer
bravoure [bʀavuʀ] *nf* bravery
BRB *sigle f* (*Police : = Brigade de répression du banditisme*) ≈ serious crime squad
break [bʀɛk] *nm* (*Auto*) estate car (Brit), station wagon (US)

brebis [bʀəbi] *nf* ewe; ~ **galeuse** black sheep
brèche [bʀɛʃ] *nf* breach, gap; **être sur la** ~ (*fig*) to be on the go
bredouille [bʀəduj] *adj* empty-handed
bredouiller [bʀəduje] /1/ *vi, vt* to mumble, stammer
bref, brève [bʀɛf, bʀɛv] *adj* short, brief; **d'un ton** ~ sharply, curtly; **en** ~ in short, in brief; **à** ~ **délai** shortly ▸ *adv* in short ▸ *nf* (*voyelle*) short vowel; (*information*) brief news item
brelan [bʀəlɑ̃] *nm* : **un** ~ three of a kind; **un** ~ **d'as** three aces
breloque [bʀəlɔk] *nf* charm
brème [bʀɛm] *nf* bream
Brésil [bʀezil] *nm* : **le** ~ Brazil
brésilien, ne [bʀeziljɛ̃, -ɛn] *adj* Brazilian ▸ *nm/f* : **Brésilien, ne** Brazilian
bressan, e [bʀɛsɑ̃, -an] *adj* of *ou* from Bresse
Bretagne [bʀətaɲ] *nf* : **la** ~ Brittany
bretelle [bʀətɛl] *nf* (*de fusil etc*) sling; (*de vêtement*) strap; (*d'autoroute*) slip road (Brit), entrance *ou* exit ramp (*US*); ~ **de contournement** (*Auto*) bypass; ~ **de raccordement** (*Auto*) access road; **bretelles** *nfpl* (*pour pantalon*) braces (Brit), suspenders (*US*)
breton, ne [bʀətɔ̃, -ɔn] *adj* Breton ▸ *nm* (*Ling*) Breton ▸ *nm/f* : **Breton, ne** Breton
breuvage [bʀœvaʒ] *nm* beverage, drink
brève [bʀɛv] *adj f, nf voir* **bref**
brevet [bʀəvɛ] *nm* diploma, certificate; ~ **d'apprentissage** certificate of apprenticeship; ~ **(des collèges)** *school certificate, taken at approx. 16 years*; ~ **(d'invention)** patent
breveté, e [bʀəv(ə)te] *adj* patented; (*diplômé*) qualified
breveter [bʀəv(ə)te] /4/ *vt* to patent
bréviaire [bʀevjɛʀ] *nm* breviary
BRGM *sigle m* = **Bureau de recherches géologiques et minières**
briard, e [bʀijaʀ, -aʀd] *adj* of *ou* from Brie ▸ *nm* (*chien*) briard
bribe [bʀib] *nf* bit, scrap; **bribes** *nfpl* (*d'une conversation*) snatches; **par bribes** piecemeal
bric [bʀik] : **de** ~ **et de broc** *adv* with any old thing
bric-à-brac [bʀikabʀak] *nm inv* bric-a-brac, jumble
bricolage [bʀikɔlaʒ] *nm* : **le** ~ do-it-yourself (jobs); (*péj*) patched-up job
bricole [bʀikɔl] *nf* (*babiole, chose insignifiante*) trifle; (*petit travail*) small job
bricoler [bʀikɔle] /1/ *vi* to do odd jobs; (*en amateur*) to do DIY jobs; (*passe-temps*) to potter about ▸ *vt* (*réparer*) to fix up; (*mal réparer*) to tinker with; (*trafiquer : voiture etc*) to doctor, fix
bricoleur, -euse [bʀikɔlœʀ, -øz] *nm/f* handyman/woman, DIY enthusiast
bridage [bʀidaʒ] *nm* (*Auto*) speed governing
bride [bʀid] *nf* bridle; (*d'un bonnet*) string, tie; **à** ~ **abattue** flat out, hell for leather; **tenir en** ~ to keep in check; **lâcher la** ~ **à, laisser la** ~ **sur le cou à** to give free rein to
bridé, e [bʀide] *adj* : **yeux bridés** slit eyes
brider [bʀide] /1/ *vt* (*réprimer*) to keep in check; (*cheval*) to bridle; (*Culin : volaille*) to truss
bridge [bʀidʒ] *nm* (*Cartes*) bridge
brie [bʀi] *nm* Brie (*cheese*)
briefer [bʀife] *vt* to brief
brièvement [bʀijɛvmɑ̃] *adv* briefly
brièveté [bʀijɛvte] *nf* brevity
brigade [bʀigad] *nf* (*Police*) squad; (*Mil*) brigade
brigadier [bʀigadje] *nm* (*Police*) ≈ sergeant; (*Mil*) bombardier; corporal
brigadier-chef [bʀigadjeʃɛf] (*pl* **brigadiers-chefs**) *nm* ≈ lance-sergeant
brigand [bʀigɑ̃] *nm* brigand
brigandage [bʀigɑ̃daʒ] *nm* robbery
briguer [bʀige] /1/ *vt* to aspire to; (*suffrages*) to canvass
brillamment [bʀijamɑ̃] *adv* brilliantly
brillant, e [bʀijɑ̃, -ɑ̃t] *adj* brilliant; (*remarquable*) bright; (*luisant*) shiny, shining ▸ *nm* (*diamant*) brilliant
briller [bʀije] /1/ *vi* to shine
brimade [bʀimad] *nf* vexation, harassment *no pl*; bullying *no pl*
brimbaler [bʀɛ̃bale] /1/ *vb* = **bringuebaler**
brimer [bʀime] /1/ *vt* to harass; to bully
brin [bʀɛ̃] *nm* (*de laine, ficelle etc*) strand; (*fig*) : **un** ~ **de** a bit of; **un** ~ **mystérieux** *etc* (*fam*) a weeny bit mysterious *etc*; ~ **d'herbe** blade of grass; ~ **de muguet** sprig of lily of the valley; ~ **de paille** wisp of straw
brindille [bʀɛ̃dij] *nf* twig
bringue [bʀɛ̃g] *nf* (*fam*) : **faire la** ~ to go on a binge
bringuebaler [bʀɛ̃g(ə)bale] /1/ *vi* to shake (about) ▸ *vt* to cart about
brio [bʀijo] *nm* brilliance; (*Mus*) brio; **avec** ~ brilliantly, with panache
brioche [bʀijɔʃ] *nf* brioche (bun); (*fam : ventre*) paunch
brioché, e [bʀijɔʃe] *adj* brioche-style
brique [bʀik] *nf* brick; (*de lait*) carton; (*fam*) 10 000 francs ▸ *adj inv* brick red
briquer [bʀike] /1/ *vt* (*fam*) to polish up
briquet [bʀikɛ] *nm* (cigarette) lighter
briqueterie [bʀik(ə)tʀi] *nf* brickyard
bris [bʀi] *nm* : ~ **de clôture** (*Jur*) breaking in; ~ **de glaces** (*Auto*) breaking of windows
brisant [bʀizɑ̃] *nm* reef; (*vague*) breaker
brise [bʀiz] *nf* breeze
brisé, e [bʀize] *adj* broken; ~ **(de fatigue)** exhausted; **d'une voix brisée** in a voice broken with emotion; **pâte brisée** shortcrust pastry
brisées [bʀize] *nfpl* : **aller** *ou* **marcher sur les** ~ **de qn** to compete with sb in his own province
brise-glace, brise-glaces [bʀizglas] *nm inv* (*navire*) icebreaker
brise-jet [bʀizʒɛ] *nm* tap swirl
brise-lames [bʀizlam] *nm inv* breakwater
briser [bʀize] /1/ *vt* to break; **se briser** *vpr* to break
brise-tout [bʀiztu] *nm inv* wrecker
briseur, -euse [bʀizœʀ, -øz] *nm/f* : ~ **de grève** strike-breaker
brise-vent [bʀizvɑ̃] *nm* windbreak
bristol [bʀistɔl] *nm* (*carte de visite*) visiting card

b

britannique [bʀitanik] *adj* British ▸ *nmf* : **Britannique** Briton, British person; **les Britanniques** the British
broc [bʀo] *nm* pitcher
brocante [bʀɔkɑ̃t] *nf* (*objets*) secondhand goods *pl*, junk; (*commerce*) secondhand trade; junk dealing
brocanteur, -euse [bʀɔkɑ̃tœʀ, -øz] *nm/f* junk shop owner; junk dealer
brocart [bʀɔkaʀ] *nm* brocade
broche [bʀɔʃ] *nf* brooch; (*Culin*) spit; (*fiche*) spike, peg; (*Méd*) pin; **à la ~** spit-roasted, roasted on a spit
broché, e [bʀɔʃe] *adj* (*livre*) paper-backed; (*tissu*) brocaded
brochet [bʀɔʃɛ] *nm* pike *inv*
brochette [bʀɔʃɛt] *nf* (*ustensile*) skewer; (*plat*) kebab; **~ de décorations** row of medals
brochure [bʀɔʃyʀ] *nf* pamphlet, brochure, booklet
brocoli [bʀɔkɔli] *nm* broccoli
brodequins [bʀɔdkɛ̃] *nmpl* (*de marche*) (lace-up) boots
broder [bʀɔde] /1/ *vt* to embroider ▸ *vi* : **~ (sur des faits** *ou* **une histoire)** to embroider the facts
broderie [bʀɔdʀi] *nf* embroidery
bromure [bʀɔmyʀ] *nm* bromide
broncher [bʀɔ̃ʃe] /1/ *vi* : **sans ~** without flinching, without turning a hair
bronches [bʀɔ̃ʃ] *nfpl* bronchial tubes
bronchite [bʀɔ̃ʃit] *nf* bronchitis
bronchodilatateur [bʀɔ̃kodilatatœʀ] *nm* bronchodilator
broncho-pneumonie [bʀɔ̃kɔpnømɔni] *nf* broncho-pneumonia *no pl*
bronzage [bʀɔ̃zaʒ] *nm* (*hâle*) (sun)tan
bronze [bʀɔ̃z] *nm* bronze
bronzé, e [bʀɔ̃ze] *adj* tanned
bronzer [bʀɔ̃ze] /1/ *vt* to tan ▸ *vi* to get a tan; **se bronzer** *vpr* to sunbathe
brosse [bʀɔs] *nf* brush; **donner un coup de ~ à qch** to give sth a brush; **coiffé en ~** with a crewcut; **~ à cheveux** hairbrush; **~ à dents** toothbrush; **~ à habits** clothesbrush
brosser [bʀɔse] /1/ *vt* (*nettoyer*) to brush; (*fig* : *tableau etc*) to paint; to draw; **se brosser** *vpr*, *vpr* to brush one's clothes; **se ~ les dents** to brush one's teeth; **tu peux te ~ !** (*fam*) you can sing for it!
brou [bʀu] *nm* : **~ de noix** (*pour bois*) walnut stain; (*liqueur*) walnut liqueur
brouette [bʀuɛt] *nf* wheelbarrow
brouhaha [bʀuaa] *nm* hubbub
brouillage [bʀujaʒ] *nm* (*d'une émission*) jamming
brouillard [bʀujaʀ] *nm* fog; **être dans le ~** (*fig*) to be all at sea
brouille [bʀuj] *nf* quarrel
brouillé, e [bʀuje] *adj* (*teint*) muddy; (*fâché*) : **il est ~ avec ses parents** he has fallen out with his parents
brouiller [bʀuje] /1/ *vt* (*œufs, message*) to scramble; (*idées*) to mix up; to confuse; (*Radio*) to cause interference to; (: *délibérément*) to jam; (*rendre trouble*) to cloud; (*désunir* : *amis*) to set at odds; **~ les pistes** to cover one's tracks; (*fig*) to confuse the issue; **se brouiller** *vpr* (*ciel, vue*) to cloud over; (*détails*) to become confused; **se ~ (avec)** to fall out (with)
brouillon, ne [bʀujɔ̃, -ɔn] *adj* (*sans soin*) untidy; (*qui manque d'organisation*) disorganized, unmethodical ▸ *nm* (first) draft; **cahier de ~** rough (work) book; **(papier) ~** rough paper
broussailles [bʀusɑj] *nfpl* undergrowth *sg*
broussailleux, -euse [bʀusɑjø, -øz] *adj* bushy
brousse [bʀus] *nf* : **la ~** the bush
brouter [bʀute] /1/ *vt* to graze on ▸ *vi* to graze; (*Auto*) to judder
broutille [bʀutij] *nf* trifle
broyer [bʀwaje] /8/ *vt* to crush; **~ du noir** to be down in the dumps
bru [bʀy] *nf* daughter-in-law
brucelles [bʀysɛl] *nfpl* : **(pinces) ~** tweezers
brugnon [bʀyɲɔ̃] *nm* nectarine
bruine [bʀɥin] *nf* drizzle
bruiner [bʀɥine] /1/ *vb impers* : **il bruine** it's drizzling, there's a drizzle
bruire [bʀɥiʀ] /2/ *vi* (*eau*) to murmur; (*feuilles, étoffe*) to rustle
bruissement [bʀɥismɑ̃] *nm* murmuring; rustling
bruit [bʀɥi] *nm* : **un ~** a noise, a sound; (*fig* : *rumeur*) a rumour (Brit), a rumor (US); **le ~** noise; **pas/trop de ~** no/too much noise; **sans ~** without a sound, noiselessly; **faire du ~** to make a noise; **~ de fond** background noise
bruitage [bʀɥitaʒ] *nm* sound effects *pl*
bruiteur, -euse [bʀɥitœʀ, -øz] *nm/f* sound-effects engineer
brûlant, e [bʀylɑ̃, -ɑ̃t] *adj* burning (hot); (*liquide*) boiling (hot); (*regard*) fiery; (*sujet*) red-hot
brûlé, e [bʀyle] *adj* burnt; (*fig* : *démasqué*) blown; (: *homme politique etc*) discredited ▸ *nm* : **odeur de ~** smell of burning
brûle-pourpoint [bʀylpuʀpwɛ̃] : **à ~** *adv* point-blank
brûler [bʀyle] /1/ *vt* to burn; (*eau bouillante*) to scald; (*consommer* : *électricité, essence*) to use; (: *feu rouge, signal*) to go through (without stopping); **~ les étapes** to make rapid progress; (*aller trop vite*) to cut corners ▸ *vi* to burn; **tu brûles** (*jeu*) you're getting warm *ou* hot; **~ (d'impatience) de faire qch** to burn with impatience to do sth, be dying to do sth; **se brûler** *vpr* to burn o.s.; (*s'ébouillanter*) to scald o.s.; **se ~ la cervelle** to blow one's brains out
brûleur [bʀylœʀ] *nm* burner
brûlot [bʀylo] *nm* (*Culin*) flaming brandy; **un ~ de contestation** (*fig*) a hotbed of dissent
brûlure [bʀylyʀ] *nf* (*lésion*) burn; (*sensation*) burning *no pl*, burning sensation; **brûlures d'estomac** heartburn *sg*
brume [bʀym] *nf* mist
brumeux, -euse [bʀymø, -øz] *adj* misty; (*fig*) hazy
brumisateur [bʀymizatœʀ] *nm* atomizer
brun, e [bʀœ̃, -yn] *adj* (*gén, bière*) brown; (*cheveux, personne, tabac*) dark; **elle est brune** she's got

dark hair ▸ *nm (couleur)* brown ▸ *nf (cigarette) cigarette made of dark tobacco*; *(bière)* ≈ brown ale, ≈ stout
brunâtre [bʀynɑtʀ] *adj* brownish
brunch [bʀœntʃ] *nm* brunch
Brunei [bʀynei] *n* Brunei; **le sultanat de ~** the Sultanate of Brunei
brunir [bʀyniʀ] /2/ *vi* to get a tan
brushing [bʀœʃiŋ] *nm* blow-dry
brusque [bʀysk] *adj (soudain)* abrupt, sudden; *(rude)* abrupt, brusque
brusquement [bʀyskəmɑ̃] *adv (soudainement)* abruptly, suddenly
brusquer [bʀyske] /1/ *vt* to rush
brusquerie [bʀyskəʀi] *nf* abruptness, brusqueness
brut, e [bʀyt] *adj* raw, crude, rough; *(diamant)* uncut; *(soie, minéral, Inform : données)* raw; *(Comm)* gross; **(champagne) ~** brut champagne; **(pétrole) ~** crude (oil) ▸ *nf* brute
brutal, e, -aux [bʀytal, -o] *adj* brutal
brutalement [bʀytalmɑ̃] *adv* brutally
brutaliser [bʀytalize] /1/ *vt* to handle roughly, manhandle
brutalité [bʀytalite] *nf* brutality *no pl*
brute [bʀyt] *adj f, nf voir* **brut**
Bruxelles [bʀysɛl] *n* Brussels
bruxellois, e [bʀysɛlwa, -waz] *adj* of *ou* from Brussels ▸ *nm/f* : **Bruxellois, e** inhabitant *ou* native of Brussels
bruyamment [bʀɥijamɑ̃] *adv* noisily
bruyant, e [bʀɥijɑ̃, -ɑ̃t] *adj* noisy
bruyère [bʀyjɛʀ] *nf* heather
BT *sigle m (= Brevet de technicien) vocational training certificate, taken at approx. 18 years*
BTA *sigle m (= Brevet de technicien agricole) agricultural training certificate, taken at approx. 18 years*
BTP *sigle mpl (= Bâtiments et travaux publics) public buildings and works sector*
BTS *sigle m (= Brevet de technicien supérieur) vocational training certificate taken at end of two-year higher education course*
BU *sigle f* = **Bibliothèque universitaire**
bu, e [by] *pp de* **boire**
buanderie [bɥɑ̃dʀi] *nf* laundry
Bucarest [bykaʀɛst] *n* Bucharest
buccal, e, -aux [bykal, -o] *adj* : **par voie buccale** orally
bûche [byʃ] *nf* log; **prendre une ~** *(fig)* to come a cropper (Brit), fall flat on one's face; **~ de Noël** Yule log
bûcher [byʃe] /1/ *nm (funéraire)* pyre; bonfire; *(supplice)* stake ▸ *vi (fam : étudier)* to swot (Brit), grind (US), slave (away) ▸ *vt* to swot up (Brit), cram, slave away at
bûcheron [byʃʀɔ̃] *nm* woodcutter
bûchette [byʃɛt] *nf (de bois)* stick, twig; *(pour compter)* rod
bûcheur, -euse [byʃœʀ, -øz] *nm/f (fam : étudiant)* swot (Brit), grind (US)
bucolique [bykɔlik] *adj* bucolic, pastoral
Budapest [bydapɛst] *n* Budapest
budget [bydʒɛ] *nm* budget
budgétaire [bydʒetɛʀ] *adj* budgetary, budget *cpd*
budgéter [bydʒete], **budgétiser** [bydʒetize] *vt* to budget (for)
buée [bɥe] *nf (sur une vitre)* mist; *(de l'haleine)* steam
Buenos Aires [bwenɔzɛʀ] *n* Buenos Aires
buffet [byfɛ] *nm (meuble)* sideboard; *(de réception)* buffet; **~ (de gare)** (station) buffet, snack bar
buffle [byfl] *nm* buffalo
buis [bɥi] *nm* box tree; *(bois)* box(wood)
buisson [bɥisɔ̃] *nm* bush
buissonnière [bɥisɔnjɛʀ] *adj f* : **faire l'école ~** to play truant (Brit), skip school
bulbe [bylb] *nm (Bot, Anat)* bulb; *(coupole)* onion-shaped dome
bulgare [bylgaʀ] *adj* Bulgarian ▸ *nm (Ling)* Bulgarian ▸ *nmf* : **Bulgare** Bulgarian, Bulgar
Bulgarie [bylgaʀi] *nf* : **la ~** Bulgaria
bulldozer [buldozœʀ] *nm* bulldozer
bulle [byl] *adj, nm* : **(papier) ~** manil(l)a paper ▸ *nf* bubble; *(de bande dessinée)* balloon; *(papale)* bull; **~ de savon** soap bubble
bulletin [byltɛ̃] *nm (communiqué, journal)* bulletin; *(papier)* form; *(: de bagages)* ticket; *(Scol)* report; **~ d'informations** news bulletin; **~ de naissance** birth certificate; **~ de salaire** pay slip; **~ de santé** medical bulletin; **~ (de vote)** ballot paper; **~ météorologique** weather report
buraliste [byʀalist] *nmf (de bureau de tabac)* tobacconist; *(de poste)* clerk
bure [byʀ] *nf* homespun; *(de moine)* frock
bureau, x [byʀo] *nm (meuble)* desk; *(pièce, service)* office; **~ de change** (foreign) exchange office *ou* bureau; **~ d'embauche** ≈ job centre; **~ d'études** design office; **~ de location** box office; **~ des objets trouvés** lost property office (Brit), lost and found (US); **~ de placement** employment agency; **~ de poste** post office; **~ de tabac** tobacconist's (shop), smoke shop (US); **~ de vote** polling station
bureaucrate [byʀokʀat] *nm* bureaucrat
bureaucratie [byʀokʀasi] *nf* bureaucracy
bureaucratique [byʀokʀatik] *adj* bureaucratic
bureautique [byʀɔtik] *nf* office automation
burette [byʀɛt] *nf (de mécanicien)* oilcan; *(de chimiste)* burette
burin [byʀɛ̃] *nm* cold chisel; *(Art)* burin
buriné, e [byʀine] *adj (fig : visage)* craggy, seamed
Burkina [byʀkina], **Burkina-Faso** [byʀkinafaso] *nm* : **le ~(-Faso)** Burkina Faso
burkinabé, e [byʀkinabe] *adj* Burkinabe ▸ *nm/f* : **Burkinabé, e** person from Burkina Faso
burlesque [byʀlɛsk] *adj* ridiculous; *(Littérature)* burlesque
burnous [byʀnu(s)] *nm* burnous
Burundi [buʀundi] *nm* : **le ~** Burundi
bus[1] *vb* [by] *voir* **boire**
bus[2] *nm* [bys] *(véhicule, aussi Inform)* bus
busard [byzaʀ] *nm* harrier
buse [byz] *nf* buzzard
busqué, e [byske] *adj* : **nez ~** hook(ed) nose
buste [byst] *nm (Anat)* chest; *(: de femme)* bust; *(sculpture)* bust

bustier [bystje] *nm (soutien-gorge)* long-line bra
but [by] *vb voir* **boire** ▸ *nm (cible)* target; *(fig)* goal, aim; *(Football etc)* goal; **de ~ en blanc** point-blank; **avoir pour ~ de faire** to aim to do; **dans le ~ de** with the intention of
butane [bytan] *nm* butane; *(domestique)* Calor gas® (BRIT), butane
buté, e [byte] *adj* stubborn, obstinate ▸ *nf (Archit)* abutment; *(Tech)* stop
buter [byte] /1/ *vi* : **~ contre** *ou* **sur** to bump into; *(trébucher)* to stumble against ▸ *vt* to antagonize; **se buter** *vpr* to get obstinate, dig in one's heels
buteur [bytœʀ] *nm* striker
butin [bytɛ̃] *nm* booty, spoils *pl*; *(d'un vol)* loot
butiner [bytine] /1/ *vi (abeilles)* to gather nectar
butor [bytɔʀ] *nm (fig)* lout
butte [byt] *nf* mound, hillock; **être en ~ à** to be exposed to
buvable [byvabl] *adj (eau, vin)* drinkable; *(Méd : ampoule etc)* to be taken orally; *(fig : roman etc)* reasonable
buvais *etc* [byvɛ] *vb voir* **boire**
buvard [byvaʀ] *nm* blotter
buvette [byvɛt] *nf* refreshment room *ou* stall; *(comptoir)* bar
buveur, -euse [byvœʀ, -øz] *nm/f* drinker
buvons *etc* [byvɔ̃] *vb voir* **boire**
buzz [bœz] *nm* buzz
BVP *sigle m (= Bureau de vérification de la publicité) advertising standards authority*
Byzance [bizɑ̃s] *n* Byzantium
byzantin, e [bizɑ̃tɛ̃, -in] *adj* Byzantine
BZH *abr (= Breizh)* Brittany

Cc

C, c [se] *nm inv* C, c; **C comme Célestin** C for Charlie ▸ *abr* (= *centime*) c; (= *Celsius*) C
c' [s] *pron voir* **ce**
CA *sigle m* = **chiffre d'affaires ; conseil d'administration ; corps d'armée** ▸ *sigle f* = **chambre d'agriculture**
ça [sa] *pron* (*pour désigner*) this; (*: plus loin*) that; (*comme sujet indéfini*) it; **ça m'étonne que** it surprises me that; **ça va ?** how are you?; how are things?; (*d'accord ?*) OK?, all right?; **où ça ?** where's that?; **pourquoi ça ?** why's that?; **qui ça ?** who's that?; **ça alors !** (*désapprobation*) well!, really!; (*étonnement*) heavens!; **c'est ça** that's right; **ça y est** that's it
çà [sa] *adv* : **çà et là** here and there
cabale [kabal] *nf* (*Théât, Pol*) cabal, clique
caban [kabɑ̃] *nm* reefer jacket, donkey jacket
cabane [kaban] *nf* hut, cabin
cabanon [kabanɔ̃] *nm* chalet, (country) cottage
cabaret [kabaʀɛ] *nm* night club
cabas [kabɑ] *nm* shopping bag
cabestan [kabɛstɑ̃] *nm* capstan
cabillaud [kabijo] *nm* cod *inv*
cabine [kabin] *nf* (*de bateau*) cabin; (*de plage*) (beach) hut; (*de piscine etc*) cubicle; (*de camion, train*) cab; (*d'avion*) cockpit; **~ (d'ascenseur)** lift cage; **~ d'essayage** fitting room; **~ de projection** projection room; **~ spatiale** space capsule; **~ (téléphonique)** call *ou* (tele)phone box, (tele)phone booth
cabinet [kabinɛ] *nm* (*petite pièce*) closet; (*de médecin*) surgery (Brit), office (US); (*de notaire etc*) office; (*: clientèle*) practice; (*Pol*) cabinet; (*d'un ministre*) advisers *pl*; **~ d'affaires** business consultants' (bureau), business partnership; **~ de toilette** toilet; **~ de travail** study;
cabinets *nmpl* (*w.-c.*) toilet *sg*
câble [kɑbl] *nm* cable; **le ~** (*TV*) cable television, cablevision (*US*)
câblé, e [kɑble] *adj* (*fam*) switched on; (*Tech*) linked to cable television
câbler [kɑble] /1/ *vt* to cable; **~ un quartier** (*TV*) to put cable television into an area
câblo-opérateur [kɑbloɔpeʀatœʀ] *nm* cable operator
cabossé, e [kabɔse] *adj* (*voiture, gueule*) battered
cabosser [kabɔse] /1/ *vt* to dent
cabot [kabo] *nm* (*péj : chien*) mutt
cabotage [kabɔtaʒ] *nm* coastal navigation
caboteur [kabɔtœʀ] *nm* coaster
cabotin, e [kabɔtɛ̃, -in] *nm/f* (*péj : personne maniérée*) poseur; (*: acteur*) ham ▸ *adj* dramatic, theatrical
cabotinage [kabɔtinaʒ] *nm* playacting; third-rate acting, ham acting
cabrer [kɑbʀe] /1/ : **se cabrer** *vpr* (*cheval*) to rear up; (*avion*) to nose up; (*fig*) to revolt, rebel; to jib
cabri [kabʀi] *nm* kid
cabriole [kabʀijɔl] *nf* caper; (*gymnastique etc*) somersault
cabriolet [kabʀijɔlɛ] *nm* convertible
CAC [kak] *sigle f* = **Compagnie des agents de change**; **indice ~** ≈ FT index (Brit), ≈ Dow Jones average (*US*)
caca [kaka] *nm* (*langage enfantin*) poo; (*couleur*) : **~ d'oie** greeny-yellow; **faire ~** (*fam*) to do a poo
cacahuète [kakaɥɛt] *nf* peanut
cacao [kakao] *nm* cocoa (powder); (*boisson*) cocoa
cachalot [kaʃalo] *nm* sperm whale
cache [kaʃ] *nm* mask, card (*for masking*) ▸ *nf* hiding place
cache-cache [kaʃkaʃ] *nm* : **jouer à ~** to play hide-and-seek
cache-col [kaʃkɔl] *nm* scarf
cachemire [kaʃmiʀ] *nm* cashmere; **le C~** Kashmir ▸ *adj* : **dessin ~** paisley pattern
cache-nez [kaʃne] *nm inv* scarf, muffler
cache-pot [kaʃpo] *nm* flower-pot holder
cache-prise [kaʃpʀiz] *nm* socket cover
cacher [kaʃe] /1/ *vt* to hide, conceal; **~ qch à qn** to hide *ou* conceal sth from sb; **se cacher** *vpr* (*volontairement*) to hide; (*être caché*) to be hidden *ou* concealed; **il ne s'en cache pas** he makes no secret of it
cache-sexe [kaʃsɛks] *nm* G-string
cachet [kaʃɛ] *nm* (*comprimé*) tablet; (*sceau : du roi*) seal; (*: de la poste*) postmark; (*rétribution*) fee; (*fig*) style, character
cacheter [kaʃte] /4/ *vt* to seal; **vin cacheté** vintage wine
cachette [kaʃɛt] *nf* hiding place; **en ~** on the sly, secretly
cachot [kaʃo] *nm* dungeon
cachotterie [kaʃɔtʀi] *nf* mystery; **faire des cachotteries** to be secretive
cachottier, -ière [kaʃɔtje, -jɛʀ] *adj* secretive
cachou [kaʃu] *nm* : **pastille de ~** cachou (*sweet*)
cacophonie [kakɔfɔni] *nf* cacophony, din
cacophonique [kakɔfɔnik] *adj* cacophonous
cactus [kaktys] *nm* cactus
c.-à-d. *abr* (= *c'est-à-dire*) i.e.

cadastre [kadastʀ] *nm* land register
cadavéreux, -euse [kadaveʀø, -øz] *adj* (*teint, visage*) deathly pale
cadavérique [kadaveʀik] *adj* deathly (pale), deadly pale
cadavre [kadavʀ] *nm* corpse, (dead) body
Caddie® [kadi] *nm* (supermarket) trolley (Brit), (grocery) cart (*US*)
cadeau, x [kado] *nm* present, gift; **faire un ~ à qn** to give sb a present *ou* gift; **faire ~ de qch à qn** to make a present of sth to sb, give sb sth as a present
cadenas [kadna] *nm* padlock
cadenasser [kadnase] /1/ *vt* to padlock
cadence [kadɑ̃s] *nf* (*Mus*) cadence; (*: rythme*) rhythm; (*de travail etc*) rate; **en ~** rhythmically; in time; **cadences** *nfpl* (*en usine*) production rate *sg*
cadencé, e [kadɑ̃se] *adj* rhythmic(al); **au pas ~** (*Mil*) in quick time
cadet, te [kadɛ, -ɛt] *adj* younger; (*le plus jeune*) youngest ▸ *nm/f* youngest child *ou* one, youngest boy *ou* son/girl *ou* daughter; **il est mon ~ de deux ans** he's two years younger than me, he's two years my junior; **les cadets** (*Sport*) the minors (*15–17 years*); **le ~ de mes soucis** the least of my worries
cadrage [kadʀaʒ] *nm* framing (*of shot*)
cadran [kadʀɑ̃] *nm* dial; **~ solaire** sundial
cadre [kadʀ] *nm* frame; (*environnement*) surroundings *pl*; (*limites*) scope; **rayer qn des cadres** to discharge sb; to dismiss sb; **dans le ~ de** (*fig*) within the framework *ou* context of ▸ *nmf* (*Admin*) managerial employee, executive; **~ moyen/supérieur** (*Admin*) middle/senior management employee, junior/senior executive ▸ *adj* : **loi ~** outline *ou* blueprint law
cadré, e [kadʀe] *adj* (*Photo*) centred; (*Inform*) : **~ à gauche/à droite** positioned on the left/on the right; **la photo est mal cadrée** the photo is off-centre *ou* (*US*) off-center
cadrer [kadʀe] /1/ *vi* : **~ avec** to tally *ou* correspond with ▸ *vt* (*Ciné, Photo*) to frame
cadreur, -euse [kadʀœʀ, -øz] *nm/f* (*Ciné*) cameraman/woman
caduc, -uque [kadyk] *adj* obsolete; (*Bot*) deciduous
CAF *sigle f* (*= Caisse d'allocations familiales*) *family allowance office*
caf *abr* (*coût, assurance, fret*) cif
cafard [kafaʀ] *nm* cockroach; **avoir le ~** to be down in the dumps, be feeling low
cafardeux, -euse [kafaʀdø, -øz] *adj* (*personne, ambiance*) depressing, melancholy
café [kafe] *nm* coffee; (*bistro*) café; **~ crème** coffee with cream; **~ au lait** white coffee; **~ noir** black coffee; **~ en grains** coffee beans; **~ en poudre** instant coffee; **~ liégeois** *coffee ice cream with whipped cream* ▸ *adj inv* coffee *cpd*
café-concert [kafekɔ̃sɛʀ] (*pl* **cafés-concerts**) *nm* (*aussi* : **caf'conc'**) *café with a cabaret*
caféine [kafein] *nf* caffeine
café-tabac [cafetaba] *nm tobacconist's or newsagent's also serving coffee and spirits*
cafétéria [kafeteʀja] *nf* cafeteria
café-théâtre [kafeteatʀ] (*pl* **cafés-théâtres**) *nm café used as a venue by (experimental) theatre groups*
cafetière [kaftjɛʀ] *nf* (*pot*) coffee-pot
cafouillage [kafujaʒ] *nm* shambles *sg*
cafouiller [kafuje] /1/ *vi* to get in a shambles; (*machine etc*) to work in fits and starts
cage [kaʒ] *nf* cage; **~ (des buts)** goal; **en ~** in a cage, caged up *ou* in; **~ d'ascenseur** lift shaft; **~ d'escalier** (stair)well; **~ thoracique** rib cage
cageot [kaʒo] *nm* crate
cagibi [kaʒibi] *nm* shed
cagneux, -euse [kaɲø, -øz] *adj* knock-kneed
cagnotte [kaɲɔt] *nf* kitty
cagoule [kagul] *nf* cowl; hood; (*Ski etc*) cagoule; (*passe-montagne*) balaclava
cahier [kaje] *nm* notebook; (*Typo*) signature; (*revue*) : **cahiers** journal; **~ de revendications/doléances** list of claims/grievances; **~ de brouillons** rough book, jotter; **~ des charges** specification; **~ d'exercices** exercise book
cahin-caha [kaɛ̃kaa] *adv* : **aller ~** to jog along; (*fig*) to be so-so
cahot [kao] *nm* jolt, bump
cahoter [kaɔte] /1/ *vi* to bump along, jog along
cahoteux, -euse [kaɔtø, -øz] *adj* bumpy
cahute [kayt] *nf* shack, hut
caïd [kaid] *nm* big chief, boss
caillasse [kajas] *nf* (*pierraille*) loose stones *pl*
caille [kaj] *nf* quail
caillé, e [kaje] *adj* : **lait ~** curdled milk, curds *pl*
caillebotis [kajbɔti] *nm* duckboard
cailler [kaje] /1/ *vi* (*lait*) to curdle; (*sang*) to clot; (*fam*) to be cold
caillot [kajo] *nm* (blood) clot
caillou, x [kaju] *nm* (little) stone
caillouter [kajute] /1/ *vt* (*chemin*) to metal
caillouteux, -euse [kajutø, -øz] *adj* stony; pebbly
cailloutis [kajuti] *nm* (*petits graviers*) gravel
caïman [kaimɑ̃] *nm* cayman
Caïmans [kaimɑ̃] *nfpl* : **les ~** the Cayman Islands
Caire [kɛʀ] *nm* : **le ~** Cairo
caisse [kɛs] *nf* box; (*où l'on met la recette*) cashbox; (*: machine*) till; (*où l'on paye*) cash desk (Brit), checkout counter; (*: au supermarché*) checkout; (*de banque*) cashier's desk; (*Tech*) case, casing; **faire sa ~** (*Comm*) to count the takings; **~ claire** (*Mus*) side *ou* snare drum; **~ éclair** express checkout; **~ enregistreuse** cash register; **~ d'épargne** savings bank; **~ noire** slush fund; **~ de retraite** pension fund; **~ de sortie** checkout; *voir* **grosse**
caissier, -ière [kesje, -jɛʀ] *nm/f* cashier
caisson [kɛsɔ̃] *nm* box, case
cajoler [kaʒɔle] /1/ *vt* to wheedle, coax; to surround with love and care, make a fuss of
cajoleries [kaʒɔlʀi] *nfpl* coaxing *sg*, flattery *sg*
cajou [kaʒu] *nm* cashew nut
cake [kɛk] *nm* fruit cake
CAL *sigle m* (*= Comité d'action lycéen*) *pupils' action group seeking to reform school system*
cal [kal] *nm* callus
cal. *abr* = **calorie**
calamar [kalamaʀ] *nm* = **calmar**

calaminé, e [kalamine] *adj* (*Auto*) coked up
calamité [kalamite] *nf* calamity, disaster
calandre [kalɑ̃dʀ] *nf* radiator grill; (*machine*) calender, mangle
calanque [kalɑ̃k] *nf* rocky inlet
calcaire [kalkɛʀ] *nm* limestone ▸ *adj* (*eau*) hard; (*Géo*) limestone *cpd*
calciné, e [kalsine] *adj* burnt to ashes
calcium [kalsjɔm] *nm* calcium
calcul [kalkyl] *nm* calculation; **le ~** (*Scol*) arithmetic; **~ différentiel/intégral** differential/integral calculus; **~ mental** mental arithmetic; **~ (biliaire)** (gall)stone; **~ (rénal)** (kidney) stone; **d'après mes calculs** by my reckoning
calculateur [kalkylatœʀ] *nm*, **calculatrice** [kalkylatʀis] *nf* calculator
calculé, e [kalkyle] *adj* : **risque ~** calculated risk
calculer [kalkyle] /1/ *vt* to calculate, work out, reckon; (*combiner*) to calculate; **~ qch de tête** to work sth out in one's head
calculette [kalkylɛt] *nf* (pocket) calculator
cale [kal] *nf* (*de bateau*) hold; (*en bois*) wedge, chock; **~ sèche** *ou* **de radoub** dry dock
calé, e [kale] *adj* (*fam*) clever, bright
calebasse [kalbɑs] *nf* calabash, gourd
calèche [kalɛʃ] *nf* horse-drawn carriage
caleçon [kalsɔ̃] *nm* (*d'homme*) boxer shorts; (*de femme*) leggings; **~ de bain** bathing trunks *pl*
calembour [kalɑ̃buʀ] *nm* pun
calendes [kalɑ̃d] *nfpl* : **renvoyer aux ~ grecques** to postpone indefinitely
calendrier [kalɑ̃dʀije] *nm* calendar; (*fig*) timetable
cale-pied [kalpje] *nm* toe clip
calepin [kalpɛ̃] *nm* notebook
caler [kale] /1/ *vt* to wedge, chock up; **~ (son moteur/véhicule)** to stall (one's engine/vehicle) ▸ *vi* (*moteur, véhicule*) to stall; **se caler** *vpr* : **se ~ dans un fauteuil** to make o.s. comfortable in an armchair
calfater [kalfate] /1/ *vt* to caulk
calfeutrage [kalføtʀaʒ] *nm* draughtproofing (Brit), draftproofing (US)
calfeutrer [kalføtʀe] /1/ *vt* to (make) draughtproof (Brit) *ou* draftproof (US); **se calfeutrer** *vpr* to make o.s. snug and comfortable
calibre [kalibʀ] *nm* (*d'un fruit*) grade; (*d'une arme*) bore, calibre (Brit), caliber (US); (*fig*) calibre, caliber
calibrer [kalibʀe] /1/ *vt* to grade
calice [kalis] *nm* (*Rel*) chalice; (*Bot*) calyx
calicot [kaliko] *nm* (*tissu*) calico
calife [kalif] *nm* caliph
Californie [kalifɔʀni] *nf* : **la ~** California
californien, ne [kalifɔʀnjɛ̃, -ɛn] *adj* Californian
califourchon [kalifuʀʃɔ̃] : **à ~** *adv* astride; **à ~ sur** astride, straddling
câlin, e [kɑlɛ̃, -in] *adj* cuddly, cuddlesome; (*regard, voix*) tender
câliner [kɑline] /1/ *vt* to fondle, cuddle
câlineries [kɑlinʀi] *nfpl* cuddles
calisson [kalisɔ̃] *nm* *diamond-shaped sweet or candy made with ground almonds*

calleux, -euse [kalø, -øz] *adj* horny, callous
calligraphie [kaligʀafi] *nf* calligraphy
callosité [kalozite] *nf* callus
calmant [kalmɑ̃] *nm* tranquillizer, sedative; (*contre la douleur*) painkiller
calmar [kalmaʀ] *nm* squid
calme [kalm] *adj* calm, quiet ▸ *nm* calm(ness), quietness; **sans perdre son ~** without losing one's cool *ou* calmness; **~ plat** (*Navig*) dead calm
calmement [kalməmɑ̃] *adv* calmly, quietly
calmer [kalme] /1/ *vt* to calm (down); (*douleur, inquiétude*) to ease, soothe; **se calmer** *vpr* to calm down
calomniateur, -trice [kalɔmnjatœʀ, -tʀis] *nm/f* slanderer; libeller
calomnie [kalɔmni] *nf* slander; (*écrite*) libel
calomnier [kalɔmnje] /7/ *vt* to slander; to libel
calomnieux, -euse [kalɔmnjø, -øz] *adj* slanderous; libellous
calorie [kalɔʀi] *nf* calorie
calorifère [kalɔʀifɛʀ] *nm* stove
calorifique [kalɔʀifik] *adj* calorific
calorifuge [kalɔʀifyʒ] *adj* (heat-)insulating, heat-retaining
calot [kalo] *nm* forage cap
calotte [kalɔt] *nf* (*coiffure*) skullcap; (*gifle*) slap; **la ~** (*péj : clergé*) the cloth, the clergy; **~ glaciaire** icecap
calque [kalk] *nm* (*aussi :* **papier calque**) tracing paper; (*dessin*) tracing; (*fig*) carbon copy
calquer [kalke] /1/ *vt* to trace; (*fig*) to copy exactly
calvados [kalvados] *nm* Calvados (*apple brandy*)
calvaire [kalvɛʀ] *nm* (*croix*) wayside cross, calvary; (*souffrances*) suffering, martyrdom
calvitie [kalvisi] *nf* baldness
camaïeu [kamajø] *nm* : **(motif en) ~** monochrome motif
camarade [kamaʀad] *nmf* friend, pal; (*Pol*) comrade
camaraderie [kamaʀadʀi] *nf* friendship
camarguais, e [kamaʀgɛ, -ɛz] *adj* of *ou* from the Camargue
Camargue [kamaʀg] *nf* : **la ~** the Camargue
cambiste [kɑ̃bist] *nm* (*Comm*) foreign exchange dealer, exchange agent
Cambodge [kɑ̃bɔdʒ] *nm* : **le ~** Cambodia
cambodgien, ne [kɑ̃bɔdʒjɛ̃, -ɛn] *adj* Cambodian ▸ *nm/f* : **Cambodgien, ne** Cambodian
cambouis [kɑ̃bwi] *nm* dirty oil *ou* grease
cambré, e [kɑ̃bʀe] *adj* : **avoir les reins cambrés** to have an arched back; **avoir le pied très ~** to have very high arches *ou* insteps
cambrer [kɑ̃bʀe] /1/ *vt* to arch; **~ la taille** *ou* **les reins** to arch one's back; **se cambrer** *vpr* to arch one's back
cambriolage [kɑ̃bʀijɔlaʒ] *nm* burglary
cambrioler [kɑ̃bʀijɔle] /1/ *vt* to burgle (Brit), burglarize (US)
cambrioleur, -euse [kɑ̃bʀijɔlœʀ, -øz] *nm/f* burglar
cambrure [kɑ̃bʀyʀ] *nf* (*du pied*) arch; (*de la route*) camber; **~ des reins** small of the back
cambuse [kɑ̃byz] *nf* storeroom

C

came [kam] *nf* : **arbre à cames** camshaft; **arbre à cames en tête** overhead camshaft
camée [kame] *nm* cameo
caméléon [kameleɔ̃] *nm* chameleon
camélia [kamelja] *nm* camellia
camelot [kamlo] *nm* street pedlar
camelote [kamlɔt] *nf (fam)* rubbish, trash, junk
camembert [kamɑ̃bɛʀ] *nm* Camembert *(cheese)*
caméra [kameʀa] *nf (Ciné, TV)* camera; *(d'amateur)* cine-camera; **~ de vidéosurveillance** CCTV camera
caméraman [kameʀaman] *nm* cameraman/-woman
Cameroun [kamʀun] *nm* : **le ~** Cameroon
camerounais, e [kamʀunɛ, -ɛz] *adj* Cameroonian
caméscope® [kameskɔp] *nm* camcorder
camion [kamjɔ̃] *nm* lorry (BRIT), truck; *(plus petit, fermé)* van; *(charge)* : **~ de sable/cailloux** lorry-load (BRIT) *ou* truck-load of sand/stones; **~ de dépannage** breakdown (BRIT) *ou* tow (US) truck
camion-citerne [kamjɔ̃sitɛʀn] *(pl* **camions-citernes***) nm* tanker
camionnage [kamjɔnaʒ] *nm* haulage (BRIT), trucking (US); **frais/entreprise de ~** haulage costs/business
camionnette [kamjɔnɛt] *nf* (small) van
camionneur [kamjɔnœʀ] *nm (entrepreneur)* haulage contractor (BRIT), trucker (US); *(chauffeur)* lorry (BRIT) *ou* truck driver; van driver
camisole [kamizɔl] *nf* : **~ (de force)** straitjacket
camomille [kamɔmij] *nf* camomile; *(boisson)* camomile tea
camouflage [kamuflaʒ] *nm* camouflage
camoufler [kamufle] /1/ *vt* to camouflage; *(fig)* to conceal, cover up
camouflet [kamuflɛ] *nm (fam)* snub
camp [kɑ̃] *nm* camp; *(fig)* side; **~ de nudistes/vacances** nudist/holiday camp; **~ de concentration** concentration camp
campagnard, e [kɑ̃paɲaʀ, -aʀd] *adj* country *cpd* ▸ *nm/f* countryman/woman
campagne [kɑ̃paɲ] *nf* country, countryside; *(Mil, Pol, Comm)* campaign; **en ~** *(Mil)* in the field; **à la ~** in/to the country; **faire ~ pour** to campaign for; **~ électorale** election campaign; **~ de publicité** advertising campaign

> Bien que **country** et **countryside** soient souvent interchangeables, lorsqu'on parle plus précisément des paysages, notamment sous l'angle esthétique, on emploie plutôt **countryside**.
> *La campagne du Dorset est très belle*. **The Dorset countryside is beautiful**

campanile [kɑ̃panil] *nm (tour)* bell tower
campé, e [kɑ̃pe] *adj* : **bien ~** *(personnage, tableau)* well-drawn
campement [kɑ̃pmɑ̃] *nm* camp, encampment
camper [kɑ̃pe] /1/ *vi* to camp ▸ *vt (chapeau etc)* to pull *ou* put on firmly; *(dessin)* to sketch; **se camper devant** *vpr* to plant o.s. in front of
campeur, -euse [kɑ̃pœʀ, -øz] *nm/f* camper
camphre [kɑ̃fʀ] *nm* camphor
camphré, e [kɑ̃fʀe] *adj* camphorated
camping [kɑ̃piŋ] *nm* camping; **(terrain de) ~** campsite, camping site; **faire du ~** to go camping; **faire du ~ sauvage** to camp rough
camping-car [kɑ̃piŋkaʀ] *nm* camper, motorhome (US)
camping-gaz® [kɑ̃piŋgaz] *nm inv* camp(ing) stove
campus [kɑ̃pys] *nm* campus
camus, e [kamy, -yz] *adj* : **nez ~** pug nose
Canada [kanada] *nm* : **le ~** Canada
canadair® [kanadɛʀ] *nm* fire-fighting plane
canadien, ne [kanadjɛ̃, -ɛn] *adj* Canadian ▸ *nm/f* : **Canadien, ne** Canadian ▸ *nf (veste)* fur-lined jacket
canaille [kanɑj] *nf (péj)* scoundrel; *(populace)* riff-raff ▸ *adj* raffish, rakish
canal, -aux [kanal, -o] *nm* canal; *(naturel, TV)* channel; *(Admin)* : **par le ~ de** through (the medium of), via; **~ de distribution/télévision** distribution/television channel; **~ de Panama/Suez** Panama/Suez Canal
canalisation [kanalizasjɔ̃] *nf (tuyau)* pipe
canaliser [kanalize] /1/ *vt* to canalize; *(fig)* to channel
canapé [kanape] *nm* settee, sofa; *(Culin)* canapé, open sandwich
canapé-lit [kanapeli] *(pl* **canapés-lits***) nm* sofa bed
canaque [kanak] *adj, nmf* = **kanak**
canard [kanaʀ] *nm* duck; *(fam : journal)* rag
canari [kanaʀi] *nm* canary
Canaries [kanaʀi] *nfpl* : **les (îles) ~** the Canary Islands, the Canaries
cancaner [kɑ̃kane] /1/ *vi* to gossip (maliciously); *(canard)* to quack
cancanier, -ière [kɑ̃kanje, -jɛʀ] *adj* gossiping
cancans [kɑ̃kɑ̃] *nmpl* (malicious) gossip *sg*
cancer [kɑ̃sɛʀ] *nm* cancer; *(signe)* : **le C~** Cancer, the Crab; **être du C~** to be Cancer; **il a un ~** he has cancer
cancéreux, -euse [kɑ̃seʀø, -øz] *adj* cancerous; *(personne)* suffering from cancer
cancérigène [kɑ̃seʀiʒɛn] *adj* carcinogenic
cancérologue [kɑ̃seʀɔlɔg] *nmf* cancer specialist
cancre [kɑ̃kʀ] *nm* dunce
cancrelat [kɑ̃kʀəla] *nm* cockroach
candélabre [kɑ̃delɑbʀ] *nm* candelabrum; *(lampadaire)* street lamp, lamppost
candeur [kɑ̃dœʀ] *nf* ingenuousness
candi [kɑ̃di] *adj inv* : **sucre ~** (sugar-)candy
candidat, e [kɑ̃dida, -at] *nm/f* candidate; *(à un poste)* applicant, candidate
candidature [kɑ̃didatyʀ] *nf (Pol)* candidature; *(à poste)* application; **poser sa ~** to submit an application, apply; **poser sa ~ à un poste** to apply for a job; **~ spontanée** unsolicited job application
candide [kɑ̃did] *adj* ingenuous, guileless, naïve
cane [kan] *nf* (female) duck
caneton [kantɔ̃] *nm* duckling
canette [kanɛt] *nf (de bière)* (flip-top) bottle; *(de machine à coudre)* spool
canevas [kanva] *nm (Couture)* canvas (for tapestry work); *(fig)* framework, structure

caniche [kaniʃ] *nm* poodle
caniculaire [kanikylɛʀ] *adj* (*chaleur, jour*) scorching
canicule [kanikyl] *nf* scorching heat; midsummer heat, dog days *pl*
canif [kanif] *nm* penknife, pocket knife
canin, e [kanɛ̃, -in] *adj* canine; **exposition canine** dog show ▸ *nf* canine (tooth), eye tooth
caniveau, x [kanivo] *nm* gutter
cannabis [kanabis] *nm* cannabis
canne [kan] *nf* (walking) stick; **~ à pêche** fishing rod; **~ à sucre** sugar cane; **les cannes blanches** (*les aveugles*) the blind
canné, e [kane] *adj* (*chaise*) cane *cpd*
cannelé, e [kanle] *adj* fluted
cannelle [kanɛl] *nf* cinnamon
cannelure [kan(ə)lyʀ] *nf* fluting *no pl*
canner [kane] /1/ *vt* (*chaise*) to make *ou* repair with cane
cannibale [kanibal] *nmf* cannibal
cannibalisme [kanibalism] *nm* cannibalism
canoë [kanɔe] *nm* canoe; (*sport*) canoeing; **~ (kayak)** kayak
canon [kanɔ̃] *nm* (*arme*) gun; (*Hist*) cannon; (*d'une arme*) barrel; (*fig*) model; (*Mus*) canon; **~ rayé** rifled barrel ▸ *adj* : **droit ~** canon law
cañon [kaɲɔ̃] *nm* canyon
canonique [kanɔnik] *adj* : **âge ~** respectable age
canoniser [kanɔnize] /1/ *vt* to canonize
canonnade [kanɔnad] *nf* cannonade
canonnier [kanɔnje] *nm* gunner
canonnière [kanɔnjɛʀ] *nf* gunboat
canopée [kanɔpe] *nf* canopy
canot [kano] *nm* boat, ding(h)y; **~ pneumatique** rubber *ou* inflatable ding(h)y; **~ de sauvetage** lifeboat
canotage [kanɔtaʒ] *nm* rowing
canoter [kanɔte] /1/ *vi* to go rowing
canoteur, -euse [kanɔtœʀ, -øz] *nm/f* rower
canotier [kanɔtje] *nm* boater
Cantal [kɑ̃tal] *nm* : **le ~** Cantal
cantate [kɑ̃tat] *nf* cantata
cantatrice [kɑ̃tatʀis] *nf* (opera) singer
cantilène [kɑ̃tilɛn] *nf* (*Mus*) cantilena
cantine [kɑ̃tin] *nf* canteen; (*réfectoire d'école*) dining hall
cantique [kɑ̃tik] *nm* hymn
canton [kɑ̃tɔ̃] *nm* district (*consisting of several communes*); *see note*; (*en Suisse*) canton

CANTON

A French **canton** is the administrative division represented by a councillor in the *Conseil général*. It comprises a number of *communes* and is, in turn, a subdivision of an *arrondissement*. In Switzerland the *cantons* are the 23 autonomous political divisions which make up the Swiss confederation.

cantonade [kɑ̃tɔnad] : **à la ~** *adv* to everyone in general; (*crier*) from the rooftops
cantonais, e [kɑ̃tɔnɛ, -ɛz] *adj* Cantonese ▸ *nm* (*Ling*) Cantonese
cantonal, e, -aux [kɑ̃tɔnal, -o] *adj* cantonal, ≈ district
cantonnement [kɑ̃tɔnmɑ̃] *nm* (*lieu*) billet; (*action*) billeting
cantonner [kɑ̃tɔne] /1/ *vt* (*Mil*) to billet (BRIT), quarter; to station; **se cantonner** *vpr* : **se ~ dans** to confine o.s. to
cantonnier [kɑ̃tɔnje] *nm* roadmender
canular [kanylaʀ] *nm* hoax
CAO *sigle f* (= *conception assistée par ordinateur*) CAD
caoutchouc [kautʃu] *nm* rubber; **~ mousse** foam rubber; **en ~** rubber *cpd*
caoutchouté, e [kautʃute] *adj* rubberized
caoutchouteux, -euse [kautʃutø, -øz] *adj* rubbery
CAP *sigle m* (= *Certificat d'aptitude professionnelle*) *vocational training certificate taken at secondary school*
cap [kap] *nm* (*Géo*) cape; (*promontoire*) headland; (*fig*) hurdle; (*: tournant*) watershed; (*Navig*) : **changer de ~** to change course; **mettre le ~ sur** to head for; **doubler** *ou* **passer le ~** (*fig*) to get over the worst; **Le C~** Cape Town; **le ~ de Bonne Espérance** the Cape of Good Hope; **le ~ Horn** Cape Horn; **les îles du C~ Vert** (*aussi* : **le Cap-Vert**) the Cape Verde Islands
capable [kapabl] *adj* able, capable; **~ de qch/faire** capable of sth/doing; **il est ~ d'oublier** he could easily forget; **spectacle ~ d'intéresser** show likely to be of interest
capacité [kapasite] *nf* (*compétence*) ability; (*Jur, Inform, d'un récipient*) capacity; **~ (en droit)** *basic legal qualification*
caparaçonner [kapaʀasɔne] /1/ *vt* (*fig*) to clad
cape [kap] *nf* cape, cloak; **rire sous ~** to laugh up one's sleeve
capeline [kaplin] *nf* wide-brimmed hat
CAPES [kapɛs] *sigle m* (= *Certificat d'aptitude au professorat de l'enseignement du second degré*) *secondary teaching diploma*
capésien, ne [kapesjɛ̃, -ɛn] *nm/f person who holds the CAPES*
CAPET [kapɛt] *sigle m* (= *Certificat d'aptitude au professorat de l'enseignement technique*) *technical teaching diploma*
capharnaüm [kafaʀnaɔm] *nm* shambles *sg*
capillaire [kapilɛʀ] *adj* (*soins, lotion*) hair *cpd*; (*vaisseau etc*) capillary; **artiste ~** hair artist *ou* designer
capillarité [kapilaʀite] *nf* capillary action
capilotade [kapilɔtad] : **en ~** *adv* crushed to a pulp; smashed to pieces
capitaine [kapitɛn] *nm* captain; **~ des pompiers** fire chief (BRIT), fire marshal (US); **~ au long cours** master mariner
capitainerie [kapitɛnʀi] *nf* (*du port*) harbour (BRIT) *ou* harbor (US) master's (office)
capital, e, -aux [kapital, -o] *adj* (*œuvre*) major; (*question, rôle*) fundamental; (*Jur*) capital; **d'une importance capitale** of capital importance; **les sept péchés capitaux** the seven deadly sins; **peine capitale** capital punishment ▸ *nm* capital; (*fig*) stock; asset; **~ (social)** authorized capital; **~ d'exploitation** working capital ▸ *nf* (*ville*) capital; (*lettre*) capital (letter); **capitaux** *nmpl* (*fonds*) capital *sg*, money *sg*

capitalisation [kapitalizasjɔ̃] *nf (de connaissances, innovations)* capitalizing on; *(de rentes, revenus)* capitalization
capitaliser [kapitalize] /1/ *vt* to amass, build up; *(Comm)* to capitalize ▸ *vi* to save
capitalisme [kapitalism] *nm* capitalism
capitaliste [kapitalist] *adj, nmf* capitalist
capital-risque, capital risque *(pl* **capitaux-risques***) nm* venture capital
capiteux, -euse [kapitø, -øz] *adj (vin, parfum)* heady; *(sensuel)* sensuous, alluring
capitonnage [kapitɔnaʒ] *nm* padding
capitonné, e [kapitɔne] *adj* padded
capitonner [kapitɔne] /1/ *vt* to pad
capitulation [kapitylasjɔ̃] *nf* capitulation
capituler [kapityle] /1/ *vi* to capitulate
caporal, -aux [kapɔʀal, -o] *nm* lance corporal
caporal-chef [kapɔʀalʃɛf] *(pl* **caporaux-chefs** [kapɔʀo-]*) nm* corporal
capot [kapo] *nm (Auto)* bonnet (Brit), hood (US)
capote [kapɔt] *nf (de voiture)* hood (Brit), top (US); *(de soldat)* greatcoat; **~ (anglaise)** *(fam)* rubber, condom
capoter [kapɔte] /1/ *vi* to overturn; *(négociations)* to founder
câpre [kɑpʀ] *nf* caper
caprice [kapʀis] *nm* whim, caprice; passing fancy; **faire un ~** to throw a tantrum; **caprices** *nmpl (de la mode etc)* vagaries; **faire des caprices** to be temperamental
capricieux, -euse [kapʀisjø, -øz] *adj (fantasque)* capricious; whimsical; *(enfant)* temperamental
Capricorne [kapʀikɔʀn] *nm* : **le ~** Capricorn, the Goat; **être du ~** to be Capricorn
capsule [kapsyl] *nf (de bouteille)* cap; *(amorce)* primer; cap; *(Bot etc, spatiale)* capsule
captage [kaptaʒ] *nm (d'une émission de radio)* picking-up; *(d'énergie, d'eau)* harnessing
capter [kapte] /1/ *vt (ondes radio)* to pick up; *(eau)* to harness; *(fig)* to win, capture
capteur [kaptœʀ] *nm* : **~ solaire** solar collector
captieux, -euse [kapsjø, -øz] *adj* specious
captif, -ive [kaptif, -iv] *adj, nm/f* captive
captivant, e [kaptivɑ̃, -ɑ̃t] *adj* captivating
captiver [kaptive] /1/ *vt* to captivate
captivité [kaptivite] *nf* captivity; **en ~** in captivity
capture [kaptyʀ] *nf (action)* capture, catching *no pl*; catch; **~ d'écran** *(Inform)* screenshot
capturer [kaptyʀe] /1/ *vt* to capture, catch
capuche [kapyʃ] *nf* hood
capuchon [kapyʃɔ̃] *nm* hood; *(de stylo)* cap, top
capucin [kapysɛ̃] *nm* Capuchin monk
capucine [kapysin] *nf (Bot)* nasturtium
capverdien, ne, cap-verdien, ne [kapvɛʀdjɛ̃, -jɛn] *adj (origine, musique)* Cape Verdean ▸ *nm (créole du Cap-Vert)* Cape Verdean creole
Cap-Vert [kabvɛʀ] *nm* : **le ~** Cape Verde
caquelon [kaklɔ̃] *nm (ustensile de cuisson)* fondue pot
caquet [kakɛ] *nm* : **rabattre le ~ à qn** to bring sb down a peg or two
caqueter [kakte] /4/ *vi (poule)* to cackle; *(fig)* to prattle
car [kaʀ] *nm* coach (Brit), bus; **~ de police** police van; **~ de reportage** broadcasting *ou* radio van ▸ *conj* because, for
carabine [kaʀabin] *nf* carbine, rifle; **~ à air comprimé** airgun
carabiné, e [kaʀabine] *adj* violent; *(cocktail, amende)* stiff
Caracas [kaʀakas] *n* Caracas
caracoler [kaʀakɔle] /1/ *vi* to caracole, prance
caractère [kaʀaktɛʀ] *nm (gén)* character; **en caractères gras** in bold type; **en petits caractères** in small print; **en caractères d'imprimerie** in block capitals; **avoir du ~** to have character; **avoir bon/mauvais ~** to be good-/ill-natured *ou* tempered; **~ de remplacement** wild card *(Inform)*; **caractères/seconde (cps)** characters per second (cps)
caractériel, le [kaʀakteʀjɛl] *adj (enfant)* (emotionally) disturbed; **troubles caractériels** emotional problems ▸ *nm/f* problem child
caractérisé, e [kaʀakteʀize] *adj* : **c'est une grippe/de l'insubordination caractérisée** it is a clear(-cut) case of flu/insubordination
caractériser [kaʀakteʀize] /1/ *vt* to characterize; **se ~ par** to be characterized *ou* distinguished by
caractéristique [kaʀakteʀistik] *adj, nf* characteristic
carafe [kaʀaf] *nf* decanter; *(pour eau, vin ordinaire)* carafe
carafon [kaʀafɔ̃] *nm* small carafe
caraïbe [kaʀaib] *adj* Caribbean; **les Caraïbes** *nfpl* the Caribbean (Islands); **la mer des Caraïbes** the Caribbean Sea
carambolage [kaʀɑ̃bɔlaʒ] *nm* multiple crash, pileup
caramel [kaʀamɛl] *nm (bonbon)* caramel, toffee; *(substance)* caramel
caraméliser [kaʀamelize] /1/ *vt* to caramelize
carapace [kaʀapas] *nf* shell
carapater [kaʀapate] /1/ : **se carapater** *vpr* to take to one's heels, scram
carat [kaʀa] *nm* carat; **or à 18 carats** 18-carat gold
caravane [kaʀavan] *nf* caravan
caravanier [kaʀavanje] *nm* caravanner
caravaning [kaʀavaniŋ] *nm* caravanning; *(emplacement)* caravan site
caravelle [kaʀavɛl] *nf* caravel
carbonate [kaʀbɔnat] *nm (Chimie)* : **~ de soude** sodium carbonate
carbone [kaʀbɔn] *nm* carbon; *(feuille)* carbon, sheet of carbon paper; *(double)* carbon (copy); **compensation ~** carbon offset; **crédit de compensation ~** carbon offset credit
carbonique [kaʀbɔnik] *adj* : **gaz ~** carbon dioxide; **neige ~** dry ice
carbonisé, e [kaʀbɔnize] *adj* charred; **mourir ~** to be burned to death
carboniser [kaʀbɔnize] /1/ *vt* to carbonize; *(brûler complètement)* to burn down, reduce to ashes
carburant [kaʀbyʀɑ̃] *nm* (motor) fuel

carburateur [karbyratœr] *nm* carburettor
carburation [karbyrasjɔ̃] *nf* carburation
carburer [karbyre] /1/ *vi* (*moteur*) : **bien/mal** ~ to be well/badly tuned
carcan [karkɑ̃] *nm* (*fig*) yoke, shackles *pl*
carcasse [karkas] *nf* carcass; (*de véhicule etc*) shell
carcéral, e, -aux [karseral, -o] *adj* prison *cpd*
carcinogène [karsinɔʒɛn] *adj* carcinogenic
cardan [kardɑ̃] *nm* universal joint
carder [karde] /1/ *vt* to card
cardiaque [kardjak] *adj* cardiac, heart *cpd*; **être** ~ to have a heart condition ▸ *nmf* heart patient
cardigan [kardigɑ̃] *nm* cardigan
cardinal, e, -aux [kardinal, -o] *adj* cardinal ▸ *nm* (*Rel*) cardinal
cardiologie [kardjɔlɔʒi] *nf* cardiology
cardiologue [kardjɔlɔg] *nmf* cardiologist, heart specialist
cardio-vasculaire [kardjɔvaskylɛr] *adj* cardiovascular
cardon [kardɔ̃] *nm* cardoon
carême [karɛm] *nm* (*Rel*) : **le** ~ Lent
carence [karɑ̃s] *nf* incompetence, inadequacy; (*manque*) deficiency; ~ **vitaminique** vitamin deficiency
carène [karɛn] *nf* hull
caréner [karene] /6/ *vt* (*Navig*) to careen; (*carrosserie*) to streamline
caressant, e [karɛsɑ̃, -ɑ̃t] *adj* affectionate; caressing, tender
caresse [karɛs] *nf* caress
caresser [karese] /1/ *vt* to caress; (*animal*) to stroke, fondle; (*fig : projet, espoir*) to toy with
cargaison [kargɛzɔ̃] *nf* cargo, freight
cargo [kargo] *nm* cargo boat, freighter; ~ **mixte** cargo and passenger ship
cari [kari] *nm* = **curry**
caricatural, e, -aux [karikatyral, -o] *adj* caricatural, caricature-like
caricature [karikatyr] *nf* caricature; (*politique etc*) (satirical) cartoon
caricaturer [karikatyre] /1/ *vt* (*personne*) to caricature; (*politique etc*) to satirize
caricaturiste [karikatyrist] *nmf* caricaturist, (satirical) cartoonist
carie [kari] *nf* : **la ~ (dentaire)** tooth decay; **une** ~ a bad tooth
carié, e [karje] *adj* : **dent cariée** bad *ou* decayed tooth
carillon [karijɔ̃] *nm* (*d'église*) bells *pl*; (*de pendule*) chimes *pl*; (*de porte*) : ~ **(électrique)** (electric) door chime *ou* bell
carillonner [karijɔne] /1/ *vi* to ring, chime, peal
caritatif, -ive [karitatif, -iv] *adj* charitable
carlingue [karlɛ̃g] *nf* cabin
carmélite [karmelit] *nf* Carmelite nun
carmin [karmɛ̃] *adj inv* crimson
carnage [karnaʒ] *nm* carnage, slaughter
carnassier, -ière [karnasje, -jɛr] *adj* carnivorous ▸ *nm* carnivore
carnation [karnasjɔ̃] *nf* complexion; **carnations** *nfpl* (*Peinture*) flesh tones
carnaval [karnaval] *nm* carnival
carné, e [karne] *adj* meat *cpd*, meat-based
carnet [karnɛ] *nm* (*calepin*) notebook; (*de tickets, timbres etc*) book; (*d'école*) school report; (*journal intime*) diary; ~ **d'adresses** address book; ~ **de chèques** cheque book (Brit), checkbook (US); ~ **de commandes** order book; ~ **de notes** (*Scol*) (school) report; ~ **à souches** counterfoil book
carnier [karnje] *nm* gamebag
carnivore [karnivɔr] *adj* carnivorous ▸ *nm* carnivore
Carolines [karɔlin] *nfpl* : **les** ~ the Caroline Islands
carotide [karɔtid] *nf* carotid (artery)
carotte [karɔt] *nf* (*aussi fig*) carrot
Carpates [karpat] *nfpl* : **les** ~ the Carpathians, the Carpathian Mountains
carpe [karp] *nf* carp
carpette [karpɛt] *nf* rug
carquois [karkwa] *nm* quiver
carre [kar] *nf* (*de ski*) edge
carré, e [kare] *adj* square; (*fig : franc*) straightforward; **mètre/kilomètre** ~ square metre/kilometre ▸ *nm* (*de terrain, jardin*) patch, plot; (*Math*) square; (*Navig : salle*) wardroom; ~ **blanc** (TV) "adults only" symbol; ~ **d'as/de rois** (*Cartes*) four aces/kings; **élever un nombre au** ~ to square a number; ~ **de soie** silk headsquare *ou* headscarf; ~ **d'agneau** loin of lamb
carreau, x [karo] *nm* (*en faïence etc*) (floor) tile; (*au mur*) (wall) tile; (*de fenêtre*) (window) pane; (*motif*) check, square; (*Cartes : couleur*) diamonds *pl*; (*: carte*) diamond; **tissu à carreaux** checked fabric; **papier à carreaux** squared paper
carrefour [karfur] *nm* crossroads *sg*
carrelage [karlaʒ] *nm* tiling; (*sol*) (tiled) floor
carreler [karle] /4/ *vt* to tile
carrelet [karlɛ] *nm* (*poisson*) plaice
carreleur [karlœr] *nm* (floor) tiler
carrément [karemɑ̃] *adv* (*franchement*) straight out, bluntly; (*sans détours, sans hésiter*) straight; (*nettement*) definitely; (*intensif*) completely; **c'est ~ impossible** it's completely impossible; **il l'a ~ mis à la porte** he threw him straight out
carrer [kare] /1/ : **se carrer** *vpr* : **se ~ dans un fauteuil** to settle o.s. comfortably *ou* ensconce o.s. in an armchair
carrier [karje] *nm* : **(ouvrier)** ~ quarryman, quarrier
carrière [karjɛr] *nf* (*de roches*) quarry; (*métier*) career; **militaire de** ~ professional soldier; **faire ~ dans** to make one's career in
carriériste [karjerist] *nmf* careerist
carriole [karjɔl] *nf* (*péj*) old cart
carrossable [karɔsabl] *adj* suitable for (motor) vehicles
carrosse [karɔs] *nm* (horse-drawn) coach
carrosserie [karɔsri] *nf* body, bodywork *no pl* (Brit); (*activité, commerce*) coachwork (Brit), (car) body manufacturing; **atelier de** ~ (*pour réparations*) body shop, panel beaters' (yard) (Brit)
carrossier [karɔsje] *nm* coachbuilder (Brit), (car) body repairer; (*dessinateur*) car designer

carrousel [kaʀuzɛl] *nm (Équitation)* carousel; *(fig)* merry-go-round
carrure [kaʀyʀ] *nf* build; *(fig)* stature, calibre
cartable [kaʀtabl] *nm (d'écolier)* satchel, (school)bag
carte [kaʀt] *nf (de géographie)* map; *(marine, du ciel)* chart; *(de fichier, d'abonnement etc, à jouer)* card; *(au restaurant)* menu; *(aussi :* **carte postale***)* (post)card; *(aussi :* **carte de visite***)* (visiting) card; **avoir/donner ~ blanche** to have/give carte blanche *ou* a free hand; **tirer les cartes à qn** to read sb's cards; **jouer aux cartes** to play cards; **jouer cartes sur table** *(fig)* to put one's cards on the table; **à la ~** *(au restaurant)* à la carte; **~ à circuit imprimé** printed circuit; **~ à puce** smartcard, chip and PIN card; **~ bancaire** cash card; **C~ Bleue®** debit card; **~ de crédit** credit card; **~ de fidélité** loyalty card; **la ~ des vins** the wine list; **~ d'état-major** ≈ Ordnance *(BRIT)* *ou* Geological *(US)* Survey map; **~ d'identité** identity card; **la ~ grise** *(Auto)* ≈ the (car) registration document; **~ jeune** young person's railcard; **~ mémoire** *(d'appareil photo numérique)* memory card; **~ perforée** punch(ed) card; **~ routière** road map; **~ de séjour** residence permit; **~ SIM** SIM card; **~ téléphonique** phonecard; **la ~ verte** *(Auto)* the green card
cartel [kaʀtɛl] *nm* cartel
carte-lettre [kaʀtəlɛtʀ] *(pl* **cartes-lettres***) nf* letter-card
carte-mère [kaʀtəmɛʀ] *(pl* **cartes-mères***) nf (Inform)* mother board
carter [kaʀtɛʀ] *nm (Auto : d'huile)* sump *(BRIT)*, oil pan *(US)*; *(: de la boîte de vitesses)* casing; *(de bicyclette)* chain guard
carte-réponse [kaʀt(ə)ʀepɔ̃s] *(pl* **cartes-réponses***) nf* reply card
cartésien, ne [kaʀtezjɛ̃, -ɛn] *adj* Cartesian
carte vitale *n see note*

CARTE VITALE

The French national healthcare system issues everyone over the age of 16 with a **carte vitale**, a smartcard with photo ID and a chip containing the medical insurance details of its holder. Doctors and other healthcare services use a card reader to directly submit costs incurred to health insurance providers so that the patient can later be reimbursed.

Carthage [kaʀtaʒ] *n* Carthage
carthaginois, e [kaʀtaʒinwa, -waz] *adj* Carthaginian
cartilage [kaʀtilaʒ] *nm (Anat)* cartilage
cartilagineux, -euse [kaʀtilaʒinø, -øz] *adj (viande)* gristly
cartographe [kaʀtɔgʀaf] *nmf* cartographer
cartographie [kaʀtɔgʀafi] *nf* cartography, map-making
cartographier [kaʀtɔgʀafje] *vt (faire une carte de : littoral, végétation)* to map; *(représenter : processus, répartition)* to chart
cartomancie [kaʀtɔmɑ̃si] *nf* fortune-telling, card-reading
cartomancien, ne [kaʀtɔmɑ̃sjɛ̃, -ɛn] *nm/f* fortune-teller *(with cards)*
carton [kaʀtɔ̃] *nm (matériau)* cardboard; *(boîte)* (cardboard) box; *(d'invitation)* invitation card; *(Art)* sketch; cartoon; **en ~** cardboard *cpd*; **faire un ~** *(au tir)* to have a go at the rifle range; to score a hit; **~ (à dessin)** portfolio
cartonnage [kaʀtɔnaʒ] *nm* cardboard (packing)
cartonné, e [kaʀtɔne] *adj (livre)* hardback, cased
carton-pâte [kaʀtɔ̃pɑt] *(pl* **cartons-pâtes***) nm* pasteboard; **de ~** *(fig)* cardboard *cpd*
cartouche [kaʀtuʃ] *nf* cartridge; *(de cigarettes)* carton
cartouchière [kaʀtuʃjɛʀ] *nf* cartridge belt
cas [kɑ] *nm* case; **faire peu de ~/grand ~ de** to attach little/great importance to; **ne faire aucun ~ de** to take no notice of; **le ~ échéant** if need be; **en aucun ~** on no account, under no circumstances (whatsoever); **au ~ où** in case; **dans ce ~** in that case; **en ~ de** in case of, in the event of; **en ~ de besoin** if need be; **en ~ d'urgence** in an emergency; **en ce ~** in that case; **en tout ~** in any case, at any rate; **~ de conscience** matter of conscience; **~ de force majeure** case of absolute necessity; *(Assurances)* act of God; **~ limite** borderline case; **~ social** social problem
Casablanca [kazablɑ̃ka] *n* Casablanca
casanier, -ière [kazanje, -jɛʀ] *adj* stay-at-home
casaque [kazak] *nf (de jockey)* blouse
cascade [kaskad] *nf* waterfall, cascade; *(fig)* stream, torrent
cascadeur, -euse [kaskadœʀ, -øz] *nm/f* stuntman/stuntwoman
case [kɑz] *nf (hutte)* hut; *(compartiment)* compartment; *(pour le courrier)* pigeonhole; *(d'échiquier)* square; *(sur un formulaire, de mots croisés)* box
casemate [kazmat] *nf* blockhouse
caser [kɑze] /1/ *(fam) vt (mettre)* to put; *(loger)* to put up; *(péj)* to find a job for; to marry off; **se caser** *vpr (se marier)* to settle down; *(trouver un emploi)* to find a (steady) job
caserne [kazɛʀn] *nf* barracks
casernement [kazɛʀnəmɑ̃] *nm* barrack buildings *pl*
cash [kaʃ] *adv* **: payer ~** to pay cash down
casier [kɑzje] *nm (à journaux etc)* rack; *(de bureau)* filing cabinet; *(: à cases)* set of pigeonholes; *(case)* compartment; *(pour courrier)* pigeonhole; *(: à clef)* locker; *(Pêche)* lobster pot; **~ à bouteilles** bottle rack; **~ judiciaire** police record
casino [kazino] *nm* casino
casque [kask] *nm* helmet; *(chez le coiffeur)* (hair-)dryer; *(pour audition)* (head-)phones *pl*, headset; **les Casques bleus** the UN peacekeeping force
casquer [kaske] /1/ *vi (fam)* to cough up, stump up *(BRIT)*
casquette [kaskɛt] *nf* cap
cassable [kɑsabl] *adj (fragile)* breakable
cassant, e [kɑsɑ̃, -ɑ̃t] *adj* brittle; *(fig)* brusque, abrupt
cassate [kasat] *nf* **: (glace) ~** cassata

cassation [kasasjɔ̃] *nf* : **se pourvoir en ~** to lodge an appeal; **recours en ~** appeal to the Supreme Court
casse [kas] *nf (pour voitures)* : **mettre à la ~** to scrap, send to the breakers (BRIT); *(dégâts)* : **il y a eu de la ~** there were a lot of breakages; *(Typo)* : **haut/bas de ~** upper/lower case
cassé, e [kase] *adj (voix)* cracked; *(vieillard)* bent
casse-cou [kasku] *adj inv* daredevil, reckless; **crier ~ à qn** to warn sb *(against a risky undertaking)*
casse-croûte [kaskʀut] *nm inv* snack
casse-noisettes [kasnwazɛt], **casse-noix** [kasnwa] *nm inv* nutcrackers *pl*
casse-pieds [kaspje] *nmf inv (fam)* : **il est ~, c'est un ~** he's a pain (in the neck)
casser [kase] /1/ *vt* to break; *(Admin : gradé)* to demote; *(Jur)* to quash; *(Comm)* : **~ les prix** to slash prices; **~ les pieds à qn** *(fam : irriter)* to get on sb's nerves; **à tout ~** fantastic, brilliant; **se casser** *vpr* to break; *(fam)* to go, leave; **se ~ la jambe/une jambe** to break one's leg/a leg; **se ~ la tête** *(fam)* to go to a lot of trouble; **se ~ net** to break clean off
casserole [kasʀɔl] *nf* saucepan; **à la ~** *(Culin)* braised
casse-tête [kastɛt] *nm inv (fig)* brain teaser; *(difficultés)* headache *(fig)*
cassette [kasɛt] *nf (bande magnétique)* cassette; *(coffret)* casket; **~ numérique** digital compact cassette; **~ vidéo** video
casseur [kasœʀ] *nm* hooligan; rioter
cassis [kasis] *nm* blackcurrant; *(de la route)* dip, bump
cassonade [kasɔnad] *nf* brown sugar
cassoulet [kasulɛ] *nm sausage and bean hotpot*
cassure [kasyʀ] *nf* break, crack
castagnettes [kastaɲɛt] *nfpl* castanets
caste [kast] *nf* caste
castillan, e [kastijɑ̃, -an] *adj* Castilian ▶ *nm (Ling)* Castilian
Castille [kastij] *nf* : **la ~** Castile
castor [kastɔʀ] *nm* beaver
castrer [kastʀe] /1/ *vt (mâle)* to castrate; *(femelle)* to spay; *(cheval)* to geld; *(chat, chien)* to doctor (BRIT), fix (US)
cataclysme [kataklism] *nm* cataclysm
catacombes [katakɔ̃b] *nfpl* catacombs
catadioptre [katadjɔptʀ] *nm* = **cataphote**
catafalque [katafalk] *nm* catafalque
catalan, e [katalɑ̃, -an] *adj* Catalan, Catalonian ▶ *nm (Ling)* Catalan
Catalogne [katalɔɲ] *nf* : **la ~** Catalonia
catalogue [katalɔg] *nm* catalogue
cataloguer [katalɔge] /1/ *vt* to catalogue, list; *(péj)* to put a label on
catalyse [kataliz] *nf* catalysis
catalyser [katalize] /1/ *vt* to catalyze
catalyseur [katalizœʀ] *nm* catalyst
catalytique [katalitik] *adj* catalytic; **pot ~** catalytic converter
catamaran [katamaʀɑ̃] *nm (voilier)* catamaran
cataphote [katafɔt] *nm* reflector
cataplasme [kataplasm] *nm* poultice
catapulte [katapylt] *nf* catapult
catapulter [katapylte] /1/ *vt* to catapult
cataracte [kataʀakt] *nf* cataract; **opérer qn de la ~** to operate on sb for a cataract
catarrhe [kataʀ] *nm* catarrh
catarrheux, -euse [kataʀø, -øz] *adj* catarrhal
catastrophe [katastʀɔf] *nf* catastrophe, disaster; **atterrir en ~** to make an emergency landing; **partir en ~** to rush away
catastropher [katastʀɔfe] /1/ *vt (personne)* to shatter
catastrophique [katastʀɔfik] *adj* catastrophic, disastrous
catch [katʃ] *nm* (all-in) wrestling
catcheur, -euse [katʃœʀ, -øz] *nm/f* (all-in) wrestler
catéchiser [kateʃize] /1/ *vt* to indoctrinate; to lecture
catéchisme [kateʃism] *nm* catechism
catéchumène [katekymɛn] *nmf* catechumen, *person attending religious instruction prior to baptism*
catégorie [kategɔʀi] *nf* category; *(Boucherie)* : **morceaux de première/deuxième ~** prime/second cuts
catégorique [kategɔʀik] *adj* categorical
catégoriquement [kategɔʀikmɑ̃] *adv* categorically
catégoriser [kategɔʀize] /1/ *vt* to categorize
caténaire [katenɛʀ] *nf (Rail)* catenary
cathédrale [katedʀal] *nf* cathedral
cathéter [kateteʀ] *nm (Méd)* catheter
cathode [katɔd] *nf* cathode
cathodique [katɔdik] *adj* : **rayons cathodiques** cathode rays; **tube/écran ~** cathode-ray tube/screen
catholicisme [katɔlisism] *nm* (Roman) Catholicism
catholique [katɔlik] *adj, nmf* (Roman) Catholic; **pas très ~** a bit shady *ou* fishy
catimini [katimini] : **en ~** *adv* on the sly, on the quiet
catogan [katɔgɑ̃] *nm* bow *(tying hair on neck)*
Caucase [kɔkaz] *nm* : **le ~** the Caucasus (Mountains)
caucasien, ne [kɔkazjɛ̃, -ɛn] *adj* Caucasian
cauchemar [koʃmaʀ] *nm* nightmare
cauchemardesque [koʃmaʀdɛsk] *adj* nightmarish
caudal, e, -aux [kodal, -o] *adj* : **la nageoire caudale** the caudal fin, the tail fin
causal, e [kozal] *adj* causal
causalité [kozalite] *nf* causality
causant, e [kozɑ̃, -ɑ̃t] *adj* chatty, talkative
cause [koz] *nf* cause; *(Jur)* lawsuit, case; brief; **faire ~ commune avec qn** to take sides with sb; **être ~ de** to be the cause of; **à ~ de** because of, owing to; **pour ~ de** on account of; owing to; **(et) pour ~** and for (a very) good reason; **être en ~** *(intérêts)* to be at stake; *(personne)* to be involved; *(qualité)* to be in question; **mettre en ~** to implicate; to call into question; **remettre en ~** to challenge, call into question; **c'est hors de ~** it's out of the question; **en tout état de ~** in any case
causer [koze] /1/ *vt* to cause ▶ *vi* to chat, talk
causerie [kozʀi] *nf* talk

causette [kozɛt] *nf* : **faire la** *ou* **un brin de ~** to have a chat
caustique [kostik] *adj* caustic
cauteleux, -euse [kotlø, -øz] *adj* wily
cautériser [kɔteʀize] /1/ *vt* to cauterize
caution [kosjɔ̃] *nf* guarantee, security; deposit; (*Jur*) bail (bond); (*fig*) backing, support; **payer la ~ de qn** to stand bail for sb; **se porter ~ pour qn** to stand security for sb; **libéré sous ~** released on bail; **sujet à ~** unconfirmed
cautionnement [kosjɔnmɑ̃] *nm* (*somme*) guarantee, security
cautionner [kosjɔne] /1/ *vt* to guarantee; (*soutenir*) to support
cavalcade [kavalkad] *nf* (*fig*) stampede
cavale [kaval] *nf* : **en ~** on the run
cavalerie [kavalʀi] *nf* cavalry
cavalier, -ière [kavalje, -jɛʀ] *adj* (*désinvolte*) offhand; **allée** *ou* **piste cavalière** riding path ▸ *nm/f* rider; (*au bal*) partner ▸ *nm* (*Échecs*) knight; **faire ~ seul** to go it alone
cavalièrement [kavaljɛʀmɑ̃] *adv* offhandedly
cave [kav] *nf* cellar; (*cabaret*) (cellar) nightclub ▸ *adj* : **yeux caves** sunken eyes; **joues caves** hollow cheeks
caveau, x [kavo] *nm* vault
caverne [kavɛʀn] *nf* cave
caverneux, -euse [kavɛʀnø, -øz] *adj* cavernous
caviar [kavjaʀ] *nm* caviar(e)
caviste [kavist] *nmf* wine merchant; (*dans un restaurant*) sommelier
cavité [kavite] *nf* cavity
Cayenne [kajɛn] *n* Cayenne
CB [sibi] *sigle f* (= *citizens' band; canaux banalisés*) CB; = **carte bancaire**
CC *sigle m* = **le corps consulaire** ; **compte courant**
CCI *sigle f* = **chambre de commerce et d'industrie**
CCP *sigle m* = **compte chèque postal**
CD *sigle m* (= *chemin départemental*) secondary road, ≈ B road (BRIT); (*Pol*) = **le corps diplomatique**; (= *compact disc*) CD; (= *comité directeur*) steering committee
CDD *sigle m* (= *contrat à durée déterminée*) fixed-term contract
CDI *sigle m* (= *Centre de documentation et d'information*) *school library*; (= *contrat à durée indéterminée*) permanent *ou* open-ended contract
CD-ROM [sedeʀɔm] *nm inv* (= *Compact Disc Read Only Memory*) CD-Rom
CDS *sigle m* (= *Centre des démocrates sociaux*) *political party*
CE *sigle f* (= *Communauté européenne*) EC; (*Comm*) = **caisse d'épargne** ▸ *sigle m* (*Industrie*) = **comité d'entreprise**; (*Scol*) = **cours élémentaire**

MOT-CLÉ

ce, cette [sə, sɛt] (*devant nm* **cet** + *voyelle ou h aspiré*) (*pl* **ces**) *adj dém* (*proximité*) this; these *pl*; (*non-proximité*) that; those *pl*; **cette maison(-ci/là)** this/that house; **cette nuit** (*qui vient*) tonight; (*passée*) last night
▸ *pron* **1** : **c'est** it's, it is; **c'est petit/grand/un livre** it's *ou* it is small/big/a book; **c'est un peintre** he's *ou* he is a painter; **ce sont des peintres** they're *ou* they are painters; **c'est le facteur** *etc* (*à la porte*) it's the postman *etc*; **qui est-ce ?** who is it?; (*en désignant*) who is he/she?; **qu'est-ce ?** what is it?; **c'est toi qui lui as parlé** it was you who spoke to him
2 : **c'est que** : **c'est qu'il est lent/qu'il n'a pas faim** the fact is, he's slow/he's not hungry
3 (*expressions*) : **c'est ça** (*correct*) that's it, that's right; **c'est toi qui le dis !** that's what YOU say!; *voir aussi* **c'est-à-dire** ; *voir* **-ci** ; **est-ce que** ; **n'est-ce pas**
4 : **ce qui, ce que** what; **ce qui me plaît, c'est sa franchise** what I like about him *ou* her is his *ou* her frankness; (*chose qui*) : **il est bête, ce qui me chagrine** he's stupid, which saddens me; **tout ce qui bouge** everything that *ou* which moves; **tout ce que je sais** all I know; **ce dont j'ai parlé** what I talked about; **ce que c'est grand !** it's so big!

CEA *sigle m* ≈ AEA (BRIT), ≈ AEC (US)
CECA [seka] *sigle f* (= *Communauté européenne du charbon et de l'acier*) ECSC (= *European Coal and Steel Community*)
ceci [səsi] *pron* this
cécité [sesite] *nf* blindness
céder [sede] /6/ *vt* to give up ▸ *vi* (*pont, barrage*) to give way; (*personne*) to give in; **~ à** to yield to, give in to
cédérom [sedeʀɔm] *nm* CD-ROM
CEDEX [sedɛks] *sigle m* (= *courrier d'entreprise à distribution exceptionnelle*) *accelerated postal service for bulk users*
cédille [sedij] *nf* cedilla
cèdre [sɛdʀ] *nm* cedar
CEE *sigle f* (= *Communauté économique européenne*) EEC
CEI *sigle f* (= *Communauté des États indépendants*) CIS
ceindre [sɛ̃dʀ] /52/ *vt* (*mettre*) to put on; (*entourer*) : **~ qch de qch** to put sth round sth
ceinture [sɛ̃tyʀ] *nf* belt; (*taille*) waist; (*fig*) ring; belt; circle; **~ de sauvetage** lifebelt (BRIT), life preserver (US); **~ de sécurité** safety *ou* seat belt; **~ (de sécurité) à enrouleur** inertia reel seat belt; **~ verte** green belt
ceinturer [sɛ̃tyʀe] /1/ *vt* (*saisir*) to grasp (round the waist); (*entourer*) to surround
ceinturon [sɛ̃tyʀɔ̃] *nm* belt
cela [s(ə)la] *pron* that; (*comme sujet indéfini*) it; **~ m'étonne que** it surprises me that; **quand/où ~ ?** when/where (was that)?
célébrant [selebʀɑ̃] *nm* (*Rel*) celebrant
célébration [selebʀasjɔ̃] *nf* celebration
célèbre [selɛbʀ] *adj* famous
célébrer [selebʀe] /6/ *vt* to celebrate; (*louer*) to extol
célébrité [selebʀite] *nf* fame; (*star*) celebrity
céleri [sɛlʀi] *nm* : **~(-rave)** celeriac; **~ (en branche)** celery
célérité [seleʀite] *nf* speed, swiftness
céleste [selɛst] *adj* celestial; heavenly
célibat [seliba] *nm* celibacy, bachelor/spinsterhood
célibataire [selibatɛʀ] *adj* single, unmarried; **mère ~** single *ou* unmarried mother ▸ *nmf* bachelor/unmarried *ou* single woman

celle, celles [sɛl] *pron voir* **celui**
cellier [selje] *nm* storeroom
cellophane® [selɔfan] *nf* cellophane
cellulaire [selylɛʀ] *adj* (*Bio*) cell *cpd*, cellular; **voiture** *ou* **fourgon ~** prison *ou* police van; **régime ~** confinement
cellule [selyl] *nf* (*gén*) cell; **~ (photo-électrique)** electronic eye; **~ souche** stem cell
cellulite [selylit] *nf* cellulite
celluloïd® [selylɔid] *nm* Celluloid
cellulose [selyloz] *nf* cellulose
celte [sɛlt], **celtique** [sɛltik] *adj* Celt, Celtic

MOT-CLÉ

celui, celle [səlɥi, sɛl] (*mpl* **ceux**, *fpl* **celles**) *pron*
1 : **celui-ci/là, celle-ci/là** this one/that one; **ceux-ci, celles-ci** these (ones); **ceux-là, celles-là** those (ones); **celui de mon frère** my brother's; **celui du salon/du dessous** the one in (*ou* from) the lounge/below
2 (+ *relatif*) : **celui qui bouge** the one which *ou* that moves; (*personne*) the one who moves; **celui que je vois** the one (which *ou* that) I see; (*personne*) the one (whom) I see; **celui dont je parle** the one I'm talking about
3 (*valeur indéfinie*) : **celui qui veut** whoever wants

cénacle [senakl] *nm* (literary) coterie *ou* set
cendre [sɑ̃dʀ] *nf* ash; **cendres** (*d'un foyer*) ash(es), cinders; (*volcaniques*) ash *sg*; (*d'un défunt*) ashes; **sous la ~** (*Culin*) in (the) embers
cendré, e [sɑ̃dʀe] *adj* (*couleur*) ashen; **(piste) cendrée** cinder track
cendreux, -euse [sɑ̃dʀø, -øz] *adj* (*terrain, substance*) cindery; (*teint*) ashen
cendrier [sɑ̃dʀije] *nm* ashtray
cène [sɛn] *nf* : **la ~** (Holy) Communion; (*Art*) the Last Supper
censé, e [sɑ̃se] *adj* : **être ~ faire** to be supposed to do
censément [sɑ̃semɑ̃] *adv* supposedly
censeur [sɑ̃sœʀ] *nm* (*Scol*) deputy head (Brit), vice-principal (US); (*Ciné, Pol*) censor
censure [sɑ̃syʀ] *nf* censorship
censurer [sɑ̃syʀe] /1/ *vt* (*Ciné, Presse*) to censor; (*Pol*) to censure
cent [sɑ̃] *num* a hundred, one hundred; **pour ~ (%)** per cent (%); **faire les ~ pas** to pace up and down ▸ *nm* (*US, Canada, partie de l'euro etc*) cent
centaine [sɑ̃tɛn] *nf* : **une ~ (de)** about a hundred, a hundred or so; (*Comm*) a hundred; **plusieurs centaines (de)** several hundred; **des centaines (de)** hundreds (of)
centenaire [sɑ̃t(ə)nɛʀ] *adj* hundred-year-old ▸ *nmf* centenarian ▸ *nm* (*anniversaire*) centenary; (*monnaie*) cent
centième [sɑ̃tjɛm] *num* hundredth
centigrade [sɑ̃tigʀad] *nm* centigrade
centigramme [sɑ̃tigʀam] *nm* centigramme
centilitre [sɑ̃tilitʀ] *nm* centilitre (Brit), centiliter (US)
centime [sɑ̃tim] *nm* centime; **~ d'euro** euro cent
centimètre [sɑ̃timɛtʀ] *nm* centimetre (Brit), centimeter (US); (*ruban*) tape measure, measuring tape
centrafricain, e [sɑ̃tʀafʀikɛ̃, -ɛn] *adj* of *ou* from the Central African Republic
central, e, -aux [sɑ̃tʀal, -o] *adj* central ▸ *nm* : **~ (téléphonique)** (telephone) exchange ▸ *nf* power station; **centrale d'achat** (*Comm*) central buying service; **centrale électrique/nucléaire** electric/nuclear power station; **centrale syndicale** group of affiliated trade unions
centralisation [sɑ̃tʀalizasjɔ̃] *nf* centralization
centraliser [sɑ̃tʀalize] /1/ *vt* to centralize
centralisme [sɑ̃tʀalism] *nm* centralism
centraméricain, e [sɑ̃tʀameʀikɛ̃, -ɛn] *adj* Central American
centre [sɑ̃tʀ] *nm* centre (Brit), center (US); **~ commercial/sportif/culturel** shopping/sports/arts centre; **~ aéré** outdoor centre; **~ d'appels** call centre; **~ d'apprentissage** training college; **~ d'attraction** centre of attraction; **~ de gravité** centre of gravity; **~ de loisirs** leisure centre; **~ d'enfouissement des déchets** landfill site; **~ hospitalier** hospital complex; **~ de tri** (*Postes*) sorting office; **centres nerveux** (*Anat*) nerve centres
centrer [sɑ̃tʀe] /1/ *vt* to centre (Brit), center (US) ▸ *vi* (*Football*) to centre the ball
centre-ville [sɑ̃tʀəvil] (*pl* **centres-villes**) *nm* town centre (Brit) *ou* center (US), downtown (area) (US)
centrifuge [sɑ̃tʀifyʒ] *adj* : **force ~** centrifugal force
centrifuger [sɑ̃tʀifyʒe] /3/ *vt* to centrifuge
centrifugeuse [sɑ̃tʀifyʒøz] *nf* (*pour fruits*) juice extractor
centripète [sɑ̃tʀipɛt] *adj* : **force ~** centripetal force
centrisme [sɑ̃tʀism] *nm* centrism
centriste [sɑ̃tʀist] *adj, nmf* centrist
centuple [sɑ̃typl] *nm* : **le ~ de qch** a hundred times sth; **au ~** a hundredfold
centupler [sɑ̃typle] /1/ *vi, vt* to increase a hundredfold
CEP *sigle m* = **Certificat d'études (primaires)**
cep [sɛp] *nm* (vine) stock
cépage [sepaʒ] *nm* (type of) vine
cèpe [sɛp] *nm* (edible) boletus
cependant [s(ə)pɑ̃dɑ̃] *adv* however, nevertheless
céramique [seʀamik] *adj* ceramic ▸ *nf* ceramic; (*art*) ceramics *sg*
céramiste [seʀamist] *nmf* ceramist
cerbère [sɛʀbɛʀ] *nm* (*fig : péj*) bad-tempered doorkeeper
cerceau, x [sɛʀso] *nm* (*d'enfant, de tonnelle*) hoop
cercle [sɛʀkl] *nm* circle; (*objet*) band, hoop; **décrire un ~** (*avion*) to circle; (*projectile*) to describe a circle; **~ d'amis** circle of friends; **~ de famille** family circle; **~ vicieux** vicious circle
cercler [sɛʀkle] /1/ *vt* : **lunettes cerclées d'or** gold-rimmed glasses
cercueil [sɛʀkœj] *nm* coffin
céréale [seʀeal] *nf* cereal
céréalier, -ière [seʀealje, -jɛʀ] *adj* (*production, cultures*) cereal *cpd*

C

cérébral, e, -aux [seʀebʀal, -o] *adj (Anat)* cerebral, brain *cpd*; *(fig)* mental, cerebral
cérémonial [seʀemɔnjal] *nm* ceremonial
cérémonie [seʀemɔni] *nf* ceremony; **sans ~** *(inviter, manger)* informally; **cérémonies** *nfpl (péj)* fuss *sg*, to-do *sg*
cérémonieux, -euse [seʀemɔnjø, -øz] *adj* ceremonious, formal
cerf [sɛʀ] *nm* stag
cerfeuil [sɛʀfœj] *nm* chervil
cerf-volant [sɛʀvɔlɑ̃] *(pl* **cerfs-volants***) nm* kite; **jouer au ~** to fly a kite
cerisaie [s(ə)ʀizɛ] *nf* cherry orchard
cerise [s(ə)ʀiz] *nf* cherry
cerisier [s(ə)ʀizje] *nm* cherry (tree)
CERN [sɛʀn] *sigle m (= Centre européen de recherche nucléaire)* CERN
cerné, e [sɛʀne] *adj* : **les yeux cernés** with dark rings *ou* shadows under the eyes
cerner [sɛʀne] /1/ *vt (Mil etc)* to surround; *(fig : problème)* to delimit, define
cernes [sɛʀn] *nfpl* (dark) rings, shadows (under the eyes)
certain, e [sɛʀtɛ̃, -ɛn] *adj* certain; *(sûr)* : **~ (de/ que)** certain *ou* sure (of/ that); **d'un ~ âge** past one's prime, not so young; **un ~ temps** (quite) some time; **sûr et ~** absolutely certain; **un ~ Georges** someone called Georges; **certains** *pron, adj* some
certainement [sɛʀtɛnmɑ̃] *adv (probablement)* most probably *ou* likely; *(bien sûr)* certainly, of course
certes [sɛʀt] *adv (sans doute)* admittedly; *(bien sûr)* of course; indeed (yes)
certificat [sɛʀtifika] *nm* certificate; **C~ d'études (primaires)** *former school leaving certificate (taken at the end of primary education)*; **C~ de fin d'études secondaires** school leaving certificate
certifié, e [sɛʀtifje] *adj* : **professeur ~** qualified teacher; *(Admin)* **copie certifiée conforme (à l'original)** certified copy (of the original)
certifier [sɛʀtifje] /7/ *vt* to certify, guarantee; **~ à qn que** to assure sb that, guarantee to sb that; **~ qch à qn** to guarantee sth to sb
certitude [sɛʀtityd] *nf* certainty
cérumen [seʀymɛn] *nm* (ear)wax
cerveau, x [sɛʀvo] *nm* brain; **~ électronique** electronic brain
cervelas [sɛʀvəla] *nm* saveloy
cervelle [sɛʀvɛl] *nf (Anat)* brain; *(Culin)* brain(s); **se creuser la ~** to rack one's brains
cervical, e, -aux [sɛʀvikal, -o] *adj* cervical
cervidés [sɛʀvide] *nmpl* cervidae
CES *sigle m (= Collège d'enseignement secondaire)* ≈ (junior) secondary school (BRIT), ≈ junior high school (US)
ces [se] *adj dém voir* **ce**
césarienne [sezaʀjɛn] *nf* caesarean (BRIT) *ou* cesarean (US) (section)
cessantes [sɛsɑ̃t] *adj fpl* : **toutes affaires ~** forthwith
cessation [sɛsasjɔ̃] *nf* : **~ des hostilités** cessation of hostilities; **~ de paiements/ commerce** suspension of payments/trading
cesse [sɛs] : **sans ~** *adv (tout le temps)* continually, constantly; *(sans interruption)* continuously; **il n'avait de ~ que** he would not rest until
cesser [sese] /1/ *vt* to stop; **~ de faire** to stop doing ▸ *vi* to stop, cease; **faire ~** *(bruit, scandale)* to put a stop to
cessez-le-feu [sesel(ə)fø] *nm inv* ceasefire
cession [sɛsjɔ̃] *nf* transfer
c'est [sɛ] = **ce**
c'est-à-dire [sɛtadiʀ] *adv* that is (to say); *(demander de préciser)* : **~ ?** what does that mean?; **~ que …** *(en conséquence)* which means that …; *(manière d'excuse)* well, in fact …
CET *sigle m (= Collège d'enseignement technique) (formerly) technical school*
cet [sɛt] *adj dém voir* **ce**
cétacé [setase] *nm* cetacean
cette [sɛt] *adj dém voir* **ce**
ceux [sø] *pron voir* **celui**
cévenol, e [sevnɔl] *adj* of *ou* from the Cévennes region
cf. *abr (= confer)* cf, cp
CFAO *sigle f (= conception de fabrication assistée par ordinateur)* CAM
CFC *sigle mpl (= chlorofluorocarbures)* CFC
CFDT *sigle f (= Confédération française démocratique du travail) trade union*
CFF *sigle m (= Chemins de fer fédéraux) Swiss railways*
CFL *sigle m (= Chemins de fer luxembourgeois) Luxembourg railways*
CFP *sigle m* = **Centre de formation professionnelle** ▸ *sigle f* = **Compagnie française des pétroles**
CFTC *sigle f (= Confédération française des travailleurs chrétiens) trade union*
CGC *sigle f (= Confédération générale des cadres) management union*
CGPME *sigle f* = **Confédération générale des petites et moyennes entreprises**
CGT *sigle f (= Confédération générale du travail) trade union*
CH *abr (= Confédération helvétique)* CH
ch. *abr* = **charges**; **chauffage**; **cherche**
chacal [ʃakal] *nm* jackal
chacun, e [ʃakœ̃, -yn] *pron* each; *(indéfini)* everyone, everybody

> **Everyone** et **everybody** sont suivis d'un verbe au singulier, mais le possessif qui s'y rapporte doit être au pluriel.
> *Chacun a sa propre opinion à ce sujet*. **Everyone** has *their* **own view on this**.

chagrin, e [ʃagʀɛ̃, -in] *adj* morose ▸ *nm* grief, sorrow; **avoir du ~** to be grieved *ou* sorrowful
chagriner [ʃagʀine] /1/ *vt* to grieve, distress; *(contrarier)* to bother, worry
chahut [ʃay] *nm* uproar
chahuter [ʃayte] /1/ *vt* to rag, bait ▸ *vi* to make an uproar
chahuteur, -euse [ʃaytœʀ, -øz] *nm/f* rowdy
chai [ʃɛ] *nm* wine and spirit store(house)
chaîne [ʃɛn] *nf* chain; *(TV)* channel; *(Inform)* string; **travail à la ~** production line work; **réactions en ~** chain reactions; **faire la ~** to form a (human) chain; **~ alimentaire** food

chain; ~ **compacte** music centre; ~ **d'entraide** mutual aid association; ~ **(haute-fidélité** *ou* **hi-fi)** hi-fi system; ~ **(de montage** *ou* **de fabrication)** production *ou* assembly line; ~ **(de montagnes)** (mountain) range; ~ **de solidarité** solidarity network; ~ **(stéréo** *ou* **audio)** stereo (system); **chaînes** *nfpl* (*liens, asservissement*) fetters, bonds
chaînette [ʃɛnɛt] *nf* (small) chain
chaînon [ʃɛnɔ̃] *nm* link
chair [ʃɛʀ] *nf* flesh; **avoir la ~ de poule** to have goose pimples *ou* goose flesh; **bien en ~** plump, well-padded; **en ~ et en os** in the flesh; ~ **à saucisse** sausage meat ▸ *adj inv* : **(couleur) ~** flesh-coloured
chaire [ʃɛʀ] *nf* (*d'église*) pulpit; (*d'université*) chair
chaise [ʃɛz] *nf* chair; ~ **de bébé** high chair; ~ **électrique** electric chair; ~ **longue** deckchair
chaland [ʃalɑ̃] *nm* (*bateau*) barge
châle [ʃal] *nm* shawl
chalet [ʃalɛ] *nm* chalet
chaleur [ʃalœʀ] *nf* heat; (*fig : d'accueil*) warmth; fire, fervour (BRIT), fervor (US); heat; **en ~** (*Zool*) on heat
chaleureusement [ʃalœʀøzmɑ̃] *adv* warmly
chaleureux, -euse [ʃalœʀø, -øz] *adj* warm
challenge [ʃalɑ̃ʒ] *nm* contest, tournament
challenger [ʃalɑ̃ʒɛʀ] *nm* (*Sport*) challenger
chaloupe [ʃalup] *nf* launch; (*de sauvetage*) lifeboat
chalumeau, x [ʃalymo] *nm* blowlamp (BRIT), blowtorch
chalut [ʃaly] *nm* trawl (net); **pêcher au ~** to trawl
chalutier [ʃalytje] *nm* trawler; (*pêcheur*) trawlerman
chamade [ʃamad] *nf* : **battre la ~** to beat wildly
chamailler [ʃamaje] /1/ : **se chamailler** *vpr* to squabble, bicker
chamarré, e [ʃamaʀe] *adj* richly brocaded
chambard [ʃɑ̃baʀ] *nm* rumpus
chambardement [ʃɑ̃baʀdəmɑ̃] *nm* : **c'est le grand ~** everything has been (*ou* is being) turned upside down
chambarder [ʃɑ̃baʀde] /1/ *vt* to turn upside down
chamboulé, e [ʃɑ̃bule] *adj* (*fam*) turned upside down; **se trouver ~** to be turned upside down
chamboulement [ʃɑ̃bulmɑ̃] *nm* (*fam*) disruption
chambouler [ʃɑ̃bule] /1/ *vt* (*fam*) to turn upside down
chambranle [ʃɑ̃bʀɑ̃l] *nm* (door) frame
chambre [ʃɑ̃bʀ] *nf* bedroom; (*Tech*) chamber; (*Pol*) chamber, house; (*Jur*) court; (*Comm*) chamber; federation; **faire ~ à part** to sleep in separate rooms; **stratège/alpiniste en ~** armchair strategist/mountaineer; ~ **à un lit/deux lits** single/twin-bedded room; ~ **pour une/deux personne(s)** single/double room; ~ **d'accusation** court of criminal appeal; ~ **d'agriculture** *body responsible for the agricultural interests of a département*; ~ **à air** (*de pneu*) (inner) tube; ~ **d'amis** spare *ou* guest room; ~ **de combustion** combustion chamber; ~ **de commerce et d'industrie** chamber of commerce and industry; ~ **à coucher** bedroom; **la C~ des députés** the Chamber of Deputies, ≈ the House (of Commons) (BRIT), ≈ the House of Representatives (US); ~ **forte** strongroom; ~ **froide** *ou* **frigorifique** cold room; ~ **à gaz** gas chamber; ~ **d'hôte** ≈ bed and breakfast (*in private home*); ~ **des machines** engine-room; ~ **des métiers** *chamber of commerce for trades*; ~ **meublée** bedsit(ter) (BRIT), furnished room; ~ **noire** (*Photo*) dark room
chambrée [ʃɑ̃bʀe] *nf* room
chambrer [ʃɑ̃bʀe] /1/ *vt* (*vin*) to bring to room temperature
chameau, x [ʃamo] *nm* camel
chamois [ʃamwa] *nm* chamois ▸ *adj inv* : **(couleur) ~** fawn, buff
champ [ʃɑ̃] *nm* (*aussi Inform*) field; (*Photo*) : **dans le ~** in the picture; **prendre du ~** to draw back; **laisser le ~ libre à qn** to leave sb a clear field; ~ **d'action** sphere of operation(s); ~ **de bataille** battlefield; ~ **de courses** racecourse; ~ **d'honneur** field of honour; ~ **de manœuvre** (*Mil*) parade ground; ~ **de mines** minefield; ~ **de tir** shooting *ou* rifle range; ~ **visuel** field of vision
Champagne [ʃɑ̃paɲ] *nf* : **la ~** Champagne, the Champagne region
champagne [ʃɑ̃paɲ] *nm* champagne
champenois, e [ʃɑ̃pənwa, -waz] *adj* of *ou* from Champagne; (*vin*) : **méthode champenoise** champagne-type
champêtre [ʃɑ̃pɛtʀ] *adj* country *cpd*, rural
champignon [ʃɑ̃piɲɔ̃] *nm* mushroom; (*terme générique*) fungus; (*fam : accélérateur*) accelerator, gas pedal (US); ~ **de couche** *ou* **de Paris** button mushroom; ~ **vénéneux** toadstool, poisonous mushroom
champion, ne [ʃɑ̃pjɔ̃, -ɔn] *adj, nm/f* champion
championnat [ʃɑ̃pjɔna] *nm* championship
chance [ʃɑ̃s] *nf* : **la ~** luck; **une ~** a stroke *ou* piece of luck *ou* good fortune; (*occasion*) a lucky break; **avoir de la ~** to be lucky; **bonne ~ !** good luck!; **encore une ~ que tu viennes !** it's lucky you're coming!; **je n'ai pas de ~** I'm out of luck; (*toujours*) I never have any luck; **donner sa ~ à qn** to give sb a chance; **chances** *nfpl* (*probabilités*) chances; **il a des chances de gagner** he has a chance of winning; **il y a de fortes chances pour que Paul soit malade** it's highly probable that Paul is ill
chancelant, e [ʃɑ̃s(ə)lɑ̃, -ɑ̃t] *adj* (*personne*) tottering; (*santé*) failing
chanceler [ʃɑ̃s(ə)le] /4/ *vi* to totter
chancelier [ʃɑ̃səlje] *nm* (*allemand*) chancellor; (*d'ambassade*) secretary
chancellerie [ʃɑ̃sɛlʀi] *nf* (*en France*) ministry of justice; (*en Allemagne*) chancellery; (*d'ambassade*) chancery
chanceux, -euse [ʃɑ̃sø, -øz] *adj* lucky, fortunate
chancre [ʃɑ̃kʀ] *nm* canker
chandail [ʃɑ̃daj] *nm* (thick) jumper *ou* sweater
Chandeleur [ʃɑ̃dlœʀ] *nf* : **la ~** Candlemas
chandelier [ʃɑ̃dəlje] *nm* candlestick; (*à plusieurs branches*) candelabra

C

chandelle [ʃɑ̃dɛl] *nf* (tallow) candle; (*Tennis*) : **faire une ~** to lob; (*Aviat*) : **monter en ~** to climb vertically; **tenir la ~** to play gooseberry; **dîner aux chandelles** candlelight dinner
change [ʃɑ̃ʒ] *nm* (*Comm*) exchange; **opérations de ~** (foreign) exchange transactions; **contrôle des changes** exchange control; **gagner/perdre au ~** to be better/worse off (for it); **donner le ~ à qn** (*fig*) to lead sb up the garden path
changeant, e [ʃɑ̃ʒɑ̃, -ɑ̃t] *adj* changeable, fickle
changement [ʃɑ̃ʒmɑ̃] *nm* change; **~ climatique** climate change; **~ de vitesse** (*dispositif*) gears *pl*; (*action*) gear change
changer [ʃɑ̃ʒe] /3/ *vt* (*modifier*) to change, alter; (*remplacer, Comm, rhabiller*) to change; **~ de** (*remplacer : adresse, nom, voiture etc*) to change one's; **~ de train** to change trains; **~ d'air** to get a change of air; **~ de couleur/direction** to change colour/direction; **~ d'avis, ~ d'idée** to change one's mind; **~ de place avec qn** to change places with sb; **~ de vitesse** (*Auto*) to change gear; **~ qn/qch de place** to move sb/sth to another place; **~ (de bus** *etc*) to change (buses *etc*); **~ qch en** to change sth into ▸ *vi* to change, alter; **se changer** *vpr* to change (o.s.)
changeur [ʃɑ̃ʒœʀ] *nm* (*personne*) moneychanger; **~ automatique** change machine; **~ de disques** record changer, autochange
chanoine [ʃanwan] *nm* canon
chanson [ʃɑ̃sɔ̃] *nf* song
chansonnette [ʃɑ̃sɔnɛt] *nf* ditty
chansonnier [ʃɑ̃sɔnje] *nm* cabaret artist (*specializing in political satire*); (*recueil*) song book
chant [ʃɑ̃] *nm* song; (*art vocal*) singing; (*d'église*) hymn; (*de poème*) canto; (*Tech*) : **posé de** *ou* **sur ~** placed edgeways; **~ de Noël** Christmas carol
chantage [ʃɑ̃taʒ] *nm* blackmail; **faire du ~** to use blackmail; **soumettre qn à un ~** to blackmail sb
chantant, e [ʃɑ̃tɑ̃, -ɑ̃t] *adj* (*accent, voix*) sing-song
chanter [ʃɑ̃te] /1/ *vt, vi* to sing; **~ juste/faux** to sing in tune/out of tune; **si cela lui chante** (*fam*) if he feels like it *ou* fancies it
chanterelle [ʃɑ̃tʀɛl] *nf* chanterelle (*edible mushroom*)
chanteur, -euse [ʃɑ̃tœʀ, -øz] *nm/f* singer; **~ de charme** crooner
chantier [ʃɑ̃tje] *nm* (building) site; (*sur une route*) roadworks *pl*; **mettre en ~** to start work on; **~ naval** shipyard
chantilly [ʃɑ̃tiji] *nf voir* **crème**
chantonner [ʃɑ̃tɔne] /1/ *vi, vt* to sing to oneself, hum
chantre [ʃɑ̃tʀ] *nm* (*fig*) eulogist
chanvre [ʃɑ̃vʀ] *nm* hemp
chaos [kao] *nm* chaos
chaotique [kaɔtik] *adj* chaotic
chap. *abr* (= *chapitre*) ch
chapardage [ʃapaʀdaʒ] *nm* pilfering
chaparder [ʃapaʀde] /1/ *vt* to pinch
chapeau, x [ʃapo] *nm* hat; (*Presse*) introductory paragraph; **~ !** well done!; **~ melon** bowler hat; **~ mou** trilby; **chapeaux de roues** hub caps
chapeauter [ʃapote] /1/ *vt* (*Admin*) to head, oversee
chapelain [ʃaplɛ̃] *nm* (*Rel*) chaplain
chapelet [ʃaplɛ] *nm* (*Rel*) rosary; (*fig*) : **un ~ de** a string of; **dire son ~** to tell one's beads
chapelier, -ière [ʃapəlje, -jɛʀ] *nm/f* hatter; milliner
chapelle [ʃapɛl] *nf* chapel; **~ ardente** chapel of rest
chapellerie [ʃapɛlʀi] *nf* (*magasin*) hat shop; (*commerce*) hat trade
chapelure [ʃaplyʀ] *nf* (dried) breadcrumbs *pl*
chaperon [ʃapʀɔ̃] *nm* chaperon
chaperonner [ʃapʀɔne] /1/ *vt* to chaperon
chapiteau, x [ʃapito] *nm* (*Archit*) capital; (*de cirque*) marquee, big top
chapitrage [ʃapitʀaʒ] *nm* (*d'un DVD*) chaptering
chapitre [ʃapitʀ] *nm* chapter; (*fig*) subject, matter; **avoir voix au ~** to have a say in the matter
chapitrer [ʃapitʀe] /1/ *vt* to lecture, reprimand
chapon [ʃapɔ̃] *nm* capon
chaque [ʃak] *adj* each, every; (*indéfini*) every

> **Each** désigne chaque élément (personne ou chose) d'un groupe, pour insister sur son individualité. On utilise **every** pour englober tous les membres d'un groupe de plus de deux éléments, autrement dit pour signifier *tous les*.
> *Chaque membre du personnel est chargé d'une tâche particulière*. **Each member of staff is responsible for a specific task**
> *des chances égales pour chaque enfant* **an equal chance for every child**

char [ʃaʀ] *nm* (*à foin etc*) cart, waggon; (*de carnaval*) float; **~ (d'assaut)** tank; **~ à voile** sand yacht
charabia [ʃaʀabja] *nm* (*péj*) gibberish, gobbledygook (BRIT)
charade [ʃaʀad] *nf* riddle; (*mimée*) charade
charbon [ʃaʀbɔ̃] *nm* coal; **~ de bois** charcoal
charbonnage [ʃaʀbɔnaʒ] *nm* : **les charbonnages de France** the (French) Coal Board *sg*
charbonnier [ʃaʀbɔnje] *nm* coalman
charcuterie [ʃaʀkytʀi] *nf* (*magasin*) pork butcher's shop and delicatessen; (*produits*) cooked pork meats *pl*
charcutier, -ière [ʃaʀkytje, -jɛʀ] *nm/f* pork butcher
chardon [ʃaʀdɔ̃] *nm* thistle
chardonneret [ʃaʀdɔnʀɛ] *nm* goldfinch
charentais, e [ʃaʀɑ̃tɛ, -ɛz] *adj* of *ou* from Charente ▸ *nf* (*pantoufle*) carpet slipper ▸ *nm/f* : **Charentais, e** person from the Charente region
charge [ʃaʀʒ] *nf* (*fardeau*) load; (*explosif, Élec, Mil, Jur*) charge; (*rôle, mission*) responsibility; **à la ~ de** (*dépendant de*) dependent upon, supported by; (*aux frais de*) chargeable to, payable by; **j'accepte, à ~ de revanche** I accept, provided I can do the same for you (in return) one day; **prendre en ~** to take charge of; (*véhicule*) to take on; (*dépenses*) to take care of; **~ utile** (*Auto*) live load; (*Comm*) payload; **charges** *nfpl* (*du loyer*) service charges; **charges sociales** social security contributions

chargé [ʃaʀʒe] *adj* (*voiture, animal, personne*) laden; (*fusil, batterie, caméra*) loaded; (*occupé : emploi du temps, journée*) busy, full; (*: estomac*) heavy, full; (*: langue*) furred; (*: décoration, style*) heavy, ornate; **~ de** (*responsable de*) responsible for ▸ *nm/f* : **~ d'affaires** chargé d'affaires; **~ de cours** ≈ lecturer
chargement [ʃaʀʒəmɑ̃] *nm* (*action*) loading; charging; (*objets*) load
charger [ʃaʀʒe] /**3**/ *vt* (*voiture, fusil, caméra*) to load; (*batterie*) to charge; **~ qn de qch/faire qch** to give sb the responsibility for sth/of doing sth; to put sb in charge of sth/doing sth ▸ *vi* (*Mil etc*) to charge; **se charger de** *vpr* to see to, take care of; **se ~ de faire qch** to take it upon o.s. to do sth
chargeur [ʃaʀʒœʀ] *nm* (*dispositif : de batterie*) charger; (*: d'arme à feu*) magazine; (*: Photo*) cartridge
chariot [ʃaʀjo] *nm* trolley; (*charrette*) waggon; (*de machine à écrire*) carriage; **~ élévateur** fork-lift truck
charisme [kaʀism] *nm* charisma
charitable [ʃaʀitabl] *adj* charitable; kind
charité [ʃaʀite] *nf* charity; **faire la ~** to give to charity; to do charitable works; **faire la ~ à** to give (something) to; **fête/vente de ~** fête/sale in aid of charity
charivari [ʃaʀivaʀi] *nm* hullabaloo
charlatan [ʃaʀlatɑ̃] *nm* charlatan
charlotte [ʃaʀlɔt] *nf* (*Culin*) charlotte
charmant, e [ʃaʀmɑ̃, -ɑ̃t] *adj* charming
charme [ʃaʀm] *nm* charm; (*Bot*) hornbeam; **c'est ce qui en fait le ~** that is its attraction; **faire du ~** to be charming, turn on the charm; **aller** *ou* **se porter comme un ~** to be in the pink; **charmes** *nmpl* (*appas*) charms
charmer [ʃaʀme] /**1**/ *vt* to charm; **je suis charmé de ...** I'm delighted to ...
charmeur, -euse [ʃaʀmœʀ, -øz] *nm/f* charmer; **~ de serpents** snake charmer
charnel, le [ʃaʀnɛl] *adj* carnal
charnier [ʃaʀnje] *nm* mass grave
charnière [ʃaʀnjɛʀ] *nf* hinge; (*fig*) turning-point
charnu, e [ʃaʀny] *adj* fleshy
charogne [ʃaʀɔɲ] *nf* carrion *no pl*; (*!*) bastard (*!*)
charolais, e [ʃaʀɔlɛ, -ɛz] *adj* of *ou* from the Charolais
charpente [ʃaʀpɑ̃t] *nf* frame(work); (*fig*) structure, framework; (*carrure*) build, frame
charpenté, e [ʃaʀpɑ̃te] *adj* : **bien** *ou* **solidement ~** (*personne*) well-built; (*texte*) well-constructed
charpenterie [ʃaʀpɑ̃tʀi] *nf* carpentry
charpentier [ʃaʀpɑ̃tje] *nm* carpenter
charpie [ʃaʀpi] *nf* : **en ~** (*fig*) in shreds *ou* ribbons
charretier [ʃaʀtje] *nm* carter; (*péj : langage, manières*) : **de ~** uncouth
charrette [ʃaʀɛt] *nf* cart
charrier [ʃaʀje] /**7**/ *vt* to carry (along); to cart, carry ▸ *vi* (*fam*) to exaggerate
charrue [ʃaʀy] *nf* plough (BRIT), plow (US)
charte [ʃaʀt] *nf* charter
charter [tʃaʀtœʀ] *nm* (*vol*) charter flight; (*avion*) charter plane
chasse [ʃas] *nf* hunting; (*au fusil*) shooting; (*poursuite*) chase; (*aussi* : **chasse d'eau**) flush; **la ~ est ouverte** the hunting season is open; **la ~ est fermée** it is the close (BRIT) *ou* closed (US) season; **aller à la ~** to go hunting; **prendre en ~, donner la ~ à** to give chase to; **tirer la ~ (d'eau)** to flush the toilet, pull the chain; **~ aérienne** aerial pursuit; **~ à courre** hunting; **~ à l'homme** manhunt; **~ gardée** private hunting grounds *pl*; **~ sous-marine** underwater fishing
châsse [ʃɑs] *nf* reliquary, shrine
chassé-croisé [ʃasekʀwaze] (*pl* **chassés-croisés**) *nm* (*Danse*) chassé-croisé; (*fig*) mix-up (*where people miss each other in turn*)
chasse-neige [ʃasnɛʒ] *nm inv* snowplough (BRIT), snowplow (US)
chasser [ʃase] /**1**/ *vt* to hunt; (*expulser*) to chase away *ou* out, drive away *ou* out; (*dissiper*) to chase *ou* sweep away; to dispel, drive away
chasseur, -euse [ʃasœʀ, -øz] *nm/f* hunter; **~ d'images** roving photographer; **~ de têtes** (*fig*) headhunter ▸ *nm* (*avion*) fighter; (*domestique*) page (boy), messenger (boy); **chasseurs alpins** mountain infantry
chassieux, -euse [ʃasjø, -øz] *adj* sticky, gummy
châssis [ʃɑsi] *nm* (*Auto*) chassis; (*cadre*) frame; (*de jardin*) cold frame
chaste [ʃast] *adj* chaste
chasteté [ʃastəte] *nf* chastity
chasuble [ʃazybl] *nf* chasuble; **robe ~** pinafore dress (BRIT), jumper (US)
chat[1] [ʃa] *nm* cat; **~ sauvage** wildcat
chat[2] [tʃat] *nm* (*Internet : salon*) chat room; (*: conversation*) chat
châtaigne [ʃɑtɛɲ] *nf* chestnut
châtaignier [ʃɑteɲe] *nm* chestnut (tree)
châtain [ʃɑtɛ̃] *adj inv* chestnut (brown); (*personne*) chestnut-haired
château, x [ʃɑto] *nm* (*forteresse*) castle; (*résidence royale*) palace; (*manoir*) mansion; **~ d'eau** water tower; **~ fort** stronghold, fortified castle; **~ de sable** sand castle
châtelain, e [ʃɑt(ə)lɛ̃, -ɛn] *nm/f* lord/lady of the manor ▸ *nf* (*ceinture*) chatelaine
châtié, e [ʃɑtje] *adj* (*langage*) refined; (*style*) polished, refined
châtier [ʃɑtje] /**7**/ *vt* to punish, castigate; (*fig : style*) to polish, refine
chatière [ʃatjɛʀ] *nf* (*porte*) cat flap
châtiment [ʃɑtimɑ̃] *nm* punishment, castigation; **~ corporel** corporal punishment
chatoiement [ʃatwamɑ̃] *nm* shimmer(ing)
chaton [ʃatɔ̃] *nm* (*Zool*) kitten; (*Bot*) catkin; (*de bague*) bezel; stone
chatouillement [ʃatujmɑ̃] *nm* (*gén*) tickling; (*dans le nez, la gorge*) tickle
chatouiller [ʃatuje] /**1**/ *vt* to tickle; (*l'odorat, le palais*) to titillate
chatouilleux, -euse [ʃatujø, -øz] *adj* ticklish; (*fig*) touchy, over-sensitive
chatoyant, e [ʃatwajɑ̃, -ɑ̃t] *adj* (*reflet, étoffe*) shimmering; (*couleurs*) sparkling
chatoyer [ʃatwaje] /**8**/ *vi* to shimmer

C

châtrer [ʃɑtʀe] /1/ *vt* (*mâle*) to castrate; (*femelle*) to spay; (*cheval*) to geld; (*chat, chien*) to doctor (Brit), fix (*US*); (*fig*) to mutilate
chatte [ʃat] *nf* (she-)cat
chatter [tʃate] /1/ *vi* (*Internet*) to chat
chatterton [ʃatɛʀtɔn] *nm* (*ruban isolant : Élec*) (adhesive) insulating tape
chaud, e [ʃo, -od] *adj* (*gén*) warm; (*très chaud*) hot; (*fig : félicitations*) hearty; (*discussion*) heated ▸ *nm* : **tenir au ~** to keep in a warm place; **il fait ~** it's warm; it's hot; **manger ~** to have something hot to eat; **avoir ~** to be warm; to be hot; **tenir ~** to keep hot; **ça me tient ~** it keeps me warm; **rester au ~** to stay in the warm
chaudement [ʃodmɑ̃] *adv* warmly; (*fig*) hotly
chaudière [ʃodjɛʀ] *nf* boiler
chaudron [ʃodʀɔ̃] *nm* cauldron
chaudronnerie [ʃodʀɔnʀi] *nf* (*usine*) boilerworks; (*activité*) boilermaking; (*boutique*) coppersmith's workshop
chauffage [ʃofaʒ] *nm* heating; **~ au gaz/à l'électricité/au charbon** gas/electric/solid fuel heating; **~ central** central heating; **~ par le sol** underfloor heating
chauffagiste [ʃofaʒist] *nm* (*installateur*) heating engineer
chauffant, e [ʃofɑ̃, -ɑ̃t] *adj* : **couverture chauffante** electric blanket; **plaque chauffante** hotplate
chauffard [ʃofaʀ] *nm* (*péj*) reckless driver; road hog; (*: après un accident*) hit-and-run driver
chauffe-bain [ʃofbɛ̃] *nm* = **chauffe-eau**
chauffe-biberon [ʃofbibʀɔ̃] *nm* (baby's) bottle warmer
chauffe-eau [ʃofo] *nm inv* water heater
chauffe-plats [ʃofpla] *nm inv* dish warmer
chauffer [ʃofe] /1/ *vt* to heat ▸ *vi* to heat up, warm up; (*trop chauffer : moteur*) to overheat; **se chauffer** *vpr* (*se mettre en train*) to warm up; (*au soleil*) to warm o.s.
chaufferie [ʃofʀi] *nf* boiler room
chauffeur [ʃofœʀ] *nm* driver; (*privé*) chauffeur; **voiture avec/sans ~** chauffeur-driven/ self-drive car; **~ de taxi** taxi driver
chauffeuse [ʃoføz] *nf* fireside chair
chauler [ʃole] /1/ *vt* (*mur*) to whitewash
chaume [ʃom] *nm* (*du toit*) thatch; (*tiges*) stubble
chaumière [ʃomjɛʀ] *nf* (thatched) cottage
chaussée [ʃose] *nf* road(way); (*digue*) causeway
chausse-pied [ʃospje] *nm* shoe-horn
chausser [ʃose] /1/ *vt* (*bottes, skis*) to put on; (*enfant*) to put shoes on; **~ du 38/42** to take size 38/42 ▸ *vi* (*souliers*) : **~ grand/bien** to be big-/ well-fitting; **se chausser** *vpr* to put one's shoes on
chausse-trappe [ʃostʀap] *nf* trap
chaussette [ʃosɛt] *nf* sock
chausseur [ʃosœʀ] *nm* (*marchand*) footwear specialist, shoemaker
chausson [ʃosɔ̃] *nm* slipper; (*de bébé*) bootee; **~ (aux pommes)** (apple) turnover
chaussure [ʃosyʀ] *nf* shoe; (*commerce*) : **la ~** the shoe industry *ou* trade; **chaussures basses** flat shoes; **chaussures montantes** ankle boots; **chaussures de ski** ski boots
chaut [ʃo] *vb* : **peu me ~** it matters little to me
chauve [ʃov] *adj* bald
chauve-souris [ʃovsuʀi] (*pl* **chauves-souris**) *nf* bat
chauvin, e [ʃovɛ̃, -in] *adj* chauvinistic; jingoistic
chauvinisme [ʃovinism] *nm* chauvinism; jingoism
chaux [ʃo] *nf* lime; **blanchi à la ~** whitewashed
chavirer [ʃaviʀe] /1/ *vi* to capsize, overturn
chef [ʃɛf] *nm* head, leader; (*patron*) boss; (*de cuisine*) chef; **au premier ~** extremely, to the nth degree; **de son propre ~** on his *ou* her own initiative; **général/commandant en ~** general-/commander-in-chief; **~ d'accusation** (*Jur*) charge, count (of indictment); **~ d'atelier** (shop) foreman; **~ de bureau** head clerk; **~ de clinique** senior hospital lecturer; **~ d'entreprise** company head; **~ d'équipe** team leader; **~ d'état** head of state; **~ de famille** head of the family; **~ de file** (*de parti etc*) leader; **~ de gare** station master; **~ d'orchestre** conductor (Brit), leader (*US*); **~ de rayon** department(al) supervisor; **~ de service** departmental head

> ⚠ *chef* is not the most common translation of the French word **chef**.

chef-d'œuvre [ʃɛdœvʀ] (*pl* **chefs-d'œuvre**) *nm* masterpiece
chef-lieu [ʃɛfljø] (*pl* **chefs-lieux**) *nm* county town
cheftaine [ʃɛftɛn] *nf* (guide) captain
cheik, cheikh [ʃɛk] *nm* sheik
chelou, e [ʃəlu] *adj* (*fam*) shady, dodgy (Brit)
chemin [ʃ(ə)mɛ̃] *nm* path; (*itinéraire, direction, trajet*) way; **en ~, ~ faisant** on the way; **~ de fer** railway (Brit), railroad (*US*); **par ~ de fer** by rail; **les chemins de fer** the railways (Brit), the railroad (*US*); **~ de terre** dirt track
cheminée [ʃ(ə)mine] *nf* chimney; (*à l'intérieur*) chimney piece, fireplace; (*de bateau*) funnel
cheminement [ʃ(ə)minmɑ̃] *nm* progress; course
cheminer [ʃ(ə)mine] /1/ *vi* to walk (along)
cheminot [ʃ(ə)mino] *nm* railwayman (Brit), railroad worker (*US*)
chemise [ʃ(ə)miz] *nf* shirt; (*dossier*) folder; **~ de nuit** nightdress
chemiserie [ʃ(ə)mizʀi] *nf* (gentlemen's) outfitters'
chemisette [ʃ(ə)mizɛt] *nf* short-sleeved shirt
chemisier [ʃ(ə)mizje] *nm* blouse
chenal, -aux [ʃənal, -o] *nm* channel
chenapan [ʃ(ə)napɑ̃] *nm* (*garnement*) rascal; (*péj : vaurien*) rogue
chêne [ʃɛn] *nm* oak (tree); (*bois*) oak
chenet [ʃ(ə)nɛ] *nm* fire-dog, andiron
chenil [ʃ(ə)nil] *nm* kennels *pl*
chenille [ʃ(ə)nij] *nf* (*Zool*) caterpillar; (*Auto*) caterpillar track; **véhicule à chenilles** tracked vehicle, caterpillar
chenillette [ʃ(ə)nijɛt] *nf* tracked vehicle
cheptel [ʃɛptɛl] *nm* livestock
chèque [ʃɛk] *nm* cheque (Brit), check (*US*); **faire/toucher un ~** to write/cash a cheque; **par ~** by

cheque; **~ barré/sans provision** crossed (BRIT)/ bad cheque; **~ en blanc** blank cheque; **~ au porteur** cheque to bearer; **~ postal** post office cheque, ≈ giro cheque (BRIT); **~ de voyage** traveller's cheque
chèque-cadeau [ʃɛkkado] (*pl* **chèques-cadeaux**) *nm* gift token
chèque-repas [ʃɛkRəpɑ] (*pl* **chèques-repas**), **chèque-restaurant** [ʃɛkRɛstɔRɑ̃] (*pl* **chèques-restaurant**) *nm* ≈ luncheon voucher
chéquier [ʃekje] *nm* cheque book (BRIT), checkbook (*US*)
cher, -ère [ʃɛR] *adj* (*aimé*) dear; (*coûteux*) expensive, dear; **mon ~, ma chère** my dear ▸ *adv* : **coûter/payer ~** to cost/pay a lot; **cela coûte ~** it's expensive, it costs a lot of money ▸ *nf* : **la bonne chère** good food
chercher [ʃɛRʃe] /1/ *vt* to look for; (*gloire etc*) to seek; **~ des ennuis/la bagarre** to be looking for trouble/a fight; **aller ~** to go for, go and fetch; **~ à faire** to try to do
chercheur, -euse [ʃɛRʃœR, -øz] *nm/f* researcher, research worker; **~ de** seeker of; hunter of; **~ d'or** gold digger
chère [ʃɛR] *adj f, nf voir* **cher**
chèrement [ʃɛRmɑ̃] *adv* dearly
chéri, e [ʃeRi] *adj* beloved, dear; **(mon) ~** darling
chérir [ʃeRiR] /2/ *vt* to cherish
cherté [ʃɛRte] *nf* : **la ~ de la vie** the high cost of living
chérubin [ʃeRybɛ̃] *nm* cherub
chétif, -ive [ʃetif, -iv] *adj* puny, stunted
cheval, -aux [ʃ(ə)val, -o] *nm* horse; (*Auto*) : **~ (vapeur)** horsepower *no pl*; **50 chevaux (au frein)** 50 brake horsepower, 50 b.h.p.; **10 chevaux (fiscaux)** 10 horsepower (*for tax purposes*); **faire du ~** to ride; **à ~** on horseback; **à ~ sur** astride, straddling; (*fig*) overlapping; **~ d'arçons** vaulting horse; **~ à bascule** rocking horse; **~ de bataille** charger; (*fig*) hobby-horse; **~ de course** race horse; **chevaux de bois** (*des manèges*) wooden (fairground) horses; (*manège*) merry-go-round
chevaleresque [ʃ(ə)valRɛsk] *adj* chivalrous
chevalerie [ʃ(ə)valRi] *nf* chivalry; knighthood
chevalet [ʃ(ə)valɛ] *nm* easel
chevalier [ʃ(ə)valje] *nm* knight; **~ servant** escort
chevalière [ʃ(ə)valjɛR] *nf* signet ring
chevalin, e [ʃ(ə)valɛ̃, -in] *adj* of horses, equine; (*péj*) horsy; **boucherie chevaline** horse-meat butcher's
cheval-vapeur [ʃəvalvapœR] (*pl* **chevaux-vapeur**) *nm voir* **cheval**
chevauchée [ʃ(ə)voʃe] *nf* ride; cavalcade
chevauchement [ʃ(ə)voʃmɑ̃] *nm* overlap
chevaucher [ʃ(ə)voʃe] /1/ *vi* (*aussi* : **se chevaucher**) to overlap (each other) ▸ *vt* to be astride, straddle
chevaux [ʃəvo] *nmpl voir* **cheval**
chevelu, e [ʃəv(ə)ly] *adj* with a good head of hair, hairy (*péj*)
chevelure [ʃəv(ə)lyR] *nf* hair *no pl*
chevet [ʃ(ə)vɛ] *nm* : **au ~ de qn** at sb's bedside; **lampe de ~** bedside lamp
cheveu, x [ʃ(ə)vø] *nm* hair ▸ *nmpl* (*chevelure*) hair *sg*; **avoir les cheveux courts/en brosse** to have short hair/a crew cut; **se faire couper les cheveux** to get *ou* have one's hair cut; **tiré par les cheveux** (*histoire*) far-fetched
cheville [ʃ(ə)vij] *nf* (*Anat*) ankle; (*de bois*) peg; (*pour enfoncer une vis*) plug; **être en ~ avec qn** to be in cahoots with sb; **~ ouvrière** (*fig*) kingpin
chèvre [ʃɛvR] *nf* (she-)goat; **ménager la ~ et le chou** to try to please everyone
chevreau, x [ʃəvRo] *nm* kid
chèvrefeuille [ʃɛvRəfœj] *nm* honeysuckle
chevreuil [ʃəvRœj] *nm* roe deer *inv*; (*Culin*) venison
chevron [ʃəvRɔ̃] *nm* (*poutre*) rafter; (*motif*) chevron, v(-shape); **à chevrons** chevron-patterned; (*petits*) herringbone
chevronné, e [ʃəvRɔne] *adj* seasoned, experienced
chevrotant, e [ʃəvRɔtɑ̃, -ɑ̃t] *adj* quavering
chevroter [ʃəvRɔte] /1/ *vi* (*personne, voix*) to quaver
chevrotine [ʃəvRɔtin] *nf* buckshot *no pl*
chewing-gum [ʃwiŋgɔm] *nm* chewing gum

MOT-CLÉ

chez [ʃe] *prép* **1** (*à la demeure de*) at; (: *direction*) to; **chez qn** at/to sb's house *ou* place; **je suis chez moi** I'm at home; **je rentre chez moi** I'm going home; **allons chez Nathalie** let's go to Nathalie's
2 (*+profession*) at; (: *direction*) to; **chez le boulanger/dentiste** at *ou* to the baker's/ dentist's
3 (*dans le caractère, l'œuvre de*) in; **chez les renards/Racine** in foxes/Racine; **chez ce poète** in this poet's work; **chez les Français** among the French; **chez lui, c'est un devoir** for him, it's a duty; **c'est ce que je préfère chez lui** that's what I like best about him
4 (*à l'entreprise de*) : **il travaille chez Renault** he works for Renault, he works at Renault('s)
▸ *nm inv* : **mon chez moi/ton chez toi** *etc* my/ your *etc* home *ou* place

chez-soi [ʃeswa] *nm inv* home
Chf. cent. *abr* (= *chauffage central*) c.h.
chiadé, e [ʃjade] *adj* (*fam* : *fignolé, soigné*) wicked
chialer [ʃjale] /1/ *vi* (*fam*) to blubber; **arrête de ~!** stop blubbering!
chiant, e [ʃjɑ̃, -ɑ̃t] *adj* (!) bloody annoying (!: BRIT), damn annoying; **qu'est-ce qu'il est ~!** he's such a bloody pain! (!)
chic [ʃik] *adj inv* chic, smart; (*généreux*) nice, decent ▸ *nm* stylishness; **avoir le ~ de** *ou* **pour** to have the knack of *ou* for; **de ~** *adv* off the cuff; **~!** great!, terrific!
chicane [ʃikan] *nf* (*obstacle*) zigzag; (*querelle*) squabble
chicaner [ʃikane] /1/ *vi* (*ergoter*) : **~ sur** to quibble about
chiche [ʃiʃ] *adj* (*mesquin*) niggardly, mean; (*pauvre*) meagre (BRIT), meager (*US*) ▸ *excl* (*en réponse à un défi*) you're on!; **tu n'es pas ~ de lui parler!** you wouldn't (dare) speak to her!

C

chichement [ʃiʃmɑ̃] *adv (pauvrement)* meagrely (Brit), meagerly (US); *(mesquinement)* meanly
chichi [ʃiʃi] *nm (fam : aussi :* **chichis***)* fuss; **faire des chichis** to make a fuss
chicorée [ʃikɔʀe] *nf (café)* chicory; *(salade)* endive; ~ **frisée** curly endive
chicot [ʃiko] *nm* stump
chien [ʃjɛ̃] *nm* dog; *(de pistolet)* hammer; **temps de ~** rotten weather; **vie de ~** dog's life; **couché en ~ de fusil** curled up; ~ **d'aveugle** guide dog; ~ **de chasse** gun dog; ~ **de garde** guard dog; ~ **policier** police dog; ~ **de race** pedigree dog; ~ **de traîneau** husky
chiendent [ʃjɛ̃dɑ̃] *nm* couch grass
chien-loup [ʃjɛ̃lu] *(pl* **chiens-loups***)* *nm* wolfhound
chienne [ʃjɛn] *nf* (she-)dog, bitch
chier [ʃje] **/7/** *vi (!)* to crap *(!)*, shit *(!)*; **faire ~ qn** *(importuner)* to bug sb; *(causer des ennuis à)* to piss sb around *(!)*; **se faire ~** *(s'ennuyer)* to be bored rigid
chiffe [ʃif] *nf* : **il est mou comme une ~, c'est une ~ molle** he's spineless *ou* wet
chiffon [ʃifɔ̃] *nm* (piece of) rag
chiffonné, e [ʃifɔne] *adj (fatigué : visage)* worn-looking
chiffonner [ʃifɔne] **/1/** *vt* to crumple, crease; *(tracasser)* to concern
chiffonnier [ʃifɔnje] *nm* ragman, rag-and-bone man; *(meuble)* chiffonier
chiffrable [ʃifʀabl] *adj* numerable
chiffre [ʃifʀ] *nm (représentant un nombre)* figure; numeral; *(montant, total)* total, sum; *(d'un code)* code, cipher; **chiffres romains/arabes** Roman/Arabic figures *ou* numerals; **en chiffres ronds** in round figures; **écrire un nombre en chiffres** to write a number in figures; ~ **d'affaires** turnover; ~ **de ventes** sales figures
chiffrer [ʃifʀe] **/1/** *vt (dépense)* to put a figure to, assess; *(message)* to (en)code, cipher ▸ *vi (fam)* to add up; **se chiffrer à** *vpr* to add up to
chignole [ʃiɲɔl] *nf* drill
chignon [ʃiɲɔ̃] *nm* chignon, bun
chiite [ʃiit] *adj, nmf* Shiite
Chili [ʃili] *nm* : **le ~** Chile
chilien, ne [ʃiljɛ̃, -ɛn] *adj* Chilean ▸ *nm/f* : **Chilien, ne** Chilean
chimère [ʃimɛʀ] *nf* (wild) dream, pipe dream, idle fancy
chimérique [ʃimeʀik] *adj (utopique)* fanciful
chimie [ʃimi] *nf* chemistry
chimio [ʃimjɔ], **chimiothérapie** [ʃimjɔteʀapi] *nf* chemotherapy
chimiothérapie [ʃimjɔteʀapi] *nf* chemotherapy
chimique [ʃimik] *adj* chemical; **produits chimiques** chemicals
chimiste [ʃimist] *nmf* chemist
chimpanzé [ʃɛ̃pɑ̃ze] *nm* chimpanzee
chinchilla [ʃɛ̃ʃila] *nm* chinchilla
Chine [ʃin] *nf* : **la ~** China; **la République de ~** the Republic of China, Nationalist China *(Taiwan)*
chine [ʃin] *nm* rice paper; *(porcelaine)* china (vase)
chiné, e [ʃine] *adj* flecked
chinois, e [ʃinwa, -waz] *adj* Chinese; *(fig : péj)* pernickety, fussy ▸ *nm (Ling)* Chinese ▸ *nm/f* : **Chinois, e** Chinese
chinoiserie [ʃinwazʀi] *nf*, **chinoiseries** *nfpl (péj)* red tape, fuss
chiot [ʃjo] *nm* pup(py)
chiper [ʃipe] **/1/** *vt (fam)* to pinch
chipie [ʃipi] *nf* shrew
chipolata [ʃipɔlata] *nf* chipolata
chipoter [ʃipɔte] **/1/** *vi (manger)* to nibble; *(ergoter)* to quibble, haggle
chips [ʃips] *nfpl (aussi :* **pommes chips***)* crisps (Brit), (potato) chips (US)
chique [ʃik] *nf* quid, chew
chiquenaude [ʃiknod] *nf* flick, flip
chiquer [ʃike] **/1/** *vi* to chew tobacco
chiromancie [kiʀɔmɑ̃si] *nf* palmistry
chiromancien, ne [kiʀɔmɑ̃sjɛ̃, -ɛn] *nm/f* palmist
chiropracteur [kiʀɔpʀaktœʀ] *nm*, **chiropraticien, ne** [kiʀɔpʀatisjɛ̃, -ɛn] *nm/f* chiropractor
chirurgical, e, -aux [ʃiʀyʀʒikal, -o] *adj* surgical
chirurgie [ʃiʀyʀʒi] *nf* surgery; ~ **esthétique** cosmetic *ou* plastic surgery
chirurgien, ne [ʃiʀyʀʒjɛ̃] *nm/f* surgeon; ~ **dentiste** dental surgeon
chiure [ʃjyʀ] *nf* : **chiures de mouche** fly specks
ch.-l. *abr* = **chef-lieu**
chlore [klɔʀ] *nm* chlorine
chloroforme [klɔʀɔfɔʀm] *nm* chloroform
chlorophylle [klɔʀɔfil] *nf* chlorophyll
chlorure [klɔʀyʀ] *nm* chloride
choc [ʃɔk] *nm (heurt)* impact; *(Méd, Psych)* shock; *(collision)* crash; *(affrontement)* clash; **de ~** *(troupe, traitement)* shock *cpd*; *(patron etc)* high-powered; ~ **opératoire/nerveux** post-operative/nervous shock; ~ **en retour** return shock; *(fig)* backlash ▸ *adj (pl* ~ *ou* **chocs***)* : **prix ~** amazing *ou* incredible price/prices
chocolat [ʃɔkɔla] *nm* chocolate; *(boisson)* (hot) chocolate; ~ **chaud** hot chocolate; ~ **à cuire** cooking chocolate; ~ **au lait** milk chocolate; ~ **en poudre** drinking chocolate
chocolaté, e [ʃɔkɔlate] *adj* chocolate *cpd*, chocolate-flavoured
chocolaterie [ʃɔkɔlatʀi] *nf (fabrique)* chocolate factory
chocolatier, -ière [ʃɔkɔlatje, -jɛʀ] *nm/f* chocolate maker
chœur [kœʀ] *nm (chorale)* choir; *(Opéra, Théât)* chorus; *(Archit)* choir, chancel; **en ~** in chorus
choir [ʃwaʀ] *vi* to fall
choisi, e [ʃwazi] *adj (de premier choix)* carefully chosen; select; **textes choisis** selected writings
choisir [ʃwaziʀ] **/2/** *vt* to choose; *(entre plusieurs)* to choose, select; ~ **de faire qch** to choose *ou* opt to do sth
choix [ʃwa] *nm* choice; selection; **avoir le ~** to have the choice; **je n'avais pas le ~** I had no choice; **de premier ~** *(Comm)* class *ou* grade one; **de ~** choice *cpd*, selected; **au ~** as you wish *ou* prefer; **de mon/son ~** of my/his *ou* her choosing

choléra [kɔleʀa] *nm* cholera
cholestérol [kɔlɛsteʀɔl] *nm* cholesterol
chômage [ʃomaʒ] *nm* unemployment; **mettre au ~** to make redundant, put out of work; **être au ~** to be unemployed *ou* out of work; **~ partiel** short-time working; **~ structurel** structural unemployment; **~ technique** lay-offs *pl*
chômé [ʃome] *adj* : **jour ~** public holiday
chômer [ʃome] /1/ *vi* to be unemployed, be idle
chômeur, -euse [ʃomœʀ, -øz] *nm/f* unemployed person, person out of work
chope [ʃɔp] *nf* tankard
choper [ʃɔpe] /1/ *vt* (*fam : objet, maladie*) to catch
choquant, e [ʃɔkɑ̃, -ɑ̃t] *adj* shocking
choquer [ʃɔke] /1/ *vt* (*offenser*) to shock; (*commotionner*) to shake (up)
choral, e [kɔʀal] *adj* choral ▸ *nf* choral society, choir
chorale [kɔʀal] *nf* choir
chorégraphe [kɔʀegʀaf] *nmf* choreographer
chorégraphie [kɔʀegʀafi] *nf* choreography
choriste [kɔʀist] *nmf* choir member; (*Opéra*) chorus member
chorus [kɔʀys] *nm* : **faire ~ (avec)** to voice one's agreement (with)
chose [ʃoz] *nf* thing; **dire bien des choses à qn** to give sb's regards to sb; **parler de ~(s) et d'autre(s)** to talk about one thing and another; **c'est peu de ~** it's nothing much ▸ *adj inv* : **être/se sentir tout ~** (*bizarre*) to be/feel a bit odd; (*malade*) to be/feel out of sorts ▸ *nm* (*fam : machin*) thingamajig
chou, x [ʃu] *nm* cabbage; **mon petit ~** (my) sweetheart; **faire ~ blanc** to draw a blank; **feuille de ~** (*fig : journal*) rag; **~ à la crème** cream bun (*made of choux pastry*); **~ de Bruxelles** Brussels sprout ▸ *adj inv* cute
choucas [ʃuka] *nm* jackdaw
chouchou, te [ʃuʃu, -ut] *nm/f* (*Scol*) teacher's pet
chouchouter [ʃuʃute] /1/ *vt* to pet
choucroute [ʃukʀut] *nf* sauerkraut; **~ garnie** sauerkraut with cooked meats and potatoes
chouette [ʃwɛt] *nf* owl ▸ *adj* (*fam*) great, smashing
chou-fleur [ʃuflœʀ] (*pl* **choux-fleurs**) *nm* cauliflower
chou-rave [ʃuʀav] (*pl* **choux-raves**) *nm* kohlrabi
chouraver [ʃuʀave] *vt* to nick (Brit), to pinch
choyer [ʃwaje] /8/ *vt* to cherish; to pamper
CHR *sigle m* = **Centre hospitalier régional**
chrétien, ne [kʀetjɛ̃, -ɛn] *adj, nm/f* Christian
chrétiennement [kʀetjɛnmɑ̃] *adv* in a Christian way *ou* spirit
chrétienté [kʀetjɛ̃te] *nf* Christendom
Christ [kʀist] *nm* : **le ~** Christ; **christ** (*crucifix etc*) figure of Christ; **Jésus ~** Jesus Christ
christianiser [kʀistjanize] /1/ *vt* to convert to Christianity
christianisme [kʀistjanism] *nm* Christianity
chromatique [kʀɔmatik] *adj* chromatic
chrome [kʀom] *nm* chromium; (*revêtement*) chrome, chromium
chromé, e [kʀome] *adj* chrome-plated, chromium-plated
chromosome [kʀɔmozom] *nm* chromosome
chronique [kʀɔnik] *adj* chronic ▸ *nf* (*de journal*) column, page; (*historique*) chronicle; (*Radio, TV*) : **la ~ sportive/théâtrale** the sports/theatre review; **la ~ locale** local news and gossip
chroniqueur [kʀɔnikœʀ] *nm* columnist; chronicler
chrono [kʀɔno] *nm* (*fam*) = **chronomètre**
chronologie [kʀɔnɔlɔʒi] *nf* chronology
chronologique [kʀɔnɔlɔʒik] *adj* chronological
chronologiquement [kʀɔnɔlɔʒikmɑ̃] *adv* chronologically
chronomètre [kʀɔnɔmɛtʀ] *nm* stopwatch
chronométrer [kʀɔnɔmetʀe] /6/ *vt* to time
chronométreur [kʀɔnɔmetʀœʀ] *nm* timekeeper
chrysalide [kʀizalid] *nf* chrysalis
chrysanthème [kʀizɑ̃tɛm] *nm* chrysanthemum

CHRYSANTHÈMES

Chrysanthèmes are strongly associated with funerals in France and it is customary to lay them on graves on All Saints' Day (1 November). Because of this association they are never given as gifts.

CHU *sigle m* (= *Centre hospitalo-universitaire*) ≈ (teaching) hospital
chu, e [ʃy] *pp de* **choir**
chuchotement [ʃyʃɔtmɑ̃] *nm* whisper
chuchoter [ʃyʃɔte] /1/ *vt, vi* to whisper
chuintement [ʃɥɛ̃tmɑ̃] *nm* hiss
chuinter [ʃɥɛ̃te] /1/ *vi* to hiss
chut [ʃyt] *excl* sh! ▸ *vb* [ʃy] *voir* **choir**
chute [ʃyt] *nf* fall; (*de bois, papier : déchet*) scrap; **la ~ des cheveux** hair loss; **faire une ~ (de 10 m)** to fall (10 m); **chutes de pluie/neige** rain/snowfalls; **~ (d'eau)** waterfall; **~ du jour** nightfall; **~ libre** free fall; **~ de reins** small of the back
chuter [ʃyte] *vi* to fall; **~ lourdement** to fall heavily; **~ dans les sondages** (*Premier ministre*) to slip in the polls; **faire ~** (*gouvernement*) to bring down, to topple; (*champion*) to topple; **faire ~ les cours** to bring prices down
Chypre [ʃipʀ] *nmf* Cyprus
chypriote [ʃipʀiɔt] *adj, nmf* = **cypriote**
-ci, ci- [si] *adv voir* **par** ; **ci-contre** ; **ci-joint** *etc* ▸ *adj dém* : **ce garçon~/-là** this/that boy; **ces femmes~/-là** these/those women
CIA *sigle f* CIA
cial *abr* = **commercial**
ciao [tʃao] *excl* (*fam*) (bye-)bye
ci-après [siapʀɛ] *adv* hereafter
cibiste [sibist] *nm* CB enthusiast
cible [sibl] *nf* target
cibler [sible] /1/ *vt* to target
ciboire [sibwaʀ] *nm* ciborium (*vessel*)
ciboule [sibul] *nf* (large) chive
ciboulette [sibulɛt] *nf* (small) chive
ciboulot [sibulo] *nm* (*fam*) head, nut; **il n'a rien dans le ~** he's got nothing between his ears
cicatrice [sikatʀis] *nf* scar
cicatriser [sikatʀize] /1/ *vt* to heal; **se cicatriser** *vpr* to heal (up), form a scar

C

ci-contre [sikɔ̃tʀ] *adv* opposite
CICR *sigle m* (= *Comité international de la Croix-Rouge*) ICRC
ci-dessous [sidəsu] *adv* below
ci-dessus [sidəsy] *adv* above
ci-devant [sidəvɑ̃] *nmf inv aristocrat who lost his/her title in the French Revolution*
CIDJ *sigle m* (= *Centre d'information et de documentation de la jeunesse*) *careers advisory service*
cidre [sidʀ] *nm* cider
cidrerie [sidʀəʀi] *nf* cider factory
Cie *abr* (= *compagnie*) Co
ciel [sjɛl] *nm* sky; (*Rel*) heaven; **à ~ ouvert** open-air; (*mine*) opencast; **tomber du ~** (*arriver à l'improviste*) to appear out of the blue; (*être stupéfait*) to be unable to believe one's eyes; **C~ !** good heavens!; **~ de lit** canopy; **ciels** *nmpl* (*Peinture etc*) skies; **cieux** *nmpl* sky *sg*, skies; (*Rel*) heaven *sg*
cierge [sjɛʀʒ] *nm* candle; **~ pascal** Easter candle
cieux [sjø] *nmpl voir* **ciel**
cigale [sigal] *nf* cicada
cigare [sigaʀ] *nm* cigar
cigarette [sigaʀɛt] *nf* cigarette; **~ (à) bout filtre** filter cigarette; **~ électronique** e-cigarette
ci-gît [siʒi] *adv* here lies
cigogne [sigɔɲ] *nf* stork
ciguë [sigy] *nf* hemlock
ci-inclus, e [siɛ̃kly, -yz] *adj, adv* enclosed
ci-joint, e [siʒwɛ̃, -ɛ̃t] *adj, adv* enclosed; (*to email*) attached; **veuillez trouver ~** please find enclosed *ou* attached
cil [sil] *nm* (eye)lash
ciller [sije] /1/ *vi* to blink
cimaise [simɛz] *nf* picture rail
cime [sim] *nf* top; (*montagne*) peak
ciment [simɑ̃] *nm* cement; **~ armé** reinforced concrete
cimenter [simɑ̃te] /1/ *vt* to cement
cimenterie [simɑ̃tʀi] *nf* cement works *sg*
cimetière [simtjɛʀ] *nm* cemetery; (*d'église*) churchyard; **~ de voitures** scrapyard
cinéaste [sineast] *nmf* film-maker
ciné-club [sineklœb] *nm* film club; film society
cinéma [sinema] *nm* cinema; **aller au ~** to go to the cinema *ou* pictures *ou* movies; **~ d'animation** cartoon (film)
cinémascope® [sinemaskɔp] *nm* Cinemascope®
cinémathèque [sinematɛk] *nf* film archives *pl ou* library
cinématographie [sinematɔgʀafi] *nf* cinematography
cinématographique [sinematɔgʀafik] *adj* film *cpd*, cinema *cpd*
cinéphile [sinefil] *nmf* film buff
cinérama® [sineʀama] *nm* : **en ~** in Cinerama®
cinétique [sinetik] *adj* kinetic
cingalais, e, cinghalais, e [sɛ̃galɛ, -ɛz] *adj* Sin(g)halese
cinglant, e [sɛ̃glɑ̃, -ɑ̃t] *adj* (*propos, ironie*) scathing, biting; (*échec*) crushing
cinglé, e [sɛ̃gle] *adj* (*fam*) crazy
cingler [sɛ̃gle] /1/ *vt* to lash; (*fig*) to sting ▸ *vi* (*Navig*) : **~ vers** to make *ou* head for
cinq [sɛ̃k] *num* five
cinquantaine [sɛ̃kɑ̃tɛn] *nf* : **une ~ (de)** about fifty; **avoir la ~** (*âge*) to be around fifty
cinquante [sɛ̃kɑ̃t] *num* fifty
cinquantenaire [sɛ̃kɑ̃tnɛʀ] *adj, nmf* fifty-year-old
cinquantième [sɛ̃kɑ̃tjɛm] *num* fiftieth
cinquième [sɛ̃kjɛm] *num* fifth ▸ *nf* (*Scol*) year 8 (Brit), seventh grade (US)
cinquièmement [sɛ̃kjɛmmɑ̃] *adv* fifthly
cintre [sɛ̃tʀ] *nm* coat-hanger; (*Archit*) arch; **plein ~** semicircular arch
cintré, e [sɛ̃tʀe] *adj* curved; (*chemise*) fitted, slim-fitting
CIO *sigle m* (= *Comité international olympique*) IOC (= *International Olympic Committee*); (= *centre d'information et d'orientation*) careers advisory centre
cirage [siʀaʒ] *nm* (shoe) polish
circoncis, e [siʀkɔ̃si, -iz] *adj* circumcised
circoncision [siʀkɔ̃sizjɔ̃] *nf* circumcision
circonférence [siʀkɔ̃feʀɑ̃s] *nf* circumference
circonflexe [siʀkɔ̃flɛks] *adj* : **accent ~** circumflex accent
circonlocution [siʀkɔ̃lɔkysjɔ̃] *nf* circumlocution
circonscription [siʀkɔ̃skʀipsjɔ̃] *nf* district; **~ électorale** (*d'un député*) constituency; **~ militaire** military area
circonscrire [siʀkɔ̃skʀiʀ] /39/ *vt* to define, delimit; (*incendie*) to contain; (*propriété*) to mark out; (*sujet*) to define
circonspect, e [siʀkɔ̃spɛkt] *adj* circumspect, cautious
circonspection [siʀkɔ̃spɛksjɔ̃] *nf* circumspection, caution
circonstance [siʀkɔ̃stɑ̃s] *nf* circumstance; (*occasion*) occasion; **œuvre de ~** occasional work; **air de ~** fitting air; **tête de ~** appropriate demeanour (Brit) *ou* demeanor (US); **circonstances atténuantes** mitigating circumstances
circonstancié, e [siʀkɔ̃stɑ̃sje] *adj* detailed
circonstanciel, le [siʀkɔ̃stɑ̃sjɛl] *adj* : **complément/proposition ~(le)** adverbial phrase/clause
circonvenir [siʀkɔ̃v(ə)niʀ] /22/ *vt* to circumvent
circonvolutions [siʀkɔ̃vɔlysjɔ̃] *nfpl* twists, convolutions
circuit [siʀkɥi] *nm* (*trajet*) tour, (round) trip; (*Élec, Tech*) circuit; **~ automobile** motor circuit; **~ de distribution** distribution network; **~ fermé** closed circuit; **~ intégré** integrated circuit
circulaire [siʀkylɛʀ] *adj, nf* circular
circulation [siʀkylasjɔ̃] *nf* circulation; (*Auto*) : **la ~** (the) traffic; **bonne/mauvaise ~** good/bad circulation; **mettre en ~** to put into circulation
circulatoire [siʀkylatwaʀ] *adj* : **avoir des troubles circulatoires** to have problems with one's circulation
circuler [siʀkyle] /1/ *vi* (*véhicules*) to drive (along); (*passants*) to walk along; (*train etc*) to run; (*sang, devises*) to circulate; **faire ~** (*nouvelle*) to spread (about), circulate; (*badauds*) to move on

cire [siʀ] *nf* wax; **~ à cacheter** sealing wax
ciré [siʀe] *nm* oilskin
cirer [siʀe] /1/ *vt* to wax, polish
cireur [siʀœʀ] *nm* shoeshine boy
cireuse [siʀøz] *nf* floor polisher
cireux, -euse [siʀø, -øz] *adj (fig : teint)* sallow, waxen
cirque [siʀk] *nm* circus; *(arène)* amphitheatre (BRIT), amphitheater (US); *(Géo)* cirque; *(fig : désordre)* chaos, bedlam; *(: chichis)* carry-on; **quel ~ !** what a carry-on!
cirrhose [siʀoz] *nf* : **~ du foie** cirrhosis of the liver
cisaille [sizɑj] *nf*, **cisailles** *nfpl* (gardening) shears *pl*
cisailler [sizɑje] /1/ *vt* to clip
ciseau, x [sizo] *nm* : **~ (à bois)** chisel; **~ à froid** cold chisel ▸ *nmpl (paire de ciseaux)* (pair of) scissors; **sauter en ciseaux** to do a scissors jump
ciseler [siz(ə)le] /5/ *vt* to chisel, carve
ciselure [siz(ə)lyʀ] *nf* engraving; *(bois)* carving
Cisjordanie [sisʒɔʀdani] *nf* : **la ~** the West Bank (of Jordan)
citadelle [sitadɛl] *nf* citadel
citadin, e [sitadɛ̃, -in] *nm/f* city dweller ▸ *adj* town *cpd*, city *cpd*, urban
citation [sitasjɔ̃] *nf (d'auteur)* quotation; *(Jur)* summons *sg*; *(Mil : récompense)* mention
cité [site] *nf* town; *(plus grande)* city; **~ ouvrière** (workers') housing estate; **~ universitaire** students' residences *pl*
cité-dortoir [sitedɔʀtwaʀ] *(pl* **cités-dortoirs***) nf* dormitory town
cité-jardin [siteʒaʀdɛ̃] *(pl* **cités-jardins***) nf* garden city
citer [site] /1/ *vt (un auteur)* to quote (from); *(nommer)* to name; *(Jur)* to summon; **~ (en exemple)** *(personne)* to hold up (as an example); **je ne veux ~ personne** I don't want to name names
citerne [sitɛʀn] *nf* tank
cithare [sitaʀ] *nf* zither
citoyen, ne [sitwajɛ̃, -ɛn] *nm/f* citizen
citoyenneté [sitwajɛnte] *nf* citizenship
citrique [sitʀik] *adj* : **acide ~** citric acid
citron [sitʀɔ̃] *nm* lemon; **~ pressé** (fresh) lemon juice; **~ vert** lime
citronnade [sitʀɔnad] *nf* still lemonade
citronné, e [sitʀɔne] *adj (boisson)* lemon-flavoured (BRIT) *ou* -flavored (US); *(eau de toilette)* lemon-scented
citronnelle [sitʀɔnɛl] *nf* citronella
citronnier [sitʀɔnje] *nm* lemon tree
citrouille [sitʀuj] *nf* pumpkin
cive [siv] *nf* chive
civet [sivɛ] *nm* stew; **~ de lièvre** jugged hare; **~ de lapin** rabbit stew
civette [sivɛt] *nf (Bot)* chives *pl*; *(Zool)* civet (cat)
civière [sivjɛʀ] *nf* stretcher
civil, e [sivil] *adj (Jur, Admin, poli)* civil; *(non militaire)* civilian ▸ *nm/f* civilian ▸ *nm* : **en ~** in civilian clothes; **dans le ~** in civilian life
civilement [sivilmɑ̃] *adv (poliment)* civilly; **se marier ~** to have a civil wedding
civilisation [sivilizasjɔ̃] *nf* civilization
civilisé, e [sivilize] *adj* civilized
civiliser [sivilize] /1/ *vt* to civilize
civilité [sivilite] *nf* civility; **présenter ses civilités** to present one's compliments
civique [sivik] *adj* civic; **instruction ~** *(Scol)* civics *sg*
civisme [sivism] *nm* public-spiritedness
cl. *abr (= centilitre)* cl
clafoutis [klafuti] *nm* batter pudding *(containing fruit)*
claie [klɛ] *nf* grid, riddle
clair, e [klɛʀ] *adj* light; *(chambre)* light, bright; *(eau, son, fig)* clear; **bleu ~** light blue; **pour être ~** so as to make it plain; **le plus ~ de son temps/argent** the better part of his time/money ▸ *adv* : **voir ~** to see clearly; **y voir ~** *(comprendre)* to understand, see ▸ *nm* : **mettre au ~** *(notes etc)* to tidy up; **tirer qch au ~** to clear sth up, clarify sth; **en ~** *(non codé)* in clear; **~ de lune** moonlight
claire [klɛʀ] *nf* : **(huître de) ~** fattened oyster
clairement [klɛʀmɑ̃] *adv* clearly
claire-voie [klɛʀvwa] : **à ~** *adj* letting the light through; openwork *cpd*
clairière [klɛʀjɛʀ] *nf* clearing
clair-obscur [klɛʀɔpskyʀ] *(pl* **clairs-obscurs***) nm* half-light; *(fig)* uncertainty
clairon [klɛʀɔ̃] *nm* bugle
claironner [klɛʀɔne] /1/ *vt (fig)* to trumpet, shout from the rooftops
clairsemé, e [klɛʀsəme] *adj* sparse
clairvoyance [klɛʀvwajɑ̃s] *nf* clear-sightedness
clairvoyant, e [klɛʀvwajɑ̃, -ɑ̃t] *adj* perceptive, clear-sighted
clam [klam] *nm (Zool)* clam
clamer [klame] /1/ *vt* to proclaim
clameur [klamœʀ] *nf* clamour (BRIT), clamor (US)
clan [klɑ̃] *nm* clan
clandestin, e [klɑ̃dɛstɛ̃, -in] *adj* clandestine, covert; *(Pol)* underground, clandestine; *(travailleur, immigration)* illegal; **passager ~** stowaway
clandestinement [klɑ̃dɛstinmɑ̃] *adv* secretly; **s'embarquer ~** to stow away
clandestinité [klɑ̃dɛstinite] *nf* : **dans la ~** *(en secret)* under cover; *(en se cachant : vivre)* underground; **entrer dans la ~** to go underground
clapet [klapɛ] *nm (Tech)* valve
clapier [klapje] *nm* (rabbit) hutch
clapotement [klapɔtmɑ̃] *nm* lap(ping)
clapoter [klapɔte] /1/ *vi* to lap
clapotis [klapɔti] *nm* lap(ping)
claquage [klakaʒ] *nm* pulled *ou* strained muscle
claque [klak] *nf (gifle)* slap; *(Théât)* claque ▸ *nm (chapeau)* opera hat
claqué, e [klake] *adj (fam : épuisé)* dead beat *(fam)*
claquement [klakmɑ̃] *nm (de porte : bruit répété)* banging; *(: bruit isolé)* slam
claquemurer [klakmyʀe] /1/ : **se claquemurer** *vpr* to shut o.s. away, closet o.s.
claquer [klake] /1/ *vi (drapeau)* to flap; *(porte)* to bang, slam; *(fam : mourir)* to snuff it; *(coup de feu)*

C

to ring out; **elle claquait des dents** her teeth were chattering ▸ *vt* (*porte*) to slam, bang; (*doigts*) to snap; (*fam : dépenser*) to blow; **se claquer** *vpr* : **se ~ un muscle** to pull *ou* strain a muscle

claquettes [klakɛt] *nfpl* tap-dancing *sg*; (*chaussures*) flip-flops

clarification [klaʀifikasjɔ̃] *nf* (*fig*) clarification

clarifier [klaʀifje] /7/ *vt* (*fig*) to clarify

clarinette [klaʀinɛt] *nf* clarinet

clarinettiste [klaʀinetist] *nmf* clarinettist

clarté [klaʀte] *nf* lightness; brightness; (*d'un son, de l'eau*) clearness; (*d'une explication*) clarity

clash [klaʃ] *nm* clash

clasher [klaʃe] (*fam*) *vt* to slag off (Brit), to badmouth (*US*) ▸ *vi* (*personnes*) to clash

classe [klɑs] *nf* class; (*Scol : local*) class(room); (*: leçon, élèves*) class, form; **1ère/2ème ~** 1st/2nd class; **un (soldat de) deuxième ~** (*Mil : armée de terre*) ≈ private (soldier); (*: armée de l'air*) ≈ aircraftman (Brit), ≈ airman basic (*US*); **de ~** luxury *cpd*; **faire ses classes** (*Mil*) to do one's (recruit's) training; **faire la ~** (*Scol*) to be a *ou* the teacher; to teach; **aller en ~** to go to school; **aller en ~ verte/de neige/de mer** to go to the countryside/skiing/to the seaside with the school; **~ préparatoire** *class which prepares students for the Grandes Écoles entry exams*; *see note*; **~ sociale** social class; **~ touriste** economy class

CLASSES PRÉPARATOIRES

Classes préparatoires, commonly known as *prépas*, are the two years of intensive study to prepare students for the competitive entry examinations to the *grandes écoles*. These extremely demanding courses follow the *baccalauréat* and are usually done at a *lycée*. Schools which provide such classes are more highly regarded than those which do not.

classement [klɑsmɑ̃] *nm* classifying; filing; grading; closing; (*rang : Scol*) place; (*: Sport*) placing; (*liste : Scol*) class list (in order of merit); (*: Sport*) placings *pl*; **premier au ~ général** (*Sport*) first overall

classer [klɑse] /1/ *vt* (*idées, livres*) to classify; (*papiers*) to file; (*candidat, concurrent*) to grade; (*personne : juger : péj*) to rate; (*Jur : affaire*) to close; **se ~ premier/dernier** to come first/last; (*Sport*) to finish first/last

classeur [klɑsœʀ] *nm* (*cahier*) file; (*meuble*) filing cabinet; **~ à feuillets mobiles** ring binder

classification [klasifikasjɔ̃] *nf* classification

classifier [klasifje] /7/ *vt* to classify

classique [klasik] *adj* (*sobre : coupe etc*) classic(al), classical; (*habituel*) standard, classic; **études classiques** classical studies, classics ▸ *nm* classic; classical author

claudication [klodikasjɔ̃] *nf* limp

clause [kloz] *nf* clause

claustrer [klostʀe] /1/ *vt* to confine

claustrophobie [klostʀɔfɔbi] *nf* claustrophobia

clavecin [klav(ə)sɛ̃] *nm* harpsichord

claveciniste [klav(ə)sinist] *nmf* harpsichordist

clavicule [klavikyl] *nf* clavicle, collarbone

clavier [klavje] *nm* keyboard

clé, clef [kle] *nf* key; (*Mus*) clef; (*de mécanicien*) spanner (Brit), wrench (*US*); **mettre sous ~** to place under lock and key; **prendre la ~ des champs** to run away, make off; **prix clés en main** (*d'une voiture*) on-the-road price; (*d'un appartement*) price with immediate entry; **~ de sol/de fa/d'ut** treble/bass/alto clef; **livre/film etc à ~** *book/film etc in which real people are depicted under fictitious names*; **à la ~** (*à la fin*) at the end of it all; **~ anglaise** *ou* **~ à molette** adjustable spanner (Brit) *ou* wrench, monkey wrench; **~ de contact** ignition key; **~ USB** (*Inform*) USB key, flash drive; **~ de voûte** keystone ▸ *adj inv* : **problème/position ~** key problem/position

clématite [klematit] *nf* clematis

clémence [klemɑ̃s] *nf* mildness; leniency

clément, e [klemɑ̃, -ɑ̃t] *adj* (*temps*) mild; (*indulgent*) lenient

clémentine [klemɑ̃tin] *nf* (*Bot*) clementine

clenche [klɑ̃ʃ] *nf* latch

cleptomane [klɛptɔman] *nmf* = **kleptomane**

clerc [klɛʀ] *nm* : **~ de notaire** *ou* **d'avoué** lawyer's clerk

clergé [klɛʀʒe] *nm* clergy

clérical, e, -aux [kleʀikal, -o] *adj* clerical

clic [klik] *m* (*Inform*) click

cliché [kliʃe] *nm* (*fig*) cliché; (*Photo*) negative; print; (*Typo*) (printing) plate; (*Ling*) cliché

client, e [klijɑ̃, -ɑ̃t] *nm/f* (*acheteur*) customer, client; (*d'hôtel*) guest, patron; (*du docteur*) patient; (*de l'avocat*) client

clientèle [klijɑ̃tɛl] *nf* (*du magasin*) customers *pl*, clientèle; (*du docteur, de l'avocat*) practice; **accorder sa ~ à** to give one's custom to; **retirer sa ~ à** to take one's business away from

cligner [kliɲe] /1/ *vi* : **~ des yeux** to blink (one's eyes); **~ de l'œil** to wink

clignotant [kliɲɔtɑ̃] *nm* (*Auto*) indicator

clignoter [kliɲɔte] /1/ *vi* (*étoiles etc*) to twinkle; (*lumière : à intervalles réguliers*) to flash; (*: vaciller*) to flicker; (*yeux*) to blink

climat [klima] *nm* climate

climatique [klimatik] *adj* climatic

climatisation [klimatizasjɔ̃] *nf* air conditioning

climatisé, e [klimatize] *adj* air-conditioned

climatiseur [klimatizœʀ] *nm* air conditioner

clin d'œil [klɛ̃dœj] *nm* wink; **en un ~** in a flash

clinique [klinik] *adj* clinical ▸ *nf* nursing home, (private) clinic

clinquant, e [klɛ̃kɑ̃, -ɑ̃t] *adj* flashy

clip [klip] *nm* (*pince*) clip; (*boucle d'oreille*) clip-on; **(vidéo) ~** pop (*ou* promotional) video

clique [klik] *nf* (*péj : bande*) clique, set; **prendre ses cliques et ses claques** to pack one's bags

cliquer [klike] /1/ *vi* (*Inform*) to click; **~ deux fois** to double-click; **~ sur** to click on ▸ *vt* to click

cliqueter [klik(ə)te] /4/ *vi* to clash; (*ferraille, clefs, monnaie*) to jangle, jingle; (*verres*) to chink

cliquetis [klik(ə)ti] *nm* jangle; jingle; chink

clitoris [klitɔʀis] *nm* clitoris

clivage [klivaʒ] *nm* cleavage; (*fig*) rift, split

clivant, e [klivɑ̃, ɑ̃t] *adj* divisive

cloaque [klɔak] *nm* (*fig*) cesspit

clochard, e [klɔʃaʀ, -aʀd] *nm/f* tramp
cloche [klɔʃ] *nf (d'église)* bell; *(fam)* clot; *(chapeau)* cloche (hat); **~ à fromage** cheese-cover
cloche-pied [klɔʃpje] : **à ~** *adv* on one leg, hopping (along)
clocher [klɔʃe] /1/ *nm* church tower; *(en pointe)* steeple; **de ~** *(péj)* parochial ▸ *vi (fam)* to be *ou* go wrong
clocheton [klɔʃtɔ̃] *nm* pinnacle
clochette [klɔʃɛt] *nf* bell
clodo [klodo] *nm (fam : = clochard)* tramp
cloison [klwazɔ̃] *nf* partition (wall); **~ étanche** *(fig)* impenetrable barrier, brick wall *(fig)*
cloisonner [klwazɔne] /1/ *vt* to partition (off), to divide up; *(fig)* to compartmentalize
cloître [klwatʀ] *nm* cloister
cloîtrer [klwatʀe] /1/ : **se cloîtrer** *vpr* to shut o.s. away; *(Rel)* to enter a convent *ou* monastery
clonage [klonaʒ] *nm* cloning
clone [klon] *nm* clone
cloner [klone] /1/ *vt* to clone
clope [klɔp] *nm ou f (fam)* fag (BRIT), cigarette
clopin-clopant [klɔpɛ̃klɔpɑ̃] *adv* hobbling along; *(fig)* so-so
clopiner [klɔpine] /1/ *vi* to hobble along
cloporte [klɔpɔʀt] *nm* woodlouse
cloque [klɔk] *nf* blister
cloqué, e [klɔke] *adj* : **étoffe cloquée** seersucker
cloquer [klɔke] /1/ *vi (peau, peinture)* to blister
clore [klɔʀ] /45/ *vt* to close; **~ une session** *(Inform)* to log out
clos, e [klo, -oz] *pp de* **clore** ▸ *adj voir* **maison** ; **huis** ; **vase** ▸ *nm* (enclosed) field
clôt [klo] *vb voir* **clore**
clôture [klotyʀ] *nf* closure, closing; *(barrière)* enclosure, fence
clôturer [klotyʀe] /1/ *vt (terrain)* to enclose, close off; *(festival, débats)* to close
clou [klu] *nm* nail; *(Méd)* boil; **le ~ du spectacle** the highlight of the show; **~ de girofle** clove; **pneus à clous** studded tyres; **clous** *nmpl* = **passage clouté**
cloud computing *m* cloud computing
clouer [klue] /1/ *vt* to nail down (*ou* up); *(fig)* : **~ sur/contre** to pin to/against
clouté, e [klute] *adj* studded
clown [klun] *nm* clown; **faire le ~** *(fig)* to clown (about), play the fool
clownerie [klunʀi] *nf* clowning *no pl*; **faire des clowneries** to clown around
club [klœb] *nm* club
CM *sigle f* = **chambre des métiers** ▸ *sigle m* = **conseil municipal**; *(Scol)* = **cours moyen**
cm. *abr (= centimètre)* cm
CMU *sigle f (= couverture maladie universelle) system of free health care for those on low incomes*
CNAT *sigle f (= Commission nationale d'aménagement du territoire) national development agency*
CNC *sigle m (= Conseil national de la consommation) national consumers' council*
CNDP *sigle m* = **Centre national de documentation pédagogique**
CNE *sigle m (= Contrat nouvelles embauches) less stringent type of employment contract for use by small companies*
CNED *sigle m (= Centre national d'enseignement à distance)* ≈ Open University
CNIL *sigle f (= Commission nationale de l'informatique et des libertés) board which enforces law on data protection*
CNIT *sigle m (= Centre national des industries et des techniques) exhibition centre in Paris*
CNJA *sigle m (= Centre national des jeunes agriculteurs) farmers' union*
CNL *sigle f (= Confédération nationale du logement) consumer group for housing*
CNRS *sigle m (= Centre national de la recherche scientifique)* ≈ SERC (BRIT), ≈ NSF (US)
c/o *abr (= care of)* c/o
coagulant [kɔagylɑ̃] *nm (Méd)* coagulant
coaguler [kɔagyle] /1/ *vi, vt,* **se coaguler** *vpr (sang)* to coagulate
coaliser [kɔalize] /1/ : **se coaliser** *vpr* to unite, join forces
coalition [kɔalisjɔ̃] *nf* coalition
coasser [kɔase] /1/ *vi* to croak
coauteur [kɔotœʀ] *nm* co-author
coaxial, e, -aux [koaksjal, -o] *adj* coaxial
cobaye [kɔbaj] *nm* guinea-pig
COBOL, Cobol [kɔbɔl] *nm* COBOL, Cobol
cobra [kɔbʀa] *nm* cobra
coca® [kɔka] *nm* Coke®
cocagne [kɔkaɲ] *nf* : **pays de ~** land of plenty; **mât de ~** greasy pole *(fig)*
cocaïne [kɔkain] *nf* cocaine
cocarde [kɔkaʀd] *nf* rosette
cocardier, -ière [kɔkaʀdje, -jɛʀ] *adj* jingoistic, chauvinistic; militaristic
cocasse [kɔkas] *adj* comical, funny
coccinelle [kɔksinɛl] *nf* ladybird (BRIT), ladybug (US)
coccyx [kɔksis] *nm* coccyx
cocher [kɔʃe] /1/ *nm* coachman ▸ *vt* to tick off; *(entailler)* to notch
cochère [kɔʃɛʀ] *adj f voir* **porte**
cochon, ne [kɔʃɔ̃, -ɔn] *nm* pig; **~ d'Inde** guinea-pig; **~ de lait** *(Culin)* sucking pig ▸ *nm/f (péj : sale)* (filthy) pig; *(: méchant)* swine ▸ *adj (fam)* dirty, smutty
cochonnaille [kɔʃɔnaj] *nf (péj : charcuterie)* (cold) pork
cochonnerie [kɔʃɔnʀi] *nf (fam : saleté)* filth; *(: marchandises)* rubbish, trash
cochonnet [kɔʃɔnɛ] *nm (Boules)* jack
cocker [kɔkɛʀ] *nm* cocker spaniel
cocktail [kɔktɛl] *nm* cocktail; *(réception)* cocktail party
coco [koko] *nm voir* **noix**; *(fam)* bloke (BRIT), dude (US)
cocon [kɔkɔ̃] *nm* cocoon
cocorico [kɔkɔʀiko] *excl, nm* cock-a-doodle-do
cocotier [kɔkɔtje] *nm* coconut palm
cocotte [kɔkɔt] *nf (en fonte)* casserole; **ma ~** *(fam)* sweetie (pie); **~ (minute)**® pressure cooker; **~ en papier** paper shape
cocu [kɔky] *nm (fam)* cuckold
cocufier [kɔkyfje] *vt (fam)* to be unfaithful to
code [kɔd] *nm* code; **~ (à) barres** bar code; **~ de caractère** *(Inform)* character code; **~ civil** Common Law; **~ machine** machine code;

C

~ **pénal** penal code; ~ **postal** (*numéro*) postcode (Brit), zip code (US); ~ **de la route** highway code; ~ **secret** cipher; **se mettre en ~(s)** to dip (Brit) *ou* dim (US) one's (head)lights ▸ *adj* : **phares codes** dipped lights

codéine [kɔdein] *nf* codeine

coder [kɔde] /1/ *vt* to (en)code

codétenu, e [kodet(ə)ny] *nm/f* fellow prisoner *ou* inmate

codicille [kɔdisil] *nm* codicil

codifier [kɔdifje] /7/ *vt* to codify

codirecteur, -trice [kɔdiʀɛktœʀ, -tʀis] *nm/f* co-director

coéditeur, -trice [kɔeditœʀ, -tʀis] *nm/f* co-publisher; (*rédacteur*) co-editor

coefficient [kɔefisjɑ̃] *nm* coefficient; ~ **d'erreur** margin of error

coéquipier, -ière [kɔekipje, -jɛʀ] *nm/f* team-mate, partner

coercition [kɔɛʀsisjɔ̃] *nf* coercion

cœur [kœʀ] *nm* heart; (*Cartes : couleur*) hearts *pl*; (*: carte*) heart; (*Culin*) : ~ **de laitue/d'artichaut** lettuce/artichoke heart; (*fig*) : ~ **du débat** heart of the debate; ~ **de l'été** height of summer; ~ **de la forêt** depths *pl* of the forest; **affaire de ~** love affair; **avoir bon ~** to be kind-hearted; **avoir mal au ~** to feel sick; **contre** *ou* **sur son ~** to one's breast; **opérer qn à ~ ouvert** to perform open-heart surgery on sb; **recevoir qn à ~ ouvert** to welcome sb with open arms; **parler à ~ ouvert** to open one's heart; **de tout son ~** with all one's heart; **avoir le ~ gros** *ou* **serré** to have a heavy heart; **en avoir le ~ net** to be clear in one's own mind (about it); **par ~** by heart; **de bon ~** willingly; **avoir à ~ de faire** to be very keen to do; **cela lui tient à ~** that's (very) close to his heart; **prendre les choses à ~** to take things to heart; **à ~ joie** to one's heart's content; **être de tout ~ avec qn** to be (completely) in accord with sb

coexistence [kɔɛgzistɑ̃s] *nf* coexistence

coexister [kɔegziste] /1/ *vi* to coexist

coffrage [kɔfʀaʒ] *nm* (*Constr : dispositif*) form(work)

coffre [kɔfʀ] *nm* (*meuble*) chest; (*coffre-fort*) safe; (*d'auto*) boot (Brit), trunk (US); **avoir du ~** (*fam*) to have a lot of puff

coffre-fort [kɔfʀəfɔʀ] (*pl* **coffres-forts**) *nm* safe

coffrer [kɔfʀe] /1/ *vt* (*fam*) to put inside, lock up

coffret [kɔfʀɛ] *nm* casket; ~ **à bijoux** jewel box

cogérant, e [kɔʒeʀɑ̃, -ɑ̃t] *nm/f* joint manager/manageress

cogestion [kɔʒestjɔ̃] *nf* joint management

cogiter [kɔʒite] /1/ *vi* to cogitate

cognac [kɔɲak] *nm* brandy, cognac

cognement [kɔɲmɑ̃] *nm* knocking

cogner [kɔɲe] /1/ *vi* to knock, bang; **se cogner** *vpr* to bump o.s.; **se ~ contre** to knock *ou* bump into; **se ~ la tête** to bang one's head

cohabitation [kɔabitasjɔ̃] *nf* living together; (*Pol, Jur*) cohabitation

cohabiter [kɔabite] /1/ *vi* to live together

cohérence [kɔeʀɑ̃s] *nf* coherence

cohérent, e [kɔeʀɑ̃, -ɑ̃t] *adj* coherent, consistent

cohésion [kɔezjɔ̃] *nf* cohesion

cohorte [kɔɔʀt] *nf* troop

cohue [kɔy] *nf* crowd

coi, coite [kwa, kwat] *adj* : **rester ~** to remain silent

coiffe [kwaf] *nf* headdress

coiffé, e [kwafe] *adj* : **bien/mal ~** with tidy/untidy hair; ~ **d'un béret** wearing a beret; ~ **en arrière** with one's hair brushed *ou* combed back; ~ **en brosse** with a crew cut

coiffer [kwafe] /1/ *vt* (*fig : surmonter*) to cover, top; ~ **qn** to do sb's hair; ~ **qn d'un béret** to put a beret on sb; **se coiffer** *vpr* to do one's hair; to put on a *ou* one's hat

coiffeur, -euse [kwafœʀ, -øz] *nm/f* hairdresser ▸ *nf* (*table*) dressing table

coiffure [kwafyʀ] *nf* (*cheveux*) hairstyle, hairdo; (*chapeau*) hat, headgear *no pl*; (*art*) : **la ~** hairdressing

coin [kwɛ̃] *nm* corner; (*pour graver*) die; (*pour coincer*) wedge; (*poinçon*) hallmark; **l'épicerie du ~** the local grocer; **dans le ~** (*aux alentours*) in the area, around about; (*habiter*) locally; **je ne suis pas du ~** I'm not from here; **au ~ du feu** by the fireside; **du ~ de l'œil** out of the corner of one's eye; **regard en ~** side(ways) glance; **sourire en ~** half-smile

coincé, e [kwɛ̃se] *adj* stuck, jammed; (*fig : inhibé*) inhibited, with hang-ups

coincer [kwɛ̃se] /3/ *vt* to jam; (*fam*) to catch (out); to nab; **se coincer** *vpr* to get stuck *ou* jammed

coïncidence [kɔɛ̃sidɑ̃s] *nf* coincidence

coïncider [kɔɛ̃side] /1/ *vi* : ~ **(avec)** to coincide (with); (*correspondre : témoignage etc*) to correspond *ou* tally (with)

coin-coin [kwɛ̃kwɛ̃] *nm inv* quack

coing [kwɛ̃] *nm* quince

coït [kɔit] *nm* coitus

coite [kwat] *adj f voir* **coi**

coke [kɔk] *nm* coke

col [kɔl] *nm* (*de chemise*) collar; (*encolure, cou*) neck; (*de montagne*) pass; ~ **roulé** polo-neck; ~ **de l'utérus** cervix

coléoptère [kɔleɔptɛʀ] *nm* beetle

colère [kɔlɛʀ] *nf* anger; **une ~** a fit of anger; **être en ~ (contre qn)** to be angry (with sb); **mettre qn en ~** to make sb angry; **se mettre en ~ contre qn** to get angry with sb; **se mettre en ~** to get angry

coléreux, -euse [kɔleʀø, -øz], **colérique** [kɔleʀik] *adj* quick-tempered, irascible

colibacille [kɔlibasil] *nm* colon bacillus

colibacillose [kɔlibasiloz] *nf* colibacillosis

colifichet [kɔlifiʃɛ] *nm* trinket

colimaçon [kɔlimasɔ̃] *nm* : **escalier en ~** spiral staircase

colin [kɔlɛ̃] *nm* hake

colin-maillard [kɔlɛ̃majaʀ] *nm* (*jeu*) blind man's buff

colique [kɔlik] *nf* diarrhoea (Brit), diarrhea (US); (*douleurs*) colic (pains *pl*); (*fam : personne ou chose ennuyeuse*) pain

colis [kɔli] *nm* parcel; **par ~ postal** by parcel post

colistier, -ière [kɔlistje, -jɛʀ] *nm/f* fellow candidate
colite [kɔlit] *nf* colitis
coll. *abr* = **collection**; **collaborateurs**; **et coll.** et al.
collaborateur, -trice [kɔlabɔʀatœʀ, -tʀis] *nm/f* (*aussi Pol*) collaborator; (*d'une revue*) contributor
collaboration [kɔlabɔʀasjɔ̃] *nf* collaboration
collaborer [kɔ(l)labɔʀe] /1/ *vi* to collaborate; ~ **à** to collaborate on; (*revue*) to contribute to
collage [kɔlaʒ] *nm* (*Art*) collage
collagène [kɔlaʒɛn] *nm* collagen
collant, e [kɔlɑ̃, -ɑ̃t] *adj* sticky; (*robe etc*) clinging, skintight; (*péj*) clinging ▸ *nm* (*bas*) tights *pl*; (*de danseur*) leotard
collatéral, e, -aux [kɔlateʀal, -o] *nm/f* collateral
collation [kɔlasjɔ̃] *nf* light meal
colle [kɔl] *nf* glue; (*à papiers peints*) (wallpaper) paste; (*devinette*) teaser, riddle; (*Scol : fam*) detention; ~ **forte** superglue®
collecte [kɔlɛkt] *nf* collection; **faire une** ~ to take up a collection
collecter [kɔlɛkte] /1/ *vt* to collect
collecteur [kɔlɛktœʀ] *nm* (*égout*) main sewer
collectif, -ive [kɔlɛktif, -iv] *adj* collective; (*visite, billet etc*) group *cpd*; **immeuble** ~ block of flats ▸ *nm* : ~ **budgétaire** mini-budget (Brit), mid-term budget
collection [kɔlɛksjɔ̃] *nf* collection; (*Édition*) series; **pièce de** ~ collector's item; **faire (la)** ~ **de** to collect; **(toute) une** ~ **de ...** (*fig*) a (complete) set of ...
collectionner [kɔlɛksjɔne] /1/ *vt* (*tableaux, timbres*) to collect
collectionneur, -euse [kɔlɛksjɔnœʀ, -øz] *nm/f* collector
collectivement [kɔlɛktivmɑ̃] *adv* collectively
collectiviser [kɔlɛktivize] /1/ *vt* to collectivize
collectivisme [kɔlɛktivism] *nm* collectivism
collectiviste [kɔlɛktivist] *adj* collectivist
collectivité [kɔlɛktivite] *nf* group; **la** ~ the community, the collectivity; **les collectivités locales** local authorities
collège [kɔlɛʒ] *nm* (*école*) (secondary) school; *see note*; (*assemblée*) body; ~ **électoral** electoral college

COLLÈGE

A **collège** is a secondary school for children between 11 and 15 years of age. Pupils follow a national curriculum consisting of several core subjects, all compulsory, along with several options. Schools are free to arrange their own timetable and choose their own teaching methods. Before leaving this phase of their education, students are assessed by examination and course work for their *brevet des collèges*.

collégial, e, -aux [kɔleʒjal, -o] *adj* collegiate
collégien, ne [kɔleʒjɛ̃, -ɛn] *nm/f* secondary school pupil (Brit), high school student (US)
collègue [kɔ(l)lɛg] *nmf* colleague
coller [kɔle] /1/ *vt* (*papier, timbre*) to stick (on); (*affiche*) to stick up; (*appuyer, placer contre*) : ~ **son front à la vitre** to press one's face to the window; (*enveloppe*) to stick down; (*morceaux*) to stick *ou* glue together; (*Inform*) to paste; (*fam : mettre, fourrer*) to stick, shove; (*Scol : fam*) to keep in, give detention to; ~ **qch sur** to stick (*ou* paste *ou* glue) sth on(to); **être collé à un examen** (*fam*) to fail an exam ▸ *vi* (*être collant*) to be sticky; (*adhérer*) to stick; ~ **à** to stick to; (*fig*) to cling to
collerette [kɔlʀɛt] *nf* ruff; (*Tech*) flange
collet [kɔlɛ] *nm* (*piège*) snare, noose; (*cou*) : **prendre qn au** ~ to grab sb by the throat; ~ **monté** *adj inv* straight-laced
colleter [kɔlte] /4/ *vt* (*adversaire*) to collar, grab by the throat; **se** ~ **avec** to wrestle with
colleur [kɔlœʀ] *nm* : ~ **d'affiches** bill-poster
collier [kɔlje] *nm* (*bijou*) necklace; (*de chien, Tech*) collar; ~ **(de barbe), barbe en** ~ narrow beard along the line of the jaw; ~ **de serrage** choke collar
collimateur [kɔlimatœʀ] *nm* : **être dans le** ~ (*fig*) to be in the firing line; **avoir qn/qch dans le** ~ (*fig*) to have sb/sth in one's sights
colline [kɔlin] *nf* hill
collision [kɔlizjɔ̃] *nf* collision, crash; **entrer en** ~ **(avec)** to collide (with)
colloque [kɔlɔk] *nm* colloquium, symposium
collusion [kɔlyzjɔ̃] *nf* collusion
collutoire [kɔlytwaʀ] *nm* (*Méd*) oral medication; (*en bombe*) throat spray
collyre [kɔliʀ] *nm* (*Méd*) eye lotion
colmater [kɔlmate] /1/ *vt* (*fuite*) to seal off; (*brèche*) to plug, fill in
coloc [kɔlɔk] *nmf* (*fam : dans un appartement*) flatmate (Brit), roommate(US); (: *dans une maison*) housemate (Brit), roommate(US)
colocation [kɔlɔkasjɔ̃] *nf* shared flat (Brit), shared apartment (US); **être en** ~ to share a flat (Brit) *or* apartment (US)
Cologne [kɔlɔɲ] *n* Cologne
colombage [kɔlɔ̃baʒ] *nm* half-timbering; **une maison à colombages** a half-timbered house
colombe [kɔlɔ̃b] *nf* dove
Colombie [kɔlɔ̃bi] *nf* : **la** ~ Colombia
colombien, ne [kɔlɔ̃bjɛ̃, -ɛn] *adj* Colombian ▸ *nm/f* : **Colombien, ne** Colombian
colon [kɔlɔ̃] *nm* settler; (*enfant*) boarder (*in children's holiday camp*)
côlon [kolɔ̃] *nm* colon (*Méd*)
colonel [kɔlɔnɛl] *nm* colonel; (*de l'armée de l'air*) group captain
colonial, e, -aux [kɔlɔnjal, -o] *adj* colonial
colonialisme [kɔlɔnjalism] *nm* colonialism
colonialiste [kɔlɔnjalist] *adj, nmf* colonialist
colonie [kɔlɔni] *nf* colony; ~ **(de vacances)** holiday camp (*for children*)
colonisation [kɔlɔnizasjɔ̃] *nf* colonization
coloniser [kɔlɔnize] /1/ *vt* to colonize
colonnade [kɔlɔnad] *nf* colonnade
colonne [kɔlɔn] *nf* column; **se mettre en** ~ **par deux/quatre** to get into twos/fours; **en** ~ **par deux** in double file; ~ **de secours** rescue party; ~ **(vertébrale)** spine, spinal column
colonnette [kɔlɔnɛt] *nf* small column
colophane [kɔlɔfan] *nf* rosin

colorant [kɔlɔʀɑ̃] *nm* colouring
coloration [kɔlɔʀasjɔ̃] *nf* colour(ing); **se faire faire une ~** *(chez le coiffeur)* to have one's hair dyed
coloré, e [kɔlɔʀe] *adj (fig)* colourful
colorer [kɔlɔʀe] /1/ *vt* to colour; **se colorer** *vpr* to turn red; to blush
coloriage [kɔlɔʀjaʒ] *nm* colouring
colorier [kɔlɔʀje] /7/ *vt* to colour (in); **album à ~** colouring book
coloris [kɔlɔʀi] *nm* colour, shade
coloriste [kɔlɔʀist] *nmf* colourist
colossal, e, -aux [kɔlɔsal, -o] *adj* colossal, huge
colosse [kɔlɔs] *nm* giant
colostrum [kɔlɔstʀɔm] *nm* colostrum
colporter [kɔlpɔʀte] /1/ *vt* to peddle
colporteur, -euse [kɔlpɔʀtœʀ, -øz] *nm/f* hawker, pedlar
colt [kɔlt] *nm* revolver, Colt®
coltiner [kɔltine] /1/ *vt* to lug about
colza [kɔlza] *nm* rape(seed)
COM [kɔm] *sigle m, sigle mpl (= Collectivité(s) d'outre-mer) French overseas departments and regions; see note*
coma [kɔma] *nm* coma; **être dans le ~** to be in a coma
comateux, -euse [kɔmatø, -øz] *adj* comatose
combat [kɔ̃ba] *vb voir* **combattre** ▸ *nm* fight; fighting *no pl*; **~ de boxe** boxing match; **~ de rues** street fighting *no pl*; **~ singulier** single combat
combatif, -ive [kɔ̃batif, -iv] *adj* with a lot of fight
combativité [kɔ̃bativite] *nf* fighting spirit
combattant [kɔ̃batɑ̃] *vb voir* **combattre** ▸ *nm* combatant; *(d'une rixe)* brawler; **ancien ~** war veteran
combattre [kɔ̃batʀ] /41/ *vi* to fight ▸ *vt* to fight; *(épidémie, ignorance)* to combat, fight against
combien [kɔ̃bjɛ̃] *adv (quantité)* how much; *(nombre)* how many; *(exclamatif)* how; **~ de** how much; *(nombre)* how many; **~ de temps** how long, how much time; **c'est ~ ?, ça fait ~ ?** how much is it?; **~ coûte/pèse ceci ?** how much does this cost/weigh?; **vous mesurez ~ ?** what size are you?; **ça fait ~ en largeur ?** how wide is that?; **on est le ~ aujourd'hui ?** *(fam)* what's the date today?
combinaison [kɔ̃binɛzɔ̃] *nf* combination; *(astuce)* device, scheme; *(de femme)* slip; *(d'aviateur)* flying suit; *(de plongée)* wetsuit; *(bleu de travail)* boilersuit (BRIT), coveralls *pl* (US)
combine [kɔ̃bin] *nf* trick; *(péj)* scheme, fiddle (BRIT)
combiné [kɔ̃bine] *nm (aussi :* **combiné téléphonique***)* receiver; *(Ski)* combination (event); *(vêtement de femme)* corselet
combiner [kɔ̃bine] /1/ *vt* to combine; *(plan, horaire)* to work out, devise
comble [kɔ̃bl] *adj (salle)* packed (full) ▸ *nm (du bonheur, plaisir)* height; **de fond en ~** from top to bottom; **pour ~ de malchance** to cap it all; **c'est le ~ !** that beats everything!, that takes the biscuit! (BRIT); **combles** *nmpl (Constr)* attic *sg*, loft *sg*; **sous les combles** in the attic
combler [kɔ̃ble] /1/ *vt (trou)* to fill in; *(besoin, lacune)* to fill; *(déficit)* to make good; *(satisfaire)* to gratify, fulfil (BRIT), fulfill (US); **~ qn de joie** to fill sb with joy; **~ qn d'honneurs** to shower sb with honours
combustible [kɔ̃bystibl] *adj* combustible ▸ *nm* fuel
combustion [kɔ̃bystjɔ̃] *nf* combustion
COMECON [kɔmekɔn] *sigle m* Comecon
comédie [kɔmedi] *nf* comedy; *(fig)* playacting *no pl*; **jouer la ~** *(fig)* to put on an act; **faire une ~** *(fig)* to make a fuss; **la C~-Française** *see note*; **~ musicale** musical

COMÉDIE-FRANÇAISE

Founded in 1680 by Louis XIV, the **Comédie-Française** is the French national theatre. The company is subsidized by the state and mainly performs in the *Palais-Royal* in Paris, tending to focus on classical French drama.

comédien, ne [kɔmedjɛ̃, -ɛn] *nm/f* actor/actress; *(comique)* comedy actor/actress, comedian/comedienne; *(fig)* sham
comestible [kɔmɛstibl] *adj* edible; **comestibles** *nmpl* foods
comète [kɔmɛt] *nf* comet
comice [kɔmis] *nm* : **~ agricole** agricultural show
comique [kɔmik] *adj (drôle)* comical; *(Théât)* comic ▸ *nmf (artiste)* comic, comedian ▸ *nm* : **le ~ de qch** the funny *ou* comical side of sth
comité [kɔmite] *nm* committee; **petit ~** select group; **~ directeur** management committee; **~ d'entreprise** works council; **~ des fêtes** festival committee
commandant [kɔmɑ̃dɑ̃] *nm (gén)* commander, commandant; *(Mil : grade)* major; *(: armée de l'air)* squadron leader; *(Navig)* captain; **~ (de bord)** *(Aviat)* captain
commande [kɔmɑ̃d] *nf (Comm)* order; *(Inform)* command; **passer une ~ (de)** to put in an order (for); **sur ~** to order; **~ à distance** remote control; **véhicule à double ~** vehicle with dual controls; **commandes** *nfpl (Aviat etc)* controls
commandement [kɔmɑ̃dmɑ̃] *nm* command; *(ordre)* command, order; *(Rel)* commandment
commander [kɔmɑ̃de] /1/ *vt (Comm)* to order; *(diriger, ordonner)* to command; **~ à** *(Mil)* to command; *(contrôler, maîtriser)* to have control over; **~ à qn de faire** to command *ou* order sb to do
commanditaire [kɔmɑ̃ditɛʀ] *nm* sleeping (BRIT) *ou* silent (US) partner
commandite [kɔmɑ̃dit] *nf* : **(société en) ~** limited partnership
commanditer [kɔmɑ̃dite] /1/ *vt (Comm)* to finance, back; to commission
commando [kɔmɑ̃do] *nm* commando (squad)

MOT-CLÉ

comme [kɔm] *prép* 1 *(comparaison)* like; **tout comme son père** just like his father; **fort comme un bœuf** as strong as an ox; **joli comme tout** ever so pretty

2 (*manière*) like; **faites-le comme ça** do it like this, do it this way; **comme ça** *ou* **cela on n'aura pas d'ennuis** that way we won't have any problems; **comme ci, comme ça** so-so, middling; **comment ça va ? — comme ça** how are things? — OK; **comme on dit** as they say
3 (*en tant que*) as a; **donner comme prix** to give as a prize; **travailler comme secrétaire** to work as a secretary
4 : **comme quoi** (*d'où il s'ensuit que*) which shows that; **il a écrit une lettre comme quoi il ...** he's written a letter saying that ...
5 : **comme il faut** *adv* properly; *adj* (*correct*) proper, correct
▸ *conj* **1** (*ainsi que*) as; **elle écrit comme elle parle** she writes as she talks; **il est malin comme c'est pas permis** he's as smart as anything; **comme si** as if
2 (*au moment où, alors que*) as; **il est parti comme j'arrivais** he left as I arrived
3 (*parce que, puisque*) as, since; **comme il était en retard, il ...** as he was late, he ...
▸ *adv* : **comme il est fort/c'est bon !** he's so strong/it's so good!

commémoratif, -ive [kɔmemɔʀatif, -iv] *adj* commemorative; **un monument** ~ a memorial
commémoration [kɔmemɔʀasjɔ̃] *nf* commemoration
commémorer [kɔmemɔʀe] /1/ *vt* to commemorate
commencement [kɔmɑ̃smɑ̃] *nm* beginning, start, commencement; **commencements** *nmpl* (*débuts*) beginnings
commencer [kɔmɑ̃se] /3/ *vt* to begin, start, commence; ~ **à** *ou* **de faire** to begin *ou* start doing; ~ **par qch** to begin with sth; ~ **par faire qch** to begin by doing sth ▸ *vi* to begin, start, commence
commensal, e, -aux [kɔmɑ̃sal, -o] *nm/f* companion at table
comment [kɔmɑ̃] *adv* how; ~ **?** (*que dites-vous*) (I beg your) pardon?; ~ **!** what!; **et ~ !** and how!; ~ **donc !** of course!; ~ **faire ?** how will we do it?; ~ **se fait-il que ... ?** how is it that ...? ▸ *nm* : **le ~ et le pourquoi** the whys and wherefores
commentaire [kɔmɑ̃tɛʀ] *nm* comment; remark; ~ **(de texte)** (*Scol*) commentary; ~ **sur image** voice-over
commentateur, -trice [kɔmɑ̃tatœʀ, -tʀis] *nm/f* commentator
commenter [kɔmɑ̃te] /1/ *vt* (*jugement, événement*) to comment (up)on; (*Radio, TV : match, manifestation*) to cover, give a commentary on
commérages [kɔmeʀaʒ] *nmpl* gossip *sg*
commerçant, e [kɔmɛʀsɑ̃, -ɑ̃t] *adj* commercial; trading; (*rue*) shopping *cpd*; (*personne*) commercially shrewd ▸ *nm/f* shopkeeper, trader
commerce [kɔmɛʀs] *nm* (*activité*) trade, commerce; (*boutique*) business; **le petit ~** small shop owners *pl*, small traders *pl*; **faire ~ de** to trade in; (*fig : péj*) to trade on; **chambre de ~** Chamber of Commerce; **livres de ~** (account) books; **vendu dans le ~** sold in the shops; **vendu hors-~** sold directly to the public; ~ **en** *ou* **de gros/détail** wholesale/retail trade; ~ **électronique** e-commerce; ~ **équitable** fair trade; ~ **intérieur/extérieur** home/foreign trade
commercer [kɔmɛʀse] /3/ *vi* : ~ **avec** to trade with
commercial, e, -aux [kɔmɛʀsjal, -o] *adj* commercial, trading; (*péj*) commercial ▸ *nm* : **les commerciaux** the commercial people
commercialisable [kɔmɛʀsjalizabl] *adj* marketable
commercialisation [kɔmɛʀsjalizasjɔ̃] *nf* marketing
commercialiser [kɔmɛʀsjalize] /1/ *vt* to market
commère [kɔmɛʀ] *nf* gossip
commettant [kɔmetɑ̃] *vb voir* **commettre** ▸ *nm* (*Jur*) principal
commettre [kɔmɛtʀ] /56/ *vt* to commit; **se commettre** *vpr* to compromise one's good name
commis[1] [kɔmi] *nm* (*de magasin*) (shop) assistant (Brit), sales clerk (US); (*de banque*) clerk; ~ **voyageur** commercial traveller (Brit) *ou* traveler (US)
commis[2], **e** [kɔmi, -iz] *pp de* **commettre**
commisération [kɔmizeʀasjɔ̃] *nf* commiseration
commissaire [kɔmisɛʀ] *nm* (*de police*) ≈ (police) superintendent (Brit), ≈ (police) captain (US); (*de rencontre sportive etc*) steward; ~ **du bord** (*Navig*) purser; ~ **aux comptes** (*Admin*) auditor
commissaire-priseur [kɔmisɛʀpʀizœʀ] (*pl* **commissaires-priseurs**) *nm* (official) auctioneer
commissariat [kɔmisaʀja] *nm* (*aussi* : **commissariat de police**) police station; (*Admin*) commissionership
commission [kɔmisjɔ̃] *nf* (*comité, pourcentage*) commission; (*message*) message; (*course*) errand; ~ **d'examen** examining board; **commissions** *nfpl* (*achats*) shopping *sg*
commissionnaire [kɔmisjɔnɛʀ] *nm* delivery boy (*ou* man); messenger; (*Transports*) (forwarding) agent
commissure [kɔmisyʀ] *nf* : **les commissures des lèvres** the corners of the mouth
commode [kɔmɔd] *adj* (*pratique*) convenient, handy; (*facile*) easy; (*air, personne*) easy-going; (*personne*) : **pas ~** awkward (to deal with) ▸ *nf* chest of drawers
commodité [kɔmɔdite] *nf* convenience
commotion [kɔmosjɔ̃] *nf* : ~ **(cérébrale)** concussion
commotionné, e [kɔmosjɔne] *adj* shocked, shaken
commuer [kɔmɥe] /1/ *vt* to commute
commun, e [kɔmœ̃, -yn] *adj* common; (*pièce*) communal, shared; (*réunion, effort*) joint; **d'un ~ accord** of one accord; with one accord; **être ~ à** (*chose*) to be shared by; **en ~** (*faire*) jointly; **mettre en ~** to pool, share; **peu ~** unusual; **sans commune mesure** incomparable
▸ *nmsg* : **le ~ des mortels** the common run of people; **cela sort du ~** it's out of the ordinary

C

▸ *nf* (*Admin*) commune, ≈ district; (*: urbaine*) ≈ borough; **communs** *nmpl* (*bâtiments*) outbuildings
communal, e, -aux [kɔmynal, -o] *adj* (*Admin*) of the commune, ≈ (district *ou* borough) council *cpd*
communard, e [kɔmynaʀ, -aʀd] *nm/f* (*Hist*) Communard; (*péj : communiste*) commie
communautaire [kɔmynotɛʀ] *adj* community *cpd*
communauté [kɔmynote] *nf* community; (*Jur*) : **régime de la ~** communal estate settlement
commune [kɔmyn] *adj f, nf voir* **commun**
communément [kɔmynemɑ̃] *adv* commonly
Communes [kɔmyn] *nfpl* (*en Grande-Bretagne : parlement*) Commons
communiant, e [kɔmynjɑ̃, -ɑ̃t] *nm/f* communicant; **premier ~** child taking his first communion
communicant, e [kɔmynikɑ̃, -ɑ̃t] *adj* communicating
communicatif, -ive [kɔmynikatif, -iv] *adj* (*personne*) communicative; (*rire*) infectious
communication [kɔmynikasjɔ̃] *nf* communication; **~ (téléphonique)** (telephone) call; **avoir la ~ (avec)** to get *ou* be through (to); **vous avez la ~** you're through; **donnez-moi la ~ avec** put me through to; **mettre qn en ~ avec qn** (*en contact*) to put sb in touch with sb; (*au téléphone*) to connect sb with sb; **~ interurbaine** long-distance call; **~ en PCV** reverse charge (BRIT) *ou* collect (US) call; **~ avec préavis** personal call
communier [kɔmynje] /**7**/ *vi* (*Rel*) to receive communion; (*fig*) to be united
communion [kɔmynjɔ̃] *nf* communion
communiqué [kɔmynike] *nm* communiqué; **~ de presse** press release
communiquer [kɔmynike] /**1**/ *vt* (*nouvelle, dossier*) to pass on, convey; (*maladie*) to pass on; (*peur etc*) to communicate; (*chaleur, mouvement*) to transmit ▸ *vi* to communicate; **~ avec** (*salle*) to communicate with; **se communiquer à** *vpr* (*se propager*) to spread to
communisme [kɔmynism] *nm* communism
communiste [kɔmynist] *adj, nmf* communist
commutateur [kɔmytatœʀ] *nm* (*Élec*) (change-over) switch, commutator
commutation [kɔmytasjɔ̃] *nf* (*Inform*) : **~ de messages** message switching; **~ de paquets** packet switching
Comores [kɔmɔʀ] *nfpl* : **les (îles) ~** the Comoros (Islands)
comorien, ne [kɔmɔʀjɛ̃, -ɛn] *adj* of *ou* from the Comoros
compact, e [kɔ̃pakt] *adj* (*dense*) dense; (*appareil*) compact
compagne [kɔ̃paɲ] *nf* companion
compagnie [kɔ̃paɲi] *nf* (*firme, Mil*) company; (*groupe*) gathering; (*présence*) : **la ~ de qn** sb's company; **homme/femme de ~** escort; **tenir ~ à qn** to keep sb company; **fausser ~ à qn** to give sb the slip, slip *ou* sneak away from sb; **en ~ de** in the company of; **Dupont et ~, Dupont et Cie** Dupont and Company, Dupont and Co; **~ aérienne** airline (company)
compagnon [kɔ̃paɲɔ̃] *nm* companion; (*autrefois : ouvrier*) craftsman; journeyman
comparable [kɔ̃paʀabl] *adj* : **~ (à)** comparable (to)
comparaison [kɔ̃paʀɛzɔ̃] *nf* comparison; (*métaphore*) simile; **en ~ (de)** in comparison (with); **par ~ (à)** by comparison (with)
comparaître [kɔ̃paʀɛtʀ] /**57**/ *vi* : **~ (devant)** to appear (before)
comparatif, -ive [kɔ̃paʀatif, -iv] *adj, nm* comparative
comparativement [kɔ̃paʀativmɑ̃] *adv* comparatively; **~ à** by comparison with
comparé, e [kɔ̃paʀe] *adj* : **littérature** *etc* **comparée** comparative literature *etc*
comparer [kɔ̃paʀe] /**1**/ *vt* to compare; **~ qch/qn à** *ou* **et** (*pour choisir*) to compare sth/sb with *ou* and; (*pour établir une similitude*) to compare sth/sb to *ou* and
comparse [kɔ̃paʀs] *nmf* (*péj*) associate, stooge
compartiment [kɔ̃paʀtimɑ̃] *nm* compartment
compartimenté, e [kɔ̃paʀtimɑ̃te] *adj* partitioned; (*fig*) compartmentalized
comparu, e [kɔ̃paʀy] *pp de* **comparaître**
comparution [kɔ̃paʀysjɔ̃] *nf* appearance
compas [kɔ̃pɑ] *nm* (*Géom*) (pair of) compasses *pl*; (*Navig*) compass
compassé, e [kɔ̃pɑse] *adj* starchy, formal
compassion [kɔ̃pasjɔ̃] *nf* compassion
compatibilité [kɔ̃patibilite] *nf* compatibility
compatible [kɔ̃patibl] *adj* compatible; **~ (avec)** compatible (with)
compatir [kɔ̃patiʀ] /**2**/ *vi* : **~ (à)** to sympathize (with)
compatissant, e [kɔ̃patisɑ̃, -ɑ̃t] *adj* sympathetic
compatriote [kɔ̃patʀijɔt] *nmf* compatriot, fellow countryman/woman
compensateur, -trice [kɔ̃pɑ̃satœʀ, -tʀis] *adj* compensatory
compensation [kɔ̃pɑ̃sasjɔ̃] *nf* compensation; (*Banque*) clearing; **en ~** in *ou* as compensation
compensé, e [kɔ̃pɑ̃se] *adj* : **semelle compensée** platform sole
compenser [kɔ̃pɑ̃se] /**1**/ *vt* to compensate for, make up for
compère [kɔ̃pɛʀ] *nm* accomplice; fellow musician *ou* comedian *etc*
compétence [kɔ̃petɑ̃s] *nf* competence
compétent, e [kɔ̃petɑ̃, -ɑ̃t] *adj* (*apte*) competent, capable; (*Jur*) competent
compétitif, -ive [kɔ̃petitif, -iv] *adj* competitive
compétition [kɔ̃petisjɔ̃] *nf* (*gén*) competition; (*Sport : épreuve*) event; **la ~** competitive sport; **être en ~ avec** to be competing with; **la ~ automobile** motor racing
compétitivité [kɔ̃petitivite] *nf* competitiveness
compilateur [kɔ̃pilatœʀ] *nm* (*Inform*) compiler
compilation [kɔ̃pilasjɔ̃] *nm* compilation
compiler [kɔ̃pile] /**1**/ *vt* to compile
complainte [kɔ̃plɛ̃t] *nf* lament
complaire [kɔ̃plɛʀ] /**54**/ : **se complaire** *vpr* : **se ~ dans/parmi** to take pleasure in/in being among
complaisais *etc* [kɔ̃plɛzɛ] *vb voir* **complaire**

complaisamment [kɔ̃plɛzamɑ̃] *adv* kindly; complacently
complaisance [kɔ̃plɛzɑ̃s] *nf* kindness; (*péj*) indulgence; (*: fatuité*) complacency; **attestation de ~** *certificate produced to oblige a patient etc*; **pavillon de ~** flag of convenience
complaisant, e [kɔ̃plɛzɑ̃, -ɑ̃t] *vb voir* **complaire** ▸ *adj* (*aimable*) kind; obliging; (*péj*) accommodating; (*: fat*) complacent
complaît [kɔ̃plɛ] *vb voir* **complaire**
complément [kɔ̃plemɑ̃] *nm* complement; (*reste*) remainder; (*Ling*) complement; **~ d'information** (*Admin*) supplementary *ou* further information; **~ d'agent** agent; **~ (d'objet) direct/indirect** direct/indirect object; **~ (circonstanciel) de lieu/temps** adverbial phrase of place/time; **~ de nom** possessive phrase
complémentaire [kɔ̃plemɑ̃tɛʀ] *adj* complementary; (*additionnel*) supplementary
complet, -ète [kɔ̃plɛ, -ɛt] *adj* complete; (*plein : hôtel etc*) full; **pain ~** wholemeal bread ▸ *nm* (*aussi* : **complet-veston**) suit; **au (grand) ~** all together
complètement [kɔ̃plɛtmɑ̃] *adv* (*en entier*) completely; (*absolument : fou, faux etc*) absolutely; (*à fond : étudier etc*) fully, in depth
compléter [kɔ̃plete] /**6**/ *vt* (*porter à la quantité voulue*) to complete; (*augmenter : connaissances, études*) to complement, supplement; (*: garde-robe*) to add to; **se compléter** *vpr* (*personnes*) to complement one another; (*collection etc*) to become complete
complexe [kɔ̃plɛks] *adj* complex ▸ *nm* (*Psych*) complex, hang-up; (*bâtiments*) : **~ hospitalier/industriel** hospital/industrial complex
complexé, e [kɔ̃plɛkse] *adj* mixed-up, hung-up
complexité [kɔ̃plɛksite] *nf* complexity
complication [kɔ̃plikasjɔ̃] *nf* complexity, intricacy; (*difficulté, ennui*) complication; **complications** *nfpl* (*Méd*) complications
complice [kɔ̃plis] *nm* accomplice
complicité [kɔ̃plisite] *nf* complicity
compliment [kɔ̃plimɑ̃] *nm* (*louange*) compliment; **compliments** *nmpl* (*félicitations*) congratulations
complimenter [kɔ̃plimɑ̃te] /**1**/ *vt* : **~ qn (sur** *ou* **de)** to congratulate *ou* compliment sb (on)
compliqué, e [kɔ̃plike] *adj* complicated, complex, intricate; (*personne*) complicated
compliquer [kɔ̃plike] /**1**/ *vt* to complicate; **se compliquer** *vpr* (*situation*) to become complicated; **se ~ la vie** to make life difficult *ou* complicated for o.s.
complot [kɔ̃plo] *nm* plot
comploter [kɔ̃plɔte] /**1**/ *vi, vt* to plot
complu, e [kɔ̃ply] *pp de* **complaire**
comportement [kɔ̃pɔʀtəmɑ̃] *nm* behaviour (Brit), behavior (*US*); (*Tech : d'une pièce, d'un véhicule*) behavio(u)r, performance
comporter [kɔ̃pɔʀte] /**1**/ *vt* (*consister en*) to consist of, be composed of, comprise; (*être équipé de*) to have; (*impliquer*) to entail, involve; **se comporter** *vpr* to behave; (*Tech*) to behave, perform
composant [kɔ̃pozɑ̃] *nm* component, constituent
composante [kɔ̃pozɑ̃t] *nf* component
composé, e [kɔ̃poze] *adj* (*visage, air*) studied; (*Bio, Chimie, Ling*) compound; **~ de** made up of ▸ *nm* (*Chimie, Ling*) compound
composer [kɔ̃poze] /**1**/ *vt* (*musique, texte*) to compose; (*mélange, équipe*) to make up; (*faire partie de*) to make up, form; (*Typo*) to (type)set; **~ un numéro** to dial a number ▸ *vi* (*Scol*) to sit *ou* do a test; (*transiger*) to come to terms; **se composer de** *vpr* to be composed of, be made up of
composite [kɔ̃pozit] *adj* heterogeneous
compositeur, -trice [kɔ̃pozitœʀ, -tʀis] *nm/f* (*Mus*) composer; (*Typo*) compositor, typesetter
composition [kɔ̃pozisjɔ̃] *nf* composition; (*Scol*) test; (*Typo*) (type)setting, composition; **de bonne ~** (*accommodant*) easy to deal with; **amener qn à ~** to get sb to come to terms; **~ française** (*Scol*) French essay
compost [kɔ̃pɔst] *nm* compost
composter [kɔ̃pɔste] /**1**/ *vt* to date-stamp; (*billet*) to punch; *see note*

COMPOSTER

In France you have to punch (**composter**) your ticket on the platform to validate it before getting on the train. Travellers who fail to do so may be asked to pay a supplementary fare once on board, although tickets bought online and printed out at home are not subject to this rule.

composteur [kɔ̃pɔstœʀ] *nm* date stamp; punch; (*Typo*) composing stick
compote [kɔ̃pɔt] *nf* stewed fruit *no pl*; **~ de pommes** stewed apples
compotier [kɔ̃pɔtje] *nm* fruit dish *ou* bowl
compréhensible [kɔ̃pʀeɑ̃sibl] *adj* comprehensible; (*attitude*) understandable
compréhensif, -ive [kɔ̃pʀeɑ̃sif, -iv] *adj* understanding
compréhension [kɔ̃pʀeɑ̃sjɔ̃] *nf* understanding; comprehension
comprendre [kɔ̃pʀɑ̃dʀ] /**58**/ *vt* to understand; (*se composer de*) to comprise, consist of; (*inclure*) to include; **se faire ~** to make o.s. understood; to get one's ideas across; **mal ~** to misunderstand
compresse [kɔ̃pʀɛs] *nf* compress
compresser [kɔ̃pʀese] /**1**/ *vt* to squash in, crush together; (*Inform*) to zip
compresseur [kɔ̃pʀesœʀ] *adj m voir* **rouleau**
compressible [kɔ̃pʀesibl] *adj* (*Physique*) compressible; (*dépenses*) reducible
compression [kɔ̃pʀɛsjɔ̃] *nf* compression; (*d'un crédit etc*) reduction
comprimé, e [kɔ̃pʀime] *adj* : **air ~** compressed air ▸ *nm* tablet
comprimer [kɔ̃pʀime] /**1**/ *vt* to compress; (*fig : crédit etc*) to reduce, cut down
compris, e [kɔ̃pʀi, -iz] *pp de* **comprendre** ▸ *adj* (*inclus*) included; **~ ?** understood?, is that clear?; **~ entre** (*situé*) contained between; **la maison**

comprise/non comprise, y/non ~ la maison including/excluding the house; **service ~** service (charge) included; **100 euros tout ~** 100 euros all inclusive *ou* all-in

compromettant, e [kɔ̃pʀɔmetɑ̃, -ɑ̃t] *adj* compromising

compromettre [kɔ̃pʀɔmɛtʀ] /**56**/ *vt* to compromise

compromis [kɔ̃pʀɔmi] *vb voir* **compromettre** ▸ *nm* compromise

compromission [kɔ̃pʀɔmisjɔ̃] *nf* compromise, deal

comptabiliser [kɔ̃tabilize] /**1**/ *vt* (*valeur*) to post; (*fig*) to evaluate

comptabilité [kɔ̃tabilite] *nf* (*activité, technique*) accounting, accountancy; (*d'une société : comptes*) accounts *pl*, books *pl*; (*: service*) accounts office *ou* department; **~ à partie double** double-entry book-keeping

comptable [kɔ̃tabl] *nmf* accountant ▸ *adj* accounts *cpd*, accounting

comptant [kɔ̃tɑ̃] *adv* : **payer ~** to pay cash; **acheter ~** to buy for cash

compte [kɔ̃t] *nm* count, counting; (*total, montant*) count, (right) number; (*bancaire, facture*) account; **ouvrir un ~** to open an account; **faire le ~ de** to count up, make a count of; **tout ~ fait** on the whole; **à ce ~-là** (*dans ce cas*) in that case; (*à ce train-là*) at that rate; **en fin de ~** (*fig*) all things considered, weighing it all up; **au bout du ~** in the final analysis; **à bon ~** at a favourable price; (*fig*) lightly; **avoir son ~** (*fig : fam*) to have had it; **s'en tirer à bon ~** to get off lightly; **pour le ~ de** on behalf of; **pour son propre ~** for one's own benefit; **sur le ~ de qn** (*à son sujet*) about sb; **travailler à son ~** to work for oneself; **mettre qch sur le ~ de qn** (*le rendre responsable*) to attribute sth to sb; **prendre qch à son ~** to take responsibility for sth; **trouver son ~ à qch** to do well out of sth; **régler un ~** (*s'acquitter de qch*) to settle an account; (*se venger*) to get one's own back; **rendre ~ (à qn) de qch** to give (sb) an account of sth; **tenir ~ de qch** to take sth into account; **~ tenu de** taking into account; **~ en banque** bank account; **~ chèque(s)** current account; **~ chèque postal** Post Office account; **~ client** (*sur bilan*) accounts receivable; **~ courant** current account; **~ de dépôt** deposit account; **~ d'exploitation** operating account; **~ fournisseur** (*sur bilan*) accounts payable; **~ à rebours** countdown; **~ rendu** account, report; (*de film, livre*) review; **comptes** *nmpl* accounts, books; (*fig*) explanation *sg*; **rendre des comptes à qn** (*fig*) to be answerable to sb

compte-gouttes [kɔ̃tgut] *nm inv* dropper

compter [kɔ̃te] /**1**/ *vt* to count; (*facturer*) to charge for; (*avoir à son actif, comporter*) to have; (*prévoir*) to allow, reckon; (*tenir compte de, inclure*) to include; (*penser, espérer*) : **~ réussir/revenir** to expect to succeed/return; **sans ~ que** besides which ▸ *vi* to count; (*être économe*) to economize; (*être non négligeable*) to count, matter; (*valoir*) : **~ pour** to count for; (*figurer*) : **~ parmi** to be *ou* rank among; **~ sur** to count (up)on; **~ avec qch/qn** to reckon with *ou* take account of sth/sb; **~ sans qch/qn** to reckon without sth/sb; **à ~ du 10 janvier** (*Comm*) (as) from 10th January

compte-tours [kɔ̃ttuʀ] *nm inv* rev(olution) counter

compteur [kɔ̃tœʀ] *nm* meter; **~ de vitesse** speedometer

comptine [kɔ̃tin] *nf* nursery rhyme

comptoir [kɔ̃twaʀ] *nm* (*de magasin*) counter; (*de café*) counter, bar; (*colonial*) trading post

compulser [kɔ̃pylse] /**1**/ *vt* to consult

comte, comtesse [kɔ̃t, kɔ̃tɛs] *nm/f* count/ countess

con, ne [kɔ̃, kɔn] *adj* (*!*) bloody (Brit *!*) *ou* damned stupid

concasser [kɔ̃kɑse] /**1**/ *vt* (*pierre, sucre*) to crush; (*poivre*) to grind

concave [kɔ̃kav] *adj* concave

concéder [kɔ̃sede] /**6**/ *vt* to grant; (*défaite, point*) to concede; **~ que** to concede that

concentration [kɔ̃sɑ̃tʀasjɔ̃] *nf* concentration

concentrationnaire [kɔ̃sɑ̃tʀasjɔnɛʀ] *adj* of *ou* in concentration camps

concentré [kɔ̃sɑ̃tʀe] *nm* concentrate; **~ de tomates** tomato purée

concentrer [kɔ̃sɑ̃tʀe] /**1**/ *vt* to concentrate; **se concentrer** *vpr* to concentrate

concentrique [kɔ̃sɑ̃tʀik] *adj* concentric

concept [kɔ̃sɛpt] *nm* concept

concepteur, -trice [kɔ̃sɛptœʀ, -tʀis] *nm/f* designer

conception [kɔ̃sɛpsjɔ̃] *nf* conception; (*d'une machine etc*) design

concernant [kɔ̃sɛʀnɑ̃] *prép* (*se rapportant à*) concerning; (*en ce qui concerne*) as regards

concerner [kɔ̃sɛʀne] /**1**/ *vt* to concern; **en ce qui me concerne** as far as I am concerned; **en ce qui concerne ceci** as far as this is concerned, with regard to this

concert [kɔ̃sɛʀ] *nm* concert; **de ~** *adv* in unison; together; (*décider*) unanimously

concertation [kɔ̃sɛʀtasjɔ̃] *nf* (*échange de vues*) dialogue; (*rencontre*) meeting

concerter [kɔ̃sɛʀte] /**1**/ *vt* to devise; **se concerter** *vpr* (*collaborateurs etc*) to put our (*ou* their *etc*) heads together, consult (each other)

concertiste [kɔ̃sɛʀtist] *nmf* concert artist

concerto [kɔ̃sɛʀto] *nm* concerto

concession [kɔ̃sesjɔ̃] *nf* concession

concessionnaire [kɔ̃sesjɔnɛʀ] *nmf* agent, dealer

concevable [kɔ̃s(ə)vabl] *adj* conceivable

concevoir [kɔ̃s(ə)vwaʀ] /**28**/ *vt* (*idée, projet*) to conceive (of); (*méthode, plan*) design; (*comprendre*) to understand; (*enfant*) to conceive; **se concevoir** *vpr* to be conceivable; **ça se conçoit** it's understandable

concierge [kɔ̃sjɛʀʒ] *nmf* caretaker; (*d'hôtel*) head porter

conciergerie [kɔ̃sjɛʀʒəʀi] *nf* caretaker's lodge

concile [kɔ̃sil] *nm* council, synod

conciliable [kɔ̃siljabl] *adj* (*opinions etc*) reconcilable

conciliabules [kɔ̃siljabyl] *nmpl* (private) discussions, confabulations (Brit)

conciliant, e [kɔ̃siljɑ̃, -ɑ̃t] *adj* conciliatory
conciliateur, -trice [kɔ̃siljatœʀ, -tʀis] *nm/f* mediator, go-between
conciliation [kɔ̃siljasjɔ̃] *nf* conciliation
concilier [kɔ̃silje] /**7**/ *vt* to reconcile; **se ~ qn/l'appui de qn** to win sb over/sb's support
concis, e [kɔ̃si, -iz] *adj* concise
concision [kɔ̃sizjɔ̃] *nf* concision, conciseness
concitoyen, ne [kɔ̃sitwajɛ̃, -ɛn] *nm/f* fellow citizen
conclave [kɔ̃klav] *nm* conclave
concluant, e [kɔ̃klyɑ̃, -ɑ̃t] *vb voir* **conclure** ▸ *adj* conclusive
conclure [kɔ̃klyʀ] /**35**/ *vt* to conclude; (*signer : accord, pacte*) to enter into; (*déduire*) : **~ qch de qch** to deduce sth from sth; **~ à l'acquittement** to decide in favour of an acquittal; **~ au suicide** to come to the conclusion (*ou* (*Jur*) to pronounce) that it is a case of suicide; **~ un marché** to clinch a deal; **j'en conclus que** from that I conclude that
conclusion [kɔ̃klyzjɔ̃] *nf* conclusion; **en ~** in conclusion; **conclusions** *nfpl* (*Jur*) submissions; findings
concocter [kɔ̃kɔkte] /**1**/ *vt* to concoct
conçois [kɔ̃swa], **conçoive** *etc* [kɔ̃swav] *vb voir* **concevoir**
concombre [kɔ̃kɔ̃bʀ] *nm* cucumber
concomitant, e [kɔ̃kɔmitɑ̃, -ɑ̃t] *adj* concomitant
concordance [kɔ̃kɔʀdɑ̃s] *nf* concordance; **la ~ des temps** (*Ling*) the sequence of tenses
concordant, e [kɔ̃kɔʀdɑ̃, -ɑ̃t] *adj* (*témoignages, versions*) corroborating
concorde [kɔ̃kɔʀd] *nf* concord
concorder [kɔ̃kɔʀde] /**1**/ *vi* to tally, agree
concourir [kɔ̃kuʀiʀ] /**11**/ *vi* (*Sport*) to compete; **~ à** *vt* (*effet etc*) to work towards
concours [kɔ̃kuʀ] *vb voir* **concourir** ▸ *nm* competition; (*Scol*) competitive examination; (*assistance*) aid, help; **recrutement par voie de ~** recruitment by (competitive) examination; **apporter son ~ à** to give one's support to; **~ de circonstances** combination of circumstances; **~ hippique** horse show; *voir* **hors-concours**
concret, -ète [kɔ̃kʀɛ, -ɛt] *adj* concrete
concrètement [kɔ̃kʀɛtmɑ̃] *adv* in concrete terms
concrétisation [kɔ̃kʀetizasjɔ̃] *nf* realization
concrétiser [kɔ̃kʀetize] /**1**/ *vt* to realize; **se concrétiser** *vpr* to materialize
conçu, e [kɔ̃sy] *pp de* **concevoir** ▸ *adj* : **maison bien/mal conçue** well-/badly-designed *ou* -planned house
concubin, e [kɔ̃kybɛ̃, -in] *nm/f* (*Jur*) cohabitant
concubinage [kɔ̃kybinaʒ] *nm* (*Jur*) cohabitation
concupiscence [kɔ̃kypisɑ̃s] *nf* concupiscence
concurremment [kɔ̃kyʀamɑ̃] *adv* concurrently; jointly
concurrence [kɔ̃kyʀɑ̃s] *nf* competition; **jusqu'à ~ de** up to; **faire ~ à** to be in competition with; **~ déloyale** unfair competition
concurrencer [kɔ̃kyʀɑ̃se] /**3**/ *vt* to compete with; **ils nous concurrencent dangereusement** they are a serious threat to us
concurrent, e [kɔ̃kyʀɑ̃, -ɑ̃t] *adj* competing ▸ *nm/f* (*Sport, Écon etc*) competitor; (*Scol*) candidate
concurrentiel, le [kɔ̃kyʀɑ̃sjɛl] *adj* competitive
conçus [kɔ̃sy] *vb voir* **concevoir**
condamnable [kɔ̃danabl] *adj* (*action, opinion*) reprehensible
condamnation [kɔ̃danasjɔ̃] *nf* (*action*) condemnation; sentencing; (*peine*) sentence; conviction; **~ à mort** death sentence
condamné, e [kɔ̃dane] *nm/f* (*Jur*) convict
condamner [kɔ̃dane] /**1**/ *vt* (*blâmer*) to condemn; (*Jur*) to sentence; (*porte, ouverture*) to fill in, block up; (*malade*) to give up (hope for); (*obliger*) : **~ qn à qch/à faire** to condemn sb to sth/to do; **~ qn à deux ans de prison** to sentence sb to two years' imprisonment; **~ qn à une amende** to impose a fine on sb
condensateur [kɔ̃dɑ̃satœʀ] *nm* condenser
condensation [kɔ̃dɑ̃sasjɔ̃] *nf* condensation
condensé [kɔ̃dɑ̃se] *nm* digest
condenser [kɔ̃dɑ̃se] /**1**/ : **se condenser** *vpr* to condense
condescendance [kɔ̃desɑ̃dɑ̃s] *nf* condescension
condescendant, e [kɔ̃desɑ̃dɑ̃, -ɑ̃t] *adj* (*personne, attitude*) condescending
condescendre [kɔ̃desɑ̃dʀ] /**41**/ *vi* : **~ à** to condescend to
condiment [kɔ̃dimɑ̃] *nm* condiment
condisciple [kɔ̃disipl] *nmf* school fellow, fellow student
condition [kɔ̃disjɔ̃] *nf* condition; **sans ~** *adj* unconditional; *adv* unconditionally; **sous ~ que** on condition that; **à ~ de** *ou* **que** provided that; **en bonne ~** in good condition; **mettre en ~** (*Sport etc*) to get fit; (*Psych*) to condition (mentally); **conditions** *nfpl* (*tarif, prix*) terms; (*circonstances*) conditions; **conditions de vie** living conditions
conditionné, e [kɔ̃disjɔne] *adj* : **air ~** air conditioning; **réflexe ~** conditioned reflex
conditionnel, le [kɔ̃disjɔnɛl] *adj* conditional ▸ *nm* conditional (tense)
conditionnement [kɔ̃disjɔnmɑ̃] *nm* (*emballage*) packaging; (*fig*) conditioning
conditionner [kɔ̃disjɔne] /**1**/ *vt* (*déterminer*) to determine; (*Comm : produit*) to package; (*fig : personne*) to condition
condoléances [kɔ̃dɔleɑ̃s] *nfpl* condolences
conducteur, -trice [kɔ̃dyktœʀ, -tʀis] *adj* (*Élec*) conducting ▸ *nm/f* (*Auto etc*) driver; (*d'une machine*) operator ▸ *nm* (*Élec etc*) conductor

> ⚠ **conducteur** does not usually mean *conductor*.

conduire [kɔ̃dɥiʀ] /**38**/ *vt* (*véhicule, passager*) to drive; (*délégation, troupeau*) to lead; **~ qn quelque part** to take sb somewhere; to drive sb somewhere ▸ *vi* : **~ vers/à** to lead towards/to; **se conduire** *vpr* to behave
conduit, e [kɔ̃dɥi, -it] *pp de* **conduire** ▸ *nm* (*Tech*) conduit, pipe; (*Anat*) duct, canal

conduite [kɔ̃dɥit] *nf* (*en auto*) driving; (*comportement*) behaviour (Brit), behavior (US); (*d'eau, de gaz*) pipe; **sous la ~ de** led by; **~ forcée** pressure pipe; **~ à gauche** left-hand drive; **~ intérieure** saloon (car); **~ sous l'emprise de stupéfiants** drug-driving
cône [kon] *nm* cone; **en forme de ~** cone-shaped
conf. *abr* = **confort**; **tt conf.** all mod cons (Brit)
confection [kɔ̃fɛksjɔ̃] *nf* (*fabrication*) making; (*Couture*): **la ~** the clothing industry, the rag trade (*fam*); **vêtement de ~** ready-to-wear *ou* off-the-peg garment
confectionner [kɔ̃fɛksjɔne] /1/ *vt* to make
confédération [kɔ̃fedeʀasjɔ̃] *nf* confederation
conférence [kɔ̃feʀɑ̃s] *nf* (*exposé*) lecture; (*pourparlers*) conference; **~ de presse** press conference; **~ au sommet** summit (conference)
conférencier, -ière [kɔ̃feʀɑ̃sje, -jɛʀ] *nm/f* lecturer
conférer [kɔ̃feʀe] /6/ *vt*: **~ à qn** (*titre, grade*) to confer on sb; **~ à qch/qn** (*aspect etc*) to endow sth/sb with, give (to) sth/sb
confesser [kɔ̃fese] /1/ *vt* to confess; **se confesser** *vpr* (*Rel*) to go to confession
confesseur [kɔ̃fesœʀ] *nm* confessor
confession [kɔ̃fɛsjɔ̃] *nf* confession; (*culte: catholique etc*) denomination
confessionnal, -aux [kɔ̃fesjɔnal, -o] *nm* confessional
confessionnel, le [kɔ̃fesjɔnɛl] *adj* denominational
confetti [kɔ̃feti] *nm* confetti *no pl*
confiance [kɔ̃fjɑ̃s] *nf* (*en l'honnêteté de qn*) confidence, trust; (*en la valeur de qch*) faith; **avoir ~ en** to have confidence *ou* faith in, trust; **faire ~ à** to trust; **en toute ~** with complete confidence; **de ~** trustworthy, reliable; **mettre qn en ~** to win sb's trust; **vote de ~** (*Pol*) vote of confidence; **inspirer ~ à** to inspire confidence in; **~ en soi** self-confidence; *voir* **question**
confiant, e [kɔ̃fjɑ̃, -ɑ̃t] *adj* confident; trusting
confidence [kɔ̃fidɑ̃s] *nf* confidence
confident, e [kɔ̃fidɑ̃, -ɑ̃t] *nm/f* confidant/confidante
confidentiel, le [kɔ̃fidɑ̃sjɛl] *adj* confidential
confidentiellement [kɔfidɑ̃sjɛlmɑ̃] *adv* in confidence, confidentially
confier [kɔ̃fje] /7/ *vt*: **~ à qn** (*objet en dépôt, travail etc*) to entrust to sb; (*secret, pensée*) to confide to sb; **se ~ à qn** to confide in sb
configuration [kɔ̃figyʀasjɔ̃] *nf* configuration, layout; (*Inform*) configuration
configurer [kɔ̃figyʀe] /1/ *vt* to configure
confiné, e [kɔ̃fine] *adj* enclosed; (*air*) stale
confiner [kɔ̃fine] /1/ *vt*: **~ à** to confine to; (*toucher*) to border on; **se ~ dans** *ou* **à** to confine o.s. to
confins [kɔ̃fɛ̃] *nmpl*: **aux ~ de** on the borders of
confirmation [kɔ̃fiʀmasjɔ̃] *nf* confirmation
confirmer [kɔ̃fiʀme] /1/ *vt* to confirm; **~ qn dans une croyance/ses fonctions** to strengthen sb in a belief/his duties
confiscation [kɔ̃fiskasjɔ̃] *nf* confiscation
confiserie [kɔ̃fizʀi] *nf* (*magasin*) confectioner's *ou* sweet shop (Brit), candy store (US); **confiseries** *nfpl* (*bonbons*) confectionery *sg*, sweets, candy *no pl*
confiseur, -euse [kɔ̃fizœʀ, -øz] *nm/f* confectioner
confisquer [kɔ̃fiske] /1/ *vt* to confiscate
confit, e [kɔ̃fi, -it] *adj*: **fruits confits** crystallized fruits ▶ *nm*: **~ d'oie** potted goose
confiture [kɔ̃fityʀ] *nf* jam; **~ d'oranges** (orange) marmalade
conflagration [kɔ̃flagʀasjɔ̃] *nf* cataclysm
conflictuel, le [kɔ̃fliktɥɛl] *adj* full of clashes *ou* conflicts
conflit [kɔ̃fli] *nm* conflict
confluent [kɔ̃flyɑ̃] *nm* confluence
confondre [kɔ̃fɔ̃dʀ] /41/ *vt* (*jumeaux, faits*) to confuse, mix up; (*témoin, menteur*) to confound; **~ qch/qn avec qch/qn d'autre** to mistake sth/sb for sth/sb else; **se confondre** *vpr* to merge; **se ~ en excuses** to offer profuse apologies, apologize profusely
confondu, e [kɔ̃fɔ̃dy] *pp de* **confondre** ▶ *adj* (*stupéfait*) speechless, overcome; **toutes catégories confondues** taking all categories together
conformation [kɔ̃fɔʀmasjɔ̃] *nf* conformation
conforme [kɔ̃fɔʀm] *adj*: **~ à** (*en accord avec: loi, règle*) in accordance with, in keeping with; (*identique à*) true to; **copie certifiée ~** (*Admin*) certified copy; **~ à la commande** as per order
conformé, e [kɔ̃fɔʀme] *adj*: **bien ~** well-formed
conformément [kɔ̃fɔʀmemɑ̃] *adv*: **~ à** in accordance with
conformer [kɔ̃fɔʀme] /1/ *vt*: **~ qch à** to model sth on; **se ~ à** to conform to
conformisme [kɔ̃fɔʀmism] *nm* conformity
conformiste [kɔ̃fɔʀmist] *adj, nmf* conformist
conformité [kɔ̃fɔʀmite] *nf* conformity; agreement; **en ~ avec** in accordance with
confort [kɔ̃fɔʀ] *nm* comfort; **tout ~** (*Comm*) with all mod cons (Brit) *ou* modern conveniences
confortable [kɔ̃fɔʀtabl] *adj* comfortable
confortablement [kɔ̃fɔʀtabləmɑ̃] *adv* comfortably
conforter [kɔ̃fɔʀte] /1/ *vt* to reinforce, strengthen
confrère [kɔ̃fʀɛʀ] *nm* colleague; fellow member
confrérie [kɔ̃fʀeʀi] *nf* brotherhood
confrontation [kɔ̃fʀɔ̃tasjɔ̃] *nf* confrontation
confronté, e [kɔ̃fʀɔ̃te] *adj*: **~ à** confronted by, facing
confronter [kɔ̃fʀɔ̃te] /1/ *vt* to confront; (*textes*) to compare, collate
confus, e [kɔ̃fy, -yz] *adj* (*vague*) confused; (*embarrassé*) embarrassed
confusément [kɔ̃fyzemɑ̃] *adv* (*distinguer, ressentir*) vaguely; (*parler*) confusedly
confusion [kɔ̃fyzjɔ̃] *nf* (*voir confus*) confusion; embarrassment; (*voir confondre*) confusion; mixing up; (*erreur*) confusion; **~ des peines** (*Jur*) concurrency of sentences
congé [kɔ̃ʒe] *nm* (*vacances*) holiday; (*arrêt de travail*) time off *no pl*, leave *no pl*; (*Mil*) leave *no pl*;

(*avis de départ*) notice; **en ~** on holiday; off (work); on leave; **semaine/jour de ~** week/day off; **prendre ~ de qn** to take one's leave of sb; **donner son ~ à** to hand *ou* give in one's notice to; **~ de maladie** sick leave; **~ de maternité** maternity leave; **congés payés** paid holiday *ou* leave
congédier [kɔ̃ʒedje] /**7**/ *vt* to dismiss
congélateur [kɔ̃ʒelatœʀ] *nm* freezer, deep freeze
congélation [kɔ̃ʒelasjɔ̃] *nf* freezing; (*de l'huile*) congealing
congeler [kɔ̃ʒ(ə)le] /**5**/ *vt* to freeze; **les produits congelés** frozen foods; **se congeler** *vpr* to freeze
congénère [kɔ̃ʒenɛʀ] *nmf* fellow (bear *ou* lion *etc*), fellow creature
congénital, e, -aux [kɔ̃ʒenital, -o] *adj* congenital
congère [kɔ̃ʒɛʀ] *nf* snowdrift
congestion [kɔ̃ʒɛstjɔ̃] *nf* congestion; **~ cérébrale** stroke; **~ pulmonaire** congestion of the lungs
congestionner [kɔ̃ʒɛstjɔne] /**1**/ *vt* to congest; (*Méd*) to flush
conglomérat [kɔ̃glɔmeʀa] *nm* conglomerate
Congo [kɔ̃o] *nm* : **le ~** (*pays, fleuve*) the Congo
congolais, e [kɔ̃gɔlɛ, -ɛz] *adj* Congolese ▸ *nm/f* : **Congolais, e** Congolese
congratuler [kɔ̃gʀatyle] /**1**/ *vt* to congratulate
congre [kɔ̃gʀ] *nm* conger (eel)
congrégation [kɔ̃gʀegasjɔ̃] *nf* (*Rel*) congregation; (*gén*) assembly; gathering
congrès [kɔ̃gʀɛ] *nm* congress
congressiste [kɔ̃gʀesist] *nmf* delegate, participant (at a congress)
congru, e [kɔ̃gʀy] *adj* : **la portion congrue** the smallest *ou* meanest share
conifère [kɔnifɛʀ] *nm* conifer
conique [kɔnik] *adj* conical
conjecture [kɔ̃ʒɛktyʀ] *nf* conjecture, speculation *no pl*
conjecturer [kɔ̃ʒɛktyʀe] /**1**/ *vt, vi* to conjecture
conjoint, e [kɔ̃ʒwɛ̃, -wɛ̃t] *adj* joint ▸ *nm/f* spouse
conjointement [kɔ̃ʒwɛ̃tmɑ̃] *adv* jointly
conjonctif, -ive [kɔ̃ʒɔ̃ktif, -iv] *adj* : **tissu ~** connective tissue
conjonction [kɔ̃ʒɔ̃ksjɔ̃] *nf* (*Ling*) conjunction
conjonctivite [kɔ̃ʒɔ̃ktivit] *nf* conjunctivitis
conjoncture [kɔ̃ʒɔ̃ktyʀ] *nf* circumstances *pl*; **la ~ (économique)** the economic climate *ou* situation
conjoncturel, le [kɔ̃ʒɔ̃ktyʀɛl] *adj* : **variations/ tendances conjoncturelles** economic fluctuations/trends
conjugaison [kɔ̃ʒygɛzɔ̃] *nf* (*Ling*) conjugation
conjugal, e, -aux [kɔ̃ʒygal, -o] *adj* conjugal; married
conjugué, e [kɔ̃ʒyge] *adj* combined
conjuguer [kɔ̃ʒyge] /**1**/ *vt* (*Ling*) to conjugate; (*efforts etc*) to combine
conjuration [kɔ̃ʒyʀasjɔ̃] *nf* conspiracy
conjuré, e [kɔ̃ʒyʀe] *nm/f* conspirator
conjurer [kɔ̃ʒyʀe] /**1**/ *vt* (*sort, maladie*) to avert; (*implorer*) : **~ qn de faire qch** to beseech *ou* entreat sb to do sth
connais [kɔnɛ], **connaissais** *etc* [kɔnɛsɛ] *vb voir* **connaître**
connaissance [kɔnɛsɑ̃s] *nf* (*savoir*) knowledge *no pl*; (*personne connue*) acquaintance; (*conscience*) consciousness; **être sans ~** to be unconscious; **perdre/reprendre ~** to lose/regain consciousness; **à ma/sa ~** to (the best of) my/ his knowledge; **faire ~ avec qn** *ou* **la ~ de qn** (*rencontrer*) to meet sb; (*apprendre à connaître*) to get to know sb; **avoir ~ de** to be aware of; **prendre ~ de** (*document etc*) to peruse; **en ~ de cause** with full knowledge of the facts; **de ~** (*personne, visage*) familiar; **connaissances** *nfpl* knowledge *no pl*
connaissant *etc* [kɔnɛsɑ̃] *vb voir* **connaître**
connaissement [kɔnɛsmɑ̃] *nm* bill of lading
connaisseur, -euse [kɔnɛsœʀ, -øz] *nm/f* connoisseur ▸ *adj* expert
connaître [kɔnɛtʀ] /**57**/ *vt* to know; (*éprouver*) to experience; (*avoir : succès*) to have; to enjoy; **~ de nom/vue** to know by name/sight; **se connaître** *vpr* to know each other; (*soi-même*) to know o.s.; **ils se sont connus à Genève** they (first) met in Geneva; **s'y ~ en qch** to know about sth
connasse [kɔnas] *nf* (!) stupid bitch (!) *ou* cow (!)
connecté, e [kɔnɛkte] *adj* (*Inform*) on line
connecter [kɔnɛkte] /**1**/ *vt* to connect; **se ~ à Internet** to log onto the Internet
connectivité [kɔnɛktivite] *nf* (*Inform*) connectivity
connerie [kɔnʀi] *nf* (*fam*) (bloody) stupid (Brit) *ou* damn-fool (US) thing to do *ou* say
connexe [kɔnɛks] *adj* closely related
connexion [kɔnɛksjɔ̃] *nf* connection
connivence [kɔnivɑ̃s] *nf* connivance
connotation [kɔnɔtasjɔ̃] *nf* connotation
connu, e [kɔny] *pp de* **connaître** ▸ *adj* (*célèbre*) well-known
conque [kɔ̃k] *nf* (*coquille*) conch (shell)
conquérant, e [kɔ̃keʀɑ̃, -ɑ̃t] *nm/f* conqueror
conquérir [kɔ̃keʀiʀ] /**21**/ *vt* to conquer, win
conquerrai *etc* [kɔ̃kɛʀʀe] *vb voir* **conquérir**
conquête [kɔ̃kɛt] *nf* conquest
conquière, conquiers *etc* [kɔ̃kjɛʀ] *vb voir* **conquérir**
conquis, e [kɔ̃ki, -iz] *pp de* **conquérir**
consacrer [kɔ̃sakʀe] /**1**/ *vt* (*Rel*) to consecrate; (*fig : usage etc*) to sanction, establish; **~ qch à** (*employer*) to devote *ou* dedicate sth to; (*Rel*) to consecrate sth to; **se ~ à qch/faire** to dedicate *ou* devote o.s. to sth/to doing
consanguin, e [kɔ̃sɑ̃gɛ̃, -in] *adj* between blood relations; **frère ~** half-brother (*on father's side*); **mariage ~** intermarriage
consciemment [kɔ̃sjamɑ̃] *adv* consciously
conscience [kɔ̃sjɑ̃s] *nf* conscience; (*perception*) consciousness; **avoir/prendre ~ de** to be/ become aware of; **perdre/reprendre ~** to lose/regain consciousness; **avoir bonne/ mauvaise ~** to have a clear/guilty conscience; **en (toute) ~** in all conscience
consciencieux, -euse [kɔ̃sjɑ̃sjø, -øz] *adj* conscientious
conscient, e [kɔ̃sjɑ̃, -ɑ̃t] *adj* conscious; **~ de** aware *ou* conscious of
conscription [kɔ̃skʀipsjɔ̃] *nf* conscription

C

conscrit [kɔ̃skʀi] *nm* conscript
consécration [kɔ̃sekʀasjɔ̃] *nf* consecration
consécutif, -ive [kɔ̃sekytif, -iv] *adj* consecutive; **~ à** following upon
consécutivement [kɔ̃sekytivmɑ̃] *adv* consecutively; **~ à** following on
conseil [kɔ̃sɛj] *nm* (*avis*) piece of advice, advice *no pl*; (*assemblée*) council; (*expert*) : **~ en recrutement** recruitment consultant; **tenir ~** to hold a meeting; to deliberate; **donner un ~** *ou* **des conseils à qn** to give sb (a piece of) advice; **demander ~ à qn** to ask sb's advice; **prendre ~ (auprès de qn)** to take advice (from sb); **~ d'administration** board (of directors); **~ de classe** (*Scol*) *meeting of teachers, parents and class representatives to discuss pupils' progress*; **~ de discipline** disciplinary committee; **~ général** regional council; *see note*; **~ de guerre** court-martial; **le ~ des ministres** ≈ the Cabinet; **~ municipal** town council; **~ régional** *regional board of elected representatives*; **~ de révision** recruitment *ou* draft (US) board ▸ *adj* : **ingénieur-~** engineering consultant

CONSEIL GÉNÉRAL

Each *département* of France is run by a **conseil général**, whose remit includes maintenance of school buildings, transport and road infrastructure, housing, the fire and rescue service, the environment, tourism and culture. The council is made up of *conseillers généraux*, each of whom represents a canton and is elected for a six-year term. Half of the council's membership are elected every three years.

Advice est indénombrable, c'est-à-dire qu'il ne peut pas désigner un seul avis. Pour traduire *un conseil*, il faut dire **a piece of advice**. Notez que **advice** ne prend jamais de **-s** et s'emploie avec un verbe au singulier.
Leurs conseils m'ont été précieux. **Their advice was invaluable to me.**
C'est le meilleur conseil qu'on m'ait jamais donné. **This is the best piece of advice I have ever been given.**

conseiller[1] [kɔ̃seje] *vt* (*personne*) to advise; (*méthode, action*) to recommend, advise; **~ qch à qn** to recommend sth to sb; **~ à qn de faire qch** to advise sb to do sth
conseiller[2]**, -ère** [kɔ̃seje, -ɛʀ] *nm/f* adviser; **~ général** regional councillor; **~ matrimonial** marriage guidance counsellor; **~ municipal** town councillor; **~ d'orientation** (*Scol*) careers adviser (Brit), (school) counselor (US)
consensuel, le [kɔ̃sɑ̃sɥɛl] *adj* consensual
consensus [kɔ̃sɛ̃sys] *nm* consensus
consentement [kɔ̃sɑ̃tmɑ̃] *nm* consent
consentir [kɔ̃sɑ̃tiʀ] /16/ *vt* : **~ (à qch/faire)** to agree *ou* consent (to sth/to doing); **~ qch à qn** to grant sb sth
conséquence [kɔ̃sekɑ̃s] *nf* consequence, outcome; **en ~** (*donc*) consequently; (*de façon appropriée*) accordingly; **ne pas tirer à ~** to be unlikely to have any repercussions; **sans ~** unimportant; **de ~** important; **conséquences** *nfpl* consequences, repercussions
conséquent, e [kɔ̃sekɑ̃, -ɑ̃t] *adj* logical, rational; (*fam : important*) substantial; **par ~** consequently
conservateur, -trice [kɔ̃sɛʀvatœʀ, -tʀis] *adj* conservative ▸ *nm/f* (*Pol*) conservative; (*de musée*) curator ▸ *nm* (*pour aliments*) preservative
conservation [kɔ̃sɛʀvasjɔ̃] *nf* retention; keeping; preserving, preservation
conservatisme [kɔ̃sɛʀvatism] *nm* conservatism
conservatoire [kɔ̃sɛʀvatwaʀ] *nm* academy; (*Écologie*) conservation area
conserve [kɔ̃sɛʀv] *nf* (*gén pl*) canned *ou* tinned (Brit) food; **conserves de poisson** canned *ou* tinned (Brit) fish; **en ~** canned, tinned (Brit); **de ~** (*ensemble*) in concert; (*naviguer*) in convoy
conservé, e [kɔ̃sɛʀve] *adj* : **bien ~** (*personne*) well-preserved
conserver [kɔ̃sɛʀve] /1/ *vt* (*faculté*) to retain, keep; (*habitude*) to keep up; (*amis, livres*) to keep; (*préserver, Culin*) to preserve; **« ~ au frais »** "store in a cool place"; **se conserver** *vpr* (*aliments*) to keep
conserverie [kɔ̃sɛʀvəʀi] *nf* canning factory
considérable [kɔ̃sideʀabl] *adj* considerable, significant, extensive
considérablement [kɔ̃sideʀabləmɑ̃] *adv* considerably, significantly
considération [kɔ̃sideʀasjɔ̃] *nf* consideration; (*estime*) esteem, respect; **prendre en ~** to take into consideration *ou* account; **ceci mérite ~** this is worth considering; **en ~ de** given, because of; **considérations** *nfpl* (*remarques*) reflections
considéré, e [kɔ̃sideʀe] *adj* respected; **tout bien ~** all things considered
considérer [kɔ̃sideʀe] /6/ *vt* to consider; (*regarder*) to consider, study; **~ qch comme** to regard sth as
consigne [kɔ̃siɲ] *nf* (*Comm*) deposit; (*de gare*) left luggage (office) (Brit), checkroom (US); (*punition : Scol*) detention; (*: Mil*) confinement to barracks; (*ordre, instruction*) instructions *pl*; **~ automatique** left-luggage locker; **consignes de sécurité** safety instructions
consigné, e [kɔ̃siɲe] *adj* (*Comm : bouteille, emballage*) returnable; **non ~** non-returnable
consigner [kɔ̃siɲe] /1/ *vt* (*note, pensée*) to record; (*marchandises*) to deposit; (*punir : Mil*) to confine to barracks; (*: élève*) to put in detention; (*Comm*) to put a deposit on
consistance [kɔ̃sistɑ̃s] *nf* consistency
consistant, e [kɔ̃sistɑ̃, -ɑ̃t] *adj* thick; solid
consister [kɔ̃siste] /1/ *vi* : **~ en/dans/à faire** to consist of/in/in doing
consœur [kɔ̃sœʀ] *nf* (lady) colleague; fellow member
consolation [kɔ̃sɔlasjɔ̃] *nf* consolation *no pl*, comfort *no pl*
console [kɔ̃sɔl] *nf* console; **~ graphique** *ou* **de visualisation** (*Inform*) visual display unit, VDU; **~ de jeux** games console
consoler [kɔ̃sɔle] /1/ *vt* to console; **se ~ (de qch)** to console o.s. (for sth)

consolider [kɔ̃sɔlide] /1/ *vt* to strengthen, reinforce; *(fig)* to consolidate; **bilan consolidé** consolidated balance sheet
consommateur, -trice [kɔ̃sɔmatœʀ, -tʀis] *nm/f* *(Écon)* consumer; *(dans un café)* customer
consommation [kɔ̃sɔmasjɔ̃] *nf* *(Écon)* consumption; *(Jur)* consummation; *(boisson)* drink; **~ aux 100 km** *(Auto)* (fuel) consumption per 100 km, ≈ miles per gallon (mpg), ≈ gas mileage (US); **de ~** *(biens, société)* consumer *cpd*
consommé, e [kɔ̃sɔme] *adj* consummate ▸ *nm* consommé
consommer [kɔ̃sɔme] /1/ *vt* *(personne)* to eat *ou* drink, consume; *(voiture, usine, poêle)* to use, consume; *(Jur : mariage)* to consummate ▸ *vi* *(dans un café)* to (have a) drink
consonance [kɔ̃sɔnɑ̃s] *nf* consonance; **nom à ~ étrangère** foreign-sounding name
consonne [kɔ̃sɔn] *nf* consonant
consortium [kɔ̃sɔʀsjɔm] *nm* consortium
consorts [kɔ̃sɔʀ] *nmpl* : **et ~** *(péj)* and company, and his bunch *ou* like
conspirateur, -trice [kɔ̃spiʀatœʀ, -tʀis] *nm/f* conspirator, plotter
conspiration [kɔ̃spiʀasjɔ̃] *nf* conspiracy
conspirer [kɔ̃spiʀe] /1/ *vi* to conspire, plot; **~ à** *(tendre à)* to conspire to
conspuer [kɔ̃spɥe] /1/ *vt* to boo, shout down
constamment [kɔ̃stamɑ̃] *adv* constantly
constance [kɔ̃stɑ̃s] *nf* permanence, constancy; *(d'une amitié)* steadfastness; **travailler avec ~** to work steadily; **il faut de la ~ pour la supporter** *(fam)* you need a lot of patience to put up with her
constant, e [kɔ̃stɑ̃, -ɑ̃t] *adj* constant; *(personne)* steadfast ▸ *nf* constant
Constantinople [kɔ̃stɑ̃tinɔpl] *n* Constantinople
constat [kɔ̃sta] *nm* *(d'huissier)* certified report *(by bailiff)*; *(de police)* report; *(observation)* (observed) fact, observation; *(affirmation)* statement; **~ (à l'amiable)** *(jointly agreed) statement for insurance purposes*; **~ d'échec** acknowledgement of failure
constatation [kɔ̃statasjɔ̃] *nf* noticing; certifying; *(remarque)* observation
constater [kɔ̃state] /1/ *vt* *(remarquer)* to note, notice; *(Admin, Jur : attester)* to certify; *(dégâts)* to note; **~ que** *(dire)* to state that
constellation [kɔ̃stelasjɔ̃] *nf* constellation
constellé, e [kɔ̃stele] *adj* : **~ de** *(étoiles)* studded *ou* spangled with; *(taches)* spotted with
consternant, e [kɔ̃stɛʀnɑ̃ -ɑ̃t] *adj* *(nouvelle)* dismaying; *(attristant, étonnant : bêtise)* appalling
consternation [kɔ̃stɛʀnasjɔ̃] *nf* consternation, dismay
consterner [kɔ̃stɛʀne] /1/ *vt* to dismay
constipation [kɔ̃stipasjɔ̃] *nf* constipation
constipé, e [kɔ̃stipe] *adj* constipated; *(fig)* stiff
constituant, e [kɔ̃stitɥɑ̃, -ɑ̃t] *adj* *(élément)* constituent; **assemblée constituante** *(Pol)* constituent assembly
constitué, e [kɔ̃stitɥe] *adj* : **~ de** made up *ou* composed of; **bien ~** of sound constitution; well-formed
constituer [kɔ̃stitɥe] /1/ *vt* *(comité, équipe)* to set up, form; *(dossier, collection)* to put together, build up; *(éléments, parties : composer)* to make up, constitute; *(: représenter, être)* to constitute; **se ~ prisonnier** to give o.s. up; **se ~ partie civile** *to bring an independent action for damages*
constitution [kɔ̃stitysjɔ̃] *nf* setting up; building up; *(composition)* composition, make-up; *(santé, Pol)* constitution
constitutionnel, le [kɔ̃stitysjɔnɛl] *adj* constitutional
constructeur [kɔ̃stʀyktœʀ] *nmf* manufacturer, builder
constructif, -ive [kɔ̃stʀyktif, -iv] *adj* *(positif)* constructive
construction [kɔ̃stʀyksjɔ̃] *nf* construction, building
construire [kɔ̃stʀɥiʀ] /38/ *vt* to build, construct; **se construire** *vpr* : **l'immeuble s'est construit très vite** the building went up *ou* was built very quickly
consul [kɔ̃syl] *nm* consul
consulaire [kɔ̃sylɛʀ] *adj* consular
consulat [kɔ̃syla] *nm* consulate
consultant, e [kɔ̃syltɑ̃, -ɑ̃t] *adj, nm* consultant
consultatif, -ive [kɔ̃syltatif, -iv] *adj* advisory
consultation [kɔ̃syltasjɔ̃] *nf* consultation; **être en ~** *(délibération)* to be in consultation; *(médecin)* to be consulting; **aller à la ~** *(Méd)* to go to the surgery (BRIT) *ou* doctor's office (US); **heures de ~** *(Méd)* surgery (BRIT) *ou* office (US) hours; **consultations** *nfpl* *(Pol)* talks
consulter [kɔ̃sylte] /1/ *vt* to consult ▸ *vi* *(médecin)* to hold surgery (BRIT), be in (the office) (US); **se consulter** *vpr* to confer
consumer [kɔ̃syme] /1/ *vt* to consume; **se consumer** *vpr* to burn; **se ~ de chagrin/douleur** to be consumed with sorrow/grief
consumérisme [kɔ̃symeʀism] *nm* consumerism
contact [kɔ̃takt] *nm* contact; **au ~ de** *(air, peau)* on contact with; *(gens)* through contact with; **mettre/couper le ~** *(Auto)* to switch on/off the ignition; **entrer en ~** *(fils, objets)* to come into contact, make contact; **se mettre en ~ avec** *(Radio)* to make contact with; **prendre ~ avec** *(relation d'affaires, connaissance)* to get in touch *ou* contact with
contacter [kɔ̃takte] /1/ *vt* to contact, get in touch with
contagieux, -euse [kɔ̃taʒjø, -øz] *adj* infectious; *(par le contact)* contagious
contagion [kɔ̃taʒjɔ̃] *nf* contagion
container [kɔ̃tɛnɛʀ] *nm* container
contamination [kɔ̃taminasjɔ̃] *nf* infection; contamination
contaminer [kɔ̃tamine] /1/ *vt* *(par un virus)* to infect; *(par des radiations)* to contaminate
conte [kɔ̃t] *nm* tale; **~ de fées** fairy tale
contemplatif, -ive [kɔ̃tɑ̃platif, -iv] *adj* contemplative
contemplation [kɔ̃tɑ̃plasjɔ̃] *nf* contemplation; *(Rel, Philosophie)* meditation
contempler [kɔ̃tɑ̃ple] /1/ *vt* to contemplate, gaze at

contemporain, e [kɔ̃tɑ̃pɔʀɛ̃, -ɛn] *adj, nm/f* contemporary
contenance [kɔ̃t(ə)nɑ̃s] *nf* (*d'un récipient*) capacity; (*attitude*) bearing, attitude; **perdre ~** to lose one's composure; **se donner une ~** to give the impression of composure; **faire bonne ~ (devant)** to put on a bold front (in the face of)
conteneur [kɔ̃t(ə)nœʀ] *nm* container; **~ (de bouteilles)** bottle bank
conteneurisation [kɔ̃tnœʀizasjɔ̃] *nf* containerization
contenir [kɔ̃t(ə)niʀ] **/22/** *vt* to contain; (*avoir une capacité de*) to hold; **se contenir** *vpr* (*se retenir*) to control o.s. *ou* one's emotions, contain o.s.
content, e [kɔ̃tɑ̃, -ɑ̃t] *adj* pleased, glad; **~ de** pleased with; **je serais ~ que tu …** I would be pleased if you …
contentement [kɔ̃tɑ̃tmɑ̃] *nm* contentment, satisfaction
contenter [kɔ̃tɑ̃te] **/1/** *vt* to satisfy, please; (*envie*) to satisfy; **se contenter de** *vpr* to content o.s. with
contentieux [kɔ̃tɑ̃sjø] *nm* (*Comm*) litigation; (*: service*) litigation department; (*Pol etc*) contentious issues *pl*
contenu, e [kɔ̃t(ə)ny] *pp de* **contenir** ▸ *nm* (*d'un bol*) contents *pl*; (*d'un texte*) content
conter [kɔ̃te] **/1/** *vt* to recount, relate; **en ~ de belles à qn** to tell tall stories to sb
contestable [kɔ̃tɛstabl] *adj* questionable
contestataire [kɔ̃tɛstatɛʀ] *adj* (*journal, étudiant*) anti-establishment ▸ *nmf* (anti-establishment) protester
contestation [kɔ̃tɛstasjɔ̃] *nf* questioning, contesting; (*Pol*) : **la ~** anti-establishment activity, protest
conteste [kɔ̃tɛst] : **sans ~** *adv* unquestionably, indisputably
contesté, e [kɔ̃tɛste] *adj* (*roman, écrivain*) controversial
contester [kɔ̃tɛste] **/1/** *vt* to question, contest ▸ *vi* (*Pol : gén*) to rebel (against established authority), protest
conteur, -euse [kɔ̃tœʀ, -øz] *nm/f* story-teller
contexte [kɔ̃tɛkst] *nm* context
contiendrai [kɔ̃tjɛ̃dʀe], **contiens** *etc* [kɔ̃tjɛ̃] *vb voir* **contenir**
contigu, ë [kɔ̃tigy] *adj* : **~ (à)** adjacent (to)
continent [kɔ̃tinɑ̃] *nm* continent
continental, e, -aux [kɔ̃tinɑ̃tal, -o] *adj* continental
contingences [kɔ̃tɛ̃ʒɑ̃s] *nfpl* contingencies
contingent [kɔ̃tɛ̃ʒɑ̃] *nm* (*Mil*) contingent; (*Comm*) quota
contingenter [kɔ̃tɛ̃ʒɑ̃te] **/1/** *vt* (*Comm*) to fix a quota on
contins *etc* [kɔ̃tɛ̃] *vb voir* **contenir**
continu, e [kɔ̃tiny] *adj* continuous; **faire la journée continue** to work without taking a full lunch break; **(courant) ~** direct current, DC
continuation [kɔ̃tinɥasjɔ̃] *nf* continuation
continuel, le [kɔ̃tinɥɛl] *adj* (*qui se répète*) constant, continual; (*continu*) continuous
continuellement [kɔ̃tinɥɛlmɑ̃] *adv* continually; continuously
continuer [kɔ̃tinɥe] **/1/** *vt* (*travail, voyage etc*) to continue (with), carry on (with), go on with; (*prolonger : alignement, rue*) to continue; **~ à** *ou* **de faire** to go on *ou* continue doing ▸ *vi* (*pluie, vie, bruit*) to continue, go on; (*voyageur*) to go on; **se continuer** *vpr* to carry on
continuité [kɔ̃tinɥite] *nf* continuity; continuation
contondant, e [kɔ̃tɔ̃dɑ̃, -ɑ̃t] *adj* : **arme contondante** blunt instrument
contorsion [kɔ̃tɔʀsjɔ̃] *nf* contortion
contorsionner [kɔ̃tɔʀsjɔne] **/1/** : **se contorsionner** *vpr* to contort o.s., writhe about
contorsionniste [kɔ̃tɔʀsjɔnist] *nmf* contortionist
contour [kɔ̃tuʀ] *nm* outline, contour; **contours** *nmpl* (*d'une rivière etc*) windings
contourner [kɔ̃tuʀne] **/1/** *vt* to bypass, walk *ou* drive round; (*difficulté*) to get round
contraceptif, -ive [kɔ̃tʀasɛptif, -iv] *adj, nm* contraceptive
contraception [kɔ̃tʀasɛpsjɔ̃] *nf* contraception
contracté, e [kɔ̃tʀakte] *adj* (*muscle*) tense, contracted; (*personne : tendu*) tense, tensed up; **article ~** (*Ling*) contracted article
contracter [kɔ̃tʀakte] **/1/** *vt* (*muscle etc*) to tense, contract; (*maladie, dette, obligation*) to contract; (*assurance*) to take out; **se contracter** *vpr* (*métal, muscles*) to contract
contraction [kɔ̃tʀaksjɔ̃] *nf* contraction
contractuel, le [kɔ̃tʀaktɥɛl] *adj* contractual ▸ *nm/f* (*agent*) traffic warden; (*employé*) contract employee
contradiction [kɔ̃tʀadiksjɔ̃] *nf* contradiction
contradictoire [kɔ̃tʀadiktwaʀ] *adj* contradictory, conflicting; **débat ~** (open) debate
contraignant, e [kɔ̃tʀɛɲɑ̃, -ɑ̃t] *vb voir* **contraindre** ▸ *adj* restricting
contraindre [kɔ̃tʀɛ̃dʀ] **/52/** *vt* : **~ qn à faire** to force *ou* compel sb to do
contraint, e [kɔ̃tʀɛ̃, -ɛ̃t] *pp de* **contraindre** ▸ *nf* constraint; **sans contrainte** unrestrainedly, unconstrainedly
contraire [kɔ̃tʀɛʀ] *adj, nm* opposite; **~ à** contrary to; **au ~** *adv* on the contrary
contrairement [kɔ̃tʀɛʀmɑ̃] *adv* : **~ à** contrary to, unlike
contralto [kɔ̃tʀalto] *nm* contralto
contrariant, e [kɔ̃tʀaʀjɑ̃, -ɑ̃t] *adj* (*personne*) contrary, perverse; (*incident*) annoying
contrarier [kɔ̃tʀaʀje] **/7/** *vt* (*personne*) to annoy, bother; (*fig*) to impede; (*projets*) to thwart, frustrate
contrariété [kɔ̃tʀaʀjete] *nf* annoyance
contraste [kɔ̃tʀast] *nm* contrast
contraster [kɔ̃tʀaste] **/1/** *vt, vi* to contrast
contrat [kɔ̃tʀa] *nm* contract; (*fig : accord, pacte*) agreement; **~ de travail** employment contract
contravention [kɔ̃tʀavɑ̃sjɔ̃] *nf* (*infraction*) : **~ à** contravention of; (*amende*) fine; (*PV pour stationnement interdit*) parking ticket; **dresser ~ à** (*automobiliste*) to book; to write out a parking ticket for

contre [kɔ̃tʀ] *prép* against; *(en échange)* (in exchange) for; **par ~** on the other hand
contre-amiral, -aux [kɔ̃tʀamiʀal, -o] *nm* rear admiral
contre-attaque [kɔ̃tʀatak] *nf* counterattack
contre-attaquer [kɔ̃tʀatake] **/1/** *vi* to counterattack
contrebalancer [kɔ̃tʀəbalɑ̃se] *vt* to counterbalance; *(fig)* to offset
contre-balancer [kɔ̃tʀəbalɑ̃se] **/3/** *vt* to counterbalance; *(fig)* to offset
contrebande [kɔ̃tʀəbɑ̃d] *nf (trafic)* contraband, smuggling; *(marchandise)* contraband, smuggled goods *pl*; **faire la ~ de** to smuggle
contrebandier, -ière [kɔ̃tʀəbɑ̃dje, -jɛʀ] *nm/f* smuggler
contrebas [kɔ̃tʀəbɑ] : **en ~** *adv* (down) below
contrebasse [kɔ̃tʀəbɑs] *nf* (double) bass
contrebassiste [kɔ̃tʀəbɑsist] *nmf* (double) bass player
contre-braquer [kɔ̃tʀəbʀake] **/1/** *vi* to steer into a skid
contrecarrer [kɔ̃tʀəkaʀe] **/1/** *vt* to thwart
contrechamp [kɔ̃tʀəʃɑ̃] *nm (Ciné)* reverse shot
contrecœur [kɔ̃tʀəkœʀ] : **à ~** *adv* (be)grudgingly, reluctantly
contrecoup [kɔ̃tʀəku] *nm* repercussions *pl*; **par ~** as an indirect consequence
contre-courant [kɔ̃tʀəkuʀɑ̃] : **à ~** *adv* against the current
contredire [kɔ̃tʀədiʀ] **/37/** *vt (personne)* to contradict; *(témoignage, assertion, faits)* to refute; **se contredire** *vpr* to contradict o.s.
contredit, e [kɔ̃tʀədi, -it] *pp de* **contredire** ▸ *nm* : **sans ~** without question
contrée [kɔ̃tʀe] *nf* region; land
contre-écrou [kɔ̃tʀekʀu] *nm* lock nut
contre-enquête [kɔ̃tʀɑ̃kɛt] *nf* counter-inquiry
contre-espionnage [kɔ̃tʀɛspjɔnaʒ] *nm* counter-espionage
contre-exemple [kɔ̃tʀɛgzɑ̃pl(ə)] *nf* counter-example
contre-expertise [kɔ̃tʀɛkspɛʀtiz] *nf* second (expert) assessment
contrefaçon [kɔ̃tʀəfasɔ̃] *nf* forgery; **~ de brevet** patent infringement
contrefaire [kɔ̃tʀəfɛʀ] **/60/** *vt (document, signature)* to forge, counterfeit; *(personne, démarche)* to mimic; *(dénaturer : sa voix etc)* to disguise
contrefait, e [kɔ̃tʀəfɛ, -ɛt] *pp de* **contrefaire** ▸ *adj* misshapen, deformed
contrefasse [kɔ̃tʀəfas], **contreferai** *etc* [kɔ̃tʀəfʀe] *vb voir* **contrefaire**
contre-filet [kɔ̃tʀəfilɛ] *nm (Culin)* sirloin
contreforts [kɔ̃tʀəfɔʀ] *nmpl* foothills
contre-haut [kɔ̃tʀəo] : **en ~** *adv* (up) above
contre-indication [kɔ̃tʀɛ̃dikasjɔ̃] *(pl* **contre-indications**) *nf (Méd)* contra-indication; « **~ en cas d'eczéma** » "should not be used by people with eczema"
contre-indiqué, e [kɔ̃tʀɛ̃dike] *adj (Méd)* contraindicated; *(déconseillé)* unadvisable, ill-advised
contre-interrogatoire [kɔ̃tʀɛ̃teʀɔgatwaʀ] *nm* : **faire subir un ~ à qn** to cross-examine sb
contre-jour [kɔ̃tʀəʒuʀ] : **à ~** *adv* against the light
contremaître [kɔ̃tʀəmɛtʀ] *nm* foreman
contre-manifestant, e [kɔ̃tʀəmanifɛstɑ̃, -ɑ̃t] *nm/f* counter-demonstrator
contre-manifestation [kɔ̃tʀəmanifɛstasjɔ̃] *nf* counter-demonstration
contremarque [kɔ̃tʀəmaʀk] *nf (ticket)* pass-out ticket
contre-offensive [kɔ̃tʀɔfɑ̃siv] *nf* counteroffensive
contre-ordre [kɔ̃tʀɔʀdʀ] *nm* = **contrordre**
contrepartie [kɔ̃tʀəpaʀti] *nf* compensation; **en ~** in compensation; in return
contre-performance [kɔ̃tʀəpɛʀfɔʀmɑ̃s] *nf* below-average performance
contrepèterie [kɔ̃tʀəpetʀi] *nf* spoonerism
contre-pied [kɔ̃tʀəpje] *nm (inverse, opposé)* : **le ~ de ...** the exact opposite of ...; **prendre le ~ de** to take the opposing view of; to take the opposite course to; **prendre qn à ~** *(Sport)* to wrong-foot sb
contre-plaqué [kɔ̃tʀəplake] *nm* plywood
contre-plongée [kɔ̃tʀəplɔ̃ʒe] *nf* low-angle shot
contrepoids [kɔ̃tʀəpwa] *nm* counterweight, counterbalance; **faire ~** to act as a counterbalance
contre-poil [kɔ̃tʀəpwal] : **à ~** *adv* the wrong way
contrepoint [kɔ̃tʀəpwɛ̃] *nm* counterpoint
contrepoison [kɔ̃tʀəpwazɔ̃] *nm* antidote
contrer [kɔ̃tʀe] **/1/** *vt* to counter
contre-révolution [kɔ̃tʀəʀevɔlysjɔ̃] *nf* counter-revolution
contre-révolutionnaire [kɔ̃tʀəʀevɔlysjɔnɛʀ] *nmf* counter-revolutionary
contresens [kɔ̃tʀəsɑ̃s] *nm (erreur)* misinterpretation; *(mauvaise traduction)* mistranslation; *(absurdité)* nonsense *no pl*; **à ~** *adv* the wrong way
contresigner [kɔ̃tʀəsiɲe] **/1/** *vt* to countersign
contretemps [kɔ̃tʀətɑ̃] *nm* hitch, contretemps; **à ~** *adv (Mus)* out of time; *(fig)* at an inopportune moment
contre-terrorisme [kɔ̃tʀətɛʀɔʀism] *nm* counter-terrorism
contre-terroriste [kɔ̃tʀətɛʀɔʀist(ə)] *nmf* counter-terrorist
contre-torpilleur [kɔ̃tʀətɔʀpijœʀ] *nm* destroyer
contrevenant, e [kɔ̃tʀəv(ə)nɑ̃, -ɑ̃t] *vb voir* **contrevenir** ▸ *nm/f* offender
contrevenir [kɔ̃tʀəv(ə)niʀ] **/22/** : **~ à** *vt* to contravene
contre-voie [kɔ̃tʀəvwa] : **à ~** *adv (en sens inverse)* on the wrong track; *(du mauvais côté)* on the wrong side
contribuable [kɔ̃tʀibɥabl] *nmf* taxpayer
contribuer [kɔ̃tʀibɥe] **/1/** : **~ à** *vt* to contribute towards
contribution [kɔ̃tʀibysjɔ̃] *nf* contribution; **les contributions** *(bureaux)* the tax office; **mettre à ~** to call upon; **contributions directes/indirectes** direct/indirect taxation
contrit, e [kɔ̃tʀi, -it] *adj* contrite

C

contrôlable [kɔ̃tʀolabl] *adj* (*maîtrisable : situation, débit*) controllable; (: *alibi, déclarations*) verifiable

contrôle [kɔ̃tʀol] *nm* checking *no pl*, check; supervision; monitoring; (*test*) test, examination; **perdre le ~ de son véhicule** to lose control of one's vehicle; **~ des changes** (*Comm*) exchange controls; **~ continu** (*Scol*) continuous assessment; **~ d'identité** identity check; **~ des naissances** birth control; **~ des prix** price control

contrôler [kɔ̃tʀole] /1/ *vt* (*vérifier*) to check; (*surveiller : opérations*) to supervise; (: *prix*) to monitor, control; (*maîtriser, Comm : firme*) to control; **se contrôler** *vpr* to control o.s.

contrôleur, -euse [kɔ̃tʀolœʀ, -øz] *nm/f* (*de train*) (ticket) inspector; (*de bus*) (bus) conductor/tress; **~ de la navigation aérienne, ~ aérien** air traffic controller; **~ financier** financial controller

contrordre [kɔ̃tʀɔʀdʀ] *nm* counter-order, countermand; **sauf ~** unless otherwise directed

controverse [kɔ̃tʀɔvɛʀs] *nf* controversy

controversé, e [kɔ̃tʀɔvɛʀse] *adj* (*personnage, question*) controversial

contumace [kɔ̃tymas] : **par ~** *adv* in absentia

contusion [kɔ̃tyzjɔ̃] *nf* bruise, contusion

contusionné, e [kɔ̃tyzjɔne] *adj* bruised

conurbation [kɔnyʀbasjɔ̃] *nf* conurbation

convaincant, e [kɔ̃vɛ̃kɑ̃, -ɑ̃t] *vb voir* **convaincre** ▸ *adj* convincing

convaincre [kɔ̃vɛ̃kʀ] /42/ *vt* : **~ qn (de qch)** to convince sb (of sth); **~ qn (de faire)** to persuade sb (to do); **~ qn de** (*Jur : délit*) to convict sb of

convaincu, e [kɔ̃vɛ̃ky] *pp de* **convaincre** ▸ *adj* : **d'un ton ~** with conviction

convainquais *etc* [kɔ̃vɛ̃kɛ] *vb voir* **convaincre**

convalescence [kɔ̃valesɑ̃s] *nf* convalescence; **maison de ~** convalescent home

convalescent, e [kɔ̃valesɑ̃, -ɑ̃t] *adj, nm/f* convalescent

convenable [kɔ̃vnabl] *adj* suitable; (*décent*) acceptable, proper; (*assez bon*) decent, acceptable; adequate, passable

convenablement [kɔ̃vnabləmɑ̃] *adv* (*placé, choisi*) suitably; (*s'habiller, s'exprimer*) properly; (*payé, logé*) decently

convenance [kɔ̃vnɑ̃s] *nf* : **à ma/votre ~** to my/ your liking; **convenances** *nfpl* proprieties

convenir [kɔ̃vniʀ] /22/ *vi* to be suitable; **~ à** to suit; **il convient de** it is advisable to; (*bienséant*) it is right *ou* proper to; **~ de** (*bien-fondé de qch*) to admit (to), acknowledge; (*date, somme etc*) to agree upon; **~ que** (*admettre*) to admit that, acknowledge the fact that; **~ de faire qch** to agree to do sth; **il a été convenu que** it has been agreed that; **comme convenu** as agreed

convention [kɔ̃vɑ̃sjɔ̃] *nf* convention; **de ~** conventional; **~ collective** (*Écon*) collective agreement; **conventions** *nfpl* (*convenances*) convention *sg*, social conventions

conventionnalisme [kɔ̃vɑ̃sjɔnalism(ə)] *nm* (*des idées*) conventionality

conventionné, e [kɔ̃vɑ̃sjɔne] *adj* (*Admin*) *applying charges laid down by the state*

conventionnel, le [kɔ̃vɑ̃sjɔnɛl] *adj* conventional

conventionnellement [kɔ̃vɑ̃sjɔnɛlmɑ̃] *adv* conventionally

conventuel, le [kɔ̃vɑ̃tɥɛl] *adj* monastic; monastery *cpd*, conventual, convent *cpd*

convenu, e [kɔ̃vny] *pp de* **convenir** ▸ *adj* agreed

convergence [kɔ̃vɛʀʒɑ̃s] *nf* convergence; **les critères de ~** the convergence criteria

convergent, e [kɔ̃vɛʀʒɑ̃, -ɑ̃t] *adj* convergent

converger [kɔ̃vɛʀʒe] /3/ *vi* to converge; **~ vers** *ou* **sur** to converge on

conversation [kɔ̃vɛʀsasjɔ̃] *nf* conversation; **avoir de la ~** to be a good conversationalist

converser [kɔ̃vɛʀse] /1/ *vi* to converse

conversion [kɔ̃vɛʀsjɔ̃] *nf* conversion; (*Ski*) kick turn

convertible [kɔ̃vɛʀtibl] *adj* (*Écon*) convertible; **(canapé) ~** sofa bed

convertir [kɔ̃vɛʀtiʀ] /2/ *vt* : **~ qn (à)** to convert sb (to); **~ qch en** to convert sth into; **se convertir (à)** *vpr* to be converted (to)

convertisseur [kɔ̃vɛʀtisœʀ] *nm* (*Élec*) converter

convexe [kɔ̃vɛks] *adj* convex

conviction [kɔ̃viksjɔ̃] *nf* conviction

conviendrai [kɔ̃vjɛ̃dʀe], **conviens** *etc* [kɔ̃vjɛ̃] *vb voir* **convenir**

convienne *etc* [kɔ̃vjɛn] *vb voir* **convenir**

convier [kɔ̃vje] /7/ *vt* : **~ qn à** (*dîner etc*) to (cordially) invite sb to; **~ qn à faire** to urge sb to do

convint *etc* [kɔ̃vɛ̃] *vb voir* **convenir**

convive [kɔ̃viv] *nmf* guest (*at table*)

convivial, e [kɔ̃vivjal] *adj* (*Inform*) user-friendly

convocation [kɔ̃vɔkasjɔ̃] *nf* (*voir convoquer*) convening, convoking; summoning; invitation; (*document*) notification to attend; (*Jur*) summons *sg*

convoi [kɔ̃vwa] *nm* (*de voitures, prisonniers*) convoy; (*train*) train; **~ (funèbre)** funeral procession

convoité, e [kɔ̃vwate] *adj* (*richesses, terres*) coveted; **très ~** much coveted ▸ *pp de* **convoiter**

convoiter [kɔ̃vwate] /1/ *vt* to covet

convoitise [kɔ̃vwatiz] *nf* covetousness; (*sexuelle*) lust, desire

convoler [kɔ̃vɔle] /1/ *vi* : **~ (en justes noces)** to be wed

convoquer [kɔ̃vɔke] /1/ *vt* (*assemblée*) to convene, convoke; (*subordonné, témoin*) to summon; (*candidat*) to ask to attend; **~ qn (à)** (*réunion*) to invite sb (to attend)

convoyer [kɔ̃vwaje] /8/ *vt* to escort

convoyeur [kɔ̃vwajœʀ] *nm* (*Navig*) escort ship; **~ de fonds** security guard

convulsé, e [kɔ̃vylse] *adj* (*visage*) distorted

convulsif, -ive [kɔ̃vylsif, -iv] *adj* convulsive

convulsions [kɔ̃vylsjɔ̃] *nfpl* convulsions

cookie [kuki] *nm* (*Inform*) cookie

coopérant [kɔɔpeʀɑ̃] *nm* ≈ person doing Voluntary Service Overseas (BRIT), ≈ member of the Peace Corps (*US*)

coopératif, -ive [kɔɔpeʀatif, -iv] *adj, nf* co-operative

coopération [kɔɔpeʀasjɔ̃] *nf* co-operation; (*Admin*) : **la C~** ≈ Voluntary Service Overseas

(BRIT) *ou* the Peace Corps (*US: done as alternative to military service*)
coopérer [kɔɔpeʀe] /**6**/ *vi* : **~ (à)** to co-operate (in)
coordination [kɔɔʀdinasjɔ̃] *nf* coordination
coordonnateur, -trice [kɔɔʀdɔnatœʀ, -tʀis] *adj* coordinating ▸ *nm/f* coordinator
coordonné, e [kɔɔʀdɔne] *adj* coordinated ▸ *nf* (*Ling*) coordinate clause; **coordonnés** *nmpl* (*vêtements*) coordinates; **coordonnées** *nfpl* (*Math*) coordinates; (*détails personnels*) address, phone number, schedule *etc*; whereabouts; **donnez-moi vos coordonnées** (*fam*) can I have your details please?
coordonner [kɔɔʀdɔne] /**1**/ *vt* to coordinate
copain, copine [kɔpɛ̃, kɔpin] *nm/f* mate (BRIT), pal; (*petit ami/petite amie*) boyfriend/girlfriend ▸ *adj* : **être ~ avec** to be pally with
copeau, x [kɔpo] *nm* shaving; (*de métal*) turning
Copenhague [kɔpənag] *n* Copenhagen
copie [kɔpi] *nf* copy; (*Scol*) script, paper; exercise; **~ certifiée conforme** certified copy; **~ papier** (*Inform*) hard copy
copier [kɔpje] /**7**/ *vt, vi* to copy; **~ coller** (*Inform*) copy and paste; **~ sur** to copy from
copieur [kɔpjœʀ] *nm* (photo)copier
copieusement [kɔpjøzmɑ̃] *adv* copiously
copieux, -euse [kɔpjø, -øz] *adj* copious, hearty
copilote [kɔpilɔt] *nm* (*Aviat*) co-pilot; (*Auto*) co-driver, navigator
copinage [kɔpinaʒ] *nm* : **obtenir qch par ~** to get sth through contacts
copine [kɔpin] *nf voir* **copain**
copiste [kɔpist] *nmf* copyist, transcriber
coproduction [kɔpʀɔdyksjɔ̃] *nf* coproduction, joint production
copropriétaire [kɔpʀɔpʀijetɛʀ] *nmf* co-owner
copropriété [kɔpʀɔpʀijete] *nf* co-ownership, joint ownership; **acheter en ~** to buy on a co-ownership basis
copulation [kɔpylasjɔ̃] *nf* copulation
copuler [kɔpyle] *vi* to copulate
copyright [kɔpiʀajt] *nm* copyright
coq [kɔk] *nm* cockerel, rooster; **~ de bruyère** grouse; **~ du village** (*fig : péj*) ladykiller; **~ au vin** coq au vin ▸ *adj inv* (*Boxe*) : **poids ~** bantamweight
coq-à-l'âne [kɔkalɑn] *nm inv* abrupt change of subject
coque [kɔk] *nf* (*de noix, mollusque*) shell; (*de bateau*) hull; **à la ~** (*Culin*) (soft-)boiled
coquelet [kɔklɛ] *nm* (*Culin*) cockerel
coquelicot [kɔkliko] *nm* poppy
coqueluche [kɔklyʃ] *nf* whooping-cough; (*fig*) : **être la ~ de qn** to be sb's flavour of the month
coquet, te [kɔkɛ, -ɛt] *adj* appearance-conscious; (*joli*) pretty; (*logement*) smart, charming
coquetier [kɔk(ə)tje] *nm* egg-cup
coquettement [kɔkɛtmɑ̃] *adv* (*s'habiller*) attractively; (*meubler*) prettily
coquetterie [kɔkɛtʀi] *nf* appearance-consciousness
coquillage [kɔkijaʒ] *nm* (*mollusque*) shellfish *inv*; (*coquille*) shell
coquille [kɔkij] *nf* shell; (*Typo*) misprint; **~ de beurre** shell of butter; **~ d'œuf** *adj* (*couleur*) eggshell; **~ de noix** nutshell; **~ St Jacques** scallop
coquillettes [kɔkijɛt] *nfpl* pasta shells
coquin, e [kɔkɛ̃, -in] *adj* mischievous, roguish; (*polisson*) naughty ▸ *nm/f* (*péj*) rascal
cor [kɔʀ] *nm* (*Mus*) horn; (*Méd*) : **~ (au pied)** corn; **réclamer à ~ et à cri** to clamour for; **~ anglais** cor anglais; **~ de chasse** hunting horn
corail, -aux [kɔʀaj, -o] *nm* coral *no pl*
Coran [kɔʀɑ̃] *nm* : **le ~** the Koran
coraux [kɔʀo] *nmpl de* **corail**
corbeau, x [kɔʀbo] *nm* crow
corbeille [kɔʀbɛj] *nf* basket; (*Inform*) recycle bin; (*Bourse*) : **la ~** ≈ the floor (of the Stock Exchange); **~ de mariage** (*fig*) wedding presents *pl*; **~ à ouvrage** work-basket; **~ à pain** breadbasket; **~ à papier** waste paper basket *ou* bin
corbillard [kɔʀbijaʀ] *nm* hearse
cordage [kɔʀdaʒ] *nm* rope; **cordages** *nmpl* (*de voilure*) rigging *sg*
corde [kɔʀd] *nf* rope; (*de violon, raquette, d'arc*) string; (*trame*) : **la ~** the thread; (*Athlétisme, Auto*) : **la ~** the rails *pl*; **les cordes** (*Boxe*) the ropes; **les (instruments à) cordes** (*Mus*) the strings, the stringed instruments; **semelles de ~** rope soles; **tenir la ~** (*Athlétisme, Auto*) to be in the inside lane; **tomber des cordes** to rain cats and dogs; **tirer sur la ~** to go too far; **la ~ sensible** the right chord; **usé jusqu'à la ~** threadbare; **~ à linge** washing *ou* clothes line; **~ lisse** (climbing) rope; **~ à nœuds** knotted climbing rope; **~ raide** tightrope; **~ à sauter** skipping rope; **cordes vocales** vocal cords
cordeau, x [kɔʀdo] *nm* string, line; **tracé au ~** as straight as a die
cordée [kɔʀde] *nf* (*d'alpinistes*) rope, roped party
cordelière [kɔʀdəljɛʀ] *nf* cord (belt)
cordial, e, -aux [kɔʀdjal, -o] *adj* warm, cordial ▸ *nm* cordial, pick-me-up
cordialement [kɔʀdjalmɑ̃] *adv* cordially, heartily; (*formule épistolaire*) (kind) regards
cordialité [kɔʀdjalite] *nf* warmth, cordiality
cordillère [kɔʀdijɛʀ] *nf* : **la ~ des Andes** the Andes cordillera *ou* range
cordon [kɔʀdɔ̃] *nm* cord, string; **~ sanitaire/de police** sanitary/police cordon; **~ littoral** sandbank, sandbar; **~ ombilical** umbilical cord
cordon-bleu [kɔʀdɔ̃blø] (*pl* **cordons-bleus**) *adj, nmf* cordon bleu
cordonnerie [kɔʀdɔnʀi] *nf* shoe repairer's *ou* mender's (shop)
cordonnier [kɔʀdɔnje] *nm* shoe repairer *ou* mender, cobbler
cordouan, e [kɔʀduɑ̃, -an] *adj* Cordovan
Cordoue [kɔʀdu] *n* Cordoba
Corée [kɔʀe] *nf* : **la ~** Korea; **la ~ du Sud/du Nord** South/North Korea; **la République (démocratique populaire) de ~** the (Democratic People's) Republic of Korea
coréen, ne [kɔʀeɛ̃, -ɛn] *adj* Korean ▸ *nm* (*Ling*) Korean ▸ *nm/f* : **Coréen, ne** Korean

C

coreligionnaire [kɔʀ(ə)liʒjɔnɛʀ] *nmf* fellow Christian/Muslim/Jew *etc*
Corfou [kɔʀfu] *n* Corfu
coriace [kɔʀjas] *adj* tough
coriandre [kɔʀjɑ̃dʀ] *nf* coriander
Corinthe [kɔʀɛ̃t] *n* Corinth
cormoran [kɔʀmɔʀɑ̃] *nm* cormorant
cornac [kɔʀnak] *nm* elephant driver
corne [kɔʀn] *nf* horn; (*de cerf*) antler; (*de la peau*) callus; **~ d'abondance** horn of plenty; **~ de brume** (*Navig*) foghorn
cornée [kɔʀne] *nf* cornea
corneille [kɔʀnɛj] *nf* crow
cornélien, ne [kɔʀneljɛ̃, -ɛn] *adj* (*débat etc*) where love and duty conflict
cornemuse [kɔʀnəmyz] *nf* bagpipes *pl*; **joueur de ~** piper
corner[1] [kɔʀnɛʀ] *nm* (*Football*) corner (kick)
corner[2] [kɔʀne] *vt* (*pages*) to make dog-eared ▸ *vi* (*klaxonner*) to blare out
cornet [kɔʀnɛ] *nm* (paper) cone; (*de glace*) cornet, cone; **~ à pistons** cornet
cornette [kɔʀnɛt] *nf* cornet (*headgear*)
corniaud [kɔʀnjo] *nm* (*chien*) mongrel; (*péj*) twit, clot
corniche [kɔʀniʃ] *nf* (*de meuble, neigeuse*) cornice; (*route*) coast road
cornichon [kɔʀniʃɔ̃] *nm* gherkin
Cornouailles [kɔʀnwaj] *fpl* Cornwall
cornue [kɔʀny] *nf* retort
corollaire [kɔʀɔlɛʀ] *nm* corollary
corolle [kɔʀɔl] *nf* corolla
coron [kɔʀɔ̃] *nm* mining cottage; mining village
coronaire [kɔʀɔnɛʀ] *adj* coronary
corporation [kɔʀpɔʀasjɔ̃] *nf* corporate body; (*au Moyen-Âge*) guild
corporel, le [kɔʀpɔʀɛl] *adj* bodily; (*punition*) corporal; **soins corporels** care *sg* of the body
corps [kɔʀ] *nm* (*gén*) body; (*cadavre*) (dead) body; **à son ~ défendant** against one's will; **à ~ perdu** headlong; **perdu ~ et biens** lost with all hands; **prendre ~** to take shape; **faire ~ avec** to be joined to; to form one body with; **~ d'armée** army corps; **~ de ballet** corps de ballet; **~ constitués** (*Pol*) constitutional bodies; **le ~ consulaire** the consular corps; **~ à ~** *adv* hand-to-hand; *nm* clinch; **le ~ du délit** (*Jur*) corpus delicti; **le ~ diplomatique** the diplomatic corps; **le ~ électoral** the electorate; **le ~ enseignant** the teaching profession; **~ étranger** (*Méd*) foreign body; **~ expéditionnaire** task force; **~ de garde** guardroom; **~ législatif** legislative body; **le ~ médical** the medical profession
corpulence [kɔʀpylɑ̃s] *nf* build; (*embonpoint*) stoutness (Brit), corpulence; **de forte ~** of large build
corpulent, e [kɔʀpylɑ̃, -ɑ̃t] *adj* stout (Brit), corpulent
corpus [kɔʀpys] *nm* (*Ling*) corpus
correct, e [kɔʀɛkt] *adj* (*exact*) accurate, correct; (*bienséant, honnête*) correct; (*passable*) adequate
correctement [kɔʀɛktəmɑ̃] *adv* accurately; correctly; adequately
correcteur, -trice [kɔʀɛktœʀ, -tʀis] *nm/f* (*Scol*) examiner, marker; (*Typo*) proofreader
correctif, -ive [kɔʀɛktif, -iv] *adj* corrective ▸ *nm* (*mise au point*) rider, qualification
correction [kɔʀɛksjɔ̃] *nf* (*voir corriger*) correction; marking; (*voir correct*) correctness; (*rature, surcharge*) correction, emendation; (*coups*) thrashing; **~ sur écran** (*Inform*) screen editing; **~ (des épreuves)** proofreading
correctionnel, le [kɔʀɛksjɔnɛl] *adj* (*Jur*) : **tribunal ~** ≈ criminal court
corrélation [kɔʀelasjɔ̃] *nf* correlation
correspondance [kɔʀɛspɔ̃dɑ̃s] *nf* correspondence; (*de train, d'avion*) connection; **ce train assure la ~ avec l'avion de 10 heures** this train connects with the 10 o'clock plane; **cours par ~** correspondence course; **vente par ~** mail-order business
correspondancier, -ière [kɔʀɛspɔ̃dɑ̃sje, -jɛʀ] *nm/f* correspondence clerk
correspondant, e [kɔʀɛspɔ̃dɑ̃, -ɑ̃t] *nm/f* correspondent; (*Tél*) person phoning (*ou* being phoned)
correspondre [kɔʀɛspɔ̃dʀ] **/41/** *vi* (*données, témoignages*) to correspond, tally; (*chambres*) to communicate; **~ à** to correspond to; **~ avec qn** to correspond with sb
Corrèze [kɔʀɛz] *nf* : **la ~** the Corrèze
corrézien, ne [kɔʀezjɛ̃, -ɛn] *adj* of *ou* from the Corrèze
corrida [kɔʀida] *nf* bullfight
corridor [kɔʀidɔʀ] *nm* corridor, passage
corrigé [kɔʀiʒe] *nm* (*Scol : d'exercice*) correct version; fair copy
corriger [kɔʀiʒe] **/3/** *vt* (*devoir*) to correct, mark; (*texte*) to correct, emend; (*erreur, défaut*) to correct, put right; (*punir*) to thrash; **~ qn de** (*défaut*) to cure sb of; **se ~ de** to cure o.s. of
corroborer [kɔʀɔbɔʀe] **/1/** *vt* to corroborate
corroder [kɔʀɔde] **/1/** *vt* to corrode
corrompre [kɔʀɔ̃pʀ] **/41/** *vt* (*dépraver*) to corrupt; (*acheter : témoin etc*) to bribe
corrompu, e [kɔʀɔ̃py] *adj* corrupt
corrosif, -ive [kɔʀozif, -iv] *adj* corrosive
corrosion [kɔʀozjɔ̃] *nf* corrosion
corruption [kɔʀypsjɔ̃] *nf* corruption; (*de témoins*) bribery
corsage [kɔʀsaʒ] *nm* (*d'une robe*) bodice; (*chemisier*) blouse
corsaire [kɔʀsɛʀ] *nm* pirate, corsair; privateer
corse [kɔʀs] *adj* Corsican ▸ *nmf* : **Corse** Corsican ▸ *nf* : **la C~** Corsica
corsé, e [kɔʀse] *adj* vigorous; (*café etc*) full-flavoured (Brit) *ou* -flavored (*US*); (*goût*) full; (*sauce*) spicy; (*problème*) tough, tricky
corselet [kɔʀsəlɛ] *nm* corselet
corser [kɔʀse] **/1/** *vt* (*difficulté*) to aggravate; (*intrigue*) to liven up; (*sauce*) to add spice to
corset [kɔʀsɛ] *nm* corset; (*d'une robe*) bodice; **~ orthopédique** surgical corset
corso [kɔʀso] *nm* : **~ fleuri** procession of floral floats
cortège [kɔʀtɛʒ] *nm* procession
cortisone [kɔʀtizɔn] *nf* (*Méd*) cortisone

corvée [kɔʀve] *nf* chore, drudgery *no pl*; (*Mil*) fatigue (duty)
cosaque [kɔzak] *nm* cossack
cosignataire [kɔsiɲatɛʀ] *adj, nmf* co-signatory
cosinus [kɔsinys] *nm* (*Math*) cosine
cosmétique [kɔsmetik] *nm* (*pour les cheveux*) hair-oil; (*produit de beauté*) beauty care product
cosmétologie [kɔsmetɔlɔʒi] *nf* beauty care
cosmique [kɔsmik] *adj* cosmic
cosmonaute [kɔsmɔnot] *nmf* cosmonaut, astronaut
cosmopolite [kɔsmɔpɔlit] *adj* cosmopolitan
cosmos [kɔsmɔs] *nm* outer space; cosmos
cosse [kɔs] *nf* (*Bot*) pod, hull
cossu, e [kɔsy] *adj* opulent-looking, well-to-do
Costa Rica [kɔstaʀika] *nm* : **le ~** Costa Rica
costaricien, ne [kɔstaʀisjɛ̃, -ɛn] *adj* Costa Rican ▸ *nm/f* : **Costaricien, ne** Costa Rican
costaud, e [kɔsto, -od] *adj* strong, sturdy
costume [kɔstym] *nm* (*d'homme*) suit; (*de théâtre*) costume
costumé, e [kɔstyme] *adj* dressed up
costumier, -ière [kɔstymje, -jɛʀ] *nm/f* (*fabricant, loueur*) costumier; (*Théât*) wardrobe master/mistress
cotangente [kɔtɑ̃ʒɑ̃t] *nf* (*Math*) cotangent
cotation [kɔtasjɔ̃] *nf* quoted value
cote [kɔt] *nf* (*en Bourse etc*) quotation; quoted value; (*d'un candidat etc*) rating; (*mesure : sur une carte*) spot height; (*: sur un croquis*) dimension; (*de classement*) (classification) mark; reference number; **la ~ de** (*d'un cheval*) the odds *pl* on; **avoir la ~** to be very popular; **inscrit à la ~** quoted on the Stock Exchange; **~ d'alerte** danger *ou* flood level; **~ mal taillée** (*fig*) compromise; **~ de popularité** popularity rating
coté, e [kɔte] *adj* : **être ~** to be listed *ou* quoted; **être ~ en Bourse** to be quoted on the Stock Exchange; **être bien/mal ~** to be highly/poorly rated
côte [kot] *nf* (*rivage*) coast(line); (*pente*) slope; (*: sur une route*) hill; (*Anat*) rib; (*d'un tricot, tissu*) rib, ribbing *no pl*; **~ à ~** *adv* side by side; **la C~ (d'Azur)** the (French) Riviera; **la C~ d'Ivoire** the Ivory Coast; **~ de porc** pork chop
côté [kote] *nm* (*gén*) side; (*direction*) way, direction; **de chaque ~ (de)** on each side of; **de tous les côtés** from all directions; **de quel ~ est-il parti ?** which way *ou* in which direction did he go?; **de ce/de l'autre ~** this/the other way; **d'un ~ ... de l'autre ~ ...** (*alternative*) on (the) one hand ... on the other (hand) ...; **du ~ de** (*provenance*) from; (*direction*) towards; **du ~ de Lyon** (*proximité*) near Lyons; **du ~ gauche** on the left-hand side; **de ~** *adv* (*regarder*) sideways; on one side; to one side; aside; **laisser de ~** to leave on one side; **mettre de ~** to put aside, put on one side; **mettre de l'argent de ~** to save some money; **de mon ~** (*quant à moi*) for my part; **à ~** *adv* (right) nearby; (*voisins*) next door; (*d'autre part*) besides; **à ~ de** beside; next to; (*fig*) in comparison to; **à ~ (de la cible)** off target, wide (of the mark); **être aux côtés de** to be by the side of
coteau, x [kɔto] *nm* hill
Côte d'Ivoire [kotdivwaʀ] *nf* : **la ~** Côte d'Ivoire, the Ivory Coast
côtelé, e [kot(ə)le] *adj* ribbed; **pantalon en velours ~** corduroy trousers *pl*
côtelette [kotlɛt] *nf* chop
coter [kɔte] /1/ *vt* (*Bourse*) to quote
coterie [kɔtʀi] *nf* set
côtier, -ière [kotje, -jɛʀ] *adj* coastal
cotisation [kɔtizasjɔ̃] *nf* subscription, dues *pl*; (*pour une pension*) contributions *pl*
cotiser [kɔtize] /1/ *vi* : **~ (à)** to pay contributions (to); (*à une association*) to subscribe (to); **se cotiser** *vpr* to club together
coton [kɔtɔ̃] *nm* cotton; **~ hydrophile** cotton wool (Brit), absorbent cotton (US)
cotonnade [kɔtɔnad] *nf* cotton (fabric)
Coton-Tige® [kɔtɔ̃tiʒ] (*pl* **Cotons-Tiges**) *nm* cotton bud
côtoyer [kotwaje] /8/ *vt* to be close to; (*rencontrer*) to rub shoulders with; (*longer*) to run alongside; (*fig : friser*) to be bordering *ou* verging on
cotte [kɔt] *nf* : **~ de mailles** coat of mail
cou [ku] *nm* neck
couac [kwak] *nm* (*fam*) bum note
couard, e [kwaʀ, -aʀd] *adj* cowardly
couchage [kuʃaʒ] *nm voir* **sac**
couchant, e [kuʃɑ̃, ɑ̃t] *adj* : **soleil ~** setting sun
couche [kuʃ] *nf* (*strate : gén, Géo*) layer, stratum (*pl* -a); (*de peinture, vernis*) coat; (*de poussière, crème*) layer; (*de bébé*) nappy (Brit), diaper (US); **~ d'ozone** ozone layer; **couches** *nfpl* (*Méd*) confinement *sg*; **couches sociales** social levels *ou* strata
couché, e [kuʃe] *adj* (*étendu*) lying down; (*au lit*) in bed
couche-culotte [kuʃkylɔt] (*pl* **couches-culottes**) *nf* (plastic-coated) disposable nappy (Brit) *ou* diaper (US)
coucher [kuʃe] /1/ *nm* (*du soleil*) setting; **à prendre avant le ~** (*Méd*) take at night *ou* before going to bed; **~ de soleil** sunset ▸ *vt* (*personne*) to put to bed; (*: loger*) to put up; (*objet*) to lay on its side; (*écrire*) to inscribe, couch ▸ *vi* (*dormir*) to sleep, spend the night; **~ avec qn** to sleep with sb, go to bed with sb; **se coucher** *vpr* (*pour dormir*) to go to bed; (*pour se reposer*) to lie down; (*soleil*) to set, go down
couchette [kuʃɛt] *nf* couchette; (*de marin*) bunk; (*pour voyageur, sur bateau*) berth
coucheur [kuʃœʀ] *nm* : **mauvais ~** awkward customer
couci-couça [kusikusa] *adv* (*fam*) so-so
coucou [kuku] *nm* cuckoo ▸ *excl* peek-a-boo
coude [kud] *nm* (*Anat*) elbow; (*de tuyau, de la route*) bend; **~ à ~** *adv* shoulder to shoulder, side by side
coudée [kude] *nf* : **avoir ses coudées franches** (*fig*) to have a free rein
cou-de-pied [kudpje] (*pl* **cous-de-pied**) *nm* instep
coudoyer [kudwaje] /8/ *vt* to brush past *ou* against; (*fig*) to rub shoulders with
coudre [kudʀ] /48/ *vt* (*bouton*) to sew on; (*robe*) to sew (up) ▸ *vi* to sew

couenne [kwan] *nf* *(de lard)* rind
couette [kwɛt] *nf* duvet; **couettes** *nfpl* *(cheveux)* bunches
couffin [kufɛ̃] *nm* Moses basket; (straw) basket
couilles [kuj] *nfpl* *(!)* balls *(!)*
couillu, e [kujy] *adj* *(fam : courageux : personne)* ballsy *(fam)*
couiner [kwine] /1/ *vi* to squeal
coulage [kulaʒ] *nm* *(Comm)* loss of stock *(due to theft or negligence)*
coulant, e [kulɑ̃, -ɑ̃t] *adj* *(indulgent)* easy-going; *(fromage etc)* runny
coulée [kule] *nf* *(de lave, métal en fusion)* flow; **~ de neige** snowslide
couler [kule] /1/ *vi* to flow, run; *(fuir : stylo, récipient)* to leak; *(: nez)* to run; *(sombrer : bateau)* to sink; **~ à pic** to sink *ou* go straight to the bottom; **~ de source** to follow on naturally; **faire ~** *(eau)* to run; **faire ~ un bain** to run a bath ▸ *vt* *(cloche, sculpture)* to cast; *(bateau)* to sink; *(personne)* to bring down, ruin; **~ une vie heureuse** to enjoy a happy life; **il a coulé une bielle** *(Auto)* his big end went; **se couler** *vpr* *(se glisser)* : **se ~ dans** *(interstice, ouverture)* to slip into; *(fig)* : **se ~ dans le moule** to fit the mould (Brit) *ou* mold (US)
couleur [kulœʀ] *nf* colour (Brit), color (US); *(Cartes)* suit; **de ~** *(homme, femme : vieilli)* colo(u)red; **sous ~ de** on the pretext of; **de quelle ~** of what colo(u)r; **couleurs** *nfpl* *(du teint)* colo(u)r *sg*; **les couleurs** *(Mil)* the colo(u)rs; **en couleurs** *(film)* in colo(u)r; **télévision en couleurs** colo(u)r television
couleuvre [kulœvʀ] *nf* grass snake
coulissant, e [kulisɑ̃, -ɑ̃t] *adj* *(porte, fenêtre)* sliding
coulisse [kulis] *nf* *(Tech)* runner; **porte à ~** sliding door; **coulisses** *nfpl* *(Théât)* wings; *(fig)* : **dans les coulisses** behind the scenes
coulisser [kulise] /1/ *vi* to slide, run
couloir [kulwaʀ] *nm* corridor, passage; *(d'avion)* aisle; *(de bus)* gangway; *(: sur la route)* bus lane; *(Sport : de piste)* lane; *(Géo)* gully; **~ aérien** air corridor *ou* lane; **~ de navigation** shipping lane
coulpe [kulp] *nf* : **battre sa ~** to repent openly
coup [ku] *nm* *(heurt, choc)* knock; *(affectif)* blow, shock; *(agressif)* blow; *(avec arme à feu)* shot; *(de l'horloge)* chime, stroke; *(Sport : golf)* stroke; *(: tennis)* shot; *(Échecs)* move; *(fam : fois)* time; **~ de coude/genou** nudge (with the elbow)/with the knee; **à coups de hache/marteau** (hitting) with an axe/a hammer; **~ de tonnerre** clap of thunder; **~ de sonnette** ring of the bell; **~ de crayon/pinceau** stroke of the pencil/brush; **donner un ~ de balai** to give the floor a sweep, sweep up; **donner un ~ de chiffon** to go round with the duster; **avoir le ~** *(fig)* to have the knack; **être dans le/hors du ~** to be/not to be in on it; *(à la page)* to be hip *ou* trendy; **du ~** as a result; **boire un ~** to have a drink; **d'un seul ~** *(subitement)* suddenly; *(à la fois)* at one go, in one blow; **du ~** so (you see); **du premier ~** first time *ou* go, at the first attempt; **du même ~** at the same time; **à ~ sûr** definitely, without fail; **après ~** afterwards; **~ sur ~** in quick succession; **être sur un ~** to be on to something; **sur le ~** outright; **sous le ~ de** *(surprise etc)* under the influence of; **tomber sous le ~ de la loi** to constitute a statutory offence; **à tous les coups** every time; **tenir le ~** to hold out; **il a raté son ~** he missed his turn; **pour le ~** for once; **~ bas** *(fig)* : **donner un ~ bas à qn** to hit sb below the belt; **~ de chance** stroke of luck; **~ de chapeau** *(fig)* pat on the back; **~ de couteau** stab (of a knife); **~ dur** hard blow; **~ d'éclat** (great) feat; **~ d'envoi** kick-off; **~ d'essai** first attempt; **~ d'état** coup d'état; **~ de feu** shot; **~ de filet** *(Police)* haul; **~ de foudre** *(fig)* love at first sight; **~ fourré** stab in the back; **~ franc** free kick; **~ de frein** (sharp) braking *no pl*; **~ de fusil** rifle shot; **~ de grâce** coup de grâce; **~ du lapin** *(Auto)* whiplash; **~ de main** : **donner un ~ de main à qn** to give sb a (helping) hand; **~ de maître** master stroke; **~ d'œil** glance; **~ de pied** kick; **~ de poing** punch; **~ de soleil** sunburn *no pl*; **~ de sonnette** ring of the bell; **~ de téléphone** phone call; **~ de tête** *(fig)* (sudden) impulse; **~ de théâtre** *(fig)* dramatic turn of events; **~ de tonnerre** clap of thunder; **~ de vent** gust of wind; **en ~ de vent** *(rapidement)* in a tearing hurry
coupable [kupabl] *adj* guilty; *(pensée)* guilty, culpable; **~ de** guilty of ▸ *nmf* *(gén)* culprit; *(Jur)* guilty party
coupant, e [kupɑ̃, -ɑ̃t] *adj* *(lame)* sharp; *(fig : voix, ton)* cutting
coupe [kup] *nf* *(verre)* goblet; *(à fruits)* dish; *(Sport)* cup; *(de cheveux, de vêtement)* cut; *(graphique, plan)* (cross) section; **être sous la ~ de** to be under the control of; **faire des coupes sombres dans** to make drastic cuts in
coupé, e [kupe] *adj* *(communications, route)* cut, blocked; *(vêtement)* : **bien/mal ~** well/badly cut ▸ *nm* *(Auto)* coupé ▸ *nf* *(Navig)* gangway
coupe-circuit [kupsiʀkɥi] *nm inv* cutout, circuit breaker
coupe-faim [kupfɛ̃] *nm inv* appetite suppressant
coupe-feu [kupfø] *nm* firebreak
coupe-gorge [kupgɔʀʒ] *nm inv* cut-throats' den
coupe-ongles [kupɔ̃gl] *nm inv* *(pince)* nail clippers; *(ciseaux)* nail scissors
coupe-papier [kuppapje] *nm inv* paper knife
couper [kupe] /1/ *vt* to cut; *(retrancher)* to cut (out), take out; *(route, courant)* to cut off; *(appétit)* to take away; *(fièvre)* to take down, reduce; *(vin, cidre)* to blend; *(: à table)* to dilute (with water); **~ l'appétit à qn** to spoil sb's appetite; **~ la parole à qn** to cut sb short; **~ les vivres à qn** to cut off sb's vital supplies; **~ le contact** *ou* **l'allumage** *(Auto)* to turn off the ignition; **~ les ponts avec qn** to break with sb; **se faire ~ les cheveux** to have *ou* get one's hair cut; **nous avons été coupés** we've been cut off ▸ *vi* to cut; *(prendre un raccourci)* to take a short-cut; *(Cartes : diviser le paquet)* to cut; *(: avec l'atout)* to trump; **se couper** *vpr* *(se blesser)* to cut o.s.; *(en témoignant etc)* to give o.s. away
couperet [kupʀɛ] *nm* cleaver, chopper

couperosé, e [kupʀoze] *adj* blotchy
coupe-vent [kupvɑ̃] (*pl* **~(s)**) *nm* windcheater, Windbreaker®(*US*)
couple [kupl] *nm* couple; **~ de torsion** torque
coupler [kuple] /1/ *vt* to couple (together)
couplet [kuplɛ] *nm* verse
coupleur [kuplœʀ] *nm* : **~ acoustique** acoustic coupler
coupole [kupɔl] *nf* dome; cupola
coupon [kupɔ̃] *nm* (*ticket*) coupon; (*de tissu*) remnant; roll
coupon-réponse [kupɔ̃ʀepɔ̃s] (*pl* **coupons-réponses**) *nm* reply coupon
coupure [kupyʀ] *nf* cut; (*billet de banque*) note; (*de journal*) cutting; **~ de courant** power cut
cour [kuʀ] *nf* (*de ferme, jardin*) (court)yard; (*d'immeuble*) back yard; (*Jur, royale*) court; **faire la ~ à qn** to court sb; **~ d'appel** appeal court (*Brit*), appellate court (*US*); **~ d'assises** court of assizes, ≈ Crown Court (*Brit*); **~ de cassation** final court of appeal; **~ des comptes** (*Admin*) revenue court; **~ martiale** court-martial; **~ de récréation** (*Scol*) playground, schoolyard
courage [kuʀaʒ] *nm* courage, bravery
courageusement [kuʀaʒøzmɑ̃] *adv* bravely, courageously
courageux, -euse [kuʀaʒø, -øz] *adj* brave, courageous
couramment [kuʀamɑ̃] *adv* commonly; (*parler*) fluently
courant, e [kuʀɑ̃, -ɑ̃t] *adj* (*fréquent*) common; (*Comm, gén : normal*) standard; (*en cours*) current; **~ octobre** *etc* in the course of October *etc*; **le 10 ~** (*Comm*) the 10th inst. ▸ *nm* current; (*fig*) movement; (: *d'opinion*) trend; **être au ~ (de)** (*fait, nouvelle*) to know (about); **mettre qn au ~ (de)** (*fait, nouvelle*) to tell sb (about); (*nouveau travail etc*) to teach sb the basics (of), brief sb (about); **se tenir au ~ (de)** (*techniques etc*) to keep o.s. up-to-date (on); **dans le ~ de** (*pendant*) in the course of; **~ d'air** draught (*Brit*), draft (*US*); **~ électrique** (electric) current, power
courbature [kuʀbatyʀ] *nf* ache
courbaturé, e [kuʀbatyʀe] *adj* aching
courbe [kuʀb] *adj* curved ▸ *nf* curve; **~ de niveau** contour line
courber [kuʀbe] /1/ *vt* to bend; **~ la tête** to bow one's head; **se courber** *vpr* (*branche etc*) to bend, curve; (*personne*) to bend (down)
courbette [kuʀbɛt] *nf* low bow
coure *etc* [kuʀ] *vb voir* **courir**
coureur, -euse [kuʀœʀ, -øz] *nm/f* (*Sport*) runner (*ou* driver); (*péj*) womanizer/manhunter; **~ cycliste/automobile** racing cyclist/driver
courge [kuʀʒ] *nf* (*Bot*) gourd; (*Culin*) marrow
courgette [kuʀʒɛt] *nf* courgette (*Brit*), zucchini (*US*)
courir [kuʀiʀ] /11/ *vi* (*gén*) to run; (*se dépêcher*) to rush; (*fig : rumeurs*) to go round; (*Comm : intérêt*) to accrue; **le bruit court que** the rumour is going round that; **par les temps qui courent** at the present time; **~ après qn** to run after sb, chase (after) sb; **laisser ~** to let things alone; **faire ~ qn** to make sb run around (all over the place); **tu peux (toujours) ~ !** you've got a hope! ▸ *vt* (*Sport : épreuve*) to compete in; (: *risque*) to run; (: *danger*) to face; **~ les cafés/bals** to do the rounds of the cafés/ dances
couronne [kuʀɔn] *nf* crown; (*de fleurs*) wreath, circlet; **~ (funéraire** *ou* **mortuaire)** (funeral) wreath
couronnement [kuʀɔnmɑ̃] *nm* coronation, crowning; (*fig*) crowning achievement
couronner [kuʀɔne] /1/ *vt* to crown
courons [kuʀɔ̃], **courrai** *etc* [kuʀe] *vb voir* **courir**
courre [kuʀ] *vb voir* **chasse**
courriel [kuʀjɛl] *nm* email; **envoyer qch par ~** to email sth
courrier [kuʀje] *nm* mail, post; (*lettres à écrire*) letters *pl*; (*rubrique*) column; **qualité ~** letter quality; **long/moyen ~** *adj* (*Aviat*) long-/ medium-haul; **~ du cœur** problem page; **est-ce que j'ai du ~ ?** are there any letters for me?; **~ électronique** electronic mail, email

⚠ **courrier** does not mean *courier*.

courroie [kuʀwa] *nf* strap; (*Tech*) belt; **~ de transmission/de ventilateur** driving/fan belt
courrons *etc* [kuʀɔ̃] *vb voir* **courir**
courroucé, e [kuʀuse] *adj* wrathful
cours [kuʀ] *vb voir* **courir** ▸ *nm* (*leçon*) class; (: *particulier*) lesson; (*série de leçons*) course; (*cheminement*) course; (*écoulement*) flow; (*avenue*) walk; (*Comm : de devises*) rate; (: *de denrées*) price; (*Bourse*) quotation; **donner libre ~ à** to give free expression to; **avoir ~** (*monnaie*) to be legal tender; (*fig*) to be current; (*Scol*) to have a class *ou* lecture; **en ~** (*année*) current; (*travaux*) in progress; **en ~ de route** on the way; **au ~ de** in the course of, during; **le ~ du change** the exchange rate; **~ d'eau** waterway; **~ élémentaire** *2nd and 3rd years of primary school*; **~ moyen** *4th and 5th years of primary school*; **~ préparatoire** ≈ infants' class (*Brit*), ≈ 1st grade (*US*); **~ du soir** night school
course [kuʀs] *nf* running; (*Sport : épreuve*) race; (*trajet : du soleil*) course; (: *d'un projectile*) flight; (: *d'une pièce mécanique*) travel; (*excursion*) outing; (*ascension*) climb; (*d'un taxi, autocar*) journey, trip; (*petite mission*) errand; **à bout de ~** (*épuisé*) exhausted; **~ automobile** car race; **~ de côte** (*Auto*) hill climb; **~ par étapes** *ou* **d'étapes** race in stages; **~ d'obstacles** obstacle race; **~ à pied** walking race; **~ de vitesse** sprint; **courses** *nfpl* (*achats*) shopping *sg*; (*Hippisme*) races; **faire les** *ou* **ses courses** to go shopping; **jouer aux courses** to bet on the races; **courses de chevaux** horse racing
coursier, -ière [kuʀsje, -jɛʀ] *nm/f* courier
court, e [kuʀ, kuʀt] *adj* short; **ça fait ~** that's not very long; **tirer à la courte paille** to draw lots; **faire la courte échelle à qn** to give sb a leg up; **~ métrage** (*Ciné*) short (film) ▸ *adv* short; **tourner ~** to come to a sudden end; **couper ~ à** to cut short; **à ~ de** short of; **prendre qn de ~** to catch sb unawares; **pour faire ~** briefly, to cut a long story short ▸ *nm* : **~ (de tennis)** (tennis) court
court-bouillon [kuʀbujɔ̃] (*pl* **courts-bouillons**) *nm* court-bouillon

court-circuit [kuʀsiʀkɥi] (*pl* **courts-circuits**) *nm* short-circuit
court-circuiter [kuʀsiʀkɥite] /**1**/ *vt* (*fig*) to bypass
courtier, -ière [kuʀtje, -jɛʀ] *nm/f* broker
courtisan [kuʀtizɑ̃] *nm* courtier
courtisane [kuʀtizan] *nf* courtesan
courtiser [kuʀtize] /**1**/ *vt* to court, woo
courtois, e [kuʀtwa, -waz] *adj* courteous
courtoisement [kuʀtwazmɑ̃] *adv* courteously
courtoisie [kuʀtwazi] *nf* courtesy
couru, e [kuʀy] *pp de* **courir** ▸ *adj* (*spectacle etc*) popular; **c'est ~ (d'avance) !** (*fam*) it's a safe bet!
cousais *etc* [kuzɛ] *vb voir* **coudre**
couscous [kuskus] *nm* couscous
cousin, e [kuzɛ̃, -in] *nm/f* cousin; **~ germain** first cousin ▸ *nm* (*Zool*) mosquito
cousons *etc* [kuzɔ̃] *vb voir* **coudre**
coussin [kusɛ̃] *nm* cushion; **~ d'air** (*Tech*) air cushion
cousu, e [kuzy] *pp de* **coudre** ▸ *adj* : **~ d'or** rolling in riches
coût [ku] *nm* cost; **le ~ de la vie** the cost of living
coûtant [kutɑ̃] *adj m* : **au prix ~** at cost price
couteau, x [kuto] *nm* knife; **~ à cran d'arrêt** flick-knife; **~ de cuisine** kitchen knife; **~ à pain** bread knife; **~ de poche** pocket knife
couteau-scie [kutosi] (*pl* **couteaux-scies**) *nm* serrated(-edged) knife
coutelier, -ière [kutəlje, -jɛʀ] *adj* : **l'industrie coutelière** the cutlery industry ▸ *nm/f* cutler
coutellerie [kutɛlʀi] *nf* cutlery shop; cutlery
coûter [kute] /**1**/ *vt* to cost ▸ *vi* to cost; **~ à qn** to cost sb a lot; **~ cher** to be expensive; **~ cher à qn** (*fig*) to cost sb dear *ou* dearly; **combien ça coûte ?** how much is it?, what does it cost?; **coûte que coûte** at all costs
coûteux, -euse [kutø, -øz] *adj* costly, expensive
coutume [kutym] *nf* custom; **de ~** usual, customary
coutumier, -ière [kutymje, -jɛʀ] *adj* customary; **elle est coutumière du fait** that's her usual trick
couture [kutyʀ] *nf* sewing; (*profession*) dress-making; (*points*) seam
couturier [kutyʀje] *nm* fashion designer, couturier
couturière [kutyʀjɛʀ] *nf* dressmaker
couvade [kuvad] *nf* couvade syndrome, sympathetic pregnancy
couvée [kuve] *nf* brood, clutch
couvent [kuvɑ̃] *nm* (*de sœurs*) convent; (*de frères*) monastery; (*établissement scolaire*) convent (school)
couver [kuve] /**1**/ *vt* to hatch; (*maladie*) to be sickening for; **~ qn/qch des yeux** to look lovingly at sb/sth; (*convoiter*) to look longingly at sb/sth ▸ *vi* (*feu*) to smoulder (Brit), smolder (US); (*révolte*) to be brewing
couvercle [kuvɛʀkl] *nm* lid; (*de bombe aérosol etc, qui se visse*) cap, top
couvert, e [kuvɛʀ, -ɛʀt] *pp de* **couvrir** ▸ *adj* (*ciel*) overcast; (*coiffé d'un chapeau*) wearing a hat; **~ de** covered with *ou* in; **bien ~** (*habillé*) well wrapped up ▸ *nm* place setting; (*place à table*) place; (*au restaurant*) cover charge; **mettre le ~** to lay the table; **à ~** under cover; **sous le ~ de** under the shelter of; (*fig*) under cover of; **couverts** *nmpl* place settings; (*ustensiles*) cutlery *sg*
couverture [kuvɛʀtyʀ] *nf* (*de lit*) blanket; (*de bâtiment*) roofing; (*de livre, fig : d'un espion etc, Assurances*) cover; (*Presse*) coverage; **de ~** (*lettre etc*) covering; **~ chauffante** electric blanket
couveuse [kuvøz] *nf* (*à poules*) sitter, brooder; (*de maternité*) incubator
couvre *etc* [kuvʀ] *vb voir* **couvrir**
couvre-chef [kuvʀəʃɛf] *nm* hat
couvre-feu, x [kuvʀəfø] *nm* curfew
couvre-lit [kuvʀəli] *nm* bedspread
couvre-pieds [kuvʀəpje] *nm inv* quilt
couvreur [kuvʀœʀ] *nm* roofer
couvrir [kuvʀiʀ] /**18**/ *vt* to cover; (*dominer, étouffer : voix, pas*) to drown out; (*erreur*) to cover up; (*Zool : s'accoupler à*) to cover; **se couvrir** *vpr* (*ciel*) to cloud over; (*s'habiller*) to cover up, wrap up; (*se coiffer*) to put on one's hat; (*par une assurance*) to cover o.s.; **se ~ de** (*fleurs, boutons*) to become covered in
cover-girl [kɔvœʀgœʀl] *nf* model
cow-boy [kobɔj] *nm* cowboy
coyote [kɔjɔt] *nm* coyote
CP *sigle m* = **cours préparatoire**
CPAM *sigle f* (= *Caisse primaire d'assurances maladie*) health insurance office
cps *abr* (= *caractères par seconde*) cps
cpt *abr* = **comptant**
CQFD *abr* (= *ce qu'il fallait démontrer*) QED (= *quod erat demonstrandum*)
CR *sigle m* = **compte rendu**
crabe [kʀɑb] *nm* crab
crachat [kʀaʃa] *nm* spittle *no pl*, spit *no pl*
craché, e [kʀaʃe] *adj* : **son père tout ~** the spitting image of his (*ou* her) father
cracher [kʀaʃe] /**1**/ *vi* to spit ▸ *vt* to spit out; (*fig : lave etc*) to belch (out); **~ du sang** to spit blood
crachin [kʀaʃɛ̃] *nm* drizzle
crachiner [kʀaʃine] /**1**/ *vi* to drizzle
crachoir [kʀaʃwaʀ] *nm* spittoon; (*de dentiste*) bowl
crachotement [kʀaʃɔtmɑ̃] *nm* crackling *no pl*
crachoter [kʀaʃɔte] /**1**/ *vi* (*haut-parleur, radio*) to crackle
crack [kʀak] *nm* (*intellectuel*) whiz kid; (*sportif*) ace; (*poulain*) hot favourite (Brit) *ou* favorite (US)
Cracovie [kʀakɔvi] *n* Cracow
crade [kʀad], **cradingue** [kʀadɛ̃g] *adj* (*fam*) disgustingly dirty, filthy-dirty
craie [kʀɛ] *nf* chalk
craignais *etc* [kʀɛɲɛ] *vb voir* **craindre**
craindre [kʀɛ̃dʀ] /**52**/ *vt* to fear, be afraid of; (*être sensible à : chaleur, froid*) to be easily damaged by; **~ de/que** to be afraid of/that; **je crains qu'il (ne) vienne** I am afraid he may come
crainte [kʀɛ̃t] *nf* fear; **de ~ de/que** for fear of/that
craintif, -ive [kʀɛ̃tif, -iv] *adj* timid
craintivement [kʀɛ̃tivmɑ̃] *adv* timidly
cramer [kʀame] /**1**/ *vi* (*fam*) to burn
cramoisi, e [kʀamwazi] *adj* crimson
crampe [kʀɑ̃p] *nf* cramp; **~ d'estomac** stomach cramp; **j'ai une ~ à la jambe** I've got cramp in my leg

crampon [kʀɑ̃pɔ̃] *nm (de semelle)* stud; *(Alpinisme)* crampon
cramponner [kʀɑ̃pɔne] /1/ : **se cramponner** *vpr* : **se ~ (à)** to hang *ou* cling on (to)
cran [kʀɑ̃] *nm (entaille)* notch; *(de courroie)* hole; *(courage)* guts *pl*; **~ d'arrêt/de sûreté** safety catch; **~ de mire** bead
crâne [kʀɑn] *nm* skull
crânement [kʀɑnmɑ̃] *adv (fièrement)* proudly
crâner [kʀɑne] /1/ *vi (fam)* to swank, show off
crânien, ne [kʀɑnjɛ̃, -ɛn] *adj* cranial, skull *cpd*, brain *cpd*
crapaud [kʀapo] *nm* toad
crapule [kʀapyl] *nf* villain
crapuleux, -euse [kʀapylø, -øz] *adj* : **crime ~** villainous crime
craquelure [kʀaklyʀ] *nf* crack; crackle *no pl*
craquement [kʀakmɑ̃] *nm* crack, snap; *(du plancher)* creak, creaking *no pl*
craquer [kʀake] /1/ *vi (bois, plancher)* to creak; *(fil, branche)* to snap; *(couture)* to come apart, burst; *(fig : accusé)* to break down, fall apart; *(: être enthousiasmé)* to go wild; **j'ai craqué** *(fam)* I couldn't resist it ▸ *vt* : **~ une allumette** to strike a match
crash [kʀaʃ] *(pl* **crashs** *ou* **crashes**) *nm* crash; **~ boursier** stock market crash
crasher [kʀaʃe] *(fam)* : **se crasher** *vpr* to crash
crasse [kʀas] *nf* grime, filth ▸ *adj (fig : ignorance)* crass
crasseux, -euse [kʀasø, -øz] *adj* filthy
crassier [kʀasje] *nm* slag heap
cratère [kʀatɛʀ] *nm* crater
cravache [kʀavaʃ] *nf* (riding) crop
cravacher [kʀavaʃe] /1/ *vt* to use the crop on
cravate [kʀavat] *nf* tie
cravater [kʀavate] /1/ *vt* to put a tie on; *(fig)* to grab round the neck
crawl [kʀol] *nm* crawl
crawlé, e [kʀole] *adj* : **dos ~** backstroke
crayeux, -euse [kʀɛjø, -øz] *adj* chalky
crayon [kʀɛjɔ̃] *nm* pencil; *(de rouge à lèvres etc)* stick, pencil; **écrire au ~** to write in pencil; **~ à bille** ball-point pen; **~ de couleur** crayon; **~ optique** light pen
crayon-feutre [kʀɛjɔ̃føtʀ] *(pl* **crayons-feutres**) *nm* felt(-tip) pen
crayonner [kʀɛjɔne] /1/ *vt* to scribble, sketch
CRDP *sigle m (= Centre régional de documentation pédagogique) teachers' resource centre*
créance [kʀeɑ̃s] *nf (Comm)* (financial) claim, (recoverable) debt; **donner ~ à qch** to lend credence to sth
créancier, -ière [kʀeɑ̃sje, -jɛʀ] *nm/f* creditor
créateur, -trice [kʀeatœʀ, -tʀis] *adj* creative ▸ *nm/f* creator ▸ *nm* : **le C~** *(Rel)* the Creator
créatif, -ive [kʀeatif, -iv] *adj* creative
création [kʀeasjɔ̃] *nf* creation
créativité [kʀeativite] *nf* creativity
créature [kʀeatyʀ] *nf* creature
crécelle [kʀesɛl] *nf* rattle
crèche [kʀɛʃ] *nf (de Noël)* crib; *(garderie)* crèche, day nursery
crédence [kʀedɑ̃s] *nf* (small) sideboard
crédibilité [kʀedibilite] *nf* credibility
crédible [kʀedibl] *adj* credible
crédit [kʀedi] *nm (gén)* credit; **acheter à ~** to buy on credit *ou* on easy terms; **faire ~ à qn** to give sb credit; **~ municipal** pawnshop; **~ relais** bridging loan; **~ carbone** carbon credit; **crédits** *nmpl* funds
crédit-bail [kʀedibaj] *(pl* **crédits-bails**) *nm (Écon)* leasing
créditer [kʀedite] /1/ *vt* : **~ un compte (de)** to credit an account (with)
créditeur, -trice [kʀeditœʀ, -tʀis] *adj* in credit, credit *cpd* ▸ *nm/f* customer in credit
credo [kʀedo] *nm* credo, creed
crédule [kʀedyl] *adj* credulous, gullible
crédulité [kʀedylite] *nf* credulity, gullibility
créer [kʀee] /1/ *vt* to create; *(Théât : pièce)* to produce (for the first time); *(: rôle)* to create
crémaillère [kʀemajɛʀ] *nf (Rail)* rack; *(tige crantée)* trammel; **direction à ~** *(Auto)* rack and pinion steering; **pendre la ~** to have a house-warming party
crémation [kʀemasjɔ̃] *nf* cremation
crématoire [kʀematwaʀ] *adj* : **four ~** crematorium
crématorium [kʀematɔʀjɔm] *nm* crematorium
crème [kʀɛm] *nf* cream; *(entremets)* cream dessert; **~ anglaise** (egg) custard; **~ chantilly** whipped cream, crème Chantilly; **~ fouettée** whipped cream; **~ glacée** ice cream; **~ à raser** shaving cream; **~ solaire** sun cream ▸ *adj inv* cream; **un (café) ~** ≈ a white coffee
crémerie [kʀɛmʀi] *nf* dairy; *(tearoom)* teashop
crémeux, -euse [kʀemø, -øz] *adj* creamy
crémier, -ière [kʀemje, -jɛʀ] *nm/f* dairyman/-woman
créneau, x [kʀeno] *nm (de fortification)* crenel(le); *(fig, aussi Comm)* gap, slot; *(Auto)* : **faire un ~** to reverse into a parking space *(between cars alongside the kerb)*
créole [kʀeɔl] *adj, nmf* Creole
créosote [kʀeɔzɔt] *nf* creosote
crêpe [kʀɛp] *nf (galette)* pancake ▸ *nm (tissu)* crêpe; *(de deuil)* black mourning crêpe; *(ruban)* black armband (*ou* hatband *ou* ribbon); **semelle (de) ~** crêpe sole; **~ de Chine** crêpe de Chine
crêpé, e [kʀepe] *adj (cheveux)* backcombed
crêperie [kʀɛpʀi] *nf* pancake shop *ou* restaurant
crépi [kʀepi] *nm* roughcast
crépir [kʀepiʀ] /2/ *vt* to roughcast
crépitement [kʀepitmɑ̃] *nm (du feu)* crackling *no pl*; *(d'une arme automatique)* rattle *no pl*
crépiter [kʀepite] /1/ *vi* to sputter, splutter, crackle
crépon [kʀepɔ̃] *nm* seersucker
CREPS [kʀɛps] *sigle m (= Centre régional d'éducation physique et sportive)* ≈ sports *ou* leisure centre
crépu, e [kʀepy] *adj* frizzy, fuzzy
crépuscule [kʀepyskyl] *nm* twilight, dusk
crescendo [kʀeʃɛndo] *nm, adv (Mus)* crescendo; **aller ~** *(fig)* to rise higher and higher, grow ever greater
cresson [kʀesɔ̃] *nm* watercress
Crète [kʀɛt] *nf* : **la ~** Crete
crête [kʀɛt] *nf (de coq)* comb; *(de vague, montagne)* crest

crétin, e [kretɛ̃, -in] *nm/f* cretin
crétois, e [kretwa, -waz] *adj* Cretan
cretonne [kʀətɔn] *nf* cretonne
creuser [kʀøze] /1/ *vt* (*trou, tunnel*) to dig; (*sol*) to dig a hole in; (*bois*) to hollow out; (*fig*) to go (deeply) into; **ça creuse** that gives you a real appetite; **se ~ (la cervelle)** to rack one's brains
creuset [kʀøzɛ] *nm* crucible; (*fig*) melting pot, (severe) test
creux, -euse [kʀø, -øz] *adj* hollow; **heures creuses** slack periods; (*électricité, téléphone*) off-peak periods ▸ *nm* hollow; (*fig : sur graphique etc*) trough; **le ~ de l'estomac** the pit of the stomach; **avoir un ~** (*fam*) to be hungry
crevaison [kʀəvɛzɔ̃] *nf* puncture, flat
crevant, e [kʀəvɑ, -ɑ̃t] *adj* (*fam : fatigant*) knackering; (*: très drôle*) priceless
crevasse [kʀəvas] *nf* (*dans le sol*) crack, fissure; (*de glacier*) crevasse; (*de la peau*) crack
crevé, e [kʀəve] *adj* (*fam : fatigué*) shattered (Brit), exhausted
crève-cœur [kʀɛvkœʀ] *nm* heartbreak
crever [kʀəve] /5/ *vt* (*papier*) to tear, break; (*tambour, ballon*) to burst; **cela lui a crevé un œil** it blinded him in one eye; **~ l'écran** to have real screen presence ▸ *vi* (*pneu*) to burst; (*automobiliste*) to have a puncture (Brit) *ou* a flat (tire) (*US*); (*abcès, outre, nuage*) to burst (open); (*fam*) to die
crevette [kʀəvɛt] *nf* : **~ (rose)** prawn; **~ grise** shrimp
CRF *sigle f* (= *Croix-Rouge française*) French Red Cross
cri [kʀi] *nm* cry, shout; (*d'animal : spécifique*) cry, call; **à grands cris** at the top of one's voice; **c'est le dernier ~** (*fig*) it's the latest fashion
criant, e [kʀijɑ̃, -ɑ̃t] *adj* (*injustice*) glaring
criard, e [kʀijaʀ, -aʀd] *adj* (*couleur*) garish, loud; (*voix*) yelling
crible [kʀibl] *nm* riddle; (*mécanique*) screen, jig; **passer qch au ~** to put sth through a riddle; (*fig*) to go over sth with a fine-tooth comb
criblé, e [kʀible] *adj* : **~ de** riddled with
cric [kʀik] *nm* (*Auto*) jack
cricket [kʀikɛt] *nm* cricket
criée [kʀije] *nf* : **(vente à la) ~** (sale by) auction
crier [kʀije] /7/ *vi* (*pour appeler*) to shout, cry (out); (*de peur, de douleur etc*) to scream, yell; (*fig : grincer*) to squeal, screech ▸ *vt* (*ordre, injure*) to shout (out), yell (out); **sans ~ gare** without warning; **~ grâce** to cry for mercy; **~ au secours** to shout for help

> ⚠ **crier** does not mean *to cry* in the sense of 'weep'.

crieur, -euse [kʀijœʀ, -øz] *nm/f* : **~ de journaux** newspaper seller
crime [kʀim] *nm* crime; (*meurtre*) murder
Crimée [kʀime] *nf* : **la ~** the Crimea
criminalité [kʀiminalite] *nf* criminality, crime
criminel, le [kʀiminɛl] *adj* criminal ▸ *nm/f* criminal; murderer; **~ de guerre** war criminal
criminologie [kʀiminɔlɔʒi] *nf* criminology
criminologiste [kʀiminɔlɔʒist] *nmf* criminologist
criminologue [kʀiminɔlɔg] *nmf* criminologist
crin [kʀɛ̃] *nm* (*de cheval*) hair *no pl*; (*fibre*) horsehair; **à tous crins, à tout ~** diehard, out-and-out
crinière [kʀinjɛʀ] *nf* mane
crique [kʀik] *nf* creek, inlet
criquet [kʀikɛ] *nm* grasshopper
crise [kʀiz] *nf* crisis (*pl* crises); (*Méd*) attack; (*: d'épilepsie*) fit; **~ cardiaque** heart attack; **~ de foi** crisis of belief; **avoir une ~ de foie** to have really bad indigestion; **~ de nerfs** attack of nerves; **piquer une ~ de nerfs** to go hysterical
crispant, e [kʀispɑ̃, -ɑ̃t] *adj* annoying, irritating
crispation [kʀispasjɔ̃] *nf* (*spasme*) twitch; (*contraction*) contraction; tenseness
crispé, e [kʀispe] *adj* tense, nervous
crisper [kʀispe] /1/ *vt* to tense; (*poings*) to clench; **se crisper** *vpr* to tense; to clench; (*personne*) to get tense
crissement [kʀismɑ̃] *nm* crunch; rustle; screech
crisser [kʀise] /1/ *vi* (*neige*) to crunch; (*tissu*) to rustle; (*pneu*) to screech
cristal, -aux [kʀistal, -o] *nm* crystal; **~ de plomb** (lead) crystal; **~ de roche** rock-crystal; **cristaux** *nmpl* (*objets*) crystal(ware) *sg*; **cristaux de soude** washing soda *sg*
cristallin, e [kʀistalɛ̃, -in] *adj* crystal-clear ▸ *nm* (*Anat*) crystalline lens
cristalliser [kʀistalize] /1/ *vi, vt*, **se cristalliser** *vpr* to crystallize
critère [kʀitɛʀ] *nm* criterion (*pl* criteria)
critiquable [kʀitikabl] *adj* open to criticism
critique [kʀitik] *adj* critical ▸ *nmf* (*de théâtre, musique*) critic ▸ *nf* criticism; (*Théât etc : article*) review; **la ~** (*activité*) criticism; (*personnes*) the critics *pl*
critiquer [kʀitike] /1/ *vt* (*dénigrer*) to criticize; (*évaluer, juger*) to assess, examine (critically)
croasser [kʀɔase] /1/ *vi* to caw
croate [kʀɔat] *adj* Croatian ▸ *nm* (*Ling*) Croat, Croatian ▸ *nmf* : **Croate** Croat, Croatian
Croatie [kʀɔasi] *nf* : **la ~** Croatia
croc [kʀo] *nm* (*dent*) fang; (*de boucher*) hook
croc-en-jambe [kʀɔkɑ̃ʒɑ̃b] (*pl* **crocs-en-jambe**) *nm* : **faire un ~ à qn** to trip sb up
croche [kʀɔʃ] *nf* (*Mus*) quaver (Brit), eighth note (*US*); **double ~** semiquaver (Brit), sixteenth note (*US*)
croche-pied [kʀɔʃpje] *nm* = **croc-en-jambe**
crochet [kʀɔʃɛ] *nm* hook; (*clef*) picklock; (*détour*) detour; (*Boxe*) : **~ du gauche** left hook; (*Tricot : aiguille*) crochet hook; (*: technique*) crochet; **crochets** *nmpl* (*Typo*) square brackets; **vivre aux crochets de qn** to live *ou* sponge off sb
crocheter [kʀɔʃte] /5/ *vt* (*serrure*) to pick
crochu, e [kʀɔʃy] *adj* hooked; claw-like
crocodile [kʀɔkɔdil] *nm* crocodile
crocus [kʀɔkys] *nm* crocus
croire [kʀwaʀ] /44/ *vt* to believe; **~ qn honnête** to believe sb (to be) honest; **se ~ fort** to think one is strong; **~ que** to believe *ou* think that; **vous croyez ?** do you think so?; **~ être/faire** to think one is/does; **~ à, ~ en** to believe in

croîs *etc* [kRwa] *vb voir* **croître**
croisade [kRwazad] *nf* crusade
croisé, e [kRwaze] *adj* (*veston*) double-breasted; (*Football : tir, tête*) to the far post; (*Tennis : revers, coup droit*) cross-court ▸ *nm* (*guerrier*) crusader ▸ *nf* (*fenêtre*) window, casement; **croisée d'ogives** intersecting ribs; **à la croisée des chemins** at the crossroads
croisement [kRwazmɑ̃] *nm* (*carrefour*) crossroads *sg*; (*Bio*) crossing; (*: résultat*) crossbreed
croiser [kRwaze] /1/ *vt* (*personne, voiture*) to pass; (*route*) to cross, cut across; (*Bio*) to cross; **~ les jambes/bras** to cross one's legs/ fold one's arms ▸ *vi* (*Navig*) to cruise; **se croiser** *vpr* (*personnes, véhicules*) to pass each other; (*routes*) to cross, intersect; (*lettres*) to cross (in the post); (*regards*) to meet; **se ~ les bras** (*fig*) to fold one's arms, to twiddle one's thumbs
croiseur [kRwazœR] *nm* cruiser (*warship*)
croisière [kRwazjɛR] *nf* cruise; **vitesse de ~** (*Auto etc*) cruising speed
croisillon [kRwazijɔ̃] *nm* : **motif/fenêtre à croisillons** lattice pattern/window
croissais *etc* [kRwasɛ] *vb voir* **croître**
croissance [kRwasɑ̃s] *nf* growing, growth; **troubles de la ~** growing pains; **maladie de ~** growth disease; **~ économique** economic growth
croissant, e [kRwasɑ̃, -ɑ̃t] *vb voir* **croître** ▸ *adj* growing; rising ▸ *nm* (*à manger*) croissant; (*motif*) crescent; **~ de lune** crescent moon
croître [kRwatR] /55/ *vi* to grow; (*lune*) to wax
croix [kRwa] *nf* cross; **en ~** *adj, adv* in the form of a cross; **la C~ Rouge** the Red Cross
croquant, e [kRɔkɑ̃, -ɑ̃t] *adj* crisp, crunchy ▸ *nm/f* (*péj*) yokel, (country) bumpkin
croque-madame [kRɔkmadam] *nm inv toasted cheese sandwich with a fried egg on top*
croque-mitaine [kRɔkmitɛn] *nm* bog(e)y-man (*pl* -men)
croque-monsieur [kRɔkməsjø] *nm inv toasted ham and cheese sandwich*
croque-mort [kRɔkmɔR] *nm* (*péj*) pallbearer
croquer [kRɔke] /1/ *vt* (*manger*) to crunch; (*: fruit*) to munch; (*dessiner*) to sketch; **chocolat à ~** plain dessert chocolate ▸ *vi* to be crisp *ou* crunchy
croquet [kRɔkɛ] *nm* croquet
croquette [kRɔkɛt] *nf* croquette
croquis [kRɔki] *nm* sketch
cross [kRɔs], **cross-country** [kRɔskuntRi] (*pl* **~(-countries)**) *nm* cross-country race *ou* run; cross-country racing *ou* running
crosse [kRɔs] *nf* (*de fusil*) butt; (*de revolver*) grip; (*d'évêque*) crook, crosier; (*de hockey*) hockey stick
crotale [kRɔtal] *nm* rattlesnake
crotte [kRɔt] *nf* droppings *pl*; **~ !** (*fam*) damn!
crotté, e [kRɔte] *adj* muddy, mucky
crottin [kRɔtɛ̃] *nm* dung, manure; (*fromage*) (small round) cheese (*made of goat's milk*)
croulant, e [kRulɑ̃, -ɑ̃t] *nm/f* (*fam*) old fogey
crouler [kRule] /1/ *vi* (*s'effondrer*) to collapse; (*être délabré*) to be crumbling
croupe [kRup] *nf* croup, rump; **en ~** pillion
croupi, croupie [kRupi] *adj f* stagnant; **eau croupie** stagnant water
croupier, ière [kRupje, -jɛR] *nm/f* croupier ▸ *nfpl* : **tailler des croupières à qn** (*Écon, Comm*) to steal a march on sb
croupion [kRupjɔ̃] *nm* (*d'un oiseau*) rump; (*Culin*) parson's nose
croupir [kRupiR] /2/ *vi* to stagnate; **~ en prison** to rot in prison
CROUS [kRus] *sigle m* (= *Centre régional des œuvres universitaires et scolaires*) *students' representative body*
croustade [kRustad] *nf* (*Culin*) croustade
croustillant, e [kRustijɑ̃, -ɑ̃t] *adj* crisp; (*fig*) spicy
croustiller [kRustije] /1/ *vi* to be crisp *ou* crusty
croûte [kRut] *nf* crust; (*du fromage*) rind; (*de vol-au-vent*) case; (*Méd*) scab; **en ~** (*Culin*) in pastry, in a pie; **~ aux champignons** mushrooms on toast; **~ au fromage** cheese on toast *no pl*; **~ de pain** (*morceau*) crust (of bread); **~ terrestre** earth's crust
croûton [kRutɔ̃] *nm* (*Culin*) crouton; (*bout du pain*) crust, heel
croyable [kRwajabl] *adj* believable, credible
croyais *etc* [kRwajɛ] *vb voir* **croire**
croyance [kRwajɑ̃s] *nf* belief
croyant, e [kRwajɑ̃, -ɑ̃t] *vb voir* **croire** ▸ *adj* : **être/ne pas être ~** to be/not to be a believer ▸ *nm/f* believer
Crozet [kRɔzɛ] *n* : **les îles ~** the Crozet Islands
CRS *sigle fpl* (= *Compagnies républicaines de sécurité*) *state security police force* ▸ *sigle m member of the CRS*
cru, e [kRy] *pp de* **croire** ▸ *adj* (*non cuit*) raw; (*lumière, couleur*) harsh; (*description*) crude; (*paroles, langage : franc*) blunt; (*: grossier*) crude; **jambon ~** Parma ham; **monter à ~** to ride bareback ▸ *nm* (*vignoble*) vineyard; (*vin*) wine; **un grand ~** a great vintage; **de son (propre) ~** (*fig*) of his own devising; **du ~** local ▸ *nf* (*d'un cours d'eau*) swelling, rising; **en crue** in spate
crû [kRy] *pp de* **croître**
cruauté [kRyote] *nf* cruelty
cruche [kRyʃ] *nf* pitcher, (earthenware) jug
crucial, e, -aux [kRysjal, -o] *adj* crucial
crucifier [kRysifje] /7/ *vt* to crucify
crucifix [kRysifi] *nm* crucifix
crucifixion [kRysifiksjɔ̃] *nf* crucifixion
cruciforme [kRysifɔRm] *adj* cruciform, cross-shaped
cruciverbiste [kRysivɛRbist] *nmf* crossword puzzle enthusiast
crudité [kRydite] *nf* crudeness *no pl*; harshness *no pl*; **crudités** *nfpl* (*Culin*) selection of raw vegetables
crue [kRy] *nf* (*inondation*) flood; *voir aussi* **cru**
cruel, le [kRyɛl] *adj* cruel
cruellement [kRyɛlmɑ̃] *adv* cruelly
crûment [kRymɑ̃] *adv* (*voir cru*) harshly; bluntly; crudely
crus, crûs *etc* [kRy] *vb voir* **croire** ; **croître**
crustacés [kRystase] *nmpl* shellfish
cryptage [kRiptaʒ] *nm* (*de données*) encryption
crypte [kRipt] *nf* crypt
crypté, e [kRipte] *adj* (*télévision*) encrypted; (*chaînes*) encrypted, scrambled
crypter [kRipte] *vt* (*Inform, Tél*) encrypt

CSA *sigle f (= Conseil supérieur de l'audiovisuel) French broadcasting regulatory body*, ≈ IBA (BRIT), ≈ FCC (US)
cse *abr* = **cause**
CSEN *sigle f (= Confédération syndicale de l'éducation nationale) group of teachers' unions*
CSG *sigle f (= contribution sociale généralisée) supplementary social security contribution in aid of the underprivileged*
CSM *sigle m (= Conseil supérieur de la magistrature) French magistrates' council*
Cte *abr* = **Comtesse**
CU *sigle f* = **communauté urbaine**
Cuba [kyba] *nm* : **le ~** Cuba
cubage [kybaʒ] *nm* cubage, cubic content
cubain, e [kybɛ̃, -ɛn] *adj* Cuban ▸ *nm/f* : **Cubain, e** Cuban
cube [kyb] *nm* cube; *(jouet)* brick, building block; **gros ~** powerful motorbike; **mètre ~** cubic metre; **2 au ~ = 8** 2 cubed is 8; **élever au ~** to cube
cubique [kybik] *adj* cubic
cubisme [kybism] *nm* cubism
cubiste [kybist] *adj, nmf* cubist
cubitus [kybitys] *nm* ulna
cueillette [kœjɛt] *nf* picking; *(quantité)* crop, harvest
cueillir [kœjiʀ] /**12**/ *vt (fruits, fleurs)* to pick, gather; *(fig)* to catch
cuiller, cuillère [kɥijɛʀ] *nf* spoon; **~ à café** coffee spoon; *(Culin)* ≈ teaspoonful; **~ à soupe** soup spoon; *(Culin)* ≈ tablespoonful
cuillerée [kɥijʀe] *nf* spoonful; *(Culin)* : **~ à soupe/café** tablespoonful/teaspoonful
cuir [kɥiʀ] *nm* leather; *(avant tannage)* hide; **~ chevelu** scalp
cuirasse [kɥiʀas] *nf* breastplate
cuirassé [kɥiʀase] *nm (Navig)* battleship
cuire [kɥiʀ] /**38**/ *vt* : **(faire) ~** *(aliments)* to cook; *(au four)* to bake; *(poterie)* to fire ▸ *vi* to cook; *(picoter)* to smart, sting, burn
cuisant, e [kɥizɑ̃, -ɑ̃t] *vb voir* **cuire** ▸ *adj (douleur)* smarting, burning; *(fig : souvenir, échec)* bitter
cuisine [kɥizin] *nf (pièce)* kitchen; *(art culinaire)* cookery, cooking; *(nourriture)* cooking, food; **faire la ~** to cook
cuisiné, e [kɥizine] *adj* : **plat ~** ready-made meal *ou* dish
cuisiner [kɥizine] /**1**/ *vt* to cook; *(fam)* to grill ▸ *vi* to cook
cuisinette [kɥizinɛt] *nf* kitchenette
cuisinier, -ière [kɥizinje, -jɛʀ] *nm/f* cook ▸ *nf (poêle)* cooker; **cuisinière électrique/à gaz** electric/gas cooker

Bien qu'en anglais beaucoup de noms de professions se terminent en **-er** (**teacher, bus driver, photographer**, etc.), *cuisinier* se traduit par **cook**, à ne pas confondre avec **cooker**, qui désigne la cuisinière au sens d'appareil électroménager.

cuisis *etc* [kɥizi] *vb voir* **cuire**
cuissardes [kɥisaʀd] *nfpl (de pêcheur)* waders; *(de femme)* thigh boots
cuisse [kɥis] *nf (Anat)* thigh; *(Culin)* leg
cuisson [kɥisɔ̃] *nf* cooking; *(de poterie)* firing
cuissot [kɥiso] *nm* haunch
cuistre [kɥistʀ] *nm* prig
cuit, e [kɥi, -it] *pp de* **cuire** ▸ *adj (viande)* : **bien ~** well done; **trop ~** overdone; **pas assez ~** underdone; **~ à point** medium done; done to a turn ▸ *nf (fam)* : **prendre une cuite** to get plastered *ou* smashed
cuiter [kɥite] *vpr (fam)* : **se cuiter** to get smashed
cuivre [kɥivʀ] *nm* copper; **les cuivres** *(Mus)* the brass; **~ rouge** copper; **~ jaune** brass
cuivré, e [kɥivʀe] *adj* coppery; *(peau)* bronzed
cul [ky] *nm (!)* arse (BRIT!), ass (US!), bum (BRIT); **~ de bouteille** bottom of a bottle
culasse [kylas] *nf (Auto)* cylinder-head; *(de fusil)* breech
culbute [kylbyt] *nf* somersault; *(accidentelle)* tumble, fall
culbuter [kylbyte] /**1**/ *vi* to (take a) tumble, fall (head over heels)
culbuteur [kylbytœʀ] *nm (Auto)* rocker arm
cul-de-jatte [kydʒat] (*pl* **culs-de-jatte**) *nm/f* legless cripple
cul-de-sac [kydsak] (*pl* **culs-de-sac**) *nm* cul-de-sac
culinaire [kylinɛʀ] *adj* culinary
culminant, e [kylminɑ̃, -ɑ̃t] *adj* : **point ~** highest point; *(fig)* height, climax
culminer [kylmine] /**1**/ *vi* to reach its highest point; to tower
culot [kylo] *nm (d'ampoule)* cap; *(fam : effronterie)* cheek, nerve
culotte [kylɔt] *nf (de femme)* panties *pl*, knickers *pl* (BRIT); *(d'homme)* underpants *pl*; *(pantalon)* trousers *pl* (BRIT), pants *pl* (US); **~ de cheval** riding breeches *pl*
culotté, e [kylɔte] *adj (pipe)* seasoned; *(cuir)* mellowed; *(effronté)* cheeky
culpabiliser [kylpabilize] /**1**/ *vt* : **~ qn** to make sb feel guilty
culpabilité [kylpabilite] *nf* guilt
culte [kylt] *adj* : **livre/film ~** cult film/book ▸ *nm (religion)* religion; *(hommage, vénération)* worship; *(protestant)* service
cultivable [kyltivabl] *adj* cultivable
cultivateur, -trice [kyltivatœʀ, -tʀis] *nm/f* farmer
cultivé, e [kyltive] *adj (personne)* cultured, cultivated
cultiver [kyltive] /**1**/ *vt* to cultivate; *(légumes)* to grow, cultivate; **se cultiver** *vpr* to educate o.s.
culture [kyltyʀ] *nf* cultivation; growing; *(connaissances etc)* culture; **(champs de) cultures** land(s) under cultivation; **les cultures intensives** intensive farming; **~ OGM** GM crop; **~ physique** physical training
culturel, le [kyltyʀɛl] *adj* cultural
culturisme [kyltyʀism] *nm* body-building
culturiste [kyltyʀist] *nmf* body-builder
cumin [kymɛ̃] *nm (Culin)* cumin
cumul [kymyl] *nm (voir cumuler)* holding (*ou* drawing) concurrently; **~ de peines** sentences to run consecutively
cumulable [kymylabl] *adj (fonctions)* which may be held concurrently

cumuler [kymyle] /1/ *vt* (*emplois, honneurs*) to hold concurrently; (*salaires*) to draw concurrently; (*Jur: droits*) to accumulate
cupide [kypid] *adj* greedy, grasping
cupidité [kypidite] *nf* greed
curable [kyʀabl] *adj* curable
curaçao [kyʀaso] *nm* curaçao ▸ *n*: **C~** Curaçao
curare [kyʀaʀ] *nm* curare
curatif, -ive [kyʀatif, -iv] *adj* curative
cure [kyʀ] *nf* (*Méd*) course of treatment; (*Rel*) cure, ≈ living; presbytery, ≈ vicarage; **faire une ~ de fruits** to go on a fruit cure *ou* diet; **faire une ~ thermale** to take the waters; **n'avoir ~ de** to pay no attention to; **~ d'amaigrissement** slimming course; **~ de repos** rest cure; **~ de sommeil** sleep therapy *no pl*
curé [kyʀe] *nm* parish priest; **M le ~** ≈ Vicar
cure-dent [kyʀdɑ̃] *nm* toothpick
curée [kyʀe] *nf* (*fig*) scramble for the pickings
cure-ongles [kyʀɔ̃gl] *nm inv* nail cleaner
cure-pipe [kyʀpip] *nm* pipe cleaner
curer [kyʀe] /1/ *vt* to clean out; **se ~ les dents** to pick one's teeth
curetage [kyʀtaʒ] *nm* (*Méd*) curettage
curieusement [kyʀjøzmɑ̃] *adv* oddly
curieux, -euse [kyʀjø, -øz] *adj* (*étrange*) strange, curious; (*indiscret*) curious, inquisitive; (*intéressé*) inquiring, curious ▸ *nmpl* (*badauds*) onlookers, bystanders
curiosité [kyʀjozite] *nf* curiosity, inquisitiveness; (*objet*) curio(sity); (*site*) unusual feature *ou* sight
curiste [kyʀist] *nmf person taking the waters at a spa*
curriculum vitae [kyʀikylɔmvite] *nm inv* curriculum vitae
curry [kyʀi] *nm* curry; **poulet au ~** curried chicken, chicken curry
curseur [kyʀsœʀ] *nm* (*Inform*) cursor; (*de règle*) slide; (*de fermeture-éclair*) slider
cursif, -ive [kyʀsif, -iv] *adj*: **écriture cursive** cursive script
cursus [kyʀsys] *nm* degree course
curviligne [kyʀviliɲ] *adj* curvilinear
cutané, e [kytane] *adj* cutaneous, skin *cpd*
cuti-réaction [kytiʀeaksjɔ̃] *nf* (*Méd*) skin-test
cuve [kyv] *nf* vat; (*à mazout etc*) tank
cuvée [kyve] *nf* vintage
cuvette [kyvɛt] *nf* (*récipient*) bowl, basin; (*du lavabo*) (wash)basin; (*des w.-c.*) pan; (*Géo*) basin
CV *sigle m* (*Auto*) = **cheval (vapeur)**; (*Admin*) = **curriculum vitae**
CVS *sigle adj* (= *corrigées des variations saisonnières*) seasonally adjusted
cx *abr* (= *coefficient de pénétration dans l'air*) drag coefficient
cyanure [sjanyʀ] *nm* cyanide
cybercafé [sibɛʀkafe] *nm* Internet café
cyberculture [sibɛʀkyltyʀ] *nf* cyberculture
cyberespace [sibɛʀɛspas] *nm* cyberspace
cybernaute [sibɛʀnot] *nmf* Internet user
cybernétique [sibɛʀnetik] *nf* cybernetics *sg*
cyclable [siklabl] *adj*: **piste ~** cycle track
cyclamen [siklamɛn] *nm* cyclamen
cycle [sikl] *nm* cycle; (*Scol*): **premier/second ~** ≈ middle/upper school (Brit), ≈ junior/senior high school (*US*)
cyclique [siklik] *adj* cyclic(al)
cyclisme [siklism] *nm* cycling
cycliste [siklist] *nmf* cyclist ▸ *adj* cycle *cpd*; **coureur ~** racing cyclist
cyclo-cross [siklɔkʀɔs] *nm* (*Sport*) cyclo-cross; (*épreuve*) cyclo-cross race
cyclomoteur [siklɔmɔtœʀ] *nm* moped
cyclomotoriste [siklɔmɔtɔʀist] *nmf* moped rider
cyclone [siklon] *nm* hurricane
cyclotourisme [siklɔtuʀism] *nm* (bi)cycle touring
cygne [siɲ] *nm* swan
cylindre [silɛ̃dʀ] *nm* cylinder; **moteur à 4 cylindres en ligne** straight-4 engine
cylindrée [silɛ̃dʀe] *nf* (*Auto*) (cubic) capacity; **une (voiture de) grosse ~** a big-engined car
cylindrique [silɛ̃dʀik] *adj* cylindrical
cymbale [sɛ̃bal] *nf* cymbal
cynique [sinik] *adj* cynical
cyniquement [sinikmɑ̃] *adv* cynically
cynisme [sinism] *nm* cynicism
cyprès [sipʀɛ] *nm* cypress
cypriote [sipʀijɔt] *adj* Cypriot ▸ *nmf*: **Cypriote** Cypriot
cyrillique [siʀilik] *adj* Cyrillic
cystite [sistit] *nf* cystitis
cytise [sitiz] *nm* laburnum
cytologie [sitɔlɔʒi] *nf* cytology

Dd

D, d [de] *nm inv* D, d; **D comme Désiré** D for David (BRIT) *ou* Dog (US) ▸ *abr* : **D** (*Météorologie* : = *dépression*) low, depression; *voir* **système**
d' *prép, art voir* **de**
D1 *nf* (*Football* : = *première division*) Div 1; **monter en D1** to go up to Div 1
D2 *nf* (*Football* : = *deuxième division*) Div 2; **la relégation en D2** relegation to Div 2
DAB [dəb] *nm* (= *distributeur automatique de billets*) ATM
Dacca [daka] *n* Dacca
dactylo [daktilo] *nf* (*aussi* : **dactylographe**) typist; (*aussi* : **dactylographie**) typing, typewriting
dactylographier [daktilɔgʀafje] /7/ *vt* to type (out)
dada [dada] *nm* hobby-horse
dadais [dadɛ] *nm* ninny, lump
dague [dag] *nf* dagger
dahlia [dalja] *nm* dahlia
dahoméen, ne [daɔmeɛ̃, -ɛn] *adj* Dahomean
Dahomey [daɔmɛ] *nm* : **le** ~ Dahomey
daigner [deɲe] /1/ *vt* to deign
daim [dɛ̃] *nm* (fallow) deer *inv*; (*peau*) buckskin; (*cuir suédé*) suede
dais [dɛ] *nm* (*tenture*) canopy
Dakar [dakaʀ] *n* Dakar
dal. *abr* (= *décalitre*) dal.
dallage [dalaʒ] *nm* paving
dalle [dal] *nf* slab; (*au sol*) paving stone, flag(stone); **que** ~ nothing at all, damn all (BRIT)
daller [dale] /1/ *vt* to pave
dalmatien, ne [dalmasjɛ̃, -ɛn] *nm/f* (*chien*) Dalmatian
daltonien, ne [daltɔnjɛ̃, -ɛn] *adj* colour-blind (BRIT), color-blind (US)
daltonisme [daltɔnism] *nm* colour (BRIT) *ou* color (US) blindness
dam [dam] *nm* : **au grand** ~ **de** much to the detriment (*ou* annoyance) of
Damas [dama] *n* Damascus
damas [dama] *nm* (*étoffe*) damask
damassé, e [damase] *adj* damask *cpd*
dame [dam] *nf* lady; (*Cartes, Échecs*) queen; ~ **de charité** benefactress; ~ **de compagnie** lady's companion; **dames** *nfpl* (*jeu*) draughts *sg* (BRIT), checkers *sg* (US); **les (toilettes des) dames** the ladies' (toilets)
dame-jeanne [damʒan] (*pl* **dames-jeannes**) *nf* demijohn
damer [dame] /1/ *vt* to ram *ou* pack down; ~ **le pion à** (*fig*) to get the better of
damier [damje] *nm* draughts board (BRIT), checkerboard (US); (*dessin*) check (pattern); **en** ~ check
damner [dɑne] /1/ *vt* to damn; **se damner** *vpr* to damn o.s.; **être à se** ~ (*dessert, beauté*) to be to-die-for; **belle à se** ~ stunningly beautiful
dancing [dɑ̃siŋ] *nm* dance hall
dandiner [dɑ̃dine] /1/ : **se dandiner** *vpr* to sway about; (*en marchant*) to waddle along
Danemark [danmaʀk] *nm* : **le** ~ Denmark
danger [dɑ̃ʒe] *nm* danger; **mettre en** ~ (*personne*) to put in danger; (*projet, carrière*) to jeopardize; **être en** ~ (*personne*) to be in danger; **être en** ~ **de mort** to be in peril of one's life; **être hors de** ~ to be out of danger
dangereusement [dɑ̃ʒʀøzmɑ̃] *adv* dangerously
dangereux, -euse [dɑ̃ʒʀø, -øz] *adj* dangerous
danois, e [danwa, -waz] *adj* Danish ▸ *nm* (*Ling*) Danish ▸ *nm/f* : **Danois, e** Dane

MOT-CLÉ

dans [dɑ̃] *prép* **1** (*position*) in; (: *à l'intérieur de*) inside; **c'est dans le tiroir/le salon** it's in the drawer/lounge; **dans la boîte** in *ou* inside the box; **marcher dans la ville/la rue** to walk about the town/along the street; **je l'ai lu dans le journal** I read it in the newspaper; **être dans les meilleurs** to be among *ou* one of the best
2 (*direction*) into; **elle a couru dans le salon** she ran into the lounge; **monter dans une voiture/le bus** to get into a car/on to the bus
3 (*provenance*) out of, from; **je l'ai pris dans le tiroir/salon** I took it out of *ou* from the drawer/lounge; **boire dans un verre** to drink out of *ou* from a glass
4 (*temps*) in; **dans deux mois** in two months, in two months' time
5 (*approximation*) about; **dans les 20 euros** about 20 euros

dansant, e [dɑ̃sɑ̃, -ɑ̃t] *adj* : **soirée dansante** evening of dancing; (*bal*) dinner dance
danse [dɑ̃s] *nf* : **la** ~ dancing; (*classique*) (ballet) dancing; **une** ~ a dance; ~ **du ventre** belly dancing
danser [dɑ̃se] /1/ *vi, vt* to dance
danseur, -euse [dɑ̃sœʀ, -øz] *nm/f* ballet dancer; (*au bal etc*) dancer; (: *cavalier*) partner; ~ **de**

claquettes tap-dancer; **en danseuse** (*à vélo*) standing on the pedals
Danube [danyb] *nm* : **le ~** the Danube
DAO *sigle m* (= *dessin assisté par ordinateur*) CAD
dard [daʀ] *nm* sting (*organ*)
darder [daʀde] /1/ *vt* to shoot, send forth
dare-dare [daʀdaʀ] *adv* in double quick time
Dar-es-Salaam, Dar-es-Salam [daʀɛsalam] *n* Dar-es-Salaam
darne [daʀn] *nf* steak (*of fish*)
darse [daʀs] *nf* sheltered dock (*in a Mediterranean port*)
dartre [daʀtʀ] *nf* (*Méd*) sore
datation [datasjɔ̃] *nf* dating
date [dat] *nf* date; **faire ~** to mark a milestone; **de longue ~** *adj* longstanding; **~ de naissance** date of birth; **~ limite** deadline; **~ limite de vente** sell-by date
dater [date] /1/ *vt, vi* to date; **~ de** to date from, go back to; **à ~ de** (as) from
dateur [datœʀ] *nm* (*de montre*) date indicator; **timbre ~** date stamp
datif [datif] *nm* dative
datte [dat] *nf* date
dattier [datje] *nm* date palm
daube [dob] *nf* : **bœuf en ~** beef casserole
dauphin [dofɛ̃] *nm* (*Zool*) dolphin; (*Hist*) dauphin; (*fig*) heir apparent
dauphine [dofin] *nf* (*Hist*) dauphine; (*fig*) heir apparent
Dauphiné [dofine] *nm* : **le ~** the Dauphiné
dauphinois, e [dofinwa, -waz] *adj* of *ou* from the Dauphiné
daurade [dɔʀad] *nf* sea bream
davantage [davɑ̃taʒ] *adv* more; (*plus longtemps*) longer; **~ de** more; **~ que** more than
DB *sigle f* (*Mil*) = **division blindée**
DCA *sigle f* (= *défense contre avions*) anti-aircraft defence
DCT *sigle m* (= *diphtérie coqueluche tétanos*) DPT
DDASS [dɑs] *sigle f* ≈ DWP(Brit), ≈ SSA(US)
DDT *sigle m* (= *dichloro-diphénol-trichloréthane*) DDT

MOT-CLÉ

de, d' [də, d] (*de* + *le* = **du**, *de* + *les* = **des**) *prép*
1 (*appartenance*) of; **le toit de la maison** the roof of the house; **la voiture d'Elisabeth/de mes parents** Elizabeth's/my parents' car
2 (*provenance*) from; **il vient de Londres** he comes from London; **de Londres à Paris** from London to Paris; **elle est sortie du cinéma** she came out of the cinema
3 (*moyen*) with; **je l'ai fait de mes propres mains** I did it with my own two hands
4 (*caractérisation, mesure*) : **un mur de brique/bureau d'acajou** a brick wall/mahogany desk; **un billet de 10 euros** a 10 euro note; **une pièce de 2 m de large** *ou* **large de 2 m** a room 2 m wide, a 2m-wide room; **un bébé de 10 mois** a 10-month-old baby; **12 mois de crédit/travail** 12 months' credit/work; **elle est payée 20 euros de l'heure** she's paid 20 euros an hour *ou* per hour; **augmenter de 10 euros** to increase by 10 euros; **trois jours de libres** three free days, three days free; **un verre d'eau** a glass of water; **il mange de tout** he eats anything
5 (*rapport*) from; **de quatre à six** from four to six
6 (*cause*) : **mourir de faim** to die of hunger; **rouge de colère** red with fury
7 (*vb* + *de* + *infin*) to; **il m'a dit de rester** he told me to stay
8 (*de la part de*) : **estimé de ses collègues** respected by his colleagues
9 (*en apposition*) : **cet imbécile de Paul** that idiot Paul; **le terme de franglais** the term "franglais"
▸ *art* 1 (*phrases affirmatives*) some (*souvent omis*); **du vin, de l'eau, des pommes** (some) wine, (some) water, (some) apples; **des enfants sont venus** some children came; **pendant des mois** for months
2 (*phrases interrogatives et négatives*) any; **a-t-il du vin ?** has he got any wine?; **il n'a pas de pommes/d'enfants** he hasn't (got) any apples/children, he has no apples/children

dé [de] *nm* (*à jouer*) die *ou* dice; (*aussi* : **dé à coudre**) thimble; **dés** *nmpl* (*jeu*) (game of) dice; **un coup de dés** a throw of the dice; **couper en dés** (*Culin*) to dice
DEA *sigle m* (= *Diplôme d'études approfondies*) *post-graduate diploma*
dealer [dilœʀ] *nm* (*fam*) (drug) pusher
déambulateur [deɑ̃bylatœʀ] *nm* Zimmer®
déambuler [deɑ̃byle] /1/ *vi* to stroll about
déb. *abr* = **débutant**; (*Comm*) = **à débattre**
débâcle [debɑkl] *nf* rout
déballage [debalaʒ] *nm* (*de marchandises*) display (*of loose goods*); (*fig* : *fam*) outpourings *pl*
déballer [debale] /1/ *vt* to unpack
débandade [debɑ̃dad] *nf* scattering; (*déroute*) rout
débander [debɑ̃de] /1/ *vt* to unbandage
débaptiser [debatize] /1/ *vt* (*rue*) to rename
débarbouiller [debaʀbuje] /1/ *vt* to wash; **se débarbouiller** *vpr* to wash (one's face)
débarcadère [debaʀkadɛʀ] *nm* landing stage (Brit), wharf
débardeur [debaʀdœʀ] *nm* docker, stevedore; (*maillot*) slipover; (*pour femme*) vest top; (*pour homme*) sleeveless top
débarquement [debaʀkəmɑ̃] *nm* unloading, landing; disembarkation; (*Mil*) landing; **le D~** the Normandy landings
débarquer [debaʀke] /1/ *vt* to unload, land ▸ *vi* to disembark; (*fig*) to turn up
débarras [debaʀɑ] *nm* (*pièce*) lumber room; (*placard*) junk cupboard; (*remise*) outhouse; **bon ~ !** good riddance!
débarrasser [debaʀase] /1/ *vt* to clear; **~ qn de** (*vêtements, paquets*) to relieve sb of; (*habitude, ennemi*) to rid sb of; **~ qch de** (*fouillis etc*) to clear sth of ▸ *vi* (*enlever le couvert*) to clear away; **se débarrasser de** *vpr* to get rid of; to rid o.s. of
débat [deba] *vb voir* **débattre** ▸ *nm* discussion, debate; **débats** *nmpl* (*Pol*) proceedings, debates
débattre [debatʀ] /41/ *vt* to discuss, debate; **se débattre** *vpr* to struggle

d

débauchage [deboʃaʒ] *nm (licenciement)* laying off (of staff); *(par un concurrent)* poaching
débauche [deboʃ] *nf* debauchery; **une ~ de** *(fig)* a profusion of *(: de couleurs)* a riot of
débauché, e [deboʃe] *adj* debauched ▸ *nm/f* profligate
débaucher [deboʃe] /1/ *vt (licencier)* to lay off, dismiss; *(salarié d'une autre entreprise)* to poach; *(entraîner)* to lead astray, debauch; *(inciter à la grève)* to incite
débile [debil] *adj* weak, feeble; *(fam : idiot)* dim-witted
débilitant, e [debilitɑ̃, -ɑ̃t] *adj* debilitating
débilité [debilite] *nf* debility; *(fam : idiotie)* stupidity; **~ mentale** mental debility
débiner [debine] /1/ : **se débiner** *vpr (fam)* to do a bunk (Brit *fam*), to clear off *(fam)*
débit [debi] *nm (d'un liquide, fleuve)* (rate of) flow; *(d'un magasin)* turnover (of goods); *(élocution)* delivery; *(bancaire)* debit; **avoir un ~ de 10 euros** to be 10 euros in debit; **~ de boissons** drinking establishment; **~ de tabac** tobacconist's (shop) (Brit), tobacco *ou* smoke shop (US)
débiter [debite] /1/ *vt (compte)* to debit; *(liquide, gaz)* to yield, produce, give out; *(couper : bois, viande)* to cut up; *(vendre)* to retail; *(péj : paroles etc)* to come out with, churn out
débiteur, -trice [debitœʀ, -tʀis] *nm/f* debtor ▸ *adj* in debit; *(compte)* debit *cpd*
déblai [deblɛ] *nm (nettoyage)* clearing; **déblais** *nmpl (terre)* earth; *(décombres)* rubble
déblaiement [deblɛmɑ̃] *nm* clearing; **travaux de ~** earth moving *sg*
déblatérer [deblateʀe] /6/ *vi* : **~ contre** to go on about
déblayer [debleje] /8/ *vt* to clear; **~ le terrain** *(fig)* to clear the ground
déblocage [deblɔkaʒ] *nm (des prix, cours)* unfreezing
débloquer [deblɔke] /1/ *vt (frein, fonds)* to release; *(prix, crédits)* to free ▸ *vi (fam)* to talk rubbish
débobiner [debɔbine] /1/ *vt* to unwind
déboires [debwaʀ] *nmpl* setbacks
déboisement [debwazmɑ̃] *nm* deforestation
déboiser [debwaze] /1/ *vt* to clear of trees; *(région)* to deforest; **se déboiser** *vpr (colline, montagne)* to become bare of trees
déboîter [debwate] /1/ *vt (Auto)* to pull out; **se ~ le genou** *etc* to dislocate one's knee *etc*
débonnaire [debɔnɛʀ] *adj* easy-going, good-natured
débordant, e [debɔʀdɑ̃, -ɑ̃t] *adj (joie)* unbounded; *(activité)* exuberant
débordé, e [debɔʀde] *adj* : **être ~ de** *(travail, demandes)* to be snowed under with
débordement [debɔʀdəmɑ̃] *nm* overflowing
déborder [debɔʀde] /1/ *vi* to overflow; *(lait etc)* to boil over; **~ de qch** *(dépasser)* to extend beyond sth; **~ de** *(joie, zèle)* to be brimming over with *ou* bursting with ▸ *vt (Mil, Sport)* to outflank
débouché [debuʃe] *nm (pour vendre)* outlet; *(perspective d'emploi)* opening; *(sortie)* : **au ~ de la vallée** where the valley opens out (onto the plain)
déboucher [debuʃe] /1/ *vt (évier, tuyau etc)* to unblock; *(bouteille)* to uncork, open ▸ *vi* : **~ de** to emerge from, come out of; **~ sur** to come out onto; to open out onto; *(fig)* to arrive at, lead up to; *(études)* to lead on to
débouler [debule] /1/ *vi* to go *(ou* come) tumbling down; *(sans tomber)* to come careering down ▸ *vt* : **~ l'escalier** to belt down the stairs
déboulonner [debulɔne] /1/ *vt* to dismantle; *(fig : renvoyer)* to dismiss; *(: détruire le prestige de)* to discredit
débours [debuʀ] *nmpl* outlay
débourser [debuʀse] /1/ *vt* to pay out, lay out
déboussoler [debusɔle] /1/ *vt* to disorientate, disorient
debout [d(ə)bu] *adv* : **être ~** *(personne)* to be standing, stand *(: levé, éveillé)* to be up (and about); *(chose)* to be upright; **être encore ~** *(fig : en état)* to be still going; to be still standing; to be still up; **mettre qn ~** to get sb to his feet; **mettre qch ~** to stand sth up; **se mettre ~** to get up (on one's feet); **se tenir ~** to stand; **~ !** stand up!; *(du lit)* get up!; **cette histoire ne tient pas ~** this story doesn't hold water
débouter [debute] /1/ *vt (Jur)* to dismiss; **~ qn de sa demande** to dismiss sb's petition
déboutonner [debutɔne] /1/ *vt* to undo, unbutton; **se déboutonner** *vpr* to come undone *ou* unbuttoned
débraillé, e [debʀɑje] *adj* slovenly, untidy
débrancher [debʀɑ̃ʃe] /1/ *vt (appareil électrique)* to unplug; *(téléphone, courant électrique)* to disconnect, cut off
débrayage [debʀɛjaʒ] *nm (Auto)* clutch; *(: action)* disengaging the clutch; *(grève)* stoppage; **faire un double ~** to double-declutch
débrayer [debʀeje] /8/ *vi (Auto)* to declutch, disengage the clutch; *(cesser le travail)* to stop work
débridé, e [debʀide] *adj* unbridled, unrestrained
débrider [debʀide] /1/ *vt (cheval)* to unbridle; *(Culin : volaille)* to untruss
débriefer [debʀife] *vt* to debrief
débris [debʀi] *nm (fragment)* fragment ▸ *nmpl (déchets)* pieces, debris *sg*; rubbish *sg* (Brit), garbage *sg* (US); **des ~ de verre** bits of glass
débrouillard, e [debʀujaʀ, -aʀd] *adj* smart, resourceful
débrouillardise [debʀujaʀdiz] *nf* smartness, resourcefulness
débrouiller [debʀuje] /1/ *vt* to disentangle, untangle; *(fig)* to sort out, unravel; **se débrouiller** *vpr* to manage; **débrouillez-vous** you'll have to sort things out yourself
débroussailler [debʀusɑje] /1/ *vt* to clear (of brushwood)
débroussailleuse [debʀusɑjøz] *nf* grass trimmer
débusquer [debyske] /1/ *vt* to drive out (from cover)
début [deby] *nm* beginning, start; **au ~** in *ou* at the beginning, at first; **au ~ de** at the beginning *ou* start of; **dès le ~** from the start;

~ juin in early June; **débuts** *nmpl* beginnings; (*de carrière*) début *sg*; **faire ses débuts** to start out
débutant, e [debytɑ̃, -ɑ̃t] *nm/f* beginner, novice
débuter [debyte] /**1**/ *vi* to begin, start; (*faire ses débuts*) to start out
deçà [dəsa] : **en ~ de** *prép* this side of; **en ~** *adv* on this side
décacheter [dekaʃ(ə)te] /**4**/ *vt* to unseal, open
décade [dekad] *nf* (*10 jours*) (period of) ten days; (*10 ans*) decade
décadence [dekadɑ̃s] *nf* decadence; decline
décadent, e [dekadɑ̃, -ɑ̃t] *adj* decadent
décaféiné, e [dekafeine] *adj* decaffeinated, caffeine-free
décalage [dekalaʒ] *nm* move forward *ou* back; shift forward *ou* back; (*écart*) gap; (*désaccord*) discrepancy; **~ horaire** time difference (between time zones), time-lag
décalaminer [dekalamine] /**1**/ *vt* to decoke
décalcification [dekalsifikasjɔ̃] *nf* decalcification
décalcifier [dekalsifje] /**7**/ : **se décalcifier** *vpr* to decalcify
décalcomanie [dekalkɔmani] *nf* transfer
décalé, e [dekale] *adj* (*humour, style*) offbeat
décaler [dekale] /**1**/ *vt* (*dans le temps : avancer*) to bring forward; (*: retarder*) to put back; (*changer de position*) to shift forward *ou* back; **~ de 10 cm** to move forward *ou* back by 10 cm; **~ de deux heures** to bring *ou* move forward two hours; to put back two hours
décalitre [dekalitʀ] *nm* decalitre (Brit), decaliter (*US*)
décalogue [dekalɔg] *nm* Decalogue
décalquer [dekalke] /**1**/ *vt* to trace; (*par pression*) to transfer
décamètre [dekamɛtʀ] *nm* decametre (Brit), decameter (*US*)
décamper [dekɑ̃pe] /**1**/ *vi* to clear out *ou* off
décan [dekɑ̃] *nm* (*Astrologie*) decan
décanter [dekɑ̃te] /**1**/ *vt* to (allow to) settle (and decant); **se décanter** *vpr* to settle
décapage [dekapaʒ] *nm* stripping; scouring; sanding
décapant [dekapɑ̃] *nm* acid solution; scouring agent; paint stripper
décaper [dekape] /**1**/ *vt* to strip; (*avec abrasif*) to scour; (*avec papier de verre*) to sand
décapiter [dekapite] /**1**/ *vt* to behead; (*par accident*) to decapitate; (*fig*) to cut the top off; (*: organisation*) to remove the top people from
décapotable [dekapɔtabl] *adj* convertible
décapoter [dekapɔte] /**1**/ *vt* to put down the top of
décapsuler [dekapsyle] /**1**/ *vt* to take the cap *ou* top off
décapsuleur [dekapsylœʀ] *nm* bottle-opener
décarcasser [dekaʀkase] /**1**/ *vt* : **se ~ pour qn/pour faire qch** (*fam*) to slog one's guts out for sb/to do sth
décathlon [dekatlɔ̃] *nm* decathlon
décati, e [dekati] *adj* faded, aged
décédé, e [desede] *adj* deceased
décéder [desede] /**6**/ *vi* to die
décelable [des(ə)labl] *adj* discernible
déceler [des(ə)le] /**5**/ *vt* to discover, detect; (*révéler*) to indicate, reveal
décélération [deseleʀasjɔ̃] *nf* deceleration
décélérer [deseleʀe] /**1**/ *vi* to decelerate, slow down
décembre [desɑ̃bʀ] *nm* December; *voir aussi* **juillet**
décemment [desamɑ̃] *adv* decently
décence [desɑ̃s] *nf* decency
décennal, e, -aux [desenal, -o] *adj* (*qui dure dix ans*) having a term of ten years, ten-year; (*qui revient tous les dix ans*) ten-yearly
décennie [deseni] *nf* decade
décent, e [desɑ̃, -ɑ̃t] *adj* decent
décentralisation [desɑ̃tʀalizasjɔ̃] *nf* decentralization
décentraliser [desɑ̃tʀalize] /**1**/ *vt* to decentralize
décentrer [desɑ̃tʀe] /**1**/ *vt* to throw off centre; **se décentrer** *vpr* to move off-centre
déception [desɛpsjɔ̃] *nf* disappointment
décerner [desɛʀne] /**1**/ *vt* to award
décès [desɛ] *nm* death, decease; **acte de ~** death certificate
décevant, e [des(ə)vɑ̃, -ɑ̃t] *adj* disappointing
décevoir [des(ə)vwaʀ] /**28**/ *vt* to disappoint
déchaîné, e [deʃene] *adj* unbridled, raging
déchaînement [deʃɛnmɑ̃] *nm* (*de haine, violence*) outbreak, outburst
déchaîner [deʃene] /**1**/ *vt* (*passions, colère*) to unleash; (*rires etc*) to give rise to, arouse; **se déchaîner** *vpr* to be unleashed; (*rires*) to burst out; (*se mettre en colère*) to fly into a rage; **se ~ contre qn** to unleash one's fury on sb
déchanter [deʃɑ̃te] /**1**/ *vi* to become disillusioned
décharge [deʃaʀʒ] *nf* (*dépôt d'ordures*) rubbish tip *ou* dump; (*électrique*) electrical discharge; (*salve*) volley of shots; **à la ~ de** in defence of
déchargement [deʃaʀʒəmɑ̃] *nm* unloading
décharger [deʃaʀʒe] /**3**/ *vt* (*marchandise, véhicule*) to unload; (*Élec*) to discharge; (*arme : neutraliser*) to unload; (*: faire feu*) to discharge, fire; **~ qn de** (*responsabilité*) to relieve sb of, release sb from; **~ sa colère (sur)** to vent one's anger (on); **~ sa conscience** to unburden one's conscience; **se ~ dans** (*se déverser*) to flow into; **se ~ d'une affaire sur qn** to hand a matter over to sb
décharné, e [deʃaʀne] *adj* bony, emaciated, fleshless
déchaussé, e [deʃose] *adj* (*dent*) loose
déchausser [deʃose] /**1**/ *vt* (*personne*) to take the shoes off; (*skis*) to take off; **se déchausser** *vpr* to take off one's shoes; (*dent*) to come *ou* work loose
dèche [dɛʃ] *nf* (*fam*) : **être dans la ~** to be flat broke
déchéance [deʃeɑ̃s] *nf* (*déclin*) degeneration, decay, decline; (*chute*) fall
déchet [deʃɛ] *nm* (*de bois, tissu etc*) scrap; (*perte : gén Comm*) wastage, waste; **déchets** *nmpl* (*ordures*) refuse *sg*, rubbish *sg* (Brit), garbage *sg* (*US*); **déchets nucléaires** nuclear waste; **déchets radioactifs** radioactive waste

déchiffrage [deʃifʀaʒ] *nm* sight-reading
déchiffrer [deʃifʀe] /1/ *vt* to decipher
déchiqueté, e [deʃik(ə)te] *adj* jagged(-edged), ragged
déchiqueter [deʃik(ə)te] /4/ *vt* to tear *ou* pull to pieces
déchirant, e [deʃiʀɑ̃, -ɑ̃t] *adj* heart-breaking, heart-rending
déchiré, e [deʃiʀe] *adj* torn; *(fig)* heart-broken
déchirement [deʃiʀmɑ̃] *nm (chagrin)* wrench, heartbreak; *(gén pl : conflit)* rift, split
déchirer [deʃiʀe] /1/ *vt* to tear, rip; *(mettre en morceaux)* to tear up; *(pour ouvrir)* to tear off; *(arracher)* to tear out; *(fig)* to tear apart; **se déchirer** *vpr* to tear, rip; **se ~ un muscle/ tendon** to tear a muscle/ tendon
déchirure [deʃiʀyʀ] *nf (accroc)* tear, rip; **~ musculaire** torn muscle
déchoir [deʃwaʀ] /25/ *vi (personne)* to lower o.s., demean o.s.; **~ de** to fall from
déchu, e [deʃy] *pp de* **déchoir** ▸ *adj* fallen; *(roi)* deposed
décibel [desibɛl] *nm* decibel
décidé, e [deside] *adj (personne, air)* determined; **c'est ~** it's decided; **être ~ à faire** to be determined to do
décidément [desidemɑ̃] *adv* undoubtedly; really
décider [deside] /1/ *vt* : **~ qch** to decide on sth; **~ de faire/que** to decide to do/that; **~ qn (à faire qch)** to persuade *ou* induce sb (to do sth); **~ de qch** to decide upon sth; *(chose)* to determine sth; **se décider** *vpr (personne)* to decide, make up one's mind; *(problème, affaire)* to be resolved; **se ~ à qch** to decide on sth; **se ~ à faire** to decide *ou* make up one's mind to do; **se ~ pour qch** to decide on *ou* in favour of sth
décideur [desidœʀ] *nm* decision-maker
décilitre [desilitʀ] *nm* decilitre (Brit), deciliter (US)
décimal, e, -aux [desimal, -o] *adj, nf* decimal
décimalisation [desimalizasjɔ̃] *nf* decimalization
décimaliser [desimalize] /1/ *vt* to decimalize
décimer [desime] /1/ *vt* to decimate
décimètre [desimɛtʀ] *nm* decimetre (Brit), decimeter (US); **double ~** (20 cm) ruler
décisif, -ive [desizif, -iv] *adj* decisive; *(qui l'emporte)* : **le facteur/l'argument ~** the deciding factor/argument
décision [desizjɔ̃] *nf* decision; *(fermeté)* decisiveness, decision; **prendre une ~** to make a decision; **prendre la ~ de faire** to take the decision to do; **emporter** *ou* **faire la ~** to be decisive
déclamation [deklamasjɔ̃] *nf* declamation; *(péj)* ranting, spouting
déclamatoire [deklamatwaʀ] *adj* declamatory
déclamer [deklame] /1/ *vt* to declaim; *(péj)* to spout ▸ *vi* : **~ contre** to rail against
déclarable [deklaʀabl] *adj (marchandise)* dutiable; *(revenus)* declarable
déclaration [deklaʀasjɔ̃] *nf* declaration; registration; *(discours : Pol etc)* statement; *(compte rendu)* report; **fausse ~** misrepresentation; **~ (d'amour)** declaration; **~ de décès** registration of death; **~ de guerre** declaration of war; **~ (d'impôts)** statement of income, tax declaration, ≈ tax return; **~ (de sinistre)** (insurance) claim; **~ de revenus** statement of income; **faire une ~ de vol** to report a theft
déclaré, e [deklaʀe] *adj (juré)* avowed
déclarer [deklaʀe] /1/ *vt* to declare, announce; *(revenus, employés, marchandises)* to declare; *(décès, naissance)* to register; *(vol etc : à la police)* to report; **~ la guerre** to declare war; **rien à ~** nothing to declare; **se déclarer** *vpr (feu, maladie)* to break out
déclassé, e [deklɑse] *adj* relegated, downgraded; *(matériel)* (to be) sold off
déclassement [deklɑsmɑ̃] *nm* relegation, downgrading; *(Rail etc)* change of class
déclasser [deklɑse] /1/ *vt* to relegate, downgrade; *(déranger : fiches, livres)* to get out of order
déclenchant, e [deklɑ̃ʃɑ̃, -ɑ̃t] *adj (situation, cause)* trigger *cpd*; **facteur ~** trigger
déclenchement [deklɑ̃ʃmɑ̃] *nm* release; setting off
déclencher [deklɑ̃ʃe] /1/ *vt (mécanisme)* to release; *(sonnerie)* to set off, activate; *(attaque, grève)* to launch; *(provoquer)* to trigger off; **se déclencher** *vpr* to release itself; *(sonnerie)* to go off
déclencheur [deklɑ̃ʃœʀ] *nm* release mechanism
déclic [deklik] *nm* trigger mechanism; *(bruit)* click
déclin [deklɛ̃] *nm* decline
déclinable [deklinabl] *adj* : **~ en qch** available in sth; **~ à l'infini** infinitely adaptable
déclinaison [deklinɛzɔ̃] *nf* declension
décliner [dekline] /1/ *vi (santé, jour)* to decline ▸ *vt (invitation)* to decline, refuse; *(responsabilité)* to refuse to accept; *(nom, adresse)* to state; *(Ling)* to decline; **se décliner** *vpr (Ling)* to decline
déclivité [deklivite] *nf* slope, incline; **en ~** sloping, on the incline
décloisonner [deklwazɔne] /1/ *vt* to decompartmentalize
déclouer [deklue] /1/ *vt* to unnail
décocher [dekɔʃe] /1/ *vt* to hurl; *(flèche, regard)* to shoot
décoction [dekɔksjɔ̃] *nf* decoction
décodage [dekɔdaʒ] *nm* deciphering, decoding
décoder [dekɔde] /1/ *vt* to decipher, decode
décodeur [dekɔdœʀ] *nm* decoder
décoiffant, e [dekwafɑ̃, -ɑ̃t] *adj (fam)* mind-blowing
décoiffé, e [dekwafe] *adj* : **elle est toute décoiffée** her hair is in a mess
décoiffer [dekwafe] /1/ *vt* : **~ qn** to mess up sb's hair; **se décoiffer** *vpr* to take off one's hat
décoincer [dekwɛ̃se] /3/ *vt* to unjam, loosen; **se décoincer** *vpr (objet)* to come loose; *(fig : fam : personne)* to let one's hair down; **ça s'est décoincé tout seul** it came loose all by itself; **il s'est décoincé un peu depuis qu'il n'habite plus chez ses parents** he's loosened up a bit since he stopped living with his parents
déçois *etc* [deswa], **déçoive** *etc* [deswav] *vb voir* **décevoir**

décolérer [dekɔlere] /6/ *vi* : **il ne décolère pas** he's still angry, he hasn't calmed down
décollage [dekɔlaʒ] *nm* (*Aviat, Écon*) takeoff
décollé, e [dekɔle] *adj* : **oreilles décollées** sticking-out ears
décollement [dekɔlmɑ̃] *nm* (*Méd*) : **~ de la rétine** retinal detachment
décoller [dekɔle] /1/ *vt* to unstick ▸ *vi* (*avion*) to take off; (*projet, entreprise*) to take off, get off the ground; **se décoller** *vpr* to come unstuck
décolleté, e [dekɔlte] *adj* low-necked, low-cut; (*femme*) wearing a low-cut dress ▸ *nm* low neck(line); (*épaules*) (bare) neck and shoulders; (*plongeant*) cleavage
décolleter [dekɔlte] /4/ *vt* (*vêtement*) to give a low neckline to; (*Tech*) to cut
décolonisation [dekɔlɔnizasjɔ̃] *nf* decolonization
décoloniser [dekɔlɔnize] /1/ *vt* to decolonize
décolorant [dekɔlɔʀɑ̃] *nm* decolorant, bleaching agent
décoloration [dekɔlɔʀasjɔ̃] *nf* : **se faire faire une ~** (*chez le coiffeur*) to have one's hair bleached *ou* lightened
décoloré, e [dekɔlɔʀe] *adj* (*vêtement*) faded; (*cheveux*) bleached
décolorer [dekɔlɔʀe] /1/ *vt* (*tissu*) to fade; (*cheveux*) to bleach, lighten; **se faire ~ les cheveux** to have one's hair bleached; **se décolorer** *vpr* to fade
décombres [dekɔ̃bʀ] *nmpl* rubble *sg*, debris *sg*
décommander [dekɔmɑ̃de] /1/ *vt* to cancel; (*invités*) to put off; **se décommander** *vpr* to cancel, cry off
décomplexé, e [dekɔ̃plɛkse] *adj* self-assured
décomposé, e [dekɔ̃poze] *adj* (*pourri*) decomposed; (*visage*) haggard, distorted
décomposer [dekɔ̃poze] /1/ *vt* to break up; (*Chimie*) to decompose; (*Math*) to factorize; **se décomposer** *vpr* to decompose
décomposition [dekɔ̃pozisjɔ̃] *nf* breaking up; decomposition; factorization; **en ~** (*organisme*) in a state of decay, decomposing
décompresser [dekɔ̃pʀese] /1/ *vi* (*fam : se détendre*) to unwind
décompresseur [dekɔ̃pʀesœʀ] *nm* decompressor
décompression [dekɔ̃pʀesjɔ̃] *nf* decompression
décomprimer [dekɔ̃pʀime] /1/ *vt* to decompress
décompte [dekɔ̃t] *nm* deduction; (*facture*) breakdown (of an account), detailed account
décompter [dekɔ̃te] /1/ *vt* to deduct
déconcentration [dekɔ̃sɑ̃tʀasjɔ̃] *nf* (*des industries etc*) dispersal; **~ des pouvoirs** devolution
déconcentré, e [dekɔ̃sɑ̃tʀe] *adj* (*sportif etc*) who has lost (his/her) concentration
déconcentrer [dekɔ̃sɑ̃tʀe] /1/ *vt* (*Admin*) to disperse; **se déconcentrer** *vpr* to lose (one's) concentration
déconcertant, e [dekɔ̃sɛʀtɑ̃, -ɑ̃t] *adj* disconcerting
déconcerter [dekɔ̃sɛʀte] /1/ *vt* to disconcert, confound
déconditionner [dekɔ̃disjɔne] /1/ *vt* : **~ l'opinion américaine** to change the way the Americans have been forced to think
déconfit, e [dekɔ̃fi, -it] *adj* crestfallen, downcast
déconfiture [dekɔ̃fityʀ] *nf* collapse, ruin; (*morale*) defeat
décongélation [dekɔ̃ʒelasjɔ̃] *nf* defrosting, thawing
décongelé, e [dekɔ̃ʒle] *adj* defrosted; **« ne jamais recongeler un produit ~ »** "never refreeze a product that has been defrosted"
décongeler [dekɔ̃ʒ(ə)le] /5/ *vt* to thaw (out)
décongestionner [dekɔ̃ʒɛstjɔne] /1/ *vt* (*Méd*) to decongest; (*rues*) to relieve congestion in
déconnecté, e [dekɔnɛkte] *adj* : **~ des réalités** out of touch with reality
déconnecter [dekɔnɛkte] /1/ *vt* to disconnect
déconner [dekɔne] /1/ *vi* (*! : en parlant*) to talk (a load of) rubbish (Brit) *ou* garbage (US); (*: faire des bêtises*) to muck about; **sans ~** no kidding
déconseillé, e [dekɔ̃seje] *adj* not recommended; **fortement ~** highly inadvisable; **c'est ~** it's not recommended, it's inadvisable
déconseiller [dekɔ̃seje] /1/ *vt* : **~ qch (à qn)** to advise (sb) against sth; **~ à qn de faire** to advise sb against doing
déconsidérer [dekɔ̃sideʀe] /6/ *vt* to discredit
décontamination [dekɔ̃taminasjɔ̃] *nf* decontamination
décontaminer [dekɔ̃tamine] /1/ *vt* to decontaminate
décontenancé, e [dekɔ̃tnɑ̃se] *adj* disconcerted
décontenancer [dekɔ̃t(ə)nɑ̃se] /3/ *vt* to disconcert, discountenance
décontracté, e [dekɔ̃tʀakte] *adj* relaxed, laid-back (*fam*)
décontracter [dekɔ̃tʀakte] /1/ *vt*, **se décontracter** *vpr* to relax
décontraction [dekɔ̃tʀaksjɔ̃] *nf* relaxation
déconventionnement [dekɔ̃vɑ̃sjɔnmɑ̃] *nm* (*de médecins*) opting out
déconventionner [dekɔ̃vɑ̃sjɔne] *vt* (*médecin : pour faute*) to strike off
déconvenue [dekɔ̃v(ə)ny] *nf* disappointment
décor [dekɔʀ] *nm* décor; (*paysage*) scenery; **changement de ~** (*fig*) change of scene; **entrer dans le ~** (*fig*) to run off the road; **en ~ naturel** (*Ciné*) on location; **décors** *nmpl* (*Théât*) scenery *sg*, decor *sg*; (*Ciné*) set *sg*
décorateur, -trice [dekɔʀatœʀ, -tʀis] *nm/f* (interior) decorator; (*Ciné*) set designer
décoratif, -ive [dekɔʀatif, -iv] *adj* decorative
décoration [dekɔʀasjɔ̃] *nf* decoration
décorer [dekɔʀe] /1/ *vt* to decorate
décortiqué, e [dekɔʀtike] *adj* shelled; hulled
décortiquer [dekɔʀtike] /1/ *vt* to shell; (*riz*) to hull; (*fig : texte*) to dissect
décorum [dekɔʀɔm] *nm* decorum; etiquette
décote [dekɔt] *nf* tax relief
découcher [dekuʃe] /1/ *vi* to spend the night away
découdre [dekudʀ] /48/ *vt* (*vêtement, couture*) to unpick, take the stitching out of; (*bouton*) to take off ▸ *vi* : **en ~** (*fig*) to fight, do battle; **se découdre** *vpr* to come unstitched; (*bouton*) to come off
découler [dekule] /1/ *vi* : **~ de** to ensue *ou* follow from

d

découpage [dekupaʒ] *nm* cutting up; carving; (*image*) cut-out (figure); **~ électoral** division into constituencies
découpe [dekup] *nf* (*de viande*) carving; (*Tech : découpage : de pièces, documents*) cutting; (*forme*) shape
découper [dekupe] /**1**/ *vt* (*papier, tissu*) to cut up; (*volaille, viande*) to carve; (*détacher : manche, article*) to cut out; **se ~ sur** (*ciel, fond*) to stand out against
découplé, e [dekuple] *adj* : **bien ~** well-built, well-proportioned
découpures [dekupyʀ] *nfpl* (*morceaux*) cut-out bits; (*d'une côte, arête*) indentations, jagged outline *sg*
décourageant, e [dekuʀaʒɑ̃, -ɑ̃t] *adj* discouraging; (*personne, attitude*) negative
découragement [dekuʀaʒmɑ̃] *nm* discouragement, despondency
décourager [dekuʀaʒe] /**3**/ *vt* to discourage, dishearten; (*dissuader*) to discourage, put off; **~ qn de faire/de qch** to discourage sb from doing/from sth, put sb off doing/sth; **se décourager** *vpr* to lose heart, become discouraged
décousu, e [dekuzy] *pp de* **découdre** ▸ *adj* unstitched; (*fig*) disjointed, disconnected
découvert, e [dekuvɛʀ, -ɛʀt] *pp de* **découvrir** ▸ *adj* (*tête*) bare, uncovered; (*lieu*) open, exposed; **à visage ~** openly ▸ *nm* (*bancaire*) overdraft; **à ~** *adv* (*Mil*) exposed, without cover; (*fig*) openly; (*Comm*) *adj* overdrawn
découverte [dekuvɛʀt(ə)] *nf* discovery; **aller à la ~ de** (*lieu*) to go off to explore; **partir à la ~ du monde** to go off to explore the world; **faire la ~ de** to discover ▸ *adj inv* (*itinéraire, sentier, séjour*) scenic
découvrir [dekuvʀiʀ] /**18**/ *vt* to discover; (*apercevoir*) to see; (*enlever ce qui couvre ou protège*) to uncover; (*montrer, dévoiler*) to reveal; **se découvrir** *vpr* (*chapeau*) to take off one's hat; (*se déshabiller*) to take something off; (*au lit*) to uncover o.s.; (*ciel*) to clear; **se ~ des talents** to find hidden talents in o.s.
décrassage [dekʀasaʒ] *nm* (*Sport*) warm-down; **une séance de ~** a warm-down session
décrasser [dekʀase] /**1**/ *vt* to clean
décrêper [dekʀepe] /**1**/ *vt* (*cheveux*) to straighten
décrépi, e [dekʀepi] *adj* peeling; with roughcast rendering removed
décrépit, e [dekʀepi, -it] *adj* decrepit
décrépitude [dekʀepityd] *nf* decrepitude; decay
decrescendo [dekʀeʃɛndo] *nm* (*Mus*) decrescendo; **aller ~** (*fig*) to decline, be on the wane
décret [dekʀɛ] *nm* decree
décréter [dekʀete] /**6**/ *vt* to decree; (*ordonner*) to order
décret-loi [dekʀɛlwa] (*pl* **décrets-lois**) *nm* statutory order
décrié, e [dekʀije] *adj* disparaged
décrire [dekʀiʀ] /**39**/ *vt* to describe; (*courbe, cercle*) to follow, describe
décrisper [dekʀispe] /**1**/ *vt* to defuse; **se décrisper** *vpr* (*personne, visage*) to relax; (*relations, situation*) to ease; (*ambiance*) to become more relaxed
décrit, e [dekʀi, -it] *pp de* **décrire**
décrivais *etc* [dekʀivɛ] *vb voir* **décrire**
décrochage [dekʀɔʃaʒ] *nm* : **~ scolaire** (*Scol*) ≈ truancy
décrochement [dekʀɔʃmɑ̃] *nm* (*d'un mur etc*) recess
décrocher [dekʀɔʃe] /**1**/ *vt* (*dépendre*) to take down; (*téléphone*) to take off the hook; (*fig : contrat etc*) to get, land; **~ (le téléphone)** (*pour répondre*) to pick up *ou* lift the receiver ▸ *vi* (*fam : abandonner*) to drop out; (*: cesser d'écouter*) to switch off; **se décrocher** *vpr* (*tableau, rideau*) to fall down
décrois *etc* [dekʀwa] *vb voir* **décroître**
décroisé, e [dekʀwaze] *adj* (*Football : tir, tête*) to the near post; (*Tennis : revers, coup droit*) down-the-line
décroiser [dekʀwaze] /**1**/ *vt* (*bras*) to unfold; (*jambes*) to uncross
décroissant, e [dekʀwasɑ̃, -ɑ̃t] *vb voir* **décroître** ▸ *adj* decreasing, declining, diminishing; **par ordre ~** in descending order
décroître [dekʀwatʀ] /**55**/ *vi* to decrease, decline, diminish
décrotter [dekʀɔte] /**1**/ *vt* (*chaussures*) to clean the mud from; **se ~ le nez** to pick one's nose
décru, e [dekʀy] *pp de* **décroître**
décrue [dekʀy] *nf* drop in level (of the waters)
décryptage [dekʀiptaʒ] *nm* (*de génome, médias, information*) decoding; (*Inform : de fichiers, données, DVD*) decryption; **le ~ du génome humain** the decoding of the human genome
décrypter [dekʀipte] /**1**/ *vt* to decipher; (*Inform, Tél*) to decrypt
déçu, e [desy] *pp de* **décevoir** ▸ *adj* disappointed
déculotter [dekylɔte] /**1**/ *vt* : **~ qn** to take off *ou* down sb's trousers; **se déculotter** *vpr* to take off *ou* down one's trousers
déculpabiliser [dekylpabilize] /**1**/ *vt* (*personne*) to relieve of guilt; (*chose*) to decriminalize; **se déculpabiliser** *vpr* to stop feeling guilty
décuple [dekypl] *nm* : **le ~ de** ten times; **au ~** tenfold
décupler [dekyple] /**1**/ *vt, vi* to increase tenfold
déçut *etc* [desy] *vb voir* **décevoir**
dédaignable [dedɛɲabl] *adj* : **pas ~** not to be despised
dédaigner [dedeɲe] /**1**/ *vt* to despise, scorn; (*négliger*) to disregard, spurn; **~ de faire** to consider it beneath one to do, not deign to do
dédaigneusement [dedɛɲøzmɑ̃] *adv* scornfully, disdainfully
dédaigneux, -euse [dedɛɲø, -øz] *adj* scornful, disdainful
dédain [dedɛ̃] *nm* scorn, disdain
dédale [dedal] *nm* maze
dedans [dədɑ̃] *adv* inside; (*pas en plein air*) indoors, inside; **en ~** (*vers l'intérieur*) inwards ▸ *nm* inside; **au ~** on the inside; inside; *voir aussi* **là**
dédicace [dedikas] *nf* (*imprimée*) dedication; (*manuscrite, sur une photo etc*) inscription

dédicacer [dedikase] /3/ *vt* : **~ (à qn)** to sign (for sb), autograph (for sb), inscribe (to sb)
dédié, e [dedje] *adj* : **~ à qch** dedicated to sth; **ordinateur ~** dedicated computer
dédier [dedje] /7/ *vt* to dedicate; **~ à** to dedicate to; **se dédier** *vpr* (*se consacrer*) : **se ~ à qn/qch** to dedicate o.s. to sb/sth
dédire [dediʀ] /37/ : **se dédire** *vpr* to go back on one's word; (*se rétracter*) to retract, recant
dédit, e [dedi, -it] *pp de* **dédire** ▸ *nm* (*Comm*) forfeit, penalty
dédommagement [dedɔmaʒmɑ̃] *nm* compensation
dédommager [dedɔmaʒe] /3/ *vt* : **~ qn (de)** to compensate sb (for); (*fig*) to repay sb (for)
dédouaner [dedwane] /1/ *vt* to clear through customs; **se dédouaner** *vpr* to clear one's name; **se ~ de qch** (*responsabilités, accusation*) to clear o.s. of sth
dédoublement [dedubləmɑ̃] *nm* splitting; (*Psych*) : **~ de la personnalité** split *ou* dual personality
dédoubler [deduble] /1/ *vt* (*classe, effectifs*) to split (into two); (*couverture etc*) to unfold; (*manteau*) to remove the lining of; **~ un train/les trains** to run a relief train/additional trains; **se dédoubler** *vpr* (*Psych*) to have a split personality
dédramatiser [dedʀamatize] /1/ *vt* (*situation*) to defuse; (*événement*) to play down
déductible [dedyktibl] *adj* deductible
déduction [dedyksjɔ̃] *nf* (*d'argent*) deduction; (*raisonnement*) deduction, inference
déduire [dedɥiʀ] /38/ *vt* : **~ qch (de)** (*ôter*) to deduct sth (from); (*conclure*) to deduce *ou* infer sth (from)
déesse [deɛs] *nf* goddess
DEFA *sigle m* (= *Diplôme d'État relatif aux fonctions d'animation*) *diploma for senior youth leaders*
défaillance [defajɑ̃s] *nf* (*syncope*) blackout; (*fatigue*) (sudden) weakness *no pl*; (*technique*) fault, failure; (*morale etc*) weakness; **~ cardiaque** heart failure
défaillant, e [defajɑ̃, -ɑ̃t] *adj* defective; (*Jur* : *témoin*) defaulting
défaillir [defajiʀ] /13/ *vi* to faint; to feel faint; (*mémoire etc*) to fail
défaire [defɛʀ] /60/ *vt* (*installation, échafaudage*) to take down, dismantle; (*paquet etc, nœud, vêtement*) to undo; (*bagages*) to unpack; (*ouvrage*) to undo, unpick; (*cheveux*) to take out; **~ le lit** (*pour changer les draps*) to strip the bed; (*pour se coucher*) to turn back the bedclothes; **se défaire** *vpr* to come undone; **se ~ de** (*se débarrasser de*) to get rid of; (*se séparer de*) to part with
défait, e [defɛ, -ɛt] *pp de* **défaire** ▸ *adj* (*visage*) haggard, ravaged ▸ *nf* defeat; **une défaite annoncée** a predicted defeat; **cinq défaites consécutives** five consecutive defeats
défaites [defɛt] *vb voir* **défaire**
défaitisme [defetism] *nm* defeatism
défaitiste [defetist] *adj, nmf* defeatist
défalcation [defalkasjɔ̃] *nf* deduction
défalquer [defalke] /1/ *vt* to deduct
défasse *etc* [defas] *vb voir* **défaire**
défausser [defose] /1/ *vt* to get rid of; **se défausser** *vpr* (*Cartes*) to discard
défaut [defo] *nm* (*moral*) fault, failing, defect; (*d'étoffe, métal*) fault, flaw, defect; (*Inform*) bug; (*manque, carence*) : **~ de** lack of; shortage of; **~ de la cuirasse** (*fig*) chink in the armour (Brit) *ou* armor (US); **en ~** at fault; in the wrong; **prendre qn en ~** to catch sb out; **faire ~** (*manquer*) to be lacking; **à ~** *adv* failing that; **à ~ de** for lack *ou* want of; **par ~** (*Jur*) in his (*ou* her *etc*) absence
défaveur [defavœʀ] *nf* disfavour (Brit), disfavor (US)
défavorable [defavɔʀabl] *adj* unfavourable (Brit), unfavorable (US)
défavoriser [defavɔʀize] /1/ *vt* to put at a disadvantage
défectif, -ive [defɛktif, -iv] *adj* : **verbe ~** defective verb
défection [defɛksjɔ̃] *nf* defection, failure to give support *ou* assistance; failure to appear; **faire ~** (*d'un parti etc*) to withdraw one's support, leave
défectueux, -euse [defɛktɥø, -øz] *adj* faulty, defective
défectuosité [defɛktɥozite] *nf* defectiveness *no pl*; (*défaut*) defect, fault
défendable [defɑ̃dabl] *adj* defensible
défendeur, -eresse [defɑ̃dœʀ, -dʀɛs] *nm/f* (*Jur*) defendant
défendre [defɑ̃dʀ] /41/ *vt* to defend; (*interdire*) to forbid; **~ à qn qch/de faire** to forbid sb sth/to do; **se défendre** *vpr* to defend o.s.; **il se défend** (*fig*) he can hold his own; **ça se défend** (*fig*) it holds together; **se ~ de/contre** (*se protéger*) to protect o.s. from/against; **se ~ de** (*se garder de*) to refrain from; (*nier*) **se ~ de vouloir** to deny wanting
défendu, e [defɑ̃dy] *adj* : **c'est ~** it is forbidden; **le fruit ~** the forbidden fruit
défenestrer [defənɛstʀe] /1/ *vt* to throw out of the window; **se défenestrer** *vpr* to jump out of the window
défense [defɑ̃s] *nf* defence (Brit), defense (US); (*d'éléphant etc*) tusk; **ministre de la ~** Minister of Defence (Brit), Defence Secretary; **la ~ nationale** defence, the defence of the realm (Brit); **la ~ contre avions** anti-aircraft defence; « **~ de fumer/cracher** » "no smoking/spitting", "smoking/spitting prohibited"; **prendre la ~ de qn** to stand up for sb; **~ des consommateurs** consumerism
défenseur [defɑ̃sœʀ] *nm* defender; (*Jur*) counsel for the defence
défensif, -ive [defɑ̃sif, -iv] *adj, nf* defensive; **être sur la défensive** to be on the defensive
déféquer [defeke] /6/ *vi* to defecate
déferai *etc* [defʀe] *vb voir* **défaire**
déférence [defeʀɑ̃s] *nf* deference
déférent, e [defeʀɑ̃, -ɑ̃t] *adj* (*poli*) deferential, deferent
déférer [defeʀe] /6/ *vt* (*Jur*) to refer; **~ à** *vt* (*requête, décision*) to defer to; **~ qn à la justice** to hand sb over to justice
déferlant, e [defɛʀlɑ̃, -ɑ̃t] *adj* : **vague déferlante** breaker

d

déferlement [defɛʀləmɑ̃] *nm* breaking; surge
déferler [defɛʀle] /1/ *vi* (*vagues*) to break; (*fig*) to surge
défi [defi] *nm* (*provocation*) challenge; (*bravade*) defiance; **mettre qn au ~ de faire qch** to challenge sb to do sth; **relever un ~** to take up *ou* accept a challenge; **lancer un ~ à qn** to challenge sb; **sur un ton de ~** defiantly
défiance [defjɑ̃s] *nf* mistrust, distrust
déficeler [defis(ə)le] /4/ *vt* (*paquet*) to undo, untie
déficience [defisjɑ̃s] *nf* deficiency
déficient, e [defisjɑ̃, -ɑ̃t] *adj* deficient
déficit [defisit] *nm* (*Comm*) deficit; (*Psych etc : manque*) defect; **~ budgétaire** budget deficit; **être en ~** to be in deficit
déficitaire [defisitɛʀ] *adj* (*année, récolte*) bad; **entreprise/budget ~** business/budget in deficit
défier [defje] /7/ *vt* (*provoquer*) to challenge; (*fig*) to defy, brave; **se ~ de** (*se méfier de*) to distrust, mistrust; **~ qn de faire** to challenge *ou* defy sb to do; **~ qn à** to challenge sb to; **~ toute comparaison/concurrence** to be incomparable/unbeatable
défigurer [defigyʀe] /1/ *vt* to disfigure; (*boutons etc*) to mar *ou* spoil (the looks of); (*fig : œuvre*) to mutilate, deface
défilé [defile] *nm* (*Géo*) (narrow) gorge *ou* pass; (*soldats*) parade; (*manifestants*) procession, march; **un ~ de** (*voitures, visiteurs etc*) a stream of
défiler [defile] /1/ *vi* (*troupes*) to march past; (*sportifs*) to parade; (*manifestants*) to march; (*visiteurs*) to pour, stream; **faire ~** (*bande, film*) to put on; (*Inform*) to scroll; **faire ~ un document** to scroll a document; **se défiler** *vpr* (*se dérober*) to slip away, sneak off; **il s'est défilé** (*fam*) he wriggled out of it
défini, e [defini] *adj* definite
définir [definiʀ] /2/ *vt* to define
définissable [definisabl] *adj* definable
définitif, -ive [definitif, -iv] *adj* (*final*) final, definitive; (*pour longtemps*) permanent, definitive; (*sans appel*) final, definite ▸ *nf* : **en définitive** eventually; (*somme toute*) when all is said and done
définition [definisjɔ̃] *nf* definition; (*de mots croisés*) clue; (TV) (picture) resolution
définitivement [definitivmɑ̃] *adv* definitively; permanently; definitely
défiscaliser [defiskalize] *vt* to make tax-exempt
défit *etc* [defi] *vb voir* **défaire**
déflagration [deflagʀasjɔ̃] *nf* explosion
déflation [deflasjɔ̃] *nf* deflation
déflationniste [deflasjɔnist] *adj* deflationist, deflationary
déflecteur [deflɛktœʀ] *nm* (*Auto*) quarterlight (Brit), deflector (US)
déflorer [deflɔʀe] /1/ *vt* (*jeune fille*) to deflower; (*fig*) to spoil the charm of
défoncé, e [defɔ̃se] *adj* smashed in; broken down; (*route*) full of potholes ▸ *nm/f* addict
défoncer [defɔ̃se] /3/ *vt* (*caisse*) to stave in; (*porte*) to smash in *ou* down; (*lit, fauteuil*) to burst (the springs of); (*terrain, route*) to rip *ou* plough up; **se défoncer** *vpr* (*se donner à fond*) to give it all one's got
défont [defɔ̃] *vb voir* **défaire**
déforestation [defɔʀɛstasjɔ̃] *nf* deforestation
déformant, e [defɔʀmɑ̃, -ɑ̃t] *adj* : **glace déformante** *ou* **miroir ~** distorting mirror
déformation [defɔʀmasjɔ̃] *nf* loss of shape; deformation; distortion; **~ professionnelle** conditioning by one's job
déformer [defɔʀme] /1/ *vt* to put out of shape; (*corps*) to deform; (*pensée, fait*) to distort; **se déformer** *vpr* to lose its shape
défoulement [defulmɑ̃] *nm* release of tension; unwinding
défouler [defule] /1/ : **se défouler** *vpr* (*Psych*) to work off one's tensions, release one's pent-up feelings; (*gén*) to unwind, let off steam
défraîchi, e [defʀeʃi] *adj* faded; (*article à vendre*) shop-soiled
défraîchir [defʀeʃiʀ] /2/ : **se défraîchir** *vpr* to fade; to become shop-soiled
défrayer [defʀeje] /8/ *vt* : **~ qn** to pay sb's expenses; **~ la chronique** to be in the news; **~ la conversation** to be the main topic of conversation
défrichement [defʀiʃmɑ̃] *nm* clearance
défricher [defʀiʃe] /1/ *vt* to clear (for cultivation)
défriser [defʀize] /1/ *vt* (*cheveux*) to straighten; (*fig*) to annoy
défroisser [defʀwase] /1/ *vt* to smooth out
défroque [defʀɔk] *nf* cast-off
défroqué [defʀɔke] *nm* former monk (*ou* priest)
défroquer [defʀɔke] /1/ *vi* (*aussi* : **se défroquer**) to give up the cloth, renounce one's vows
défunt, e [defœ̃, -œ̃t] *adj* : **son ~ père** his late father ▸ *nm/f* deceased
dégagé, e [degaʒe] *adj* (*route, ciel*) clear; (*ton, air*) casual, jaunty; **sur un ton ~** casually
dégagement [degaʒmɑ̃] *nm* emission; freeing; clearing; (*espace libre*) clearing; passage; clearance; (*Football*) clearance; **voie de ~** slip road; **itinéraire de ~** alternative route (*to relieve traffic congestion*)
dégager [degaʒe] /3/ *vt* (*exhaler*) to give off, emit; (*délivrer*) to free, extricate; (*Mil : troupes*) to relieve; (*désencombrer*) to clear; (*isoler, mettre en valeur*) to bring out; (*crédits*) to release; **~ qn de** (*engagement, parole*) to release *ou* free sb from; **se dégager** *vpr* (*odeur*) to emanate, be given off; (*passage, ciel*) to clear; **se ~ de** (*fig : engagement*) to get out of (*: promesse*) to go back on
dégaine [degɛn] *nf* awkward way of walking
dégainer [degene] /1/ *vt* to draw
dégarni, e [degaʀni] *adj* bald
dégarnir [degaʀniʀ] /2/ *vt* (*vider*) to empty, clear; **se dégarnir** *vpr* to empty; to be cleaned out *ou* cleared; (*tempes, crâne*) to go bald
dégâts [degɑ] *nmpl* damage *sg*; **faire des ~** to damage
dégauchir [degoʃiʀ] /2/ *vt* (*Tech*) to surface
dégazer [degɑze] /1/ *vi* (*pétrolier*) to clean its tanks
dégel [deʒɛl] *nm* thaw; (*fig : des prix etc*) unfreezing

dégeler [deʒ(ə)le] /5/ *vt* to thaw (out); (*fig*) to unfreeze ▸ *vi* to thaw (out); **se dégeler** *vpr* (*fig*) to thaw out
dégénéré, e [deʒeneʀe] *adj, nm/f* degenerate
dégénérer [deʒeneʀe] /6/ *vi* to degenerate; (*empirer*) to go from bad to worse; (*devenir*) : **~ en** to degenerate into
dégénérescence [deʒeneʀesɑ̃s] *nf* degeneration
dégingandé, e [deʒɛ̃gɑ̃de] *adj* gangling, lanky
dégivrage [deʒivʀaʒ] *nm* defrosting; de-icing
dégivrer [deʒivʀe] /1/ *vt* (*frigo*) to defrost; (*vitres*) to de-ice
dégivreur [deʒivʀœʀ] *nm* defroster; de-icer
déglinguer [deglɛ̃ge] /1/ *vt* to bust
déglutir [deglytiʀ] /2/ *vt, vi* to swallow
déglutition [deglytisjɔ̃] *nf* swallowing
dégonflé, e [degɔ̃fle] *adj* (*pneu*) flat; (*fam*) chicken ▸ *nm/f* (*fam*) chicken
dégonfler [degɔ̃fle] /1/ *vt* (*pneu, ballon*) to let down, deflate ▸ *vi* (*désenfler*) to go down; **se dégonfler** *vpr* (*fam*) to chicken out
dégorger [degɔʀʒe] /3/ *vi* (*Culin*) : **faire ~** to leave to sweat; (*rivière*) : **(se) ~ dans** to flow into ▸ *vt* to disgorge
dégoter [degɔte] /1/ *vt* (*fam*) to dig up, find
dégouliner [deguline] /1/ *vi* to trickle, drip; **~ de** to be dripping with
dégoupiller [degupije] /1/ *vt* (*grenade*) to take the pin out of
dégourdi, e [deguʀdi] *adj* smart, resourceful
dégourdir [deguʀdiʀ] /2/ *vt* to warm (up); **se dégourdir** *vpr* : **se ~ les jambes** to stretch one's legs
dégoût [degu] *nm* disgust, distaste
dégoûtant, e [degutɑ̃, -ɑ̃t] *adj* disgusting
dégoûté, e [degute] *adj* disgusted; **~ de** sick of
dégoûter [degute] /1/ *vt* to disgust; **cela me dégoûte** I find this disgusting *ou* revolting; **~ qn de qch** to put sb off sth; **se dégoûter de** *vpr* to get *ou* become sick of
dégoutter [degute] /1/ *vi* to drip; **~ de** to be dripping with
dégradant, e [degʀadɑ̃, -ɑ̃t] *adj* degrading
dégradation [degʀadasjɔ̃] *nf* reduction in rank; defacement; degradation, debasement; deterioration; (*aussi* : **dégradations** : *dégâts*) damage *no pl*
dégradé, e [degʀade] *adj* (*couleur*) shaded off; (*teintes*) faded; (*cheveux*) layered ▸ *nm* (*Peinture*) gradation
dégrader [degʀade] /1/ *vt* (*Mil : officier*) to degrade; (*abîmer*) to damage, deface; (*avilir*) to degrade, debase; **se dégrader** *vpr* (*relations, situation*) to deteriorate
dégrafer [degʀafe] /1/ *vt* to unclip, unhook, unfasten
dégraissage [degʀesaʒ] *nm* (*Écon*) cutbacks *pl*; **~ et nettoyage à sec** dry cleaning
dégraissant [degʀesɑ̃] *nm* spot remover
dégraisser [degʀese] /1/ *vt* (*soupe*) to skim; (*vêtement*) to take the grease marks out of; (*Écon*) to cut back; (: *entreprise*) to slim down
degré [dəgʀe] *nm* degree; (*d'escalier*) step; **brûlure au 1er/2ème ~** 1st/2nd degree burn; **équation du 1er/2ème ~** linear/quadratic equation; **le premier ~** (*Scol*) primary level; **alcool à 90 degrés** surgical spirit; **vin de 10 degrés** 10° wine (*on Gay-Lussac scale*); **par degré(s)** *adv* by degrees, gradually
dégressif, -ive [degʀesif, -iv] *adj* on a decreasing scale, degressive; **tarif ~** decreasing rate of charge
dégrèvement [degʀɛvmɑ̃] *nm* tax relief
dégrever [degʀəve] /5/ *vt* to grant tax relief to; to reduce the tax burden on
dégriffé, e [degʀife] *adj* (*vêtement*) sold without the designer's label; **voyage ~** discount holiday
dégringolade [degʀɛ̃gɔlad] *nf* tumble; (*fig*) collapse
dégringoler [degʀɛ̃gɔle] /1/ *vi* to tumble (down); (*fig : prix, monnaie etc*) to collapse
dégriser [degʀize] /1/ *vt* to sober up
dégrossir [degʀosiʀ] /2/ *vt* (*bois*) to trim; (*fig*) to work out roughly; (: *personne*) to knock the rough edges off
dégroupage [degʀupaʒ] *nm* (*Internet*) unbundling
dégroupé, e [degʀupe] *adj* (*Internet : zone, ADSL*) unbundled
déguenillé, e [deg(ə)nije] *adj* ragged, tattered
déguerpir [degɛʀpiʀ] /2/ *vi* to clear off
dégueulasse [degœlas] *adj* (*fam*) disgusting
dégueuler [degœle] /1/ *vi* (*fam*) to puke, throw up
déguisé, e [degize] *adj* disguised; dressed up; **~ en** disguised (*ou* dressed up) as
déguisement [degizmɑ̃] *nm* disguise; (*habits : pour s'amuser*) fancy dress; (: *pour tromper*) disguise
déguiser [degize] /1/ *vt* to disguise; **se déguiser (en)** *vpr* (*se costumer*) to dress up (as); (*pour tromper*) to disguise o.s. (as)
dégustation [degystasjɔ̃] *nf* tasting; (*de fromages etc*) sampling; savouring (BRIT), savoring (US); (*séance*) : **~ de vin(s)** wine-tasting
déguster [degyste] /1/ *vt* (*vins*) to taste; (*fromages etc*) to sample; (*savourer*) to enjoy, savour (BRIT), savor (US)
déhancher [deɑ̃ʃe] /1/ : **se déhancher** *vpr* to sway one's hips; to lean (one's weight) on one hip
dehors [dəɔʀ] *adv* outside; (*en plein air*) outdoors, outside; **mettre** *ou* **jeter ~** to throw out; **en ~** outside; outwards; **en ~ de** apart from ▸ *nm* outside; **au ~** outside; (*en apparence*) outwardly; **au ~ de** outside; **de ~** from outside ▸ *nmpl* (*apparences*) appearances, exterior *sg*
déifier [deifje] /7/ *vt* to deify
déjà [deʒa] *adv* already; (*auparavant*) before, already; **as-tu ~ été en France ?** have you been to France before?; **c'est ~ pas mal** that's not too bad (at all); **c'est ~ quelque chose** (at least) it's better than nothing; **quel nom, ~ ?** what was the name again?
déjanté, e [deʒɑ̃te] *adj* (*fam : personne*) nutty; (: *spectacle*) off-the-wall
déjanter [deʒɑ̃te] /1/ : **se déjanter** *vpr* (*pneu*) to come off the rim
déjà-vu [deʒavy] *nm* : **c'est du ~** there's nothing new in that

d

déjeté, e [deʒ(ə)te] *adj* lop-sided, crooked
déjeuner [deʒœne] /1/ *vi* to (have) lunch; (*le matin*) to have breakfast ▸ *nm* lunch; (*petit déjeuner*) breakfast; **~ d'affaires** business lunch
déjouer [deʒwe] /1/ *vt* to elude, to foil, thwart
déjuger [deʒyʒe] /3/ : **se déjuger** *vpr* to go back on one's opinion
delà [dəla] *adv* : **par ~, en ~ (de), au ~ (de)** beyond
délabré, e [delɑbʀe] *adj* dilapidated, broken-down
délabrement [delɑbʀəmɑ̃] *nm* decay, dilapidation
délabrer [delɑbʀe] /1/ : **se délabrer** *vpr* to fall into decay, become dilapidated
délacer [delase] /3/ *vt* (*chaussures*) to undo, unlace
délai [delɛ] *nm* (*attente*) waiting period; (*sursis*) extension (of time); (*temps accordé : aussi* : **délais**) time limit; **sans ~** without delay; **à bref ~** shortly, very soon; at short notice; **dans les délais** within the time limit; **un ~ de 30 jours** a period of 30 days; **comptez un ~ de livraison de 10 jours** allow 10 days for delivery
délaissé, e [delese] *adj* abandoned, deserted; neglected
délaisser [delese] /1/ *vt* (*abandonner*) to abandon, desert; (*négliger*) to neglect
délassant, e [delɑsɑ̃, -ɑ̃t] *adj* relaxing
délassement [delɑsmɑ̃] *nm* relaxation
délasser [delɑse] /1/ *vt* (*reposer*) to relax; (*divertir*) to divert, entertain; **se délasser** *vpr* to relax
délateur, -trice [delatœʀ, -tʀis] *nm/f* informer
délation [delasjɔ̃] *nf* denouncement, informing
délavé, e [delave] *adj* faded
délayage [delejaʒ] *nm* mixing; thinning down
délayer [deleje] /8/ *vt* (*Culin*) to mix (with water *etc*); (*peinture*) to thin down; (*fig*) to pad out, spin out
delco® [dɛlko] *nm* (*Auto*) distributor; **tête de ~** distributor cap
délectation [delɛktasjɔ̃] *nf* delight
délecter [delɛkte] /1/ : **se délecter** *vpr* : **se ~ de** to revel *ou* delight in
délégation [delegasjɔ̃] *nf* delegation; **~ de pouvoir** delegation of power
délégué, e [delege] *adj* delegated; **ministre ~ à** minister with special responsibility for ▸ *nm/f* delegate; representative
déléguer [delege] /6/ *vt* to delegate
délestage [delɛstaʒ] *nm* : **itinéraire de ~** alternative route (*to relieve traffic congestion*)
délester [delɛste] /1/ *vt* (*navire*) to unballast; **~ une route** to relieve traffic congestion on a road by diverting traffic
délétère [deletɛʀ] *adj* (*atmosphère, climat*) poisonous; (*Méd : effet*) deleterious; (*: rôle*) harmful
Delhi [dɛli] *n* Delhi
délibérant, e [delibeʀɑ̃, -ɑ̃t] *adj* : **assemblée délibérante** deliberative assembly
délibératif, -ive [delibeʀatif, -iv] *adj* : **avoir voix délibérative** to have voting rights
délibération [delibeʀasjɔ̃] *nf* deliberation
délibéré, e [delibeʀe] *adj* (*conscient*) deliberate; (*déterminé*) determined, resolute; **de propos ~** (*à dessein, exprès*) intentionally
délibérément [delibeʀemɑ̃] *adv* deliberately; (*résolument*) resolutely
délibérer [delibeʀe] /6/ *vi* to deliberate
délicat, e [delika, -at] *adj* delicate; (*plein de tact*) tactful; (*attentionné*) thoughtful; (*exigeant*) fussy, particular; **procédés peu délicats** unscrupulous methods
délicatement [delikatmɑ̃] *adv* delicately; (*avec douceur*) gently
délicatesse [delikatɛs] *nf* delicacy; tactfulness; thoughtfulness; **délicatesses** *nfpl* attentions, consideration *sg*
délice [delis] *nm* delight
délicieusement [delisjøzmɑ̃] *adv* deliciously; delightfully
délicieux, -euse [delisjø, -øz] *adj* (*au goût*) delicious; (*sensation, impression*) delightful
délictueux, -euse [deliktɥø, -øz] *adj* criminal
délié, e [delje] *adj* nimble, agile; (*mince*) slender, fine ▸ *nm* : **les déliés** the upstrokes (*in handwriting*)
délier [delje] /7/ *vt* to untie; **~ qn de** (*serment etc*) to free *ou* release sb from
délimitation [delimitasjɔ̃] *nf* delimitation
délimiter [delimite] /1/ *vt* (*terrain*) to delimit, demarcate
délinquance [delɛ̃kɑ̃s] *nf* criminality; **~ juvénile** juvenile delinquency
délinquant, e [delɛ̃kɑ̃, -ɑ̃t] *adj, nm/f* delinquent
déliquescence [delikesɑ̃s] *nf* : **en ~** in a state of decay
déliquescent, e [delikesɑ̃, -ɑ̃t] *adj* decaying
délirant, e [deliʀɑ̃, -ɑ̃t] *adj* (*Méd : fièvre*) delirious; (*imagination*) frenzied; (*fam : déraisonnable*) crazy
délire [deliʀ] *nm* (*fièvre*) delirium; (*fig*) frenzy; (*: folie*) lunacy
délirer [deliʀe] /1/ *vi* to be delirious; **tu délires !** (*fam*) you're crazy!
délit [deli] *nm* (criminal) offence; **~ de droit commun** violation of common law; **~ de fuite** failure to stop after an accident; **~ d'initiés** insider dealing *ou* trading; **~ de presse** violation of the press laws
délivrance [delivʀɑ̃s] *nf* freeing, release; (*sentiment*) relief
délivrer [delivʀe] /1/ *vt* (*prisonnier*) to (set) free, release; (*passeport, certificat*) to issue; **~ qn de** (*ennemis*) to rid sb of; (*fig : poids, tourment*) to release sb from; **délivrez-nous du mal** deliver us from evil; **se délivrer** *vpr* : **se ~ de** to free o.s. from; **se ~ de l'emprise de qch** to free o.s. from the clutches of sth
délocalisation [delɔkalizasjɔ̃] *nf* relocation
délocaliser [delɔkalize] /1/ *vt* (*entreprise, emplois*) relocate
déloger [delɔʒe] /3/ *vt* (*locataire*) to turn out; (*objet coincé, ennemi*) to dislodge
déloyal, e, -aux [delwajal, -o] *adj* (*personne, conduite*) disloyal; (*procédé*) unfair
Delphes [dɛlf] *n* Delphi
delta [dɛlta] *nm* (*Géo*) delta
deltaplane® [dɛltaplan] *nm* hang-glider

déluge [delyʒ] *nm* (*biblique*) Flood, Deluge; (*grosse pluie*) downpour, deluge; (*grand nombre*) : **~ de** flood of
déluré, e [delyʀe] *adj* smart, resourceful; (*péj*) forward, pert
démagnétiser [demaɲetize] /1/ *vt* to demagnetize
démagogie [demagɔʒi] *nf* demagogy
démagogique [demagɔʒik] *adj* demagogic, popularity-seeking; (*Pol*) vote-catching
démagogue [demagɔg] *adj* demagogic ▸ *nm* demagogue
démaillé, e [demɑje] *adj* (*bas*) laddered (BRIT), with a run (*ou* runs)
demain [d(ə)mɛ̃] *adv* tomorrow; **~ matin/soir** tomorrow morning/evening; **~ midi** tomorrow at midday; **à ~!** see you tomorrow!
demande [d(ə)mɑ̃d] *nf* (*requête*) request; (*revendication*) demand; (*Admin, formulaire*) application; (*Écon*) : **la ~** demand; **« demandes d'emploi »** "situations wanted"; **à la ~ générale** by popular request; **~ en mariage** (marriage) proposal; **faire sa ~ (en mariage)** to propose (marriage); **~ de naturalisation** application for naturalization; **~ de poste** job application
demandé, e [d(ə)mɑ̃de] *adj* (*article etc*) : **très ~** (very) much in demand
demander [d(ə)mɑ̃de] /1/ *vt* to ask for; (*question, date, heure, chemin*) to ask; (*requérir, nécessiter*) to require, demand; **~ qch à qn** to ask sb for sth, ask sb sth; **ils demandent deux secrétaires et un ingénieur** they're looking for two secretaries and an engineer; **~ la main de qn** to ask for sb's hand (in marriage); **~ pardon à qn** to apologize to sb; **~ à** *ou* **de voir/faire** to ask to see/ask if one can do; **~ à qn de faire** to ask sb to do; **~ que/pourquoi** to ask that/why; **se ~ si/pourquoi** *etc* to wonder if/why *etc*; (*sens purement réfléchi*) to ask o.s. if/why *etc*; **on vous demande au téléphone** you're wanted on the phone, there's someone for you on the phone; **il ne demande que ça** that's all he wants; **je ne demande pas mieux** I'm asking nothing more; **il ne demande qu'à faire** all he wants is to do

⚠ **demander** is not usually translated by *to demand*.

demandeur, -euse [dəmɑ̃dœʀ, -øz] *nm/f* : **~ d'asile** asylum-seeker; **~ d'emploi** job-seeker
démangeaison [demɑ̃ʒɛzɔ̃] *nf* itching; **avoir des démangeaisons** to be itching
démanger [demɑ̃ʒe] /3/ *vi* to itch; **la main me démange** my hand is itching; **l'envie** *ou* **ça me démange de faire** I'm itching to do
démantèlement [demɑ̃tɛlmɑ̃] *nm* breaking up
démanteler [demɑ̃t(ə)le] /5/ *vt* to break up; to demolish
démaquillant [demakijɑ̃] *nm* make-up remover
démaquiller [demakije] /1/ : **se démaquiller** *vpr* to remove one's make-up
démarcage [demaʀkaʒ] *nm* = **démarquage**
démarcation [demaʀkasjɔ̃] *nf* demarcation
démarchage [demaʀʃaʒ] *nm* (*Comm*) door-to-door selling
démarche [demaʀʃ] *nf* (*allure*) gait, walk; (*intervention*) step; approach; (*fig : intellectuelle*) thought processes *pl*; approach; **faire** *ou* **entreprendre des démarches** to take action; **faire des démarches auprès de qn** to approach sb; **faire les démarches nécessaires (pour obtenir qch)** to take the necessary steps (to obtain sth)
démarcheur, -euse [demaʀʃœʀ, -øz] *nm/f* (*Comm*) door-to-door salesman/woman; (*Pol etc*) canvasser
démarquage [demaʀkaʒ] *nm* marking down
démarque [demaʀk] *nf* (*Comm : d'un article*) mark-down
démarqué, e [demaʀke] *adj* (*Football*) unmarked; (*Comm*) reduced; **prix démarqués** marked-down prices
démarquer [demaʀke] /1/ *vt* (*prix*) to mark down; (*joueur*) to stop marking; **se démarquer** *vpr* (*Sport*) to shake off one's marker
démarrage [demaʀaʒ] *nm* starting *no pl*, start; **~ en côte** hill start
démarrer [demaʀe] /1/ *vt* to start up ▸ *vi* (*conducteur*) to start (up); (*véhicule*) to move off; (*travaux, affaire*) to get moving; (*coureur : accélérer*) to pull away
démarreur [demaʀœʀ] *nm* (*Auto*) starter
démasquer [demaske] /1/ *vt* to unmask; **se démasquer** *vpr* to unmask; (*fig*) to drop one's mask
démâter [demɑte] /1/ *vt* to dismast ▸ *vi* to be dismasted
démêlant, e [demelɑ̃, -ɑ̃t] *adj* : **baume ~, crème démêlante** (hair) conditioner ▸ *nm* conditioner
démêler [demele] /1/ *vt* to untangle, disentangle
démêlés [demele] *nmpl* problems
démembrement [demɑ̃bʀəmɑ̃] *nm* dismemberment
démembrer [demɑ̃bʀe] /1/ *vt* to dismember
déménagement [demenaʒmɑ̃] *nm* (*du point de vue du locataire etc*) move; (*: du déménageur*) removal (BRIT), moving (US); **entreprise/camion de ~** removal (BRIT) *ou* moving (US) firm/van
déménager [demenaʒe] /3/ *vt* (*meubles*) to (re)move ▸ *vi* to move (house)
déménageur [demenaʒœʀ] *nm* removal man (BRIT), (furniture) mover (US); (*entrepreneur*) furniture remover
démence [demɑ̃s] *nf* madness, insanity; (*Méd*) dementia
démener [dem(ə)ne] /5/ : **se démener** *vpr* to thrash about; (*fig*) to exert o.s.
dément, e [demɑ̃, -ɑ̃t] *vb voir* **démentir** ▸ *adj* (*fou*) mad (BRIT), crazy; (*fam*) brilliant, fantastic
démenti [demɑ̃ti] *nm* refutation
démentiel, le [demɑ̃sjɛl] *adj* insane
démentir [demɑ̃tiʀ] /16/ *vt* (*nouvelle, témoin*) to refute; (*faits etc*) to belie, refute; **~ que** to deny that; **ne pas se ~** not to fail, keep up
démerder [demɛʀde] /1/ : **se démerder** *vpr* (*!*) to bloody well manage for o.s.

d

démériter [demeʀite] /1/ *vi* : **~ auprès de qn** to come down in sb's esteem
démesure [dem(ə)zyʀ] *nf* immoderation, immoderateness
démesuré, e [dem(ə)zyʀe] *adj* immoderate, disproportionate
démesurément [dem(ə)zyʀemɑ̃] *adv* disproportionately
démettre [demɛtʀ] /56/ *vt* : **~ qn de** (*fonction, poste*) to dismiss sb from; **se démettre** *vpr* : **se ~ (de ses fonctions)** to resign (from) one's duties; **se ~ l'épaule** *etc* to dislocate one's shoulder *etc*
demeurant [d(ə)mœʀɑ̃] : **au ~** *adv* for all that
demeure [d(ə)mœʀ] *nf* residence; **dernière ~** (*fig*) last resting place; **mettre qn en ~ de faire** to enjoin *ou* order sb to do; **à ~** *adv* permanently
demeuré, e [d(ə)mœʀe] *adj* backward ▸ *nm/f* backward person
demeurer [d(ə)mœʀe] /1/ *vi* (*habiter*) to live; (*séjourner*) to stay; (*rester*) to remain; **en ~ là** (*personne*) to leave it at that; (*choses*) to be left at that
demi, e [dəmi] *adj* half; **et ~ : trois heures/bouteilles et demie** three and a half hours/bottles; **il est 2 heures et demie** it's half past 2; **il est midi et ~** it's half past 12; **à ~** *adv* half-; **ouvrir à ~** to half-open; **faire les choses à ~** to do things by halves ▸ *nm* (*bière : = 0.25 litre*) ≈ half-pint; (*Football*) half-back; **~ de mêlée/d'ouverture** (*Rugby*) scrum/fly half ▸ *nf* : **à la demie** (*heure*) on the half-hour
demi... [dəmi] *préfixe* half-, semi..., demi-
demi-bas [dəmibɑ] *nm inv* (*chaussette*) knee-sock
demi-bouteille [dəmibutɛj] *nf* half-bottle
demi-cercle [dəmisɛʀkl] *nm* semicircle; **en ~** *adj* semicircular; *adv* in a semicircle
demi-douzaine [dəmiduzɛn] *nf* half-dozen, half a dozen
demi-finale [dəmifinal] *nf* semifinal
demi-finaliste [dəmifinalist] *nmf* semifinalist
demi-fond [dəmifɔ̃] *nm* (*Sport*) medium-distance running
demi-frère [dəmifʀɛʀ] *nm* half-brother
demi-gros [dəmigʀo] *nm inv* wholesale trade
demi-heure [dəmijœʀ] *nf* : **une ~** a half-hour, half an hour
demi-jour [dəmiʒuʀ] *nm* half-light
demi-journée [dəmiʒuʀne] *nf* half-day, half a day
démilitariser [demilitaʀize] /1/ *vt* to demilitarize
demi-litre [dəmilitʀ] *nm* half-litre (Brit), half-liter (*US*), half a litre *ou* liter
demi-livre [dəmilivʀ] *nf* half-pound, half a pound
demi-longueur [dəmilɔ̃gœʀ] *nf* (*Sport*) half-length, half a length
demi-lune [dəmilyn] : **en ~** *adj inv* semicircular
demi-mal [dəmimal] *nm* : **il n'y a que ~** there's not much harm done
demi-mesure [dəmimzyʀ] *nf* half-measure
demi-mot [dəmimo] : **à ~** *adv* without having to spell things out
déminer [demine] /1/ *vt* to clear of mines
démineur [deminœʀ] *nm* bomb disposal expert
demi-pension [dəmipɑ̃sjɔ̃] *nf* half-board; **être en ~** (*Scol*) to take school meals
demi-pensionnaire [dəmipɑ̃sjɔnɛʀ] *nmf* : **être ~** to take school lunches
demi-place [dəmiplas] *nf* half-price; (*Transports*) half-fare
démis, e [demi, -iz] *pp de* **démettre** ▸ *adj* (*épaule etc*) dislocated
demi-saison [dəmisɛzɔ̃] *nf* : **vêtements de ~** spring *ou* autumn clothing
demi-sel [dəmisɛl] *adj inv* slightly salted
demi-sœur [dəmisœʀ] *nf* half-sister
demi-sommeil [dəmisɔmɛj] *nm* doze
demi-soupir [dəmisupiʀ] *nm* (*Mus*) quaver (Brit) *ou* eighth note (*US*) rest
démission [demisjɔ̃] *nf* resignation; **donner sa ~** to give *ou* hand in one's notice, hand in one's resignation
démissionnaire [demisjɔnɛʀ] *adj* outgoing ▸ *nmf* person resigning
démissionner [demisjɔne] /1/ *vi* (*de son poste*) to resign, give *ou* hand in one's notice
demi-tarif [dəmitaʀif] *nm* half-price; (*Transports*) half-fare; **voyager à ~** to travel half-fare
demi-teinte [d(ə)mitɛ̃t] *nf* : **en demi teinte** (*résultats, bilan*) mixed; (*rentrée*) subdued
demi-ton [dəmitɔ̃] *nm* (*Mus*) semitone
demi-tour [dəmituʀ] *nm* about-turn; **faire un ~** (*Mil etc*) to make an about-turn; **faire ~** to turn (and go) back; (*Auto*) to do a U-turn
démobilisation [demɔbilizasjɔ̃] *nf* demobilization; (*fig*) demotivation, demoralization
démobiliser [demɔbilize] /1/ *vt* to demobilize; (*fig*) to demotivate, demoralize
démocrate [demɔkʀat] *adj* democratic ▸ *nmf* democrat
démocrate-chrétien, ne [demɔkʀatkʀetjɛ̃, -ɛn] *nm/f* Christian Democrat
démocratie [demɔkʀasi] *nf* democracy; **~ populaire/libérale** people's/liberal democracy
démocratique [demɔkʀatik] *adj* democratic
démocratiquement [demɔkʀatikmɑ̃] *adv* democratically
démocratisation [demɔkʀatizasjɔ̃] *nf* democratization
démocratiser [demɔkʀatize] /1/ *vt* to democratize; **se démocratiser** *vpr* to become more democratic
démodé, e [demɔde] *adj* old-fashioned
démoder [demɔde] /1/ : **se démoder** *vpr* to go out of fashion
démographe [demɔgʀaf] *nmf* demographer
démographie [demɔgʀafi] *nf* demography
démographique [demɔgʀafik] *adj* demographic; **poussée ~** increase in population
demoiselle [d(ə)mwazɛl] *nf* (*jeune fille*) young lady; (*célibataire*) single lady, maiden lady; **~ d'honneur** bridesmaid
démolir [demɔliʀ] /2/ *vt* to demolish; (*fig : personne*) to do for

démolisseur [demɔlisœʀ] *nm* demolition worker
démolition [demɔlisjɔ̃] *nf* demolition
démon [demɔ̃] *nm* demon, fiend; evil spirit; (*enfant turbulent*) devil, demon; **le ~ du jeu/des femmes** a mania for gambling/women; **le D~** the Devil
démonétiser [demɔnetize] /1/ *vt* to demonetize
démoniaque [demɔnjak] *adj* fiendish
démonstrateur, -trice [demɔ̃stʀatœʀ, -tʀis] *nm/f* demonstrator
démonstratif, -ive [demɔ̃stʀatif, -iv] *adj, nm* (*aussi Ling*) demonstrative
démonstration [demɔ̃stʀasjɔ̃] *nf* demonstration; (*aérienne, navale*) display
démontable [demɔ̃tabl] *adj* folding
démontage [demɔ̃taʒ] *nm* dismantling
démonté, e [demɔ̃te] *adj* (*fig*) raging, wild
démonte-pneu [demɔ̃t(ə)pnø] *nm* tyre lever (Brit), tire iron (US)
démonter [demɔ̃te] /1/ *vt* (*machine etc*) to take down, dismantle; (*pneu, porte*) to take off; (*cavalier*) to throw, unseat; (*fig : personne*) to disconcert; **se démonter** *vpr* (*meuble*) to be dismantled, be taken to pieces; (*personne*) to lose countenance
démontrable [demɔ̃tʀabl] *adj* demonstrable
démontrer [demɔ̃tʀe] /1/ *vt* to demonstrate, show
démoralisant, e [demɔʀalizɑ̃, -ɑ̃t] *adj* demoralizing
démoralisateur, -trice [demɔʀalizatœʀ, -tʀis] *adj* demoralizing
démoraliser [demɔʀalize] /1/ *vt* to demoralize; **se démoraliser** *vpr* to lose heart
démordre [demɔʀdʀ] /41/ *vi* : **ne pas ~ de** to refuse to give up, stick to
démotiver [demɔtive] *vt* to demotivate; **se démotiver** *vpr* to lose one's motivation
démouler [demule] /1/ *vt* (*gâteau*) to turn out
démultiplication [demyltiplikasjɔ̃] *nf* reduction; reduction ratio
démuni, e [demyni] *adj* (*sans argent*) impoverished; **~ de** without, lacking in
démunir [demyniʀ] /2/ *vt* : **~ qn de** to deprive sb of; **se ~ de** to part with, give up
démuseler [demyzle] /4/ *vt* to unmuzzle
démystifier [demistifje] /7/ *vt* to demystify
démythifier [demitifje] /7/ *vt* to demythologize
dénatalité [denatalite] *nf* fall in the birth rate
dénationalisation [denasjɔnalizasjɔ̃] *nf* denationalization
dénationaliser [denasjɔnalize] /1/ *vt* to denationalize
dénaturé, e [denatyʀe] *adj* (*alcool*) denaturized; (*goûts*) unnatural
dénaturer [denatyʀe] /1/ *vt* (*goût*) to alter (completely); (*pensée, fait*) to distort, misrepresent
dénégations [denegasjɔ̃] *nfpl* denials
déneigement [deneʒmɑ̃] *nm* snow clearance
déneiger [deneʒe] /3/ *vt* to clear snow from
dengue [dɛ̃g] *nf* dengue fever
déni [deni] *nm* : **~ (de justice)** denial of justice
déniaiser [denjeze] /1/ *vt* : **~ qn** to teach sb about life
dénicher [deniʃe] /1/ *vt* (*fam : objet*) to unearth; (*: restaurant etc*) to discover
dénicotinisé, e [denikɔtinize] *adj* nicotine-free
denier [dənje] *nm* (*monnaie*) *formerly, a coin of small value*; (*de bas*) denier; **~ du culte** contribution to parish upkeep; **deniers publics** public money; **de ses (propres) deniers** out of one's own pocket
dénier [denje] /7/ *vt* to deny; **~ qch à qn** to deny sb sth
dénigrement [denigʀəmɑ̃] *nm* denigration; **campagne de ~** smear campaign
dénigrer [denigʀe] /1/ *vt* to denigrate, run down
dénivelé, e [denivle] *adj* (*chaussée*) on a lower level ▶ *nm* difference in height
déniveler [deniv(ə)le] /4/ *vt* to make uneven; to put on a lower level
dénivellation [denivelasjɔ̃] *nf*, **dénivellement** [denivɛlmɑ̃] *nm* difference in level; (*pente*) ramp; (*creux*) dip
dénombrer [denɔ̃bʀe] /1/ *vt* (*compter*) to count; (*énumérer*) to enumerate, list
dénominateur [denɔminatœʀ] *nm* denominator; **~ commun** common denominator
dénomination [denɔminasjɔ̃] *nf* designation, appellation
dénommé, e [denɔme] *adj* : **le ~ Dupont** the man by the name of Dupont
dénommer [denɔme] /1/ *vt* to name
dénoncer [denɔ̃se] /3/ *vt* to denounce; **se dénoncer** *vpr* to give o.s. up, come forward
dénonciation [denɔ̃sjasjɔ̃] *nf* denunciation
dénoter [denɔte] /1/ *vt* to denote
dénouement [denumɑ̃] *nm* outcome, conclusion; (*Théât*) dénouement
dénouer [denwe] /1/ *vt* to unknot, undo
dénoyauter [denwajote] /1/ *vt* to stone; **appareil à ~** stoner
dénoyauteur [denwajotœʀ] *nm* stoner
denrée [dɑ̃ʀe] *nf* commodity; (*aussi* : **denrée alimentaire**) food(stuff)
dense [dɑ̃s] *adj* dense
densité [dɑ̃site] *nf* denseness; (*Physique*) density
dent [dɑ̃] *nf* tooth; **avoir/garder une ~ contre qn** to have/hold a grudge against sb; **se mettre qch sous la ~** to eat sth; **être sur les dents** to be on one's last legs; **faire ses dents** to teethe, cut (one's) teeth; **en dents de scie** serrated; (*irrégulier*) jagged; **avoir les dents longues** (*fig*) to be ruthlessly ambitious; **~ de lait/sagesse** milk/wisdom tooth
dentaire [dɑ̃tɛʀ] *adj* dental; **cabinet ~** dental surgery; **école ~** dental school
denté, e [dɑ̃te] *adj* : **roue dentée** cog wheel
dentelé, e [dɑ̃t(ə)le] *adj* jagged, indented
dentelle [dɑ̃tɛl] *nf* lace *no pl*
dentelure [dɑ̃t(ə)lyʀ] *nf* (*aussi* : **dentelures**) jagged outline
dentier [dɑ̃tje] *nm* denture
dentifrice [dɑ̃tifʀis] *adj, nm* : **(pâte) ~** toothpaste; **eau ~** mouthwash
dentiste [dɑ̃tist] *nmf* dentist

d

dentition [dɑ̃tisjɔ̃] *nf* teeth *pl*, dentition
dénucléariser [denykleaʀize] /1/ *vt* to make nuclear-free
dénudé, e [denyde] *adj* bare
dénuder [denyde] /1/ *vt* to bare; **se dénuder** *vpr* (*personne*) to strip
dénué, e [denɥe] *adj* : **~ de** lacking in; (*intérêt*) devoid of
dénuement [denymɑ̃] *nm* destitution
dénutrition [denytʀisjɔ̃] *nf* undernourishment
déodorant [deɔdɔʀɑ̃] *nm* deodorant
déodoriser [deɔdɔʀize] /1/ *vt* to deodorize
déontologie [deɔ̃tɔlɔʒi] *nf* code of ethics; (*professionnelle*) (professional) code of practice
déontologique [deɔ̃tɔlɔʒik] *adj* (*cadre, charte*) ethical; **les règles déontologiques** rules of professional ethics
dép. *abr* (= *département*) dept; (= *départ*) dep.
dépannage [depanaʒ] *nm* : **service/camion de ~** (*Auto*) breakdown service/truck
dépanner [depane] /1/ *vt* (*voiture, télévision*) to fix, repair; (*fig*) to bail out, help out
dépanneur [depanœʀ] *nm* (*Auto*) breakdown mechanic; (*TV*) television engineer
dépanneuse [depanøz] *nf* breakdown lorry (Brit), tow truck (US)
dépareillé, e [depaʀeje] *adj* (*collection, service*) incomplete; (*gant, volume, objet*) odd
déparer [depaʀe] /1/ *vt* to spoil, mar
départ [depaʀ] *nm* leaving *no pl*, departure; (*Sport*) start; (*sur un horaire*) departure; **à son ~** when he left; **au ~** (*au début*) initially, at the start; **courrier au ~** outgoing mail; **la veille de son ~** the day before he leaves/left
départager [depaʀtaʒe] /3/ *vt* to decide between
département [depaʀtəmɑ̃] *nm* department; *see note*

DÉPARTEMENTS

France is divided into administrative units called **départements**. There are 96 of these in metropolitan France and a further five overseas. These local government divisions are headed by a state-appointed *préfet* and administered by an elected *Conseil général*. *Départements* are usually named after prominent geographical features such as rivers or mountain ranges.

départemental, e, -aux [depaʀtəmɑ̃tal, -o] *adj* departmental
départementaliser [depaʀtəmɑ̃talize] /1/ *vt* to devolve authority to
départir [depaʀtiʀ] /16/ : **se ~ de** *vt* to abandon, depart from
dépassé, e [depɑse] *adj* superseded, outmoded; (*fig*) out of one's depth
dépassement [depɑsmɑ̃] *nm* (*Auto*) overtaking *no pl*
dépasser [depɑse] /1/ *vt* (*véhicule, concurrent*) to overtake; (*endroit*) to pass, go past; (*somme, limite*) to exceed; (*fig : en beauté etc*) to surpass, outshine; (*être en saillie sur*) to jut out above (*ou* in front of); (*dérouter*) : **cela me dépasse** it's beyond me ▸ *vi* (*Auto*) to overtake; (*jupon*) to show; **se dépasser** *vpr* to excel o.s.
dépassionner [depasjɔne] /1/ *vt* (*débat etc*) to take the heat out of
dépaver [depave] /1/ *vt* to remove the cobblestones from
dépaysé, e [depeize] *adj* disoriented
dépaysement [depeizmɑ̃] *nm* disorientation; change of scenery
dépayser [depeize] /1/ *vt* (*désorienter*) to disorientate; (*changer agréablement*) to provide with a change of scenery.
dépecer [depəse] /5/ *vt* (*boucher*) to joint, cut up; (*animal*) to dismember
dépêche [depɛʃ] *nf* dispatch; **~ (télégraphique)** telegram, wire
dépêcher [depeʃe] /1/ *vt* to dispatch; **se dépêcher** *vpr* to hurry; **se ~ de faire qch** to hasten to do sth, hurry (in order) to do sth
dépeindre [depɛ̃dʀ] /52/ *vt* to depict
dépénalisation [depenalizasjɔ̃] *nf* decriminalization
dépendance [depɑ̃dɑ̃s] *nf* (*interdépendance*) dependence *no pl*, dependency; (*bâtiment*) outbuilding
dépendant, e [depɑ̃dɑ̃, -ɑ̃t] *vb voir* **dépendre** ▸ *adj* (*financièrement*) dependent
dépendre [depɑ̃dʀ] /41/ *vt* (*tableau*) to take down; **~ de** *vt* to depend on, to be dependent on; (*appartenir*) to belong to; **ça dépend** it depends
dépens [depɑ̃] *nmpl* : **aux ~ de** at the expense of
dépense [depɑ̃s] *nf* spending *no pl*, expense, expenditure *no pl*; (*fig*) consumption; (*: de temps, de forces*) expenditure; **pousser qn à la ~** to make sb incur an expense; **~ physique** (physical) exertion; **dépenses de fonctionnement** revenue expenditure; **dépenses d'investissement** capital expenditure; **dépenses publiques** public expenditure
dépenser [depɑ̃se] /1/ *vt* to spend; (*gaz, eau*) to use; (*fig*) to expend, use up; **se dépenser** *vpr* (*se fatiguer*) to exert o.s.
dépensier, -ière [depɑ̃sje, -jɛʀ] *adj* : **il est ~** he's a spendthrift
déperdition [depɛʀdisjɔ̃] *nf* loss
dépérir [depeʀiʀ] /2/ *vi* (*personne*) to waste away; (*plante*) to wither
dépersonnaliser [depɛʀsɔnalize] /1/ *vt* to depersonalize
dépêtrer [depetʀe] /1/ *vt* : **se ~ de** (*situation*) to extricate o.s. from
dépeuplé, e [depœple] *adj* depopulated
dépeuplement [depœpləmɑ̃] *nm* depopulation
dépeupler [depœple] /1/ *vt* to depopulate; **se dépeupler** *vpr* to become depopulated
déphasage [defɑzaʒ] *nm* (*fig*) being out of touch
déphasé, e [defɑze] *adj* (*Élec*) out of phase; (*fig*) out of touch
déphaser [defɑze] /1/ *vt* (*fig*) to put out of touch
dépiauter [depjote] *vt* (*retirer la peau de : lapin, raie*) to skin; (*retirer : emballage*) to take off; (*fig : démonter : appareil*) to take apart

dépilation [depilasjɔ̃] *nf* hair loss; hair removal
dépilatoire [depilatwaʀ] *adj* depilatory, hair-removing; **crème ~** hair-removing *ou* depilatory cream
dépiler [depile] /1/ *vt* (*épiler*) to depilate, remove hair from
dépistage [depistaʒ] *nm* (*Méd*) screening
dépister [depiste] /1/ *vt* to detect; (*Méd*) to screen; (*voleur*) to track down; (*poursuivants*) to throw off the scent
dépit [depi] *nm* vexation, frustration; **en ~ de** *prép* in spite of; **en ~ du bon sens** contrary to all good sense
dépité, e [depite] *adj* vexed, frustrated
dépiter [depite] /1/ *vt* to vex, frustrate
déplacé, e [deplase] *adj* (*propos*) out of place, uncalled-for; **personne déplacée** displaced person
déplacement [deplasmɑ̃] *nm* moving; shifting; transfer; (*voyage*) trip, travelling *no pl* (Brit), traveling *no pl* (US); **en ~** away (on a trip); **~ d'air** displacement of air; **~ de vertèbre** slipped disc
déplacer [deplase] /3/ *vt* (*table, voiture*) to move, shift; (*employé*) to transfer, move; **se déplacer** *vpr*, *vpr* (*objet*) to move; (*organe*) to become displaced; (*personne : bouger*) to move, walk; (*: voyager*) to travel; **se ~ une vertèbre** to slip a disc
déplafonnement [deplafɔnmɑ̃] *nm* (*de dépenses, allocations, loyers*) raising the ceiling, lifting the ceiling; **le ~ des cotisations employeurs** lifting the ceiling on employer contributions
déplafonner [deplafɔne] *vt* (*allocations, cotisations*) to raise the ceiling on, to lift the ceiling on
déplaire [deplɛʀ] /54/ *vi* : **ceci me déplaît** I don't like this, I dislike this; **il cherche à nous ~** he's trying to displease us *ou* be disagreeable to us; **se déplaire** *vpr* : **se ~ quelque part** to dislike it *ou* be unhappy somewhere
déplaisant, e [deplɛzɑ̃, -ɑ̃t] *vb voir* **déplaire** ▸ *adj* disagreeable, unpleasant
déplaisir [depleziʀ] *nm* displeasure, annoyance
déplaît [deplɛ] *vb voir* **déplaire**
dépliant [deplijɑ̃] *nm* leaflet
déplier [deplije] /7/ *vt* to unfold; **se déplier** *vpr* (*parachute*) to open
déplisser [deplise] /1/ *vt* to smooth out
déploiement [deplwamɑ̃] *nm* (*voir déployer*) deployment; display
déplomber [deplɔ̃be] /1/ *vt* (*caisse, compteur*) to break (open) the seal of; (*Inform*) to hack into
déplorable [deplɔʀabl] *adj* deplorable; lamentable
déplorer [deplɔʀe] /1/ *vt* (*regretter*) to deplore; (*pleurer sur*) to lament
déployer [deplwaje] /8/ *vt* to open out, spread; (*Mil*) to deploy; (*montrer*) to display, exhibit; **se déployer** *vpr* (*ailes*) to open out; (*tanks*) to be deployed; (*forces, troupes*) to deploy
déplu [deply] *pp de* **déplaire**
déplumé, e [deplyme] *adj* (*volaille*) plucked; (*au plumage épars ou absent*) featherless; (*fam : dégarni*) balding
déplumer [deplyme] : **se déplumer** *vpr* (*fam : perdre ses cheveux*) to go bald; (*oiseau*) to lose its feathers; (*arbre*) to lose its leaves
dépointer [depwɛ̃te] /1/ *vi* to clock out
dépoli, e [depɔli] *adj* : **verre ~** frosted glass
dépolitiser [depɔlitize] /1/ *vt* to depoliticize
dépopulation [depɔpylasjɔ̃] *nf* depopulation
déportation [depɔʀtasjɔ̃] *nf* deportation
déporté, e [depɔʀte] *nm/f* deportee; (*1939–45*) concentration camp prisoner
déporter [depɔʀte] /1/ *vt* (*Pol*) to deport; (*dévier*) to carry off course; **se déporter** *vpr* (*voiture*) to swerve
déposant, e [depozɑ̃, -ɑ̃t] *nm/f* (*épargnant*) depositor
dépose [depoz] *nf* taking out; taking down
déposé, e [depoze] *adj* registered; *voir aussi* **marque**
déposer [depoze] /1/ *vt* (*gén : mettre, poser*) to lay down, put down, set down; (*à la banque, à la consigne*) to deposit; (*caution*) to put down; (*passager*) to drop (off), set down; (*démonter : serrure, moteur*) to take out; (*: rideau*) to take down; (*roi*) to depose; (*Admin : faire enregistrer*) to file; (*marque*) to register; (*plainte*) to lodge; **~ son bilan** (*Comm*) to go into (voluntary) liquidation ▸ *vi* to form a sediment *ou* deposit; (*Jur*) : **~ (contre)** to testify *ou* give evidence (against); **se déposer** *vpr* to settle
dépositaire [depozitɛʀ] *nmf* (*Jur*) depository; (*Comm*) agent; **~ agréé** authorized agent
déposition [depozisjɔ̃] *nf* (*Jur*) deposition, statement
déposséder [depɔsede] /6/ *vt* to dispossess
dépôt [depo] *nm* (*à la banque, sédiment*) deposit; (*entrepôt, réserve*) warehouse, store; (*gare*) depot; (*prison*) cells *pl*; **~ d'ordures** rubbish (Brit) *ou* garbage (US) dump, tip (Brit); **~ de bilan** (voluntary) liquidation; **~ légal** registration of copyright
dépoter [depɔte] /1/ *vt* (*plante*) to take from the pot, transplant
dépotoir [depɔtwaʀ] *nm* dumping ground, rubbish (Brit) *ou* garbage (US) dump; **~ nucléaire** nuclear (waste) dump
dépouille [depuj] *nf* (*d'animal*) skin, hide; (*humaine*) : **~ (mortelle)** mortal remains *pl*
dépouillé, e [depuje] *adj* (*fig*) bare, bald; **~ de** stripped of; lacking in
dépouillement [depujmɑ̃] *nm* (*de scrutin*) count, counting *no pl*
dépouiller [depuje] /1/ *vt* (*animal*) to skin; (*spolier*) to deprive of one's possessions; (*documents*) to go through, peruse; **~ qn/qch de** to strip sb/sth of; **~ le scrutin** to count the votes
dépourvu, e [depuʀvy] *adj* : **~ de** lacking in, without; **au ~** *adv* : **prendre qn au ~** to catch sb unawares
dépoussiérer [depusjeʀe] /6/ *vt* to remove dust from
dépravation [depʀavasjɔ̃] *nf* depravity
dépravé, e [depʀave] *adj* depraved
dépraver [depʀave] /1/ *vt* to deprave
dépréciation [depʀesjasjɔ̃] *nf* depreciation
déprécier [depʀesje] /7/ *vt* to reduce the value of; **se déprécier** *vpr* to depreciate

d

dépredations [depʀedasjɔ̃] *nfpl* damage *sg*
dépressif, -ive [depʀesif, -iv] *adj* depressive
dépression [depʀesjɔ̃] *nf* depression; **~ (nerveuse)** (nervous) breakdown
déprimant, e [depʀimɑ̃, -ɑ̃t] *adj* depressing
déprime [depʀim] *nf (fam)* : **la ~** depression
déprimé, e [depʀime] *adj (découragé)* depressed
déprimer [depʀime] /**1**/ *vt* to depress
déprogrammer [depʀɔgʀame] /**1**/ *vt (supprimer)* to cancel
DEPS *abr (= dernier entré premier sorti)* LIFO *(= last in first out)*
dépt *abr (= département)* dept
dépuceler [depys(ə)le] /**4**/ *vt (fam)* to take the virginity of

MOT-CLÉ

depuis [dəpɥi] *prép* **1** *(point de départ dans le temps)* since; **il habite Paris depuis 1983/l'an dernier** he has been living in Paris since 1983/ last year; **depuis quand ?** since when?; **depuis quand le connaissez-vous ?** how long have you known him?; **depuis lors** since then
2 *(temps écoulé)* for; **il habite Paris depuis cinq ans** he has been living in Paris for five years; **je le connais depuis trois ans** I've known him for three years; **depuis combien de temps êtes-vous ici ?** how long have you been here?
3 *(lieu)* : **il a plu depuis Metz** it's been raining since Metz; **elle a téléphoné depuis Valence** she rang from Valence
4 *(quantité, rang)* from; **depuis les plus petits jusqu'aux plus grands** from the youngest to the oldest
▸ *adv (temps)* since (then); **je ne lui ai pas parlé depuis** I haven't spoken to him since (then); **depuis que** *conj* (ever) since; **depuis qu'il m'a dit ça** (ever) since he said that to me

dépuratif, -ive [depyʀatif, -iv] *adj* depurative, purgative
députation [depytasjɔ̃] *nf* deputation; *(fonction)* position of deputy, ≈ parliamentary seat (BRIT), ≈ seat in Congress (US)
député, e [depyte] *nm/f (Pol)* deputy, ≈ Member of Parliament (BRIT), ≈ Congressman/woman (US)
députer [depyte] /**1**/ *vt* to delegate; **~ qn auprès de** to send sb (as a representative) to
déracinement [deʀasinmɑ̃] *nm (gén)* uprooting; *(d'un préjugé)* eradication
déraciner [deʀasine] /**1**/ *vt* to uproot
déraillement [deʀɑjmɑ̃] *nm* derailment
dérailler [deʀɑje] /**1**/ *vi (train)* to be derailed, go off *ou* jump the rails; *(fam)* to be completely off the track; **faire ~** to derail
dérailleur [deʀɑjœʀ] *nm (de vélo)* dérailleur gears *pl*
déraison [deʀɛzɔ̃] *nf* unreasonableness
déraisonnable [deʀɛzɔnabl] *adj* unreasonable
déraisonner [deʀɛzɔne] /**1**/ *vi* to talk nonsense, rave
dérangeant, e [deʀɑ̃ʒɑ̃, -ɑ̃t] *adj (question)* troubling; *(scène)* disturbing
dérangement [deʀɑ̃ʒmɑ̃] *nm (gêne, déplacement)* trouble; *(gastrique)* disorder; **en ~** *(téléphone)* out of order
déranger [deʀɑ̃ʒe] /**3**/ *vt (personne)* to trouble, bother, disturb; *(projets)* to disrupt, upset; *(objets, vêtements)* to disarrange; **est-ce que cela vous dérange si ... ?** do you mind if ...?; **ça te dérangerait de faire ... ?** would you mind doing ...?; **se déranger** *vpr* to put o.s. out; *(se déplacer)* to (take the trouble to) come *(ou* go) out; **surtout ne vous dérangez pas pour moi** please don't put yourself out on my account; **ne vous dérangez pas** don't go to any trouble, don't disturb yourself
dérapage [deʀapaʒ] *nm* skid, skidding *no pl*; going out of control
déraper [deʀape] /**1**/ *vi (voiture)* to skid; *(personne, semelles, couteau)* to slip; *(fig : économie etc)* to go out of control
dératé, e [deʀate] *nm/f* : **courir comme un ~** to run like the clappers
dératiser [deʀatize] /**1**/ *vt* to rid of rats
déréglé, e [deʀegle] *adj (machine, appareil)* not working properly; *(mœurs)* dissolute
dérèglement [deʀɛgləmɑ̃] *nm* upsetting *no pl*, upset
déréglementation [deʀɛgləmɑ̃tasjɔ̃] *nf* deregulation
déréglementer [deʀɛgləmɑ̃te] *vt (marché, économie)* to deregulate ▸ *vi* to deregulate
dérégler [deʀegle] /**6**/ *vt (mécanisme)* to put out of order, cause to break down; *(estomac)* to upset; **se dérégler** *vpr* to break down, go wrong
dérégulation [deʀegylasjɔ̃] *nf (déréglementation : des télécoms, transports)* deregulation; *(du métabolisme)* upsetting
déréguler [deʀegyle] *vt (déréglementer : secteur)* to deregulate; *(Bio)* to disturb ▸ *vi (Écon)* to deregulate
déremboursement [deʀɑ̃buʀs(ə)mɑ̃] *nm (de médicaments) scaling down of system whereby patients claimed the cost of medicines*
dérider [deʀide] /**1**/ *vt*, **se dérider** *vpr* to cheer up
dérision [deʀizjɔ̃] *nf* derision; **tourner en ~** to deride; **par ~** in mockery
dérisoire [deʀizwaʀ] *adj* derisory
dérivatif [deʀivatif] *nm* distraction
dérivation [deʀivasjɔ̃] *nf* derivation; diversion
dérive [deʀiv] *nf (de dériveur)* centre-board; **aller à la ~** *(Navig, fig)* to drift; **~ des continents** *(Géo)* continental drift
dérivé, e [deʀive] *adj* derived ▸ *nm (Ling)* derivative; *(Tech)* by-product ▸ *nf (Math)* derivative
dériver [deʀive] /**1**/ *vt (Math)* to derive; *(cours d'eau etc)* to divert; **~ de** to derive from ▸ *vi (bateau)* to drift
dériveur [deʀivœʀ] *nm* sailing dinghy
dermatite [dɛʀmatit] *nf* dermatitis
dermato [dɛʀmato] *nmf (fam : = dermatologue)* dermatologist
dermatologie [dɛʀmatɔlɔʒi] *nf* dermatology
dermatologue [dɛʀmatɔlɔg] *nmf* dermatologist

dermatose [dɛʀmatoz] *nf* dermatosis
dermite [dɛʀmit] *nf* = **dermatite**
dernier, -ière [dɛʀnje, -jɛʀ] *adj* (*dans le temps, l'espace*) last; (*le plus récent : gén avant n*) latest, last; (*final, ultime : effort*) final; (*: échelon, grade*) top, highest; **lundi/le mois ~** last Monday/month; **du ~ chic** extremely smart; **le ~ cri** the last word (in fashion); **les derniers honneurs** the last tribute; **rendre le ~ soupir** to breathe one's last; **en ~** *adv* last ▸ *nm* (*étage*) top floor ▸ *nm/f* : **ce ~, cette dernière** the latter
dernièrement [dɛʀnjɛʀmɑ̃] *adv* recently
dernier-né, dernière-née [dɛʀnjene, dɛʀnjɛʀne] *nm/f* (*enfant*) last-born
dérobade [deʀɔbad] *nf* side-stepping *no pl*
dérobé, e [deʀɔbe] *adj* (*porte*) secret, hidden; **à la dérobée** surreptitiously
dérober [deʀɔbe] /**1**/ *vt* to steal; (*cacher*) : **~ qch à (la vue de) qn** to conceal *ou* hide sth from sb('s view); **se dérober** *vpr* (*s'esquiver*) to slip away; (*fig*) to shy away; **se ~ sous** (*s'effondrer*) to give way beneath; **se ~ à** (*justice, regards*) to hide from; (*obligation*) to shirk
dérogation [deʀɔgasjɔ̃] *nf* (special) dispensation
déroger [deʀɔʒe] /**3**/ : **~ à** *vt* to go against, depart from
dérouiller [deʀuje] /**1**/ : **se dérouiller** *vpr* : **se ~ les jambes** to stretch one's legs (*fig*)
déroulant, e [deʀulɑ̃, -ɑ̃t] *adj* (*menus, liste*) drop-down
déroulement [deʀulmɑ̃] *nm* (*d'une opération*) progress
dérouler [deʀule] /**1**/ *vt* (*ficelle*) to unwind; (*papier*) to unroll; **se dérouler** *vpr* to unwind; to unroll, come unrolled; (*avoir lieu*) to take place; (*se passer*) to go; **tout s'est déroulé comme prévu** everything went as planned
déroutant, e [deʀutɑ̃, -ɑ̃t] *adj* disconcerting
déroute [deʀut] *nf* (*Mil*) rout; (*fig*) total collapse; **mettre en ~** to rout; **en ~** routed
dérouter [deʀute] /**1**/ *vt* (*avion, train*) to reroute, divert; (*étonner*) to disconcert, throw (out)
derrick [deʀik] *nm* derrick (*over oil well*)
derrière [dɛʀjɛʀ] *adv, prép* behind; **les pattes de ~** the back legs, the hind legs; **par ~** from behind; (*fig*) in an underhand way, behind one's back ▸ *nm* (*d'une maison*) back; (*postérieur*) behind, bottom
derviche [dɛʀviʃ] *nm* dervish
DES *sigle m* (*= diplôme d'études supérieures*) *university post-graduate degree*
des [de] *art voir* **de**
dès [dɛ] *prép* from; **~ que** *conj* as soon as; **~ à présent** here and now; **~ son retour** as soon as he was (*ou* is) back; **~ réception** upon receipt; **~ lors** *adv* from then on; **~ lors que** *conj* from the moment (that)
désabusé, e [dezabyze] *adj* disillusioned
désaccord [dezakɔʀ] *nm* disagreement
désaccordé, e [dezakɔʀde] *adj* (*Mus*) out of tune
désacraliser [desakʀalize] /**1**/ *vt* to deconsecrate; (*fig : profession, institution*) to take the mystique out of
désaffecté, e [dezafɛkte] *adj* disused
désaffection [dezafɛksjɔ̃] *nf* : **~ pour** estrangement from
désagréable [dezagʀeabl] *adj* unpleasant, disagreeable
désagréablement [dezagʀeabləmɑ̃] *adv* disagreeably, unpleasantly
désagrégation [dezagʀegasjɔ̃] *nf* disintegration
désagréger [dezagʀeʒe] /**3**/ : **se désagréger** *vpr* to disintegrate, break up
désagrément [dezagʀemɑ̃] *nm* annoyance, trouble *no pl*
désaltérant, e [dezalteʀɑ̃, -ɑ̃t] *adj* thirst-quenching
désaltérer [dezalteʀe] /**6**/ : **se désaltérer** *vpr* to quench one's thirst; **ça désaltère** it's thirst-quenching, it quenches your thirst
désamorcer [dezamɔʀse] /**3**/ *vt* to remove the primer from; (*fig*) to defuse; (*: prévenir*) to forestall
désappointé, e [dezapwɛ̃te] *adj* disappointed
désapprobateur, -trice [dezapʀɔbatœʀ, -tʀis] *adj* disapproving
désapprobation [dezapʀɔbasjɔ̃] *nf* disapproval
désapprouver [dezapʀuve] /**1**/ *vt* to disapprove of
désarçonner [dezaʀsɔne] /**1**/ *vt* to unseat, throw; (*fig*) to throw, nonplus (Brit), disconcert
désargenté, e [dezaʀʒɑ̃te] *adj* impoverished
désarmant, e [dezaʀmɑ̃, -ɑ̃t] *adj* disarming
désarmé, e [dezaʀme] *adj* (*fig*) disarmed
désarmement [dezaʀməmɑ̃] *nm* disarmament
désarmer [dezaʀme] /**1**/ *vt* (*Mil, aussi fig*) to disarm; (*Navig*) to lay up; (*fusil*) to unload; (*: mettre le cran de sûreté*) to put the safety catch on ▸ *vi* (*pays*) to disarm; (*haine*) to wane; (*personne*) to give up
désarroi [dezaʀwa] *nm* helplessness, disarray
désarticulé, e [dezaʀtikyle] *adj* (*pantin, corps*) dislocated
désarticuler [dezaʀtikyle] /**1**/ : **se désarticuler** *vpr* to contort (o.s.)
désassorti, e [dezasɔʀti] *adj* non-matching, unmatched; (*magasin, marchand*) sold out
désastre [dezastʀ] *nm* disaster
désastreux, -euse [dezastʀø, -øz] *adj* disastrous
désavantage [dezavɑ̃taʒ] *nm* disadvantage; (*inconvénient*) drawback, disadvantage
désavantager [dezavɑ̃taʒe] /**3**/ *vt* to put at a disadvantage
désavantageux, -euse [dezavɑ̃taʒø, -øz] *adj* unfavourable, disadvantageous
désaveu [dezavø] *nm* repudiation; (*déni*) disclaimer
désavouer [dezavwe] /**1**/ *vt* to disown, repudiate, disclaim
désaxé, e [dezakse] *adj* (*fig*) unbalanced
désaxer [dezakse] /**1**/ *vt* (*roue*) to put out of true; (*personne*) to throw off balance
desceller [desele] /**1**/ *vt* (*pierre*) to pull free
descendance [desɑ̃dɑ̃s] *nf* (*famille*) descendants *pl*, issue; (*origine*) descent
descendant, e [desɑ̃dɑ̃, -ɑ̃t] *vb voir* **descendre** ▸ *nm/f* descendant
descendeur, -euse [desɑ̃dœʀ, -øz] *nm/f* (*Sport*) downhiller

d

descendre [desɑ̃dʀ] /41/ *vt* (*escalier, montagne*) to go (*ou* come) down; (*valise, paquet*) to take *ou* get down; (*étagère etc*) to lower; (*fam : abattre*) to shoot down; (*: boire*) to knock back ▸ *vi* to go (*ou* come) down; (*passager : s'arrêter*) to get out, alight; (*niveau, température*) to go *ou* come down, fall, drop; (*marée*) to go out; **~ à pied/en voiture** to walk/drive down, go down on foot/by car; **~ de** (*famille*) to be descended from; **~ du train** to get out of *ou* off the train; **~ d'un arbre** to climb down from a tree; **~ de cheval** to dismount, get off one's horse; **~ à l'hôtel** to stay at a hotel; **~ dans la rue** (*manifester*) to take to the streets; **~ en ville** to go into town, go down town
descente [desɑ̃t] *nf* descent, going down; (*chemin*) way down; (*Ski*) downhill (race); **au milieu de la ~** halfway down; **freinez dans les descentes** use the brakes going downhill; **~ de lit** bedside rug; **~ (de police)** (police) raid
descriptif, -ive [dɛskʀiptif, -iv] *adj* descriptive ▸ *nm* explanatory leaflet
description [dɛskʀipsjɔ̃] *nf* description
désembourber [dezɑ̃buʀbe] /1/ *vt* to pull out of the mud
désembourgeoiser [dezɑ̃buʀʒwaze] /1/ *vt* : **~ qn** to get sb out of his (*ou* her) middle-class attitudes
désembuer [dezɑ̃bɥe] /1/ *vt* to demist
désemparé, e [dezɑ̃paʀe] *adj* bewildered, distraught; (*bateau, avion*) crippled
désemparer [dezɑ̃paʀe] /1/ *vi* : **sans ~** without stopping
désemplir [dezɑ̃pliʀ] /2/ *vi* : **ne pas ~** to be always full
désenchanté, e [dezɑ̃ʃɑ̃te] *adj* disenchanted, disillusioned
désenchantement [dezɑ̃ʃɑ̃tmɑ̃] *nm* disenchantment, disillusion
désenclaver [dezɑ̃klave] /1/ *vt* to open up
désencombrer [dezɑ̃kɔ̃bʀe] /1/ *vt* to clear
désenfler [dezɑ̃fle] /1/ *vi* to become less swollen
désengagement [dezɑ̃gaʒmɑ̃] *nm* (*Pol*) disengagement
désensabler [dezɑ̃sable] /1/ *vt* to pull out of the sand
désensibiliser [desɑ̃sibilize] /1/ *vt* (*Méd*) to desensitize
désenvenimer [dezɑ̃vnime] /1/ *vt* (*plaie*) to remove the poison from; (*fig*) to take the sting out of
désépaissir [dezepesiʀ] /2/ *vt* to thin (out)
déséquilibre [dezekilibʀ] *nm* (*fig : des forces, du budget*) imbalance; (*Psych*) unbalance; (*position*) : **être en ~** to be unsteady
déséquilibré, e [dezekilibʀe] *nm/f* (*Psych*) unbalanced person
déséquilibrer [dezekilibʀe] /1/ *vt* to throw off balance
désert, e [dezɛʀ, -ɛʀt] *adj* deserted ▸ *nm* desert
déserter [dezɛʀte] /1/ *vi, vt* to desert
déserteur [dezɛʀtœʀ] *nm* deserter
désertion [dezɛʀsjɔ̃] *nf* desertion
désertique [dezɛʀtik] *adj* desert *cpd*; (*inculte*) barren, empty
désescalade [dezɛskalad] *nf* (*Mil*) de-escalation
désespérant, e [dezɛspeʀɑ̃, -ɑ̃t] *adj* hopeless, despairing
désespéré, e [dezɛspeʀe] *adj* desperate; (*regard*) despairing; **état ~** (*Méd*) hopeless condition
désespérément [dezɛspeʀemɑ̃] *adv* desperately
désespérer [dezɛspeʀe] /6/ *vt* to drive to despair ▸ *vi* : **~ de** to despair of; **se désespérer** *vpr* to despair
désespoir [dezɛspwaʀ] *nm* despair; **être *ou* faire le ~ de qn** to be the despair of sb; **en ~ de cause** in desperation
déshabillé, e [dezabije] *adj* undressed ▸ *nm* négligée
déshabiller [dezabije] /1/ *vt* to undress; **se déshabiller** *vpr* to undress (o.s.)
déshabituer [dezabitɥe] /1/ *vt* : **se ~ de** to get out of the habit of
désherbant [dezɛʀbɑ̃] *nm* weed-killer
désherber [dezɛʀbe] /1/ *vt* to weed
déshérité, e [dezeʀite] *adj* disinherited ▸ *nm/f* : **les déshérités** (*pauvres*) the underprivileged, the deprived
déshériter [dezeʀite] /1/ *vt* to disinherit
déshonneur [dezɔnœʀ] *nm* dishonour (BRIT), dishonor (US), disgrace
déshonorer [dezɔnɔʀe] /1/ *vt* to dishonour (BRIT), dishonor (US), bring disgrace upon; **se déshonorer** *vpr* to bring dishono(u)r on o.s.
déshumaniser [dezymanize] /1/ *vt* to dehumanize
déshydratation [dezidʀatasjɔ̃] *nf* dehydration
déshydraté, e [dezidʀate] *adj* dehydrated
déshydrater [dezidʀate] /1/ *vt* to dehydrate
desiderata [dezideʀata] *nmpl* requirements
design [dizajn] *adj* (*mobilier*) designer *cpd* ▸ *nm* (industrial) design
désignation [deziɲasjɔ̃] *nf* naming, appointment; (*signe, mot*) name, designation
designer [dizajnɛʀ] *nm* designer
désigner [deziɲe] /1/ *vt* (*montrer*) to point out, indicate; (*dénommer*) to denote, refer to; (*nommer : candidat etc*) to name, appoint
désillusion [dezilyzjɔ̃] *nf* disillusion(ment)
désillusionner [dezilyzjɔne] /1/ *vt* to disillusion
désincarné, e [dezɛ̃kaʀne] *adj* disembodied
désinence [dezinɑ̃s] *nf* ending, inflexion
désinfectant, e [dezɛ̃fɛktɑ̃, -ɑ̃t] *adj, nm* disinfectant
désinfecter [dezɛ̃fɛkte] /1/ *vt* to disinfect
désinfection [dezɛ̃fɛksjɔ̃] *nf* disinfection
désinformation [dezɛ̃fɔʀmasjɔ̃] *nf* disinformation
désintégration [dezɛ̃tegʀasjɔ̃] *nf* disintegration
désintégrer [dezɛ̃tegʀe] /6/ *vt* to break up; **se désintégrer** *vpr* to disintegrate
désintéressé, e [dezɛ̃teʀese] *adj* (*généreux, bénévole*) disinterested, unselfish
désintéressement [dezɛ̃teʀɛsmɑ̃] *nm* (*générosité*) disinterestedness
désintéresser [dezɛ̃teʀese] /1/ : **se désintéresser (de)** *vpr* to lose interest (in)

désintérêt [dezɛ̃terɛ] *nm (indifférence)* disinterest
désintoxication [dezɛ̃tɔksikasjɔ̃] *nf* treatment for alcoholism (*ou* drug addiction); **faire une cure de ~** to have *ou* undergo treatment for alcoholism (*ou* drug addiction)
désintoxiquer [dezɛ̃tɔksike] /1/ *vt* to treat for alcoholism (*ou* drug addiction); **se désintoxiquer** *vpr* : **se ~ de qch** *(drogue, alcool, tabac)* to get off sth; *(fig : se déshabituer)* to wean o.s. off sth; *(drogué)* to be treated for drug addiction; *(alcoolique)* to be treated for alcoholism
désinvolte [dezɛ̃vɔlt] *adj* casual, off-hand
désinvolture [dezɛ̃vɔltyʀ] *nf* casualness
désir [deziʀ] *nm* wish; *(fort, sensuel)* desire
désirable [deziʀabl] *adj* desirable
désirer [deziʀe] /1/ *vt* to want, wish for; *(sexuellement)* to desire; **je désire ...** *(formule de politesse)* I would like ...; **il désire que tu l'aides** he would like *ou* he wants you to help him; **~ faire** to want *ou* wish to do; **ça laisse à ~** it leaves something to be desired
désireux, -euse [deziʀø, -øz] *adj* : **~ de faire** anxious to do
désistement [dezistəmɑ̃] *nm* withdrawal
désister [deziste] /1/ : **se désister** *vpr* to stand down, withdraw
désobéir [dezɔbeiʀ] /2/ *vi* : **~ (à qn/qch)** to disobey (sb/sth)
désobéissance [dezɔbeisɑ̃s] *nf* disobedience
désobéissant, e [dezɔbeisɑ̃, -ɑ̃t] *adj* disobedient
désobligeant, e [dezɔbliʒɑ̃, -ɑ̃t] *adj* disagreeable, unpleasant
désobliger [dezɔbliʒe] /3/ *vt* to offend
désodorisant [dezɔdɔʀizɑ̃] *nm* air freshener, deodorizer
désodoriser [dezɔdɔʀize] /1/ *vt* to deodorize
désœuvré, e [dezœvʀe] *adj* idle
désœuvrement [dezœvʀəmɑ̃] *nm* idleness
désolant, e [dezɔlɑ̃, -ɑ̃t] *adj* distressing
désolation [dezɔlasjɔ̃] *nf (affliction)* distress, grief; *(d'un paysage etc)* desolation, devastation
désolé, e [dezɔle] *adj (paysage)* desolate; **je suis ~** I'm sorry
désoler [dezɔle] /1/ *vt* to distress, grieve; **se désoler** *vpr* to be upset
désolidariser [desɔlidaʀize] /1/ *vt* : **se ~ de** *ou* **d'avec** to dissociate o.s. from
désopilant, e [dezɔpilɑ̃, -ɑ̃t] *adj* screamingly funny, hilarious
désordonné, e [dezɔʀdɔne] *adj* untidy, disorderly
désordre [dezɔʀdʀ] *nm* disorder(liness), untidiness; *(anarchie)* disorder; **en ~** in a mess, untidy; **désordres** *nmpl (Pol)* disturbances, disorder *sg*
désorganisation [dezɔʀganizasjɔ̃] *nf (désordre)* disorganization; **en pleine ~** in complete disarray
désorganisé, e [dezɔʀganize] *adj (personne)* disorganized
désorganiser [dezɔʀganize] /1/ *vt* to disorganize
désorienté, e [dezɔʀjɑ̃te] *adj* disorientated; *(fig)* bewildered
désorienter [dezɔʀjɑ̃te] /1/ *vt (fig)* to confuse
désormais [dezɔʀmɛ] *adv* in future, from now on
désosser [dezɔse] /1/ *vt* to bone
despote [dɛspɔt] *nm* despot; *(fig)* tyrant
despotique [dɛspɔtik] *adj* despotic
despotisme [dɛspɔtism] *nm* despotism
desquamer [dɛskwame] /1/ : **se desquamer** *vpr* to flake off
desquels, desquelles [dekɛl] *voir* **lequel**
DESS *sigle m (= Diplôme d'études supérieures spécialisées) post-graduate diploma*
dessaisir [desezir] /2/ *vt* : **~ un tribunal d'une affaire** to remove a case from a court; **se dessaisir de** *vpr* to give up, part with
dessaler [desale] /1/ *vt (eau de mer)* to desalinate; *(Culin : morue etc)* to soak; *(fig : fam : délurer)* : **~ qn** to teach sb a thing or two ▸ *vi (voilier)* to capsize
Desse *abr* = **duchesse**
desséché, e [deseʃe] *adj* dried up
dessèchement [desɛʃmɑ̃] *nm* drying out; dryness; hardness
dessécher [deseʃe] /6/ *vt (terre, plante)* to dry out, parch; *(peau)* to dry out; *(volontairement : aliments etc)* to dry, dehydrate; *(fig : cœur)* to harden; **se dessécher** *vpr* to dry out; *(peau, lèvres)* to go dry
dessein [desɛ̃] *nm* design; **dans le ~ de** with the intention of; **à ~** intentionally, deliberately
desseller [desele] /1/ *vt* to unsaddle
desserrer [deseʀe] /1/ *vt* to loosen; *(frein)* to release; *(poing, dents)* to unclench; **ne pas ~ les dents** not to open one's mouth; **se desserrer** *vpr (liens)* to come loose; *(fig)* : **l'étau se desserre** the vice-like grip is relaxing
dessert [desɛʀ] *vb voir* **desservir** ▸ *nm* dessert, pudding
desserte [desɛʀt] *nf (table)* side table; *(transport)* : **la ~ du village est assurée par autocar** there is a coach service to the village; **chemin** *ou* **voie de ~** service road
desservir [desɛʀviʀ] /14/ *vt (ville, quartier)* to serve; *(: voie de communication)* to lead into; *(vicaire : paroisse)* to serve; *(nuire à : personne)* to do a disservice to; *(débarrasser)* : **~ (la table)** to clear the table
dessiller [desije] /1/ *vt (fig)* : **~ les yeux à qn** to open sb's eyes
dessin [desɛ̃] *nm (œuvre, art)* drawing; *(motif)* pattern, design; *(contour)* (out)line; **le ~ industriel** draughtsmanship (BRIT), draftsmanship (US); **~ animé** cartoon (film); **~ humoristique** cartoon
dessinateur, -trice [desinatœʀ, -tʀis] *nm/f* drawer; *(de bandes dessinées)* cartoonist; *(industriel)* draughtsman (BRIT), draftsman (US); **dessinatrice de mode** fashion designer
dessiner [desine] /1/ *vt* to draw; *(concevoir : carrosserie, maison)* to design; *(robe : taille)* to show off; **se dessiner** *vpr (forme)* to be outlined; *(fig : solution)* to emerge
dessoûler [desule] /1/ *vt, vi* to sober up
dessous [d(ə)su] *adv, prép* underneath, beneath; **en ~** underneath, below; *(fig : en catimini)* slyly,

d

on the sly; **de ~ le lit** from under the bed; *voir* **ci-dessous ; là-dessous** ▸ *nm* underside; (*étage inférieur*) : **les voisins du ~** the downstairs neighbours; **avoir le ~** to get the worst of it ▸ *nmpl* (*sous-vêtements*) underwear *sg*; (*fig*) hidden aspects

dessous-de-bouteille [dəsudbutɛj] *nm inv* bottle mat

dessous-de-plat [dəsudpla] *nm inv* tablemat

dessous-de-table [dəsudtabl] *nm inv* (*fig*) bribe, under-the-counter payment

dessus [d(ə)sy] *adv* on top; (*collé, écrit*) on it; **en ~** above; **bras ~ bras dessous** arm in arm; **sens ~ dessous** upside down ▸ *nm* top; (*étage supérieur*) : **les voisins/l'appartement du ~** the upstairs neighbours/flat; **avoir/prendre le ~** to have/ get the upper hand; **reprendre le ~** to get over it; *voir* **ci-dessus ; là-dessus**

dessus-de-lit [dəsydli] *nm inv* bedspread

déstabilisation [destabilizasjɔ̃] *nf* destabilization

déstabiliser [destabilize] /1/ *vt* (*Pol*) to destabilize

destin [dɛstɛ̃] *nm* fate; (*avenir*) destiny

destinataire [dɛstinatɛʀ] *nmf* (*Postes*) addressee; (*d'un colis*) consignee; (*d'un mandat*) payee; **aux risques et périls du ~** at owner's risk

destination [dɛstinasjɔ̃] *nf* (*lieu*) destination; (*usage*) purpose; **à ~ de** (*avion etc*) bound for; (*voyageur*) bound for, travelling to

destiné, e [dɛstine] *adj* (*promis*) : **être ~ à qch** (*carrière, avenir*) to be destined for sth; (*prévu*) : **être ~ à** (*usage*) to be intended for, to be meant for; (*réservé*) : **être ~ à** (*sort*) to be in store for; (*remarque*) to be intended for; **être ~ à faire qch** to be destined to do sth

destinée [dɛstine] *nf* fate; (*existence, avenir*) destiny

destiner [dɛstine] /1/ *vt* : **~ qn à** (*poste, sort*) to destine sb for; **~ qn/qch à** (*prédestiner*) to mark sb/sth out for; **~ qch à** (*envisager d'affecter*) to intend to use sth for; **~ qch à qn** (*envisager de donner*) to intend sb to have sth, intend to give sth to sb; (*adresser*) to intend sth for sb; **se déstiner à** *vpr* : **se ~ à l'enseignement** to intend to become a teacher

destituer [dɛstitɥe] /1/ *vt* to depose; **~ qn de ses fonctions** to relieve sb of his duties

destitution [dɛstitysjɔ̃] *nf* deposition

déstresser [destʀese] *vi* to unwind

destructeur, -trice [dɛstʀyktœʀ, -tʀis] *adj* destructive

destructif, -ive [dɛstʀyktif, -iv] *adj* destructive

destruction [dɛstʀyksjɔ̃] *nf* destruction

déstructuré, e [destʀyktyʀe] *adj* : **vêtements déstructurés** casual clothes

déstructurer [destʀyktyʀe] /1/ *vt* to break down, take to pieces

désuet, -ète [desɥɛ, -ɛt] *adj* outdated, outmoded

désuétude [desɥetyd] *nf* : **tomber en ~** to fall into disuse, become obsolete

désuni, e [dezyni] *adj* divided, disunited

désunion [dezynjɔ̃] *nf* disunity

désunir [dezyniʀ] /2/ *vt* to disunite; **se désunir** *vpr* (*athlète*) to get out of one's stride

détachable [detaʃabl] *adj* (*coupon etc*) tear-off *cpd*; (*capuche etc*) detachable

détachant [detaʃɑ̃] *nm* stain remover

détaché, e [detaʃe] *adj* (*fig*) detached ▸ *nm/f* (*représentant*) person on secondment (Brit) *ou* a posting

détachement [detaʃmɑ̃] *nm* detachment; (*fonctionnaire, employé*) : **être en ~** to be on secondment (Brit) *ou* a posting

détacher [detaʃe] /1/ *vt* (*enlever*) to detach, remove; (*délier*) to untie; (*Admin*) : **~ qn (auprès de** *ou* **à)** to post sb (to), send sb on secondment (to) (Brit); (*Mil*) to detail; (*vêtement : nettoyer*) to remove the stains from; **se détacher** *vpr* (*se séparer*) to come off; (*page*) to come out; (*se défaire*) to come undone; (*Sport*) to pull *ou* break away; (*se délier : chien, prisonnier*) to break loose; **se ~ sur** to stand out against; **se ~ de** (*se désintéresser*) to grow away from

détail [detaj] *nm* detail; (*Comm*) : **le ~** retail; **prix de ~** retail price; **au ~** *adv* (*Comm*) retail (: *individuellement*) separately; **donner le ~ de** to give a detailed account of; (*compte*) to give a breakdown of; **en ~** in detail

détaillant, e [detajɑ̃, -ɑ̃t] *nm/f* retailer

détaillé, e [detaje] *adj* (*récit, plan, explications*) detailed; (*facture*) itemized

détailler [detaje] /1/ *vt* (*Comm*) to sell retail; to sell separately; (*expliquer*) to explain in detail; to detail; (*examiner*) to look over, examine

détaler [detale] /1/ *vi* (*lapin*) to scamper off; (*fam : personne*) to make off, scarper (*fam*)

détartrage [detaʀtʀaʒ] *nm* descaling; (*de dents*) scaling

détartrant [detaʀtʀɑ̃] *nm* descaling agent (Brit), scale remover

détartrer [detaʀtʀe] /1/ *vt* to descale; (*dents*) to scale

détaxe [detaks] *nf* (*réduction*) reduction in tax; (*suppression*) removal of tax; (*remboursement*) tax refund

détaxé, e [detakse] *adj* (*produits*) tax-free, duty-free

détaxer [detakse] /1/ *vt* (*réduire*) to reduce the tax on; (*ôter*) to remove the tax on

détecter [detɛkte] /1/ *vt* to detect

détecteur [detɛktœʀ] *nm* detector, sensor; **~ de mensonges** lie detector; **~ (de mines)** mine detector

détection [detɛksjɔ̃] *nf* detection

détective [detɛktiv] *nm* detective; **~ (privé)** private detective *ou* investigator

déteindre [detɛ̃dʀ] /52/ *vi* to fade; (*au lavage*) to run; **~ sur** (*vêtement*) to run into; (*fig*) to rub off on

déteint, e [detɛ̃, -ɛ̃t] *pp de* **déteindre**

dételer [det(ə)le] /4/ *vt* to unharness; (*voiture, wagon*) to unhitch ▸ *vi* (*fig : s'arrêter*) to leave off (working)

détendeur [detɑ̃dœʀ] *nm* (*de bouteille à gaz*) regulator

détendre [detɑ̃dʀ] /41/ *vt* (*fil*) to slacken, loosen; (*personne, atmosphère, corps, esprit*) to relax;

(*situation*) to relieve; **se détendre** *vpr* (*ressort*) to lose its tension; (*personne*) to relax
détendu, e [detɑ̃dy] *adj* relaxed
détenir [det(ə)niʀ] /**22**/ *vt* (*fortune, objet, secret*) to be in possession of; (*prisonnier*) to detain; (*record*) to hold; **~ le pouvoir** to be in power
détente [detɑ̃t] *nf* relaxation; (*Pol*) détente; (*d'une arme*) trigger; (*d'un athlète qui saute*) spring
détenteur, -trice [detɑ̃tœʀ, -tʀis] *nm/f* holder
détention [detɑ̃sjɔ̃] *nf* (*de fortune, objet, secret*) possession; (*captivité*) detention; (*de record*) holding; **~ préventive** (pre-trial) custody
détenu, e [det(ə)ny] *pp de* **détenir** ▸ *nm/f* prisoner
détergent [deteʀʒɑ̃] *nm* detergent
détérioration [deteʀjɔʀasjɔ̃] *nf* damaging; deterioration
détériorer [deteʀjɔʀe] /**1**/ *vt* to damage; **se détériorer** *vpr* to deteriorate
déterminant, e [detɛʀminɑ̃, -ɑ̃t] *adj* : **un facteur ~** a determining factor ▸ *nm* (*Ling*) determiner
détermination [detɛʀminasjɔ̃] *nf* determining; (*résolution*) decision; (*fermeté*) determination
déterminé, e [detɛʀmine] *adj* (*résolu*) determined; (*précis*) specific, definite
déterminer [detɛʀmine] /**1**/ *vt* (*fixer*) to determine; (*décider*) : **~ qn à faire** to decide sb to do; **se ~ à faire** to make up one's mind to do
déterminisme [detɛʀminism] *nm* determinism
déterré, e [deteʀe] *nm/f* : **avoir une mine de ~** to look like death warmed up (BRIT) *ou* warmed over (US)
déterrer [deteʀe] /**1**/ *vt* to dig up
détersif, -ive [detɛʀsif, -iv] *adj, nm* detergent
détestable [detɛstabl] *adj* foul, detestable
détester [detɛste] /**1**/ *vt* to hate, detest
détiendrai [detjɛ̃dʀe], **détiens** *etc* [detjɛ̃] *vb voir* **détenir**
détonant, e [detɔnɑ̃, -ɑ̃t] *adj* : **mélange ~** explosive mixture
détonateur [detɔnatœʀ] *nm* detonator
détonation [detɔnasjɔ̃] *nf* detonation, bang, report (of a gun)
détoner [detɔne] /**1**/ *vi* to detonate, explode
détonner [detɔne] /**1**/ *vi* (*Mus*) to go out of tune; (*fig*) to clash
détordre [detɔʀdʀ] /**41**/ *vt* to untwist, unwind
détour [detuʀ] *nm* detour; (*tournant*) bend, curve; (*fig : subterfuge*) roundabout means; **ça vaut le ~** it's worth the trip; **sans ~** (*fig*) plainly
détourné, e [detuʀne] *adj* (*sentier, chemin, moyen*) roundabout
détournement [detuʀnəmɑ̃] *nm* diversion, rerouting; **~ d'avion** hijacking; **~ (de fonds)** embezzlement *ou* misappropriation (of funds); **~ de mineur** corruption of a minor
détourner [detuʀne] /**1**/ *vt* to divert; (*avion*) to divert, reroute; (*: par la force*) to hijack; (*yeux, tête*) to turn away; (*de l'argent*) to embezzle, misappropriate; **~ la conversation** to change the subject; **~ qn de son devoir** to divert sb from his duty; **~ l'attention (de qn)** to distract *ou* divert (sb's) attention; **se détourner** *vpr* to turn away
détracteur, -trice [detʀaktœʀ, -tʀis] *nm/f* disparager, critic
détraqué, e [detʀake] *adj* (*machine, santé*) broken-down ▸ *nm/f* (*fam*) : **c'est un ~** he's unhinged
détraquer [detʀake] /**1**/ *vt* to put out of order; (*estomac*) to upset; **se détraquer** *vpr* to go wrong
détrempe [detʀɑ̃p] *nf* (*Art*) tempera
détrempé, e [detʀɑ̃pe] *adj* (*sol*) sodden, waterlogged
détremper [detʀɑ̃pe] /**1**/ *vt* (*peinture*) to water down
détresse [detʀɛs] *nf* distress; **en ~** (*avion etc*) in distress; **appel/signal de ~** distress call/signal
détriment [detʀimɑ̃] *nm* : **au ~ de** to the detriment of
détritus [detʀitys] *nmpl* rubbish *sg*, refuse *sg*, garbage *sg* (*US*)
détroit [detʀwa] *nm* strait; **le ~ de Bering** *ou* **Behring** the Bering Strait; **le ~ de Gibraltar** the Straits of Gibraltar; **le ~ du Bosphore** the Bosphorus; **le ~ de Magellan** the Strait of Magellan, the Magellan Strait
détromper [detʀɔ̃pe] /**1**/ *vt* to disabuse; **se détromper** *vpr* : **détrompez-vous** don't believe it
détrôner [detʀone] /**1**/ *vt* to dethrone, depose; (*fig*) to oust, dethrone
détrousser [detʀuse] /**1**/ *vt* to rob
détruire [detʀɥiʀ] /**38**/ *vt* to destroy; (*fig : santé, réputation*) to ruin; (*documents*) to shred
détruit, e [detʀɥi, -it] *pp de* **détruire**
dette [dɛt] *nf* debt; **~ publique** *ou* **de l'État** national debt
DEUG [døg] *sigle m* = **Diplôme d'études universitaires générales**
deuil [dœj] *nm* (*perte*) bereavement; (*période*) mourning; (*chagrin*) grief; **porter le ~** to wear mourning; **prendre le/être en ~** to go into/be in mourning
DEUST [dœst] *sigle m* = **Diplôme d'études universitaires scientifiques et techniques**
deutérium [døteʀjɔm] *nm* deuterium
deux [dø] *num* two; **les ~** both; **ses ~ mains** both his hands, his two hands; **à ~ pas** a short distance away; **tous les ~ mois** every two months, every other month; **~ fois** twice
deuxième [døzjɛm] *num* second
deuxièmement [døzjɛmmɑ̃] *adv* secondly, in the second place
deux-pièces [døpjɛs] *nm inv* (*tailleur*) two-piece (suit); (*de bain*) two-piece (swimsuit); (*appartement*) two-roomed flat (BRIT) *ou* apartment (*US*)
deux-points [døpwɛ̃] *nm inv* colon *sg*
deux-roues [døʀu] *nm inv* two-wheeled vehicle
deux-temps [døtɑ̃] *adj inv* two-stroke
devais *etc* [dəvɛ] *vb voir* **devoir**
dévaler [devale] /**1**/ *vt* to hurtle down
dévaliser [devalize] /**1**/ *vt* to rob, burgle
dévalorisant, e [devalɔʀizɑ̃, -ɑ̃t] *adj* depreciatory
dévalorisation [devalɔʀizasjɔ̃] *nf* depreciation

d

dévaloriser [devalɔʀize] /1/ *vt* to reduce the value of; **se dévaloriser** *vpr* to depreciate
dévaluation [devalɥasjɔ̃] *nf* depreciation; (*Écon : mesure*) devaluation
dévaluer [devalɥe] /1/ *vt*, **se dévaluer** *vpr* to devalue
devancer [d(ə)vɑ̃se] /3/ *vt* to be ahead of; (*distancer*) to get ahead of; (*arriver avant*) to arrive before; (*prévenir*) to anticipate; **~ l'appel** (*Mil*) to enlist before call-up
devancier, -ière [d(ə)vɑ̃sje, -jɛʀ] *nm/f* precursor
devant [d(ə)vɑ̃] *vb voir* **devoir** ▸ *adv* in front; (*à distance : en avant*) ahead; (*avec mouvement : passer*) past ▸ *prép* in front of; (*en avant*) ahead of; (*fig*) before, in front of; (*: face à*) faced with, in the face of; (*: vu*) in view of ▸ *nm* front; **prendre les devants** to make the first move; **de ~** (*roue, porte*) front; **les pattes de ~** the front legs, the forelegs
devanture [d(ə)vɑ̃tyʀ] *nf* (*façade*) (shop) front; (*étalage*) display; (*vitrine*) (shop) window
dévastateur, -trice [devastatœʀ, -tʀis] *adj* devastating
dévastation [devastasjɔ̃] *nf* devastation
dévaster [devaste] /1/ *vt* to devastate
déveine [devɛn] *nf* rotten luck *no pl*
développement [dev(ə)lɔpmɑ̃] *nm* development; **pays en voie de ~** developing countries; **~ durable** sustainable development
développer [dev(ə)lɔpe] /1/ *vt* to develop; **se développer** *vpr* to develop
développeur, -euse [dev(ə)lɔpœʀ, -øz] *nm/f* (*de logiciels*) developer
devenir [dəv(ə)niʀ] /22/ *vi* to become; **~ instituteur** to become a teacher; **que sont-ils devenus ?** what has become of them?
devenu, e [dəvny] *pp de* **devenir**
dévergondé, e [devɛʀgɔ̃de] *adj* wild, shameless
dévergonder [devɛʀgɔ̃de] /1/ *vt*, **se dévergonder** *vpr* to get into bad ways
déverrouiller [devɛʀuje] /1/ *vt* to unbolt
devers [dəvɛʀ] *adv* : **par ~ soi** to oneself
déverser [devɛʀse] /1/ *vt* (*liquide*) to pour (out); (*ordures*) to tip (out); **se déverser dans** *vpr* (*fleuve, mer*) to flow into
déversoir [devɛʀswaʀ] *nm* overflow
dévêtir [devetiʀ] /20/ *vt*, **se dévêtir** *vpr* to undress
devez [dəve] *vb voir* **devoir**
déviation [devjasjɔ̃] *nf* deviation; (*Auto*) diversion (*Brit*), detour (*US*); **~ de la colonne (vertébrale)** curvature of the spine
dévider [devide] /1/ *vt* to unwind
dévidoir [devidwaʀ] *nm* reel
deviendrai [dəvjɛ̃dʀe], **deviens** *etc* [dəvjɛ̃] *vb voir* **devenir**
devienne *etc* [dəvjɛn] *vb voir* **devenir**
dévier [devje] /7/ *vt* (*fleuve, circulation*) to divert; (*coup*) to deflect ▸ *vi* to veer (off course); **faire ~** (*projectile*) to deflect; (*véhicule*) to push off course
devin [dəvɛ̃] *nm* soothsayer, seer
deviner [d(ə)vine] /1/ *vt* to guess; (*prévoir*) to foretell, foresee; (*apercevoir*) to distinguish
devinette [d(ə)vinɛt] *nf* riddle
devint *etc* [dəvɛ̃] *vb voir* **devenir**
devis [d(ə)vi] *nm* estimate, quotation; **~ descriptif/estimatif** detailed/preliminary estimate
dévisager [devizaʒe] /3/ *vt* to stare at
devise [dəviz] *nf* (*formule*) motto, watchword; (*Écon : monnaie*) currency; **devises** *nfpl* (*argent*) currency *sg*
deviser [dəvize] /1/ *vi* to converse
dévisser [devise] /1/ *vt* to unscrew, undo; **se dévisser** *vpr* to come unscrewed
de visu [devizy] *adv* : **se rendre compte de qch ~** to see sth for o.s.
dévitaliser [devitalize] /1/ *vt* (*dent*) to remove the nerve from
dévoiler [devwale] /1/ *vt* to unveil; **se dévoiler** *vpr* (*mystère, raisons*) to be revealed
devoir [d(ə)vwaʀ] /28/ *nm* duty; (*Scol*) piece of homework, homework *no pl*; (*: en classe*) exercise; **se faire un ~ de faire qch** to make it one's duty to do sth; **devoirs de vacances** homework set for the holidays ▸ *vt* (*argent, respect*) : **~ qch (à qn)** to owe (sb) sth; **combien est-ce que je vous dois ?** how much do I owe you?; **il doit le faire** (*obligation*) he has to do it, he must do it; **cela devait arriver un jour** (*fatalité*) it was bound to happen; **il doit partir demain** (*intention*) he is due to leave tomorrow; **il doit être tard** (*probabilité*) it must be late; **je devrais faire** I ought to *ou* should do; **tu n'aurais pas dû** you ought not to have *ou* shouldn't have; **se devoir** *vpr* : **se ~ de faire qch** to be duty bound to do sth; **comme il se doit** (*comme il faut*) as is right and proper
dévolu, e [devɔly] *adj* : **~ à** allotted to ▸ *nm* : **jeter son ~ sur** to fix one's choice on
devons [dəvɔ̃] *vb voir* **devoir**
dévorant, e [devɔʀɑ̃, -ɑ̃t] *adj* (*faim, passion*) raging
dévorer [devɔʀe] /1/ *vt* to devour; (*feu, soucis*) to consume; **~ qn/qch des yeux** *ou* **du regard** (*fig*) to eye sb/sth intently; (*convoitise*) to eye sb/sth greedily
dévot, e [devo, -ɔt] *adj* devout, pious ▸ *nm/f* devout person; **un faux ~** a falsely pious person
dévotion [devosjɔ̃] *nf* devoutness; **être à la ~ de qn** to be totally devoted to sb; **avoir une ~ pour qn** to worship sb
dévoué, e [devwe] *adj* devoted
dévouement [devumɑ̃] *nm* devotion, dedication
dévouer [devwe] /1/ : **se dévouer** *vpr* (*se sacrifier*) : **se ~ (pour)** to sacrifice o.s. (for); (*se consacrer*) : **se ~ à** to devote *ou* dedicate o.s. to
dévoyé, e [devwaje] *adj* delinquent
dévoyer [devwaje] /8/ *vt* to lead astray; **~ l'opinion publique** to influence public opinion; **se dévoyer** *vpr* to go off the rails
devrai *etc* [dəvʀe] *vb voir* **devoir**
dextérité [dɛksteʀite] *nf* skill, dexterity
dextrose [dɛkstʀoz] *nm* dextrose
dézipper [dezipe] /1/ *vt* (*Inform*) to unzip
dfc *abr* (*= désire faire connaissance*) *WLTM* (*= would like to meet*)
DG *sigle m* = **directeur général**

dg. *abr (= décigramme)* dg.
DGE *sigle f (= Dotation globale d'équipement) state contribution to local government budget*
DGSE *sigle f (= Direction générale de la sécurité extérieure)* ≈ MI6 (BRIT), ≈ CIA (US)
diabète [djabɛt] *nm* diabetes *sg*
diabétique [djabetik] *nmf* diabetic
diable [djɑbl] *nm* devil; **une musique du ~** an unholy racket; **il fait une chaleur du ~** it's fiendishly hot; **avoir le ~ au corps** to be the very devil
diablement [djɑbləmɑ̃] *adv* fiendishly
diableries [djɑbləʀi] *nfpl (d'enfant)* devilment *sg*, mischief *sg*
diablesse [djɑblɛs] *nf (petite fille)* little devil
diablotin [djɑblɔtɛ̃] *nm* imp; *(pétard)* cracker
diabolique [djɑbɔlik] *adj* diabolical
diaboliser [djabɔlize] *vt* to demonize
diabolo [djabɔlo] *nm (jeu)* diabolo; *(boisson)* lemonade and fruit cordial; **~(-menthe)** lemonade and mint cordial
diacre [djakʀ] *nm* deacon
diadème [djadɛm] *nm* diadem
diagnostic [djagnɔstik] *nm* diagnosis *sg*
diagnostiquer [djagnɔstike] /1/ *vt* to diagnose
diagonal, e, -aux [djagɔnal, -o] *adj, nf* diagonal; **en diagonale** diagonally; **lire en diagonale** *(fig)* to skim through
diagramme [djagʀam] *nm* chart, graph
dialecte [djalɛkt] *nm* dialect
dialectique [djalɛktik] *adj* dialectic(al)
dialogue [djalɔg] *nm* dialogue; **~ de sourds** dialogue of the deaf
dialoguer [djalɔge] /1/ *vi* to converse; *(Pol)* to have a dialogue
dialoguiste [djalɔgist] *nmf* dialogue writer
dialyse [djaliz] *nf* dialysis
diamant [djamɑ̃] *nm* diamond
diamantaire [djamɑ̃tɛʀ] *nm* diamond dealer
diamétralement [djametʀalmɑ̃] *adv* diametrically; **~ opposés** *(opinions)* diametrically opposed
diamètre [djamɛtʀ] *nm* diameter
diapason [djapazɔ̃] *nm* tuning fork; *(fig)* : **être/se mettre au ~ (de)** to be/get in tune (with)
diaphane [djafan] *adj* diaphanous
diaphragme [djafʀagm] *nm (Anat, Photo)* diaphragm; *(contraceptif)* diaphragm, cap; **ouverture du ~** *(Photo)* aperture
diapo [djapo], **diapositive** [djapozitiv] *nf* transparency, slide
diaporama [djapɔʀama] *nm* slide show
diapré, e [djapʀe] *adj* many-coloured (BRIT), many-colored (US)
diarrhée [djaʀe] *nf* diarrhoea (BRIT), diarrhea (US)
diaspora [djaspɔʀa] *nf (de Juifs)* Diaspora; *(de communauté)* diaspora
diatribe [djatʀib] *nf* diatribe
dichotomie [dikɔtɔmi] *nf* dichotomy
dico [diko] *nm (fam)* dictionary
dictaphone [diktafɔn] *nm* Dictaphone®
dictateur [diktatœʀ] *nm* dictator
dictatorial, e, -aux [diktatɔʀjal, -o] *adj* dictatorial
dictature [diktatyʀ] *nf* dictatorship
dictée [dikte] *nf* dictation; **prendre sous ~** to take down *(sth dictated)*
dicter [dikte] /1/ *vt* to dictate
diction [diksjɔ̃] *nf* diction, delivery; **cours de ~** speech production lesson(s)
dictionnaire [diksjɔnɛʀ] *nm* dictionary; **~ géographique** gazetteer
dicton [diktɔ̃] *nm* saying, dictum
didacticiel [didaktisjɛl] *nm* educational software
didactique [didaktik] *adj* didactic
dièse [djɛz] *nm (Mus)* sharp
diesel [djezɛl] *nm, adj inv* diesel
diète [djɛt] *nf (jeûne)* starvation diet; *(régime)* diet; **être à la ~** to be on a diet
diététicien, ne [djetetisjɛ̃, -ɛn] *nm/f* dietician
diététique [djetetik] *nf* dietetics *sg* ▸ *adj* : **magasin ~** health food shop (BRIT) *ou* store (US)
dieu, x [djø] *nm* god; **D~** God; **le bon D~** the good Lord; **mon D~ !** good heavens!
diffamant, e [difamɑ̃, -ɑ̃t] *adj* slanderous, defamatory; libellous
diffamation [difamasjɔ̃] *nf* slander; *(écrite)* libel; **attaquer qn en ~** to sue sb for slander *(ou* libel)
diffamatoire [difamatwaʀ] *adj* slanderous, defamatory; libellous
diffamer [difame] /1/ *vt* to slander, defame; to libel
différé [difeʀe] *adj* : **crédit ~** deferred credit; **traitement ~** *(Inform)* batch processing ▸ *nm* (TV) : **en ~** (pre-)recorded
différemment [difeʀamɑ̃] *adv* differently
différence [difeʀɑ̃s] *nf* difference; **à la ~ de** unlike
différenciation [difeʀɑ̃sjasjɔ̃] *nf* differentiation
différencier [difeʀɑ̃sje] /7/ *vt* to differentiate; **se différencier** *vpr (organisme)* to become differentiated; **se ~ de** to differentiate o.s. from; *(être différent)* to differ from
différend [difeʀɑ̃] *nm* difference (of opinion), disagreement
différent, e [difeʀɑ̃, -ɑ̃t] *adj (dissemblable)* different; **~ de** different from; **différents objets** different *ou* various objects; **à différentes reprises** on various occasions
différentiel, le [difeʀɑ̃sjɛl] *adj, nm* differential
différer [difeʀe] /6/ *vt* to postpone, put off ▸ *vi* : **~ (de)** to differ (from); **~ de faire** *(tarder)* to delay doing
difficile [difisil] *adj* difficult; *(exigeant)* hard to please, difficult (to please); **faire le** *ou* **la ~** to be hard to please, be difficult
difficilement [difisilmɑ̃] *adv (marcher, s'expliquer etc)* with difficulty; **~ lisible/compréhensible** difficult *ou* hard to read/understand
difficulté [difikylte] *nf* difficulty; **en ~** *(bateau, alpiniste)* in trouble *ou* difficulties; **avoir de la ~ à faire** to have difficulty (in) doing
difforme [difɔʀm] *adj* deformed, misshapen
difformité [difɔʀmite] *nf* deformity
diffracter [difʀakte] /1/ *vt* to diffract
diffus, e [dify, -yz] *adj* diffuse

diffuser [difyze] /1/ *vt* (*chaleur, bruit, lumière*) to diffuse; (*émission, musique*) to broadcast; (*nouvelle, idée*) to circulate; (*Comm : livres, journaux*) to distribute
diffuseur [difyzœʀ] *nm* diffuser; distributor
diffusion [difyzjɔ̃] *nf* diffusion; broadcast(ing); circulation; distribution
digérer [diʒeʀe] /6/ *vt* (*personne*) to digest; (*machine*) to process; (*fig : accepter*) to stomach, put up with
digeste [diʒɛst] *adj* easily digestible
digestible [diʒɛstibl] *adj* digestible
digestif, -ive [diʒɛstif, -iv] *adj* digestive ▸ *nm* (after-dinner) liqueur
digestion [diʒɛstjɔ̃] *nf* digestion
Digicode® [diʒikɔd] *nm* entry system (*using code numbers*)
digit [didʒit] *nm* : ~ **binaire** binary digit
digital, e, -aux [diʒital, -o] *adj* digital
digitale [diʒital] *nf* digitalis, foxglove
digne [diɲ] *adj* dignified; ~ **de** worthy of; ~ **de foi** trustworthy
dignement [diɲ(ə)mɑ̃] *adv* (*comme il se doit*) fittingly; (*dans la dignité*) with dignity
dignitaire [diɲitɛʀ] *nm* dignitary
dignité [diɲite] *nf* dignity
digresser [digʀese] *vi* to digress
digression [digʀesjɔ̃] *nf* digression
digue [dig] *nf* dike, dyke; (*pour protéger la côte*) sea wall
dijonnais, e [diʒɔnɛ, -ɛz] *adj* of *ou* from Dijon ▸ *nm/f* : **Dijonnais, e** inhabitant *ou* native of Dijon
diktat [diktat] *nm* diktat
dilapidation [dilapidasjɔ̃] *nf* (*voir vb*) squandering; embezzlement, misappropriation
dilapider [dilapide] /1/ *vt* to squander, waste; (*détourner : biens, fonds publics*) to embezzle, misappropriate
dilatation [dilatasjɔ̃] *nf* (*de gaz, métal*) expansion; (*de pupille, vaisseau, orifice*) dilation; (*d'estomac*) distension
dilater [dilate] /1/ *vt* (*pupilles, orifice*) to dilate; (*gaz, métal*) to cause to expand; (*estomac*) to distend; **se dilater** *vpr* (*gaz, métal*) to expand; (*pupilles*) to dilate
dilemme [dilɛm] *nm* dilemma
dilettante [diletɑ̃t] *nmf* dilettante; **en ~** in a dilettantish way
dilettantisme [diletɑ̃tism] *nm* dilettant(e)ism
diligence [diliʒɑ̃s] *nf* stagecoach, diligence; (*empressement*) despatch; **faire ~** to make haste
diligent, e [diliʒɑ̃, -ɑ̃t] *adj* prompt and efficient; diligent
diluant [dilɥɑ̃] *nm* thinner(s)
diluer [dilɥe] /1/ *vt* to dilute
dilution [dilysjɔ̃] *nf* dilution
diluvien, ne [dilyvjɛ̃, -ɛn] *adj* : **pluie diluvienne** torrential rain
dimanche [dimɑ̃ʃ] *nm* Sunday; **le ~ des Rameaux/de Pâques** Palm/Easter Sunday; *voir aussi* **lundi**
dîme [dim] *nf* tithe
dimension [dimɑ̃sjɔ̃] *nf* (*grandeur*) size; (*gén pl : cotes, Math : de l'espace*) dimension; (*dimensions*) dimensions
diminué, e [diminɥe] *adj* (*personne : physiquement*) run-down; (*: mentalement*) less alert
diminuer [diminɥe] /1/ *vt* to reduce, decrease; (*ardeur etc*) to lessen; (*personne : physiquement*) to undermine; (*dénigrer*) to belittle ▸ *vi* to decrease, diminish
diminutif [diminytif] *nm* (*Ling*) diminutive; (*surnom*) pet name
diminution [diminysjɔ̃] *nf* decreasing, diminishing
dînatoire [dinatwaʀ] *adj* : **goûter ~** ≈ high tea (Brit); **apéritif ~** ≈ evening buffet
dinde [dɛ̃d] *nf* turkey; (*femme stupide*) goose
dindon [dɛ̃dɔ̃] *nm* turkey
dindonneau, x [dɛ̃dɔno] *nm* turkey poult
dîner [dine] /1/ *nm* dinner; **~ d'affaires/de famille** business/family dinner ▸ *vi* to have dinner
dînette [dinɛt] *nf* (*jeu*) : **jouer à la ~** to play at tea parties
dingue [dɛ̃g] *adj* (*fam*) crazy
dinosaure [dinɔzɔʀ] *nm* dinosaur
diocèse [djɔsɛz] *nm* diocese
diode [djɔd] *nf* diode
dioxine [diɔksin] *nf* dioxin
dioxyde [diɔksid] *nm* dioxide
diphasé, e [difɑze] *adj* (*Élec*) two-phase
diphtérie [difteʀi] *nf* diphtheria
diphtongue [diftɔ̃g] *nf* diphthong
diplodocus [diplɔdɔkys] *nm* diplodocus
diplomate [diplɔmat] *adj* diplomatic ▸ *nm* diplomat; (*fig : personne habile*) diplomatist; (*Culin : gâteau*) *dessert made of sponge cake, candied fruit and custard*, ≈ trifle (Brit)
diplomatie [diplɔmasi] *nf* diplomacy
diplomatique [diplɔmatik] *adj* diplomatic
diplomatiquement [diplɔmatikmɑ̃] *adv* diplomatically
diplôme [diplom] *nm* diploma certificate; (*examen*) (diploma) examination; **avoir des diplômes** to have qualifications
diplômé, e [diplome] *adj* qualified
diptère [diptɛʀ] *adj, nm* dipteran
diptyque [diptik] *nm* (*tableau*) diptych; (*film*) two-part film; (*livre*) novel in two parts
dire [diʀ] /37/ *vt* to say; (*secret, mensonge*) to tell; **~ l'heure/la vérité** to tell the time/the truth; **dis pardon/merci** say sorry/thank you; **~ qch à qn** to tell sb sth; **~ à qn qu'il fasse** *ou* **de faire** to tell sb to do; **~ que** to say that; **on dit que** they say that; **comme on dit** as they say; **on dirait que** it looks (*ou sounds etc*) as though; **on dirait du vin** you'd *ou* one would think it was wine; **que dites-vous de** (*penser*) what do you think of; **si cela lui dit** if he feels like it, if he fancies it; **cela ne me dit rien** that doesn't appeal to me; **à vrai ~** truth to tell; **pour ainsi ~** so to speak; **cela va sans ~** that goes without saying; **dis donc !, dites donc !** (*pour attirer l'attention*) hey!; (*au fait*) by the way; **et ~ que ...** and to think that ...; **ceci** *ou* **cela dit** that being said; (*à ces mots*) whereupon;

c'est dit, **voilà qui est dit** so that's settled; **il n'y a pas à ~** there's no getting away from it; **c'est ~ si ...** that just shows that ...; **c'est beaucoup/peu ~** that's saying a lot/not saying much ▸ *nm* : **au ~ de** according to; **leurs dires** what they say; **se dire** *vpr* (*à soi-même*) to say to oneself; **ça ne se dit pas** (*impoli*) you shouldn't say that; (*pas en usage*) you don't say that; **cela ne se dit pas comme ça** you don't say it like that; **se ~ au revoir** to say goodbye (to each other); **ça se dit ... en anglais** that is ... in English

Seul **say** s'emploie pour citer les paroles de quelqu'un, directement ou indirectement.
Il a dit, « Je ne me sens pas bien ». **He said, "I don't feel well."**
Il a dit qu'il ne se sentait pas bien. **He said (that) he didn't feel well.**
Lorsque la personne à qui on s'adresse est mentionnée, on peut employer soit **say**, soit **tell**, mais attention à la construction : **say ... to somebody**, mais **tell somebody ...**
Elle a dit à sa sœur qu'elle allait partir. **She said to her sister that she was going to leave.** *ou* **She told her sister (that) she was going to leave.**

direct, e [diʀɛkt] *adj* direct; **train/bus ~** express train/bus ▸ *nm* (*train*) through train; **en ~** (*émission*) live
directement [diʀɛktəmɑ̃] *adv* directly
directeur, -trice [diʀɛktœʀ, -tʀis] *nm/f* (*d'entreprise*) director; (*de service*) manager/eress; (*d'école*) head(teacher) (Brit), principal (US); **comité ~** management *ou* steering committee; **~ général** general manager; **~ de thèse** ≈ PhD supervisor
direction [diʀɛksjɔ̃] *nf* (*d'entreprise*) management; conducting; supervision; (*Auto*) steering; (*sens*) direction; **sous la ~ de** (*Mus*) conducted by; **en ~ de** (*avion, train, bateau*) for; **« toutes directions »** (*Auto*) "all routes"
directive [diʀɛktiv] *nf* directive, instruction; **directives anticipées** (*Méd*) living will
directoire [diʀɛktwaʀ] *nm* (*de société anonyme*) board of directors
directorial, e, -aux [diʀɛktɔʀjal, -o] *adj* (*bureau*) director's; manager's; head teacher's
directrice [diʀɛktʀis] *adj f*, *nf voir* **directeur**
dirent [diʀ] *vb voir* **dire**
dirigeable [diʀiʒabl] *adj*, *nm* : **(ballon) ~** dirigible
dirigeant, e [diʀiʒɑ̃, -ɑ̃t] *adj* managerial; (*classes*) ruling ▸ *nm/f* (*d'un parti etc*) leader; (*d'entreprise*) manager, member of the management
diriger [diʀiʒe] /3/ *vt* (*entreprise*) to manage, run; (*véhicule*) to steer; (*orchestre*) to conduct; (*recherches, travaux*) to supervise, be in charge of; (*braquer : arme*) : **~ sur** to point *ou* level *ou* aim at; (*fig : critiques*) : **~ contre** to aim at; **~ son regard sur** to look in the direction of; **se diriger** *vpr* (*s'orienter*) to find one's way; **se ~ vers** *ou* **sur** to make *ou* head for
dirigisme [diʀiʒism] *nm* (*Écon*) state intervention, interventionism
dirigiste [diʀiʒist] *adj* interventionist
dirlo [diʀlo] *nmf* (*fam*) head (Brit), principal (US)
dis [di], **disais** *etc* [dizɛ] *vb voir* **dire**
discal, e, -aux [diskal, -o] *adj* (*Méd*) : **hernie discale** slipped disc
discernement [disɛʀnəmɑ̃] *nm* discernment, judgment
discerner [disɛʀne] /1/ *vt* to discern, make out
disciple [disipl] *nmf* disciple
disciplinaire [disiplinɛʀ] *adj* disciplinary
discipline [disiplin] *nf* discipline
discipliné, e [disipline] *adj* (well-)disciplined
discipliner [disipline] /1/ *vt* to discipline; (*cheveux*) to control
disc-jockey [diskʒɔkɛ] (*pl* **disc-jockeys**) *nm* disc jockey, DJ
disco [disko] *adj inv*, *nm* disco
discobole [diskɔbɔl] *nmf* discus thrower
discographie [diskɔgʀafi] *nf* discography
discontinu, e [diskɔ̃tiny] *adj* intermittent; (*bande : sur la route*) broken
discontinuer [diskɔ̃tinɥe] /1/ *vi* : **sans ~** without stopping, without a break
disconvenir [diskɔ̃v(ə)niʀ] /22/ *vi* : **ne pas ~ de qch/que** not to deny sth/that
discophile [diskɔfil] *nmf* record enthusiast
discordance [diskɔʀdɑ̃s] *nf* discordance; conflict
discordant, e [diskɔʀdɑ̃, -ɑ̃t] *adj* discordant; conflicting
discorde [diskɔʀd] *nf* discord, dissension
discothèque [diskɔtɛk] *nf* (*boîte de nuit*) disco(thèque); (*disques*) record collection; (*dans une bibliothèque*) : **~ (de prêt)** record library
discourais *etc* [diskuʀɛ] *vb voir* **discourir**
discourir [diskuʀiʀ] /11/ *vi* to discourse, hold forth
discours [diskuʀ] *vb voir* **discourir** ▸ *nm* speech; **~ direct/indirect** (*Ling*) direct/indirect *ou* reported speech
discourtois, e [diskuʀtwa, -waz] *adj* discourteous
discrédit [diskʀedi] *nm* : **jeter le ~ sur** to discredit
discréditer [diskʀedite] /1/ *vt* to discredit
discret, -ète [diskʀɛ, -ɛt] *adj* discreet; (*fig : musique, style, maquillage*) unobtrusive; (*: endroit*) quiet
discrètement [diskʀɛtmɑ̃] *adv* discreetly
discrétion [diskʀesjɔ̃] *nf* discretion; **à la ~ de qn** at sb's discretion; in sb's hands; **à ~** (*boisson etc*) unlimited, as much as one wants
discrétionnaire [diskʀesjɔnɛʀ] *adj* discretionary
discrimination [diskʀiminasjɔ̃] *nf* discrimination; **sans ~** indiscriminately
discriminatoire [diskʀiminatwaʀ] *adj* discriminatory
disculper [diskylpe] /1/ *vt* to exonerate
discussion [diskysjɔ̃] *nf* discussion
discutable [diskytabl] *adj* (*contestable*) doubtful; (*à débattre*) debatable
discutailler [diskytɑje] *vi* to quibble
discuté, e [diskyte] *adj* controversial

discuter [diskyte] /1/ *vt* (*contester*) to question, dispute; (*débattre : prix*) to discuss; **~ de** to discuss ▸ *vi* to talk; (*protester*) to argue; **se discuter** *vpr* : **ça se discute** that's debatable
dise *etc* [diz] *vb voir* **dire**
disert, e [dizɛʀ, -ɛʀt] *adj* loquacious
disette [dizɛt] *nf* food shortage
diseuse [dizøz] *nf* : **~ de bonne aventure** fortune-teller
disgrâce [disgʀɑs] *nf* disgrace; **être en ~** to be in disgrace
disgracié, e [disgʀasje] *adj* (*en disgrâce*) disgraced
disgracieux, -euse [disgʀasjø, -øz] *adj* ungainly, awkward
disjoindre [disʒwɛ̃dʀ] /**49**/ *vt* to take apart; **se disjoindre** *vpr* to come apart
disjoint, e [disʒwɛ̃, -wɛ̃t] *pp de* **disjoindre** ▸ *adj* loose
disjoncter [disʒɔ̃kte] *vi* (*disjoncteur*) to trip; (*fam : personne*) to crack up (*fam*)
disjoncteur [disʒɔ̃ktœʀ] *nm* (*Élec*) circuit breaker
dislocation [dislɔkasjɔ̃] *nf* dislocation
disloquer [dislɔke] /1/ *vt* (*membre*) to dislocate; (*chaise*) to dismantle; (*troupe*) to disperse; **se disloquer** *vpr* (*parti, empire*) to break up; (*meuble*) to come apart; **se ~ l'épaule** to dislocate one's shoulder
disons *etc* [dizɔ̃] *vb voir* **dire**
disparaître [dispaʀɛtʀ] /**57**/ *vi* to disappear; (*à la vue*) to vanish, disappear; to be hidden *ou* concealed; (*être manquant*) to go missing, disappear; (*se perdre : traditions etc*) to die out; (*personne : mourir*) to die; **faire ~** (*objet, tache, trace*) to remove; (*personne, douleur*) to get rid of
disparate [dispaʀat] *adj* disparate; (*couleurs*) ill-assorted
disparité [dispaʀite] *nf* disparity
disparition [dispaʀisjɔ̃] *nf* disappearance; **espèce en voie de ~** endangered species
disparu, e [dispaʀy] *pp de* **disparaître** ▸ *nm/f* missing person; (*défunt*) departed; **être porté ~** to be reported missing
dispendieux, -euse [dispɑ̃djø, -øz] *adj* extravagant, expensive
dispensaire [dispɑ̃sɛʀ] *nm* community clinic
dispense [dispɑ̃s] *nf* exemption; (*permission*) special permission; **~ d'âge** special exemption from age limit
dispenser [dispɑ̃se] /1/ *vt* (*donner*) to lavish, bestow; (*exempter*) : **~ qn de** to exempt sb from; **se dispenser** *vpr* : **se ~ de qch** to avoid sth, get out of sth
disperser [dispɛʀse] /1/ *vt* to scatter; (*fig : son attention*) to dissipate; **se disperser** *vpr* to scatter; (*fig*) to dissipate one's efforts
dispersion [dispɛʀsjɔ̃] *nf* scattering; (*des efforts*) dissipation
disponibilité [dispɔnibilite] *nf* availability; (*Admin*) : **être en ~** to be on leave of absence; **disponibilités** *nfpl* (*Comm*) liquid assets
disponible [dispɔnibl] *adj* available
dispos [dispo] *adj m* : **(frais et) ~** fresh (as a daisy)
disposé, e [dispoze] *adj* (*d'une certaine manière*) arranged, laid-out; **bien/mal ~** (*humeur*) in a good/bad mood; **bien/mal ~ pour** *ou* **envers qn** well/badly disposed towards sb; **~ à** (*prêt à*) willing *ou* prepared to
disposer [dispoze] /1/ *vt* (*arranger, placer*) to arrange; (*inciter*) : **~ qn à qch/faire qch** to dispose *ou* incline sb towards sth/to do sth ▸ *vi* : **vous pouvez ~** you may leave; **~ de** to have (at one's disposal); **se disposer à faire** *vpr* to prepare to do, be about to do
dispositif [dispozitif] *nm* device; (*fig*) system, plan of action; set-up; (*d'un texte de loi*) operative part; **~ de sûreté** safety device
disposition [dispozisjɔ̃] *nf* (*arrangement*) arrangement, layout; (*humeur*) mood; (*tendance*) tendency; **à la ~ de qn** at sb's disposal; **je suis à votre ~** I am at your service; **dispositions** *nfpl* (*mesures*) steps, measures; (*préparatifs*) arrangements; (*de loi, testament*) provisions; (*aptitudes*) bent *sg*, aptitude *sg*; **prendre ses dispositions** to make arrangements; **avoir des dispositions pour la musique** *etc* to have a special aptitude for music *etc*
disproportion [dispʀɔpɔʀsjɔ̃] *nf* disproportion
disproportionné, e [dispʀɔpɔʀsjɔne] *adj* disproportionate, out of all proportion
dispute [dispyt] *nf* quarrel, argument
disputer [dispyte] /1/ *vt* (*match*) to play; (*combat*) to fight; (*course*) to run; **~ qch à qn** to fight with sb for *ou* over sth; **se disputer** *vpr* to quarrel, have a quarrel; (*match, combat, course*) to take place
disquaire [diskɛʀ] *nmf* record dealer
disqualification [diskalifikasjɔ̃] *nf* disqualification
disqualifier [diskalifje] /**7**/ *vt* to disqualify; **se disqualifier** *vpr* to bring discredit on o.s.
disque [disk] *nm* (*Mus*) record; (*Inform*) disk, disc; (*forme, pièce*) disc; (*Sport*) discus; **~ compact** compact disc; **~ compact interactif** CD-I®; **~ dur** hard drive; **~ d'embrayage** (*Auto*) clutch plate; **~ laser** compact disc; **~ de stationnement** parking disc; **~ système** system disk
disquette [diskɛt] *nf* floppy (disk), diskette
dissection [disɛksjɔ̃] *nf* dissection
dissemblable [disɑ̃blabl] *adj* dissimilar
dissemblance [disɑ̃blɑ̃s] *nf* dissimilarity, difference
dissémination [diseminasjɔ̃] *nf* (*voir vb*) scattering; dispersal; (*des armes*) proliferation
disséminer [disemine] /1/ *vt* to scatter; (*troupes : sur un territoire*) to disperse
dissension [disɑ̃sjɔ̃] *nf* dissension; **dissensions** *nfpl* dissension
disséquer [diseke] /**6**/ *vt* to dissect
dissertation [disɛʀtasjɔ̃] *nf* (*Scol*) essay
disserter [disɛʀte] /1/ *vi* : **~ sur** to discourse upon
dissidence [disidɑ̃s] *nf* (*concept*) dissidence; **rejoindre la ~** to join the dissidents
dissident, e [disidɑ̃, -ɑ̃t] *adj, nm/f* dissident
dissimilitude [disimilityd] *nf* dissimilarity

dissimulateur, -trice [disimylatœʀ, -tʀis] *adj* dissembling ▸ *nm/f* dissembler
dissimulation [disimylasjɔ̃] *nf* concealing; (*duplicité*) dissimulation; **~ de bénéfices/de revenus** concealment of profits/income
dissimulé, e [disimyle] *adj* (*personne : secret*) secretive; (*: fourbe, hypocrite*) deceitful
dissimuler [disimyle] /**1**/ *vt* to conceal; **se dissimuler** *vpr* to conceal o.s.; to be concealed
dissipation [disipasjɔ̃] *nf* squandering; unruliness; (*débauche*) dissipation
dissipé, e [disipe] *adj* (*indiscipliné*) unruly
dissiper [disipe] /**1**/ *vt* to dissipate; (*fortune*) to squander, fritter away; **se dissiper** *vpr* (*brouillard*) to clear, disperse; (*doutes*) to disappear, melt away; (*élève*) to become undisciplined *ou* unruly
dissociable [disɔsjabl] *adj* separable
dissocier [disɔsje] /**7**/ *vt* to dissociate; **se dissocier** *vpr* (*éléments, groupe*) to break up, split up; **se ~ de** (*groupe, point de vue*) to dissociate o.s. from
dissolu, e [disɔly] *adj* dissolute
dissoluble [disɔlybl] *adj* (*Pol : assemblée*) dissolvable
dissolution [disɔlysjɔ̃] *nf* dissolving; (*Pol, Jur*) dissolution
dissolvant, e [disɔlvɑ̃, -ɑ̃t] *vb voir* **dissoudre** ▸ *nm* (*Chimie*) solvent; **~ (gras)** nail polish remover
dissonant, e [disɔnɑ̃, -ɑ̃t] *adj* discordant
dissoudre [disudʀ] /**51**/ *vt*, **se dissoudre** *vpr* to dissolve
dissous, -oute [disu, -ut] *pp de* **dissoudre**
dissuader [disɥade] /**1**/ *vt* : **~ qn de faire/de qch** to dissuade sb from doing/from sth
dissuasif, -ive [disɥazif, -iv] *adj* dissuasive
dissuasion [disɥazjɔ̃] *nf* dissuasion; **force de ~** deterrent power
distance [distɑ̃s] *nf* distance; (*fig : écart*) gap; **à ~** at *ou* from a distance; (*mettre en marche, commander*) by remote control; **(situé) à ~** (*Inform*) remote; **tenir qn à ~** to keep sb at a distance; **se tenir à ~** to keep one's distance; **à une ~ de 10 km, à 10 km de ~** 10 km away, at a distance of 10 km; **à deux ans de ~** with a gap of two years; **prendre ses distances** to space out; **garder ses distances** to keep one's distance; **tenir la ~** (*Sport*) to cover the distance, last the course; **~ focale** (*Photo*) focal length
distancer [distɑ̃se] /**3**/ *vt* to outdistance, leave behind
distanciation [distɑ̃sjasjɔ̃] *nf* detachment
distancier [distɑ̃sje] /**7**/ : **se distancier** *vpr* to distance o.s.
distant, e [distɑ̃, -ɑ̃t] *adj* (*réservé*) distant, aloof; (*éloigné*) distant, far away; **~ de** (*lieu*) far away *ou* a long way from; **~ de 5 km (d'un lieu)** 5 km away (from a place)
distendre [distɑ̃dʀ] /**41**/ *vt*, **se distendre** *vpr* to distend
distillation [distilasjɔ̃] *nf* distillation, distilling
distillé, e [distile] *adj* : **eau distillée** distilled water
distiller [distile] /**1**/ *vt* to distil; (*fig*) to exude; to elaborate
distillerie [distilʀi] *nf* distillery
distinct, e [distɛ̃(kt), distɛ̃kt] *adj* distinct
distinctement [distɛ̃ktəmɑ̃] *adv* distinctly
distinctif, -ive [distɛ̃ktif, -iv] *adj* distinctive
distinction [distɛ̃ksjɔ̃] *nf* distinction
distingué, e [distɛ̃ge] *adj* distinguished
distinguer [distɛ̃ge] /**1**/ *vt* to distinguish; **se distinguer** *vpr* (*s'illustrer*) to distinguish o.s.; (*différer*) : **se ~ (de)** to distinguish o.s. *ou* be distinguished (from)
distinguo [distɛ̃go] *nm* distinction
distorsion [distɔʀsjɔ̃] *nf* (*gén*) distortion; (*fig : déséquilibre*) disparity, imbalance
distraction [distʀaksjɔ̃] *nf* (*manque d'attention*) absent-mindedness; (*oubli*) lapse (in concentration *ou* attention); (*détente*) diversion, recreation; (*passe-temps*) distraction, entertainment
distraire [distʀɛʀ] /**50**/ *vt* (*déranger*) to distract; (*divertir*) to entertain, divert; (*détourner : somme d'argent*) to divert, misappropriate; **se distraire** *vpr* to amuse *ou* enjoy o.s.
distrait, e [distʀɛ, -ɛt] *pp de* **distraire** ▸ *adj* absent-minded
distraitement [distʀɛtmɑ̃] *adv* absent-mindedly
distrayant, e [distʀɛjɑ̃, -ɑ̃t] *vb voir* **distraire** ▸ *adj* entertaining
distribuer [distʀibɥe] /**1**/ *vt* to distribute; to hand out; (*Cartes*) to deal (out); (*courrier*) to deliver
distributeur [distʀibytœʀ] *nm* (*Auto, Comm*) distributor; (*automatique*) (vending) machine; **~ de billets** (*Rail*) ticket machine; (*Banque*) cash dispenser
distribution [distʀibysjɔ̃] *nf* distribution; (*postale*) delivery; (*choix d'acteurs*) casting; **circuits de ~** (*Comm*) distribution network; **~ des prix** (*Scol*) prize giving
district [distʀik(t)] *nm* district
dit, e [di, dit] *pp de* **dire** ▸ *adj* (*fixé*) : **le jour ~** the arranged day; (*surnommé*) **X, ~ Pierrot** X, known as *ou* called Pierrot
dites [dit] *vb voir* **dire**
dithyrambique [ditiʀɑ̃bik] *adj* eulogistic
DIU *sigle m* (*= dispositif intra-utérin*) IUD
diurétique [djyʀetik] *adj, nm* diuretic
diurne [djyʀn] *adj* diurnal, daytime *cpd*
divagations [divagasjɔ̃] *nfpl* ramblings; ravings
divaguer [divage] /**1**/ *vi* to ramble; (*malade*) to rave
divan [divɑ̃] *nm* divan
divan-lit [divɑ̃li] (*pl* **divans-lits**) *nm* divan (bed)
divergence [divɛʀʒɑ̃s] *nf* divergence; **des divergences d'opinion au sein de ...** differences of opinion within ...
divergent, e [divɛʀʒɑ̃, -ɑ̃t] *adj* divergent
diverger [divɛʀʒe] /**3**/ *vi* to diverge
divers, e [divɛʀ, -ɛʀs] *adj* (*varié*) diverse, varied; (*différent*) different, various; **(frais) ~** (*Comm*) sundries, miscellaneous (expenses); **« ~ »** (*rubrique*) "miscellaneous"; **diverses personnes** various *ou* several people

d

diversement [divɛʀsəmɑ̃] *adv* in various *ou* diverse ways
diversification [divɛʀsifikasjɔ̃] *nf* diversification
diversifier [divɛʀsifje] /7/ *vt*, **se diversifier** *vpr* to diversify
diversion [divɛʀsjɔ̃] *nf* diversion; **faire ~** to create a diversion
diversité [divɛʀsite] *nf* diversity, variety
divertir [divɛʀtiʀ] /2/ *vt* to amuse, entertain; **se divertir** *vpr* to amuse *ou* enjoy o.s.
divertissant, e [divɛʀtisɑ̃, -ɑ̃t] *adj* entertaining
divertissement [divɛʀtismɑ̃] *nm* entertainment; *(Mus)* divertimento, divertissement
dividende [dividɑ̃d] *nm (Math, Comm)* dividend
divin, e [divɛ̃, -in] *adj* divine; *(fig : excellent)* heavenly, divine
divinateur, -trice [divinatœʀ, -tʀis] *adj* perspicacious
divinatoire [divinatwaʀ] *adj (art, science)* divinatory; **baguette ~** divining rod
divinement [divinmɑ̃] *adv (merveilleusement bien)* divinely; **un dessert ~ bon** a heavenly dessert
diviniser [divinize] /1/ *vt* to deify
divinité [divinite] *nf* divinity
divisé, e [divize] *adj* divided
diviser [divize] /1/ *vt (gén, Math)* to divide; *(morceler, subdiviser)* to divide (up), split (up); **~ par** to divide by; **se diviser en** *vpr* to divide into
diviseur [divizœʀ] *nm (Math)* divisor
divisible [divizibl] *adj* divisible
division [divizjɔ̃] *nf (gén)* division; **~ du travail** *(Écon)* division of labour
divisionnaire [divisjɔnɛʀ] *adj* : **commissaire ~** ≈ chief superintendent (Brit), ≈ police chief (*US*)
divorce [divɔʀs] *nm* divorce
divorcé, e [divɔʀse] *nm/f* divorcee
divorcer [divɔʀse] /3/ *vi* to get a divorce, get divorced; **~ de** *ou* **d'avec qn** to divorce sb
divulgation [divylgasjɔ̃] *nf* disclosure
divulguer [divylge] /1/ *vt* to disclose, divulge
dix [di, dis, diz] *num* ten
dix-huit [dizɥit] *num* eighteen
dix-huitième [dizɥitjɛm] *num* eighteenth
dixième [dizjɛm] *num* tenth
dix-neuf [diznœf] *num* nineteen
dix-neuvième [diznœvjɛm] *num* nineteenth
dix-sept [disɛt] *num* seventeen
dix-septième [disɛtjɛm] *num* seventeenth
dizaine [dizɛn] *nf* (10) ten; *(environ 10)* : **une ~ (de)** about ten, ten or so
Djakarta [dʒakaʀta] *n* Djakarta
Djibouti [dʒibuti] *n* Djibouti
dl *abr (= décilitre)* dl
DM *abr (= Deutschmark)* DM
dm. *abr (= décimètre)* dm.
do [do] *nm (note)* C; *(en chantant la gamme)* do(h)
docile [dɔsil] *adj* docile
docilement [dɔsilmɑ̃] *adv* docilely
docilité [dɔsilite] *nf* docility
dock [dɔk] *nm* dock; *(hangar, bâtiment)* warehouse
docker [dɔkɛʀ] *nm* docker
docte [dɔkt] *adj (péj)* learned
docteur, e [dɔktœʀ] *nm/f* doctor; **~ en médecine** doctor of medicine
doctoral, e, -aux [dɔktɔʀal, -o] *adj* pompous, bombastic
doctorat [dɔktɔʀa] *nm* : **~ (d'Université)** ≈ doctorate; **~ d'État** ≈ PhD; **~ de troisième cycle** ≈ doctorate

DOCTORAT

Students who hold a *master* and wish to go on to do a further postgraduate degree can study for a **doctorat**. This involves three or four years of intensive research and the writing of a thesis. This option often leads to a research job in a state-funded laboratory or private company, or to a lecturing post in various types of higher education institution.

doctoresse [dɔktɔʀɛs] *nf* lady doctor
doctrinaire [dɔktʀinɛʀ] *adj* doctrinaire; *(sentencieux)* pompous, sententious
doctrinal, e, -aux [dɔktʀinal, -o] *adj* doctrinal
doctrine [dɔktʀin] *nf* doctrine
document [dɔkymɑ̃] *nm* document
documentaire [dɔkymɑ̃tɛʀ] *adj, nm* documentary
documentaliste [dɔkymɑ̃talist] *nmf* archivist; *(Presse, TV)* researcher
documentation [dɔkymɑ̃tasjɔ̃] *nf* documentation, literature; *(Presse, TV : service)* research
documenté, e [dɔkymɑ̃te] *adj* well-informed, well-documented; well-researched
documenter [dɔkymɑ̃te] /1/ *vt* : **se ~ (sur)** to gather information *ou* material (on *ou* about)
Dodécanèse [dɔdekanɛz] *nm* Dodecanese (Islands)
dodeliner [dɔd(ə)line] /1/ *vi* : **~ de la tête** to nod one's head gently
dodo [dɔdo] *nm* : **aller faire ~** to go to beddy-byes
dodu, e [dɔdy] *adj* plump
dogmatique [dɔgmatik] *adj* dogmatic
dogmatisme [dɔgmatism] *nm* dogmatism
dogme [dɔgm] *nm* dogma
dogue [dɔg] *nm* mastiff
doigt [dwa] *nm* finger; **à deux doigts de** within an ace (Brit) *ou* an inch of; **un ~ de lait/whisky** a drop of milk/whisky; **désigner** *ou* **montrer du ~** to point at; **au ~ et à l'œil** to the letter; **connaître qch sur le bout du ~** to know sth backwards; **mettre le ~ sur la plaie** *(fig)* to find the sensitive spot; **~ de pied** toe
doigté [dwate] *nm (Mus)* fingering; *(fig : habileté)* diplomacy, tact
doigtier [dwatje] *nm* fingerstall
dois *etc* [dwa] *vb voir* **devoir**
doit *etc* [dwa] *vb voir* **devoir**
doive *etc* [dwav] *vb voir* **devoir**
doléances [dɔleɑ̃s] *nfpl* complaints; *(réclamations)* grievances
dolent, e [dɔlɑ̃, -ɑ̃t] *adj* doleful, mournful

dollar [dɔlaʀ] *nm* dollar
dolmen [dɔlmɛn] *nm* dolmen
DOM [dɔm] *sigle m(pl)* = **Département(s) d'outre-mer**
domaine [dɔmɛn] *nm* estate, property; (*fig*) domain, field; **dans le ~ de qch** in the field of sth; **dans tous les domaines** in all areas; **tomber dans le ~ public** (*livre, chanson*) to be out of copyright; **~ skiable** ski slopes *pl*
domanial, e, -aux [dɔmanjal, -o] *adj* national, state *cpd*
dôme [dom] *nm* dome
domestication [dɔmɛstikasjɔ̃] *nf* (*voir domestiquer*) domestication; harnessing
domesticité [dɔmɛstisite] *nf* (domestic) staff
domestique [dɔmɛstik] *adj* domestic ▸ *nmf* servant, domestic
domestiquer [dɔmɛstike] /1/ *vt* to domesticate; (*vent, marées*) to harness
domicile [dɔmisil] *nm* home, place of residence; **à ~** at home; **élire ~ à** to take up residence in; **sans ~ fixe** of no fixed abode; **~ conjugal** marital home; **~ légal** domicile; **livrer à ~** to deliver
domiciliation [dɔmisiljasjɔ̃] *nf* (*Jur : d'entreprise, société*) domiciliation
domicilié, e [dɔmisilje] *adj* : **être ~ à** to have one's home in *ou* at
dominant, e [dɔminɑ̃, -ɑ̃t] *adj* dominant; (*plus important : opinion*) predominant ▸ *nf* (*caractéristique*) dominant characteristic; (*couleur*) dominant colour
dominateur, -trice [dɔminatœʀ, -tʀis] *adj* dominating; (*qui aime à dominer*) domineering
domination [dɔminasjɔ̃] *nf* domination
dominer [dɔmine] /1/ *vt* to dominate; (*passions etc*) to control, master; (*sujet*) to master; (*surpasser*) to outclass, surpass; (*surplomber*) to tower above, dominate ▸ *vi* to be in the dominant position; **se dominer** *vpr* to control o.s.
dominicain, e [dɔminikɛ̃, -ɛn] *adj* Dominican
dominical, e, -aux [dɔminikal, -o] *adj* Sunday *cpd*, dominical
Dominique [dɔminik] *nf* : **la ~** Dominica
domino [dɔmino] *nm* domino; **dominos** *nmpl* (*jeu*) dominoes *sg*
dommage [dɔmaʒ] *nm* (*préjudice*) harm, injury; **c'est ~ de faire/que** it's a shame *ou* pity to do/that; **quel ~ !, c'est ~ !** what a pity *ou* shame!; **dommages** *nmpl* (*dégâts, pertes*) damage *no pl*; **dommages corporels** physical injury
dommageable [dɔmaʒabl] *adj* (*conséquences*) detrimental; **~ pour qn/qch** detrimental to sb/sth; **~ pour l'environnement** harmful to the environment
dommages-intérêts [dɔmaʒ(əz)ɛ̃teʀɛ] *nmpl* damages
dompter [dɔ̃(p)te] /1/ *vt* to tame
dompteur, -euse [dɔ̃tœʀ, -øz] *nm/f* trainer; (*de lion*) lion tamer
DOM-ROM [dɔmʀɔm], **DOM-TOM** [dɔmtɔm] *sigle m, sigle mpl* (= *Département(s) et Région/Territoire(s) d'outre-mer*) *French overseas departments and regions*; *see note*

DOM-TOM, ROM ET COM

There are five *Départements d'outre-mer* or **DOMs**: Guadeloupe, Martinique, La Réunion, French Guyana and Mayotte. They are run in the same way as metropolitan *départements* and their inhabitants are French citizens. In administrative terms they are also *Régions*, and in this regard are also referred to as **ROM** (*Régions d'outre-mer*). The term **DOM-TOM** is still commonly used, but the term *Territoire d'outre-mer* has been superseded by that of *Collectivité d'outre-mer* (**COM**). There are seven COMs, each of which is independent but supervised by a representative of the French government.

don [dɔ̃] *nm* (*cadeau*) gift; (*charité*) donation; (*aptitude*) gift, talent; **avoir des dons pour** to have a gift *ou* talent for; **faire ~ de** to make a gift of; **~ en argent** cash donation; **elle a le ~ de m'énerver** she's got a knack of getting on my nerves
donateur, -trice [dɔnatœʀ, -tʀis] *nm/f* donor
donation [dɔnasjɔ̃] *nf* donation
donc [dɔ̃k] *conj* therefore, so; (*après une digression*) so, then; (*intensif*) : **voilà ~ la solution** so there's the solution; **je disais ~ que ...** as I was saying, ...; **venez ~ dîner à la maison** do come for dinner; **allons ~ !** come now!; **faites ~** go ahead
dongle [dɔ̃gl] *nm* dongle
donjon [dɔ̃ʒɔ̃] *nm* keep
don Juan [dɔ̃ʒɥɑ̃] *nm* Don Juan
donnant, e [dɔnɑ̃, -ɑ̃t] *adj* : **~, ~** fair's fair
donne [dɔn] *nf* (*Cartes*) : **il y a mauvaise** *ou* **fausse ~** there's been a misdeal
donné, e [dɔne] *adj* (*convenu : lieu, heure*) given; (*pas cher*) very cheap; **c'est ~** it's a gift; **étant ~ que ...** given that ...; **données** *nfpl* (*Math, Inform, gén*) data
données [dɔne] *nfpl* data
donner [dɔne] /1/ *vt* to give; (*vieux habits etc*) to give away; (*spectacle*) to put on; (*film*) to show; **~ qch à qn** to give sb sth, give sth to sb; **~ sur** (*fenêtre, chambre*) to look (out) onto; **~ dans** (*piège etc*) to fall into; **faire ~ l'infanterie** (*Mil*) to send in the infantry; **~ l'heure à qn** to tell sb the time; **~ le ton** (*fig*) to set the tone; **~ à penser/entendre que ...** to make one think/give one to understand that ...; **ça donne soif/faim** it makes you (feel) thirsty/hungry; **se ~ à fond (à son travail)** to give one's all (to one's work); **se ~ du mal** *ou* **de la peine (pour faire qch)** to go to a lot of trouble (to do sth); **s'en ~ à cœur joie** (*fam*) to have a great time (of it)
donneur, -euse [dɔnœʀ, -øz] *nm/f* (*Méd*) donor; (*Cartes*) dealer; **~ de sang** blood donor
donneur d'ordres, donneur d'ordre *nm* (*Jur*) principal

MOT-CLÉ

dont [dɔ̃] *pron relatif* **1** (*appartenance : objets*) whose, of which; (: *êtres animés*) whose; **la maison dont le toit est rouge** the house the roof of which is red, the house whose roof is red; **l'homme**

dont je connais la sœur the man whose sister I know
2 *(parmi lesquel(le)s)* : **deux livres, dont l'un est ...** two books, one of which is ...; **il y avait plusieurs personnes, dont Gabrielle** there were several people, among them Gabrielle; **10 blessés, dont 2 grièvement** 10 injured, 2 of them seriously
3 *(complément d'adjectif : de verbe)* : **le fils dont il est si fier** the son he's so proud of; **le pays dont il est originaire** the country he's from; **ce dont je parle** what I'm talking about; **la façon dont il l'a fait** the way (in which) he did it

donzelle [dɔ̃zɛl] *nf (péj)* young madam
dopage [dɔpaʒ] *nm (Sport)* drug use; *(de cheval)* doping
dopant [dɔpɑ̃] *nm* dope
doper [dɔpe] /1/ *vt* to dope; **se doper** *vpr* to take dope
doping [dɔpiŋ] *nm* doping; *(excitant)* dope
dorade [dɔʀad] *nf* = **daurade**
doré, e [dɔʀe] *adj* golden; *(avec dorure)* gilt, gilded
dorénavant [dɔʀenavɑ̃] *adv* from now on, henceforth
dorer [dɔʀe] /1/ *vt (cadre)* to gild; **(faire) ~** *(Culin)* to brown (: *gâteau*) to glaze; **~ la pilule à qn** to sugar the pill for sb; **se dorer** *vpr* : **se ~ au soleil** to sunbathe
dorloter [dɔʀlɔte] /1/ *vt* to pamper, cosset (BRIT); **se faire ~** to be pampered *ou* cosseted
dormant, e [dɔʀmɑ̃, -ɑ̃t] *adj* : **eau dormante** still water
dorme *etc* [dɔʀm] *vb voir* **dormir**
dormeur, -euse [dɔʀmœʀ, -øz] *nm/f* sleeper
dormir [dɔʀmiʀ] /16/ *vi* to sleep; *(être endormi)* to be asleep; **~ à poings fermés** to sleep very soundly
dorsal, e, -aux [dɔʀsal, -o] *adj* dorsal
dortoir [dɔʀtwaʀ] *nm* dormitory
dorure [dɔʀyʀ] *nf* gilding
doryphore [dɔʀifɔʀ] *nm* Colorado beetle
dos [do] *nm* back; *(de livre)* spine; **« voir au ~ »** "see over"; **robe décolletée dans le ~** low-backed dress; **de ~** from the back, from behind; **~ à ~** back to back; **sur le ~** on one's back; **à ~ de chameau** riding on a camel; **avoir bon ~** to be a good excuse; **se mettre qn à ~** to turn sb against one
dosage [dozaʒ] *nm* mixture
dos-d'âne [dodɑn] *nm* humpback; **pont en ~** humpbacked bridge
dose [doz] *nf (Méd)* dose; **forcer la ~** *(fig)* to overstep the mark
doser [doze] /1/ *vt* to measure out; *(mélanger)* to mix in the correct proportions; *(fig)* to expend in the right amounts *ou* proportions; to strike a balance between; **il faut savoir ~ ses efforts** you have to be able to pace yourself
doseur [dozœʀ] *nm* measure; **bouchon ~** measuring cap
dossard [dosaʀ] *nm* number *(worn by competitor)*
dossier [dosje] *nm (renseignements, fichier)* file; *(enveloppe)* folder, file; *(de chaise)* back; *(Presse)* feature; *(Inform)* folder; **un ~ scolaire** a school report; **le ~ social/monétaire** *(fig)* the social/financial question; **~ suspendu** suspension file
dot [dɔt] *nf* dowry
dotation [dɔtasjɔ̃] *nf* block grant; endowment
doté, e [dɔte] *adj* : **~ de** equipped with
doter [dɔte] /1/ *vt* : **~ qn/qch de** to equip sb/sth with
douairière [dwɛʀjɛʀ] *nf* dowager
douane [dwan] *nf (poste, bureau)* customs *pl*; *(taxes)* (customs) duty; **passer la ~** to go through customs; **en ~** *(marchandises, entrepôt)* bonded
douanier, -ière [dwanje, -jɛʀ] *adj* customs *cpd* ▸ *nm/f* customs officer
doublage [dublaʒ] *nm (Ciné)* dubbing
double [dubl] *adj, adv* double; **voir ~** to see double; **en ~ (exemplaire)** in duplicate; **faire ~ emploi** to be redundant; **à ~ sens** with a double meaning; **à ~ tranchant** two-edged; **~ carburateur** twin carburettor; **à doubles commandes** dual-control; **~ toit** *(de tente)* fly sheet; **~ vue** second sight ▸ *nm (autre exemplaire)* duplicate, copy; *(sosie)* double; *(Tennis)* doubles *sg*; *(2 fois plus)* : **le ~ (de)** twice as much *(ou* many) (as), double the amount *(ou* number) (of); **~ messieurs/mixte** men's/mixed doubles *sg*
doublé, e [duble] *adj (vêtement)* : **~ (de)** lined (with)
double-clic [dubl(ə)klik] *(pl* **doubles-clics**) *nm* double-click
double-cliquer [dubl(ə)klike] /1/ *vi (Inform)* to double-click
doublement [dubləmɑ̃] *nm* doubling; twofold increase ▸ *adv* doubly; *(pour deux raisons)* in two ways, on two counts
doubler [duble] /1/ *vt (multiplier par 2)* to double; *(vêtement)* to line; *(dépasser)* to overtake, pass; *(film)* to dub; *(acteur)* to stand in for; **~ (la classe)** *(Scol)* to repeat a year; **~ un cap** *(Navig)* to round a cape; *(fig)* to get over a hurdle ▸ *vi* to double, increase twofold; **se doubler de** *vpr* to be coupled with
doublure [dublyʀ] *nf* lining; *(Ciné)* stand-in
douce [dus] *adj f voir* **doux**
douceâtre [dusɑtʀ] *adj* sickly sweet
doucement [dusmɑ̃] *adv* gently; *(à voix basse)* softly; *(lentement)* slowly
doucereux, -euse [dus(ə)ʀø, -øz] *adj (péj)* sugary
douceur [dusœʀ] *nf* softness; sweetness; *(de climat)* mildness; *(de quelqu'un)* gentleness; **en ~** gently; **douceurs** *nfpl (friandises)* sweets (BRIT), candy *sg* (US)
douche [duʃ] *nf* shower; **prendre une ~** to have *ou* take a shower; **~ écossaise**, *(fig)* **~ froide** *(fig)* let-down; **douches** *nfpl* shower room *sg*
doucher [duʃe] /1/ *vt* : **~ qn** to give sb a shower; *(mouiller)* to drench sb; *(fig)* to give sb a telling-off; **se doucher** *vpr* to have *ou* take a shower
doudou [dudu] *(fam) nm (morceau de tissu)* comfort blanket; *(peluche)* cuddly toy
doudoune [dudun] *nf* padded jacket; *(fam)* boob
doué, e [dwe] *adj* gifted, talented; **~ de** endowed with; **être ~ pour** to have a gift for

douille [duj] *nf (Élec)* socket; *(de projectile)* case
douillet, te [dujɛ, -ɛt] *adj* cosy; *(péj : à la douleur)* soft
douleur [dulœʀ] *nf* pain; *(chagrin)* grief, distress; **ressentir des douleurs** to feel pain; **il a eu la ~ de perdre son père** he suffered the grief of losing his father
douloureux, -euse [duluʀø, -øz] *adj* painful
doute [dut] *nm* doubt; **sans ~** *adv* no doubt; *(probablement)* probably; **sans nul** *ou* **aucun ~** without (a) doubt; **hors de ~** beyond doubt; **nul ~ que** there's no doubt that; **mettre en ~** to call into question; **mettre en ~ que** to question whether
douter [dute] /1/ *vt* to doubt; **~ de** *vt (allié, sincérité de qn)* to have (one's) doubts about, doubt; *(résultat, réussite)* to be doubtful of; **~ que** to doubt whether *ou* if; **j'en doute** I have my doubts; **se douter** *vpr* : **se ~ de qch/que** to suspect sth/that; **je m'en doutais** I suspected as much; **il ne se doutait de rien** he didn't suspect a thing
douteux, -euse [dutø, -øz] *adj (incertain)* doubtful; *(discutable)* dubious, questionable; *(péj)* dubious-looking
douve [duv] *nf (de château)* moat; *(de tonneau)* stave
Douvres [duvʀ] *n* Dover
doux, douce [du, dus] *adj (lisse, moelleux, pas vif : couleur, non calcaire : eau)* soft; *(sucré, agréable)* sweet; *(peu fort : moutarde etc, clément : climat)* mild; *(pas brusque)* gentle; **en douce** *(partir etc)* on the quiet
douzaine [duzɛn] *nf (12)* dozen; *(environ 12)* : **une ~ (de)** a dozen or so, twelve or so
douze [duz] *num* twelve
douzième [duzjɛm] *num* twelfth
doyen, ne [dwajɛ̃, -ɛn] *nm/f (en âge, ancienneté)* most senior member; *(de faculté)* dean
DPLG *abr (= diplômé par le gouvernement) extra certificate for architects, engineers etc*
Dr *abr (= docteur)* Dr
dr. *abr (= droit(e))* R, r
draconien, ne [dʀakɔnjɛ̃, -ɛn] *adj* draconian, stringent
dragage [dʀagaʒ] *nm* dredging
dragée [dʀaʒe] *nf* sugared almond; *(Méd)* (sugar-coated) pill
dragéifié, e [dʀaʒeifje] *adj (Méd)* sugar-coated
dragon [dʀagɔ̃] *nm* dragon
drague [dʀag] *nf (filet)* dragnet; *(bateau)* dredger
draguer [dʀage] /1/ *vt (rivière : pour nettoyer)* to dredge; (: *pour trouver qch)* to drag; *(fam)* to try and pick up, chat up (BRIT) ▸ *vi (fam)* to try and pick sb up, chat sb up (BRIT)
dragueur [dʀagœʀ] *nm (aussi :* **dragueur de mines***)* minesweeper; *(fam)* : **quel ~ !** he's a great one for picking up girls!
drain [dʀɛ̃] *nm (Méd)* drain
drainage [dʀɛnaʒ] *nm* drainage
drainer [dʀene] /1/ *vt* to drain; *(fig : visiteurs, région)* to drain off
dramatique [dʀamatik] *adj* dramatic; *(tragique)* tragic ▸ *nf (TV)* (television) drama
dramatisation [dʀamatizasjɔ̃] *nf* dramatization
dramatiser [dʀamatize] /1/ *vt* to dramatize
dramaturge [dʀamatyʀʒ] *nm* dramatist, playwright
drame [dʀam] *nm (Théât)* drama; *(catastrophe)* drama, tragedy; **~ familial** family drama
drap [dʀa] *nm (de lit)* sheet; *(tissu)* woollen fabric; **~ de plage** beach towel
drapé [dʀape] *nm (d'un vêtement)* hang
drapeau, x [dʀapo] *nm* flag; **sous les drapeaux** with the colours (BRIT) *ou* colors (US), in the army
draper [dʀape] /1/ *vt* to drape; *(robe, jupe)* to arrange
draperies [dʀapʀi] *nfpl* hangings
drap-housse [dʀaus] *(pl* **draps-housses***) nm* fitted sheet
drapier [dʀapje] *nm* (woollen) cloth manufacturer; *(marchand)* clothier
drastique [dʀastik] *adj* drastic
drépanocytose [dʀepanositoz] *nf* sickle-cell anaemia
dressage [dʀɛsaʒ] *nm* training
dresser [dʀese] /1/ *vt (mettre vertical, monter : tente)* to put up, erect; *(fig : liste, bilan, contrat)* to draw up; *(animal)* to train; **~ l'oreille** to prick up one's ears; **~ la table** to set *ou* lay the table; **~ qn contre qn d'autre** to set sb against sb else; **~ un procès-verbal** *ou* **une contravention à qn** to book sb; **se dresser** *vpr (falaise, obstacle)* to stand; *(avec grandeur, menace)* to tower (up); *(personne)* to draw o.s. up
dresseur, -euse [dʀɛsœʀ, -øz] *nm/f* trainer
dressoir [dʀɛswaʀ] *nm* dresser
dribbler [dʀible] /1/ *vt, vi (Sport)* to dribble
drille [dʀij] *nm* : **joyeux ~** cheerful sort
drogue [dʀɔg] *nf* drug; **la ~** drugs *pl*; **~ dure/douce** hard/soft drugs *pl*
drogué, e [dʀɔge] *nm/f* drug addict
droguer [dʀɔge] /1/ *vt (victime)* to drug; *(malade)* to give drugs to; **se droguer** *vpr (aux stupéfiants)* to take drugs; *(péj : de médicaments)* to dose o.s. up
droguerie [dʀɔgʀi] *nf* ≈ hardware shop (BRIT) *ou* store (US)
droguiste [dʀɔgist] *nm* ≈ keeper (*ou* owner) of a hardware shop *ou* store
droit, e [dʀwa, dʀwat] *adj (non courbe)* straight; *(vertical)* upright, straight; *(fig : loyal, franc)* upright, straight(forward); *(opposé à gauche)* right, right-hand ▸ *adv* straight; **~ au but** *ou* **au fait/cœur** straight to the point/heart ▸ *nm (prérogative, Boxe)* right; *(taxe)* duty, tax; (: *d'inscription)* fee; *(lois)* : **le ~** law; **avoir le ~ de** to be allowed to; **avoir ~ à** to be entitled to; **être en ~ de** to have a *ou* the right to; **faire ~ à** to grant, accede to; **être dans son ~** to be within one's rights; **à bon ~** *(justement)* with good reason; **de quel ~ ?** by what right?; **à qui de ~** to whom it may concern; **~ d'auteur** copyright; **avoir ~ de cité (dans)** *(fig)* to belong (to); **~ coutumier** common law; **~ de regard** right of access *ou* inspection; **~ de réponse** right to reply; **~ de visite** (right of) access; **~ de vote** (right to) vote; **droits d'auteur** *(rémunération)* royalties; **droits de douane** customs duties; **droits de l'homme** human

rights; **droits d'inscription** enrolment *ou* registration fees ▶ *nf* (*Pol*) right (wing); (*ligne*) straight line; **à droite** on the right; (*direction*) (to the) right; **à droite de** to the right of; **de droite** (*Pol*) right-wing; **sur votre droite** on your right
droitement [dʀwatmɑ̃] *adv* (*agir*) uprightly
droit-fil [dʀwafil] (*pl* **droits-fils**) *nm* : **être dans le ~ de qch** to be wholly in keeping with sth
droitier, -ière [dʀwatje, -jɛʀ] *nm/f* right-handed person ▶ *adj* right-handed
droiture [dʀwatyʀ] *nf* uprightness, straightness
drôle [dʀol] *adj* (*amusant*) funny, amusing; (*bizarre*) funny, peculiar; **un ~ de ...** (*bizarre*) a strange *ou* funny ...; (*intensif*) an incredible ..., a terrific ...
drôlement [dʀolmɑ̃] *adv* funnily; peculiarly; (*très*) terribly, awfully; **il fait ~ froid** it's awfully cold
drôlerie [dʀolʀi] *nf* funniness; funny thing
dromadaire [dʀɔmadɛʀ] *nm* dromedary
dru, e [dʀy] *adj* (*cheveux*) thick, bushy; (*pluie*) heavy ▶ *adv* (*pousser*) thickly; (*tomber*) heavily
drugstore [dʀœgstɔʀ] *nm* drugstore
druide [dʀɥid] *nm* Druid
ds *abr* = **dans**
DST *sigle f* (= *Direction de la surveillance du territoire*) *internal security service*, ≈ MI5 (Brit)
DT *sigle m* (= *diphtérie tétanos*) *vaccine*
DTCP *sigle m* (= *diphtérie tétanos coqueluche polio*) *vaccine*
DTP *sigle m* (= *diphtérie tétanos polio*) *vaccine*
DTTAB *sigle m* (= *diphtérie tétanos typhoïde A et B*) *vaccine*
du [dy] *art voir* **de**
dû, due [dy] *pp de* **devoir** ▶ *adj* (*somme*) owing, owed; (: *venant à échéance*) due; (*causé par*) : **dû à** due to ▶ *nm* due; (*somme*) dues *pl*
dualisme [dɥalism] *nm* dualism
Dubaï, Dubay [dybaj] *n* Dubai
dubitatif, -ive [dybitatif, -iv] *adj* doubtful, dubious
Dublin [dyblɛ̃] *n* Dublin
duc [dyk] *nm* duke
duché [dyʃe] *nm* dukedom, duchy
duchesse [dyʃɛs] *nf* duchess
duel [dɥɛl] *nm* duel
duettiste [dɥetist] *nmf* duettist
duffel-coat [dœfœlkot] *nm* duffel coat
dûment [dymɑ̃] *adv* duly
dumping [dœmpiŋ] *nm* dumping
dune [dyn] *nf* dune
Dunkerque [dœ̃kɛʀk] *n* Dunkirk
duo [dɥo] *nm* (*Mus*) duet; (*fig : couple*) duo, pair
dupe [dyp] *nf* dupe ▶ *adj* : **(ne pas) être ~ de** (not) to be taken in by
duper [dype] /1/ *vt* to dupe, deceive
duperie [dypʀi] *nf* deception, dupery
duplex [dyplɛks] *nm* (*appartement*) split-level apartment, duplex; (*TV*) : **émission en ~** link-up
duplicata [dyplikata] *nm* duplicate
duplicateur [dyplikatœʀ] *nm* duplicator; **~ à alcool** spirit duplicator
duplicité [dyplisite] *nf* duplicity
duquel [dykɛl] *voir* **lequel**
dur, e [dyʀ] *adj* (*pierre, siège, travail, problème*) hard; (*lumière, voix, climat*) harsh; (*sévère*) hard, harsh; (*cruel*) hard(-hearted); (*porte, col*) stiff; (*viande*) tough; **mener la vie dure à qn** to give sb a hard time; **~ d'oreille** hard of hearing ▶ *adv* hard ▶ *nm* (*fam : meneur*) tough nut ▶ *nf* : **à la dure** rough
durabilité [dyʀabilite] *nf* durability
durable [dyʀabl] *adj* lasting
durablement [dyʀabləmɑ̃] *adv* for the long term
durant [dyʀɑ̃] *prép* (*au cours de*) during; (*pendant*) for; **~ des mois, des mois ~** for months
durcir [dyʀsiʀ] /2/ *vt, vi* to harden; **se durcir** *vpr* to harden
durcissement [dyʀsismɑ̃] *nm* hardening
durée [dyʀe] *nf* length; (*d'une pile etc*) life; (*déroulement : des opérations etc*) duration; **pour une ~ illimitée** for an unlimited length of time; **de courte ~** (*séjour, répit*) brief, short-term; **de longue ~** (*effet*) long-term; **pile de longue ~** long-life battery
durement [dyʀmɑ̃] *adv* harshly
durent [dyʀ] *vb voir* **devoir**
durer [dyʀe] /1/ *vi* to last
dureté [dyʀte] *nf* (*voir dur*) hardness; harshness; stiffness; toughness
durillon [dyʀijɔ̃] *nm* callus
durit® [dyʀit] *nf* (car radiator) hose
DUT *sigle m* = **Diplôme universitaire de technologie**
dut *etc* [dy] *vb voir* **devoir**
duvet [dyvɛ] *nm* down; **(sac de couchage en) ~** down-filled sleeping bag
duveteux, -euse [dyv(ə)tø, -øz] *adj* downy
DVD *sigle m* (= *digital versatile disc*) DVD
dynamique [dinamik] *adj* dynamic
dynamiser [dinamize] /1/ *vt* to pep up, enliven; (*équipe, service*) to inject some dynamism into
dynamisme [dinamism] *nm* dynamism
dynamite [dinamit] *nf* dynamite
dynamiter [dinamite] /1/ *vt* to (blow up with) dynamite
dynamo [dinamo] *nf* dynamo
dynastie [dinasti] *nf* dynasty
dysenterie [disɑ̃tʀi] *nf* dysentery
dysfonctionnement [disfɔ̃ksjɔnmɑ̃] *nm* malfunctioning
dyslexie [dislɛksi] *nf* dyslexia, word blindness
dyslexique [dislɛksik] *adj* dyslexic
dyspepsie [dispɛpsi] *nf* dyspepsia

Ee

e

E, e [ə] *nm inv* E, e ▸ *abr* (= Est) E; **E comme Eugène** E for Edward (BRIT) *ou* Easy (US)
EAO *sigle m* (= *enseignement assisté par ordinateur*) CAL (= *computer-aided learning*)
EAU *sigle mpl* (= *Émirats arabes unis*) UAE (= *United Arab Emirates*)
eau, x [o] *nf* water; **prendre l'~** (*chaussure etc*) to leak, let in water; **faire ~** to leak; **tomber à l'~** (*fig*) to fall through; **à l'~ de rose** slushy, sentimental; **~ bénite** holy water; **~ de Cologne** eau de Cologne; **~ courante** running water; **~ distillée** distilled water; **~ douce** fresh water; **~ gazeuse** sparkling (mineral) water; **~ de Javel** bleach; **~ lourde** heavy water; **~ minérale** mineral water; **~ oxygénée** hydrogen peroxide; **~ plate** still water; **~ de pluie** rainwater; **~ salée** salt water; **~ de toilette** toilet water ▸ *nfpl* (*Méd*) waters; **prendre les eaux** to take the waters; **eaux ménagères** dirty water (*from washing up etc*); **eaux territoriales** territorial waters; **eaux usées** liquid waste
eau-de-vie [odvi] (*pl* **eaux-de-vie**) *nf* brandy
eau-forte [ofɔʀt] (*pl* **eaux-fortes**) *nf* etching
ébahi, e [ebai] *adj* dumbfounded, flabbergasted
ébahir [ebaiʀ] /**2**/ *vt* to astonish, astound
ébats [eba] *vb voir* **ébattre** ▸ *nmpl* frolics, gambols
ébattre [ebatʀ] /**41**/ : **s'ébattre** *vpr* to frolic
ébauche [eboʃ] *nf* (rough) outline, sketch
ébaucher [eboʃe] /**1**/ *vt* to sketch out, outline; (*fig*) : **~ un sourire/geste** to give a hint of a smile/make a slight gesture; **s'ébaucher** *vpr* to take shape
ébène [ebɛn] *nf* ebony
ébéniste [ebenist] *nm* cabinetmaker
ébénisterie [ebenist(ə)ʀi] *nf* cabinetmaking; (*bâti*) cabinetwork
éberlué, e [ebɛʀlɥe] *adj* astounded, flabbergasted
éblouir [ebluiʀ] /**2**/ *vt* to dazzle
éblouissant, e [ebluisɑ̃, -ɑ̃t] *adj* dazzling
éblouissement [ebluismɑ̃] *nm* dazzle; (*faiblesse*) dizzy turn
ébonite [ebɔnit] *nf* vulcanite
éborgner [ebɔʀɲe] /**1**/ *vt* : **~ qn** to blind sb in one eye
éboueur [ebwœʀ] *nm* dustman (BRIT), garbage man (US)
ébouillanter [ebujɑ̃te] /**1**/ *vt* to scald; (*Culin*) to blanch; **s'ébouillanter** *vpr* to scald o.s.
éboulement [ebulmɑ̃] *nm* falling rocks *pl*, rock fall; (*amas*) heap of boulders *etc*
ébouler [ebule] /**1**/ : **s'ébouler** *vpr* to crumble, collapse
éboulis [ebuli] *nmpl* fallen rocks
ébouriffant, e [ebuʀifɑ̃, -ɑ̃t] *adj* hair-raising
ébouriffé, e [ebuʀife] *adj* tousled, ruffled
ébouriffer [ebuʀife] /**1**/ *vt* to tousle, ruffle
ébranlement [ebʀɑ̃lmɑ̃] *nm* shaking
ébranler [ebʀɑ̃le] /**1**/ *vt* to shake; (*rendre instable : mur, santé*) to weaken; **s'ébranler** *vpr* (*partir*) to move off
ébrécher [ebʀeʃe] /**6**/ *vt* to chip
ébriété [ebʀijete] *nf* : **en état d'~** in a state of intoxication
ébrouer [ebʀue] /**1**/ : **s'ébrouer** *vpr* (*souffler*) to snort; (*s'agiter*) to shake o.s.
ébruiter [ebʀɥite] /**1**/ *vt*, **s'ébruiter** *vpr* to spread
ébullition [ebylisjɔ̃] *nf* boiling point; **en ~** boiling; (*fig*) in an uproar
écaille [ekɑj] *nf* (*de poisson*) scale; (*de coquillage*) shell; (*matière*) tortoiseshell; (*de roc etc*) flake
écaillé, e [ekɑje] *adj* (*peinture*) flaking
écailler [ekɑje] /**1**/ *vt* (*poisson*) to scale; (*huître*) to open; **s'écailler** *vpr* to flake *ou* peel (off)
écaler [ekale] *vt* (*œuf dur*) to shell, to peel
écarlate [ekaʀlat] *adj* scarlet
écarquiller [ekaʀkije] /**1**/ *vt* : **~ les yeux** to stare wide-eyed
écart [ekaʀ] *nm* gap; (*embardée*) swerve; (*saut*) sideways leap; (*fig*) departure, deviation; **à l'~** *adv* out of the way; **à l'~ de** *prép* away from; (*fig*) out of; **faire un ~** (*voiture*) to swerve; **faire le grand ~** (*Danse, Gym*) to do the splits; **~ de conduite** misdemeanour
écarté, e [ekaʀte] *adj* (*lieu*) out-of-the-way, remote; (*ouvert*) : **les jambes écartées** legs apart; **les bras écartés** arms outstretched
écarteler [ekaʀtəle] /**5**/ *vt* to quarter; (*fig*) to tear
écartement [ekaʀtəmɑ̃] *nm* space, gap; (*Rail*) gauge
écarter [ekaʀte] /**1**/ *vt* (*séparer*) to move apart, separate; (*éloigner*) to push back, move away; (*ouvrir : bras, jambes*) to spread, open; (*: rideau*) to draw (back); (*éliminer : candidat, possibilité*) to dismiss; (*Cartes*) to discard; **s'écarter** *vpr* to part; (*personne*) to move away; **s'~ de** to wander from
ecchymose [ekimoz] *nf* bruise

ecclésiastique [eklezjastik] *adj* ecclesiastical ▸ *nm* ecclesiastic
écervelé, e [esɛʀvəle] *adj* scatterbrained, featherbrained
ECG *sigle m* (= *électrocardiogramme*) ECG
échafaud [eʃafo] *nm* scaffold
échafaudage [eʃafodaʒ] *nm* scaffolding; (*fig*) heap, pile
échafauder [eʃafode] /1/ *vt* (*plan*) to construct
échalas [eʃala] *nm* stake, pole; (*personne*) beanpole
échalote [eʃalɔt] *nf* shallot
échancré, e [eʃɑ̃kʀe] *adj* (*robe, corsage*) low-necked; (*côte*) indented
échancrure [eʃɑ̃kʀyʀ] *nf* (*de robe*) scoop neckline; (*de côte, arête rocheuse*) indentation
échange [eʃɑ̃ʒ] *nm* exchange; **en ~** in exchange; **en ~ de** in exchange *ou* return for; **libre ~** free trade; **~ de lettres/politesses/vues** exchange of letters/civilities/views; **échanges commerciaux** trade; **échanges culturels** cultural exchanges
échangeable [eʃɑ̃ʒabl] *adj* exchangeable
échanger [eʃɑ̃ʒe] /3/ *vt* : **~ qch (contre)** to exchange sth (for)
échangeur [eʃɑ̃ʒœʀ] *nm* (*Auto*) interchange
échangisme [eʃɑ̃ʒism] *nm* swinging, partner-swapping
échangiste [eʃɑ̃ʒist] *adj* (*club*) swinging, partner-swapping ▸ *nmf* swinger, partner swapper
échantillon [eʃɑ̃tijɔ̃] *nm* sample
échantillonnage [eʃɑ̃tijɔnaʒ] *nm* selection of samples
échantillonner [eʃɑ̃tijɔne] *vt* (*prélever des échantillons de*) to take samples of; (*Inform*) to digitize; (*Mus*) to sample
échappatoire [eʃapatwaʀ] *nf* way out
échappée [eʃape] *nf* (*vue*) vista; (*Cyclisme*) breakaway
échappement [eʃapmɑ̃] *nm* (*Auto*) exhaust; **~ libre** cutout
échapper [eʃape] /1/ : **~ à** *vt* (*gardien*) to escape (from); (*punition, péril*) to escape; **~ à qn** (*détail, sens*) to escape sb; (*objet qu'on tient : aussi :* **échapper des mains de qn**) to slip out of sb's hands; **laisser ~** to let fall; (*cri etc*) to let out; **l'~ belle** to have a narrow escape
écharde [eʃaʀd] *nf* splinter (of wood)
écharpe [eʃaʀp] *nf* scarf; (*de maire*) sash; (*Méd*) sling; **avoir le bras en ~** to have one's arm in a sling; **prendre en ~** (*dans une collision*) to hit sideways on
écharper [eʃaʀpe] /1/ *vt* to tear to pieces
échasse [eʃɑs] *nf* stilt
échassier [eʃasje] *nm* wader
échauder [eʃode] /1/ *vt* : **se faire ~** (*fig*) to get one's fingers burnt
échauffement [eʃofmɑ̃] *nm* overheating; (*Sport*) warm-up
échauffer [eʃofe] /1/ *vt* (*métal, moteur*) to overheat; (*fig : exciter*) to fire, excite; **s'échauffer** *vpr* (*Sport*) to warm up; (*discussion*) to become heated
échauffourée [eʃofuʀe] *nf* clash, brawl; (*Mil*) skirmish
échéance [eʃeɑ̃s] *nf* (*d'un paiement : date*) settlement date; (*: somme due*) financial commitment(s); (*fig*) deadline; **à brève/longue ~** *adj* short-/long-term; *adv* in the short/long term
échéancier [eʃeɑ̃sje] *nm* schedule
échéant [eʃeɑ̃] : **le cas ~** *adv* if the case arises
échec [eʃɛk] *nm* failure; (*Échecs*) : **~ et mat/au roi** checkmate/check; **mettre en ~** to put in check; **tenir en ~** to hold in check; **faire ~ à** to foil, thwart; **échecs** *nmpl* (*jeu*) chess *sg*
échelle [eʃɛl] *nf* ladder; (*fig, d'une carte*) scale; **à l'~ de** on the scale of; **sur une grande/petite ~** on a large/small scale; **faire la courte ~ à qn** to give sb a leg up; **~ de corde** rope ladder
échelon [eʃ(ə)lɔ̃] *nm* (*d'échelle*) rung; (*Admin*) grade
échelonnement [eʃ(ə)lɔnmɑ̃] *nm* (*de paiements*) spacing out
échelonner [eʃ(ə)lɔne] /1/ *vt* to space out, spread out; **(versement) échelonné** (payment) by instalments; **s'échelonner** *vpr* (*être compris*) : **s'~ entre X et Y** to range between X and Y; **s'~ de X à Y** to range from X to Y
écheveau, x [eʃ(ə)vo] *nm* skein, hank
échevelé, e [eʃəv(ə)le] *adj* tousled, dishevelled; (*fig*) wild, frenzied
échine [eʃin] *nf* backbone, spine
échiner [eʃine] /1/ : **s'échiner** *vpr* (*se fatiguer*) to work o.s. to the bone
échiquier [eʃikje] *nm* chessboard
écho [eko] *nm* echo; **rester sans ~** (*suggestion etc*) to come to nothing; **se faire l'~ de** to repeat, spread about; **échos** *nmpl* (*potins*) gossip *sg*, rumours; (*Presse : rubrique*) "news in brief"
échographie [ekogʀafi] *nf* ultrasound (scan); **passer une ~** to have a scan
échoir [eʃwaʀ] *vi* (*dette*) to fall due; (*délais*) to expire; **~ à** *vt* to fall to
échoppe [eʃɔp] *nf* stall, booth
échouer [eʃwe] /1/ *vi* to fail; (*débris etc : sur la plage*) to be washed up; (*aboutir : personne dans un café etc*) to arrive ▸ *vt* (*bateau*) to ground; **s'échouer** *vpr* to run aground
échu, e [eʃy] *pp de* **échoir** ▸ *adj* due, mature
échut *etc* [eʃy] *vb voir* **échoir**
éclabousser [eklabuse] /1/ *vt* to splash; (*fig*) to tarnish
éclaboussure [eklabusyʀ] *nf* splash; (*fig*) stain
éclair [eklɛʀ] *nm* (*d'orage*) flash of lightning, lightning *no pl*; (*Photo : de flash*) flash; (*fig*) flash, spark; (*gâteau*) éclair
éclairage [eklɛʀaʒ] *nm* lighting
éclairagiste [eklɛʀaʒist] *nmf* lighting engineer
éclairant, e [eklɛʀɑ̃, -ɑ̃t] *adj* (*loupe*) illuminated; **fusée éclairante** flare
éclaircie [eklɛʀsi] *nf* bright *ou* sunny interval
éclaircir [eklɛʀsiʀ] /2/ *vt* to lighten; (*fig : mystère*) to clear up; (*point*) to clarify; (*Culin*) to thin (down); **s'éclaircir** *vpr* (*ciel*) to brighten up, clear; (*cheveux*) to go thin; (*situation etc*) to become clearer; **s'~ la voix** to clear one's throat
éclaircissement [eklɛʀsismɑ̃] *nm* clearing up, clarification

éclairé, e [eklere] *adj* (*esprit, amateur*) enlightened
éclairer [eklere] /1/ *vt* (*lieu*) to light (up); (*personne : avec une lampe de poche etc*) to light the way for; (*fig : instruire*) to enlighten; (*: rendre compréhensible*) to shed light on ▸ *vi* : **~ mal/bien** to give a poor/good light; **s'éclairer** *vpr* (*phare, rue*) to light up; (*situation etc*) to become clearer; **s'~ à la bougie/l'électricité** to use candlelight/have electric lighting
éclaireur, -euse [eklɛrœr, -øz] *nm/f* (*scout*) (boy) scout/(girl) guide ▸ *nm* (*Mil*) scout; **partir en ~** to go off to reconnoitre
éclat [ekla] *nm* (*de bombe, de verre*) fragment; (*du soleil, d'une couleur etc*) brightness, brilliance; (*d'une cérémonie*) splendour; (*scandale*) : **faire un ~** to cause a commotion; **action d'~** outstanding action; **voler en éclats** to shatter; **des éclats de verre** broken glass; flying glass; **~ de rire** burst *ou* roar of laughter; **~ de voix** shout
éclatant, e [eklatɑ̃, -ɑ̃t] *adj* brilliant, bright; (*succès*) resounding; (*revanche*) devastating
éclatement [eklatmɑ̃] *nm* (*de groupe, parti*) break-up
éclater [eklate] /1/ *vi* (*pneu*) to burst; (*bombe*) to explode; (*guerre, épidémie*) to break out; (*groupe, parti*) to break up; **~ de rire/en sanglots** to burst out laughing/sobbing
éclectique [eklɛktik] *adj* eclectic
éclectisme [eklɛktism] *nm* eclecticism
éclipse [eklips] *nf* eclipse
éclipser [eklipse] /1/ *vt* to eclipse; **s'éclipser** *vpr* to slip away
éclopé, e [eklɔpe] *adj* lame
éclore [eklɔr] /45/ *vi* (*œuf*) to hatch; (*fleur*) to open (out)
éclosion [eklozjɔ̃] *nf* blossoming
écluse [eklyz] *nf* lock
écluser [eklyze] (*fam*) *vt* to down (*fam*), to knock back (*fam*) ▸ *vi* to knock it back (*fam*)
éclusier [eklyzje] *nm* lock keeper
éco- [eko] *préfixe* eco-
écobuage [ekɔbyaʒ] *nm* swidden, slash-and-burn farming
écocertification [ekosɛrtifikasjɔ̃] *nf* eco-labelling, environmental certification
écœurant, e [ekœrɑ̃, -ɑ̃t] *adj* sickening; (*gâteau etc*) sickly
écœurement [ekœrmɑ̃] *nm* disgust
écœurer [ekœre] *vt* : **~ qn** (*nourriture*) to make sb feel sick; (*fig : conduite, personne*) to disgust sb
école [ekɔl] *nf* school; **aller à l'~** to go to school; **faire ~** to collect a following; **les grandes écoles** *prestige university-level colleges with competitive entrance examinations*; **~ maternelle** nursery school; *see note*; **~ primaire** primary (Brit) *ou* grade (US) school; **~ secondaire** secondary (Brit) *ou* high (US) school; **~ privée/publique/élémentaire** private/state/elementary school; **~ de dessin/danse/musique** art/dancing/music school; **~ hôtelière** catering college; **~ normale (d'instituteurs)** *primary school teachers' training college*; **~ normale supérieure** *grande école for training secondary school teachers*; **~ de secrétariat** secretarial college

ÉCOLE MATERNELLE

Nursery school (kindergarten) (**l'école maternelle**) is publicly funded in France and, though not compulsory, is attended by most children between the ages of three and six. Statutory education begins with primary (grade) school (*l'école primaire*) and is attended by children between the ages of six and 10 or 11.

Quand le mot **school** désigne l'institution en général, il n'est jamais précédé de l'article défini. Ce n'est pas le cas quand il désigne plus précisément le bâtiment.
J'ai appris à jouer du violon quand j'étais à l'école. **I learned to play the violin when I was at school.**
Nous avons dû aller à l'école pour parler à l'instituteur de notre fils. **We had to go to the school to talk to our son's teacher.**

écolier, -ière [ekɔlje, -jɛr] *nm/f* schoolboy/girl
écolo [ekɔlo] *nmf* (*fam*) ecologist ▸ *adj* ecological
écologie [ekɔlɔʒi] *nf* ecology; (*sujet scolaire*) environmental studies *pl*
écologique [ekɔlɔʒik] *adj* ecological; environment-friendly
écologiste [ekɔlɔʒist] *nmf* ecologist; environmentalist
écomusée [ekomyze] *nm* ecomuseum
éconduire [ekɔ̃dɥir] /38/ *vt* to dismiss
économat [ekɔnɔma] *nm* (*fonction*) bursarship (Brit), treasurership (US); (*bureau*) bursar's office (Brit), treasury (US)
économe [ekɔnɔm] *adj* thrifty ▸ *nmf* (*de lycée etc*) bursar (Brit), treasurer (US)
économétrie [ekɔnɔmetri] *nf* econometrics *sg*
économie [ekɔnɔmi] *nf* (*vertu*) economy, thrift; (*gain : d'argent, de temps etc*) saving; (*science*) economics *sg*; (*situation économique*) economy; **une ~ de temps/d'argent** a saving in time/of money; **~ dirigée** planned economy; **~ de marché** market economy; **économies** *nfpl* (*pécule*) savings; **faire des économies** to save up
économique [ekɔnɔmik] *adj* (*avantageux*) economical; (*Écon*) economic
économiquement [ekɔnɔmikmɑ̃] *adv* economically; **les ~ faibles** (*Admin*) the low-paid, people on low incomes
économiser [ekɔnɔmize] /1/ *vt, vi* to save
économiseur [ekɔnɔmizœr] *nm* : **~ d'écran** (*Inform*) screen saver
économiste [ekɔnɔmist] *nmf* economist
écoper [ekɔpe] /1/ *vi* to bale out; (*fig*) to cop it; **~ (de)** *vt* to get
écorce [ekɔrs] *nf* bark; (*de fruit*) peel
écorcer [ekɔrse] /3/ *vt* to bark
écorché, e [ekɔrʃe] *adj* : **~ vif** flayed alive ▸ *nm* cut-away drawing
écorcher [ekɔrʃe] /1/ *vt* (*animal*) to skin; (*égratigner*) to graze; **~ une langue** to speak a language brokenly; **s'~ le genou** *etc* to scrape *ou* graze one's knee *etc*
écorchure [ekɔrʃyr] *nf* graze

écorner [ekɔRne] /1/ *vt* (*taureau*) to dehorn; (*livre*) to make dog-eared
écossais, e [ekɔsɛ, -ɛz] *adj* Scottish, Scots; (*whisky, confiture*) Scotch; (*écharpe, tissu*) tartan ▸ *nm* (*Ling*) Scots; (: *gaélique*) Gaelic; (*tissu*) tartan (cloth) ▸ *nm/f* : **Écossais, e** Scot, Scotsman/woman; **les É~** the Scots
Écosse [ekɔs] *nf* : **l'~** Scotland
écosser [ekɔse] /1/ *vt* to shell
écosystème [ekɔsistɛm] *nm* ecosystem
écot [eko] *nm* : **payer son ~** to pay one's share
écotaxe [ekotaks] *nf* green tax
écotourisme [ekotuRism] *nm* ecotourism
écoulement [ekulmɑ̃] *nm* (*de faux billets*) circulation; (*de stock*) selling
écouler [ekule] /1/ *vt* to dispose of; **s'écouler** *vpr* (*eau*) to flow (out); (*foule*) to drift away; (*jours, temps*) to pass (by)
écourter [ekuRte] /1/ *vt* to curtail, cut short
écoute [ekut] *nf* (*Navig* : *cordage*) sheet; (*Radio, TV*) : **temps d'~** (listening *ou* viewing) time; **heure de grande ~** peak listening *ou* viewing time; **prendre l'~** to tune in; **rester à l'~ (de)** to stay tuned in (to); **écoutes téléphoniques** phone tapping *sg*
écouter [ekute] /1/ *vt* to listen to; **s'écouter** *vpr* : **si je m'écoutais** if I followed my instincts
écouteur [ekutœR] *nm* (*Tél*) receiver; **écouteurs** *nmpl* (*casque*) headphones, headset *sg*
écoutille [ekutij] *nf* hatch
écr. *abr* = **écrire**
écrabouiller [ekRabuje] /1/ *vt* to squash, crush
écran [ekRɑ̃] *nm* screen; (*Inform*) screen, VDU; **~ de fumée/d'eau** curtain of smoke/water; **porter à l'~** (*Ciné*) to adapt for the screen; **le petit ~** television, the small screen; **~ tactile** touchscreen; **~ total** sunblock
écrasant, e [ekRazɑ̃, -ɑ̃t] *adj* overwhelming
écraser [ekRaze] /1/ *vt* to crush; (*piéton*) to run over; (*Inform*) to overwrite; **se faire ~** to be run over; **écrase(-toi) !** shut up!; **s'~ (au sol)** *vi* to crash; **s'~ contre** to crash into
écrémage [ekRemaʒ] *nm* (*sélection*) creaming off
écrémé, e [ekReme] *adj* (*lait*) skimmed
écrémer [ekReme] /6/ *vt* to skim
écrevisse [ekRəvis] *nf* crayfish *inv*
écrier [ekRije] /7/ : **s'écrier** *vpr* to exclaim
écrin [ekRɛ̃] *nm* case, box
écrire [ekRiR] /39/ *vt, vi* to write; **~ à qn que** to write and tell sb that; **s'écrire** *vpr* to write to one another; **ça s'écrit comment ?** how is it spelt?
écrit, e [ekRi, -it] *pp de* **écrire** ▸ *adj* : **bien/mal ~** well/badly written ▸ *nm* document; (*examen*) written paper; **par ~** in writing
écriteau, x [ekRito] *nm* notice, sign
écritoire [ekRitwaR] *nf* writing case
écriture [ekRityR] *nf* writing; (*Comm*) entry; **l'É~ (sainte), les Écritures** the Scriptures; **écritures** *nfpl* (*Comm*) accounts, books
écrivaillon, ne [ekRivajɔ̃, -ɔn] *nm/f* scribbler
écrivain [ekRivɛ̃] *nm* writer
écrivais *etc* [ekRivɛ] *vb voir* **écrire**
écrou [ekRu] *nm* nut
écrouer [ekRue] /1/ *vt* to imprison; (*provisoirement*) to remand in custody
écroulé, e [ekRule] *adj* (*de fatigue*) exhausted; (*par un malheur*) overwhelmed; **~ (de rire)** in stitches
écroulement [ekRulmɑ̃] *nm* collapse
écrouler [ekRule] /1/ : **s'écrouler** *vpr* to collapse
écru, e [ekRy] *adj* (*toile*) raw, unbleached; (*couleur*) off-white, écru
écu [eky] *nm* (*bouclier*) shield; (*monnaie* : *ancienne*) crown; (: *de la CEE*) ecu
écueil [ekœj] *nm* reef; (*fig*) pitfall; stumbling block
écuelle [ekɥɛl] *nf* bowl
éculé, e [ekyle] *adj* (*chaussure*) down-at-heel; (*fig* : *péj*) hackneyed
écume [ekym] *nf* foam; (*Culin*) scum; **~ de mer** meerschaum
écumer [ekyme] /1/ *vt* (*Culin*) to skim; (*fig*) to plunder ▸ *vi* (*mer*) to foam; (*fig*) to boil with rage
écumoire [ekymwaR] *nf* skimmer
écureuil [ekyRœj] *nm* squirrel
écurie [ekyRi] *nf* stable
écusson [ekysɔ̃] *nm* badge
écuyer, -ère [ekɥije, -ɛR] *nm/f* rider
eczéma [ɛgzema] *nm* eczema
éd. *abr* = **édition**
édam [edam] *nm* (*fromage*) Edam
edelweiss [edɛlvajs] *nm inv* edelweiss
éden [edɛn] *nm* Eden
édenté, e [edɑ̃te] *adj* toothless
EDF *sigle f* (= *Électricité de France*) *national electricity company*
édifiant, e [edifjɑ̃, -ɑ̃t] *adj* edifying
édification [edifikasjɔ̃] *nf* (*d'un bâtiment*) building, erection
édifice [edifis] *nm* building, edifice
édifier [edifje] /7/ *vt* to build, erect; (*fig*) to edify
édiles [edil] *nmpl* city fathers
Édimbourg [edɛ̃buR] *n* Edinburgh
édit [edi] *nm* edict
édit. *abr* = **éditeur**
éditer [edite] /1/ *vt* (*publier*) to publish; (: *disque*) to produce; (*préparer* : *texte, Inform* : *annoter*) to edit
éditeur, -trice [editœR, -tRis] *nm/f* publisher; editor; **~ de textes** (*Inform*) text editor
édition [edisjɔ̃] *nf* editing *no pl*; (*série d'exemplaires*) edition; (*industrie du livre*) : **l'~** publishing; **~ sur écran** (*Inform*) screen editing
édito [edito] *nm* (*fam* : *éditorial*) editorial, leader
éditorial, -aux [editɔRjal, -o] *nm* editorial, leader
éditorialiste [editɔRjalist] *nmf* editorial *ou* leader writer
édredon [edRədɔ̃] *nm* eiderdown, comforter (*US*)
éducateur, -trice [edykatœR, -tRis] *nm/f* teacher; (*en école spécialisée*) instructor; **~ spécialisé** specialist teacher
éducatif, -ive [edykatif, -iv] *adj* educational
éducation [edykasjɔ̃] *nf* education; (*familiale*) upbringing; (*manières*) (good) manners *pl*; **bonne/mauvaise ~** good/bad upbringing;

sans ~ bad-mannered, ill-bred; **l'É~ (nationale)** ≈ the Department for Education; **~ permanente** continuing education; **~ physique** physical education

édulcorant [edylkɔʀɑ̃] *nm* sweetener

édulcorer [edylkɔʀe] /1/ *vt* to sweeten; *(fig)* to tone down

éduquer [edyke] /1/ *vt* to educate; *(élever)* to bring up; *(faculté)* to train; **bien/mal éduqué** well/badly brought up

EEG *sigle m (= électroencéphalogramme)* EEG

effaçable [efasabl] *adj (feutre, CD)* erasable

effacé, e [efase] *adj (fig)* retiring, unassuming

effacer [efase] /3/ *vt* to erase, rub out; *(bande magnétique)* to erase; *(Inform : fichier, fiche)* to delete; **~ le ventre** to pull one's stomach in; **s'effacer** *vpr (inscription etc)* to wear off; *(pour laisser passer)* to step aside

effaceur [efasœʀ] *nm* eraser pen

effarant, e [efaʀɑ̃, -ɑ̃t] *adj* alarming

effaré, e [efaʀe] *adj* alarmed

effarement [efaʀmɑ̃] *nm* alarm

effarer [efaʀe] /1/ *vt* to alarm

effarouchement [efaʀuʃmɑ̃] *nm* alarm

effaroucher [efaʀuʃe] /1/ *vt* to frighten *ou* scare away; *(personne)* to alarm

effectif, -ive [efɛktif, -iv] *adj* real; effective ▸ *nm (Mil)* strength; *(Scol)* total number of pupils, size; **effectifs** numbers, strength *sg*; *(Comm)* manpower *sg*; **réduire l'~ de** to downsize

effectivement [efɛktivmɑ̃] *adv* effectively; *(réellement)* actually, really; *(en effet)* indeed

effectuer [efɛktɥe] /1/ *vt (opération, mission)* to carry out; *(déplacement, trajet)* to make, complete; *(mouvement)* to execute, make; **s'effectuer** *vpr* to be carried out

efféminé, e [efemine] *adj* effeminate

effervescence [efɛʀvesɑ̃s] *nf (fig)* : **en ~** in a turmoil

effervescent, e [efɛʀvesɑ̃, -ɑ̃t] *adj (cachet, boisson)* effervescent; *(fig)* agitated, in a turmoil

effet [efɛ] *nm (résultat, artifice)* effect; *(impression)* impression; *(Comm)* bill; *(Jur : d'une loi, d'un jugement)* : **avec ~ rétroactif** applied retrospectively; **~ de style/couleur/lumière** stylistic/colour/lighting effect; **faire ~** *(médicament)* to take effect; **faire de l'~** *(médicament, menace)* to have an effect, be effective; *(impressionner)* to make an impression; **faire bon/mauvais ~ sur qn** to make a good/bad impression on sb; **sous l'~ de** under the effect of; **donner de l'~ à une balle** *(Tennis)* to put some spin on a ball; **à cet ~** to that end; **en ~** *adv* indeed; **~ (de commerce)** bill of exchange; **~ de serre** greenhouse effect; **effets** *nmpl (vêtements etc)* things; **effets de voix** dramatic effects with one's voice; **effets spéciaux** *(Ciné)* special effects

effeuiller [efœje] /1/ *vt* to remove the leaves (*ou* petals) from

efficace [efikas] *adj (personne)* efficient; *(action, médicament)* effective

efficacement [efikasmɑ̃] *adv* effectively; **pour présenter ~ vos idées** so as to present your ideas effectively

efficacité [efikasite] *nf (d'une personne)* efficiency; *(d'un médicament)* effectiveness

effigie [efiʒi] *nf* effigy; **brûler qn en ~** to burn an effigy of sb

effilé, e [efile] *adj* slender; *(pointe)* sharp; *(carrosserie)* streamlined

effiler [efile] /1/ *vt (cheveux)* to thin (out); *(tissu)* to fray

effilocher [efilɔʃe] /1/ : **s'effilocher** *vpr* to fray

efflanqué, e [eflɑ̃ke] *adj* emaciated

effleurement [eflœʀmɑ̃] *nm* : **touche à ~** touch-sensitive control *ou* key

effleurer [eflœʀe] /1/ *vt* to brush (against); *(sujet)* to touch upon; *(idée, pensée)* : **~ qn** to cross sb's mind

effluves [eflyv] *nmpl* exhalation(s)

effondré, e [efɔ̃dʀe] *adj (abattu : par un malheur, échec)* overwhelmed

effondrement [efɔ̃dʀəmɑ̃] *nm* collapse

effondrer [efɔ̃dʀe] /1/ : **s'effondrer** *vpr* to collapse

efforcer [efɔʀse] /3/ : **s'efforcer de** *vpr* : **s'~ de faire** to try hard to do

effort [efɔʀ] *nm* effort; **faire un ~** to make an effort; **faire tous ses efforts** to try one's hardest; **faire l'~ de ...** to make the effort to ...; **sans ~** *adj* effortless; *adv* effortlessly; **~ de mémoire** attempt to remember; **~ de volonté** effort of will

effraction [efʀaksjɔ̃] *nf* breaking-in; **s'introduire par ~ dans** to break into

effrangé, e [efʀɑ̃ʒe] *adj* fringed; *(effiloché)* frayed

effrayant, e [efʀɛjɑ̃, -ɑ̃t] *adj* frightening, fearsome; *(sens affaibli)* dreadful

effrayé, e [efʀeje] *adj* frightened, scared

effrayer [efʀeje] /8/ *vt* to frighten, scare; *(rebuter)* to put off; **s'effrayer (de)** *vpr* to be frightened *ou* scared (by)

effréné, e [efʀene] *adj* wild

effritement [efʀitmɑ̃] *nm* crumbling; erosion; slackening off

effriter [efʀite] /1/ : **s'effriter** *vpr* to crumble; *(monnaie)* to be eroded; *(valeurs)* to slacken off

effroi [efʀwɑ] *nm* terror, dread *no pl*

effronté, e [efʀɔ̃te] *adj* insolent

effrontément [efʀɔ̃temɑ̃] *adv* insolently

effronterie [efʀɔ̃tʀi] *nf* insolence

effroyable [efʀwajabl] *adj* horrifying, appalling

effroyablement [efʀwajabləmɑ̃] *adv* horribly

effusion [efyzjɔ̃] *nf* effusion; **sans ~ de sang** without bloodshed

égailler [egaje] /1/ : **s'égailler** *vpr* to scatter, disperse

égal, e, -aux [egal, -o] *adj (identique, ayant les mêmes droits)* equal; *(plan : surface)* even, level; *(constant : vitesse)* steady; *(équitable)* even; **être ~ à** *(prix, nombre)* to be equal to; **ça m'est ~** it's all the same to me, it doesn't matter to me, I don't mind; **c'est ~, ...** all the same, ... ▸ *nm/f* equal; **sans ~** matchless, unequalled; **à l'~ de** *(comme)* just like; **d'~ à ~** as equals

également [egalmɑ̃] *adv (aussi)* too, as well; *(répartir)* equally; *(étaler)* evenly

e

égaler [egale] /1/ *vt* to equal
égalisateur, -trice [egalizatœʀ, -tʀis] *adj* (*Sport*) : **but ~** equalizing goal, equalizer
égalisation [egalizasjɔ̃] *nf* (*Sport*) equalization
égaliser [egalize] /1/ *vt* (*sol, salaires*) to level (out); (*chances*) to equalize ▶ *vi* (*Sport*) to equalize
égalitaire [egalitɛʀ] *adj* egalitarian
égalitarisme [egalitaʀism] *nm* egalitarianism
égalitariste [egalitaʀist] *adj* (*idéologie, mouvement*) egalitarian
égalité [egalite] *nf* (*politique, sociale*) equality; (*Math*) identity; **~ de droits** equality of rights; **~ des chances** equal opportunities; **~ d'humeur** evenness of temper; **être à ~ (de points)** to be level
égard [egaʀ] *nm*, **égards** *nmpl* consideration *sg*; **à cet ~** in this respect; **à certains égards/tous égards** in certain respects/all respects; **eu ~ à** in view of; **par ~ pour** out of consideration for; **sans ~ pour** without regard for; **à l'~ de** *prép* towards; (*en ce qui concerne*) concerning, as regards
égaré, e [egaʀe] *adj* lost
égarement [egaʀmɑ̃] *nm* distraction; aberration
égarer [egaʀe] /1/ *vt* (*objet*) to mislay; (*moralement*) to lead astray; **s'égarer** *vpr* to get lost, lose one's way; (*objet*) to go astray; (*fig : dans une discussion*) to wander
égayer [egeje] /8/ *vt* (*personne*) to amuse; (*: remonter*) to cheer up; (*récit, endroit*) to brighten up, liven up
Égée [eʒe] *adj* : **la mer ~** the Aegean (Sea)
égéen, ne [eʒeɛ̃, -ɛn] *adj* Aegean
égérie [eʒeʀi] *nf* : **l'~ de qn/qch** the brains behind sb/sth
égide [eʒid] *nf* : **sous l'~ de** under the aegis of
églantier [eglɑ̃tje] *nm* wild *ou* dog rose(-bush)
églantine [eglɑ̃tin] *nf* wild *ou* dog rose
églefin [egləfɛ̃] *nm* haddock
église [egliz] *nf* church; **aller à l'~** to go to church
ego [ego] *nm* ego
égocentrique [egɔsɑ̃tʀik] *adj* egocentric, self-centred
égocentrisme [egɔsɑ̃tʀism] *nm* egocentricity
égoïne [egɔin] *nf* handsaw
égoïsme [egɔism] *nm* selfishness, egoism
égoïste [egɔist] *adj* selfish, egoistic ▶ *nmf* egoist
égoïstement [egɔistəmɑ̃] *adv* selfishly
égorger [egɔʀʒe] /3/ *vt* to cut the throat of
égosiller [egozije] /1/ : **s'égosiller** *vpr* to shout o.s. hoarse
égotisme [egɔtism] *nm* egotism, egoism
égout [egu] *nm* sewer; **eaux d'~** sewage
égoutier [egutje] *nm* sewer worker
égoutter [egute] /1/ *vt* (*linge*) to wring out; (*vaisselle, fromage*) to drain ▶ *vi* to drip; **s'égoutter** *vpr* to drip
égouttoir [egutwaʀ] *nm* draining board; (*mobile*) draining rack
égratigner [egʀatiɲe] /1/ *vt* to scratch; **s'égratigner** *vpr* to scratch o.s.
égratignure [egʀatiɲyʀ] *nf* scratch
égrener [egʀəne] /5/ *vt* : **~ une grappe, ~ des raisins** to pick grapes off a bunch; **s'égrener** *vpr* (*fig : heures etc*) to pass by; (*: notes*) to chime out
égrillard, e [egʀijaʀ, -aʀd] *adj* ribald, bawdy
Égypte [eʒipt] *nf* : **l'~** Egypt
égyptien, ne [eʒipsjɛ̃, -ɛn] *adj* Egyptian ▶ *nm/f* : **Égyptien, ne** Egyptian
égyptologie [eʒiptɔlɔʒi] *nf* Egyptology
égyptologue [eʒiptɔlɔg] *nmf* Egyptologist
eh [e] *excl* hey!; **eh bien** well
éhonté, e [eɔ̃te] *adj* shameless, brazen (BRIT)
éjaculation [eʒakylasjɔ̃] *nf* ejaculation
éjaculer [eʒakyle] /1/ *vi* to ejaculate
éjectable [eʒɛktabl] *adj* : **siège ~** ejector seat
éjecter [eʒɛkte] /1/ *vt* (*Tech*) to eject; (*fam*) to kick *ou* chuck out
éjection [eʒɛksjɔ̃] *nf* ejection
élaboration [elabɔʀasjɔ̃] *nf* elaboration
élaboré, e [elabɔʀe] *adj* (*complexe*) elaborate
élaborer [elabɔʀe] /1/ *vt* to elaborate; (*projet, stratégie*) to work out; (*rapport*) to draft
élagage [elagaʒ] *nm* pruning
élaguer [elage] /1/ *vt* to prune
élagueur, -euse [elagœʀ, -øz] *nm/f* (*personne*) tree surgeon ▶ *nf* (*machine*) pruner
élan [elɑ̃] *nm* (*Zool*) elk, moose; (*Sport : avant le saut*) run up; (*de véhicule*) momentum; (*fig : de tendresse etc*) surge; **prendre son ~/de l'~** to take a run up/gather speed; **perdre son ~** to lose one's momentum
élancé, e [elɑ̃se] *adj* slender
élancement [elɑ̃smɑ̃] *nm* shooting pain
élancer [elɑ̃se] /3/ : **s'élancer** *vpr* to dash, hurl o.s.; (*fig : arbre, clocher*) to soar (upwards)
élargir [elaʀʒiʀ] /2/ *vt* to widen; (*vêtement*) to let out; (*Jur*) to release; **s'élargir** *vpr* to widen; (*vêtement*) to stretch
élargissement [elaʀʒismɑ̃] *nm* widening; letting out
élasticité [elastisite] *nf* (*aussi Écon*) elasticity; **~ de l'offre/de la demande** flexibility of supply/demand
élastique [elastik] *adj* elastic ▶ *nm* (*de bureau*) rubber band; (*pour la couture*) elastic *no pl*
élastomère [elastɔmɛʀ] *nm* elastomer
Elbe [ɛlb] *nf* : **l'île d'~** (the Island of) Elba; (*fleuve*) **l'~** the Elbe
eldorado [ɛldɔʀado] *nm* Eldorado
électeur, -trice [elɛktœʀ, -tʀis] *nm/f* elector, voter
électif, -ive [elɛktif, -iv] *adj* elective
élection [elɛksjɔ̃] *nf* election; **sa terre/patrie d'~** the land/country of one's choice; **~ partielle** ≈ by-election; **élections** *nfpl* (*Pol*) election(s); **élections législatives/présidentielles** general/presidential election *sg*; *see note*

ÉLECTIONS LÉGISLATIVES

Élections législatives are held in France every five years to elect *députés* to the Assemblée nationale. The president is chosen in the *élection présidentielle*, which also takes place every five years. Voting is by direct universal suffrage and is divided into two rounds with the ballots always taking place on a Sunday. Local elections (*élections municipales*) are held every six years to choose *conseillers municipaux*, who in turn then elect the mayor and the deputy mayors.

électoral, e, -aux [elɛktɔʀal, -o] *adj* electoral, election *cpd*
électoralisme [elɛktɔʀalism] *nm* electioneering
électorat [elɛktɔʀa] *nm* electorate
électricien, ne [elɛktʀisjɛ̃, -ɛn] *nm/f* electrician
électricité [elɛktʀisite] *nf* electricity; **allumer/éteindre l'~** to put on/off the light; **~ statique** static electricity
électrification [elɛktʀifikasjɔ̃] *nf* (*Rail*) electrification; (*d'un village etc*) laying on of electricity
électrifier [elɛktʀifje] /**7**/ *vt* (*Rail*) to electrify
électrique [elɛktʀik] *adj* electric(al)

L'adjectif *électrique* se traduit par **electric** quand il s'agit d'appareils, mais par **electrical** dans les contextes plus techniques ou scientifiques, ou en association avec certains mots précis.
une guitare électrique **an electric guitar**
un ingénieur en génie électrique **an electrical engineer**
un appareil électrique **an electrical appliance**

électriser [elɛktʀize] /**1**/ *vt* to electrify
électro-, electro- [elɛktʀo] *adj* electro- ▸ *nf* (*Mus*) electronic (music), electro
électro-aimant [elɛktʀoɛmɑ̃] *nm* electromagnet
électrocardiogramme [elɛktʀokaʀdjɔgʀam] *nm* electrocardiogram
électrocardiographe [elɛktʀokaʀdjɔgʀaf] *nm* electrocardiograph
électrochoc [elɛktʀoʃɔk] *nm* electric shock treatment
électrocuter [elɛktʀɔkyte] /**1**/ *vt* to electrocute
électrocution [elɛktʀɔkysjɔ̃] *nf* electrocution
électrode [elɛktʀɔd] *nf* electrode
électro-encéphalogramme [elɛktʀoɑ̃sefalɔgʀam] *nm* electroencephalogram
électrogène [elɛktʀɔʒɛn] *adj* : **groupe ~** generating set
électroluminescence [elɛktʀolyminesɑ̃s] *nf* electroluminescence
électroluminescent, e [elɛktʀolyminesɑ̃, -ɑ̃t] *adj* electroluminescent
électrolyse [elɛktʀɔliz] *nf* electrolysis *sg*
électromagnétique [elɛktʀomaɲetik] *adj* electromagnetic
électroménager [elɛktʀomenaʒe] *adj m* : **appareils électroménagers** domestic (electrical) appliances ▸ *nm* : **l'~** household appliances
électron [elɛktʀɔ̃] *nm* electron
électronicien, ne [elɛktʀɔnisjɛ̃, -ɛn] *nm/f* electronics (Brit) *ou* electrical (US) engineer
électronique [elɛktʀɔnik] *adj* electronic ▸ *nf* (*science*) electronics *sg*
électronucléaire [elɛktʀonykleɛʀ] *adj* nuclear power *cpd* ▸ *nm* : **l'~** nuclear power
électrophone [elɛktʀɔfɔn] *nm* record player
électrostatique [elɛktʀostatik] *adj* electrostatic ▸ *nf* electrostatics *sg*
électrothérapie [elɛktʀoteʀapi] *nf* electrotherapy
élégamment [elegamɑ̃] *adv* elegantly
élégance [elegɑ̃s] *nf* elegance
élégant, e [elegɑ̃, -ɑ̃t] *adj* elegant; (*solution*) neat, elegant; (*attitude, procédé*) courteous, civilized
élégiaque [eleʒjak] *adj* (*style, œuvre*) elegiac
élégie [eleʒi] *nf* elegy
élément [elemɑ̃] *nm* element; (*pièce*) component, part; **éléments** *nmpl* elements
élémentaire [elemɑ̃tɛʀ] *adj* elementary; (*Chimie*) elemental
éléphant [elefɑ̃] *nm* elephant; **~ de mer** elephant seal
éléphanteau, x [elefɑ̃to] *nm* baby elephant
éléphantesque [elefɑ̃tɛsk] *adj* elephantine
élevage [el(ə)vaʒ] *nm* breeding; (*de bovins*) cattle breeding *ou* rearing; (*ferme*) cattle farm; **truite d'~** farmed trout
élévateur [elevatœʀ] *nm* elevator
élévation [elevasjɔ̃] *nf* (*gén*) elevation; (*voir élever*) raising; (*voir s'élever*) rise
élevé, e [el(ə)ve] *adj* (*prix, sommet*) high; (*fig : noble*) elevated; **bien/mal ~** well-/ill-mannered
élève [elɛv] *nmf* pupil; **~ infirmière** student nurse
élever [el(ə)ve] /**5**/ *vt* (*enfant*) to bring up, raise; (*bétail, volaille*) to breed; (*abeilles*) to keep; (*hausser : taux, niveau*) to raise; (*fig : âme, esprit*) to elevate; (*édifier : monument*) to put up, erect; **~ la voix** to raise one's voice; **~ une protestation/critique** to raise a protest/make a criticism; **~ qn au rang de** to raise *ou* elevate sb to the rank of; **~ un nombre au carré/au cube** to square/cube a number; **s'élever** *vpr* (*avion, alpiniste*) to go up; (*niveau, température, aussi : cri etc*) to rise; (*survenir : difficultés*) to arise; **s'~ à** (*frais, dégâts*) to amount to, add up to; **s'~ contre** to rise up against
éleveur, -euse [el(ə)vœʀ, -øz] *nm/f* stock breeder
elfe [ɛlf] *nm* elf
élidé, e [elide] *adj* elided
élider [elide] /**1**/ *vt* to elide
éligibilité [eliʒibilite] *nf* eligibility
éligible [eliʒibl] *adj* eligible
élimé, e [elime] *adj* worn (thin), threadbare
élimer [elime] : **s'élimer** *vpr* to wear thin, to become threadbare
élimination [eliminasjɔ̃] *nf* elimination
éliminatoire [eliminatwaʀ] *adj* eliminatory; (*Sport*) disqualifying ▸ *nf* (*Sport*) heat
éliminer [elimine] /**1**/ *vt* to eliminate
élire [eliʀ] /**43**/ *vt* to elect; **~ domicile à** to take up residence in *ou* at
élisabéthain, e [elizabetɛ̃, -ɛn] *adj* Elizabethan
élision [elizjɔ̃] *nf* elision
élite [elit] *nf* elite; **tireur d'~** crack rifleman; **chercheur d'~** top-notch researcher
élitisme [elitism] *nm* elitism

e

élitiste [elitist] *adj* elitist
élixir [eliksiʀ] *nm* elixir
elle [ɛl] *pron (sujet)* she; (: *chose*) it; (*complément*) her; it; **elles** (*sujet*) they; (*complément*) them; **~-même** herself; itself; **elles-mêmes** themselves; *voir* **il**
ellipse [elips] *nf* ellipse; (*Ling*) ellipsis *sg*
elliptique [eliptik] *adj* elliptical
élocution [elɔkysjɔ̃] *nf* delivery; **défaut d'~** speech impediment
éloge [elɔʒ] *nm* praise *gén no pl*; **faire l'~ de** to praise
élogieusement [elɔʒjøzmɑ̃] *adv* very favourably
élogieux, -euse [elɔʒjø, -øz] *adj* laudatory, full of praise
éloigné, e [elwaɲe] *adj* distant, far-off; (*parent*) distant
éloignement [elwaɲmɑ̃] *nm* removal; putting off; estrangement; (*fig : distance*) distance
éloigner [elwaɲe] /1/ *vt* (*échéance*) to put off, postpone; (*soupçons, danger*) to ward off; **~ qch (de)** to move *ou* take sth away (from); **~ qn (de)** to take sb away *ou* remove sb (from); **s'éloigner (de)** *vpr* (*personne*) to go away (from); (*véhicule*) to move away (from); (*affectivement*) to become estranged (from)
élongation [elɔ̃gasjɔ̃] *nf* strained muscle
éloquence [elɔkɑ̃s] *nf* eloquence
éloquent, e [elɔkɑ̃, -ɑ̃t] *adj* eloquent
élu, e [ely] *pp de* **élire** ▸ *nm/f* (*Pol*) elected representative
élucider [elyside] /1/ *vt* to elucidate
élucubrations [elykybʀasjɔ̃] *nfpl* wild imaginings
éluder [elyde] /1/ *vt* to evade
élus *etc* [ely] *vb voir* **élire**
élusif, -ive [elyzif, -iv] *adj* elusive
Élysée [elize] *nm* : **(le palais de) l'~** the Élysée palace; *see note*; **les Champs-Élysées** the Champs-Élysées

L'ÉLYSÉE

The **palais de l'Élysée**, situated in the heart of Paris just off the Champs-Élysées, is the official residence of the French President. Built in the eighteenth century, it has performed its present function since 1876. A shorter form of its name, **l'Élysée** is frequently used to refer to the presidency itself.

émacié, e [emasje] *adj* emaciated
émail, -aux [emaj, -o] *nm* enamel
e-mail [imɛl] *nm* email; **envoyer qch par ~** to email sth
émaillé, e [emaje] *adj* enamelled; (*fig*) : **~ de** dotted with
émailler [emaje] /1/ *vt* to enamel
émanation [emanasjɔ̃] *nf* emanation
émancipation [emɑ̃sipasjɔ̃] *nf* emancipation
émancipé, e [emɑ̃sipe] *adj* emancipated
émanciper [emɑ̃sipe] /1/ *vt* to emancipate; **s'émanciper** *vpr* (*fig*) to become emancipated *ou* liberated
émaner [emane] /1/ : **~ de** *vt* to emanate from; (*Admin*) to proceed from
émarger [emaʀʒe] /3/ *vt* to sign; **~ de 1000 euros à un budget** to receive 1000 euros out of a budget
émasculer [emaskyle] /1/ *vt* to emasculate
emballage [ɑ̃balaʒ] *nm* wrapping; packing; (*papier*) wrapping; (*carton*) packaging
emballant, e [ɑ̃balɑ̃, -ɑ̃t] *adj* exciting
emballer [ɑ̃bale] /1/ *vt* to wrap (up); (*dans un carton*) to pack (up); (*fig : fam*) to thrill (to bits); **s'emballer** *vpr* (*moteur*) to race; (*cheval*) to bolt; (*fig : personne*) to get carried away
emballeur, -euse [ɑ̃balœʀ, -øz] *nm/f* packer
embarcadère [ɑ̃baʀkadɛʀ] *nm* landing stage (BRIT), pier
embarcation [ɑ̃baʀkasjɔ̃] *nf* (small) boat, (small) craft *inv*
embardée [ɑ̃baʀde] *nf* swerve; **faire une ~** to swerve
embargo [ɑ̃baʀgo] *nm* embargo; **mettre l'~ sur** to put an embargo on, embargo
embarqué, e [ɑ̃baʀke] *adj* (*électronique, équipement : Auto*) in-car *cpd*; (*Aviat, Navig*) on-board *cpd*
embarquement [ɑ̃baʀkəmɑ̃] *nm* embarkation; (*de marchandises*) loading; (*de passagers*) boarding
embarquer [ɑ̃baʀke] /1/ *vt* (*personne*) to embark; (*marchandise*) to load; (*fam*) to cart off; (: *arrêter*) to nick ▸ *vi* (*passager*) to board; (*Navig*) to ship water; **s'embarquer** *vpr* to board; **s'~ dans** (*affaire, aventure*) to embark upon
embarras [ɑ̃baʀa] *nm* (*obstacle*) hindrance; (*confusion*) embarrassment; **être dans l'~** (*ennuis*) to be in a predicament *ou* an awkward position; (*gêne financière*) to be in difficulties; **~ gastrique** stomach upset; **vous n'avez que l'~ du choix** the only problem is choosing
embarrassant, e [ɑ̃baʀasɑ̃, -ɑ̃t] *adj* cumbersome; embarrassing; awkward
embarrassé, e [ɑ̃baʀase] *adj* (*encombré*) encumbered; (*gêné*) embarrassed; (*explications etc*) awkward
embarrasser [ɑ̃baʀase] /1/ *vt* (*encombrer*) to clutter (up); (*gêner*) to hinder, hamper; (*fig*) to cause embarrassment to; to put in an awkward position; **s'embarrasser de** *vpr* to burden o.s. with
embauche [ɑ̃boʃ] *nf* hiring; **bureau d'~** labour office
embaucher [ɑ̃boʃe] /1/ *vt* to take on, hire; **s'embaucher comme** *vpr* to get (o.s.) a job as
embauchoir [ɑ̃boʃwaʀ] *nm* shoetree
embaumement [ɑ̃bommɑ̃] *nm* embalming
embaumer [ɑ̃bome] /1/ *vt* to embalm; (*parfumer*) to fill with its fragrance; **~ la lavande** to be fragrant with (the scent of) lavender
embellie [ɑ̃beli] *nf* bright spell, brighter period
embellir [ɑ̃beliʀ] /2/ *vt* to make more attractive; (*une histoire*) to embellish ▸ *vi* to grow lovelier *ou* more attractive
embellissement [ɑ̃belismɑ̃] *nm* embellishment
emberlificoter [ɑ̃bɛʀlifikɔte] : **s'emberlificoter** *vpr* (*fam*) : **s'~ dans qch** to get tangled up in sth

embêtant, e [ɑ̃bɛtɑ̃, -ɑ̃t] *adj* annoying
embêté, e [ɑ̃bete] *adj* bothered
embêtement [ɑ̃bɛtmɑ̃] *nm* problem, difficulty; **embêtements** *nmpl* trouble *sg*
embêter (*fam*) [ɑ̃bete] /1/ *vt* to bother; **ça m'embête** it bothers me; **s'embêter** *vpr* (*s'ennuyer*) to be bored; **il ne s'embête pas !** (*ironique*) he does all right for himself!
emblée [ɑ̃ble] : **d'~** *adv* straightaway
emblématique [ɑ̃blematik] *adj* emblematic; **figure ~ de qch** emblem of sth
emblème [ɑ̃blɛm] *nm* emblem
embobiner [ɑ̃bɔbine] /1/ *vt* (*enjôler*) : **~ qn** to get round sb
emboîtable [ɑ̃bwatabl] *adj* interlocking
emboîtement [ɑ̃bwatmɑ̃] *nm* : **les lames s'assemblent par ~** the blades interlock *ou* fit together
emboîter [ɑ̃bwate] /1/ *vt* to fit together; **~ le pas à qn** to follow in sb's footsteps; **s'emboîter dans** *vpr* to fit into; **s'~ (l'un dans l'autre)** to fit together
embolie [ɑ̃bɔli] *nf* embolism
embonpoint [ɑ̃bɔ̃pwɛ̃] *nm* stoutness (BRIT), corpulence; **prendre de l'~** to grow stout (BRIT) *ou* corpulent
embouché, e [ɑ̃buʃe] *adj* : **mal ~** foul-mouthed
embouchure [ɑ̃buʃyʀ] *nf* (*Géo*) mouth; (*Mus*) mouthpiece
embourber [ɑ̃buʀbe] /1/ : **s'embourber** *vpr* to get stuck in the mud; (*fig*) : **s'~ dans** to sink into
embourgeoiser [ɑ̃buʀʒwaze] /1/ : **s'embourgeoiser** *vpr* to adopt a middle-class outlook
embout [ɑ̃bu] *nm* (*de canne*) tip; (*de tuyau*) nozzle
embouteillage [ɑ̃butɛjaʒ] *nm* traffic jam, (traffic) holdup (BRIT)
embouteiller [ɑ̃buteje] /1/ *vt* (*véhicules etc*) to block
emboutir [ɑ̃butiʀ] /2/ *vt* (*Tech*) to stamp; (*heurter*) to crash into, ram
embranchement [ɑ̃bʀɑ̃ʃmɑ̃] *nm* (*routier*) junction; (*classification*) branch
embrancher [ɑ̃bʀɑ̃ʃe] /1/ *vt* (*tuyaux*) to join; **~ qch sur** to join sth to
embrasement [ɑ̃bʀɑzmɑ̃] *nm* unrest; **ils craignent un nouvel ~ de la région** they fear more unrest in the region
embraser [ɑ̃bʀɑze] /1/ : **s'embraser** *vpr* to flare up
embrassade [ɑ̃bʀasad] *nf* (*gén pl*) hugging and kissing *no pl*
embrasse [ɑ̃bʀas] *nf* (*de rideau*) tie-back, loop
embrasser [ɑ̃bʀase] /1/ *vt* to kiss; (*sujet, période*) to embrace, encompass; (*carrière*) to embark on; (*métier*) to go in for, take up; **~ du regard** to take in (*with eyes*); **s'embrasser** *vpr* to kiss (each other)
embrasure [ɑ̃bʀazyʀ] *nf* : **dans l'~ de la porte** in the door(way)
embrayage [ɑ̃bʀɛjaʒ] *nm* clutch
embrayer [ɑ̃bʀeje] /8/ *vi* (*Auto*) to let in the clutch; **~ sur qch** to begin on sth ▸ *vt* (*fig : affaire*) to set in motion
embrigadement [ɑ̃bʀigadmɑ̃] *nm* (*péj*) recruiting
embrigader [ɑ̃bʀigade] /1/ *vt* (*péj*) to recruit
embringuer [ɑ̃bʀɛ̃ge] (*fam*) *vt* to drag in; **~ qn dans qch** to drag sb into sth; **s'embringuer** *vpr* : **s'~ dans qch** to get dragged into sth; **se laisser ~ dans qch** to get dragged into sth
embrocher [ɑ̃bʀɔʃe] /1/ *vt* to (put on a) spit (*ou* skewer)
embrouillamini [ɑ̃bʀujamini] *nm* (*fam*) muddle
embrouille [ɑ̃bʀuj] *nf* (*fam : tromperie*) dodgy dealings (*fam*)
embrouillé, e [ɑ̃bʀuje] *adj* (*affaire*) confused, muddled
embrouiller [ɑ̃bʀuje] /1/ *vt* (*fils*) to tangle (up); (*fiches, idées, personne*) to muddle up; **s'embrouiller** *vpr* to get in a muddle
embroussaillé, e [ɑ̃bʀusaje] *adj* overgrown, scrubby; (*cheveux*) bushy, shaggy
embrumé, e [ɑ̃bʀyme] *adj* (*paysage, horizon*) misty; (*cerveau, esprit*) befuddled
embruns [ɑ̃bʀœ̃] *nmpl* sea spray *sg*
embryologie [ɑ̃bʀijɔlɔʒi] *nf* embryology
embryon [ɑ̃bʀijɔ̃] *nm* embryo
embryonnaire [ɑ̃bʀijɔnɛʀ] *adj* embryonic
embûches [ɑ̃byʃ] *nfpl* pitfalls, traps
embué, e [ɑ̃bɥe] *adj* misted up; **yeux embués de larmes** eyes misty with tears
embuscade [ɑ̃byskad] *nf* ambush; **tendre une ~ à** to lay an ambush for
embusqué, e [ɑ̃byske] *adj* in ambush ▸ *nm* (*péj*) shirker, skiver (BRIT)
embusquer [ɑ̃byske] /1/ : **s'embusquer** *vpr* to take up position (for an ambush)
éméché, e [emeʃe] *adj* tipsy, merry
émeraude [em(ə)ʀod] *nf* emerald ▸ *adj inv* emerald-green
émergence [emɛʀʒɑ̃s] *nf* (*fig*) emergence
émergent, e [emɛʀʒɑ̃, -ɑ̃t] *adj* (*pays, économie*) emerging; (*marché*) emerging, developing
émerger [emɛʀʒe] /3/ *vi* to emerge; (*faire saillie, aussi fig*) to stand out
émeri [em(ə)ʀi] *nm* : **toile** *ou* **papier ~** emery paper
émérite [emeʀit] *adj* highly skilled
émerveillement [emɛʀvɛjmɑ̃] *nm* wonderment
émerveiller [emɛʀveje] /1/ *vt* to fill with wonder; **s'émerveiller de** *vpr* to marvel at
émet *etc* [emɛ] *vb voir* **émettre**
émétique [emetik] *nm* emetic
émetteur, -trice [emɛtœʀ, -tʀis] *adj* transmitting; **(poste) ~** transmitter
émetteur-récepteur [emetœʀʀesɛptœʀ] (*pl* **émetteurs-récepteurs**) *nm* transceiver
émettre [emɛtʀ] /56/ *vt* (*son, lumière*) to give out, emit; (*message etc : Radio*) to transmit; (*billet, timbre, emprunt, chèque*) to issue; (*hypothèse, avis*) to voice, put forward; (*vœu*) to express ▸ *vi* to broadcast; **~ sur ondes courtes** to broadcast on short wave
émeus *etc* [emø] *vb voir* **émouvoir**
émeute [emøt] *nf* riot
émeutier, -ière [emøtje, -jɛʀ] *nm/f* rioter

émeuve *etc* [emœv] *vb voir* **émouvoir**
émietter [emjete] /1/ *vt* (*pain, terre*) to crumble; (*fig*) to split up, disperse; **s'émietter** *vpr* (*pain, terre*) to crumble
émigrant, e [emigʀɑ̃, -ɑ̃t] *nm/f* emigrant
émigration [emigʀasjɔ̃] *nf* emigration
émigré, e [emigʀe] *nm/f* expatriate
émigrer [emigʀe] /1/ *vi* to emigrate
émincé [emɛ̃se] *adj* thinly sliced ▸ *nm* : **un ~ de veau** thin slices of veal
émincer [emɛ̃se] /3/ *vt* (*Culin*) to slice thinly
éminemment [eminamɑ̃] *adv* eminently
éminence [eminɑ̃s] *nf* distinction; (*colline*) knoll, hill; **Son É~** His Eminence; **~ grise** éminence grise
éminent, e [eminɑ̃, -ɑ̃t] *adj* distinguished
émir [emiʀ] *nm* emir
émirat [emiʀa] *nm* emirate; **les Émirats arabes unis (EAU)** the United Arab Emirates (UAE)
émis, e [emi, -iz] *pp de* **émettre**
émissaire [emisɛʀ] *nm* emissary
émission [emisjɔ̃] *nf* (*voir émettre*) emission; (*d'un message*) transmission; (*de billet, timbre, emprunt, chèque*) issue; (*Radio, TV*) programme, broadcast
émit *etc* [emi] *vb voir* **émettre**
emmagasinage [ɑ̃magazinaʒ] *nm* storage; storing away
emmagasiner [ɑ̃magazine] /1/ *vt* to (put into) store; (*fig*) to store up
emmailloter [ɑ̃majɔte] /1/ *vt* to wrap up
emmanchure [ɑ̃mɑ̃ʃyʀ] *nf* armhole
emmêlement [ɑ̃mɛlmɑ̃] *nm* (*état*) tangle
emmêler [ɑ̃mele] /1/ *vt* to tangle (up); (*fig*) to muddle up; **s'emmêler** *vpr* to get into a tangle
emménagement [ɑ̃menaʒmɑ̃] *nm* settling in
emménager [ɑ̃menaʒe] /3/ *vi* to move in; **~ dans** to move into
emmener [ɑ̃m(ə)ne] /5/ *vt* to take (with one); (*comme otage, capture*) to take away; **~ qn au cinéma** to take sb to the cinema
emmental, emmenthal [emɛ̃tal] *nm* (*fromage*) Emmenthal
emmerdement [ɑ̃mɛʀdəmɑ̃] *nm* (*fam : plus souvent au pluriel : ennui*) trouble *no pl*; **la loi de l'~ maximum** Sod's law (*fam*), Murphy's law
emmerder [ɑ̃mɛʀde] /1/ (*!*) *vt* to bug, bother; **je t'emmerde !** to hell with you!; **s'emmerder** *vpr* (*s'ennuyer*) to be bored stiff
emmitoufler [ɑ̃mitufle] /1/ *vt* to wrap up (warmly); **s'emmitoufler** *vpr* to wrap (o.s.) up (warmly)
emmurer [ɑ̃myʀe] /1/ *vt* to wall up, immure
émoi [emwa] *nm* (*agitation, effervescence*) commotion; (*trouble*) agitation; **en ~** (*sens*) excited, stirred
émollient, e [emɔljɑ̃, -ɑ̃t] *adj* (*Méd*) emollient
émoluments [emɔlymɑ̃] *nmpl* remuneration *sg*, fee *sg*
émonder [emɔ̃de] /1/ *vt* (*arbre etc*) to prune; (*amande etc*) to blanch
émoticone [emɔticon] *nm* (*Inform*) smiley
émotif, -ive [emɔtif, -iv] *adj* emotional
émotion [emosjɔ̃] *nf* emotion; **avoir des émotions** (*fig*) to get a fright; **donner des émotions à** to give a fright to; **sans ~** without emotion, coldly
émotionnant, e [emosjɔnɑ̃, -ɑ̃t] *adj* upsetting
émotionnel, le [emosjɔnɛl] *adj* emotional
émotionner [emosjɔne] /1/ *vt* to upset
émoulu, e [emuly] *adj* : **frais ~ de** fresh from, just out of
émoussé, e [emuse] *adj* blunt
émousser [emuse] /1/ *vt* to blunt; (*fig*) to dull
émoustiller [emustije] /1/ *vt* to titillate, arouse
émouvant, e [emuvɑ̃, -ɑ̃t] *adj* moving
émouvoir [emuvwaʀ] /27/ *vt* (*troubler*) to stir, affect; (*toucher, attendrir*) to move; (*indigner*) to rouse; (*effrayer*) to disturb, worry; **s'émouvoir** *vpr* to be affected; to be moved; to be roused; to be disturbed *ou* worried
empailler [ɑ̃pɑje] /1/ *vt* to stuff
empailleur, -euse [ɑ̃pɑjœʀ, -øz] *nm/f* (*d'animaux*) taxidermist
empaler [ɑ̃pale] /1/ *vt* to impale
empaquetage [ɑ̃paktaʒ] *nm* packing, packaging
empaqueter [ɑ̃pakte] /4/ *vt* to pack up
emparer [ɑ̃paʀe] /1/ : **s'emparer de** *vpr* (*objet*) to seize, grab; (*comme otage, Mil*) to seize; (*peur etc*) to take hold of
empâter [ɑ̃pɑte] /1/ : **s'empâter** *vpr* to thicken out
empathie [ɑ̃pati] *nf* (*Psych*) empathy
empattement [ɑ̃patmɑ̃] *nm* (*Auto*) wheelbase; (*Typo*) serif
empêché, e [ɑ̃peʃe] *adj* detained
empêchement [ɑ̃pɛʃmɑ̃] *nm* (unexpected) obstacle, hitch
empêcher [ɑ̃peʃe] /1/ *vt* to prevent; **~ qn de faire** to prevent *ou* stop sb (from) doing; **~ que qch (n')arrive/qn (ne) fasse** to prevent sth from happening/sb from doing; **il n'empêche que** nevertheless, be that as it may; **il n'a pas pu s'~ de rire** he couldn't help laughing
empêcheur [ɑ̃pɛʃœʀ] *nm* : **~ de danser en rond** spoilsport, killjoy (Brit)
empeigne [ɑ̃pɛɲ] *nf* upper (*of shoe*)
empennage [ɑ̃penaʒ] *nm* (*Aviat*) tailplane
empereur [ɑ̃pʀœʀ] *nm* emperor
empesé, e [ɑ̃pəze] *adj* (*fig*) stiff, starchy
empeser [ɑ̃pəze] /5/ *vt* to starch
empester [ɑ̃pɛste] /1/ *vt* (*lieu*) to stink out ▸ *vi* to stink, reek; **~ le tabac/le vin** to stink *ou* reek of tobacco/wine
empêtrer [ɑ̃petʀe] /1/ : **s'empêtrer dans** *vpr* (*fils etc, aussi fig*) to get tangled up in
emphase [ɑ̃fɑz] *nf* pomposity, bombast; **avec ~** pompously
emphatique [ɑ̃fatik] *adj* emphatic
empiècement [ɑ̃pjɛsmɑ̃] *nm* (*Couture*) yoke
empierrer [ɑ̃pjeʀe] /1/ *vt* (*route*) to metal
empiéter [ɑ̃pjete] /6/ : **~ sur** *vt* to encroach upon
empiffrer [ɑ̃pifʀe] /1/ : **s'empiffrer** *vpr* (*péj*) to stuff o.s.
empiler [ɑ̃pile] /1/ *vt* to pile (up), stack (up); **s'empiler** *vpr* to pile up
empire [ɑ̃piʀ] *nm* empire; (*fig*) influence; **style E~** Empire style; **sous l'~ de** in the grip of

empirer [ɑ̃piʀe] /1/ *vi* to worsen, deteriorate
empirique [ɑ̃piʀik] *adj* empirical
empirisme [ɑ̃piʀism] *nm* empiricism
emplacement [ɑ̃plasmɑ̃] *nm* site; **sur l'~ de** on the site of
emplâtre [ɑ̃plɑtʀ] *nm* plaster; (*fam*) twit
emplette [ɑ̃plɛt] *nf*: **faire l'~ de** to purchase; **emplettes** shopping *sg*; **faire des emplettes** to go shopping
emplir [ɑ̃pliʀ] /2/ *vt* to fill; **s'emplir (de)** *vpr* to fill (with)
emploi [ɑ̃plwa] *nm* use; (*poste*) job, situation; **l'~** (*Comm, Écon*) employment; **d'~ facile** easy to use; **le plein ~** full employment; **mode d'~** directions for use; **~ du temps** timetable, schedule
emploie *etc* [ɑ̃plwa] *vb voir* **employer**
employé, e [ɑ̃plwaje] *nm/f* employee; **~ de bureau/banque** office/bank employee *ou* clerk; **~ de maison** domestic (servant)
employer [ɑ̃plwaje] /8/ *vt* (*outil, moyen, méthode, mot*) to use; (*ouvrier, main-d'œuvre*) to employ; **s'~ à qch/à faire** to apply *ou* devote o.s. to sth/to doing
employeur, -euse [ɑ̃plwajœʀ, -øz] *nm/f* employer
empocher [ɑ̃pɔʃe] /1/ *vt* to pocket
empoignade [ɑ̃pwaɲad] *nf* row, set-to
empoigne [ɑ̃pwaɲ] *nf*: **foire d'~** free-for-all
empoigner [ɑ̃pwaɲe] /1/ *vt* to grab; **s'empoigner** *vpr* (*fig*) to have a row *ou* set-to
empois [ɑ̃pwa] *nm* starch
empoisonné, e [ɑ̃pwazɔne] *adj* (*nourriture, vin*) poisoned; (*fig*): **un cadeau ~** a poisoned chalice; **des flèches empoisonnées** poisoned arrows
empoisonnement [ɑ̃pwazɔnmɑ̃] *nm* poisoning
empoisonner [ɑ̃pwazɔne] /1/ *vt* to poison; (*empester: air, pièce*) to stink out; (*fam*): **~ qn** to drive sb mad; **~ l'atmosphère** (*aussi fig*) to poison the atmosphere; **il nous empoisonne l'existence** he's the bane of our life; **s'empoisonner** *vpr* to poison o.s.
empoissonner [ɑ̃pwasɔne] /1/ *vt* (*étang, rivière*) to stock with fish
emporté, e [ɑ̃pɔʀte] *adj* (*personne, caractère*) fiery
emportement [ɑ̃pɔʀtəmɑ̃] *nm* fit of rage, anger *no pl*
emporte-pièce [ɑ̃pɔʀtəpjɛs] *nm inv* (*Tech*) punch; **à l'~** *adj* (*fig*) incisive
emporter [ɑ̃pɔʀte] /1/ *vt* to take (with one); (*emmener: blessés, voyageurs*) to take away; (*entraîner*) to carry away *ou* along; (*arracher*) to tear off; (*rivière, vent*) to carry away; (*Mil: position*) to take; (*avantage, approbation*) to win; **la maladie qui l'a emporté** the illness which caused his death; **l'~** to gain victory; **l'~ (sur)** to get the upper hand (of); (*méthode etc*) to prevail (over); **boissons à ~** take-away drinks; **plats à ~** take-away meals; **s'emporter** *vpr* to fly into a rage, lose one's temper
empoté, e [ɑ̃pɔte] *adj* (*maladroit*) clumsy
empourpré, e [ɑ̃puʀpʀe] *adj* crimson
empreint, e [ɑ̃pʀɛ̃, -ɛ̃t] *adj*: **~ de** marked with; tinged with ▸ *nf* (*marque*) print; (: *de pied*) footprint; (: *de main*) handprint; (*fig*) stamp, mark; **des empreintes de pas** footprints; **empreintes digitales** fingerprints; **empreinte écologique** carbon footprint
empressé, e [ɑ̃pʀese] *adj* attentive
empressement [ɑ̃pʀɛsmɑ̃] *nm* eagerness
empresser [ɑ̃pʀese] /1/: **s'empresser** *vpr*: **s'~ auprès de qn** to surround sb with attentions; **s'~ de faire** to hasten to do
emprise [ɑ̃pʀiz] *nf* hold, ascendancy; **sous l'~ de** under the influence of
emprisonnement [ɑ̃pʀizɔnmɑ̃] *nm* imprisonment
emprisonner [ɑ̃pʀizɔne] /1/ *vt* to imprison, jail
emprunt [ɑ̃pʀœ̃] *nm* borrowing *no pl*, loan (*from debtor's point of view*); (*Ling etc*) borrowing; **nom d'~** assumed name; **~ d'État** government *ou* state loan; **~ public à 5%** 5% public loan
emprunté, e [ɑ̃pʀœ̃te] *adj* (*fig*) ill-at-ease, awkward
emprunter [ɑ̃pʀœ̃te] /1/ *vt* to borrow; (*itinéraire*) to take, follow; (*style, manière*) to adopt, assume
emprunteur, -euse [ɑ̃pʀœ̃tœʀ, -øz] *nm/f* borrower
empuantir [ɑ̃pɥɑ̃tiʀ] /2/ *vt* to stink out
EMT *sigle f* (= *éducation manuelle et technique*) *handwork as a school subject*
ému, e [emy] *pp de* **émouvoir** ▸ *adj* excited; (*gratitude*) touched; (*compassion*) moved
émulation [emylasjɔ̃] *nf* emulation
émule [emyl] *nmf* imitator
émulsion [emylsjɔ̃] *nf* emulsion; (*cosmétique*) (water-based) lotion
émut *etc* [emy] *vb voir* **émouvoir**
EN *sigle f* = **l'Éducation (nationale)**; *voir* **éducation**

MOT-CLÉ

en [ɑ̃] *prép* **1** (*endroit, pays*) in; (: *direction*) to; **habiter en France/ville** to live in France/town; **aller en France/ville** to go to France/town
2 (*moment, temps*) in; **en été/juin** in summer/June; **en 3 jours/20 ans** in 3 days/20 years
3 (*moyen*) by; **en avion/taxi** by plane/taxi
4 (*composition*) made of; **c'est en verre/coton/laine** it's (made of) glass/cotton/wool; **en métal/plastique** made of metal/plastic; **un collier en argent** a silver necklace; **en deux volumes/une pièce** in two volumes/one piece
5 (*description: état*): **une femme (habillée) en rouge** a woman (dressed) in red; **peindre qch en rouge** to paint sth red; **en T/étoile** T-/star-shaped; **en chemise/chaussettes** in one's shirt sleeves/socks; **en soldat** as a soldier; **en civil** in civilian clothes; **cassé en plusieurs morceaux** broken into several pieces; **en réparation** being repaired, under repair; **en vacances** on holiday; **en bonne santé** healthy, in good health; **en deuil** in mourning; **le même en plus grand** the same but *ou* only bigger
6 (*avec gérondif*) while; on; **en dormant** while sleeping, as one sleeps; **en sortant** on going

out, as he *etc* went out; **sortir en courant** to run out; **en apprenant la nouvelle, il s'est évanoui** he fainted at the news *ou* when he heard the news
7 (*matière*) : **fort en math** good at maths; **expert en** expert in
8 (*conformité*) : **en tant que** as; **en bon politicien, il ...** good politician that he is, he ..., like a good *ou* true politician, he ...; **je te parle en ami** I'm talking to you as a friend
▸ *pron* **1** (*indéfini*) : **j'en ai/veux** I have/want some; **en as-tu ?** have you got any?; **il n'y en a pas** there isn't *ou* aren't any; **je n'en veux pas** I don't want any; **j'en ai deux** I've got two; **combien y en a-t-il ?** how many (of them) are there?; **j'en ai assez** I've got enough (of it *ou* them); (*j'en ai marre*) I've had enough; **où en étais-je ?** where was I?
2 (*provenance*) from there; **j'en viens** I've come from there
3 (*cause*) : **il en est malade/perd le sommeil** he is ill/can't sleep because of it
4 (*de la part de*) : **elle en est aimée** she is loved by him (*ou* them *etc*)
5 (*complément de nom : d'adjectif : de verbe*) : **j'en connais les dangers** I know its *ou* the dangers; **j'en suis fier/ai besoin** I am proud of it/need it; **il en est ainsi** *ou* **de même pour moi** it's the same for me, same here

ENA [ena] *sigle f* (*= École nationale d'administration*) *grande école for training civil servants*
énarque [enaʀk] *nmf* former ENA student
encablure [ɑ̃kablyʀ] *nf* (*Navig*) cable's length
encadrement [ɑ̃kɑdʀəmɑ̃] *nm* framing; training; (*de porte*) frame; **~ du crédit** credit restrictions
encadrer [ɑ̃kɑdʀe] /1/ *vt* (*tableau, image*) to frame; (*fig : entourer*) to surround; (*personnel, soldats etc*) to train; (*Comm : crédit*) to restrict
encadreur [ɑ̃kɑdʀœʀ] *nm* (picture) framer
encaisse [ɑ̃kɛs] *nf* cash in hand; **~ or/métallique** gold/gold and silver reserves
encaissé, e [ɑ̃kese] *adj* (*vallée*) steep-sided; (*rivière*) with steep banks
encaisser [ɑ̃kese] /1/ *vt* (*chèque*) to cash; (*argent*) to collect; (*fig : coup, défaite*) to take
encaisseur [ɑ̃kɛsœʀ] *nm* collector (*of debts etc*)
encan [ɑ̃kɑ̃] : **à l'~** *adv* by auction
encanailler [ɑ̃kanɑje] /1/ : **s'encanailler** *vpr* to become vulgar *ou* common; to mix with the riff-raff
encart [ɑ̃kaʀ] *nm* insert; **~ publicitaire** publicity insert
encarter [ɑ̃kaʀte] /1/ *vt* to insert
en-cas [ɑ̃kɑ] *nm inv* snack
encastrable [ɑ̃kastʀabl] *adj* (*four, élément*) that can be built in
encastré, e [ɑ̃kastʀe] *adj* (*four, baignoire*) built-in
encastrer [ɑ̃kastʀe] /1/ *vt* : **~ qch dans** (*mur*) to embed sth in(to); (*boîtier*) to fit sth into; **s'encastrer dans** *vpr* to fit into; (*heurter*) to crash into
encaustique [ɑ̃kɔstik] *nf* polish, wax
encaustiquer [ɑ̃kɔstike] /1/ *vt* to polish, wax

enceinte [ɑ̃sɛ̃t] *adj f* : **~ (de six mois)** (six months) pregnant ▸ *nf* (*mur*) wall; (*espace*) enclosure; **~ (acoustique)** speaker
encens [ɑ̃sɑ̃] *nm* incense
encenser [ɑ̃sɑ̃se] /1/ *vt* to (in)cense; (*fig*) to praise to the skies
encensoir [ɑ̃sɑ̃swaʀ] *nm* thurible (Brit), censer
encéphalogramme [ɑ̃sefalɔgʀam] *nm* encephalogram
encercler [ɑ̃sɛʀkle] /1/ *vt* to surround
enchaîné [ɑ̃ʃene] *nm* (*Ciné*) link shot
enchaînement [ɑ̃ʃɛnmɑ̃] *nm* (*fig*) linking
enchaîner [ɑ̃ʃene] /1/ *vt* to chain up; (*mouvements, séquences*) to link (together) ▸ *vi* to carry on
enchanté, e [ɑ̃ʃɑ̃te] *adj* (*ravi*) delighted; (*ensorcelé*) enchanted; **~ (de faire votre connaissance)** pleased to meet you, how do you do?
enchantement [ɑ̃ʃɑ̃tmɑ̃] *nm* delight; (*magie*) enchantment; **comme par ~** as if by magic
enchanter [ɑ̃ʃɑ̃te] /1/ *vt* to delight
enchanteur, -teresse [ɑ̃ʃɑ̃tœʀ, -tʀɛs] *adj* enchanting
enchâsser [ɑ̃ʃɑse] /1/ *vt* : **~ qch (dans)** to set sth (in)
enchère [ɑ̃ʃɛʀ] *nf* bid; **faire une ~** to (make a) bid; **mettre/vendre aux enchères** to put up for (sale by)/sell by auction; **les enchères montent** the bids are rising; **faire monter les enchères** (*fig*) to raise the bidding
enchérir [ɑ̃ʃeʀiʀ] /2/ *vi* : **~ sur qn** (*aux enchères, aussi fig*) to outbid sb
enchérisseur, -euse [ɑ̃ʃeʀisœʀ, -øz] *nm/f* bidder
enchevêtré, e [ɑ̃ʃ(ə)vetʀe] *adj* tangled, tangled up
enchevêtrement [ɑ̃ʃ(ə)vɛtʀəmɑ̃] *nm* tangle
enchevêtrer [ɑ̃ʃ(ə)vetʀe] /1/ *vt* to tangle (up)
enclave [ɑ̃klav] *nf* enclave
enclaver [ɑ̃klave] /1/ *vt* to enclose, hem in
enclencher [ɑ̃klɑ̃ʃe] /1/ *vt* (*mécanisme*) to engage; (*fig : affaire*) to set in motion; **s'enclencher** *vpr* to engage
enclin, e [ɑ̃klɛ̃, -in] *adj* : **~ à qch/à faire** inclined *ou* prone to sth/to do
enclore [ɑ̃klɔʀ] /45/ *vt* to enclose
enclos [ɑ̃klo] *nm* enclosure; (*clôture*) fence
enclume [ɑ̃klym] *nf* anvil
encoche [ɑ̃kɔʃ] *nf* notch
encoder [ɑ̃kɔde] /1/ *vt* to encode
encodeur [ɑ̃kɔdœʀ] *nm* encoder
encoignure [ɑ̃kɔɲyʀ] *nf* corner
encoller [ɑ̃kɔle] /1/ *vt* to paste
encolure [ɑ̃kɔlyʀ] *nf* (*tour de cou*) collar size; (*col, cou*) neck
encombrant, e [ɑ̃kɔ̃bʀɑ̃, -ɑ̃t] *adj* cumbersome, bulky
encombre [ɑ̃kɔ̃bʀ] : **sans ~** *adv* without mishap *ou* incident
encombré, e [ɑ̃kɔ̃bʀe] *adj* (*pièce, passage*) cluttered; (*lignes téléphoniques*) engaged; (*marché*) saturated
encombrement [ɑ̃kɔ̃bʀəmɑ̃] *nm* (*d'un lieu*) cluttering (up); (*d'un objet : dimensions*) bulk; **être pris dans un ~** to be stuck in a traffic jam

encombrer [ɑ̃kɔ̃bʀe] /1/ *vt* to clutter (up); (*gêner*) to hamper; **~ le passage** to block *ou* obstruct the way; **s'encombrer de** *vpr* (*bagages etc*) to load *ou* burden o.s. with
encontre [ɑ̃kɔ̃tʀ] : **à l'~ de** *prép* against, counter to
encorbellement [ɑ̃kɔʀbɛlmɑ̃] *nm* : **fenêtre en ~** oriel window
encorder [ɑ̃kɔʀde] /1/ *vt*, **s'encorder** *vpr* (*Alpinisme*) to rope up

MOT-CLÉ

encore [ɑ̃kɔʀ] *adv* **1** (*continuation*) still; **il y travaille encore** he's still working on it; **pas encore** not yet
2 (*de nouveau*) again; **j'irai encore demain** I'll go again tomorrow; **encore une fois** (once) again
3 (*en plus*) more; **encore un peu de viande ?** a little more meat?; **encore un effort** one last effort; **encore deux jours** two more days
4 (*intensif*) even, still; **encore plus fort/mieux** even louder/better, louder/better still; **hier encore** even yesterday; **non seulement ..., mais encore ...** not only ..., but also ...; **encore !** (*insatisfaction*) not again!; **quoi encore ?** what now?
5 (*restriction*) even so *ou* then, only; **encore pourrais-je le faire si ...** even so, I might be able to do it if ...; **si encore** if only; **encore que** *conj* although

encourageant, e [ɑ̃kuʀaʒɑ̃, -ɑ̃t] *adj* encouraging
encouragement [ɑ̃kuʀaʒmɑ̃] *nm* encouragement; (*récompense*) incentive
encourager [ɑ̃kuʀaʒe] /3/ *vt* to encourage; **~ qn à faire qch** to encourage sb to do sth
encourir [ɑ̃kuʀiʀ] /11/ *vt* to incur
encrasser [ɑ̃kʀase] /1/ *vt* to foul up; (*Auto*) to soot up; **s'encrasser** *vpr* (*tuyau, filtre*) to get fouled up; (*bougies d'allumage*) to get sooted up
encre [ɑ̃kʀ] *nf* ink; **~ de Chine** Indian ink; **~ indélébile** indelible ink; **~ sympathique** invisible ink
encrer [ɑ̃kʀe] /1/ *vt* to ink
encreur [ɑ̃kʀœʀ] *adj m* : **rouleau ~** inking roller
encrier [ɑ̃kʀije] *nm* inkwell
encroûter [ɑ̃kʀute] /1/ : **s'encroûter** *vpr* (*fig*) to get into a rut, get set in one's ways
encyclique [ɑ̃siklik] *nf* encyclical
encyclopédie [ɑ̃siklɔpedi] *nf* encyclopaedia (BRIT), encyclopedia (US)
encyclopédique [ɑ̃siklɔpedik] *adj* encyclopaedic (BRIT), encyclopedic (US)
endémique [ɑ̃demik] *adj* endemic
endetté, e [ɑ̃dete] *adj* in debt; (*fig*) : **très ~ envers qn** deeply indebted to sb
endettement [ɑ̃dɛtmɑ̃] *nm* debts *pl*
endetter [ɑ̃dete] /1/ *vt*, **s'endetter** *vpr* to get into debt
endeuiller [ɑ̃dœje] /1/ *vt* to plunge into mourning; **manifestation endeuillée par** event over which a tragic shadow was cast by
endiablé, e [ɑ̃djable] *adj* furious; (*enfant*) boisterous
endiguer [ɑ̃dige] /1/ *vt* to dyke (up); (*fig*) to check, hold back
endimanché, e [ɑ̃dimɑ̃ʃe] *adj* in one's Sunday best; **avoir l'air ~** to be all done up to the nines (*fam*)
endimancher [ɑ̃dimɑ̃ʃe] /1/ : **s'endimancher** *vpr* to put on one's Sunday best
endive [ɑ̃div] *nf* chicory *no pl*
endocrine [ɑ̃dɔkʀin] *adj f* : **glande ~** endocrine (gland)
endoctrinement [ɑ̃dɔktʀinmɑ̃] *nm* indoctrination
endoctriner [ɑ̃dɔktʀine] /1/ *vt* to indoctrinate
endolori, e [ɑ̃dɔlɔʀi] *adj* painful
endommager [ɑ̃dɔmaʒe] /3/ *vt* to damage
endormant, e [ɑ̃dɔʀmɑ̃, -ɑ̃t] *adj* dull, boring
endormi, e [ɑ̃dɔʀmi] *pp de* **endormir** ▸ *adj* (*personne*) asleep; (*fig : indolent, lent*) sluggish; (*engourdi : main, pied*) numb
endormir [ɑ̃dɔʀmiʀ] /16/ *vt* to put to sleep; (*chaleur etc*) to send to sleep; (*Méd : dent, nerf*) to anaesthetize; (*fig : soupçons*) to allay; **s'endormir** *vpr* to fall asleep, go to sleep
endoscope [ɑ̃dɔskɔp] *nm* (*Méd*) endoscope
endoscopie [ɑ̃dɔskɔpi] *nf* endoscopy
endosser [ɑ̃dose] /1/ *vt* (*responsabilité*) to take, shoulder; (*chèque*) to endorse; (*uniforme, tenue*) to put on, don
endroit [ɑ̃dʀwa] *nm* place; (*localité*) : **les gens de l'~** the local people; (*opposé à l'envers*) right side; **à cet ~** in this place; **à l'~** right side out; the right way up; (*vêtement*) the right way out; (*objet posé*) the right way round; **à l'~ de** *prép* regarding, with regard to; **par endroits** in places
enduire [ɑ̃dɥiʀ] /38/ *vt* to coat; **~ qch de** to coat sth with
enduit, e [ɑ̃dɥi, -it] *pp de* **enduire** ▸ *nm* coating
endurance [ɑ̃dyʀɑ̃s] *nf* endurance
endurant, e [ɑ̃dyʀɑ̃, -ɑ̃t] *adj* tough, hardy
endurcir [ɑ̃dyʀsiʀ] /2/ *vt* (*physiquement*) to toughen; (*moralement*) to harden; **s'endurcir** *vpr* (*physiquement*) to become tougher; (*moralement*) to become hardened
endurer [ɑ̃dyʀe] /1/ *vt* to endure, bear
énergétique [enɛʀʒetik] *adj* (*ressources etc*) energy *cpd*; (*aliment*) energizing
énergie [enɛʀʒi] *nf* (*Physique*) energy; (*Tech*) power; (*fig : physique*) energy; (*: morale*) vigour, spirit; **~ éolienne/solaire** wind/solar power
énergique [enɛʀʒik] *adj* energetic; vigorous; (*mesures*) drastic, stringent
énergiquement [enɛʀʒikmɑ̃] *adv* energetically; drastically
énergisant, e [enɛʀʒizɑ̃, -ɑ̃t] *adj* energizing
énergumène [enɛʀgymɛn] *nm* rowdy character *ou* customer
énervant, e [enɛʀvɑ̃, -ɑ̃t] *adj* irritating, annoying
énervé, e [enɛʀve] *adj* nervy, on edge; (*agacé*) irritated
énervement [enɛʀvəmɑ̃] *nm* nerviness; irritation

énerver [enɛʀve] /1/ *vt* to irritate, annoy; **s'énerver** *vpr* to get excited, get worked up
enfance [ɑ̃fɑ̃s] *nf (âge)* childhood; *(fig)* infancy; *(enfants)* children *pl*; **c'est l'~ de l'art** it's child's play; **petite ~** infancy; **souvenir/ami d'~** childhood memory/friend; **retomber en ~** to lapse into one's second childhood
enfant [ɑ̃fɑ̃] *nmf* child; **~ adoptif/naturel** adopted/natural child; **bon ~** *adj* good-natured, easy-going; **~ de chœur** *nm (Rel)* altar boy; **~ prodige** child prodigy; **~ unique** only child
enfanter [ɑ̃fɑ̃te] /1/ *vi* to give birth ▸ *vt* to give birth to
enfantillage [ɑ̃fɑ̃tijaʒ] *nm (péj)* childish behaviour *no pl*
enfantin, e [ɑ̃fɑ̃tɛ̃, -in] *adj* childlike; *(péj)* childish; *(langage)* children's *cpd*
enfer [ɑ̃fɛʀ] *nm* hell; **allure/bruit d'~** horrendous speed/noise
enfermer [ɑ̃fɛʀme] /1/ *vt* to shut up; *(à clef, interner)* to lock up; **s'enfermer** *vpr* to shut o.s. away; **s'~ à clé** to lock o.s. in; **s'~ dans la solitude/le mutisme** to retreat into solitude/ silence
enferrer [ɑ̃feʀe] /1/ : **s'enferrer** *vpr* : **s'~ dans** to tangle o.s. up in
enfiévré, e [ɑ̃fjevʀe] *adj (fig)* feverish
enfilade [ɑ̃filad] *nf* : **une ~ de** a series *ou* line of; **prendre des rues en ~** to cross directly from one street into the next
enfiler [ɑ̃file] /1/ *vt (vêtement)* to slip on; *(rue, couloir)* to take; *(perles)* to string; *(aiguille)* to thread; *(insérer)* : **~ qch dans** to stick sth into; **~ un tee-shirt** to slip into a T-shirt; **s'enfiler dans** *vpr* to disappear into
enfin [ɑ̃fɛ̃] *adv* at last; *(en énumérant)* lastly; *(de restriction, résignation)* still; *(eh bien)* well; *(pour conclure)* in a word; *(somme toute)* after all
enflammé, e [ɑ̃flame] *adj (torche, allumette)* burning; *(Méd : plaie)* inflamed; *(fig : nature, discours, déclaration)* fiery
enflammer [ɑ̃flɑme] /1/ *vt* to set fire to; *(Méd)* to inflame; **s'enflammer** *vpr* to catch fire; *(Méd)* to become inflamed
enflé, e [ɑ̃fle] *adj* swollen; *(péj : style)* bombastic, turgid
enfler [ɑ̃fle] /1/ *vi* to swell (up); **s'enfler** *vpr* to swell
enflure [ɑ̃flyʀ] *nf* swelling
enfoncé, e [ɑ̃fɔ̃se] *adj* staved-in, smashed-in; *(yeux)* deep-set
enfoncement [ɑ̃fɔ̃smɑ̃] *nm (recoin)* nook
enfoncer [ɑ̃fɔ̃se] /3/ *vt (clou)* to drive in; *(faire pénétrer)* : **~ qch dans** to push (*ou* drive) sth into; *(forcer : porte)* to break open; *(: plancher)* to cause to cave in; *(défoncer : côtes etc)* to smash; *(fam : surpasser)* to lick, beat (hollow); **~ un chapeau sur la tête** to cram *ou* jam a hat on one's head; **~ qn dans la dette** to drag sb into debt; **s'enfoncer** *vpr* to sink; *(sol, surface porteuse)* to give way; **s'~ dans** to sink into; *(forêt, ville)* to disappear into
enfouir [ɑ̃fwiʀ] /2/ *vt (dans le sol)* to bury; *(dans un tiroir etc)* to tuck away; **s'enfouir dans/sous** *vpr* to bury o.s. in/under
enfourcher [ɑ̃fuʀʃe] /1/ *vt* to mount; **~ son dada** *(fig)* to get on one's hobby-horse
enfourner [ɑ̃fuʀne] /1/ *vt (poterie)* to put in the oven, to put in the kiln; **~ qch dans** to shove *ou* stuff sth into; **s'enfourner dans** *vpr (personne)* to dive into
enfreignais *etc* [ɑ̃fʀɛɲɛ] *vb voir* **enfreindre**
enfreindre [ɑ̃fʀɛ̃dʀ] /52/ *vt* to infringe, break
enfuir [ɑ̃fɥiʀ] /17/ : **s'enfuir** *vpr* to run away *ou* off
enfumé, e [ɑ̃fyme] *adj (salon, bar)* smoky
enfumer [ɑ̃fyme] /1/ *vt* to smoke out
enfuyais *etc* [ɑ̃fɥijɛ] *vb voir* **enfuir**
engagé, e [ɑ̃gaʒe] *adj (littérature etc)* engagé, committed
engageant, e [ɑ̃gaʒɑ̃, -ɑ̃t] *adj* attractive, appealing
engagement [ɑ̃gaʒmɑ̃] *nm* taking on, engaging; starting; investing; *(promesse)* commitment; *(Mil : combat)* engagement; *(: recrutement)* enlistment; *(Sport)* entry; **prendre l'~ de faire** to undertake to do; **sans ~** *(Comm)* without obligation
engager [ɑ̃gaʒe] /3/ *vt (embaucher)* to take on; *(: artiste)* to engage; *(commencer)* to start; *(lier)* to bind, commit; *(impliquer, entraîner)* to involve; *(investir)* to invest, lay out; *(faire intervenir)* to engage; *(Sport : concurrents, chevaux)* to enter; *(introduire : clé)* to insert; *(inciter)* : **~ qn à faire** to urge sb to do; *(faire pénétrer)* : **~ qch dans** to insert sth into; **~ qn à qch** to urge sth on sb; **s'engager** *vpr* to get taken on; *(Mil)* to enlist; *(promettre, politiquement)* to commit o.s.; *(débuter : conversation etc)* to start (up); **s'~ à faire** to undertake to do; **s'~ dans** *(rue, passage)* to turn into, enter; *(s'emboîter)* to engage *ou* fit into; *(fig : affaire, discussion)* to enter into, embark on
engazonner [ɑ̃gɑzɔne] /1/ *vt* to turf
engeance [ɑ̃ʒɑ̃s] *nf* mob
engelures [ɑ̃ʒlyʀ] *nfpl* chilblains
engendrer [ɑ̃ʒɑ̃dʀe] /1/ *vt* to father; *(fig)* to create, breed
engin [ɑ̃ʒɛ̃] *nm* machine; *(outil)* instrument; *(Auto)* vehicle; *(péj)* gadget; *(Aviat : avion)* aircraft *inv*; *(: missile)* missile; **~ blindé** armoured vehicle; **~ (explosif)** (explosive) device; **engins (spéciaux)** missiles; **~ explosif improvisé** improvised explosive device
englober [ɑ̃glɔbe] /1/ *vt* to include
engloutir [ɑ̃glutiʀ] /2/ *vt* to swallow up; *(fig : dépenses)* to devour; **s'engloutir** *vpr* to be engulfed
englué, e [ɑ̃glye] *adj* sticky
engoncé, e [ɑ̃gɔ̃se] *adj* : **~ dans** cramped in
engorgement [ɑ̃gɔʀʒəmɑ̃] *nm* blocking; *(Méd)* engorgement
engorger [ɑ̃gɔʀʒe] /3/ *vt* to obstruct, block; **s'engorger** *vpr* to become blocked
engouement [ɑ̃gumɑ̃] *nm* (sudden) passion
engouffrer [ɑ̃gufʀe] /1/ *vt* to swallow up, devour; **s'engouffrer dans** *vpr* to rush into
engourdi, e [ɑ̃guʀdi] *adj* numb
engourdir [ɑ̃guʀdiʀ] /2/ *vt* to numb; *(fig)* to dull, blunt; **s'engourdir** *vpr* to go numb
engourdissement [ɑ̃guʀdismɑ̃] *nm* numbness

engrais [ɑ̃gʀɛ] *nm* manure; **~ (chimique)** (chemical) fertilizer; **~ organique/ inorganique** organic/inorganic fertilizer
engraisser [ɑ̃gʀese] /**1**/ *vt* to fatten (up); (*terre : fertiliser*) to fertilize ▸ *vi* (*péj*) to get fat(ter)
engranger [ɑ̃gʀɑ̃ʒe] /**3**/ *vt* (*foin*) to bring in; (*fig*) to store away
engrenage [ɑ̃gʀənaʒ] *nm* gears *pl*, gearing; (*fig*) chain
engueulade [ɑ̃gœlad] *nf* (*fam*) telling off
engueuler [ɑ̃gœle] /**1**/ *vt* (*fam*) to bawl at *ou* out
enguirlander [ɑ̃giʀlɑ̃de] /**1**/ *vt* (*fam*) to give sb a bawling out, bawl at
enhardir [ɑ̃aʀdiʀ] /**2**/ : **s'enhardir** *vpr* to grow bolder
ENI [eni] *sigle f* = **école normale (d'instituteurs)**
énième [enjɛm] *adj* = **nième**
énigmatique [enigmatik] *adj* enigmatic
énigmatiquement [enigmatikmɑ̃] *adv* enigmatically
énigme [enigm] *nf* riddle
enivrant, e [ɑ̃nivʀɑ̃, -ɑ̃t] *adj* intoxicating
enivrer [ɑ̃nivʀe] /**1**/ : **s'enivrer** *vpr* to get drunk; **s'~ de** (*fig*) to become intoxicated with
enjambée [ɑ̃ʒɑ̃be] *nf* stride; **d'une ~** with one stride
enjambement [ɑ̃ʒɑ̃bmɑ̃] *nm* (*en poésie*) enjambement
enjamber [ɑ̃ʒɑ̃be] /**1**/ *vt* to stride over; (*pont etc*) to span, straddle
enjeu, x [ɑ̃ʒø] *nm* stakes *pl*
enjoindre [ɑ̃ʒwɛ̃dʀ] /**49**/ *vt* : **~ à qn de faire** to enjoin *ou* order sb to do
enjôler [ɑ̃ʒole] /**1**/ *vt* to coax, wheedle
enjôleur, -euse [ɑ̃ʒolœʀ, -øz] *adj* (*sourire, paroles*) winning
enjolivement [ɑ̃ʒɔlivmɑ̃] *nm* embellishment
enjoliver [ɑ̃ʒɔlive] /**1**/ *vt* to embellish
enjoliveur [ɑ̃ʒɔlivœʀ] *nm* (*Auto*) hub cap
enjoué, e [ɑ̃ʒwe] *adj* playful
enlacer [ɑ̃lase] /**3**/ *vt* (*étreindre*) to embrace, hug; (*lianes*) to wind round, entwine
enlaidir [ɑ̃ledIʀ] /**2**/ *vt* to make ugly ▸ *vi* to become ugly
enlevé, e [ɑ̃l(ə)ve] *adj* (*morceau de musique*) played brightly
enlèvement [ɑ̃lɛvmɑ̃] *nm* removal; (*rapt*) abduction, kidnapping; **l'~ des ordures ménagères** refuse collection
enlever [ɑ̃l(ə)ve] /**5**/ *vt* (*ôter : gén*) to remove; (*: vêtement, lunettes*) to take off; (*: Méd : organe*) to remove; (*emporter : ordures etc*) to collect, take away; (*kidnapper*) to abduct, kidnap; (*obtenir : prix, contrat*) to win; (*Mil : position*) to take; (*morceau de piano etc*) to execute with spirit *ou* brio; (*prendre*) : **~ qch à qn** to take sth (away) from sb; **la maladie qui nous l'a enlevé** (*euphémisme*) the illness which took him from us; **s'enlever** *vpr* (*tache*) to come out *ou* off
enlisement [ɑ̃lizmɑ̃] *nm* getting stuck; (*fig : de négociations, conflit*) stalemate
enliser [ɑ̃lize] /**1**/ : **s'enliser** *vpr* to sink, get stuck; (*dialogue etc*) to get bogged down
enluminure [ɑ̃lyminyʀ] *nf* illumination
ENM *sigle f* (*= École nationale de la magistrature*) *grande école for law students*
enneigé, e [ɑ̃neʒe] *adj* snowy; (*fam*) snowed-up; (*maison*) snowed-in
enneigement [ɑ̃nɛʒmɑ̃] *nm* depth of snow, snowfall; **bulletin d'~** snow report
ennemi, e [ɛnmi] *adj* hostile; (*Mil*) enemy *cpd*; **être ~ de** to be strongly averse *ou* opposed to ▸ *nm/f* enemy
ennième [ɛnjɛm] *adj* = **nième**
ennoblir [ɑ̃nɔbliʀ] /**2**/ *vt* to ennoble
ennui [ɑ̃nɥi] *nm* (*lassitude*) boredom; (*difficulté*) trouble *no pl*; **avoir des ennuis** to have problems; **s'attirer des ennuis** to cause problems for o.s.
ennuie *etc* [ɑ̃nɥi] *vb voir* **ennuyer**
ennuyé, e [ɑ̃nɥije] *adj* (*air, personne*) preoccupied, worried
ennuyer [ɑ̃nɥije] /**8**/ *vt* to bother; (*lasser*) to bore; **s'ennuyer** *vpr* to be bored; (*s'ennuyer de : regretter*) to miss; **si cela ne vous ennuie pas** if it's no trouble to you
ennuyeux, -euse [ɑ̃nɥijø, -øz] *adj* boring, tedious; (*agaçant*) annoying
énoncé [enɔ̃se] *nm* terms *pl*; wording; (*Ling*) utterance
énoncer [enɔ̃se] /**3**/ *vt* to say, express; (*conditions*) to set out, lay down, state
énonciation [enɔ̃sjasjɔ̃] *nf* statement
enorgueillir [ɑ̃nɔʀgœjiʀ] /**2**/ : **s'enorgueillir de** *vpr* to pride o.s. on; to boast
énorme [enɔʀm] *adj* enormous, huge
énormément [enɔʀmemɑ̃] *adv* enormously, tremendously; **~ de neige/gens** an enormous amount of snow/number of people
énormité [enɔʀmite] *nf* enormity, hugeness; (*propos*) outrageous remark
en part. *abr* (*= en particulier*) esp.
enquérir [ɑ̃keʀiʀ] /**21**/ : **s'enquérir de** *vpr* to inquire about
enquête [ɑ̃kɛt] *nf* (*de journaliste, de police*) investigation; (*judiciaire, administrative*) inquiry; (*sondage d'opinion*) survey
enquêter [ɑ̃kete] /**1**/ *vi* to investigate; to hold an inquiry; (*faire un sondage*) : **~ (sur)** to do a survey (on), carry out an opinion poll (on)
enquêteur, -euse, -trice [ɑ̃kɛtœʀ, -øz, -tʀis] *nm/f* officer in charge of an investigation; person conducting a survey; pollster
enquiers, enquière *etc* [ɑ̃kjer, ɑ̃kjɛʀ] *vb voir* **enquérir**
enquiquiner [ɑ̃kikine] /**1**/ *vt* to rile, irritate
enquiquineur, -euse [ɑ̃kikinœʀ, -øz] *nm/f* (*fam*) pain (*fam*)
enquis, e [ɑ̃ki, -iz] *pp de* **enquérir**
enraciné, e [ɑ̃ʀasine] *adj* deep-rooted
enragé, e [ɑ̃ʀaʒe] *adj* (*Méd*) rabid, with rabies; (*furieux*) furiously angry; (*fig*) fanatical; **~ de** wild about
enrageant, e [ɑ̃ʀaʒɑ̃, -ɑ̃t] *adj* infuriating
enrager [ɑ̃ʀaʒe] /**3**/ *vi* to be furious, be in a rage; **faire ~ qn** to make sb wild with anger
enrayer [ɑ̃ʀeje] /**8**/ *vt* to check, stop; **s'enrayer** *vpr* (*arme à feu*) to jam
enrégimenter [ɑ̃ʀeʒimɑ̃te] /**1**/ *vt* (*péj*) to enlist

e

enregistrement [ɑ̃ʀ(ə)ʒistʀəmɑ̃] *nm* recording; (*Admin*) registration; **~ des bagages** (*à l'aéroport*) baggage check-in; **~ magnétique** tape-recording
enregistrer [ɑ̃ʀ(ə)ʒistʀe] /1/ *vt* (*Mus*) to record; (*Inform*) to save; (*remarquer, noter*) to note, record; (*Comm : commande*) to note, enter; (*fig : mémoriser*) to make a mental note of; (*Admin*) to register; (*bagages : aussi* : **faire enregistrer** : *par train*) to register; (: *à l'aéroport*) to check in
enregistreur, -euse [ɑ̃ʀ(ə)ʒistʀœʀ, -øz] *adj* (*machine*) recording *cpd* ▸ *nm* (*appareil*) : **~ de vol** (*Aviat*) flight recorder
enrhumé, e [ɑ̃ʀyme] *adj* : **il est ~** he has a cold
enrhumer [ɑ̃ʀyme] /1/ : **s'enrhumer** *vpr* to catch a cold
enrichi, e [ɑ̃ʀiʃi] *adj* (*personne*) rich; (*uranium*) enriched
enrichir [ɑ̃ʀiʃiʀ] /2/ *vt* to make rich(er); (*fig*) to enrich; **s'enrichir** *vpr* to get rich(er)
enrichissant, e [ɑ̃ʀiʃisɑ̃, -ɑ̃t] *adj* instructive
enrichissement [ɑ̃ʀiʃismɑ̃] *nm* enrichment
enrobé, e [ɑ̃ʀɔbe] *adj* (*comprimé*) coated
enrober [ɑ̃ʀɔbe] /1/ *vt* : **~ qch de** to coat sth with; (*fig*) to wrap sth up in
enrôlement [ɑ̃ʀolmɑ̃] *nm* enlistment
enrôler [ɑ̃ʀole] /1/ *vt* to enlist; **s'enrôler (dans)** *vpr* to enlist (in)
enroué, e [ɑ̃ʀwe] *adj* hoarse
enrouer [ɑ̃ʀwe] /1/ : **s'enrouer** *vpr* to go hoarse
enrouler [ɑ̃ʀule] /1/ *vt* (*fil, corde*) to wind (up); **~ qch autour de** to wind sth (a)round; **s'enrouler** *vpr* to coil up
enrouleur, -euse [ɑ̃ʀulœʀ, -øz] *adj* (*Tech*) winding ▸ *nm voir* **ceinture**
enrubanné, e [ɑ̃ʀybane] *adj* trimmed with ribbon
ENS *sigle f* = **école normale supérieure**
ensablement [ɑ̃sabləmɑ̃] *nm* (*de port, canal*) silting up; (*d'embarcation*) stranding
ensabler [ɑ̃sable] /1/ *vt* (*port, canal*) to silt up, sand up; (*embarcation*) to strand (on a sandbank); **s'ensabler** *vpr* to silt up; to get stranded
ensacher [ɑ̃saʃe] /1/ *vt* to pack into bags
ENSAM *sigle f* (= *École nationale supérieure des arts et métiers*) *grande école for engineering students*
ensanglanté, e [ɑ̃sɑ̃glɑ̃te] *adj* covered with blood
enseignant, e [ɑ̃sɛɲɑ̃, -ɑ̃t] *adj* teaching ▸ *nm/f* teacher
enseigne [ɑ̃sɛɲ] *nf* sign; **à telle ~ que** so much so that; **être logés à la même ~** (*fig*) to be in the same boat; **~ lumineuse** neon sign ▸ *nm* : **~ de vaisseau** lieutenant
enseignement [ɑ̃sɛɲ(ə)mɑ̃] *nm* teaching; (*Admin*) education; **~ ménager** home economics; **~ primaire** primary (BRIT) *ou* grade school (US) education; **~ secondaire** secondary (BRIT) *ou* high school (US) education
enseigner [ɑ̃seɲe] /1/ *vt, vi* to teach; **~ qch à qn/à qn que** to teach sb sth/sb that
ensemble [ɑ̃sɑ̃bl] *adv* together; **aller ~** to go together ▸ *nm* (*assemblage, Math*) set; (*vêtements*) outfit; (*vêtement féminin*) ensemble, suit; (*unité, harmonie*) unity; (*résidentiel*) housing development; **l'~ du/de la** (*totalité*) the whole *ou* entire; **impression/idée d'~** overall *ou* general impression/idea; **dans l'~** (*en gros*) on the whole; **dans son ~** overall, in general; **~ vocal/musical** vocal/musical ensemble
ensemblier [ɑ̃sɑ̃blije] *nm* interior designer
ensemencement [ɑ̃s(ə)mɑ̃smɑ̃] *nm* sowing
ensemencer [ɑ̃s(ə)mɑ̃se] /3/ *vt* to sow
enserrer [ɑ̃seʀe] /1/ *vt* to hug (tightly)
ENSET [ɛnsɛt] *sigle f* (= *École normale supérieure de l'enseignement technique*) *grande école for training technical teachers*
ensevelir [ɑ̃sәv(ә)liʀ] /2/ *vt* to bury
ensilage [ɑ̃silaʒ] *nm* (*aliment*) silage
ensoleillé, e [ɑ̃sɔleje] *adj* sunny
ensoleillement [ɑ̃sɔlɛjmɑ̃] *nm* period *ou* hours *pl* of sunshine
ensommeillé, e [ɑ̃sɔmeje] *adj* sleepy, drowsy
ensorcelant, e [ɑ̃sɔʀsəlɑ̃, -ɑ̃t] *adj* (*regard, sourire*) bewitching
ensorceler [ɑ̃sɔʀsəle] /4/ *vt* to enchant, bewitch
ensuite [ɑ̃sɥit] *adv* then, next; (*plus tard*) afterwards, later; **~ de quoi** after which
ensuivre [ɑ̃sɥivʀ] /40/ : **s'ensuivre** *vpr* to follow, ensue; **il s'ensuit que ...** it follows that ...; **et tout ce qui s'ensuit** and all that goes with it
entaché, e [ɑ̃taʃe] *adj* : **~ de** marred by; **~ de nullité** null and void
entacher [ɑ̃taʃe] /1/ *vt* to soil
entaille [ɑ̃taj] *nf* (*encoche*) notch; (*blessure*) cut; **se faire une ~** to cut o.s.
entailler [ɑ̃taje] /1/ *vt* to notch; to cut; **s'~ le doigt** to cut one's finger
entamer [ɑ̃tame] /1/ *vt* (*pain, bouteille*) to start; (*hostilités, pourparlers*) to open; (*fig : altérer*) to make a dent in; to damage
entartrer [ɑ̃taʀtʀe] /1/ : **s'entartrer** *vpr* to fur up; (*dents*) to become covered with plaque
entassement [ɑ̃tɑsmɑ̃] *nm* (*tas*) pile, heap
entasser [ɑ̃tɑse] /1/ *vt* (*empiler*) to pile up, heap up; (*tenir à l'étroit*) to cram together; **s'entasser** *vpr* (*s'amonceler*) to pile up; to cram; **s'~ dans** to cram into
entendant [ɑ̃tɑ̃dɑ̃] *nm* hearing person
entendement [ɑ̃tɑ̃dmɑ̃] *nm* understanding
entendeur [ɑ̃tɑ̃dœʀ] *nm* : **à bon ~, salut !** a word to the wise!
entendre [ɑ̃tɑ̃dʀ] /41/ *vt* to hear; (*comprendre*) to understand; (*vouloir dire*) to mean; (*vouloir*) : **~ être obéi/que** to intend *ou* mean to be obeyed/that; **j'ai entendu dire que** I've heard (it said) that; **je suis heureux de vous l'~ dire** I'm pleased to hear you say it; **~ parler de** to hear of; **laisser ~ que, donner à ~ que** to let it be understood that; **~ raison** to see sense, listen to reason; **qu'est-ce qu'il ne faut pas ~ !** whatever next!; **j'ai mal entendu** I didn't catch what was said; **je vous entends très mal** I can hardly hear you; **s'entendre** *vpr* (*sympathiser*) to get on; (*se mettre d'accord*) to agree; **s'~ à qch/à faire** (*être compétent*) to be good at sth/doing; **ça s'entend** (*est audible*) it's audible; **je m'entends** I mean; **entendons-nous !** let's be clear what we mean

entendu, e [ɑ̃tɑ̃dy] *pp de* **entendre** ▸ *adj (réglé)* agreed; *(au courant : air)* knowing; **étant ~ que** since (it's understood *ou* agreed that); **(c'est) ~** all right, agreed; **c'est ~** *(concession)* all right, granted; **bien ~** of course
entente [ɑ̃tɑ̃t] *nf (entre amis, pays)* understanding, harmony; *(accord, traité)* agreement, understanding; **à double ~** *(sens)* with a double meaning
entériner [ɑ̃teʀine] /1/ *vt* to ratify, confirm
entérite [ɑ̃teʀit] *nf* enteritis *no pl*
enterrement [ɑ̃tɛʀmɑ̃] *nm* burying; *(cérémonie)* funeral, burial; *(cortège funèbre)* funeral procession
enterrer [ɑ̃teʀe] /1/ *vt* to bury
entêtant, e [ɑ̃tɛtɑ̃, -ɑ̃t] *adj* heady
en-tête [ɑ̃tɛt] *nm* heading; *(de papier à lettres)* letterhead; **papier à ~** headed notepaper
entêté, e [ɑ̃tete] *adj* stubborn
entêtement [ɑ̃tɛtmɑ̃] *nm* stubbornness
entêter [ɑ̃tete] /1/ : **s'entêter** *vpr* : **s'~ (à faire)** to persist (in doing)
enthousiasmant, e [ɑ̃tuzjasmɑ̃, -ɑ̃t] *adj* exciting
enthousiasme [ɑ̃tuzjasm] *nm* enthusiasm; **avec ~** enthusiastically
enthousiasmé, e [ɑ̃tuzjasme] *adj* filled with enthusiasm
enthousiasmer [ɑ̃tuzjasme] /1/ *vt* to fill with enthusiasm; **s'enthousiasmer** *vpr* : **s'~ (pour qch)** to get enthusiastic (about sth)
enthousiaste [ɑ̃tuzjast] *adj* enthusiastic
enticher [ɑ̃tiʃe] /1/ : **s'enticher de** *vpr* to become infatuated with
entier, -ière [ɑ̃tje, -jɛʀ] *adj (non entamé, en totalité)* whole; *(total, complet : satisfaction etc)* complete; *(fig : caractère)* unbending, averse to compromise; **se donner tout ~ à qch** to devote o.s. completely to sth; **lait ~** full-cream milk; **nombre ~** whole number ▸ *nm (Math)* whole; **en ~** totally; in its entirety
entièrement [ɑ̃tjɛʀmɑ̃] *adv* entirely, completely, wholly
entité [ɑ̃tite] *nf* entity
entomologie [ɑ̃tɔmɔlɔʒi] *nf* entomology
entomologique [ɑ̃tɔmɔlɔʒik] *adj* entomological
entomologiste [ɑ̃tɔmɔlɔʒist] *nm/f* entomologist
entonner [ɑ̃tɔne] /1/ *vt (chanson)* to strike up
entonnoir [ɑ̃tɔnwaʀ] *nm (ustensile)* funnel; *(trou)* shell-hole, crater
entorse [ɑ̃tɔʀs] *nf (Méd)* sprain; *(fig)* : **~ à la loi/au règlement** infringement of the law/rule; **se faire une ~ à la cheville/au poignet** to sprain one's ankle/wrist
entortiller [ɑ̃tɔʀtije] /1/ *vt* : **~ qch dans/avec** *(envelopper)* to wrap sth in/with; **s'entortiller** *vpr* : **s'~ dans** *(draps)* to roll o.s. up in; *(réponses)* to get tangled up in
entourage [ɑ̃tuʀaʒ] *nm* circle; *(famille)* family (circle); *(d'une vedette etc)* entourage; *(ce qui enclôt)* surround
entouré, e [ɑ̃tuʀe] *adj (recherché, admiré)* popular; **~ de** surrounded by
entourer [ɑ̃tuʀe] /1/ *vt* to surround; *(apporter son soutien à)* to rally round; **~ de** to surround with; *(trait)* to encircle with; **s'entourer de** *vpr* to surround o.s. with; **s'~ de précautions** to take all possible precautions
entourloupe [ɑ̃tuʀlup], **entourloupette** [ɑ̃tuʀlupɛt] *nf (fam)* mean trick
entournures [ɑ̃tuʀnyʀ] *nfpl* : **gêné aux ~** in financial difficulties; *(fig)* a bit awkward
entracte [ɑ̃tʀakt] *nm* interval
entraide [ɑ̃tʀɛd] *nf* mutual aid *ou* assistance
entraider [ɑ̃tʀede] /1/ : **s'entraider** *vpr* to help each other
entrailles [ɑ̃tʀaj] *nfpl* entrails; *(humaines)* bowels
entrain [ɑ̃tʀɛ̃] *nm* spirit; **avec ~** *(répondre, travailler)* energetically; **faire qch sans ~** to do sth half-heartedly *ou* without enthusiasm
entraînant, e [ɑ̃tʀɛnɑ̃, -ɑ̃t] *adj (musique)* stirring, rousing
entraînement [ɑ̃tʀɛnmɑ̃] *nm* training; *(Tech)* : **~ à chaîne/galet** chain/wheel drive; **manquer d'~** to be unfit; **~ par ergots/friction** *(Inform)* tractor/friction feed
entraîner [ɑ̃tʀene] /1/ *vt (tirer : wagons)* to pull; *(charrier)* to carry *ou* drag along; *(Tech)* to drive; *(emmener : personne)* to take (off); *(mener à l'assaut, influencer)* to lead; *(Sport)* to train; *(impliquer)* to entail; *(causer)* to lead to, bring about; **~ qn à faire** *(inciter)* to lead sb to do; **s'entraîner** *vpr (Sport)* to train; **s'~ à qch/à faire** to train o.s. for sth/to do
entraîneur [ɑ̃tʀɛnœʀ] *nmf (Sport)* coach, trainer ▸ *nm (Hippisme)* trainer
entraîneuse [ɑ̃tʀɛnøz] *nf (de bar)* hostess
entrapercevoir [ɑ̃tʀapɛʀsəvwaʀ] /28/ *vt* to catch a glimpse of
entrave [ɑ̃tʀav] *nf* hindrance
entraver [ɑ̃tʀave] /1/ *vt (circulation)* to hold up; *(action, progrès)* to hinder, hamper
entre [ɑ̃tʀ] *prép* between; *(parmi)* among(st); **l'un d'~ eux/nous** one of them/us; **le meilleur d'~ eux/nous** the best of them/us; **ils préfèrent rester ~ eux** they prefer to keep to themselves; **~ autres (choses)** among other things; **~ nous, ...** between ourselves ..., between you and me ...; **ils se battent ~ eux** they are fighting among(st) themselves
entrebâillé, e [ɑ̃tʀəbaje] *adj* half-open, ajar
entrebâillement [ɑ̃tʀəbajmɑ̃] *nm* : **dans l'~ (de la porte)** in the half-open door
entrebâiller [ɑ̃tʀəbaje] /1/ *vt* to half open
entrechat [ɑ̃tʀəʃa] *nm* leap
entrechoquer [ɑ̃tʀəʃɔke] /1/ : **s'entrechoquer** *vpr* to knock *ou* bang together
entrecôte [ɑ̃tʀəkot] *nf* entrecôte *ou* rib steak
entrecoupé, e [ɑ̃tʀəkupe] *adj (paroles, voix)* broken
entrecouper [ɑ̃tʀəkupe] /1/ *vt* : **~ qch de** to intersperse sth with; **~ un récit/voyage de** to interrupt a story/journey with; **s'entrecouper** *vpr (traits, lignes)* to cut across each other
entrecroiser [ɑ̃tʀəkʀwaze] /1/ *vt*, **s'entrecroiser** *vpr* to intertwine

e

entrée [ɑ̃tʀe] *nf* entrance; (*accès : au cinéma etc*) admission; (*billet*) (admission) ticket; (*Culin*) first course; (*Comm : de marchandises*) entry; (*Inform*) entry, input; **d'~** *adv* from the outset; **erreur d'~** input error; « **~ interdite** » "no admittance *ou* entry"; **~ des artistes** stage door; **~ en matière** introduction; **~ principale** main entrance; **~ en scène** entrance; **~ de service** service entrance; **entrées** *nfpl* : **avoir ses entrées chez** *ou* **auprès de** to be a welcome visitor to

entrefaites [ɑ̃tʀəfɛt] : **sur ces ~** *adv* at this juncture

entrefilet [ɑ̃tʀəfilɛ] *nm* (*article*) paragraph, short report

entregent [ɑ̃tʀəʒɑ̃] *nm* : **avoir de l'~** to have an easy manner

entrejambes [ɑ̃tʀəʒɑ̃b] *nm inv* crotch

entrelacement [ɑ̃tʀəlasmɑ̃] *nm* : **un ~ de ...** a network of ...

entrelacer [ɑ̃tʀəlase] /**3**/ *vt*, **s'entrelacer** *vpr* to intertwine

entrelacs [ɑ̃tʀəlɑ] *nm* tracery

entrelarder [ɑ̃tʀəlaʀde] /**1**/ *vt* to lard; (*fig*) : **entrelardé de** interspersed with

entremêler [ɑ̃tʀəmele] /**1**/ *vt* : **~ qch de** to (inter)mingle sth with

entremets [ɑ̃tʀəmɛ] *nm* (cream) dessert

entremetteur, -euse [ɑ̃tʀəmɛtœʀ, -øz] *nm/f* go-between

entremettre [ɑ̃tʀəmɛtʀ] /**56**/ : **s'entremettre** *vpr* to intervene

entremise [ɑ̃tʀəmiz] *nf* intervention; **par l'~ de** through

entrepont [ɑ̃tʀəpɔ̃] *nm* steerage; **dans l'~** in steerage

entreposer [ɑ̃tʀəpoze] /**1**/ *vt* to store, put into storage

entrepôt [ɑ̃tʀəpo] *nm* warehouse

entreprenant, e [ɑ̃tʀəpʀənɑ̃, -ɑ̃t] *vb voir* **entreprendre** ▸ *adj* (*actif*) enterprising; (*trop galant*) forward

entreprendre [ɑ̃tʀəpʀɑ̃dʀ] /**58**/ *vt* (*se lancer dans*) to undertake; (*commencer*) to begin *ou* start (upon); (*personne*) to buttonhole; **~ qn sur un sujet** to tackle sb on a subject; **~ de faire** to undertake to do

entrepreneur, -euse [ɑ̃tʀəpʀənœʀ, -øz] *nm/f* : **~ (en bâtiment)** (building) contractor; **~ de pompes funèbres** funeral director, undertaker

entrepreneuriat [ɑ̃tʀəpʀənœʀja], **entreprenariat** [ɑ̃tʀəpʀənaʀja] *nm* entrepreneurship

entreprenne *etc* [ɑ̃tʀəpʀɛn] *vb voir* **entreprendre**

entrepris, e [ɑ̃tʀəpʀi, -iz] *pp de* **entreprendre** ▸ *nf* (*société*) company, business; (*action*) undertaking, venture; **en entreprise** in a company, for a company; **entreprise familiale** family business

entrer [ɑ̃tʀe] /**1**/ *vi* to go (*ou* come) in, enter; **~ dans** (*gén*) to enter; (*pièce*) to go (*ou* come) into, enter; (*club*) to join; (*heurter*) to run into; (*partager : vues, craintes de qn*) to share; (*être une composante de*) to go into; (*faire partie de*) to form part of; **faire ~ qch dans** to get sth into; **~ au couvent** to enter a convent; **~ à l'hôpital** to go into hospital; **~ dans le système** (*Inform*) to log in; **~ en fureur** to become angry; **~ en ébullition** to start to boil; **~ en scène** to come on stage; **laisser ~ qn/qch** to let sb/sth in; **faire ~** (*visiteur*) to show in ▸ *vt* (*Inform*) to input, enter

> *Entrer dans* se traduit le plus souvent par **come into** ou **go into**, selon que le mouvement se rapproche ou s'éloigne de la personne qui parle.
> *Le chat est entré dans la chambre où nous dormions.*
> **The cat came into the room we were sleeping in.**
> *Je les ai vus entrer dans la maison abandonnée.* **I saw them go into the abandoned house.**
> En revanche, **come** et **go** peuvent être remplacés par d'autres verbes de mouvement si la formulation française décrit la façon d'entrer avec le gérondif (*en ...ant*).
> *Les enfants sont entrés en courant dans la classe.*
> **The children ran into the classroom.**

entresol [ɑ̃tʀəsɔl] *nm* entresol, mezzanine

entre-temps [ɑ̃tʀətɑ̃] *adv* meanwhile, (in the) meantime

entretenir [ɑ̃tʀət(ə)niʀ] /**22**/ *vt* to maintain; (*amitié*) to keep alive; (*famille, maîtresse*) to support, keep; **~ qn (de)** to speak to sb (about); **~ qn dans l'erreur** to let sb remain in ignorance; **s'entretenir (de)** *vpr* to converse (about)

entretenu, e [ɑ̃tʀət(ə)ny] *pp de* **entretenir** ▸ *adj* (*femme*) kept; **bien/mal ~** (*maison, jardin*) well/badly kept

entretien [ɑ̃tʀətjɛ̃] *nm* maintenance; (*discussion*) discussion, talk; (*pour un emploi*) interview; **frais d'~** maintenance charges

entretiendrai [ɑ̃tʀətjɛ̃dʀe], **entretiens** *etc* [ɑ̃tʀətjɛ̃] *vb voir* **entretenir**

entretuer [ɑ̃tʀətɥe] /**1**/ : **s'entretuer** *vpr* to kill one another

entreverrai [ɑ̃tʀ(ə)veʀe], **entrevit** *etc* [ɑ̃tʀəvi] *vb voir* **entrevoir**

entrevoir [ɑ̃tʀəvwaʀ] /**30**/ *vt* (*à peine*) to make out; (*brièvement*) to catch a glimpse of

entrevu, e [ɑ̃tʀəvy] *pp de* **entrevoir** ▸ *nf* meeting; (*audience*) interview

entrouvert, e [ɑ̃tʀuvɛʀ, -ɛʀt] *pp de* **entrouvrir** ▸ *adj* half-open

entrouvrir [ɑ̃tʀuvʀiʀ] /**18**/ *vt*, **s'entrouvrir** *vpr* to half open

entuber [ɑ̃tybe] *vt* (*fam*) : **se faire ~** to be had (*fam*)

énucléer [enyklee] *vt* (*cellule*) to enucleate

énumération [enymeʀasjɔ̃] *nf* enumeration

énumérer [enymeʀe] /**6**/ *vt* to list, enumerate

énurésie [enyʀezi] *nf* (*Méd*) enuresis

envahir [ɑ̃vaiʀ] /**2**/ *vt* to invade; (*inquiétude, peur*) to come over

envahissant, e [ɑ̃vaisɑ̃, -ɑ̃t] *adj* (*péj : personne*) interfering, intrusive

envahissement [ɑ̃vaismɑ̃] *nm* invasion

envahisseur [ɑ̃vaisœʀ] *nm* (*Mil*) invader

envasement [ɑ̃nvazmɑ̃] *nm* silting up
envaser [ɑ̃vaze] /1/ : **s'envaser** *vpr* to get bogged down (in the mud)
enveloppe [ɑ̃v(ə)lɔp] *nf* (*de lettre*) envelope; (*Tech*) casing; outer layer; (*crédits*) budget; **mettre sous ~** to put in an envelope; **~ autocollante** self-seal envelope; **~ budgétaire** budget; **~ à fenêtre** window envelope
enveloppé, e [ɑ̃vlɔpe] *adj* (*grassouillet*) well-padded, plump
envelopper [ɑ̃v(ə)lɔpe] /1/ *vt* to wrap; (*fig*) to envelop, shroud; **s'~ dans un châle/une couverture** to wrap o.s. in a shawl/blanket
envenimer [ɑ̃v(ə)nime] /1/ *vt* to aggravate; **s'envenimer** *vpr* (*plaie*) to fester; (*situation, relations*) to worsen
envergure [ɑ̃vɛʀgyʀ] *nf* (*d'un oiseau, avion*) wingspan; (*fig : étendue*) scope; (*: valeur*) calibre
enverrai *etc* [ɑ̃vɛʀɛ] *vb voir* **envoyer**
envers [ɑ̃vɛʀ] *prép* towards, to; **~ et contre tous** *ou* **tout** against all opposition ▸ *nm* other side; (*d'une étoffe*) wrong side; **à l'~** (*verticalement*) upside down; (*pull*) back to front; (*vêtement*) inside out
enviable [ɑ̃vjabl] *adj* enviable; **peu ~** unenviable
envie [ɑ̃vi] *nf* (*sentiment*) envy; (*souhait*) desire, wish; (*tache sur la peau*) birthmark; (*filet de peau*) hangnail; **avoir ~ de** to feel like; (*désir plus fort*) to want; **avoir ~ de faire** to feel like doing; to want to do; **avoir ~ que** to wish that; **donner à qn l'~ de faire** to make sb want to do; **cette glace me fait ~** I fancy some of that ice cream
envier [ɑ̃vje] /7/ *vt* to envy; **~ qch à qn** to envy sb sth; **n'avoir rien à ~ à** to have no cause to be envious of
envieux, -euse [ɑ̃vjø, -øz] *adj* envious
environ [ɑ̃viʀɔ̃] *adv* : **~ 3 h/2 km, 3 h/2 km ~** (around) about 3 o'clock/2 km, 3 o'clock/2 km or so; *voir aussi* **environs**
environnant, e [ɑ̃viʀɔnɑ̃, -ɑ̃t] *adj* surrounding
environnement [ɑ̃viʀɔnmɑ̃] *nm* environment
environnemental, e, -aux [ɑ̃viʀɔnmɑ̃tal] *adj* environmental
environnementaliste [ɑ̃viʀɔnmɑ̃talist] *nmf* environmentalist
environner [ɑ̃viʀɔne] /1/ *vt* to surround
environs [ɑ̃viʀɔ̃] *nmpl* surroundings; **aux ~ de** around
envisageable [ɑ̃vizaʒabl] *adj* conceivable
envisager [ɑ̃vizaʒe] /3/ *vt* (*examiner, considérer*) to contemplate, view; (*avoir en vue*) to envisage; **~ de faire** to consider doing
envoi [ɑ̃vwa] *nm* sending; (*paquet*) parcel, consignment; **~ contre remboursement** (*Comm*) cash on delivery
envoie *etc* [ɑ̃vwa] *vb voir* **envoyer**
envol [ɑ̃vɔl] *nm* takeoff
envolée [ɑ̃vɔle] *nf* (*fig*) flight
envoler [ɑ̃vɔle] /1/ : **s'envoler** *vpr* (*oiseau*) to fly away *ou* off; (*avion*) to take off; (*papier, feuille*) to blow away; (*fig*) to vanish (into thin air)
envoûtant, e [ɑ̃vutɑ̃, -ɑ̃t] *adj* enchanting
envoûtement [ɑ̃vutmɑ̃] *nm* bewitchment
envoûter [ɑ̃vute] /1/ *vt* to bewitch
envoyé, e [ɑ̃vwaje] *nm/f* (*Pol*) envoy; (*Presse*) correspondent; **~ spécial** special correspondent ▸ *adj* : **bien ~** (*remarque, réponse*) well-aimed
envoyer [ɑ̃vwaje] /8/ *vt* to send; (*lancer*) to hurl, throw; **~ une gifle/un sourire à qn** to aim a blow/flash a smile at sb; **~ les couleurs** to run up the colours; **~ chercher** to send for; **~ par le fond** (*bateau*) to send to the bottom; **~ promener qn** (*fam*) to send sb packing; **~ un SMS à qn** to text sb
envoyeur, -euse [ɑ̃vwajœʀ, -øz] *nm/f* sender
enzyme [ɑ̃zim] *nm ou f* enzyme
éolien, ne [eɔljɛ̃, -ɛn] *adj* wind *cpd*; **pompe éolienne** windpump ▸ *nf* wind turbine
EOR *sigle m* (= *élève officier de réserve*) ≈ military cadet
éosine [eɔzin] *nf* eosin (*antiseptic used in France to treat skin ailments*)
épagneul, e [epaɲœl] *nm/f* spaniel
épais, se [epɛ, -ɛs] *adj* thick
épaisseur [epɛsœʀ] *nf* thickness
épaissir [epesiʀ] /2/ *vt*, **s'épaissir** *vpr* to thicken
épaississant [epesisɑ̃] *nm* thickener
épaississement [epesismɑ̃] *nm* thickening
épanchement [epɑ̃ʃmɑ̃] *nm* : **un ~ de synovie** water on the knee; **épanchements** *nmpl* (*fig*) (sentimental) outpourings
épancher [epɑ̃ʃe] /1/ *vt* to give vent to; **s'épancher** *vpr* to open one's heart; (*liquide*) to pour out
épandage [epɑ̃daʒ] *nm* manure spreading
épanoui, e [epanwi] *adj* (*éclos, ouvert, développé*) blooming; (*radieux*) radiant
épanouir [epanwiʀ] /2/ : **s'épanouir** *vpr* (*fleur*) to bloom, open out; (*visage*) to light up; (*fig : se développer*) to blossom (out); (*: mentalement*) to open up
épanouissement [epanwismɑ̃] *nm* blossoming; opening up
épargnant, e [epaʀɲɑ̃, -ɑ̃t] *nm/f* saver, investor
épargne [epaʀɲ] *nf* saving; **l'~-logement** property investment
épargner [epaʀɲe] /1/ *vt* to save; (*ne pas tuer ou endommager*) to spare; **~ qch à qn** to spare sb sth ▸ *vi* to save
éparpillement [epaʀpijmɑ̃] *nm* (*de papier*) scattering; (*des efforts*) dissipation
éparpiller [epaʀpije] /1/ *vt* to scatter; (*pour répartir*) to disperse; (*fig : efforts*) to dissipate; **s'éparpiller** *vpr* to scatter; (*fig*) to dissipate one's efforts
épars, e [epaʀ, -aʀs] *adj* (*maisons*) scattered; (*cheveux*) sparse
épatant, e [epatɑ̃, -ɑ̃t] *adj* (*fam*) super, splendid
épaté, e [epate] *adj* : **nez ~** flat nose (with wide nostrils)
épater [epate] /1/ *vt* (*fam*) to amaze; (*: impressionner*) to impress
épaule [epol] *nf* shoulder
épaulé-jeté [epoleʒ(ə)te] (*pl* **épaulés-jetés**) *nm* (*Sport*) clean-and-jerk
épaulement [epolmɑ̃] *nm* escarpment; (*mur*) retaining wall

e

épauler [epole] /1/ *vt* (*aider*) to back up, support; (*arme*) to raise (to one's shoulder) ▸ *vi* to (take) aim
épaulette [epolɛt] *nf* (*Mil, d'un veston*) epaulette; (*de combinaison*) shoulder strap
épave [epav] *nf* wreck
épeautre [epotʀ] *nm* spelt
épée [epe] *nf* sword
épeler [ep(ə)le] /4/ *vt* to spell
épépiner [epepine] *vt* to take the seeds out of
éperdu, e [epɛʀdy] *adj* (*personne*) overcome; (*sentiment*) passionate; (*fuite*) frantic
éperdument [epɛʀdymɑ̃] *adv* (*aimer*) wildly
éperlan [epɛʀlɑ̃] *nm* (*Zool*) smelt
éperon [epʀɔ̃] *nm* spur
éperonner [epʀɔne] /1/ *vt* to spur (on); (*navire*) to ram
épervier [epɛʀvje] *nm* (*Zool*) sparrowhawk; (*Pêche*) casting net
éphèbe [efɛb] *nm* beautiful young man
éphémère [efemɛʀ] *adj* ephemeral, fleeting
éphéméride [efemeʀid] *nf* block *ou* tear-off calendar
épi [epi] *nm* (*de blé, d'orge*) ear; (*de maïs*) cob; **~ de cheveux** tuft of hair; **stationnement/se garer en ~** parking/to park at an angle to the kerb
épice [epis] *nf* spice
épicé, e [epise] *adj* highly spiced, spicy; (*fig*) spicy
épicéa [episea] *nm* spruce
épicentre [episɑ̃tʀ] *nm* epicentre
épicer [epise] /3/ *vt* to spice; (*fig*) to add spice to
épicerie [episʀi] *nf* (*magasin*) grocer's shop; (*denrées*) groceries *pl*; **~ fine** delicatessen (shop)
épicier, -ière [episje, -jɛʀ] *nm/f* grocer
épicurien, ne [epikyʀjɛ̃, -ɛn] *adj* epicurean
épicurisme [epikyʀism] *nm* (*hédonisme*) Epicureanism
épidémie [epidemi] *nf* epidemic
épidémiologie [epidemjɔlɔʒi] *nf* epidemiology
épidémiologique [epidemjɔlɔʒik] *adj* epidemiological
épidémiologiste [epidemjɔlɔʒist] *nm/f* epidemiologist
épidémique [epidemik] *adj* epidemic
épiderme [epidɛʀm] *nm* skin, epidermis
épidermique [epidɛʀmik] *adj* skin *cpd*, epidermic
épier [epje] /7/ *vt* to spy on, watch closely; (*occasion*) to look out for
épieu, x [epjø] *nm* (hunting-)spear
épigramme [epigʀam] *nf* epigram
épigraphe [epigʀaf] *nf* epigraph
épilation [epilasjɔ̃] *nf* removal of unwanted hair
épilatoire [epilatwaʀ] *adj* depilatory, hair-removing
épilepsie [epilɛpsi] *nf* epilepsy
épileptique [epilɛptik] *adj, nmf* epileptic
épiler [epile] /1/ *vt* (*jambes*) to remove the hair from; (*sourcils*) to pluck; **s'~ les jambes** to remove the hair from one's legs; **s'~ les sourcils** to pluck one's eyebrows; **se faire ~** to get unwanted hair removed; **crème à ~** hair-removing *ou* depilatory cream; **pince à ~** eyebrow tweezers
épilogue [epilɔg] *nm* (*fig*) conclusion, dénouement
épiloguer [epilɔge] /1/ *vi* : **~ sur** to hold forth on
épinards [epinaʀ] *nmpl* spinach *sg*
épine [epin] *nf* thorn, prickle; (*d'oursin etc*) spine, prickle; **~ dorsale** backbone
épinette [epinɛt] *nf* (*petit clavecin*) spinet
épineux, -euse [epinø, -øz] *adj* thorny, prickly
épinglage [epɛ̃glaʒ] *nm* pinning
épingle [epɛ̃gl] *nf* pin; **tirer son ~ du jeu** to play one's game well; **tiré à quatre épingles** well turned-out; **monter qch en ~** to build sth up, make a thing of sth (*fam*); **~ à chapeau** hatpin; **~ à cheveux** hairpin; **virage en ~ à cheveux** hairpin bend; **~ de cravate** tie pin; **~ de nourrice** *ou* **de sûreté** *ou* **double** safety pin, nappy (BRIT) *ou* diaper (US) pin
épingler [epɛ̃gle] /1/ *vt* (*badge, décoration*) : **~ qch sur** to pin sth on(to); (*Couture : tissu, robe*) to pin together; (*fam*) to catch, nick
épinière [epinjɛʀ] *adj f voir* **moelle**
épinoche [epinɔʃ] *nf* stickleback
Épiphanie [epifani] *nf* Epiphany
épiphénomène [epifenɔmɛn] *nm* secondary phenomenon, by-product
épique [epik] *adj* epic
épiscopal, e, -aux [episkɔpal, -o] *adj* episcopal
épiscopat [episkɔpa] *nm* bishopric, episcopate
épisiotomie [epizjɔtomi] *nf* (*Méd*) episiotomy
épisode [epizɔd] *nm* episode; **film/roman à épisodes** serialized film/novel, serial
épisodique [epizɔdik] *adj* occasional
épisodiquement [epizɔdikmɑ̃] *adv* occasionally
épissure [episyʀ] *nf* splice
épistémologie [epistemɔlɔʒi] *nf* epistemology
épistémologique [epistemɔlɔʒik] *adj* epistemological
épistolaire [epistɔlɛʀ] *adj* epistolary; **être en relations épistolaires avec qn** to correspond with sb
épitaphe [epitaf] *nf* epitaph
épithète [epitɛt] *nf* (*nom, surnom*) epithet; **adjectif ~** attributive adjective
épître [epitʀ] *nf* epistle
épizootie [epizɔɔti, -epizooti] *nf* epizootic, epizootic disease
éploré, e [eplɔʀe] *adj* in tears, tearful
épluchage [eplyʃaʒ] *nm* peeling; (*de dossier etc*) careful reading *ou* analysis
épluche-légumes [eplyʃlegym] *nm inv* potato peeler
éplucher [eplyʃe] /1/ *vt* (*fruit, légumes*) to peel; (*comptes, dossier*) to go over with a fine-tooth comb
éplucheur [eplyʃœʀ] *nm* (automatic) peeler
épluchures [eplyʃyʀ] *nfpl* peelings
épointer [epwɛ̃te] /1/ *vt* to blunt
éponge [epɔ̃ʒ] *nf* sponge; **passer l'~ (sur)** (*fig*) to let bygones be bygones (with regard to); **jeter l'~** (*fig*) to throw in the towel; **~ métallique** scourer

éponger [epɔ̃ʒe] /**3**/ *vt* (*liquide*) to mop *ou* sponge up; (*surface*) to sponge; (*fig : déficit*) to soak up, absorb; **s'~ le front** to mop one's brow
éponyme [epɔnim] *adj* (*rôle*) eponymous
épopée [epɔpe] *nf* epic
époque [epɔk] *nf* (*de l'histoire*) age, era; (*de l'année, la vie*) time; **d'~** *adj* (*meuble*) period *cpd*; **à cette ~** at this (*ou* that) time *ou* period; **faire ~** to make history
épouiller [epuje] /**1**/ *vt* to pick lice off; (*avec un produit*) to delouse
époumoner [epumɔne] /**1**/ : **s'époumoner** *vpr* to shout (*ou* sing) o.s. hoarse
épouse [epuz] *nf* wife
épouser [epuze] /**1**/ *vt* to marry; (*fig : idées*) to espouse; (*: forme*) to fit
époussetage [epustaʒ] *nm* dusting
épousseter [epuste] /**4**/ *vt* to dust
époustouflant, e [epustuflɑ̃, -ɑ̃t] *adj* staggering, mind-boggling
époustoufler [epustufle] /**1**/ *vt* to flabbergast, astound
épouvantable [epuvɑ̃tabl] *adj* appalling, dreadful
épouvantablement [epuvɑ̃tabləmɑ̃] *adv* terribly, dreadfully
épouvantail [epuvɑ̃taj] *nm* (*à moineaux*) scarecrow; (*fig*) bog(e)y; bugbear
épouvante [epuvɑ̃t] *nf* terror; **film d'~** horror film
épouvanter [epuvɑ̃te] /**1**/ *vt* to terrify
époux [epu] *nm* husband ▸ *nmpl* : **les ~** the (married) couple, the husband and wife
éprendre [epʀɑ̃dʀ] /**58**/ : **s'éprendre de** *vpr* to fall in love with
épreuve [epʀœv] *nf* (*d'examen*) test; (*malheur, difficulté*) trial, ordeal; (*Photo*) print; (*Typo*) proof; (*Sport*) event; **à l'~ des balles/du feu** (*vêtement*) bulletproof/fireproof; **à toute ~** unfailing; **mettre à l'~** to put to the test; **~ de force** trial of strength; (*fig*) showdown; **~ de résistance** test of resistance; **~ de sélection** (*Sport*) heat
épris, e [epʀi, -iz] *vb voir* **éprendre** ▸ *adj* : **~ de** in love with
éprouvant, e [epʀuvɑ̃, -ɑ̃t] *adj* trying
éprouvé, e [epʀuve] *adj* tested, proven
éprouver [epʀuve] /**1**/ *vt* (*tester*) to test; (*mettre à l'épreuve*) to put to the test; (*marquer, faire souffrir*) to afflict, distress; (*ressentir*) to experience
éprouvette [epʀuvɛt] *nf* test tube
EPS *sigle f* (= *Éducation physique et sportive*) ≈ PE
épuisant, e [epɥizɑ̃, -ɑ̃t] *adj* exhausting
épuisé, e [epɥize] *adj* exhausted; (*livre*) out of print
épuisement [epɥizmɑ̃] *nm* exhaustion; **jusqu'à ~ des stocks** while stocks last
épuiser [epɥize] /**1**/ *vt* (*fatiguer*) to exhaust, wear *ou* tire out; (*stock, sujet*) to exhaust; **s'épuiser** *vpr* to wear *ou* tire o.s. out, exhaust o.s.; (*stock*) to run out
épuisette [epɥizɛt] *nf* landing net; shrimping net
épuration [epyʀasjɔ̃] *nf* purification; purging; refinement
épure [epyʀ] *nf* working drawing
épurer [epyʀe] /**1**/ *vt* (*liquide*) to purify; (*parti, administration*) to purge; (*langue, texte*) to refine
équarrir [ekaʀiʀ] /**2**/ *vt* (*pierre, arbre*) to square (off); (*animal*) to quarter
équarrissage [ekaʀisaʒ] *nm* (*d'animal*) quartering; (*de pierre, tronc*) squaring off
équateur [ekwatœʀ] *nm* equator; **(la république de) l'É~** Ecuador
équation [ekwasjɔ̃] *nf* equation; **mettre en ~** to equate; **~ du premier/second degré** simple/quadratic equation
équatorial, e, -aux [ekwatɔʀjal, -o] *adj* equatorial
équatorien, ne [ekwatɔʀjɛ̃, -ɛn] *adj* Ecuadorian ▸ *nm/f* : **Équatorien, ne** Ecuadorian
équerre [ekɛʀ] *nf* (*à dessin*) (set) square; (*pour fixer*) brace; **en ~** at right angles; **à l'~, d'~** straight; **double ~** T-square
équestre [ekɛstʀ] *adj* equestrian
équeuter [ekøte] /**1**/ *vt* (*Culin*) to remove the stalk(s) from
équidé [ekide] *nm* (*Zool*) member of the horse family
équidistance [ekɥidistɑ̃s] *nf* : **à ~ (de)** equidistant (from)
équidistant, e [ekɥidistɑ̃, -ɑ̃t] *adj* : **~ (de)** equidistant (from)
équilatéral, e, -aux [ekɥilateʀal, -o] *adj* equilateral
équilibrage [ekilibʀaʒ] *nm* (*Auto*) : **~ des roues** wheel balancing
équilibre [ekilibʀ] *nm* balance; (*d'une balance*) equilibrium; **~ budgétaire** balanced budget; **garder/perdre l'~** to keep/lose one's balance; **être en ~** to be balanced; **mettre en ~** to make steady; **avoir le sens de l'~** to be well-balanced
équilibré, e [ekilibʀe] *adj* (*fig*) well-balanced, stable
équilibrer [ekilibʀe] /**1**/ *vt* to balance; **s'équilibrer** *vpr* (*poids*) to balance; (*fig : défauts etc*) to balance each other out
équilibriste [ekilibʀist] *nmf* tightrope walker
équinoxe [ekinɔks] *nm* equinox
équipage [ekipaʒ] *nm* crew; **en grand ~** in great array
équipe [ekip] *nf* team; (*bande : parfois péj*) bunch; **travailler par équipes** to work in shifts; **travailler en ~** to work as a team; **faire ~ avec** to team up with; **~ de chercheurs** research team; **~ de secours** *ou* **de sauvetage** rescue team
équipé, e [ekipe] *adj* (*cuisine etc*) equipped, fitted(-out); **bien/mal ~** well-/poorly-equipped ▸ *nf* escapade
équipement [ekipmɑ̃] *nm* equipment; **biens/dépenses d'~** capital goods/expenditure; **ministère de l'É~** department of public works; **équipements** *nmpl* amenities, facilities; installations; **équipements sportifs/collectifs** sports/community facilities *ou* resources
équiper [ekipe] /**1**/ *vt* to equip; (*voiture, cuisine*) to equip, fit out; **~ qn/qch de** to equip sb/sth with; **s'équiper** *vpr* (*sportif*) to equip o.s., kit o.s. out

e

équipier, -ière [ekipje, -jɛʀ] *nm/f* team member
équitable [ekitabl] *adj* fair
équitablement [ekitabləmɑ̃] *adv* fairly, equitably
équitation [ekitasjɔ̃] *nf* (horse-)riding; **faire de l'~** to go (horse-)riding
équité [ekite] *nf* equity
équivaille *etc* [ekivaj] *vb voir* **équivaloir**
équivalence [ekivalɑ̃s] *nf* equivalence
équivalent, e [ekivalɑ̃, -ɑ̃t] *adj, nm* equivalent
équivaloir [ekivalwaʀ] **/29/** : **~ à** *vt* to be equivalent to; (*représenter*) to amount to
équivaut *etc* [ekivo] *vb voir* **équivaloir**
équivoque [ekivɔk] *adj* equivocal, ambiguous; (*louche*) dubious ▸ *nf* ambiguity
érable [eʀabl] *nm* maple
éradication [eʀadikasjɔ̃] *nf* eradication
éradiquer [eʀadike] **/1/** *vt* to eradicate
érafler [eʀɑfle] **/1/** *vt* to scratch; **s'~ la main/les jambes** to scrape *ou* scratch one's hand/legs
éraflure [eʀɑflyʀ] *nf* scratch
éraillé, e [eʀɑje] *adj* (*voix*) rasping, hoarse
ère [ɛʀ] *nf* era; **en l'an 1050 de notre ~** in the year 1050 A.D.
érectile [eʀɛktil] *adj* (*organe, corps*) erectile
érection [eʀɛksjɔ̃] *nf* erection
éreintant, e [eʀɛ̃tɑ̃, -ɑ̃t] *adj* exhausting
éreinté, e [eʀɛ̃te] *adj* exhausted
éreintement [eʀɛ̃tmɑ̃] *nm* exhaustion
éreinter [eʀɛ̃te] **/1/** *vt* to exhaust, wear out; (*fig : critiquer*) to slate; **s'~ (à faire qch/à qch)** to wear o.s. out (doing sth/with sth)
ergonomie [ɛʀgɔnɔmi] *nf* ergonomics *sg*
ergonomique [ɛʀgɔnɔmik] *adj* ergonomic
ergot [ɛʀgo] *nm* (*de coq*) spur; (*Tech*) lug
ergoter [ɛʀgɔte] **/1/** *vi* to split hairs, argue over details
ergoteur, -euse [ɛʀgɔtœʀ, -øz] *nm/f* hairsplitter
ergothérapeute [ɛʀgoteʀapøt] *nm/f* occupational therapist
ergothérapie [ɛʀgoteʀapi] *nf* occupational therapy
ériger [eʀiʒe] **/3/** *vt* (*monument*) to erect; **~ qch en principe/loi** to make sth a principle/law; **s'~ en critique (de)** to set o.s. up as a critic (of)
ermitage [ɛʀmitaʒ] *nm* retreat
ermite [ɛʀmit] *nm* hermit
éroder [eʀɔde] **/1/** *vt* to erode
érogène [eʀɔʒɛn] *adj* erogenous
érosion [eʀozjɔ̃] *nf* erosion
érotique [eʀɔtik] *adj* erotic
érotiquement [eʀɔtikmɑ̃] *adv* erotically
érotisme [eʀɔtism] *nm* eroticism
érotomane [eʀɔtɔman] *nm/f* erotomaniac
errance [ɛʀɑ̃s] *nf* wandering
errant, e [ɛʀɑ̃, -ɑ̃t] *adj* : **un chien ~** a stray dog
erratum [ɛʀatɔm, -a] (*pl* **errata**) *nm* erratum
errements [ɛʀmɑ̃] *nmpl* misguided ways
errer [eʀe] **/1/** *vi* to wander
erreur [ɛʀœʀ] *nf* mistake, error; (*Inform*) error; (*morale*) : **erreurs** *nfpl* errors; **être dans l'~** to be wrong; **induire qn en ~** to mislead sb; **par ~** by mistake; **sauf ~** unless I'm mistaken; **faire ~** to be mistaken; **~ de date** mistake in the date; **~ de fait** error of fact; **~ d'impression** (*Typo*) misprint; **~ judiciaire** miscarriage of justice; **~ de jugement** error of judgment; **~ matérielle** *ou* **d'écriture** clerical error; **~ tactique** tactical error
erroné, e [eʀɔne] *adj* wrong, erroneous
ersatz [ɛʀzats] *nm* substitute, ersatz; **~ de café** coffee substitute
éructer [eʀykte] **/1/** *vi* to belch
érudit, e [eʀydi, -it] *adj* erudite, learned ▸ *nm/f* scholar
érudition [eʀydisjɔ̃] *nf* erudition, scholarship
éruptif, -ive [eʀyptif, -iv] *adj* eruptive
éruption [eʀypsjɔ̃] *nf* eruption; (*cutanée*) outbreak; (*: boutons*) rash; (*fig : de joie, colère, folie*) outburst
érythème [eʀitɛm] *nm* rash; **~ fessier** nappy rash
E/S *abr* (= *entrée/sortie*) I/O (= *in/out*)
es [ɛ] *vb voir* **être**
ès [ɛs] *prép* : **licencié ès lettres/sciences** ≈ Bachelor of Arts/Science; **docteur ès lettres** ≈ doctor of philosophy, ≈ PhD
ESB *sigle f* (= *encéphalopathie spongiforme bovine*) BSE
esbroufe [ɛsbʀuf] *nf* : **faire de l'~** to have people on
escabeau, x [ɛskabo] *nm* (*tabouret*) stool; (*échelle*) stepladder
escadre [ɛskadʀ] *nf* (*Navig*) squadron; (*Aviat*) wing
escadrille [ɛskadʀij] *nf* (*Aviat*) flight
escadron [ɛskadʀɔ̃] *nm* squadron
escalade [ɛskalad] *nf* climbing *no pl*; (*Pol etc*) escalation
escalader [ɛskalade] **/1/** *vt* to climb, scale
escalator [ɛskalatɔʀ] *nm* escalator
escale [ɛskal] *nf* (*Navig : durée*) call; (*: port*) port of call; (*Aviat*) stop(over); **faire ~ à** (*Navig*) to put in at, call in at; (*Aviat*) to stop over at; **~ technique** refuelling stop; **vol sans ~** nonstop flight
escalier [ɛskalje] *nm* stairs *pl*; **dans l'~** *ou* **les escaliers** on the stairs; **descendre l'~** *ou* **les escaliers** to go downstairs; **~ mécanique** *ou* **roulant** escalator; **~ de secours** fire escape; **~ de service** backstairs; **~ à vis** *ou* **en colimaçon** spiral staircase
escalope [ɛskalɔp] *nf* escalope
escamotable [ɛskamɔtabl] *adj* (*train d'atterrissage, antenne*) retractable; (*table, lit*) fold-away
escamoter [ɛskamɔte] **/1/** *vt* (*esquiver*) to get round, evade; (*faire disparaître*) to conjure away; (*dérober : portefeuille etc*) to snatch; (*train d'atterrissage*) to retract; (*mots*) to miss out
escampette [ɛskɑ̃pɛt] *nf* : **prendre la poudre d'~** to make off, to do a bunk (*fam*)
escapade [ɛskapad] *nf* : **faire une ~** to go on a jaunt; (*s'enfuir*) to run away *ou* off
escarbille [ɛskaʀbij] *nf* bit of grit
escarcelle [ɛskaʀsɛl] *nf* : **faire tomber dans l'~** (*argent*) to bring in
escargot [ɛskaʀgo] *nm* snail
escarmouche [ɛskaʀmuʃ] *nf* (*Mil*) skirmish; (*fig : propos hostiles*) angry exchange
escarpé, e [ɛskaʀpe] *adj* steep
escarpement [ɛskaʀpəmɑ̃] *nm* steep slope

escarpin [ɛskaʀpɛ̃] *nm* flat(-heeled) shoe
escarpolette [ɛskaʀpɔlɛt] *nf* swing
escarre [ɛskaʀ] *nf* bedsore
Escaut [ɛsko] *nm* : **l'~** the Scheldt
eschatologique [ɛskatɔlɔʒik] *adj* eschatological
escient [esjɑ̃] *nm* : **à bon ~** advisedly
esclaffer [ɛsklafe] /1/ : **s'esclaffer** *vpr* to guffaw
esclandre [ɛsklɑ̃dʀ] *nm* scene, fracas
esclavage [ɛsklavaʒ] *nm* slavery
esclavagiste [ɛsklavaʒist] *adj* pro-slavery ▸ *nmf* supporter of slavery
esclave [ɛsklav] *nmf* slave; **être ~ de** (*fig*) to be a slave of
escogriffe [ɛskɔgʀif] *nm* (*péj*) beanpole
escompte [ɛskɔ̃t] *nm* discount
escompter [ɛskɔ̃te] /1/ *vt* (*Comm*) to discount; (*espérer*) to expect, reckon upon; **~ que** to reckon *ou* expect that
escorte [ɛskɔʀt] *nf* escort; **faire ~ à** to escort
escorter [ɛskɔʀte] /1/ *vt* to escort
escorteur [ɛskɔʀtœʀ] *nm* (*Navig*) escort (ship)
escouade [ɛskwad] *nf* squad; (*fig : groupe de personnes*) group
escrime [ɛskʀim] *nf* fencing; **faire de l'~** to fence
escrimer [ɛskʀime] /1/ : **s'escrimer** *vpr* : **s'~ à faire** to wear o.s. out doing
escrimeur, -euse [ɛskʀimœʀ, -øz] *nm/f* fencer
escroc [ɛskʀo] *nm* swindler, con-man
escroquer [ɛskʀɔke] /1/ *vt* : **~ qn (de qch)/qch à qn** to swindle sb (out of sth)/sth out of sb
escroquerie [ɛskʀɔkʀi] *nf* swindle
esgourdes [ɛzguʀd] *nfpl* (*fam*) lugs (Brit *fam*)
ésotérique [ezɔteʀik] *adj* esoteric
ésotérisme [ezɔteʀism] *nm* (*doctrine*) esotericism; (*caractère obscur*) esoteric nature
espace [ɛspas] *nm* space; **~ publicitaire** advertising space; **~ vital** living space
espacé, e [ɛspase] *adj* spaced out
espacement [ɛspasmɑ̃] *nm* : **~ proportionnel** proportional spacing (*on printer*)
espacer [ɛspase] /3/ *vt* to space out; **s'espacer** *vpr* (*visites etc*) to become less frequent
espadon [ɛspadɔ̃] *nm* swordfish *inv*
espadrille [ɛspadʀij] *nf* rope-soled sandal
Espagne [ɛspaɲ] *nf* : **l'~** Spain
espagnol, e [ɛspaɲɔl] *adj* Spanish ▸ *nm* (*Ling*) Spanish ▸ *nm/f* : **Espagnol, e** Spaniard
espagnolette [ɛspaɲɔlɛt] *nf* (window) catch; **fermé à l'~** resting on the catch
espalier [ɛspalje] *nm* (*arbre fruitier*) espalier
espèce [ɛspɛs] *nf* (*Bio, Bot, Zool*) species *inv*; (*gén : sorte*) sort, kind, type; (*péj*) : **~ de maladroit/de brute !** you clumsy oaf/you brute!; **de toute ~** of all kinds *ou* sorts; **en l'~** *adv* in the case in point; **cas d'~** individual case; **l'~ humaine** humankind; **espèces** *nfpl* (*Comm*) cash *sg*; (*Rel*) species; **payer en espèces** to pay (in) cash
espérance [ɛspeʀɑ̃s] *nf* hope; **~ de vie** life expectancy
espéranto [ɛspeʀɑ̃to] *nm* Esperanto
espérer [ɛspeʀe] /6/ *vt* to hope for; **j'espère (bien)** I hope so; **~ que/faire** to hope that/to do; **~ en** to trust in
espiègle [ɛspjɛgl] *adj* mischievous
espièglerie [ɛspjɛgləʀi] *nf* mischievousness; (*tour, farce*) piece of mischief, prank
espion, ne [ɛspjɔ̃, -ɔn] *nm/f* spy; **avion ~** spy plane
espionnage [ɛspjɔnaʒ] *nm* espionage, spying; **film/roman d'~** spy film/novel
espionner [ɛspjɔne] /1/ *vt* to spy (up)on
esplanade [ɛsplanad] *nf* esplanade
espoir [ɛspwaʀ] *nm* hope; **l'~ de qch/de faire qch** the hope of sth/of doing sth; **avoir bon ~ que ...** to have high hopes that ...; **garder l'~ que ...** to remain hopeful that ...; **dans l'~ de/que** in the hope of/that; **reprendre ~** not to lose hope; **un ~ de la boxe/du ski** one of boxing's/skiing's hopefuls, one of the hopes of boxing/skiing; **sans ~** *adj* hopeless
esprit [ɛspʀi] *nm* (*pensée, intellect*) mind; (*humour, ironie*) wit; (*mentalité, d'une loi etc, fantôme etc*) spirit; **l'~ d'équipe/de compétition** team/competitive spirit; **faire de l'~** to try to be witty; **reprendre ses esprits** to come to; **perdre l'~** to lose one's mind; **avoir bon/mauvais ~** to be of a good/bad disposition; **avoir l'~ à faire qch** to have a mind to do sth; **avoir l'~ critique** to be critical; **~ de contradiction** contrariness; **~ de corps** esprit de corps; **~ de famille** family loyalty; **l'~ malin** (*le diable*) the Evil One; **esprits chagrins** fault-finders
esquif [ɛskif] *nm* skiff
esquille [ɛskij] *nf* (*fragment d'os*) splinter
esquimau, de, x [ɛskimo, -od] *adj* Eskimo; **chien ~** husky ▸ *nm* (*Ling*) Eskimo; (*glace*) : **E~®** ice lolly (Brit), popsicle (US) ▸ *nm/f* : **Esquimau, de** Eskimo
esquinter [ɛskɛ̃te] /1/: *fam vt* to mess up; **s'esquinter** *vpr* : **s'~ à faire qch** to knock o.s. out doing sth
esquisse [ɛskis] *nf* sketch; **l'~ d'un sourire/changement** a hint of a smile/of change
esquisser [ɛskise] /1/ *vt* to sketch; **~ un sourire** to give a hint of a smile; **s'esquisser** *vpr* (*amélioration*) to begin to be detectable
esquive [ɛskiv] *nf* (*Boxe*) dodging; (*fig*) sidestepping
esquiver [ɛskive] /1/ *vt* to dodge; **s'esquiver** *vpr* to slip away
essai [esɛ] *nm* trying; (*tentative*) attempt, try; (*de produit*) testing; (*Rugby*) try; (*Littérature*) essay; **à l'~** on a trial basis; **mettre à l'~** to put to the test; **~ gratuit** (*Comm*) free trial; **essais** *nmpl* (*Auto*) trials
essaim [esɛ̃] *nm* swarm
essaimer [eseme] /1/ *vi* to swarm; (*fig*) to spread, expand
essayage [esɛjaʒ] *nm* (*d'un vêtement*) trying on, fitting; **salon d'~** fitting room; **cabine d'~** fitting room (*cubicle*)
essayer [eseje] /8/ *vt* (*gén*) to try; (*vêtement, chaussures*) to try (on); (*restaurant, méthode, voiture*) to try (out); **~ de faire** to try *ou* attempt to do ▸ *vi* to try; **essayez un peu !** (*menace*) just you try!; **s'essayer à faire** *vpr* to try one's hand at doing

e

essayeur, -euse [esɛjœʀ, -øz] *nm/f (chez un tailleur etc)* fitter
essayiste [esejist] *nmf* essayist
ESSEC [esɛk] *sigle f (= École supérieure des sciences économiques et sociales) grande école for management and business studies*
essence [esɑ̃s] *nf (de voiture)* petrol (BRIT), gas(oline) (*US*); *(extrait de plante, Philosophie)* essence; *(espèce : d'arbre)* species *inv*; **prendre de l'~** to get (some) petrol *ou* gas; **par ~** *(essentiellement)* essentially; **~ de citron/rose** lemon/rose oil; **~ sans plomb** unleaded petrol; **~ de térébenthine** turpentine
essentiel, le [esɑ̃sjɛl] *adj* essential ▸ *nm* : **l'~ d'un discours/d'une œuvre** the essence of a speech/work of art; **emporter l'~** to take the essentials; **c'est l'~** *(ce qui importe)* that's the main thing; **l'~ de** *(la majeure partie)* the main part of
essentiellement [esɑ̃sjɛlmɑ̃] *adv* essentially
esseulé, e [esœle] *adj* forlorn
essieu, x [esjø] *nm* axle
essor [esɔʀ] *nm (de l'économie etc)* rapid expansion; **prendre son ~** *(oiseau)* to fly off
essorage [esɔʀaʒ] *nm* wringing out; spin-drying; spinning; shaking
essorer [esɔʀe] /1/ *vt (en tordant)* to wring (out); *(par la force centrifuge)* to spin-dry; *(salade)* to spin; *(: en secouant)* to shake dry
essoreuse [esɔʀøz] *nf* mangle, wringer; *(à tambour)* spin-dryer
essoufflé, e [esufle] *adj* out of breath, breathless
essoufflement [esufləmɑ̃] *nm (de personne)* breathlessness; *(ralentissement : de croissance, économie, activité)* slowing, running out of steam; **l'~ de la croissance** the slowing of economic growth
essouffler [esufle] /1/ *vt* to make breathless; **s'essouffler** *vpr* to get out of breath; *(fig : économie)* to run out of steam
essuie *etc* [esɥi] *vb voir* **essuyer**
essuie-glace [esɥiglas] *nm* windscreen (BRIT) *ou* windshield (*US*) wiper
essuie-mains [esɥimɛ̃] *nm* hand towel
essuierai *etc* [esɥiʀe] *vb voir* **essuyer**
essuie-tout [esɥitu] *nm inv* kitchen paper
essuyer [esɥije] /8/ *vt* to wipe; *(fig : subir)* to suffer; **~ la vaisselle** to dry up, dry the dishes; **s'essuyer** *vpr (après le bain)* to dry o.s.
est *vb* [ɛ] *voir* **être** ▸ *nm* [ɛst] : **l'~** the east; **à l'~** in the east; *(direction)* to the east, east(wards); **à l'~ de** (to the) east of; **les pays de l'E~** the eastern countries ▸ *adj inv* [ɛst] east; *(région)* east(ern)
estafette [ɛstafɛt] *nf (Mil)* dispatch rider
estafilade [ɛstafilad] *nf* gash, slash
est-allemand, e [ɛstalmɑ̃, -ɑ̃d] *adj* East German
estaminet [ɛstaminɛ] *nm* tavern
estampe [ɛstɑ̃p] *nf* print, engraving
estamper [ɛstɑ̃pe] /1/ *vt (monnaies etc)* to stamp; *(fam : escroquer)* to swindle
estampille [ɛstɑ̃pij] *nf* stamp
est-ce que [ɛskə] *adv* : **~ c'est cher/c'était bon ?** is it expensive/was it good?; **quand est-ce qu'il part ?** when does he leave?, when is he leaving?; **où est-ce qu'il va ?** where's he going?; *voir aussi* **que**
este [ɛst] *adj* Estonian ▸ *nmf* : **Este** Estonian
esthète [ɛstɛt] *nmf* aesthete
esthéticienne [ɛstetisjɛn] *nf* beautician
esthétique [ɛstetik] *adj (sens, jugement)* aesthetic; *(beau)* attractive, aesthetically pleasing ▸ *nf* aesthetics *sg*; **l'~ industrielle** industrial design
esthétiquement [ɛstetikmɑ̃] *adv* aesthetically
estimable [ɛstimabl] *adj* respected
estimatif, -ive [ɛstimatif, -iv] *adj* estimated
estimation [ɛstimasjɔ̃] *nf* valuation; assessment; *(chiffre)* estimate; **d'après mes estimations** according to my calculations
estime [ɛstim] *nf* esteem, regard; **avoir de l'~ pour qn** to think highly of sb
estimer [ɛstime] /1/ *vt (respecter)* to esteem, hold in high regard; *(expertiser : bijou)* to value; *(évaluer : coût etc)* to assess, estimate; *(penser)* : **~ que/être** to consider that/o.s. to be; **j'estime la distance à 10 km** I reckon the distance to be 10 km; **s'estimer satisfait/heureux** *vpr* to feel satisfied/happy
estival, e, -aux [ɛstival, -o] *adj* summer *cpd*; **station estivale** (summer) holiday resort
estivant, e [ɛstivɑ̃, -ɑ̃t] *nm/f* (summer) holiday-maker
estoc [ɛstɔk] *nm* : **frapper d'~ et de taille** to cut and thrust
estocade [ɛstɔkad] *nf* death-blow
estomac [ɛstɔma] *nm* stomach; **avoir mal à l'~** to have stomach ache; **avoir l'~ creux** to have an empty stomach
estomaqué, e [ɛstɔmake] *adj* flabbergasted
estomaquer [ɛstɔmake] *vt (fam)* to flabbergast
estompe [ɛstɔ̃p] *nf* stump; *(dessin)* stump drawing
estompé, e [ɛstɔ̃pe] *adj* blurred
estomper [ɛstɔ̃mpe] /1/ *vt (Art)* to shade off; *(fig)* to blur, dim; **s'estomper** *vpr (sentiments)* to soften; *(contour)* to become blurred
Estonie [ɛstɔni] *nf* : **l'~** Estonia
estonien, ne [ɛstɔnjɛ̃, -ɛn] *adj* Estonian ▸ *nm (Ling)* Estonian ▸ *nm/f* : **Estonien, ne** Estonian
estourbir [ɛstuʀbiʀ] *vt (fam : personne : assommer)* to knock out; *(: animal : tuer)* to knock out
estrade [ɛstʀad] *nf* platform, rostrum
estragon [ɛstʀagɔ̃] *nm* tarragon
estropié, e [ɛstʀɔpje] *nm/f* cripple
estropier [ɛstʀɔpje] /7/ *vt* to cripple, maim; *(fig)* to twist, distort
estuaire [ɛstɥɛʀ] *nm* estuary
estudiantin, e [ɛstydjɑ̃tɛ̃, -in] *adj* student *cpd*
esturgeon [ɛstyʀʒɔ̃] *nm* sturgeon
et [e] *conj* and; **et lui ?** what about him?; **et alors ?, et (puis) après ?** so what?; *(ensuite)* and then?
ét. *abr* = **étage**
ETA [eta] *sigle m (Pol)* ETA
étable [etabl] *nf* cowshed
établi, e [etabli] *adj* established ▸ *nm* (work)bench

établir [etabliʀ] /**2**/ *vt* (*papiers d'identité, facture*) to make out; (*liste, programme*) to draw up; (*gouvernement, artisan etc : aider à s'installer*) to set up, establish; (*entreprise, atelier, camp*) to set up; (*réputation, usage, fait, culpabilité, relations*) to establish; (*Sport : record*) to set; **s'établir** *vpr* (*se faire : entente etc*) to be established; **s'~ (à son compte)** to set up in business; **s'~ à/près de** to settle in/near

établissement [etablismɑ̃] *nm* making out; drawing up; setting up, establishing; (*entreprise, institution*) establishment; **~ de crédit** credit institution; **~ hospitalier** hospital complex; **~ industriel** industrial plant, factory; **~ scolaire** school, educational establishment

étage [etaʒ] *nm* (*d'immeuble*) storey (Brit), story (US), floor; (*de fusée*) stage; (*Géo : de culture, végétation*) level; **au 2ème ~** on the 2nd (Brit) *ou* 3rd (US) floor; **à l'~** upstairs; **maison à deux étages** two-storey *ou* -story house; **c'est à quel ~?** what floor is it on?; **de bas ~** *adj* low-born; (*médiocre*) inferior

étager [etaʒe] /**3**/ *vt* (*cultures*) to lay out in tiers; **s'étager** *vpr* (*prix*) to range; (*zones, cultures*) to lie on different levels

étagère [etaʒɛʀ] *nf* (*rayon*) shelf; (*meuble*) shelves *pl*, set of shelves

étai [etɛ] *nm* stay, prop

étain [etɛ̃] *nm* tin; (*Bijouterie*) pewter *no pl*

étais *etc* [etɛ] *vb voir* **être**

étal [etal] *nm* stall

étalage [etalaʒ] *nm* display; (*vitrine*) display window; **faire ~ de** to show off, parade

étalagiste [etalaʒist] *nmf* window-dresser

étale [etal] *adj* (*mer*) slack

étalement [etalmɑ̃] *nm* spreading; (*échelonnement*) staggering

étaler [etale] /**1**/ *vt* (*carte, nappe*) to spread (out); (*peinture, liquide*) to spread; (*échelonner : paiements, dates, vacances*) to spread, stagger; (*exposer : marchandises*) to display; (*richesses, connaissances*) to parade; **s'étaler** *vpr* (*liquide*) to spread out; (*fam*) to fall flat on one's face, come a cropper (Brit); **s'~ sur** (*paiements etc*) to be spread over

étalon [etalɔ̃] *nm* (*mesure*) standard; (*cheval*) stallion; **l'~-or** the gold standard

étalonnage [etalɔnaʒ] *nm* calibration

étalonner [etalɔne] /**1**/ *vt* to calibrate

étamer [etame] /**1**/ *vt* (*casserole*) to tin(plate); (*glace*) to silver

étamine [etamin] *nf* (*Bot*) stamen; (*tissu*) butter muslin

étanche [etɑ̃ʃ] *adj* (*récipient, aussi fig*) watertight; (*montre, vêtement*) waterproof; **~ à l'air** airtight

étanchéité [etɑ̃ʃeite] *nf* watertightness; airtightness

étancher [etɑ̃ʃe] /**1**/ *vt* (*liquide*) to stop (flowing); **~ sa soif** to quench *ou* slake one's thirst

étançon [etɑ̃sɔ̃] *nm* (*Tech*) prop

étançonner [etɑ̃sɔne] /**1**/ *vt* to prop up

étang [etɑ̃] *nm* pond

étant [etɑ̃] *vb voir* **être**; **donné**

étape [etap] *nf* stage; (*lieu d'arrivée*) stopping place; (*: Cyclisme*) staging point; **faire ~ à** to stop off at; **brûler les étapes** (*fig*) to cut corners

état [eta] *nm* (*condition*) state; (*d'un article d'occasion*) condition, state; (*liste*) inventory, statement; (*avec une majuscule : Pol*) state; **l'É~** the State; **les États du Golfe** the Gulf States; **en bon/mauvais ~** in good/poor condition; **en ~ (de marche)** in (working) order; **remettre en ~** to repair; **hors d'~** out of order; **être en ~/hors d'~ de faire** to be in a state/in no fit state to do; **en tout ~ de cause** in any event; **être dans tous ses états** to be in a state; **faire ~ de** (*alléguer*) to put forward; **en ~ d'arrestation** under arrest; **~ de grâce** (*Rel*) state of grace; (*fig*) honeymoon period; **en ~ de grâce** (*fig*) inspired; **en ~ d'ivresse** under the influence of drink; **~ de choses** (*situation*) state of affairs; **~ civil** civil status; (*bureau*) registry office (Brit); **~ d'esprit** frame of mind; **~ des lieux** inventory of fixtures; **~ de santé** state of health; **~ de siège/d'urgence** state of siege/emergency; **~ de veille** (*Psych*) waking state; **états d'âme** moods; **états de service** service record *sg*

étatique [etatik] *adj* state *cpd*, State *cpd*

étatisation [etatizasjɔ̃] *nf* nationalization

étatiser [etatize] /**1**/ *vt* to bring under state control

étatisme [etatism] *nm* state control

étatiste [etatist] *adj* (*doctrine etc*) of state control ▶ *nmf* partisan of state control

état-major [etamaʒɔʀ] (*pl* **états-majors**) *nm* (*Mil*) staff; (*d'un parti etc*) top advisers *pl*; (*d'une entreprise*) top management

État-providence [etapʀɔvidɑ̃s] (*pl* **États-providence**) *nm* welfare state

États-Unis [etazyni] *nmpl* : **les ~ (d'Amérique)** the United States (of America)

étau, x [eto] *nm* vice (Brit), vise (US)

étayer [eteje] /**8**/ *vt* to prop *ou* shore up; (*fig*) to back up

et cætera, et cetera, etc. [ɛtseteʀa] *adv* et cetera, and so on, etc

été [ete] *pp de* **être** ▶ *nm* summer; **en ~** in summer

éteignais *etc* [etɛɲɛ] *vb voir* **éteindre**

éteignoir [etɛɲwaʀ] *nm* (candle) snuffer; (*péj*) killjoy, wet blanket

éteindre [etɛ̃dʀ] /**52**/ *vt* (*lampe, lumière, radio, chauffage*) to turn *ou* switch off; (*cigarette, incendie, bougie*) to put out, extinguish; (*Jur : dette*) to extinguish; **s'éteindre** *vpr* to go off; (*feu, lumière*) to go out; (*mourir*) to pass away

éteint, e [etɛ̃, -ɛ̃t] *pp de* **éteindre** ▶ *adj* (*fig*) lacklustre, dull; (*volcan*) extinct; **tous feux éteints** (*Auto : rouler*) without lights

étendard [etɑ̃daʀ] *nm* standard

étendoir [etɑ̃dwaʀ] *nm* drying rack

étendre [etɑ̃dʀ] /**41**/ *vt* (*appliquer : pâte, liquide*) to spread; (*déployer : carte etc*) to spread out; (*sur un fil : lessive, linge*) to hang up *ou* out; (*bras, jambes, par terre : blessé*) to stretch out; (*diluer*) to dilute, thin; (*fig : agrandir*) to extend; (*fam : adversaire*) to floor; **s'étendre** *vpr* (*augmenter, se propager*) to spread; (*terrain, forêt etc*) : **s'~ jusqu'à/de ... à** to stretch as far as/from ... to; **s'~ (sur)** (*s'allonger*) to stretch out (upon); (*se coucher*) to lie down (on); (*fig : expliquer*) to elaborate *ou* enlarge (upon)

e

étendu, e [etɑ̃dy] *adj* extensive ▸ *nf (d'eau, de sable)* stretch, expanse; *(de problème)* extent
éternel, le [etɛʀnɛl] *adj* eternal; **les neiges éternelles** perpetual snow
éternellement [etɛʀnɛlmɑ̃] *adv* eternally
éterniser [etɛʀnize] /1/ : **s'éterniser** *vpr* to last for ages; *(personne)* to stay for ages
éternité [etɛʀnite] *nf* eternity; **il y a** *ou* **ça fait une ~ que** it's ages since; **de toute ~** from time immemorial; **ça a duré une ~** it lasted for ages
éternuement [etɛʀnymɑ̃] *nm* sneeze
éternuer [etɛʀnɥe] /1/ *vi* to sneeze
êtes [ɛt(z)] *vb voir* **être**
étêter [etete] /1/ *vt (arbre)* to poll(ard); *(clou, poisson)* to cut the head off
éthanol [etanɔl] *nm* ethanol
éther [etɛʀ] *nm* ether
éthéré, e [eteʀe] *adj* ethereal
Éthiopie [etjɔpi] *nf* : **l'~** Ethiopia
éthiopien, ne [etjɔpjɛ̃, -ɛn] *adj* Ethiopian
éthique [etik] *adj* ethical ▸ *nf* ethics *sg*
ethnicité [ɛtnisite] *nf* ethnicity
ethnie [ɛtni] *nf* ethnic group
ethnique [ɛtnik] *adj* ethnic
ethnocentrique [ɛtnɔsɑ̃tʀik] *adj (vision, discours)* ethnocentric
ethnocentrisme [ɛtnosɑ̃tʀism] *nm* ethnocentrism
ethnographe [ɛtnɔgʀaf] *nmf* ethnographer
ethnographie [ɛtnɔgʀafi] *nf* ethnography
ethnographique [ɛtnɔgʀafik] *adj* ethnographic(al)
ethnologie [ɛtnɔlɔʒi] *nf* ethnology
ethnologique [ɛtnɔlɔʒik] *adj* ethnological
ethnologue [ɛtnɔlɔg] *nmf* ethnologist
éthologie [etɔlɔʒi] *nf* ethology
éthylique [etilik] *adj* alcoholic
éthylisme [etilism] *nm* alcoholism
éthylomètre [etilɔmɛtʀ] *nm* Breathalyser®
éthylotest [etilɔtest] *nm* Breathalyser®
étiage [etjaʒ] *nm* low water
étiez [etjɛ] *vb voir* **être**
étincelant, e [etɛ̃s(ə)lɑ̃, -ɑ̃t] *adj* sparkling
étinceler [etɛ̃s(ə)le] /4/ *vi* to sparkle
étincelle [etɛ̃sɛl] *nf* spark
étioler [etjɔle] /1/ : **s'étioler** *vpr* to wilt
étions [etjɔ̃] *vb voir* **être**
étique [etik] *adj* skinny, bony
étiquetage [etik(ə)taʒ] *nm* labelling
étiqueter [etik(ə)te] /4/ *vt* to label
étiquette [etikɛt] *vb voir* **étiqueter** ▸ *nf* label; *(protocole)* : **l'~** etiquette
étirement [etiʀmɑ̃] *nm (de muscle)* stretching; **faire des étirements** to do some stretching, to do stretching exercises
étirer [etiʀe] /1/ *vt* to stretch; *(ressort)* to stretch out; **s'étirer** *vpr (personne)* to stretch; *(convoi, route)* : **s'~ sur** to stretch out over
étoffe [etɔf] *nf* material, fabric; **avoir l'~ d'un chef** *etc* to be cut out to be a leader *etc*; **avoir de l'~** to be a forceful personality
étoffer [etɔfe] /1/ *vt* to flesh out; **s'étoffer** *vpr* to fill out
étoile [etwal] *nf* star; **la bonne/mauvaise ~ de qn** sb's lucky/unlucky star; **à la belle ~** (out) in the open; **~ filante** shooting star; **~ de mer** starfish; **~ polaire** pole star ▸ *adj* : **danseuse** *ou* **danseur ~** leading dancer
étoilé, e [etwale] *adj* starry
étole [etɔl] *nf* stole
étonnamment [etɔnamɑ̃] *adv* amazingly
étonnant, e [etɔnɑ̃, -ɑ̃t] *adj* surprising
étonné, e [etɔne] *adj* surprised
étonnement [etɔnmɑ̃] *nm* surprise, amazement; **à mon grand ~ ...** to my great surprise *ou* amazement ...
étonner [etɔne] /1/ *vt* to surprise, amaze; **cela m'étonnerait (que)** *(j'en doute)* I'd be (very) surprised (if); **s'étonner que/de** *vpr* to be surprised that/at
étouffant, e [etufɑ̃, -ɑ̃t] *adj* stifling
étouffé, e [etufe] *adj (asphyxié)* suffocated; *(assourdi : cris, rires)* smothered ▸ *nf* : **à l'étouffée** *(Culin : poisson, légumes)* steamed; *(: viande)* braised
étouffement [etufmɑ̃] *nm* suffocation
étouffer [etufe] /1/ *vt* to suffocate; *(bruit)* to muffle; *(scandale)* to hush up ▸ *vi* to suffocate; *(avoir trop chaud : aussi fig)* to feel stifled; **on étouffe** it's stifling; **s'étouffer** *vpr (en mangeant etc)* to choke
étouffoir [etufwaʀ] *nm (Mus)* damper
étoupe [etup] *nf* tow
étourderie [etuʀdəʀi] *nf (caractère)* absent-mindedness *no pl*; *(faute)* thoughtless blunder; **faute d'~** careless mistake
étourdi, e [etuʀdi] *adj (distrait)* scatterbrained, heedless
étourdiment [etuʀdimɑ̃] *adv* rashly
étourdir [etuʀdiʀ] /2/ *vt (assommer)* to stun, daze; *(griser)* to make dizzy *ou* giddy
étourdissant, e [etuʀdisɑ̃, -ɑ̃t] *adj* staggering
étourdissement [etuʀdismɑ̃] *nm* dizzy spell
étourneau, x [etuʀno] *nm* starling
étrange [etʀɑ̃ʒ] *adj* strange
étrangement [etʀɑ̃ʒmɑ̃] *adv* strangely
étranger, -ère [etʀɑ̃ʒe, -ɛʀ] *adj* foreign; *(pas de la famille, non familier)* strange; **~ à** *(mal connu)* unfamiliar to; *(sans rapport)* irrelevant to ▸ *nm/f* foreigner; stranger ▸ *nm* : **l'~** foreign countries; **à l'~** abroad; **de l'~** from abroad
étrangeté [etʀɑ̃ʒte] *nf* strangeness
étranglé, e [etʀɑ̃gle] *adj* : **d'une voix étranglée** in a strangled voice
étranglement [etʀɑ̃gləmɑ̃] *nm (d'une vallée etc)* constriction, narrow passage
étrangler [etʀɑ̃gle] /1/ *vt* to strangle; *(fig : presse, libertés)* to stifle; **s'étrangler** *vpr (en mangeant etc)* to choke; *(se resserrer)* to make a bottleneck
étrave [etʀav] *nf* stem

MOT-CLÉ

être [ɛtʀ] /61/ *nm* being; **être humain** human being
▸ *vb copule* **1** *(état, description)* to be; **il est instituteur** he is *ou* he's a teacher; **vous êtes grand/intelligent/fatigué** you are *ou* you're tall/clever/tired
2 *(+à : appartenir)* to be; **le livre est à Paul** the book is Paul's *ou* belongs to Paul; **c'est à moi/eux** it is *ou* it's mine/theirs

3 (*+de : provenance*) : **il est de Paris** he is from Paris; (*: appartenance*) : **il est des nôtres** he is one of us
4 (*date*) : **nous sommes le 10 janvier** it's the 10th of January (today)
▸ *vi* to be; **je ne serai pas ici demain** I won't be here tomorrow
▸ *vb aux* **1** to have; to be; **être arrivé/allé** to have arrived/gone; **il est parti** he has left, he has gone
2 (*forme passive*) to be; **être fait par** to be made by; **il a été promu** he has been promoted
3 (*+à +inf : obligation, but*) : **c'est à réparer** it needs repairing; **c'est à essayer** it should be tried; **il est à espérer que ...** it is *ou* it's to be hoped that ...
▸ *vb impers* **1** : **il est** (*+ adj*) it is; **il est impossible de le faire** it's impossible to do it
2 : **il est** (*heure, date*) : **il est 10 heures** it is *ou* it's 10 o'clock
3 (*emphatique*) : **c'est moi** it's me; **c'est à lui de le faire** it's up to him to do it; *voir aussi* **est-ce que** ; **n'est-ce pas** ; **c'est-à-dire** ; **ce**

étreindre [etʀɛ̃dʀ] /**52**/ *vt* to clutch, grip; (*amoureusement, amicalement*) to embrace; **s'étreindre** *vpr* to embrace
étreinte [etʀɛ̃t] *nf* clutch, grip; embrace; **resserrer son ~ autour de** (*fig*) to tighten one's grip on *ou* around
étrenner [etʀene] /**1**/ *vt* to use (*ou* wear) for the first time
étrennes [etʀɛn] *nfpl* (*cadeaux*) New Year's present; (*gratifications*) ≈ Christmas box *sg*, ≈ Christmas bonus
étrier [etʀije] *nm* stirrup
étrille [etʀij] *nf* (*brosse*) currycomb
étriller [etʀije] /**1**/ *vt* (*cheval*) to curry; (*fam : battre*) to slaughter (*fig*)
étriper [etʀipe] /**1**/ *vt* to gut; (*fam*) : **~ qn** to tear sb's guts out
étriqué, e [etʀike] *adj* skimpy
étroit, e [etʀwa, -wat] *adj* narrow; (*vêtement*) tight; (*fig : liens, collaboration*) close, tight; **à l'~** cramped; **~ d'esprit** narrow-minded
étroitement [etʀwatmɑ̃] *adv* closely
étroitesse [etʀwatɛs] *nf* narrowness; **~ d'esprit** narrow-mindedness
étron [etʀɔ̃] *nm* (*fam*) turd (*fam*)
étrusque [etʀysk] *adj* Etruscan
étude [etyd] *nf* studying; (*ouvrage, rapport, Mus*) study; (*de notaire : bureau*) office; (*: charge*) practice; (*Scol : salle de travail*) study room; **être à l'~** (*projet etc*) to be under consideration; **~ de cas** case study; **~ de faisabilité** feasibility study; **~ de marché** (*Écon*) market research; **études** *nfpl* (*Scol*) studies; **faire des études (de droit/médecine)** to study (law/medicine); **études secondaires/supérieures** secondary/higher education
étudiant, e [etydjɑ̃, -ɑ̃t] *adj, nm/f* student
étudié, e [etydje] *adj* (*démarche*) studied; (*système*) carefully designed; (*prix*) keen
étudier [etydje] /**7**/ *vt, vi* to study
étui [etɥi] *nm* case
étuve [etyv] *nf* steamroom; (*appareil*) sterilizer
étuvée [etyve] : **à l'~** *adv* braised
étymologie [etimɔlɔʒi] *nf* etymology
étymologique [etimɔlɔʒik] *adj* etymological
EU *sigle mpl* (= *États-Unis*) US
eu, eue [y] *pp de* **avoir**
EUA *sigle mpl* (= *États-Unis d'Amérique*) USA
eucalyptus [økaliptys] *nm* eucalyptus
Eucharistie [økaʀisti] *nf* : **l'~** the Eucharist, the Lord's Supper
eucharistique [økaʀistik] *adj* eucharistic
euclidien, ne [øklidjɛ̃, -ɛn] *adj* Euclidian
eugénique [øʒenik] *adj* eugenic ▸ *nf* eugenics *sg*
eugénisme [øʒenism] *nm* eugenics *sg*
euh [ø] *excl* er
eunuque [ønyk] *nm* eunuch
euphémique [øfemik] *adj* euphemistic
euphémisme [øfemism] *nm* euphemism
euphonie [øfɔni] *nf* euphony
euphorbe [øfɔʀb] *nf* (*Bot*) spurge
euphorie [øfɔʀi] *nf* euphoria
euphorique [øfɔʀik] *adj* euphoric
euphorisant, e [øfɔʀizɑ̃, -ɑ̃t] *adj* exhilarating
eurafricain, e [øʀafʀikɛ̃, -ɛn] *adj* Eurafrican
eurasiatique [øʀazjatik] *adj* Eurasiatic
Eurasie [øʀazi] *nf* : **l'~** Eurasia
eurasien, ne [øʀazjɛ̃, -ɛn] *adj* Eurasian
EURATOM [øʀatɔm] *sigle f* Euratom
eurent [yʀ] *vb voir* **avoir**
euro [øʀo] *nm* euro
euro- [øʀo] *préfixe* Euro-
eurocrate [øʀɔkʀat] *nmf* (*péj*) Eurocrat
eurodevise [øʀɔdəviz] *nf* Eurocurrency
eurodollar [øʀɔdɔlaʀ] *nm* Eurodollar
Euroland [øʀɔlɑ̃d] *nm* Euroland
euromonnaie [øʀɔmɔnɛ] *nf* Eurocurrency
Europe [øʀɔp] *nf* : **l'~** Europe; **l'~ centrale** Central Europe; **l'~ verte** European agriculture
européanisation [øʀɔpeanizasjɔ̃] *nf* Europeanization
européaniser [øʀɔpeanize] /**1**/ *vt* to Europeanize
européen, ne [øʀɔpeɛ̃, -ɛn] *adj* European ▸ *nm/f* : **Européen, ne** European
europhile [øʀofil] *adj* (*homme politique, pays*) Europhile, pro-Europe ▸ *nm/f* Europhile, pro-European
eurosceptique [øʀosɛptik] *adj, nmf* Eurosceptic
Eurovision [øʀovizjɔ̃] *nf* Eurovision; **émission en ~** Eurovision broadcast
eus *etc* [y] *vb voir* **avoir**
euthanasie [øtanazi] *nf* euthanasia
euthanasier [øtanazje] *vt* (*animal*) to put down, to put to sleep; (*personne*) to euthanize
eux [ø] *pron* (*sujet*) they; (*objet*) them; **~, ils ont fait ...** THEY did ...
évacuation [evakɥasjɔ̃] *nf* evacuation
évacué, e [evakɥe] *nm/f* evacuee
évacuer [evakɥe] /**1**/ *vt* (*salle, région*) to evacuate, clear; (*occupants, population*) to evacuate; (*toxine etc*) to evacuate, discharge
évadé, e [evade] *adj* escaped ▸ *nm/f* escapee
évader [evade] /**1**/ : **s'évader** *vpr* to escape
évaluation [evalɥasjɔ̃] *nf* assessment, evaluation

e

évaluer [evalɥe] /1/ *vt* (*expertiser*) to assess, evaluate; (*juger approximativement*) to estimate
évanescent, e [evanesɑ̃, -ɑ̃t] *adj* evanescent
évangélique [evɑ̃ʒelik] *adj* evangelical
évangélisation [evɑ̃gelizasjɔ̃] *nf* evangelization
évangéliser [evɑ̃ʒelize] /1/ *vt* to evangelize
évangéliste [evɑ̃ʒelist] *nm* evangelist
évangile [evɑ̃ʒil] *nm* gospel; (*texte de la Bible*) : **l'É~** the Gospel; **ce n'est pas l'É~** (*fig*) it's not gospel
évanoui, e [evanwi] *adj* in a faint; **tomber ~** to faint
évanouir [evanwiʀ] /2/ : **s'évanouir** *vpr* to faint, pass out; (*disparaître*) to vanish, disappear
évanouissement [evanwismɑ̃] *nm* (*syncope*) fainting fit; (*Méd*) loss of consciousness
évaporation [evapɔʀasjɔ̃] *nf* evaporation
évaporé, e [evapɔʀe] *adj* giddy, scatterbrained
évaporer [evapɔʀe] /1/ : **s'évaporer** *vpr* to evaporate
évasé, e [evɑze] *adj* (*jupe etc*) flared
évaser [evɑze] /1/ *vt* (*tuyau*) to widen, open out; (*jupe, pantalon*) to flare; **s'évaser** *vpr* to widen, open out
évasif, -ive [evazif, -iv] *adj* evasive
évasion [evazjɔ̃] *nf* escape; **littérature d'~** escapist literature; **~ des capitaux** (*Écon*) flight of capital; **~ fiscale** tax avoidance
évasivement [evazivmɑ̃] *adv* evasively
évêché [eveʃe] *nm* (*fonction*) bishopric; (*palais*) bishop's palace
éveil [evɛj] *nm* awakening; **être en ~** to be alert; **mettre qn en ~, donner l'~ à qn** to arouse sb's suspicions; **activités d'~** early-learning activities
éveillé, e [eveje] *adj* awake; (*vif*) alert, sharp
éveiller [eveje] /1/ *vt* to (a)waken; (*soupçons etc*) to arouse; **s'éveiller** *vpr* to (a)waken; (*fig*) to be aroused
événement [evɛnmɑ̃] *nm* event
éventail [evɑ̃taj] *nm* fan; (*choix*) range; **en ~** fanned out; fan-shaped
éventaire [evɑ̃tɛʀ] *nm* stall, stand
éventé, e [evɑ̃te] *adj* (*parfum, vin*) stale
éventer [evɑ̃te] /1/ *vt* (*secret, complot*) to uncover; (*avec un éventail*) to fan; **s'éventer** *vpr* (*parfum, vin*) to go stale
éventrer [evɑ̃tʀe] /1/ *vt* to disembowel; (*fig*) to tear *ou* rip open
éventualité [evɑ̃tɥalite] *nf* eventuality; possibility; **dans l'~ de** in the event of; **parer à toute ~** to guard against all eventualities
éventuel, le [evɑ̃tɥɛl] *adj* possible
éventuellement [evɑ̃tɥɛlmɑ̃] *adv* possibly
évêque [evɛk] *nm* bishop
Everest [ɛv(ə)ʀɛst] *nm* : **(mont) ~** (Mount) Everest
évertuer [evɛʀtɥe] /1/ : **s'évertuer** *vpr* : **s'~ à faire** to try very hard to do
éviction [eviksjɔ̃] *nf* ousting, supplanting; (*de locataire*) eviction
évidemment [evidamɑ̃] *adv* (*bien sûr*) of course; (*certainement*) obviously
évidence [evidɑ̃s] *nf* obviousness; (*fait*) obvious fact; **se rendre à l'~** to bow before the evidence; **nier l'~** to deny the evidence; **à l'~** evidently; **de toute ~** quite obviously *ou* evidently; **en ~** conspicuous; **être en ~** to be clearly visible; **mettre en ~** (*fait*) to highlight
évident, e [evidɑ̃, -ɑ̃t] *adj* obvious, evident; **ce n'est pas ~** (*cela pose des problèmes*) it's not (all that) straightforward, it's not as simple as all that
évider [evide] /1/ *vt* to scoop out
évier [evje] *nm* (kitchen) sink
évincer [evɛ̃se] /3/ *vt* to oust, supplant
éviscérer [eviseʀe] *vt* to eviscerate
évitable [evitabl] *adj* avoidable
évitement [evitmɑ̃] *nm* : **place d'~** (*Auto*) passing place
éviter [evite] /1/ *vt* to avoid; **~ de faire/que qch ne se passe** to avoid doing/sth happening; **~ qch à qn** to spare sb sth
évocateur, -trice [evɔkatœʀ, -tʀis] *adj* evocative, suggestive
évocation [evɔkasjɔ̃] *nf* evocation
évolué, e [evɔlɥe] *adj* advanced; (*personne*) broad-minded
évoluer [evɔlɥe] /1/ *vi* (*enfant, maladie*) to develop; (*situation, moralement*) to evolve, develop; (*aller et venir : danseur etc*) to move about, circle
évolutif, -ive [evɔlytif, -iv] *adj* evolving
évolution [evɔlysjɔ̃] *nf* development; evolution; **évolutions** *nfpl* movements
évolutionnisme [evɔlysjɔnism] *nm* evolutionism
évoquer [evɔke] /1/ *vt* to call to mind, evoke; (*mentionner*) to mention
ex. *abr* (= *exemple*) ex.
ex- [ɛks] *préfixe* ex-; **son ~mari** her ex-husband; **son ~femme** his ex-wife
exacerbé, e [ɛgzasɛʀbe] *adj* (*orgueil, sensibilité*) exaggerated
exacerber [ɛgzasɛʀbe] /1/ *vt* to exacerbate
exact, e [ɛgza(kt), ɛgzakt] *adj* (*précis*) exact, accurate, precise; (*correct*) correct; (*ponctuel*) punctual; **l'heure exacte** the right *ou* exact time
exactement [ɛgzaktəmɑ̃] *adv* exactly, accurately, precisely; correctly; (*c'est cela même*) exactly
exaction [ɛgzaksjɔ̃] *nf* (*d'argent*) exaction; (*gén pl : actes de violence*) abuse(s)
exactitude [ɛgzaktityd] *nf* exactitude, accurateness, precision
ex aequo [ɛgzeko] *adj inv* equally placed; **classé 1er ~** placed equal first; **arriver ~** to finish neck and neck
exagération [ɛgzaʒeʀasjɔ̃] *nf* exaggeration
exagéré, e [ɛgzaʒeʀe] *adj* (*prix etc*) excessive
exagérément [ɛgzaʒeʀemɑ̃] *adv* excessively
exagérer [ɛgzaʒeʀe] /6/ *vt* to exaggerate ▸ *vi* (*abuser*) to go too far; (*dépasser les bornes*) to overstep the mark; (*déformer les faits*) to exaggerate; **s'exagérer qch** *vpr* to exaggerate sth
exaltant, e [ɛgzaltɑ̃, -ɑ̃t] *adj* exhilarating
exaltation [ɛgzaltasjɔ̃] *nf* exaltation
exalté, e [ɛgzalte] *adj* (over)excited ▸ *nm/f* (*péj*) fanatic

exalter [ɛgzalte] /1/ *vt* (*enthousiasmer*) to excite, elate; (*glorifier*) to exalt
examen [ɛgzamɛ̃] *nm* examination; (*Scol*) exam, examination; **à l'~** (*dossier, projet*) under consideration; (*Comm*) on approval; **~ blanc** mock exam(ination); **~ de la vue** sight test; **~ médical** (medical) examination; (*analyse*) test
examinateur, -trice [ɛgzaminatœʀ, -tʀis] *nm/f* examiner
examiner [ɛgzamine] /1/ *vt* to examine
exaspérant, e [ɛgzaspeʀɑ̃, -ɑ̃t] *adj* exasperating
exaspération [ɛgzaspeʀasjɔ̃] *nf* exasperation
exaspéré, e [ɛgzaspeʀe] *adj* exasperated
exaspérer [ɛgzaspeʀe] /6/ *vt* to exasperate; (*aggraver*) to exacerbate
exaucer [ɛgzose] /3/ *vt* (*vœu*) to grant, fulfil; **~ qn** to grant sb's wishes
ex cathedra [ɛkskatedʀa] *adj inv, adv* ex cathedra
excavateur [ɛkskavatœʀ] *nm* excavator, mechanical digger
excavation [ɛkskavasjɔ̃] *nf* excavation
excavatrice [ɛkskavatʀis] *nf* = **excavateur**
excédé, e [ɛksede] *adj* (*à bout*) exasperated; **~ de, ~ de fatigue** exhausted; **~ de travail** worn out with work
excédent [ɛksedɑ̃] *nm* surplus; **en ~** surplus; **payer 60 euros d'~** (*de bagages*) to pay 60 euros excess baggage; **~ de bagages** excess baggage; **~ commercial** trade surplus
excédentaire [ɛksedɑ̃tɛʀ] *adj* surplus, excess
excéder [ɛksede] /6/ *vt* (*dépasser*) to exceed; (*agacer*) to exasperate
excellence [ɛksɛlɑ̃s] *nf* excellence; (*titre*) Excellency; **par ~** par excellence
excellent, e [ɛkselɑ̃, -ɑ̃t] *adj* excellent
exceller [ɛksele] /1/ *vi* : **~ (dans)** to excel (in)
excentré, e [ɛksɑ̃tʀe] *adj* (*quartier*) out of the way
excentricité [ɛksɑ̃tʀisite] *nf* eccentricity
excentrique [ɛksɑ̃tʀik] *adj* eccentric; (*quartier*) outlying ▸ *nmf* eccentric
excentriquement [ɛksɑ̃tʀikmɑ̃] *adv* eccentrically
excepté, e [ɛksɛpte] *adj, prép* : **les élèves exceptés, ~ les élèves** except for *ou* apart from the pupils; **~ si/quand** except if/when; **~ que** except that
excepter [ɛksɛpte] /1/ *vt* to except
exception [ɛksɛpsjɔ̃] *nf* exception; **faire ~** to be an exception; **faire une ~** to make an exception; **sans ~** without exception; **à l'~ de** except for, with the exception of; **d'~** (*mesure, loi*) special, exceptional
exceptionnel, le [ɛksɛpsjɔnɛl] *adj* exceptional; (*prix*) special
exceptionnellement [ɛksɛpsjɔnɛlmɑ̃] *adv* exceptionally; (*par exception*) by way of an exception, on this occasion
excès [ɛksɛ] *nm* surplus; **à l'~** (*méticuleux, généreux*) to excess; **avec ~** to excess; **sans ~** in moderation; **tomber dans l'~ inverse** to go to the opposite extreme; **~ de langage** immoderate language; **~ de pouvoir** abuse of power; **~ de vitesse** speeding *no pl*, exceeding the speed limit; **~ de zèle** overzealousness *no pl* ▸ *nmpl* excesses; **faire des ~** to overindulge
excessif, -ive [ɛksesif, -iv] *adj* excessive
excessivement [ɛksesivmɑ̃] *adv* (*trop : cher*) excessively, inordinately; (*très : riche, laid*) extremely, incredibly; **manger/boire ~** to eat/drink to excess
exciper [ɛksipe] /1/ : **~ de** *vt* to plead
excipient [ɛksipjɑ̃] *nm* (*Méd*) inert base, excipient
exciser [ɛksize] /1/ *vt* (*Méd*) to excise
excision [ɛksizjɔ̃] *nf* (*Méd*) excision; (*rituelle*) circumcision
excitant, e [ɛksitɑ̃, -ɑ̃t] *adj* exciting ▸ *nm* stimulant
excitation [ɛksitasjɔ̃] *nf* (*état*) excitement
excité, e [ɛksite] *adj* excited
exciter [ɛksite] /1/ *vt* to excite; (*café etc*) to stimulate; **~ qn à** (*révolte etc*) to incite sb to; **s'exciter** *vpr* to get excited
exclamation [ɛksklamasjɔ̃] *nf* exclamation
exclamer [ɛksklame] /1/ : **s'exclamer** *vpr* to exclaim
exclu, e [ɛkskly] *pp de* **exclure** ▸ *adj* : **il est/n'est pas ~ que ...** it's out of the question/not impossible that ...; **ce n'est pas ~** it's not impossible, I don't rule that out ▸ *nmpl* : **les exclus** the socially excluded, the underclass
exclure [ɛksklyʀ] /35/ *vt* (*faire sortir*) to expel; (*ne pas compter*) to exclude, leave out; (*rendre impossible*) to exclude, rule out
exclusif, -ive [ɛksklyzif, -iv] *adj* exclusive; **avec la mission exclusive/dans le but ~ de ...** with the sole mission/aim of ...; **agent ~** sole agent
exclusion [ɛksklyzjɔ̃] *nf* expulsion; **à l'~ de** with the exclusion *ou* exception of
exclusivement [ɛksklyzivmɑ̃] *adv* exclusively
exclusivité [ɛksklyzivite] *nf* exclusiveness; (*Comm*) exclusive rights *pl*; **film passant en ~ à** film showing only at
excommunication [ɛkskɔmynikasjɔ̃] *nf* (*Rel*) excommunication
excommunier [ɛkskɔmynje] /7/ *vt* to excommunicate
excréments [ɛkskʀemɑ̃] *nmpl* excrement *sg*, faeces
excréter [ɛkskʀete] /6/ *vt* to excrete
excrétion [ɛkskʀesjɔ̃] *nf* excretion
excroissance [ɛkskʀwasɑ̃s] *nf* excrescence, outgrowth
excursion [ɛkskyʀsjɔ̃] *nf* (*en autocar*) excursion, trip; (*à pied*) walk, hike; **faire une ~** to go on an excursion *ou* a trip; to go on a walk *ou* hike
excursionniste [ɛkskyʀsjɔnist] *nmf* tripper; hiker
excusable [ɛkskyzabl] *adj* excusable
excuse [ɛkskyz] *nf* excuse; **mot d'~** (*Scol*) note from one's parent(s) (*to explain absence etc*); **excuses** *nfpl* (*regret*) apology *sg*, apologies; **faire des excuses** to apologize; **faire ses excuses** to offer one's apologies; **lettre d'excuses** letter of apology
excuser [ɛkskyze] /1/ *vt* to excuse; **~ qn de qch** (*dispenser*) to excuse sb from sth; « **excusez-**

moi » "I'm sorry"; (*pour attirer l'attention*) "excuse me"; **se faire ~** to ask to be excused; **s'excuser (de)** *vpr* to apologize (for)
exécrable [ɛgzekʀabl] *adj* atrocious
exécrer [ɛgzekʀe] /6/ *vt* to loathe, abhor
exécutable [ɛgzekytabl] (*Inform*) *adj, nm* executable
exécutant, e [ɛgzekytɑ̃, -ɑ̃t] *nm/f* performer
exécuter [ɛgzekyte] /1/ *vt* (*prisonnier*) to execute; (*tâche etc*) to execute, carry out; (*Mus : jouer*) to perform, execute; (*Inform*) to run; **s'exécuter** *vpr* to comply
exécuteur, -trice [ɛgzekytœʀ, -tʀis] *nm/f* (*testamentaire*) executor ▸ *nm* (*bourreau*) executioner
exécutif, -ive [ɛgzekytif, -iv] *adj, nm* (*Pol*) executive
exécution [ɛgzekysjɔ̃] *nf* execution; carrying out; **mettre à ~** to carry out
exécutoire [ɛgzekytwaʀ] *adj* (*Jur*) (legally) binding
exégèse [ɛgzeʒɛz] *nf* exegesis
exégète [ɛgzeʒɛt] *nm* exegete
exemplaire [ɛgzɑ̃plɛʀ] *adj* exemplary ▸ *nm* copy
exemple [ɛgzɑ̃pl] *nm* example; **par ~** for instance, for example; (*valeur intensive*) really!; **sans ~** (*bêtise, gourmandise etc*) unparalleled; **donner l'~** to set an example; **prendre ~ sur** to take as a model; **à l'~ de** just like; **pour l'~** (*punir*) as an example
exempt, e [ɛgzɑ̃, -ɑ̃t] *adj* : **~ de** (*dispensé de*) exempt from; (*sans*) free from; **~ de taxes** tax-free
exempter [ɛgzɑ̃te] /1/ *vt* : **~ de** to exempt from
exemption [ɛgzɑ̃psjɔ̃] *nf* (*de taxes, visa*) exemption
exercé, e [ɛgzɛʀse] *adj* trained
exercer [ɛgzɛʀse] /3/ *vt* (*pratiquer*) to exercise, practise; (*faire usage de : prérogative*) to exercise; (*influence, contrôle, pression*) to exert; (*former*) to exercise, train ▸ *vi* (*médecin*) to be in practice; **s'exercer** *vpr* (*sportif, musicien*) to practise; (*se faire sentir : pression etc*) : **s'~ (sur** *ou* **contre)** to be exerted (on); **s'~ à faire qch** to train o.s. to do sth
exercice [ɛgzɛʀsis] *nm* practice; exercising; (*tâche, travail*) exercise; (*Comm, Admin : période*) accounting period; (*Mil*) drill; **l'~** (*sportif etc*) exercise; **en ~** (*juge*) in office; (*médecin*) practising; **dans l'~ de ses fonctions** in the discharge of his duties; **exercices d'assouplissement** limbering-up (exercises)
exergue [ɛgzɛʀg] *nm* : **mettre en ~** (*inscription*) to inscribe; **porter en ~** to be inscribed with
exfoliant, e [ɛksfɔljɑ̃, -jɑ̃t] *adj* (*savon, gel*) exfoliating ▸ *nm* exfoliator, exfoliant
exfoliation [ɛksfɔljasjɔ̃] *nf* (*gommage*) exfoliation
exfolier [ɛksfɔlje] *vt* (*peau*) to exfoliate
exhalaison [ɛgzalɛzɔ̃] *nf* exhalation
exhaler [ɛgzale] /1/ *vt* (*parfum*) to exhale; (*souffle, son, soupir*) to utter, breathe; **s'exhaler** *vpr* to rise (up)
exhausser [ɛgzose] /1/ *vt* to raise (up)
exhausteur [ɛgzostœʀ] *nm* extractor fan
exhaustif, -ive [ɛgzostif, -iv] *adj* exhaustive
exhiber [ɛgzibe] /1/ *vt* (*montrer : papiers, certificat*) to present, produce; (*péj*) to display, flaunt; **s'exhiber** *vpr* (*personne*) to parade; (*exhibitionniste*) to expose o.s.
exhibition [ɛgzibisjɔ̃] *nf* (*Sport*) exhibition match
exhibitionnisme [ɛgzibisjɔnism] *nm* exhibitionism
exhibitionniste [ɛgzibisjɔnist] *nmf* exhibitionist
exhortation [ɛgzɔʀtasjɔ̃] *nf* exhortation
exhorter [ɛgzɔʀte] /1/ *vt* : **~ qn à faire** to urge sb to do
exhumation [ɛgzymasjɔ̃] *nf* (*de corps*) exhumation
exhumer [ɛgzyme] /1/ *vt* to exhume
exigeant, e [ɛgziʒɑ̃, -ɑ̃t] *adj* demanding; (*péj*) hard to please
exigence [ɛgziʒɑ̃s] *nf* demand, requirement
exiger [ɛgziʒe] /3/ *vt* to demand, require
exigible [ɛgziʒibl] *adj* (*Comm, Jur*) payable
exigu, ë [ɛgzigy] *adj* cramped, tiny
exiguïté [ɛgzigɥite] *nf* (*d'un lieu*) cramped nature
exil [ɛgzil] *nm* exile; **en ~** in exile
exilé, e [ɛgzile] *nm/f* exile
exiler [ɛgzile] /1/ *vt* to exile; **s'exiler** *vpr* to go into exile
existant, e [ɛgzistɑ̃, -ɑ̃t] *adj* (*actuel, présent*) existing
existence [ɛgzistɑ̃s] *nf* existence; **dans l'~** in life
existentialisme [ɛgzistɑ̃sjalism] *nm* existentialism
existentialiste [ɛgzistɑ̃sjalist] *adj, nmf* existentialist
existentiel, le [ɛgzistɑ̃sjɛl] *adj* existential
exister [ɛgziste] /1/ *vi* to exist; **il existe un/des** there is a/are (some)
exocet [ɛgzɔsɛ] *nm* (*poisson*) flying fish; (*missile*) Exocet®
exode [ɛgzɔd] *nm* exodus
exogamie [ɛgzɔgami] *nf* (*Sociol, Bio*) exogamy
exonération [ɛgzɔneʀasjɔ̃] *nf* exemption
exonéré, e [ɛgzɔneʀe] *adj* : **~ de TVA** zero-rated (for VAT)
exonérer [ɛgzɔneʀe] /6/ *vt* : **~ de** to exempt from
exorbitant, e [ɛgzɔʀbitɑ̃, -ɑ̃t] *adj* exorbitant
exorbité, e [ɛgzɔʀbite] *adj* : **yeux exorbités** bulging eyes
exorciser [ɛgzɔʀsize] /1/ *vt* to exorcize
exorcisme [ɛgzɔʀsism] *nm* (*Rel*) exorcism
exorciste [ɛgzɔʀsist] *nm/f* exorcist
exorde [ɛgzɔʀd] *nm* introduction
exotique [ɛgzɔtik] *adj* exotic; **yaourt aux fruits exotiques** tropical fruit yoghurt
exotisme [ɛgzɔtism] *nm* exoticism
expansif, -ive [ɛkspɑ̃sif, -iv] *adj* expansive, communicative
expansion [ɛkspɑ̃sjɔ̃] *nf* expansion
expansionnisme [ɛkspɑ̃sjɔnism] *nm* expansionism
expansionniste [ɛkspɑ̃sjɔnist] *adj* expansionist
expansivité [ɛkspɑ̃sivite] *nf* expansiveness

expatrié, e [ɛkspatʀije] *nm/f* expatriate
expatrier [ɛkspatʀije] /7/ *vt* (*argent*) to take *ou* send out of the country; **s'expatrier** *vpr* to leave one's country
expectative [ɛkspɛktativ] *nf*: **être dans l'~** to be waiting to see
expectorant, e [ɛkspɛktɔʀɑ̃, -ɑ̃t] *adj*: **sirop ~** expectorant (syrup)
expectorer [ɛkspɛktɔʀe] /1/ *vi* to expectorate
expédient [ɛkspedjɑ̃] *nm* (*parfois péj*) expedient; **vivre d'expédients** to live by one's wits
expédier [ɛkspedje] /7/ *vt* (*lettre, paquet*) to send; (*troupes, renfort*) to dispatch; (*péj*: *travail etc*) to dispose of, dispatch
expéditeur, -trice [ɛkspeditœʀ, -tʀis] *nm/f* (*Postes*) sender
expéditif, -ive [ɛkspeditif, -iv] *adj* quick, expeditious
expédition [ɛkspedisjɔ̃] *nf* sending; (*scientifique, sportive, Mil*) expedition; **~ punitive** punitive raid
expéditionnaire [ɛkspedisjɔnɛʀ] *adj*: **corps ~** (*Mil*) task force
expérience [ɛkspeʀjɑ̃s] *nf* (*de la vie, des choses*) experience; (*scientifique*) experiment; **avoir de l'~** to have experience, be experienced; **avoir l'~ de** to have experience of; **faire l'~ de qch** to experience sth; **~ de chimie/d'électricité** chemical/electrical experiment
expérimental, e, -aux [ɛkspeʀimɑ̃tal, -o] *adj* experimental
expérimentalement [ɛkspeʀimɑ̃talmɑ̃] *adv* experimentally
expérimentation [ɛkspeʀimɑ̃tasjɔ̃] *nf* (*fait d'expérimenter*) testing; (*Science*) experimentation
expérimenté, e [ɛkspeʀimɑ̃te] *adj* experienced
expérimenter [ɛkspeʀimɑ̃te] /1/ *vt* (*machine, technique*) to test out, experiment with
expert, e [ɛkspɛʀ, -ɛʀt] *adj*: **~ en** expert in ▸ *nm/f* (*spécialiste*) expert; **~ en assurances** insurance valuer
expert-comptable [ɛkspɛʀkɔ̃tabl] (*pl* **experts-comptables**) *nm* ≈ chartered (Brit) *ou* certified public (*US*) accountant
expertise [ɛkspɛʀtiz] *nf* valuation; assessment; valuer's (*ou* assessor's) report; (*Jur*) (forensic) examination
expertiser [ɛkspɛʀtize] /1/ *vt* (*objet de valeur*) to value; (*voiture accidentée etc*) to assess damage to
expiation [ɛkspjasjɔ̃] *nf* (*Rel*) expiation
expiatoire [ɛkspjatwaʀ] *adj* (*sacrifice*) expiatory
expier [ɛkspje] /7/ *vt* to expiate, atone for
expiration [ɛkspiʀasjɔ̃] *nf* expiry (Brit), expiration; breathing out *no pl*
expirer [ɛkspiʀe] /1/ *vi* (*prendre fin, lit*: *mourir*) to expire; (*respirer*) to breathe out
explétif, -ive [ɛkspletif, -iv] *adj* (*Ling*) expletive
explicable [ɛksplikabl] *adj*: **pas ~** inexplicable
explicatif, -ive [ɛksplikatif, -iv] *adj* (*mot, texte, note*) explanatory
explication [ɛksplikasjɔ̃] *nf* explanation; (*discussion*) discussion; (*dispute*) argument; **~ de texte** (*Scol*) critical analysis (of a text)
explicite [ɛksplisit] *adj* explicit
explicitement [ɛksplisitmɑ̃] *adv* explicitly
expliciter [ɛksplisite] /1/ *vt* to make explicit
expliquer [ɛksplike] /1/ *vt* to explain; **~ (à qn) comment/que** to point out *ou* explain (to sb) how/that; **s'expliquer** *vpr* (*se faire comprendre*: *personne*) to explain o.s.; (*se disputer*) to have it out; (*comprendre*): **je m'explique son retard/absence** I understand his lateness/absence; **son erreur s'explique** one can understand his mistake; **s'~ avec qn** (*discuter*) to explain o.s. to sb

> Lorsque le verbe **explain** est suivi d'un complément d'objet indirect, il faut utiliser la préposition **to** devant ce complément.
> *Explique-moi comment ça fonctionne.* **Explain** *to* **me how it works.**

e

exploit [ɛksplwa] *nm* exploit, feat
exploitable [ɛskplwatabl] *adj* (*gisement etc*) that can be exploited; **~ par une machine** machine-readable
exploitant [ɛksplwatɑ̃] *nmf*: **~ (agricole)** farmer
exploitation [ɛksplwatasjɔ̃] *nf* exploitation; (*d'une entreprise*) running; (*entreprise*): **~ agricole** farming concern
exploiter [ɛksplwate] /1/ *vt* (*personne, don*) to exploit; (*entreprise, ferme*) to run, operate; (*mine*) to exploit, work
exploiteur, -euse [ɛksplwatœʀ, -øz] *nm/f* (*péj*) exploiter
explorateur, -trice [ɛksplɔʀatœʀ, -tʀis] *nm/f* explorer
exploration [ɛksplɔʀasjɔ̃] *nf* exploration
explorer [ɛksplɔʀe] /1/ *vt* to explore
exploser [ɛksploze] /1/ *vi* to explode, blow up; (*engin explosif*) to go off; (*fig*: *joie, colère*) to burst out, explode; (: *personne*: *de colère*) to explode, flare up; **faire ~** (*bombe*) to explode, detonate; (*bâtiment, véhicule*) to blow up
explosif, -ive [ɛksplozif, -iv] *adj, nm* explosive
explosion [ɛksplozjɔ̃] *nf* explosion; **~ de joie/colère** outburst of joy/rage; **~ démographique** population explosion
expo [ɛkspo] *nf* (*fam*) exhibition
exponentiel, le [ɛkspɔnɑ̃sjɛl] *adj* exponential
export [ɛkspɔʀ] *nm* export
exportable [ɛkspɔʀtabl] *adj* exportable
exportateur, -trice [ɛkspɔʀtatœʀ, -tʀis] *adj* export *cpd*, exporting ▸ *nm/f* exporter
exportation [ɛkspɔʀtasjɔ̃] *nf* (*action*) exportation; (*produit*) export
exporter [ɛkspɔʀte] /1/ *vt* to export
exposant [ɛkspozɑ̃] *nm* exhibitor; (*Math*) exponent
exposé, e [ɛkspoze] *nm* (*écrit*) exposé; (*oral*) talk ▸ *adj*: **~ au sud** facing south, with a southern aspect; **bien ~** well situated; **très ~** very exposed
exposer [ɛkspoze] /1/ *vt* (*montrer*: *marchandise*) to display; (: *peinture*) to exhibit, show; (*parler de*: *problème, situation*) to explain, expose, set out; (*mettre en danger, orienter*: *Photo*) to expose; **~ qn/qch à** to expose sb/sth to; **~ sa vie** to risk one's life; **s'exposer à** *vpr* (*soleil, danger*) to expose o.s. to; (*critiques, punition*) to lay o.s. open to

exposition [ɛkspozisjɔ̃] *nf* (*voir exposer*) displaying; exhibiting; explanation, exposition; exposure; (*voir exposé*) aspect, situation; (*manifestation*) exhibition; (*Photo*) exposure; (*introduction*) exposition
exprès[1] [ɛkspʀɛ] *adv* (*délibérément*) on purpose; (*spécialement*) specially; **faire ~ de faire qch** to do sth on purpose
exprès[2]**, -esse** [ɛkspʀɛs] *adj* (*ordre, défense*) express, formal ▸ *adj inv, adv* (*Postes : lettre, colis*) express; **envoyer qch en ~** to send sth express
express [ɛkspʀɛs] *adj inv, nm inv* : **(café) ~** espresso; **(train) ~** fast train
expressément [ɛkspʀesemɑ̃] *adv* expressly, specifically
expressif, -ive [ɛkspʀesif, -iv] *adj* expressive
expression [ɛkspʀesjɔ̃] *nf* expression; **réduit à sa plus simple ~** reduced to its simplest terms; **liberté/moyens d'~** freedom/means of expression; **~ toute faite** set phrase
expressionnisme [ɛkspʀesjɔnism] *nm* expressionism
expressivité [ɛkspʀesivite] *nf* expressiveness
exprimer [ɛkspʀime] /1/ *vt* (*sentiment, idée*) to express; (*faire sortir : jus, liquide*) to press out; **s'exprimer** *vpr* (*personne*) to express o.s.
expropriation [ɛkspʀɔpʀijasjɔ̃] *nf* expropriation; **frapper d'~** to put a compulsory purchase order on
exproprier [ɛkspʀɔpʀije] /7/ *vt* to buy up (*ou* buy the property of) by compulsory purchase, expropriate
expulser [ɛkspylse] /1/ *vt* (*d'une salle, d'un groupe*) to expel; (*locataire*) to evict; (*Football*) to send off
expulsion [ɛkspylsjɔ̃] *nf* expulsion; eviction; sending off
expurger [ɛkspyʀʒe] /3/ *vt* to expurgate, bowdlerize
exquis, e [ɛkski, -iz] *adj* (*gâteau, parfum, élégance*) exquisite; (*personne, temps*) delightful
exsangue [ɛksɑ̃g] *adj* bloodless, drained of blood
exsuder [ɛksyde] /1/ *vt* to exude
extase [ɛkstɑz] *nf* ecstasy; **être en ~** to be in raptures
extasier [ɛkstɑzje] /7/ : **s'extasier** *vpr* : **s'~ sur** to go into raptures over
extatique [ɛkstatik] *adj* ecstatic
extenseur [ɛkstɑ̃sœʀ] *nm* (*Sport*) chest expander
extensible [ɛkstɑ̃sibl] *adj* extensible
extensif, -ive [ɛkstɑ̃sif, -iv] *adj* extensive
extension [ɛkstɑ̃sjɔ̃] *nf* (*d'un muscle, ressort*) stretching; (*fig*) extension; expansion; **à l'~** (*Méd*) in traction
exténuant, e [ɛkstenɥɑ̃, -ɑ̃t] *adj* exhausting
exténuer [ɛkstenɥe] /1/ *vt* to exhaust
extérieur, e [ɛksteʀjœʀ] *adj* (*de dehors : porte, mur etc*) outer, outside; (*: commerce, politique*) foreign; (*: influences, pressions*) external; (*au dehors : escalier, w.-c.*) outside; (*apparent : calme, gaieté etc*) outer ▸ *nm* (*d'une maison, d'un récipient etc*) outside, exterior; (*d'une personne : apparence*) exterior; (*d'un pays, d'un groupe social*) : **l'~** the outside world; **à l'~** (*dehors*) outside; (*fig : à l'étranger*) abroad
extérieurement [ɛksteʀjœʀmɑ̃] *adv* (*de dehors*) on the outside; (*en apparence*) on the surface
extérioriser [ɛksteʀjɔʀize] /1/ *vt* to exteriorize
exterminateur, -trice [ɛkstɛʀminatœʀ, -tʀis] *adj* (*ange, folie*) exterminating
extermination [ɛkstɛʀminasjɔ̃] *nf* extermination, wiping out
exterminer [ɛkstɛʀmine] /1/ *vt* to exterminate, wipe out
externat [ɛkstɛʀna] *nm* day school
externe [ɛkstɛʀn] *adj* external, outer ▸ *nmf* (*Méd*) non-resident medical student, extern (*US*); (*Scol*) day pupil
extincteur [ɛkstɛ̃ktœʀ] *nm* (fire) extinguisher
extinction [ɛkstɛ̃ksjɔ̃] *nf* extinction; (*Jur : d'une dette*) extinguishment; **~ de voix** (*Méd*) loss of voice
extirper [ɛkstiʀpe] /1/ *vt* (*tumeur*) to extirpate; (*plante*) to root out, pull up; (*préjugés*) to eradicate
extorquer [ɛkstɔʀke] /1/ *vt* (*de l'argent, un renseignement*) : **~ qch à qn** to extort sth from sb
extorsion [ɛkstɔʀsjɔ̃] *nf* : **~ de fonds** extortion of money
extra [ɛkstʀa] *adj inv* first-rate; (*fam*) fantastic; (*marchandises*) top-quality ▸ *nm inv* extra help ▸ *préfixe* extra(-)
extracommunautaire [ɛkstʀakɔmynotɛʀ] *adj* (*extérieur à la CE : échanges, origine*) non-EU, outside the EU
extraconjugal, e, -aux [ɛkstʀakɔ̃ʒygal, -o] *adj* (*aventure*) extramarital
extracteur [ɛkstʀaktœʀ] *nm* (*d'air, chaleur*) extractor fan
extraction [ɛkstʀaksjɔ̃] *nf* extraction
extrader [ɛkstʀade] /1/ *vt* to extradite
extradition [ɛkstʀadisjɔ̃] *nf* extradition
extra-fin, e [ɛkstʀafɛ̃, -in] *adj* extra-fine
extra-fort, e [ɛkstʀafɔʀ, -t] *adj* extra strong
extraire [ɛkstʀɛʀ] /50/ *vt* to extract; **~ qch de** to extract sth from
extrait, e [ɛkstʀɛ, -ɛt] *pp de* **extraire** ▸ *nm* (*de plante*) extract; (*de film, livre*) extract, excerpt; **~ de naissance** birth certificate
extra-lucide [ɛkstʀalysid] *adj* : **voyante ~** clairvoyant
extraordinaire [ɛkstʀaɔʀdinɛʀ] *adj* extraordinary; (*Pol, Admin : mesures etc*) special; **ambassadeur ~** ambassador extraordinary; **assemblée ~** extraordinary meeting; **par ~** by some unlikely chance
extraordinairement [ɛkstʀaɔʀdinɛʀmɑ̃] *adv* extraordinarily
extrapoler [ɛkstʀapɔle] /1/ *vt, vi* to extrapolate
extra-sensoriel, le [ɛkstʀasɑ̃sɔʀjɛl] *adj* extrasensory
extra-terrestre [ɛkstʀatɛʀɛstʀ(ə)] *nmf* extraterrestrial
extra-utérin, e [ɛkstʀayteʀɛ̃, -in] *adj* extrauterine
extravagance [ɛkstʀavagɑ̃s] *nf* extravagance *no pl*; extravagant behaviour *no pl*
extravagant, e [ɛkstʀavagɑ̃, -ɑ̃t] *adj* (*personne, attitude*) extravagant; (*idée*) wild
extraverti, e [ɛkstʀavɛʀti] *adj* extrovert

extrayais *etc* [ɛkstʀɛjɛ] *vb voir* **extraire**
extrême [ɛkstʀɛm] *adj, nm* extreme; (*intensif*) : **d'une ~ simplicité/brutalité** extremely simple/brutal; **d'un ~ à l'autre** from one extreme to another; **à l'~** in the extreme; **à l'~ rigueur** in the absolute extreme
extrêmement [ɛkstʀɛmmɑ̃] *adv* extremely
extrême-onction [ɛkstʀɛmɔ̃ksjɔ̃] (*pl* **extrêmes-onctions**) *nf* (*Rel*) last rites *pl*, Extreme Unction
Extrême-Orient [ɛkstʀɛmɔʀjɑ̃] *nm* : **l'~** the Far East
extrême-oriental, e, -aux [ɛkstʀɛmɔʀjɑ̃tal, -o] *adj* Far Eastern
extrémisme [ɛkstʀemism] *nm* extremism
extrémiste [ɛkstʀemist] *adj, nmf* extremist
extrémité [ɛkstʀemite] *nf* (*bout*) end; (*situation*) straits *pl*, plight; (*geste désespéré*) extreme action; **à la dernière ~** (*à l'agonie*) on the point of death; **extrémités** *nfpl* (*pieds et mains*) extremities
extroverti, e [ɛkstʀɔvɛʀti] *adj* = **extraverti**
extrusion [ɛkstʀyzjɔ̃] *nf* (*Tech*) extrusion
exubérance [ɛgzybeʀɑ̃s] *nf* exuberance
exubérant, e [ɛgzybeʀɑ̃, -ɑ̃t] *adj* exuberant
exulter [ɛgzylte] /1/ *vi* to exult
exutoire [ɛgzytwaʀ] *nm* outlet, release
ex-voto [ɛksvɔto] *nm inv* ex-voto
eye-liner [ajlajnœʀ] *nm* eyeliner

Ff

F, f [ɛf] *nm inv* F, f ▸ *abr* = **féminin**; (= *franc*) fr.; (*appartement*) **un F2/F3** a 2-/3-roomed flat (Brit) *ou* apartment (US); (= *Fahrenheit*) F; (= *frère*) Br(o).; (= *femme*) W; **F comme François** F for Frederick (Brit) *ou* Fox (US)
fa [fa] *nm inv* (*Mus*) F; (*en chantant la gamme*) fa
fable [fɑbl] *nf* fable; (*mensonge*) story, tale
fabricant, e [fabʀikɑ̃, -ɑ̃t] *nm/f* manufacturer, maker
fabrication [fabʀikasjɔ̃] *nf* manufacture, making
fabrique [fabʀik] *nf* factory
fabriquer [fabʀike] /1/ *vt* to make; (*industriellement*) to manufacture, make; (*construire* : *voiture*) to manufacture, build; (: *maison*) to build; (*fig* : *inventer* : *histoire, alibi*) to make up; (*fam*) : **qu'est-ce qu'il fabrique ?** what is he up to?; ~ **en série** to mass-produce
fabulateur, -trice [fabylatœʀ, -tʀis] *nm/f* : **c'est un** ~ he fantasizes, he makes up stories
fabulation [fabylasjɔ̃] *nf* (*Psych*) fantasizing
fabuleusement [fabyløzmɑ̃] *adv* fabulously, fantastically
fabuleux, -euse [fabylø, -øz] *adj* fabulous, fantastic
fac [fak] *nf* (*fam* : *Scol* : = *faculté*) Uni (Brit *fam*), ≈ college (US)
façade [fasad] *nf* front, façade; (*fig*) façade
face [fas] *nf* face; (*fig* : *aspect*) side; **perdre/sauver la** ~ to lose/save face; **regarder qn en** ~ to look sb in the face; **la maison/le trottoir d'en** ~ the house/pavement opposite; **en** ~ **de** *prép* opposite; (*fig*) in front of; **de** ~ *adv* from the front; face on; ~ **à** *prép* facing; (*fig*) faced with, in the face of; **faire** ~ **à** to face; **faire** ~ **à la demande** (*Comm*) to meet the demand; ~ **à** ~ *adv* facing each other ▸ *adj* : **le côté** ~ heads
face-à-face [fasafas] *nm inv* encounter
face-à-main [fasamɛ̃] (*pl* **faces-à-main**) *nm* lorgnette
Facebook® [feɪsbuk] *m* Facebook®; **elle m'a envoyé un message sur** ~ she facebooked me
facéties [fasesi] *nfpl* jokes, pranks
facétieux, -euse [fasesjø, -øz] *adj* mischievous
facette [fasɛt] *nf* facet
fâché, e [fɑʃe] *adj* angry; (*désolé*) sorry
fâcher [fɑʃe] /1/ *vt* to anger; **se fâcher** *vpr* to get angry; **se** ~ **avec** (*se brouiller*) to fall out with
fâcherie [fɑʃʀi] *nf* quarrel
fâcheusement [fɑʃøzmɑ̃] *adv* unpleasantly; (*impressionné etc*) badly; **avoir** ~ **tendance à** to have an irritating tendency to
fâcheux, -euse [fɑʃø, -øz] *adj* unfortunate, regrettable
facho [faʃo] *adj, nmf* (*fam* : = *fasciste*) fascist
facial, e, -aux [fasjal, -o] *adj* facial
faciès [fasjɛs] *nm* (*visage*) features *pl*
facile [fasil] *adj* easy; (*accommodant* : *caractère*) easy-going
facilement [fasilmɑ̃] *adv* easily
facilité [fasilite] *nf* easiness; (*disposition, don*) aptitude; (*moyen, occasion, possibilité*) : **il a la** ~ **de rencontrer les gens** he has every opportunity to meet people; **facilités** *nfpl* (*possibilités*) facilities; (*Comm*) terms; **facilités de crédit** credit terms; **facilités de paiement** easy terms
faciliter [fasilite] /1/ *vt* to make easier
façon [fasɔ̃] *nf* (*manière*) way; (*d'une robe etc*) making-up; cut; (*main-d'œuvre*) labour (Brit), labor (US); **châle** ~ **cachemire** (*imitation*) cashmere-style shawl; **de quelle** ~ **?** (in) what way?; **sans** ~ *adv* without fuss; *adj* unaffected; **non merci, sans** ~ no thanks, honestly; **d'une autre** ~ in another way; **en aucune** ~ in no way; **de** ~ **à** so as to; **de** ~ **à ce que**, **de (telle)** ~ **que** so that; **de toute** ~ anyway, in any case; **c'est une** ~ **de parler** it's a way of putting it; **travail à** ~ tailoring; **façons** *nfpl* (*péj*) fuss *sg*; **faire des façons** (*péj*); (*être affecté*) to be affected (: *faire des histoires*) to make a fuss
faconde [fakɔ̃d] *nf* (*liter*) loquacity
façonnage [fasɔnaʒ] *nm* (*fabrication* : *de vêtements*) making; (*de verre*) shaping
façonner [fasɔne] /1/ *vt* (*fabriquer*) to manufacture; (*travailler* : *matière*) to shape, fashion; (*fig*) to mould, shape
fac-similé [faksimile] *nm* facsimile
facteur, -trice [faktœʀ, -tʀis] *nm/f* postman/woman (Brit), mailman/woman (US); **~/factrice d'orgues** organ builder; **~/factrice de pianos** piano maker ▸ *nm* (*Math, gén* : *élément*) factor; ~ **rhésus** rhesus factor
factice [faktis] *adj* artificial
faction [faksjɔ̃] *nf* (*groupe*) faction; (*Mil*) guard *ou* sentry (duty); watch; **en** ~ on guard; standing watch
factionnaire [faksjɔnɛʀ] *nm* guard, sentry
factoriel, le [faktɔʀjɛl] *adj, nf* factorial
factotum [faktɔtɔm] *nm* odd-job man, dogsbody (Brit)
factuel, le [faktɥɛl] *adj* factual

facturation [faktyʀasjɔ̃] *nf* invoicing; (*bureau*) invoicing (office)
facture [faktyʀ] *nf* (*à payer : gén*) bill; (: *Comm*) invoice; (*d'un artisan, artiste*) technique, workmanship
facturer [faktyʀe] /1/ *vt* to invoice
facturette [faktyʀɛt] *nf* credit card slip
facturier, -ière [faktyʀje, -jɛʀ] *nm/f* invoice clerk
facultatif, -ive [fakyltatif, -iv] *adj* optional; (*arrêt de bus*) request *cpd*
faculté [fakylte] *nf* (*intellectuelle, d'université*) faculty; (*pouvoir, possibilité*) power
fada [fada] (*fam*) *adj* cracked (*fam*) ▸ *nm* crackpot (*fam*)
fadaises [fadɛz] *nfpl* twaddle *sg*
fade [fad] *adj* insipid
fadette [fadɛt] *nf* (*Tél*) mobile phone records (Brit), cellphone records (*US*)
fadeur [fadœʀ] *nf* (*de plat*) blandness; (*de couleur, style*) dullness
fading [fadiŋ] *nm* (Radio) fading
fagot [fago] *nm* (*de bois*) bundle of sticks
fagoté, e [fagɔte] *adj* (*fam*) : **drôlement ~** oddly dressed
FAI *sigle m* (= *fournisseur d'accès à Internet*) ISP (= *Internet service provider*)
faiblard, e [fɛblaʀ, -aʀd] *adj* (*fam, péj : raisonnement, argument, personne*) feeble; (*son, lumière*) weak
faible [fɛbl] *adj* weak; (*voix, lumière, vent*) faint; (*élève, copie*) poor; (*rendement, intensité, revenu etc*) low ▸ *nm* weak point; (*pour quelqu'un*) weakness, soft spot; **~ d'esprit** feeble-minded
faiblement [fɛbləmɑ̃] *adv* weakly; (*peu : éclairer etc*) faintly
faiblesse [fɛblɛs] *nf* weakness
faiblir [febliʀ] /2/ *vi* to weaken; (*lumière*) to dim; (*vent*) to drop
faïence [fajɑ̃s] *nf* earthenware *no pl*; (*objet*) piece of earthenware
faignant, e [fɛɲɑ̃, -ɑ̃t] *nm/f* = **fainéant**
faille [faj] *vb voir* **falloir** ▸ *nf* (*Géo*) fault; (*fig*) flaw, weakness
failli, e [faji] *adj, nm/f* bankrupt
faillible [fajibl] *adj* fallible
faillir [fajiʀ] /2/ *vi* : **j'ai failli tomber/lui dire** I almost *ou* nearly fell/told him; **~ à une promesse/un engagement** to break a promise/an agreement
faillite [fajit] *nf* bankruptcy; (*échec : d'une politique etc*) collapse; **être en ~** to be bankrupt; **faire ~** to go bankrupt
faim [fɛ̃] *nf* hunger; (*fig*) : **~ d'amour/de richesse** hunger *ou* yearning for love/wealth; **avoir ~** to be hungry; **rester sur sa ~** (*aussi fig*) to be left wanting more
fainéant, e [fɛneɑ̃, -ɑ̃t] *nm/f* idler, loafer
fainéanter [fɛneɑ̃te] *vi* to laze around
fainéantise [fɛneɑ̃tiz] *nf* idleness, laziness

MOT-CLÉ

faire [fɛʀ] /60/ *vt* **1** (*fabriquer, être l'auteur de*) to make; (: *produire*) to produce; (: *construire : maison, bateau*) to build; **faire du vin/une offre/un film** to make wine/an offer/a film; **faire du bruit** to make a noise
2 (*effectuer : travail, opération*) to do; **que faites-vous ?** (*quel métier etc*) what do you do?; (*quelle activité : au moment de la question*) what are you doing?; **que faire ?** what are we going to do?, what can be done (about it)?; **faire la lessive/le ménage** to do the washing/the housework
3 (*études*) to do; (*sport, musique*) to play; **faire du droit/du français** to do law/French; **faire du rugby/piano** to play rugby/the piano; **faire du cheval/du ski** to go riding/skiing
4 (*visiter*) : **faire les magasins** to go shopping; **faire l'Europe** to tour *ou* do Europe
5 (*vitesse, distance*) : **faire du 50 (à l'heure)** to do 50 (km an hour); **nous avons fait 1000 km en 2 jours** we did *ou* covered 1000 km in 2 days
6 (*simuler*) : **faire le malade/l'ignorant** to act the invalid/the fool
7 (*transformer, avoir un effet sur*) : **faire de qn un frustré/avocat** to make sb frustrated/a lawyer; **ça ne me fait rien** (*m'est égal*) I don't care *ou* mind; (*me laisse froid*) it has no effect on me; **ça ne fait rien** it doesn't matter; **faire que** (*impliquer*) to mean that
8 (*calculs, prix, mesures*) : **deux et deux font quatre** two and two are *ou* make four; **ça fait 10 m/15 euros** it's 10 m/15 euros; **je vous le fais 10 euros** I'll let you have it for 10 euros; **je fais du 40** I take a size 40
9 (*vb + de*) : **qu'a-t-il fait de sa valise/de sa sœur ?** what has he done with his case/his sister?
10 : **ne faire que** : **il ne fait que critiquer** (*sans cesse*) all he (ever) does is criticize; (*seulement*) he's only criticizing
11 (*dire*) to say; **vraiment ? fit-il** really? he said
12 (*maladie*) to have; **faire du diabète/de la tension** to have diabetes *sg*/high blood pressure
▸ *vi* **1** (*agir, s'y prendre*) to act, do; **il faut faire vite** we (*ou* you *etc*) must act quickly; **comment a-t-il fait pour ?** how did he manage to?; **faites comme chez vous** make yourself at home; **je n'ai pas pu faire autrement** there was nothing else I could do
2 (*paraître*) to look; **faire vieux/démodé** to look old/old-fashioned; **ça fait bien** it looks good; **tu fais jeune dans cette robe** that dress makes you look young(er)
3 (*remplaçant un autre verbe*) to do; **ne le casse pas comme je l'ai fait** don't break it as I did; **je peux le voir ? — faites !** can I see it? — please do!; **remets-le en place — je viens de le faire** put it back in its place — I just have (done)
▸ *vb impers* **1** : **il fait beau** *etc* the weather is fine *etc*; *voir aussi* **jour** ; **froid** *etc*
2 (*temps écoulé : durée*) : **ça fait deux ans qu'il est parti** it's two years since he left; **ça fait deux ans qu'il y est** he's been there for two years
▸ *vb aux* **1** : **faire** (*+infinitif : action directe*) to make; **faire tomber/bouger qch** to make sth fall/move; **faire démarrer un moteur/chauffer de l'eau** to start up an engine/heat some water;

cela fait dormir it makes you sleep; **faire travailler les enfants** to make the children work *ou* get the children to work; **il m'a fait traverser la rue** he helped me to cross the road
2 : faire *(+infinitif : indirectement, par un intermédiaire)* **: faire réparer qch** to get *ou* have sth repaired; **faire punir les enfants** to have the children punished; **il m'a fait ouvrir la porte** he got me to open the door
se faire *vpr* **1** *(vin, fromage)* to mature
2 *(être convenable)* **: cela se fait beaucoup/ne se fait pas** it's done a lot/not done
3 *(+nom ou pron)* **: se faire une jupe** to make o.s. a skirt; **se faire des amis** to make friends; **se faire du souci** to worry; **se faire des illusions** to delude o.s.; **se faire beaucoup d'argent** to make a lot of money; **il ne s'en fait pas** he doesn't worry
4 *(+adj : devenir)* **: se faire vieux** to be getting old; *(: délibérément)* **: se faire beau** to do o.s. up
5 : se faire à *(s'habituer)* to get used to; **je n'arrive pas à me faire à la nourriture/au climat** I can't get used to the food/climate
6 *(+infinitif)* **: se faire examiner la vue/opérer** to have one's eyes tested/have an operation; **se faire couper les cheveux** to get one's hair cut; **il va se faire tuer/punir** he's going to get himself killed/get (himself) punished; **il s'est fait aider** he got somebody to help him; **il s'est fait aider par Simon** he got Simon to help him; **se faire faire un vêtement** to get a garment made for o.s.
7 *(impersonnel)* **: comment se fait-il/faisait-il que ?** how is it/was it that?; **il peut se faire que nous utilisions ...** it's possible that we could use ...

faire-part [fɛʀpaʀ] *nm inv* announcement *(of birth, marriage etc)*
fair-play [fɛʀplɛ] *adj inv* fair play
fais [fɛ] *vb voir* **faire**
faisabilité [fəzabilite] *nf* feasibility
faisable [fəzabl] *adj* feasible
faisais *etc* [fəzɛ] *vb voir* **faire**
faisan, e [fəzɑ̃, -an] *nm/f* pheasant
faisandé, e [fəzɑ̃de] *adj* high *(bad)*; *(fig : péj)* corrupt, decadent
faisceau, x [fɛso] *nm (de lumière etc)* beam; *(de branches etc)* bundle
faiseur, -euse [fəzœʀ, -øz] *nm/f (gén : péj)* **: ~ de** maker of; **~ d'embarras** fusspot; **~ de projets** schemer ▸ *nm* (bespoke) tailor
faisons *etc* [fəzɔ̃] *vb voir* **faire**
faisselle [fɛsɛl] *nf* cheese strainer
fait¹ [fɛ] *vb voir* **faire** ▸ *nm (événement)* event, occurrence; *(réalité, donnée)* fact; **le ~ que/de manger** the fact that/of eating; **être le ~ de** *(causé par)* to be the work of; **être au ~ (de)** to be informed (of); **mettre qn au ~** to inform sb, put sb in the picture; **au ~** *(à propos)* by the way; **en venir au ~** to get to the point; **de ~** *adj (opposé à : de droit)* de facto; *adv* in fact; **du ~ de ceci/qu'il a menti** because of *ou* on account of this/his having lied; **de ce ~** therefore, for this reason; **en ~** in fact; **en ~ de repas** by way of a meal; **prendre ~ et cause pour qn** to support sb, side with sb; **prendre qn sur le ~** to catch sb in the act; **dire à qn son ~** to give sb a piece of one's mind; **hauts faits** *(exploits)* exploits; **~ d'armes** feat of arms; **~ divers** (short) news item; **les faits et gestes de qn** sb's actions *ou* doings
fait², e [fɛ, fɛt] *pp de* **faire** ▸ *adj (mûr : fromage, melon)* ripe; *(maquillé : yeux)* made-up; *(vernis : ongles)* painted, polished; **un homme ~** a grown man; **tout(e) ~(e)** *(préparé à l'avance)* ready-made; **c'en est ~ de notre tranquillité** that's the end of our peace; **c'est bien ~ (pour lui** *ou* **eux** *etc***)** it serves him (*ou* them *etc*) right
faîte [fɛt] *nm* top; *(fig)* pinnacle, height
faites [fɛt] *vb voir* **faire**
faîtière [fɛtjɛʀ] *nf (de tente)* ridge pole
faitout [fɛtu] *nm* stewpot
fakir [fakiʀ] *nm (Théât)* wizard
falaise [falɛz] *nf* cliff
falbalas [falbala] *nmpl* fripperies, frills
fallacieux, -euse [fa(l)lasjø, -øz] *adj (raisonnement)* fallacious; *(apparences)* deceptive; *(espoir)* illusory
falloir [falwaʀ] **/29/** *vb impers* **: il faut faire les lits** we (*ou* you *etc*) have to *ou* must make the beds; **il faut que je fasse les lits** I have to *ou* must make the beds; **il a fallu qu'il parte** he had to leave; **il faudrait qu'elle rentre** she should come *ou* go back, she ought to come *ou* go back; **il faut faire attention** you have to be careful; **il me faudrait 100 euros** I would need 100 euros; **il doit ~ du temps** that must take time; **il vous faut tourner à gauche après l'église** you have to turn left past the church; **nous avons ce qu'il (nous) faut** we have what we need; **il faut qu'il ait oublié** he must have forgotten; **il a fallu qu'il l'apprenne** he would have to hear about it; **il ne fallait pas** *(pour remercier)* you shouldn't have (done); **faut le faire !** *(fam)* (it) takes some doing!; **comme il faut** *adj* proper; *adv* properly; **s'en falloir** *vpr* **: il s'en est fallu de 10 euros/5 minutes** we (*ou* they *etc*) were 10 euros short/5 minutes late (*ou* early); **il s'en faut de beaucoup qu'il soit ...** he is far from being ...; **il s'en est fallu de peu que cela n'arrive** it very nearly happened; **ou peu s'en faut** or just about, or as good as
fallu [faly] *pp de* **falloir**
falot, e [falo, -ɔt] *adj* dreary, colourless (BRIT), colorless (US) ▸ *nm* lantern
falsification [falsifikasjɔ̃] *nf* falsification
falsifier [falsifje] **/7/** *vt* to falsify
famé, e [fame] *adj* **: mal ~** disreputable, of ill repute
famélique [famelik] *adj* half-starved
fameux, -euse [famø, -øz] *adj (illustre : parfois péj)* famous; *(bon : repas, plat etc)* first-rate, first-class; *(intensif)* **: un ~ problème** *etc* a real problem *etc*; **pas ~** not great, not much good
familial, e, -aux [familjal, -o] *adj* family *cpd* ▸ *nf (Auto)* family estate car (BRIT), station wagon (US)
familiariser [familjaʀize] **/1/** *vt* **: ~ qn avec** to familiarize sb with; **se ~ avec** to familiarize o.s. with

familiarité [familjaʀite] *nf* familiarity; informality; **~ avec** (*sujet, science*) familiarity with; **familiarités** *nfpl* familiarities
familier, -ière [familje, -jɛʀ] *adj* (*connu, impertinent*) familiar; (*atmosphère*) informal, friendly; (*Ling*) informal, colloquial ▸ *nm* regular (visitor)
familièrement [familjɛʀmɑ̃] *adv* (*sans façon : s'entretenir*) informally; (*cavalièrement*) familiarly
famille [famij] *nf* family; **il a de la ~ à Paris** he has relatives in Paris

En anglais britannique, le mot **family** peut fonctionner comme un singulier ou un pluriel selon que l'accent est mis sur le groupe en général ou sur ses membres. Le verbe qui suit peut donc être au singulier ou au pluriel.
La famille, c'est très important pour moi. **Family** *is* **very important to me.**
Sa famille l'aide beaucoup. **Her family** *help* **her a lot.**

famine [famin] *nf* famine
fan [fan] *nmf* fan
fana [fana] *adj, nmf* (*fam*) = **fanatique**
fanal, -aux [fanal, -o] *nm* beacon; lantern
fanatique [fanatik] *adj* : **~ (de)** fanatical (about) ▸ *nmf* fanatic
fanatiser [fanatize] *vt* to make fanatical
fanatisme [fanatism] *nm* fanaticism
fane [fan] *nf* top
fané, e [fane] *adj* faded
faner [fane] /1/ : **se faner** *vpr* to fade
fanes [fan] *nfpl* tops; **des ~ de radis** radish tops
faneur, -euse [fanœʀ, -øz] *nm/f* haymaker ▸ *nf* (*Tech*) tedder
fanfare [fɑ̃faʀ] *nf* (*orchestre*) brass band; (*musique*) fanfare; **en ~** (*avec bruit*) noisily
fanfaron, ne [fɑ̃faʀɔ̃, -ɔn] *nm/f* braggart
fanfaronnades [fɑ̃faʀɔnad] *nfpl* bragging *no pl*
fanfaronner [fɑ̃faʀɔne] *vi* to brag, to boast
fanfreluches [fɑ̃fʀəlyʃ] *nfpl* trimming *no pl*
fange [fɑ̃ʒ] *nf* mire
fanion [fanjɔ̃] *nm* pennant
fanon [fanɔ̃] *nm* (*de baleine*) plate of baleen; (*repli de peau*) dewlap, wattle
fantaisie [fɑ̃tezi] *nf* (*spontanéité*) fancy, imagination; (*caprice*) whim; extravagance; (*Mus*) fantasia ▸ *adj* : **bijou ~** (piece of) costume jewellery (BRIT) *ou* jewelry (US); **pain ~** fancy bread
fantaisiste [fɑ̃tezist] *adj* (*péj*) unorthodox, eccentric ▸ *nmf* (*de music-hall*) variety artist *ou* entertainer
fantasmagorique [fɑ̃tasmagɔʀik] *adj* phantasmagorical
fantasmatique [fɑ̃tasmatik] *adj* fantastical
fantasme [fɑ̃tasm] *nm* fantasy
fantasmer [fɑ̃tasme] /1/ *vi* to fantasize
fantasque [fɑ̃task] *adj* whimsical, capricious; fantastic
fantassin [fɑ̃tasɛ̃] *nm* infantryman
fantastique [fɑ̃tastik] *adj* fantastic
fantoche [fɑ̃tɔʃ] *nm* (*péj*) puppet
fantomatique [fɑ̃tɔmatik] *adj* ghostly
fantôme [fɑ̃tom] *nm* ghost, phantom
FAO *sigle f* (= *Food and Agricultural Organization*) FAO
faon [fɑ̃] *nm* fawn (*deer*)
FAQ *sigle f* (= *foire aux questions*) FAQ *pl* (= *frequently asked questions*)
far [faʀ] *nm* (*aussi* : **far breton**) prune custard flan
faramineux, -euse [faʀaminø, -øz] *adj* (*fam*) fantastic
farandole [faʀɑ̃dɔl] *nf* farandole
farce [faʀs] *nf* (*viande*) stuffing; (*blague*) (practical) joke; (*Théât*) farce; **faire une ~ à qn** to play a (practical) joke on sb; **farces et attrapes** jokes and novelties
farceur, -euse [faʀsœʀ, -øz] *nm/f* practical joker; (*fumiste*) clown
farci, e [faʀsi] *adj* (*Culin*) stuffed
farcir [faʀsiʀ] /2/ *vt* (*viande*) to stuff; (*fig*) : **~ qch de** to stuff sth with; **se farcir** *vpr* (*fam*) : **je me suis farci la vaisselle** I've got stuck *ou* landed with the washing-up
fard [faʀ] *nm* make-up; **~ à joues** blusher
fardeau, x [faʀdo] *nm* burden
farder [faʀde] /1/ *vt* to make up; (*vérité*) to disguise; **se farder** *vpr* to make o.s. up
farfadet [faʀfadɛ] *nm* elf
farfelu, e [faʀfəly] *adj* wacky (*fam*), hare-brained
farfouiller [faʀfuje] /1/ *vi* (*péj*) to rummage around
fariboles [faʀibɔl] *nfpl* nonsense *no pl*
farine [faʀin] *nf* flour; **~ de blé** wheatflour; **~ de maïs** cornflour (BRIT), cornstarch (US); **~ lactée** (*pour bouillie*) baby cereal
fariner [faʀine] /1/ *vt* to flour
farineux, -euse [faʀinø, -øz] *adj* (*sauce, pomme*) floury ▸ *nmpl* (*aliments*) starchy foods
farniente [faʀnjɛnte] *nm* idleness
farouche [faʀuʃ] *adj* shy, timid; (*sauvage*) savage, wild; (*violent*) fierce
farouchement [faʀuʃmɑ̃] *adv* fiercely
fart [faʀt] *nm* (ski) wax
farter [faʀte] /1/ *vt* to wax
fascicule [fasikyl] *nm* volume
fascinant, e [fasinɑ̃, -ɑ̃t] *adj* fascinating
fascination [fasinasjɔ̃] *nf* fascination
fasciner [fasine] /1/ *vt* to fascinate
fascisant, e [faʃizɑ̃, -ɑ̃t] *adj* fascistic
fascisme [faʃism] *nm* fascism
fasciste [faʃist] *adj, nmf* fascist
fasse *etc* [fas] *vb voir* **faire**
faste [fast] *nm* splendour (BRIT), splendor (US) ▸ *adj* : **c'est un jour ~** it's his (*ou* our *etc*) lucky day
fast-food [fastfud] (*pl* **fast-foods**) *nm* fast food; (*restaurant*) snack bar
fastidieux, -euse [fastidjø, -øz] *adj* tedious, tiresome
fastoche [fastɔʃ] *adj* (*fam*) easy-peasy (*fam*)
fastueux, -euse [fastɥø, -øz] *adj* sumptuous, luxurious
fat [fa(t)] *adj m* conceited, smug
fatal, e [fatal] *adj* fatal; (*inévitable*) inevitable
fatalement [fatalmɑ̃] *adv* inevitably
fatalisme [fatalism] *nm* fatalism
fataliste [fatalist] *adj* fatalistic

f

fatalité [fatalite] *nf* (*destin*) fate; (*coïncidence*) fateful coincidence; (*caractère inévitable*) inevitability
fatidique [fatidik] *adj* fateful
fatigant, e [fatigɑ̃, -ɑ̃t] *adj* tiring; (*agaçant*) tiresome
fatigue [fatig] *nf* tiredness, fatigue; (*détérioration*) fatigue; **les fatigues du voyage** the wear and tear of the journey
fatigué, e [fatige] *adj* tired
fatiguer [fatige] /1/ *vt* to tire, make tired; (*Tech*) to put a strain on, strain; (*fig : agacer*) to annoy ▸ *vi* (*moteur*) to labour (BRIT), labor (US), strain; **se fatiguer** *vpr* to get tired; to tire o.s. (out); **se ~ à faire qch** to tire o.s. out doing sth
fatras [fatʀɑ] *nm* jumble, hotchpotch
fatuité [fatɥite] *nf* conceitedness, smugness
faubourg [fobuʀ] *nm* suburb
faubourien, ne [fobuʀjɛ̃, -ɛn] *adj* (*accent*) working-class
fauche [foʃ] *nf* (*de pré*) mowing; (*de blé*) cutting; (*fam : vol*) theft
fauché, e [foʃe] *adj* (*fam*) broke
faucher [foʃe] /1/ *vt* (*herbe*) to cut; (*champs, blés*) to reap; (*fig*) to cut down; (*véhicule*) to mow down; (*fam : voler*) to pinch, nick
faucheur, -euse [foʃœʀ, -øz] *nm/f* reaper, mower
faucheux [foʃø] *nm* (*araignée*) harvestman
faucille [fosij] *nf* sickle
faucon [fokɔ̃] *nm* falcon, hawk
fauconnerie [fokɔnʀi] *nf* (*dressage*) falconry; (*chasse*) hawking, falconry
faudra *etc* [fodʀa] *vb voir* **falloir**
faufil [fofil] *nm* (*Couture*) tacking thread
faufilage [fofilaʒ] *nm* (*Couture*) tacking
faufiler [fofile] /1/ *vt* to tack, baste; **se faufiler** *vpr* : **se ~ dans** to edge one's way into; **se ~ parmi/entre** to thread one's way among/ between
faune [fon] *nf* (*Zool*) wildlife, fauna; (*fig : péj*) set, crowd; **~ marine** marine (animal) life ▸ *nm* faun
faussaire [fosɛʀ] *nmf* forger
fausse [fos] *adj f voir* **faux²**
faussement [fosmɑ̃] *adv* (*accuser*) wrongly, wrongfully; (*croire*) falsely, erroneously
fausser [fose] /1/ *vt* (*objet*) to bend, buckle; (*fig*) to distort; **~ compagnie à qn** to give sb the slip
fausset [fosɛ] *nm* : **voix de ~** falsetto voice
fausseté [foste] *nf* wrongness; falseness
faut [fo] *vb voir* **falloir**
faute [fot] *nf* (*erreur*) mistake, error; (*péché, manquement*) misdemeanour; (*Football etc*) offence; (*Tennis*) fault; (*responsabilité*) : **par la ~ de** through the fault of, because of; **c'est de sa/ma ~** it's his/my fault; **être en ~** to be in the wrong; **prendre qn en ~** to catch sb out; **~ de** (*temps, argent*) for *ou* through lack of; **~ de mieux** for want of anything *ou* something better; **sans ~** *adv* without fail; **~ de frappe** typing error; **~ d'inattention** careless mistake; **~ d'orthographe** spelling mistake; **~ professionnelle** professional misconduct *no pl*
fauter [fote] *vi* (*commettre une faute*) to be at fault; (*vieilli : femme, fille*) to stray
fauteuil [fotœj] *nm* armchair; **~ à bascule** rocking chair; **~ club** (big) easy chair; **~ d'orchestre** seat in the front stalls (BRIT) *ou* the orchestra (US); **~ roulant** wheelchair
fauteur [fotœʀ] *nm* : **~ de troubles** trouble-maker
fautif, -ive [fotif, -iv] *adj* (*incorrect*) incorrect, inaccurate; (*responsable*) at fault, in the wrong; (*coupable*) guilty; **il se sentait ~** he felt guilty ▸ *nm/f* culprit
fauve [fov] *nm* wildcat; (*peintre*) Fauve ▸ *adj* (*couleur*) fawn
fauvette [fovɛt] *nf* warbler
fauvisme [fovism] *nm* (*Art*) Fauvism
faux¹ [fo] *nf* scythe
faux², fausse [fo, fos] *adj* (*inexact*) wrong; (*piano, voix*) out of tune; (*falsifié : billet*) fake, forged; (*sournois, postiche*) false; **~ ami** (*Ling*) faux ami; **faire ~ bond à qn** to let sb down; **~ col** detachable collar; **~ départ** (*Sport, fig*) false start; **faire fausse route** to go the wrong way; **un ~ numéro** a wrong number; **~ frais** *nmpl* extras, incidental expenses; **~ frère** (*fig : péj*) false friend; **~ mouvement** awkward movement; **~ nez** false nose; **~ nom** assumed name; **~ pas** tripping *no pl*; (*fig*) faux pas; **faire un ~ pas** to trip; (*fig*) to make a faux pas; **~ témoignage** perjury; **fausse alerte** false alarm; **fausse clé** skeleton key; **fausse couche** (*Méd*) miscarriage; **fausse joie** vain joy; **fausse note** wrong note ▸ *adv* (*Mus*) out of tune ▸ *nm* (*copie*) fake, forgery; (*opposé au vrai*) : **le ~** falsehood
faux-filet [fofilɛ] *nm* sirloin
faux-fuyant [fofɥijɑ̃] *nm* equivocation
faux-monnayeur [fomɔnɛjœʀ] *nm* counterfeiter, forger
faux-semblant [fosɑ̃blɑ̃] *nm* pretence (BRIT), pretense (US)
faux-sens [fosɑ̃s] *nm* mistranslation
faveur [favœʀ] *nf* favour (BRIT), favor (US); **traitement de ~** preferential treatment; **à la ~ de** under cover of; (*grâce à*) thanks to; **en ~ de** in favo(u)r of
favorable [favɔʀabl] *adj* favo(u)rable
favorablement [favɔʀabləmɑ̃] *adv* (*juger, accueillir*) favourably (BRIT), favorably (US)
favori, te [favɔʀi, -it] *adj, nm/f* favo(u)rite
favoris [favɔʀi] *nmpl* (*barbe*) sideboards (BRIT), sideburns
favoriser [favɔʀize] /1/ *vt* to favour (BRIT), favor (US)
favoritisme [favɔʀitism] *nm* (*péj*) favo(u)ritism
fax [faks] *nm* fax
faxer [fakse] /1/ *vt* to fax
fayot [fajo] *nm* (*fam*) crawler
fayoter [fajɔte] *vi* (*fam : élève*) to crawl (*fam*)
FB *abr* (= *franc belge*) BF, FB
FBI *sigle m* FBI
FC *sigle m* (= *Football Club*) FC
fébrile [febʀil] *adj* feverish, febrile; **capitaux fébriles** (*Écon*) hot money
fébrilement [febʀilmɑ̃] *adv* feverishly
fécal, e, -aux [fekal, -o] *adj voir* **matière**
fécond, e [fekɔ̃, -ɔ̃d] *adj* fertile

fécondation [fekɔ̃dasjɔ̃] *nf* fertilization
féconder [fekɔ̃de] /1/ *vt* to fertilize
fécondité [fekɔ̃dite] *nf* fertility
fécule [fekyl] *nf* potato flour
féculent [fekylɑ̃] *nm* starchy food
fédéral, e, -aux [fedeʀal, -o] *adj* federal
fédéralisme [fedeʀalism] *nm* federalism
fédéraliste [fedeʀalist] *adj* federalist
fédérateur, -trice [fedeʀatœʀ, -tʀis] *adj* (*mouvement, événement*) unifying
fédération [fedeʀasjɔ̃] *nf* federation; **la F~ française de football** the French football association
fédérer [fedeʀe] *vt* (*États*) to federate; (*secteur, membres d'une profession*) to unite; **se fédérer** *vpr* to federate
fée [fe] *nf* fairy
feeling [filiŋ] *nm* (*fam : intuition*) feel, instinct; **au ~** by feel, by instinct
féerie [feʀi] *nf* enchantment
féerique [feʀik] *adj* magical, fairytale *cpd*
feignant, e [fɛɲɑ̃, -ɑ̃t] *nm/f* = **fainéant**
feindre [fɛ̃dʀ] /52/ *vt* to feign; **~ de faire** to pretend to do ▸ *vi* (*liter*) to dissemble
feint, e [fɛ̃, fɛ̃t] *pp de* **feindre** ▸ *adj* feigned ▸ *nf* (*Sport : escrime*) feint; (*: Football, Rugby*) dummy (BRIT), fake (US); (*fam : ruse*) sham
feinter [fɛ̃te] /1/ *vi* (*Sport : escrime*) to feint; (*: Football, Rugby*) to dummy (BRIT), fake (US) ▸ *vt* (*fam : tromper*) to fool
fêlé, e [fele] *adj* (*aussi fig*) cracked
fêler [fele] /1/ *vt* to crack
félicitations [felisitasjɔ̃] *nfpl* congratulations
félicité [felisite] *nf* bliss
féliciter [felisite] /1/ *vt* : **~ qn (de)** to congratulate sb (on)
félidé [felide] *nm* felid
félin, e [felɛ̃, -in] *adj, nm* feline
fellaga, fellagha [fɛlaga] *nm* North African freedom fighter
fellation [felasjɔ̃] *nf* fellatio
félon, ne [felɔ̃, -ɔn] *adj* perfidious, treacherous
félonie [felɔni] *nf* treachery
felouque [fəluk] *nf* felucca
fêlure [felyʀ] *nf* crack
femelle [fəmɛl] *adj* (*aussi Élec, Tech*) female ▸ *nf* female
féminin, e [feminɛ̃, -in] *adj* feminine; (*sexe*) female; (*équipe, vêtements etc*) women's; (*parfois péj : homme*) effeminate ▸ *nm* (*Ling*) feminine
féminisation [feminizasjɔ̃] *nf* (*de marché du travail, profession, noms de métier*) feminization
féminiser [feminize] /1/ *vt* to feminize; (*rendre efféminé*) to make effeminate; **se féminiser** *vpr* : **cette profession se féminise** this profession is attracting more women
féminisme [feminism] *nm* feminism
féministe [feminist] *adj, nf* feminist
féminité [feminite] *nf* femininity
femme [fam] *nf* woman; (*épouse*) wife; **être très ~** to be very much a woman; **devenir ~** to attain womanhood; **~ d'affaires** businesswoman; **~ de chambre** chambermaid; **~ fatale** femme fatale; **~ au foyer** housewife; **~ d'intérieur** (real) homemaker; **~ de ménage** domestic help, cleaning lady; **~ du monde** society woman; **~-objet** sex object; **~ de tête** determined, intellectual woman
femmelette [famlɛt] *nf* (*fam, péj*) wimp
fémoral, e, -aux [femɔʀal, -o] *adj* femoral
fémur [femyʀ] *nm* femur, thighbone
FEN [fɛn] *sigle f* (= *Fédération de l'Éducation nationale*) *teachers' trades union*
fenaison [fənɛzɔ̃] *nf* haymaking
fendillé, e [fɑ̃dije] *adj* (*terre*) crazed
fendiller [fɑ̃dije] *vt* (*terre*) to crack, to craze; (*peau*) to crack
fendre [fɑ̃dʀ] /41/ *vt* (*bois*) to split; (*pierre*) to crack; (*fig : air, eau*) to cut through; (*foule*) to push one's way through; **il gèle à pierre ~** it's freezing hard; **se fendre** *vpr* to crack
fendu, e [fɑ̃dy] *adj* (*sol, mur*) cracked; (*jupe*) slit
fenêtre [f(ə)nɛtʀ] *nf* window; **~ à guillotine** sash window
fennec [fenɛk] *nm* fennec
fenouil [fənuj] *nm* fennel
fente [fɑ̃t] *nf* (*fissure*) crack; (*de boîte à lettres etc*) slit
féodal, e, -aux [feɔdal, -o] *adj* feudal
féodalisme [feɔdalism] *nm* feudalism
féodalité [feɔdalite] *nf* feudalism
fer [fɛʀ] *nm* iron; (*de cheval*) shoe; **au ~ rouge** with a red-hot iron; **santé/main de ~** iron constitution/hand; **~ à cheval** horseshoe; **en ~ à cheval** (*fig*) horseshoe-shaped; **~ forgé** wrought iron; **~ à friser** curling tongs; **~ de lance** spearhead; **~ (à repasser)** iron; **~ à souder** soldering iron; **fers** *nmpl* (*Méd*) forceps; **mettre aux fers** (*enchaîner*) to put in chains
ferai *etc* [fəʀe] *vb voir* **faire**
fer-blanc [fɛʀblɑ̃] (*pl* **fers-blancs**) *nm* tin(plate)
ferblanterie [fɛʀblɑ̃tʀi] *nf* tinplate making; (*produit*) tinware
ferblantier [fɛʀblɑ̃tje] *nm* tinsmith
férié, e [feʀje] *adj* : **jour ~** public holiday
ferions *etc* [fəʀjɔ̃] *vb voir* **faire**
férir [feʀiʀ] : **sans coup ~** *adv* without meeting any opposition
fermage [fɛʀmaʒ] *nm* tenant farming
ferme [fɛʀm] *adj* firm ▸ *adv* (*travailler*) hard; (*discuter*) ardently; **tenir ~** to stand firm ▸ *nf* (*exploitation*) farm; (*maison*) farmhouse
fermé, e [fɛʀme] *adj* closed, shut; (*gaz, eau etc*) off; (*fig : personne*) uncommunicative; (*: milieu*) exclusive
fermement [fɛʀməmɑ̃] *adv* firmly
ferment [fɛʀmɑ̃] *nm* ferment
fermentation [fɛʀmɑ̃tasjɔ̃] *nf* fermentation
fermenter [fɛʀmɑ̃te] /1/ *vi* to ferment
fermer [fɛʀme] /1/ *vt* to close, shut; (*cesser l'exploitation de*) to close down, shut down; (*eau, gaz, robinet*) to turn off; (*aéroport, route*) to close; **~ à clef** to lock; **~ au verrou** to bolt; **~ les yeux (sur qch)** (*fig*) to close one's eyes (to sth) ▸ *vi* to close, shut; (*magasin : définitivement*) to close down, shut down; **se fermer** *vpr* (*yeux*) to close, shut; (*fleur, blessure*) to close up; **se ~ à** (*pitié, amour*) to close one's heart *ou* mind to
fermeté [fɛʀməte] *nf* firmness
fermette [fɛʀmɛt] *nf* farmhouse

fermeture [fɛʀmətyʀ] *nf* closing; shutting; closing *ou* shutting down; putting *ou* turning off; (*dispositif*) catch; fastening, fastener; **heure de ~** (*Comm*) closing time; **jour de ~** (*Comm*) day on which the shop (*etc*) is closed; **~ éclair®**, **~ à glissière** zip (fastener) (BRIT), zipper (US); *voir* **fermer**
fermier, -ière [fɛʀmje, -jɛʀ] *nm/f* farmer ▸ *nf* (*femme de fermier*) farmer's wife ▸ *adj* : **beurre/cidre ~** farm butter/cider
fermoir [fɛʀmwaʀ] *nm* clasp
féroce [feʀɔs] *adj* ferocious, fierce
férocement [feʀɔsmɑ̃] *adv* ferociously
férocité [feʀɔsite] *nf* ferocity, ferociousness
ferons *etc* [fəʀɔ̃] *vb voir* **faire**
ferrage [feʀaʒ] *nm* (*de cheval*) shoeing
ferraille [feʀɑj] *nf* scrap iron; **mettre à la ~** to scrap; **bruit de ~** clanking
ferrailler [feʀɑje] /1/ *vi* to clank
ferrailleur [feʀɑjœʀ] *nm* scrap merchant
ferrant [fɛʀɑ̃] *adj m voir* **maréchal-ferrant**
ferré, e [feʀe] *adj* (*chaussure*) hobnailed; (*canne*) steel-tipped; **~ sur** (*fam* : *savant*) well up on
ferrer [feʀe] /1/ *vt* (*cheval*) to shoe; (*chaussure*) to nail; (*canne*) to tip; (*poisson*) to strike
ferreux, -euse [feʀø, -øz] *adj* ferrous
ferronnerie [feʀɔnʀi] *nf* ironwork; **~ d'art** wrought iron work
ferronnier [feʀɔnje] *nm* craftsman in wrought iron; (*marchand*) ironware merchant
ferroviaire [feʀɔvjɛʀ] *adj* rail *cpd*, railway *cpd* (BRIT), railroad *cpd* (US)
ferrugineux, -euse [feʀyʒinø, -øz] *adj* ferruginous
ferrure [feʀyʀ] *nf* (ornamental) hinge
ferry(-boat) [fɛʀe(bot)] *nm* ferry
fertile [fɛʀtil] *adj* fertile; **~ en incidents** eventful, packed with incidents
fertilisant [fɛʀtilizɑ̃] *nm* fertilizer
fertilisation [fɛʀtilizasjɔ̃] *nf* fertilization
fertiliser [fɛʀtilize] /1/ *vt* to fertilize
fertilité [fɛʀtilite] *nf* fertility
féru, e [feʀy] *adj* : **~ de** with a keen interest in
férule [feʀyl] *nf* : **être sous la ~ de qn** to be under sb's (iron) rule
fervent, e [fɛʀvɑ̃, -ɑ̃t] *adj* fervent
ferveur [fɛʀvœʀ] *nf* fervour (BRIT), fervor (US)
fesse [fɛs] *nf* buttock; **les fesses** the bottom *sg*, the buttocks
fessée [fese] *nf* spanking
fesser [fese] *vt* to spank
fessier [fesje] *nm* (*fam*) behind
festif, -ive [fɛstif, -iv] *adj* (*ambiance, soirée*) festive, party *cpd*
festin [fɛstɛ̃] *nm* feast
festival [fɛstival] *nm* festival
festivalier [fɛstivalje] *nm* festival-goer
festivités [fɛstivite] *nfpl* festivities, merrymaking *sg*
feston [fɛstɔ̃] *nm* (*Archit*) festoon; (*Couture*) scallop
festoyer [fɛstwaje] /8/ *vi* to feast
fêtard, e [fɛtaʀ, -aʀd] *nm/f* (*fam, péj*) high liver, merrymaker
fête [fɛt] *nf* (*religieuse*) feast; (*publique*) holiday; (*en famille etc*) celebration; (*réception*) party; (*kermesse*) fête, fair, festival; (*du nom*) feast day, name day; **faire la ~** to live it up; **faire ~ à qn** to give sb a warm welcome; **se faire une ~ de** to look forward to; to enjoy; **ça va être sa ~ !** (*fam*) he's going to get it!; **jour de ~** holiday; **les fêtes (de fin d'année)** the festive season; **la salle/le comité des fêtes** the village hall/festival committee; **la ~ des Mères/Pères** Mother's/Father's Day; **~ de charité** charity fair *ou* fête; **~ foraine** (fun)fair; **la ~ de la musique** *see note*; **~ mobile** movable feast (day); **la F~ Nationale** the national holiday

FÊTE DE LA MUSIQUE

The **Fête de la Musique** is a music festival which has taken place every year since 1981. On 21 June throughout France local musicians perform free of charge in parks, streets and squares.

Fête-Dieu [fɛtdjø] (*pl* **Fêtes-Dieu**) *nf* : **la ~** Corpus Christi
fêter [fete] /1/ *vt* to celebrate; (*personne*) to have a celebration for
fétiche [fetiʃ] *nm* fetish; **animal ~, objet ~** mascot
fétichisme [fetiʃism] *nm* fetishism
fétichiste [fetiʃist] *adj* fetishist
fétide [fetid] *adj* fetid
fétu [fety] *nm* : **~ de paille** wisp of straw
feu¹ [fø] *adj inv* : **~ son père** his late father
feu², x [fø] *nm* (*gén*) fire; (*signal lumineux*) light; (*de cuisinière*) ring; (*sensation de brûlure*) burning (sensation); **au ~ !** fire!; **à ~ doux/vif** over a slow/brisk heat; **à petit ~** (*Culin*) over a gentle heat; (*fig*) slowly; **faire ~** to fire; **ne pas faire long ~** (*fig*) not to last long; **commander le ~** (*Mil*) to give the order to (open) fire; **tué au ~** (*Mil*) killed in action; **mettre à ~** (*fusée*) to fire off; **pris entre deux feux** caught in the crossfire; **en ~** on fire; **être tout ~ tout flamme (pour)** (*passion*) to be aflame with passion (for); (*enthousiasme*) to be fired with enthusiasm (for); **prendre ~** to catch fire; **mettre le ~ à** to set fire to, set on fire; **faire du ~** to make a fire; **avez-vous du ~ ?** have you (got) a light?; **~ rouge/vert/orange** (*Auto*) red/green/amber (BRIT) *ou* yellow (US) light; **donner le ~ vert à qch/qn** (*fig*) to give sth/sb the go-ahead *ou* green light; **~ arrière** (*Auto*) rear light; **~ d'artifice** firework; (*spectacle*) fireworks *pl*; **~ de camp** campfire; **~ de cheminée** chimney fire; **~ de joie** bonfire; **~ de paille** (*fig*) flash in the pan; **feux** *nmpl* fire *sg*; (*Auto*) (traffic) lights; **tous feux éteints** (*Navig, Auto*) without lights; **feux de brouillard** (*Auto*) fog lights *ou* lamps; **feux de croisement** (*Auto*) dipped (BRIT) *ou* dimmed (US) headlights; **feux de position** (*Auto*) sidelights; **feux de route** (*Auto*) headlights (on full (BRIT) *ou* high (US) beam); **feux de stationnement** parking lights
feuillage [fœjaʒ] *nm* foliage, leaves *pl*
feuillaison [fœjɛzɔ̃] *nf* foliation
feuille [fœj] *nf* (*d'arbre*) leaf; **~ (de papier)** sheet (of paper); **rendre ~ blanche** (*Scol*) to give in a blank paper; **~ de calcul** spreadsheet; **~ d'or/**

de métal gold/metal leaf; **~ de chou** (*péj : journal*) rag; **~ d'impôts** tax form; **~ de maladie** medical expenses claim form; **~ morte** dead leaf; **~ de paie, ~ de paye** pay slip; **~ de présence** attendance sheet; **~ de température** temperature chart; **~ de vigne** (*Bot*) vine leaf; (*sur statue*) fig leaf; **~ volante** loose sheet
feuillet [fœjɛ] *nm* leaf, page
feuilletage [fœjtaʒ] *nm* (*aspect feuilleté*) flakiness
feuilleté, e [fœjte] *adj* (*Culin*) flaky; (*verre*) laminated; **pâte ~** flaky pastry
feuilleter [fœjte] /4/ *vt* (*livre*) to leaf through
feuilleton [fœjtɔ̃] *nm* serial
feuillette *etc* [fœjɛt] *vb voir* **feuilleter**
feuillu, e [fœjy] *adj* leafy ▸ *nm* broad-leaved tree
feulement [følmɑ̃] *nm* growl
feutre [føtʀ] *nm* felt; (*chapeau*) felt hat; (*stylo*) felt-tip(ped pen)
feutré, e [føtʀe] *adj* feltlike; (*pas, voix, atmosphère*) muffled
feutrer [føtʀe] /1/ *vt* to felt; (*fig : bruits*) to muffle ▸ *vi*, **se feutrer** *vpr* (*tissu*) to felt
feutrine [føtʀin] *nf* (lightweight) felt
fève [fɛv] *nf* broad bean; (*dans la galette des Rois*) charm (*hidden in cake eaten on Twelfth Night*)
février [fevʀije] *nm* February; *voir aussi* **juillet**
fez [fɛz] *nm* fez
FF *abr* (= *franc français*) FF
FFA *sigle fpl* (= *Forces françaises en Allemagne*) *French forces in Germany*
FFF *abr* = **Fédération française de football**
FFI *sigle fpl* = **Forces françaises de l'intérieur (1942–45)** ▸ *sigle m member of the FFI*
FFL *sigle fpl* (= *Forces françaises libres*) Free French Army
Fg *abr* = **faubourg**
FGA *sigle m* (= *Fonds de garantie automobile*) *fund financed through insurance premiums, to compensate victims of uninsured losses*
FGEN *sigle f* (= *Fédération générale de l'éducation nationale*) *teachers' trade union*
fi [fi] *excl* : **faire fi de** to snap one's fingers at
fiabilité [fjabilite] *nf* reliability
fiable [fjabl] *adj* reliable
fiacre [fjakʀ] *nm* (hackney) cab *ou* carriage
fiançailles [fjɑ̃sɑj] *nfpl* engagement *sg*
fiancé, e [fjɑ̃se] *nm/f* fiancé (fiancée) ▸ *adj* : **être ~ (à)** to be engaged (to)
fiancer [fjɑ̃se] /3/ : **se fiancer** *vpr* : **se ~ (avec)** to become engaged (to)
fiasco [fjasko] *nm* fiasco
fibranne [fibʀan] *nf* bonded fibre *ou* fiber (*US*)
fibre [fibʀ] *nf* fibre, fiber (*US*); **avoir la ~ paternelle/militaire** to be a born father/soldier; **~ optique** optical fibre *ou* fiber; **~ de verre** fibreglass (Brit), fiberglass (*US*), glass fibre *ou* fiber
fibreux, -euse [fibʀø, -øz] *adj* fibrous; (*viande*) stringy
fibrillation [fibʀijasjɔ̃] *nf* (*Méd*) fibrillation
fibrociment [fibʀosimɑ̃] *nm* fibrocement
fibrome [fibʀom] *nm* (*Méd*) fibroma
fibroscopie [fibʀɔskɔpi] *nf* fibrescope (Brit)*ou* fiberscope (*US*)inspection
fibule [fibyl] *nf* fibula (*brooch*)
ficelage [fis(ə)laʒ] *nm* tying (up)
ficelé, e [fis(ə)le] *adj* (*fam*) : **être mal ~** (*habillé*) to be badly got up; **bien/mal ~** (*conçu : roman, projet*) well/badly put together
ficeler [fis(ə)le] /4/ *vt* to tie up
ficelle [fisɛl] *nf* string; (*morceau*) piece *ou* length of string; (*pain*) stick of French bread; **tirer sur la ~** (*fig*) to go too far; **ficelles** *nfpl* (*fig*) strings
fichage [fiʃaʒ] *nm* : **le ~ des salariés** recording information about employees
fiche [fiʃ] *nf* (*carte*) (index) card; (*formulaire*) form; (*Élec*) plug; **~ de paye** pay slip; **~ signalétique** (*Police*) identification card; **~ technique** data sheet, specification *ou* spec sheet
ficher [fiʃe] /1/ *vt* (*dans un fichier*) to file; (*: Police*) to put on file; (*fam : faire*) to do; (*: donner*) to give; (*: mettre*) to stick *ou* shove; (*planter*) : **~ qch dans** to stick *ou* drive sth into; **~ qn à la porte** (*fam*) to chuck sb out; **fiche(-moi) le camp** (*fam*) clear off; **fiche-moi la paix** (*fam*) leave me alone; **se ~ dans** (*s'enfoncer*) to get stuck in, embed itself in; **se ~ de** (*fam : rire de*) to make fun of; (*être indifférent à*) not to care about
fichier [fiʃje] *nm* (*gén, Inform*) file; (*à cartes*) card index; **~ actif** *ou* **en cours d'utilisation** (*Inform*) active file; **~ d'adresses** mailing list; **~ d'archives** (*Inform*) archive file; **~ joint** (*Inform*) attachment
fichtre [fiʃtʀ] *excl* (*vieilli, humoristique*) gosh! (*fam*)
fichtrement [fiʃtʀəmɑ̃] *adv* (*vieilli, humoristique*) jolly (Brit *fam*), darned (*fam*)
fichu, e [fiʃy] *pp de* **ficher** ▸ *adj* (*fam : fini, inutilisable*) bust, done for; (*: intensif*) wretched, darned; **être ~ de** to be capable of; **mal ~** feeling lousy; useless; **bien ~** great ▸ *nm* (*foulard*) (head)scarf
fictif, -ive [fiktif, -iv] *adj* fictitious
fiction [fiksjɔ̃] *nf* fiction; (*fait imaginé*) invention
fictivement [fiktivmɑ̃] *adv* fictitiously
fidèle [fidɛl] *adj* : **~ (à)** faithful (to) ▸ *nmf* (*Rel*) : **les fidèles** the faithful; (*à l'église*) the congregation
fidèlement [fidɛlmɑ̃] *adv* faithfully
fidélisation [fidelizasjɔ̃] *nf* (*de clientèle*) gaining the loyalty of
fidéliser [fidelize] *vt* (*clientèle*) to gain the loyalty of
fidélité [fidelite] *nf* (*d'un conjoint*) fidelity, faithfulness; (*d'un ami, client*) loyalty
Fidji [fidʒi] *nfpl* : **(les îles) ~** Fiji
fiduciaire [fidysjɛʀ] *adj* fiduciary; **héritier ~** heir, trustee; **monnaie ~** flat money
fief [fjɛf] *nm* fief; (*fig*) preserve; stronghold
fieffé, e [fjefe] *adj* (*ivrogne, menteur*) arrant, out-and-out
fiel [fjɛl] *nm* gall
fiente [fjɑ̃t] *nf* (bird) droppings *pl*
fier¹ [fje] : **se fier à** *vpr* to trust
fier², fière [fjɛʀ] *adj* proud; **~ de** proud of; **avoir fière allure** to cut a fine figure
fièrement [fjɛʀmɑ̃] *adv* proudly
fierté [fjɛʀte] *nf* pride
fièvre [fjɛvʀ] *nf* fever; **avoir de la ~/39 de ~** to have a high temperature/a temperature of 39° C; **~ typhoïde** typhoid fever

f

fiévreusement [fjevʀøzmɑ̃] *adv (fig)* feverishly
fiévreux, -euse [fjevʀø, -øz] *adj* feverish
FIFA [fifa] *sigle f (= Fédération internationale de Football association)* FIFA
fifre [fifʀ] *nm* fife; *(personne)* fife-player
fig *abr (= figure)* fig
figé, e [fiʒe] *adj (manières)* stiff; *(société)* rigid; *(sourire)* set
figer [fiʒe] /3/ *vt* to congeal; *(fig : personne)* to freeze, root to the spot; **se figer** *vpr* to congeal; *(personne)* to freeze; *(institutions etc)* to become set, stop evolving
fignoler [fiɲɔle] /1/ *vt* to put the finishing touches to
figue [fig] *nf* fig
figuier [figje] *nm* fig tree
figurant, e [figyʀɑ̃, -ɑ̃t] *nm/f (Théât)* walk-on; *(Ciné)* extra
figuratif, -ive [figyʀatif, -iv] *adj* representational, figurative
figuration [figyʀasjɔ̃] *nf* walk-on parts *pl*; extras *pl*
figure [figyʀ] *nf (visage)* face; *(image, tracé, forme, personnage)* figure; *(illustration)* picture, diagram; **faire ~ de** to look like; **faire bonne ~** to put up a good show; **faire triste ~** to be a sorry sight; **~ de rhétorique** figure of speech
figuré, e [figyʀe] *adj (sens)* figurative
figurer [figyʀe] /1/ *vi* to appear ▸ *vt* to represent; **se figurer que** *vpr* to imagine that; **figurez-vous que ...** would you believe that ...?
figurine [figyʀin] *nf* figurine
fil [fil] *nm (brin, fig : d'une histoire)* thread; *(du téléphone)* cable, wire; *(textile de lin)* linen; *(d'un couteau : tranchant)* edge; **au ~ des années** with the passing of the years; **au ~ de l'eau** with the stream *ou* current; **de ~ en aiguille** one thing leading to another; **ne tenir qu'à un ~** *(vie, réussite etc)* to hang by a thread; **donner du ~ à retordre à qn** to make life difficult for sb; **coup de ~** *(fam)* phone call; **donner/recevoir un coup de ~** to make/get a phone call; **~ à coudre** (sewing) thread *ou* yarn; **~ dentaire** dental floss; **~ électrique** electric wire; **~ de fer** wire; **~ de fer barbelé** barbed wire; **~ à pêche** fishing line; **~ à plomb** plumb line; **~ à souder** soldering wire
filaire [filɛʀ] *adj (téléphone)* corded
filament [filamɑ̃] *nm (Élec)* filament; *(de liquide)* trickle, thread
filandreux, -euse [filɑ̃dʀø, -øz] *adj* stringy
filant, e [filɑ̃, -ɑ̃t] *adj* : **étoile filante** shooting star
filasse [filas] *adj inv* white blond
filature [filatyʀ] *nf (fabrique)* mill; *(policière)* shadowing *no pl*, tailing *no pl*; **prendre qn en ~** to shadow *ou* tail sb
fil-de-feriste, fildeferiste [fildəfeʀist] *nm/f* high-wire artist
file [fil] *nf* line; *(Auto)* lane; **~ (d'attente)** queue (Brit), line *(US)*; **prendre la ~** to join the (end of the) queue *ou* line; **prendre la ~ de droite** *(Auto)* to move into the right-hand lane; **se mettre en ~** to form a line; *(Auto)* to get into lane; **stationner en double ~** *(Auto)* to double-park; **à la ~** *adv (d'affilée)* in succession; *(à la suite)* one after another; **à la** *ou* **en ~ indienne** in single file
filer [file] /1/ *vt (tissu, toile, verre)* to spin; *(dérouler : câble etc)* to pay *ou* let out; *(prendre en filature)* to shadow, tail; *(fam : donner)* : **~ qch à qn** to slip sb sth; **~ un mauvais coton** to be in a bad way ▸ *vi (bas, maille, liquide, pâte)* to run; *(aller vite)* to fly past *ou* by; *(fam : partir)* to make off; **~ à l'anglaise** to take French leave; **~ doux** to behave o.s., toe the line
filet [filɛ] *nm* net; *(Culin)* fillet; *(d'eau, de sang)* trickle; **tendre un ~** *(police)* to set a trap; **~ (à bagages)** *(Rail)* luggage rack; **~ (à provisions)** string bag
filetage [filtaʒ] *nm* threading; thread
fileter [filte] /5/ *vt* to thread
filial, e, -aux [filjal, -o] *adj* filial ▸ *nf (Comm)* subsidiary; affiliate
filiation [filjasjɔ̃] *nf* filiation
filière [filjɛʀ] *nf (carrière)* path; **passer par la ~** to go through the (administrative) channels; **suivre la ~** to work one's way up (through the hierarchy)
filiforme [filifɔʀm] *adj* spindly; threadlike
filigrane [filigʀan] *nm (d'un billet, timbre)* watermark; **en ~** *(fig)* showing just beneath the surface
filin [filɛ̃] *nm (Navig)* rope
fille [fij] *nf* girl; *(opposé à fils)* daughter; **vieille ~** old maid; **~ de joie** prostitute; **~ de salle** waitress
fille-mère [fijmɛʀ] *(pl* **filles-mères***) nf* unmarried mother
fillette [fijɛt] *nf* (little) girl
filleul, e [fijœl] *nm/f* godchild, godson (goddaughter)
film [film] *nm (pour photo)* (roll of) film; *(œuvre)* film, picture, movie; *(couche)* film; **~ muet/parlant** silent/talking picture *ou* movie; **~ alimentaire** clingfilm; **~ d'amour/d'animation/d'horreur** romantic/animated/horror film; **~ comique** comedy; **~ policier** thriller
filmer [filme] /1/ *vt* to film
filmique [filmik] *adj (analyse, langage)* film *cpd*, movie *cpd*
filmographie [filmɔgʀafi] *nf (de réalisateur, acteur)* filmography
filon [filɔ̃] *nm* vein, lode; *(fig)* lucrative line, money-spinner
filou [filu] *nm (escroc)* swindler
fils [fis] *nm* son; **~ de famille** moneyed young man; **~ à papa** *(péj)* daddy's boy
filtrage [filtʀaʒ] *nm* filtering
filtrant, e [filtʀɑ̃, -ɑ̃t] *adj (huile solaire etc)* filtering
filtre [filtʀ] *nm* filter; **« ~ ou sans ~ ? »** *(cigarettes)* "tipped or plain?"; **~ à air** air filter
filtrer [filtʀe] /1/ *vt* to filter; *(fig : candidats, visiteurs)* to screen ▸ *vi* to filter (through)
fin[1] [fɛ̃] *nf* end; **à (la) ~ mai, ~ mai** at the end of May; **en ~ de semaine** at the end of the week; **prendre ~** to come to an end; **toucher à sa ~** to be drawing to a close; **mettre ~ à** to put an end to; **mener à bonne ~** to bring to a successful

conclusion; **à cette ~** to this end; **à la ~** in the end, eventually; **en ~ de compte** in the end; **sans ~** *adj* endless; *adv* endlessly; **~ de non-recevoir** (*Jur, Admin*) objection; **~ de section** (*de ligne d'autobus*) (fare) stage; **fins** *nfpl* (*but*) ends; **à toutes fins utiles** for your information
fin², e [fɛ̃, fin] *adj* (*papier, couche, fil*) thin; (*cheveux, poudre, pointe, visage*) fine; (*taille*) neat, slim; (*esprit, remarque*) subtle; shrewd; **c'est ~ !** (*ironique*) how clever!; **un ~ gourmet** a gourmet; **un ~ tireur** a crack shot; **avoir la vue/l'ouïe fine** to have keen eyesight/hearing, have sharp eyes/ears; **or/linge/vin ~** fine gold/linen/wine; **le ~ fond de** the very depths of; **le ~ mot de** the real story behind; **la fine fleur de** the flower of; **une fine mouche** (*fig*) a sly customer; **fines herbes** mixed herbs; **vouloir jouer au plus ~ (avec qn)** to try to outsmart sb ▸ *adv* (*moudre, couper*) finely; **~ prêt/soûl** quite ready/drunk ▸ *nf* (*alcool*) liqueur brandy
final, e [final] (*mpl* **finaux, finals**) *adj* final ▸ *nf* finals, final; **parvenir en finale** to get through to the finals *ou* final; **quarts de finale** quarter finals; **8èmes/16èmes de finale** 2nd/1st round (*in 5 round knock-out competition*) ▸ *nm* (*Mus*) finale
finalement [finalmɑ̃] *adv* finally, in the end; (*après tout*) after all
finalisation [finalizasjɔ̃] *nf* (*de vente, commande*) completion
finaliser [finalize] *vt* (*vente, projet*) to complete
finaliste [finalist] *nmf* finalist
finalité [finalite] *nf* (*but*) aim, goal; (*fonction*) purpose
finance [finɑ̃s] *nf* finance; **moyennant ~** for a fee *ou* consideration; **finances** *nfpl* (*situation*) finances; (*activités*) finance *sg*
financement [finɑ̃smɑ̃] *nm* financing
financer [finɑ̃se] /3/ *vt* to finance
financier, -ière [finɑ̃sje, -jɛʀ] *adj* financial ▸ *nm* financier
financièrement [finɑ̃sjɛʀmɑ̃] *adv* financially
finasser [finase] /1/ *vi* (*péj*) to wheel and deal
finaud, e [fino, -od] *adj* wily
fine [fin] *adj f, nf voir* **fin²**
finement [finmɑ̃] *adv* thinly; finely; neatly, slimly; subtly; shrewdly
finesse [finɛs] *nf* thinness; (*raffinement*) fineness; neatness, slimness; (*subtilité*) subtlety; shrewdness; **finesses** *nfpl* (*subtilités*) niceties; finer points
fini, e [fini] *adj* finished; (*Math*) finite; (*intensif*): **un menteur ~** a liar through and through ▸ *nm* (*d'un objet manufacturé*) finish
finir [finiʀ] /2/ *vt* to finish; **~ de faire** to finish doing; (*cesser*) to stop doing ▸ *vi* to finish, end; **~ quelque part** to end *ou* finish up somewhere; **~ par faire** to end *ou* finish up doing; **il finit par m'agacer** he's beginning to get on my nerves; **~ en pointe/tragédie** to end in a point/in tragedy; **en ~ avec** to be *ou* have done with; **à n'en plus ~** (*route, discussions*) never-ending; **il va mal ~** he will come to a bad end; **c'est bientôt fini ?** (*reproche*) have you quite finished?
finish [finiʃ] *nm* (*Sport*) finish
finissage [finisaʒ] *nm* finishing
finisseur, -euse [finisœʀ, -øz] *nm/f* (*Sport*) strong finisher
finition [finisjɔ̃] *nf* finishing; (*résultat*) finish
finlandais, e [fɛ̃lɑ̃dɛ, -ɛz] *adj* Finnish ▸ *nm/f*: **Finlandais, e** Finn
Finlande [fɛ̃lɑ̃d] *nf*: **la ~** Finland
finnois, e [finwa, -waz] *adj* Finnish ▸ *nm* (*Ling*) Finnish
fiole [fjɔl] *nf* phial
fiord [fjɔʀ(d)] *nm* = **fjord**
fioriture [fjɔʀityʀ] *nf* embellishment, flourish
fioul [fjul] *nm* fuel oil
firent [fiʀ] *vb voir* **faire**
firmament [fiʀmamɑ̃] *nm* firmament, skies *pl*
firme [fiʀm] *nf* firm
fis [fi] *vb voir* **faire**
fisc [fisk] *nm* tax authorities *pl*, ≈ Inland Revenue (Brit), ≈ Internal Revenue Service (US)
fiscal, e, -aux [fiskal, -o] *adj* tax *cpd*, fiscal
fiscaliser [fiskalize] /1/ *vt* to subject to tax
fiscaliste [fiskalist] *nmf* tax specialist
fiscalité [fiskalite] *nf* tax system; (*charges*) taxation
fissa [fisa] *adv* (*fam*) in double-quick time
fissible [fisibl] *adj* fissile
fission [fisjɔ̃] *nf* fission
fissure [fisyʀ] *nf* crack
fissurer [fisyʀe] /1/ *vt* to crack; **se fissurer** *vpr* to crack
fiston [fistɔ̃] *nm* (*fam*) son, lad
fistule [fistyl] *nf* (*Méd*) fistula
fit [fi] *vb voir* **faire**
FIV *sigle f* (= *fécondation in vitro*) IVF
fixage [fiksaʒ] *nm* (*Photo*) fixing
fixateur [fiksatœʀ] *nm* (*Photo*) fixer; (*pour cheveux*) hair cream
fixatif [fiksatif] *nm* fixative
fixation [fiksasjɔ̃] *nf* fixing; (*attache*) fastening; setting; (*de ski*) binding; (*Psych*) fixation
fixe [fiks] *adj* fixed; (*emploi*) steady, regular; **à heure ~** at a set time; **menu à prix ~** set menu ▸ *nm* (*salaire*) basic salary; (*téléphone*) landline
fixé, e [fikse] *adj* (*heure, jour*) appointed; **être ~ (sur)** (*savoir à quoi s'en tenir*) to have made up one's mind (about); to know for certain (about)
fixement [fiksəmɑ̃] *adv* fixedly, steadily
fixer [fikse] /1/ *vt* (*attacher*): **~ qch (à/sur)** to fix *ou* fasten sth (to/onto); (*déterminer*) to fix, set; (*Chimie, Photo*) to fix; (*poser son regard sur*) to stare at, look hard at; **~ son choix sur qch** to decide on sth; **se fixer** *vpr* (*s'établir*) to settle down; **se ~ sur** (*attention*) to focus on
fixité [fiksite] *nf* fixedness
fjord [fjɔʀ(d)] *nm* fjord, fiord
fl. *abr* (= *fleuve*) r, R; (= *florin*) fl
flacon [flakɔ̃] *nm* bottle
flagada [flagada] *adj inv* (*fam: fatigué*) shattered
flagellation [flaʒɛlasjɔ̃] *nf* flogging
flageller [flaʒele] /1/ *vt* to flog, scourge
flageolant, e [flaʒɔlɑ̃, -ɑ̃t] *adj* (*personne, jambes*) trembling
flageoler [flaʒɔle] /1/ *vi* to have knees like jelly
flageolet [flaʒɔlɛ] *nm* (*Mus*) flageolet; (*Culin*) dwarf kidney bean

f

flagornerie [flagɔʀnəʀi] *nf* toadying, fawning
flagorneur, -euse [flagɔʀnœʀ, -øz] *nm/f* toady, fawner
flagrant, e [flagʀɑ̃, -ɑ̃t] *adj* flagrant, blatant; **en ~ délit** in the act, in flagrante delicto
flair [flɛʀ] *nm* sense of smell; (*fig*) intuition
flairer [fleʀe] /1/ *vt* (*humer*) to sniff (at); (*détecter*) to scent
flamand, e [flamɑ̃, -ɑ̃d] *adj* Flemish ▸ *nm* (*Ling*) Flemish ▸ *nm/f* : **Flamand, e** Fleming; **les Flamands** the Flemish
flamant [flamɑ̃] *nm* flamingo
flambant [flɑ̃bɑ̃] *adv* : **~ neuf** brand new
flambé, e [flɑ̃be] *adj* (*Culin*) flambé ▸ *nf* blaze; (*fig*) flaring-up, explosion
flambeau, x [flɑ̃bo] *nm* (flaming) torch; **se passer le ~** (*fig*) to hand down the (*ou* a) tradition
flambée [flɑ̃be] *nf* (*feu*) blaze; (*Comm*) : **~ des prix** (sudden) shooting up of prices
flamber [flɑ̃be] /1/ *vi* to blaze (up) ▸ *vt* (*poulet*) to singe; (*aiguille*) to sterilize
flambeur, -euse [flɑ̃bœʀ, -øz] *nm/f* big-time gambler
flamboyant, e [flɑ̃bwajɑ̃, -ɑ̃t] *adj* blazing; flaming
flamboyer [flɑ̃bwaje] /8/ *vi* to blaze (up); (*fig*) to flame
flamenco [flamɛnko] *nm* flamenco
flamingant, e [flamɛ̃gɑ̃, -ɑ̃t] *adj* Flemish-speaking ▸ *nm/f* : **Flamingant, e** Flemish speaker; (*Pol*) Flemish nationalist
flamme [flɑm] *nf* flame; (*fig*) fire, fervour; **en flammes** on fire, ablaze
flammèche [flamɛʃ] *nf* (flying) spark
flammerole [flamʀɔl] *nf* will-o'-the-wisp
flan [flɑ̃] *nm* (*Culin*) custard tart *ou* pie
flanc [flɑ̃] *nm* side; (*Mil*) flank; **à ~ de colline** on the hillside; **prêter le ~ à** (*fig*) to lay o.s. open to
flancher [flɑ̃ʃe] /1/ *vi* (*cesser de fonctionner*) to fail, pack up; (*armée*) to quit
Flandre [flɑ̃dʀ] *nf* : **la ~** (*aussi* : **les Flandres**) Flanders
flanelle [flanɛl] *nf* flannel
flâner [flɑne] /1/ *vi* to stroll
flânerie [flɑnʀi] *nf* stroll
flâneur, -euse [flɑnœʀ, -øz] *adj* idle ▸ *nm/f* stroller
flanquer [flɑ̃ke] /1/ *vt* to flank; (*fam* : *mettre*) to chuck, shove; **~ par terre/à la porte** (*jeter*) to fling to the ground/chuck out; **~ la frousse à qn** (*donner*) to put the wind up sb, give sb an awful fright
flapi, e [flapi] *adj* dog-tired
flaque [flak] *nf* (*d'eau*) puddle; (*d'huile, de sang etc*) pool
flash [flaʃ] (*pl* **flashes**) *nm* (*Photo*) flash; **~ (d'information)** newsflash
flash-back [flaʃbak] *nm* (*Ciné*) flashback
flasque [flask] *adj* flabby ▸ *nf* (*flacon*) flask
flatter [flate] /1/ *vt* to flatter; (*caresser*) to stroke; **se ~ de qch** to pride o.s. on sth
flatterie [flatʀi] *nf* flattery
flatteur, -euse [flatœʀ, -øz] *adj* flattering ▸ *nm/f* flatterer
flatulence [flatylɑ̃s], **flatuosité** [flatɥozite] *nf* (*Méd*) flatulence, wind
FLB *abr* (= *franco long du bord*) FAS ▸ *sigle m* (*Pol*) = **Front de libération de la Bretagne**
FLC *sigle m* = **Front de libération de la Corse**
fléau, x [fleo] *nm* scourge, curse; (*de balance*) beam; (*pour le blé*) flail
fléchage [fleʃaʒ] *nm* (*d'un itinéraire*) signposting
flèche [flɛʃ] *nf* arrow; (*de clocher*) spire; (*de grue*) jib; (*trait d'esprit, critique*) shaft; **monter en ~** (*fig*) to soar, rocket; **partir en ~** (*fig*) to be off like a shot; **à ~ variable** (*avion*) swing-wing *cpd*
flécher [fleʃe] /1/ *vt* to arrow, mark with arrows
fléchette [fleʃɛt] *nf* dart; **fléchettes** *nfpl* (*jeu*) darts *sg*
fléchir [fleʃiʀ] /2/ *vt* (*corps, genou*) to bend; (*fig*) to sway, weaken ▸ *vi* (*poutre*) to sag, bend; (*fig*) to weaken, flag; (: *baisser* : *prix*) to fall off
fléchissement [fleʃismɑ̃] *nm* bending; sagging; flagging; (*de l'économie*) dullness
flegmatique [flɛgmatik] *adj* phlegmatic
flegme [flɛgm] *nm* composure
flemmard, e [flemaʀ, -aʀd] *nm/f* lazybones *sg*, loafer
flemmarder [flemaʀde] *vi* (*fam*) to loaf around (*fam*)
flemme [flɛm] *nf* (*fam*) : **j'ai la ~ de le faire** I can't be bothered
flétan [fletɑ̃] *nm* (*Zool*) halibut
flétri, e [fletʀi] *adj* (*fleur, peau*) withered; (*beauté*) faded
flétrir [fletʀiʀ] /2/ *vt* to wither; (*stigmatiser*) to condemn (in the most severe terms); **se flétrir** *vpr* to wither
flétrissement [fletʀismɑ̃] *nm* (*de fleur, peau*) withering
fleur [flœʀ] *nf* flower; (*d'un arbre*) blossom; **être en ~** (*arbre*) to be in blossom; **tissu à fleurs** flowered *ou* flowery fabric; **la (fine) ~ de** (*fig*) the flower of; **être ~ bleue** to be soppy *ou* sentimental; **à ~ de terre** just above the ground; **faire une ~ à qn** to do sb a favour (Brit) *ou* favor (*US*); **~ de lis** fleur-de-lis
fleurer [flœʀe] /1/ *vt* : **~ la lavande** to have the scent of lavender
fleuret [flœʀɛ] *nm* (*arme*) foil; (*sport*) fencing
fleurette [flœʀɛt] *nf* : **conter ~ à qn** to whisper sweet nothings to sb
fleurettiste [flœʀɛtist] *nm/f* foil fencer
fleuri, e [flœʀi] *adj* (*jardin*) in flower *ou* bloom; surrounded by flowers; (*fig* : *style, tissu, papier*) flowery; (: *teint*) glowing
fleurir [flœʀiʀ] /2/ *vi* (*rose*) to flower; (*arbre*) to blossom; (*fig*) to flourish ▸ *vt* (*tombe*) to put flowers on; (*chambre*) to decorate with flowers
fleuriste [flœʀist] *nmf* florist
fleuron [flœʀɔ̃] *nm* jewel (*fig*)
fleuve [flœv] *nm* river; **roman-~** saga; **discours-~** interminable speech
flexibilité [flɛksibilite] *nf* flexibility
flexible [flɛksibl] *adj* flexible
flexion [flɛksjɔ̃] *nf* flexing, bending; (*Ling*) inflection
flibustier [flibystje] *nm* buccaneer
flic [flik] *nm* (*fam, péj*) cop

flicage [flikaʒ] *nm (fam, péj)* policing
flicaille [flikɑj] *nf (fam, péj)* cops *pl (fam)*
flingue [flɛ̃g] *nm (fam)* shooter
flinguer [flɛ̃ge] *vt (fam : tirer sur)* to blow away *(fam)*, to shoot; *(détruire : moteur)* to wreck *(fam)*; **se faire ~** to get shot
flippant, e [flipɑ̃, -ɑ̃t] *adj (fam : angoissant)* freaky *(fam)*, creepy *(fam)*; *(déprimant)* : **c'est ~** it gets you down
flipper [flipœʀ] *nm* pinball (machine) ▸ *vi* [flipe] /1/ *(fam : être déprimé)* to feel down, be on a downer; *(: être exalté)* to freak out
fliquer [flike] *vt (fam, péj : personnel)* to police
flirt [flœʀt] *nm* flirting; *(personne)* boyfriend, girlfriend
flirter [flœʀte] /1/ *vi* to flirt
FLN *sigle m* = **Front de libération nationale**
FLNKS *sigle m (= Front de libération nationale kanak et socialiste) political movement in New Caledonia*
flocon [flɔkɔ̃] *nm* flake; *(de laine etc : boulette)* flock; **flocons d'avoine** oat flakes, porridge oats
floconneux, -euse [flɔkɔnø, -øz] *adj* fluffy, fleecy
flonflons [flɔ̃flɔ̃] *nmpl* blare *sg*
flop [flɔp] *nm (échec)* flop; **faire un ~** to flop
flopée [flɔpe] *nf* : **une ~ de** loads of
floraison [flɔʀɛzɔ̃] *nf* flowering; blossoming; flourishing; *voir* **fleurir**
floral, e, -aux [flɔʀal, -o] *adj* floral, flower *cpd*
floralies [flɔʀali] *nfpl* flower show *sg*
flore [flɔʀ] *nf* flora
Florence [flɔʀɑ̃s] *n (ville)* Florence
florentin, e [flɔʀɑ̃tɛ̃, -in] *adj* Florentine
floriculture [flɔʀikyltyʀ] *nf* flower-growing
florilège [flɔʀilɛʒ] *nm (de textes, poèmes)* anthology; *(de sites web, citations)* : **un ~ de ...** a list of the top ...
florissant, e [flɔʀisɑ̃, -ɑ̃t] *vb voir* **fleurir** ▸ *adj (économie)* flourishing; *(santé, teint, mine)* blooming
flot [flo] *nm* flood, stream; *(marée)* flood tide; **être à ~** *(Navig)* to be afloat; *(fig)* to be on an even keel; **flots** *nmpl (de la mer)* waves; **à flots** *(couler)* in torrents; **entrer à flots** to stream *ou* pour in
flottage [flɔtaʒ] *nm (du bois)* floating
flottaison [flɔtɛzɔ̃] *nf* : **ligne de ~** waterline
flottant, e [flɔtɑ̃, -ɑ̃t] *adj (vêtement)* loose(-fitting); *(cours, barême)* floating
flotte [flɔt] *nf (Navig)* fleet; *(fam : eau)* water; *(: pluie)* rain
flottement [flɔtmɑ̃] *nm (fig)* wavering, hesitation; *(Écon)* floating
flotter [flɔte] /1/ *vi* to float; *(nuage, odeur)* to drift; *(drapeau)* to fly; *(vêtements)* to hang loose; **faire ~** to float ▸ *vb impers (fam : pleuvoir)* : **il flotte** it's raining ▸ *vt* to float
flotteur [flɔtœʀ] *nm* float
flottille [flɔtij] *nf* flotilla
flou, e [flu] *adj* fuzzy, blurred; *(fig)* woolly (Brit), vague; *(non ajusté : robe)* loose(-fitting); **~ artistique** *(Photo)* soft focus
flouer [flue] /1/ *vt* to swindle
flouze [fluz] *nm (fam)* dough *(fam)*
FLQ *abr (= franco long du quai)* FAQ
fluctuant, e [flyktɥɑ̃, -ɑ̃t] *adj (prix, cours)* fluctuating; *(opinions)* changing
fluctuation [flyktɥasjɔ̃] *nf* fluctuation
fluctuer [flyktɥe] /1/ *vi* to fluctuate
fluet, te [flyɛ, -ɛt] *adj* thin, slight; *(voix)* thin
fluide [flyid] *adj* fluid; *(circulation etc)* flowing freely ▸ *nm* fluid; *(force)* (mysterious) power
fluidifier [flyidifje] /7/ *vt* to make fluid; **se fluidifier** *vpr (sang)* to thin; *(circulation)* to move more freely; *(échanges)* to take place more easily
fluidité [flyidite] *nf* fluidity; free flow
fluor [flyɔʀ] *nm* fluorine; **dentifrice au ~** fluoride toothpaste
fluoration [flyɔʀasjɔ̃] *nf (d'eau)* fluoridation
fluoré, e [flyɔʀe] *adj* fluoridated
fluorescence [flyɔʀesɑ̃s] *nf* fluorescence
fluorescent, e [flyɔʀesɑ̃, -ɑ̃t] *adj* fluorescent
flûte [flyt] *nf (aussi :* **flûte traversière***)* flute; *(verre)* flute glass; *(pain)* (thin) baguette; **petite ~** piccolo; **~ !** drat it!; **~ (à bec)** recorder; **~ de Pan** panpipes *pl*
flûté, e [flyte] *adj (voix)* reedy, piping
flûtiste [flytist] *nmf* flautist, flute player
fluvial, e, -aux [flyvjal, -o] *adj* river *cpd*, fluvial
flux [fly] *nm* incoming tide; *(écoulement)* flow; **le ~ et le reflux** the ebb and flow
fluxion [flyksjɔ̃] *nf* : **~ de poitrine** pneumonia
FM *sigle f (= frequency modulation)* FM
Fme *abr (= femme)* W
FMI *sigle m (= Fonds monétaire international)* IMF
FN *sigle m (= Front national)* ≈ NF *(= National Front)*
FNAC [fnak] *sigle f (= Fédération nationale des achats des cadres) chain of discount shops (hi-fi, photo etc)*
FNSEA *sigle f (= Fédération nationale des syndicats d'exploitants agricoles) farmers' union*
FO *sigle f (= Force ouvrière) trades union*
foc [fɔk] *nm* jib
focal, e, -aux [fɔkal, -o] *adj* focal ▸ *nf* focal length
focaliser [fɔkalize] /1/ *vt* to focus
foehn [føn] *nm* foehn, föhn
fœtal, e, -aux [fetal, -o] *adj* fetal, foetal (Brit)
fœtus [fetys] *nm* fetus, foetus (Brit)
foi [fwa] *nf* faith; **sous la ~ du serment** under *ou* on oath; **ajouter ~ à** to lend credence to; **faire ~** *(prouver)* to be evidence; **digne de ~** reliable; **sur la ~ de** on the word *ou* strength of; **être de bonne/mauvaise ~** to be in good faith/not to be in good faith; **ma ~ !** well!
foie [fwa] *nm* liver; **~ gras** foie gras; **crise de ~** stomach upset
foin [fwɛ̃] *nm* hay; **faire les foins** to make hay; **faire du ~** *(fam)* to kick up a row
foire [fwaʀ] *nf* fair; *(fête foraine)* (fun) fair; *(fig : désordre, confusion)* bear garden; **~ aux questions** *(Internet)* frequently asked questions; **faire la ~** to whoop it up; **~ (exposition)** trade fair
foirer [fwaʀe] *vi (fam : échouer)* to come to nothing; **faire ~ qch** to balls sth up (Brit *fam*), to cock sth up *(fam)*
foireux, -euse [fwaʀø, -øz] *adj (fam : plan, idée)* half-baked *(fam)*
fois [fwa] *nf* time; **une/deux ~** once/twice; **trois/vingt ~** three/twenty times; **deux ~ deux** twice two; **deux/quatre ~ plus grand (que)**

f

twice/four times as big (as); **une ~** (*passé*) once; (*futur*) sometime; **une (bonne) ~ pour toutes** once and for all; **encore une ~** again, once more; **il était une ~** once upon a time; **une ~ que c'est fait** once it's done; **une ~ parti** once he (*ou* I *etc*) had left; **des ~** (*parfois*) sometimes; **si des ~ ...** (*fam*) if ever ...; **non mais des ~ !** (*fam*) (now) look here!; **à la ~** (*ensemble*) (all) at once; **à la ~ grand et beau** both tall and handsome

foison [fwazɔ̃] *nf* : **une ~ de** an abundance of; **à ~** *adv* in plenty

foisonnant, e [fwazɔnɑ̃, -ɑ̃t] *adj* teeming

foisonnement [fwazɔnmɑ̃] *nm* profusion, abundance

foisonner [fwazɔne] /1/ *vi* to abound; **~ en** *ou* **de** to abound in

fol [fɔl] *adj m voir* **fou**

folâtre [fɔlɑtʀ] *adj* playful

folâtrer [fɔlɑtʀe] /1/ *vi* to frolic (about)

foldingue [fɔldɛ̃g] *adj* (*fam*) crazy (*fam*)

folichon, ne [fɔliʃɔ̃, -ɔn] *adj* : **ça n'a rien de ~** it's not a lot of fun

folie [fɔli] *nf* (*d'une décision, d'un acte*) madness, folly; (*état*) madness, insanity; (*acte*) folly; **la ~ des grandeurs** delusions of grandeur; **faire des folies** (*en dépenses*) to be extravagant

folk [fɔlk] *nm* folk music ▸ *adj inv* folk

folklore [fɔlklɔʀ] *nm* folklore

folklorique [fɔlklɔʀik] *adj* folk *cpd*; (*fam*) weird

folle [fɔl] *adj f, nf voir* **fou**

follement [fɔlmɑ̃] *adv* (*très*) madly, wildly

follet [fɔlɛ] *adj m* : **feu ~** will-o'-the-wisp

fomentateur, -trice [fɔmɑ̃tatœʀ, -tʀis] *nm/f* agitator

fomenter [fɔmɑ̃te] /1/ *vt* to stir up, foment

foncé, e [fɔ̃se] *adj* dark; **bleu ~** dark blue

foncer [fɔ̃se] /3/ *vt* to make darker; (*Culin : moule etc*) to line ▸ *vi* to go darker; (*fam : aller vite*) to tear *ou* belt along; **~ sur** to charge at

fonceur, -euse [fɔ̃sœʀ, -øz] *nm/f* whizz kid

foncier, -ière [fɔ̃sje, -jɛʀ] *adj* (*honnêteté etc*) basic, fundamental; (*malhonnêteté*) deep-rooted; (*Comm*) real estate *cpd*

foncièrement [fɔ̃sjɛʀmɑ̃] *adv* basically; (*absolument*) thoroughly

fonction [fɔ̃ksjɔ̃] *nf* (*rôle, Math, Ling*) function; (*emploi, poste*) post, position; **entrer en ~(s)** to take up one's post *ou* duties; to take up office; **voiture de ~** company car; **être ~ de** (*dépendre de*) to depend on; **en ~ de** (*par rapport à*) according to; **faire ~ de** to serve as; **la ~ publique** the state *ou* civil (Brit) service; **fonctions** *nfpl* (*professionnelles*) duties

fonctionnaire [fɔ̃ksjɔnɛʀ] *nmf* state employee *ou* official; (*dans l'administration*) ≈ civil servant (Brit)

fonctionnalité [fɔ̃ksjɔnalite] *nf* (*Inform*) functionality

fonctionnariat [fɔ̃ksjɔnaʀja] *nm* state employee status

fonctionnariser [fɔ̃ksjɔnaʀize] /1/ *vt* (*Admin : personne*) to give the status of a state employee to

fonctionnel, le [fɔ̃ksjɔnɛl] *adj* functional

fonctionnellement [fɔ̃ksjɔnɛlmɑ̃] *adv* functionally

fonctionnement [fɔ̃ksjɔnmɑ̃] *nm* working; functioning; operation

fonctionner [fɔ̃ksjɔne] /1/ *vi* to work, function; (*entreprise*) to operate, function; **faire ~** to work, operate

fond [fɔ̃] *nm voir aussi* **fonds**; (*d'un récipient, trou*) bottom; (*d'une salle, scène*) back; (*d'un tableau, décor*) background; (*opposé à la forme*) content; (*petite quantité*) : **un ~ de verre** a drop; (*Sport*) : **le ~** long distance (running); **course/épreuve de ~** long-distance race/trial; **au ~ de** at the bottom of; at the back of; **aller au ~ des choses** to get to the root of things; **le ~ de sa pensée** his (*ou* her) true thoughts *ou* feelings; **sans ~** *adj* bottomless; **envoyer par le ~** (*Navig : couler*) to sink, scuttle; **à ~** *adv* (*connaître, soutenir*) thoroughly; (*appuyer, visser*) right down *ou* home; **à ~ (de train)** *adv* (*fam*) full tilt; **dans le ~, au ~** *adv* (*en somme*) basically, really; **de ~ en comble** *adv* from top to bottom; **~ sonore** background noise; background music; **~ de teint** foundation

fondamental, e, -aux [fɔ̃damɑ̃tal, -o] *adj* fundamental

fondamentalement [fɔ̃damɑ̃talmɑ̃] *adv* fundamentally

fondamentalisme [fɔ̃damɑ̃talism] *nm* fundamentalism

fondamentaliste [fɔ̃damɑ̃talist] *adj, nmf* fundamentalist

fondant, e [fɔ̃dɑ̃, -ɑ̃t] *adj* (*neige*) melting; (*poire*) that melts in the mouth; (*chocolat*) fondant

fondateur, -trice [fɔ̃datœʀ, -tʀis] *nm/f* founder; **membre ~** founder (Brit) *ou* founding (US) member

fondation [fɔ̃dasjɔ̃] *nf* founding; (*établissement*) foundation; **fondations** *nfpl* (*d'une maison*) foundations; **travail de ~** foundation works *pl*

fondé, e [fɔ̃de] *adj* (*accusation etc*) well-founded ▸ *nmf* : **~ de pouvoir** authorized representative

fondement [fɔ̃dmɑ̃] *nm* (*derrière*) behind; **sans ~** *adj* (*rumeur etc*) groundless, unfounded; **fondements** *nmpl* foundations

fonder [fɔ̃de] /1/ *vt* to found; (*fig*) : **~ qch sur** to base sth on; **se ~ sur** (*personne*) to base o.s. on; **~ un foyer** (*se marier*) to set up home

fonderie [fɔ̃dʀi] *nf* smelting works *sg*

fondeur, -euse [fɔ̃dœʀ, -øz] *nm/f* (*skieur*) cross-country skier ▸ *nm* : **(ouvrier) ~** caster

fondre [fɔ̃dʀ] /41/ *vt* (*aussi* : **faire fondre**) to melt; (: *dans l'eau : sucre, sel*) to dissolve; (*fig : mélanger*) to merge, blend ▸ *vi* (*à la chaleur*) to melt; to dissolve; (*fig*) to melt away; (*se précipiter*) : **~ sur** to swoop down on; **~ en larmes** to dissolve into tears; **se fondre** *vpr* (*se combiner, se confondre*) to merge into each other; to dissolve

fondrière [fɔ̃dʀijɛʀ] *nf* rut

fonds [fɔ̃] *nm* (*de bibliothèque*) collection; (*Comm*) : **~ (de commerce)** business; (*fig*) : **~ de probité** *etc* fund of integrity *etc*; **F~ monétaire international (FMI)** International Monetary Fund (IMF); **~ de roulement** float ▸ *nmpl* (*argent*) funds; **à ~ perdus** *adv* with little or no hope of getting the money back; **être en ~** to be in funds; **mise de ~** investment, (capital) outlay

fondu, e [fɔ̃dy] *adj* (*beurre, neige*) melted; (*métal*) molten ▸ *nm* (*Ciné*) : ~ **(enchaîné)** dissolve ▸ *nf* (*Culin*) fondue
fongicide [fɔ̃ʒisid] *nm* fungicide
font [fɔ̃] *vb voir* **faire**
fontaine [fɔ̃tɛn] *nf* fountain; (*source*) spring
fontanelle [fɔ̃tanɛl] *nf* fontanelle
fonte [fɔ̃t] *nf* melting; (*métal*) cast iron; **la ~ des neiges** the (spring) thaw
fonts baptismaux [fɔ̃batismo] *nmpl* (baptismal) font *sg*
foot [fut], **football** [futbol] *nm* football, soccer
footballeur, -euse [futbolœʀ, -øz] *nm/f* footballer (Brit), football *ou* soccer player
footeux, -euse [futø, -øz] *nm/f* (*fam*) footie fan (*fam*)
footing [futiŋ] *nm* jogging; **faire du ~** to go jogging
for [fɔʀ] *nm* : **dans** *ou* **en son ~ intérieur** in one's heart of hearts
forage [fɔʀaʒ] *nm* drilling, boring
forain, e [fɔʀɛ̃, -ɛn] *adj* fairground *cpd* ▸ *nm* (*marchand*) stallholder; (*acteur etc*) fairground entertainer
forban [fɔʀbɑ̃] *nm* (*pirate*) pirate; (*escroc*) crook
forçat [fɔʀsa] *nm* convict
force [fɔʀs] *nf* strength; (*puissance : surnaturelle etc*) power; (*Physique, Mécanique*) force; **avoir de la ~** to be strong; **être à bout de ~** to have no strength left; **à la ~ du poignet** (*fig*) by the sweat of one's brow; **à ~ de faire** by dint of doing; **arriver en ~** (*nombreux*) to arrive in force; **cas de ~ majeure** case of absolute necessity; (*Assurances*) act of God; **~ de la nature** natural force; **de ~** *adv* forcibly, by force; **de toutes mes/ses forces** with all my/his strength; **par la ~** using force; **par la ~ des choses/de l'habitude** by force of circumstances/habit; **à toute ~** (*absolument*) at all costs; **faire ~ de rames/voiles** to ply the oars/cram on sail; **être de ~ à faire** to be up to doing; **de première ~** first class; **la ~ armée** (*les troupes*) the army; **~ d'âme** fortitude; **~ de frappe** strike force; **~ d'inertie** force of inertia; **la ~ publique** the authorities responsible for public order; **dans la ~ de l'âge** in the prime of life; **forces** *nfpl* (*physiques*) strength *sg*; (*Mil*) forces; (*effectifs*) : **d'importantes forces de police** large contingents of police; **forces d'intervention** (*Mil, Police*) peace-keeping force *sg*; **les forces de l'ordre** the police
forcé, e [fɔʀse] *adj* forced; (*bain*) unintended; (*inévitable*) : **c'est ~ !** it's inevitable!, it HAS to be!
forcément [fɔʀsemɑ̃] *adv* necessarily; inevitably; (*bien sûr*) of course; **pas ~** not necessarily
forcené, e [fɔʀsəne] *adj* frenzied ▸ *nm/f* maniac
forceps [fɔʀsɛps] *nm* forceps *pl*
forcer [fɔʀse] /3/ *vt* (*porte, serrure, plante*) to force; (*moteur, voix*) to strain; **~ qn à faire** to force sb to do; **~ la dose/l'allure** to overdo it/increase the pace; **~ l'attention/le respect** to command attention/respect; **~ la consigne** to bypass orders ▸ *vi* (*Sport*) to overtax o.s.; **se forcer** *vpr* : **se ~ à faire qch** to force o.s. to do sth
forcing [fɔʀsiŋ] *nm* (*Sport*) : **faire le ~** to pile on the pressure
forcir [fɔʀsiʀ] /2/ *vi* (*grossir*) to broaden out; (*vent*) to freshen
forclore [fɔʀklɔʀ] /45/ *vt* (*Jur : personne*) to debar
forclusion [fɔʀklyzjɔ̃] *nf* (*Jur*) debarment
forer [fɔʀe] /1/ *vt* to drill, bore
forestier, -ière [fɔʀɛstje, -jɛʀ] *adj* forest *cpd*
foret [fɔʀɛ] *nm* drill
forêt [fɔʀɛ] *nf* forest; **Office National des Forêts** (*Admin*) ≈ Forestry Commission (Brit), ≈ National Forest Service (US); **la F~ Noire** the Black Forest
foreuse [fɔʀøz] *nf* (electric) drill
forfait [fɔʀfɛ] *nm* (*Comm : prix fixe*) fixed *ou* set price; (*: prix tout compris*) all-in deal *ou* price; (*crime*) infamy; **déclarer ~** to withdraw; **gagner par ~** to win by a walkover; **travailler à ~** to work for a lump sum
forfaitaire [fɔʀfɛtɛʀ] *adj* set; inclusive
forfait-vacances [fɔʀfɛvakɑ̃s] (*pl* **forfaits-vacances**) *nm* package holiday
forfanterie [fɔʀfɑ̃tʀi] *nf* boastfulness *no pl*
forge [fɔʀʒ] *nf* forge, smithy
forgé, e [fɔʀʒe] *adj* : **~ de toutes pièces** (*histoire*) completely fabricated
forger [fɔʀʒe] /3/ *vt* to forge; (*fig : personnalité*) to form; (*: prétexte*) to contrive, make up
forgeron [fɔʀʒəʀɔ̃] *nm* (black)smith
formaliser [fɔʀmalize] /1/ : **se formaliser** *vpr* : **se ~ (de)** to take offence (at)
formalisme [fɔʀmalism] *nm* formality
formaliste [fɔʀmalist] *adj* (*religion, approche*) formalistic; (*Art*) formalist
formalité [fɔʀmalite] *nf* formality; **simple ~** mere formality
format [fɔʀma] *nm* size; **petit ~** small size; (*Photo*) 35 mm (film)
formatage [fɔʀmataʒ] *nm* (*de disque*) formatting
formater [fɔʀmate] /1/ *vt* (*disque*) to format; **non formaté** unformatted
formateur, -trice [fɔʀmatœʀ, -tʀis] *adj* formative
formation [fɔʀmasjɔ̃] *nf* forming; (*éducation*) training; (*Mus*) group; (*Mil, Aviat, Géo*) formation; **la ~ permanente** *ou* **continue** continuing education; **la ~ professionnelle** vocational training
forme [fɔʀm] *nf* (*gén*) form; (*d'un objet*) shape, form; **en ~ de poire** pear-shaped, in the shape of a pear; **sous ~ de** in the form of; in the guise of; **sous ~ de cachets** in the form of tablets; **être en (bonne** *ou* **pleine) ~, avoir la ~** (*Sport etc*) to be on form; **en bonne et due ~** in due form; **pour la ~** for the sake of form; **sans autre ~ de procès** (*fig*) without further ado; **prendre ~** to take shape; **formes** *nfpl* (*bonnes manières*) proprieties; (*d'une femme*) figure *sg*
formé, e [fɔʀme] *adj* (*adolescente*) fully developed; (*goût, jugement*) mature
formel, le [fɔʀmɛl] *adj* (*preuve, décision*) definite, positive; (*logique*) formal
formellement [fɔʀmɛlmɑ̃] *adv* (*interdit*) strictly; (*absolument*) positively

f

former [fɔʀme] /1/ *vt* (*gén*) to form; (*éduquer : soldat, ingénieur etc*) to train; **se former** *vpr* to form; to train
formica® [fɔʀmika] *nm* Formica®; **en ~** (*mélaminé*) Formica® *cpd*
formidable [fɔʀmidabl] *adj* tremendous
formidablement [fɔʀmidabləmɑ̃] *adv* tremendously
formol [fɔʀmɔl] *nm* formalin, formol
formosan, e [fɔʀmozɑ̃, -an] *adj* Formosan
Formose [fɔʀmoz] *nm* Formosa
formulaire [fɔʀmylɛʀ] *nm* form
formulation [fɔʀmylasjɔ̃] *nf* formulation; expression; *voir* **formuler**
formule [fɔʀmyl] *nf* (*gén*) formula; (*formulaire*) form; (*expression*) phrase; **selon la ~ consacrée** as one says; **~ de politesse** polite phrase; (*en fin de lettre*) letter ending
formuler [fɔʀmyle] /1/ *vt* (*émettre : réponse, vœux*) to formulate; (*expliciter : sa pensée*) to express
fornication [fɔʀnikasjɔ̃] *nf* fornication
forniquer [fɔʀnike] /1/ *vi* to fornicate
forsythia [fɔʀsisja] *nm* forsythia
fort, e [fɔʀ, fɔʀt] *adj* strong; (*intensité, rendement*) high, great; (*corpulent*) large; (*doué*) : **être ~ (en)** to be good (at); **c'est un peu ~ !** it's a bit much!; **à plus forte raison** even more so, all the more reason; **se faire ~ de faire** to claim one can do; **forte tête** rebel ▸ *adv* (*serrer, frapper*) hard; (*sonner*) loud(ly); (*beaucoup*) greatly, very much; (*très*) very; **avoir ~ à faire avec qn** to have a hard job with sb; **~ bien/peu** very well/few ▸ *nm* (*édifice*) fort; (*point fort*) strong point, forte; (*gén pl : personne, pays*) : **le ~, les forts** the strong; **au plus ~ de** (*au milieu de*) in the thick of, at the height of
fortement [fɔʀtəmɑ̃] *adv* strongly; (*s'intéresser*) deeply
forteresse [fɔʀtəʀɛs] *nf* fortress
fortiche [fɔʀtiʃ] *adj* (*fam*) very clever
fortifiant [fɔʀtifjɑ̃] *nm* tonic
fortifications [fɔʀtifikasjɔ̃] *nfpl* fortifications
fortifier [fɔʀtifje] /7/ *vt* to strengthen, fortify; (*Mil*) to fortify; **se fortifier** *vpr* (*personne, santé*) to grow stronger
fortin [fɔʀtɛ̃] *nm* (small) fort
fortiori [fɔʀtjɔʀi] : **à ~** *adv* all the more so
FORTRAN [fɔʀtʀɑ̃] *nm* FORTRAN
fortuit, e [fɔʀtɥi, -it] *adj* fortuitous, chance *cpd*
fortuitement [fɔʀtɥitmɑ̃] *adv* fortuitously
fortune [fɔʀtyn] *nf* fortune; **faire ~** to make one's fortune; **de ~** *adj* makeshift; (*compagnon*) chance *cpd*
fortuné, e [fɔʀtyne] *adj* wealthy, well-off
forum [fɔʀɔm] *nm* forum; **~ de discussion** (*Internet*) message board
fosse [fos] *nf* (*grand trou*) pit; (*tombe*) grave; **la ~ aux lions/ours** the lions' den/bear pit; **~ commune** common *ou* communal grave; **~ (d'orchestre)** (orchestra) pit; **~ à purin** cesspit; **~ septique** septic tank; **fosses nasales** nasal fossae
fossé [fose] *nm* ditch; (*fig*) gulf, gap
fossette [fosɛt] *nf* dimple
fossile [fosil] *nm* fossil ▸ *adj* fossilized, fossil *cpd*
fossilisé, e [fosilize] *adj* fossilized
fossoyeur [foswajœʀ] *nm* gravedigger
fou, fol, folle [fu, fɔl] *adj* mad, crazy; (*déréglé etc*) wild, erratic; (*mèche*) stray; (*herbe*) wild; (*fam : extrême, très grand*) terrific, tremendous; **~ à lier, ~ furieux (folle furieuse)** raving mad; **être ~ de** to be mad *ou* crazy about; (*chagrin, joie, colère*) to be wild with; **faire le ~** to play *ou* act the fool; **avoir le ~ rire** to have the giggles ▸ *nm/f* madman/woman ▸ *nm* (*du roi*) jester, fool; (*Échecs*) bishop
foucade [fukad] *nf* caprice
foudre [fudʀ] *nf* : **la ~** lightning; **foudres** *nfpl* (*fig : colère*) wrath *sg*
foudroyant, e [fudʀwajɑ̃, -ɑ̃t] *adj* devastating; (*progrès*) lightning *cpd*; (*succès*) stunning; (*maladie, poison*) violent
foudroyer [fudʀwaje] /8/ *vt* to strike down; **~ qn du regard** to look daggers at sb; **il a été foudroyé** he was struck by lightning
fouet [fwɛ] *nm* whip; (*Culin*) whisk; **de plein ~** *adv* (*se heurter*) head on
fouettement [fwɛtmɑ̃] *nm* lashing *no pl*
fouetter [fwete] /1/ *vt* to whip; (*crème*) to whisk
fougasse [fugas] *nf type of flat pastry*
fougère [fuʒɛʀ] *nf* fern
fougue [fug] *nf* ardour (Brit), ardor (US), spirit
fougueusement [fugøzmɑ̃] *adv* ardently
fougueux, -euse [fugø, -øz] *adj* fiery, ardent
fouille [fuj] *nf* search; **passer à la ~** to be searched; **fouilles** *nfpl* (*archéologiques*) excavations
fouillé, e [fuje] *adj* detailed
fouiller [fuje] /1/ *vt* to search; (*creuser*) to dig; (*: archéologue*) to excavate; (*approfondir : étude etc*) to go into ▸ *vi* (*archéologue*) to excavate; **~ dans/parmi** to rummage in/among
fouillis [fuji] *nm* jumble, muddle
fouine [fwin] *nf* stone marten
fouiner [fwine] /1/ *vi* (*péj*) : **~ dans** to nose around *ou* about in
fouineur, -euse [fwinœʀ, -øz] *adj* nosey ▸ *nm/f* nosey parker, snooper
fouir [fwiʀ] /2/ *vt* to dig
fouisseur, -euse [fwisœʀ, -øz] *adj* burrowing
foulage [fulaʒ] *nm* pressing
foulante [fulɑ̃t] *adj f* : **pompe ~** force pump
foulard [fulaʀ] *nm* scarf
foule [ful] *nf* crowd; **la ~** crowds *pl*; **une ~ de** masses of; **venir en ~** to come in droves
foulée [fule] *nf* stride; **dans la ~ de** on the heels of
fouler [fule] /1/ *vt* to press; (*sol*) to tread upon; **~ aux pieds** to trample underfoot; **se fouler** *vpr* (*fam*) to overexert o.s.; **ne pas se ~** not to overexert o.s.; **il ne se foule pas** he doesn't put himself out; **se ~ la cheville** to sprain one's ankle
foultitude [fultityd] *nf* : **une ~ de qch** (*humoristique*) oodles of sth
foulure [fulyʀ] *nf* sprain
four [fuʀ] *nm* oven; (*de potier*) kiln; (*Théât : échec*) flop; **allant au ~** ovenproof
fourbe [fuʀb] *adj* deceitful
fourberie [fuʀbəʀi] *nf* deceit
fourbi [fuʀbi] *nm* (*fam*) gear, junk

fourbir [furbir] /2/ *vt* : ~ **ses armes** (*fig*) to get ready for the fray
fourbu, e [furby] *adj* exhausted
fourche [furʃ] *nf* pitchfork; (*de bicyclette*) fork
fourcher [furʃe] /1/ *vi* : **ma langue a fourché** it was a slip of the tongue
fourchette [furʃɛt] *nf* fork; (*Statistique*) bracket, margin
fourchu, e [furʃy] *adj* split; (*arbre etc*) forked
fourgon [furgɔ̃] *nm* van; (*Rail*) wag(g)on; ~ **mortuaire** hearse
fourgonnette [furgɔnɛt] *nf* (delivery) van
fourguer [furge] *vt* (*fam : vendre*) to flog (*fam*)
fourme [furm] *nf* *blue-veined cow's milk cheese*
fourmi [furmi] *nf* ant; **avoir des fourmis dans les jambes/mains** to have pins and needles in one's legs/hands
fourmilier [furmilje] *nm* (*mammifère*) anteater
fourmilière [furmiljɛr] *nf* ant-hill; (*fig*) hive of activity
fourmillement [furmijmɑ̃] *nm* (*démangeaison*) pins and needles *pl*; (*grouillement*) swarming *no pl*
fourmiller [furmije] /1/ *vi* to swarm; ~ **de** to be teeming with, be swarming with
fournaise [furnɛz] *nf* blaze; (*fig*) furnace, oven
fourneau, x [furno] *nm* stove
fournée [furne] *nf* batch
fourni, e [furni] *adj* (*barbe, cheveux*) thick; (*magasin*) : **bien ~ (en)** well stocked (with)
fournil [furni] *nm* bakehouse
fournir [furnir] /2/ *vt* to supply; (*preuve, exemple*) to provide, supply; (*effort*) to put in; ~ **qch à qn** to supply sth to sb, supply *ou* provide sb with sth; ~ **qn en** (*Comm*) to supply sb with; **se ~ chez** to shop at
fournisseur, -euse [furnisœr, -øz] *nm/f* supplier; (*Internet*) : ~ **d'accès à Internet** (Internet) service provider, ISP
fourniture [furnityr] *nf* supply(ing); **fournitures** *nfpl* supplies; **fournitures de bureau** office supplies, stationery; **fournitures scolaires** school stationery
fourrage [furaʒ] *nm* fodder
fourrager[1] [furaʒe] *vi* : ~ **dans/parmi** to rummage through/among
fourrager[2]**, -ère** [furaʒe, -ɛr] *adj* fodder *cpd* ▸ *nf* (*Mil*) fourragère
fourré, e [fure] *adj* (*bonbon, chocolat*) filled; (*manteau, botte*) fur-lined ▸ *nm* thicket
fourreau, x [furo] *nm* sheath; (*de parapluie*) cover; **robe** ~ figure-hugging dress
fourrer [fure] /1/ *vt* (*fam*) to stick, shove; ~ **qch dans** to stick *ou* shove sth into; **se ~ dans/sous** to get into/under; **se ~ dans** (*une mauvaise situation*) to land o.s. in
fourre-tout [furtu] *nm inv* (*sac*) holdall; (*péj*) junk room (*ou* cupboard); (*fig*) rag-bag
fourreur [furœr] *nm* furrier
fourrière [furjɛr] *nf* pound
fourrure [furyr] *nf* fur; (*sur l'animal*) coat; **manteau/col de** ~ fur coat/collar
fourvoyer [furvwaje] /8/ : **se fourvoyer** *vpr* to go astray, stray; **se ~ dans** to stray into
foutaise [futɛz] *nf* (*fam*) : **c'est de la** ~ (*bêtises*) silly nonsense
foutoir [futwar] *nm* (*fam*) bloody shambles (*fam*); **c'est le ~ ici !** it's a bloody shambles in here!
foutre [futr] *vt* (!) = **ficher**
foutrement [futrəmɑ̃] *adv* (*fam*) bloody (Brit *fam*)
foutu, e [futy] *adj* (!) = **fichu**
foyer [fwaje] *nm* (*de cheminée*) hearth; (*fig*) seat, centre; (*famille*) family; (*domicile*) home; (*local de réunion*) (social) club; (*résidence*) hostel; (*salon*) foyer; (*Optique, Photo*) focus; **lunettes à double ~** bi-focal glasses
FP *sigle f* (= *franchise postale*) *exemption from postage*
FPA *sigle f* (= *Formation professionnelle pour adultes*) adult education
FPLP *sigle m* (= *Front populaire de libération de la Palestine*) PFLP (= *Popular Front for the Liberation of Palestine*)
frac [frak] *nm* (*vieilli*) morning coat
fracas [fraka] *nm* din; crash
fracassant, e [frakasɑ̃, -ɑ̃t] *adj* (*succès*) sensational, staggering
fracasser [frakase] /1/ *vt* to smash; **se fracasser contre** *ou* **sur** *vpr* to crash against
fraction [fraksjɔ̃] *nf* fraction
fractionnement [fraksjɔnmɑ̃] *nm* division
fractionner [fraksjɔne] /1/ *vt* to divide (up), split (up)
fracturation [fraktyrasjɔ̃] *f* : ~ **hydraulique** fracking
fracture [fraktyr] *nf* fracture; ~ **du crâne** fractured skull; ~ **de la jambe** broken leg
fracturer [fraktyre] /1/ *vt* (*coffre, serrure*) to break open; (*os, membre*) to fracture; **se ~ le crâne** to fracture one's skull
fragile [fraʒil] *adj* fragile, delicate; (*fig*) frail
fragilisation [fraʒilizasjɔ̃] *nf* (*de matériau*) weakening; (: *de peau*) making more sensitive; (: *fig*) weakening
fragiliser [fraʒilize] /1/ *vt* to weaken, make fragile
fragilité [fraʒilite] *nf* fragility
fragment [fragmɑ̃] *nm* (*d'un objet*) fragment, piece; (*d'un texte*) passage, extract
fragmentaire [fragmɑ̃tɛr] *adj* sketchy
fragmentation [fragmɑ̃tasjɔ̃] *nf* (*de molécules, territoire, groupe*) fragmentation; **bombes à ~** cluster bombs
fragmenter [fragmɑ̃te] /1/ *vt* to split up
frai [frɛ] *nm* spawn; (*ponte*) spawning
fraîche [frɛʃ] *adj f voir* **frais**
fraîchement [frɛʃmɑ̃] *adv* (*sans enthousiasme*) coolly; (*récemment*) freshly, newly
fraîcheur [frɛʃœr] *nf* coolness; (*d'un aliment*) freshness; *voir* **frais**
fraîchir [frɛʃir] /2/ *vi* (*température*) to get cooler; (*vent*) to freshen
frais, fraîche [frɛ, frɛʃ] *adj* (*air, eau, accueil*) cool; (*petit pois, œufs, nouvelles, couleur, troupes*) fresh; **le voilà ~ !** he's in a (right) mess! ▸ *adv* (*récemment*) newly, fresh(ly); **il fait ~** it's cool; **servir ~** chill before serving, serve chilled ▸ *nm* : **mettre au ~** to put in a cool place; **prendre le ~** to take a breath of cool air ▸ *nmpl* (*débours*) expenses; (*Comm*) costs; charges; **faire des ~** to spend; to

f

go to a lot of expense; **faire les ~ de** to bear the brunt of; **faire les ~ de la conversation** (*parler*) to do most of the talking; (*en être le sujet*) to be the topic of conversation; **il en a été pour ses ~** he could have spared himself the trouble; **rentrer dans ses ~** to recover one's expenses; **~ de déplacement** travel(ling) expenses; **~ d'entretien** upkeep; **~ généraux** overheads; **~ de scolarité** school fees (BRIT), tuition (US)

fraise [fʀɛz] *nf* strawberry; (*Tech*) countersink (bit); (*de dentiste*) drill; **~ des bois** wild strawberry

fraiser [fʀeze] /1/ *vt* to countersink; (*Culin : pâte*) to knead

fraiseur, -euse [fʀɛzœʀ, -øz] *nm/f* (*ouvrier*) cutter

fraiseuse [fʀɛzøz] *nf* (*Tech*) milling machine

fraisier [fʀezje] *nm* strawberry plant

framboise [fʀɑ̃bwaz] *nf* raspberry

framboisier [fʀɑ̃bwazje] *nm* raspberry bush

franc, franche [fʀɑ̃, fʀɑ̃ʃ] *adj* (*personne*) frank, straightforward; (*visage*) open; (*net : refus, couleur*) clear; (*: coupure*) clean; (*intensif*) downright; (*exempt*) : **~ de port** post free, postage paid; (*zone, port*) free; (*boutique*) duty-free ▸ *adv* : **parler ~** to be frank *ou* candid ▸ *nm* franc

français, e [fʀɑ̃sɛ, -ɛz] *adj* French ▸ *nm* (*Ling*) French ▸ *nm/f* : **Français, e** Frenchman/ woman; **les F~** the French

franc-comtois, e [fʀɑ̃kɔ̃twa, -waz] (*mpl* **francs-comtois**) *adj* of *ou* from (the) Franche-Comté

France [fʀɑ̃s] *nf* : **la ~** France; **en ~** in France

Francfort [fʀɑ̃kfɔʀ] *n* Frankfurt

franche [fʀɑ̃ʃ] *adj f voir* **franc**

Franche-Comté [fʀɑ̃ʃkɔ̃te] *nf* Franche-Comté

franchement [fʀɑ̃ʃmɑ̃] *adv* frankly; clearly; (*nettement*) definitely; (*tout à fait*) downright ▸ *excl* well, really!; *voir* **franc**

franchir [fʀɑ̃ʃiʀ] /2/ *vt* (*obstacle*) to clear, get over; (*seuil, ligne, rivière*) to cross; (*distance*) to cover

franchisage [fʀɑ̃ʃizaʒ] *nm* (*Comm*) franchising

franchise [fʀɑ̃ʃiz] *nf* frankness; (*douanière, d'impôt*) exemption; (*Assurances*) excess; (*Comm*) franchise; **~ de bagages** baggage allowance

franchisé, e [fʀɑ̃ʃize] *adj* franchised ▸ *nm/f* franchisee

franchissable [fʀɑ̃ʃisabl] *adj* (*obstacle*) surmountable

franchissement [fʀɑ̃ʃismɑ̃] *nm* (*d'obstacle*) clearing; (*de rivière, frontière*) crossing

franchouillard, e [fʀɑ̃ʃujaʀ, -aʀd] *adj* (*péj*) typically French (*in an annoying way*)

francilien, ne [fʀɑ̃siljɛ̃, -ɛn] *adj* of *ou* from the Île-de-France region ▸ *nm/f* : **Francilien, ne** person from the Île-de-France region

francisation [fʀɑ̃sizasjɔ̃] *nf* (*de mot, nom*) Gallicization

franciscain, e [fʀɑ̃siskɛ̃, -ɛn] *adj* Franciscan

franciser [fʀɑ̃size] /1/ *vt* to gallicize, Frenchify

franc-jeu [fʀɑ̃ʒø] (*pl* **francs-jeux**) *nm* : **jouer ~** to play fair

franc-maçon [fʀɑ̃masɔ̃] (*pl* **francs-maçons**) *nm* Freemason

franc-maçonnerie [fʀɑ̃masɔnʀi] *nf* Freemasonry

franco [fʀɑ̃ko] *adv* (*Comm*) : **~ (de port)** postage paid

franco... [fʀɑ̃ko] *préfixe* franco-

franco-canadien [fʀɑ̃kokanadjɛ̃] *nm* (*Ling*) Canadian French

francophile [fʀɑ̃kɔfil] *adj* Francophile

francophobe [fʀɑ̃kɔfɔb] *adj* Francophobe

francophone [fʀɑ̃kɔfɔn] *adj* French-speaking ▸ *nmf* French speaker

francophonie [fʀɑ̃kɔfɔni] *nf* French-speaking communities *pl*

franco-québécois [fʀɑ̃kokebekwa] *nm* (*Ling*) Quebec French

franc-parler [fʀɑ̃paʀle] *nm inv* outspokenness; **avoir son ~** to speak one's mind

franc-tireur [fʀɑ̃tiʀœʀ] *nm* (*Mil*) irregular; (*fig*) freelance

frange [fʀɑ̃ʒ] *nf* fringe; (*cheveux*) fringe (BRIT), bangs (US)

frangé, e [fʀɑ̃ʒe] *adj* (*tapis, nappe*) : **~ de** trimmed with

frangin [fʀɑ̃ʒɛ̃] *nm* (*fam*) brother

frangine [fʀɑ̃ʒin] *nf* (*fam*) sis, sister

frangipane [fʀɑ̃ʒipan] *nf* almond paste

frangipanier [fʀɑ̃ʒipanje] *nm* frangipani

franglais [fʀɑ̃glɛ] *nm* Franglais

franquette [fʀɑ̃kɛt] : **à la bonne ~** *adv* without any fuss

franquisme [fʀɑ̃kism] *nm* Francoism

franquiste [fʀɑ̃kist] *adj, nmf* Francoist

frappant, e [fʀapɑ̃, -ɑ̃t] *adj* striking

frappe [fʀap] *nf* (*d'une dactylo, pianiste, machine à écrire*) touch; (*Boxe*) punch; (*péj*) hood, thug

frappé, e [fʀape] *adj* (*Culin*) iced; **~ de panique** panic-stricken; **~ de stupeur** thunderstruck, dumbfounded

frapper [fʀape] /1/ *vt* to hit, strike; (*étonner*) to strike; (*monnaie*) to strike, stamp; **~ à la porte** to knock at the door; **~ dans ses mains** to clap one's hands; **~ du poing sur** to bang one's fist on; **~ un grand coup** (*fig*) to strike a blow; **se frapper** *vpr* (*s'inquiéter*) to get worked up

frasques [fʀask] *nfpl* escapades; **faire des ~** to get up to mischief

fraternel, le [fʀatɛʀnɛl] *adj* brotherly, fraternal

fraternellement [fʀatɛʀnɛlmɑ̃] *adv* in a brotherly way

fraternisation [fʀatɛʀnizasjɔ̃] *nf* fraternization

fraterniser [fʀatɛʀnize] /1/ *vi* to fraternize

fraternité [fʀatɛʀnite] *nf* brotherhood

fratricide [fʀatʀisid] *adj* fratricidal

fratrie [fʀatʀi] *nf* siblings *pl*

fraude [fʀod] *nf* fraud; (*Scol*) cheating; **passer qch en ~** to smuggle sth in (*ou* out); **~ fiscale** tax evasion

frauder [fʀode] /1/ *vi, vt* to cheat; **~ le fisc** to evade paying tax(es)

fraudeur, -euse [fʀodœʀ, -øz] *nm/f* person guilty of fraud; (*candidat*) candidate who cheats; (*au fisc*) tax evader

frauduleusement [fʀodyløzmɑ̃] *adv* fraudulently

frauduleux, -euse [fʀodylø, -øz] *adj* fraudulent

frayer [fʀeje] /8/ *vt* to open up, clear ▸ *vi* to spawn; (*fréquenter*) : **~ avec** to mix *ou* associate with; **se frayer** *vpr* : **se ~ un passage dans** to clear o.s. a path through, force one's way through
frayeur [fʀɛjœʀ] *nf* fright
fredaines [fʀədɛn] *nfpl* mischief *sg*, escapades
fredonner [fʀədɔne] /1/ *vt* to hum
freesia [fʀezja] *nm* freesia
freezer [fʀizœʀ] *nm* freezing compartment
frégate [fʀegat] *nf* frigate
frein [fʀɛ̃] *nm* brake; **mettre un ~ à** (*fig*) to put a brake on, check; **sans ~** (*sans limites*) unchecked; **~ à main** handbrake; **~ moteur** engine braking; **freins à disques** disc brakes; **freins à tambour** drum brakes
freinage [fʀɛnaʒ] *nm* braking; **distance de ~** braking distance; **traces de ~** tyre (Brit) *ou* tire (US) marks
freiner [fʀene] /1/ *vi* to brake ▸ *vt* (*progrès etc*) to check
frelaté, e [fʀəlate] *adj* adulterated; (*fig*) tainted
frêle [fʀɛl] *adj* frail, fragile
frelon [fʀəlɔ̃] *nm* hornet
freluquet [fʀəlykɛ] *nm* (*péj*) whippersnapper
frémir [fʀemiʀ] /2/ *vi* (*de froid, de peur*) to shudder, shiver; (*de colère*) to shake; (*de joie, feuillage*) to quiver; (*eau*) to (begin to) bubble
frémissement [fʀemismɑ̃] *nm* shiver; quiver; bubbling *no pl*
frêne [fʀɛn] *nm* ash (tree)
frénésie [fʀenezi] *nf* frenzy
frénétique [fʀenetik] *adj* frenzied, frenetic
frénétiquement [fʀenetikmɑ̃] *adv* frenetically
fréon® [fʀeɔ̃] *nm* Freon®
fréquemment [fʀekamɑ̃] *adv* frequently
fréquence [fʀekɑ̃s] *nf* frequency
fréquent, e [fʀekɑ̃, -ɑ̃t] *adj* frequent
fréquentable [fʀekɑ̃tabl] *adj* : **il est peu ~** he's not the type one can associate oneself with
fréquentation [fʀekɑ̃tasjɔ̃] *nf* frequenting; seeing; **fréquentations** *nfpl* (*relations*) company *sg*; **avoir de mauvaises fréquentations** to be in with the wrong crowd, keep bad company
fréquenté, e [fʀekɑ̃te] *adj* : **très ~** (very) busy; **mal ~** patronized by disreputable elements
fréquenter [fʀekɑ̃te] /1/ *vt* (*lieu*) to frequent; (*personne*) to see; **se fréquenter** *vpr* to see a lot of each other
frère [fʀɛʀ] *nm* brother ▸ *adj* : **partis/pays frères** sister parties/countries
frérot [fʀeʀo] *nm* (*fam*) bro (*fam*)
fresque [fʀɛsk] *nf* (*Art*) fresco
fret [fʀɛ(t)] *nm* freight
fréter [fʀete] /6/ *vt* to charter
frétillant, e [fʀetijɑ̃, -ɑ̃t] *adj* (*poisson*) wriggling; (*queue*) wagging
frétiller [fʀetije] /1/ *vi* to wriggle; to quiver; **~ de la queue** to wag its tail
fretin [fʀətɛ̃] *nm* : **le menu ~** the small fry
freudien, ne [fʀødjɛ̃, -ɛn] *adj* Freudian
freux [fʀø] *nm* (*Zool*) rook
friable [fʀijabl] *adj* crumbly
friand, e [fʀijɑ̃, -ɑ̃d] *adj* : **~ de** very fond of ▸ *nm* (*Culin*) small minced-meat (Brit) *ou* ground-meat (US) pie; (: *sucré*) small almond cake; **~ au fromage** cheese puff
friandise [fʀijɑ̃diz] *nf* sweet
fric [fʀik] *nm* (*fam*) cash, bread
fricassée [fʀikase] *nf* fricassee
fricative [fʀikativ] *nf* (*Ling*) fricative
fric-frac [fʀikfʀak] *nm* (*fam*) break-in
friche [fʀiʃ] : **en ~** *adj, adv* (lying) fallow
fricoter [fʀikɔte] *vi* (*fam*) : **~ avec qn** to knock about with sb (*fam*)
friction [fʀiksjɔ̃] *nf* (*massage*) rub, rub-down; (*chez le coiffeur*) scalp massage; (*Tech, fig*) friction
frictionner [fʀiksjɔne] /1/ *vt* to rub (down); to massage
frigidaire® [fʀiʒidɛʀ] *nm* refrigerator
frigide [fʀiʒid] *adj* frigid
frigidité [fʀiʒidite] *nf* frigidity
frigo [fʀigo] *nm* (= *frigidaire*) fridge
frigorifier [fʀigɔʀifje] /7/ *vt* to refrigerate; (*fig* : *personne*) to freeze
frigorifique [fʀigɔʀifik] *adj* refrigerating
frileusement [fʀiløzmɑ̃] *adv* with a shiver
frileux, -euse [fʀilø, -øz] *adj* sensitive to (the) cold; (*fig*) overcautious
frilosité [fʀilozite] *nf* (*manque d'audace*) feebleness
frimas [fʀimɑ] *nmpl* wintry weather *sg*
frime [fʀim] *nf* (*fam*) : **c'est de la ~** it's all put on; **pour la ~** just for show
frimer [fʀime] /1/ *vi* (*fam*) to show off
frimeur, -euse [fʀimœʀ, -øz] *nm/f* poser
frimousse [fʀimus] *nf* (sweet) little face
fringale [fʀɛ̃gal] *nf* (*fam*) : **avoir la ~** to be ravenous
fringant, e [fʀɛ̃gɑ̃, -ɑ̃t] *adj* dashing
fringuer [fʀɛ̃ge] *vt* (*fam* : *habiller*) to tog up (*fam*); **se fringuer** *vpr* to tog o.s. up (*fam*)
fringues [fʀɛ̃g] *nfpl* (*fam*) clothes, gear *no pl*
fripé, e [fʀipe] *adj* crumpled
friperie [fʀipʀi] *nf* (*commerce*) secondhand clothes shop; (*vêtements*) secondhand clothes
fripes [fʀip] *nfpl* secondhand clothes
fripier, -ière [fʀipje, -jɛʀ] *nm/f* secondhand clothes dealer
fripon, ne [fʀipɔ̃, -ɔn] *adj* roguish, mischievous ▸ *nm/f* rascal, rogue
fripouille [fʀipuj] *nf* scoundrel
friqué, e [fʀike] *adj* (*fam*) loaded (*fam*)
frire [fʀiʀ] *vt* to fry ▸ *vi* to fry
Frisbee® [fʀizbi] *nm* Frisbee®
frise [fʀiz] *nf* frieze
frisé, e [fʀize] *adj* (*cheveux*) curly; (*personne*) curly-haired ▸ *nf* : **(chicorée) frisée** curly endive
friser [fʀize] /1/ *vt* to curl; (*fig* : *surface*) to skim, graze; (: *mort*) to come within a hair's breadth of; (: *hérésie*) to verge on ▸ *vi* (*cheveux*) to curl; (*personne*) to have curly hair; **se faire ~** to have one's hair curled
frisette [fʀizɛt] *nf* little curl
frisotter [fʀizɔte] /1/ *vi* (*cheveux*) to curl tightly
frisquet [fʀiskɛ] *adj m* chilly
frisson [fʀisɔ̃], **frissonnement** [fʀisɔnmɑ̃] *nm* (*de froid*) shiver; (*de peur*) shudder; quiver
frissonnant, e [fʀisɔnɑ̃, -ɑ̃t] *adj* (*de froid, d'épouvante*) shuddering; (: *feuilles, animal*) quivering

f

frissonner [fʀisɔne] /1/ *vi* (*de fièvre, froid*) to shiver; (*d'horreur*) to shudder; (*feuilles*) to quiver
frit, e [fʀi, fʀit] *pp de* **frire** ▸ *adj* fried ▸ *nf* : **(pommes) frites** chips (BRIT), French fries
friterie [fʀitʀi] *nf* ≈ chip shop (BRIT), ≈ hamburger stand (US)
friteuse [fʀitøz] *nf* deep fryer, chip pan (BRIT); **~ électrique** electric fryer
friture [fʀityʀ] *nf* (*huile*) (deep) fat; (*plat*) : **~ (de poissons)** fried fish; (*Radio*) crackle, crackling *no pl*; **fritures** *nfpl* (*aliments frits*) fried food *sg*
frivole [fʀivɔl] *adj* frivolous
frivolité [fʀivɔlite] *nf* frivolity
froc [fʀɔk] *nm* (*Rel*) habit; (*fam : pantalon*) trousers *pl*, pants *pl*
froid, e [fʀwa, fʀwad] *adj* cold; **à ~** *adv* (*démarrer*) (from) cold; **battre ~ à qn** to give sb the cold shoulder ▸ *nm* cold; (*absence de sympathie*) coolness *no pl*; **il fait ~** it's cold; **avoir ~** to be cold; **prendre ~** to catch a chill *ou* cold; **(pendant) les grands froids** (in) the depths of winter, (during) the cold season; **jeter un ~** (*fig*) to cast a chill; **être en ~ avec** to be on bad terms with
froidement [fʀwadmɑ̃] *adv* (*accueillir*) coldly; (*décider*) coolly
froideur [fʀwadœʀ] *nf* coolness *no pl*
froissé, e [fʀwase] *adj* (*tissu, vêtement*) crumpled
froisser [fʀwase] /1/ *vt* to crumple (up), crease; (*fig*) to hurt, offend; **se froisser** *vpr* to crumple, crease; (*personne*) to take offence (BRIT) *ou* offense (US); **se ~ un muscle** to strain a muscle
frôlement [fʀolmɑ̃] *nm* (*contact*) light touch
frôler [fʀole] /1/ *vt* to brush against; (*projectile*) to skim past; (*fig*) to come very close to, come within a hair's breadth of
fromage [fʀɔmaʒ] *nm* cheese; **~ blanc** soft white cheese; **~ de tête** pork brawn
fromager, -ère [fʀɔmaʒe, -ɛʀ] *nm/f* cheese merchant ▸ *adj* (*industrie*) cheese *cpd*
fromagerie [fʀɔmaʒʀi] *nf* cheese dairy
froment [fʀɔmɑ̃] *nm* wheat
fronce [fʀɔ̃s] *nf* (*de tissu*) gather
froncé, e [fʀɔ̃se] *adj* (*encolure, jupe*) gathered
froncement [fʀɔ̃smɑ̃] *nm* : **~ de sourcils** frown
froncer [fʀɔ̃se] /3/ *vt* to gather; **~ les sourcils** to frown
frondaisons [fʀɔ̃dɛzɔ̃] *nfpl* foliage *sg*
fronde [fʀɔ̃d] *nf* sling; (*fig*) rebellion, rebelliousness
frondeur, -euse [fʀɔ̃dœʀ, -øz] *adj* rebellious
front [fʀɔ̃] *nm* forehead, brow; (*Mil, Météorologie, Pol*) front; **avoir le ~ de faire** to have the effrontery to do; **de ~** *adv* (*se heurter*) head-on; (*rouler*) together (*2 or 3 abreast*); (*simultanément*) at once; **faire ~ à** to face up to; **~ de mer** (sea) front
frontal, e, -aux [fʀɔ̃tal, -o] *adj* frontal
frontalier, -ière [fʀɔ̃talje, -jɛʀ] *adj* border *cpd*, frontier *cpd* ▸ *nm/f* : **(travailleurs) frontaliers** workers who cross the border to go to work, commuters from across the border
frontière [fʀɔ̃tjɛʀ] *nf* (*Géo, Pol*) frontier, border; (*fig*) frontier, boundary
frontispice [fʀɔ̃tispis] *nm* frontispiece
frontiste [fʀɔ̃tist] *adj* (*électorat*) National Front *cpd*
fronton [fʀɔ̃tɔ̃] *nm* pediment; (*de pelote basque*) (front) wall
frottement [fʀɔtmɑ̃] *nm* rubbing, scraping; **frottements** *nmpl* (*fig : difficultés*) friction *sg*
frotter [fʀɔte] /1/ *vi* to rub, scrape ▸ *vt* to rub; (*pour nettoyer*) to rub (up); (*: avec une brosse : pommes de terre, plancher*) to scrub; **~ une allumette** to strike a match; **se frotter** *vpr* : **se ~ à qn** to cross swords with sb; **se ~ à qch** to come up against sth; **se ~ les mains** (*fig*) to rub one's hands (gleefully)
frottis [fʀɔti] *nm* (*Méd*) smear
frottoir [fʀɔtwaʀ] *nm* (*d'allumettes*) friction strip; (*pour encaustiquer*) (long-handled) brush
frou-frou [fʀufʀu] (*pl* **frous-frous**) *nm* rustle
froufroutant, e [fʀufʀutɑ̃, -ɑ̃t] *adj* rustling
froussard, e (*fam*) [fʀusaʀ, -aʀd] *adj* : **être ~** to be a chicken (*fam*) ▸ *nm/f* chicken (*fam*)
frousse [fʀus] *nf* (*fam : peur*) : **avoir la ~** to be in a blue funk
fructifier [fʀyktifje] /7/ *vi* to yield a profit; **faire ~** to turn to good account
fructose [fʀyktoz] *nm* fructose
fructueux, -euse [fʀyktɥø, -øz] *adj* fruitful; profitable
frugal, e, -aux [fʀygal, -o] *adj* frugal
frugalement [fʀygalmɑ̃] *adv* frugally
frugalité [fʀygalite] *nf* frugality
fruit [fʀɥi] *nm* fruit *no pl*; **fruits de mer** (*Culin*) seafood(s); **fruits secs** dried fruit *sg*
fruité, e [fʀɥite] *adj* (*vin*) fruity
fruiterie [fʀɥitʀi] *nf* (*boutique*) greengrocer's (BRIT), fruit (and vegetable) store (US)
fruitier, -ière [fʀɥitje, -jɛʀ] *adj* : **arbre ~** fruit tree ▸ *nm/f* fruiterer (BRIT), fruit merchant (US)
frusques [fʀysk] *nfpl* (*péj*) rags; **de vieilles ~** old rags
fruste [fʀyst] *adj* unpolished, uncultivated
frustrant, e [fʀystʀɑ̃, -ɑ̃t] *adj* frustrating
frustration [fʀystʀasjɔ̃] *nf* frustration
frustré, e [fʀystʀe] *adj* frustrated
frustrer [fʀystʀe] /1/ *vt* to frustrate; (*priver*) : **~ qn de qch** to deprive sb of sth
FS *abr* (= *franc suisse*) FS, SF
FSE *sigle m* (= *foyer socio-éducatif*) community home
FTP *sigle mpl* (= *Francs-tireurs et partisans*) *Communist Resistance in 1940–45*
fuchsia [fyʃja] *nm* fuchsia
fuel(-oil) [fjul(ɔjl)] *nm* fuel oil; (*pour chauffer*) heating oil
fugace [fygas] *adj* fleeting
fugitif, -ive [fyʒitif, -iv] *adj* (*lueur, amour*) fleeting; (*prisonnier etc*) runaway ▸ *nm/f* fugitive, runaway
fugue [fyg] *nf* (*d'un enfant*) running away *no pl*; (*Mus*) fugue; **faire une ~** to run away, abscond
fuguer [fyge] *vi* to run away
fugueur, -euse [fygœʀ, -øz] *adj, nm/f* runaway
fuir [fɥiʀ] /17/ *vt* to flee from; (*éviter*) to shun ▸ *vi* to run away; (*gaz, robinet*) to leak
fuite [fɥit] *nf* flight; (*écoulement*) leak, leakage; (*divulgation*) leak; **être en ~** to be on the run; **mettre en ~** to put to flight; **prendre la ~** to take flight

fuiter [fɥite] *vi* to leak out
fulgurant, e [fylgyʀɑ̃, -ɑ̃t] *adj* lightning *cpd*, dazzling
fulminant, e [fylminɑ̃, -ɑ̃t] *adj* (*lettre, regard*) furious; **~ de colère** raging with anger
fulminer [fylmine] /**1**/ *vi* : **~ (contre)** to thunder forth (against)
fumant, e [fymɑ̃, -ɑ̃t] *adj* smoking; (*liquide*) steaming; **un coup ~** (*fam*) a master stroke
fumé, e [fyme] *adj* (*Culin*) smoked; (*verre*) tinted ▸ *nf* smoke; **partir en fumée** to go up in smoke
fume-cigarette [fymsigaʀɛt] *nm* cigarette holder
fumer [fyme] /**1**/ *vi* to smoke; (*liquide*) to steam ▸ *vt* to smoke; (*terre, champ*) to manure
fumerie [fymʀi] *nf* : **~ d'opium** opium den
fumerolles [fymʀɔl] *nfpl* gas and smoke (*from volcano*)
fûmes [fym] *vb voir* **être**
fumet [fymɛ] *nm* aroma
fumette [fymɛt] *nf* (*fam : fait de fumer de la drogue*) smoking joints
fumeur, -euse [fymœʀ, -øz] *nm/f* smoker; **(compartiment) fumeurs** smoking compartment
fumeux, -euse [fymø, -øz] *adj* (*péj*) woolly (Brit), hazy
fumier [fymje] *nm* manure
fumigation [fymigasjɔ̃] *nf* fumigation
fumigène [fymiʒɛn] *adj* smoke *cpd*
fumiste [fymist] *nm* (*ramoneur*) chimney sweep ▸ *nmf* (*péj : paresseux*) shirker; (*: charlatan*) phoney
fumisterie [fymistəʀi] *nf* (*péj*) fraud, con
fumoir [fymwaʀ] *nm* smoking room
funambule [fynɑ̃byl] *nm* tightrope walker
funboard [fœnbɔʀd] *nm* funboarding
funboarder, funboardeur, -euse [fœnbɔʀdœʀ, -øz] *nm/f* funboarder
funèbre [fynɛbʀ] *adj* funeral *cpd*; (*fig*) doleful; funereal
funérailles [fyneʀɑj] *nfpl* funeral *sg*
funéraire [fyneʀɛʀ] *adj* funeral *cpd*, funerary
funérarium [fyneʀaʀjɔm] *nm* funeral parlour (Brit), funeral parlor (US)
funeste [fynɛst] *adj* disastrous; deathly
funiculaire [fynikylɛʀ] *nm* funicular (railway)
funky [fœnki] *adj* (*album, chanson*) funky
FUNU [fyny] *sigle f* (*= Force d'urgence des Nations unies*) UNEF (*= United Nations Emergency Forces*)
fur [fyʀ] : **au ~ et à mesure** *adv* as one goes along; **au ~ et à mesure que** as; **au ~ et à mesure de leur progression** as they advance (*ou* advanced)
furax [fyʀaks] *adj inv* (*fam*) livid
furent [fyʀ] *vb voir* **être**
furet [fyʀɛ] *nm* ferret
fureter [fyʀ(ə)te] /**5**/ *vi* (*péj*) to nose about
fureteur [fyʀ(ə)tœʀ] *nm* (*Internet : Canada : navigateur*) browser
fureur [fyʀœʀ] *nf* fury; (*passion*) : **~ de** passion for; **être en ~** to be infuriated; **faire ~** to be all the rage
furibard, e [fyʀibaʀ, -aʀd] *adj* (*fam*) livid, absolutely furious
furibond, e [fyʀibɔ̃, -ɔ̃d] *adj* livid, absolutely furious
furie [fyʀi] *nf* fury; (*femme*) shrew, vixen; **en ~** (*mer*) raging
furieusement [fyʀjøzmɑ̃] *adv* furiously
furieux, -euse [fyʀjø, -øz] *adj* furious
furoncle [fyʀɔ̃kl] *nm* boil
furtif, -ive [fyʀtif, -iv] *adj* furtive
furtivement [fyʀtivmɑ̃] *adv* furtively
fus [fy] *vb voir* **être**
fusain [fyzɛ̃] *nm* (*Bot*) spindle-tree; (*Art*) charcoal
fuseau, x [fyzo] *nm* (*pantalon*) (ski-)pants *pl*; (*pour filer*) spindle; **en ~** (*jambes*) tapering; (*colonne*) bulging; **~ horaire** time zone
fusée [fyze] *nf* rocket; **~ éclairante** flare
fuselage [fyz(ə)laʒ] *nm* fuselage
fuselé, e [fyz(ə)le] *adj* slender; (*galbé*) tapering
fuser [fyze] /**1**/ *vi* (*rires etc*) to burst forth
fusible [fyzibl] *nm* (*Élec : fil*) fuse wire; (*: fiche*) fuse
fusil [fyzi] *nm* (*de guerre, à canon rayé*) rifle, gun; (*de chasse, à canon lisse*) shotgun, gun; **~ à deux coups** double-barrelled rifle *ou* shotgun; **~ sous-marin** spear-gun
fusilier [fyzilje] *nm* (*Mil*) rifleman
fusillade [fyzijad] *nf* gunfire *no pl*, shooting *no pl*; (*combat*) gun battle
fusiller [fyzije] /**1**/ *vt* to shoot; **~ qn du regard** to look daggers at sb
fusil-mitrailleur [fyzimitʀɑjœʀ] (*pl* **fusils-mitrailleurs**) *nm* machine gun
fusion [fyzjɔ̃] *nf* fusion, melting; (*fig*) merging; (*Comm*) merger; **en ~** (*métal, roches*) molten
fusionnement [fyzjɔnmɑ̃] *nm* merger
fusionner [fyzjɔne] /**1**/ *vi* to merge
fustiger [fystiʒe] /**3**/ *vt* to denounce
fut [fy] *vb voir* **être**
fût [fy] *vb voir* **être** ▸ *nm* (*tonneau*) barrel, cask; (*de canon*) stock; (*d'arbre*) bole, trunk; (*de colonne*) shaft
futaie [fytɛ] *nf* forest, plantation
futé, e [fyte] *adj* crafty; **Bison ~**® *TV and radio traffic monitoring service*
fûtes [fyt] *vb voir* **être**
futile [fytil] *adj* (*inutile*) futile; (*frivole*) frivolous
futilement [fytilmɑ̃] *adv* frivolously
futilité [fytilite] *nf* futility; frivolousness; (*chose futile*) futile pursuit (*ou* thing *etc*)
futon [fytɔ̃] *nm* futon
futur, e [fytyʀ] *adj, nm* future; **son ~ époux** her husband-to-be; **au ~** (*Ling*) in the future
futurisme [fytyʀism] *nm* futurism
futuriste [fytyʀist] *adj* futuristic
futurologie [fytyʀɔlɔʒi] *nf* futurology
fuyant, e [fɥijɑ̃, -ɑ̃t] *vb voir* **fuir** ▸ *adj* (*regard etc*) evasive; (*lignes etc*) receding; (*perspective*) vanishing
fuyard, e [fɥijaʀ, -aʀd] *nm/f* runaway
fuyons *etc* [fɥijɔ̃] *vb voir* **fuir**

f

Gg

G, g [ʒe] *nm inv* G, g ▸ *abr* (= *gramme*) g; (= *gauche*) L, l; **G comme Gaston** G for George; **le G8** (*Pol*) the G8 nations, the Group of Eight
gabardine [gabaʀdin] *nf* gabardine
gabarit [gabaʀi] *nm* (*fig : dimension, taille*) size; (*: valeur*) calibre; (*Tech*) template; **du même ~** (*fig*) of the same type, of that ilk
gabegie [gabʒi] *nf* (*péj*) chaos
Gabon [gabɔ̃] *nm* : **le ~** Gabon
gabonais, e [gabɔnɛ, -ɛz] *adj* Gabonese
gâcher [gɑʃe] /**1**/ *vt* (*gâter*) to spoil, ruin; (*gaspiller*) to waste; (*plâtre*) to temper; (*mortier*) to mix
gâchette [gɑʃɛt] *nf* trigger
gâchis [gɑʃi] *nm* (*désordre*) mess; (*gaspillage*) waste *no pl*
gadget [gadʒɛt] *nm* thingumajig; (*nouveauté*) gimmick
gadin [gadɛ̃] *nm* (*fam*) : **prendre un ~** to come a cropper (Brit)
gadoue [gadu] *nf* sludge
gaélique [gaelik] *adj* Gaelic ▸ *nm* (*Ling*) Gaelic
gaffe [gaf] *nf* (*instrument*) boat hook; (*fam : erreur*) blunder; **faire ~** (*fam*) to watch out
gaffer [gafe] /**1**/ *vi* to blunder
gaffeur, -euse [gafœʀ, -øz] *nm/f* blunderer
gag [gag] *nm* gag
gaga [gaga] *adj* (*fam*) gaga
gage [gaʒ] *nm* (*dans un jeu*) forfeit; (*fig : de fidélité*) token; **mettre en ~** to pawn; **laisser en ~** to leave as security; **gages** *nmpl* (*salaire*) wages; (*garantie*) guarantee *sg*
gager [gaʒe] /**3**/ *vt* : **~ que** to bet *ou* wager that
gageure [gaʒyʀ] *nf* : **c'est une ~** it's attempting the impossible
gagnable [gaɲabl] *adj* (*match, circonscription*) winnable
gagnant, e [gaɲɑ̃, -ɑ̃t] *adj* : **billet/numéro ~** winning ticket/number ▸ *adv* : **jouer ~** (*aux courses*) to be bound to win ▸ *nm/f* winner
gagne-pain [gaɲpɛ̃] *nm inv* job
gagne-petit [gaɲpəti] *nm inv* low wage earner
gagner [gaɲe] /**1**/ *vt* (*concours, procès, pari*) to win; (*somme d'argent, revenu*) to earn; (*aller vers, atteindre*) to reach; (*s'emparer de*) to overcome; (*envahir*) to spread to; (*se concilier*) : **~ qn** to win sb over; **~ du temps/de la place** to gain time/save space; **~ sa vie** to earn one's living; **~ du terrain** (*aussi fig*) to gain ground; **~ qn de vitesse** to outstrip sb ▸ *vi* to win; (*fig*) to gain; **~ à faire** (*s'en trouver bien*) to be better off doing; **il y gagne** it's in his interest, it's to his advantage
gagneur [gaɲœʀ] *nm* winner
gai, e [ge] *adj* cheerful; (*livre, pièce de théâtre*) light-hearted; (*un peu ivre*) merry
gaiement [gemɑ̃] *adv* cheerfully
gaieté [gete] *nf* cheerfulness; **de ~ de cœur** with a light heart; **gaietés** *nfpl* (*souvent ironique*) delights
gaillard, e [gajaʀ, -aʀd] *adj* (*robuste*) sprightly; (*grivois*) bawdy, ribald ▸ *nm/f* (strapping) fellow/wench
gaillardement [gajaʀdəmɑ̃] *adv* cheerfully
gain [gɛ̃] *nm* (*revenu*) earnings *pl*; (*bénéfice : gén pl*) profits *pl*; (*au jeu : gén pl*) winnings *pl*; (*fig : de temps, place*) saving; (*: avantage*) benefit; (*: lucre*) gain; **avoir ~ de cause** to win the case; (*fig*) to be proved right; **obtenir ~ de cause** (*fig*) to win out
gaine [gɛn] *nf* (*corset*) girdle; (*fourreau*) sheath; (*de fil électrique etc*) outer covering
gaine-culotte [gɛnkylɔt] (*pl* **gaines-culottes**) *nf* pantie girdle
gainer [gene] /**1**/ *vt* to cover
gala [gala] *nm* official reception; **soirée de ~** gala evening
galamment [galamɑ̃] *adv* courteously
galant, e [galɑ̃, -ɑ̃t] *adj* (*courtois*) courteous, gentlemanly; (*entreprenant*) flirtatious, gallant; (*aventure, poésie*) amorous; (*scène, rendez-vous*) romantic; **en galante compagnie** (*homme*) with a lady friend; (*femme*) with a gentleman friend
galanterie [galɑ̃tʀi] *nf* gallantry
galantine [galɑ̃tin] *nf* galantine
Galapagos [galapagɔs] *nfpl* : **les (îles) ~** the Galapagos Islands
galaxie [galaksi] *nf* galaxy
galbe [galb] *nm* curve(s); shapeliness
galbé, e [galbe] *adj* (*jambes*) (well-)rounded; **bien ~** shapely
gale [gal] *nf* (*Méd*) scabies *sg*; (*de chien*) mange
galéjade [galeʒad] *nf* tall story
galère [galɛʀ] *nf* galley
galérer [galeʀe] /**6**/ *vi* (*fam*) to work hard, slave (away)
galerie [galʀi] *nf* gallery; (*Théât*) circle; (*de voiture*) roof rack; (*fig : spectateurs*) audience; **~ marchande** shopping mall; **~ de peinture** (private) art gallery
galérien [galeʀjɛ̃] *nm* galley slave
galeriste [galʀist] *nm/f* gallery owner
galet [galɛ] *nm* pebble; (*Tech*) wheel; **galets** *nmpl* pebbles, shingle *sg*

galette [galɛt] *nf* (*gâteau*) flat pastry cake; (*crêpe*) savoury pancake; **la ~ des Rois** *cake traditionally eaten on Twelfth Night*
galeux, -euse [galø, -øz] *adj* : **un chien ~** a mangy dog
Galice [galis] *nf* : **la ~** Galicia (*in Spain*)
Galicie [galisi] *nf* : **la ~** Galicia (*in Central Europe*)
galiléen, ne [galileɛ̃, -ɛn] *adj* Galilean
galimatias [galimatja] *nm* (*péj*) gibberish
galion [galjɔ̃] *nm* galleon
galipette [galipɛt] *nf* somersault; **faire des galipettes** to turn somersaults
Galles [gal] *nfpl* : **le pays de ~** Wales
gallicisme [galisism] *nm* French idiom; (*tournure fautive*) gallicism
gallinacé [galinase] *nm* gallinacean
gallois, e [galwa, -waz] *adj* Welsh ▸ *nm* (*Ling*) Welsh ▸ *nm/f* : **Gallois, e** Welshman(-woman)
gallo-romain, e [galoʀɔmɛ̃, -ɛn] *adj* Gallo-Roman
galoche [galɔʃ] *nf* clog
galocher [galɔʃe] *vt* (*fam*) to French kiss
galon [galɔ̃] *nm* (*Mil*) stripe; (*décoratif*) piece of braid; **prendre du ~** to be promoted
galop [galo] *nm* gallop; **au ~** at a gallop; **~ d'essai** (*fig*) trial run
galopade [galɔpad] *nf* stampede
galopant, e [galɔpɑ̃, -ɑ̃t] *adj* : **inflation galopante** galloping inflation; **démographie galopante** exploding population
galoper [galɔpe] /1/ *vi* to gallop
galopin [galɔpɛ̃] *nm* urchin, ragamuffin
galurin [galyʀɛ̃] *nm* (*fam*) hat, titfer (*fam*)
galvaniser [galvanize] /1/ *vt* to galvanize
galvaudé, e [galvode] *adj* (*expression*) hackneyed; (*mot*) clichéd
galvauder [galvode] /1/ *vt* to debase
gambade [gɑ̃bad] *nf* : **faire des gambades** to skip *ou* frisk about
gambader [gɑ̃bade] /1/ *vi* (*animal, enfant*) to leap about
gamberger [gɑ̃bɛʀʒe] /3/ (*fam*) *vi* to (have a) think ▸ *vt* to dream up
gambette [gɑ̃bɛt] *nf* (*fam*) leg
Gambie [gɑ̃bi] *nf* : **la ~** (*pays*) Gambia; (*fleuve*) the Gambia
gambiller [gɑ̃bije] *vi* (*fam : danser*) to jig about (*fam*)
gamelle [gamɛl] *nf* mess tin; billy can; (*fam*) : **ramasser une ~** to fall flat on one's face
gamète [gamɛt] *nm* gamete
gamin, e [gamɛ̃, -in] *nm/f* kid ▸ *adj* mischievous, playful
gaminerie [gaminʀi] *nf* mischievousness, playfulness
gamme [gam] *nf* (*Mus*) scale; (*fig*) range
gammé, e [game] *adj* : **croix gammée** swastika
ganache [ganaʃ] *nf* (*crème*) chocolate cream filling, ganache
Gand [gɑ̃] *n* Ghent
gang [gɑ̃g] *nm* (*de criminels*) gang
Gange [gɑ̃ʒ] *nm* : **le ~** the Ganges
ganglion [gɑ̃glijɔ̃] *nm* ganglion; (*lymphatique*) gland; **avoir des ganglions** to have swollen glands
gangrène [gɑ̃gʀɛn] *nf* gangrene; (*fig*) corruption; corrupting influence
gangrener [gɑ̃gʀene] : **se gangrener** *vpr* to go gangrenous
gangster [gɑ̃gstɛʀ] *nm* gangster
gangstérisme [gɑ̃gsteʀism] *nm* gangsterism
gangue [gɑ̃g] *nf* coating
ganse [gɑ̃s] *nf* braid
gant [gɑ̃] *nm* glove; **prendre des gants** (*fig*) to handle the situation with kid gloves; **relever le ~** (*fig*) to take up the gauntlet; **~ de crin** massage glove; **~ de toilette** (face) flannel (Brit), face cloth; **gants de boxe** boxing gloves; **gants de caoutchouc** rubber gloves
ganté, e [gɑ̃te] *adj* : **~ de blanc** wearing white gloves
ganterie [gɑ̃tʀi] *nf* glove trade; (*magasin*) glove shop
garage [gaʀaʒ] *nm* garage; **~ à vélos** bicycle shed
garagiste [gaʀaʒist] *nmf* (*propriétaire*) garage owner; (*mécanicien*) garage mechanic
garant, e [gaʀɑ̃, -ɑ̃t] *nm/f* guarantor; **se porter ~ de** to vouch for; to be answerable for ▸ *nm* guarantee
garantie [gaʀɑ̃ti] *nf* guarantee, warranty; (*gage*) security, surety; **(bon de) ~** guarantee *ou* warranty slip; **~ de bonne exécution** performance bond
garantir [gaʀɑ̃tiʀ] /2/ *vt* to guarantee; (*protéger*) : **~ de** to protect from; **je vous garantis que** I can assure you that; **garanti pure laine/2 ans** guaranteed pure wool/for 2 years
garce [gaʀs] *nf* (*péj*) bitch
garçon [gaʀsɔ̃] *nm* boy; (*jeune homme*) boy, lad; (*aussi* : **garçon de café**) waiter; **vieux ~** (*célibataire*) bachelor; **~ boucher/coiffeur** butcher's/hairdresser's assistant; **~ de courses** messenger; **~ d'écurie** stable lad; **~ manqué** tomboy
garçonnet [gaʀsɔnɛ] *nm* small boy
garçonnière [gaʀsɔnjɛʀ] *nf* bachelor flat
garde [gaʀd(ə)] *nm* (*de prisonnier*) guard; (*de domaine etc*) warden; (*soldat, sentinelle*) guardsman; **~ champêtre** *nm* rural policeman; **~ du corps** *nm* bodyguard; **~ forestier** *nm* forest warden; **~ des Sceaux** *nm* ≈ Lord Chancellor (Brit), ≈ Attorney General (US); **~ mobile** *nmf* mobile guard ▸ *nf* guarding; looking after; (*soldats, Boxe, Escrime*) guard; (*faction*) watch; (*d'une arme*) hilt; (*Typo* : *aussi* : **page** *ou* **feuille de garde**) flyleaf; (: *collée*) endpaper; **de ~** *adj, adv* on duty; **monter la ~** to stand guard; **être sur ses gardes** to be on one's guard; **mettre en ~** to warn; **mise en ~** warning; **prendre ~ (à)** to be careful (of); **avoir la ~ des enfants** (*après divorce*) to have custody of the children; **~ d'enfants** *nf* child minder; **~ à vue** *nf* (*Jur*) ≈ police custody
garde-à-vous [gaʀdavu] *nm inv* : **être/se mettre au ~** to be at/stand to attention; **~ (fixe) !** (*Mil*) attention!
garde-barrière [gaʀdəbaʀjɛʀ] (*pl* **gardes-barrière(s)**) *nm/f* level-crossing keeper
garde-boue [gaʀdəbu] *nm inv* mudguard
garde-chasse [gaʀdəʃas] (*pl* **gardes-chasse(s)**) *nm* gamekeeper

g

garde-côte [gaʀdəkot] *nm* (*vaisseau*) coastguard boat
garde-feu [gaʀdəfø] *nm* fender
garde-fou [gaʀdəfu] *nm* railing, parapet
garde-malade [gaʀdəmalad] (*pl* **gardes-malade(s)**) *nf* home nurse
garde-manger [gaʀdmɑ̃ʒe] *nm inv* (*boîte*) meat safe; (*placard*) pantry, larder
garde-meuble [gaʀdəmœbl] *nm* furniture depository
gardénal [gaʀdenal] *nm* phenobarbitone
gardénia [gaʀdenja] *nm* gardenia
garde-pêche [gaʀdəpɛʃ] *nm* (*personne*) water bailiff; (*navire*) fisheries protection ship
garder [gaʀde] /1/ *vt* (*conserver*) to keep; (*: sur soi : vêtement, chapeau*) to keep on; (*surveiller : enfants*) to look after; (*: immeuble, lieu, prisonnier*) to guard; **~ le lit/la chambre** to stay in bed/indoors; **~ le silence** to keep silent *ou* quiet; **~ la ligne** to keep one's figure; **~ à vue** to keep in custody; **pêche/chasse gardée** private fishing/hunting (ground); **se garder** *vpr* (*aliment : se conserver*) to keep; **se ~ de faire** to be careful not to do
garderie [gaʀdəʀi] *nf* day nursery, crèche
garde-robe [gaʀdəʀɔb] *nf* wardrobe
gardeur, -euse [gaʀdœʀ, -øz] *nm/f* (*de vaches*) cowherd; (*de chèvres*) goatherd
gardian [gaʀdjɑ̃] *nm* cowboy (*in the Camargue*)
gardien, ne [gaʀdjɛ̃, -ɛn] *nm/f* (*garde*) guard; (*de prison*) warder; (*de domaine, réserve*) warden; (*de musée etc*) attendant; (*de phare, cimetière*) keeper; (*d'immeuble*) caretaker; (*fig*) guardian; **~ de but** goalkeeper; **~ de nuit** night watchman; **~ de la paix** policeman
gardiennage [gaʀdjɛnaʒ] *nm* (*emploi*) caretaking; **société de ~** security firm
gardon [gaʀdɔ̃] *nm* roach
gare [gaʀ] *nf* (railway) station, train station (US); **~ maritime** harbour station; **~ routière** bus station; (*de camions*) haulage (BRIT) *ou* trucking (US) depot; **~ de triage** marshalling yard ▸ *excl* : **~ à ...** mind ...!, watch out for ...!; **~ à ne pas ...** mind you don't ...; **~ à toi !** watch out!; **sans crier ~** without warning
garenne [gaʀɛn] *nf voir* **lapin**
garer [gaʀe] /1/ *vt* to park; **se garer** *vpr* to park; (*pour laisser passer*) to draw into the side
gargantuesque [gaʀgɑ̃tɥɛsk] *adj* gargantuan
gargariser [gaʀgaʀize] /1/ : **se gargariser** *vpr* to gargle; **se ~ de** (*fig*) to revel in
gargarisme [gaʀgaʀism] *nm* gargling *no pl*; (*produit*) gargle
gargote [gaʀgɔt] *nf* cheap restaurant, greasy spoon (*fam*)
gargouille [gaʀguj] *nf* gargoyle
gargouillement [gaʀgujmɑ̃] *nm* = **gargouillis**
gargouiller [gaʀguje] /1/ *vi* (*estomac*) to rumble; (*eau*) to gurgle
gargouillis [gaʀguji] *nm* (*gén pl : voir vb*) rumbling; gurgling
garnement [gaʀnəmɑ̃] *nm* rascal, scallywag
garni, e [gaʀni] *adj* (*plat*) served with vegetables (*and chips, pasta or rice*) ▸ *nm* (*appartement*) furnished accommodation *no pl* (BRIT) *ou* accommodations *pl* (US)
garnir [gaʀniʀ] /2/ *vt* to decorate; (*remplir*) to fill; (*recouvrir*) to cover; **se garnir** *vpr* (*pièce, salle*) to fill up; **~ qch de** (*orner*) to decorate sth with; to trim sth with; (*approvisionner*) to fill *ou* stock sth with; (*protéger*) to fit sth with; (*Culin*) to garnish sth with
garnison [gaʀnizɔ̃] *nf* garrison
garnissage [gaʀnisaʒ] *nm* (*bourre*) stuffing
garniture [gaʀnityʀ] *nf* (*Culin : légumes*) vegetables *pl*; (*: persil etc*) garnish; (*: farce*) filling; (*décoration*) trimming; (*protection*) fittings *pl*; **~ de cheminée** mantelpiece ornaments *pl*; **~ de frein** (*Auto*) brake lining; **~ intérieure** (*Auto*) interior trim; **~ périodique** sanitary towel (BRIT) *ou* napkin (US)
garrigue [gaʀig] *nf* scrubland
garrot [gaʀo] *nm* (*Méd*) tourniquet; (*torture*) garrotte
garrotter [gaʀɔte] /1/ *vt* to tie up; (*fig*) to muzzle
gars [gɑ] *nm* lad; (*type*) guy
Gascogne [gaskɔɲ] *nf* : **la ~** Gascony; **le golfe de ~** the Bay of Biscay
gascon, ne [gaskɔ̃, -ɔn] *adj* Gascon ▸ *nm* : **G~** (*hâbleur*) braggart
gas-oil [gɑzɔjl] *nm* diesel oil
gaspillage [gaspijaʒ] *nm* waste
gaspiller [gaspije] /1/ *vt* to waste
gaspilleur, -euse [gaspijœʀ, -øz] *adj* wasteful
gastéropode [gasteʀɔpɔd] *nm* gastropod
gastrique [gastʀik] *adj* gastric, stomach *cpd*
gastrite [gastʀit] *nf* gastritis
gastro-entérite [gastʀoɑ̃teʀit] *nf* (*Méd*) gastro-enteritis
gastroentérologue [gastʀoɑ̃teʀɔlɔg] *nm/f* gastroenterologist
gastro-intestinal, e, -aux [gastʀoɛ̃tɛstinal, -o] *adj* gastrointestinal
gastronome [gastʀɔnɔm] *nmf* gourmet
gastronomie [gastʀɔnɔmi] *nf* gastronomy
gastronomique [gastʀɔnɔmik] *adj* gastronomic; **menu ~** gourmet menu
gâté, e [gɑte] *adj* (*fruit*) bruised; (*enfant*) spoiled
gâteau, x [gɑto] *nm* cake; **~ d'anniversaire** birthday cake; **~ de riz** ≈ rice pudding; **~ sec** biscuit ▸ *adj inv* (*fam : trop indulgent*) : **papa-/maman-~** doting father/mother
gâter [gɑte] /1/ *vt* to spoil; **se gâter** *vpr* (*dent, fruit*) to go bad; (*temps, situation*) to change for the worse
gâterie [gɑtʀi] *nf* little treat
gâteux, -euse [gɑtø, -øz] *adj* senile
gâtisme [gɑtism] *nm* senility
GATT [gat] *sigle m* (= *General Agreement on Tariffs and Trade*) GATT
gauche [goʃ] *adj* left, left-hand; (*maladroit*) awkward, clumsy; **le bras ~** the left arm; **le côté ~** the left-hand side ▸ *nf* (*Pol*) left (wing); (*Boxe*) left; **à ~** on the left; (*direction*) (to the) left; **à ~ de** (on *ou* to the) left of; **à la ~ de** to the left of; **sur votre ~** on your left; **de ~** (*Pol*) left-wing
gauchement [goʃmɑ̃] *adv* awkwardly, clumsily
gaucher, -ère [goʃe, -ɛʀ] *adj* left-handed
gaucherie [goʃʀi] *nf* awkwardness, clumsiness
gauchir [goʃiʀ] /2/ *vt* (*planche, objet*) to warp; (*fig : fait, idée*) to distort

gauchisant, e [goʃizɑ̃, -ɑ̃t] *adj* with left-wing tendencies
gauchisme [goʃism] *nm* leftism
gauchiste [goʃist] *adj, nmf* leftist
gaudriole [godʀijɔl] *nf* hanky panky; (*fam*) : **il ne pense qu'à la ~** he has a one-track mind
gaufre [gofʀ] *nf* (*pâtisserie*) waffle; (*de cire*) honeycomb
gaufrer [gofʀe] /**1**/ *vt* (*papier*) to emboss; (*tissu*) to goffer
gaufrette [gofʀɛt] *nf* wafer
gaufrier [gofʀije] *nm* (*moule*) waffle iron
Gaule [gol] *nf* : **la ~** Gaul
gaule [gol] *nf* (*perche*) (long) pole; (*canne à pêche*) fishing rod
gauler [gole] /**1**/ *vt* (*arbre*) to beat (*using a long pole to bring down fruit*); (*fruits*) to beat down (*with a pole*)
gaullisme [golism] *nm* Gaullism
gaulliste [golist] *adj, nmf* Gaullist
gaulois, e [golwa, -waz] *adj* Gallic; (*grivois*) bawdy ▸ *nm/f* : **Gaulois, e** Gaul
gauloiserie [golwazʀi] *nf* bawdiness
gausser [gose] /**1**/ : **se gausser de** *vpr* to deride
gavage [gavaʒ] *nm* (*d'animaux*) force-feeding
gaver [gave] /**1**/ *vt* to force-feed; (*fig*) : **~ de** to cram with, fill up with; **se ~ de** to stuff o.s. with
gay [gɛ] *adj, nm* (*fam*) gay
gaz [gɑz] *nm inv* gas; **mettre les ~** (*Auto*) to put one's foot down; **chambre/masque à ~** gas chamber/mask; **~ en bouteille** bottled gas; **~ butane** Calor gas® (Brit), butane gas; **~ carbonique** carbon dioxide; **~ hilarant** laughing gas; **~ lacrymogène** tear gas; **~ naturel** natural gas; **~ de ville** town gas (Brit), manufactured domestic gas; **ça sent le ~** I can smell gas, there's a smell of gas
gazage [gɑzaʒ] *nm* gassing
gaze [gɑz] *nf* gauze
gazéifié, e [gazeifje] *adj* carbonated, aerated
gazelle [gazɛl] *nf* gazelle
gazer [gɑze] /**1**/ *vt* to gas ▸ *vi* (*fam*) to be going *ou* working well
gazette [gazɛt] *nf* news sheet
gazeux, -euse [gɑzø, -øz] *adj* gaseous; (*eau*) sparkling; (*boisson*) fizzy
gazinière [gɑzinjɛʀ] *nf* gas cooker, gas stove
gazoduc [gɑzodyk] *nm* gas pipeline
gazole [gɑzɔl] *nm* = **gas-oil**
gazomètre [gɑzɔmɛtʀ] *nm* gasometer
gazon [gɑzɔ̃] *nm* (*herbe*) turf, grass; (*pelouse*) lawn
gazonné, e [gɑzɔne] *adj* grassed
gazonner [gɑzɔne] /**1**/ *vt* (*terrain*) to grass over
gazouillement [gazujmɑ̃] *nm* (*voir vb*) chirping; babbling
gazouiller [gazuje] /**1**/ *vi* (*oiseau*) to chirp; (*enfant*) to babble
gazouillis [gazuji] *nmpl* chirp *sg*
GB *sigle f* (= *Grande-Bretagne*) GB
gd *abr* (= *grand*) L
GDF *sigle m* (= *Gaz de France*) *national gas company*
geai [ʒɛ] *nm* jay
géant, e [ʒeɑ̃, -ɑ̃t] *adj* gigantic, giant; (*Comm*) giant-size ▸ *nm/f* giant
gecko [ʒeko] *nm* gecko
gégène [ʒeʒɛn] *nf* (*torture*) electroshock torture
geignard, e [ʒɛɲaʀ, -aʀd] *adj* (*fam*) moaning
geignement [ʒɛɲmɑ̃] *nm* groaning, moaning
geindre [ʒɛ̃dʀ] /**52**/ *vi* to groan, moan
gel [ʒɛl] *nm* frost; (*de l'eau*) freezing; (*fig : des salaires, prix*) freeze; freezing; (*produit de beauté*) gel; **~ douche** shower gel
gélatine [ʒelatin] *nf* gelatine
gélatineux, -euse [ʒelatinø, -øz] *adj* jelly-like, gelatinous
gelé, e [ʒ(ə)le] *adj* frozen ▸ *nf* (*Culin : de fruits*) jelly; (*gel*) frost; **en gelée** in aspic; **gelée blanche** hoarfrost, white frost
geler [ʒ(ə)le] /**5**/ *vt, vi* to freeze; **il gèle** it's freezing
gélifiant [ʒelifjɑ̃] *nm* gelling agent
gélule [ʒelyl] *nf* (*Méd*) capsule
gelures [ʒ(ə)lyʀ] *nfpl* frostbite *sg*
Gémeaux [ʒemo] *nmpl* : **les ~** Gemini, the Twins; **être des ~** to be Gemini
gémir [ʒemiʀ] /**2**/ *vi* to groan, moan
gémissement [ʒemismɑ̃] *nm* groan, moan
gemme [ʒɛm] *nf* gem(stone)
gémonies [ʒemɔni] *nfpl* : **vouer qn aux ~** to subject sb to public scorn
gén. *abr* (= *généralement*) gen.
gênant, e [ʒɛnɑ̃, -ɑ̃t] *adj* (*objet*) awkward, in the way; (*histoire, personne*) embarrassing
gencive [ʒɑ̃siv] *nf* gum
gendarme [ʒɑ̃daʀm] *nm* gendarme
gendarmer [ʒɑ̃daʀme] /**1**/ : **se gendarmer** *vpr* to kick up a fuss
gendarmerie [ʒɑ̃daʀməʀi] *nf* *military police force in countryside and small towns; their police station or barracks*
gendre [ʒɑ̃dʀ] *nm* son-in-law
gène [ʒɛn] *nm* (*Bio*) gene
gêne [ʒɛn] *nf* (*à respirer, bouger*) discomfort, difficulty; (*dérangement*) bother, trouble; (*manque d'argent*) financial difficulties *pl ou* straits *pl*; (*confusion*) embarrassment; **sans ~** *adj* inconsiderate
gêné, e [ʒene] *adj* embarrassed; (*dépourvu d'argent*) short (of money)
généalogie [ʒenealɔʒi] *nf* genealogy
généalogique [ʒenealɔʒik] *adj* genealogical
généalogiste [ʒenealɔʒist] *nm/f* genealogist
gêner [ʒene] /**1**/ *vt* (*incommoder*) to bother; (*encombrer*) to hamper; (*bloquer le passage*) to be in the way of; (*déranger*) to bother; (*embarrasser*) : **~ qn** to make sb feel ill-at-ease; **se gêner** *vpr* to put o.s. out; **ne vous gênez pas !** (*ironique*) go right ahead!, don't mind me!; **je vais me ~ !** (*ironique*) why should I care?
général, e, -aux [ʒeneʀal, -o] *adj, nm* general ▸ *nf* : **(répétition) générale** final dress rehearsal; **en ~** usually, in general; **à la satisfaction générale** to everyone's satisfaction
généralement [ʒeneʀalmɑ̃] *adv* generally
généralisable [ʒeneʀalizabl] *adj* generally applicable
généralisation [ʒeneʀalizasjɔ̃] *nf* generalization
généraliser [ʒeneʀalize] /**1**/ *vt, vi* to generalize; **se généraliser** *vpr* to become widespread

g

généraliste [ʒeneʀalist] *nmf* (*Méd*) general practitioner, GP
généralité [ʒeneʀalite] *nf*: **la ~ des ...** the majority of ...; **généralités** *nfpl* generalities; (*introduction*) general points
générateur, -trice [ʒeneʀatœʀ, -tʀis] *adj*: **~ de** which causes *ou* brings about ▸ *nf* (*Élec*) generator
génération [ʒeneʀasjɔ̃] *nf* generation
générer [ʒeneʀe] *vt* (*emplois, chiffre d'affaires*) to generate
généreusement [ʒeneʀøzmɑ̃] *adv* generously
généreux, -euse [ʒeneʀø, -øz] *adj* generous
générique [ʒeneʀik] *adj* generic ▸ *nm* (*Ciné, TV*) credits *pl*, credit titles *pl*
générosité [ʒeneʀozite] *nf* generosity
Gênes [ʒɛn] *n* Genoa
genèse [ʒənɛz] *nf* genesis
genêt [ʒ(ə)nɛ] *nm* (*Bot*) broom *no pl*
généticien, ne [ʒenetisjɛ̃, -ɛn] *nm/f* geneticist
génétique [ʒenetik] *adj* genetic ▸ *nf* genetics *sg*
génétiquement [ʒenetikmɑ̃] *adv* genetically
gêneur, -euse [ʒɛnœʀ, -øz] *nm/f* (*personne qui gêne*) obstacle; (*importun*) intruder
Genève [ʒ(ə)nɛv] *n* Geneva
genevois, e [ʒən(ə)vwa, -waz] *adj* Genevan
genévrier [ʒənevʀije] *nm* juniper
génial, e, -aux [ʒenjal, -o] *adj* of genius; (*fam : formidable*) fantastic, brilliant
génie [ʒeni] *nm* genius; (*Mil*): **le ~** ≈ the Engineers *pl*; **avoir du ~** to have genius; **~ civil** civil engineering; **~ génétique** genetic engineering
genièvre [ʒənjɛvʀ] *nm* (*Bot*) juniper (tree); (*boisson*) Dutch gin; **grain de ~** juniper berry
génique [ʒenik] *adj* (*Bio*) gene *cpd*
génisse [ʒenis] *nf* heifer; **foie de ~** ox liver
génital, e, -aux [ʒenital, -o] *adj* genital; **les parties génitales** the genitals
géniteur, -trice [ʒenitœʀ, -tʀis] *nm/f* (*humoristique*) parent
génitif [ʒenitif] *nm* genitive
génocide [ʒenɔsid] *nm* genocide
génois, e [ʒenwa, -waz] *adj* Genoese ▸ *nf* (*gâteau*) ≈ sponge cake
génoise [ʒenwaz] *nf* (*gâteau*) ≈ sponge cake
génome [ʒenom] *nm* genome
génotype [ʒenotip] (*Bio*) *nm* genotype
genou, x [ʒ(ə)nu] *nm* knee; **à genoux** on one's knees; **se mettre à genoux** to kneel down
genouillère [ʒ(ə)nujɛʀ] *nf* (*Sport*) kneepad
genre [ʒɑ̃ʀ] *nm* (*espèce, sorte*) kind, type, sort; (*allure*) manner; (*Ling*) gender; (*Art*) genre; (*Zool etc*) genus; **se donner du ~** to give o.s. airs; **avoir bon ~** to look a nice sort; **avoir mauvais ~** to be coarse-looking; **ce n'est pas son ~** it's not like him
gens [ʒɑ̃] *nmpl* (*f in some phrases*) people *pl*; **les ~ d'Église** the clergy; **les ~ du monde** society people; **~ de maison** domestics
gentiane [ʒɑ̃sjan] *nf* gentian
gentil, le [ʒɑ̃ti, -ij] *adj* kind; (*enfant : sage*) good; (*sympathique : endroit etc*) nice; **c'est très ~ à vous** it's very kind *ou* good *ou* nice of you
gentilhomme [ʒɑ̃tizɔm] *nm* (*noble*) gentleman
gentilhommière [ʒɑ̃tijɔmjɛʀ] *nf* (small) manor house *ou* country seat
gentillesse [ʒɑ̃tijɛs] *nf* kindness
gentillet, te [ʒɑ̃tijɛ, -ɛt] *adj* nice little
gentiment [ʒɑ̃timɑ̃] *adv* kindly
gentleman [dʒɑ̃tləmɛn] *nm* (*homme courtois*) gentleman
génuflexion [ʒenyflɛksjɔ̃] *nf* genuflexion
géo *abr* (= *géographie*) geography
géodésie [ʒeɔdezi] *nf* geodesy
géodésique [ʒeɔdezik] *adj* geodesic
géographe [ʒeɔgʀaf] *nmf* geographer
géographie [ʒeɔgʀafi] *nf* geography
géographique [ʒeɔgʀafik] *adj* geographical
geôlier [ʒolje] *nm* jailer
géolocalisation [ʒeolokalizasjɔ̃] *nf* geolocation
géolocaliser [ʒeolokalize] *vt* to geolocate
géologie [ʒeɔlɔʒi] *nf* geology
géologique [ʒeɔlɔʒik] *adj* geological
géologiquement [ʒeɔlɔʒikmɑ̃] *adv* geologically
géologue [ʒeɔlɔg] *nmf* geologist
géomancie [ʒeɔmɑ̃si] *nf* geomancy
géomètre [ʒeɔmɛtʀ] *nm*: **(arpenteur-)~** (land) surveyor
géométrie [ʒeɔmetʀi] *nf* geometry; **à ~ variable** (*Aviat*) swing-wing
géométrique [ʒeɔmetʀik] *adj* geometric
géophysicien, ne [ʒeofizisjɛ̃, -jɛn] *nm/f* geophysicist
géophysique [ʒeɔfizik] *nf* geophysics *sg*
géopolitique [ʒeɔpɔlitik] *nf* geopolitics *sg*
Géorgie [ʒeɔʀʒi] *nf*: **la ~** (*Caucase, USA*) Georgia; **la ~ du Sud** South Georgia
géorgien, ne [ʒeɔʀʒjɛ̃, -ɛn] *adj* Georgian
géostationnaire [ʒeɔstasjɔnɛʀ] *adj* geostationary
géothermie [ʒeotɛʀmi] *nf* (*énergie*) geothermal energy
géothermique [ʒeɔtɛʀmik] *adj*: **énergie ~** geothermal energy
gérable [ʒeʀabl] *adj* (*situation, projet*) manageable; (*douleur, désagrément*) bearable
gérance [ʒeʀɑ̃s] *nf* management; **mettre en ~** to appoint a manager for; **prendre en ~** to take over (the management of)
géranium [ʒeʀanjɔm] *nm* geranium
gérant, e [ʒeʀɑ̃, -ɑ̃t] *nm/f* manager/manageress; **~ d'immeuble** managing agent
gerbe [ʒɛʀb] *nf* (*de fleurs, d'eau*) spray; (*de blé*) sheaf; (*fig*) shower, burst
gerber [ʒɛʀbe] *vi* (*fam : vomir*) to puke
gercé, e [ʒɛʀse] *adj* chapped
gercer [ʒɛʀse] /**3**/ *vi*, **se gercer** *vpr* to chap
gerçure [ʒɛʀsyʀ] *nf* crack
gérer [ʒeʀe] /**6**/ *vt* to manage
gerfaut [ʒɛʀfo] *nm* (*rapace*) gyrfalcon
gériatrie [ʒeʀjatʀi] *nf* geriatrics *sg*
gériatrique [ʒeʀjatʀik] *adj* geriatric
germain, e [ʒɛʀmɛ̃, -ɛn] *adj*: **cousin ~** first cousin
germanique [ʒɛʀmanik] *adj* Germanic
germaniste [ʒɛʀmanist] *nmf* German scholar
germanophone [ʒɛʀmanɔfɔn] *adj* German-speaking ▸ *nm/f* German-speaker

germanopratin, e [ʒɛʀmanɔpʀatɛ̃, -in] *adj* from Saint-Germain-des-Prés
germe [ʒɛʀm] *nm* germ
germer [ʒɛʀme] /1/ *vi* to sprout; (*semence, aussi fig*) to germinate
gérondif [ʒeʀɔ̃dif] *nm* gerund; (*en latin*) gerundive
gérontocratie [ʒeʀɔ̃tɔkʀasi] *nf* gerontocracy
gérontologie [ʒeʀɔ̃tɔlɔʒi] *nf* gerontology
gérontologue [ʒeʀɔ̃tɔlɔg] *nmf* gerontologist
GES *sigle m* (= *gaz à effet de serre*) GHG (= *greenhouse gas*)
gésier [ʒezje] *nm* gizzard
gésir [ʒeziʀ] *vi* to be lying (down); *voir aussi* **ci-gît**
gestation [ʒɛstasjɔ̃] *nf* gestation
geste [ʒɛst] *nm* gesture; move; motion; **il fit un ~ de la main pour m'appeler** he signed to me to come over, he waved me over; **ne faites pas un ~** (*ne bougez pas*) don't move
gesticuler [ʒɛstikyle] /1/ *vi* to gesticulate
gestion [ʒɛstjɔ̃] *nf* management; **~ des disques** (*Inform*) housekeeping; **~ de fichier(s)** (*Inform*) file management
gestionnaire [ʒɛstjɔnɛʀ] *nmf* administrator; **~ de fichiers** (*Inform*) file manager
gestuelle [ʒɛstɥɛl] *nf*
geyser [ʒɛzɛʀ] *nm* geyser
Ghana [gana] *nm* : **le ~** Ghana
ghetto [gɛto] *nm* ghetto
ghettoïsation [getoizasjɔ̃] *nf* ghettoization
ghettoïser [getoize] *vt* to ghettoize
gibbon [ʒibɔ̃] *nm* gibbon
gibecière [ʒib(ə)sjɛʀ] *nf* (*de chasseur*) gamebag; (*sac en bandoulière*) shoulder bag
gibelotte [ʒiblɔt] *nf rabbit fricassee in white wine*
gibet [ʒibɛ] *nm* gallows *pl*
gibier [ʒibje] *nm* (*animaux*) game; (*fig*) prey
giboulée [ʒibule] *nf* sudden shower
giboyeux, -euse [ʒibwajø, -øz] *adj* well-stocked with game
Gibraltar [ʒibʀaltaʀ] *nm* Gibraltar
gibus [ʒibys] *nm* opera hat
giclée [ʒikle] *nf* spurt, squirt
gicler [ʒikle] /1/ *vi* to spurt, squirt
gicleur [ʒiklœʀ] *nm* (*Auto*) jet
GIE *sigle m* = **groupement d'intérêt économique**
gifle [ʒifl] *nf* slap (in the face)
gifler [ʒifle] /1/ *vt* to slap (in the face)
gigantesque [ʒigɑ̃tɛsk] *adj* gigantic
gigantisme [ʒigɑ̃tism] *nm* (*Méd*) gigantism; (*des mégalopoles*) vastness
gigaoctet [ʒigaɔktɛ] *nm* gigabyte
GIGN *sigle m* (= *Groupe d'intervention de la gendarmerie nationale*) *special crack force of the gendarmerie*, ≈ SAS (Brit)
gigogne [ʒigɔɲ] *adj* : **lits gigognes** truckle (Brit) *ou* trundle (US) beds; **tables/poupées gigognes** nest of tables/dolls
gigolo [ʒigɔlo] *nm* gigolo
gigot [ʒigo] *nm* leg (of mutton *ou* lamb)
gigoter [ʒigɔte] /1/ *vi* to wriggle (about)
gigue [ʒig] *nf* (*fam*) : **grande ~** beanpole
gilet [ʒilɛ] *nm* waistcoat; (*pull*) cardigan; (*de corps*) vest; **~ pare-balles** bulletproof jacket; **~ de sauvetage** life jacket
gin [dʒin] *nm* gin; **~-tonic** gin and tonic
gingembre [ʒɛ̃ʒɑ̃bʀ] *nm* ginger
gingivite [ʒɛ̃ʒivit] *nf* inflammation of the gums, gingivitis
ginseng [ʒinsɛŋ] *nm* ginseng
girafe [ʒiʀaf] *nf* giraffe
giratoire [ʒiʀatwaʀ] *adj* : **sens ~** roundabout
girofle [ʒiʀɔfl] *nm* : **clou de ~** clove
giroflée [ʒiʀɔfle] *nf* wallflower
girolle [ʒiʀɔl] *nf* chanterelle
giron [ʒiʀɔ̃] *nm* (*genoux*) lap; (*fig : sein*) bosom
Gironde [ʒiʀɔ̃d] *nf* : **la ~** the Gironde
gironde [ʒiʀɔ̃d] *adj f* (*fam : bien faite*) well-rounded
Girondin, e [ʒiʀɔ̃dɛ̃, -in] *nm/f* (*habitant de la Gironde*) person who lives in the Gironde; (*Hist*) Girondin
girophare [ʒiʀɔfaʀ] *nm* revolving (flashing) light
girouette [ʒiʀwɛt] *nf* weather vane *ou* cock
gis [ʒi], **gisais** *etc* [ʒizɛ] *vb voir* **gésir**
gisant [ʒizɑ̃] *nm* recumbent statue
gisement [ʒizmɑ̃] *nm* deposit
gît [ʒi] *vb voir* **gésir**
gitan, e [ʒitɑ̃, -an] *nm/f* gipsy
gîte [ʒit] *nm* (*maison*) home; (*abri*) shelter; (*du lièvre*) form; **~ (rural)** (country) holiday cottage *ou* apartment, gîte (*self-catering accommodation in the country*)

GÎTE RURAL

A **gîte rural** is a high-quality holiday rental, usually typical of the region and with access to an outdoor space. *Gîtes ruraux* are mostly detached houses situated, as their name implies, in rural areas. They are classified into 5 categories, from 1 to 5 *épis* (ears of wheat), according to how comfortable and well-equipped they are, how much outdoor space there is, whether they have a swimming pool, and so on.

gîter [ʒite] /1/ *vi* (*Navig*) to list
givrage [ʒivʀaʒ] *nm* icing
givrant, e [ʒivʀɑ̃, -ɑ̃t] *adj* : **brouillard ~** freezing fog
givre [ʒivʀ] *nm* (hoar) frost
givré, e [ʒivʀe] *adj* covered in frost; (*fam : fou*) nuts; **citron ~/orange givrée** lemon/orange sorbet (*served in fruit skin*)
glabre [glabʀ] *adj* hairless; (*menton*) clean-shaven
glaçage [glasaʒ] *nm* (*au sucre*) icing; (*au blanc d'œuf, de la viande*) glazing
glace [glas] *nf* ice; (*crème glacée*) ice cream; (*verre*) sheet of glass; (*miroir*) mirror; (*de voiture*) window; **de ~** (*fig : accueil, visage*) frosty, icy; **rester de ~** to remain unmoved; **glaces** *nfpl* (*Géo*) ice sheets, ice *sg*
glacé, e [glase] *adj* (*mains, vent, pluie*) freezing; (*lac*) frozen; (*boisson*) iced
glacer [glase] /3/ *vt* to freeze; (*boisson*) to chill, ice; (*gâteau*) to ice (Brit), frost (US); (*papier, tissu*) to glaze; (*fig*) : **~ qn** (*intimider*) to chill sb; (*effrayer*) to make sb's blood run cold
glaciaire [glasjɛʀ] *adj* (*période*) ice *cpd*; (*relief*) glacial

glacial, e [glasjal] *adj* icy
glaciation [glasjasjɔ̃] *nf (période)* glaciation
glacier [glasje] *nm (Géo)* glacier; *(marchand)* ice-cream maker
glacière [glasjɛʀ] *nf* icebox
glaçon [glasɔ̃] *nm* icicle; *(pour boisson)* ice cube
gladiateur [gladjatœʀ] *nm* gladiator
glaïeul [glajœl] *nm* gladiola
glaire [glɛʀ] *nf (Méd)* phlegm *no pl*
glaise [glɛz] *nf* clay
glaive [glɛv] *nm* two-edged sword
glamour [glamuʀ] *adj* glamorous
gland [glɑ̃] *nm (de chêne)* acorn; *(décoration)* tassel; *(Anat)* glans
glande [glɑ̃d] *nf* gland
glander [glɑ̃de] **/1/** *vi (fam)* to fart around (*Brit!*), screw around (*US!*)
glandeur, -euse [glɑ̃dœʀ, -øz] *nm/f (fam)* lazy sod *(fam)*
glandouiller [glɑ̃duje] *vi (fam)* to bum around *(fam)*
glaner [glane] **/1/** *vt, vi* to glean
glapir [glapiʀ] **/2/** *vi* to yelp
glapissement [glapismɑ̃] *nm* yelping
glas [glɑ] *nm* knell, toll
glaucome [glokom] *nm* glaucoma
glauque [glok] *adj* dull blue-green
glissade [glisad] *nf (par jeu)* slide; *(chute)* slip; *(dérapage)* skid; **faire des glissades** to slide
glissant, e [glisɑ̃, -ɑ̃t] *adj* slippery
glisse [glis] *nf* : **sports de ~** *sports involving sliding or gliding (eg skiing, surfing, windsurfing)*
glissement [glismɑ̃] *nm* sliding; *(fig)* shift; **~ de terrain** landslide
glisser [glise] **/1/** *vi (avancer)* to glide *ou* slide along; *(coulisser, tomber)* to slide; *(déraper)* to slip; *(être glissant)* to be slippery; **~ sur** *(fig : détail etc)* to skate over ▸ *vt* to slip; **~ qch sous/dans/à** to slip sth under/into/to; **se glisser dans/entre** *vpr* to slip into/between
glisser-déposer [glisedepoze] *nm inv* drag-and-drop operation ▸ *vt* to drag and drop
glissière [glisjɛʀ] *nf* slide channel; **à ~** *(porte, fenêtre)* sliding; **~ de sécurité** *(Auto)* crash barrier
glissoire [gliswaʀ] *nf* slide
global, e, -aux [glɔbal, -o] *adj* overall
globalement [glɔbalmɑ̃] *adv* taken as a whole
globalisation [glɔbalizasjɔ̃] *nf* globalization
globalité [glɔbalite] *nf* : **dans sa ~** in its entirety
globe [glɔb] *nm* globe; **sous ~** under glass; **~ oculaire** eyeball; **le ~ terrestre** the globe
globe-trotter [glɔbtʀɔtœʀ] *nm* globe-trotter
globulaire [glɔbylɛʀ] *adj (Astronomie : amas)* globular; *(Méd)* : **numération ~** blood count; **volume ~** blood volume
globule [glɔbyl] *nm (du sang)* : **~ blanc/rouge** white/red corpuscle
globuleux, -euse [glɔbylø, -øz] *adj* : **yeux ~** protruding eyes
gloire [glwaʀ] *nf* glory; *(mérite)* distinction, credit; *(personne)* celebrity
glorieux, -euse [glɔʀjø, -øz] *adj* glorious
glorifier [glɔʀifje] **/7/** *vt* to glorify, extol; **se glorifier de** *vpr* to glory in
gloriole [glɔʀjɔl] *nf* vainglory
glose [gloz] *nf* gloss
gloser [gloze] *vi* : **~ sur qch** to hold forth on sth
glossaire [glɔsɛʀ] *nm* glossary
glotte [glɔt] *nf (Anat)* glottis
glouglouter [gluglute] **/1/** *vi* to gurgle
gloussement [glusmɑ̃] *nm (de poule)* cluck; *(rire)* chuckle
glousser [gluse] **/1/** *vi* to cluck; *(rire)* to chuckle
glouton, ne [glutɔ̃, -ɔn] *adj* gluttonous, greedy
gloutonnerie [glutɔnʀi] *nf* gluttony
glu [gly] *nf* birdlime
gluant, e [glyɑ̃, -ɑ̃t] *adj* sticky, gummy
glucide [glysid] *nm* carbohydrate, *(fam)* carb; **alimentation** *ou* **régime pauvre en glucides** low-carb diet
glucose [glykoz] *nm* glucose
glutamate [glytamat] *nm* : **~ de sodium** monosodium glutamate
gluten [glytɛn] *nm* gluten
glycémie [glisemi] *nf* blood sugar level
glycérine [gliseʀin] *nf* glycerine
glycine [glisin] *nf* wisteria
GMT *sigle adj (= Greenwich Mean Time)* GMT
gnangnan [ɲɑ̃ɲɑ̃] *adj inv (fam : livre, film)* soppy
GNL *sigle m (= gaz naturel liquéfié)* LNG *(= liquefied natural gas)*
gnognote, gnognotte [ɲɔɲɔt] *nf (fam : petite bière)* : **c'est de la ~ à côté du mien** it's not a patch on mine; **c'est pas de la ~** it's quite something
gnôle [njol] *nf (fam)* booze *no pl*; **un petit verre de ~** a drop of the hard stuff
gnome [gnom] *nm* gnome
gnon [ɲɔ̃] *nm (fam : coup de poing)* bash; *(: marque)* dent
gnou [gnu] *nm* gnu
GO *sigle fpl (= grandes ondes)* LW ▸ *sigle m (= gentil organisateur) title given to leaders on Club Méditerranée holidays; extended to refer to easy-going leader of any group*
Go *abr (= gigaoctet)* GB
go [go] : **tout de go** *adv* straight out
goal [gol] *nm* goalkeeper
gobelet [gɔblɛ] *nm (en métal)* tumbler; *(en plastique)* beaker; *(à dés)* cup
gober [gɔbe] **/1/** *vt* to swallow
goberger [gɔbɛʀʒe] **/3/** : **se goberger** *vpr* to cosset o.s.
Gobi [gɔbi] *n* : **désert de ~** Gobi Desert
godasse [gɔdas] *nf (fam)* shoe
godet [gɔdɛ] *nm* pot; *(Couture)* unpressed pleat
godiche [gɔdiʃ] *(fam) nf* clumsy oaf ▸ *adj* clumsy
godille [gɔdij] *nf (Navig)* steering oar; *(Ski)* wedeln
godiller [gɔdije] **/1/** *vi (Navig)* to scull; *(Ski)* to wedeln
godillot [gɔdijo] *nm (fam : gros soulier)* clodhopper *(fam)*
goéland [gɔelɑ̃] *nm* (sea)gull
goélette [gɔelɛt] *nf* schooner
goémon [gɔemɔ̃] *nm* wrack
gogo [gɔgo] *nm (péj)* mug, sucker; **à ~** *adv* galore
goguenard, e [gɔg(ə)naʀ, -aʀd] *adj* mocking
goguette [gɔgɛt] *nf* : **en ~** on the binge

goinfre [gwɛ̃fʀ] *nm* glutton
goinfrer [gwɛ̃fʀe] /1/ : **se goinfrer** *vpr* to make a pig of o.s.; **se ~ de** to guzzle
goinfrerie [gwɛ̃fʀəʀi] *nf* greed
goitre [gwatʀ] *nm* goitre
golf [gɔlf] *nm (jeu)* golf; *(terrain)* golf course; **~ miniature** crazy *ou* miniature golf
golfe [gɔlf] *nm* gulf; *(petit)* bay; **le ~ d'Aden** the Gulf of Aden; **le ~ de Gascogne** the Bay of Biscay; **le ~ du Lion** the Gulf of Lions; **le ~ Persique** the Persian Gulf
golfeur, -euse [gɔlfœʀ, -øz] *nm/f* golfer
gominé, e [gɔmine] *adj* slicked down
gommage [gɔmaʒ] *nm (de peau)* scrub
gomme [gɔm] *nf (à effacer)* rubber (BRIT), eraser; *(résine)* gum; **boule** *ou* **pastille de ~** throat pastille
gommé, e [gɔme] *adj* : **papier ~** gummed paper
gommer [gɔme] /1/ *vt (effacer)* to rub out (BRIT), erase; *(enduire de gomme)* to gum
gond [gɔ̃] *nm* hinge; **sortir de ses gonds** *(fig)* to fly off the handle
gondole [gɔ̃dɔl] *nf* gondola; *(pour l'étalage)* shelves *pl*, gondola
gondoler [gɔ̃dɔle] /1/ : **se gondoler** *vpr* to warp, buckle; *(fam : rire)* to hoot with laughter; to be in stitches
gondolier [gɔ̃dɔlje] *nm* gondolier
gonflable [gɔ̃flabl] *adj* inflatable
gonflage [gɔ̃flaʒ] *nm* inflating, blowing up
gonflant, e [gɔ̃flɑ̃, -ɑ̃t] *adj (fam : ennuyeux)* boring
gonflé, e [gɔ̃fle] *adj* swollen; *(ventre)* bloated; **il est ~** *(fam : courageux)* he's got some nerve *(impertinent)* he's got a nerve
gonflement [gɔ̃fləmɑ̃] *nm* inflation; *(Méd)* swelling
gonfler [gɔ̃fle] /1/ *vt (pneu, ballon)* to inflate, blow up; *(nombre, importance)* to inflate ▸ *vi (pied etc)* to swell (up); *(Culin : pâte)* to rise
gonflette [gɔ̃flɛt] *nf (fam, péj)* : **faire de la ~** to pump iron
gonfleur [gɔ̃flœʀ] *nm* air pump
gong [gɔ̃g] *nm* gong
gonzesse [gɔ̃zɛs] *nf (fam)* chick, bird (BRIT)
googler [gugle] /1/ *vt* to google
goret [gɔʀɛ] *nm* piglet
gorge [gɔʀʒ] *nf (Anat)* throat; *(poitrine)* breast; *(Géo)* gorge; *(rainure)* groove; **avoir mal à la ~** to have a sore throat; **avoir la ~ serrée** to have a lump in one's throat
gorgé, e [gɔʀʒe] *adj* : **~ de** filled with; *(eau)* saturated with ▸ *nf* mouthful; *(petite)* sip; *(grande)* gulp; **boire à petites/grandes gorgées** to take little sips/big gulps
gorger [gɔʀʒe] : **se gorger** *vpr* : **se ~ de qch** to gorge o.s on sth; **se ~ de qch** *(se remplir)* to fill to bursting with sth; **se ~ d'eau** to become saturated; **se ~ de lait** to become engorged
gorgone [gɔʀgɔn] *nf (Mythologie, Art)* gorgon
gorille [gɔʀij] *nm* gorilla; *(fam)* bodyguard
gosier [gozje] *nm* throat
gosse [gɔs] *nmf* kid
gotha [gɔta] *nm (élite)* elite
gothique [gɔtik] *adj* Gothic
gouache [gwaʃ] *nf* gouache
gouaille [gwaj] *nf* street wit, cocky humour (BRIT) *ou* humor (US)
goudron [gudʀɔ̃] *nm (asphalte)* tar(mac) (BRIT), asphalt; *(du tabac)* tar
goudronner [gudʀɔne] /1/ *vt* to tar(mac) (BRIT), asphalt (US)
gouffre [gufʀ] *nm* abyss, gulf
gougère [guʒɛʀ] *nf choux pastry filled with cheese*
goujat [guʒa] *nm* boor
goujaterie [guʒatʀi] *nf (comportement)* boorishness
goujon [guʒɔ̃] *nm* gudgeon
goulée [gule] *nf* gulp
goulet [gulɛ] *nm* bottleneck
gouleyant, e [gulɛjɑ̃, -ɑ̃t] *adj (vin)* lively
goulot [gulo] *nm (de bouteille)* neck; **boire au ~** to drink from the bottle
goulu, e [guly] *adj* greedy
goulûment [gulymɑ̃] *adv* greedily
goupille [gupij] *nf* (metal) pin
goupiller [gupije] /1/ *vt* to pin (together); **se goupiller** *vpr (fam)* : **ça s'est bien goupillé** it's turned out well; **ça s'est mal goupillé** it didn't work out
goupillon [gupijɔ̃] *nm (Rel)* sprinkler; *(brosse)* bottle brush; **le ~** *(fig)* the cloth, the clergy
gourd, e [guʀ, guʀd] *adj* numb (with cold)
gourde [guʀd] *nf (récipient)* flask; *(fam)* (clumsy) clot *ou* oaf ▸ *adj* oafish
gourdin [guʀdɛ̃] *nm* club, bludgeon
gourer [guʀe] /1/ *(fam)* : **se gourer** *vpr* to boob
gourmand, e [guʀmɑ̃, -ɑ̃d] *adj* greedy
gourmandise [guʀmɑ̃diz] *nf* greed; *(bonbon)* sweet (BRIT), piece of candy (US)
gourmet [guʀmɛ] *nm* epicure
gourmette [guʀmɛt] *nf* chain bracelet
gourou [guʀu] *nm* guru
gousse [gus] *nf (de vanille etc)* pod; **~ d'ail** clove of garlic
gousset [gusɛ] *nm (de gilet)* fob
goût [gu] *nm* taste; *(fig : appréciation)* taste, liking; **le (bon) ~** good taste; **de bon ~** in good taste, tasteful; **de mauvais ~** in bad taste, tasteless; **avoir bon/mauvais ~** *(aliment)* to taste nice/nasty; *(personne)* to have good/bad taste; **avoir du/manquer de ~** to have/lack taste; **avoir du ~ pour** to have a liking for; **prendre ~ à** to develop a taste *ou* a liking for
goûter [gute] /1/ *vt (essayer)* to taste; *(apprécier)* to enjoy; **~ à** to taste, sample; **~ de** to have a taste of; **je peux ~ ?** can I have a taste? ▸ *vi* to have (afternoon) tea ▸ *nm* (afternoon) tea; **~ d'enfants/d'anniversaire** children's tea/birthday party
goutte [gut] *nf* drop; *(Méd)* gout; *(alcool)* nip (BRIT), tot (BRIT), drop (US); **~ à ~** *adv* a drop at a time; **tomber ~ à ~** to drip; **gouttes** *nfpl (Méd)* drops
goutte-à-goutte [gutagut] *nm inv (Méd)* drip; **alimenter au ~** to drip-feed
gouttelette [gut(ə)lɛt] *nf* droplet
goutter [gute] /1/ *vi* to drip
gouttière [gutjɛʀ] *nf* gutter
gouvernail [guvɛʀnaj] *nm* rudder; *(barre)* helm, tiller

g

gouvernant, e [guvɛʀnɑ̃, -ɑ̃t] *adj* ruling *cpd* ▸ *nf* (*de maison*) housekeeper; (*d'un enfant*) governess
gouverne [guvɛʀn] *nf* : **pour sa ~** for his guidance
gouvernement [guvɛʀnəmɑ̃] *nm* government

En anglais britannique, le mot **government** peut fonctionner comme un singulier ou un pluriel selon que l'accent est mis sur l'institution en général ou sur ses membres. Le verbe qui suit peut donc être au singulier ou au pluriel.
Le gouvernement a annoncé de nouvelles mesures.
The government *has* **announced new measures**.
Le gouvernement n'est pas en phase avec l'électorat.
The government *are* **out of touch with the electorate**.

gouvernemental, e, -aux [guvɛʀnəmɑ̃tal, -o] *adj* (*politique*) government *cpd*; (*journal, parti*) pro-government
gouverner [guvɛʀne] /1/ *vt* to govern; (*diriger*) to steer; (*fig*) to control
gouverneur [guvɛʀnœʀ] *nm* governor; (*Mil*) commanding officer
goyave [gɔjav] *nf* guava
GPL *sigle m* (= *gaz de pétrole liquéfié*) LPG (= *liquefied petroleum gas*)
GPS [ʒepeɛs] *sigle m* (= *global positioning system*) GPS
GQG *sigle m* (= *grand quartier général*) GHQ
graal [gʀal] *nm* (*Rel, aussi fig*) Holy Grail
grabataire [gʀabatɛʀ] *adj* bedridden ▸ *nmf* bedridden invalid
grabuge [gʀabyʒ] *nm* (*fam*) scrap
grâce [gʀɑs] *nf* (*charme, Rel*) grace; (*faveur*) favour; (*Jur*) pardon; **de bonne/mauvaise ~** with (a) good/bad grace; **~ à** *prép* thanks to; **faire ~ à qn de qch** to spare sb sth; **rendre ~(s) à** to give thanks to; **demander ~** to beg for mercy; **droit de ~** right of reprieve; **recours en ~** plea for pardon; **grâces** *nfpl* (*Rel*) grace *sg*; **dans les bonnes grâces de qn** in favour with sb
gracier [gʀasje] /7/ *vt* to pardon
gracieusement [gʀasjøzmɑ̃] *adv* graciously, kindly; (*gratuitement*) freely; (*avec grâce*) gracefully
gracieux, -euse [gʀasjø, -øz] *adj* (*charmant, élégant*) graceful; (*aimable*) gracious, kind; **à titre ~** free of charge
gracile [gʀasil] *adj* slender
gradation [gʀadasjɔ̃] *nf* gradation
grade [gʀad] *nm* (*Mil*) rank; (*Scol*) degree; **monter en ~** to be promoted
gradé [gʀade] *nm* (*Mil*) officer
gradin [gʀadɛ̃] *nm* (*dans un théâtre*) tier; (*de stade*) step; **gradins** *nmpl* (*de stade*) terracing *no pl* (Brit), standing area; **en gradins** terraced
graduation [gʀadɥasjɔ̃] *nf* graduation
gradué, e [gʀadɥe] *adj* (*exercices*) graded (for difficulty); (*thermomètre*) graduated; **verre ~** measuring jug
graduel, le [gʀadɥɛl] *adj* gradual; progressive
graduer [gʀadɥe] /1/ *vt* (*effort etc*) to increase gradually; (*règle, verre*) to graduate
graff [gʀaf] *nm* graffiti
graffeur, -euse [gʀafœʀ, øz] *nm/f* graffiti artist
graffiti [gʀafiti] *nmpl* graffiti
grailler [gʀɑje] *vi* (*fam : manger*) to nosh; (*corneille*) to caw
grain [gʀɛ̃] *nm* (*gén*) grain; (*de chapelet*) bead; (*Navig*) squall; (*averse*) heavy shower; (*fig : petite quantité*) : **un ~ de** a touch of; **~ de beauté** beauty spot; **~ de café** coffee bean; **~ de poivre** peppercorn; **~ de poussière** speck of dust; **~ de raisin** grape
graine [gʀɛn] *nf* seed; **mauvaise ~** (*mauvais sujet*) bad lot; **une ~ de voyou** a hooligan in the making
graineterie [gʀɛntʀi] *nf* seed merchant's (shop)
grainetier, -ière [gʀɛntje, -jɛʀ] *nm/f* seed merchant
graissage [gʀɛsaʒ] *nm* lubrication, greasing
graisse [gʀɛs] *nf* fat; (*lubrifiant*) grease; **~ saturée** saturated fat
graisser [gʀese] /1/ *vt* to lubricate, grease; (*tacher*) to make greasy
graisseux, -euse [gʀɛsø, -øz] *adj* greasy; (*Anat*) fatty
graminée [gʀamine] *nf* (*Bot*) grass
grammaire [gʀamɛʀ] *nf* grammar
grammatical, e, -aux [gʀamatikal, -o] *adj* grammatical
gramme [gʀam] *nm* gramme
grand, e [gʀɑ̃, gʀɑ̃d] *adj* (*haut*) tall; (*gros, vaste, large*) big, large; (*long*) long; (*plus âgé*) big; (*adulte*) grown-up; (*important, brillant*) great; **un ~ buveur** a heavy drinker; **un ~ homme** a great man; **son ~ frère** his big *ou* older brother; **avoir ~ besoin de** to be in dire *ou* desperate need of; **il est ~ temps de** it's high time to; **il est assez ~ pour** he's big *ou* old enough to; **en ~** on a large scale; **au ~ air** in the open (air); **les grands blessés/brûlés** the severely injured/burned; **de ~ matin** at the crack of dawn; **~ écart** splits *pl*; **~ ensemble** housing scheme; **~ jour** broad daylight; **~ livre** (*Comm*) ledger; **~ magasin** department store; **~ malade** very sick person; **~ public** general public; **grande personne** grown-up; **grande surface** hypermarket, superstore; **grandes écoles** *prestige university-level colleges with competitive entrance examinations*; *see note*; **grandes lignes** (*Rail*) main lines; **grandes vacances** summer holidays (Brit) *ou* vacation (US) ▸ *adv* : **~ ouvert** wide open; **voir ~** to think big

GRANDES ÉCOLES

The **grandes écoles** are highly respected institutes of higher education which train students for specific careers. Students who have spent two years after the *baccalauréat* in the *classes préparatoires* are recruited by competitive entry examination. The prestigious *grandes écoles* have a strong corporate identity and tend to furnish France with its intellectual, administrative and political élite.

Large et **big** s'emploient pour parler de la taille, mais contrairement à **large**, **big** peut aussi désigner une chose importante ou impressionnante : *les grands clubs de foot* **the big football clubs.**
Large et **great** peuvent caractériser une quantité : *une grande quantité de nourriture* **a large amount of food.**
Ils ont participé en grand nombre. **They took part in great numbers.**

grand-angle [gʀɑ̃tɑ̃gl] (*pl* **grands-angles**) *nm* (*Photo*) wide-angle lens
grand-angulaire [gʀɑ̃tɑ̃gylɛʀ] (*pl* **grands-angulaires**) *nm* (*Photo*) wide-angle lens
grand-chose [gʀɑ̃ʃoz] *nmf inv* : **pas ~** not much
Grande-Bretagne [gʀɑ̃dbʀətaɲ] *nf* : **la ~** (Great) Britain; **en ~** in (Great) Britain
grandement [gʀɑ̃dmɑ̃] *adv* (*tout à fait*) greatly; (*largement*) easily; (*généreusement*) lavishly
grandeur [gʀɑ̃dœʀ] *nf* (*dimension*) size; (*fig : ampleur, importance*) magnitude; (*: gloire, puissance*) greatness; **~ nature** *adj* life-size
grand-guignolesque [gʀɑ̃giɲɔlɛsk] *adj* gruesome
grandiloquence [gʀɑ̃dilɔkɑ̃s] *nf* bombast, grandiloquence
grandiloquent, e [gʀɑ̃dilɔkɑ̃, -ɑ̃t] *adj* bombastic, grandiloquent
grandiose [gʀɑ̃djoz] *adj* (*paysage, spectacle*) imposing
grandir [gʀɑ̃diʀ] /**2**/ *vi* (*enfant, arbre*) to grow; (*bruit, hostilité*) to increase, grow ▸ *vt* : **~ qn** (*vêtement, chaussure*) to make sb look taller; (*fig*) to make sb grow in stature
grandissant, e [gʀɑ̃disɑ̃, -ɑ̃t] *adj* growing
grand-mère [gʀɑ̃mɛʀ] (*pl* **grand(s)-mères**) *nf* grandmother
grand-messe [gʀɑ̃mɛs] (*pl* **grand(s)-messes**) *nf* high mass
grand-oncle [gʀɑ̃tɔ̃kl(ə)] (*pl* **grands-oncles** [gʀɑ̃tɔ̃kl(ə)]) *nm* great-uncle
grand-peine [gʀɑ̃pɛn] : **à ~** *adv* with (great) difficulty
grand-père [gʀɑ̃pɛʀ] (*pl* **grands-pères**) *nm* grandfather
grand-route [gʀɑ̃ʀut] *nf* main road
grand-rue [gʀɑ̃ʀy] *nf* high street
grands-parents [gʀɑ̃paʀɑ̃] *nmpl* grandparents
grand-tante [gʀɑ̃tɑ̃t] (*pl* **grand(s)-tantes**) *nf* great-aunt
grand-voile [gʀɑ̃vwal] (*pl* **grand(s)-voiles**) *nf* mainsail
grange [gʀɑ̃ʒ] *nf* barn
granit, granite [gʀanit] *nm* granite
granité [gʀanite] *nm* (*sorbet*) granita
granitique [gʀanitik] *adj* granite; (*terrain*) granitic
granule [gʀanyl] *nm* small pill
granulé [gʀanyle] *nm* granule
granuleux, -euse [gʀanylø, -øz] *adj* granular
graphe [gʀaf] *nm* graph
graphème [gʀafɛm] *nm* grapheme
graphie [gʀafi] *nf* written form
graphique [gʀafik] *adj* graphic ▸ *nm* graph
graphisme [gʀafism] *nm* graphic arts *pl*; graphics *sg*; (*écriture*) handwriting
graphiste [gʀafist] *nmf* graphic designer
graphite [gʀafit] *nm* graphite
graphologie [gʀafɔlɔʒi] *nf* graphology
graphologue [gʀafɔlɔg] *nmf* graphologist
grappe [gʀap] *nf* cluster; **~ de raisin** bunch of grapes
grappiller [gʀapije] /**1**/ *vt* to glean
grappin [gʀapɛ̃] *nm* grapnel; **mettre le ~ sur** (*fig*) to get one's claws on
gras, se [gʀɑ, gʀɑs] *adj* (*viande, soupe*) fatty; (*personne*) fat; (*surface, main, cheveux*) greasy; (*terre*) sticky; (*toux*) loose, phlegmy; (*rire*) throaty; (*plaisanterie*) coarse; (*crayon*) soft-lead; (*Typo*) bold; **faire la grasse matinée** to have a lie-in (Brit), sleep late; **matière grasse** fat (content) ▸ *nm* (*Culin*) fat
gras-double [gʀadubl] *nm* (*Culin*) tripe
grassement [gʀasmɑ̃] *adv* (*généreusement*) : **~ payé** handsomely paid; (*grossièrement : rire*) coarsely
grassouillet, te [gʀasujɛ, -ɛt] *adj* podgy, plump
gratifiant, e [gʀatifjɑ̃, -ɑ̃t] *adj* gratifying, rewarding
gratification [gʀatifikasjɔ̃] *nf* bonus
gratifier [gʀatifje] /**7**/ *vt* : **~ qn de** to favour (Brit) *ou* favor (*US*) sb with; to reward sb with; (*sourire etc*) to favo(u)r sb with
gratin [gʀatɛ̃] *nm* (*Culin*) cheese- (*ou* crumb-)topped dish; (*: croûte*) topping; **au ~** au gratin; **tout le ~ parisien** all the best people of Paris
gratiné [gʀatine] *adj* (*Culin*) au gratin; (*fam*) hellish ▸ *nf* (*soupe*) onion soup au gratin
gratiner [gʀatine] *vi* to brown; **faire ~ qch** to brown sth
gratis [gʀatis] *adv, adj inv* free
gratitude [gʀatityd] *nf* gratitude
gratouiller, grattouiller [gʀatuje] *vt* (*fam*) to make itch
gratte-ciel [gʀatsjɛl] *nm inv* skyscraper
grattement [gʀatmɑ̃] *nm* (*bruit*) scratching (noise)
gratte-papier [gʀatpapje] *nm inv* (*péj*) penpusher
gratter [gʀate] /**1**/ *vt* (*frotter*) to scrape; (*avec un ongle : bras, bouton*) to scratch; (*enlever : avec un outil*) to scrape off; (*: avec un ongle*) to scratch off ▸ *vi* (*irriter*) to be scratchy; (*démanger*) to itch; **se gratter** *vpr* to scratch o.s.
grattoir [gʀatwaʀ] *nm* scraper
gratuit, e [gʀatɥi, -ɥit] *adj* (*entrée*) free; (*billet*) free, complimentary; (*fig*) gratuitous
gratuité [gʀatɥite] *nf* being free (of charge); gratuitousness
gratuitement [gʀatɥitmɑ̃] *adv* (*sans payer*) free; (*sans preuve, motif*) gratuitously
gravats [gʀavɑ] *nmpl* rubble *sg*
grave [gʀav] *adj* (*maladie, accident*) serious, bad; (*sujet, problème*) serious, grave; (*personne, air*) grave, solemn; (*voix, son*) deep, low-pitched; **ce n'est pas ~ !** it's all right, don't worry; **blessé ~** seriously injured person ▸ *nm* (*Mus*) low register
graveleux, -euse [gʀav(ə)lø, -øz] *adj* (*terre*) gravelly; (*fruit*) gritty; (*contes, propos*) smutty

g

gravement [gʀavmɑ̃] *adv* seriously; badly; (*parler, regarder*) gravely
graver [gʀave] /1/ *vt* (*plaque, nom*) to engrave; (CD, DVD) to burn; (*fig*) : **~ qch dans son esprit/sa mémoire** to etch sth in one's mind/memory
graveur [gʀavœʀ] *nm* engraver; **~ de CD/DVD** CD/DVD burner *ou* writer
gravier [gʀavje] *nm* (loose) gravel *no pl*
gravillons [gʀavijɔ̃] *nmpl* gravel *sg*, loose chippings *ou* gravel
gravir [gʀaviʀ] /2/ *vt* to climb (up)
gravissime [gʀavisim] *adj* very serious
gravitation [gʀavitasjɔ̃] *nf* gravitation
gravité [gʀavite] *nf* (*de maladie, d'accident*) seriousness; (*de sujet, problème*) gravity; (*Physique*) gravity
graviter [gʀavite] /1/ *vi* to revolve; **~ autour de** to revolve around
gravure [gʀavyʀ] *nf* engraving; (*reproduction*) print; plate
gré [gʀe] *nm* : **à son ~** *adj* to his liking; *adv* as he pleases; **au ~ de** according to, following; **contre le ~ de qn** against sb's will; **de son (plein) ~** of one's own free will; **de ~ ou de force** whether one likes it or not; **de bon ~** willingly; **bon ~ mal ~** like it or not; willy-nilly; **de ~ à ~** (*Comm*) by mutual agreement; **savoir (bien) ~ à qn de qch** to be (most) grateful to sb for sth
grec, grecque [gʀɛk] *adj* Greek; (*classique : vase etc*) Grecian ▸ *nm* (*Ling*) Greek ▸ *nm/f* : **Grec, Grecque** Greek
Grèce [gʀɛs] *nf* : **la ~** Greece
gredin, e [gʀədɛ̃, -in] *nm/f* rogue, rascal
gréement [gʀemɑ̃] *nm* rigging
greffe [gʀɛf] *nf* (*Bot, Méd : de tissu*) graft; (*Méd : d'organe*) transplant ▸ *nm* (*Jur*) office
greffer [gʀefe] /1/ *vt* (*Bot, Méd : tissu*) to graft; (*Méd : organe*) to transplant
greffier [gʀefje] *nm* clerk of the court
greffon [gʀefɔ̃] *nm* (*Bot, Méd : partie greffée ou transplantée*) graft
grégaire [gʀegɛʀ] *adj* gregarious
grège [gʀɛʒ] *adj* : **soie ~** raw silk
grégorien, ne [gʀegɔʀjɛ̃, -jɛn] *adj* (*chant*) Gregorian
grêle [gʀɛl] *adj* (very) thin ▸ *nf* hail
grêlé, e [gʀele] *adj* pockmarked; **la région a été grêlée** the region was damaged by hail
grêler [gʀele] /1/ *vb impers* : **il grêle** it's hailing
grêlon [gʀɛlɔ̃] *nm* hailstone
grelot [gʀəlo] *nm* little bell
grelottant, e [gʀəlɔtɑ̃, -ɑ̃t] *adj* shivering, shivery
grelotter [gʀəlɔte] /1/ *vi* (*trembler*) to shiver
Grenade [gʀənad] *n* Granada ▸ *nf* (*île*) Grenada
grenade [gʀənad] *nf* (*explosive*) grenade; (*Bot*) pomegranate; **~ lacrymogène** teargas grenade
grenadier [gʀənadje] *nm* (*Mil*) grenadier; (*Bot*) pomegranate tree
grenadine [gʀənadin] *nf* grenadine
grenat [gʀəna] *adj inv* dark red
grenier [gʀənje] *nm* (*de maison*) attic; (*de ferme*) loft
grenouille [gʀənuj] *nf* frog
grenouillère [gʀənujɛʀ] *nf* (*de bébé*) leggings; (*: combinaison*) sleepsuit
grenu, e [gʀəny] *adj* grainy, grained
grès [gʀɛ] *nm* (*roche*) sandstone; (*poterie*) stoneware
grésil [gʀezi] *nm* (fine) hail
grésillement [gʀezijmɑ̃] *nm* sizzling; crackling
grésiller [gʀezije] /1/ *vi* to sizzle; (*Radio*) to crackle
gressin [gʀesɛ̃] *nm* breadstick
grève [gʀɛv] *nf* (*d'ouvriers*) strike; (*plage*) shore; **se mettre en/faire ~** to go on/be on strike; **~ bouchon** partial strike (*in key areas of a company*); **~ de la faim** hunger strike; **~ perlée** go-slow (Brit), slowdown (US); **~ sauvage** wildcat strike; **~ de solidarité** sympathy strike; **~ surprise** lightning strike; **~ sur le tas** sit down strike; **~ tournante** strike by rota; **~ du zèle** work-to-rule (Brit), slowdown (US)
grever [gʀəve] /5/ *vt* (*budget, économie*) to put a strain on; **grevé d'impôts** crippled by taxes; **grevé d'hypothèques** heavily mortgaged
gréviste [gʀevist] *nmf* striker
gribouillage [gʀibujaʒ] *nm* scribble, scrawl
gribouiller [gʀibuje] /1/ *vt* to scribble, scrawl ▸ *vi* to doodle
gribouillis [gʀibuji] *nm* (*dessin*) doodle; (*action*) doodling *no pl*; (*écriture*) scribble
grief [gʀijɛf] *nm* grievance; **faire ~ à qn de** to reproach sb for
grièvement [gʀijɛvmɑ̃] *adv* seriously
griffe [gʀif] *nf* claw; (*fig*) signature; (*: d'un couturier, parfumeur*) label, signature
griffé, e [gʀife] *adj* designer(-label) *cpd*
griffer [gʀife] /1/ *vt* to scratch
griffon [gʀifɔ̃] *nm* (*chien*) griffon
griffonnage [gʀifɔnaʒ] *nm* scribble
griffonner [gʀifɔne] /1/ *vt* to scribble
griffure [gʀifyʀ] *nf* scratch
grignotage [gʀiɲɔtaʒ] *nm* snacking
grignoter [gʀiɲɔte] /1/ *vt* (*personne*) to nibble at; (*souris*) to gnaw at ▸ *vi* to nibble
grigri [gʀigʀi] *nm* grigri, gris-gris
gril [gʀil] *nm* steak *ou* grill pan
grillade [gʀijad] *nf* grill
grillage [gʀijaʒ] *nm* (*treillis*) wire netting; (*clôture*) wire fencing
grillager [gʀijaʒe] /3/ *vt* (*objet*) to put wire netting on; (*périmètre, jardin*) to put wire fencing around
grille [gʀij] *nf* (*portail*) (metal) gate; (*clôture*) railings *pl*; (*d'égout*) (metal) grate; (*fig*) grid
grille-pain [gʀijpɛ̃] *nm inv* toaster
griller [gʀije] /1/ *vt* (*aussi* : **faire griller** : *pain*) to toast; (*: viande*) to grill (Brit), broil (US); (*: café, châtaignes*) to roast; (*fig : ampoule etc*) to burn out, blow; **~ un feu rouge** to jump the lights (Brit), run a stoplight (US) ▸ *vi* (*brûler*) to be roasting
grillon [gʀijɔ̃] *nm* (*Zool*) cricket
grimaçant, e [gʀimasɑ̃, -ɑ̃t] *adj* grimacing
grimace [gʀimas] *nf* grimace; (*pour faire rire*) : **faire des grimaces** to pull *ou* make faces
grimacer [gʀimase] /3/ *vi* to grimace
grimacier, -ière [gʀimasje, -jɛʀ] *adj* : **c'est un enfant ~** that child is always pulling faces

grimer [gʀime] /1/ *vt* to make up
grimoire [gʀimwaʀ] *nm* (*illisible*) unreadable scribble; (*livre de magie*) book of magic spells
grimpant, e [gʀɛ̃pɑ̃, -ɑ̃t] *adj* : **plante grimpante** climbing plant, climber
grimper [gʀɛ̃pe] /1/ *vi, vt* to climb; **~ à/sur** to climb (up)/climb onto ▸ *nm* : **le ~** (*Sport*) rope-climbing
grimpeur, -euse [gʀɛ̃pœʀ, -øz] *nm/f* climber
grinçant, e [gʀɛ̃sɑ̃, -ɑ̃t] *adj* grating
grincement [gʀɛ̃smɑ̃] *nm* grating (noise); creaking (noise)
grincer [gʀɛ̃se] /3/ *vi* (*porte, roue*) to grate; (*plancher*) to creak; **~ des dents** to grind one's teeth
grincheux, -euse [gʀɛ̃ʃø, -øz] *adj* grumpy
gringalet [gʀɛ̃galɛ] *adj m* puny ▸ *nm* weakling
gringue [gʀɛ̃g] *nm* (*fam*) : **faire du ~ à qn** to flirt with sb
griotte [gʀijɔt] *nf* Morello cherry
grippal, e, -aux [gʀipal, -o] *adj* (*état*) flu-like
grippe [gʀip] *nf* flu, influenza; **avoir la ~** to have (the) flu; **prendre qn/qch en ~** (*fig*) to take a sudden dislike to sb/sth; **~ A** swine flu; **~ aviaire** bird flu; **~ porcine** swine flu
grippé, e [gʀipe] *adj* : **être ~** to have (the) flu; (*moteur*) to have seized up (Brit) *ou* jammed
gripper [gʀipe] /1/ *vt, vi* to jam
grippe-sou [gʀipsu] *nmf* penny pincher
gris, e [gʀi, gʀiz] *adj* grey (Brit), gray (US); (*ivre*) tipsy; **il fait ~** it's a dull *ou* grey day; **faire grise mine** to look miserable *ou* morose; **faire grise mine à qn** to give sb a cool reception ▸ *nm* (*couleur*) grey (Brit), gray (US)
grisaille [gʀizɑj] *nf* greyness (Brit), grayness (US), dullness
grisant, e [gʀizɑ̃, -ɑ̃t] *adj* intoxicating, exhilarating
grisâtre [gʀizɑtʀ] *adj* greyish (Brit), grayish (US)
grisé [gʀize] *adj* (*Inform : cadre, bandeau*) grey
griser [gʀize] /1/ *vt* to intoxicate; **se ~ de** (*fig*) to become intoxicated with
griserie [gʀizʀi] *nf* intoxication
grisonnant, e [gʀizɔnɑ̃, -ɑ̃t] *adj* greying (Brit), graying (US)
grisonner [gʀizɔne] /1/ *vi* to be going grey (Brit) *ou* gray (US)
Grisons [gʀizɔ̃] *nmpl* : **les ~** Graubünden
grisou [gʀizu] *nm* firedamp
gris-vert [gʀivɛʀ] *adj* grey-green
grive [gʀiv] *nf* (*Zool*) thrush
grivois, e [gʀivwa, -waz] *adj* saucy
grivoiserie [gʀivwazʀi] *nf* sauciness
Groenland [gʀɔɛnlɑ̃d] *nm* : **le ~** Greenland
groenlandais, e [gʀɔɛnlɑ̃dɛ, -ɛz] *adj* from Greenland ▸ *nm* (*Ling*) Greenlandic ▸ *nm/f* : **Groenlandais, e** Greenlander
grog [gʀɔg] *nm* grog
groggy [gʀɔgi] *adj inv* dazed
grogne [gʀɔɲ] *nf* grumble
grognement [gʀɔɲmɑ̃] *nm* grunt; growl
grogner [gʀɔɲe] /1/ *vi* to growl; (*fig*) to grumble
grognon, ne [gʀɔɲɔ̃, -ɔn] *adj* grumpy, grouchy
groin [gʀwɛ̃] *nm* snout
grolle [gʀɔl] *nf* (*fam : chaussure*) shoe
grommeler [gʀɔm(ə)le] /4/ *vi* to mutter to o.s.
grondement [gʀɔ̃dmɑ̃] *nm* rumble; growl
gronder [gʀɔ̃de] /1/ *vi* (*canon, moteur, tonnerre*) to rumble; (*animal*) to growl; (*fig : révolte*) to be brewing ▸ *vt* to scold; **se faire ~** to get a telling-off
grondin [gʀɔ̃dɛ̃] *nm* gurnard
groom [gʀum] *nm* page, bellhop (US)
gros, se [gʀo, gʀos] *adj* big, large; (*obèse*) fat; (*problème, quantité*) great; (*travaux, dégâts*) extensive; (*large : trait, fil*) thick; (*rhume, averse*) heavy; **par ~ temps/grosse mer** in rough weather/heavy seas; **~ intestin** large intestine; **~ lot** jackpot; **~ mot** swearword, vulgarity; **~ œuvre** shell (of building); **~ plan** (*Photo*) close-up; **~ porteur** wide-bodied aircraft, jumbo (jet); **~ sel** cooking salt; **~ titre** headline; **grosse caisse** big drum ▸ *adv* : **risquer/gagner ~** to risk/win a lot; **écrire ~** to write in big letters; **en avoir ~ sur le cœur** to be upset ▸ *nm/f* fat man/woman ▸ *nm* (*Comm*) : **le ~** the wholesale business; **prix de ~** wholesale price; **le ~ de** the main body of; (*du travail etc*) the bulk of; **en ~** roughly; (*Comm*) wholesale
groseille [gʀozɛj] *nf* : **~ (rouge)/(blanche)** red/white currant; **~ à maquereau** gooseberry
groseillier [gʀozeje] *nm* red *ou* white currant bush; gooseberry bush
grosse [gʀos] *adj f voir* **gros** ▸ *nf* (*Comm*) gross
grossesse [gʀosɛs] *nf* pregnancy; **~ nerveuse** phantom pregnancy
grosseur [gʀosœʀ] *nf* size; fatness; (*tumeur*) lump
grossier, -ière [gʀosje, -jɛʀ] *adj* coarse; (*insolent*) rude; (*dessin*) rough; (*travail*) roughly done; (*imitation, instrument*) crude; (*évident : erreur*) gross
grossièrement [gʀosjɛʀmɑ̃] *adv* (*vulgairement*) coarsely; (*sommairement*) roughly; crudely; (*en gros*) roughly
grossièreté [gʀosjɛʀte] *nf* coarseness; rudeness; (*mot*) : **dire des grossièretés** to use coarse language
grossir [gʀosiʀ] /2/ *vi* (*personne*) to put on weight; (*fig*) to grow, get bigger; (*rivière*) to swell ▸ *vt* to increase; (*exagérer*) to exaggerate; (*au microscope*) to magnify, enlarge; (*vêtement*) : **~ qn** to make sb look fatter
grossissant, e [gʀosisɑ̃, -ɑ̃t] *adj* magnifying, enlarging
grossissement [gʀosismɑ̃] *nm* (*optique*) magnification
grossiste [gʀosist] *nmf* wholesaler
grosso modo [gʀosomɔdo] *adv* roughly
grotesque [gʀɔtɛsk] *adj* (*extravagant*) grotesque; (*ridicule*) ludicrous
grotte [gʀɔt] *nf* cave
grouiller [gʀuje] /1/ *vi* (*foule*) to mill about; (*fourmis*) to swarm about; **~ de** to be swarming with
groupe [gʀup] *nm* group; **cabinet de ~** group practice; **médecine de ~** group practice; **~ électrogène** generator; **~ de parole** support group; **~ de pression** pressure group; **~ sanguin** blood group; **~ scolaire** school complex

groupement [gʀupmɑ̃] *nm* grouping; (*groupe*) group; **~ d'intérêt économique** ≈ trade association
grouper [gʀupe] **/1/** *vt* to group; (*ressources, moyens*) to pool; **se grouper** *vpr* to get together
groupie [gʀupi] *nf* (*de vedette*) groupie
groupuscule [gʀupyskyl] *nm* clique
gruau [gʀyo] *nm* : **pain de ~** wheaten bread
grue [gʀy] *nf* crane; **faire le pied de ~** (*fam*) to hang around (waiting), kick one's heels (Brit)
gruger [gʀyʒe] **/3/** *vt* to cheat, dupe
grumeaux [gʀymo] *nmpl* (*Culin*) lumps
grumeleux, -euse [gʀym(ə)lø, -øz] *adj* (*sauce etc*) lumpy; (*peau etc*) bumpy
grutier [gʀytje] *nm* crane driver
gruyère [gʀyjɛʀ] *nm* gruyère (Brit) *ou* Swiss cheese
GSM [ʒeɛsɛm] *nm, adj* GSM
Guadeloupe [gwadlup] *nf* : **la ~** Guadeloupe
guadeloupéen, ne [gwadlupeɛ̃, -ɛn] *adj* Guadelupian
Guatémala [gwatemala] *nm* : **le ~** Guatemala
guatémalien, ne [gwatemaljɛ̃, -ɛn] *adj* Guatemalan
guatémaltèque [gwatemaltɛk] *adj* Guatemalan
gué [ge] *nm* ford; **passer à ~** to ford
guenilles [gənij] *nfpl* rags
guenon [gənɔ̃] *nf* female monkey
guépard [gepaʀ] *nm* cheetah
guêpe [gɛp] *nf* wasp
guêpier [gepje] *nm* (*fig*) trap
guêpière [gɛpjɛʀ] *nf* basque
guère [gɛʀ] *adv* (*avec adjectif, adverbe*) : **ne … ~** hardly; (*avec verbe : pas beaucoup*) **ne … ~** (*tournure négative*) much; (*pas souvent*) hardly ever; (*tournure négative*) (very) long; **il n'y a ~ que/de** there's hardly anybody (*ou* anything) but/hardly any; **ce n'est ~ difficile** it's hardly difficult; **nous n'avons ~ de temps** we have hardly any time
guéri, e [geʀi] *adj* (*rétabli*) cured
guéridon [geʀidɔ̃] *nm* pedestal table
guérilla [geʀija] *nf* guerrilla warfare
guérillero [geʀijeʀo] *nm* guerrilla
guérir [geʀiʀ] **/2/** *vt* (*personne, maladie*) to cure; (*membre, plaie*) to heal; **~ de** to be cured of, recover from; **~ qn de** to cure sb of ▸ *vi* (*personne, malade*) to recover, be cured; (*maladie*) to be cured; (*plaie, chagrin, blessure*) to heal
guérison [geʀizɔ̃] *nf* (*de maladie*) curing; (*de membre, plaie*) healing; (*de malade*) recovery
guérissable [geʀisabl] *adj* curable
guérisseur, -euse [geʀisœʀ, -øz] *nm/f* healer
guérite [geʀit] *nf* (*Mil*) sentry box; (*sur un chantier*) (workman's) hut
Guernesey [gɛʀn(ə)zɛ] *nf* Guernsey
guernesiais, e [gɛʀnəzjɛ, -ɛz] *adj* of *ou* from Guernsey
guerre [gɛʀ] *nf* war; (*méthode*) : **~ atomique/de tranchées** atomic/trench warfare *no pl*; **en ~** at war; **faire la ~ à** to wage war against; **de ~ lasse** (*fig*) tired of fighting *ou* resisting; **de bonne ~** fair and square; **~ civile/mondiale** civil/world war; **~ froide/sainte** cold/holy war; **~ d'usure** war of attrition
guerrier, -ière [gɛʀje, -jɛʀ] *adj* warlike ▸ *nm/f* warrior
guerroyer [gɛʀwaje] **/8/** *vi* to wage war
guet [gɛ] *nm* : **faire le ~** to be on the watch *ou* look-out
guet-apens [gɛtapɑ̃] (*pl* **guets-apens**) *nm* ambush
guêtre [gɛtʀ(ə)] *nf* gaiter
guetter [gete] **/1/** *vt* (*épier*) to watch (intently); (*attendre*) to watch (out) for; (: *pour surprendre*) to be lying in wait for
guetteur [gɛtœʀ] *nm* look-out
gueulante [gœlɑ̃t] *nf* (*fam*) : **pousser une ~ (contre)** to have a good rant (about) (*fam*)
gueulard, e [gœlaʀ, -aʀd] (*fam*) *adj* (*personne, musique*) loud ▸ *nm/f* loudmouth (*fam*)
gueule [gœl] *nf* (*d'animal*) mouth; (*fam : visage*) mug; (: *bouche*) gob (!), mouth; **ta ~ !** (*fam*) shut up!; **avoir la ~ de bois** (*fam*) to have a hangover, be hung over
gueule-de-loup [gœldəlu] (*pl* **gueules-de-loup**) *nf* snapdragon
gueuler [gœle] **/1/** *vi* (*fam*) to bawl
gueuleton [gœltɔ̃] *nm* (*fam*) blowout (Brit), big meal
gueux [gø] *nm* beggar; (*coquin*) rogue
gugusse [gygys] *nm* (*fam*) bloke
gui [gi] *nm* mistletoe
guibole, guibolle [gibɔl] *nf* (*fam : jambe*) pin (*fam*)
guichet [giʃɛ] *nm* (*de bureau, banque*) counter, window; (*d'une porte*) wicket, hatch; **les guichets** (*à la gare, au théâtre*) the ticket office; **jouer à guichets fermés** to play to a full house
guichetier, -ière [giʃ(ə)tje, -jɛʀ] *nm/f* counter clerk
guide [gid] *nm* (*personne*) guide; (*livre*) guide(book) ▸ *nf* (*fille scout*) (girl) guide (Brit), girl scout (*US*); **guides** *nfpl* (*d'un cheval*) reins
guider [gide] **/1/** *vt* to guide
guidon [gidɔ̃] *nm* handlebars *pl*
guigne [giɲ] *nf* (*fam*) : **avoir la ~** to be jinxed
guigner [giɲe] *vt* (*convoiter*) to have one's eye on; (*regarder à la dérobée*) to eye
guignol [giɲɔl] *nm* ≈ Punch and Judy show; (*fig*) clown
guili-guili [giligili] *nm* (*fam*) tickle tickle; **faire des guili-guilis à qn** to tickle sb
guillemets [gijmɛ] *nmpl* : **entre ~** in inverted commas *ou* quotation marks; **~ de répétition** ditto marks
guilleret, te [gijʀɛ, -ɛt] *adj* perky, bright
guillotine [gijɔtin] *nf* guillotine
guillotiner [gijɔtine] **/1/** *vt* to guillotine
guimauve [gimov] *nf* (*Bot*) marshmallow; (*fig*) sentimentality, sloppiness
guimbarde [gɛ̃baʀd] *nf* old banger (Brit), jalopy
guincher [gɛ̃ʃe] *vi* (*fam*) to dance
guindé, e [gɛ̃de] *adj* (*personne, air*) stiff, starchy; (*style*) stilted
Guinée [gine] *nf* : **la (République de) ~** (the Republic of) Guinea; **la ~ équatoriale** Equatorial Guinea
Guinée-Bissau [ginebiso] *nf* : **la ~** Guinea-Bissau
guinéen, ne [gineɛ̃, -ɛn] *adj* Guinean

guingois [gɛ̃gwa] : **de ~** *adv* askew
guinguette [gɛ̃gɛt] *nf open-air café or dance hall*
guirlande [giʀlɑ̃d] *nf (fleurs)* garland; *(de papier)* paper chain; **~ lumineuse** lights *pl*, fairy lights *pl* (BRIT); **~ de Noël** tinsel *no pl*
guise [giz] *nf* : **à votre ~** as you wish *ou* please; **en ~ de** by way of
guitare [gitaʀ] *nf* guitar
guitariste [gitaʀist] *nmf* guitarist, guitar player
gustatif, -ive [gystatif, -iv] *adj* gustatory; *voir* **papille**
guttural, e, -aux [gytyʀal, -o] *adj* guttural
guyanais, e [gɥijanɛ, -ɛz] *adj* Guyanese, Guyanan; *(français)* Guianese, Guianan
Guyane [gɥijan] *nf* : **la ~** Guyana; **la ~ (française)** (French) Guiana
gvt *abr (= gouvernement)* govt
gym [ʒim] *nf (exercices)* gym
gymkhana [ʒimkana] *nm* rally; **~ motocycliste** (motorbike) scramble (BRIT), motocross
gymnase [ʒimnɑz] *nm* gym(nasium)
gymnaste [ʒimnast] *nmf* gymnast
gymnastique [ʒimnastik] *nf* gymnastics *sg*; *(au réveil etc)* keep-fit exercises *pl*; **~ corrective** remedial gymnastics
gynéco [ʒineko] *nm/f (fam : gynécologue)* gynaecologist (BRIT), gynecologist (US)
gynécologie [ʒinekɔlɔʒi] *nf* gynaecology (BRIT), gynecology (US)
gynécologique [ʒinekɔlɔʒik] *adj* gynaecological (BRIT), gynecological (US)
gynécologue [ʒinekɔlɔg] *nmf* gynaecologist (BRIT), gynecologist (US)
gypse [ʒips] *nm* gypsum
gyrophare [ʒiʀɔfaʀ] *nm (sur une voiture)* revolving (flashing) light

g

Hh

H, h [aʃ] *nm inv* H, h ▸ *abr (= homme)* M; *(= hydrogène)* H; **= heure**; **à l'heure H** at zero hour; **bombe H** H bomb; **H comme Henri** H for Harry (BRIT) *ou* How (US)
ha¹ ['a] *abr (= hectare)* ha.
ha², hah ['a] *excl* oh ▸ *nm inv* : **pousser des ho ! et des ha !** *(s'extasier)* to ooh and ah
ha. *abr (= hectare)* ha.
hab. *abr* = **habitant**
habile [abil] *adj* skilful; *(malin)* clever
habilement [abilmɑ̃] *adv* skilfully; cleverly
habileté [abilte] *nf* skill, skilfulness; cleverness
habilité, e [abilite] *adj* : **~ à faire** entitled to do, empowered to do
habiliter [abilite] /1/ *vt* to empower, entitle
habillage [abijaʒ] *nm* dressing
habillé, e [abije] *adj* dressed; *(chic)* dressy; **~ de** *(Tech)* covered with; encased in
habillement [abijmɑ̃] *nm* clothes *pl*; *(profession)* clothing industry
habiller [abije] /1/ *vt* to dress; *(fournir en vêtements)* to clothe; *(couvrir)* to cover; **s'habiller** *vpr* to dress (o.s.); *(se déguiser, mettre des vêtements chic)* to dress up; **s'~ de/en** to dress in/dress up as; **s'~ chez/à** to buy one's clothes from/at
habilleuse [abijøz] *nf (Ciné, Théât)* dresser
habit [abi] *nm* outfit; **~ (de soirée)** evening dress; *(pour homme)* tails *pl*; **prendre l'~** *(Rel : entrer en religion)* to enter (holy) orders; **habits** *nmpl (vêtements)* clothes
habitabilité [abitabilite] *nf (de logement)* fitness for habitation; *(de voiture)* capacity
habitable [abitabl] *adj* (in)habitable
habitacle [abitakl] *nm* cockpit; *(Auto)* passenger cell
habitant, e [abitɑ̃, -ɑ̃t] *nm/f* inhabitant; *(d'une maison)* occupant, occupier; **loger chez l'~** to stay with the locals
habitat [abita] *nm* housing conditions *pl*; *(Bot, Zool)* habitat
habitation [abitasjɔ̃] *nf* living; *(demeure)* residence, home; *(maison)* house; **habitations à loyer modéré (HLM)** *low-rent, state-owned housing*, ≈ council flats (BRIT), ≈ public housing units (US)
habité, e [abite] *adj* inhabited; lived in
habiter [abite] /1/ *vt* to live in; *(sentiment)* to dwell in ▸ *vi* : **~ à/dans** to live in *ou* at/in; **~ chez** *ou* **avec qn** to live with sb; **~ 16 rue Montmartre** to live at number 16 rue Montmartre; **~ rue Montmartre** to live in rue Montmartre
habitude [abityd] *nf* habit; **avoir l'~ de faire** to be in the habit of doing; *(expérience)* to be used to doing; **avoir l'~ des enfants** to be used to children; **prendre l'~ de faire qch** to get into the habit of doing sth; **perdre une ~** to get out of a habit; **d'~** usually; **comme d'~** as usual; **par ~** out of habit
habitué, e [abitɥe] *adj* : **être ~ à** to be used *ou* accustomed to ▸ *nm/f (de maison)* regular visitor; *(client)* regular (customer)
habituel, le [abitɥɛl] *adj* usual
habituellement [abitɥɛlmɑ̃] *adv* usually
habituer [abitɥe] /1/ *vt* : **~ qn à** to get sb used to; **s'habituer à** *vpr* to get used to
'hâbleur, -euse ['ɑblœʀ, -øz] *adj* boastful
'hache ['aʃ] *nf* axe
'haché, e ['aʃe] *adj* minced (BRIT), ground (US); *(persil)* chopped; *(fig)* jerky
'hache-légumes ['aʃlegym] *nm inv* vegetable chopper
'hacher ['aʃe] /1/ *vt (viande)* to mince (BRIT), grind (US); *(persil)* to chop; **~ menu** to mince *ou* grind finely; to chop finely
'hachette ['aʃɛt] *nf* hatchet
'hache-viande ['aʃvjɑ̃d] *nm* (meat) mincer (BRIT) *ou* grinder (US); *(couteau)* (meat) cleaver
'hachis ['aʃi] *nm* mince *no pl* (BRIT), hamburger meat (US); **~ de viande** minced (BRIT) *ou* ground (US) meat; **~ Parmentier** ≈ shepherd's pie
'hachisch ['aʃiʃ] *nm* hashish
'hachoir ['aʃwaʀ] *nm* chopper; (meat) mincer (BRIT) *ou* grinder (US); *(planche)* chopping board
'hachurer ['aʃyʀe] /1/ *vt* to hatch
'hachures ['aʃyʀ] *nfpl* hatching *sg*
'hagard, e ['agaʀ, -aʀd] *adj* wild, distraught
hagiographie [aʒjɔgʀafi] *nf* hagiography
'haie ['ɛ] *nf* hedge; *(Sport)* hurdle; *(fig : rang)* line, row; **200 m haies** 200 m hurdles; **~ d'honneur** guard of honour
'haillons ['ɑjɔ̃] *nmpl* rags
'haine ['ɛn] *nf* hatred
'haineux, -euse ['ɛnø, -øz] *adj* full of hatred
'haïr ['aiʀ] /10/ *vt* to detest, hate; **se haïr** *vpr* to hate each other
'hais ['ɛ], **'haïs** *etc* ['ai] *vb voir* **haïr**
'haïssable ['aisabl] *adj* detestable
Haïti [aiti] *n* Haiti
haïtien, ne [aisjɛ̃, -ɛn] *adj* Haitian
'halage ['alaʒ] *nm* : **chemin de ~** towpath

'hâle ['ɑl] *nm* (sun)tan
'hâlé, e ['ɑle] *adj* (sun)tanned, sunburnt
haleine [alɛn] *nf* breath; **perdre ~** to get out of breath; **à perdre ~** until one is gasping for breath; **avoir mauvaise ~** to have bad breath; **reprendre ~** to get one's breath back; **hors d'~** out of breath; **tenir en ~** *(attention)* to hold spellbound; *(en attente)* to keep in suspense; **de longue ~** *adj* long-term
'haler ['ale] /1/ *vt* to haul in; *(remorquer)* to tow
haletant, e ['al(ə)tɑ̃, -ɑ̃t] *adj (personne, animal)* panting; *(match, rencontre)* gripping
'haleter ['alte] /5/ *vi* to pant
'hall ['ol] *nm* hall
hallali [alali] *nm* kill
'halle ['al] *nf* (covered) market; **halles** *nfpl (d'une grande ville)* central food market *sg*
'hallebarde ['albaʀd] *nf* halberd; **il pleut des hallebardes** *(fam)* it's bucketing down
hallucinant, e [alysinɑ̃, -ɑ̃t] *adj* staggering
hallucination [alysinasjɔ̃] *nf* hallucination
hallucinatoire [alysinatwaʀ] *adj* hallucinatory
halluciné, e [alysine] *nm/f* person suffering from hallucinations; *(fou)* (raving) lunatic
halluciner [a(l)lysine] *vi (fam)* : **j'hallucine !** I can't believe it!; **~ sur qch** to be staggered by sth
hallucinogène [a(l)lysinɔʒɛn] *adj* hallucinogenic ▸ *nm* hallucinogen
'halo ['alo] *nm* halo
halogène [alɔʒɛn] *nm* : **lampe (à) ~** halogen lamp
'halte ['alt] *nf* stop, break; *(escale)* stopping place; *(Rail)* halt ▸ *excl* stop!; **faire ~** to stop
'halte-garderie ['altgaʀdəʀi] *(pl* **Đhaltes-garderies**) *nf* crèche
haltère [altɛʀ] *nm (à boules, disques)* dumbbell, barbell; **(poids et) haltères** *(activité)* weightlifting *sg*
haltérophile [alteʀɔfil] *nmf* weightlifter
haltérophilie [alteʀɔfili] *nf* weightlifting
'hamac ['amak] *nm* hammock
'Hambourg ['ɑ̃buʀ] *n* Hamburg
'hamburger ['ɑ̃buʀgœʀ] *nm* hamburger
'hameau, x ['amo] *nm* hamlet
hameçon [amsɔ̃] *nm* (fish) hook
'hampe ['ɑ̃p] *nf (de drapeau etc)* pole; *(de lance)* shaft
'hamster ['amstɛʀ] *nm* hamster
'hanche ['ɑ̃ʃ] *nf* hip
'hand ['ɑd] *nm (fam)* handball
'hand-ball ['ɑ̃dbal] *nm* handball
'handballeur, -euse ['ɑ̃dbalœʀ, -øz] *nm/f* handball player
'handicap ['ɑ̃dikap] *nm* handicap
'handicapé, e ['ɑ̃dikape] *adj* disabled, handicapped ▸ *nm/f* handicapped person; **~ mental/physique** mentally/physically handicapped person; **~ moteur** person with a movement disorder
'handicaper ['ɑ̃dikape] /1/ *vt* to handicap
handisport ['ɑ̃dispɔʀ] *adj (tennis, handball)* wheelchair *cpd*, disabled *cpd*; **jeux olympiques ~(s)** disabled Olympics
'hangar ['ɑ̃gaʀ] *nm* shed; *(Aviat)* hangar
'hanneton ['antɔ̃] *nm* cockchafer
'Hanovre ['anɔvʀ] *n* Hanover
'hanté, e ['ɑ̃te] *adj (maison, château)* haunted
'hanter ['ɑ̃te] /1/ *vt* to haunt
'hantise ['ɑ̃tiz] *nf* obsessive fear
'happer ['ape] /1/ *vt* to snatch; *(train etc)* to hit
'harangue ['aʀɑ̃g] *nf* harangue
'haranguer ['aʀɑ̃ge] /1/ *vt* to harangue
'haras ['aʀɑ] *nm* stud farm
'harassant, e ['aʀasɑ̃, -ɑ̃t] *adj* exhausting
harassé, e ['aʀase] *adj (épuisé)* exhausted
'harcèlement ['aʀsɛlmɑ̃] *nm* harassment; **~ sexuel** sexual harassment
'harceler ['aʀsəle] /5/ *vt (Mil, Chasse)* to harass, harry; *(importuner)* to plague; **~ qn de questions** to plague sb with questions
'hardes ['aʀd] *nfpl* rags
'hardi, e ['aʀdi] *adj* bold, daring
'hardiesse ['aʀdjɛs] *nf* audacity
'hardiment ['aʀdimɑ̃] *adv* boldly
'harem ['aʀɛm] *nm* harem
'hareng ['aʀɑ̃] *nm* herring; **~ saur** kipper, smoked herring
'hargne ['aʀɲ] *nf* aggressivity, aggressiveness
'hargneusement ['aʀɲøzmɑ̃] *adv* belligerently, aggressively
'hargneux, -euse ['aʀɲø, -øz] *adj (propos, personne)* belligerent, aggressive; *(chien)* fierce
'haricot ['aʀiko] *nm* bean; **~ blanc/rouge** haricot/kidney bean; **~ vert** French (Brit) *ou* green bean
harissa [aʀisa] *nf* harissa
'harki ['aʀki] *nm Algerian soldier who fought on the French side during the War of Independence*
harmonica [aʀmɔnika] *nm* mouth organ
harmonie [aʀmɔni] *nf* harmony
harmonieusement [aʀmɔnjøzmɑ̃] *adv* harmoniously
harmonieux, -euse [aʀmɔnjø, -øz] *adj* harmonious; *(couleurs, couple)* well-matched
harmonique [aʀmɔnik] *adj, nm ou f* harmonic
harmoniser [aʀmɔnize] /1/ *vt* to harmonize; **s'harmoniser** *vpr (couleurs, teintes)* to go well together
harmonium [aʀmɔnjɔm] *nm* harmonium
'harnaché, e ['aʀnaʃe] *adj (fig)* rigged out
'harnachement ['aʀnaʃmɑ̃] *nm (habillement)* rig-out; *(équipement)* harness, equipment
'harnacher ['aʀnaʃe] /1/ *vt* to harness
'harnais ['aʀnɛ] *nm* harness
'haro ['aʀo] *nm* : **crier ~ sur qn/qch** to inveigh against sb/sth
'harpe ['aʀp] *nf* harp
'harpie ['aʀpi] *nf* harpy
'harpiste ['aʀpist] *nmf* harpist
'harpon ['aʀpɔ̃] *nm* harpoon
'harponner ['aʀpɔne] /1/ *vt* to harpoon; *(fam)* to collar
'hasard ['azaʀ] *nm* : **le ~** chance, fate; **un ~** a coincidence; *(aubaine, chance)* a stroke of luck; **au ~** *(sans but)* aimlessly; *(à l'aveuglette)* at random, haphazardly; **par ~** by chance; **comme par ~** as if by chance; **à tout ~** *(en espérant trouver ce qu'on cherche)* on the off chance; *(en cas de besoin)* just in case

h

'hasarder ['azaʀde] /1/ *vt* (*mot*) to venture; (*fortune*) to risk; **se ~ à faire** to risk doing, venture to do
'hasardeux, -euse ['azaʀdø, -øz] *adj* hazardous, risky; (*hypothèse*) rash
'hasch ['aʃ] *nm* (*fam*) hash (*fam*)
'haschisch ['aʃiʃ] *nm* hashish
hassidique [asidik] *adj* (*chant, tradition*) Hassidic
'hâte ['ɑt] *nf* haste; **à la ~** hurriedly, hastily; **en ~** posthaste, with all possible speed; **avoir ~ de** to be eager *ou* anxious to
'hâter ['ɑte] /1/ *vt* to hasten; **se hâter** *vpr* to hurry; **se ~ de** to hurry *ou* hasten to
'hâtif, -ive ['ɑtif, -iv] *adj* (*travail*) hurried; (*décision*) hasty; (*légume*) early
'hâtivement ['ɑtivmɑ̃] *adv* hurriedly; hastily
'hauban ['obɑ̃] *nm* (*Navig*) shroud
'hausse ['os] *nf* rise, increase; (*de fusil*) backsight adjuster; **à la ~** upwards; **en ~** rising; **être en ~** to be going up
'haussement ['osmɑ̃] *nm* : **~ d'épaules** shrug; **~ de sourcils : ... demanda-t-elle avec un ~ de sourcils ironique.** ... she asked, raising her eyebrows ironically.
'hausser ['ose] /1/ *vt* to raise; **~ les épaules** to shrug (one's shoulders); **se ~ sur la pointe des pieds** to stand (up) on tiptoe *ou* tippy-toe (*US*)
'haussier, -ière ['osje, -jɛʀ] *adj* (*Finance : marché, scénario*) bullish
'haut, e ['o, 'ot] *adj* high; (*grand*) tall; (*son, voix*) high(-pitched); **~ de 3 m** 3 m high; **~ débit** (*Inform*) broadband; **haute fidélité** hi-fi, high fidelity; **la haute finance** high finance; **haute trahison** high treason; **~ en couleur** (*chose*) highly coloured; (*personne*) **un personnage ~ en couleur** a colourful character; **la haute couture/coiffure** haute couture/coiffure; **à haute voix** aloud, out loud; **en haute montagne** high up in the mountains; **en ~ lieu** in high places ▸ *adv* high; **~ les mains !** hands up!, stick 'em up!; **plus ~** higher up, further up; (*dans un texte*) above; (*parler*) louder; **en ~** up above; (*être/aller*) at (*ou* to) the top; (*dans une maison*) upstairs; **en ~ de** at the top of; **tout ~** aloud, out loud; **tomber de ~** to fall from a height; (*fig*) to have one's hopes dashed; **dire qch bien ~** to say sth plainly; **prendre qch de (très) ~** to react haughtily to sth; **traiter qn de ~** to treat sb with disdain; **de ~ en bas** from top to bottom; downwards ▸ *nm* top (part); **de 3 m de ~** 3 m high, 3 m in height; **des hauts et des bas** ups and downs; **du ~ de** from the top of
'hautain, e ['otɛ̃, -ɛn] *adj* (*personne, regard*) haughty
'hautbois ['obwɑ] *nm* oboe
'hautboïste ['obɔist] *nmf* oboist
'haut-commissaire ['okɔmisɛʀ] (*pl* **'hauts-commissaires**) *nmf* High Commissioner
'haut-commissariat ['okɔmisaʀja] (*pl* **hauts-commissariats**) *nm* High Commission
'haut-débit, 'haut débit ['odebi] *adj inv* (*connexion, ligne*) high-speed ▸ *nm* : **le haut débit** the high-speed internet
'haut-de-forme ['odfɔʀm] (*pl* **'hauts-de-forme**) *nm* top hat
'haute-contre ['otkɔ̃tʀ] (*pl* **'hautes-contre**) *nf* counter-tenor
'hautement ['otmɑ̃] *adv* (*ouvertement*) openly; (*supérieurement*) : **~ qualifié** highly qualified
'hauteur ['otœʀ] *nf* height; (*Géo*) height, hill; (*fig*) loftiness; haughtiness; **à ~ de** up to (the level of); **à ~ des yeux** at eye level; **à la ~ de** (*sur la même ligne*) level with; by; (*fig : tâche, situation*) equal to; **à la ~** (*fig*) up to it, equal to the task
'Haute-Volta ['otvɔlta] *nf* : **la ~** Upper Volta
'haut-fond ['ofɔ̃] (*pl* **'hauts-fonds**) *nm* shallow
'haut-fourneau ['ofuʀno] (*pl* **'hauts-fourneaux**) *nm* blast *ou* smelting furnace
'haut-le-cœur ['olkœʀ] *nm inv* retch, heave
'haut-le-corps ['olkɔʀ] *nm inv* start, jump
'haut-parleur ['opaʀlœʀ] (*pl* **'haut-parleurs**) *nm* (loud)speaker
'hauturier, -ière ['otyʀje, -jɛʀ] *adj* (*Navig*) deep-sea
'havanais, e ['avanɛ, -ɛz] *adj* of *ou* from Havana
'havane ['avan] *nm* (*cigare*) Havana (cigar) ▸ *nf* : **la H~** Havana
'hâve ['ɑv] *adj* gaunt
'havrais, e ['ɑvʀɛ, -ɛz] *adj* of *ou* from Le Havre
'havre ['ɑvʀ] *nm* haven
'havresac ['ɑvʀəsak] *nm* haversack
Hawaï [awai] *n* Hawaii; **les îles ~** the Hawaiian Islands
hawaïen, ne [awajɛ̃, -ɛn] *adj* Hawaiian ▸ *nm* (*Ling*) Hawaiian
'Haye ['ɛ] *n* : **la ~** the Hague
'hayon ['ɛjɔ̃] *nm* tailgate
HCR *sigle m* (= *Haut-Commissariat des Nations unies pour les réfugiés*) UNHCR
hdb. *abr* (= *heures de bureau*) o.h. (= *office hours*)
'hé ['e] *excl* hey!
hebdo [ɛbdo] *nm* (*fam*) weekly
hebdomadaire [ɛbdɔmadɛʀ] *adj, nm* weekly
hébergement [ebɛʀʒəmɑ̃] *nm* accommodation, lodging; taking in
héberger [ebɛʀʒe] /3/ *vt* (*touristes*) to accommodate, lodge; (*amis*) to put up; (*réfugiés*) to take in
hébergeur [ebɛʀʒœʀ] *nm* (*Internet*) host
hébété, e [ebete] *adj* dazed
hébétude [ebetyd] *nf* stupor
hébraïque [ebʀaik] *adj* Hebrew, Hebraic
hébreu, x [ebʀø] *adj m, nm* Hebrew
Hébrides [ebʀid] *nf* : **les ~** the Hebrides
HEC *sigle fpl* (= *École des hautes études commerciales*) *grande école for management and business studies*
hécatombe [ekatɔ̃b] *nf* slaughter
hectare [ɛktaʀ] *nm* hectare, 10,000 square metres
hecto... [ɛkto] *préfixe* hecto...
hectolitre [ɛktɔlitʀ] *nm* hectolitre
hectomètre [ɛktɔmɛtʀ] *nm* hectometre (BRIT), hectometer (*US*)
hédonisme [edɔnism] *nm* (*Philosophie*) hedonism
hédoniste [edɔnist] *adj* hedonistic
hégémonie [eʒemɔni] *nf* hegemony

hégémonique [eʒemɔnik] *adj (politique)* hegemonic
'hein ['ɛ̃] *excl* eh?; *(sollicitant l'approbation)* : **tu m'approuves, ~ ?** so I did the right thing then?; **Paul est venu, ~ ?** Paul came, did he?; **que fais-tu, ~ ?** hey! what are you doing?
'hélas ['elɑs] *excl* alas! ▸ *adv* unfortunately
'héler ['ele] /**6**/ *vt* to hail
hélice [elis] *nf* propeller
hélicoïdal, e, -aux [elikɔidal, -o] *adj* helical; helicoid
hélicoptère [elikɔptɛʀ] *nm* helicopter
héliogravure [eljɔgʀavyʀ] *nf* heliogravure
héliomarin, e [eljɔmaʀɛ̃, -in] *adj* : **centre ~** *centre offering sea and sun therapy*
héliotrope [eljɔtʀɔp] *nm (Bot)* heliotrope
héliport [elipɔʀ] *nm* heliport
héliporté, e [elipɔʀte] *adj* transported by helicopter
hélitreuillage [litʀœjaʒ] *nm* winching up into a helicopter
hélitreuiller [elitʀœje] *vt* to winch up into a helicopter
hélium [eljɔm] *nm* helium
hellène [elɛn] *adj* Hellenic ▸ *nm/f* : **H~** Hellene
hellénique [elenik] *adj* Hellenic
helléniste [elenist] *nm/f* hellenist
Helsinki [ɛlzinki] *n* Helsinki
helvète [ɛlvɛt] *adj* Helvetian ▸ *nmf* : **Helvète** Helvetian
Helvétie [ɛlvesi] *nf* : **la ~** Helvetia
helvétique [ɛlvetik] *adj* Swiss
hématite [ematit] *nf (pierre)* hematite
hématologie [ematɔlɔʒi] *nf (Méd)* haematology.
hématome [ematom] *nm* haematoma
hémicycle [emisikl] *nm* semicircle; *(Pol)* : **l'~** *the benches (in French parliament)*
hémiplégie [emipleʒi] *nf* paralysis of one side, hemiplegia
hémiplégique [emipleʒik] *adj, nmf* hemiplegic
hémisphère [emisfɛʀ] *nm* : **~ nord/sud** northern/southern hemisphere
hémisphérique [emisfeʀik] *adj* hemispherical
hémistiche [emistiʃ] *nm* hemistich
hémodialyse [emodjaliz] *nf* haemodialysis (Brit), hemodialysis (US)
hémoglobine [emɔglɔbin] *nf* haemoglobin (Brit), hemoglobin (US)
hémophile [emɔfil] *adj* haemophiliac (Brit), hemophiliac (US)
hémophilie [emɔfili] *nf* haemophilia (Brit), hemophilia (US)
hémorragie [emɔʀaʒi] *nf* bleeding *no pl*, haemorrhage (Brit), hemorrhage (US); **~ cérébrale** cerebral haemorrhage; **~ interne** internal bleeding *ou* haemorrhage
hémorragique [emɔʀaʒik] *adj* haemorrhagic (Brit), hemorrhagic (US)
hémorroïdes [emɔʀɔid] *nfpl* piles, haemorrhoids (Brit), hemorrhoids (US)
hémostatique [emɔstatik] *adj* haemostatic (Brit), hemostatic (US)
'henné ['ene] *nm* henna
'hennir ['eniʀ] /**2**/ *vi* to neigh, whinny
'hennissement ['enismɑ̃] *nm* neighing, whinnying
'hep ['ɛp] *excl* hey!
hépatique [epatik] *adj (relatif au foie)* hepatic; *(qui souffre du foie)* suffering from a liver complaint
hépatite [epatit] *nf* hepatitis, liver infection
heptathlon [ɛptatlɔ̃] *nm* heptathlon
héraldique [eʀaldik] *adj* heraldry
herbacé, e [ɛʀbase] *adj* herbaceous
herbage [ɛʀbaʒ] *nm* pasture
herbe [ɛʀb] *nf* grass; *(Culin, Méd)* herb; **herbes de Provence** mixed herbs; **en ~** unripe; *(fig)* budding; **touffe/brin d'~** clump/blade of grass
herbeux, -euse [ɛʀbø, -øz] *adj* grassy
herbicide [ɛʀbisid] *nm* weed-killer
herbier [ɛʀbje] *nm* herbarium
herbivore [ɛʀbivɔʀ] *nm* herbivore
herboriser [ɛʀbɔʀize] /**1**/ *vi* to collect plants
herboriste [ɛʀbɔʀist] *nmf* herbalist
herboristerie [ɛʀbɔʀistʀi] *nf (magasin)* herbalist's shop; *(commerce)* herb trade
hercule [ɛʀkyl] *nm (forain)* strongman; *(Mythologie)* : **H~** Hercules
herculéen, ne [ɛʀkyleɛ̃, -ɛn] *adj (fig)* herculean
'hère ['ɛʀ] *nm* : **pauvre ~** poor wretch
héréditaire [eʀeditɛʀ] *adj* hereditary
hérédité [eʀedite] *nf* heredity
hérésie [eʀezi] *nf* heresy
hérétique [eʀetik] *nmf* heretic
'hérissé, e ['eʀise] *adj* bristling; **~ de** spiked with; *(fig)* bristling with
'hérisser ['eʀise] /**1**/ *vt* : **~ qn** *(fig)* to ruffle sb;
se 'hérisser *vpr* to bristle, bristle up
'hérisson ['eʀisɔ̃] *nm* hedgehog
héritage [eʀitaʒ] *nm* inheritance; *(fig : coutumes, système)* heritage; *(: legs)* legacy; **faire un (petit) ~** to come into (a little) money
hériter [eʀite] /**1**/ *vi* : **~ de qch (de qn)** to inherit sth (from sb); **~ de qn** to inherit sb's property
héritier, -ière [eʀitje, -jɛʀ] *nm/f* heir/heiress
hermaphrodite [ɛʀmafʀɔdit] *adj (Bot, Zool)* hermaphrodite
hermétique [ɛʀmetik] *adj (à l'air)* airtight; *(à l'eau)* watertight; *(fig : écrivain, style)* abstruse; *(: visage)* impenetrable
hermétiquement [ɛʀmetikmɑ̃] *adv* hermetically
hermine [ɛʀmin] *nf* ermine
'herniaire ['ɛʀnjɛʀ] *adj (sac)* hernial; **bandage ~** truss
'hernie ['ɛʀni] *nf* hernia
héroïne [eʀɔin] *nf* heroine; *(drogue)* heroin
héroïnomane [eʀɔinɔman] *nmf* heroin addict
héroïque [eʀɔik] *adj* heroic
héroïquement [eʀɔikmɑ̃] *adv* heroically
héroïsme [eʀɔism] *nm* heroism
'héron ['eʀɔ̃] *nm* heron
'héros ['eʀo] *nm* hero
herpès [ɛʀpɛs] *nm* herpes
'herse ['ɛʀs] *nf* harrow; *(de château)* portcullis
hertz [ɛʀts] *nm (Élec)* hertz
hertzien, ne [ɛʀtsjɛ̃, -ɛn] *adj (Élec)* Hertzian
hésitant, e [ezitɑ̃, -ɑ̃t] *adj* hesitant

h

hésitation [ezitasjɔ̃] *nf* hesitation
hésiter [ezite] /1/ *vi* : ~ **(à faire)** to hesitate (to do); ~ **sur qch** to hesitate over sth
hétéro [eteʀo] *adj (hétérosexuel(le))* hetero
hétéroclite [eteʀɔklit] *adj* heterogeneous; *(objets)* sundry
hétérogène [eteʀɔʒɛn] *adj* heterogeneous
hétérogénéité [eteʀɔʒeneite] *nf* heterogeneity
hétérosexualité [eteʀosɛksɥalite] *nf* heterosexuality
hétérosexuel, le [eteʀɔsɛkɥɛl] *adj* heterosexual
hétérozygote [eteʀozigɔt] *adj* heterozygote
'hêtre ['ɛtʀ] *nm* beech
heure [œʀ] *nf* hour; *(Scol)* period; *(moment, moment fixé)* time; **c'est l'~** it's time; **pourriez-vous me donner l'~, s'il vous plaît ?** could you tell me the time, please?; **quelle ~ est-il ?** what time is it?; **2 heures (du matin)** 2 o'clock (in the morning); **à la bonne ~ !** *(parfois ironique)* splendid!; **être à l'~** to be on time; *(montre)* to be right; **le bus passe à l'~** the bus runs on the hour; **mettre à l'~** to set right; **100 km à l'~** ≈ 60 miles an *ou* per hour; **à toute ~** at any time; **24 heures sur 24** round the clock, 24 hours a day; **à l'~ qu'il est** at this time (of day); *(fig)* now; **à l'~ actuelle** at the present time; **sur l'~** at once; **pour l'~** for the time being; **d'~ en ~** from one hour to the next; *(régulièrement)* hourly; **d'une ~ à l'autre** from hour to hour; **à une ~ avancée (de la nuit)** at a late hour (of the night); **de bonne ~** early; **deux heures de marche/travail** two hours' walking/work; **une ~ d'arrêt** an hour's break *ou* stop; **~ d'été** summer time (Brit), daylight saving time (US); **~ de pointe** rush hour; *(téléphone)* peak period; **heures de bureau** office hours; **heures supplémentaires** overtime *sg*
heureusement [œʀøzmɑ̃] *adv (par bonheur)* fortunately, luckily; **~ que ...** it's a good job that ..., fortunately ...
heureux, -euse [œʀø, -øz] *adj* happy; *(chanceux)* lucky, fortunate; *(judicieux)* felicitous, fortunate; **être ~ de qch** to be pleased *ou* happy about sth; **être ~ de faire/que** to be pleased *ou* happy to do/that; **s'estimer ~ de qch/que** to consider o.s. fortunate with sth/that; **encore ~ que ...** just as well that ...
'heurt ['œʀ] *nm (choc)* collision; **'heurts** *nmpl (fig)* clashes
'heurté, e ['œʀte] *adj (fig)* jerky, uneven; *(: couleurs)* clashing
'heurter ['œʀte] /1/ *vt (mur)* to strike, hit; *(personne)* to collide with; *(fig)* to go against, upset; **~ qn de front** to clash head-on with sb; **se 'heurter** *vpr (couleurs, tons)* to clash; **se ~ à** to collide with; *(fig)* to come up against
'heurtoir ['œʀtwaʀ] *nm* door knocker
hévéa [evea] *nm* rubber tree
hexadécimal, e [egzadesimal, -o] *adj* hexadecimal
hexagonal, e, -aux [ɛgzagɔnal, -o] *adj* hexagonal; *(français)* French *(see note at hexagone)*
hexagone [ɛgzagɔn] *nm* hexagon; **l'H~** *(la France)* France *(because of its roughly hexagonal shape)*
HF *sigle f (= haute fréquence)* HF
'hiatal, e ['jatal, -o] *adj* : **hernie hiatale** hiatus hernia
hiatus [jatys] *nm* hiatus
hibernation [ibɛʀnasjɔ̃] *nf* hibernation
hiberner [ibɛʀne] /1/ *vi* to hibernate
hibiscus [ibiskys] *nm* hibiscus
'hibou, x ['ibu] *nm* owl
'hic ['ik] *nm (fam)* snag
'hideusement ['idøzmɑ̃] *adv* hideously
'hideux, -euse ['idø, -øz] *adj* hideous
hier [jɛʀ] *adv* yesterday; **~ matin/soir/midi** yesterday morning/evening/lunchtime; **toute la journée d'~** all day yesterday; **toute la matinée d'~** all yesterday morning
'hiérarchie ['jeʀaʀʃi] *nf* hierarchy
'hiérarchique ['jeʀaʀʃik] *adj* hierarchic
'hiérarchiquement ['jeʀaʀʃikmɑ̃] *adv* hierarchically
'hiérarchiser ['jeʀaʀʃize] /1/ *vt* to organize into a hierarchy
'hiérarque ['jeʀaʀk] *nm (de parti, organisme)* senior figure
'hiéroglyphe ['jeʀɔglif] *nm* hieroglyphic
'hiéroglyphique ['jeʀɔglifik] *adj* hieroglyphic
'hi-fi ['ifi] *nf inv* hi-fi
hilarant, e [ilaʀɑ̃, -ɑ̃t] *adj* hilarious
hilare [ilaʀ] *adj* mirthful
hilarité [ilaʀite] *nf* hilarity, mirth
Himalaya [imalaja] *nm* : **l'~** the Himalayas *pl*
himalayen, ne [imalajɛ̃, -ɛn] *adj* Himalayan
hindou, e [ɛ̃du] *adj* Hindu ▸ *nm/f* : **Hindou, e** Hindu; *(vieilli : Indien)* Indian
hindouisme [ɛ̃duism] *nm* Hinduism
Hindoustan [ɛ̃dustɑ̃] *nm* : **l'~** Hindustan
'hippie ['ipi] *nmf* hippy
hippique [ipik] *adj* equestrian, horse *cpd*; **un club ~** a riding centre; **un concours ~** a horse show
hippisme [ipism] *nm* (horse-)riding
hippocampe [ipɔkɑ̃p] *nm* sea horse
hippodrome [ipɔdʀom] *nm* racecourse
hippophagique [ipɔfaʒik] *adj* : **boucherie ~** horse butcher's
hippopotame [ipɔpɔtam] *nm* hippopotamus
hirondelle [iʀɔ̃dɛl] *nf* swallow
hirsute [iʀsyt] *adj (personne)* hairy; *(barbe)* shaggy; *(tête)* tousled
hispanique [ispanik] *adj* Hispanic
hispanisant, e [ispanizɑ̃, -ɑ̃t], **hispaniste** [ispanist] *nm/f* Hispanist
hispano-américain, e [ispanoameʀikɛ̃, -ɛn] *adj* Spanish-American
hispano-arabe [ispanoaʀab] *adj* Hispano-Moresque
hispanophone [ispanofɔn] *adj* Spanish-speaking ▸ *nm/f* Spanish speaker
'hisser ['ise] /1/ *vt* to hoist, haul up; **se 'hisser sur** *vpr* to haul o.s. up onto
histoire [istwaʀ] *nf (science, événements)* history; *(anecdote, récit, mensonge)* story; *(affaire)* business *no pl*; *(chichis : gén pl)* fuss *no pl*; **l'~ de France** French history, the history of France; **l'~ sainte** biblical history; **~ géo** *(fam)* history and geography; **une ~ de** *(fig)* a question of; **histoires** *nfpl (ennuis)* trouble *sg*

histologie [istɔlɔʒi] *nf* histology
historien, ne [istɔʀjɛ̃, -ɛn] *nm/f* historian
historique [istɔʀik] *adj* historical; (*important*) historic ▸ *nm* (*exposé, récit*) : **faire l'~ de** to give the background to
historiquement [istɔʀikmɑ̃] *adv* historically
hitlérien, ne [itleʀjɛ̃, -jɛn] *adj* (*Hist*) Hitlerian
'hit-parade ['itpaʀad] *nm* : **le ~** the charts
'hittite ['itit] *adj* Hittite ▸ *nmf* : **Hittite** Hittite
HIV *sigle m* (= *human immunodeficiency virus*) HIV
hiver [ivɛʀ] *nm* winter; **en ~** in winter
hivernal, e, -aux [ivɛʀnal, -o] *adj* (*de l'hiver*) winter *cpd*; (*comme en hiver*) wintry
hivernant, e [ivɛʀnɑ̃, -ɑ̃t] *nm/f* winter holiday-maker
hiverner [ivɛʀne] /1/ *vi* to winter
HLM *sigle mf* (= *habitations à loyer modéré*) *low-rent, state-owned housing*; **un(e) ~** ≈ a council flat (*ou* house) (Brit), ≈ a public housing unit (*US*)
Hme *abr* (= *homme*) M
HO *abr* (= *hors œuvre*) labour not included (*on invoices*)
'hobby ['ɔbi] *nm* hobby
'hochement ['ɔʃmɑ̃] *nm* : **~ de tête** nod; shake of the head
'hocher ['ɔʃe] /1/ *vt* : **~ la tête** to nod; (*signe négatif ou dubitatif*) to shake one's head
'hochet ['ɔʃɛ] *nm* rattle
'hockey ['ɔkɛ] *nm* : **~ (sur glace/gazon)** (ice/ field) hockey
'hockeyeur, -euse ['ɔkɛjœʀ, -øz] *nm/f* hockey player
'holà ['ɔla] *nm* : **mettre le ~ à qch** to put a stop to sth
'holding ['ɔldiŋ] *nm* holding company
'hold-up ['ɔldœp] *nm inv* hold-up
holistique [ɔlistik] *adj* holistic
'hollandais, e ['ɔlɑ̃dɛ, -ɛz] *adj* Dutch ▸ *nm* (*Ling*) Dutch ▸ *nm/f* : **Hollandais, e** Dutchman/ woman; **les H~** the Dutch
'hollande ['ɔlɑ̃d] *nm* (*fromage*) Dutch cheese ▸ *nf* : **la H~** Holland
hollywoodien, ne ['ɔliwudjɛ̃, -jɛn] *adj* (*cinéma, film*) Hollywood *cpd*
holocauste [ɔlɔkost] *nm* holocaust
hologramme [ɔlɔgʀam] *nm* hologram
'homard ['ɔmaʀ] *nm* lobster
homélie [ɔmeli] *nf* homily
homéopathe [ɔmeɔpat] *n* homoeopath
homéopathie [ɔmeɔpati] *nf* homoeopathy
homéopathique [ɔmeɔpatik] *adj* homoeopathic
homérique [ɔmeʀik] *adj* Homeric
homicide [ɔmisid] *nm* murder; **~ involontaire** manslaughter ▸ *nmf* murderer/eress
hominidé [ɔminide] *nm* hominid
hommage [ɔmaʒ] *nm* tribute; **rendre ~ à** to pay tribute *ou* homage to; **en ~ de** as a token of; **faire ~ de qch à qn** to present sb with sth; **hommages** *nmpl* : **présenter ses hommages** to pay one's respects
homme [ɔm] *nm* man; (*espèce humaine*) : **l'~** man, mankind; **~ d'affaires** businessman; **~ des cavernes** caveman; **~ d'Église** churchman, clergyman; **~ d'État** statesman; **~ de loi** lawyer; **~ de main** hired man; **~ de paille** stooge; **~ politique** politician; **l'~ de la rue** the man in the street; **~ à tout faire** odd-job man
homme-grenouille [ɔmgʀənuj] (*pl* **hommes-grenouilles**) *nm* frogman
homme-orchestre [ɔmɔʀkɛstʀ] (*pl* **hommes-orchestres**) *nm* one-man band
homme-sandwich [ɔmsɑ̃dwitʃ] (*pl* **hommes-sandwichs**) *nm* sandwich (board) man
homo [ɔmo] *adj, nmf* = **homosexuel**
homogène [ɔmɔʒɛn] *adj* homogeneous
homogénéisé, e [ɔmɔʒeneize] *adj* : **lait ~** homogenized milk
homogénéité [ɔmɔʒeneite] *nf* homogeneity
homographe [ɔmɔgʀaf] *nm* homograph
homologation [ɔmɔlɔgasjɔ̃] *nf* ratification; official recognition
homologue [ɔmɔlɔg] *nmf* counterpart, opposite number
homologué, e [ɔmɔlɔge] *adj* (*Sport*) officially recognized, ratified; (*tarif*) authorized
homologuer [ɔmɔlɔge] /1/ *vt* (*Jur*) to ratify; (*Sport*) to recognize officially, ratify
homonyme [ɔmɔnim] *nm* (*Ling*) homonym; (*d'une personne*) namesake
homoparental, e, -aux [ɔmɔparɑ̃tal, -o] *adj* (*famille*) same-sex
homophobe [ɔmɔfɔb] *adj* (*personne, propos*) homophobic ▸ *nm/f* homophobe
homophobie [ɔmɔfɔbi] *nf* homophobia
homophone [ɔmɔfɔn] *nm* homophone
homosexualité [ɔmɔsɛksɥalite] *nf* homosexuality
homosexuel, le [ɔmɔsɛksɥɛl] *adj* homosexual
homozygote [omozigɔt] *adj* homozygote
'Honduras ['ɔ̃dyʀas] *nm* : **le ~** Honduras
'hondurien, ne ['ɔ̃dyʀjɛ̃, -ɛn] *adj* Honduran
'Hong-Kong ['ɔ̃gkɔ̃g] *n* Hong Kong
'hongre ['ɔ̃gʀ] *adj* (*cheval*) gelded ▸ *nm* gelding
'Hongrie ['ɔ̃gʀi] *nf* : **la ~** Hungary
'hongrois, e ['ɔ̃gʀwa, -waz] *adj* Hungarian ▸ *nm* (*Ling*) Hungarian ▸ *nm/f* : **'Hongrois, e** Hungarian
honnête [ɔnɛt] *adj* (*intègre*) honest; (*juste, satisfaisant*) fair
honnêtement [ɔnɛtmɑ̃] *adv* honestly
honnêteté [ɔnɛtte] *nf* honesty
honneur [ɔnœʀ] *nm* honour; (*mérite*) : **l'~ lui revient** the credit is his; **à qui ai-je l'~ ?** to whom have I the pleasure of speaking?; **« j'ai l'~ de ... »** "I have the honour of ..."; **en l'~ de** (*personne*) in honour of; (*événement*) on the occasion of; **faire ~ à** (*engagements*) to honour; (*famille, professeur*) to be a credit to; (*fig : repas etc*) to do justice to; **être à l'~** to be in the place of honour; **être en ~** to be in favour; **membre d'~** honorary member; **table d'~** top table
Honolulu [ɔnɔlyly] *n* Honolulu
honorable [ɔnɔʀabl] *adj* worthy, honourable; (*suffisant*) decent
honorablement [ɔnɔʀabləmɑ̃] *adv* honourably; decently
honoraire [ɔnɔʀɛʀ] *adj* honorary; **professeur ~** professor emeritus; **honoraires** *nmpl* fees

honorer [ɔnɔʀe] /1/ *vt* to honour; (*estimer*) to hold in high regard; (*faire honneur à*) to do credit to; **~ qn de** to honour sb with; **s'honorer de** *vpr* to pride o.s. upon
honorifique [ɔnɔʀifik] *adj* honorary
'honte ['ɔ̃t] *nf* shame; **avoir ~ de** to be ashamed of; **faire ~ à qn** to make sb (feel) ashamed
'honteusement ['ɔ̃tøzmɑ̃] *adv* ashamedly; shamefully
'honteux, -euse ['ɔ̃tø, -øz] *adj* ashamed; (*conduite, acte*) shameful, disgraceful
'hop ['ɔp] *excl* (*vas-y !*) : **« allez ~ ! »** "off you go!"; (*et voilà*) : **et ~ !** bingo!; **un clic de souris et ~ ! la commande est enregistrée** one click of the mouse and bingo! the order has gone in
hôpital, -aux [ɔpital, -o] *nm* hospital; **où est l'~ le plus proche ?** where is the nearest hospital?

> Quand le mot **hospital** désigne l'institution en général, il n'est jamais précédé de l'article défini. Ce n'est pas le cas quand il désigne plus précisément le bâtiment.
> *Ma grand-mère est à l'hôpital depuis une semaine.*
> **My grandmother has been in hospital for a week.**
> *Ce soir, je vais à l'hôpital voir ma grand-mère.*
> **Tonight I'm going to the hospital to visit my grandmother.**

'hoquet ['ɔkɛ] *nm* hiccup, hiccough; **avoir le ~** to have (the) hiccups *ou* hiccoughs
'hoqueter ['ɔkte] /4/ *vi* to hiccough
horaire [ɔʀɛʀ] *adj* hourly ▸ *nm* timetable, schedule; **~ flexible** *ou* **mobile** *ou* **à la carte** *ou* **souple** flex(i)time; **horaires** *nmpl* (*heures de travail*) hours
'horde ['ɔʀd] *nf* horde
'horions ['ɔʀjɔ̃] *nmpl* blows
horizon [ɔʀizɔ̃] *nm* horizon; (*paysage*) landscape, view; **sur l'~** on the skyline *ou* horizon
horizontal, e, -aux [ɔʀizɔ̃tal, -o] *adj* horizontal ▸ *nf* : **à l'horizontale** on the horizontal
horizontalement [ɔʀizɔ̃talmɑ̃] *adv* horizontally
horloge [ɔʀlɔʒ] *nf* clock; **l'~ parlante** the speaking clock; **~ normande** grandfather clock; **~ physiologique** biological clock
horloger, -ère [ɔʀlɔʒe, -ɛʀ] *nm/f* watchmaker; clockmaker
horlogerie [ɔʀlɔʒʀi] *nf* watchmaking; watchmaker's (shop); clockmaker's (shop); **pièces d'~** watch parts *ou* components
'hormis ['ɔʀmi] *prép* save
hormonal, e, -aux [ɔʀmɔnal, -o] *adj* hormonal
hormone [ɔʀmɔn] *nf* hormone
horodaté, e [ɔʀɔdate] *adj* (*ticket*) time- and date-stamped; (*stationnement*) pay and display
horodateur, -trice [ɔʀɔdatœʀ, -tʀis] *adj* (*appareil*) for stamping the time and date ▸ *nm/f* (parking) ticket machine
horoscope [ɔʀɔskɔp] *nm* horoscope
horreur [ɔʀœʀ] *nf* horror; **avoir ~ de** to loathe, detest; **quelle ~ !** how awful!; **avoir ~ de** to loathe *ou* detest
horrible [ɔʀibl] *adj* horrible
horriblement [ɔʀibləmɑ̃] *adv* horribly
horrifiant, e [ɔʀifjɑ̃, -ɑ̃t] *adj* horrifying
horrifier [ɔʀifje] /7/ *vt* to horrify
horrifique [ɔʀifik] *adj* horrific
horripilant, e [ɔʀipilɑ̃, -ɑ̃t] *adj* exasperating
horripiler [ɔʀipile] /1/ *vt* to exasperate
'hors ['ɔʀ] *prép* except (for); **~ de** out of; **~ ligne** (*Inform*) off line; **~ pair** outstanding; **~ de propos** inopportune; **~ série** (*sur mesure*) made-to-order; (*exceptionnel*) exceptional; **~ service (HS)**, **~ d'usage** out of service; **être ~ de soi** to be beside o.s.
'hors-bord ['ɔʀbɔʀ] *nm inv* outboard motor; (*canot*) speedboat (with outboard motor)
'hors-concours ['ɔʀkɔ̃kuʀ] *adj inv* ineligible to compete; (*fig*) in a class of one's own
'hors-d'œuvre ['ɔʀdœvʀ] *nm inv* hors d'œuvre
'hors-jeu ['ɔʀʒø] *nm inv* being offside *no pl*
'hors-la-loi ['ɔʀlalwa] *nm inv* outlaw
'hors-piste, 'hors-pistes ['ɔʀpist] *nm inv* (*Ski*) cross-country
'hors-taxe [ɔʀtaks] *adj* (*sur une facture, prix*) excluding VAT; (*boutique, marchandises*) duty-free
'hors-texte ['ɔʀtɛkst] *nm inv* plate
hortensia [ɔʀtɑ̃sja] *nm* hydrangea
horticole [ɔʀtikɔl] *adj* horticultural
horticulteur, -trice [ɔʀtikyltœʀ, -tʀis] *nm/f* horticulturalist (*Brit*), horticulturist (*US*)
horticulture [ɔʀtikyltyʀ] *nf* horticulture
hospice [ɔspis] *nm* (*de vieillards*) home; (*asile*) hospice
hospitalier, -ière [ɔspitalje, -jɛʀ] *adj* (*accueillant*) hospitable; (*Méd : service, centre*) hospital *cpd*
hospitalisation [ɔspitalizasjɔ̃] *nf* hospitalization
hospitaliser [ɔspitalize] /1/ *vt* to take (*ou* send) to hospital, hospitalize
hospitalité [ɔspitalite] *nf* hospitality
hospitalo-universitaire [ɔspitalɔynivɛʀsitɛʀ] *adj* : **centre ~ (CHU)** ≈ (teaching) hospital
hostie [ɔsti] *nf* host
hostile [ɔstil] *adj* hostile
hostilité [ɔstilite] *nf* hostility; **hostilités** *nfpl* hostilities
hosto [ɔsto] *nm* (*fam*) hospital
hôte [ot] *nm* (*maître de maison*) host; (*client*) patron; (*fig*) inhabitant, occupant ▸ *nmf* (*invité*) guest; **~ payant** paying guest
hôtel [otɛl] *nm* hotel; **aller à l'~** to stay in a hotel; **~ (particulier)** (private) mansion; **~ de ville** town hall; *see note*

> **HÔTELS**
>
> There are five categories of **hôtel** in France, from 1 star to 5 stars. Prices quoted include VAT but not breakfast. In some towns, guests pay a small additional tourist tax, the *taxe de séjour*, used to offset tourism-related costs incurred by the town.

hôtelier, -ière [otəlje, -jɛʀ] *adj* hotel *cpd* ▸ *nm/f* hotelier, hotel-keeper
hôtellerie [otɛlʀi] *nf* (*profession*) hotel business; (*auberge*) inn
hôtesse [otɛs] *nf* hostess; **~ de l'air** flight attendant; **~ (d'accueil)** receptionist

'hotte ['ɔt] *nf* (*panier*) basket (*carried on the back*); (*de cheminée*) hood; ~ **aspirante** cooker hood
'houblon ['ublɔ̃] *nm* (*Bot*) hop; (*pour la bière*) hops *pl*
'houe ['u] *nf* hoe
'houille ['uj] *nf* coal; ~ **blanche** hydroelectric power
'houiller, -ère ['uje, -ɛʀ] *adj* coal *cpd*; (*terrain*) coal-bearing ▸ *nf* coal mine
'houle ['ul] *nf* swell
'houlette ['ulɛt] *nf* : **sous la ~ de** under the guidance of
'houleux, -euse ['ulø, -øz] *adj* heavy, swelling; (*fig*) stormy, turbulent
'houppe ['up], **'houppette** ['upɛt] *nf* powder puff; (*cheveux*) tuft
'houppelande ['uplɑ̃d] *nf* cloak
'hourra ['uʀa] *nm* cheer ▸ *excl* hurrah!
'houspiller ['uspije] /1/ *vt* to scold
'housse ['us] *nf* cover; (*pour protéger provisoirement*) dust cover; (*pour recouvrir à neuf*) loose *ou* stretch cover; ~ **(penderie)** hanging wardrobe
'houx ['u] *nm* holly
hovercraft [ɔvœʀkʀaft] *nm* hovercraft
HS *abr* = **hors service**
HT *abr* = **'hors taxe**
'hublot ['yblo] *nm* porthole
'huche ['yʃ] *nf* : ~ **à pain** bread bin
'huées ['ɥe] *nfpl* boos
'huer ['ɥe] /1/ *vt* to boo; (*hibou, chouette*) to hoot
'huguenot ['yg(ə)no] *nm* Huguenot
huile [ɥil] *nf* oil; (*Art*) oil painting; (*fam*) bigwig; **mer d'~** (*très calme*) glassy sea, sea of glass; **faire tache d'~** (*fig*) to spread; ~ **d'arachide** groundnut oil; ~ **essentielle** essential oil; ~ **de foie de morue** cod-liver oil; ~ **de ricin** castor oil; ~ **solaire** suntan oil; ~ **de table** salad oil
huiler [ɥile] /1/ *vt* to oil
huilerie [ɥilʀi] *nf* (*usine*) oil-works
huileux, -euse [ɥilø, -øz] *adj* oily
huilier [ɥilje] *nm* (oil and vinegar) cruet
huis [ɥi] *nm* : **à ~ clos** in camera
huissier [ɥisje] *nm* usher; (*Jur*) ≈ bailiff
'huit ['ɥi(t)] *num* eight; **samedi en ~** a week on Saturday; **dans ~ jours** in a week('s time)
'huitaine ['ɥitɛn] *nf* : **une ~ de** about eight, eight or so; **une ~ de jours** a week or so
'huitante ['ɥitɑ̃t] *num* (Suisse) eighty
'huitième ['ɥitjɛm] *num* eighth
huître [ɥitʀ] *nf* oyster
'hululement ['ylylmɑ̃] *nm* hooting
'hululer ['ylyle] /1/ *vi* to hoot
humain, e [ymɛ̃, -ɛn] *adj* human; (*compatissant*) humane ▸ *nm* human (being)
humainement [ymɛnmɑ̃] *adv* humanly; humanely
humanisation [ymanizasjɔ̃] *nf* humanization
humaniser [ymanize] /1/ *vt* to humanize
humanisme [ymanism] *nm* humanism
humaniste [ymanist] *nmf* humanist
humanitaire [ymanitɛʀ] *adj* humanitarian
humanitarisme [ymanitaʀism] *nm* humanitarianism
humanité [ymanite] *nf* humanity
humanoïde [ymanɔid] *nmf* humanoid
humble [œ̃bl] *adj* humble
humblement [œ̃bləmɑ̃] *adv* humbly
humecter [ymɛkte] /1/ *vt* to dampen; **s'~ les lèvres** to moisten one's lips
'humer ['yme] /1/ *vt* (*parfum*) to inhale; (*pour sentir*) to smell
humérus [ymeʀys] *nm* (*Anat*) humerus
humeur [ymœʀ] *nf* mood; (*tempérament*) temper; (*irritation*) bad temper; **de bonne/mauvaise ~** in a good/bad mood; **être d'~ à faire qch** to be in the mood for doing sth
humide [ymid] *adj* (*linge*) damp; (*main, yeux*) moist; (*climat, chaleur*) humid; (*saison, route*) wet
humidificateur [ymidifikatœʀ] *nm* humidifier
humidifier [ymidifje] /7/ *vt* to humidify
humidité [ymidite] *nf* humidity; dampness; **traces d'~** traces of moisture *ou* damp
humiliant, e [ymiljɑ̃, -ɑ̃t] *adj* humiliating
humiliation [ymiljasjɔ̃] *nf* humiliation
humilier [ymilje] /7/ *vt* to humiliate; **s'~ devant qn** to humble o.s. before sb
humilité [ymilite] *nf* humility, humbleness
humoriste [ymɔʀist] *nmf* humorist
humoristique [ymɔʀistik] *adj* humorous; humoristic
humour [ymuʀ] *nm* humour; **avoir de l'~** to have a sense of humour; ~ **noir** sick humour
humus [ymys] *nm* humus
'huppé, e ['ype] *adj* crested; (*fam*) posh
'hurlement ['yʀləmɑ̃] *nm* howling *no pl*, howl; yelling *no pl*, yell
'hurler ['yʀle] /1/ *vi* to howl, yell; (*fig : vent*) to howl; (*: couleurs etc*) to clash; ~ **à la mort** (*chien*) to bay at the moon
hurluberlu [yʀlybɛʀly] *nm* (*péj*) crank ▸ *adj* cranky
'husky ['œski] *nm* husky
'hutte ['yt] *nf* hut
hybridation [ibʀidasjɔ̃] *nf* (*Bot*) hybridization; (*Zool*) cross-breeding
hybride [ibʀid] *adj, nm* hybrid
hydratant, e [idʀatɑ̃, -ɑ̃t] *adj* (*crème*) moisturizing
hydratation [idʀatasjɔ̃] *nf* (*de personne*) hydration; (*de peau*) moisturization
hydrate [idʀat] *nm* : **hydrates de carbone** carbohydrates
hydrater [idʀate] /1/ *vt* to hydrate; **s'hydrater** *vpr* (*personne*) to drink fluids
hydraulique [idʀolik] *adj* hydraulic
hydravion [idʀavjɔ̃] *nm* seaplane, hydroplane
hydro... [idʀɔ] *préfixe* hydro...
hydrocarbure [idʀɔkaʀbyʀ] *nm* hydrocarbon
hydrocéphale [idʀosefal] *adj* hydrocephalic, hydrocephalous
hydrocution [idʀɔkysjɔ̃] *nf* immersion syncope
hydroélectricité [idʀoelɛktʀisite] *nf* hydroelectricity
hydroélectrique, hydro-électrique [idʀɔelɛktʀik] *adj* hydroelectric
hydrogène [idʀɔʒɛn] *nm* hydrogen
hydrogéné, e [idʀɔʒene] *adj* (*huile*) hydrogenated
hydroglisseur [idʀɔglisœʀ] *nm* hydroplane
hydrographie [idʀɔgʀafi] *nf* (*fleuves*) hydrography

h

hydrographique [idʀɔgʀafik] *adj* hydrographic, hydrographical
hydrolyse [idʀɔliz] *nf* hydrolysis
hydromassage [idʀɔmasaʒ] *nm* hydromassage
hydrophile [idʀɔfil] *adj voir* **coton**
hydroponique [idʀɔpɔnik] *adj* : **culture ~** hydroponics *sg*
hyène [jɛn] *nf* hyena
hygiaphone® [iʒjafɔn] *nm* grill *(for speaking through on ticket counters)*
hygiène [iʒjɛn] *nf* hygiene; **~ intime** personal hygiene
hygiénique [iʒjenik] *adj* hygienic
hyménoptère [imenɔptɛʀ] *nm* hymenopteran
hymne [imn] *nm* hymn; **~ national** national anthem
hyper... [ipɛʀ] *préfixe* hyper...
hyperactif, -ive [ipɛʀaktif, -iv] *adj* hyperactive
hyperactivité [ipɛʀaktivite] *nf* hyperactivity
hyperbole [ipɛʀbɔl] *nf (figure de style)* hyperbole; *(Math)* hyperbola
hyperinflation [ipɛʀɛ̃flasjɔ̃] *nf* hyperinflation
hyperlien [ipɛʀljɛ̃] *nm (Inform)* hyperlink
hypermarché [ipɛʀmaʀʃe] *nm* hypermarket
hypermétrope [ipɛʀmetʀɔp] *adj* long-sighted
hypernerveux, -euse [ipɛʀnɛʀvø, -øz] *adj* highly-strung
hyperréalisme [ipɛʀʀealism] *nm* hyperrealism
hyperréaliste [ipɛʀʀealist] *adj* hyperrealistic
hypersensibilité [ipɛʀsɑ̃sibilite] *nf* hypersensitivity
hypersensible [ipɛʀsɑ̃sibl] *adj* hypersensitive
hypertendu, e [ipɛʀtɑ̃dy] *adj* having high blood pressure, hypertensive
hypertension [ipɛʀtɑ̃sjɔ̃] *nf* high blood pressure, hypertension
hypertexte [ipɛʀtɛkst] *nm (Inform)* hypertext
hypertrophie [ipɛʀtʀɔfi] *nf (Méd)* hypertrophy
hypertrophié, e [ipɛʀtʀɔfje] *adj* hypertrophic
hypnose [ipnoz] *nf* hypnosis
hypnothérapie [ipnɔteʀapi] *nf* hypnotherapy
hypnotique [ipnɔtik] *adj* hypnotic
hypnotiser [ipnɔtize] /**1**/ *vt* to hypnotize
hypnotiseur [ipnɔtizœʀ] *nm* hypnotist
hypnotisme [ipnɔtism] *nm* hypnotism
hypoallergénique [ipoalɛʀʒik] *adj* hypoallergenic
hypocalorique [ipokalɔʀik] *adj* low-calorie
hypocondriaque [ipɔkɔ̃dʀijak] *adj* hypochondriac
hypocrisie [ipɔkʀizi] *nf* hypocrisy
hypocrite [ipɔkʀit] *adj* hypocritical ▸ *nmf* hypocrite
hypocritement [ipɔkʀitmɑ̃] *adv* hypocritically
hypodermique [ipɔdɛʀmik] *adj (seringue)* hypodermic
hypoglycémie [ipoglisemi] *nf* hypoglycaemia (Brit), hypoglycemia *(US)*
hypokhâgne [ipɔkaɲ] *nf first year of preparatory course for arts section of the École normale supérieure*
hypotendu, e [ipɔtɑ̃dy] *adj* having low blood pressure, hypotensive
hypotension [ipɔtɑ̃sjɔ̃] *nf* low blood pressure, hypotension
hypoténuse [ipɔtenyz] *nf* hypotenuse
hypothécaire [ipɔtekɛʀ] *adj* mortgage; **garantie/prêt ~** mortgage security/loan
hypothèque [ipɔtɛk] *nf* mortgage
hypothéquer [ipɔteke] /**6**/ *vt* to mortgage
hypothermie [ipɔtɛʀmi] *nf* hypothermia
hypothèse [ipɔtɛz] *nf* hypothesis; **dans l'~ où** assuming that
hypothétique [ipɔtetik] *adj* hypothetical
hypothétiquement [ipɔtetikmɑ̃] *adv* hypothetically
hystérectomie [isteʀɛktɔmi] *nf* hysterectomy
hystérie [isteʀi] *nf* hysteria; **~ collective** mass hysteria
hystérique [isteʀik] *adj* hysterical
Hz *abr* (= Hertz) Hz

Ii

I, i [i] *nm inv* I, i; **I comme Irma** I for Isaac (BRIT) *ou* Item (US)
IAC *sigle f (= insémination artificielle entre conjoints)* AIH
IAD *sigle f (= insémination artificielle par donneur extérieur)* AID
ibère [ibɛʀ] *adj* Iberian ▸ *nmf* : **Ibère** Iberian
ibérique [ibeʀik] *adj* : **la péninsule ~** the Iberian peninsula
ibid. [ibid] *abr (= ibidem)* ibid., ib.
ibis [ibis] *nm* ibis
iceberg [isbɛʀg] *nm* iceberg
ici [isi] *adv* here; **jusqu'~** as far as this; *(temporel)* until now; **d'~ là** by then; **d'~ demain** by tomorrow; *(en attendant)* in the meantime; **d'~ peu** before long
icône [ikon] *nf (aussi Inform)* icon
iconoclaste [ikɔnɔklast] *nmf* iconoclast
iconographie [ikɔnɔgʀafi] *nf* iconography; *(illustrations)* (collection of) illustrations
iconographique [ikɔnɔgʀafik] *adj (sources, ressources)* image *cpd*, picture *cpd*; **fonds ~** image bank
id. [id] *abr (= idem)* id.
idéal, e, -aux [ideal, -o] *adj* ideal ▸ *nm* ideal; *(système de valeurs)* ideals *pl*
idéalement [idealmɑ̃] *adv* ideally
idéalisation [idealizasjɔ̃] *nf* idealization
idéaliser [idealize] /1/ *vt* to idealize
idéalisme [idealism] *nm* idealism
idéaliste [idealist] *adj* idealistic ▸ *nmf* idealist
idée [ide] *nf* idea; *(illusion)* : **se faire des idées** to imagine things, get ideas into one's head; **avoir dans l'~ que** to have an idea that; **mon ~, c'est que ...** I suggest that ..., I think that ...; **à l'~ de/que** at the idea of/that, at the thought of/that; **je n'en ai pas la moindre ~** I haven't the faintest idea; **avoir ~ que** to have an idea that; **avoir des idées larges/étroites** to be broad-/narrow-minded; **venir à l'~ de qn** to occur to sb; **en voilà des idées !** the very idea!; **~ fixe** idée fixe, obsession; **idées noires** black *ou* dark thoughts; **idées reçues** accepted ideas *ou* wisdom
idée-force [idefɔʀs] *(pl* **idées-force(s)**) *nf* main idea
identifiable [idɑ̃tifjabl] *adj* identifiable
identifiant [idɑ̃tifjɑ̃] *nm (Inform)* login
identification [idɑ̃tifikasjɔ̃] *nf* identification
identifier [idɑ̃tifje] /7/ *vt* to identify; **~ qch/qn à** to identify sth/sb with; **s'identifier** *vpr* : **s'~ avec** *ou* **à qn/qch** *(héros etc)* to identify with sb/sth
identique [idɑ̃tik] *adj* : **~ (à)** identical (to)
identitaire [idɑ̃titɛʀ] *adj* : **une crise ~** an identity crisis; **une quête ~** a search for identity
identité [idɑ̃tite] *nf* identity; **~ judiciaire** *(Police)* ≈ Criminal Records Office
idéogramme [ideɔgʀam] *nm* ideogram
idéologie [ideɔlɔʒi] *nf* ideology
idéologique [ideɔlɔʒik] *adj* ideological
idéologue [ideɔlɔg] *nmf* ideologue
idiomatique [idjɔmatik] *adj* : **expression ~** idiom, idiomatic expression
idiome [idjom] *nm (Ling)* idiom
idiot, e [idjo, idjɔt] *adj* idiotic ▸ *nm/f* idiot
idiotie [idjɔsi] *nf* idiocy; *(propos)* idiotic remark
idiotisme [idjɔtism] *nm* idiom, idiomatic phrase
idoine [idwan] *adj* fitting
idolâtrer [idɔlatʀe] /1/ *vt* to idolize
idolâtrie [idɔlatʀi] *nf* idolatry
idole [idɔl] *nf* idol
idylle [idil] *nf* idyll
idyllique [idilik] *adj* idyllic
if [if] *nm* yew
IFOP [ifɔp] *sigle m (= Institut français d'opinion publique) French market research institute*
IGH *sigle m (= immeuble de grande hauteur) high-rise building*
igloo [iglu] *nm* igloo
IGN *sigle m (= Institut géographique national) French national geographical institute*
ignare [iɲaʀ] *adj* ignorant
ignifuge [ignifyʒ] *adj* fireproofing ▸ *nm* fireproofing (substance)
ignifuger [ignifyʒe] /3/ *vt* to fireproof
ignoble [iɲɔbl] *adj* vile
ignominie [iɲɔmini] *nf* ignominy; *(acte)* ignominious *ou* base act
ignominieux, -euse [iɲɔminjø, -øz] *adj* ignominious
ignorance [iɲɔʀɑ̃s] *nf* ignorance; **dans l'~ de** in ignorance of, ignorant of
ignorant, e [iɲɔʀɑ̃, -ɑ̃t] *adj* ignorant; **~ de** ignorant of, not aware of; **~ en** ignorant of, knowing nothing of ▸ *nm/f* : **faire l'~** to pretend one doesn't know
ignoré, e [iɲɔʀe] *adj* unknown
ignorer [iɲɔʀe] /1/ *vt (ne pas connaître)* not to know, be unaware *ou* ignorant of; *(être sans expérience de : plaisir, guerre etc)* not to know about, have no experience of; *(bouder : personne)* to

ignore; **j'ignore comment/si** I do not know how/if; **~ que** to be unaware that, not to know that; **je n'ignore pas que ...** I'm not forgetting that ..., I'm not unaware that ...; **je l'ignore** I don't know
IGPN *sigle f (= Inspection générale de la police nationale) police disciplinary body*
IGS *sigle f (= Inspection générale des services) police disciplinary body for Paris*
iguane [igwan] *nm* iguana
il [il] *pron* he; (*animal, chose, en tournure impersonnelle*) it, *NB: en anglais les navires et les pays sont en général assimilés aux femelles, et les bébés aux choses, si le sexe n'est pas spécifié*; **ils** they; **il neige** it's snowing; **Pierre est-il arrivé ?** has Pierre arrived?; **il a gagné** he won; *voir aussi* **avoir**
île [il] *nf* island; **les Îles** the West Indies; **l'~ de Beauté** Corsica; **l'~ Maurice** Mauritius; **les îles anglo-normandes** the Channel Islands; **les îles Britanniques** the British Isles; **les îles Cocos** *ou* **Keeling** the Cocos *ou* Keeling Islands; **les îles Cook** the Cook Islands; **les îles Scilly** the Scilly Isles, the Scillies; **les îles Shetland** the Shetland Islands, Shetland; **les îles Sorlingues** = **les îles Scilly**; **les îles Vierges** the Virgin Islands
iliaque [iljak] *adj (Anat)* : **os/artère ~** iliac bone/ artery
îlien, ne [iljɛ̃, -ɛn] *adj* island *cpd* ▶ *nm/f* islander
illégal, e, -aux [ilegal, -o] *adj* illegal, unlawful (*Admin*)
illégalement [ilegalmɑ̃] *adv* illegally
illégalité [ilegalite] *nf* illegality; unlawfulness; **être dans l'~** to be outside the law
illégitime [ileʒitim] *adj* illegitimate; (*optimisme, sévérité*) unjustified, unwarranted
illégitimement [ileʒitimmɑ̃] *adv* illegitimately
illégitimité [ileʒitimite] *nf* illegitimacy; **gouverner dans l'~** to rule illegally
illettré, e [iletʀe] *adj, nm/f* illiterate
illettrisme [iletʀism] *nm* illiteracy
illicite [ilisit] *adj* illicit
illicitement [ilisitmɑ̃] *adv* illicitly
illico [iliko] *adv (fam)* pronto
illimité, e [ilimite] *adj* (*immense*) boundless, unlimited; (*congé, durée*) indefinite, unlimited
illisible [ilizibl] *adj* illegible; (*roman*) unreadable
illisiblement [iliziblǝmɑ̃] *adv* illegibly
illogique [ilɔʒik] *adj* illogical
illogisme [ilɔʒism] *nm* illogicality
illumination [ilyminasjɔ̃] *nf* illumination, floodlighting; (*inspiration*) flash of inspiration; **illuminations** *nfpl* illuminations, lights
illuminé, e [ilymine] *adj* lit up; illuminated, floodlit ▶ *nm/f (fig : péj)* crank
illuminer [ilymine] /1/ *vt* to light up; (*monument, rue : pour une fête*) to illuminate; (*: au moyen de projecteurs*) floodlight; **s'illuminer** *vpr* to light up
illusion [ilyzjɔ̃] *nf* illusion; **se faire des illusions** to delude o.s.; **faire ~** to delude *ou* fool people; **~ d'optique** optical illusion
illusionner [ilyzjɔne] /1/ *vt* to delude; **s'illusionner** *vpr* : **s'~ (sur qn/qch)** to delude o.s. (about sb/sth)
illusionnisme [ilyzjɔnism] *nm* conjuring
illusionniste [ilyzjɔnist] *nmf* conjuror
illusoire [ilyzwaʀ] *adj* illusory, illusive
illustrateur, -trice [ilystʀatœʀ, -tʀis] *nm/f* illustrator
illustratif, -ive [ilystʀatif, -iv] *adj* illustrative
illustration [ilystʀasjɔ̃] *nf* illustration; (*d'un ouvrage : photos*) illustrations *pl*
illustre [ilystʀ] *adj* illustrious, renowned
illustré, e [ilystʀe] *adj* illustrated ▶ *nm* illustrated magazine; (*pour enfants*) comic
illustrer [ilystʀe] /1/ *vt* to illustrate; **s'illustrer** *vpr* to become famous, win fame
îlot [ilo] *nm* small island, islet; (*de maisons*) block; (*petite zone*) : **un ~ de verdure** an island of greenery, a patch of green
îlotage [ilɔtaʒ] *nm* community policing
îlotier, -ière [ilɔtje, -jɛʀ] *nm* community police officer
ils [il] *pron* they
image [imaʒ] *nf (gén)* picture; (*comparaison, ressemblance, Optique*) image; **~ de** picture *ou* image of; **~ d'Épinal** (social) stereotype; **~ de marque** brand image; (*d'une personne*) (public) image; (*d'une entreprise*) corporate image; **~ pieuse** holy picture
imagé, e [imaʒe] *adj* (*texte*) full of imagery; (*langage*) colourful
imagerie [imaʒʀi] *nf (Tech)* imagery; **centre d'~ médicale** medical imaging centre (Brit) *ou* center (US)
imaginable [imaʒinabl] *adj* imaginable; **difficilement ~** hard to imagine
imaginaire [imaʒinɛʀ] *adj* imaginary
imaginatif, -ive [imaʒinatif, -iv] *adj* imaginative
imagination [imaʒinasjɔ̃] *nf* imagination; (*chimère*) fancy, imagining; **avoir de l'~** to be imaginative, have a good imagination
imaginer [imaʒine] /1/ *vt* to imagine; (*croire*) : **qu'allez-vous ~ là ?** what on earth are you thinking of?; (*inventer : expédient, mesure*) to devise, think up; **j'imagine qu'il a voulu plaisanter** I suppose he was joking; **~ de faire** (*se mettre dans l'idée de*) to dream up the idea of doing; **s'imaginer** *vpr* (*se figurer : scène etc*) to imagine, picture; **s'~ à 60 ans** to picture *ou* imagine o.s. at 60; **s'~ que** to imagine that; **s'~ pouvoir faire qch** to think one can do sth
imam [imam] *nm* imam
imbattable [ɛ̃batabl] *adj* unbeatable
imbécile [ɛ̃besil] *adj* idiotic ▶ *nmf* idiot; (*Méd*) imbecile
imbécillité [ɛ̃besilite] *nf* idiocy; imbecility; idiotic action (*ou* remark *etc*)
imberbe [ɛ̃bɛʀb] *adj* beardless
imbibé, e [ɛ̃bibe] *adj* : **~ de** (*liquide*) dipped in; **~ d'eau** (*chaussures, étoffe*) saturated; (*terre*) waterlogged
imbiber [ɛ̃bibe] /1/ *vt* : **~ qch de** to moisten *ou* wet sth with; **s'imbiber de** *vpr* to become saturated with
imbitable, imbittable [ɛ̃bitabl] *adj* (*fam : incompréhensible*) meaningless; **c'est ~** it's gibberish
imbriqué, e [ɛ̃bʀike] *adj* overlapping

imbriquer [ɛ̃bʀike] /1/ : **s'imbriquer** *vpr* to overlap (each other); (*fig*) to become interlinked *ou* interwoven
imbroglio [ɛ̃bʀɔljo] *nm* imbroglio
imbu, e [ɛ̃by] *adj* : **~ de** full of; **~ de soi-même/sa supériorité** full of oneself/one's superiority
imbuvable [ɛ̃byvabl] *adj* undrinkable
imitable [imitabl] *adj* imitable; **facilement ~** easily imitated
imitateur, -trice [imitatœʀ, -tʀis] *nm/f* (*gén*) imitator; (*Music-Hall : d'une personnalité*) impersonator
imitation [imitasjɔ̃] *nf* imitation; (*de personnalité*) impersonation; **sac ~ cuir** bag in imitation *ou* simulated leather; **à l'~ de** in imitation of
imiter [imite] /1/ *vt* to imitate; (*personne*) to imitate, impersonate; (*contrefaire : signature, document*) to forge, copy; (*ressembler à*) to look like; **il se leva et je l'imitai** he got up and I did likewise
imm. *abr* = **immeuble**
immaculé, e [imakyle] *adj* spotless, immaculate; **l'Immaculée Conception** (*Rel*) the Immaculate Conception
immanent, e [imanɑ̃, -ɑ̃t] *adj* immanent
immangeable [ɛ̃mɑ̃ʒabl] *adj* inedible, uneatable
immanquable [ɛ̃mɑ̃kabl] *adj* (*cible*) impossible to miss; (*fatal, inévitable*) bound to happen, inevitable
immanquablement [ɛ̃mɑ̃kabləmɑ̃] *adv* inevitably
immatériel, le [imateʀjɛl] *adj* ethereal; (*Philosophie*) immaterial
immatriculation [imatʀikylasjɔ̃] *nf* registration

IMMATRICULATION

French **plaques d'immatriculation** (licence plates) can bear the number of the *département* the vehicle is registered in, if the owner of the vehicle so wishes. For example, a car registered in Paris can display the number 75 on its licence plate.

immatriculer [imatʀikyle] /1/ *vt* to register; **faire/se faire ~** to register; **voiture immatriculée dans la Somme** car with a Somme registration (number)
immature [imatyʀ] *adj* immature
immaturité [imatyʀite] *nf* immaturity
immédiat, e [imedja, -at] *adj* immediate; **dans le voisinage ~ de** in the immediate vicinity of ▸ *nm* : **dans l'~** for the time being
immédiatement [imedjatmɑ̃] *adv* immediately
immémorial, e, -aux [imemɔʀjal, -o] *adj* ancient, age-old
immense [imɑ̃s] *adj* immense
immensément [imɑ̃semɑ̃] *adv* immensely
immensité [imɑ̃site] *nf* immensity
immergé, e [imɛʀʒe] *adj* (*terres, partie*) submerged
immerger [imɛʀʒe] /3/ *vt* to immerse, submerge; (*câble*) to lay under water; (*déchets*) to dump at sea; **s'immerger** *vpr* (*sous-marin*) to dive, submerge
immérité, e [imeʀite] *adj* undeserved
immersion [imɛʀsjɔ̃] *nf* immersion
immettable [ɛ̃mɛtabl] *adj* unwearable
immeuble [imœbl] *nm* building ▸ *adj* (*Jur*) immovable, real; **~ locatif** block of rented flats (Brit), rental building (US); **~ de rapport** investment property
immigrant, e [imigʀɑ̃, -ɑ̃t] *nm/f* immigrant
immigration [imigʀasjɔ̃] *nf* immigration
immigré, e [imigʀe] *nm/f* immigrant
immigrer [imigʀe] /1/ *vi* to immigrate
imminence [iminɑ̃s] *nf* imminence
imminent, e [iminɑ̃, -ɑ̃t] *adj* imminent, impending
immiscer [imise] /3/ : **s'immiscer** *vpr* : **s'~ dans** to interfere in *ou* with
immixtion [imiksjɔ̃] *nf* interference
immobile [imɔbil] *adj* still, motionless; (*pièce de machine*) fixed; (*fig*) unchanging; **rester/se tenir ~** to stay/keep still
immobilier, -ière [imɔbilje, -jɛʀ] *adj* property *cpd*, in real property ▸ *nm* : **l'~** the property *ou* the real estate business
immobilisation [imɔbilizasjɔ̃] *nf* immobilization; **immobilisations** *nfpl* (*Jur*) fixed assets
immobiliser [imɔbilize] /1/ *vt* (*gén*) to immobilize; (*circulation, véhicule, affaires*) to bring to a standstill; **s'immobiliser** *vpr* (*personne*) to stand still; (*machine, véhicule*) to come to a halt *ou* a standstill
immobilisme [imɔbilism] *nm* strong resistance *ou* opposition to change
immobilité [imɔbilite] *nf* immobility
immodéré, e [imɔdeʀe] *adj* immoderate, inordinate
immodérément [imɔdeʀemɑ̃] *adv* immoderately
immolation [imɔlasjɔ̃] *nf* immolation; **~ par le feu** immolation
immoler [imɔle] /1/ *vt* to sacrifice; **s'immoler** *vpr* to sacrifice o.s.
immonde [imɔ̃d] *adj* foul; (*sale : ruelle, taudis*) squalid
immondices [imɔ̃dis] *nfpl* (*ordures*) refuse *sg*; (*saletés*) filth *sg*
immoral, e, -aux [imɔʀal, -o] *adj* immoral
immoralisme [imɔʀalism] *nm* immoralism
immoralité [imɔʀalite] *nf* immorality
immortaliser [imɔʀtalize] /1/ *vt* to immortalize
immortalité [imɔʀtalite] *nf* immortality
immortel, le [imɔʀtɛl] *adj* immortal ▸ *nf* (*Bot*) everlasting (flower)
immuable [imɥabl] *adj* (*inébranlable*) immutable; (*qui ne change pas*) unchanging; (*personne*) : **~ dans ses convictions** immoveable (in one's convictions)
immuablement [imɥabləmɑ̃] *adv* immutably
immunisation [imynizasjɔ̃] *nf* immunization
immunisé, e [im(m)ynize] *adj* : **~ contre** immune to
immuniser [imynize] /1/ *vt* (*Méd*) to immunize; **~ qn contre** to immunize sb against; (*fig*) to make sb immune to

i

immunitaire [imyniteʀ] *adj* immune
immunité [imynite] *nf* immunity; **~ diplomatique** diplomatic immunity; **~ parlementaire** parliamentary privilege
immunodéficience [imynodefisjɑ̃s] *nf* immunodeficiency
immunodéprimé, e [imynodepʀime] *adj* immunocompromised ▸ *nm/f* immunocompromised person
immunologie [imynɔlɔʒi] *nf* immunology
immunosuppresseur [imynosypʀesœʀ] *adj* immunosuppressive, immunosuppressant ▸ *nm* immunosuppressive, immunosuppressant
immutabilité [imytabilite] *nf* immutability
impact [ɛ̃pakt] *nm* impact; **point d'~** point of impact
impair, e [ɛ̃pɛʀ] *adj* odd; **numéros impairs** odd numbers ▸ *nm* faux pas, blunder
impalpable [ɛ̃palpabl] *adj* impalpable
impaludation [ɛ̃palydasjɔ̃] *nf* inoculation against malaria
imparable [ɛ̃paʀabl] *adj* unstoppable
impardonnable [ɛ̃paʀdɔnabl] *adj* unpardonable, unforgivable; **vous êtes ~ d'avoir fait cela** it's unforgivable of you to have done that
imparfait, e [ɛ̃paʀfɛ, -ɛt] *adj* imperfect ▸ *nm* (*Ling*) imperfect (tense)
imparfaitement [ɛ̃paʀfɛtmɑ̃] *adv* imperfectly
impartial, e, -aux [ɛ̃paʀsjal, -o] *adj* impartial, unbiased
impartialement [ɛ̃paʀsjalmɑ̃] *adv* impartially
impartialité [ɛ̃paʀsjalite] *nf* impartiality
impartir [ɛ̃paʀtiʀ] /**2**/ *vt* : **~ qch à qn** to assign sth to sb; (*dons*) to bestow sth upon sb; **dans les délais impartis** in the time allowed
impasse [ɛ̃pɑs] *nf* dead-end, cul-de-sac; (*fig*) deadlock; **être dans l'~** (*négociations*) to have reached deadlock; **~ budgétaire** budget deficit
impassibilité [ɛ̃pasibilite] *nf* impassiveness
impassible [ɛ̃pasibl] *adj* impassive
impassiblement [ɛ̃pasibləmɑ̃] *adv* impassively
impatiemment [ɛ̃pasjamɑ̃] *adv* impatiently
impatience [ɛ̃pasjɑ̃s] *nf* impatience
impatient, e [ɛ̃pasjɑ̃, -ɑ̃t] *adj* impatient; **~ de faire qch** keen *ou* impatient to do sth
impatienter [ɛ̃pasjɑ̃te] /**1**/ *vt* to irritate, annoy; **s'impatienter** *vpr* to get impatient; **s'~ de/contre** to lose patience at/with, grow impatient at/with
impavide [ɛ̃pavid] *adj* unruffled
impayable [ɛ̃pɛjabl] *adj* (*drôle*) priceless
impayé, e [ɛ̃peje] *adj* unpaid, outstanding
impeccable [ɛ̃pekabl] *adj* faultless, impeccable; (*propre*) spotlessly clean; (*chic*) impeccably dressed; (*fam*) smashing
impeccablement [ɛ̃pekabləmɑ̃] *adv* impeccably
impénétrable [ɛ̃penetʀabl] *adj* impenetrable
impénitent, e [ɛ̃penitɑ̃, -ɑ̃t] *adj* unrepentant
impensable [ɛ̃pɑ̃sabl] *adj* (*événement hypothétique*) unthinkable; (*événement qui a eu lieu*) unbelievable
imper [ɛ̃pɛʀ] *nm* (*imperméable*) mac
impératif, -ive [ɛ̃peʀatif, -iv] *adj* imperative; (*Jur*) mandatory ▸ *nm* (*Ling*) imperative; **impératifs** *nmpl* (*exigences : d'une fonction, d'une charge*) requirements; (*: de la mode*) demands
impérativement [ɛ̃peʀativmɑ̃] *adv* imperatively
impératrice [ɛ̃peʀatʀis] *nf* empress
imperceptible [ɛ̃pɛʀsɛptibl] *adj* imperceptible
imperceptiblement [ɛ̃pɛʀsɛptibləmɑ̃] *adv* imperceptibly
imperdable [ɛ̃pɛʀdabl] *adj* that cannot be lost
imperfectible [ɛ̃pɛʀfɛktibl] *adj* which cannot be perfected
imperfection [ɛ̃pɛʀfɛksjɔ̃] *nf* imperfection
impérial, e, -aux [ɛ̃peʀjal, -o] *adj* imperial ▸ *nf* upper deck; **autobus à impériale** double-decker bus
impérialisme [ɛ̃peʀjalism] *nm* imperialism
impérialiste [ɛ̃peʀjalist] *adj, nmf* imperialist
impérieusement [ɛ̃peʀjøzmɑ̃] *adv* : **avoir ~ besoin de qch** to have urgent need of sth
impérieux, -euse [ɛ̃peʀjø, -øz] *adj* (*caractère, ton*) imperious; (*obligation, besoin*) pressing, urgent
impérissable [ɛ̃peʀisabl] *adj* undying, imperishable
imperméabilisation [ɛ̃pɛʀmeabilizasjɔ̃] *nf* waterproofing
imperméabiliser [ɛ̃pɛʀmeabilize] /**1**/ *vt* to waterproof
imperméabilité [ɛ̃pɛʀmeabilite] *nf* : **pour assurer l'~ du tissu** to make the material waterproof
imperméable [ɛ̃pɛʀmeabl] *adj* waterproof; (*Géo*) impermeable; (*fig*) : **~ à** impervious to; **~ à l'air** airtight ▸ *nm* raincoat
impersonnel, le [ɛ̃pɛʀsɔnɛl] *adj* impersonal
impertinemment [ɛ̃pɛʀtinamɑ̃] *adv* impertinently
impertinence [ɛ̃pɛʀtinɑ̃s] *nf* impertinence
impertinent, e [ɛ̃pɛʀtinɑ̃, -ɑ̃t] *adj* impertinent
imperturbable [ɛ̃pɛʀtyʀbabl] *adj* (*personne*) imperturbable; (*sang-froid*) unshakeable; **rester ~** to remain unruffled
imperturbablement [ɛ̃pɛʀtyʀbabləmɑ̃] *adv* imperturbably; unshakeably
impétigo [ɛ̃petigo] *nm* impetigo
impétrant, e [ɛ̃petʀɑ̃, -ɑ̃t] *nm/f* (*Jur*) applicant
impétueux, -euse [ɛ̃petɥø, -øz] *adj* fiery
impétuosité [ɛ̃petɥozite] *nf* fieriness
impie [ɛ̃pi] *adj* impious, ungodly
impiété [ɛ̃pjete] *nf* impiety
impitoyable [ɛ̃pitwajabl] *adj* pitiless, merciless
impitoyablement [ɛ̃pitwajabləmɑ̃] *adv* mercilessly
implacable [ɛ̃plakabl] *adj* implacable
implacablement [ɛ̃plakabləmɑ̃] *adv* implacably
implant [ɛ̃plɑ̃] *nm* (*Méd*) implant
implantation [ɛ̃plɑ̃tasjɔ̃] *nf* (*d'usine, d'usage*) establishment; (*de colons*) settling; (*d'idée, de préjugé*) implantation
implanter [ɛ̃plɑ̃te] /**1**/ *vt* (*usine, industrie, usage*) to establish; (*colons*) to settle; (*idée, préjugé*) to implant; **s'implanter dans** *vpr* to be established in; to settle in; to become implanted in

implémenter [ɛ̃plemɑ̃te] /1/ *vt* (*aussi Inform*) to implement
implication [ɛ̃plikasjɔ̃] *nf* implication
implicite [ɛ̃plisit] *adj* implicit
implicitement [ɛ̃plisitmɑ̃] *adv* implicitly
impliquer [ɛ̃plike] /1/ *vt* to imply; **~ qn (dans)** to implicate sb (in)
implorant, e [ɛ̃plɔʀɑ̃, -ɑ̃t] *adj* imploring
implorer [ɛ̃plɔʀe] /1/ *vt* to implore
imploser [ɛ̃ploze] /1/ *vi* to implode
implosion [ɛ̃plozjɔ̃] *nf* implosion
impoli, e [ɛ̃pɔli] *adj* impolite, rude
impoliment [ɛ̃pɔlimɑ̃] *adv* impolitely
impolitesse [ɛ̃pɔlitɛs] *nf* impoliteness, rudeness; (*propos*) impolite *ou* rude remark
impondérable [ɛ̃pɔ̃deʀabl] *nm* imponderable
impopulaire [ɛ̃pɔpylɛʀ] *adj* unpopular
impopularité [ɛ̃pɔpylaʀite] *nf* unpopularity
importable [ɛ̃pɔʀtabl] *adj* (*Comm : marchandise*) importable; (*vêtement : immettable*) unwearable
importance [ɛ̃pɔʀtɑ̃s] *nf* importance; (*de somme*) size; **avoir de l'~** to be important; **sans ~** unimportant; **d'~** important, considerable; **quelle ~ ?** what does it matter?
important, e [ɛ̃pɔʀtɑ̃, -ɑ̃t] *adj* important; (*en quantité : somme, retard*) considerable, sizeable; (*: gamme, dégâts*) extensive; (*péj : airs, ton*) self-important ▸ *nm* : **l'~** the important thing
importateur, -trice [ɛ̃pɔʀtatœʀ, -tʀis] *adj* importing; **pays ~ de blé** wheat-importing country ▸ *nm/f* importer
importation [ɛ̃pɔʀtasjɔ̃] *nf* import; introduction; (*produit*) import
importer [ɛ̃pɔʀte] /1/ *vt* (*Comm*) to import; (*maladies, plantes*) to introduce ▸ *vi* (*être important*) to matter; **~ à qn** to matter to sb; **il importe de** it is important to; **il importe qu'il fasse** he must do, it is important that he should do; **peu m'importe** (*je n'ai pas de préférence*) I don't mind; (*je m'en moque*) I don't care; **peu importe (que)** it doesn't matter (if); **peu importe le prix** never mind the price; *voir aussi* **n'importe**
import-export [ɛ̃pɔʀɛkspɔʀ] (*pl* **imports-exports**) *nm* import-export business
importun, e [ɛ̃pɔʀtœ̃, -yn] *adj* irksome, importunate; (*arrivée, visite*) inopportune, ill-timed ▸ *nm* intruder
importuner [ɛ̃pɔʀtyne] /1/ *vt* to bother
imposable [ɛ̃pozabl] *adj* taxable
imposant, e [ɛ̃pozɑ̃, -ɑ̃t] *adj* imposing
imposé, e [ɛ̃poze] *adj* (*soumis à l'impôt*) taxed; (*Gym etc : figures*) set
imposer [ɛ̃poze] /1/ *vt* (*taxer*) to tax; (*Rel*) : **~ les mains** to lay on hands; **~ qch à qn** to impose sth on sb; **en ~** to be imposing; **en ~ à** to impress; **s'imposer** *vpr* (*être nécessaire*) to be imperative; (*montrer sa proéminence*) to stand out, emerge; (*artiste : se faire connaître*) to win recognition, come to the fore; **s'~ comme** to emerge as; **s'~ par** to win recognition through; **ça s'impose** it's essential, it's vital
imposition [ɛ̃pozisjɔ̃] *nf* (*Admin*) taxation
impossibilité [ɛ̃pɔsibilite] *nf* impossibility; **être dans l'~ de faire** to be unable to do, find it impossible to do
impossible [ɛ̃pɔsibl] *adj* impossible; **~ à faire** impossible to do; **il m'est ~ de le faire** it is impossible for me to do it, I can't possibly do it ▸ *nm* : **l'~** the impossible; **faire l'~ (pour que)** to do one's utmost (so that); **si, par ~ …** if, by some miracle …
imposteur [ɛ̃pɔstœʀ] *nm* impostor
imposture [ɛ̃pɔstyʀ] *nf* imposture, deception
impôt [ɛ̃po] *nm* tax; (*taxes*) taxation, taxes *pl*; **~ direct/indirect** direct/indirect tax; **~ sur le chiffre d'affaires** corporation (Brit) *ou* corporate (*US*) tax; **~ foncier** land tax; **~ sur la fortune** wealth tax; **~ sur les plus-values** capital gains tax; **~ sur le revenu** income tax; **~ sur les sociétés** tax on companies; **impôts** *nmpl* (*contributions*) (income) tax *sg*; **payer 1000 euros d'impôts** to pay 1,000 euros in tax; **impôts locaux** rates, local taxes (*US*), ≈ council tax (Brit)
impotence [ɛ̃pɔtɑ̃s] *nf* disability
impotent, e [ɛ̃pɔtɑ̃, -ɑ̃t] *adj* disabled
impraticable [ɛ̃pʀatikabl] *adj* (*projet*) impracticable, unworkable; (*piste*) impassable
imprécation [ɛ̃pʀekasjɔ̃] *nf* imprecation
imprécis, e [ɛ̃pʀesi, -iz] *adj* (*contours, souvenir*) imprecise, vague; (*tir*) inaccurate, imprecise
imprécision [ɛ̃pʀesizjɔ̃] *nf* imprecision
imprégnation [ɛ̃pʀeɲasjɔ̃] *nf* impregnation
imprégner [ɛ̃pʀeɲe] /6/ *vt* (*amertume, ironie*) to pervade; **~ (de)** (*tissu, tampon*) to soak *ou* impregnate (with); (*lieu, air*) to fill (with); **s'imprégner de** *vpr* to become impregnated with; to be filled with; (*fig*) to absorb
imprenable [ɛ̃pʀənabl] *adj* (*forteresse*) impregnable; **vue ~** unimpeded outlook
impresario [ɛ̃pʀesaʀjo] *nm* manager, impresario
impression [ɛ̃pʀesjɔ̃] *nf* impression; (*d'un ouvrage, tissu*) printing; (*Photo*) exposure; **faire bonne/mauvaise ~** to make a good/bad impression; **donner une ~ de/l'~ que** to give the impression of/that; **avoir l'~ de/que** to have the impression of/that; **faire ~** to make an impression; **impressions de voyage** impressions of one's journey
impressionnable [ɛ̃pʀesjɔnabl] *adj* impressionable
impressionnant, e [ɛ̃pʀesjɔnɑ̃, -ɑ̃t] *adj* (*imposant*) impressive; (*bouleversant*) upsetting
impressionner [ɛ̃pʀesjɔne] /1/ *vt* (*frapper*) to impress; (*troubler*) to upset; (*Photo*) to expose
impressionnisme [ɛ̃pʀesjɔnism] *nm* impressionism
impressionniste [ɛ̃pʀesjɔnist] *adj, nmf* impressionist
imprévisible [ɛ̃pʀevizibl] *adj* unforeseeable; (*réaction, personne*) unpredictable
imprévoyance [ɛ̃pʀevwajɑ̃s] *nf* lack of foresight
imprévoyant, e [ɛ̃pʀevwajɑ̃, -ɑ̃t] *adj* lacking in foresight; (*en matière d'argent*) improvident
imprévu, e [ɛ̃pʀevy] *adj* unforeseen, unexpected ▸ *nm* (*incident*) unexpected incident; **l'~** the unexpected; **des vacances pleines d'~** holidays full of surprises; **en cas d'~** if anything unexpected happens; **sauf ~** unless anything unexpected crops up

imprimable [ɛ̃pʀimabl] *adj* (*version, catalogue*) printable
imprimante [ɛ̃pʀimɑ̃t] *nf* (*Inform*) printer; **~ à bulle d'encre** bubble jet printer; **~ à jet d'encre** ink-jet printer; **~ à laser** laser printer; **~ (ligne par) ligne** line printer; **~ à marguerite** daisy-wheel printer
imprimé [ɛ̃pʀime] *nm* (*formulaire*) printed form; (*Postes*) printed matter *no pl*; (*tissu*) printed fabric; **un ~ à fleurs/pois** (*tissu*) a floral/polka-dot print
imprimer [ɛ̃pʀime] /1/ *vt* to print; (*Inform*) to print (out); (*apposer: visa, cachet*) to stamp; (*: empreinte etc*) to imprint; (*publier*) to publish; (*communiquer: mouvement, impulsion*) to impart, transmit
imprimerie [ɛ̃pʀimʀi] *nf* printing; (*établissement*) printing works *sg*; (*atelier*) printing house, printery
imprimeur [ɛ̃pʀimœʀ] *nm* printer; **~-éditeur/-libraire** printer and publisher/bookseller
improbable [ɛ̃pʀɔbabl] *adj* unlikely, improbable
improductif, -ive [ɛ̃pʀɔdyktif, -iv] *adj* unproductive
impromptu, e [ɛ̃pʀɔ̃pty] *adj* impromptu; (*départ*) sudden
imprononçable [ɛ̃pʀɔnɔ̃sabl] *adj* unpronounceable
impropre [ɛ̃pʀɔpʀ] *adj* inappropriate; **~ à** unsuitable for
improprement [ɛ̃pʀɔpʀəmɑ̃] *adv* improperly
impropriété [ɛ̃pʀɔpʀijete] *nf*: **~ (de langage)** incorrect usage *no pl*
improvisation [ɛ̃pʀɔvizasjɔ̃] *nf* improvisation
improvisé, e [ɛ̃pʀɔvize] *adj* makeshift, improvised; (*jeu etc*) scratch, improvised; **avec des moyens improvisés** using whatever comes to hand
improviser [ɛ̃pʀɔvize] /1/ *vt, vi* to improvise; **~ qn cuisinier** to get sb to act as cook; **s'improviser** *vpr* (*secours, réunion*) to be improvised; **s'~ cuisinier** to (decide to) act as cook
improviste [ɛ̃pʀɔvist]: **à l'~** *adv* unexpectedly, without warning
imprudemment [ɛ̃pʀydamɑ̃] *adv* carelessly; unwisely, imprudently
imprudence [ɛ̃pʀydɑ̃s] *nf* (*d'une personne, d'une action*) carelessness *no pl*; (*d'une remarque*) imprudence *no pl*; act of carelessness; foolish *ou* unwise action; **commettre une ~** to do something foolish
imprudent, e [ɛ̃pʀydɑ̃, -ɑ̃t] *adj* (*conducteur, geste, action*) careless; (*remarque*) unwise, imprudent; (*projet*) foolhardy
impubère [ɛ̃pybɛʀ] *adj* below the age of puberty
impubliable [ɛ̃pyblijabl] *adj* unpublishable
impudemment [ɛ̃pydamɑ̃] *adv* impudently
impudence [ɛ̃pydɑ̃s] *nf* impudence
impudent, e [ɛ̃pydɑ̃, -ɑ̃t] *adj* impudent
impudeur [ɛ̃pydœʀ] *nf* shamelessness
impudique [ɛ̃pydik] *adj* shameless
impuissance [ɛ̃pɥisɑ̃s] *nf* helplessness; ineffectualness; impotence
impuissant, e [ɛ̃pɥisɑ̃, -ɑ̃t] *adj* helpless; (*sans effet*) ineffectual; (*sexuellement*) impotent; **~ à faire qch** powerless to do sth ▸ *nm* impotent man
impulsif, -ive [ɛ̃pylsif, -iv] *adj* impulsive
impulsion [ɛ̃pylsjɔ̃] *nf* (*Élec, instinct*) impulse; (*élan, influence*) impetus
impulsivement [ɛ̃pylsivmɑ̃] *adv* impulsively
impulsivité [ɛ̃pylsivite] *nf* impulsiveness
impunément [ɛ̃pynemɑ̃] *adv* with impunity
impuni, e [ɛ̃pyni] *adj* unpunished
impunité [ɛ̃pynite] *nf* impunity
impur, e [ɛ̃pyʀ] *adj* impure
impureté [ɛ̃pyʀte] *nf* impurity
imputable [ɛ̃pytabl] *adj* (*attribuable*): **~ à** imputable to, ascribable to; (*Comm: somme*) **~ sur** chargeable to
imputation [ɛ̃pytasjɔ̃] *nf* imputation, charge
imputer [ɛ̃pyte] /1/ *vt* (*attribuer*): **~ qch à** to ascribe *ou* impute sth to; (*Comm*) **~ qch à** *ou* **sur** to charge sth to
imputrescible [ɛ̃pytʀesibl] *adj* rotproof
in [in] *adj inv* in, trendy
INA [ina] *sigle m* (= *Institut national de l'audiovisuel*) *library of television archives*
inabordable [inabɔʀdabl] *adj* (*lieu*) inaccessible; (*cher*) prohibitive
inaccentué, e [inaksɑ̃tɥe] *adj* (*Ling*) unstressed
inacceptable [inaksɛptabl] *adj* unacceptable
inaccessible [inaksesibl] *adj* inaccessible; (*objectif*) unattainable; (*insensible*): **~ à** impervious to
inaccoutumé, e [inakutyme] *adj* unaccustomed
inachevé, e [inaʃ(ə)ve] *adj* unfinished
inactif, -ive [inaktif, -iv] *adj* inactive, idle; (*remède*) ineffective; (*Bourse: marché*) slack
inaction [inaksjɔ̃] *nf* inactivity
inactivité [inaktivite] *nf* (*Admin*): **en ~** out of active service
inadaptation [inadaptasjɔ̃] *nf* (*Psych*) maladjustment
inadapté, e [inadapte] *adj* (*Psych: adulte, enfant*) maladjusted; **~ à** not adapted to, unsuited to ▸ *nm/f* (*péj: adulte: asocial*) misfit
inadéquat, e [inadekwa, -wat] *adj* inadequate
inadéquation [inadekwasjɔ̃] *nf* inadequacy
inadmissible [inadmisibl] *adj* inadmissible
inadvertance [inadvɛʀtɑ̃s]: **par ~** *adv* inadvertently
inaliénable [inaljenabl] *adj* inalienable
inaltérable [inalteʀabl] *adj* (*matière*) stable; (*fig*) unchanging; **~ à** unaffected by; **couleur ~ (au lavage/à la lumière)** fast colour/fade-resistant colour
inamovible [inamɔvibl] *adj* fixed; (*Jur*) irremovable
inanimé, e [inanime] *adj* (*matière*) inanimate; (*évanoui*) unconscious; (*sans vie*) lifeless
inanité [inanite] *nf* futility
inanition [inanisjɔ̃] *nf*: **tomber d'~** to faint with hunger (and exhaustion)
inaperçu, e [inapɛʀsy] *adj*: **passer ~** to go unnoticed
inappétence [inapetɑ̃s] *nf* lack of appetite

inapplicable [inaplikabl] *adj* inapplicable
inapplication [inaplikasjɔ̃] *nf* lack of application
inappliqué, e [inaplike] *adj* lacking in application
inappréciable [inapʀesjabl] *adj* (*service*) invaluable; (*différence, nuance*) inappreciable
inapproprié, e [inapʀɔpʀije] *adj* inappropriate
inapte [inapt] *adj* : **~ à** incapable of; (*Mil*) unfit for
inaptitude [inaptityd] *nf* inaptitude; unfitness
inarticulé, e [inaʀtikyle] *adj* inarticulate
inassimilable [inasimilabl] *adj* that cannot be assimilated
inassouvi, e [inasuvi] *adj* unsatisfied, unfulfilled
inattaquable [inatakabl] *adj* (*Mil*) unassailable; (*texte, preuve*) irrefutable
inattendu, e [inatɑ̃dy] *adj* unexpected ▸ *nm* : **l'~** the unexpected
inattentif, -ive [inatɑ̃tif, -iv] *adj* inattentive; **~ à** (*dangers, détails*) heedless of
inattention [inatɑ̃sjɔ̃] *nf* inattention; (*inadvertance*) : **une minute d'~** a minute of inattention, a minute's carelessness; **par ~** inadvertently; **faute d'~** careless mistake
inaudible [inodibl] *adj* inaudible
inaugural, e, -aux [inɔgyʀal, -o] *adj* (*cérémonie*) inaugural, opening; (*vol, voyage*) maiden
inauguration [inɔgyʀasjɔ̃] *nf* unveiling; opening; **discours/cérémonie d'~** inaugural speech/ceremony
inaugurer [inɔgyʀe] /1/ *vt* (*monument*) to unveil; (*exposition, usine*) to open; (*fig*) to inaugurate
inauthenticité [inotɑ̃tisite] *nf* inauthenticity
inavouable [inavwabl] *adj* (*bénéfices*) undisclosable; (*honteux*) shameful
inavoué, e [inavwe] *adj* unavowed
INC *sigle m* (= *Institut national de la consommation*) *consumer research organization*
inca [ɛ̃ka] *adj* Inca ▸ *nmf* : **Inca** Inca
incalculable [ɛ̃kalkylabl] *adj* incalculable; **un nombre ~ de** countless numbers of
incandescence [ɛ̃kɑ̃desɑ̃s] *nf* incandescence; **en ~** incandescent, white-hot; **porter à ~** to heat white-hot; **lampe/manchon à ~** incandescent lamp/(gas) mantle
incandescent, e [ɛ̃kɑ̃desɑ̃, -ɑ̃t] *adj* incandescent, white-hot
incantation [ɛ̃kɑ̃tasjɔ̃] *nf* incantation
incantatoire [ɛ̃kɑ̃tatwaʀ] *adj* : **formule ~** incantation
incapable [ɛ̃kapabl] *adj* incapable; **~ de faire** incapable of doing; (*empêché*) unable to do
incapacitant, e [ɛ̃kapasitɑ̃, -ɑ̃t] *adj* (*Mil*) incapacitating
incapacité [ɛ̃kapasite] *nf* (*incompétence*) incapability; (*Jur : impossibilité*) incapacity; **être dans l'~ de faire** to be unable to do; **~ permanente/de travail** permanent/ industrial disablement; **~ électorale** ineligibility to vote
incarcération [ɛ̃kaʀseʀasjɔ̃] *nf* incarceration
incarcérer [ɛ̃kaʀseʀe] /6/ *vt* to incarcerate, imprison
incarnat, e [ɛ̃kaʀna, -at] *adj* (rosy) pink
incarnation [ɛ̃kaʀnasjɔ̃] *nf* incarnation
incarné, e [ɛ̃kaʀne] *adj* incarnate; (*ongle*) ingrown
incarner [ɛ̃kaʀne] /1/ *vt* to embody, personify; (*Théât*) to play; (*Rel*) to incarnate; **s'incarner dans** *vpr* (*Rel*) to be incarnate in
incartade [ɛ̃kaʀtad] *nf* prank, escapade
incassable [ɛ̃kɑsabl] *adj* unbreakable
incendiaire [ɛ̃sɑ̃djɛʀ] *adj* incendiary; (*fig : discours*) inflammatory ▸ *nmf* fire-raiser, arsonist
incendie [ɛ̃sɑ̃di] *nm* fire; **~ criminel** arson *no pl*; **~ de forêt** forest fire
incendier [ɛ̃sɑ̃dje] /7/ *vt* (*mettre le feu à*) to set fire to, set alight; (*brûler complètement*) to burn down
incertain, e [ɛ̃sɛʀtɛ̃, -ɛn] *adj* uncertain; (*temps*) uncertain, unsettled; (*imprécis : contours*) indistinct, blurred
incertitude [ɛ̃sɛʀtityd] *nf* uncertainty
incessamment [ɛ̃sesamɑ̃] *adv* very shortly
incessant, e [ɛ̃sɛsɑ̃, -ɑ̃t] *adj* incessant, unceasing
incessible [ɛ̃sesibl] *adj* (*Jur*) non-transferable
inceste [ɛ̃sɛst] *nm* incest
incestueux, -euse [ɛ̃sɛstɥø, -øz] *adj* incestuous
inchangé, e [ɛ̃ʃɑ̃ʒe] *adj* unchanged, unaltered
inchantable [ɛ̃ʃɑ̃tabl] *adj* unsingable
inchauffable [ɛ̃ʃofabl] *adj* impossible to heat
incidemment [ɛ̃sidamɑ̃] *adv* in passing
incidence [ɛ̃sidɑ̃s] *nf* (*effet, influence*) effect; (*Physique*) incidence
incident [ɛ̃sidɑ̃] *nm* incident; **~ de frontière** border incident; **~ de parcours** minor hitch *ou* setback; **~ technique** technical difficulties *pl*, technical hitch
incinérateur [ɛ̃sineʀatœʀ] *nm* incinerator
incinération [ɛ̃sineʀasjɔ̃] *nf* (*d'ordures*) incineration; (*crémation*) cremation
incinérer [ɛ̃sineʀe] /6/ *vt* (*ordures*) to incinerate; (*mort*) to cremate
incise [ɛ̃siz] *nf* (*Ling*) interpolated clause
inciser [ɛ̃size] /1/ *vt* to make an incision in; (*abcès*) to lance
incisif, -ive [ɛ̃sizif, -iv] *adj* incisive, cutting ▸ *nf* incisor
incision [ɛ̃sizjɔ̃] *nf* incision; (*d'un abcès*) lancing
incitatif, -ive [ɛ̃sitatif, -iv] *adj* : **mesures incitatives** incentives; **mesures fiscales incitatives** tax incentives
incitation [ɛ̃sitasjɔ̃] *nf* (*encouragement*) incentive; (*provocation*) incitement
inciter [ɛ̃site] /1/ *vt* : **~ qn à (faire) qch** to prompt *ou* encourage sb to do sth; (*à la révolte etc*) to incite sb to do sth
incivil, e [ɛ̃sivil] *adj* uncivil
incivilité [ɛ̃sivilite] *nf* (*grossièreté*) incivility; **incivilités** *nfpl* antisocial behaviour *sg*
inclassable [ɛ̃klɑsabl] *adj* unclassifiable
inclinable [ɛ̃klinabl] *adj* (*dossier etc*) tilting; **siège à dossier ~** reclining seat
inclinaison [ɛ̃klinɛzɔ̃] *nf* (*déclivité : d'une route etc*) incline; (*: d'un toit*) slope; (*état penché : d'un mur*) lean; (*: de la tête*) tilt; (*: d'un navire*) list

inclination [ɛ̃klinasjɔ̃] *nf* (*penchant*) inclination, tendency; **montrer de l'~ pour les sciences** *etc* to show an inclination for the sciences *etc*; **inclinations égoïstes/altruistes** egoistic/ altruistic tendencies; **~ de (la) tête** nod (of the head); **~ (de buste)** bow
incliné, e [ɛ̃kline] *adj* (*plan*) sloping; (*tête*) to one side
incliner [ɛ̃kline] /**1**/ *vt* (*bouteille*) to tilt; (*tête*) to incline; (*inciter*) : **~ qn à qch/à faire** to encourage sb towards sth/to do ▸ *vi* : **~ à qch/à faire** (*tendre à, pencher pour*) to incline towards sth/doing, tend towards sth/to do; **s'incliner** *vpr* (*route*) to slope; (*toit*) to be sloping; **s'~ (devant)** to bow (before)
inclure [ɛ̃klyʀ] /**35**/ *vt* to include; (*joindre à un envoi*) to enclose; **jusqu'au 10 mars inclus** until 10th March inclusive
inclus, e [ɛ̃kly, -yz] *pp de* **inclure** ▸ *adj* included; (*joint à un envoi*) enclosed; (*compris : frais, dépense*) included; (*Math : ensemble*) : **~ dans** included in; **jusqu'au troisième chapitre** ~ up to and including the third chapter; **jusqu'au 10 mars** ~ until 10th March inclusive
inclusion [ɛ̃klyzjɔ̃] *nf* (*voir inclure*) inclusion; enclosing
inclusivement [ɛ̃klyzivmɑ̃] *adv* inclusively
inclut [ɛ̃kly] *vb voir* **inclure**
incoercible [ɛ̃kɔɛʀsibl] *adj* uncontrollable
incognito [ɛ̃kɔɲito] *adv* incognito ▸ *nm* : **garder l'~** to remain incognito
incohérence [ɛ̃kɔeʀɑ̃s] *nf* inconsistency; incoherence
incohérent, e [ɛ̃kɔeʀɑ̃, -ɑ̃t] *adj* (*comportement*) inconsistent; (*geste, langage, texte*) incoherent
incollable [ɛ̃kɔlabl] *adj* (*riz*) that does not stick; (*fam : personne*) : **il est ~** he's got all the answers
incolore [ɛ̃kɔlɔʀ] *adj* colourless
incomber [ɛ̃kɔ̃be] /**1**/ : **~ à** *vt* (*devoirs, responsabilité*) to rest *ou* be incumbent upon (: *frais, travail*) to be the responsibility of
incombustible [ɛ̃kɔ̃bystibl] *adj* incombustible
incommensurable [ɛ̃kɔmɑ̃syʀabl] *adj* immeasurable
incommodant, e [ɛ̃kɔmɔdɑ̃, -ɑ̃t] *adj* (*bruit*) annoying; (*chaleur*) uncomfortable
incommode [ɛ̃kɔmɔd] *adj* inconvenient; (*posture, siège*) uncomfortable
incommodément [ɛ̃kɔmɔdemɑ̃] *adv* (*installé, assis*) uncomfortably; (*logé, situé*) inconveniently
incommoder [ɛ̃kɔmɔde] /**1**/ *vt* : **~ qn** (*chaleur, odeur*) to bother *ou* inconvenience sb; (*embarrasser*) to make sb feel uncomfortable *ou* ill at ease
incommodité [ɛ̃kɔmɔdite] *nf* inconvenience
incommunicabilité [ɛ̃kɔmynikabilite] *nf* (*entre personnes*) absence of communication
incommunicable [ɛ̃kɔmynikabl] *adj* (*Jur : droits, privilèges*) non-transferable; (: *pensée*) incommunicable
incomparable [ɛ̃kɔ̃paʀabl] *adj* not comparable; (*inégalable*) incomparable, matchless
incomparablement [ɛ̃kɔ̃paʀabləmɑ̃] *adv* incomparably
incompatibilité [ɛ̃kɔ̃patibilite] *nf* incompatibility; **~ d'humeur** (mutual) incompatibility
incompatible [ɛ̃kɔ̃patibl] *adj* incompatible
incompétence [ɛ̃kɔ̃petɑ̃s] *nf* lack of expertise; incompetence
incompétent, e [ɛ̃kɔ̃petɑ̃, -ɑ̃t] *adj* (*ignorant*) inexpert; (*incapable*) incompetent, not competent
incomplet, -ète [ɛ̃kɔ̃plɛ, -ɛt] *adj* incomplete
incomplètement [ɛ̃kɔ̃plɛtmɑ̃] *adv* not completely, incompletely
incompréhensible [ɛ̃kɔ̃pʀeɑ̃sibl] *adj* incomprehensible
incompréhensif, -ive [ɛ̃kɔ̃pʀeɑ̃sif, -iv] *adj* lacking in understanding, unsympathetic
incompréhension [ɛ̃kɔ̃pʀeɑ̃sjɔ̃] *nf* lack of understanding
incompressible [ɛ̃kɔ̃pʀesibl] *adj* (*Physique*) incompressible; (*fig : dépenses*) that cannot be reduced; (*Jur : peine*) irreducible
incompris, e [ɛ̃kɔ̃pʀi, -iz] *adj* misunderstood
inconcevable [ɛ̃kɔ̃s(ə)vabl] *adj* (*conduite etc*) inconceivable; (*mystère*) incredible
inconciliable [ɛ̃kɔ̃siljabl] *adj* irreconcilable
inconditionnel, le [ɛ̃kɔ̃disjɔnɛl] *adj* unconditional; (*partisan*) unquestioning ▸ *nm/f* (*partisan*) unquestioning supporter
inconditionnellement [ɛ̃kɔ̃disjɔnɛlmɑ̃] *adv* unconditionally
inconduite [ɛ̃kɔ̃dɥit] *nf* bad *ou* unsuitable behaviour *no pl*
inconfort [ɛ̃kɔ̃fɔʀ] *nm* lack of comfort, discomfort
inconfortable [ɛ̃kɔ̃fɔʀtabl] *adj* uncomfortable
inconfortablement [ɛ̃kɔ̃fɔʀtabləmɑ̃] *adv* uncomfortably
incongru, e [ɛ̃kɔ̃gʀy] *adj* unseemly; (*remarque*) ill-chosen, incongruous
incongruité [ɛ̃kɔ̃gʀyite] *nf* unseemliness; incongruity; (*parole incongrue*) ill-chosen remark
inconnu, e [ɛ̃kɔny] *adj* unknown; (*sentiment, plaisir*) new, strange ▸ *nm/f* stranger; unknown person (*ou* artist *etc*) ▸ *nm* : **l'~** the unknown ▸ *nf* (*Math*) unknown; (*fig*) unknown factor
inconsciemment [ɛ̃kɔ̃sjamɑ̃] *adv* unconsciously
inconscience [ɛ̃kɔ̃sjɑ̃s] *nf* unconsciousness; recklessness
inconscient, e [ɛ̃kɔ̃sjɑ̃, -ɑ̃t] *adj* unconscious; (*irréfléchi*) thoughtless, reckless; (*sentiment*) subconscious; **~ de** unaware of ▸ *nm* (*Psych*) : **l'~** the unconscious
inconséquence [ɛ̃kɔ̃sekɑ̃s] *nf* inconsistency; thoughtlessness; (*action, parole*) thoughtless thing to do (*ou* say)
inconséquent, e [ɛ̃kɔ̃sekɑ̃, -ɑ̃t] *adj* (*illogique*) inconsistent; (*irréfléchi*) thoughtless
inconsidéré, e [ɛ̃kɔ̃sideʀe] *adj* ill-considered
inconsidérément [ɛ̃kɔ̃sideʀemɑ̃] *adv* thoughtlessly
inconsistance [ɛ̃kɔ̃sistɑ̃s] *nf* (*de personne*) lack of character; (*d'argument*) flimsiness
inconsistant, e [ɛ̃kɔ̃sistɑ̃, -ɑ̃t] *adj* flimsy, weak; (*crème etc*) runny

inconsolable [ɛ̃kɔ̃sɔlabl] *adj* inconsolable
inconstance [ɛ̃kɔ̃stɑ̃s] *nf* inconstancy, fickleness
inconstant, e [ɛ̃kɔ̃stɑ̃, -ɑ̃t] *adj* inconstant, fickle
inconstitutionnel, le [ɛ̃kɔ̃stitysjɔnɛl] *adj* unconstitutional
incontestable [ɛ̃kɔ̃tɛstabl] *adj* unquestionable, indisputable
incontestablement [ɛ̃kɔ̃tɛstabləmɑ̃] *adv* unquestionably, indisputably
incontesté, e [ɛ̃kɔ̃tɛste] *adj* undisputed
incontinence [ɛ̃kɔ̃tinɑ̃s] *nf* (*Méd*) incontinence
incontinent, e [ɛ̃kɔ̃tinɑ̃, -ɑ̃t] *adj* (*Méd*) incontinent ▸ *adv* (*tout de suite*) forthwith
incontournable [ɛ̃kɔ̃tuʀnabl] *adj* unavoidable
incontrôlable [ɛ̃kɔ̃tʀolabl] *adj* unverifiable; (*irrépressible*) uncontrollable
incontrôlé, e [ɛ̃kɔ̃tʀole] *adj* uncontrolled
inconvenance [ɛ̃kɔ̃v(ə)nɑ̃s] *nf* (*parole, action*) impropriety
inconvenant, e [ɛ̃kɔ̃v(ə)nɑ̃, -ɑ̃t] *adj* unseemly, improper
inconvénient [ɛ̃kɔ̃venjɑ̃] *nm* (*d'une situation, d'un projet*) disadvantage, drawback; (*d'un remède, changement etc*) risk, inconvenience; **si vous n'y voyez pas d'~** if you have no objections; **y a-t-il un ~ à ... ?** (*risque*) is there a risk in ...?; (*objection*) is there any objection to ...?
inconvertible [ɛ̃kɔ̃vɛʀtibl] *adj* inconvertible
incorporation [ɛ̃kɔʀpɔʀasjɔ̃] *nf* (*Mil*) call-up
incorporé, e [ɛ̃kɔʀpɔʀe] *adj* (*micro etc*) built-in
incorporel, le [ɛ̃kɔʀpɔʀɛl] *adj* (*Jur*) : **biens incorporels** intangible property
incorporer [ɛ̃kɔʀpɔʀe] /1/ *vt* : **~ (à)** to mix in (with); **~ (dans)** (*paragraphe etc*) to incorporate (in); (*territoire, immigrants*) to incorporate (into); (*Mil : appeler*) to recruit (into), call up; (*: affecter*) : **~ qn dans** to enlist sb into; **s'incorporer** *vpr* : **il a très bien su s'~ à notre groupe** he was very easily incorporated into our group
incorrect, e [ɛ̃kɔʀɛkt] *adj* (*impropre, inconvenant*) improper; (*défectueux*) faulty; (*inexact*) incorrect; (*impoli*) impolite; (*déloyal*) underhand
incorrectement [ɛ̃kɔʀɛktəmɑ̃] *adv* improperly; faultily; incorrectly; impolitely; in an underhand way
incorrection [ɛ̃kɔʀɛksjɔ̃] *nf* impropriety; incorrectness; underhand nature; (*terme impropre*) impropriety; (*action, remarque*) improper behaviour (*ou* remark)
incorrigible [ɛ̃kɔʀiʒibl] *adj* incorrigible
incorruptible [ɛ̃kɔʀyptibl] *adj* incorruptible
incrédibilité [ɛ̃kʀedibilite] *nf* incredibility
incrédule [ɛ̃kʀedyl] *adj* incredulous; (*Rel*) unbelieving
incrédulité [ɛ̃kʀedylite] *nf* incredulity; **avec ~** incredulously
increvable [ɛ̃kʀəvabl] *adj* (*pneu*) puncture-proof; (*fam*) tireless
incriminé, e [ɛ̃kʀimine] *adj* (*article, livre*) offending; **l'article ~** the offending article
incriminer [ɛ̃kʀimine] /1/ *vt* (*personne*) to incriminate; (*action, conduite*) to bring under attack; (*bonne foi, honnêteté*) to call into question
incrochetable [ɛ̃kʀɔʃ(ə)tabl] *adj* (*serrure*) that can't be picked, burglarproof
incroyable [ɛ̃kʀwajabl] *adj* incredible, unbelievable
incroyablement [ɛ̃kʀwajabləmɑ̃] *adv* incredibly, unbelievably
incroyant, e [ɛ̃kʀwajɑ̃, -ɑ̃t] *nm/f* non-believer
incrustation [ɛ̃kʀystasjɔ̃] *nf* inlaying *no pl*; inlay; (*dans une chaudière etc*) fur *no pl*, scale *no pl*
incruster [ɛ̃kʀyste] /1/ *vt* (*radiateur etc*) to coat with scale *ou* fur; **~ qch dans/qch de** (*Art*) to inlay sth into/sth with; **s'incruster** *vpr* (*invité*) to take root; (*radiateur etc*) to become coated with scale *ou* fur; **s'~ dans** (*corps étranger, caillou*) to become embedded in
incubateur [ɛ̃kybatœʀ] *nm* incubator
incubation [ɛ̃kybasjɔ̃] *nf* incubation
inculpation [ɛ̃kylpasjɔ̃] *nf* charging *no pl*; charge; **sous l'~ de** on a charge of
inculpé, e [ɛ̃kylpe] *nm/f* accused
inculper [ɛ̃kylpe] /1/ *vt* : **~ (de)** to charge (with)
inculquer [ɛ̃kylke] /1/ *vt* : **~ qch à** to inculcate sth in, instil sth into
inculte [ɛ̃kylt] *adj* uncultivated; (*esprit, peuple*) uncultured; (*barbe*) unkempt
incultivable [ɛ̃kyltivabl] *adj* (*terrain*) unworkable
inculture [ɛ̃kyltyʀ] *nf* lack of education
incunable [ɛ̃kynabl] *nm* incunabulum
incurable [ɛ̃kyʀabl] *adj* incurable
incurie [ɛ̃kyʀi] *nf* carelessness
incursion [ɛ̃kyʀsjɔ̃] *nf* incursion, foray
incurvé, e [ɛ̃kyʀve] *adj* curved
incurver [ɛ̃kyʀve] /1/ *vt* (*barre de fer*) to bend into a curve; **s'incurver** *vpr* (*planche, route*) to bend
Inde [ɛ̃d] *nf* : **l'~** India
indéboulonnable [ɛ̃debulɔnabl] *adj* impossible to budge
indécelable [ɛ̃des(ə)labl] *adj* undetectable
indécemment [ɛ̃desamɑ̃] *adv* indecently
indécence [ɛ̃desɑ̃s] *nf* indecency; (*propos, acte*) indecent remark (*ou* act *etc*)
indécent, e [ɛ̃desɑ̃, -ɑ̃t] *adj* indecent
indéchiffrable [ɛ̃deʃifʀabl] *adj* indecipherable
indéchirable [ɛ̃deʃiʀabl] *adj* tear-proof
indécis, e [ɛ̃desi, -iz] *adj* (*par nature*) indecisive; (*perplexe*) undecided
indécision [ɛ̃desizjɔ̃] *nf* indecision, indecisiveness
indéclinable [ɛ̃deklinabl] *adj* (*Ling : mot*) indeclinable
indécomposable [ɛ̃dekɔ̃pozabl] *adj* that cannot be broken down
indécrottable [ɛ̃dekʀɔtabl] *adj* (*fam*) hopeless
indéfectible [ɛ̃defɛktibl] *adj* (*attachement*) indestructible
indéfendable [ɛ̃defɑ̃dabl] *adj* indefensible
indéfini, e [ɛ̃defini] *adj* (*imprécis, incertain*) undefined; (*illimité, Ling*) indefinite
indéfiniment [ɛ̃definimɑ̃] *adv* indefinitely
indéfinissable [ɛ̃definisabl] *adj* indefinable
indéformable [ɛ̃defɔʀmabl] *adj* that keeps its shape
indélébile [ɛ̃delebil] *adj* indelible
indélicat, e [ɛ̃delika, -at] *adj* tactless; (*malhonnête*) dishonest
indélicatesse [ɛ̃delikatɛs] *nf* tactlessness; dishonesty

i

indémaillable [ɛ̃demɑjabl] *adj* run-resist
indemne [ɛ̃dɛmn] *adj* unharmed
indemnisable [ɛ̃dɛmnizabl] *adj* entitled to compensation
indemnisation [ɛ̃dɛmnizasjɔ̃] *nf* (*somme*) indemnity, compensation
indemniser [ɛ̃dɛmnize] /1/ *vt* : ~ **qn (de)** to compensate sb (for); **se faire** ~ to get compensation
indemnité [ɛ̃dɛmnite] *nf* (*dédommagement*) compensation *no pl*; (*allocation*) allowance; ~ **de licenciement** redundancy payment; ~ **de logement** housing allowance; ~ **parlementaire** ≈ MP's (BRIT) *ou* Congressman's (*US*) salary
indémodable [ɛ̃demɔdabl] *adj* (*vêtement, style*) classic, that won't go out of fashion
indémontable [ɛ̃demɔ̃tabl] *adj* (*meuble etc*) that cannot be dismantled, in one piece
indéniable [ɛ̃denjabl] *adj* undeniable, indisputable
indéniablement [ɛ̃denjabləmɑ̃] *adv* undeniably
indépendamment [ɛ̃depɑ̃damɑ̃] *adv* independently; ~ **de** independently of; (*abstraction faite de*) irrespective of; (*en plus de*) over and above
indépendance [ɛ̃depɑ̃dɑ̃s] *nf* independence; ~ **matérielle** financial independence
indépendant, e [ɛ̃depɑ̃dɑ̃, -ɑ̃t] *adj* independent; ~ **de** independent of; **chambre indépendante** room with private entrance; **travailleur** ~ self-employed worker
indépendantisme [ɛ̃depɑ̃dɑ̃tism] *nm* separatism
indépendantiste [ɛ̃depɑ̃dɑ̃tist] *adj, nmf* separatist
indéracinable [ɛ̃deʀasinabl] *adj* (*fig : croyance etc*) ineradicable
indéréglable [ɛ̃deʀeglabl] *adj* which will not break down
indescriptible [ɛ̃dɛskʀiptibl] *adj* indescribable
indésirable [ɛ̃deziʀabl] *adj* undesirable
indestructible [ɛ̃dɛstʀyktibl] *adj* indestructible; (*marque, impression*) indelible
indétectable [ɛ̃detɛktabl] *adj* undetectable
indéterminable [ɛ̃detɛʀminabl] *adj* indeterminable
indétermination [ɛ̃detɛʀminasjɔ̃] *nf* indecision, indecisiveness
indéterminé, e [ɛ̃detɛʀmine] *adj* (*date, cause, nature*) unspecified; (*forme, longueur, quantité*) indeterminate; indeterminable
index [ɛ̃dɛks] *nm* (*doigt*) index finger; (*d'un livre etc*) index; **mettre à l'**~ to blacklist
indexation [ɛ̃dɛksasjɔ̃] *nf* indexing
indexé, e [ɛ̃dɛkse] *adj* (*Écon*) : ~ **(sur)** index-linked (to)
indexer [ɛ̃dɛkse] /1/ *vt* (*salaire, emprunt*) : ~ **(sur)** to index (on)
indic [ɛ̃dik] *nmf* (*fam : informateur*) informer, grass (BRIT *fam*)
indicateur, -trice [ɛ̃dikatœʀ, -tʀis] *nm/f* (*Police*) informer ▸ *nm* (*livre*) guide; (*: liste*) directory; (*Tech*) gauge; indicator; (*Écon*) indicator; ~ **des chemins de fer** railway timetable; ~ **de direction** (*Auto*) indicator; ~ **immobilier** property gazette; ~ **de niveau** level, gauge; ~ **de pression** pressure gauge; ~ **de rues** street directory; ~ **de vitesse** speedometer ▸ *adj* : **poteau** ~ signpost; **tableau** ~ indicator (board)
indicatif, -ive [ɛ̃dikatif, -iv] *adj* : **à titre** ~ for (your) information ▸ *nm* (*Ling*) indicative; (*d'une émission*) theme *ou* signature tune; (*Tél*) dialling code (BRIT), area code (*US*); ~ **d'appel** (*Radio*) call sign; **quel est l'**~ **de ...** what's the code for ...?
indication [ɛ̃dikasjɔ̃] *nf* indication; (*renseignement*) information *no pl*; ~ **d'origine** (*Comm*) place of origin; **indications** *nfpl* (*directives*) instructions
indice [ɛ̃dis] *nm* (*marque, signe*) indication, sign; (*Police : lors d'une enquête*) clue; (*Jur : présomption*) piece of evidence; (*Science, Écon, Tech*) index; (*Admin*) grading; rating; ~ **du coût de la vie** cost-of-living index; ~ **inférieur** subscript; ~ **d'octane** octane rating; ~ **des prix** price index; ~ **de traitement** salary grading; ~ **de protection** (sun protection) factor
indicible [ɛ̃disibl] *adj* inexpressible
indien, ne [ɛ̃djɛ̃, -ɛn] *adj* Indian ▸ *nm/f* : **Indien, ne** (*d'Amérique*) Native American; (*d'Inde*) Indian
indifféremment [ɛ̃difeʀamɑ̃] *adv* (*sans distinction*) equally; indiscriminately
indifférence [ɛ̃difeʀɑ̃s] *nf* indifference
indifférencié, e [ɛ̃difeʀɑ̃sje] *adj* undifferentiated
indifférent, e [ɛ̃difeʀɑ̃, -ɑ̃t] *adj* (*peu intéressé*) indifferent; ~ **à** (*insensible à*) indifferent to, unconcerned about; (*peu intéressant pour*) indifferent to; immaterial to; **ça m'est** ~ **(que ...)** it doesn't matter to me (whether ...); **elle m'est indifférente** I am indifferent to her
indifférer [ɛ̃difeʀe] /6/ *vt* : **cela m'indiffère** I'm indifferent about it
indigence [ɛ̃diʒɑ̃s] *nf* poverty; **être dans l'**~ to be destitute
indigène [ɛ̃diʒɛn] *adj* native, indigenous; (*de la région*) local ▸ *nmf* native
indigent, e [ɛ̃diʒɑ̃, -ɑ̃t] *adj* destitute, poverty-stricken; (*fig*) poor
indigeste [ɛ̃diʒɛst] *adj* indigestible
indigestion [ɛ̃diʒɛstjɔ̃] *nf* indigestion *no pl*; **avoir une** ~ to have indigestion
indignation [ɛ̃diɲasjɔ̃] *nf* indignation; **avec** ~ indignantly
indigne [ɛ̃diɲ] *adj* : ~ **(de)** unworthy (of)
indigné, e [ɛ̃diɲe] *adj* indignant
indignement [ɛ̃diɲmɑ̃] *adv* shamefully
indigner [ɛ̃diɲe] /1/ *vt* to make indignant; **s'indigner (de/contre)** *vpr* to be (*ou* become) indignant (at)
indignité [ɛ̃diɲite] *nf* unworthiness *no pl*; (*acte*) shameful act
indigo [ɛ̃digo] *nm* indigo
indiqué, e [ɛ̃dike] *adj* (*date, lieu*) given, appointed; (*adéquat*) appropriate, suitable; (*conseillé*) advisable; (*remède, traitement*) appropriate
indiquer [ɛ̃dike] /1/ *vt* : ~ **qch/qn à qn** (*désigner*) to point sth/sb out to sb; (*faire connaître : médecin, lieu,*

restaurant) to tell sb of sth/sb; (*suj : pendule, aiguille*) to show; (*: étiquette, plan*) to show, indicate; (*renseigner sur*) to point out, tell; (*déterminer : date, lieu*) to give, state; (*dénoter*) to indicate, point to; **~ du doigt** to point out; **~ de la main** to indicate with one's hand; **~ du regard** to glance towards *ou* in the direction of; **pourriez-vous m'~ les toilettes/l'heure ?** could you direct me to the toilets/tell me the time?

indirect, e [ɛ̃diʀɛkt] *adj* indirect

indirectement [ɛ̃diʀɛktəmɑ̃] *adv* indirectly; (*apprendre*) in a roundabout way

indiscernable [ɛ̃disɛʀnabl] *adj* indiscernible

indiscipline [ɛ̃disiplin] *nf* lack of discipline

indiscipliné, e [ɛ̃disipline] *adj* undisciplined; (*fig*) unmanageable

indiscret, -ète [ɛ̃diskʀɛ, -ɛt] *adj* indiscreet

indiscrétion [ɛ̃diskʀesjɔ̃] *nf* indiscretion; **sans ~, …** without wishing to be indiscreet, …

indiscutable [ɛ̃diskytabl] *adj* indisputable

indiscutablement [ɛ̃diskytabləmɑ̃] *adv* indisputably

indiscuté, e [ɛ̃diskyte] *adj* (*incontesté : droit, chef*) undisputed

indispensable [ɛ̃dispɑ̃sabl] *adj* indispensable, essential; **~ à qn/pour faire qch** essential for sb/to do sth

indisponibilité [ɛ̃dispɔnibilite] *nf* unavailability

indisponible [ɛ̃dispɔnibl] *adj* unavailable

indisposé, e [ɛ̃dispoze] *adj* indisposed, unwell

indisposer [ɛ̃dispoze] /1/ *vt* (*incommoder*) to upset; (*déplaire à*) to antagonize

indisposition [ɛ̃dispozisjɔ̃] *nf* (slight) illness, indisposition

indissociable [ɛ̃disɔsjabl] *adj* indissociable

indissoluble [ɛ̃disɔlybl] *adj* indissoluble

indissolublement [ɛ̃disɔlybləmɑ̃] *adv* indissolubly

indistinct, e [ɛ̃distɛ̃, -ɛ̃kt] *adj* indistinct

indistinctement [ɛ̃distɛ̃ktəmɑ̃] *adv* (*voir, prononcer*) indistinctly; (*sans distinction*) without distinction, indiscriminately

individu [ɛ̃dividy] *nm* individual

individualiser [ɛ̃dividɥalize] /1/ *vt* to individualize; (*personnaliser*) to tailor to individual requirements; **s'individualiser** *vpr* to develop one's own identity

individualisme [ɛ̃dividɥalism] *nm* individualism

individualiste [ɛ̃dividɥalist] *nmf* individualist

individualité [ɛ̃dividɥalite] *nf* individuality

individuel, le [ɛ̃dividɥɛl] *adj* (*gén*) individual; (*opinion, livret, contrôle, avantages*) personal; **chambre individuelle** single room; **maison individuelle** detached house; **propriété individuelle** personal *ou* private property

individuellement [ɛ̃dividɥɛlmɑ̃] *adv* individually

indivis, e [ɛ̃divi, -iz] *adj* (*Jur : bien, succession*) indivisible; (*: cohéritiers, propriétaires*) joint

indivisible [ɛ̃divizibl] *adj* indivisible

Indochine [ɛ̃dɔʃin] *nf* : **l'~** Indochina

indochinois, e [ɛ̃dɔʃinwa, -waz] *adj* Indochinese

indocile [ɛ̃dɔsil] *adj* unruly

indo-européen, ne [ɛ̃dɔøʀɔpeɛ̃, -ɛn] *adj* Indo-European ▸ *nm* (*Ling*) Indo-European

indolence [ɛ̃dɔlɑ̃s] *nf* indolence

indolent, e [ɛ̃dɔlɑ̃, -ɑ̃t] *adj* indolent

indolore [ɛ̃dɔlɔʀ] *adj* painless

indomptable [ɛ̃dɔ̃tabl] *adj* untameable; (*fig*) invincible, indomitable

indompté, e [ɛ̃dɔ̃te] *adj* (*cheval*) unbroken

Indonésie [ɛ̃dɔnezi] *nf* : **l'~** Indonesia

indonésien, ne [ɛ̃dɔnezjɛ̃, -ɛn] *adj* Indonesian ▸ *nm/f* : **Indonésien, ne** Indonesian

indu, e [ɛ̃dy] *adj* : **à une heure indue** at some ungodly hour

indubitable [ɛ̃dybitabl] *adj* indubitable

indubitablement [ɛ̃dybitabləmɑ̃] *adv* indubitably

induction [ɛ̃dyksjɔ̃] *nf* induction

induire [ɛ̃dɥiʀ] /38/ *vt* : **~ qch de** to induce sth from; **~ qn en erreur** to lead sb astray, mislead sb

indulgence [ɛ̃dylʒɑ̃s] *nf* indulgence; leniency; **avec ~** indulgently; leniently

indulgent, e [ɛ̃dylʒɑ̃, -ɑ̃t] *adj* (*parent, regard*) indulgent; (*juge, examinateur*) lenient

indûment [ɛ̃dymɑ̃] *adv* without due cause; (*illégitimement*) wrongfully

industrialisation [ɛ̃dystʀijalizasjɔ̃] *nf* industrialization

industrialisé, e [ɛ̃dystʀijalize] *adj* industrialized

industrialiser [ɛ̃dystʀijalize] /1/ *vt* to industrialize; **s'industrialiser** *vpr* to become industrialized

industrie [ɛ̃dystʀi] *nf* industry; **~ automobile/textile** car/textile industry; **~ du spectacle** entertainment business

industriel, le [ɛ̃dystʀijɛl] *adj* industrial; (*produit industriellement : pain etc*) mass-produced, factory-produced ▸ *nm* industrialist; (*fabricant*) manufacturer

industriellement [ɛ̃dystʀijɛlmɑ̃] *adv* industrially

industrieux, -euse [ɛ̃dystʀijø, -øz] *adj* industrious

inébranlable [inebʀɑ̃labl] *adj* (*masse, colonne*) solid; (*personne, certitude, foi*) steadfast, unwavering

inédit, e [inedi, -it] *adj* (*correspondance etc*) (hitherto) unpublished; (*spectacle, moyen*) novel, original; (*film*) unreleased

ineffable [inefabl] *adj* inexpressible, ineffable

ineffaçable [inefasabl] *adj* indelible

inefficace [inefikas] *adj* (*remède, moyen*) ineffective; (*machine, employé*) inefficient

inefficacité [inefikasite] *nf* ineffectiveness; inefficiency

inégal, e, -aux [inegal, -o] *adj* unequal; (*irrégulier*) uneven

inégalable [inegalabl] *adj* matchless

inégalé, e [inegale] *adj* (*record*) unmatched, unequalled; (*beauté*) unrivalled

inégalement [inegalmɑ̃] *adv* unequally

inégalitaire [inegalitɛʀ] *adj* (*société, système*) unequal

inégalité [inegalite] *nf* inequality; unevenness *no pl*; **~ de deux hauteurs** difference *ou* disparity between two heights; **inégalités de terrain** uneven ground
inélégance [inelegɑ̃s] *nf* inelegance
inélégant, e [inelegɑ̃, -ɑ̃t] *adj* inelegant; *(indélicat)* discourteous
inéligibilité [inelizibilite] *nf* ineligibility
inéligible [inelizibl] *adj* ineligible
inéluctable [inelyktabl] *adj* inescapable
inéluctablement [inelyktabləmɑ̃] *adv* inescapably
inemployable [inɑ̃plwajabl] *adj* unusable
inemployé, e [inɑ̃plwaje] *adj* unused
inénarrable [inenaʀabl] *adj* hilarious
inepte [inɛpt] *adj* inept
ineptie [inɛpsi] *nf* ineptitude; *(propos)* nonsense *no pl*
inépuisable [inepɥizabl] *adj* inexhaustible
inéquitable [inekitabl] *adj* inequitable
inerte [inɛʀt] *adj (immobile)* lifeless; *(apathique)* passive, inert; *(Physique, Chimie)* inert
inertie [inɛʀsi] *nf* inertia
inescompté, e [inɛskɔ̃te] *adj* unexpected, unhoped-for
inespéré, e [inɛspeʀe] *adj* unhoped-for, unexpected
inesthétique [inɛstetik] *adj* unsightly
inestimable [inɛstimabl] *adj* priceless; *(fig : bienfait)* invaluable
inévitable [inevitabl] *adj* unavoidable; *(fatal, habituel)* inevitable
inévitablement [inevitabləmɑ̃] *adv* inevitably
inexact, e [inɛgzakt] *adj* inaccurate, inexact; *(non ponctuel)* unpunctual
inexactement [inɛgzaktəmɑ̃] *adv* inaccurately
inexactitude [inɛgzaktityd] *nf* inaccuracy
inexcusable [inɛkskyzabl] *adj* inexcusable, unforgivable
inexécutable [inɛgzekytabl] *adj* impracticable, unworkable; *(Mus)* unplayable
inexistant, e [inɛgzistɑ̃, -ɑ̃t] *adj* non-existent
inexistence [inɛgzistɑ̃s] *nf* nonexistence
inexorable [inɛgzɔʀabl] *adj* inexorable; *(personne : dur)* : **~ (à)** unmoved (by)
inexorablement [inɛgzɔʀabləmɑ̃] *adv* inexorably
inexpérience [inɛkspeʀjɑ̃s] *nf* inexperience, lack of experience
inexpérimenté, e [inɛkspeʀimɑ̃te] *adj* inexperienced; *(arme, procédé)* untested
inexplicable [inɛksplikabl] *adj* inexplicable
inexplicablement [inɛksplikabləmɑ̃] *adv* inexplicably
inexpliqué, e [inɛksplike] *adj* unexplained
inexploitable [inɛksplwatabl] *adj (gisement, richesse)* unexploitable; *(données, renseignements)* unusable
inexploité, e [inɛksplwate] *adj* unexploited, untapped
inexploré, e [inɛksplɔʀe] *adj* unexplored
inexpressif, -ive [inɛkspʀesif, -iv] *adj* inexpressive; *(regard etc)* expressionless
inexpressivité [inɛkspʀesivite] *nf* expressionlessness
inexprimable [inɛkspʀimabl] *adj* inexpressible
inexprimé, e [inɛkspʀime] *adj* unspoken, unexpressed
inexpugnable [inɛkspygnabl] *adj* impregnable
inextensible [inɛkstɑ̃sibl] *adj (tissu)* non-stretch
in extenso [inɛkstɛ̃so] *adv* in full
inextinguible [inɛkstɛ̃gibl] *adj (soif)* unquenchable; *(rire)* uncontrollable
in extremis [inɛkstʀemis] *adv* at the last minute ▸ *adj inv* last-minute; *(testament)* death bed *cpd*
inextricable [inɛkstʀikabl] *adj* inextricable
inextricablement [inɛkstʀikabləmɑ̃] *adv* inextricably
infaillibilité [ɛ̃fajibilite] *nf* infallibility
infaillible [ɛ̃fajibl] *adj* infallible; *(instinct)* infallible, unerring
infailliblement [ɛ̃fajibləmɑ̃] *adv (certainement)* without fail
infaisable [ɛ̃fəzabl] *adj (travail etc)* impossible, impractical
infalsifiable [ɛ̃falsifjabl] *adj* impossible to forge, unforgeable
infamant, e [ɛ̃famɑ̃, -ɑ̃t] *adj* libellous, defamatory
infâme [ɛ̃fɑm] *adj* vile
infamie [ɛ̃fami] *nf* infamy
infanterie [ɛ̃fɑ̃tʀi] *nf* infantry
infanticide [ɛ̃fɑ̃tisid] *nmf* child-murderer, murderess ▸ *nm (meurtre)* infanticide
infantile [ɛ̃fɑ̃til] *adj (Méd)* infantile, child *cpd*; *(péj : ton, réaction)* infantile, childish
infantilisation [ɛ̃fɑ̃tilizasjɔ̃] *nf* infantilization
infantiliser [ɛ̃fɑ̃tilize] *vt* to infantilize
infantilisme [ɛ̃fɑ̃tilism] *nm* infantilism
infarctus [ɛ̃faʀktys] *nm* : **~ (du myocarde)** coronary (thrombosis)
infatigable [ɛ̃fatigabl] *adj* tireless, indefatigable
infatigablement [ɛ̃fatigabləmɑ̃] *adv* tirelessly, indefatigably
infatué, e [ɛ̃fatɥe] *adj* conceited; **~ de** full of
infécond, e [ɛ̃fekɔ̃, -ɔ̃d] *adj* infertile, barren
infect, e [ɛ̃fɛkt] *adj* revolting; *(repas, vin)* revolting, foul; *(personne)* obnoxious; *(temps)* foul
infecter [ɛ̃fɛkte] **/1/** *vt (atmosphère, eau)* to contaminate; *(Méd)* to infect; **s'infecter** *vpr* to become infected *ou* septic
infectieux, -euse [ɛ̃fɛksjø, -øz] *adj* infectious
infection [ɛ̃fɛksjɔ̃] *nf* infection; *(puanteur)* stench
inféodé, e [ɛ̃feɔde] *adj* : **être ~ à** to be the vassal of
inféoder [ɛ̃feɔde] **/1/** : **s'inféoder à** *vpr* to pledge allegiance to
inférer [ɛ̃feʀe] **/6/** *vt* : **~ qch de** to infer sth from
inférieur, e [ɛ̃feʀjœʀ] *adj* lower; *(en qualité, intelligence)* inferior; **~ à** *(somme, quantité)* less *ou* smaller than; *(moins bon que)* inferior to; *(tâche : pas à la hauteur de)* unequal to ▸ *nm/f* inferior
infériorité [ɛ̃feʀjɔʀite] *nf* inferiority; **~ en nombre** inferiority in numbers
infernal, e, -aux [ɛ̃fɛʀnal, -o] *adj (insupportable : chaleur, rythme)* infernal; *(: enfant)* horrid; *(méchanceté, complot)* diabolical

infester [ɛ̃fɛste] /1/ *vt* to infest; **infesté de moustiques** infested with mosquitoes, mosquito-ridden
infichu, e [ɛ̃fiʃy] *adj* (*fam*) : **être ~ de faire qch** to be utterly incapable of doing sth
infidèle [ɛ̃fidɛl] *adj* unfaithful; (*Rel*) infidel
infidélité [ɛ̃fidelite] *nf* unfaithfulness *no pl*
infiltration [ɛ̃filtʀasjɔ̃] *nf* infiltration
infiltrer [ɛ̃filtʀe] /1/ : **s'infiltrer** *vpr* : **s'~ dans** to penetrate into; (*liquide*) to seep into; (*fig : noyauter*) to infiltrate
infime [ɛ̃fim] *adj* minute, tiny; (*inférieur*) lowly
infini, e [ɛ̃fini] *adj* infinite ▶ *nm* infinity; **à l'~** (*Math*) to infinity; (*discourir*) ad infinitum, endlessly; (*agrandir, varier*) infinitely; (*à perte de vue*) endlessly (into the distance)
infiniment [ɛ̃finimɑ̃] *adv* infinitely; **~ grand/petit** (*Math*) infinitely great/infinitesimal
infinité [ɛ̃finite] *nf* : **une ~ de** an infinite number of
infinitésimal, e, -aux [ɛ̃finitezimal, -o] *adj* infinitesimal
infinitif, -ive [ɛ̃finitif, -iv] *adj, nm* infinitive
infirme [ɛ̃fiʀm] *adj* disabled ▶ *nmf* disabled person; **~ de guerre** war cripple; **~ du travail** industrially disabled person
infirmer [ɛ̃fiʀme] /1/ *vt* to invalidate
infirmerie [ɛ̃fiʀməʀi] *nf* sick bay
infirmier, -ière [ɛ̃fiʀmje, -jɛʀ] *nm/f* nurse; **infirmière chef** sister; **infirmière diplômée** registered nurse; **infirmière visiteuse** visiting nurse, ≈ district nurse (Brit) ▶ *adj* : **élève ~** student nurse
infirmité [ɛ̃fiʀmite] *nf* disability
inflammable [ɛ̃flamabl] *adj* (in)flammable
inflammation [ɛ̃flamasjɔ̃] *nf* inflammation
inflammatoire [ɛ̃flamatwaʀ] *adj* (*Méd*) inflammatory
inflation [ɛ̃flasjɔ̃] *nf* inflation; **~ rampante/galopante** creeping/galloping inflation
inflationniste [ɛ̃flasjɔnist] *adj* inflationist
infléchir [ɛ̃fleʃiʀ] /2/ *vt* (*fig : politique*) to reorientate, redirect; **s'infléchir** *vpr* (*poutre, tringle*) to bend, sag
inflexibilité [ɛ̃flɛksibilite] *nf* inflexibility
inflexible [ɛ̃flɛksibl] *adj* inflexible
inflexion [ɛ̃flɛksjɔ̃] *nf* inflexion; **~ de la tête** slight nod (of the head)
infliger [ɛ̃fliʒe] /3/ *vt* : **~ qch (à qn)** to inflict sth (on sb); (*amende, sanction*) to impose sth (on sb)
influençable [ɛ̃flyɑ̃sabl] *adj* easily influenced
influence [ɛ̃flyɑ̃s] *nf* influence; (*d'un médicament*) effect
influencer [ɛ̃flyɑ̃se] /3/ *vt* to influence
influenceur [ɛ̃flyɑ̃sœʀ] *nm* influencer
influent, e [ɛ̃flyɑ̃, -ɑ̃t] *adj* influential
influer [ɛ̃flye] /1/ : **~ sur** *vt* to have an influence upon
influx [ɛ̃fly] *nm* : **~ nerveux** (nervous) impulse
info [ɛ̃fo] *nf* (*renseignement*) piece of information, info *no pl*; (*Presse, TV : nouvelle*) news item; **une ~ de dernière minute** a last-minute news item; **infos** *nfpl* (*TV*) news *sg*; **tu as écouté les infos ?** did you listen to the news?
infobulle [ɛ̃fobyl] *nf* (*Inform*) help bubble
infographie [ɛ̃fɔgʀafi] *nf* computer graphics *sg*
infographiste [ɛ̃fɔgʀafist] *nmf* computer graphics artist, computer graphics designer
infondé, e [ɛ̃fɔ̃de] *adj* (*accusation, critique*) unfounded
informateur, -trice [ɛ̃fɔʀmatœʀ, -tʀis] *nm/f* informant
informaticien, ne [ɛ̃fɔʀmatisjɛ̃, -ɛn] *nm/f* computer scientist
informatif, -ive [ɛ̃fɔʀmatif, -iv] *adj* informative
information [ɛ̃fɔʀmasjɔ̃] *nf* (*renseignement*) piece of information; (*Presse, TV : nouvelle*) item of news; (*diffusion de renseignements, Inform*) information; (*Jur*) inquiry, investigation; **voyage d'~** fact-finding trip; **agence d'~** news agency; **journal d'~** quality (Brit) *ou* serious newspaper; **informations** *nfpl* (*TV, Radio*) news *sg*

Information est indénombrable, c'est-à-dire qu'il ne peut pas désigner un seul renseignement. Pour traduire *une information*, il faut dire **a piece of information**. Notez qu'en anglais, **information** ne prend jamais de **-s** et s'emploie avec un verbe au singulier.
Ces informations sont très intéressantes. **This information** *is* **very interesting**.
Ils m'ont fourni une information précieuse. **They gave me a valuable piece of information.**

informatique [ɛ̃fɔʀmatik] *nf* (*technique*) data processing; (*science*) computer science; **~ en nuage** cloud computing ▶ *adj* computer *cpd*
informatisation [ɛ̃fɔʀmatizasjɔ̃] *nf* computerization
informatiser [ɛ̃fɔʀmatize] /1/ *vt* to computerize
informe [ɛ̃fɔʀm] *adj* shapeless
informé, e [ɛ̃fɔʀme] *adj* : **jusqu'à plus ample ~** until further information is available
informel, le [ɛ̃fɔʀmɛl] *adj* informal
informer [ɛ̃fɔʀme] /1/ *vt* : **~ qn (de)** to inform sb (of) ▶ *vi* (*Jur*) : **~ contre qn/sur qch** to initiate inquiries about sb/sth; **s'informer (sur)** *vpr* to inform o.s. (about); **s'~ (de qch/si)** to inquire *ou* find out (about sth/whether *ou* if)
informulé, e [ɛ̃fɔʀmyle] *adj* unformulated
infortune [ɛ̃fɔʀtyn] *nf* misfortune
infortuné, e [ɛ̃fɔʀtyne] *adj* wretched, unfortunate
infos [ɛ̃fo] *nfpl* (= *informations*) news
infoutu, e [ɛ̃futy] *adj* (*fam*) : **être ~ de faire qch** to be utterly incapable of doing sth
infraction [ɛ̃fʀaksjɔ̃] *nf* offence; **~ à** violation *ou* breach of; **être en ~** to be in breach of the law
infranchissable [ɛ̃fʀɑ̃ʃisabl] *adj* impassable; (*fig*) insuperable
infrarouge [ɛ̃fʀaʀuʒ] *adj, nm* infrared
infrason [ɛ̃fʀasɔ̃] *nm* infrasonic vibration
infrastructure [ɛ̃fʀastʀyktyʀ] *nf* (*d'une route etc*) substructure; (*Aviat, Mil*) ground installations *pl*; (*Écon : touristique etc*) facilities *pl*
infréquentable [ɛ̃fʀekɑ̃tabl] *adj* not to be associated with
infroissable [ɛ̃fʀwasabl] *adj* crease-resistant
infructueux, -euse [ɛ̃fʀyktɥø, -øz] *adj* fruitless, unfruitful

infus, e [ɛ̃fy, -yz] *adj* : **avoir la science infuse** to have innate knowledge
infuser [ɛ̃fyze] /1/ *vt* (*aussi* : **faire infuser** : *thé*) to brew; (: *tisane*) to infuse ▸ *vi* to brew; to infuse; **laisser ~** (to leave) to brew
infusion [ɛ̃fyzjɔ̃] *nf* (*tisane*) infusion, herb tea
ingambe [ɛ̃gɑ̃b] *adj* spry, nimble
ingénier [ɛ̃ʒenje] /7/ : **s'ingénier** *vpr* : **s'~ à faire** to strive to do
ingénierie [ɛ̃ʒeniʀi] *nf* engineering
ingénieur [ɛ̃ʒenjœʀ] *nm* engineer; **~ agronome/chimiste** agricultural/chemical engineer; **~ conseil** consulting engineer; **~ du son** sound engineer
ingénieusement [ɛ̃ʒenjøzmɑ̃] *adv* ingeniously
ingénieux, -euse [ɛ̃ʒenjø, -øz] *adj* ingenious, clever
ingéniosité [ɛ̃ʒenjozite] *nf* ingenuity
ingénu, e [ɛ̃ʒeny] *adj* ingenuous, artless ▸ *nf* (*Théât*) ingénue
ingénuité [ɛ̃ʒenɥite] *nf* ingenuousness
ingénument [ɛ̃ʒenymɑ̃] *adv* ingenuously
ingérable [ɛ̃ʒeʀabl] *adj* (*situation, crise*) unmanageable
ingérence [ɛ̃ʒeʀɑ̃s] *nf* interference
ingérer [ɛ̃ʒeʀe] /6/ : **s'ingérer** *vpr* : **s'~ dans** to interfere in
ingestion [ɛ̃ʒɛstjɔ̃] *nf* ingestion
ingouvernable [ɛ̃guvɛʀnabl] *adj* ungovernable
ingrat, e [ɛ̃gʀa, -at] *adj* (*personne*) ungrateful; (*sol*) poor; (*travail, sujet*) arid, thankless; (*visage*) unprepossessing
ingratitude [ɛ̃gʀatityd] *nf* ingratitude
ingrédient [ɛ̃gʀedjɑ̃] *nm* ingredient
inguérissable [ɛ̃geʀisabl] *adj* incurable
inguinal, e [ɛ̃gɥinal] *adj* inguinal
ingurgiter [ɛ̃gyʀʒite] /1/ *vt* to swallow; **faire ~ qch à qn** to make sb swallow sth; (*fig* : *connaissances*) to force sth into sb
inhabile [inabil] *adj* clumsy; (*fig*) inept
inhabitable [inabitabl] *adj* uninhabitable
inhabité, e [inabite] *adj* (*régions*) uninhabited; (*maison*) unoccupied
inhabituel, le [inabitɥɛl] *adj* unusual
inhalateur [inalatœʀ] *nm* inhaler; **~ d'oxygène** oxygen mask
inhalation [inalasjɔ̃] *nf* (*Méd*) inhalation; **faire des inhalations** to use an inhalation bath
inhaler [inale] /1/ *vt* to inhale
inhérent, e [ineʀɑ̃, -ɑ̃t] *adj* : **~ à** inherent in
inhibé, e [inibe] *adj* inhibited
inhiber [inibe] /1/ *vt* to inhibit
inhibiteur [inibitœʀ] *nm* inhibitor
inhibition [inibisjɔ̃] *nf* inhibition
inhospitalier, -ière [inɔspitalje, -jɛʀ] *adj* inhospitable
inhumain, e [inymɛ̃, -ɛn] *adj* inhuman
inhumation [inymasjɔ̃] *nf* interment, burial
inhumer [inyme] /1/ *vt* to inter, bury
inimaginable [inimaʒinabl] *adj* unimaginable
inimitable [inimitabl] *adj* inimitable
inimitié [inimitje] *nf* enmity
ininflammable [inɛ̃flamabl] *adj* non-flammable
inintelligent, e [inɛ̃teliʒɑ̃, -ɑ̃t] *adj* unintelligent
inintelligible [inɛ̃teliʒibl] *adj* unintelligible
inintelligiblement [inɛ̃teliʒibləmɑ̃] *adv* unintelligibly
inintéressant, e [inɛ̃teʀɛsɑ̃, -ɑ̃t] *adj* uninteresting
ininterrompu, e [inɛ̃teʀɔ̃py] *adj* (*file, série*) unbroken; (*flot, vacarme*) uninterrupted, non-stop; (*effort*) unremitting, continuous; (*suite, ligne*) unbroken
inique [inik] *adj* iniquitous
iniquité [inikite] *nf* iniquity
initial, e, -aux [inisjal, -o] *adj, nf* initial; **initiales** *nfpl* initials
initialement [inisjalmɑ̃] *adv* initially
initialisation [inisjalisasjɔ̃] *nf* initialization
initialiser [inisjalize] /1/ *vt* to initialize
initiateur, -trice [inisjatœʀ, -tʀis] *nm/f* initiator; (*d'une mode, technique*) innovator, pioneer
initiation [inisjasjɔ̃] *nf* initiation; **~ à** introduction to
initiatique [inisjatik] *adj* (*rites, épreuves*) initiatory
initiative [inisjativ] *nf* initiative; **prendre l'~ de qch/de faire** to take the initiative for sth/of doing; **avoir de l'~** to have initiative, show enterprise; **esprit/qualités d'~** spirit/qualities of initiative; **à** *ou* **sur l'~ de qn** on sb's initiative; **de sa propre ~** on one's own initiative
initié, e [inisje] *adj* initiated ▸ *nm/f* initiate
initier [inisje] /7/ *vt* to initiate; **~ qn à** to initiate sb into; (*faire découvrir* : *art, jeu*) to introduce sb to; **s'initier à** *vpr* (*métier, profession, technique*) to become initiated into
injectable [ɛ̃ʒɛktabl] *adj* injectable
injecté, e [ɛ̃ʒɛkte] *adj* : **yeux injectés de sang** bloodshot eyes
injecter [ɛ̃ʒɛkte] /1/ *vt* to inject
injection [ɛ̃ʒɛksjɔ̃] *nf* injection; **à ~** (*Auto*) fuel injection *cpd*
injoignable [ɛ̃ʒwaɲabl] *adj* : **Il est ~.** He can't be reached., He can't be reached on the phone.
injonction [ɛ̃ʒɔ̃ksjɔ̃] *nf* injunction, order; **~ de payer** (*Jur*) order to pay
injouable [ɛ̃jwabl] *adj* unplayable
injure [ɛ̃ʒyʀ] *nf* insult, abuse *no pl*
injurier [ɛ̃ʒyʀje] /7/ *vt* to insult, abuse
injurieux, -euse [ɛ̃ʒyʀjø, -øz] *adj* abusive, insulting
injuste [ɛ̃ʒyst] *adj* unjust, unfair
injustement [ɛ̃jystəmɑ̃] *adv* unjustly, unfairly
injustice [ɛ̃ʒystis] *nf* injustice
injustifiable [ɛ̃jystifjabl] *adj* unjustifiable
injustifié, e [ɛ̃jystifje] *adj* unjustified, unwarranted
inlassable [ɛ̃lɑsabl] *adj* tireless, indefatigable
inlassablement [ɛ̃lasabləmɑ̃] *adv* tirelessly
inné, e [ine] *adj* innate, inborn
innocemment [inɔsamɑ̃] *adv* innocently
innocence [inɔsɑ̃s] *nf* innocence
innocent, e [inɔsɑ̃, -ɑ̃t] *adj* innocent ▸ *nm/f* innocent person; **faire l'~** to play *ou* come the innocent
innocenter [inɔsɑ̃te] /1/ *vt* to clear, prove innocent

innocuité [inɔkɥite] *nf* innocuousness
innombrable [inɔ̃bʀabl] *adj* innumerable
innommable [inɔmabl] *adj* unspeakable
innovant, e [inɔvɑ̃, -ɑ̃t] *adj (produit, technologie)* innovative
innovateur, -trice [inɔvatœʀ, -tʀis] *adj* innovatory
innovation [inɔvasjɔ̃] *nf* innovation
innover [inɔve] /1/ *vi* : **~ en matière d'art** to break new ground in the field of art
inobservance [inɔpsɛʀvɑ̃s] *nf* non-observance
inobservation [inɔpsɛʀvasjɔ̃] *nf* non-observation, inobservance
inoccupé, e [inɔkype] *adj* unoccupied
inoculation [inɔkylasjɔ̃] *nf* inoculation
inoculer [inɔkyle] /1/ *vt* : **~ qch à qn** *(volontairement)* to inoculate sb with sth; *(accidentellement)* to infect sb with sth; **~ qn contre** to inoculate sb against
inodore [inɔdɔʀ] *adj (gaz)* odourless; *(fleur)* scentless
inoffensif, -ive [inɔfɑ̃sif, -iv] *adj* harmless, innocuous
inondable [inɔ̃dabl] *adj (zone)* liable to flooding
inondation [inɔ̃dasjɔ̃] *nf* flooding *no pl*; *(torrent, eau)* flood
inondé, e [inɔ̃de] *adj (terres, zone)* flooded
inonder [inɔ̃de] /1/ *vt* to flood; *(fig)* to inundate, overrun; **~ de** *(fig)* to flood *ou* swamp with
inopérable [inɔpeʀabl] *adj* inoperable
inopérant, e [inɔpeʀɑ̃, -ɑ̃t] *adj* inoperative, ineffective
inopiné, e [inɔpine] *adj* unexpected, sudden
inopinément [inɔpinemɑ̃] *adv* unexpectedly
inopportun, e [inɔpɔʀtœ̃, -yn] *adj* ill-timed, untimely; inappropriate; *(moment)* inopportune
inopportunément [inɔpɔʀtynemɑ̃] *adv* at an inopportune moment
inorganisation [inɔʀganizasjɔ̃] *nf* lack of organization
inorganisé, e [inɔʀganize] *adj (travailleurs)* non-organized
inoubliable [inublijabl] *adj* unforgettable
inouï, e [inwi] *adj* unheard-of, extraordinary
inox [inɔks] *adj inv, nm (= inoxydable)* stainless (steel)
inoxydable [inɔksidabl] *adj* stainless; *(couverts)* stainless steel *cpd*
inqualifiable [ɛ̃kalifjabl] *adj* unspeakable
inquiet, -ète [ɛ̃kjɛ, -ɛt] *adj (par nature)* anxious; *(momentanément)* worried; **~ de qch/au sujet de qn** worried about sth/sb
inquiétant, e [ɛ̃kjetɑ̃, -ɑ̃t] *adj* worrying, disturbing
inquiéter [ɛ̃kjete] /6/ *vt* to worry, disturb; *(harceler)* to harass; **s'inquiéter** *vpr* to worry, become anxious; **s'~ de** to worry about; *(s'enquérir de)* to inquire about
inquiétude [ɛ̃kjetyd] *nf* anxiety; **donner de l'~** *ou* **des inquiétudes à** to worry; **avoir de l'~** *ou* **des inquiétudes au sujet de** to feel anxious *ou* worried about
inquisiteur, -trice [ɛ̃kizitœʀ, -tʀis] *adj (regards, questions)* inquisitive, prying
inquisition [ɛ̃kizisjɔ̃] *nf* inquisition
INRA [inʀa] *sigle m* = **Institut national de la recherche agronomique**
inracontable [ɛ̃ʀakɔ̃tabl] *adj (trop osé)* unrepeatable; *(trop compliqué)* : **l'histoire est ~** the story is too complicated to relate
inrayable [ɛ̃ʀɛjabl] *adj* (CD, DVD) scratch-proof
insaisissable [ɛ̃sezisabl] *adj (fugitif, ennemi)* elusive; *(différence, nuance)* imperceptible
insalubre [ɛ̃salybʀ] *adj* unhealthy, insalubrious
insalubrité [ɛ̃salybʀite] *nf* unhealthiness, insalubrity
insanité [ɛ̃sanite] *nf* madness *no pl*, insanity *no pl*
insatiable [ɛ̃sasjabl] *adj* insatiable
insatisfaction [ɛ̃satisfaksjɔ̃] *nf* dissatisfaction
insatisfait, e [ɛ̃satisfɛ, -ɛt] *adj (non comblé)* unsatisfied; (: *passion, envie)* unfulfilled; *(mécontent)* dissatisfied
inscriptible [ɛ̃skʀiptibl] *adj* (CD, DVD) writable
inscription [ɛ̃skʀipsjɔ̃] *nf (sur un mur, écriteau etc)* inscription; *(à une institution : voir s'inscrire)* enrolment; registration
inscrire [ɛ̃skʀiʀ] /39/ *vt (marquer : sur son calepin etc)* to note *ou* write down; (: *sur un mur, une affiche etc)* to write; (: *dans la pierre, le métal)* to inscribe; *(mettre : sur une liste, un budget etc)* to put down; *(enrôler : soldat)* to enlist; **~ qn à** *(club, école etc)* to enrol sb at; **s'inscrire** *vpr (pour une excursion etc)* to put one's name down; **s'~ (à)** *(club, parti)* to join; *(université)* to register *ou* enrol (at); *(examen, concours)* to register *ou* enter (for); **s'~ dans** *(se situer : négociations etc)* to come within the scope of; **s'~ en faux contre** to deny (strongly); *(Jur)* to challenge
inscrit, e [ɛ̃skʀi, -it] *pp de* **inscrire** ▶ *adj (étudiant, électeur etc)* registered
insécable [ɛ̃sekabl] *adj (Inform)* indivisible; **espace ~** hard space
insecte [ɛ̃sɛkt] *nm* insect
insecticide [ɛ̃sɛktisid] *nm* insecticide
insectivore [ɛ̃sɛktivɔʀ] *nm* insectivore ▶ *adj* insectivorous
insécurité [ɛ̃sekyʀite] *nf* insecurity, lack of security
INSEE [inse] *sigle m (= Institut national de la statistique et des études économiques) national institute of statistical and economic information*
insémination [ɛ̃seminasjɔ̃] *nf* insemination
insensé, e [ɛ̃sɑ̃se] *adj* insane, mad
insensibiliser [ɛ̃sɑ̃sibilize] /1/ *vt* to anaesthetize; *(à une allergie)* to desensitize; **~ à qch** *(fig)* to cause to become insensitive to sth
insensibilité [ɛ̃sɑ̃sibilite] *nf* insensitivity
insensible [ɛ̃sɑ̃sibl] *adj (nerf, membre)* numb; *(dur, indifférent)* insensitive; *(imperceptible)* imperceptible
insensiblement [ɛ̃sɑ̃sibləmɑ̃] *adv (doucement, peu à peu)* imperceptibly
inséparable [ɛ̃sepaʀabl] *adj* : **~ (de)** inseparable (from) ▶ *nmpl* : **inséparables** *(oiseaux)* lovebirds
insérer [ɛ̃seʀe] /6/ *vt* to insert; **s'insérer dans** *vpr* to fit into; *(fig)* to come within
INSERM [insɛʀm] *sigle m (= Institut national de la santé et de la recherche médicale) national institute for medical research*

i

insert [ɛ̃sɛʀ] *nm enclosed fireplace burning solid fuel*
insertion [ɛ̃sɛʀsjɔ̃] *nf (d'une personne)* integration
insidieusement [ɛ̃sidjøzmɑ̃] *adv* insidiously
insidieux, -euse [ɛ̃sidjø, -øz] *adj* insidious
insigne [ɛ̃siɲ] *nm (d'un parti, club)* badge ▸ *adj* distinguished; **insignes** *nmpl (d'une fonction)* insignia *pl*
insignifiance [ɛ̃siɲifjɑ̃s] *nf* insignificance
insignifiant, e [ɛ̃siɲifjɑ̃, -ɑ̃t] *adj* insignificant; *(somme, affaire, détail)* trivial, insignificant
insinuant, e [ɛ̃sinɥɑ̃, -ɑ̃t] *adj* ingratiating
insinuation [ɛ̃sinɥasjɔ̃] *nf* innuendo, insinuation
insinuer [ɛ̃sinɥe] /1/ *vt* to insinuate, imply; **s'insinuer dans** *vpr* to seep into; *(fig)* to worm one's way into, creep into
insipide [ɛ̃sipid] *adj* insipid
insistance [ɛ̃sistɑ̃s] *nf* insistence; **avec ~** insistently
insistant, e [ɛ̃sistɑ̃, -ɑ̃t] *adj* insistent
insister [ɛ̃siste] /1/ *vi* to insist; *(s'obstiner)* to keep on; **~ sur** *(détail, note)* to stress; **~ pour qch/pour faire qch** to be insistent about sth/about doing sth
insociable [ɛ̃sɔsjabl] *adj* unsociable
insolation [ɛ̃sɔlasjɔ̃] *nf (Méd)* sunstroke *no pl*; *(ensoleillement)* period of sunshine
insolence [ɛ̃sɔlɑ̃s] *nf* insolence *no pl*; **avec ~** insolently
insolent, e [ɛ̃sɔlɑ̃, -ɑ̃t] *adj* insolent
insolite [ɛ̃sɔlit] *adj* strange, unusual
insoluble [ɛ̃sɔlybl] *adj* insoluble
insolvabilité [ɛ̃sɔlvabilite] *nf* insolvency
insolvable [ɛ̃sɔlvabl] *adj* insolvent
insomniaque [ɛ̃sɔmnjak] *adj, nmf* insomniac
insomnie [ɛ̃sɔmni] *nf* insomnia *no pl*, sleeplessness *no pl*; **avoir des insomnies** to sleep badly, suffer from insomnia
insondable [ɛ̃sɔ̃dabl] *adj* unfathomable
insonore [ɛ̃sɔnɔʀ] *adj* soundproof
insonorisation [ɛ̃sɔnɔʀizasjɔ̃] *nf* soundproofing
insonoriser [ɛ̃sɔnɔʀize] /1/ *vt* to soundproof
insouciance [ɛ̃susjɑ̃s] *nf* carefree attitude; heedless attitude
insouciant, e [ɛ̃susjɑ̃, -ɑ̃t] *adj* carefree; *(imprévoyant)* heedless; **~ du danger** heedless of (the) danger
insoumis, e [ɛ̃sumi, -iz] *adj (caractère, enfant)* rebellious, refractory; *(contrée, tribu)* unsubdued; *(Mil : soldat)* absent without leave ▸ *nm (Mil : soldat)* absentee
insoumission [ɛ̃sumisjɔ̃] *nf* rebelliousness; *(Mil)* absence without leave
insoupçonnable [ɛ̃supsɔnabl] *adj* unsuspected; *(personne)* above suspicion
insoupçonné, e [ɛ̃supsɔne] *adj* unsuspected
insoutenable [ɛ̃sut(ə)nabl] *adj (argument)* untenable; *(chaleur)* unbearable
inspecter [ɛ̃spɛkte] /1/ *vt* to inspect
inspecteur, -trice [ɛ̃spɛktœʀ, -tʀis] *nm/f* inspector; *(des assurances)* assessor; **~ d'Académie** (regional) director of education; **~ (de l'enseignement) primaire** primary school inspector; **~ des finances** ≈ tax inspector (BRIT), ≈ Internal Revenue Service agent (US); **~ (de police)** (police) inspector
inspection [ɛ̃spɛksjɔ̃] *nf* inspection
inspirateur, -trice [ɛ̃spiʀatœʀ, -tʀis] *nm/f (instigateur)* instigator; *(animateur)* inspirer
inspiration [ɛ̃spiʀasjɔ̃] *nf* inspiration; breathing in *no pl*; *(idée)* flash of inspiration, brainwave; **sous l'~ de** prompted by
inspiré, e [ɛ̃spiʀe] *adj* : **être bien/mal ~ de faire qch** to be well-advised/ill-advised to do sth
inspirer [ɛ̃spiʀe] /1/ *vt (gén)* to inspire; **~ qch à qn** *(œuvre, projet, action)* to inspire sb with sth; *(dégoût, crainte, horreur)* to fill sb with sth; **ça ne m'inspire pas** I'm not keen on the idea ▸ *vi (aspirer)* to breathe in; **s'inspirer de** *vpr (artiste)* to draw one's inspiration from; *(tableau)* to be inspired by
instabilité [ɛ̃stabilite] *nf* instability
instable [ɛ̃stabl] *adj (meuble, équilibre)* unsteady; *(population, temps)* unsettled; *(paix, régime, caractère)* unstable
installateur [ɛ̃stalatœʀ] *nm* fitter
installation [ɛ̃stalasjɔ̃] *nf (mise en place)* installation; putting in *ou* up; fitting out; settling in; *(appareils etc)* fittings *pl*, installations *pl*; **l'~ électrique** wiring; **installations** *nfpl* installations; *(industrielles)* plant *sg*; *(de sport, dans un camping)* facilities
installé, e [ɛ̃stale] *adj* : **bien/mal ~** well/poorly equipped; *(personne)* well/not very well set up *ou* organized
installer [ɛ̃stale] /1/ *vt (asseoir, coucher)* to settle (down); *(placer)* to put, place; *(meuble)* to put in; *(rideau, étagère, tente)* to put up; *(gaz, électricité etc)* to put in, install; *(appartement)* to fit out; **~ qn** *(loger)* to get sb settled, install sb; **~ une salle de bains dans une pièce** to fit out a room with a bathroom suite; **s'installer** *vpr (s'établir : artisan, dentiste etc)* to set o.s. up; *(emménager)* to settle in; *(sur un siège, à un emplacement)* to settle (down); *(fig : maladie, grève)* to take a firm hold *ou* grip; **s'~ à l'hôtel/chez qn** to move into a hotel/in with sb
installeur [ɛ̃stalœʀ] *nm (Inform)* installer
instamment [ɛ̃stamɑ̃] *adv* urgently
instance [ɛ̃stɑ̃s] *nf (Jur : procédure)* (legal) proceedings *pl*; *(Admin : autorité)* authority; **affaire en ~** matter pending; **courrier en ~** mail ready for posting; **être en ~ de divorce** to be awaiting a divorce; **train en ~ de départ** train on the point of departure; **tribunal de première ~** court of first instance; **en seconde ~** on appeal; **instances** *nfpl (prières)* entreaties
instant [ɛ̃stɑ̃] *nm* moment, instant; **dans un ~** in a moment; **à l'~** this instant; **je l'ai vu à l'~** I've just this minute seen him, I saw him a moment ago; **à l'~ (même) où** at the (very) moment that *ou* when, (just) as; **à chaque ~, à tout ~** at any moment; constantly; **pour l'~** for the moment, for the time being; **par instants** at times; **de tous les instants** perpetual; **dès l'~ où** *ou* **que …** from the moment when …, since that moment when …
instantané, e [ɛ̃stɑ̃tane] *adj (lait, café)* instant; *(explosion, mort)* instantaneous ▸ *nm* snapshot

instantanément [ɛ̃stɑ̃tanemɑ̃] *adv* instantaneously
instar [ɛ̃staʀ] : **à l'~ de** *prép* following the example of, like
instauration [ɛ̃stɔʀasjɔ̃] *nf* (*de régime, démocratie*) establishment
instaurer [ɛ̃stɔʀe] /1/ *vt* to institute; (*couvre-feu*) to impose; **s'instaurer** *vpr* to set o.s. up; (*collaboration, paix*) to be established; (*doute*) to set in
instigateur, -trice [ɛ̃stigatœʀ, -tʀis] *nm/f* instigator
instigation [ɛ̃stigasjɔ̃] *nf* : **à l'~ de qn** at sb's instigation
instiller [ɛ̃stile] /1/ *vt* to instil, apply
instinct [ɛ̃stɛ̃] *nm* instinct; **d'~** (*spontanément*) instinctively; **~ grégaire** herd instinct; **~ de conservation** instinct of self-preservation
instinctif, -ive [ɛ̃stɛ̃ktif, -iv] *adj* instinctive
instinctivement [ɛ̃stɛ̃ktivmɑ̃] *adv* instinctively
instit [ɛ̃stit] *nmf* (*fam*) (primary school) teacher
instituer [ɛ̃stitɥe] /1/ *vt* to establish, institute; **s'instituer** *vpr* : **s'~ défenseur d'une cause** to set o.s. up as defender of a cause
institut [ɛ̃stity] *nm* institute; **~ de beauté** beauty salon; **~ médico-légal** mortuary; **I~ universitaire de technologie** ≈ Institute of technology
instituteur, -trice [ɛ̃stitytœʀ, -tʀis] *nm/f* (primary (Brit) *ou* grade (*US*) school) teacher
institution [ɛ̃stitysjɔ̃] *nf* institution; (*collège*) private school; **institutions** *nfpl* (*structures politiques et sociales*) institutions
institutionnaliser [ɛ̃stitysjɔnalize] /1/ *vt* to institutionalize
institutionnel, le [ɛ̃stitysjɔnɛl] *adj* institutional
instructeur, -trice [ɛ̃stʀyktœʀ, -tʀis] *adj* (*Mil*) : **sergent ~** drill sergeant; (*Jur*) : **juge ~** examining (Brit) *ou* committing (*US*) magistrate ▸ *nm/f* instructor
instructif, -ive [ɛ̃stʀyktif, -iv] *adj* instructive
instruction [ɛ̃stʀyksjɔ̃] *nf* (*enseignement, savoir*) education; (*Jur*) (preliminary) investigation and hearing; (*directive*) instruction; (*Admin : document*) directive; **~ civique** civics *sg*; **~ primaire/publique** primary/public education; **~ religieuse** religious instruction; **~ professionnelle** vocational training; **instructions** *nfpl* instructions; (*mode d'emploi*) directions, instructions
instruire [ɛ̃stʀɥiʀ] /38/ *vt* (*élèves*) to teach; (*recrues*) to train; (*Jur : affaire*) to conduct the investigation for; **~ qn de qch** (*informer*) to inform *ou* advise sb of sth; **s'instruire** *vpr* to educate o.s.; **s'~ auprès de qn de qch** (*s'informer*) to find sth out from sb ▸ *vi* : **~ contre qn** (*Jur*) to investigate sb
instruit, e [ɛ̃stʀɥi, -it] *pp de* **instruire** ▸ *adj* educated
instrument [ɛ̃stʀymɑ̃] *nm* instrument; **~ à cordes/vent** stringed/wind instrument; **~ de mesure** measuring instrument; **~ de musique** musical instrument; **~ de travail** (working) tool
instrumental, e, -aux [ɛ̃stʀymɑ̃tal, -o] *adj* instrumental
instrumentation [ɛ̃stʀymɑ̃tasjɔ̃] *nf* instrumentation
instrumentiste [ɛ̃stʀymɑ̃tist] *nmf* instrumentalist
insu [ɛ̃sy] *nm* : **à l'~ de qn** without sb knowing
insubmersible [ɛ̃sybmɛʀsibl] *adj* unsinkable
insubordination [ɛ̃sybɔʀdinasjɔ̃] *nf* rebelliousness; (*Mil*) insubordination
insubordonné, e [ɛ̃sybɔʀdɔne] *adj* insubordinate
insuccès [ɛ̃syksɛ] *nm* failure
insuffisamment [ɛ̃syfizamɑ̃] *adv* insufficiently
insuffisance [ɛ̃syfizɑ̃s] *nf* insufficiency; inadequacy; **~ cardiaque** cardiac insufficiency *no pl*; **~ hépatique** liver deficiency; **insuffisances** *nfpl* (*lacunes*) inadequacies
insuffisant, e [ɛ̃syfizɑ̃, -ɑ̃t] *adj* (*en quantité*) insufficient; (*en qualité : élève, travail*) inadequate; (*sur une copie*) poor
insuffler [ɛ̃syfle] /1/ *vt* : **~ qch dans** to blow sth into; **~ qch à qn** to inspire sb with sth
insulaire [ɛ̃sylɛʀ] *adj* island *cpd*; (*attitude*) insular
insularité [ɛ̃sylaʀite] *nf* insularity
insuline [ɛ̃sylin] *nf* insulin
insulinodépendant, e [ɛ̃sylinɔdepɑ̃dɑ̃, -ɑ̃t] *adj* (*diabète, diabétique*) insulin-dependent
insultant, e [ɛ̃syltɑ̃, -ɑ̃t] *adj* insulting
insulte [ɛ̃sylt] *nf* insult
insulter [ɛ̃sylte] /1/ *vt* to insult
insupportable [ɛ̃sypɔʀtabl] *adj* unbearable
insupporter [ɛ̃sypɔʀte] *vt* : **il m'insupporte** I find him intolerable
insurgé, e [ɛ̃syʀʒe] *adj, nm/f* insurgent, rebel
insurger [ɛ̃syʀʒe] /3/ : **s'insurger** *vpr* : **s'~ (contre)** to rise up *ou* rebel (against)
insurmontable [ɛ̃syʀmɔ̃tabl] *adj* (*difficulté*) insuperable; (*aversion*) unconquerable
insurpassable [ɛ̃syʀpɑsabl] *adj* unsurpassable, unsurpassed
insurrection [ɛ̃syʀɛksjɔ̃] *nf* insurrection, revolt
insurrectionnel, le [ɛ̃syʀɛksjɔnɛl] *adj* insurrectionary
intact, e [ɛ̃takt] *adj* intact
intangible [ɛ̃tɑ̃ʒibl] *adj* intangible; (*principe*) inviolable
intarissable [ɛ̃taʀisabl] *adj* inexhaustible
intégral, e, -aux [ɛ̃tegʀal, -o] *adj* complete; **texte ~** unabridged version; **bronzage ~** all-over suntan ▸ *nf* (*Math*) integral; (*œuvres complètes*) complete works
intégralement [ɛ̃tegʀalmɑ̃] *adv* in full, fully
intégralité [ɛ̃tegʀalite] *nf* (*d'une somme, d'un revenu*) whole (*ou* full) amount; **dans son ~** in its entirety
intégrant, e [ɛ̃tegʀɑ̃, -ɑ̃t] *adj* : **faire partie intégrante de** to be an integral part of, be part and parcel of
intégration [ɛ̃tegʀasjɔ̃] *nf* integration
intégrationniste [ɛ̃tegʀasjɔnist] *adj, nmf* integrationist
intègre [ɛ̃tɛgʀ] *adj* perfectly honest, upright
intégré, e [ɛ̃tegʀe] *adj* : **circuit ~** integrated circuit

intégrer [ɛ̃tegʀe] /**6**/ *vt* : **~ qch à** *ou* **dans** to integrate sth into; **s'intégrer** *vpr* : **s'~ à** *ou* **dans** to become integrated into; **bien s'~** to fit in
intégrisme [ɛ̃tegʀism] *nm* fundamentalism
intégriste [ɛ̃tegʀist] *adj, nmf* fundamentalist
intégrité [ɛ̃tegʀite] *nf* integrity
intellect [ɛ̃telɛkt] *nm* intellect
intellectualiser [ɛ̃telɛktɥalize] *vt, vi* to intellectualize
intellectualisme [ɛ̃telɛktɥalism] *nm* intellectualism
intellectuel, le [ɛ̃telɛktɥɛl] *adj, nm/f* intellectual; (*péj*) highbrow
intellectuellement [ɛ̃telɛktɥɛlmɑ̃] *adv* intellectually
intelligemment [ɛ̃teliʒamɑ̃] *adv* intelligently
intelligence [ɛ̃teliʒɑ̃s] *nf* intelligence; (*compréhension*) : **l'~ de** the understanding of; (*complicité*) : **regard d'~** glance of complicity, meaningful *ou* knowing look; (*accord*) : **vivre en bonne ~ avec qn** to be on good terms with sb; **être d'~** to have an understanding; **~ artificielle** artificial intelligence (A.I.); **intelligences** *nfpl* (*Mil, fig*) secret contacts
intelligent, e [ɛ̃teliʒɑ̃, -ɑ̃t] *adj* intelligent; (*capable*) : **~ en affaires** competent in business
intelligentsia [ɛ̃telidʒɛnsja] *nf* intelligentsia
intelligible [ɛ̃teliʒibl] *adj* intelligible
intello [ɛ̃telo] *adj, nmf* (*fam*) highbrow
intempérance [ɛ̃tɑ̃peʀɑ̃s] *nf* overindulgence *no pl*; intemperance *no pl*
intempérant, e [ɛ̃tɑ̃peʀɑ̃, -ɑ̃t] *adj* overindulgent; (*moralement*) intemperate
intempéries [ɛ̃tɑ̃peʀi] *nfpl* bad weather *sg*
intempestif, -ive [ɛ̃tɑ̃pɛstif, -iv] *adj* untimely
intemporel, le [ɛ̃tɑ̃pɔʀɛl] *adj* (*élégance, vêtement*) timeless
intenable [ɛ̃t(ə)nabl] *adj* unbearable
intendance [ɛ̃tɑ̃dɑ̃s] *nf* (*Mil*) supply corps; (: *bureau*) supplies office; (*Scol*) bursar's office
intendant, e [ɛ̃tɑ̃dɑ̃, -ɑ̃t] *nm/f* (*Mil*) quartermaster; (*Scol*) bursar; (*d'une propriété*) steward
intense [ɛ̃tɑ̃s] *adj* intense
intensément [ɛ̃tɑsemɑ̃] *adv* intensely
intensif, -ive [ɛ̃tɑ̃sif, -iv] *adj* intensive; **cours ~** crash course; **~ en main-d'œuvre** labour-intensive; **~ en capital** capital-intensive
intensification [ɛ̃tɑ̃sifikasjɔ̃] *nf* intensification
intensifier [ɛ̃tɑ̃sifje] /**7**/ : **s'intensifier** *vpr* to intensify
intensité [ɛ̃tɑ̃site] *nf* intensity
intensivement [ɛ̃tɑ̃sivmɑ̃] *adv* intensively
intenter [ɛ̃tɑ̃te] /**1**/ *vt* : **~ un procès contre** *ou* **à qn** to start proceedings against sb
intention [ɛ̃tɑ̃sjɔ̃] *nf* intention; (*Jur*) intent; **avoir l'~ de faire** to intend to do, have the intention of doing; **dans l'~ de faire qch** with a view to doing sth; **à l'~ de** *prép* for; (*renseignement*) for the benefit *ou* information of; (*film, ouvrage*) aimed at; **à cette ~** with this aim in view; **sans ~** unintentionally; **faire qch sans mauvaise ~** to do sth without ill intent; **agir dans une bonne ~** to act with good intentions
intentionné, e [ɛ̃tɑ̃sjɔne] *adj* : **bien ~** well-meaning *ou* -intentioned; **mal ~** ill-intentioned
intentionnel, le [ɛ̃tɑ̃sjɔnɛl] *adj* intentional, deliberate
intentionnellement [ɛ̃tɑ̃sjɔnɛlmɑ̃] *adv* intentionally, deliberately
inter [ɛ̃tɛʀ] *nm* (*Tél : interurbain*) long-distance call service; (*Sport*) : **~ gauche/droit** inside-left/-right
interactif, -ive [ɛ̃tɛʀaktif, -iv] *adj* (*aussi Inform*) interactive
interaction [ɛ̃tɛʀaksjɔ̃] *nf* interaction
interactivité [ɛ̃tɛʀaktivite] *nf* interactivity
interagir [ɛ̃tɛʀaʒiʀ] *vi* : **~ avec** to interact with
interbancaire [ɛ̃tɛʀbɑ̃kɛʀ] *adj* interbank
intercalaire [ɛ̃tɛʀkalɛʀ] *adj, nm* : **(feuillet) ~** insert; **(fiche) ~** divider
intercaler [ɛ̃tɛʀkale] /**1**/ *vt* to insert; **s'intercaler entre** *vpr* to come in between; to slip in between
intercéder [ɛ̃tɛʀsede] /**6**/ *vi* : **~ (pour qn)** to intercede (on behalf of sb)
intercepter [ɛ̃tɛʀsɛpte] /**1**/ *vt* to intercept; (*lumière, chaleur*) to cut off
intercepteur [ɛ̃tɛʀsɛptœʀ] *nm* (*Aviat*) interceptor
interception [ɛ̃tɛʀsɛpsjɔ̃] *nf* interception; **avion d'~** interceptor
intercession [ɛ̃tɛʀsesjɔ̃] *nf* intercession
interchangeable [ɛ̃tɛʀʃɑ̃ʒabl] *adj* interchangeable
interclasse [ɛ̃tɛʀklas] *nm* (*Scol*) break (between classes)
interclubs [ɛ̃tɛʀklœb] *adj inv* interclub
intercommunal, e, -aux [ɛ̃tɛʀkɔmynal, -o] *adj* intervillage, intercommunity
intercommunautaire [ɛ̃tɛʀkɔmynotɛʀ] *adj* intercommunity
interconnecté, e [ɛ̃tɛʀkɔnɛkte] *adj* (*réseaux, zones*) interconnected
interconnexion [ɛ̃tɛʀkɔnɛksjɔ̃] *nf* (*Inform*) networking
intercontinental, e, -aux [ɛ̃tɛʀkɔ̃tinɑ̃tal, -o] *adj* intercontinental
intercostal, e, -aux [ɛ̃tɛʀkɔstal, -o] *adj* intercostal, between the ribs
interdépartemental, e, -aux [ɛ̃tɛʀdepaʀtəmɑ̃tal, -o] *adj* interdepartmental
interdépendance [ɛ̃tɛʀdepɑ̃dɑ̃s] *nf* interdependence
interdépendant, e [ɛ̃tɛʀdepɑ̃dɑ̃, -ɑ̃t] *adj* interdependent
interdiction [ɛ̃tɛʀdiksjɔ̃] *nf* ban; **~ de faire qch** ban on doing sth; **~ de séjour** (*Jur*) *order banning ex-prisoner from frequenting specified places*; **~ de fumer** no smoking
interdire [ɛ̃tɛʀdiʀ] /**37**/ *vt* to forbid; (*Admin : stationnement, meeting, passage*) to ban, prohibit; (: *journal, livre*) to ban; **~ qch à qn** to forbid sb sth; **~ à qn de faire** to forbid sb to do, prohibit sb from doing; (*empêchement*) to prevent *ou* preclude sb from doing; **s'interdire** *vpr* (*éviter*) : **s'~ qch** to refrain *ou* abstain from sth; (*se refuser*) : **il s'interdit d'y penser** he doesn't allow himself to think about it

interdisciplinaire [ɛ̃tɛʀdisiplinɛʀ] *adj* interdisciplinary
interdit, e [ɛ̃tɛʀdi, -it] *pp de* **interdire** ▸ *adj* (*défendu*) forbidden, prohibited; (*stupéfait*) taken aback; **film ~ aux moins de 18/12 ans** ≈ 18-/12A-rated film; **sens ~** one way; **stationnement ~** no parking; **~ de chéquier** having cheque book facilities suspended; **~ de séjour** subject to an "interdiction de séjour" ▸ *nm* interdict, prohibition
intéressant, e [ɛ̃teʀesɑ̃, -ɑ̃t] *adj* interesting; (*avantageux*) attractive; **faire l'~** to draw attention to o.s.
intéressé, e [ɛ̃teʀese] *adj* (*parties*) involved, concerned; (*amitié, motifs*) self-interested ▸ *nm/f* : **l'~(e)** the interested party; **les intéressés** those concerned *ou* involved
intéressement [ɛ̃teʀɛsmɑ̃] *nm* (*Comm*) profit-sharing
intéresser [ɛ̃teʀese] /**1**/ *vt* (*captiver*) to interest; (*toucher*) to be of interest *ou* concern to; (*Admin : concerner*) to affect, concern; (*Comm : travailleur*) to give a share in the profits to; (*: partenaire*) to interest (in the business); **~ qn à qch** to get sb interested in sth; **s'intéresser à** *vpr* to take an interest in, be interested in
intérêt [ɛ̃teʀɛ] *nm* (*aussi Comm*) interest; (*égoïsme*) self-interest; **porter de l'~ à qn** to take an interest in sb; **agir par ~** to act out of self-interest; **avoir des intérêts dans** (*Comm*) to have a financial interest *ou* a stake in; **avoir ~ à faire** to do well to do; **tu as ~ à accepter** it's in your interest to accept; **tu as ~ à te dépêcher** you'd better hurry; **il y a ~ à ...** it would be a good thing to ...; **~ composé** compound interest
interface [ɛ̃tɛʀfas] *nf* (*Inform*) interface
interférence [ɛ̃tɛʀfeʀɑ̃s] *nf* interference
interférer [ɛ̃tɛʀfeʀe] /**6**/ *vi* : **~ (avec)** to interfere (with)
interféron [ɛ̃tɛʀfeʀɔ̃] *nm* interferon
intergalactique [ɛ̃tɛʀgalaktik] *adj* intergalactic
intergouvernemental, e, -aux [ɛ̃tɛʀguvɛʀnəmɑ̃tal, -o] *adj* intergovernmental
intérieur, e [ɛ̃teʀjœʀ] *adj* (*mur, escalier, poche*) inside; (*commerce, politique*) domestic; (*cour, calme, vie*) inner; (*navigation*) inland ▸ *nm* (*d'une maison, d'un récipient etc*) inside; (*d'un pays, aussi décor, mobilier*) interior; (*Pol*) : **l'I~** (the Department of) the Interior, ≈ the Home Office (Brit); **à l'~ (de)** inside; (*fig*) within; **de l'~** (*fig*) from the inside; **en ~** (*Ciné*) in the studio; **vêtement d'~** indoor garment
intérieurement [ɛ̃teʀjœʀmɑ̃] *adv* inwardly
intérim [ɛ̃teʀim] *nm* (*période*) interim period; (*travail*) temping; **agence d'~** temping agency; **assurer l'~ (de)** to deputize (for); **président par ~** interim president; **travailler en ~, faire de l'~** to temp
intérimaire [ɛ̃teʀimɛʀ] *adj* (*directeur, ministre*) acting; (*secrétaire, personnel*) temporary, interim ▸ *nmf* (*secrétaire etc*) temporary, temp (Brit); (*suppléant*) deputy
intérioriser [ɛ̃teʀjɔʀize] /**1**/ *vt* to internalize
interjection [ɛ̃tɛʀʒɛksjɔ̃] *nf* interjection
interjeter [ɛ̃tɛʀʒəte] /**4**/ *vt* (*Jur*) : **~ appel** to lodge an appeal
interligne [ɛ̃tɛʀliɲ] *nm* inter-line space; **simple/double ~** single/double spacing ▸ *nf* (*Typo*) lead, leading
interlocuteur, -trice [ɛ̃tɛʀlɔkytœʀ, -tʀis] *nm/f* speaker; (*Pol*) : **~ valable** valid representative; **son ~** the person he *ou* she was speaking to
interlope [ɛ̃tɛʀlɔp] *adj* illicit; (*milieu, bar*) shady
interloquer [ɛ̃tɛʀlɔke] /**1**/ *vt* to take aback
interlude [ɛ̃tɛʀlyd] *nm* interlude
intermède [ɛ̃tɛʀmɛd] *nm* interlude
intermédiaire [ɛ̃tɛʀmedjɛʀ] *adj* intermediate; middle; half-way; (*solution*) temporary ▸ *nmf* intermediary; (*Comm*) middleman; **sans ~** directly; **par l'~ de** through
interminable [ɛ̃tɛʀminabl] *adj* never-ending
interminablement [ɛ̃tɛʀminabləmɑ̃] *adv* interminably
interministériel, le [ɛ̃tɛʀministeʀjɛl] *adj* : **comité ~** interdepartmental committee
intermittence [ɛ̃tɛʀmitɑ̃s] *nf* : **par ~** intermittently, sporadically
intermittent, e [ɛ̃tɛʀmitɑ̃, -ɑ̃t] *adj* intermittent, sporadic
internat [ɛ̃tɛʀna] *nm* (*Scol*) boarding school
international, e, -aux [ɛ̃tɛʀnasjɔnal, -o] *adj, nm/f* international
internationalisation [ɛ̃tɛʀnasjɔnalizasjɔ̃] *nf* internationalization
internationaliser [ɛ̃tɛʀnasjɔnalize] /**1**/ *vt* to internationalize
internationalisme [ɛ̃tɛʀnasjɔnalism] *nm* internationalism
internaute [ɛ̃tɛʀnot] *nmf* Internet user
interne [ɛ̃tɛʀn] *adj* internal ▸ *nmf* (*Scol*) boarder; (*Méd*) houseman (Brit), intern (US)
internement [ɛ̃tɛʀnəmɑ̃] *nm* (*Pol*) internment; (*Méd*) confinement
interner [ɛ̃tɛʀne] /**1**/ *vt* (*Pol*) to intern; (*Méd*) to confine to a mental institution
Internet [ɛ̃tɛʀnɛt] *nm* : **l'~** the Internet
interparlementaire [ɛ̃tɛʀpaʀləmɑ̃tɛʀ] *adj* interparliamentary
interpellation [ɛ̃tɛʀpelasjɔ̃] *nf* interpellation; (*Pol*) question
interpeller [ɛ̃tɛʀpele] /**1**/ *vt* (*appeler*) to call out to; (*apostropher*) to shout at; (*Police*) to take in for questioning; (*Pol*) to question; (*concerner*) to concern; **s'interpeller** *vpr* (*s'apostropher*) to shout at each other
interphone [ɛ̃tɛʀfɔn] *nm* intercom; (*d'immeuble*) entry phone
interplanétaire [ɛ̃tɛʀplanetɛʀ] *adj* interplanetary
Interpol [ɛ̃tɛʀpɔl] *sigle m* Interpol
interpoler [ɛ̃tɛʀpɔle] /**1**/ *vt* to interpolate
interposer [ɛ̃tɛʀpoze] /**1**/ *vt* to interpose; **s'interposer** *vpr* to intervene; **par personnes interposées** through a third party
interprétariat [ɛ̃tɛʀpʀetaʀja] *nm* interpreting
interprétation [ɛ̃tɛʀpʀetasjɔ̃] *nf* interpretation
interprète [ɛ̃tɛʀpʀɛt] *nmf* interpreter; (*porte-parole*) spokesman

i

interpréter [ɛ̃tɛʀpʀete] /**6**/ *vt* to interpret; (*jouer*) to play; (*chanter*) to sing
interprofessionnel, le [ɛ̃tɛʀpʀɔfesjɔnɛl] *adj* interprofessional
interrègne [ɛ̃tɛʀʀɛɲ] *nm* interregnum
interrogateur, -trice [ɛ̃teʀɔgatœʀ, -tʀis] *adj* questioning, inquiring ▸ *nm/f* (*Scol*) (oral) examiner
interrogatif, -ive [ɛ̃teʀɔgatif, -iv] *adj* (*Ling*) interrogative
interrogation [ɛ̃teʀɔgasjɔ̃] *nf* question; (*Scol*) (written *ou* oral) test
interrogatoire [ɛ̃teʀɔgatwaʀ] *nm* (*Police*) questioning *no pl*; (*Jur, aussi fig*) cross-examination, interrogation
interroger [ɛ̃teʀɔʒe] /**3**/ *vt* to question; (*Inform*) to search; (*Scol : candidat*) to test; **~ qn (sur qch)** to question sb (about sth); **~ qn du regard** to look questioningly at sb, give sb a questioning look; **s'interroger** *vpr* to wonder; **s'~ sur qch** to ask o.s. about sth, ponder (about) sth
interrompre [ɛ̃teʀɔ̃pʀ] /**41**/ *vt* (*gén*) to interrupt; (*travail, voyage*) to break off, interrupt; (*négociations*) to break off; (*match*) to stop; **s'interrompre** *vpr* to break off
interrupteur [ɛ̃teʀyptœʀ] *nm* switch
interruption [ɛ̃teʀypsjɔ̃] *nf* interruption; (*pause*) break; **sans ~** without a break; **~ de grossesse** termination of pregnancy; **~ volontaire de grossesse** voluntary termination of pregnancy, abortion
interscolaire [ɛ̃tɛʀskɔlɛʀ] *adj* interschool(s)
intersection [ɛ̃tɛʀsɛksjɔ̃] *nf* intersection
intersidéral, e, -aux [ɛ̃tɛʀsideʀal, -o] *adj* interstellar
interstice [ɛ̃tɛʀstis] *nm* crack, slit
intersyndical, e, -aux [ɛ̃tɛʀsɛ̃dikal, -o] *adj* interunion
intertitre [ɛ̃tɛʀtitʀ] *nm* (*Ciné*) caption, subtitle
interurbain, e [ɛ̃tɛʀyʀbɛ̃, -ɛn] (*Tél*) *nm* long-distance call service ▸ *adj* long-distance
intervalle [ɛ̃tɛʀval] *nm* (*espace*) space; (*de temps*) interval; **dans l'~** in the meantime; **à deux jours d'~** two days apart; **à intervalles rapprochés** at close intervals; **par intervalles** at intervals
intervenant, e [ɛ̃tɛʀvənɑ̃, -ɑ̃t] *vb voir* **intervenir** ▸ *nm/f* speaker (*at conference*)
intervenir [ɛ̃tɛʀvəniʀ] /**22**/ *vi* (*gén*) to intervene; (*survenir*) to take place; (*faire une conférence*) to give a talk *ou* lecture; **~ auprès de/en faveur de qn** to intervene with/on behalf of sb; **la police a dû ~** police had to step in *ou* intervene; **les médecins ont dû ~** the doctors had to operate
intervention [ɛ̃tɛʀvɑ̃sjɔ̃] *nf* intervention; (*conférence*) talk, paper; (*discours*) speech; **~ (chirurgicale)** operation
interventionnisme [ɛ̃tɛʀvɑ̃sjɔnism] *nm* interventionism
interventionniste [ɛ̃tɛʀvɑ̃sjɔnist] *adj* interventionist
intervenu, e [ɛ̃tɛʀv(ə)ny] *pp de* **intervenir**
intervertible [ɛ̃tɛʀvɛʀtibl] *adj* interchangeable
intervertir [ɛ̃tɛʀvɛʀtiʀ] /**2**/ *vt* to invert (the order of), reverse
interviendrai [ɛ̃tɛʀvjɛ̃dʀe], **interviens** *etc* [ɛ̃tɛʀvjɛ̃] *vb voir* **intervenir**
interview [ɛ̃tɛʀvju] *nf* interview
interviewer [ɛ̃tɛʀvjuve] /**1**/ *vt* to interview ▸ *nm* [ɛ̃tɛʀvjuvœʀ] (*journaliste*) interviewer
intervins *etc* [ɛ̃tɛʀvɛ̃] *vb voir* **intervenir**
intestat [ɛ̃tɛsta] *adj* (*Jur*) : **décéder ~** to die intestate
intestin, e [ɛ̃tɛstɛ̃, -in] *adj* internal ▸ *nm* intestine; **~ grêle** small intestine
intestinal, e, -aux [ɛ̃tɛstinal, -o] *adj* intestinal
intifada [intifada] *nf* intifada
intime [ɛ̃tim] *adj* intimate; (*vie, journal*) private; (*convictions*) inmost; (*dîner, cérémonie*) held among friends, quiet; **un journal ~** a diary ▸ *nmf* close friend
intimement [ɛ̃timmɑ̃] *adv* (*profondément*) deeply, firmly; (*étroitement*) intimately
intimer [ɛ̃time] /**1**/ *vt* (*Jur*) to notify; **~ à qn l'ordre de faire** to order sb to do
intimidant, e [ɛ̃timidɑ̃, -ɑ̃t] *adj* intimidating
intimidation [ɛ̃timidasjɔ̃] *nf* intimidation; **manœuvres d'~** (*action*) acts of intimidation; (*stratégie*) intimidatory tactics
intimider [ɛ̃timide] /**1**/ *vt* to intimidate
intimiste [ɛ̃timist] *adj* (*œuvre, film*) intimist
intimité [ɛ̃timite] *nf* intimacy; (*vie privée*) privacy; private life; **dans l'~** in private; (*sans formalités*) with only a few friends, quietly
intitulé [ɛ̃tityle] *nm* title
intituler [ɛ̃tityle] /**1**/ *vt* : **comment a-t-il intitulé son livre ?** what title did he give his book?; **s'intituler** *vpr* to be entitled; (*personne*) to call o.s.
intolérable [ɛ̃tɔleʀabl] *adj* intolerable
intolérance [ɛ̃tɔleʀɑ̃s] *nf* intolerance; **~ aux antibiotiques** intolerance to antibiotics
intolérant, e [ɛ̃tɔleʀɑ̃, -ɑ̃t] *adj* intolerant
intonation [ɛ̃tɔnasjɔ̃] *nf* intonation
intouchable [ɛ̃tuʃabl] *adj* (*fig*) above the law, sacrosanct; (*Rel*) untouchable
intox [ɛ̃tɔks] *nf* (*fam*) brainwashing
intoxication [ɛ̃tɔksikasjɔ̃] *nf* poisoning *no pl*; (*toxicomanie*) drug addiction; (*fig*) brainwashing; **~ alimentaire** food poisoning
intoxiqué, e [ɛ̃tɔksike] *nm/f* addict
intoxiquer [ɛ̃tɔksike] /**1**/ *vt* to poison; (*fig*) to brainwash; **s'intoxiquer** *vpr* to poison o.s.
intradermique [ɛ̃tʀadɛʀmik] *adj, nf* : **(injection) ~** intradermal *ou* intracutaneous injection
intraduisible [ɛ̃tʀadɥizibl] *adj* untranslatable; (*fig*) inexpressible
intraitable [ɛ̃tʀɛtabl] *adj* inflexible, uncompromising
intramusculaire [ɛ̃tʀamyskylɛʀ] *adj, nf* : **(injection) ~** intramuscular injection
intranet [ɛ̃tʀanɛt] *nm* intranet
intransigeance [ɛ̃tʀɑ̃ziʒɑ̃s] *nf* intransigence
intransigeant, e [ɛ̃tʀɑ̃ziʒɑ̃, -ɑ̃t] *adj* intransigent; (*morale, passion*) uncompromising
intransitif, -ive [ɛ̃tʀɑ̃zitif, -iv] *adj* (*Ling*) intransitive
intransportable [ɛ̃tʀɑ̃spɔʀtabl] *adj* (*blessé*) unable to travel

intrant [ɛ̃tʀɑ̃] *nm (Écon, Agr)* input
intraveineux, -euse [ɛ̃tʀavɛnø, -øz] *adj* intravenous ▸ *nf (aussi :* **injection intraveineuse**) intravenous injection
intrépide [ɛ̃tʀepid] *adj* dauntless, intrepid
intrépidité [ɛ̃tʀepidite] *nf* dauntlessness
intrigant, e [ɛ̃tʀigɑ̃, -ɑ̃t] *nm/f* schemer
intrigue [ɛ̃tʀig] *nf* intrigue; *(scénario)* plot
intrigué, e [ɛ̃tʀige] *adj (personne, air)* puzzled; **~ par** puzzled by
intriguer [ɛ̃tʀige] /**1**/ *vi* to scheme ▸ *vt* to puzzle, intrigue
intrinsèque [ɛ̃tʀɛ̃sɛk] *adj* intrinsic
intrinsèquement [ɛ̃tʀɛ̃sɛkmɑ̃] *adv* intrinsically
intro [ɛ̃tʀo] *nf (fam : de texte, chanson)* intro *(fam)*
introductif, -ive [ɛ̃tʀɔdyktif, -iv] *adj* introductory
introduction [ɛ̃tʀɔdyksjɔ̃] *nf* introduction; **paroles/chapitre d'~** introductory words/chapter; **lettre/mot d'~** letter/note of introduction
introduire [ɛ̃tʀɔdɥiʀ] /**38**/ *vt* to introduce; *(visiteur)* to show in; *(aiguille, clef)* : **~ qch dans** to insert sth into; *(personne)* : **~ à qch** to introduce to sth; (: *présenter*) : **~ qn à qn/dans un club** to introduce sb to sb/to a club; **s'introduire** *vpr (techniques, usages)* to be introduced; **s'~ dans** to gain entry into; *(dans un groupe)* to get o.s. accepted into; *(eau, fumée)* to get into

> ⚠ **introduire** is often translated by a word other than *to introduce*.

introduit, e [ɛ̃tʀɔdɥi, -it] *pp de* **introduire** ▸ *adj* : **bien ~** *(personne)* well-received
intronisation [ɛ̃tʀɔnizasjɔ̃] *nf (de pape, roi)* enthronement
introniser [ɛ̃tʀɔnize] /**1**/ *vt* to enthrone
introspectif, -ive [ɛ̃tʀɔspɛktif, -iv] *adj (personne, œuvre)* introspective
introspection [ɛ̃tʀɔspɛksjɔ̃] *nf* introspection
introuvable [ɛ̃tʀuvabl] *adj* which cannot be found; *(Comm)* unobtainable
introverti, e [ɛ̃tʀɔvɛʀti] *nm/f* introvert
intrus, e [ɛ̃tʀy, -yz] *nm/f* intruder
intrusion [ɛ̃tʀyzjɔ̃] *nf* intrusion; *(ingérence)* interference
intubation [ɛ̃tybasjɔ̃] *nf (Méd)* intubation
intuber [ɛ̃tybe] *vt (Méd)* to intubate
intuitif, -ive [ɛ̃tɥitif, -iv] *adj* intuitive
intuition [ɛ̃tɥisjɔ̃] *nf* intuition; **avoir une ~** to have a feeling; **avoir l'~ de qch** to have an intuition of sth; **avoir de l'~** to have intuition
intuitivement [ɛ̃tɥitivmɑ̃] *adv* intuitively
inuit [inɥit] *adj* Inuit ▸ *nmf* : **Inuit** Inuit
inusable [inyzabl] *adj* hard-wearing
inusité, e [inyzite] *adj* rarely used
inutile [inytil] *adj* useless; *(superflu)* unnecessary
inutilement [inytilmɑ̃] *adv* needlessly
inutilisable [inytilizabl] *adj* unusable
inutilisé, e [inytilize] *adj* unused
inutilité [inytilite] *nf* uselessness
invaincu, e [ɛ̃vɛ̃ky] *adj* unbeaten; *(armée, peuple)* unconquered
invalide [ɛ̃valid] *adj* disabled ▸ *nmf* : **~ de guerre** disabled ex-serviceman; **~ du travail** industrially disabled person
invalider [ɛ̃valide] /**1**/ *vt* to invalidate
invalidité [ɛ̃validite] *nf* disability
invariable [ɛ̃vaʀjabl] *adj* invariable
invariablement [ɛ̃vaʀjabləmɑ̃] *adv* invariably
invasif, -ive [ɛ̃vazif, -iv] *adj (traitement)* invasive
invasion [ɛ̃vazjɔ̃] *nf* invasion
invective [ɛ̃vɛktiv] *nf* invective
invectiver [ɛ̃vɛktive] /**1**/ *vt* to hurl abuse at ▸ *vi* : **~ contre** to rail against
invendable [ɛ̃vɑ̃dabl] *adj* unsaleable, unmarketable
invendu, e [ɛ̃vɑ̃dy] *adj* unsold ▸ *nm* return; **invendus** *nmpl* unsold goods
inventaire [ɛ̃vɑ̃tɛʀ] *nm* inventory; *(Comm : liste)* stocklist; (: *opération*) stocktaking *no pl*; *(fig)* survey; **faire un ~** to make an inventory; *(Comm)* to take stock; **faire** *ou* **procéder à l'~** to take stock
inventer [ɛ̃vɑ̃te] /**1**/ *vt* to invent; *(subterfuge)* to devise, invent; *(histoire, excuse)* to make up, invent; **~ de faire** to hit on the idea of doing
inventeur, -trice [ɛ̃vɑ̃tœʀ, -tʀis] *nm/f* inventor
inventif, -ive [ɛ̃vɑ̃tif, -iv] *adj* inventive
invention [ɛ̃vɑ̃sjɔ̃] *nf* invention; *(imagination, inspiration)* inventiveness
inventivité [ɛ̃vɑ̃tivite] *nf* inventiveness
inventorier [ɛ̃vɑ̃tɔʀje] /**7**/ *vt* to make an inventory of
invérifiable [ɛ̃veʀifjabl] *adj* unverifiable
inverse [ɛ̃vɛʀs] *adj (ordre)* reverse; *(sens)* opposite; *(rapport)* inverse; **dans l'ordre ~** in the reverse order; **en proportion ~** in inverse proportion; **dans le sens ~ des aiguilles d'une montre** anti-clockwise; **en sens ~** in *(ou* from) the opposite direction ▸ *nm* reverse; inverse; **l'~** the opposite; **à l'~** conversely
inversement [ɛ̃vɛʀsəmɑ̃] *adv* conversely
inverser [ɛ̃vɛʀse] /**1**/ *vt* to reverse, invert; *(Élec)* to reverse
inversion [ɛ̃vɛʀsjɔ̃] *nf* reversal; inversion
invertébré, e [ɛ̃vɛʀtebʀe] *adj, nm* invertebrate
inverti, e [ɛ̃vɛʀti] *nm/f* homosexual
investigation [ɛ̃vɛstigasjɔ̃] *nf* investigation, inquiry
investir [ɛ̃vɛstiʀ] /**2**/ *vt* to invest; **~ qn de** *(d'une fonction, d'un pouvoir)* to vest *ou* invest sb with; **s'investir** *vpr (Psych)* to involve o.s.; **s'~ dans** to put a lot into
investissement [ɛ̃vɛstismɑ̃] *nm* investment; *(Psych)* involvement
investisseur [ɛ̃vɛstisœʀ] *nm* investor
investiture [ɛ̃vɛstityʀ] *nf* investiture; *(à une élection)* nomination
invétéré, e [ɛ̃veteʀe] *adj (habitude)* ingrained; *(bavard, buveur)* inveterate
invincibilité [ɛ̃vɛ̃sibilite] *nf* invincibility
invincible [ɛ̃vɛ̃sibl] *adj* invincible, unconquerable
invinciblement [ɛ̃vɛ̃sibləmɑ̃] *adv (fig)* invincibly
inviolabilité [ɛ̃vjɔlabilite] *nf* : **~ parlementaire** parliamentary immunity

inviolable [ɛ̃vjɔlabl] *adj* inviolable
inviolé, e [ɛ̃vjɔle] *adj* (*nature, région*) inviolate
invisibilité [ɛ̃vizibilite] *nf* invisibility
invisible [ɛ̃vizibl] *adj* invisible; (*fig : personne*) not available
invitation [ɛ̃vitasjɔ̃] *nf* invitation; **à/sur l'~ de qn** at/on sb's invitation; **carte/lettre d'~** invitation card/letter
invite [ɛ̃vit] *nf* invitation
invité, e [ɛ̃vite] *nm/f* guest
inviter [ɛ̃vite] /1/ *vt* to invite; **~ qn à faire qch** to invite sb to do sth; (*suj : chose*) to induce *ou* tempt sb to do sth
invivable [ɛ̃vivabl] *adj* unbearable, impossible
invocation [ɛ̃vɔkasjɔ̃] *nf* (*prière*) invocation
involontaire [ɛ̃vɔlɔ̃tɛʀ] *adj* (*mouvement*) involuntary; (*insulte*) unintentional; (*complice*) unwitting
involontairement [ɛ̃vɔlɔ̃tɛʀmɑ̃] *adv* involuntarily
invoquer [ɛ̃vɔke] /1/ *vt* (*Dieu, muse*) to call upon, invoke; (*prétexte*) to put forward (as an excuse); (*témoignage*) to call upon; (*loi, texte*) to refer to; **~ la clémence de qn** to beg sb *ou* appeal to sb for clemency
invraisemblable [ɛ̃vʀɛsɑ̃blabl] *adj* (*fait, nouvelle*) unlikely, improbable; (*bizarre*) incredible
invraisemblance [ɛ̃vʀɛsɑ̃blɑ̃s] *nf* unlikelihood *no pl*, improbability
invulnérabilité [ɛ̃vylneʀabilite] *nf* invulnerability
invulnérable [ɛ̃vylneʀabl] *adj* invulnerable
iode [jɔd] *nm* iodine
iodé, e [jɔde] *adj* iodized
ion [jɔ̃] *nm* ion
ionique [jɔnik] *adj* (*Archit*) Ionic; (*Science*) ionic
ionisant, e [jɔnizɑ̃, -ɑ̃t] *adj* ionizing
ionisation [jɔnizasjɔ̃] *nf* ionization
ioniseur [jɔnizœʀ] *nm* ionizer
iota [jɔta] *nm* : **sans changer un ~** without changing one iota *ou* the tiniest bit
iPad® [aɪpad] *nm* iPad®
IPC *sigle m* (*= Indice des prix à la consommation*) CPI
iPhone® [aɪfɔn] *nm* iPhone®
IR. *abr* = **infrarouge**
IRA [iʀa] *sigle f* (*= Irish Republican Army*) IRA
irai *etc* [iʀe] *vb voir* **aller**
Irak [iʀak] *nm* : **l'~** Iraq *ou* Irak
irakien, ne [iʀakjɛ̃, -ɛn] *adj* Iraqi ▸ *nm/f* : **Irakien, ne** Iraqi
Iran [iʀɑ̃] *nm* : **l'~** Iran
iranien, ne [iʀanjɛ̃, -ɛn] *adj* Iranian ▸ *nm/f* : **Iranien, ne** Iranian
Iraq [iʀak] *nm* = **Irak**
iraquien, ne [iʀakjɛ̃, -ɛn] *adj, nm/f* = **irakien**
irascible [iʀasibl] *adj* short-tempered, irascible
iridescent, e [iʀidesɑ̃, -ɑ̃t] *adj* iridescent
irions *etc* [iʀjɔ̃] *vb voir* **aller**
iris [iʀis] *nm* iris
irisé, e [iʀize] *adj* iridescent
irlandais, e [iʀlɑ̃dɛ, -ɛz] *adj, nm* (*Ling*) Irish ▸ *nm/f* : **Irlandais, e** Irishman/woman; **les I~** the Irish
Irlande [iʀlɑ̃d] *nf* : **l'~** (*pays*) Ireland; **la République d'~** the Irish Republic, the Republic of Ireland, Eire; **~ du Nord** Northern Ireland, Ulster; **~ du Sud** Southern Ireland, Irish Republic, Eire; **la mer d'~** the Irish Sea
ironie [iʀɔni] *nf* irony
ironique [iʀɔnik] *adj* ironical
ironiquement [iʀɔnikmɑ̃] *adv* ironically
ironiser [iʀɔnize] /1/ *vi* to be ironical
irons *etc* [iʀɔ̃] *vb voir* **aller**
iroquois, e [iʀɔkwa, -waz] *adj* Iroquois ▸ *nm/f* : **Iroquois, e** Iroquois
IRPP *sigle m* (*= impôt sur le revenu des personnes physiques*) income tax
irradiation [iʀadjasjɔ̃] *nf* irradiation
irradier [iʀadje] /7/ *vi* to radiate ▸ *vt* to irradiate
irraisonné, e [iʀɛzɔne] *adj* irrational, unreasoned
irrationnel, le [iʀasjɔnɛl] *adj* irrational
irrattrapable [iʀatʀapabl] *adj* (*retard*) that cannot be made up; (*bévue*) that cannot be made good
irréalisable [iʀealizabl] *adj* unrealizable; (*projet*) impracticable
irréalisme [iʀealism] *nm* lack of realism
irréaliste [iʀealist] *adj* unrealistic
irréalité [iʀealite] *nf* unreality
irrecevable [iʀəs(ə)vabl] *adj* unacceptable
irréconciliable [iʀekɔ̃siljabl] *adj* irreconcilable
irrécouvrable [iʀekuvʀabl] *adj* irrecoverable
irrécupérable [iʀekypeʀabl] *adj* unreclaimable, beyond repair; (*personne*) beyond redemption *ou* recall
irrécusable [iʀekyzabl] *adj* (*témoignage*) unimpeachable; (*preuve*) incontestable, indisputable
irréductible [iʀedyktibl] *adj* indomitable, implacable; (*Math : fraction, équation*) irreducible
irréductiblement [iʀedyktibləmɑ̃] *adv* implacably
irréel, le [iʀeɛl] *adj* unreal
irréfléchi, e [iʀefleʃi] *adj* thoughtless
irréfutable [iʀefytabl] *adj* irrefutable
irréfutablement [iʀefytabləmɑ̃] *adv* irrefutably
irrégularité [iʀegylaʀite] *nf* irregularity; (*de travail, d'effort, de qualité*) unevenness *no pl*
irrégulier, -ière [iʀegylje, -jɛʀ] *adj* irregular; (*surface, rythme, écriture*) uneven, irregular; (*travail, effort, qualité*) uneven; (*élève, athlète*) erratic
irrégulièrement [iʀegyljɛʀmɑ̃] *adv* irregularly
irrémédiable [iʀemedjabl] *adj* irreparable
irrémédiablement [iʀemedjabləmɑ̃] *adv* irreparably
irremplaçable [iʀɑ̃plasabl] *adj* irreplaceable
irréparable [iʀepaʀabl] *adj* beyond repair, irreparable; (*fig*) irreparable
irrépréhensible [iʀepʀeɑ̃sibl] *adj* irreproachable
irrépressible [iʀepʀesibl] *adj* irrepressible
irréprochable [iʀepʀɔʃabl] *adj* irreproachable, beyond reproach; (*tenue, toilette*) impeccable
irrésistible [iʀezistibl] *adj* irresistible; (*preuve, logique*) compelling; (*amusant*) hilarious
irrésistiblement [iʀezistibləmɑ̃] *adv* irresistibly
irrésolu, e [iʀezɔly] *adj* irresolute

irrésolution [iʀezɔlysjɔ̃] *nf* irresoluteness

irrespectueux, -euse [iʀɛspɛktɥø, -øz] *adj* disrespectful

irrespirable [iʀɛspiʀabl] *adj* unbreathable; (*fig*) oppressive, stifling

irresponsabilité [iʀɛspɔ̃sabilite] *nf* irresponsibility

irresponsable [iʀɛspɔ̃sabl] *adj* irresponsible

irrévérence [iʀeveʀɑ̃s] *nf* irreverence

irrévérencieux, -euse [iʀeveʀɑ̃sjø, -øz] *adj* irreverent

irréversible [iʀevɛʀsibl] *adj* irreversible

irréversiblement [iʀevɛʀsibləmɑ̃] *adv* irreversibly

irrévocable [iʀevɔkabl] *adj* irrevocable

irrévocablement [iʀevɔkabləmɑ̃] *adv* irrevocably

irrigation [iʀigasjɔ̃] *nf* irrigation

irriguer [iʀige] /1/ *vt* to irrigate

irritabilité [iʀitabilite] *nf* irritability

irritable [iʀitabl] *adj* irritable

irritant, e [iʀitɑ̃, -ɑ̃t] *adj* irritating; (*Méd*) irritant

irritation [iʀitasjɔ̃] *nf* irritation

irrité, e [iʀite] *adj* irritated

irriter [iʀite] /1/ *vt* (*agacer*) to irritate, annoy; (*Méd : enflammer*) to irritate; **s'irriter** *vpr* : **s'~ contre qn/de qch** to get annoyed *ou* irritated with sb/at sth

irruption [iʀypsjɔ̃] *nf* irruption *no pl*; **faire ~ dans** to burst into; **faire ~ chez qn** to burst in on sb

isard [izaʀ] *nm* izard

ISBN *sigle m* (= *International Standard Book Number*) ISBN

ISF *sigle m* (= *impôt de solidarité sur la fortune*) *wealth tax*

Islam [islam] *nm* : **l'~** Islam

islamique [islamik] *adj* Islamic

islamisme [islamism] *nm* Islamism

islamiste [islamist] *adj, nmf* Islamist

islamophobie [islamafɔbi] *nf* Islamophobia

islandais, e [islɑ̃dɛ, -ɛz] *adj* Icelandic ▸ *nm* (*Ling*) Icelandic ▸ *nm/f* : **Islandais, e** Icelander

Islande [islɑ̃d] *nf* : **l'~** Iceland

ISMH *sigle m* = **Inventaire supplémentaire des monuments historiques**; **monument inscrit à l'~** ≈ listed building

isocèle [izɔsɛl] *adj* isoceles

isolant, e [izɔlɑ̃, -ɑ̃t] *adj* insulating; (*insonorisant*) soundproofing ▸ *nm* insulator

isolateur [izɔlatœʀ] *nm* (*Élec*) insulator

isolation [izɔlasjɔ̃] *nf* insulation; **~ thermique** thermal insulation; **~ acoustique** soundproofing

isolationnisme [izɔlasjɔnism] *nm* isolationism

isolationniste [izɔlasjɔnist] *adj, nmf* isolationist

isolé, e [izɔle] *adj* isolated; (*Élec : contre le froid*) insulated

isolement [izɔlmɑ̃] *nm* isolation; solitary confinement

isolément [izɔlemɑ̃] *adv* in isolation

isoler [izɔle] /1/ *vt* to isolate; (*prisonnier*) to put in solitary confinement; (*ville*) to cut off, isolate; (*Élec : contre le froid*) to insulate; **s'isoler** *vpr* to isolate o.s.

isoloir [izɔlwaʀ] *nm* polling booth

isorel® [izɔʀɛl] *nm* hardboard

isotherme [izɔtɛʀm] *adj* (*camion*) refrigerated

isotope [izɔtɔp] *nm* isotope

Israël [isʀaɛl] *nm* Israel

israélien, ne [isʀaeljɛ̃, -ɛn] *adj* Israeli ▸ *nm/f* : **Israélien, ne** Israeli

israélite [isʀaelit] *adj* Jewish; (*dans l'Ancien Testament*) Israelite ▸ *nmf* : **Israélite** Jew/Jewess; Israelite

issu, e [isy] *adj* : **~ de** (*né de*) descended from; (*résultant de*) stemming from ▸ *nf* (*ouverture, sortie*) exit; (*solution*) way out, solution; (*dénouement*) outcome; **à l'issue de** at the conclusion *ou* close of; **rue sans issue**, **voie sans issue** dead end, no through road (Brit), no outlet (US); **issue de secours** emergency exit

> ⚠ The French word **issue** is not translated by the English word *issue*.

Istamboul, Istanbul [istɑ̃bul] *n* Istanbul

isthme [ism] *nm* isthmus

Italie [itali] *nf* : **l'~** Italy

italien, ne [italjɛ̃, -ɛn] *adj* Italian ▸ *nm* (*Ling*) Italian ▸ *nm/f* : **Italien, ne** Italian

italique [italik] *nm* : **en ~(s)** in italics

item [itɛm] *nm* item; (*question*) question, test

itinéraire [itineʀɛʀ] *nm* itinerary, route; **~ bis** alternative route

itinérant, e [itineʀɑ̃, -ɑ̃t] *adj* itinerant, travelling

itou [itu] *adv* (*fam : aussi*) too; **Le sol est crade, les murs ~.** The floor is grotty, the walls too.

ITP *sigle m* (= *ingénieur des travaux publics*) civil engineer

IUT *sigle m* = **Institut universitaire de technologie**

IVG *sigle f* (= *interruption volontaire de grossesse*) abortion

ivoire [ivwaʀ] *nm* ivory

ivoirien, ne [ivwaʀjɛ̃, -ɛn] *adj* of *ou* from the Ivory Coast

ivraie [ivʀɛ] *nf* : **séparer le bon grain de l'~** (*fig*) to separate the wheat from the chaff

ivre [ivʀ] *adj* drunk; **~ de** (*colère*) wild with; (*bonheur*) drunk *ou* intoxicated with; **~ mort** dead drunk

ivresse [ivʀɛs] *nf* drunkenness; (*euphorie*) intoxication

ivrogne [ivʀɔɲ] *nmf* drunkard

ivrognerie [ivʀɔɲʀi] *nf* drunkenness

Jj

J, j [ʒi] *nm inv* J, j ▸ *abr* (= *Joule*) J; = **jour**; **jour J** D-day; **J comme Joseph** J for Jack (BRIT) *ou* Jig (*US*)
j' [ʒ] *pron voir* **je**
jabot [ʒabo] *nm* (*Zool*) crop; (*de vêtement*) jabot
jacasser [ʒakase] /1/ *vi* to chatter
jacasseries [ʒakasʀi] *nfpl* (*bavardages*) chitter-chatter *sg*
jachère [ʒaʃɛʀ] *nf* : **(être) en** ~ (to lie) fallow
jacinthe [ʒasɛ̃t] *nf* hyacinth; ~ **des bois** bluebell
jack [dʒak] *nm* jack plug
jackpot [(d)ʒakpɔt] *nm* jackpot; **toucher le** ~ (*fig*) to hit the jackpot
jacquard [ʒakaʀ] *adj inv* Fair Isle
jacquerie [ʒakʀi] *nf* riot
jacuzzi® [ʒakuzi] *nm* Jacuzzi®
jade [ʒad] *nm* jade
jadis [ʒadis] *adv* in times past, formerly
jaguar [ʒagwaʀ] *nm* (*Zool*) jaguar
jaillir [ʒajiʀ] /2/ *vi* (*liquide*) to spurt out, gush out; (*lumière*) to flood out; (*fig*) to rear up; (*cris, réponses*) to burst out
jaillissement [ʒajismɑ̃] *nm* spurt, gush
jais [ʒɛ] *nm* jet; **(d'un noir) de** ~ jet-black
jalon [ʒalɔ̃] *nm* range pole; (*fig*) milestone; **poser des jalons** (*fig*) to pave the way
jalonner [ʒalɔne] /1/ *vt* to mark out; (*fig*) to mark, punctuate
jalousement [ʒaluzmɑ̃] *adv* jealously
jalouser [ʒaluze] /1/ *vt* to be jealous of
jalousie [ʒaluzi] *nf* jealousy; (*store*) (venetian) blind
jaloux, -ouse [ʒalu, -uz] *adj* jealous; **être ~ de qn/qch** to be jealous of sb/sth
jamaïquain, e, jamaïcain, e [ʒamaikɛ̃, -ɛn] *adj* Jamaican ▸ *nm/f* : **Jamaïquain, e** Jamaican
Jamaïque [ʒamaik] *nf* : **la** ~ Jamaica
jamais [ʒamɛ] *adv* never; (*sans négation*) ever; **ne ...** ~ never; ~ **de la vie !** never!; **si ~ ...** if ever ...; **à (tout) ~, pour** ~ for ever, for ever and ever; **je ne suis ~ allé en Espagne** I've never been to Spain

> **Never** s'emploie avec un verbe à la forme affirmative ; c'est la traduction de *jamais* dans son sens le plus courant.
> *Elle ne lui pardonnera jamais.* **She will never forgive him.**
> **Ever** s'emploie pour traduire des phrases où *jamais* a un sens positif ou pour donner de la force à une déclaration.
> *C'est le plus beau tableau que j'aie jamais vu.* **It's the most beautiful painting I have ever seen.**
> *Ne refais jamais ça !* **Don't ever do that again!**

jambage [ʒɑ̃baʒ] *nm* (*de lettre*) downstroke; (*de porte*) jamb
jambe [ʒɑ̃b] *nf* leg; **à toutes jambes** as fast as one's legs can carry one
jambières [ʒɑ̃bjɛʀ] *nfpl* legwarmers; (*Sport*) shin pads
jambon [ʒɑ̃bɔ̃] *nm* ham; ~ **fumé** (*Culin*) smoked ham
jambonneau, x [ʒɑ̃bɔno] *nm* knuckle of ham
jante [ʒɑ̃t] *nf* (wheel) rim
janvier [ʒɑ̃vje] *nm* January; *voir aussi* **juillet**
Japon [ʒapɔ̃] *nm* : **le** ~ Japan
japonais, e [ʒapɔnɛ, -ɛz] *adj* Japanese ▸ *nm* (*Ling*) Japanese ▸ *nm/f* : **Japonais, e** Japanese
japonaiserie [ʒapɔnɛzʀi] *nf* (*bibelot*) Japanese curio
japonisant, e [ʒapɔnizɑ̃, -ɑ̃t] *adj* (*style, décor*) Japanese-inspired
jappement [ʒapmɑ̃] *nm* yap, yelp
japper [ʒape] /1/ *vi* to yap, yelp
jaquette [ʒakɛt] *nf* (*de cérémonie*) morning coat; (*de femme*) jacket; (*de livre*) dust cover, (dust) jacket
jardin [ʒaʀdɛ̃] *nm* garden; **~ d'acclimatation** zoological gardens *pl*; **~ botanique** botanical gardens *pl*; **~ d'enfants** nursery school; **~ potager** vegetable garden; **~ public** (public) park, public gardens *pl*; **jardins suspendus** hanging gardens; **~ zoologique** zoological gardens
jardinage [ʒaʀdinaʒ] *nm* gardening
jardiner [ʒaʀdine] /1/ *vi* to garden, do some gardening
jardinerie [ʒaʀdinʀi] *nf* garden centre (BRIT), garden center (*US*)
jardinet [ʒaʀdinɛ] *nm* little garden
jardinier, -ière [ʒaʀdinje, -jɛʀ] *nm/f* gardener ▸ *nf* (*de fenêtre*) window box; **jardinière d'enfants** nursery school teacher; **jardinière (de légumes)** (*Culin*) mixed vegetables
jargon [ʒaʀgɔ̃] *nm* (*charabia*) gibberish; (*publicitaire, scientifique etc*) jargon
jarre [ʒaʀ] *nf* (earthenware) jar
jarret [ʒaʀɛ] *nm* back of knee; (*Culin*) knuckle, shin
jarretelle [ʒaʀtɛl] *nf* suspender (BRIT), garter (*US*)
jarretière [ʒaʀtjɛʀ] *nf* garter

jars [ʒaʀ] *nm (Zool)* gander
jaser [ʒɑze] /**1**/ *vi* to chatter, prattle; *(indiscrètement)* to gossip
jasmin [ʒasmɛ̃] *nm* jasmine
jaspe [ʒasp] *nm* jasper
jaspé, e [ʒaspe] *adj* marbled, mottled
jatte [ʒat] *nf* basin, bowl
jauge [ʒoʒ] *nf (capacité)* capacity, tonnage; *(instrument)* gauge; **~ (de niveau) d'huile** *(Auto)* dipstick
jauger [ʒoʒe] /**3**/ *vt* to gauge the capacity of; *(fig)* to size up; **~ 3 000 tonneaux** to measure 3,000 tons
jaunâtre [ʒonɑtʀ] *adj (couleur, teint)* yellowish
jaune [ʒon] *adj, nm* yellow; **~ d'œuf** (egg) yolk ▸ *nmf (briseur de grève)* blackleg ▸ *adv (fam)* : **rire ~** to laugh on the other side of one's face
jaunir [ʒoniʀ] /**2**/ *vi, vt* to turn yellow
jaunisse [ʒonis] *nf* jaundice
Java [ʒava] *nf* Java
java [ʒava] *nf (fam)* : **faire la ~** to live it up, have a real party
javanais, e [ʒavanɛ, -ɛz] *adj* Javanese
Javel [ʒavɛl] *nf voir* **eau**
javel [ʒavɛl] *nf (fam)* bleach; *voir* **Javel**; **de la ~** some bleach
javelliser [ʒavelise] /**1**/ *vt (eau)* to chlorinate
javelot [ʒavlo] *nm* javelin; *(Athlétisme)* : **faire du ~** to throw the javelin
jazz [dʒaz] *nm* jazz
jazzy [dʒɑzi] *adj inv (morceau, voix)* jazzy
J.-C. *abr* = **Jésus-Christ**
JDC *sigle f* = **journée défense et citoyenneté**

JDC

All 16- and 17-year-olds, both male and female, are required to attend a one-day course, the **JDC** *(Journée défense et citoyenneté)*, which covers basic information on the principles and organization of defence in France, on citizens' duties and on career opportunities in the military and the voluntary sector. There is also an introduction to first aid and a French language test. This course is compulsory – without it, young people cannot take their driving test or any competitive examinations for the public sector.

je, j' [ʒə, ʒ] *pron* I
jean [dʒin] *nm* jeans *pl*
jeannette [ʒanɛt] *nf (planchette)* sleeve board; *(petite fille scout)* Brownie
jeep® [(d)ʒip] *nf (Auto)* Jeep®
jérémiades [ʒeʀemjad] *nfpl* moaning *sg*
jerrycan [ʒeʀikan] *nm* jerry can
Jersey [ʒɛʀzɛ] *nf* Jersey
jersey [ʒɛʀzɛ] *nm* jersey; *(Tricot)* : **point de ~** stocking stitch
jersiais, e [ʒɛʀzjɛ, -ɛz] *adj* Jersey *cpd*, of *ou* from Jersey
Jérusalem [ʒeʀyzalɛm] *n* Jerusalem
jésuite [ʒezɥit] *nm* Jesuit
Jésus-Christ [ʒezykʀi(st)] *n* Jesus Christ; **600 avant/après ~** 600 B.C./A.D.
jet[1] [ʒɛ] *nm (lancer : action)* throwing *no pl*; *(: résultat)* throw; *(jaillissement : d'eaux)* jet; *(: de sang)* spurt; *(de tuyau)* nozzle; *(fig)* : **premier ~** *(ébauche)* rough outline; **arroser au ~** to hose; **d'un (seul) ~** *(d'un seul coup)* at (*ou* in) one go; **du premier ~** at the first attempt *ou* shot; **~ d'eau** spray; *(fontaine)* fountain
jet[2] [dʒɛt] *nm (avion)* jet
jetable [ʒ(ə)tabl] *adj* disposable
jeté [ʒ(ə)te] *nm (Tricot)* : **un ~** make one; **~ de table** (table) runner; **~ de lit** bedspread
jetée [ʒəte] *nf* jetty; *(grande)* pier
jeter [ʒ(ə)te] /**4**/ *vt (gén)* to throw; *(se défaire de)* to throw away *ou* out; *(son, lueur etc)* to give out; **~ qch à qn** to throw sth to sb; *(de façon agressive)* to throw sth at sb; **~ l'ancre** *(Navig)* to cast anchor; **~ un coup d'œil (à)** to take a look (at); **~ les bras en avant/la tête en arrière** to throw one's arms forward/one's head back(ward); **~ l'effroi parmi** to spread fear among; **~ un sort à qn** to cast a spell on sb; **~ qn dans la misère** to reduce sb to poverty; **~ qn dehors/en prison** to throw sb out/into prison; **~ l'éponge** *(fig)* to throw in the towel; **~ des fleurs à qn** *(fig)* to say lovely things to sb; **~ la pierre à qn** *(accuser, blâmer)* to accuse sb; **se jeter** *vpr* : **se ~ sur** to throw o.s. onto; **se ~ dans** *(fleuve)* to flow into; **se ~ par la fenêtre** to throw o.s. out of the window; **se ~ à l'eau** *(fig)* to take the plunge
jeton [ʒ(ə)tɔ̃] *nm (au jeu)* counter; *(de téléphone)* token; **jetons de présence** (director's) fees
jette *etc* [ʒɛt] *vb voir* **jeter**
jeu, x [ʒø] *nm (divertissement, Tech : d'une pièce)* play; *(défini par des règles, Tennis : partie, Football etc : façon de jouer)* game; *(Théât etc)* acting; *(fonctionnement)* working, interplay; *(série d'objets, jouet)* set; *(Cartes)* hand; *(au casino)* : **le ~** gambling; **cacher son ~** *(fig)* to keep one's cards hidden, conceal one's hand; **c'est un ~ d'enfant !** *(fig)* it's child's play!; **en ~** at stake; at work; *(Football)* in play; **remettre en ~** to throw in; **entrer/mettre en ~** to come/bring into play; **par ~** *(pour s'amuser)* for fun; **d'entrée de ~** *(tout de suite, dès le début)* from the outset; **entrer dans le ~/le ~ de qn** *(fig)* to play the game/sb's game; **jouer gros ~** to play for high stakes; **se piquer/se prendre au ~** to get excited over/get caught up in the game; **~ d'arcade** video game; **~ de boules** game of bowls; *(endroit)* bowling pitch; *(boules)* set of bowls; **~ de cartes** card game; *(paquet)* pack of cards; **~ de construction** building set; **~ d'échecs** chess set; **~ d'écritures** *(Comm)* paper transaction; **~ électronique** electronic game; **~ de hasard** game of chance; **~ de mots** pun; **le ~ de l'oie** snakes and ladders *sg*; **~ d'orgue(s)** organ stop; **~ de patience** puzzle; **~ de physionomie** facial expressions *pl*; **~ de société** board game; **~ télévisé** television quiz; **~ vidéo** video game; **jeux de lumière** lighting effects; **Jeux olympiques** Olympic Games
jeu-concours [jøkɔ̃kuʀ] *(pl* **jeux-concours***)* *nm* competition
jeudi [ʒødi] *nm* Thursday; **~ saint** Maundy Thursday; *voir aussi* **lundi**

jeun [ʒœ̃] : **à ~** *adv* on an empty stomach; **être à ~** to have eaten nothing; **rester à ~** not to eat anything
jeune [ʒœn] *adj* young; **~ fille** girl; **~ homme** young man; **~ loup** (*Pol, Écon*) young go-getter; **~ premier** leading man; **jeunes gens** young people; **jeunes mariés** newly weds ▸ *adv* : **faire/s'habiller ~** to look/dress young ▸ *nmf* : **les jeunes** young people, the young
jeûne [ʒøn] *nm* fast
jeûner [ʒøne] /1/ *vi* to fast, go without food
jeunesse [ʒœnɛs] *nf* youth; (*aspect*) youthfulness; (*jeunes*) young people *pl*, youth
jeunisme [ʒœnism] *nm* cult of youth, youthism
jeunot, te [ʒœno, -ɔt] (*fam*) *adj* young ▸ *nm* young lad
jf *sigle f* = **jeune fille**
jh *sigle m* = **jeune homme**
JI *sigle m* = **juge d'instruction**
jiu-jitsu [ʒyʒitsy] *nm* (*Sport*) jujitsu
JMF *sigle f* (= *Jeunesses musicales de France*) *association to promote music among the young*
JO *sigle m* = **le Journal officiel (de la République française)** ▸ *sigle mpl* = **Jeux olympiques**
joaillerie [ʒɔɑjʀi] *nf* jewel trade; jewellery (Brit), jewelry (US)
joaillier, -ière [ʒɔɑje, -jɛʀ] *nm/f* jeweller (Brit), jeweler (US)
job [dʒɔb] *nm* job
jobard [ʒɔbaʀ] *nm* (*péj*) sucker, mug
jockey [ʒɔkɛ] *nm* jockey
jodler [ʒɔdle] /1/ *vi* to yodel
joggeur, -euse [dʒɔgœʀ, -øz] *nm/f* jogger
jogging [dʒɔgiŋ] *nm* jogging; (*survêtement*) tracksuit (Brit), sweatsuit (US); **faire du ~** to go jogging, jog
joie [ʒwa] *nf* joy
joignable [ʒwaɲabl] *adj* contactable; **le médecin de garde doit être ~ à tout moment** the duty doctor must be contactable at all times
joignais *etc* [ʒwaɲɛ] *vb voir* **joindre**
joindre [ʒwɛ̃dʀ] /49/ *vt* to join; (*contacter*) to contact, get in touch with; **~ qch à** (*à une lettre*) to enclose sth with; **~ un fichier à un mail** (*Inform*) to attach a file to an email; **~ les mains/talons** to put one's hands/heels together; **~ les deux bouts** (*fig*) to make ends meet; **se joindre** *vpr* (*mains etc*) to come together; **se ~ à qn** to join sb; **se ~ à qch** to join in sth
joint, e [ʒwɛ̃, -ɛ̃t] *pp de* **joindre** ▸ *adj* : **~ (à)** (*lettre, paquet*) attached (to), enclosed (with) ▸ *nm* joint; (*ligne*) join; (*de ciment etc*) pointing *no pl*; **pièce jointe** (*de lettre*) enclosure; (*de mail*) attachment; **chercher/trouver le ~** (*fig*) to look for/come up with the answer; **~ de cardan** cardan joint; **~ de culasse** cylinder head gasket; **~ de robinet** washer; **~ universel** universal joint
jointure [ʒwɛ̃tyʀ] *nf* (*Anat : articulation*) joint; (*Tech : assemblage*) joint; (: *ligne*) join
jojo [ʒoʒo] (*fam*) *adj inv* : **pas ~** (*pas joli*) not a pretty sight ▸ *nm* : **un affreux ~** a little rascal
jojoba [ʒɔʒɔba] *nm* jojoba
joker [ʒɔkɛʀ] *nm* (*Cartes*) joker; (*Inform*) : **(caractère) ~** wild card
joli, e [ʒɔli] *adj* pretty, attractive; **une jolie somme/situation** a nice little sum/situation; **un ~ gâchis** *etc* a nice mess *etc*; **c'est du ~ !** (*ironique*) that's very nice!; **tout ça, c'est bien ~ mais ...** that's all very well but ...
joliment [ʒɔlimɑ̃] *adv* prettily, attractively; (*fam : très*) pretty
jonc [ʒɔ̃] *nm* (bul)rush; (*bague, bracelet*) band
joncher [ʒɔ̃ʃe] /1/ *vt* (*choses*) to be strewed on; **jonché de** strewn with
jonction [ʒɔ̃ksjɔ̃] *nf* junction, joining; **(point de) ~** (*de routes*) junction; (*de fleuves*) confluence; **opérer une ~** (*Mil etc*) to rendez-vous
jongler [ʒɔ̃gle] /1/ *vi* to juggle; (*fig*) : **~ avec** to juggle with, play with
jongleur, -euse [ʒɔ̃glœʀ, -øz] *nm/f* juggler
jonque [ʒɔ̃k] *nf* (*bateau*) junk
jonquille [ʒɔ̃kij] *nf* daffodil
Jordanie [ʒɔʀdani] *nf* : **la ~** Jordan
jordanien, ne [ʒɔʀdanjɛ̃, -ɛn] *adj* Jordanian ▸ *nm/f* : **Jordanien, ne** Jordanian
jouabilité [ʒuabilite] *nf* (*d'un jeu*) playability
jouable [ʒwabl] *adj* playable
joual [ʒwal] *nm* joual (*working-class speech of French-speaking Canadians*)
joue [ʒu] *nf* cheek; **mettre en ~** to take aim at
jouer [ʒwe] /1/ *vt* (*partie, carte, coup, Mus : morceau*) to play; (*somme d'argent, réputation*) to stake, wager; (*pièce, rôle*) to perform; (*film*) to show; (*simuler : sentiment*) to affect, feign; **on joue Hamlet au théâtre X** Hamlet is on at the X theatre; **~ un tour à qn** to play a trick on sb; **~ la comédie** (*fig*) to put on an act, put it on ▸ *vi* to play; (*Théât, Ciné*) to act, perform; (*au casino*) to gamble; (*bois, porte : se voiler*) to warp; (*clef, pièce : avoir du jeu*) to be loose; (*entrer ou être en jeu*) to come into play, come into it; **~ à** (*jeu, sport, roulette*) to play; **~ avec** (*risquer*) to gamble with; **~ de** (*Mus*) to play; **~ sur** (*miser*) to gamble on; **~ au héros** to act *ou* play the hero; **~ aux courses** to back horses, bet on horses; **~ du couteau/des coudes** to use knives/one's elbows; **~ à la baisse/hausse** (*Bourse*) to play for a fall/rise; **~ serré** to play a close game; **~ de malchance** to be dogged with ill-luck; **~ sur les mots** to play with words; **à toi/nous de ~** it's your/our go *ou* turn; **bien joué !** well done!; **se jouer** *vpr* : **se ~ de** (*difficultés*) to make light of; **se ~ de qn** to deceive *ou* dupe sb
jouet [ʒwɛ] *nm* toy; **être le ~ de** (*illusion etc*) to be the victim of
joueur, -euse [ʒwœʀ, -øz] *nm/f* player; **être beau/mauvais ~** to be a good/bad loser ▸ *adj* (*enfant, chat*) playful
joufflu, e [ʒufly] *adj* chubby(-cheeked)
joug [ʒu] *nm* yoke
jouir [ʒwiʀ] /2/ *vi* (*sexe : fam*) to come ▸ *vt* : **~ de** to enjoy
jouissance [ʒwisɑ̃s] *nf* pleasure; (*Jur*) use
jouisseur, -euse [ʒwisœʀ, -øz] *nm/f* sensualist
jouissif, -ive [ʒwisif, -iv] *adj* (*fam : génial*) brilliant, brilliant fun (*fam*)
joujou, x [ʒuʒu] *nm* (*fam*) toy
joule [ʒul] *nm* joule

jour [ʒuʀ] *nm* day; (*opposé à la nuit*) day, daytime; (*clarté*) daylight; (*fig : aspect, ouverture*) opening; (*Couture*) openwork *no pl*; **sous un ~ favorable/nouveau** in a favourable/new light; **de ~** (*crème, service*) day *cpd*; **travailler de ~** to work during the day; **voyager de ~** to travel by day; **au ~ le ~** from day to day; **de nos jours** these days, nowadays; **tous les jours** every day; **de ~ en ~** day by day; **d'un ~ à l'autre** from one day to the next; **du ~ au lendemain** overnight; **il fait ~** it's daylight; **en plein ~** in broad daylight; **au ~** in daylight; **au petit ~** at daybreak; **au grand ~** (*fig*) in the open; **mettre au ~** to disclose, uncover; **être à ~** to be up to date; **mettre à ~** to bring up to date, update; **mise à ~** updating; **donner le ~ à** to give birth to; **voir le ~** to be born; **se faire ~** (*fig*) to become clear; **~ férié** public holiday; **le ~ J** D-day; **~ ouvrable** working day
Jourdain [ʒuʀdɛ̃] *nm* : **le ~** the (River) Jordan
journal, -aux [ʒuʀnal, -o] *nm* (news)paper; (*personnel*) journal; (*intime*) diary; **~ de bord** log; **~ de mode** fashion magazine; **le J~ officiel (de la République française)** *bulletin giving details of laws and official announcements*; **~ parlé** radio news *sg*; **~ télévisé** television news *sg*
journalier, -ière [ʒuʀnalje, -jɛʀ] *adj* daily; (*banal*) everyday ▸ *nm* day labourer
journalisme [ʒuʀnalism] *nm* journalism
journaliste [ʒuʀnalist] *nmf* journalist
journalistique [ʒuʀnalistik] *adj* journalistic
journée [ʒuʀne] *nf* day; **la ~ continue** the 9 to 5 working day (*with short lunch break*)
journellement [ʒuʀnɛlmɑ̃] *adv* (*tous les jours*) daily; (*souvent*) every day
joute [ʒut] *nf* (*tournoi*) duel; (*verbale*) duel, battle of words
jouvence [ʒuvɑ̃s] *nf* : **bain de ~** rejuvenating experience
jouxter [ʒukste] /1/ *vt* to adjoin
jovial, e, -aux [ʒɔvjal, -o] *adj* jovial, jolly
jovialité [ʒɔvjalite] *nf* joviality
joyau, x [ʒwajo] *nm* gem, jewel
joyeusement [ʒwajøzmɑ̃] *adv* joyfully, gladly
joyeusetés [ʒwajøzte] *nfpl* (*ironique*) : **... et autres ~** ... and other joys
joyeux, -euse [ʒwajø, -øz] *adj* joyful, merry; **~ Noël !** Merry *ou* Happy Christmas!; **joyeuses Pâques !** Happy Easter!; **~ anniversaire !** many happy returns!
joystick [dʒɔjstik] *nm* joystick
JT *sigle m* = **journal télévisé**
jubilation [ʒybilasjɔ̃] *nf* jubilation
jubilatoire [ʒybilatwaʀ] *adj* exhilarating
jubilé [ʒybile] *nm* jubilee
jubiler [ʒybile] /1/ *vi* to be jubilant, exult
jucher [ʒyʃe] /1/ *vt* : **~ qch sur** to perch sth (up)on ▸ *vi* (*oiseau*) : **~ sur** to perch (up)on; **se jucher sur** *vpr* to perch o.s. (up)on
judaïque [ʒydaik] *adj* (*loi*) Judaic; (*religion*) Jewish
judaïsme [ʒydaism] *nm* Judaism
judas [ʒyda] *nm* (*trou*) spy-hole
Judée [ʒyde] *nf* : **la ~** Jud(a)ea
judéité [ʒydeite], **judaïté** [ʒydaite] *nf* Jewishness
judéo- [ʒydeɔ] *préfixe* Judeo-
judéo-allemand, e [ʒydeɔalmɑ̃, -ɑ̃d] *adj, nm* Yiddish
judéo-chrétien, ne [ʒydeɔkʀetjɛ̃, -ɛn] *adj* Judeo-Christian
judiciaire [ʒydisjɛʀ] *adj* judicial
judicieusement [ʒydisjøzmɑ̃] *adv* judiciously
judicieux, -euse [ʒydisjø, -øz] *adj* judicious
judo [ʒydo] *nm* judo
judoka [ʒydɔka] *nmf* judoka
juge [ʒyʒ] *nm* judge; **~ d'instruction** examining (Brit) *ou* committing (US) magistrate; **~ de paix** justice of the peace; **~ de touche** linesman
jugé [ʒyʒe] : **au ~** *adv* by guesswork
jugement [ʒyʒmɑ̃] *nm* judgment; (*Jur : au pénal*) sentence; (*: au civil*) decision; **~ de valeur** value judgment
jugeote [ʒyʒɔt] *nf* (*fam*) gumption
juger [ʒyʒe] /3/ *vt* to judge; (*estimer*) to consider; **~ qn/qch satisfaisant** to consider sb/sth (to be) satisfactory; **~ que** to think *ou* consider that; **~ bon de faire** to consider it a good idea to do, see fit to do; **~ de** to judge; **jugez de ma surprise** imagine my surprise ▸ *nm* : **au ~** by guesswork
jugulaire [ʒygylɛʀ] *adj* jugular ▸ *nf* (*Mil*) chinstrap
juguler [ʒygyle] /1/ *vt* (*maladie*) to halt; (*révolte*) to suppress; (*inflation etc*) to control, curb
juif, -ive [ʒɥif, -iv] *adj* Jewish ▸ *nm/f* : **Juif, -ive** Jewish man/woman *ou* Jew
juillet [ʒɥijɛ] *nm* July; **le premier ~** the first of July (Brit), July first (US); **le deux/onze ~** the second/eleventh of July, July second/eleventh; **il est venu le 5 ~** he came on 5th July *ou* July 5th; **en ~** in July; **début/fin ~** at the beginning/end of July; *see note*

LE 14 JUILLET

Le 14 juillet is a national holiday in France and commemorates the storming of the Bastille during the French Revolution. Throughout the country there are celebrations, which feature parades, music, dancing and firework displays. In Paris a military parade along the Champs-Élysées is attended by the President.

juin [ʒɥɛ̃] *nm* June; *voir aussi* **juillet**
juive [ʒwiv] *adj, nf voir* **juif**
jules [ʒyl] *nm* (*fam : mari*) hubby; (*petit ami*) boyfriend
julienne [ʒyljɛn] *nf* (*Culin*) julienne
jumeau, -elle, x [ʒymo, -ɛl] *adj, nm/f* twin; **maisons jumelles** semidetached houses
jumelage [ʒym(ə)laʒ] *nm* twinning
jumeler [ʒym(ə)le] /4/ *vt* to twin; **roues jumelées** double wheels; **billets de loterie jumelés** double series lottery tickets; **pari jumelé** double bet
jumelle [ʒymɛl] *adj f, nf voir* **jumeau** ▸ *vb voir* **jumeler**
jumelles [ʒymɛl] *nfpl* binoculars
jument [ʒymɑ̃] *nf* mare

jungle [ʒɔ̃gl] *nf* jungle
junior [ʒynjɔʀ] *adj* junior
junte [ʒœ̃t] *nf* junta
jupe [ʒyp] *nf* skirt
jupe-culotte [ʒypkylɔt] (*pl* **jupes-culottes**) *nf* divided skirt, culotte(s)
jupette [ʒypɛt] *nf* short skirt
jupon [ʒypɔ̃] *nm* waist slip *ou* petticoat
Jura [ʒyʀɑ] *nm* : **le ~** the Jura (Mountains)
jurassien, ne [ʒyʀasjɛ̃, -ɛn] *adj* of *ou* from the Jura Mountains
juré, e [ʒyʀe] *nm/f* juror ▸ *adj* : **ennemi ~** sworn *ou* avowed enemy
jurer [ʒyʀe] /1/ *vt* (*obéissance etc*) to swear, vow; **~ de faire/que** (*s'engager*) to swear *ou* vow to do/that; **~ que** (*affirmer*) to swear *ou* vouch that; **~ de qch** (*s'en porter garant*) to swear to sth; **ils ne jurent que par lui** they swear by him ▸ *vi* (*dire des jurons*) to swear, curse; (*dissoner*) : **~ (avec)** to clash (with); **je vous jure !** honestly!
juridiction [ʒyʀidiksjɔ̃] *nf* jurisdiction; (*tribunal, tribunaux*) court(s) of law
juridictionnel, le [ʒyʀidiksjɔnɛl] *adj* jurisdictional
juridique [ʒyʀidik] *adj* legal
juridiquement [ʒyʀidikmɑ̃] *adv* (*devant la justice*) juridically; (*du point de vue du droit*) legally
jurisconsulte [ʒyʀiskɔ̃sylt] *nm* jurisconsult
jurisprudence [ʒyʀispʀydɑ̃s] *nf* (*Jur : décisions*) (legal) precedents; (*: principes juridiques*) jurisprudence; **faire ~** (*faire autorité*) to set a precedent
juriste [ʒyʀist] *nmf* jurist; lawyer
juron [ʒyʀɔ̃] *nm* curse, swearword
jury [ʒyʀi] *nm* (*Jur*) jury; (*Art, Sport*) panel of judges; (*Scol*) board (of examiners), jury
jus [ʒy] *nm* juice; (*de viande*) gravy, (meat) juice; **~ de fruits** fruit juice; **~ de raisin/tomates** grape/tomato juice
jusant [ʒyzɑ̃] *nm* ebb (tide)
jusqu'au-boutiste [ʒyskobutist] *nmf* extremist, hardliner
jusque [ʒysk] : **jusqu'à** *prép* (*endroit*) as far as, (up) to; (*moment*) until, till; (*limite*) up to; **~ sur/dans** up to, as far as; (*y compris*) even on/in; **~ vers** until about; **jusqu'à ce que** *conj* until; **~-là** (*temps*) until then; (*espace*) up to there; **jusqu'ici** (*temps*) until now; (*espace*) up to here; **jusqu'à présent** *ou* **maintenant** until now, so far; **jusqu'où ?** how far?
justaucorps [ʒystokɔʀ] *nm inv* (*Danse, Sport*) leotard
juste [ʒyst] *adj* (*équitable*) just, fair; (*légitime*) just, justified; (*exact, vrai*) right; (*pertinent*) apt; (*étroit*) tight; (*insuffisant*) on the short side; **le ~ milieu** the happy medium; **à ~ titre** rightfully; **c'était ~** it was a close thing ▸ *adv* right; tight; (*chanter*) in tune; (*seulement*) just; **~ assez/au-dessus** just enough/above; **pouvoir tout ~ faire** to be only just able to do; **au ~** exactly, actually; **comme de ~** of course, naturally
justement [ʒystəmɑ̃] *adv* rightly; justly; (*précisément*) just, precisely; **c'est ~ ce qu'il fallait faire** that's just *ou* precisely what needed doing
justesse [ʒystɛs] *nf* (*précision*) accuracy; (*d'une remarque*) aptness; (*d'une opinion*) soundness; **de ~** only just, by a narrow margin
justice [ʒystis] *nf* (*équité*) fairness, justice; (*Admin*) justice; **rendre la ~** to dispense justice; **traduire en ~** to bring before the courts; **obtenir ~** to obtain justice; **rendre ~ à qn** to do sb justice; **se faire ~** to take the law into one's own hands; (*se suicider*) to take one's life
justiciable [ʒystisjabl] *adj* : **~ de** (*Jur*) answerable to
justicier, -ière [ʒystisje, -jɛʀ] *nm/f* judge, righter of wrongs
justifiable [ʒystifjabl] *adj* justifiable
justificatif, -ive [ʒystifikatif, -iv] *adj* (*document etc*) supporting; **pièce justificative** written proof ▸ *nm* supporting proof
justification [ʒystifikasjɔ̃] *nf* justification
justifié, e [ʒystifje] *adj* justified; (*Inform*) : **~ à droite/gauche** ranged right/left; **non ~** unjustified
justifier [ʒystifje] /7/ *vt* to justify; **~ de** to prove
jute [ʒyt] *nm* jute
juteux, -euse [ʒytø, -øz] *adj* juicy
juvénile [ʒyvenil] *adj* young, youthful
juxtaposer [ʒykstapoze] /1/ *vt* to juxtapose
juxtaposition [ʒykstapozisjɔ̃] *nf* juxtaposition

Kk

K, k [kɑ] *nm inv* K, k ▸ *abr* (= *kilo*) kg; **K comme Kléber** K for King
K 7 [kasɛt] *nf* cassette
Kaboul, Kabul [kabul] *n* Kabul
kabyle [kabil] *adj* Kabyle ▸ *nm* (*Ling*) Kabyle ▸ *nmf* : **Kabyle** Kabyle
Kabylie [kabili] *nf* : **la ~** Kabylia
kafkaïen, ne [kafkajɛ̃, -ɛn] *adj* Kafkaesque
kaki [kaki] *adj inv* khaki
Kalahari [kalaaʀi] *n* : **le (désert du) ~** the Kalahari (Desert)
kaléidoscope [kaleidɔskɔp] *nm* kaleidoscope
Kampala [kɑ̃pala] *n* Kampala
Kampuchéa [kɑ̃putʃea] *nm* : **le ~ (démocratique)** (the People's Republic of) Kampuchea
kanak, e, canaque [kanak] *adj* Kanak; **les coutumes kanakes** Kanak customs ▸ *nm/f* : **Kanak, e** Kanak
kangourou [kɑ̃guʀu] *nm* kangaroo
kaolin [kaɔlɛ̃] *nm* kaolin
kapok [kapɔk] *nm* kapok
karaoke [kaʀaoke] *nm* karaoke
karaoké [kaʀaɔke] *nm* karaoke
karaté [kaʀate] *nm* karate
karité [kaʀite] *nm* shea; **beurre de ~** shea butter
kart [kaʀt] *nm* go-cart
karting [kaʀtiŋ] *nm* go-carting, karting
kascher [kaʃɛʀ] *adj inv* kosher
kayak [kajak] *nm* kayak; **faire du ~** to go kayaking
Kazakhstan [kaʒakstɑ̃] *nm* Kazakhstan
Kenya [kenja] *nm* : **le ~** Kenya
kényan, e, kenyan, e [kenjɑ̃, -an] *adj* Kenyan ▸ *nm/f* : **Kényan, e** Kenyan
képi [kepi] *nm* kepi
kératine [keʀatin] *nf* keratin, ceratin
Kerguelen [kɛʀgelɛn] *nfpl* : **les (îles) ~** Kerguelen
kermesse [kɛʀmɛs] *nf* bazaar, (charity) fête; village fair
kérosène [keʀozɛn] *nm* jet fuel; rocket fuel
ketchup [kɛtʃœp] *nm* ketchup
kg *abr* (= *kilogramme*) kg
KGB *sigle m* KGB
khâgne [kaɲ] *nf second year of preparatory course for arts section of the École normale supérieure*
khmer, -ère [kmɛʀ] *adj* Khmer ▸ *nm* (*Ling*) Khmer
khôl [kol] *nm* kohl
kibboutz [kibuts] *nm* kibbutz
kidnapper [kidnape] /1/ *vt* to kidnap
kidnappeur, -euse [kidnapœʀ, -øz] *nm/f* kidnapper
kidnapping [kidnapiŋ] *nm* kidnapping
kiffer [kife] (*fam*) *vt* to like, to be into ▸ *vi* : **ça me fait ~** I like it
kif-kif [kifkif] *adj inv* (*fam*) : **c'est ~** it's all the same
Kilimandjaro [kilimɑ̃dʒaʀo] *nm* : **le ~** Mount Kilimanjaro
kilo [kilo] *nm* kilo
kilogramme [kilɔgʀam] *nm* kilogramme (Brit), kilogram (US)
kilométrage [kilɔmetʀaʒ] *nm* number of kilometres travelled, ≈ mileage
kilomètre [kilɔmɛtʀ] *nm* kilometre (Brit), kilometer (US); **kilomètres-heure** kilometres per hour
kilométrique [kilɔmetʀik] *adj* (*distance*) in kilometres; **compteur ~** ≈ mileage indicator
kilooctet [kiloɔktɛ] *nm* kilobyte
kilowatt [kilɔwat] *nm* kilowatt
kilt [kilt] *nm* (*traditionnel*) kilt; (*de femme*) kilt, pleated tartan skirt
kimono [kimɔno] *nm* kimono
Kindle® [kindl] *nm* Kindle®
kiné [kine] *nmf* (*fam* : *kinésithérapeute*) physio (Brit *fam*)
kinésithérapeute [kineziteʀapøt] *nmf* physiotherapist
kinésithérapie [kineziteʀapi] *nf* physiotherapy
kiosque [kjɔsk] *nm* kiosk, stall; (*Tél etc*) *telephone and/or videotext information service*; **~ à journaux** newspaper kiosk
kippa [kipa] *nf* kippa, skullcap
kir [kiʀ] *nm* kir (*white wine with blackcurrant liqueur*)
Kirghizistan [kiʀgizistɑ̃] *nm* Kirghizia
kirsch [kiʀʃ] *nm* kirsch
kit [kit] *nm* kit; **~ piéton** *ou* **mains libres** hands-free kit; **en ~** in kit form
kitchenette [kitʃ(ə)nɛt] *nf* kitchenette
kitsch [kitʃ] *adj inv* (*objet, décor*) kitsch, kitschy ▸ *nm* (*style, genre*) kitsch
kiwi [kiwi] *nm* (*Zool*) kiwi; (*Bot*) kiwi (fruit)
klaxon [klaksɔn, klaksɔ̃] *nm* horn
klaxonner [klaksɔne] /1/ *vi, vt* to hoot (Brit), honk (one's horn) (US)
kleptomane [klɛptɔman] *nmf* kleptomaniac
km *abr* (= *kilomètre*) km
km/h *abr* (= *kilomètres/heure*) km/h, kph

knock-out [nɔkawt] *nm* knock-out
Ko *abr (Inform : = kilooctet)* kB
K.-O. [kao] *adj inv (fam)* shattered, knackered
koala [kɔala] *nm* koala (bear)
kolkhoze [kɔlkoz] *nm* kolkhoz
Kosovo [kɔsɔvo] *nm* : **le ~** Kosovo
Koweït, Koweit [kɔwɛt] *nm* : **le ~** Kuwait, Koweit
koweïtien, ne, koweitien, ne [kɔwɛtjɛ̃, -ɛn] *adj* Kuwaiti ▸ *nm/f* : **Koweïtien, ne, Koweitien, ne** Kuwaiti
krach [kʀak] *nm (Écon)* crash
kraft [kʀaft] *nm* brown *ou* kraft paper
Kremlin [kʀɛmlɛ̃] *nm* : **le ~** the Kremlin
Kuala Lumpur [kwalalympuʀ] *n* Kuala Lumpur
kumquat [kɔmkwat] *nm* kumquat
kurde [kyʀd] *adj* Kurdish ▸ *nm (Ling)* Kurdish ▸ *nmf* : **Kurde** Kurd
Kurdistan [kyʀdistɑ̃] *nm* : **le ~** Kurdistan
Kuweit [kɔwɛt] *nm* = **Koweït**
kW *abr (= kilowatt)* kW
K-way® [kawɛ] *nm* (lightweight nylon) cagoule
kW/h *abr (= kilowatt/heure)* kW/h
kyrielle [kiʀjɛl] *nf* : **une ~ de** a stream of
kyste [kist] *nm* cyst

Ll

L, l [ɛl] *nm inv* L, l ▸ *abr* (= *litre*) l; **L comme Louis** L for Lucy (Brit) *ou* Love (US)
l' [l] *art déf voir* **le**
la [la] *art déf, pron voir* **le** ▸ *nm* (*Mus*) A; (*en chantant la gamme*) la
là [la] *adv* there; (*ici*) here; (*dans le temps*) then; **est-ce que Catherine est là ?** is Catherine there (*ou* here)?; **elle n'est pas là** she isn't here; **c'est là que** this is where; **là où** where; **de là** (*fig*) hence; **par là** (*fig*) by that; **tout est là** (*fig*) that's what it's all about; *voir aussi* **-ci**; **celui**
là-bas [labɑ] *adv* there
label [labɛl] *nm* stamp, seal
labelliser [labelize] *vt* (*certifier, approuver*) to give one's seal of approval to; **être labellisé** to be approved; **La Bergerie, studio labellisé Gîtes de France** La Bergerie, a Gîtes de France approved flat
labeur [labœʀ] *nm* toil *no pl*, toiling *no pl*
labial, e [labjal] *adj* (*Anat, Ling*) labial ▸ *nf* (*Ling*) labial
labo [labo] *nm* (= *laboratoire*) lab
laborantin, e [labɔʀɑ̃tɛ̃, -in] *nm/f* laboratory assistant
laboratoire [labɔʀatwaʀ] *nm* laboratory; **~ de langues/d'analyses** language/(medical) analysis laboratory
laborieusement [labɔʀjøzmɑ̃] *adv* laboriously
laborieux, -euse [labɔʀjø, -øz] *adj* (*tâche*) laborious; **classes laborieuses** working classes
labour [labuʀ] *nm* ploughing *no pl* (Brit), plowing *no pl* (US); **cheval de ~** plough- *ou* cart-horse; **bœuf de ~** ox; **labours** *nmpl* (*champs*) ploughed fields
labourage [labuʀaʒ] *nm* ploughing (Brit), plowing (US)
labourer [labuʀe] /1/ *vt* to plough (Brit), plow (US); (*fig*) to make deep gashes *ou* furrows in
laboureur [labuʀœʀ] *nm* ploughman (Brit), plowman (US)
labrador [labʀadɔʀ] *nm* (*chien*) labrador; (*Géo*) : **le L~** Labrador
labyrinthe [labiʀɛ̃t] *nm* labyrinth, maze
lac [lak] *nm* lake; **le ~ Léman** Lake Geneva; **les Grands Lacs** the Great Lakes; *voir aussi* **lacs**
lacer [lase] /3/ *vt* to lace *ou* do up
lacération [laseʀasjɔ̃] *nf* (*Méd*) laceration
lacérer [laseʀe] /6/ *vt* to tear to shreds
lacet [lasɛ] *nm* (*de chaussure*) lace; (*de route*) sharp bend; (*piège*) snare; **chaussures à lacets** lace-up *ou* lacing shoes
lâche [lɑʃ] *adj* (*poltron*) cowardly; (*desserré*) loose, slack; (*morale, mœurs*) lax ▸ *nmf* coward
lâchement [lɑʃmɑ̃] *adv* (*par peur*) like a coward; (*par bassesse*) despicably
lâcher [lɑʃe] /1/ *nm* (*de ballons, oiseaux*) release ▸ *vt* (*main*) to let go of; (*verre*) to drop; (*libérer*) to release; (*fig : mot, remarque*) to let slip, come out with; (*Sport : distancer*) to leave behind; **~ prise** to let go ▸ *vi* (*fil, amarres*) to break, give way; (*freins*) to fail; **se lâcher** *vpr* (*fam : se décrisper*) to let o.s. go
lâcheté [lɑʃte] *nf* cowardice; (*bassesse*) lowness
lacis [lasi] *nm* (*de ruelles*) maze
laconique [lakɔnik] *adj* laconic
laconiquement [lakɔnikmɑ̃] *adv* laconically
lacrymal, e, -aux [lakʀimal, -o] *adj* (*canal, glande*) tear *cpd*
lacrymogène [lakʀimɔʒɛn] *adj* : **grenade/gaz ~** tear gas grenade/tear gas
lacs [lɑ] *nm* (*piège*) snare
lactation [laktasjɔ̃] *nf* lactation
lacté, e [lakte] *adj* milk *cpd*
lactique [laktik] *adj* : **acide/ferment ~** lactic acid/ferment
lactose [laktoz] *nm* lactose, milk sugar
lactosérum [laktoseʀɔm] *nm* (*petit lait*) whey
lacune [lakyn] *nf* gap
lacustre [lakystʀ] *adj* lake *cpd*, lakeside *cpd*
lad [lad] *nm* stable-lad
là-dedans [ladədɑ̃] *adv* inside (there), in it; (*fig*) in that
là-dehors [ladəɔʀ] *adv* out there
là-derrière [ladɛʀjɛʀ] *adv* behind there; (*fig*) behind that
là-dessous [ladsu] *adv* underneath, under there; (*fig*) behind that
là-dessus [ladsy] *adv* on there; (*fig : sur ces mots*) at that point; (: *à ce sujet*) about that
là-devant [ladvɑ̃] *adv* there (in front)
ladite [ladit] *adj voir* **ledit**
ladre [lɑdʀ] *adj* miserly
lagon [lagɔ̃] *nm* lagoon
lagopède [lagɔpɛd] *nm* grouse; **~ des Alpes** ptarmigan
Lagos [lagɔs] *n* Lagos
lagune [lagyn] *nf* lagoon
là-haut [lao] *adv* up there
laïc [laik] *adj m, nm* = **laïque**

laïciser [laisize] /1/ *vt* to secularize
laïcité [laisite] *nf* secularity, secularism

LAÏCITÉ

Laïcité, or secularism, is one of the main tenets of the French Republic and is enshrined in its constitution. The Revolution gave rise to the idea of a separation between church and state, with two consequences: the obligation for the state not to interfere in private individuals' beliefs, and the principle of equality before the law regardless of religious beliefs. The main expression of *laïcité* is in the educational sphere: all French state schools are secular, both in their everyday running and in the national curriculum. In recent years, the concept of *laïcité* has been challenged by the need to accommodate a significant Muslim population whilst banning ostentatious displays of religious belief in state schools, for instance the wearing of the hijab.

laid, e [lɛ, lɛd] *adj* ugly; (*fig : acte*) mean, cheap
laideron [lɛdʀɔ̃] *nm* ugly girl
laideur [lɛdœʀ] *nf* ugliness *no pl*; meanness *no pl*
laie [lɛ] *nf* wild sow
lainage [lɛnaʒ] *nm* (*vêtement*) woollen garment; (*étoffe*) woollen material
laine [lɛn] *nf* wool; ~ **peignée** worsted (wool); ~ **à tricoter** knitting wool; ~ **de verre** glass wool; ~ **vierge** new wool
laineux, -euse [lɛnø, -øz] *adj* woolly
lainier, -ière [lɛnje, -jɛʀ] *adj* (*industrie etc*) woollen
laïque [laik] *adj* lay, civil; (*Scol*) state *cpd* (*as opposed to Roman Catholic*) ▸ *nmf* layman(-woman)
laisse [lɛs] *nf* (*de chien*) lead, leash; **tenir en** ~ to keep on a lead *ou* leash
laissé-pour-compte, laissée-pour-compte [lesepuʀkɔ̃t] (*pl* **laissés-pour-compte**) *adj* (*Comm*) unsold; (*: refusé*) returned ▸ *nm/f* (*fig*) reject; **les laissés-pour-compte de la reprise économique** those who are left out of the economic upturn
laisser [lese] /1/ *vt* to leave ▸ *vb aux* to let; ~ **qn faire** to let sb do; ~ **qn tranquille** to let *ou* leave sb alone; **laisse-moi faire** let me do it; **rien ne laisse penser que ...** there is no reason to think that ...; **cela ne laisse pas de surprendre** nonetheless it is surprising; **se laisser** *vpr* : **se ~ aller** to let o.s. go; **se ~ exploiter** to let o.s. be exploited
laisser-aller [leseale] *nm* carelessness, slovenliness
laisser-faire [lesefɛʀ] *nm* laissez-faire
laissez-passer [lesepɑse] *nm inv* pass
lait [lɛ] *nm* milk; **frère/sœur de** ~ foster brother/sister; ~ **écrémé/entier/concentré/condensé** skimmed/full-fat/condensed/evaporated milk; ~ **en poudre** powdered milk, milk powder; ~ **de chèvre/vache** goat's/cow's milk; ~ **maternel** mother's milk; ~ **démaquillant/de beauté** cleansing/beauty lotion
laitage [lɛtaʒ] *nm* dairy product
laiterie [lɛtʀi] *nf* dairy
laiteux, -euse [lɛtø, -øz] *adj* milky
laitier, -ière [letje, -jɛʀ] *adj* dairy *cpd* ▸ *nm/f* milkman (dairywoman)
laiton [lɛtɔ̃] *nm* brass
laitue [lety] *nf* lettuce
laïus [lajys] *nm* (*péj*) spiel
lama [lama] *nm* llama
lamantin [lamɑ̃tɛ̃] *nm* manatee
lamaserie [lamazʀi] *nf* lamasery
lambda [lɑ̃bda] *nm* (*lettre grecque*) lambda ▸ *adj inv* (*fam : moyen*) average
lambeau, x [lɑ̃bo] *nm* scrap; **en lambeaux** in tatters, tattered
lambin, e [lɑ̃bɛ̃, -in] *adj* (*péj*) slow
lambiner [lɑ̃bine] /1/ *vi* (*péj*) to dawdle
lambris [lɑ̃bʀi] *nm* panelling *no pl*
lambrissé, e [lɑ̃bʀise] *adj* panelled
lame [lam] *nf* blade; (*vague*) wave; (*lamelle*) strip; ~ **de fond** ground swell *no pl*; ~ **de rasoir** razor blade
lamé [lame] *nm* lamé
lamelle [lamɛl] *nf* (*lame*) small blade; (*morceau*) sliver; (*de champignon*) gill; **couper en lamelles** to slice thinly
lamellé-collé [lamelekɔle] (*pl* **lamellés-collés**) *nm* laminated timber
lamellibranche [lamelibʀɑ̃ʃ] *nm* lamellibranch
lamentable [lamɑ̃tabl] *adj* (*déplorable*) appalling; (*pitoyable*) pitiful
lamentablement [lamɑ̃tabləmɑ̃] *adv* (*échouer*) miserably; (*se conduire*) appallingly
lamentation [lamɑ̃tasjɔ̃] *nf* wailing *no pl*, lamentation; moaning *no pl*
lamenter [lamɑ̃te] /1/ : **se lamenter** *vpr* : **se ~ (sur)** to moan (over)
laminage [laminaʒ] *nm* lamination
laminer [lamine] /1/ *vt* to laminate; (*fig : écraser*) to wipe out
laminoir [laminwaʀ] *nm* rolling mill; **passer au** ~ (*fig*) to go (*ou* put) through the mill
lampadaire [lɑ̃padɛʀ] *nm* (*de salon*) standard lamp; (*dans la rue*) street lamp
lampe [lɑ̃p] *nf* lamp; (*Tech*) valve; ~ **à alcool** spirit lamp; ~ **à pétrole** oil lamp; ~ **à bronzer** sunlamp; ~ **de poche** torch (Brit), flashlight (US); ~ **à souder** blowlamp; ~ **témoin** warning light; ~ **halogène** halogen lamp
lampée [lɑ̃pe] *nf* gulp, swig
lampe-tempête [lɑ̃ptɑ̃pɛt] (*pl* **lampes-tempête**) *nf* storm lantern
lampion [lɑ̃pjɔ̃] *nm* Chinese lantern
lampiste [lɑ̃pist] *nm* light (maintenance) man; (*fig*) underling
lamproie [lɑ̃pʀwa] *nf* lamprey
lance [lɑ̃s] *nf* spear; ~ **d'arrosage** garden hose; ~ **à eau** water hose; ~ **d'incendie** fire hose
lancée [lɑ̃se] *nf* : **être/continuer sur sa** ~ to be under way/keep going
lance-flammes [lɑ̃sflam] *nm inv* flamethrower
lance-fusées [lɑ̃sfyze] *nm inv* rocket launcher
lance-grenades [lɑ̃sgʀənad] *nm inv* grenade launcher
lancement [lɑ̃smɑ̃] *nm* launching *no pl*, launch; **offre de** ~ introductory offer

lance-missiles [lɑ̃smisil] *nm inv* missile launcher
lance-pierres [lɑ̃spjɛʀ] *nm inv* catapult
lancer [lɑ̃se] /3/ *nm* (*Athlétisme*) throwing *no pl*, throw; **~ du javelot/du disque/du marteau** javelin/discus/hammer throw *ou* throwing; **~ du poids** shot put; (*Pêche*) rod and reel fishing ▸ *vt* to throw; (*émettre, projeter*) to throw out, send out; (*produit, fusée, bateau, artiste*) to launch; (*injure*) to hurl, fling; (*proclamation, mandat d'arrêt*) to issue; (*emprunt*) to float; (*moteur*) to send roaring away; **~ qch à qn** to throw sth to sb; (*de façon agressive*) to throw sth at sb; **~ un cri** *ou* **un appel** to shout *ou* call out; **se lancer** *vpr* (*prendre de l'élan*) to build up speed; (*se précipiter*) : **se ~ sur** *ou* **contre** to rush at; **se ~ dans** (*discussion*) to launch into; (*aventure*) to embark on; (*les affaires, la politique*) to go into
lance-roquettes [lɑ̃sʀɔkɛt] *nm inv* rocket launcher
lance-torpilles [lɑ̃stɔʀpij] *nm inv* torpedo tube
lanceur, -euse [lɑ̃sœʀ, -øz] *nm/f* bowler; (*Baseball*) pitcher ▸ *nm* (*Espace*) launcher
lancinant, e [lɑ̃sinɑ̃, -ɑ̃t] *adj* (*regrets etc*) haunting; (*douleur*) shooting
lanciner [lɑ̃sine] /1/ *vi* to throb; (*fig*) to nag
landais, e [lɑ̃dɛ, -ɛz] *adj* of *ou* from the Landes
landau [lɑ̃do] *nm* pram (BRIT), baby carriage (US)
lande [lɑ̃d] *nf* moor
Landes [lɑ̃d] *nfpl* : **les ~** the Landes
langage [lɑ̃gaʒ] *nm* language; **~ d'assemblage** (*Inform*) assembly language; **~ du corps** body language; **~ évolué/machine** (*Inform*) high-level/machine language; **~ de programmation** (*Inform*) programming language
lange [lɑ̃ʒ] *nm* flannel blanket; **langes** *nmpl* swaddling clothes
langer [lɑ̃ʒe] /3/ *vt* to change (the nappy (BRIT) *ou* diaper (US) of); **table à ~** changing table
langoureusement [lɑ̃guʀøzmɑ̃] *adv* languorously
langoureux, -euse [lɑ̃guʀø, -øz] *adj* languorous
langouste [lɑ̃gust] *nf* crayfish *inv*
langoustine [lɑ̃gustin] *nf* Dublin Bay prawn
langue [lɑ̃g] *nf* (*Anat, Culin*) tongue; (*Ling*) language; (*bande*) : **~ de terre** spit of land; **tirer la ~ (à)** to stick out one's tongue (at); **donner sa ~ au chat** to give up, give in; **de ~ française** French-speaking; **~ de bois** officialese; **~ maternelle** native language, mother tongue; **~ verte** slang; **langues vivantes** modern languages

LANGUES RÉGIONALES

For a long time, in the name of national unity, the use of French **langues régionales** was systematically discouraged or banned. As a result, speakers of Breton, Alsatian, Occitan, Catalan, Basque, Corsican and Flemish today represent a very small fraction of the population, despite efforts to teach those languages in special schools. The situation is very different overseas, where regional languages are much more widely spoken.

langue-de-chat [lɑ̃gdəʃa] (*pl* **langues-de-chat**) *nf* finger biscuit
languedocien, ne [lɑ̃gdɔsjɛ̃, -ɛn] *adj* of *ou* from the Languedoc
languette [lɑ̃gɛt] *nf* tongue
langueur [lɑ̃gœʀ] *nf* languidness
languide [lɑ̃gid] *adj* languid
languir [lɑ̃giʀ] /2/ *vi* to languish; (*conversation*) to flag; **faire ~ qn** to keep sb waiting; **se languir** *vpr* to be languishing
languissant, e [lɑ̃gisɑ̃, -ɑ̃t] *adj* languid
lanière [lanjɛʀ] *nf* (*de fouet*) lash; (*de valise, bretelle*) strap
lanoline [lanɔlin] *nf* lanolin
lanterne [lɑ̃tɛʀn] *nf* (*portable*) lantern; (*électrique*) light, lamp; (*de voiture*) (side)light; **~ rouge** (*fig*) tail-ender; **~ vénitienne** Chinese lantern
lanterneau, x [lɑ̃tɛʀno] *nm* skylight
lanterner [lɑ̃tɛʀne] /1/ *vi* : **faire ~ qn** to keep sb hanging around
Laos [laɔs] *nm* : **le ~** Laos
laotien, ne [laɔsjɛ̃, -ɛn] *adj* Laotian
lapalissade [lapalisad] *nf* statement of the obvious
laparotomie [lapaʀɔtɔmi] *nf* laparotomy
La Paz [lapaz] *n* La Paz
laper [lape] /1/ *vt* to lap up
lapereau, x [lapʀo] *nm* young rabbit
lapidaire [lapidɛʀ] *adj* stone *cpd*; (*fig*) terse
lapidation [lapidasjɔ̃] *nf* stoning
lapider [lapide] /1/ *vt* to stone
lapin [lapɛ̃] *nm* rabbit; (*peau*) rabbitskin; (*fourrure*) cony; **coup du ~** rabbit punch; **poser un ~ à qn** to stand sb up; **~ de garenne** wild rabbit
lapis [lapis], **lapis-lazuli** [lapislazyli] *nm inv* lapis lazuli
lapon, e [lapɔ̃, -ɔn] *adj* Lapp, Lappish ▸ *nm* (*Ling*) Lapp, Lappish ▸ *nm/f* : **Lapon, e** Lapp, Laplander
Laponie [lapɔni] *nf* : **la ~** Lapland
laps [laps] *nm* : **~ de temps** space of time, time *no pl*
lapsus [lapsys] *nm* slip
laquais [lakɛ] *nm* lackey
laque [lak] *nf* (*vernis*) lacquer; (*brute*) shellac; (*pour cheveux*) hair spray ▸ *nm* lacquer; piece of lacquer ware
laqué, e [lake] *adj* lacquered
laquelle [lakɛl] *pron voir* **lequel**
larbin [laʀbɛ̃] *nm* (*péj*) flunkey
larcin [laʀsɛ̃] *nm* theft
lard [laʀ] *nm* (*graisse*) fat; (*bacon*) (streaky) bacon
larder [laʀde] /1/ *vt* (*Culin*) to lard
lardon [laʀdɔ̃] *nm* (*Culin*) piece of chopped bacon; (*fam : enfant*) kid
largage [laʀgaʒ] *nm* (*de bombe, parachutistes*) dropping; (*de sonde*) release
large [laʀʒ] *adj* wide; broad; (*fig*) generous; **~ d'esprit** broad-minded ▸ *adv* : **calculer/voir ~** to allow extra/think big; **ne pas en mener ~** to have one's heart in one's boots ▸ *nm* (*largeur*) : **5 m de ~** 5 m wide *ou* in width; (*mer*) **le ~** the open sea; **en ~** *adv* sideways; **au ~ de** off

l

largement [laʀʒəmɑ̃] *adv* widely; (*de loin*) greatly; (*amplement, au minimum*) easily; (*sans compter : donner etc*) generously; **c'est ~ suffisant** that's ample
largesse [laʀʒɛs] *nf* generosity; **largesses** *nfpl* (*dons*) liberalities
largeur [laʀʒœʀ] *nf* (*qu'on mesure*) width; (*impression visuelle*) wideness, width; breadth; (*d'esprit*) broadness
larguer [laʀge] /1/ *vt* to drop; (*fam : se débarrasser de*) to get rid of; **~ les amarres** to cast off (the moorings)
larme [laʀm] *nf* tear; (*fig*) : **une ~ de** a drop of; **en larmes** in tears; **pleurer à chaudes larmes** to cry one's eyes out, cry bitterly
larmoyant, e [laʀmwajɑ̃, -ɑ̃t] *adj* tearful
larmoyer [laʀmwaje] /8/ *vi* (*yeux*) to water; (*se plaindre*) to whimper
larron [laʀɔ̃] *nm* thief
larvaire [laʀvɛʀ] *adj* (*Bio*) larval; **à l'état ~** in the larval state
larve [laʀv] *nf* (*Zool*) larva; (*fig*) worm
larvé, e [laʀve] *adj* (*fig*) latent
laryngite [laʀɛ̃ʒit] *nf* laryngitis
laryngologiste [laʀɛ̃gɔlɔʒist] *nmf* throat specialist
larynx [laʀɛ̃ks] *nm* larynx
las, lasse [lɑ, lɑs] *adj* weary
lasagnes [lazaɲ] *nfpl* lasagne
lascar [laskaʀ] *nm* character; (*malin*) rogue
lascif, -ive [lasif, -iv] *adj* lascivious
lascivement [lasivmɑ̃] *adv* lasciviously
lascivité [lasivite] *nf* lasciviousness
laser [lazɛʀ] *nm* : **(rayon) ~** laser (beam); **chaîne** *ou* **platine ~** compact disc (player); **disque ~** compact disc
lassant, e [lɑsɑ̃, -ɑ̃t] *adj* tiresome, wearisome
lasse [lɑs] *adj f voir* **las**
lasser [lɑse] /1/ *vt* to weary, tire; **se ~ de** to grow weary *ou* tired of
lassitude [lɑsityd] *nf* lassitude, weariness
lasso [laso] *nm* lasso; **prendre au ~** to lasso
latent, e [latɑ̃, -ɑ̃t] *adj* latent
latéral, e, -aux [lateʀal, -o] *adj* side *cpd*, lateral
latéralement [lateʀalmɑ̃] *adv* edgeways; (*arriver, souffler*) from the side
latex [latɛks] *nm inv* latex
latin, e [latɛ̃, -in] *adj* Latin ▸ *nm* (*Ling*) Latin; **j'y perds mon ~** it's all Greek to me ▸ *nm/f* : **Latin, e** Latin
latiniste [latinist] *nmf* Latin scholar (*ou* student)
latino-américain, e [latinɔameʀikɛ̃, -ɛn] *adj* Latin-American
latitude [latityd] *nf* latitude; (*fig*) : **avoir la ~ de faire** to be left free *ou* be at liberty to do; **à 48° de ~ Nord** at latitude 48° North; **sous toutes les latitudes** (*fig*) world-wide, throughout the world
latrines [latʀin] *nfpl* latrines
latte [lat] *nf* lath, slat; (*de plancher*) board
lattis [lati] *nm* lathwork
laudanum [lodanɔm] *nm* laudanum
laudatif, -ive [lodatif, -iv] *adj* laudatory
lauréat, e [lɔʀea, -at] *nm/f* winner
laurier [lɔʀje] *nm* (*Bot*) laurel; (*Culin*) bay leaves *pl*; **lauriers** *nmpl* (*fig*) laurels
laurier-rose [lɔʀjeʀoz] (*pl* **lauriers-roses**) *nm* oleander
laurier-tin [lɔʀjetɛ̃] (*pl* **lauriers-tins**) *nm* laurustinus
lavable [lavabl] *adj* washable
lavabo [lavabo] *nm* washbasin; **lavabos** *nmpl* toilet *sg*
lavage [lavaʒ] *nm* washing *no pl*, wash; **~ d'estomac/d'intestin** stomach/intestinal wash; **~ de cerveau** brainwashing *no pl*
lavallière [lavaljɛʀ] *nf* floppy necktie
lavande [lavɑ̃d] *nf* lavender
lavandière [lavɑ̃djɛʀ] *nf* washerwoman
lave [lav] *nf* lava *no pl*
lave-glace [lavglas] *nm* (*Auto*) windscreen (Brit) *ou* windshield (US) washer
lave-linge [lavlɛ̃ʒ] *nm inv* washing machine
lavement [lavmɑ̃] *nm* (*Méd*) enema
laver [lave] /1/ *vt* to wash; (*tache*) to wash off; (*fig : affront*) to avenge; **~ la vaisselle/le linge** to wash the dishes/clothes; **~ qn de** (*accusation*) to clear sb of; **se laver** *vpr* to have a wash, wash; **se ~ les mains/dents** to wash one's hands/ clean one's teeth
laverie [lavʀi] *nf* : **~ (automatique)** Launderette® (Brit), Laundromat® (US)
lavette [lavɛt] *nf* (*chiffon*) dish cloth; (*brosse*) dish mop; (*fam : homme*) wimp, drip
laveur, -euse [lavœʀ, -øz] *nm/f* cleaner
lave-vaisselle [lavvɛsɛl] *nm inv* dishwasher
lavis [lavi] *nm* (*technique*) washing; (*dessin*) wash drawing
lavoir [lavwaʀ] *nm* wash house; (*bac*) washtub; (*évier*) sink
laxatif, -ive [laksatif, -iv] *adj, nm* laxative
laxisme [laksism] *nm* laxity
laxiste [laksist] *adj* lax
layette [lɛjɛt] *nf* layette
layon [lɛjɔ̃] *nm* trail
lazaret [lazaʀɛ] *nm* quarantine area
lazzi [ladzi] *nm* gibe
LCR *sigle f* (= *Ligue communiste révolutionnaire*) *political party*

MOT-CLÉ

le, la, l' [lə, la, l] (*pl* **les**) *art déf* **1** the; **le livre/la pomme/l'arbre** the book/the apple/the tree; **les étudiants** the students
2 (*noms abstraits*) : **le courage/l'amour/la jeunesse** courage/love/youth
3 (*indiquant la possession*) : **se casser la jambe** *etc* to break one's leg *etc*; **levez la main** put your hand up; **avoir les yeux gris/le nez rouge** to have grey eyes/a red nose
4 (*temps*) : **le matin/soir** in the morning/ evening; mornings/evenings; **le jeudi** *etc* (*d'habitude*) on Thursdays *etc*; (*ce jeudi-là etc*) on (the) Thursday; **nous venons le 3 décembre** (*parlé*) we're coming on the 3rd of December *ou* on December the 3rd; (*écrit*) we're coming (on) 3rd *ou* 3 December
5 (*distribution, évaluation*) a, an; **trois euros le mètre/kilo** three euros a *ou* per metre/kilo;

le tiers/quart de a third/quarter of
▸ *pron* **1** (*personne : mâle*) him; (*: femelle*) her; (*: pluriel*) them; **je le/la/les vois** I can see him/her/them
2 (*animal, chose : singulier*) it; (*: pluriel*) them; **je le** (*ou* **la**) **vois** I can see it; **je les vois** I can see them
3 (*remplaçant une phrase*) **: je ne le savais pas** I didn't know (about it); **il était riche et ne l'est plus** he was once rich but no longer is

lé [le] *nm* (*de tissu*) width; (*de papier peint*) strip, length
leader [lidœʀ] *nm* leader
leadership [lidœʀʃip] *nm* (*Pol*) leadership
leasing [liziŋ] *nm* leasing
lèche [lɛʃ] *nf* (*fam*) **: faire de la ~ à qn** to suck up to sb (*fam*), to lick sb's boots (*fam*)
lèche-bottes [lɛʃbɔt] *nmf inv* bootlicker
lèchefrite [lɛʃfʀit] *nf* dripping pan *ou* tray
lécher [leʃe] **/6/** *vt* to lick; (*laper : lait, eau*) to lick *ou* lap up; (*finir, polir*) to over-refine; **~ les vitrines** to go window-shopping; **se lécher** *vpr* **: se ~ les doigts/lèvres** to lick one's fingers/lips
lèche-vitrines [lɛʃvitʀin] *nm inv* **: faire du ~** to go window-shopping
lécithine [lesitin] *nf* lecithin; **~ de soja** soy lecithin
leçon [l(ə)sɔ̃] *nf* lesson; **faire la ~** to teach; **faire la ~ à** (*fig*) to give a lecture to; **leçons de conduite** driving lessons; **leçons particulières** private lessons *ou* tuition *sg* (BRIT)
lecteur, -trice [lɛktœʀ, -tʀis] *nm/f* reader; (*d'université*) (foreign language) assistant (BRIT), (foreign) teaching assistant (*US*) ▸ *nm* (*Tech*) **: ~ de cassettes** cassette player; **~ de disquette(s)** disk drive; **~ de CD/DVD** (*d'ordinateur*) CD/DVD drive; (*de salon*) CD/DVD player; **~ MP3** MP3 player
lectorat [lɛktɔʀa] *nm* (foreign language *ou* teaching) assistantship
lecture [lɛktyʀ] *nf* reading

> ⚠ The French word **lecture** is not translated by the English word *lecture*.

LED [lɛd] *sigle f* (*= light emitting diode*) LED
ledit, ladite [lədi, ladit] (*mpl* **lesdits**, *fpl* **lesdites** [ledi, ledit]) *adj* the aforesaid
légal, e, -aux [legal, -o] *adj* legal
légalement [legalmɑ̃] *adv* legally
légalisation [legalizasjɔ̃] *nf* legalization
légaliser [legalize] **/1/** *vt* to legalize
légaliste [legalist] *adj* (*personne, approche*) legalistic
légalité [legalite] *nf* legality, lawfulness; **être dans/sortir de la ~** to be within/step outside the law
légat [lega] *nm* (*Rel*) legate
légataire [legatɛʀ] *nm* legatee
légendaire [leʒɑ̃dɛʀ] *adj* legendary
légende [leʒɑ̃d] *nf* (*mythe*) legend; (*de carte, plan*) key, legend; (*de dessin*) caption
légender [leʒɑ̃de] *vt* (*carte, plan*) to provide with a key; (*dessin*) to caption, to provide with a caption; **une carte légendée** a map with a key; **un dessin légendé** a drawing with a caption
léger, -ère [leʒe, -ɛʀ] *adj* light; (*bruit, retard*) slight; (*boisson, parfum*) weak; (*couche, étoffe*) thin; (*superficiel*) thoughtless; (*volage*) free and easy; flighty; (*peu sérieux*) lightweight; **blessé ~** slightly injured person; **à la légère** *adv* (*parler, agir*) rashly, thoughtlessly
légèrement [leʒɛʀmɑ̃] *adv* (*s'habiller, bouger*) lightly; thoughtlessly, rashly; **~ plus grand** slightly bigger; **manger ~** to eat a light meal
légèreté [leʒɛʀte] *nf* lightness; thoughtlessness; (*d'une remarque*) flippancy
légiférer [leʒifeʀe] **/6/** *vi* to legislate
légion [leʒjɔ̃] *nf* legion; **la L~ étrangère** the Foreign Legion; **la L~ d'honneur** the Legion of Honour

> **LÉGION D'HONNEUR**
>
> Created by Napoleon in 1802, the **Légion d'honneur** is the highest decoration that can be awarded in France, with recipients admitted to the *Ordre National de la Légion d'honneur*. The award can be conferred upon anyone (not necessarily a French citizen) the order wishes to reward for bravery or service to the French nation. The President of the Republic serves as the *Grand Maître* (grand master) of the order and members receive a nominal tax-free payment each year.

légionellose [leʒjɔneloz] *nf* legionnaire's disease, legionnaires' disease
légionnaire [leʒjɔnɛʀ] *nm* (*Mil*) legionnaire; (*de la Légion d'honneur*) holder of the Legion of Honour
législateur [leʒislatœʀ] *nm* legislator, lawmaker
législatif, -ive [leʒislatif, -iv] *adj* legislative; **législatives** *nfpl* general election *sg*
législation [leʒislasjɔ̃] *nf* legislation
législature [leʒislatyʀ] *nf* legislature; (*période*) term (of office)
légiste [leʒist] *nmf* jurist ▸ *adj* **: médecin ~** forensic scientist (BRIT), medical examiner (*US*)
légitimation [leʒitimasjɔ̃] *nf* (*Jur*) legitimization
légitime [leʒitim] *adj* (*Jur*) lawful, legitimate; (*enfant*) legitimate; (*fig*) rightful, legitimate; **en état de ~ défense** in self-defence
légitimement [leʒitimmɑ̃] *adv* lawfully; legitimately; rightfully
légitimer [leʒitime] **/1/** *vt* (*enfant*) to legitimize; (*justifier : conduite*) to justify
légitimité [leʒitimite] *nf* (*Jur*) legitimacy
legs [lɛg] *nm* legacy
léguer [lege] **/6/** *vt* **: ~ qch à qn** (*Jur*) to bequeath sth to sb; (*fig*) to hand sth down *ou* pass sth on to sb
légume [legym] *nm* vegetable; **légumes verts** green vegetables; **légumes secs** pulses
légumier [legymje] *nm* vegetable dish
leitmotiv [lejtmɔtiv] *nm* leitmotiv, leitmotif
Léman [lemɑ̃] *nm voir* **lac**
lémurien [lemyʀjɛ̃] *nm* lemur

lendemain [lɑ̃dmɛ̃] *nm* : **le ~** the next *ou* following day; **le ~ matin/soir** the next *ou* following morning/evening; **le ~ de** the day after; **au ~ de** in the days following; in the wake of; **penser au ~** to think of the future; **sans ~** short-lived; **de beaux lendemains** bright prospects; **des lendemains qui chantent** a rosy future
lénifiant, e [lenifjɑ̃, -ɑ̃t] *adj* soothing
léniniste [leninist] *adj, nmf* Leninist
lent, e [lɑ̃, lɑ̃t] *adj* slow
lente [lɑ̃t] *nf* nit
lentement [lɑ̃tmɑ̃] *adv* slowly
lenteur [lɑ̃tœʀ] *nf* slowness *no pl*; **lenteurs** *nfpl* (*actions, décisions lentes*) slowness *sg*
lentille [lɑ̃tij] *nf* (*Optique*) lens *sg*; (*Bot*) lentil; **~ d'eau** duckweed; **lentilles de contact** contact lenses
léonin, e [leɔnɛ̃, -in] *adj* (*fig : contrat etc*) one-sided
léopard [leɔpaʀ] *nm* leopard
LEP [lɛp] *sigle m* (= *lycée d'enseignement professionnel*) *secondary school for vocational training, pre-1986*
lépidoptère [lepidɔptɛʀ] *nm* lepidopteran
lèpre [lɛpʀ] *nf* leprosy
lépreux, -euse [lepʀø, -øz] *nm/f* leper ▸ *adj* (*fig*) flaking, peeling
léproserie [lepʀozʀi] *nf* leper hospital

MOT-CLÉ

lequel, laquelle [ləkɛl, lakɛl] (*mpl* **lesquels**, *fpl* **lesquelles**) (*à + lequel* = **auquel**, *de + lequel* = **duquel**) *pron* **1** (*interrogatif*) which, which one; **lequel des deux ?** which one?
2 (*relatif : personne : sujet*) who; (*: objet, après préposition*) whom; (*: possessif*) whose; (*: chose*) which; **je l'ai proposé au directeur, lequel est d'accord** I suggested it to the director, who agrees; **la femme à laquelle j'ai acheté mon chien** the woman from whom I bought my dog; **le pont sur lequel nous sommes passés** the bridge (over) which we crossed; **un homme sur la compétence duquel on peut compter** a man whose competence one can count on
▸ *adj* : **auquel cas** in which case

les [le] *art déf, pron voir* **le**
lesbienne [lɛsbjɛn] *nf* lesbian
lesdits, lesdites [ledi, ledit] *adj voir* **ledit**
lèse-majesté [lɛzmaʒɛste] *nf inv* : **crime de ~** crime of lese-majesty
léser [leze] /6/ *vt* to wrong; (*Méd*) to injure
lésiner [lezine] /1/ *vi* : **ne pas ~ sur les moyens** (*pour mariage etc*) to push the boat out
lésion [lezjɔ̃] *nf* lesion, damage *no pl*; **lésions cérébrales** brain damage
Lesotho [lezɔto] *nm* : **le ~** Lesotho
lesquels, lesquelles [lekɛl] *pron voir* **lequel**
lessivable [lesivabl] *adj* washable
lessivage [lesivaʒ] *nm* (*de murs*) washing
lessive [lesiv] *nf* (*poudre*) washing powder; (*linge*) washing *no pl*, wash; (*opération*) washing *no pl*; **faire la ~** to do the washing
lessivé, e [lesive] *adj* (*fam*) washed out
lessiver [lesive] /1/ *vt* to wash; (*fam : fatiguer*) to tire out, exhaust
lessiveuse [lesivøz] *nf* (*récipient*) washtub
lessiviel, le [lesivjɛl] *adj* detergent
lest [lɛst] *nm* ballast; **jeter** *ou* **lâcher du ~** (*fig*) to make concessions
leste [lɛst] *adj* (*personne, mouvement*) sprightly, nimble; (*désinvolte : manières*) offhand; (*osé : plaisanterie*) risqué
lestement [lɛstəmɑ̃] *adv* nimbly
lester [lɛste] /1/ *vt* to ballast
letchi [lɛtʃi] *nm* = **litchi**
léthargie [letaʀʒi] *nf* lethargy
léthargique [letaʀʒik] *adj* lethargic
letton, ne [lɛtɔ̃, -ɔn] *adj* Latvian, Lett
Lettonie [lɛtɔni] *nf* : **la ~** Latvia
lettre [lɛtʀ] *nf* letter; **à la ~** (*au sens propre*) literally; (*ponctuellement*) to the letter; **~ de change** bill of exchange; **~ piégée** letter bomb; **~ de voiture (aérienne)** (air) waybill, (air) bill of lading; **lettres** *nfpl* (*étude, culture*) literature *sg*; (*Scol*) arts (subjects); **en lettres majuscules** *ou* **capitales** in capital letters, in capitals; **en toutes lettres** in words, in full; **lettres de noblesse** pedigree
lettré, e [letʀe] *adj* well-read, scholarly
lettre-transfert [lɛtʀətʀɑ̃sfɛʀ] (*pl* **lettres-transferts**) *nf* (pressure) transfer
lettrine [letʀin] *nf* dropped initial capital letter
leu [lø] *nm voir* **queue**
leucémie [løsemi] *nf* leukaemia
leucocyte [løkɔsit] *nm* leucocyte, leukocyte (*US*)

MOT-CLÉ

leur [lœʀ] *adj poss* their; **leur maison** their house; **leurs amis** their friends; **à leur approche** as they came near; **à leur vue** at the sight of them
▸ *pron* **1** (*objet indirect*) (to) them; **je leur ai dit la vérité** I told them the truth; **je le leur ai donné** I gave it to them, I gave them it
2 (*possessif*) : **le (la) leur, les leurs** theirs

leurre [lœʀ] *nm* (*appât*) lure; (*fig*) delusion; (*: piège*) snare
leurrer [lœʀe] /1/ *vt* to delude, deceive
leurs [lœʀ] *adj voir* **leur**
levage [ləvaʒ] *nm* (*de charge*) lifting; **appareil de ~** lifting apparatus
levain [ləvɛ̃] *nm* leaven; **sans ~** unleavened
levant, e [ləvɑ̃, -ɑ̃t] *adj* : **soleil ~** rising sun; **au soleil ~** at sunrise ▸ *nm* : **le L~** the Levant
levantin, e [ləvɑ̃tɛ̃, -in] *adj* Levantine ▸ *nm/f* : **Levantin, e** Levantine
levé, e [ləve] *adj* : **être ~** to be up; **à mains levées** (*vote*) by a show of hands; **au pied ~** at a moment's notice ▸ *nm* : **~ de terrain** land survey
levée [ləve] *nf* (*Postes*) collection; (*Cartes*) trick; **~ de boucliers** general outcry; **~ du corps** *collection of the body from house of the deceased, before funeral*; **~ d'écrou** release from custody; **~ de terre** levee; **~ de troupes** levy
lever [l(ə)ve] /5/ *vt* (*vitre, bras etc*) to raise; (*soulever de terre, supprimer : interdiction, siège*) to lift;

(: *difficulté*) to remove; (*séance*) to close; (*impôts, armée*) to levy; (*Chasse : lièvre*) to start; (: *perdrix*) to flush; (*fam : fille*) to pick up ▸ *vi* (*Culin*) to rise ▸ *nm* : **au ~** on getting up; **~ du jour** daybreak; **~ du rideau** (*Théât*) curtain; **~ de rideau** (*pièce*) curtain raiser; **~ de soleil** sunrise; **se lever** *vpr* to get up; (*soleil*) to rise; (*jour*) to break; (*brouillard*) to lift; **levez-vous !, lève-toi !** stand up!, get up!; **ça va se ~** (*temps*) it's going to clear up

lève-tard [lɛvtaʀ] *nmf inv* late riser

lève-tôt [lɛvto] *nmf inv* early riser, early bird

levier [ləvje] *nm* lever; **faire ~ sur** to lever up (*ou* off); **~ de changement de vitesse** gear lever

lévitation [levitasjɔ̃] *nf* levitation

léviter [levite] *vi* to levitate

levraut [ləvʀo] *nm* (*Zool*) leveret

lèvre [lɛvʀ] *nf* lip; **lèvres** *nfpl* (*d'une plaie*) edges; **petites/grandes lèvres** labia minora/majora; **du bout des lèvres** half-heartedly

lévrier [levʀije] *nm* greyhound

levure [l(ə)vyʀ] *nf* yeast; **~ chimique** baking powder

lexical, e, -aux [lɛksikal, -o] *adj* lexical

lexicographe [lɛksikɔgʀaf] *nmf* lexicographer

lexicographie [lɛksikɔgʀafi] *nf* lexicography, dictionary writing

lexicologie [lɛksikɔlɔʒi] *nf* lexicology

lexicologue [lɛksikɔlɔg] *nm/f* lexicologist

lexique [lɛksik] *nm* vocabulary, lexicon; (*glossaire*) vocabulary

lézard [lezaʀ] *nm* lizard; (*peau*) lizard skin

lézarde [lezaʀd] *nf* crack

lézarder [lezaʀde] /1/ : **se lézarder** *vpr* to crack

LGBT *sigle pl* (= *lesbiennes, gays, bisexuels et transgenres*) LGBT

liaison [ljɛzɔ̃] *nf* (*rapport*) connection, link; (*Rail, Aviat etc*) link; (*relation : d'amitié*) friendship; (: *d'affaires*) relationship; (: *amoureuse*) affair; (*Culin, Phonétique*) liaison; **entrer/être en ~ avec** to get/be in contact with; **~ radio** radio contact; **~ (de transmission de données)** (*Inform*) data link

liane [ljan] *nf* creeper

liant, e [ljɑ̃, -ɑ̃t] *adj* sociable

liasse [ljas] *nf* wad, bundle

Liban [libɑ̃] *nm* : **le ~** (the) Lebanon

libanais, e [libanɛ, -ɛz] *adj* Lebanese ▸ *nm/f* : **Libanais, e** Lebanese

libations [libasjɔ̃] *nfpl* libations

libelle [libɛl] *nm* lampoon

libellé [libele] *nm* wording

libeller [libele] /1/ *vt* (*chèque, mandat*) : **~ (au nom de)** to make out (to); (*lettre*) to word

libellule [libelyl] *nf* dragonfly

libéral, e, -aux [libeʀal, -o] *adj, nm/f* liberal; **les professions libérales** liberal professions

libéralement [libeʀalmɑ̃] *adv* liberally

libéralisation [libeʀalizasjɔ̃] *nf* liberalization; **~ du commerce** easing of trade restrictions

libéraliser [libeʀalize] /1/ *vt* to liberalize

libéralisme [libeʀalism] *nm* liberalism

libéralité [libeʀalite] *nf* liberality *no pl*, generosity *no pl*

libérateur, -trice [libeʀatœʀ, -tʀis] *adj* liberating ▸ *nm/f* liberator

libération [libeʀasjɔ̃] *nf* liberation, freeing; release; discharge; **~ conditionnelle** release on parole

libéré, e [libeʀe] *adj* liberated; **~ de** freed from; **être ~ sous caution/sur parole** to be released on bail/on parole

libérer [libeʀe] /6/ *vt* (*délivrer*) to free, liberate; (: *moralement, Psych*) to liberate; (*relâcher : prisonnier*) to discharge, release; (: *soldat*) to discharge; (*dégager : gaz, cran d'arrêt*) to release; (*Écon : échanges commerciaux*) to ease restrictions on; **~ qn de** (*liens, dette*) to free sb from; (*promesse*) to release sb from; **se libérer** *vpr* (*de rendez-vous*) to get out of previous engagements, try and be free

Libéria [libeʀja] *nm* : **le ~** Liberia

libérien, ne [libeʀjɛ̃, -ɛn] *adj* Liberian ▸ *nm/f* : **Libérien, ne** Liberian

libéro [libeʀo] *nm* (*Football*) sweeper

libertaire [libɛʀtɛʀ] *adj* libertarian

liberté [libɛʀte] *nf* freedom; (*loisir*) free time; **mettre/être en ~** to set/be free; **en ~ provisoire/surveillée/conditionnelle** on bail/probation/parole; **~ d'association** right of association; **~ de conscience** freedom of conscience; **~ du culte** freedom of worship; **~ d'esprit** independence of mind; **~ d'opinion** freedom of thought; **~ de la presse** freedom of the press; **~ de réunion** right to hold meetings; **~ syndicale** union rights *pl*; **libertés** *nfpl* (*privautés*) liberties; **libertés individuelles** personal freedom *sg*; **libertés publiques** civil rights

liberticide [libɛʀtisid] *adj* (*loi*) that destroys freedom

libertin, e [libɛʀtɛ̃, -in] *adj* libertine, licentious

libertinage [libɛʀtinaʒ] *nm* licentiousness

libidineux, -euse [libidinø, -øz] *adj* lustful

libido [libido] *nf* libido

libraire [libʀɛʀ] *nmf* bookseller

libraire-éditeur [libʀɛʀeditœʀ] (*pl* **libraires-éditeurs**) *nm* publisher and bookseller

librairie [libʀeʀi] *nf* bookshop

librairie-papeterie [libʀeʀipapetʀi] (*pl* **librairies-papeteries**) *nf* bookseller's and stationer's

libre [libʀ] *adj* free; (*route*) clear; (*place etc*) vacant, free; (*fig : propos, manières*) open; (*ligne*) not engaged; (*Scol*) non-state, private and Roman Catholic (*as opposed to "laïque"*); **de ~** (*place*) free; **~ de qch/de faire** free from sth/to do; **vente ~** (*Comm*) unrestricted sale; **~ arbitre** free will; **~ concurrence** free-market economy; **~ entreprise** free enterprise

libre-échange [libʀeʃɑ̃ʒ] (*pl* **libres-échanges**) *nm* free trade

librement [libʀəmɑ̃] *adv* freely

libre-penseur, -euse [libʀəpɑ̃sœʀ, -øz] *nm/f* free thinker

libre-service [libʀəsɛʀvis] *nm inv* (*magasin*) self-service store; (*restaurant*) self-service restaurant

librettiste [libʀetist] *nmf* librettist

Libye [libi] *nf*: **la ~** Libya
libyen, ne [libjɛ̃, -ɛn] *adj* Libyan ▸ *nm/f*: **Libyen, ne** Libyan
lice [lis] *nf*: **entrer en ~** (*fig*) to enter the lists
licence [lisɑ̃s] *nf* (*permis*) permit; (*diplôme*) (first) degree; *see note*; (*liberté*) liberty; (*poétique, orthographique*) licence (BRIT), license (US); (*des mœurs*) licentiousness; **~ ès lettres/en droit** arts/law degree

LICENCE

The **licence générale** is a three-year university course undertaken in a mainstream subject after completing secondary education. The second and third years are more specialized than the first. The course involves at least one period of work experience. The **licence professionnelle** is a one-year course in a vocational subject open to students already in possession of a university-level technical qualification or having completed the first two years of a *licence générale*. Admission to a *licence professionnelle* course is selective and places are usually heavily oversubscribed.

licencié, e [lisɑ̃sje] *nm/f* (*Scol*): **~ ès lettres/en droit** ≈ Bachelor of Arts/Law, arts/law graduate; (*Sport*) permit-holder
licenciement [lisɑ̃simɑ̃] *nm* dismissal; redundancy; laying off *no pl*
licencier [lisɑ̃sje] /7/ *vt* (*renvoyer*) to dismiss; (*débaucher*) to make redundant; to lay off
licencieux, -euse [lisɑ̃sjø, -øz] *adj* licentious
lichen [likɛn] *nm* lichen
licite [lisit] *adj* lawful
licorne [likɔʀn] *nf* unicorn
licou [liku] *nm* halter
lie [li] *nf* dregs *pl*, sediment
lié, e [lje] *adj*: **très ~ avec** (*fig*) very friendly with *ou* close to; **~ par** (*serment, promesse*) bound by; **avoir partie liée (avec qn)** to be involved (with sb)
Liechtenstein [liʃtɛnʃtajn] *nm*: **le ~** Liechtenstein
lie-de-vin [lidvɛ̃] *adj inv* wine(-coloured)
liège [ljɛʒ] *nm* cork
liégeois, e [ljeʒwa, -waz] *adj* of *ou* from Liège; **café/chocolat ~** *coffee/chocolate ice cream topped with whipped cream* ▸ *nm/f*: **Liégeois, e** inhabitant *ou* native of Liège
lien [ljɛ̃] *nm* (*corde, fig: affectif, culturel*) bond; (*rapport*) link, connection; (*analogie*) link; **~ de parenté** family tie; **~ hypertexte** hyperlink
lier [lje] /7/ *vt* (*attacher*) to tie up; (*joindre*) to link up; (*fig: unir, engager*) to bind; (*Culin*) to thicken; **~ qch à** (*attacher*) to tie sth to; (*associer*) to link sth to; **~ conversation (avec)** to strike up a conversation (with); **se ~ avec** to make friends with; **~ connaissance avec** to get to know
lierre [ljɛʀ] *nm* ivy
liesse [ljɛs] *nf*: **être en ~** to be jubilant
lieu, x [ljø] *nm* place; **en ~ sûr** in a safe place; **en haut ~** in high places; **en premier ~** in the first place; **en dernier ~** lastly; **avoir ~** to take place; **avoir ~ de faire** to have grounds *ou* good reason for doing; **tenir ~ de** to take the place of; (*servir de*) to serve as; **donner ~ à** to give rise to, give cause for; **au ~ de** instead of; **au ~ qu'il y aille** instead of him going; **~ commun** commonplace; **~ géométrique** locus; **~ de naissance** place of birth; **lieux** *nmpl* (*locaux*) premises; (*endroit: d'un accident etc*) scene *sg*; **vider** *ou* **quitter les lieux** to leave the premises; **arriver/être sur les lieux** to arrive/be on the scene
lieu-dit [ljødi] (*pl* **lieux-dits**) *nm* locality
lieue [ljø] *nf* league
lieutenant [ljøt(ə)nɑ̃] *nm* lieutenant; **~ de vaisseau** (*Navig*) lieutenant
lieutenant-colonel [ljøtnɑ̃kɔlɔnɛl] (*pl* **lieutenants-colonels**) *nm* (*armée de terre*) lieutenant colonel; (*armée de l'air*) wing commander (BRIT), lieutenant colonel (US)
lièvre [ljɛvʀ] *nm* hare; (*coureur*) pacemaker; **lever un ~** (*fig*) to bring up a prickly subject
liftier, -ière [liftje, -jɛʀ] *nm/f* lift (BRIT) *ou* elevator (US) attendant
lifting [liftiŋ] *nm* face lift
ligament [ligamɑ̃] *nm* ligament
ligature [ligatyʀ] *nf* ligature
lige [liʒ] *adj*: **homme ~** (*péj*) henchman
ligne [liɲ] *nf* (*gén*) line; (*Transports: liaison*) service; (*: trajet*) route; (*silhouette*) figure; **garder la ~** to keep one's figure; **en ~** (*Inform*) online; **en ~ droite** as the crow flies; **« à la ~ »** "new paragraph"; **entrer en ~ de compte** to be taken into account; to come into it; **~ de but/médiane** goal/halfway line; **~ d'arrivée/de départ** finishing/starting line; **~ de conduite** course of action; **~ directrice** guiding line; **~ fixe** (*Tél*) landline; **~ d'horizon** skyline; **~ de mire** line of sight; **~ de touche** touchline
ligné, e [liɲe] *adj*: **papier ~** ruled paper ▸ *nf* (*race, famille*) line, lineage; (*postérité*) descendants *pl*
ligneux, -euse [liɲø, -øz] *adj* ligneous, woody
lignite [liɲit] *nm* lignite
ligoter [ligɔte] /1/ *vt* to tie up
ligue [lig] *nf* league
liguer [lige] /1/: **se liguer** *vpr* to form a league; **se ~ contre** (*fig*) to combine against
lilas [lila] *nm* lilac
lillois, e [lilwa, -waz] *adj* of *ou* from Lille
Lima [lima] *n* Lima
limace [limas] *nf* slug
limaille [limaj] *nf*: **~ de fer** iron filings *pl*
limande [limɑ̃d] *nf* dab
limande-sole [limɑ̃dsol] (*pl* **limandes-soles**) *nf* lemon sole
limbes [lɛ̃b] *nmpl* limbo *sg*; **être dans les ~** (*fig: projet etc*) to be up in the air
lime [lim] *nf* (*Tech*) file; (*Bot*) lime; **~ à ongles** nail file
limer [lime] /1/ *vt* (*bois, métal*) to file (down); (*ongles*) to file; (*fig: prix*) to pare down
limier [limje] *nm* (*Zool*) bloodhound; (*détective*) sleuth
liminaire [liminɛʀ] *adj* (*propos*) introductory

limitatif, -ive [limitatif, -iv] *adj* restrictive
limitation [limitasjɔ̃] *nf* limitation, restriction; **sans ~ de temps** with no time limit; **~ des naissances** birth control; **~ de vitesse** speed limit
limite [limit] *nf* (*de terrain*) boundary; (*partie ou point extrême*) limit; **dans la ~ de** within the limits of; **à la ~** (*au pire*) if the worst comes (*ou* came) to the worst; **sans limites** (*bêtise, richesse, pouvoir*) limitless, boundless; **vitesse/charge ~** maximum speed/load; **cas ~** borderline case; **date ~** deadline; **date ~ de vente/ consommation** sell-by/best-before date; **prix ~** upper price limit; **~ d'âge** maximum age, age limit
limiter [limite] **/1/** *vt* (*restreindre*) to limit, restrict; (*délimiter*) to border, form the boundary of; **se limiter** *vpr* : **se ~ (à qch/à faire)** (*personne*) to limit *ou* confine o.s. (to sth/to doing sth); (*chose*) to be limited to
limitrophe [limitʀɔf] *adj* border *cpd*; **~ de** bordering on
limogeage [limɔʒaʒ] *nm* dismissal
limoger [limɔʒe] **/3/** *vt* to dismiss
limon [limɔ̃] *nm* silt
limonade [limɔnad] *nf* lemonade (Brit), (lemon) soda (US)
limonadier, -ière [limɔnadje, -jɛʀ] *nm/f* (*commerçant*) café owner; (*fabricant de limonade*) soft drinks manufacturer
limoneux, -euse [limɔnø, -øz] *adj* muddy
limousin, e [limuzɛ̃, -in] *adj* of *ou* from Limousin ▸ *nm* (*région*) : **le L~** the Limousin ▸ *nf* limousine
limpide [lɛ̃pid] *adj* limpid
lin [lɛ̃] *nm* (*Bot*) flax; (*tissu, toile*) linen
linceul [lɛ̃sœl] *nm* shroud
linéaire [lineɛʀ] *adj* linear ▸ *nm* : **~ (de vente)** shelves *pl*
linéament [lineamɑ̃] *nm* outline
linge [lɛ̃ʒ] *nm* (*serviettes etc*) linen; (*pièce de tissu*) cloth; (*aussi* : **linge de corps**) underwear; (*aussi* : **linge de toilette**) towel; (*lessive*) washing; **~ sale** dirty linen
lingère [lɛ̃ʒɛʀ] *nf* linen maid
lingerie [lɛ̃ʒʀi] *nf* lingerie, underwear
lingette [lɛ̃ʒɛt] *nf* wipe
lingot [lɛ̃go] *nm* ingot
linguiste [lɛ̃gɥist] *nmf* linguist
linguistique [lɛ̃gɥistik] *adj* linguistic ▸ *nf* linguistics *sg*
lino [linɔ], **linoléum** [linɔleɔm] *nm* lino(leum)
linotte [linɔt] *nf* : **tête de ~** bird brain
linteau, x [lɛ̃to] *nm* lintel
lion, ne [ljɔ̃, ljɔn] *nm/f* lion (lioness); (*signe*) : **le L~** Leo, the Lion; **être du L~** to be Leo; **~ de mer** sea lion
lionceau, x [ljɔ̃so] *nm* lion cub
liposuccion [liposy(k)sjɔ̃] *nf* liposuction
lippu, e [lipy] *adj* thick-lipped
liquéfier [likefje] **/7/** *vt* to liquefy; **se liquéfier** *vpr* (*gaz etc*) to liquefy; (*fig* : *personne*) to succumb
liqueur [likœʀ] *nf* liqueur
liquidateur, -trice [likidatœʀ, -tʀis] *nm/f* (*Jur*) receiver; **~ judiciaire** official liquidator
liquidation [likidasjɔ̃] *nf* (*vente*) sale, liquidation; (*Comm*) clearance (sale); **~ judiciaire** compulsory liquidation
liquide [likid] *adj* liquid ▸ *nm* liquid; (*Comm*) : **en ~** in ready money *ou* cash; **je n'ai pas de ~** I haven't got any cash
liquider [likide] **/1/** *vt* (*société, biens, témoin gênant*) to liquidate; (*compte, problème*) to settle; (*Comm* : *articles*) to clear, sell off
liquidités [likidite] *nfpl* (*Comm*) liquid assets
liquoreux, -euse [likɔʀø, -øz] *adj* syrupy
lire [liʀ] **/43/** *nf* (*monnaie*) lira ▸ *vt, vi* to read; **~ qch à qn** to read sth (out) to sb
lis *vb* [li] *voir* **lire** ▸ *nm* [lis] = **lys**
lisais *etc* [lizɛ] *vb voir* **lire**
Lisbonne [lizbɔn] *n* Lisbon
lise *etc* [liz] *vb voir* **lire**
liseré [lizʀe] *nm* border, edging
liseron [lizʀɔ̃] *nm* bindweed
liseuse [lizøz] *nf* book-cover; (*veste*) bed jacket; (*Inform*) e-reader
lisible [lizibl] *adj* legible; (*digne d'être lu*) readable
lisiblement [lizibləmɑ̃] *adv* legibly
lisière [lizjɛʀ] *nf* (*de forêt*) edge; (*de tissu*) selvage
lisons [lizɔ̃] *vb voir* **lire**
lisse [lis] *adj* smooth
lisser [lise] **/1/** *vt* to smooth
lisseur [lisøʀ] *nm* straighteners *pl*
listage [listaʒ] *nm* (*Inform*) listing
liste [list] *nf* list; (*Inform*) listing; **faire la ~ de** to list, make out a list of; **~ d'attente** waiting list; **~ civile** civil list; **~ électorale** electoral roll; **~ de mariage** wedding (present) list; **~ noire** black list
lister [liste] **/1/** *vt* to list
listéria [listeʀja] *nf* listeria
listing [listiŋ] *nm* (*Inform*) printout; **qualité ~** draft quality
lit [li] *nm* (*gén*) bed; **petit ~, ~ à une place** single bed; **grand ~, ~ à deux places** double bed; **faire son ~** to make one's bed; **aller/se mettre au ~** to go to/get into bed; **chambre avec un grand ~** room with a double bed; **prendre le ~** to take to one's bed; **d'un premier ~** (*Jur*) of a first marriage; **~ de camp** camp bed (Brit), cot (US); **~ d'enfant** cot (Brit), crib (US)
litanie [litani] *nf* litany
lit-cage [likaʒ] (*pl* **lits-cages**) *nm* folding bed
litchi [litʃi] *nm* lychee
literie [litʀi] *nf* bedding; (*linge*) bedding, bedclothes *pl*
litho [lito], **lithographie** [litɔgʀafi] *nf* litho(graphy); (*épreuve*) litho(graph)
litière [litjɛʀ] *nf* litter
litige [litiʒ] *nm* dispute; **en ~** in contention
litigieux, -euse [litiʒjø, -øz] *adj* litigious, contentious
litote [litɔt] *nf* understatement
litre [litʀ] *nm* litre; (*récipient*) litre measure
littéraire [liteʀɛʀ] *adj* literary; **elle est très ~** she's very literary ▸ *nmf* arts student
littéral, e, -aux [liteʀal, -o] *adj* literal
littéralement [liteʀalmɑ̃] *adv* literally
littérature [liteʀatyʀ] *nf* literature
littoral, e, -aux [litɔʀal, -o] *adj* coastal ▸ *nm* coast

l

Lituanie [litɥani] *nf* : **la ~** Lithuania
lituanien, ne [litɥanjɛ̃, -ɛn] *adj* Lithuanian ▸ *nm* (*Ling*) Lithuanian ▸ *nm/f* : **Lituanien, ne** Lithuanian
liturgie [lityʀʒi] *nf* liturgy
liturgique [lityʀʒik] *adj* liturgical
livide [livid] *adj* livid, pallid
living [liviŋ], **living-room** [liviŋʀum] *nm* living room
livrable [livʀabl] *adj* (*Comm*) that can be delivered
livraison [livʀɛzɔ̃] *nf* delivery; **~ à domicile** home delivery (service)
livre [livʀ] *nm* book; (*secteur*) : **le ~** the book industry; **traduire qch à ~ ouvert** to translate sth off the cuff *ou* at sight; **~ blanc** official report (*on war, natural disaster etc, prepared by independent body*); **~ de bord** (*Navig*) logbook; **~ de comptes** account(s) book; **~ de cuisine** cookery book (Brit), cookbook; **~ de messe** mass *ou* prayer book; **~ numérique** e-book; **~ d'or** visitors' book; **~ de poche** paperback ▸ *nf* (*poids, monnaie*) pound; **~ sterling** pound sterling; **~ verte** green pound
livré, e [livʀe] *adj* : **~ à** (*l'anarchie etc*) given over to; **~ à soi-même** left to oneself *ou* one's own devices ▸ *nf* livery
livrer [livʀe] /1/ *vt* (*Comm*) to deliver; (*otage, coupable*) to hand over; (*secret, information*) to give away; **~ bataille** to give battle; **se livrer** *vpr* : **se ~ à** (*se confier*) to confide in; (*se rendre*) to give o.s. up to; (*s'abandonner à : débauche etc*) to give o.s. up *ou* over to; (*faire : pratiques, actes*) to indulge in (*: travail*) to be engaged in, engage in; (*: sport*) to practise; (*: enquête*) to carry out
livresque [livʀɛsk] *adj* (*péj*) bookish
livret [livʀɛ] *nm* booklet; (*d'opéra*) libretto; **~ de caisse d'épargne** (savings) bank-book; **~ de famille** (official) family record book; **~ scolaire** (school) report book
livreur, -euse [livʀœʀ, -øz] *nm/f* delivery boy *ou* man/girl *ou* woman
LO *sigle f* (*= Lutte ouvrière*) *political party*
lob [lɔb] *nm* lob
lobby [lɔbi] (*pl* **lobbys** *ou* **lobbies**) *nm* lobby
lobe [lɔb] *nm* : **~ de l'oreille** ear lobe
lobé, e [lɔbe] *adj* (*Archit*) foiled
lober [lɔbe] /1/ *vt* to lob
local, e, -aux [lɔkal, -o] *adj* local ▸ *nm* (*salle*) premises *pl* ▸ *nmpl* premises
localement [lɔkalmɑ̃] *adv* locally
localisé, e [lɔkalize] *adj* localized
localiser [lɔkalize] /1/ *vt* (*repérer*) to locate, place; (*limiter*) to localize, confine
localité [lɔkalite] *nf* locality
locataire [lɔkatɛʀ] *nmf* tenant; (*de chambre*) lodger
locatif, -ive [lɔkatif, -iv] *adj* (*charges, réparations*) incumbent upon the tenant; (*valeur*) rental; (*immeuble*) with rented flats, used as a letting *ou* rental (US) concern
location [lɔkasjɔ̃] *nf* (*par le locataire*) renting; (*par l'usager : de voiture etc*) hiring (Brit), renting (US); (*par le propriétaire*) renting out, letting; hiring out (Brit); (*de billets, places*) booking; (*bureau*) booking office; « **~ de voitures** » "car hire (Brit) *ou* rental (US)"; **habiter en ~** to live in rented accommodation; **prendre une ~ (pour les vacances)** to rent a house *etc* (for the holidays)
location-vente [lɔkasjɔ̃vɑ̃t] (*pl* **locations-ventes**) *nf* form of hire purchase (Brit) ou installment plan (US)
lock-out [lɔkawt] *nm* lockout
locomoteur, -trice [lɔkɔmɔtœʀ, -tʀis] *adj, nf* locomotive
locomotion [lɔkɔmosjɔ̃] *nf* locomotion
locomotive [lɔkɔmɔtiv] *nf* locomotive, engine; (*fig*) pacesetter, pacemaker
locuteur, -trice [lɔkytœʀ, -tʀis] *nm/f* (*Ling*) speaker
locution [lɔkysjɔ̃] *nf* phrase
loden [lɔdɛn] *nm* loden
lofer [lɔfe] /1/ *vi* (*Navig*) to luff
logarithme [lɔgaʀitm] *nm* logarithm
loge [lɔʒ] *nf* (*Théât : d'artiste*) dressing room; (*: de spectateurs*) box; (*de concierge, franc-maçon*) lodge
logeable [lɔʒabl] *adj* habitable; (*spacieux*) roomy
logement [lɔʒmɑ̃] *nm* flat (Brit), apartment (US); accommodation *no pl* (Brit), accommodations *pl* (US); (*Pol, Admin*) : **le ~** housing; **chercher un ~** to look for a flat *ou* an apartment, look for accommodation(s); **construire des logements bon marché** to build cheap housing; **crise du ~** housing shortage; **~ de fonction** (*Admin*) company flat *ou* apartment, accommodation(s) provided with one's job
loger [lɔʒe] /3/ *vt* to accommodate; **être logé, nourri** to have board and lodging ▸ *vi* to live; **se loger** *vpr* : **trouver à se ~** to find accommodation; **se ~ dans** (*balle, flèche*) to lodge itself in
logeur, -euse [lɔʒœʀ, -øz] *nm/f* landlord (landlady)
loggia [lɔdʒja] *nf* loggia
logiciel [lɔʒisjɛl] *nm* (*Inform*) piece of software
logicien, ne [lɔʒisjɛ̃, -ɛn] *nm/f* logician
logique [lɔʒik] *adj* logical; **c'est ~** it stands to reason ▸ *nf* logic
logiquement [lɔʒikmɑ̃] *adv* logically
logis [lɔʒi] *nm* home; abode, dwelling
logisticien, ne [lɔʒistisjɛ̃, -ɛn] *nm/f* logistician
logistique [lɔʒistik] *nf* logistics *sg* ▸ *adj* logistic
logo [lɔgo], **logotype** [lɔgɔtip] *nm* logo
loi [lwa] *nf* law; **faire la ~** to lay down the law; **les lois de la mode** (*fig*) the dictates of fashion; **proposition de ~** (private member's) bill; **projet de ~** (government) bill
loi-cadre [lwakadʀ(ə)] (*pl* **lois-cadres**) *nf* (*Pol*) blueprint law
loin [lwɛ̃] *adv* far; (*dans le temps : futur*) a long way off; (*: passé*) a long time ago; **plus ~** further; **moins ~ (que)** not as far (as); **~ de** far from; **~ d'ici** a long way from here; **pas ~ de 100 euros** not far off 100 euros; **au ~** far off; **de ~** *adv* from a distance; (*fig : de beaucoup*) by far; **il vient de ~** he's come a long way; he comes from a long way away; **de ~ en ~** here and there; (*de temps en temps*) (every) now and then; **~ de là** (*au contraire*) far from it

lointain, e [lwɛ̃tɛ̃, -ɛn] *adj* faraway, distant; (*dans le futur, passé*) distant, far-off; (*cause, parent*) remote, distant ▸ *nm* : **dans le ~** in the distance
loi-programme [lwapʀɔgʀam] (*pl* **lois-programmes**) *nf* (Pol) *act providing framework for government programme*
loir [lwaʀ] *nm* dormouse
Loire [lwaʀ] *nf* : **la ~** the Loire
loisible [lwazibl] *adj* : **il vous est ~ de ...** you are free to ...
loisir [lwaziʀ] *nm* : **heures de ~** spare time; **avoir le ~ de faire** to have the time *ou* opportunity to do; **(tout) à ~** (*en prenant son temps*) at leisure; (*autant qu'on le désire*) at one's pleasure; **loisirs** *nmpl* (*temps libre*) leisure *sg*; (*activités*) leisure activities
lombaire [lɔ̃bɛʀ] *adj* lumbar
lombalgie [lɔ̃balʒi] *nf* back pain
londonien, ne [lɔ̃dɔnjɛ̃, -ɛn] *adj* London *cpd*, of London ▸ *nm/f* : **Londonien, ne** Londoner
Londres [lɔ̃dʀ] *n* London
long, longue [lɔ̃, lɔ̃g] *adj* long; **faire ~ feu** to fizzle out; **ne pas faire ~ feu** not to last long; **au ~ cours** (*Navig*) ocean *cpd*, ocean-going; **de longue date** *adj* long-standing; **longue durée** *adj* long-term; **de longue haleine** *adj* long-term; **être ~ à faire** to take a long time to do ▸ *adv* : **en savoir ~** to know a great deal ▸ *nm* : **de 3 m de ~** 3 m long, 3 m in length; **en ~** *adv* lengthwise, lengthways; **(tout) le ~ de** (all) along; **tout au ~ de** (*année, vie*) throughout; **de ~ en large** (*marcher*) to and fro, up and down; **en ~ et en large** (*fig*) in every detail ▸ *nf* : **à la longue** in the end
longanimité [lɔ̃ganimite] *nf* forbearance
long-courrier [lɔ̃kuʀje] *nm* (*Aviat*) long-haul aircraft
longe [lɔ̃ʒ] *nf* (*corde : pour attacher*) tether; (*: pour mener*) lead; (*Culin*) loin
longer [lɔ̃ʒe] /**3**/ *vt* to go (*ou* walk *ou* drive) along(side); (*mur, route*) to border
longévité [lɔ̃ʒevite] *nf* longevity
longiligne [lɔ̃ʒiliɲ] *adj* long-limbed
longitude [lɔ̃ʒityd] *nf* longitude; **à 45° de ~ ouest** at 45° longitude west
longitudinal, e, -aux [lɔ̃ʒitydinal, -o] *adj* longitudinal, lengthways; (*entaille, vallée*) running lengthways
longtemps [lɔ̃tɑ̃] *adv* (for) a long time, (for) long; **ça ne va pas durer ~** it won't last long; **avant ~** before long; **pour/pendant ~** for a long time; **je n'en ai pas pour ~** I shan't be long; **mettre ~ à faire** to take a long time to do; **il en a pour ~** he'll be a long time; **il y a ~ que je travaille** I have been working (for) a long time; **il n'y a pas ~ que je l'ai rencontré** it's not long since I met him
longuement [lɔ̃gmɑ̃] *adv* (*longtemps : parler, regarder*) for a long time; (*en détail : expliquer, raconter*) at length
longueur [lɔ̃gœʀ] *nf* length; **sur une ~ de 10 km** for *ou* over 10 km; **en ~** *adv* lengthwise, lengthways; **tirer en ~** to drag on; **à ~ de journée** all day long; **d'une ~** (*gagner*) by a length; **~ d'onde** wavelength; **longueurs** *nfpl* (*fig : d'un film etc*) tedious parts
longue-vue [lɔ̃gvy] (*pl* **longues-vues**) *nf* telescope
look [luk] *nm* (*fam*) look, image
looping [lupiŋ] *nm* (*Aviat*) : **faire des loopings** to loop the loop
lopin [lɔpɛ̃] *nm* : **~ de terre** patch of land
loquace [lɔkas] *adj* talkative, loquacious
loque [lɔk] *nf* (*personne*) wreck; **loques** *nfpl* (*habits*) rags; **être** *ou* **tomber en loques** to be in rags
loquet [lɔkɛ] *nm* latch
lorgner [lɔʀɲe] /**1**/ *vt* to eye; (*fig : convoiter*) to have one's eye on
lorgnette [lɔʀɲɛt] *nf* opera glasses *pl*
lorgnon [lɔʀɲɔ̃] *nm* (*face-à-main*) lorgnette; (*pince-nez*) pince-nez
loriot [lɔʀjo] *nm* (golden) oriole
lorrain, e [lɔʀɛ̃, -ɛn] *adj* of *ou* from Lorraine; **quiche lorraine** quiche
lors [lɔʀ] : **~ de** *prép* (*au moment de*) at the time of; (*pendant*) during; **~ même que** even though
lorsque [lɔʀsk] *conj* when, as
losange [lɔzɑ̃ʒ] *nm* diamond; (*Géom*) lozenge; **en ~** diamond-shaped
lot [lo] *nm* (*part*) share; (*de loterie*) prize; (*fig : destin*) fate, lot; (*Comm, Inform*) batch; **le gros ~** the jackpot; **~ de consolation** consolation prize
loterie [lɔtʀi] *nf* lottery; (*tombola*) raffle; **L~ nationale** *French national lottery*
loti, e [lɔti] *adj* : **bien/mal ~** well-/badly off, lucky/unlucky
lotion [losjɔ̃] *nf* lotion; **~ après rasage** after-shave (lotion); **~ capillaire** hair lotion
lotir [lɔtiʀ] /**2**/ *vt* (*terrain : diviser*) to divide into plots; (*: vendre*) to sell by lots
lotissement [lɔtismɑ̃] *nm* (*groupe de maisons, d'immeubles*) housing development; (*parcelle*) (building) plot, lot
loto [lɔto] *nm* lotto
lotte [lɔt] *nf* (*Zool : de rivière*) burbot; (*: de mer*) monkfish
louable [lwabl] *adj* (*appartement, garage*) rentable; (*action, personne*) praiseworthy, commendable
louage [lwaʒ] *nm* : **voiture de ~** hired (Brit) *ou* rented (US) car; (*à louer*) hire (Brit) *ou* rental (US) car
louange [lwɑ̃ʒ] *nf* : **à la ~ de** in praise of; **louanges** *nfpl* praise *sg*
loubar(d) [lubaʀ] *nm* (*fam*) lout
louche [luʃ] *adj* shady, dubious ▸ *nf* ladle
loucher [luʃe] /**1**/ *vi* to squint; (*fig*) : **~ sur** to have one's (beady) eye on
louer [lwe] /**1**/ *vt* (*maison : propriétaire*) to let, rent (out); (*: locataire*) to rent; (*voiture etc : entreprise*) to hire out (Brit), rent (out); (*: locataire*) to hire (Brit), rent; (*réserver*) to book; (*faire l'éloge de*) to praise; **« à ~ »** "to let" (Brit), "for rent" (US); **~ qn de** to praise sb for; **se louer** *vpr* : **se ~ de** to congratulate o.s. on
loueur, -euse [lwœʀ, -øz] *nm/f* (*compagnie*) : **~ de voitures** car hire (Brit) *ou* rental (US) company; (*personne*) renter
loufoque [lufɔk] *adj* (*fam*) crazy, zany

loukoum [lukum] *nm* Turkish delight
loulou [lulu] *nm (chien)* spitz; **~ de Poméranie** Pomeranian (dog)
loup [lu] *nm* wolf; *(poisson)* bass; *(masque)* (eye) mask; **jeune ~** young go-getter; **~ de mer** *(marin)* old seadog
loupe [lup] *nf* magnifying glass; **~ de noyer** burr walnut; **à la ~** *(fig)* in minute detail
louper [lupe] /1/ *vt (fam : manquer)* to miss; *(gâcher)* to mess up, bungle; *(examen)* to flunk
lourd, e [luʀ, luʀd] *adj* heavy; *(chaleur, temps)* sultry; *(fig : personne, style)* heavy-handed; **~ de** *(menaces)* charged with; *(conséquences)* fraught with; **artillerie/industrie lourde** heavy artillery/industry ▸ *adv* : **peser ~** to be heavy
lourdaud, e [luʀdo, -od] *adj* clumsy
lourdement [luʀdəmɑ̃] *adv* heavily; **se tromper ~** to make a big mistake
lourdeur [luʀdœʀ] *nf* heaviness; **~ d'estomac** indigestion *no pl*
loustic [lustik] *nm (fam, péj)* joker
loutre [lutʀ] *nf* otter; *(fourrure)* otter skin
louve [luv] *nf* she-wolf
louveteau, x [luv(ə)to] *nm (Zool)* wolf-cub; *(scout)* cub (scout)
louvoyer [luvwaje] /8/ *vi (Navig)* to tack; *(fig)* to hedge, evade the issue
lover [lɔve] /1/ : **se lover** *vpr* to coil up
loyal, e, -aux [lwajal, -o] *adj (fidèle)* loyal, faithful; *(fair-play)* fair
loyalement [lwajalmɑ̃] *adv* loyally, faithfully; fairly
loyalisme [lwajalism] *nm* loyalty
loyauté [lwajote] *nf* loyalty, faithfulness; fairness
loyer [lwaje] *nm* rent; **~ de l'argent** interest rate
LP *sigle m (= lycée professionnel) secondary school for vocational training*
LPO *sigle f (= Ligue pour la protection des oiseaux) bird protection society*
LSD *sigle m (= Lyserg Säure Diäthylamid)* LSD
lu, e [ly] *pp de* **lire**
lubie [lybi] *nf* whim, craze
lubricité [lybʀisite] *nf* lust
lubrifiant [lybʀifjɑ̃] *nm* lubricant
lubrifier [lybʀifje] /7/ *vt* to lubricate
lubrique [lybʀik] *adj* lecherous
lucarne [lykaʀn] *nf* skylight
lucide [lysid] *adj (conscient)* lucid; *(accidenté)* conscious; *(perspicace)* clear-headed
lucidité [lysidite] *nf* lucidity
luciole [lysjɔl] *nf* firefly
lucratif, -ive [lykʀatif, -iv] *adj* lucrative; profitable; **à but non ~** non profit-making
ludique [lydik] *adj* play *cpd*, playing
ludothèque [lydɔtɛk] *nf* toy library
luette [lɥɛt] *nf* uvula
lueur [lɥœʀ] *nf (chatoyante)* glimmer *no pl*; *(métallique, mouillée)* gleam *no pl*; *(rougeoyante)* glow *no pl*; *(pâle)* (faint) light; *(fig)* spark; *(: d'espérance)* glimmer, gleam
luge [lyʒ] *nf* sledge (BRIT), sled (US); **faire de la ~** to sledge (BRIT), sled (US), toboggan
lugubre [lygybʀ] *adj* gloomy; dismal

MOT-CLÉ

lui [lɥi] *pp de* **luire**
▸ *pron* **1** *(objet indirect : mâle)* (to) him; *(: femelle)* (to) her; *(: chose, animal)* (to) it; **je lui ai parlé** I have spoken to him *(ou* to her*)*; **il lui a offert un cadeau** he gave him *(ou* her*)* a present; **je le lui ai donné** I gave it to him *(ou* her*)*
2 *(après préposition, comparatif : personne)* him; *(: chose, animal)* it; **elle est contente de lui** she is pleased with him; **je la connais mieux que lui** I know her better than he does; I know her better than him; **cette voiture est à lui** this car belongs to him, this is HIS car; **c'est à lui de jouer** it's his turn *ou* go
3 *(sujet, forme emphatique)* he; **lui, il est à Paris** HE is in Paris; **c'est lui qui l'a fait** HE did it
4 *(objet, forme emphatique)* him; **c'est lui que j'attends** I'm waiting for HIM
5 : **lui-même** himself; itself

lui-même [lɥimɛm] *pron (personne)* himself; *(chose)* itself
luire [lɥiʀ] /38/ *vi (gén)* to shine, gleam; *(surface mouillée)* to glisten; *(reflets chauds, cuivrés)* to glow
luisant, e [lɥizɑ̃, -ɑ̃t] *vb voir* **luire** ▸ *adj* shining, gleaming
lumbago [lɔ̃bago] *nm* lumbago
lumière [lymjɛʀ] *nf* light; **à la ~ de** by the light of; *(fig : événements)* in the light of; **faire (toute) la ~ sur** *(fig)* to clarify (completely); **fais de la ~** let's have some light, give us some light; **mettre en ~** *(fig)* to highlight; **~ du jour/soleil** day/sunlight; **lumières** *nfpl (d'une personne)* knowledge *sg*, wisdom *sg*
luminaire [lyminɛʀ] *nm* lamp, light
lumineux, -euse [lyminø, -øz] *adj (émettant de la lumière)* luminous; *(éclairé)* illuminated; *(ciel, journée, couleur)* bright; *(relatif à la lumière : rayon etc)* of light, light *cpd*; *(fig : regard)* radiant
luminosité [lyminozite] *nf (Tech)* luminosity
lump [lœ̃p] *nm* : **œufs de ~** lump-fish roe
lunaire [lynɛʀ] *adj* lunar, moon *cpd*
lunatique [lynatik] *adj* whimsical, temperamental
lunch [lœntʃ] *nm (réception)* buffet lunch
lundi [lœ̃di] *nm* Monday; **on est ~** it's Monday; **le ~ 20 août** Monday 20th August; **il est venu ~** he came on Monday; **le(s) ~(s)** on Mondays; **à ~ !** see you (on) Monday!; **~ de Pâques** Easter Monday; **~ de Pentecôte** Whit Monday (BRIT)
lune [lyn] *nf* moon; **pleine/nouvelle ~** full/new moon; **être dans la ~** *(distrait)* to have one's head in the clouds; **~ de miel** honeymoon
luné, e [lyne] *adj* : **bien/mal ~** in a good/bad mood
lunette [lynɛt] *nf* : **lunettes** glasses, spectacles; *(protectrices)* goggles; **~ d'approche** telescope; **~ arrière** *(Auto)* rear window; **lunettes noires** dark glasses; **lunettes de soleil** sunglasses
lurent [lyʀ] *vb voir* **lire**
lurette [lyʀɛt] *nf* : **il y a belle ~** ages ago
luron, ne [lyʀɔ̃, -ɔn] *nm/f* lad/lass; **joyeux** *ou* **gai ~** gay dog
lus *etc* [ly] *vb voir* **lire**

lustre [lystʀ] *nm* (*de plafond*) chandelier; (*fig* : *éclat*) lustre
lustrer [lystʀe] /1/ *vt* : ~ **qch** (*faire briller*) to make sth shine; (*user*) to make sth shiny
lut [ly] *vb voir* **lire**
luth [lyt] *nm* lute
luthier [lytje] *nm* (stringed-)instrument maker
lutin [lytɛ̃] *nm* imp, goblin
lutrin [lytʀɛ̃] *nm* lectern
lutte [lyt] *nf* (*conflit*) struggle; (*Sport*) : **la ~** wrestling; **de haute ~** after a hard-fought struggle; **~ des classes** class struggle; **~ libre** (*Sport*) all-in wrestling
lutter [lyte] /1/ *vi* to fight, struggle; (*Sport*) to wrestle
lutteur, -euse [lytœʀ, -øz] *nm/f* (*Sport*) wrestler; (*fig*) battler, fighter
luxation [lyksasjɔ̃] *nf* dislocation
luxe [lyks] *nm* luxury; **un ~ de** (*détails, précautions*) a wealth of; **de ~** *adj* luxury *cpd*
Luxembourg [lyksɑ̃buʀ] *nm* : **le ~** Luxembourg
luxembourgeois, e [lyksɑ̃buʀʒwa, -waz] *adj* of *ou* from Luxembourg ▸ *nm/f* : **Luxembourgeois, e** inhabitant *ou* native of Luxembourg
luxer [lykse] /1/ *vt* : **se ~ l'épaule** to dislocate one's shoulder
luxueusement [lyksɥøzmɑ̃] *adv* luxuriously
luxueux, -euse [lyksɥø, -øz] *adj* luxurious
luxure [lyksyʀ] *nf* lust
luxuriant, e [lyksyʀjɑ̃, -ɑ̃t] *adj* luxuriant, lush
luzerne [lyzɛʀn] *nf* lucerne, alfalfa
lycée [lise] *nm* (state) secondary (BRIT) *ou* high (US) school; *see note*

LYCÉE

French pupils spend the last three years of their secondary education at a **lycée**, where they sit their *baccalauréat* before leaving school or going on to higher education. There are two types of *lycée*: *lycée d'enseignement général et technologique*, offering mainstream and technical courses, and *lycée professionnel*, offering vocational courses. Some *lycées*, particularly those with a wide catchment area or those which offer more specialized courses, have facilities for pupils to board.

lycéen, ne [liseɛ̃, -ɛn] *nm/f* secondary school pupil
Lycra® [likʀa] *nm* Lycra®
lymphatique [lɛ̃fatik] *adj* (*fig*) lethargic, sluggish
lymphe [lɛ̃f] *nf* lymph
lyncher [lɛ̃ʃe] /1/ *vt* to lynch
lynx [lɛ̃ks] *nm* lynx
Lyon [ljɔ̃] *n* Lyons
lyonnais, e [ljɔnɛ, -ɛz] *adj* of *ou* from Lyons; (*Culin*) Lyonnaise
lyophilisé, e [ljɔfilize] *adj* (*café*) freeze-dried
lyre [liʀ] *nf* lyre
lyrique [liʀik] *adj* lyrical; (*Opéra*) lyric; **artiste ~** opera singer; **comédie ~** comic opera; **théâtre ~** opera house (*for light opera*)
lyrisme [liʀism] *nm* lyricism
lys [lis] *nm* lily

Mm

M, m [ɛm] *nm inv* M, m ▸ *abr* = **masculin** ; **Monsieur** ; **mètre**; (= *million*) M; **M comme Marcel** M for Mike
m' [m] *pron voir* **me**
MA *sigle m* = **maître auxiliaire**
ma [ma] *adj poss voir* **mon**
maboul, e [mabul] *adj* (*fam*) loony
macabre [makɑbʀ] *adj* macabre, gruesome
macadam [makadam] *nm* tarmac (Brit), asphalt
Macao [makao] *n* Macao
macaque [makak] *nm* (*singe*) macaque
macareux [makaʀø] *nm* puffin
macaron [makaʀɔ̃] *nm* (*gâteau*) macaroon; (*insigne*) (round) badge
macaroni [makaʀɔni] *nm* : **des macaronis au fromage, un gratin de macaronis** macaroni cheese (Brit), macaroni and cheese (*US*)
macchabée [makabe] *nm* (*fam*) stiff (*fam*), corpse
macédoine [masedwan] *nf* : **~ de fruits** fruit salad; **~ de légumes** mixed vegetables *pl*; **la M~** (*pays, région*) Macedonia
macédonien, ne [masedɔnjɛ̃, -jɛn] *adj* Macedonian ▸ *nm/f* : **Macédonien, ne** Macedonian
macérer [maseʀe] /**6**/ *vi, vt* to macerate; (*dans du vinaigre*) to pickle
mâche [mɑʃ] *nf* (*salade*) lamb's lettuce
mâchefer [mɑʃfɛʀ] *nm* clinker, cinders *pl*
mâcher [mɑʃe] /**1**/ *vt* to chew; **ne pas ~ ses mots** not to mince one's words; **~ le travail à qn** (*fig*) to spoon-feed sb, do half sb's work for him
machette [maʃɛt] *nf* machete
machiavélique [makjavelik] *adj* Machiavellian
machiavélisme [makjavelism] *nm* Machiavellianism
machin [maʃɛ̃] *nm* (*fam*) thingamajig, thing; (*personne*) : **M~** what's-his-name
machinal, e, -aux [maʃinal, -o] *adj* mechanical, automatic
machinalement [maʃinalmɑ̃] *adv* mechanically, automatically
machination [maʃinasjɔ̃] *nf* scheming, frame-up
machine [maʃin] *nf* machine; (*locomotive : de navire etc*) engine; (*fig : rouages*) machinery; (*fam : personne*) : **M~** what's-her-name; **faire ~ arrière** (*Navig*) to go astern; (*fig*) to back-pedal; **~ à laver/coudre/tricoter** washing/sewing/knitting machine; **~ à écrire** typewriter; **~ à sous** fruit machine; **~ à vapeur** steam engine
machine-outil [maʃinuti] (*pl* **machines-outils**) *nf* machine tool
machinerie [maʃinʀi] *nf* machinery, plant; (*d'un navire*) engine room
machinisme [maʃinism] *nm* mechanization
machiniste [maʃinist] *nm* (*Théât*) scene shifter; (*de bus, métro*) driver
machisme [ma(t)ʃism] *nm* male chauvinism
machiste [ma(t)ʃist] *adj, nmf* male chauvinist
macho [matʃo] (*fam*) *adj* macho (*fam*) ▸ *nm* male chauvinist
mâchoire [mɑʃwaʀ] *nf* jaw; **~ de frein** brake shoe
mâchonner [mɑʃɔne] /**1**/ *vt* to chew (at)
mâchouiller [mɑʃuje] *vt* to chew on
maçon [masɔ̃] *nm* bricklayer; (*constructeur*) builder
mâcon [mɑkɔ̃] *nm* Mâcon wine
maçonner [masɔne] /**1**/ *vt* (*revêtir*) to face, render (with cement); (*boucher*) to brick up
maçonnerie [masɔnʀi] *nf* (*murs : de brique*) brickwork; (*: de pierre*) masonry, stonework; (*activité*) bricklaying; building; **~ de béton** concrete
maçonnique [masɔnik] *adj* masonic
macramé [makʀame] *nm* macramé
macro [makʀo] *nf* (*Inform*) macro
macrobiotique [makʀɔbjɔtik] *adj* macrobiotic
macrocéphale [makʀosefal] *adj* macrocephalic
macrocosme [makʀɔkɔsm] *nm* macrocosm
macroéconomie [makʀoekɔnɔmi] *nf* macroeconomics *sg*
macrophotographie [makʀofɔtɔgʀafi] *nf* macrophotography
maculer [makyle] /**1**/ *vt* to stain; (*Typo*) to mackle
Madagascar [madagaskaʀ] *nf* Madagascar
Madame [madam] (*pl* **Mesdames** [medam]) *nf* : **~ X** Mrs X; **occupez-vous de ~/Monsieur/Mademoiselle** please serve this lady/gentleman/(young) lady; **bonjour ~/Monsieur/Mademoiselle** good morning; (*ton déférent*) good morning Madam/Sir/Madam; (*le nom est connu*) good morning Mrs X/Mr X/Miss X/Ms X; **~/Monsieur/Mademoiselle !** (*pour appeler*) excuse me!; (*ton déférent*) Madam/Sir/Miss!; **~/Monsieur/Mademoiselle** (*sur lettre*) Dear Madam/Sir/Madam; **chère ~/cher Monsieur/chère Mademoiselle** Dear Mrs X/Mr X/Miss X/Ms X; **~ la Directrice** the director; the manageress; the head teacher; **Mesdames**

Ladies; **mesdames, mesdemoiselles, messieurs** ladies and gentlemen

> **Ms** est un titre utilisé devant le nom de famille à la place de **Mrs** pour éviter la distinction traditionnelle entre femmes mariées et non mariées.

Madeleine [madlɛn] : **îles de la ~** *nfpl* Magdalen Islands
madeleine [madlɛn] *nf* madeleine, ≈ sponge finger cake
Mademoiselle [madmwazɛl] (*pl* **Mesdemoiselles** [medmwazɛl]) *nf* Miss; *voir aussi* **Madame**
madère [madɛʀ] *nm* Madeira (wine) ▸ *nf* **M~** Madeira
madone [madɔn] *nf* Madonna
madré, e [madʀe] *adj* crafty, wily
Madrid [madʀid] *n* Madrid
madrier [madʀije] *nm* beam
madrigal, -aux [madʀigal, -o] *nm* madrigal
madrilène [madʀilɛn] *adj* of *ou* from Madrid
maestria [maɛstʀija] *nf* (masterly) skill
maestro [maɛstʀo] *nm* maestro
mafia, maffia [mafja] *nf* Maf(f)ia
mafieux, -euse [mafjø, -øz] *adj* Mafia ▸ *nm/f* Mafioso
magasin [magazɛ̃] *nm* (*boutique*) shop; (*entrepôt*) warehouse; (*d'arme*) magazine; **en ~** (*Comm*) in stock; **faire les magasins** to go (a)round the shops, do the shops; **~ d'alimentation** grocer's (shop) (Brit), grocery store (*US*)

> **MAGASINS**
>
> French **magasins** are usually open from 9am to noon and from 2pm to 7pm. Most shops are closed on Sunday and some do not open on Monday, especially in smaller towns. In bigger towns and shopping centres, most shops are open throughout the day.

magasinier [magazinje] *nm* warehouseman
magazine [magazin] *nm* magazine
mage [maʒ] *nm* : **les Rois Mages** the Magi, the (Three) Wise Men
magenta [maʒɛ̃ta] *nm* magenta
Maghreb [magʀɛb] *nm* : **le ~** the Maghreb, North(-West) Africa
maghrébin, e [magʀebɛ̃, -in] *adj* of *ou* from the Maghreb, North African ▸ *nm/f* : **Maghrébin, e** North African, Maghrebi
magicien, ne [maʒisjɛ̃, -ɛn] *nm/f* magician
magie [maʒi] *nf* magic; **~ noire** black magic
magique [maʒik] *adj* (*occulte*) magic; (*fig*) magical
magistral, e, -aux [maʒistʀal, -o] *adj* (*œuvre, adresse*) masterly; (*ton*) authoritative; (*gifle etc*) sound, resounding; (*ex cathedra*) : **enseignement ~** lecturing, lectures *pl*; **cours ~** lecture
magistralement [maʒistʀalmɑ̃] *adv* brilliantly; **~ interprété par** beautifully acted by
magistrat [maʒistʀa] *nm* magistrate
magistrature [maʒistʀatyʀ] *nf* magistracy, magistrature; **~ assise** judges *pl*, bench; **~ debout** state prosecutors *pl*
magma [magma] *nm* (*Géo*) magma; (*fig*) jumble
magnanerie [maɲanʀi] *nf* silk farm
magnanime [maɲanim] *adj* magnanimous
magnanimité [maɲanimite] *nf* magnanimity
magnat [magna] *nm* tycoon, magnate
magner [maɲe] /**1**/ : **se magner** *vpr* (*fam*) to get a move on
magnésie [maɲezi] *nf* magnesia
magnésium [maɲezjɔm] *nm* magnesium
magnétique [maɲetik] *adj* magnetic
magnétiser [maɲetize] /**1**/ *vt* to magnetize; (*fig*) to mesmerize, hypnotize
magnétiseur, -euse [maɲetizœʀ, -øz] *nm/f* hypnotist
magnétisme [maɲetism] *nm* magnetism
magnéto [maɲeto] *nm* (*à cassette*) cassette deck; (*magnétophone*) tape recorder
magnétocassette [maɲetokasɛt] *nm* cassette deck
magnétophone [maɲetɔfɔn] *nm* tape recorder; **~ à cassettes** cassette recorder
magnétoscope [maɲetɔskɔp] *nm* : **~ (à cassette)** video (recorder)
magnificence [maɲifisɑ̃s] *nf* (*faste*) magnificence, splendour (Brit), splendor (*US*); (*générosité*) munificence, lavishness
magnifier [maɲifje] /**7**/ *vt* (*glorifier*) to glorify; (*idéaliser*) to idealize
magnifique [maɲifik] *adj* magnificent
magnifiquement [maɲifikmɑ̃] *adv* magnificently
magnitude [maɲityd] *nf* (*de séisme*) magnitude; **un séisme de ~ 4 sur l'échelle de Richter** an earthquake measuring 4 on the Richter scale
magnolia [maɲɔlja] *nm* magnolia
magnum [magnɔm] *nm* magnum
magot [mago] *nm* (*argent*) pile (of money); (*économies*) nest egg
magouille [maguj] *nf* (*fam*) scheming
magouiller [maguje] *vi* (*fam*) to scheme
magret [magʀɛ] *nm* : **~ de canard** duck breast
mahométan, e [maɔmetɑ̃, -an] *adj* Mohammedan, Mahometan
mai [mɛ] *nm* May; *see note*; *voir aussi* **juillet**

> **LE PREMIER MAI**
>
> **Le premier mai** is a public holiday in France and commemorates the trades union demonstrations in the United States in 1886 when workers demanded the right to an eight-hour working day. Sprigs of lily of the valley are traditionally exchanged. *Le 8 mai* is also a public holiday and commemorates the surrender of the German army to Eisenhower on 7 May 1945. It is marked by parades of ex-servicemen and ex-servicewomen in most towns. The social upheavals of May and June 1968, with their student demonstrations, workers' strikes and general rioting, are usually referred to as *les événements de mai 68*. De Gaulle's government survived, but reforms in education and a move towards decentralization ensued.

m

maigre [mɛgʀ] *adj* (very) thin, skinny; (*viande*) lean; (*fromage*) low-fat; (*végétation*) thin, sparse; (*fig*) poor, meagre, skimpy; **jours maigres** days of abstinence, fish days ▸ *adv* : **faire ~** not to eat meat
maigrelet, te [mɛgʀəlɛ, -ɛt] *adj* skinny, scrawny
maigreur [mɛgʀœʀ] *nf* thinness
maigrichon, ne [megʀiʃɔ̃, -ɔn] *adj* = **maigrelet**
maigrir [megʀiʀ] /**2**/ *vi* to get thinner, lose weight; **~ de 2 kilos** to lose 2 kilos ▸ *vt* : **~ qn** (*vêtement*) to make sb look slim(mer)
mail [mɛl] *nm* email
mailing [mɛliŋ] *nm* direct mail *no pl*; **un ~** a mailshot
maille [mɑj] *nf* (*boucle*) stitch; (*ouverture*) hole (in the mesh); **avoir ~ à partir avec qn** to have a brush with sb; **~ à l'endroit/à l'envers** knit one/purl one; (*boucle*) plain/purl stitch
maillechort [majʃɔʀ] *nm* nickel silver
maillet [majɛ] *nm* mallet
maillon [mɑjɔ̃] *nm* link
maillot [majo] *nm* (*aussi* : **maillot de corps**) vest; (*de danseur*) leotard; (*de sportif*) jersey; **~ de bain** swimming *ou* bathing (Brit) costume, swimsuit; (*d'homme*) (swimming *ou* bathing (Brit)) trunks *pl*; **~ deux pièces** two-piece swimsuit, bikini; **~ jaune** yellow jersey
main [mɛ̃] *nf* hand; **la ~ dans la ~** hand in hand; **à deux mains** with both hands; **à une ~** with one hand; **à la ~** (*tenir, avoir*) in one's hand; (*faire, tricoter etc*) by hand; **se donner la ~** to hold hands; **donner** *ou* **tendre la ~ à qn** to hold out one's hand to sb; **se serrer la ~** to shake hands; **serrer la ~ à qn** to shake hands with sb; **sous la ~** to *ou* at hand; **haut les mains !** hands up!; **à ~ levée** (*Art*) freehand; **à mains levées** (*voter*) with a show of hands; **attaque à ~ armée** armed attack; **à ~ droite/gauche** to the right/left; **à remettre en mains propres** to be delivered personally; **de première ~** (*renseignement*) first-hand; (*Comm* : *voiture etc*) with only one previous owner; **faire ~ basse sur** to help o.s. to; **mettre la dernière ~ à** to put the finishing touches to; **mettre la ~ à la pâte** (*fig*) to lend a hand; **avoir/passer la ~** (*Cartes*) to lead/hand over the lead; **s'en laver les mains** (*fig*) to wash one's hands of it; **se faire/perdre la ~** to get one's hand in/lose one's touch; **avoir qch bien en ~** to have got the hang of sth; **en un tour de ~** (*fig*) in the twinkling of an eye; **~ courante** handrail
mainate [mɛnat] *nm* myna(h) bird
main-d'œuvre [mɛ̃dœvʀ] (*pl* **mains-d'oeuvre**) *nf* manpower, labour (Brit), labor (US)
main-forte [mɛ̃fɔʀt] *nf* : **prêter ~ à qn** to come to sb's assistance
mainmise [mɛ̃miz] *nf* seizure; (*fig*) : **avoir la ~ sur** to have a grip *ou* stranglehold on
mains-libres [mɛ̃libʀ] *adj inv* (*téléphone, kit*) hands-free
maint, e [mɛ̃, mɛ̃t] *adj* many a; **maints** many; **à maintes reprises** time and (time) again
maintenance [mɛ̃t(ə)nɑ̃s] *nf* maintenance, servicing
maintenant [mɛ̃t(ə)nɑ̃] *adv* now; (*actuellement*) nowadays
maintenir [mɛ̃t(ə)niʀ] /**22**/ *vt* (*retenir, soutenir*) to support; (*contenir* : *foule etc*) to keep in check, hold back; (*conserver*) to maintain, uphold; (*affirmer*) to maintain; **se maintenir** *vpr* (*paix, temps*) to hold; (*prix*) to keep steady; (*préjugé*) to persist; (*malade*) to remain stable
maintien [mɛ̃tjɛ̃] *nm* maintaining, upholding; (*attitude*) bearing; **~ de l'ordre** maintenance of law and order
maintiendrai [mɛ̃tjɛ̃dʀe], **maintiens** *etc* [mɛ̃tjɛ̃] *vb voir* **maintenir**
maire [mɛʀ] *nm* mayor
mairie [meʀi] *nf* (*bâtiment*) town hall; (*administration*) town council
mais [mɛ] *conj* but; **~ non !** of course not!; **~ enfin** but after all; (*indignation*) look here!; **~ encore ?** is that all?
maïs [mais] *nm* maize (Brit), corn (US)
maison [mɛzɔ̃] *nf* (*bâtiment*) house; (*chez-soi*) home; (*Comm*) firm; (*famille*) : **ami de la ~** friend of the family ▸ *adj inv* (*Culin*) home-made; (: *au restaurant*) made by the chef; (*Comm*) in-house, own; (*fam*) first-rate; **à la ~** at home; (*direction*) home; **~ d'arrêt** (short-stay) prison; **~ centrale** prison; **~ close** brothel; **~ de correction** ≈ remand home (Brit), ≈ reformatory (US); **~ de la culture** ≈ arts centre; **~ des jeunes** ≈ youth club; **~ mère** parent company; **~ de passe** = **maison close**; **~ de repos** convalescent home; **~ de retraite** old people's home; **~ de santé** mental home
Maison-Blanche [mɛzɔ̃blɑ̃ʃ] *nf* : **la ~** the White House
maisonnée [mɛzɔne] *nf* household, family
maisonnette [mɛzɔnɛt] *nf* small house
maître, -esse [mɛtʀ, mɛtʀɛs] *nm/f* master (mistress); (*Scol*) teacher, schoolmaster(-mistress) ▸ *nm* (*peintre etc*) master; (*titre*) : **M~** Maître (*term of address for lawyers etc*) ▸ *nf* (*amante*) mistress ▸ *adj* (*principal, essentiel*) main; **maison de ~** family seat; **être ~ de** (*soi-même, situation*) to be in control of; **se rendre ~ de** (*pays, ville*) to gain control of; (*situation, incendie*) to bring under control; **être passé ~ dans l'art de** to be a (past) master in the art of; **une maîtresse femme** a forceful woman; **~ d'armes** fencing master; **~ auxiliaire** (*Scol*) temporary teacher; **~ chanteur** blackmailer; **~ de chapelle** choirmaster; **~ de conférences** ≈ senior lecturer (Brit), ≈ assistant professor (US); **~/maîtresse d'école** teacher, schoolmaster/-mistress; **~ d'hôtel** (*domestique*) butler; (*d'hôtel*) head waiter; **~ de maison** host; **~ nageur** lifeguard; **~ d'œuvre** (*Constr*) project manager; **~ d'ouvrage** (*Constr*) client; **~ queux** chef; **maîtresse de maison** hostess; (*ménagère*) housewife
maître-assistant, e [mɛtʀasistɑ̃, -ɑ̃t] (*pl* **maîtres-assistants, es**) *nm/f* ≈ lecturer
maître-autel [mɛtʀotɛl] (*pl* **maîtres-autels**) *nm* high altar
maîtrise [metʀiz] *nf* (*aussi* : **maîtrise de soi**) self-control, self-possession; (*habileté*) skill, mastery; (*suprématie*) mastery, command;

(*diplôme*) ≈ master's degree; (*chefs d'équipe*) supervisory staff
maîtriser [metʀize] /1/ *vt* (*cheval, incendie*) to (bring under) control; (*sujet*) to master; (*émotion*) to control, master; **se maîtriser** *vpr* to control o.s.
maïzena® [maizena] *nf* cornflour (Brit), cornstarch (US)
majesté [maʒɛste] *nf* majesty
majestueusement [maʒɛstɥøzmɑ̃] *adv* majestically
majestueux, -euse [maʒɛstɥø, -øz] *adj* majestic
majeur, e [maʒœʀ] *adj* (*important*) major; (*Jur*) of age; (*fig*) adult; **en majeure partie** for the most part; **la majeure partie de** most of ▸ *nm/f* (*Jur*) person who has come of age *ou* attained his (*ou* her) majority ▸ *nm* (*doigt*) middle finger
major [maʒɔʀ] *nm* adjutant; (*Scol*) : **~ de la promotion** first in one's year
majoration [maʒɔʀasjɔ̃] *nf* increase
majordome [maʒɔʀdɔm] *nm* major-domo
majorer [maʒɔʀe] /1/ *vt* to increase
majorette [maʒɔʀɛt] *nf* majorette
majoritaire [maʒɔʀitɛʀ] *adj* majority *cpd*; **système/scrutin ~** majority system/ballot
majorité [maʒɔʀite] *nf* (*gén*) majority; (*parti*) party in power; **en ~** (*composé etc*) mainly; **avoir la ~** to have the majority
Majorque [maʒɔʀk] *nf* Majorca
majorquin, e [maʒɔʀkɛ̃, -in] *adj* Majorcan ▸ *nm/f* : **Majorquin, e** Majorcan
majuscule [maʒyskyl] *adj, nf* : **(lettre) ~** capital (letter)
mal, maux [mal, mo] *nm* (*opposé au bien*) evil; (*tort, dommage*) harm; (*douleur physique*) pain, ache; (*maladie*) illness, sickness *no pl*; (*difficulté, peine*) trouble; (*souffrance morale*) pain; **dire/penser du ~ de** to speak/think ill of; **ne vouloir de ~ à personne** to wish nobody any ill; **avoir du ~ à faire qch** to have trouble doing sth; **se donner du ~ pour faire qch** to go to a lot of trouble to do sth; **ne voir aucun ~ à** to see no harm in, see nothing wrong in; **sans penser** *ou* **songer à ~** without meaning any harm; **faire du ~ à qn** to hurt sb; to harm sb; **se faire ~** to hurt o.s.; **se faire ~ au pied** to hurt one's foot; **ça fait ~** it hurts; **j'ai ~ (ici)** it hurts (here); **j'ai ~ au dos** my back aches, I've got a pain in my back; **avoir ~ à la tête/à la gorge** to have a headache/a sore throat; **avoir ~ aux dents/à l'oreille** to have toothache/earache; **avoir le ~ de l'air** to be airsick; **avoir le ~ du pays** to be homesick; **~ de mer** seasickness; **~ de la route** carsickness; **maux de ventre** stomach ache *sg*; *voir aussi* **cœur** ▸ *adv* badly; **il comprend ~** he has difficulty in understanding; **il a ~ compris** he misunderstood; **se sentir** *ou* **se trouver ~** to feel ill *ou* unwell; **~ tourner** to go wrong; **être au plus ~** (*malade*) to be very bad; (*brouillé*) to be at daggers drawn; **craignant ~ faire** fearing he *etc* was doing the wrong thing; **~ en point** in a bad state; **être ~ (à l'aise)** to be uncomfortable; **être ~ avec qn** to be on bad terms with sb ▸ *adj* : **c'est ~ (de faire)** it's bad *ou* wrong (to do); **il n'a rien fait de ~** he has done nothing wrong
malabar [malabaʀ] *nm* (*fam*) muscle man
malachite [malaʃit] *nf* malachite
malade [malad] *adj* ill, sick; (*poitrine, jambe*) bad; (*plante*) diseased; (*fig : entreprise, monde*) ailing; **tomber ~** to fall ill; **être ~ du cœur** to have heart trouble *ou* a bad heart ▸ *nmf* invalid, sick person; (*à l'hôpital etc*) patient; **grand ~** seriously ill person; **~ mental** mentally sick *ou* ill person

> Les mots **ill** et **sick** ont un sens très comparable, mais ils s'emploient de façon légèrement différente. Contrairement à **sick**, **ill** ne s'emploie pas devant le nom.
> *Elle n'est pas venue parce qu'elle se sentait malade.* **She didn't come because she felt ill.**
> *des enfants malades* **sick children**
> En anglais britannique, **sick** est souvent employé pour parler d'une réaction physique, notamment le fait d'avoir la nausée ou de vomir.
> *Elle a été malade dans l'avion.* **She was sick on the plane.**

maladie [maladi] *nf* (*spécifique*) disease, illness; (*mauvaise santé*) illness, sickness; (*fig : manie*) mania; **être rongé par la ~** to be wasting away (through illness); **~ d'Alzheimer** Alzheimer's disease; **~ de peau** skin disease
maladif, -ive [maladif, -iv] *adj* sickly; (*curiosité, besoin*) pathological
maladresse [maladʀɛs] *nf* clumsiness *no pl*; (*gaffe*) blunder
maladroit, e [maladʀwa, -wat] *adj* clumsy
maladroitement [maladʀwatmɑ̃] *adv* clumsily
mal-aimé, e [maleme] *nm/f* unpopular person; (*de la scène politique, de la société*) persona non grata
malais, e [malɛ, -ɛz] *adj* Malay, Malayan ▸ *nm* (*Ling*) Malay ▸ *nm/f* : **Malais, e** Malay, Malayan
malaise [malɛz] *nm* (*Méd*) feeling of faintness; feeling of discomfort; (*fig*) uneasiness, malaise; **avoir un ~** to feel faint *ou* dizzy
malaisé, e [maleze] *adj* difficult
Malaisie [malɛzi] *nf* : **la ~** Malaysia; **la péninsule de ~** the Malay Peninsula
malappris, e [malapʀi, -iz] *nm/f* ill-mannered *ou* boorish person
malaria [malaʀja] *nf* malaria
malavisé, e [malavize] *adj* ill-advised, unwise
Malawi [malawi] *nm* : **le ~** Malawi
malaxer [malakse] /1/ *vt* (*pétrir*) to knead; (*mêler*) to mix
malaxeur [malaksœʀ] *nm* mixer
Malaysia [malɛzja] *nf* : **la ~** Malaysia
malbouffe [malbuf] *nf* (*fam*) : **la ~** junk food
malchance [malʃɑ̃s] *nf* misfortune, ill luck *no pl*; **par ~** unfortunately; **quelle ~ !** what bad luck!
malchanceux, -euse [malʃɑ̃sø, -øz] *adj* unlucky
malcommode [malkɔmɔd] *adj* impractical, inconvenient
Maldives [maldiv] *nfpl* : **les ~** the Maldive Islands
maldonne [maldɔn] *nf* (*Cartes*) misdeal; **il y a ~** (*fig*) there's been a misunderstanding

m

mâle [mɑl] *adj* (*Élec, Tech*) male; (*viril : voix, traits*) manly ▸ *nm* male
malédiction [malediksjɔ̃] *nf* curse
maléfice [malefis] *nm* evil spell
maléfique [malefik] *adj* evil, baleful
malencontreusement [malɑ̃kɔ̃tʀøzmɑ̃] *adv* (*arriver*) at the wrong moment; (*rappeler, mentionner*) inopportunely
malencontreux, -euse [malɑ̃kɔ̃tʀø, -øz] *adj* unfortunate, untoward
malentendant, e [malɑ̃tɑ̃dɑ̃, -ɑ̃t] *nm/f* : **les malentendants** the hard of hearing
malentendu [malɑ̃tɑ̃dy] *nm* misunderstanding; **il y a eu un ~** there's been a misunderstanding
malfaçon [malfasɔ̃] *nf* fault
malfaisant, e [malfəzɑ̃, -ɑ̃t] *adj* evil, harmful
malfaiteur [malfɛtœʀ] *nm* lawbreaker, criminal; (*voleur*) burglar, thief
malfamé, e [malfame] *adj* disreputable, of ill repute
malformation [malfɔʀmasjɔ̃] *nf* malformation
malfrat [malfʀa] *nm* villain, crook
malgache [malgaʃ] *adj* Malagasy, Madagascan ▸ *nm* (*Ling*) Malagasy ▸ *nmf* : **Malgache** Malagasy, Madagascan
malgré [malgʀe] *prép* in spite of, despite; **~ tout** *adv* in spite of everything
malhabile [malabil] *adj* clumsy
malheur [malœʀ] *nm* (*situation*) adversity, misfortune; (*événement*) misfortune; (*: plus fort*) disaster, tragedy; **par ~** unfortunately; **quel ~ !** what a shame *ou* pity!; **faire un ~** (*fam : un éclat*) to do something desperate; (*: avoir du succès*) to be a smash hit
malheureusement [malœʀøzmɑ̃] *adv* unfortunately
malheureux, -euse [malœʀø, -øz] *adj* (*triste*) unhappy, miserable; (*infortuné, regrettable*) unfortunate; (*malchanceux*) unlucky; (*insignifiant*) wretched; **avoir la main malheureuse** (*au jeu*) to be unlucky; (*tout casser*) to be ham-fisted ▸ *nm/f* (*infortuné, misérable*) poor soul; (*indigent, miséreux*) unfortunate creature; **les ~** the destitute
malhonnête [malɔnɛt] *adj* dishonest
malhonnêtement [malɔnɛtmɑ̃] *adv* dishonestly
malhonnêteté [malɔnɛtte] *nf* dishonesty; rudeness *no pl*
Mali [mali] *nm* : **le ~** Mali
malice [malis] *nf* mischievousness; (*méchanceté*) : **par ~** out of malice *ou* spite; **sans ~** guileless
malicieusement [malisjøzmɑ̃] *adv* mischievously
malicieux, -euse [malisjø, -øz] *adj* mischievous
malien, ne [maljɛ̃, -ɛn] *adj* Malian
malignité [maliɲite] *nf* (*d'une tumeur, d'un mal*) malignancy
malin, -igne [malɛ̃, -iɲ] *adj* (*futé f* (*fam*) **maline**) smart, shrewd; (*sourire*) knowing; (*Méd, influence*) malignant; **faire le ~** to show off; **éprouver un ~ plaisir à** to take malicious pleasure in
malingre [malɛ̃gʀ] *adj* puny
malintentionné, e [malɛ̃tɑ̃sjɔne] *adj* ill-intentioned, malicious
malle [mal] *nf* trunk; (*Auto*) : **~ (arrière)** boot (Brit), trunk (US)
malléabilité [maleabilite] *nf* (*de matériau*) malleability
malléable [maleabl] *adj* malleable
malle-poste [malpɔst] (*pl* **malles-poste**) *nf* mail coach
mallette [malɛt] *nf* (*valise*) (small) suitcase; (*aussi :* **mallette de voyage**) overnight case; (*pour documents*) attaché case
malmener [malməne] /5/ *vt* to manhandle; (*fig*) to give a rough ride to
malnutrition [malnytʀisjɔ̃] *nf* malnutrition
malodorant, e [malɔdɔʀɑ̃, -ɑ̃t] *adj* foul-smelling
malotru [malɔtʀy] *nm* lout, boor
malouin, e [malwɛ̃, -in] *adj* from Saint Malo
Malouines [malwin] *nfpl* : **les ~** the Falklands, the Falkland Islands
malpoli, e [malpɔli] *nm/f* rude individual ▸ *adj* impolite
malpropre [malpʀɔpʀ] *adj* (*personne, vêtement*) dirty; (*travail*) slovenly; (*histoire, plaisanterie*) unsavoury (Brit), unsavory (US), smutty; (*malhonnête*) dishonest
malpropreté [malpʀɔpʀəte] *nf* dirtiness
malsain, e [malsɛ̃, -ɛn] *adj* unhealthy
malséant, e [malseɑ̃, -ɑ̃t] *adj* unseemly, unbecoming
malsonnant, e [malsɔnɑ̃, -ɑ̃t] *adj* offensive
malt [malt] *nm* malt; **pur ~** (*whisky*) malt (whisky)
maltais, e [maltɛ, -ɛz] *adj* Maltese
Malte [malt] *nf* Malta
malté, e [malte] *adj* (*lait etc*) malted
maltraitance [maltʀɛtɑ̃s] *nf* ill-treatment; **la ~ à enfants** ill-treatment of children, child abuse
maltraiter [maltʀete] /1/ *vt* (*brutaliser*) to manhandle, ill-treat; (*critiquer, éreinter*) to slate (Brit), roast
malus [malys] *nm* (*Assurances*) car insurance weighting, penalty
malveillance [malvɛjɑ̃s] *nf* (*animosité*) ill will; (*intention de nuire*) malevolence; (*Jur*) malicious intent *no pl*
malveillant, e [malvɛjɑ̃, -ɑ̃t] *adj* malevolent, malicious
malvenu, e [malvəny] *adj* : **être ~ de** *ou* **à faire qch** not to be in a position to do sth
malversation [malvɛʀsasjɔ̃] *nf* embezzlement, misappropriation (of funds)
mal-vivre [malvivʀ] *nm inv* malaise
malvoyant, e [malvwajɑ̃, -ɑ̃t] *nm/f* partially sighted person
maman [mamɑ̃] *nf* mum(my) (Brit), mom (US)
mamelle [mamɛl] *nf* teat
mamelon [mam(ə)lɔ̃] *nm* (*Anat*) nipple; (*colline*) knoll, hillock
mamie [mami] *nf* (*fam*) granny
mammaire [mamɛʀ] *adj* mammary
mammectomie [mamɛktɔmi] *nf* mammectomy

mammifère [mamifɛʀ] *nm* mammal
mammographie [mamɔgʀafi] *nf* mammography
mammoplastie [mamɔplasti] *nf* mammoplasty
mammouth [mamut] *nm* mammoth
mamours [mamuʀ] *nmpl* (*fam*) : **se faire des ~** to bill and coo
management [manadʒmɛnt] *nm* management
manager [manadʒɛʀ] *nm* (*Sport*) manager; (*Comm*) : **~ commercial** commercial director
managérial, e [manaʒeʀjal] *adj* managerial
manant [manɑ̃] *nm* (*vilain*) villein
manceau, -elle, -aux [mɑ̃so, -sɛl] *adj* of Le Mans
manche [mɑ̃ʃ] *nf* (*de vêtement*) sleeve; (*d'un jeu, tournoi*) round; (*Géo*) : **la M~** the (English) Channel; **faire la ~** to pass the hat; **~ à air** (*Aviat*) wind-sock; **à manches courtes/longues** short-/long-sleeved ▸ *nm* (*d'outil, casserole*) handle; (*de pelle, pioche etc*) shaft; (*de violon, guitare*) neck; (*fam*) clumsy oaf; **~ à balai** broomstick; (*Aviat*) joystick
manchette [mɑ̃ʃɛt] *nf* (*de chemise*) cuff; (*coup*) forearm blow; (*titre*) headline
manchon [mɑ̃ʃɔ̃] *nm* (*de fourrure*) muff; **~ à incandescence** incandescent (gas) mantle
manchot [mɑ̃ʃo] *nm* one-armed man; armless man; (*Zool*) penguin
mandale [mɑ̃dal] *nf* (*fam*) slap, clout (Brit *fam*)
mandarin [mɑ̃daʀɛ̃] *nm* (*haut fonctionnaire chinois*) mandarin; (*ponte*) mandarin; (*langue*) Mandarin, Mandarin Chinese
mandarine [mɑ̃daʀin] *nf* mandarin (orange), tangerine
mandarinier [mɑ̃daʀinje] *nm* mandarin tree
mandat [mɑ̃da] *nm* (*postal*) postal *ou* money order; (*d'un député etc*) mandate; (*procuration*) power of attorney, proxy; (*Police*) warrant; **~ d'amener** summons *sg*; **~ d'arrêt** warrant for arrest; **~ de dépôt** committal order; **~ de perquisition** (*Police*) search warrant
mandataire [mɑ̃datɛʀ] *nmf* (*représentant, délégué*) representative; (*Jur*) proxy
mandat-carte [mɑ̃dakaʀt] (*pl* **mandats-cartes**) *nm* money order (*in postcard form*)
mandater [mɑ̃date] /1/ *vt* (*personne*) to appoint; (*Pol* : *député*) to elect
mandat-lettre [mɑ̃dalɛtʀ] (*pl* **mandats-lettres**) *nm* money order (*with space for correspondence*)
mandchou, e [mɑ̃tʃu] *adj* Manchu, Manchurian ▸ *nm* (*Ling*) Manchu ▸ *nm/f* : **Mandchou, e** Manchu
Mandchourie [mɑ̃tʃuʀi] *nf* : **la ~** Manchuria
mander [mɑ̃de] /1/ *vt* to summon
mandibule [mɑ̃dibyl] *nf* mandible
mandoline [mɑ̃dɔlin] *nf* mandolin(e)
manège [manɛʒ] *nm* riding school; (*à la foire*) roundabout (Brit), merry-go-round; (*fig*) game, ploy; **faire un tour de ~** to go for a ride on a *ou* the roundabout *etc*; **~ (de chevaux de bois)** roundabout (Brit), merry-go-round
manette [manɛt] *nf* lever, tap; **~ de jeu** (*Inform*) joystick
manganèse [mɑ̃ganɛz] *nm* manganese
mangeable [mɑ̃ʒabl] *adj* edible, eatable
mangeaille [mɑ̃ʒɑj] *nf* (*péj*) grub
mangeoire [mɑ̃ʒwaʀ] *nf* trough, manger
manger [mɑ̃ʒe] /3/ *vt* to eat; (*ronger* : *rouille etc*) to eat into *ou* away; (*utiliser, consommer*) to eat up ▸ *vi* to eat; **donner à ~ à** (*enfant*) to feed
mange-tout [mɑ̃ʒtu] *nm inv* mange-tout
mangeur, -euse [mɑ̃ʒœʀ, -øz] *nm/f* eater
mangouste [mɑ̃gust] *nf* mongoose
mangrove [mɑ̃gʀɔv] *nf* mangrove
mangue [mɑ̃g] *nf* mango
maniabilité [manjabilite] *nf* (*d'un outil*) handiness; (*d'un véhicule, voilier*) manoeuvrability (Brit), maneuverability (US)
maniable [manjabl] *adj* (*outil*) handy; (*voiture, voilier*) easy to handle; manoeuvrable (Brit), maneuverable (US); (*fig* : *personne*) easily influenced, manipulable
maniaque [manjak] *adj* (*pointilleux, méticuleux*) finicky, fussy; (*atteint de manie*) suffering from a mania ▸ *nmf* (*méticuleux*) fusspot; (*fou*) maniac
manichéen, ne [manikeɛ̃, -ɛn] *adj* Manichean, Manichaean
manie [mani] *nf* mania; (*tic*) odd habit; **avoir la ~ de** to be obsessive about
maniement [manimɑ̃] *nm* handling; **~ d'armes** arms drill
manier [manje] /7/ *vt* to handle; **se manier** *vpr* (*fam*) to get a move on
manière [manjɛʀ] *nf* (*façon*) way, manner; (*genre, style*) style; **de ~ à** so as to; **de telle ~ que** in such a way that; **de cette ~** in this way *ou* manner; **d'une ~ générale** generally speaking, as a general rule; **de toute ~** in any case; **d'une certaine ~** in a (certain) way; **employer la ~ forte** to use strong-arm tactics; **manières** *nfpl* (*attitude*) manners; (*chichis*) fuss *sg*; **faire des manières** to put on airs
maniéré, e [manjeʀe] *adj* affected
manif [manif] *nf* (*manifestation*) demo
manifestant, e [manifɛstɑ̃, -ɑ̃t] *nm/f* demonstrator
manifestation [manifɛstasjɔ̃] *nf* (*de joie, mécontentement*) expression, demonstration; (*symptôme*) outward sign; (*fête etc*) event; (*Pol*) demonstration
manifeste [manifɛst] *adj* obvious, evident ▸ *nm* manifesto
manifestement [manifɛstəmɑ̃] *adv* obviously
manifester [manifɛste] /1/ *vt* (*volonté, intentions*) to show, indicate; (*joie, peur*) to express, show ▸ *vi* (*Pol*) to demonstrate; **se manifester** *vpr* (*émotion*) to show *ou* express itself; (*difficultés*) to arise; (*symptômes*) to appear; (*témoin etc*) to come forward
manigance [manigɑ̃s] *nf* scheme
manigancer [manigɑ̃se] /3/ *vt* to plot, devise
Manille [manij] *n* Manila
manioc [manjɔk] *nm* cassava, manioc
manip [manip] *nf* (*fam* : *Inform*) operation; **quelle est la ~ pour créer un fichier pdf ?** how do you go about creating a PDF file?; **faire une fausse ~** to do sth wrong
manipulateur, -trice [manipylatœʀ, -tʀis] *nm/f* (*technicien*) technician, operator; (*prestidigitateur*) conjurer; (*péj*) manipulator

m

manipulation [manipylasjɔ̃] *nf* handling; (*Pol, génétique*) manipulation
manipuler [manipyle] /1/ *vt* to handle; (*fig*) to manipulate
manique [manik] *nf* (*pour saisir les plats chauds*) oven glove
manitou [manitu] *nm* (*chez les Indiens d'Amérique*) manitou; (*fam : chef*) : **grand ~** big shot (*fam*)
manivelle [manivɛl] *nf* crank
manne [man] *nf* (*Rel*) manna; (*fig*) godsend
mannequin [mankɛ̃] *nm* (*Couture*) dummy; (*Mode*) model
manœuvrabilité [manœvʀabilite] *nf* (*de bateau, véhicule*) handling, manoeuvrability (BRIT), maneuverability (US)
manœuvrable [manœvʀabl] *adj* (*bateau, véhicule*) manoeuvrable (BRIT), maneuverable (US)
manœuvre [manœvʀ] *nf* (*gén*) manoeuvre (BRIT), maneuver (US) ▸ *nm* (*ouvrier*) labourer (BRIT), laborer (US)
manœuvrer [manœvʀe] /1/ *vt* to manoeuvre (BRIT), maneuver (US); (*levier, machine*) to operate; (*personne*) to manipulate ▸ *vi* to manoeuvre *ou* maneuver
manoir [manwaʀ] *nm* manor *ou* country house
manomètre [manɔmɛtʀ] *nm* gauge, manometer
manouche [manuʃ] *nmf* gipsy
manquant, e [mɑ̃kɑ̃, -ɑ̃t] *adj* missing
manque [mɑ̃k] *nm* (*insuffisance, vide*) emptiness, gap; (*Méd*) withdrawal; **~ de** lack of; **par ~ de** for want of; **~ à gagner** loss of profit *ou* earnings; **être en état de ~** to suffer withdrawal symptoms; **manques** *nmpl* (*lacunes*) faults, defects
manqué [mɑ̃ke] *adj* failed; **garçon ~** tomboy
manquement [mɑ̃kmɑ̃] *nm* : **~ à** (*discipline, règle*) breach of
manquer [mɑ̃ke] /1/ *vi* (*faire défaut*) to be lacking; (*être absent*) to be missing; (*échouer*) to fail; **l'argent qui leur manque** the money they need *ou* are short of; **la voix lui manqua** his voice failed him; **~ à qn** (*absent etc*) : **il/cela me manque** I miss him/that ▸ *vt* to miss; **~ de** *vt* to lack; (*Comm*) to be out of (stock of); **ne pas ~ de faire** : **je ne manquerai pas de le lui dire** I'll be sure to tell him; **~ (de) faire** : **il a manqué (de) se tuer** he very nearly got killed; **~ à** (*règles etc*) to be in breach of, fail to observe; **je n'y manquerai pas** leave it to me, I'll definitely do it ▸ *vb impers* : **il (nous) manque encore 10 euros** we are still 10 euros short; **il manque des pages (au livre)** there are some pages missing *ou* some pages are missing (from the book); **il ne manquerait plus qu'il fasse** all we need now is for him to do
mansarde [mɑ̃saʀd] *nf* attic
mansardé, e [mɑ̃saʀde] *adj* : **chambre mansardée** attic room
mansuétude [mɑ̃sɥetyd] *nf* leniency
mante [mɑ̃t] *nf* : **~ religieuse** praying mantis
manteau, x [mɑ̃to] *nm* coat; **~ de cheminée** mantelpiece; **sous le ~** (*fig*) under cover
mantille [mɑ̃tij] *nf* mantilla
manucure [manykyʀ] *nf* manicurist
manucuré, e [manykyʀe] *adj* manicured
manuel, le [manɥɛl] *adj* manual ▸ *nm/f* manually gifted pupil ▸ *nm* (*ouvrage*) manual, handbook
manuellement [manɥɛlmɑ̃] *adv* manually
manufacture [manyfaktyʀ] *nf* (*établissement*) factory; (*fabrication*) manufacture
manufacturé, e [manyfaktyʀe] *adj* manufactured
manufacturier, -ière [manyfaktyʀje, -jɛʀ] *nm/f* factory owner
manuscrit, e [manyskʀi, -it] *adj* handwritten ▸ *nm* manuscript
manutention [manytɑ̃sjɔ̃] *nf* (*Comm*) handling; (*local*) storehouse
manutentionnaire [manytɑ̃sjɔnɛʀ] *nmf* warehouse man(-woman), packer
manutentionner [manytɑ̃sjɔne] /1/ *vt* to handle
maoïste [maɔist] *adj* Maoist ▸ *nm/f* Maoist
maori, e [maɔʀi] *adj* Maori ▸ *nm* (*Ling*) Maori ▸ *nm/f* : **Maori, e** Maori
maous, se [maus] *adj* (*fam*) massive
mappemonde [mapmɔ̃d] *nf* (*plane*) map of the world; (*sphère*) globe
maquereau, x [makʀo] *nm* (*Zool*) mackerel *inv*; (*fam : proxénète*) pimp
maquerelle [makʀɛl] *nf* (*fam*) madam
maquette [makɛt] *nf* (*d'un décor, bâtiment, véhicule*) (scale) model; (*Typo*) mockup; (*: d'une page illustrée, affiche*) paste-up; (*: prête à la reproduction*) artwork
maquettiste [maketist] *nmf* (*Inform*) layout artist; (*Archit*) model maker
maquignon [makiɲɔ̃] *nm* horse-dealer
maquillage [makijaʒ] *nm* making up; faking; (*produits*) make-up
maquiller [makije] /1/ *vt* (*personne, visage*) to make up; (*truquer : passeport, statistique*) to fake; (*: voiture volée*) to do over (*respray etc*); **se maquiller** *vpr* to make o.s. up
maquilleur, -euse [makijœʀ, -øz] *nm/f* make-up artist
maquis [maki] *nm* (*Géo*) scrub; (*fig*) tangle; (*Mil*) maquis, underground fighting *no pl*
maquisard, e [makizaʀ, -aʀd] *nm/f* maquis, member of the Resistance
marabout [maʀabu] *nm* (*Zool*) marabou(t)
maraîcher, -ère [maʀeʃe, -ɛʀ] *adj* : **cultures maraîchères** market gardening *sg* ▸ *nm/f* market gardener
marais [maʀɛ] *nm* marsh, swamp; **~ salant** saltworks
marasme [maʀasm] *nm* (*Pol, Écon*) stagnation, sluggishness; (*accablement*) dejection, depression
marathon [maʀatɔ̃] *nm* marathon
marathonien, ne [maʀatɔnjɛ̃, -jɛn] *nm/f* marathon runner
marâtre [maʀɑtʀ] *nf* cruel mother
maraude [maʀod] *nf* pilfering, thieving (*of poultry, crops*); (*dans un verger*) scrumping; (*vagabondage*) prowling; **en ~** on the prowl; (*taxi*) cruising

maraudeur, -euse [maRodœR, -øz] *nm/f* marauder; prowler
marbre [maRbR] *nm (pierre, statue)* marble; *(d'une table, commode)* marble top; *(Typo)* stone, bed; **rester de ~** to remain stonily indifferent
marbré, e [maRbRe] *adj (peau)* mottled, blotchy; *(matériau)* marbled; **un gâteau ~** a marble cake ▸ *nm (gâteau)* marble cake
marbrer [maRbRe] /1/ *vt* to mottle, blotch; *(Tech : papier)* to marble
marbrerie [maRbRəRi] *nf (atelier)* marble mason's workshop; *(industrie)* marble industry
marbrier, -ière [maRbRije, -jɛR] *nm/f* monumental mason ▸ *nf* marble quarry
marbrures [maRbRyR] *nfpl* blotches *pl*; *(Tech)* marbling *sg*
marc [maR] *nm (de raisin, pommes)* marc; **~ de café** coffee grounds *pl ou* dregs *pl*
marcassin [maRkasɛ̃] *nm* young wild boar
marchand, e [maRʃɑ̃, -ɑ̃d] *nm/f* shopkeeper, tradesman(-woman); *(au marché)* stallholder; *(spécifique)* : **~ de cycles/tapis** bicycle/carpet dealer; **~ de charbon/vins** coal/wine merchant; **~ en gros/au détail** wholesaler/retailer; **~ de biens** real estate agent; **~ de canons** *(péj)* arms dealer; **~ de couleurs** ironmonger (BRIT), hardware dealer (US); **~ de fruits** fruiterer (BRIT), fruit seller (US); **~ de journaux** newsagent; **~ de légumes** greengrocer (BRIT), produce dealer (US); **~ de poisson** fishmonger (BRIT), fish seller (US); **~ de(s) quatre-saisons** costermonger (BRIT), street vendor (selling fresh fruit and vegetables); **~ de sable** *(fig)* sandman; **~ de tableaux** art dealer ▸ *adj* : **prix/valeur ~(e)** market price/value; **qualité marchande** standard quality
marchandage [maRʃɑ̃daʒ] *nm* bargaining; *(péj : électoral)* bargaining, manoeuvring
marchander [maRʃɑ̃de] /1/ *vt (article)* to bargain *ou* haggle over; *(éloges)* to be sparing with ▸ *vi* to bargain, haggle
marchandisage [maRʃɑ̃dizaʒ] *nm* merchandising
marchandise [maRʃɑ̃diz] *nf* goods *pl*, merchandise *no pl*
marche [maRʃ] *nf (d'escalier)* step; *(activité)* walking; *(promenade, trajet, allure)* walk; *(démarche)* walk, gait; *(Mil, Mus)* march; *(fonctionnement)* running; *(progression)* progress; *(des événements)* course; **à une heure de ~** an hour's walk (away); **ouvrir/fermer la ~** to lead the way/bring up the rear; **dans le sens de la ~** *(Rail)* facing the engine; **en ~** *(monter etc)* while the vehicle is moving *ou* in motion; **mettre en ~** to start; **remettre qch en ~** to set *ou* start sth going again; **se mettre en ~** *(personne)* to get moving; *(machine)* to start; **être en état de ~** to be in working order; **~ arrière** *(Auto)* reverse (gear); **faire ~ arrière** *(Auto)* to reverse; *(fig)* to backtrack, back-pedal; **~ à suivre** (correct) procedure; *(sur notice)* (step by step) instructions *pl*
marché [maRʃe] *nm (lieu, Comm, Écon)* market; *(ville)* trading centre; *(transaction)* bargain, deal; **par-dessus le ~** into the bargain; **faire son ~** to do one's shopping; **mettre le ~ en main à qn** to tell sb to take it or leave it; **~ au comptant** *(Bourse)* spot market; **~ aux fleurs** flower market; **~ noir** black market; **faire du ~ noir** to buy and sell on the black market; **~ aux puces** flea market; **~ à terme** *(Bourse)* forward market; **~ du travail** labour market
marchepied [maRʃəpje] *nm (Rail)* step; *(Auto)* running board; *(fig)* stepping stone
marcher [maRʃe] /1/ *vi* to walk; *(Mil)* to march; *(aller : voiture, train, affaires)* to go; *(prospérer)* to go well; *(fonctionner)* to work, run; *(fam : consentir)* to go along, agree; *(: croire naïvement)* to be taken in; **~ sur** to walk on; *(mettre le pied sur)* to step on *ou* in; *(Mil)* to march upon; **~ dans** *(herbe etc)* to walk in *ou* on; *(flaque)* to step in; **faire ~ qn** *(pour rire)* to pull sb's leg; *(pour tromper)* to lead sb up the garden path
marcheur, -euse [maRʃœR, -øz] *nm/f* walker
marcotter [maRkɔte] *vt (Jardinage)* to layer
mardi [maRdi] *nm* Tuesday; **M~ gras** Shrove Tuesday; *voir aussi* **lundi**
mare [maR] *nf* pond; *(flaque)* pool; **~ de sang** pool of blood
marécage [maRekaʒ] *nm* marsh, swamp
marécageux, -euse [maRekaʒø, -øz] *adj* marshy, swampy
maréchal, -aux [maReʃal, -o] *nm* marshal; **~ des logis** *(Mil)* sergeant
maréchal-ferrant [maReʃalfɛRɑ̃] *(pl* **maréchaux-ferrants** [maReʃo-]) *nm* blacksmith
maréchaussée [maReʃose] *nf (humoristique : gendarmes)* constabulary (BRIT), police
marée [maRe] *nf* tide; *(poissons)* fresh (sea) fish; **~ haute/basse** high/low tide; **~ montante/descendante** rising/ebb tide; **~ noire** oil slick
marelle [maRɛl] *nf* : **(jouer à) la ~** (to play) hopscotch
marémotrice [maRemɔtRis] *adj f* tidal
mareyeur, -euse [maRɛjœR, -øz] *nm/f* wholesale (sea) fish merchant
margarine [maRgaRin] *nf* margarine
marge [maRʒ] *nf* margin; **en ~** in the margin; **en ~ de** *(fig)* on the fringe of; *(en dehors de)* cut off from; *(qui se rapporte à)* connected with; **~ bénéficiaire** profit margin, mark-up; **~ de sécurité** safety margin
margelle [maRʒɛl] *nf* coping
margeur [maRʒœR] *nm* margin stop
marginal, e, -aux [maRʒinal, -o] *adj* marginal ▸ *nm/f (original)* eccentric; *(déshérité)* dropout
marginalisation [maRʒinalizasjɔ̃] *nf* marginalization
marginaliser [maRʒinalize] *vt* to marginalize
marginalité [maRʒinalite] *nf* marginality
marguerite [maRgəRit] *nf* marguerite, (oxeye) daisy; *(d'imprimante)* daisy-wheel
marguillier [maRgije] *nm* churchwarden
mari [maRi] *nm* husband
mariage [maRjaʒ] *nm (union, état, fig)* marriage; *(noce)* wedding; **~ civil/religieux** registry office (BRIT) *ou* civil/church wedding; **un ~ de**

raison/d'amour a marriage of convenience/a love match; **~ blanc** marriage of convenience, sham marriage; **~ en blanc** white wedding; *see note*

LE MARIAGE POUR TOUS

Since May 2013 same-sex marriage and adoption have been legal in France. The passing of the **Loi sur le mariage pour tous** led to major nationwide protests from conservative, mostly Catholic citizens. Ultimately, however, President François Hollande kept his campaign promise to allow same-sex couples to marry.

marié, e [maʀje] *adj* married ▸ *nm/f* (bride)groom/bride; **les mariés** the bride and groom; **les (jeunes) mariés** the newly-weds
marier [maʀje] /7/ *vt* to marry; *(fig)* to blend; **se marier** *vpr* : **se ~ (avec)** to marry, get married (to); *(fig)* to blend (with)
marijuana [maʀiʒwana] *nf* marijuana
marin, e [maʀɛ̃, -in] *adj* sea *cpd*, marine; **avoir le pied ~** *(garder son équilibre)* to have one's sea legs ▸ *nm* sailor ▸ *nf* navy; *(Art)* seascape; *(couleur)* navy (blue); **marine de guerre** navy; **marine marchande** merchant navy; **marine à voiles** sailing ships *pl*
marina [maʀina] *nf* marina
marinade [maʀinad] *nf* marinade
marine [maʀin] *adj f, nf voir* **marin** ▸ *adj inv* navy (blue) ▸ *nm (Mil)* marine
mariner [maʀine] /1/ *vi, vt* to marinate, marinade
marinier [maʀinje] *nm* bargee
marinière [maʀinjɛʀ] *nf (blouse)* smock ▸ *adj inv* : **moules ~** *(Culin)* mussels in white wine
marionnette [maʀjɔnɛt] *nf* puppet
marionnettiste [maʀjɔnetist] *nmf* puppeteer
marital, e, -aux [maʀital, -o] *adj* : **autorisation maritale** husband's permission
maritalement [maʀitalmɑ̃] *adv* : **vivre ~** to live together (as husband and wife)
maritime [maʀitim] *adj* sea *cpd*, maritime; *(ville)* coastal, seaside; *(droit)* shipping, maritime
marjolaine [maʀʒɔlɛn] *nf* marjoram
mark [maʀk] *nm* mark
marketing [maʀkətiŋ] *nm (Comm)* marketing
marmaille [maʀmɑj] *nf (péj)* (gang of) brats *pl*
marmelade [maʀməlad] *nf (compote)* stewed fruit, compote; **~ d'oranges** (orange) marmalade; **en ~** *(fig)* crushed (to a pulp)
marmite [maʀmit] *nf* (cooking-)pot
marmiton [maʀmitɔ̃] *nm* kitchen boy
marmonner [maʀmɔne] /1/ *vt, vi* to mumble, mutter
marmot [maʀmo] *nm (fam)* brat
marmotte [maʀmɔt] *nf* marmot
marmotter [maʀmɔte] /1/ *vt (prière)* to mumble, mutter
marne [maʀn] *nf (Géo)* marl
Maroc [maʀɔk] *nm* : **le ~** Morocco
marocain, e [maʀɔkɛ̃, -ɛn] *adj* Moroccan ▸ *nm/f* : **Marocain, e** Moroccan
maronite [maʀɔnit] *adj* Maronite ▸ *nm/f* Maronite
maroquin [maʀɔkɛ̃] *nm (peau)* morocco (leather); *(fig)* (minister's) portfolio
maroquinerie [maʀɔkinʀi] *nf (industrie)* leather craft; *(commerce)* leather shop; *(articles)* fine leather goods *pl*
maroquinier [maʀɔkinje] *nm (fabricant)* leather craftsman; *(marchand)* leather dealer
marotte [maʀɔt] *nf* fad
marquage [maʀkaʒ] *nm (Sport)* marking; *(de bétail)* branding; *(d'arbre)* marking; **une erreur de ~** a defensive error, a marking error; **~ à la culotte** close marking
marquant, e [maʀkɑ̃, -ɑ̃t] *adj* outstanding
marque [maʀk] *nf* mark; *(Sport, Jeu)* score; *(Comm : de nourriture)* brand; *(: de voiture, produits manufacturés)* make; *(insigne : d'une fonction)* badge; *(fig)* : **~ d'affection** token of affection; **~ de joie** sign of joy; **à vos marques !** *(Sport)* on your marks!; **de ~** *adj (Comm)* brand-name *cpd*; proprietary; *(fig)* high-class *(: personnage, hôte)* distinguished; **produit de ~** quality product; **~ déposée** registered trademark; **~ de fabrique** trademark; **une grande ~ de vin** a well-known brand of wine
marqué, e [maʀke] *adj* marked
marquer [maʀke] /1/ *vt* to mark; *(inscrire)* to write down; *(bétail)* to brand; *(Sport : but etc)* to score; *(: joueur)* to mark; *(accentuer : taille etc)* to emphasize; *(manifester : refus, intérêt)* to show; **~ qn de son influence/empreinte** to have an influence/leave its impression on sb; **~ un temps d'arrêt** to pause momentarily; **~ le pas** *(fig)* to mark time; **un jour à ~ d'une pierre blanche** a red-letter day; **~ les points** *(tenir la marque)* to keep the score ▸ *vi (événement, personnalité)* to stand out, be outstanding; *(Sport)* to score
marqueté, e [maʀkəte] *adj* inlaid
marqueterie [maʀkɛtʀi] *nf* inlaid work, marquetry
marqueur, -euse [maʀkœʀ, -øz] *nm/f (Sport : de but)* scorer ▸ *nm (crayon feutre)* marker pen
marquis, e [maʀki, -iz] *nm/f* marquis *ou* marquess (marchioness) ▸ *nf (auvent)* glass canopy *ou* awning ▸ *nfpl* : **les (îles) Marquises** the Marquesas Islands
marraine [maʀɛn] *nf* godmother; *(d'un navire, d'une rose etc)* namer
Marrakech [maʀakɛʃ] *n* Marrakech *ou* Marrakesh
marrant, e [maʀɑ̃, -ɑ̃t] *adj (fam)* funny
marre [maʀ] *adv (fam)* : **en avoir ~ de** to be fed up with
marrer [maʀe] /1/ : **se marrer** *vpr (fam)* to have a (good) laugh
marron, ne [maʀɔ̃, -ɔn] *nm (fruit)* chestnut; **marrons glacés** marrons glacés ▸ *adj inv* brown ▸ *adj (péj)* crooked; *(: faux)* bogus
marronnier [maʀɔnje] *nm* chestnut (tree)
Mars [maʀs] *nf* Mars
mars [maʀs] *nm* March; *voir aussi* **juillet**
marseillais, e [maʀsɛjɛ, -ɛz] *adj* of *ou* from Marseilles ▸ *nf* : **la Marseillaise** *the French national anthem*

LA MARSEILLAISE

The **Marseillaise** has been France's national anthem since 1879. The words of the *Chant de guerre de l'armée du Rhin*, as the song was originally called, were written to an anonymous tune by an army captain called *Rouget de Lisle* in 1792. Adopted as a marching song by the Marseille battalion, it was finally popularized as the *Marseillaise*.

Marseille [maʀsɛj] *n* Marseilles
marsouin [maʀswɛ̃] *nm* porpoise
marsupial, e, -aux [maʀsypjal, -jo] *nm* marsupial ▸ *adj* : **une souris marsupiale** a marsupial mouse
marteau, x [maʀto] *nm* hammer; (*de porte*) knocker; **~ pneumatique** pneumatic drill; **être ~** (*fam*) to be nuts
marteau-pilon [maʀtopilɔ̃] (*pl* **marteaux-pilons**) *nm* power hammer
marteau-piqueur [maʀtopikœʀ] (*pl* **marteaux-piqueurs**) *nm* pneumatic drill
martel [maʀtɛl] *nm* : **se mettre ~ en tête** to worry o.s.
martèlement [maʀtɛlmɑ̃] *nm* hammering
marteler [maʀtəle] /**5**/ *vt* to hammer; (*mots, phrases*) to rap out
martial, e, -aux [maʀsjal, -o] *adj* martial; **cour martiale** court-martial
martien, ne [maʀsjɛ̃, -ɛn] *adj* Martian, of *ou* from Mars
martinet [maʀtinɛ] *nm* (*fouet*) small whip; (*Zool*) swift
martingale [maʀtɛ̃gal] *nf* (*Couture*) half-belt; (*Jeu*) winning formula
martiniquais, e [maʀtinikɛ, -ɛz] *adj* of *ou* from Martinique
Martinique [maʀtinik] *nf* : **la ~** Martinique
martin-pêcheur [maʀtɛ̃pɛʃœʀ] (*pl* **martins-pêcheurs**) *nm* kingfisher
martre [maʀtʀ] *nf* marten; **~ zibeline** sable
martyr, e [maʀtiʀ] *nm/f* martyr ▸ *adj* martyred; **enfants martyrs** battered children
martyre [maʀtiʀ] *nm* martyrdom; (*fig : sens affaibli*) agony, torture; **souffrir le ~** to suffer agonies
martyriser [maʀtiʀize] /**1**/ *vt* (*Rel*) to martyr; (*fig*) to bully; (: *enfant*) to batter
marxisme [maʀksism] *nm* Marxism
marxiste [maʀksist] *adj, nmf* Marxist
mas [mɑ(s)] *nm traditional house or farm in Provence*
mascara [maskaʀa] *nm* mascara
mascarade [maskaʀad] *nf* masquerade
mascotte [maskɔt] *nf* mascot
masculin, e [maskylɛ̃, -in] *adj* masculine; (*sexe, population*) male; (*équipe, vêtements*) men's; (*viril*) manly ▸ *nm* masculine
masculinité [maskylinite] *nf* masculinity
maso [mazo] (*fam*) *adj* (*masochiste*) masochistic ▸ *nmf* masochist
masochisme [mazɔʃism] *nm* masochism
masochiste [mazɔʃist] *adj* masochistic ▸ *nmf* masochist
masque [mask] *nm* mask; **~ de beauté** face pack; **~ à gaz** gas mask; **~ de plongée** diving mask
masqué, e [maske] *adj* masked
masquer [maske] /**1**/ *vt* (*cacher : porte, goût*) to hide, conceal; (*dissimuler : vérité, projet*) to mask, obscure
massacrant, e [masakʀɑ̃, -ɑ̃t] *adj* : **humeur massacrante** foul temper
massacre [masakʀ] *nm* massacre, slaughter; **jeu de ~** (*fig*) wholesale slaughter
massacrer [masakʀe] /**1**/ *vt* to massacre, slaughter; (*fig : adversaire*) to slaughter; (: *texte etc*) to murder
massage [masaʒ] *nm* massage
masse [mas] *nf* mass; (*Élec*) earth; (*maillet*) sledgehammer; **une ~ de, des masses de** (*fam*) masses *ou* loads of; **la ~** (*péj*) the masses *pl*; **en ~** *adv* (*en bloc*) in bulk; (*en foule*) en masse; *adj* (*exécutions, production*) mass *cpd*; **~ monétaire** (*Écon*) money supply; **~ salariale** (*Comm*) wage(s) bill; **masses** *nfpl* masses
massepain [maspɛ̃] *nm* marzipan
masser [mase] /**1**/ *vt* (*assembler : gens*) to gather; (*pétrir*) to massage; **se masser** *vpr* (*foule*) to gather
masseur, -euse [masœʀ, -øz] *nm/f* (*personne*) masseur(-euse) ▸ *nm* (*appareil*) massager
massicot [masiko] *nm* (*Typo*) guillotine
massicotier, -ière [masikɔtje, -jɛʀ] *nm/f* (*Typo*) guillotine operator
massif, -ive [masif, -iv] *adj* (*porte*) solid, massive; (*visage*) heavy, large; (*bois, or*) solid; (*dose*) massive; (*déportations etc*) mass *cpd* ▸ *nm* (*montagneux*) massif; (*de fleurs*) clump, bank; **le M~ Central** the Massif Central
massivement [masivmɑ̃] *adv* (*répondre*) en masse; (*administrer, injecter*) in massive doses
massue [masy] *nf* club, bludgeon ▸ *adj inv* : **argument ~** sledgehammer argument
mastectomie [mastɛktɔmi] *nf* mastectomy
master [mastɛʀ] *nm* (*Scol*) Master's (degree)

MASTER

The **master** diploma is awarded to students who have completed two years of study after the *licence*. It includes classes in theoretical and applied topics, an introduction to research and sometimes a period of work experience. A *master* is required to be able to enter some professions, most notably teaching.

mastère [mastɛʀ] *nm* ≈ Master's degree (*from a business school or an institute of technology*)
mastic [mastik] *nm* (*pour vitres*) putty; (*pour fentes*) filler
masticage [mastikaʒ] *nm* (*d'une fente*) filling; (*d'une vitre*) puttying
mastication [mastikasjɔ̃] *nf* chewing, mastication
mastiquer [mastike] /**1**/ *vt* (*aliment*) to chew, masticate; (*fente*) to fill; (*vitre*) to putty
mastoc [mastɔk] *adj inv* (*fam*) hefty
mastodonte [mastɔdɔ̃t] *nm* monster (*fig*)
masturbation [mastyʀbasjɔ̃] *nf* masturbation
masturber [mastyʀbe] /**1**/ : **se masturber** *vpr* to masturbate
m'as-tu-vu [matyvy] *nmf inv* show-off

masure [mazyʀ] *nf* tumbledown cottage
mat, e [mat] *adj* (*couleur, métal*) mat(t); (*bruit, son*) dull ▸ *adj inv* (*Échecs*) : **être ~** to be checkmate
mât [mɑ] *nm* (*Navig*) mast; (*poteau*) pole, post
matamore [matamɔʀ] *nm* braggart, blusterer
match [matʃ] *nm* match; **~ nul** draw, tie (*US*); **faire ~ nul** to draw (Brit), tie (*US*); **~ aller** first leg; **~ retour** second leg, return match
matelas [mat(ə)lɑ] *nm* mattress; **~ pneumatique** air bed *ou* mattress; **~ à ressorts** spring *ou* interior-sprung mattress
matelassé, e *adj* padded; (*tissu*) quilted
matelasser [mat(ə)lase] /1/ *vt* to pad
matelot [mat(ə)lo] *nm* sailor, seaman
mater [mate] /1/ *vt* (*personne*) to bring to heel, subdue; (*révolte*) to put down; (*fam*) to watch, look at
matérialisation [materjalizasjɔ̃] *nf* materialization
matérialiser [materjalize] /1/ : **se matérialiser** *vpr* to materialize
matérialisme [materjalism] *nm* materialism
matérialiste [materjalist] *adj* materialistic ▸ *nmf* materialist
matériau, x [materjo] *nm* material; **matériaux** *nmpl* material(s); **matériaux de construction** building materials
matériel, le [materjɛl] *adj* material; (*organisation, aide, obstacle*) practical; (*fig* : *péj* : *personne*) materialistic; **il n'a pas le temps ~ de le faire** he doesn't have the time (needed) to do it ▸ *nm* equipment *no pl*; (*de camping etc*) gear *no pl*; (*Inform*) hardware; **~ d'exploitation** (*Comm*) plant; **~ roulant** rolling stock
matériellement [materjɛlmɑ̃] *adv* (*financièrement*) materially; **~ à l'aise** comfortably off; **je n'en ai ~ pas le temps** I simply do not have the time
maternel, le [matɛʀnɛl] *adj* (*amour, geste*) motherly, maternal; (*grand-père, oncle*) maternal ▸ *nf* (*aussi* : **école maternelle**) (state) nursery school
materner [matɛʀne] /1/ *vt* (*personne*) to mother
maternisé, e [matɛʀnize] *adj* : **lait ~** (infant) formula
maternité [matɛʀnite] *nf* (*établissement*) maternity hospital; (*état de mère*) motherhood, maternity; (*grossesse*) pregnancy; **congé de ~** maternity leave
math [mat] *nfpl* maths (Brit), math (*US*)
mathématicien, ne [matematisjɛ̃, -ɛn] *nm/f* mathematician
mathématique [matematik] *adj* mathematical
mathématiques [matematik] *nfpl* mathematics *sg*
matheux, -euse [matø, -øz] *nm/f* (*fam*) maths (Brit) *ou* math (*US*) student; (*fort en math*) mathematical genius
maths [mat] *nfpl* maths (Brit), math (*US*)
matière [matjɛʀ] *nf* (*Physique*) matter; (*Comm, Tech*) material; matter *no pl*; (*fig* : *d'un livre etc*) subject matter, material; (*Scol*) subject; **en ~ de** as regards; **donner ~ à** to give cause to; **~ plastique** plastic; **matières fécales** faeces; **matières grasses** fat (content) *sg*; **matières premières** raw materials
MATIF [matif] *sigle m* (= *Marché à terme des instruments financiers*) *body which regulates the activities of the French Stock Exchange*
Matignon [matiɲɔ̃] *nm* : **(l'hôtel) ~** *the French Prime Minister's residence*

HÔTEL MATIGNON

The **hôtel Matignon** is the Paris office and residence of the French Prime Minister. By extension, the term *Matignon* is often used to refer to the Prime Minister and his or her staff.

matin [matɛ̃] *nm, adv* morning; **le ~** (*pendant le matin*) in the morning; **demain/hier/dimanche ~** tomorrow/yesterday/Sunday morning; **tous les matins** every morning; **le lendemain ~** (the) next morning; **du ~ au soir** from morning till night; **une heure du ~** one o'clock in the morning; **de grand** *ou* **bon ~** early in the morning
matinal, e, -aux [matinal, -o] *adj* (*toilette, gymnastique*) morning *cpd*; (*de bonne heure*) early; **être ~** (*personne*) to be up early; (: *habituellement*) to be an early riser
mâtiné, e [mɑtine] *adj* : **qch ~ de qch** sth mixed with sth, a mixture of sth and sth
matinée [matine] *nf* morning; (*spectacle*) matinée, afternoon performance
matois, e [matwa, -waz] *adj* wily
matos [matos] *nm* (*fam*) gear, stuff
matou [matu] *nm* tom(cat)
matraquage [matʀakaʒ] *nm* beating up; **~ publicitaire** plug, plugging
matraque [matʀak] *nf* (*de malfaiteur*) cosh (Brit), club; (*de policier*) truncheon (Brit), billy (*US*)
matraquer [matʀake] /1/ *vt* to beat up (with a truncheon *ou* billy); to cosh (Brit), club; (*fig* : *touristes etc*) to rip off; (: *disque*) to plug
matriarcal, e, -aux [matʀijaʀkal, -o] *adj* matriarchal
matrice [matʀis] *nf* (*Anat*) womb; (*Tech*) mould; (*Math etc*) matrix
matricule [matʀikyl] *nf* (*aussi* : **registre matricule**) roll, register ▸ *nm* (*aussi* : **numéro matricule** : *Mil*) regimental number; (*Admin*) reference number
matrimonial, e, -aux [matʀimɔnjal, -o] *adj* marital, marriage *cpd*
matrone [matʀɔn] *nf* matron
mâture [mɑtyʀ] *nf* masts *pl*
maturité [matyʀite] *nf* maturity; (*d'un fruit*) ripeness, maturity
maudire [modiʀ] /2/ *vt* to curse
maudit, e [modi, -it] *adj* (*fam* : *satané*) blasted, confounded
maugréer [mogʀee] /1/ *vi* to grumble
mauresque [mɔʀɛsk] *adj* Moorish
Maurice [mɔʀis] *nf* : **(l'île) ~** Mauritius
mauricien, ne [mɔʀisjɛ̃, -ɛn] *adj* Mauritian ▸ *nm/f* : **Mauricien, ne** Mauritian
Mauritanie [mɔʀitani] *nf* : **la ~** Mauritania

mauritanien, ne [mɔʀitanjɛ̃, -ɛn] *adj* Mauritanian ▸ *nm/f* : **Mauritanien, ne** Mauritanian
mausolée [mozɔle] *nm* mausoleum
maussade [mosad] *adj (air, personne)* sullen; *(ciel, temps)* gloomy
mauvais, e [mɔvɛ, -ɛz] *adj* bad; *(méchant, malveillant)* malicious, spiteful; *(faux)* : **un ~ numéro** a wrong number; **la mer est mauvaise** the sea is rough; **~ coucheur** awkward customer; **~ coup** *(fig)* criminal venture; **~ garçon** tough; **~ pas** tight spot; **~ plaisant** hoaxer; **mauvaise plaisanterie** nasty trick; **~ traitements** ill treatment *sg*; **~ joueur** bad loser; **mauvaise herbe** weed; **mauvaise langue** gossip, scandalmonger (Brit); **mauvaise passe** difficult situation; *(période)* bad patch; **mauvaise tête** rebellious *ou* headstrong customer ▸ *adv* : **il fait ~** the weather is bad; **sentir ~** to have a nasty smell, smell bad *ou* nasty
mauve [mov] *adj (couleur)* mauve ▸ *nf (Bot)* mallow
mauviette [movjɛt] *nf (péj)* weakling
maux [mo] *nmpl voir* **mal**
max. *abr (= maximum)* max
maxillaire [maksilɛʀ] *nm* jaw; **~ inférieur** lower jaw; **de puissants maxillaires** a strong jaw
maximal, e, -aux [maksimal, -o] *adj* maximal
maxime [maksim] *nf* maxim
maximiser [maksimize] *vt* to maximize; **~ ses profits** to maximize profits
maximum [maksimɔm] *adj, nm* maximum; **atteindre un/son ~** to reach a/his peak; **au ~** *adv (le plus possible)* to the full; as much as one can; *(tout au plus)* at the (very) most *ou* maximum; **faire le ~** to do one's level best
Mayence [majɑ̃s] *n* Mainz
mayonnaise [majɔnɛz] *nf* mayonnaise
Mayotte [majɔt] *nf* Mayotte
mazout [mazut] *nm* (fuel) oil; **chaudière/poêle à ~** oil-fired boiler/stove
mazouté, e [mazute] *adj* oil-polluted
MDM *sigle mpl (= Médecins du Monde) medical association for aid to Third-World countries*
MDR *sigle adj (= mort de rire)* LOL
Me *abr* = **Maître**
me, m' [mə, m] *pron (direct : téléphoner, attendre etc)* me; *(indirect : parler, donner etc)* (to) me; *(réfléchi)* myself
mea-culpa [meakylpa] *nm inv* : **faire son ~** to admit one's guilt
méandres [meɑ̃dʀ] *nmpl* meanderings
mec [mɛk] *nm (fam)* guy, bloke (Brit)
mécanicien, ne [mekanisjɛ̃, -ɛn] *nm/f* mechanic; *(Rail)* (train *ou* engine) driver; **~ navigant** *ou* **de bord** *(Aviat)* flight engineer
mécanique [mekanik] *adj* mechanical; **ennui ~** engine trouble *no pl* ▸ *nf (science)* mechanics *sg*; *(technologie)* mechanical engineering; *(mécanisme)* mechanism; engineering; works *pl*; **s'y connaître en ~** to be mechanically minded; **~ hydraulique** hydraulics *sg*; **~ ondulatoire** wave mechanics *sg*
mécaniquement [mekanikmɑ̃] *adv* mechanically
mécanisation [mekanizasjɔ̃] *nf* mechanization
mécaniser [mekanize] /1/ *vt* to mechanize
mécanisme [mekanism] *nm* mechanism; **~ des taux de change** exchange rate mechanism
mécano [mekano] *nm (fam)* mechanic
mécénat [mesena] *nm (appui, promotion)* patronage; *(soutien financier)* sponsorship
mécène [mesɛn] *nmf* patron
méchamment [meʃamɑ̃] *adv* nastily, maliciously; spitefully; viciously
méchanceté [meʃɑ̃ste] *nf (d'une personne, d'une parole)* nastiness, maliciousness, spitefulness; *(parole, action)* nasty *ou* spiteful *ou* malicious remark (*ou* action); **dire des méchancetés à qn** to say spiteful things to sb
méchant, e [meʃɑ̃, -ɑ̃t] *adj* nasty, malicious, spiteful; *(enfant : pas sage)* naughty; *(animal)* vicious; *(avant le nom : péj)* nasty
mèche [mɛʃ] *nf (de lampe, bougie)* wick; *(d'un explosif)* fuse; *(Méd)* pack, dressing; *(de vilebrequin, perceuse)* bit; *(de dentiste)* drill; *(de fouet)* lash; *(de cheveux)* lock; **se faire faire des mèches** *(chez le coiffeur)* to have highlights put in one's hair, have one's hair streaked; **vendre la ~** to give the game away; **de ~ avec** in league with
méchoui [meʃwi] *nm whole sheep barbecue*
mécompte [mekɔ̃t] *nm (erreur)* miscalculation; *(déception)* disappointment
méconnais *etc* [mekɔnɛ] *vb voir* **méconnaître**
méconnaissable [mekɔnɛsabl] *adj* unrecognizable
méconnaissais *etc* [mekɔnɛsɛ] *vb voir* **méconnaître**
méconnaissance [mekɔnɛsɑ̃s] *nf* ignorance
méconnaître [mekɔnɛtʀ] /57/ *vt (ignorer)* to be unaware of; *(mésestimer)* to misjudge
méconnu, e [mekɔny] *pp de* **méconnaître** ▸ *adj (génie etc)* unrecognized
mécontent, e [mekɔ̃tɑ̃, -ɑ̃t] *adj* : **~ (de)** *(insatisfait)* discontented *ou* dissatisfied *ou* displeased (with); *(contrarié)* annoyed (at) ▸ *nm/f* malcontent, dissatisfied person
mécontentement [mekɔ̃tɑ̃tmɑ̃] *nm* dissatisfaction, discontent, displeasure; *(irritation)* annoyance
mécontenter [mekɔ̃tɑ̃te] /1/ *vt* to displease
Mecque [mɛk] *nf* : **la ~** Mecca
mécréant, e [mekʀeɑ̃, -ɑ̃t] *adj (peuple)* infidel; *(personne)* atheistic
méd. *abr* = **médecin**
médaille [medaj] *nf* medal
médaillé, e [medaje] *nm/f (Sport)* medal-holder
médaillon [medajɔ̃] *nm (portrait)* medallion; *(bijou)* locket; *(Culin)* médaillon; **en ~** *adj (carte etc)* inset
médecin [med(ə)sɛ̃] *nm* doctor; **~ du bord** *(Navig)* ship's doctor; **~ généraliste** general practitioner, GP; **~ légiste** forensic scientist (Brit), medical examiner (US); **~ traitant** family doctor, GP
médecine [med(ə)sin] *nf* medicine; **~ générale** general medicine; **~ infantile** paediatrics *sg* (Brit), pediatrics *sg* (US); **~ légale** forensic

m

medicine; ~ **préventive** preventive medicine; ~ **du travail** occupational *ou* industrial medicine; **médecines parallèles** *ou* **douces** alternative medicine
MEDEF [medɛf] *nm (= Mouvement des entreprises de France) national confederation of French employers*, ≈ CBI (*Brit*)
média [medja] *nm* media; **les** ~ the media
médian, e [medjɑ̃, -an] *adj* median
médiateur, -trice [medjatœʀ, -tʀis] *nm/f* mediator; arbitrator
médiathèque [medjatɛk] *nf* media library
médiation [medjasjɔ̃] *nf* mediation; *(dans conflit social etc)* arbitration
médiatique [medjatik] *adj* media *cpd*
médiatisation [medjatizasjɔ̃] *nf* media coverage
médiatisé, e [medjatize] *adj* reported in the media; **être** ~ to get media attention; **ce procès a été très** ~ this trial got a great deal of media attention
médiatiser [medjatize] *vt* to give a lot of media coverage to; ~ **un conflit** to turn a conflict into a media event
médiator [medjatɔʀ] *nm* plectrum
médical, e, -aux [medikal, -o] *adj* medical; **visiteur** *ou* **délégué** ~ medical rep *ou* representative; **passer une visite médicale** to have a medical
médicalement [medikalmɑ̃] *adv* medically
médicalisation [medikalizasjɔ̃] *nf (traitement : d'accouchement, vieillesse)* management; *(recours abusif à la médecine)* medicalization
médicament [medikamɑ̃] *nm* medicine, drug
médicamenteux, -euse [medikamɑ̃tø, -øz] *adj* medicinal
médication [medikasjɔ̃] *nf* medication
médicinal, e, -aux [medisinal, -o] *adj* medicinal
médico-légal, e, -aux [medikɔlegal, -o] *adj* forensic
médico-social, e, -aux [medikɔsɔsjal, -o] *adj* : **assistance médico-sociale** medical and social assistance
médiéval, e, -aux [medjeval, -o] *adj* medieval
médiocre [medjɔkʀ] *adj* mediocre, poor
médiocrité [medjɔkʀite] *nf* mediocrity
médire [mediʀ] /**37**/ *vi* : ~ **de** to speak ill of
médisance [medizɑ̃s] *nf* scandalmongering *no pl* (*Brit*), mud-slinging *no pl*; *(propos)* piece of scandal *ou* malicious gossip
médisant, e [medizɑ̃, -ɑ̃t] *vb voir* **médire** ▸ *adj* slanderous, malicious
médit, e [medi, -it] *pp de* **médire**
méditatif, -ive [meditatif, -iv] *adj* thoughtful
méditation [meditasjɔ̃] *nf* meditation
méditer [medite] /**1**/ *vt (approfondir)* to meditate on, ponder (over); *(combiner)* to meditate ▸ *vi* to meditate; ~ **de faire** to contemplate doing, plan to do
Méditerranée [mediteʀane] *nf* : **la (mer)** ~ the Mediterranean (Sea)
méditerranéen, ne [mediteʀaneɛ̃, -ɛn] *adj* Mediterranean ▸ *nm/f* : **Méditerranéen, ne** Mediterranean
médium [medjɔm] *nm* medium *(spiritualist)*
médius [medjys] *nm* middle finger
médoc [medɔk] *nm (vin)* Médoc
méduse [medyz] *nf* jellyfish
méduser [medyze] /**1**/ *vt* to dumbfound
meeting [mitiŋ] *nm (Pol, Sport)* rally, meeting; ~ **d'aviation** air show
méfait [mefɛ] *nm (faute)* misdemeanour, wrongdoing; **méfaits** *nmpl (ravages)* ravages, damage *sg*
méfiance [mefjɑ̃s] *nf* mistrust, distrust
méfiant, e [mefjɑ̃, -ɑ̃t] *adj* mistrustful, distrustful
méfier [mefje] /**7**/ : **se méfier** *vpr* to be wary; *(faire attention)* to be careful; **se** ~ **de** *vt* to mistrust, distrust, be wary of; to be careful about
mégabit [megabit] *nm (Inform)* megabit
mégahertz [megaɛʀts] *nm* megahertz
mégalo [megalo] *adj, nmf (fam)* megalomaniac
mégalomane [megalɔman] *adj, nmf* megalomaniac
mégalomanie [megalɔmani] *nf* megalomania
mégalopole [megalɔpɔl] *nf* megalopolis
méga-octet [megaɔktɛ] *nm* megabyte
mégarde [megaʀd] *nf* : **par** ~ *(accidentellement)* accidentally; *(par erreur)* by mistake
mégatonne [megatɔn] *nf* megaton
mégawatt [megawat] *nm* megawatt
mégère [meʒɛʀ] *nf (péj : femme)* shrew
mégot [mego] *nm* cigarette end *ou* butt
mégoter [megɔte] /**1**/ *vi* to nitpick
meilleur, e [mɛjœʀ] *adj, adv* better; *(valeur superlative)* best; **il fait ~ qu'hier** it's better weather than yesterday; **de meilleure heure** earlier; ~ **marché** cheaper ▸ *nm* : **le** ~ *(celui qui ...)* the best (one); *(ce qui ...)* the best; **le ~ des deux** the better of the two ▸ *nf* : **la meilleure** the best (one)
méjuger [meʒyʒe] /**3**/ *vt* to misjudge
mél [mɛl] *nm* email
mélancolie [melɑ̃kɔli] *nf* melancholy, gloom
mélancolique [melɑ̃kɔlik] *adj* melancholy, gloomy
mélanésien, ne [melanezjɛ̃, -jɛn] *adj* Melanesian ▸ *nm/f* : **Mélanésien, ne** Melanesian
mélange [melɑ̃ʒ] *nm (opération)* mixing; blending; *(résultat)* mixture; blend; **sans** ~ unadulterated
mélanger [melɑ̃ʒe] /**3**/ *vt (substances)* to mix; *(vins, couleurs)* to blend; *(mettre en désordre, confondre)* to mix up, muddle (up); **se mélanger** *vpr (liquides, couleurs)* to blend, mix
mélangeur [melɑ̃ʒœʀ] *nm (robinet)* mixer tap (*Brit*), mixer faucet (*US*); *(machine)* mixer
mélanine [melanin] *nf* melanin
mélanome [melanom] *nm* melanoma
mélasse [melas] *nf* treacle, molasses *sg*
mêlée [mele] *nf (bataille, cohue)* mêlée, scramble; *(lutte, conflit)* tussle, scuffle; *(Rugby)* scrum(mage)
mêler [mele] /**1**/ *vt (substances, odeurs)* to mix; ~ **à** *ou* **avec** *ou* **de** to mix with; to mingle with; ~ **qn à** *(affaire)* to get sb mixed up *ou* involved in; **se mêler** *vpr* to mix; *(se joindre, s'allier)* to mingle; **se ~ à** *(personne)* to join; *(s'associer à)* to mix with

(*: odeurs etc*) to mingle with; **se ~ de** (*personne*) to meddle with, interfere in; **mêle-toi de tes affaires !** mind your own business!
méli-mélo [melimelo] *nm inv* (*fam*) jumble
mélo [melo] *nm, adj* = **mélodrame** ; **mélodramatique**
mélodie [melɔdi] *nf* melody
mélodieux, -euse [melɔdjø, -øz] *adj* melodious, tuneful
mélodique [melɔdik] *adj* melodic
mélodramatique [melɔdʀamatik] *adj* melodramatic
mélodrame [melɔdʀam] *nm* melodrama
mélomane [melɔman] *nmf* music lover
melon [m(ə)lɔ̃] *nm* (*Bot*) (honeydew) melon; (*aussi* : **chapeau melon**) bowler (hat); **~ d'eau** watermelon
mélopée [melɔpe] *nf* monotonous chant
membrane [mɑ̃bʀan] *nf* membrane
membre [mɑ̃bʀ] *nm* (*Anat*) limb; **~ (viril)** (male) organ ▸ *nmf* (*personne, pays, élément*) member; **être ~ de** to be a member of ▸ *adj* member *cpd*
mémé [meme] *nf* (*fam*) granny; (*: vieille femme*) old dear

MOT-CLÉ

même [mɛm] *adj* **1** (*avant le nom*) same; **en même temps** at the same time; **ils ont les mêmes goûts** they have the same *ou* similar tastes
2 (*après le nom : renforcement*) : **il est la loyauté même** he is loyalty itself; **ce sont ses paroles mêmes** they are his very words
▸ *pron* : **le (la) même** the same one
▸ *adv* **1** (*renforcement*) : **il n'a même pas pleuré** he didn't even cry; **même lui l'a dit** even HE said it; **ici même** at this very place; **même si** even if
2 : **à même** : **à même la bouteille** straight from the bottle; **à même la peau** next to the skin; **être à même de faire** to be in a position to do, be able to do; **mettre qn à même de faire** to enable sb to do
3 : **de même** likewise; **faire de même** to do likewise *ou* the same; **lui de même** so does (*ou* did *ou* is) he; **de même que** just as; **il en va de même pour** the same goes for

mémento [memɛ̃to] *nm* (*agenda*) appointments diary; (*ouvrage*) summary
mémère [memɛʀ] *nf* (*fam, péj*) old granny
mémo [memo] *nm* (*fam*) memo
mémoire [memwaʀ] *nf* memory; **avoir la ~ des visages/chiffres** to have a (good) memory for faces/figures; **n'avoir aucune ~** to have a terrible memory; **avoir de la ~** to have a good memory; **à la ~ de** to the *ou* in memory of; **pour ~** *adv* for the record; **de ~** *adv* from memory; **de ~ d'homme** in living memory; **mettre en ~** (*Inform*) to store; **~ morte** read-only memory, ROM; **~ vive** random access memory, RAM ▸ *nm* (*Admin, Jur*) memorandum; (*Université*) dissertation, paper ▸ *nmpl* memoirs
mémorable [memɔʀabl] *adj* memorable
mémorandum [memɔʀɑ̃dɔm] *nm* memorandum; (*carnet*) notebook
mémorial, -aux [memɔʀjal, -o] *nm* memorial
mémorisable [memɔʀizabl] *adj* : **facilement ~** easy to remember
mémoriser [memɔʀize] /**1**/ *vt* to memorize; (*Inform*) to store
menaçant, e [mənasɑ̃, -ɑ̃t] *adj* threatening, menacing
menace [mənas] *nf* threat; **~ en l'air** empty threat
menacer [mənase] /**3**/ *vt* to threaten; **~ qn de qch/de faire qch** to threaten sb with sth/to do sth
ménage [menaʒ] *nm* (*travail*) housekeeping, housework; (*couple*) (married) couple; (*famille, Admin*) household; **faire le ~** to do the housework; **faire des ménages** to work as a cleaner (*in private homes*); **monter son ~** to set up house; **se mettre en ~ (avec)** to set up house (with); **heureux en ~** happily married; **faire bon ~ avec** to get on well with; **~ de poupée** doll's kitchen set; **~ à trois** love triangle
ménagement [menaʒmɑ̃] *nm* care and attention; **ménagements** *nmpl* (*égards*) consideration *sg*, attention *sg*
ménager[1] [menaʒe] *vt* (*traiter avec mesure*) to handle with tact; to treat considerately; (*utiliser*) to use with care; (*: avec économie*) to use sparingly; (*prendre soin de*) to take (great) care of, look after; (*organiser*) to arrange; (*installer*) to put in; to make; **~ qch à qn** (*réserver*) to have sth in store for sb; **se ménager** *vpr* to look after o.s.
ménager[2], **-ère** [menaʒe, -ɛʀ] *adj* household *cpd*, domestic ▸ *nf* (*femme*) housewife; (*couverts*) canteen (of cutlery)
ménagerie [menaʒʀi] *nf* menagerie
mendiant, e [mɑ̃djɑ̃, -ɑ̃t] *nm/f* beggar
mendicité [mɑ̃disite] *nf* begging
mendier [mɑ̃dje] /**7**/ *vi* to beg ▸ *vt* to beg (for); (*fig : éloges, compliments*) to fish for
menées [məne] *nfpl* intrigues, manœuvres (BRIT), maneuvers (US); (*Comm*) activities
mener [m(ə)ne] /**5**/ *vt* to lead; (*enquête*) to conduct; (*affaires*) to manage, conduct, run; **~ qch à bonne fin** *ou* **à terme** *ou* **à bien** to see sth through (to a successful conclusion), complete sth successfully ▸ *vi* : **~ (à la marque)** to lead, be in the lead; **~ à/dans** (*emmener*) to take to/into
meneur, -euse [mənœʀ, -øz] *nm/f* leader; (*péj : agitateur*) ringleader; **~ d'hommes** born leader; **~ de jeu** host, quizmaster (BRIT)
menhir [meniʀ] *nm* standing stone
méninges [menɛ̃ʒ] *nfpl* (*Anat*) meninges; (*fam*) : **se creuser les ~** to rack one's brains
méningite [menɛ̃ʒit] *nf* meningitis *no pl*
ménisque [menisk] *nm* (*Anat*) meniscus
ménopause [menopoz] *nf* menopause
ménopausée [menopoze] *adj f* post-menopausal
menotte [mənɔt] *nf* (*langage enfantin*) handie; **menottes** *nfpl* handcuffs; **passer les menottes à** to handcuff
menotter [mənɔte] *vt* to handcuff
mens [mɑ̃] *vb voir* **mentir**
mensonge [mɑ̃sɔ̃ʒ] *nm* : **le ~** lying *no pl*; **un ~** a lie

m

mensonger, -ère [mɑ̃sɔ̃ʒe, -ɛʀ] *adj* false
menstruation [mɑ̃stʀyasjɔ̃] *nf* menstruation
menstruel, le [mɑ̃stʀyɛl] *adj* menstrual
mensualisation [mɑ̃sɥalizasjɔ̃] *nf* (*des salaires*) monthly payment; **les paiements par ~ ou par prélèvement** payment by monthly instalments or direct debit
mensualiser [mɑ̃sɥalize] /1/ *vt* to pay monthly
mensualité [mɑ̃sɥalite] *nf* (*somme payée*) monthly payment; (*somme perçue*) monthly salary
mensuel, le [mɑ̃sɥɛl] *adj* monthly ▸ *nm/f* (*employé*) employee paid monthly ▸ *nm* (*Presse*) monthly
mensuellement [mɑ̃sɥɛlmɑ̃] *adv* monthly
mensurations [mɑ̃syʀasjɔ̃] *nfpl* measurements
mentais *etc* [mɑ̃tɛ] *vb voir* **mentir**
mental, e, -aux [mɑ̃tal, -o] *adj* mental
mentalement [mɑ̃talmɑ̃] *adv* in one's head, mentally
mentalité [mɑ̃talite] *nf* mentality
menteur, -euse [mɑ̃tœʀ, -øz] *nm/f* liar
menthe [mɑ̃t] *nf* mint; **~ (à l'eau)** peppermint cordial
menthol [mɑ̃tɔl] *nm* menthol
mentholé, e [mɑ̃tɔle] *adj* menthol *cpd*, mentholated
mention [mɑ̃sjɔ̃] *nf* (*note*) note, comment; (*Scol*) : **~ (très) bien/passable** (*very*) *good/ satisfactory pass*; **faire ~ de** to mention; **« rayer la ~ inutile »** "delete as appropriate"
mentionner [mɑ̃sjɔne] /1/ *vt* to mention
mentir [mɑ̃tiʀ] /16/ *vi* to lie
menton [mɑ̃tɔ̃] *nm* chin
mentonnière [mɑ̃tɔnjɛʀ] *nf* chin strap
menu, e [məny] *adj* (*mince*) slim, slight; (*petit*) tiny; (*frais, difficulté*) minor; **menue monnaie** small change ▸ *adv* (*couper, hacher*) very fine ▸ *nm* menu; **par le ~** (*raconter*) in minute detail; **~ touristique** popular *ou* tourist menu
menuet [mənɥɛ] *nm* minuet
menuiserie [mənɥizʀi] *nf* (*travail*) joinery, carpentry; (*d'amateur*) woodwork; (*local*) joiner's workshop; (*ouvrages*) woodwork *no pl*
menuisier [mənɥizje] *nm* joiner, carpenter
méprendre [mepʀɑ̃dʀ] /58/ : **se méprendre** *vpr* : **se ~ sur** to be mistaken about
mépris, e [mepʀi, -iz] *pp de* **méprendre** ▸ *nm* (*dédain*) contempt, scorn; (*indifférence*) : **le ~ de** contempt *ou* disregard for; **au ~ de** regardless of, in defiance of
méprisable [mepʀizabl] *adj* contemptible, despicable
méprisant, e [mepʀizɑ̃, -ɑ̃t] *adj* contemptuous, scornful
méprise [mepʀiz] *nf* mistake, error; (*malentendu*) misunderstanding
mépriser [mepʀize] /1/ *vt* to scorn, despise; (*gloire, danger*) to scorn, spurn
mer [mɛʀ] *nf* sea; (*marée*) tide; **~ fermée** inland sea; **en ~** at sea; **prendre la ~** to put out to sea; **en haute** *ou* **pleine ~** off shore, on the open sea; **la ~ Adriatique** the Adriatic (Sea); **la ~ des Antilles** *ou* **des Caraïbes** the Caribbean (Sea); **la ~ Baltique** the Baltic (Sea); **la ~ Caspienne** the Caspian Sea; **la ~ de Corail** the Coral Sea; **la ~ Égée** the Aegean (Sea); **la ~ Ionienne** the Ionian Sea; **la ~ Morte** the Dead Sea; **la ~ Noire** the Black Sea; **la ~ du Nord** the North Sea; **la ~ Rouge** the Red Sea; **la ~ des Sargasses** the Sargasso Sea; **les mers du Sud** the South Seas; **la ~ Tyrrhénienne** the Tyrrhenian Sea
mercantile [mɛʀkɑ̃til] *adj* (*péj*) mercenary
mercantilisme [mɛʀkɑ̃tilism] *nm* (*esprit mercantile*) mercenary attitude
mercenaire [mɛʀsənɛʀ] *nm* mercenary, hired soldier
mercerie [mɛʀsəʀi] *nf* (*Couture*) haberdashery (BRIT), notions *pl* (US); (*boutique*) haberdasher's (shop) (BRIT), notions store (US)
merci [mɛʀsi] *excl* thank you; **~ beaucoup** thank you very much; **~ de** *ou* **pour** thank you for ▸ *nf* : **à la ~ de qn/qch** at sb's mercy/the mercy of sth; **sans ~** *adj* merciless; *adv* mercilessly
mercier, -ière [mɛʀsje, -jɛʀ] *nm/f* haberdasher
mercredi [mɛʀkʀədi] *nm* Wednesday; **~ des Cendres** Ash Wednesday; *voir aussi* **lundi**
mercure [mɛʀkyʀ] *nm* mercury
merde [mɛʀd] (*!*) *nf* shit (*!*) ▸ *excl* (bloody) hell (*!*)
merder [mɛʀde] *vi* (*! : personne*) to screw up (*fam*)
merdeux, -euse [mɛʀdø, -øz] *nm/f* (*!*) little bugger (BRIT *!*), little devil
merdier [mɛʀdje] *nm* (*! : désordre*) bloody shambles (*!*); (*situation*) bloody mess (*!*)
merdique [mɛʀdik] *adj* (*!*) shitty (*!*)
mère [mɛʀ] *nf* mother; **~ célibataire** single mother; **~ de famille** housewife, mother ▸ *adj inv* mother *cpd*
merguez [mɛʀgɛz] *nf spicy North African sausage*
méridien [meʀidjɛ̃] *nm* meridian
méridional, e, -aux [meʀidjɔnal, -o] *adj* southern; (*du midi de la France*) Southern (French) ▸ *nm/f* Southerner
meringue [məʀɛ̃g] *nf* meringue
mérinos [meʀinos] *nm* merino
merisier [məʀizje] *nm* wild cherry (tree)
méritant, e [meʀitɑ̃, -ɑ̃t] *adj* deserving
mérite [meʀit] *nm* merit; **avoir du ~ (à faire qch)** to deserve credit (for doing sth); **le ~ (de ceci) lui revient** the credit (for this) is his
mériter [meʀite] /1/ *vt* to deserve; **~ de réussir** to deserve to succeed; **il mérite qu'on fasse ...** he deserves people to do ...
méritocratie [meʀitɔkʀasi] *nf* meritocracy
méritoire [meʀitwaʀ] *adj* praiseworthy, commendable
merlan [mɛʀlɑ̃] *nm* whiting
merle [mɛʀl] *nm* blackbird
merlu [mɛʀly] *nm* hake
mérou [meʀu] *nm* grouper (*fish*)
merveille [mɛʀvɛj] *nf* marvel, wonder; **faire ~** *ou* **des merveilles** to work wonders; **à ~** perfectly, wonderfully
merveilleusement [mɛʀvɛjøzmɑ̃] *adv* beautifully; **~ bien** wonderfully well
merveilleux, -euse [mɛʀvɛjø, -øz] *adj* marvellous, wonderful
mes [me] *adj poss voir* **mon**
mésalliance [mezaljɑ̃s] *nf* misalliance, mismatch

mésallier [mezalje] **/7/** : **se mésallier** *vpr* to marry beneath (*ou* above) o.s.
mésange [mezɑ̃ʒ] *nf* tit(mouse); **~ bleue** bluetit
mésaventure [mezavɑ̃tyʀ] *nf* misadventure, misfortune
Mesdames [medam] *nfpl voir* **Madame**
Mesdemoiselles [medmwazɛl] *nfpl voir* **Mademoiselle**
mésentente [mezɑ̃tɑ̃t] *nf* dissension, disagreement
mésestimer [mezɛstime] **/1/** *vt* to underestimate, underrate
Mésopotamie [mezɔpɔtami] *nf* : **la ~** Mesopotamia
mesquin, e [mɛskɛ̃, -in] *adj* mean, petty
mesquinerie [mɛskinʀi] *nf* meanness *no pl*, pettiness *no pl*; (*procédé*) mean trick
mess [mɛs] *nm* mess
message [mesaʒ] *nm* message; **~ d'erreur** (*Inform*) error message; **~ électronique** (*Inform*) email; **~ publicitaire** ad, advertisement; **~ téléphoné** telegram dictated by telephone; **~ SMS** text message; **elle m'a envoyé un ~ sur Facebook** she messaged me on Facebook; **~ instantané** instant message
messager, -ère [mesaʒe, -ɛʀ] *nm/f* messenger
messagerie [mesaʒʀi] *nf* : **messageries aériennes/maritimes** air freight/shipping service *sg*; (*Internet*) : **~ électronique** electronic mail, email; **messageries de presse** press distribution service; **~ instantanée** instant messenger, IM; **~ rose** *lonely hearts and contact service on videotext*; **~ vocale** voice mail
messe [mɛs] *nf* mass; **aller à la ~** to go to mass; **~ de minuit** midnight mass; **faire des messes basses** (*fig, péj*) to mutter
messie [mesi] *nm* : **le M~** the Messiah
Messieurs [mesjø] *nmpl voir* **Monsieur**
mesurable [məzyʀabl] *adj* measurable; **difficilement ~** difficult to quantify.
mesure [m(ə)zyʀ] *nf* (*évaluation, dimension*) measurement; (*étalon, récipient, contenu*) measure; (*Mus : cadence*) time, tempo; (*: division*) bar; (*retenue*) moderation; (*disposition*) measure, step; **unité/système de ~** unit/system of measurement; **sur ~** (*costume*) made-to-measure; (*fig*) personally adapted; **à la ~ de** (*fig : personne*) worthy of; (*chambre etc*) on the same scale as; **dans la ~ où** insofar as, inasmuch as; **dans une certaine ~** to some *ou* a certain extent; **à ~ que** as; **en ~** (*Mus*) in time *ou* tempo; **être en ~ de** to be in a position to; **dépasser la ~** (*fig*) to overstep the mark
mesuré, e [məzyʀe] *adj* (*ton, effort*) measured; (*personne*) restrained
mesurer [məzyʀe] **/1/** *vt* to measure; (*juger*) to weigh up, assess; (*limiter*) to limit, ration; (*modérer : ses paroles etc*) to moderate; (*proportionner*) : **~ qch à** to match sth to, gear sth to; **il mesure 1 m 80** he's 1 m 80 tall; **se mesurer** *vpr* : **se ~ avec** to have a confrontation with; to tackle
met [mɛ] *vb voir* **mettre**
métabolisme [metabɔlism] *nm* metabolism
métairie [meteʀi] *nf* smallholding
métal, -aux [metal, -o] *nm* metal
métalangage [metalɑ̃gaʒ] *nm* metalanguage
métallique [metalik] *adj* metallic
métallisé, e [metalize] *adj* metallic
métallo [metalo] *nmf* (*fam : métallurgiste*) metal worker
métallurgie [metalyʀʒi] *nf* metallurgy
métallurgique [metalyʀʒik] *adj* steel *cpd*, metal *cpd*
métallurgiste [metalyʀʒist] *nmf* (*ouvrier*) steel *ou* metal worker; (*industriel*) metallurgist
métamorphose [metamɔʀfoz] *nf* metamorphosis
métamorphoser [metamɔʀfoze] **/1/** *vt* to transform; **se métamorphoser** *vpr* (*chenille, larve*) to metamorphose; **se ~ en qch** to metamorphose into sth
métaphore [metafɔʀ] *nf* metaphor
métaphorique [metafɔʀik] *adj* metaphorical, figurative
métaphoriquement [metafɔʀikmɑ̃] *adv* metaphorically
métaphysique [metafizik] *nf* metaphysics *sg* ▸ *adj* metaphysical
métapsychique [metapsiʃik] *adj* psychic, parapsychological
métastase [metastɑz] *nf* (*Méd*) metastasis
métatarse [metataʀs] *nm* metatarsus
métayer, -ère [meteje, -jɛʀ] *nm/f* (tenant) farmer
météo [meteo] *nf* (*bulletin*) (weather) forecast; (*service*) ≈ Met Office (Brit), ≈ National Weather Service (US)
météore [meteɔʀ] *nm* meteor
météorique [meteɔʀik] *adj* (*Astronomie*) meteoric; (*fig : carrière, parcours*) meteoric
météorite [meteɔʀit] *nm ou f* meteorite
météorologie [meteɔʀɔlɔʒi] *nf* (*étude*) meteorology; (*service*) ≈ Meteorological Office (Brit), ≈ National Weather Service (US)
météorologique [meteɔʀɔlɔʒik] *adj* meteorological, weather *cpd*
météorologue [meteɔʀɔlɔg], **météorologiste** [meteɔʀɔlɔʒist] *nmf* meteorologist, weather forecaster
métèque [metɛk] *nm* (*péj*) wop (!)
méthane [metan] *nm* methane
méthanier [metanje] *nm* (*bateau*) (liquefied) gas carrier *ou* tanker
méthode [metɔd] *nf* method; (*livre, ouvrage*) manual, tutor
méthodique [metɔdik] *adj* methodical
méthodiquement [metɔdikmɑ̃] *adv* methodically
méthodiste [metɔdist] *adj, nmf* (*Rel*) Methodist
méthodologie [metɔdɔlɔʒi] *nf* methodology
méthodologique [metɔdɔlɔʒik] *adj* methodological
méthylène [metilɛn] *nm* : **bleu de ~** methylene blue
méticuleusement [metikyløzmɑ̃] *adv* meticulously
méticuleux, -euse [metikylø, -øz] *adj* meticulous

m

métier [metje] *nm* (*profession : gén*) job; (*: manuel*) trade; (*: artisanal*) craft; (*technique, expérience*) (acquired) skill *ou* technique; (*aussi* : **métier à tisser**) (weaving) loom; **être du ~** to be in the trade *ou* profession

métis, se [metis] *adj, nm/f* half-caste, half-breed

métissage [metisaʒ] *nm* (*de cultures, populations*) mix; **le ~ de la société** the cultural mix of society

métisser [metise] /1/ *vt* to cross(breed)

métonymie [metɔnimi] *nf* metonymy; **par ~** by metonymy

métrage [metʀaʒ] *nm* (*de tissu*) length; (*Ciné*) footage, length; **long/moyen/court ~** feature *ou* full-length/medium-length/short film

mètre [mɛtʀ] *nm* metre (Brit), meter (*US*); (*règle*) metre rule, meter rule; (*ruban*) tape measure; **~ carré/cube** square/cubic metre *ou* meter

métrer [metʀe] /6/ *vt* (*Tech*) to measure (in metres *ou* meters); (*Constr*) to survey

métreur, -euse [metʀœʀ, -øz] *nm/f* : **~ (vérificateur), métreuse (vérificatrice)** (quantity) surveyor

métrique [metʀik] *adj* metric ▸ *nf* metrics *sg*

métro [metʀo] *nm* underground (Brit), subway (*US*)

métronome [metʀɔnɔm] *nm* metronome

métropole [metʀɔpɔl] *nf* (*capitale*) metropolis; (*pays*) home country

métropolitain, e [metʀɔpɔlitɛ̃, -ɛn] *adj* metropolitan

mets [mɛ] *nm* dish ▸ *vb voir* **mettre**

mettable [mɛtabl] *adj* fit to be worn, decent

metteur [mɛtœʀ] *nm* : **~ en scène** (*Théât*) producer; (*Ciné*) director; **~ en ondes** (*Radio*) producer

MOT-CLÉ

mettre [mɛtʀ] /56/ *vt* **1** (*placer*) to put; **mettre en bouteille/en sac** to bottle/put in bags *ou* sacks; **mettre qch à la poste** to post sth (Brit), mail sth (*US*); **mettre en examen (pour)** to charge (with) (Brit), indict (for) (*US*); **mettre une note gaie/amusante** to inject a cheerful/an amusing note; **mettre qn debout/assis** to help sb up *ou* to their feet/help sb to sit down

2 (*vêtements : revêtir*) to put on; (*: porter*) to wear; **mets ton gilet** put your cardigan on; **je ne mets plus mon manteau** I no longer wear my coat

3 (*faire fonctionner : chauffage, électricité*) to put on; (*: réveil, minuteur*) to set; **mettre en marche** to start up

4 (*installer : gaz, eau*) to put in, lay on

5 (*consacrer*) : **mettre du temps/deux heures à faire qch** to take time/two hours to do sth; **y mettre du sien** to pull one's weight

6 (*noter, écrire*) to say, put (down); **qu'est-ce qu'il a mis sur la carte ?** what did he say *ou* write on the card?; **mettez au pluriel ...** put ... into the plural

7 (*supposer*) : **mettons que ...** let's suppose *ou* say that ...

8 (*faire + vb*) : **faire mettre le gaz/l'électricité** to have gas/electricity put in *ou* installed

se mettre *vpr* **1** (*se placer*) : **vous pouvez vous mettre là** you can sit (*ou* stand) there; **où ça se met ?** where does it go?; **se mettre au lit** to get into bed; **se mettre au piano** to sit down at the piano; **se mettre à l'eau** to get into the water; **se mettre de l'encre sur les doigts** to get ink on one's fingers

2 (*s'habiller*) : **se mettre en maillot de bain** to get into *ou* put on a swimsuit; **n'avoir rien à se mettre** to have nothing to wear

3 (*dans rapports*) : **se mettre bien/mal avec qn** to get on the right/wrong side of sb; **se mettre qn à dos** to get on sb's bad side; **se mettre avec qn** (*prendre parti*) to side with sb; (*faire équipe*) to team up with sb; (*en ménage*) to move in with sb

4 : **se mettre à** to begin, start; **se mettre à faire** to begin *ou* start doing *ou* to do; **se mettre au piano** to start learning the piano; **se mettre au régime** to go on a diet; **se mettre au travail/à l'étude** to get down to work/one's studies; **il est temps de s'y mettre** it's time we got down to it *ou* got on with it

meublant, e [mœblɑ̃, -ɑ̃t] *adj* (*tissus etc*) effective (in the room)

meuble [mœbl] *nm* (*objet*) piece of furniture; (*ameublement*) furniture *no pl* ▸ *adj* (*terre*) loose, friable; (*Jur*) : **biens meubles** movables

> **Furniture** est indénombrable, c'est-à-dire qu'il ne peut pas désigner une seule armoire, un seul canapé, etc. Pour traduire *un meuble* , il faut dire **a piece of furniture.** Notez que **furniture** ne prend jamais de **-s** et s'emploie avec un verbe au singulier.
> *Tous nos meubles sont d'occasion.* **All our furniture** is **second-hand.**
> *un meuble très lourd* **a very heavy piece of furniture**

meublé [mœble] *nm* (*pièce*) furnished room; (*appartement*) furnished flat (Brit) *ou* apartment (*US*)

meubler [mœble] /1/ *vt* to furnish; (*fig*) : **~ qch (de)** to fill sth (with); **se meubler** *vpr* to furnish one's house

meuf [mœf] *nf* (*fam*) woman

meuglement [møgləmɑ̃] *nm* (*de vaches*) mooing, lowing

meugler [møgle] /1/ *vi* to low, moo

meule [møl] *nf* (*à broyer*) millstone; (*à aiguiser*) grindstone; (*à polir*) buff wheel; (*de foin, blé*) stack; (*de fromage*) round

meunerie [mønʀi] *nf* (*industrie*) flour trade; (*métier*) milling

meunier, -ière [mønje, -jɛʀ] *nm* miller ▸ *nf* miller's wife ▸ *adj f* (*Culin*) meunière

meurs *etc* [mœʀ] *vb voir* **mourir**

meurtre [mœʀtʀ] *nm* murder

meurtrier, -ière [mœʀtʀije, -jɛʀ] *adj* (*arme, épidémie, combat*) deadly; (*accident*) fatal; (*carrefour, route*) lethal; (*fureur, instincts*) murderous ▸ *nm/f* murderer(-ess) ▸ *nf* (*ouverture*) loophole

meurtrir [mœʀtʀiʀ] /2/ *vt* to bruise; (*fig*) to wound

meurtrissure [mœʀtʀisyʀ] *nf* bruise; (*fig*) scar
meus *etc* [mœ] *vb voir* **mouvoir**
Meuse [mœz] *nf* : **la ~** the Meuse
meute [møt] *nf* pack
meuve *etc* [mœv] *vb voir* **mouvoir**
mévente [mevɑ̃t] *nf* slump (in sales)
mexicain, e [mɛksikɛ̃, -ɛn] *adj* Mexican ▸ *nm/f* : **Mexicain, e** Mexican
Mexico [mɛksiko] *n* Mexico City
Mexique [mɛksik] *nm* : **le ~** Mexico
mezzanine [mɛdzanin] *nf* mezzanine (floor)
MF *sigle mpl* = **millions de francs** ▸ *sigle f* (*Radio* : = *modulation de fréquence*) FM
Mgr *abr* = **monseigneur**
mi [mi] *nm* (*Mus*) E; (*en chantant la gamme*) mi
mi- [mi] *préfixe* half, mid-; **à la ~janvier** in mid-January; **~bureau, ~chambre** half office, half bedroom; **à ~jambes** to the knees; **à ~corps** to the waist; **à ~hauteur** (*en montant*) halfway up; (*en descendant*) halfway down; **à ~pente** (*en montant*) halfway up the hill; (*en descendant*) halfway down the hill
miam-miam [mjammjam] *excl* (*fam*) yum-yum (*fam*), yummy (*fam*)
miaou [mjau] *nm* miaow
miasmes [mjasm] *nmpl* noxious air
miaulement [mjolmɑ̃] *nm* (*cri*) miaow; (*continu*) miaowing *no pl*
miauler [mjole] /1/ *vi* to miaow
mi-bas [mibɑ] *nm inv* knee-length sock
mica [mika] *nm* mica
mi-carême [mikaʀɛm] *nf* : **la ~** the third Thursday in Lent
miche [miʃ] *nf* round *ou* cob loaf
mi-chemin [miʃmɛ̃] : **à ~** *adv* halfway, midway
mi-clos, e [miklo, -kloz] *adj* half-closed
micmac [mikmak] *nm* (*péj*) carry-on
mi-côte [mikot] : **à ~** *adv* halfway up (*ou* down) the hill
mi-course [mikuʀs] : **à ~** *adv* halfway through the race
micro [mikʀo] *nm* mike, microphone; (*Inform*) micro; **~ cravate** lapel mike
microbe [mikʀɔb] *nm* germ, microbe
microbien, ne [mikʀɔbjɛ̃, -jɛn] *adj* (*vie, infection*) microbial
microbiologie [mikʀɔbjɔlɔʒi] *nf* microbiology
microchirurgie [mikʀɔʃiʀyʀʒi] *nf* microsurgery
microclimat [mikʀoklima] *nm* microclimate
microcosme [mikʀɔkɔsm] *nm* microcosm
micro-édition [mikʀɔedisjɔ̃] *nf* desktop publishing
micro-électronique [mikʀɔelɛktʀɔnik] *nf* microelectronics *sg*
microfiche [mikʀɔfiʃ] *nf* microfiche
microfilm [mikʀɔfilm] *nm* microfilm
micro-onde [mikʀɔɔ̃d] *nf* : **four à micro-ondes** microwave oven
micro-ordinateur [mikʀɔɔʀdinatœʀ] *nm* microcomputer
micro-organisme [mikʀɔɔʀganism] *nm* micro-organism
microphone [mikʀɔfɔn] *nm* microphone
microplaquette [mikʀɔplakɛt] *nf* microchip
microprocesseur [mikʀɔpʀɔsɛsœʀ] *nm* microprocessor
microscope [mikʀɔskɔp] *nm* microscope; **au ~** under *ou* through the microscope
microscopique [mikʀɔskɔpik] *adj* microscopic
microsillon [mikʀɔsijɔ̃] *nm* long-playing record
MIDEM [midɛm] *sigle m* (= *Marché international du disque et de l'édition musicale*) *music industry trade fair*
midi [midi] *nm* (*milieu du jour*) midday, noon; (*moment du déjeuner*) lunchtime; (*sud*) south; **le M~** (*de la France*) the South (of France), the Midi; **à ~** at 12 (o'clock) *ou* midday *ou* noon; **tous les midis** every lunchtime; **le repas de ~** lunch; **en plein ~** (right) in the middle of the day; (*sud*) facing south
midinette [midinɛt] *nf* silly young townie
mie [mi] *nf* inside (of the loaf)
miel [mjɛl] *nm* honey; **être tout ~** (*fig*) to be all sweetness and light
mielleux, -euse [mjɛlø, -øz] *adj* (*péj* : *personne*) sugary, syrupy
mien, ne [mjɛ̃, mjɛn] *adj, pron* : **le (la) ~(ne), les miens** mine; **les miens** (*ma famille*) my family
miette [mjɛt] *nf* (*de pain, gâteau*) crumb; (*fig* : *de la conversation etc*) scrap; **en miettes** (*fig*) in pieces *ou* bits

MOT-CLÉ

mieux [mjø] *adv* **1** (*d'une meilleure façon*) : **mieux (que)** better (than); **elle travaille/mange mieux** she works/eats better; **aimer mieux** to prefer; **j'attendais mieux de vous** I expected better of you; **elle va mieux** she is better; **de mieux en mieux** better and better
2 (*de la meilleure façon*) best; **ce que je sais le mieux** what I know best; **les livres les mieux faits** the best made books
3 (*intensif*) : **vous feriez mieux de faire ...** you would be better to do ...; **crier à qui mieux mieux** to try to shout each other down
▸ *adj inv* **1** (*plus à l'aise, en meilleure forme*) better; **se sentir mieux** to feel better
2 (*plus satisfaisant*) better; **c'est mieux ainsi** it's better like this; **c'est le mieux des deux** it's the better of the two; **le/la mieux, les mieux** the best; **demandez-lui, c'est le mieux** ask him, it's the best thing
3 (*plus joli*) better-looking; (*plus gentil*) nicer; **il est mieux que son frère** (*plus beau*) he's better-looking than his brother; (*plus gentil*) he's nicer than his brother; **il est mieux sans moustache** he looks better without a moustache
4 : **au mieux** at best; **au mieux avec** on the best of terms with; **pour le mieux** for the best; **qui mieux est** even better, better still
▸ *nm* **1** (*progrès*) improvement
2 : **de mon/ton mieux** as best I/you can (*ou* could); **faire de son mieux** to do one's best; **du mieux qu'il peut** the best he can; **faute de mieux** for lack *ou* want of anything better, failing anything better

mieux-être [mjøzɛtʀ] *nm* greater well-being; (*financier*) improved standard of living

m

mièvre [mjɛvʀ] *adj* sickly sentimental
mièvrerie [mjɛvʀəʀi] *nf* soppiness, sickly sentimentality
mignon, ne [miɲɔ̃, -ɔn] *adj* sweet, cute
migraine [migʀɛn] *nf* headache; (*Méd*) migraine
migrant, e [migʀɑ̃, -ɑ̃t] *adj, nm/f* migrant
migrateur, -trice [migʀatœʀ, -tʀis] *adj* migratory
migration [migʀasjɔ̃] *nf* migration
migratoire [migʀatwaʀ] *adj* migratory; **les flux migratoires** flow of migrants
migrer [migʀe] *vi* to migrate
mijaurée [miʒɔʀe] *nf* pretentious (young) madam
mijoter [miʒɔte] /1/ *vt* to simmer; (*préparer avec soin*) to cook lovingly; (*affaire, projet*) to plot, cook up ▸ *vi* to simmer
mil [mil] *num* = **mille**
milan [milɑ̃] *nm* (*oiseau*) kite; ~ **royal** red kite ▸ *n* : **M~** Milan
milanais, e [milanɛ, -ɛz] *adj* Milanese ▸ *nm/f* : **Milanais, e** Milanese
mildiou [mildju] *nm* mildew
mile [majl] *nm* mile
milice [milis] *nf* militia
milicien, ne [milisjɛ̃, -ɛn] *nm/f* militiaman(-woman)
milieu, x [miljø] *nm* (*centre*) middle; (*fig*) middle course *ou* way; (*aussi* : **juste milieu**) happy medium; (*Bio, Géo*) environment; (*entourage social*) milieu; (*familial*) background; circle; (*pègre*) : **le** ~ the underworld; **au ~ de** in the middle of; **au beau** *ou* **en plein ~ (de)** right in the middle (of); **~ de terrain** (*Football* : *joueur*) midfield player; (: *joueurs*) midfield
militaire [militɛʀ] *adj* military, army *cpd*; **service ~** military service ▸ *nm* serviceman
militant, e [militɑ̃, -ɑ̃t] *adj, nm/f* militant
militantisme [militɑ̃tism] *nm* militancy
militarisation [militaʀizasjɔ̃] *nf* militarization
militarisé, e [militaʀize] *adj* (*zone*) militarized
militariser [militaʀize] /1/ *vt* to militarize
militarisme [militaʀism] *nm* (*péj*) militarism
militer [milite] /1/ *vi* to be a militant; **~ pour/contre** to militate in favour of/against
milk-shake [milkʃɛk] *nm* milk shake
mille [mil] *num* a *ou* one thousand; **mettre dans le ~** to hit the bull's-eye; (*fig*) to be bang on (target) ▸ *nm* (*mesure*) : **~ (marin)** nautical mile
millefeuille [milfœj] *nm* cream *ou* vanilla slice
millénaire [milenɛʀ] *nm* millennium ▸ *adj* thousand-year-old; (*fig*) ancient
millénarisme [milenaʀism] *nm* millenarianism
mille-pattes [milpat] *nm inv* centipede
millepertuis [milpɛʀtɥi] *nm* (*plante*) St John's wort
millésime [milezim] *nm* year
millésimé, e [milezime] *adj* vintage *cpd*
millet [mijɛ] *nm* millet
milliard [miljaʀ] *nm* milliard, thousand million (Brit), billion (US)
milliardaire [miljaʀdɛʀ] *nmf* multimillionaire (Brit), billionaire (US)
millième [miljɛm] *num* thousandth
millier [milje] *nm* thousand; **un ~ (de)** a thousand or so, about a thousand; **par milliers** in (their) thousands, by the thousand
milligramme [miligʀam] *nm* milligramme (Brit), milligram (US)
millilitre [mililitʀ] *nm* millilitre (Brit), milliliter (US)
millimètre [milimɛtʀ] *nm* millimetre (Brit), millimeter (US)
millimétré, e [milimetʀe] *adj* : **papier ~** graph paper
millimétrique [milimetʀik] *adj* millimetric; **d'une précision ~** 100% accurate
million [miljɔ̃] *nm* million; **deux millions de** two million; **riche à millions** worth millions
millionième [miljɔnjɛm] *num* millionth
millionnaire [miljɔnɛʀ] *nmf* millionaire
mi-lourd [miluʀ] *adj m, nm* light heavyweight
mime [mim] *nmf* (*acteur*) mime(r); (*imitateur*) mimic ▸ *nm* (*art*) mime, miming
mimer [mime] /1/ *vt* to mime; (*singer*) to mimic, take off
mimétisme [mimetism] *nm* (*Bio*) mimicry
mimi [mimi] *adj inv* (*fam* : *mignon*) cute ▸ *nm* (*langage enfantin* : *baiser*) little kiss
mimique [mimik] *nf* (funny) face; (*signes*) gesticulations *pl*, sign language *no pl*
mimosa [mimoza] *nm* mimosa
mi-moyen [mimwajɛ̃] *adj m, nm* welterweight
MIN *sigle m* (= *Marché d'intérêt national*) *wholesale market for fruit, vegetables and agricultural produce*
min. *abr* (= *minimum*) min
minable [minabl] *adj* (*personne*) shabby(-looking); (*travail*) pathetic
minaret [minaʀɛ] *nm* minaret
minauder [minode] /1/ *vi* to mince, simper
minauderies [minodʀi] *nfpl* simpering *sg*
mince [mɛ̃s] *adj* thin; (*personne, taille*) slim, slender; (*fig* : *profit, connaissances*) slight, small; (: *prétexte*) weak ▸ *excl* : **~ (alors)!** darn it!
minceur [mɛ̃sœʀ] *nf* thinness; (*d'une personne*) slimness, slenderness
mincir [mɛ̃siʀ] /2/ *vi* to get slimmer *ou* thinner
mine [min] *nf* (*physionomie*) expression, look; (*extérieur*) exterior, appearance; (*de crayon*) lead; (*gisement, exploitation, explosif*) mine; **avoir bonne ~** (*personne*) to look well; (*ironique*) to look an utter idiot; **avoir mauvaise ~** to look unwell; **faire ~ de faire** to make a pretence of doing; **ne pas payer de ~** to be not much to look at; **~ de rien** *adv* with a casual air; although you wouldn't think so; **~ de charbon** coal mine; **~ à ciel ouvert** opencast (Brit) *ou* open-air (US) mine; **mines** *nfpl* (*péj*) simpering airs; **les Mines** (*Admin*) *the national mining and geological service, the government vehicle testing department*
miner [mine] /1/ *vt* (*saper*) to undermine, erode; (*Mil*) to mine
minerai [minʀɛ] *nm* ore
minéral, e, -aux [mineʀal, -o] *adj* mineral; (*Chimie*) inorganic ▸ *nm* mineral
minéralier [mineʀalje] *nm* (*bateau*) ore tanker
minéralisé, e [mineʀalize] *adj* mineralized
minéralogie [mineʀalɔʒi] *nf* mineralogy

minéralogique [mineʀalɔʒik] *adj* mineralogical; **plaque ~** number (BRIT) *ou* license (US) plate; **numéro ~** registration (BRIT) *ou* license (US) number
minet, te [minɛ, -ɛt] *nm/f* (*chat*) pussy-cat; (*péj*) young trendy
mineur, e [minœʀ] *adj* minor ▸ *nm/f* (*Jur*) minor ▸ *nm* (*travailleur*) miner; (*Mil*) sapper; **~ de fond** face worker
miniature [minjatyʀ] *adj, nf* miniature
miniaturisation [minjatyʀizasjɔ̃] *nf* miniaturization
miniaturiser [minjatyʀize] /1/ *vt* to miniaturize
minibus [minibys] *nm* minibus
minichaîne [miniʃɛn] *nf* mini system
minier, -ière [minje, -jɛʀ] *adj* mining
minigolf [minigɔlf] *nm* miniature golf
mini-jupe [miniʒyp] *nf* mini-skirt
minimal, e, -aux [minimal, -o] *adj* minimum
minimalisme [minimalism] *nm* minimalism
minimaliste [minimalist] *adj* minimalist
minime [minim] *adj* minor, minimal ▸ *nmf* (*Sport*) junior
minimessage [minimesaʒ] *nm* text message
minimiser [minimize] /1/ *vt* to minimize; (*fig*) to play down
minimum [minimɔm] *adj, nm* minimum; **au ~** at the very least; **~ vital** (*salaire*) living wage; (*niveau de vie*) subsistence level
mini-ordinateur [miniɔʀdinatœʀ] *nm* minicomputer
ministère [ministɛʀ] *nm* (*cabinet*) government; (*département*) ministry (BRIT), department; (*Rel*) ministry; **~ public** (*Jur*) Prosecution, State Prosecutor
ministériel, le [ministeʀjɛl] *adj* government *cpd*; ministerial, departmental; (*partisan*) pro-government
ministrable [ministʀabl] *adj* (*Pol*) : **il est ~** he's a potential minister
ministre [ministʀ] *nm* minister (BRIT), secretary; (*Rel*) minister; **~ d'État** senior minister *ou* secretary
minium [minjɔm] *nm* red lead paint
minois [minwa] *nm* little face
minorer [minɔʀe] /1/ *vt* to cut, reduce
minoritaire [minɔʀitɛʀ] *adj* minority *cpd*
minorité [minɔʀite] *nf* minority; **être en ~** to be in the *ou* a minority; **mettre en ~** (*Pol*) to defeat
Minorque [minɔʀk] *nf* Minorca
minorquin, e [minɔʀkɛ̃, -in] *adj* Minorcan
minoterie [minɔtʀi] *nf* flour-mill
minou [minu] *nm* (*langage enfantin : chat*) pussy (*fam*)
minuit [minɥi] *nm* midnight
minus [minys] *nmf* (*fam, péj*) loser (*fam*)
minuscule [minyskyl] *adj* minute, tiny ▸ *nf* : **(lettre) ~** small letter
minutage [minytaʒ] *nm* timing
minute [minyt] *nf* minute; (*Jur : original*) minute, draft; **à la ~** (*présent*) (just) this instant; (*passé*) there and then; **entrecôte** *ou* **steak ~** minute steak ▸ *excl* just a minute!, hang on!
minuter [minyte] /1/ *vt* to time
minuterie [minytʀi] *nf* time switch
minuteur [minytœʀ] *nm* timer
minutie [minysi] *nf* meticulousness; minute detail; **avec ~** meticulously; in minute detail
minutieusement [minysjøzmɑ̃] *adv* (*organiser, travailler*) meticulously; (*examiner*) minutely
minutieux, -euse [minysjø, -øz] *adj* (*personne*) meticulous; (*inspection*) minutely detailed; (*travail*) requiring painstaking attention to detail
mioche [mjɔʃ] *nm* (*fam*) nipper, brat
mirabelle [miʀabɛl] *nf* (*fruit*) (cherry) plum; (*eau-de-vie*) plum brandy
miracle [miʀakl] *nm* miracle
miraculé, e [miʀakyle] *adj* who has been miraculously cured (*ou* rescued)
miraculeux, -euse [miʀakylø, -øz] *adj* miraculous
mirador [miʀadɔʀ] *nm* (*Mil*) watchtower
mirage [miʀaʒ] *nm* mirage
mire [miʀ] *nf* (*d'un fusil*) sight; (*TV*) test card; **point de ~** target; (*fig*) focal point; **ligne de ~** line of sight
mirent [miʀ] *vb voir* **mettre**
mirer [miʀe] /1/ *vt* (*œufs*) to candle; **se mirer** *vpr* : **se ~ dans** (*personne*) to gaze at one's reflection in; (*chose*) to be mirrored in
mirettes [miʀɛt] *nfpl* (*fam : yeux*) peepers (*fam*); **en prendre plein les ~** to be dazzled
mirifique [miʀifik] *adj* wonderful
mirobolant, e [miʀɔbɔlɑ̃, -ɑ̃t] *adj* fantastic
miroir [miʀwaʀ] *nm* mirror
miroiter [miʀwate] /1/ *vi* to sparkle, shimmer; **faire ~ qch à qn** to paint sth in glowing colours for sb, dangle sth in front of sb's eyes
miroiterie [miʀwatʀi] *nf* (*usine*) mirror factory; (*magasin*) mirror dealer's (shop)
Mis *abr* = **marquis**
mis, e [mi, miz] *pp de* **mettre** ▸ *adj* (*couvert, table*) set, laid; (*personne*) : **bien ~** well dressed ▸ *nf* (*argent : au jeu*) stake; (*tenue*) clothing; attire; **être de mise** to be acceptable *ou* in season; **mise en bouteilles** bottling; **mise en examen** charging, indictment; **mise à feu** blast-off; **mise de fonds** capital outlay; **mise à jour** (*Inform*) update; **mise à mort** kill; **mise à pied** (*d'un employé*) suspension; lay-off; **mise sur pied** (*d'une affaire, entreprise*) setting up; **mise en plis** set; **mise au point** (*Photo*) focusing; (*fig*) clarification; **mise à prix** reserve (BRIT) *ou* upset price; **mise en scène** production
misaine [mizɛn] *nf* : **mât de ~** foremast
misanthrope [mizɑ̃tʀɔp] *nmf* misanthropist
Mise *abr* = **marquise**
mise [miz] *adj f, nf voir* **mis**
miser [mize] /1/ *vt* (*enjeu*) to stake, bet; **~ sur** *vt* (*cheval, numéro*) to bet on; (*fig*) to bank *ou* count on
misérable [mizeʀabl] *adj* (*lamentable, malheureux*) pitiful, wretched; (*pauvre*) poverty-stricken; (*insignifiant, mesquin*) miserable ▸ *nmf* wretch; (*miséreux*) poor wretch
misère [mizɛʀ] *nf* (*pauvreté*) (extreme) poverty, destitution; **être dans la ~** to be destitute *ou* poverty-stricken; **salaire de ~** starvation wage; **~ noire** utter destitution, abject poverty;
misères *nfpl* (*malheurs*) woes, miseries; (*ennuis*)

m

little troubles; **faire des misères à qn** to torment sb
miséreux, -euse [mizeʀø, -øz] *adj* poverty-stricken ▸ *nm/f* down-and-out
miséricorde [mizeʀikɔʀd] *nf* mercy, forgiveness
miséricordieux, -euse [mizeʀikɔʀdjø, -øz] *adj* merciful, forgiving
misogyne [mizɔʒin] *adj* misogynous ▸ *nmf* misogynist
misogynie [mizɔʒini] *nf* misogyny
missel [misɛl] *nm* missal
missile [misil] *nm* missile
mission [misjɔ̃] *nf* mission; **partir en ~** (*Admin, Pol*) to go on an assignment
missionnaire [misjɔnɛʀ] *nmf* missionary
missive [misiv] *nf* missive
mistral [mistʀal] *nm* mistral (wind)
mit [mi] *vb voir* **mettre**
mitaine [mitɛn] *nf* mitt(en)
mitaines [mitɛn] *nfpl* fingerless gloves; (CANADA : *moufles*) mittens
mitard [mitaʀ] *nm* (*fam*) cooler (*fam*), solitary
mite [mit] *nf* clothes moth
mité, e [mite] *adj* moth-eaten
mi-temps [mitɑ̃] *nf inv* (*Sport : période*) half; (: *pause*) half-time; **à ~** *adj, adv* part-time
miteux, -euse [mitø, -øz] *adj* seedy, shabby
mitigé, e [mitiʒe] *adj* (*conviction, ardeur*) lukewarm; (*sentiments*) mixed
mitochondrie [mitɔkɔ̃dʀi] *nf* mitochondrion
mitonner [mitɔne] /1/ *vt* (*préparer*) to cook with loving care; (*fig*) to cook up quietly
mitoyen, ne [mitwajɛ̃, -ɛn] *adj* (*mur*) common, party *cpd*; **maisons mitoyennes** semi-detached houses; (*plus de deux*) terraced (BRIT) *ou* row (*US*) houses
mitraillage [mitʀajaʒ] *nm* (*avec une mitrailleuse*) machine-gunning; (*fig : avec un appareil photo*) clicking, snapping
mitraille [mitʀaj] *nf* (*balles de fonte*) grapeshot; (*décharge d'obus*) shellfire
mitrailler [mitʀaje] /1/ *vt* to machine-gun; (*fig : photographier*) to snap away at; **~ qn de** to pelt *ou* bombard sb with
mitraillette [mitʀajɛt] *nf* submachine gun
mitrailleur [mitʀajœʀ] *nm* machine gunner ▸ *adj m* : **fusil ~** machine gun
mitrailleuse [mitʀajøz] *nf* machine gun
mitre [mitʀ] *nf* mitre
mitron [mitʀɔ̃] *nm* baker's boy
mi-voix [mivwa] : **à ~** *adv* in a low *ou* hushed voice
mix [miks] *nm* (*aussi Mus*) mix; **~ énergétique** (*Tech*) energy mix
mixage [miksaʒ] *nm* (*Ciné*) (sound) mixing
mixer, mixeur [miksœʀ] *nm* (*Culin*) (food) mixer
mixité [miksite] *nf* (*Scol*) coeducation
mixte [mikst] *adj* (*gén*) mixed; (*Scol*) mixed, coeducational; **à usage ~** dual-purpose; **cuisinière ~** combined gas and electric cooker; **équipe ~** combined team
mixture [mikstyʀ] *nf* mixture; (*fig*) concoction
MJC *sigle f* (= *maison des jeunes et de la culture*) *community arts centre and youth club*
ml *abr* (= *millilitre*) ml
MLF *sigle m* (= *Mouvement de libération des femmes*) Women's Movement
Mlle (*pl* **Mlles**) *abr* = **Mademoiselle**
MM *abr* = **Messieurs**; *voir* **Monsieur**
mm *abr* (= *millimètre; millimètres*) mm
Mme (*pl* **Mmes**) *abr* = **Madame**
MMS *sigle m* (= *Multimedia messaging service*) MMS
mn *abr* (= *minute*) min
mnémotechnique [mnemɔtɛknik] *adj* mnemonic
MNS *sigle m* (= *maître nageur sauveteur*) ≈ lifeguard
MO *sigle f* (= *main-d'œuvre*) *labour costs (on invoices)*
Mo *abr* = **méga-octet** ; **métro**
mobile [mɔbil] *adj* mobile; (*amovible*) loose, removable; (*pièce de machine*) moving; (*élément de meuble etc*) movable ▸ *nm* (*motif*) motive; (*œuvre d'art*) mobile; (*Physique*) moving object *ou* body; **(téléphone) ~** mobile (phone) (BRIT), cell (phone) (*US*)
mobilier, -ière [mɔbilje, -jɛʀ] *adj* (*Jur*) personal; **valeurs mobilières** transferable securities; **vente mobilière** sale of personal property *ou* chattels ▸ *nm* (*meubles*) furniture
mobilisateur, -trice [mɔbilizatœʀ, -tʀis] *adj* (*projet, thème*) inspiring
mobilisation [mɔbilizasjɔ̃] *nf* mobilization
mobiliser [mɔbilize] /1/ *vt* (*Mil, gén*) to mobilize
mobilité [mɔbilite] *nf* mobility
mobylette® [mɔbilɛt] *nf* moped
mocassin [mɔkasɛ̃] *nm* moccasin
moche [mɔʃ] *adj* (*fam : laid*) ugly; (*mauvais, méprisable*) rotten
mocheté [mɔʃte] *nf* (*fam : laideur*) ugliness; (*chose laide*) eyesore; (*femme*) ugly woman
modalité [mɔdalite] *nf* form, mode; **modalités** *nfpl* (*d'un accord etc*) clauses, terms; **modalités de paiement** methods of payment
mode [mɔd] *nf* fashion; (*commerce*) fashion trade *ou* industry; **travailler dans la ~** to be in the fashion business; **à la ~** fashionable, in fashion ▸ *nm* (*manière*) form, mode, method; (*Ling*) mood; (*Inform, Mus*) mode; **~ dialogué** (*Inform*) interactive *ou* conversational mode; **~ d'emploi** directions *pl* (for use); **~ de paiement** method of payment; **~ de vie** way of life
modelage [mɔd(ə)laʒ] *nm* modelling
modelé [mɔd(ə)le] *nm* (*Géo*) relief; (*du corps etc*) contours *pl*
modèle [mɔdɛl] *adj* model ▸ *nm* model; (*qui pose : de peintre*) sitter; (*type*) type; (*gabarit, patron*) pattern; **~ courant** *ou* **de série** (*Comm*) production model; **~ déposé** registered design; **~ réduit** small-scale model
modeler [mɔd(ə)le] /5/ *vt* (*Art*) to model, mould; (*vêtement, érosion*) to mould, shape; **~ qch sur/d'après** to model sth on; **se modeler** *vpr* : **se ~ sur** to model o.s. on
modélisation [mɔdelizasjɔ̃] *nf* (*Math*) modelling
modélisme [mɔdelism] *nm* model-making
modéliste [mɔdelist] *nmf* (*Couture*) designer; (*de modèles réduits*) model maker

modem [mɔdɛm] *nm* (*Inform*) modem
modérateur, -trice [mɔderatœr, -tris] *adj* moderating ▸ *nm/f* moderator
modération [mɔderasjɔ̃] *nf* moderation; **à consommer avec ~** (*sur les bouteilles d'alcool*) please drink responsibly; **~ de peine** reduction of sentence
modéré, e [mɔdere] *adj, nm/f* moderate
modérément [mɔderemɑ̃] *adv* moderately, in moderation
modérer [mɔdere] /6/ *vt* to moderate; **se modérer** *vpr* to restrain o.s.
moderne [mɔdɛrn] *adj* modern ▸ *nm* (*Art*) modern style; (*ameublement*) modern furniture
modernisation [mɔdɛrnizasjɔ̃] *nf* modernization
moderniser [mɔdɛrnize] /1/ *vt* to modernize
modernisme [mɔdɛrnism] *nm* modernism
moderniste [mɔdɛrnist] *adj, nmf* modernist
modernité [mɔdɛrnite] *nf* modernity
modeste [mɔdɛst] *adj* modest; (*origine*) humble, lowly
modestement [mɔdɛstəmɑ̃] *adv* modestly
modestie [mɔdɛsti] *nf* modesty; **fausse ~** false modesty
modicité [mɔdisite] *nf*: **la ~ des prix** *etc* the low prices *etc*
modifiable [mɔdifjabl] *adj* that can be modified; (*billet d'avion*) where the date and time can be changed; (*date*) that can be changed; (*Inform : champ, attribut*) modifiable
modificatif, -ive [mɔdifikatif, -iv] *adj* modifying
modification [mɔdifikasjɔ̃] *nf* modification
modifier [mɔdifje] /7/ *vt* to modify, alter; (*Ling*) to modify; **se modifier** *vpr* to alter
modique [mɔdik] *adj* (*salaire, somme*) modest
modiste [mɔdist] *nf* milliner
modulable [mɔdylabl] *adj* (*mobilier, canapé*) adjustable; (*prêt*) flexible
modulaire [mɔdylɛr] *adj* modular
modularité [mɔdylarite] *nf* (*de mobilier, habitacle*) modularity
modulation [mɔdylasjɔ̃] *nf* modulation; **~ de fréquence (FM** *ou* **MF)** frequency modulation (FM)
module [mɔdyl] *nm* module
moduler [mɔdyle] /1/ *vt* to modulate; (*air*) to warble
moelle [mwal] *nf* marrow; (*fig*) pith, core; **~ épinière** spinal chord
moelleux, -euse [mwalø, -øz] *adj* soft; (*au goût, à l'ouïe*) mellow; (*gracieux, souple*) smooth; (*gâteau*) light and moist
moellon [mwalɔ̃] *nm* rubble stone
mœurs [mœr(s)] *nfpl* (*conduite*) morals; (*manières*) manners; (*pratiques sociales*) habits; (*mode de vie*) life style *sg*; (*d'une espèce animale*) behaviour *sg* (Brit), behavior *sg* (US); **femme de mauvaises ~** loose woman; **passer dans les ~** to become the custom; **contraire aux bonnes ~** contrary to proprieties
mohair [mɔɛr] *nm* mohair
moi [mwa] *pron* me; (*emphatique*) : **~, je ...** for my part, I ..., I myself ...; **c'est ~ qui l'ai fait** I did it, it was me who did it; **apporte-le-~** bring it to me; **à ~** mine; (*dans un jeu*) my turn; **à ~ !** (*à l'aide*) help (me)! ▸ *nm inv* (*Psych*) ego, self
moignon [mwaɲɔ̃] *nm* stump
moi-même [mwamɛm] *pron* myself; (*emphatique*) I myself
moindre [mwɛ̃dr] *adj* lesser; lower; **le (la) ~, les moindres** the least; the slightest; **le (la) ~ de** the least of; **c'est la ~ des choses** it's nothing at all
moindrement [mwɛ̃drəmɑ̃] *adv* : **pas le ~** not in the least
moine [mwan] *nm* monk, friar
moineau, x [mwano] *nm* sparrow

MOT-CLÉ

moins [mwɛ̃] *adv* **1** *comparatif* : **moins (que)** less (than); **moins grand que** less tall than, not as tall as; **il a trois ans de moins que moi** he's three years younger than me; **il est moins intelligent que moi** he's not as clever as me, he's less clever than me; **moins je travaille, mieux je me porte** the less I work, the better I feel
2 *superlatif* : **le moins** (the) least; **c'est ce que j'aime le moins** it's what I like (the) least; **le (la) moins doué(e)** the least gifted; **au moins, du moins** at least; **pour le moins** at the very least
3 : **moins de** (*quantité*) less (than); (*nombre*) fewer (than); **moins de sable/d'eau** less sand/water; **moins de livres/gens** fewer books/people; **moins de deux ans** less than two years; **moins de midi** not yet midday
4 : **de moins, en moins** : **100 euros/3 jours de moins** 100 euros/3 days less; **trois livres en moins** three books fewer; three books too few; **de l'argent en moins** less money; **le soleil en moins** but for the sun, minus the sun; **de moins en moins** less and less; **en moins de deux** in a flash *ou* a trice
5 : **à moins de, à moins que** unless; **à moins de faire** unless we do (*ou* he does *etc*); **à moins que tu ne fasses** unless you do; **à moins d'un accident** barring any accident
▸ *prép* : **quatre moins deux** four minus two; **dix heures moins cinq** five to ten; **il fait moins cinq** it's five (degrees) below (freezing), it's minus five; **il est moins cinq** it's five to
▸ *nm* (*signe*) minus sign

moins-value [mwɛ̃valy] *nf* (*Écon, Comm*) depreciation
moire [mwar] *nf* moiré
moiré, e [mware] *adj* (*tissu, papier*) moiré, watered; (*reflets*) shimmering
mois [mwa] *nm* month; (*salaire, somme due*) (monthly) pay *ou* salary; **treizième ~, double ~** extra month's salary
moïse [mɔiz] *nm* Moses basket
moisi, e [mwazi] *adj* mouldy (Brit), moldy (US), mildewed ▸ *nm* mould, mold, mildew; **odeur de ~** musty smell
moisir [mwazir] /2/ *vi* to go mouldy (Brit) *ou* moldy (US); (*fig*) to rot; (*personne*) to hang about ▸ *vt* to make mouldy *ou* moldy

m

moisissure [mwazisyʀ] *nf* mould *no pl* (*Brit*), mold *no pl* (*US*)
moisson [mwasɔ̃] *nf* harvest; (*époque*) harvest (time); (*fig*) : **faire une ~ de** to gather a wealth of
moissonner [mwasɔne] /1/ *vt* to harvest, reap; (*fig*) to collect
moissonneur, -euse [mwasɔnœʀ, -øz] *nm/f* harvester, reaper ▸ *nf* (*machine*) harvester
moissonneuse-batteuse [mwasɔnøzbatøz] (*pl* **moissonneuses-batteuses**) *nf* combine harvester
moite [mwat] *adj* (*peau, mains*) sweaty, sticky; (*atmosphère*) muggy
moiteur [mwatœʀ] *nf* (*d'air*) mugginess; (*de peau*) sweatiness
moitié [mwatje] *nf* half; (*épouse*) : **sa ~** his better half; **la ~** half; **la ~ de** half (of), half the amount (*ou* number) of; **la ~ du temps/des gens** half the time/the people; **à la ~ de** halfway through; **~ moins grand** half as tall; **~ plus long** half as long again, longer by half; **à ~** half (*avant le verbe*), half- (*avant l'adjectif*); **à ~ prix** (at) half price, half-price; **de ~** by half; **~ ~** half-and-half
moka [mɔka] *nm* (*café*) mocha coffee; (*gâteau*) mocha cake
mol [mɔl] *adj m voir* **mou**
molaire [mɔlɛʀ] *nf* molar
moldave [mɔldav] *adj* Moldavian
Moldavie [mɔldavi] *nf* : **la ~** Moldavia
môle [mol] *nm* jetty
moléculaire [mɔlekylɛʀ] *adj* molecular
molécule [mɔlekyl] *nf* molecule
moleskine [mɔlɛskin] *nf* imitation leather
molester [mɔlɛste] /1/ *vt* to manhandle, maul (about)
molette [mɔlɛt] *nf* toothed *ou* cutting wheel
mollard [mɔlaʀ] *nm* (!) gob (*of spit: fam*)
mollasse [mɔlas] *adj* (*péj : sans énergie*) sluggish; (*: flasque*) flabby
mollasson, ne [mɔlasɔ̃, -ɔn] (*fam*) *adj* sluggish ▸ *nm/f* lazy lump (*fam*)
molle [mɔl] *adj f voir* **mou**
mollement [mɔlmɑ̃] *adv* softly; (*péj : travailler*) sluggishly; (*protester*) feebly
mollesse [mɔlɛs] *nf* (*voir mou*) softness; flabbiness; limpness; sluggishness; feebleness
mollet [mɔlɛ] *nm* calf ▸ *adj m* : **œuf ~** soft-boiled egg
molletière [mɔltjɛʀ] *adj f* : **bande ~** puttee
molleton [mɔltɔ̃] *nm* (*Textiles*) felt
molletonné, e [mɔltɔne] *adj* (*gants etc*) fleece-lined
mollir [mɔliʀ] /2/ *vi* (*jambes*) to give way; (*substance*) to go soft; (*Navig : vent*) to drop, die down; (*fig : personne*) to relent; (*: courage*) to fail, flag
mollo [mɔlo] *adv* (*fam*) : **y aller ~** to take it easy; **vas-y ~ !** take it easy!
mollusque [mɔlysk] *nm* (*Zool*) mollusc; (*fig : personne*) lazy lump
molosse [mɔlɔs] *nm* big ferocious dog
môme [mom] *nmf* (*fam : enfant*) brat; (*: fille*) bird (*Brit*), chick
moment [mɔmɑ̃] *nm* moment; (*occasion*) : **profiter du ~** to take (advantage of) the opportunity; **ce n'est pas le ~** this is not the right time; **à un certain ~** at some point; **à un ~ donné** at a certain point; **à quel ~ ?** when exactly?; **au même ~** at the same time; (*instant*) at the same moment; **pour un bon ~** for a good while; **pour le ~** for the moment, for the time being; **au ~ de** at the time of; **au ~ où** as; at a time when; **à tout ~** at any time *ou* moment; (*continuellement*) constantly, continually; **en ce ~** at the moment; (*aujourd'hui*) at present; **sur le ~** at the time; **par moments** now and then, at times; **d'un ~ à l'autre** any time (now); **du ~ où** *ou* **que** seeing that, since; **n'avoir pas un ~ à soi** not to have a minute to oneself
momentané, e [mɔmɑ̃tane] *adj* temporary, momentary
momentanément [mɔmɑ̃tanemɑ̃] *adv* for a moment, for a while
momie [mɔmi] *nf* mummy
momifier [mɔmifje] *vt* to mummify
mon, ma (*pl* **mes**) [mɔ̃, ma, me] *adj poss* my
monacal, e, -aux [mɔnakal, -o] *adj* monastic
Monaco [mɔnako] *n* Monaco
monarchie [mɔnaʀʃi] *nf* monarchy
monarchique [mɔnaʀʃik] *adj* monarchical
monarchisme [mɔnaʀʃism] *nm* monarchism
monarchiste [mɔnaʀʃist] *adj, nmf* monarchist
monarque [mɔnaʀk] *nm* monarch
monastère [mɔnastɛʀ] *nm* monastery
monastique [mɔnastik] *adj* monastic
monceau, x [mɔ̃so] *nm* heap
mondain, e [mɔ̃dɛ̃, -ɛn] *adj* (*soirée, vie*) society *cpd*; (*obligations*) social; (*peintre, écrivain*) fashionable; (*personne*) society *cpd* ▸ *nm/f* society man/woman, socialite ▸ *nf* : **la Mondaine, la police mondaine** ≈ the vice squad
mondanités [mɔ̃danite] *nfpl* (*vie mondaine*) society life *sg*; (*paroles*) (society) small talk *sg*; (*Presse*) (society) gossip column *sg*
monde [mɔ̃d] *nm* world; **le ~** (*personnes mondaines*) (high) society; **être du même ~** (*milieu*) to move in the same circles; **il y a du ~** (*beaucoup de gens*) there are a lot of people; (*quelques personnes*) there are some people; **y a-t-il du ~ dans le salon ?** is there anybody in the lounge?; **beaucoup/peu de ~** many/few people; **le meilleur** *etc* **du ~** the best *etc* in the world; **mettre au ~** to bring into the world; **pas le moins du ~** not in the least; **se faire un ~ de qch** to make a great deal of fuss about sth; **tour du ~** round-the-world trip; **homme/femme du ~** society man/woman
mondial, e, -aux [mɔ̃djal, -o] *adj* (*population*) world *cpd*; (*influence*) world-wide
mondialement [mɔ̃djalmɑ̃] *adv* throughout the world
mondialisation [mɔ̃djalizasjɔ̃] *nf* globalization; (*d'une technique*) global application; (*d'un conflit*) global spread
mondialiser [mɔ̃djalize] : **se mondialiser** *vpr* (*économie, marché, politique*) to become globalized
mondialiste [mɔ̃djalist] *adj* internationalist

mondovision [mɔ̃dɔvizjɔ̃] *nf* (world coverage by) satellite television
monégasque [mɔnegask] *adj* Monegasque, of *ou* from Monaco ▸ *nmf* : **Monégasque** Monegasque
monétaire [mɔnetɛʀ] *adj* monetary
monétarisme [mɔnetaʀism] *nm* monetarism
monétariste [mɔnetaʀist] *adj* monetarist
monétique [mɔnetik] *nf* electronic money
mongol, e [mɔ̃gɔl] *adj* Mongol, Mongolian ▸ *nm* (*Ling*) Mongolian ▸ *nm/f* : **Mongol, e** (*de la Mongolie*) Mongolian
Mongolie [mɔ̃gɔli] *nf* : **la ~** Mongolia
mongolien, ne [mɔ̃gɔljɛ̃, -ɛn] *adj, nm/f* mongol
mongolisme [mɔ̃gɔlism] *nm* mongolism, Down's syndrome
moniteur, -trice [mɔnitœʀ, -tʀis] *nm/f* (*Sport*) instructor (instructress); (*de colonie de vacances*) supervisor; **~ d'auto-école** driving instructor ▸ *nm* (*écran*) monitor; **~ cardiaque** cardiac monitor
monitorage [mɔnitɔʀaʒ] *nm* monitoring
monitorat [mɔnitɔʀa] *nm* (*formation*) instructor's training (course); (*fonction*) instructorship
monnaie [mɔnɛ] *nf* (*pièce*) coin; (*Écon : moyen d'échange*) currency; (*petites pièces*) : **avoir de la ~** to have (some) change; **faire de la ~** to get (some) change; **avoir/faire la ~ de 20 euros** to have change of/get change for 20 euros; **faire** *ou* **donner à qn la ~ de 20 euros** to give sb change for 20 euros, change 20 euros for sb; **rendre à qn la ~ (sur 20 euros)** to give sb the change (from *ou* out of 20 euros); **servir de ~ d'échange** (*fig*) to be used as a bargaining counter *ou* as bargaining counters; **payer qn en ~ de singe** to fob sb off with empty promises; **c'est ~ courante** it's a common occurrence; **~ légale** legal tender
monnayable [mɔnɛjabl] *adj* (*vendable*) convertible into cash; **mes services sont monnayables** my services are worth money
monnayer [mɔneje] /**8**/ *vt* to convert into cash; (*talent*) to capitalize on
monnayeur [mɔnɛjœʀ] *nm voir* **faux-monnayeur**
mono [mɔno] *nf* (*monophonie*) mono ▸ *nm* (*monoski*) monoski
monochrome [mɔnɔkʀom] *adj* monochrome
monocle [mɔnɔkl] *nm* monocle, eyeglass
monocoque [mɔnɔkɔk] *adj* (*voiture*) monocoque ▸ *nm* (*voilier*) monohull
monocorde [mɔnɔkɔʀd] *adj* monotonous
monoculture [mɔnɔkyltyʀ] *nf* single-crop farming, monoculture
monogame [mɔnɔgam] *adj* monogamous
monogamie [mɔnɔgami] *nf* monogamy
monogramme [mɔnɔgʀam] *nm* monogram
monographie [mɔnɔgʀafi] *nf* monograph
monokini [mɔnɔkini] *nm* one-piece bikini, bikini pants *pl*
monolingue [mɔnɔlɛ̃g] *adj* monolingual
monolithe [mɔnɔlit] *nm* monolith
monolithique [mɔnɔlitik] *adj* (*lit, fig*) monolithic
monolithisme [mɔnɔlitism] *nm* monolithic nature
monologue [mɔnɔlɔg] *nm* monologue, soliloquy; **~ intérieur** stream of consciousness
monologuer [mɔnɔlɔge] /**1**/ *vi* to soliloquize
monôme [mɔnom] *nm* (*Math*) monomial; (*d'étudiants*) students' rag procession
mononucléose [mɔnonykleoz] *nf* (*Méd*) : **~ infectieuse** infectious mononucleosis, glandular fever (Brit)
monoparental, e, -aux [mɔnɔpaʀɑ̃tal, -o] *adj* : **famille monoparentale** single-parent *ou* one-parent family
monophasé, e [mɔnɔfaze] *adj* single-phase *cpd*
monophonie [mɔnɔfɔni] *nf* monophony
monoplace [mɔnɔplas] *adj, nmf* single-seater, one-seater
monoplan [mɔnɔplɑ̃] *nm* monoplane
monopole [mɔnɔpɔl] *nm* monopoly
monopolisation [mɔnɔpɔlizasjɔ̃] *nf* monopolization
monopoliser [mɔnɔpɔlize] /**1**/ *vt* to monopolize
monopolistique [mɔnɔpɔlistik] *adj* monopolistic
monorail [mɔnɔʀɑj] *nm* monorail; monorail train
monoski [mɔnɔski] *nm* monoski
monosyllabe [mɔnosilab] *nm* monosyllable, word of one syllable
monosyllabique [mɔnosilabik] *adj* monosyllabic
monothéisme [mɔnɔteism] *nm* monotheism
monothéiste [mɔnɔteist] *adj* monotheist
monotone [mɔnɔtɔn] *adj* monotonous
monotonie [mɔnɔtɔni] *nf* monotony
monoxyde [mɔnɔksid] *nm* monoxide; **~ de carbone** carbon monoxide
monseigneur [mɔ̃sɛɲœʀ] *nm* (*archevêque, évêque*) Your (*ou* His) Grace; (*cardinal*) Your (*ou* His) Eminence; **M~ Thomas** Bishop Thomas; Cardinal Thomas
Monsieur [məsjø] (*pl* **Messieurs** [mesjø]) *nm* (*titre*) Mr; **un/le monsieur** (*homme quelconque*) a/the gentleman; **~, ...** (*en tête de lettre*) Dear Sir, ...; *voir aussi* **Madame**
monstre [mɔ̃stʀ] *nm* monster; **~ sacré** superstar ▸ *adj* (*fam : effet, publicité*) massive; **un travail ~** a fantastic amount of work; an enormous job
monstrueux, -euse [mɔ̃stʀyø, -øz] *adj* monstrous
monstruosité [mɔ̃stʀyozite] *nf* monstrosity
mont [mɔ̃] *nm* : **par monts et par vaux** up hill and down dale; **le M~ Blanc** Mont Blanc; **~ de Vénus** mons veneris
montage [mɔ̃taʒ] *nm* putting up; (*d'un bijou*) mounting, setting; (*d'une machine etc*) assembly; (*Photo*) photomontage; (*Ciné*) editing; **~ sonore** sound editing
montagnard, e [mɔ̃taɲaʀ, -aʀd] *adj* mountain *cpd* ▸ *nm/f* mountain-dweller
montagne [mɔ̃taɲ] *nf* (*cime*) mountain; (*région*) : **la ~** the mountains *pl*; **la haute ~** the high mountains; **les montagnes Rocheuses** the Rocky Mountains, the Rockies; **montagnes russes** big dipper *sg*, switchback *sg*

m

montagneux, -euse [mɔ̃taɲø, -øz] *adj* mountainous; (*basse montagne*) hilly
montant, e [mɔ̃tɑ̃, -ɑ̃t] *adj* (*mouvement, marée*) rising; (*chemin*) uphill; (*robe, corsage*) high-necked ▸ *nm* (*somme, total*) (sum) total, (total) amount; (*de fenêtre*) upright; (*de lit*) post
mont-de-piété [mɔ̃dpjete] (*pl* **monts-de-piété**) *nm* pawnshop
monte [mɔ̃t] *nf* (*accouplement*) : **la ~** stud; (*d'un jockey*) seat
monté, e [mɔ̃te] *adj* : **être ~ contre qn** to be angry with sb; (*fourni, équipé*) **~ en** equipped with
monte-charge [mɔ̃tʃaʀʒ] *nm inv* goods lift, hoist
montée [mɔ̃te] *nf* rising, rise; (*escalade*) ascent, climb; (*chemin*) way up; (*côte*) hill; **au milieu de la ~** halfway up; **le moteur chauffe dans les montées** the engine overheats going uphill
Monténégro [mɔ̃tenegʀo] *nm* : **le ~** Montenegro
monte-plats [mɔ̃tpla] *nm inv* service lift
monter [mɔ̃te] /1/ *vt* (*escalier, côte*) to go (*ou* come) up; (*valise, paquet*) to take (*ou* bring) up; (*cheval*) to mount; (*femelle*) to cover, serve; (*étagère*) to raise; (*tente, échafaudage*) to put up; (*machine*) to assemble; (*bijou*) to mount, set; (*Couture*) to sew on; (: *manche*) to set in; (*Ciné*) to edit; (*Théât*) to put on, stage; (*société, coup etc*) to set up; (*fournir, équiper*) to equip; **~ qn contre qn** to set sb against sb; **~ la tête à qn** to give sb ideas ▸ *vi* to go (*ou* come) up; (*avion, voiture*) to climb, go up; (*chemin, niveau, température, voix, prix*) to go up, rise; (*brouillard, bruit*) to rise, come up; (*passager*) to get on; (*à cheval*) : **~ bien/mal** to ride well/badly; **~ à cheval** to get on *ou* mount a horse; (*faire du cheval*) to ride (a horse); **~ à bicyclette** to get on *ou* mount a bicycle, to (ride a) bicycle; **~ à pied/en voiture** to walk/ drive up, go up on foot/by car; **~ dans le train/l'avion** to get into the train/plane, board the train/plane; **~ sur** to climb up onto; **~ sur** *ou* **à un arbre/une échelle** to climb (up) a tree/ladder; **~ à bord** to (get on) board; **~ à la tête de qn** to go to sb's head; **~ sur les planches** to go on the stage; **~ en grade** to be promoted; **se monter** *vpr* (*s'équiper*) to equip o.s., get kitted out (Brit); **se ~ à** (*frais etc*) to add up to, come to
monteur, -euse [mɔ̃tœʀ, -øz] *nm/f* (*Tech*) fitter; (*Ciné*) (film) editor
montgolfière [mɔ̃gɔlfjɛʀ] *nf* hot-air balloon
monticule [mɔ̃tikyl] *nm* mound
montmartrois, e [mɔ̃maʀtʀwa, -waz] *adj* of *ou* from Montmartre
montre [mɔ̃tʀ] *nf* watch; (*ostentation*) : **pour la ~** for show; **~ en main** exactly, to the minute; **faire ~ de** to show, display; **contre la ~** (*Sport*) against the clock; **~ de plongée** diver's watch
Montréal [mɔ̃ʀeal] *n* Montreal
montréalais, e [mɔ̃ʀealɛ, -ɛz] *adj* of *ou* from Montreal ▸ *nm/f* : **Montréalais, e** Montrealer
montre-bracelet [mɔ̃tʀəbʀaslɛ] (*pl* **montres-bracelets**) *nf* wrist watch
montrer [mɔ̃tʀe] /1/ *vt* to show; **~ qch à qn** to show sb sth; **~ qch du doigt** to point to sth, point one's finger at sth; **se montrer** *vpr* to appear; **se ~ intelligent** to prove (to be) intelligent
montreur, -euse [mɔ̃tʀœʀ, -øz] *nm/f* : **~ de marionnettes** puppeteer
monture [mɔ̃tyʀ] *nf* (*bête*) mount; (*d'une bague*) setting; (*de lunettes*) frame
monument [mɔnymɑ̃] *nm* monument; **~ aux morts** war memorial
monumental, e, -aux [mɔnymɑ̃tal, -o] *adj* monumental
moquer [mɔke] /1/ : **se moquer** *vpr* : **se ~ de** to make fun of, laugh at; (*se désintéresser de*) not to care about; (*tromper*) **se ~ de qn** to take sb for a ride
moquerie [mɔkʀi] *nf* mockery *no pl*
moquette [mɔkɛt] *nf* fitted carpet, wall-to-wall carpeting *no pl*
moquetter [mɔkete] /1/ *vt* to carpet
moqueur, -euse [mɔkœʀ, -øz] *adj* mocking
moraine [mɔʀɛn] *nf* moraine
moral, e, -aux [mɔʀal, -o] *adj* moral; **sur le plan ~** morally ▸ *nm* morale; **avoir le ~** (*fam*) to be in good spirits; **avoir le ~ à zéro** to be really down ▸ *nf* (*conduite*) morals *pl* (*règles*), moral code, ethic; (*valeurs*) moral standards *pl*, morality; (*science*) ethics *sg*, moral philosophy; (*conclusion : d'une fable*) moral; **contraire à la morale** immoral; **faire la morale à** to lecture, preach at
moralement [mɔʀalmɑ̃] *adv* morally
moralisateur, -trice [mɔʀalizatœʀ, -tʀis] *adj* moralizing, sanctimonious ▸ *nm/f* moralizer
moraliser [mɔʀalize] /1/ *vt* (*sermonner*) to lecture, preach at
moraliste [mɔʀalist] *nmf* moralist ▸ *adj* moralistic
moralité [mɔʀalite] *nf* (*d'une action, attitude*) morality; (*conduite*) morals *pl*; (*conclusion, enseignement*) moral
moratoire [mɔʀatwaʀ] *adj m* : **intérêts moratoires** (*Écon*) interest on arrears
morbide [mɔʀbid] *adj* morbid
morbidité [mɔʀbidite] *nf* (*Méd*) morbidity; **taux de ~** morbidity rate
morceau, x [mɔʀso] *nm* piece, bit; (*d'une œuvre*) passage, extract; (*Mus*) piece; (*Culin : de viande*) cut; (: *de sucre*) lump; **mettre en morceaux** to pull to pieces *ou* bits; **manger un ~** to have a bite (to eat)
morceler [mɔʀsəle] /4/ *vt* to break up, divide up
morcellement [mɔʀsɛlmɑ̃] *nm* breaking up
mordant, e [mɔʀdɑ̃, -ɑ̃t] *adj* (*ton, remarque*) scathing, cutting; (*froid*) biting ▸ *nm* (*dynamisme, énergie*) spirit; (*fougue*) bite, punch
mordicus [mɔʀdikys] *adv* (*fam*) obstinately, stubbornly
mordiller [mɔʀdije] /1/ *vt* to nibble at, chew at
mordoré, e [mɔʀdɔʀe] *adj* lustrous bronze
mordre [mɔʀdʀ] /41/ *vt* to bite; (*lime, vis*) to bite into ▸ *vi* (*poisson*) to bite; **~ dans** to bite into; **~ sur** (*fig*) to go over into, overlap into; **~ à qch** (*comprendre, aimer*) to take to; **~ à l'hameçon** to bite, rise to the bait

mordu, e [mɔʀdy] *pp de* **mordre** ▸ *adj (amoureux)* smitten ▸ *nm/f* enthusiast; **un ~ de jazz/de voile** a jazz/sailing fanatic *ou* buff
morfal, e [mɔʀfal] *nm/f (fam)* greedy guts *(fam)*
morfler [mɔʀfle] *vi (fam)* to get it *(fam)*, to catch it *(fam)*
morfondre [mɔʀfɔ̃dʀ] /**41**/ : **se morfondre** *vpr* to mope
morgue [mɔʀg] *nf (arrogance)* haughtiness; *(lieu : de la police)* morgue; *(: à l'hôpital)* mortuary
moribond, e [mɔʀibɔ̃, -ɔ̃d] *adj* dying, moribund
morille [mɔʀij] *nf* morel *(mushroom)*
mormon, e [mɔʀmɔ̃, -ɔn] *adj, nm/f* Mormon
morne [mɔʀn] *adj (personne, visage)* glum, gloomy; *(temps, vie)* dismal, dreary
morose [mɔʀoz] *adj* sullen, morose; *(marché)* sluggish
morosité [mɔʀozite] *nf (de personne)* sullenness; *(d'économie, marché)* sluggishness
morphine [mɔʀfin] *nf* morphine
morphinomane [mɔʀfinɔman] *nmf* morphine addict
morphologie [mɔʀfɔlɔʒi] *nf* morphology
morphologique [mɔʀfɔlɔʒik] *adj* morphological
mors [mɔʀ] *nm* bit
morse [mɔʀs] *nm (Zool)* walrus; *(Tél)* Morse (code)
morsure [mɔʀsyʀ] *nf* bite
mort[1] [mɔʀ] *nf* death; **se donner la ~** to take one's own life; **de ~** *(silence, pâleur)* deathly; **blessé à ~** fatally wounded *ou* injured; **à la vie, à la ~** for better, for worse; **~ clinique** brain death; **~ subite du nourrisson, ~ au berceau** cot death
mort[2]**, e** [mɔʀ, mɔʀt] *pp de* **mourir** ▸ *adj* dead; **~ ou vif** dead or alive; **~ de peur/fatigue** frightened to death/dead tired ▸ *nm/f (défunt)* dead man/woman; *(victime)* : **il y a eu plusieurs morts** several people were killed, there were several killed; **morts et blessés** casualties ▸ *nm (Cartes)* dummy; **faire le ~** to play dead; *(fig)* to lie low
mortadelle [mɔʀtadɛl] *nf* mortadella
mortaise [mɔʀtɛz] *nf* mortise
mortalité [mɔʀtalite] *nf* mortality, death rate
mort-aux-rats [mɔʀ(t)oʀa] *nf inv* rat poison
mortel, le [mɔʀtɛl] *adj (poison etc)* deadly, lethal; *(accident, blessure)* fatal; *(silence, ennemi)* deadly; *(Rel : danger, frayeur, péché)* mortal; *(fig : froid)* deathly; *(: ennui, soirée)* deadly (boring) ▸ *nm/f* mortal
mortellement [mɔʀtɛlmɑ̃] *adv (blessé etc)* fatally, mortally; *(pâle etc)* deathly; *(fig : ennuyeux etc)* deadly
morte-saison [mɔʀt(ə)sɛzɔ̃] *(pl* **mortes-saisons***)* *nf* slack *ou* off season
mortier [mɔʀtje] *nm (gén)* mortar
mortifier [mɔʀtifje] /**7**/ *vt* to mortify
mort-né, e [mɔʀne] *adj (enfant)* stillborn; *(fig)* abortive
mortuaire [mɔʀtɥɛʀ] *adj* funeral *cpd*; **avis mortuaires** death announcements, intimations; **chapelle ~** mortuary chapel; **couronne ~** (funeral) wreath; **domicile ~** house of the deceased; **drap ~** pall
morue [mɔʀy] *nf (Zool)* cod *inv*; *(Culin : salée)* salt-cod
morvandeau, -elle, x [mɔʀvɑ̃do, -ɛl] *adj* of *ou* from the Morvan region
morve [mɔʀv] *nf (fam)* snot *(fam)*
morveux, -euse [mɔʀvø, -øz] *adj (fam)* snotty-nosed
mosaïque [mɔzaik] *nf (Art)* mosaic; *(fig)* patchwork
Moscou [mɔsku] *n* Moscow
moscovite [mɔskɔvit] *adj* of *ou* from Moscow, Moscow *cpd* ▸ *nmf* : **Moscovite** Muscovite
mosquée [mɔske] *nf* mosque
mot [mo] *nm* word; *(message)* line, note; *(bon mot etc)* saying; **le ~ de la fin** the last word; **~ à ~** *adj, adv* word for word; **~ pour ~** word for word, verbatim; **sur** *ou* **à ces mots** with these words; **en un ~** in a word; **à mots couverts** in veiled terms; **prendre qn au ~** to take sb at his word; **se donner le ~** to send the word round; **avoir son ~ à dire** to have a say; **~ d'ordre** watchword; **~ de passe** password; **mots croisés** crossword (puzzle) *sg*
motard, e [mɔtaʀ, -aʀd] *nm/f* biker; *(policier)* motorcycle cop
mot-dièse [modjɛz] *nm (Inform : Twitter)* hashtag
motel [mɔtɛl] *nm* motel
moteur, -trice [mɔtœʀ, -tʀis] *adj (Anat, Physiol)* motor; *(Tech)* driving; *(Auto)* : **à 4 roues motrices** 4-wheel drive ▸ *nm* engine, motor; *(fig)* mover, mainspring; **à ~** power-driven, motor *cpd*; **~ (à) deux temps** two-stroke engine; **~ à explosion** internal combustion engine; **~ à réaction** jet engine; **~ de recherche** search engine; **~ thermique** heat engine
motif [mɔtif] *nm (cause)* motive; *(décoratif)* design, pattern, motif; *(d'un tableau)* subject, motif; *(Mus)* figure, motif; **sans ~** *adj* groundless; **motifs** *nmpl (Jur)* grounds *pl*
motion [mosjɔ̃] *nf* motion; **~ de censure** motion of censure, vote of no confidence
motivant, e [mɔtivɑ̃, -ɑ̃t] *adj (salaire)* attractive; *(travail)* rewarding
motivation [mɔtivasjɔ̃] *nf* motivation
motivé, e [mɔtive] *adj (acte)* justified; *(personne)* motivated
motiver [mɔtive] /**1**/ *vt (justifier)* to justify, account for; *(Admin, Jur, Psych)* to motivate
moto [moto] *nf* (motor)bike; **~ verte** *ou* **de trial** trail (BRIT) *ou* dirt (US) bike
moto-cross [mɔtɔkʀɔs] *nm* motocross
motoculteur [mɔtɔkyltœʀ] *nm* (motorized) cultivator
motocyclette [mɔtɔsiklɛt] *nf* motorbike, motorcycle
motocyclisme [mɔtɔsiklism] *nm* motorcycle racing
motocycliste [mɔtɔsiklist] *nmf* motorcyclist
motoneige [mɔtɔnɛʒ] *nf* snow bike
motorisé, e [mɔtɔʀize] *adj (troupe)* motorized; *(personne)* having one's own transport
motrice [mɔtʀis] *adj f voir* **moteur**
motricité [mɔtʀisite] *nf* motivity

m

motte [mɔt] *nf* : **~ de terre** lump of earth, clod (of earth); **~ de gazon** turf, sod; **~ de beurre** lump of butter

motus [mɔtys] *excl* : **~ (et bouche cousue) !** mum's the word!

mou, mol, molle [mu, mɔl] *adj* soft; (*péj : visage, traits*) flabby; (*: geste*) limp; (*: personne*) sluggish; (*: résistance, protestations*) feeble; **avoir les jambes molles** to be weak at the knees ▸ *nm* (*homme mou*) wimp; (*abats*) lights *pl*, lungs *pl*; (*de la corde*) : **avoir du ~** to be slack; **donner du ~ à qch** to slacken sth, loosen sth

moucharabieh [muʃaʀabje] *nm* wooden lattice, moucharaby

mouchard, e [muʃaʀ, -aʀd] *nm/f* (*péj : Scol*) sneak; (*: Police*) stool pigeon, grass (Brit) ▸ *nm* (*appareil*) control device; (*: de camion*) tachograph

moucharder [muʃaʀde] *vi* (*fam*) to inform, to grass (*fam*), to squeal (*fam*)

mouche [muʃ] *nf* fly; (*Escrime*) button; (*de taffetas*) patch; **prendre la ~** to go into a huff; **faire ~** to score a bull's-eye

moucher [muʃe] /1/ *vt* (*enfant*) to blow the nose of; (*chandelle*) to snuff (out); **se moucher** *vpr* to blow one's nose

moucheron [muʃʀɔ̃] *nm* midge

moucheté, e [muʃ(ə)te] *adj* (*cheval*) dappled; (*laine*) flecked; (*Escrime*) buttoned

mouchoir [muʃwaʀ] *nm* handkerchief, hanky; **~ en papier** tissue, paper hanky

moudre [mudʀ] /47/ *vt* to grind

moue [mu] *nf* pout; **faire la ~** to pout; (*fig*) to pull a face

mouette [mwɛt] *nf* (sea)gull

moufette, mouffette [mufɛt] *nf* skunk

moufle [mufl] *nf* (*gant*) mitt(en); (*Tech*) pulley block

mouflet [muflɛ] *nm* (*fam*) kid (*fam*)

mouflon [muflɔ̃] *nm* mouf(f)lon

moufter [mufte] *vi* (*fam*) : **ne pas ~** to keep one's mouth shut; **il n'a pas moufté quand le principal est venu lui parler en personne** he kept his mouth shut when the headmaster came to speak to him in person; **sans ~** (*accepter, obéir*) without batting an eyelid

mouillage [mujaʒ] *nm* (*Navig : lieu*) anchorage, moorings *pl*

mouillé, e [muje] *adj* wet

mouiller [muje] /1/ *vt* (*humecter*) to wet, moisten; (*tremper*) : **~ qn/qch** to make sb/sth wet; (*Culin : ragoût*) to add stock *ou* wine to; (*couper, diluer*) to water down; (*mine etc*) to lay; **~ l'ancre** to drop *ou* cast anchor ▸ *vi* (*Navig*) to lie *ou* be at anchor; **se mouiller** *vpr* to get wet; (*fam : prendre des risques*) to commit o.s; to get (o.s.) involved

mouillette [mujɛt] *nf* (bread) finger

mouillure [mujyʀ] *nf* wet *no pl*; (*tache*) wet patch

mouise [mwiz] *nf* (*fam*) : **être dans la ~** to be up the creek (*fam*); (*financièrement*) to be stony broke (*fam*); **c'est la ~** it's a bugger (*fam*)

moulage [mulaʒ] *nm* moulding (Brit), molding (US); casting; (*objet*) cast

moulais *etc* [mulɛ] *vb voir* **moudre**

moulant, e [mulɑ̃, -ɑ̃t] *adj* figure-hugging

moule [mul] *vb voir* **moudre** ▸ *nf* (*mollusque*) mussel ▸ *nm* (*creux, Culin*) mould (Brit), mold (US); (*modèle plein*) cast; **~ à gâteau** *nm* cake tin (Brit) *ou* pan (US); **~ à gaufre** *nm* waffle iron; **~ à tarte** *nm* pie *ou* flan dish

moulent [mul] *vb voir* **moudre ; mouler**

mouler [mule] /1/ *vt* (*brique*) to mould (Brit), mold (US); (*statue*) to cast; (*visage, bas-relief*) to make a cast of; (*lettre*) to shape with care; (*vêtement*) to hug, fit closely round; **~ qch sur** (*fig*) to model sth on

moulin [mulɛ̃] *nm* mill; (*fam*) engine; **~ à café** coffee mill; **~ à eau** watermill; **~ à légumes** (vegetable) shredder; **~ à paroles** (*fig*) chatterbox; **~ à poivre** pepper mill; **~ à prières** prayer wheel; **~ à vent** windmill

mouliner [muline] /1/ *vt* to shred

moulinet [mulinɛ] *nm* (*de treuil*) winch; (*de canne à pêche*) reel; (*mouvement*) : **faire des moulinets avec qch** to whirl sth around

moulinette® [mulinɛt] *nf* (vegetable) shredder

moulons *etc* [mulɔ̃] *vb voir* **moudre**

moulu, e [muly] *pp de* **moudre** ▸ *adj* (*café*) ground

moulure [mulyʀ] *nf* (*ornement*) moulding (Brit), molding (US)

moumoute [mumut] *nf* (*fam : perruque*) wig

mourant, e [muʀɑ̃, -ɑ̃t] *vb voir* **mourir** ▸ *adj* dying ▸ *nm/f* dying man/woman

mourir [muʀiʀ] /1/ *vi* to die; (*civilisation*) to die out; **~ assassiné** to be murdered; **~ de froid/faim/vieillesse** to die of exposure/hunger/old age; **~ de faim/d'ennui** (*fig*) to be starving/be bored to death; **~ d'envie de faire** to be dying to do; **s'ennuyer à ~** to be bored to death

mouroir [muʀwaʀ] *nm* (*péj*) *place where people are left to die*

mouron [muʀɔ̃] *nm* : **se faire du ~** (*fam*) to worry, to fret

mousquetaire [muskətɛʀ] *nm* musketeer

mousqueton [muskətɔ̃] *nm* (*fusil*) carbine; (*anneau*) snap-link, karabiner

moussant, e [musɑ̃, -ɑ̃t] *adj* foaming; **bain ~** foam *ou* bubble bath, bath foam

mousse [mus] *nf* (*Bot*) moss; (*de savon*) lather; (*écume : sur eau, bière*) froth, foam; (*: shampooing*) lather; (*de champagne*) bubbles *pl*; (*Culin*) mousse; (*en caoutchouc etc*) foam; **bain (de) ~** bubble bath; **bas ~** stretch stockings; **balle ~** foam ball; **~ carbonique** (fire-fighting) foam; **~ de nylon** nylon foam; (*tissu*) stretch nylon; **~ à raser** shaving foam ▸ *nm* (*Navig*) ship's boy

mousseline [muslin] *nf* (*Textiles*) muslin; chiffon; **pommes ~** (*Culin*) creamed potatoes

mousser [muse] /1/ *vi* (*bière, détergent*) to foam; (*savon*) to lather

mousseron [musʀɔ̃] *nm* St. George's Mushroom

mousseux, -euse [musø, -øz] *adj* (*chocolat*) frothy; (*eau*) foamy, frothy; (*vin*) sparkling ▸ *nm* : **(vin) ~** sparkling wine

mousson [musɔ̃] *nf* monsoon

moussu, e [musy] *adj* mossy

moustache [mustaʃ] *nf* moustache; **moustaches** *nfpl* (*d'animal*) whiskers *pl*

moustachu, e [mustaʃy] *adj* with a moustache

moustiquaire [mustikɛʀ] *nf (rideau)* mosquito net; *(chassis)* mosquito screen
moustique [mustik] *nm* mosquito
moût [mu] *nm (de vin)* must; *(de bière)* wort
moutarde [mutaʀd] *nf* mustard ▸ *adj inv* mustard(-coloured)
moutardier [mutaʀdje] *nm* mustard jar
mouton [mutɔ̃] *nm (Zool, péj)* sheep *inv*; *(peau)* sheepskin; *(Culin)* mutton
mouture [mutyʀ] *nf* grinding; *(péj)* rehash
mouvance [muvɑ̃s] *nf* movements *pl*
mouvant, e [muvɑ̃, -ɑ̃t] *adj* unsettled; changing; shifting
mouvement [muvmɑ̃] *nm (gén, aussi : mécanisme)* movement; *(ligne courbe)* contours *pl*; *(fig : tumulte, agitation)* activity, bustle; *(: impulsion)* impulse; reaction; *(geste)* gesture; *(Mus : rythme)* tempo; **en ~** in motion; on the move; **mettre qch en ~** to set sth in motion, set sth going; **~ d'humeur** fit *ou* burst of temper; **~ d'opinion** trend of (public) opinion; **le ~ perpétuel** perpetual motion
mouvementé, e [muvmɑ̃te] *adj (vie, poursuite)* eventful; *(réunion)* turbulent
mouvoir [muvwaʀ] /**27**/ *vt (levier, membre)* to move; *(machine)* to drive; **se mouvoir** *vpr* to move
moyen, ne [mwajɛ̃, -ɛn] *adj* average; *(tailles, prix)* medium; *(de grandeur moyenne)* medium-sized; **très ~** *(résultats)* pretty poor; **M~ Âge** Middle Ages; **moyenne entreprise** *(Comm)* medium-sized firm ▸ *nm (façon)* means *sg*, way; **au ~ de** by means of; **y a-t-il ~ de ... ?** is it possible to ...?, can one ...?; **par quel ~ ?** how?, which way?, by which means?; **par tous les moyens** by every possible means, every possible way; **~ de locomotion/d'expression** means of transport/expression; **~ de transport** means of transport ▸ *nf* average; *(Statistique)* mean; *(Scol : à l'examen)* pass mark; *(Auto)* average speed; **en moyenne** on (an) average; **faire la moyenne** to work out the average; **moyenne d'âge** average age; **faire la moyenne** to work out the average; **au-dessus de la moyenne** *(résultats)* above-average; **être au-dessus de la moyenne** to be above average; **moyens** *nmpl (capacités)* means; **je n'en ai pas les moyens** I can't afford it; **avec les moyens du bord** *(fig)* with what's available *ou* what comes to hand; **employer les grands moyens** to resort to drastic measures; **par ses propres moyens** all by oneself
moyenâgeux, -euse [mwajɛnaʒø, -øz] *adj* medieval
moyen-courrier [mwajɛ̃kuʀje] *nm (Aviat)* medium-haul aircraft
moyennant [mwajɛnɑ̃] *prép (somme)* for; *(service, conditions)* in return for; *(travail, effort)* with
moyennement [mwajɛnmɑ̃] *adv* fairly, moderately; **il a ~ réussi** he did fairly *ou* moderately well
Moyen-Orient [mwajɛnɔʀjɑ̃] *nm* : **le ~** the Middle East
moyeu, x [mwajø] *nm* hub
mozambicain, e [mɔzɑ̃bikɛ̃, -ɛn] *adj* Mozambican
Mozambique [mɔzɑ̃bik] *nm* : **le ~** Mozambique
MRAP *sigle m (= Mouvement contre le racisme et pour l'amitié entre les peuples) anti-racism organization*
MRG *sigle m (= Mouvement des radicaux de gauche) political party*
ms *abr (= manuscrit)* MS., ms
MSF *sigle mpl (= Médecins sans frontières) medical aid charity*
MST *sigle f (= maladie sexuellement transmissible)* STD *(= sexually transmitted disease)*
mû, mue [my] *pp de* **mouvoir**
mucosité [mykozite] *nf* mucus *no pl*
mucoviscidose [mykovisidoz] *nf* cystic fibrosis
mucus [mykys] *nm* mucus *no pl*
mue [my] *pp de* **mouvoir** ▸ *nf* moulting (BRIT), molting (US); sloughing; breaking of the voice
muer [mɥe] /**1**/ *vi (oiseau, mammifère)* to moult (BRIT), molt (US); *(serpent)* to slough (its skin); *(jeune garçon)* : **il mue** his voice is breaking; **se muer** *vpr* : **se ~ en** to transform into
muet, te [mɥɛ, -ɛt] *adj* dumb; *(fig)* : **~ d'admiration** *etc* speechless with admiration *etc*; *(joie, douleur, Ciné)* silent; *(Ling : lettre)* silent, mute; *(carte)* blank ▸ *nm/f* mute ▸ *nm* : **le ~** *(Ciné)* the silent cinema *ou (esp US)* movies
mufle [myfl] *nm* muzzle; *(goujat)* boor ▸ *adj* boorish
muflerie [myflәʀi] *nf* boorishness
mugir [myʒiʀ] /**2**/ *vi (bœuf)* to bellow; *(vache)* to low, moo; *(fig)* to howl
mugissement [myʒismɑ̃] *nm (voir mugir)* bellowing; lowing, mooing; howling
muguet [mygɛ] *nm (Bot)* lily of the valley; *(Méd)* thrush
mulâtre, -tresse [mylɑtʀ, -tʀɛs] *nm/f* mulatto
mule [myl] *nf (Zool)* (she-)mule
mules [myl] *nfpl (pantoufles)* mules
mulet [mylɛ] *nm (Zool)* (he-)mule; *(poisson)* mullet
muletier, -ière [myl(ә)tje, -jɛʀ] *adj* : **sentier** *ou* **chemin ~** mule track
mulot [mylo] *nm* fieldmouse
multicarte [myltikaʀt] *adj* : **VRP ~** rep acting for several firms
multicolore [myltikɔlɔʀ] *adj* multicoloured (BRIT), multicolored (US)
multicoque [myltikɔk] *nm* multihull
multiculturel, le [myltikyltyʀɛl] *adj* multicultural
multidisciplinaire [myltidisiplinɛʀ] *adj* multidisciplinary
multiforme [myltifɔʀm] *adj* many-sided
multilatéral, e, -aux [myltilateʀal, -o] *adj* multilateral
multimédia [myltimedja] *adj (produits, encyclopédie)* multimedia ▸ *nm* : **le ~** multimedia
multimilliardaire [myltimiljaʀdɛʀ], **multimillionnaire** [myltimiljɔnɛʀ] *adj, nmf* multimillionaire
multinational, e, -aux [myltinasjɔnal, -o] *adj, nf* multinational
multiple [myltipl] *adj* multiple, numerous; *(varié)* many, manifold ▸ *nm (Math)* multiple
multiplex [myltiplɛks] *nm (Radio)* live link-up
multiplicateur [myltiplikatœʀ] *nm* multiplier

m

multiplication [myltiplikasjɔ̃] *nf* multiplication
multiplicité [myltiplisite] *nf* multiplicity
multiplier [myltiplije] /7/ *vt* to multiply; **se multiplier** *vpr* to multiply; (*fig : personne*) to be everywhere at once
multiprogrammation [myltipʀɔgʀamasjɔ̃] *nf* (*Inform*) multiprogramming
multipropriété [myltipʀɔpʀijete] *nf* timesharing *no pl*
multirécidiviste [myltiʀesidivist] *adj* : **délinquant ~** persistent offender ▸ *nm/f* persistent offender
multirisque [myltiʀisk] *adj* : **assurance ~** multiple-risk insurance
multisalles [myltisal] *adj inv* : **(cinéma) ~** multiplex (cinema)
multitâche [myltitaʃ] *adj* (*aussi Inform*) multitasking; **être ~** to multitask
multitraitement [myltitʀɛtmɑ̃] *nm* (*Inform*) multiprocessing
multitude [myltityd] *nf* multitude; mass; **une ~ de** a vast number of, a multitude of
Munich [mynik] *n* Munich
munichois, e [mynikwa, -waz] *adj* of *ou* from Munich
municipal, e, -aux [mynisipal, -o] *adj* (*élections, stade*) municipal; (*conseil*) town *cpd*; **piscine/bibliothèque municipale** public swimming pool/library
municipalité [mynisipalite] *nf* (*corps municipal*) town council, corporation; (*commune*) town, municipality
munificence [mynifisɑ̃s] *nf* munificence
munir [myniʀ] /2/ *vt* : **~ qn/qch de** to equip sb/sth with; **se munir** *vpr* : **se ~ de** to provide o.s. with
munitions [mynisjɔ̃] *nfpl* ammunition *sg*
muqueuse [mykøz] *nf* mucous membrane
mur [myʀ] *nm* wall; (*fig*) stone *ou* brick wall; **faire le ~** (*interne, soldat*) to jump the wall; **~ (payant)** (*Inform*) paywall; **~ du son** sound barrier
mûr, e [myʀ] *adj* ripe; (*personne*) mature ▸ *nf* (*de la ronce*) blackberry; (*du mûrier*) mulberry
muraille [myʀɑj] *nf* (high) wall
mural, e, -aux [myʀal, -o] *adj* wall *cpd* ▸ *nm* (*Art*) mural
mûre [myʀ] *nf* blackberry
mûrement [myʀmɑ̃] *adv* : **ayant ~ réfléchi** having given the matter much thought
murène [myʀɛn] *nf* moray (eel)
murer [myʀe] /1/ *vt* (*enclos*) to wall (in); (*porte, issue*) to wall up; (*personne*) to wall up *ou* in; **se murer** *vpr* : **se ~ dans le silence** to retreat into silence
muret [myʀɛ] *nm* low wall
mûrier [myʀje] *nm* mulberry tree; (*ronce*) blackberry bush
mûrir [myʀiʀ] /2/ *vi* (*fruit, blé*) to ripen; (*abcès, furoncle*) to come to a head; (*fig : idée, personne*) to mature; (*projet*) to develop ▸ *vt* (*fruit, blé*) to ripen; (*personne*) to (make) mature; (*pensée, projet*) to nurture
murmure [myʀmyʀ] *nm* murmur; **murmures** *nmpl* (*plaintes*) murmurings, mutterings
murmurer [myʀmyʀe] /1/ *vi* to murmur; (*se plaindre*) to mutter, grumble
mus *etc* [my] *vb voir* **mouvoir**
musaraigne [myzaʀɛɲ] *nf* shrew
musarder [myzaʀde] /1/ *vi* to idle (about); (*en marchant*) to dawdle (along)
musc [mysk] *nm* musk
muscade [myskad] *nf* (*aussi* : **noix (de) muscade**) nutmeg
muscat [myska] *nm* (*raisin*) muscat grape; (*vin*) muscatel (wine)
muscle [myskl] *nm* muscle
musclé, e [myskle] *adj* (*personne, corps*) muscular; (*fig : politique, régime etc*) strong-arm *cpd*
muscler [myskle] /1/ *vt* to develop the muscles of
musculaire [myskylɛʀ] *adj* muscular
musculation [myskylasjɔ̃] *nf* : **exercices de ~** muscle-developing exercises
musculature [myskylatyʀ] *nf* muscle structure, muscles *pl*, musculature
muse [myz] *nf* muse
museau, x [myzo] *nm* muzzle; (*Culin*) brawn
musée [myze] *nm* museum; (*de peinture*) art gallery
museler [myz(ə)le] /4/ *vt* to muzzle
muselière [myzəljɛʀ] *nf* muzzle
musette [myzɛt] *nf* (*sac*) lunch bag ▸ *adj inv* (*orchestre etc*) accordion *cpd*
muséum [myzeɔm] *nm* museum
musical, e, -aux [myzikal, -o] *adj* musical
musicalement [myzikalmɑ̃] *adv* musically
musicalité [myzikalite] *nf* (*de mot, vers*) musicality
music-hall [myzikol] *nm* (*salle*) variety theatre; (*genre*) variety
musicien, ne [myzisjɛ̃, -ɛn] *adj* musical ▸ *nm/f* musician
musicologie [myzikɔlɔʒi] *nf* musicology
musique [myzik] *nf* music; (*fanfare*) band; **faire de la ~** to make music; (*jouer d'un instrument*) to play an instrument; **~ de chambre** chamber music; **~ de fond** background music
musqué, e [myske] *adj* musky
must [mœst] *nm* must
musulman, e [myzylmɑ̃, -an] *adj, nm/f* Moslem, Muslim
mutant, e [mytɑ̃, -ɑ̃t] *nm/f* mutant
mutation [mytasjɔ̃] *nf* (*Admin*) transfer; (*Bio*) mutation
muter [myte] /1/ *vt* (*Admin*) to transfer, move
mutilation [mytilasjɔ̃] *nf* mutilation
mutilé, e [mytile] *nm/f* disabled person (*through loss of limbs*); **~ de guerre** disabled ex-serviceman; **grand ~** severely disabled person
mutiler [mytile] /1/ *vt* to mutilate, maim; (*fig*) to mutilate, deface
mutin, e [mytɛ̃, -in] *adj* (*enfant, air, ton*) mischievous, impish ▸ *nm/f* (*Mil, Navig*) mutineer
mutiner [mytine] /1/ : **se mutiner** *vpr* to mutiny
mutinerie [mytinʀi] *nf* mutiny
mutisme [mytism] *nm* silence
mutualiste [mytɥalist] *adj* : **société ~** mutual benefit society, ≈ Friendly Society

mutualité [mytɥalite] *nf* (*assurance*) mutual (benefit) insurance scheme
mutuel, le [mytɥɛl] *adj* mutual ▸ *nf* mutual benefit society

MUTUELLE

Additional insurance covers most health care costs that are not covered by basic national health insurance. It is based on the principle of solidarity. The **mutuelles**, which individuals can choose freely, are becoming proportionally more important as the amounts reimbursed by national health insurance decline.

mutuellement [mytɥɛlmɑ̃] *adv* each other, one another
Myanmar [mjanmaʀ] *nm* Myanmar
mycose [mikoz] *nf* mycosis, fungal infection
mygale [migal] *nf* tarantula
myocarde [mjɔkaʀd] *nm voir* **infarctus**
myopathe [mjɔpat] *adj* (*atteint de myopathie*) suffering from myopathy; (*atteint de myopathie primitive progressive*) suffering from muscular dystrophy ▸ *nm/f* person suffering from muscular dystrophy
myopathie [mjɔpati] *nf* myopathy; (*aussi* : **myopathie primitive progressive**) muscular dystrophy
myope [mjɔp] *adj* short-sighted
myopie [mjɔpi] *nf* short-sightedness, myopia
myosotis [mjɔzɔtis] *nm* forget-me-not
myriade [miʀjad] *nf* myriad
myrtille [miʀtij] *nf* blueberry, bilberry (BRIT)
mystère [mistɛʀ] *nm* mystery
mystérieusement [misteʀjøzmɑ̃] *adv* mysteriously
mystérieux, -euse [misteʀjø, -øz] *adj* mysterious
mysticisme [mistisism] *nm* mysticism
mystificateur, -trice [mistifikatœʀ, -tʀis] *nm/f* hoaxer, practical joker
mystification [mistifikasjɔ̃] *nf* (*tromperie, mensonge*) hoax; (*mythe*) mystification
mystifier [mistifje] /7/ *vt* to fool, take in; (*tromper*) to mystify
mystique [mistik] *adj* mystic, mystical ▸ *nmf* mystic
mythe [mit] *nm* myth
mythifier [mitifje] /7/ *vt* to turn into a myth, mythologize
mythique [mitik] *adj* mythical
mythologie [mitɔlɔʒi] *nf* mythology
mythologique [mitɔlɔʒik] *adj* mythological
mythomane [mitɔman] *adj, nmf* mythomaniac
mythomanie [mitɔmani] *nf* mythomania
mytiliculture [mitilikyltyʀ] *nf* mussel farming

Nn

N, n [ɛn] *nm inv* N, n ▸ *abr* (= *nord*) N; **N comme Nicolas** N for Nelly (Brit) *ou* Nan (US)
n' [n] *adv voir* **ne**
nabot [nabo] *nm* dwarf
nacelle [nasɛl] *nf* (*de ballon*) basket
nacre [nakʀ] *nf* mother-of-pearl
nacré, e [nakʀe] *adj* pearly
nage [naʒ] *nf* swimming; (*manière*) style of swimming, stroke; **traverser/s'éloigner à la ~** to swim across/away; **en ~** bathed in sweat; **~ indienne** sidestroke; **~ libre** freestyle; **~ papillon** butterfly
nageoire [naʒwaʀ] *nf* fin
nager [naʒe] **/3/** *vi* to swim; (*fig : ne rien comprendre*) to be all at sea; **~ dans** to be swimming in; (*vêtements*) to be lost in; **~ dans le bonheur** to be overjoyed
nageur, -euse [naʒœʀ, -øz] *nm/f* swimmer
naguère [nagɛʀ] *adv* (*il y a peu de temps*) not long ago; (*autrefois*) formerly
naïade [najad] *nf* naiad
naïf, -ïve [naif, naiv] *adj* naïve
nain, e [nɛ̃, nɛn] *adj, nm/f* dwarf
Nairobi [naiʀɔbi] *n* Nairobi
nais [nɛ], **naissais** *etc* [nɛsɛ] *vb voir* **naître**
naissance [nɛsɑ̃s] *nf* birth; **donner ~ à** to give birth to; (*fig*) to give rise to; **prendre ~** to originate; **aveugle de ~** born blind; **Français de ~** French by birth; **à la ~ des cheveux** at the roots of the hair; **lieu de ~** place of birth
naissant, e [nɛsɑ̃, -ɑ̃t] *vb voir* **naître** ▸ *adj* budding, incipient; (*jour*) dawning
naît [nɛ] *vb voir* **naître**
naître [nɛtʀ] **/59/** *vi* to be born; (*conflit, complications*) : **~ de** to arise from, be born out of; **~ à** (*amour, poésie*) to awaken to; **je suis né en 1960** I was born in 1960; **il naît plus de filles que de garçons** there are more girls born than boys; **faire ~** (*fig*) to give rise to, arouse
naïvement [naivmɑ̃] *adv* naïvely
naïveté [naivte] *nf* naivety
Namibie [namibi] *nf* : **la ~** Namibia
nana [nana] *nf* (*fam : fille*) bird (Brit), chick
nancéien, ne [nɑ̃sejɛ̃, -jɛn] *adj* from Nancy
nanisme [nanism] *nm* dwarfism
nanosciences [nanosjɑ̃s] *nfpl* nanosciences
nanotechnologies [nanotɛknɔlɔʒi] *nfpl* nanotechnologies
nantais, e [nɑ̃tɛ, -ɛz] *adj* of *ou* from Nantes
nantir [nɑ̃tiʀ] **/2/** *vt* : **~ qn de** to provide sb with; **les nantis** (*péj*) the well-to-do
napalm [napalm] *nm* napalm
naphtaline [naftalin] *nf* : **boules de ~** mothballs
Naples [napl] *n* Naples
napolitain, e [napɔlitɛ̃, -ɛn] *adj* Neapolitan; **tranche napolitaine** Neapolitan ice cream
nappage [napaʒ] *nm* (*couche*) coating
nappe [nap] *nf* tablecloth; (*fig*) sheet; (*de pétrole, gaz*) layer; **~ de mazout** oil slick; **~ (phréatique)** water table
napper [nape] **/1/** *vt* : **~ qch de** to coat sth with
napperon [napʀɔ̃] *nm* table-mat; **~ individuel** place mat
naquit [naki] *vb voir* **naître**
narcisse [naʀsis] *nm* narcissus
narcissique [naʀsisik] *adj* narcissistic
narcissisme [naʀsisism] *nm* narcissism
narcodollars [naʀkodɔlaʀ] *nmpl* drug money *no pl*
narcolepsie [naʀkɔlɛpsi] *nf* narcolepsy
narcotique [naʀkɔtik] *adj, nm* narcotic
narcotrafic [naʀkotʀafik] *nm* narco-trafficking
narcotrafiquant [naʀkotʀafikɑ̃] *nm* narco-trafficker
narguer [naʀge] **/1/** *vt* to taunt
narine [naʀin] *nf* nostril
narquois, e [naʀkwa, -waz] *adj* derisive, mocking
narrateur, -trice [naʀatœʀ, -tʀis] *nm/f* narrator
narratif, -ive [naʀatif, -iv] *adj* narrative
narration [naʀasjɔ̃] *nf* narration, narrative; (*Scol*) essay
narrer [naʀe] **/1/** *vt* to tell the story of, recount
narval [naʀval] *nm* narwhal
NASA [nasa] *sigle f* (= *National Aeronautics and Space Administration*) NASA
nasal, e, -aux [nazal, -o] *adj* nasal
nase, naze [nɑz] *adj* (*fam*) knackered (*fam*)
naseau, x [nazo] *nm* nostril
nasillard, e [nazijaʀ, -aʀd] *adj* nasal
nasiller [nazije] **/1/** *vi* to speak with a (nasal) twang
nasse [nas] *nf* fish-trap
natal, e [natal] *adj* native
nataliste [natalist] *adj* supporting a rising birth rate
natalité [natalite] *nf* birth rate
natation [natasjɔ̃] *nf* swimming; **faire de la ~** to go swimming (*regularly*)
natif, -ive [natif, -iv] *adj* native
nation [nasjɔ̃] *nf* nation; **les Nations unies (NU)** the United Nations (UN)

national, e, -aux [nasjɔnal, -o] *adj* national; **obsèques nationales** state funeral ▸ *nf* : **(route) nationale** ≈ A road (BRIT), ≈ state highway (US)
nationalisation [nasjɔnalizasjɔ̃] *nf* nationalization
nationaliser [nasjɔnalize] /1/ *vt* to nationalize
nationalisme [nasjɔnalism] *nm* nationalism
nationaliste [nasjɔnalist] *adj, nmf* nationalist
nationalité [nasjɔnalite] *nf* nationality; **de ~ française** of French nationality
nativité [nativite] *nf* (*tableau, sculpture*) nativity scene
natte [nat] *nf* (*tapis*) mat; (*cheveux*) plait
natter [nate] /1/ *vt* (*cheveux*) to plait
naturalisation [natyʀalizasjɔ̃] *nf* naturalization
naturaliser [natyʀalize] /1/ *vt* to naturalize; (*empailler*) to stuff
naturalisme [natyʀalism] *nm* naturalism
naturaliste [natyʀalist] *nmf* naturalist; (*empailleur*) taxidermist
nature [natyʀ] *nf* nature; **payer en ~** to pay in kind; **peint d'après ~** painted from life; **être de ~ à faire qch** (*propre à*) to be the sort of thing (*ou* person) to do sth; **~ morte** still-life ▸ *adj* (*Culin*) plain, without seasoning or sweetening; (*café, thé : sans lait*) black; (*: sans sucre*) without sugar; (*yaourt*) natural
naturel, le [natyʀɛl] *adj* natural ▸ *nm* naturalness; (*caractère*) disposition, nature; (*autochtone*) native; **au ~** (*Culin*) in water; in its own juices
naturellement [natyʀɛlmɑ̃] *adv* naturally; (*bien sûr*) of course
naturisme [natyʀism] *nm* naturism
naturiste [natyʀist] *nmf* naturist
naufrage [nofʀaʒ] *nm* (ship)wreck; (*fig*) wreck; **faire ~** to be shipwrecked
naufragé, e [nofʀaʒe] *nm/f* shipwreck victim, castaway
nauséabond, e [nozeabɔ̃, -ɔ̃d] *adj* foul, nauseous
nausée [noze] *nf* nausea; **avoir la ~** to feel sick; **avoir des nausées** to have waves of nausea, feel nauseous *ou* sick
nauséeux, -euse [noseø, øz] *adj* nauseous, **état ~** nausea
nautique [notik] *adj* nautical, water *cpd*; **sports nautiques** water sports
nautisme [notism] *nm* water sports *pl*
naval, e [naval] *adj* naval; (*industrie*) shipbuilding
navarin [navaʀɛ̃] *nm* navarin, mutton stew
navarrais, e [navaʀɛ, -ɛz] *adj* Navarrese
navet [navɛ] *nm* turnip; (*péj : film*) third-rate film
navette [navɛt] *nf* shuttle; (*en car etc*) shuttle (service); **faire la ~ (entre)** to go to and fro (between), shuttle (between); **~ spatiale** space shuttle
navigabilité [navigabilite] *nf* (*d'un navire*) seaworthiness; (*d'un avion*) airworthiness
navigable [navigabl] *adj* navigable
navigant, e [navigɑ̃, -ɑ̃t] *adj* (*Aviat : personnel*) flying ▸ *nm/f* : **les navigants** the flying staff *ou* personnel
navigateur [navigatœʀ] *nm* (*Navig*) seafarer, sailor; (*Aviat*) navigator; (*Inform*) browser
navigation [navigasjɔ̃] *nf* navigation, sailing; (*Comm*) shipping; **compagnie de ~** shipping company; **~ spatiale** space navigation
naviguer [navige] /1/ *vi* to navigate, sail; **~ sur Internet** to browse the Internet
navire [naviʀ] *nm* ship; **~ de guerre** warship; **~ marchand** merchantman
navire-citerne [naviʀsitɛʀn] (*pl* **navires-citernes**) *nm* tanker
navire-hôpital [naviʀɔpital] (*pl* **navires-hôpitaux** [-to]) *nm* hospital ship
navrant, e [navʀɑ̃, -ɑ̃t] *adj* (*affligeant*) upsetting; (*consternant*) annoying
navré, e [navʀe] *adj* (*désolé : personne*) sorry; **l'air ~** (*annoncer, regarder*) unhappily; **je suis ~ de faire** I'm so sorry for doing; **je suis ~ que** (+ *subjonctif*) I'm so sorry that; **il était ~ de ce qu'il voyait** he was saddened by what he saw
navrer [navʀe] /1/ *vt* to upset, distress
nazaréen, ne [nazaʀeɛ̃, -ɛn] *adj* Nazarene
Nazareth [nazaʀɛt] *n* Nazareth
nazi, e [nazi] *adj* Nazi ▸ *nm/f* Nazi
nazisme [nazism] *nm* Nazism
NB *abr* (= *nota bene*) NB
nbr. *abr* = **nombreux**
nbses *abr* = **nombreuses**
ND *sigle f* = **Notre Dame**
NDA *sigle f* = **note de l'auteur**
NDE *sigle f* = **note de l'éditeur**
NDLR *sigle f* = **note de la rédaction**
NDT *sigle f* = **note du traducteur**
ne, n' [nə, n] *adv voir* **pas**[1] ; **plus**[2] ; **jamais** *etc*; (*sans valeur négative : non traduit*) : **c'est plus loin que je ne le croyais** it's further than I thought
né, e [ne] *pp de* **naître** ▸ *adj* : **un comédien né** a born comedian; **né en 1960** born in 1960; **née Scott** née Scott; **né(e) de … et de …** son/daughter of … and of …; **né d'une mère française** having a French mother; **né pour commander** born to lead
néanmoins [neɑ̃mwɛ̃] *adv* nevertheless, yet
néant [neɑ̃] *nm* nothingness; **réduire à ~** to bring to nought; (*espoir*) to dash
nébuleux, -euse [nebylø, -øz] *adj* (*ciel*) cloudy; (*fig*) nebulous ▸ *nf* (*Astronomie*) nebula; (*fig*) complex web
nébuliser [nebylize] /1/ *vt* (*liquide*) to spray
nébulosité [nebylozite] *nf* cloud cover; **~ variable** cloudy in places
nécessaire [nesesɛʀ] *adj* necessary ▸ *nm* necessary; (*sac*) kit; **faire le ~** to do the necessary; **n'emporter que le strict ~** to take only what is strictly necessary; **~ de couture** sewing kit; **~ de toilette** toilet bag; **~ de voyage** overnight bag
nécessairement [nesesɛʀmɑ̃] *adv* necessarily
nécessité [nesesite] *nf* necessity; **se trouver dans la ~ de faire qch** to find it necessary to do sth; **par ~** out of necessity

n

nécessiter [nesesite] /1/ *vt* to require
nécessiteux, -euse [nesesitø, -øz] *adj* needy
nec plus ultra [nekplysyltʀa] *nm* : **le ~ de** the last word in
nécrologie [nekʀɔlɔʒi] *nf* obituary
nécrologique [nekʀɔlɔʒik] *adj* : **article ~** obituary; **rubrique ~** obituary column
nécromancie [nekʀɔmɑ̃si] *nf* necromancy
nécromancien, ne [nekʀɔmɑ̃sjɛ̃, -jɛn] *nm/f* necromancer
nécropole [nekʀɔpɔl] *nf* necropolis
nécrose [nekʀoz] *nf* necrosis
nécrosé, e [nekʀoze] *adj* necrosed
nectar [nɛktaʀ] *nm* nectar
nectarine [nɛktaʀin] *nf* nectarine
néerlandais, e [neɛʀlɑ̃dɛ, -ɛz] *adj* Dutch, of the Netherlands ▸ *nm* (*Ling*) Dutch ▸ *nm/f* : **Néerlandais, e** Dutchman/woman; **les N~** the Dutch
nef [nɛf] *nf* (*d'église*) nave
néfaste [nefast] *adj* (*nuisible*) harmful; (*funeste*) ill-fated
négatif, -ive [negatif, -iv] *adj* negative ▸ *nm* (*Photo*) negative
négation [negasjɔ̃] *nf* denial; (*Ling*) negation
négationnisme [negasjɔnism] *nm* Holocaust denial
négationniste [negasjɔnist] *adj* (*auteur, ouvrage*) denying the Holocaust ▸ *nmf* negationist
négativement [negativmɑ̃] *adv* : **répondre ~** to give a negative response
négligé, e [negliʒe] *adj* (*en désordre*) slovenly ▸ *nm* (*tenue*) negligee
négligeable [negliʒabl] *adj* insignificant, negligible
négligemment [negliʒamɑ̃] *adv* carelessly
négligence [negliʒɑ̃s] *nf* carelessness *no pl*; (*faute*) careless omission
négligent, e [negliʒɑ̃, -ɑ̃t] *adj* careless; (*Jur etc*) negligent
négliger [negliʒe] /3/ *vt* (*épouse, jardin*) to neglect; (*tenue*) to be careless about; (*avis, précautions*) to disregard, overlook; **~ de faire** to fail to do, not bother to do; **se négliger** *vpr* to neglect o.s.
négoce [negɔs] *nm* trade
négociable [negɔsjabl] *adj* negotiable
négociant, e [negɔsjɑ̃, -jɑ̃t] *nm/f* merchant
négociateur [negɔsjatœʀ] *nm* negotiator
négociation [negɔsjasjɔ̃] *nf* negotiation; **négociations collectives** collective bargaining *sg*
négocier [negɔsje] /7/ *vi, vt* to negotiate
nègre [nɛgʀ] *nm* (*péj*) Negro; (*péj* : *écrivain*) ghost writer ▸ *adj* (*péj*) Negro
négresse [negʀɛs] *nf* (*péj*) Negress
négrier [negʀije] *nm* (*fig*) slave driver
négroïde [negʀɔid] *adj* negroid
neige [nɛʒ] *nf* snow; **battre les œufs en ~** (*Culin*) to whip *ou* beat the egg whites until stiff; **~ carbonique** dry ice; **~ fondue** (*par terre*) slush; (*qui tombe*) sleet; **~ poudreuse** powdery snow
neiger [neʒe] /3/ *vi* to snow
neigeux, -euse [nɛʒø, -øz] *adj* snowy, snow-covered
nématode [nematɔd] *nm* nematode
nénuphar [nenyfaʀ] *nm* water-lily
néo-calédonien, ne [neɔkaledɔnjɛ̃, -ɛn] *adj* New Caledonian ▸ *nm/f* : **Néo-calédonien, ne** New Caledonian
néocapitalisme [neokapitalism] *nm* neocapitalism
néoclassique [neoklasik] *adj* neoclassical, neo-classical
néocolonialisme [neokɔlɔnjalism] *nm* neo-colonialism
néocolonialiste [neokɔlɔnjalist] *adj* neo-colonial
néolithique [neɔlitik] *adj, nm* Neolithic
néologisme [neɔlɔʒism] *nm* neologism
néon [neɔ̃] *nm* neon
néonatal, e, néo-natal, e [neonatal] *adj* neonatal, neo-natal
néonazi, e [neonazi] *adj, nm/f* neo-Nazi
néophyte [neɔfit] *nmf* novice
néo-zélandais, e [neɔzelɑ̃dɛ, -ɛz] *adj* New Zealand *cpd* ▸ *nm/f* : **Néo-zélandais, e** New Zealander
Népal [nepal] *nm* : **le ~** Nepal
népalais, e [nepalɛ, -ɛz] *adj* Nepalese, Nepali ▸ *nm* (*Ling*) Nepalese, Nepali ▸ *nm/f* : **Népalais, e** Nepalese, Nepali
néphrétique [nefʀetik] *adj* (*Méd* : *colique*) nephritic
néphrite [nefʀit] *nf* (*Méd*) nephritis
népotisme [nepɔtism] *nm* nepotism
nerf [nɛʀ] *nm* nerve; (*fig*) spirit; (: *forces*) stamina; **nerfs** *nmpl* nerves; **être** *ou* **vivre sur les nerfs** to live on one's nerves; **être à bout de nerfs** to be at the end of one's tether; **passer ses nerfs sur qn** to take it out on sb
nerveusement [nɛʀvøzmɑ̃] *adv* nervously
nerveux, -euse [nɛʀvø, -øz] *adj* nervous; (*cheval*) highly-strung; (*irritable*) touchy, nervy; (*voiture*) nippy, responsive; (*tendineux*) sinewy
nervosité [nɛʀvozite] *nf* nervousness; (*émotivité*) excitability, tenseness
nervure [nɛʀvyʀ] *nf* (*de feuille*) vein; (*Archit, Tech*) rib
n'est-ce pas [nɛspɑ] *adv* isn't it?, won't you? *etc* (*selon le verbe qui précède*); **c'est bon, ~ ?** it's good, isn't it?; **il a peur, ~ ?** he's afraid, isn't he?; **~ que c'est bon ?** don't you think it's good?; **lui, ~, il peut se le permettre** he, of course, can afford to do that, can't he?
Net [nɛt] *nm* (*Internet*) : **le ~** the Net
net, nette [nɛt] *adj* (*sans équivoque, distinct*) clear; (*photo*) sharp; (*évident*) definite; (*amélioration, différence*) marked, distinct; (*propre*) neat, clean; (*Comm* : *prix, salaire, poids*) net; **faire place nette** to make a clean sweep; **~ d'impôt** tax free ▸ *adv* (*refuser*) flatly; **s'arrêter ~** to stop dead; **la lame a cassé ~** the blade snapped clean through ▸ *nm* : **mettre au ~** to copy out
netiquette [netikɛt] *nf* netiquette
nettement [nɛtmɑ̃] *adv* (*distinctement*) clearly; (*évidemment*) definitely; (*incontestablement*) decidedly; (*avec comparatif* : *superlatif*) : **~ mieux** definitely *ou* clearly better
netteté [nɛtte] *nf* clearness
nettoie *etc* [netwa] *vb voir* **nettoyer**

nettoiement [netwamɑ̃] *nm* (*Admin*) cleaning; **service du ~** refuse collection
nettoierai *etc* [netwarе] *vb voir* **nettoyer**
nettoyage [netwajaʒ] *nm* cleaning; **~ à sec** dry cleaning
nettoyant [netwajɑ̃] *nm* (*produit*) cleaning agent
nettoyer [netwaje] **/8/** *vt* to clean; (*fig*) to clean out
neuf[1] [nœf] *num* nine
neuf[2]**, neuve** [nœf, nœv] *adj* new ▶ *nm* : **repeindre à ~** to redecorate; **remettre à ~** to do up (as good as new), refurbish; **n'acheter que du ~** to buy everything new; **quoi de ~ ?** what's new?
neurasthénie [nøʀasteni] *nf* neurasthenia
neurasthénique [nøʀastenik] *adj* neurasthenic
neurobiologie [nøʀobjɔlɔʒi] *nf* neurobiology
neurochirurgie [nøʀoʃiʀyʀʒi] *nf* neurosurgery
neurochirurgien [nøʀoʃiʀyʀʒjɛ̃] *nm* neurosurgeon
neuroleptique [nøʀɔlɛptik] *adj* neuroleptic
neurologie [nøʀɔlɔʒi] *nf* neurology
neurologique [nøʀɔlɔʒik] *adj* neurological
neurologue [nøʀɔlɔg] *nmf* neurologist
neurone [nøʀɔn] *nm* neuron(e)
neuropsychiatre [nøʀopsikjatʀ] *nmf* neuropsychiatrist
neuropsychiatrie [nøʀopsikjatʀi] *nf* neuropsychiatry
neurosciences [nøʀosjɑ̃s] *nfpl* neuroscience *sg*
neutralisation [nøtʀalizasjɔ̃] *nf* neutralization
neutraliser [nøtʀalize] **/1/** *vt* to neutralize
neutralisme [nøtʀalism] *nm* neutralism
neutraliste [nøtʀalist] *adj* neutralist
neutralité [nøtʀalite] *nf* neutrality
neutre [nøtʀ] *adj, nm* (*Ling*) neuter; **~ en carbone** carbon neutral
neutrino [nøtʀino] *nm* neutrino
neutron [nøtʀɔ̃] *nm* neutron
neuve [nœv] *adj f voir* **neuf**[2]
neuvième [nœvjɛm] *num* ninth
névé [neve] *nm* névé
neveu, x [n(ə)vø] *nm* nephew
névralgie [nevʀalʒi] *nf* neuralgia
névralgique [nevʀalʒik] *adj* (*fig : sensible*) sensitive; **centre ~** nerve centre
névrite [nevʀit] *nf* neuritis
névrose [nevʀoz] *nf* neurosis
névrosé, e [nevʀoze] *adj, nm/f* neurotic
névrotique [nevʀɔtik] *adj* neurotic
New York [njujɔʀk] *n* New York
new-yorkais, e [njujɔʀkɛ, -ɛz] *adj* of *ou* from New York, New York *cpd* ▶ *nm/f* : **New-Yorkais, e** New Yorker
nez [ne] *nm* nose; **rire au ~ de qn** to laugh in sb's face; **avoir du ~** to have flair; **avoir le ~ fin** to have foresight; **~ à ~ avec** face to face with; **à vue de ~** roughly
NF *sigle mpl* = **nouveaux francs** ▶ *sigle f* (*Industrie* : = *norme française*) *industrial standard*
ni [ni] *conj* : **ni ... ni** neither ... nor; **je n'aime ni les lentilles ni les épinards** I like neither lentils nor spinach; **il n'a dit ni oui ni non** he didn't say either yes or no; **elles ne sont venues ni l'une ni l'autre** neither of them came; **il n'a rien vu ni entendu** he didn't see or hear anything
Niagara [njagaʀa] *nm* : **les chutes du ~** the Niagara Falls
niais, e [njɛ, njɛz] *adj* silly, thick
niaiserie [njɛzʀi] *nf* gullibility; (*action, propos, futilité*) silliness
Nicaragua [nikaʀagwa] *nm* : **le ~** Nicaragua
nicaraguayen, ne [nikaʀagwajɛ̃, -ɛn] *adj* Nicaraguan ▶ *nm/f* : **Nicaraguayen, ne** Nicaraguan
Nice [nis] *n* Nice
niche [niʃ] *nf* (*du chien*) kennel; (*de mur*) recess, niche; (*farce*) trick
nichée [niʃe] *nf* brood, nest
nicher [niʃe] **/1/** *vi* to nest; **se nicher** *vpr* : **se ~ dans** (*personne : se blottir*) to snuggle into; (: *se cacher*) to hide in; (*objet*) to lodge itself in
nichon [niʃɔ̃] *nm* (*fam*) boob, tit
nickel [nikɛl] *nm* nickel
niçois, e [niswa, -waz] *adj* of *ou* from Nice; (*Culin*) Nicoise
nicotine [nikɔtin] *nf* nicotine
nid [ni] *nm* nest; (*fig : repaire etc*) den, lair; **~ d'abeilles** (*Couture, Textiles*) honeycomb stitch; **~ de poule** pothole
nièce [njɛs] *nf* niece
nième [ɛnjɛm] *adj* : **la ~ fois** the nth *ou* umpteenth time
nier [nje] **/7/** *vt* to deny
nigaud, e [nigo, -od] *nm/f* booby, fool
Niger [niʒɛʀ] *nm* : **le ~** Niger; (*fleuve*) the Niger
Nigéria [niʒeʀja] *nm* Nigeria
nigérian, e [niʒeʀjɑ̃, -an] *adj* Nigerian ▶ *nm/f* : **Nigérian, e** Nigerian
nigérien, ne [niʒeʀjɛ̃, -ɛn] *adj* of *ou* from Niger
night-club [najtklœb] *nm* nightclub
nihilisme [niilism] *nm* nihilism
nihiliste [niilist] *adj* nihilist, nihilistic
Nil [nil] *nm* : **le ~** the Nile
n'importe [nɛ̃pɔʀt] *adv* : **~ !** no matter!; **~ qui/quoi/où** anybody/anything/anywhere; **~ quoi !** (*fam : désapprobation*) what rubbish!; **~ quand** any time; **~ quel/quelle** any; **~ lequel/laquelle** any (one); **~ comment** (*sans soin*) carelessly; **~ comment, il part ce soir** he's leaving tonight in any case
nippes [nip] *nfpl* (*fam*) togs
nippon, e *ou* **ne** [nipɔ̃, -ɔn] *adj* Japanese
nique [nik] *nf* : **faire la ~ à** to thumb one's nose at (*fig*)
niquer [nike] *vt* (*! : arnaquer*) to shaft (*!*), to screw (*!*); (*baiser*) to screw (*!*), to shag (Brit *!*)
nitouche [nituʃ] *nf* (*péj*) : **c'est une sainte ~** she looks as if butter wouldn't melt in her mouth
nitrate [nitʀat] *nm* nitrate
nitrique [nitʀik] *adj* : **acide ~** nitric acid
nitroglycérine [nitʀɔgliseʀin] *nf* nitroglycerin(e)
niveau, x [nivo] *nm* level; (*des élèves, études*) standard; **au ~ de** at the level of; (*personne*) on a level with; **de ~ (avec)** level (with); **le ~ de la mer** sea level; **~ (à bulle)** spirit level; **~ (d'eau)** water level; **~ de vie** standard of living
niveler [niv(ə)le] **/4/** *vt* to level

n

niveleuse [niv(ə)løz] *nf (Tech)* grader
nivellement [nivɛlmɑ̃] *nm* levelling
nivernais, e [nivɛʀnɛ, -ɛz] *adj* of *ou* from Nevers (and region) ▸ *nm/f* : **Nivernais, e** inhabitant *ou* native of Nevers (and region)
NL *sigle f* = **nouvelle lune**
NN *abr (= nouvelle norme) revised standard of hotel classification*
nº *abr (numéro)* no
nobiliaire [nɔbiljɛʀ] *adj f voir* **particule**
noble [nɔbl] *adj* noble; *(de qualité : métal etc)* precious ▸ *nmf* noble(man/-woman)
noblement [nɔbləmɑ̃] *adv (agir)* nobly
noblesse [nɔblɛs] *nf (classe sociale)* nobility; *(d'une action etc)* nobleness
noce [nɔs] *nf* wedding; *(gens)* wedding party *(ou* guests *pl)*; **il l'a épousée en secondes noces** she was his second wife; **faire la ~** *(fam)* to go on a binge; **noces d'or/d'argent/de diamant** golden/silver/diamond wedding
noceur [nɔsœʀ] *nm (fam)* : **c'est un sacré ~** he's a real party animal
nocif, -ive [nɔsif, -iv] *adj* harmful, noxious
nocivité [nɔsivite] *nf (de substance)* toxicity; *(fig)* harmfulness
noctambule [nɔktɑ̃byl] *nmf* night-bird
nocturne [nɔktyʀn] *adj* nocturnal ▸ *nf (Sport)* floodlit fixture; *(d'un magasin)* late opening
nodule [nɔdyl] *nm (Méd)* nodule
Noël [nɔɛl] *nm* Christmas; **la (fête de) ~** Christmas time
nœud [nø] *nm (de corde, du bois, Navig)* knot; *(ruban)* bow; *(fig : liens)* bond, tie; *(: d'une question)* crux; *(: Théât etc)* : **le ~ de l'action** the web of events; **~ coulant** noose; **~ gordien** Gordian knot; **~ papillon** bow tie
noie *etc* [nwa] *vb voir* **noyer**
noir, e [nwaʀ] *adj* black; *(obscur, sombre)* dark ▸ *nm/f* : **un N~/une Noire** a black man/woman ▸ *nm* : **dans le ~** in the dark; **il fait ~** it is dark; **au ~** *adv (acheter, vendre)* on the black market; **travail au ~** moonlighting; **travailler au ~** to work on the side ▸ *nf (Mus)* crotchet (Brit), quarter note (US);
noirâtre [nwaʀɑtʀ] *adj (teinte)* blackish
noirceur [nwaʀsœʀ] *nf* blackness; darkness
noircir [nwaʀsiʀ] /2/ *vt, vi* to blacken
noise [nwaz] *nf* : **chercher ~ à** to try and pick a quarrel with
noisetier [nwaz(ə)tje] *nm* hazel (tree)
noisette [nwazɛt] *nf* hazelnut; *(morceau : de beurre etc)* small knob ▸ *adj inv (yeux)* hazel
noix [nwa] *nf* walnut; *(fam)* twit; *(Culin)* : **une ~ de beurre** a knob of butter; **à la ~** *(fam)* worthless; **~ de cajou** cashew nut; **~ de coco** coconut; **~ (de) muscade** nutmeg; **~ de veau** *(Culin)* round fillet of veal
nom [nɔ̃] *nm* name; *(Ling)* noun; **connaître qn de ~** to know sb by name; **au ~ de** in the name of; **~ d'une pipe** *ou* **d'un chien !** *(fam)* for goodness' sake!; **~ de Dieu !** *(!)* bloody hell! (Brit), my God!; **~ commun/propre** common/proper noun; **~ composé** *(Ling)* compound noun; **~ déposé** trade name; **~ d'emprunt** assumed name; **~ de famille** surname; **~ de fichier** file name; **~ de jeune fille** maiden name; **~ d'utilisateur** username
nomade [nɔmad] *adj* nomadic ▸ *nmf* nomad
nomadisme [nɔmadism] *nm (mode de vie)* nomadism; *(mode de travail)* mobile working
nombre [nɔ̃bʀ] *nm* number; **venir en ~** to come in large numbers; **ils sont au ~ de trois** there are three of them; **au ~ de mes amis** among my friends; **sans ~** countless; **(bon) ~ de** *(beaucoup, plusieurs)* a (large) number of; **depuis ~ d'années** for many years; **~ premier/entier** prime/whole number
nombreux, -euse [nɔ̃bʀø, -øz] *adj* many, numerous; *(avec nom sg : foule etc)* large; **peu ~** few; small; **de ~ cas** many cases
nombril [nɔ̃bʀi(l)] *nm* navel
nombrilisme [nɔ̃bʀilism] *nm* navel-gazing, self-absorption
nombriliste [nɔ̃bʀilist] *adj* self-absorbed
nomenclature [nɔmɑ̃klatyʀ] *nf* wordlist; list of items
nominal, e, -aux [nɔminal, -o] *adj* nominal; *(appel, liste)* of names
nominatif, -ive [nɔminatif, -iv] *nm (Ling)* nominative ▸ *adj* : **liste nominative** list of names; **carte nominative** calling card; **titre ~** registered name
nomination [nɔminasjɔ̃] *nf* nomination
nommément [nɔmemɑ̃] *adv (désigner)* by name
nommer [nɔme] /1/ *vt (baptiser)* to name, give a name to; *(qualifier)* to call; *(mentionner)* to name, give the name of; *(élire)* to appoint, nominate; **se nommer** *vpr* : **il se nomme Pascal** his name's Pascal, he's called Pascal
non [nɔ̃] *adv (réponse)* no; *(suivi d'un adjectif, adverbe)* not; **Paul est venu, ~ ?** Paul came, didn't he?; **répondre** *ou* **dire que ~** to say no; **~ pas que** not that; **~ plus : moi ~ plus** neither do I, I don't either; **je préférerais que ~** I would prefer not; **il se trouve que ~** perhaps not; **je pense que ~** I don't think so; **~ mais !** well really!; **~ mais des fois !** you must be joking!; **~ alcoolisé** non-alcoholic; **~ loin/seulement** not far/only
nonagénaire [nɔnaʒenɛʀ] *nmf* nonagenarian
non-agression [nɔnagʀesjɔ̃] *nf* : **pacte de ~** non-aggression pact
non alcoolisé, e [nɔnalkɔlize] *adj* non-alcoholic
nonante [nɔnɑ̃t] *num (Belgique, Suisse)* ninety
non-assistance [nɔnasistɑ̃s] *nf (Jur)* : **~ à personne en danger** *failure to render assistance to a person in danger*
nonce [nɔ̃s] *nm (Rel)* nuncio
nonchalamment [nɔ̃ʃalamɑ̃] *adv* nonchalantly
nonchalance [nɔ̃ʃalɑ̃s] *nf* nonchalance, casualness
nonchalant, e [nɔ̃ʃalɑ̃, -ɑ̃t] *adj* nonchalant, casual
non-conformisme [nɔ̃kɔ̃fɔʀmism(ə)] *nm* nonconformism
non-conformiste [nɔ̃kɔ̃fɔʀmist] *adj, nmf* non-conformist
non-conformité [nɔ̃kɔ̃fɔʀmite] *nf* nonconformity

non-croyant, e [nɔ̃kʀwajɑ̃, -ɑ̃t] *nm/f (Rel)* non-believer
non-engagé, e [nɔnɑ̃gaʒe] *adj* non-aligned
non-fumeur, -euse [nɔ̃fymœʀ, -øz] *nm/f* non-smoker
non-ingérence [nɔnɛ̃ʒeʀɑ̃s] *nf* non-interference
non-initié, e [nɔ̃ninisje] *nm/f* lay person; **les non-initiés** the uninitiated
non-inscrit, e [nɔnɛ̃skʀi, -it] *nm/f (Pol : député)* independent
non-intervention [nɔnɛ̃tɛʀvɑ̃sjɔ̃] *nf* non-intervention
non-lieu [nɔ̃ljø] *nm* : **il y a eu ~** the case was dismissed
nonne [nɔn] *nf* nun
nonobstant [nɔnɔpstɑ̃] *prép* notwithstanding
non-paiement [nɔ̃pɛmɑ̃] *nm* non-payment
non-prolifération [nɔ̃pʀɔlifeʀasjɔ̃] *nf* non-proliferation
non-résident [nɔ̃ʀesidɑ̃] *nm (Écon)* non-resident
non-retour [nɔ̃ʀətuʀ] *nm* : **point de ~** point of no return
non-sens [nɔ̃sɑ̃s] *nm* absurdity
non-spécialiste [nɔ̃spesjalist] *nmf* non-specialist
non-stop [nɔnstɔp] *adj inv* nonstop
non-syndiqué, e [nɔ̃sɛ̃dike] *nm/f* non-union member
non-violence [nɔ̃vjɔlɑ̃s] *nf* nonviolence
non-violent, e [nɔ̃vjɔlɑ̃, -ɑ̃t] *adj* non-violent
non-voyant, e [nɔ̃vwajɑ̃, ɑ̃t] *nm/f* blind person
nord [nɔʀ] *nm* North; **au ~** *(situation)* in the north; *(direction)* to the north; **au ~ de** north of, to the north of; **perdre le ~** to lose one's way *(fig)* ▸ *adj inv* northern; north
nord-africain, e [nɔʀafʀikɛ̃, -ɛn] *adj* North-African ▸ *nm/f* : **Nord-Africain, e** North African
nord-américain, e [nɔʀameʀikɛ̃, -ɛn] *adj* North American ▸ *nm/f* : **Nord-Américain, e** North American
nord-coréen, ne [nɔʀkɔʀeɛ̃, -ɛn] *adj* North Korean ▸ *nm/f* : **Nord-Coréen, ne** North Korean
nord-est [nɔʀɛst] *nm* North-East
nordique [nɔʀdik] *adj (pays)* Nordic; *(langues)* Scandinavian, Nordic ▸ *nmf* : **Nordique** Scandinavian
nord-ouest [nɔʀwɛst] *nm* North-West
nord-vietnamien, ne [nɔʀvjɛtnamjɛ̃, -ɛn] *adj* North Vietnamese ▸ *nm/f* : **Nord-Vietnamien, ne** North Vietnamese
noria [nɔʀja] *nf (machine)* noria
normal, e, -aux [nɔʀmal, -o] *adj* normal; **c'est tout à fait ~** it's perfectly natural; **vous trouvez ça ~ ?** does it seem right to you? ▸ *nf* : **la normale** the norm, the average
normalement [nɔʀmalmɑ̃] *adv (en général)* normally; *(comme prévu)* : **~, il le fera demain** he should be doing it tomorrow, he's supposed to do it tomorrow
normalien, ne [nɔʀmaljɛ̃, -ɛn] *nm/f student of École normale supérieure*
normalisation [nɔʀmalizasjɔ̃] *nf* standardization; normalization
normaliser [nɔʀmalize] **/1/** *vt (Comm, Tech)* to standardize; *(Pol)* to normalize
normalité [nɔʀmalite] *nf* normality
normand, e [nɔʀmɑ̃, -ɑ̃d] *adj (de Normandie)* Norman ▸ *nm/f* : **Normand, e** *(de Normandie)* Norman
Normandie [nɔʀmɑ̃di] *nf* : **la ~** Normandy
norme [nɔʀm] *nf* norm; *(Tech)* standard
Norvège [nɔʀvɛʒ] *nf* : **la ~** Norway
norvégien, ne [nɔʀveʒjɛ̃, -ɛn] *adj* Norwegian ▸ *nm (Ling)* Norwegian ▸ *nm/f* : **Norvégien, ne** Norwegian
nos [no] *adj poss voir* **notre**
nosocomial, e, -aux [nozɔkɔmjal, -o] *adj (infection)* iatrogenic
nostalgie [nɔstalʒi] *nf* nostalgia
nostalgique [nɔstalʒik] *adj* nostalgic
notable [nɔtabl] *adj* notable, noteworthy; *(marqué)* noticeable, marked ▸ *nm* prominent citizen
notablement [nɔtabləmɑ̃] *adv* notably; *(sensiblement)* noticeably
notaire [nɔtɛʀ] *nm* notary; solicitor
notamment [nɔtamɑ̃] *adv* in particular, among others
notariat [nɔtaʀja] *nm* profession of notary *(ou* solicitor)
notarié, e [nɔtaʀje] *adj* : **acte ~** deed drawn up by a notary *(ou* solicitor)
notation [nɔtasjɔ̃] *nf* notation
note [nɔt] *nf (écrite, Mus)* note; *(Scol)* mark (BRIT), grade; *(facture)* bill; **prendre des notes** to take notes; **prendre ~ de** to note; *(par écrit)* to note, write down; **dans la ~** exactly right; **forcer la ~** to exaggerate; **une ~ de tristesse/de gaieté** a sad/happy note; **~ de service** memorandum
noté, e [nɔte] *adj* : **être bien/mal ~** *(employé etc)* to have a good/bad record
noter [nɔte] **/1/** *vt (écrire)* to write down, note; *(remarquer)* to note, notice; *(Scol, Admin : donner une appréciation : devoir)* to mark, give a grade to; **notez bien que ...** (please) note that ...
notice [nɔtis] *nf* summary, short article; *(brochure)* : **~ explicative** explanatory leaflet, instruction booklet
notification [nɔtifikasjɔ̃] *nf* notification
notifier [nɔtifje] **/7/** *vt* : **~ qch à qn** to notify sb of sth, notify sth to sb
notion [nosjɔ̃] *nf* notion, idea; **notions** *nfpl (rudiments)* rudiments
notoire [nɔtwaʀ] *adj* widely known; *(en mal)* notorious; **le fait est ~** the fact is common knowledge
notoirement [nɔtwaʀmɑ̃] *adv (insuffisant)* notoriously
notoriété [nɔtɔʀjete] *nf* : **c'est de ~ publique** it's common knowledge
notre *(pl* **nos***)* [nɔtʀ, no] *adj poss* our
nôtre [notʀ] *pron* : **le/la ~** ours; **les nôtres** ours; *(alliés etc)* our own people; **soyez des nôtres** join us ▸ *adj* ours
nouba [nuba] *nf (fam)* : **faire la ~** to live it up
noué, e [nwe] *adj* : **avoir la gorge nouée** to have a lump in one's throat; **avoir l'estomac ~** to have a knot in one's stomach
nouer [nwe] **/1/** *vt* to tie, knot; *(fig : alliance etc)* to strike up; **~ la conversation** to start a

n

conversation; **se nouer** *vpr* : **c'est là où l'intrigue se noue** it's at that point that the strands of the plot come together; **ma gorge se noua** a lump came to my throat
noueux, -euse [nwø, -øz] *adj* gnarled
nougat [nuga] *nm* nougat
nougatine [nugatin] *nf kind of nougat*
nouille [nuj] *nf* (*fam*) noodle (BRIT), fathead; **nouilles** *nfpl* (*pâtes*) noodles; pasta *sg*
nounou [nunu] *nf* nanny
nounours [nunuʀs] *nm* teddy (bear)
nourri, e [nuʀi] *adj* (*feu etc*) sustained
nourrice [nuʀis] *nf* ≈ child-minder; (*autrefois*) wet-nurse
nourricier, -ère [nuʀisje, -jɛʀ] *adj* sustaining
nourrir [nuʀiʀ] **/2/** *vt* to feed; (*fig : espoir*) to harbour, nurse; **logé nourri** with board and lodging; **~ au sein** to breast-feed; **se nourrir** *vpr* : **se ~ de légumes** to live on vegetables
nourrissant, e [nuʀisɑ̃, -ɑ̃t] *adj* nourishing, nutritious
nourrisson [nuʀisɔ̃] *nm* (unweaned) infant
nourriture [nuʀityʀ] *nf* food
nous [nu] *pron* (*sujet*) we; (*objet*) us
nous-mêmes [numɛm] *pron* ourselves
nouveau, nouvel, -elle, x [nuvo, -ɛl] *adj* new; (*original*) novel; **de ~, à ~** again; **Nouvel An** New Year; **~ venu, nouvelle venue** newcomer; **nouveaux mariés** newly-weds; **nouvelle vague** new wave ▸ *nm/f* new pupil (*ou* employee) ▸ *nm* : **il y a du ~** there's something new ▸ *nf* (piece of) news *sg*; (*Littérature*) short story; **nouvelles** *nfpl* (*Presse, TV*) news; **je suis sans nouvelles de lui** I haven't heard from him

> **News** s'emploie avec un verbe au singulier, même lorsqu'il traduit un pluriel français.
> *Les nouvelles sont préoccupantes*. **The news is worrying.**
> Pour traduire *une nouvelle*, il faut dire soit **a piece of news**, soit **(some) news**.
> *J'ai une nouvelle à vous annoncer*. **I have some news for you.**
> *une nouvelle étonnante* **a surprising piece of news**

nouveau-né, e [nuvone] *nm/f* newborn (baby)
nouveauté [nuvote] *nf* novelty; (*chose nouvelle*) innovation, something new; (*Comm*) new film (*ou* book *ou* creation *etc*)
nouvel, -elle [nuvɛl] *adj, nf voir* **nouveau**
Nouvelle-Angleterre [nuvɛlɑ̃glətɛʀ] *nf* : **la ~** New England
Nouvelle-Calédonie [nuvɛlkaledɔni] *nf* : **la ~** New Caledonia
Nouvelle-Écosse [nuvɛlekɔs] *nf* : **la ~** Nova Scotia
Nouvelle-Galles du Sud [nuvɛlgaldysyd] *nf* : **la ~** New South Wales
Nouvelle-Guinée [nuvɛlgine] *nf* : **la ~** New Guinea
nouvellement [nuvɛlmɑ̃] *adv* (*arrivé*) recently, newly
Nouvelle-Orléans [nuvɛlɔʀleɑ̃] *nf* : **la ~** New Orleans
Nouvelles-Hébrides [nuvɛlzebʀid] *nfpl* : **les ~** the New Hebrides
Nouvelle-Zélande [nuvɛlzelɑ̃d] *nf* : **la ~** New Zealand
nouvelliste [nuvelist] *nmf* editor *ou* writer of short stories
novateur, -trice [nɔvatœʀ, -tʀis] *adj* innovative ▸ *nm/f* innovator
novembre [nɔvɑ̃bʀ] *nm* November; *see note; voir aussi* **juillet**

> **LE 11 NOVEMBRE**
> **Le 11 novembre** is a public holiday in France and commemorates those who died for France in all wars.

novice [nɔvis] *adj* inexperienced ▸ *nmf* novice
noviciat [nɔvisja] *nm* (*Rel*) noviciate
noyade [nwajad] *nf* drowning *no pl*
noyau, x [nwajo] *nm* (*de fruit*) stone; (*Bio, Physique*) nucleus; (*Élec, Géo, fig : centre*) core; (*fig : d'artistes etc*) group; (*: de résistants etc*) cell
noyautage [nwajotaʒ] *nm* (*Pol*) infiltration
noyauter [nwajote] **/1/** *vt* (*Pol*) to infiltrate
noyé, e [nwaje] *nm/f* drowning (*ou* drowned) man/woman ▸ *adj* (*fig : dépassé*) out of one's depth
noyer [nwaje] **/8/** *nm* walnut (tree); (*bois*) walnut ▸ *vt* to drown; (*fig*) to flood; to submerge; (*Auto : moteur*) to flood; **~ son chagrin** to drown one's sorrows; **~ le poisson** to duck the issue; **se noyer** *vpr* to be drowned, drown; (*suicide*) to drown o.s.
NSP *sigle m* (*Rel*) = **Notre Saint Père**; (*dans les sondages : = ne sais pas*) don't know
NT *sigle m* (*= Nouveau Testament*) NT
NTIC *fpl* (*= nouvelles technologies de l'information et de la communication*) NICT (*= new information and communication technologies*)
nu, e [ny] *adj* naked; (*membres*) naked, bare; (*chambre, fil, plaine*) bare; **tout nu** stark naked; **se mettre nu** to strip; **mettre à nu** to bare ▸ *nm* (*Art*) nude; **le nu intégral** total nudity
nuage [nɥaʒ] *nm* (*aussi Inform*) cloud; **être dans les nuages** (*distrait*) to have one's head in the clouds; **informatique en ~** cloud computing; **~ de lait** drop of milk
nuageux, -euse [nɥaʒø, -øz] *adj* cloudy
nuance [nɥɑ̃s] *nf* (*de couleur, sens*) shade; **il y a une ~ (entre)** there's a slight difference (between); **une ~ de tristesse** a tinge of sadness
nuancé, e [nɥɑ̃se] *adj* (*opinion*) finely-shaded, subtly differing; **être ~ dans ses opinions** to have finely-shaded opinions
nuancer [nɥɑ̃se] **/3/** *vt* (*pensée, opinion*) to qualify
nuancier [nɥɑ̃sje] *nm* colour chart (BRIT), color chart (*US*)
nubile [nybil] *adj* nubile
nucléaire [nykleɛʀ] *adj* nuclear ▸ *nm* : **le ~** nuclear power
nudisme [nydism] *nm* nudism
nudiste [nydist] *adj, nmf* nudist
nudité [nydite] *nf* nudity, nakedness; bareness
nuée [nɥe] *nf* : **une ~ de** a cloud *ou* host *ou* swarm of

nues [ny] *nfpl* : **tomber des** ~ to be taken aback; **porter qn aux** ~ to praise sb to the skies
nui [nɥi] *pp de* **nuire**
nuire [nɥiʀ] /**38**/ *vi* to be harmful; ~ **à** to harm, do damage to
nuisance [nɥizɑ̃s] *nf* nuisance; **nuisances** *nfpl* pollution *sg*
nuisette [nɥizɛt] *nf* very short nightie
nuisible [nɥizibl] *adj* harmful; **(animal)** ~ pest
nuisis *etc* [nɥizi] *vb voir* **nuire**
nuit [nɥi] *nf* night; **payer sa** ~ to pay for one's overnight accommodation; **il fait** ~ it's dark; **cette** ~ (*hier*) last night; (*aujourd'hui*) tonight; **de** ~ (*vol, service*) night *cpd*; ~ **blanche** sleepless night; ~ **de noces** wedding night; ~ **de Noël** Christmas Eve
nuitamment [nɥitamɑ̃] *adv* by night
nuitée [nɥite] *nf* overnight stay
nul, nulle [nyl] *adj* (*aucun*) no; (*minime*) nil, non-existent; (*non valable*) null; (*péj*) useless, hopeless; **résultat** ~, **match** ~ draw; **nulle part** *adv* nowhere ▸ *pron* none, no one
nullement [nylmɑ̃] *adv* by no means
nullité [nylite] *nf* nullity; (*péj*) hopelessness; (*: personne*) hopeless individual, nonentity
numéraire [nymeʀɛʀ] *nm* cash; metal currency
numéral, e, -aux [nymeʀal, -o] *adj* numeral
numérateur [nymeʀatœʀ] *nm* numerator
numération [nymeʀasjɔ̃] *nf* : ~ **décimale/binaire** decimal/binary notation; ~ **globulaire** blood count
numérique [nymeʀik] *adj* numerical; (*Inform, TV : affichage, son, télévision*) digital
numériquement [nymeʀikmɑ̃] *adv* numerically; (*Inform*) digitally
numérisation [nymeʀizasjɔ̃] *nf* (*Inform*) digitization
numériser [nymeʀize] /**1**/ *vt* (*Inform*) to digitize
numéro [nymeʀo] *nm* number; (*spectacle*) act, turn; (*Presse*) issue, number; **faire** *ou* **composer un** ~ to dial a number; ~ **d'identification personnel** personal identification number (PIN); ~ **d'immatriculation** *ou* **minéralogique** *ou* **de police** registration (Brit) *ou* license (US) number; ~ **de téléphone** (tele)phone number; ~ **vert** ≈ Freefone® number (Brit), ≈ toll-free number (US)
numérologie [nymeʀɔlɔʒi] *nf* numerology
numérotage [nymeʀɔtaʒ] *nm* numbering
numérotation [nymeʀɔtasjɔ̃] *nf* numeration
numéroter [nymeʀɔte] /**1**/ *vt* to number
numerus clausus [nymeʀysklozys] *nm inv* restriction *ou* limitation of numbers
numismate [nymismat] *nmf* numismatist, coin collector
numismatique [nymismatik] *nf* numismatics *sg*
nunuche [nynyʃ] (*fam*) *adj* silly ▸ *nf* ninny (*fam*)
nu-pieds [nypje] *nm* sandal ▸ *adj inv* barefoot
nuptial, e, -aux [nypsjal, -o] *adj* nuptial; wedding *cpd*
nuptialité [nypsjalite] *nf* : **taux de** ~ marriage rate
nuque [nyk] *nf* nape of the neck
nu-tête [nytɛt] *adj inv* bareheaded
nutriment [nytʀimɑ̃] *nm* nutriment
nutritif, -ive [nytʀitif, -iv] *adj* (*besoins, valeur*) nutritional; (*aliment*) nutritious, nourishing
nutrition [nytʀisjɔ̃] *nf* nutrition
nutritionnel, le [nytʀisjɔnɛl] *adj* nutritional
nutritionniste [nytʀisjɔnist] *nmf* nutritionist
nylon® [nilɔ̃] *nm* nylon
nymphe [nɛ̃f] *nf* (*Mythologie*) nymph
nymphéa [nɛ̃fea] *nm* Nymphaea
nymphette [nɛ̃fɛt] *nf* nymphet
nymphomane [nɛ̃fɔman] *adj, nf* nymphomaniac
nymphomanie [nɛ̃fɔmani] *nf* nymphomania

n

Oo

O, o [o] *nm inv* O, o ▸ *abr* (= *ouest*) W; **O comme Oscar** O for Oliver (Brit) *ou* Oboe (US)
OAS *sigle f* (= *Organisation de l'armée secrète*) *organization opposed to Algerian independence (1961–63)*
oasis [ɔazis] *nm ou f* oasis
obédience [ɔbedjɑ̃s] *nf* allegiance
obéir [ɔbeiʀ] /**2**/ *vi* to obey; **~ à** to obey; (*moteur, véhicule*) to respond to
obéissance [ɔbeisɑ̃s] *nf* obedience
obéissant, e [ɔbeisɑ̃, -ɑ̃t] *adj* obedient
obélisque [ɔbelisk] *nm* obelisk
obèse [ɔbɛz] *adj* obese
obésité [ɔbezite] *nf* obesity
objecter [ɔbʒɛkte] /**1**/ *vt* (*prétexter*) to plead, put forward as an excuse; **~ qch à** (*argument*) to put forward sth against; **~ (à qn) que** to object (to sb) that
objecteur [ɔbʒɛktœʀ] *nm* : **~ de conscience** conscientious objector
objectif, -ive [ɔbʒɛktif, -iv] *adj* objective ▸ *nm* (*Optique, Photo*) lens *sg*; (*Mil, fig*) objective; **~ grand angulaire/à focale variable** wide-angle/zoom lens
objection [ɔbʒɛksjɔ̃] *nf* objection; **~ de conscience** conscientious objection
objectivement [ɔbʒɛktivmɑ̃] *adv* objectively
objectivité [ɔbʒɛktivite] *nf* objectivity
objet [ɔbʒɛ] *nm* (*chose*) object; (*d'une discussion, recherche*) subject; **être** *ou* **faire l'~ de** (*discussion*) to be the subject of; (*soins*) to be given *ou* shown; **sans ~** *adj* purposeless; (*sans fondement*) groundless; **~ d'art** objet d'art; **objets personnels** personal items; **objets de toilette** toiletries; **objets trouvés** lost property *sg* (Brit), lost-and-found *sg* (US); **objets de valeur** valuables
obligataire [ɔbligatɛʀ] *adj* bond *cpd* ▸ *nmf* bondholder, debenture holder
obligation [ɔbligasjɔ̃] *nf* obligation; (*gén pl* : *devoir*) duty; (*Comm*) bond, debenture; **sans ~ d'achat** with no obligation (to buy); **être dans l'~ de faire** to be obliged to do; **avoir l'~ de faire** to be under an obligation to do; **obligations familiales** family obligations *ou* responsibilities; **obligations militaires** military obligations *ou* duties
obligatoire [ɔbligatwaʀ] *adj* compulsory, obligatory
obligatoirement [ɔbligatwaʀmɑ̃] *adv* compulsorily; (*fatalement*) necessarily; (*fam* : *sans aucun doute*) inevitably
obligé, e [ɔbliʒe] *adj* (*redevable*) : **être très ~ à qn** to be most obliged to sb; (*contraint*) : **je suis (bien) ~ (de le faire)** I have to (do it); (*nécessaire* : *conséquence*) necessary; **c'est ~ !** it's inevitable!
obligeamment [ɔbliʒamɑ̃] *adv* obligingly
obligeance [ɔbliʒɑ̃s] *nf* : **avoir l'~ de** to be kind *ou* good enough to
obligeant, e [ɔbliʒɑ̃, -ɑ̃t] *adj* obliging; kind
obliger [ɔbliʒe] /**3**/ *vt* (*contraindre*) : **~ qn à faire** to force *ou* oblige sb to do; (*Jur* : *engager*) to bind; (*rendre service à*) to oblige; **je suis bien obligé (de le faire)** I have to (do it)
oblique [ɔblik] *adj* oblique; **regard ~** sidelong glance; **en ~** *adv* diagonally
obliquer [ɔblike] /**1**/ *vi* : **~ vers** to turn off towards
oblitération [ɔbliteʀasjɔ̃] *nf* cancelling *no pl*, cancellation; obstruction
oblitérer [ɔbliteʀe] /**6**/ *vt* (*timbre-poste*) to cancel; (*Méd* : *canal, vaisseau*) to obstruct
oblong, oblongue [ɔblɔ̃, ɔblɔ̃g] *adj* oblong
obnubiler [ɔbnybile] /**1**/ *vt* to obsess
obole [ɔbɔl] *nf* offering
obscène [ɔpsɛn] *adj* obscene
obscénité [ɔpsenite] *nf* obscenity
obscur, e [ɔpskyʀ] *adj* (*sombre*) dark; (*fig* : *raisons*) obscure; (: *sentiment, malaise*) vague; (: *personne, vie*) humble, lowly
obscurantisme [ɔpskyʀɑ̃tism] *nm* obscurantism
obscurcir [ɔpskyʀsiʀ] /**2**/ *vt* to darken; (*fig*) to obscure; **s'obscurcir** *vpr* to grow dark
obscurément [ɔpskyʀemɑ̃] *adv* (*sentir*) vaguely
obscurité [ɔpskyʀite] *nf* darkness; **dans l'~** in the dark, in darkness; (*anonymat, médiocrité*) in obscurity
obsédant, e [ɔpsedɑ̃, -ɑ̃t] *adj* obsessive
obsédé, e [ɔpsede] *nm/f* fanatic; **~(e) sexuel(le)** sex maniac
obséder [ɔpsede] /**6**/ *vt* to obsess, haunt
obsèques [ɔpsɛk] *nfpl* funeral *sg*
obséquieux, -euse [ɔpsekjø, -øz] *adj* obsequious
observable [ɔpsɛʀvabl] *adj* (*phénomènes, critères*) observable
observance [ɔpsɛʀvɑ̃s] *nf* observance
observateur, -trice [ɔpsɛʀvatœʀ, -tʀis] *adj* observant, perceptive ▸ *nm/f* observer
observation [ɔpsɛʀvasjɔ̃] *nf* observation; (*d'un règlement etc*) observance; (*commentaire*) observation, remark; (*reproche*) reproof; **en ~** (*Méd*) under observation

observatoire [ɔpsɛʀvatwaʀ] *nm* observatory; (*lieu élevé*) observation post, vantage point
observer [ɔpsɛʀve] /1/ *vt* (*regarder*) to observe, watch; (*examiner*) to examine; (*scientifiquement, aussi : règlement, jeûne etc*) to observe; (*surveiller*) to watch; (*remarquer*) to observe, notice; **faire ~ qch à qn** (*dire*) to point out sth to sb; **s'observer** *vpr* (*se surveiller*) to keep a check on o.s.
obsession [ɔpsesjɔ̃] *nf* obsession; **avoir l'~ de** to have an obsession with
obsessionnel, le [ɔpsesjɔnɛl] *adj* obsessive
obsidienne [ɔpsidjɛn] *nf* (*roche*) obsidian
obsolescent, e [ɔpsɔlesɑ̃, -ɑ̃t] *adj* obsolescent
obsolète [ɔpsɔlɛt] *adj* obsolete
obstacle [ɔpstakl] *nm* obstacle; (*Équitation*) jump, hurdle; **faire ~ à** (*lumière*) to block out; (*projet*) to hinder, put obstacles in the path of; **obstacles antichars** tank defences
obstétricien, ne [ɔpstetʀisjɛ̃, -ɛn] *nm/f* obstetrician
obstétrique [ɔpstetʀik] *nf* obstetrics *sg*
obstination [ɔpstinasjɔ̃] *nf* obstinacy
obstiné, e [ɔpstine] *adj* obstinate
obstinément [ɔpstinemɑ̃] *adv* obstinately
obstiner [ɔpstine] /1/ : **s'obstiner** *vpr* to insist, dig one's heels in; **s'~ à faire** to persist (obstinately) in doing; **s'~ sur qch** to keep working at sth, labour away at sth
obstruction [ɔpstʀyksjɔ̃] *nf* obstruction, blockage; (*Sport*) obstruction; **faire de l'~** (*fig*) to be obstructive
obstruer [ɔpstʀye] /1/ *vt* to block, obstruct; **s'obstruer** *vpr* to become blocked
obtempérer [ɔptɑ̃peʀe] /6/ *vi* to obey; **~ à** to obey, comply with
obtenir [ɔptəniʀ] /22/ *vt* to obtain, get; (*total*) to arrive at, reach; (*résultat*) to achieve, obtain; **~ de pouvoir faire** to obtain permission to do; **~ qch à qn** to obtain sth for sb; **~ de qn qu'il fasse** to get sb to agree to do(ing)
obtention [ɔptɑ̃sjɔ̃] *nf* obtaining
obtenu, e [ɔpt(ə)ny] *pp de* **obtenir**
obtiendrai [ɔptjɛ̃dʀe], **obtiens** [ɔptjɛ̃], **obtint** *etc* [ɔptɛ̃] *vb voir* **obtenir**
obturateur [ɔptyʀatœʀ] *nm* (*Photo*) shutter; **~ à rideau** focal plane shutter
obturation [ɔptyʀasjɔ̃] *nf* closing (up); **~ (dentaire)** filling; **vitesse d'~** (*Photo*) shutter speed
obturer [ɔptyʀe] /1/ *vt* to close (up); (*dent*) to fill
obtus, e [ɔpty, -yz] *adj* obtuse
obus [ɔby] *nm* shell; **~ explosif** high-explosive shell; **~ incendiaire** incendiary device, fire bomb
obvier [ɔbvje] /7/ : **~ à** *vt* to obviate
OC *sigle fpl* (= *ondes courtes*) SW
occase [ɔkɑz] *nf* (*fam : occasion*) bargain
occasion [ɔkazjɔ̃] *nf* (*aubaine, possibilité*) opportunity; (*circonstance*) occasion; (*Comm : article non neuf*) secondhand buy; (*: acquisition avantageuse*) bargain; **à plusieurs occasions** on several occasions; **à la première ~** at the first *ou* earliest opportunity; **avoir l'~ de faire** to have the opportunity to do; **être l'~ de** to occasion, give rise to; **à l'~** *adv* sometimes, on occasions; (*un jour*) some time; **à l'~ de** on the occasion of; **d'~** *adj, adv* secondhand
occasionnel, le [ɔkazjɔnɛl] *adj* (*fortuit*) chance *cpd*; (*non régulier*) occasional; (*: travail*) casual
occasionnellement [ɔkazjɔnɛlmɑ̃] *adv* occasionally, from time to time
occasionner [ɔkazjɔne] /1/ *vt* to cause, bring about; **~ qch à qn** to cause sb sth
occident [ɔksidɑ̃] *nm* : **l'O~** the West
occidental, e, -aux [ɔksidɑ̃tal, -o] *adj* western; (*Pol*) Western ▸ *nm/f* Westerner
occidentaliser [ɔksidɑ̃talize] /1/ *vt* (*coutumes, mœurs*) to westernize
occiput [ɔksipyt] *nm* back of the head, occiput
occire [ɔksiʀ] *vt* to slay
occitan, e [ɔksitɑ̃, -an] *adj* of the langue d'oc, of Provençal French
occlusion [ɔklyzjɔ̃] *nf* : **~ intestinale** obstruction of the bowel
occulte [ɔkylt] *adj* occult, supernatural
occulter [ɔkylte] /1/ *vt* (*fig*) to overshadow
occultisme [ɔkyltism] *nm* occultism
occupant, e [ɔkypɑ̃, -ɑ̃t] *adj* occupying ▸ *nm/f* (*d'un appartement*) occupier, occupant; (*d'un véhicule*) occupant ▸ *nm* (*Mil*) occupying forces *pl*; (*Pol : d'usine etc*) occupier
occupation [ɔkypasjɔ̃] *nf* occupation; **l'O~** the Occupation (of France)
occupationnel, le [ɔkypasjɔnɛl] *adj* : **thérapie occupationnelle** occupational therapy
occupé, e [ɔkype] *adj* (*Mil, Pol*) occupied; (*personne : affairé, pris*) busy; (*esprit : absorbé*) occupied; (*place, sièges*) taken; (*toilettes*) engaged; **la ligne est occupée** the line's engaged (Brit) *ou* busy (US)
occuper [ɔkype] /1/ *vt* to occupy; (*poste, fonction*) to hold; (*main-d'œuvre*) to employ; **ça occupe trop de place** it takes up too much room; **s'occuper** *vpr* : **s'~ (à qch)** to occupy o.s. *ou* keep o.s. busy (with sth); **s'~ de** (*être responsable de*) to be in charge of; (*se charger de : affaire*) to take charge of, deal with; (*: clients etc*) to attend to; (*s'intéresser à, pratiquer : politique etc*) to be involved in
occurrence [ɔkyʀɑ̃s] *nf* : **en l'~** in this case
OCDE *sigle f* (= *Organisation de coopération et de développement économique*) OECD
océan [ɔseɑ̃] *nm* ocean; **l'~ Indien** the Indian Ocean
Océanie [ɔseani] *nf* : **l'~** Oceania, South Sea Islands
océanique [ɔseanik] *adj* oceanic
océanographe [ɔseanɔgʀaf] *nmf* oceanographer
océanographie [ɔseanɔgʀafi] *nf* oceanography
océanologie [ɔseanɔlɔʒi] *nf* oceanology
ocelot [ɔs(ə)lo] *nm* (*Zool*) ocelot; (*fourrure*) ocelot fur
ocre [ɔkʀ] *adj inv* ochre
octane [ɔktan] *nm* octane
octante [ɔktɑ̃t] *num* (Belgique, Suisse) eighty
octave [ɔktav] *nf* octave
octet [ɔktɛ] *nm* byte
octobre [ɔktɔbʀ] *nm* October; *voir aussi* **juillet**
octogénaire [ɔktɔʒenɛʀ] *adj, nmf* octogenarian

octogonal, e, -aux [ɔktɔgɔnal, -o] *adj* octagonal
octogone [ɔktɔgɔn] *nm* octagon
octroi [ɔktʀwa] *nm* granting
octroyer [ɔktʀwaje] /**8**/ *vt* : **~ qch à qn** to grant sth to sb, grant sb sth
oculaire [ɔkylɛʀ] *adj* ocular, eye *cpd* ▸ *nm* (*de microscope*) eyepiece
oculiste [ɔkylist] *nmf* eye specialist, oculist
ode [ɔd] *nf* ode
odeur [ɔdœʀ] *nf* smell
odieusement [ɔdjøzmɑ̃] *adv* odiously
odieux, -euse [ɔdjø, -øz] *adj* odious, hateful
odontologie [ɔdɔ̃tɔlɔʒi] *nf* odontology
odorant, e [ɔdɔʀɑ̃, -ɑ̃t] *adj* sweet-smelling, fragrant
odorat [ɔdɔʀa] *nm* (sense of) smell; **avoir l'~ fin** to have a keen sense of smell
odoriférant, e [ɔdɔʀifeʀɑ̃, -ɑ̃t] *adj* sweet-smelling, fragrant
odyssée [ɔdise] *nf* odyssey
OEA *sigle f* (= *Organisation des États américains*) OAS
œcuménique [ekymenik] *adj* ecumenical
œdème [edɛm] *nm* oedema (Brit), edema (US)
œil [œj] (*pl* **yeux** [jø]) *nm* eye; **avoir un ~ poché** *ou* **au beurre noir** to have a black eye; **à l'~** (*fam*) for free; **à l'~ nu** with the naked eye; **tenir qn à l'~** to keep an eye *ou* a watch on sb; **avoir l'~ à** to keep an eye on; **faire de l'~ à qn** to make eyes at sb; **voir qch d'un bon/mauvais ~** to view sth in a favourable/an unfavourable light; **à l'~ vif** with a lively expression; **à mes/ses yeux** in my/his eyes; **de ses propres yeux** with his own eyes; **fermer les yeux (sur)** (*fig*) to turn a blind eye (to); **les yeux fermés** (*aussi fig*) with one's eyes shut; **ouvrir l'~** (*fig*) to keep one's eyes open *ou* an eye out; **fermer l'~** to get a moment's sleep; **~ pour ~, dent pour dent** an eye for an eye, a tooth for a tooth; **pour les beaux yeux de qn** (*fig*) for love of sb; **~ de verre** glass eye
œil-de-bœuf [œjdəbœf] (*pl* **œils-de-bœuf**) *nm* bull's-eye (window)
œillade [œjad] *nf* : **lancer une ~ à qn** to wink at sb, give sb a wink; **faire des œillades à** to make eyes at
œillères [œjɛʀ] *nfpl* blinkers (Brit), blinders (US); **avoir des ~** (*fig*) to be blinkered, wear blinders
œillet [œjɛ] *nm* (*Bot*) carnation; (*trou*) eyelet
œnologue [enɔlɔg] *nmf* wine expert
œsophage [ezɔfaʒ] *nm* oesophagus (Brit), esophagus (US)
œstrogène [ɛstʀɔʒɛn] *adj* oestrogen (Brit), estrogen (US)
œuf [œf] *nm* egg; **étouffer dans l'~** to nip in the bud; **~ à la coque/dur/mollet** boiled/hard-boiled/soft-boiled egg; **~ au plat/poché** fried/poached egg; **œufs brouillés** scrambled eggs; **~ de Pâques** Easter egg; **~ à repriser** darning egg
œuvre [œvʀ] *nf* (*tâche*) task, undertaking; (*ouvrage achevé, livre, tableau etc*) work; (*ensemble de la production artistique*) works *pl*; (*organisation charitable*) charity; **être/se mettre à l'~** to be at/get (down) to work; **mettre en ~** (*moyens*) to make use of; (*plan, loi, projet etc*) to implement; **~ d'art** work of art ▸ *nm* (*d'un artiste*) works *pl*; (*Constr*) : **le gros ~** the shell; **œuvres** *nfpl* (*actes*) deeds, works; **bonnes œuvres** good works *ou* deeds; **œuvres de bienfaisance** charitable works
OFCE *sigle m* (= *Observatoire français des conjonctures économiques*) *economic research institute*
offensant, e [ɔfɑ̃sɑ̃, -ɑ̃t] *adj* offensive, insulting
offense [ɔfɑ̃s] *nf* (*affront*) insult; (*Rel* : *péché*) transgression, trespass
offenser [ɔfɑ̃se] /**1**/ *vt* to offend, hurt; (*principes, Dieu*) to offend against; **s'offenser de** *vpr* to take offence (Brit) *ou* offense (US) at
offensif, -ive [ɔfɑ̃sif, -iv] *adj* (*armes, guerre*) offensive ▸ *nf* offensive; (*fig* : *du froid, de l'hiver*) onslaught; **passer à l'offensive** to go into the attack *ou* offensive
offert, e [ɔfɛʀ, -ɛʀt] *pp de* **offrir**
offertoire [ɔfɛʀtwaʀ] *nm* offertory
office [ɔfis] *nm* (*charge*) office; (*agence*) bureau, agency; (*Rel*) service; **faire ~ de** to act as; to do duty as; **d'~** *adv* automatically; **bons offices** (*Pol*) good offices; **~ du tourisme** tourist office ▸ *nm ou f* (*pièce*) pantry
officialiser [ɔfisjalize] /**1**/ *vt* to make official
officiel, le [ɔfisjɛl] *adj, nm/f* official
officiellement [ɔfisjɛlmɑ̃] *adv* officially
officier [ɔfisje] /**7**/ *nm* officer; **~ de l'état-civil** registrar; **~ ministériel** member of the legal profession; **~ de police** ≈ police officer ▸ *vi* (*Rel*) to officiate
officieusement [ɔfisjøzmɑ̃] *adv* unofficially
officieux, -euse [ɔfisjø, -øz] *adj* unofficial

⚠ **officieux** does not mean *officious*.

officinal, e, -aux [ɔfisinal, -o] *adj* : **plantes officinales** medicinal plants
officine [ɔfisin] *nf* (*de pharmacie*) dispensary; (*Admin* : *pharmacie*) pharmacy; (*gén péj* : *bureau*) agency, office
offrais *etc* [ɔfʀɛ] *vb voir* **offrir**
offrande [ɔfʀɑ̃d] *nf* offering
offrant [ɔfʀɑ̃] *nm* : **au plus ~** to the highest bidder
offre [ɔfʀ] *vb voir* **offrir** ▸ *nf* offer; (*aux enchères*) bid; (*Admin* : *soumission*) tender; (*Écon*) : **l'~ et la demande** supply and demand; **~ d'emploi** job advertised; « **offres d'emploi** » "situations vacant"; **~ publique d'achat** takeover bid; **offres de service** offer of service
offrir [ɔfʀiʀ] /**18**/ *vt* : **~ qch à qn** to offer sth to sb, to offer sb sth; (*faire cadeau*) to give sth to sb, to give sb sth; **~ (à qn) de faire qch** to offer to do sth (for sb); **~ à boire à qn** (*chez soi*) to offer sb a drink; **je vous offre un verre** I'll buy you a drink; **s'offrir** *vpr* (*se présenter* : *occasion, paysage*) to present itself; (*se payer* : *vacances, voiture*) to treat o.s. to; **s'~ à faire qch** to offer *ou* volunteer to do sth; **s'~ comme guide/en otage** to offer one's services as (a) guide/offer o.s. as (a) hostage; **s'~ aux regards** (*personne*) to expose o.s. to the public gaze
offset [ɔfsɛt] *nm* offset (printing)

offusquer [ɔfyske] /1/ *vt* to offend; **s'offusquer de** *vpr* to take offence (BRIT) *ou* offense (*US*) at, be offended by
ogive [ɔʒiv] *nf* (*Archit*) diagonal rib; (*d'obus, de missile*) nose cone; **voûte en ~** rib vault; **arc en ~** lancet arch; **~ nucléaire** nuclear warhead
OGM *sigle m* (*= organisme génétiquement modifié*) GMO; **culture ~** GM crop
ogre [ɔgʀ] *nm* ogre
oh [o] *excl* oh!; **oh là là !** oh (dear)!; **pousser des oh ! et des ah !** to gasp with admiration
oie [wa] *nf* (*Zool*) goose; **~ blanche** (*fig*) young innocent
oignon [ɔɲɔ̃] *nm* (*Culin*) onion; (*de tulipe etc : bulbe*) bulb; (*Méd*) bunion; **ce ne sont pas tes oignons** (*fam*) that's none of your business
oindre [wɛ̃dʀ] /**49**/ *vt* to anoint
oiseau, x [wazo] *nm* bird; **~ de proie** bird of prey
oiseau-mouche [wazomuʃ] (*pl* **oiseaux-mouches**) *nm* hummingbird
oiseleur [waz(ə)lœʀ] *nm* bird-catcher
oiselier, -ière [wazəlje, -jɛʀ] *nm/f* bird-seller
oisellerie [wazɛlʀi] *nf* bird shop
oiseux, -euse [wazø, -øz] *adj* pointless, idle; (*sans valeur, importance*) trivial
oisif, -ive [wazif, -iv] *adj* idle ▸ *nm/f* (*péj*) man/lady of leisure
oisillon [wazijɔ̃] *nm* little *ou* baby bird
oisiveté [wazivte] *nf* idleness
OIT *sigle f* (*= Organisation internationale du travail*) ILO
OK [okɛ] *excl* OK!, all right!
OL *sigle fpl* (*= ondes longues*) LW
oléagineux, -euse [ɔleaʒinø, -øz] *adj* oleaginous, oil-producing
oléiculture [ɔleikyltyʀ] *nf* olive growing
oléoduc [ɔleɔdyk] *nm* (oil) pipeline
olfactif, -ive [ɔlfaktif, -iv] *adj* olfactory
olibrius [ɔlibʀijys] *nm* oddball
oligarchie [ɔligaʀʃi] *nf* oligarchy
oligo-élément [ɔligoelemɑ̃] *nm* trace element
oligopole [ɔligɔpɔl] *nm* oligopoly
olivâtre [ɔlivɑtʀ] *adj* olive-greenish; (*teint*) sallow
olive [ɔliv] *nf* (*Bot*) olive ▸ *adj inv* olive-green
oliveraie [ɔlivʀɛ] *nf* olive grove
olivette [ɔlivɛt] *nf* (*tomate allongée*) plum tomato
olivier [ɔlivje] *nm* olive (tree); (*bois*) olive (wood)
olographe [ɔlɔgʀaf] *adj* : **testament ~** *will written, dated and signed by the testator*
OLP *sigle f* (*= Organisation de libération de la Palestine*) PLO
olympiade [ɔlɛ̃pjad] *nf* (*période*) Olympiad; **les olympiades** (*jeux*) the Olympiad *sg*
olympien, ne [ɔlɛ̃pjɛ̃, -ɛn] *adj* Olympian, of Olympian aloofness
olympique [ɔlɛ̃pik] *adj* Olympic
OM *sigle fpl* (*= ondes moyennes*) MW
Oman [ɔman] *n* Oman; **le sultanat d'~** the Sultanate of Oman
ombilical, e, -aux [ɔ̃bilikal, -o] *adj* umbilical
ombrage [ɔ̃bʀaʒ] *nm* (*ombre*) (leafy) shade; (*fig*) : **prendre ~ de** to take umbrage at; **faire** *ou* **porter ~ à qn** to offend sb
ombragé, e [ɔ̃bʀaʒe] *adj* shaded, shady
ombrageux, -euse [ɔ̃bʀaʒø, -øz] *adj* (*cheval*) skittish, nervous; (*personne*) touchy, easily offended
ombre [ɔ̃bʀ] *nf* (*espace non ensoleillé*) shade; (*ombre portée, tache*) shadow; **à l'~** in the shade; (*fam : en prison*) behind bars; **à l'~ de** in the shade of; (*tout près de, fig*) in the shadow of; **tu me fais de l'~** you're in my light; **ça nous donne de l'~** it gives us (some) shade; **il n'y a pas l'~ d'un doute** there's not the shadow of a doubt; **dans l'~** in the shade; (*fig*) in the dark; **vivre dans l'~** (*fig*) to live in obscurity; **laisser dans l'~** (*fig*) to leave in the dark; **~ à paupières** eye shadow; **~ portée** shadow; **ombres chinoises** (*spectacle*) shadow show *sg*
ombrelle [ɔ̃bʀɛl] *nf* parasol, sunshade
ombrer [ɔ̃bʀe] /1/ *vt* to shade
OMC *sigle f* (*= organisation mondiale du commerce*) WTO
omelette [ɔmlɛt] *nf* omelette; **~ baveuse** runny omelette; **~ au fromage/au jambon** cheese/ham omelette; **~ aux herbes** omelette with herbs; **~ norvégienne** baked Alaska
omerta [ɔmɛʀta] *nf* code of silence; **briser l'~** to break the code of silence
omettre [ɔmɛtʀ] /**56**/ *vt* to omit, leave out; **~ de faire** to fail *ou* omit to do
omis, e [ɔmi, -iz] *pp de* **omettre**
omission [ɔmisjɔ̃] *nf* omission
omnibus [ɔmnibys] *nm* slow *ou* stopping train
omnipotent, e [ɔmnipɔtɑ̃, -ɑ̃t] *adj* omnipotent
omnipraticien, ne [ɔmnipʀatisjɛ̃, -ɛn] *nm/f* (*Méd*) general practitioner
omniprésent, e [ɔmnipʀezɑ̃, -ɑ̃t] *adj* omnipresent
omniscient, e [ɔmnisjɑ̃, -ɑ̃t] *adj* omniscient
omnisports [ɔmnispɔʀ] *adj inv* (*club*) general sports *cpd*; (*salle*) multi-purpose *cpd*; (*terrain*) all-purpose *cpd*
omnium [ɔmnjɔm] *nm* (*Comm*) corporation; (*Cyclisme*) omnium; (*Courses*) open handicap
omnivore [ɔmnivɔʀ] *adj* omnivorous
omoplate [ɔmɔplat] *nf* shoulder blade
OMS *sigle f* (*= Organisation mondiale de la santé*) WHO

MOT-CLÉ

on [ɔ̃] *pron* **1** (*indéterminé*) you, one; **on peut le faire ainsi** you *ou* one can do it like this, it can be done like this; **on dit que ...** they say that ..., it is said that ..
2 (*quelqu'un*) : **on les a attaqués** they were attacked; **on vous demande au téléphone** there's a phone call for you, you're wanted on the phone; **on frappe à la porte** someone's knocking at the door
3 (*nous*) we; **on va y aller demain** we're going tomorrow
4 (*les gens*) they; **autrefois, on croyait ...** they used to believe ...
5 : **on ne peut plus** *adv* : **on ne peut plus stupide** as stupid as can be

onagre [ɔnagʀ] *nf* (*plante*) evening primrose
once [ɔ̃s] *nf* : **une ~ de** an ounce of

oncle [ɔ̃kl] *nm* uncle
oncologue [ɔ̃kɔlɔg] *nmf (médecin)* oncologist
onction [ɔ̃ksjɔ̃] *nf voir* **extrême-onction**
onctueux, -euse [ɔ̃ktɥø, -øz] *adj* creamy, smooth; *(fig)* smooth, unctuous
onde [ɔ̃d] *nf (Physique)* wave; **sur l'~** on the waters; **sur les ondes** on the radio; **mettre en ondes** to produce for the radio; **~ de choc** shock wave; **ondes courtes (OC)** short wave *sg*; **petites ondes (PO), ondes moyennes (OM)** medium wave *sg*; **grandes ondes (GO), ondes longues (OL)** long wave *sg*; **ondes sonores** sound waves
ondée [ɔ̃de] *nf* shower
on-dit [ɔ̃di] *nm inv* rumour
ondoyer [ɔ̃dwaje] **/8/** *vi* to ripple, wave ▸ *vt (Rel)* to baptize *(in an emergency)*
ondulant, e [ɔ̃dylɑ̃, -ɑ̃t] *adj (démarche)* swaying; *(ligne)* undulating
ondulation [ɔ̃dylasjɔ̃] *nf* undulation; wave
ondulatoire [ɔ̃dylatwaʀ] *adj (Science)* wave *cpd*; **la mécanique ~** wave mechanics
ondulé, e [ɔ̃dyle] *adj* undulating; wavy
onduler [ɔ̃dyle] **/1/** *vi* to undulate; *(cheveux)* to wave
onéreux, -euse [ɔneʀø, -øz] *adj* costly; **à titre ~** in return for payment
ONF *sigle m (= Office national des forêts)* ≈ Forestry Commission (BRIT), ≈ National Forest Service *(US)*
ONG *sigle f (= organisation non gouvernementale)* NGO
ongle [ɔ̃gl] *nm (Anat)* nail; **manger** *ou* **ronger ses ongles** to bite one's nails; **se faire les ongles** to do one's nails
onglet [ɔ̃glɛ] *nm (rainure)* (thumbnail) groove; *(bande de papier)* tab
onguent [ɔ̃gɑ̃] *nm* ointment
onirique [ɔniʀik] *adj* dreamlike, dream *cpd*
onirisme [ɔniʀism] *nm* dreams *pl*
onomatopée [ɔnɔmatɔpe] *nf* onomatopoeia
ont [ɔ̃] *vb voir* **avoir**
ontarien, ne [ɔ̃taʀjɛ̃, -ɛn] *adj* Ontarian
ONU [ɔny] *sigle f (= Organisation des Nations unies)* UN(O)
onusien, ne [ɔnyzjɛ̃, -ɛn] *adj* of the UN(O), of the United Nations (Organization)
onyx [ɔniks] *nm* onyx
onze [ɔ̃z] *num* eleven
onzième [ɔ̃zjɛm] *num* eleventh
op [ɔp] *nf (opération)* : **salle d'op** (operating) theatre
OPA *sigle f* = **offre publique d'achat**
opacité [ɔpasite] *nf* opaqueness
opale [ɔpal] *nf* opal
opalescent, e [ɔpalesɑ̃, -ɑ̃t] *adj* opalescent
opalin, e [ɔpalɛ̃, -in] *adj, nf* opaline
opaque [ɔpak] *adj (vitre, verre)* opaque; *(brouillard, nuit)* impenetrable
OPE *sigle f (= offre publique d'échange) take-over bid where bidder offers shares in his company in exchange for shares in target company*
OPEP [ɔpɛp] *sigle f (= Organisation des pays exportateurs de pétrole)* OPEC
opéra [ɔpeʀa] *nm* opera; *(édifice)* opera house
opérable [ɔpeʀabl] *adj* operable
opéra-comique [ɔpeʀakɔmik] *(pl* **opéras-comiques**) *nm* light opera, opéra comique
opérant, e [ɔpeʀɑ̃, -ɑ̃t] *adj (mesure)* effective
opérateur, -trice [ɔpeʀatœʀ, -tʀis] *nm/f* operator; **~ (de prise de vues)** cameraman
opération [ɔpeʀasjɔ̃] *nf* operation; *(Comm)* dealing; **salle/table d'~** operating theatre/table; **~ de sauvetage** rescue operation; **~ à cœur ouvert** open-heart surgery *no pl*
opérationnel, le [ɔpeʀasjɔnel] *adj* operational
opératoire [ɔpeʀatwaʀ] *adj (manœuvre, méthode)* operating; *(choc etc)* post-operative
opéré, e [ɔpeʀe] *nm/f* post-operative patient
opérer [ɔpeʀe] **/6/** *vt (Méd)* to operate on; *(faire, exécuter)* to carry out, make; **se faire ~** to have an operation; **se faire ~ des amygdales/du cœur** to have one's tonsils out/have a heart operation ▸ *vi (remède : faire effet)* to act, work; *(procéder)* to proceed; *(Méd)* to operate; **s'opérer** *vpr (avoir lieu)* to occur, take place
opérette [ɔpeʀɛt] *nf* operetta, light opera
ophtalmique [ɔftalmik] *adj* ophthalmic
ophtalmo [ɔftalmo] *nmf (fam : ophtalmologue)* ophthalmologist
ophtalmologie [ɔftalmɔlɔʒi] *nf* ophthalmology
ophtalmologue [ɔftalmɔlɔg] *nmf* ophthalmologist
opiacé, e [ɔpjase] *adj* opiate
opiner [ɔpine] **/1/** *vi* : **~ de la tête** to nod assent ▸ *vt* : **~ à** to consent to
opiniâtre [ɔpinjɑtʀ] *adj* stubborn
opiniâtreté [ɔpinjɑtʀəte] *nf* stubbornness
opinion [ɔpinjɔ̃] *nf* opinion; **l'~ (publique)** public opinion; **avoir bonne/mauvaise ~ de** to have a high/low opinion of
opiomane [ɔpjɔman] *nmf* opium addict
opium [ɔpjɔm] *nm* opium
OPJ *sigle m (= officier de police judiciaire)* ≈ DC *(= Detective Constable)*
opportun, e [ɔpɔʀtœ̃, -yn] *adj* timely, opportune; **en temps ~** at the appropriate time
opportunément [ɔpɔʀtynemɑ̃] *adv* opportunely
opportunisme [ɔpɔʀtynism] *nm* opportunism
opportuniste [ɔpɔʀtynist] *adj, nmf* opportunist
opportunité [ɔpɔʀtynite] *nf* timeliness, opportuneness
opposant, e [ɔpozɑ̃, -ɑ̃t] *adj* opposing ▸ *nm/f* opponent
opposé, e [ɔpoze] *adj (direction, rive)* opposite; *(faction)* opposing; *(couleurs)* contrasting; *(opinions, intérêts)* conflicting; *(contre)* : **~ à** opposed to, against; **être ~ à** to be opposed to ▸ *nm* : **l'~** the other *ou* opposite side *(ou* direction); *(contraire)* the opposite; **à l'~** *(fig)* on the other hand; **à l'~ de** on the other *ou* opposite side from; *(fig)* contrary to, unlike
opposer [ɔpoze] **/1/** *vt (meubles, objets)* to place opposite each other; *(personnes, armées, équipes)* to oppose; *(couleurs, termes, tons)* to contrast; *(comparer : livres, avantages)* to contrast; **~ qch à** *(comme obstacle, défense)* to set sth against; *(comme objection)* to put sth forward against; *(en contraste)* to set sth opposite; to match sth with; **s'opposer** *vpr (équipes)* to confront each other; *(opinions)* to conflict; *(couleurs, styles)* to contrast; **s'~ à** *(interdire, empêcher)* to oppose; *(tenir tête à)* to

rebel against; **sa religion s'y oppose** it's against his religion; **s'~ à ce que qn fasse** to be opposed to sb's doing
opposition [ɔpozisjɔ̃] *nf* opposition; **par ~** in contrast; **par ~ à** as opposed to, in contrast with; **entrer en ~ avec** to come into conflict with; **être en ~ avec** (*idées, conduite*) to be at variance with; **faire ~ à un chèque** to stop a cheque
oppressant, e [ɔpʀesɑ̃, -ɑ̃t] *adj* oppressive
oppresser [ɔpʀese] /1/ *vt* to oppress; **se sentir oppressé** to feel breathless
oppresseur [ɔpʀesœʀ] *nm* oppressor
oppressif, -ive [ɔpʀesif, -iv] *adj* oppressive
oppression [ɔpʀesjɔ̃] *nf* oppression; (*malaise*) feeling of suffocation
opprimer [ɔpʀime] /1/ *vt* (*asservir : peuple, faibles*) to oppress; (*étouffer : liberté, opinion*) to suppress, stifle; (*suj : chaleur etc*) to suffocate, oppress
opprobre [ɔpʀɔbʀ] *nm* disgrace
opter [ɔpte] /1/ *vi* : **~ pour** to opt for; **~ entre** to choose between
opticien, ne [ɔptisjɛ̃, -ɛn] *nm/f* optician
optimal, e, -aux [ɔptimal, -o] *adj* optimal
optimisation [ɔptimizasjɔ̃] *nf* optimization
optimiser [ɔptimize] /1/ *vt* to optimize
optimisme [ɔptimism] *nm* optimism
optimiste [ɔptimist] *adj* optimistic ▸ *nmf* optimist
optimum [ɔptimɔm] *adj, nm* optimum
option [ɔpsjɔ̃] *nf* option; (*Auto : supplément*) optional extra; **matière à ~** (*Scol*) optional subject (Brit), elective (US); **prendre une ~ sur** to take (out) an option on; **~ par défaut** (*Inform*) default (option)
optionnel, le [ɔpsjɔnɛl] *adj* optional
optique [ɔptik] *adj* (*nerf*) optic; (*verres*) optical ▸ *nf* (*Photo : lentilles etc*) optics *pl*; (*science, industrie*) optics *sg*; (*fig : manière de voir*) perspective
opulence [ɔpylɑ̃s] *nf* wealth, opulence
opulent, e [ɔpylɑ̃, -ɑ̃t] *adj* wealthy, opulent; (*formes, poitrine*) ample, generous
opuscule [ɔpyskyl] *nm* booklet
OPV *sigle f* (= *offre publique de vente*) public offer of sale
or [ɔʀ] *nm* gold; **d'or** (*fig*) golden; **en or** gold *cpd*; (*occasion*) golden; **un mari/enfant en or** a treasure; **une affaire en or** (*achat*) a real bargain; (*commerce*) a gold mine; **plaqué or** gold-plated; **or noir** black gold ▸ *conj* now, but; **il croyait gagner or il a perdu** he was sure he would win and yet he lost
oracle [ɔʀɑkl] *nm* oracle
orage [ɔʀaʒ] *nm* (thunder)storm
orageux, -euse [ɔʀaʒø, -øz] *adj* stormy
oraison [ɔʀɛzɔ̃] *nf* orison, prayer; **~ funèbre** funeral oration
oral, e, -aux [ɔʀal, -o] *adj* (*déposition, promesse*) oral, verbal; (*Méd*) : **par voie orale** by mouth, orally ▸ *nm* (*Scol*) oral
oralement [ɔʀalmɑ̃] *adv* orally
oralité [ɔʀalite] *nf* the spoken word, orality
orange [ɔʀɑ̃ʒ] *adj inv, nf* orange; **~ sanguine** blood orange; **~ pressée** freshly-squeezed orange juice
orangé, e [ɔʀɑ̃ʒe] *adj* orangey, orange-coloured
orangeade [ɔʀɑ̃ʒad] *nf* orangeade
oranger [ɔʀɑ̃ʒe] *nm* orange tree
orangeraie [ɔʀɑ̃ʒʀɛ] *nf* orange grove
orangerie [ɔʀɑ̃ʒʀi] *nf* orangery
orang-outan, orang-outang [ɔʀɑ̃utɑ̃] (*pl* **orangs-outans**, *pl* **orangs-outangs**) *nm* orang-utan
orateur [ɔʀatœʀ] *nm* speaker; orator
oratoire [ɔʀatwaʀ] *nm* (*lieu, chapelle*) oratory; (*au bord du chemin*) wayside shrine ▸ *adj* oratorical
oratorio [ɔʀatɔʀjo] *nm* oratorio
orbital, e, -aux [ɔʀbital, -o] *adj* orbital; **station orbitale** space station
orbite [ɔʀbit] *nf* (*Anat*) (eye-)socket; (*Astronomie*) orbit; **mettre sur ~** to put into orbit; (*fig*) to launch; **dans l'~ de** (*fig*) within the sphere of influence of
orbiter [ɔʀbite] *vi* (*Astronomie*) : **~ autour de** to orbit
Orcades [ɔʀkad] *nfpl* : **les ~** the Orkneys, the Orkney Islands
orchestral, e, -aux [ɔʀkɛstʀal, -o] *adj* orchestral
orchestrateur, -trice [ɔʀkɛstʀatœʀ, -tʀis] *nm/f* orchestrator
orchestration [ɔʀkɛstʀasjɔ̃] *nf* orchestration
orchestre [ɔʀkɛstʀ] *nm* orchestra; (*de jazz, danse*) band; (*places*) stalls *pl* (Brit), orchestra (US)
orchestrer [ɔʀkɛstʀe] /1/ *vt* (*Mus*) to orchestrate; (*fig*) to mount, stage-manage
orchidée [ɔʀkide] *nf* orchid
ordinaire [ɔʀdinɛʀ] *adj* ordinary; (*coutumier : maladresse etc*) usual; (*de tous les jours*) everyday; (*modèle, qualité*) standard; (*péj : commun*) common ▸ *nm* ordinary; (*menus*) everyday fare; **d'~** usually, normally; **à l'~** usually, ordinarily; **comme à l'~** as usual ▸ *nf* (*essence*) ≈ two-star (petrol) (Brit), ≈ regular (gas) (US)
ordinairement [ɔʀdinɛʀmɑ̃] *adv* ordinarily, usually
ordinal, e, -aux [ɔʀdinal, -o] *adj* ordinal
ordinateur [ɔʀdinatœʀ] *nm* computer; **mettre sur ~** to computerize, put on computer; **~ de bureau** desktop computer; **~ individuel** *ou* **personnel** personal computer; **~ portable** laptop (computer)
ordination [ɔʀdinasjɔ̃] *nf* ordination
ordonnance [ɔʀdɔnɑ̃s] *nf* (*Méd*) prescription; (*groupement, disposition*) layout; (*Jur*) order; (*Mil*) orderly, batman (Brit); **d'~** (*Mil*) regulation *cpd*; **officier d'~** aide-de-camp
ordonnancement [ɔʀdɔnɑ̃smɑ̃] *nm* (*agencement*) arrangement, layout; (*Tech : de production, tâches*) scheduling; (*Inform : de paquets*) sequencing
ordonnateur, -trice [ɔʀdɔnatœʀ, -tʀis] *nm/f* (*d'une cérémonie, fête*) organizer; **~ des pompes funèbres** funeral director
ordonné, e [ɔʀdɔne] *adj* tidy, orderly; (*Math*) ordered ▸ *nf* (*Math*) Y-axis, ordinate
ordonner [ɔʀdɔne] /1/ *vt* (*agencer*) to organize, arrange; (*meubles, appartement*) to lay out, arrange; (*donner un ordre*) : **~ à qn de faire** to order sb to do; (*Math*) to (arrange in) order; (*Rel*) to ordain; (*Méd*) to prescribe; (*Jur*) to order; **s'ordonner** *vpr* (*faits*) to organize themselves

O

ordre [ɔʀdʀ] *nm* (*gén*) order; (*propreté et soin*) orderliness, tidiness; (*association professionnelle, honorifique*) association; (*Comm*) : **à l'~ de** payable to; (*nature*) : **d'~ pratique** of a practical nature; **avoir de l'~** to be tidy *ou* orderly; **mettre en ~** to tidy (up), put in order; **mettre bon ~ à** to put to rights, sort out; **procéder par ~** to take things one at a time; **par ~ alphabétique/ d'importance** in alphabetical order/in order of importance; **rappeler qn à l'~** to call sb to order; **jusqu'à nouvel ~** until further notice; **dans le même ~ d'idées** in this connection; **par ~ d'entrée en scène** in order of appearance; **un ~ de grandeur** some idea of the size (*ou* amount); **de premier ~** first-rate; **~ de grève** strike call; **~ du jour** (*d'une réunion*) agenda; (*Mil*) order of the day; **à l'~ du jour** on the agenda; (*fig*) topical; (*Mil : citer*) in dispatches; **~ de mission** (*Mil*) orders *pl*; **~ public** law and order; **~ de route** marching orders *pl*; **ordres** *nmpl* (*Rel*) holy orders; **être aux ordres de qn/sous les ordres de qn** to be at sb's disposal/under sb's command

ordure [ɔʀdyʀ] *nf* filth *no pl*; (*propos, écrit*) obscenity, (piece of) filth; **ordures** *nfpl* (*balayures, déchets*) rubbish *sg*, refuse *sg*; **ordures ménagères** household refuse

ordurier, -ière [ɔʀdyʀje, -jɛʀ] *adj* lewd, filthy

oreille [ɔʀɛj] *nf* (*Anat*) ear; (*Tech : d'un écrou*) wing; **avoir de l'~** to have a good ear (for music); **avoir l'~ fine** to have good *ou* sharp ears; **l'~ basse** crestfallen, dejected; **se faire tirer l'~** to take a lot of persuading; **dire qch à l'~ de qn** to have a word in sb's ear (about sth)

oreiller [ɔʀeje] *nm* pillow

oreillette [ɔʀɛjɛt] *nf* (*Anat*) auricle

oreillons [ɔʀɛjɔ̃] *nmpl* mumps *sg*

ores [ɔʀ] : **d'~ et déjà** *adv* already

orfèvre [ɔʀfɛvʀ] *nm* goldsmith; silversmith

orfèvrerie [ɔʀfɛvʀəʀi] *nf* (*art, métier*) goldsmith's (*ou* silversmith's) trade; (*ouvrage*) (silver *ou* gold) plate

orfraie [ɔʀfʀɛ] *nm* white-tailed eagle; **pousser des cris d'~** to yell at the top of one's voice

organe [ɔʀgan] *nm* organ; (*véhicule, instrument*) instrument; (*voix*) voice; (*porte-parole*) representative, mouthpiece; **organes de commande** (*Tech*) controls; **organes de transmission** (*Tech*) transmission system *sg*

organigramme [ɔʀganigʀam] *nm* (*hiérarchique, structure*) organization chart; (*des opérations*) flow chart

organique [ɔʀganik] *adj* organic

organisateur, -trice [ɔʀganizatœʀ, -tʀis] *nm/f* organizer

organisation [ɔʀganizasjɔ̃] *nf* organization; **O~ des Nations unies (ONU)** United Nations (Organization) (UN(O)); **O~ mondiale de la santé (OMS)** World Health Organization (WHO); **O~ du traité de l'Atlantique Nord (OTAN)** North Atlantic Treaty Organization (NATO)

organisationnel, le [ɔʀganizasjɔnɛl] *adj* organizational

organiser [ɔʀganize] /1/ *vt* to organize; (*mettre sur pied : service etc*) to set up; **s'organiser** *vpr* to get organized

organisme [ɔʀganism] *nm* (*Bio*) organism; (*corps humain*) body; (*Admin, Pol etc*) body, organism

organiste [ɔʀganist] *nmf* organist

orgasme [ɔʀgasm] *nm* orgasm, climax

orge [ɔʀʒ] *nf* barley

orgeat [ɔʀʒa] *nm* : **sirop d'~** barley water

orgelet [ɔʀʒəlɛ] *nm* sty(e)

orgie [ɔʀʒi] *nf* orgy

orgue [ɔʀg] *nm* organ; **~ de Barbarie** barrel *ou* street organ; **orgues** *nfpl* organ *sg*

orgueil [ɔʀgœj] *nm* pride

orgueilleux, -euse [ɔʀgœjø, -øz] *adj* proud

Orient [ɔʀjɑ̃] *nm* : **l'~** the East, the Orient

orientable [ɔʀjɑ̃tabl] *adj* (*phare, lampe etc*) adjustable

oriental, e, -aux [ɔʀjɑ̃tal, -o] *adj* (*langue, produit*) oriental, eastern; (*frontière*) eastern ▸ *nm/f* : **Oriental, e** Oriental

orientation [ɔʀjɑ̃tasjɔ̃] *nf* positioning; adjustment; (*de recherches*) orientation; direction; (*d'une maison etc*) aspect; (*d'un journal*) leanings *pl*; **avoir le sens de l'~** to have a (good) sense of direction; **course d'~** orienteering exercise; **~ professionnelle** careers advice *ou* guidance; (*service*) careers advisory service

orienté, e [ɔʀjɑ̃te] *adj* (*fig : article, journal*) slanted; **bien/mal ~** (*appartement*) well/badly positioned; **~ au sud** facing south, with a southern aspect

orienter [ɔʀjɑ̃te] /1/ *vt* (*situer*) to position; (*placer, disposer : pièce mobile*) to adjust, position; (*tourner : antenne*) to direct, turn; (*voyageur, touriste, recherches*) to direct; (*fig : élève*) to orientate; **s'orienter** *vpr* (*se repérer*) to find one's bearings; **s'~ vers** (*fig*) to turn towards

orienteur, -euse [ɔʀjɑ̃tœʀ, -øz] *nm/f* (*Scol*) careers adviser

orifice [ɔʀifis] *nm* opening, orifice

oriflamme [ɔʀiflam] *nf* banner, standard

origan [ɔʀigɑ̃] *nm* oregano

originaire [ɔʀiʒinɛʀ] *adj* original; **être ~ de** (*pays, lieu*) to be a native of; (*provenir de*) to originate from; to be native to

original, e, -aux [ɔʀiʒinal, -o] *adj* original; (*bizarre*) eccentric ▸ *nm/f* (*fam : excentrique*) eccentric; (*: fantaisiste*) joker ▸ *nm* (*document etc, Art*) original; (*dactylographie*) top copy

originalité [ɔʀiʒinalite] *nf* (*d'un nouveau modèle*) originality *no pl*; (*excentricité, bizarrerie*) eccentricity

origine [ɔʀiʒin] *nf* origin; (*d'un message, appel téléphonique*) source; (*d'une révolution, réussite*) root; **d'~** (*pays*) of origin; (*pneus etc*) original; (*bureau postal*) dispatching; **d'~ française** of French origin; **dès l'~** at *ou* from the outset; **à l'~** originally; **avoir son ~ dans** to have its origins in, originate in; **origines** *nfpl* (*d'une personne*) origins

originel, le [ɔʀiʒinɛl] *adj* original

originellement [ɔʀiʒinɛlmɑ̃] *adv* (*à l'origine*) originally; (*dès l'origine*) from the beginning

oripeaux [ɔʀipo] *nmpl* rags

ORL *sigle f* (= *oto-rhino-laryngologie*) ENT; **être en ~** (*malade*) to be in the ENT hospital *ou* department ▸ *sigle mf* (= *oto-rhino-laryngologiste*) ENT specialist
orme [ɔʀm] *nm* elm
orné, e [ɔʀne] *adj* ornate; **~ de** adorned *ou* decorated with
ornement [ɔʀnəmɑ̃] *nm* ornament; (*fig*) embellishment, adornment; **ornements sacerdotaux** vestments
ornemental, e, -aux [ɔʀnəmɑ̃tal, -o] *adj* ornamental
ornementer [ɔʀnəmɑ̃te] /1/ *vt* to ornament
orner [ɔʀne] /1/ *vt* to decorate, adorn; **~ qch de** to decorate sth with
ornière [ɔʀnjɛʀ] *nf* rut; (*fig*) : **sortir de l'~** (*routine*) to get out of the rut; (*impasse*) to get out of a spot
ornithologie [ɔʀnitɔlɔʒi] *nf* ornithology
ornithologue [ɔʀnitɔlɔg] *nmf* ornithologist; **~ amateur** birdwatcher
orphelin, e [ɔʀfəlɛ̃, -in] *adj* orphan(ed); **~ de père/mère** fatherless/motherless ▸ *nm/f* orphan
orphelinat [ɔʀfəlina] *nm* orphanage
ORSEC [ɔʀsɛk] *sigle f* = **Organisation des secours; le plan ~** *disaster contingency plan*
ORSECRAD [ɔʀsɛkʀad] *sigle m* = **ORSEC en cas d'accident nucléaire**
orteil [ɔʀtɛj] *nm* toe; **gros ~** big toe
ORTF *sigle m* (= *Office de radio-diffusion télévision française*) (*former*) *French broadcasting corporation*
orthodontiste [ɔʀtɔdɔ̃tist] *nmf* orthodontist
orthodoxe [ɔʀtɔdɔks] *adj* orthodox
orthodoxie [ɔʀtɔdɔksi] *nf* orthodoxy
orthogénie [ɔʀtɔʒeni] *nf* family planning
orthographe [ɔʀtɔgʀaf] *nf* spelling
orthographier [ɔʀtɔgʀafje] /7/ *vt* to spell; **mal orthographié** misspelt
orthopédie [ɔʀtɔpedi] *nf* orthopaedics *sg* (Brit), orthopedics *sg* (US)
orthopédique [ɔʀtɔpedik] *adj* orthopaedic (Brit), orthopedic (US)
orthopédiste [ɔʀtɔpedist] *nmf* orthopaedic (Brit) *ou* orthopedic (US) specialist
orthophonie [ɔʀtɔfɔni] *nf* (*Méd*) speech therapy; (*Ling*) correct pronunciation
orthophoniste [ɔʀtɔfɔnist] *nmf* speech therapist
ortie [ɔʀti] *nf* (stinging) nettle; **~ blanche** white dead-nettle
OS *sigle m* = **ouvrier spécialisé**
os [ɔs] *nm* bone; **sans os** (*Boucherie*) off the bone, boned; **os à moelle** marrowbone
oscillation [ɔsilasjɔ̃] *nf* oscillation; **oscillations** *nfpl* (*fig*) fluctuations
osciller [ɔsile] /1/ *vi* (*pendule*) to swing; (*au vent etc*) to rock; (*Tech*) to oscillate; (*fig*) : **~ entre** to waver *ou* fluctuate between
osé, e [oze] *adj* daring, bold
oseille [ozɛj] *nf* sorrel
oser [oze] /1/ *vi, vt* to dare; **~ faire** to dare (to) do
osier [ozje] *nm* (*Bot*) willow; **d'~, en ~** wicker(work) *cpd*
Oslo [ɔslo] *n* Oslo
osmose [ɔsmoz] *nf* osmosis
ossature [ɔsatyʀ] *nf* (*Anat* : *squelette*) frame, skeletal structure; (: *du visage*) bone structure; (*fig*) framework
osselet [ɔslɛ] *nm* (*Anat*) ossicle; **jouer aux osselets** to play jacks
ossements [ɔsmɑ̃] *nmpl* bones
osseux, -euse [ɔsø, -øz] *adj* bony; (*tissu, maladie, greffe*) bone *cpd*
ossifier [ɔsifje] /7/ : **s'ossifier** *vpr* to ossify
ossuaire [ɔsɥɛʀ] *nm* ossuary
Ostende [ɔstɑ̃d] *n* Ostend
ostensible [ɔstɑ̃sibl] *adj* conspicuous
ostensiblement [ɔstɑ̃sibləmɑ̃] *adv* conspicuously
ostensoir [ɔstɑ̃swaʀ] *nm* monstrance
ostentation [ɔstɑ̃tasjɔ̃] *nf* ostentation; **faire ~ de** to parade, make a display of
ostentatoire [ɔstɑ̃tatwaʀ] *adj* ostentatious
ostraciser [ɔstʀasize] *vt* to ostracize
ostracisme [ɔstʀasism] *nm* ostracism; **frapper d'~** to ostracize
ostréicole [ɔstʀeikɔl] *adj* oyster *cpd*
ostréiculteur, -trice [ɔstʀeikyltœʀ, -tʀis] *nm/f* oyster farmer, oyster grower
ostréiculture [ɔstʀeikyltyʀ] *nf* oyster-farming
otage [ɔtaʒ] *nm* hostage; **prendre qn en ~** to take sb hostage
OTAN [ɔtɑ̃] *sigle f* (= *Organisation du traité de l'Atlantique Nord*) NATO
otarie [ɔtaʀi] *nf* sea-lion
ôter [ote] /1/ *vt* to remove; (*soustraire*) to take away; **~ qch à qn** to take sth (away) from sb; **~ qch de** to remove sth from; **six ôté de dix égale quatre** six from ten equals *ou* is four
otite [ɔtit] *nf* ear infection
oto-rhino, oto-rhino-laryngologiste [ɔtɔʀinɔ(laʀɛ̃gɔlɔʒist)] *nmf* ear, nose and throat specialist
ottomane [ɔtɔman] *nf* ottoman
ou [u] *conj* or; **ou ... ou** either ... or; **ou bien** or (else)

MOT-CLÉ

où [u] *pron relatif* **1** (*position, situation*) where, that (*souvent omis*); **la chambre où il était** the room (that) he was in, the room where he was; **la ville où je l'ai rencontré** the town where I met him; **la pièce d'où il est sorti** the room he came out of; **le village d'où je viens** the village I come from; **les villes par où il est passé** the towns he went through
2 (*temps, état*) that (*souvent omis*); **le jour où il est parti** the day (that) he left; **au prix où c'est** at the price it is
▸ *adv* **1** (*interrogation*) where; **où est-il/va-t-il ?** where is he/is he going?; **par où ?** which way?; **d'où vient que ... ?** how come ...?
2 (*position*) where; **je sais où il est** I know where he is; **où que l'on aille** wherever you go

OUA *sigle f* (= *Organisation de l'unité africaine*) OAU (= *Organization of African Unity*)
ouah ['wa] *excl* woof!; (*fam* : *admiratif*) wow!
ouais [wɛ] *excl* yeah

ouate [wat] *nf* cotton wool (BRIT), cotton (US); (*bourre*) padding, wadding; **~ (hydrophile)** cotton wool (BRIT), (absorbent) cotton (US)
ouaté, e [wate] *adj* cotton-wool; (*doublé*) padded; (*fig : atmosphère*) cocoon-like; (*: pas, bruit*) muffled
oubli [ubli] *nm* (*acte*) : **l'~ de** forgetting; (*trou de mémoire*) lapse of memory; (*étourderie*) forgetfulness *no pl*; (*négligence*) omission, oversight; (*absence de souvenirs*) oblivion; **~ de soi** self-effacement, self-negation; **tomber dans l'~** to sink into oblivion
oublier [ublije] **/7/** *vt* (*gén*) to forget; (*ne pas voir : erreurs etc*) to miss; (*ne pas mettre : virgule, nom*) to leave out, forget; (*laisser quelque part : chapeau etc*) to leave behind; **~ l'heure** to forget (about) the time; **s'oublier** *vpr* to forget o.s.; (*enfant, animal*) to have an accident (*euphemism*)
oubliettes [ublijɛt] *nfpl* dungeon *sg*; **(jeter) aux ~** (*fig*) (to put) completely out of mind
oublieux, -euse [ublijø, -øz] *adj* forgetful
oued [wɛd] *nm* wadi
ouest [wɛst] *nm* west; **à l'~** in the west; (*direction*) (to the) west, westwards; **à l'~ de** (to the) west of; **vent d'~** westerly wind ▸ *adj inv* west; (*région*) western
ouest-allemand, e [wɛstalmɑ̃, -ɑ̃d] *adj* West German
ouf [uf] *excl* phew!
Ouganda [ugɑ̃da] *nm* : **l'~** Uganda
ougandais, e [ugɑ̃dɛ, -ɛz] *adj* Ugandan
oui [wi] *adv* yes; **répondre (par) ~** to answer yes; **mais ~, bien sûr** yes, of course; **je pense que ~** I think so; **pour un ~ ou pour un non** for no apparent reason
ouï-dire ['widiʀ] : **par ~** *adv* by hearsay
ouïe [wi] *nf* hearing; **ouïes** *nfpl* (*de poisson*) gills; (*de violon*) sound-hole *sg*
ouïr [wiʀ] **/10/** *vt* to hear; **avoir ouï dire que** to have heard it said that
ouistiti [wistiti] *nm* marmoset
oukase [ukaz] *nm* (*Hist*) ukase; (*fig : décision arbitraire*) edict
ouragan [uʀagɑ̃] *nm* hurricane; (*fig*) storm
Oural [uʀal] *nm* : **l'~** (*fleuve*) the Ural; (*aussi* : **les monts Oural**) the Urals, the Ural Mountains
ourdir [uʀdiʀ] **/2/** *vt* (*complot*) to hatch
ourdou, e [uʀdu] *adj* Urdu ▸ *nm* (*Ling*) Urdu
ourlé, e [uʀle] *adj* hemmed; (*fig*) rimmed
ourler [uʀle] **/1/** *vt* to hem
ourlet [uʀlɛ] *nm* hem; (*de l'oreille*) rim; **faire un ~ à** to hem
ours [uʀs] *nm* bear; **~ brun/blanc** brown/polar bear; **~ marin** fur seal; **~ mal léché** uncouth fellow; **~ (en peluche)** teddy (bear)
ourse [uʀs] *nf* (*Zool*) she-bear; **la Grande/Petite O~** the Great/Little Bear, Ursa Major/Minor
oursin [uʀsɛ̃] *nm* sea urchin
ourson [uʀsɔ̃] *nm* (bear-)cub
ouste [ust] *excl* hop it!
outil [uti] *nm* tool
outillage [utijaʒ] *nm* set of tools; (*d'atelier*) equipment *no pl*
outiller [utije] **/1/** *vt* (*ouvrier, usine*) to equip
outrage [utʀaʒ] *nm* insult; **faire subir les derniers outrages à** (*femme*) to ravish; **~ aux bonnes mœurs** (*Jur*) outrage to public decency; **~ à magistrat** (*Jur*) contempt of court; **~ à la pudeur** (*Jur*) indecent behaviour *no pl*
outragé, e [utʀaʒe] *adj* offended; outraged
outrageant, e [utʀaʒɑ̃, -ɑ̃t] *adj* offensive
outrager [utʀaʒe] **/3/** *vt* to offend gravely; (*fig : contrevenir à*) to outrage, insult
outrageusement [utʀaʒøzmɑ̃] *adv* outrageously
outrance [utʀɑ̃s] *nf* excessiveness *no pl*, excess : **à ~** *adv* excessively, to excess
outrancier, -ière [utʀɑ̃sje, -jɛʀ] *adj* extreme
outre [utʀ] *nf* goatskin, water skin ▸ *prép* besides; **en ~** besides, moreover; **~ que** apart from the fact that; **~ mesure** to excess; (*manger, boire*) immoderately ▸ *adv* : **passer ~** to carry on regardless; **passer ~ à** to disregard, take no notice of
outré, e [utʀe] *adj* (*flatterie, éloge*) excessive, exaggerated; (*indigné, scandalisé*) outraged
outre-Atlantique [utʀatlɑ̃tik] *adv* across the Atlantic
outrecuidance [utʀəkɥidɑ̃s] *nf* presumptuousness *no pl*
outre-Manche [utʀəmɑ̃ʃ] *adv* across the Channel
outremer [utʀəmɛʀ] *adj inv* ultramarine
outre-mer [utʀəmɛʀ] *adv* overseas; **d'~** overseas
outrepasser [utʀəpɑse] **/1/** *vt* to go beyond, exceed
outrer [utʀe] **/1/** *vt* (*pensée, attitude*) to exaggerate; (*indigner : personne*) to outrage
outre-Rhin [utʀəʀɛ̃] *adv* across the Rhine, in Germany
outsider [awtsajdœʀ] *nm* outsider
ouvert, e [uvɛʀ, -ɛʀt] *pp de* **ouvrir** ▸ *adj* open; (*robinet, gaz etc*) on; **à bras ouverts** with open arms
ouvertement [uvɛʀtəmɑ̃] *adv* openly
ouverture [uvɛʀtyʀ] *nf* opening; (*Mus*) overture; (*Pol*) : **l'~** the widening of the political spectrum; (*Photo*) : **~ (du diaphragme)** aperture; **~ d'esprit** open-mindedness; **heures d'~** (*Comm*) opening hours; **jours d'~** (*Comm*) days of opening; **ouvertures** *nfpl* (*propositions*) overtures
ouvrable [uvʀabl] *adj* : **jour ~** working day, weekday; **heures ouvrables** business hours
ouvrage [uvʀaʒ] *nm* (*tâche, de tricot etc, Mil*) work *no pl*; (*objet : Couture, Art*) (piece of) work; (*texte, livre*) work; **panier** *ou* **corbeille à ~** work basket; **~ d'art** (*Génie Civil*) *bridge or tunnel etc*
ouvragé, e [uvʀaʒe] *adj* finely embroidered (*ou* worked *ou* carved)
ouvrant, e [uvʀɑ̃, -ɑ̃t] *vb voir* **ouvrir** ▸ *adj* : **toit ~** sunroof
ouvré, e [uvʀe] *adj* finely-worked; **jour ~** working day
ouvre-boîte(s) [uvʀəbwat] *nm inv* tin (BRIT) *ou* can opener
ouvre-bouteille(s) [uvʀəbutɛj] *nm inv* bottle-opener
ouvreuse [uvʀøz] *nf* usherette
ouvrier, -ière [uvʀije, -jɛʀ] *nm/f* worker; **~ agricole** farmworker; **~ qualifié** skilled worker; **~ spécialisé** semiskilled worker;

~ **d'usine** factory worker ▸ *nf* (*Zool*) worker (bee) ▸ *adj* working-class; (*problèmes, conflit*) industrial; (*mouvement*) labour *cpd* (Brit), labor *cpd* (*US*); (*revendications*) workers'; **classe ouvrière** working class

ouvrir [uvʀiʀ] /**18**/ *vt* (*gén*) to open; (*brèche, passage*) to open up; (*commencer l'exploitation de, créer*) to open (up); (*eau, électricité, chauffage, robinet*) to turn on; (*Méd : abcès*) to open up, cut open; ~ **l'appétit à qn** to whet sb's appetite; ~ **des horizons** to open up new horizons; ~ **l'esprit** to broaden one's horizons; ~ **une session** (*Inform*) to log in ▸ *vi* to open; to open up; (*Cartes*) : ~ **à trèfle** to open in clubs; ~ **sur** to open onto; **s'ouvrir** *vpr* to open; **s'~ à** (*art etc*) to open one's mind to; **s'~ à qn (de qch)** to open one's heart to sb (about sth); **s'~ les veines** to slash *ou* cut one's wrists

ouvroir [uvʀwaʀ] *nm* workroom, sewing room

ovaire [ɔvɛʀ] *nm* ovary

ovale [ɔval] *adj* oval

ovation [ɔvasjɔ̃] *nf* ovation

ovationner [ɔvasjɔne] /**1**/ *vt* : ~ **qn** to give sb an ovation

ovin, e [ɔvɛ̃, -in] *adj* ovine

OVNI [ɔvni] *sigle m* (= *objet volant non identifié*) UFO

ovoïde [ɔvɔid] *adj* egg-shaped

ovulation [ɔvylasjɔ̃] *nf* (*Physiol*) ovulation

ovule [ɔvyl] *nm* (*Physiol*) ovum; (*Méd*) pessary

oxfordien, ne [ɔksfɔʀdjɛ̃, -ɛn] *adj* Oxonian ▸ *nm/f* : **Oxfordien, ne** Oxonian

oxydable [ɔksidabl] *adj* liable to rust

oxyde [ɔksid] *nm* oxide; ~ **de carbone** carbon monoxide

oxyder [ɔkside] /**1**/ : **s'oxyder** *vpr* to become oxidized

oxygène [ɔksiʒɛn] *nm* oxygen

oxygéné, e [ɔksiʒene] *adj* : **eau oxygénée** hydrogen peroxide; **cheveux oxygénés** bleached hair

ozone [ozon] *nm* ozone; **trou dans la couche d'~** hole in the ozone layer

O

Pp

P, p [pe] *nm inv* P, p ▸ *abr* (= *Père*) Fr; (= *page*) p; **P comme Pierre** P for Peter
PA *sigle fpl* = **les petites annonces**
PAC *sigle f* (= *Politique agricole commune*) CAP
PACA [paka] *sigle f* (*région* : = *Provence-Alpes-Côte d'Azur*) *administrative region in south-east France*; **en ~** in Provence-Alpes-Côte d'Azur
pacage [pakaʒ] *nm* grazing, pasture
pacemaker [pɛsmɛkœʀ] *nm* pacemaker
pachyderme [paʃidɛʀm] *nm* pachyderm; elephant
pacificateur, -trice [pasifikatœʀ, -tʀis] *adj* pacificatory
pacification [pasifikasjɔ̃] *nf* pacification
pacifier [pasifje] /**7**/ *vt* to pacify
pacifique [pasifik] *adj* (*personne*) peaceable; (*intentions, coexistence*) peaceful ▸ *nm* : **le P~, l'océan P~** the Pacific (Ocean)
pacifiquement [pasifikmɑ̃] *adv* peaceably; peacefully
pacifisme [pasifism] *nm* pacifism
pacifiste [pasifist] *nmf* pacifist
pack [pak] *nm* pack
pacotille [pakɔtij] *nf* (*péj*) cheap junk *pl*; **de ~** cheap
Pacs [paks] *sigle m* (= *pacte civil de solidarité*) ≈ civil partnership

Pacs

The *Pacte civil de solidarité*, or **Pacs**, is a contract entered into by two single people of 18 or over, allowing them to formally and legally register their relationship and enter into a civil partnership. The parties can be a man and a woman or two people of the same sex. The contract carries with it the mutual obligation to take care of each other and provide each other with financial support. Although it carries rights similar to those of married couples, it is less advantageous in certain areas, for instance as far as inheritance is concerned.

pacsé, e [pakse] *adj* : **être ~** ≈ to have registered a civil partnership, ≈ to have registered a civil union ▸ *nm/f person who has registered a civil partnership*
pacser [pakse] /**1**/ : **se pacser** *vpr* ≈ to form a civil partnership
pacte [pakt] *nm* pact, treaty
pactiser [paktize] /**1**/ *vi* : **~ avec** to come to terms with
pactole [paktɔl] *nm* gold mine (*fig*)
paddock [padɔk] *nm* paddock
Padoue [padu] *n* Padua
PAF *sigle f* (= *Police de l'air et des frontières*) *police authority responsible for civil aviation, border control etc* ▸ *sigle m* (= *paysage audiovisuel français*) *French broadcasting scene*
pagaie [pagɛ] *nf* paddle
pagaille [pagaj] *nf* (*fam*) mess, shambles *sg*; **il y en a en ~** there are loads *ou* heaps of them
paganisme [paganism] *nm* paganism
pagayer [pageje] /**8**/ *vi* to paddle
page [paʒ] *nf* page; (*passage : d'un roman*) passage; **mettre en pages** to make up (into pages); **mise en ~** layout; **à la ~** (*fig*) up-to-date; **~ d'accueil** (*Inform*) home page; **~ blanche** blank page; **~ de garde** endpaper; **~ Web** web page ▸ *nm* page (boy)
page-écran [paʒekʀɑ̃] (*pl* **pages-écrans**) *nf* (*Inform*) screen page
pagination [paʒinasjɔ̃] *nf* pagination
paginer [paʒine] /**1**/ *vt* to paginate
pagne [paɲ] *nm* loincloth
pagode [pagɔd] *nf* pagoda
paie [pɛ] *nf* = **paye**
paiement [pɛmɑ̃] *nm* = **payement**
païen, ne [pajɛ̃, -ɛn] *adj, nm/f* pagan, heathen
paillard, e [pajaʀ, -aʀd] *adj* bawdy
paillasse [pajas] *nf* (*matelas*) straw mattress; (*d'un évier*) draining board
paillasson [pajasɔ̃] *nm* doormat
paille [paj] *nf* straw; (*défaut*) flaw; **être sur la ~** to be ruined; **~ de fer** steel wool
paillé, e [paje] *adj* with a straw seat
pailleté, e [paj(ə)te] *adj* sequined
paillette [pajɛt] *nf* speck, flake; **paillettes** *nfpl* (*décoratives*) sequins, spangles; **lessive en paillettes** soapflakes *pl*
pain [pɛ̃] *nm* (*substance*) bread; (*unité*) loaf (of bread); (*morceau*) : **~ de cire** *etc* bar of wax *etc*; (*Culin*) : **~ de poisson/légumes** fish/vegetable loaf; **petit ~** (bread) roll; **~ bis/complet** brown/ wholemeal (*BRIT*) *ou* wholewheat (*US*) bread; **~ de campagne** farmhouse bread; **~ d'épice** ≈ gingerbread; **~ grillé** toast; **~ de mie** sandwich loaf; **~ perdu** French toast; **~ de seigle** rye bread; **~ de sucre** sugar loaf; **~ au chocolat** pain au chocolat; **~ aux raisins** currant pastry
pair, e [pɛʀ] *adj* (*nombre*) even ▸ *nm* peer; **aller de ~ (avec)** to go hand in hand *ou* together (with);

au ~ (*Finance*) at par; **valeur au ~** par value; **jeune fille au ~** au pair
paire [pɛʀ] *nf* pair; **une ~ de lunettes/tenailles** a pair of glasses/pincers; **les deux font la ~** they are two of a kind
pais [pɛ] *vb voir* **paître**
paisible [pezibl] *adj* peaceful, quiet
paisiblement [pezibləmɑ̃] *adv* peacefully, quietly
paître [pɛtʀ] /**57**/ *vi* to graze
paix [pɛ] *nf* peace; (*fig*) peacefulness, peace; **faire la ~ avec** to make peace with; **avoir la ~** to have peace (and quiet); **fiche-lui la ~ !** (*fam*) leave him alone!
Pakistan [pakistɑ̃] *nm* : **le ~** Pakistan
pakistanais, e [pakistanɛ, -ɛz] *adj* Pakistani
PAL *sigle m* (*= Phase Alternation Line*) PAL
palabrer [palabʀe] /**1**/ *vi* to argue endlessly
palabres [palabʀ] *nfpl* endless discussions
palace [palas] *nm* luxury hotel
palais [palɛ] *nm* palace; (*Anat*) palate; **le P~ Bourbon** *the seat of the French National Assembly*; **le P~ de l'Élysée** the Élysée Palace; **~ des expositions** exhibition centre; **le P~ de Justice** the Law Courts *pl*
palan [palɑ̃] *nm* hoist
pale [pal] *nf* (*d'hélice, de rame*) blade; (*de roue*) paddle
pâle [pɑl] *adj* pale; (*fig*) : **une ~ imitation** a pale imitation; **bleu ~** pale blue; **~ de colère** white *ou* pale with anger
palefrenier [palfʀənje] *nm* groom (*for horses*)
paléontologie [paleɔ̃tɔlɔʒi] *nf* paleontology
paléontologiste [paleɔ̃tɔlɔʒist], **paléontologue** [paleɔ̃tɔlɔg] *nmf* paleontologist
Palerme [palɛʀm] *n* Palermo
Palestine [palɛstin] *nf* : **la ~** Palestine
palestinien, ne [palɛstinjɛ̃, -ɛn] *adj* Palestinian ▸ *nm/f* : **Palestinien, ne** Palestinian
palet [palɛ] *nm* disc; (*Hockey*) puck
paletot [palto] *nm* (short) coat
palette [palɛt] *nf* (*de peintre*) palette; (*de produits*) range
palétuvier [paletyvje] *nm* mangrove
pâleur [pɑlœʀ] *nf* paleness
palier [palje] *nm* (*d'escalier*) landing; (*fig*) level, plateau; (: *phase stable*) levelling (Brit) *ou* leveling (US) off, new level; (*Tech*) bearing; **nos voisins de ~** our neighbo(u)rs across the landing (Brit) *ou* the hall (US); **en ~** *adv* level; **par paliers** in stages
palière [paljɛʀ] *adj f* landing *cpd*
pâlir [pɑliʀ] /**2**/ *vi* to turn *ou* go pale; (*couleur*) to fade; **faire ~ qn** (*de jalousie*) to make sb green (with envy)
palissade [palisad] *nf* fence
palissandre [palisɑ̃dʀ] *nm* rosewood
palliatif [paljatif] *nm* palliative; (*expédient*) stopgap measure
pallier [palje] /**7**/ *vt* : **~ (à)** to offset, make up for
palmarès [palmaʀɛs] *nm* record (of achievements); (*Scol*) prize list; (*Sport*) list of winners
palme [palm] *nf* (*Bot*) palm leaf; (*symbole*) palm; (*de plongeur*) flipper; **palmes (académiques)** *decoration for services to education*
palmé, e [palme] *adj* (*pattes*) webbed
palmeraie [palməʀɛ] *nf* palm grove
palmier [palmje] *nm* palm tree; (*gâteau*) *heart-shaped biscuit made of flaky pastry*
palmipède [palmipɛd] *nm* palmiped, webfooted bird
palois, e [palwa, -waz] *adj* of *ou* from Pau ▸ *nm/f* : **Palois, e** inhabitant *ou* native of Pau
palombe [palɔ̃b] *nf* woodpigeon, ringdove
pâlot, te [pɑlo, -ɔt] *adj* pale, peaky
palourde [paluʀd] *nf* clam
palpable [palpabl] *adj* tangible, palpable
palper [palpe] /**1**/ *vt* to feel, finger
palpitant, e [palpitɑ̃, -ɑ̃t] *adj* thrilling, gripping
palpitation [palpitasjɔ̃] *nf* palpitation
palpiter [palpite] /**1**/ *vi* (*cœur, pouls*) to beat; (: *plus fort*) to pound, throb; (*narines, chair*) to quiver
paludisme [palydism] *nm* malaria
palustre [palystʀ] *adj* (*coquillage etc*) marsh *cpd*; (*fièvre*) malarial
pâmer [pɑme] /**1**/ : **se pâmer** *vpr* to swoon; (*fig*) : **se ~ devant** to go into raptures over
pâmoison [pɑmwazɔ̃] *nf* : **tomber en ~** to swoon
pampa [pɑ̃pa] *nf* pampas *pl*
pamphlet [pɑ̃flɛ] *nm* lampoon, satirical tract
pamphlétaire [pɑ̃fletɛʀ] *nmf* lampoonist
pamplemousse [pɑ̃pləmus] *nm* grapefruit
pan [pɑ̃] *nm* section, piece; (*côté : d'un prisme, d'une tour*) side, face; **~ de chemise** shirt tail; **~ de mur** section of wall ▸ *excl* bang!
panacée [panase] *nf* panacea
panachage [panaʃaʒ] *nm* blend, mix; (*Pol*) *voting for candidates from different parties instead of for the set list of one party*
panache [panaʃ] *nm* plume; (*fig*) spirit, panache
panaché, e [panaʃe] *adj* : **œillet ~** variegated carnation; **glace panachée** mixed ice cream; **salade panachée** mixed salad ▸ *nm* (*bière*) shandy
panais [panɛ] *nm* parsnip
Panama [panama] *nm* : **le ~** Panama
panaméen, ne [panameɛ̃, -ɛn] *adj* Panamanian ▸ *nm/f* : **Panaméen, ne** Panamanian
panaris [panaʀi] *nm* whitlow
pancarte [pɑ̃kaʀt] *nf* sign, notice; (*dans un défilé*) placard
pancréas [pɑ̃kʀeɑs] *nm* pancreas
panda [pɑ̃da] *nm* panda
pandémie [pɑ̃demi] *nf* pandemic
pané, e [pane] *adj* fried in breadcrumbs
panégyrique [paneʒiʀik] *nm* : **faire le ~ de qn** to extol sb's merits *ou* virtues
panier [panje] *nm* basket; (*à diapositives*) magazine; **mettre au ~** to chuck away; **~ de crabes** : **c'est un ~ de crabes** (*fig*) they're constantly at one another's throats; **~ percé** (*fig*) spendthrift; **~ à provisions** shopping basket; **~ à salade** (*Culin*) salad shaker; (*Police*) paddy wagon, police van
panier-repas [panjeʀ(ə)pɑ] (*pl* **paniers-repas**) *nm* packed lunch

P

panification [panifikasjɔ̃] *nf* bread-making
panique [panik] *adj* panicky ▸ *nf* panic
paniquer [panike] /1/ *vi* to panic
panne [pan] *nf* (*d'un mécanisme, moteur*) breakdown; **être/tomber en ~** to have broken down/break down; **être en ~ d'essence** *ou* **en ~ sèche** to have run out of petrol (Brit) *ou* gas (US); **mettre en ~** (*Navig*) to bring to; **~ d'électricité** *ou* **de courant** power *ou* electrical failure
panneau, x [pano] *nm* (*écriteau*) sign, notice; (*de boiserie, de tapisserie etc*) panel; **tomber dans le ~** (*fig*) to walk into the trap; **~ d'affichage** notice (Brit) *ou* bulletin (US) board; **~ électoral** board for election poster; **~ indicateur** signpost; **~ publicitaire** hoarding (Brit), billboard (US); **~ de signalisation** roadsign; **~ solaire** solar panel
panonceau, x [panɔ̃so] *nm* (*de magasin etc*) sign; (*de médecin etc*) plaque
panoplie [panɔpli] *nf* (*jouet*) outfit; (*d'armes*) display; (*fig*) array
panorama [panɔʀama] *nm* (*vue*) all-round view, panorama; (*peinture*) panorama; (*fig : étude complète*) complete overview
panoramique [panɔʀamik] *adj* panoramic; (*carrosserie*) with panoramic windows ▸ *nm* (*Ciné, TV*) panoramic shot
panse [pɑ̃s] *nf* paunch
pansement [pɑ̃smɑ̃] *nm* dressing, bandage; **~ adhésif** sticking plaster (Brit), bandaid® (US)
panser [pɑ̃se] /1/ *vt* (*plaie*) to dress, bandage; (*bras*) to put a dressing on, bandage; (*cheval*) to groom
pantacourt [pɑ̃takuʀ] *nm* cropped trousers *pl*
pantalon [pɑ̃talɔ̃] *nm* trousers *pl* (Brit), pants *pl* (US), pair of trousers *ou* pants; **~ de ski** ski pants *pl*
pantalonnade [pɑ̃talɔnad] *nf* slapstick (comedy)
pantelant, e [pɑ̃t(ə)lɑ̃, -ɑ̃t] *adj* gasping for breath, panting
panthère [pɑ̃tɛʀ] *nf* panther
pantin [pɑ̃tɛ̃] *nm* (*jouet*) jumping jack; (*péj : personne*) puppet
pantois, e [pɑ̃twa, -waz] *adj m* : **rester ~** to be flabbergasted
pantomime [pɑ̃tɔmim] *nf* mime; (*pièce*) mime show; (*péj*) fuss, carry-on
pantouflard, e [pɑ̃tuflaʀ, -aʀd] *adj* (*péj*) stay-at-home
pantoufle [pɑ̃tufl] *nf* slipper
panure [panyʀ] *nf* breadcrumbs *pl*
PAO *sigle f* (*= publication assistée par ordinateur*) DTP
paon [pɑ̃] *nm* peacock
papa [papa] *nm* dad(dy)
papauté [papote] *nf* papacy
papaye [papaj] *nf* pawpaw
pape [pap] *nm* pope
paperasse [papʀas] *nf* (*péj*) bumf *no pl*, papers *pl*; forms *pl*
paperasserie [papʀasʀi] *nf* (*péj*) red tape *no pl*; paperwork *no pl*
papeterie [papɛtʀi] *nf* (*fabrication du papier*) paper-making (industry); (*usine*) paper mill; (*magasin*) stationer's (shop) (Brit); (*articles*) stationery
papetier, -ière [pap(ə)tje, -jɛʀ] *nm/f* paper-maker; stationer
papetier-libraire [pap(ə)tjelibʀɛʀ] (*pl* **papetiers-libraires**) *nm* bookseller and stationer
papi [papi] *nm* (*fam*) granddad
papier [papje] *nm* paper; (*feuille*) sheet *ou* piece of paper; (*article*) article; (*écrit officiel*) document; **sur le ~** (*théoriquement*) on paper; **noircir du ~** to write page after page; **~ couché/glacé** art/glazed paper; **~ (d')aluminium** aluminium (Brit) *ou* aluminum (US) foil, tinfoil; **~ d'Arménie** incense paper; **~ bible** India *ou* bible paper; **~ de brouillon** rough *ou* scrap paper; **~ bulle** manil(l)a paper; **~ buvard** blotting paper; **~ calque** tracing paper; **~ carbone** carbon paper; **~ collant** Sellotape® (Brit), Scotch tape® (US), sticky tape; **~ en continu** continuous stationery; **~ à dessin** drawing paper; **~ d'emballage** wrapping paper; **~ gommé** gummed paper; **~ hygiénique** *ou* **(de) toilette** toilet paper; **~ journal** newsprint; (*pour emballer*) newspaper; **~ à lettres** writing paper, notepaper; **~ mâché** papier-mâché; **~ machine** typing paper; **~ peint** wallpaper; **~ pelure** India paper; **~ à pliage accordéon** fanfold paper; **~ de soie** tissue paper; **~ thermique** thermal paper; **~ de tournesol** litmus paper; **~ de verre** sandpaper; **papiers** *nmpl* (*aussi* : **papiers d'identité**) (identity) papers
papier-filtre [papjefiltʀ] (*pl* **papiers-filtres**) *nm* filter paper
papier-monnaie [papjemɔnɛ] (*pl* **papiers-monnaies**) *nm* paper money
papille [papij] *nf* : **papilles gustatives** taste buds
papillon [papijɔ̃] *nm* butterfly; (*fam : contravention*) (parking) ticket; (*Tech : écrou*) wing *ou* butterfly nut; **~ de nuit** moth
papillonner [papijɔne] /1/ *vi* to flit from one thing (*ou* person) to another
papillote [papijɔt] *nf* (*pour cheveux*) curlpaper; (*de gigot*) (paper) frill; **en ~** cooked in tinfoil
papilloter [papijɔte] /1/ *vi* (*yeux*) to blink; (*paupières*) to flutter; (*lumière*) to flicker
papotage [papɔtaʒ] *nm* chitchat
papoter [papɔte] /1/ *vi* to chatter
papou, e [papu] *adj* Papuan
Papouasie-Nouvelle-Guinée [papwazinuvɛlgine] *nf* : **la ~** Papua-New-Guinea
paprika [papʀika] *nm* paprika
papyrus [papiʀys] *nm* papyrus
pâque [pɑk] *nf* : **la ~** Passover; *voir aussi* **Pâques**
paquebot [pak(ə)bo] *nm* liner
pâquerette [pɑkʀɛt] *nf* daisy
Pâques [pɑk] *nfpl* Easter; **faire ses ~** to do one's Easter duties; **l'île de ~** Easter Island

PÂQUES

In France, Easter eggs (**œufs de Pâques**) are said to be brought by the Easter bells, or *cloches de Pâques*, which fly from Rome and drop the eggs in people's gardens.

paquet [pakɛ] *nm* packet; (*colis*) parcel; (*ballot*) bundle; (*dans négociations*) package (deal); (*fig : tas*) : **~ de** pile *ou* heap of; **mettre le ~** (*fam*) to give one's all; **~ de mer** big wave; **paquets** *nmpl* (*bagages*) bags

paquetage [pak(ə)taʒ] *nm* (*Mil*) kit, pack

paquet-cadeau [pakɛkado] (*pl* **paquets-cadeaux**) *nm* gift-wrapped parcel

par [paʀ] *prép* by; **finir** *etc* **~** to end *etc* with; **~ amour** out of love; **passer ~ Lyon/la côte** to go via *ou* through Lyons/along by the coast; **~ la fenêtre** (*jeter, regarder*) out of the window; **trois ~ jour/personne** three a *ou* per day/head; **deux ~ deux** two at a time; (*marcher etc*) in twos; **~ où ?** which way?; **~ ici** this way; (*dans le coin*) round here; **~-ci, ~-là** here and there; **~ temps de pluie** in wet weather

para [paʀa] *nm* (*parachutiste*) para

parabole [paʀabɔl] *nf* (*Rel*) parable; (*Géom*) parabola

parabolique [paʀabɔlik] *adj* parabolic; **antenne ~** satellite dish

parachever [paʀaʃ(ə)ve] /**5**/ *vt* to perfect

parachutage [paʀaʃytaʒ] *nm* (*de soldats, vivres*) parachuting-in; **nous sommes contre le ~ d'un candidat parisien dans notre circonscription** (*Pol, fig*) we are against a Parisian candidate being landed on us

parachute [paʀaʃyt] *nm* parachute

parachuter [paʀaʃyte] /**1**/ *vt* (*soldat etc*) to parachute; (*fig*) to pitchfork; **il a été parachuté à la tête de l'entreprise** he was brought in from outside as head of the company

parachutisme [paʀaʃytism] *nm* parachuting

parachutiste [paʀaʃytist] *nmf* parachutist; (*Mil*) paratrooper

parade [paʀad] *nf* (*spectacle, défilé*) parade; (*Escrime, Boxe*) parry; (*ostentation*) : **faire ~ de** to display, show off; (*défense, riposte*) : **trouver la ~ à une attaque** to find the answer to an attack; **de ~** *adj* ceremonial

parader [paʀade] /**1**/ *vi* to swagger (around), show off

paradis [paʀadi] *nm* heaven, paradise; **P~ terrestre** (*Rel*) Garden of Eden; (*fig*) heaven on earth

paradisiaque [paʀadizjak] *adj* heavenly, divine

paradoxal, e, -aux [paʀadɔksal, -o] *adj* paradoxical

paradoxalement [paʀadɔksalmɑ̃] *adv* paradoxically

paradoxe [paʀadɔks] *nm* paradox

parafe [paʀaf] *nm* = **paraphe**

parafer [paʀafe] *vt* = **parapher**

paraffine [paʀafin] *nf* paraffin; paraffin wax

paraffiné, e [paʀafine] *adj* : **papier ~** wax(ed) paper

parafoudre [paʀafudʀ] *nm* (*Élec*) lightning conductor

parages [paʀaʒ] *nmpl* (*Navig*) waters; **dans les ~ (de)** in the area *ou* vicinity (of)

paragraphe [paʀagʀaf] *nm* paragraph

Paraguay [paʀagwɛ] *nm* : **le ~** Paraguay

paraguayen, ne [paʀagwajɛ̃, -ɛn] *adj* Paraguayan ▸ *nm/f* : **Paraguayen, ne** Paraguayan

paraître [paʀɛtʀ] /**57**/ *vb copule* to seem, look, appear; **il ne paraît pas son âge** he doesn't look his age ▸ *vi* to appear; (*être visible*) to show; (*Presse, Édition*) to be published, come out, appear; (*briller*) to show off; **laisser ~ qch** to let (sth) show; **~ en justice** to appear before the court(s); **~ en scène/en public/à l'écran** to appear on stage/in public/on the screen ▸ *vb impers* : **il paraît que** it seems *ou* appears that; **il me paraît que** it seems to me that; **il paraît absurde de** it seems absurd to

parallèle [paʀalɛl] *adj* parallel; (*police, marché*) unofficial; (*société, énergie*) alternative ▸ *nm* (*comparaison*) : **faire un ~ entre** to draw a parallel between; (*Géo*) parallel; **mettre en ~** (*choses opposées*) to compare; (*choses semblables*) to parallel ▸ *nf* parallel (line); **en ~** in parallel

parallèlement [paʀalɛlmɑ̃] *adv* in parallel; (*fig : en même temps*) at the same time

parallélépipède [paʀalelepipɛd] *nm* parallelepiped

parallélisme [paʀalelism] *nm* parallelism; (*Auto*) wheel alignment

parallélogramme [paʀalelɔgʀam] *nm* parallelogram

paralyser [paʀalize] /**1**/ *vt* to paralyze

paralysie [paʀalizi] *nf* paralysis

paralytique [paʀalitik] *adj, nmf* paralytic

paramédical, e, -aux [paʀamedikal, -o] *adj* paramedical; **personnel ~** paramedics *pl*, paramedical workers *pl*

paramétrage [paʀametʀaʒ] *nm* (*de logiciel, installation*) configuration

paramètre [paʀamɛtʀ] *nm* parameter

paramétrer [paʀametʀe] *vt* (*logiciel, installation*) to configure

paramilitaire [paʀamilitɛʀ] *adj* paramilitary

paranoïa [paʀanɔja] *nf* paranoia

paranoïaque [paʀanɔjak] *nmf* paranoiac

paranormal, e, -aux [paʀanɔʀmal, -o] *adj* paranormal

parapet [paʀapɛ] *nm* parapet

parapharmacie [paʀafaʀmasi] *nf* (*industrie, produits*) *over-the-counter drugs and personal hygiene products*; (*boutique*) chemist's (Brit), drugstore (US); **disponible en ~** available in chemists, sold in chemists

paraphe [paʀaf] *nm* (*trait*) flourish; (*signature*) initials *pl*; signature

parapher [paʀafe] /**1**/ *vt* to initial; to sign

paraphrase [paʀafʀɑz] *nf* paraphrase

paraphraser [paʀafʀɑze] /**1**/ *vt* to paraphrase

paraplégie [paʀapleʒi] *nf* paraplegia

paraplégique [paʀapleʒik] *adj, nmf* paraplegic

parapluie [paʀaplɥi] *nm* umbrella; **~ atomique** *ou* **nucléaire** nuclear umbrella; **~ pliant** telescopic umbrella

parapsychique [paʀapsiʃik] *adj* parapsychological

parapsychologie [paʀapsikɔlɔʒi] *nf* parapsychology

parapublic, -ique [paʀapyblik] *adj partly state-controlled*

P

parascolaire [paʀaskɔlɛʀ] *adj* extracurricular
parasitaire [paʀazitɛʀ] *adj* parasitic(al)
parasite [paʀazit] *nm* parasite ▸ *adj* (*Bot, Bio*) parasitic(al); **parasites** *nmpl* (*Tél*) interference *sg*
parasitisme [paʀazitism] *nm* parasitism
parasol [paʀasɔl] *nm* parasol, sunshade
paratonnerre [paʀatɔnɛʀ] *nm* lightning conductor
paravent [paʀavɑ̃] *nm* folding screen; (*fig*) screen
parc [paʀk] *nm* (public) park, gardens *pl*; (*de château etc*) grounds *pl*; (*pour le bétail*) pen, enclosure; (*d'enfant*) playpen; (*Mil : entrepôt*) depot; (*ensemble d'unités*) stock; (*de voitures etc*) fleet; **~ d'attractions** amusement park; **~ automobile** (*d'un pays*) number of cars on the roads; **~ éolien** wind farm; **~ à huîtres** oyster bed; **~ national** national park; **~ naturel** nature reserve; **~ de stationnement** car park; **~ à thème** theme park; **~ zoologique** zoological gardens *pl*
parcelle [paʀsɛl] *nf* fragment, scrap; (*de terrain*) plot, parcel
parcelliser [paʀselize] /1/ *vt* to divide *ou* split up
parce que [paʀs(ə)kə] *conj* because
parchemin [paʀʃəmɛ̃] *nm* parchment
parcheminé, e [paʀʃəmine] *adj* wrinkled; (*papier*) with a parchment finish
parcimonie [paʀsimɔni] *nf* parsimony, parsimoniousness
parcimonieux, -euse [paʀsimɔnjø, -øz] *adj* parsimonious, miserly
parc(o)mètre [paʀk(ɔ)mɛtʀ] *nm* parking meter
parcotrain [paʀkɔtʀɛ̃] *nm* station car park (BRIT) *ou* parking lot (US), park-and-ride car park (BRIT)
parcourir [paʀkuʀiʀ] /11/ *vt* (*trajet, distance*) to cover; (*article, livre*) to skim *ou* glance through; (*lieu*) to go all over, travel up and down; (*suj : frisson, vibration*) to run through; **~ des yeux** to run one's eye over
parcours [paʀkuʀ] *vb voir* **parcourir** ▸ *nm* (*trajet*) journey; (*itinéraire*) route; (*Sport : terrain*) course; (*: tour*) round; run; lap; **~ du combattant** assault course
parcouru, e [paʀkuʀy] *pp de* **parcourir**
par-delà [paʀdəla] *prép* beyond
par-dessous [paʀd(ə)su] *prép, adv* under(neath)
pardessus [paʀdəsy] *nm* overcoat
par-dessus [paʀd(ə)sy] *prép* over (the top of); **~ le marché** on top of it all; **~ tout** above all; **en avoir ~ la tête** to have had enough ▸ *adv* over (the top)
par-devant [paʀd(ə)vɑ̃] *prép* in the presence of, before; **~ notaire** in the presence of a notary ▸ *adv* (*boutonner*) at the front; (*passer*) round the front; (*entrer*) the front way
pardon [paʀdɔ̃] *nm* forgiveness *no pl*; **demander ~ à qn (de)** to apologize to sb (for); **je vous demande ~** I'm sorry; (*pour interpeller*) excuse me; (*demander de répéter*) (I beg your) pardon? (BRIT), pardon me? (US) ▸ *excl* (*excuses*) (I'm) sorry; (*pour interpeller etc*) excuse me
pardonnable [paʀdɔnabl] *adj* forgivable, excusable
pardonner [paʀdɔne] /1/ *vt* to forgive; **~ qch à qn** to forgive sb for sth; **qui ne pardonne pas** (*maladie, erreur*) fatal
paré, e [paʀe] *adj* ready, prepared
pare-balles [paʀbal] *adj inv* bulletproof
pare-boue [paʀbu] *nm inv* mudflap
pare-brise [paʀbʀiz] *nm inv* windscreen (BRIT), windshield (US)
pare-chocs [paʀʃɔk] *nm inv* bumper (BRIT), fender (US)
pare-étincelles [paʀetɛ̃sɛl] *nm inv* fireguard
pare-feu [paʀfø] *nm inv* (*de foyer*) fireguard; (*Inform*) firewall ▸ *adj inv* : **portes ~** fire (resistant) doors
pareil, le [paʀɛj] *adj* (*identique*) the same, alike; (*similaire*) similar; (*tel*) : **un courage/livre ~** such courage/a book, courage/a book like this; **de pareils livres** such books; **j'en veux un ~** I'd like one just like it; **rien de ~** no (*ou* any) such thing, nothing (*ou* anything) like it; **~ à** the same as; similar to; **en ~ cas** in such a case ▸ *adv* : **habillés ~** dressed the same (way), dressed alike; **faire ~** to do the same (thing) ▸ *nmf* : **ne pas avoir son (sa) ~(le)** to be second to none; **sans ~** unparalleled, unequalled; **ses pareils** one's fellow men; one's peers ▸ *nm* : **c'est du ~ au même** it comes to the same thing, it's six (of one) and half-a-dozen (of the other) ▸ *nf* : **rendre la pareille à qn** to pay sb back in his own coin
pareillement [paʀɛjmɑ̃] *adv* the same, alike; in such a way; (*également*) likewise
parement [paʀmɑ̃] *nm* (*Constr, revers d'un col, d'une manche*) facing; (*Rel*) : **~ d'autel** antependium
parent, e [paʀɑ̃, -ɑ̃t] *nm/f* : **un/une ~(e)** a relative *ou* relation; **~ unique** lone parent ▸ *adj* : **être ~ de** to be related to; **parents** *nmpl* (*père et mère*) parents; (*famille, proches*) relatives, relations; **parents par alliance** relatives *ou* relations by marriage; **parents en ligne directe** blood relations
parental, e, -aux [paʀɑ̃tal, -o] *adj* parental
parentalité [paʀɑ̃talite] *nf* parenthood
parenté [paʀɑ̃te] *nf* (*lien*) relationship; (*personnes*) relatives *pl*, relations *pl*
parenthèse [paʀɑ̃tɛz] *nf* (*ponctuation*) bracket, parenthesis; (*Math*) bracket; (*digression*) parenthesis, digression; **ouvrir/fermer la ~** to open/close brackets; **entre parenthèses** in brackets; (*fig*) incidentally
parer [paʀe] /1/ *vt* to adorn; (*Culin*) to dress, trim; (*éviter*) to ward off; **~ à** (*danger*) to ward off; (*inconvénient*) to deal with; **~ à toute éventualité** to be ready for every eventuality; **~ au plus pressé** to attend to what's most urgent; **se parer** *vpr* : **se ~ de** (*fig : qualité, titre*) to assume
pare-soleil [paʀsɔlɛj] *nm inv* sun visor
paresse [paʀɛs] *nf* laziness
paresser [paʀese] /1/ *vi* to laze around
paresseusement [paʀɛsøzmɑ̃] *adv* lazily; sluggishly
paresseux, -euse [paʀɛsø, -øz] *adj* lazy; (*fig*) slow, sluggish ▸ *nm* (*Zool*) sloth
parfaire [paʀfɛʀ] /60/ *vt* to perfect, complete

parfait, e [paʀfɛ, -ɛt] *pp de* **parfaire** ▸ *adj* perfect ▸ *nm* (*Ling*) perfect (tense); (*Culin*) parfait ▸ *excl* fine, excellent
parfaitement [paʀfɛtmɑ̃] *adv* perfectly ▸ *excl* (most) certainly
parfois [paʀfwa] *adv* sometimes
parfum [paʀfœ̃] *nm* (*produit*) perfume, scent; (*odeur : de fleur*) scent, fragrance; (*: de tabac, vin*) aroma; (*goût : de glace, milk-shake*) flavour (Brit), flavor (US)
parfumé, e [paʀfyme] *adj* (*fleur, fruit*) fragrant; (*papier à lettres etc*) scented; (*femme*) wearing perfume *ou* scent, perfumed; (*aromatisé*) : **~ au café** coffee-flavoured (Brit) *ou* -flavored (US)
parfumer [paʀfyme] /**1**/ *vt* (*odeur, bouquet*) to perfume; (*mouchoir*) to put scent *ou* perfume on; (*crème, gâteau*) to flavour (Brit), flavor (US); **se parfumer** *vpr* to put on (some) perfume *ou* scent; (*d'habitude*) to use perfume *ou* scent
parfumerie [paʀfymʀi] *nf* (*commerce*) perfumery; (*produits*) perfumes; (*boutique*) perfume shop (Brit) *ou* store (US)
pari [paʀi] *nm* bet, wager; (*Sport*) bet; **~ mutuel urbain (PMU)** *system of betting on horses*
paria [paʀja] *nm* outcast
parier [paʀje] /**7**/ *vt* to bet; **j'aurais parié que si/non** I'd have said he (*ou* you *etc*) would/ wouldn't
parieur [paʀjœʀ] *nm* (*turfiste etc*) punter
Paris [paʀi] *n* Paris
parisien, ne [paʀizjɛ̃, -ɛn] *adj* Parisian; (*Géo, Admin*) Paris *cpd* ▸ *nm/f* : **Parisien, ne** Parisian
paritaire [paʀitɛʀ] *adj* : **commission ~** joint commission
parité [paʀite] *nf* parity; **~ de change** (*Écon*) exchange parity; **~ hommes-femmes** (*Pol*) balanced representation of men and women
parjure [paʀʒyʀ] *nm* (*faux serment*) false oath, perjury; (*violation de serment*) breach of oath, perjury ▸ *nmf* perjurer
parjurer [paʀʒyʀe] /**1**/ : **se parjurer** *vpr* to perjure o.s
parka [paʀka] *nf* parka
parking [paʀkiŋ] *nm* (*lieu*) car park (Brit), parking lot (US); **~-relais** park and ride
parlant, e [paʀlɑ̃, -ɑ̃t] *adj* (*fig*) graphic, vivid; (*comparaison, preuve*) eloquent; (*Ciné*) talking ▸ *adv* : **généralement ~** generally speaking
parlé, e [paʀle] *adj* : **langue parlée** spoken language
parlement [paʀləmɑ̃] *nm* parliament; **le P~ européen** the European Parliament
parlementaire [paʀləmɑ̃tɛʀ] *adj* parliamentary ▸ *nmf* (*député*) ≈ Member of Parliament (Brit) *ou* Congress (US); parliamentarian; (*négociateur*) negotiator, mediator
parlementarisme [paʀləmɑ̃taʀism] *nm* parliamentary government
parlementer [paʀləmɑ̃te] /**1**/ *vi* (*ennemis*) to negotiate, parley; (*s'entretenir, discuter*) to argue at length, have lengthy talks
parler [paʀle] /**1**/ *vi* to speak, talk; (*avouer*) to talk; **~ pour qn** (*intercéder*) to speak for sb; **~ en l'air** to say the first thing that comes into one's head; **~ en français** to speak in French; **~ en dormant/du nez** to talk in one's sleep/ through one's nose; **tu parles !** you must be joking!; (*bien sûr*) you bet! ▸ *vt* : **~ affaires** to talk business; **~ (le) français** to speak French; **~ (à qn) de** to talk *ou* speak (to sb) about; **n'en parlons plus !** let's forget it!; **sans ~ de** not to mention, to say nothing of; **se parler** *vpr* to talk, to talk to each other; **on vient de se ~ au téléphone** we were just talking on the phone ▸ *nm* speech; dialect

> Quand on emploie **talk**, on met l'accent sur le fait qu'il y a une conversation entre deux personnes, tandis que **speak** décrit plus spécifiquement le fait d'émettre des sons. Il est donc logique de dire **to speak French/ English**. **Speak** étant d'un registre légèrement plus soutenu que **talk**, il s'emploie plus volontiers pour faire une demande polie.
> *Pourrais-je parler à monsieur Sylvester ?* **May I speak to Mr Sylvester?**

parleur [paʀlœʀ] *nm* : **beau ~** fine talker
parloir [paʀlwaʀ] *nm* (*d'une prison, d'un hôpital*) visiting room; (*Rel*) parlour (Brit), parlor (US)
parlote [paʀlɔt] *nf* chitchat
Parme [paʀm] *n* Parma
parme [paʀm(ə)] *adj* violet (blue)
parmesan [paʀməzɑ̃] *nm* Parmesan (cheese)
parmi [paʀmi] *prép* among(st)
parodie [paʀɔdi] *nf* parody
parodier [paʀɔdje] /**7**/ *vt* (*œuvre, auteur*) to parody
paroi [paʀwa] *nf* wall; (*cloison*) partition; **~ rocheuse** rock face
paroisse [paʀwas] *nf* parish
paroissial, e, -aux [paʀwasjal, -o] *adj* parish *cpd*
paroissien, ne [paʀwasjɛ̃, -ɛn] *nm/f* parishioner ▸ *nm* prayer book
parole [paʀɔl] *nf* (*mot, promesse*) word; (*faculté*) : **la ~** speech; **la bonne ~** (*Rel*) the word of God; **tenir ~** to keep one's word; **avoir la ~** to have the floor; **n'avoir qu'une ~** to be true to one's word; **donner la ~ à qn** to hand over to sb; **prendre la ~** to speak; **demander la ~** to ask for permission to speak; **perdre la ~** to lose the power of speech; (*fig*) to lose one's tongue; **je le crois sur ~** I'll take his word for it, I'll take him at his word; **temps de ~** (*TV, Radio etc*) discussion time; **ma ~ !** my word!, good heavens!; **~ d'honneur** word of honour (Brit) *ou* honor (US); **paroles** *nfpl* (*Mus*) words, lyrics
parolier, -ière [paʀɔlje, -jɛʀ] *nm/f* lyricist; (*Opéra*) librettist
paroxysme [paʀɔksism] *nm* height, paroxysm
parpaing [paʀpɛ̃] *nm* bond-stone, parpen
parquer [paʀke] /**1**/ *vt* (*voiture, matériel*) to park; (*bestiaux*) to pen (in *ou* up); (*prisonniers*) to pack in
parquet [paʀkɛ] *nm* (parquet) floor; (*Jur : bureau*) public prosecutor's office; **le ~ (général)** (*magistrats*) ≈ the Bench
parqueter [paʀkəte] /**4**/ *vt* to lay a parquet floor in
parrain [paʀɛ̃] *nm* godfather; (*d'un navire*) namer; (*d'un nouvel adhérent*) sponsor, proposer

P

parrainage [paʀɛnaʒ] *nm* sponsorship
parrainer [paʀene] /1/ *vt* (*nouvel adhérent*) to sponsor, propose; (*entreprise*) to promote, sponsor
parricide [paʀisid] *nmf* parricide
pars [paʀ] *vb voir* **partir**
parsemer [paʀsəme] /5/ *vt* (*feuilles, papiers*) to be scattered over; **~ qch de** to scatter sth with
parsi, e [paʀsi] *adj* Parsee
part [paʀ] *vb voir* **partir** ▸ *nf* (*qui revient à qn*) share; (*fraction, partie*) part; (*de gâteau, fromage*) portion; (*Finance*) (non-voting) share; **prendre ~ à** (*débat etc*) to take part in; (*soucis, douleur de qn*) to share in; **faire ~ de qch à qn** to announce sth to sb, inform sb of sth; **pour ma ~** as for me, as far as I'm concerned; **à ~ entière** *adj* full; **de la ~ de** (*au nom de*) on behalf of; (*donné par*) from; **c'est de la ~ de qui ?** (*au téléphone*) who's calling *ou* speaking (please)?; **de toute(s) ~(s)** from all sides *ou* quarters; **de ~ et d'autre** on both sides, on either side; **de ~ en ~** right through; **d'une ~ ... d'autre ~** on the one hand ... on the other hand; **d'autre ~** (*de plus*) moreover; **nulle/autre/quelque ~** nowhere/elsewhere/somewhere; **à ~** *adv* separately; (*de côté*) aside; *prép* apart from, except for; *adj* exceptional, special; **pour une large** *ou* **bonne ~** to a great extent; **prendre qch en bonne/mauvaise ~** to take sth well/badly; **faire la ~ des choses** to make allowances; **faire la ~ du feu** (*fig*) to cut one's losses; **faire la ~ (trop) belle à qn** to give sb more than his (*ou* her) share
part. *abr* = **particulier**
partage [paʀtaʒ] *nm* sharing (out) *no pl*, share-out; sharing; dividing up; (*Pol : de suffrages*) share; **recevoir qch en ~** to receive sth as one's share (*ou* lot); **sans ~** undivided; **~ de fichiers** (*Inform*) file sharing
partagé, e [paʀtaʒe] *adj* (*opinions etc*) divided; (*amour*) shared; **être ~ entre** to be shared between; **être ~ sur** to be divided about
partager [paʀtaʒe] /3/ *vt* to share; (*distribuer, répartir*) to share (out); (*morceler, diviser*) to divide (up); **se partager** *vpr* (*héritage etc*) to share between themselves (*ou* ourselves *etc*)
partance [paʀtɑ̃s] : **en ~** *adv* outbound, due to leave; **en ~ pour** (bound) for
partant, e [paʀtɑ̃, -ɑ̃t] *vb voir* **partir** ▸ *adj* : **être ~ pour qch** (*d'accord pour*) to be quite ready for sth ▸ *nm* (*Sport*) starter; (*Hippisme*) runner
partenaire [paʀtənɛʀ] *nmf* partner; **partenaires sociaux** management and workforce
parterre [paʀtɛʀ] *nm* (*de fleurs*) (flower) bed, border; (*Théât*) stalls *pl*
parti [paʀti] *nm* (*Pol*) party; (*décision*) course of action; (*personne à marier*) match; **tirer ~ de** to take advantage of, turn to good account; **prendre le ~ de faire** to make up one's mind to do, resolve to do; **prendre le ~ de qn** to stand up for sb, side with sb; **prendre ~ (pour/contre)** to take sides *ou* a stand (for/against); **prendre son ~ de** to come to terms with; **~ pris** bias
partial, e, -aux [paʀsjal, -o] *adj* biased, partial
partialement [paʀsjalmɑ̃] *adv* in a biased way
partialité [paʀsjalite] *nf* bias, partiality
participant, e [paʀtisipɑ̃, -ɑ̃t] *nm/f* participant; (*à un concours*) entrant; (*d'une société*) member
participation [paʀtisipasjɔ̃] *nf* participation; (*financière*) contribution; sharing; (*Comm*) interest; **la ~ aux bénéfices** profit-sharing; **la ~ ouvrière** worker participation; **« avec la ~ de ... »** "featuring ..."
participe [paʀtisip] *nm* participle; **~ passé/présent** past/present participle
participer [paʀtisipe] /1/ : **~ à** *vt* (*course, réunion*) to take part in; (*profits etc*) to share in; (*frais etc*) to contribute to; (*entreprise : financièrement*) to cooperate in; (*chagrin, succès de qn*) to share (in); **~ de** *vt* to partake of
particulariser [paʀtikylaʀize] /1/ : **se particulariser** *vpr* to mark o.s. (*ou* itself) out
particularisme [paʀtikylaʀism] *nm* sense of identity
particularité [paʀtikylaʀite] *nf* particularity; (*distinctive*) characteristic, feature
particule [paʀtikyl] *nf* particle; **~ (nobiliaire)** nobiliary particle
particulier, -ière [paʀtikylje, -jɛʀ] *adj* (*personnel, privé*) private; (*étrange*) peculiar, odd; (*spécial*) special, particular; (*caractéristique*) characteristic, distinctive; (*spécifique*) particular; **~ à** peculiar to; **en ~** *adv* (*surtout*) in particular, particularly; (*à part*) separately; (*en privé*) in private ▸ *nm* (*individu : Admin*) private individual; **« ~ vend ... »** (*Comm*) "for sale privately ...", "for sale by owner ..." (*US*)
particulièrement [paʀtikyljɛʀmɑ̃] *adv* particularly
partie [paʀti] *nf* (*gén*) part; (*profession, spécialité*) field, subject; (*Jur etc : protagonistes*) party; (*de cartes, tennis etc*) game; (*fig : lutte, combat*) struggle, fight; **une ~ de campagne/de pêche** an outing in the country/a fishing party *ou* trip; **en ~** *adv* partly, in part; **faire ~ de** to belong to; (*chose*) to be part of; **prendre qn à ~** to take sb to task; (*malmener*) to set on sb; **en grande ~** largely, in the main; **ce n'est que ~ remise** it will be for another time *ou* the next time; **avoir ~ liée avec qn** to be in league with sb; **~ civile** (*Jur*) *party claiming damages in a criminal case*
partiel, le [paʀsjɛl] *adj* partial ▸ *nm* (*Scol*) class exam
partiellement [paʀsjɛlmɑ̃] *adv* partially, partly
partir [paʀtiʀ] /16/ *vi* (*gén*) to go; (*quitter*) to go, leave; (*s'éloigner*) to go (*ou* drive *etc*) away *ou* off; (*moteur*) to start; (*pétard*) to go off; (*bouchon*) to come out; (*bouton*) to come off; (*tache*) to go, come out; **~ de** (*lieu : quitter*) to leave; (*: commencer à*) to start from; (*date*) to run *ou* start from; **~ pour/à** (*lieu, pays etc*) to leave for/go off to; **à ~ de** from
partisan, e [paʀtizɑ̃, -an] *nm/f* partisan; (*d'un parti, régime etc*) supporter ▸ *adj* (*lutte, querelle*) partisan, one-sided; **être ~ de qch/faire** to be in favour (*Brit*) *ou* favor (*US*) of sth/doing
partitif, -ive [paʀtitif, -iv] *adj* : **article ~** partitive article
partition [paʀtisjɔ̃] *nf* (*Mus*) score

partout [paʀtu] *adv* everywhere; **~ où il allait** everywhere *ou* wherever he went; **trente ~** (*Tennis*) thirty all
paru [paʀy] *pp de* **paraître**
parure [paʀyʀ] *nf* (*bijoux etc*) finery *no pl*; jewellery *no pl* (Brit), jewelry *no pl* (US); (*assortiment*) set
parus *etc* [paʀy] *vb voir* **paraître**
parution [paʀysjɔ̃] *nf* publication, appearance
parvenir [paʀvəniʀ] **/22/** : **~ à** *vt* (*atteindre*) to reach; (*obtenir, arriver à*) to attain; (*réussir*) **~ à faire** to manage to do, succeed in doing; **faire ~ qch à qn** to have sth sent to sb
parvenu, e [paʀvəny] *pp de* **parvenir** ▸ *nm/f* (*péj*) parvenu, upstart
parviendrai [paʀvjɛ̃dʀe], **parviens** *etc* [paʀvjɛ̃] *vb voir* **parvenir**
parvis [paʀvi] *nm* square (*in front of a church*)

MOT-CLÉ

pas[1] [pɑ] *adv* **1** (*en corrélation avec ne, non etc*) not; **il ne pleure pas** (*habituellement*) he does not *ou* doesn't cry (*: maintenant*) he's not *ou* isn't crying; **je ne mange pas de viande** I don't *ou* do not eat meat; **il n'a pas pleuré/ne pleurera pas** he did not *ou* didn't/will not *ou* won't cry; **ils n'ont pas de voiture/d'enfants** they haven't got a car/any children, they have no car/children; **il m'a dit de ne pas le faire** he told me not to do it; **non pas que ...** not that ...
2 (*employé sans ne etc*) : **pas moi** not me, not I, I don't (*ou can't etc*); **elle travaille, (mais) lui pas** *ou* **pas lui** she works but he doesn't *ou* does not; **une pomme pas mûre** an apple which isn't ripe; **pas plus tard qu'hier** only yesterday; **pas du tout** not at all; **pas de sucre, merci** no sugar, thanks; **ceci est à vous ou pas ?** is this yours or not?, is this yours or isn't it?
3 : **pas mal** (*joli : personne, maison*) not bad; **pas mal fait** not badly done *ou* made; **comment ça va ? — pas mal** how are things? — not bad; **pas mal de** quite a lot of

pas[2] [pɑ] *nm* (*démarche*) tread; (*enjambée, Danse, fig : étape*) step; (*bruit*) (foot)step; (*trace*) footprint; (*allure, mesure*) pace; (*d'un cheval*) walk; (*Tech : de vis, d'écrou*) thread; **~ à ~** step by step; **au ~** at a walking pace; **de ce ~** (*à l'instant même*) straightaway, at once; **marcher à grands ~** to stride along; **mettre qn au ~** to bring sb to heel; **au ~ de gymnastique/de course** at a jog trot/at a run; **à ~ de loup** stealthily; **faire les cent ~** to pace up and down; **faire le premier ~** to make the first move; **retourner** *ou* **revenir sur ses ~** to retrace one's steps; **se tirer d'un mauvais ~** to get o.s. out of a tight spot; **sur le ~ de la porte** on the doorstep; **le ~ de Calais** (*détroit*) the Straits *pl* of Dover; **~ de porte** (*fig*) key money
pascal, e, -aux [paskal, -o] *adj* Easter *cpd*
passable [pɑsabl] *adj* passable, tolerable
passablement [pɑsabləmɑ̃] *adv* (*pas trop mal*) reasonably well; (*beaucoup*) quite a lot
passade [pɑsad] *nf* passing fancy, whim
passage [pɑsaʒ] *nm* (*fait de passer*) *voir* **passer**; (*lieu, prix de la traversée, extrait de livre etc*) passage; (*chemin*) way; (*itinéraire*) : **sur le ~ du cortège** along the route of the procession; **« laissez/n'obstruez pas le ~ »** "keep clear/do not obstruct"; **au ~** (*en passant*) as I (*ou he etc*) went by; **de ~** (*touristes*) passing through; (*amants etc*) casual; **~ clouté** pedestrian crossing; **« ~ interdit »** "no entry"; **~ à niveau** level (Brit) *ou* grade (US) crossing; **« ~ protégé »** *right of way over secondary road(s) on your right*; **~ souterrain** subway (Brit), underpass; **~ à tabac** beating-up; **~ à vide** (*fig*) bad patch
passager, -ère [pɑsaʒe, -ɛʀ] *adj* passing; (*hôte*) short-stay *cpd* ▸ *nm/f* passenger; **~ clandestin** stowaway
passagèrement [pɑsaʒɛʀmɑ̃] *adv* temporarily, for a short time
passant, e [pɑsɑ̃, -ɑ̃t] *adj* (*rue, endroit*) busy ▸ *nm/f* passer-by ▸ *nm* (*pour ceinture etc*) loop
passation [pɑsasjɔ̃] *nf* (*Jur : d'un acte*) signing; **~ des pouvoirs** transfer *ou* handover of power
passe [pɑs] *nf* (*Sport, magnétique*) pass; (*Navig*) channel; **être en ~ de faire** to be on the way to doing; **être dans une mauvaise ~** (*fig*) to be going through a bad patch; **être dans une bonne ~** (*fig*) to be in a healthy situation; **~ d'armes** (*fig*) heated exchange ▸ *nm* (*passe-partout*) master *ou* skeleton key
passé, e [pɑse] *adj* (*événement, temps*) past; (*dernier : semaine etc*) last; (*couleur, tapisserie*) faded; **il est midi ~** it's gone (Brit) *ou* past twelve; **~ de mode** out of fashion ▸ *nm* past; (*Ling*) past (tense); **~ composé** perfect (tense); **~ simple** past historic ▸ *prép* after
passe-droit [pɑsdʀwa] *nm* special privilege
passéiste [paseist] *adj* backward-looking
passementerie [pɑsmɑ̃tʀi] *nf* trimmings *pl*
passe-montagne [pɑsmɔ̃taɲ] *nm* balaclava
passe-partout [pɑspaʀtu] *nm inv* master *ou* skeleton key ▸ *adj inv* all-purpose
passe-passe [pɑspɑs] *nm* : **tour de ~** trick, sleight of hand *no pl*
passe-plat [pɑspla] *nm* serving hatch
passeport [pɑspɔʀ] *nm* passport
passer [pɑse] **/1/** *vi* (*se rendre, aller*) to go; (*voiture, piétons : défiler*) to pass (by), go by; (*faire une halte rapide : facteur, laitier etc*) to come, call; (*: pour rendre visite*) to call *ou* drop in; (*courant, air, lumière, franchir un obstacle etc*) to get through; (*accusé, projet de loi*) : **~ devant** to come before; (*film, émission*) to be on; (*temps, jours*) to pass, go by; (*liquide, café*) to go through; (*être digéré, avalé*) to go down; (*couleur, papier*) to fade; (*mode*) to die out; (*douleur*) to pass, go away; (*Cartes*) to pass; (*Scol*) : **~ dans la classe supérieure** to go up (to the next class); (*devenir*) : **~ président** to be appointed *ou* become president; **en passant** in passing; **remarquer qch en passant** to notice sth in passing; **~ par** to go through; **passez devant/par ici** go in front/this way; **~ sur** (*faute, détail inutile*) to pass over; **~ dans les mœurs/l'usage** to become the custom/normal usage; **~ avant qch/qn** (*fig*) to come before sth/sb; **laisser ~** (*air, lumière, personne*) to let through;

P

(occasion) to let slip, miss; *(erreur)* to overlook; **faire ~ à qn le goût de qch** to cure sb of his *(ou* her) taste for sth; **~ à la radio/fouille** to be X-rayed/searched; **~ à la radio/télévision** to be on the radio/on television; **~ à table** to sit down to eat; **~ au salon** to go through to *ou* into the sitting room; **~ à l'opposition** to go over to the opposition; **~ aux aveux** to confess, make a confession; **~ à l'action** to go into action; **~ pour riche** to be taken for a rich man; **il passait pour avoir** he was said to have; **faire ~ qn/qch pour** to make sb/sth out to be; **passe encore de le penser, mais de le dire!** it's one thing to think it, but to say it!; **passons!** let's say no more (about it); **et j'en passe!** and that's not all!; **~ en seconde, ~ la seconde** *(Auto)* to change into second ▸ *vt (frontière, rivière etc)* to cross; *(douane)* to go through; *(examen)* to sit, take; *(visite médicale etc)* to have; *(journée, temps)* to spend; *(donner)* : **~ qch à qn** *(sel etc)* to pass sth to sb; *(prêter)* to lend sb sth; *(lettre, message)* to pass sth on to sb; *(tolérer)* to let sb get away with sth; *(transmettre)* to pass sth on to sb; *(enfiler : vêtement)* to slip on; *(faire entrer, mettre)* : **(faire) ~ qch dans/par** to get sth into/through; *(café)* to pour the water on; *(thé, soupe)* to strain; *(film, pièce)* to show, put on; *(disque)* to play, put on; *(commande)* to place; *(marché, accord)* to agree on; **~ un coup de fil à qn** *(fam)* to give sb a ring; **faire ~** *(message)* to get over *ou* across; **~ son tour** to miss one's turn; **~ qch en fraude** to smuggle sth in *(ou* out); **~ la main par la portière** to stick one's hand out of the door; **~ le balai/l'aspirateur** to sweep up/hoover; **~ commande/la parole à qn** to hand over to sb; **je vous passe M. Dupont** I'm putting you through to Mr Dupont; *(je lui passe l'appareil)* here is Mr Dupont, I'll hand you over to Mr Dupont; **~ prendre** to (come and) collect; **se passer** *vpr (avoir lieu : scène, action)* to take place; *(se dérouler : entretien etc)* to go; *(arriver)* : **que s'est-il passé?** what happened?; *(s'écouler : semaine etc)* to pass, go by; **se ~ de** to go *ou* do without; **se ~ les mains sous l'eau/de l'eau sur le visage** to put one's hands under the tap/run water over one's face

passereau, x [pasʀo] *nm* sparrow

passerelle [pasʀɛl] *nf* footbridge; *(de navire, avion)* gangway; *(Navig)* : **~ (de commandement)** bridge

passe-temps [pastɑ̃] *nm inv* pastime

passette [pasɛt] *nf* (tea-)strainer

passeur, -euse [pasœʀ, -øz] *nm/f* smuggler

passible [pasibl] *adj* : **~ de** liable to

passif, -ive [pasif, -iv] *adj* passive ▸ *nm (Ling)* passive; *(Comm)* liabilities *pl*

passion [pasjɔ̃] *nf* passion; **avoir la ~ de** to have a passion for; **fruit de la ~** passion fruit

passionnant, e [pasjɔnɑ̃, -ɑ̃t] *adj* fascinating

passionné, e [pasjɔne] *adj (personne, tempérament)* passionate; *(description, récit)* impassioned; **être ~ de** *ou* **pour qch** to have a passion for sth ▸ *nm/f* : **c'est un ~ d'échecs** he's a chess fanatic

passionnel, le [pasjɔnɛl] *adj* of passion

passionnément [pasjɔnemɑ̃] *adv* passionately

passionner [pasjɔne] /1/ *vt (personne)* to fascinate, grip; *(débat, discussion)* to inflame; **se passionner** *vpr* : **se ~ pour** to take an avid interest in; to have a passion for

passivement [pasivmɑ̃] *adv* passively

passivité [pasivite] *nf* passivity, passiveness

passoire [paswaʀ] *nf* sieve; *(à légumes)* colander; *(à thé)* strainer

pastel [pastɛl] *nm, adj inv (Art)* pastel

pastèque [pastɛk] *nf* watermelon

pasteur [pastœʀ] *nm (protestant)* minister, pastor

pasteurisation [pastœʀizasjɔ̃] *nf* pasteurization

pasteurisé, e [pastœʀize] *adj* pasteurized

pasteuriser [pastœʀize] /1/ *vt* to pasteurize

pastiche [pastiʃ] *nm* pastiche

pastille [pastij] *nf (à sucer)* lozenge, pastille; *(de papier etc)* (small) disc; **pastilles pour la toux** cough drops *ou* lozenges

pastis [pastis] *nm anise-flavoured alcoholic drink*

pastoral, e, -aux [pastɔʀal, -o] *adj* pastoral

patagon, ne [patagɔ̃, -ɔn] *adj* Patagonian

Patagonie [patagɔni] *nf* : **la ~** Patagonia

patate [patat] *nf* spud; **~ douce** sweet potato

pataud, e [pato, -od] *adj* lumbering

patauger [patoʒe] /3/ *vi (pour s'amuser)* to splash about; *(avec effort)* to wade about; *(fig)* to flounder; **~ dans** *(en marchant)* to wade through

patch [patʃ] *nm* nicotine patch

patchouli [patʃuli] *nm* patchouli

patchwork [patʃwœʀk] *nm* patchwork

pâte [pɑt] *nf (à tarte)* pastry; *(à pain)* dough; *(à frire)* batter; *(substance molle)* paste; cream; **fromage à ~ dure/molle** hard/soft cheese; **~ d'amandes** almond paste, marzipan; **~ brisée** shortcrust (Brit) *ou* pie crust (US) pastry; **~ à choux/feuilletée** choux/puff *ou* flaky (Brit) pastry; **~ de fruits** crystallized fruit *no pl*; **~ à modeler** modelling clay, Plasticine® (Brit); **~ à papier** paper pulp; **pâtes** *nfpl (macaronis etc)* pasta *sg*

pâté [pɑte] *nm (charcuterie, terrine)* pâté; *(tache)* ink blot; *(de sable)* sandpie; **~ (en croûte)** ≈ meat pie; **~ de foie** liver pâté; **~ de maisons** block (of houses)

pâtée [pɑte] *nf* mash, feed

patelin [patlɛ̃] *nm* little place

patente [patɑ̃t] *nf (Comm)* trading licence (Brit) *ou* license (US)

patenté, e [patɑ̃te] *adj (Comm)* licensed; *(fig : attitré)* registered, (officially) recognized

patère [patɛʀ] *nf* (coat-)peg

paternalisme [patɛʀnalism] *nm* paternalism

paternaliste [patɛʀnalist] *adj* paternalistic

paternel, le [patɛʀnɛl] *adj (amour, soins)* fatherly; *(ligne, autorité)* paternal

paternité [patɛʀnite] *nf* paternity, fatherhood

pâteux, -euse [pɑtø, -øz] *adj* thick; pasty; **avoir la bouche** *ou* **langue pâteuse** to have a furred (Brit) *ou* coated tongue

pathétique [patetik] *adj* pathetic, moving

pathologie [patɔlɔʒi] *nf* pathology

pathologique [patɔlɔʒik] *adj* pathological

patibulaire [patibylɛʀ] *adj* sinister

patiemment [pasjamɑ̃] *adv* patiently
patience [pasjɑ̃s] *nf* patience; **être à bout de ~** to have run out of patience; **perdre/prendre ~** to lose (one's)/have patience
patient, e [pasjɑ̃, -ɑ̃t] *adj, nm/f* patient
patienter [pasjɑ̃te] /1/ *vi* to wait
patin [patɛ̃] *nm* skate; (*sport*) skating; (*de traîneau, luge*) runner; (*pièce de tissu*) cloth pad (*used as slippers to protect polished floor*); **~ (de frein)** brake block; **patins (à glace)** (ice) skates; **patins à roulettes** roller skates
patinage [patinaʒ] *nm* skating; **~ artistique/de vitesse** figure/speed skating
patine [patin] *nf* sheen
patiner [patine] /1/ *vi* to skate; (*embrayage*) to slip; (*roue, voiture*) to spin; **se patiner** *vpr* (*meuble, cuir*) to acquire a sheen, become polished
patineur, -euse [patinœʀ, -øz] *nm/f* skater
patinoire [patinwaʀ] *nf* skating rink, (ice) rink
patio [patjo] *nm* patio
pâtir [pɑtiʀ] /2/ : **~ de** *vt* to suffer because of
pâtisserie [pɑtisʀi] *nf* (*boutique*) cake shop; (*métier*) confectionery; (*à la maison*) pastry- *ou* cake-making, baking; **pâtisseries** *nfpl* (*gâteaux*) pastries, cakes
pâtissier, -ière [pɑtisje, -jɛʀ] *nm/f* pastry chef; confectioner
patois [patwa] *nm* dialect, patois
patraque [patʀak] *adj* (*fam*) peaky, off-colour
patriarche [patʀijaʀʃ] *nm* patriarch
patrie [patʀi] *nf* homeland
patrimoine [patʀimwan] *nm* inheritance, patrimony; (*culture*) heritage; **~ génétique** *ou* **héréditaire** genetic inheritance
patriote [patʀijɔt] *adj* patriotic ▸ *nmf* patriot
patriotique [patʀijɔtik] *adj* patriotic
patriotisme [patʀijɔtism] *nm* patriotism
patron, ne [patʀɔ̃, -ɔn] *nm/f* (*chef*) boss, manager(-ess); (*propriétaire*) owner, proprietor(-tress); (*employeur*) employer; (*Méd*) ≈ senior consultant; (*Rel*) patron saint; **~ de thèse** supervisor (of postgraduate thesis) ▸ *nm* (*Couture*) pattern

> ⚠ **patron** is not usually translated by the English word *patron*.

patronage [patʀɔnaʒ] *nm* patronage; (*organisation, club*) (parish) youth club; (parish) children's club
patronal, e, -aux [patʀɔnal, -o] *adj* (*syndicat, intérêts*) employers'
patronat [patʀɔna] *nm* employers *pl*
patronner [patʀɔne] /1/ *vt* to sponsor, support
patronnesse [patʀɔnɛs] *adj f* : **dame ~** patroness
patronyme [patʀɔnim] *nm* name
patronymique [patʀɔnimik] *adj* : **nom ~** patronymic (name)
patrouille [patʀuj] *nf* patrol
patrouiller [patʀuje] /1/ *vi* to patrol, be on patrol
patrouilleur [patʀujœʀ] *nm* (*Aviat*) scout (plane); (*Navig*) patrol boat
patte [pat] *nf* (*jambe*) leg; (*pied : de chien, chat*) paw; (*: d'oiseau*) foot; (*languette*) strap; (*: de poche*) flap; (*favoris*) : **pattes (de lapin)** (short) sideburns; **à pattes d'éléphant** *adj* (*pantalon*) flared; **pattes de mouche** (*fig*) spidery scrawl *sg*; **pattes d'oie** (*fig*) crow's feet
pattemouille [patmuj] *nf* damp cloth (*for ironing*)
pâturage [pɑtyʀaʒ] *nm* pasture
pâture [pɑtyʀ] *nf* food
paume [pom] *nf* palm
paumé, e [pome] *nm/f* (*fam*) drop-out
paumer [pome] /1/ *vt* (*fam*) to lose
paupérisation [popeʀizasjɔ̃] *nf* pauperization
paupérisme [popeʀism] *nm* pauperism
paupière [popjɛʀ] *nf* eyelid
paupiette [popjɛt] *nf* : **paupiettes de veau** veal olives
pause [poz] *nf* (*arrêt*) break; (*en parlant, Mus*) pause; **~ de midi, ~-repas** lunch break
pause-café [pozkafe] (*pl* **pauses-café**) *nf* coffee-break
pauvre [povʀ] *adj* poor; **~ en calcium** low in calcium ▸ *nmf* poor man/woman; **les pauvres** the poor
pauvrement [povʀəmɑ̃] *adv* poorly
pauvreté [povʀəte] *nf* (*état*) poverty; **~ énergétique** fuel poverty
pavage [pavaʒ] *nm* paving; cobbles *pl*
pavaner [pavane] /1/ : **se pavaner** *vpr* to strut about
pavé, e [pave] *adj* (*cour*) paved; (*rue*) cobbled ▸ *nm* (*bloc*) paving stone; cobblestone; (*pavage*) paving; (*bifteck*) slab of steak; (*fam : livre*) hefty tome; **être sur le ~** (*sans domicile*) to be on the streets; (*sans emploi*) to be out of a job; **~ numérique** (*Inform*) keypad
pavillon [pavijɔ̃] *nm* (*de banlieue*) small (detached) house; (*kiosque*) lodge; pavilion; (*d'hôpital*) ward; (*Mus : de cor etc*) bell; (*Anat : de l'oreille*) pavilion, pinna; (*Navig*) flag; **~ de complaisance** flag of convenience
pavoiser [pavwaze] /1/ *vt* to deck with flags ▸ *vi* to put out flags; (*fig*) to rejoice, exult
pavot [pavo] *nm* poppy
payable [pɛjabl] *adj* payable
payant, e [pɛjɑ̃, -ɑ̃t] *adj* (*spectateurs etc*) paying; (*billet*) that you pay for, to be paid for; (*fig : entreprise*) profitable; (*effort*) which pays off; **c'est ~** you have to pay, there is a charge
paye [pɛj] *nf* pay, wages *pl*
payement [pɛjmɑ̃] *nm* payment
payer [peje] /8/ *vt* (*créancier, employé, loyer*) to pay; (*achat, réparations, fig : faute*) to pay for; **être bien/mal payé** to be well/badly paid; **il me l'a fait ~ 10 euros** he charged me 10 euros for it; **~ qn de** (*ses efforts, peines*) to reward sb for; **~ qch à qn** to buy sth for sb, buy sb sth; **ils nous ont payé le voyage** they paid for our trip; **~ cher qch** to pay dear(ly) for sth ▸ *vi* to pay; (*métier*) to be well-paid, pay; (*effort, tactique etc*) to pay off; **~ de sa personne** to give of oneself; **~ d'audace** to act with great daring; **cela ne paie pas de mine** it doesn't look much; **se payer** *vpr* : **se ~ qch** to buy o.s. sth; **se ~ de mots** to shoot one's mouth off; **se ~ la tête de qn** to take the mickey out of sb (Brit), make a fool of sb; (*duper*) to take sb for a ride

P

payeur, -euse [pɛjœʀ, -øz] *adj* (*organisme, bureau*) payments *cpd* ▸ *nm/f* payer
pays [pei] *nm* (*territoire, habitants*) country, land; (*région*) region; (*village*) village; **du ~** *adj* local; **le ~ de Galles** Wales
paysage [peizaʒ] *nm* landscape
paysager, -ère [peizaʒe, -ɛʀ] *adj* (*jardin, parc*) landscaped
paysagiste [peizaʒist] *nmf* (*de jardin*) landscape gardener; (*Art*) landscapist, landscape painter
paysan, ne [peizɑ̃, -an] *nm/f* countryman/-woman; farmer; (*péj*) peasant ▸ *adj* (*rural*) country *cpd*; (*agricole*) farming, farmers'
paysannat [peizana] *nm* peasantry
Pays-Bas [peiba] *nmpl* : **les ~** the Netherlands
PC *sigle m* (*Pol*) = **parti communiste**; (*Inform* : = *personal computer*) PC; (*Constr*) = **permis de construire**; (*Mil*) = **poste de commandement**; (= *prêt conventionné*) *type of loan for house purchase*
pcc *abr* (= *pour copie conforme*) c.c
Pce *abr* = **prince**
Pcesse *abr* = **princesse**
PCV *abr* = **percevoir**; *voir* **communication**
PDA *sigle m* (= *personal digital assistant*) PDA
p de p *abr* = **pas de porte**
PDG *sigle m* = **président directeur général**
p.-ê. *abr* = **peut-être**
PEA *sigle m* (= *plan d'épargne en actions*) *building society savings plan*
péage [peaʒ] *nm* toll; (*endroit*) tollgate; **pont à ~** toll bridge
peau, x [po] *nf* skin; (*cuir*) : **gants de ~** leather gloves; **être bien/mal dans sa ~** to be at ease/ ill-at-ease; **se mettre dans la ~ de qn** to put o.s. in sb's place *ou* shoes; **faire ~ neuve** (*se renouveler*) to change one's image; **~ de chamois** (*chiffon*) chamois leather, shammy; **~ d'orange** orange peel
peaufiner [pofine] /1/ *vt* to polish (up)
Peau-Rouge [poʀuʒ] (*pl* **Peaux-Rouges**) *nmf* Red Indian, red skin
peccadille [pekadij] *nf* trifle, peccadillo
péché [peʃe] *nm* sin; **~ mignon** weakness
pêche [pɛʃ] *nf* (*sport, activité*) fishing; (*poissons pêchés*) catch; (*fruit*) peach; **aller à la ~** to go fishing; **avoir la ~** (*fam*) to be on (top) form; **~ à la ligne** (*en rivière*) angling; **~ sous-marine** deep-sea fishing
pêche-abricot [pɛʃabʀiko] (*pl* **pêches-abricots**) *nf* yellow peach
pécher [peʃe] /6/ *vi* (*Rel*) to sin; (*fig* : *personne*) to err; (: *chose*) to be flawed; **~ contre la bienséance** to break the rules of good behaviour
pêcher [peʃe] /1/ *vi* to go fishing; (*en rivière*) to go angling; **~ au chalut** to trawl ▸ *vt* (*attraper*) to catch, land; (*chercher*) to fish for ▸ *nm* peach tree
pécheur, -eresse [peʃœʀ, peʃʀɛs] *nm/f* sinner
pêcheur [pɛʃœʀ] *nm* fisherman; (*à la ligne*) angler; **~ de perles** pearl diver
pectine [pɛktin] *nf* pectin
pectoral, e, -aux [pɛktɔʀal, -o] *adj* (*Anat*) pectoral; (*sirop*) throat *cpd*, cough *cpd* ▸ *nmpl* pectoral muscles
pécule [pekyl] *nm* savings *pl*, nest egg; (*d'un détenu*) earnings *pl* (*paid on release*)
pécuniaire [pekynjɛʀ] *adj* financial
pédagogie [pedagɔʒi] *nf* educational methods *pl*, pedagogy
pédagogique [pedagɔʒik] *adj* educational; **formation ~** teacher training
pédagogue [pedagɔg] *nmf* teacher, education(al)ist
pédale [pedal] *nf* pedal; **mettre la ~ douce** to soft-pedal
pédaler [pedale] /1/ *vi* to pedal
pédalier [pedalje] *nm* pedal and gear mechanism
pédalo [pedalo] *nm* pedalo, pedal-boat
pédant, e [pedɑ̃, -ɑ̃t] *adj* (*péj*) pedantic ▸ *nm/f* pedant
pédantisme [pedɑ̃tism] *nm* pedantry
pédéraste [pedeʀast] *nm* homosexual, pederast
pédérastie [pedeʀasti] *nf* homosexuality, pederasty
pédestre [pedɛstʀ] *adj* : **tourisme ~** hiking; **randonnée ~** (*activité*) rambling; (*excursion*) ramble; **sentier ~** pedestrian footpath
pédiatre [pedjatʀ] *nmf* paediatrician (Brit), pediatrician *ou* pediatrist (US), child specialist
pédiatrie [pedjatʀi] *nf* paediatrics *sg* (Brit), pediatrics *sg* (US)
pédicure [pedikyʀ] *nmf* chiropodist
pedigree [pedigʀe] *nm* pedigree
peeling [piliŋ] *nm* exfoliation treatment
PEEP *sigle f* = **Fédération des parents d'élèves de l'enseignement public**
pègre [pɛgʀ] *nf* underworld
peignais *etc* [peɲɛ] *vb voir* **peindre** ; **peigner**
peigne [pɛɲ] *vb voir* **peindre** ; **peigner** ▸ *nm* comb
peigné, e [peɲe] *adj* : **laine peignée** wool worsted; combed wool
peignée [peɲe] *nf* (*fam*) beating (*fam*); **flanquer une ~ à qn** to give sb a beating
peigner [peɲe] /1/ *vt* to comb (the hair of); **se peigner** *vpr* to comb one's hair
peignez *etc* [pɛɲe] *vb voir* **peindre** ; **peigner**
peignoir [pɛɲwaʀ] *nm* dressing gown; **~ de bain** bathrobe; **~ de plage** beach robe
peignons [pɛɲɔ̃] *vb voir* **peindre** ; **peigner**
peinard, e [pɛnaʀ, -aʀd] *adj* (*emploi*) cushy (Brit), easy; (*personne*) : **on est ~ ici** we're left in peace here
peindre [pɛ̃dʀ] /52/ *vt* to paint; (*fig*) to portray, depict
peine [pɛn] *nf* (*affliction*) sorrow, sadness *no pl*; (*mal, effort*) trouble *no pl*, effort; (*difficulté*) difficulty; (*punition, châtiment*) punishment; (*Jur*) sentence; **faire de la ~ à qn** to distress *ou* upset sb; **prendre la ~ de faire** to go to the trouble of doing; **se donner de la ~** to make an effort; **ce n'est pas la ~ de faire** there's no point in doing, it's not worth doing; **ce n'est pas la ~ que vous fassiez** there's no point (in) you doing; **avoir de la ~** to be sad; **avoir de la ~ à faire** to have difficulty doing; **donnez-vous** *ou* **veuillez vous donner la ~ d'entrer** please do come in; **c'est ~ perdue** it's a waste of time (and effort); **à ~** *adv* scarcely, hardly, barely; **à ~ … que** hardly … than, no sooner … than;

c'est à ~ si ... it's (*ou* it was) a job to ...; **sous ~ : sous ~ d'être puni** for fear of being punished; **défense d'afficher sous ~ d'amende** billposters will be fined; **~ capitale** capital punishment; **~ de mort** death sentence *ou* penalty

> **Hardly** et **scarcely** s'emploient devant le verbe principal et après un auxiliaire ou un modal. **Scarcely** est moins courant que **hardly**.
> *Il pouvait à peine parler après l'accident*. **He could hardly speak after the accident.**
> **Barely** intervient le plus souvent devant un chiffre.
> *Le garçon avait à peine 10 ans*. **The boy was barely 10 years old.**

peiner [pene] /1/ *vi* to work hard; to struggle; (*moteur, voiture*) to labour (BRIT), labor (US) ▸ *vt* to grieve, sadden
peint, e [pɛ̃, pɛ̃t] *pp de* **peindre**
peintre [pɛ̃tʀ] *nm* painter; **~ en bâtiment** house painter, painter and decorator; **~ d'enseignes** signwriter
peinture [pɛ̃tyʀ] *nf* painting; (*couche de couleur, couleur*) paint; (*surfaces peintes : aussi :* **peintures**) paintwork; **je ne peux pas le voir en ~** I can't stand the sight of him; **~ mate/brillante** matt/gloss paint; **« ~ fraîche »** "wet paint"
peinturluré, e [pɛ̃tyʀlyʀe] *adj* (*visage*) garishly made-up
péjoratif, -ive [peʒɔʀatif, -iv] *adj* pejorative, derogatory
Pékin [pekɛ̃] *n* Beijing
pékinois, e [pekinwa, -waz] *adj* Pekin(g)ese ▸ *nm* (*chien*) peke, pekin(g)ese; (*Ling*) Mandarin, Pekin(g)ese ▸ *nm/f* : **Pékinois, e** Pekin(g)ese
PEL *sigle m (= plan d'épargne logement) savings scheme providing lower-interest mortgages*
pelade [pəlad] *nf* alopecia
pelage [pəlaʒ] *nm* coat, fur
pelé, e [pəle] *adj* (*chien*) hairless; (*vêtement*) threadbare; (*terrain*) bare
pêle-mêle [pɛlmɛl] *adv* higgledy-piggledy
peler [pəle] /5/ *vt, vi* to peel
pèlerin [pɛlʀɛ̃] *nm* pilgrim
pèlerinage [pɛlʀinaʒ] *nm* (*voyage*) pilgrimage; (*lieu*) place of pilgrimage, shrine
pèlerine [pɛlʀin] *nf* cape
pélican [pelikɑ̃] *nm* pelican
pelisse [pəlis] *nf* fur-lined cloak
pelle [pɛl] *nf* shovel; (*d'enfant, de terrassier*) spade; **~ à gâteau** cake slice; **~ mécanique** mechanical digger
pelletée [pɛlte] *nf* shovelful; spadeful
pelleter [pɛlte] /4/ *vt* to shovel (up)
pelleteuse [pɛltøz] *nf* mechanical digger, excavator
pelletier [pɛltje] *nm* furrier
pellicule [pelikyl] *nf* film; **pellicules** *nfpl* (*dans les cheveux*) dandruff *sg*
Péloponnèse [pelɔpɔnɛz] *nm* : **le ~** the Peloponnese
pelote [p(ə)lɔt] *nf* (*de fil, laine*) ball; (*d'épingles*) pin cushion; **~ basque** pelota
peloter [p(ə)lɔte] /1/ *vt* (*fam*) to feel (up); **se peloter** *vpr* to pet
peloton [p(ə)lɔtɔ̃] *nm* (*groupe : de personnes*) group; (*: de pompiers, gendarmes*) squad; (*: Sport*) pack; (*de laine*) ball; **~ d'exécution** firing squad
pelotonner [p(ə)lɔtɔne] /1/ : **se pelotonner** *vpr* to curl (o.s.) up
pelouse [p(ə)luz] *nf* lawn; (*Hippisme*) *spectating area inside racetrack*
peluche [p(ə)lyʃ] *nf* (bit of) fluff; **animal en ~** soft toy, fluffy animal; **chien/lapin en ~** fluffy dog/rabbit
pelucher [p(ə)lyʃe] /1/ *vi* to become fluffy, fluff up
pelucheux, -euse [p(ə)lyʃø, -øz] *adj* fluffy
pelure [p(ə)lyʀ] *nf* peeling, peel *no pl*; **~ d'oignon** onion skin
pénal, e, -aux [penal, -o] *adj* penal
pénalisation [penalizasjɔ̃] *nf* (*Sport*) sanction, penalty
pénaliser [penalize] /1/ *vt* to penalize
pénaliste [penalist] *nmf* criminal lawyer
pénalité [penalite] *nf* penalty
penalty, -ies [penalti, -z] *nm* (*Sport*) penalty (kick)
pénard, e [penaʀ, -aʀd] *adj* = **peinard**
pénates [penat] *nmpl* : **regagner ses ~** to return to the bosom of one's family
penaud, e [pəno, -od] *adj* sheepish, contrite
penchant [pɑ̃ʃɑ̃] *nm* : **un ~ à faire/à qch** a tendency to do/to sth; **un ~ pour qch** a liking *ou* fondness for sth
penché, e [pɑ̃ʃe] *adj* slanting
pencher [pɑ̃ʃe] /1/ *vi* to tilt, lean over; **~ pour** to be inclined to favour (BRIT) *ou* favor (US) ▸ *vt* to tilt; **se pencher** *vpr* to lean over; (*se baisser*) to bend down; **se ~ sur** to bend over; (*fig : problème*) to look into; **se ~ au dehors** to lean out
pendable [pɑ̃dabl] *adj* : **tour ~** rotten trick; **c'est un cas ~ !** he (*ou* she) deserves to be shot!
pendaison [pɑ̃dɛzɔ̃] *nf* hanging
pendant, e [pɑ̃dɑ̃, -ɑ̃t] *adj* hanging (out); (*Admin, Jur*) pending ▸ *nm* counterpart; matching piece; **faire ~ à** to match; to be the counterpart of; **pendants d'oreilles** drop *ou* pendant earrings ▸ *prép* (*au cours de*) during; (*indiquant la durée*) for; **~ que** while
pendeloque [pɑ̃d(ə)lɔk] *nf* pendant
pendentif [pɑ̃dɑ̃tif] *nm* pendant
penderie [pɑ̃dʀi] *nf* wardrobe; (*placard*) walk-in cupboard
pendiller [pɑ̃dije] /1/ *vi* to flap (about)
pendre [pɑ̃dʀ] /41/ *vt, vi* to hang; **~ à** to hang (down) from; **~ qch à** (*mur*) to hang sth (up) on; (*plafond*) to hang sth (up) from; **se pendre** *vpr* : **se ~ (à)** (*se suicider*) to hang o.s. (on); **se ~ à** (*se suspendre*) to hang from

> Le prétérit et le participe passé de **hang** est **hung**, sauf quand on parle d'un meurtre ou d'un suicide ; dans ce cas, le prétérit et le participe passé est **hanged**.
> *Ses longs cheveux pendaient dans son dos*. **His long hair hung down his back.**
> *Elle s'est pendue*. **She hanged herself.**

P

pendu, e [pɑ̃dy] *pp de* **pendre** ▸ *nm/f* hanged man (*ou* woman)
pendulaire [pɑ̃dylɛʀ] *adj* pendular, of a pendulum
pendule [pɑ̃dyl] *nf* clock ▸ *nm* pendulum
pendulette [pɑ̃dylɛt] *nf* small clock
pêne [pɛn] *nm* bolt
pénétrant, e [penetʀɑ̃, -ɑ̃t] *adj* (*air, froid*) biting; (*pluie*) that soaks right through you; (*fig : odeur*) noticeable; (*œil, regard*) piercing; (*clairvoyant, perspicace*) perceptive ▸ *nf* (*route*) expressway
pénétration [penetʀasjɔ̃] *nf* (*fig : d'idées etc*) penetration; (*perspicacité*) perception
pénétré, e [penetʀe] *adj* (*air, ton*) earnest; **être ~ de soi-même/son importance** to be full of oneself/one's own importance
pénétrer [penetʀe] **/6/** *vi* to come *ou* get in; **~ dans** to enter; (*suj : froid, projectile*) to penetrate (*: air, eau*) to come into, get into ▸ *vt* to penetrate; (*mystère, secret*) to fathom, to penetrate; **se pénétrer** *vpr* : **se ~ de qch** to get sth firmly set in one's mind
pénible [penibl] *adj* (*astreignant*) hard; (*affligeant*) painful; (*personne, caractère*) tiresome; **il m'est ~ de ...** I'm sorry to ...
péniblement [penibləmɑ̃] *adv* with difficulty
péniche [peniʃ] *nf* barge; **~ de débarquement** landing craft *inv*
pénicilline [penisilin] *nf* penicillin
péninsulaire [penɛ̃sylɛʀ] *adj* peninsular
péninsule [penɛ̃syl] *nf* peninsula
pénis [penis] *nm* penis
pénitence [penitɑ̃s] *nf* (*repentir*) penitence; (*peine*) penance; (*punition, châtiment*) punishment; **mettre un enfant en ~** ≈ to make a child stand in the corner; **faire ~** to do a penance
pénitencier [penitɑ̃sje] *nm* prison, penitentiary (*US*)
pénitent, e [penitɑ̃, -ɑ̃t] *adj* penitent
pénitentiaire [penitɑ̃sjɛʀ] *adj* prison *cpd*, penitentiary (*US*)
pénombre [penɔ̃bʀ] *nf* (*faible clarté*) half-light; (*obscurité*) darkness
pensable [pɑ̃sabl] *adj* : **ce n'est pas ~** it's unthinkable
pensant, e [pɑ̃sɑ̃, -ɑ̃t] *adj* : **bien ~** right-thinking
pense-bête [pɑ̃sbɛt] *nm* aide-mémoire, mnemonic device
pensée [pɑ̃se] *nf* thought; (*démarche, doctrine*) thinking *no pl*; (*Bot*) pansy; **se représenter qch par la ~** to conjure up a mental picture of sth; **en ~** in one's mind
penser [pɑ̃se] **/1/** *vi* to think; **~ à** (*prévoir*) to think of; (*songer à : ami, vacances*) to think of *ou* about; **~ à faire qch** to think of doing sth; **faire ~ à** to remind one of; **n'y pensons plus** let's forget it; **vous n'y pensez pas !** don't let it bother you!; **sans ~ à mal** without meaning any harm ▸ *vt* to think; (*concevoir : problème, machine*) to think out; **~ faire qch** to be thinking of doing sth, intend to do sth; **je le pense aussi** I think so too; **je pense que oui/non** I think so/don't think so
penseur [pɑ̃sœʀ] *nm* thinker; **libre ~** free-thinker
pensif, -ive [pɑ̃sif, -iv] *adj* pensive, thoughtful
pension [pɑ̃sjɔ̃] *nf* (*allocation*) pension; (*prix du logement*) board and lodging, bed and board; (*maison particulière*) boarding house; (*hôtel*) guesthouse, hotel; (*école*) boarding school; **prendre ~ chez** to take board and lodging at; **prendre qn en ~** to take sb (in) as a lodger; **mettre en ~** to send to boarding school; **~ alimentaire** (*d'étudiant*) living allowance; (*de divorcée*) maintenance allowance; alimony; **~ complète** full board; **~ de famille** boarding house, guesthouse; **~ de guerre/d'invalidité** war/disablement pension
pensionnaire [pɑ̃sjɔnɛʀ] *nmf* (*Scol*) boarder; guest

> ⚠ **pensionnaire** does not mean *pensioner*.

pensionnat [pɑ̃sjɔna] *nm* boarding school
pensionné, e [pɑ̃sjɔne] *nm/f* pensioner
pensivement [pɑ̃sivmɑ̃] *adv* pensively, thoughtfully
pensum [pɛ̃sɔm] *nm* (*Scol*) punishment exercise; (*fig*) chore
pentagone [pɛ̃tagɔn] *nm* pentagon; **le P~** the Pentagon
pentathlon [pɛ̃tatlɔ̃] *nm* pentathlon
pente [pɑ̃t] *nf* slope; **en ~** *adj* sloping
Pentecôte [pɑ̃tkot] *nf* : **la ~** Whitsun (BRIT), Pentecost; (*dimanche*) Whitsunday (BRIT); **lundi de ~** Whit Monday (BRIT)
pénurie [penyʀi] *nf* shortage; **~ de main-d'œuvre** undermanning
PEP [pɛp] *sigle m* (= *plan d'épargne populaire*) *individual savings plan*
pépé [pepe] *nm* (*fam*) grandad
pépée [pepe] *nf* (*fam : femme*) bird (BRIT *fam*), chick (*US fam*)
pépère [pepɛʀ] *adj* (*fam*) cushy; (*fam*) quiet ▸ *nm* (*fam*) grandad
pépier [pepje] **/7/** *vi* to chirp, tweet
pépin [pepɛ̃] *nm* (*Bot : graine*) pip; (*fam : ennui*) snag, hitch; (*: parapluie*) brolly (BRIT), umbrella
pépinière [pepinjɛʀ] *nf* nursery; (*fig*) nest, breeding-ground
pépiniériste [pepinjeʀist] *nm* nurseryman
pépite [pepit] *nf* nugget
péplum [peplɔm] *nm* (*film*) epic (*set in Roman times*)
PEPS *abr* (= *premier entré premier sorti*) first in first out
péquenaud, e [pɛkno, od] *nm/f* yokel (BRIT), hick (*US*)
PER [pɛʀ] *sigle m* (= *plan d'épargne retraite*) *type of personal pension plan*
perçant, e [pɛʀsɑ̃, -ɑ̃t] *adj* (*vue, regard, yeux*) sharp, keen; (*cri, voix*) piercing, shrill
percée [pɛʀse] *nf* (*trouée*) opening; (*Mil, Comm : fig*) breakthrough; (*Sport*) break
perce-neige [pɛʀsənɛʒ] *nm ou f inv* snowdrop
perce-oreille [pɛʀsɔʀɛj] *nm* earwig
percepteur, -trice [pɛʀsɛptœʀ, -tʀis] *nm/f* tax collector

perceptible [pɛʀsɛptibl] *adj* (*son, différence*) perceptible; (*impôt*) payable, collectable
perception [pɛʀsɛpsjɔ̃] *nf* perception; (*d'impôts etc*) collection; (*bureau*) tax (collector's) office
percer [pɛʀse] /**3**/ *vt* to pierce; (*ouverture etc*) to make; (*mystère, énigme*) to penetrate; **~ une dent** to cut a tooth ▸ *vi* to come through; (*réussir*) to break through
perceuse [pɛʀsøz] *nf* drill; **~ à percussion** hammer drill
percevable [pɛʀsəvabl] *adj* collectable, payable
percevoir [pɛʀsəvwaʀ] /**28**/ *vt* (*distinguer*) to perceive, detect; (*taxe, impôt*) to collect; (*revenu, indemnité*) to receive
perche [pɛʀʃ] *nf* (*Zool*) perch; (*bâton*) pole; **~ à son** (sound) boom
percher [pɛʀʃe] /**1**/ *vt* to perch; **~ qch sur** to perch sth on; **se percher** *vpr* (*oiseau*) to perch
perchiste [pɛʀʃist] *nmf* (*Sport*) pole vaulter; (*TV etc*) boom operator
perchoir [pɛʀʃwaʀ] *nm* perch; (*fig*) *presidency of the French National Assembly*
perclus, e [pɛʀkly, -yz] *adj* : **~ de** (*rhumatismes*) crippled with
perçois *etc* [pɛʀswa] *vb voir* **percevoir**
percolateur [pɛʀkɔlatœʀ] *nm* percolator
perçu, e [pɛʀsy] *pp de* **percevoir**
percussion [pɛʀkysjɔ̃] *nf* percussion
percussionniste [pɛʀkysjɔnist] *nmf* percussionist
percutant, e [pɛʀkytɑ̃, -ɑ̃t] *adj* (*article etc*) resounding, forceful
percuter [pɛʀkyte] /**1**/ *vt* to strike; (*véhicule*) to crash into ▸ *vi* : **~ contre** to crash into
percuteur [pɛʀkytœʀ] *nm* firing pin, hammer
perdant, e [pɛʀdɑ̃, -ɑ̃t] *nm/f* loser ▸ *adj* losing
perdition [pɛʀdisjɔ̃] *nf* (*morale*) ruin; **en ~** (*Navig*) in distress; **lieu de ~** den of vice
perdre [pɛʀdʀ] /**41**/ *vt* to lose; (*gaspiller : temps, argent*) to waste; (*: occasion*) to waste, miss; (*personne*) to ruin; **il ne perd rien pour attendre** he's got it coming to him ▸ *vi* to lose; (*sur une vente etc*) to lose out; (*récipient*) to leak; **se perdre** *vpr* (*s'égarer*) to get lost, lose one's way; (*fig : se gâter*) to go to waste; (*disparaître*) to disappear, vanish; **je me suis perdu** (*et je le suis encore*) I'm lost; (*et je ne le suis plus*) I got lost
perdreau, x [pɛʀdʀo] *nm* (young) partridge
perdrix [pɛʀdʀi] *nf* partridge
perdu, e [pɛʀdy] *pp de* **perdre** ▸ *adj* (*enfant, cause, objet*) lost; (*isolé*) out-of-the-way; (*Comm : emballage*) non-returnable; (*récolte etc*) ruined; (*malade*) : **il est ~** there's no hope left for him; **à vos moments perdus** in your spare time
père [pɛʀ] *nm* father; **de ~ en fils** from father to son; **~ de famille** father; family man; **mon ~** (*Rel*) Father; **le ~ Noël** Father Christmas; **pères** *nmpl* (*ancêtres*) forefathers
pérégrinations [peʀegʀinasjɔ̃] *nfpl* travels
péremption [peʀɑ̃psjɔ̃] *nf* : **date de ~** expiry date
péremptoire [peʀɑ̃ptwaʀ] *adj* peremptory
pérenne [peʀɛn] *adj* (*agriculture, emplois*) sustainable
pérenniser [peʀenize] *vt* (*emplois, ressources*) to ensure the continued existence of
pérennité [peʀenite] *nf* durability, lasting quality
péréquation [peʀekwasjɔ̃] *nf* (*des salaires*) realignment; (*des prix, impôts*) equalization
perfectible [pɛʀfɛktibl] *adj* perfectible
perfection [pɛʀfɛksjɔ̃] *nf* perfection; **à la ~** *adv* to perfection
perfectionné, e [pɛʀfɛksjɔne] *adj* sophisticated
perfectionnement [pɛʀfɛksjɔnmɑ̃] *nm* improvement
perfectionner [pɛʀfɛksjɔne] /**1**/ *vt* to improve, perfect; **se perfectionner** *vpr* (*dans un sport, une matière*) to improve; **se ~ en anglais** to improve one's English
perfectionniste [pɛʀfɛksjɔnist] *nmf* perfectionist
perfide [pɛʀfid] *adj* perfidious, treacherous
perfidie [pɛʀfidi] *nf* treachery
perforant, e [pɛʀfɔʀɑ̃, -ɑ̃t] *adj* (*balle*) armour-piercing (BRIT), armor-piercing (US)
perforateur, -trice [pɛʀfɔʀatœʀ, -tʀis] *nm/f* punch-card operator ▸ *nm* (*perceuse*) borer; drill ▸ *nf* (*perceuse*) borer; drill; (*pour cartes*) card-punch; (*de bureau*) punch
perforation [pɛʀfɔʀasjɔ̃] *nf* perforation; punching; (*trou*) hole
perforatrice [pɛʀfɔʀatʀis] *nf voir* **perforateur**
perforé, e [pɛʀfɔʀe] *adj* : **bande ~** punched tape; **carte ~** punch card
perforer [pɛʀfɔʀe] /**1**/ *vt* to perforate, punch a hole *ou* holes) in; (*ticket, bande, carte*) to punch
perforeuse [pɛʀfɔʀøz] *nf* (*machine*) (card) punch; (*personne*) card punch operator
performance [pɛʀfɔʀmɑ̃s] *nf* performance
performant, e [pɛʀfɔʀmɑ̃, -ɑ̃t] *adj* (*Écon : produit, entreprise*) high-return *cpd*; (*Tech*) : **très ~** (*appareil, machine*) high-performance *cpd*
perfusion [pɛʀfyzjɔ̃] *nf* perfusion; **faire une ~ à qn** to put sb on a drip
péricliter [peʀiklite] /**1**/ *vi* to go downhill
péridurale [peʀidyʀal] *nf* epidural
périgourdin, e [peʀiguʀdɛ̃, -in] *adj* of *ou* from the Perigord
péril [peʀil] *nm* peril; **au ~ de sa vie** at the risk of his life; **à ses risques et périls** at his (*ou* her) own risk
périlleux, -euse [peʀijø, -øz] *adj* perilous
périmé, e [peʀime] *adj* (out)dated; (*Admin*) out-of-date, expired
périmètre [peʀimɛtʀ] *nm* perimeter
périnatal, e [peʀinatal] *adj* perinatal
période [peʀjɔd] *nf* period
périodique [peʀjɔdik] *adj* (*phases*) periodic; (*publication*) periodical; (*Math : fraction*) recurring; **garniture** *ou* **serviette ~** sanitary towel (BRIT) *ou* napkin (US) ▸ *nm* periodical
périodiquement [peʀjɔdikmɑ̃] *adv* periodically
péripéties [peʀipesi] *nfpl* events, episodes
périphérie [peʀifeʀi] *nf* periphery; (*d'une ville*) outskirts *pl*
périphérique [peʀifeʀik] *adj* (*quartiers*) outlying; (*Anat, Tech*) peripheral; (*station de radio*) operating

P

from a neighbouring country ▶ *nm (Inform)* peripheral; *(Auto)* : **(boulevard) ~** ring road (Brit), beltway (US)
périphrase [peʀifʀɑz] *nf* circumlocution
périple [peʀipl] *nm* journey
périr [peʀiʀ] /2/ *vi* to die, perish
périscolaire [peʀiskɔlɛʀ] *adj* extracurricular
périscope [peʀiskɔp] *nm* periscope
périssable [peʀisabl] *adj* perishable
péristyle [peʀistil] *nm* peristyle
péritonite [peʀitɔnit] *nf* peritonitis
perle [pɛʀl] *nf* pearl; *(de plastique, métal, sueur)* bead; *(personne, chose)* gem, treasure; *(erreur)* gem, howler
perlé, e [pɛʀle] *adj (rire)* rippling, tinkling; *(travail)* exquisite; *(orge)* pearl *cpd*; **grève perlée** go-slow, selective strike (action)
perler [pɛʀle] /1/ *vi* to form in droplets
perlier, -ière [pɛʀlje, -jɛʀ] *adj* pearl *cpd*
permanence [pɛʀmanɑ̃s] *nf* permanence; *(local)* (duty) office, strike headquarters; *(service des urgences)* emergency service; *(Scol)* study room; **assurer une ~** *(service public, bureaux)* to operate *ou* maintain a basic service; **être de ~** to be on call *ou* duty; **en ~** *adv (toujours)* permanently; *(continûment)* continuously
permanent, e [pɛʀmanɑ̃, -ɑ̃t] *adj* permanent; *(spectacle)* continuous; *(armée, comité)* standing ▶ *nf* perm ▶ *nm/f (d'un syndicat, parti)* paid official
perméable [pɛʀmeabl] *adj (terrain)* permeable; **~ à** *(fig)* receptive *ou* open to
permettre [pɛʀmɛtʀ] /56/ *vt* to allow, permit; **~ à qn de faire/qch** to allow sb to do/sth; **permettez !** excuse me!; **se permettre** *vpr* : **se ~ de faire qch** to take the liberty of doing sth
permis, e [pɛʀmi, -iz] *pp de* **permettre** ▶ *nm* permit, licence (Brit), license (US); **~ de chasse** hunting permit; **~ (de conduire)** (driving) licence (Brit), (driver's) license (US); **~ de construire** planning permission (Brit), building permit (US); **~ d'inhumer** burial certificate; **~ poids lourds** ≈ HGV (driving) licence (Brit), ≈ class E (driver's) license (US); **~ de séjour** residence permit; **~ de travail** work permit
permissif, -ive [pɛʀmisif, -iv] *adj* permissive
permission [pɛʀmisjɔ̃] *nf* permission; *(Mil)* leave; (*: papier*) pass; **en ~** on leave; **avoir la ~ de faire** to have permission to do, be allowed to do
permissionnaire [pɛʀmisjɔnɛʀ] *nm* soldier on leave
permutable [pɛʀmytabl] *adj* which can be changed *ou* switched around
permuter [pɛʀmyte] /1/ *vt* to change around, permutate ▶ *vi* to change, swap
pernicieux, -euse [pɛʀnisjø, -øz] *adj* pernicious
péroné [peʀɔne] *nm* fibula
pérorer [peʀɔʀe] /1/ *vi* to hold forth
Pérou [peʀu] *nm* : **le ~** Peru
perpendiculaire [pɛʀpɑ̃dikylɛʀ] *adj, nf* perpendicular
perpendiculairement [pɛʀpɑ̃dikylɛʀmɑ̃] *adv* perpendicularly
perpète [pɛʀpɛt] *nf* : **à ~** *(fam : loin)* miles away (*: longtemps*) forever
perpétrer [pɛʀpetʀe] /6/ *vt* to perpetrate
perpétuel, le [pɛʀpetɥɛl] *adj* perpetual; *(Admin etc)* permanent; for life
perpétuellement [pɛʀpetɥɛlmɑ̃] *adv* perpetually, constantly
perpétuer [pɛʀpetɥe] /1/ *vt* to perpetuate; **se perpétuer** *vpr (usage, injustice)* to be perpetuated; *(espèces)* to survive
perpétuité [pɛʀpetɥite] *nf* : **à ~** for life; **être condamné à ~** to be sentenced to life imprisonment, receive a life sentence
perplexe [pɛʀplɛks] *adj* perplexed, puzzled
perplexité [pɛʀplɛksite] *nf* perplexity
perquisition [pɛʀkizisjɔ̃] *nf* (police) search
perquisitionner [pɛʀkizisjɔne] /1/ *vi* to carry out a search
perron [peʀɔ̃] *nm* steps *pl (in front of mansion etc)*
perroquet [peʀɔkɛ] *nm* parrot
perruche [peʀyʃ] *nf* budgerigar (Brit), budgie (Brit), parakeet (US)
perruque [peʀyk] *nf* wig
persan, e [pɛʀsɑ̃, -an] *adj* Persian ▶ *nm (Ling)* Persian
perse [pɛʀs] *adj* Persian ▶ *nm (Ling)* Persian ▶ *nmf* : **Perse** Persian ▶ *nf* : **la P~** Persia
persécuter [pɛʀsekyte] /1/ *vt* to persecute
persécution [pɛʀsekysjɔ̃] *nf* persecution
persévérance [pɛʀseveʀɑ̃s] *nf* perseverance
persévérant, e [pɛʀseveʀɑ̃, -ɑ̃t] *adj* persevering
persévérer [pɛʀseveʀe] /6/ *vi* to persevere; **~ à croire que** to continue to believe that
persiennes [pɛʀsjɛn] *nfpl* (slatted) shutters
persiflage [pɛʀsiflaʒ] *nm* mockery *no pl*
persifleur, -euse [pɛʀsiflœʀ, -øz] *adj* mocking
persil [pɛʀsi] *nm* parsley
persillé, e [pɛʀsije] *adj* (sprinkled) with parsley; *(fromage)* veined; *(viande)* marbled, with fat running through
Persique [pɛʀsik] *adj* : **le golfe ~** the (Persian) Gulf
persistance [pɛʀsistɑ̃s] *nf* persistence
persistant, e [pɛʀsistɑ̃, -ɑ̃t] *adj* persistent; *(feuilles)* evergreen; **à feuillage ~** evergreen
persister [pɛʀsiste] /1/ *vi* to persist; **~ à faire qch** to persist in doing sth
personnage [pɛʀsɔnaʒ] *nm (notable)* personality; figure; *(individu)* character, individual; *(Théât : de roman, film)* character; *(Peinture)* figure
personnaliser [pɛʀsɔnalize] /1/ *vt* to personalize; *(appartement)* to give a personal touch to; *(véhicule, téléphone)* to customize
personnalité [pɛʀsɔnalite] *nf* personality; *(personnage)* prominent figure
personne [pɛʀsɔn] *nf* person; **10 euros par ~** 10 euros per person *ou* a head; **en ~** personally, in person; **~ âgée** elderly person; **~ à charge** *(Jur)* dependent; **~ morale** *ou* **civile** *(Jur)* legal entity ▶ *pron* nobody, no one; *(avec négation en anglais)* anybody, anyone; **il n'y a ~** there's nobody in *ou* there, there isn't anybody in *ou* there; **personnes** *nfpl* people *pl*
personnel, le [pɛʀsɔnɛl] *adj* personal; *(égoïste : personne)* selfish, self-centred; *(idée, opinion)* : **j'ai des idées personnelles à ce sujet** I have my

own ideas about that ▸ *nm* personnel, staff; **service du ~** personnel department
personnellement [pɛʀsɔnɛlmɑ̃] *adv* personally
personnification [pɛʀsɔnifikasjɔ̃] *nf* personification
personnifier [pɛʀsɔnifje] /7/ *vt* to personify; to typify; **c'est l'honnêteté personnifiée** he (*ou* she *etc*) is honesty personified
perspective [pɛʀspɛktiv] *nf* (*Art*) perspective; (*vue, coup d'œil*) view; (*point de vue*) viewpoint, angle; (*chose escomptée, envisagée*) prospect; **en ~** in prospect
perspicace [pɛʀspikas] *adj* clear-sighted, gifted with (*ou* showing) insight
perspicacité [pɛʀspikasite] *nf* insight, perspicacity
persuader [pɛʀsɥade] /1/ *vt* : **~ qn (de/de faire)** to persuade sb (of/to do); **j'en suis persuadé** I'm quite sure *ou* convinced (of it)
persuasif, -ive [pɛʀsɥazif, -iv] *adj* persuasive
persuasion [pɛʀsɥazjɔ̃] *nf* persuasion
perte [pɛʀt] *nf* loss; (*de temps*) waste; (*fig : morale*) ruin; **à ~** (*Comm*) at a loss; **à ~ de vue** as far as the eye can (*ou* could) see; (*fig*) interminably; **en pure ~** for absolutely nothing; **courir à sa ~** to be on the road to ruin; **être en ~ de vitesse** (*fig*) to be losing momentum; **avec ~ et fracas** forcibly; **~ de chaleur** heat loss; **~ sèche** dead loss; **pertes** *nfpl* losses; **pertes blanches** (vaginal) discharge *sg*
pertinemment [pɛʀtinamɑ̃] *adv* to the point; (*savoir*) perfectly well, full well
pertinence [pɛʀtinɑ̃s] *nf* pertinence, relevance; discernment
pertinent, e [pɛʀtinɑ̃, -ɑ̃t] *adj* (*remarque*) apt, pertinent, relevant; (*analyse*) discerning, judicious
perturbateur, -trice [pɛʀtyʀbatœʀ, -tʀis] *adj* disruptive
perturbation [pɛʀtyʀbasjɔ̃] *nf* (*dans un service public*) disruption; (*agitation, trouble*) perturbation; **~ (atmosphérique)** atmospheric disturbance
perturber [pɛʀtyʀbe] /1/ *vt* to disrupt; (*Psych*) to perturb, disturb
péruvien, ne [peʀyvjɛ̃, -ɛn] *adj* Peruvian ▸ *nm/f* : **Péruvien, ne** Peruvian
pervenche [pɛʀvɑ̃ʃ] *nf* periwinkle; (*fam*) traffic warden (Brit), meter maid (US)
pervers, e [pɛʀvɛʀ, -ɛʀs] *adj* perverted, depraved; (*malfaisant*) perverse
perversion [pɛʀvɛʀsjɔ̃] *nf* perversion
perversité [pɛʀvɛʀsite] *nf* depravity; perversity
perverti, e [pɛʀvɛʀti] *nm/f* pervert
pervertir [pɛʀvɛʀtiʀ] /2/ *vt* to pervert
pesage [pəzaʒ] *nm* weighing; (*Hippisme : action*) weigh-in; (*: salle*) weighing room; (*: enceinte*) enclosure
pesamment [pəzamɑ̃] *adv* heavily
pesant, e [pəzɑ̃, -ɑ̃t] *adj* heavy; (*fig : présence*) burdensome ▸ *nm* : **valoir son ~ de** to be worth one's weight in
pesanteur [pəzɑ̃tœʀ] *nf* gravity
pèse-bébé [pɛzbebe] *nm* (baby) scales *pl*
pesée [pəze] *nf* weighing; (*Boxe*) weigh-in; (*pression*) pressure
pèse-lettre [pɛzlɛtʀ] *nm* letter scales *pl*
pèse-personne [pɛzpɛʀsɔn] *nm* (bathroom) scales *pl*
peser [pəze] /5/ *vt* to weigh; (*considérer, comparer*) to weigh up ▸ *vi* to be heavy; (*fig : avoir de l'importance*) to carry weight; **~ sur** (*levier, bouton*) to press, push; (*fig : accabler*) to lie heavy on (*: influencer*) to influence; **~ à qn** to weigh heavy on sb
pessaire [pesɛʀ] *nm* pessary
pessimisme [pesimism] *nm* pessimism
pessimiste [pesimist] *adj* pessimistic ▸ *nmf* pessimist
peste [pɛst] *nf* plague; (*fig*) pest, nuisance
pester [pɛste] /1/ *vi* : **~ contre** to curse
pesticide [pɛstisid] *nm* pesticide
pestiféré, e [pɛstifeʀe] *nm/f* plague victim
pestilentiel, le [pɛstilɑ̃sjɛl] *adj* foul
pet [pɛ] *nm* (*!*) fart (*!*)
pétale [petal] *nm* petal
pétanque [petɑ̃k] *nf* *type of bowls*
pétaradant, e [petaʀadɑ̃, -ɑ̃t] *adj* spluttering
pétarade [petaʀad] *nf* backfiring *no pl*
pétarader [petaʀade] /1/ *vi* to backfire
pétard [petaʀ] *nm* (*feu d'artifice*) banger (Brit), firecracker; (*de cotillon*) cracker; (*Rail*) detonator
pétasse [petas] *nf* (*! : femme*) slut (*fam*)
pétaudière [petodjɛʀ] *nf* bedlam; **être une ~** to be bedlam
pet-de-nonne [pɛd(ə)nɔn] (*pl* **pets-de-nonne**) *nm* ≈ choux bun
pété, e [pete] *adj* (*fam : cassé : objet*) bust (*fam*), knackered (*fam*: Brit); (*ivre*) : **être ~** to be out of it (*fam*), to be pissed (*fam*: Brit)
péter [pete] /6/ *vi* (*fam : casser, sauter*) to burst; to bust; (*!*) to fart (*!*); **se péter** *vpr* (*fam : bras, jambe*) to do in (*fam*); **se ~ la gueule** (*tomber*) to take a header (*fam*)
pète-sec [pɛtsɛk] *adj inv* (*fam*) abrupt, sharp(-tongued)
pétillant, e [petijɑ̃, -ɑ̃t] *adj* (*eau*) sparkling
pétiller [petije] /1/ *vi* (*flamme, bois*) to crackle; (*mousse, champagne*) to bubble; (*pierre, métal*) to glisten; (*yeux*) to sparkle; (*fig*) : **~ d'esprit** to sparkle with wit
petit, e [p(ə)ti, -it] *adj* (*gén*) small; (*avec nuance affective*) little; (*main, objet, colline, en âge : enfant*) small, little; (*mince, fin : personne, taille, pluie*) slight; (*voyage*) short, little; (*bruit etc*) faint, slight; (*mesquin*) mean; (*peu important*) minor; **en ~** in miniature; **~ à ~** bit by bit, gradually; **~(e) ami(e)** boyfriend/girlfriend; **les petites annonces** the small ads; **~ déjeuner** breakfast; **~ doigt** little finger; **le ~ écran** the small screen; **~ four** petit four; **~ pain** (bread) roll; **petite monnaie** small change; **petite vérole** smallpox; **petits pois** petit pois *pl*, garden peas; **petites gens** people of modest means ▸ *nm/f* (*petit enfant*) little one, child; **mon ~** son; little one; **ma petite** dear; little one; **pauvre ~(e)** poor little thing; **petits** *nmpl* (*d'un animal*) young *pl*; **faire des petits** to have kittens (*ou*

P

puppies *etc*); **la classe des petits** the infant class; **pour petits et grands** for children and adults; **les tout-petits** toddlers

petit-beurre [pətibœʀ] (*pl* **petits-beurre**) *nm* sweet butter biscuit (Brit) ou cookie (US)

petit-bourgeois, petite-bourgeoise [pətibuʀʒwa, pətitbuʀʒwaz] (*pl* **petit(e)s-bourgeois(es)**) *adj* (*péj*) petit-bourgeois, middle-class

petite-fille [pətitfij] (*pl* **petites-filles**) *nf* granddaughter

petitement [pətitmɑ̃] *adv* poorly; meanly; **être logé ~** to be in cramped accommodation

petitesse [p(ə)titɛs] *nf* smallness; (*d'un salaire, de revenus*) modestness; (*mesquinerie*) meanness

petit-fils [pətifis] (*pl* **petits-fils**) *nm* grandson

pétition [petisjɔ̃] *nf* petition; **faire signer une ~** to get up a petition

pétitionnaire [petisjɔnɛʀ] *nmf* petitioner

pétitionner [petisjɔne] /**1**/ *vi* to petition

petit-lait [pətilɛ] (*pl* **petits-laits**) *nm* whey *no pl*

petit-nègre [pətinɛgʀ] *nm* (*péj*) pidgin French

petits-enfants [pətizɑ̃fɑ̃] *nmpl* grandchildren

petit-suisse [pətisɥis] (*pl* **petits-suisses**) *nm* *small individual pot of cream cheese*

pétoche [petɔʃ] *nf* (*fam*) : **avoir la ~** to be scared out of one's wits

pétoire [petwaʀ] *nf* (*fam : tromblon*) old gun

peton [pətɔ̃] *nm* (*fam : pied*) foot

pétoncle [petɔ̃kl] *nm* scallop

pétri, e [petʀi] *adj* : **~ d'orgueil** filled with pride

pétrifier [petʀifje] /**7**/ *vt* to petrify; (*fig*) to paralyze, transfix

pétrin [petʀɛ̃] *nm* kneading-trough; (*fig*) : **dans le ~** in a jam *ou* fix

pétrir [petʀiʀ] /**2**/ *vt* to knead

pétrissage [petʀisaʒ] *nm* kneading

pétrochimie [petʀɔʃimi] *nf* petrochemistry

pétrochimique [petʀɔʃimik] *adj* petrochemical

pétrodollar [petʀodɔlaʀ] *nm* petrodollar

pétrole [petʀɔl] *nm* oil; (*aussi* : **pétrole lampant** : *pour lampe, réchaud etc*) paraffin (Brit), kerosene (US)

pétrolette [petʀɔlɛt] *nf* (*fam : cyclomoteur*) moped

pétrolier, -ière [petʀɔlje, -jɛʀ] *adj* oil *cpd*; (*pays*) oil-producing ▸ *nm* (*navire*) oil tanker; (*financier*) oilman; (*technicien*) petroleum engineer

pétrolifère [petʀɔlifɛʀ] *adj* oil(-bearing)

pets-de-nonne [pɛd(ə)nɔn] *nm* ≈ choux bun

pétulant, e [petylɑ̃, -ɑ̃t] *adj* exuberant

pétunia [petynja] *nm* petunia

MOT-CLÉ

peu [pø] *adv* **1** (*modifiant verbe : adjectif : adverbe*) : **il boit peu** he doesn't drink (very) much; **il est peu bavard** he's not very talkative; **peu avant/après** shortly before/afterwards; **pour peu qu'il fasse** if he should do, if by any chance he does

2 (*modifiant nom*) : **peu de** : **peu de gens/d'arbres** few *ou* not (very) many people/trees; **il a peu d'espoir** he hasn't (got) much hope, he has little hope; **pour peu de temps** for (only) a short while; **à peu de frais** for very little cost; **c'est peu de chose** it's nothing

3 : **peu à peu** little by little; **à peu près** just about, more or less; **à peu près 10 kg/10 euros** approximately 10 kg/10 euros

▸ *nm* **1** : **le peu de gens qui** the few people who; **le peu de sable qui** what little sand, the little sand which

2 : **un peu** a little; **un petit peu** a little bit; **un peu d'espoir** a little hope; **elle est un peu bavarde** she's rather talkative; **un peu plus de** slightly more than; **un peu moins de** slightly less than; (*avec pluriel*) slightly fewer than; **pour un peu il ..., un peu plus et il ...** he very nearly *ou* all but ...; **essayez un peu !** have a go!, just try it!

▸ *pron* : **peu le savent** few know (it); **avant** *ou* **sous peu** shortly, before long; **depuis peu** for a short *ou* little while; (*au passé*) a short *ou* little while ago; **de peu** (only) just; **il est de peu mon cadet** he's just a little *ou* bit younger than me

> Bien que **little** (+ nom singulier) et **few** (+ nom pluriel) soient possibles, l'anglais utilise plus volontiers une construction négative pour traduire *peu de* : **not much / not many**, mot à mot *pas beaucoup de*.
> *J'ai peu de travail en ce moment.* **I don't have much work at the moment.**
> *Peu de gens sont au courant.* **Not many people know about it.**
> Avec un adjectif ou un verbe, la construction négative est également l'option la plus courante.
> *C'est une expression peu courante.* **It isn't a very common expression.**
> *Elle a peu changé.* **She hasn't changed much.**

peuplade [pœplad] *nf* (*horde, tribu*) tribe, people

peuple [pœpl] *nm* people; (*masse*) : **un ~ de vacanciers** a crowd of holiday-makers; **il y a du ~** (*fam*) there are a lot of people

peuplé, e [pœple] *adj* : **très/peu ~** densely/sparsely populated

peuplement [pœpləmɑ̃] *nm* (*de pays, territoire*) population, populating; **colonie de ~** settlement

peupler [pœple] /**1**/ *vt* (*pays, région*) to populate; (*étang*) to stock; (*hommes, poissons*) to inhabit; (*fig : imagination, rêves*) to fill; **se peupler** *vpr* (*ville, région*) to become populated; (*fig : s'animer*) to fill (up), be filled

peuplier [pøplije] *nm* poplar (tree)

peur [pœʀ] *nf* fear; **avoir ~ (de/de faire/que)** to be frightened *ou* afraid (of/of doing/that); **prendre ~** to take fright; **faire ~ à** to frighten; **de ~ de/que** for fear of/that; **j'ai ~ qu'il ne soit trop tard** I'm afraid it might be too late; **j'ai ~ qu'il (ne) vienne (pas)** I'm afraid he may (not) come

peureux, -euse [pœʀø, -øz] *adj* fearful, timorous

peut [pø] *vb voir* **pouvoir**

peut-être [pøtɛtʀ] *adv* perhaps, maybe; **~ que** perhaps, maybe; **~ bien qu'il fera/est** he may well do/be

peuvent [pœv], **peux** *etc* [pø] *vb voir* **pouvoir**
p. ex. *abr (= par exemple)* e.g.
pèze [pɛz] *nm (fam : argent)* dosh *(fam:* BRIT*)*, dough *(fam)*
phacochère [fakɔʃɛʀ] *nm* warthog
phagocyter [fagɔsite] *vt (Bio)* to ingest by phagocytosis; *(fig : concurrent, entreprise)* to swallow up
phalange [falɑ̃ʒ] *nf (Anat)* phalanx; *(Mil : fig)* phalanx
phallique [falik] *adj* phallic
phallocrate [falɔkʀat] *nm* male chauvinist
phallocratie [falɔkʀasi] *nf* male chauvinism
phallus [falys] *nm* phallus
pharaon [faʀaɔ̃] *nm* Pharaoh
pharaonique [faʀaɔnik] *adj (Hist)* Pharaonic; *(fig : gigantesque)* colossal; **un projet** ~ a colossal project
phare [faʀ] *nm (en mer)* lighthouse; *(d'aéroport)* beacon; *(de véhicule)* headlight, headlamp (BRIT); **se mettre en phares, mettre ses phares** to put on one's headlights; **phares de recul** reversing (BRIT) *ou* back-up *(US)* lights ▸ *adj* : **produit** ~ leading product
pharmaceutique [faʀmasøtik] *adj* pharmaceutic(al)
pharmacie [faʀmasi] *nf (science)* pharmacology; *(magasin)* chemist's (BRIT), pharmacy; *(officine)* dispensary; *(produits)* pharmaceuticals *pl*; *(armoire)* medicine chest *ou* cupboard, first-aid cupboard
pharmacien, ne [faʀmasjɛ̃, -ɛn] *nm/f* pharmacist, chemist (BRIT)
pharmacodépendance [faʀmakodepɑ̃dɑ̃s] *nf* dependency on medication
pharmacologie [faʀmakɔlɔʒi] *nf* pharmacology
pharmacopée [faʀmakɔpe] *nf* pharmacopoeia
pharyngite [faʀɛ̃ʒit] *nf* pharyngitis *no pl*
pharynx [faʀɛ̃ks] *nm* pharynx
phase [fɑz] *nf* phase
phénoménal, e, -aux [fenɔmenal, -o] *adj* phenomenal
phénomène [fenɔmɛn] *nm* phenomenon; *(monstre)* freak
phénoménologie [fenɔmenɔlɔʒi] *nf* phenomenology
phéromone [feʀɔmɔn] *nf* pheromone
philanthrope [filɑ̃tʀɔp] *nmf* philanthropist
philanthropie [filɑ̃tʀɔpi] *nf* philanthropy
philanthropique [filɑ̃tʀɔpik] *adj* philanthropic
philatélie [filateli] *nf* philately, stamp collecting
philatélique [filatelik] *adj* philatelic
philatéliste [filatelist] *nmf* philatelist, stamp collector
philharmonique [filaʀmɔnik] *adj* philharmonic
philippin, e [filipɛ̃, -in] *adj* Filipino
Philippines [filipin] *nfpl* : **les** ~ the Philippines
philistin [filistɛ̃] *nm* philistine
philo [filo] *nf (fam : = philosophie)* philosophy
philologie [filɔlɔʒi] *nf* philology
philosophal, e [filɔsɔfal] *adj* : **la pierre philosophale** the philosopher's stone
philosophe [filɔzɔf] *nmf* philosopher ▸ *adj* philosophical
philosopher [filɔzɔfe] /1/ *vi* to philosophize
philosophie [filɔzɔfi] *nf* philosophy
philosophique [filɔzɔfik] *adj* philosophical
philosophiquement [filɔzɔfikmɑ̃] *adv* philosophically
philtre [filtʀ] *nm* philtre, love potion
phlébite [flebit] *nf* phlebitis
phlébologue [flebɔlɔg] *nmf* vein specialist
phobie [fɔbi] *nf* phobia
phocéen, ne [fɔseɛ̃, -ɛn] *adj (marseillais)* Marseilles *cpd*; **la cité phocéenne** Marseilles
phonétique [fɔnetik] *adj* phonetic ▸ *nf* phonetics *sg*
phonétiquement [fɔnetikmɑ̃] *adv* phonetically
phonique [fɔnik] *adj (isolation, protection)* sound *cpd*
phonographe [fɔnɔgʀaf] *nm* (wind-up) gramophone
phoque [fɔk] *nm* seal; *(fourrure)* sealskin
phosphate [fɔsfat] *nm* phosphate
phosphaté, e [fɔsfate] *adj* phosphate-enriched
phosphore [fɔsfɔʀ] *nm* phosphorus
phosphoré, e [fɔsfɔʀe] *adj* phosphorous
phosphorescent, e [fɔsfɔʀesɑ̃, -ɑ̃t] *adj* luminous
phosphorique [fɔsfɔʀik] *adj* : **acide** ~ phosphoric acid
photo [fɔto] *nf (photographie)* photo; **en** ~ in *ou* on a photo; **prendre en** ~ to take a photo of; **aimer la/faire de la** ~ to like photography/ taking photos; ~ **en couleurs** colour photo; ~ **d'identité** passport photo ▸ *adj* : **appareil/ pellicule** ~ camera/film
photo... [fɔto] *préfixe* photo...
photocomposition [fɔtokɔ̃pozisjɔ̃] *nf* photocomposition, photosetting, phototypesetting
photocopie [fɔtɔkɔpi] *nf (procédé)* photocopying; *(document)* photocopy
photocopier [fɔtɔkɔpje] /7/ *vt* to photocopy
photocopieur [fɔtɔkɔpjœʀ] *nm*, **photocopieuse** [fɔtɔkɔpjøz] *nf* (photo)copier
photo-électrique [fɔtoelɛktʀik] *adj* photo-electric
photo-finish [fɔtofiniʃ] *(pl* **photos-finish***) nf (photo)* photo finish picture; **il y a eu ~ pour la troisième place** there was a photo finish for third place
photogénique [fɔtɔʒenik] *adj* photogenic
photographe [fɔtɔgʀaf] *nmf* photographer
photographie [fɔtɔgʀafi] *nf (procédé, technique)* photography; *(cliché)* photograph; **faire de la** ~ to do photography as a hobby; *(comme métier)* to be a photographer
photographier [fɔtɔgʀafje] /7/ *vt* to photograph, take
photographique [fɔtɔgʀafik] *adj* photographic
photogravure [fɔtɔgʀavyʀ] *nf* photoengraving
photomaton® [fɔtɔmatɔ̃] *nm* photo-booth, photomat
photomontage [fɔtɔmɔ̃taʒ] *nm* photomontage
photon [fɔtɔ̃] *nm* photon

P

photophone [fɔtɔfɔn] *nm* camera phone
photophore [fɔtofɔʀ] *nm* (*pour bougie*) glass tealight holder
photoreportage [fɔtoʀəpɔʀtaʒ] *nm* (*journalisme*) photojournalism; (*reportage*) photo report
photoreporter [fɔtoʀəpɔʀtɛʀ] *nmf* photojournalist
photo-robot [fɔtɔʀɔbo] (*pl* **photos-robots**) *nf* Identikit® (picture)
photosensible [fɔtɔsɑ̃sibl] *adj* photosensitive
photostat [fɔtɔsta] *nm* photostat
photosynthèse [fɔtosɛ̃tɛz] *nf* photosynthesis
photothérapie [fɔtoteʀapi] *nf* phototherapy
photovoltaïque [fɔtovɔltaik] *adj* (*cellule*) photovoltaic
phrase [fʀɑz] *nf* (*Ling*) sentence; (*propos*, *Mus*) phrase; **phrases** *nfpl* (*péj*) flowery language *sg*
phrasé [fʀɑze] *nm* phrasing
phraséologie [fʀazeɔlɔʒi] *nf* phraseology; (*rhétorique*) flowery language
phraseur, -euse [fʀazœʀ, -øz] *nm/f* : **c'est un ~** he uses such flowery language
phréatique [fʀeatik] *adj voir* **nappe**
phrygien, ne [fʀiʒjɛ̃, -ɛn] *adj* : **bonnet ~** Phrygian cap
phtisie [ftizi] *nf* consumption
phylloxéra [filɔkseʀa] *nm* phylloxera
physicien, ne [fizisjɛ̃, -ɛn] *nm/f* physicist
physiologie [fizjɔlɔʒi] *nf* physiology
physiologique [fizjɔlɔʒik] *adj* physiological
physiologiquement [fizjɔlɔʒikmɑ̃] *adv* physiologically
physiologiste [fizjɔlɔʒist] *nmf* physiologist
physionomie [fizjɔnɔmi] *nf* face; (*d'un paysage etc*) physiognomy
physionomiste [fizjɔnɔmist] *nmf* (*de boîte de nuit*) bouncer ▸ *adj* : **être ~** to have a good memory for faces
physiothérapeute [fizjoteʀapøt] *nmf* physiotherapist
physiothérapie [fizjɔteʀapi] *nf* natural medicine, alternative medicine
physique [fizik] *adj* physical ▸ *nm* physique; **au ~** physically ▸ *nf* physics *sg*
physiquement [fizikmɑ̃] *adv* physically
phytoplancton [fitoplɑ̃ktɔ̃] *nm* phytoplankton
phytothérapie [fitoteʀapi] *nf* herbal medicine
p.i. *abr* = **par intérim**; *voir* **intérim**
piaffer [pjafe] /1/ *vi* to stamp
piaillement [pjɑjmɑ̃] *nm* squawking *no pl*
piailler [pjɑje] /1/ *vi* to squawk
pianiste [pjanist] *nmf* pianist
piano [pjano] *nm* piano; **~ à queue** grand piano
pianoter [pjanɔte] /1/ *vi* to tinkle away (at the piano); (*tapoter*) : **~ sur** to drum one's fingers on
piaule [pjol] *nf* (*fam*) pad
piauler [pjole] /1/ *vi* (*enfant*) to whimper; (*oiseau*) to cheep
PIB *sigle m* (= *produit intérieur brut*) GDP
pic [pik] *nm* (*instrument*) pick(axe); (*montagne*) peak; (*Zool*) woodpecker; **à ~** *adv* vertically; (*fig* : *tomber, arriver*) just at the right time; **couler à ~** (*bateau*) to go straight down; **~ à glace** ice pick
picard, e [pikaʀ, -aʀd] *adj* of *ou* from Picardy
Picardie [pikaʀdi] *nf* : **la ~** Picardy
picaresque [pikaʀɛsk] *adj* picaresque
piccolo [pikɔlo] *nm* piccolo
pichenette [piʃnɛt] *nf* flick
pichet [piʃɛ] *nm* jug
pickpocket [pikpɔkɛt] *nm* pickpocket
pick-up [pikœp] *nm* record player
picoler [pikɔle] (*fam*) *vi* to drink, to booze (*fam*); **~ dur**, **~ sec** to knock it back (*fam*); **On a un peu picolé hier soir.** We were knocking it back a bit last night. ▸ *vt* to drink, to knock back (*fam*)
picorer [pikɔʀe] /1/ *vt* to peck
picot [piko] *nm* sprocket; **entraînement par roue à picots** sprocket feed
picotement [pikɔtmɑ̃] *nm* smarting *no pl*, prickling *no pl*
picoter [pikɔte] /1/ *vt* (*oiseau*) to peck ▸ *vi* (*irriter*) to smart, prickle
pictogramme [piktɔgʀam] *nm* pictogram
pictural, e, -aux [piktyʀal, -o] *adj* pictorial
pie [pi] *nf* magpie; (*fig*) chatterbox ▸ *adj inv* : **cheval ~** piebald; **vache ~** black and white cow
pièce [pjɛs] *nf* (*d'un logement*) room; (*Théât*) play; (*de mécanisme, machine*) part; (*de monnaie*) coin; (*Couture*) patch; (*document*) document; (*de drap, fragment, d'une collection*) piece; (*de bétail*) head; **mettre en pièces** to smash to pieces; **deux euros ~** two euros each; **vendre à la ~** to sell separately *ou* individually; **travailler/payer à la ~** to do piecework/pay piece rate; **c'est inventé de toutes pièces** it's a complete fabrication; **un maillot une ~** a one-piece swimsuit; **un deux-pièces cuisine** a two-room(ed) flat (Brit) *ou* apartment (US) with kitchen; **tout d'une ~** (*personne* : *franc*) blunt; (: *sans souplesse*) inflexible; **~ à conviction** exhibit; **~ d'eau** ornamental lake *ou* pond; **~ d'identité** : **avez-vous une ~ d'identité ?** have you got any (means of) identification?; **~ jointe** (*Inform*) attachment; **~ montée** tiered cake; **~ de rechange** spare (part); **~ de résistance** pièce de résistance; (*plat*) main dish; **pièces détachées** spares, (spare) parts; **en pièces détachées** (*à monter*) in kit form; **pièces justificatives** supporting documents
piécette [pjesɛt] *nf* small coin
pied [pje] *nm* foot; (*de verre*) stem; (*de table*) leg; (*de lampe*) base; (*plante*) plant; **pieds nus** barefoot; **à ~** on foot; **à ~ sec** without getting one's feet wet; **à ~ d'œuvre** ready to start (work); **au ~ de la lettre** literally; **au ~ levé** at a moment's notice; **de ~ en cap** from head to foot; **en ~** (*portrait*) full-length; **avoir ~** to be able to touch the bottom, not to be out of one's depth; **avoir le ~ marin** to be a good sailor; **perdre ~** to lose one's footing; (*fig*) to get out of one's depth; **sur ~** (*Agr*) on the stalk, uncut; (*debout, rétabli*) up and about; **mettre sur ~** (*entreprise*) to set up; **mettre à ~** to suspend; to lay off; **mettre qn au ~ du mur** to get sb with his (*ou* her) back to the wall; **sur le ~ de guerre** ready for action; **sur un ~ d'égalité** on an equal footing; **sur ~ d'intervention** on stand-by; **faire du ~ à qn** (*prévenir*) to give sb a (warning) kick; (*galamment*) to play footsie with sb; **mettre les pieds quelque part** to set foot

somewhere; **faire des pieds et des mains** (*fig*) to move heaven and earth, pull out all the stops; **c'est le ~ !** (*fam*) it's brilliant!; **mettre les pieds dans le plat** (*fam*) to put one's foot in it; **il se débrouille comme un ~** (*fam*) he's completely useless; **se lever du bon ~/du ~ gauche** to get out of bed on the right/wrong side; **~ de lit** footboard; **faire un ~ de nez à** to thumb one's nose at; **~ de vigne** vine

pied-à-terre [pjetatɛʀ] *nm inv* pied-à-terre

pied-bot [pjebo] (*pl* **pieds-bots**) *nm* person with a club foot

pied-de-biche [pjedbiʃ] (*pl* **pieds-de-biche**) *nm* claw; (*Couture*) presser foot

pied-de-poule [pjedpul] *adj inv* hound's-tooth

piédestal, -aux [pjedɛstal, -o] *nm* pedestal

pied-noir (*pl* **pieds-noirs**) [pjenwaʀ] *nmf* Algerian-born French national

piège [pjɛʒ] *nm* trap; **prendre au ~** to trap

piéger [pjeʒe] /**3, 6**/ *vt* (*animal, fig*) to trap; (*avec une bombe*) to booby-trap; **lettre/voiture piégée** letter-/car-bomb

piercing [pjɛʀsiŋ] *nm* piercing

pierraille [pjɛʀɑj] *nf* loose stones *pl*

pierre [pjɛʀ] *nf* stone; **première ~** (*d'un édifice*) foundation stone; **mur de pierres sèches** drystone wall; **faire d'une ~ deux coups** to kill two birds with one stone; **~ à briquet** flint; **~ fine** semiprecious stone; **~ ponce** pumice stone; **~ de taille** freestone *no pl*; **~ tombale** tombstone, gravestone; **~ de touche** touchstone

pierreries [pjɛʀʀi] *nfpl* gems, precious stones

pierreux, -euse [pjɛʀø, -øz] *adj* stony

piété [pjete] *nf* piety

piétinement [pjetinmɑ̃] *nm* stamping *no pl*

piétiner [pjetine] /**1**/ *vi* (*trépigner*) to stamp (one's foot); (*marquer le pas*) to stand about; (*fig*) to be at a standstill ▸ *vt* to trample on

piéton, ne [pjetɔ̃, -ɔn] *nm/f* pedestrian ▸ *adj* pedestrian *cpd*

piétonnier, -ière [pjetɔnje, -jɛʀ] *adj* pedestrian *cpd*

piètre [pjɛtʀ] *adj* poor, mediocre

pieu, x [pjø] *nm* (*piquet*) post; (*pointu*) stake; (*fam : lit*) bed

pieusement [pjøzmɑ̃] *adv* piously

pieuvre [pjœvʀ] *nf* octopus

pieux, -euse [pjø, -øz] *adj* pious

pif [pif] *nm* (*fam*) conk (Brit), beak; **au ~** = **pifomètre**

piffer [pife] /**1**/ *vt* (*fam*) : **je ne peux pas le ~** I can't stand him

pifomètre [pifɔmɛtʀ] *nm* (*fam*) : **choisir** *etc* **au ~** to follow one's nose when choosing *etc*

pige [piʒ] *nf* piecework rate

pigeon [piʒɔ̃] *nm* pigeon; **~ voyageur** homing pigeon

pigeonnant, e [piʒɔnɑ̃, -ɑ̃t] *adj* full, well-developed

pigeonneau, x [piʒɔno] *nm* young pigeon

pigeonner [piʒɔne] *vt* (*fam : duper*) : **~ qn** to take sb for a ride (*fam*); **se faire ~** to be taken for a ride (*fam*)

pigeonnier [piʒɔnje] *nm* pigeon loft, dovecot(e)

piger [piʒe] /**3**/: *fam vi* to get it ▸ *vt* to get, understand

pigiste [piʒist] *nmf* (*typographe*) typesetter on piecework; (*journaliste*) freelance journalist (*paid by the line*)

pigment [pigmɑ̃] *nm* pigment

pigmentation [pigmɑ̃tasjɔ̃] *nf* pigmentation

pignon [piɲɔ̃] *nm* (*de mur*) gable; (*d'engrenage*) cog(wheel), gearwheel; (*graine*) pine kernel; **avoir ~ sur rue** (*fig*) to have a prosperous business

pile [pil] *nf* (*tas, pilier*) pile; (*Élec*) battery ▸ *adj* : **le côté ~** tails; **jouer à ~ ou face** to toss up (for it); **~ ou face ?** heads or tails? ▸ *adv* (*net, brusquement*) dead; (*à temps, à point nommé*) just at the right time; **à deux heures ~** at two on the dot

piler [pile] /**1**/ *vt* to crush, pound

pileux, -euse [pilø, -øz] *adj* : **système ~** (body) hair

pilier [pilje] *nm* (*colonne, support*) pillar; (*personne*) mainstay; (*Rugby*) prop (forward)

pillage [pijaʒ] *nm* pillaging, plundering, looting

pillard, e [pijaʀ, -aʀd] *nm/f* looter; plunderer

piller [pije] /**1**/ *vt* to pillage, plunder, loot

pilleur, -euse [pijœʀ, -øz] *nm/f* looter

pilon [pilɔ̃] *nm* (*instrument*) pestle; (*de volaille*) drumstick; **mettre un livre au ~** to pulp a book

pilonnage [pilɔnaʒ] *nm* (*bombardement*) bombardment; (*fig*) : **~ médiatique** media hype; (*de livre*) pulping

pilonner [pilɔne] /**1**/ *vt* to pound

pilori [pilɔʀi] *nm* : **mettre** *ou* **clouer au ~** to pillory

pilotage [pilɔtaʒ] *nm* piloting; flying; **~ automatique** automatic piloting; **~ sans visibilité** blind flying

pilote [pilɔt] *nmf* pilot; (*de char, voiture*) driver; **~ de chasse/d'essai/de ligne** fighter/test/airline pilot; **~ de course** racing driver ▸ *adj* pilot *cpd*; **usine/ferme ~** experimental factory/farm

piloter [pilɔte] /**1**/ *vt* (*navire*) to pilot; (*avion*) to fly; (*automobile*) to drive; (*fig*) : **~ qn** to guide sb round

pilotis [pilɔti] *nm* pile; stilt

pilule [pilyl] *nf* pill; **prendre la ~** to be on the pill; **~ du lendemain** morning-after pill

pimbêche [pɛ̃bɛʃ] *nf* (*péj*) stuck-up girl

piment [pimɑ̃] *nm* (*Bot*) pepper, capsicum; (*fig*) spice, piquancy; **~ rouge** (*Culin*) chilli

pimenté, e [pimɑ̃te] *adj* (*plat*) hot and spicy

pimenter [pimɑ̃te] /**1**/ *vt* (*plat*) to season (with peppers *ou* chillis); (*fig*) to add *ou* give spice to

pimpant, e [pɛ̃pɑ̃, -ɑ̃t] *adj* spruce

pin [pɛ̃] *nm* pine (tree); (*bois*) pine(wood)

pinacle [pinakl] *nm* : **porter qn au ~** (*fig*) to praise sb to the skies

pinailler [pinɑje] *vi* (*fam*) to quibble; **~ sur qch** to quibble over sth, to quibble about sth

pinailleur, euse [pinɑjœʀ, -øz] (*fam*) *adj* nit-picking ▸ *nm/f* nit-picker

pinard [pinaʀ] *nm* (*fam*) (cheap) wine, plonk (Brit)

P

pince [pɛ̃s] *nf (outil)* pliers *pl*; *(de homard, crabe)* pincer, claw; *(Couture : pli)* dart; **~ à sucre/glace** sugar/ice tongs *pl*; **~ à épiler** tweezers *pl*; **~ à linge** clothes peg *(Brit) ou* pin *(US)*; **~ universelle** (universal) pliers *pl*; **pinces de cycliste** bicycle clips
pincé, e [pɛ̃se] *adj (air)* stiff; *(mince : bouche)* pinched ▸ *nf (de sel, épice)* pinch; *(fig : de malice)* touch
pinceau, x [pɛ̃so] *nm* (paint)brush
pincement [pɛ̃smɑ̃] *nm* : **~ au cœur** twinge of regret
pince-monseigneur *(pl* **pinces-monseigneur***)* [pɛ̃smɔ̃sɛɲœʀ] *nf* crowbar
pince-nez [pɛ̃sne] *nm inv* pince-nez
pincer [pɛ̃se] /3/ *vt* to pinch; *(Mus : cordes)* to pluck; *(Couture)* to dart, put darts in; *(fam)* to nab; **se pincer** *vpr* : **se ~ le doigt** to squeeze *ou* nip one's finger; **se ~ le nez** to hold one's nose
pince-sans-rire [pɛ̃ssɑ̃ʀiʀ] *adj inv* deadpan
pincettes [pɛ̃sɛt] *nfpl* tweezers; *(pour le feu)* (fire) tongs
pinçon [pɛ̃sɔ̃] *nm* pinch mark
pinède [pinɛd] *nf* pinewood, pine forest
pingouin [pɛ̃gwɛ̃] *nm* penguin
ping-pong [piŋpɔ̃g] *nm* table tennis
pingre [pɛ̃gʀ] *adj* niggardly
pingrerie [pɛ̃gʀəʀi] *nf* stinginess
pinson [pɛ̃sɔ̃] *nm* chaffinch
pintade [pɛ̃tad] *nf* guinea-fowl
pinte [pɛ̃t] *nf* pint
pin up [pinœp] *nf inv* pin-up (girl)
pioche [pjɔʃ] *nf* pickaxe
piocher [pjɔʃe] /1/ *vt* to dig up (with a pickaxe); *(fam)* to swot *(Brit) ou* grind *(US)* at; **~ dans** to dig into
piolet [pjɔlɛ] *nm* ice axe
pion, ne [pjɔ̃, pjɔn] *nm/f (Scol) student paid to supervise schoolchildren* ▸ *nm (Échecs)* pawn; *(Dames)* piece, draught *(Brit)*, checker *(US)*
pioncer [pjɔ̃se] *vi (fam : dormir)* to kip *(Brit fam)*
pionnier [pjɔnje] *nm* pioneer
pipe [pip] *nf* pipe; **fumer la** *ou* **une ~** to smoke a pipe; **~ de bruyère** briar pipe
pipeau, x [pipo] *nm* (reed-)pipe
pipe-line [piplin] *nm* pipeline
piper [pipe] /1/ *vt (dé)* to load; *(carte)* to mark; **sans ~ mot** *(fam)* without a squeak; **les dés sont pipés** *(fig)* the dice are loaded
pipette [pipɛt] *nf* pipette
pipi [pipi] *nm (fam)* : **faire ~** to have a wee
piquant, e [pikɑ̃, -ɑ̃t] *adj (barbe, rosier etc)* prickly; *(saveur, sauce)* hot, pungent; *(fig : détail)* titillating; *(: mordant, caustique)* biting ▸ *nm (épine)* thorn, prickle; *(de hérisson)* quill, spine; *(fig)* spiciness, spice
pique [pik] *nf (arme)* pike; *(fig)* : **envoyer** *ou* **lancer des piques à qn** to make cutting remarks to sb ▸ *nm (Cartes : couleur)* spades *pl*; *(: carte)* spade
piqué, e [pike] *adj (Couture)* (machine-)stitched; quilted; *(livre, glace)* mildewed; *(vin)* sour; *(Mus : note)* staccato; *(fam : personne)* nuts ▸ *nm (Aviat)* dive; *(Textiles)* piqué
pique-assiette [pikasjɛt] *nmf (péj)* scrounger, sponger
pique-fleurs [pikflœʀ] *nm inv* flower holder
pique-nique [piknik] *nm* picnic
pique-niquer [piknike] /1/ *vi* to (have a) picnic
pique-niqueur, -euse [piknikœʀ, -øz] *nm/f* picnicker
piquer [pike] /1/ *vt (percer)* to prick; *(Méd)* to give an injection to; *(: animal blessé etc)* to put to sleep; *(insecte, fumée, ortie)* to sting; *(moustique)* to bite; *(poivre)* to burn; *(froid)* to bite; *(Couture)* to machine (stitch); *(intérêt etc)* to arouse; *(fam : prendre)* to pick up; *(: voler)* to pinch; *(: arrêter)* to nab; *(planter)* : **~ qch dans** to stick sth into; *(fixer)* : **~ qch à** *ou* **sur** to pin sth onto; **~ une tête** *(plonger)* to dive headfirst; **~ un galop/un cent mètres** to break into a gallop/put on a sprint; **~ une crise** to throw a fit; **~ au vif** *(fig)* to sting ▸ *vi (oiseau, avion)* to go into a dive; *(saveur)* to be pungent; to be sour; **~ sur** to swoop down on; to head straight for; **~ du nez** *(avion)* to go into a nose-dive; **se piquer** *vpr (avec une aiguille)* to prick o.s.; *(se faire une piqûre)* to inject o.s.; *(se vexer)* to get annoyed; **se ~ de faire** to pride o.s. on doing
piquet [pikɛ] *nm (pieu)* post, stake; *(de tente)* peg; **mettre un élève au ~** to make a pupil stand in the corner; **~ de grève** (strike) picket; **~ d'incendie** fire-fighting squad
piqueté, e [pikte] *adj* : **~ de** dotted with
piquette [pikɛt] *nf (fam)* cheap wine, plonk *(Brit)*
piqûre [pikyʀ] *nf (d'épingle)* prick; *(d'ortie)* sting; *(de moustique)* bite; *(Méd)* injection, shot *(US)*; *(Couture)* (straight) stitch; straight stitching; *(de ver)* hole; *(tache)* (spot of) mildew; **faire une ~ à qn** to give sb an injection
piranha [piʀana] *nm* piranha
piratage [piʀataʒ] *nm (Inform)* piracy
pirate [piʀat] *adj* pirate *cpd* ▸ *nm* pirate; *(fig : escroc)* crook, shark; *(Inform)* hacker; **~ de l'air** hijacker
pirater [piʀate] /1/ *(Inform) vi* to hack ▸ *vt* to hack into
piraterie [piʀatʀi] *nf* (act of) piracy; **~ aérienne** hijacking
pire [piʀ] *adj (comparatif)* worse; *(superlatif)* : **le (la) ~ ...** the worst ... ▸ *nm* : **le ~ (de)** the worst (of); **au ~** at (the very) worst
Pirée [piʀe] *n* Piraeus
pirogue [piʀɔg] *nf* dugout (canoe)
pirouette [piʀwɛt] *nf* pirouette; *(fig : volte-face)* about-turn
pis [pi] *nm (de vache)* udder; *(pire)* : **le ~** the worst ▸ *adj inv, adv* worse; **qui ~ est** what is worse; **au ~ aller** if the worst comes to the worst, at worst; **de mal en ~** from bad to worse
pis-aller [pizale] *nm inv* stopgap
pisciculture [pisikyltyʀ] *nf* fish farming
piscine [pisin] *nf* (swimming) pool; **~ couverte** indoor (swimming) pool
Pise [piz] *n* Pisa
pissaladière [pisaladjɛʀ] *nf onion, anchovy and olive pizza*
pisse [pis] *nf (!)* piss *(fam)*
pissenlit [pisɑ̃li] *nm* dandelion
pisser [pise] /1/ *vi (!)* to piss *(fam)*
pissotière [pisɔtjɛʀ] *nf (fam)* public urinal

pistache [pistaʃ] *nf* pistachio (nut)
pistard [pistaʀ] *nm* (*Cyclisme*) track cyclist
piste [pist] *nf* (*d'un animal, sentier*) track, trail; (*indice*) lead; (*de stade, de magnétophone*) track; (*de cirque*) ring; (*de danse*) floor; (*de patinage*) rink; (*de ski*) run; (*Aviat*) runway; **~ cavalière** bridle path; **~ cyclable** cycle track, bikeway (*US*); **~ sonore** sound track
pister [piste] /1/ *vt* to track, trail
pisteur [pistœʀ] *nm* (*Ski*) member of the ski patrol
pistil [pistil] *nm* pistil
pistolet [pistɔlɛ] *nm* (*arme*) pistol, gun; (*à peinture*) spray gun; **~ à bouchon/air comprimé** popgun/airgun; **~ à eau** water pistol
pistolet-mitrailleur (*pl* **pistolets-mitrailleurs**) [pistɔlɛmitʀajœʀ] *nm* submachine gun
piston [pistɔ̃] *nm* (*Tech*) piston; (*Mus*) valve; (*fam : appui*) string-pulling; **avoir du ~** (*fam*) to have friends in the right places
pistonner [pistɔne] /1/ *vt* (*fam : candidat*) to pull strings for
pistou [pistu] *nm* pesto
pitance [pitɑ̃s] *nf* (*péj*) (means of) sustenance
piteusement [pitøzmɑ̃] *adv* (*échouer*) miserably
piteux, -euse [pitø, -øz] *adj* pitiful, sorry (*avant le nom*); **en ~ état** in a sorry state
pitié [pitje] *nf* pity; **sans ~** *adj* pitiless, merciless; **faire ~** to inspire pity; **il me fait ~** I pity him, I feel sorry for him; **avoir ~ de** (*compassion*) to pity, feel sorry for; (*merci*) to have pity *ou* mercy on; **par ~ !** for pity's sake!
piton [pitɔ̃] *nm* (*clou*) peg, bolt; **~ rocheux** rocky outcrop
pitoyable [pitwajabl] *adj* pitiful
pitre [pitʀ] *nm* clown
pitrerie [pitʀəʀi] *nf* tomfoolery *no pl*
pittoresque [pitɔʀɛsk] *adj* picturesque; (*expression, détail*) colourful (Brit), colorful (*US*)
pivert [pivɛʀ] *nm* green woodpecker
pivoine [pivwan] *nf* peony
pivot [pivo] *nm* pivot; (*d'une dent*) post
pivoter [pivɔte] /1/ *vi* (*fauteuil*) to swivel; (*porte*) to revolve; **~ sur ses talons** to swing round
pixel [piksɛl] *nm* pixel
pixélisation [pikselizasjɔ̃], **pixellisation** [piksɛlizasjɔ̃] *nf* (*Inform*) pixelation
pixéliser [pikselize], **pixelliser** [piksɛlize] *vt, vi* (*Inform*) to pixelate
pizza [pidza] *nf* pizza
PJ *sigle f* (= *police judiciaire*) ≈ CID (Brit), ≈ FBI (*US*) ▸ *sigle fpl* (= *pièces jointes*) encl
PL *sigle m* (*Auto*) = **poids lourd**
Pl. *abr* = **place**
placage [plakaʒ] *nm* (*bois*) veneer
placard [plakaʀ] *nm* (*armoire*) cupboard; (*affiche*) poster, notice; (*Typo*) galley; **~ publicitaire** display advertisement
placarder [plakaʀde] /1/ *vt* (*affiche*) to put up; (*mur*) to stick posters on
place [plas] *nf* (*emplacement, situation, classement*) place; (*de ville, village*) square; (*espace libre*) room, space; (*de parking*) space; (*siège : de train, cinéma, voiture*) seat; (*prix : au cinéma etc*) price; (*: dans un bus, taxi*) fare; (*emploi*) job; **~ financière/boursière** money/stock market; **en ~** (*mettre*) in its place; **de ~ en ~, par places** here and there, in places; **sur ~** on the spot; **faire ~ à** to give way to; **faire de la ~ à** to make room for; **ça prend de la ~** it takes up a lot of room *ou* space; **prendre ~** to take one's place; **remettre qn à sa ~** to put sb in his (*ou* her) place; **ne pas rester** *ou* **tenir en ~** to be always on the go; **à la ~ de** in place of, instead of; **à votre ~ ...** if I were you ...; **se mettre à la ~ de qn** to put o.s. in sb's place *ou* in sb's shoes; **une quatre places** (*Auto*) a four-seater; **il y a 20 places assises/debout** there are 20 seats/there is standing room for 20; **~ forte** fortified town; **~ d'honneur** place (*ou* seat) of honour (Brit) *ou* honor (*US*)
placé, e [plase] *adj* (*Hippisme*) placed; **haut ~** (*fig*) high-ranking; **être bien/mal ~** to be well/badly placed; (*spectateur*) to have a good/bad seat; **être bien/mal ~ pour faire** to be in/not to be in a position to do; **il est bien ~ pour le savoir** he is in a position to know
placebo [plasebo] *nm* placebo
placement [plasmɑ̃] *nm* placing; (*Finance*) investment; **agence** *ou* **bureau de ~** employment agency
placenta [plasɛ̃ta] *nm* placenta
placer [plase] /3/ *vt* to place, put; (*convive, spectateur*) to seat; (*capital, argent*) to place, invest; (*dans la conversation*) to put *ou* get in; **~ qn chez** to get sb a job at (*ou* with); **se ~ au premier rang** to go and stand (*ou* sit) in the first row
placide [plasid] *adj* placid
placidité [plasidite] *nf* placidity
placier, -ière [plasje, -jɛʀ] *nm/f* commercial rep(resentative), salesman/woman
Placoplâtre® [plakoplɑtʀ] *nm* plasterboard
plafond [plafɔ̃] *nm* ceiling
plafonnement [plafɔnmɑ̃] *nm* (*limite imposée*) : **un ~ des aides** an upper limit on aid; **instaurer un ~ de** to set a ceiling on
plafonner [plafɔne] /1/ *vt* (*pièce*) to put a ceiling (up) in ▸ *vi* to reach one's (*ou* a) ceiling
plafonnier [plafɔnje] *nm* ceiling light; (*Auto*) interior light
plage [plaʒ] *nf* beach; (*station*) (seaside) resort; (*fig*) band, bracket; (*de disque*) track, band; **~ arrière** (*Auto*) parcel *ou* back shelf
plagiaire [plaʒjɛʀ] *nmf* plagiarist
plagiat [plaʒja] *nm* plagiarism
plagier [plaʒje] /7/ *vt* to plagiarize
plagiste [plaʒist] *nmf* beach attendant
plaid [plɛd] *nm* (tartan) car rug, lap robe (*US*)
plaidant, e [plɛdɑ̃, -ɑ̃t] *adj* litigant
plaider [plede] /1/ *vi* (*avocat*) to plead; (*plaignant*) to go to court, litigate; **~ pour** (*fig*) to speak for ▸ *vt* to plead
plaider-coupable, plaider coupable [pledekupabl] *nm* guilty plea
plaideur, -euse [plɛdœʀ, -øz] *nm/f* litigant
plaidoirie [plɛdwaʀi] *nf* (*Jur*) speech for the defence (Brit) *ou* defense (*US*)
plaidoyer [plɛdwaje] *nm* (*Jur*) speech for the defence (Brit) *ou* defense (*US*); (*fig*) plea
plaie [plɛ] *nf* wound

P

plaignant, e [plɛɲɑ̃, -ɑ̃t] *vb voir* **plaindre** ▸ *nm/f* plaintiff
plaindre [plɛ̃dʀ] /**52**/ *vt* to pity, feel sorry for; **se plaindre** *vpr* (*gémir*) to moan; (*protester, rouspéter*): **se ~ (à qn) (de)** to complain (to sb) (about); **se ~ de** (*souffrir*) to complain of
plaine [plɛn] *nf* plain
plain-pied [plɛ̃pje] *adv*: **de ~** at street-level; (*fig*) straight; **de ~ (avec)** on the same level (as)
plaint, e [plɛ̃, -ɛ̃t] *pp de* **plaindre** ▸ *nf* (*gémissement*) moan, groan; (*doléance*) complaint; **porter plainte** to lodge a complaint
plaintif, -ive [plɛ̃tif, -iv] *adj* plaintive
plaire [plɛʀ] /**54**/ *vi* to be a success, be successful; to please; **cela me plaît** I like it; **ça plaît beaucoup aux jeunes** it's very popular with young people; **essayer de ~ à qn** (*en étant serviable etc*) to try and please sb; **elle plaît aux hommes** she's a success with men, men like her ▸ *vb impers*: **ce qu'il vous plaira** what(ever) you like *ou* wish; **s'il vous plaît, s'il te plaît** please; **se plaire** *vpr*: **se ~ quelque part** to like being somewhere, like it somewhere; **se ~ à faire** to take pleasure in doing
plaisamment [plɛzamɑ̃] *adv* pleasantly
plaisance [plɛzɑ̃s] *nf* (*aussi*: **navigation de plaisance**) (pleasure) sailing, yachting
plaisancier [plɛzɑ̃sje] *nm* amateur sailor, yachting enthusiast
plaisant, e [plɛzɑ̃, -ɑ̃t] *adj* pleasant; (*histoire, anecdote*) amusing
plaisanter [plɛzɑ̃te] /**1**/ *vi* to joke; **pour ~** for a joke; **on ne plaisante pas avec cela** that's no joking matter; **tu plaisantes!** you're joking *ou* kidding! ▸ *vt* (*personne*) to tease, make fun of
plaisanterie [plɛzɑ̃tʀi] *nf* joke; joking *no pl*
plaisantin [plɛzɑ̃tɛ̃] *nm* joker; (*fumiste*) fly-by-night
plaise *etc* [plɛz] *vb voir* **plaire**
plaisir [pleziʀ] *nm* pleasure; **faire ~ à qn** (*délibérément*) to be nice to sb, please sb; **ça me fait ~** (*cadeau, nouvelle etc*) I'm delighted *ou* very pleased with this; **j'espère que ça te fera ~** I hope you'll like it; **prendre ~ à/à faire** to take pleasure in/in doing; **j'ai le ~ de ...** it is with great pleasure that I ...; **M. et Mme X ont le ~ de vous faire part de ...** M. and Mme X are pleased to announce ...; **se faire un ~ de faire qch** to be (only too) pleased to do sth; **faites-moi le ~ de ...** would you mind ..., would you be kind enough to ...; **à ~** freely; for the sake of it; **au ~ (de vous revoir)** (I hope to) see you again; **pour le** *ou* **pour son** *ou* **par ~** for pleasure
plaît [plɛ] *vb voir* **plaire**
plan, e [plɑ̃, -an] *adj* flat ▸ *nm* plan; (*Géom*) plane; (*fig*) level, plane; (*Ciné*) shot; **au premier/second ~** in the foreground/middle distance; **mettre qch au premier ~** (*fig*) to consider sth to be of primary importance; **sur le ~ sexuel** sexually, as far as sex is concerned; **laisser/rester en ~** to abandon/be abandoned; **~ d'action** plan of action; **~ directeur** (*Écon*) master plan; **~ d'eau** lake; pond; **~ de travail** work-top, work surface; **~ de vol** (*Aviat*) flight plan
planche [plɑ̃ʃ] *nf* (*pièce de bois*) plank, (wooden) board; (*illustration*) plate; (*de salades, radis, poireaux*) bed; (*d'un plongeoir*) (diving) board; **les planches** (*Théât*) the boards; **en planches** *adj* wooden; **faire la ~** (*dans l'eau*) to float on one's back; **avoir du pain sur la ~** to have one's work cut out; **~ à découper** chopping board; **~ à dessin** drawing board; **~ à pain** breadboard; **~ à repasser** ironing board; **~ (à roulettes)** (*planche*) skateboard; (*sport*) skateboarding; **~ de salut** (*fig*) sheet anchor; **~ à voile** (*planche*) windsurfer, sailboard; (*sport*) windsurfing
plancher [plɑ̃ʃe] /**1**/ *nm* floor; (*planches*) floorboards *pl*; (*fig*) minimum level ▸ *vi* to work hard
planchiste [plɑ̃ʃist] *nmf* windsurfer
plancton [plɑ̃ktɔ̃] *nm* plankton
planer [plane] /**1**/ *vi* (*oiseau, avion*) to glide; (*fumée, vapeur*) to float, hover; (*drogué*) to be (on a) high; (*fam*: *rêveur*) to have one's head in the clouds; **~ sur** (*danger*) to hang over; to hover above
planétaire [planetɛʀ] *adj* planetary
planétarium [planetaʀjɔm] *nm* planetarium
planète [planɛt] *nf* planet
planeur [planœʀ] *nm* glider
planification [planifikasjɔ̃] *nf* (economic) planning
planifier [planifje] /**7**/ *vt* to plan
planisphère [planisfɛʀ] *nm* planisphere
planning [planiŋ] *nm* programme (Brit), program (US), schedule; **~ familial** family planning
planque [plɑ̃k] *nf* (*fam*: *combine, filon*) cushy (Brit) *ou* easy number; (*: cachette*) hideout
planquer [plɑ̃ke] /**1**/ (*fam*) *vt* to hide (away), stash away; **se planquer** *vpr* to hide
plant [plɑ̃] *nm* seedling, young plant
plantage [plɑ̃taʒ] *nm* (*d'ordinateur*) crash
plantaire [plɑ̃tɛʀ] *adj voir* **voûte**
plantation [plɑ̃tasjɔ̃] *nf* planting; (*de fleurs, légumes*) bed; (*exploitation*) plantation
plante [plɑ̃t] *nf* plant; **~ d'appartement** house *ou* pot plant; **~ du pied** sole (of the foot); **~ verte** house plant
planter [plɑ̃te] /**1**/ *vt* (*plante*) to plant; (*enfoncer*) to hammer *ou* drive in; (*tente*) to put up, pitch; (*drapeau, échelle, décors*) to put up; (*fam*: *mettre*) to dump; (*: abandonner*): **~ là** to ditch; **~ qch dans** to hammer *ou* drive sth into; to stick sth into; **se planter** *vpr*: **se ~ dans** to sink into; to get stuck in; **se ~ devant** to plant o.s. in front of; (*fam*: *se tromper*) to get it wrong
planteur [plɑ̃tœʀ] *nm* planter
plantigrade [plɑ̃tigʀad] *nm, adj* plantigrade
planton [plɑ̃tɔ̃] *nm* orderly
plantureux, -euse [plɑ̃tyʀø, -øz] *adj* (*repas*) copious, lavish; (*femme*) buxom
plaquage [plakaʒ] *nm* (*Rugby*) tackle
plaque [plak] *nf* plate; (*de verre*) sheet; (*de verglas, d'eczéma*) patch; (*dentaire*) plaque; (*avec inscription*) plaque; **~ (minéralogique** *ou* **de police** *ou* **d'immatriculation)** number (Brit) *ou* license (US) plate; **~ de beurre** slab of butter; **~ chauffante** hotplate; **~ de chocolat** bar of

chocolate; **~ de cuisson** hob; **~ d'identité** identity disc; **~ tournante** *(fig)* centre (BRIT), center (US)
plaqué, e [plake] *adj* : **~ or/argent** gold-/silver-plated; **~ acajou** with a mahogany veneer ▸ *nm* : **~ or/argent** gold/silver plate
plaquer [plake] /1/ *vt (bijou)* to plate; *(bois)* to veneer; *(aplatir)* : **~ qch sur/contre** to make sth stick *ou* cling to; *(Rugby)* to bring down; *(fam : laisser tomber)* to drop, ditch; **~ qn contre** to pin sb to; **se plaquer** *vpr* : **se ~ contre** to flatten o.s. against
plaquette [plakɛt] *nf* tablet; *(de chocolat)* bar; *(de beurre)* slab, packet; *(livre)* small volume; *(Méd : de pilules, gélules)* pack, packet; **~ de frein** *(Auto)* brake pad
plasma [plasma] *nm* plasma
plastic [plastik] *nm* plastic explosive
plasticien, ne [plastisjɛ̃, -jɛn] *nm/f (artiste)* visual artist ▸ *adj* : **artiste ~** visual artist
plastifié, e [plastifje] *adj* plastic-coated
plastifier [plastifje] /7/ *vt (document, photo)* to laminate
plastiquage [plastikaʒ] *nm* bombing, bomb attack
plastique [plastik] *adj* plastic ▸ *nm* plastic ▸ *nf* plastic arts *pl*; *(d'une statue)* modelling
plastiquer [plastike] /1/ *vt* to blow up
plastiqueur [plastikœʀ] *nm* terrorist *(planting a plastic bomb)*
plastron [plastʀɔ̃] *nm* shirt front
plastronner [plastʀɔne] /1/ *vi* to swagger
plasturgie [plastyʀʒi] *nf* plastics manufacturing
plat, e [pla, -at] *adj* flat; *(fade : vin)* flat-tasting, insipid; *(personne, livre)* dull; *(style)* flat, dull; **à ~ ventre** *adv* face down; *(tomber)* flat on one's face; **à ~** *adj (pneu, batterie)* flat; *(fam : fatigué)* dead beat, tired out ▸ *nm (récipient, Culin)* dish; *(d'un repas)* course; **le premier ~** the first course; *(partie plate)* : **le ~ de la main** the flat of the hand; *(: d'une route)* flat (part); **~ cuisiné** pre-cooked meal (*ou* dish); **~ du jour** dish of the day; **~ principal** *ou* **de résistance** main course; **plats préparés** convenience food(s)
platane [platan] *nm* plane tree
plateau, x [plato] *nm (support)* tray; *(d'une table)* top; *(d'une balance)* pan; *(Géo)* plateau; *(de tourne-disques)* turntable; *(Ciné)* set; *(TV)* : **nous avons deux journalistes sur le ~ ce soir** we have two journalists with us tonight; **~ à fromages** cheeseboard
plateau-repas *(pl* **plateaux-repas***)* [platoʀəpɑ] *nm* tray meal, TV dinner (US)
plate-bande *(pl* **plates-bandes***)* [platbɑ̃d] *nf* flower bed
platée [plate] *nf* dish(ful)
plate-forme *(pl* **plates-formes***)* [platfɔʀm] *nf* platform; **~ de forage/pétrolière** drilling/oil rig
platine [platin] *nm* platinum ▸ *nf (d'un tourne-disque)* turntable; **~ disque/cassette** record/cassette deck; **~ laser** *ou* **compact-disc** compact disc (player)
platitude [platityd] *nf* platitude
platonique [platɔnik] *adj* platonic
plâtras [plɑtʀɑ] *nm* rubble *no pl*
plâtre [plɑtʀ] *nm (matériau)* plaster; *(statue)* plaster statue; *(Méd)* (plaster) cast; **avoir un bras dans le ~** to have an arm in plaster;
plâtres *nmpl* plasterwork *sg*
plâtrer [plɑtʀe] /1/ *vt* to plaster; *(Méd)* to set *ou* put in a (plaster) cast
plâtrier [plɑtʀije] *nm* plasterer
plausibilité [plozibilite] *nf* plausibility
plausible [plozibl] *adj* plausible
play-back [plɛbak] *nm* miming
play-boy [plɛbɔj] *nm* playboy
plébiscite [plebisit] *nm* plebiscite
plébisciter [plebisite] /1/ *vt (approuver)* to give overwhelming support to; *(élire)* to elect by an overwhelming majority
plectre [plɛktʀ] *nm* plectrum
pléiade [plejad] *nf (groupe)* host; **toute une ~ de** a whole host of
plein, e [plɛ̃, plɛn] *adj* full; *(porte, roue)* solid; *(chienne, jument)* big (with young); **~ de** full of; **avoir les mains pleines** to have one's hands full; **à pleines mains** *(ramasser)* in handfuls; *(empoigner)* firmly; **à ~ régime** at maximum revs; *(fig)* at full speed; **à ~ temps** full-time; **en ~ air** in the open air; **jeux en ~ air** outdoor games; **en pleine mer** on the open sea; **en ~ soleil** in direct sunlight; **en pleine nuit/rue** in the middle of the night/street; **en ~ milieu** right in the middle; **en ~ jour** in broad daylight ▸ *nm* : **faire le ~ (d'essence)** to fill up (with petrol (BRIT) *ou* gas (US)); **faire le ~ de voix** to get the maximum number of votes possible; **les pleins** the downstrokes *(in handwriting)* ▸ *prép* : **avoir de l'argent ~ les poches** to have loads of money; **en ~ sur** right on; **en avoir ~ le dos** *(fam)* to have had it up to here
pleinement [plɛnmɑ̃] *adv* fully; to the full
plein-emploi [plɛnɑ̃plwa] *nm* full employment
plénière [plenjɛʀ] *adj f* : **assemblée ~** plenary assembly
plénipotentiaire [plenipɔtɑ̃sjɛʀ] *nm* plenipotentiary
plénitude [plenityd] *nf* fullness
pléthore [pletɔʀ] *nf* : **~ de** overabundance *ou* plethora of
pléthorique [pletɔʀik] *adj (classes)* overcrowded; *(documentation)* excessive
pleurer [plœʀe] /1/ *vi* to cry; *(yeux)* to water; **~ sur** to lament (over), bemoan; **~ de rire** to laugh till one cries ▸ *vt* to mourn (for)
pleurésie [plœʀezi] *nf* pleurisy
pleureuse [plœʀøz] *nf* professional mourner
pleurnichard, e [plœʀniʃaʀ, -aʀd] *adj (personne, ton)* whining
pleurnicher [plœʀniʃe] /1/ *vi* to snivel, whine
pleurote [plœʀɔt] *nm (Bot)* oyster mushroom
pleurs [plœʀ] *nmpl* : **en ~** in tears
pleut [plø] *vb voir* **pleuvoir**
pleutre [pløtʀ] *adj* cowardly
pleuvait *etc* [pløvɛ] *vb voir* **pleuvoir**
pleuviner [pløvine] /1/ *vb impers* to drizzle

P

pleuvoir [pløvwaʀ] /**23**/ *vb impers* to rain; **il pleut** it's raining; **il pleut des cordes** *ou* **à verse** *ou* **à torrents** it's pouring (down), it's raining cats and dogs ▸ *vi* (*fig* : *coups*) to rain down; (*critiques, invitations*) to shower down
pleuvra *etc* [pløvʀa] *vb voir* **pleuvoir**
plexiglas® [plɛksiglɑs] *nm* Plexiglas® (*US*)
pli [pli] *nm* fold; (*de jupe*) pleat; (*de pantalon*) crease; (*aussi* : **faux pli**) crease; (*enveloppe*) envelope; (*lettre*) letter; (*Cartes*) trick; **prendre le ~ de faire** to get into the habit of doing; **ça ne fait pas un ~ !** don't you worry!; **~ d'aisance** inverted pleat
pliable [plijabl] *adj* pliable, flexible
pliage [plijaʒ] *nm* folding; (*Art*) origami
pliant, e [plijɑ̃, -ɑ̃t] *adj* folding ▸ *nm* folding stool, campstool
plier [plije] /**7**/ *vt* to fold; (*pour ranger*) to fold up; (*table pliante*) to fold down; (*genou, bras*) to bend ▸ *vi* to bend; (*fig*) to yield; **~ bagages** (*fig*) to pack up (and go); **se plier** *vpr* : **se ~ à** to submit to
plinthe [plɛ̃t] *nf* skirting board
plissé, e [plise] *adj* (*jupe, robe*) pleated; (*peau*) wrinkled; (*Géo*) folded ▸ *nm* (*Couture*) pleats *pl*
plissement [plismɑ̃] *nm* (*Géo*) fold
plisser [plise] /**1**/ *vt* (*chiffonner* : *papier, étoffe*) to crease; (*rider* : *yeux*) to screw up; (: *front*) to furrow, wrinkle; (: *bouche*) to pucker; (*jupe*) to put pleats in; **se plisser** *vpr* (*vêtement, étoffe*) to crease
pliure [plijyʀ] *nf* (*du bras, genou*) bend; (*d'un ourlet*) fold
plomb [plɔ̃] *nm* (*métal*) lead; (*d'une cartouche*) (lead) shot; (*Pêche*) sinker; (*sceau*) (lead) seal; (*Élec*) fuse; **de ~** (*soleil*) blazing; **sans ~** (*essence*) unleaded; **sommeil de ~** heavy *ou* very deep sleep; **mettre à ~** to plumb
plombage [plɔ̃baʒ] *nm* (*de dent*) filling
plombémie [plɔ̃bemi] *nf* blood lead
plomber [plɔ̃be] /**1**/ *vt* (*canne, ligne*) to weight (with lead); (*colis, wagon*) to put a lead seal on; (*Tech* : *mur*) to plumb; (: *dent*) to fill (Brit), stop (*US*); (*Inform*) to protect
plomberie [plɔ̃bʀi] *nf* plumbing
plombier [plɔ̃bje] *nm* plumber
plonge [plɔ̃ʒ] *nf* : **faire la ~** to be a washer-up (Brit) *ou* dishwasher (*person*)
plongeant, e [plɔ̃ʒɑ̃, -ɑ̃t] *adj* (*vue*) from above; (*tir, décolleté*) plunging
plongée [plɔ̃ʒe] *nf* (*Sport*) diving *no pl*; (: *sans scaphandre*) skin diving; (*de sous-marin*) submersion, dive; **en ~** (*sous-marin*) submerged; (*prise de vue*) high angle; **~ sous-marine** diving
plongeoir [plɔ̃ʒwaʀ] *nm* diving board
plongeon [plɔ̃ʒɔ̃] *nm* dive
plonger [plɔ̃ʒe] /**3**/ *vi* to dive; **~ dans un sommeil profond** to sink straight into a deep sleep ▸ *vt* : **~ qch dans** to plunge sth into; **~ qn dans l'embarras** to throw sb into a state of confusion; **se plonger** *vpr* : **se ~ dans** (*études, lecture*) to bury *ou* immerse o.s. in; **se ~ dans un livre** to get absorbed in a book
plongeur, -euse [plɔ̃ʒœʀ, -øz] *nm/f* diver; (*de café*) washer-up (Brit), dishwasher (*person*)
plot [plo] *nm* (*Élec*) contact
plouc [pluk] *nmf* (*fam, péj*) yokel
ploutocratie [plutɔkʀasi] *nf* plutocracy
ploutocratique [plutɔkʀatik] *adj* plutocratic
ployer [plwaje] /**8**/ *vt* to bend ▸ *vi* to bend; (*plancher*) to sag
plu [ply] *pp de* **plaire** ; **pleuvoir**
pluie [plɥi] *nf* rain; (*averse, ondée*) : **une ~ brève** a shower; (*fig*) : **~ de** shower of; **une ~ fine** fine rain; **retomber en ~** to shower down; **sous la ~** in the rain
plumage [plymaʒ] *nm* plumage *no pl*, feathers *pl*
plume [plym] *nf* feather; (*pour écrire*) (pen) nib; (*fig*) pen; **dessin à la ~** pen and ink drawing
plumeau, x [plymo] *nm* feather duster
plumer [plyme] /**1**/ *vt* to pluck
plumet [plymɛ] *nm* plume
plumier [plymje] *nm* pencil box
plupart [plypaʀ] : **la ~** *pron* the majority, most (of them); **la ~ des** most, the majority of; **la ~ du temps/d'entre nous** most of the time/of us; **pour la ~** *adv* for the most part, mostly
pluralisme [plyʀalism] *nm* pluralism
pluraliste [plyʀalist] *adj* pluralist
pluralité [plyʀalite] *nf* plurality
pluriannuel, le [plyʀianɥɛl] *adj* long-term
pluridisciplinaire [plyʀidisiplinɛʀ] *adj* multidisciplinary
pluriel [plyʀjɛl] *nm* plural; **au ~** in the plural
pluriethnique [plyʀiɛtnik] *adj* multi-ethnic
plus¹ [ply] *vb voir* **plaire**

MOT-CLÉ

plus² [ply] *adv* **1** (*forme négative*) : **ne … plus** no more, no longer; **je n'ai plus d'argent** I've got no more money *ou* no money left; **il ne travaille plus** he's no longer working, he doesn't work any more
2 [ply, (+*voyelle*) plyz] (*comparatif*) more, …+er; (*superlatif*) : **le plus** the most, the …+est; **plus grand/intelligent (que)** bigger/more intelligent (than); **le plus grand/intelligent** the biggest/most intelligent; **tout au plus** at the very most
3 (*davantage*) [plys, (+*voyelle*) plyz] more; **il travaille plus (que)** he works more (than); **plus il travaille, plus il est heureux** the more he works, the happier he is; **plus de pain** more bread; **plus de 10 personnes/trois heures/quatre kilos** more than *ou* over 10 people/three hours/four kilos; **trois heures de plus que** three hours more than; **plus de minuit** after *ou* past midnight; **de plus** what's more, moreover; **il a trois ans de plus que moi** he's three years older than me; **trois kilos en plus** three kilos more; **en plus de** in addition to; **de plus en plus** more and more; **en plus de cela …** what is more …; **plus ou moins** more or less; **ni plus ni moins** no more, no less; **sans plus** (but) no more than that, (but) that's all; **qui plus est** what is more
▸ *prép* [plys] : **quatre plus deux** four plus two

plusieurs [plyzjœʀ] *adj, pron* several; **ils sont ~** there are several of them

plus-que-parfait [plyskəpaʀfɛ] *nm* pluperfect, past perfect
plus-value [plyvaly] *nf* (*d'un bien*) appreciation; (*bénéfice*) capital gain; (*budgétaire*) surplus
plut [ply] *vb voir* **plaire**; **pleuvoir**
plutonium [plytɔnjɔm] *nm* plutonium
plutôt [plyto] *adv* rather; **je ferais ~ ceci** I'd rather *ou* sooner do this; **fais ~ comme ça** try this way instead; **~ que (de) faire** rather than *ou* instead of doing
pluvial, e, -aux [plyvjal, -o] *adj* (*eaux*) rain *cpd*
pluvieux, -euse [plyvjø, -øz] *adj* rainy, wet
pluviométrie [plyvjɔmetʀi] *nf* recorded rainfall
pluviosité [plyvjɔzite] *nf* rainfall
PM *sigle f* = **Police militaire**
p.m. *abr* (= *pour mémoire*) for the record
PMA [peɛma] *sigle nmpl* (= *pays les moins avancés*) LDCs ▸ *sigle f* = **procréation médicalement assistée**
PME *sigle fpl* (= *petites et moyennes entreprises*) small businesses
PMI *sigle fpl* = **petites et moyennes industries** ▸ *sigle f* = **protection maternelle et infantile**
PMU *sigle m* (= *pari mutuel urbain*) betting agency

PMU

The **PMU** (*pari mutuel urbain*) is a government-regulated network of betting counters run from bars displaying the PMU sign or online. Punters buy fixed-price tickets predicting winners or finishing positions in horse races. The traditional bet is the *tiercé*, a triple bet, although other multiple bets (*quarté* and so on) are becoming increasingly popular.

PNB *sigle m* (= *produit national brut*) GNP
pneu [pnø] *nm* (*de roue*) tyre (BRIT), tire (US); (*message*) letter sent by pneumatic tube
pneumatique [pnømatik] *adj* pneumatic; (*gonflable*) inflatable ▸ *nm* tyre (BRIT), tire (US)
pneumonie [pnømɔni] *nf* pneumonia
pneumopathie [pnømopati] *nf* acute respiratory disease
PO *sigle fpl* (= *petites ondes*) MW
po [po] *abr voir* **science**
Pô [po] *nm* : **le Pô** the Po
p.o. *abr* (= *par ordre*) p.p. (*on letters etc*)
poche [pɔʃ] *nf* pocket; (*déformation*) : **faire une/des ~(s)** to bag; (*sous les yeux*) bag, pouch; (*Zool*) pouch; **de ~** pocket *cpd*; **en être de sa ~** to be out of pocket; **c'est dans la ~** it's in the bag; **argent de ~** pocket money ▸ *nm* (*livre de poche*) (pocket-size) paperback
poché, e [pɔʃe] *adj* : **œuf ~** poached egg; **œil ~** black eye
pocher [pɔʃe] /1/ *vt* (*Culin*) to poach; (*Art*) to sketch ▸ *vi* (*vêtement*) to bag
poche-revolver (*pl* **poches-revolver**) [pɔʃʀəvɔlvɛʀ] *nf* hip pocket
pochette [pɔʃɛt] *nf* (*de timbres*) wallet, envelope; (*d'aiguilles etc*) case; (*sac* : *de femme*) clutch bag, purse; (: *d'homme*) bag; (*sur veston*) breast pocket; (*mouchoir*) breast pocket handkerchief; **~ d'allumettes** book of matches; **~ de disque** record sleeve; **~ surprise** lucky bag
pochoir [pɔʃwaʀ] *nm* (*Art* : *cache*) stencil; (: *tampon*) transfer
podcast [pɔdkast] *nm* (*Inform*) podcast
podcaster [pɔdkaste] /1/ *vi* (*Inform*) to podcast
podium [pɔdjɔm] *nm* podium
podologue [pɔdɔlɔg] *nmf* podiatrist
poêle [pwal] *nm* stove ▸ *nf* : **~ (à frire)** frying pan
poêlée [pwale] *nf* (*Culin*) pan fry
poêler [pwale] *vt* to pan-fry
poêlon [pwalɔ̃] *nm* casserole
poème [pɔɛm] *nm* poem
poésie [pɔezi] *nf* (*poème*) poem; (*art*) : **la ~** poetry
poète [pɔɛt] *nm* poet; (*fig*) dreamer ▸ *adj* poetic
poétesse [pɔetɛs] *nf* poetess
poétique [pɔetik] *adj* poetic
pognon [pɔɲɔ̃] *nm* (*fam* : *argent*) dough
poids [pwa] *nm* weight; (*Sport*) shot; **vendre au ~** to sell by weight; **de ~** *adj* (*argument etc*) weighty; **perdre/prendre du ~** to lose/put on weight; **faire le ~** (*fig*) to measure up; **~ plume/mouche/coq/moyen** (*Boxe*) feather/fly/bantam/middleweight; **~ et haltères** weight lifting *sg*; **~ lourd** (*Boxe*) heavyweight; (*camion* : *aussi* : **PL**) (big) lorry (BRIT), truck (US); (*Admin*) large goods vehicle (BRIT), truck (US); **~ mort** dead weight; **~ utile** net weight
poignant, e [pwaɲɑ̃, -ɑ̃t] *adj* poignant, harrowing
poignard [pwaɲaʀ] *nm* dagger
poignarder [pwaɲaʀde] /1/ *vt* to stab, knife
poigne [pwaɲ] *nf* grip; (*fig*) firm-handedness; **à ~** firm-handed; **avoir de la ~** (*fig*) to rule with a firm hand
poignée [pwaɲe] *nf* (*de sel etc, fig*) handful; (*de couvercle, porte*) handle; **~ de main** handshake
poignet [pwaɲɛ] *nm* (*Anat*) wrist; (*de chemise*) cuff
poil [pwal] *nm* (*Anat*) hair; (*de pinceau, brosse*) bristle; (*de tapis, tissu*) strand; (*pelage*) coat; (*ensemble des poils*) : **avoir du ~ sur la poitrine** to have hair(s) on one's chest, have a hairy chest; **à ~** *adj* (*fam*) starkers; **au ~** *adj* (*fam*) hunky-dory; **de tout ~** of all kinds; **être de bon/mauvais ~** (*fam*) to be in a good/bad mood; **~ à gratter** itching powder
poilant, e [pwalɑ̃, -ɑ̃t] *adj* (*fam*) uproarious
poilu, e [pwaly] *adj* hairy
poinçon [pwɛ̃sɔ̃] *nm* awl; bodkin; (*marque*) hallmark
poinçonner [pwɛ̃sɔne] /1/ *vt* (*marchandise*) to stamp; (*bijou etc*) to hallmark; (*billet, ticket*) to punch, clip
poinçonneuse [pwɛ̃sɔnøz] *nf* (*outil*) punch
poindre [pwɛ̃dʀ] /49/ *vi* (*fleur*) to come up; (*aube*) to break; (*jour*) to dawn
poing [pwɛ̃] *nm* fist; **coup de ~** punch; **dormir à poings fermés** to sleep soundly
point [pwɛ̃] *vb voir* **poindre** ▸ *nm* (*marque, signe*) dot; (*de ponctuation*) full stop, period (US); (*moment, de score etc, fig* : *question*) point; (*endroit*) spot; (*Couture, Tricot*) stitch; **faire le ~** (*Navig*) to take a bearing; (*fig*) to take stock (of the situation); **faire le ~ sur** to review; **en tout ~** in every respect; **sur le ~ de faire** (just) about

to do; **au ~ que, à tel ~ que** so much so that; **mettre au ~** (*mécanisme, procédé*) to develop; (*appareil photo*) to focus; (*affaire*) to settle; **à ~** (*Culin : viande*) medium; **à ~ (nommé)** just at the right time; **~ de croix/tige/chaînette** (*Couture*) cross/stem/chain stitch; **~ mousse/jersey** (*Tricot*) garter/stocking stitch; **~ de départ/d'arrivée/d'arrêt** departure/arrival/ stopping point; **~ chaud** (*Mil, Pol*) hot spot; **~ de chute** landing place; (*fig*) stopping-off point; **~ (de côté)** stitch (*pain*); **~ culminant** summit; (*fig*) height, climax; **~ d'eau** spring, water point; **~ d'exclamation** exclamation mark; **~ faible** weak spot; **~ final** full stop, period (*US*); **~ d'interrogation** question mark; **~ mort** (*Finance*) break-even point; **au ~ mort** (*Auto*) in neutral; (*affaire, entreprise*) at a standstill; **~ noir** (*sur le visage*) blackhead; (*Auto*) accident black spot; **~ de non-retour** point of no return; **~ de repère** landmark; (*dans le temps*) point of reference; **~ de vente** retail outlet; **~ de vue** viewpoint; (*fig : opinion*) point of view; **du ~ de vue de** from the point of view of; **points cardinaux** points of the compass, cardinal points; **points de suspension** suspension points ▸ *adv* = **pas**[1]; **ne ... ~** not (at all)

pointage [pwɛ̃taʒ] *nm* ticking off; checking in

pointe [pwɛ̃t] *nf* point; (*de la côte*) headland; (*allusion*) dig; sally; (*clou*) tack; **pointes** *nfpl* (*Danse*) points, point shoes; **une ~ d'ail/d'accent** a touch *ou* hint of garlic/of an accent; **être à la ~ de** (*fig*) to be in the forefront of; **faire** *ou* **pousser une ~ jusqu'à ...** to press on as far as ...; **sur la ~ des pieds** on tiptoe; **en ~** *adv* (*tailler*) into a point; *adj* pointed, tapered; **de ~** *adj* (*technique, technologie etc*) leading, cutting-edge (*: vitesse*) maximum, top; **heures/ jours de ~** peak hours/days; **faire du 180 en ~** (*Auto*) to have a top *ou* maximum speed of 180; **faire des pointes** (*Danse*) to dance on points; **~ d'asperge** asparagus tip; **~ de courant** surge (of current); **~ de vitesse** burst of speed

pointer [pwɛ̃te] /1/ *vt* (*cocher*) to tick off; (*diriger : canon, longue-vue, doigt*) : **~ vers qch, ~ sur qch** to point at sth; (*Mus : note*) to dot; **~ les oreilles** (*chien*) to prick up its ears ▸ *vi* (*employé*) to clock in *ou* on; (*pousses*) to come through; (*jour*) to break; **se pointer** *vpr* (*fam : arriver, apparaître*) to turn up

pointeur, -euse [pwɛ̃tœʀ, -øz] *nm/f* time-keeper ▸ *nf* timeclock ▸ *nm* (*Inform*) cursor

pointillé [pwɛ̃tije] *nm* (*trait*) dotted line; (*Art*) stippling *no pl*

pointilleux, -euse [pwɛ̃tijø, -øz] *adj* particular, pernickety

pointu, e [pwɛ̃ty] *adj* pointed; (*clou*) sharp; (*voix*) shrill; (*analyse*) precise

pointure [pwɛ̃tyʀ] *nf* size

point-virgule (*pl* **points-virgules**) [pwɛ̃viʀgyl] *nm* semi-colon

poire [pwaʀ] *nf* pear; (*fam, péj*) mug; **~ électrique** (*pear-shaped*) switch; **~ à injections** syringe

poireau, x [pwaʀo] *nm* leek

poireauter [pwaʀote] /1/ *vi* (*fam*) to hang about (waiting)

poirier [pwaʀje] *nm* pear tree; (*Sport*) : **faire le ~** to do a headstand

pois [pwɑ] *nm* (*Bot*) pea; (*sur une étoffe*) dot, spot; **à ~** (*cravate etc*) spotted, polka-dot *cpd*; **~ chiche** chickpea; **~ de senteur** sweet pea; **~ cassés** split peas

poison [pwazɔ̃] *nm* poison

poisse [pwas] *nf* rotten luck

poisser [pwase] /1/ *vt* to make sticky

poisseux, -euse [pwasø, -øz] *adj* sticky

poisson [pwasɔ̃] *nm* fish *gén inv*; **les Poissons** (*Astrologie : signe*) Pisces, the Fish; **être des Poissons** to be Pisces; **pêcher** *ou* **prendre du ~** *ou* **des poissons** to fish; **~ d'avril** April fool; (*blague*) April fool's day trick; **~ rouge** goldfish

POISSON D'AVRIL

The traditional April Fools' Day prank in France involves attaching a cut-out paper fish, known as a **poisson d'avril**, to the back of one's victim without being caught. In modern-day France people often play practical jokes on each other and say '*Poisson d'avril!*' to the victim when the joke is revealed. Hoax news stories are often reported on TV and in the press, and companies may advertise fake products as part of the joke.

poisson-chat (*pl* **poissons-chats**) [pwasɔ̃ʃa] *nm* catfish

poissonnerie [pwasɔnʀi] *nf* fishmonger's (*Brit*), fish store (*US*)

poissonneux, -euse [pwasɔnø, -øz] *adj* abounding in fish

poissonnier, -ière [pwasɔnje, -jɛʀ] *nm/f* fishmonger (*Brit*), fish merchant (*US*) ▸ *nf* (*ustensile*) fish kettle

poisson-scie (*pl* **poissons-scies**) [pwasɔ̃si] *nm* sawfish

poitevin, e [pwat(ə)vɛ̃, -in] *adj* (*région*) of *ou* from Poitou; (*ville*) of *ou* from Poitiers

poitrail [pwatʀaj] *nm* (*d'un cheval etc*) breast

poitrine [pwatʀin] *nf* (*Anat*) chest; (*seins*) bust, bosom; (*Culin*) breast; **~ de bœuf** brisket

poivre [pwavʀ] *nm* pepper; **~ en grains/ moulu** whole/ground pepper; **~ de cayenne** cayenne (pepper); **~ et sel** *adj* (*cheveux*) pepper-and-salt

poivré, e [pwavʀe] *adj* peppery

poivrer [pwavʀe] /1/ *vt* to pepper

poivrier [pwavʀije] *nm* (*Bot*) pepper plant

poivrière [pwavʀijɛʀ] *nf* pepperpot, pepper shaker (*US*)

poivron [pwavʀɔ̃] *nm* pepper, capsicum; **~ vert/ rouge** green/red pepper

poivrot, e [pwavʀo, -ɔt] *nm/f* (*fam : ivrogne*) wino (*fam*)

poix [pwa] *nf* pitch (*tar*)

poker [pɔkɛʀ] *nm* : **le ~** poker; **partie de ~** (*fig*) gamble; **~ d'as** four aces

polaire [pɔlɛʀ] *adj* polar

polar [pɔlaʀ] *nm* (*fam*) detective novel

polarisation [pɔlaʀizasjɔ̃] *nf* (*Physique, Élec*) polarization; (*fig*) focusing
polariser [pɔlaʀize] /1/ *vt* to polarize; (*fig : attirer*) to attract; (*: réunir, concentrer*) to focus; **être polarisé sur** (*personne*) to be completely bound up with *ou* absorbed by
pôle [pol] *nm* (*Géo, Élec*) pole; **le ~ Nord/Sud** the North/South Pole; **~ d'attraction** (*fig*) centre of attraction
polémique [pɔlemik] *adj* controversial, polemic(al) ▸ *nf* controversy
polémiquer [pɔlemike] /1/ *vi* to be involved in controversy
polémiste [pɔlemist] *nmf* polemist, polemicist
poli, e [pɔli] *adj* polite; (*lisse*) smooth; polished
police [pɔlis] *nf* police; (*discipline*) : **assurer la ~ de** *ou* **dans** to keep order in; **peine de simple ~** *sentence given by a magistrates' or police court*; **~ (d'assurance)** (insurance) policy; **~ (de caractères)** (*Typo, Inform*) font, typeface; **~ judiciaire (PJ)** ≈ Criminal Investigation Department (CID) (Brit), ≈ Federal Bureau of Investigation (FBI) (US); **~ des mœurs** ≈ vice squad; **~ secours** ≈ emergency services *pl* (Brit), ≈ paramedics *pl* (US)

En anglais britannique, le mot **police** peut fonctionner comme un singulier ou un pluriel selon que l'accent est mis sur le corps en général ou sur ses membres. Le verbe qui suit peut donc être au singulier ou au pluriel.
La police est chargée de faire régner l'ordre. **The police** *is* **responsible for maintaining law and order**.
La police a arrêté vingt manifestants. **The police** *have* **arrested twenty demonstrators**.

policé, e [pɔlise] *adj* civilized
polichinelle [pɔliʃinɛl] *nm* Punch; (*péj*) buffoon; **secret de ~** open secret
policier, -ière [pɔlisje, -jɛʀ] *adj* police *cpd* ▸ *nm* policeman; (*aussi* : **roman policier**) detective novel
policlinique [pɔliklinik] *nf* ≈ outpatients *sg* (clinic)
poliment [pɔlimɑ̃] *adv* politely
polio [pɔljo] *nf* (*aussi* : **poliomyélite**) polio ▸ *nmf* (*aussi* : **poliomyélitique**) polio patient *ou* case
poliomyélite [pɔljɔmjelit] *nf* poliomyelitis
poliomyélitique [pɔljɔmjelitik] *nmf* polio patient *ou* case
polir [pɔliʀ] /2/ *vt* to polish
polisson, ne [pɔlisɔ̃, -ɔn] *adj* naughty
politesse [pɔlitɛs] *nf* politeness; **rendre la ~ à qn** to return sb's favour (Brit) *ou* favor (US); **politesses** *nfpl* (exchange of) courtesies
politicard [pɔlitikaʀ] *nm* (*péj*) politico, political schemer
politicien, ne [pɔlitisjɛ̃, -ɛn] *adj* political ▸ *nm/f* (*péj*) politician
politique [pɔlitik] *adj* political ▸ *nf* (*science, activité*) politics *sg*; (*principes, tactique*) policy, policies *pl*; **~ étrangère/intérieure** foreign/domestic policy ▸ *nm* (*politicien*) politician
politique-fiction [pɔlitikfiksjɔ̃] (*pl* **politiques-fictions**) *nf* political fiction
politiquement [pɔlitikmɑ̃] *adv* politically; **~ correct** politically correct
politisation [pɔlitizasjɔ̃] *nf* politicization
politiser [pɔlitize] /1/ *vt* to politicize; **se politiser** *vpr* (*débat*) to become politicized
politologue [pɔlitɔlɔg] *nmf* political commentator
pollen [pɔlɛn] *nm* pollen
polluant, e [pɔlɥɑ̃, -ɑ̃t] *adj* polluting; **non ~** non-polluting ▸ *nm* polluting agent, pollutant
polluer [pɔlɥe] /1/ *vt* to pollute
pollueur, -euse [pɔlɥœʀ, -øz] *nm/f* polluter
pollution [pɔlysjɔ̃] *nf* pollution
polo [pɔlo] *nm* (*sport*) polo; (*tricot*) polo shirt
Pologne [pɔlɔɲ] *nf* : **la ~** Poland
polonais, e [pɔlɔnɛ, -ɛz] *adj* Polish ▸ *nm* (*Ling*) Polish ▸ *nm/f* : **Polonais, e** Pole
poltron, ne [pɔltʀɔ̃, -ɔn] *adj* cowardly
poly... [pɔli] *préfixe* poly...
polyamide [pɔliamid] *nf* polyamide
polychrome [pɔlikʀom] *adj* polychrome, polychromatic
polyclinique [pɔliklinik] *nf* (private) clinic (*treating different illnesses*)
polycopie [pɔlikɔpi] *nf* (*procédé*) duplicating; (*reproduction*) duplicated copy
polycopié, e [pɔlikɔpje] *adj* duplicated ▸ *nm* handout, duplicated notes *pl*
polycopier [pɔlikɔpje] /7/ *vt* to duplicate
polyculture [pɔlikyltyʀ] *nf* mixed farming
polyester [pɔliɛstɛʀ] *nm* polyester
polyéthylène [pɔlietilɛn] *nm* polyethylene
polygame [pɔligam] *adj* polygamous
polygamie [pɔligami] *nf* polygamy
polyglotte [pɔliglɔt] *adj* polyglot
polygone [pɔligɔn] *nm* polygon
polymère [pɔlimɛʀ] *nm* polymer
polymorphe [pɔlimɔʀf] *adj* polymorphous
Polynésie [pɔlinezi] *nf* : **la ~** Polynesia; **la ~ française** French Polynesia
polynésien, ne [pɔlinezjɛ̃, -ɛn] *adj* Polynesian
polynôme [pɔlinom] *nm* polynomial
polype [pɔlip] *nm* polyp
polyphonie [pɔlifɔni] *nf* (*Mus : technique*) polyphony; (*: chant*) polyphony
polyphonique [pɔlifɔnik] *adj* (*Mus*) polyphonic
polysémie [pɔlisemi] *nf* polysemy
polysémique [pɔlisemik] *adj* polysemous
polystyrène [pɔlistiʀɛn] *nm* polystyrene
polytechnicien, ne [pɔlitɛknisjɛ̃, -ɛn] *nm/f* *student or former student of the École polytechnique*
Polytechnique [pɔlitɛknik] *nf* : **(École) ~** *prestigious military academy producing high-ranking officers and engineers*
polyuréthane [pɔliyʀetan] *nm* polyurethane
polyvalent, e [pɔlivalɑ̃, -ɑ̃t] *adj* (*vaccin*) polyvalent; (*personne*) versatile; (*rôle*) varied; (*salle*) multi-purpose ▸ *nm* ≈ tax inspector
pomélo [pɔmelo] *nm* pomelo, grapefruit
pommade [pɔmad] *nf* ointment, cream
pomme [pɔm] *nf* (*Bot*) apple; (*boule décorative*) knob; (*pomme de terre*) : **steak pommes (frites)** steak and chips (Brit) *ou* (French) fries (US);

P

tomber dans les pommes (*fam*) to pass out; **~ d'Adam** Adam's apple; **pommes allumettes** French fries (*thin-cut*); **~ d'arrosoir** (sprinkler) rose; **~ de pin** pine *ou* fir cone; **~ de terre** potato; **pommes vapeur** boiled potatoes
pommé, e [pɔme] *adj* (*chou etc*) firm
pommeau, x [pɔmo] *nm* (*boule*) knob; (*de selle*) pommel
pommelé, e [pɔm(ə)le] *adj* : **gris ~** dapple grey
pommette [pɔmɛt] *nf* cheekbone
pommier [pɔmje] *nm* apple tree
pompe [pɔ̃p] *nf* pump; (*faste*) pomp (and ceremony); **~ à eau/essence** water/petrol pump; **~ à huile** oil pump; **~ à incendie** fire engine (*apparatus*); **pompes funèbres** undertaker's *sg*, funeral parlour *sg* (BRIT), mortician's *sg* (US)
Pompéi [pɔ̃pei] *n* Pompeii
pompéien, ne [pɔ̃pejɛ̃, -ɛn] *adj* Pompeiian
pomper [pɔ̃pe] /1/ *vt* to pump; (*évacuer*) to pump out; (*aspirer*) to pump up; (*absorber*) to soak up ▸ *vi* to pump
pompeusement [pɔ̃pøzmɑ̃] *adv* pompously
pompeux, -euse [pɔ̃pø, -øz] *adj* pompous
pompier [pɔ̃pje] *nm* fireman ▸ *adj m* (*style*) pretentious, pompous
pompiste [pɔ̃pist] *nmf* petrol (BRIT) *ou* gas (US) pump attendant
pompon [pɔ̃pɔ̃] *nm* pompom, bobble
pomponner [pɔ̃pɔne] /1/ *vt* to titivate (BRIT), dress up
ponçage [pɔ̃saʒ] *nm* sanding
ponce [pɔ̃s] *nf* : **pierre ~** pumice stone
poncer [pɔ̃se] /3/ *vt* to sand (down)
ponceuse [pɔ̃søz] *nf* sander
poncif [pɔ̃sif] *nm* cliché
ponction [pɔ̃ksjɔ̃] *nf* (*d'argent etc*) withdrawal; **~ lombaire** lumbar puncture
ponctionner [pɔ̃ksjɔne] *vt* (*fonds, ressources*) to draw off; (*personne, organisme*) to tax
ponctualité [pɔ̃ktɥalite] *nf* punctuality
ponctuation [pɔ̃ktɥasjɔ̃] *nf* punctuation
ponctuel, le [pɔ̃ktɥɛl] *adj* (*à l'heure, Tech*) punctual; (*fig : opération etc*) one-off, single; (*scrupuleux*) punctilious, meticulous
ponctuellement [pɔ̃ktɥɛlmɑ̃] *adv* punctually; punctiliously, meticulously
ponctuer [pɔ̃ktɥe] /1/ *vt* to punctuate; (*Mus*) to phrase
pondéré, e [pɔ̃dere] *adj* level-headed, composed
pondérer [pɔ̃dere] /6/ *vt* to balance
pondeuse [pɔ̃døz] *nf* layer, laying hen
pondre [pɔ̃dʀ] /41/ *vt* to lay; (*fig*) to produce ▸ *vi* to lay
poney [pɔnɛ] *nm* pony
pongiste [pɔ̃ʒist] *nmf* table tennis player
pont [pɔ̃] *nm* bridge; (*Auto*) : **~ arrière/avant** rear/front axle; (*Navig*) deck; **faire le ~** to take an extra day off; **faire un ~ d'or à qn** to offer sb a fortune to take a job; **~ aérien** airlift; **~ basculant** bascule bridge; **~ d'envol** flight deck; **~ élévateur** hydraulic ramp; **~ de graissage** ramp (*in garage*); **~ à péage** tollbridge; **~ roulant** travelling crane; **~ suspendu** suspension bridge; **~ tournant** swing bridge; **Ponts et Chaussées** highways department

FAIRE LE PONT

The expression **faire le pont** refers to the practice of taking a Monday or Friday off to make a long weekend if a public holiday falls on a Tuesday or Thursday. The French commonly take an extra day off work to give four consecutive days' holiday at *l'Ascension*, *le 14 juillet* and *le 15 août*.

pontage [pɔ̃taʒ] *nm* : **~ coronarien** coronary bypass
ponte [pɔ̃t] *nf* laying; (*œufs pondus*) clutch ▸ *nm* (*fam*) big shot
pontife [pɔ̃tif] *nm* pontiff
pontifiant, e [pɔ̃tifjɑ̃, -jɑ̃t] *adj* (*personne, propos*) pontificating
pontificat [pɔ̃tifika] *nm* (*papauté*) pontificate; (*durée*) pontificate
pontifier [pɔ̃tifje] /7/ *vi* to pontificate
pont-levis (*pl* **ponts-levis**) [pɔ̃lvi] *nm* drawbridge
ponton [pɔ̃tɔ̃] *nm* pontoon (*on water*)
pop [pɔp] *adj inv* pop ▸ *nf* : **la ~** pop (music)
pop-corn [pɔpkɔʀn] *nm* popcorn
popeline [pɔplin] *nf* poplin
populace [pɔpylas] *nf* (*péj*) rabble
populaire [pɔpylɛʀ] *adj* popular; (*manifestation*) mass *cpd*, of the people; (*milieux, clientèle*) working-class; (*Ling : mot etc*) used by the lower classes (of society)
populariser [pɔpylaʀize] /1/ *vt* to popularize
popularité [pɔpylaʀite] *nf* popularity
population [pɔpylasjɔ̃] *nf* population; **~ active/agricole** working/farming population
populeux, -euse [pɔpylø, -øz] *adj* densely populated
populisme [pɔpylism] *nm* populism
populiste [pɔpylist] *adj* populist
porc [pɔʀ] *nm* (*Zool*) pig; (*Culin*) pork; (*peau*) pigskin
porcelaine [pɔʀsəlɛn] *nf* (*substance*) porcelain, china; (*objet*) piece of china(ware)
porcelet [pɔʀsəlɛ] *nm* piglet
porc-épic (*pl* **porcs-épics**) [pɔʀkepik] *nm* porcupine
porche [pɔʀʃ] *nm* porch
porcher, -ère [pɔʀʃe, -ɛʀ] *nm/f* pig-keeper
porcherie [pɔʀʃəʀi] *nf* pigsty
porcin, e [pɔʀsɛ̃, -in] *adj* (*race*) porcine; (*élevage*) pig *cpd*; (*fig*) piglike
pore [pɔʀ] *nm* pore
poreux, -euse [pɔʀø, -øz] *adj* porous
porno [pɔʀno] *adj* porno ▸ *nm* porn
pornographie [pɔʀnɔgʀafi] *nf* pornography
pornographique [pɔʀnɔgʀafik] *adj* pornographic
porosité [pɔʀozite] *nf* (*de matériau, roche*) porosity
port [pɔʀ] *nm* (*Navig*) harbour (BRIT), harbor (US), port; (*ville, Inform*) port; (*de l'uniforme etc*) wearing; (*pour lettre*) postage; (*pour colis, aussi : posture*) carriage; **~ de commerce/de pêche**

commercial/fishing port; **arriver à bon ~** to arrive safe and sound; **~ d'arme** (*Jur*) carrying of a firearm; **~ d'attache** (*Navig*) port of registry; (*fig*) home base; **~ d'escale** port of call; **~ franc** free port; **~ payé** postage paid
portable [pɔʀtabl] *adj* (*vêtement*) wearable; (*portatif*) portable; (*téléphone*) mobile (Brit), cell (US) ▸ *nm* (*Inform*) laptop (computer); (*téléphone*) mobile (phone) (Brit), cell (phone) (US)
portail [pɔʀtaj] *nm* gate; (*de cathédrale*) portal
portant, e [pɔʀtɑ̃, -ɑ̃t] *adj* (*murs*) structural, supporting; (*roues*) running; **bien/mal ~** in good/poor health
portatif, -ive [pɔʀtatif, -iv] *adj* portable
porte [pɔʀt] *nf* door; (*de ville, forteresse, Ski*) gate; **mettre à la ~** to throw out; **prendre la ~** to leave, go away; **à ma/sa ~** (*tout près*) on my/his (*ou* her) doorstep; **~ (d'embarquement)** (*Aviat*) (departure) gate; **~ d'entrée** front door; **~ à ~** *nm* door-to-door selling; **~ de secours** emergency exit; **~ de service** service entrance
porté, e [pɔʀte] *adj* : **être ~ à faire qch** to be apt *ou* inclined to do sth; **être ~ sur qch** to be partial to sth
porte-à-faux [pɔʀtafo] *nm* : **en ~** cantilevered; (*fig*) in an awkward position
porte-aiguilles [pɔʀteguij] *nm inv* needle case
porte-avions [pɔʀtavjɔ̃] *nm inv* aircraft carrier
porte-bagages [pɔʀt(ə)bagaʒ] *nm inv* luggage rack (*ou* basket *etc*)
porte-bébé [pɔʀt(ə)bebe] *nm* baby sling *ou* carrier
porte-bonheur [pɔʀt(ə)bɔnœʀ] *nm inv* lucky charm
porte-bouteilles [pɔʀt(ə)butɛj] *nm inv* bottle carrier; (*à casiers*) wine rack
porte-cartes [pɔʀt(ə)kaʀt] *nm inv* (*de cartes d'identité*) card holder; (*de cartes géographiques*) map wallet
porte-cigarettes [pɔʀt(ə)sigaʀɛt] *nm inv* cigarette case
porte-clefs [pɔʀt(ə)kle] *nm inv* key ring
porte-conteneurs [pɔʀt(ə)kɔ̃t(ə)nœʀ] *nm inv* container ship
porte-couteau, x [pɔʀt(ə)kuto] *nm* knife rest
porte-crayon [pɔʀt(ə)kʀɛjɔ̃] *nm* pencil holder
porte-documents [pɔʀt(ə)dɔkymɑ̃] *nm inv* attaché *ou* document case
porte-drapeau, x [pɔʀt(ə)dʀapo] *nm* standard bearer
portée [pɔʀte] *nf* (*d'une arme*) range; (*fig : importance*) impact, import; (*: capacités*) scope, capability; (*de chatte etc*) litter; (*Mus*) stave, staff; **à/hors de ~ (de)** within/out of reach (of); **à ~ de (la) main** within (arm's) reach; **à ~ de voix** within earshot; **à la ~ de qn** (*fig*) at sb's level, within sb's capabilities; **à la ~ de toutes les bourses** to suit every pocket, within everyone's means
portefaix [pɔʀtəfɛ] *nm inv* porter
porte-fenêtre (*pl* **portes-fenêtres**) [pɔʀt(ə)fənɛtʀ] *nf* French window
portefeuille [pɔʀtəfœj] *nm* wallet; (*Pol, Bourse*) portfolio; **faire un lit en ~** to make an apple-pie bed
porte-jarretelles [pɔʀt(ə)ʒaʀtɛl] *nm inv* suspender belt (Brit), garter belt (US)
porte-jupe [pɔʀtəʒyp] *nm* skirt hanger
portemanteau, x [pɔʀt(ə)mɑ̃to] *nm* coat rack; (*cintre*) coat hanger
porte-mine [pɔʀtəmin] *nm* propelling (Brit) *ou* mechanical (US) pencil
porte-monnaie [pɔʀt(ə)mɔnɛ] *nm inv* purse
porte-parapluies [pɔʀt(ə)paʀaplɥi] *nm* umbrella stand
porte-parole [pɔʀt(ə)paʀɔl] *nm inv* spokesperson
porte-plume [pɔʀtəplym] *nm inv* penholder
porter [pɔʀte] /1/ *vt* (*charge ou sac etc, aussi : fœtus*) to carry; (*sur soi : vêtement, barbe, bague*) to wear; (*fig : responsabilité etc*) to bear, carry; (*inscription, marque, titre, patronyme, arbre : fruits, fleurs*) to bear; (*coup*) to deal; (*attention*) to turn; (*jugement*) to pass; (*apporter*) : **~ qch quelque part/à qn** to take sth somewhere/to sb; (*inscrire*) : **~ qch sur** to put sth down on; to enter sth in; **elle portait le nom de Rosalie** she was called Rosalie; **~ qn au pouvoir** to bring sb to power; **~ bonheur à qn** to bring sb luck; **~ qn à croire** to lead sb to believe; **~ son âge** to look one's age; **~ un toast** to drink a toast; **~ de l'argent au crédit d'un compte** to credit an account with some money; **se faire ~ malade** to report sick; **~ la main à son chapeau** to raise one's hand to one's hat; **~ son effort sur** to direct one's efforts towards; **~ un fait à la connaissance de qn** to bring a fact to sb's attention *ou* notice ▸ *vi* (*voix, regard, canon*) to carry; (*coup, argument*) to hit home; **~ sur** (*peser*) to rest on; (*accent*) to fall on; (*conférence etc*) to concern; (*heurter*) to strike; **se porter** *vpr* (*se sentir*) : **se ~ bien/mal** to be well/unwell; (*aller*) : **se ~ vers** to go towards; **se ~ partie civile** *to associate in a court action with the public prosecutor*; **se ~ garant de qch** to guarantee sth, vouch for sth; **se ~ candidat à la députation** ≈ to stand for Parliament (Brit), ≈ run for Congress (US)
porte-savon [pɔʀt(ə)savɔ̃] *nm* soap dish
porte-serviettes [pɔʀt(ə)sɛʀvjɛt] *nm inv* towel rail
portes-ouvertes [pɔʀtuvɛʀt] *adj inv* : **journée ~** open day
porteur, -euse [pɔʀtœʀ, -øz] *adj* (*Comm*) strong, promising; (*nouvelle, chèque etc*) : **être ~ de** to be the bearer of ▸ *nm/f* (*de messages*) bearer ▸ *nm* (*de bagages*) porter; (*Comm : de chèque*) bearer; (*: d'actions*) holder; **(avion) gros ~** wide-bodied aircraft, jumbo (jet)
porte-voix [pɔʀtəvwa] *nm inv* megaphone, loudhailer (Brit)
portier [pɔʀtje] *nm* doorman, commissionnaire (Brit)
portière [pɔʀtjɛʀ] *nf* door
portillon [pɔʀtijɔ̃] *nm* gate
portion [pɔʀsjɔ̃] *nf* (*part*) portion, share; (*partie*) portion, section
portique [pɔʀtik] *nm* (*Sport*) crossbar; (*Archit*) portico; (*Rail*) gantry
porto [pɔʀto] *nm* port (wine)
portoricain, e [pɔʀtɔʀikɛ̃, -ɛn] *adj* Puerto Rican

P

Porto Rico [pɔʀtoʀiko] *nf* Puerto Rico
portrait [pɔʀtʀɛ] *nm* portrait; (*photographie*) photograph; (*fig*) : **elle est le ~ de sa mère** she's the image of her mother
portraitiste [pɔʀtʀetist] *nmf* portrait painter
portrait-robot [pɔʀtʀɛʀɔbo] (*pl* **portraits-robots**) *nm* Identikit® *ou* Photo-fit® (Brit) picture
portuaire [pɔʀtɥɛʀ] *adj* port *cpd*, harbour *cpd* (Brit), harbor *cpd* (US)
portugais, e [pɔʀtygɛ, -ɛz] *adj* Portuguese ▸ *nm* (*Ling*) Portuguese ▸ *nm/f* : **Portugais, e** Portuguese
Portugal [pɔʀtygal] *nm* : **le ~** Portugal
POS *sigle m* (= *plan d'occupation des sols*) zoning ordinances *ou* regulations
pose [poz] *nf* (*de moquette*) laying; (*de rideaux, papier peint*) hanging; (*attitude, d'un modèle*) pose; (*Photo*) exposure
posé, e [poze] *adj* calm, unruffled
posément [pozemɑ̃] *adv* calmly
posemètre [pozmɛtʀ] *nm* exposure meter
poser [poze] /1/ *vt* (*place*) to put down, to put; (*moquette, carrelage*) to lay; (*rideaux, papier peint*) to hang; (*Math : chiffre*) to put (down); (*question*) to ask; (*principe, conditions*) to lay *ou* set down; (*problème*) to formulate; (*difficulté*) to pose; (*personne : mettre en valeur*) to give standing to; **~ qch (sur)** to put sth down (on); **~ qch sur qch/quelque part** to put sth on sth/somewhere; **~ son** *ou* **un regard sur qn/qch** to turn one's gaze on sb/sth; **~ sa candidature à un poste** to apply for a post; (*Pol*) to put o.s. up for election ▸ *vi* (*modèle*) to pose; to sit; **se poser** *vpr* (*oiseau, avion*) to land; (*question*) to arise; **se ~ en** to pass o.s. off as, pose as
poseur, -euse [pozœʀ, -øz] *nm/f* (*péj*) show-off, poseur; **~ de parquets/carrelages** floor/tile layer
positif, -ive [pozitif, -iv] *adj* positive
position [pozisjɔ̃] *nf* position; **prendre ~** (*fig*) to take a stand
positionnement [pozisjɔnmɑ̃] *nm* (*disposition, localisation*) positioning; (*Comm*) positioning; **un ~ habile sur le marché.** clever positioning in the market.; **le ~ d'un produit** the positioning of a product
positionner [pozisjɔne] /1/ *vt* to position; (*compte en banque*) to calculate the balance of; **se positionner** *vpr* (*se placer*) to position o.s.; (*troupes*) to take up one's position; (*prendre parti*) to take one's stand; (*Comm : entreprise, produit*) to position itself
positivement [pozitivmɑ̃] *adv* positively
positiver [pozitive] *vi* to think positively
posologie [pozɔlɔʒi] *nf* directions *pl* for use, dosage
possédant, e [pɔsedɑ̃, -ɑ̃t] *adj* (*classe*) wealthy ▸ *nm/f* : **les possédants** the haves, the wealthy
possédé, e [pɔsede] *nm/f* person possessed
posséder [pɔsede] /6/ *vt* to own, possess; (*qualité, talent*) to have, possess; (*bien connaître : métier, langue*) to have mastered, have a thorough knowledge of; (*sexuellement, aussi : suj, colère*) to possess; (*fam : duper*) to take in
possesseur [pɔsesœʀ] *nm* owner
possessif, -ive [pɔsesif, -iv] *adj, nm* (*Ling*) possessive
possession [pɔsesjɔ̃] *nf* ownership *no pl*; possession; **être en ~ de qch** to be in possession of sth; **prendre ~ de qch** to take possession of sth
possessivité [pɔsesivite] *nf* possessiveness
possibilité [pɔsibilite] *nf* possibility; **avoir la ~ de faire** to be in a position to do; to have the opportunity to do; **possibilités** *nfpl* (*moyens*) means; (*potentiel*) potential *sg*
possible [pɔsibl] *adj* possible; (*projet, entreprise*) feasible; **(ce n'est) pas ~ !** impossible!; **le plus/moins de livres ~** as many/few books as possible; **le plus vite ~** as quickly as possible; **dès que ~** as soon as possible ▸ *nm* : **faire son ~** to do all one can, do one's utmost; **gentil** *etc* **au ~** as nice *etc* as it is possible to be
post [pɔst] *nm* (*Inform*) post
postal, e, -aux [pɔstal, -o] *adj* postal, post office *cpd*; **sac ~** mailbag, postbag
postdater [pɔstdate] /1/ *vt* to postdate
postdoctoral, e, -aux [pɔstdɔktɔʀal, -o] *adj* post-doctoral
postdoctorant, e [pɔstdɔktɔʀɑ̃, -ɑ̃t] *nm/f* post-doctoral student
poste[1] [pɔst] *nf* (*service*) post, postal service; (*administration, bureau*) post office; **mettre à la ~** to post; **~ restante** poste restante (Brit), general delivery (US); **postes** *nfpl* post office *sg*; **agent** *ou* **employé des postes** post office worker
poste[2] [pɔst] *nm* (*fonction, Mil*) post; (*Tél*) extension; (*de radio etc*) set; (*de budget*) item; **~ de commandement** (*Mil etc*) headquarters; **~ de contrôle** checkpoint; **~ de douane** customs post; **~ émetteur** transmitting set; **~ d'essence** filling station; **~ d'incendie** fire point; **~ de péage** tollgate; **~ de pilotage** cockpit, flight deck; **~ (de police)** police station; **~ de radio/de télévision** radio/television set; **~ de secours** first-aid post; **~ de travail** work station
poster /1/ *vt* [pɔste] (*Inform*) to post ▸ *nm* [pɔstɛʀ] poster; **se poster** *vpr* to position o.s.
postérieur, e [pɔsteʀjœʀ] *adj* (*date*) later; (*partie*) back ▸ *nm* (*fam*) behind
postérieurement [pɔsteʀjœʀmɑ̃] *adv* later, subsequently; **~ à** after
posteriori [pɔsteʀjɔʀi] : **a ~** *adv* with hindsight, a posteriori
postérité [pɔsteʀite] *nf* posterity
postface [pɔstfas] *nf* appendix
posthume [pɔstym] *adj* posthumous
postiche [pɔstiʃ] *adj* false ▸ *nm* hairpiece
postier, -ière [pɔstje, -jɛʀ] *nm/f* post office worker
postillon [pɔstijɔ̃] *nm* : **envoyer des postillons** to splutter
postillonner [pɔstijɔne] /1/ *vi* to splutter
postmoderne [pɔstmɔdɛʀn] *adj* post-modern
postmodernisme [pɔstmɔdɛʀnism] *nm* postmodernism
postnatal, e, post-natal, e [pɔstnatal] *adj* postnatal

postopératoire [pɔstɔpeʀatwaʀ] *adj* post-operative
postproduction [pɔstpʀɔdyksjɔ̃] *nf* post-production
postscolaire [pɔstskɔlɛʀ] *adj* further, continuing
post-scriptum [pɔstskʀiptɔm] *nm inv* postscript
postsynchronisation [pɔstsɛ̃kʀɔnizasjɔ̃] *nf* dubbing
postsynchroniser [pɔstsɛ̃kʀɔnize] /1/ *vt* to dub
postulant, e [pɔstylɑ̃, -ɑ̃t] *nm/f* (*candidat*) applicant; (*Rel*) postulant
postulat [pɔstyla] *nm* postulate
postuler [pɔstyle] /1/ *vt* (*emploi*) to apply for, put in for ▸ *vi* : ~ **à** *ou* **pour un emploi** to apply for a job
posture [pɔstyʀ] *nf* posture, position; (*fig*) position
pot [po] *nm* (*en verre*) jar; (*en terre*) pot; (*en plastique, carton*) carton; (*en métal*) tin; (*fam : chance*) luck; **avoir du ~** (*fam*) to be lucky; **boire** *ou* **prendre un ~** (*fam*) to have a drink; **petit ~ (pour bébé)** (jar of) baby food; **découvrir le ~ aux roses** to find out what's been going on; **~ catalytique** catalytic converter; **~ (de chambre)** (chamber)pot; **~ d'échappement** exhaust pipe; **~ de fleurs** plant pot, flowerpot; (*plante*) pot plant; **~ à tabac** tobacco jar
potable [pɔtabl] *adj* (*fig : boisson*) drinkable; (*: travail, devoir*) decent; **eau (non) ~** (not) drinking water
potache [pɔtaʃ] *nm* schoolboy
potage [pɔtaʒ] *nm* soup
potager, -ère [pɔtaʒe, -ɛʀ] *adj* (*plante*) edible, vegetable *cpd*; **(jardin) ~** kitchen *ou* vegetable garden
potasse [pɔtas] *nf* potassium hydroxide; (*engrais*) potash
potasser [pɔtase] /1/ *vt* (*fam*) to swot up (Brit), cram
potassium [pɔtasjɔm] *nm* potassium
pot-au-feu [pɔtofø] *nm inv* (beef) stew; (*viande*) stewing beef ▸ *adj* (*fam : personne*) stay-at-home
pot-de-vin (*pl* **pots-de-vin**) [podvɛ̃] *nm* bribe
pote [pɔt] *nm* (*fam*) mate (Brit), pal
poteau, x [pɔto] *nm* post; **~ de départ/d'arrivée** starting/finishing post; **~ (d'exécution)** execution post, stake; **~ indicateur** signpost; **~ télégraphique** telegraph pole; **poteaux (de but)** goal-posts
potée [pɔte] *nf* hotpot (*of pork and cabbage*)
potelé, e [pɔt(ə)le] *adj* plump, chubby
potence [pɔtɑ̃s] *nf* gallows *sg*; **en ~** T-shaped
potentat [pɔtɑ̃ta] *nm* potentate; (*fig : péj*) despot
potentiel, le [pɔtɑ̃sjɛl] *adj, nm* potential
potentiellement [pɔtɑ̃sjɛlmɑ̃] *adv* potentially
potentiomètre [pɔtɑ̃sjɔmɛtʀ] *nm* potentiometer
poterie [pɔtʀi] *nf* (*fabrication*) pottery; (*objet*) piece of pottery
potiche [pɔtiʃ] *nf* large vase
potier, -ière [pɔtje, -jɛʀ] *nm/f* potter
potins [pɔtɛ̃] *nmpl* gossip *sg*
potion [posjɔ̃] *nf* potion
potiron [pɔtiʀɔ̃] *nm* pumpkin
pot-pourri (*pl* **pots-pourris**) [popuʀi] *nm* (*Mus*) medley
pou, x [pu] *nm* louse
pouah [pwa] *excl* ugh!, yuk!
poubelle [pubɛl] *nf* (dust)bin
pouce [pus] *nm* thumb; **se tourner** *ou* **se rouler les pouces** (*fig*) to twiddle one's thumbs; **manger sur le ~** to eat on the run, snatch something to eat
poudre [pudʀ] *nf* powder; (*fard*) (face) powder; (*explosif*) gunpowder; **en ~ : café en ~** instant coffee; **savon en ~** soap powder; **lait en ~** dried *ou* powdered milk; **~ à canon** gunpowder; **~ à éternuer** sneezing powder; **~ à récurer** scouring powder; **~ de riz** face powder
poudrer [pudʀe] /1/ *vt* to powder
poudreux, -euse [pudʀø, -øz] *adj* dusty; (*neige*) powdery, powder *cpd*
poudrier [pudʀije] *nm* (powder) compact
poudrière [pudʀijɛʀ] *nf* powder magazine; (*fig*) powder keg
pouf [puf] *nm* pouffe
pouffer [pufe] /1/ *vi* : **~ (de rire)** to burst out laughing
pouffiasse [pufjas] *nf* (*fam*) fat cow; (*prostituée*) tart
pouilleux, -euse [pujø, -øz] *adj* flea-ridden; (*fig*) seedy
poujadisme [puʒadism] *nm* (*Hist*) Poujadism (*conservative reactionary movement founded to protect the business interests of small traders in 1950s France*); (*péj*) reactionary petit-bourgeois attitudes
poujadiste [puʒadist] *nmf, adj* (*Hist*) Poujadist; (*péj*) petit-bourgeois reactionary
poulailler [pulaje] *nm* henhouse; (*Théât*) : **le ~** the gods *sg*
poulain [pulɛ̃] *nm* foal; (*fig*) protégé
poularde [pulaʀd] *nf* fatted chicken
poule [pul] *nf* (*Zool*) hen; (*Culin*) (boiling) fowl; (*Sport*) (round-robin) tournament; (*Rugby*) group; (*fam*) bird (Brit), chick, broad (US); (*fam : prostituée*) tart; **~ d'eau** moorhen; **~ mouillée** coward; **~ pondeuse** laying hen, layer; **~ au riz** chicken and rice
poulet [pulɛ] *nm* chicken; (*fam*) cop
poulette [pulɛt] *nf* (*jeune poule*) pullet
pouliche [puliʃ] *nf* filly
poulie [puli] *nf* pulley
poulpe [pulp] *nm* octopus
pouls [pu] *nm* pulse; **prendre le ~ de qn** to take sb's pulse
poumon [pumɔ̃] *nm* lung; **~ d'acier** *ou* **artificiel** iron *ou* artificial lung
poupe [pup] *nf* stern; **en ~** astern
poupée [pupe] *nf* doll; **jouer à la ~** to play with one's doll (*ou* dolls); **de ~** (*très petit*) : **jardin de ~** doll's garden, pocket-handkerchief-sized garden
poupin, e [pupɛ̃, -in] *adj* chubby
poupon [pupɔ̃] *nm* babe-in-arms
pouponner [pupɔne] /1/ *vi* to fuss (around)
pouponnière [pupɔnjɛʀ] *nf* crèche, day nursery

P

pour [puʀ] *prép* for; **~ faire** (so as) to do, in order to do; **~ avoir fait** for having done; **~ que** so that, in order that; **fermé ~ (cause de) travaux** closed for refurbishment *ou* alterations; **c'est ~ ça que ...** that's why ...; **~ quoi faire ?** what for?; **~ moi** (*à mon avis, pour ma part*) for my part, personally; **~ riche qu'il soit** rich though he may be; **~ 20 euros d'essence** 20 euros' worth of petrol; **~ cent** per cent; **~ ce qui est de** as for; **y être ~ quelque chose** to have something to do with it ▸ *nm* : **le ~ et le contre** the pros and cons
pourboire [puʀbwaʀ] *nm* tip
pourcentage [puʀsɑ̃taʒ] *nm* percentage; **travailler au ~** to work on commission
pourchasser [puʀʃase] /1/ *vt* to pursue
pourfendeur [puʀfɑ̃dœʀ] *nm* sworn opponent
pourfendre [puʀfɑ̃dʀ] /41/ *vt* to assail
pourlécher [puʀleʃe] /6/ : **se pourlécher** *vpr* to lick one's lips
pourparlers [puʀpaʀle] *nmpl* talks, negotiations; **être en ~ avec** to be having talks with
pourpre [puʀpʀ] *adj* crimson
pourquoi [puʀkwa] *adv, conj* why ▸ *nm inv* : **le ~ (de)** the reason (for)
pourrai *etc* [puʀe] *vb voir* **pouvoir**
pourri, e [puʀi] *adj* rotten; (*roche, pierre*) crumbling; (*temps, climat*) filthy, foul ▸ *nm* : **sentir le ~** to smell rotten
pourriel [puʀjɛl] *nm* (*Inform*) spam
pourrir [puʀiʀ] /2/ *vi* to rot; (*fruit*) to go rotten *ou* bad; (*fig : situation*) to deteriorate ▸ *vt* to rot; (*fig : corrompre : personne*) to corrupt; (*: gâter : enfant*) to spoil thoroughly
pourrissement [puʀismɑ̃] *nm* deterioration
pourriture [puʀityʀ] *nf* rot
pourrons *etc* [puʀɔ̃] *vb voir* **pouvoir**
poursuis *etc* [puʀsɥi] *vb voir* **poursuivre**
poursuite [puʀsɥit] *nf* pursuit, chase; **(course) ~** track race; (*fig*) chase; **poursuites** *nfpl* (*Jur*) legal proceedings
poursuivant, e [puʀsɥivɑ̃, -ɑ̃t] *vb voir* **poursuivre** ▸ *nm/f* pursuer; (*Jur*) plaintiff
poursuivre [puʀsɥivʀ] /40/ *vt* to pursue, chase (after); (*relancer*) to hound, harry; (*obséder*) to haunt; (*Jur*) to bring proceedings against, prosecute; (*: au civil*) to sue; (*but*) to strive towards; (*voyage, études*) to carry on with, continue ▸ *vi* to carry on, go on; **se poursuivre** *vpr* to go on, continue
pourtant [puʀtɑ̃] *adv* yet; **mais ~** but nevertheless, but even so; **c'est ~ facile** (and) yet it's easy
pourtour [puʀtuʀ] *nm* perimeter
pourvoi [puʀvwa] *nm* appeal
pourvoir [puʀvwaʀ] /25/ *vt* (*emploi*) to fill; **~ qch/qn de** to equip sth/sb with ▸ *vi* : **~ à** to provide for; **se pourvoir** *vpr* (*Jur*) : **se ~ en cassation** to take one's case to the Court of Appeal
pourvoyeur, -euse [puʀvwajœʀ, -øz] *nm/f* supplier
pourvu, e [puʀvy] *pp de* **pourvoir** ▸ *adj* : **~ de** equipped with ▸ *conj* : **~ que** (*si*) provided that, so long as; (*espérons que*) let's hope (that)

pousse [pus] *nf* growth; (*bourgeon*) shoot
poussé, e [puse] *adj* sophisticated, advanced; (*moteur*) souped-up
pousse-café [puskafe] *nm* (after-dinner) liqueur
poussée [puse] *nf* thrust; (*coup*) push; (*Méd : d'acné*) eruption; (*fig : prix*) upsurge
pousse-pousse [puspus] *nm inv* rickshaw
pousser [puse] /1/ *vt* to push; (*moteur, voiture*) to drive hard; (*émettre : cri etc*) to give; (*stimuler : élève*) to urge on; to drive hard; (*poursuivre : études, discussion*) to carry on; **~ qn à faire qch** (*inciter*) to urge *ou* press sb to do sth; (*acculer*) to drive sb to do sth; **~ le dévouement** *etc* **jusqu'à ...** to take devotion *etc* as far as ... ▸ *vi* to push; (*croître*) to grow; (*aller*) : **~ plus loin** to push on a bit further; **faire ~** (*plante*) to grow; **se pousser** *vpr* to move over
poussette [pusɛt] *nf* (*voiture d'enfant*) pushchair (Brit), stroller (US)
poussette-canne (*pl* **poussettes-cannes**) [pusɛtkan] *nf* baby buggy (Brit), (folding) stroller (US)
poussier [pusje] *nm* coal dust
poussière [pusjɛʀ] *nf* dust; (*grain*) speck of dust; **et des poussières** (*fig*) and a bit; **~ de charbon** coal dust
poussiéreux, -euse [pusjeʀø, -øz] *adj* dusty
poussif, -ive [pusif, -iv] *adj* wheezy, wheezing
poussin [pusɛ̃] *nm* chick
poussoir [puswaʀ] *nm* button
poutre [putʀ] *nf* beam; (*en fer, ciment armé*) girder; **poutres apparentes** exposed beams
poutrelle [putʀɛl] *nf* (*petite poutre*) small beam; (*barre d'acier*) girder

MOT-CLÉ

pouvoir [puvwaʀ] /33/ *nm* power; (*dirigeants*) : **le pouvoir** those in power; **les pouvoirs publics** the authorities; **avoir pouvoir de faire** (*autorisation*) to have (the) authority to do; (*droit*) to have the right to do; **pouvoir absolu** absolute power; **pouvoir absorbant** absorbency; **pouvoir d'achat** purchasing power; **pouvoir calorifique** calorific value
▸ *vb aux* **1** (*être en état de*) can, be able to; **je ne peux pas le réparer** I can't *ou* I am not able to repair it; **déçu de ne pas pouvoir le faire** disappointed not to be able to do it
2 (*avoir la permission de*) can, may, be allowed to; **vous pouvez aller au cinéma** you can *ou* may go to the pictures
3 (*probabilité, hypothèse*) may, might, could; **il a pu avoir un accident** he may *ou* might *ou* could have had an accident; **il aurait pu le dire !** he might *ou* could have said (so)!
4 (*expressions*) : **tu ne peux pas savoir !** you have no idea!; **tu peux le dire !** you can say that again!
▸ *vb impers* may, might, could; **il peut arriver que** it may *ou* might *ou* could happen that; **il pourrait pleuvoir** it might rain
▸ *vt* **1** can, be able to; **j'ai fait tout ce que j'ai pu** I did all I could; **je n'en peux plus** (*épuisé*)

I'm exhausted; (*à bout*) I can't take any more **2** (*vb +adj ou adv comparatif*) : **je me porte on ne peut mieux** I'm absolutely fine, I couldn't be better; **elle est on ne peut plus gentille** she couldn't be nicer, she's as nice as can be **se pouvoir** *vpr* : **il se peut que** it may *ou* might be that; **cela se pourrait** that's quite possible

PP *sigle f* (= *préventive de la pellagre : vitamine*) niacin ▸ *abr* (= *pages*) pp
p.p. *abr* (= *par procuration*) p.p.
p.p.c.m. *sigle m* (*Math* : = *plus petit commun multiple*) LCM (= *lowest common multiple*)
PQ *sigle f* (CANADA : = *province de Québec*) PQ
PR *sigle f* = **poste restante**
Pr *abr* = **professeur**
pr *abr* = **pour**
pragmatique [pʀagmatik] *adj* pragmatic
pragmatisme [pʀagmatism] *nm* pragmatism
Prague [pʀag] *n* Prague
prairie [pʀeʀi] *nf* meadow
praline [pʀalin] *nf* (*bonbon*) sugared almond; (*au chocolat*) praline
praliné, e [pʀaline] *adj* (*amande*) sugared; (*chocolat, glace*) praline *cpd*
praticable [pʀatikabl] *adj* (*route etc*) passable, practicable; (*projet*) practicable
praticien, ne [pʀatisjɛ̃, -ɛn] *nm/f* practitioner
pratiquant, e [pʀatikɑ̃, -ɑ̃t] *adj* practising (BRIT), practicing (*US*) ▸ *nm/f* (regular) churchgoer
pratique [pʀatik] *nf* practice; **dans la ~** in (actual) practice; **mettre en ~** to put into practice ▸ *adj* practical; (*commode : horaire etc*) convenient; (*: outil*) handy, useful
pratiquement [pʀatikmɑ̃] *adv* (*dans la pratique*) in practice; (*pour ainsi dire*) practically, virtually
pratiquer [pʀatike] /1/ *vt* to practise (BRIT), practice (*US*); (*l'équitation, la pêche*) to go in for; (*le golf, le football*) to play; (*appliquer : méthode, théorie*) to apply; (*intervention, opération*) to carry out; (*ouverture, abri*) to make ▸ *vi* (*Rel*) to be a churchgoer
pré [pʀe] *nm* meadow
préado [pʀeado] *nmf* (*fam*) pre-teen
préadolescent, e [pʀeadɔlesɑ̃, -ɑ̃t] *nm/f* pre-teenager, pre-teen ▸ *adj* pre-teenage, pre-teen
préalable [pʀealabl] *adj* preliminary; **condition ~ (de)** precondition (for), prerequisite (for); **sans avis ~** without prior *ou* previous notice; **au ~** first, beforehand
préalablement [pʀealabləmɑ̃] *adv* first, beforehand
Préalpes [pʀealp] *nfpl* : **les ~** the Pre-Alps
préalpin, e [pʀealpɛ̃, -in] *adj* of the Pre-Alps
préambule [pʀeɑ̃byl] *nm* preamble; (*fig*) prelude; **sans ~** straight away
préau, x [pʀeo] *nm* (*d'une cour d'école*) covered playground; (*d'un monastère, d'une prison*) inner courtyard
préavis [pʀeavi] *nm* notice; **~ de congé** notice; **communication avec ~** (*Tél*) personal *ou* person-to-person call
prébende [pʀebɑ̃d] *nf* (*péj*) remuneration
précaire [pʀekɛʀ] *adj* (*situation*) precarious; (*Écon : main-d'œuvre*) lacking job security
précarisation [pʀekaʀizasjɔ̃] *nf* (*d'emploi*) casualization; **dans ce secteur la ~ tend à devenir la règle** in this industry casualized labour is becoming the norm
précarisé, e [pʀekaʀize] *adj* lacking job security
précarité [pʀekaʀite] *nf* (*de situation*) precariousness; (*Pol, Écon*) : **la ~ (de l'emploi)** job insecurity, lack of job security
précaution [pʀekosjɔ̃] *nf* precaution; **avec ~** cautiously; **prendre des** *ou* **ses précautions** to take precautions; **par ~** as a precaution; **pour plus de ~** to be on the safe side; **précautions oratoires** carefully phrased remarks
précautionneusement [pʀekosjɔnøzmɑ̃] *adv* (*prudemment*) cautiously; (*soigneusement*) carefully
précautionneux, -euse [pʀekosjɔnø, -øz] *adj* (*prudent*) cautious; (*soigneux*) careful
précédemment [pʀesedamɑ̃] *adv* before, previously
précédent, e [pʀesedɑ̃, -ɑ̃t] *adj* previous; **le jour ~** the day before, the previous day ▸ *nm* precedent; **sans ~** unprecedented
précéder [pʀesede] /6/ *vt* to precede; (*marcher ou rouler devant*) to be in front of; (*arriver avant*) to get ahead of
précepte [pʀesɛpt] *nm* precept
précepteur, -trice [pʀesɛptœʀ, -tʀis] *nm/f* (private) tutor
préchauffage [pʀeʃofaʒ] *nm* (*de four*) preheating; (*de moteur*) warming up
préchauffer [pʀeʃofe] /1/ *vt* (*four*) to preheat; (*moteur*) to warm up
prêcher [pʀeʃe] /1/ *vt, vi* to preach
prêcheur, -euse [pʀɛʃœʀ, -øz] *adj* moralizing ▸ *nm/f* (*Rel*) preacher; (*fig*) moralizer
précieusement [pʀesjøzmɑ̃] *adv* (*avec soin*) carefully; (*avec préciosité*) preciously
précieux, -euse [pʀesjø, -øz] *adj* precious; (*collaborateur, conseils*) invaluable; (*style, écrivain*) précieux, precious
préciosité [pʀesjozite] *nf* preciosity, preciousness
précipice [pʀesipis] *nm* drop, chasm; (*fig*) abyss; **au bord du ~** at the edge of the precipice
précipitamment [pʀesipitamɑ̃] *adv* hurriedly, hastily
précipitation [pʀesipitasjɔ̃] *nf* (*hâte*) haste; **précipitations (atmosphériques)** *nfpl* precipitation *sg*
précipité, e [pʀesipite] *adj* (*respiration*) fast; (*pas*) hurried; (*départ*) hasty
précipiter [pʀesipite] /1/ *vt* (*hâter : marche*) to quicken; (*: départ*) to hasten; **~ qn/qch du haut de** (*faire tomber*) to throw *ou* hurl sb/sth off *ou* from; **se précipiter** *vpr* (*événements*) to move faster; (*respiration*) to speed up; **se ~ sur/vers** to rush at/towards; **se ~ au-devant de qn** to throw o.s. before sb
précis, e [pʀesi, -iz] *adj* precise; (*tir, mesures*) accurate, precise; **à 4 heures précises** at 4 o'clock sharp ▸ *nm* handbook

P

précisément [presizemɑ̃] *adv* precisely; **ma vie n'est pas ~ distrayante** my life is not exactly entertaining
préciser [presize] /1/ *vt* (*expliquer*) to be more specific about, clarify; (*spécifier*) to state, specify; **se préciser** *vpr* to become clear(er)
précision [presizjɔ̃] *nf* precision; accuracy; (*détail*) point *ou* detail (*made clear or to be clarified*)
précoce [prekɔs] *adj* early; (*enfant*) precocious; (*calvitie*) premature
précocité [prekɔsite] *nf* earliness; precociousness
préconçu, e [prekɔ̃sy] *adj* preconceived
préconiser [prekɔnize] /1/ *vt* to advocate
précontraint, e [prekɔ̃trɛ̃, -ɛ̃t] *adj* : **béton ~** prestressed concrete
précuit, e [prekɥi, -it] *adj* precooked
précurseur [prekyrsœr] *adj m* precursory ▸ *nm* forerunner, precursor
prédateur [predatœr] *nm* predator
prédation [predasjɔ̃] *nf* (*Bio*) predation
prédécesseur [predesesœr] *nm* predecessor
prédécoupé, e [predekupe] *adj* pre-cut
prédestiné, e [predɛstine] *adj* predestined; **être ~ à** to be predestined to; **au nom ~** aptly named
prédestiner [predɛstine] /1/ *vt* : **~ qn à qch/à faire** to predestine sb for sth/to do
prédicateur [predikatœr] *nm* preacher
prédiction [prediksjɔ̃] *nf* prediction
prédilection [predilɛksjɔ̃] *nf* : **avoir une ~ pour** to be partial to; **de ~** favourite (Brit), favorite (US)
prédire [predir] /37/ *vt* to predict
prédisposer [predispoze] /1/ *vt* : **~ qn à qch/à faire** to predispose sb to sth/to do
prédisposition [predispozisjɔ̃] *nf* predisposition
prédit, e [predi, -it] *pp de* **prédire**
prédominance [predɔminɑ̃s] *nf* predominance
prédominant, e [predɔminɑ̃, -ɑ̃t] *adj* predominant; prevailing
prédominer [predɔmine] /1/ *vi* to predominate; (*avis*) to prevail
pré-électoral, e, -aux [preelɛktɔral, -o] *adj* pre-election *cpd*
pré-emballé, e [preɑ̃bale] *adj* pre-packed
prééminent, e [preeminɑ̃, -ɑ̃t] *adj* pre-eminent
préempter [preɑ̃pte] *vt* (*Jur* : *fig*) to pre-empt
préemption [preɑ̃psjɔ̃] *nf* : **droit de ~** (*Jur*) pre-emptive right
pré-encollé, e [preɑ̃kɔle] *adj* pre-pasted
préétabli, e [preetabli] *adj* pre-established
préexistant, e [preɛgzistɑ̃, -ɑ̃t] *adj* pre-existing
préfabriqué, e [prefabrike] *adj* prefabricated; (*péj* : *sourire*) artificial ▸ *nm* prefabricated material
préface [prefas] *nf* preface
préfacer [prefase] /3/ *vt* to write a preface for
préfectoral, e, -aux [prefɛktɔral, -o] *adj* prefectorial
préfecture [prefɛktyr] *nf* prefecture; **~ de police** police headquarters

PRÉFECTURE

The **préfecture** is the administrative headquarters of the *département*. The *préfet*, a senior civil servant appointed by the government, is responsible for putting government policy into practice and for maintaining law and order and public safety. France's 27 regions, each comprising a number of *départements*, also have a *préfet de région*.

préférable [preferabl] *adj* preferable
préféré, e [prefere] *adj, nm/f* favourite (Brit), favorite (US)
préférence [preferɑ̃s] *nf* preference; **de ~** preferably; **de** *ou* **par ~ à** in preference to, rather than; **donner la ~ à qn** to give preference to sb; **par ordre de ~** in order of preference; **obtenir la ~ sur** to have preference over
préférentiel, le [preferɑ̃sjɛl] *adj* preferential
préférer [prefere] /6/ *vt* : **~ qn/qch (à)** to prefer sb/sth (to), like sb/sth better (than); **~ faire** to prefer to do; **je préférerais du thé** I would rather have tea, I'd prefer tea
préfet [prefɛ] *nm* prefect; **~ de police** ≈ Chief Constable (Brit), ≈ Police Commissioner (US)
préfigurer [prefigyre] /1/ *vt* to prefigure
préfixe [prefiks] *nm* prefix
préhension [preɑ̃sjɔ̃] *nf* prehension
préhistoire [preistwar] *nf* prehistory
préhistorique [preistɔrik] *adj* prehistoric
préinscription [preɛ̃skripsjɔ̃] *nf* (*Admin*) pre-registration
préjudice [preʒydis] *nm* (*matériel*) loss; (*moral*) harm *no pl*; **porter ~ à** to harm, be detrimental to; **au ~ de** at the expense of
préjudiciable [preʒydisjabl] *adj* : **~ à** prejudicial *ou* harmful to
préjugé [preʒyʒe] *nm* prejudice; **avoir un ~ contre** to be prejudiced against; **bénéficier d'un ~ favorable** to be viewed favourably
préjuger [preʒyʒe] /3/ : **~ de** *vt* to prejudge
prélasser [prelase] /1/ : **se prélasser** *vpr* to lounge
prélat [prela] *nm* prelate
prélavage [prelavaʒ] *nm* pre-wash
prélèvement [prelɛvmɑ̃] *nm* (*montant*) deduction; withdrawal; **faire un ~ de sang** to take a blood sample
prélever [prel(ə)ve] /5/ *vt* (*échantillon*) to take; **~ (sur)** (*argent*) to deduct (from) (: *sur son compte*) to withdraw (from)
préliminaire [preliminer] *adj* preliminary; **préliminaires** *nmpl* preliminaries; (*négociations*) preliminary talks
prélude [prelyd] *nm* prelude; (*avant le concert*) warm-up
préluder [prelyde] : **~ à qch** *vt* to be the prelude to sth
prématuré, e [prematyre] *adj* premature; (*retraite*) early ▸ *nm* premature baby
prématurément [prematyremɑ̃] *adv* prematurely
prématurité [prematyrite] *nf* premature birth

préméditation [pʀemeditasjɔ̃] *nf*: **avec ~** *adj* premeditated; *adv* with intent
préméditer [pʀemedite] /**1**/ *vt* to premeditate, plan
prémices [pʀemis] *nfpl* beginnings
premier, -ière [pʀəmje, -jɛʀ] *adj* first; (*rang*) front; (*branche, marche, grade*) bottom; (*fig: fondamental*) basic; prime; (*en importance*) first, foremost; **au ~ abord** at first sight; **au** *ou* **du ~ coup** at the first attempt *ou* go; **de ~ ordre** first-class, first-rate; **de première qualité**, **de ~ choix** best *ou* top quality; **de première importance** of the highest importance; **de première nécessité** absolutely essential; **le ~ venu** the first person to come along; **enfant du ~ lit** child of a first marriage; **en ~ lieu** in the first place; **le ~ âge** (*d'un enfant*) the first three months (of life); **P~ ministre** Prime Minister ▸ *nm* (*premier étage*) first (Brit) *ou* second (*US*) floor; **jeune ~** leading man; **le ~ de l'an** New Year's Day ▸ *nf* (*Auto*) first (gear); (*Rail, Aviat etc*) first class; (*Scol*) year 12 (Brit), eleventh grade (*US*); (*Théât*) first night; (*Ciné*) première; (*exploit*) first
premièrement [pʀəmjɛʀmɑ̃] *adv* firstly
première-née (*pl* **premières-nées**) [pʀəmjɛʀne] *nf* first-born
premier-né (*pl* **premiers-nés**) [pʀəmjene] *nm* first-born
prémisse [pʀemis] *nf* premise
prémolaire [pʀemɔlɛʀ] *nf* premolar
prémonition [pʀemɔnisjɔ̃] *nf* premonition
prémonitoire [pʀemɔnitwaʀ] *adj* premonitory
prémunir [pʀemyniʀ] /**2**/: **se prémunir** *vpr*: **se ~ contre** to protect o.s. from, guard against
prenant, e [pʀənɑ̃, -ɑ̃t] *vb voir* **prendre** ▸ *adj* absorbing, engrossing
prénatal, e [pʀenatal] *adj* (*Méd*) antenatal; (*allocation*) maternity *cpd*
prendre [pʀɑ̃dʀ] /**58**/ *vt* to take; (*repas*) to have; (*aller chercher*) to get, fetch; (*se procurer*) to get; (*réserver: place*) to book; (*acquérir: du poids, de la valeur*) to put on, gain; (*malfaiteur, poisson*) to catch; (*passager*) to pick up; (*personnel, aussi: couleur, goût*) to take on; (*locataire*) to take in; (*traiter: enfant, problème*) to handle; (*voix, ton*) to put on; (*prélever: pourcentage, argent*) to take off; (*ôter*): **~ qch à** to take sth from; **~ froid** to catch cold; **~ son origine** *ou* **sa source** (*mot, rivière*) to have its source; **~ qn pour** to take sb for; **~ qn en sympathie/horreur** to get to like/loathe sb; **à tout ~** all things considered ▸ *vi* (*liquide, ciment*) to set; (*greffe, vaccin*) to take; (*mensonge*) to be successful; (*feu: foyer*) to go; (*: incendie*) to start; (*allumette*) to light; (*se diriger*): **~ à gauche** to turn (to the) left; **~ sur soi de faire qch** to take it upon o.s. to do sth; **se prendre** *vpr*: **se ~ pour** to think one is; **s'en ~ à** (*agresser*) to set about; (*passer sa colère sur*) to take it out on; (*critiquer*) to attack; (*remettre en question*) to challenge; **s'y ~** (*procéder*) to set about it; **s'y ~ à l'avance** to see to it in advance; **s'y ~ à deux fois** to try twice, make two attempts; **se ~ d'amitié/d'affection pour** to befriend/become fond of; **se ~ les doigts dans** to get one's fingers caught in
preneur, -euse [pʀənœʀ, -øz] *nm/f*: **être ~** to be willing to buy; **trouver ~** to find a buyer
preniez [pʀənje] *vb voir* **prendre**
prenne *etc* [pʀɛn] *vb voir* **prendre**
prénom [pʀenɔ̃] *nm* first name
prénommer [pʀenɔme] /**1**/: **se prénommer** *vpr*: **elle se prénomme Claude** her (first) name is Claude
prénuptial, e, -aux [pʀenypsjal, -o] *adj* premarital
préoccupant, e [pʀeɔkypɑ̃, -ɑ̃t] *adj* worrying
préoccupation [pʀeɔkypasjɔ̃] *nf* (*souci*) concern; (*idée fixe*) preoccupation
préoccupé, e [pʀeɔkype] *adj* concerned; preoccupied
préoccuper [pʀeɔkype] /**1**/ *vt* (*tourmenter, tracasser*) to concern; (*absorber, obséder*) to preoccupy; **se préoccuper** *vpr*: **se ~ de qch** to be concerned about sth; to show concern about sth
préparateur, -trice [pʀepaʀatœʀ, -tʀis] *nm/f* assistant
préparatifs [pʀepaʀatif] *nmpl* preparations
préparation [pʀepaʀasjɔ̃] *nf* preparation; (*Scol*) piece of homework
préparatoire [pʀepaʀatwaʀ] *adj* preparatory
préparer [pʀepaʀe] /**1**/ *vt* to prepare; (*café, repas*) to make; (*examen*) to prepare for; (*voyage, entreprise*) to plan; **~ qch à qn** (*surprise etc*) to have sth in store for sb; **~ qn à qch** (*nouvelle etc*) to prepare sb for sth; **se préparer** *vpr* (*orage, tragédie*) to brew, be in the air; **se ~ (à qch/à faire)** to prepare (o.s.) *ou* get ready (for sth/to do)
prépayé, e [pʀepeje] *adj* prepaid; **carte téléphonique prépayée** prepaid phonecard
prépondérance [pʀepɔ̃deʀɑ̃s] *nf*: **~ (sur)** predominance (over)
prépondérant, e [pʀepɔ̃deʀɑ̃, -ɑ̃t] *adj* major, dominating; **voix prépondérante** casting vote
préposé, e [pʀepoze] *adj*: **~ à** in charge of ▸ *nm/f* (*gén: employé*) employee; (*Admin: facteur*) postman/woman (Brit), mailman/woman (*US*); (*de la douane etc*) official; (*de vestiaire*) attendant
préposer [pʀepoze] /**1**/ *vt*: **~ qn à qch** to appoint sb to sth
préposition [pʀepozisjɔ̃] *nf* preposition
prérentrée [pʀeʀɑ̃tʀe] *nf in-service training period before start of school term*
préretraite [pʀeʀ(ə)tʀɛt] *nf* early retirement
prérogative [pʀeʀɔgativ] *nf* prerogative
près [pʀɛ] *adv* near, close; **~ de** *prép* near (to), close to; (*environ*) nearly, almost; **~ d'ici** near here; **de ~** *adv* closely; **à cinq kg ~** to within about five kg; **à cela ~ que** apart from the fact that; **je ne suis pas ~ de lui pardonner** I'm nowhere near ready to forgive him; **on n'est pas à un jour ~** one day (either way) won't make any difference, we're not going to quibble over the odd day; **il n'est pas à 10 minutes ~** he can spare 10 minutes
présage [pʀezaʒ] *nm* omen
présager [pʀezaʒe] /**3**/ *vt* (*prévoir*) to foresee; (*annoncer*) to portend

P

pré-salé (*pl* **prés-salés**) [pʀesale] *nm* (*Culin*) salt-meadow lamb

presbyte [pʀɛsbit] *adj* long-sighted (Brit), far-sighted (*US*)

presbytère [pʀɛsbitɛʀ] *nm* presbytery

presbytérien, ne [pʀɛsbiteʀjɛ̃, -ɛn] *adj, nm/f* Presbyterian

presbytie [pʀɛsbisi] *nf* long-sightedness (Brit), far-sightedness (*US*)

prescience [pʀesjɑ̃s] *nf* prescience, foresight

préscolaire [pʀeskɔlɛʀ] *adj* preschool *cpd*

prescripteur, -trice [pʀɛskʀiptœʀ, -tʀis] *adj* (*Méd*) : **médecin ~** prescribing doctor; (*rôle, pouvoir*) controlling ▸ *nm/f* (*Méd*) prescribing doctor

prescription [pʀɛskʀipsjɔ̃] *nf* (*instruction*) order, instruction; (*Méd, Jur*) prescription

prescrire [pʀɛskʀiʀ] **/39/** *vt* to prescribe; **se prescrire** *vpr* (*Jur*) to lapse

prescrit, e [pʀɛskʀi, -it] *pp de* **prescrire** ▸ *adj* (*date etc*) stipulated

préséance [pʀeseɑ̃s] *nf* precedence *no pl*

présélection [pʀeselɛksjɔ̃] *nf* (*de candidats*) short-listing; **effectuer une ~** to draw up a shortlist

présélectionner [pʀeselɛksjɔne] **/1/** *vt* to preselect; (*dispositif*) to preset; (*candidats*) to make an initial selection from among, short-list (Brit)

présence [pʀezɑ̃s] *nf* presence; (*au bureau etc*) attendance; **en ~** face to face; **en ~ de** in (the) presence of; (*fig*) in the face of; **faire acte de ~** to put in a token appearance; **~ d'esprit** presence of mind

présent, e [pʀezɑ̃, -ɑ̃t] *adj* present; **la présente lettre/loi** this letter/law ▸ *nm* present; **à ~** now, at present; **dès à ~** here and now; **jusqu'à ~** up till now, until now; **à ~ que** now that ▸ *nm/f* : **les présents** (*personnes*) those present ▸ *nf* (*Comm* : *lettre*) : **la présente** this letter

présentable [pʀezɑ̃tabl] *adj* presentable

présentateur, -trice [pʀezɑ̃tatœʀ, -tʀis] *nm/f* presenter

présentation [pʀezɑ̃tasjɔ̃] *nf* presentation; (*de nouveau venu*) introduction; (*allure*) appearance; **faire les présentations** to do the introductions

présenter [pʀezɑ̃te] **/1/** *vt* to present; (*invité, candidat*) to introduce; (*félicitations, condoléances*) to offer; (*montrer* : *billet, pièce d'identité*) to show, produce; (*faire inscrire* : *candidat*) to put forward; (*soumettre*) to submit; **~ qn à** to introduce sb to; **je vous présente Nadine** this is Nadine ▸ *vi* : **~ mal/bien** to have an unattractive/a pleasing appearance; **se présenter** *vpr* (*sur convocation*) to report, come; (*se faire connaître*) to come forward; (*à une élection*) to stand; (*occasion*) to arise; **se ~ à un examen** to sit an exam; **se ~ bien/mal** (*situation*) to look good/not too good

présentoir [pʀezɑ̃twaʀ] *nm* (*étagère*) display shelf; (*vitrine*) showcase; (*étal*) display stand

préservatif [pʀezɛʀvatif] *nm* condom, sheath

préservation [pʀezɛʀvasjɔ̃] *nf* protection, preservation

préserver [pʀezɛʀve] **/1/** *vt* : **~ de** (*protéger*) to protect from; (*sauver*) to save from

présidence [pʀezidɑ̃s] *nf* presidency; chairmanship

président [pʀezidɑ̃] *nm* (*Pol*) president; (*d'une assemblée, Comm*) chairman; **~ directeur général** chairman and managing director (Brit), chairman and president (*US*); **~ du jury** (*Jur*) foreman of the jury; (*d'examen*) chief examiner

PRÉSIDENT DE LA RÉPUBLIQUE

The **président de la République** is the French head of state, elected for a five-year term by direct universal suffrage. He appoints the Prime Minister and, on the latter's recommendation, the members of the French government. He presides over the *Conseil des ministres*, enacts laws and is the commander-in-chief of the French armed forces. He has the power to dissolve the *Assemblée nationale* and, in an emergency, can exercise special powers.

présidente [pʀezidɑ̃t] *nf* president; (*femme du président*) president's wife; (*d'une réunion*) chairwoman

présidentiable [pʀezidɑ̃sjabl] *adj, nmf* potential president

présidentiel, le [pʀezidɑ̃sjɛl] *adj* presidential; **présidentielles** *nfpl* presidential election(s)

présider [pʀezide] **/1/** *vt* to preside over; (*dîner*) to be the guest of honour (Brit) *ou* honor (*US*) at; **~ à** *vt* to direct; to govern

présomption [pʀezɔ̃psjɔ̃] *nf* presumption

présomptueux, -euse [pʀezɔ̃ptɥø, -øz] *adj* presumptuous

presque [pʀɛsk] *adv* almost, nearly; **~ rien** hardly anything; **~ pas** hardly (at all); **~ pas de** hardly any; **personne, ou ~** next to nobody, hardly anyone; **la ~ totalité (de)** almost *ou* nearly all

Presque peut se traduire par **almost** ou **nearly** dans les phrases affirmatives, mais pour traduire une phrase française négative il est plus courant d'utiliser **hardly**. **Hardly** n'est jamais suivi d'un autre mot négatif.
Tu n'as presque rien mangé ! **You hardly ate anything!**
Il ne se trompe presque jamais. **He hardly ever makes a mistake.**

presqu'île [pʀɛskil] *nf* peninsula

pressage [pʀesaʒ] *nm* (*de disque, raisin, olives*) pressing

pressant, e [pʀesɑ̃, -ɑ̃t] *adj* urgent; (*personne*) insistent; **se faire ~** to become insistent

presse [pʀɛs] *nf* press; (*affluence*) : **heures de ~** busy times; **sous ~** gone to press; **mettre sous ~** to send to press; **avoir une bonne/mauvaise ~** to have a good/bad press; **~ féminine** women's magazines *pl*; **~ d'information** quality newspapers *pl*

pressé, e [pʀese] *adj* in a hurry; (*air*) hurried; (*besogne*) urgent; **être ~ de faire qch** to be in a

hurry to do sth; **orange pressée** freshly squeezed orange juice ▸ *nm* : **aller au plus ~** to see to first things first
presse-agrumes [pʀɛsagʀym] *nm inv* juicer
presse-citron [pʀɛssitʀɔ̃] *nm inv* lemon squeezer
presse-fruits [pʀɛsfʀɥi] *nm* lemon squeezer
pressentiment [pʀesɑ̃timɑ̃] *nm* foreboding, premonition
pressentir [pʀesɑ̃tiʀ] /**16**/ *vt* to sense; (*prendre contact avec*) to approach
presse-papiers [pʀɛspapje] *nm inv* paperweight
presse-purée [pʀɛspyʀe] *nm inv* potato masher
presser [pʀese] /**1**/ *vt* (*fruit, éponge*) to squeeze; (*interrupteur, bouton*) to press, push; (*allure, affaire*) to speed up; (*débiteur etc*) to press; (*inciter*) : **~ qn de faire** to urge *ou* press sb to do; **~ le pas** to quicken one's step; **~ qn entre ses bras** to squeeze sb tight ▸ *vi* to be urgent; **rien ne presse** there's no hurry; **le temps presse** there's not much time; **se presser** *vpr* (*se hâter*) to hurry (up); (*se grouper*) to crowd; **se ~ contre qn** to squeeze up against sb
pressing [pʀesiŋ] *nm* (*repassage*) steam-pressing; (*magasin*) dry-cleaner's
pression [pʀesjɔ̃] *nf* pressure; (*bouton*) press stud (Brit), snap fastener (*US*); (*fam : bière*) draught beer; **faire ~ sur** to put pressure on; **sous ~** pressurized, under pressure; (*fig*) keyed up; **~ artérielle** blood pressure
pressoir [pʀeswaʀ] *nm* (wine *ou* oil *etc*) press
pressurer [pʀesyʀe] /**1**/ *vt* (*fig*) to squeeze
pressurisation [pʀesyʀizasjɔ̃] *nf* pressure
pressurisé, e [pʀesyʀize] *adj* pressurized
prestance [pʀɛstɑ̃s] *nf* presence, imposing bearing
prestataire [pʀɛstatɛʀ] *nmf* person receiving benefits; (*Comm*) : **~ de services** provider of services
prestation [pʀɛstasjɔ̃] *nf* (*allocation*) benefit; (*d'une assurance*) cover *no pl*; (*d'une entreprise*) service provided; (*d'un joueur, artiste*) performance; **~ de serment** taking the oath; **~ de service** provision of a service; **prestations familiales** ≈ child benefit
preste [pʀɛst] *adj* nimble
prestement [pʀɛstəmɑ̃] *adv* nimbly
prestidigitateur, -trice [pʀɛstidiʒitatœʀ, -tʀis] *nm/f* conjurer
prestidigitation [pʀɛstidiʒitasjɔ̃] *nf* conjuring
prestige [pʀɛstiʒ] *nm* prestige
prestigieux, -euse [pʀɛstiʒjø, -øz] *adj* prestigious
présumer [pʀezyme] /**1**/ *vt* : **~ que** to presume *ou* assume that; **~ de** to overrate; **~ qn coupable** to presume sb guilty
présupposé [pʀesypoze] *nm* presupposition
présupposer [pʀesypoze] /**1**/ *vt* to presuppose
présupposition [pʀesypozisjɔ̃] *nf* presupposition
présure [pʀezyʀ] *nf* rennet
prêt, e [pʀɛ, pʀɛt] *adj* ready; **~ à faire** ready to do; **~ à tout** ready for anything ▸ *nm* lending *no pl*; (*somme prêtée*) loan; **~ sur gages** pawnbroking *no pl*
prêt-à-porter (*pl* **prêts-à-porter**) [pʀɛtapɔʀte] *nm* ready-to-wear *ou* off-the-peg (Brit) clothes *pl*
prétendant [pʀetɑ̃dɑ̃] *nm* pretender; (*d'une femme*) suitor
prétendre [pʀetɑ̃dʀ] /**41**/ *vt* (*affirmer*) : **~ que** to claim that; **~ faire qch** (*avoir l'intention de*) to mean *ou* intend to do sth; **~ à** (*droit, titre*) to lay claim to
prétendu, e [pʀetɑ̃dy] *adj* (*supposé*) so-called
prétendument [pʀetɑ̃dymɑ̃] *adv* allegedly
prête-nom [pʀɛtnɔ̃] *nm* (*péj*) figurehead; (*Comm etc*) dummy
prétentieux, -euse [pʀetɑ̃sjø, -øz] *adj* pretentious
prétention [pʀetɑ̃sjɔ̃] *nf* pretentiousness; (*exigence, ambition*) claim; **sans ~** unpretentious
prêter [pʀete] /**1**/ *vt* : **~ qch à qn** (*livres, argent*) to lend sth to sb; (*caractère, propos*) to attribute sth to sb; **~ à** (*commentaires etc*) to be open to, give rise to; **~ assistance à** to give help to; **~ attention** to pay attention; **~ serment** to take the oath; **~ l'oreille** to listen; **se prêter** *vpr* (*tissu, cuir*) to give; **se ~ à** to lend o.s. (*ou* itself) to; (*manigances etc*) to go along with
prêteur, -euse [pʀɛtœʀ, -øz] *nm/f* moneylender; **~ sur gages** pawnbroker
prétexte [pʀetɛkst] *nm* pretext, excuse; **sous aucun ~** on no account; **sous (le) ~ que/de** on the pretext that/of
prétexter [pʀetɛkste] /**1**/ *vt* to give as a pretext *ou* an excuse
prétoire [pʀetwaʀ] *nm* court
prêtre [pʀɛtʀ] *nm* priest
prêtre-ouvrier (*pl* **prêtres-ouvriers**) [pʀɛtʀuvʀije] *nm* worker-priest
prêtrise [pʀɛtʀiz] *nf* priesthood
preuve [pʀœv] *nf* proof; (*indice*) proof, evidence *no pl*; **jusqu'à ~ du contraire** until proved otherwise; **faire ~ de** to show; **faire ses preuves** to prove o.s. (*ou* itself); **~ matérielle** material evidence
prévaloir [pʀevalwaʀ] /**29**/ *vi* to prevail; **se prévaloir** *vpr* : **se ~ de** *vt* to take advantage of; (*tirer vanité de*) to pride o.s. on
prévarication [pʀevaʀikasjɔ̃] *nf* maladministration
prévaut *etc* [pʀevo] *vb voir* **prévaloir**
prévenance [pʀev(ə)nɑ̃s] *nf* thoughtfulness *sg*; **prévenances** *nfpl* consideration *sg*
prévenant, e [pʀev(ə)nɑ̃, -ɑ̃t] *adj* thoughtful, kind
prévenir [pʀev(ə)niʀ] /**22**/ *vt* (*éviter : catastrophe etc*) to avoid, prevent; (*anticiper : désirs, besoins*) to anticipate; **~ qn (de)** (*avertir*) to warn sb (about); (*informer*) to tell *ou* inform sb (about); **~ qn contre** (*influencer*) to prejudice sb against
préventif, -ive [pʀevɑ̃tif, -iv] *adj* preventive
prévention [pʀevɑ̃sjɔ̃] *nf* prevention; (*préjugé*) prejudice; (*Jur*) custody, detention; **~ routière** road safety
préventivement [pʀevɑ̃tivmɑ̃] *adv* preventively
prévenu, e [pʀev(ə)ny] *nm/f* (*Jur*) defendant, accused
prévisible [pʀevizibl] *adj* foreseeable

P

prévision [pʀevizjɔ̃] *nf* : **prévisions** predictions; forecast *sg*; **prévisions météorologiques** *ou* **du temps** weather forecast *sg*; **en ~ de** in anticipation of

prévisionnel, le [pʀevizjɔnɛl] *adj* concerned with future requirements

prévit *etc* [pʀevi] *vb voir* **prévoir**

prévoir [pʀevwaʀ] /**24**/ *vt* (*deviner*) to foresee; (*s'attendre à*) to expect, reckon on; (*prévenir*) to anticipate; (*organiser : voyage*) to plan; (*préparer, réserver*) to allow

prévoyance [pʀevwajɑ̃s] *nf* foresight; **société/caisse de ~** provident society/contingency fund

prévoyant, e [pʀevwajɑ̃, -ɑ̃t] *vb voir* **prévoir** ▸ *adj* gifted with (*ou* showing) foresight, far-sighted

prévu, e [pʀevy] *pp de* **prévoir** ▸ *adj* : **comme ~** as planned; **~ pour quatre personnes** designed for four people; **~ pour 10 h** scheduled for 10 o'clock

prier [pʀije] /**7**/ *vi* to pray ▸ *vt* (*Dieu*) to pray to; (*implorer*) to beg; (*demander*) : **~ qn de faire** to ask sb to do; **~ qn à dîner** to invite sb to dinner; **se faire ~** to need coaxing *ou* persuading; **je vous en prie** (*allez-y*) please do; (*de rien*) don't mention it; **je vous prie de faire** please (would you) do

prière [pʀijɛʀ] *nf* prayer; (*demande instante*) plea, entreaty; **« ~ de faire ... »** "please do ..."

primaire [pʀimɛʀ] *adj* primary; (*péj : personne*) simple-minded; (*: idées*) simplistic ▸ *nm* (*Scol*) primary education

primauté [pʀimote] *nf* (*fig*) primacy

prime [pʀim] *nf* (*bonification*) bonus; (*subside*) allowance; (*Comm : cadeau*) free gift; (*Assurances, Bourse*) premium; **~ de risque** danger money *no pl*; **~ de transport** travel allowance ▸ *adj* : **de ~ abord** at first glance

primer [pʀime] /**1**/ *vt* (*l'emporter sur*) to prevail over; (*récompenser*) to award a prize to ▸ *vi* to dominate, prevail

primesautier, -ière [pʀimsotje, -jɛʀ] *adj* impulsive

primeur [pʀimœʀ] *nf* : **avoir la ~ de** to be the first to hear (*ou* see *etc*); **primeurs** *nfpl* (*fruits, légumes*) early fruits and vegetables; **marchand de primeurs** greengrocer (Brit), produce dealer (US)

primevère [pʀimvɛʀ] *nf* primrose

primipare [pʀimipaʀ] *nf* primipara

primitif, -ive [pʀimitif, -iv] *adj* primitive; (*originel*) original ▸ *nm/f* primitive

primo [pʀimo] *adv* first (of all), firstly

primordial, e, -aux [pʀimɔʀdjal, -o] *adj* essential, primordial

prince [pʀɛ̃s] *nm* prince; **~ charmant** Prince Charming; **~ de Galles** *n inv* (*tissu*) check cloth; **~ héritier** crown prince

princesse [pʀɛ̃sɛs] *nf* princess

princier, -ière [pʀɛ̃sje, -jɛʀ] *adj* princely

principal, e, -aux [pʀɛ̃sipal, -o] *adj* principal, main ▸ *nm/f* (*Scol*) head (teacher) (Brit), principal (US) ▸ *nm* (*essentiel*) main thing ▸ *nf* (*Ling*) : **(proposition) principale** main clause

principalement [pʀɛ̃sipalmɑ̃] *adv* principally, mainly

principauté [pʀɛ̃sipote] *nf* principality

principe [pʀɛ̃sip] *nm* principle; **partir du ~ que** to work on the principle *ou* assumption that; **pour le ~** on principle, for the sake of it; **de ~** *adj* (*hostilité*) automatic; (*accord*) in principle; **par ~** on principle; **en ~** (*habituellement*) as a rule; (*théoriquement*) in principle

printanier, -ière [pʀɛ̃tanje, -jɛʀ] *adj* spring, spring-like

printemps [pʀɛ̃tɑ̃] *nm* spring; **au ~** in spring

priori [pʀijɔʀi] : **a ~** *adv* at first glance, initially; a priori

prioritaire [pʀijɔʀitɛʀ] *adj* having priority; (*Auto*) having right of way; (*Inform*) foreground

prioritairement [pʀijɔʀitɛʀmɑ̃] *adv* (*en priorité*) as a priority

priorité [pʀijɔʀite] *nf* priority; (*Auto*) : **avoir la ~ (sur)** to have right of way (over); **~ à droite** right of way to vehicles coming from the right; **en ~** as a (matter of) priority

pris, e [pʀi, pʀiz] *pp de* **prendre** ▸ *adj* (*place*) taken; (*billets*) sold; (*journée, mains*) full; (*personne*) busy; (*crème, ciment*) set; **avoir le nez/la gorge ~(e)** to have a stuffy nose/a bad throat; **être ~ de peur/de fatigue/de panique** to be stricken with fear/overcome with fatigue/panic-stricken

prise [pʀiz] *nf* (*d'une ville*) capture; (*Pêche, Chasse*) catch; (*de judo ou catch, point d'appui ou pour empoigner*) hold; (*Élec : fiche*) plug; (*: femelle*) socket; (*: au mur*) point; **en ~** (*Auto*) in gear; **être aux prises avec** to be grappling with; to be battling with; **lâcher ~** to let go; **donner ~ à** (*fig*) to give rise to; **avoir ~ sur qn** to have a hold over sb; **~ en charge** (*taxe*) pick-up charge; (*par la sécurité sociale*) *undertaking to reimburse costs*; **~ de contact** initial meeting, first contact; **~ de courant** power point; **~ d'eau** water (supply) point; tap; **~ multiple** adaptor; **~ d'otages** hostage-taking; **~ à partie** (*Jur*) *action against a judge*; **~ péritel** SCART socket; **~ de sang** blood test; **~ de son** sound recording; **~ de tabac** pinch of snuff; **~ de terre** earth; **~ de vue** (*photo*) shot; **~ de vue(s)** (*action*) filming, shooting

prisé, e [pʀize] *adj* : **très ~** greatly prized

priser [pʀize] /**1**/ *vt* (*tabac, héroïne*) to take; (*estimer*) to prize, value ▸ *vi* to take snuff

prisme [pʀism] *nm* prism

prison [pʀizɔ̃] *nf* prison; **aller/être en ~** to go to/be in prison *ou* jail; **faire de la ~** to serve time; **être condamné à cinq ans de ~** to be sentenced to five years' imprisonment *ou* five years in prison

> Quand les mots **prison** et **jail** désignent l'institution en général, il ne sont jamais précédés de l'article défini. Ce n'est pas le cas quand ils désignent plus précisément le bâtiment.
> *La vie après la prison n'est pas facile.* **Life after prison isn't easy.**
> *Il travaille à la prison.* **He works at the prison.**

prisonnier, -ière [pʀizɔnje, -jɛʀ] *nm/f* prisoner ▸ *adj* captive; **faire qn ~** to take sb prisoner

prit [pRi] *vb voir* **prendre**
privatif, -ive [pRivatif, -iv] *adj (jardin etc)* private; *(peine)* which deprives one of one's liberties
privations [pRivasjɔ̃] *nfpl* privations, hardships
privatisation [pRivatizasjɔ̃] *nf* privatization
privatiser [pRivatize] /1/ *vt* to privatize
privautés [pRivote] *nfpl* liberties
privé, e [pRive] *adj* private; *(en punition)*: **tu es ~ de télé!** no TV for you!; *(dépourvu)*: **~ de** without, lacking ▸ *nm (Comm)* private sector; **en ~, dans le ~** in private
priver [pRive] /1/ *vt*: **~ qn de** to deprive sb of; **se ~ de** to go *ou* do without; **ne pas se ~ de faire** not to refrain from doing
privilège [pRivilɛʒ] *nm* privilege
privilégié, e [pRivileʒje] *adj* privileged
privilégier [pRivileʒje] /7/ *vt* to favour (BRIT), favor (US)
prix [pRi] *nm (valeur)* price; *(récompense, Scol)* prize; **mettre à ~** to set a reserve (BRIT) *ou* an upset (US) price on; **au ~ fort** at a very high price; **acheter qch à ~ d'or** to pay a (small) fortune for sth; **hors de ~** exorbitantly priced; **à aucun ~** not at any price; **à tout ~** at all costs; **grand ~** *(Sport)* Grand Prix; **~ d'achat/de vente/ de revient** purchasing/selling/cost price; **~ conseillé** manufacturer's recommended price (MRP)
pro [pRo] *nm (= professionnel)* pro
proactif, -ive [pRɔaktif, -iv] *adj* proactive
probabilité [pRɔbabilite] *nf* probability; **selon toute ~** in all probability
probable [pRɔbabl] *adj* likely, probable
probablement [pRɔbabləmɑ̃] *adv* probably
probant, e [pRɔbɑ̃, -ɑ̃t] *adj* convincing
probatoire [pRɔbatwaR] *adj (examen, test)* preliminary; *(stage)* probationary, trial *cpd*
probité [pRɔbite] *nf* integrity, probity
problématique [pRɔblematik] *adj* problematic(al) ▸ *nf* problematics *sg*; *(problème)* problem
problème [pRɔblɛm] *nm* problem
procédé [pRɔsede] *nm (méthode)* process; *(comportement)* behaviour *no pl* (BRIT), behavior *no pl* (US)
procéder [pRɔsede] /6/ *vi* to proceed; *(moralement)* to behave; **~ à** *vt* to carry out
procédure [pRɔsedyR] *nf (Admin, Jur)* procedure
procédurier, -ière [pRɔsedyRje, -jɛR] *adj (domaine, cadre)* procedural; *(personne)* litigious; **avoir l'esprit ~** to be of a litigious temperament ▸ *nm/f (spécialiste)* procedural expert; *(péj)* litigious person
procès [pRɔsɛ] *nm (Jur)* trial; *(: poursuites)* proceedings *pl*; **être en ~ avec** to be involved in a lawsuit with; **faire le ~ de qn/qch** *(fig)* to put sb/sth on trial; **sans autre forme de ~** without further ado
processeur [pRɔsesœR] *nm* processor
procession [pRɔsesjɔ̃] *nf* procession
processus [pRɔsesys] *nm* process
procès-verbal, -aux [pRɔsɛvɛRbal, -o] *nm (constat)* statement; *(de réunion)* minutes *pl*; *(aussi*: **PV***)*: **avoir un ~** to get a parking ticket, to be booked
prochain, e [pRɔʃɛ̃, -ɛn] *adj* next; *(proche: départ, arrivée)* impending; near; **la prochaine fois/ semaine prochaine** next time/week; **à la prochaine!** *(fam)*, **à la prochaine fois** see you!, till the next time!; **un ~ jour** (some day) soon ▸ *nm* fellow man
prochainement [pRɔʃɛnmɑ̃] *adv* soon, shortly
proche [pRɔʃ] *adj* nearby; *(dans le temps)* imminent; close at hand; *(parent, ami)* close; **être ~ (de)** to be near, be close (to); **de ~ en ~** gradually; **proches** *nmpl (parents)* close relatives, next of kin; *(amis)*: **l'un de ses proches** one of those close to him (*ou* her)
Proche-Orient [pRɔʃɔRjɑ̃] *nm*: **le ~** the Near East
proclamation [pRɔklamasjɔ̃] *nf* proclamation
proclamer [pRɔklame] /1/ *vt* to proclaim; *(résultat d'un examen)* to announce
procréation [pRɔkReasjɔ̃] *nf* procreation; **~ médicalement assistée, assistance médicale à la ~** assisted reproduction
procréer [pRɔkRee] /1/ *vt* to procreate
procuration [pRɔkyRasjɔ̃] *nf* proxy; power of attorney; **voter par ~** to vote by proxy
procurer [pRɔkyRe] /1/ *vt (fournir)*: **~ qch à qn** *(obtenir)* to get *ou* obtain sth for sb; *(plaisir etc)* to bring *ou* give sb sth; **se procurer** *vpr* to get
procureur [pRɔkyRœR] *nm* public prosecutor; **~ général** public prosecutor *(in appeal court)*
prodigalité [pRɔdigalite] *nf (générosité)* generosity; *(extravagance)* extravagance, wastefulness
prodige [pRɔdiʒ] *nm (miracle, merveille)* marvel, wonder; *(personne)* prodigy
prodigieusement [pRɔdiʒjøzmɑ̃] *adv* tremendously
prodigieux, -euse [pRɔdiʒjø, -øz] *adj* prodigious; phenomenal
prodigue [pRɔdig] *adj (généreux)* generous; *(dépensier)* extravagant, wasteful; **fils ~** prodigal son
prodiguer [pRɔdige] /1/ *vt (argent, biens)* to be lavish with; *(soins, attentions)*: **~ qch à qn** to lavish sth on sb
producteur, -trice [pRɔdyktœR, -tRis] *adj*: **~ de blé** *(pays, région)* wheat-producing; **société productrice** *(Ciné)* film *ou* movie company ▸ *nm/f* producer
productif, -ive [pRɔdyktif, -iv] *adj* productive
production [pRɔdyksjɔ̃] *nf (gén)* production; *(rendement)* output; *(produits)* products *pl*, goods *pl*; *(œuvres)*: **la ~ dramatique du XVIIe siècle** the plays of the 17th century
productiviste [pRɔdyktivist] *adj* productivist
productivité [pRɔdyktivite] *nf* productivity
produire [pRɔdɥiR] /38/ *vt, vi* to produce; **se produire** *vpr (acteur)* to perform, appear; *(événement)* to happen, occur
produit, e [pRɔdɥi, -it] *pp de* **produire** ▸ *nm (gén)* product; **~ chimique** chemical; **~ d'entretien** cleaning product; **~ national brut (PNB)** gross national product (GNP); **~ net** net profit; **~ (pour la) vaisselle** washing-up (BRIT) *ou* dish-washing (US) liquid; **~ des ventes** income from sales; **produits agricoles** farm

p

produce *sg*; **produits alimentaires** foodstuffs; **produits de beauté** beauty products, cosmetics
proéminent, e [pʀɔeminɑ̃, -ɑ̃t] *adj* prominent
prof [pʀɔf] *nmf (fam : = professeur)* teacher; professor; lecturer
prof. [pʀɔf] *abr* = **professeur ; professionnel**
profanation [pʀɔfanasjɔ̃] *nf (de cimetière)* desecration
profane [pʀɔfan] *adj (Rel)* secular; *(ignorant, non initié)* uninitiated ▸ *nmf* layman
profaner [pʀɔfane] /1/ *vt* to desecrate; *(fig : sentiment)* to defile; *(: talent)* to debase
proférer [pʀɔfeʀe] /6/ *vt* to utter
professer [pʀɔfese] /1/ *vt* to profess
professeur, e [pʀɔfesœʀ] *nm/f* teacher; *(titulaire d'une chaire)* professor; **~ (de faculté)** (university) lecturer
profession [pʀɔfesjɔ̃] *nf (libérale)* profession; *(gén)* occupation; **faire ~ de** *(opinion, religion)* to profess; **de ~** by profession; **« sans ~ »** "unemployed"; *(femme mariée)* "housewife"
professionnaliser [pʀɔfesjɔnalize] *vt* to professionalize; **se professionnaliser** *vpr* to become professionalized
professionnalisme [pʀɔfesjɔnalism] *nm* professionalism
professionnel, le [pʀɔfɛsjɔnɛl] *adj* professional ▸ *nm/f* professional; *(ouvrier qualifié)* skilled worker
professoral, e, -aux [pʀɔfɛsɔʀal, -o] *adj* professorial; **le corps ~** the teaching profession
professorat [pʀɔfɛsɔʀa] *nm* : **le ~** the teaching profession
profil [pʀɔfil] *nm* profile; *(d'une voiture)* line, contour; **de ~** in profile
profilé, e [pʀɔfile] *adj* shaped; *(aile etc)* streamlined
profiler [pʀɔfile] /1/ *vt* to streamline; **se profiler** *vpr (arbre, tour)* to stand out, be silhouetted
profit [pʀɔfi] *nm (avantage)* benefit, advantage; *(Comm, Finance)* profit; **au ~ de** in aid of; **tirer** *ou* **retirer ~ de** to profit from; **mettre à ~** to take advantage of; to turn to good account; **profits et pertes** *(Comm)* profit and loss(es)
profitabilité [pʀɔfitabilite] *nf* profitability
profitable [pʀɔfitabl] *adj (utile)* beneficial; *(lucratif)* profitable
profiter [pʀɔfite] /1/ *vi* : **~ de** *(situation, occasion)* to take advantage of; *(vacances, jeunesse etc)* to make the most of; **~ de ce que ...** to take advantage of the fact that ...; **~ à** to be of benefit to, benefit; to be profitable to
profiteur, -euse [pʀɔfitœʀ, -øz] *nm/f (péj)* profiteer
profond, e [pʀɔfɔ̃, -ɔ̃d] *adj* deep; *(méditation, mépris)* profound; **peu ~** *(eau, vallée, puits)* shallow; *(coupure)* superficial; **au plus ~ de** in the depths of, at the (very) bottom of; **la France profonde** the heartlands of France
profondément [pʀɔfɔ̃demɑ̃] *adv* deeply; profoundly; **il dort ~** he is sound asleep
profondeur [pʀɔfɔ̃dœʀ] *nf* depth; **l'eau a quelle ~ ?** how deep is the water?
profusément [pʀɔfyzemɑ̃] *adv* profusely
profusion [pʀɔfyzjɔ̃] *nf* profusion; **à ~** in plenty
progéniture [pʀɔʒenityʀ] *nf* offspring *inv*
progiciel [pʀɔʒisjɛl] *nm (Inform)* (software) package; **~ d'application** applications package, applications software *no pl*
progouvernemental, e, -aux [pʀɔguvɛʀnəmɑ̃tal, -o] *adj* pro-government *cpd*
programmable [pʀɔgʀamabl] *adj* programmable
programmateur, -trice [pʀɔgʀamatœʀ, -tʀis] *nm/f (Ciné, TV)* programme (Brit) *ou* program (US) planner ▸ *nm (de machine à laver etc)* timer
programmation [pʀɔgʀamasjɔ̃] *nf* programming
programme [pʀɔgʀam] *nm* programme (Brit), program (US); *(TV, Radio)* program(me)s *pl*; *(Scol)* syllabus, curriculum; *(Inform)* program; **au ~ de ce soir** (TV) among tonight's program(me)s
programmé, e [pʀɔgʀame] *adj* : **enseignement ~** programmed learning
programmer [pʀɔgʀame] /1/ *vt (TV, Radio)* to put on, show; *(organiser, prévoir : émission)* to schedule; *(Inform)* to program
programmeur, -euse [pʀɔgʀamœʀ, -øz] *nm/f* (computer) programmer
progrès [pʀɔgʀɛ] *nm* progress *no pl*; **faire des/être en ~** to make/be making progress
progresser [pʀɔgʀese] /1/ *vi* to progress; *(troupes etc)* to make headway *ou* progress
progressif, -ive [pʀɔgʀesif, -iv] *adj* progressive
progression [pʀɔgʀesjɔ̃] *nf* progression; *(d'une troupe etc)* advance, progress
progressiste [pʀɔgʀesist] *adj* progressive
progressivement [pʀɔgʀesivmɑ̃] *adv* progressively
prohiber [pʀɔibe] /1/ *vt* to prohibit, ban
prohibitif, -ive [pʀɔibitif, -iv] *adj* prohibitive
prohibition [pʀɔibisjɔ̃] *nf* ban, prohibition; *(Hist)* Prohibition
proie [pʀwa] *nf* prey *no pl*; **être la ~ de** to fall prey to; **être en ~ à** *(doutes, sentiment)* to be prey to; *(douleur, mal)* to be suffering
projecteur [pʀɔʒɛktœʀ] *nm* projector; *(de théâtre, cirque)* spotlight
projectile [pʀɔʒɛktil] *nm* missile; *(d'arme)* projectile, bullet *(ou* shell *etc)*
projection [pʀɔʒɛksjɔ̃] *nf* projection; *(séance)* showing; **conférence avec projections** lecture with slides *(ou* a film)
projectionniste [pʀɔʒɛksjɔnist] *nmf (Ciné)* projectionist
projet [pʀɔʒɛ] *nm* plan; *(ébauche)* draft; **faire des projets** to make plans; **~ de loi** bill
projeter [pʀɔʒ(ə)te] /4/ *vt (envisager)* to plan; *(film, photos)* to project; *(passer)* to show; *(ombre, lueur)* to throw, cast, project; *(jeter)* to throw up *(ou* off *ou* out); **~ de faire qch** to plan to do sth
prolétaire [pʀɔletɛʀ] *adj, nmf* proletarian
prolétariat [pʀɔletaʀja] *nm* proletariat
prolétarien, ne [pʀɔletaʀjɛ̃, -ɛn] *adj* proletarian
prolifération [pʀɔlifeʀasjɔ̃] *nf* proliferation
proliférer [pʀɔlifeʀe] /6/ *vi* to proliferate
prolifique [pʀɔlifik] *adj* prolific
prolixe [pʀɔliks] *adj* verbose

prolo [pRɔlo] *nmf (fam : = prolétaire)* prole *(péj)*
prologue [pRɔlɔg] *nm* prologue
prolongateur [pRɔlɔ̃gatœR] *nm (Élec)* extension cable
prolongation [pRɔlɔ̃gasjɔ̃] *nf* prolongation; extension; **prolongations** *nfpl (Football)* extra time *sg*
prolongement [pRɔlɔ̃ʒmɑ̃] *nm* extension; **dans le ~ de** running on from; **prolongements** *nmpl (fig)* repercussions, effects
prolonger [pRɔlɔ̃ʒe] /**3**/ *vt (débat, séjour)* to prolong; *(délai, billet, rue)* to extend; *(chose)* to be a continuation *ou* an extension of; **se prolonger** *vpr* to go on
promenade [pRɔm(ə)nad] *nf* walk (*ou* drive *ou* ride); **faire une ~** to go for a walk; **une ~ (à pied)/en voiture/à vélo** a walk/drive/(bicycle) ride
promener [pRɔm(ə)ne] /**5**/ *vt (personne, chien)* to take out for a walk; *(fig)* to carry around; to trail round; *(doigts, regard)* : **~ qch sur** to run sth over; **se promener** *vpr (à pied)* to go for (*ou* be out for) a walk; *(en voiture)* to go for (*ou* be out for) a drive; *(fig)* : **se ~ sur** to wander over
promeneur, -euse [pRɔm(ə)nœR, -øz] *nm/f* walker, stroller
promenoir [pRɔm(ə)nwaR] *nm* gallery, (covered) walkway
promesse [pRɔmɛs] *nf* promise; **~ d'achat** commitment to buy
prometteur, -euse [pRɔmɛtœR, -øz] *adj* promising
promettre [pRɔmɛtR] /**56**/ *vt* to promise; **~ à qn de faire** to promise sb that one will do ▸ *vi (récolte, arbre)* to look promising; *(enfant, musicien)* to be promising; **se promettre** *vpr* : **se ~ de faire** to resolve *ou* mean to do
promeus *etc* [pRɔmø] *vb voir* **promouvoir**
promis, e [pRɔmi, -iz] *pp de* **promettre** ▸ *adj* : **être ~ à qch** *(destiné)* to be destined for sth
promiscuité [pRɔmiskɥite] *nf* crowding; lack of privacy
promit [pRɔmi] *vb voir* **promettre**
promo [pRɔmo] *nf (fam : Scol : promotion)* class; **~ 95** the class of 95
promontoire [pRɔmɔ̃twaR] *nm* headland
promoteur, -trice [pRɔmɔtœR, -tRis] *nm/f (instigateur)* instigator, promoter; **~ (immobilier)** property developer (Brit), real estate promoter (US)
promotion [pRɔmosjɔ̃] *nf (avancement)* promotion; *(Scol)* year (Brit), class; **en ~** *(Comm)* on promotion, on (special) offer
promotionnel, le [pRɔmosjɔnɛl] *adj (article)* on promotion, on (special) offer; *(vente)* promotional
promouvoir [pRɔmuvwaR] /**27**/ *vt* to promote
prompt, e [pRɔ̃, pRɔ̃t] *adj* swift, rapid; *(intervention, changement)* sudden; **~ à faire qch** quick to do sth
promptement [pRɔ̃ptəmɑ̃] *adv* swiftly
prompteur® [pRɔ̃ptœR] *nm* Autocue® (Brit), Teleprompter® (US)
promptitude [pRɔ̃(p)tityd] *nf* swiftness, rapidity
promu, e [pRɔmy] *pp de* **promouvoir**
promulgation [pRɔmylgasjɔ̃] *nf (de loi)* promulgation
promulguer [pRɔmylge] /**1**/ *vt* to promulgate
prôner [pRone] /**1**/ *vt (louer)* to laud, extol; *(préconiser)* to advocate, commend
pronom [pRɔnɔ̃] *nm* pronoun
pronominal, e, -aux [pRɔnɔminal, -o] *adj* pronominal; *(verbe)* reflexive, pronominal
prononçable [pRɔnɔ̃sabl] *adj* pronounceable; **difficilement ~** hard to pronounce
prononcé, e [pRɔnɔ̃se] *adj* pronounced, marked
prononcer [pRɔnɔ̃se] /**3**/ *vt (son, mot, jugement)* to pronounce; *(dire)* to utter; *(discours)* to deliver ▸ *vi (Jur)* to deliver *ou* give a verdict; **~ bien/mal** to have good/poor pronunciation; **se prononcer** *vpr (mot)* to be pronounced; **se ~ (sur)** *(se décider)* to reach a decision (on *ou* about), give a verdict (on); **se ~ contre** to come down against; **ça se prononce comment ?** how do you pronounce this?
prononciation [pRɔnɔ̃sjasjɔ̃] *nf* pronunciation
pronostic [pRɔnɔstik] *nm (Méd)* prognosis; *(fig : aussi :* **pronostics***)* forecast
pronostiquer [pRɔnɔstike] /**1**/ *vt (Méd)* to prognosticate; *(annoncer, prévoir)* to forecast, foretell
pronostiqueur, -euse [pRɔnɔstikœR, -øz] *nm/f* forecaster
propagande [pRɔpagɑ̃d] *nf* propaganda; **faire de la ~ pour qch** to plug *ou* push sth
propagandiste [pRɔpagɑ̃dist] *nmf* propagandist
propagation [pRɔpagasjɔ̃] *nf* propagation
propager [pRɔpaʒe] /**3**/ *vt* to spread; **se propager** *vpr* to spread; *(Physique)* to be propagated
propane [pRɔpan] *nm* propane
propension [pRɔpɑ̃sjɔ̃] *nf* : **~ à (faire) qch** propensity to (do) sth
prophète, prophétesse [pRɔfɛt, pRɔfetɛs] *nm/f* prophet(ess)
prophétie [pRɔfesi] *nf* prophecy
prophétique [pRɔfetik] *adj* prophetic
prophétiser [pRɔfetize] /**1**/ *vt* to prophesy
prophylactique [pRɔfilaktik] *adj* prophylactic
prophylaxie [pRɔfilaksi] *nf* prophylaxis
propice [pRɔpis] *adj* favourable (Brit), favorable (US)
proportion [pRɔpɔRsjɔ̃] *nf* proportion; **il n'y a aucune ~ entre le prix demandé et le prix réel** the asking price bears no relation to the real price; **à ~ de** proportionally to, in proportion to; **en ~ (de)** in proportion (to); **hors de ~** out of proportion; **toute(s) ~(s) gardée(s)** making due allowance(s)
proportionnalité [pRɔpɔRsjɔnalite] *nf* proportionality; *(de système électoral)* proportional representation
proportionné, e [pRɔpɔRsjɔne] *adj* : **bien ~** well-proportioned; **~ à** proportionate to
proportionnel, le [pRɔpɔRsjɔnɛl] *adj* proportional; **~ à** proportional to ▸ *nf* proportional representation

P

proportionnellement [pʀɔpɔʀsjɔnɛlmɑ̃] *adv* proportionally, proportionately
proportionner [pʀɔpɔʀsjɔne] /1/ *vt* : ~ **qch à** to proportion *ou* adjust sth to
propos [pʀɔpo] *nm* (*paroles*) talk *no pl*, remark; (*intention, but*) intention, aim; (*sujet*) : **à quel ~ ?** what about?; **à ~ de** about, regarding; **à tout ~** for no reason at all; **à ce ~** on that subject, in this connection; **à ~** *adv* by the way; (*opportunément*) (just) at the right moment; **hors de ~, mal à ~** *adv* at the wrong moment
proposer [pʀɔpoze] /1/ *vt* (*loi, motion*) to propose; (*candidat*) to nominate, put forward; **~ qch (à qn)/de faire** (*suggérer*) to suggest sth (to sb)/ doing, propose sth (to sb)/to do; (*offrir*) to offer (sb) sth/to do; **se proposer** *vpr* : **se ~ (pour faire)** to offer one's services (to do); **se ~ de faire** to intend *ou* propose to do
proposition [pʀɔpozisjɔ̃] *nf* suggestion; proposal; offer; (*Ling*) clause; **sur la ~ de** at the suggestion of; **~ de loi** private bill
propre [pʀɔpʀ] *adj* clean; (*net*) neat, tidy; (*qui ne salit pas : chien, chat*) house-trained; (*: enfant*) toilet-trained; (*fig : honnête*) honest; (*possessif*) own; (*sens*) literal; (*particulier*) : **~ à** peculiar to, characteristic of; (*approprié*) : **~ à** suitable *ou* appropriate for; (*de nature à*) : **~ à faire** likely to do, that will do ▸ *nm* : **recopier au ~** to make a fair copy of; (*particularité*) : **le ~ de** the peculiarity of, the distinctive feature of; **au ~** (*Ling*) literally; **appartenir à qn en ~** to belong to sb (exclusively); **~ à rien** *nmf* (*péj*) good-for-nothing
proprement [pʀɔpʀəmɑ̃] *adv* (*avec propreté*) cleanly; neatly, tidily; **à ~ parler** strictly speaking; **le village ~ dit** the actual village, the village itself
propret, te [pʀɔpʀɛ, -ɛt] *adj* neat and tidy, spick-and-span
propreté [pʀɔpʀəte] *nf* cleanliness, cleanness; neatness, tidiness
propriétaire [pʀɔpʀijetɛʀ] *nmf* owner; (*d'hôtel etc*) proprietor(-tress), owner; (*pour le locataire*) landlord(-lady); **~ (immobilier)** house-owner; householder; **~ récoltant** grower; **~ (terrien)** landowner
propriété [pʀɔpʀijete] *nf* (*droit*) ownership; (*objet, immeuble etc*) property *gén no pl*; (*villa*) residence, property; (*terres*) property *gén no pl*, land *gén no pl*; (*qualité, Chimie, Math*) property; (*correction*) appropriateness, suitability; **~ artistique et littéraire** artistic and literary copyright; **~ industrielle** patent rights *pl*
proprio [pʀɔpʀijo] *nmf* (*fam : propriétaire*) landlord (landlady)
propulser [pʀɔpylse] /1/ *vt* (*missile*) to propel; (*projeter*) to hurl, fling
propulseur [pʀɔpylsœʀ] *adj m* propulsive ▸ *nm* propulsion unit; **~ d'appoint** booster; **~ à hélice** propeller; **~ à réaction** jet engine
propulsion [pʀɔpylsjɔ̃] *nf* propulsion
prorata [pʀɔʀata] *nm inv* : **au ~ de** in proportion to, on the basis of
prorogation [pʀɔʀɔgasjɔ̃] *nf* deferment; extension; adjournment
proroger [pʀɔʀɔʒe] /3/ *vt* to put back, defer; (*prolonger*) to extend; (*assemblée*) to adjourn, prorogue
prosaïque [pʀozaik] *adj* mundane, prosaic
prosaïquement [pʀozaikmɑ̃] *adv* prosaically; **plus ~** more prosaically
proscription [pʀɔskʀipsjɔ̃] *nf* banishment; (*interdiction*) banning; prohibition
proscrire [pʀɔskʀiʀ] /39/ *vt* (*bannir*) to banish; (*interdire*) to ban, prohibit
prose [pʀoz] *nf* prose (*style*)
prosélyte [pʀɔzelit] *nmf* proselyte, convert
prospecter [pʀɔspɛkte] /1/ *vt* to prospect; (*Comm*) to canvass
prospecteur, -trice [pʀɔspɛktœʀ, -tʀis] *nm/f* (*d'or*) prospector; (*Comm*) canvasser
prospecteur-placier [pʀɔspɛktœʀplasje] (*f* **prospectrice-placière**, *pl* **prospecteurs-placiers**) *nm/f* placement officer
prospectif, -ive [pʀɔspɛktif, -iv] *adj* prospective
prospection [pʀɔspɛksjɔ̃] *nf* (*pétrolière, minière*) prospecting; (*de marchés*) exploration
prospectus [pʀɔspɛktys] *nm* (*feuille*) leaflet; (*dépliant*) brochure, leaflet
prospère [pʀɔspɛʀ] *adj* prosperous; (*santé, entreprise*) thriving, flourishing
prospérer [pʀɔspeʀe] /6/ *vi* to thrive
prospérité [pʀɔspeʀite] *nf* prosperity
prostate [pʀɔstat] *nf* prostate (gland)
prosterner [pʀɔstɛʀne] /1/ : **se prosterner** *vpr* to bow low, prostrate o.s.
prostitué, e [pʀɔstitɥe] *nm* male prostitute ▸ *nf* prostitute
prostituer [pʀɔstitɥe] : **se prostituer** *vpr* to work as a prostitute
prostitution [pʀɔstitysjɔ̃] *nf* prostitution
prostré, e [pʀɔstʀe] *adj* prostrate
protagoniste [pʀɔtagɔnist] *nm* protagonist
protecteur, -trice [pʀɔtɛktœʀ, -tʀis] *adj* protective; (*air, ton : péj*) patronizing ▸ *nm/f* (*défenseur*) protector; (*des arts*) patron
protection [pʀɔtɛksjɔ̃] *nf* protection; (*d'un personnage influent : aide*) patronage; **écran de ~** protective screen; **~ civile** *state-financed civilian rescue service*; **~ maternelle et infantile** *social service concerned with child welfare*
protectionnisme [pʀɔtɛksjɔnism] *nm* protectionism
protectionniste [pʀɔtɛksjɔnist] *adj* protectionist
protectorat [pʀɔtɛktɔʀa] *nm* protectorate
protégé, e [pʀɔteʒe] *nm/f* protégé(e)
protège-cahier [pʀɔtɛʒkaje] *nm* exercise book cover
protéger [pʀɔteʒe] /6, 3/ *vt* to protect; (*aider, patronner : personne, arts*) to be a patron of; (*: carrière*) to further; **se protéger** *vpr* : **se ~ (de/contre)** to protect o.s. (from)
protège-slip [pʀɔtɛʒslip] *nm* panty liner
protéine [pʀɔtein] *nf* protein
protestant, e [pʀɔtɛstɑ̃, -ɑ̃t] *adj, nm/f* Protestant
protestantisme [pʀɔtɛstɑ̃tism] *nm* Protestantism

protestataire [pRɔtɛstatɛR] *nmf* protestor
protestation [pRɔtɛstasjɔ̃] *nf* (*plainte*) protest; (*déclaration*) protestation, profession
protester [pRɔtɛste] /1/ *vi* : **~ (contre)** to protest (against *ou* about); **~ de** (*son innocence, sa loyauté*) to protest
prothèse [pRɔtɛz] *nf* artificial limb, prosthesis; **~ dentaire** (*appareil*) denture; (*science*) dental engineering
protocolaire [pRɔtɔkɔlɛR] *adj* formal; (*questions, règles*) of protocol
protocole [pRɔtɔkɔl] *nm* protocol; (*fig*) etiquette; **~ d'accord** draft treaty; **~ opératoire** (*Méd*) operating procedure
proton [pRɔtɔ̃] *nm* proton
prototype [pRɔtɔtip] *nm* prototype
protubérance [pRɔtybeRɑ̃s] *nf* bulge, protuberance
protubérant, e [pRɔtybeRɑ̃, -ɑ̃t] *adj* protruding, bulging, protuberant
proue [pRu] *nf* bow(s *pl*), prow
prouesse [pRuɛs] *nf* feat
prouvé [pRuve] *adj* : **scientifiquement ~** scientifically proven; **C'est ~.** It's a proven fact.
prouver [pRuve] /1/ *vt* to prove
provenance [pRɔv(ə)nɑ̃s] *nf* origin; (*de mot, coutume*) source; **avion en ~ de** plane (arriving) from
provençal, e, -aux [pRɔvɑ̃sal, -o] *adj* Provençal ▸ *nm* (*Ling*) Provençal
Provence [pRɔvɑ̃s] *nf* : **la ~** Provence
provenir [pRɔv(ə)niR] /22/ : **~ de** *vt* to come from; (*résulter de*) to be due to, be the result of
proverbe [pRɔvɛRb] *nm* proverb
proverbial, e, -aux [pRɔvɛRbjal, -o] *adj* proverbial
providence [pRɔvidɑ̃s] *nf* : **la ~** providence
providentiel, le [pRɔvidɑ̃sjɛl] *adj* providential
province [pRɔvɛ̃s] *nf* province
provincial, e, -aux [pRɔvɛ̃sjal, -o] *adj, nm/f* provincial
proviseur [pRɔvizœR] *nm* ≈ head (teacher) (BRIT), ≈ principal (US)
provision [pRɔvizjɔ̃] *nf* (*réserve*) stock, supply; (*avance : à un avocat*) retainer, retaining fee; (*Comm*) funds *pl* (in account); reserve; **faire ~ de** to stock up with; **provisions** *nfpl* (*vivres*) provisions, food *no pl*; **placard** *ou* **armoire à provisions** food cupboard
provisionnel, le [pRɔvizjɔnɛl] *adj voir* **tiers**
provisoire [pRɔvizwaR] *adj* temporary; (*Jur*) provisional; **mise en liberté ~** release on bail
provisoirement [pRɔvizwaRmɑ̃] *adv* temporarily, for the time being
provocant, e [pRɔvɔkɑ̃, -ɑ̃t] *adj* provocative
provocateur, -trice [pRɔvɔkatœR, -tRis] *adj* provocative ▸ *nm* (*meneur*) agitator
provocation [pRɔvɔkasjɔ̃] *nf* provocation
provoquer [pRɔvɔke] /1/ *vt* (*défier*) to provoke; (*causer*) to cause, bring about; (*: curiosité*) to arouse, give rise to; (*: aveux*) to prompt, elicit; (*inciter*) : **~ qn à** to incite sb to
prox. *abr* = **proximité**
proxénète [pRɔksenɛt] *nmf* procurer
proxénétisme [pRɔksenetism] *nm* procuring
proximité [pRɔksimite] *nf* nearness, closeness, proximity; (*dans le temps*) imminence, closeness; **à ~** near *ou* close by; **à ~ de** near (to), close to
prude [pRyd] *adj* prudish
prudemment [pRydamɑ̃] *adv* carefully; cautiously; prudently; wisely, sensibly
prudence [pRydɑ̃s] *nf* carefulness; caution; prudence; **avec ~** carefully; cautiously; wisely; **par (mesure de) ~** as a precaution
prudent, e [pRydɑ̃, -ɑ̃t] *adj* (*pas téméraire*) careful, cautious, prudent; (*: en général*) safety-conscious; (*sage, conseillé*) wise, sensible; (*réservé*) cautious; **c'est plus ~** it's wiser; **ce n'est pas ~** it's risky; it's not sensible; **soyez ~** take care, be careful
prune [pRyn] *nf* plum
pruneau, x [pRyno] *nm* prune
prunelle [pRynɛl] *nf* pupil; (*œil*) eye; (*Bot*) sloe; (*eau de vie*) sloe gin
prunier [pRynje] *nm* plum tree
prurit [pRyRit] *nm* (*Méd*) pruritus
Prusse [pRys] *nf* : **la ~** Prussia
PS *sigle m* = **parti socialiste**; (= *post-scriptum*) PS
psalmodier [psalmɔdje] /7/ *vt* to chant; (*fig*) to drone out
psaume [psom] *nm* psalm
pseudonyme [psødɔnim] *nm* (*gén*) fictitious name; (*d'écrivain*) pseudonym, pen name; (*de comédien*) stage name
PSIG *sigle m* (= *Peloton de surveillance et d'intervention de gendarmerie*) *type of police commando squad*
psoriasis [psɔRjazis] *nm* psoriasis
psy [psi] *nmf* (*fam : = psychiatre, psychologue*) shrink
psychanalyse [psikanaliz] *nf* psychoanalysis
psychanalyser [psikanalize] /1/ *vt* to psychoanalyze; **se faire ~** to undergo (psycho)analysis
psychanalyste [psikanalist] *nmf* psychoanalyst
psychanalytique [psikanalitik] *adj* psychoanalytical
psyché [psiʃe] *nf* psyche
psychédélique [psikedelik] *adj* psychedelic
psychiatre [psikjatR] *nmf* psychiatrist
psychiatrie [psikjatRi] *nf* psychiatry
psychiatrique [psikjatRik] *adj* psychiatric; (*hôpital*) mental, psychiatric
psychique [psiʃik] *adj* psychological
psychisme [psiʃism] *nm* psyche
psychologie [psikɔlɔʒi] *nf* psychology
psychologique [psikɔlɔʒik] *adj* psychological
psychologiquement [psikɔlɔʒikmɑ̃] *adv* psychologically
psychologue [psikɔlɔg] *nmf* psychologist; **être ~** (*fig*) to be a good psychologist
psychomoteur, -trice [psikɔmɔtœR, -tRis] *adj* psychomotor
psychopathe [psikɔpat] *nmf* psychopath
psychopédagogie [psikɔpedagɔʒi] *nf* educational psychology
psychose [psikoz] *nf* (*Méd*) psychosis; (*obsession, idée fixe*) obsessive fear
psychosomatique [psikɔsɔmatik] *adj* psychosomatic

P

psychothérapie [psikɔteʀapi] *nf* psychotherapy
psychotique [psikɔtik] *adj* psychotic
Pte *abr* = **porte**
pte *abr* (= *pointe*) pt
PTMA *sigle m* (= *poids total maximum autorisé*) maximum loaded weight
PTT *sigle fpl* (= *Postes, Télégraphes et Téléphone*) *formerly the French post office and telecommunications service*
pu [py] *pp de* **pouvoir**
puant, e [pɥɑ̃, pɥɑ̃t] *adj* (*nauséabond*) stinking, foul; (*odieux, prétentieux*) pompous
puanteur [pɥɑ̃tœʀ] *nf* stink, stench
pub [pyb] *nf* (*fam* : = *publicité*): **la ~** advertising; **une ~** an ad
pubalgie [pybalʒi] *nf* groin strain
pubère [pybɛʀ] *adj* pubescent
puberté [pybɛʀte] *nf* puberty
pubis [pybis] *nm* (*bas-ventre*) pubes *pl*; (*os*) pubis
publiable [pyblijabl] *adj* publishable
public, -ique [pyblik] *adj* public; (*école, instruction*) state *cpd*; (*scrutin*) open ▸ *nm* public; (*assistance*) audience; **en ~** in public; **le grand ~** the general public
publication [pyblikasjɔ̃] *nf* publication
publiciste [pyblisist] *nmf* advertising executive
publicitaire [pyblisitɛʀ] *adj* advertising *cpd*; (*film, voiture*) publicity *cpd*; (*vente*) promotional; **rédacteur ~** copywriter ▸ *nmf* advertising executive
publicité [pyblisite] *nf* (*méthode, profession*) advertising; (*annonce*) advertisement; (*révélations*) publicity
publier [pyblije] /7/ *vt* to publish; (*nouvelle*) to publicize, make public
publipostage [pyblipɔstaʒ] *nm* mailshot, (mass) mailing
publique [pyblik] *adj f voir* **public**
publiquement [pyblikmɑ̃] *adv* publicly
puce [pys] *nf* flea; (*Inform*) chip; **carte à ~** smart card; **(marché aux) puces** flea market *sg*; **mettre la ~ à l'oreille de qn** to give sb something to think about
puceau, x [pyso] *adj m* (*fam*) : **être ~** to be a virgin
pucelle [pysɛl] *adj f* (*fam*) : **être ~** to be a virgin
puceron [pys(ə)ʀɔ̃] *nm* aphid
pudding [pudiŋ] *nm* (*à base de pain rassis*) bread pudding; (*plum-pudding*) Christmas pudding, plum pudding
pudeur [pydœʀ] *nf* modesty
pudibond, e [pydibɔ̃, -ɔ̃d] *adj* prudish
pudique [pydik] *adj* (*chaste*) modest; (*discret*) discreet
pudiquement [pydikmɑ̃] *adv* modestly
puer [pɥe] /1/ (*péj*) *vi* to stink ▸ *vt* to stink of, reek of
puériculteur, -trice [pɥeʀikyltœʀ, -tʀis] *nm/f* (*aussi* : **infirmier puériculteur, infirmière puéricultrice**) nursery nurse
puériculture [pɥeʀikyltyʀ] *nf* infant care
puéril, e [pɥeʀil] *adj* childish
puérilement [pɥeʀilmɑ̃] *adv* childishly
puérilité [pɥeʀilite] *nf* childishness; (*acte, idée*) childish thing
pugilat [pyʒila] *nm* (fist) fight
pugnace [pygnas] *adj* pugnacious
pugnacité [pygnasite] *nf* pugnacity
puis [pɥi] *vb voir* **pouvoir** ▸ *adv* (*ensuite*) then; (*dans une énumération*) next; (*en outre*) : **et ~** and (then); **et ~ (après** *ou* **quoi) ?** so (what)?
puisard [pɥizaʀ] *nm* (*égout*) cesspool
puiser [pɥize] /1/ *vt* : **~ (dans)** to draw (from); **~ dans qch** to dip into sth
puisque [pɥisk] *conj* since; (*valeur intensive*) : **~ je te le dis !** I'm telling you!
puissamment [pɥisamɑ̃] *adv* powerfully
puissance [pɥisɑ̃s] *nf* power; **en ~** *adj* potential; **deux (à la) ~ cinq** two to the power (of) five
puissant, e [pɥisɑ̃, -ɑ̃t] *adj* powerful
puisse *etc* [pɥis] *vb voir* **pouvoir**
puits [pɥi] *nm* well; **~ artésien** artesian well; **~ de mine** mine shaft; **~ de science** fount of knowledge
pull(-over) [pyl(ɔvœʀ)] *nm* sweater, jumper (Brit)
pulluler [pylyle] /1/ *vi* to swarm; (*fig* : *erreurs*) to abound, proliferate
pulmonaire [pylmɔnɛʀ] *adj* lung *cpd*; (*artère*) pulmonary
pulpe [pylp] *nf* pulp
pulpeux, -euse [pylpø, -øz] *adj* (*bouche*) fleshy; (*femme*) curvaceous
pulsation [pylsasjɔ̃] *nf* (*Méd*) beat
pulsé [pylse] *adj m* : **chauffage à air ~** warm air heating
pulsion [pylsjɔ̃] *nf* (*Psych*) drive, urge
pulvérisateur [pylveʀizatœʀ] *nm* spray
pulvérisation [pylveʀizasjɔ̃] *nf* spraying
pulvériser [pylveʀize] /1/ *vt* (*solide*) to pulverize; (*liquide*) to spray; (*fig* : *anéantir* : *adversaire*) to pulverize; (: *record*) to smash, shatter; (: *argument*) to demolish
puma [pyma] *nm* puma, cougar
punaise [pynɛz] *nf* (*Zool*) bug; (*clou*) drawing pin (Brit), thumb tack (*US*)
punaiser [pyneze] *vt* (*affiche*) to pin up, to tack up (*US*)
punch [pɔ̃ʃ] *nm* (*boisson*) punch; (*Boxe*) [pœnʃ] punching ability; (*fig*) punch
punching-ball [pœnʃiŋbol] *nm* punchball
punir [pyniʀ] /2/ *vt* to punish; **~ qn de qch** to punish sb for sth
punitif, -ive [pynitif, -iv] *adj* punitive
punition [pynisjɔ̃] *nf* punishment
punk [pœk] *adj inv, nmf, nm* punk
pupille [pypij] *nf* (*Anat*) pupil ▸ *nmf* (*enfant*) ward; **~ de l'État** child in care; **~ de la Nation** war orphan
pupitre [pypitʀ] *nm* (*Scol*) desk; (*Rel*) lectern; (*de chef d'orchestre*) rostrum; **~ de commande** control panel
pur, e [pyʀ] *adj* pure; (*vin*) undiluted; (*whisky*) neat; (*intentions*) honourable (Brit), honorable (*US*); **en pure perte** fruitlessly, to no avail; **c'est de la folie pure** it's sheer madness ▸ *nm* (*personne*) hard-liner
purée [pyʀe] *nf* : **~ (de pommes de terre)** ≈ mashed potatoes *pl*; **~ de marrons** chestnut purée; **~ de pois** (*fig*) peasoup(er)

purement [pyʀmɑ̃] *adv* purely
pureté [pyʀte] *nf* purity
purgatif [pyʀgatif] *nm* purgative, purge
purgatoire [pyʀgatwaʀ] *nm* purgatory
purge [pyʀʒ] *nf* (*Pol*) purge; (*Méd*) purging *no pl*; purge
purger [pyʀʒe] /**3**/ *vt* (*radiateur*) to flush (out), drain; (*circuit hydraulique*) to bleed; (*Méd, Pol*) to purge; (*Jur : peine*) to serve
purification [pyʀifikasjɔ̃] *nf* (*de l'eau*) purification; ~ **ethnique** ethnic cleansing
purifier [pyʀifje] /**7**/ *vt* to purify; (*Tech : métal*) to refine
purin [pyʀɛ̃] *nm* liquid manure
puriste [pyʀist] *nmf* purist
puritain, e [pyʀitɛ̃, -ɛn] *adj, nm/f* Puritan
puritanisme [pyʀitanism] *nm* Puritanism
pur-sang [pyʀsɑ̃] *nm inv* thoroughbred, pure-bred
purulent, e [pyʀylɑ̃, -ɑ̃t] *adj* purulent
pus [py] *vb voir* **pouvoir** ▸ *nm* pus
pusillanime [pyzilanim] *adj* fainthearted
pustule [pystyl] *nf* pustule
putain [pytɛ̃] *nf* (*!*) whore (*!*); **ce/cette ~ de ...** this bloody (BRIT) *ou* goddamn (*US*)... (*!*)
pute [pyt] *nf* (*!*) whore
putois [pytwa] *nm* polecat; **crier comme un ~** to yell one's head off
putréfaction [pytʀefaksjɔ̃] *nf* putrefaction
putréfier [pytʀefje] /**7**/ *vt*, **se putréfier** *vpr* to putrefy, rot
putride [pytʀid] *adj* putrid
putsch [putʃ] *nm* (*Pol*) putsch
puzzle [pœzl] *nm* jigsaw (puzzle)
PV *sigle m* = **procès-verbal**
PVC *sigle f* (= *polychlorure de vinyle*) PVC
PVD *sigle mpl* (= *pays en voie de développement*) developing countries
Px *abr* = **prix**
pygmée [pigme] *nm* pygmy
pyjama [piʒama] *nm* pyjamas *pl* (BRIT), pajamas *pl* (*US*)
pylône [pilon] *nm* pylon
pyramide [piʀamid] *nf* pyramid
pyrénéen, ne [piʀeneɛ̃, -ɛn] *adj* Pyrenean
Pyrénées [piʀene] *nfpl* : **les ~** the Pyrenees
pyrex® [piʀɛks] *nm* Pyrex®
pyrogravure [piʀɔgʀavyʀ] *nf* poker-work
pyromane [piʀɔman] *nmf* arsonist
pyrotechnique [piʀɔtɛknik] *adj* (*effets*) pyrotechnic; **spectacle ~** firework display
python [pitɔ̃] *nm* python

P

Qq

Q, q [ky] *nm inv* Q, q ▸ *abr* (= *quintal*) q; **Q comme Quintal** Q for Queen
Qatar [katar] *nm* : **le** ~ Qatar
QCM *sigle m* (= *questionnaire à choix multiples*) multiple-choice test
QG *sigle m* (= *quartier général*) HQ
QHS *sigle m* (= *quartier de haute sécurité*) high-security wing *ou* prison
QI *sigle m* (= *quotient intellectuel*) IQ
qqch. *abr* (= *quelque chose*) sth
qqe *abr* = **quelque**
qqes *abr* = **quelques**
qqn *abr* (= *quelqu'un*) sb, s.o.
quad [kwad] *nm* quad bike
quadra [k(w)adra] *nmf* (*fam* : = *quadragénaire*) person in his (*ou* her) forties; **les quadras** forty somethings (*fam*)
quadragénaire [kadraʒenɛr] *nmf* (*de quarante ans*) forty-year-old; (*de quarante à cinquante ans*) man/woman in his/her forties
quadrangulaire [kwadrɑ̃gylɛr] *adj* quadrangular
quadrature [kwadratyr] *nf* : **c'est la ~ du cercle** it's like trying to square the circle
quadrichromie [kwadrikrɔmi] *nf* four-colour (Brit) *ou* -color (*US*) printing
quadrilatère [k(w)adrilatɛr] *nm* (*Géom, Mil*) quadrilateral; (*terrain*) four-sided area
quadrillage [kadrijaʒ] *nm* (*lignes etc*) square pattern, criss-cross pattern
quadrillé, e [kadrije] *adj* (*papier*) squared
quadriller [kadrije] /1/ *vt* (*papier*) to mark out in squares; (*Police : ville, région etc*) to keep under tight control, be positioned throughout
quadrimoteur [k(w)adrimɔtœr] *nm* four-engined plane
quadripartite [kwadripartit] *adj* (*entre pays*) four-power; (*entre partis*) four-party
quadriphonie [kadrifɔni] *nf* quadraphony
quadriréacteur [k(w)adrireaktœr] *nm* four-engined jet
quadrupède [k(w)adrypɛd] *nm* quadruped
quadruple [k(w)adrypl] *nm* : **le ~ de** four times as much as
quadrupler [k(w)adryple] /1/ *vt, vi* to quadruple, increase fourfold
quadruplés, -ées [k(w)adryple] *nm/f* quadruplets, quads
quai [ke] *nm* (*de port*) quay; (*de gare*) platform; (*de cours d'eau, canal*) embankment; **être à ~** (*navire*) to be alongside; (*train*) to be in the station; **le Q~ d'Orsay** *offices of the French Ministry for Foreign Affairs*; **le Q~ des Orfèvres** *central police headquarters*
qualifiable [kalifjabl] *adj* : **ce n'est pas ~** it defies description
qualificatif, -ive [kalifikatif, -iv] *adj* (*Ling*) qualifying ▸ *nm* (*terme*) term; (*Ling*) qualifier
qualification [kalifikasjɔ̃] *nf* qualification
qualifié, e [kalifje] *adj* qualified; (*main-d'œuvre*) skilled; **être ~ pour** to be qualified for
qualifier [kalifje] /7/ *vt* to qualify; (*appeler*) : **~ qch/qn de** to describe sth/sb as; **se qualifier** *vpr* (*Sport*) to qualify
qualitatif, -ive [kalitatif, -iv] *adj* qualitative
qualité [kalite] *nf* quality; (*titre, fonction*) position; **en ~ de** in one's capacity as; **ès qualités** in an official capacity; **avoir ~ pour** to have authority to; **de ~** *adj* quality *cpd*; **rapport ~-prix** value (for money)
quand [kɑ̃] *conj, adv* when; **~ je serai riche** when I'm rich; **~ même** (*cependant, pourtant*) nevertheless; (*tout de même*) all the same; **~ même, il exagère !** really, he overdoes it!; **~ bien même** even though
quant [kɑ̃] : **~ à** *prép* (*pour ce qui est de*) as for, as to; (*au sujet de*) regarding
quant-à-soi [kɑ̃taswa] *nm* : **rester sur son ~** to remain aloof
quantième [kɑ̃tjɛm] *nm* date, day (of the month)
quantifiable [kɑ̃tifjabl] *adj* quantifiable
quantifier [kɑ̃tifje] /7/ *vt* to quantify
quantique [k(w)ɑ̃tik] *adj* (*mécanique, physique*) quantum
quantitatif, -ive [kɑ̃titatif, -iv] *adj* quantitative
quantitativement [kɑ̃titativmɑ̃] *adv* quantitatively
quantité [kɑ̃tite] *nf* quantity, amount; (*Science*) quantity; **une** *ou* **des ~(s) de** (*grand nombre*) a great deal of; a lot of; **en grande ~** in large quantities; **en quantités industrielles** in vast amounts; **du travail en ~** a great deal of work; **~ de** many
quarantaine [karɑ̃tɛn] *nf* (*isolement*) quarantine; **une ~ (de)** forty or so, about forty; **avoir la ~** (*âge*) to be around forty; **mettre en ~** to put into quarantine; (*fig*) to send to Coventry (Brit), ostracize
quarante [karɑ̃t] *num* forty
quarantième [karɑ̃tjɛm] *num* fortieth
quark [kwark] *nm* quark

quart [kaʀ] *nm (fraction)* quarter; *(surveillance)* watch; *(partie)* : **un ~ de poulet/fromage** a chicken quarter/a quarter of a cheese; **un ~ de beurre** a quarter kilo of butter, ≈ a half pound of butter; **un ~ de vin** a quarter litre of wine; **une livre un ~** *ou* **et ~** one and a quarter pounds; **le ~ de** a quarter of; **~ d'heure** quarter of an hour; **deux heures et** *ou* **un ~** (a) quarter past two, (a) quarter after two (*US*); **il est le ~** it's (a) quarter past *ou* after (*US*); **une heure moins le ~** (a) quarter to one, (a) quarter of one (*US*); **il est moins le ~** it's (a) quarter to; **être de/prendre le ~** to keep/take the watch; **~ de tour** quarter turn; **au ~ de tour** *(fig)* straight off; **quarts de finale** *(Sport)* quarter finals
quarté [kaʀte] *nm (Courses) system of forecast betting giving first four horses*
quarteron [kaʀtəʀɔ̃] *nm (péj)* small bunch, handful
quartette [kwaʀtɛt] *nm* quartet(te)
quartier [kaʀtje] *nm (de ville)* district, area; *(de bœuf, de la lune)* quarter; *(de fruit, fromage)* piece; **cinéma/salle de ~** local cinema/hall; **avoir ~ libre** to be free; *(Mil)* to have leave from barracks; **ne pas faire de ~** to spare no one, give no quarter; **~ commerçant/résidentiel** shopping/residential area; **~ général (QG)** headquarters (HQ); **quartiers** *nmpl (Mil)* quarters
quartier-maître [kaʀtjemɛtʀ] *(pl* **quartiers-maîtres**) *nm* ≈ leading seaman
quartz [kwaʀts] *nm* quartz
quasi [kazi] *adv* almost, nearly ▸ *préfixe* : **~-certitude** near certainty
quasiment [kazimɑ̃] *adv* almost, (very) nearly; **~ jamais** hardly ever
quaternaire [kwatɛʀnɛʀ] *adj (Géo)* Quaternary
quatorze [katɔʀz] *num* fourteen
quatorzième [katɔʀzjɛm] *num* fourteenth
quatrain [katʀɛ̃] *nm* quatrain
quatre [katʀ] *num* four; **à ~ pattes** on all fours; **tiré à ~ épingles** dressed up to the nines; **faire les ~ cent coups** to be a bit wild; **se mettre en ~ pour qn** to go out of one's way for sb; **~ à ~** *(monter, descendre)* four at a time; **à ~ mains** *(jouer)* four-handed
quatre-vingt-dix [katʀəvɛ̃dis] *num* ninety
quatre-vingts [katʀəvɛ̃] *num* eighty
quatre-vingt-un *num* eighty-one
quatrième [katʀijɛm] *num* fourth ▸ *nf (Scol)* year 9 (Brit), eighth grade (*US*)
quatrièmement [katʀijɛmmɑ̃] *adv* fourthly
quatuor [kwatɥɔʀ] *nm* quartet(te)

MOT-CLÉ

que [kə] *conj* **1** *(introduisant complétive)* that; **il sait que tu es là** he knows (that) you're here; **je veux que tu acceptes** I want you to accept; **il a dit que oui** he said he would (*ou* it was *etc*)
2 *(reprise d'autres conjonctions)* : **quand il rentrera et qu'il aura mangé** when he gets back and (when) he has eaten; **si vous y allez ou que vous ...** if you go there or if you ...
3 *(en tête de phrase : hypothèse, souhait etc)* : **qu'il le veuille ou non** whether he likes it or not; **qu'il fasse ce qu'il voudra !** let him do as he pleases!
4 *(but)* : **tenez-le qu'il ne tombe pas** hold it so (that) it doesn't fall
5 *(après comparatif)* than; as; *voir aussi* **plus²** ; **aussi** ; **autant** *etc*
6 *(seulement)* : **ne ... que** only; **il ne boit que de l'eau** he only drinks water
7 *(temps)* : **elle venait à peine de sortir qu'il se mit à pleuvoir** she had just gone out when it started to rain, no sooner had she gone out than it started to rain; **il y a quatre ans qu'il est parti** it is four years since he left, he left four years ago
▸ *adv (exclamation)* : **qu'il** *ou* **qu'est-ce qu'il est bête/court vite !** he's so silly!/he runs so fast!; **que de livres !** what a lot of books!
▸ *pron* **1** *(relatif : personne)* whom; *(: chose)* that, which; **l'homme que je vois** the man (whom) I see; **le livre que tu vois** the book (that *ou* which) you see; **un jour que j'étais ...** a day when I was ...
2 *(interrogatif)* what; **que fais-tu ?, qu'est-ce que tu fais ?** what are you doing?; **qu'est-ce que c'est ?** what is it?, what's that?; **que faire ?** what can one do?; **que préfères-tu, celui-ci ou celui-là ?** which (one) do you prefer, this one or that one?

Québec [kebɛk] *n (ville)* Quebec ▸ *nm* : **le ~** Quebec (Province)
québécisme [kebesism] *nm word used in Quebec*
québécois, e [kebekwa, -waz] *adj* Quebec *cpd* ▸ *nm (Ling)* Quebec French ▸ *nm/f* : **Québécois, e** Quebecois, Quebec(k)er

MOT-CLÉ

quel, quelle [kɛl] *adj* **1** *(interrogatif : personne)* who; *(: chose)* what; which; **quel est cet homme ?** who is this man?; **quel est ce livre ?** what is this book?; **quel livre/homme ?** what book/man?; *(parmi un certain choix)* which book/man?; **quels acteurs préférez-vous ?** which actors do you prefer?; **dans quels pays êtes-vous allé ?** which *ou* what countries did you go to?
2 *(exclamatif)* : **quelle surprise/coïncidence !** what a surprise/coincidence!
3 : **quel que soit le coupable** whoever is guilty; **quel que soit votre avis** whatever your opinion (may be)

quelconque [kɛlkɔ̃k] *adj (médiocre : repas)* indifferent, poor; *(sans attrait)* ordinary, plain; *(indéfini)* : **un ami/prétexte ~** some friend/pretext or other; **un livre ~ suffira** any book will do; **pour une raison ~** for some reason (or other)

MOT-CLÉ

quelque [kɛlk] *adj* **1** *(au singulier)* some; *(au pluriel)* a few, some; *(tournure interrogative)* any; **quelque espoir** some hope; **il a quelques amis** he has a few *ou* some friends; **a-t-il quelques amis ?** does he have any friends?; **les quelques livres qui** the few books which; **20 kg et quelque(s)** a bit over 20 kg; **il habite à quelque distance**

q

d'ici he lives some distance *ou* way (away) from here
2 : quelque ... que whatever, whichever; **quelque livre qu'il choisisse** whatever (*ou* whichever) book he chooses; **par quelque temps qu'il fasse** whatever the weather
3 : quelque chose something; (*tournure interrogative*) anything; **quelque chose d'autre** something else; anything else; **y être pour quelque chose** to have something to do with it; **faire quelque chose à qn** to have an effect on sb, do something to sb; **quelque part** somewhere; anywhere; **en quelque sorte** as it were
▸ *adv* **1** (*environ*) **: quelque 100 mètres** some 100 metres
2 : quelque peu rather, somewhat

quelquefois [kɛlkəfwa] *adv* sometimes
quelques-uns, -unes [kɛlkəzœ̃, -yn] *pron* some, a few; **~ des lecteurs** some of the readers
quelqu'un [kɛlkœ̃] *pron* someone, somebody; (*+ tournure interrogative ou négative*) anyone, anybody; **~ d'autre** someone *ou* somebody else; anybody else

> **Someone/somebody** et **anyone/anybody** sont suivis d'un verbe au singulier, mais le possessif qui s'y rapporte doit être au pluriel.
> *Quelqu'un a écrit son nom sur le mur*. **Somebody** *has* **written** *their* **name on the wall.**
> *Est-ce que quelqu'un a apporté sa carte de crédit ?* *Has* **anyone brought** *their* **credit card?**

quémander [kemɑ̃de] /1/ *vt* to beg for
qu'en-dira-t-on [kɑ̃diʀatɔ̃] *nm inv* **: le ~** gossip, what people say
quenelle [kənɛl] *nf* quenelle
quenotte [kənɔt] *nf* (*fam*) toothy-peg (*fam*)
quenouille [kənuj] *nf* distaff
querelle [kəʀɛl] *nf* quarrel; **chercher ~ à qn** to pick a quarrel with sb
quereller [kəʀele] /1/ **: se quereller** *vpr* to quarrel
querelleur, -euse [kəʀɛlœʀ, -øz] *adj* quarrelsome
quérir [keʀiʀ] *vt* (*liter*) to seek; **aller ~** to go in quest of
qu'est-ce que [kɛskə] *voir* **que**
qu'est-ce qui [kɛski] *voir* **qui**
question [kɛstjɔ̃] *nf* (*gén*) question; (*fig*) matter; issue; **il a été ~ de** we (*ou* they) spoke about; **il est ~ de les emprisonner** there's talk of them being jailed; **c'est une ~ de temps** it's a matter *ou* question of time; **de quoi est-il ~ ?** what is it about?; **il n'en est pas ~** there's no question of it; **en ~** in question; **hors de ~** out of the question; **je ne me suis jamais posé la ~** I've never thought about it; **(re)mettre en ~** (*autorité, science*) to question; **poser la ~ de confiance** (*Pol*) to ask for a vote of confidence; **~ piège** (*d'apparence facile*) trick question; (*pour nuire*) loaded question; **~ subsidiaire** tiebreaker
questionnaire [kɛstjɔnɛʀ] *nm* questionnaire
questionnement [kɛstjɔnmɑ̃] *nm* (*réflexion*) questioning
questionner [kɛstjɔne] /1/ *vt* to question
quête [kɛt] *nf* (*collecte*) collection; (*recherche*) quest, search; **faire la ~** (*à l'église*) to take the collection; (*artiste*) to pass the hat round; **se mettre en ~ de qch** to go in search of sth
quêter [kete] /1/ *vi* (*à l'église*) to take the collection; (*dans la rue*) to collect money (for charity) ▸ *vt* to seek
quetsche [kwɛtʃ] *nf* damson
queue [kø] *nf* tail; (*fig : du classement*) bottom; (*: de poêle*) handle; (*: de fruit, feuille*) stalk; (*: de train, colonne, file*) rear; (*file : de personnes*) queue (Brit), line (US); **en ~ (de train)** at the rear (of the train); **faire la ~** to queue (up) (Brit), line up (US); **se mettre à la ~** to join the queue *ou* line; **histoire sans ~ ni tête** cock and bull story; **à la ~ leu leu** in single file; (*fig*) one after the other; **~ de cheval** ponytail; **~ de poisson : faire une ~ de poisson à qn** (*Auto*) to cut in front of sb; **finir en ~ de poisson** (*film*) to come to an abrupt end
queue-de-pie [kødpi] (*pl* **queues-de-pie**) *nf* (*habit*) tails *pl*, tail coat
queux [kø] *adj m voir* **maître**

MOT-CLÉ

qui [ki] *pron* **1** (*interrogatif : personne*) who; (*: avec préposition*) whom; (*: chose, animal*) which, that; (*: interrogatif indirect : sujet*) **: je me demande qui est là** I wonder who is there; (*: objet*) **: elle ne sait à qui se plaindre** she doesn't know who to complain to *ou* to whom to complain; (*: chose*) **: qu'est-ce qui est sur la table ?** what is on the table?; **qui est-ce qui ?** who?; **qui est-ce que ?** who?; **à qui est ce sac ?** whose bag is this?; **à qui parlais-tu ?** who were you talking to?, to whom were you talking?; **chez qui allez-vous ?** whose house are you going to?
2 (*relatif : personne*) who; (*+prép*) whom; **l'ami de qui je vous ai parlé** the friend I told you about; **la dame chez qui je suis allé** the lady whose house I went to
3 (*sans antécédent*) **: amenez qui vous voulez** bring who you like; **qui que ce soit** whoever it may be

quiche [kiʃ] *nf* quiche; **~ lorraine** quiche Lorraine
quiconque [kikɔ̃k] *pron* (*celui qui*) whoever, anyone who; (*n'importe qui, personne*) anyone, anybody
quidam [k(ɥ)idam] *nm* (*humoristique*) fellow
quiétude [kjetyd] *nf* (*d'un lieu*) quiet, tranquillity; (*d'une personne*) peace (of mind), serenity; **en toute ~** in complete peace; (*mentale*) with complete peace of mind
quignon [kiɲɔ̃] *nm* **: ~ de pain** (*croûton*) crust of bread; (*morceau*) hunk of bread
quille [kij] *nf* bowling, skittle (Brit); (*Navig : d'un bateau*) keel; **(jeu de) quilles** skittles *sg* (Brit), bowling (US)
quincaillerie [kɛ̃kajʀi] *nf* (*ustensiles, métier*) hardware, ironmongery (Brit); (*magasin*) hardware shop *ou* store (US), ironmonger's (Brit)

quincaillier, -ière [kɛ̃kaje, -jɛʀ] *nm/f* hardware dealer, ironmonger (BRIT)
quinconce [kɛ̃kɔ̃s] *nm* : **en ~** in staggered rows
quinine [kinin] *nf* quinine
quinqua [kɛ̃ka] *nmf (fam : = quinquagénaire)* person in his (*ou* her) fifties; **les quinquas** fifty somethings (*fam*)
quinquagénaire [kɛ̃kaʒenɛʀ] *nmf (de cinquante ans)* fifty-year old; *(de cinquante à soixante ans)* man/woman in his/her fifties
quinquennal, e, -aux [kɛ̃kenal, -o] *adj* five-year, quinquennial
quinquennat [kɛ̃kena] *nm five year term of office (of French President)*
quinquina [kɛ̃kina] *nm* cinchona
quintal, -aux [kɛ̃tal, -o] *nm* quintal *(100 kg)*
quinte [kɛ̃t] *nf* : **~ (de toux)** coughing fit
quinté [kɛ̃te] *nm (Courses) system of forecast betting giving first five horses*
quintessence [kɛ̃tesɑ̃s] *nf* quintessence, very essence
quintette [kɛ̃tɛt] *nm* quintet(te)
quintuple [kɛ̃typl] *nm* : **le ~ de** five times as much as
quintupler [kɛ̃typle] /1/ *vt, vi* to increase fivefold
quintuplés, -ées [kɛ̃typle] *nm/f* quintuplets, quins
quinzaine [kɛ̃zɛn] *nf* : **une ~ (de)** about fifteen, fifteen or so; **une ~ (de jours)** *(deux semaines)* a fortnight (BRIT), two weeks; **~ publicitaire** *ou* **commerciale** (two-week) sale
quinze [kɛ̃z] *num* fifteen; **demain en ~** a fortnight (BRIT) *ou* two weeks tomorrow; **dans ~ jours** in a fortnight('s time) (BRIT), in two weeks(' time)
quinzième [kɛ̃zjɛm] *num* fifteenth
quiproquo [kipʀɔko] *nm (méprise sur une personne)* mistake; *(malentendu sur un sujet)* misunderstanding; *(Théât)* (case of) mistaken identity
Quito [kito] *n* Quito
quittance [kitɑ̃s] *nf (reçu)* receipt; *(facture)* bill
quitte [kit] *adj* : **être ~ envers qn** to be no longer in sb's debt; *(fig)* to be quits with sb; **être ~ de** *(obligation)* to be clear of; **en être ~ à bon compte** to have got off lightly; **~ à faire** even if it means doing; **~ ou double** *(jeu)* double or quits; *(fig)* **c'est du ~ ou double** it's a big risk
quitter [kite] /1/ *vt* to leave; *(espoir, illusion)* to give up; *(vêtement)* to take off; **ne pas ~ qn d'une semelle** to stick to sb like glue ▸ *vi* : **ne quittez pas** *(au téléphone)* hold the line; **se quitter** *vpr (couples, interlocuteurs)* to part
quitus [kitys] *nm* final discharge; **donner ~ à** to discharge
qui-vive [kiviv] *nm inv* : **être sur le ~** to be on the alert

MOT-CLÉ

quoi [kwa] *pron interrog* **1** what; **quoi de neuf ?** what's new?; **quoi ?** *(qu'est-ce que tu dis ?)* what?
2 *(avec prép)* : **à quoi tu penses ?** what are you thinking about?; **de quoi parlez-vous ?** what are you talking about?; **à quoi bon ?** what's the use?
▸ *pron relatif* : **as-tu de quoi écrire ?** do you have anything to write with?; **il n'a pas de quoi se l'acheter** he can't afford it, he hasn't got the money to buy it; **il y a de quoi être fier** that's something to be proud of; **il n'y a pas de quoi** (please) don't mention it; **il n'y a pas de quoi rire** there's nothing to laugh about
▸ *pron (locutions)* : **quoi qu'il arrive** whatever happens; **quoi qu'il en soit** be that as it may; **quoi que ce soit** anything at all; **en quoi puis-je vous aider ?** how can I help you?; **et puis quoi encore !** what(ever) next!; **quoi faire ?** what's to be done?; **sans quoi** *(ou sinon)* otherwise
▸ *excl* what!

quoique [kwak] *conj* (al)though
quolibet [kɔlibɛ] *nm* gibe, jeer
quorum [kɔʀɔm] *nm* quorum
quota [kwɔta] *nm* quota
quote-part [kɔtpaʀ] (*pl* **quotes-parts**) *nf* share
quotidien, ne [kɔtidjɛ̃, -ɛn] *adj (journalier)* daily; *(banal)* ordinary, everyday ▸ *nm (journal)* daily (paper); *(vie quotidienne)* daily life, day-to-day existence; **les grands quotidiens** the big (national) dailies
quotidiennement [kɔtidjɛnmɑ̃] *adv* daily, every day
quotient [kɔsjɑ̃] *nm (Math)* quotient; **~ intellectuel (QI)** intelligence quotient (IQ)
quotité [kɔtite] *nf (Finance)* quota

Rr

R, r [ɛʀ] *nm inv* R, r ▸ *abr* = **route ; rue**; **R comme Raoul** R for Robert (*Brit*) *ou* Roger (*US*)
rab [ʀab], **rabiot** [ʀabjo] *nm* (*fam : nourriture*) extra, more; **est-ce qu'il y a du ~ ?** are there any seconds?
rabâcher [ʀabɑʃe] /1/ *vi* to harp on ▸ *vt* to keep on repeating
rabais [ʀabɛ] *nm* reduction, discount; **au ~** at a reduction *ou* discount
rabaisser [ʀabese] /1/ *vt* (*rabattre : prix*) to reduce; (*dénigrer*) to belittle
rabane [ʀaban] *nf* raffia (matting)
Rabat [ʀaba(t)] *n* Rabat
rabat [ʀaba] *vb voir* **rabattre** ▸ *nm* flap
rabat-joie [ʀabaʒwa] *nmf inv* killjoy (*Brit*), spoilsport
rabattable [ʀabatabl] *adj* (*banquette, siège*) folding
rabatteur, -euse [ʀabatœʀ, -øz] *nm/f* (*de gibier*) beater; (*péj*) tout
rabattre [ʀabatʀ] /41/ *vt* (*couvercle, siège*) to pull down; (*fam*) to turn down; (*couture*) to stitch down; (*gibier*) to drive; (*somme d'un prix*) to deduct, take off; (*orgueil, prétentions*) to humble; (*Tricot*) to decrease; (*déduire*) to reduce; **se rabattre** *vpr* (*bords, couvercle*) to fall shut; (*véhicule, coureur*) to cut in; **se ~ sur** (*accepter*) to fall back on
rabattu, e [ʀabaty] *pp de* **rabattre** ▸ *adj* turned down
rabbin [ʀabɛ̃] *nm* rabbi
rabique [ʀabik] *adj* rabies *cpd*
râble [ʀɑbl] *nm* back; (*Culin*) saddle
râblé, e [ʀɑble] *adj* broad-backed, stocky
rabot [ʀabo] *nm* plane
raboter [ʀabɔte] /1/ *vt* to plane (down)
raboteux, -euse [ʀabɔtø, -øz] *adj* uneven, rough
rabougri, e [ʀabugʀi] *adj* stunted
rabrouer [ʀabʀue] /1/ *vt* to snub, rebuff
racaille [ʀakɑj] *nf* (*péj*) rabble, riffraff
raccommodage [ʀakɔmɔdaʒ] *nm* mending *no pl*, repairing *no pl*; darning *no pl*
raccommoder [ʀakɔmɔde] /1/ *vt* to mend, repair; (*chaussette etc*) to darn; (*fam : réconcilier : amis, ménage*) to bring together again; **se raccommoder** *vpr* : **se ~ (avec)** (*fam*) to patch it up (with)
raccompagner [ʀakɔ̃paɲe] /1/ *vt* to take *ou* see back
raccord [ʀakɔʀ] *nm* link; **~ de maçonnerie** pointing *no pl*; **~ de peinture** join; (*retouche*) touch-up
raccordement [ʀakɔʀdəmɑ̃] *nm* joining up; connection
raccorder [ʀakɔʀde] /1/ *vt* to join (up), link up; (*pont etc*) to connect, link; **~ au réseau du téléphone** to connect to the telephone service; **se raccorder à** *vpr* to join up with; (*fig : se rattacher à*) to tie in with
raccourci [ʀakuʀsi] *nm* short cut; **en ~** in brief
raccourcir [ʀakuʀsiʀ] /2/ *vt* to shorten ▸ *vi* (*vêtement*) to shrink; (*jours*) to grow shorter, draw in
raccourcissement [ʀakuʀsismɑ̃] *nm* (*de durée, longueur*) shortening
raccroc [ʀakʀo] : **par ~** *adv* by chance
raccrocher [ʀakʀɔʃe] /1/ *vt* (*tableau, vêtement*) to hang back up; (*récepteur*) to put down; (*fig : affaire*) to save ▸ *vi* (*Tél*) to hang up, ring off; **ne raccrochez pas** (*Tél*) hold on, don't hang up; **se raccrocher à** *vpr* to cling to, hang on to
race [ʀas] *nf* race; (*d'animaux, fig : espèce*) breed; (*ascendance, origine*) stock, race; **de ~** *adj* purebred, pedigree
racé, e [ʀase] *adj* thoroughbred
rachat [ʀaʃa] *nm* buying; (*du même objet*) buying back; redemption; atonement
racheter [ʀaʃ(ə)te] /5/ *vt* (*article perdu*) to buy another; (*davantage*) to buy more; (*après avoir vendu*) to buy back; (*d'occasion*) to buy; (*Comm : part, firme*) to buy up; (*pension, rente*) to redeem; (*Rel : pécheur*) to redeem; (*: péché*) to atone for, expiate; (*mauvaise conduite, oubli, défaut*) to make up for; **~ du lait/trois œufs** to buy more milk/another three eggs *ou* three more eggs; **se racheter** *vpr* (*Rel*) to redeem o.s.; (*gén*) to make amends, make up for it
rachidien, ne [ʀaʃidjɛ̃, -jɛn] *adj* (*bulbe, canal*) spinal
rachitique [ʀaʃitik] *adj* suffering from rickets; (*fig*) scraggy, scrawny
rachitisme [ʀaʃitism] *nm* rickets *sg*
racial, e, -aux [ʀasjal, -o] *adj* racial
racine [ʀasin] *nf* root; (*fig : attache*) roots *pl*; **~ carrée/cubique** square/cube root; **prendre ~** (*fig*) to take root; to put down roots
racisme [ʀasism] *nm* racism
raciste [ʀasist] *adj, nmf* racist
racket [ʀakɛt] *nm* racketeering *no pl*
racketter [ʀakete] *vt* to extort money from
racketteur, -euse [ʀakɛtœʀ, -øz] *nm/f* racketeer
raclée [ʀɑkle] *nf* (*fam*) hiding, thrashing

raclement [ʀɑkləmɑ̃] *nm (bruit)* scraping (noise)
racler [ʀɑkle] /1/ *vt (os, plat)* to scrape; *(tache, boue)* to scrape off; *(fig : instrument)* to scrape on; *(chose : frotter contre)* to scrape (against); **se ~ la gorge** to clear one's throat
raclette [ʀɑklɛt] *nf (Culin)* raclette *(Swiss cheese dish)*
racloir [ʀɑklwaʀ] *nm (outil)* scraper
racolage [ʀakɔlaʒ] *nm* soliciting; touting
racoler [ʀakɔle] /1/ *vt (attirer : prostituée)* to solicit; *(: parti, marchand)* to tout for; *(attraper)* to pick up
racoleur, -euse [ʀakɔlœʀ, -øz] *adj (péj)* cheap and alluring ▸ *nm (péj : de clients)* tout ▸ *nf* streetwalker
racontars [ʀakɔ̃taʀ] *nmpl* stories, gossip *sg*
raconter [ʀakɔ̃te] /1/ *vt* : **~ (à qn)** *(décrire)* to relate (to sb), tell (sb) about; *(dire)* to tell (sb); **~ une histoire** to tell a story
racorni, e [ʀakɔʀni] *adj* hard(ened)
racornir [ʀakɔʀniʀ] /2/ *vt* to harden
radar [ʀadaʀ] *nm* radar; **système ~** radar system; **écran ~** radar screen; **~ (automatique)** *(Auto : contrôle de vitesse)* speed camera
rade [ʀad] *nf* (natural) harbour; **en ~ de Toulon** in Toulon harbour; **rester en ~** *(fig)* to be left stranded
radeau, x [ʀado] *nm* raft; **~ de sauvetage** life raft
radial, e, -aux [ʀadjal, -o] *adj* radial
radiant, e [ʀadjɑ̃, -ɑ̃t] *adj* radiant
radiateur [ʀadjatœʀ] *nm* radiator, heater; *(Auto)* radiator; **~ électrique/à gaz** electric/gas heater *ou* fire
radiation [ʀadjasjɔ̃] *nf (d'un nom etc)* striking off *no pl*; *(Physique)* radiation
radical, e, -aux [ʀadikal, -o] *adj* radical ▸ *nm (Ling)* stem; *(Math)* root sign; *(Pol)* radical
radicalement [ʀadikalmɑ̃] *adv* radically, completely
radicalisation [ʀadikalizasjɔ̃] *nf (durcissement)* radicalization
radicaliser [ʀadikalize] /1/ *vt (durcir : opinions etc)* to harden; **se radicaliser** *vpr (mouvement etc)* to become more radical
radicalisme [ʀadikalism] *nm (Pol)* radicalism
radier [ʀadje] /7/ *vt* to strike off
radiesthésie [ʀadjɛstezi] *nf* divination (by radiation)
radiesthésiste [ʀadjɛstezist] *nmf* diviner
radieux, -euse [ʀadjø, -øz] *adj (visage, personne)* radiant; *(journée, soleil)* brilliant, glorious
radin, e [ʀadɛ̃, -in] *adj (fam)* stingy
radinerie [ʀadinʀi] *nf (fam)* stinginess *(fam)*
radio [ʀadjo] *nf* radio; *(Méd)* X-ray; **à la ~** on the radio; **avoir la ~** to have a radio; **passer à la ~** to be on the radio; **se faire faire une ~/une ~ des poumons** to have an X-ray/a chest X-ray ▸ *nm (personne)* radio operator
radio... [ʀadjɔ] *préfixe* radio...
radioactif, -ive [ʀadjɔaktif, -iv] *adj* radioactive
radioactivité [ʀadjɔaktivite] *nf* radioactivity
radioamateur [ʀadjɔamatœʀ] *nm* (radio) ham
radiobalise [ʀadjɔbaliz] *nf* radio beacon
radiocassette [ʀadjɔkasɛt] *nf* cassette radio
radiodiffuser [ʀadjɔdifyze] /1/ *vt* to broadcast
radiodiffusion [ʀadjɔdifyzjɔ̃] *nf* (radio) broadcasting
radioélectrique [ʀadjɔelɛktʀik] *adj* radio *cpd*
radiographie [ʀadjɔgʀafi] *nf* radiography; *(photo)* X-ray photograph, radiograph
radiographier [ʀadjɔgʀafje] /7/ *vt* to X-ray; **se faire ~** to have an X-ray
radioguidage [ʀadjɔgidaʒ] *nm (Navig, Aviat)* radio control; *(Auto)* (broadcast of) traffic information
radioguider [ʀadjɔgide] /1/ *vt (Navig, Aviat)* to guide by radio, control by radio
radiologie [ʀadjɔlɔʒi] *nf* radiology
radiologique [ʀadjɔlɔʒik] *adj* radiological
radiologue [ʀadjɔlɔg] *nmf* radiologist
radiophare [ʀadjofaʀ] *nm* radio beacon
radiophonique [ʀadjɔfɔnik] *adj* radio *cpd*; **programme/émission/jeu ~** radio programme/broadcast/game
radioreportage [ʀadjoʀ(ə)pɔʀtaʒ] *nm* radio report
radio-réveil [ʀadjɔʀevɛj] *(pl* **radios-réveils***) nm* radio alarm (clock)
radioscopie [ʀadjɔskɔpi] *nf* radioscopy
radio-taxi [ʀadjɔtaksi] *nm* radio taxi
radiotéléphone [ʀadjotelefɔn] *nm* radio telephone
radiotélescope [ʀadjɔtelɛskɔp] *nm* radio telescope
radiotélévisé, e [ʀadjɔtelevize] *adj* broadcast on radio and television
radiothérapie [ʀadjɔteʀapi] *nf* radiotherapy
radis [ʀadi] *nm* radish; **~ noir** horseradish *no pl*
radium [ʀadjɔm] *nm* radium
radius [ʀadjys] *nm (Anat)* radius
radoter [ʀadɔte] /1/ *vi* to ramble on
radoub [ʀadu] *nm* : **bassin** *ou* **cale de ~** dry dock
radouber [ʀadube] /1/ *vt* to repair, refit
radoucir [ʀadusiʀ] /2/ : **se radoucir** *vpr (se réchauffer)* to become milder; *(se calmer)* to calm down; to soften
radoucissement [ʀadusismɑ̃] *nm* milder period, better weather
rafale [ʀafal] *nf (vent)* gust (of wind); *(de balles, d'applaudissements)* burst; **~ de mitrailleuse** burst of machine-gun fire
raffermir [ʀafɛʀmiʀ] /2/ *vt*, **se raffermir** *vpr (tissus, muscle)* to firm up; *(fig)* to strengthen
raffermissement [ʀafɛʀmismɑ̃] *nm (fig)* strengthening
raffinage [ʀafinaʒ] *nm* refining
raffiné, e [ʀafine] *adj* refined
raffinement [ʀafinmɑ̃] *nm* refinement
raffiner [ʀafine] /1/ *vt* to refine
raffinerie [ʀafinʀi] *nf* refinery
raffoler [ʀafɔle] /1/ : **~ de** *vt* to be very keen on
raffut [ʀafy] *nm (fam)* row, racket
rafiot [ʀafjo] *nm* tub
rafistolage [ʀafistɔlaʒ] *nm (fam)* patching up, makeshift repair
rafistoler [ʀafistɔle] /1/ *vt (fam)* to patch up
rafle [ʀɑfl] *nf (de police)* roundup, raid
rafler [ʀɑfle] /1/ *vt (fam)* to swipe, nick

r

rafraîchir [RafReʃiR] /2/ *vt* (*atmosphère, température*) to cool (down); (*boisson*) to chill; (*air, eau*) to freshen up; (*fig : rénover*) to brighten up; **~ la mémoire à qn** to refresh sb's memory ▸ *vi* : **mettre du vin/une boisson à ~** to chill wine/a drink; **se rafraîchir** *vpr* to grow cooler; (*personne : en se lavant*) to freshen up; (*en buvant etc*) to refresh o.s.
rafraîchissant, e [RafReʃisɑ̃, -ɑ̃t] *adj* refreshing
rafraîchissement [RafReʃismɑ̃] *nm* cooling; (*boisson*) cool drink; **rafraîchissements** *nmpl* (*boissons, fruits etc*) refreshments
ragaillardir [RagajaRdiR] /2/ *vt* (*fam*) to perk *ou* buck up
rage [Raʒ] *nf* (*Méd*) : **la ~** rabies; (*fureur*) rage, fury; **faire ~** to rage; **~ de dents** (raging) toothache
rageant, e [Raʒɑ̃, -ɑ̃t] *adj* infuriating
rager [Raʒe] /3/ *vi* to fume (with rage); **faire ~ qn** to enrage sb, get sb mad
rageur, -euse [RaʒœR, -øz] *adj* snarling; ill-tempered
rageusement [Raʒøzmɑ̃] *adv* furiously
raglan [Raglɑ̃] *adj inv* raglan
ragot [Rago] *nm* (*fam*) malicious gossip *no pl*
ragoût [Ragu] *nm* (*plat*) stew
ragoûtant, e [Ragutɑ̃, -ɑ̃t] *adj* : **peu ~** unpalatable
rai [Rɛ] *nm* : **un ~ de soleil/lumière** a shaft of sunlight/light
raï [Raj] *nm* Rai music
raid [Rɛd] *nm* (*Mil*) raid; (*attaque aérienne*) air raid; (*Sport*) long-distance trek
raide [Rɛd] *adj* (*tendu*) taut, tight; (*escarpé*) steep; (*droit : cheveux*) straight; (*ankylosé, dur, guindé*) stiff; (*fam : cher*) steep, stiff; (*: sans argent*) flat broke ▸ *adv* (*en pente*) steeply; **~ mort** stone dead
raideur [RɛdœR] *nf* steepness; (*rigidité*) stiffness; **avec ~** (*répondre*) stiffly, abruptly
raidillon [Redijɔ̃] *nm* steep path
raidir [RediR] /2/ *vt* (*muscles*) to stiffen; (*câble*) to pull taut, tighten; **se raidir** *vpr* to stiffen; to become taut; (*personne : se crisper*) to tense up; (*: se préparer moralement*) to brace o.s.; (*fig : devenir intransigeant*) to harden
raidissement [Redismɑ̃] *nm* stiffening; tightening; hardening
raie [Rɛ] *nf* (*Zool*) skate, ray; (*rayure*) stripe; (*des cheveux*) parting
raifort [RɛfɔR] *nm* horseradish
rail [Rɑj] *nm* (*barre d'acier*) rail; (*chemins de fer*) railways *pl* (Brit), railroads *pl* (*US*); **les rails** (*la voie ferrée*) the rails, the track *sg*; **par ~** by rail; **~ conducteur** live *ou* conductor rail
railler [Rɑje] /1/ *vt* to scoff at, jeer at
raillerie [RɑjRi] *nf* mockery
railleur, -euse [RɑjœR, -øz] *adj* mocking
rail-route [RɑjRut] (*pl* **rails-routes**) *nm* road-rail
rainurage [RenyRaʒ] *nm* (*Auto*) uneven road surface
rainure [RenyR] *nf* groove; slot
rais [Rɛ] *nm inv* = **rai**
raisin [Rɛzɛ̃] *nm* (*aussi* : **raisins**) grapes *pl*; (*variété*) : **~ blanc/noir** white (*ou* green)/black grape; **~ muscat** muscat grape; **raisins secs** raisins
raison [Rɛzɔ̃] *nf* reason; **avoir ~** to be right; **donner ~ à qn** (*personne*) to agree with sb; (*fait*) to prove sb right; **avoir ~ de qn/qch** to get the better of sb/sth; **se faire une ~** to learn to live with it; **perdre la ~** to become insane; (*fig*) to take leave of one's senses; **recouvrer la ~** to come to one's senses; **ramener qn à la ~** to make sb see sense; **demander ~ à qn de** (*affront etc*) to demand satisfaction from sb for; **entendre ~** to listen to reason, see reason; **plus que de ~** too much, more than is reasonable; **~ de plus** all the more reason; **à plus forte ~** all the more so; **sans ~** for no reason; **en ~ de** (*à cause de*) because of; (*à proportion de*) in proportion to; **à ~ de** at the rate of; **~ d'État** reason of state; **~ d'être** raison d'être; **~ sociale** corporate name
raisonnable [Rɛzɔnabl] *adj* reasonable, sensible
raisonnablement [Rɛzɔnabləmɑ̃] *adv* reasonably
raisonné, e [Rɛzɔne] *adj* reasoned
raisonnement [Rɛzɔnmɑ̃] *nm* reasoning; arguing; argument
raisonner [Rɛzɔne] /1/ *vi* (*penser*) to reason; (*argumenter, discuter*) to argue ▸ *vt* (*personne*) to reason with; (*attitude : justifier*) to reason out; **se raisonner** *vpr* to reason with oneself
raisonneur, -euse [RɛzɔnœR, -øz] *adj* (*péj*) quibbling
rajeunir [RaʒœniR] /2/ *vt* (*cure*) to rejuvenate; (*fig : rafraîchir*) to brighten up; (*: moderniser*) to give a new look to; (*: en recrutant*) to inject new blood into; **~ qn** (*coiffure, robe*) to make sb look younger ▸ *vi* (*personne*) to become (*ou* look) younger; (*entreprise, quartier*) to be modernized
rajeunissement [Raʒœnismɑ̃] *nm* (*de population, effectifs*) : **des mesures gouvernementales en faveur du ~ des effectifs** government measures to bring down the average age of the workforce; (*personne, aspect*) rejuvenation; **méthodes de ~ de la peau** ways of rejuvenating one's skin
rajout [Raʒu] *nm* addition
rajouter [Raʒute] /1/ *vt* (*commentaire*) to add; **~ du sel/un œuf** to add some more salt/another egg; **~ que** to add that; **en ~** to lay it on thick
rajustement [Raʒystəmɑ̃] *nm* adjustment
rajuster [Raʒyste] /1/ *vt* (*vêtement*) to straighten, tidy; (*salaires*) to adjust; (*machine*) to readjust; **se rajuster** *vpr* to tidy *ou* straighten o.s. up
râle [Rɑl] *nm* groan; **~ d'agonie** death rattle
ralenti [Ralɑ̃ti] *nm* : **au ~** (*Ciné*) in slow motion; (*fig*) at a slower pace; **tourner au ~** (*Auto*) to tick over, idle
ralentir [Ralɑ̃tiR] /2/ *vt, vi*, **se ralentir** *vpr* to slow down
ralentissement [Ralɑ̃tismɑ̃] *nm* slowing down
ralentisseur [Ralɑ̃tisœR] *nm* speed bump
râler [Rɑle] /1/ *vi* to groan; (*fam*) to grouse, moan (and groan)
râleur, -euse [RɑlœR, -øz] (*fam*) *nm/f* moaner ▸ *adj* : **être ~** to be a moaner
ralliement [Ralimɑ̃] *nm* (*rassemblement*) rallying; (*adhésion : à une cause, une opinion*) winning over; **point/signe de ~** rallying point/sign

rallier [Ralje] /7/ *vt* (*rassembler*) to rally; (*rejoindre*) to rejoin; (*gagner à sa cause*) to win over; **se rallier à** *vpr* (*avis*) to come over *ou* round to
rallonge [Ralɔ̃ʒ] *nf* (*de table*) (extra) leaf; (*Élec*) extension (cable *ou* flex); (*fig : de crédit*) extension; (*argent*) extra *no pl*
rallongement [Ralɔ̃ʒmɑ̃] *nm* (*de durée, piste*) extension
rallonger [Ralɔ̃ʒe] /3/ *vt* to lengthen
rallumer [Ralyme] /1/ *vt* to light up again, relight; (*fig*) to revive; **se rallumer** *vpr* (*lumière*) to come on again
rallye [Rali] *nm* rally; (*Pol*) march
ramadan [Ramadɑ̃] *nm* Ramadan; **faire le ~** to observe Ramadan
ramages [Ramaʒ] *nmpl* (*dessin*) leaf pattern *sg*; (*chants*) songs
ramassage [Ramasaʒ] *nm* : **~ scolaire** school bus service
ramassé, e [Ramase] *adj* (*trapu*) squat, stocky; (*concis : expression etc*) compact
ramasse-miettes [Ramasmjɛt] *nm inv* table-tidy
ramasse-monnaie [Ramasmɔnɛ] *nm inv* change-tray
ramasser [Ramase] /1/ *vt* (*objet tombé ou par terre*) to pick up; (*recueillir : copies, ordures*) to collect; (*récolter*) to gather; (*: pommes de terre*) to lift; **se ramasser** *vpr* (*sur soi-même*) to huddle up; to crouch
ramasseur, -euse [RamasœR, -øz] *nm/f* : **~ de balles** ballboy/girl
ramassis [Ramasi] *nm* (*péj : de voyous*) bunch; (*: de choses*) jumble
rambarde [Rɑ̃baRd] *nf* guardrail
rame [Ram] *nf* (*aviron*) oar; (*de métro*) train; (*de papier*) ream; **~ de haricots** bean support; **faire force de rames** to row hard
rameau, x [Ramo] *nm* (small) branch; (*fig*) branch; **les Rameaux** (*Rel*) Palm Sunday *sg*
ramener [Ram(ə)ne] /5/ *vt* to bring back; (*reconduire*) to take back; **~ qch sur** (*rabattre : couverture, visière*) to pull sth back over; **~ qch à** (*réduire à, Math*) to reduce sth to; **~ qn à la vie/raison** to bring sb back to life/bring sb to his (*ou* her) senses; **se ramener** *vpr* (*fam*) to roll *ou* turn up; **se ~ à** (*se réduire à*) to come *ou* boil down to
ramequin [Ramkɛ̃] *nm* ramekin
ramer [Rame] /1/ *vi* to row
rameur, -euse [RamœR, -øz] *nm/f* rower
rameuter [Ramøte] /1/ *vt* to gather together
ramier [Ramje] *nm* : **(pigeon) ~** woodpigeon
ramification [Ramifikasjɔ̃] *nf* ramification
ramifié, e [Ramifje] *adj* (*organisation, réseau*) : **un réseau d'agences fortement ~** a network of agencies with many branches; (*tige*) branched; **un arbre très ~** a tree with many branches
ramifier [Ramifje] /7/ : **se ramifier** *vpr* : **se ~ (en)** (*tige, secte, réseau*) to branch out (into); (*veines, nerfs*) to ramify
ramolli, e [Ramɔli] *adj* soft
ramollir [RamɔliR] /2/ *vt* to soften; **se ramollir** *vpr* (*os, tissus*) to get (*ou* go) soft; (*beurre, asphalte*) to soften
ramollissement [Ramɔlismɑ̃] *nm* (*d'os, beurre, asphalte*) softening; (*fig : de croissance*) slowdown
ramonage [Ramɔnaʒ] *nm* (chimney-)sweeping
ramoner [Ramɔne] /1/ *vt* (*cheminée*) to sweep; (*pipe*) to clean
ramoneur [RamɔnœR] *nm* (chimney) sweep
rampe [Rɑ̃p] *nf* (*d'escalier*) banister(s *pl*); (*dans un garage, d'un terrain*) ramp; (*lampes : lumineuse, de balisage*) floodlights *pl*; **la ~** (*Théât*) the footlights *pl*; **passer la ~** (*toucher le public*) to get across to the audience; **~ de lancement** launching pad
ramper [Rɑ̃pe] /1/ *vi* (*reptile, animal*) to crawl; (*plante*) to creep
rancard [Rɑ̃kaR] *nm* (*fam*) date; tip
rancarder [Rɑ̃kaRde] (*fam*) *vt* to give information to; **se rancarder** *vpr* to find out (about)
rancart [Rɑ̃kaR] *nm* : **mettre au ~** (*article, projet*) to scrap; (*personne*) to put on the scrapheap
rance [Rɑ̃s] *adj* rancid
rancir [Rɑ̃siR] /2/ *vi* to go off, go rancid
rancœur [Rɑ̃kœR] *nf* rancour (BRIT), rancor (US), resentment
rançon [Rɑ̃sɔ̃] *nf* ransom; (*fig*) : **la ~ du succès** *etc* the price of success *etc*
rançonner [Rɑ̃sɔne] /1/ *vt* to hold to ransom
rancune [Rɑ̃kyn] *nf* grudge, rancour (BRIT), rancor (US); **garder ~ à qn (de qch)** to bear sb a grudge (for sth); **sans ~ !** no hard feelings!
rancunier, -ière [Rɑ̃kynje, -jɛR] *adj* vindictive, spiteful
randonnée [Rɑ̃dɔne] *nf* ride; (*à pied*) walk, ramble; (*en montagne*) hike, hiking *no pl*; **la ~** (*activité*) hiking, walking; **une ~ à cheval** a pony trek
randonneur, -euse [Rɑ̃dɔnœR, -øz] *nm/f* hiker
rang [Rɑ̃] *nm* (*rangée*) row; (*de perles*) row, string, rope; (*grade, condition sociale, classement*) rank; **se mettre en rangs/sur un ~** to get into *ou* form rows/a line; **sur trois rangs** (lined up) three deep; **se mettre en rangs par quatre** to form fours *ou* rows of four; **au premier ~** in the first row; (*fig*) ranking first; **rentrer dans le ~** to get into line; **au ~ de** (*au nombre de*) among (the ranks of); **avoir ~ de** to hold the rank of; **rangs** *nmpl* (*Mil*) ranks; **se mettre sur les rangs** (*fig*) to get into the running
rangé, e [Rɑ̃ʒe] *adj* (*vie*) well-ordered; (*personne*) orderly, steady ▸ *nf* row
rangement [Rɑ̃ʒmɑ̃] *nm* tidying-up, putting-away; **faire des rangements** to tidy up
ranger [Rɑ̃ʒe] /3/ *vt* (*classer, grouper*) to order, arrange; (*mettre à sa place*) to put away; (*voiture dans la rue*) to park; (*mettre de l'ordre dans*) to tidy up; (*arranger, disposer : en cercle etc*) to arrange; **~ qn/qch parmi** (*fig : classer*) to rank sb/sth among; **se ranger** *vpr* (*se placer, se disposer : autour d'une table etc*) to take one's place, sit round; (*véhicule, conducteur : s'écarter*) to pull over *ou* in; (*: s'arrêter*) to pull in; (*piéton*) to step aside; (*s'assagir*) to settle down; **se ~ à** (*avis*) to come round to, fall in with
ranimer [Ranime] /1/ *vt* (*personne évanouie*) to bring round; (*revigorer : forces, courage*) to restore; (*réconforter : troupes etc*) to kindle new life in; (*douleur, souvenir*) to revive; (*feu*) to rekindle

r

rap [Rap] *nm* rap (music)
rapace [Rapas] *nm* bird of prey; **~ diurne/nocturne** diurnal/nocturnal bird of prey ▸ *adj* (*péj*) rapacious, grasping
rapacité [Rapasite] *nf* rapacity, greed
rapatrié, e [RapatRije] *nm/f* repatriate (*esp French North African settler*)
rapatriement [RapatRimɑ̃] *nm* repatriation
rapatrier [RapatRije] /7/ *vt* to repatriate; (*capitaux*) to bring (back) into the country
râpe [Rɑp] *nf* (*Culin*) grater; (*à bois*) rasp
râpé, e [Rɑpe] *adj* (*tissu*) threadbare; (*Culin*) grated
râper [Rɑpe] /1/ *vt* (*Culin*) to grate; (*gratter, râcler*) to rasp
rapetasser [Rap(ə)tase] /1/ *vt* (*fam*) to patch up
rapetisser [Rap(ə)tise] /1/ *vt* : **~ qch** to shorten sth; to make sth look smaller ▸ *vi* to shrink
râpeux, -euse [Rɑpø, -øz] *adj* rough
raphia [Rafja] *nm* raffia
rapide [Rapid] *adj* fast; (*prompt : intelligence, coup d'œil, mouvement*) quick ▸ *nm* express (train); (*de cours d'eau*) rapid
rapidement [Rapidmɑ̃] *adv* fast; quickly
rapidité [Rapidite] *nf* speed; quickness
rapiécer [Rapjese] /3, 6/ *vt* to patch
rapine [Rapin] *nf* (*vol*) stealing, theft; (*: en temps de guerre*) plundering; **vivre de ~** (*vagabond, délinquant*) to steal for a living; (*bande armée*) to live by plundering
rappel [Rapɛl] *nm* (*d'un ambassadeur, Mil*) recall; (*Théât*) curtain call; (*Méd : vaccination*) booster; (*Admin : de salaire*) back pay *no pl*; (*d'une aventure, d'un nom*) reminder; (*de limitation de vitesse : sur écriteau*) speed limit sign (*reminder*); (*Tech*) return; (*Navig*) sitting out; (*Alpinisme : aussi :* **rappel de corde**) abseiling *no pl*, roping down *no pl*; abseil; **~ à l'ordre** call to order
rappeler [Rap(ə)le] /4/ *vt* (*pour faire revenir, retéléphoner*) to call back; (*ambassadeur, Mil*) to recall; (*acteur*) to call back (onto the stage); (*faire se souvenir*) : **~ qch à qn** to remind sb of sth; **~ qn à la vie** to bring sb back to life; **~ qn à la décence** to recall sb to a sense of decency; **ça rappelle la Provence** it's reminiscent of Provence, it reminds you of Provence; **se rappeler** *vpr* (*se souvenir de*) to remember, recall; **se ~ que...** to remember that...
rappelle *etc* [Rapɛl] *vb voir* **rappeler**
rappeur, -euse [RapœR, -øz] *nm/f* rapper
rappliquer [Raplike] /1/ *vi* (*fam*) to turn up
rapport [RapɔR] *nm* (*compte rendu*) report; (*profit*) yield, return; revenue; (*lien, analogie*) relationship; (*corrélation*) connection; (*proportion : Math, Tech*) ratio; **avoir ~ à** to have something to do with, concern; **être en ~ avec** (*corrélation*) to be related to; **être/se mettre en ~ avec qn** to be/get in touch with sb; **par ~ à** (*comparé à*) in relation to; (*à propos de*) with regard to; **sous le ~ de** from the point of view of; **~ qualité-prix** value (for money); **rapports** *nmpl* (*entre personnes, pays*) relations; **sous tous (les) rapports** in all respects; **rapports (sexuels)** (sexual) intercourse *sg*
rapporté, e [RapɔRte] *adj* : **pièce rapportée** (*Couture*) patch
rapporter [RapɔRte] /1/ *vt* (*rendre, ramener*) to bring back; (*apporter davantage*) to bring more; (*Couture*) to sew on; (*investissement*) to yield; (*: activité*) to bring in; (*relater*) to report; (*Jur : annuler*) to revoke; **~ qch à** (*fig : rattacher*) to relate sth to ▸ *vi* (*investissement*) to give a good return *ou* yield; (*activité*) to be very profitable; (*péj : moucharder*) to tell; **se rapporter à** *vpr* (*correspondre à*) to relate to; **s'en ~ à** to rely on
rapporteur, -euse [RapɔRtœR, -øz] *nm/f* (*de procès, commission*) reporter; (*péj*) telltale ▸ *nm* (*Géom*) protractor
rapproché, e [RapRɔʃe] *adj* (*proche*) near, close at hand; **rapprochés** (*l'un de l'autre*) at close intervals
rapprochement [RapRɔʃmɑ̃] *nm* (*réconciliation : de nations, familles*) reconciliation; (*analogie, rapport*) parallel
rapprocher [RapRɔʃe] /1/ *vt* (*deux objets*) to bring closer together; (*réunir : ennemis, partis etc*) to bring together; (*comparer*) to establish a parallel between; (*chaise d'une table*) : **~ qch (de)** to bring sth closer (to); **se rapprocher** *vpr* to draw closer *ou* nearer; (*fig : familles, pays*) to come together; to come closer together; **se ~ de** to come closer to; (*présenter une analogie avec*) to be close to
rapt [Rapt] *nm* abduction
raquette [Rakɛt] *nf* (*de tennis*) racket; (*de ping-pong*) bat; (*à neige*) snowshoe
rare [RɑR] *adj* rare; (*main-d'œuvre, denrées*) scarce; (*cheveux, herbe*) sparse; **il est ~ que** it's rare that, it's unusual that; **se faire ~** to become scarce; (*fig : personne*) to make oneself scarce
raréfaction [RaRefaksjɔ̃] *nf* scarcity; (*de l'air*) rarefaction
raréfier [RaRefje] /7/ : **se raréfier** *vpr* to grow scarce; (*air*) to rarefy
rarement [RaRmɑ̃] *adv* rarely, seldom
rareté [RaRte] *nf voir* **rare** rarity; scarcity
rarissime [RaRisim] *adj* extremely rare
RAS *abr* = **rien à signaler**
ras, e [Rɑ, Rɑz] *adj* (*tête, cheveux*) close-cropped; (*poil, herbe*) short; (*mesure, cuillère*) level; **faire table rase** to make a clean sweep; **en rase campagne** in open country; **à ~ bords** to the brim; **au ~ de** level with; **~ du cou** *adj* (*pull, robe*) crew-neck ▸ *adv* (*couper*) short; **en avoir ~ le bol** (*fam*) to be fed up
rasade [Rɑzad] *nf* glassful
rasant, e [Rɑzɑ̃, -ɑ̃t] *adj* (*Mil : balle, tir*) grazing; (*fam*) boring
rascasse [Raskas] *nf* (*Zool*) scorpion fish
rasé, e [Rɑze] *adj* : **~ de frais** freshly shaven; **~ de près** close-shaven
rase-mottes [Rɑzmɔt] *nm inv* : **faire du ~** to hedgehop; **vol en ~** hedgehopping
raser [Rɑze] /1/ *vt* (*barbe, cheveux*) to shave off; (*menton, personne*) to shave; (*fam : ennuyer*) to bore; (*démolir*) to raze (to the ground); (*frôler*) to graze, skim; **se raser** *vpr* to shave; (*fam*) to be bored (to tears)
rasoir [RɑzwaR] *nm* razor; **~ électrique** electric shaver *ou* razor; **~ mécanique** *ou* **de sûreté** safety razor

rassasié, e [rasazje] *adj (repu : personne)* full, satisfied; *(fig : curiosité, désir)* satisfied; **être ~** to be full, to have eaten one's fill ▸ *pp de* **rassasier**
rassasier [rasazje] /**7**/ *vt* to satisfy; **se rassasier** *vpr* to eat one's fill; **se ~ de qch** to eat one's fill of sth
rassemblement [rasɑ̃bləmɑ̃] *nm (groupe)* gathering; *(Pol)* union; association; *(Mil)* : **le ~** parade
rassembler [rasɑ̃ble] /**1**/ *vt (réunir)* to assemble, gather; *(regrouper, amasser : documents, notes)* to gather together, collect; **~ ses idées/ses esprits/son courage** to collect one's thoughts/ gather one's wits/screw up one's courage; **se rassembler** *vpr* to gather
rasseoir [raswar] /**26**/ : **se rasseoir** *vpr* to sit down again
rasséréné, e [raserene] *adj (personne)* calm, calmer
rasséréner [raserene] *vt (personne)* to calm down; **se rasséréner** *vpr* to calm down
rassir [rasir] /**2**/ *vi* to go stale
rassis, e [rasi, -iz] *adj (pain)* stale
rassurant, e [rasyrɑ̃, -ɑ̃t] *adj (nouvelles etc)* reassuring
rassuré, e [rasyre] *adj* : **ne pas être très ~** to be rather ill at ease
rassurer [rasyre] /**1**/ *vt* to reassure; **se rassurer** *vpr* to be reassured; **rassure-toi** don't worry
rat [ra] *nm* rat; **~ d'hôtel** hotel thief; **~ musqué** muskrat
ratage [rataʒ] *nm* failure
ratatiné, e [ratatine] *adj* shrivelled (up), wrinkled
ratatiner [ratatine] /**1**/ *vt* to shrivel; *(peau)* to wrinkle; **se ratatiner** *vpr* to shrivel; to become wrinkled
ratatouille [ratatuj] *nf (Culin)* ratatouille
rate [rat] *nf* female rat; *(Anat)* spleen
raté, e [rate] *adj (tentative)* unsuccessful, failed ▸ *nm/f (fam : personne)* failure ▸ *nm* misfiring *no pl*
râteau, x [rɑto] *nm* rake
râtelier [rɑtəlje] *nm* rack; *(fam)* false teeth *pl*
rater [rate] /**1**/ *vi (ne pas partir : coup de feu)* to fail to go off; *(affaire, projet etc)* to go wrong, fail ▸ *vt (cible, train, occasion)* to miss; *(démonstration, plat)* to spoil; *(examen)* to fail; **~ son coup** to fail, not to bring it off
raticide [ratisid] *nm* rat poison
ratification [ratifikasjɔ̃] *nf* ratification
ratifier [ratifje] /**7**/ *vt* to ratify
ratio [rasjo] *nm* ratio
ration [rasjɔ̃] *nf* ration; *(fig)* share; **~ alimentaire** food intake
rationalisation [rasjɔnalizasjɔ̃] *nf* rationalization
rationaliser [rasjɔnalize] /**1**/ *vt* to rationalize
rationalité [rasjɔnalite] *nf* rationality
rationnel, le [rasjɔnɛl] *adj* rational
rationnellement [rasjɔnɛlmɑ̃] *adv* rationally
rationnement [rasjɔnmɑ̃] *nm* rationing; **ticket de ~** ration coupon
rationner [rasjɔne] /**1**/ *vt* to ration; *(personne)* to put on rations; **se rationner** *vpr* to ration o.s.
ratisser [ratise] /**1**/ *vt (allée)* to rake; *(feuilles)* to rake up; *(armée, police)* to comb; **~ large** to cast one's net wide
raton [ratɔ̃] *nm* : **~ laveur** raccoon
RATP *sigle f (= Régie autonome des transports parisiens) Paris transport authority*
rattachement [rataʃmɑ̃] *nm (de territoire)* incorporation; *(Admin : d'employé, personnel)* attachment
rattacher [rataʃe] /**1**/ *vt (animal, cheveux)* to tie up again; **~ qch à** to join sth to, unite sth with; **~ qn à** to bind *ou* tie sb to; **se rattacher** *vpr* : **se ~ à** *(avoir un lien avec)* to be linked (*ou* connected) with
rattrapage [ratrapaʒ] *nm (Scol)* remedial classes *pl*; *(Écon)* catching up
rattraper [ratrape] /**1**/ *vt (fugitif)* to recapture; *(retenir, empêcher de tomber)* to catch (hold of); *(atteindre, rejoindre)* to catch up with; *(réparer : erreur)* to make up for; **~ son retard/le temps perdu** to make up (for) lost time; **se rattraper** *vpr (regagner : du temps)* to make up for lost time; *(: de l'argent etc)* to make good one's losses; *(réparer une gaffe etc)* to make up for it; **se ~ (à)** *(se raccrocher)* to stop o.s. falling (by catching hold of)
rature [ratyr] *nf* deletion, erasure
raturer [ratyre] /**1**/ *vt* to cross out, delete, erase
rauque [rok] *adj* raucous; *(voix)* hoarse
ravagé, e [ravaʒe] *adj (visage)* harrowed
ravager [ravaʒe] /**3**/ *vt* to devastate, ravage
ravages [ravaʒ] *nmpl* ravages; **faire des ~** to wreak havoc; *(fig : séducteur)* to break hearts
ravageur, euse [ravaʒœr, -øz] *adj (destructeur)* destructive; *(fig : humour)* scathing; *(: sourire)* devastating
ravalement [ravalmɑ̃] *nm* restoration
ravaler [ravale] /**1**/ *vt (mur, façade)* to restore; *(déprécier)* to lower; *(avaler de nouveau)* to swallow again; **~ sa colère/son dégoût** to stifle one's anger/swallow one's distaste
ravaudage [ravodaʒ] *nm (de chaussettes)* mending
ravauder [ravode] /**1**/ *vt* to repair, mend
rave [rav] *nf (Bot)* rape
raveur, -euse [rɛvœr, -øz] *nm/f* raver
ravi, e [ravi] *adj* delighted; **être ~ de/que** to be delighted with/that
ravier [ravje] *nm* hors d'œuvre dish
ravigote [ravigɔt] *adj* : **sauce ~** *oil and vinegar dressing with shallots*
ravigoter [ravigɔte] /**1**/ *vt (fam)* to buck up
ravin [ravɛ̃] *nm* gully, ravine
ravine [ravin] *nf* gully
raviner [ravine] /**1**/ *vt* to furrow, gully
ravioli [ravjɔli] *nmpl* ravioli *sg*
ravir [ravir] /**2**/ *vt (enchanter)* to delight; *(enlever)* : **~ qch à qn** to rob sb of sth; **à ~** *adv* delightfully, beautifully; **être beau à ~** to be ravishingly beautiful
raviser [ravize] /**1**/ : **se raviser** *vpr* to change one's mind
ravissant, e [ravisɑ̃, -ɑ̃t] *adj* delightful
ravissement [ravismɑ̃] *nm (enchantement, délice)* rapture

r

ravisseur, -euse [ʀavisœʀ, -øz] *nm/f* abductor, kidnapper
ravitaillement [ʀavitɑjmɑ̃] *nm* resupplying; refuelling; (*provisions*) supplies *pl*; **aller au ~** to go for fresh supplies; **~ en vol** (*Aviat*) in-flight refuelling
ravitailler [ʀavitaje] /1/ *vt* (*en vivres, munitions*) to provide with fresh supplies; (*véhicule*) to refuel; **se ravitailler** *vpr* to get fresh supplies
raviver [ʀavive] /1/ *vt* (*feu*) to rekindle, revive; (*douleur*) to revive; (*couleurs*) to brighten up
ravoir [ʀavwaʀ] /34/ *vt* to get back
rayé, e [ʀeje] *adj* (*à rayures*) striped; (*éraflé*) scratched
rayer [ʀeje] /8/ *vt* (*érafler*) to scratch; (*barrer*) to cross *ou* score out; (*d'une liste : radier*) to cross *ou* strike off
rayon [ʀɛjɔ̃] *nm* (*de soleil etc*) ray; (*Géom*) radius; (*de roue*) spoke; (*étagère*) shelf; (*de grand magasin*) department; (*fig : domaine*) responsibility, concern; (*de ruche*) (honey)comb; **dans un ~ de** within a radius of; **~ d'action** range; **~ de braquage** (*Auto*) turning circle; **~ laser** laser beam; **~ de soleil** sunbeam, ray of sunlight *ou* sunshine; **rayons** *nmpl* (*radiothérapie*) radiation; **rayons X** X-rays
rayonnage [ʀɛjɔnaʒ] *nm* set of shelves
rayonnant, e [ʀɛjɔnɑ̃, -ɑ̃t] *adj* radiant
rayonne [ʀɛjɔn] *nf* rayon
rayonnement [ʀɛjɔnmɑ̃] *nm* radiation; (*fig : éclat*) radiance; (*influence : d'une culture*) influence
rayonner [ʀɛjɔne] /1/ *vi* (*chaleur, énergie*) to radiate; (*fig : émotion*) to shine forth; (*: visage, personne*) to be radiant; (*avenues, axes*) to radiate; (*touriste*) to go touring (*from one base*)
rayure [ʀejyʀ] *nf* (*motif*) stripe; (*éraflure*) scratch; (*rainure, d'un fusil*) groove; **à rayures** striped
raz-de-marée [ʀɑdmaʀe] *nm inv* tidal wave
razzia [ʀazja] *nf* raid, foray
RBE *sigle m* (= *revenu brut d'exploitation*) gross profit (*of a farm*)
R-D *sigle f* (= *Recherche-Développement*) R & D
RDA *sigle f* (Hist : = *République démocratique allemande*) GDR
RDB *sigle m* (*Statistique : = revenu disponible brut*) *total disposable income*
rdc *abr* = **rez-de-chaussée**
ré [ʀe] *nm* (*Mus*) D; (*en chantant la gamme*) re
réabonnement [ʀeabɔnmɑ̃] *nm* renewal of subscription
réabonner [ʀeabɔne] /1/ *vt* : **~ qn à** to renew sb's subscription to; **se ~ (à)** to renew one's subscription (to)
réac [ʀeak] *adj, nmf* (*fam : = réactionnaire*) reactionary
réacteur [ʀeaktœʀ] *nm* jet engine; **~ nucléaire** nuclear reactor
réactif [ʀeaktif] *nm* reagent
réaction [ʀeaksjɔ̃] *nf* reaction; **par ~** jet-propelled; **avion/moteur à ~** jet (plane)/jet engine; **~ en chaîne** chain reaction
réactionnaire [ʀeaksjɔnɛʀ] *adj, nmf* reactionary
réactiver [ʀeaktive] *vt* (*relancer : marché, controverse*) to revive; (*: projet*) to restart; (*machine, compte*) to reactivate
réactivité [ʀeaktivite] *nf* (*Physique, Chimie : de métaux*) reactivity; (*capacité à réagir*) ability to react
réactualiser [ʀeaktɥalize] /1/ *vt* to update, bring up to date
réadaptation [ʀeadaptasjɔ̃] *nf* readjustment; rehabilitation
réadapter [ʀeadapte] /1/ *vt* to readjust; (*Méd*) to rehabilitate; **se réadapter (à)** *vpr* to readjust (to)
réaffirmation [ʀeafiʀmasjɔ̃] *nf* (*de principes*) reaffirmation
réaffirmer [ʀeafiʀme] /1/ *vt* to reaffirm, reassert
réagir [ʀeaʒiʀ] /2/ *vi* to react
réajuster [ʀeaʒyste] /1/ *vt* = **rajuster**
réalisable [ʀealizabl] *adj* (*projet, plan*) feasible; (*Comm : valeur*) realizable
réalisateur, -trice [ʀealizatœʀ, -tʀis] *nm/f* (TV, *Ciné*) director
réalisation [ʀealizasjɔ̃] *nf* carrying out; realization; fulfilment; achievement; (*Ciné*) production; (*œuvre*) production, work; (*création*) creation; **en cours de ~** under way
réaliser [ʀealize] /1/ *vt* (*projet, opération*) to carry out, realize; (*rêve, souhait*) to realize, fulfil; (*exploit*) to achieve; (*achat, vente*) to make; (*film*) to produce; (*se rendre compte de, Comm : bien, capital*) to realize; **se réaliser** *vpr* to be realized
réalisme [ʀealism] *nm* realism
réaliste [ʀealist] *adj* realistic; (*peintre, roman*) realist ▸ *nmf* realist
réalité [ʀealite] *nf* reality; **en ~** in (actual) fact; **dans la ~** in reality; **~ virtuelle** virtual reality
réaménager [ʀeamenaʒe] *vt* (*lieu*) to refurbish; (*horaires, calendrier*) to reorganize; (*règlement, texte*) to rework
réanimation [ʀeanimasjɔ̃] *nf* resuscitation; **service de ~** intensive care unit
réanimer [ʀeanime] /1/ *vt* (*Méd*) to resuscitate
réapparaître [ʀeapaʀɛtʀ] /57/ *vi* to reappear
réapparition [ʀeapaʀisjɔ̃] *nf* reappearance
réappropriation [ʀeapʀɔpʀijasjɔ̃] *nf* (*objet*) recovery, reappropriation; (*fig : de patrimoine*) taking back; (*: de mémoire*) recovery
réapprovisionner [ʀeapʀɔvizjɔne] /1/ *vt* (*magasin*) to restock; **se ~ (en)** to restock (with)
réarmement [ʀeaʀməmɑ̃] *nm* rearmament
réarmer [ʀeaʀme] /1/ *vt* (*arme*) to reload ▸ *vi* (*état*) to rearm
réassortiment [ʀeasɔʀtimɑ̃] *nm* (*Comm*) restocking
réassortir [ʀeasɔʀtiʀ] /2/ *vt* to match up
réassurance [ʀeasyʀɑ̃s] *nf* reinsurance
réassurer [ʀeasyʀe] /1/ *vt* to reinsure
réassureur [ʀeasyʀœʀ] *nm* reinsurer
rebaptiser [ʀ(ə)batize] /1/ *vt* (*rue*) to rename
rébarbatif, -ive [ʀebaʀbatif, -iv] *adj* forbidding; (*style*) off-putting (Brit), crabbed
rebattre [ʀ(ə)batʀ] /41/ *vt* : **~ les oreilles à qn de qch** to keep harping on to sb about sth
rebattu, e [ʀ(ə)baty] *pp de* **rebattre** ▸ *adj* hackneyed
rebelle [ʀəbɛl] *nmf* rebel ▸ *adj* (*troupes*) rebel; (*enfant*) rebellious; (*mèche etc*) unruly; **~ à qch** unamenable to sth; **~ à faire** unwilling to do

rebeller [R(ə)bele] /1/ : **se rebeller** *vpr* to rebel
rébellion [Rebeljɔ̃] *nf* rebellion; *(rebelles)* rebel forces *pl*
rebiffer [R(ə)bife] /1/ : **se rebiffer** *vpr* to fight back
reboisement [R(ə)bwazmɑ̃] *nm* reafforestation
reboiser [R(ə)bwaze] /1/ *vt* to replant with trees, reafforest
rebond [R(ə)bɔ̃] *nm (voir rebondir)* bounce; rebound
rebondi, e [R(ə)bɔ̃di] *adj (ventre)* rounded; *(joues)* chubby, well-rounded
rebondir [R(ə)bɔ̃diR] /2/ *vi (ballon : au sol)* to bounce; (*: contre un mur*) to rebound; *(fig : procès, action, conversation)* to get moving again, be suddenly revived
rebondissement [Rəbɔ̃dis(ə)mɑ̃] *nm* new development
rebonjour [Rəbɔ̃ʒuR] *excl* hello again
rebord [R(ə)bɔR] *nm* edge; **le ~ de la fenêtre** the windowsill
reboucher [R(ə)buʃe] /1/ *vt (flacon)* to put the stopper (*ou* top) back on, recork; *(trou)* to stop up
rebours [R(ə)buR] : **à ~** *adv* the wrong way
rebouteux, -euse [Rəbutø, -øz] *nm/f (péj)* bonesetter
reboutonner [R(ə)butɔne] /1/ *vt (vêtement)* to button up (again)
rebrousse-poil [RəbRuspwal] : **à ~** *adv* the wrong way
rebrousser [R(ə)bRuse] /1/ *vt (cheveux, poils)* to brush back, brush up; **~ chemin** to turn back
rebuffade [R(ə)byfad] *nf* rebuff
rébus [Rebys] *nm inv (jeu d'esprit)* rebus; *(fig)* puzzle
rebut [Rəby] *nm* : **mettre au ~** to scrap, discard
rebutant, e [R(ə)bytɑ̃, -ɑ̃t] *adj (travail, démarche)* off-putting, disagreeable
rebuter [R(ə)byte] /1/ *vt* to put off
recadrage [R(ə)kadRaʒ] *nm (de programme, objectifs)* refocusing; *(Photo, Ciné)* cropping
récalcitrant, e [RekalsitRɑ̃, -ɑ̃t] *adj* refractory, recalcitrant
recaler [R(ə)kale] /1/ *vt (Scol)* to fail
récapitulatif, -ive [Rekapitylatif, -iv] *adj (liste, tableau)* summary *cpd*, that sums up
récapituler [Rekapityle] /1/ *vt* to recapitulate; *(résumer)* to sum up
recel [Rəsɛl] *nm* receiving (stolen goods)
receler [R(ə)səle] /5/ *vt (produit d'un vol)* to receive; *(malfaiteur)* to harbour; *(fig)* to conceal
receleur, -euse [R(ə)səlœR, -øz] *nm/f* receiver
récemment [Resamɑ̃] *adv* recently
recensement [R(ə)sɑ̃smɑ̃] *nm* census; inventory
recenser [R(ə)sɑ̃se] /1/ *vt (population)* to take a census of; *(inventorier)* to make an inventory of; *(dénombrer)* to list
récent, e [Resɑ̃, -ɑ̃t] *adj* recent
recentrer [R(ə)sɑ̃tRe] *vt (Pol)* to move towards the centre (BRIT), to move towards the center (US)
récépissé [Resepise] *nm* receipt
réceptacle [Resɛptakl] *nm (où les choses aboutissent)* recipient; *(où les choses sont stockées)* repository; *(Bot)* receptacle
récepteur, -trice [ResɛptœR, -tRis] *adj* receiving ▶ *nm* receiver; **~ (de radio)** radio set *ou* receiver
réceptif, -ive [Resɛptif, -iv] *adj* : **~ (à)** receptive (to)
réception [Resɛpsjɔ̃] *nf* receiving *no pl*; *(d'une marchandise, commande)* receipt; *(accueil)* reception, welcome; *(bureau)* reception (desk); *(réunion mondaine)* reception, party; *(pièces)* reception rooms *pl*; *(Sport : après un saut)* landing; *(du ballon)* catching *no pl*; **jour/heures de ~** day/hours for receiving visitors (*ou* students *etc*)
réceptionnaire [ResɛpsjɔnɛR] *nmf* receiving clerk
réceptionner [Resɛpsjɔne] /1/ *vt (Comm)* to take delivery of; *(Sport : ballon)* to catch (and control)
réceptionniste [Resɛpsjɔnist] *nmf* receptionist
réceptivité [Resɛptivite] *nf (à une influence)* receptiveness; *(à une maladie)* susceptibility
récessif, -ive [Resesif, -iv] *adj (Bio)* recessive
récession [Resesjɔ̃] *nf* recession
recette [R(ə)sɛt] *nf (Culin)* recipe; *(fig)* formula, recipe; *(Comm)* takings *pl*; *(Admin : bureau)* tax *ou* revenue office; **faire ~** *(spectacle, exposition)* to be a winner; **recettes** *nfpl (Comm : rentrées)* receipts
recevabilité [R(ə)səvabilite] *nf (Admin : de dossier, plainte)* admissibility
recevable [R(ə)səvabl] *adj (Admin : dossier, plainte)* admissible; *(argument)* acceptable
receveur, -euse [R(ə)səvœR, -øz] *nm/f (des contributions)* tax collector; *(des postes)* postmaster/mistress; *(d'autobus)* conductor/conductress; *(Méd : de sang, organe)* recipient
recevoir [R(ə)səvwaR] /28/ *vt* to receive; *(lettre, prime)* to receive, get; *(client, patient, représentant)* to see; *(jour, soleil, pièce)* to get; *(Scol : candidat)* to pass; **~ qn à dîner** to invite sb to dinner ▶ *vi* to receive visitors; to give parties; to see patients *etc*; **il reçoit de huit à 10** he's at home from eight to 10, he will see visitors from eight to 10; *(docteur, dentiste etc)* he sees patients from eight to 10; **se recevoir** *vpr (athlète)* to land
rechange [R(ə)ʃɑ̃ʒ] : **de ~** *adj (pièces, roue)* spare; *(fig : solution)* alternative; **des vêtements de ~** a change of clothes
rechaper [R(ə)ʃape] /1/ *vt* to remould (BRIT), remold (US), retread
réchapper [Reʃape] /1/ : **~ de** *ou* **à** *vt (accident, maladie)* to come through; **va-t-il en ~ ?** is he going to get over it?, is he going to come through (it)?
recharge [R(ə)ʃaRʒ] *nf* refill
rechargeable [R(ə)ʃaRʒabl] *adj (stylo etc)* refillable; rechargeable
recharger [R(ə)ʃaRʒe] /3/ *vt (camion, fusil, appareil photo)* to reload; *(briquet, stylo)* to refill; *(batterie)* to recharge
réchaud [Reʃo] *nm* (portable) stove, plate-warmer
réchauffé [Reʃofe] *nm (nourriture)* reheated food; *(fig)* stale news (*ou* joke *etc*)
réchauffement [Reʃofmɑ̃] *nm* warming (up); **le ~ de la planète** global warming
réchauffer [Reʃofe] /1/ *vt (plat)* to reheat; *(mains, personne)* to warm; **se réchauffer** *vpr (température)* to get warmer; *(personne)* to warm o.s. (up); **se ~ les doigts** to warm (up) one's fingers

r

rêche [ʀɛʃ] *adj* rough
recherche [ʀ(ə)ʃɛʀʃ] *nf* (*action*) : **la ~ de** the search for; (*raffinement*) affectedness, studied elegance; (*scientifique etc*) : **la ~** research; **être/se mettre à la ~ de** to be/go in search of; **recherches** *nfpl* (*de la police*) investigations; (*scientifiques*) research *sg*
recherché, e [ʀ(ə)ʃɛʀʃe] *adj* (*rare, demandé*) much sought-after; (*entouré : acteur, femme*) in demand; (*raffiné*) studied, affected; (*tenue*) elegant
rechercher [ʀ(ə)ʃɛʀʃe] /1/ *vt* (*objet égaré, personne*) to look for, search for; (*témoins, coupable, main-d'œuvre*) to look for; (*causes d'un phénomène, nouveau procédé*) to try to find; (*bonheur etc, l'amitié de qn*) to seek; **« ~ et remplacer »** (*Inform*) "find and replace"
rechigner [ʀ(ə)ʃiɲe] /1/ *vi* : **~ (à)** to balk (at)
rechute [ʀ(ə)ʃyt] *nf* (*Méd*) relapse; (*dans le péché, le vice*) lapse; **faire une ~** to have a relapse
rechuter [ʀ(ə)ʃyte] /1/ *vi* (*Méd*) to relapse
récidive [ʀesidiv] *nf* (*Jur*) second (*ou* subsequent) offence; (*fig*) repetition; (*Méd*) recurrence
récidiver [ʀesidive] /1/ *vi* to commit a second (*ou* subsequent) offence; (*fig*) to do it again
récidiviste [ʀesidivist] *nmf* second (*ou* habitual) offender, recidivist
récif [ʀesif] *nm* reef
récipiendaire [ʀesipjɑ̃dɛʀ] *nm* recipient (*of diploma etc*); (*d'une société*) newly elected member
récipient [ʀesipjɑ̃] *nm* container
réciprocité [ʀesipʀɔsite] *nf* reciprocity
réciproque [ʀesipʀɔk] *adj* reciprocal ▸ *nf* : **la ~** (*l'inverse*) the converse
réciproquement [ʀesipʀɔkmɑ̃] *adv* reciprocally; **et ~** and vice versa
récit [ʀesi] *nm* (*action de narrer*) telling; (*conte, histoire*) story
récital [ʀesital] *nm* recital
récitant, e [ʀesitɑ̃, -ɑ̃t] *nm/f* narrator
récitation [ʀesitasjɔ̃] *nf* recitation
réciter [ʀesite] /1/ *vt* to recite
réclamation [ʀeklamasjɔ̃] *nf* complaint; **réclamations** *nfpl* (*bureau*) complaints department *sg*
réclame [ʀeklɑm] *nf* : **la ~** advertising; **une ~** an ad(vertisement), an advert (Brit); **faire de la ~ (pour qch/qn)** to advertise (sth/sb); **article en ~** special offer
réclamer [ʀeklame] /1/ *vt* (*aide, nourriture etc*) to ask for; (*revendiquer : dû, part, indemnité*) to claim, demand; (*nécessiter*) to demand, require ▸ *vi* to complain; **se réclamer de** *vpr* to give as one's authority, to claim filiation with
reclassement [ʀ(ə)klɑsmɑ̃] *nm* reclassifying; regrading; rehabilitation
reclasser [ʀ(ə)klɑse] /1/ *vt* (*fiches, dossiers*) to reclassify; (*fig : fonctionnaire etc*) to regrade; (*: ouvrier licencié*) to place, rehabilitate
reclus, e [ʀəkly, -yz] *nm/f* recluse
réclusion [ʀeklyzjɔ̃] *nf* imprisonment; **~ à perpétuité** life imprisonment
recoiffer [ʀ(ə)kwafe] /1/ *vt* : **~ un enfant** to do a child's hair again; **se recoiffer** *vpr* to do one's hair again
recoin [ʀəkwɛ̃] *nm* nook, corner; (*fig*) hidden recess
reçois *etc* [ʀəswa] *vb voir* **recevoir**
reçoive *etc* [ʀəswav] *vb voir* **recevoir**
recoller [ʀ(ə)kɔle] /1/ *vt* (*enveloppe*) to stick back down
récoltant, e [ʀekɔltɑ̃, -ɑ̃t] *nm/f* grower, farmer ▸ *adj voir* **propriétaire**
récolte [ʀekɔlt] *nf* harvesting, gathering; (*produits*) harvest, crop; (*fig*) crop, collection; (*: d'observations*) findings
récolter [ʀekɔlte] /1/ *vt* to harvest, gather (in); (*fig*) to get
recommandable [ʀ(ə)kɔmɑ̃dabl] *adj* commendable; **peu ~** not very commendable
recommandation [ʀ(ə)kɔmɑ̃dasjɔ̃] *nf* recommendation
recommandé [ʀ(ə)kɔmɑ̃de] *nm* (*méthode etc*) recommended; (*Postes*) : **en ~** by registered mail
recommander [ʀ(ə)kɔmɑ̃de] /1/ *vt* to recommend; (*qualités etc*) to commend; (*Postes*) to register; **~ qch à qn** to recommend sth to sb; **~ à qn de faire** to recommend sb to do; **~ qn auprès de qn** *ou* **à qn** to recommend sb to sb; **il est recommandé de faire ...** it is recommended that one does ...; **se ~ à qn** to commend o.s. to sb; **se ~ de qn** to give sb's name as a reference
recommencer [ʀ(ə)kɔmɑ̃se] /3/ *vt* (*reprendre : lutte, séance*) to resume, start again; (*refaire : travail, explications*) to start afresh, start (over) again; (*récidiver : erreur*) to make again ▸ *vi* to start again; (*récidiver*) to do it again; **~ à faire** to start doing again; **ne recommence pas !** don't do that again!
récompense [ʀekɔ̃pɑ̃s] *nf* reward; (*prix*) award; **recevoir qch en ~** to get sth as a reward, be rewarded with sth
récompenser [ʀekɔ̃pɑ̃se] /1/ *vt* : **~ qn (de** *ou* **pour)** to reward sb (for)
réconciliation [ʀekɔ̃siljasjɔ̃] *nf* reconciliation
réconcilier [ʀekɔ̃silje] /7/ *vt* to reconcile; **~ qn avec qn** to reconcile sb with sb; **~ qn avec qch** to reconcile sb to sth; **se réconcilier (avec)** *vpr* to be reconciled (with)
reconductible [ʀ(ə)kɔ̃dyktibl] *adj* (*Jur : contrat, bail*) renewable
reconduction [ʀ(ə)kɔ̃dyksjɔ̃] *nf* renewal; (*Pol : d'une politique*) continuation
reconduire [ʀ(ə)kɔ̃dɥiʀ] /38/ *vt* (*raccompagner*) to take *ou* see back; (*: à la porte*) to show out; (*: à son domicile*) to see home, take home; (*Jur, Pol : renouveler*) to renew
réconfort [ʀekɔ̃fɔʀ] *nm* comfort
réconfortant, e [ʀekɔ̃fɔʀtɑ̃, -ɑ̃t] *adj* (*idée, paroles*) comforting; (*boisson*) fortifying
réconforter [ʀekɔ̃fɔʀte] /1/ *vt* (*consoler*) to comfort; (*revigorer*) to fortify
reconnais *etc* [ʀ(ə)kɔnɛ] *vb voir* **reconnaître**
reconnaissable [ʀ(ə)kɔnɛsabl] *adj* recognizable
reconnaissais [ʀ(ə)kɔnɛsɛ] *vb voir* **reconnaître**
reconnaissance [ʀ(ə)kɔnɛsɑ̃s] *nf* (*action de reconnaître*) recognition; acknowledgement; (*gratitude*) gratitude, gratefulness; (*Mil*) reconnaissance, recce; **en ~** (*Mil*) on

reconnaissance; **~ de dette** acknowledgement of a debt, IOU
reconnaissant, e [R(ə)kɔnɛsɑ̃, -ɑ̃t] *vb voir* **reconnaître** ▸ *adj* grateful; **je vous serais ~ de bien vouloir** I should be most grateful if you would (kindly)
reconnaître [R(ə)kɔnɛtR] **/57/** *vt* to recognize; (*Mil : lieu*) to reconnoitre; (*Jur : enfant, dette, droit*) to acknowledge; **~ que** to admit *ou* acknowledge that; **~ qn/qch à** (*l'identifier grâce à*) to recognize sb/sth by; **je lui reconnais certaines qualités** I recognize certain qualities in him; **se ~ quelque part** (*s'y retrouver*) to find one's way around (a place)
reconnu, e [R(ə)kɔny] *pp de* **reconnaître** ▸ *adj* (*indiscuté, connu*) recognized
reconquérir [R(ə)kɔ̃keRiR] **/21/** *vt* to reconquer, recapture; (*sa dignité etc*) to recover
reconquête [R(ə)kɔ̃kɛt] *nf* recapture; recovery
reconsidérer [R(ə)kɔ̃sideRe] **/6/** *vt* to reconsider
reconstituant, e [R(ə)kɔ̃stitɥɑ̃, -ɑ̃t] *adj* (*régime*) strength-building ▸ *nm* tonic, pick-me-up
reconstituer [R(ə)kɔ̃stitɥe] **/1/** *vt* (*monument ancien*) to recreate, build a replica of; (*fresque, vase brisé*) to piece together, reconstitute; (*événement, accident*) to reconstruct; (*fortune, patrimoine*) to rebuild; (*Bio : tissus etc*) to regenerate
reconstitution [R(ə)kɔ̃stitysjɔ̃] *nf* (*d'un accident etc*) reconstruction
reconstruction [R(ə)kɔ̃stRyksjɔ̃] *nf* rebuilding, reconstruction
reconstruire [R(ə)kɔ̃stRɥiR] **/38/** *vt* to rebuild, reconstruct
recontacter [R(ə)kɔ̃takte] *vt* to contact again, to get back in touch with
reconversion [R(ə)kɔ̃vɛRsjɔ̃] *nf* (*du personnel*) redeployment
reconvertir [R(ə)kɔ̃vɛRtiR] **/2/** *vt* (*usine*) to reconvert; (*personnel, troupes etc*) to redeploy; **se ~ dans** (*un métier, une branche*) to move into, be redeployed into
recopier [R(ə)kɔpje] **/7/** *vt* (*transcrire*) to copy out again, write out again; (*mettre au propre : devoir*) to make a clean *ou* fair copy of
record [R(ə)kɔR] *nm, adj* record; **~ du monde** world record
recoucher [R(ə)kuʃe] **/1/** *vt* (*enfant*) to put back to bed
recoudre [R(ə)kudR] **/48/** *vt* (*bouton*) to sew back on; (*plaie, incision*) to sew (back) up, stitch up
recoupement [R(ə)kupmɑ̃] *nm* : **faire un ~** *ou* **des recoupements** to cross-check; **par ~** by cross-checking
recouper [R(ə)kupe] **/1/** *vt* (*tranche*) to cut again; (*vêtement*) to recut ▸ *vi* (*Cartes*) to cut again; **se recouper** *vpr* (*témoignages*) to tie *ou* match up
recourais *etc* [RəkuRɛ] *vb voir* **recourir**
recourbé, e [R(ə)kuRbe] *adj* curved; hooked; bent
recourber [R(ə)kuRbe] **/1/** *vt* (*branche, tige de métal*) to bend; **se recourber** *vpr* to curve (up), bend (up)
recourir [R(ə)kuRiR] **/11/** *vt* : **~ à** (*ami, agence*) to turn *ou* appeal to; (*force, ruse, emprunt*) to resort to, have recourse to ▸ *vi* (*courir de nouveau*) to run again; (*refaire une course*) to race again
recours [R(ə)kuR] *vb voir* **recourir** ▸ *nm* (*Jur*) appeal; **avoir ~ à** = **recourir à**; **en dernier ~** as a last resort; **sans ~** final; with no way out; **~ en grâce** plea for clemency (*ou* pardon)
recouru, e [RəkuRy] *pp de* **recourir**
recousu, e [Rəkuzy] *pp de* **recoudre**
recouvert, e [RəkuvɛR, -ɛRt] *pp de* **recouvrir**
recouvrable [R(ə)kuvRabl] *adj* (*somme*) recoverable
recouvrais *etc* [RəkuvRɛ] *vb voir* **recouvrer** ; **recouvrir**
recouvrement [R(ə)kuvRəmɑ̃] *nm* recovery
recouvrer [R(ə)kuvRe] **/1/** *vt* (*vue, santé etc*) to recover, regain; (*impôts*) to collect; (*créance*) to recover
recouvrir [R(ə)kuvRiR] **/18/** *vt* (*couvrir à nouveau*) to re-cover; (*couvrir entièrement : aussi fig*) to cover; (*cacher, masquer*) to conceal, hide; **se recouvrir** *vpr* (*se superposer*) to overlap
recracher [R(ə)kRaʃe] **/1/** *vt* to spit out
récréatif, -ive [RekReatif, -iv] *adj* of entertainment; recreational
récréation [RekReasjɔ̃] *nf* recreation, entertainment; (*Scol*) break
recréditer [R(ə)kRedite] *vt* (*compte, carte*) to recredit
recréer [R(ə)kRee] **/1/** *vt* to recreate
récrier [RekRije] **/7/** : **se récrier** *vpr* to exclaim
récriminations [RekRiminasjɔ̃] *nfpl* remonstrations, complaints
récriminer [RekRimine] **/1/** *vi* : **~ contre qn/qch** to remonstrate against sb/sth
recroquevillé, e [R(ə)kRɔk(ə)vije] *adj* (*personne*) curled up; (*feuilles*) shrivelled up, curled up
recroqueviller [R(ə)kRɔk(ə)vije] **/1/** : **se recroqueviller** *vpr* (*feuilles*) to curl *ou* shrivel up; (*personne*) to huddle up
recru, e [RəkRy] *adj* : **~ de fatigue** exhausted ▸ *nf* recruit
recrudescence [R(ə)kRydesɑ̃s] *nf* fresh outbreak
recrue [RəkRy] *nf* recruit; **une nouvelle ~** a new recruit
recrutement [R(ə)kRytmɑ̃] *nm* recruiting, recruitment
recruter [R(ə)kRyte] **/1/** *vt* to recruit
recruteur, -euse [R(ə)kRytœR, -øz] *nm/f* recruiter
rectal, e, -aux [Rɛktal, -o] *adj* : **par voie rectale** rectally
rectangle [Rɛktɑ̃gl] *nm* rectangle
rectangulaire [Rɛktɑ̃gylɛR] *adj* rectangular
recteur [Rɛktœr] *nm* ≈ (regional) director of education (BRIT), ≈ state superintendent of education (US)
rectificatif, -ive [Rɛktifikatif, -iv] *adj* corrected ▸ *nm* correction
rectification [Rɛktifikasjɔ̃] *nf* correction
rectifier [Rɛktifje] **/7/** *vt* (*tracé, virage*) to straighten; (*calcul, adresse*) to correct; (*erreur, faute*) to rectify, put right
rectiligne [Rɛktiliɲ] *adj* straight; (*Géom*) rectilinear

r

rectitude [rɛktityd] *nf* rectitude, uprightness
recto [rɛkto] *nm* front (*of a sheet of paper*); **~ verso** on both sides (of the page)
rectorat [rɛktɔra] *nm* (*fonction*) *position of recteur*; (*bureau*) *recteur's office*; *voir aussi* **recteur**
rectum [rɛktɔm] *nm* rectum
reçu, e [r(ə)sy] *pp de* **recevoir** ▸ *adj* (*candidat*) successful; (*admis, consacré*) accepted; **être ~** (*à un examen*) to pass; **être bien/mal** ~ to be well/badly received ▸ *nm* (*Comm*) receipt
recueil [rəkœj] *nm* collection
recueillement [r(ə)kœjmɑ̃] *nm* meditation, contemplation
recueilli, e [r(ə)kœji] *adj* contemplative
recueillir [r(ə)kœjir] /**12**/ *vt* to collect; (*voix, suffrages*) to win; (*accueillir : réfugiés, chat*) to take in; **se recueillir** *vpr* to gather one's thoughts; to meditate
recuire [r(ə)kɥir] /**38**/ *vi* : **faire ~** to recook
recul [r(ə)kyl] *nm* retreat; recession; (*déclin*) decline; (*éloignement*) distance; (*d'arme à feu*) recoil, kick; **avoir un mouvement de ~** to recoil, start back; **prendre du ~** to stand back; **être en ~** to be on the decline; **avec le ~** with the passing of time, in retrospect
reculade [r(ə)kylad] *nf* (*péj*) climb-down
reculé, e [r(ə)kyle] *adj* remote
reculer [r(ə)kyle] /**1**/ *vi* to move back, back away; (*Auto*) to reverse, back (up); (*fig : civilisation, épidémie*) to (be on the) decline; (*: se dérober*) to shrink back; **~ devant** (*danger, difficulté*) to shrink from; **~ pour mieux sauter** (*fig*) to postpone the evil day ▸ *vt* to move back; (*véhicule*) to reverse, back (up); (*fig : possibilités, limites*) to extend; (*: date, décision*) to postpone
reculons [r(ə)kylɔ̃] : **à ~** *adv* backwards
récupérable [rekyperabl] *adj* (*créance*) recoverable; (*heures*) which can be made up; (*ferraille*) salvageable
récupérateur, -trice [rekyperatœr, -tris] *nm/f* (*de métaux*) scrap merchant ▸ *adj* (*Football*) : **milieu ~** central midfielder
récupération [rekyperasjɔ̃] *nf* (*de métaux etc*) salvage, reprocessing; (*Pol*) hijacking (*of policies*)
récupérer [rekypere] /**6**/ *vt* (*rentrer en possession de*) to recover, get back; (*: forces*) to recover; (*déchets etc*) to salvage (for reprocessing); (*remplacer : journée, heures de travail*) to make up; (*délinquant etc*) to rehabilitate; (*Pol*) to hijack (*policies*) ▸ *vi* to recover
récurer [rekyre] /**1**/ *vt* to scour; **poudre à ~** scouring powder
récurrence [rekyrɑ̃s] *nf* recurrence
récurrent, e [rekyrɑ̃, -ɑ̃t] *adj* (*problème*) recurrent
reçus *etc* [rəsy] *vb voir* **recevoir**
récusable [rekyzabl] *adj* (*témoin*) challengeable; (*témoignage*) impugnable
récusation [rekyzasjɔ̃] *nf* (*Jur : d'idée, principe*) challenging
récuser [rekyze] /**1**/ *vt* to challenge; **se récuser** *vpr* to decline to give an opinion
reçut [r(ə)sy] *vb voir* **recevoir**
recyclable [r(ə)siklabl] *adj* recyclable
recyclage [r(ə)siklaʒ] *nm* reorientation; retraining; recycling; **cours de ~** retraining course
recycler [r(ə)sikle] /**1**/ *vt* (*Scol*) to reorientate; (*employés*) to retrain; (*matériau*) to recycle; **se recycler** *vpr* to retrain; to go on a retraining course
rédacteur, -trice [redaktœr, -tris] *nm/f* (*journaliste*) writer; subeditor; (*d'ouvrage de référence*) editor, compiler; **~ en chef** chief editor; **~ publicitaire** copywriter
rédaction [redaksjɔ̃] *nf* writing; (*rédacteurs*) editorial staff; (*bureau*) editorial office(s); (*Scol : devoir*) essay, composition
rédactionnel, le [redaksjɔnɛl] *adj* (*Presse : équipe, ligne*) editorial; (*capacités*) writing; **d'excellentes capacités rédactionnelles** excellent writing skills
reddition [redisjɔ̃] *nf* surrender
redécoller [r(ə)dekɔle] *vi* (*avion, ventes*) to take off again
redécouvrir [r(ə)dekuvrir] *vt* to rediscover
redéfinir [r(ə)definir] /**2**/ *vt* to redefine
redéfinition [r(ə)definisjɔ̃] *nf* redefinition
redemander [rədmɑ̃de] /**1**/ *vt* (*renseignement*) to ask again for; (*objet prêté*) : **~ qch** to ask for sth back; **~ de** (*nourriture*) to ask for more (*ou* another)
redémarrage [r(ə)demaraʒ] *nm* (*de machine : aussi : Inform*) restarting; (*fig*) : **un ~ de qch** (*industrie, activité*) an upturn in sth
redémarrer [r(ə)demare] /**1**/ *vi* (*véhicule*) to start again, get going again; (*ordinateur*) to restart; (*fig : industrie*) to get going again
rédemption [redɑ̃psjɔ̃] *nf* redemption
redéploiement [r(ə)deplwamɑ̃] *nm* redeployment
redescendre [r(ə)desɑ̃dr] /**41**/ *vi* (*à nouveau*) to go back down; (*après la montée*) to go down (again) ▸ *vt* (*pente etc*) to go down
redevable [r(ə)dəvabl] *adj* : **être ~ de qch à qn** (*somme*) to owe sb sth; (*fig*) to be indebted to sb for sth
redevance [r(ə)dəvɑ̃s] *nf* (*Tél*) rental charge; (*TV*) licence (BRIT) *ou* license (US) fee
redevenir [r(ə)dəv(ə)nir] /**22**/ *vi* to become again
rédhibitoire [redibitwar] *adj* : **vice ~** (*Jur*) *latent defect in merchandise that renders the sales contract void*; (*fig : défaut*) crippling
rediffuser [r(ə)difyze] /**1**/ *vt* (*Radio, TV*) to repeat, broadcast again
rediffusion [r(ə)difyzjɔ̃] *nf* repeat (programme)
rédiger [rediʒe] /**3**/ *vt* to write; (*contrat*) to draw up
redire [r(ə)dir] /**37**/ *vt* to repeat; **trouver à ~ à** to find fault with
redistribuer [r(ə)distribɥe] /**1**/ *vt* (*cartes etc*) to deal again; (*richesses, tâches, revenus*) to redistribute
redistribution [r(ə)distribysjɔ̃] *nf* (*de richesses, revenus*) redistribution; (*de tâches*) reallocation; **~ des cartes** redeal; (*fig*) new situation; (*politique*) new order
redite [r(ə)dit] *nf* (needless) repetition

redondance [R(ə)dɔ̃dɑ̃s] *nf* redundancy
redondant, e [Rədɔ̃dɑ, ɑ̃t] *adj* redundant
redonner [R(ə)dɔne] /1/ *vt* (*restituer*) to give back, return; (*du courage, des forces*) to restore
redorer [R(ə)dɔRe] *vt* to regild; **~ son blason** (*fig*) to restore one's image
redoublant, e [R(ə)dublɑ̃, -ɑ̃t] *nm/f* (*Scol*) student repeating a year
redoublé, e [Rəduble] *adj* : **à coups redoublés** even harder, twice as hard
redoublement [R(ə)dubləmɑ̃] *nm* (*Scol*) repeating a year; (*intensification*) : **~ d'effort/d'attention** increased effort/attention; (*Ling : de lettre*) doubling
redoubler [R(ə)duble] /1/ *vi* (*tempête, violence*) to intensify, get even stronger *ou* fiercer *etc*; (*Scol*) to repeat a year; **le vent redouble de violence** the wind is blowing twice as hard; **~ de patience/prudence** to be doubly patient/careful ▸ *vt* (*Scol : classe*) to repeat; (*Ling : lettre*) to double
redoutable [R(ə)dutabl] *adj* formidable, fearsome
redouter [R(ə)dute] /1/ *vt* to fear; (*appréhender*) to dread; **~ de faire** to dread doing
redoux [Rədu] *nm* milder spell
redressement [R(ə)dRɛsmɑ̃] *nm* (*économique*) recovery; (*de l'économie etc*) putting right; **maison de ~** reformatory; **~ fiscal** repayment of back taxes
redresser [R(ə)dRese] /1/ *vt* (*arbre, mât*) to set upright, right; (*pièce tordue*) to straighten out; (*Aviat, Auto*) to straighten up; (*situation, économie*) to put right; **~ (les roues)** (*Auto*) to straighten up; **se redresser** *vpr* (*objet penché*) to right itself; to straighten up; (*personne*) to sit (*ou* stand) up; to sit (*ou* stand) up straight; (*fig : pays, situation*) to recover
redresseur [R(ə)dRɛsœR] *nm* : **~ de torts** righter of wrongs
réducteur, -trice [RedyktœR, -tRis] *adj* simplistic
réduction [Redyksjɔ̃] *nf* reduction; **en ~** *adv* in miniature, scaled-down
réduire [RedɥiR] /38/ *vt* (*gén, Culin, Math*) to reduce; (*prix, dépenses*) to cut, reduce; (*carte*) to scale down, reduce; (*Méd : fracture*) to set; **~ qn/qch à** to reduce sb/sth to; **se réduire à** *vpr* : **se ~ à** (*revenir à*) to boil down to; **se ~ en** (*se transformer en*) to be reduced to; **en être réduit à** to be reduced to
réduit, e [Redɥi, -it] *pp de* **réduire** ▸ *adj* (*prix, tarif, échelle*) reduced; (*mécanisme*) scaled-down; (*vitesse*) reduced ▸ *nm* tiny room; recess
redynamiser [R(ə)dinamize] *vt* to make more dynamic
rééchelonnement [Reeʃ(ə)lɔnmɑ̃] *nm* (*de dette*) rescheduling
rééchelonner [Reeʃ(ə)lɔne] *vt* (*dette*) to reschedule
rééditer [Reedite] /1/ *vt* to republish; (*fig : exploit*) to repeat
réédition [Reedisjɔ̃] *nf* new edition
rééducation [Reedykasjɔ̃] *nf* (*d'un membre*) re-education; (*de délinquants, d'un blessé*) rehabilitation; **~ de la parole** speech therapy; **centre de ~** physiotherapy *ou* physical therapy (*US*) centre
rééduquer [Reedyke] /1/ *vt* to reeducate; to rehabilitate
réel, le [Reɛl] *adj* real ▸ *nm* : **le ~** reality
réélection [Reelɛksjɔ̃] *nf* re-election
rééligible [Reeliʒibl] *adj* re-eligible
réélire [ReeliR] /43/ *vt* to re-elect
réellement [Reɛlmɑ̃] *adv* really
réembaucher [Reɑ̃boʃe] /1/ *vt* to take on again
réemploi [Reɑ̃plwa] *nm* = **remploi**
réemployer [Reɑ̃plwaje] /8/ *vt* (*méthode, produit*) to re-use; (*argent*) to reinvest; (*personnel, employé*) to re-employ
rééquilibrer [ReekilibRe] /1/ *vt* (*budget*) to balance (again)
réescompte [Reɛskɔ̃t] *nm* rediscount
réessayer [Reeseje] /8/ *vt* to try on again
réévaluation [Reevalɥasjɔ̃] *nf* revaluation
réévaluer [Reevalɥe] /1/ *vt* to revalue
réexamen [Reɛgzamɛ̃] *nm* (*de dossier*) re-examination; (*de demande*) reconsideration
réexaminer [Reɛgzamine] /1/ *vt* (*dossier*) to re-examine; (*demande*) to reconsider
réexpédier [Reɛkspedje] /7/ *vt* (*à l'envoyeur*) to return, send back; (*au destinataire*) to send on, forward
réexporter [Reɛkspɔrte] /1/ *vt* to re-export
réf. *abr* = **référence(s)**; **V/réf.** Your ref
refaire [R(ə)fɛR] /60/ *vt* (*faire de nouveau, recommencer*) to do again; (*sport*) to take up again; (*réparer, restaurer*) to do up; **se refaire** *vpr* (*en argent*) to make up one's losses; **se ~ une santé** to recuperate; **se ~ à qch** (*se réhabituer à*) to get used to sth again
refasse *etc* [Rəfas] *vb voir* **refaire**
réfection [Refɛksjɔ̃] *nf* repair; **en ~** under repair
réfectoire [RefɛktwaR] *nm* refectory
referai *etc* [R(ə)fRe] *vb voir* **refaire**
référé [RefeRe] *nm* (*Jur*) *emergency interim proceedings ou ruling*
référence [RefeRɑ̃s] *nf* reference; **faire ~ à** to refer to; **ouvrage de ~** reference work; **ce n'est pas une ~** (*fig*) that's no recommendation; **références** *nfpl* (*recommandations*) reference *sg*
référencement [RefeRɑ̃smɑ̃] *nm* (*Internet : de site Web*) referencing
référencer [RefeRɑ̃se] *vt* (*Internet : site Web, produit*) to reference
référendum [RefeRɑ̃dɔm] *nm* referendum
référer [RefeRe] /6/ : **se référer** *vpr* : **se ~ à** to refer to; **en ~ à qn** to refer the matter to sb
refermer [R(ə)fɛRme] /1/ *vt* to close again, shut again; **se refermer** *vpr* (*porte*) to close *ou* shut (again)
refiler [R(ə)file] /1/ *vt* (*fam*) : **~ qch à qn** to palm (*BRIT*) *ou* fob sth off on sb; to pass sth on to sb
refit *etc* [Rəfi] *vb voir* **refaire**
réfléchi, e [Refleʃi] *adj* (*caractère*) thoughtful; (*action*) well-thought-out; (*Ling*) reflexive; **c'est tout ~** my mind's made up
réfléchir [RefleʃiR] /2/ *vt* to reflect ▸ *vi* to think; **~ à** *ou* **sur** to think about
réflecteur [ReflɛktœR] *nm* (*Auto*) reflector

r

reflet [R(ə)flɛ] *nm* reflection; (*sur l'eau etc*) sheen *no pl*, glint; **reflets** *nmpl* gleam *sg*
refléter [R(ə)flete] /6/ *vt* to reflect; **se refléter** *vpr* to be reflected
refleurir [R(ə)flœRiR] *vi* (*plante*) to flower again; (*fig*) to flourish again
réflex [Reflɛks] *adj inv* (*Photo*) reflex
réflexe [Reflɛks] *adj, nm* reflex; **~ conditionné** conditioned reflex
réflexion [Reflɛksjɔ̃] *nf* (*de la lumière etc, pensée*) reflection; (*fait de penser*) thought; (*remarque*) remark; **sans ~** without thinking; **~ faite, à la ~, après ~** on reflection; **délai de ~** cooling-off period; **groupe de ~** think tank; **réflexions** *nfpl* (*méditations*) thought *sg*, reflection *sg*
réflexologie [Reflɛksɔlɔʒi] *nf* reflexology
refluer [R(ə)flye] /1/ *vi* to flow back; (*foule*) to surge back
reflux [Rəfly] *nm* (*de la mer*) ebb; (*fig*) backward surge
refondation [R(ə)fɔ̃dasjɔ̃] *nf* (*de parti, institution*) reorganization
refondre [R(ə)fɔ̃dR] /41/ *vt* (*texte*) to recast
refont [R(ə)fɔ̃] *vb voir* **refaire**
refonte [R(ə)fɔ̃t] *nf* (*de texte*) reworking
reformater [R(ə)fɔRmate] /1/ *vt* to reformat
réformateur, -trice [RefɔRmatœR, -tRis] *nm/f* reformer ▸ *adj* (*mesures*) reforming
Réformation [RefɔRmasjɔ̃] *nf*: **la ~** the Reformation
réforme [RefɔRm] *nf* reform; (*Mil*) declaration of unfitness for service; discharge (*on health grounds*); (*Rel*): **la R~** the Reformation
réformé, e [RefɔRme] *adj, nm/f* (*Rel*) Protestant
reformer [R(ə)fɔRme] /1/ *vt*, **se reformer** *vpr* to reform; **~ les rangs** (*Mil*) to fall in again
réformer [RefɔRme] /1/ *vt* to reform; (*Mil: recrue*) to declare unfit for service; (*: soldat*) to discharge, invalid out; (*matériel*) to scrap
réformisme [RefɔRmism] *nm* reformism, policy of reform
réformiste [RefɔRmist] *adj, nmf* (*Pol*) reformist
reformuler [R(ə)fɔRmyle] *vt* (*question*) to reword, to rephrase; (*redéfinir*) to reformulate
refoulé, e [R(ə)fule] *adj* (*Psych*) repressed
refoulement [R(ə)fulmɑ̃] *nm* (*d'une armée*) driving back; (*Psych*) repression
refouler [R(ə)fule] /1/ *vt* (*envahisseurs*) to drive back, repulse; (*liquide, larmes*) to force back; (*fig*) to suppress; (*Psych: désir, colère*) to repress
réfractaire [RefRaktɛR] *adj* (*minerai*) refractory; (*brique*) fire *cpd*; (*maladie*) which is resistant to treatment; (*prêtre*) nonjuring; **soldat ~** draft evader; **être ~ à** to resist
réfracter [RefRakte] /1/ *vt* to refract
réfraction [RefRaksjɔ̃] *nf* refraction
refrain [R(ə)fRɛ̃] *nm* (*Mus*) refrain, chorus; (*air, fig*) tune
refréner, réfréner [RəfRene, RefRene] /6/ *vt* to curb, check
réfrigérant, e [RefRiʒeRɑ̃, -ɑ̃t] *adj* refrigerant, cooling
réfrigérateur [RefRiʒeRatœR] *nm* refrigerator; **~-congélateur** fridge-freezer
réfrigération [RefRiʒeRasjɔ̃] *nf* refrigeration
réfrigéré, e [RefRiʒeRe] *adj* (*camion, wagon*) refrigerated
réfrigérer [RefRiʒeRe] /6/ *vt* to refrigerate; (*fam: glacer: aussi fig*) to cool
refroidir [R(ə)fRwadiR] /2/ *vt* to cool; (*fig*) to have a cooling effect on; (*: personne*) to put off ▸ *vi* to cool (down); **se refroidir** *vpr* (*prendre froid*) to catch a chill; (*temps*) to get cooler *ou* colder; (*fig: ardeur*) to cool (off)
refroidissement [R(ə)fRwadismɑ̃] *nm* cooling; (*grippe etc*) chill
refuge [R(ə)fyʒ] *nm* refuge; (*pour piétons*) (traffic) island; **demander ~ à qn** to ask sb for refuge
réfugié, e [Refyʒje] *adj, nm/f* refugee
réfugier [Refyʒje] /7/: **se réfugier** *vpr* to take refuge
refus [R(ə)fy] *nm* refusal; **ce n'est pas de ~** I won't say no, it's very welcome
refuser [R(ə)fyze] /1/ *vt* to refuse; (*Scol: candidat*) to fail; **~ qch à qn/de faire** to refuse sb sth/to do; **~ du monde** to have to turn people away ▸ *vi* to refuse; **se refuser** *vpr*: **se ~ à qch** *ou* **à faire qch** to refuse to do sth; **il ne se refuse rien** he doesn't stint himself; **se ~ à qn** to refuse sb
réfutable [Refytabl] *adj* refutable
réfuter [Refyte] /1/ *vt* to refute
regagner [R(ə)gaɲe] /1/ *vt* (*argent, faveur*) to win back; (*lieu*) to get back to; **~ le temps perdu** to make up for lost time; **~ du terrain** to regain ground
regain [Rəgɛ̃] *nm* (*herbe*) second crop of hay; (*renouveau*): **~ de qch** renewed sth
régal [Regal] *nm* treat; **un ~ pour les yeux** a pleasure *ou* delight to look at
régalade [Regalad] *adv*: **à la ~** from the bottle (held away from the lips)
régaler [Regale] /1/ *vt*: **~ qn** to treat sb to a delicious meal; **~ qn de** to treat sb to; **se régaler** *vpr* to have a delicious meal; (*fig*) to enjoy o.s.
régalien, ne [Regaljɛ̃, -jɛn] *adj* kingly
regard [R(ə)gaR] *nm* (*coup d'œil*) look, glance; (*expression*) look (in one's eye); **parcourir/menacer du ~** to cast an eye over/look threateningly at; **au ~ de** (*loi, morale*) from the point of view of; **en ~** (*vis à vis*) opposite; **en ~ de** in comparison with
regardant, e [R(ə)gaRdɑ̃, -ɑ̃t] *adj*: **très/peu ~ (sur)** quite fussy/very free (about); (*économe*) very tight-fisted/quite generous (with)
regarder [R(ə)gaRde] /1/ *vt* (*examiner, observer, lire*) to look at; (*film, télévision, match*) to watch; (*envisager: situation, avenir*) to view; (*être orienté vers*): **~ (vers)** to face; (*concerner*) to concern; **~ (qch) dans le dictionnaire** to look (sth up) in the dictionary; **cela me regarde** it concerns me, it's my business ▸ *vi* to look; **~ par la fenêtre** to look out of the window; **~ à** (*dépense, qualité*) to be fussy with *ou* over; **dépenser sans ~** to spend freely; **ne pas ~ à la dépense** to spare no expense; **se regarder** *vpr*: **se ~ dans les yeux** to look into each other's eyes; **se ~ en chiens de faïence** to glare at each other

régate [Regat] *nf*, **régates** *fpl* regatta
régénérateur, -trice [ReʒeneRatœR, -tRis] *adj* regenerative
régénérer [ReʒeneRe] /**6**/ *vt* to regenerate; (*fig*) to revive; **se régénérer** *vpr* (*cellules*) to regenerate
régent [Reʒɑ̃] *nm* regent
régenter [Reʒɑ̃te] /**1**/ *vt* to rule over; to dictate to
régie [Reʒi] *nf* (*Comm, Industrie*) state-owned company; (*Théât, Ciné*) production; (*Radio, TV*) control room; **la ~ de l'État** state control
regimber [R(ə)ʒɛ̃be] /**1**/ *vi* to balk, jib
régime [Reʒim] *nm* (*Pol*) régime; (*Admin : carcéral, fiscal etc*) system; (*Méd*) diet; (*Tech*) (engine) speed; (*fig*) rate, pace; (*de bananes, dattes*) bunch; **se mettre au/suivre un ~** to go on/be on a diet; **~ sans sel** salt-free diet; **à bas/haut ~** (*Auto*) at low/high revs; **à plein ~** flat out, at full speed; **~ matrimonial** marriage settlement
régiment [Reʒimɑ̃] *nm* (*Mil : unité*) regiment; (*fig : fam*) **: un ~ de** an army of; **un copain de ~** a pal from military service *ou* (one's) army days
région [Reʒjɔ̃] *nf* region; **la ~ parisienne** the Paris area
régional, e, -aux [Reʒjɔnal, -o] *adj* regional
régionalisation [Reʒjɔnalizasjɔ̃] *nf* regionalisation
régionalisme [Reʒjɔnalism] *nm* regionalism
régir [ReʒiR] /**2**/ *vt* to govern
régisseur [Reʒisœr] *nm* (*d'un domaine*) steward; (*Ciné, TV*) assistant director; (*Théât*) stage manager
registre [Rəʒistr] *nm* (*livre*) register; logbook; ledger; (*Mus, Ling*) register; (*d'orgue*) stop; **~ de comptabilité** ledger; **~ de l'état civil** register of births, marriages and deaths
réglable [Reglabl] *adj* (*siège, flamme etc*) adjustable; (*achat*) payable
réglage [Reglaʒ] *nm* (*d'une machine*) adjustment; (*d'un moteur*) tuning
règle [Rɛgl] *nf* (*instrument*) ruler; (*loi, prescription*) rule; **avoir pour ~ de** to make it a rule that *ou* to; **en ~** (*papiers d'identité*) in order; **être/se mettre en ~** to be/put o.s. straight with the authorities; **en ~ générale** as a (general) rule; **être la ~** to be the rule; **être de ~** to be usual; **~ à calcul** slide rule; **~ de trois** (*Math*) rule of three; **règles** *nfpl* (*Physiol*) period *sg*
réglé, e [Regle] *adj* well-ordered; stable, steady; (*papier*) ruled; (*arrangé*) settled
règlement [Rɛgləmɑ̃] *nm* settling; (*paiement*) settlement; (*arrêté*) regulation; (*règles, statuts*) regulations *pl*, rules *pl*; **~ à la commande** cash with order; **~ de compte(s)** settling of scores; **~ en espèces/par chèque** payment in cash/by cheque; **~ intérieur** (*Scol*) school rules *pl*; (*Admin*) by-laws *pl*; **~ judiciaire** compulsory liquidation
réglementaire [Rɛgləmɑ̃tɛR] *adj* conforming to the regulations; (*tenue, uniforme*) regulation *cpd*
réglementation [Rɛgləmɑ̃tasjɔ̃] *nf* regulation, control; (*règlements*) regulations *pl*
réglementer [Rɛgləmɑ̃te] /**1**/ *vt* to regulate, control
régler [Regle] /**6**/ *vt* (*mécanisme, machine*) to regulate, adjust; (*moteur*) to tune; (*thermostat*) to set, adjust; (*emploi du temps*) to organize, plan; (*question, conflit, facture, dette*) to settle; (*fournisseur*) to settle up with, pay; (*papier*) to rule; **~ qch sur** to model sth on; **~ son compte à qn** to sort sb out, settle sb; **~ un compte** to settle a score; **se régler** *vpr* (*mécanisme, thermostat*) to be set; **ça se règle comment ?** how do you set it?
réglisse [Reglis] *nm ou f* liquorice; **bâton de ~** liquorice stick
règne [Rɛɲ] *nm* (*d'un roi etc, fig*) reign; (*Bio*) **: le ~ végétal/animal** the vegetable/animal kingdom
régner [Reɲe] /**6**/ *vi* (*roi*) to rule, reign; (*fig*) to reign
regonfler [R(ə)gɔ̃fle] /**1**/ *vt* (*ballon, pneu*) to reinflate, blow up again
regorger [R(ə)gɔRʒe] /**3**/ *vi* to overflow; **~ de** to overflow with, be bursting with
régresser [RegRese] /**1**/ *vi* (*phénomène*) to decline; (*enfant, malade*) to regress
régressif, -ive [RegResif, -iv] *adj* regressive
régression [RegResjɔ̃] *nf* decline; regression; **être en ~** to be on the decline
regret [R(ə)gRɛ] *nm* regret; **à ~** with regret; **avec ~** regretfully; **sans ~** with no regrets; **être au ~ de devoir/ne pas pouvoir faire** to regret to have to/that one is unable to do; **j'ai le ~ de vous informer que ...** I regret to inform you that ...
regrettable [R(ə)gRetabl] *adj* regrettable
regretter [R(ə)gRete] /**1**/ *vt* to regret; (*personne*) to miss; **~ d'avoir fait** to regret doing; **~ que** to regret that, be sorry that; **non, je regrette** no, I'm sorry
regroupement [R(ə)gRupmɑ̃] *nm* grouping together; (*groupe*) group
regrouper [R(ə)gRupe] /**1**/ *vt* (*grouper*) to group together; (*contenir*) to include, comprise; **se regrouper** *vpr* to gather (together)
régularisation [Regylarizasjɔ̃] *nf* (*de papiers, passeport*) putting in order; (*de sa situation : par le mariage*) regularization; (*d'un mécanisme*) regulation
régulariser [RegylaRize] /**1**/ *vt* (*fonctionnement, trafic*) to regulate; (*passeport, papiers*) to put in order; (*sa situation*) to straighten out, regularize
régularité [RegylaRite] *nf* regularity
régulateur, -trice [Regylatœr, -tRis] *adj* regulating ▶ *nm* (*Tech*) **: ~ de vitesse/de température** speed/temperature regulator
régulation [Regylasjɔ̃] *nf* (*du trafic*) regulation; **~ des naissances** birth control
réguler [Regyle] *vt* (*marché, température*) to regulate
régulier, -ière [Regylje, -jɛR] *adj* (*gén*) regular; (*vitesse, qualité*) steady; (*répartition, pression*) even; (*Transports : ligne, service*) scheduled, regular; (*légal, réglementaire*) lawful, in order; (*fam : correct*) straight, on the level
régulièrement [RegyljɛRmɑ̃] *adv* regularly; steadily; evenly; normally
régurgiter [RegyRʒite] /**1**/ *vt* to regurgitate
réhabiliter [Reabilite] /**1**/ *vt* to rehabilitate; (*fig*) to restore to favour (BRIT) *ou* favor (US)

r

réhabituer [ʀeabitɥe] /1/ *vt* : **se ~ à qch/à faire qch** to get used to sth again/to doing sth again
rehausser [ʀəose] /1/ *vt* (*relever*) to heighten, raise; (*fig : souligner*) to set off, enhance
réhydrater [ʀeidʀate] *vt* to rehydrate
réimporter [ʀeɛ̃pɔʀte] /1/ *vt* to reimport
réimposer [ʀeɛ̃poze] /1/ *vt* (*Finance*) to reimpose; to tax again
réimpression [ʀeɛ̃pʀesjɔ̃] *nf* reprinting; (*ouvrage*) reprint
réimprimer [ʀeɛ̃pʀime] /1/ *vt* to reprint
Reims [ʀɛ̃s] *n* Rheims
rein [ʀɛ̃] *nm* kidney; **~ artificiel** kidney machine; **reins** *nmpl* (*dos*) back *sg*; **avoir mal aux reins** to have backache
réincarnation [ʀeɛ̃kaʀnasjɔ̃] *nf* reincarnation
réincarner [reɛ̃kaʀne] /1/ : **se réincarner** *vpr* to be reincarnated
reine [ʀɛn] *nf* queen
reine-claude [ʀɛnklod] (*pl* **reines-claudes**) *nf* greengage
reinette [ʀɛnɛt] *nf* rennet, pippin
réinitialisation [ʀeinisjalizasjɔ̃] *nf* (*Inform*) reset
réinitialiser [ʀeinisjalize] *vt* (*Inform : disque dur*) to reset
réinjecter [ʀeɛ̃ʒɛkte] *vt* (*ressources, argent : aussi Méd*) to reinject
réinscriptible [ʀeɛ̃skʀiptibl] *adj* (CD, DVD) rewritable
réinscription [ʀeɛ̃skʀipsjɔ̃] *nf* re-enrolment
réinscrire [ʀeɛ̃skʀiʀ] *vt* : **~ qn** (*à l'école, à l'université*) to re-enrol sb; (*sur une liste, un registre*) to put sb's name down again; **se réinscrire** *vpr* (*à l'école, à l'université*) to re-enrol; (*sur une liste*) to put one's name down again
réinsérer [ʀeɛ̃seʀe] /6/ *vt* (*délinquant, handicapé etc*) to rehabilitate
réinsertion [ʀeɛ̃sɛʀsjɔ̃] *nf* (*de délinquant*) reintegration, rehabilitation
réinstallation [ʀeɛ̃stalasjɔ̃] *nf* (*de personnes*) relocation, resettlement; (*de locaux*) refitting; (*Inform : de système*) reinstallation
réinstaller [ʀeɛ̃stale] *vt* (*locaux*) to refit; (*famille*) to relocate, to resettle; (*direction*) to reinstate; (*Inform*) to reinstall; **se réinstaller** *vpr* (*personne, famille*) to move back; (*firme*) to relocate; (*doute, inquiétude*) to settle in again
réintégration [ʀeɛ̃tegʀasjɔ̃] *nf* (*de salarié, fonctionnaire*) reinstatement
réintégrer [ʀeɛ̃tegʀe] /6/ *vt* (*lieu*) to return to; (*fonctionnaire*) to reinstate
réintroduction [ʀeɛ̃tʀɔdyksjɔ̃] *nf* (*d'espèce, de pratique*) reintroduction
réintroduire [ʀeɛ̃tʀɔdɥiʀ] *vt* (*espèce, pratique*) to reintroduce
réinventer [ʀeɛ̃vɑ̃te] *vt* to reinvent
réitérer [ʀeiteʀe] /6/ *vt* to repeat, reiterate
rejaillir [ʀ(ə)ʒajiʀ] /2/ *vi* to splash up; to fall upon; **~ sur** to splash up onto; (*fig : scandale*) to rebound on; (*: gloire*) to be reflected on
rejet [ʀəʒɛ] *nm* (*action, aussi Méd*) rejection; (*Poésie*) enjambement, rejet; (*Bot*) shoot
rejeter [ʀəʒ(ə)te] /4/ *vt* (*relancer*) to throw back; (*vomir*) to bring *ou* throw up; (*écarter*) to reject; (*déverser*) to throw out, discharge; (*reporter*) : **~ un mot à la fin d'une phrase** to transpose a word to the end of a sentence; **~ la tête/les épaules en arrière** to throw one's head/pull one's shoulders back; **~ la responsabilité de qch sur qn** to lay the responsibility for sth at sb's door; **se rejeter** *vpr* : **se ~ en arrière** to jump back
rejeton [ʀəʒ(ə)tɔ̃] *nm* offspring
rejette *etc* [ʀ(ə)ʒɛt] *vb voir* **rejeter**
rejoignais *etc* [ʀ(ə)ʒwaɲɛ] *vb voir* **rejoindre**
rejoindre [ʀ(ə)ʒwɛ̃dʀ] /49/ *vt* (*famille, régiment*) to rejoin, return to; (*lieu*) to get (back) to; (*route etc*) to meet, join; (*rattraper*) to catch up (with); **je te rejoins au café** I'll see *ou* meet you at the café; **se rejoindre** *vpr* to meet
réjoui, e [ʀeʒwi] *adj* joyous
réjouir [ʀeʒwiʀ] /2/ *vt* to delight; **se réjouir** *vpr* to be delighted; **se ~ de qch/de faire** to be delighted about sth/to do; **se ~ que** to be delighted that
réjouissances [ʀeʒwisɑ̃s] *nfpl* (*joie*) rejoicing *sg*; (*fête*) festivities, merry-making *sg*
réjouissant, e [ʀeʒwisɑ̃, -ɑ̃t] *adj* heartening, delightful
relâche [ʀəlɑʃ] : **faire ~** *vi* (*navire*) to put into port; (*Ciné*) to be closed; **c'est le jour de ~** (*Ciné*) it's closed today; **sans ~** *adv* without respite *ou* a break
relâché, e [ʀ(ə)lɑʃe] *adj* loose, lax
relâchement [ʀ(ə)lɑʃmɑ̃] *nm* (*d'un prisonnier*) release; (*de la discipline, musculaire*) relaxation
relâcher [ʀ(ə)lɑʃe] /1/ *vt* (*ressort, prisonnier*) to release; (*étreinte, cordes*) to loosen; (*discipline*) to relax ▶ *vi* (*Navig*) to put into port; **se relâcher** *vpr* to loosen; (*discipline*) to become slack *ou* lax; (*élève etc*) to slacken off
relais [ʀ(ə)lɛ] *nm* (*Sport*) : **(course de) ~** relay (race); (*Radio, TV*) relay; (*intermédiaire*) go-between; **équipe de ~** shift team; (*Sport*) relay team; **prendre le ~ (de)** to take over (from); **~ de poste** post house, coaching inn; **~ routier** ≈ transport café (Brit), ≈ truck stop (US)
relance [ʀəlɑ̃s] *nf* boosting, revival; (*Écon*) reflation
relancer [ʀ(ə)lɑ̃se] /3/ *vt* (*balle*) to throw back (again); (*moteur*) to restart; (*fig*) to boost, revive; (*personne*) : **~ qn** to pester sb; to get on to sb again
relater [ʀ(ə)late] /1/ *vt* to relate, recount
relatif, -ive [ʀ(ə)latif, -iv] *adj* relative
relation [ʀ(ə)lasjɔ̃] *nf* (*récit*) account, report; (*rapport*) relation(ship); (*connaissance*) acquaintance; **être/entrer en ~(s) avec** to be in contact *ou* be dealing/get in contact with; **mettre qn en ~(s) avec** to put sb in touch with; **relations** *nfpl* (*rapports*) relations; relationship; (*connaissances*) connections; **relations internationales** international relations; **relations publiques** public relations; **relations (sexuelles)** sexual relations, (sexual) intercourse *sg*
relationnel, le [ʀ(ə)lasjɔnɛl] *adj* (*problèmes*) inter-personal
relativement [ʀ(ə)lativmɑ̃] *adv* relatively; **~ à** in relation to

relativiser [Rəlativize] /1/ *vt* to see in relation to; to put into context
relativité [R(ə)lativite] *nf* relativity
relax [Rəlaks] *adj inv*, **relaxe** [Rəlaks] *adj* relaxed, informal, casual; easy-going; **(fauteuil-)~** *nm* reclining chair
relaxant, e [R(ə)laksɑ̃, -ɑ̃t] *adj* (*cure, médicament*) relaxant; (*ambiance*) relaxing
relaxation [R(ə)laksasjɔ̃] *nf* relaxation
relaxer [Rəlakse] /1/ *vt* to relax; (*Jur*) to discharge; **se relaxer** *vpr* to relax
relayer [R(ə)leje] /8/ *vt* (*collaborateur, coureur etc*) to relieve, take over from; (*Radio, TV*) to relay; **se relayer** *vpr* (*dans une activité*) to take it in turns
relecture [R(ə)lɛktyR] *nf* rereading
relégation [R(ə)legasjɔ̃] *nf* (*Sport*) relegation
reléguer [R(ə)lege] /6/ *vt* to relegate; **~ au second plan** to push into the background
relent [Rəlɑ̃] *nm*, **relents** *nmpl* stench *sg*
relevé, e [Rəl(ə)ve] *adj* (*bord de chapeau*) turned-up; (*manches*) rolled-up; (*fig : style*) elevated; (*: sauce*) highly-seasoned ▸ *nm* (*lecture*) reading; (*de cotes*) plotting; (*liste*) statement; list; (*facture*) account; **~ bancaire** *ou* **de compte** bank statement; **~ d'identité bancaire** bank account details
relève [Rəlɛv] *nf* (*personne*) relief; (*équipe*) relief team (*ou* troops *pl*); **prendre la ~** to take over
relèvement [R(ə)lɛvmɑ̃] *nm* (*d'un taux, niveau*) raising
relever [Rəl(ə)ve] /5/ *vt* (*statue, meuble*) to stand up again; (*personne tombée*) to help up; (*vitre, plafond, niveau de vie*) to raise; (*pays, économie, entreprise*) to put back on its feet; (*col*) to turn up; (*style, conversation*) to elevate; (*plat, sauce*) to season; (*sentinelle, équipe*) to relieve; (*souligner : fautes, points*) to pick out; (*constater : traces etc*) to find, pick up; (*répliquer à : remarque*) to react to, reply to; (*: défi*) to accept, take up; (*noter : adresse etc*) to take down, note; (*: plan*) to sketch; (*: cotes etc*) to plot; (*compteur*) to read; (*ramasser : cahiers, copies*) to collect, take in; **~ qn de** (*vœux*) to release sb from; (*fonctions*) to relieve sb of; **~ la tête** to look up; to hold up one's head ▸ *vi* : **~ de** *vt* (*maladie*) to be recovering from; (*être du ressort de*) to be a matter for; (*Admin : dépendre de*) to come under; (*fig*) to pertain to; **se relever** *vpr* (*se remettre debout*) to get up; (*fig*) : **se ~ (de)** to recover (from)
relief [Rəljɛf] *nm* relief; (*de pneu*) tread pattern; **en ~** in relief; (*photographie*) three-dimensional; **mettre en ~** (*fig*) to bring out, highlight; **reliefs** *nmpl* (*restes*) remains
relier [Rəlje] /7/ *vt* to link up; (*livre*) to bind; **~ qch à** to link sth to; **livre relié cuir** leather-bound book
relieur, -euse [RəljœR, -øz] *nm/f* (book)binder
religieusement [R(ə)liʒjøzmɑ̃] *adv* religiously; (*enterré, mariés*) in church; **vivre ~** to lead a religious life
religieux, -euse [R(ə)liʒjø, -øz] *adj* religious ▸ *nm* monk ▸ *nf* nun; (*gâteau*) cream bun
religion [R(ə)liʒjɔ̃] *nf* religion; (*piété, dévotion*) faith; **entrer en ~** to take one's vows
reliquaire [RəlikɛR] *nm* reliquary
reliquat [Rəlika] *nm* (*d'une somme*) balance; (*Jur : de succession*) residue
relique [Rəlik] *nf* relic
relire [R(ə)liR] /43/ *vt* (*à nouveau*) to reread, read again; (*vérifier*) to read over; **se relire** *vpr* to read through what one has written
reliure [RəljyR] *nf* binding; (*art, métier*) : **la ~** book-binding
reloger [R(ə)lɔʒe] /3/ *vt* (*locataires, sinistrés*) to rehouse
relooker [Rəluke] /1/ *vt* : **~ qn** to give sb a makeover
relooking [R(ə)lukiŋ] *nm* (*fam : de personne, entreprise*) makeover; (*: de produit*) repackaging
relu, e [Rəly] *pp de* **relire**
reluire [R(ə)lɥiR] /38/ *vi* to gleam
reluisant, e [R(ə)lɥizɑ̃, -ɑ̃t] *vb voir* **reluire** ▸ *adj* gleaming; **peu ~** (*fig*) unattractive; unsavoury (BRIT), unsavory (US)
reluquer [R(ə)lyke] /1/ *vt* (*fam*) to eye (up), ogle
remâcher [R(ə)mɑʃe] /1/ *vt* to chew *ou* ruminate over
remailler [R(ə)mɑje] /1/ *vt* (*tricot*) to darn; (*filet*) to mend
remake [Rimɛk] *nm* (*Ciné*) remake
remaniement [R(ə)manimɑ̃] *nm* : **~ ministériel** Cabinet reshuffle
remanier [R(ə)manje] /7/ *vt* to reshape, recast; (*Pol*) to reshuffle
remariage [R(ə)maRjaʒ] *nm* second marriage
remarier [R(ə)maRje] /7/ : **se remarier** *vpr* to remarry, get married again
remarquable [R(ə)maRkabl] *adj* remarkable
remarquablement [R(ə)maRkabləmɑ̃] *adv* remarkably
remarque [R(ə)maRk] *nf* remark; (*écrite*) note
remarquer [R(ə)maRke] /1/ *vt* (*voir*) to notice; (*dire*) : **~ que** to remark that; **se faire ~** to draw attention to o.s.; **faire ~ (à qn) que** to point out (to sb) that; **faire ~ qch (à qn)** to point sth out (to sb); **remarquez, ...** mark you, ..., mind you, ...; **se remarquer** *vpr* to be noticeable
remastériser [R(ə)masteRize] *vt* (*album, film*) to remaster
remballer [Rɑ̃bale] /1/ *vt* to wrap up (again); (*dans un carton*) to pack up (again)
rembarrer [Rɑ̃baRe] /1/ *vt* : **~ qn** (*repousser*) to rebuff sb; (*remettre à sa place*) to put sb in his (*ou* her) place
remblai [Rɑ̃blɛ] *nm* embankment
remblayer [Rɑ̃bleje] /8/ *vt* to bank up; (*fossé*) to fill in
rembobiner [Rɑ̃bɔbine] /1/ *vt* to rewind
rembourrage [Rɑ̃buRaʒ] *nm* stuffing; padding
rembourré, e [Rɑ̃buRe] *adj* padded
rembourrer [Rɑ̃buRe] /1/ *vt* to stuff; (*dossier, vêtement, souliers*) to pad
remboursable [Rɑ̃buRsabl] *adj* repayable
remboursement [Rɑ̃buRsəmɑ̃] *nm* (*de dette, d'emprunt*) repayment; (*de frais*) refund; **envoi contre ~** cash on delivery
rembourser [Rɑ̃buRse] /1/ *vt* to pay back, repay; (*frais, billet etc*) to refund; **se faire ~** to get a refund

r

rembrunir [ʀɑ̃bʀyniʀ] /2/ : **se rembrunir** *vpr* to grow sombre (Brit) *ou* somber (US)
remède [ʀ(ə)mɛd] *nm* (*médicament*) medicine; (*traitement, fig*) remedy, cure; **trouver un ~ à** (*Méd, fig*) to find a cure for
remédier [ʀ(ə)medje] /7/ : **~ à** *vt* to remedy
remembrement [ʀ(ə)mɑ̃bʀəmɑ̃] *nm* (*Agr*) regrouping of lands
remémorer [ʀ(ə)memɔʀe] /1/ : **se remémorer** *vpr* to recall, recollect
remerciements [ʀ(ə)mɛʀsimɑ̃] *nmpl* thanks; **(avec) tous mes ~** (with) grateful *ou* many thanks
remercier [ʀ(ə)mɛʀsje] /7/ *vt* to thank; (*congédier*) to dismiss; **~ qn de/d'avoir fait** to thank sb for/for having done; **non, je vous remercie** no thank you
remettre [ʀ(ə)mɛtʀ] /56/ *vt* (*vêtement*) : **~ qch** to put sth back on, put sth on again; (*replacer*) : **~ qch quelque part** to put sth back somewhere; (*ajouter*) : **~ du sel/un sucre** to add more salt/another lump of sugar; (*ajourner*) : **~ qch (à)** to postpone sth *ou* put sth off (until); **~ qn** (*rétablir : personne*) to set sb back on his (*ou* her) feet; **~ qch à qn** (*rendre, restituer*) to give sth back to sb, return sth to sb; (*confier : paquet, argent*) to hand sth over to sb, deliver sth to sb; (*donner : lettre, clé etc*) to hand over sth to sb; (*: prix, décoration*) to present sb with sth; **~ une pendule à l'heure** to put a clock right; **~ un moteur/une machine en marche** to get an engine/a machine going again; **~ en état/en ordre** to repair/sort out; **~ en cause/question** to challenge/question again; **~ sa démission** to hand in one's notice; **~ qch à neuf** to make sth as good as new; **~ qn à sa place** (*fig*) to put sb in his (*ou* her) place; **se remettre** *vpr* to get better, recover; **se ~ de** to recover from, get over; **s'en ~ à** to leave it (up) to; **se ~ à faire/qch** to start doing/sth again
réminiscence [ʀeminisɑ̃s] *nf* reminiscence
remis, e [ʀəmi, -iz] *pp de* **remettre**
remise [ʀ(ə)miz] *nf* (*de lettre*) delivery; (*de décoration*) presentation; (*rabais*) discount; (*local*) shed; (*locutions*) : **~ à neuf** restoration; **~ de fonds** remittance; **une ~ de 10%** a 10% discount; **~ en cause** calling into question, challenging; **~ en jeu** (*Football*) throw-in; **~ en marche** starting up again; **~ en ordre** sorting out; **~ en question** calling into question, challenging
remiser [ʀ(ə)mize] /1/ *vt* to put away
rémission [ʀemisjɔ̃] *nf* (*Méd*) remission; **sans ~** *adj* irremediable *adv* unremittingly
remobiliser [ʀ(ə)mɔbilize] *vt* (*électorat, communauté*) to rally; **~ les troupes** (*fig*) to rally the troops
remodeler [ʀ(ə)mɔd(ə)le] /5/ *vt* to remodel; (*fig : restructurer*) to restructure
rémois, e [ʀemwa, -waz] *adj* of *ou* from Reims ▸ *nm/f* : **Rémois, e** inhabitant *ou* native of Reims
remontant [ʀ(ə)mɔ̃tɑ̃] *nm* tonic, pick-me-up
remontée [ʀ(ə)mɔ̃te] *nf* rising; ascent; **remontées mécaniques** (*Ski*) ski lifts, ski tows
remonte-pente [ʀ(ə)mɔ̃tpɑ̃t] *nm* ski lift, (ski) tow
remonter [ʀ(ə)mɔ̃te] /1/ *vi* (*à nouveau*) to go back up; (*à cheval*) to remount; (*après une descente*) to go up (again); (*prix, température*) to go up again; (*en voiture*) to get back in; (*jupe*) to ride up; **~ à** (*dater de*) to date *ou* go back to; **~ en voiture** to get back into the car ▸ *vt* (*pente*) to go up; (*fleuve*) to sail (*ou* swim *etc*) up; up; (*manches, pantalon*) to roll up; (*fam*) to turn up; (*niveau, limite*) to raise; (*fig : personne*) to buck up; (*moteur, meuble*) to put back together, reassemble; (*garde-robe etc*) to renew, replenish; (*montre, mécanisme*) to wind up; **~ le moral à qn** to raise sb's spirits
remontoir [ʀ(ə)mɔ̃twaʀ] *nm* winding mechanism, winder
remontrance [ʀ(ə)mɔ̃tʀɑ̃s] *nf* reproof, reprimand
remontrer [ʀ(ə)mɔ̃tʀe] /1/ *vt* (*montrer de nouveau*) : **~ qch (à qn)** to show sth again (to sb); (*fig*) **en ~ à** to prove one's superiority over
remords [ʀ(ə)mɔʀ] *nm* remorse *no pl*; **avoir des ~** to feel remorse, be conscience-stricken
remorque [ʀ(ə)mɔʀk] *nf* trailer; **prendre/être en ~** to tow/be on tow; **être à la ~** (*fig*) to tag along (behind)
remorquer [ʀ(ə)mɔʀke] /1/ *vt* to tow
remorqueur [ʀ(ə)mɔʀkœʀ] *nm* tug(boat)
rémoulade [ʀemulad] *nf dressing with mustard and herbs*
rémouleur [ʀemulœʀ] *nm* (knife- *ou* scissor-) grinder
remous [ʀəmu] *nm* (*d'un navire*) (back)wash *no pl*; (*de rivière*) swirl, eddy *pl*; (*fig*) stir *sg*
rempailler [ʀɑ̃paje] /1/ *vt* to reseat (*with straw*)
rempart [ʀɑ̃paʀ] *nm* rampart; **faire à qn un ~ de son corps** to shield sb with one's (own) body
remparts [ʀɑ̃paʀ] *nmpl* walls, ramparts
rempiler [ʀɑ̃pile] /1/ *vt* (*dossiers, livres etc*) to pile up again ▸ *vi* (*Mil : fam*) to join up again
remplaçant, e [ʀɑ̃plasɑ̃, -ɑ̃t] *nm/f* replacement, substitute, stand-in; (*Théât*) understudy; (*Scol*) supply (Brit) *ou* substitute (US) teacher
remplacement [ʀɑ̃plasmɑ̃] *nm* replacement; (*job*) replacement work *no pl*; (*suppléance : Scol*) supply (Brit) *ou* substitute (US) teacher; **assurer le ~ de qn** (*remplaçant*) to stand in *ou* substitute for sb; **faire des remplacements** (*professeur*) to do supply *ou* substitute teaching; (*médecin*) to do locum work; (*secrétaire*) to temp
remplacer [ʀɑ̃plase] /3/ *vt* to replace; (*prendre temporairement la place de*) to stand in for; (*tenir lieu de*) to take the place of, act as a substitute for; **~ qch/qn par** to replace sth/sb with
rempli, e [ʀɑ̃pli] *adj* (*emploi du temps*) full, busy; **~ de** full of, filled with
remplir [ʀɑ̃pliʀ] /2/ *vt* to fill (up); (*questionnaire*) to fill out *ou* up; (*obligations, fonction, condition*) to fulfil; **~ qch de** to fill sth with; **se remplir** *vpr* to fill up
remplissage [ʀɑ̃plisaʒ] *nm* (*fig : péj*) padding
remploi [ʀɑ̃plwa] *nm* re-use
rempocher [ʀɑ̃pɔʃe] /1/ *vt* to put back into one's pocket
remporter [ʀɑ̃pɔʀte] /1/ *vt* (*marchandise*) to take away; (*fig*) to win, achieve

rempoter [Rɑ̃pɔte] /1/ *vt* to repot
remuant, e [Rəmɥɑ̃, -ɑ̃t] *adj* restless
remue-ménage [R(ə)mymenaʒ] *nm inv* commotion
remuer [Rəmɥe] /1/ *vt* to move; (*café, sauce*) to stir ▸ *vi* to move; (*fig : opposants*) to show signs of unrest; **se remuer** *vpr* to move; (*se démener*) to stir o.s.; (*fam : s'activer*) to get a move on
rémunérateur, -trice [RemyneRatœR, -tRis] *adj* remunerative, lucrative
rémunération [RemyneRasjɔ̃] *nf* remuneration
rémunérer [RemyneRe] /6/ *vt* to remunerate, pay
renâcler [R(ə)nɑkle] /1/ *vi* to snort; (*fig*) to grumble, balk
renaissance [R(ə)nɛsɑ̃s] *nf* rebirth, revival; **la R~** the Renaissance
renaître [R(ə)nɛtR] /59/ *vi* to be revived; **~ à la vie** to take on a new lease of life; **~ à l'espoir** to find fresh hope
rénal, e, -aux [Renal, -o] *adj* renal, kidney *cpd*
renard [R(ə)naR] *nm* fox
renardeau [R(ə)naRdo] *nm* fox cub
rencard [Rɑ̃kaR] *nm* = **rancard**
rencart [Rɑ̃kaR] *nm* = **rancart**
renchérir [Rɑ̃ʃeRiR] /2/ *vi* to become more expensive; (*fig*) : **~ (sur)** (*en paroles*) to add something (to)
renchérissement [Rɑ̃ʃeRismɑ̃] *nm* increase (in the cost *ou* price of)
rencontre [Rɑ̃kɔ̃tR] *nf* (*de cours d'eau*) confluence; (*de véhicules*) collision; (*entrevue, congrès, match etc*) meeting; (*imprévue*) encounter; **faire la ~ de qn** to meet sb; **aller à la ~ de qn** to go and meet sb; **amours de ~** casual love affairs
rencontrer [Rɑ̃kɔ̃tRe] /1/ *vt* to meet; (*mot, expression*) to come across; (*difficultés*) to meet with; **se rencontrer** *vpr* to meet; (*véhicules*) to collide
rendement [Rɑ̃dmɑ̃] *nm* (*d'un travailleur, d'une machine*) output; (*d'une culture, d'un champ*) yield; (*d'un investissement*) return; **à plein ~** at full capacity
rendez-vous [Rɑ̃devu] *nm* (*rencontre*) appointment; (: *d'amoureux*) date; (*lieu*) meeting place; **donner ~ à qn** to arrange to meet sb; **recevoir sur ~** to have an appointment system; **fixer un ~ à qn** to give sb an appointment; **avoir/prendre ~ (avec)** to have/make an appointment (with); **prendre ~ chez le médecin** to make an appointment with the doctor; **~ spatial** *ou* **orbital** docking (in space)
rendormir [Rɑ̃dɔRmiR] /16/ : **se rendormir** *vpr* to go back to sleep
rendre [Rɑ̃dR] /41/ *vt* (*livre, argent etc*) to give back, return; (*otages, visite, politesse, invitation, Jur : verdict*) to return; (*honneurs*) to pay; (*sang, aliments*) to bring up; (*sons, instrument*) to produce, make; (*exprimer, traduire*) to render; (*jugement*) to pronounce, render; (*faire devenir*) : **~ qn célèbre/qch possible** to make sb famous/sth possible; **~ la vue/la santé à qn** to restore sb's sight/health; **~ la liberté à qn** to set sb free; **~ la monnaie** to give change; **se rendre** *vpr* (*capituler*) to surrender, give o.s. up; (*aller*) : **se ~ quelque part** to go somewhere; **se ~ à** (*arguments etc*) to bow to; (*ordres*) to comply with; **se ~ compte de qch** to realize sth; **se ~ insupportable/malade** to become unbearable/make o.s. ill
rendu, e [Rɑ̃dy] *pp de* **rendre** ▸ *adj* (*fatigué*) exhausted
renégat, e [Rənega, -at] *nm/f* renegade
renégocier [Rənegɔsje] /7/ *vt* to renegotiate
rênes [Rɛn] *nfpl* reins
renfermé, e [Rɑ̃fɛRme] *adj* (*fig*) withdrawn ▸ *nm* : **sentir le ~** to smell stuffy
renfermer [Rɑ̃fɛRme] /1/ *vt* to contain; **se renfermer (sur soi-même)** *vpr* to withdraw into o.s.
renfiler [Rɑ̃file] /1/ *vt* (*collier*) to rethread; (*pull*) to slip on
renflé, e [Rɑ̃fle] *adj* bulging, bulbous
renflement [Rɑ̃fləmɑ̃] *nm* bulge
renflouement [Rɑ̃flumɑ̃] *nm* (*d'épave*) raising, refloating; (*fig : de commerce, affaire*) bailing out
renflouer [Rɑ̃flue] /1/ *vt* (*épave*) to raise, refloat; (*fig : commerce, affaire*) to bail out; **~ les caisses** to refill the coffers
renfoncement [Rɑ̃fɔ̃smɑ̃] *nm* recess
renforcer [Rɑ̃fɔRse] /3/ *vt* to reinforce; **~ qn dans ses opinions** to confirm sb's opinion
renfort [Rɑ̃fɔR] *nm* : **renforts** *nmpl* reinforcements; **en ~** as a back-up; **à grand ~ de** with a great deal of
renfrogné, e [Rɑ̃fRɔɲe] *adj* sullen, scowling
renfrogner [Rɑ̃fRɔɲe] /1/ : **se renfrogner** *vpr* to scowl
rengager [Rɑ̃gaʒe] /3/ *vt* (*personnel*) to take on again; **se rengager** *vpr* (*Mil*) to re-enlist
rengaine [Rɑ̃gɛn] *nf* (*péj*) old tune
rengainer [Rɑ̃gene] /1/ *vt* (*revolver*) to put back in its holster; (*épée*) to sheathe; (*fam : compliment, discours*) to save, withhold
rengorger [Rɑ̃gɔRʒe] /3/ : **se rengorger** *vpr* (*fig*) to puff o.s. up
renier [Rənje] /7/ *vt* (*parents*) to disown, repudiate; (*engagements*) to go back on; (*foi*) to renounce
renifler [R(ə)nifle] /1/ *vi* to sniff ▸ *vt* (*tabac*) to sniff up; (*odeur*) to sniff
rennais, e [Rɛnɛ, -ɛz] *adj* of *ou* from Rennes ▸ *nm/f* : **Rennais, e** inhabitant *ou* native of Rennes
renne [Rɛn] *nm* reindeer *inv*
renom [Rənɔ̃] *nm* reputation; (*célébrité*) renown; **vin de grand ~** celebrated *ou* highly renowned wine
renommé, e [R(ə)nɔme] *adj* celebrated, renowned ▸ *nf* fame
renoncement [R(ə)nɔ̃smɑ̃] *nm* abnegation, renunciation
renoncer [R(ə)nɔ̃se] /3/ : **~ à** *vt* to give up; **~ à faire** to give up the idea of doing; **j'y renonce !** I give up!
renouer [Rənwe] /1/ *vt* (*cravate etc*) to retie; (*fig : conversation, liaison*) to renew, resume; **~ avec** (*tradition*) to revive; (*habitude*) to take up again; **~ avec qn** to take up with sb again

r

renouveau, x [R(ə)nuvo] *nm* revival; **~ de succès** renewed success
renouvelable [R(ə)nuv(ə)labl] *adj* (*contrat, bail, énergie*) renewable; (*expérience*) which can be renewed
renouveler [R(ə)nuv(ə)le] /**4**/ *vt* to renew; (*exploit, méfait*) to repeat; **se renouveler** *vpr* (*incident*) to recur, happen again, be repeated; (*cellules etc*) to be renewed *ou* replaced; (*artiste, écrivain*) to try something new
renouvellement [R(ə)nuvɛlmɑ̃] *nm* renewal; recurrence
rénovation [Renɔvasjɔ̃] *nf* renovation; restoration; reform(ing); redevelopment
rénover [Renɔve] /**1**/ *vt* (*immeuble*) to renovate, do up; (*meuble*) to restore; (*enseignement*) to reform; (*quartier*) to redevelop
renseignement [Rɑ̃sɛɲmɑ̃] *nm* information *no pl*, piece of information; (*Mil*) intelligence *no pl*; **prendre des renseignements sur** to make inquiries about, ask for information about; **(guichet des) renseignements** information desk; **(service des) renseignements** (*Tél*) directory inquiries (Brit), information (*US*); **service de renseignements** (*Mil*) intelligence service; **les renseignements généraux** ≈ the secret police
renseigner [Rɑ̃seɲe] /**1**/ *vt* : **~ qn (sur)** to give information to sb (about); **se renseigner** *vpr* to ask for information, make inquiries
rentabiliser [Rɑ̃tabilize] /**1**/ *vt* (*capitaux, production*) to make profitable
rentabilité [Rɑ̃tabilite] *nf* profitability; cost-effectiveness; (*d'un investissement*) return; **seuil de ~** break-even point
rentable [Rɑ̃tabl] *adj* profitable; cost-effective
rente [Rɑ̃t] *nf* income; (*pension*) pension; (*titre*) government stock *ou* bond; **~ viagère** life annuity
rentier, -ière [Rɑ̃tje, -jɛR] *nm/f* person of private *ou* independent means
rentrée [Rɑ̃tRe] *nf* : **~ (d'argent)** cash *no pl* coming in; **la ~ (des classes** *ou* **scolaire)** the start of the new school year; **la ~ (parlementaire)** the reopening *ou* reassembly of parliament

RENTRÉE

La rentrée in September each year has wider connotations than just the start of the new school year. It is also the time when political and social life picks up again after the long summer break, and so is an important point in the French calendar. The *rentrée littéraire* marks the start of the new publishing season, with books by leading writers usually published in September and October.

rentrer [Rɑ̃tRe] /**1**/ *vi* (*entrer de nouveau*) to go (*ou* come) back in; (*entrer*) to go (*ou* come) in; (*revenir chez soi*) to go (*ou* come) (back) home; (*air, clou : pénétrer*) to go in; (*revenu, argent*) to come in; **~ dans** to go (*ou* come) back into; to go (*ou* come) into; (*famille, patrie*) to go back *ou* return to; (*heurter*) to crash into; (*appartenir à*) to be included in (: *catégorie etc*) to fall into; **~ dans l'ordre** to get back to normal; **~ dans ses frais** to recover one's expenses (*ou* initial outlay) ▸ *vt* (*foins*) to bring in; (*véhicule*) to put away; (*chemise dans pantalon etc*) to tuck in; (*griffes*) to draw in; (*train d'atterrissage*) to raise; (*fig : larmes, colère etc*) to hold back; **~ le ventre** to pull in one's stomach
renverrai *etc* [Rɑ̃vɛRe] *vb voir* **renvoyer**
renversant, e [Rɑ̃vɛRsɑ̃, -ɑ̃t] *adj* amazing, astounding
renverse [Rɑ̃vɛRs] : **à la ~** *adv* backwards
renversé, e [Rɑ̃vɛRse] *adj* (*écriture*) backhand; (*image*) reversed; (*stupéfait*) staggered
renversement [Rɑ̃vɛRsəmɑ̃] *nm* (*d'un régime, des traditions*) overthrow; **~ de la situation** reversal of the situation
renverser [Rɑ̃vɛRse] /**1**/ *vt* (*faire tomber : chaise, verre*) to knock over, overturn; (: *piéton*) to knock down; (: *liquide, contenu*) to spill, upset; (*retourner : verre, image*) to turn upside down, invert; (: *ordre des mots etc*) to reverse; (*fig : gouvernement etc*) to overthrow; (*stupéfier*) to bowl over, stagger; **~ la tête/le corps (en arrière)** to tip one's head back/throw oneself back; **~ la vapeur** (*fig*) to change course; **se renverser** *vpr* (*verre, vase*) to fall over; to overturn; (*contenu*) to spill; **se ~ (en arrière)** to lean back
renvoi [Rɑ̃vwa] *nm* (*d'employé*) dismissal; return; reflection; postponement; (*d'élève*) expulsion; (*référence*) cross-reference; (*éructation*) belch
renvoyer [Rɑ̃vwaje] /**8**/ *vt* to send back; (*congédier*) to dismiss; (*Tennis*) to return; (*élève : définitivement*) to expel; (*lumière*) to reflect; (*son*) to echo; (*ajourner*) : **~ qch (à)** to postpone sth (until); **~ qch à qn** (*rendre*) to return sth to sb; **~ qn à** (*fig*) to refer sb to
réorganisation [ReɔRganizasjɔ̃] *nf* reorganization
réorganiser [ReɔRganize] /**1**/ *vt* to reorganize
réorienter [ReɔRjɑ̃te] /**1**/ *vt* to reorient(ate), redirect
réouverture [ReuvɛRtyR] *nf* reopening
repaire [R(ə)pɛR] *nm* den
repaître [RəpɛtR] /**57**/ *vt* to feast; to feed; **se ~ de** *vt* (*animal*) to feed on; (*fig*) to wallow *ou* revel in
répandre [Repɑ̃dR] /**41**/ *vt* (*renverser*) to spill; (*étaler, diffuser*) to spread; (*lumière*) to shed; (*chaleur, odeur*) to give off; **se répandre** *vpr* to spill; to spread; **se ~ en** (*injures etc*) to pour out
répandu, e [Repɑ̃dy] *pp de* **répandre** ▸ *adj* (*opinion, usage*) widespread
réparable [RepaRabl] *adj* (*montre etc*) repairable; (*perte etc*) which can be made up for
reparaître [R(ə)paRɛtR] /**57**/ *vi* to reappear
réparateur, -trice [RepaRatœR, -tRis] *nm/f* repairer
réparation [RepaRasjɔ̃] *nf* repairing *no pl*, repair; **en ~** (*machine etc*) under repair; **demander à qn ~ de** (*offense etc*) to ask sb to make amends for
réparer [RepaRe] /**1**/ *vt* to repair; (*fig : offense*) to make up for, atone for; (: *oubli, erreur*) to put right
reparler [R(ə)paRle] /**1**/ *vi* : **~ de qn/qch** to talk about sb/sth again; **~ à qn** to speak to sb again

repars *etc* [Rəpaʀ] *vb voir* **repartir**
repartie [Repaʀti] *nf* retort; **avoir de la ~** to be quick at repartee
répartie, repartie [Repaʀti] *nf* retort; **avoir de la ~** to be quick at repartee, to be always ready with a reply
repartir [Rəpaʀtiʀ] /**16**/ *vi* to set off again; (*voyageur*) to leave again; (*fig*) to get going again, pick up again; **~ à zéro** to start from scratch (again)
répartir [Repaʀtiʀ] /**2**/ *vt* (*pour attribuer*) to share out; (*pour disperser, disposer*) to divide up; (*poids, chaleur*) to distribute; **~ sur** (*étaler : dans le temps*) to spread over; (*classer, diviser*) : **~ en** to divide into, split up into; **se répartir** *vpr* (*travail, rôles*) to share out between themselves
répartiteur, -trice [RepaʀtitœR, -tRis] *nm* (*Auto : d'ABS*) distributor; (*Méd*) distributor; (*Tél*) main distribution frame ▸ *nm/f* (*distributeur*) distributor
répartition [Repaʀtisjɔ̃] *nf* sharing out; dividing up; (*des richesses etc*) distribution
reparution [R(ə)paʀysjɔ̃] *nf* (*de livre*) republication
repas [R(ə)pɑ] *nm* meal; **à l'heure des ~** at mealtimes
repassable [R(ə)pasabl] *adj* (*vêtement*) ironable; **non ~** non-ironable
repassage [R(ə)pɑsaʒ] *nm* ironing
repasser [R(ə)pɑse] /**1**/ *vi* to come (*ou* go) back ▸ *vt* (*vêtement, tissu*) to iron; (*examen*) to retake, resit; (*film*) to show again; (*lame*) to sharpen; (*leçon, rôle : revoir*) to go over (again); (*plat, pain*) : **~ qch à qn** to pass sth back to sb
repasseuse [R(ə)pɑsøz] *nf* (*machine*) ironing machine
repayer [R(ə)peje] /**8**/ *vt* to pay again
repêchage [R(ə)pɛʃaʒ] *nm* (*Scol*) : **question de ~** question to give candidates a second chance
repêcher [R(ə)peʃe] /**1**/ *vt* (*noyé*) to recover the body of, fish out; (*fam : candidat*) to pass (*by inflating marks*); to give a second chance to
repeindre [R(ə)pɛ̃dR] /**52**/ *vt* to repaint
repenser [R(ə)pɑ̃se] *vt* (*question, organisation*) to rethink; (*événement*) to take a fresh look at ▸ *vi* : **~ à qch** (*se remémorer*) to think about sth again
repentance [R(ə)pɑ̃tɑ̃s] *nf* repentance; **faire acte de ~** to show repentance
repentant, e [R(ə)pɑ̃tɑ̃, -ɑ̃t] *adj, nm/f* repentant
repenti, e [R(ə)pɑ̃ti] *adj* repentant ▸ *nm/f* (*ancien mafieux*) pentito, *former mafioso turned police witness*
repentir [Rəpɑ̃tiR] /**16**/ *nm* repentance; **se repentir** *vpr* to repent; **se ~ d'avoir fait qch** (*regretter*) to regret having done sth
repérable [R(ə)peRabl] *adj* noticeable; **être ~ à qch** to be easy to spot because of sth
repérage [R(ə)peRaʒ] *nm* (*d'objectif, lieux*) reconnaissance
répercussions [RepɛRkysjɔ̃] *nfpl* repercussions
répercuter [RepɛRkyte] /**1**/ *vt* (*réfléchir, renvoyer : son, voix*) to reflect; (*faire transmettre : consignes, charges etc*) to pass on; **se répercuter** *vpr* (*bruit*) to reverberate; (*fig*) : **se ~ sur** to have repercussions on
repère [R(ə)pɛR] *nm* mark; (*monument etc*) landmark; **(point de) ~** point of reference
repérer [R(ə)peRe] /**6**/ *vt* (*erreur, connaissance*) to spot; (*abri, ennemi*) to locate; **se faire ~** to be spotted; **se repérer** *vpr* to get one's bearings
répertoire [RepɛRtwaR] *nm* (*liste*) (alphabetical) list; (*carnet*) index notebook; (*Inform*) directory; (*de carnet*) thumb index; (*indicateur*) directory, index; (*d'un théâtre, artiste*) repertoire
répertorier [RepɛRtɔRje] /**7**/ *vt* to itemize, list
répéter [Repete] /**6**/ *vt* to repeat; (*préparer : leçon*) to learn, go over; (*Théât*) to rehearse; **se répéter** *vpr* (*redire*) to repeat o.s.; (*se reproduire*) to be repeated, recur
répéteur [RepetœR] *nm* (*Tél*) repeater
répétitif, -ive [Repetitif, -iv] *adj* repetitive
répétition [Repetisjɔ̃] *nf* repetition; (*Théât*) rehearsal; **armes à ~** repeater weapons; **~ générale** final dress rehearsal; **répétitions** *nfpl* (*leçons*) private coaching *sg*
répétitivité [Repetitivite] *nf* repetitiveness
repeuplement [R(ə)pœpləmɑ̃] *nm* (*de village, région*) repopulation; (*de forêt*) replanting; (*de rivière*) restocking
repeupler [R(ə)pœple] /**1**/ *vt* to repopulate; (*forêt, rivière*) to restock
repiquage [R(ə)pikaʒ] *nm* pricking out, planting out; re-recording
repiquer [R(ə)pike] /**1**/ *vt* (*plants*) to prick out, plant out; (*enregistrement*) to re-record
répit [Repi] *nm* respite; **sans ~** without letting up
replacer [R(ə)plase] /**3**/ *vt* to replace, put back
replanter [R(ə)plɑ̃te] /**1**/ *vt* to replant
replat [Rəpla] *nm* ledge
replâtrer [R(ə)plɑtRe] /**1**/ *vt* (*mur*) to replaster
replet, -ète [Rəplɛ, -ɛt] *adj* chubby, fat
repli [Rəpli] *nm* (*d'une étoffe*) fold; (*Mil, fig*) withdrawal
replier [R(ə)plije] /**7**/ *vt* (*rabattre*) to fold down *ou* over; **se replier** *vpr* (*armée*) to withdraw, fall back; **se ~ sur soi-même** to withdraw into oneself
réplique [Replik] *nf* (*repartie, fig*) reply; (*objection*) retort; (*Théât*) line; (*copie*) replica; **donner la ~ à** to play opposite; **sans ~** *adj* no-nonsense; irrefutable
répliquer [Replike] /**1**/ *vi* to reply; (*avec impertinence*) to answer back; (*riposter*) to retaliate
replonger [R(ə)plɔ̃ʒe] /**3**/ *vt* : **~ qch dans** to plunge sth back into; **se ~ dans** (*journal etc*) to immerse o.s. in again
répondant, e [Repɔ̃dɑ̃, -ɑ̃t] *nm/f* (*garant*) guarantor, surety
répondeur [Repɔ̃dœR] *nm* : **~ (automatique)** (*Tél*) answering machine
répondre [Repɔ̃dR] /**41**/ *vi* to answer, reply; (*freins, mécanisme*) to respond; **~ à** *vt* to reply to, answer; (*invitation, convocation*) to reply to; (*affection, salut*) to return; (*provocation, mécanisme etc*) to respond to; (*correspondre à : besoin*) to answer; (*: conditions*) to meet; (*: description*) to match; **~ à qn** (*avec impertinence*) to answer sb back; **~ que** to answer *ou* reply that; **~ de** to answer for

r

réponse [Repɔ̃s] *nf* answer, reply; **avec ~ payée** (*Postes*) reply-paid, post-paid (*US*); **avoir ~ à tout** to have an answer for everything; **en ~ à** in reply to; **carte-/bulletin-~** reply card/slip
report [Rəpɔʀ] *nm* postponement; transfer; **~ d'incorporation** (*Mil*) deferment
reportage [R(ə)pɔʀtaʒ] *nm* (*bref*) report; (*écrit : documentaire*) story; article; (*en direct*) commentary; (*genre, activité*) : **le ~** reporting
reporter[1] [R(ə)pɔʀtɛʀ] *nmf* reporter
reporter[2] [R(ə)pɔʀte] *vt* (*total*) : **~ qch sur** to carry sth forward *ou* over to; (*ajourner*) : **~ qch (à)** to postpone sth (until); (*transférer*) : **~ qch sur** to transfer sth to; **se reporter à** *vpr* (*époque*) to think back to; (*document*) to refer to
repos [R(ə)po] *nm* rest; (*fig*) peace (and quiet); (*mental*) peace of mind; (*Mil*) : **~ !** (stand) at ease!; **en ~** at rest; **au ~** at rest; (*soldat*) at ease; **de tout ~** safe; **ce n'est pas de tout ~ !** it's no picnic!
reposant, e [R(ə)pozɑ̃, -ɑ̃t] *adj* restful; (*sommeil*) refreshing
repose [R(ə)poz] *nf* refitting
reposé, e [R(ə)poze] *adj* fresh, rested; **à tête reposée** in a leisurely way, taking time to think
repose-pied [Rəpozpje] *nm* footrest
reposer [R(ə)poze] /1/ *vt* (*verre, livre*) to put down; (*rideaux, carreaux*) to put back; (*délasser*) to rest; (*problème*) to reformulate ▸ *vi* (*liquide, pâte*) to settle, rest; **laisser ~** (*pâte*) to leave to stand; **ici repose ...** (*personne*) here lies ...; **~ sur** to be built on; (*fig*) to rest on; **se reposer** *vpr* to rest; **se ~ sur qn** to rely on sb
repositionnement [R(ə)pɔzisjɔnmɑ̃] *nm* (*stratégique, commercial*) repositioning
repositionner [R(ə)pɔzisjɔne] : **se repositionner** *vpr* (*firme*) to reposition itself
repoussant, e [R(ə)pusɑ̃, -ɑ̃t] *adj* repulsive
repoussé, e [R(ə)puse] *adj* (*cuir*) embossed (by hand)
repousser [R(ə)puse] /1/ *vi* to grow again ▸ *vt* to repel, repulse; (*offre*) to turn down, reject; (*tiroir, personne*) to push back; (*différer*) to put back
répréhensible [RepReɑ̃sibl] *adj* reprehensible
reprendre [R(ə)pRɑ̃dR] /58/ *vt* (*prisonnier, ville*) to recapture; (*objet prêté, donné*) to take back; (*Comm : article usagé*) to take back; to take in part exchange; (*: firme, entreprise*) to take over; (*emprunter : argument, idée*) to take up, use; (*refaire : article etc*) to go over again; (*jupe etc*) to alter; (*émission, pièce*) to put on again; (*réprimander*) to tell off; (*corriger*) to correct; (*travail, promenade*) to resume; (*chercher*) : **je viendrai te ~ à 4 h** I'll come and fetch you *ou* I'll come back for you at 4; (*se resservir de*) : **~ du pain/un œuf** to take (*ou* eat) more bread/another egg; **~ des forces** to recover one's strength; **~ courage** to take new heart; **~ ses habitudes/sa liberté** to get back into one's old habits/regain one's freedom; **~ la route** to resume one's journey, set off again; **~ connaissance** to come to, regain consciousness; **~ haleine** *ou* **son souffle** to get one's breath back; **~ la parole** to speak again ▸ *vi* (*classes, pluie*) to start (up) again; (*activités, travaux, combats*) to resume, start (up) again; (*affaires, industrie*) to pick up; (*dire*) : **reprit-il** he went on; **se reprendre** *vpr* (*se ressaisir*) to recover, pull o.s. together; **s'y ~** to make another attempt
repreneur [R(ə)pRənœR] *nm* company fixer *ou* doctor
reprenne *etc* [RəpRɛn] *vb voir* **reprendre**
représailles [R(ə)pRezaj] *nfpl* reprisals, retaliation *sg*
représentant, e [R(ə)pRezɑ̃tɑ̃, -ɑ̃t] *nm/f* representative
représentatif, -ive [R(ə)pRezɑ̃tatif, -iv] *adj* representative
représentation [R(ə)pRezɑ̃tasjɔ̃] *nf* representation; (*symbole, image*) representation; (*spectacle*) performance; **la ~** (*Comm*) commercial travelling; sales representation; **frais de ~** (*d'un diplomate*) entertainment allowance
représenter [R(ə)pRezɑ̃te] /1/ *vt* to represent; (*donner : pièce, opéra*) to perform; **se représenter** *vpr, vpr* (*se figurer*) to imagine; to visualize; **se ~ à** (*Pol*) to stand *ou* run again at; (*Scol*) to resit
répressif, -ive [RepResif, -iv] *adj* repressive
répression [RepResjɔ̃] *nf voir* **réprimer** suppression; repression; (*Pol*) : **la ~** repression; **mesures de ~** repressive measures
réprimande [RepRimɑ̃d] *nf* reprimand, rebuke
réprimander [RepRimɑ̃de] /1/ *vt* to reprimand, rebuke
réprimer [RepRime] /1/ *vt* (*émotions*) to suppress; (*peuple etc*) to repress
repris, e [R(ə)pRi, -iz] *pp de* **reprendre** ▸ *nm* : **~ de justice** ex-prisoner, ex-convict
reprise [R(ə)pRiz] *nf* (*recommencement*) resumption; (*économique*) recovery; (*TV*) repeat; (*Ciné*) rerun; (*Boxe etc*) round; (*Auto*) acceleration *no pl*; (*Comm*) trade-in, part exchange; (*de location*) *sum asked for any extras or improvements made to the property*; (*raccommodage*) darn, mend; **la ~ des hostilités** the resumption of hostilities; **à plusieurs reprises** on several occasions, several times
repriser [R(ə)pRize] /1/ *vt* (*chaussette, lainage*) to darn; (*tissu*) to mend; **aiguille/coton à ~** darning needle/thread
réprobateur, -trice [RepRɔbatœR, -tRis] *adj* reproving
réprobation [RepRɔbasjɔ̃] *nf* reprobation
reproche [R(ə)pRɔʃ] *nm* (*remontrance*) reproach; **ton/air de ~** reproachful tone/look; **faire des reproches à qn** to reproach sb; **faire ~ à qn de qch** to reproach sb for sth; **sans ~(s)** beyond *ou* above reproach
reprocher [R(ə)pRɔʃe] /1/ *vt* : **~ qch à qn** to reproach *ou* blame sb for sth; **~ qch à** (*machine, théorie*) to have sth against; **se ~ qch/d'avoir fait qch** to blame o.s. for sth/for doing sth
reproducteur, -trice [R(ə)pRɔdyktœR, -tRis] *adj* reproductive
reproductif, -ive [R(ə)pRɔdyktif, -iv] *adj* reproductive
reproduction [R(ə)pRɔdyksjɔ̃] *nf* reproduction; **~ interdite** all rights (of reproduction) reserved

reproduire [R(ə)pRɔdɥiR] /**38**/ *vt* to reproduce; **se reproduire** *vpr* (*Bio*) to reproduce; (*recommencer*) to recur, re-occur
reprographie [R(ə)pRɔgRafi] *nf* (photo)copying
réprouvé, e [RepRuve] *nm/f* reprobate
réprouver [RepRuve] /**1**/ *vt* to reprove
reptation [Rɛptasjɔ̃] *nf* crawling
reptile [Rɛptil] *nm* reptile
repu, e [Rəpy] *pp de* **repaître** ▸ *adj* satisfied, sated
républicain, e [Repyblikɛ̃, -ɛn] *adj, nm/f* republican
république [Repyblik] *nf* republic; **R~ arabe du Yémen** Yemen Arab Republic; **R~ Centrafricaine** Central African Republic; **R~ de Corée** South Korea; **R~ dominicaine** Dominican Republic; **R~ d'Irlande** Irish Republic, Eire; **R~ populaire de Chine** People's Republic of China; **R~ populaire démocratique de Corée** Democratic People's Republic of Korea; **R~ populaire du Yémen** People's Democratic Republic of Yemen
répudiation [Repydjasjɔ̃] *nf* (*de femme*) repudiation; (*de doctrine*) renunciation
répudier [Repydje] /**7**/ *vt* (*femme*) to repudiate; (*doctrine*) to renounce
répugnance [Repyɲɑ̃s] *nf* repugnance, loathing; **avoir** *ou* **éprouver de la ~ pour** (*médicament, comportement, travail etc*) to have an aversion to; **avoir** *ou* **éprouver de la ~ à faire qch** to be reluctant to do sth
répugnant, e [Repyɲɑ̃, -ɑ̃t] *adj* repulsive, loathsome
répugner [Repyɲe] /**1**/ : **~ à** *vt* : **~ à qn** to repel *ou* disgust sb; **~ à faire** to be loath *ou* reluctant to do
répulsion [Repylsjɔ̃] *nf* repulsion
réputation [Repytasjɔ̃] *nf* reputation; **avoir la ~ d'être ...** to have a reputation for being ...; **connaître qn/qch de ~** to know sb/sth by repute; **de ~ mondiale** world-renowned
réputé, e [Repyte] *adj* renowned; **être ~ pour** to have a reputation for, be renowned for
requérir [RəkeRiR] /**21**/ *vt* (*nécessiter*) to require, call for; (*au nom de la loi*) to call upon; (*Jur : peine*) to call for, demand
requête [Rəkɛt] *nf* request, petition; (*Jur*) petition
requiem [Rekɥijɛm] *nm* requiem
requiers *etc* [RəkjɛR] *vb voir* **requérir**
requin [Rəkɛ̃] *nm* shark
requinquer [R(ə)kɛ̃ke] /**1**/ *vt* to set up, pep up
requis, e [Rəki, -iz] *pp de* **requérir** ▸ *adj* required
réquisition [Rekizisjɔ̃] *nf* requisition
réquisitionner [Rekizisjɔne] /**1**/ *vt* to requisition
réquisitoire [RekizitwaR] *nm* (*Jur*) closing speech for the prosecution; (*fig*) : **~ contre** indictment of
RER *sigle m* (*= Réseau express régional*) *Greater Paris high-speed train service*
rescapé, e [Rɛskape] *nm/f* survivor
rescousse [Rɛskus] *nf* : **aller à la ~ de qn** to go to sb's aid *ou* rescue; **appeler qn à la ~** to call on sb for help
réseau, x [Rezo] *nm* network; **~ social** social network
réseautage [Rezotaʒ] *nm* social networking
réséda [Rezeda] *nm* (*Bot*) reseda, mignonette
réservation [RezɛRvasjɔ̃] *nf* reservation; booking
réserve [RezɛRv] *nf* (*retenue*) reserve; (*entrepôt*) storeroom; (*restriction, aussi : d'Indiens*) reservation; (*de pêche, chasse*) preserve; (*restrictions*) : **faire des réserves** to have reservations; **officier de ~** reserve officer; **sous toutes réserves** with all reserve; (*dire*) with reservations; **sous ~ de** subject to; **sans ~** *adv* unreservedly; **en ~** in reserve; **de ~** (*provisions etc*) in reserve
réservé, e [RezɛRve] *adj* (*discret*) reserved; (*chasse, pêche*) private; **~ à** *ou* **pour** reserved for
réserver [RezɛRve] /**1**/ *vt* (*gén*) to reserve; (*chambre, billet etc*) to book, reserve; (*mettre de côté, garder*) : **~ qch pour** *ou* **à** to keep *ou* save sth for; **~ qch à qn** to reserve (*ou* book) sth for sb; (*fig : destiner*) to have sth in store for sb; **se ~ le droit de faire** to reserve the right to do
réserviste [RezɛRvist] *nm* reservist
réservoir [RezɛRvwaR] *nm* tank
résidence [Rezidɑ̃s] *nf* residence; **~ principale/secondaire** main/second home; **~ universitaire** hall of residence (Brit), dormitory (US); **(en) ~ surveillée** (under) house arrest
résident, e [Rezidɑ̃, -ɑ̃t] *nm/f* (*ressortissant*) foreign resident; (*d'un immeuble*) resident ▸ *adj* (*Inform*) resident
résidentiel, le [Rezidɑ̃sjɛl] *adj* residential
résider [Rezide] /**1**/ *vi* : **~ à** *ou* **dans** *ou* **en** to reside in; **~ dans** (*fig*) to lie in
résidu [Rezidy] *nm* residue *no pl*
résiduel, le [Rezidɥɛl] *adj* residual
résignation [Reziɲasjɔ̃] *nf* resignation
résigné, e [Reziɲe] *adj* resigned
résigner [Reziɲe] /**1**/ *vt* to relinquish, resign; **se résigner** *vpr* : **se ~ (à qch/à faire)** to resign o.s. (to sth/to doing)
résiliable [Reziljabl] *adj* which can be terminated
résiliation [Reziljasjɔ̃] *nf* (*de contrat, abonnement*) termination
résilier [Rezilje] /**7**/ *vt* to terminate
résille [Rezij] *nf* (hair)net
résine [Rezin] *nf* resin
résiné, e [Rezine] *adj* : **vin ~** retsina
résineux, -euse [Rezinø, -øz] *adj* resinous ▸ *nm* coniferous tree
résistance [Rezistɑ̃s] *nf* resistance; (*de réchaud, bouilloire : fil*) element
résistant, e [Rezistɑ̃, -ɑ̃t] *adj* (*personne*) robust, tough; (*matériau*) strong, hard-wearing ▸ *nm/f* (*patriote*) Resistance worker *ou* fighter
résister [Reziste] /**1**/ *vi* to resist; **~ à** *vt* (*assaut, tentation*) to resist; (*effort, souffrance*) to withstand; (*matériau, plante*) to withstand, stand up to; (*personne : désobéir à*) to stand up to, oppose
résolu, e [Rezɔly] *pp de* **résoudre** ▸ *adj* (*ferme*) resolute; **être ~ à qch/faire** to be set upon sth/doing

r

résolument [ʀezɔlymɑ̃] *adv* resolutely, steadfastly; **~ contre qch** firmly against sth
résolution [ʀezɔlysjɔ̃] *nf* solving; (*fermeté, décision, Inform*) resolution; (*d'un problème*) solution; **prendre la ~ de** to make a resolution to
résolvais *etc* [ʀezɔlvɛ] *vb voir* **résoudre**
résonance [ʀezɔnɑ̃s] *nf* resonance
résonner [ʀezɔne] **/1/** *vi* (*cloche, pas*) to reverberate, resound; (*salle*) to be resonant; **~ de** to resound with
résorber [ʀezɔʀbe] **/1/** *vt* (*chômage, déficit*) to reduce; **se résorber** *vpr* (*Méd*) to be resorbed; (*fig : chômage, déficit*) to be brought down
résorption [ʀezɔʀpsjɔ̃] *nf* (*de chômage, déficit*) reduction
résoudre [ʀezudʀ] **/51/** *vt* to solve; **~ qn à faire qch** to get sb to make up his (*ou* her) mind to do sth; **~ de faire** to resolve to do; **se ~ à faire** to bring o.s. to do
respect [ʀɛspɛ] *nm* respect; **tenir en ~** to keep at bay; **présenter ses respects à qn** to pay one's respects to sb
respectabilité [ʀɛspɛktabilite] *nf* respectability
respectable [ʀɛspɛktabl] *adj* respectable
respecter [ʀɛspɛkte] **/1/** *vt* to respect; **faire ~** to enforce; **le lexicographe qui se respecte** (*fig*) any self-respecting lexicographer
respectif, -ive [ʀɛspɛktif, -iv] *adj* respective
respectivement [ʀɛspɛktivmɑ̃] *adv* respectively
respectueusement [ʀɛspɛktɥøzmɑ̃] *adv* respectfully
respectueux, -euse [ʀɛspɛktɥø, -øz] *adj* respectful; **~ de** respectful of
respirable [ʀɛspiʀabl] *adj* : **peu ~** unbreathable
respiration [ʀɛspiʀasjɔ̃] *nf* breathing *no pl*; **faire une ~ complète** to breathe in and out; **retenir sa ~** to hold one's breath; **~ artificielle** artificial respiration
respiratoire [ʀɛspiʀatwaʀ] *adj* respiratory
respirer [ʀɛspiʀe] **/1/** *vi* to breathe; (*fig : se reposer*) to get one's breath, have a break; (*: être soulagé*) to breathe again ▸ *vt* to breathe (in), inhale; (*manifester : santé, calme etc*) to exude
resplendir [ʀɛsplɑ̃diʀ] **/2/** *vi* to shine; (*fig*) : **~ (de)** to be radiant (with)
resplendissant, e [ʀɛsplɑ̃disɑ̃, -ɑ̃t] *adj* radiant
responsabiliser [ʀɛspɔ̃sabilize] *vt* to give a sense of responsibility to
responsabilité [ʀɛspɔ̃sabilite] *nf* responsibility; (*légale*) liability; **refuser la ~ de** to deny responsibility (*ou* liability) for; **prendre ses responsabilités** to assume responsibility for one's actions; **~ civile** civil liability; **~ pénale/morale/collective** criminal/moral/collective responsibility
responsable [ʀɛspɔ̃sabl] *adj* responsible; **~ de** responsible for; (*légalement : de dégâts etc*) liable for; (*chargé de*) in charge of, responsible for ▸ *nmf* (*personne coupable*) person responsible; (*du ravitaillement etc*) person in charge; (*de parti, syndicat*) official
resquiller [ʀɛskije] **/1/** *vi* (*au cinéma, au stade*) to get in on the sly; (*dans le train*) to fiddle a free ride
resquilleur, -euse [ʀɛskijœʀ, -øz] *nm/f* (*qui n'est pas invité*) gatecrasher; (*qui ne paie pas*) fare dodger
ressac [ʀəsak] *nm* backwash
ressaisir [ʀ(ə)seziʀ] **/2/** : **se ressaisir** *vpr* to regain one's self-control; (*équipe sportive*) to rally
ressasser [ʀ(ə)sase] **/1/** *vt* (*remâcher*) to keep turning over; (*redire*) to keep trotting out
ressemblance [ʀ(ə)sɑ̃blɑ̃s] *nf* (*visuelle*) resemblance, similarity, likeness; (*: Art*) likeness; (*analogie, trait commun*) similarity
ressemblant, e [ʀ(ə)sɑ̃blɑ̃, -ɑ̃t] *adj* (*portrait*) lifelike, true to life
ressembler [ʀ(ə)sɑ̃ble] **/1/** : **~ à** *vt* to be like, resemble; (*visuellement*) to look like; **se ressembler** *vpr* to be (*ou* look) alike
ressemeler [ʀ(ə)səm(ə)le] **/4/** *vt* to (re)sole
ressens *etc* [ʀ(ə)sɑ̃] *vb voir* **ressentir**
ressentiment [ʀ(ə)sɑ̃timɑ̃] *nm* resentment
ressentir [ʀ(ə)sɑ̃tiʀ] **/16/** *vt* to feel; **se ~ de** to feel (*ou* show) the effects of
resserre [ʀəsɛʀ] *nf* shed
resserrement [ʀ(ə)sɛʀmɑ̃] *nm* narrowing; strengthening; (*goulet*) narrow part
resserrer [ʀ(ə)seʀe] **/1/** *vt* (*pores*) to close; (*nœud, boulon*) to tighten (up); (*fig : liens*) to strengthen; **se resserrer** *vpr* (*route, vallée*) to narrow; (*liens*) to strengthen; **se ~ (autour de)** to draw closer (around), to close in (on)
ressers *etc* [ʀ(ə)sɛʀ] *vb voir* **resservir**
resservir [ʀ(ə)sɛʀviʀ] **/14/** *vi* to do *ou* serve again ▸ *vt* : **~ qch (à qn)** to serve sth up again (to sb); **~ de qch (à qn)** to give (sb) a second helping of sth; **~ qn (d'un plat)** to give sb a second helping (of a dish); **se resservir de** *vpr* (*plat*) to take a second helping of; (*outil etc*) to use again
ressort [ʀəsɔʀ] *vb voir* **ressortir** ▸ *nm* (*pièce*) spring; (*force morale*) spirit; **en dernier ~** as a last resort; **être du ~ de** to fall within the competence of
ressortir [ʀəsɔʀtiʀ] **/16/** *vi* to go (*ou* come) out (again); (*contraster*) to stand out; **~ de** (*résulter de*) : **il ressort de ceci que** it emerges from this that; **~ à** (*Jur*) to come under the jurisdiction of; (*Admin*) to be the concern of; **faire ~** (*fig : souligner*) to bring out
ressortissant, e [ʀ(ə)sɔʀtisɑ̃, -ɑ̃t] *nm/f* national
ressouder [ʀ(ə)sude] **/1/** *vt* to solder together again
ressource [ʀ(ə)suʀs] *nf* : **avoir la ~ de** to have the possibility of; **leur seule ~ était de** the only course open to them was to; **ressources** *nfpl* resources; (*fig*) possibilities; **ressources d'énergie** energy resources
ressourcer [ʀ(ə)suʀse] : **se ressourcer** *vpr* (*se régénérer*) to recharge one's batteries
ressurgir [ʀ(ə)syʀʒiʀ] *vi* = **resurgir**
ressusciter [ʀesysite] **/1/** *vt* to resuscitate, restore to life; (*fig*) to revive, bring back ▸ *vi* to rise (from the dead); (*fig : pays*) to come back to life
restant, e [ʀɛstɑ̃, -ɑ̃t] *adj* remaining ▸ *nm* : **le ~ (de)** the remainder (of); **un ~ de** (*de trop*) some leftover; (*fig*) a remnant *ou* last trace of
restau [ʀɛsto] *nm* (*fam*) restaurant

restaurant [RɛstɔRɑ̃] *nm* restaurant; **manger au ~** to eat out; **~ d'entreprise** staff canteen *ou* cafeteria (*US*); **~ universitaire** university refectory *ou* cafeteria (*US*)
restaurateur, -trice [RɛstɔRatœR, -tRis] *nm/f* restaurant owner, restaurateur; (*de tableaux*) restorer
restauration [RɛstɔRasjɔ̃] *nf* restoration; (*hôtellerie*) catering; **~ rapide** fast food
restaurer [RɛstɔRe] /1/ *vt* to restore; **se restaurer** *vpr* to have something to eat
restauroute [RɛstɔRut] *nm* = **restoroute**
reste [Rɛst] *nm* (*Math*) remainder; (*restant*) : **le ~ (de)** the rest (of); (*de trop*) : **un ~ (de)** some leftover; (*vestige*) : **un ~ de** a remnant *ou* last trace of; **avoir du temps de ~** to have time to spare; **ne voulant pas être en ~** not wishing to be outdone; **partir sans attendre** *ou* **demander son ~** (*fig*) to leave without waiting to hear more; **du ~, au ~** *adv* besides, moreover; **pour le ~, quant au ~** *adv* as for the rest; **restes** *nmpl* leftovers; (*d'une cité etc, dépouille mortelle*) remains
rester [Rɛste] /1/ *vi* (*dans un lieu, un état, une position*) to stay, remain; (*subsister*) to remain, be left; (*durer*) to last, live on; **en ~ à** (*stade, menaces*) to go no further than, only go as far as; **restons-en là** let's leave it at that; **~ sur une impression** to retain an impression; **il a failli y ~** he nearly met his end ▸ *vb impers* : **il reste du pain/deux œufs** there's some bread/there are two eggs left (over); **il reste du temps/10 minutes** there's some time/there are 10 minutes left; **il me reste assez de temps** I have enough time left; **il ne me reste plus qu'à ...** I've just got to ...; **voilà tout ce qui (me) reste** that's all I've got left; **ce qui reste à faire** what remains to be done; **ce qui me reste à faire** what remains for me to do; **(il) reste à savoir/établir si ...** it remains to be seen/established if *ou* whether ...; **il n'en reste pas moins que ...** the fact remains that ..., it's nevertheless a fact that ...

> ⚠ **rester** does not mean *to rest*.

restituer [Rɛstitɥe] /1/ *vt* (*objet, somme*) : **~ qch (à qn)** to return *ou* restore sth (to sb); (*énergie*) to release; (*son*) to reproduce
restitution [Rɛstitysjɔ̃] *nf* restoration
resto [Rɛsto] *nm* (*fam*) restaurant
restoroute [RɛstɔRut] *nm* motorway (*BRIT*) *ou* highway (*US*) restaurant
restreindre [RɛstRɛ̃dR] /52/ *vt* to restrict, limit; **se restreindre** *vpr* (*dans ses dépenses etc*) to cut down; (*champ de recherches*) to narrow
restreint, e [RɛstRɛ̃, -ɛ̃t] *pp de* **restreindre** ▸ *adj* restricted, limited
restrictif, -ive [RɛstRiktif, -iv] *adj* restrictive, limiting
restriction [RɛstRiksjɔ̃] *nf* restriction; (*condition*) qualification; **sans ~** *adv* unreservedly; **restrictions** *nfpl* (*rationnement*) restrictions; (*mentales*) reservations
restructuration [RəstRyktyRasjɔ̃] *nf* restructuring
restructurer [RəstRyktyRe] /1/ *vt* to restructure
résultante [Rezyltɑ̃t] *nf* (*conséquence*) result, consequence
résultat [Rezylta] *nm* result; (*conséquence*) outcome *no pl*, result; (*d'élection etc*) results *pl*; **résultats** *nmpl* (*d'une enquête*) findings; **résultats sportifs** sports results
résulter [Rezylte] /1/ : **~ de** *vt* to result from, be the result of; **il résulte de ceci que ...** the result of this is that ...
résumé [Rezyme] *nm* summary, résumé; **faire le ~ de** to summarize; **en ~** *adv* in brief; (*pour conclure*) to sum up
résumer [Rezyme] /1/ *vt* (*texte*) to summarize; (*récapituler*) to sum up; (*fig*) to epitomize, typify; **se résumer** *vpr* (*personne*) to sum up (one's ideas); **se ~ à** to come down to
résurgence [RezyRʒɑ̃s] *nf* resurgence
resurgir [R(ə)syRʒiR] /2/ *vi* to reappear, re-emerge
résurrection [RezyRɛksjɔ̃] *nf* resurrection; (*fig*) revival
rétablir [RetabliR] /2/ *vt* to restore, re-establish; (*personne : traitement*) : **~ qn** to restore sb to health, help sb recover; (*Admin*) : **~ qn dans son emploi/ses droits** to reinstate sb in his post/restore sb's rights; **se rétablir** *vpr* (*guérir*) to recover; (*silence, calme*) to return, be restored; (*Gym etc*) : **se ~ (sur)** to pull o.s. up (onto)
rétablissement [Retablismɑ̃] *nm* restoring; (*guérison*) recovery; pull-up
rétamer [Retame] /1/ *vt* to re-coat, re-tin; **se rétamer** *vpr* (*fam : tomber*) to come a cropper (*BRIT fam*)
rétameur [RetamœR] *nm* tinker
retaper [R(ə)tape] /1/ *vt* (*maison, voiture etc*) to do up; (*fam : revigorer*) to buck up; (*redactylographier*) to retype
retard [R(ə)taR] *nm* (*d'une personne attendue*) lateness *no pl*; (*sur l'horaire, un programme, une échéance*) delay; (*fig : scolaire, mental etc*) backwardness; **être en ~** (*pays*) to be backward; (*dans paiement, travail*) to be behind; **en ~ (de deux heures)** (two hours) late; **désolé d'être en ~** sorry I'm late; **avoir un ~ de deux km** (*Sport*) to be two km behind; **rattraper son ~** to catch up; **avoir du ~** to be late; (*sur un programme*) to be behind (schedule); **prendre du ~** (*train, avion*) to be delayed; (*montre*) to lose (time); **sans ~** *adv* without delay; **~ à l'allumage** (*Auto*) retarded spark; **~ scolaire** backwardness at school
retardataire [R(ə)taRdatɛR] *adj* late; (*enfant, idées*) backward ▸ *nmf* latecomer; backward child
retardé, e [R(ə)taRde] *adj* backward
retardement [R(ə)taRdəmɑ̃] : **à ~** *adj* delayed action *cpd*; **bombe à ~** time bomb
retarder [R(ə)taRde] /1/ *vt* to delay; (*horloge*) to put back; (*sur un horaire*) : **~ qn (d'une heure)** to delay sb (an hour); (*sur un programme*) : **~ qn (de trois mois)** to set sb back *ou* delay sb (three months); (*départ, date*) : **~ qch (de deux jours)** to put sth back (two days), delay sth (for *ou* by two days) ▸ *vi* (*montre*) to be slow;

r

(: *habituellement*) to lose (time); **je retarde (d'une heure)** I'm (an hour) slow

retendre [R(ə)tɑ̃dR] /**41**/ *vt* (*câble etc*) to stretch again; (*Mus : cordes*) to retighten

retenir [Rət(ə)niR] /**22**/ *vt* (*garder, retarder*) to keep, detain; (*maintenir : objet qui glisse, fig : colère, larmes, rire*) to hold back; (: *objet suspendu*) to hold; (: *chaleur, odeur*) to retain; (*se rappeler*) to retain; (*réserver*) to reserve; (*accepter*) to accept; (*fig : empêcher d'agir*) : **~ qn (de faire)** to hold sb back (from doing); (*prélever*) : **~ qch (sur)** to deduct sth (from); (*mentales*) reservations; **se retenir** *vpr* (*euphémisme*) to hold on; (*se raccrocher*) : **se ~ à** to hold onto; (*se contenir*) : **se ~ de faire** to restrain o.s. from doing

rétention [Retɑ̃sjɔ̃] *nf* : **~ d'urine** urine retention

retentir [R(ə)tɑ̃tiR] /**2**/ *vi* to ring out; (*salle*) : **~ de** to ring *ou* resound with; **~ sur** *vt* (*fig*) to have an effect upon

retentissant, e [R(ə)tɑ̃tisɑ̃, -ɑ̃t] *adj* resounding; (*fig*) impact-making

retentissement [R(ə)tɑ̃tismɑ̃] *nm* (*retombées*) repercussions *pl*; effect, impact

retenu, e [Rət(ə)ny] *pp de* **retenir** ▸ *adj* (*place*) reserved; (*personne : empêché*) held up; (*propos : contenu, discret*) restrained ▸ *nf* (*prélèvement*) deduction; (*Math*) number to carry over; (*Scol*) detention; (*modération*) (self-)restraint; (*réserve*) reserve, reticence; (*Auto*) tailback

réticence [Retisɑ̃s] *nf* reticence *no pl*, reluctance *no pl*; **sans ~** without hesitation

réticent, e [Retisɑ̃, -ɑ̃t] *adj* reticent, reluctant

retiendrai [Rətjɛ̃dRe], **retiens** *etc* [Rətjɛ̃] *vb voir* **retenir**

rétif, -ive [Retif, -iv] *adj* restive

rétine [Retin] *nf* retina

retint *etc* [Rətɛ̃] *vb voir* **retenir**

retiré, e [R(ə)tiRe] *adj* (*solitaire*) secluded; (*éloigné*) remote

retirer [R(ə)tiRe] /**1**/ *vt* (*argent, plainte*) to withdraw; (*vêtement*) to take off, remove; (*reprendre : billets*) to collect, pick up; (*enlever*) : **~ qch à qn** to take sth from sb; (*extraire*) : **~ qn/qch de** to take sb away from/sth out of, remove sb/sth from; **~ des avantages de** to derive advantages from; **se retirer** *vpr* (*partir, reculer*) to withdraw; (*prendre sa retraite*) to retire; **se ~ de** to withdraw from; to retire from

retombées [Rətɔ̃be] *nfpl* (*radioactives*) fallout *sg*; (*fig*) fallout; spin-offs

retomber [R(ə)tɔ̃be] /**1**/ *vi* (*à nouveau*) to fall again; (*atterrir : après un saut etc*) to land; (*tomber, redescendre*) to fall back; (*pendre*) to fall, hang (down); (*rechuter*) : **~ malade/dans l'erreur** to fall ill again/fall back into error; (*échoir*) : **~ sur qn** to fall on sb

retordre [R(ə)tɔRdR] /**41**/ *vt* : **donner du fil à ~ à qn** to make life difficult for sb

rétorquer [Retɔrke] /**1**/ *vt* : **~ (à qn) que** to retort (to sb) that

retors, e [Rətɔʀ, -ɔʀs] *adj* wily

retorsion [Retɔrsjɔ̃] *nf* : **mesures de ~** reprisals

retouche [R(ə)tuʃ] *nf* touching up *no pl*; (*sur vêtement*) alteration; **faire une ~** *ou* **des retouches à** to touch up

retoucher [R(ə)tuʃe] /**1**/ *vt* (*photographie, tableau*) to touch up; (*texte, vêtement*) to alter

retour [R(ə)tuR] *nm* return; **au ~** (*en arrivant*) when we (*ou* they *etc*) get (*ou* got) back; (*en route*) on the way back; **pendant le ~** on the way *ou* journey back; **à mon/ton ~** on my/your return; **au ~ de** on the return of; **être de ~ (de)** to be back (from); **de ~ à .../chez moi** back at .../back home; **quand serons-nous de ~ ?** when do we get back?; **en ~** *adv* in return; **par ~ du courrier** by return of post; **par un juste ~ des choses** by a favourable twist of fate; **match ~** return match; **~ en arrière** (*Ciné*) flashback; (*mesure*) backward step; **~ de bâton** kickback; **~ de chariot** carriage return; **~ à l'envoyeur** (*Postes*) return to sender; **~ de flamme** backfire; **~ (automatique) à la ligne** (*Inform*) wordwrap; **~ de manivelle** (*fig*) backfire; **~ offensif** renewed attack; **~ aux sources** (*fig*) return to basics

retournement [R(ə)tuRnəmɑ̃] *nm* (*d'une personne : revirement*) turning (round); **~ de la situation** reversal of the situation

retourner [R(ə)tuRne] /**1**/ *vt* (*dans l'autre sens : matelas, crêpe*) to turn (over); (: *caisse*) to turn upside down; (: *sac, vêtement*) to turn inside out; (*fig : argument*) to turn back; (*en remuant : terre, sol, foin*) to turn over; (*émouvoir : personne*) to shake; (*renvoyer, restituer*) : **~ qch à qn** to return sth to sb; **~ sa veste** (*fig*) to turn one's coat ▸ *vi* (*aller, revenir*) : **~ quelque part/à** to go back *ou* return somewhere/to; **~ à** (*état, activité*) to return to, go back to; **savoir de quoi il retourne** to know what it is all about; **~ en arrière** *ou* **sur ses pas** to turn back, retrace one's steps; **~ aux sources** to go back to basics; **se retourner** *vpr* to turn over; (*tourner la tête*) to turn round; **s'en ~** to go back; **se ~ contre** (*fig*) to turn against

retracer [R(ə)tRase] /**3**/ *vt* to relate, recount

rétractable [RetRaktabl] *adj* (*poignée, toit*) retractable

rétracter [RetRakte] /**1**/ *vt*, **se rétracter** *vpr* to retract

retraduire [R(ə)tRadɥiR] /**38**/ *vt* to translate again; (*dans la langue de départ*) to translate back

retrait [R(ə)tRɛ] *nm* (*d'argent*) withdrawal; collection; (*rétrécissement*) shrinkage; **en ~** *adj* set back; **écrire en ~** to indent; **~ du permis (de conduire)** disqualification from driving (BRIT), revocation of driver's license (US)

retraite [R(ə)tRɛt] *nf* (*d'une armée, Rel, refuge*) retreat; (*d'un employé*) retirement; (*revenu*) (retirement) pension; **être/mettre à la ~** to be retired/pension off *ou* retire; **prendre sa ~** to retire; **~ anticipée** early retirement; **~ aux flambeaux** torchlight tattoo

retraité, e [R(ə)tRete] *adj* retired ▸ *nm/f* (old age) pensioner

retraitement [R(ə)tRɛtmɑ̃] *nm* reprocessing

retraiter [R(ə)tRete] /**1**/ *vt* to reprocess

retranchement [R(ə)tRɑ̃ʃmɑ̃] *nm* entrenchment; **pousser qn dans ses derniers retranchements** to drive sb into a corner

retrancher [R(ə)tRɑ̃ʃe] /**1**/ *vt* (*passage, détails*) to take out, remove; (*couper*) to cut off; **~ qch de**

(*nombre, somme*) to take *ou* deduct sth from; **se ~ derrière/dans** to entrench o.s. behind/in; (*fig*) to take refuge behind/in
retranscription [R(ə)tRɑ̃skRipsjɔ̃] *nf* (*d'entretien, débat*) retranscription
retranscrire [R(ə)tRɑ̃skRiR] /**39**/ *vt* to retranscribe
retransmettre [R(ə)tRɑ̃smɛtR] /**56**/ *vt* (*Radio*) to broadcast, relay; (*TV*) to show
retransmission [R(ə)tRɑ̃smisjɔ̃] *nf* broadcast; showing
retravailler [R(ə)tRavaje] /**1**/ *vi* to start work again ▸ *vt* to work on again
retraverser [R(ə)tRavɛRse] /**1**/ *vt* (*dans l'autre sens*) to cross back over
rétréci, e [RetResi] *adj* (*idées, esprit*) narrow
rétrécir [RetResiR] /**2**/ *vt* (*vêtement*) to take in ▸ *vi* to shrink; **se rétrécir** *vpr* (*route, vallée*) to narrow
rétrécissement [RetResismɑ̃] *nm* narrowing
retremper [R(ə)tRɑ̃pe] /**1**/ *vt* : **se ~ dans** (*fig*) to reimmerse o.s. in
rétribuer [RetRibɥe] /**1**/ *vt* (*travail*) to pay for; (*personne*) to pay
rétribution [RetRibysjɔ̃] *nf* payment
rétro [RetRo] *adj* old-style; **la mode ~** the nostalgia vogue ▸ *nm* (*rétroviseur*) (rear-view) mirror
rétroactif, -ive [RetRɔaktif, -iv] *adj* retroactive
rétroactivement [RetRoaktivmɑ̃] *adv* retroactively
rétroactivité [RetRoaktivite] *nf* retroactivity
rétrocéder [RetRɔsede] /**6**/ *vt* to retrocede
rétrocession [RetRɔsesjɔ̃] *nf* retrocession
rétroéclairage [RetRoeklɛRaʒ] *nm* (*Tech*) backlighting
rétrofusée [RetRɔfyze] *nf* retrorocket
rétrogradation [RetRɔgRadasjɔ̃] *nf* (*aussi Sport*) demotion
rétrograde [RetRɔgRad] *adj* reactionary, backward-looking
rétrograder [RetRɔgRade] /**1**/ *vi* (*Auto*) to change down; (*au classement*) : **~ à la cinquième place** to slip back to fifth place
rétroprojecteur [RetRopRɔʒɛktœR] *nm* overhead projector
rétrospectif, -ive [RetRɔspɛktif, -iv] *adj* retrospective ▸ *nf* (*Art*) retrospective; (*Ciné*) season, retrospective
rétrospectivement [RetRɔspɛktivmɑ̃] *adv* in retrospect
retroussé, e [R(ə)tRuse] *adj* : **nez ~** turned-up nose
retrousser [R(ə)tRuse] /**1**/ *vt* to roll up; (*fig : nez*) to wrinkle; (*: lèvres*) to curl; **se retrousser** *vpr* : **se ~ les manches** (*fig*) to roll up one's sleeves
retrouvailles [R(ə)tRuvaj] *nfpl* reunion *sg*
retrouver [R(ə)tRuve] /**1**/ *vt* (*fugitif, objet perdu*) to find; (*occasion*) to find again; (*calme, santé*) to regain; (*reconnaître : expression, style*) to recognize; (*revoir*) to see again; (*rejoindre*) to meet (again), join; **se retrouver** *vpr* to meet; (*s'orienter*) to find one's way; **se ~ quelque part** to find o.s. somewhere; to end up somewhere; **se ~ seul/sans argent** to find o.s. alone/with no money; **se ~ dans** (*calculs, dossiers, désordre*) to make sense of; **s'y ~** (*y voir clair*) to make sense of it; (*rentrer dans ses frais*) to break even
rétroviral, e, -aux [RetRoviRal, -o] *adj* retroviral
rétrovirus [RetRoviRys] *nm* retrovirus
rétroviseur [RetRɔvizœR] *nm* (rear-view) mirror
retweeter [Rətwite] /**1**/ *vt* (*Inform : Twitter*) to retweet
réunifier [Reynifje] /**7**/ *vt* to reunify
Réunion [Reynjɔ̃] *nf* : **la ~, l'île de la ~** Réunion
réunion [Reynjɔ̃] *nf* bringing together; joining; (*séance*) meeting
réunionite, réunionnite [Reynjɔnit] *nf* meeting mania, meetingitis (*fam*)
réunionnais, e [Reynjɔnɛ, -ɛz] *adj* of *ou* from Réunion
réunir [ReyniR] /**2**/ *vt* (*convoquer*) to call together; (*rassembler*) to gather together; (*inviter : amis, famille*) to have round, have in; (*cumuler : qualités etc*) to combine; (*rapprocher : ennemis*) to bring together (again), reunite; (*rattacher : parties*) to join (together); **se réunir** *vpr* (*se rencontrer*) to meet; (*s'allier*) to unite
réussi, e [Reysi] *adj* successful
réussir [ReysiR] /**2**/ *vi* to succeed, be successful; (*à un examen*) to pass; (*plante, culture*) to thrive, do well; **~ à faire** to succeed in doing; **~ à qn** to go right for sb; (*être bénéfique à*) to agree with sb; **le travail/le mariage lui réussit** work/married life agrees with him ▸ *vt* to make a success of; to bring off
réussite [Reysit] *nf* success; (*Cartes*) patience
réutilisable [Reytilizabl] *adj* reusable
réutilisation [Reytilizasjɔ̃] *nf* reuse
réutiliser [Reytilize] /**1**/ *vt* to re-use
revaloir [R(ə)valwaR] /**29**/ *vt* : **je vous revaudrai cela** I'll repay you some day; (*en mal*) I'll pay you back for this
revalorisation [R(ə)valɔRizasjɔ̃] *nf* revaluation; raising
revaloriser [R(ə)valɔRize] /**1**/ *vt* (*monnaie*) to revalue; (*salaires, pensions*) to raise the level of; (*institution, tradition*) to reassert the value of
revanchard, e [R(ə)vɑ̃ʃaR, -aRd] *adj* vengeful
revanche [R(ə)vɑ̃ʃ] *nf* revenge; (*sport*) revenge match; **prendre sa ~ (sur)** to take one's revenge (on); **en ~** (*par contre*) on the other hand; (*en compensation*) in return
rêvasser [Rɛvase] /**1**/ *vi* to daydream
rêve [Rɛv] *nm* dream; (*activité psychique*) : **le ~** dreaming; **de ~** dream *cpd*; **faire un ~** to have a dream; **~ éveillé** daydreaming *no pl*, daydream
rêvé, e [Reve] *adj* (*endroit, mari etc*) ideal
revêche [Rəvɛʃ] *adj* surly, sour-tempered
réveil [Revɛj] *nm* (*d'un dormeur*) waking up *no pl*; (*fig*) awakening; (*pendule*) alarm (clock); **au ~** when I (*ou* you *etc*) wake (*ou* woke) up, on waking (up); **sonner le ~** (*Mil*) to sound the reveille
réveille-matin [Revɛjmatɛ̃] *nm inv* alarm clock
réveiller [Reveje] /**1**/ *vt* (*personne*) to wake up; (*fig*) to awaken, revive; **se réveiller** *vpr* to wake up; (*fig*) to be revived, reawaken
réveillon [Revɛjɔ̃] *nm* Christmas Eve; (*de la Saint-Sylvestre*) New Year's Eve; Christmas Eve (*ou* New Year's Eve) party *ou* dinner

r

réveillonner [revɛjɔne] /1/ *vi* to celebrate Christmas Eve (*ou* New Year's Eve)
révélateur, -trice [revelatœʀ, -tʀis] *adj* : ~ **(de qch)** revealing (sth) ▸ *nm* (*Photo*) developer
révélation [revelasjɔ̃] *nf* revelation
révéler [revele] /6/ *vt* (*gén*) to reveal; (*divulguer*) to disclose, reveal; (*dénoter*) to reveal, show; (*faire connaître au public*) : ~ **qn/qch** to make sb/sth widely known, bring sb/sth to the public's notice; **se révéler** *vpr* to be revealed, reveal itself; **se ~ facile/faux** to prove (to be) easy/false; **se ~ cruel/un allié sûr** to show o.s. to be cruel/a trustworthy ally
revenant, e [ʀ(ə)vənɑ̃, -ɑ̃t] *nm/f* ghost
revendeur, -euse [ʀ(ə)vɑ̃dœʀ, -øz] *nm/f* (*détaillant*) retailer; (*d'occasions*) secondhand dealer; (*de drogue*) (drug-)dealer
revendicatif, -ive [ʀ(ə)vɑ̃dikatif, -iv] *adj* (*mouvement*) protest *cpd*
revendication [ʀ(ə)vɑ̃dikasjɔ̃] *nf* claim, demand; **journée de ~** day of action (in support of one's claims)
revendiquer [ʀ(ə)vɑ̃dike] /1/ *vt* to claim, demand; (*responsabilité*) to claim ▸ *vi* to agitate in favour of one's claims
revendre [ʀ(ə)vɑ̃dʀ] /41/ *vt* (*d'occasion*) to resell; (*détailler*) to sell; (*vendre davantage de*) : ~ **du sucre/un foulard/deux bagues** to sell more sugar/another scarf/another two rings; **à ~** *adv* (*en abondance*) to spare
revenir [ʀəv(ə)niʀ] /22/ *vi* to come back; **faire ~** (*Culin*) to brown; ~ **cher/à 100 euros (à qn)** to cost (sb) a lot/100 euros; ~ **à** (*reprendre : études, projet*) to return to, go back to; (*équivaloir à*) to amount to; ~ **à qn** (*rumeur, nouvelle*) to get back to sb, reach sb's ears; (*part, honneur*) to go to sb, be sb's; (*souvenir, nom*) to come back to sb; ~ **de** (*fig : maladie, étonnement*) to recover from; ~ **sur** (*question, sujet*) to go back over; (*engagement*) to go back on; ~ **à la charge** to return to the attack; ~ **à soi** to come round; **je n'en reviens pas** I can't get over it; ~ **sur ses pas** to retrace one's steps; **cela revient à dire que/au même** it amounts to saying that/to the same thing; ~ **de loin** (*fig*) to have been at death's door
revente [ʀ(ə)vɑ̃t] *nf* resale
revenu, e [ʀəv(ə)ny] *pp de* **revenir** ▸ *nm* income; (*de l'État*) revenue; (*d'un capital*) yield; ~ **national brut** gross national income; **revenus** *nmpl* income *sg*
rêver [ʀeve] /1/ *vi, vt* to dream; (*rêvasser*) to (day)dream; ~ **de** (*voir en rêve*) to dream of *ou* about; ~ **de qch/de faire** to dream of sth/of doing; ~ **à** to dream of
réverbération [ʀevɛʀbeʀasjɔ̃] *nf* reflection
réverbère [ʀevɛʀbɛʀ] *nm* street lamp *ou* light
réverbérer [ʀevɛʀbeʀe] /6/ *vt* to reflect
reverdir [ʀ(ə)vɛʀdiʀ] /2/ *vi* (*arbre etc*) to turn green again
révérence [ʀeveʀɑ̃s] *nf* (*vénération*) reverence; (*salut : d'homme*) bow; (: *de femme*) curtsey
révérencieux, -euse [ʀeveʀɑ̃sjø, -øz] *adj* reverent
révérend, e [ʀeveʀɑ̃, -ɑ̃d] *adj* : **le ~ père Pascal** the Reverend Father Pascal
révérer [ʀeveʀe] /6/ *vt* to revere
rêverie [ʀɛvʀi] *nf* daydreaming *no pl*, daydream
reverrai *etc* [ʀəvɛʀe] *vb voir* **revoir**
revers [ʀ(ə)vɛʀ] *nm* (*de feuille, main*) back; (*d'étoffe*) wrong side; (*de pièce, médaille*) back, reverse; (*Tennis, Ping-Pong*) backhand; (*de veston*) lapel; (*de pantalon*) turn-up; (*fig : échec*) setback; ~ **de fortune** reverse of fortune; **d'un ~ de main** with the back of one's hand; **le ~ de la médaille** (*fig*) the other side of the coin; **prendre à ~** (*Mil*) to take from the rear
reverser [ʀ(ə)vɛʀse] /1/ *vt* (*reporter : somme etc*) : ~ **sur** to put back into; (*liquide*) ~ **(dans)** to pour some more (into)
réversibilité [ʀevɛʀsibilite] *nf* reversibility
réversible [ʀevɛʀsibl] *adj* reversible
revêtement [ʀ(ə)vɛtmɑ̃] *nm* (*de paroi*) facing; (*des sols*) flooring; (*de chaussée*) surface; (*de tuyau etc : enduit*) coating
revêtir [ʀ(ə)vetiʀ] /20/ *vt* (*habit*) to don, put on; (*prendre : importance, apparence*) to take on; ~ **qn de** to dress sb in; (*fig*) to endow *ou* invest sb with; ~ **qch de** to cover sth with; (*fig*) to cloak sth in; ~ **d'un visa** to append a visa to
rêveur, -euse [ʀɛvœʀ, -øz] *adj* dreamy ▸ *nm/f* dreamer
rêveusement [ʀɛvøzmɑ̃] *adv* dreamily
reviendrai *etc* [ʀəvjɛ̃dʀe] *vb voir* **revenir**
revienne *etc* [ʀəvjɛn] *vb voir* **revenir**
revient [ʀəvjɛ̃] *vb voir* **revenir** ▸ *nm* : **prix de ~** cost price
revigorant, e [ʀ(ə)vigɔʀɑ̃, -ɑ̃t] *adj* (*climat, bain*) invigorating; (*intellectuellement*) refreshing
revigorer [ʀ(ə)vigɔʀe] /1/ *vt* (*air frais*) to invigorate, brace up; (*repas, boisson*) to revive, buck up
revint *etc* [ʀəvɛ̃] *vb voir* **revenir**
revirement [ʀ(ə)viʀmɑ̃] *nm* change of mind; (*d'une situation*) reversal
revis *etc* [ʀəvi] *vb voir* **revoir**
révisable [ʀevizabl] *adj* (*procès, taux etc*) reviewable, subject to review
réviser [ʀevize] /1/ *vt* (*texte, Scol : matière*) to revise; (*comptes*) to audit; (*machine, installation, moteur*) to overhaul, service; (*Jur : procès*) to review
révision [ʀevizjɔ̃] *nf* revision; auditing *no pl*; (*de voiture*) overhaul, servicing *no pl*; review; **conseil de ~** (*Mil*) recruiting board; **faire ses révisions** (*Scol*) to do one's revision (Brit), revise (Brit), review (US); **la ~ des 10 000 km** (*Auto*) the 10,000 km service
révisionnisme [ʀevizjɔnism] *nm* revisionism
révisionniste [ʀevizjɔnist] *adj, nmf* revisionist
revisiter [ʀ(ə)vizite] *vt* (*œuvre, auteur*) to revisit
revisser [ʀ(ə)vise] /1/ *vt* to screw back again
revit [ʀəvi] *vb voir* **revoir**
revitalisant, e [ʀ(ə)vitalizɑ̃, -ɑ̃t] *adj* (*effet, crème*) revitalizing ▸ *nm* (*cosmétique*) revitalizer
revitalisation [ʀ(ə)vitalizasjɔ̃] *nf* revitalization
revitaliser [ʀ(ə)vitalize] /1/ *vt* to revitalize
revivifier [ʀ(ə)vivifje] /7/ *vt* to revitalize
revivre [ʀ(ə)vivʀ] /46/ *vi* (*reprendre des forces*) to come alive again; (*traditions*) to be revived; **faire ~** (*mode, institution, usage*) to bring back to life ▸ *vt* (*épreuve, moment*) to relive

révocable [Revɔkabl] *adj* (*délégué*) dismissible; (*contrat*) revocable
révocation [Revɔkasjɔ̃] *nf* dismissal; revocation
revoir [R(ə)vwaR] /30/ *vt* to see again; (*réviser*) to revise (BRIT), review (US) ▸ *nm* : **au ~** goodbye; **dire au ~ à qn** to say goodbye to sb; **se revoir** *vpr* (*amis*) to meet (again), see each other again
révoltant, e [Revɔltɑ̃, -ɑ̃t] *adj* revolting, appalling
révolte [Revɔlt] *nf* rebellion, revolt
révolter [Revɔlte] /1/ *vt* to revolt, outrage; **se révolter** *vpr* : **se ~ (contre)** to rebel (against); **se ~ (à)** to be outraged (by)
révolu, e [Revɔly] *adj* past; (*Admin*) : **âgé de 18 ans révolus** over 18 years of age; **après trois ans révolus** when three full years have passed
révolution [Revɔlysjɔ̃] *nf* revolution; **être en ~** (*pays etc*) to be in revolt; **la ~ industrielle** the industrial revolution
révolutionnaire [Revɔlysjɔnɛr] *adj, nmf* revolutionary
révolutionner [Revɔlysjɔne] /1/ *vt* to revolutionize; (*fig*) to stir up
revolver [Revɔlvɛr] *nm* gun; (*à barillet*) revolver
révoquer [Revɔke] /1/ *vt* (*fonctionnaire*) to dismiss, remove from office; (*arrêt, contrat*) to revoke
revoyais *etc* [Rəvwajɛ] *vb voir* **revoir**
revu, e [Rəvy] *pp de* **revoir** ▸ *nf* (*périodique*) magazine; (*inventaire*) review; (*Mil* : *défilé*) review, march past; (*inspection*) inspection, review; (*de music-hall*) variety show; (*pièce satirique*) revue; **passer en revue** (*troupes*) to review, inspect; (*fig* : *mentalement*) to review, to go through; (*Sport* : *défense*) to get past, to beat; **revue de presse** press review
révulsé, e [Revylse] *adj* (*yeux*) rolled upwards; (*visage*) contorted
Reykjavik [Rekjavik] *n* Reykjavik
rez-de-chaussée [Red(ə)ʃose] *nm inv* ground floor
rez-de-jardin [Red(ə)ʒaRdɛ̃] *nm inv* garden level
RF *sigle f* = **République française**
RFA *sigle f* (= *République fédérale d'Allemagne*) FRG
RFO *sigle f* (= *Radio-Télévision Française d'Outre-mer*) *French overseas broadcasting service*
RG *sigle mpl* (= *renseignements généraux*) *security section of the police force*
rhabiller [Rabije] /1/ : **se rhabiller** *vpr* to get dressed again, put one's clothes on again
rhapsodie [Rapsɔdi] *nf* rhapsody
rhéostat [Reɔsta] *nm* rheostat
rhésus [Rezys] *adj inv, nm* rhesus; **~ positif/négatif** rhesus positive/negative
rhétorique [RetɔRik] *nf* rhetoric ▸ *adj* rhetorical
Rhin [Rɛ̃] *nm* : **le ~** the Rhine
rhinite [Rinit] *nf* rhinitis
rhinocéros [RinɔseRɔs] *nm* rhinoceros
rhinopharyngite [RinɔfaRɛ̃ʒit] *nf* throat infection
rhodanien, ne [Rɔdanjɛ̃, -ɛn] *adj* Rhône *cpd*, of the Rhône
Rhodes [Rɔd] *n* : **(l'île de) ~** (the island of) Rhodes
Rhodésie [Rɔdezi] *nf* (*Hist*) : **la ~** Rhodesia
rhodésien, ne [Rɔdezjɛ̃, -ɛn] *adj* (*Hist*) Rhodesian
rhododendron [Rɔdɔdɛ̃dRɔ̃] *nm* rhododendron
Rhône [Ron] *nm* : **le ~** the Rhone
rhubarbe [RybaRb] *nf* rhubarb
rhum [Rɔm] *nm* rum
rhumatisant, e [Rymatizɑ̃, -ɑ̃t] *adj, nm/f* rheumatic
rhumatismal, e, -aux [Rymatismal, -o] *adj* rheumatic
rhumatisme [Rymatism] *nm* rheumatism *no pl*
rhumatologie [Rymatɔlɔʒi] *nf* rheumatology
rhumatologue [Rymatɔlɔg] *nmf* rheumatologist
rhume [Rym] *nm* cold; **~ de cerveau** head cold; **le ~ des foins** hay fever
rhumerie [RɔmRi] *nf* (*distillerie*) rum distillery
RI *sigle m* (*Mil*) = **régiment d'infanterie**
ri [Ri] *pp de* **rire**
riant, e [Rjɑ̃, -ɑ̃t] *vb voir* **rire** ▸ *adj* smiling, cheerful; (*campagne, paysage*) pleasant
RIB *sigle m* = **relevé d'identité bancaire**
ribambelle [Ribɑ̃bɛl] *nf* : **une ~ de** a herd *ou* swarm of
ricain, e [Rikɛ̃, -ɛn] *adj* (*fam*) Yank, Yankee
ricanement [Rikanmɑ̃] *nm* snigger; giggle
ricaner [Rikane] /1/ *vi* (*avec méchanceté*) to snigger; (*bêtement, avec gêne*) to giggle
riche [Riʃ] *adj* (*gén*) rich; (*personne, pays*) rich, wealthy; **~ en** rich in; **~ de** full of; rich in
richement [Riʃmɑ̃] *adv* richly
richesse [Riʃɛs] *nf* wealth; (*fig* : *de sol, musée etc*) richness; **~ en vitamines** high vitamin content; **richesses** *nfpl* (*ressources, argent*) wealth *sg*; (*fig* : *trésors*) treasures
richissime [Riʃisim] *adj* extremely rich *ou* wealthy
ricin [Risɛ̃] *nm* : **huile de ~** castor oil
ricocher [Rikɔʃe] /1/ *vi* : **~ (sur)** to rebound (off); (*sur l'eau*) to bounce (on *ou* off); **faire ~** (*galet*) to skim
ricochet [Rikɔʃɛ] *nm* rebound; bounce; **faire ~** to rebound, bounce; (*fig*) to rebound; **faire des ricochets** to skip stones; **par ~** *adv* on the rebound; (*fig*) as an indirect result
rictus [Riktys] *nm* grin, (snarling) grimace
ride [Rid] *nf* wrinkle; (*fig*) ripple
ridé, e [Ride] *adj* wrinkled
rideau, x [Rido] *nm* curtain; **tirer/ouvrir les rideaux** to draw/open the curtains; **~ de fer** (*lit*) metal shutter; **le ~ de fer** (*Pol*) the Iron Curtain
ridelle [Ridɛl] *nf* slatted side (*of truck*)
rider [Ride] /1/ *vt* to wrinkle; (*fig*) to ripple, ruffle the surface of; **se rider** *vpr* to become wrinkled
ridicule [Ridikyl] *adj* ridiculous ▸ *nm* ridiculousness *no pl*; (*travers* : *gén pl*) absurdities *pl*; **le ~** ridicule; **tourner en ~** to ridicule
ridiculement [Ridikylmɑ̃] *adv* ridiculously
ridiculiser [Ridikylize] /1/ *vt* to ridicule; **se ridiculiser** *vpr* to make a fool of o.s.
ridule [Ridyl] *nf* (*euph* : *ride*) little wrinkle
rie *etc* [Ri] *vb voir* **rire**

MOT-CLÉ

rien [Rjɛ̃] *pron* **1** : **(ne) ... rien** nothing; (*tournure négative*) anything; **qu'est-ce que vous avez ? — rien** what have you got? — nothing; **il n'a rien dit/fait** he said/did nothing, he hasn't

said/done anything; **n'avoir peur de rien** to be afraid *ou* frightened of nothing, not to be afraid *ou* frightened of anything; **il n'a rien** (*n'est pas blessé*) he's all right; **ça ne fait rien** it doesn't matter; **il n'y est pour rien** he's got nothing to do with it
2 (*quelque chose*) : **a-t-il jamais rien fait pour nous ?** has he ever done anything for us?
3 : **rien de** : **rien d'intéressant** nothing interesting; **rien d'autre** nothing else; **rien du tout** nothing at all; **il n'a rien d'un champion** he's no champion, there's nothing of the champion about him
4 : **rien que** just, only; nothing but; **rien que pour lui faire plaisir** only *ou* just to please him; **rien que la vérité** nothing but the truth; **rien que cela** that alone
▸ *excl* : **de rien !** not at all!, don't mention it!; **il n'en est rien !** nothing of the sort!; **rien à faire !** it's no good!, it's no use!
▸ *nm* : **un petit rien** (*cadeau*) a little something; **des riens** trivia *pl*; **un rien de** a hint of; **en un rien de temps** in no time at all; **avoir peur d'un rien** to be frightened of the slightest thing

rieur, -euse [ʀjœʀ, -øz] *adj* cheerful
rigide [ʀiʒid] *adj* stiff; (*fig*) rigid; (*moralement*) strict
rigidifier [ʀiʒidifje] *vt* (*matériau, pièce*) to stiffen; (*péj : système, organisation*) to make more rigid; (*rendre plus strict : règlement*) to make more strict; **se rigidifier** *vpr* (*matériau*) to stiffen
rigidité [ʀiʒidite] *nf* stiffness; **la ~ cadavérique** rigor mortis
rigolade [ʀigɔlad] *nf* : **la ~** fun; (*fig*) : **c'est de la ~** it's a big farce; (*c'est facile*) it's a cinch
rigolard, e [ʀigɔlaʀ, -aʀd] *adj* (*personne*) fun-loving; (*air, ton*) jokey
rigole [ʀigɔl] *nf* (*conduit*) channel; (*filet d'eau*) rivulet
rigoler [ʀigɔle] /1/ *vi* (*rire*) to laugh; (*s'amuser*) to have (some) fun; (*plaisanter*) to be joking *ou* kidding
rigolo, rigolote [ʀigɔlo, -ɔt] *adj* (*fam*) funny ▸ *nm/f* comic; (*péj*) fraud, phoney
rigorisme [ʀigɔʀism] *nm* (moral) rigorism
rigoriste [ʀigɔʀist] *adj* rigorist
rigoureusement [ʀiguʀøzmɑ̃] *adv* rigorously; **~ vrai/interdit** strictly true/forbidden
rigoureux, -euse [ʀiguʀø, -øz] *adj* (*morale*) rigorous, strict; (*personne*) stern, strict; (*climat, châtiment*) rigorous, harsh, severe; (*interdiction, neutralité*) strict; (*preuves, analyse, méthode*) rigorous
rigueur [ʀigœʀ] *nf* rigour (Brit), rigor (US); strictness; harshness; **« tenue de soirée de ~ »** "evening dress (to be worn)"; **être de ~** to be the usual thing, be the rule; **à la ~** at a pinch; possibly; **tenir ~ à qn de qch** to hold sth against sb
riions *etc* [ʀijɔ̃] *vb voir* **rire**
rillettes [ʀijɛt] *nfpl* ≈ potted meat *sg* (*made from pork or goose*)
rime [ʀim] *nf* rhyme; **n'avoir ni ~ ni raison** to have neither rhyme nor reason
rimer [ʀime] /1/ *vi* : **~ (avec)** to rhyme (with); **ne ~ à rien** not to make sense
Rimmel® [ʀimɛl] *nm* mascara
rinçage [ʀɛ̃saʒ] *nm* rinsing (out); (*opération*) rinse
rince-doigts [ʀɛ̃sdwa] *nm inv* finger-bowl
rincer [ʀɛ̃se] /3/ *vt* to rinse; (*récipient*) to rinse out; **se ~ la bouche** to rinse one's mouth out
ring [ʀiŋ] *nm* (boxing) ring; **monter sur le ~** (*aussi fig*) to enter the ring; (*faire carrière de boxeur*) to take up boxing
ringard, e [ʀɛ̃gaʀ, -aʀd] *adj* (*fam, péj*) square (*fam*)
ringardisation [ʀɛ̃gaʀdizasjɔ̃] *nf* (*fam, péj*) : **être en voie de ~** (*personne*) to become square (*fam*); (*chose*) to become passé
ringardise [ʀɛ̃gaʀdiz] *nf* (*fam, péj : de personne*) squareness (*fam*)
Rio de Janeiro [ʀiodʒanɛʀo] *n* Rio de Janeiro
rions [ʀiɔ̃] *vb voir* **rire**
ripaille [ʀipɑj] *nf* : **faire ~** to feast
riper [ʀipe] /1/ *vi* to slip, slide
ripoliné, e [ʀipɔline] *adj* enamel-painted
ripoliner [ʀipɔline] *vt* (*peindre*) to paint; (*remettre à neuf*) to give a face-lift to
riposte [ʀipɔst] *nf* retort, riposte; (*fig*) counter-attack, reprisal
riposter [ʀipɔste] /1/ *vi* to retaliate; **~ à** to counter; to reply to ▸ *vt* : **~ que** to retort that
ripper [ʀipe] /1/ *vt* (*Inform*) to rip
rire [ʀiʀ] /36/ *vi* to laugh; (*se divertir*) to have fun; (*plaisanter*) to joke; **~ de** to laugh at; **tu veux ~ !** you must be joking!; **~ aux éclats/aux larmes** to roar with laughter/laugh until one cries; **~ jaune** to force oneself to laugh; **~ sous cape** to laugh up one's sleeve; **~ au nez de qn** to laugh in sb's face; **pour ~** (*pas sérieusement*) for a joke *ou* a laugh ▸ *nm* laugh; **le ~** laughter; **se rire de** *vpr* to make light of
ris [ʀi] *vb voir* **rire** ▸ *nm* : **~ de veau** (calf) sweetbread
risée [ʀize] *nf* : **être la ~ de** to be the laughing stock of
risette [ʀizɛt] *nf* : **faire ~ (à)** to give a nice little smile (to)
risible [ʀizibl] *adj* laughable, ridiculous
risque [ʀisk] *nm* risk; **le ~** danger; **l'attrait du ~** the lure of danger; **prendre des risques** to take risks; **à ses risques et périls** at his own risk; **au ~ de** at the risk of; **~ d'incendie** fire risk; **~ calculé** calculated risk
risqué, e [ʀiske] *adj* risky; (*plaisanterie*) risqué, daring
risquer [ʀiske] /1/ *vt* to risk; (*allusion, question*) to venture, hazard; **tu risques qu'on te renvoie** you risk being dismissed; **ça ne risque rien** it's quite safe; **il risque de se tuer** he could get *ou* risks getting himself killed; **il a risqué de se tuer** he almost got himself killed; **ce qui risque de se produire** what might *ou* could well happen; **il ne risque pas de recommencer** there's no chance of him doing that again; **~ le tout pour le tout** to risk the lot; **se risquer** *vpr* : **se ~ dans** (*s'aventurer*) to venture into; **se ~ à faire** (*tenter*) to dare to do
risque-tout [ʀiskətu] *nmf inv* daredevil

rissoler [Risɔle] /1/ *vi, vt* : **(faire)** ~ to brown
ristourne [RistuRn] *nf* rebate; discount
rit *etc* [Ri] *vb voir* **rire**
rite [Rit] *nm* rite; (*fig*) ritual
ritournelle [RituRnɛl] *nf* (*fig*) tune; **c'est toujours la même ~** (*fam*) it's always the same old story
rituel, le [Ritɥɛl] *adj, nm* ritual
rituellement [Ritɥɛlmɑ̃] *adv* religiously
riv. *abr* (= *rivière*) R
rivage [Rivaʒ] *nm* shore
rival, e, -aux [Rival, -o] *adj, nm/f* rival; **sans ~** *adj* unrivalled
rivaliser [Rivalize] /1/ *vi* : **~ avec** to rival, vie with; (*être comparable*) to hold its own against, compare with; **~ avec qn de** (*élégance etc*) to vie with *ou* rival sb in
rivalité [Rivalite] *nf* rivalry
rive [Riv] *nf* shore; (*de fleuve*) bank
river [Rive] /1/ *vt* (*clou, pointe*) to clinch; (*plaques*) to rivet together; **être rivé sur/à** to be riveted on/to
riverain, e [Riv(ə)Rɛ̃, -ɛn] *adj* riverside *cpd*; lakeside *cpd*; roadside *cpd* ▸ *nm/f* riverside (*ou* lakeside) resident; (*d'une route*) local *ou* roadside resident
rivet [Rivɛ] *nm* rivet
riveter [Riv(ə)te] /4/ *vt* to rivet (together)
Riviera [RivjɛRa] *nf* : **la ~ (italienne)** the Italian Riviera
rivière [RivjɛR] *nf* river; **~ de diamants** diamond rivière
rixe [Riks] *nf* brawl, scuffle
Riyad [Rijad] *n* Riyadh
riz [Ri] *nm* rice; **~ au lait** ≈ rice pudding
rizicole [Rizikɔl] *adj* (*région*) rice-growing; (*production*) rice *cpd*
riziculture [RizikyltyR] *nf* rice growing
rizière [RizjɛR] *nf* paddy field
RMC *sigle f* = **Radio Monte Carlo**
RMI *sigle m* (= *revenu minimum d'insertion*) ≈ income support (BRIT), ≈ welfare (US)
RN *sigle f* = **route nationale**
robe [Rɔb] *nf* dress; (*de juge, d'ecclésiastique*) robe; (*de professeur*) gown; (*pelage*) coat; **~ de soirée/de mariée** evening/wedding dress; **~ de baptême** christening robe; **~ de chambre** dressing gown; **~ de grossesse** maternity dress
robinet [Rɔbinɛ] *nm* tap (BRIT), faucet (US); **~ du gaz** gas tap; **~ mélangeur** mixer tap
robinetterie [RɔbinɛtRi] *nf* taps *pl*, plumbing
roboratif, -ive [RɔbɔRatif, -iv] *adj* bracing, invigorating
robot [Rɔbo] *nm* robot; **~ de cuisine** food processor
robotique [Rɔbɔtik] *nf* robotics *sg*
robotiser [Rɔbɔtize] /1/ *vt* (*personne, travailleur*) to turn into a robot; (*monde, vie*) to automate
robuste [Rɔbyst] *adj* robust, sturdy
robustesse [Rɔbystɛs] *nf* robustness, sturdiness
roc [Rɔk] *nm* rock
rocade [Rɔkad] *nf* (*Auto*) bypass
rocaille [Rɔkaj] *nf* (*pierres*) loose stones *pl*; (*terrain*) rocky *ou* stony ground; (*jardin*) rockery, rock garden ▸ *adj* (*style*) rocaille
rocailleux, -euse [Rɔkajø, -øz] *adj* rocky, stony; (*voix*) harsh
rocambolesque [Rɔkɑ̃bɔlɛsk] *adj* fantastic, incredible
roche [Rɔʃ] *nf* rock
rocher [Rɔʃe] *nm* rock; (*Anat*) petrosal bone
rochet [Rɔʃɛ] *nm* : **roue à ~** ratchet wheel
rocheux, -euse [Rɔʃø, -øz] *adj* rocky; **les (montagnes) Rocheuses** the Rockies, the Rocky Mountains
rock [Rɔk], **rock and roll** [RɔkɛnRɔl] *nm* (*musique*) rock(-'n'-roll); (*danse*) rock
rocker [RɔkœR] *nm* (*chanteur*) rock musician; (*adepte*) rock fan
rocking-chair [Rɔkiŋ(t)ʃɛR] *nm* rocking chair
rococo [Rɔkɔko] *nm* rococo ▸ *adj inv* rococo
rodage [Rɔdaʒ] *nm* running in (BRIT), breaking in (US); **en ~** (*Auto*) running *ou* breaking in
rodé, e [Rɔde] *adj* run in (BRIT), broken in (US); (*personne*) : **~ à qch** having got the hang of sth
rodéo [Rɔdeo] *nm* rodeo
roder [Rɔde] /1/ *vt* (*moteur, voiture*) to run in (BRIT), break in (US); **~ un spectacle** to iron out the initial problems of a show
rôder [Rode] /1/ *vi* to roam *ou* wander about; (*de façon suspecte*) to lurk (about *ou* around)
rôdeur, -euse [RodœR, -øz] *nm/f* prowler
rodomontades [Rɔdɔmɔ̃tad] *nfpl* bragging *sg*; sabre rattling *sg*
rogatoire [RɔgatwaR] *adj* : **commission ~** letters rogatory
rogne [Rɔɲ] *nf* : **être en ~** to be mad *ou* in a temper; **se mettre en ~** to get mad *ou* in a temper
rogner [Rɔɲe] /1/ *vt* to trim; (*fig*) to whittle down; **~ sur** (*fig*) to cut down *ou* back on
rognons [Rɔɲɔ̃] *nmpl* kidneys
rognures [RɔɲyR] *nfpl* trimmings
rogue [Rɔg] *adj* arrogant
roi [Rwa] *nm* king; **les Rois mages** the Three Wise Men, the Magi; **le jour** *ou* **la fête des Rois, les Rois** Twelfth Night

FÊTE DES ROIS

The **fête des Rois** is celebrated on Twelfth Night (6 January), the date on which many Christians commemorate Jesus being visited by the Three Wise Men. People eat *galette des Rois*, a puff-pastry and almond cake in which a porcelain charm (*la fève*) is hidden. Whoever finds the charm is king or queen for the day and gets to wear the golden paper crown that French bakeries usually provide with each cake.

roitelet [Rwat(ə)lɛ] *nm* wren; (*péj*) kinglet
rôle [Rol] *nm* role; (*contribution*) part
rollers [RɔlœR] *nmpl* Rollerblades®
rollmops [Rɔlmɔps] *nm* rollmop
romain, e [Rɔmɛ̃, -ɛn] *adj* Roman ▸ *nm/f* : **Romain, e** Roman ▸ *nf* (*laitue*) cos (lettuce)
roman, e [Rɔmɑ̃, -an] *adj* (*Archit*) Romanesque; (*Ling*) Romance *cpd*, Romanic ▸ *nm* novel; **~ d'amour** love story; **~ d'espionnage** spy novel *ou* story; **~ noir** thriller; **~ policier** detective novel

r

romance [Rɔmɑ̃s] *nf* ballad
romancer [Rɔmɑ̃se] /**3**/ *vt* to romanticize
romanche [Rɔmɑ̃ʃ] *adj, nm* Romansh
romancier, -ière [Rɔmɑ̃sje, -jɛR] *nm/f* novelist
romand, e [Rɔmɑ̃, -ɑ̃d] *adj* of *ou* from French-speaking Switzerland ▸ *nm/f* : **Romand, e** French-speaking Swiss
romanesque [Rɔmanɛsk] *adj* (*fantastique*) fantastic; (*amours, aventures*) storybook *cpd*; (*sentimental* : *personne*) romantic; (*Littérature*) novelistic
roman-feuilleton [Rɔmɑ̃fœjtɔ̃] (*pl* **romans-feuilletons**) *nm* serialized novel
roman-fleuve [Rɔmɑ̃flœv] (*pl* **romans-fleuves**) *nm* saga, roman-fleuve
romanichel, le [Rɔmaniʃɛl] *nm/f* gipsy
roman-photo [Rɔmɑ̃fɔto] (*pl* **romans-photos**) *nm* (romantic) picture story
romantique [Rɔmɑ̃tik] *adj* romantic
romantisme [Rɔmɑ̃tism] *nm* romanticism
romarin [RɔmaRɛ̃] *nm* rosemary
rombière [Rɔ̃bjɛR] *nf* (*péj*) old bag
Rome [Rɔm] *n* Rome
rompre [Rɔ̃pR] /**41**/ *vt* to break; (*entretien, fiançailles*) to break off; **à tout ~** *adv* wildly; **applaudir à tout ~** to bring down the house, applaud wildly; **rompez (les rangs) !** (*Mil*) dismiss!, fall out! ▸ *vi* (*fiancés*) to break it off; **~ avec** to break with; **se rompre** *vpr* to break; (*Méd*) to burst, rupture; **se ~ les os** *ou* **le cou** to break one's neck
rompu, e [Rɔ̃py] *pp de* **rompre** ▸ *adj* (*fourbu*) exhausted, worn out; **~ à** with wide experience of; inured to
romsteck [Rɔmstɛk] *nm* rump steak *no pl*
ronce [Rɔ̃s] *nf* (*Bot*) bramble branch; (*Menuiserie*) : **~ de noyer** burr walnut; **ronces** *nfpl* brambles, thorns
ronchon [Rɔ̃ʃɔ̃] *adj inv* (*fam*) grumpy
ronchonner [Rɔ̃ʃɔne] /**1**/ *vi* (*fam*) to grouse, grouch
rond, e [Rɔ̃, Rɔ̃d] *adj* round; (*joues, mollets*) well-rounded; (*fam* : *ivre*) tight; (*sincère, décidé*) : **être ~ en affaires** to be on the level in business, do an honest deal; **pour faire un compte ~** to make (it) a round figure, to round (it) off; **avoir le dos ~** to be round-shouldered ▸ *nm* (*cercle*) ring; (*fam* : *sou*) : **je n'ai plus un ~** I haven't a penny left; **en ~** (*s'asseoir, danser*) in a ring; **faire des ronds de jambe** to bow and scrape; **~ de serviette** napkin ring ▸ *nf* (*gén* : *de surveillance*) rounds *pl*, patrol; (*danse*) round (dance); (*Mus*) semibreve (Brit), whole note (US); **à la ronde** (*alentour*) : **à 10 km à la ronde** for 10 km round; **passer qch à la ronde** to pass sth (a)round ▸ *adv* : **tourner ~** (*moteur*) to run smoothly; **ça ne tourne pas ~** (*fig*) there's something not quite right about it
rond-de-cuir [Rɔ̃dkɥiR] (*pl* **ronds-de-cuir**) *nm* (*péj*) penpusher
rondelet, te [Rɔ̃dlɛ, -ɛt] *adj* plump; (*fig* : *somme*) tidy; (: *bourse*) well-lined, fat
rondelle [Rɔ̃dɛl] *nf* (*Tech*) washer; (*tranche*) slice, round
rondement [Rɔ̃dmɑ̃] *adv* (*avec décision*) briskly; (*loyalement*) frankly
rondeur [Rɔ̃dœR] *nf* (*d'un bras, des formes*) plumpness; (*bonhomie*) friendly straightforwardness; **rondeurs** *nfpl* (*d'une femme*) curves
rondin [Rɔ̃dɛ̃] *nm* log
rondouillard, e [Rɔ̃dujaR, aRd] *adj* (*fam*) tubby
rond-point [Rɔ̃pwɛ̃] (*pl* **ronds-points**) *nm* roundabout (Brit), traffic circle (US)
ronéotyper [Rɔneɔtipe] *vt* to roneo
ronflant, e [Rɔ̃flɑ̃, -ɑ̃t] *adj* (*péj*) high-flown, grand
ronflement [Rɔ̃fləmɑ̃] *nm* snore, snoring *no pl*
ronfler [Rɔ̃fle] /**1**/ *vi* to snore; (*moteur, poêle*) to hum; (: *plus fort*) to roar
ronger [Rɔ̃ʒe] /**3**/ *vt* to gnaw (at); (*vers, rouille*) to eat into; **~ son frein** to champ (at) the bit; **se ~ de souci, se ~ les sangs** to worry o.s. sick, fret; **se ~ les ongles** to bite one's nails
rongeur, -euse [Rɔ̃ʒœR, -øz] *nm/f* rodent
ronronnement [Rɔ̃Rɔnmɑ̃] *nm* purring; (*bruit*) purr
ronronner [Rɔ̃Rɔne] /**1**/ *vi* to purr
roque [Rɔk] *nm* (*Échecs*) castling
roquefort [RɔkfɔR] *nm* Roquefort
roquer [Rɔke] /**1**/ *vi* to castle
roquet [Rɔkɛ] *nm* nasty little lap-dog
roquette [Rɔkɛt] *nf* rocket; **~ antichar** antitank rocket
rosace [Rozas] *nf* (*vitrail*) rose window, rosace; (*motif* : *de plafond etc*) rose
rosaire [RozɛR] *nm* rosary
rosbif [Rɔsbif] *nm* : **du ~** roasting beef; (*cuit*) roast beef; **un ~** a joint of (roasting) beef
rose [Roz] *nf* rose; (*vitrail*) rose window; **~ des vents** compass card ▸ *adj* pink; **~ bonbon** *adj inv* candy pink
rosé, e [Roze] *adj* pinkish; **(vin) ~** rosé (wine)
roseau, x [Rozo] *nm* reed
rosée [Roze] *adj f voir* **rosé** ▸ *nf* dew; **goutte de ~** dewdrop
roseraie [RozRɛ] *nf* rose garden; (*plantation*) rose nursery
rosette [Rozɛt] *nf* rosette (*gen of the Légion d'honneur*)
rosier [Rozje] *nm* rosebush, rose tree
rosir [RoziR] /**2**/ *vi* to go pink
rosse [Rɔs] *nf* (*péj* : *cheval*) nag ▸ *adj* nasty, vicious
rosser [Rɔse] /**1**/ *vt* (*fam*) to thrash
rossignol [Rɔsiɲɔl] *nm* (*Zool*) nightingale; (*crochet*) picklock
rot [Ro] *nm* belch; (*de bébé*) burp
rotatif, -ive [Rɔtatif, -iv] *adj* rotary ▸ *nf* rotary press
rotation [Rɔtasjɔ̃] *nf* rotation; (*fig*) rotation, swap-around; (*renouvellement*) turnover; **par ~** on a rota (Brit) *ou* rotation (US) basis; **~ des cultures** crop rotation; **~ des stocks** stock turnover
rotatoire [RɔtatwaR] *adj* : **mouvement ~** rotary movement
roter [Rɔte] /**1**/ *vi* (*fam*) to burp, belch
rôti [Roti] *nm* : **du ~** roasting meat; (*cuit*) roast meat; **un ~ de bœuf/porc** a joint of beef/pork
rotin [Rɔtɛ̃] *nm* rattan (cane); **fauteuil en ~** cane (arm)chair

rôtir [ʀotiʀ] /2/ *vt* (*aussi* : **faire rôtir**) to roast ▶ *vi* to roast; **se rôtir au soleil** *vpr* to bask in the sun
rôtisserie [ʀotisʀi] *nf* (*restaurant*) steakhouse; (*comptoir, magasin*) roast meat counter (*ou* shop); (*traiteur*) roast meat shop
rôtissoire [ʀotiswaʀ] *nf* (roasting) spit
rotonde [ʀɔtɔ̃d] *nf* (*Archit*) rotunda; (*Rail*) engine shed
rotondité [ʀɔtɔ̃dite] *nf* roundness
rotor [ʀɔtɔʀ] *nm* rotor
Rotterdam [ʀɔtɛʀdam] *n* Rotterdam
rotule [ʀɔtyl] *nf* kneecap, patella
roturier, -ière [ʀɔtyʀje, -jɛʀ] *nm/f* commoner
rouage [ʀwaʒ] *nm* cog(wheel), gearwheel; (*de montre*) part; (*fig*) cog; **rouages** *nmpl* (*fig*) internal structure *sg*; **les rouages de l'État** the wheels of State
Rouanda [ʀwɑ̃da] *nm* : **le** ~ Rwanda
roubaisien, ne [ʀubezjɛ̃, -ɛn] *adj* of *ou* from Roubaix
roublard, e [ʀublaʀ, -aʀd] *adj* (*péj*) crafty, wily
roublardise [ʀublaʀdiz] *nf* (*péj*) craftiness
rouble [ʀubl] *nm* rouble
roucoulement [ʀukulmɑ̃] *nm* (*de pigeons, fig*) coo, cooing
roucouler [ʀukule] /1/ *vi* to coo; (*fig* : *péj*) to warble; (: *amoureux*) to bill and coo
roue [ʀu] *nf* wheel; **faire la** ~ (*paon*) to spread *ou* fan its tail; (*Gym*) to do a cartwheel; **descendre en ~ libre** to freewheel *ou* coast down; **pousser à la** ~ to put one's shoulder to the wheel; **grande** ~ (*à la foire*) big wheel; **~ à aubes** paddle wheel; **~ dentée** cogwheel; **~ de secours** spare wheel
roué, e [ʀwe] *adj* wily
rouelle [ʀwɛl] *nf* (*viande*) round steak (*cut across the leg*)
rouennais, e [ʀwanɛ, -ɛz] *adj* of *ou* from Rouen
rouer [ʀwe] /1/ *vt* : **~ qn de coups** to give sb a thrashing
rouet [ʀwɛ] *nm* spinning wheel
rouge [ʀuʒ] *adj* red; **sur la liste** ~ (*Tél*) ex-directory (BRIT), unlisted (US); **~ de honte/colère** red with shame/anger ▶ *nm* red; (*fard*) rouge; **(vin) ~** red wine; **passer au** ~ (*signal*) to go red; (*automobiliste*) to go through a red light; **porter au** ~ (*métal*) to bring to red heat; **~ à joue** blusher; **~ (à lèvres)** lipstick ▶ *adv* : **se fâcher tout/voir** ~ to blow one's top/see red ▶ *nmf* red
rougeâtre [ʀuʒɑtʀ] *adj* reddish
rougeaud, e [ʀuʒo, -od] *adj* (*teint*) red; (*personne*) red-faced
rouge-gorge [ʀuʒgɔʀʒ] (*pl* **rouges-gorges**) *nm* robin (redbreast)
rougeoiement [ʀuʒwamɑ̃] *nm* reddish glow
rougeole [ʀuʒɔl] *nf* measles *sg*
rougeoyant, e [ʀuʒwajɑ̃, -ɑ̃t] *adj* (*ciel, braises*) glowing; (*aube, reflets*) glowing red
rougeoyer [ʀuʒwaje] /8/ *vi* to glow red
rouget [ʀuʒɛ] *nm* mullet
rougeur [ʀuʒœʀ] *nf* redness; (*du visage*) red face; **rougeurs** *nfpl* (*Méd*) red blotches
rougir [ʀuʒiʀ] /2/ *vi* to turn red; (*de honte, timidité*) to blush, flush; (*de plaisir, colère*) to flush; (*fraise, tomate*) to go *ou* turn red; (*ciel*) to redden
rouille [ʀuj] *adj inv* rust-coloured, rusty ▶ *nf* rust; (*Culin*) *spicy (Provençal) sauce served with fish dishes*
rouillé, e [ʀuje] *adj* rusty
rouiller [ʀuje] /1/ *vt* to rust ▶ *vi* to rust, go rusty; **se rouiller** *vpr* to rust; (*fig* : *mentalement*) to become rusty; (: *physiquement*) to grow stiff
roulade [ʀulad] *nf* (*Gym*) roll; (*Culin*) rolled meat *no pl*; (*Mus*) roulade, run
roulage [ʀulaʒ] *nm* (*transport*) haulage
roulant, e [ʀulɑ̃, -ɑ̃t] *adj* (*meuble*) on wheels; (*surface, trottoir, tapis*) moving; **matériel** ~ (*Rail*) rolling stock; **escalier** ~ escalator; **personnel** ~ (*Rail*) train crews *pl*
roulé, e [ʀule] *adj* : **bien roulée** (*fam* : *femme*) shapely, curvy
rouleau, x [ʀulo] *nm* (*de papier, tissu, pièces de monnaie, Sport*) roll; (*de machine à écrire*) roller, platen; (*à mise en plis, à peinture, vague*) roller; **être au bout du** ~ (*fig*) to be at the end of the line; **~ compresseur** steamroller; **~ à pâtisserie** rolling pin; **~ de pellicule** roll of film
roulé-boulé [ʀulebule] (*pl* **roulés-boulés**) *n* (*Sport*) roll
roulement [ʀulmɑ̃] *nm* (*bruit*) rumbling *no pl*, rumble; (*rotation*) rotation; turnover; (*de capitaux*) circulation; **par** ~ on a rota (BRIT) *ou* rotation (US) basis; **~ (à billes)** ball bearings *pl*; **~ de tambour** drum roll; **~ d'yeux** roll(ing) of the eyes
rouler [ʀule] /1/ *vt* to roll; (*papier, tapis*) to roll up; (*Culin* : *pâte*) to roll out; (*fam* : *duper*) to do, con; **~ sa bosse** (*fam*) to go places; **~ qn dans la farine** (*fam*) to con sb; **~ les épaules/hanches** to sway one's shoulders/wiggle one's hips; **~ les « r »** to roll one's r's ▶ *vi* (*bille, boule*) to roll; (*voiture, train*) to go, run; (*automobiliste*) to drive; (*cycliste*) to ride; (*bateau*) to roll; (*tonnerre*) to rumble, roll; (*dégringoler*) : **~ en bas de** to roll down; **~ sur** (*conversation*) to turn on; **~ sur l'or** to be rolling in money, be rolling in it; **se rouler dans** *vpr* (*boue*) to roll in; (*couverture*) to roll o.s. (up) in
roulette [ʀulɛt] *nf* (*de table, fauteuil*) castor; (*de dentiste*) drill; (*de pâtissier*) pastry wheel; (*jeu*) : **la** ~ roulette; **à roulettes** on castors; **la ~ russe** Russian roulette; **ça a marché comme sur des roulettes** (*fam*) it went off very smoothly
roulis [ʀuli] *nm* roll(ing)
roulotte [ʀulɔt] *nf* caravan
roumain, e [ʀumɛ̃, -ɛn] *adj* Rumanian, Romanian ▶ *nm* (*Ling*) Rumanian, Romanian ▶ *nm/f* : **Roumain, e** Rumanian, Romanian
Roumanie [ʀumani] *nf* : **la** ~ Rumania, Romania
round [ʀaund] *nm* (*de combat, négociations*) round
roupiller [ʀupije] /1/ *vi* (*fam*) to sleep
rouquin, e [ʀukɛ̃, -in] *nm/f* (*péj*) redhead
rouspéter [ʀuspete] /6/ *vi* (*fam*) to moan, grouse
rousse [ʀus] *adj f voir* **roux**
roussette [ʀusɛt] *nf* (*poisson*) spotted dogfish; (*chauve-souris*) flying fox; (*grenouille*) common frog
rousseur [ʀusœʀ] *nf* : **tache de** ~ freckle

r

roussi [Rusi] *nm* : **ça sent le ~** there's a smell of burning; *(fig)* I can smell trouble
roussir [RusiR] /2/ *vt* to scorch ▸ *vi* *(feuilles)* to go *ou* turn brown; *(Culin)* : **faire ~** to brown
routage [Rutaʒ] *nm* (collective) mailing
routard, e [RutaR, -aRd] *nm/f* traveller
route [Rut] *nf* road; *(fig : chemin)* way; *(itinéraire, parcours)* route; *(fig : voie)* road, path; **par (la) ~** by road; **il y a trois heures de ~** it's a three-hour ride *ou* journey; **en ~** *adv* on the way; **en ~!** let's go!; **en cours de ~** en route; **mettre en ~** to start up; **se mettre en ~** to set off; **faire ~ vers** to head towards; **faire fausse ~** *(fig)* to be on the wrong track; **~ nationale** ≈ A-road (BRIT), ≈ state highway (US)
routeur [RutœR] *nm* *(Inform)* router; *(Navig)* route planner
routier, -ière [Rutje, -jɛR] *adj* road *cpd*; **carte routière** road map ▸ *nm* *(camionneur)* (long-distance) lorry (BRIT) *ou* truck (US) driver; *(restaurant)* ≈ transport café (BRIT), ≈ truck stop (US); *(scout)* ≈ rover; *(cycliste)* road racer; **vieux ~** old stager ▸ *nf* *(voiture)* touring car
routine [Rutin] *nf* routine; **visite/contrôle de ~** routine visit/check
routinier, -ière [Rutinje, -jɛR] *adj* *(péj : travail)* humdrum, routine; *(: personne)* addicted to routine
rouvert, e [RuvɛR, -ɛRt] *pp de* **rouvrir**
rouvrir [RuvRiR] /18/ *vt, vi* to reopen, open again; **se rouvrir** *vpr* *(blessure)* to open up again
roux, rousse [Ru, Rus] *adj* red; *(personne)* red-haired ▸ *nm/f* redhead ▸ *nm* *(Culin)* roux
royal, e, -aux [Rwajal, -o] *adj* royal; *(fig)* fit for a king, princely; blissful; thorough
royalement [Rwajalmɑ̃] *adv* royally
royaliste [Rwajalist] *adj, nmf* royalist
royaume [Rwajom] *nm* kingdom; *(fig)* realm; **le ~ des cieux** the kingdom of heaven
Royaume-Uni [Rwajomyni] *nm* : **le ~** the United Kingdom
royauté [Rwajote] *nf* *(dignité)* kingship; *(régime)* monarchy
RP *sigle f* (= *recette principale*) ≈ main post office; = **la région parisienne** ▸ *sigle fpl* (= *relations publiques*) PR
R.S.V.P. *abr* (= *répondez s'il vous plaît*) R.S.V.P
RTB *sigle f* = **Radio-Télévision belge**
Rte *abr* = **route**
RTL *sigle f* = **Radio-Télévision Luxembourg**
RTT *sigle f* = **réduction du temps de travail**

RTT

The **RTT** (*Réduction du temps de travail*) is a system designed to ensure that French employees do not work more than 35 hours a week. If companies cannot simply reduce their staff's number of hours from the 39 hours that used to be the norm, they can, under this system, either grant days in lieu (*jours de* RTT) or pay the extra hours as overtime.

RU [Ry] *sigle m* = **restaurant universitaire**
ruade [Ryad] *nf* kick
Ruanda [Rwɑ̃da] *nm* : **le ~** Rwanda
ruban [Rybɑ̃] *nm* *(gén)* ribbon; *(pour ourlet, couture)* binding; *(de téléscripteur etc)* tape; *(d'acier)* strip; **~ adhésif** adhesive tape; **~ carbone** carbon ribbon
rubéole [Rybeɔl] *nf* German measles *sg*, rubella
rubicond, e [Rybikɔ̃, -ɔ̃d] *adj* rubicund, ruddy
rubis [Rybi] *nm* ruby; *(Horlogerie)* jewel; **payer ~ sur l'ongle** to pay cash on the nail
rubrique [RybRik] *nf* *(titre, catégorie)* heading, rubric; *(Presse : article)* column
ruche [Ryʃ] *nf* hive
rucher [Ryʃe] *nm* apiary
rude [Ryd] *adj* *(barbe, toile)* rough; *(métier, tâche)* hard, tough; *(climat)* severe, harsh; *(bourru)* harsh, rough; *(fruste : manières)* rugged, tough; *(fam : fameux)* jolly good; **être mis à ~ épreuve** to be put through the mill
rudement [Rydmɑ̃] *adv* *(tomber, frapper)* hard; *(traiter, reprocher)* harshly; *(fam : très)* terribly; *(: beaucoup)* terribly hard
rudesse [Rydɛs] *nf* roughness; toughness; severity; harshness
rudimentaire [Rydimɑ̃tɛR] *adj* rudimentary, basic
rudiments [Rydimɑ̃] *nmpl* rudiments; basic knowledge *sg*; basic principles; **avoir des ~ d'anglais** to have a smattering of English
rudoyer [Rydwaje] /8/ *vt* to treat harshly
rue [Ry] *nf* street; **être/jeter qn à la ~** to be on the streets/throw sb out onto the street
ruée [Rɥe] *nf* rush; **la ~ vers l'or** the gold rush
ruelle [Rɥɛl] *nf* alley(way)
ruer [Rɥe] /1/ *vi* *(cheval)* to kick out; **~ dans les brancards** to become rebellious; **se ruer** *vpr* : **se ~ sur** to pounce on; **se ~ vers/dans/hors de** to rush *ou* dash towards/into/out of
rugby [Rygbi] *nm* rugby (football); **~ à treize/quinze** rugby league/union
rugbyman, rugbywoman [Rygbiman, Rygbiwuman] *nm* rugby player
rugir [RyʒiR] /2/ *vi* to roar
rugissement [Ryʒismɑ̃] *nm* roar, roaring *no pl*
rugosité [Rygozite] *nf* roughness; *(aspérité)* rough patch
rugueux, -euse [Rygø, -øz] *adj* rough
ruine [Rɥin] *nf* ruin; **tomber en ~** to fall into ruin(s); **ruines** *nfpl* ruins
ruiner [Rɥine] /1/ *vt* to ruin
ruineux, -euse [Rɥinø, -øz] *adj* terribly expensive to buy (*ou* run), ruinous; extravagant
ruisseau, x [Rɥiso] *nm* stream, brook; *(caniveau)* gutter; *(fig)* : **ruisseaux de larmes/sang** floods of tears/streams of blood
ruisselant, e [Rɥis(ə)lɑ̃, -ɑ̃t] *adj* streaming
ruisseler [Rɥis(ə)le] /4/ *vi* to stream; **~ (d'eau)** to be streaming (with water); **~ de lumière** to stream with light
ruissellement [Rɥisɛlmɑ̃] *nm* streaming; **~ de lumière** stream of light
rumeur [RymœR] *nf* *(bruit confus)* rumbling; hubbub *no pl*; *(protestation)* murmur(ing); *(nouvelle)* rumour (BRIT), rumor (US)
ruminant [Ryminɑ̃] *nm* *(Zool)* ruminant

ruminer [Rymine] /1/ *vt* (*herbe*) to ruminate; (*fig*) to ruminate on *ou* over, chew over ▸ *vi* (*vache*) to chew the cud, ruminate
rumsteck [Rɔ̃mstɛk] *nm* = **romsteck**
rupestre [RypɛstR] *adj* (*plante*) rock *cpd*; (*art*) wall *cpd*
rupin, e [Rypɛ̃, -in] (*fam, péj*) *adj* (*personne*) filthy rich (*fam*); (*quartier, appartement*) posh (BRIT *fam*), swanky (*fam*) ▸ *nm/f* (*personne*) rich person; **les rupins** the rich folk
rupture [RyptyR] *nf* (*de câble, digue*) breaking; (*de tendon*) rupture, tearing; (*de négociations etc*) breakdown; (*de contrat*) breach; (*dans continuité*) break; (*séparation, désunion*) break-up, split; **en ~ de ban** at odds with authority; **en ~ de stock** (*Comm*) out of stock
rural, e, -aux [RyRal, -o] *adj* rural, country *cpd* ▸ *nmpl* : **les ruraux** country people
ruralité [RyRalite] *nf* rurality
ruse [Ryz] *nf* : **la ~** cunning, craftiness; (*pour tromper*) trickery; **une ~** a trick, a ruse; **par ~** by trickery
rusé, e [Ryze] *adj* cunning, crafty
ruser [Ryze] *vi* to use cunning; **~ avec** (*personne, loi, autorité*) to get round
rush [Rœʃ] *nm* (*précipitation, ruée*) rush; (*Sport*) final burst; **rushes** *nmpl* (*Ciné*) rushes
russe [Rys] *adj* Russian ▸ *nm* (*Ling*) Russian ▸ *nmf* : **Russe** Russian
Russie [Rysi] *nf* : **la ~** Russia; **la ~ blanche** White Russia; **la ~ soviétique** Soviet Russia
rustine [Rystin] *nf* repair patch (*for bicycle inner tube*)
rustique [Rystik] *adj* rustic; (*plante*) hardy
rustre [RystR] *nm* boor
rut [Ryt] *nm* : **être en ~** (*animal domestique*) to be in *ou* on heat; (*animal sauvage*) to be rutting
rutabaga [Rytabaga] *nm* swede
rutilant, e [Rytilɑ̃, -ɑ̃t] *adj* gleaming
RV *sigle m* = **rendez-vous**
Rwanda [Rwɑ̃da] *nm* : **le ~** Rwanda
rwandais, e [Rwɑ̃dɛ, -ɛz] *adj* Rwandan ▸ *nm/f* : **Rwandais, e** Rwandan
rythme [Ritm] *nm* rhythm; (*vitesse*) rate; (*: de la vie*) pace, tempo; **au ~ de 10 par jour** at the rate of 10 a day
rythmé, e [Ritme] *adj* rhythmic(al)
rythmer [Ritme] /1/ *vt* to give rhythm to
rythmique [Ritmik] *adj* rhythmic(al) ▸ *nf* rhythmics *sg*

r

Ss

S, s [ɛs] *nm inv* S, s ▸ *abr* (= *sud*) S; (= *seconde*) sec; (= *siècle*) c., century; **S comme Suzanne** S for Sugar
s/ *abr* = **sur¹**
s' [s] *pron voir* **se**
SA *sigle f* = **société anonyme**; (= *Son Altesse*) HH
sa [sa] *adj poss voir* **son¹**
sabbatique [sabatik] *adj* : **année ~** sabbatical year
sable [sɑbl] *nm* sand; **sables mouvants** quicksand(s)
sablé [sɑble] *adj* (*allée*) sandy; **pâte sablée** (*Culin*) shortbread dough ▸ *nm* shortbread biscuit
sabler [sɑble] /1/ *vt* to sand; (*contre le verglas*) to grit; **~ le champagne** to drink champagne
sableux, -euse [sɑblø, -øz] *adj* sandy
sablier [sɑblije] *nm* hourglass; (*de cuisine*) egg timer
sablière [sɑblijɛʀ] *nf* sand quarry
sablonneux, -euse [sɑblɔnø, -øz] *adj* sandy
saborder [sabɔʀde] /1/ *vt* (*navire*) to scuttle; (*fig*) to wind up, shut down
sabot [sabo] *nm* clog; (*de cheval, bœuf*) hoof; **~ (de Denver)** (wheel) clamp; **~ de frein** brake shoe
sabotage [sabɔtaʒ] *nm* sabotage
saboter [sabɔte] /1/ *vt* (*travail, morceau de musique*) to botch, make a mess of; (*machine, installation, négociation etc*) to sabotage
saboteur, -euse [sabɔtœʀ, -øz] *nm/f* saboteur
sabre [sɑbʀ] *nm* sabre; **le ~** (*fig*) the sword, the army
sabrer [sɑbʀe] /1/ *vt* to cut down
sac [sak] *nm* bag; (*à charbon etc*) sack; (*pillage*) sack(ing); **mettre à ~** to sack; **~ à provisions/de voyage** shopping/travelling bag; **~ de couchage** sleeping bag; **~ à dos** rucksack; **~ à main** handbag; **~ de plage** beach bag
saccade [sakad] *nf* jerk; **par saccades** jerkily; haltingly
saccadé, e [sakade] *adj* jerky; (*respiration*) spasmodic
saccage [sakaʒ] *nm* havoc
saccager [sakaʒe] /3/ *vt* (*piller*) to sack, lay waste; (*dévaster*) to create havoc in, wreck
saccharine [sakaʀin] *nf* saccharin(e)
saccharose [sakaʀoz] *nm* sucrose
SACEM [sasɛm] *sigle f* (= *Société des auteurs, compositeurs et éditeurs de musique*) *body responsible for collecting and distributing royalties*
sacerdoce [sasɛʀdɔs] *nm* priesthood; (*fig*) calling, vocation
sacerdotal, e, -aux [sasɛʀdɔtal, -o] *adj* priestly, sacerdotal
sachant *etc* [saʃɑ̃] *vb voir* **savoir**
sache *etc* [saʃ] *vb voir* **savoir**
sachet [saʃɛ] *nm* (small) bag; (*de lavande, poudre, shampooing*) sachet; **thé en sachets** tea bags; **~ de thé** tea bag; **du potage en ~** packet soup
sacoche [sakɔʃ] *nf* (*gén*) bag; (*de bicyclette*) saddlebag; (*du facteur*) (post)bag; (*d'outils*) toolbag
sacquer [sake] /1/ *vt* (*fam : candidat, employé*) to sack; (: *réprimander, mal noter*) to plough
sacraliser [sakʀalize] /1/ *vt* to make sacred
sacre [sakʀ] *nm* coronation; consecration
sacré, e [sakʀe] *adj* sacred; (*fam : satané*) blasted; (: *fameux*) : **un ~ ...** a heck of a ...; (*Anat*) sacral
sacrement [sakʀəmɑ̃] *nm* sacrament; **les derniers sacrements** the last rites
sacrer [sakʀe] /1/ *vt* (*roi*) to crown; (*évêque*) to consecrate ▸ *vi* to curse, swear
sacrifice [sakʀifis] *nm* sacrifice; **faire le ~ de** to sacrifice
sacrificiel, le [sakʀifisjɛl] *adj* sacrificial
sacrifier [sakʀifje] /7/ *vt* to sacrifice; **~ à** to conform to; **articles sacrifiés** (*Comm*) items sold at rock-bottom *ou* give-away prices; **se sacrifier** *vpr* to sacrifice o.s.
sacrilège [sakʀilɛʒ] *nm* sacrilege ▸ *adj* sacrilegious
sacristain [sakʀistɛ̃] *nm* sexton; sacristan
sacristie [sakʀisti] *nf* sacristy; (*culte protestant*) vestry
sacro-saint, e [sakʀosɛ̃, -ɛ̃t] *adj* sacrosanct
sadique [sadik] *adj* sadistic ▸ *nmf* sadist
sadisme [sadism] *nm* sadism
sadomasochisme [sadɔmazɔʃism] *nm* sadomasochism
sadomasochiste [sadɔmazɔʃist] *nmf* sadomasochist
safari [safaʀi] *nm* safari; **faire un ~** to go on safari
safari-photo [safaʀifɔto] (*pl* **safaris-photos**) *nm* photographic safari
SAFER [safɛʀ] *sigle f* (= *Société d'aménagement foncier et d'établissement rural*) *organization with the right to buy land in order to retain it for agricultural use*
safran [safʀɑ̃] *nm* saffron
saga [saga] *nf* saga
sagace [sagas] *adj* sagacious, shrewd
sagacité [sagasite] *nf* sagacity, shrewdness
sagaie [sagɛ] *nf* assegai

sage [saʒ] *adj* wise; (*enfant*) good ▸ *nm* wise man; sage
sage-femme [saʒfam] (*pl* **sages-femmes**) *nf* midwife
sagement [saʒmɑ̃] *adv* (*raisonnablement*) wisely, sensibly; (*tranquillement*) quietly
sagesse [saʒɛs] *nf* wisdom
Sagittaire [saʒitɛʀ] *nm* : **le ~** Sagittarius, the Archer; **être du ~** to be Sagittarius
Sahara [saaʀa] *nm* : **le ~** the Sahara (Desert); **le ~ occidental** (*pays*) Western Sahara
saharien, ne [saaʀjɛ̃, -ɛn] *adj* Saharan ▸ *nf* safari jacket
Sahel [saɛl] *nm* : **le ~** the Sahel
sahélien, ne [saeljɛ̃, -ɛn] *adj* Sahelian
saignant, e [sɛɲɑ̃, -ɑ̃t] *adj* (*viande*) rare; (*blessure, plaie*) bleeding
saignée [seɲe] *nf* (*Méd*) bleeding *no pl*, bloodletting *no pl*; (*fig* : *Mil*) heavy losses *pl*; (: *prélèvement*) savage cut; **la ~ du bras** the bend of the arm
saignement [sɛɲmɑ̃] *nm* bleeding; **~ de nez** nosebleed
saigner [seɲe] /1/ *vi* to bleed; **~ du nez** to have a nosebleed ▸ *vt* to bleed; (*animal*) to bleed to death; **~ qn à blanc** (*fig*) to bleed sb white
Saigon [sajgɔ̃] *n* Saigon
saillant, e [sajɑ̃, -ɑ̃t] *adj* (*pommettes, menton*) prominent; (*corniche etc*) projecting; (*fig*) salient, outstanding
saillie [saji] *nf* (*sur un mur etc*) projection; (*trait d'esprit*) witticism; (*accouplement*) covering, serving; **faire ~** to project, stick out; **en ~, formant ~** projecting, overhanging
saillir [sajiʀ] /13/ *vi* to project, stick out; (*veine, muscle*) to bulge ▸ *vt* (*Agr*) to cover, serve
sain, e [sɛ̃, sɛn] *adj* healthy; (*dents, constitution*) healthy, sound; (*lectures*) wholesome; **~ et sauf** safe and sound, unharmed; **~ d'esprit** sound in mind, sane
saindoux [sɛ̃du] *nm* lard
sainement [sɛnmɑ̃] *adv* (*vivre*) healthily; (*raisonner*) soundly
saint, e [sɛ̃, sɛ̃t] *adj* holy; (*fig*) saintly; **la Sainte Vierge** the Blessed Virgin ▸ *nm/f* saint
saint-bernard [sɛ̃bɛʀnaʀ] *nm* (*chien*) St Bernard
Sainte-Hélène [sɛ̃telɛn] *nf* St Helena
Sainte-Lucie [sɛ̃tlysi] *nf* Saint Lucia
Saint-Esprit [sɛ̃tɛspʀi] *nm* : **le ~** the Holy Spirit *ou* Ghost
sainteté [sɛ̃tte] *nf* holiness; saintliness
Saint-Laurent [sɛ̃lɔʀɑ̃] *nm* : **le ~** the St Lawrence
Saint-Marin [sɛ̃maʀɛ̃] *nm* : **le ~** San Marino
Saint-Père [sɛ̃pɛʀ] (*pl* **Saints-Pères**) *nm* : **le ~** the Holy Father, the Pontiff
Saint-Pierre [sɛ̃pjɛʀ] *nm* Saint Peter; (*église*) Saint Peter's
Saint-Pierre-et-Miquelon [sɛ̃pjɛʀemiklɔ̃] *n* Saint Pierre and Miquelon
Saint-Siège [sɛ̃sjɛʒ] *nm* : **le ~** the Holy See
Saint-Sylvestre [sɛ̃silvɛstʀ] *nf* : **la ~** New Year's Eve
Saint-Thomas [sɛ̃tɔma] *nf* Saint Thomas
Saint-Vincent et les Grenadines [sɛ̃vɛ̃sɑ̃elegʀənadin] *nm* St Vincent and the Grenadines
sais *etc* [sɛ] *vb voir* **savoir**
saisie [sezi] *nf* seizure; **à la ~** (*texte*) being keyed; **~ (de données)** (data) capture
saisine [sezin] *nf* (*Jur*) *submission of a case to the court*
saisir [seziʀ] /2/ *vt* to take hold of, grab; (*fig* : *occasion*) to seize; (*comprendre*) to grasp; (*entendre*) to get, catch; (*émotions*) to take hold of, come over; (*Inform*) to capture, keyboard; (*Culin*) to fry quickly; (*Jur* : *biens, publication*) to seize; (: *juridiction*) : **~ un tribunal d'une affaire** to submit *ou* refer a case to a court; **se ~ de** *vt* to seize; **être saisi** (*frappé de*) to be overcome
saisissant, e [sezisɑ̃, -ɑ̃t] *adj* startling, striking; (*froid*) biting
saisissement [sezismɑ̃] *nm* : **muet/figé de ~** speechless/frozen with emotion
saison [sɛzɔ̃] *nf* season; **la belle/mauvaise ~** the summer/winter months; **être de ~** to be in season; **en/hors ~** in/out of season; **haute/basse/morte ~** high/low/slack season; **la ~ des pluies/des amours** the rainy/mating season
saisonnier, -ière [sɛzɔnje, -jɛʀ] *adj* seasonal ▸ *nm* (*travailleur*) seasonal worker; (*vacancier*) seasonal holidaymaker
sait [sɛ] *vb voir* **savoir**
salace [salas] *adj* salacious
salade [salad] *nf* (*Bot*) lettuce *etc* (*generic term*); (*Culin*) (green) salad; (*fam* : *confusion*) tangle, muddle; **haricots en ~** bean salad; **~ composée** mixed salad; **~ de concombres** cucumber salad; **~ de fruits** fruit salad; **~ niçoise** salade niçoise; **~ russe** Russian salad; **~ de tomates** tomato salad; **~ verte** green salad; **salades** *nfpl* (*fam*) : **raconter des salades** to tell tales (*fam*)
saladier [saladje] *nm* (salad) bowl
salaire [salɛʀ] *nm* (*annuel, mensuel*) salary; (*hebdomadaire, journalier*) pay, wages *pl*; (*fig*) reward; **~ de base** basic salary (*ou* wage); **~ de misère** starvation wage; **~ minimum interprofessionnel de croissance** *index-linked guaranteed minimum wage*
salaison [salɛzɔ̃] *nf* salting; **salaisons** *nfpl* salt meat *sg*
salamandre [salamɑ̃dʀ] *nf* salamander
salami [salami] *nm* salami *no pl*, salami sausage
salant [salɑ̃] *adj m* : **marais ~** salt pan
salarial, e, -aux [salaʀjal, -o] *adj* salary *cpd*, wage(s) *cpd*
salariat [salaʀja] *nm* salaried staff
salarié, e [salaʀje] *adj* salaried; wage-earning ▸ *nm/f* salaried employee; wage-earner
salaud [salo] *nm* (!) sod (!), bastard (!)
sale [sal] *adj* dirty, filthy
salé, e [sale] *adj* (*liquide, saveur, mer, goût*) salty; (*Culin* : *amandes, beurre etc*) salted; (: *gâteaux*) savoury; (*fig* : *grivois*) spicy, juicy; (: *note, facture*) steep, stiff ▸ *nm* (*porc salé*) salt pork; **petit ~** ≈ boiling bacon

S

salement [salmɑ̃] *adv (manger etc)* dirtily, messily
saler [sale] /1/ *vt* to salt
saleté [salte] *nf (état)* dirtiness; *(crasse)* dirt, filth; *(tache etc)* dirt *no pl*, something dirty, dirty mark; *(fig : tour)* filthy trick; *(: chose sans valeur)* rubbish *no pl*; *(: obscénité)* filth *no pl*; *(: microbe etc)* bug; **vivre dans la ~** to live in squalor
salière [saljɛʀ] *nf* saltcellar
saligaud [saligo] *nm (!)* bastard *(!)*, sod *(!)*
salin, e [salɛ̃, -in] *adj* saline ▸ *nf* saltworks *sg*
salinité [salinite] *nf* salinity, salt-content
salir [saliʀ] /2/ *vt* to (make) dirty; *(fig)* to soil the reputation of; **se salir** *vpr* to get dirty
salissant, e [salisɑ̃, -ɑ̃t] *adj (tissu)* which shows the dirt; *(métier)* dirty, messy
salissure [salisyʀ] *nf* dirt *no pl*; *(tache)* dirty mark
salive [saliv] *nf* saliva
saliver [salive] /1/ *vi* to salivate
salle [sal] *nf* room; *(d'hôpital)* ward; *(de restaurant)* dining room; *(d'un cinéma)* auditorium; *(: public)* audience; **faire ~ comble** to have a full house; **~ d'armes** *(pour l'escrime)* arms room; **~ d'attente** waiting room; **~ de bain(s)** bathroom; **~ de bal** ballroom; **~ de cinéma** cinema; **~ de classe** classroom; **~ commune** *(d'hôpital)* ward; **~ de concert** concert hall; **~ de consultation** consulting room (BRIT), office (US); **~ de danse** dance hall; **~ de douches** shower-room; **~ d'eau** shower-room; **~ d'embarquement** *(à l'aéroport)* departure lounge; **~ d'exposition** showroom; **~ de jeux** games room; *(pour enfants)* playroom; **~ des machines** engine room; **~ à manger** dining room; *(mobilier)* dining room suite; **~ obscure** cinema (BRIT), movie theater (US); **~ d'opération** *(d'hôpital)* operating theatre; **~ des professeurs** staffroom; **~ de projection** film theatre; **~ de séjour** living room; **~ de spectacle** theatre; cinema; **~ des ventes** saleroom
salmonellose [salmɔneloz] *nf (Méd)* salmonella poisoning
Salomon [salɔmɔ̃] **: les îles ~** the Solomon Islands
salon [salɔ̃] *nm* lounge, sitting room; *(mobilier)* lounge suite; *(exposition)* exhibition, show; *(mondain, littéraire)* salon; **~ de coiffure** hairdressing salon; **~ de discussion** *(Inform)* chatroom; **~ de thé** tearoom
salopard [salɔpaʀ] *nm (!)* bastard *(!)*
salope [salɔp] *nf (!)* bitch *(!)*
saloper [salɔpe] /1/ *vt (!)* to muck up, mess up
saloperie [salɔpʀi] *nf (!)* filth *no pl*; *(: action)* dirty trick; *(: chose sans valeur)* rubbish *no pl*
salopette [salɔpɛt] *nf* dungarees *pl*; *(d'ouvrier)* overall(s)
salpêtre [salpɛtʀ] *nm* saltpetre
salsifis [salsifi] *nm* salsify, oyster plant
SALT [salt] *abr (= Strategic Arms Limitation Talks ou Treaty)* SALT
saltimbanque [saltɛ̃bɑ̃k] *nmf* (travelling) acrobat
salubre [salybʀ] *adj* healthy, salubrious
salubrité [salybʀite] *nf* healthiness, salubrity; **~ publique** public health
saluer [salɥe] /1/ *vt (pour dire bonjour, fig)* to greet; *(pour dire au revoir)* to take one's leave; *(Mil)* to salute
salut [saly] *nm (sauvegarde)* safety; *(Rel)* salvation; *(geste)* wave; *(parole)* greeting; *(Mil)* salute ▸ *excl (fam : pour dire bonjour)* hi (there); *(: pour dire au revoir)* see you!, bye!
salutaire [salytɛʀ] *adj (remède)* beneficial; *(conseils)* salutary
salutations [salytasjɔ̃] *nfpl* greetings; **recevez mes ~ distinguées** *ou* **respectueuses** yours faithfully
salutiste [salytist] *nmf* Salvationist
Salvador [salvadɔʀ] *nm* **: le ~** El Salvador
salve [salv] *nf* salvo; volley of shots; **~ d'applaudissements** burst of applause
Samarie [samaʀi] *nf* **: la ~** Samaria
samaritain [samaʀitɛ̃] *nm* **: le bon S~** the Good Samaritan
samedi [samdi] *nm* Saturday; *voir aussi* **lundi**
Samoa [samɔa] *nfpl* **: les (îles) ~** Samoa, the Samoa Islands
SAMU [samy] *sigle m (= service d'assistance médicale d'urgence)* ≈ ambulance (service) (BRIT), ≈ paramedics (US)
sanatorium [sanatɔʀjɔm] *nm* sanatorium
sanctifier [sɑ̃ktifje] /7/ *vt* to sanctify
sanction [sɑ̃ksjɔ̃] *nf* sanction; *(fig)* penalty; **prendre des sanctions contre** to impose sanctions on
sanctionner [sɑ̃ksjɔne] /1/ *vt (loi, usage)* to sanction; *(punir)* to punish
sanctuaire [sɑ̃ktɥɛʀ] *nm* sanctuary
sandale [sɑ̃dal] *nf* sandal; **sandales à lanières** strappy sandals
sandalette [sɑ̃dalɛt] *nf* sandal
sandow® [sɑ̃do] *nm* luggage elastic
sandwich [sɑ̃dwitʃ] *nm* sandwich; **pris en ~** sandwiched
sandwicherie [sɑ̃dwitʃʀi] *nf* sandwich bar
sang [sɑ̃] *nm* blood; **en ~** covered in blood; **jusqu'au ~** *(mordre, pincer)* till the blood comes; **se faire du mauvais ~** to fret, get in a state
sang-froid [sɑ̃fʀwa] *nm* calm, sangfroid; **garder/perdre/reprendre son ~** to keep/lose/regain one's cool; **de ~** in cold blood
sanglant, e [sɑ̃glɑ̃, -ɑ̃t] *adj* bloody, covered in blood; *(combat)* bloody; *(fig : reproche, affront)* cruel
sangle [sɑ̃gl] *nf* strap; **sangles** *nfpl (pour lit etc)* webbing *sg*
sangler [sɑ̃gle] /1/ *vt* to strap up; *(animal)* to girth
sanglier [sɑ̃glije] *nm* (wild) boar
sanglot [sɑ̃glo] *nm* sob
sangloter [sɑ̃glɔte] /1/ *vi* to sob
sangsue [sɑ̃sy] *nf* leech
sanguin, e [sɑ̃gɛ̃, -in] *adj* blood *cpd*; *(fig)* fiery ▸ *nf* blood orange; *(Art)* red pencil drawing
sanguinaire [sɑ̃ginɛʀ] *adj (animal, personne)* bloodthirsty; *(lutte)* bloody
sanguinolent, e [sɑ̃ginɔlɑ̃, -ɑ̃t] *adj* streaked with blood
Sanisette® [sanizɛt] *nf* coin-operated public lavatory

sanitaire [sanitɛʀ] *adj* health *cpd*; **installation/appareil** ~ bathroom plumbing/appliance; **sanitaires** *nmpl* (*salle de bain et w.-c.*) bathroom *sg*
sans [sɑ̃] *prép* without; ~ **qu'il s'en aperçoive** without him *ou* his noticing; ~ **scrupules** unscrupulous; ~ **manches** sleeveless; **un pull** ~ **manches** a sleeveless jumper; ~ **faute** without fail; ~ **arrêt** without a break; ~ **ça** (*fam*) otherwise
sans-abri [sɑ̃zabʀi] *nmpl* homeless
sans-emploi [sɑ̃zɑ̃plwa] *nmf inv* unemployed person; **les** ~ the unemployed
sans-façon [sɑ̃fasɔ̃] *adj inv* fuss-free; free and easy
sans-gêne [sɑ̃ʒɛn] *adj inv* inconsiderate ▸ *nm inv* (*attitude*) lack of consideration
sans-logis [sɑ̃lɔʒi] *nmpl* homeless
sans-papiers [sɑ̃papje] *nmf* illegal immigrant
sans-souci [sɑ̃susi] *adj inv* carefree
sans-travail [sɑ̃tʀavaj] *nmpl* unemployed, jobless
santal [sɑ̃tal] *nm* sandal(wood)
santé [sɑ̃te] *nf* health; **avoir une** ~ **de fer** to be bursting with health; **être en bonne** ~ to be in good health, be healthy; **boire à la** ~ **de qn** to drink (to) sb's health; **« à la** ~ **de »** "here's to"; **à ta** *ou* **votre** ~ **!** cheers!; **service de** ~ (*dans un port etc*) quarantine service; **la** ~ **publique** public health
Santiago [sɑ̃tjago], **Santiago du Chili** [sɑ̃tjagodyʃili] *n* Santiago (de Chile)
santon [sɑ̃tɔ̃] *nm ornamental figure at a Christmas crib*
saoudien, ne [saudjɛ̃, -ɛn] *adj* Saudi (Arabian) ▸ *nm/f*: **Saoudien, ne** Saudi (Arabian)
saoul, e [su, sul] *adj* = **soûl**
sape [sap] *nf*: **travail de** ~ (*Mil*) sap; (*fig*) insidious undermining process *ou* work; **sapes** *nfpl* (*fam*) gear *sg*, togs
saper [sape] /1/ *vt* to undermine, sap; **se saper** *vpr* (*fam*) to dress
sapeur [sapœʀ] *nm* sapper
sapeur-pompier [sapœʀpɔ̃pje] (*pl* **sapeurs-pompiers**) *nm* fireman
saphir [safiʀ] *nm* sapphire; (*d'électrophone*) needle, sapphire
sapin [sapɛ̃] *nm* fir (tree); (*bois*) fir; ~ **de Noël** Christmas tree
sapinière [sapinjɛʀ] *nf* fir plantation *ou* forest
saquer [sake] *vt* (*fam: renvoyer*) to sack (BRIT), to can (US); (*: supporter*) : **je ne peux pas le** ~ I can't stand him
SAR *sigle f* (= *Son Altesse Royale*) HRH
sarabande [saʀabɑ̃d] *nf* saraband; (*fig*) hullabaloo; whirl
sarbacane [saʀbakan] *nf* blowpipe, blowgun; (*jouet*) peashooter
sarcasme [saʀkasm] *nm* sarcasm *no pl*; (*propos*) piece of sarcasm
sarcastique [saʀkastik] *adj* sarcastic
sarcastiquement [saʀkastikmɑ̃] *adv* sarcastically
sarclage [saʀklaʒ] *nm* weeding
sarcler [saʀkle] /1/ *vt* to weed
sarcloir [saʀklwaʀ] *nm* (weeding) hoe, spud
sarcophage [saʀkɔfaʒ] *nm* sarcophagus
Sardaigne [saʀdɛɲ] *nf*: **la** ~ Sardinia
sarde [saʀd] *adj* Sardinian
sardine [saʀdin] *nf* sardine; **sardines à l'huile** sardines in oil
sardinerie [saʀdinʀi] *nf* sardine cannery
sardinier, -ière [saʀdinje, -jɛʀ] *adj* (*pêche, industrie*) sardine *cpd* ▸ *nm* (*bateau*) sardine boat
sardonique [saʀdɔnik] *adj* sardonic
sari [saʀi] *nm* sari
SARL [saʀl] *sigle f* (= *société à responsabilité limitée*) ≈ plc (BRIT), ≈ Inc. (US)
sarment [saʀmɑ̃] *nm*: ~ **(de vigne)** vine shoot
sarrasin [saʀazɛ̃] *nm* buckwheat
sarrau [saʀo] *nm* smock
Sarre [saʀ] *nf*: **la** ~ the Saar
sarriette [saʀjɛt] *nf* savory
sarrois, e [saʀwa, -waz] *adj* Saar *cpd* ▸ *nm/f*: **Sarrois, e** inhabitant *ou* native of the Saar
sas [sas] *nm* (*de sous-marin, d'engin spatial*) airlock; (*d'écluse*) lock
satané, e [satane] *adj* (*fam*) confounded
satanique [satanik] *adj* satanic, fiendish
sataniste [satanist] *adj, nmf* Satanist
satelliser [satelize] /1/ *vt* (*fusée*) to put into orbit; (*fig: pays*) to make into a satellite
satellite [satelit] *nm* satellite; **pays** ~ satellite country
satellite-espion [satelitɛspjɔ̃] (*pl* **satellites-espions**) *nm* spy satellite
satellite-observatoire [satelitɔpsɛʀvatwaʀ] (*pl* **satellites-observatoires**) *nm* observation satellite
satellite-relais [satelitʀəlɛ] (*pl* **satellites-relais**) *nm* (TV) relay satellite
satiété [sasjete]: **à** ~ *adv* to satiety *ou* satiation; (*répéter*) ad nauseam
satin [satɛ̃] *nm* satin
satiné, e [satine] *adj* satiny; (*peau*) satin-smooth
satinette [satinɛt] *nf* satinet, sateen
satire [satiʀ] *nf* satire; **faire la** ~ to satirize
satirique [satiʀik] *adj* satirical
satiriser [satiʀize] /1/ *vt* to satirize
satiriste [satiʀist] *nmf* satirist
satisfaction [satisfaksjɔ̃] *nf* satisfaction; **à ma grande** ~ to my great satisfaction; **obtenir** ~ to obtain *ou* get satisfaction; **donner** ~ **(à)** to give satisfaction (to)
satisfaire [satisfɛʀ] /60/ *vt* to satisfy; ~ **à** (*engagement*) to fulfil; (*revendications, conditions*) to meet, satisfy; **se satisfaire de** *vpr* to be satisfied *ou* content with
satisfaisant, e [satisfəzɑ̃, -ɑ̃t] *vb voir* **satisfaire** ▸ *adj* (*acceptable*) satisfactory; (*qui fait plaisir*) satisfying
satisfait, e [satisfɛ, -ɛt] *pp de* **satisfaire** ▸ *adj* satisfied; ~ **de** happy *ou* satisfied with
satisfasse [satisfas], **satisferai** *etc* [satisfʀe] *vb voir* **satisfaire**
saturation [satyʀasjɔ̃] *nf* saturation; **arriver à** ~ to reach saturation point
saturer [satyʀe] /1/ *vt* to saturate; ~ **qn/qch de** to saturate sb/sth with
saturnisme [satyʀnism] *nm* (*Méd*) lead poisoning

S

satyre [satiʀ] *nm* satyr; (*péj*) lecher
sauce [sos] *nf* sauce; (*avec un rôti*) gravy; **en ~** in a sauce; **~ blanche** white sauce; **~ chasseur** sauce chasseur; **~ tomate** tomato sauce
saucer [sose] /3/ *vt* (*assiette*) to soak up the sauce from
saucière [sosjɛʀ] *nf* sauce boat; gravy boat
saucisse [sosis] *nf* sausage
saucisson [sosisɔ̃] *nm* (slicing) sausage; **~ à l'ail** garlic sausage
saucissonner [sosisɔne] /1/ *vt* to cut up, slice ▸ *vi* to picnic
sauf[1] [sof] *prép* except; **~ si** (*à moins que*) unless; **~ avis contraire** unless you hear to the contrary; **~ empêchement** barring (any) problems; **~ erreur** if I'm not mistaken; **~ imprévu** unless anything unforeseen arises, barring accidents
sauf[2]**, sauve** [sof, sov] *adj* unharmed, unhurt; (*fig : honneur*) intact, saved; **laisser la vie sauve à qn** to spare sb's life
sauf-conduit [sofkɔ̃dɥi] *nm* safe-conduct
sauge [soʒ] *nf* sage
saugrenu, e [sogʀəny] *adj* preposterous, ludicrous
saule [sol] *nm* willow (tree); **~ pleureur** weeping willow
saumâtre [somɑtʀ] *adj* briny; (*désagréable : plaisanterie*) unsavoury (Brit), unsavory (US)
saumon [somɔ̃] *nm* salmon *inv*; **~ fumé** (*Culin*) smoked salmon ▸ *adj inv* salmon (pink)
saumoné, e [somɔne] *adj* : **truite saumonée** salmon trout
saumure [somyʀ] *nf* brine
sauna [sona] *nm* sauna
saupoudrer [sopudʀe] /1/ *vt* : **~ qch de** to sprinkle sth with
saupoudreuse [sopudʀøz] *nf* dredger
saur [sɔʀ] *adj m* : **hareng ~** smoked *ou* red herring, kipper
saurai *etc* [sɔʀe] *vb voir* **savoir**
saut [so] *nm* jump; (*discipline sportive*) jumping; **faire un ~** to (make a) jump *ou* leap; **faire un ~ chez qn** to pop over to sb's (place); **au ~ du lit** on getting out of bed; **~ en hauteur/longueur** high/long jump; **~ à la corde** skipping; **~ de page/ligne** (*Inform*) page/line break; **~ en parachute** parachuting *no pl*; **~ à la perche** pole vaulting; **~ à l'élastique** bungee jumping; **~ périlleux** somersault
saute [sot] *nf* : **~ de vent/température** sudden change of wind direction/in the temperature; **avoir des sautes d'humeur** to have sudden changes of mood
sauté, e [sote] *adj* (*Culin*) sauté ▸ *nm* : **~ de veau** sauté of veal
saute-mouton [sotmutɔ̃] *nm* : **jouer à ~** to play leapfrog
sauter [sote] /1/ *vi* to jump, leap; (*exploser*) to blow up, explode; (*: fusibles*) to blow; (*se rompre*) to snap, burst; (*se détacher*) to pop out (*ou* off); **faire ~** to blow up; to burst open; (*Culin*) to sauté; **~ à pieds joints/à cloche-pied** to make a standing jump/to hop; **~ en parachute** to make a parachute jump; **~ à la corde** to skip; **~ de joie** to jump for joy; **~ de colère** to be hopping with rage *ou* hopping mad; **~ au cou de qn** to fly into sb's arms; **~ sur une occasion** to jump at an opportunity; **~ aux yeux** to be quite obvious; **~ au plafond** (*fig*) to hit the roof ▸ *vt* to jump (over), leap (over); (*fig : omettre*) to skip, miss (out)
sauterelle [sotʀɛl] *nf* grasshopper
sauterie [sotʀi] *nf* party, hop
sauternes [sotɛʀn] *nm* Sauternes
sauteur, -euse [sotœʀ, -øz] *nm/f* (*athlète*) jumper; **~ à la perche** pole vaulter; **~ à skis** ski jumper ▸ *nf* (*poêle*) shallow pan
sautillement [sotijmɑ̃] *nm* hopping; skipping
sautiller [sotije] /1/ *vi* (*oiseau*) to hop; (*enfant*) to skip
sautoir [sotwaʀ] *nm* chain; (*Sport : emplacement*) jumping pit; **~ (de perles)** string of pearls
sauvage [sovaʒ] *adj* (*gén*) wild; (*peuplade*) savage; (*farouche*) unsociable; (*barbare*) wild, savage; (*non officiel*) unauthorized, unofficial; **faire du camping ~** to camp in the wild ▸ *nmf* savage; (*timide*) unsociable type, recluse
sauvagement [sovaʒmɑ̃] *adv* savagely
sauvageon, ne [sovaʒɔ̃, -ɔn] *nm/f* little savage
sauvagerie [sovaʒʀi] *nf* wildness; savagery; unsociability
sauve [sov] *adj f voir* **sauf**[2]
sauvegarde [sovgaʀd] *nf* safeguard; **sous la ~ de** under the protection of; **fichier de ~** (*Inform*) backup file
sauvegarder [sovgaʀde] /1/ *vt* to safeguard; (*Inform : enregistrer*) to save; (*: copier*) to back up
sauve-qui-peut [sovkipø] *nm inv* stampede, mad rush ▸ *excl* run for your life!
sauver [sove] /1/ *vt* to save; (*porter secours à*) to rescue; (*récupérer*) to salvage, rescue; **~ qn de** to save sb from; **~ la vie à qn** to save sb's life; **~ les apparences** to keep up appearances; **se sauver** *vpr* (*s'enfuir*) to run away; (*fam : partir*) to be off
sauvetage [sov(ə)taʒ] *nm* rescue; (*de banque, d'entreprise*) bailout; **~ en montagne** mountain rescue; **ceinture de ~** lifebelt (Brit), life preserver (US); **brassière** *ou* **gilet de ~** life jacket (Brit), life preserver (US)
sauveteur [sov(ə)tœʀ] *nm* rescuer
sauvette [sovɛt] : **à la ~** *adv* (*vendre*) without authorization; (*se marier etc*) hastily, hurriedly; **vente à la ~** (unauthorized) street trading, (street) peddling
sauveur [sovœʀ] *nm* saviour (Brit), savior (US)
SAV *sigle m* = **service après-vente**
savais *etc* [savɛ] *vb voir* **savoir**
savamment [savamɑ̃] *adv* (*avec érudition*) learnedly; (*habilement*) skilfully, cleverly
savane [savan] *nf* savannah
savant, e [savɑ̃, -ɑ̃t] *adj* scholarly, learned; (*calé*) clever; **animal ~** performing animal ▸ *nm/f* scientist
savate [savat] *nf* worn-out shoe; (*Sport*) French boxing
saveur [savœʀ] *nf* flavour (Brit), flavor (US); (*fig*) savour (Brit), savor (US)
Savoie [savwa] *nf* : **la ~** Savoy

savoir [savwaʀ] /**32**/ *vt* to know; (*être capable de*) : **il sait nager** he knows how to swim, he can swim; **il est petit : tu ne peux pas ~ !** you won't believe how small he is!; **vous n'êtes pas sans ~ que** you are not *ou* will not be unaware of the fact that; **je crois ~ que ...** I believe that ..., I think I know that ...; **je n'en sais rien** I (really) don't know; **à ~ (que)** that is, namely; **faire ~ qch à qn** to let sb know sth, inform sb about sth; **pas que je sache** not as far as I know; **sans le ~** *adv* unknowingly, unwittingly; **en ~ long** to know a lot ▸ *nm* knowledge; **se savoir** *vpr* (*être connu*) to be known; **se ~ malade/incurable** to know that one is ill/incurably ill
savoir-faire [savwaʀfɛʀ] *nm inv* know-how

⚠ **savoir-faire** is not translated by *savoir-faire* as used in English.

savoir-vivre [savwaʀvivʀ] *nm inv* : **le ~** savoir-faire, good manners *pl*
savon [savɔ̃] *nm* (*produit*) soap; (*morceau*) bar *ou* tablet of soap; (*fam*) : **passer un ~ à qn** to give sb a good dressing-down
savonner [savɔne] /**1**/ *vt* to soap
savonnerie [savɔnʀi] *nf* soap factory
savonnette [savɔnɛt] *nf* bar of soap
savonneux, -euse [savɔnø, -øz] *adj* soapy
savons [savɔ̃] *vb voir* **savoir**
savourer [savuʀe] /**1**/ *vt* to savour (Brit), savor (US)
savoureux, -euse [savuʀø, -øz] *adj* tasty; (*fig : anecdote*) spicy, juicy
savoyard, e [savwajaʀ, -aʀd] *adj* Savoyard
Saxe [saks] *nf* : **la ~** Saxony
saxo(phone) [saksɔ(fɔn)] *nm* sax(ophone)
saxophoniste [saksɔfɔnist] *nmf* saxophonist, sax(ophone) player
saynète [sɛnɛt] *nf* playlet
SBB *sigle f* (= *Schweizerische Bundesbahn*) *Swiss federal railways*
sbire [sbiʀ] *nm* (*péj*) henchman
sc. *abr* = **scène**
s/c *abr* (= *sous couvert de*) ≈ c/o
scabreux, -euse [skabʀø, -øz] *adj* risky; (*indécent*) improper, shocking
scalp [skalp] *nm* (*trophée*) scalp
scalpel [skalpɛl] *nm* scalpel
scalper [skalpe] /**1**/ *vt* to scalp
scampi [skɑ̃pi] *nmpl* scampi
scandale [skɑ̃dal] *nm* scandal; **faire un ~** (*scène*) to make a scene; (*Jur*) create a disturbance; **faire ~** to scandalize people; **au grand ~ de ...** to the great indignation of ...
scandaleusement [skɑ̃daløzmɑ̃] *adv* scandalously, outrageously
scandaleux, -euse [skɑ̃dalø, -øz] *adj* scandalous, outrageous
scandaliser [skɑ̃dalize] /**1**/ *vt* to scandalize; **se ~ (de)** to be scandalized (by)
scander [skɑ̃de] /**1**/ *vt* (*vers*) to scan; (*mots, syllabes*) to stress separately; (*slogans*) to chant
scandinave [skɑ̃dinav] *adj* Scandinavian ▸ *nmf* : **Scandinave** Scandinavian
Scandinavie [skɑ̃dinavi] *nf* : **la ~** Scandinavia
scanner [skanɛʀ] *nm* (*Méd*) scanner
scanographie [skanɔgʀafi] *nf* (*Méd*) scanning; (*image*) scan
scansion [skɑ̃sjɔ̃] *nf* scansion
scaphandre [skafɑ̃dʀ] *nm* (*de plongeur*) diving suit; (*de cosmonaute*) spacesuit; **~ autonome** aqualung
scaphandrier [skafɑ̃dʀije] *nm* diver
scarabée [skaʀabe] *nm* beetle
scarification [skaʀifikasjɔ̃] *nf* scarification
scarlatine [skaʀlatin] *nf* scarlet fever
scarole [skaʀɔl] *nf* endive
scatologique [skatɔlɔʒik] *adj* scatological, lavatorial
sceau, x [so] *nm* seal; (*fig*) stamp, mark; **sous le ~ du secret** under the seal of secrecy
scélérat, e [seleʀa, -at] *nm/f* villain, blackguard ▸ *adj* villainous, blackguardly
sceller [sele] /**1**/ *vt* to seal
scellés [sele] *nmpl* seals
scénario [senaʀjo] *nm* (*Ciné*) screenplay, script; (*: idée, plan*) scenario; (*fig*) pattern; scenario
scénariste [senaʀist] *nmf* scriptwriter
scène [sɛn] *nf* (*gén*) scene; (*estrade, fig : théâtre*) stage; **entrer en ~** to come on stage; **mettre en ~** (*Théât*) to stage; (*Ciné*) to direct; (*fig*) to present, introduce; **sur le devant de la ~** (*en pleine actualité*) in the forefront; **porter à la ~** to adapt for the stage; **faire une ~ (à qn)** to make a scene (with sb); **~ de ménage** domestic fight *ou* scene
scénique [senik] *adj* (*effets*) theatrical; (*art*) scenic
scénographie [senɔgʀafi] *nf* (*Théât*) stage design
scepticisme [sɛptisism] *nm* scepticism
sceptique [sɛptik] *adj* sceptical ▸ *nmf* sceptic
sceptre [sɛptʀ] *nm* sceptre
schéma [ʃema] *nm* (*diagramme*) diagram, sketch; (*fig*) outline
schématique [ʃematik] *adj* diagrammatic(al), schematic; (*fig*) oversimplified
schématiquement [ʃematikmɑ̃] *adv* schematically, diagrammatically
schématisation [ʃematizasjɔ̃] *nf* schematization; oversimplification
schématiser [ʃematize] /**1**/ *vt* to schematize; to (over)simplify
schismatique [ʃismatik] *adj* schismatic
schisme [ʃism] *nm* schism; rift, split
schiste [ʃist] *nm* schist
schizophrène [skizɔfʀɛn] *nmf* schizophrenic
schizophrénie [skizɔfʀeni] *nf* schizophrenia
sciatique [sjatik] *adj* : **nerf ~** sciatic nerve ▸ *nf* sciatica
scie [si] *nf* saw; (*fam : rengaine*) catch-tune; (*: personne*) bore; **~ à bois** wood saw; **~ circulaire** circular saw; **~ à découper** fretsaw; **~ à métaux** hacksaw; **~ sauteuse** jigsaw
sciemment [sjamɑ̃] *adv* knowingly, wittingly
science [sjɑ̃s] *nf* science; (*savoir*) knowledge; (*savoir-faire*) art, skill; **sciences économiques** economics; **sciences humaines/sociales** social sciences; **sciences naturelles** (*Scol*) natural science *sg*, biology *sg*; **sciences po** political science *ou* studies *pl*

S

science-fiction [sjɑ̃sfiksjɔ̃] (*pl* **sciences-fictions**) *nf* science fiction
scientifique [sjɑ̃tifik] *adj* scientific ▸ *nmf* (*savant*) scientist; (*étudiant*) science student
scientifiquement [sjɑ̃tifikmɑ̃] *adv* scientifically
Scientologie® [sjɑ̃tɔlɔʒi] *nf* (*secte*) Scientology®
scientologue [sjɑ̃tɔlɔg] *nmf* (*adepte de la Scientologie*) Scientologist
scier [sje] /**7**/ *vt* to saw; (*retrancher*) to saw off
scierie [siʀi] *nf* sawmill
scieur [sjœʀ] *nm* : **~ de long** pit sawyer
Scilly [sili] : **les îles ~** the Scilly Isles, the Scillies, the Isles of Scilly
scinder [sɛ̃de] /**1**/ *vt*, **se scinder** *vpr* to split (up)
scintillant, e [sɛ̃tijɑ̃, -ɑ̃t] *adj* sparkling
scintillement [sɛ̃tijmɑ̃] *nm* sparkling *no pl*
scintiller [sɛ̃tije] /**1**/ *vi* to sparkle; (*étoile*) to twinkle
scission [sisjɔ̃] *nf* split
sciure [sjyʀ] *nf* : **~ (de bois)** sawdust
sclérose [skleʀoz] *nf* sclerosis; (*fig*) ossification; **~ en plaques (SEP)** multiple sclerosis (MS)
sclérosé, e [skleʀoze] *adj* sclerosed, sclerotic; ossified
scléroser [skleʀoze] /**1**/ : **se scléroser** *vpr* to become sclerosed; (*fig*) to become ossified
scolaire [skɔlɛʀ] *adj* school *cpd*; (*péj*) schoolish; **l'année ~** the school year; (*à l'université*) the academic year; **en âge ~** of school age
scolarisation [skɔlaʀizasjɔ̃] *nf* (*d'un enfant*) schooling; **la ~ d'une région** the provision of schooling in a region; **le taux de ~** the proportion of children in full-time education
scolariser [skɔlaʀize] /**1**/ *vt* to provide with schooling (*ou* schools)
scolarité [skɔlaʀite] *nf* schooling; **frais de ~** school fees (Brit), tuition (*US*)
scolastique [skɔlastik] *adj* (*péj*) scholastic
scoliose [skɔljoz] *nf* curvature of the spine, scoliosis
scolopendre [skɔlɔpɑ̃dʀ] *nf* (*Zool*) centipede; (*Bot*) hart's-tongue
scoop [skup] *nm* (*Presse*) scoop, exclusive
scooter [skutœʀ] *nm* (motor) scooter
scorbut [skɔʀbyt] *nm* scurvy
score [skɔʀ] *nm* score; (*électoral etc*) result
scories [skɔʀi] *nfpl* scoria *pl*
scorpion [skɔʀpjɔ̃] *nm* (*signe*) : **le S~** Scorpio, the Scorpion; **être du S~** to be Scorpio
scotch [skɔtʃ] *nm* (*whisky*) scotch, whisky; **Scotch®** (*adhésif*) Sellotape® (Brit), Scotch tape® (*US*)
scotcher [skɔtʃe] /**1**/ *vt* to sellotape® (Brit), scotchtape® (*US*)
scoubidou [skubidu] *nm a plait woven from multi-coloured plastic threads*
scoumoune [skumun] *nf* (*fam*) tough luck; **avoir la ~** to be jinxed
scout, e [skut] *adj, nm* scout
scoutisme [skutism] *nm* (boy) scout movement; (*activités*) scouting
scribe [skʀib] *nm* scribe; (*péj*) penpusher
scribouillard [skʀibujaʀ] *nm* penpusher
script [skʀipt] *nm* (*écriture*) printing; (*Ciné*) (shooting) script
scripte [skʀipt] *nf* continuity girl
script-girl [skʀiptgœʀl] *nf* continuity girl
scriptural, e, -aux [skʀiptyʀal, -o] *adj* : **monnaie scripturale** bank money
scrotum [skʀɔtɔm] *nm* scrotum
scrupule [skʀypyl] *nm* scruple; **être sans scrupules** to be unscrupulous; **se faire un ~ de qch** to have scruples *ou* qualms about doing sth
scrupuleusement [skʀypyløzmɑ̃] *adv* scrupulously
scrupuleux, -euse [skʀypylø, -øz] *adj* scrupulous
scrutateur, -trice [skʀytatœʀ, -tʀis] *adj* searching ▸ *nm/f* scrutineer
scruter [skʀyte] /**1**/ *vt* to scrutinize, search; (*l'obscurité*) to peer into; (*motifs, comportement*) to examine, scrutinize
scrutin [skʀytɛ̃] *nm* (*vote*) ballot; (*ensemble des opérations*) poll; **~ proportionnel/majoritaire** election on a proportional/majority basis; **~ à deux tours** poll with two ballots *ou* rounds; **~ de liste** list system
sculpter [skylte] /**1**/ *vt* to sculpt; (*érosion*) to carve
sculpteur [skyltœʀ] *nm* sculptor
sculptural, e, -aux [skyltyʀal, -o] *adj* sculptural; (*fig*) statuesque
sculpture [skyltyʀ] *nf* sculpture; **~ sur bois** wood carving
sdb. *abr* = **salle de bain**
SDF *sigle m* (= *sans domicile fixe*) homeless person; **les ~** the homeless
SDN *sigle f* (= *Société des Nations*) League of Nations
SE *sigle f* (= *Son Excellence*) HE

MOT-CLÉ

se, s' [sə, s] *pron* **1** (*emploi réfléchi*) oneself; (: *masc*) himself; (: *fém*) herself; (: *sujet non humain*) itself; (: *pl*) themselves; **se voir comme l'on est** to see o.s. as one is; **se savonner** to soap o.s.
2 (*réciproque*) one another, each other; **ils s'aiment** they love one another *ou* each other
3 (*passif*) : **cela se répare facilement** it is easily repaired
4 (*possessif*) : **se casser la jambe/se laver les mains** to break one's leg/wash one's hands

séance [seɑ̃s] *nf* (*d'assemblée, récréative*) meeting, session; (*de tribunal*) sitting, session; (*musicale, Ciné, Théât*) performance; **ouvrir/lever la ~** to open/close the meeting; **~ tenante** forthwith
séant, e [seɑ̃, -ɑ̃t] *adj* seemly, fitting ▸ *nm* posterior
seau, x [so] *nm* bucket, pail; **~ à glace** ice bucket
sébum [sebɔm] *nm* sebum
sec, sèche [sɛk, sɛʃ] *adj* dry; (*raisins, figues*) dried; (*insensible : cœur, personne*) hard, cold; (*maigre, décharné*) spare, lean; (*réponse, ton*) sharp, curt;

(*démarrage*) sharp, sudden; **à pied** ~ without getting one's feet wet ▸ *nm* : **tenir au** ~ to keep in a dry place; **à** ~ *adj* (*puits*) dried up; (*à court d'argent*) broke ▸ *adv* hard; (*démarrer*) sharply; **boire** ~ to be a heavy drinker; **je le bois** ~ I drink it straight *ou* neat
SECAM [sekam] *sigle m* (= *procédé séquentiel à mémoire*) SECAM
sécante [sekɑ̃t] *nf* secant
sécateur [sekatœʀ] *nm* secateurs *pl* (BRIT), shears *pl*, pair of secateurs *ou* shears
sécession [sesesjɔ̃] *nf* : **faire** ~ to secede; **la guerre de S~** the American Civil War
séchage [seʃaʒ] *nm* drying; (*de bois*) seasoning
sèche [sɛʃ] *adj f voir* **sec** ▸ *nf* (*fam*) cigarette, fag (BRIT)
sèche-cheveux [sɛʃʃəvø] *nm inv* hair-drier
sèche-linge [sɛʃlɛ̃ʒ] *nm inv* tumble dryer
sèche-mains [sɛʃmɛ̃] *nm inv* hand drier
sèchement [sɛʃmɑ̃] *adv* (*frapper etc*) sharply; (*répliquer etc*) drily, sharply
sécher [seʃe] **/6/** *vt* to dry; (*dessécher* : *peau, blé*) to dry (out); (: *étang*) to dry up; (*bois*) to season; (*fam* : *classe, cours*) to skip, miss ▸ *vi* to dry; to dry out; to dry up; (*fam* : *candidat*) to be stumped; **se sécher** *vpr* (*après le bain*) to dry o.s.
sécheresse [sɛʃʀɛs] *nf* dryness; (*absence de pluie*) drought
séchoir [seʃwaʀ] *nm* drier
second, e [s(ə)gɔ̃, -ɔ̃d] *adj* second; **en** ~ in second place; **doué de seconde vue** having (the gift of) second sight; **trouver son** ~ **souffle** (*Sport, fig*) to get one's second wind; **être dans un état** ~ to be in a daze (*ou* trance); **de seconde main** second-hand ▸ *nm* (*assistant*) second in command; (*étage*) second floor (BRIT), third floor (US); (*Navig*) first mate ▸ *nf* (*unité de temps*) second; (*Scol*) ≈ year 11 (BRIT), ≈ tenth grade (US); (*Rail*) second class; **voyager en seconde** to travel second-class
secondaire [s(ə)gɔ̃dɛʀ] *adj* secondary
seconder [s(ə)gɔ̃de] **/1/** *vt* to assist; (*favoriser*) to back
secouer [s(ə)kwe] **/1/** *vt* to shake; (*passagers*) to rock; (*traumatiser*) to shake (up); ~ **la tête** to shake one's head; ~ **la poussière d'un tapis** to shake the dust off a carpet; **se secouer** *vpr* (*chien*) to shake itself; (*fam* : *se démener*) to shake o.s. up
secourable [s(ə)kuʀabl] *adj* helpful
secourir [s(ə)kuʀiʀ] **/11/** *vt* (*aller sauver*) to (go and) rescue; (*prodiguer des soins à*) to help, assist; (*venir en aide à*) to assist, aid
secourisme [s(ə)kuʀism] *nm* (*premiers soins*) first aid; (*sauvetage*) life saving
secouriste [s(ə)kuʀist] *nmf* first-aid worker
secourons *etc* [səkuʀɔ̃] *vb voir* **secourir**
secours [s(ə)kuʀ] *vb voir* **secourir** ▸ *nm* help, aid, assistance; **cela lui a été d'un grand** ~ this was a great help to him; **au** ~ **!** help!; **appeler au** ~ to shout *ou* call for help; **appeler qn à son** ~ to call sb to one's assistance; **porter** ~ **à qn** to give sb assistance, help sb ▸ *nmpl* aid *sg*; **les premiers** ~ first aid *sg*; **le** ~ **en montagne** mountain rescue; *see note*

ÉQUIPES DE SECOURS

Emergency phone numbers can be dialled free from public phones. For the police (*la police*) dial 17; for medical services (*le SAMU*) dial 15; for the fire brigade (*les sapeurs-pompiers*), dial 18.

secouru, e [səkuʀy] *pp de* **secourir**
secousse [s(ə)kus] *nf* jolt, bump; (*électrique*) shock; (*fig* : *psychologique*) jolt, shock; ~ **sismique** *ou* **tellurique** earth tremor
secret, -ète [səkʀɛ, -ɛt] *adj* secret; (*fig* : *renfermé*) reticent, reserved ▸ *nm* secret; (*discrétion absolue*) : **le** ~ secrecy; **en** ~ in secret, secretly; **au** ~ in solitary confinement; ~ **de fabrication** trade secret; ~ **professionnel** professional secrecy
secrétaire [s(ə)kʀetɛʀ] *nmf* secretary; ~ **d'ambassade** embassy secretary; ~ **de direction** private *ou* personal secretary; ~ **d'État** ≈ junior minister; ~ **général(e)** Secretary-General; (*Comm*) company secretary; ~ **de mairie** town clerk; ~ **médical(e)** medical secretary; ~ **de rédaction** sub-editor ▸ *nm* (*meuble*) writing desk, secretaire
secrétariat [s(ə)kʀetaʀja] *nm* (*profession*) secretarial work; (*bureau* : *d'entreprise, d'école*) (secretary's) office; (: *d'organisation internationale*) secretariat; (*Pol etc* : *fonction*) secretaryship, office of Secretary
secrètement [səkʀɛtmɑ̃] *adv* secretly
sécréter [sekʀete] **/6/** *vt* to secrete
sécrétion [sekʀesjɔ̃] *nf* secretion
sectaire [sɛktɛʀ] *adj* sectarian, bigoted
sectarisme [sɛktaʀism] *nm* sectarianism
secte [sɛkt] *nf* sect
secteur [sɛktœʀ] *nm* sector; (*Admin*) district; (*Élec*) : **branché sur le** ~ plugged into the mains (supply); **fonctionne sur pile et** ~ battery or mains operated; **le** ~ **privé/public** (*Écon*) the private/public sector; **le** ~ **primaire/tertiaire** the primary/tertiary sector
section [sɛksjɔ̃] *nf* section; (*de parcours d'autobus*) fare stage; (*Mil* : *unité*) platoon; ~ **rythmique** rhythm section
sectionner [sɛksjɔne] **/1/** *vt* to sever; **se sectionner** *vpr* to be severed
sectionneur [sɛksjɔnœʀ] *nm* (*Élec*) isolation switch
sectoriel, le [sɛktɔʀjɛl] *adj* sector-based
sectorisation [sɛktɔʀizasjɔ̃] *nf* division into sectors
sectoriser [sɛktɔʀize] **/1/** *vt* to divide into sectors
sécu [seky] *nf* (*fam* : = *sécurité sociale*) ≈ dole (BRIT), ≈ Welfare (US)
séculaire [sekylɛʀ] *adj* secular; (*très vieux*) age-old
séculariser [sekylaʀize] **/1/** *vt* to secularize
séculier, -ière [sekylje, -jɛʀ] *adj* secular
sécurisant, e [sekyʀizɑ̃, -ɑ̃t] *adj* secure, giving a sense of security
sécuriser [sekyʀize] **/1/** *vt* to give a sense of security to

S

sécurité [sekyʀite] *nf* (*absence de troubles*) security; (*absence de danger*) safety; **impression de ~** sense of security; **la ~ internationale** international security; **système de ~** security (*ou* safety) system; **être en ~** to be safe; **la ~ de l'emploi** job security; **la ~ routière** road safety; **la ~ sociale** ≈ (the) Social Security (Brit), ≈ (the) Welfare (*US*)
sédatif, -ive [sedatif, -iv] *adj, nm* sedative
sédentaire [sedɑ̃tɛʀ] *adj* sedentary
sédentarisation [sedɑ̃taʀizasjɔ̃] *nf* settlement
sédentariser [sedɑ̃taʀize] *vt* (*Bédouins*) to settle (forcibly); **se sédentariser** *vpr* to settle
sédiment [sedimɑ̃] *nm* sediment; **sédiments** *nmpl* (*alluvions*) sediment *sg*
sédimentaire [sedimɑ̃tɛʀ] *adj* sedimentary
sédimentation [sedimɑ̃tasjɔ̃] *nf* sedimentation
séditieux, -euse [sedisjø, -øz] *adj* insurgent; seditious
sédition [sedisjɔ̃] *nf* insurrection; sedition
séducteur, -trice [sedyktœʀ, -tʀis] *adj* seductive ▸ *nm/f* seducer (seductress)
séduction [sedyksjɔ̃] *nf* seduction; (*charme, attrait*) appeal, charm
séduire [sedɥiʀ] /**38**/ *vt* to charm; (*femme : abuser de*) to seduce; (*chose*) to appeal to
séduisant, e [sedɥizɑ̃, -ɑ̃t] *vb voir* **séduire** ▸ *adj* (*femme*) seductive; (*homme, offre*) very attractive
séduit, e [sedɥi, -it] *pp de* **séduire**
séfarade, sépharade [sefaʀad] *adj* Sephardic ▸ *nmf* Sephardi, Sephardic Jew
segment [sɛgmɑ̃] *nm* segment; (*Auto*) : **~ (de piston)** piston ring; **~ de frein** brake shoe
segmenter [sɛgmɑ̃te] /**1**/ *vt*, **se segmenter** *vpr* to segment
ségrégation [segʀegasjɔ̃] *nf* segregation
ségrégationnisme [segʀegasjɔnism] *nm* segregationism
ségrégationniste [segʀegasjɔnist] *adj* segregationist
seiche [sɛʃ] *nf* cuttlefish
séide [seid] *nm* (*péj*) henchman
seigle [sɛgl] *nm* rye
seigneur [sɛɲœʀ] *nm* lord; **le S~** the Lord
seigneurial, e, -aux [sɛɲœʀjal, -o] *adj* lordly, stately
sein [sɛ̃] *nm* breast; (*entrailles*) womb; **au ~ de** *prép* (*équipe, institution*) within; (*flots, bonheur*) in the midst of; **donner le ~ à** (*bébé*) to feed (at the breast); to breast-feed; **nourrir au ~** to breast-feed
Seine [sɛn] *nf* : **la ~** the Seine
séisme [seism] *nm* earthquake
séismique *etc* [seismik] *adj voir* **sismique** *etc*
seize [sɛz] *num* sixteen
seizième [sɛzjɛm] *num* sixteenth
séjour [seʒuʀ] *nm* stay; (*pièce*) living room
séjourner [seʒuʀne] /**1**/ *vi* to stay
sel [sɛl] *nm* salt; (*fig*) wit; (*: piquant*) spice; **~ de cuisine/de table** cooking/table salt; **~ gemme** rock salt; **sels de bain** bath salts
sélect, e [selɛkt] *adj* select
sélectif, -ive [selɛktif, -iv] *adj* selective
sélection [selɛksjɔ̃] *nf* selection; **faire/opérer une ~ parmi** to make a selection from among; **épreuve de ~** (*Sport*) trial (for selection); **~ naturelle** natural selection; **~ professionnelle** professional recruitment
sélectionné, e [selɛksjɔne] *adj* (*joueur*) selected; (*produit*) specially selected
sélectionner [selɛksjɔne] /**1**/ *vt* to select
sélectionneur, -euse [selɛksjɔnœʀ, -øz] *nm/f* selector
sélectivement [selɛktivmɑ̃] *adv* selectively
sélectivité [selɛktivite] *nf* selectivity
self [sɛlf] *nm* (*fam*) self-service
self-service [sɛlfsɛʀvis] *adj* self-service ▸ *nm* self-service (restaurant); (*magasin*) self-service shop
selle [sɛl] *nf* saddle; **aller à la ~** (*Méd*) to have a bowel movement; **se mettre en ~** to mount, get into the saddle; **selles** *nfpl* (*Méd*) stools
seller [sele] /**1**/ *vt* to saddle
sellette [sɛlɛt] *nf* : **être sur la ~** to be on the carpet (*fig*)
sellier [selje] *nm* saddler
selon [s(ə)lɔ̃] *prép* according to; (*en se conformant à*) in accordance with; **~ moi** as I see it; **~ que** according to, depending on whether
SEm *sigle f* (= *Son Éminence*) HE
semailles [s(ə)mɑj] *nfpl* sowing *sg*
semaine [s(ə)mɛn] *nf* week; (*salaire*) week's wages *ou* pay, weekly wages *ou* pay; **en ~** during the week, on weekdays; **à la petite ~** from day to day; **la ~ sainte** Holy Week
semainier [s(ə)menje] *nm* (*bracelet*) bracelet made up of seven bands; (*calendrier*) desk diary; (*meuble*) chest of (seven) drawers
sémantique [semɑ̃tik] *adj* semantic ▸ *nf* semantics *sg*
sémaphore [semafɔʀ] *nm* (*Rail*) semaphore signal
semblable [sɑ̃blabl] *adj* similar; (*de ce genre*) : **de semblables mésaventures** such mishaps; **~ à** similar to, like ▸ *nm* fellow creature *ou* man
semblant [sɑ̃blɑ̃] *nm* : **un ~ de vérité** a semblance of truth; **faire ~ (de faire)** to pretend (to do)
sembler [sɑ̃ble] /**1**/ *vb copule* to seem; **~ être** to seem to be ▸ *vb impers* : **il semble (bien) que/inutile de** it (really) seems *ou* appears that/useless to; **il me semble (bien) que** it (really) seems to me that, I (really) think that; **il me semble le connaître** I think *ou* I've a feeling I know him; **comme bon lui semble** as he sees fit; **me semble-t-il, à ce qu'il me semble** it seems to me, to my mind
semelle [s(ə)mɛl] *nf* sole; (*intérieure*) insole, inner sole; **battre la ~** to stamp one's feet (to keep them warm); (*fig*) to hang around (waiting); **semelles compensées** platform soles
semence [s(ə)mɑ̃s] *nf* (*graine*) seed; (*clou*) tack
semer [s(ə)me] /**5**/ *vt* to sow; (*fig : éparpiller*) to scatter; (*: confusion*) to spread; (*fam : poursuivants*) to lose, shake off; **~ la discorde parmi** to sow discord among; **semé de** (*difficultés*) riddled with

semestre [s(ə)mɛstʀ] *nm* half-year; (*Scol*) semester
semestriel, le [s(ə)mɛstʀijɛl] *adj* half-yearly; semestral
semeur, -euse [s(ə)mœʀ, -øz] *nm/f* sower
semi-automatique [səmiɔtɔmatik] *adj* semiautomatic
semiconducteur [səmikɔ̃dyktœʀ] *nm* (*Inform*) semiconductor
semi-conserve [səmikɔ̃sɛʀv(ə)] *nf* semi-perishable foodstuff
semi-fini [səmifini] *adj m* (*produit*) semi-finished
semi-liberté [səmilibɛʀte] *nf* (*Jur*) partial release from prison (*in order to follow a profession or undergo medical treatment*)
sémillant, e [semijɑ̃, -ɑ̃t] *adj* vivacious; dashing
séminaire [seminɛʀ] *nm* seminar; (*Rel*) seminary; **~ en ligne** webinar
séminariste [seminaʀist] *nm* seminarist
sémiologie [semjɔlɔʒi] *nf* semiology
semi-public, -ique [səmipyblik] *adj* (*Jur*) semipublic
semi-remorque [səmiʀəmɔʀk] *nf* trailer ▸ *nm* articulated lorry (*Brit*), semi(trailer) (*US*)
semis [s(ə)mi] *nm* (*terrain*) seedbed, seed plot; (*plante*) seedling
sémite [semit] *adj* Semitic
sémitique [semitik] *adj* Semitic
semoir [səmwaʀ] *nm* seed-bag; seeder
semonce [səmɔ̃s] *nf* : **un coup de ~** a shot across the bows
semoule [s(ə)mul] *nf* semolina; **~ de riz** ground rice
sempiternel, le [sɛ̃pitɛʀnɛl] *adj* eternal, never-ending
sénat [sena] *nm* senate

Sénat

The **Sénat** is the upper house of the French parliament and is housed in the *Palais du Luxembourg* in Paris. Every three years one half of its members, called *sénateurs*, are elected for a six-year term by an electoral college consisting of the *députés* and other elected representatives. The *Sénat* has a wide range of powers but can be overridden by the lower house, the *Assemblée nationale*, in the event of dispute.

sénateur, -trice [senatœʀ, -tʀis] *nm/f* senator
sénatorial, e, -aux [senatɔʀjal, -o] *adj* senatorial, Senate *cpd*
Sénégal [senegal] *nm* : **le ~** Senegal
sénégalais, e [senegalɛ, -ɛz] *adj* Senegalese
sénevé [sɛnve] *nm* (*Bot*) mustard; (*graine*) mustard seed
sénile [senil] *adj* senile
sénilité [senilite] *nf* senility
senior [senjɔʀ] *nmf* (*Sport*) senior
sens [sɑ̃s] *vb voir* **sentir** ▸ *nm* (*Physiol : instinct*) sense; (*signification*) meaning, sense; (*direction*) direction, way ▸ *nmpl* (*sensualité*) senses; **reprendre ses ~** to regain consciousness; **avoir le ~ des affaires/de la mesure** to have business sense/a sense of moderation; **ça n'a pas de ~** that doesn't make (any) sense; **en dépit du bon ~** contrary to all good sense; **tomber sous le ~** to stand to reason, be perfectly obvious; **en un ~, dans un ~** in a way; **en ce ~ que** in the sense that; **à mon ~** to my mind; **dans le ~ des aiguilles d'une montre** clockwise; **dans le ~ contraire des aiguilles d'une montre** anticlockwise; **dans le ~ de la longueur/largeur** lengthways/widthways; **dans le mauvais ~** (*aller*) the wrong way; in the wrong direction; **bon ~** good sense; **~ commun** common sense; **~ dessus dessous** upside down; **~ interdit, ~ unique** one-way street
sensass [sɑ̃sas] *adj inv* (*fam*) fantastic
sensation [sɑ̃sasjɔ̃] *nf* sensation; **faire ~** to cause a sensation, create a stir; **à ~** (*péj*) sensational
sensationnalisme [sɑ̃sasjɔnalism] *nm* sensationalism
sensationnel, le [sɑ̃sasjɔnɛl] *adj* sensational, fantastic
sensé, e [sɑ̃se] *adj* sensible
sensibilisation [sɑ̃sibilizasjɔ̃] *nf* consciousness-raising; **une campagne de ~ de l'opinion** a campaign to raise public awareness
sensibiliser [sɑ̃sibilize] /1/ *vt* to make aware of; **être sensibilisé(e) à** to have been made aware of; **~ qn (à)** to make sb sensitive (to), to make sb aware (of)
sensibilité [sɑ̃sibilite] *nf* sensitivity; (*affectivité, émotivité*) sensitivity, sensibility
sensible [sɑ̃sibl] *adj* sensitive; (*aux sens*) perceptible; (*appréciable : différence, progrès*) appreciable, noticeable; (*quartier*) problem *cpd*; **~ à** sensitive to
sensiblement [sɑ̃sibləmɑ̃] *adv* (*notablement*) appreciably, noticeably; (*à peu près*) : **ils ont ~ le même poids** they weigh approximately the same
sensiblerie [sɑ̃sibləʀi] *nf* sentimentality; squeamishness
sensitif, -ive [sɑ̃sitif, -iv] *adj* (*nerf*) sensory; (*personne*) oversensitive
sensoriel, le [sɑ̃sɔʀjɛl] *adj* sensory, sensorial
sensualité [sɑ̃sɥalite] *nf* sensuality, sensuousness
sensuel, le [sɑ̃sɥɛl] *adj* (*personne*) sensual; (*musique*) sensuous
sent [sɑ̃] *vb voir* **sentir**
sente [sɑ̃t] *nf* path
sentence [sɑ̃tɑ̃s] *nf* (*Jur : jugement*) sentence; (*adage*) maxim
sentencieusement [sɑ̃tɑ̃sjøzmɑ̃] *adv* sententiously
sentencieux, -euse [sɑ̃tɑ̃sjø, -øz] *adj* sententious
senteur [sɑ̃tœʀ] *nf* scent, perfume
senti, e [sɑ̃ti] *adj* : **bien ~** (*mots etc*) well-chosen
sentier [sɑ̃tje] *nm* path
sentiment [sɑ̃timɑ̃] *nm* feeling; (*conscience, impression*) : **avoir le ~ de/que** to be aware of/have the feeling that; **recevez mes sentiments respectueux** (*personne nommée*) yours sincerely; (*personne non nommée*) yours

S

faithfully; **faire du ~** (*péj*) to be sentimental; **si vous me prenez par les sentiments** if you appeal to my feelings
sentimental, e, -aux [sɑ̃timɑ̃tal, -o] *adj* sentimental; (*vie, aventure*) love *cpd*
sentimentalisme [sɑ̃timɑ̃talism] *nm* sentimentalism
sentimentalité [sɑ̃timɑ̃talite] *nf* sentimentality
sentinelle [sɑ̃tinɛl] *nf* sentry; **en ~** standing guard; (*soldat : en faction*) on sentry duty
sentir [sɑ̃tiʀ] /**16**/ *vt* (*par l'odorat*) to smell; (*par le goût*) to taste; (*au toucher, fig*) to feel; (*répandre une odeur de*) to smell of; (*: ressemblance*) to smell like; (*avoir la saveur de*) to taste of; to taste like; (*fig : dénoter, annoncer*) to be indicative of; to smack of; to foreshadow; **il ne peut pas le ~** (*fam*) he can't stand him ▸ *vi* to smell; **~ mauvais** to smell bad; **se sentir** *vpr* : **se ~ bien** to feel good; **se ~ mal** (*être indisposé*) to feel unwell *ou* ill; **je ne me sens pas bien** I don't feel well; **se ~ le courage/la force de faire** to feel brave/strong enough to do; **ne plus se ~ de joie** to be beside o.s. with joy
seoir [swaʀ] /**26**/ : **~ à** *vt* to become, befit; **comme il (leur) sied** as it is fitting (to them)
Séoul [seul] *n* Seoul
SEP *sigle f* (*= sclérose en plaques*) MS
séparation [sepaʀasjɔ̃] *nf* separation; (*cloison*) division, partition; **~ de biens** division of property (*in marriage settlement*); **~ de corps** legal separation
séparatisme [sepaʀatism] *nm* separatism
séparatiste [sepaʀatist] *adj, nmf* (*Pol*) separatist
séparé, e [sepaʀe] *adj* (*appartements, pouvoirs*) separate; (*époux*) separated; **~ de** separate from; separated from
séparément [sepaʀemɑ̃] *adv* separately
séparer [sepaʀe] /**1**/ *vt* (*gén*) to separate; (*désunir : divergences etc*) to divide; to drive apart; (*: différences, obstacles*) to stand between; (*détacher*) : **~ qch de** to pull sth (off) from; (*dissocier*) to distinguish between; (*diviser*) : **~ qch par** to divide sth (up) with; **~ une pièce en deux** to divide a room into two; **se séparer** *vpr* (*époux*) to separate, part; (*prendre congé : amis etc*) to part, leave each other; (*: adversaires*) to separate; (*se diviser : route, tige etc*) to divide; (*se détacher*) : **se ~ (de)** to split off (from); to come off; **se ~ de** (*époux*) to separate *ou* part from; (*employé, objet personnel*) to part with
sépharade, séfarade [sefaʀad] *adj* Sephardic ▸ *nmf* Sephardi, Sephardic Jew
sépia [sepja] *nf* sepia
sept [sɛt] *num* seven
septante [sɛptɑ̃t] *num* (Belgique, Suisse) seventy
septembre [sɛptɑ̃bʀ] *nm* September; *voir aussi* **juillet**
septennal, e, -aux [sɛptenal, -o] *adj* seven-year; (*festival*) seven-year, septennial
septennat [sɛptena] *nm* seven-year term (of office)
septentrional, e, -aux [sɛptɑ̃tʀijɔnal, -o] *adj* northern
septicémie [sɛptisemi] *nf* blood poisoning, septicaemia
septième [sɛtjɛm] *num* seventh; **être au ~ ciel** to be on cloud nine
septique [sɛptik] *adj* : **fosse ~** septic tank
septuagénaire [sɛptɥaʒenɛʀ] *adj, nmf* septuagenarian
sépulcral, e, -aux [sepylkʀal, -o] *adj* (*voix*) sepulchral
sépulcre [sepylkʀ] *nm* sepulchre
sépulture [sepyltyʀ] *nf* burial; (*tombeau*) burial place, grave
séquelles [sekɛl] *nfpl* after-effects; (*fig*) aftermath *sg*; consequences
séquençage [sekɑ̃saʒ] *nm* (*de génome*) sequencing
séquence [sekɑ̃s] *nf* sequence
séquencer [sekɑ̃se] *vt* (*génome, production*) to sequence
séquentiel, le [sekɑ̃sjɛl] *adj* sequential
séquestration [sekɛstʀasjɔ̃] *nf* illegal confinement; impounding
séquestre [sekɛstʀ] *nm* impoundment; **mettre sous ~** to impound
séquestrer [sekɛstʀe] /**1**/ *vt* (*personne*) to confine illegally; (*biens*) to impound
séquoia [sekɔja] *nm* sequoia
serai *etc* [səʀe] *vb voir* **être**
sérail [seʀaj] *nm* seraglio; harem; **rentrer au ~** to return to the fold
serbe [sɛʀb] *adj* Serbian ▸ *nm* (*Ling*) Serbian ▸ *nmf* : **Serbe** Serb
Serbie [sɛʀbi] *nf* : **la ~** Serbia
serbo-croate [sɛʀbɔkʀɔat] *adj* Serbo-Croat, Serbo-Croatian ▸ *nm* (*Ling*) Serbo-Croat
serein, e [səʀɛ̃, -ɛn] *adj* serene; (*jugement*) dispassionate
sereinement [səʀɛnmɑ̃] *adv* serenely
sérénade [seʀenad] *nf* serenade; (*fam*) hullabaloo
sérénité [seʀenite] *nf* serenity
serez [səʀe] *vb voir* **être**
serf, serve [sɛʀ, sɛʀv] *nm/f* serf
serfouette [sɛʀfwɛt] *nf* weeding hoe
serge [sɛʀʒ] *nf* serge
sergent [sɛʀʒɑ̃] *nm* sergeant
sergent-chef [sɛʀʒɑ̃ʃɛf] (*pl* **sergents-chefs**) *nm* staff sergeant
sergent-major [sɛʀʒɑ̃maʒɔʀ] (*pl* **sergents-majors**) *nm* ≈ quartermaster sergeant
sériciculture [seʀisikyltyʀ] *nf* silkworm breeding, sericulture
série [seʀi] *nf* (*de questions, d'accidents, TV*) series *inv*; (*de clés, casseroles, outils*) set; (*catégorie : Sport*) rank; class; **en ~** in quick succession; (*Comm*) mass *cpd*; **de ~** *adj* (*voiture*) standard; **hors ~** (*Comm*) custom-built; (*fig*) outstanding; **imprimante ~** (*Inform*) serial printer; **soldes de fin de séries** end of line special offers; **~ noire** *nm* (crime) thriller; *nf* (*suite de malheurs*) run of bad luck
sérier [seʀje] /**7**/ *vt* to classify, sort out
sérieusement [seʀjøzmɑ̃] *adv* seriously; reliably; responsibly; **il parle ~** he's serious, he means it; **~ ?** are you serious?, do you mean it?

sérieux, -euse [seʀjø, -øz] *adj* serious; (*élève, employé*) reliable, responsible; (*client, maison*) reliable, dependable; (*offre, proposition*) genuine, serious; (*grave, sévère*) serious, solemn; (*maladie, situation*) serious, grave; (*important*) considerable; **ce n'est pas ~** (*raisonnable*) that's not on ▸ *nm* seriousness; (*d'une entreprise etc*) reliability; **garder son ~** to keep a straight face; **manquer de ~** not to be very responsible (*ou* reliable); **prendre qch/qn au ~** to take sth/sb seriously
sérigraphie [seʀigʀafi] *nf* silk screen printing
serin [s(ə)ʀɛ̃] *nm* canary
seriner [s(ə)ʀine] /1/ *vt* : **~ qch à qn** to drum sth into sb
seringue [s(ə)ʀɛ̃g] *nf* syringe
serions *etc* [səʀjɔ̃] *vb voir* **être**
serment [sɛʀmɑ̃] *nm* (*juré*) oath; (*promesse*) pledge, vow; **prêter ~** to take the *ou* an oath; **faire le ~ de** to take a vow to, swear to; **sous ~** on *ou* under oath
sermon [sɛʀmɔ̃] *nm* sermon; (*péj*) sermon, lecture
sermonner [sɛʀmɔne] /1/ *vt* to lecture
sérologie [seʀɔlɔʒi] *nf* serology
séronégatif, -ive [seʀonegatif, -iv] *adj* HIV negative
séropositif, -ive [seʀopozitif, -iv] *adj* HIV positive
séropositivité [seʀopozitivite] *nf* HIV positivity, seropositivity
sérotonine [seʀɔtɔnin] *nf* serotonin
serpe [sɛʀp] *nf* billhook
serpent [sɛʀpɑ̃] *nm* snake; **~ à sonnettes** rattlesnake; **~ monétaire (européen)** (European) monetary snake
serpenter [sɛʀpɑ̃te] /1/ *vi* to wind
serpentin [sɛʀpɑ̃tɛ̃] *nm* (*tube*) coil; (*ruban*) streamer
serpillière [sɛʀpijɛʀ] *nf* floorcloth
serpolet [sɛʀpɔlɛ] *nm* wild thyme
serrage [sɛʀaʒ] *nm* tightening; **collier de ~** clamp
serre [sɛʀ] *nf* (*Agr*) greenhouse; **~ chaude** hothouse; **~ froide** unheated greenhouse; **serres** *nfpl* (*griffes*) claws, talons
serré, e [seʀe] *adj* (*tissu*) closely woven; (*réseau*) dense; (*écriture*) close; (*habits*) tight; (*fig* : *lutte, match*) tight, close-fought; (*passagers etc*) (tightly) packed; (*café*) strong; **avoir la gorge serrée** to have a lump in one's throat; **avoir le cœur ~** to have a heavy heart ▸ *adv* : **jouer ~** to play it close, play a close game; **écrire ~** to write a cramped hand
serre-livres [sɛʀlivʀ] *nm inv* book ends *pl*
serrement [sɛʀmɑ̃] *nm* : **~ de main** handshake; **~ de cœur** pang of anguish
serrer [seʀe] /1/ *vt* (*tenir*) to grip *ou* hold tight; (*comprimer, coincer*) to squeeze; (*poings, mâchoires*) to clench; (*vêtement*) to be too tight for; to fit tightly; (*rapprocher*) to close up, move closer together; (*ceinture, nœud, frein, vis*) to tighten; **~ la main à qn** to shake sb's hand; **~ qn dans ses bras** to hug sb, clasp sb in one's arms; **~ la gorge à qn** (*chagrin*) to bring a lump to sb's throat; **~ les dents** to clench *ou* grit one's teeth; **~ qn de près** to follow close behind sb; **~ le trottoir** to hug the kerb; **~ sa droite** to keep well to the right; **~ la vis à qn** to crack down harder on sb; **~ les rangs** to close ranks ▸ *vi* : **~ à droite** to keep to the right; to move into the right-hand lane; **se serrer** *vpr* (*se rapprocher*) to squeeze up; **se ~ contre qn** to huddle up to sb; **se ~ les coudes** to stick together, back one another up; **se ~ la ceinture** to tighten one's belt
serre-tête [sɛʀtɛt] *nm* (*bandeau*) headband; (*bonnet*) skullcap
serrure [seʀyʀ] *nf* lock
serrurerie [seʀyʀʀi] *nf* (*métier*) locksmith's trade; (*ferronnerie*) ironwork; **~ d'art** ornamental ironwork
serrurier [seʀyʀje] *nm* locksmith
sers, sert [sɛʀ] *vb voir* **servir**
sertir [sɛʀtiʀ] /2/ *vt* (*pierre*) to set; (*pièces métalliques*) to crimp
sérum [seʀɔm] *nm* serum; **~ antivenimeux** snakebite serum; **~ sanguin** (blood) serum
servage [sɛʀvaʒ] *nm* serfdom
servant [sɛʀvɑ̃] *nm* server
servante [sɛʀvɑ̃t] *nf* (maid)servant
serve [sɛʀv] *nf voir* **serf** ▸ *vb voir* **servir**
serveur, -euse [sɛʀvœʀ, -øz] *nm/f* waiter (waitress) ▸ *nm* (*Inform*) server ▸ *adj* : **centre ~** (*Inform*) service centre
servi, e [sɛʀvi] *adj* : **être bien ~** to get a large helping (*ou* helpings); **vous êtes ~ ?** are you being served?
serviable [sɛʀvjabl] *adj* obliging, willing to help
service [sɛʀvis] *nm* (*gén*) service; (*série de repas*) : **premier ~** first sitting; (*pourboire*) service (charge); (*assortiment de vaisselle*) set, service; (*linge de table*) set; (*bureau* : *de la vente etc*) department, section; (*travail*) : **pendant le ~** on duty; **faire le ~** to serve; **être en ~ chez qn** (*domestique*) to be in sb's service; **être au ~ de** (*patron, patrie*) to be in the service of; **être au ~ de qn** (*collaborateur, voiture*) to be at sb's service; **porte de ~** tradesman's entrance; **rendre ~ à qn** to help sb; (*objet* : *s'avérer utile*) to come in useful *ou* handy for sb; **il aime rendre ~** he likes to help; **rendre un ~ à qn** to do sb a favour; **heures de ~** hours of duty; **être de ~** to be on duty; **reprendre du ~** to get back into action; **avoir 25 ans de ~** to have completed 25 years' service; **être/mettre en ~** to be in/put into service *ou* operation; **~ compris/non compris** service included/not included, inclusive/exclusive of service; **hors ~** not in use; out of order; **~ à thé/café** tea/coffee set *ou* service; **~ après-vente** after-sales service; **en ~ commandé** on an official assignment; **~ funèbre** funeral service; **~ militaire** military service; **~ d'ordre** police (*ou* stewards) in charge of maintaining order; **services** *nmpl* (*travail, Écon*) services; **services publics** public services, (public) utilities; **services secrets** secret service *sg*; **services sociaux** social services

S

serviette [sɛʀvjɛt] *nf* (*de table*) (table) napkin, serviette; (*de toilette*) towel; (*porte-documents*) briefcase; **~ éponge** terry towel; **~ hygiénique** sanitary towel
servile [sɛʀvil] *adj* servile
servilement [sɛʀvilmɑ̃] *adv* slavishly
servir [sɛʀviʀ] /**14**/ *vt* (*gén*) to serve; (*dîneur : au restaurant*) to wait on; (*client : au magasin*) to serve, attend to; (*fig : aider*) : **~ qn** to aid sb; to serve sb's interests; to stand sb in good stead; (*Comm : rente*) to pay; (*s'approvisionner*) **vous êtes servi ?** are you being served?; **sers-toi !** help yourself!; **~ qch à qn** to serve sb with sth, help sb to sth; **qu'est-ce que je vous sers ?** what can I get you?; **~ à qn** (*diplôme, livre*) to be of use to sb; **~ à qch/à faire** (*outil etc*) to be used for sth/for doing; **ça peut ~** it may come in handy; **à quoi cela sert-il (de faire) ?** what's the use (of doing)?; **ça ne sert à rien** it's no use; **~ (à qn) de ...** to serve as ... (for sb); **~ à dîner (à qn)** to serve dinner (to sb); **ça m'a servi pour faire** it was useful to me when I did; I used it to do ▸ *vi* (*Tennis*) to serve; (*Cartes*) to deal; (*être militaire*) to serve; **se servir** *vpr* (*prendre d'un plat*) to help o.s.; **se ~ chez** to shop at; **se ~ de** (*plat*) to help o.s. to; (*voiture, outil, relations*) to use
serviteur [sɛʀvitœʀ] *nm* servant
servitude [sɛʀvityd] *nf* servitude; (*fig*) constraint; (*Jur*) easement
servofrein [sɛʀvɔfʀɛ̃] *nm* servo(-assisted) brake
servomécanisme [sɛʀvɔmekanism] *nm* servo system
ses [se] *adj poss voir* **son¹**
sésame [sezam] *nm* (*Bot*) sesame; (*graine*) sesame seed
session [sesjɔ̃] *nf* session
set [sɛt] *nm* set; (*napperon*) placemat; **~ de table** set of placemats
seuil [sœj] *nm* doorstep; (*fig*) threshold; **sur le ~ de la maison** in the doorway of his house, on his doorstep; **au ~ de** (*fig*) on the threshold *ou* brink *ou* edge of; **~ de rentabilité** (*Comm*) breakeven point
seul, e [sœl] *adj* (*sans compagnie*) alone; (*avec nuance affective : isolé*) lonely; (*unique*) : **un ~ livre** only one book, a single book; **le ~ livre** the only book; **d'un ~ coup** (*soudainement*) all at once; (*à la fois*) at one blow; (*vivre*) alone, on one's own; **faire qch (tout) ~** to do sth (all) on one's own *ou* (all) by oneself; **~ ce livre, ce livre ~** this book alone, only this book; **à lui (tout) ~** single-handed, on his own; **se sentir ~** to feel lonely; **parler tout ~** to talk to oneself ▸ *nm/f* : **il en reste un(e) ~(e)** there's only one left; **pas un(e) ~(e)** not a single; **~ à ~** in private
seulement [sœlmɑ̃] *adv* only; **~ cinq, cinq ~** only five; **~ eux** only them, them alone; **~ hier/à 10h** only yesterday/at 10 o'clock; **il consent, ~ il demande des garanties** he agrees, only he wants guarantees; **non ~ ... mais aussi** *ou* **encore** not only ... but also
sève [sɛv] *nf* sap
sévère [sevɛʀ] *adj* severe
sévèrement [sevɛʀmɑ̃] *adv* severely
sévérité [seveʀite] *nf* severity
sévices [sevis] *nmpl* (physical) cruelty *sg*, ill treatment *sg*
Séville [sevil] *n* Seville
sévir [seviʀ] /**2**/ *vi* (*punir*) to use harsh measures, crack down; (*fléau*) to rage, be rampant; **~ contre** (*abus*) to deal ruthlessly with, crack down on
sevrage [səvʀaʒ] *nm* weaning; deprivation; (*d'un toxicomane*) withdrawal
sevrer [səvʀe] /**5**/ *vt* to wean; (*fig*) : **~ qn de** to deprive sb of
sexagénaire [sɛgzaʒenɛʀ] *adj, nmf* sexagenarian
SExc *sigle f* (= *Son Excellence*) HE
sexe [sɛks] *nm* sex; (*organe mâle*) member
sexisme [sɛksism] *nm* sexism
sexiste [sɛksist] *adj, nm* sexist
sexologie [sɛksɔlɔʒi] *nf* sexology
sexologue [sɛksɔlɔg] *nmf* sexologist, sex specialist
sextant [sɛkstɑ̃] *nm* sextant
sexualité [sɛksɥalite] *nf* sexuality
sexué, e [sɛksɥe] *adj* sexual
sexuel, le [sɛksɥɛl] *adj* sexual; **acte ~** sex act
sexuellement [sɛksɥɛlmɑ̃] *adv* sexually
sexy [sɛksi] *adj* sexy ▸ *adv* : **s'habiller ~** to dress sexily
seyait [sejɛ] *vb voir* **seoir**
seyant, e [sɛjɑ̃, -ɑ̃t] *vb voir* **seoir** ▸ *adj* becoming
Seychelles [seʃɛl] *nfpl* : **les ~** the Seychelles
SG *sigle m* = **secrétaire général(e)**
SGEN *sigle m* (= *Syndicat général de l'éducation nationale*) *teachers' trade union*
shaker [ʃɛkœʀ] *nm* (cocktail) shaker
shampooiner [ʃɑ̃pwine] /**1**/ *vt* to shampoo
shampooineur, -euse [ʃɑ̃pwinœʀ, -øz] *nm/f* (*personne*) junior (*who does the shampooing*)
shampooing [ʃɑ̃pwɛ̃] *nm* shampoo; **se faire un ~** to shampoo one's hair; **~ colorant** (colour) rinse; **~ traitant** medicated shampoo
Shetland [ʃɛtlɑ̃d] *n* : **les îles ~** the Shetland Islands, Shetland
shetland [ʃɛtlɑ̃d] *nm* (*laine*) Shetland wool; (*aussi* : **pull shetland**) Shetland jumper; (*poney*) Shetland pony
shiite [ʃiit] *adj, nmf* Shiite
shit [ʃit] *nm* (*fam*) hash (*fam*)
shoot [ʃut] *nm* (*Football*) shot
shooter [ʃute] /**1**/ *vi* (*Football*) to shoot; **se shooter** *vpr* (*drogué*) to mainline
shopping [ʃɔpiŋ] *nm* : **faire du ~** to go shopping
short [ʃɔʀt] *nm* (pair of) shorts *pl*
SI *sigle m* = **syndicat d'initiative**

MOT-CLÉ

si [si] *adv* **1** (*oui*) yes; **« Paul n'est pas venu » — « si ! »** "Paul hasn't come" — "Yes he has!"; **je vous assure que si** I assure you he did/she is *etc*
2 (*tellement*) so; **si gentil/rapidement** so kind/fast; **(tant et) si bien que** so much so that; **si rapide qu'il soit** however fast he may be
▸ *conj* if; **si tu veux** if you want; **je me demande si** I wonder if *ou* whether; **si j'étais toi** if I were you; **si seulement** if only; **si ce**

n'est que apart from; **une des plus belles, si ce n'est la plus belle** one of the most beautiful, if not THE most beautiful; **s'il est aimable, eux par contre ...** while *ou* whereas he's nice, they (on the other hand) ...
▸ *nm* (*Mus*) B; (*: en chantant la gamme*) ti

siamois, e [sjamwa, -waz] *adj* Siamese; **frères/sœurs ~(es)** Siamese twins
Sibérie [sibeʀi] *nf* : **la ~** Siberia
sibérien, ne [sibeʀjɛ̃, -ɛn] *adj* Siberian ▸ *nm/f* : **Sibérien, ne** Siberian
sibyllin, e [sibilɛ̃, -in] *adj* sibylline
SICAV [sikav] *sigle f* (*= société d'investissement à capital variable*) *open-ended investment trust, share in such a trust*
Sicile [sisil] *nf* : **la ~** Sicily
sicilien, ne [sisiljɛ̃, -ɛn] *adj* Sicilian
sida [sida] *nm* (*= syndrome immuno-déficitaire acquis*) AIDS *sg*
sidéral, e, -aux [sideʀal, -o] *adj* sideral
sidérant, e [sideʀɑ̃, -ɑ̃t] *adj* staggering
sidéré, e [sideʀe] *adj* staggered
sidérurgie [sideʀyʀʒi] *nf* steel industry
sidérurgique [sideʀyʀʒik] *adj* steel *cpd*
sidérurgiste [sideʀyʀʒist] *nmf* steel worker
siècle [sjɛkl] *nm* century; (*époque*) : **le ~ des lumières/de l'atome** the age of enlightenment/atomic age; (*Rel*) : **le ~** the world
sied [sje] *vb voir* **seoir**
siège [sjɛʒ] *nm* seat; (*d'entreprise*) head office; (*d'organisation*) headquarters *pl*; (*Mil*) siege; **lever le ~** to raise the siege; **mettre le ~ devant** to besiege; **présentation par le ~** (*Méd*) breech presentation; **~ avant/arrière** (*Auto*) front/back seat; **~ baquet** bucket seat; **~ social** registered office
siéger [sjeʒe] /**3, 6**/ *vi* (*assemblée, tribunal*) to sit; (*résider, se trouver*) to lie, be located
sien, ne [sjɛ̃, sjɛn] *pron* : **le (la) ~(ne), les ~(ne)s** (*d'un homme*) his; (*d'une femme*) hers; (*d'une chose*) its; **y mettre du ~** to pull one's weight; **faire des siennes** (*fam*) to be up to one's (usual) tricks; **les siens** (*sa famille*) one's family
siérait *etc* [sjeʀɛ] *vb voir* **seoir**
Sierra Leone [sjɛʀaleɔne] *nf* : **la ~** Sierra Leone
sieste [sjɛst] *nf* (afternoon) snooze *ou* nap, siesta; **faire la ~** to have a snooze *ou* nap
sieur [sjœʀ] *nm* : **le ~ Thomas** Mr Thomas; (*en plaisantant*) Master Thomas
sifflant, e [siflɑ̃, -ɑ̃t] *adj* (*bruit*) whistling; (*toux*) wheezing; **(consonne) sifflante** sibilant
sifflement [sifləmɑ̃] *nm* whistle, whistling *no pl*; wheezing *no pl*; hissing *no pl*
siffler [sifle] /**1**/ *vi* (*gén*) to whistle; (*avec un sifflet*) to blow (on) one's whistle; (*en respirant*) to wheeze; (*serpent, vapeur*) to hiss ▸ *vt* (*chanson*) to whistle; (*chien etc*) to whistle for; (*fille*) to whistle at; (*pièce, orateur*) to hiss, boo; (*faute*) to blow one's whistle at; (*fin du match, départ*) to blow one's whistle for; (*fam : verre, bouteille*) to guzzle, knock back (Brit)
sifflet [siflɛ] *nm* whistle; **coup de ~** whistle; **sifflets** *nmpl* (*de mécontentement*) whistles, boos
siffloter [siflɔte] /**1**/ *vi, vt* to whistle
sigle [sigl] *nm* acronym, (set of) initials *pl*
signal, -aux [siɲal, -o] *nm* (*signe convenu, appareil*) signal; (*indice, écriteau*) sign; **donner le ~ de** to give the signal for; **~ d'alarme** alarm signal; **~ d'alerte/de détresse** warning/distress signal; **~ horaire** time signal; **~ optique/sonore** warning light/sound; visual/acoustic signal; **signaux (lumineux)** (*Auto*) traffic signals; **signaux routiers** road signs; (*lumineux*) traffic lights
signalement [siɲalmɑ̃] *nm* description, particulars *pl*
signaler [siɲale] /**1**/ *vt* to indicate; to announce; (*vol, perte*) to report; (*personne : faire un signe*) to signal; (*être l'indice de*) to indicate; **~ qch à qn/à qn que** to point out sth to sb/to sb that; **~ qn à la police** to bring sb to the notice of the police; **se ~ par** to distinguish o.s. by; **se ~ à l'attention de qn** to attract sb's attention
signalétique [siɲaletik] *adj* : **fiche ~** identification sheet
signalisation [siɲalizasjɔ̃] *nf* signalling, signposting; signals *pl*; roadsigns *pl*; **panneau de ~** roadsign
signaliser [siɲalize] /**1**/ *vt* to put up roadsigns on; to put signals on
signataire [siɲatɛʀ] *nmf* signatory
signature [siɲatyʀ] *nf* signature; (*action*) signing
signe [siɲ] *nm* sign; (*Typo*) mark; **ne pas donner ~ de vie** to give no sign of life; **c'est bon ~** it's a good sign; **c'est ~ que** it's a sign that; **faire un ~ de la main/tête** to give a sign with one's hand/shake one's head; **faire ~ à qn** (*fig : contacter*) to get in touch with sb; **faire ~ à qn d'entrer** to motion (to) sb to come in; **en ~ de** as a sign *ou* mark of; **le ~ de la croix** the sign of the Cross; **~ de ponctuation** punctuation mark; **~ du zodiaque** sign of the zodiac; **signes particuliers** distinguishing marks
signer [siɲe] /**1**/ *vt* to sign; **se signer** *vpr* to cross o.s.
signet [siɲɛ] *nm* bookmark
significatif, -ive [siɲifikatif, -iv] *adj* significant
signification [siɲifikasjɔ̃] *nf* meaning
signifier [siɲifje] /**7**/ *vt* (*vouloir dire*) to mean, signify; (*faire connaître*) : **~ qch (à qn)** to make sth known (to sb); (*Jur*) : **~ qch à qn** to serve notice of sth on sb
silence [silɑ̃s] *nm* silence; (*Mus*) rest; **garder le ~ (sur qch)** to keep silent (about sth), say nothing (about sth); **passer sous ~** to pass over (in silence); **réduire au ~** to silence
silencieusement [silɑ̃sjøzmɑ̃] *adv* silently
silencieux, -euse [silɑ̃sjø, -øz] *adj* quiet, silent ▸ *nm* silencer (Brit), muffler (US)
silex [silɛks] *nm* flint
silhouette [silwɛt] *nf* outline, silhouette; (*lignes, contour*) outline; (*figure*) figure
silice [silis] *nf* silica
siliceux, -euse [silisø, -øz] *adj* (*terrain*) chalky
silicium [silisjɔm] *nm* silicon; **plaquette de ~** silicon chip
silicone [silikon] *nf* silicone

S

silicose [silikoz] *nf* silicosis, dust disease
sillage [sijaʒ] *nm* wake; (*fig*) trail; **dans le ~ de** (*fig*) in the wake of
sillon [sijɔ̃] *nm* (*d'un champ*) furrow; (*de disque*) groove
sillonner [sijɔne] /1/ *vt* (*creuser*) to furrow; (*traverser*) to criss-cross, cross
silo [silo] *nm* silo
silure [silyʀ] *nm* catfish
simagrées [simagʀe] *nfpl* fuss *sg*; airs and graces
simiesque [simjɛsk] *adj* monkey-like, ape-like
similaire [similɛʀ] *adj* similar
similarité [similaʀite] *nf* similarity
simili [simili] *nm* imitation; (*Typo*) half-tone ▸ *nf* half-tone engraving
simili… [simili] *préfixe* imitation *cpd*, artificial
similicuir [similikɥiʀ] *nm* imitation leather
similigravure [similigʀavyʀ] *nf* half-tone engraving
similitude [similityd] *nf* similarity
simple [sɛ̃pl] *adj* (*gén*) simple; (*non multiple*) single; **~ soldat** private; **un ~ particulier** an ordinary citizen; **une ~ formalité** a mere formality; **dans le plus ~ appareil** in one's birthday suit ▸ *nm* : **cela varie du ~ au double** it can double, it can double the price *etc*; **~ messieurs/dames** *nm* (*Tennis*) men's/ladies' singles *sg* ▸ *nmf* : **~ d'esprit** simpleton; **simples** *nmpl* (*Méd*) medicinal plants
simplement [sɛ̃pləmɑ̃] *adv* simply
simplet, te [sɛ̃plɛ, -ɛt] *adj* (*personne*) simple-minded
simplicité [sɛ̃plisite] *nf* simplicity; **en toute ~** quite simply
simplification [sɛ̃plifikasjɔ̃] *nf* simplification
simplifier [sɛ̃plifje] /7/ *vt* to simplify
simpliste [sɛ̃plist] *adj* simplistic
simulacre [simylakʀ] *nm* enactment; (*péj*) : **un ~ de** a pretence of, a sham
simulateur, -trice [simylatœʀ, -tʀis] *nm/f* shammer, pretender; (*qui se prétend malade*) malingerer ▸ *nm* : **~ de vol** flight simulator
simulation [simylasjɔ̃] *nf* shamming, simulation; malingering
simuler [simyle] /1/ *vt* to sham, simulate
simultané, e [simyltane] *adj* simultaneous
simultanéité [simyltaneite] *nf* simultaneity
simultanément [simyltanemɑ̃] *adv* simultaneously
Sinaï [sinai] *nm* : **le ~** Sinai
sinapisme [sinapism] *nm* (*Méd*) mustard poultice
sincère [sɛ̃sɛʀ] *adj* sincere; genuine; heartfelt; **mes sincères condoléances** my deepest sympathy
sincèrement [sɛ̃sɛʀmɑ̃] *adv* sincerely; genuinely
sincérité [sɛ̃seʀite] *nf* sincerity; **en toute ~** in all sincerity
sinécure [sinekyʀ] *nf* sinecure
sine die [sinedje] *adv* sine die, indefinitely
sine qua non [sinekwanɔn] *adj* : **condition ~** indispensable condition
Singapour [sɛ̃gapuʀ] *nm* : **le ~** Singapore
singe [sɛ̃ʒ] *nm* monkey; (*de grande taille*) ape
singer [sɛ̃ʒe] /3/ *vt* to ape, mimic
singeries [sɛ̃ʒʀi] *nfpl* antics; (*simagrées*) airs and graces
singulariser [sɛ̃gylaʀize] /1/ *vt* to mark out; **se singulariser** *vpr* to call attention to o.s.
singularité [sɛ̃gylaʀite] *nf* peculiarity
singulier, -ière [sɛ̃gylje, -jɛʀ] *adj* remarkable, singular; (*Ling*) singular ▸ *nm* singular
singulièrement [sɛ̃gyljɛʀmɑ̃] *adv* singularly, remarkably
sinistre [sinistʀ] *adj* sinister; (*intensif*) : **un ~ imbécile** an absolute idiot ▸ *nm* (*incendie*) blaze; (*catastrophe*) disaster; (*Assurances*) damage (*giving rise to a claim*)
sinistré, e [sinistʀe] *adj* disaster-stricken ▸ *nm/f* disaster victim
sinistrose [sinistʀoz] *nf* pessimism
sino… [sino] *préfixe* : **sino-indien** Sino-Indian, Chinese-Indian
sinon [sinɔ̃] *conj* (*autrement, sans quoi*) otherwise, or else; (*sauf*) except, other than; (*si ce n'est*) if not
sinueux, -euse [sinɥø, -øz] *adj* winding; (*fig*) tortuous
sinuosité [sinɥozite] *nf* (*de route*) twists and turns *pl*; **sinuosités** *nfpl* (*de route, cours d'eau*) winding *sg*, curves; (*fig*) : **les sinuosités de son raisonnement** his tortuous train of thought
sinus [sinys] *nm* (*Anat*) sinus; (*Géom*) sine
sinusite [sinyzit] *nf* sinusitis, sinus infection
sinusoïdal, e, -aux [sinyzɔidal, -o] *adj* sinusoidal
sinusoïde [sinyzɔid] *nf* sinusoid
sionisme [sjɔnism] *nm* Zionism
sioniste [sjɔnist] *adj, nmf* Zionist
siphon [sifɔ̃] *nm* (*tube, d'eau gazeuse*) siphon; (*d'évier etc*) U-bend
siphonnage [sifɔnaʒ] *nm* (*de bac*) draining; (*d'eau, essence : aussi fig : de fonds, ressources*) siphoning off
siphonner [sifɔne] /1/ *vt* (*bac*) to drain; (*eau, essence : aussi fig : fonds, ressources*) to siphon off; **~ un réservoir d'essence** to siphon off the petrol from a tank
sire [siʀ] *nm* (*titre*) : **S~** Sire; **un triste ~** an unsavoury individual
sirène [siʀɛn] *nf* siren; **~ d'alarme** fire alarm; (*pendant la guerre*) air-raid siren
sirop [siʀo] *nm* (*à diluer : de fruit etc*) syrup, cordial (Brit); (*boisson*) fruit drink; (*pharmaceutique*) syrup, mixture; **~ de menthe** mint syrup *ou* cordial; **~ contre la toux** cough syrup *ou* mixture
siroter [siʀɔte] /1/ *vt* to sip
sirupeux, -euse [siʀypø, -øz] *adj* syrupy
sis, e [si, siz] *adj* : **~ rue de la Paix** located in the rue de la Paix
sisal [sizal] *nm* (*Bot*) sisal
sismique [sismik] *adj* seismic
sismographe [sismɔgʀaf] *nm* seismograph
sismologie [sismɔlɔʒi] *nf* seismology
sitar [sitaʀ] *nm* sitar
site [sit] *nm* (*paysage, environnement*) setting; (*d'une ville etc : emplacement*) site; **~ (pittoresque)**

beauty spot; **sites touristiques** places of interest; **sites naturels/historiques** natural/historic sites; **~ web** (*Inform*) website

sitôt [sito] *adv* : **~ parti** as soon as he *etc* had left; **~ après** straight after; **pas de ~** not for a long time; **~ (après) que** as soon as

situation [sitɥasjɔ̃] *nf* (*gén*) situation; (*d'un édifice, d'une ville*) situation, position; (*emplacement*) location; **être en ~ de faire qch** to be in a position to do sth; **~ de famille** marital status

situé, e [sitɥe] *adj* : **bien ~** well situated, in a good location; **~ à/près de** situated at/near

situer [sitɥe] /**1**/ *vt* to site, situate; (*en pensée*) to set, place; **se situer** *vpr* : **se ~ à/près de** to be situated at/near

SIVOM [sivɔm] *sigle m* (*= Syndicat intercommunal à vocation multiple*) *association of "communes"*

six [sis] *num* six

sixième [sizjɛm] *num* sixth ▸ *nf* (*Scol* : *classe*) year 7 (Brit), sixth grade (US); **en ~** in year 7 (Brit), in sixth grade (US)

skaï® [skaj] *nm* ≈ Leatherette®

skate [skɛt], **skate-board** [skɛtbɔʀd] *nm* (*sport*) skateboarding; (*planche*) skateboard

skateur, -euse [skɛtœʀ, øz] *nm/f*, **skater** [skɛtɛʀ] *nmf* skateboarder

sketch [skɛtʃ] *nm* (variety) sketch

ski [ski] *nm* (*objet*) ski; (*sport*) skiing; **faire du ~** to ski; **~ alpin** Alpine skiing; **~ court** short ski; **~ évolutif** short ski method; **~ de fond** cross-country skiing; **~ nautique** water-skiing; **~ de piste** downhill skiing; **~ de randonnée** cross-country skiing

skiable [skjabl] *adj* (*neige, pente*) skiable; *voir aussi* **domaine**

ski-bob [skibɔb] *nm* skibob

skier [skje] /**7**/ *vi* to ski

skieur, -euse [skjœʀ, -øz] *nm/f* skier

skif, skiff [skif] *nm* skiff

slalom [slalɔm] *nm* slalom; **faire du ~ entre** to slalom between

slalomer [slalɔme] /**1**/ *vi* (*entre des obstacles*) to weave in and out; (*Ski*) to slalom

slalomeur, -euse [slalɔmœʀ, -øz] *nm/f* (*Ski*) slalom skier

slam [slam] *nm* slam poetry

slave [slav] *adj* Slav(onic), Slavic ▸ *nm* (*Ling*) Slavonic ▸ *nmf* : **Slave** Slav

slip [slip] *nm* (*sous-vêtement*) underpants *pl*, pants *pl* (Brit), briefs *pl*; (*de bain* : *d'homme*) trunks *pl*; (: *du bikini*) (bikini) briefs *pl*

slogan [slɔgɑ̃] *nm* slogan

slovaque [slɔvak] *adj* Slovak ▸ *nm* (*Ling*) Slovak ▸ *nmf* : **Slovaque** Slovak

Slovaquie [slɔvaki] *nf* : **la ~** Slovakia

slovène [slɔvɛn] *adj* Slovene ▸ *nm* (*Ling*) Slovene ▸ *nmf* : **Slovène** Slovene

Slovénie [slɔveni] *nf* : **la ~** Slovenia

slow [slo] *nm* (*danse*) slow number

SM *sigle f* (*= Sa Majesté*) HM

smartphone [smaʀtfɔn] *nm* (*Inform*) smartphone

smash [smaʃ] *nm* (*Tennis, Volley-ball*) smash

smasher [smaʃe] /**1**/ *vi* to smash the ball ▸ *vt* (*balle*) to smash

SMIC [smik] *sigle m* = **salaire minimum interprofessionnel de croissance**

SMIC

In France, the **SMIC** (*salaire minimum interprofessionnel de croissance*) is the minimum hourly rate which workers over the age of 18 must legally be paid. It is index-linked and is raised on 1 January of every year as well as whenever the cost-of-living index goes above 2%.

smicard, e [smikaʀ, -aʀd] *nm/f* minimum wage earner

smocks [smɔk] *nmpl* (*Couture*) smocking *no pl*

smoking [smɔkiŋ] *nm* dinner *ou* evening suit

SMS *sigle m* (*service* : *= short message service*) SMS; (: *message*) text (message)

SMUR [smyʀ] *sigle m* (*= service médical d'urgence et de réanimation*) *specialist mobile emergency unit*

snack [snak] *nm* snack bar

SNC *abr* = **service non compris**

SNCB *sigle f* (*= Société nationale des chemins de fer belges*) *Belgian railways*

SNCF *sigle f* (*= Société nationale des chemins de fer français*) *French railways*

SNES [snɛs] *sigle m* (*= Syndicat national de l'enseignement secondaire*) *secondary teachers' union*

SNE-sup [ɛsɛnəsyp] *sigle m* (*= Syndicat national de l'enseignement supérieur*) *university teachers' union*

SNJ *sigle m* (*= Syndicat national des journalistes*) *journalists' union*

snob [snɔb] *adj* snobbish ▸ *nmf* snob

snober [snɔbe] /**1**/ *vt* : **~ qn** to give sb the cold shoulder, treat sb with disdain

snobinard, e [snɔbinaʀ, -aʀd] *nm/f* snooty *ou* stuck-up person

snobisme [snɔbism] *nm* snobbery, snobbishness

snowboard [snobɔʀd] *nm* (*sport*) snowboarding; (*planche*) snowboard

snowboarder [snobɔʀdœʀ] *nmf* = **snowboardeur**

snowboardeur, -euse [snobɔʀdœʀ, -øz] *nm/f* snowboarder

SNSM *sigle f* (*= Société nationale de sauvetage en mer*) *national sea-rescue association*

s.o. *abr* (*= sans objet*) no longer applicable

sobre [sɔbʀ] *adj* (*personne*) temperate, abstemious; (*élégance, style*) restrained, sober; **~ de** (*gestes, compliments*) sparing of

sobrement [sɔbʀəmɑ̃] *adv* in moderation, abstemiously; soberly

sobriété [sɔbʀijete] *nf* temperance, abstemiousness; sobriety

sobriquet [sɔbʀikɛ] *nm* nickname

soc [sɔk] *nm* ploughshare

sociabilité [sɔsjabilite] *nf* sociability

sociable [sɔsjabl] *adj* sociable

social, e, -aux [sɔsjal, -o] *adj* social

socialement [sɔsjalmɑ̃] *adv* socially

socialisant, e [sɔsjalizɑ̃, -ɑ̃t] *adj* with socialist tendencies

socialisation [sɔsjalizasjɔ̃] *nf* socialisation
socialiser [sɔsjalize] /1/ *vt* to socialize
socialisme [sɔsjalism] *nm* socialism
socialiste [sɔsjalist] *adj, nmf* socialist
sociétaire [sɔsjetɛʀ] *nmf* member
société [sɔsjete] *nf* society; (*d'abeilles, de fourmis*) colony; (*sportive*) club; (*Comm*) company; **la bonne ~** polite society; **se plaire dans la ~ de** to enjoy the society of; **l'archipel de la S~** the Society Islands; **la ~ d'abondance/de consommation** the affluent/consumer society; **~ par actions** joint stock company; **~ anonyme** ≈ limited company (Brit), ≈ incorporated company (US); **~ d'investissement à capital variable** ≈ investment trust (Brit), ≈ mutual fund (US); **~ à responsabilité limitée** *type of limited liability company (with non-negotiable shares)*; **~ savante** learned society; **~ de services** service company
socioculturel, le [sɔsjokyltyʀɛl] *adj* sociocultural
socio-économique [sɔsjoekɔnɔmik] *adj* socioeconomic
socio-éducatif, -ive [sɔsjoedykatif, -iv] *adj* socio-educational
sociolinguistique [sɔsjolɛ̃gɥistik] *adj* sociolinguistic
sociologie [sɔsjɔlɔʒi] *nf* sociology
sociologique [sɔsjɔlɔʒik] *adj* sociological
sociologue [sɔsjɔlɔg] *nmf* sociologist
socio-professionnel, le [sɔsjopʀɔfɛsjɔnɛl] *adj* socio professional
socle [sɔkl] *nm* (*de colonne, statue*) plinth, pedestal; (*de lampe*) base
socquette [sɔkɛt] *nf* ankle sock
socratique [sɔkʀatik] *adj* (*tradition*) Socratic
soda [sɔda] *nm* (*boisson*) fizzy drink, soda (*US*)
sodium [sɔdjɔm] *nm* sodium
sodomie [sɔdɔmi] *nf* sodomy; buggery
sodomiser [sɔdɔmize] /1/ *vt* to sodomize; to bugger
sœur [sœʀ] *nf* sister; (*religieuse*) nun, sister; **~ Élisabeth** (*Rel*) Sister Elizabeth; **~ de lait** foster sister
sofa [sɔfa] *nm* sofa
Sofia [sɔfja] *n* Sofia
SOFRES [sɔfʀɛs] *sigle f* (= *Société française d'enquête par sondage*) *company which conducts opinion polls*
soi [swa] *pron* oneself; **en ~** (*intrinsèquement*) in itself; **cela va de ~** that *ou* it goes without saying, it stands to reason
soi-disant [swadizɑ̃] *adj inv* so-called ▸ *adv* supposedly
soie [swa] *nf* silk; (*de porc, sanglier: poil*) bristle
soient [swa] *vb voir* **être**
soierie [swaʀi] *nf* (*industrie*) silk trade; (*tissu*) silk
soif [swaf] *nf* thirst; (*fig*): **~ de** thirst *ou* craving for; **avoir ~** to be thirsty; **donner ~ à qn** to make sb thirsty
soignant, e [swaɲɑ̃, -ɑ̃t] *adj*: **le personnel ~** the nursing staff; *voir aussi* **aide-soignant**
soigné, e [swaɲe] *adj* (*tenue*) well-groomed, neat; (*travail*) careful, meticulous; (*fam*) whopping; stiff
soigner [swaɲe] /1/ *vt* (*malade, maladie: docteur*) to treat; (*: infirmière, mère*) to nurse, look after; (*blessé*) to tend; (*travail, détails*) to take care over; (*jardin, chevelure, invités*) to look after; **se soigner** *vpr*: **soigne-toi bien!** take good care of yourself!
soigneur [swaɲœʀ] *nm* (*Cyclisme, Football*) trainer; (*Boxe*) second
soigneusement [swaɲøzmɑ̃] *adv* carefully
soigneux, -euse [swaɲø, -øz] *adj* (*propre*) tidy, neat; (*méticuleux*) painstaking, careful; **~ de** careful with
soi-même [swamɛm] *pron* oneself
soin [swɛ̃] *nm* (*application*) care; (*propreté, ordre*) tidiness, neatness; (*responsabilité*): **le ~ de qch** the care of sth; **avoir** *ou* **prendre ~ de** to take care of, look after; **avoir** *ou* **prendre ~ de faire** to take care to do; **faire qch avec (grand) ~** to do sth (very) carefully; **sans ~** *adj* careless; untidy; **soins** *nmpl* (*à un malade, blessé*) treatment *sg*, medical attention *sg*; (*attentions, prévenance*) care and attention *sg*; (*hygiène*) care *sg*; **soins de la chevelure/de beauté** hair/beauty care; **soins du corps/ménage** care of one's body/the home; **les premiers soins** first aid *sg*; **aux bons soins de** c/o, care of; **être aux petits soins pour qn** to wait on sb hand and foot, see to sb's every need; **confier qn aux soins de qn** to hand sb over to sb's care
soir [swaʀ] *nm, adv* evening; **le ~** in the evening(s); **ce ~** this evening, tonight; **à ce ~!** see you this evening (*ou* tonight)!; **la veille au ~** the previous evening; **sept/dix heures du ~** seven in the evening/ten at night; **le repas/journal du ~** the evening meal/newspaper; **dimanche ~** Sunday evening; **hier ~** yesterday evening; **demain ~** tomorrow evening, tomorrow night
soirée [swaʀe] *nf* evening; (*réception*) party; **donner en ~** (*film, pièce*) to give an evening performance of
soit [swa] *vb voir* **être** ▸ *conj* (*à savoir*) namely, to wit; (*ou*): **~ ... ~** either ... or; **~ que ... ~ que** *ou* **ou que** whether ... or whether ▸ *adv* so be it, very well; **~ un triangle ABC** let ABC be a triangle
soixantaine [swasɑ̃tɛn] *nf*: **une ~ (de)** sixty or so, about sixty; **avoir la ~** (*âge*) to be around sixty
soixante [swasɑ̃t] *num* sixty
soixante-dix [swasɑ̃tdis] *num* seventy
soixante-dixième [swasɑ̃tdizjɛm] *num* seventieth
soixante-huitard, e [swazɑ̃tɥitaʀ, -aʀd] *adj* relating to the demonstrations of May 1968 ▸ *nm/f* participant in the demonstrations of May 1968
soixantième [swasɑ̃tjɛm] *num* sixtieth
soja [sɔʒa] *nm* soya; (*graines*) soya beans *pl*; **germes de ~** beansprouts
sol [sɔl] *nm* ground; (*de logement*) floor; (*revêtement*) flooring *no pl*; (*territoire, Agr, Géo*) soil; (*Mus*) G; (*: en chantant la gamme*) so(h)
solaire [sɔlɛʀ] *adj* (*énergie etc*) solar; (*crème etc*) sun *cpd*
solarium [sɔlaʀjɔm] *nm* solarium

soldat [sɔlda] *nm* soldier; **S~ inconnu** Unknown Warrior *ou* Soldier; **~ de plomb** tin *ou* toy soldier
soldatesque [sɔldatɛsk] *nf* rabble of soldiers
solde [sɔld] *nf* pay; **à la ~ de qn** (*péj*) in sb's pay ▸ *nm* (*Comm*) balance; **~ créditeur/débiteur** credit/debit balance; **~ à payer** balance outstanding; **en ~** at sale price; **soldes** *nmpl* (*Comm*) sales; (*articles*) sale goods
solder [sɔlde] /1/ *vt* (*compte*) to settle; (*marchandise*) to sell at sale price, sell off; **se ~ par** (*fig*) to end in; **article soldé (à) 10 euros** item reduced to 10 euros
soldeur, -euse [sɔldœʀ, -øz] *nm/f* (*Comm*) discounter
sole [sɔl] *nf* sole *inv* (*fish*)
soleil [sɔlɛj] *nm* sun; (*lumière*) sun(light); (*temps ensoleillé*) sun(shine); (*feu d'artifice*) Catherine wheel; (*d'acrobate*) grand circle; (*Bot*) sunflower; **il y a** *ou* **il fait du ~** it's sunny; **au ~** in the sun; **en plein ~** in full sun; **le ~ levant/couchant** the rising/setting sun; **le ~ de minuit** the midnight sun
solennel, le [sɔlanɛl] *adj* solemn; ceremonial
solennellement [sɔlanɛlmɑ̃] *adv* solemnly
solennité [sɔlanite] *nf* (*d'une fête*) solemnity; **solennités** *nfpl* (*formalités*) formalities
solénoïde [sɔlenɔid] *nm* (*Élec*) solenoid
solfège [sɔlfɛʒ] *nm* rudiments *pl* of music; (*exercices*) ear training *no pl*
solfier [sɔlfje] /7/ *vt* : **~ un morceau** to sing a piece using the sol-fa
soli [sɔli] *nmpl de* **solo**
solidaire [sɔlidɛʀ] *adj* : **être solidaires** (*personnes*) to show solidarity, stand *ou* stick together; (*pièces mécaniques*) interdependent; (*Jur : engagement*) binding on all parties; (*: débiteurs*) jointly liable; **être ~ de** (*collègues*) to stand by; (*mécanisme*) to be bound up with, be dependent on
solidairement [sɔlidɛʀmɑ̃] *adv* jointly
solidariser [sɔlidaʀize] /1/ : **se solidariser avec** *vpr* to show solidarity with
solidarité [sɔlidaʀite] *nf* (*entre personnes*) solidarity; (*de mécanisme, phénomènes*) interdependence; **par ~ (avec)** (*cesser le travail etc*) in sympathy (with)
solide [sɔlid] *adj* solid; (*mur, maison, meuble*) solid, sturdy; (*connaissances, argument*) sound; (*personne*) robust, sturdy; (*estomac*) strong; **avoir les reins solides** (*fig*) to be in a good financial position; to have sound financial backing ▸ *nm* solid
solidement [sɔlidmɑ̃] *adv* solidly; (*fermement*) firmly
solidification [sɔlidifikasjɔ̃] *nf* solidification
solidifier [sɔlidifje] /7/ *vt*, **se solidifier** *vpr* to solidify
solidité [sɔlidite] *nf* solidity; sturdiness
soliloque [sɔlilɔk] *nm* soliloquy
soliste [sɔlist] *nmf* soloist
solitaire [sɔlitɛʀ] *adj* (*sans compagnie*) solitary, lonely; (*isolé*) solitary, isolated, lone; (*lieu*) lonely ▸ *nmf* (*ermite*) recluse; (*fig : ours*) loner ▸ *nm* (*diamant, jeu*) solitaire
solitude [sɔlityd] *nf* loneliness; (*paix*) solitude
solive [sɔliv] *nf* joist
sollicitations [sɔlisitasjɔ̃] *nfpl* (*requêtes*) entreaties, appeals; (*attractions*) enticements; (*Tech*) stress *sg*
solliciter [sɔlisite] /1/ *vt* (*personne*) to appeal to; (*emploi, faveur*) to seek; (*moteur*) to prompt; (*occupations, attractions etc*) : **~ qn** to appeal to sb's curiosity *etc*; to entice sb; to make demands on sb's time; **~ qn de faire** to appeal to sb *ou* request sb to do
sollicitude [sɔlisityd] *nf* concern
solo [sɔlo] *nm* (*pl* **soli** [sɔli]) (*Mus*) solo
sol-sol [sɔlsɔl] *adj inv* surface-to-surface
solstice [sɔlstis] *nm* solstice; **~ d'hiver/d'été** winter/summer solstice
solubilisé, e [sɔlybilize] *adj* soluble
solubilité [sɔlybilite] *nf* solubility
soluble [sɔlybl] *adj* (*sucre, cachet*) soluble; (*problème etc*) soluble, solvable
soluté [sɔlyte] *nm* solution
solution [sɔlysjɔ̃] *nf* solution; **~ de continuité** gap, break; **~ de facilité** easy way out
solutionner [sɔlysjɔne] /1/ *vt* to solve, find a solution for
solvabilité [sɔlvabilite] *nf* solvency
solvable [sɔlvabl] *adj* solvent
solvant [sɔlvɑ̃] *nm* solvent
Somalie [sɔmali] *nf* : **la ~** Somalia
somalien, ne [sɔmaljɛ̃, -ɛn] *adj* Somalian
somatique [sɔmatik] *adj* somatic
sombre [sɔ̃bʀ] *adj* dark; (*fig*) sombre, gloomy; (*sinistre*) awful, dreadful
sombrer [sɔ̃bʀe] /1/ *vi* (*bateau*) to sink, go down; **~ corps et biens** to go down with all hands; **~ dans** (*misère, désespoir*) to sink into
sommaire [sɔmɛʀ] *adj* (*simple*) basic; (*expéditif*) summary; **exécution ~** summary execution ▸ *nm* summary; **faire le ~ de** to make a summary of, summarize
sommairement [sɔmɛʀmɑ̃] *adv* basically; summarily
sommation [sɔmasjɔ̃] *nf* (*Jur*) summons *sg*; (*avant de faire feu*) warning
somme [sɔm] *nf* (*Math*) sum; (*fig*) amount; (*argent*) sum, amount; **faire la ~ de** to add up; **en ~, ~ toute** *adv* all in all ▸ *nm* : **faire un ~** to have a (short) nap
sommeil [sɔmɛj] *nm* sleep; **avoir ~** to be sleepy; **avoir le ~ léger** to be a light sleeper; **en ~** (*fig*) dormant
sommeiller [sɔmeje] /1/ *vi* to doze; (*fig*) to lie dormant
sommelier [sɔməlje] *nm* wine waiter
sommer [sɔme] /1/ *vt* : **~ qn de faire** to command *ou* order sb to do; (*Jur*) to summon sb to do
sommes [sɔm] *vb voir* **être**; *voir aussi* **somme**
sommet [sɔmɛ] *nm* top; (*d'une montagne*) summit, top; (*fig : de la perfection, gloire*) height; (*Géom : d'angle*) vertex; (*conférence*) summit (conference)
sommier [sɔmje] *nm* bed base, bedspring (*US*); (*Admin : registre*) register; **~ à ressorts** (interior sprung) divan base (BRIT), box spring (*US*); **~ à lattes** slatted bed base

S

sommité [sɔmite] *nf* prominent person, leading light
somnambule [sɔmnɑ̃byl] *nmf* sleepwalker
somnambulisme [sɔmnɑ̃bylism] *nm* sleepwalking
somnifère [sɔmnifɛʀ] *nm* sleeping drug; (*comprimé*) sleeping pill *ou* tablet
somnolence [sɔmnɔlɑ̃s] *nf* drowsiness
somnolent, e [sɔmnɔlɑ̃, -ɑ̃t] *adj* sleepy, drowsy
somnoler [sɔmnɔle] /1/ *vi* to doze
somptuaire [sɔ̃ptɥɛʀ] *adj* : **lois somptuaires** sumptuary laws; **dépenses somptuaires** extravagant expenditure *sg*
somptueusement [sɔ̃ptɥøzmɑ̃] *adv* sumptuously
somptueux, -euse [sɔ̃ptɥø, -øz] *adj* sumptuous; (*cadeau*) lavish
somptuosité [sɔ̃ptɥozite] *nf* sumptuousness; (*d'un cadeau*) lavishness
son[1], sa [sɔ̃, sa] (*pl* **ses** [se]) *adj poss* (*antécédent humain : masculin*) his; (*: féminin*) her; (*: valeur indéfinie*) one's, his (her); (*: non humain*) its; *voir* **il**
son[2] [sɔ̃] *nm* sound; (*de blé etc*) bran; **~ et lumière** *adj inv* son et lumière
sonar [sɔnaʀ] *nm* (*Navig*) sonar
sonate [sɔnat] *nf* sonata
sondage [sɔ̃daʒ] *nm* (*de terrain*) boring, drilling; (*de mer, atmosphère*) sounding; probe; (*enquête*) survey, sounding out of opinion; **~ (d'opinion)** (opinion) poll
sonde [sɔ̃d] *nf* (*Navig*) lead *ou* sounding line; (*Météorologie*) sonde; (*Méd*) probe; catheter; (*: d'alimentation*) feeding tube; (*Tech*) borer, driller; (*: de forage, sondage*) drill; (*pour fouiller etc*) probe; **~ à avalanche** pole (*for probing snow and locating victims*); **~ spatiale** probe
sonder [sɔ̃de] /1/ *vt* (*Navig*) to sound; (*atmosphère, plaie, bagages etc*) to probe; (*Tech*) to bore, drill; (*fig : personne*) to sound out; (*: opinion*) to probe; **~ le terrain** (*fig*) to see how the land lies
songe [sɔ̃ʒ] *nm* dream
songer [sɔ̃ʒe] /3/ *vi* to dream; **~ à** (*rêver à*) to think over, muse over; (*penser à*) to think of; (*envisager*) to contemplate, think of, consider; **~ que** to consider that; to think that
songerie [sɔ̃ʒʀi] *nf* reverie
songeur, -euse [sɔ̃ʒœʀ, -øz] *adj* pensive; **ça me laisse ~** that makes me wonder
sonnailles [sɔnɑj] *nfpl* jingle of bells
sonnant, e [sɔnɑ̃, -ɑ̃t] *adj* : **en espèces sonnantes et trébuchantes** in coin of the realm; **à huit heures sonnantes** on the stroke of eight
sonné, e [sɔne] *adj* (*fam*) cracked; (*passé*) : **il est midi ~** it's gone twelve; **il a quarante ans bien sonnés** he's well into his forties
sonner [sɔne] /1/ *vi* (*retentir*) to ring; (*donner une impression*) to sound; **~ bien/mal/creux** to sound good/bad/hollow; **~ faux** (*instrument*) to sound out of tune; (*rire*) to ring false; **minuit vient de ~** midnight has just struck; **~ chez qn** to ring sb's doorbell, ring at sb's door ▸ *vt* (*cloche*) to ring; (*glas, tocsin*) to sound; (*portier, infirmière*) to ring for; (*messe*) to ring the bell for; (*fam : choc, coup*) to knock out; **~ du clairon** to sound the bugle; **~ les heures** to strike the hours
sonnerie [sɔnʀi] *nf* (*son*) ringing; (*sonnette*) bell; (*mécanisme d'horloge*) striking mechanism; (*de portable*) ringtone; **~ d'alarme** alarm bell; **~ de clairon** bugle call
sonnet [sɔnɛ] *nm* sonnet
sonnette [sɔnɛt] *nf* bell; **~ d'alarme** alarm bell; **~ de nuit** night-bell
sono [sɔno] *nf* (*= sonorisation*) PA (system); (*d'une discothèque*) sound system
sonore [sɔnɔʀ] *adj* (*voix*) sonorous, ringing; (*salle, métal*) resonant; (*ondes, film, signal*) sound *cpd*; (*Ling*) voiced; **effets sonores** sound effects
sonorisation [sɔnɔʀizasjɔ̃] *nf* (*équipement : de salle de conférences*) public address system, PA system; (*: de discothèque*) sound system
sonoriser [sɔnɔʀize] /1/ *vt* (*film, spectacle*) to add the sound track to; (*salle*) to fit with a public address system
sonorité [sɔnɔʀite] *nf* (*de piano, violon*) tone; (*de voix, mot*) sonority; (*d'une salle*) resonance, acoustics *pl*
sonothèque [sɔnɔtɛk] *nf* sound library
sont [sɔ̃] *vb voir* **être**
sophisme [sɔfism] *nm* sophism
sophiste [sɔfist] *nmf* sophist
sophistication [sɔfistikasjɔ̃] *nf* sophistication
sophistiqué, e [sɔfistike] *adj* sophisticated
sophrologie [sɔfʀɔlɔʒi] *nf* sophrology
soporifique [sɔpɔʀifik] *adj* soporific
soprano [sɔpʀano] *nmf* soprano
sorbet [sɔʀbɛ] *nm* water ice, sorbet
sorbetière [sɔʀbətjɛʀ] *nf* ice-cream maker
sorbier [sɔʀbje] *nm* service tree
sorcellerie [sɔʀsɛlʀi] *nf* witchcraft *no pl*, sorcery *no pl*
sorcier, -ière [sɔʀsje, -jɛʀ] *nm/f* sorcerer (witch *ou* sorceress) ▸ *adj* : **ce n'est pas ~** (*fam*) it's as easy as pie
sordide [sɔʀdid] *adj* (*lieu*) squalid; (*action*) sordid
sorgho [sɔʀgo] *nm* sorghum
Sorlingues [sɔʀlɛ̃g] *nfpl* : **les (îles) ~** the Scilly Isles, the Isles of Scilly, the Scillies
sornettes [sɔʀnɛt] *nfpl* twaddle *sg*
sort [sɔʀ] *vb voir* **sortir** ▸ *nm* (*fortune, destinée*) fate; (*condition, situation*) lot; (*magique*) : **jeter un ~** to cast a spell; **un coup du ~** a blow dealt by fate; **le ~ en est jeté** the die is cast; **tirer au ~** to draw lots; **tirer qch au ~** to draw lots for sth
sortable [sɔʀtabl] *adj* : **il n'est pas ~** you can't take him anywhere
sortant, e [sɔʀtɑ̃, -ɑ̃t] *vb voir* **sortir** ▸ *adj* (*numéro*) which comes up (*in a draw etc*); (*député, président*) outgoing
sorte [sɔʀt] *vb voir* **sortir** ▸ *nf* sort, kind; **une ~ de** a sort of; **de la ~** *adv* in that way; **en quelque ~** in a way; **de ~ à** so as to, in order to; **de (telle) ~ que, en ~ que** (*de manière que*) so that; (*si bien que*) so much so that; **faire en ~ que** to see to it that
sortie [sɔʀti] *nf* (*issue*) way out, exit; (*Mil*) sortie; (*fig : verbale*) outburst; sally; (*: parole incongrue*) odd remark; (*d'un gaz, de l'eau*) outlet; (*promenade*) outing; (*le soir : au restaurant etc*) night out; (*de produits*) export; (*de capitaux*) outflow; (*Inform*) output; (*d'imprimante*) printout; (*Comm : d'un*

disque) release; (: *d'un livre*) publication; (: *d'un modèle*) launching; **à sa ~** as he went out *ou* left; **à la ~ de ce nouveau modèle** when this new model comes (*ou* came) out, when they bring (*ou* brought) out this new model; **à la ~ de l'école/l'usine** (*moment*) after school/work; when school/the factory comes out; (*lieu*) at the school/factory gates; **~ de bain** (*vêtement*) bathrobe; **« ~ de camions »** "vehicle exit"; **~ papier** hard copy; **~ de secours** emergency exit; **sorties** *nfpl* (*Comm* : *somme*) items of expenditure; outgoings
sortilège [sɔʀtilɛʒ] *nm* (magic) spell
sortir [sɔʀtiʀ] **/16/** *vi* (*gén*) to come out; (*partir, se promener, aller au spectacle etc*) to go out; (*bourgeon, plante, numéro gagnant*) to come up; **~ avec qn** to be going out with sb; **~ de** (*gén*) to leave; (*endroit*) to go (*ou* come) out of, leave; (*rainure etc*) to come out of; (*maladie*) to get over; (*époque*) to get through; (*cadre, compétence*) to be outside; (*provenir de* : *famille etc*) to come from; **~ de table** to leave the table; **~ du système** (*Inform*) to log out; **~ de ses gonds** (*fig*) to fly off the handle ▸ *vt* (*gén*) to take out; (*produit, ouvrage, modèle*) to bring out; (*fam* : *dire* : *boniments, incongruités*) to come out with; (*Inform*) to output; (: *sur papier*) to print out; (*fam* : *expulser*) to throw out; **~ qch de** to take sth out of; **~ qn d'embarras** to get sb out of trouble ▸ *nm* : **au ~ de l'hiver/l'enfance** as winter/childhood nears its end; **se sortir de** *vpr* (*affaire, situation*) to get out of; **s'en ~** (*malade*) to pull through; (*d'une difficulté etc*) to come through all right; to get through, be able to manage
SOS *sigle m* mayday, SOS
sosie [sɔzi] *nm* double
sot, sotte [so, sɔt] *adj* silly, foolish ▸ *nm/f* fool
sottement [sɔtmɑ̃] *adv* foolishly
sottise [sɔtiz] *nf* silliness *no pl*, foolishness *no pl*; (*propos, acte*) silly *ou* foolish thing (to do *ou* say)
sou [su] *nm* : **près de ses sous** tight-fisted; **sans le ~** penniless; **~ à ~** penny by penny; **pas un ~ de bon sens** not a scrap *ou* an ounce of good sense; **de quatre sous** worthless
souahéli [swaeli] *nm* (*Ling*) Swahili
soubassement [subasmɑ̃] *nm* base
soubresaut [subʀəso] *nm* (*de peur etc*) start; (*cahot* : *d'un véhicule*) jolt
soubrette [subʀɛt] *nf* soubrette, maidservant
souche [suʃ] *nf* (*d'arbre*) stump; (*de carnet*) counterfoil (Brit), stub; **dormir comme une ~** to sleep like a log; **de vieille ~** of old stock
souci [susi] *nm* (*inquiétude*) worry; (*préoccupation*) concern; (*Bot*) marigold; **se faire du ~** to worry; **avoir (le) ~ de** to have concern for; **par ~ de** for the sake of, out of concern for
soucier [susje] **/7/** : **se soucier de** *vpr* to care about
soucieux, -euse [susjø, -øz] *adj* concerned, worried; **~ de** concerned about; **peu ~ de/que** caring little about/whether
soucoupe [sukup] *nf* saucer; **~ volante** flying saucer
soudain, e [sudɛ̃, -ɛn] *adj* (*douleur, mort*) sudden ▸ *adv* suddenly, all of a sudden
soudainement [sudɛnmɑ̃] *adv* suddenly
soudaineté [sudɛnte] *nf* suddenness
Soudan [sudɑ̃] *nm* : **le ~** Sudan
soudanais, e [sudanɛ, -ɛz] *adj* Sudanese
soude [sud] *nf* soda
soudé, e [sude] *adj* (*fig* : *pétales, organes*) joined (together)
souder [sude] **/1/** *vt* (*avec fil à souder*) to solder; (*par soudure autogène*) to weld; (*fig*) to bind *ou* knit together; to fuse (together); **se souder** *vpr* (*os*) to knit (together)
soudeur, -euse [sudœʀ, -øz] *nm/f* (*ouvrier*) welder
soudoyer [sudwaje] **/8/** *vt* (*péj*) to bribe, buy over
soudure [sudyʀ] *nf* soldering; welding; (*joint*) soldered joint; weld; **faire la ~** (*Comm*) to fill a gap; (*fig* : *assurer une transition*) to bridge the gap
souffert, e [sufɛʀ, -ɛʀt] *pp de* **souffrir**
soufflage [suflaʒ] *nm* (*du verre*) glass-blowing
souffle [sufl] *nm* (*en expirant*) breath; (*en soufflant*) puff, blow; (*respiration*) breathing; (*d'explosion, de ventilateur*) blast; (*du vent*) blowing; (*fig*) inspiration; **retenir son ~** to hold one's breath; **avoir du/manquer de ~** to have a lot of puff/be short of breath; **être à bout de ~** to be out of breath; **avoir le ~ court** to be short-winded; **un ~ d'air** *ou* **de vent** a breath of air, a puff of wind; **~ au cœur** (*Méd*) heart murmur
soufflé, e [sufle] *adj* (*Culin*) soufflé; (*fam* : *ahuri, stupéfié*) staggered ▸ *nm* (*Culin*) soufflé
souffler [sufle] **/1/** *vi* (*gén*) to blow; (*haleter*) to puff (and blow); **laisser ~ qn** (*fig*) to give sb a breather ▸ *vt* (*feu, bougie*) to blow out; (*chasser* : *poussière etc*) to blow away; (*Tech* : *verre*) to blow; (*explosion*) to destroy (with its blast); (*dire*) : **~ qch à qn** to whisper sth to sb; (*fam* : *voler*) : **~ qch à qn** to pinch sth from sb; **~ son rôle à qn** to prompt sb; **ne pas ~ mot** not to breathe a word
soufflerie [sufləʀi] *nf* (*Tech, Science*) wind tunnel; (*d'orgue*) bellows *pl*; **essai en ~** wind tunnel tests
soufflet [suflɛ] *nm* (*pour attiser*) bellows *pl*; (*entre wagons*) vestibule; (*Couture*) gusset; (*gifle* : *liter*) slap (in the face)
souffleur, -euse [suflœʀ, -øz] *nm/f* (*Théât*) prompter; (*Tech*) glass-blower
souffrance [sufʀɑ̃s] *nf* suffering; **en ~** (*marchandise*) awaiting delivery; (*affaire*) pending
souffrant, e [sufʀɑ̃, -ɑ̃t] *adj* unwell
souffre-douleur [sufʀədulœʀ] *nm inv* whipping boy (Brit), butt, underdog
souffreteux, -euse [sufʀətø, -øz] *adj* sickly
souffrir [sufʀiʀ] **/18/** *vi* to suffer; (*éprouver des douleurs*) to be in pain; **~ de** (*maladie, froid*) to suffer from; **~ des dents** to have trouble with one's teeth; **faire ~ qn** (*personne*) to make sb suffer (: *dents, blessure etc*) to hurt sb ▸ *vt* to suffer, endure; (*supporter*) to bear, stand; (*admettre* : *exception etc*) to allow *ou* admit of; **ne pas pouvoir ~ qch/que ...** not to be able to endure *ou* bear sth/that ...; **elle ne peut pas le ~** she can't stand *ou* bear him
soufisme [sufism] *nm* Sufism
soufre [sufʀ] *nm* sulphur (Brit), sulfur (US)
soufrer [sufʀe] **/1/** *vt* (*vignes*) to treat with sulphur *ou* sulfur

S

souhait [swɛ] *nm* wish; **tous nos souhaits de** good wishes *ou* our best wishes for; **tous nos souhaits pour la nouvelle année** (our) best wishes for the New Year; **riche** *etc* **à ~** as rich *etc* as one could wish; **à vos souhaits !** bless you!
souhaitable [swɛtabl] *adj* desirable
souhaiter [swete] /1/ *vt* to wish for; **~ le bonjour à qn** to bid sb good day; **~ la bonne année à qn** to wish sb a happy New Year; **~ que** to hope that; **il est à ~ que** it is to be hoped that
souiller [suje] /1/ *vt* to dirty, soil; (*fig*) to sully, tarnish
souillure [sujyʀ] *nf* stain
soûl, e [su, sul] *adj* drunk; (*fig*) : **~ de musique/plaisirs** drunk with music/pleasure ▸ *nm* : **tout son ~** to one's heart's content
soulagement [sulaʒmɑ̃] *nm* relief
soulager [sulaʒe] /3/ *vt* to relieve; **~ qn de** to relieve sb of
soûler [sule] /1/ *vt* : **~ qn** to get sb drunk; (*boisson*) to make sb drunk; (*fig*) to make sb's head spin *ou* reel; **se soûler** *vpr* to get drunk; **se ~ de** (*fig*) to intoxicate o.s. with
soûlerie [sulʀi] *nf* (*péj*) drunken binge
soulèvement [sulɛvmɑ̃] *nm* uprising; (*Géo*) upthrust
soulever [sul(ə)ve] /5/ *vt* to lift; (*vagues, poussière*) to send up; (*peuple*) to stir up (to revolt); (*enthousiasme*) to arouse; (*question, débat, protestations, difficultés*) to raise; **cela me soulève le cœur** it makes me feel sick; **se soulever** *vpr* (*peuple*) to rise up; (*personne couchée*) to lift o.s. up; (*couvercle etc*) to lift
soulier [sulje] *nm* shoe; **souliers bas** low-heeled shoes; **souliers plats/à talons** flat/heeled shoes
souligner [suliɲe] /1/ *vt* to underline; (*fig*) to emphasize, stress
soumettre [sumɛtʀ] /56/ *vt* (*pays*) to subject, subjugate; (*rebelles*) to put down, subdue; **~ qn/qch à** to subject sb/sth to; **~ qch à qn** (*projet etc*) to submit sth to sb; **se ~ (à)** (*se rendre, obéir*) to submit (to); **se ~ à** (*formalités etc*) to submit to; (*régime etc*) to submit o.s. to
soumis, e [sumi, -iz] *pp de* **soumettre** ▸ *adj* submissive; **revenus ~ à l'impôt** taxable income
soumission [sumisjɔ̃] *nf* (*voir se soumettre*) submission; (*docilité*) submissiveness; (*Comm*) tender
soumissionner [sumisjɔne] /1/ *vt* (*Comm : travaux*) to bid for, tender for
soupape [supap] *nf* valve; **~ de sûreté** safety valve
soupçon [supsɔ̃] *nm* suspicion; (*petite quantité*) : **un ~ de** a hint *ou* touch of; **avoir ~ de** to suspect; **au dessus de tout ~** above (all) suspicion
soupçonner [supsɔne] /1/ *vt* to suspect; **~ qn de qch/d'être** to suspect sb of sth/of being
soupçonneux, -euse [supsɔnø, -øz] *adj* suspicious
soupe [sup] *nf* soup; **~ au lait** *adj inv* quick-tempered; **~ à l'oignon/de poisson** onion/fish soup; **~ populaire** soup kitchen
soupente [supɑ̃t] *nf* (*mansarde*) attic; (*placard*) cupboard (Brit) *ou* closet (US) under the stairs
souper [supe] /1/ *vi* to have supper; **avoir soupé de** (*fam*) to be sick and tired of ▸ *nm* supper
soupeser [supəze] /5/ *vt* to weigh in one's hand(s), feel the weight of; (*fig*) to weigh up
soupière [supjɛʀ] *nf* (soup) tureen
soupir [supiʀ] *nm* sigh; (*Mus*) crotchet rest (Brit), quarter note rest (US); **rendre le dernier ~** to breathe one's last; **pousser un ~ de soulagement** to heave a sigh of relief
soupirail, -aux [supiʀaj, -o] *nm* (small) basement window
soupirant [supiʀɑ̃] *nm* (*péj*) suitor, wooer
soupirer [supiʀe] /1/ *vi* to sigh; **~ après qch** to yearn for sth
souple [supl] *adj* supple; (*fam*) soft; (*fig : règlement, caractère*) flexible; (*: démarche, taille*) lithe, supple
souplesse [suplɛs] *nf* suppleness; (*de caractère*) flexibility
souquer [suke] *vi* to pull hard at the oars
sourate [suʀat] *nf* (*de Coran*) sura
source [suʀs] *nf* (*point d'eau*) spring; (*d'un cours d'eau, fig*) source; **prendre sa ~ à/dans** (*cours d'eau*) to have its source at/in; **tenir qch de bonne ~/de ~ sûre** to have sth on good authority/from a reliable source; **~ thermale/d'eau minérale** hot *ou* thermal/mineral spring
sourcier, -ière [suʀsje, -jɛʀ] *nm* water diviner
sourcil [suʀsij] *nm* (eye)brow
sourcilière [suʀsiljɛʀ] *adj f voir* **arcade**
sourciller [suʀsije] /1/ *vi* : **sans ~** without turning a hair *ou* batting an eyelid
sourcilleux, -euse [suʀsijø, -øz] *adj* (*hautain, sévère*) haughty, supercilious; (*pointilleux*) finicky, pernickety
sourd, e [suʀ, suʀd] *adj* deaf; (*bruit, voix*) muffled; (*couleur*) muted; (*douleur*) dull; (*lutte*) silent, hidden; (*Ling*) voiceless; **être ~ à** to be deaf to; **faire la sourde oreille** to turn a deaf ear ▸ *nm/f* deaf person
sourdement [suʀdəmɑ̃] *adv* (*avec un bruit sourd*) dully; (*secrètement*) silently
sourdine [suʀdin] *nf* (*Mus*) mute; **en ~** *adv* softly, quietly; **mettre une ~ à** (*fig*) to tone down
sourd-muet, sourde-muette [suʀmyɛ, suʀdmyɛt] *adj* deaf-and-dumb ▸ *nm/f* deaf-mute
sourdre [suʀdʀ] *vi* (*eau*) to spring up; (*fig*) to rise
souriant, e [suʀjɑ̃, -ɑ̃t] *vb voir* **sourire** ▸ *adj* cheerful
souricière [suʀisjɛʀ] *nf* mousetrap; (*fig*) trap
sourie *etc* [suʀi] *vb voir* **sourire**
sourire [suʀiʀ] /36/ *nm* smile; **faire un ~ à qn** to give sb a smile; **garder le ~** to keep smiling ▸ *vi* to smile; **~ à qn** to smile at sb; (*fig : plaire à*) to appeal to sb (*: chance*) to smile on sb
souris [suʀi] *nf* (*aussi Inform*) mouse
sournois, e [suʀnwa, -waz] *adj* deceitful, underhand
sournoisement [suʀnwazmɑ̃] *adv* deceitfully
sournoiserie [suʀnwazʀi] *nf* deceitfulness, underhandedness

sous [su] *prép (gén)* under; **~ la pluie/le soleil** in the rain/sunshine; **~ mes yeux** before my eyes; **~ terre** *adj, adv* underground; **~ l'influence/l'action de** under the influence of/by the action of; **~ antibiotiques/perfusion** on antibiotics/a drip; **~ cet angle/ce rapport** from this angle/in this respect; **~ vide** *adj, adv* vacuum-packed; **~ peu** *adv* shortly, before long
sous... [su, (+ *vowel*) suz] *préfixe* sub-; under...
sous-alimentation [suzalimɑ̃tasjɔ̃] *nf* undernourishment
sous-alimenté, e [suzalimɑ̃te] *adj* undernourished
sous-bois [subwa] *nm inv* undergrowth
sous-catégorie [sukategɔʀi] *nf* subcategory
sous-chef [suʃɛf] *nm* deputy chief, second in command; **~ de bureau** deputy head clerk
sous-comité [sukɔmite] *nm* subcommittee
sous-commission [sukɔmisjɔ̃] *nf* subcommittee
sous-continent [sukɔ̃tinɑ̃] *nm* subcontinent
sous-couche [sukuʃ] *nf (de peinture)* undercoat
souscripteur, -trice [suskʀiptœʀ, -tʀis] *nm/f* subscriber
souscription [suskʀipsjɔ̃] *nf* subscription; **offert en ~** available on subscription
souscrire [suskʀiʀ] **/39/** : **~ à** *vt* to subscribe to
sous-cutané, e [sukytane] *adj* subcutaneous
sous-développé, e [sudevlɔpe] *adj* underdeveloped
sous-développement [sudevlɔpmɑ̃] *nm* underdevelopment
sous-directeur, -trice [sudiʀɛktœʀ, -tʀis] *nm/f* assistant manager/manageress, submanager/manageress
sous-effectif [suzefɛktif] *nm* understaffing; **être en ~** to be understaffed
sous-emploi [suzɑ̃plwa] *nm* underemployment
sous-employé, e [suzɑ̃plwaje] *adj* underemployed
sous-ensemble [suzɑ̃sɑ̃bl] *nm* subset
sous-entendre [suzɑ̃tɑ̃dʀ] **/41/** *vt* to imply, infer
sous-entendu, e [suzɑ̃tɑ̃dy] *adj* implied; *(Ling)* understood ▸ *nm* innuendo, insinuation
sous-équipé, e [suzekipe] *adj* under-equipped; **~ en infrastructures industrielles** *(Écon : pays, région)* with an insufficient industrial infrastructure
sous-estimer [suzɛstime] **/1/** *vt* to underestimate
sous-exploiter [suzɛksplwate] **/1/** *vt* to underexploit
sous-exposer [suzɛkspoze] **/1/** *vt* to underexpose
sous-fifre [sufifʀ] *nm (péj)* underling
sous-gonflage [sugɔ̃flaʒ] *nm (de pneu)* under-inflation
sous-groupe [sugʀup] *nm* subgroup
sous-homme [suzɔm] *nm* sub-human
sous-investissement [suzɛ̃vɛstismɑ̃] *nm* under-investment
sous-jacent, e [suʒasɑ̃, -ɑ̃t] *adj* underlying
sous-lieutenant [suljøtnɑ̃] *nm* sub-lieutenant
sous-locataire [sulɔkatɛʀ] *nmf* subtenant
sous-location [sulɔkasjɔ̃] *nf* subletting
sous-louer [sulwe] **/1/** *vt* to sublet
sous-main [sumɛ̃] *nm* desk blotter; **en ~** *adv* secretly
sous-marin, e [sumaʀɛ̃, -in] *adj (flore, volcan)* submarine; *(navigation, pêche, explosif)* underwater ▸ *nm* submarine
sous-médicalisé, e [sumedikalize] *adj* lacking adequate medical care
sous-nappe [sunap] *nf* undercloth
sous-officier [suzɔfisje] *nm* ≈ non-commissioned officer (NCO)
sous-ordre [suzɔʀdʀ] *nm* subordinate; **créancier en ~** creditor's creditor
sous-payé, e [supeje] *adj* underpaid
sous-préfecture [supʀefɛktyʀ] *nf* sub-prefecture
sous-préfet [supʀefɛ] *nm* sub-prefect
sous-production [supʀɔdyksjɔ̃] *nf* underproduction
sous-produit [supʀɔdɥi] *nm* by-product; *(fig : péj)* pale imitation
sous-programme [supʀɔgʀam] *nm (Inform)* subroutine
sous-pull [supul] *nm* thin polo-neck sweater
sous-secrétaire [susəkʀetɛʀ] *nm* : **~ d'État** Under-Secretary of State
soussigné, e [susiɲe] *adj* : **je ~** I the undersigned
sous-sol [susɔl] *nm* basement; *(Géo)* subsoil
sous-tasse [sutas] *nf* saucer
sous-tendre [sutɑ̃dʀ] **/41/** *vt* to underlie
sous-titre [sutitʀ] *nm* subtitle
sous-titré, e [sutitʀe] *adj* with subtitles
soustraction [sustʀaksjɔ̃] *nf* subtraction
soustraire [sustʀɛʀ] **/50/** *vt* to subtract, take away; *(dérober)* : **~ qch à qn** to remove sth from sb; **~ qn à** *(danger)* to shield sb from; **se ~ à** *(autorité, obligation, devoir)* to elude, escape from
sous-traitance [sutʀɛtɑ̃s] *nf* subcontracting
sous-traitant [sutʀɛtɑ̃] *nm* subcontractor
sous-traiter [sutʀete] **/1/** *vt, vi* to subcontract
soustrayais *etc* [sustʀɛjɛ] *vb voir* **soustraire**
sous-verre [suvɛʀ] *nm inv* glass mount
sous-vêtement [suvɛtmɑ̃] *nm* undergarment, item of underwear; **sous-vêtements** *nmpl* underwear *sg*
soutane [sutan] *nf* cassock, soutane
soute [sut] *nf* hold; **~ à bagages** baggage hold
soutenable [sut(ə)nabl] *adj (opinion)* tenable, defensible
soutenance [sut(ə)nɑ̃s] *nf* : **~ de thèse** ≈ viva (voce)
soutènement [sutɛnmɑ̃] *nm* : **mur de ~** retaining wall
souteneur [sut(ə)nœʀ] *nm* procurer
soutenir [sut(ə)niʀ] **/22/** *vt* to support; *(assaut, choc, regard)* to stand up to, withstand; *(intérêt, effort)* to keep up; *(assurer)* : **~ que** to maintain that; **~ la comparaison avec** to bear *ou* stand comparison with; **~ le regard de qn** to be able to look sb in the face; **se soutenir** *vpr (dans l'eau etc)* to hold o.s. up; *(être soutenable : point de vue)* to be tenable; *(s'aider mutuellement)* to stand by each other
soutenu, e [sut(ə)ny] *pp de* **soutenir** ▸ *adj (efforts)* sustained, unflagging; *(style)* elevated; *(couleur)* strong

S

souterrain, e [sutɛʀɛ̃, -ɛn] *adj* underground; (*fig*) subterranean ▸ *nm* underground passage
soutien [sutjɛ̃] *nm* support; **apporter son ~ à** to lend one's support to; **~ de famille** breadwinner
soutiendrai *etc* [sutjɛ̃dʀe] *vb voir* **soutenir**
soutien-gorge [sutjɛ̃gɔʀʒ] (*pl* **soutiens-gorge**) *nm* bra; (*de maillot de bain*) top
soutiens [sutjɛ̃], **soutint** *etc* [sutɛ̃] *vb voir* **soutenir**
soutif [sutif] *nm* (*fam : soutien-gorge*) bra
soutirer [sutiʀe] /1/ *vt* : **~ qch à qn** to squeeze *ou* get sth out of sb
souvenance [suv(ə)nɑ̃s] *nf* : **avoir ~ de** to recollect
souvenir [suv(ə)niʀ] /22/ *nm* (*réminiscence*) memory; (*cadeau*) souvenir, keepsake; (*de voyage*) souvenir; **garder le ~ de** to retain the memory of; **en ~ de** in memory *ou* remembrance of; **avec mes affectueux/meilleurs souvenirs, ...** with love from, .../regards, ...; **se souvenir** *vpr* : **se ~ de** to remember; **se ~ que** to remember that
souvent [suvɑ̃] *adv* often; **peu ~** seldom, infrequently; **le plus ~** more often than not, most often
souvenu, e [suvəny] *pp* = **se souvenir**
souverain, e [suv(ə)ʀɛ̃, -ɛn] *adj* sovereign; (*fig : mépris*) supreme ▸ *nm/f* sovereign, monarch
souverainement [suv(ə)ʀɛnmɑ̃] *adv* (*sans appel*) with sovereign power; (*extrêmement*) supremely, intensely
souveraineté [suv(ə)ʀɛnte] *nf* sovereignty
souverainiste [suv(ə)ʀɛnist] *nmf* (*Pol*) partisan of sovereignty; (*au Québec*) partisan of Quebec sovereignty
souviendrai [suvjɛ̃dʀe], **souviens** [suvjɛ̃], **souvint** *etc* [suvɛ̃] *vb voir* **souvenir**
soviétique [sɔvjetik] (*Hist*) *adj* Soviet ▸ *nmf* : **Soviétique** Soviet citizen
soviétologue [sɔvjetɔlɔg] *nmf* Kremlinologist
soyeux, -euse [swajø, -øz] *adj* silky
soyez *etc* [swaje] *vb voir* **être**
soyons *etc* [swajɔ̃] *vb voir* **être**
SPA *sigle f* (= *Société protectrice des animaux*) ≈ RSPCA (Brit), ≈ SPCA (*US*)
spacieux, -euse [spasjø, -øz] *adj* spacious; roomy
spaciosité [spasjɔzite] *nf* spaciousness
spaghettis [spageti] *nmpl* spaghetti *sg*
spammer [spame] *vt, vi* (*Inform*) to spam
sparadrap [spaʀadʀa] *nm* adhesive *ou* sticking (Brit) plaster, bandaid® (*US*)
Sparte [spaʀt] *nf* Sparta
spartiate [spaʀsjat] *adj* Spartan; **spartiates** *nfpl* (*sandales*) Roman sandals
spasme [spazm] *nm* spasm
spasmodique [spazmɔdik] *adj* spasmodic
spasmophilie [spasmɔfili] *nf* spasmophilia
spatial, e, -aux [spasjal, -o] *adj* (*Aviat*) space *cpd*; (*Psych*) spatial
spationaute [spasjonot] *nmf* astronaut
spatule [spatyl] *nf* (*ustensile*) slice; spatula; (*bout*) tip
speaker, ine [spikœʀ, -kʀin] *nm/f* announcer
spécial, e, -aux [spesjal, -o] *adj* special; (*bizarre*) peculiar
spécialement [spesjalmɑ̃] *adv* especially, particularly; (*tout exprès*) specially; **pas ~** not particularly
spécialisation [spesjalizasjɔ̃] *nf* specialization
spécialisé, e [spesjalize] *adj* specialised; **ordinateur ~** dedicated computer
spécialiser [spesjalize] /1/ : **se spécialiser** *vpr* to specialize
spécialiste [spesjalist] *nmf* specialist
spécialité [spesjalite] *nf* speciality; (*Scol*) special field; **~ pharmaceutique** patent medicine
spécieux, -euse [spesjø, -øz] *adj* specious
spécification [spesifikasjɔ̃] *nf* specification
spécificité [spesifisite] *nf* specificity
spécifier [spesifje] /7/ *vt* to specify, state
spécifique [spesifik] *adj* specific
spécifiquement [spesifikmɑ̃] *adv* (*typiquement*) typically; (*tout exprès*) specifically
spécimen [spesimɛn] *nm* specimen; (*revue etc*) specimen *ou* sample copy
spectacle [spɛktakl] *nm* (*tableau, scène*) sight; (*représentation*) show; (*industrie*) show business, entertainment; **se donner en ~** (*péj*) to make a spectacle *ou* an exhibition of o.s.; **pièce/revue à grand ~** spectacular (play/revue); **au ~ de ...** at the sight of ...
spectaculaire [spɛktakylɛʀ] *adj* spectacular
spectateur, -trice [spɛktatœʀ, -tʀis] *nm/f* (*Ciné etc*) member of the audience; (*Sport*) spectator; (*d'un événement*) onlooker, witness
spectre [spɛktʀ] *nm* (*fantôme, fig*) spectre; (*Physique*) spectrum; **~ solaire** solar spectrum
spéculateur, -trice [spekylatœʀ, -tʀis] *nm/f* speculator
spéculatif, -ive [spekylatif, -iv] *adj* speculative
spéculation [spekylasjɔ̃] *nf* speculation
spéculer [spekyle] /1/ *vi* to speculate; **~ sur** (*Comm*) to speculate in; (*réfléchir*) to speculate on; (*tabler sur*) to bank *ou* rely on
speedé, e [spide] *adj* (*fam : personne : agité*) hyper (*fam*); (*rapide, accéléré*) speeded up
spéléologie [speleɔlɔʒi] *nf* (*étude*) speleology; (*activité*) potholing
spéléologue [speleɔlɔg] *nmf* speleologist; potholer
spermatozoïde [spɛʀmatozɔid] *nm* sperm, spermatozoon
sperme [spɛʀm] *nm* semen, sperm
spermicide [spɛʀmisid] *adj, nm* spermicide
sphère [sfɛʀ] *nf* sphere
sphérique [sfeʀik] *adj* spherical
sphincter [sfɛ̃ktɛʀ] *nm* sphincter
sphinx [sfɛ̃ks] *nm inv* sphinx; (*Zool*) hawkmoth
spiral, -aux [spiʀal, -o] *nm* hairspring
spirale [spiʀal] *nf* spiral; **en ~** in a spiral
spire [spiʀ] *nf* (*d'une spirale*) turn; (*d'une coquille*) whorl
spiritisme [spiʀitism] *nm* spiritualism, spiritism
spiritualité [spiʀitɥalite] *nf* spirituality
spirituel, le [spiʀitɥɛl] *adj* spiritual; (*fin, piquant*) witty; **musique spirituelle** sacred music; **concert ~** concert of sacred music

spirituellement [spiʀitɥɛlmɑ̃] *adv* spiritually; wittily
spiritueux [spiʀitɥø] *nm* spirit
splendeur [splɑ̃dœʀ] *nf* splendour (BRIT), splendor (US)
splendide [splɑ̃did] *adj* splendid, magnificent
spoliation [spɔljasjɔ̃] *nf* (*de bien, droit*) despoliation
spolier [spɔlje] /7/ *vt* : **~ qn (de)** to despoil sb (of)
spongieux, -euse [spɔ̃ʒjø, -øz] *adj* spongy
sponsor [spɔ̃sɔʀ] *nm* sponsor
sponsoriser [spɔ̃sɔʀize] /1/ *vt* to sponsor
spontané, e [spɔ̃tane] *adj* spontaneous
spontanéité [spɔ̃taneite] *nf* spontaneity
spontanément [spɔ̃tanemɑ̃] *adv* spontaneously
sporadique [spɔʀadik] *adj* sporadic
sporadiquement [spɔʀadikmɑ̃] *adv* sporadically
sport [spɔʀ] *nm* sport; **faire du ~** to do sport; **~ individuel/d'équipe** individual/team sport; **~ de combat** combative sport; **sports d'hiver** winter sports ▶ *adj inv* (*vêtement*) casual; (*fair-play*) sporting
sportif, -ive [spɔʀtif, -iv] *adj* (*journal, association, épreuve*) sports *cpd*; (*allure, démarche*) athletic; (*attitude, esprit*) sporting; **les résultats sportifs** the sports results
sportivement [spɔʀtivmɑ̃] *adv* sportingly
sportivité [spɔʀtivite] *nf* sportsmanship
spot [spɔt] *nm* (*lampe*) spot(light); (*annonce*) : **~ (publicitaire)** commercial (break)
spray [spʀɛ] *nm* spray, aerosol
sprint [spʀint] *nm* sprint; **piquer un ~** to put on a (final) spurt
sprinter[1] [spʀintœʀ] *nmf*, **sprinteur, -euse** [spʀintœʀ, øz] *nm/f* sprinter
sprinter[2] /1/ *vi* [spʀinte] to sprint
squale [skwal] *nm* (*type of*) shark
square [skwaʀ] *nm* public garden(s)
squash [skwaʃ] *nm* squash
squat [skwat] *nm* (*lieu*) squat
squatter[1] [skwatœʀ] *nmf*, **squatteur, -euse** [skwatœʀ, øz] *nm/f* squatter
squatter[2] /1/ *vt* [skwate] to squat
squelette [skəlɛt] *nm* skeleton
squelettique [skəletik] *adj* scrawny; (*fig*) skimpy
SRAS [sʀas] *sigle m* (= *syndrome respiratoire aigu sévère*) SARS
Sri Lanka [sʀilɑ̃ka] *nm* : **le ~** Sri Lanka
sri-lankais, e, sri lankais, e [sʀilɑ̃kɛ, -ɛz] *adj* Sri-Lankan ▶ *nm/f* : **Sri-Lankais, e** Sri-Lankan
SS *sigle f* = **la sécurité sociale**; (= *Sa Sainteté*) HH
ss *abr* = **sous**
SSR *sigle f* (= *Société suisse romande*) *the Swiss French-language broadcasting company*
St, Ste *abr* (= *Saint(e)*) St
stabilisateur, -trice [stabilizatœʀ, -tʀis] *adj* stabilizing ▶ *nm* stabilizer; (*d'un véhicule*) anti-roll device; (*d'un avion*) tailplane
stabiliser [stabilize] /1/ *vt* to stabilize; (*terrain*) to consolidate
stabilité [stabilite] *nf* stability
stable [stabl] *adj* stable, steady
stade [stad] *nm* (*Sport*) stadium; (*phase, niveau*) stage
stadier [stadje] *nm* steward (*working in a stadium*), stage
stage [staʒ] *nm* training period; (*cours*) training course; (*d'avocat stagiaire*) articles *pl*; **~ en entreprise** work experience placement; **~ de formation (professionnelle)** vocational (training) course; **~ de perfectionnement** advanced training course
stagiaire [staʒjɛʀ] *nmf, adj* trainee
stagnant, e [stagnɑ̃, -ɑ̃t] *adj* stagnant
stagnation [stagnasjɔ̃] *nf* stagnation
stagner [stagne] /1/ *vi* to stagnate
stalactite [stalaktit] *nf* stalactite
stalagmite [stalagmit] *nf* stalagmite
stalle [stal] *nf* stall, box
stambouliote [stɑ̃buljɔt] *adj* from Istanbul ▶ *nmf* : **Stambouliote** person from Istanbul
stand [stɑ̃d] *nm* (*d'exposition*) stand; (*de foire*) stall; **~ de tir** (*à la foire, Sport*) shooting range; **~ de ravitaillement** pit
standard [stɑ̃daʀ] *adj inv* standard ▶ *nm* (*type, norme*) standard; (*téléphonique*) switchboard
standardisation [stɑ̃daʀdizasjɔ̃] *nf* standardization
standardiser [stɑ̃daʀdize] /1/ *vt* to standardize
standardiste [stɑ̃daʀdist] *nmf* switchboard operator
standing [stɑ̃diŋ] *nm* standing; **de grand ~** luxury; **immeuble de grand ~** block of luxury flats (BRIT), condo(minium) (US)
star [staʀ] *nf* star
starlette [staʀlɛt] *nf* starlet
starter [staʀtɛʀ] *nm* (*Auto*) choke; (*Sport : personne*) starter; **mettre le ~** to pull out the choke
station [stasjɔ̃] *nf* station; (*de bus*) stop; (*de villégiature*) resort; (*posture*) : **la ~ debout** standing, an upright posture; **~ balnéaire** seaside resort; **~ de graissage** lubrication bay; **~ de lavage** carwash; **~ de ski** ski resort; **~ de sports d'hiver** winter sports resort; **~ de taxis** taxi rank (BRIT) *ou* stand (US); **~ thermale** thermal spa; **~ de travail** workstation
stationnaire [stasjɔnɛʀ] *adj* stationary
stationnement [stasjɔnmɑ̃] *nm* parking; **zone de ~ interdit** no parking area; **~ alterné** parking on alternate sides
stationner [stasjɔne] /1/ *vi* to park
station-service [stasjɔ̃sɛʀvis] (*pl* **stations-service**) *nf* service station
statique [statik] *adj* static
statisticien, ne [statistisjɛ̃, -ɛn] *nm/f* statistician
statistique [statistik] *nf* (*science*) statistics *sg*; (*rapport, étude*) statistic ▶ *adj* statistical; **statistiques** *nfpl* (*données*) statistics *pl*
statistiquement [statistikmɑ̃] *adv* statistically
statuaire [statɥɛʀ] *nf, adj* statuary
statue [staty] *nf* statue
statuer [statɥe] /1/ *vi* : **~ sur** to rule on, give a ruling on
statuette [statɥɛt] *nf* statuette
statu quo [statykwo] *nm* status quo

S

stature [statyʀ] *nf* stature; **de haute ~** of great stature
statut [staty] *nm* status; **statuts** *nmpl* (*Jur, Admin*) statutes
statutaire [statytɛʀ] *adj* statutory
statutairement [statytɛʀmɑ̃] *adv* statutorily
Sté *abr* (= *société*) soc
steak [stɛk] *nm* steak; **~ haché** hamburger
stèle [stɛl] *nf* stela, stele
stellaire [stelɛʀ] *adj* stellar
stencil [stɛnsil] *nm* stencil
sténo [steno] *nmf* (*aussi* : **sténographe**) shorthand typist (Brit), stenographer (US) ▸ *nf* (*aussi* : **sténographie**) shorthand; **prendre en ~** to take down in shorthand
sténodactylo [stenɔdaktilo] *nmf* shorthand typist (Brit), stenographer (US)
sténodactylographie [stenɔdaktilɔgʀafi] *nf* shorthand typing (Brit), stenography (US)
sténographe [stenɔgʀaf] *nmf* shorthand typist (Brit), stenographer (US)
sténographie [stenɔgʀafi] *nf* shorthand
sténographier [stenɔgʀafje] /7/ *vt* to take down in shorthand
sténographique [stenɔgʀafik] *adj* shorthand *cpd*
stentor [stɑ̃tɔʀ] *nm* : **voix de ~** stentorian voice
step® [stɛp] *nm* step aerobics® *sg*, step Reebok®
stéphanois, e [stefanwa, -waz] *adj* of *ou* from Saint-Étienne
steppe [stɛp] *nf* steppe
stère [stɛʀ] *nm* stere
stéréo *nf* (*aussi* : **stéréophonie**) stereo; **émission en ~** stereo broadcast ▸ *adj* (*aussi* : **stéréophonique**) stereo
stéréophonie [steʀeɔfɔni] *nf* stereo(phony)
stéréophonique [steʀeɔfɔnik] *adj* stereo(phonic)
stéréoscope [steʀeɔskɔp] *nm* stereoscope
stéréoscopique [steʀeɔskɔpik] *adj* stereoscopic
stéréotype [steʀeɔtip] *nm* stereotype
stéréotypé, e [steʀeɔtipe] *adj* stereotyped
stérile [steʀil] *adj* sterile; (*terre*) barren; (*fig*) fruitless, futile
stérilement [steʀilmɑ̃] *adv* fruitlessly
stérilet [steʀilɛ] *nm* coil, loop
stérilisateur [steʀilizatœʀ] *nm* sterilizer
stérilisation [steʀilizasjɔ̃] *nf* sterilization
stériliser [steʀilize] /1/ *vt* to sterilize
stérilité [steʀilite] *nf* sterility
sterne [stɛʀn] *nf* (*oiseau*) tern
sternum [stɛʀnɔm] *nm* breastbone, sternum
stéroïde [steʀɔid] *nm* steroid
stéthoscope [stetɔskɔp] *nm* stethoscope
steward [stiwaʀt] *nm* air steward
stick [stik] *nm* stick
stigmates [stigmat] *nmpl* scars, marks; (*Rel*) stigmata *pl*
stigmatisation [stigmatizasjɔ̃] *nm/f* stigmatization
stigmatiser [stigmatize] /1/ *vt* to denounce, stigmatize
stimulant, e [stimylɑ̃, -ɑ̃t] *adj* stimulating ▸ *nm* (*Méd*) stimulant; (*fig*) stimulus, incentive
stimulateur [stimylatœʀ] *nm* : **~ cardiaque** pacemaker
stimulation [stimylasjɔ̃] *nf* stimulation
stimuler [stimyle] /1/ *vt* to stimulate
stimulus [stimylys] *nm* (*pl* **stimuli** [stimyli]) stimulus
stipulation [stipylasjɔ̃] *nf* stipulation
stipuler [stipyle] /1/ *vt* to stipulate, specify
stock [stɔk] *nm* stock; **en ~** in stock
stockage [stɔkaʒ] *nm* stocking; storage
stocker [stɔke] /1/ *vt* to stock; (*déchets*) to store
Stockholm [stɔkɔlm] *n* Stockholm
stockiste [stɔkist] *nm* stockist
stoïcien, ne [stɔisjɛ̃, -jɛn] *nm/f*, *adj* Stoic
stoïcisme [stɔisism] *nm* stoicism
stoïque [stɔik] *adj* stoic, stoical
stoïquement [stɔikmɑ̃] *adv* stoically
stomacal, e, -aux [stɔmakal, -o] *adj* gastric, stomach *cpd*
stomatologie [stɔmatɔlɔʒi] *nf* stomatology
stomatologue [stɔmatɔlɔg] *nmf* stomatologist
stop [stɔp] *nm* (*Auto* : *écriteau*) stop sign; (: *signal*) brake-light; (*dans un télégramme*) stop; **faire du ~** (*fam*) to hitch(hike) ▸ *excl* stop!
stoppage [stɔpaʒ] *nm* invisible mending
stopper [stɔpe] /1/ *vt* to stop, halt; (*Couture*) to mend ▸ *vi* to stop, halt
store [stɔʀ] *nm* blind; (*de magasin*) shade, awning
strabisme [stʀabism] *nm* squint(ing)
strangulation [stʀɑ̃gylasjɔ̃] *nf* strangulation
strapontin [stʀapɔ̃tɛ̃] *nm* jump *ou* foldaway seat
Strasbourg [stʀazbuʀ] *n* Strasbourg
strasbourgeois, e [stʀazbuʀʒwa, -waz] *adj* from Strasbourg ▸ *nm/f* : **Strasbourgeois, e** person from Strasbourg
strass [stʀas] *nm* paste, strass
stratagème [stʀataʒɛm] *nm* stratagem
strate [stʀat] *nf* (*Géo*) stratum, layer
stratège [stʀatɛʒ] *nm* strategist
stratégie [stʀateʒi] *nf* strategy
stratégique [stʀateʒik] *adj* strategic
stratégiquement [stʀateʒikmɑ̃] *adv* strategically
stratification [stʀatifikasjɔ̃] *nf* (*Géol, Statistique*) stratification
stratifié, e [stʀatifje] *adj* (*Géo*) stratified; (*Tech*) laminated
stratosphère [stʀatɔsfɛʀ] *nf* stratosphere
streptocoque [stʀɛptɔkɔk] *nm* streptococcus
stress [stʀɛs] *nm inv* stress
stressant, e [stʀɛsɑ̃, -ɑ̃t] *adj* stressful
stressé, e [stʀɛse] *adj* (*personne*) stressed
stresser [stʀɛse] /1/ *vt* to stress, cause stress in
stretching [stʀɛtʃiŋ] *nm* (*Sport*) stretching
strict, e [stʀikt] *adj* strict; (*tenue, décor*) severe, plain; **son droit le plus ~** his most basic right; **dans la plus stricte intimité** strictly in private; **le ~ nécessaire/minimum** the bare essentials/minimum
strictement [stʀiktəmɑ̃] *adv* strictly; plainly
strident, e [stʀidɑ̃, -ɑ̃t] *adj* shrill, strident
stridulations [stʀidylasjɔ̃] *nfpl* stridulations, chirrings
strie [stʀi] *nf* streak; (*Anat, Géo*) stria
strier [stʀije] /7/ *vt* to streak; to striate

string [stRiŋ] *nm* thong, G-string
strip-tease [stRiptiz] *nm* striptease
strip-teaseuse [stRiptizøz] *nf* stripper, striptease artist
striures [stRijyR] *nfpl* streaking *sg*
strophe [stRɔf] *nf* verse, stanza
structure [stRyktyR] *nf* structure; **structures d'accueil/touristiques** reception/tourist facilities
structurel, le [stRyktyRɛl] *adj* (*réforme, problème*) structural
structurer [stRyktyRe] /1/ *vt* to structure
strychnine [stRiknin] *nf* strychnine
stuc [styk] *nm* stucco
studette [stydɛt] *nf* small studio flat (BRIT), small studio apartment (BRIT)
studieusement [stydjøzmɑ̃] *adv* studiously
studieux, -euse [stydjø, -øz] *adj* (*élève*) studious; (*vacances*) study *cpd*
studio [stydjo] *nm* (*logement*) studio flat (BRIT) *ou* apartment (US); (*d'artiste, TV etc*) studio
stupéfaction [stypefaksjɔ̃] *nf* stupefaction, astonishment
stupéfait, e [stypefɛ, -ɛt] *adj* astonished
stupéfiant, e [stypefjɑ̃, -ɑ̃t] *adj* (*étonnant*) stunning, astonishing ▸ *nm* (*Méd*) drug, narcotic
stupéfier [stypefje] /7/ *vt* to stupefy; (*étonner*) to stun, astonish
stupeur [stypœR] *nf* (*inertie, insensibilité*) stupor; (*étonnement*) astonishment, amazement
stupide [stypid] *adj* stupid; (*hébété*) stunned
stupidement [stypidmɑ̃] *adv* stupidly
stupidité [stypidite] *nf* stupidity *no pl*; (*parole, acte*) stupid thing (to say *ou* do)
stups [styp] *nmpl* = **stupéfiants**; **brigade des ~** narcotics bureau *ou* squad
style [stil] *nm* style; **meuble/robe de ~** piece of period furniture/period dress; **~ de vie** lifestyle
stylé, e [stile] *adj* well-trained
stylet [stilɛ] *nm* (*poignard*) stiletto; (*Chirurgie*) stylet
stylisé, e [stilize] *adj* stylized
stylisme [stilism] *nm* (*Mode*) fashion design; (*Industrie*) design
styliste [stilist] *nmf* stylist; designer
stylistique [stilistik] *nf* stylistics *sg* ▸ *adj* stylistic
stylo [stilo] *nm* : **~ (à encre)** (fountain) pen; **~ (à) bille** ballpoint pen
stylo-feutre [stilɔføtR] (*pl* **stylos-feutres**) *nm* felt-tip pen
su, e [sy] *pp de* **savoir** ▸ *nm* : **au su de** with the knowledge of
suaire [sɥɛR] *nm* shroud
suant, e [sɥɑ̃, -ɑ̃t] *adj* sweaty
suave [sɥav] *adj* (*odeur*) sweet; (*voix*) suave, smooth; (*coloris*) soft, mellow
subalterne [sybaltɛRn] *adj* (*employé, officier*) junior; (*rôle*) subordinate, subsidiary ▸ *nmf* subordinate, inferior
subaquatique [sybakwatik] *adj* subaquatic
subconscient [sypkɔ̃sjɑ̃] *nm* subconscious
subculture [sybkyltyR] *adj* subculture
subdiviser [sybdivize] /1/ *vt* to subdivide
subdivision [sybdivizjɔ̃] *nf* subdivision
subir [sybiR] /2/ *vt* (*affront, dégâts, mauvais traitements*) to suffer; (*influence, charme*) to be under, be subjected to; (*traitement, opération, châtiment*) to undergo; (*personne*) to suffer, be subjected to
subit, e [sybi, -it] *adj* sudden
subitement [sybitmɑ̃] *adv* suddenly, all of a sudden
subjectif, -ive [sybʒɛktif, -iv] *adj* subjective
subjectivement [sybʒɛktivmɑ̃] *adv* subjectively
subjectivité [sybʒɛktivite] *nf* subjectivity
subjonctif [sybʒɔ̃ktif] *nm* subjunctive
subjuguer [sybʒyge] /1/ *vt* to subjugate
sublime [syblim] *adj* sublime
sublimer [syblime] /1/ *vt* to sublimate
subliminal, e, -aux [sybliminal, -o] *adj* (*message*) subliminal
submergé, e [sybmɛRʒe] *adj* submerged; **~ de** (*fig*) snowed under with; overwhelmed with
submerger [sybmɛRʒe] /3/ *vt* to submerge; (*foule*) to engulf; (*fig*) to overwhelm
submersible [sybmɛRsibl] *nm* submarine
subodorer [sybɔdɔRe] *vt* to detect, to sense
subordination [sybɔRdinasjɔ̃] *nf* subordination
subordonné, e [sybɔRdɔne] *adj, nm/f* subordinate; **~ à** (*personne*) subordinate to; (*résultats etc*) subject to, depending on
subordonner [sybɔRdɔne] /1/ *vt* : **~ qn/qch à** to subordinate sb/sth to
subornation [sybɔRnasjɔ̃] *nf* bribing
suborner [sybɔRne] /1/ *vt* to bribe
subrepticement [sybRɛptismɑ̃] *adv* surreptitiously
subroger [sybRɔʒe] /3/ *vt* (*Jur*) to subrogate
subside [sypsid] *nm* grant
subsidiaire [sypsidjɛR] *adj* subsidiary; **question ~** deciding question
subsistance [sybzistɑ̃s] *nf* subsistence; **pourvoir à la ~ de qn** to keep sb, provide for sb's subsistence *ou* keep
subsister [sybziste] /1/ *vi* (*rester*) to remain, subsist; (*vivre*) to live; (*survivre*) to live on
subsonique [sybsɔnik] *adj* subsonic
substance [sypstɑ̃s] *nf* substance; **en ~** in substance
substantiel, le [sypstɑ̃sjɛl] *adj* substantial
substantif [sypstɑ̃tif] *nm* noun, substantive
substantiver [sypstɑ̃tive] /1/ *vt* to nominalize
substituer [sypstitɥe] /1/ *vt* : **~ qn/qch à** to substitute sb/sth for; **se ~ à qn** (*représenter*) to substitute for sb; (*évincer*) to substitute o.s. for sb
substitut [sypstity] *nm* (*Jur*) deputy public prosecutor; (*succédané*) substitute
substitution [sypstitysjɔ̃] *nf* substitution
substrat [sypstRatɔm] *nm* (*Géol*) substratum; (*Chimie*) substrate
subterfuge [syptɛRfyʒ] *nm* subterfuge
subtil, e [syptil] *adj* subtle
subtilement [syptilmɑ̃] *adv* subtly
subtiliser [syptilize] /1/ *vt* : **~ qch (à qn)** to spirit sth away (from sb)
subtilité [syptilite] *nf* subtlety

S

subtropical, e, -aux [sybtʀɔpikal, -o] *adj* subtropical
suburbain, e [sybyʀbɛ̃, -ɛn] *adj* suburban
subvenir [sybvəniʀ] /**22**/ : ~ **à** *vt* to meet
subvention [sybvɑ̃sjɔ̃] *nf* subsidy, grant
subventionner [sybvɑ̃sjɔne] /**1**/ *vt* to subsidize
subversif, -ive [sybvɛʀsif, -iv] *adj* subversive
subversion [sybvɛʀsjɔ̃] *nf* subversion
suc [syk] *nm* (*Bot*) sap; (*de viande, fruit*) juice; **sucs gastriques** gastric juices
succédané [syksedane] *nm* substitute
succéder [syksede] /**6**/ : ~ **à** *vt* (*directeur, roi etc*) to succeed; (*venir après : dans une série*) to follow, succeed; **se succéder** *vpr* (*accidents, années*) to follow one another
succès [syksɛ] *nm* success; **avec** ~ successfully; **sans** ~ unsuccessfully; **avoir du** ~ to be a success, be successful; **à** ~ successful; **livre à** ~ bestseller; ~ **de librairie** bestseller; ~ **(féminins)** conquests
successeur [syksesœʀ] *nm* successor
successif, -ive [syksesif, -iv] *adj* successive
succession [syksesjɔ̃] *nf* (*série, Pol*) succession; (*Jur : patrimoine*) estate, inheritance; **prendre la** ~ **de** (*directeur*) to succeed, take over from; (*entreprise*) to take over
successivement [syksesivmɑ̃] *adv* successively
succinct, e [syksɛ̃, -ɛ̃t] *adj* succinct
succinctement [syksɛ̃tmɑ̃] *adv* succinctly
succion [syksjɔ̃] *nf* : **bruit de** ~ sucking noise
succomber [sykɔ̃be] /**1**/ *vi* to die, succumb; (*fig*) : ~ **à** to succumb to, give way to
succulent, e [sykylɑ̃, -ɑ̃t] *adj* delicious
succursale [sykyʀsal] *nf* branch; **magasin à succursales multiples** chain *ou* multiple store
sucer [syse] /**3**/ *vt* to suck
sucette [sysɛt] *nf* (*bonbon*) lollipop; (*de bébé*) dummy (Brit), comforter, pacifier (US)
suçoter [sysɔte] /**1**/ *vt* to suck
sucre [sykʀ] *nm* (*substance*) sugar; (*morceau*) lump of sugar, sugar lump *ou* cube; ~ **de canne/ betterave** cane/beet sugar; ~ **en morceaux/ cristallisé/en poudre** lump *ou* cube/ granulated/caster sugar; ~ **glace** icing sugar (Brit), confectioner's sugar (US); ~ **d'orge** barley sugar
sucré, e [sykʀe] *adj* (*produit alimentaire*) sweetened; (*au goût*) sweet; (*péj*) sugary, honeyed
sucrer [sykʀe] /**1**/ *vt* (*thé, café*) to sweeten, put sugar in; **se sucrer** *vpr* (*fam*) to line one's pocket(s)
sucrerie [sykʀəʀi] *nf* (*usine*) sugar refinery; **sucreries** *nfpl* (*bonbons*) sweets, sweet things
sucrette [sykʀɛt] *nf* sweetener
sucrier, -ière [sykʀije, -jɛʀ] *adj* (*industrie*) sugar *cpd*; (*région*) sugar-producing ▸ *nm* (*fabricant*) sugar producer; (*récipient*) sugar bowl *ou* basin
sud [syd] *nm* : **le** ~ the south; **au** ~ (*situation*) in the south; (*direction*) to the south; **au** ~ **de** (to the) south of ▸ *adj inv* south; (*côte*) south, southern
sud-africain, e [sydafʀikɛ̃, -ɛn] *adj* South African ▸ *nm/f* : **Sud-Africain, e** South African
sud-américain, e [sydameʀikɛ̃, -ɛn] *adj* South American ▸ *nm/f* : **Sud-Américain, e** South American
sudation [sydasjɔ̃] *nf* sweating, sudation
sud-coréen, ne [sydkɔʀeɛ̃, -ɛn] *adj* South Korean ▸ *nm/f* : **Sud-Coréen, ne** South Korean
sud-est [sydɛst] *nm, adj inv* south-east
sud-ouest [sydwɛst] *nm, adj inv* south-west
sud-vietnamien, ne [sydvjɛtnamjɛ̃, -ɛn] *adj* South Vietnamese ▸ *nm/f* : **Sud-Vietnamien, ne** South Vietnamese
Suède [sɥɛd] *nf* : **la** ~ Sweden
suédois, e [sɥedwa, -waz] *adj* Swedish ▸ *nm* (*Ling*) Swedish ▸ *nm/f* : **Suédois, e** Swede
suer [sɥe] /**1**/ *vi* to sweat; (*suinter*) to ooze; ~ **à grosses gouttes** to sweat profusely ▸ *vt* (*fig*) to exude
sueur [sɥœʀ] *nf* sweat; **en** ~ sweating, in a sweat; **avoir des sueurs froides** to be in a cold sweat
suffire [syfiʀ] /**37**/ *vi* (*être assez*) : ~ **(à qn/pour qch/pour faire)** to be enough *ou* sufficient (for sb/for sth/to do); **cela lui suffit** he's content with this, this is enough for him; **cela suffit pour les irriter/qu'ils se fâchent** it's enough to annoy them/for them to get angry; **ça suffit !** that's enough!, that'll do!; **se suffire** *vpr* to be self-sufficient ▸ *vb impers* : **il suffit d'une négligence/qu'on oublie pour que ...** it only takes one act of carelessness/one only needs to forget for ...
suffisamment [syfizamɑ̃] *adv* sufficiently, enough; ~ **de** sufficient, enough
suffisance [syfizɑ̃s] *nf* (*vanité*) self-importance, bumptiousness; (*quantité*) : **en** ~ in plenty
suffisant, e [syfizɑ̃, -ɑ̃t] *adj* (*temps, ressources*) sufficient; (*résultats*) satisfactory; (*vaniteux*) self-important, bumptious
suffisons *etc* [syfizɔ̃] *vb voir* **suffire**
suffixe [syfiks] *nm* suffix
suffocant, e [syfɔkɑ̃, -ɑ̃t] *adj* (*étouffant*) suffocating; (*stupéfiant*) staggering
suffocation [syfɔkasjɔ̃] *nf* suffocation
suffoquer [syfɔke] /**1**/ *vt* to choke, suffocate; (*stupéfier*) to stagger, astound ▸ *vi* to choke, suffocate; ~ **de colère/d'indignation** to choke with anger/indignation
suffrage [syfʀaʒ] *nm* (*Pol : voix*) vote; (*du public etc*) approval *no pl*; ~ **universel/direct/indirect** universal/direct/indirect suffrage; **suffrages exprimés** valid votes
suggérer [sygʒeʀe] /**6**/ *vt* to suggest; ~ **que/de faire** to suggest that/doing
suggestif, -ive [sygʒɛstif, -iv] *adj* suggestive
suggestion [sygʒɛstjɔ̃] *nf* suggestion
suggestivité [sygʒɛstivite] *nf* suggestiveness, suggestive nature
suicidaire [sɥisidɛʀ] *adj* suicidal
suicide [sɥisid] *nm* suicide ▸ *adj* : **opération** ~ suicide mission
suicidé, e [sɥiside] *nm/f* suicide
suicider [sɥiside] /**1**/ : **se suicider** *vpr* to commit suicide
suie [sɥi] *nf* soot
suif [sɥif] *nm* tallow
suintement [sɥɛ̃tmɑ̃] *nm* (*de plaie*) oozing; (*d'eau*) seepage
suinter [sɥɛ̃te] /**1**/ *vi* (*plaie*) to ooze

suis [sɥi] *vb voir* **être**; **suivre**
suisse [sɥis] *adj* Swiss; **~ romand** Swiss French ▸ *nm (bedeau)* ≈ verger ▸ *nmf* : **Suisse** Swiss *inv* ▸ *nf* : **la S~** Switzerland; **la S~ romande/allemande** French-speaking/German-speaking Switzerland
suisse-allemand, e [sɥisalmɑ̃, -ɑ̃d] *adj, nm/f* Swiss German
Suissesse [sɥisɛs] *nf* Swiss (woman *ou* girl)
suit [sɥi] *vb voir* **suivre**
suite [sɥit] *nf (continuation : d'énumération etc)* rest, remainder; *(: de feuilleton)* continuation; *(: second film etc sur le même thème)* sequel; *(série)* series, succession; *(Math)* series *sg*; *(conséquence)* result; *(ordre, liaison logique)* coherence; *(appartement, Mus)* suite; *(escorte)* retinue, suite; **une ~ de** *(de maisons, succès)* a series *ou* succession of; **prendre la ~ de** *(directeur etc)* to succeed, take over from; **donner ~ à** *(requête, projet)* to follow up; **faire ~ à** to follow; **~ à votre lettre du** further to your letter of the; **sans ~** *adj* incoherent, disjointed; *adv* incoherently, disjointedly; **de ~** *adv (d'affilée)* in succession; *(immédiatement)* at once; **par la ~** afterwards, subsequently; **à la ~** *adv* one after the other; **à la ~ de** *(derrière)* behind; *(en conséquence de)* following; **par ~ de** owing to, as a result of; **avoir de la ~ dans les idées** to show great singleness of purpose; **attendre la ~ des événements** to (wait and see) what happens; **suites** *nfpl (d'une maladie etc)* effects
suivant, e [sɥivɑ̃, -ɑ̃t] *vb voir* **suivre** ▸ *adj* next, following; *(ci-après)* : **l'exercice ~** the following exercise ▸ *prép (selon)* according to; **~ que** according to whether ▸ *nm* : **au ~ !** next!
suive *etc* [sɥiv] *vb voir* **suivre**
suiveur [sɥivœʀ] *nm (Cyclisme)* (official) follower; *(péj)* (camp) follower
suivi, e [sɥivi] *pp de* **suivre** ▸ *adj (régulier)* regular; *(Comm : article)* in general production; *(effort, qualité)* consistent; *(cohérent)* coherent; **très/peu ~** *(cours)* well-/poorly-attended; *(mode)* widely/not widely adopted; *(feuilleton etc)* widely/not widely followed ▸ *nm* follow-up
suivisme [sɥivism] *nm* tendency to follow the herd
suiviste [sɥivist] *adj* that follows the herd ▸ *nmf* person who follows the herd
suivre [sɥivʀ] /**40**/ *vt (gén)* to follow; *(Scol : cours)* to attend; *(: leçon)* to follow, attend to; *(: programme)* to keep up with; *(Comm : article)* to continue to stock ▸ *vi* to follow; *(élève : écouter)* to attend, pay attention; *(: assimiler le programme)* to keep up, follow; **se suivre** *vpr (accidents, personnes, voitures etc)* to follow one after the other; *(raisonnement)* to be coherent; **~ des yeux** to follow with one's eyes; **faire ~** *(lettre)* to forward; **~ son cours** *(enquête etc)* to run *ou* take its course; **« à ~ »** "to be continued"
sujet, te [syʒɛ, -ɛt] *adj* : **être ~ à** *(accidents)* to be prone to; *(vertige etc)* to be liable *ou* subject to; **~ à caution** questionable ▸ *nm/f (d'un souverain)* subject ▸ *nm* subject; **un ~ de dispute/discorde/mécontentement** a cause for argument/dissension/dissatisfaction; **c'est à quel ~ ?** what is it about?; **avoir ~ de se plaindre** to have cause for complaint; **au ~ de** *prép* about; **~ de conversation** topic *ou* subject of conversation; **~ d'examen** *(Scol)* examination question; examination paper; **~ d'expérience** *(Bio etc)* experimental subject
sujétion [syʒesjɔ̃] *nf* subjection; *(fig)* constraint
sulfater [sylfate] /**1**/ *vt* to spray with copper sulphate
sulfureux, -euse [sylfyʀø, -øz] *adj* sulphurous (Brit), sulfurous (US)
sulfurique [sylfyʀik] *adj* : **acide ~** sulphuric (Brit) *ou* sulfuric (US) acid
sulfurisé, e [sylfyʀize] *adj* : **papier ~** greaseproof (Brit) *ou* wax (US) paper
sultan [syltɑ̃] *nm* sultan
sultanat [syltana] *nm* sultanate
Sumatra [symatʀa] *nf* Sumatra
summum [sɔmɔm] *nm* : **le ~ de** the height of
sunnite [synit] *adj* Sunni ▸ *nmf* Sunnite
super [sypɛʀ] *adj inv* great, fantastic ▸ *nm (= supercarburant)* ≈ 4-star (Brit), ≈ premium (US)
superbe [sypɛʀb] *adj* magnificent, superb ▸ *nf* arrogance
superbement [sypɛʀbəmɑ̃] *adv* superbly
supercarburant [sypɛʀkaʀbyʀɑ̃] *nm* ≈ 4-star petrol (Brit), ≈ premium gas (US)
supercherie [sypɛʀʃəʀi] *nf* trick, trickery *no pl*; *(fraude)* fraud
supérette [sypeʀɛt] *nf* minimarket
superfétatoire [sypɛʀfetatwaʀ] *adj* superfluous
superficialité [sypɛʀfisjalite] *nf* superficiality
superficie [sypɛʀfisi] *nf* (surface) area; *(fig)* surface
superficiel, le [sypɛʀfisjɛl] *adj* superficial
superficiellement [sypɛʀfisjɛlmɑ̃] *adv* superficially
superflu, e [sypɛʀfly] *adj* superfluous ▸ *nm* : **le ~** the superfluous
superforme [sypɛʀfɔʀm] *nf (fam)* top form, excellent shape
super-grand [sypɛʀgʀɑ̃] *nm* superpower
super-huit [sypɛʀɥit] *adj inv* : **camera/film ~** super-eight camera/film
supérieur, e [sypeʀjœʀ] *adj (lèvre, étages, classes)* upper; **~ (à)** *(plus élevé : température, niveau)* higher (than); *(meilleur : qualité, produit)* superior (to); *(excellent, hautain)* superior; **Mère supérieure** Mother Superior; **à l'étage ~** on the next floor up; **~ en nombre** superior in number ▸ *nm/f* superior
supérieurement [sypeʀjœʀmɑ̃] *adv* exceptionally well; *(avec adjectif)* exceptionally
supériorité [sypeʀjɔʀite] *nf* superiority
superlatif [sypɛʀlatif] *nm* superlative
supermarché [sypɛʀmaʀʃe] *nm* supermarket
supernova [sypɛʀnɔva] *nf* supernova
superposable [sypɛʀpozabl] *adj (figures)* that may be superimposed; *(lits)* stackable
superposer [sypɛʀpoze] /**1**/ *vt* to superpose; *(meubles, caisses)* to stack; *(faire chevaucher)* to superimpose; **lits superposés** bunk beds; **se superposer** *vpr (images, souvenirs)* to be superimposed

S

superposition [sypɛʀpozisjɔ̃] *nf* superposition; superimposition
superpréfet [sypɛʀpʀefɛ] *nm prefect in charge of a region*
superproduction [sypɛʀpʀɔdyksjɔ̃] *nf* (*film*) spectacular
superpuissance [sypɛʀpɥisɑ̃s] *nf* superpower
supersonique [sypɛʀsɔnik] *adj* supersonic
superstitieux, -euse [sypɛʀstisjø, -øz] *adj* superstitious
superstition [sypɛʀstisjɔ̃] *nf* superstition
superstructure [sypɛʀstʀyktyʀ] *nf* superstructure
supertanker [sypɛʀtɑ̃kœʀ] *nm* supertanker
superviser [sypɛʀvize] /1/ *vt* to supervise
supervision [sypɛʀvizjɔ̃] *nf* supervision
suppl. *abr* = **supplément**
supplanter [syplɑ̃te] /1/ *vt* to supplant
suppléance [sypleɑ̃s] *nf* (*poste*) supply post (Brit), substitute teacher's post (US)
suppléant, e [sypleɑ̃, -ɑ̃t] *adj* (*juge, fonctionnaire*) deputy *cpd*; (*professeur*) supply *cpd* (Brit), substitute *cpd* (US); **médecin ~** locum ▸ *nm/f* deputy; (*professeur*) supply *ou* substitute teacher
suppléer [syplee] /1/ *vt* (*ajouter : mot manquant etc*) to supply, provide; (*compenser : lacune*) to fill in; (*: défaut*) to make up for; (*remplacer : professeur*) to stand in for; (*: juge*) to deputize for; **~ à** *vt* to make up for; to substitute for
supplément [syplemɑ̃] *nm* supplement; **un ~ de travail** extra *ou* additional work; **un ~ de frites** *etc* an extra portion of chips *etc*; **un ~ de 10 euros** a supplement of 10 euros, an extra *ou* additional 10 euros; **ceci est en ~** (*au menu etc*) this is extra, there is an extra charge for this; **le vin est en ~** wine is extra; **payer un ~** to pay an additional charge; **~ d'information** additional information
supplémentaire [syplemɑ̃tɛʀ] *adj* additional, further; (*train, bus*) relief *cpd*, extra
supplémentation [syplemɑ̃tasjɔ̃] *nf* : **la ~ nutritionnelle** food supplements
supplétif, -ive [sypletif, -iv] *adj* (*Mil*) auxiliary
suppliant, e [syplijɑ̃, -ɑ̃t] *adj* imploring
supplication [syplikasjɔ̃] *nf* (*Rel*) supplication; **supplications** *nfpl* (*adjurations*) pleas, entreaties
supplice [syplis] *nm* (*peine corporelle*) torture *no pl*; form of torture; (*douleur physique, morale*) torture, agony; **être au ~** to be in agony
supplicier [syplisje] *vt* to torture
supplier [syplije] /7/ *vt* to implore, beseech
supplique [syplik] *nf* petition
support [sypɔʀ] *nm* support; (*pour livre, outils*) stand; **~ audiovisuel** audio-visual aid; **~ publicitaire** advertising medium
supportable [sypɔʀtabl] *adj* (*douleur, température*) bearable; (*procédé, conduite*) tolerable
supporter[1] [sypɔʀtœʀ] *nmf*, **supporteur, -trice** [sypɔʀtœʀ, tʀis] *nm/f* (*Sport, Pol*) supporter, fan
supporter[2] [sypɔʀte] *vt* (*poids, poussée, Sport : concurrent, équipe*) to support; (*conséquences, épreuve*) to bear, endure; (*défauts, personne*) to tolerate, put up with; (*chose : chaleur etc*) to withstand; (*personne : chaleur, vin*) to take

supposé, e [sypoze] *adj* (*nombre*) estimated; (*auteur*) supposed
supposément [sypozemɑ̃] *adv* supposedly
supposer [sypoze] /1/ *vt* to suppose; (*impliquer*) to presuppose; **en supposant** *ou* **à ~ que** supposing (that)
supposition [sypozisjɔ̃] *nf* supposition
suppositoire [sypozitwaʀ] *nm* suppository
suppôt [sypo] *nm* (*péj*) henchman
suppression [sypʀesjɔ̃] *nf* (*voir supprimer*) removal; deletion; cancellation; suppression
supprimer [sypʀime] /1/ *vt* (*cloison, cause, anxiété*) to remove; (*clause, mot*) to delete; (*congés, service d'autobus etc*) to cancel; (*publication, article*) to suppress; (*emplois, privilèges, témoin gênant*) to do away with; **~ qch à qn** to deprive sb of sth
suppurer [sypyʀe] /1/ *vi* to suppurate
supputations [sypytasjɔ̃] *nfpl* calculations, reckonings
supputer [sypyte] /1/ *vt* to calculate, reckon
supraconducteur, -trice [sypʀakɔ̃dyktœʀ, -tʀis] *adj* (*matériau*) superconductive ▸ *nm* superconductor
supranational, e, -aux [sypʀanasjɔnal, -o] *adj* supranational
suprématie [sypʀemasi] *nf* supremacy
suprême [sypʀɛm] *adj* supreme
suprêmement [sypʀɛmmɑ̃] *adv* supremely

MOT-CLÉ

sur[1] [syʀ] *prép* **1** (*position*) on; (*: par-dessus*) over; (*: au-dessus*) above; **pose-le sur la table** put it on the table; **je n'ai pas d'argent sur moi** I haven't any money on me
2 (*direction*) towards; **en allant sur Paris** going towards Paris; **sur votre droite** on *ou* to your right
3 (*à propos de*) on, about; **un livre/une conférence sur Balzac** a book/lecture on *ou* about Balzac
4 (*proportion, mesures*) out of; by; **un sur 10** one in 10; (*Scol*) one out of 10; **sur 20, deux sont venus** out of 20, two came; **4 m sur 2** 4 m by 2; **avoir accident sur accident** to have one accident after another
5 (*cause*) : **sur sa recommandation** on *ou* at his recommendation; **sur son invitation** at his invitation
6 : **sur ce** *adv* whereupon; **sur ce, il faut que je vous quitte** and now I must leave you

sur[2]**, e** [syʀ] *adj* sour
sûr, e [syʀ] *adj* sure, certain; (*digne de confiance*) reliable; (*sans danger*) safe; **peu ~** unreliable; **~ de qch** sure *ou* certain of sth; **être ~ de qn** to be sure of sb; **~ et certain** absolutely certain; **~ de soi** self-assured, self-confident; **le plus ~ est de** the safest thing is to
surabondance [syʀabɔ̃dɑ̃s] *nf* overabundance
surabondant, e [syʀabɔ̃dɑ̃, -ɑ̃t] *adj* overabundant
surabonder [syʀabɔ̃de] /1/ *vi* to be overabundant; **~ de** to abound with, have an overabundance of
suractivité [syʀaktivite] *nf* hyperactivity

suraigu, ë [syʀegy] *adj* very shrill
surajouter [syʀaʒute] /1/ *vt* : **~ qch à** to add sth to
suralimentation [syʀalimɑ̃tasjɔ̃] *nf* overfeeding; (*Tech : d'un moteur*) supercharging
suralimenté, e [syʀalimɑ̃te] *adj* (*personne*) overfed; (*moteur*) supercharged
suranné, e [syʀane] *adj* outdated, outmoded
surarmement [syʀaʀməmɑ̃] *nm* (excess) stockpiling of arms (*ou* weapons)
surbaissé, e [syʀbese] *adj* lowered, low
surbooké, e [syʀbuke] *adj* (*fam : personne*) : **être ~** to have too many calls on one's time; (*vol*) overbooked
surcapacité [syʀkapasite] *nf* overcapacity
surcharge [syʀʃaʀʒ] *nf* (*de passagers, marchandises*) excess load; (*de détails, d'ornements*) overabundance, excess; (*correction*) alteration; (*Postes*) surcharge; **prendre des passagers en ~** to take on excess *ou* extra passengers; **~ de bagages** excess luggage; **~ de travail** extra work
surchargé, e [syʀʃaʀʒe] *adj* (*décoration, style*) over-elaborate, overfussy; (*voiture, emploi du temps*) overloaded
surcharger [syʀʃaʀʒe] /3/ *vt* to overload; (*timbre-poste*) to surcharge; (*décoration*) to overdo
surchauffe [syʀʃof] *nf* overheating; **en ~** (*moteur, économie*) overheating
surchauffé, e [syʀʃofe] *adj* (*salle*) overheated; (*fig : imagination*) overactive; (*: ambiance*) frenetic; (*: économie*) overheated
surchauffer [syʀʃofe] *vi, vt* to overheat
surchoix [syʀʃwa] *adj inv* top-quality
surclasser [syʀklɑse] /1/ *vt* to outclass
surconsommation [syʀkɔ̃sɔmasjɔ̃] *nf* (*Écon*) overconsumption
surcoté, e [syʀkɔte] *adj* overpriced
surcouper [syʀkupe] /1/ *vt* to overtrump
surcoût [syʀku] *nm* additional cost
surcroît [syʀkʀwa] *nm* : **~ de qch** additional sth; **par** *ou* **de ~** moreover; **en ~** in addition
surdimensionné, e [syʀdimɑ̃sjɔne] *adj* outsize; **un ego ~** an outsize ego
surdi-mutité, surdimutité [syʀdimytite] *nf* deaf-dumbness
surdité [syʀdite] *nf* deafness; **atteint de ~ totale** profoundly deaf
surdose [syʀdoz] *nf* (*lit, fig*) overdose
surdoué, e [syʀdwe] *adj* gifted
sureau, x [syʀo] *nm* elder (tree)
sureffectif [syʀefɛktif] *nm* overmanning
surélever [syʀel(ə)ve] /5/ *vt* to raise, heighten
sûrement [syʀmɑ̃] *adv* reliably; (*sans risques*) safely, securely; (*certainement*) certainly; **~ pas** certainly not
suremploi [syʀɑ̃plwa] *nm* (*Écon*) overemployment
surenchère [syʀɑ̃ʃɛʀ] *nf* (*aux enchères*) higher bid; (*sur prix fixe*) overbid; (*fig*) overstatement; outbidding tactics *pl*; **~ de violence** build-up of violence; **~ électorale** political (*ou* electoral) one-upmanship
surenchérir [syʀɑ̃ʃeʀiʀ] /2/ *vi* to bid higher; to raise one's bid; (*fig*) to try and outbid each other
surendetté, e [syʀɑ̃dete] *adj* (*personne, entreprise, pays*) over-indebted, overindebted
surendettement [syʀɑ̃dɛtmɑ̃] *nm* over-indebtedness, overindebtedness
surent [syʀ] *vb voir* **savoir**
surentraîné, e [syʀɑ̃tʀene] *adj* overtrained
suréquipé, e [syʀekipe] *adj* overequipped
surestimer [syʀɛstime] /1/ *vt* (*tableau*) to overvalue; (*possibilité, personne*) to overestimate
sûreté [syʀte] *nf* (*voir sûr : exactitude : de renseignements etc*) reliability; (*sécurité*) safety; (*d'un geste*) steadiness; (*Jur*) guaranty; surety; **mettre en ~** to put in a safe place; **pour plus de ~** as an extra precaution; to be on the safe side; **la ~ de l'État** State security; **la S~ (nationale)** *division of the Ministère de l'Intérieur heading all police forces except the gendarmerie and the Paris préfecture de police*
surévaluation [syʀevalɥasjɔ̃] *nf* (*de monnaie*) overvaluation; (*de recettes, marché*) overvaluing
surévaluer [syʀevalɥe] *vt* (*importance, capacité*) to overestimate; (*monnaie, recettes, marché*) to overvalue
surexcité, e [syʀɛksite] *adj* overexcited
surexciter [syʀɛksite] /1/ *vt* (*personne*) to overexcite
surexploitation [syʀɛksplwatasjɔ̃] *nf* (*de ressources*) over-exploitation; (*d'idée, thème*) overuse, excessive use; (*de main d'œuvre*) exploitation
surexploiter [syʀɛksplwate] /1/ *vt* to overexploit
surexposer [syʀɛkspoze] /1/ *vt* to overexpose
surf [sœʀf] *nm* surfing; **faire du ~** to go surfing
surface [syʀfas] *nf* surface; (*superficie*) surface area; **une grande ~** a supermarket; **faire ~** to surface; **en ~** *adv* near the surface; (*fig*) superficially; **la pièce fait 100 m² de ~** the room has a surface area of 100m²; **~ de réparation** (*Sport*) penalty area; **~ porteuse** *ou* **de sustentation** (*Aviat*) aerofoil
surfacturation [syʀfaktyʀasjɔ̃] *nf* overbilling
surfait, e [syʀfɛ, -ɛt] *adj* overrated
surfer [sœʀfe] /1/ *vi* to surf; **~ sur Internet** to surf *ou* browse the Internet
surfeur, -euse [sœʀfœʀ, -øz] *nm/f* surfer
surfiler [syʀfile] /1/ *vt* (*Couture*) to oversew
surfin, e [syʀfɛ̃, -in] *adj* superfine
surgélateur [syʀʒelatœʀ] *nm* deep freeze
surgélation [syʀʒelasjɔ̃] *nf* deep-freezing
surgelé, e [syʀʒəle] *adj* (deep-)frozen ▸ *nm* : **les surgelés** (deep-)frozen food
surgeler [syʀʒəle] /5/ *vt* to (deep-)freeze
surgir [syʀʒiʀ] /2/ *vi* (*personne, véhicule*) to appear suddenly; (*jaillir*) to shoot up; (*montagne etc*) to rise up, loom up; (*fig : problème, conflit*) to arise
surhomme [syʀɔm] *nm* superman
surhumain, e [syʀymɛ̃, -ɛn] *adj* superhuman
surimposer [syʀɛ̃poze] /1/ *vt* to overtax
surimpression [syʀɛ̃pʀesjɔ̃] *nf* (*Photo*) double exposure; **en ~** superimposed
surimprimer [syʀɛ̃pʀime] /1/ *vt* to overstrike, overprint
Surinam [syʀinam] *nm* : **le ~** Surinam

surinfection [syrɛ̃fɛksjɔ̃] *nf (Méd)* secondary infection
surjet [syrʒɛ] *nm (Couture)* overcast seam
surjouer [syrʒwe] *vt (rôle, émotion)* to overact ▸ *vi* to overact
sur-le-champ [syrləʃɑ̃] *adv* immediately
surlendemain [syrlɑ̃d(ə)mɛ̃] *nm* : **le ~ (soir)** two days later (in the evening); **le ~ de** two days after
surligner [syrliɲe] *vt* to highlight
surligneur [syrliɲœr] *nm (feutre)* highlighter (pen)
surmenage [syrmənaʒ] *nm* overwork; **le ~ intellectuel** mental fatigue
surmené, e [syrməne] *adj* overworked
surmener [syrməne] **/5/** *vt* to overwork; **se surmener** *vpr* to overwork
surmonter [syrmɔ̃te] **/1/** *vt (coupole etc)* to surmount, top; *(vaincre)* to overcome, surmount; *(être au-dessus de)* to top
surmortalité [syrmɔrtalite] *nf* excess death rate
surmultiplié, e [syrmyltiplije] *adj, nf* : **(vitesse) surmultipliée** overdrive
surnager [syrnaʒe] **/3/** *vi* to float
surnaturel, le [syrnatyrɛl] *adj, nm* supernatural
surnom [syrnɔ̃] *nm* nickname
surnombre [syrnɔ̃br] *nm* : **être en ~** to be too many *(ou* one too many)
surnommer [syrnɔme] **/1/** *vt* to nickname
surnuméraire [syrnymerɛr] *nmf* supernumerary
suroît [syrwa] *nm* sou'wester
surpasser [syrpɑse] **/1/** *vt* to surpass; **se surpasser** *vpr* to surpass o.s., excel o.s.
surpayer [syrpeje] **/8/** *vt (personne)* to overpay; *(article etc)* to pay too much for
surpeuplé, e [syrpœple] *adj* overpopulated
surpeuplement [syrpœpləmɑ̃] *nm* overpopulation
surpiquer [syrpike] **/1/** *vt (Couture)* to overstitch
surpiqûre [syrpikyr] *nf (Couture)* overstitching
surplace [syrplas] *nm* : **faire du ~** to mark time
surplis [syrpli] *nm* surplice
surplomb [syrplɔ̃] *nm* overhang; **en ~** overhanging
surplomber [syrplɔ̃be] **/1/** *vi* to be overhanging ▸ *vt* to overhang; *(dominer)* to tower above
surplus [syrply] *nm (Comm)* surplus; *(reste)* : **~ de bois** wood left over; **au ~** moreover; **~ américains** American army surplus *sg*
surpoids [syrpwa] *nm* excess weight; **être en ~** to be overweight
surpopulation [syrpɔpylasjɔ̃] *nf* overpopulation
surprenant, e [syrprənɑ̃, -ɑ̃t] *vb voir* **surprendre** ▸ *adj* amazing
surprendre [syrprɑ̃dr] **/58/** *vt (étonner, prendre à l'improviste)* to amaze, surprise; *(secret)* to discover; *(tomber sur : intrus etc)* to catch; *(fig)* to detect; to chance *ou* happen upon; *(clin d'œil)* to intercept; *(conversation)* to overhear; *(orage, nuit etc)* to catch out, take by surprise; **~ la vigilance/bonne foi de qn** to catch sb out/ betray sb's good faith; **se ~ à faire** to catch *ou* find o.s. doing
surprime [syrprim] *nf* additional premium
surpris, e [syrpri, -iz] *pp de* **surprendre** ▸ *adj* : **~ (de/que)** amazed *ou* surprised (at/that)
surprise [syrpriz] *nf* surprise; **faire une ~ à qn** to give sb a surprise; **voyage sans surprises** uneventful journey; **par ~** *adv* by surprise
surprise-partie [syrprizparti] *(pl* **surprises-parties)** *nf* party
surprit [syrpri] *vb voir* **surprendre**
surproduction [syrprɔdyksjɔ̃] *nf* overproduction
surpuissant, e [syrpɥisɑ̃, -ɑ̃t] *adj* ultra-powerful
surréaliste [syrrealist] *adj, nmf* surrealist
surrégime [syrreʒim] *nm (moteur)* over-revving; **tourner en ~** to over-rev; *(fig)* to go into overdrive
surréservation [syrrezɛrvasjɔ̃] *nf* overbooking
sursaut [syrso] *nm* start, jump; **~ de** *(énergie, indignation)* sudden fit *ou* burst of; **en ~** *adv* with a start
sursauter [syrsote] **/1/** *vi* to (give a) start, jump
surseoir [syrswar] **/26/** : **~ à** *vt* to defer; *(Jur)* to stay
sursis [syrsi] *nm (Jur : gén)* suspended sentence; *(: à l'exécution capitale : aussi fig)* reprieve; *(Mil)* : **~ (d'appel** *ou* **d'incorporation)** deferment; **condamné à cinq mois (de prison) avec ~** given a five-month suspended (prison) sentence
sursitaire [syrsitɛr] *nm (Mil)* deferred conscript
sursois [syrswa], **sursoyais** *etc* [syrswaje] *vb voir* **surseoir**
surtaxe [syrtaks] *nf* surcharge
surtaxé, e [syrtakse] *adj (Tél : appel, numéro)* premium-rate
surtaxer [syrtakse] *vt* to put a surcharge on
surtension [syrtɑ̃sjɔ̃] *nf (Élec)* overvoltage
surtout [syrtu] *adv (avant tout, d'abord)* above all; *(spécialement, particulièrement)* especially; **il aime le sport, ~ le football** he likes sport, especially football; **cet été, il a ~ fait de la pêche** this summer he went fishing more than anything (else); **~ pas d'histoires !** no fuss now!; **~, ne dites rien !** whatever you do, don't say anything!; **~ pas !** certainly *ou* definitely not!; **~ que …** especially as …
survécu, e [syrveky] *pp de* **survivre**
surveillance [syrvɛjɑ̃s] *nf* watch; *(Police, Mil)* surveillance; **sous ~ médicale** under medical supervision; **la ~ du territoire** internal security; *voir aussi* **DST**
surveillant, e [syrvɛjɑ̃, -ɑ̃t] *nm/f (de prison)* warder; *(Scol)* monitor; *(de travaux)* supervisor, overseer
surveiller [syrveje] **/1/** *vt (enfant, élèves, bagages)* to watch, keep an eye on; *(malade)* to watch over; *(prisonnier, suspect)* to keep (a) watch on; *(territoire, bâtiment)* to (keep) watch over; *(travaux, cuisson)* to supervise; *(Scol : examen)* to invigilate; **~ son langage/sa ligne** to watch one's language/ figure; **se surveiller** *vpr* to keep a check *ou* watch on o.s.
survenir [syrvənir] **/22/** *vi (incident, retards)* to occur, arise; *(événement)* to take place; *(personne)* to appear, arrive
survenu, e [syrv(ə)ny] *pp de* **survenir**

survêt [syʀvɛt], **survêtement** [syʀvɛtmɑ̃] *nm* tracksuit (BRIT), sweat suit (US)
survie [syʀvi] *nf* survival; (*Rel*) afterlife; **équipement de ~** survival equipment; **une ~ de quelques mois** a few more months of life
surviens [syʀvjɛ̃], **survint** *etc* [syʀvɛ̃] *vb voir* **survenir**
survit *etc* [syʀvi] *vb voir* **survivre**
survitaminé, e [syʀvitamine] *adj* (*fam*) supercharged
survitrage [syʀvitʀaʒ] *nm* double-glazing
survivance [syʀvivɑ̃s] *nf* relic
survivant, e [syʀvivɑ̃, -ɑ̃t] *vb voir* **survivre** ▸ *nm/f* survivor
survivre [syʀvivʀ] /**46**/ *vi* to survive; **~ à** *vt* (*accident etc*) to survive; (*personne*) to outlive; **la victime a peu de chance de ~** the victim has little hope of survival
survol [syʀvɔl] *nm* flying over
survoler [syʀvɔle] /**1**/ *vt* to fly over; (*fig* : *livre*) to skim through; (: *question, problèmes*) to skim over
survolté, e [syʀvɔlte] *adj* (*Élec*) stepped up, boosted; (*fig*) worked up
sus [sy(s)] : **en ~ de** *prép* in addition to, over and above; **en ~** *adv* in addition; **~ à** *excl* : **~ au tyran !** at the tyrant!; *voir* **savoir**
susceptibilité [sysɛptibilite] *nf* sensitivity *no pl*
susceptible [sysɛptibl] *adj* touchy, sensitive; **~ de faire** (*capacité*) able to do; (*probabilité*) liable to do; **~ d'amélioration** *ou* **d'être amélioré** that can be improved, open to improvement
susciter [sysite] /**1**/ *vt* (*admiration*) to arouse; (*obstacles, ennuis*) : **~ (à qn)** to create (for sb)
susdit, e [sysdi, -dit] *adj* foresaid
susmentionné, e [sysmɑ̃sjɔne] *adj* above-mentioned
susnommé, e [sysnɔme] *adj* above-named
suspect, e [syspɛ(kt), -ɛkt] *adj* suspicious; (*témoignage, opinions, vin etc*) suspect; **peu ~ de** most unlikely to be suspected of ▸ *nm/f* suspect
suspecter [syspɛkte] /**1**/ *vt* to suspect; (*honnêteté de qn*) to question, have one's suspicions about; **~ qn d'être/d'avoir fait qch** to suspect sb of being/having done sth
suspendre [syspɑ̃dʀ] /**41**/ *vt* (*interrompre, démettre*) to suspend; (*remettre*) to defer; (*accrocher* : *vêtement*) : **~ qch (à)** to hang sth up (on); (*fixer* : *lustre etc*) : **~ qch à** to hang sth from; **se suspendre** *vpr* : **se ~ à** to hang from
suspendu, e [syspɑ̃dy] *pp de* **suspendre** ▸ *adj* (*accroché*) : **~ à** hanging on (*ou* from); (*perché*) **~ au-dessus de** suspended over; (*Auto*) **bien/mal ~** with good/poor suspension; **être ~ aux lèvres de qn** to hang upon sb's every word
suspens [syspɑ̃] : **en ~** *adv* (*affaire*) in abeyance; **tenir en ~** to keep in suspense
suspense [syspɑ̃s] *nm* suspense
suspension [syspɑ̃sjɔ̃] *nf* suspension; deferment; (*Auto*) suspension; (*lustre*) pendant light fitting; **en ~** in suspension, suspended; **~ d'audience** adjournment
suspicieux, -euse [syspisjø, -øz] *adj* suspicious
suspicion [syspisjɔ̃] *nf* suspicion
sustentation [systɑ̃tasjɔ̃] *nf* (*Aviat*) lift; **base** *ou* **polygone de ~** support polygon
sustenter [systɑ̃te] /**1**/ : **se sustenter** *vpr* to take sustenance
susurrer [sysyʀe] /**1**/ *vt* to whisper
sut [sy] *vb voir* **savoir**
suture [sytyʀ] *nf* : **point de ~** stitch
suturer [sytyʀe] /**1**/ *vt* to stitch up, suture
suzeraineté [syz(ə)ʀɛnte] *nf* suzerainty
svelte [svɛlt] *adj* slender, svelte
SVP *abr* (= *s'il vous plaît*) please
SVT *sigle nf* (*Scol* : = *Sciences de la vie et de la Terre*) *natural sciences*
swahili [swaili] *nm* (*Ling*) Swahili
Swaziland [swazilɑ̃d] *nm* : **le ~** Swaziland
sweat [swit] *nm* (*fam*) sweatshirt
sweat-shirt [switʃœʀt] (*pl* **sweat-shirts**) *nm* sweatshirt
syllabe [silab] *nf* syllable
sylphide [silfid] *nf* (*fig*) : **sa taille de ~** her sylph-like figure
sylvestre [silvɛstʀ] *adj* : **pin ~** Scots pine, Scotch fir
sylvicole [silvikɔl] *adj* forestry *cpd*
sylviculteur [silvikyltœʀ] *nm* forester
sylviculture [silvikyltyʀ] *nf* forestry, sylviculture
symbiose [sɛ̃bjoz] *nf* symbiosis; **en ~ avec qch** in symbiosis with sth
symbole [sɛ̃bɔl] *nm* symbol
symbolique [sɛ̃bɔlik] *adj* symbolic; (*geste, offrande*) token *cpd*; (*salaire, dommages-intérêts*) nominal
symboliquement [sɛ̃bɔlikmɑ̃] *adv* symbolically
symboliser [sɛ̃bɔlize] /**1**/ *vt* to symbolize
symétrie [simetʀi] *nf* symmetry
symétrique [simetʀik] *adj* symmetrical
symétriquement [simetʀikmɑ̃] *adv* symmetrically
sympa [sɛ̃pa] *adj inv* (*fam*) = **sympathique** nice; friendly; good; **sois ~, prête-le moi** be a pal and lend it to me
sympathie [sɛ̃pati] *nf* (*inclination*) liking; (*affinité*) fellow feeling; (*condoléances*) sympathy; **accueillir avec ~** (*projet*) to receive favourably; **avoir de la ~ pour qn** to like sb, have a liking for sb; **témoignages de ~** expressions of sympathy; **croyez à toute ma ~** you have my deepest sympathy
sympathique [sɛ̃patik] *adj* (*personne, figure*) nice, friendly, likeable; (*geste*) friendly; (*livre*) good; (*déjeuner*) nice; (*réunion, endroit*) pleasant, nice

⚠ **sympathique** does not mean *sympathetic*

sympathisant, e [sɛ̃patizɑ̃, -ɑ̃t] *nm/f* sympathizer
sympathiser [sɛ̃patize] /**1**/ *vi* (*voisins etc* : *s'entendre*) to get on (BRIT) *ou* along (US) (well); (: *se fréquenter*) to socialize, see each other; **~ avec** to get on *ou* along (well) with, to see, socialize with
symphonie [sɛ̃fɔni] *nf* symphony
symphonique [sɛ̃fɔnik] *adj* (*orchestre, concert*) symphony *cpd*; (*musique*) symphonic
symposium [sɛ̃pozjɔm] *nm* symposium
symptomatique [sɛ̃ptɔmatik] *adj* symptomatic

S

symptôme [sɛ̃ptom] *nm* symptom
synagogue [sinagɔg] *nf* synagogue
synchrone [sɛ̃kʀɔn] *adj* synchronous
synchronique [sɛ̃kʀɔnik] *adj* : **tableau ~** synchronic table of events
synchronisation [sɛ̃kʀɔnizasjɔ̃] *nf* synchronization; (*Auto*) : **~ des vitesses** synchromesh
synchronisé, e [sɛ̃kʀɔnize] *adj* synchronized
synchroniser [sɛ̃kʀɔnize] /1/ *vt* to synchronize
syncope [sɛ̃kɔp] *nf* (*Méd*) blackout; (*Mus*) syncopation; **tomber en ~** to faint, pass out
syncopé, e [sɛ̃kɔpe] *adj* syncopated
syndic [sɛ̃dik] *nm* managing agent
syndical, e, -aux [sɛ̃dikal, -o] *adj* (trade-)union *cpd*; **centrale syndicale** group of affiliated trade unions
syndicalisme [sɛ̃dikalism] *nm* (*mouvement*) trade unionism; (*activités*) union(ist) activities *pl*
syndicaliste [sɛ̃dikalist] *nmf* trade unionist
syndicat [sɛ̃dika] *nm* (*d'ouvriers, employés*) (trade(s)) union; (*autre association d'intérêts*) union, association; **~ d'initiative** tourist office *ou* bureau; **~ patronal** employers' syndicate, federation of employers; **~ de propriétaires** association of property owners
syndiqué, e [sɛ̃dike] *adj* belonging to a (trade) union; **non ~** non-union
syndiquer [sɛ̃dike] /1/ : **se syndiquer** *vpr* to form a trade union; (*adhérer*) to join a trade union
syndrome [sɛ̃dʀom] *nm* syndrome; **~ prémenstruel** premenstrual syndrome (PMS)
synergie [sinɛʀʒi] *nf* synergy
synode [sinɔd] *nm* synod
synonyme [sinɔnim] *adj* synonymous; **~ de** synonymous with ▸ *nm* synonym
synopsis [sinɔpsis] *nmf* synopsis
synoptique [sinɔptik] *adj* : **tableau ~** synoptic table
synovie [sinɔvi] *nf* synovia; **épanchement de ~** water on the knee
syntaxe [sɛ̃taks] *nf* syntax
synthèse [sɛ̃tɛz] *nf* synthesis; **faire la ~ de** to synthesize
synthétique [sɛ̃tetik] *adj* synthetic
synthétiser [sɛ̃tetize] /1/ *vt* to synthesize
synthétiseur [sɛ̃tetizœʀ] *nm* (*Mus*) synthesizer
syphilis [sifilis] *nf* syphilis
Syrie [siʀi] *nf* : **la ~** Syria
syrien, ne [siʀjɛ̃, -ɛn] *adj* Syrian ▸ *nm/f* : **Syrien, ne** Syrian
systématique [sistematik] *adj* systematic
systématiquement [sistematikmɑ̃] *adv* systematically
systématisation [sistematizasjɔ̃] *nf* systematization
systématiser [sistematize] /1/ *vt* to systematize
système [sistɛm] *nm* system; **le ~ D** resourcefulness; **~ décimal** decimal system; **~ expert** expert system; **~ d'exploitation** (*Inform*) operating system; **~ immunitaire** immune system; **~ métrique** metric system; **~ solaire** solar system
systémique [sistemik] *adj* systemic

Tt

T, t [te] *nm inv* T, t; **T comme Thérèse** T for Tommy ▸ *abr* (= *tonne*) t
t' [t] *pron voir* **te**
ta [ta] *adj poss voir* **ton¹**
tabac [taba] *nm* tobacco; (*aussi* : **débit** *ou* **bureau de tabac**) tobacconist's (shop); **passer qn à ~** (*fam*) to beat sb up; **faire un ~** (*fam*) to be a big hit; **~ blond/brun** light/dark tobacco; **~ gris** shag; **~ à priser** snuff ▸ *adj inv* : **(couleur) ~** buff, tobacco *cpd*
tabagie [tabaʒi] *nf* smoke den
tabagique [tabaʒik] *adj* (*dépendance*) nicotine, tobacco *cpd*; (*consommation*) tobacco *cpd*
tabagisme [tabaʒism] *nm* nicotine addiction; **~ passif** passive smoking
tabassage [tabasaʒ] *nm* (*fam*) beating up
tabasser [tabase] /1/ *vt* (*fam*) to beat up
tabatière [tabatjɛʀ] *nf* snuffbox
tabernacle [tabɛʀnakl] *nm* tabernacle
table [tabl] *nf* table; **avoir une bonne ~** to keep a good table; **à ~ !** dinner *etc* is ready!; **se mettre à ~** to sit down to eat; (*fig* : *fam*) to come clean; **mettre** *ou* **dresser/desservir la ~** to lay *ou* set/clear the table; **faire ~ rase de** to make a clean sweep of; **~ à repasser** ironing board; **~ basse** coffee table; **~ de cuisson** (*à l'électricité*) hob, hotplate; (*au gaz*) hob, gas ring; **~ d'écoute** wire-tapping set; **~ d'harmonie** sounding board; **~ d'hôte** set menu; **~ de lecture** turntable; **~ des matières** (table of) contents *pl*; **~ de multiplication** multiplication table; **~ des négociations** negotiating table; **~ de nuit** *ou* **de chevet** bedside table; **~ d'orientation** viewpoint indicator; **~ ronde** (*débat*) round table; **~ roulante** (tea) trolley (Brit), tea wagon (US); **~ de toilette** washstand; **~ traçante** (*Inform*) plotter
tableau, x [tablo] *nm* (*Art*) painting; (*reproduction, fig*) picture; (*panneau*) board; (*schéma*) table, chart; **~ blanc** whiteboard; **~ blanc interactif** interactive whiteboard; **~ d'affichage** notice board; **~ de bord** dashboard; (*Aviat*) instrument panel; **~ de chasse** tally; **~ de contrôle** console, control panel; **~ de maître** masterpiece; **~ noir** blackboard
tablée [table] *nf* (*personnes*) table
tabler [table] /1/ *vi* : **~ sur** to count *ou* bank on
tablette [tablɛt] *nf* (*planche*) shelf; **~ de chocolat** bar of chocolate; **~ tactile** (*Inform*) tablet
tableur [tablœʀ] *nm* (*Inform*) spreadsheet
tablier [tablije] *nm* apron; (*de pont*) roadway; (*de cheminée*) (flue-)shutter
tabou, e [tabu] *adj, nm* taboo
taboulé [tabule] *nm* tabbouleh
tabouret [tabuʀɛ] *nm* stool
tabulateur [tabylatœʀ] *nm* (*Tech*) tabulator
tac [tak] *nm* : **du ~ au ~** tit for tat
tache [taʃ] *nf* (*saleté*) stain, mark; (*Art, de couleur, lumière*) spot; splash, patch; **faire ~ d'huile** to spread, gain ground; **~ de rousseur** *ou* **de son** freckle; **~ de vin** (*sur la peau*) strawberry mark
tâche [tɑʃ] *nf* task; **travailler à la ~** to do piecework
tacher [taʃe] /1/ *vt* to stain, mark; (*fig*) to sully, stain; **se tacher** *vpr* (*fruits*) to become marked
tâcher [tɑʃe] /1/ *vi* : **~ de faire** to try to do, endeavour (Brit) *ou* endeavor (US) to do
tâcheron [tɑʃ(ə)ʀɔ̃] *nm* (*fig*) drudge
tacheté, e [taʃte] *adj* : **~ de** speckled *ou* spotted with
tachisme [taʃism] *nm* (*Peinture*) tachisme
tachycardie [takikaʀdi] *nf* tachycardia
tachygraphe [takigʀaf] *nm* tachograph
tachymètre [takimɛtʀ] *nm* tachometer
tacite [tasit] *adj* tacit
tacitement [tasitmɑ̃] *adv* tacitly
taciturne [tasityʀn] *adj* taciturn
tacle [takl] *nm* (*Football*) tackle; **~ par derrière** tackle from behind
tacler [takle] *vt* (*Football*) to tackle
tacot [tako] *nm* (*péj* : *voiture*) banger (Brit), clunker (US)
tact [takt] *nm* tact; **avoir du ~** to be tactful, have tact
tacticien, ne [taktisjɛ̃, -ɛn] *nm/f* tactician
tactile [taktil] *adj* tactile
tactique [taktik] *adj* tactical ▸ *nf* (*technique*) tactics *sg*; (*plan*) tactic
Tadjikistan [tadʒikistɑ̃] *nm* Tajikistan
taffetas [tafta] *nm* taffeta
Tage [tɑʒ] *nm* : **le ~** the (river) Tagus
taguer [tage] *vt* to graffiti, to put graffiti on
tagueur, -euse [tagœʀ, -øz] *nm/f* graffiti artist, graffitist
Tahiti [taiti] *nf* Tahiti
tahitien, ne [taisjɛ̃, -ɛn] *adj* Tahitian
taie [tɛ] *nf* : **~ (d'oreiller)** pillowslip, pillowcase
taïga [tajga] *nf* taiga
taillader [tɑjade] /1/ *vt* to gash
taille [tɑj] *nf* cutting; (*d'arbre*) pruning; (*milieu du corps*) waist; (*hauteur*) height; (*grandeur*) size; **de ~ à faire** capable of doing; **de ~** *adj* sizeable; **quelle ~ faites-vous ?** what size are you?

taillé, e [taje] *adj* (*moustache, ongles, arbre*) trimmed; **~ pour** (*fait pour, apte à*) cut out for; tailor-made for; **~ en pointe** sharpened to a point
taille-crayon(s) [tajkʀɛjɔ̃] *nm inv* pencil sharpener
tailler [taje] /1/ *vt* (*pierre, diamant*) to cut; (*arbre, plante*) to prune; (*vêtement*) to cut out; (*crayon*) to sharpen ▸ *vi* : **~ dans** (*chair, bois*) to cut into; **~ grand/petit** to be on the large/small side; **se tailler** *vpr* (*ongles, barbe*) to trim, cut; (*fig : réputation*) to gain, win; (*fam : s'enfuir*) to beat it
tailleur, -euse [tajœʀ, -øz] *nm/f* : **~ de diamants** diamond-cutter ▸ *nm* (*couturier*) tailor; (*vêtement*) suit, costume; **en ~** (*assis*) cross-legged
tailleur-pantalon [tajœʀpɑ̃talɔ̃] (*pl* **tailleurs-pantalons**) *nm* trouser suit (Brit), pantsuit (US)
taillis [taji] *nm* copse
tain [tɛ̃] *nm* silvering; **glace sans ~** two-way mirror
taire [tɛʀ] /54/ *vt* to keep to o.s., conceal ▸ *vi* : **faire ~ qn** to make sb be quiet; (*fig*) to silence sb; **se taire** *vpr* (*s'arrêter de parler*) to fall silent, stop talking; (*ne pas parler*) to be silent *ou* quiet; (*s'abstenir de s'exprimer*) to keep quiet; (*bruit, voix*) to disappear; **tais-toi !, taisez-vous !** be quiet!
Taiwan [tajwan] *nf* Taiwan
tajine [taʒin] *nm* tagine, tajine
talc [talk] *nm* talc, talcum powder
talé, e [tale] *adj* (*fruit*) bruised
talent [talɑ̃] *nm* talent; **avoir du ~** to be talented, have talent
talentueux, -euse [talɑ̃tɥø, -øz] *adj* talented
talion [taljɔ̃] *nm* : **la loi du ~** an eye for an eye
talisman [talismɑ̃] *nm* talisman
talkie-walkie [tɔkiwɔki] (*pl* **talkies-walkies**) *nm* walkie-talkie
taloche [talɔʃ] *nf* (*fam : claque*) slap; (*Tech*) plaster float
talon [talɔ̃] *nm* heel; (*de chèque, billet*) stub, counterfoil (Brit); **talons plats/aiguilles** flat/stiletto heels; **être sur les talons de qn** to be on sb's heels; **tourner les talons** to turn on one's heel; **montrer les talons** (*fig*) to show a clean pair of heels
talonnade [talɔnad] *nf* (*Football*) back heel
talonner [talɔne] /1/ *vt* to follow hard behind; (*fig*) to hound; (*Rugby*) to heel
talonnette [talɔnɛt] *nf* (*de chaussure*) heelpiece; (*de pantalon*) stirrup
talonneur [talɔnœʀ] *nm* (*Rugby*) hooker
talquer [talke] /1/ *vt* to put talc(um powder) on
talus [taly] *nm* embankment; **~ de remblai/déblai** embankment/excavation slope
tamarin [tamaʀɛ̃] *nm* (*Bot*) tamarind
tambour [tɑ̃buʀ] *nm* (*Mus, Tech*) drum; (*musicien*) drummer; (*porte*) revolving door(s *pl*); **sans ~ ni trompette** unobtrusively
tambourin [tɑ̃buʀɛ̃] *nm* tambourine
tambouriner [tɑ̃buʀine] /1/ *vi* : **~ contre** to drum against *ou* on
tambour-major [tɑ̃buʀmaʒɔʀ] (*pl* **tambours-majors**) *nm* drum major
tamis [tami] *nm* sieve
Tamise [tamiz] *nf* : **la ~** the Thames
tamisé, e [tamize] *adj* (*fig*) subdued, soft
tamiser [tamize] /1/ *vt* to sieve, sift
tampon [tɑ̃pɔ̃] *nm* (*de coton, d'ouate*) pad; (*aussi :* **tampon hygiénique** *ou* **périodique**) tampon; (*amortisseur, Inform : aussi :* **mémoire tampon**) buffer; (*bouchon*) plug, stopper; (*cachet, timbre*) stamp; (*Chimie*) buffer; **~ buvard** blotter; **~ encreur** inking pad; **~ (à récurer)** scouring pad
tamponné, e [tɑ̃pɔne] *adj* : **solution tamponnée** buffer solution
tamponner [tɑ̃pɔne] /1/ *vt* (*timbres*) to stamp; (*heurter*) to crash *ou* ram into; (*essuyer*) to mop up; **se tamponner** *vpr* (*voitures*) to crash (into each other)
tamponneuse [tɑ̃pɔnøz] *adj f* : **autos tamponneuses** dodgems, bumper cars
tam-tam [tamtam] *nm* tomtom
tancer [tɑ̃se] /3/ *vt* to scold
tanche [tɑ̃ʃ] *nf* tench
tandem [tɑ̃dɛm] *nm* tandem; (*fig*) duo, pair
tandis [tɑ̃di] : **~ que** *conj* while
tangage [tɑ̃gaʒ] *nm* pitching (and tossing)
tangent, e [tɑ̃ʒɑ̃, -ɑ̃t] *adj* (*Math*) : **~ (à)** tangential (to); (*de justesse : fam*) close ▸ *nf* (*Math*) tangent
Tanger [tɑ̃ʒe] *n* Tangier
tango [tɑ̃go] *nm* (*Mus*) tango ▸ *adj inv* (*couleur*) dark orange
tanguer [tɑ̃ge] /1/ *vi* to pitch (and toss)
tanière [tanjɛʀ] *nf* lair, den
tanin [tanɛ̃] *nm* tannin
tank [tɑ̃k] *nm* tank
tanker [tɑ̃kɛʀ] *nm* tanker
tankini [tɑ̃kini] *nm* tankini
tanné, e [tane] *adj* weather-beaten
tanner [tane] /1/ *vt* to tan
tannerie [tanʀi] *nf* tannery
tanneur [tanœʀ] *nm* tanner
tant [tɑ̃] *adv* so much; **~ de** (*sable, eau*) so much; (*gens, livres*) so many; **~ que** *conj* as long as; **~ que** (*comparatif*) as much as; **~ mieux** that's great; (*avec une certaine réserve*) so much the better; **~ mieux pour lui** good for him; **~ pis** too bad; (*conciliant*) never mind; **un ~ soit peu** (*un peu*) a little bit; (*même un peu*) (even) remotely; **~ bien que mal** as well as can be expected; **~ s'en faut** far from it, not by a long way
tante [tɑ̃t] *nf* aunt
tantinet [tɑ̃tinɛ] : **un ~** *adv* a tiny bit
tantôt [tɑ̃to] *adv* (*parfois*) : **tantôt … tantôt** now … now; (*cet après-midi*) this afternoon
Tanzanie [tɑ̃zani] *nf* : **la ~** Tanzania
tanzanien, ne [tɑ̃zanjɛ̃, -ɛn] *adj* Tanzanian
TAO *sigle f* (= *traduction assistée par ordinateur*) MAT (= *machine-aided translation*)
taon [tɑ̃] *nm* horsefly, gadfly
tapage [tapaʒ] *nm* uproar, din; (*fig*) fuss, row; **~ nocturne** (*Jur*) disturbance of the peace (*at night*)
tapageur, -euse [tapaʒœʀ, -øz] *adj* (*bruyant : enfants etc*) noisy; (*voyant : toilette*) loud, flashy; (*publicité*) obtrusive
tape [tap] *nf* slap
tape-à-l'œil [tapalœj] *adj inv* flashy, showy
tapenade [tap(ə)nad] *nf* (*Culin*) tapenade

taper [tape] /1/ *vt* (*personne*) to clout; (*porte*) to bang, slam; (*enfant*) to slap; (*dactylographier*) to type (out); (*Inform*) to key(board); (*fam : emprunter*) : **~ qn de 10 euros** to touch sb for 10 euros, cadge 10 euros off sb ▸ *vi* (*soleil*) to beat down; **~ sur qn** to thump sb; (*fig*) to run sb down; **~ sur qch** (*clou etc*) to hit sth; (*table etc*) to bang on sth; **~ à** (*porte etc*) to knock on; **~ dans** (*se servir*) to dig into; **~ des mains/pieds** to clap one's hands/stamp one's feet; **~ (à la machine)** to type; **se taper** *vpr* (*fam : travail*) to get landed with; (*: boire, manger*) to down
tapette [tapɛt] *nf* : **~ à souris** mousetrap; (*pour insectes*) fly swatter; (*fam : homosexuel*) fairy (*fam*), poofter (*fam*); (*petite tape*) little tap
tapi, e [tapi] *adj* : **~ dans/derrière** (*blotti*) crouching *ou* cowering in/behind; (*caché*) hidden away in/behind
tapinois [tapinwa] : **en ~** *adv* stealthily
tapioca [tapjɔka] *nm* tapioca
tapir [tapiʀ] /2/ : **se tapir** *vpr* to hide away
tapis [tapi] *nm* carpet; (*petit*) rug; (*de table*) cloth; **mettre sur le ~** (*fig*) to bring up for discussion; **aller au ~** (*Boxe*) to go down; **envoyer au ~** (*Boxe*) to floor; **~ roulant** conveyor belt; (*pour piétons*) moving walkway; (*pour bagages*) carousel; **~ de sol** (*de tente*) groundsheet; **~ de souris** (*Inform*) mouse mat
tapis-brosse [tapibʀɔs] *nm* doormat
tapisser [tapise] /1/ *vt* (*avec du papier peint*) to paper; (*recouvrir*) : **~ qch (de)** to cover sth (with)
tapisserie [tapisʀi] *nf* (*tenture, broderie*) tapestry; (*: travail*) tapestry-making; (*: ouvrage*) tapestry work; (*papier peint*) wallpaper; (*fig*) : **faire ~** to sit out, be a wallflower
tapissier, -ière [tapisje, -jɛʀ] *nm/f* : **~-décorateur** interior decorator
tapoter [tapɔte] /1/ *vt* (*joue, main*) to pat; (*objet*) to tap
taquet [takɛ] *nm* (*cale*) wedge; (*cheville*) peg
taquin, e [takɛ̃, -in] *adj* teasing
taquiner [takine] /1/ *vt* to tease
taquinerie [takinʀi] *nf* teasing *no pl*
tarabiscoté, e [taʀabiskɔte] *adj* over-ornate, fussy
tarabuster [taʀabyste] /1/ *vt* to bother, worry
tarama [taʀama] *nm* (*Culin*) taramasalata
tarauder [taʀode] /1/ *vt* (*Tech*) to tap; to thread; (*fig*) to pierce
tard [taʀ] *adv* late; **plus ~** later (on); **au plus ~** at the latest; **il est trop ~** it's too late ▸ *nm* : **sur le ~** (*à une heure avancée*) late in the day; (*vers la fin de la vie*) late in life
tarder [taʀde] /1/ *vi* (*chose*) to be a long time coming; (*personne*) : **~ à faire** to delay doing; **il me tarde d'être** I am longing to be; **sans (plus) ~** without (further) delay
tardif, -ive [taʀdif, -iv] *adj* (*heure, repas, fruit*) late; (*talent, goût*) late in developing
tardivement [taʀdivmɑ̃] *adv* late
tare [taʀ] *nf* (*Comm*) tare; (*fig*) defect; blemish
taré, e [taʀe] *nm/f* cretin
targette [taʀʒɛt] *nf* (*verrou*) bolt
targuer [taʀge] /1/ : **se targuer de** *vpr* to boast about
tarif [taʀif] *nm* : **~ des consommations** price list; **tarifs postaux/douaniers** postal/customs rates; **~ des taxis** taxi fares; **~ plein/réduit** (*train*) full/reduced fare; (*téléphone*) peak/off-peak rate; **voyager à plein ~/à ~ réduit** to travel at full/reduced fare
tarifaire [taʀifɛʀ] *adj* (*voir tarif*) relating to price lists *etc*
tarifé, e [taʀife] *adj* : **~ 10 euros** priced at 10 euros
tarifer [taʀife] /1/ *vt* to fix the price *ou* rate for
tarification [taʀifikasjɔ̃] *nf fixing of a price scale*
tarir [taʀiʀ] /2/ *vi* to dry up, run dry ▸ *vt* to dry up; **se tarir** *vpr* (*source*) to dry up, to run dry; (*ressources*) to dry up
tarmac [taʀmak] *nm* tarmac
tarot [taʀo] *nm*, **tarots** *nmpl* tarot cards
tartan [taʀtɑ̃] *nm* tartan; **en ~** tartan *cpd*
tartare [taʀtaʀ] *adj* (*Culin*) tartar(e)
tarte [taʀt] *nf* tart; **~ aux pommes/à la crème** apple/custard tart; **~ Tatin** ≈ apple upside-down tart
tartelette [taʀtəlɛt] *nf* tartlet
tartine [taʀtin] *nf* slice of bread (and butter (*ou* jam)); **~ de miel** slice of bread and honey; **~ beurrée** slice of bread and butter
tartiner [taʀtine] /1/ *vt* to spread; **fromage à ~** cheese spread
tartre [taʀtʀ] *nm* (*des dents*) tartar; (*de chaudière*) fur, scale
tas [tɑ] *nm* heap, pile; **un ~ de** (*fig*) heaps of, lots of; **en ~** in a heap *ou* pile; **dans le ~** (*fig*) in the crowd; among them; **formé sur le ~** trained on the job
Tasmanie [tasmani] *nf* : **la ~** Tasmania
tasmanien, ne [tasmanjɛ̃, -ɛn] *adj* Tasmanian
tasse [tɑs] *nf* cup; **boire la ~** (*en se baignant*) to swallow a mouthful; **~ à café/thé** coffee/teacup
tassé, e [tɑse] *adj* : **bien ~** (*café etc*) strong
tasseau, x [tɑso] *nm* length of wood
tassement [tɑsmɑ̃] *nm* (*de vertèbres*) compression; (*Écon, Pol : ralentissement*) fall-off, slowdown; (*Bourse*) dullness
tasser [tɑse] /1/ *vt* (*terre, neige*) to pack down; (*entasser*) : **~ qch dans** to cram sth into; **se tasser** *vpr* (*se serrer*) to squeeze up; (*s'affaisser*) to settle; (*personne : avec l'âge*) to shrink; (*fig*) to sort itself out, settle down
tata [tata] *nf* aunt
tâter [tɑte] /1/ *vt* to feel; (*fig*) to try out; **~ de** (*prison etc*) to have a taste of; **~ le terrain** (*fig*) to test the ground; **se tâter** *vpr* (*hésiter*) to be in two minds
tatillon, ne [tatijɔ̃, -ɔn] *adj* pernickety
tâtonnement [tɑtɔnmɑ̃] *nm* : **par tâtonnements** (*fig*) by trial and error
tâtonner [tɑtɔne] /1/ *vi* to grope one's way along; (*fig*) to grope around (in the dark)
tâtons [tɑtɔ̃] : **à ~** *adv* : **chercher/avancer à ~** to grope around for/grope one's way forward
tatouage [tatwaʒ] *nm* tattooing; (*dessin*) tattoo
tatouer [tatwe] /1/ *vt* to tattoo
taudis [todi] *nm* hovel, slum

t

taulard, e, tôlard, e [tolaʀ, -aʀd] *nm/f (fam)* ex con *(fam)*, jailbird *(fam)*
taule [tol] *nf (fam)* nick *(Brit)*, jail
taupe [top] *nf* mole; *(peau)* moleskin
taupinière [topinjɛʀ] *nf* molehill
taureau, x [tɔʀo] *nm* bull; *(signe)* : **le T~** Taurus, the Bull; **être du T~** to be Taurus
taurillon [tɔʀijɔ̃] *nm* bull-calf
tauromachie [tɔʀɔmaʃi] *nf* bullfighting
tautologie [totɔlɔʒi] *nf* tautology
tautologique [totɔlɔʒik] *adj* tautological
taux [to] *nm* rate; *(d'alcool)* level; **~ d'escompte** discount rate; **~ d'intérêt** interest rate; **~ de mortalité** mortality rate
tavelé, e [tav(ə)le] *adj* marked
taverne [tavɛʀn] *nf* inn, tavern
taxable [taksabl] *adj* taxable
taxation [taksasjɔ̃] *nf* taxation; *(Tél)* charges *pl*
taxe [taks] *nf* tax; *(douanière)* duty; **toutes taxes comprises** inclusive of tax; **la boutique hors taxes** the duty-free shop; **~ de base** *(Tél)* unit charge; **~ de séjour** tourist tax; **~ à** *ou* **sur la valeur ajoutée** value added tax
taxer [takse] /1/ *vt (personne)* to tax; *(produit)* to put a tax on, tax; **~ qn de qch** *(qualifier)* to call sb sth; *(accuser)* to accuse sb of sth, tax sb with sth
taxi [taksi] *nm* taxi; *(chauffeur : fam)* taxi driver
taxidermie [taksidɛʀmi] *nf* taxidermy
taxidermiste [taksidɛʀmist] *nmf* taxidermist
taximètre [taksimɛtʀ] *nm* (taxi)meter
taxiphone [taksifɔn] *nm* pay phone
TB *abr* = **très bien; très bon**
tbe *abr (= très bon état)* VGC, vgc
Tchad [tʃad] *nm* : **le ~** Chad
tchadien, ne [tʃadjɛ̃, -ɛn] *adj* Chad(ian), of *ou* from Chad
tchao [tʃao] *excl (fam)* bye(-bye)!
tchécoslovaque [tʃekɔslɔvak] *(Hist) adj* Czechoslovak(ian) ▸ *nmf* : **Tchécoslovaque** Czechoslovak(ian)
Tchécoslovaquie [tʃekɔslɔvaki] *nf (Hist)* : **la ~** Czechoslovakia
tchèque [tʃɛk] *adj* Czech; **la République ~** the Czech Republic ▸ *nm (Ling)* Czech ▸ *nmf* : **Tchèque** Czech
tchétchène [tʃetʃɛn] *adj* Chechen ▸ *nm (langue)* Chechen ▸ *nmf* : **Tchétchène** Chechen
Tchétchénie [tʃetʃeni] *nf* : **la ~** Chechnya
TCS *sigle m (= Touring Club de Suisse)* ≈ AA *ou* RAC *(Brit)*, ≈ AAA *(US)*
TD *sigle mpl* = **travaux dirigés**
te, t' [tə, t] *pron* you; *(réfléchi)* yourself
té [te] *nm* T-square
technicien, ne [tɛknisjɛ̃, -ɛn] *nm/f* technician
technicisation [tɛknisizasjɔ̃] *nf* increasing technicality
technicité [tɛknisite] *nf* technical nature
technico-commercial, e, -aux [tɛknikokɔmɛʀsjal, -o] *adj* : **agent ~** sales technician
technique [tɛknik] *adj* technical ▸ *nf* technique
techniquement [tɛknikmɑ̃] *adv* technically
techno [tɛkno] *nf (fam : Mus)* : **la (musique) ~** techno (music); = **technologie**
technocrate [tɛknɔkʀat] *nmf* technocrat
technocratie [tɛknɔkʀasi] *nf* technocracy
technocratique [tɛknɔkʀatik] *adj* technocratic
technologie [tɛknɔlɔʒi] *nf* technology
technologique [tɛknɔlɔʒik] *adj* technological
technologue [tɛknɔlɔg] *nmf* technologist
teck [tɛk] *nm* teak
teckel [tekɛl] *nm* dachshund
tectonique [tɛktɔnik] *nf (Géol)* tectonics *sg* ▸ *adj* tectonic
tee [ti] *nm* tee
tee-shirt [tiʃœʀt] *nm* T-shirt, tee-shirt
Téhéran [teeʀɑ̃] *n* Teheran
teigne [tɛɲ] *vb voir* **teindre** ▸ *nf (Zool)* moth; *(Méd)* ringworm
teigneux, -euse [tɛɲø, -øz] *adj (péj)* nasty, scabby
teindre [tɛ̃dʀ] /52/ *vt* to dye; **se teindre** *vpr* : **se ~ (les cheveux)** to dye one's hair
teint, e [tɛ̃, tɛ̃t] *pp de* **teindre** ▸ *adj* dyed ▸ *nm (du visage : permanent)* complexion, colouring *(Brit)*, coloring *(US)*; *(: momentané)* colour *(Brit)*, color *(US)*; **bon ~** *adj inv (couleur)* fast; *(tissu)* colourfast; *(fig : personne)* staunch; **grand ~** *adj inv* colourfast ▸ *nf (nuance)* shade; *(couleur)* colour *(Brit)*, color *(US)*; **une très jolie teinte** a very pretty colour; **une teinte dans les bleus** a bluey shade; *(fig)* : **une teinte de** a hint of
teinté, e [tɛ̃te] *adj (verres)* tinted; *(bois)* stained; **~ acajou** mahogany-stained; **~ de** *(fig)* tinged with
teinter [tɛ̃te] /1/ *vt (verre)* to tint; *(bois)* to stain; **~ qch de** *(fig)* to tinge sth with
teinture [tɛ̃tyʀ] *nf* dyeing; *(substance)* dye; *(Méd)* : **~ d'iode** tincture of iodine
teinturerie [tɛ̃tyʀʀi] *nf* dry cleaner's
teinturier, -ière [tɛ̃tyʀje, -jɛʀ] *nm/f* dry cleaner
tel, telle [tɛl] *adj (pareil)* such; *(comme)* : **~ un/des ...** like a/like ...; *(indéfini)* such-and-such a, a given; *(intensif)* : **un ~/de tels ...** such (a)/such ...; **venez ~ jour** come on such-and-such a day; **rien de ~** nothing like it, no such thing; **~ que** *conj* like, such as; **~ quel** as it is *ou* stands *(ou* was *etc)*
tél. *abr* = **téléphone**
Tel Aviv [tɛlaviv] *n* Tel Aviv
télé [tele] *nf (fam : télévision)* TV, telly *(Brit)*; **à la ~** on TV *ou* telly
téléachat [teleaʃa] *nm* teleshopping
télébenne [telebɛn] *nmf* telecabine, gondola
télécabine [telekabin] *nmf (benne)* cable car
télécarte [telekaʀt] *nf* phonecard
téléchargeable [teleʃaʀʒabl] *adj* downloadable
téléchargement [teleʃaʀʒəmɑ̃] *nm (action)* downloading; *(fichier)* download
télécharger [teleʃaʀʒe] /3/ *vt (Inform : recevoir)* to download; *(: transmettre)* to upload
TELECOM [telekɔm] *abr (= Télécommunications)* ≈ Telecom.
télécommande [telekɔmɑ̃d] *nf* remote control
télécommander [telekɔmɑ̃de] /1/ *vt* to operate by remote control, radio-control

télécommunications [telekɔmynikasjɔ̃] *nfpl* telecommunications
téléconférence [telekɔ̃ferɑ̃s] *nf* teleconference
télécopie [telekɔpi] *nf* fax, telefax
télécopieur [telekɔpjœr] *nm* fax (machine)
télédéclaration [teledeklarasjɔ̃] *nf* online tax filing
télédétection [teledetɛksjɔ̃] *nf* remote sensing
télédiffuser [teledifyze] /1/ *vt* to broadcast (on television)
télédiffusion [teledifyzjɔ̃] *nf* television broadcasting
télédistribution [teledistribysjɔ̃] *nf* cable TV
téléenseignement [teleɑ̃sɛɲmɑ̃] *nm* distance teaching (*ou* learning)
téléférique [teleferik] *nm* = **téléphérique**
téléfilm [telefilm] *nm* film made for TV, TV film
télégénique [teleʒenik] *adj* telegenic
télégramme [telegram] *nm* telegram
télégraphe [telegraf] *nm* telegraph
télégraphie [telegrafi] *nf* telegraphy
télégraphier [telegrafje] /7/ *vt* to telegraph, cable
télégraphique [telegrafik] *adj* telegraph *cpd*, telegraphic; (*fig*) telegraphic
télégraphiste [telegrafist] *nmf* telegraphist
téléguider [telegide] /1/ *vt* to operate by remote control, radio-control
téléinformatique [teleɛ̃fɔrmatik] *nf* remote access computing
téléjournal, -aux [teleʒurnal, -o] *nm* television news magazine programme
télémarketing [telemarketiŋ] *nm* telemarketing
télématique [telematik] *nf* telematics *sg* ▸ *adj* telematic
téléobjectif [teleɔbʒɛktif] *nm* telephoto lens *sg*
téléopérateur, -trice [teleɔperatœr, -tris] *nm/f* call-centre operator
télépaiement [telepɛmɑ̃] *nm* online payment
télépathie [telepati] *nf* telepathy
télépéage [telepeaʒ] *nm* electronic toll system
téléphérique [teleferik] *nm* cable-car
téléphone [telefɔn] *nm* telephone; **avoir le ~** to be on the (tele)phone; **au ~** on the phone; **~ arabe** bush telegraph; **~ à carte** cardphone; **~ avec appareil photo** camera phone; **~ mobile** *ou* **portable** mobile (phone) (Brit), cell (phone) (*US*); **~ rouge** hotline; **~ sans fil** cordless (tele)phone
téléphoner [telefɔne] /1/ *vi* to telephone; to make a phone call ▸ *vt* to telephone; **~ à** to phone, ring up, call up
téléphonie [telefɔni] *nf* telephony
téléphonique [telefɔnik] *adj* (tele)phone *cpd*, phone *cpd*; **cabine ~** call box (Brit), (tele)phone box (Brit) *ou* booth; **conversation/appel ~** (tele)phone conversation/call
téléphoniste [telefɔnist] *nmf* telephonist, telephone operator; (*d'entreprise*) switchboard operator
téléport [telepɔr] *nm* teleport
téléprompteur [teleprɔ̃ptœr] *nm* Autocue®, teleprompter
téléprospection [teleprɔspɛksjɔ̃] *nf* telesales
téléréalité [telerealite] *nf* reality TV
télescopage [telɛskɔpaʒ] *nm* crash
télescope [telɛskɔp] *nm* telescope
télescoper [telɛskɔpe] /1/ *vt* to smash up; **se télescoper** *vpr* (*véhicules*) to concertina, crash into each other
télescopique [telɛskɔpik] *adj* telescopic
téléscripteur [teleskriptœr] *nm* teleprinter
télésiège [telesjɛʒ] *nm* chairlift
téléski [teleski] *nm* ski-tow; **~ à archets** T-bar tow; **~ à perche** button lift
téléspectateur, -trice [telespɛktatœr, -tris] *nm/f* (television) viewer
télésurveillance [telesyrvɛjɑ̃s] *nf* TV surveillance
télétexte® [teletɛkst] *nm* Teletext®
téléthon [teletɔ̃] *nm* telethon
télétraitement [teletrɛtmɑ̃] *nm* remote processing
télétransmission [teletrɑ̃smisjɔ̃] *nf* remote transmission
télétravail *nm* teleworking, telecommuting
télétravailleur, -euse [teletravajœr, -øz] *nm/f* teleworker, telecommuter
télétype [teletip] *nm* teleprinter
télévente [televɑ̃t] *nf* telesales
télévisé [televize] *adj* (*droits, journal*) television *cpd*, TV *cpd*; (*débat*) televised
téléviser [televize] /1/ *vt* to televise
téléviseur [televizœr] *nm* television set
télévision [televizjɔ̃] *nf* television; **(poste de) ~** television (set); **avoir la ~** to have a television; **à la ~** on television; **~ numérique** digital TV; **~ par câble/satellite** cable/satellite television
télévisuel, le [televizɥɛl] *adj* (*droits, publicité*) television *cpd*, TV *cpd*
télex [telɛks] *nm* telex
télexer [telɛkse] /1/ *vt* to telex
télexiste [telɛksist] *nmf* telex operator
telle [tɛl] *adj f voir* **tel**
tellement [tɛlmɑ̃] *adv* (*tant*) so much; (*si*) so; **~ plus grand (que)** so much bigger (than); **~ de** (*sable, eau*) so much; (*gens, livres*) so many; **il s'est endormi ~ il était fatigué** he was so tired (that) he fell asleep; **pas ~** not really; **pas ~ fort/lentement** not (all) that strong/slowly; **il ne mange pas ~** he doesn't eat (all that) much
tellurique [telyrik] *adj* : **secousse ~** earth tremor
téloche [telɔʃ] *nf* (*fam*) TV, telly (Brit *fam*)
téméraire [temerɛr] *adj* reckless, rash
témérité [temerite] *nf* recklessness, rashness
témoignage [temwaɲaʒ] *nm* (*Jur : déclaration*) testimony *no pl*, evidence *no pl*; (*: faits*) evidence *no pl*; (*gén : rapport, récit*) account; (*fig : d'affection etc*) token, mark; (*geste*) expression
témoigner [temwaɲe] /1/ *vt* (*manifester : intérêt, gratitude*) to show; **~ que** to testify that; (*fig : démontrer*) to reveal that, testify to the fact that; **~ de** (*confirmer*) to bear witness to, testify to ▸ *vi* (*Jur*) to testify, give evidence
témoin [temwɛ̃] *nm* witness; (*fig*) testimony; (*Sport*) baton; (*Constr*) telltale; **~ le fait que ...** (as) witness the fact that ...; **être ~ de** (*voir*) to

t

witness; **prendre à ~** to call to witness; **~ à charge** witness for the prosecution; **~ de connexion** (*Internet*) cookie; **T~ de Jehovah** Jehovah's Witness; **~ de moralité** character reference; **~ oculaire** eyewitness ▶ *adj* control *cpd*, test *cpd*; **appartement-~** show flat (BRIT), model apartment (US)
tempe [tɑ̃p] *nf* (*Anat*) temple
tempérament [tɑ̃peʀamɑ̃] *nm* temperament, disposition; (*santé*) constitution; **à ~** (*vente*) on deferred (payment) terms; (*achat*) by instalments, hire purchase *cpd*; **avoir du ~** to be hot-blooded
tempérance [tɑ̃peʀɑ̃s] *nf* temperance; **société de ~** temperance society
tempérant, e [tɑ̃peʀɑ̃, -ɑ̃t] *adj* temperate
température [tɑ̃peʀatyʀ] *nf* temperature; **prendre la ~ de** to take the temperature of; (*fig*) to gauge the feeling of; **avoir** *ou* **faire de la ~** to be running *ou* have a temperature
tempéré, e [tɑ̃peʀe] *adj* temperate
tempérer [tɑ̃peʀe] **/6/** *vt* to temper
tempête [tɑ̃pɛt] *nf* storm; **~ de sable/neige** sand/snowstorm; **vent de ~** gale
tempêter [tɑ̃pete] **/1/** *vi* to rant and rave
temple [tɑ̃pl] *nm* temple; (*protestant*) church
tempo [tɛmpo] *nm* tempo
temporaire [tɑ̃pɔʀɛʀ] *adj* temporary
temporairement [tɑ̃pɔʀɛʀmɑ̃] *adv* temporarily
temporel, le [tɑ̃pɔʀɛl] *adj* temporal
temporisateur, -trice [tɑ̃pɔʀizatœʀ, -tʀis] *adj* temporizing, delaying
temporisation [tɑ̃pɔʀizasjɔ̃] *nf* temporizing, playing for time
temporiser [tɑ̃pɔʀize] **/1/** *vi* to temporize, play for time
temps [tɑ̃] *nm* (*atmosphérique*) weather; (*durée*) time; (*époque*) time, times *pl*; (*Ling*) tense; (*Mus*) beat; (*Tech*) stroke; **un ~ de chien** (*fam*) rotten weather; **quel ~ fait-il ?** what's the weather like?; **il fait beau/mauvais ~** the weather is fine/bad; **avoir le ~/tout le ~/juste le ~** to have time/plenty of time/just enough time; **les ~ changent/sont durs** times are changing/ hard; **avoir fait son ~** (*fig*) to have had its (*ou* his *etc*) day; **en ~ de paix/guerre** in peacetime/ wartime; **en ~ utile** *ou* **voulu** in due time *ou* course; **ces derniers ~** lately; **dans quelque ~** in a (little) while; **de ~ en ~, de ~ à autre** from time to time, now and again; **en même ~** at the same time; **à ~** (*partir, arriver*) in time; **à ~ complet, à plein ~** *adv, adj* full-time; **à ~ partiel, à mi-~** *adv, adj* part-time; **dans le ~** at one time; **de tout ~** always; **du ~ que** at the time when, in the days when; **dans le** *ou* **du** *ou* **au ~ où** at the time when; **pendant ce ~** in the meantime; **~ d'accès** (*Inform*) access time; **~ d'arrêt** pause, halt; **~ libre** free *ou* spare time; **~ mort** (*Sport*) stoppage (time); (*Comm*) slack period; **~ partagé** (*Inform*) time-sharing; **~ réel** (*Inform*) real time
tenable [t(ə)nabl] *adj* bearable
tenace [tənas] *adj* tenacious, persistent
ténacité [tenasite] *nf* tenacity, persistence
tenailler [tənɑje] **/1/** *vt* (*fig*) to torment, torture
tenailles [tənɑj] *nfpl* pincers
tenais *etc* [t(ə)nɛ] *vb voir* **tenir**
tenancier, -ière [tənɑ̃sje, -jɛʀ] *nm/f* (*d'hôtel, de bistro*) manager (manageress)
tenant, e [tənɑ̃, -ɑ̃t] *adj f voir* **séance** ▶ *nm/f* (*Sport*) : **~ du titre** title-holder ▶ *nm* : **d'un seul ~** in one piece; **les tenants et les aboutissants** (*fig*) the ins and outs
tendance [tɑ̃dɑ̃s] *nf* (*opinions*) leanings *pl*, sympathies *pl*; (*inclination*) tendency; (*évolution*) trend; **~ à la hausse/baisse** upward/ downward trend; **avoir ~ à** to have a tendency to, tend to ▶ *adj inv* (*fam*) trendy
tendanciel, le [tɑ̃dɑ̃sjɛl] *adj* (*baisse, évolution*) underlying
tendancieux, -euse [tɑ̃dɑ̃sjø, -øz] *adj* tendentious
tendeur [tɑ̃dœʀ] *nm* (*de vélo*) chain-adjuster; (*de câble*) wire-strainer; (*de tente*) runner; (*attache*) elastic strap
tendinite [tɑ̃dinit] *nf* tendinitis, tendonitis
tendon [tɑ̃dɔ̃] *nm* tendon, sinew; **~ d'Achille** Achilles' tendon
tendre [tɑ̃dʀ] **/41/** *adj* (*viande, légumes*) tender; (*bois, roche, couleur*) soft; (*affectueux*) tender, loving ▶ *vt* (*élastique, peau*) to stretch, draw tight; (*corde*) to tighten; (*muscle*) to tense; (*donner*) : **~ qch à qn** to hold sth out to sb; (*offrir*) to offer sb sth; (*fig : piège*) to set, lay; **~ l'oreille** to prick up one's ears; **~ la main/le bras** to hold out one's hand/ stretch out one's arm; **~ la perche à qn** (*fig*) to throw sb a line; **~ à qch/à faire** to tend towards sth/to do; **se tendre** *vpr* (*corde*) to tighten; (*relations*) to become strained
tendrement [tɑ̃dʀəmɑ̃] *adv* tenderly, lovingly
tendresse [tɑ̃dʀɛs] *nf* tenderness; **tendresses** *nfpl* (*caresses etc*) tenderness *no pl*, caresses
tendu, e [tɑ̃dy] *pp de* **tendre** ▶ *adj* (*corde*) tight; (*muscles*) tensed; (*relations*) strained; **~ de soie** hung with silk, with silk hangings
ténèbres [tenɛbʀ] *nfpl* darkness *sg*
ténébreux, -euse [tenebʀø, -øz] *adj* obscure, mysterious; (*personne*) saturnine
Ténérife [teneʀif] *nf* Tenerife
teneur [tənœʀ] *nf* content, substance; (*d'une lettre*) terms *pl*, content; **~ en cuivre** copper content
ténia [tenja] *nm* tapeworm
tenir [t(ə)niʀ] **/22/** *vt* to hold; (*magasin, hôtel*) to run; (*promesse*) to keep; **~ à** *vt* (*personne, objet*) to be attached to, care about (*ou* for); (*réputation*) to care about; (*avoir pour cause*) to be due to, stem from; **~ à faire** to want to do, be keen to do; **~ à ce que qn fasse qch** to be anxious that sb should do sth; **~ de** to partake of; (*ressembler à*) to take after; **ça ne tient qu'à lui** it is entirely up to him; **~ qn pour** to take sb for; **~ qch de qn** (*histoire*) to have heard *ou* learnt sth from sb; (*qualité, défaut*) to have inherited *ou* got sth from sb; **~ compte de qch** to take sth into account; **~ les comptes** to keep the books; **~ un rôle** to play a part; **~ de la place** to take up space *ou* room; **~ l'alcool** to be able to hold a drink; **~ le coup** to hold out; **un manteau qui tient chaud** a warm coat; **~ prêt** to have ready;

~ sa langue (*fig*) to hold one's tongue; **~ au chaud/à l'abri** to keep hot/under shelter *ou* cover; **tiens** (*ou* **tenez**), **voilà le stylo** there's the pen!; **tiens, voilà Alain !** look, here's Alain!; **tiens ?** (*surprise*) really? ▸ *vi* to hold; (*neige, gel*) to last; (*survivre*) to survive; **~ dans** to fit into; **~ bon** to stand *ou* hold fast; **~ trois jours/deux mois** (*résister*) to hold out *ou* last three days/two months; **se tenir** *vpr* (*avoir lieu*) to be held, take place; (*être : personne*) to stand; **se ~ droit** to stand up (*ou* sit up) straight; **bien se ~** to behave well; **se ~ à qch** to hold on to sth; **s'en ~ à qch** to confine o.s. to sth; to stick to sth; **tiens-toi bien !** (*pour informer*) brace yourself!, take a deep breath!

tennis [tenis] *nm* tennis; (*aussi* : **court de tennis**) tennis court; **~ de table** table tennis ▸ *nmpl ou fpl* (*aussi* : **chaussures de tennis**) tennis *ou* gym shoes

tennisman [tenisman] *nm* tennis player

ténor [tenɔʀ] *nm* tenor

tension [tɑ̃sjɔ̃] *nf* tension; (*fig : des relations, de la situation*) tension; (*: concentration, effort*) strain; (*Méd*) blood pressure; **faire** *ou* **avoir de la ~** to have high blood pressure; **~ nerveuse/raciale** nervous/racial tension

tentaculaire [tɑ̃takylɛʀ] *adj* (*fig*) sprawling

tentacule [tɑ̃takyl] *nm* tentacle

tentant, e [tɑ̃tɑ̃, -ɑ̃t] *adj* tempting

tentateur, -trice [tɑ̃tatœʀ, -tʀis] *adj* tempting ▸ *nm* (*Rel*) tempter

tentation [tɑ̃tasjɔ̃] *nf* temptation

tentative [tɑ̃tativ] *nf* attempt, bid; **~ d'évasion** escape bid; **~ de suicide** suicide attempt

tente [tɑ̃t] *nf* tent; **~ à oxygène** oxygen tent

tenter [tɑ̃te] /1/ *vt* (*éprouver, attirer*) to tempt; (*essayer*) : **~ qch/de faire** to attempt *ou* try sth/to do; **être tenté de** to be tempted to; **~ sa chance** to try one's luck

tenture [tɑ̃tyʀ] *nf* hanging

tenu, e [t(ə)ny] *pp de* **tenir** ▸ *adj* : **bien ~** (*maison, comptes*) well-kept; **être ~ de faire** to be under an obligation to do ▸ *nf* (*action de tenir : de commerce*) running; (*: de registre, comptes*) keeping; (*: de réunion*) holding; (*vêtements*) outfit; **elle portait une tenue très élégante** she was very elegantly dressed, she was wearing a very elegant outfit; (*allure vestimentaire*) dress *no pl*, appearance; **sa tenue laissait à désirer** his appearance left a lot to be desired; **une tenue correcte est exigée** appropriate clothing must be worn; (*comportement*) manners *pl*, behaviour (Brit), behavior (US); (*d'une maison*) upkeep; **être en tenue** to be dressed (up); **se mettre en tenue** to dress (up); **en grande tenue** in full dress; **en petite tenue** scantily dressed *ou* clad; **avoir de la tenue** to have good manners; (*journal*) to have a high standard; **tenue de combat** combat gear *ou* dress; **tenue de pompier** fireman's uniform; **tenue de route** (*Auto*) road-holding; **tenue de soirée** evening dress; **tenue de sport/voyage** sports/travelling clothes *pl ou* gear *no pl*

ténu, e [teny] *adj* (*indice, nuance*) tenuous, subtle; (*fil, objet*) fine; (*voix*) thin

TER *sigle m* (= *Train Express Régional*) *local train*

ter [tɛʀ] *adv* : **16 ~** 16b *ou* B

térébenthine [teʀebɑ̃tin] *nf* : **(essence de) ~** (oil of) turpentine

tergal® [tɛʀgal] *nm* Terylene®

tergiversations [tɛʀʒivɛʀsasjɔ̃] *nfpl* shilly-shallying *no pl*

tergiverser [tɛʀʒivɛʀse] /1/ *vi* to shilly-shally

terme [tɛʀm] *nm* term; (*fin*) end; **être en bons/mauvais termes avec qn** to be on good/bad terms with sb; **vente/achat à ~** (*Comm*) forward sale/purchase; **au ~ de** at the end of; **en d'autres termes** in other words; **moyen ~** (*solution intermédiaire*) middle course; **à court/long ~** *adj* short-/long-term *ou* -range; *adv* in the short/long term; **à ~** (*Méd*) *adj* full-term; *adv* sooner or later, eventually; (*Méd*) at term; **avant ~** (*Méd*) *adj* premature; *adv* prematurely; **mettre un ~ à** to put an end *ou* a stop to; **toucher à son ~** to be nearing its end

terminaison [tɛʀminɛzɔ̃] *nf* (*Ling*) ending

terminal, e, -aux [tɛʀminal, -o] *adj* (*partie, phase*) final; (*Méd*) terminal ▸ *nm* terminal ▸ *nf* (*Scol*) ≈ year 13 (Brit), ≈ twelfth grade (US)

terminer [tɛʀmine] /1/ *vt* to end; (*travail, repas*) to finish; **se terminer** *vpr* to end; **se ~ par** to end with

terminologie [tɛʀminɔlɔʒi] *nf* terminology

terminologique [tɛʀminɔlɔʒik] *adj* terminological

terminologue [tɛʀminɔlɔg] *nmf* terminologist

terminus [tɛʀminys] *nm* terminus; **~ !** all change!

termite [tɛʀmit] *nm* termite, white ant

termitière [tɛʀmitjɛʀ] *nf* ant-hill

ternaire [tɛʀnɛʀ] *adj* compound

terne [tɛʀn] *adj* dull

ternir [tɛʀniʀ] /2/ *vt* to dull; (*fig*) to sully, tarnish; **se ternir** *vpr* to become dull

terrain [teʀɛ̃] *nm* (*sol, fig*) ground; (*Comm : étendue de terre*) land *no pl*; (*: parcelle*) plot (of land); (*: à bâtir*) site; **sur le ~** (*fig*) on the field; **~ de football/rugby** football/rugby pitch (Brit) *ou* field (US); **~ d'atterrissage** landing strip; **~ d'aviation** airfield; **~ de camping** campsite; **un ~ d'entente** an area of agreement; **~ de golf** golf course; **~ de jeu** (*pour les petits*) playground; (*Sport*) games field; **~ de sport** sports ground; **~ vague** waste ground *no pl*

terrarium [teʀaʀjɔm] *nm* terrarium

terrasse [teʀas] *nf* terrace; (*de café*) pavement area, terrasse; **à la ~** (*café*) outside

terrassement [teʀasmɑ̃] *nm* earth-moving, earthworks *pl*; embankment

terrasser [teʀase] /1/ *vt* (*adversaire*) to floor, bring down; (*maladie etc*) to lay low

terrassier [teʀasje] *nm* navvy, roadworker

terre [tɛʀ] *nf* (*gén, aussi Élec*) earth; (*Astronomie*) : **la T~** the Earth; (*substance*) soil, earth; (*opposé à mer*) land *no pl*; (*contrée*) land; **travail de la ~** work on the land; **en ~** (*pipe, poterie*) clay *cpd*; **mettre en ~** (*plante etc*) to plant; (*personne : enterrer*) to bury; **à** *ou* **par ~** (*mettre, être, s'asseoir*) on the ground (*ou* floor); (*jeter, tomber*) to the ground, down; **~ à ~** *adj inv* down-to-earth,

t

matter-of-fact; **la T~ Adélie** Adélie Coast *ou* Land; **~ de bruyère** (heath-)peat; **~ cuite** earthenware; terracotta; **la ~ ferme** dry land, terra firma; **la T~ de Feu** Tierra del Fuego; **~ glaise** clay; **la T~ promise** the Promised Land; **la T~ Sainte** the Holy Land; **terres** *nfpl* (*terrains*) lands, land *sg*

terreau [tεʀo] *nm* compost

terre-neuve [tεʀnœv] *nm inv* (*chien*) Newfoundland dog ▸ *nf* : **Terre-Neuve** Newfoundland

terre-neuvien, ne [tεʀnœvjε̃, -jεn] *adj* from Newfoundland ▸ *nm/f* : **Terre-Neuvien, ne** Newfoundlander

terre-plein [tεʀplε̃] *nm* platform; (*sur chaussée*) central reservation

terrer [teʀe] /1/ : **se terrer** *vpr* to hide away; to go to ground

terrestre [teʀεstʀ] *adj* (*surface*) earth's, of the earth; (*Bot, Zool, Mil*) land *cpd*; (*Rel*) earthly, worldly

terreur [teʀœʀ] *nf* terror *no pl*, fear

terreux, -euse [tεʀø, -øz] *adj* muddy; (*goût*) earthy

terrible [teʀibl] *adj* terrible, dreadful; (*fam : fantastique*) terrific; **pas ~** nothing special

terriblement [teʀibləmɑ̃] *adv* (*très*) terribly, awfully

terrien, ne [teʀjε̃, -εn] *adj* : **propriétaire ~** landowner ▸ *nm/f* countryman/woman, man/woman of the soil; (*non martien etc*) earthling; (*non marin*) landsman

terrier [teʀje] *nm* burrow, hole; (*chien*) terrier

terrifiant, e [teʀifjɑ̃, -ɑ̃t] *adj* (*effrayant*) terrifying; (*extraordinaire*) terrible, awful

terrifier [teʀifje] /7/ *vt* to terrify

terril [teʀil] *nm* slag heap

terrine [teʀin] *nf* (*récipient*) terrine; (*Culin*) pâté

territoire [teʀitwaʀ] *nm* territory; **T~ des Afars et des Issas** French Territory of Afars and Issas

territorial, e, -aux [teʀitɔʀjal, -o] *adj* territorial; **eaux territoriales** territorial waters; **armée territoriale** regional defence force, ≈ Territorial Army (Brit); **collectivités territoriales** local and regional authorities

terroir [teʀwaʀ] *nm* (*Agr*) soil; (*région*) region; **accent du ~** country *ou* rural accent

terroriser [teʀɔʀize] /1/ *vt* to terrorize

terrorisme [teʀɔʀism] *nm* terrorism

terroriste [teʀɔʀist] *nmf* terrorist

tertiaire [tεʀsjεʀ] *adj* tertiary ▸ *nm* (*Écon*) tertiary sector, service industries *pl*

tertiarisation [tεʀsjaʀizasjɔ̃] *nf expansion or development of the service sector*

tertiariser [tεʀsjεʀise] : **se tertiariser** *vpr to have expand the service industries*

tertio [tεʀsjo] *adv* thirdly

tertre [tεʀtʀ] *nm* hillock, mound

tes [te] *adj poss voir* **ton¹**

tessiture [tesityʀ] *nf* (*Mus*) range

tesson [tesɔ̃] *nm* : **~ de bouteille** piece of broken bottle

test [tεst] *nm* test; **~ de grossesse** pregnancy test

testament [tεstamɑ̃] *nm* (*Jur*) will; (*fig*) legacy; (*Rel*) : **T~** Testament; **faire son ~** to make one's will

testamentaire [tεstamɑ̃tεʀ] *adj* of a will

tester [tεste] /1/ *vt* to test

testeur [tεstœʀ] *nm* (*personne*) tester; (*instrument*) tester

testicule [tεstikyl] *nm* testicle

testostérone [tεstosteʀɔn] *nf* testosterone

tétanie [tetani] *nf* tetany

tétaniser [tetanize] *vt* to tetanize; **se tétaniser** *vpr* to become tetanized

tétanos [tetanos] *nm* tetanus

têtard [tεtaʀ] *nm* tadpole

tête [tεt] *nf* head; (*cheveux*) hair *no pl*; (*visage*) face; (*longueur*) : **gagner d'une (courte) ~** to win by a (short) head; (*Football*) header; **de ~** *adj* (*wagon etc*) front *cpd*; (*concurrent*) leading; *adv* (*calculer*) in one's head, mentally; **par ~** (*par personne*) per head; **se mettre en ~ que** to get it into one's head that; **se mettre en ~ de faire** to take it into one's head to do; **prendre la ~ de qch** to take the lead in sth; **perdre la ~** (*fig : s'affoler*) to lose one's head; (*: devenir fou*) to go off one's head; **ça ne va pas, la ~ ?** (*fam*) are you crazy?; **tenir ~ à qn** to stand up to *ou* defy sb; **la ~ en bas** with one's head down; **la ~ la première** (*tomber*) head-first; **la ~ basse** hanging one's head; **avoir la ~ dure** (*fig*) to be thickheaded; **faire une ~** (*Football*) to head the ball; **faire la ~** (*fig*) to sulk; **en ~** (*Sport*) in the lead; at the front *ou* head; **à la ~ de** at the head of; **à ~ reposée** in a more leisurely moment; **n'en faire qu'à sa ~** to do as one pleases; **en avoir par-dessus la ~** to be fed up; **en ~ à ~** in private, alone together; **de la ~ aux pieds** from head to toe; **~ d'affiche** (*Théât etc*) top of the bill; **~ de bétail** head *inv* of cattle; **~ brûlée** desperado; **~ chercheuse** homing device; **~ d'enregistrement** recording head; **~ d'impression** printhead; **~ de lecture** (playback) head; **~ de ligne** (*Transports*) start of the line; **~ de liste** (*Pol*) chief candidate; **~ de mort** skull and crossbones; **~ de pont** (*Mil*) bridge- *ou* beachhead; **~ de série** (*Tennis*) seeded player, seed; **~ de Turc** (*fig*) whipping boy (Brit), butt; **~ de veau** (*Culin*) calf's head

tête-à-queue [tεtakø] *nm inv* : **faire un ~** to spin round

tête-à-tête [tεtatεt] *nm inv* tête-à-tête; (*service*) breakfast set for two; **en ~** in private, alone together

tête-bêche [tεtbεʃ] *adv* head to tail

tétée [tete] *nf* (*action*) sucking; (*repas*) feed

téter [tete] /6/ *vt* : **~ (sa mère)** to suck at one's mother's breast, feed

tétine [tetin] *nf* teat; (*sucette*) dummy (Brit), pacifier (*US*)

téton [tetɔ̃] *nm* breast

tétralogie [tetʀalɔʒi] *nf* tetralogy

têtu, e [tety] *adj* stubborn, pigheaded

texte [tεkst] *nm* text; (*morceau choisi*) passage; (*Scol : d'un devoir*) subject, topic; **apprendre son ~** (*Théât*) to learn one's lines; **un ~ de loi** the wording of a law

texter [tɛkste] /1/ *vi, vt* to text
textile [tɛkstil] *adj* textile *cpd* ▸ *nm* textile; (*industrie*) textile industry
Texto® [tɛksto] *nm* text (message)
texto [tɛksto] *adv* (*fam*) word for word
textoter [tɛkstɔte] /1/ *vi, vt* to text
textuel, le [tɛkstɥɛl] *adj* literal, word for word
textuellement [tɛkstɥɛlmɑ̃] *adv* literally
texture [tɛkstyʀ] *nf* texture; (*fig : d'un texte, livre*) feel
texturé [tɛkstyʀe] *adj* (*matériau, vin*) textured
TF1 *sigle f* (= *Télévision française 1*) *TV channel*
TG *sigle f* = **trésorerie générale**
TGI *sigle m* = **tribunal de grande instance**
TGV *sigle m* = **train à grande vitesse**
thaï, e [tai] *adj* Thai ▸ *nm* (*Ling*) Thai
thaïlandais, e [tailɑ̃dɛ, -ɛz] *adj* Thai ▸ *nm/f* : **Thaïlandais, e** Thai
Thaïlande [tailɑ̃d] *nf* : **la** ~ Thailand
thalasso [talaso] *nf* (*fam*) = **thalassothérapie**
thalassothérapie [talasɔteʀapi] *nf* sea-water therapy
thé [te] *nm* tea; (*réunion*) tea party; **prendre le ~** to have tea; **~ au lait/citron** tea with milk/lemon; **faire le ~** to make the tea
théâtral, e, -aux [teɑtʀal, -o] *adj* theatrical
théâtre [teɑtʀ] *nm* theatre; (*techniques, genre*) drama, theatre; (*activité*) stage, theatre; (*œuvres*) plays *pl*, dramatic works *pl*; (*péj*) histrionics *pl*, playacting; (*fig : lieu*) : **le ~ de** the scene of; **faire du ~** (*en professionnel*) to be on the stage; (*en amateur*) to act; **~ filmé** filmed stage productions *pl*
thébain, e [tebɛ̃, -ɛn] *adj* Theban
Thèbes [tɛb] *n* Thebes
théière [tejɛʀ] *nf* teapot
théine [tein] *nf* theine
théisme [teism] *nm* theism
thématique [tematik] *adj* thematic
thème [tɛm] *nm* theme; (*Scol : traduction*) prose (composition); **~ astral** birth chart
théocratie [teɔkʀasi] *nf* theocracy
théologie [teɔlɔʒi] *nf* theology
théologien, ne [teɔlɔʒjɛ̃, -ɛn] *nm* theologian
théologique [teɔlɔʒik] *adj* theological
théorème [teɔʀɛm] *nm* theorem
théoricien, ne [teɔʀisjɛ̃, -ɛn] *nm/f* theoretician, theorist
théorie [teɔʀi] *nf* theory; **en ~** in theory
théorique [teɔʀik] *adj* theoretical
théoriquement [teɔʀikmɑ̃] *adv* theoretically
théorisation [teɔʀizasjɔ̃] *nf* theorization
théoriser [teɔʀize] /1/ *vi* to theorize
thérapeutique [teʀapøtik] *adj* therapeutic ▸ *nf* (*Méd : branche*) therapeutics *sg*; (*: traitement*) therapy
thérapie [teʀapi] *nf* therapy; **~ de groupe** group therapy
thermal, e, -aux [tɛʀmal, -o] *adj* thermal; **station thermale** spa; **cure thermale** water cure
thermes [tɛʀm] *nmpl* thermal baths; (*romains*) thermae *pl*
thermique [tɛʀmik] *adj* (*énergie*) thermic; (*unité*) thermal
thermodynamique [tɛʀmɔdinamik] *nf* thermodynamics *sg*
thermoélectrique [tɛʀmoelɛktʀik] *adj* thermoelectric
thermomètre [tɛʀmɔmɛtʀ] *nm* thermometer
thermonucléaire [tɛʀmɔnykleɛʀ] *adj* thermonuclear
thermorégulateur, -trice [tɛʀmoʀegylatœʀ, -tʀis] *adj* thermotaxic
thermos® [tɛʀmos] *nm ou f* : **(bouteille) ~** vacuum *ou* Thermos® flask (Brit) *ou* bottle (US)
thermostat [tɛʀmɔsta] *nm* thermostat
thermostatique [tɛʀmɔstatik] *adj* thermostatic
thésard, e [tezaʀ, -aʀd] *nm/f* person preparing a thesis
thésauriser [tezɔʀize] /1/ *vi* to hoard money
thèse [tɛz] *nf* thesis
Thessalie [tɛsali] *nf* : **la ~** Thessaly
thibaude [tibod] *nf* carpet underlay
thon [tɔ̃] *nm* tuna (fish)
thonier [tɔnje] *nm* tuna boat
thoracique [tɔʀasik] *adj* thoracic
thorax [tɔʀaks] *nm* thorax
thriller [sʀilœʀ] *nm* thriller
thrombose [tʀɔ̃boz] *nf* thrombosis
thune [tyn] *nf* (*fam*) money, dough (*fam*)
thym [tɛ̃] *nm* thyme
thyroïde [tiʀɔid] *nf* thyroid (gland)
thyroïdien, -ienne [tiʀɔidjɛ̃, -jɛn] *adj* thyroid *cpd*
TI *sigle m* = **tribunal d'instance**
tiare [tjaʀ] *nf* tiara
Tibet [tibɛ] *nm* : **le ~** Tibet
tibétain, e [tibetɛ̃, -ɛn] *adj* Tibetan
tibia [tibja] *nm* shin; (*os*) shinbone, tibia
Tibre [tibʀ] *nm* : **le ~** the Tiber
TIC *sigle fpl* (= *technologies de l'information et de la communication*) ICT *sg*
tic [tik] *nm* tic, (nervous) twitch; (*de langage etc*) mannerism
ticket [tikɛ] *nm* ticket; **~ de caisse** till receipt; **~ modérateur** *patient's contribution towards medical costs*; **~ de quai** platform ticket; **~ repas** luncheon voucher
tic-tac [tiktak] *nm inv* tick-tock
tictaquer [tiktake] /1/ *vi* to tick (away)
tiède [tjɛd] *adj* (*bière etc*) lukewarm; (*thé, café etc*) tepid; (*bain, accueil, sentiment*) lukewarm; (*vent, air*) mild, warm ▸ *adv* : **boire ~** to drink things lukewarm
tièdement [tjɛdmɑ̃] *adv* coolly, half-heartedly
tiédeur [tjedœʀ] *nf* lukewarmness; (*du vent, de l'air*) mildness
tiédir [tjediʀ] /2/ *vi* (*se réchauffer*) to grow warmer; (*refroidir*) to cool
tien, tienne [tjɛ̃, tjɛn] *pron* : **le (la) ~(ne)** yours; **les ~(ne)s** yours; **à la tienne !** cheers!
tiendrai *etc* [tjɛ̃dʀe] *vb voir* **tenir**
tienne [tjɛn] *vb voir* **tenir** ▸ *pron voir* **tien**
tiens [tjɛ̃] *vb, excl voir* **tenir**
tierce [tjɛʀs] *adj f, nf voir* **tiers**
tiercé [tjɛʀse] *nm system of forecast betting giving first three horses*
tiers, tierce [tjɛʀ, tjɛʀs] *adj* third; **une tierce personne** a third party; **le ~ monde** the third

t

world ▸ *nm* (*Jur*) third party; (*fraction*) third; ~ **payant** *direct payment by insurers of medical expenses*; ~ **provisionnel** *interim payment of tax*; **assurance au** ~ third-party insurance ▸ *nf* (*Mus*) third; (*Cartes*) tierce
tifs [tif] *nmpl* (*fam*) hair
TIG *sigle m* = **travail d'intérêt général**
tige [tiʒ] *nf* stem; (*baguette*) rod
tignasse [tiɲas] *nf* (*péj*) shock *ou* mop of hair
Tigre [tigʀ] *nm* : **le** ~ the Tigris
tigre [tigʀ] *nm* tiger
tigré, e [tigʀe] *adj* (*rayé*) striped; (*tacheté*) spotted; (*chat*) tabby
tigresse [tigʀɛs] *nf* tigress
tilde [tild(e)] *nm* tilde
tilleul [tijœl] *nm* lime (tree), linden (tree); (*boisson*) lime(-blossom) tea
tilt [tilt] *nm* : **faire** ~ (*fig* : *inspirer*) to ring a bell
timbale [tɛ̃bal] *nf* (metal) tumbler; **timbales** *nfpl* (*Mus*) timpani, kettledrums
timbrage [tɛ̃bʀaʒ] *nm* : **dispensé de** ~ post(age) paid
timbre [tɛ̃bʀ] *nm* (*tampon*) stamp; (*aussi* : **timbre-poste**) (postage) stamp; (*cachet de la poste*) postmark; (*sonnette*) bell; (*Mus* : *de voix, instrument*) timbre, tone; ~ **anti-tabac** nicotine patch; ~ **dateur** date stamp
timbré, e [tɛ̃bʀe] *adj* (*enveloppe*) stamped; (*voix*) resonant; (*fam* : *fou*) cracked, nuts
timbrer [tɛ̃bʀe] /1/ *vt* to stamp
timide [timid] *adj* (*emprunté*) shy, timid; (*timoré*) timid, timorous
timidement [timidmɑ̃] *adv* shyly; timidly
timidité [timidite] *nf* shyness; timidity
timing [tajmiŋ] *nm* timing
timonerie [timɔnʀi] *nf* wheelhouse
timonier [timɔnje] *nm* helmsman
timoré, e [timɔʀe] *adj* timorous
tint *etc* [tɛ̃] *vb voir* **tenir**
tintamarre [tɛ̃tamaʀ] *nm* din, uproar
tintement [tɛ̃tmɑ̃] *nm* ringing, chiming; **tintements d'oreilles** ringing in the ears
tinter [tɛ̃te] /1/ *vi* to ring, chime; (*argent, clés*) to jingle
tipi [tipi] *nm* teepee, tipi
Tipp-Ex® [tipɛks] *nm* Tipp-Ex®
tique [tik] *nf* tick (*insect*)
tiquer [tike] /1/ *vi* (*personne*) to make a face
TIR *sigle mpl* (= *Transports internationaux routiers*) TIR
tir [tiʀ] *nm* (*sport*) shooting; (*fait ou manière de tirer*) firing *no pl*; (*Football*) shot; (*rafale*) fire; (*stand*) shooting gallery; ~ **d'obus/de mitraillette** shell/machine gun fire; ~ **à l'arc** archery; ~ **de barrage** barrage fire; ~ **au fusil** (rifle) shooting; ~ **au pigeon** (*d'argile*) clay pigeon shooting
tirade [tiʀad] *nf* tirade
tirage [tiʀaʒ] *nm* (*action*) printing; (*Photo*) print; (*Inform*) printout; (*de journal*) circulation; (*de livre*) (print-)run; edition; (*de cheminée*) draught (Brit), draft (US); (*de loterie*) draw; (*fig* : *désaccord*) friction; ~ **au sort** drawing lots
tiraillement [tiʀajmɑ̃] *nm* (*douleur*) sharp pain; (*fig* : *doutes*) agony *no pl* of indecision; (*conflits*) friction *no pl*
tirailler [tiʀaje] /1/ *vt* to pull at, tug at; (*fig*) to gnaw at ▸ *vi* to fire at random
tirailleur [tiʀajœʀ] *nm* skirmisher
tirant [tiʀɑ̃] *nm* : ~ **d'eau** draught (Brit), draft (US)
tire [tiʀ] *nf* : **vol à la** ~ pickpocketing
tiré, e [tiʀe] *adj* (*visage, traits*) drawn; ~ **par les cheveux** far-fetched ▸ *nm* (*Comm*) drawee; ~ **à part** off-print
tire-au-flanc [tiʀoflɑ̃] *nm inv* (*péj*) skiver
tire-bouchon [tiʀbuʃɔ̃] *nm* corkscrew
tire-bouchonner [tiʀbuʃɔne] /1/ *vt* to twirl
tire-d'aile [tiʀdɛl] : **à** ~ *adv* swiftly
tire-fesses [tiʀfɛs] *nm inv* ski-tow
tire-lait [tiʀlɛ] *nm inv* breast-pump
tire-larigot [tiʀlaʀigo] : **à** ~ *adv* as much as one likes, to one's heart's content
tirelire [tiʀliʀ] *nf* moneybox
tirer [tiʀe] /1/ *vt* (*gén*) to pull; (*tracer* : *ligne, trait*) to draw, trace; (*fermer* : *volet, porte, trappe*) to pull to, close; (: *rideau*) to draw; (*choisir* : *carte, conclusion* : *Comm* : *chèque*) to draw; (*en faisant feu* : *balle, coup*) to fire; (: *animal*) to shoot; (*journal, livre, photo*) to print; (*Football* : *corner etc*) to take; ~ **qch de** to get sth out of; (*extraire*) to extract sth from; ~ **son nom de** to take *ou* get its name from; ~ **la langue** to stick out one's tongue; ~ **qn de** (*embarras etc*) to help *ou* get sb out of; ~ **qch au clair** to clear sth up; ~ **parti de** to take advantage of; ~ **profit de** to profit from; ~ **les cartes** to read *ou* tell the cards ▸ *vi* (*faire feu*) to fire; (*faire du tir, Football*) to shoot; (*cheminée*) to draw; ~ **sur** (*corde, poignée*) to pull on *ou* at; (*faire feu sur*) to shoot *ou* fire at; (*pipe*) to draw on; (*fig* : *avoisiner*) to verge *ou* border on; ~ **six mètres** (*Navig*) to draw six metres of water; ~ **à l'arc/la carabine** to shoot with a bow and arrow/with a rifle; ~ **en longueur** to drag on; ~ **à sa fin** to be drawing to an end; ~ **au sort** to draw lots; **se tirer** *vpr* (*fam*) to push off; **s'en** ~ (*éviter le pire*) to get off; (*survivre*) to pull through; (*se débrouiller*) to manage
tiret [tiʀɛ] *nm* dash; (*en fin de ligne*) hyphen
tireur [tiʀœʀ] *nm* gunman; (*Comm*) drawer; **bon** ~ good shot; ~ **d'élite** marksman; ~ **de cartes** fortuneteller
tiroir [tiʀwaʀ] *nm* drawer
tiroir-caisse [tiʀwaʀkɛs] (*pl* **tiroirs-caisses**) *nm* till
tisane [tizan] *nf* herb tea
tison [tizɔ̃] *nm* brand
tisonner [tizɔne] /1/ *vt* to poke
tisonnier [tizɔnje] *nm* poker
tissage [tisaʒ] *nm* weaving *no pl*
tisser [tise] /1/ *vt* to weave
tisserand, e [tisʀɑ̃, -ɑ̃d] *nm/f* weaver
tissu¹ [tisy] *nm* fabric, material, cloth *no pl*; (*fig*) fabric; (*Anat, Bio*) tissue; ~ **de mensonges** web of lies
tissu², e [tisy] *adj* (*liter*) : ~ **de** woven through with
tissu-éponge [tisyepɔ̃ʒ] (*pl* **tissus-éponges**) *nm* (terry) towelling *no pl*
titan [titɑ̃] *nm* (*géant*) titan; **travail de** ~ Herculean task
titane [titan] *nm* titanium

titanesque [titanɛsk] *adj* titanic
titiller [titile] /1/ *vt* to titillate
titrage [titraʒ] *nm* (*d'un film*) titling; (*d'un alcool*) *determination of alcohol content*
titraille [titʀaj] *nf* (*Typo*) headlines
titre [titʀ] *nm* (*gén*) title; (*de journal*) headline; (*diplôme*) qualification; (*Comm*) security; (*Chimie*) titre; **en ~** (*champion, responsable*) official, recognized; **à juste ~** with just cause, rightly; **à quel ~ ?** on what grounds?; **à aucun ~** on no account; **au même ~ (que)** in the same way (as); **au ~ de la coopération** *etc* in the name of cooperation *etc*; **à ~ d'exemple** as an *ou* by way of an example; **à ~ exceptionnel** exceptionally; **à ~ d'information** for (your) information; **à ~ gracieux** free of charge; **à ~ d'essai** on a trial basis; **à ~ privé** in a private capacity; **~ courant** running head; **~ de propriété** title deed; **~ de transport** ticket
titré, e [titʀe] *adj* (*livre, film*) entitled; (*personne*) titled
titrer [titʀe] /1/ *vt* (*Chimie*) to titrate; to assay; (*Presse*) to run as a headline; (*vin*) : **~ 10°** to be 10° proof
titubant, e [titybɑ̃, -ɑ̃t] *adj* staggering, reeling
tituber [titybe] /1/ *vi* to stagger *ou* reel (along)
titulaire [titylɛʀ] *adj* (*Admin*) appointed, with tenure ▸ *nmf* (*Admin*) incumbent; (*de permis*) holder; **être ~ de** (*diplôme, permis*) to hold
titularisation [titylaʀizasjɔ̃] *nf* granting of tenure
titulariser [titylaʀize] /1/ *vt* to give tenure to
TNP *sigle m* = **Théâtre national populaire**
TNT *sigle m* (= *Trinitrotoluène*) TNT ▸ *sigle f* (= *Télévision numérique terrestre*) digital television
toast [tost] *nm* slice *ou* piece of toast; (*de bienvenue*) (welcoming) toast; **porter un ~ à qn** to propose *ou* drink a toast to sb
toboggan [tɔbɔgɑ̃] *nm* toboggan; (*jeu*) slide; (*Auto*) flyover (Brit), overpass (US); **~ de secours** (*Aviat*) escape chute
toc [tɔk] *nm* : **en ~** imitation *cpd* ▸ *excl* : **toc, toc** knock knock
tocsin [tɔksɛ̃] *nm* alarm (bell)
toge [tɔʒ] *nf* toga; (*de juge*) gown
Togo [tɔgo] *nm* : **le ~** Togo
togolais, e [tɔgɔlɛ, -ɛz] *adj* Togolese
tohu-bohu [tɔybɔy] *nm* (*désordre*) confusion; (*tumulte*) commotion
toi [twa] *pron* you; **~, tu l'as fait ?** did YOU do it?
toile [twal] *nf* (*matériau*) cloth *no pl*; (*bâche*) piece of canvas; (*tableau*) canvas; **grosse ~** canvas; **de** *ou* **en ~** (*pantalon*) cotton; (*sac*) canvas; **tisser sa ~** (*araignée*) to spin its web; **~ d'araignée** spider's web; (*au plafond etc : à enlever*) cobweb; **la T~** (*Internet*) the Web; **~ cirée** oilcloth; **~ émeri** emery cloth; **~ de fond** (*fig*) backdrop; **~ de jute** hessian; **~ de lin** linen; **~ de tente** canvas
toilettage [twalɛtaʒ] *nm* grooming *no pl*; (*d'un texte*) tidying up
toilette [twalɛt] *nf* wash; (*s'habiller et se préparer*) getting ready, washing and dressing; (*habits*) outfit; dress *no pl*; **faire sa ~** to have a wash, get washed; **faire la ~ de** (*animal*) to groom; (*voiture etc*) to clean, wash; (*texte*) to tidy up; **articles de ~** toiletries; **~ intime** personal hygiene; **toilettes** *nfpl* toilet *sg*; **les toilettes des dames/messieurs** the ladies'/gents' (toilets) (Brit), the ladies'/men's (rest)room (US)
toiletter [twalete] *vt* (*animal*) to groom; (*texte, loi*) to tidy up
toi-même [twamɛm] *pron* yourself
toise [twaz] *nf* : **passer à la ~** to have one's height measured
toiser [twaze] /1/ *vt* to eye up and down
toison [twazɔ̃] *nf* (*de mouton*) fleece; (*cheveux*) mane
toit [twa] *nm* roof; **~ ouvrant** sun roof
toiture [twatyʀ] *nf* roof
Tokyo [tɔkjo] *n* Tokyo
tôle [tol] *nf* sheet metal *no pl*; (*plaque*) steel (*ou* iron) sheet; **~ d'acier** sheet steel *no pl*; **~ ondulée** corrugated iron; **tôles** *nfpl* (*carrosserie*) bodywork *sg* (Brit), body *sg*; panels
Tolède [tɔlɛd] *n* Toledo
tolérable [tɔleʀabl] *adj* tolerable, bearable
tolérance [tɔleʀɑ̃s] *nf* tolerance; (*hors taxe*) allowance
tolérant, e [tɔleʀɑ̃, -ɑ̃t] *adj* tolerant
tolérer [tɔleʀe] /6/ *vt* to tolerate; (*Admin : hors taxe etc*) to allow
tôlerie [tolʀi] *nf* sheet metal manufacture; (*atelier*) sheet metal workshop; (*ensemble des tôles*) panels *pl*
tollé [tɔle] *nm* : **un ~ (de protestations)** a general outcry
TOM [tɔm] *sigle nm(pl)* = **territoire(s) d'outre-mer**
tomate [tɔmat] *nf* tomato; **tomates farcies** stuffed tomatoes
tombal, e [tɔ̃bal] *adj* : **pierre tombale** tombstone, gravestone
tombant, e [tɔ̃bɑ̃, -ɑ̃t] *adj* (*fig*) drooping, sloping
tombe [tɔ̃b] *nf* (*sépulture*) grave; (*avec monument*) tomb
tombeau, x [tɔ̃bo] *nm* tomb; **à ~ ouvert** at breakneck speed
tombée [tɔ̃be] *nf* : **à la ~ du jour** *ou* **de la nuit** at the close of day, at nightfall
tomber [tɔ̃be] /1/ *vi* to fall; (*fièvre, vent*) to drop; **laisser ~** (*objet*) to drop; (*personne*) to let down; (*activité*) to give up; **laisse ~ !** forget it!; **faire ~** to knock over; **~ sur** (*rencontrer*) to come across; (*attaquer*) to set about; **~ de fatigue/sommeil** to drop from exhaustion/be falling asleep on one's feet; **~ à l'eau** (*fig : projet etc*) to fall through; **~ en panne** to break down; **~ juste** (*opération, calcul*) to come out right; **~ en ruine** to fall into ruins; **ça tombe bien/mal** (*fig*) that's come at the right/wrong time; **il est bien/mal tombé** (*fig*) he's been lucky/unlucky ▸ *vt* : **~ la veste** to slip off one's jacket
tombereau, x [tɔ̃bʀo] *nm* tipcart
tombeur [tɔ̃bœʀ] *nm* (*péj*) Casanova
tombola [tɔ̃bɔla] *nf* raffle
Tombouctou [tɔ̃buktu] *n* Timbuktu
tome [tɔm] *nm* volume
tomette, tommette [tɔmɛt] *nf* hexagonal floor tile
tomographie [tɔmɔgʀafi] *nf* tomography

t

ton¹, ta [tɔ̃, ta] (*pl* **tes** [te]) *adj poss* your
ton² [tɔ̃] *nm* (*gén*) tone; (*Mus*) key; (*couleur*) shade, tone; (*de la voix : hauteur*) pitch; **donner le ~** to set the tone; **élever** *ou* **hausser le ~** to raise one's voice; **de bon ~** in good taste; **si vous le prenez sur ce ~** if you're going to take it like that; **~ sur ~** in matching shades
tonal, e [tɔnal] *adj* tonal
tonalité [tɔnalite] *nf* (*au téléphone*) dialling tone; (*Mus*) tonality; (*: ton*) key; (*fig*) tone
tondeuse [tɔ̃døz] *nf* (*à gazon*) (lawn)mower; (*du coiffeur*) clippers *pl*; (*pour la tonte*) shears *pl*
tondre [tɔ̃dʀ] /41/ *vt* (*pelouse, herbe*) to mow; (*haie*) to cut, clip; (*mouton, toison*) to shear; (*cheveux*) to crop
tondu, e [tɔ̃dy] *pp de* **tondre** ▸ *adj* (*cheveux*) cropped; (*mouton, crâne*) shorn
Tonga [tɔ̃ga] *nm* : **les îles ~** Tonga
tongs [tɔ̃g] *nfpl* flip-flops (Brit), thongs (US)
tonicité [tɔnisite] *nf* (*Méd : des tissus*) tone; (*fig : de l'air, la mer*) bracing effect
tonifiant, e [tɔnifjɑ̃, -ɑ̃t] *adj* invigorating, revivifying
tonifier [tɔnifje] /7/ *vt* (*air, eau*) to invigorate; (*peau, organisme*) to tone up
tonique [tɔnik] *adj* fortifying; (*personne*) dynamic ▸ *nmf* tonic
tonitruant, e [tɔnitʀyɑ̃, -ɑ̃t] *adj* : **voix tonitruante** thundering voice
Tonkin [tɔ̃kɛ̃] *nm* : **le ~** Tonkin, Tongking
tonkinois, e [tɔ̃kinwa, -waz] *adj* Tonkinese
tonnage [tɔnaʒ] *nm* tonnage
tonnant, e [tɔnɑ̃, -ɑ̃t] *adj* thunderous
tonne [tɔn] *nf* metric ton, tonne
tonneau, x [tɔno] *nm* (*à vin, cidre*) barrel; (*Navig*) ton; **faire des tonneaux** (*voiture, avion*) to roll over
tonnelet [tɔnlɛ] *nm* keg
tonnelier [tɔnəlje] *nm* cooper
tonnelle [tɔnɛl] *nf* bower, arbour (Brit), arbor (US)
tonnellerie [tɔnɛlʀi] *nf* (*secteur, activité*) cooperage, barrel-making; (*entreprise*) cooper, barrel-maker
tonner [tɔne] /1/ *vi* to thunder; (*parler avec véhémence*) : **~ contre qn/qch** to inveigh against sb/sth; **il tonne** it is thundering, there's some thunder
tonnerre [tɔnɛʀ] *nm* thunder; **coup de ~** (*fig*) thunderbolt, bolt from the blue; **un ~ d'applaudissements** thunderous applause; **du ~** *adj* (*fam*) terrific
tonsure [tɔ̃syʀ] *nf* bald patch; (*de moine*) tonsure
tonte [tɔ̃t] *nf* shearing
tonton [tɔ̃tɔ̃] *nm* uncle
tonus [tɔnys] *nm* energy; (*des muscles*) tone; (*d'une personne*) dynamism
top [tɔp] *nm* : **au troisième ~** at the third stroke ▸ *adj inv* : **~ secret** top secret ▸ *excl* go!
topaze [tɔpɑz] *nf* topaz
toper [tɔpe] /1/ *vi* : **tope-/topez-là** it's a deal!, you're on!
topinambour [tɔpinɑ̃buʀ] *nm* Jerusalem artichoke
topo [tɔpo] *nm* (*discours, exposé*) talk; (*fam*) spiel
topographie [tɔpɔgʀafi] *nf* topography
topographique [tɔpɔgʀafik] *adj* topographical
topologie [tɔpɔlɔʒi] *nf* topology
toponyme [tɔpɔnim] *nm* place name, toponym
toponymie [tɔpɔnimi] *nf* study of place names, toponymy
toquade [tɔkad] *nf* fad, craze
toque [tɔk] *nf* (*de fourrure*) fur hat; **~ de jockey/juge** jockey's/judge's cap; **~ de cuisinier** chef's hat
toqué, e [tɔke] *adj* (*fam*) touched, cracked
torche [tɔʀʃ] *nf* torch; **se mettre en ~** (*parachute*) to candle
torcher [tɔʀʃe] /1/ *vt* (*fam*) to wipe; **se torcher** *vpr* : **se ~ le cul** (*!*) to wipe one's arse (*!*: Brit), to wipe one's ass (*!*: US)
torchère [tɔʀʃɛʀ] *nf* flare
torchis [tɔʀʃi] *nm* cob (*building material*)
torchon [tɔʀʃɔ̃] *nm* cloth, duster; (*à vaisselle*) tea towel *ou* cloth
tordre [tɔʀdʀ] /41/ *vt* (*chiffon*) to wring; (*barre, fig : visage*) to twist; **se tordre** *vpr* (*barre*) to bend; (*roue*) to twist, buckle; (*ver, serpent*) to writhe; **se ~ le poignet/la cheville** to twist one's wrist/ankle; **se ~ de douleur/rire** to writhe in pain/be doubled up with laughter
tordu, e [tɔʀdy] *pp de* **tordre** ▸ *adj* (*fig*) warped, twisted; (*fig*) crazy
torero [tɔʀeʀo] *nm* bullfighter
tornade [tɔʀnad] *nf* tornado
toron [tɔʀɔ̃] *nm* strand (of rope)
Toronto [tɔʀɔ̃to] *n* Toronto
torontois, e [tɔʀɔ̃twa, -waz] *adj* Torontonian ▸ *nm/f* : **Torontois, e** Torontonian
torpeur [tɔʀpœʀ] *nf* torpor, drowsiness
torpillage [tɔʀpijaʒ] *nm* (*de bateau, projet*) torpedoing
torpille [tɔʀpij] *nf* torpedo
torpiller [tɔʀpije] /1/ *vt* to torpedo
torpilleur [tɔʀpijœʀ] *nm* torpedo boat
torréfacteur [tɔʀefaktœʀ] *nm* (*entreprise*) coffee merchant
torréfaction [tɔʀefaksjɔ̃] *nf* roasting
torréfier [tɔʀefje] /7/ *vt* to roast
torrent [tɔʀɑ̃] *nm* torrent, mountain stream; (*fig*) : **un ~ de** a torrent *ou* flood of; **il pleut à torrents** the rain is lashing down
torrentiel, le [tɔʀɑ̃sjɛl] *adj* torrential
torride [tɔʀid] *adj* torrid
tors, e [tɔʀ, tɔʀs(ə)] *adj* twisted
torsade [tɔʀsad] *nf* twist; (*Archit*) cable moulding (Brit) *ou* molding (US); **un pull à torsades** a cable sweater
torsadé [tɔʀsade] *adj* twisted
torsader [tɔʀsade] /1/ *vt* to twist
torse [tɔʀs] *nm* chest; (*Anat, Sculpture*) torso; (*poitrine*) chest; **~ nu** stripped to the waist
torsion [tɔʀsjɔ̃] *nf* (*action*) twisting; (*Tech, Physique*) torsion
tort [tɔʀ] *nm* (*défaut*) fault; (*préjudice*) wrong *no pl*; **avoir ~** to be wrong; **être dans son ~** to be in the wrong; **donner ~ à qn** to lay the blame on sb; (*fig*) to prove sb wrong; **causer du ~ à** to harm; to be harmful *ou* detrimental to; **en ~** in the wrong, at fault; **à ~** wrongly; **à ~ ou à raison** rightly or wrongly; **à ~ et à travers** wildly; **torts** *nmpl* (*Jur*) fault *sg*

torte [tɔʀt] *adj f voir* **tors**
torticolis [tɔʀtikɔli] *nm* stiff neck
tortiller [tɔʀtije] /1/ *vt* (*corde, mouchoir*) to twist; (*doigts*) to twiddle; (*moustache*) to twirl; **se tortiller** *vpr* to wriggle, squirm; (*en dansant*) to wiggle
tortionnaire [tɔʀsjɔnɛʀ] *nm* torturer
tortue [tɔʀty] *nf* tortoise; (*fig*) slowcoach (Brit), slowpoke (*US*); (*d'eau douce*) terrapin; (*d'eau de mer*) turtle
tortueux, -euse [tɔʀtɥø, -øz] *adj* (*rue*) twisting; (*fig*) tortuous
torture [tɔʀtyʀ] *nf* torture
torturer [tɔʀtyʀe] /1/ *vt* to torture; (*fig*) to torment
torve [tɔʀv] *adj* : **regard ~** menacing *ou* grim look
toscan, e [tɔskɑ̃, -an] *adj* Tuscan
Toscane [tɔskan] *nf* : **la ~** Tuscany
tôt [to] *adv* early; **~ ou tard** sooner or later; **si ~** so early; (*déjà*) so soon; **au plus ~** at the earliest, as soon as possible; **plus ~** earlier; **il eut ~ fait de faire ...** he soon did ...
total, e, -aux [tɔtal, -o] *adj, nm* total; **au ~** in total *ou* all; (*fig*) all in all, on the whole; **faire le ~** to work out the total
totalement [tɔtalmɑ̃] *adv* totally, completely
totalisateur [tɔtalizatœʀ] *nm* adding machine
totaliser [tɔtalize] /1/ *vt* to total (up)
totalitaire [tɔtalitɛʀ] *adj* totalitarian
totalitarisme [tɔtalitaʀism] *nm* totalitarianism
totalité [tɔtalite] *nf* : **la ~ de** : **la ~ des élèves** all (of) the pupils; **la ~ de la population/classe** the whole population/class; **en ~** entirely
totem [tɔtɛm] *nm* totem
touareg [twaʀɛg] *adj* Tuareg, Touareg ▸ *nm* (*Ling*) Tuareg, Touareg ▸ *nmf, nmf inv* : **T~** Tuareg, Touareg
toubib [tubib] *nm* (*fam*) doctor
toucan [tukɑ̃] *nm* toucan
touchant, e [tuʃɑ̃, -ɑ̃t] *adj* touching
touche [tuʃ] *nf* (*de piano, de machine à écrire*) key; (*de violon*) fingerboard; (*de télécommande etc*) key, button; (*de téléphone*) button; (*Peinture etc*) stroke, touch; (*fig : de couleur, nostalgie*) touch, hint; (*Rugby*) line-out; (*Football : aussi* : **remise en touche**) throw-in; (*aussi* : **ligne de touche**) touch-line; (*Escrime*) hit; **en ~** in (*ou* into) touch; **avoir une drôle de ~** to look a sight; **~ de commande/de fonction/de retour** (*Inform*) control/function/return key; **~ dièse** (*de téléphone, clavier*) hash key; **~ à effleurement** *ou* **sensitive** touch-sensitive control *ou* key
touche-à-tout [tuʃatu] *nm inv* (*péj : gén : enfant*) meddler; (*: fig : inventeur etc*) dabbler
toucher [tuʃe] /1/ *nm* touch; **au ~** to the touch; by the feel ▸ *vt* to touch; (*palper*) to feel; (*atteindre : d'un coup de feu etc*) to hit; (*affecter*) to touch, affect; (*concerner*) to concern, affect; (*contacter*) to reach, contact; (*recevoir : récompense*) to receive, get; (*: salaire*) to draw, get; (*chèque*) to cash; (*aborder : problème, sujet*) to touch on; **~ à** to touch; (*modifier*) to touch, tamper *ou* meddle with; (*traiter de, concerner*) to have to do with, concern; **je vais lui en ~ un mot** I'll have a word with him about it; **~ au but** (*fig*) to near one's goal; **~ à sa fin** to be drawing to a close; **se toucher** *vpr* (*être en contact*) to touch
touffe [tuf] *nf* tuft
touffu, e [tufy] *adj* thick, dense; (*fig*) complex, involved
toujours [tuʒuʀ] *adv* always; (*encore*) still; (*constamment*) forever; **depuis ~** always; **essaie ~** (you can) try anyway; **pour ~** forever; **~ est-il que** the fact remains that; **~ plus** more and more
toulonnais, e [tulɔnɛ, -ɛz] *adj* of *ou* from Toulon
toulousain, e [tuluzɛ̃, -ɛn] *adj* of *ou* from Toulouse
toundra [tundʀa] *nf* tundra
toupet [tupɛ] *nm* quiff (Brit), tuft; (*fam*) nerve, cheek (Brit)
toupie [tupi] *nf* (spinning) top
tour [tuʀ] *nf* tower; (*immeuble*) high-rise block (Brit) *ou* building (*US*), tower block (Brit); (*Échecs*) castle, rook; **~ de contrôle** control tower; **la ~ Eiffel** the Eiffel Tower ▸ *nm* (*excursion : à pied*) stroll, walk; (*: en voiture etc*) run, ride; (*Sport : aussi* : **tour de piste**) lap; (*d'être servi ou de jouer etc, tournure, de vis ou clef*) turn; (*de roue etc*) revolution; (*Pol : aussi* : **tour de scrutin**) ballot; (*ruse, de prestidigitation, de cartes*) trick; (*de potier*) wheel; (*à bois, métaux*) lathe; (*circonférence*) : **de 3 m de ~** 3 m round, with a circumference *ou* girth of 3 m; **faire le ~ de** to go (a)round; (*à pied*) to walk (a)round; (*fig*) to review; **faire le ~ de l'Europe** to tour Europe; **faire un ~** to go for a walk; (*en voiture etc*) to go for a ride; **faire 2 tours** to go (a)round twice; (*hélice etc*) to turn *ou* revolve twice; **fermer à double ~** *vi* to double-lock the door; **c'est au ~ de Renée** it's Renée's turn; **à ~ de rôle, ~ à ~** in turn; **à ~ de bras** with all one's strength; (*fig*) non-stop, relentlessly; **~ de taille/tête** waist/head measurement; **~ de chant** song recital; **le T~ de France** the Tour de France; **~ de force** tour de force; **~ de garde** spell of duty; **un 33 tours** an LP; **un 45 tours** a single; **~ d'horizon** (*fig*) general survey; **~ de lit** valance; **~ de main** dexterity, knack; **en un ~ de main** (as) quick as a flash; **~ de passe-passe** trick, sleight of hand; **~ de reins** sprained back

Tour de France

The **Tour de France** is an annual road race for professional cyclists. It takes about three weeks to complete and is divided into daily stages, or *étapes*, that vary in length from around 55km to more than 200km and which are over terrain of varying levels of difficulty. The leading cyclist wears a yellow jersey, the *maillot jaune*. The route varies; it is not usually confined to France but always ends in Paris. In addition, there are a number of time trials.

tourangeau, -elle, x [tuʀɑ̃ʒo, -ɛl] *adj* (*de la région*) of *ou* from Touraine; (*de la ville*) of *ou* from Tours
tourbe [tuʀb] *nf* peat
tourbeux, -euse [tuʀbø, -øz] *adj* peaty
tourbière [tuʀbjɛʀ] *nf* peat-bog

tourbillon [turbijɔ̃] *nm* whirlwind; *(d'eau)* whirlpool; *(fig)* whirl, swirl
tourbillonner [turbijɔne] /1/ *vi* to whirl, swirl; *(objet, personne)* to whirl *ou* twirl round
tourelle [turɛl] *nf* turret
tourisme [turism] *nm* tourism; **agence de ~** tourist agency; **avion/voiture de ~** private plane/car; **faire du ~** to go touring; *(en ville)* to go sightseeing
tourista [turista] *nf (fam)* = **turista**
touriste [turist] *nmf* tourist
touristique [turistik] *adj* tourist *cpd*; *(région)* touristic *(péj)*, with tourist appeal
tourment [turmã] *nm* torment
tourmente [turmãt] *nf* storm
tourmenté, e [turmãte] *adj* tormented, tortured; *(mer, période)* turbulent
tourmenter [turmãte] /1/ *vt* to torment; **se tourmenter** *vpr* to fret, worry o.s.
tournage [turnaʒ] *nm (d'un film)* shooting
tournant, e [turnã, -ãt] *adj (feu, scène)* revolving; *(chemin)* winding; *(escalier)* spiral *cpd*; *(mouvement)* circling ▸ *nm (de route)* bend (Brit), curve (US); *(fig)* turning point; *voir* **plaque**; **grève**
tourné, e [turne] *adj (lait, vin)* sour, off; *(Menuiserie : bois)* turned; **bien ~** *(compliment)* well-phrased; *(femme)* shapely; **mal ~** *(lettre)* badly expressed; **avoir l'esprit mal ~** to have a dirty mind
tournebroche [turnəbrɔʃ] *nm* roasting spit
tourne-disque [turnədisk] *nm* record player
tournedos [turnədo] *nm* tournedos
tournée [turne] *nf (du facteur etc)* round; *(d'artiste, politicien)* tour; *(au café)* round (of drinks); **faire la ~ de** to go (a)round
tournemain [turnəmɛ̃] : **en un ~** *adv* in a flash
tourner [turne] /1/ *vt* to turn; *(sauce, mélange)* to stir; *(contourner)* to get (a)round; *(Ciné : faire les prises de vues)* to shoot; *(: produire)* to make; **~ le dos à** *(mouvement)* to turn one's back on; *(position)* to have one's back to; **~ la tête** to look away; **~ la tête à qn** *(fig)* to go to sb's head; **~ la page** *(fig)* to turn the page ▸ *vi* to turn; *(moteur)* to run; *(compteur)* to tick away; *(lait etc)* to turn (sour); *(fig : chance, vie)* to turn out; **bien ~** to turn out well; **mal ~** to go wrong; **~ autour de** to go (a)round; *(planète)* to revolve (a)round; *(péj)* to hang (a)round; **~ autour du pot** *(fig)* to go (a)round in circles; **~ à/en** to turn into; **~ à la pluie/au rouge** to turn rainy/red; **~ en ridicule** to ridicule; **~ court** to come to a sudden end; **~ de l'œil** to pass out; **se tourner** *vpr* to turn (a)round; **se ~ vers** to turn to; to turn towards; **se ~ les pouces** to twiddle one's thumbs
tournesol [turnəsɔl] *nm* sunflower
tourneur [turnœr] *nm* turner; lathe-operator
tournevis [turnəvis] *nm* screwdriver
tourniquer [turnike] /1/ *vi* to go (a)round in circles
tourniquet [turnikɛ] *nm (pour arroser)* sprinkler; *(portillon)* turnstile; *(présentoir)* revolving stand, spinner; *(Chirurgie)* tourniquet
tournis [turni] *nm* : **avoir/donner le ~** to feel/make dizzy
tournoi [turnwa] *nm* tournament
tournoyer [turnwaje] /8/ *vi (oiseau)* to wheel (a)round; *(fumée)* to swirl (a)round
tournure [turnyr] *nf (Ling : syntaxe)* turn of phrase; form; *(d'une phrase)* phrasing; **la ~ de qch** *(évolution)* the way sth is developing; *(aspect)* the look of sth; **la ~ des événements** the turn of events; **prendre ~** to take shape; **~ d'esprit** turn *ou* cast of mind
tour-opérateur [turɔperatœr] *nm* tour operator
tourte [turt] *nf* pie
tourteau, x [turto] *nm (Agr)* oilcake, cattle-cake; *(Zool)* edible crab
tourtereau, x [turtəro] *nm* baby turtledove; **des tourtereaux** *(fig : un couple d'amoureux)* lovebirds
tourterelle [turtərɛl] *nf* turtledove
tourtière [turtjɛr] *nf* pie dish *ou* plate
tous [tu, tus] *adj, pron voir* **tout**
Toussaint [tusɛ̃] *nf* : **la ~** All Saints' Day

TOUSSAINT

La Toussaint, or All Saints' Day, which falls on 1 November, is a public holiday in France. People traditionally visit the graves of friends and relatives to lay chrysanthemums on them.

tousser [tuse] /1/ *vi* to cough
toussotement [tusɔtmã] *nm* slight cough
toussoter [tusɔte] /1/ *vi* to have a slight cough; *(pour avertir)* to give a slight cough

MOT-CLÉ

tout, e [tu, tut] *(mpl* **tous**, *fpl* **toutes** [tus, tut]) *adj*
1 *(avec article singulier)* all; **tout le lait** all the milk; **toute la nuit** all night, the whole night; **tout le livre** the whole book; **tout un pain** a whole loaf; **tout le temps** all the time, the whole time; **c'est tout le contraire** it's quite the opposite; **c'est toute une affaire** *ou* **histoire** it's quite a business, it's a whole rigmarole
2 *(avec article pluriel)* every, all; **tous les livres** all the books; **toutes les nuits** every night; **toutes les fois** every time; **toutes les trois/deux semaines** every third/other *ou* second week, every three/two weeks; **tous les deux** both *ou* each of us (*ou* them *ou* you); **toutes les trois** all three of us (*ou* them *ou* you)
3 *(sans article)* : **à tout âge** at any age; **pour toute nourriture, il avait ...** his only food was ...; **de tous côtés, de toutes parts** from everywhere, from every side
▸ *pron* everything, all; **il a tout fait** he's done everything; **je les vois tous** I can see them all *ou* all of them; **nous y sommes tous allés** all of us went, we all went; **c'est tout** that's all; **en tout** in all; **en tout et pour tout** all in all; **tout ce qu'il sait** all he knows; **c'était tout ce qu'il y a de chic** it was the last word *ou* the ultimate in chic
▸ *nm* whole; **le tout** all of it (*ou* them); **le tout est de ...** the main thing is to ...; **pas du tout**

not at all; **elle a tout d'une mère/d'une intrigante** she's a real *ou* true mother/ schemer; **du tout au tout** utterly
▶ *adv* **1** (*très, complètement*) very; **tout près** *ou* **à côté** very near; **le tout premier** the very first; **tout seul** all alone; **il était tout rouge** he was really *ou* all red; **parler tout bas** to speak very quietly; **le livre tout entier** the whole book; **tout en haut** right at the top; **tout droit** straight ahead
2 : **tout en** while; **tout en travaillant** while working, as he *etc* works
3 : **tout d'abord** first of all; **tout à coup** suddenly; **tout à fait** absolutely; **tout à fait !** exactly!; **tout à l'heure** a short while ago; (*futur*) in a short while, shortly; **à tout à l'heure !** see you later!; **il répondit tout court que non** he just answered no (and that was all); **tout de même** all the same; **tout le monde** everybody, everyone; **tout ou rien** all or nothing; **tout simplement** quite simply; **tout de suite** immediately, straight away

> **Everyone** et **everybody** sont suivis d'un verbe au singulier, mais le possessif qui s'y rapporte doit être au pluriel.
> *Est-ce que tout le monde a fini ses devoirs ?* Has **everybody finished** *their* **homework?**

tout-à-l'égout [tutalegu] *nm inv* mains drainage
toutefois [tutfwa] *adv* however
toutes [tut] *adj, pron voir* **tout**
toutou [tutu] *nm* (*fam*) doggie
tout-petit [tup(ə)ti] *nm* toddler
tout-puissant, toute-puissante [tupɥisɑ̃, tutpɥisɑ̃t] *adj* all-powerful, omnipotent
tout-terrain [tutɛʀɛ̃] *adj inv* : **vélo ~** mountain bike; **véhicule ~** four-wheel drive
tout-venant [tuv(ə)nɑ̃] *nm* : **le ~** everyday stuff
toux [tu] *nf* cough
toxémie [tɔksemi] *nf* toxaemia (Brit), toxemia (*US*)
toxicité [tɔksisite] *nf* toxicity
toxico [tɔksiko] *nmf* (*fam : toxicomane*) junkie (*fam*), addict
toxicologie [tɔksikɔlɔʒi] *nf* toxicology
toxicologique [tɔksikɔlɔʒik] *adj* (*analyse, résultat*) toxicology *cpd*, toxicological; (*laboratoire*) toxicology *cpd*
toxicomane [tɔksikɔman] *nmf* drug addict
toxicomanie [tɔksikɔmani] *nf* drug addiction
toxine [tɔksin] *nf* toxin
toxique [tɔksik] *adj* toxic, poisonous
toxoplasmose [tɔksoplasmoz] *nf* toxoplasmosis
TP *sigle mpl* = **travaux pratiques ; travaux publics**
▶ *sigle m* = **trésor (public)**
TPG *sigle m* = **Trésorier-payeur général**
tps *abr* = **temps**
trac [tʀak] *nm* (*aux examens*) nerves *pl*; (*Théât*) stage fright; **avoir le ~** (*aux examens*) to get an attack of nerves; (*Théât*) to have stage fright; **tout à ~** all of a sudden
traçabilité [tʀasabilite] *nf* traceability
traçable [tʀasabl] *adj* traceable
traçant, e [tʀasɑ̃, -ɑ̃t] *adj* : **table traçante** (*Inform*) (graph) plotter
tracas [tʀaka] *nm* bother *no pl*, worry *no pl*
tracasser [tʀakase] /**1**/ *vt* to worry, bother; (*harceler*) to harass; **se tracasser** *vpr* to worry (o.s.), fret
tracasserie [tʀakasʀi] *nf* annoyance *no pl*; harassment *no pl*
tracassier, -ière [tʀakasje, -jɛʀ] *adj* irksome
trace [tʀas] *nf* (*empreintes*) tracks *pl*; (*marques : fig*) mark; (*restes, vestige*) trace; (*indice*) sign; (*aussi* : **suivre à la trace**) to track; **traces de pas** footprints
tracé [tʀase] *nm* (*contour*) line; (*plan*) layout
tracer [tʀase] /**3**/ *vt* to draw; (*mot*) to trace; (*piste*) to open up; (*fig : chemin*) to show
traceur [tʀasœʀ] *nm* (*Inform*) plotter
trachée [tʀaʃe], **trachée-artère** [tʀaʃeaʀtɛʀ] *nf* windpipe, trachea
trachéite [tʀakeit] *nf* tracheitis
trachéotomie [tʀakeɔtɔmi] *nf* tracheotomy
tract [tʀakt] *nm* tract, pamphlet; (*publicitaire*) handout
tractations [tʀaktasjɔ̃] *nfpl* dealings, bargaining *sg*
tracter [tʀakte] /**1**/ *vt* to tow
tracteur [tʀaktœʀ] *nm* tractor
traction [tʀaksjɔ̃] *nf* traction; (*Gym*) pull-up; **~ avant/arrière** front-wheel/rear-wheel drive; **~ électrique** electric(al) traction *ou* haulage
tractopelle [tʀaktɔpɛl] *nm* digger
trad. *abr* (= *traduit*) translated; (= *traduction*) translation; (= *traducteur*) translator
trader [tʀɛdœʀ] *nm*, **tradeur, -euse** [tʀɛdœʀ, -øz] *nm/f* (*entreprise*) broker; (*personne*) trader
tradition [tʀadisjɔ̃] *nf* tradition
traditionalisme [tʀadisjɔnalism] *nm* traditionalism
traditionaliste [tʀadisjɔnalist] *adj, nmf* traditionalist
traditionnel, le [tʀadisjɔnɛl] *adj* traditional
traditionnellement [tʀadisjɔnɛlmɑ̃] *adv* traditionally
traducteur, -trice [tʀadyktœʀ, -tʀis] *nm/f* translator
traduction [tʀadyksjɔ̃] *nf* translation
traduire [tʀadɥiʀ] /**38**/ *vt* to translate; (*exprimer*) to convey, render; **se ~ par** to find expression in; **~ en français** to translate into French; **~ en justice** to bring before the courts
traduis *etc* [tʀadɥi] *vb voir* **traduire**
traduisible [tʀadɥizibl] *adj* translatable
traduit, e [tʀadɥi, -it] *pp de* **traduire**
trafic [tʀafik] *nm* traffic; **~ d'armes** arms dealing; **~ de drogue** drug peddling
trafiquant, e [tʀafikɑ̃, -ɑ̃t] *nm/f* trafficker; (*d'armes*) dealer
trafiquer [tʀafike] /**1**/ *vt* (*péj : vin*) to doctor; (*: moteur, document*) to tamper with ▶ *vi* to traffic, be engaged in trafficking
tragédie [tʀaʒedi] *nf* tragedy
tragédien, ne [tʀaʒedjɛ̃, -ɛn] *nm/f* tragedian/ tragedienne
tragi-comique [tʀaʒikɔmik] *adj* tragi-comic

tragique [tʀaʒik] *adj* tragic ▸ *nm* : **prendre qch au ~** to make a tragedy out of sth
tragiquement [tʀaʒikmɑ̃] *adv* tragically
trahir [tʀaiʀ] /2/ *vt* to betray; (*fig*) to give away, reveal; **se trahir** *vpr* to betray o.s., give o.s. away
trahison [tʀaizɔ̃] *nf* betrayal; (*Jur*) treason
traie *etc* [tʀɛ] *vb voir* **traire**
train [tʀɛ̃] *nm* (*Rail*) train; (*allure*) pace; (*fig* : *ensemble*) set; **être en ~ de faire qch** to be doing sth; **mettre qch en ~** to get sth under way; **mettre qn en ~** to put sb in good spirits; **se mettre en ~** (*commencer*) to get started; (*faire de la gymnastique*) to warm up; **se sentir en ~** to feel in good form; **aller bon ~** to make good progress; **~ avant/arrière** front-wheel/rear-wheel axle unit; **~ à grande vitesse** high-speed train; **~ d'atterrissage** undercarriage; **~ autos-couchettes** car-sleeper train; **~ électrique** (*jouet*) (electric) train set; **~ de pneus** set of tyres *ou* tires; **~ de vie** style of living
traînailler [tʀɛnɑje] /1/ *vi* = **traînasser**
traînant, e [tʀɛnɑ̃, -ɑ̃t] *adj* (*voix, ton*) drawling
traînard, e [tʀɛnaʀ, -aʀd] *nm/f* (*péj*) slowcoach (BRIT), slowpoke (US)
traînasser [tʀɛnase] /1/ *vi* to dawdle
traîne [tʀɛn] *nf* (*de robe*) train; **être à la ~** to be in tow; (*en arrière*) to lag behind; (*en désordre*) to be lying around
traîneau, x [tʀɛno] *nm* sleigh, sledge
traînée [tʀene] *nf* streak, trail; (*péj*) slut
traîner [tʀene] /1/ *vt* (*remorque*) to pull; (*enfant, chien*) to drag *ou* trail along; (*maladie*) : **il traîne un rhume depuis l'hiver** he has a cold which has been dragging on since winter; **~ qn au cinéma** to drag sb to the cinema; **~ les pieds** to drag one's feet ▸ *vi* (*robe, manteau*) to trail; (*être en désordre*) to lie around; (*marcher lentement*) to dawdle (along); (*vagabonder*) to hang about; (*agir lentement*) to idle about; (*durer*) to drag on; **~ par terre** to trail on the ground; **~ en longueur** to drag out; **se traîner** *vpr* (*ramper*) to crawl along; (*marcher avec difficulté*) to drag o.s. along; (*durer*) to drag on; **se ~ par terre** to crawl (on the ground)
training [tʀeniŋ] *nm* (*pull*) tracksuit top; (*chaussure*) trainer (BRIT), sneaker (US)
train-train [tʀɛ̃tʀɛ̃] *nm* humdrum routine
traire [tʀɛʀ] /50/ *vt* to milk
trait, e [tʀɛ, -ɛt] *pp de* **traire** ▸ *nm* (*ligne*) line; (*de dessin*) stroke; (*caractéristique*) feature, trait; (*flèche : vieilli*) dart, arrow; shaft; **d'un ~** (*boire*) in one gulp; **de ~** *adj* (*animal*) draught (BRIT), draft (US); **avoir ~ à** to concern; **~ pour ~** line for line; **~ de caractère** characteristic, trait; **~ d'esprit** flash of wit; **~ de génie** brainwave; **~ d'union** hyphen; (*fig*) link; **traits** *nmpl* (*du visage*) features
traitable [tʀɛtabl] *adj* (*personne*) accommodating; (*sujet*) manageable
traitant, e [tʀɛtɑ̃, -ɑ̃t] *adj* : **votre médecin ~** your usual *ou* family doctor; **shampooing ~** medicated shampoo; **crème traitante** conditioning cream, conditioner
traite [tʀɛt] *nf* (*Comm*) draft; (*Agr*) milking; (*trajet*) stretch; **d'une (seule) ~** without stopping (once); **la ~ des noirs** the slave trade; **la ~ des blanches** the white slave trade
traité [tʀete] *nm* treaty
traitement [tʀɛtmɑ̃] *nm* treatment; processing; (*salaire*) salary; **suivre un ~** to undergo treatment; **mauvais ~** ill-treatment; **~ de données** *ou* **de l'information** (*Inform*) data processing; **~ hormono-supplétif** hormone replacement therapy; **~ par lots** (*Inform*) batch processing; **~ de texte** (*Inform*) word processing; (*logiciel*) word processing package
traiter [tʀete] /1/ *vt* (*gén*) to treat; (*Tech* : *matériaux*) to process, treat; (*Inform*) to process; (*affaire*) to deal with, handle; (*qualifier*) : **~ qn d'idiot** to call sb a fool; **bien/mal ~** to treat well/ill-treat ▸ *vi* to deal; **~ de** to deal with
traiteur [tʀɛtœʀ] *nm* caterer
traître, -esse [tʀɛtʀ, -tʀɛs] *adj* (*dangereux*) treacherous ▸ *nm/f* traitor (traitress); **prendre qn en ~** to make an insidious attack on sb
traîtrise [tʀɛtʀiz] *nf* treachery
trajectoire [tʀaʒɛktwaʀ] *nf* trajectory, path
trajet [tʀaʒɛ] *nm* (*parcours, voyage*) journey; (*itinéraire*) route; (*fig*) path, course; (*distance à parcourir*) distance; **il y a une heure de ~** the journey takes one hour
tralala [tʀalala] *nm* (*péj*) fuss
tram [tʀam] *nm* tram (BRIT), streetcar (US)
trame [tʀam] *nf* (*de tissu*) weft; (*fig*) framework; texture; (*Typo*) screen
tramer [tʀame] /1/ *vt* to plot, hatch
traminot [tʀamino] *nm* tramway worker
tramontane [tʀamɔ̃tan] *nf* tramontane (*cold, dry south-southwesterly wind*)
trampoline [tʀɑ̃pɔlin], **trampolino** [tʀɑ̃pɔlino] *nm* trampoline; (*Sport*) trampolining
tramway [tʀamwɛ] *nm* tram(way); (*voiture*) tram(car) (BRIT), streetcar (US)
tranchant, e [tʀɑ̃ʃɑ̃, -ɑ̃t] *adj* sharp; (*fig : personne*) peremptory; (*: couleurs*) striking ▸ *nm* (*d'un couteau*) cutting edge; (*de la main*) edge; **à double ~** (*argument, procédé*) double-edged
tranche [tʀɑ̃ʃ] *nf* (*morceau*) slice; (*arête*) edge; (*partie*) section; (*série*) block; (*d'impôts, revenus etc*) bracket; (*loterie*) issue; **~ d'âge/de salaires** age/wage bracket; **~ (de silicium)** wafer
tranché, e [tʀɑ̃ʃe] *adj* (*couleurs*) distinct, sharply contrasted; (*opinions*) clear-cut, definite ▸ *nf* trench
trancher [tʀɑ̃ʃe] /1/ *vt* to cut, sever; (*fig : résoudre*) to settle ▸ *vi* to be decisive; (*entre deux choses*) to settle the argument; **~ avec** to contrast sharply with
tranchet [tʀɑ̃ʃɛ] *nm* knife
tranchoir [tʀɑ̃ʃwaʀ] *nm* chopper
tranquille [tʀɑ̃kil] *adj* calm, quiet; (*enfant, élève*) quiet; (*rassuré*) easy in one's mind, with one's mind at rest; **se tenir ~** (*enfant*) to be quiet; **avoir la conscience ~** to have an easy conscience; **laisse-moi/laisse-ça ~** leave me/it alone
tranquillement [tʀɑ̃kilmɑ̃] *adv* calmly
tranquillisant, e [tʀɑ̃kilizɑ̃, -ɑ̃t] *adj* (*nouvelle*) reassuring ▸ *nm* tranquillizer

tranquilliser [tʀɑ̃kilize] /1/ *vt* to reassure; **se tranquilliser** *vpr* to calm (o.s.) down
tranquillité [tʀɑ̃kilite] *nf* quietness, peace (and quiet); **en toute ~** with complete peace of mind; **~ d'esprit** peace of mind
transaction [tʀɑ̃zaksjɔ̃] *nf* (*Comm*) transaction, deal
transactionnel, le [tʀɑ̃zaksjɔnɛl] *adj* (*Jur: indemnité*) compromise *cpd*; (*Inform, Psych*) transactional
transafricain, e [tʀɑ̃safʀikɛ̃, -ɛn] *adj* transafrican
transalpin, e [tʀɑ̃zalpɛ̃, -in] *adj* transalpine
transaméricain, e [tʀɑ̃zameʀikɛ̃, -ɛn] *adj* transamerican
transat [tʀɑ̃zat] *nm* deckchair ▸ *nf* = **course transatlantique**
transatlantique [tʀɑ̃zatlɑ̃tik] *adj* transatlantic ▸ *nm* transatlantic liner
transbahuter [tʀɑ̃sbayte] *vt* (*fam*) to cart (*fam*)
transborder [tʀɑ̃sbɔʀde] /1/ *vt* to tran(s)ship
transbordeur [tʀɑ̃sbɔʀdœʀ] *nm* (*aussi*: **navire transbordeur**) ferry
transcendant, e [tʀɑ̃sɑ̃dɑ̃, -ɑ̃t] *adj* (*Philosophie, Math*) transcendental; (*supérieur*) transcendent
transcodeur [tʀɑ̃skɔdœʀ] *nm* compiler
transcontinental, e, -aux [tʀɑ̃skɔ̃tinɑ̃tal, -o] *adj* transcontinental
transcription [tʀɑ̃skʀipsjɔ̃] *nf* transcription
transcrire [tʀɑ̃skʀiʀ] /39/ *vt* to transcribe
transe [tʀɑ̃s] *nf*: **entrer en ~** to go into a trance; **transes** *nfpl* agony *sg*
transept [tʀɑ̃sɛpt] *nm* (*Archit*) transept
transférable [tʀɑ̃sfeʀabl] *adj* transferable
transfèrement [tʀɑ̃sfɛʀmɑ̃] *nm* transfer
transférer [tʀɑ̃sfeʀe] /6/ *vt* to transfer
transfert [tʀɑ̃sfɛʀ] *nm* transfer
transfiguration [tʀɑ̃sfigyʀasjɔ̃] *nf* transformation, transfiguration
transfigurer [tʀɑ̃sfigyʀe] /1/ *vt* to transform
transfo [tʀɑ̃sfo] *nm* (= *transformateur*) transformer
transformable [tʀɑ̃sfɔʀmabl] *adj* convertible
transformateur [tʀɑ̃sfɔʀmatœʀ] *nm* transformer
transformation [tʀɑ̃sfɔʀmasjɔ̃] *nf* change, alteration; (*radicale*) transformation; (*Rugby*) conversion; **industries de ~** processing industries; **transformations** *nfpl* (*travaux*) alterations
transformer [tʀɑ̃sfɔʀme] /1/ *vt* to change; (*radicalement*) to transform, alter (*« alter » implique un changement moins radical*); (*vêtement*) alter; (*matière première, appartement, Rugby*) to convert; **~ en** to transform into; to turn into; to convert into; **se transformer** *vpr* to be transformed; to alter

> ⚠ **transformer** is not often translated by *to transform*.

transfrontalier, -ière [tʀɑ̃sfʀɔ̃talje, -jɛʀ] *adj* cross-border
transfuge [tʀɑ̃sfyʒ] *nm* renegade
transfuser [tʀɑ̃sfyze] /1/ *vt* to transfuse
transfusion [tʀɑ̃sfyzjɔ̃] *nf*: **~ sanguine** blood transfusion
transgénérationnel, le [tʀɑ̃sʒeneʀasjɔnɛl] *adj* transgenerational
transgénique [tʀɑ̃sʒenik] *adj* transgenic
transgresser [tʀɑ̃sgʀese] /1/ *vt* to contravene, disobey
transgression [tʀɑ̃sgʀesjɔ̃] *nf* (*de loi*) breaking, contravention; (*de tabou*) breaking
transhumance [tʀɑ̃zymɑ̃s] *nf* transhumance, seasonal move to new pastures
transi, e [tʀɑ̃zi] *adj* numb (with cold), chilled to the bone
transiger [tʀɑ̃ziʒe] /3/ *vi* to compromise, come to an agreement; **~ sur** *ou* **avec qch** to compromise on sth
transistor [tʀɑ̃zistɔʀ] *nm* transistor
transistorisé, e [tʀɑ̃zistɔʀize] *adj* transistorized
transit [tʀɑ̃zit] *nm* transit; **de ~** transit *cpd*; **en ~** in transit
transitaire [tʀɑ̃zitɛʀ] *nmf* forwarding agent
transiter [tʀɑ̃zite] /1/ *vi* to pass in transit
transitif, -ive [tʀɑ̃zitif, -iv] *adj* transitive
transition [tʀɑ̃zisjɔ̃] *nf* transition; **de ~** transitional
transitoire [tʀɑ̃zitwaʀ] *adj* (*mesure, gouvernement*) transitional, provisional; (*fugitif*) transient
translucide [tʀɑ̃slysid] *adj* translucent
transmet *etc* [tʀɑ̃smɛ] *vb voir* **transmettre**
transmettais *etc* [tʀɑ̃smɛtɛ] *vb voir* **transmettre**
transmetteur [tʀɑ̃smɛtœʀ] *nm* transmitter
transmettre [tʀɑ̃smɛtʀ] /56/ *vt* (*passer*): **~ qch à qn** to pass sth on to sb; (*Tech, Tél, Méd*) to transmit; (*TV, Radio: retransmettre*) to broadcast
transmis, e [tʀɑ̃smi, -iz] *pp de* **transmettre**
transmissible [tʀɑ̃smisibl] *adj* transmissible
transmission [tʀɑ̃smisjɔ̃] *nf* transmission, passing on; (*Auto*) transmission; **~ de données** (*Inform*) data transmission; **~ de pensée** thought transmission; **transmissions** *nfpl* (*Mil*) ≈ signals corps *sg*
transnational, e, -aux [tʀɑ̃snasjɔnal, -o] *adj* transnational
transocéanien, ne [tʀɑ̃zɔseanjɛ̃, -ɛn], **transocéanique** [tʀɑ̃zɔseanik] *adj* transoceanic
transparaître [tʀɑ̃spaʀɛtʀ] /57/ *vi* to show (through)
transparence [tʀɑ̃spaʀɑ̃s] *nf* transparency; **par ~** (*regarder*) against the light; (*voir*) showing through
transparent, e [tʀɑ̃spaʀɑ̃, -ɑ̃t] *adj* transparent
transpercer [tʀɑ̃spɛʀse] /3/ *vt* (*froid, pluie*) to go through, pierce; (*balle*) to go through
transpiration [tʀɑ̃spiʀasjɔ̃] *nf* perspiration
transpirer [tʀɑ̃spiʀe] /1/ *vi* to perspire; (*information, nouvelle*) to come to light
transplant [tʀɑ̃splɑ̃] *nm* transplant
transplantation [tʀɑ̃splɑ̃tasjɔ̃] *nf* transplant
transplanter [tʀɑ̃splɑ̃te] /1/ *vt* (*Méd, Bot*) to transplant; (*personne*) to uproot, move
transport [tʀɑ̃spɔʀ] *nm* transport; (*émotions*): **~ de colère** fit of rage; **~ de joie** transport of delight; **~ de voyageurs/marchandises** passenger/goods transportation; **transports en commun** public transport *sg*; **transports routiers** haulage (Brit), trucking (*US*)

t

transportable [tʀɑ̃spɔʀtabl] *adj* (*marchandises*) transportable; (*malade*) fit (enough) to be moved
transporter [tʀɑ̃spɔʀte] /1/ *vt* to carry, move; (*Comm*) to transport, convey; (*fig*) : **~ qn (de joie)** to send sb into raptures; **se ~ quelque part** (*fig*) to let one's imagination carry one away (somewhere)
transporteur [tʀɑ̃spɔʀtœʀ] *nm* haulage contractor (Brit), trucker (*US*)
transposer [tʀɑ̃spoze] /1/ *vt* to transpose
transposition [tʀɑ̃spozisjɔ̃] *nf* transposition
transrhénan, e [tʀɑ̃sʀenɑ̃, -an] *adj* transrhenane
transsaharien, ne [tʀɑ̃ssaaʀjɛ̃, -ɛn] *adj* trans-Saharan
transsexuel, le [tʀɑ̃ssɛksɥɛl] *adj, nm/f* transsexual
transsibérien, ne [tʀɑ̃ssibeʀjɛ̃, -ɛn] *adj* trans-Siberian
transvaser [tʀɑ̃svaze] /1/ *vt* to decant
transversal, e, -aux [tʀɑ̃svɛʀsal, -o] *adj* transverse, cross(-); (*route etc*) cross-country; (*mur, chemin, rue*) running at right angles; (*Auto*) : **axe ~** main cross-country road (Brit) *ou* highway (*US*); **coupe transversale** cross section
transversalement [tʀɑ̃svɛʀsalmɑ̃] *adv* crosswise
trapèze [tʀapɛz] *nm* (*Géom*) trapezium; (*au cirque*) trapeze
trapéziste [tʀapezist] *nmf* trapeze artist
trapézoïdal, e [tʀapezɔidal] *adj* trapezoid
trappe [tʀap] *nf* (*de cave, grenier*) trap door; (*piège*) trap
trappeur [tʀapœʀ] *nm* trapper, fur trader
trapu, e [tʀapy] *adj* squat, stocky
traquenard [tʀaknaʀ] *nm* trap
traquer [tʀake] /1/ *vt* to track down; (*harceler*) to hound
traumatisant, e [tʀomatizɑ̃, -ɑ̃t] *adj* traumatic
traumatiser [tʀomatize] /1/ *vt* to traumatize
traumatisme [tʀomatism] *nm* traumatism
traumatologie [tʀomatɔlɔʒi] *nf branch of medicine concerned with accidents*
travail, -aux [tʀavaj, -o] *nm* (*gén*) work; (*tâche, métier*) work *no pl*, job; (*Écon, Méd*) labour (Brit), labor (*US*); (*Inform*) job; **être/entrer en ~** (*Méd*) to be in/go into labour; **être sans ~** (*employé*) to be out of work, be unemployed; **~ d'intérêt général** ≈ community service; **~ au noir** moonlighting; **~ posté** shiftwork; **travaux** *nmpl* (*de réparation, agricoles etc*) work *sg*; (*sur route*) roadworks; (*de construction*) building (work) *sg*; **travaux des champs** farm work *sg*; **travaux dirigés** (*Scol*) supervised practical work *sg*; **travaux forcés** hard labour *sg*; **travaux manuels** (*Scol*) handicrafts; **travaux ménagers** housework *sg*; **travaux pratiques** (*gén*) practical work *pl*; (*en laboratoire*) lab work *pl* (Brit), lab (*US*); **travaux publics** ≈ public works *sg*
travaillé, e [tʀavaje] *adj* (*style*) polished
travailler [tʀavaje] /1/ *vi* to work; (*bois*) to warp ▸ *vt* (*bois, métal*) to work; (*pâte*) to knead; (*objet d'art, discipline, fig : influencer*) to work on; **cela le travaille** it is on his mind; **~ la terre** to work the land; **~ son piano** to do one's piano practice; **~ à** to work on; (*fig : contribuer à*) to work towards; **~ à faire** to endeavour (Brit) *ou* endeavor (*US*) to do
travailleur, -euse [tʀavajœʀ, -øz] *adj* hard-working ▸ *nm/f* worker; **~ de force** labourer (Brit), laborer (*US*); **~ intellectuel** non-manual worker; **~ social** social worker; **travailleuse familiale** home help
travailliste [tʀavajist] *adj* ≈ Labour *cpd* ▸ *nmf* member of the Labour party
travaux [tʀavo] *nmpl voir* **travail**
travée [tʀave] *nf* row; (*Archit*) bay; span
traveller's [tʀavlœʀs], **traveller's chèque** [tʀavlœʀsʃɛk] *nm* traveller's cheque
travelling [tʀavliŋ] *nm* (*chariot*) dolly; (*technique*) tracking; **~ optique** zoom shots *pl*
travelo [tʀavlo] *nm* (*fam*) (drag) queen
travers [tʀavɛʀ] *nm* fault, failing; **à ~** *adv* through; **au ~ (de)** through; **en ~ (de)** across; **de ~** *adj* (*nez, bouche*) crooked; (*chapeau*) askew; **regarder de ~** (*fig*) to look askance at; **comprendre de ~** to misunderstand
traverse [tʀavɛʀs] *nf* (*de voie ferrée*) sleeper; **chemin de ~** shortcut
traversée [tʀavɛʀse] *nf* crossing
traverser [tʀavɛʀse] /1/ *vt* (*gén*) to cross; (*ville, tunnel : aussi : percer, fig*) to go through; (*ligne, trait*) to run across
traversin [tʀavɛʀsɛ̃] *nm* bolster
travesti [tʀavɛsti] *nm* (*comme mode de vie*) transvestite; (*artiste de cabaret*) female impersonator, drag artist; (*costume*) fancy dress
travestir [tʀavɛstiʀ] /2/ *vt* (*vérité*) to misrepresent; **se travestir** *vpr* (*se costumer*) to dress up; (*artiste*) to put on drag; (*Psych*) to dress as a woman
trayais *etc* [tʀɛjɛ] *vb voir* **traire**
trayeuse [tʀɛjøz] *nf* milking machine
trébucher [tʀebyʃe] /1/ *vi* : **~ (sur)** to stumble (over), trip (over)
trèfle [tʀɛfl] *nm* (*Bot*) clover; (*Cartes : couleur*) clubs *pl*; (*: carte*) club; **~ à quatre feuilles** four-leaf clover
treillage [tʀɛjaʒ] *nm* lattice work
treille [tʀɛj] *nf* (*tonnelle*) vine arbour (Brit) *ou* arbor (*US*); (*vigne*) climbing vine
treillis [tʀeji] *nm* (*métallique*) wire-mesh; (*toile*) canvas; (*Mil : tenue*) combat uniform; (*: pantalon*) combat trousers *pl*
treize [tʀɛz] *num* thirteen
treizième [tʀɛzjɛm] *num* thirteenth; *see note*

TREIZIÈME MOIS

The **treizième mois** is an end-of-year bonus roughly corresponding to one month's salary. For many employees it is a standard part of their salary package.

tréma [tʀema] *nm* diaeresis
tremblant, e [tʀɑ̃blɑ̃, -ɑ̃t] *adj* trembling, shaking
tremble [tʀɑ̃bl] *nm* (*Bot*) aspen
tremblé, e [tʀɑ̃ble] *adj* shaky

tremblement [tʀɑ̃bləmɑ̃] *nm* trembling *no pl*, shaking *no pl*, shivering *no pl*; **~ de terre** earthquake
trembler [tʀɑ̃ble] /1/ *vi* to tremble, shake; **~ de** (*froid, fièvre*) to shiver *ou* tremble with; (*peur*) to shake *ou* tremble with; **~ pour qn** to fear for sb
tremblotant, e [tʀɑ̃blɔtɑ̃, -ɑ̃t] *adj* trembling
trembloter [tʀɑ̃blɔte] /1/ *vi* to tremble *ou* shake slightly
trémolo [tʀemɔlo] *nm* (*d'un instrument*) tremolo; (*de la voix*) quaver
trémousser [tʀemuse] /1/ : **se trémousser** *vpr* to jig about, wriggle about
trempe [tʀɑ̃p] *nf* (*fig*) : **de cette/sa ~** of this/his calibre (BRIT) *ou* caliber (US)
trempé, e [tʀɑ̃pe] *adj* soaking (wet), drenched; (*Tech*) : **acier ~** tempered steel
tremper [tʀɑ̃pe] /1/ *vt* to soak, drench; (*aussi* : **faire tremper, mettre à tremper**) to soak; **se faire ~** to get soaked *ou* drenched ▸ *vi* to soak; (*fig*) : **~ dans** to be involved *ou* have a hand in; **se tremper** *vpr* to have a quick dip
trempette [tʀɑ̃pɛt] *nf* : **faire ~** to go paddling
tremplin [tʀɑ̃plɛ̃] *nm* springboard; (*Ski*) ski jump
trentaine [tʀɑ̃tɛn] *nf* (*âge*) : **avoir la ~** to be around thirty; **une ~ (de)** thirty or so, about thirty
trente [tʀɑ̃t] *num* thirty; **voir ~-six chandelles** (*fig*) to see stars; **être/se mettre sur son ~ et un** to be wearing/put on one's Sunday best; **~-trois tours** *nm* long-playing record, LP
trentième [tʀɑ̃tjɛm] *num* thirtieth
trépanation [tʀepanasjɔ̃] *nf* trepan
trépaner [tʀepane] /1/ *vt* to trepan, trephine
trépasser [tʀepase] /1/ *vi* to pass away
trépidant, e [tʀepidɑ̃, -ɑ̃t] *adj* (*fig* : *rythme*) pulsating; (: *vie*) hectic
trépidation [tʀepidasjɔ̃] *nf* (*d'une machine, d'un moteur*) vibration; (*fig* : *de la vie*) whirl
trépider [tʀepide] /1/ *vi* to vibrate
trépied [tʀepje] *nm* (*d'appareil*) tripod; (*meuble*) trivet
trépignement [tʀepiɲmɑ̃] *nm* stamping (of feet)
trépigner [tʀepiɲe] /1/ *vi* to stamp (one's feet)
très [tʀɛ] *adv* very; **~ beau/bien** very beautiful/well; **~ critiqué** much criticized; **~ industrialisé** highly industrialized; **j'ai ~ faim** I'm very hungry
trésor [tʀezɔʀ] *nm* treasure; (*Admin*) finances *pl*; (*d'une organisation*) funds *pl*; **~ (public)** public revenue; (*service*) public revenue office
trésorerie [tʀezɔʀʀi] *nf* (*fonds*) funds *pl*; (*gestion*) accounts *pl*; (*bureaux*) accounts department; (*poste*) treasurership; **difficultés de ~** cash problems, shortage of cash *ou* funds; **~ générale** *local government finance office*
trésorier, -ière [tʀezɔʀje, -jɛʀ] *nm/f* treasurer
Trésorier-payeur [tʀezɔʀjepɛjœʀ] (*pl* **Trésoriers-payeurs**) *nm* : **~ général** paymaster
tressaillement [tʀesajmɑ̃] *nm* shiver, shudder; quiver
tressaillir [tʀesajiʀ] /13/ *vi* (*de peur etc*) to shiver, shudder; (*de joie*) to quiver
tressauter [tʀesote] /1/ *vi* to start, jump
tresse [tʀɛs] *nf* (*de cheveux*) braid, plait; (*cordon, galon*) braid
tresser [tʀese] /1/ *vt* (*cheveux*) to braid, plait; (*fil, jonc*) to plait; (*corbeille*) to weave; (*corde*) to twist
tréteau, x [tʀeto] *nm* trestle; **les tréteaux** (*fig* : *Théât*) the boards
treuil [tʀœj] *nm* winch
trêve [tʀɛv] *nf* (*Mil, Pol*) truce; (*fig*) respite; **sans ~** unremittingly; **~ de ...** enough of this ...; **les États de la T~** the Trucial States
tri [tʀi] *nm* (*voir trier*) sorting (out) *no pl*; selection; screening; (*Inform*) sort; (*Postes* : *action*) sorting; **faire le ~ (de)** to sort out; **le (bureau de) ~** (*Postes*) the sorting office
triade [tʀijad] *nf* (*groupe, gang*) triad
triage [tʀijaʒ] *nm* (*Rail*) shunting; (*gare*) marshalling yard
trial [tʀijal] *nm* (*Sport*) scrambling
triangle [tʀijɑ̃gl] *nm* triangle; **~ isocèle/équilatéral** isosceles/equilateral triangle; **~ rectangle** right-angled triangle
triangulaire [tʀijɑ̃gylɛʀ] *adj* triangular
triathlon [tʀi(j)atlɔ̃] *nm* triathlon
tribal, e, -aux [tʀibal, -o] *adj* tribal
tribord [tʀibɔʀ] *nm* : **à ~** to starboard, on the starboard side
tribu [tʀiby] *nf* tribe
tribulations [tʀibylasjɔ̃] *nfpl* tribulations, trials
tribunal, -aux [tʀibynal, -o] *nm* (*Jur*) court; (*Mil*) tribunal; **~ de police/pour enfants** police/juvenile court; **~ d'instance** ≈ magistrates' court (BRIT), ≈ district court (US); **~ de grande instance** ≈ High Court (BRIT), ≈ Supreme Court (US)
tribune [tʀibyn] *nf* (*estrade*) platform, rostrum; (*débat*) forum; (*d'église, de tribunal*) gallery; (*de stade*) stand; **~ libre** (*Presse*) opinion column
tribut [tʀiby] *nm* tribute
tributaire [tʀibytɛʀ] *adj* : **être ~ de** to be dependent on; (*Géo*) to be a tributary of
tricentenaire [tʀisɑ̃t(ə)nɛʀ] *nm* tercentenary, tricentennial
triche [tʀiʃ] *nf* (*fam*) : **la ~** cheating
tricher [tʀiʃe] /1/ *vi* to cheat
tricherie [tʀiʃʀi] *nf* cheating *no pl*
tricheur, -euse [tʀiʃœʀ, -øz] *nm/f* cheat
trichromie [tʀikʀɔmi] *nf* three-colour (BRIT) *ou* -color (US) printing
tricolore [tʀikɔlɔʀ] *adj* three-coloured (BRIT), three-colored (US); (*français* : *drapeau*) red, white and blue; (: *équipe etc*) French
tricot [tʀiko] *nm* (*technique, ouvrage*) knitting *no pl*; (*tissu*) knitted fabric; (*vêtement*) jersey, sweater; **~ de corps, ~ de peau** vest (BRIT), undershirt (US)
tricoté, e [tʀikɔte] *adj* knitted
tricoter [tʀikɔte] /1/ *vt* to knit; **machine/aiguille à ~** knitting machine/needle (BRIT) *ou* pin (US)
trictrac [tʀiktʀak] *nm* backgammon
tricycle [tʀisikl] *nm* tricycle
tridimensionnel, le [tʀidimɑ̃sjɔnɛl] *adj* three-dimensional

t

triennal, e, -aux [tʀiɛnal, -o] *adj* (*prix, foire, élection*) three-yearly; (*charge, mandat, plan*) three-year
trier [tʀije] /7/ *vt* (*classer*) to sort (out); (*choisir*) to select; (*visiteurs*) to screen; (*Postes, Inform, fruits*) to sort
trieur, -euse [tʀijœʀ, -øz] *nm/f* sorter
triglycéride [tʀigliseʀid] *nm* triglyceride; **taux de triglycérides** triglyceride levels
trigonométrie [tʀigɔnɔmetʀi] *nf* trigonometry
trigonométrique [tʀigɔnɔmetʀik] *adj* trigonometric
trilingue [tʀilɛ̃g] *adj* trilingual
trilogie [tʀilɔʒi] *nf* trilogy
trimaran [tʀimaʀɑ̃] *nm* trimaran
trimbaler [tʀɛ̃bale] /1/ *vt* to cart around, trail along
trimer [tʀime] /1/ *vi* to slave away
trimestre [tʀimɛstʀ] *nm* (*Scol*) term; (*Comm*) quarter
trimestriel, le [tʀimɛstʀijɛl] *adj* quarterly; (*Scol*) end-of-term
trimoteur [tʀimɔtœʀ] *nm* three-engined aircraft
tringle [tʀɛ̃gl] *nf* rod
Trinité [tʀinite] *nf* Trinity
Trinité et Tobago [tʀiniteetɔbago] *nf* Trinidad and Tobago
trinquer [tʀɛ̃ke] /1/ *vi* to clink glasses; (*fam*) to cop it; **~ à qch/la santé de qn** to drink to sth/sb
trio [tʀijo] *nm* trio
triolet [tʀijɔlɛ] *nm* (*Mus*) triplet
triolisme [tʀi(j)ɔlizm] *nm* troilism, threesomes *pl*
triomphal, e, -aux [tʀijɔ̃fal, -o] *adj* triumphant, triumphal
triomphalement [tʀijɔ̃falmɑ̃] *adv* triumphantly
triomphalisme [tʀijɔ̃falism] *nm* triumphalism
triomphaliste [tʀijɔ̃falist] *adj* triumphalist
triomphant, e [tʀijɔ̃fɑ̃, -ɑ̃t] *adj* triumphant
triomphateur, -trice [tʀijɔ̃fatœʀ, -tʀis] *nm/f* (triumphant) victor
triomphe [tʀijɔ̃f] *nm* triumph; **être reçu/porté en ~** to be given a triumphant welcome/be carried shoulder-high in triumph
triompher [tʀijɔ̃fe] /1/ *vi* to triumph, win; **~ de** to triumph over, overcome
tripartite [tʀipaʀtit], **triparti, e** [tʀipaʀti] *adj* (*accord, assemblée*) tripartite, three-party
triperie [tʀipʀi] *nf* tripe shop
tripes [tʀip] *nfpl* (*Culin*) tripe *sg*; (*fam*) guts
triphasé, e [tʀifɑze] *adj* three-phase
triplace [tʀiplas] *adj* three-seater *cpd*
triple [tʀipl] *adj* (*à trois éléments*) triple; (*trois fois plus grand*) treble; **en ~ exemplaire** in triplicate; **~ saut** (*Sport*) triple jump ▸ *nm*: **le ~ (de)** (*comparaison*) three times as much (as)
triplé [tʀiple] *nm* hat-trick (Brit), triple success
triplement [tʀipləmɑ̃] *adv* (*à un degré triple*) three times over; (*de trois façons*) in three ways; (*pour trois raisons*) on three counts ▸ *nm* trebling, threefold increase
tripler [tʀiple] /1/ *vi, vt* to triple, treble, increase threefold
triplés, -ées [tʀiple] *nm/f* triplets
triplex [tʀiplɛks] *nm* (*appartement*) three-floor apartment; (*verre*) Triplex® (Brit), safety glass
tripode [tʀipɔd] *adj* with three legs ▸ *nm* (*Tech*) tripod; (*fig*) triumvirate
Tripoli [tʀipɔli] *n* Tripoli
triporteur [tʀipɔʀtœʀ] *nm* delivery tricycle
tripot [tʀipo] *nm* (*péj*) dive
tripotage [tʀipɔtaʒ] *nm* (*fam, péj*) jiggery-pokery
tripotée [tʀipɔte] *nf* (*fam : grand nombre*) hordes *pl*
tripoter [tʀipɔte] /1/ *vt* (*fam : manipuler*) to fiddle with, finger; (*: personne*) to feel up (*fam*), grope (*fam*)
tripous, tripoux [tʀipu] *nmpl braised sheep's tripe with herbs and vegetable flavourings*
triptyque [tʀiptik] *nm* triptych
trique [tʀik] *nf* cudgel
trisannuel, le [tʀizanɥɛl] *adj* triennial
trisomie [tʀizɔmi] *nf* Down's syndrome
trisomique [tʀizɔmik] *adj* with Down's Syndrome; **être ~** to have Down's Syndrome ▸ *nmf* Down's Syndrome child
triste [tʀist] *adj* sad; (*couleur, temps, journée*) dreary; (*péj*) : **~ personnage/affaire** sorry individual/affair; **c'est pas ~ !** (*fam*) it's something else!
tristement [tʀistəmɑ̃] *adv* sadly
tristesse [tʀistɛs] *nf* sadness
trithérapie [tʀiteʀapi] *nf* triple therapy, triple combination therapy
triton [tʀitɔ̃] *nm* triton
triturateur [tʀityʀatœʀ] *nm* (*machine*) grinder, grinding machine
triturer [tʀityʀe] /1/ *vt* (*pâte*) to knead; (*objets*) to manipulate
triumvirat [tʀijɔmviʀa] *nm* triumvirate
trivial, e, -aux [tʀivjal, -o] *adj* coarse, crude; (*commun*) mundane
trivialité [tʀivjalite] *nf* coarseness, crudeness; mundaneness
troc [tʀɔk] *nm* (*Écon*) barter; (*transaction*) exchange, swap
troène [tʀɔɛn] *nm* privet
troglodyte [tʀɔglɔdit] *nmf* cave dweller, troglodyte
trognon [tʀɔɲɔ̃] *nm* (*de fruit*) core; (*de légume*) stalk
trois [tʀwɑ] *num* three
trois-huit [tʀwɑɥit] *nmpl* : **faire les ~** to work eight-hour shifts (round the clock)
troisième [tʀwɑzjɛm] *num* third; **le ~ âge** (*période de vie*) one's retirement years; (*personnes âgées*) senior citizens *pl* ▸ *nf* (*Scol*) year 10 (Brit), ninth grade (*US*)
troisièmement [tʀwɑzjɛmmɑ̃] *adv* thirdly
trois quarts [tʀwɑkaʀ] *nmpl* : **les ~ de** three-quarters of
trois-quarts [tʀwɑkaʀ] *nmpl* (*Rugby : joueur*) three-quarter; (*aussi* : **manteau trois quarts**) three-quarter-length coat
troll [tʀɔl] *nm*, **trolleur, -euse** [tʀɔlœʀ, -øz] *nm/f* (*Inform*) troll
trolleybus [tʀɔlɛbys] *nm* trolley bus
trombe [tʀɔ̃b] *nf* waterspout; **des trombes d'eau** a downpour; **en ~** (*arriver, passer*) like a whirlwind

trombine [tRɔ̃bin] *nf (fam : tête)* face, mug *(fam)*
trombinoscope [tRɔ̃binɔskɔp] *nm (fam)* group photo
trombone [tRɔ̃bɔn] *nm (Mus)* trombone; *(de bureau)* paper clip; **~ à coulisse** slide trombone
tromboniste [tRɔ̃bɔnist] *nmf* trombonist
trompe [tRɔ̃p] *nf (d'éléphant)* trunk; *(Mus)* trumpet, horn; **~ d'Eustache** Eustachian tube; **trompes utérines** Fallopian tubes
trompe-l'œil [tRɔ̃plœj] *nm* : **en ~** in trompe-l'œil style
tromper [tRɔ̃pe] /1/ *vt* to deceive; *(fig : espoir, attente)* to disappoint; *(vigilance, poursuivants)* to elude; **se tromper** *vpr* to make a mistake, be mistaken; **se ~ de voiture/jour** to take the wrong car/get the day wrong; **se ~ de 3 cm/20 euros** to be out by 3 cm/20 euros
tromperie [tRɔ̃pRi] *nf* deception, trickery *no pl*
trompette [tRɔ̃pɛt] *nf* trumpet; **en ~** *(nez)* turned-up
trompettiste [tRɔ̃petist] *nmf* trumpet player
trompeur, -euse [tRɔ̃pœR, -øz] *adj* deceptive, misleading
tronc [tRɔ̃] *nm (Bot, Anat)* trunk; *(d'église)* collection box; **~ d'arbre** tree trunk; **~ commun** *(Scol)* common-core syllabus; **~ de cône** truncated cone
tronche [tRɔ̃ʃ] *nf (fam)* mug, face
tronçon [tRɔ̃sɔ̃] *nm* section
tronçonner [tRɔ̃sɔne] /1/ *vt (arbre)* to saw up; *(pierre)* to cut up
tronçonneuse [tRɔ̃sɔnøz] *nf* chainsaw
trône [tRon] *nm* throne; **monter sur le ~** to ascend the throne
trôner [tRone] /1/ *vi (fig)* to have *(ou* take) pride of place (BRIT), have the place of honour (BRIT) *ou* honor (US)
tronqué, e [tRɔ̃ke] *adj (Science : forme, séquence)* truncated; *(citation)* shortened
tronquer [tRɔ̃ke] /1/ *vt* to truncate; *(fig)* to curtail
trop [tRo] *adv* too; *(avec verbe)* too much; *(aussi : **trop nombreux**)* too many; *(aussi : **trop souvent**)* too often; **~ peu (nombreux)** too few; **~ longtemps** (for) too long; **~ de** *(nombre)* too many; *(quantité)* too much; **de ~, en ~ : des livres en ~** a few books too many, a few extra books; **du lait en ~** too much milk; **trois livres/cinq euros de ~** three books too many/five euros too much; **ça coûte ~ cher** it's too expensive
trophée [tRɔfe] *nm* trophy
tropical, e, -aux [tRɔpikal, -o] *adj* tropical
tropique [tRɔpik] *nm* tropic; **~ du Cancer/Capricorne** Tropic of Cancer/Capricorn; **tropiques** *nmpl* tropics
trop-plein [tRoplɛ̃] *nm (tuyau)* overflow *ou* outlet (pipe); *(liquide)* overflow
troquer [tRɔke] /1/ *vt* : **~ qch contre** to barter *ou* trade sth for; *(fig)* to swap sth for
troquet [tRɔkɛ] *nm (fam)* bar
trot [tRo] *nm* trot; **aller au ~** to trot along; **partir au ~** to set off at a trot
trotskiste, trotskyste [tRɔtskist] *adj, nmf* Trotskyite, Trotskyist
trotter [tRɔte] /1/ *vi* to trot; *(fig)* to scamper along *(ou* about)
trotteuse [tRɔtøz] *nf (de montre)* second hand
trottiner [tRɔtine] /1/ *vi (fig)* to scamper along *(ou* about)
trottinette [tRɔtinɛt] *nf* (child's) scooter
trottoir [tRɔtwaR] *nm* pavement (BRIT), sidewalk (US); **faire le ~** *(péj)* to walk the streets; **~ roulant** moving walkway, travelator
trou [tRu] *nm* hole; *(fig)* gap; *(Comm)* deficit; **~ d'aération** (air) vent; **~ d'air** air pocket; **~ de mémoire** blank, lapse of memory; **~ noir** black hole; **~ de la serrure** keyhole
troubadour [tRubaduR] *nm (Hist)* troubadour; *(fig : bohème)* bohemian
troublant, e [tRublɑ̃, -ɑ̃t] *adj* disturbing
trouble [tRubl] *adj (liquide)* cloudy; *(image, photo)* blurred; *(mémoire)* indistinct, hazy; *(affaire)* shady, murky ▸ *adv* indistinctly; **voir ~** to have blurred vision ▸ *nm (désarroi)* distress, agitation; *(émoi sensuel)* turmoil, agitation; *(embarras)* confusion; *(zizanie)* unrest, discord; **troubles** *nmpl (Pol)* disturbances, troubles, unrest *sg*; *(Méd)* trouble *sg*, disorders; **troubles de la personnalité** personality problems; **troubles de la vision** eye trouble
trouble-fête [tRubləfɛt] *nmf inv* spoilsport
troubler [tRuble] /1/ *vt (embarrasser)* to confuse, disconcert; *(émouvoir)* to agitate; to disturb; to perturb; *(perturber : ordre etc)* to disrupt, disturb; *(: liquide)* to make cloudy; *(intriguer)* to bother; **~ l'ordre public** to cause a breach of the peace; **se troubler** *vpr (personne)* to become flustered *ou* confused
troué, e [tRue] *adj* with a hole *(ou* holes) in it ▸ *nf* gap; *(Mil)* breach
trouée [tRue] *nf (dans une masse)* gap; *(Mil)* breach
trouer [tRue] /1/ *vt* to make a hole *(ou* holes) in; *(fig)* to pierce
troufion [tRufjɔ̃] *nm (fam)* soldier, squaddie (BRIT), GI (US)
trouillard, e [tRujaR, -aRd] *(fam) nm/f* coward, chicken *(fam)* ▸ *adj* cowardly, chicken *(fam)*
trouille [tRuj] *nf (fam)* : **avoir la ~** to be scared stiff, be scared out of one's wits
trouillomètre [tRujɔmɛtR] *nm (fam)* : **avoir le ~ à zéro** to be scared stiff
troupe [tRup] *nf (Mil)* troop; *(groupe)* troop, group; **la ~** *(Mil : l'armée)* the army; *(: les simples soldats)* the troops *pl*; **~ (de théâtre)** (theatrical) company; **troupes de choc** shock troops
troupeau, x [tRupo] *nm (de moutons)* flock; *(de vaches)* herd
trousse [tRus] *nf* case, kit; *(d'écolier)* pencil case; *(de docteur)* instrument case; **aux trousses de** *(fig)* on the heels *ou* tail of; **~ à outils** toolkit; **~ de toilette** toilet bag
trousseau, x [tRuso] *nm (de mariée)* trousseau; **~ de clefs** bunch of keys
trouvaille [tRuvɑj] *nf* find; *(fig : idée, expression etc)* brainwave
trouvé, e [tRuve] *adj* : **tout ~** ready-made
trouver [tRuve] /1/ *vt* to find; *(rendre visite)* : **aller/venir ~ qn** to go/come and see sb; **se trouver** *vpr (être)* to be; *(être soudain)* to find o.s.; **je trouve**

t

que I find *ou* think that; **~ à boire/critiquer** to find something to drink/criticize; **~ asile/refuge** to find refuge/shelter; **se ~ être/avoir** to happen to be/have; **il se trouve que** it happens that, it turns out that; **se ~ bien** to feel well; **se ~ mal** to pass out
truand [tʀyɑ̃] *nm* villain, crook
truander [tʀyɑ̃de] /1/: *fam vi* to cheat, do ▸ *vt* : **se faire ~** to be swindled
trublion [tʀyblijɔ̃] *nm* troublemaker
truc [tʀyk] *nm (astuce)* way, device; *(de cinéma, prestidigitateur)* trick effect; *(chose)* thing; *(machin)* thingumajig, whatsit (BRIT); **avoir le ~** to have the knack; **c'est pas son** *(ou* **mon** *etc)* **~** *(fam)* it's not really his *(ou* my *etc)* thing
trucage [tʀykaʒ] *nm* = **truquage**
truchement [tʀyʃmɑ̃] *nm* : **par le ~ de qn** through (the intervention of) sb
trucider [tʀyside] /1/ *vt (fam)* to do in, bump off
truculence [tʀykylɑ̃s] *nf* colourfulness (BRIT), colorfulness (US)
truculent, e [tʀykylɑ̃, -ɑ̃t] *adj* colourful (BRIT), colorful (US)
truelle [tʀyɛl] *nf* trowel
truffe [tʀyf] *nf* truffle; *(nez)* nose
truffé, e [tʀyfe] *adj (Culin)* garnished with truffles; *voir aussi* **truffer**
truffer [tʀyfe] /1/ *vt (Culin)* to garnish with truffles; **truffé de** *(citations)* peppered with; *(fautes)* riddled with; *(pièges)* bristling with
truie [tʀɥi] *nf* sow
truisme [tʀyism] *nm* truism
truite [tʀɥit] *nf* trout *inv*
truquage [tʀykaʒ] *nm* fixing; *(Ciné)* special effects *pl*
truquer [tʀyke] /1/ *vt (élections, serrure, dés)* to fix; *(Ciné)* to use special effects in
trust [tʀœst] *nm (Comm)* trust
truster [tʀœste] /1/ *vt (Comm)* to monopolize
ts *abr* = **tous**
tsar [dzaʀ] *nm* tsar
tsé-tsé [tsetse] *(pl* **tsétsés,** , *pl* **~**) *nf* : **mouche ~** tsetse fly
TSF *sigle f (= télégraphie sans fil)* wireless
t-shirt [tiʃœʀt] *(pl* **t-shirts**) *nm* T-shirt
tsigane [tsigan] *adj, nmf* = **tzigane**
TSVP *abr (= tournez s'il vous plaît)* PTO
TT, TTA *sigle m (= transit temporaire (autorisé)) vehicle registration for cars etc bought in France for export tax-free by non-residents*
tt *abr* = **tout**
TTC *abr (= toutes taxes comprises)* inclusive of tax
ttes *abr* = **toutes**
TU *sigle m* = **temps universel**
tu[1] [ty] *pron* you ▸ *nm* : **employer le tu** to use the "tu" form
tu[2]**, e** [ty] *pp de* **taire**
tuant, e [tɥɑ̃, -ɑ̃t] *adj (épuisant)* killing; *(énervant)* infuriating
tuba [tyba] *nm (Mus)* tuba; *(Sport)* snorkel
tubage [tybaʒ] *nm (Méd)* intubation
tube [tyb] *nm* tube; *(de canalisation, métallique etc)* pipe; *(chanson, disque)* hit song *ou* record; **~ digestif** alimentary canal, digestive tract; **~ à essai** test tube
tuberculeux, -euse [tybɛʀkylø, -øz] *adj* tubercular ▸ *nm/f* tuberculosis *ou* TB patient
tuberculose [tybɛʀkyloz] *nf* tuberculosis, TB
tubulaire [tybylɛʀ] *adj* tubular
tubulure [tybylyʀ] *nf* pipe; piping *no pl*; *(Auto)* : **~ d'échappement/d'admission** exhaust/inlet manifold
tué, e [tɥe] *nm/f* : **cinq tués** five killed *ou* dead
tue-mouche [tymuʃ] *adj* : **papier ~(s)** flypaper
tuer [tɥe] /1/ *vt* to kill; **se tuer** *vpr (se suicider)* to kill o.s.; *(dans un accident)* to be killed; **se ~ au travail** *(fig)* to work o.s. to death
tuerie [tyʀi] *nf* slaughter *no pl*, massacre
tue-tête [tytɛt] : **à ~** *adv* at the top of one's voice
tueur [tɥœʀ] *nm* killer; **~ à gages** hired killer
tuile [tɥil] *nf* tile; *(fam)* spot of bad luck, blow
tulipe [tylip] *nf* tulip
tulle [tyl] *nm* tulle
tuméfié, e [tymefje] *adj* puffy, swollen
tumeur [tymœʀ] *nf* growth, tumour (BRIT), tumor (US)
tumulte [tymylt] *nm* commotion, hubbub
tumultueux, -euse [tymyltɥø, -øz] *adj* stormy, turbulent
tumulus [tymylys] *nm* burial mound, tumulus
tuner [tynɛʀ] *nm* tuner
tungstène [tœ̃kstɛn] *nm* tungsten
tunique [tynik] *nf* tunic; *(de femme)* smock, tunic
Tunis [tynis] *n* Tunis
Tunisie [tynizi] *nf* : **la ~** Tunisia
tunisien, ne [tynizjɛ̃, -ɛn] *adj* Tunisian ▸ *nm/f* : **Tunisien, ne** Tunisian
tunisois, e [tynizwa, -waz] *adj* of *ou* from Tunis
tunnel [tynɛl] *nm* tunnel; **le ~ sous la Manche** the Channel Tunnel
TUP *sigle m (= titre universel de paiement)* ≈ payment slip
turban [tyʀbɑ̃] *nm* turban
turbin [tyʀbɛ̃] *nm (fam)* work *no pl*
turbine [tyʀbin] *nf* turbine
turbo [tyʀbo] *nm* turbo; **un moteur ~** a turbo(-charged) engine
turbomoteur [tyʀbɔmɔtœʀ] *nm* turbo(-boosted) engine
turbopropulseur [tyʀbɔpʀɔpylsœʀ] *nm* turboprop
turboréacteur [tyʀbɔʀeaktœʀ] *nm* turbojet
turbot [tyʀbo] *nm* turbot
turbotrain [tyʀbɔtʀɛ̃] *nm* turbotrain
turbulences [tyʀbylɑ̃s] *nfpl (Aviat)* turbulence *sg*
turbulent, e [tyʀbylɑ̃, -ɑ̃t] *adj* boisterous, unruly
turc, turque [tyʀk] *adj* Turkish; *(w.-c.)* seatless ▸ *nm (Ling)* Turkish ▸ *nm/f* : **Turc, Turque** Turk/Turkish woman ▸ *nf* : **à la turque** *adv (assis)* cross-legged; *adj (toilettes, w.-c.)* seatless
turf [tyʀf] *nm* racing
turfiste [tyʀfist] *nmf* racegoer
turista [tuʀista] *nf (fam)* Montezuma's revenge, Delhi belly
Turks et Caïques [tyʀkekaik], **Turks et Caicos** [tyʀkekaikɔs] *nfpl* Turks and Caicos Islands
turpitude [tyʀpityd] *nf* base act, baseness *no pl*
turque [tyʀk] *adj f, nf voir* **turc**
Turquie [tyʀki] *nf* : **la ~** Turkey

turquoise [tyʀkwaz] *nf, adj inv* turquoise
tus *etc* [ty] *vb voir* **taire**
tut *etc* [ty] *vb voir* **taire**
tutélaire [tytelɛʀ] *adj* (*puissance*) protecting
tutelle [tytɛl] *nf* (*Jur*) guardianship; (*Pol*) trusteeship; **sous la ~ de** (*fig*) under the supervision of
tuteur, -trice [tytœʀ, -tʀis] *nm/f* (*Jur*) guardian; (*de plante*) stake, support
tutoiement [tytwamɑ̃] *nm* use of familiar "tu" form
tutoyer [tytwaje] /8/ *vt* : **~ qn** to address sb as "tu"
tutti quanti [tutikwɑ̃ti] *nmpl* : **et ~** and all the rest (of them)
tutu [tyty] *nm* (*Danse*) tutu
tuyau, x [tɥijo] *nm* pipe; (*flexible*) tube; (*fam : conseil*) tip; (*: mise au courant*) gen *no pl*; **~ d'arrosage** hosepipe; **~ d'échappement** exhaust pipe; **~ d'incendie** fire hose
tuyauté, e [tɥijote] *adj* fluted
tuyauter [tɥijɔte] *vt* (*fam*) to give a tip to
tuyauterie [tɥijɔtʀi] *nf* piping *no pl*
tuyère [tɥijɛʀ] *nf* nozzle
TV [teve] *nf* TV, telly (Brit)
TVA *sigle f* (*= taxe à ou sur la valeur ajoutée*) VAT
TVHD *sigle f* (*= télévision haute définition*) HDTV
tweed [twid] *nm* tweed
tweet [twit] *nm* (*aussi Internet*) tweet
tweeter [twite] /1/ *vi* (*Inform : Twitter*) to tweet
tympan [tɛ̃pɑ̃] *nm* (*Anat*) eardrum
type [tip] *nm* type; (*personne, chose, représentant*) classic example, epitome; (*fam*) chap, guy; **avoir le ~ nordique** to be Nordic-looking ▸ *adj* typical, standard
typé, e [tipe] *adj* ethnic (*euphémisme*)
typhoïde [tifɔid] *nf* typhoid (fever)
typhon [tifɔ̃] *nm* typhoon
typhus [tifys] *nm* typhus (fever)
typique [tipik] *adj* typical
typiquement [tipikmɑ̃] *adv* typically
typographe [tipɔgʀaf] *nmf* typographer
typographie [tipɔgʀafi] *nf* typography; (*procédé*) letterpress (printing)
typographique [tipɔgʀafik] *adj* typographical; letterpress *cpd*
typologie [tipɔlɔʒi] *nf* typology
tyran [tiʀɑ̃] *nm* tyrant
tyrannie [tiʀani] *nf* tyranny
tyrannique [tiʀanik] *adj* tyrannical
tyranniser [tiʀanize] /1/ *vt* to tyrannize
Tyrol [tiʀɔl] *nm* : **le ~** the Tyrol
tyrolien, ne [tiʀɔljɛ̃, -ɛn] *adj* Tyrolean
tzar [dzaʀ] *nm* = **tsar**
tzigane [dzigan] *adj* gipsy, tzigane ▸ *nmf* (Hungarian) gipsy, Tzigane

t

Uu

U, u [y] *nm inv* U, u; **U comme Ursule** U for Uncle
ubiquité [ybikɥite] *nf* : **avoir le don d'~** to be everywhere at once, be ubiquitous
ubuesque [ybyɛsk] *adj (situation, projet, idée)* ludicrous; *(personne)* Ubuesque
UDF *sigle f (= Union pour la démocratie française) political party*
UE *sigle f (= Union européenne)* EU
UEFA [yefa] *sigle f (= Union of European Football Associations)* UEFA
UEM *sigle f (= Union économique et monétaire)* EMU
UER *sigle f (= unité d'enseignement et de recherche) old title of* UFR; *(= Union européenne de radio-télévision)* EBU
UFC *sigle f (= Union fédérale des consommateurs) national consumer group*
UFR *sigle f (= unité de formation et de recherche)* ≈ university department
UHF *sigle f (= ultra-haute fréquence)* UHF
UHT *abr (= ultra-haute température)* UHT
UIT *sigle f (= Union internationale des télécommunications)* ITU *(= International Telecommunications Union)*
Ukraine [ykʀɛn] *nf* : **l'~** the Ukraine
ukrainien, ne [ykʀɛnjɛ̃, -ɛn] *adj* Ukrainian ▸ *nm (Ling)* Ukrainian ▸ *nm/f* : **Ukrainien, ne** Ukrainian
ukulélé [jukulele] *nm* ukelele
ulcère [ylsɛʀ] *nm* ulcer; **~ à l'estomac** stomach ulcer
ulcéré, e [ylseʀe] *adj (excédé)* sickened
ulcérer [ylseʀe] /**6**/ *vt (Méd)* to ulcerate; *(fig)* to sicken, appal
ulcéreux, -euse [ylseʀø, -øz] *adj (plaie, lésion)* ulcerous; *(membre)* ulcerated
uléma [ylema] *nm (Rel)* ulema
ULM *sigle m (= ultra léger motorisé)* microlight
ultérieur, e [ylteʀjœʀ] *adj* later, subsequent; **remis à une date ultérieure** postponed to a later date
ultérieurement [ylteʀjœʀmɑ̃] *adv* later, subsequently
ultimatum [yltimatɔm] *nm* ultimatum
ultime [yltim] *adj* final
ultra [yltʀa] *préfixe* ultra ▸ *nmf* ultra
ultramoderne [yltʀamɔdɛʀn] *adj* ultra-modern
ultra-rapide [yltʀaʀapid] *adj* ultra-fast
ultra-sensible [yltʀasɑ̃sibl] *adj (Photo)* high-speed
ultrason, ultra-son [yltʀasɔ̃] *nm* ultrasound *no pl*; **ultra(-)sons** *nmpl* ultrasonics
ultraviolet, ultra-violet, te [yltʀavjɔlɛ, -ɛt] *adj* ultraviolet ▸ *nm* : **les ultra(-)violets** ultraviolet rays
ululer [ylyle] /**1**/ *vi* = **hululer**
UME *sigle f (= Union monétaire européenne)* EMU
UMP *sigle f (= Union pour un mouvement populaire) political party*

MOT-CLÉ

un, une [œ̃, yn] *art indéf* a; *(devant voyelle)* an; **un garçon/vieillard** a boy/an old man; **une fille** a girl
▸ *pron* one; **l'un des meilleurs** one of the best; **l'un ..., l'autre** (the) one ..., the other; **les uns ..., les autres** some ..., others; **l'un et l'autre** both (of them); **l'un ou l'autre** either (of them); **l'un l'autre, les uns les autres** each other, one another; **pas un seul** not a single one; **un par un** one by one
▸ *num* one; **une pomme seulement** one apple only, just one apple
▸ *nf* : **la une** *(Presse)* the front page

unanime [ynanim] *adj* unanimous; **ils sont unanimes (à penser que)** they are unanimous (in thinking that)
unanimement [ynanimmɑ̃] *adv (par tous)* unanimously; *(d'un commun accord)* with one accord
unanimité [ynanimite] *nf* unanimity; **à l'~** unanimously; **faire l'~** to be approved unanimously
underground [œndœʀgʀawnd] *adj, nm* underground
UNEDIC [ynedik] *sigle f* = **Union Nationale pour l'Emploi dans l'Industrie et le Commerce**
UNEF [ynɛf] *sigle f* = **Union nationale des étudiants de France**
UNESCO [ynɛsko] *sigle f (= United Nations Educational, Scientific and Cultural Organization)* UNESCO
Unetelle [yntɛl] *nf voir* **Untel**
UNI *sigle f* = **Union nationale inter-universitaire**
uni, e [yni] *adj (ton, tissu)* plain; *(surface)* smooth, even; *(famille)* close(-knit); *(pays)* united
UNICEF [ynisɛf] *sigle mf (= United Nations International Children's Emergency Fund)* UNICEF
unicellulaire [yniselylɛʀ] *adj (Bio : organisme, algue)* unicellular

unidirectionnel, le [ynidiʀɛksjɔnɛl] *adj* unidirectional, one-way
unième [ynjɛm] *num* : **vingt/trente et ~** twenty-/thirty-first; **cent ~** (one) hundred and first
unificateur, -trice [ynifikatœʀ, -tʀis] *adj* unifying
unification [ynifikasjɔ̃] *nf* uniting; unification; standardization
unifier [ynifje] /7/ *vt* to unite, unify; (*systèmes*) to standardize, unify; **s'unifier** *vpr* to become united
uniforme [ynifɔʀm] *adj* (*mouvement*) regular, uniform; (*surface, ton*) even; (*objets, maisons*) uniform; (*fig : vie, conduite*) unchanging ▸ *nm* uniform; **être sous l'~** (*Mil*) to be serving
uniformément [ynifɔʀmemɑ̃] *adv* uniformly
uniformisation [ynifɔʀmizasjɔ̃] *nf* standardization
uniformiser [ynifɔʀmize] /1/ *vt* to make uniform; (*systèmes*) to standardize
uniformité [ynifɔʀmite] *nf* regularity; uniformity; evenness
unijambiste [yniʒɑ̃bist] *nmf* one-legged man/ woman
unilatéral, e, -aux [ynilateʀal, -o] *adj* unilateral; **stationnement ~** parking on one side only
unilatéralement [ynilateʀalmɑ̃] *adv* unilaterally
uninominal, e, -aux [yninɔminal, -o] *adj* uncontested
union [ynjɔ̃] *nf* union; **~ conjugale** union of marriage; **~ de consommateurs** consumers' association; **~ libre** free love; **vivre en ~ libre** (*en concubinage*) to cohabit; **l'U~ européenne** the European Union; **l'U~ des Républiques socialistes soviétiques (URSS)** the Union of Soviet Socialist Republics (USSR); **l'U~ soviétique** the Soviet Union
unique [ynik] *adj* (*seul*) only; (*exceptionnel*) unique; **un prix/système ~** a single price/ system; **ménage à salaire ~** one-salary family; **route à voie ~** single-lane road; **fils/fille ~** only son/daughter, only child; **sens ~** one-way street; **~ en France** the only one of its kind in France
uniquement [ynikmɑ̃] *adv* only, solely; (*juste*) only, merely
unir [yniʀ] /2/ *vt* (*nations*) to unite; (*éléments, couleurs*) to combine; (*en mariage*) to unite, join together; **~ qch à** to unite sth with; to combine sth with; **s'unir** *vpr* to unite; (*en mariage*) to be joined together; **s'~ à** *ou* **avec** to unite with
unisexe [ynisɛks] *adj* unisex
unisson [ynisɔ̃] : **à l'~** *adv* in unison
unitaire [ynitɛʀ] *adj* unitary; (*Pol*) unitarian; **prix ~** unit price
unité [ynite] *nf* (*harmonie, cohésion*) unity; (*Comm, Mil, de mesure, Math*) unit; **~ centrale de traitement** central processing unit; **~ de valeur** (university) course, credit
univers [ynivɛʀ] *nm* universe
universalisation [ynivɛʀsalizasjɔ̃] *nf* universalization
universaliser [ynivɛʀsalize] /1/ *vt* to universalize
universaliste [ynivɛʀsalist] *adj* (*Philosophie*) universalist
universalité [ynivɛʀsalite] *nf* universality
universel, le [ynivɛʀsɛl] *adj* universal; (*esprit*) all-embracing
universellement [ynivɛʀsɛlmɑ̃] *adv* universally
universitaire [ynivɛʀsitɛʀ] *adj* university *cpd*; (*diplôme, études*) academic, university *cpd* ▸ *nmf* academic
université [ynivɛʀsite] *nf* university
univoque [ynivɔk] *adj* unambiguous; (*Math*) one-to-one
UNR *sigle f* (= *Union pour la nouvelle république*) *former political party*
UNSS *sigle f* = **Union nationale de sport scolaire**
Untel, Unetelle [œ̃tɛl, yntɛl] *nm/f* : **Monsieur ~** Mr so-and-so
uppercut [ypɛʀkyt] *nm* (*Boxe*) uppercut; (*fig*) blow
uranium [yʀanjɔm] *nm* uranium
urbain, e [yʀbɛ̃, -ɛn] *adj* urban, city *cpd*, town *cpd*; (*poli*) urbane
urbanisation [yʀbanizasjɔ̃] *nf* urbanization
urbaniser [yʀbanize] /1/ *vt* to urbanize
urbanisme [yʀbanism] *nm* town planning
urbaniste [yʀbanist] *nmf* town planner
urbanité [yʀbanite] *nf* urbanity
urée [yʀe] *nf* urea
urémie [yʀemi] *nf* uraemia (Brit), uremia (US)
urgence [yʀʒɑ̃s] *nf* urgency; (*Méd etc*) emergency; **d'~** *adj* emergency *cpd*; *adv* as a matter of urgency; **en cas d'~** in case of emergency; **service des urgences** emergency service
urgent, e [yʀʒɑ̃, -ɑ̃t] *adj* urgent
urgentiste [yʀʒɑ̃tist] *nmf* A&E doctor(Brit), emergency physician(US)
urinaire [yʀinɛʀ] *adj* urinary
urinal, -aux [yʀinal, -o] *nm* (bed) urinal
urine [yʀin] *nf* urine
uriner [yʀine] /1/ *vi* to urinate
urinoir [yʀinwaʀ] *nm* (public) urinal
URL *sigle f* (*Inform* : = *Uniform Resource Locator*) URL; **adresse ~** URL
urne [yʀn] *nf* (*électorale*) ballot box; (*vase*) urn; **aller aux urnes** (*voter*) to go to the polls
urologie [yʀɔlɔʒi] *nf* urology
URSS [yʀs] *sigle f* (*Hist* : = *Union des Républiques Socialistes Soviétiques*) USSR
URSSAF [yʀsaf] *sigle f* (= *Union pour le recouvrement de la sécurité sociale et des allocations familiales*) *administrative body responsible for social security funds and payments*
urticaire [yʀtikɛʀ] *nf* nettle rash, urticaria
Uruguay [yʀygwɛ] *nm* : **l'~** Uruguay
uruguayen, ne [yʀygwajɛ̃, -ɛn] *adj* Uruguayan ▸ *nm/f* : **Uruguayen, ne** Uruguayan
us [ys] *nmpl* : **us et coutumes** (habits and) customs
USA *sigle mpl* (= *United States of America*) USA
usage [yzaʒ] *nm* (*emploi, utilisation*) use; (*coutume*) custom; (*éducation*) (good) manners *pl*, (good) breeding; (*Ling*) : **l'~** usage; **faire ~ de** (*pouvoir,*

u

droit) to exercise; **avoir l'~ de** to have the use of; **à l'~** *adv* with use; **à l'~ de** (*pour*) for (use of); **en ~** in use; **hors d'~** out of service; **à ~ interne** (*Méd*) to be taken (internally); **à ~ externe** (*Méd*) for external use only

usagé, e [yzaʒe] *adj* (*usé*) worn; (*d'occasion*) used

usager, -ère [yzaʒe, -ɛʀ] *nm/f* user

usant, e [yzɑ̃, -ɑ̃t] *adj* (*fatigant*) wearing

USB *sigle m* (*Inform* : = *Universal Serial Bus*) USB; **clé ~** USB stick; **port ~** USB port

usé, e [yze] *adj* worn (down *ou* out *ou* away); ruined; (*banal* : *argument etc*) hackneyed

user [yze] /1/ *vt* (*outil*) to wear down; (*vêtement*) to wear out; (*matière*) to wear away; (*consommer* : *charbon etc*) to use; (*fig* : *santé*) to ruin; (: *personne*) to wear out; **~ de** (*moyen, procédé*) to use, employ; (*droit*) to exercise; **s'user** *vpr* to wear; (*tissu, vêtement*) to wear out; (*fig*) to decline; **s'~ à la tâche** to wear o.s. out with work

usinage [yzinaʒ] *nm* (*de pièce, bois, métal*) machining; (*fabrication*) manufacture

usine [yzin] *nf* factory; **~ atomique** nuclear power plant; **~ à gaz** gasworks *sg*; **~ marémotrice** tidal power station

usiner [yzine] /1/ *vt* (*Tech*) to machine; (*fabriquer*) to manufacture

usité, e [yzite] *adj* in common use, common; **peu ~** rarely used

ustensile [ystɑ̃sil] *nm* implement; **~ de cuisine** kitchen utensil

usuel, le [yzɥɛl] *adj* everyday, common

usufruit [yzyfʀɥi] *nm* usufruct

usufruitier, -ière [yzyfʀɥitje, -jɛʀ] *nm/f, adj* usufructuary

usuraire [yzyʀɛʀ] *adj* usurious

usure [yzyʀ] *nf* wear; worn state; (*de l'usurier*) usury; **avoir qn à l'~** to wear sb down; **~ normale** fair wear and tear

usurier, -ière [yzyʀje, -jɛʀ] *nm/f* usurer

usurpateur, -trice [yzyʀpatœʀ, -tʀis] *nm/f* usurper

usurpation [yzyʀpasjɔ̃] *nf* usurpation

usurper [yzyʀpe] /1/ *vt* to usurp

ut [yt] *nm* (*Mus*) C

UTA *sigle f* = **Union des transporteurs aériens**

utérin, e [yteʀɛ̃, -in] *adj* uterine

utérus [yteʀys] *nm* uterus, womb

utile [ytil] *adj* useful; **~ à qn/qch** of use to sb/sth

utilement [ytilmɑ̃] *adv* usefully

utilisable [ytilizabl] *adj* usable

utilisateur, -trice [ytilizatœʀ, -tʀis] *nm/f* user

utilisation [ytilizasjɔ̃] *nf* use

utiliser [ytilize] /1/ *vt* to use

utilitaire [ytilitɛʀ] *adj* utilitarian; (*objets*) practical ▸ *nm* (*Inform*) utility

utilité [ytilite] *nf* usefulness *no pl*; use; **jouer les utilités** (*Théât*) to play bit parts; **reconnu d'~ publique** state-approved; **c'est d'une grande ~** it's extremely useful; **il n'y a aucune ~ à ...** there's no use in ...; **de peu d'~** of little use *ou* help

utopie [ytɔpi] *nf* (*idée, conception*) utopian idea *ou* view; (*société etc idéale*) utopia

utopique [ytɔpik] *adj* utopian

utopiste [ytɔpist] *nmf* utopian

UV *sigle f* (*Scol*) = **unité de valeur** ▸ *sigle mpl* (= *ultra-violets*) UV

uvule [yvyl] *nf* uvula

Vv

V, v [ve] *nm inv* V, v; **V comme Victor** V for Victor; **en V** V-shaped; **encolure en V** V-neck; **décolleté en V** V(-)neckline ▸ *abr (= voir, verset)* v; *(= vers nm)* l.; *(= vers prép)* toward(s)
va [va] *vb voir* **aller**
vacance [vakɑ̃s] *nf (Admin)* vacancy; **vacances** *nfpl* holiday(s) *pl* (BRIT), vacation *sg* (US); **les grandes vacances** the summer holidays *ou* vacation; **prendre des/ses vacances** to take a holiday *ou* vacation/one's holiday(s) *ou* vacation; **aller en vacances** to go on holiday *ou* vacation
vacancier, -ière [vakɑ̃sje, -jɛʀ] *nm/f* holidaymaker (BRIT), vacationer (US)
vacant, e [vakɑ̃, -ɑ̃t] *adj* vacant
vacarme [vakaʀm] *nm* row, din
vacataire [vakatɛʀ] *nmf* temporary (employee); *(enseignement)* supply (BRIT) *ou* substitute (US) teacher; *(Université)* part-time temporary lecturer
vaccin [vaksɛ̃] *nm* vaccine; *(opération)* vaccination
vaccination [vaksinasjɔ̃] *nf* vaccination
vacciner [vaksine] /1/ *vt* to vaccinate; *(fig)* to make immune; **être vacciné** *(fig)* to be immune
vache [vaʃ] *nf (Zool)* cow; *(cuir)* cowhide; **~ à eau** (canvas) water bag; **(manger de la) ~ enragée** (to go through) hard times; **~ à lait** *(péj)* mug, sucker; **~ laitière** dairy cow; **période de vaches maigres** lean times *pl*, lean period ▸ *adj (fam)* rotten, mean
vachement [vaʃmɑ̃] *adv (fam)* damned, really
vacher, -ère [vaʃe, -ɛʀ] *nm/f* cowherd
vacherie [vaʃʀi] *nf (fam)* meanness *no pl*; *(: action)* dirty trick; *(: propos)* nasty remark
vacherin [vaʃʀɛ̃] *nm (fromage)* vacherin cheese; *(gâteau)* : **~ glacé** vacherin *(type of cream gâteau)*
vachette [vaʃɛt] *nf* calfskin
vacillant, e [vasijɑ̃, -ɑ̃t] *adj (jambes)* wobbly; *(lumière)* flickering; *(pouvoir)* faltering; *(santé)* failing
vacillement [vasijmɑ̃] *nm (de pouvoir)* faltering; *(de lumière, flamme)* flickering
vaciller [vasije] /1/ *vi (personne, jambes)* to sway, wobble; *(bougie, lumière)* to flicker; *(fig : pouvoir)* falter; *(: santé)* to fail; **~ dans ses réponses** to falter in one's replies; **~ dans ses résolutions** to waver in one's resolutions
vacuité [vakɥite] *nf* emptiness, vacuity
vade-mecum [vademekɔm] *nm inv* pocketbook
vadrouille [vadʀuj] *nf* : **être/partir en ~** to be on/go for a wander
vadrouiller [vadʀuje] /1/ *vi* to wander around *ou* about
VAE *sigle f (= Validation des acquis de l'expérience) accreditation for work experience, that can count towards a qualification* ▸ *sigle m (= vélo (à assistance) électrique)* e-bike
va-et-vient [vaevjɛ̃] *nm inv (de pièce mobile)* to and fro (*ou* up and down) movement; *(de personnes, véhicules)* comings and goings *pl*, to-ings and fro-ings *pl*; *(Élec)* two-way switch
vagabond, e [vagabɔ̃, -ɔ̃d] *adj* wandering; *(imagination)* roaming, roving ▸ *nm (rôdeur)* tramp, vagrant; *(voyageur)* wanderer
vagabondage [vagabɔ̃daʒ] *nm* roaming, wandering; *(Jur)* vagrancy
vagabonder [vagabɔ̃de] /1/ *vi* to roam, wander
vagin [vaʒɛ̃] *nm* vagina
vaginal, e, -aux [vaʒinal, -o] *adj* vaginal
vagissement [vaʒismɑ̃] *nm* cry *(of newborn baby)*
vague [vag] *nf* wave; **~ d'assaut** *(Mil)* wave of assault; **~ de chaleur** heatwave; **~ de fond** ground swell; **~ de froid** cold spell ▸ *adj* vague; *(regard)* faraway; *(manteau, robe)* loose(-fitting); *(quelconque)* : **un ~ bureau/cousin** some office/cousin or other ▸ *nm* : **être dans le ~** to be rather in the dark; **rester dans le ~** to keep things rather vague; **regarder dans le ~** to gaze into space; **~ à l'âme** vague melancholy
vaguelette [vaglɛt] *nf* ripple
vaguement [vagmɑ̃] *adv* vaguely
vahiné [vaine] *nf* Tahitian woman, wahine
vaillamment [vajamɑ̃] *adv* bravely, gallantly
vaillance [vajɑ̃s] *nf* courage, bravery
vaillant, e [vajɑ̃, -ɑ̃t] *adj (courageux)* brave, gallant; *(robuste)* vigorous, hale and hearty; **n'avoir plus un sou ~** to be penniless
vaille [vaj] *vb voir* **valoir**
vain, e [vɛ̃, vɛn] *adj* vain; **en ~** *adv* in vain
vaincre [vɛ̃kʀ] /42/ *vt* to defeat; *(fig)* to conquer, overcome
vaincu, e [vɛ̃ky] *pp de* **vaincre** ▸ *nm/f* defeated party
vainement [vɛnmɑ̃] *adv* vainly
vainquais *etc* [vɛ̃kɛ] *vb voir* **vaincre**
vainqueur [vɛ̃kœʀ] *nm* victor; *(Sport)* winner ▸ *adj m* victorious
vais [vɛ] *vb voir* **aller**
vaisseau, x [vɛso] *nm (Anat)* vessel; *(Navig)* ship, vessel; **~ spatial** spaceship

vaisselier [vɛsəlje] *nm* dresser
vaisselle [vɛsɛl] *nf* (*service*) crockery; (*plats etc à laver*) (dirty) dishes *pl*; **faire la ~** to do the washing-up (BRIT) *ou* the dishes
val [val] (*pl* **vaux** *ou* **vals**) *nm* valley
valable [valabl] *adj* valid; (*acceptable*) decent, worthwhile
valablement [valabləmɑ̃] *adv* legitimately; (*de façon satisfaisante*) satisfactorily
Valence [valɑ̃s] *n* (*en Espagne*) Valencia; (*en France*) Valence
valent *etc* [val] *vb voir* **valoir**
valériane [valeʀjan] *nf* (*Bot*) valerian
valet [valɛ] *nm* valet; (*péj*) lackey; (*Cartes*) jack, knave (BRIT); **~ de chambre** manservant, valet; **~ de ferme** farmhand; **~ de pied** footman
valeur [valœʀ] *nf* (*gén*) value; (*mérite*) worth, merit; (*Comm : titre*) security; **mettre en ~** (*bien*) to exploit; (*terrain, région*) to develop; (*fig*) to highlight; to show off to advantage; **avoir de la ~** to be valuable; **prendre de la ~** to go up *ou* gain in value; **sans ~** worthless; **~ absolue** absolute value; **~ d'échange** exchange value; **~ nominale** face value; **valeurs** *nfpl* (*morales*) values; **valeurs mobilières** transferable securities
valeureux, -euse [valœʀø, -øz] *adj* valorous
validation [validasjɔ̃] *nf* validation
valide [valid] *adj* (*en bonne santé*) fit, well; (*indemne*) able-bodied, fit; (*valable*) valid
valider [valide] /1/ *vt* to validate
validité [validite] *nf* validity
valions *etc* [valjɔ̃] *vb voir* **valoir**
valise [valiz] *nf* (suit)case; **faire sa ~** to pack one's (suit)case; **la ~ (diplomatique)** the diplomatic bag
vallée [vale] *nf* valley
vallon [valɔ̃] *nm* small valley
vallonné, e [valɔne] *adj* undulating
vallonnement [valɔnmɑ̃] *nm* undulation
valoir [valwaʀ] /29/ *vi* (*être valable*) to hold, apply; **faire ~** (*droits, prérogatives*) to assert; (*domaine, capitaux*) to exploit; **faire ~ que** to point out that; **se faire ~** to make the most of o.s.; **à ~** on account; **à ~ sur** to be deducted from; **vaille que vaille** somehow or other; **cela ne me dit rien qui vaille** I don't like the look of it at all ▸ *vt* (*prix, valeur, effort*) to be worth; (*causer*) : **~ qch à qn** to earn sb sth; **~ la peine** to be worth the trouble, be worth it; **ce climat ne me vaut rien** this climate doesn't suit me; **ça ne vaut rien** it's worthless; **que vaut ce candidat ?** how good is this applicant? ▸ *vb impers* : **il vaut mieux se taire** it's better to say nothing; **il vaut mieux que je fasse comme ceci** it's better if I do like this; **se valoir** *vpr* to be of equal merit; (*péj*) to be two of a kind
valorisable [valɔʀizabl] *adj* (*Écologie : déchet*) reusable; (*Écon : produit, ressource*) that can be made use of; (*Finance*) that can be put to work
valorisant, e [valɔʀizɑ̃, -ɑ̃t] *adj* (*image, rôle*) positive; (*travail, emploi*) worthwhile
valorisation [valɔʀizasjɔ̃] *nf* (economic) development; increased standing; (*Écologie*) : **la ~ des déchets** waste valorisation *or* valorization
valoriser [valɔʀize] /1/ *vt* (*Écon*) to develop (the economy of); (*produit*) to increase the value of; (*Psych*) to increase the standing of; (*fig*) to highlight, bring out
valse [vals] *nf* waltz; **c'est la ~ des étiquettes** the prices don't stay the same from one moment to the next
valser [valse] /1/ *vi* to waltz; (*fig*) : **aller ~** to go flying
valu, e [valy] *pp de* **valoir**
valve [valv] *nf* valve
vamp [vɑ̃p] *nf* vamp
vampire [vɑ̃piʀ] *nm* vampire
vampiriser [vɑ̃piʀize] *vt* to suck the blood out of (*fig*)
vampirisme [vɑ̃piʀism] *nm* vampirism
van [vɑ̃] *nm* horse box (BRIT) *ou* trailer (US)
vandale [vɑ̃dal] *nmf* vandal
vandaliser [vɑ̃dalize] *vt* to vandalize
vandalisme [vɑ̃dalism] *nm* vandalism
vanille [vanij] *nf* vanilla; **glace à la ~** vanilla ice cream
vanillé, e [vanije] *adj* vanilla *cpd*
vanité [vanite] *nf* vanity
vaniteux, -euse [vanitø, -øz] *adj* vain, conceited
vanity-case [vanitikɛz] *nm* vanity case
vanne [van] *nf* gate; (*fam : remarque*) dig, (nasty) crack; **lancer une ~ à qn** to have a go at sb (BRIT), knock sb
vanné [vane] *adj* (*fam : fatigué*) worn out, knackered (BRIT *fam*)
vanneau, x [vano] *nm* lapwing
vanner [vane] /1/ *vt* to winnow
vannerie [vanʀi] *nf* basketwork
vantail, -aux [vɑ̃taj, -o] *nm* door, leaf
vantard, e [vɑ̃taʀ, -aʀd] *adj* boastful
vantardise [vɑ̃taʀdiz] *nf* boastfulness *no pl*; boast
vanter [vɑ̃te] /1/ *vt* to speak highly of, praise; **se vanter** *vpr* to boast, brag; **se ~ de** to pride o.s. on; (*péj*) to boast of
Vanuatu [vanwatu] *nm* : **le ~** Vanuatu
va-nu-pieds [vanypje] *nmf inv* tramp, beggar
vapeur [vapœʀ] *nf* steam; (*émanation*) vapour (BRIT), vapor (US), fumes *pl*; (*brouillard, buée*) haze; **à ~** steam-powered, steam *cpd*; **à toute ~** full steam ahead; (*fig*) at full tilt; **renverser la ~** to reverse engines; (*fig*) to backtrack, backpedal; **cuit à la ~** steamed; **vapeurs** *nfpl* (*bouffées*) vapours, vapors
vapocuiseur [vapɔkyizœʀ] *nm* pressure cooker
vaporeux, -euse [vapɔʀø, -øz] *adj* (*flou*) hazy, misty; (*léger*) filmy, gossamer *cpd*
vaporisateur [vapɔʀizatœʀ] *nm* spray
vaporisation [vapɔʀizasjɔ̃] *nf* (*de parfum, liquide*) spray; (*Chimie*) vaporization
vaporiser [vapɔʀize] /1/ *vt* (*Chimie*) to vaporize; (*parfum etc*) to spray
vapoter [vapɔte] /1/ *vi* to smoke an e-cigarette
vaquer [vake] /1/ *vi* (*Admin*) to be on vacation; **~ à ses occupations** to attend to one's affairs, go about one's business
varappe [vaʀap] *nf* rock climbing
varappeur, -euse [vaʀapœʀ, -øz] *nm/f* (rock) climber

varech [vaʀɛk] *nm* wrack, varec
vareuse [vaʀøz] *nf* (*blouson*) pea jacket; (*d'uniforme*) tunic
variabilité [vaʀjabilite] *nf* variability
variable [vaʀjabl] *adj* variable; (*temps, humeur*) changeable; (*Tech : à plusieurs positions etc*) adaptable; (*Ling*) inflectional; (*divers : résultats*) varied, various ▸ *nf* (*Inform, Math*) variable
variante [vaʀjɑ̃t] *nf* variant
variation [vaʀjasjɔ̃] *nf* variation; changing *no pl*, change; (*Mus*) variation
varice [vaʀis] *nf* varicose vein
varicelle [vaʀisɛl] *nf* chickenpox
varié, e [vaʀje] *adj* varied; (*divers*) various; **hors-d'œuvre variés** selection of hors d'œuvres
varier [vaʀje] /**7**/ *vi* to vary; (*temps, humeur*) to change ▸ *vt* to vary
variété [vaʀjete] *nf* variety; **spectacle de variétés** variety show
variole [vaʀjɔl] *nf* smallpox
variqueux, -euse [vaʀikø, -øz] *adj* varicose
Varsovie [vaʀsɔvi] *n* Warsaw
vas [va] *vb voir* **aller**; **~-y !** go on!
vasculaire [vaskylɛʀ] *adj* vascular
vase [vɑz] *nm* vase; **en ~ clos** in isolation; **~ de nuit** chamberpot; **vases communicants** communicating vessels ▸ *nf* silt, mud
vasectomie [vazɛktɔmi] *nf* vasectomy
vaseline [vaz(ə)lin] *nf* Vaseline®
vaseux, -euse [vɑzø, -øz] *adj* silty, muddy; (*fig : confus*) woolly, hazy; (*: fatigué*) peaky; (*: étourdi*) woozy
vasistas [vazistɑs] *nm* fanlight
vasodilatateur, -trice [vazodilatatœʀ, -tʀis] *nm, adj* vasodilator
vasque [vask] *nf* (*bassin*) basin; (*coupe*) bowl
vassal, e, -aux [vasal, -o] *nm/f* vassal
vassaliser [vasalize] *vt* (*soumettre*) to subjugate
vaste [vast] *adj* vast, immense
Vatican [vatikɑ̃] *nm* : **le ~** the Vatican
vaticiner [vatisine] /**1**/ *vi* (*péj*) to make pompous predictions
va-tout [vatu] *nm* : **jouer son ~** to stake one's all
vaudeville [vod(ə)vil] *nm* vaudeville, light comedy
vaudrai *etc* [vodʀe] *vb voir* **valoir**
vau-l'eau [volo] : **à ~** *adv* with the current; **s'en aller à ~** (*fig : projets*) to be adrift
vaurien, ne [voʀjɛ̃, -ɛn] *nm/f* good-for-nothing, guttersnipe
vaut [vo] *vb voir* **valoir**
vautour [votuʀ] *nm* vulture
vautrer [votʀe] /**1**/ : **se vautrer** *vpr* : **se ~ dans** to wallow in; **se ~ sur** to sprawl on
vaux [vo] *pl de* **val** ▸ *vb voir* **valoir**
va-vite [vavit] : **à la ~** *adv* in a rush
vd *abr* = **vend**
VDQS *sigle m* (= *vin délimité de qualité supérieure*) *label guaranteeing quality of wine*
vds *abr* = **vends**
veau, x [vo] *nm* (*Zool*) calf; (*Culin*) veal; (*peau*) calfskin; **tuer le ~ gras** to kill the fatted calf
vecteur [vɛktœʀ] *nm* vector; (*Mil, Bio*) carrier
vécu, e [veky] *pp de* **vivre** ▸ *adj* real(-life)
vedettariat [vədɛtaʀja] *nm* stardom; (*attitude*) acting like a star
vedette [vədɛt] *nf* (*artiste etc*) star; (*canot*) patrol boat; (*police*) launch; **avoir la ~** to top the bill, get star billing; **mettre qn en ~** (*Ciné etc*) to give sb the starring role; (*fig*) to push sb into the limelight; **voler la ~ à qn** to steal the show from sb
végétal, e, -aux [veʒetal, -o] *adj* vegetable ▸ *nm* vegetable, plant
végétalien, ne [veʒetaljɛ̃, -ɛn] *adj, nm/f* vegan
végétalisme [veʒetalism] *nm* veganism
végétarien, ne [veʒetaʀjɛ̃, -ɛn] *adj, nm/f* vegetarian
végétarisme [veʒetaʀism] *nm* vegetarianism
végétatif, -ive [veʒetatif, -iv] *adj* : **une vie végétative** a vegetable existence
végétation [veʒetasjɔ̃] *nf* vegetation; **végétations** *nfpl* (*Méd*) adenoids
végéter [veʒete] /**6**/ *vi* (*fig*) to vegetate
véhémence [veemɑ̃s] *nf* vehemence
véhément, e [veemɑ̃, -ɑ̃t] *adj* vehement
véhicule [veikyl] *nm* vehicle; **~ utilitaire** commercial vehicle
véhiculer [veikyle] /**1**/ *vt* (*personnes, marchandises*) to transport, convey; (*fig : idées, substances*) to convey, serve as a vehicle for
veille [vɛj] *nf* (*garde*) watch; (*Psych*) wakefulness; (*jour*) : **la ~** the day before, the previous day; **la ~ au soir** the previous evening; **la ~ de** the day before; **la ~ de Noël** Christmas Eve; **la ~ du jour de l'An** New Year's Eve; **à la ~ de** on the eve of; **l'état de ~** the waking state
veillée [veje] *nf* (*soirée*) evening; (*réunion*) evening gathering; **~ d'armes** night before combat; (*fig*) vigil; **~ (funèbre)** wake; **~ (mortuaire)** watch
veiller [veje] /**1**/ *vi* (*rester debout*) to stay *ou* sit up; (*ne pas dormir*) to be awake; (*être de garde*) to be on watch; (*être vigilant*) to be watchful; **~ sur** to keep a watch *ou* an eye on ▸ *vt* (*malade, mort*) to watch over, sit up with; **~ à** to attend to, see to; **~ à ce que** to make sure that, see to it that
veilleur [vɛjœʀ] *nm* : **~ de nuit** night watchman
veilleuse [vɛjøz] *nf* (*lampe*) night light; (*Auto*) sidelight; (*flamme*) pilot light; **en ~** *adj* (*lampe*) dimmed; (*fig : affaire*) shelved, set aside
veinard, e [vɛnaʀ, -aʀd] *nm/f* (*fam*) lucky devil
veine [vɛn] *nf* (*Anat, du bois etc*) vein; (*filon*) vein, seam; (*inspiration*) inspiration; **avoir de la ~** (*fam : chance*) to be lucky
veiné, e [vene] *adj* veined; (*bois*) grained
veineux, -euse [venø, -øz] *adj* venous
Velcro® [vɛlkʀo] *nm* Velcro®
vêler [vele] /**1**/ *vi* to calve
vélin [velɛ̃] *nm* : **(papier) ~** vellum (paper)
véliplanchiste [veliplɑ̃ʃist] *nmf* windsurfer
velléitaire [veleitɛʀ] *adj* irresolute, indecisive
velléités [veleite] *nfpl* vague impulses
vélo [velo] *nm* bike, cycle; **faire du ~** to go cycling
véloce [velɔs] *adj* swift
vélocité [velɔsite] *nf* (*Mus*) nimbleness, swiftness; (*vitesse*) velocity
vélodrome [velɔdʀɔm] *nm* velodrome
vélomoteur [velɔmɔtœʀ] *nm* moped

V

véloski [veloski] *nm* skibob
velours [v(ə)luʀ] *nm* velvet; **~ côtelé** corduroy
velouté, e [vəlute] *adj (au toucher)* velvety; *(à la vue)* soft, mellow; *(au goût)* smooth, mellow ▸ *nm* : **~ d'asperges/de tomates** cream of asparagus/tomato soup
velouteux, -euse [vəlutø, -øz] *adj* velvety
velu, e [vəly] *adj* hairy
venais *etc* [vənɛ] *vb voir* **venir**
venaison [vənɛzɔ̃] *nf* venison
vénal, e, -aux [venal, -o] *adj* venal
vénalité [venalite] *nf* venality
venant [v(ə)nɑ̃] : **à tout ~** *adv* to all and sundry
vendable [vɑ̃dabl] *adj* saleable, marketable
vendange [vɑ̃dɑ̃ʒ] *nf (opération, période : aussi :* **vendanges**) grape harvest; *(raisins)* grape crop, grapes *pl*
vendanger [vɑ̃dɑ̃ʒe] /**3**/ *vi* to harvest the grapes
vendangeur, -euse [vɑ̃dɑ̃ʒœʀ, -øz] *nm/f* grape-picker
vendéen, ne [vɑ̃deɛ̃, -ɛn] *adj* of *ou* from the Vendée
vendetta [vɑ̃deta] *nf* vendetta
vendeur, -euse [vɑ̃dœʀ, -øz] *nm/f (de magasin)* shop *ou* sales assistant (BRIT), sales clerk (US); *(Comm)* salesman/woman; **~ de journaux** newspaper seller ▸ *nm (Jur)* vendor, seller
vendre [vɑ̃dʀ] /**41**/ *vt* to sell; **~ qch à qn** to sell sb sth; **cela se vend à la douzaine** these are sold by the dozen; **« à ~ »** "for sale"
vendredi [vɑ̃dʀədi] *nm* Friday; **V~ saint** Good Friday; *voir aussi* **lundi**
vendu, e [vɑ̃dy] *pp de* **vendre** ▸ *adj (péj)* corrupt
venelle [vənɛl] *nf* alley
vénéneux, -euse [venenø, -øz] *adj* poisonous
vénérable [veneʀabl] *adj* venerable
vénération [veneʀasjɔ̃] *nf* veneration
vénérer [veneʀe] /**6**/ *vt* to venerate
vénerie [vɛnʀi] *nf* hunting
vénérien, ne [veneʀjɛ̃, -ɛn] *adj* venereal
Venezuela [venezɥɛla] *nm* : **le ~** Venezuela
vénézuélien, ne [venezɥeljɛ̃, -ɛn] *adj* Venezuelan ▸ *nm/f* : **Vénézuélien, ne** Venezuelan
vengeance [vɑ̃ʒɑ̃s] *nf* vengeance *no pl*, revenge *no pl*; *(acte)* act of vengeance *ou* revenge
venger [vɑ̃ʒe] /**3**/ *vt* to avenge; **se venger** *vpr* to avenge o.s.; *(par rancune)* to take revenge; **se ~ de qch** to avenge o.s. for sth; to take one's revenge for sth; **se ~ de qn** to take revenge on sb; **se ~ sur** to wreak vengeance upon; to take revenge on; to take it out on
vengeur, -eresse [ʒ(ə)ʀɛs, -ʒʀɛs] *adj* vengeful ▸ *nm/f* avenger
véniel, le [venjɛl] *adj* venial
venimeux, -euse [vənimø, -øz] *adj* poisonous, venomous; *(fig : haineux)* venomous, vicious
venin [vənɛ̃] *nm* venom, poison; *(fig)* venom
venir [v(ə)niʀ] /**22**/ *vi* to come; **~ de** to come from; **~ de faire** : **je viens d'y aller/de le voir** I've just been there/seen him; **s'il vient à pleuvoir** if it should rain, if it happens to rain; **j'en viens à croire que** I am coming to believe that; **où veux-tu en ~ ?** what are you getting at?; **il en est venu à mendier** he has been reduced to begging; **en ~ aux mains** to come to blows; **les années/générations à ~** the years/generations to come; **il me vient une idée** an idea has just occurred to me; **il me vient des soupçons** I'm beginning to be suspicious; **je te vois ~** I know what you're after; **faire ~** *(docteur, plombier)* to call (out); **d'où vient que ... ?** how is it that ...?; **~ au monde** to come into the world
Venise [vəniz] *n* Venice
vénitien, ne [venisjɛ̃, -ɛn] *adj* Venetian
vent [vɑ̃] *nm* wind; **il y a du ~** it's windy; **c'est du ~** it's all hot air; **au ~** to windward; **sous le ~** to leeward; **avoir le ~ debout/arrière** to head into the wind/have the wind astern; **dans le ~** *(fam)* trendy; **prendre le ~** *(fig)* to see which way the wind blows; **avoir ~ de** to get wind of; **contre vents et marées** come hell or high water
vente [vɑ̃t] *nf* sale; **la ~** *(activité)* selling; *(secteur)* sales *pl*; **mettre en ~** to put on sale; *(objets personnels)* to put up for sale; **~ aux enchères** auction sale; **~ de charité** jumble (BRIT) *ou* rummage (US) sale; **~ par correspondance (VPC)** mail-order selling
venté, e [vɑ̃te] *adj* windswept, windy
venter [vɑ̃te] /**1**/ *vb impers* : **il vente** the wind is blowing
venteux, -euse [vɑ̃tø, -øz] *adj* windswept, windy
ventilateur [vɑ̃tilatœʀ] *nm* fan
ventilation [vɑ̃tilasjɔ̃] *nf* ventilation
ventiler [vɑ̃tile] /**1**/ *vt* to ventilate; *(total, statistiques)* to break down
ventouse [vɑ̃tuz] *nf (ampoule)* cupping glass; *(de caoutchouc)* suction pad; *(Zool)* sucker
ventre [vɑ̃tʀ] *nm (Anat)* stomach; *(fig)* belly; **prendre du ~** to be getting a paunch; **avoir mal au ~** to have (a) stomach ache
ventricule [vɑ̃tʀikyl] *nm* ventricle
ventriloque [vɑ̃tʀilɔk] *nmf* ventriloquist
ventripotent, e [vɑ̃tʀipɔtɑ̃, -ɑ̃t] *adj* potbellied
ventru, e [vɑ̃tʀy] *adj* potbellied
venu, e [v(ə)ny] *pp de* **venir** ▸ *adj* : **être mal ~ à** *ou* **de faire** to have no grounds for doing, be in no position to do; **mal ~** ill-timed, unwelcome; **bien ~** timely, welcome ▸ *nf* coming
vêpres [vɛpʀ] *nfpl* vespers
ver [vɛʀ] *nm* worm; *(des fruits etc)* maggot; *(du bois)* woodworm *no pl*; **~ blanc** May beetle grub; **~ luisant** glow-worm; **~ à soie** silkworm; **~ solitaire** tapeworm; **~ de terre** earthworm
véracité [veʀasite] *nf* veracity
véranda [veʀɑ̃da] *nf* veranda(h)
verbal, e, -aux [vɛʀbal, -o] *adj* verbal
verbalement [vɛʀbalmɑ̃] *adv* verbally
verbalisation [vɛʀbalizasjɔ̃] *nf (par la police)* booking, reporting, *of minor offences*; *(Psych)* verbalization; **la ~ des contrevenants** the booking of offenders
verbaliser [vɛʀbalize] /**1**/ *vi (Police)* to book *ou* report an offender; *(Psych)* to verbalize
verbe [vɛʀb] *nm (Ling)* verb; *(voix)* : **avoir le ~ sonore** to have a sonorous tone (of voice); **la magie du ~** the magic of language *ou* the word; **le V~** *(Rel)* the Word

verbeux, -euse [vɛʀbø, -øz] *adj* verbose, wordy
verbiage [vɛʀbjaʒ] *nm* verbiage
verbosité [vɛʀbozite] *nf* verbosity
verdâtre [vɛʀdɑtʀ] *adj* greenish
verdeur [vɛʀdœʀ] *nf* (*vigueur*) vigour (BRIT), vigor (US), vitality; (*crudité*) forthrightness; (*défaut de maturité*) tartness, sharpness
verdict [vɛʀdik(t)] *nm* verdict
verdir [vɛʀdiʀ] /2/ *vi, vt* to turn green
verdoyant, e [vɛʀdwajɑ̃, -ɑ̃t] *adj* green, verdant
verdure [vɛʀdyʀ] *nf* (*arbres, feuillages*) greenery; (*légumes verts*) green vegetables *pl*, greens *pl*
véreux, -euse [veʀø, -øz] *adj* worm-eaten; (*malhonnête*) shady, corrupt
verge [vɛʀʒ] *nf* (*Anat*) penis; (*baguette*) stick, cane
verger [vɛʀʒe] *nm* orchard
vergetures [vɛʀgətyʀ] *nfpl* stretch marks
verglacé, e [vɛʀglase] *adj* icy, iced-over
verglas [vɛʀglɑ] *nm* (black) ice
vergogne [vɛʀgɔɲ] : **sans ~** *adv* shamelessly
véridique [veʀidik] *adj* truthful
vérifiable [veʀifjabl] *adj* (*faits, chiffres*) verifiable
vérificateur, -trice [veʀifikatœʀ, -tʀis] *nm/f* controller, checker; **~ des comptes** (*Finance*) auditor ▸ *nf* (*machine*) verifier
vérification [veʀifikasjɔ̃] *nf* checking *no pl*, check; **~ d'identité** identity check
vérifier [veʀifje] /7/ *vt* to check; (*corroborer*) to confirm, bear out; **se vérifier** *vpr* to be confirmed *ou* verified
vérin [veʀɛ̃] *nm* jack
véritable [veʀitabl] *adj* real; (*ami, amour*) true; **un ~ désastre** an absolute disaster
véritablement [veʀitabləmɑ̃] *adv* (*effectivement*) really; (*absolument*) absolutely
vérité [veʀite] *nf* truth; (*d'un portrait*) lifelikeness; (*sincérité*) truthfulness, sincerity; **en ~, à la ~** to tell the truth
verjus [vɛʀʒy] *nm* (*Culin*) verjuice (*juice of unripe grapes*)
verlan [vɛʀlɑ̃] *nm* (back) slang

VERLAN

Verlan is a form of slang first popularized in the 1950s. It consists of inverting a word's syllables, the term *verlan* itself coming from *l'envers* (*à l'envers* = back to front). Typical examples are *féca* (*café*), *ripou* (*pourri*), *meuf* (*femme*), and *beur* (*Arabe*). *Verlan* has enjoyed new mainstream popularity since the 1990s as it is frequently used in French rap and hip-hop, with many musicians coming from the Paris *banlieues* where *verlan* is commonly used.

vermeil, le [vɛʀmɛj] *adj* bright red, ruby red ▸ *nm* (*substance*) vermeil
vermicelles [vɛʀmisɛl] *nmpl* vermicelli *sg*
vermifuge [vɛʀmifyʒ] *nm* : **poudre ~** worm powder
vermillon [vɛʀmijɔ̃] *adj inv* vermilion, scarlet
vermine [vɛʀmin] *nf* vermin *pl*
vermoulu, e [vɛʀmuly] *adj* worm-eaten, with woodworm
vermout, vermouth [vɛʀmut] *nm* vermouth
vernaculaire [vɛʀnakylɛʀ] *adj* (*tradition, savoir, texte*) popular; (*Bio*) vernacular, common; **langue ~** vernacular
verni, e [vɛʀni] *adj* varnished; glazed; (*fam*) lucky; **cuir ~** patent leather; **souliers vernis** patent (leather) shoes
vernir [vɛʀniʀ] /2/ *vt* (*bois, tableau, ongles*) to varnish; (*poterie*) to glaze
vernis [vɛʀni] *nm* (*enduit*) varnish; glaze; (*fig*) veneer; **~ à ongles** nail varnish (BRIT) *ou* polish
vernissage [vɛʀnisaʒ] *nm* varnishing; glazing; (*d'une exposition*) preview
vernisser [vɛʀnise] /1/ *vt* to glaze
vérole [veʀɔl] *nf* (*variole*) smallpox; (*fam : syphilis*) pox
Vérone [veʀɔn] *n* Verona
verrai *etc* [vɛʀe] *vb voir* **voir**
verre [vɛʀ] *nm* glass; (*de lunettes*) lens *sg*; **boire** *ou* **prendre un ~** to have a drink; **~ à vin/à liqueur** wine/liqueur glass; **~ à dents** tooth mug; **~ dépoli** frosted glass; **~ de lampe** lamp glass *ou* chimney; **~ de montre** watch glass; **~ à pied** stemmed glass; **verres** *nmpl* (*lunettes*) glasses; **verres de contact** contact lenses; **verres fumés** tinted lenses
verrerie [vɛʀʀi] *nf* (*fabrique*) glassworks *sg*; (*activité*) glass-making, glass-working; (*objets*) glassware
verrier [vɛʀje] *nm* glass-blower
verrière [vɛʀjɛʀ] *nf* (*grand vitrage*) window; (*toit vitré*) glass roof
verrons *etc* [vɛʀɔ̃] *vb voir* **voir**
verroterie [vɛʀɔtʀi] *nf* glass beads *pl*, glass jewellery (BRIT) *ou* jewelry (US)
verrou [vɛʀu] *nm* (*targette*) bolt; (*fig*) constriction; **mettre le ~** to bolt the door; **mettre qn sous les verrous** to put sb behind bars
verrouillage [vɛʀujaʒ] *nm* (*dispositif*) locking mechanism; (*Auto*) : **~ central** *ou* **centralisé** central locking
verrouiller [vɛʀuje] /1/ *vt* to bolt; to lock; (*Mil : brèche*) to close
verrue [vɛʀy] *nf* wart; (*plantaire*) verruca; (*fig*) eyesore
vers [vɛʀ] *nm* line ▸ *nmpl* (*poésie*) verse *sg* ▸ *prép* (*en direction de*) toward(s); (*près de*) around (about); (*temporel*) about, around
versant [vɛʀsɑ̃] *nm* slopes *pl*, side
versatile [vɛʀsatil] *adj* fickle, changeable
versatilité [vɛʀsatilite] *nf* (*inconstance*) fickleness
verse [vɛʀs] : **à ~** *adv* : **il pleut à ~** it's pouring (with rain)
versé, e [vɛʀse] *adj* : **être ~ dans** (*science*) to be (well-)versed in
Verseau [vɛʀso] *nm* : **le ~** Aquarius, the water-carrier; **être du ~** to be Aquarius
versement [vɛʀsəmɑ̃] *nm* payment; (*sur un compte*) deposit, remittance; **en trois versements** in three instalments
verser [vɛʀse] /1/ *vt* (*liquide, grains*) to pour; (*larmes, sang*) to shed; (*argent*) to pay; (*soldat : affecter*) : **~ qn dans** to assign sb to; **~ sur un compte** to pay into an account ▸ *vi* (*véhicule*) to overturn; (*fig*) : **~ dans** to lapse into

V

verset [vɛʀsɛ] *nm* verse; versicle
verseur [vɛʀsœʀ] *adj m voir* **bec**; **bouchon**
versification [vɛʀsifikasjɔ̃] *nf* versification
versifier [vɛʀsifje] /7/ *vt* to put into verse ▸ *vi* to versify, write verse
version [vɛʀsjɔ̃] *nf* version; (*Scol*) translation (*into the mother tongue*); **film en ~ originale** film in the original language
verso [vɛʀso] *nm* back; **voir au ~** see over(leaf)
vert, e [vɛʀ, vɛʀt] *adj* green; (*vin*) young; (*vigoureux*) sprightly; (*cru*) forthright; **~ bouteille** *adj inv* bottle-green; **~ d'eau** *adj inv* sea-green; **~ pomme** *adj inv* apple-green ▸ *nm* green; **les Verts** (*Pol*) the Greens ▸ *nfpl*: **en dire des vertes (et des pas mûres)** to say some pretty spicy things; **il en a vu des vertes** he's seen a thing or two
vert-de-gris [vɛʀdəgʀi] *nm* verdigris ▸ *adj inv* grey(ish)-green
vertébral, e, -aux [vɛʀtebʀal, -o] *adj* back *cpd*; *voir* **colonne**
vertèbre [vɛʀtɛbʀ] *nf* vertebra
vertébré, e [vɛʀtebʀe] *adj, nm* vertebrate
vertement [vɛʀtəmɑ̃] *adv* (*réprimander*) sharply
vertical, e, -aux [vɛʀtikal, -o] *adj* vertical
verticale [vɛʀtikal] *nf* vertical; **à la ~** *adv* vertically
verticalement [vɛʀtikalmɑ̃] *adv* vertically
verticalité [vɛʀtikalite] *nf* verticalness, verticality
vertige [vɛʀtiʒ] *nm* (*peur du vide*) vertigo; (*étourdissement*) dizzy spell; (*fig*) fever; **ça me donne le ~** it makes me dizzy; (*fig*) it makes my head spin *ou* reel
vertigineux, -euse [vɛʀtiʒinø, -øz] *adj* (*hausse, vitesse*) breathtaking; (*altitude, gorge*) breathtakingly high (*ou* deep)
vertu [vɛʀty] *nf* virtue; **une ~** a saint, a paragon of virtue; **avoir la ~ de faire** to have the virtue of doing; **en ~ de** *prép* in accordance with
vertueusement [vɛʀtɥøzmɑ̃] *adv* virtuously
vertueux, -euse [vɛʀtɥø, -øz] *adj* virtuous
verve [vɛʀv] *nf* witty eloquence; **être en ~** to be in brilliant form
verveine [vɛʀvɛn] *nf* (*Bot*) verbena, vervain; (*infusion*) verbena tea
vésicule [vezikyl] *nf* vesicle; **~ biliaire** gall-bladder
vespasienne [vɛspazjɛn] *nf* urinal
vespéral, e, -aux [vɛspeʀal, -o] *adj* vespertine, evening *cpd*
vessie [vesi] *nf* bladder
veste [vɛst] *nf* jacket; **~ droite/croisée** single-/double-breasted jacket; **retourner sa ~** (*fig*) to change one's colours
vestiaire [vɛstjɛʀ] *nm* (*au théâtre etc*) cloakroom; (*de stade etc*) changing-room (BRIT), locker-room (US); (*métallique*): **(armoire) ~** locker
vestibule [vɛstibyl] *nm* hall
vestige [vɛstiʒ] *nm* (*objet*) relic; (*fragment*) trace; (*fig*) remnant, vestige; **vestiges** *nmpl* (*d'une ville*) remains; (*d'une civilisation, du passé*) remnants, relics
vestimentaire [vɛstimɑ̃tɛʀ] *adj* (*dépenses*) clothing; (*détail*) of dress; (*élégance*) sartorial; **dépenses vestimentaires** clothing expenditure
veston [vɛstɔ̃] *nm* jacket
Vésuve [vezyv] *nm*: **le ~** Vesuvius
vêtais *etc* [vetɛ] *vb voir* **vêtir**
vêtement [vɛtmɑ̃] *nm* garment, item of clothing; (*Comm*): **le ~** the clothing industry; **vêtements** *nmpl* clothes; **vêtements de sport** sportswear *sg*, sports clothes
vétéran [veteʀɑ̃] *nm* veteran
vétérinaire [veteʀinɛʀ] *adj* veterinary ▸ *nmf* vet, veterinary surgeon (BRIT), veterinarian (US)
vétille [vetij] *nf* trifle, triviality
vétilleux, -euse [vetijø, -øz] *adj* punctilious
vêtir [vetiʀ] /20/ *vt* to clothe, dress; **se vêtir** *vpr* to dress (o.s.)
vêtit *etc* [veti] *vb voir* **vêtir**
vétiver [vetivɛʀ] *nm* (*Bot*) vetiver
veto [veto] *nm* veto; **droit de ~** right of veto; **mettre** *ou* **opposer un ~ à** to veto
vêtu, e [vety] *pp de* **vêtir** ▸ *adj*: **~ de** dressed in, wearing; **chaudement ~** warmly dressed
vétuste [vetyst] *adj* ancient, timeworn
vétusté [vetyste] *nf* age, dilapidation
veuf, veuve [vœf, vœv] *adj* widowed ▸ *nm* widower ▸ *nf* widow
veuille [vœj], **veuillez** *etc* [vœje] *vb voir* **vouloir**
veule [vøl] *adj* spineless
veulent *etc* [vœl] *vb voir* **vouloir**
veulerie [vølʀi] *nf* spinelessness
veut [vø] *vb voir* **vouloir**
veuvage [vœvaʒ] *nm* widowhood
veuve [vœv] *adj f, nf voir* **veuf**
veux [vø] *vb voir* **vouloir**
vexant, e [vɛksɑ̃, -ɑ̃t] *adj* (*contrariant*) annoying; (*blessant*) upsetting
vexation [vɛksasjɔ̃] *nf* humiliation
vexations [vɛksasjɔ̃] *nfpl* humiliations
vexatoire [vɛksatwaʀ] *adj*: **mesures vexatoires** harassment *sg*
vexé [vɛkse] *adj* (*offensé*) offended, hurt; (*contrarié*) annoyed
vexer [vɛkse] /1/ *vt* to hurt, upset; **se vexer** *vpr* to be offended, get upset
VF *sigle f* (*Ciné*) = **version française**
VHF *sigle f* (= *Very High Frequency*) VHF
via [vja] *prép* via
viabiliser [vjabilize] /1/ *vt* to provide with services (*water etc*)
viabilité [vjabilite] *nf* viability; (*d'un chemin*) practicability
viable [vjabl] *adj* viable; (*économie, industrie etc*) sustainable
viaduc [vjadyk] *nm* viaduct
viager, -ère [vjaʒe, -ɛʀ] *adj*: **rente viagère** life annuity ▸ *nm*: **mettre en ~** to sell in return for a life annuity
viande [vjɑ̃d] *nf* meat; **je ne mange pas de ~** I don't eat meat
viatique [vjatik] *nm* (*Rel*) viaticum; (*fig*) provisions *pl ou* money for the journey
vibrant, e [vibʀɑ̃, -ɑ̃t] *adj* vibrating; (*voix*) vibrant; (*émouvant*) emotive
vibraphone [vibʀafɔn] *nm* vibraphone, vibes *pl*
vibraphoniste [vibʀafɔnist] *nmf* vibraphone player
vibration [vibʀasjɔ̃] *nf* vibration

vibratoire [vibʀatwaʀ] *adj* vibratory
vibrer [vibʀe] /1/ *vi* to vibrate; (*son, voix*) to be vibrant; (*fig*) to be stirred; **faire ~** to (cause to) vibrate; to stir, thrill
vibreur [vibʀœʀ] *nm* (*de téléphone portable*) vibrate facility ▸ *adj* : **mettre son téléphone en mode ~** to put one's phone on vibrate mode
vibromasseur [vibʀɔmasœʀ] *nm* vibrator
vicaire [vikɛʀ] *nm* curate
vice [vis] *nm* vice; (*défaut*) fault; **~ caché** (*Comm*) latent *ou* inherent defect; **~ de forme** legal flaw *ou* irregularity
vice… [vis] *préfixe* vice-
vice-consul [viskɔ̃syl] *nm* vice-consul
vice-présidence [vispʀezidɑ̃s] *nf* (*d'un pays*) vice-presidency; (*d'une société*) vice-presidency, vice-chairmanship (Brit)
vice-président, e [vispʀezidɑ̃, -ɑ̃t] *nm/f* vice-president; vice-chairman
vice-roi [visʀwa] *nm* viceroy
vice-versa [visevɛʀsa] *adv* vice versa
vichy [viʃi] *nm* (*toile*) gingham; (*eau*) Vichy water; **carottes V~** boiled carrots
vichyssois, e [viʃiswa, -waz] *adj* of *ou* from Vichy, Vichy *cpd* ▸ *nm/f* : **Vichyssois, e** native *ou* inhabitant of Vichy
vichyssoise [viʃiswaz] *nf* (*Culin : soupe*) vichyssoise, *cream of leek and potato soup*
vicié, e [visje] *adj* (*air*) polluted, tainted; (*Jur*) invalidated
vicier [visje] /7/ *vt* (*Jur*) to invalidate
vicieux, -euse [visjø, -øz] *adj* (*pervers*) dirty(-minded); (*méchant*) nasty; (*fautif*) incorrect, wrong ▸ *nm/f* lecher
vicinal, e, -aux [visinal, -o] *adj* : **chemin ~** byroad, byway
vicissitudes [visisityd] *nfpl* (trials and) tribulations
vicomte [vikɔ̃t] *nm* viscount
vicomtesse [vikɔ̃tɛs] *nf* viscountess
victime [viktim] *nf* victim; (*d'accident*) casualty; **être (la) ~ de** to be the victim of; **être ~ d'une attaque/d'un accident** to suffer a stroke/be involved in an accident
victimisation [viktimizasjɔ̃] *nf* victimization
victimiser [viktimize] *vt* to victimize
victoire [viktwaʀ] *nf* victory
victorieusement [viktɔʀjøzmɑ̃] *adv* triumphantly, victoriously
victorieux, -euse [viktɔʀjø, -øz] *adj* victorious; (*sourire, attitude*) triumphant
victuailles [viktɥaj] *nfpl* provisions
vidange [vidɑ̃ʒ] *nf* (*d'un fossé, réservoir*) emptying; (*Auto*) oil change; (*de lavabo : bonde*) waste outlet; **faire la ~** (*Auto*) to change the oil, do an oil change; **tuyau de ~** drainage pipe; **vidanges** *nfpl* (*matières*) sewage *sg*
vidanger [vidɑ̃ʒe] /3/ *vt* to empty; **faire ~ la voiture** to have the oil changed in one's car
vide [vid] *adj* empty; **~ de** empty of; (*de sens etc*) devoid of ▸ *nm* (*Physique*) vacuum; (*espace*) (empty) space, gap; (*sous soi*) drop; (*futilité, néant*) void; **sous ~** in a vacuum; **emballé sous ~** vacuum-packed; **regarder dans le ~** to stare into space; **avoir peur du ~** to be afraid of heights; **parler dans le ~** to waste one's breath; **faire le ~** (*dans son esprit*) to make one's mind go blank; **faire le ~ autour de qn** to isolate sb; **à ~** (*sans occupants*) empty; (*sans charge*) unladen; (*Tech*) without gripping *ou* being in gear
vidé, e [vide] *adj* (*épuisé*) done in, all in
vidéaste [videast] *nmf* video maker
vidéo [video] *nf, adj inv* video; **cassette ~** video cassette; **~ inverse** reverse video
vidéocassette [videokasɛt] *nf* video cassette
vidéoclip [videoklip] *nm* music video
vidéoclub [videoklœb] *nm* video club
vidéoconférence [videokɔ̃feʀɑ̃s] *nf* video conference
vidéodisque [videodisk] *nm* videodisc
vidéoprojecteur [videopʀɔʒɛktœʀ] *nm* video projector
vidéoprotection [videopʀɔtɛksjɔ̃] *nf* video surveillance
vide-ordures [vidɔʀdyʀ] *nm inv* (rubbish) chute
vidéosurveillance [videosyʀvɛjɑ̃s] *nf* video surveillance
vidéotex® [videotɛks] *nm* teletext
vidéothèque [videotɛk] *nf* video library
vide-poches [vidpɔʃ] *nm* tidy; (*Auto*) glove compartment
vide-pomme [vidpɔm] *nm* apple-corer
vider [vide] /1/ *vt* to empty; (*Culin : volaille, poisson*) to gut, clean out; (*régler : querelle*) to settle; (*fatiguer*) to wear out; (*fam : expulser*) to throw out, chuck out; **~ les lieux** to quit *ou* vacate the premises; **se vider** *vpr* to empty
videur [vidœʀ] *nm* (*de boîte de nuit*) bouncer
vie [vi] *nf* life; **être en ~** to be alive; **sans ~** lifeless; **à ~** for life; **membre à ~** life member; **dans la ~ courante** in everyday life; **avoir la ~ dure** to have nine lives; to die hard; **mener la ~ dure à qn** to make life a misery for sb; **que faites-vous dans la ~ ?** what do you do?
vieil [vjɛj] *adj m voir* **vieux**
vieillard [vjɛjaʀ] *nm* old man; **les vieillards** old people, the elderly
vieille [vjɛj] *adj f, nf voir* **vieux**
vieilleries [vjɛjʀi] *nfpl* old things *ou* stuff *sg*
vieillesse [vjɛjɛs] *nf* old age; (*vieillards*) : **la ~** the old *pl*, the elderly *pl*
vieilli, e [vjeji] *adj* (*marqué par l'âge*) aged; (*suranné*) dated
vieillir [vjejiʀ] /2/ *vi* (*prendre de l'âge*) to grow old; (*population, vin*) to age; (*doctrine, auteur*) to become dated; **il a beaucoup vieilli** he has aged a lot ▸ *vt* to age; **se vieillir** *vpr* to make o.s. older
vieillissement [vjejismɑ̃] *nm* growing old; ageing
vieillot, te [vjɛjo, -ɔt] *adj* antiquated, quaint
vielle [vjɛl] *nf* hurdy-gurdy
viendrai *etc* [vjɛ̃dʀe] *vb voir* **venir**
Vienne [vjɛn] *n* (*en Autriche*) Vienna
vienne [vjɛn], **viens** *etc* [vjɛ̃] *vb voir* **venir**
viennois, e [vjɛnwa, -waz] *adj* Viennese ▸ *nm/f* : **Viennois, e** Viennese
viennoiseries [vjɛnwazʀi] *nfpl* pastries
viens [vjɛ̃] *vb voir* **venir**

V

vierge [vjɛʀʒ] *adj* virgin; (*film*) blank; (*page*) clean, blank; (*jeune fille*) : **être ~** to be a virgin; **~ de** (*sans*) free from, unsullied by ▸ *nf* virgin; (*signe*) : **la V~** Virgo, the Virgin; **être de la V~** to be Virgo
Viêtnam, Vietnam [vjɛtnam] *nm* : **le ~** Vietnam
vietnamien, ne [vjɛtnamjɛ̃, -ɛn] *adj* Vietnamese ▸ *nm* (*Ling*) Vietnamese ▸ *nm/f* : **Vietnamien, ne** Vietnamese
vieux, vieil, vieille [vjø, vjɛj] *adj* old; **vieille fille** spinster; **~ garçon** bachelor; **~ jeu** *adj inv* old-fashioned; **vieil or** *adj inv* old gold; **~ rose** *adj inv* old rose; **se faire ~** to be old, to be getting on ▸ *nm/f* old man/woman; **un petit ~** a little old man; **mon ~/ma vieille** (*fam*) old man/girl; **pauvre ~** poor old soul ▸ *nmpl* : **les ~** the old, old people; (*fam* : *parents*) the old folk *ou* ones ▸ *nm* : **prendre un coup de ~** to put years on; **un ~ de la vieille** one of the old brigade
vif, vive [vif, viv] *adj* (*animé*) lively; (*alerte*) sharp, quick; (*brusque*) sharp, brusque; (*aigu*) sharp; (*lumière, couleur*) brilliant; (*air*) crisp; (*vent, émotion*) keen; (*froid*) bitter; (*fort* : *regret, déception*) great, deep; (*vivant*) : **brûlé ~** burnt alive; **eau vive** running water; **de vive voix** personally; **avoir l'esprit ~** to be quick-witted; **piquer qn au ~** to cut sb to the quick; **tailler dans le ~** to cut into the living flesh; **à ~** (*plaie*) open; **avoir les nerfs à ~** to be on edge; **sur le ~** (*Art*) from life; **entrer dans le ~ du sujet** to get to the very heart of the matter
vif-argent [vifaʀʒɑ̃] *nm inv* quicksilver
vigie [viʒi] *nf* (*matelot*) look-out; (*poste*) look-out post, crow's nest
vigilance [viʒilɑ̃s] *nf* vigilance
vigilant, e [viʒilɑ̃, -ɑ̃t] *adj* vigilant
vigile [viʒil] *nm* (*veilleur de nuit*) (night) watchman; (*police privée*) vigilante
vigne [viɲ] *nf* (*plante*) vine; (*plantation*) vineyard; **~ vierge** Virginia creeper
vigneron [viɲ(ə)ʀɔ̃] *nm* wine grower
vignette [viɲɛt] *nf* (*motif*) vignette; (*de marque*) manufacturer's label *ou* seal; (*petite illustration*) (small) illustration; (*pour voiture*) ≈ (road) tax disc (Brit), ≈ license plate sticker (US); (*sur médicament*) price label (*on medicines for reimbursement by Social Security*)
vignoble [viɲɔbl] *nm* (*plantation*) vineyard; (*vignes d'une région*) vineyards *pl*
vigoureusement [viguʀøzmɑ̃] *adv* vigorously
vigoureux, -euse [viguʀø, -øz] *adj* vigorous, robust
vigueur [vigœʀ] *nf* vigour (Brit), vigor (US); **être/entrer en ~** to be in/come into force; **en ~** current
vil, e [vil] *adj* vile, base; **à ~ prix** at a very low price
vilain, e [vilɛ̃, -ɛn] *adj* (*laid*) ugly; (*affaire, blessure*) nasty; (*pas sage* : *enfant*) naughty; **~ mot** bad word ▸ *nm* (*paysan*) villein, villain; **ça va tourner au ~** things are going to turn nasty
vilainement [vilɛnmɑ̃] *adv* badly
vilebrequin [vilbʀəkɛ̃] *nm* (*outil*) (bit-)brace; (*Auto*) crankshaft
vilenie [vil(ə)ni] *nf* vileness *no pl*, baseness *no pl*
vilipender [vilipɑ̃de] /1/ *vt* to revile, vilify
villa [vila] *nf* (detached) house; **~ en multipropriété** time-share villa
village [vilaʒ] *nm* village; **~ de toile** tent village; **~ de vacances** holiday village
villageois, e [vilaʒwa, -waz] *adj* village *cpd* ▸ *nm/f* villager
ville [vil] *nf* town; (*importante*) city; (*administration*) : **la ~** ≈ the Corporation, ≈ the (town) council; **aller en ~** to go to town; **habiter en ~** to live in town; **~ jumelée** twin town; **~ d'eaux** spa; **~ nouvelle** new town
ville-champignon [vilʃɑ̃piɲɔ̃] (*pl* **villes-champignons**) *nf* boom town
ville-dortoir [vildɔʀtwaʀ] (*pl* **villes-dortoirs**) *nf* dormitory town
villégiature [vileʒjatyʀ] *nf* (*séjour*) holiday; (*lieu*) (holiday) resort
vin [vɛ̃] *nm* wine; **avoir le ~ gai/triste** to get happy/miserable after a few drinks; **~ blanc/rosé/rouge** white/rosé/red wine; **~ d'honneur** reception (*with wine and snacks*); **~ de messe** altar wine; **~ ordinaire** *ou* **de table** table wine; **~ de pays** local wine; *voir aussi* **AOC** ; **VDQS**
vinaigre [vinɛgʀ] *nm* vinegar; **tourner au ~** (*fig*) to turn sour; **~ de vin/d'alcool** wine/spirit vinegar
vinaigrette [vinɛgʀɛt] *nf* vinaigrette, French dressing
vinaigrier [vinɛgʀije] *nm* (*fabricant*) vinegar-maker; (*flacon*) vinegar cruet *ou* bottle
vinasse [vinas] *nf* (*péj*) cheap wine, plonk (Brit)
vindicatif, -ive [vɛ̃dikatif, -iv] *adj* vindictive
vindicte [vɛ̃dikt] *nf* : **désigner qn à la ~ publique** to expose sb to public condemnation
vineux, -euse [vinø, -øz] *adj* win(e)y
vingt [vɛ̃, vɛ̃t] (*2nd pron used when followed by a vowel*) *num* twenty; **~-quatre heures sur ~-quatre** twenty-four hours a day, round the clock
vingtaine [vɛ̃tɛn] *nf* : **une ~ (de)** around twenty, twenty or so
vingtième [vɛ̃tjɛm] *num* twentieth
vinicole [vinikɔl] *adj* (*production*) wine *cpd*; (*région*) wine-growing
vinification [vinifikasjɔ̃] *nf* wine-making, wine production; (*des sucres*) vinification
vinifier [vinifje] *vt* (*raisin, cépage*) to vinify
vins *etc* [vɛ̃] *vb voir* **venir**
vinyle [vinil] *nm* vinyl
viol [vjɔl] *nm* (*d'une femme*) rape; (*d'un lieu sacré*) violation
violacé, e [vjɔlase] *adj* purplish, mauvish
violation [vjɔlasjɔ̃] *nf* desecration; violation; (*d'un droit*) breach
violemment [vjɔlamɑ̃] *adv* violently
violence [vjɔlɑ̃s] *nf* violence; **faire ~ à qn** to do violence to sb; **se faire ~** to force o.s.; **violences** *nfpl* acts of violence
violent, e [vjɔlɑ̃, -ɑ̃t] *adj* violent; (*remède*) drastic; (*besoin, désir*) intense, urgent
violenter [vjɔlɑ̃te] /1/ *vt* to assault (sexually)
violer [vjɔle] /1/ *vt* (*femme*) to rape; (*sépulture*) to desecrate, violate; (*loi, traité*) to violate
violet, te [vjɔlɛ, -ɛt] *adj, nm* purple, mauve ▸ *nf* (*fleur*) violet

violeur [vjɔlœʀ] *nm* rapist
violine [vjɔlin] *nf* deep purple
violon [vjɔlɔ̃] *nm* violin; (*dans la musique folklorique etc*) fiddle; (*fam : prison*) lock-up; **premier ~** first violin; **~ d'Ingres** (artistic) hobby
violoncelle [vjɔlɔ̃sɛl] *nm* cello
violoncelliste [vjɔlɔ̃selist] *nmf* cellist
violoniste [vjɔlɔnist] *nmf* violinist, violin-player; (*folklorique etc*) fiddler
VIP *sigle m* (= *Very Important Person*) VIP
vipère [vipɛʀ] *nf* viper, adder
virage [viʀaʒ] *nm* (*d'un véhicule*) turn; (*d'une route, piste*) bend; (*Chimie*) change in colour (Brit) *ou* color (*US*); (*de cuti-réaction*) positive reaction; (*Photo*) toning; (*fig : Pol*) about-turn; **prendre un ~** to go into a bend, take a bend; **~ sans visibilité** blind bend
viral, e, -aux [viʀal, -o] *adj* (*aussi Inform*) viral
virée [viʀe] *nf* (*courte*) run; (*: à pied*) walk; (*longue*) hike, trip, walking tour
virelangue [viʀlɑ̃g] *nm* tongue twister
virement [viʀmɑ̃] *nm* (*Comm*) transfer; **~ bancaire** (bank) credit transfer, ≈ (bank) giro transfer (Brit); **~ postal** Post office credit transfer, ≈ Girobank® transfer (Brit)
virent [viʀ] *vb voir* **voir**
virer [viʀe] /1/ *vt* (*Comm*) to transfer; (*Photo*) to tone; (*fam : renvoyer*) to sack, boot out ▸ *vi* to turn; (*Chimie*) to change colour (Brit) *ou* color (*US*); (*cuti-réaction*) to come up positive; (*Photo*) to tone; **~ au bleu** to turn blue; **~ de bord** to tack; (*fig*) to change tack; **~ sur l'aile** to bank
virevolte [viʀvɔlt] *nf* twirl; (*d'avis, d'opinion*) about-turn
virevolter [viʀvɔlte] /1/ *vi* to twirl around
virginal, e, -aux [viʀʒinal, -o] *adj* virginal
virginité [viʀʒinite] *nf* virginity; (*fig*) purity
virgule [viʀgyl] *nf* comma; (*Math*) point; **quatre ~ deux** four point two; **~ flottante** floating decimal
viril, e [viʀil] *adj* (*propre à l'homme*) masculine; (*énergique, courageux*) manly, virile
viriliser [viʀilize] /1/ *vt* to make (more) manly *ou* masculine
virilité [viʀilite] *nf* (*attributs masculins*) masculinity; (*fermeté, courage*) manliness; (*sexuelle*) virility
virologie [viʀɔlɔʒi] *nf* virology
virtualité [viʀtɥalite] *nf* virtuality; potentiality
virtuel, le [viʀtɥɛl] *adj* potential; (*théorique*) virtual
virtuellement [viʀtɥɛlmɑ̃] *adv* potentially; (*presque*) virtually
virtuose [viʀtɥoz] *nmf* (*Mus*) virtuoso; (*gén*) master
virtuosité [viʀtɥozite] *nf* virtuosity; masterliness, masterful skills *pl*
virulence [viʀylɑ̃s] *nf* virulence
virulent, e [viʀylɑ̃, -ɑ̃t] *adj* virulent
virus [viʀys] *nm* virus
vis *vb* [vi] *voir* **voir**; **vivre** ▸ *nf* [vis] screw; **~ à tête plate/ronde** flat-headed/round-headed screw; **~ platinées** (*Auto*) (contact) points; **~ sans fin** worm, endless screw
visa [viza] *nm* (*sceau*) stamp; (*validation de passeport*) visa; **~ de censure** (censor's) certificate
visage [vizaʒ] *nm* face; **à ~ découvert** (*franchement*) openly
visagiste [vizaʒist] *nmf* beautician
vis-à-vis [vizavi] *adv* face to face; **~ de** *prép* opposite; (*fig*) towards, vis-à-vis ▸ *nm* person opposite; house *etc* opposite; **en ~** facing *ou* opposite each other; **sans ~** (*immeuble*) with an open outlook
viscéral, e, -aux [viseʀal, -o] *adj* (*fig*) deep-seated, deep-rooted
viscéralement [viseʀalmɑ̃] *adv* (*attaché*) deeply; (*opposé*) virulently
viscères [visɛʀ] *nmpl* intestines, entrails
viscose [viskoz] *nf* viscose
viscosité [viskozite] *nf* viscosity
visée [vize] *nf* (*avec une arme*) aiming; (*Arpentage*) sighting; **visées** *nfpl* (*intentions*) designs; **avoir des visées sur qn/qch** to have designs on sb/sth
viser [vize] /1/ *vi* to aim ▸ *vt* to aim at; (*concerner*) to be aimed *ou* directed at; (*apposer un visa sur*) to stamp, visa; **~ à qch/faire** to aim at sth/at doing *ou* to do
viseur [vizœʀ] *nm* (*d'arme*) sights *pl*; (*Photo*) viewfinder
visibilité [vizibilite] *nf* visibility; **sans ~** (*pilotage, virage*) blind *cpd*
visible [vizibl] *adj* visible; (*disponible*) : **est-il ~ ?** can he see me?, will he see visitors?
visiblement [viziblәmɑ̃] *adv* visibly, obviously
visière [vizjɛʀ] *nf* (*de casquette*) peak; (*qui s'attache*) eyeshade
visioconférence [vizjokɔ̃feʀɑ̃s] *nf* video conference
vision [vizjɔ̃] *nf* vision; (*sens*) (eye)sight, vision; (*fait de voir*) : **la ~ de** the sight of; **première ~** (*Ciné*) first showing
visionnage [vizjɔnaʒ] *nm* viewing
visionnaire [vizjɔnɛʀ] *adj, nmf* visionary
visionner [vizjɔne] /1/ *vt* to view
visionneuse [vizjɔnøz] *nf* viewer
visiophone [vizjɔfɔn] *nm* videophone
visite [vizit] *nf* visit; (*visiteur*) visitor; (*touristique : d'un musée etc*) tour; (*Comm : de représentant*) call; (*expertise, d'inspection*) inspection; (*médicale, à domicile*) visit, call; **~ médicale** medical examination (*Mil : d'entrée*) medicals *pl*; (*: quotidienne*) sick parade; **~ accompagnée** *ou* **guidée** guided tour; **faire une ~ à qn** to call on sb, pay sb a visit; **rendre ~ à qn** to visit sb, pay sb a visit; **être en ~ (chez qn)** to be visiting (sb); **avoir de la ~** to have visitors; **heures de ~** (*hôpital, prison*) visiting hours; **le droit de ~** (*Jur : aux enfants*) right of access, access; **~ de douane** customs inspection *ou* examination; **~ guidée** guided tour
visiter [vizite] /1/ *vt* to visit; (*musée, ville*) to visit, go round
visiteur, -euse [vizitœʀ, -øz] *nm/f* visitor; **~ des douanes** customs inspector; **~ médical** medical rep(resentative); **~ de prison** prison visitor

V

vison [vizɔ̃] *nm* mink
visqueux, -euse [viskø, -øz] *adj* viscous; (*péj*) gooey; (: *manières*) slimy
vissage [visaʒ] *nm* screwing
visser [vise] /1/ *vt* : **~ qch** (*fixer, serrer*) to screw sth on
visu [vizy] : **de ~** *adv* with one's own eyes
visualisation [vizɥalizasjɔ̃] *nf* (*Inform*) display; **écran de ~** visual display unit (VDU)
visualiser [vizɥalize] /1/ *vt* to visualize; (*Inform*) to display, bring up on screen
visuel, le [vizɥɛl] *adj* visual
visuellement [vizɥɛlmɑ̃] *adv* visually
vit [vi] *vb voir* **vivre** ; **voir**
vital, e, -aux [vital, -o] *adj* vital
vitalité [vitalite] *nf* vitality
vitamine [vitamin] *nf* vitamin
vitaminé, e [vitamine] *adj* with (added) vitamins
vitaminique [vitaminik] *adj* vitamin *cpd*
vite [vit] *adv* (*rapidement*) quickly, fast; (*sans délai*) quickly; soon; **~ !** quick!; **faire ~** (*agir rapidement*) to act fast; (*se dépêcher*) to be quick; **ce sera ~ fini** this will soon be finished; **viens ~** come quick(ly)
vitesse [vitɛs] *nf* speed; (*Auto : dispositif*) gear; **faire de la ~** to drive fast *ou* at speed; **prendre qn de ~** to outstrip sb, get ahead of sb; **prendre de la ~** to pick up *ou* gather speed; **à toute ~** at full *ou* top speed; **en perte de ~** (*avion*) losing lift; (*fig*) losing momentum; **changer de ~** (*Auto*) to change gear; **~ acquise** momentum; **~ de croisière** cruising speed; **~ de pointe** top speed; **~ du son** speed of sound; **en ~** quickly; *see note*

LIMITATION DE VITESSE

The **limitation de vitesse**, or speed limit, in France is 50 km/h in built-up areas, 90 km/h on main roads (80 km/h when it is raining), 110 km/h on 4-lane roads with central reservations, and 130 km/h on motorways (110 km/h when it is raining).

viticole [vitikɔl] *adj* (*industrie*) wine *cpd*; (*région*) wine-growing
viticulteur [vitikyltœʀ] *nm* wine grower
viticulture [vitikyltyʀ] *nf* wine growing
vitrage [vitʀaʒ] *nm* (*cloison*) glass partition; (*toit*) glass roof; (*rideau*) net curtain; **double ~** double glazing
vitrail, -aux [vitʀaj, -o] *nm* stained-glass window
vitre [vitʀ] *nf* (window) pane; (*de portière, voiture*) window
vitré, e [vitʀe] *adj* glass *cpd*
vitrer [vitʀe] /1/ *vt* to glaze
vitreux, -euse [vitʀø, -øz] *adj* vitreous; (*terne*) glassy
vitrier [vitʀije] *nm* glazier
vitrification [vitʀifikasjɔ̃] *nf* (*de parquet*) varnishing; (*de sable*) vitrification
vitrifier [vitʀifje] /7/ *vt* to vitrify; (*parquet*) to glaze
vitrine [vitʀin] *nf* (*devanture*) (shop) window; (*étalage*) display; (*petite armoire*) display cabinet; **en ~** in the window, on display; **~ publicitaire** display case, showcase
vitriol [vitʀijɔl] *nm* vitriol; **au ~** (*fig*) vitriolic
vitupérations [vitypeʀasjɔ̃] *nfpl* invective *sg*
vitupérer [vitypeʀe] /6/ *vi* to rant and rave; **~ contre** to rail against
vivable [vivabl] *adj* (*personne*) livable-with; (*maison*) fit to live in
vivace [vivas] *adj* (*arbre, plante*) hardy; (*fig*) enduring ▸ *adv* [vivatʃe] (*Mus*) vivace
vivacité [vivasite] *nf* (*voir vif*) liveliness, vivacity; sharpness; brilliance
vivant, e [vivɑ̃, -ɑ̃t] *vb voir* **vivre** ▸ *adj* (*qui vit*) living, alive; (*animé*) lively; (*preuve, exemple*) living; (*langue*) modern ▸ *nm* : **du ~ de qn** in sb's lifetime; **les vivants et les morts** the living and the dead
vivarium [vivaʀjɔm] *nm* vivarium
vivats [viva] *nmpl* cheers
vive [viv] *adj f voir* **vif** ▸ *vb voir* **vivre** ▸ *excl* : **~ le roi !** long live the king!; **~ les vacances !** hurrah for the holidays!
vivement [vivmɑ̃] *adv* vivaciously; sharply ▸ *excl* : **~ les vacances !** I can't wait for the holidays!, roll on the holidays!
viveur [vivœʀ] *nm* (*péj*) high liver, pleasure-seeker
vivier [vivje] *nm* (*au restaurant etc*) fish tank; (*étang*) fishpond
vivifiant, e [vivifjɑ̃, -ɑ̃t] *adj* invigorating
vivifier [vivifje] /7/ *vt* to invigorate; (*fig : souvenirs, sentiments*) to liven up, enliven
vivions [vivjɔ̃] *vb voir* **vivre**
vivipare [vivipaʀ] *adj* viviparous
vivisection [vivisɛksjɔ̃] *nf* vivisection
vivoter [vivɔte] /1/ *vi* (*personne*) to scrape a living, get by; (*fig : affaire etc*) to struggle along
vivre [vivʀ] /46/ *vi* to live; **il vit encore** he is still alive; **se laisser ~** to take life as it comes; **ne plus ~** (*être anxieux*) to live on one's nerves; **il a vécu** (*eu une vie aventureuse*) he has seen life; **ce régime a vécu** this regime has had its day; **être facile à ~** to be easy to get on with; **faire ~ qn** (*pourvoir à sa subsistance*) to provide (a living) for sb; **~ mal** (*chichement*) to have a meagre existence; **~ de** (*salaire etc*) to live on ▸ *vt* to live;
vivres *nmpl* provisions, food supplies
vivrier, -ière [vivʀije, -jɛʀ] *adj* food-producing *cpd*
vlan [vlɑ̃] *excl* wham!, bang!
VO *sigle f* (*Ciné*) = **version originale**; **voir un film en VO** to see a film in its original language
v° *abr* = **verso**
vocable [vɔkabl] *nm* term
vocabulaire [vɔkabylɛʀ] *nm* vocabulary
vocal, e, -aux [vɔkal, -o] *adj* vocal
vocalique [vɔkalik] *adj* vocalic, vowel *cpd*
vocalise [vɔkaliz] *nf* singing exercise
vocaliser [vɔkalize] /1/ *vi* (*Ling*) to vocalize; (*Mus*) to do one's singing exercises
vocaliste [vɔkalist] *nmf* vocalist
vocation [vɔkasjɔ̃] *nf* vocation, calling; **avoir la ~** to have a vocation
vociférations [vɔsifeʀasjɔ̃] *nfpl* cries of rage, screams

vociférer [vɔsifeʀe] /**6**/ *vi, vt* to scream
vodka [vɔdka] *nf* vodka
vœu, x [vø] *nm* wish; (*à Dieu*) vow; **faire ~ de** to take a vow of; **avec tous nos vœux** with every good wish *ou* our best wishes; **meilleurs vœux** best wishes; (*sur une carte*) "Season's Greetings"; **vœux de bonheur** best wishes for your future happiness; **vœux de bonne année** best wishes for the New Year
vogue [vɔg] *nf* fashion, vogue; **en ~** in fashion, in vogue
voguer [vɔge] /**1**/ *vi* to sail
voici [vwasi] *prép* (*pour introduire, désigner*) here is (+*sg*); here are (+*pl*); **et ~ que ...** and now it (*ou* he) ...; **il est parti ~ trois ans** he left three years ago; **~ une semaine que je l'ai vue** it's a week since I've seen her; **me ~** here I am; *voir aussi* **voilà**
voie [vwa] *vb voir* **voir** ▸ *nf* way; (*Rail*) track, line; (*Auto*) lane; **par ~ buccale** *ou* **orale** orally; **par ~ rectale** rectally; **suivre la ~ hiérarchique** to go through official channels; **ouvrir/montrer la ~** to open up/show the way; **être en bonne ~** to be shaping *ou* going well; **mettre qn sur la ~** to put sb on the right track; **être en ~ d'achèvement/de rénovation** to be nearing completion/in the process of renovation; **à ~ étroite** narrow-gauge; **à ~ unique** single-track; **route à deux/trois voies** two-/three-lane road; **par la ~ aérienne/maritime** by air/sea; **~ d'eau** (*Navig*) leak; **~ express** expressway; **~ de fait** (*Jur*) assault (and battery); **~ ferrée** track; railway line (Brit), railroad (US); **par ~ ferrée** by rail, by railroad; **~ de garage** (*Rail*) siding; **la ~ lactée** the Milky Way; **~ navigable** waterway; **~ prioritaire** (*Auto*) road with right of way; **~ privée** private road; **la ~ publique** the public highway
voilà [vwala] *prép* (*en désignant*) there is (+*sg*); there are (+*pl*); **les ~** *ou* **voici** here *ou* there they are; **en ~** *ou* **voici un** here's one, there's one; **voici mon frère et ~ ma sœur** this is my brother and that's my sister; **~** *ou* **voici deux ans** two years ago; **~** *ou* **voici deux ans que** it's two years since; **et ~!** there we are!; **~ tout** that's all; **« ~** *ou* **voici »** (*en offrant etc*) "there *ou* here you are"; **tiens! ~ Paul** look! there's Paul
voilage [vwalaʒ] *nm* (*rideau*) net curtain; (*tissu*) net
voile [vwal] *nm* veil; (*tissu léger*) net; **prendre le ~** to take the veil; **~ du palais** soft palate, velum; **~ au poumon** shadow on the lung ▸ *nf* sail; (*sport*) sailing; **mettre à la ~** to make way under sail
voiler [vwale] /**1**/ *vt* to veil; (*Photo*) to fog; (*fausser : roue*) to buckle; (*: bois*) to warp; **se voiler** *vpr* (*lune, regard*) to mist over; (*ciel*) to grow hazy; (*voix*) to become husky; (*roue, disque*) to buckle; (*planche*) to warp; **se ~ la face** to hide one's face
voilette [vwalɛt] *nf* (hat) veil
voilier [vwalje] *nm* sailing ship; (*de plaisance*) sailing boat
voilure [vwalyʀ] *nf* (*de voilier*) sails *pl*; (*d'avion*) aerofoils *pl* (Brit), airfoils *pl* (US); (*de parachute*) canopy
voir [vwaʀ] /**30**/ *vt* to see; **~ à faire qch** to see to it that sth is done; **~ venir** (*fig*) to wait and see; **faire ~ qch à qn** to show sb sth; **en faire ~ à qn** (*fig*) to give sb a hard time; **ne pas pouvoir ~ qn** (*fig*) not to be able to stand sb; **regardez ~** just look; **montrez ~** show (me); **dites ~** tell me; **voyons!** let's see now; (*indignation etc*) come (along) now!; **c'est à ~!** we'll see!; **c'est ce qu'on va ~!** we'll see about that!; **avoir quelque chose à ~ avec** to have something to do with; **ça n'a rien à ~ avec lui** that has nothing to do with him ▸ *vi* to see; **~ loin** (*fig*) to be far-sighted; **se voir** *vpr* : **cela se voit** (*c'est visible*) that's obvious, it shows; (*cela arrive*) it happens; **se ~ critiquer/transformer** to be criticized/transformed
voire [vwaʀ] *adv* indeed; nay; or even
voirie [vwaʀi] *nf* highway maintenance; (*administration*) highways department; (*enlèvement des ordures*) refuse (Brit) *ou* garbage (US) collection
vois [vwa] *vb voir* **voir**
voisin, e [vwazɛ̃, -in] *adj* (*proche*) neighbouring (Brit), neighboring (US); (*contigu*) next; (*ressemblant*) connected ▸ *nm/f* neighbour (Brit), neighbor (US); (*de table, de dortoir etc*) person next to me (*ou* him *etc*); **~ de palier** neighbo(u)r across the landing (Brit) *ou* hall (US)
voisinage [vwazinaʒ] *nm* (*proximité*) proximity; (*environs*) vicinity; (*quartier, voisins*) neighbourhood (Brit), neighborhood (US); **relations de bon ~** neighbo(u)rly terms
voisiner [vwazine] /**1**/ *vi* : **~ avec** to be side by side with
voit [vwa] *vb voir* **voir**
voiture [vwatyʀ] *nf* car; (*wagon*) coach, carriage; **en ~!** all aboard!; **~ à bras** handcart; **~ d'enfant** pram (Brit), baby carriage (US); **~ d'infirme** invalid carriage; **~ de course** racing car; **~ de sport** sports car
voiture-lit [vwatyʀli] (*pl* **voitures-lits**) *nf* sleeper
voiture-restaurant [vwatyʀʀɛstɔʀɑ̃] (*pl* **voitures-restaurants**) *nf* dining car
voix [vwa] *nf* voice; (*Pol*) vote; **la ~ de la conscience/raison** the voice of conscience/reason; **à haute ~** aloud; **à ~ basse** in a low voice; **faire la grosse ~** to speak gruffly; **avoir de la ~** to have a good voice; **rester sans ~** to be speechless; **~ de basse/ténor** *etc* bass/tenor *etc* voice; **à deux/quatre ~** (*Mus*) in two/four parts; **avoir ~ au chapitre** to have a say in the matter; **mettre aux ~** to put to the vote; **~ off** voice-over
vol [vɔl] *nm* (*mode de locomotion*) flying; (*trajet, voyage, groupe d'oiseaux*) flight; (*mode d'appropriation*) theft, stealing; (*larcin*) theft; **à ~ d'oiseau** as the crow flies; **au ~ : attraper qch au ~** to catch sth as it flies past; **saisir une remarque au ~** to pick up a passing remark; **prendre son ~** to take flight; **de haut ~** (*fig*) of the highest order; **en ~** in flight; **~ avec effraction** breaking and entering *no pl*, break-in; **~ à l'étalage** shoplifting *no pl*; **~ libre** hang-gliding; **~ à main armée** armed robbery; **~ de nuit** night

V

flight; **~ régulier** scheduled flight; **~ plané** (*Aviat*) glide, gliding *no pl*; **~ à la tire** pickpocketing *no pl*; **~ à voile** gliding
vol. *abr* (= *volume*) vol
volage [vɔlaʒ] *adj* fickle
volaille [vɔlɑj] *nf* (*oiseaux*) poultry *pl*; (*viande*) poultry *no pl*; (*oiseau*) fowl
volailler [vɔlɑje] *nm* poulterer
volant, e [vɔlɑ̃, -ɑ̃t] *adj* flying; *voir* **feuille** *etc*; **le personnel ~** (*Aviat*) the flight staff ▸ *nm* (*d'automobile*) (steering) wheel; (*de commande*) wheel; (*objet lancé*) shuttlecock; (*jeu*) battledore and shuttlecock; (*bande de tissu*) flounce; (*feuillet détachable*) tear-off portion; **~ de sécurité** (*fig*) reserve, margin, safeguard
volatil, e [vɔlatil] *adj* volatile
volatile [vɔlatil] *nm* (*volaille*) bird; (*tout oiseau*) winged creature
volatiliser [vɔlatilize] /1/ : **se volatiliser** *vpr* (*Chimie*) to volatilize; (*fig*) to vanish into thin air
volatilité [vɔlatilite] *nf* (*Physique*, *Écon*) volatility
vol-au-vent [vɔlovɑ̃] *nm inv* vol-au-vent
volcan [vɔlkɑ̃] *nm* volcano; (*fig* : *personne*) hothead
volcanique [vɔlkanik] *adj* volcanic; (*fig* : *tempérament*) volatile
volcanologie [vɔlkanɔlɔʒi] *nf* vulcanology
volcanologue [vɔlkanɔlɔg] *nmf* vulcanologist
volée [vɔle] *nf* (*groupe d'oiseaux*) flight, flock; (*Tennis*) volley; **~ de coups/de flèches** volley of blows/arrows; **à la ~ : rattraper à la ~** to catch in midair; **lancer à la ~** to fling about; **semer à la ~** to (sow) broadcast; **à toute ~** (*sonner les cloches*) vigorously; (*lancer un projectile*) with full force; **de haute ~** (*fig*) of the highest order
voler [vɔle] /1/ *vi* (*avion*, *oiseau*, *fig*) to fly; (*voleur*) to steal; **~ en éclats** to smash to smithereens; **~ de ses propres ailes** (*fig*) to stand on one's own two feet; **~ au vent** to fly in the wind ▸ *vt* (*objet*) to steal; (*personne*) to rob; **~ qch à qn** to steal sth from sb; **on m'a volé mon portefeuille** my wallet (Brit) *ou* billfold (*US*) has been stolen; **il ne l'a pas volé !** he asked for it!
volet [vɔlɛ] *nm* (*de fenêtre*) shutter; (*Aviat*) flap; (*de feuillet*, *document*) section; (*fig* : *d'un plan*) facet; **trié sur le ~** hand-picked
voleter [vɔl(ə)te] /4/ *vi* to flutter (about)
voleur, -euse [vɔlœʀ, -øz] *nm/f* thief; **« au ~ ! »** "stop thief!" ▸ *adj* thieving
volière [vɔljɛʀ] *nf* aviary
volley [vɔlɛ], **volley-ball** [vɔlɛbol] *nm* volleyball
volleyer [vɔleje] *vt* (*Tennis* : *balle*) to volley
volleyeur, -euse [vɔlɛjœʀ, -øz] *nm/f* volleyball player
volontaire [vɔlɔ̃tɛʀ] *adj* (*acte*, *activité*) voluntary; (*délibéré*) deliberate; (*caractère*, *personne* : *décidé*) self-willed ▸ *nmf* volunteer
volontairement [vɔlɔ̃tɛʀmɑ̃] *adv* voluntarily; deliberately
volontariat [vɔlɔ̃taʀja] *nm* voluntary service
volontarisme [vɔlɔ̃taʀism] *nm* voluntarism
volontariste [vɔlɔ̃taʀist] *adj*, *nmf* voluntarist
volonté [vɔlɔ̃te] *nf* (*faculté de vouloir*) will; (*énergie*, *fermeté*) will(power); (*souhait*, *désir*) wish; **se servir/boire à ~** to take/drink as much as one likes; **bonne ~** goodwill, willingness; **mauvaise ~** lack of goodwill, unwillingness
volontiers [vɔlɔ̃tje] *adv* (*de bonne grâce*) willingly; (*avec plaisir*) willingly, gladly; (*habituellement*, *souvent*) readily, willingly; **« ~ »** "with pleasure", "I'd be glad to"
volt [vɔlt] *nm* volt
voltage [vɔltaʒ] *nm* voltage
volte-face [vɔltəfas] *nf inv* about-turn; (*fig*) about-turn, U-turn; **faire ~** to do an about-turn; to do a U-turn
voltige [vɔltiʒ] *nf* (*Équitation*) trick riding; (*au cirque*) acrobatics *sg*; (*Aviat*) (aerial) acrobatics *sg*; **numéro de haute ~** acrobatic act
voltiger [vɔltiʒe] /3/ *vi* to flutter (about)
voltigeur [vɔltiʒœʀ] *nm* (*au cirque*) acrobat; (*Mil*) light infantryman
voltmètre [vɔltmɛtʀ] *nm* voltmeter
volubile [vɔlybil] *adj* voluble
volubilis [vɔlybilis] *nm* convolvulus
volubilité [vɔlybilite] *nf* volubility
volume [vɔlym] *nm* volume; (*Géom* : *solide*) solid
volumétrique [vɔlymetʀik] *adj* volumetric
volumineux, -euse [vɔlyminø, -øz] *adj* voluminous, bulky
volumique [vɔlymik] *adj* (*Physique*) : **masse ~** density
volupté [vɔlypte] *nf* sensual delight *ou* pleasure
voluptueusement [vɔlyptɥøzmɑ̃] *adv* voluptuously
voluptueux, -euse [vɔlyptɥø, -øz] *adj* voluptuous
volute [vɔlyt] *nf* (*Archit*) volute; **~ de fumée** curl of smoke
vomi [vɔmi] *nm* vomit
vomir [vɔmiʀ] /2/ *vi* to vomit, be sick ▸ *vt* to vomit, bring up; (*fig*) to belch out, spew out; (*exécrer*) to loathe, abhor
vomissements [vɔmismɑ̃] *nmpl* (*action*) vomiting *no pl*; **des ~** vomit *sg*
vomissure [vɔmisyʀ] *nf* vomit *no pl*
vomitif [vɔmitif] *nm* emetic
vont [vɔ̃] *vb voir* **aller**
vorace [vɔʀas] *adj* voracious
voracement [vɔʀasmɑ̃] *adv* voraciously
voracité [vɔʀasite] *nf* voracity
vos [vo] *adj poss voir* **votre**
Vosges [voʒ] *nfpl* : **les ~** the Vosges
vosgien, ne [voʒjɛ̃, -ɛn] *adj* of *ou* from the Vosges ▸ *nm/f* inhabitant *ou* native of the Vosges
VOST *sigle f* (*Ciné* : = *version originale sous-titrée*) *sub-titled version*
votant, e [vɔtɑ̃, -ɑ̃t] *nm/f* voter
vote [vɔt] *nm* vote; **~ par correspondance/procuration** postal/proxy vote; **~ à main levée** vote by show of hands; **~ secret**, **~ à bulletins secrets** secret ballot
voter [vɔte] /1/ *vi* to vote ▸ *vt* (*loi*, *décision*) to vote for
votif, -ive [vɔtif, -iv] *adj* votive
votre [vɔtʀ] (*pl* **vos** [vo]) *adj poss* your
vôtre [votʀ] *pron* : **le ~**, **la ~**, **les vôtres** yours; **les vôtres** (*fig*) your family *ou* folks; **à la ~** (*toast*) your (good) health!

voudrai *etc* [vudʀe] *vb voir* **vouloir**
voué, e [vwe] *adj* : **~ à** doomed to, destined for
vouer [vwe] /1/ *vt* : **~ qch à** (*Dieu/un saint*) to dedicate sth to; **~ sa vie/son temps à** (*étude, cause etc*) to devote one's life/time to; **~ une haine/amitié éternelle à qn** to vow undying hatred/friendship to sb

MOT-CLÉ

vouloir [vulwaʀ] /31/ *vt* **1** (*exiger, désirer*) to want; **vouloir faire/que qn fasse** to want to do/sb to do; **voulez-vous du thé ?** would you like *ou* do you want some tea?; **vouloir qch à qn** to wish sth for sb; **que me veut-il ?** what does he want with me?; **que veux-tu que je te dise ?** what do you want me to say?; **sans le vouloir** (*involontairement*) without meaning to, unintentionally; **je voudrais ceci/faire** I would *ou* I'd like this/to do; **le hasard a voulu que ...** as fate would have it, ...; **la tradition veut que ...** tradition demands that ...
2 (*consentir*) : **je veux bien** (*bonne volonté*) I'll be happy to; (*concession*) fair enough, that's fine; **oui, si on veut** (*en quelque sorte*) yes, if you like; **comme tu veux** as you wish; (*en quelque sorte*) if you like; **veuillez attendre** please wait; **veuillez agréer ...** (*formule épistolaire*) yours faithfully
3 : **en vouloir** (*être ambitieux*) to be out to win; **en vouloir à qn** to bear sb a grudge; **je lui en veux d'avoir fait ça** I resent his having done that; **s'en vouloir (de)** to be annoyed with o.s. (for); **il en veut à mon argent** he's after my money
4 : **vouloir de** to want; **l'entreprise ne veut plus de lui** the firm doesn't want him any more; **elle ne veut pas de son aide** she doesn't want his help
5 : **vouloir dire** to mean
▶ *nm* : **le bon vouloir de qn** sb's goodwill; sb's pleasure
se vouloir *vpr* **1** (*avec attribut*) : **il se veut dynamique** he likes to think he's dynamic; **... qui se veut moderne** ... which purports to be modern
2 : **s'en vouloir** to be cross with o.s.; **s'en vouloir de qch** to be cross with o.s. for sth; **il s'en veut d'avoir laissé passer cette occasion** he's cross with himself for letting this opportunity slip by

voulu, e [vuly] *pp de* **vouloir** ▶ *adj* (*requis*) required, requisite; (*délibéré*) deliberate, intentional
voulus *etc* [vuly] *vb voir* **vouloir**
vous [vu] *pron* you; (*objet indirect*) (to) you; (*réfléchi* : *sg*) yourself; (: *pl*) yourselves; (*réciproque*) each other; **~-même** yourself; **~-mêmes** yourselves ▶ *nm* : **employer le ~** (*vouvoyer*) to use the "vous" form
voûte [vut] *nf* vault; **la ~ céleste** the vault of heaven; **~ du palais** (*Anat*) roof of the mouth; **~ plantaire** arch (of the foot)
voûté, e [vute] *adj* vaulted, arched; (*dos, personne*) bent, stooped
voûter [vute] /1/ *vt* (*Archit*) to arch, vault; **se voûter** *vpr* (*dos, personne*) to become stooped
vouvoiement [vuvwamɑ̃] *nm* use of formal "vous" form
vouvoyer [vuvwaje] /8/ *vt* : **~ qn** to address sb as "vous"
voyage [vwajaʒ] *nm* journey, trip; (*fait de voyager*) : **le ~, les voyages** travel(ling); **partir/être en ~** to go off/be away on a journey *ou* trip; **faire un ~** to go on *ou* make a trip *ou* journey; **faire bon ~** to have a good journey; **les gens du ~** travelling people; **~ d'agrément/d'affaires** pleasure/business trip; **~ de noces** honeymoon; **~ organisé** package tour

> Ne confondez pas **journey**, **trip** et **travel**.
> **Journey** désigne le déplacement lui-même, qui est souvent long : *un voyage de plus de 3 000 kilomètres* **a journey of over 2,000 miles**
> **Trip**, en revanche, comprend le déplacement, le séjour (généralement court) et le retour au point de départ. Il s'emploie plus couramment en anglais américain qu'en anglais britannique : *un voyage d'affaires à Milan* **a business trip to Milan**
> **Travel** est réservé aux voyages en général. Il n'est jamais précédé d'un article.
> *Les voyages forment la jeunesse*. **Travel broadens the mind**.

voyager [vwajaʒe] /3/ *vi* to travel
voyageur, -euse [vwajaʒœʀ, -øz] *nm/f* traveller; (*passager*) passenger ▶ *adj* (*tempérament*) nomadic, wayfaring; **~ (de commerce)** commercial traveller
voyagiste [vwajaʒist] *nm* tour operator
voyais *etc* [vwajɛ] *vb voir* **voir**
voyance [vwajɑ̃s] *nf* clairvoyance
voyant, e [vwajɑ̃, -ɑ̃t] *adj* (*couleur*) loud, gaudy ▶ *nm/f* (*personne qui voit*) sighted person ▶ *nm* (*signal*) (warning) light ▶ *nf* clairvoyant
voyelle [vwajɛl] *nf* vowel
voyeur, -euse [vwajœʀ, -øz] *nm/f* voyeur; peeping Tom
voyeurisme [vwajœʀism] *nm* voyeurism
voyeuriste [vwajœʀist] *adj* (*fig*) voyeuristic
voyons *etc* [vwajɔ̃] *vb voir* **voir**
voyou [vwaju] *nm* lout, hoodlum; (*enfant*) guttersnipe
voyoucratie [vwajukʀasi] *nf* yob rule
VPC *sigle f* (= *vente par correspondance*) mail order selling
vrac [vʀak] : **en ~** *adv* loose; (*Comm*) in bulk
vrai, e [vʀɛ] *adj* (*véridique* : *récit, faits*) true; (*non factice, authentique*) real; **à ~ dire** to tell the truth; **il est ~ que** it is true that ▶ *nm* : **le ~** the truth; **être dans le ~** to be right
vraiment [vʀɛmɑ̃] *adv* really
vraisemblable [vʀɛsɑ̃blabl] *adj* (*plausible*) likely; (*excuse*) plausible; (*probable*) likely, probable
vraisemblablement [vʀɛsɑ̃blabləmɑ̃] *adv* in all likelihood, very likely
vraisemblance [vʀɛsɑ̃blɑ̃s] *nf* likelihood, plausibility; (*romanesque*) verisimilitude; **selon toute ~** in all likelihood
vraquier [vʀakje] *nm* freighter

V

vrille [vRij] *nf* (*de plante*) tendril; (*outil*) gimlet; (*spirale*) spiral; (*Aviat*) spin
vriller [vRije] /1/ *vt* to bore into, pierce
vrombir [vRɔ̃biR] /2/ *vi* to hum
vrombissant, e [vRɔ̃bisɑ̃, -ɑ̃t] *adj* humming
vrombissement [vRɔ̃bismɑ̃] *nm* hum(ming)
VRP *sigle m* (= *voyageur, représentant, placier*) (sales) rep (*fam*)
VTT *sigle m* (= *vélo tout-terrain*) mountain bike
vu[1] [vy] *prép* (*en raison de*) in view of; **vu que** in view of the fact that
vu[2]**, e** [vy] *pp de* **voir** ▸ *adj* : **bien/mal vu** (*personne*) well/poorly thought of; (*conduite*) good/bad form; **ni vu ni connu** what the eye doesn't see ...!, no one will be any the wiser; **c'est tout vu** it's a foregone conclusion ▸ *nm* : **au vu et au su de tous** openly and publicly
vue [vy] *nf* (*sens, faculté*) (eye)sight; (*panorama, image, photo*) view; (*spectacle*) sight; **la ~ de** (*spectacle*) the sight of; **perdre la ~** to lose one's (eye)sight; **perdre de ~** to lose sight of; **à la ~ de tous** in full view of everybody; **hors de ~** out of sight; **à première ~** at first sight; **connaître de ~** to know by sight; **à ~** (*Comm*) at sight; **tirer à ~** to shoot on sight; **à ~ d'œil** *adv* visibly; (*à première vue*) at a quick glance; **avoir ~ sur** to have a view of; **en ~** (*visible*) in sight; (*Comm : célèbre*) in the public eye; **avoir qch en ~** (*intentions*) to have one's sights on sth; **en ~ de faire** with the intention of doing, with a view to doing; **~ d'ensemble** overall view; **~ de l'esprit** theoretical view; **vues** *nfpl* (*idées*) views; (*dessein*) designs
vulcanisation [vylkanizasjɔ̃] *nf* vulcanization
vulcaniser [vylkanize] /1/ *vt* to vulcanize
vulcanologie [vylkanɔlɔʒi] *nf* = **volcanologie**
vulcanologue [vylkanɔlɔg] *nmf* = **volcanologue**
vulgaire [vylgɛR] *adj* (*grossier*) vulgar, coarse; (*trivial*) commonplace, mundane; (*péj : quelconque*) : **de vulgaires touristes/chaises de cuisine** common tourists/kitchen chairs; (*Bot, Zool : non latin*) common
vulgairement [vylgɛRmɑ̃] *adv* vulgarly, coarsely; (*communément*) commonly
vulgarisation [vylgaRizasjɔ̃] *nf* : **ouvrage de ~** popularizing work, popularization
vulgariser [vylgaRize] /1/ *vt* to popularize
vulgarité [vylgaRite] *nf* vulgarity, coarseness
vulgate [vylgat] *nf* (*Rel*) : **la V~** the Vulgate; (*fig*) orthodoxy
vulnérabilité [vylneRabilite] *nf* vulnerability
vulnérable [vylneRabl] *adj* vulnerable
vulve [vylv] *nf* vulva
vumètre [vymɛtR] *nm* recording level gauge
Vve *abr* = **veuve**
VVF *sigle m* (= *village vacances famille*) state-subsidized holiday village
vx *abr* = **vieux**

Ww

W, w [dublәve] *nm inv* W, w ▸ *abr* (= *watt*) W; **W comme William** W for William
wagon [vagɔ̃] *nm* (*de voyageurs*) carriage; (*de marchandises*) truck, wagon
wagon-citerne [vagɔ̃sitɛʀn] (*pl* **wagons-citernes**) *nm* tanker
wagon-lit [vagɔ̃li] (*pl* **wagons-lits**) *nm* sleeper, sleeping car
wagonnet [vagɔnɛ] *nm* small truck
wagon-poste [vagɔ̃pɔst] (*pl* **wagons-postes**) *nm* mail van
wagon-restaurant [vagɔ̃ʀɛstɔʀɑ̃] (*pl* **wagons-restaurants**) *nm* restaurant *ou* dining car
Walkman® [wɔkman] *nm* Walkman®, personal stereo
Wallis et Futuna [walisefytyna] *n* : **les îles** ~ the Wallis and Futuna Islands
wallon, ne [walɔ̃, -ɔn] *adj* Walloon ▸ *nm* (*Ling*) Walloon ▸ *nm/f* : **Wallon, ne** Walloon
Wallonie [walɔni] *nf* : **la** ~ French-speaking (part of) Belgium
water-polo [watɛʀpɔlo] *nm* water polo
waters [watɛʀ] *nmpl* toilet *sg*, loo *sg* (Brit)
watt [wat] *nm* watt
WC [vese] *nmpl* toilet *sg*, lavatory *sg*
Web [wɛb] *nm inv* : **le** ~ the (World Wide) Web
webcam [wɛbkam] *nf* webcam
webdesign [wɛbdizajn] *nm* web design
webdesigner [wɛbdizajnœʀ] *nmf* web designer
webmaster [wɛbmastœʀ], **webmestre** [wɛbmɛstʀ] *nmf* webmaster
webzine [wɛbzin] *nm* webzine
week-end [wikɛnd] *nm* weekend
western [wɛstɛʀn] *nm* western
Westphalie [vɛsfali] *nf* : **la** ~ Westphalia
whisky [wiski] (*pl* **whiskies**) *nm* whisky
white-spirit [wajtspiʀit] *nm* white spirit
widget [widʒɛt] *nm* (*Inform*) widget
wifi, Wi-Fi [wifi] *nm inv* (= *wireless fidelity*) wifi, Wi-Fi
wishbone [wiʃbon] *nm* (*Navig*) wishbone
wok [wɔk] *nm* wok
WWW *sigle m* (= *World Wide Web*) WWW

Xx

X, x [iks] *nm inv* X, x; **plainte contre X** (*Jur*) action against person or persons unknown; **X comme Xavier** X for Xmas ▸ *sigle m* : **l'X** *the École polytechnique (prestigious engineering college in France)*
xénogreffe [gzenogʀɛf] *nf* heterograft, xenograft
xénophobe [gzenɔfɔb] *adj* xenophobic ▸ *nmf* xenophobe
xénophobie [gzenɔfɔbi] *nf* xenophobia
xérès [gzeʀɛs] *nm* sherry
xylographie [gzilɔgʀafi] *nf* xylography; (*image*) xylograph
xylophone [gzilɔfɔn] *nm* xylophone

Y y

Y, y [igʀɛk] *nm inv* Y, y; **Y comme Yvonne** Y for Yellow (Brit) *ou* Yoke (US)
y [i] *adv* (*à cet endroit*) there; (*dessus*) on it (*ou* them); (*dedans*) in it (*ou* them) ▸ *pron* (about *ou* on *ou* of) it (*vérifier la syntaxe du verbe employé*); **j'y pense** I'm thinking about it; **ça y est !** that's it!; *voir aussi* **aller ; avoir**
yacht [jɔt] *nm* yacht
yack ['jak] *nm* yak
yaourt [jauʀt] *nm* yogurt; **~ nature/aux fruits** plain/fruit yogurt
yaourtière [jauʀtjɛʀ] *nf* yoghurt-maker
Yémen [jemɛn] *nm* : **le ~** Yemen
yéménite [jemenit] *adj* Yemeni
yeux [jø] *nmpl de* **œil**
yoga [jɔga] *nm* yoga
yoghourt [jɔguʀt] *nm* = **yaourt**
yogi ['jɔgi] *nm* yogi
yole [jɔl] *nf* skiff
yorkshire ['jɔʀkʃœʀ] *nm* (*Zool*) Yorkshire terrier
yougoslave [jugɔslav] (*Hist*) *adj* Yugoslav(ian) ▸ *nmf* : **Yougoslave** Yugoslav(ian)
Yougoslavie [jugɔslavi] *nf* : **la ~** Yugoslavia; **l'ex-~** the former Yugoslavia
yourte ['juʀt] *nf* yurt
youyou [juju] *nm* dinghy
yo-yo [jojo] *nm inv* yo-yo
yucca [juka] *nm* yucca (tree *ou* plant)
yuppie ['jupi] *nmf* yuppie

Zz

Z, z [zɛd] *nm inv* Z, z; **Z comme Zoé** Z for Zebra
ZAC [zak] *sigle f* (*= zone d'aménagement concerté*) urban development zone
ZAD [zad] *sigle f* (*= zone d'aménagement différé*) future development zone
Zaïre [zaiʀ] (*Hist*) *nm* : **le ~** Zaïre
zaïrois, e (*Hist*) [zaiʀwa, -waz] *adj* Zairian ▸ *nm/f* : **Zaïrois, e** Zairian
Zambèze [zɑ̃bɛz] *nm* : **le ~** the Zambezi
Zambie [zɑ̃bi] *nf* : **la ~** Zambia
zambien, ne [zɑ̃bjɛ̃, -ɛn] *adj* Zambian ▸ *nm/f* : **Zambien, ne** Zambian
zapette, zappette [zapɛt] *nf* zapper (*fam*), remote control
zapper [zape] /1/ *vi* to zap
zapping [zapiŋ] *nm* : **faire du ~** to flick through the channels
zèbre [zɛbʀ(ə)] *nm* (*Zool*) zebra
zébré, e [zebʀe] *adj* striped, streaked
zébrure [zebʀyʀ] *nf* stripe, streak
zélateur, -trice [zelatœʀ, -tʀis] *nm/f* partisan, zealot
zèle [zɛl] *nm* zeal, diligence, assiduousness; **faire du ~** (*péj*) to be over-zealous
zélé, e [zele] *adj* zealous
zen [zɛn] *nm* (*Rel*) Zen ▸ *adj* (*Rel*) Zen; (*calme : personne*) who has a Zen-like calm
zénith [zenit] *nm* zenith
ZEP [zɛp] *sigle f* (*= zone d'éducation prioritaire*) *area targeted for special help in education*
zéro [zeʀo] *nm* zero, nought (Brit); **au-dessous de ~** below zero (Centigrade), below freezing; **partir de ~** to start from scratch; **réduire à ~** to reduce to nothing; **trois (buts) à ~** three (goals to) nil

> En anglais britannique parlé, **nought** est plus courant que **zero** : *zéro virgule cinq* **nought point five**.
> Dans les numéros de téléphone, *zéro* se dit soit **zero**, soit **o** [əu].

zeste [zɛst] *nm* peel, zest; **un ~ de citron** a piece of lemon peel
zézaiement [zezɛmɑ̃] *nm* lisp
zézayer [zezeje] /8/ *vi* to have a lisp
ZI *sigle f* = **zone industrielle**
zibeline [ziblin] *nf* sable
ZIF [zif] *sigle f* (*= zone d'intervention foncière*) intervention zone
zigouiller [ziguje] /1/ *vt* (*fam*) to do in
zigzag [zigzag] *nm* zigzag
zigzaguer [zigzage] /1/ *vi* to zigzag (along)
Zimbabwe [zimbabwe] *nm* : **le ~** Zimbabwe
zimbabwéen, ne [zimbabweɛ̃, -ɛn] *adj* Zimbabwean
zinc [zɛ̃g] *nm* (*Chimie*) zinc; (*comptoir*) bar, counter
zinguer [zɛ̃ge] /1/ *vt* to cover with zinc
zingueur [zɛ̃gœʀ] *nm* zinc worker
zip [zip] *nm* (*de vêtement*) zip (Brit), zipper (US) ▸ *adj* (*Inform*) : **fichier ~** zip file
zippé, e [zipe] *adj* (*vêtement*) zip-up; (*Inform : fichier*) zipped
zipper [zipe] /1/ *vt* (*Inform*) to zip
zircon [ziʀkɔ̃] *nm* zircon
zizanie [zizani] *nf* : **semer la ~** to stir up ill-feeling
zizi [zizi] *nm* (*fam*) willy (Brit), peter (US)
zodiacal, e, -aux [zɔdjakal, -o] *adj* (*signe*) of the zodiac
zodiaque [zɔdjak] *nm* zodiac
zona [zona] *nm* shingles *sg*
zonage [zonaʒ] *nm* (*Admin*) zoning
zonard, e [zonaʀ, -aʀd] *nm/f* (*fam*) (young) hooligan *ou* thug
zone [zon] *nf* zone, area; (*quartiers pauvres*) : **la ~** the slums; **de seconde ~** (*fig*) second-rate; **~ d'action** (*Mil*) sphere of activity; **~ bleue** ≈ restricted parking area; **~ d'extension** *ou* **d'urbanisation** urban development area; **~ franche** free zone; **~ industrielle** industrial estate; **~ piétonne** pedestrian precinct; **~ résidentielle** residential area; **~ tampon** buffer zone
zoner [zɔne] /1/ *vi* (*fam*) to hang around
zoo [zoo] *nm* zoo
zoologie [zɔɔlɔʒi] *nf* zoology
zoologique [zɔɔlɔʒik] *adj* zoological
zoologiste [zɔɔlɔʒist] *nmf* zoologist
zoom [zum] *nm* (*Photo*) zoom (lens)
zoomer [zume] *vi* : **~ sur qch** to zoom in on sth
zozoter [zɔzɔte] *vi* to lisp
ZUP [zyp] *sigle f* (*= zone à urbaniser en priorité*) = **ZAC**
Zurich [zyʀik] *n* Zürich
ZUS [zys] *sigle f* = **zone urbaine sensible**
zut [zyt] *excl* dash (it)! (Brit), nuts! (US)

Aa

A, a[1] [eɪ] *n (letter)* A, a *m* ; *(Scol: mark)* A ; *(Mus)*: **A** la *m* ; **A for Andrew, A for Able** *(US)* A comme Anatole ; **A shares** *npl (BRIT Stock Exchange)* actions *fpl* prioritaires

KEYWORD

a[2] [eɪ, ə] *(before vowel and silent h* **an***) indef art*
1 un(e) ; **a book** un livre ; **an apple** une pomme ; **she's a doctor** elle est médecin
2 *(instead of the number "one")* un(e) ; **a year ago** il y a un an ; **a hundred/thousand** *etc* **pounds** cent/mille *etc* livres
3 *(in expressing ratios, prices etc)*: **three a day/week** trois par jour/semaine ; **10 km an hour** 10 km à l'heure ; **£5 a person** 5 livres par personne ; **30p a kilo** 30p le kilo

a. *abbr* = **acre**
A2 *n (BRIT Scol) deuxième partie de l'examen équivalent au baccalauréat*
A.A. *n abbr (BRIT: = Automobile Association)* ≈ ACF *m* ; *(US: = Associate in/of Arts) diplôme universitaire* ; *(= Alcoholics Anonymous)* AA ; *(= anti-aircraft)* AA
A.A.A. *n abbr (= American Automobile Association)* ≈ ACF *m* ; *(BRIT)* = **Amateur Athletics Association**
A & E *n abbr (BRIT: = accident and emergency (department))* service *m* des urgences, urgences *fpl*
A & R *n abbr (Mus)* = **artists and repertoire; ~ man** découvreur *m* de talent
AAUP *n abbr (= American Association of University Professors) syndicat universitaire*
AB *abbr (BRIT)* = **able-bodied seaman**; *(CANADA)* = **Alberta**
aback [əˈbæk] *adv*: **to be taken ~** être décontenancé(e)
abacus [ˈæbəkəs] *(pl* **abaci** [-saɪ]*) n* boulier *m*
abalone [æbəˈləuni] *n (shellfish)* ormeau *m*
abandon [əˈbændən] *vt* abandonner ; **to ~ ship** évacuer le navire ▸ *n* abandon *m*
abandoned [əˈbændənd] *adj (child, house etc)* abandonné(e) ; *(unrestrained)* sans retenue
abase [əˈbeɪs] *vt*: **to ~ o.s. (so far as to do)** s'abaisser (à faire)
abashed [əˈbæʃt] *adj* confus(e), embarrassé(e)
abate [əˈbeɪt] *vi* s'apaiser, se calmer
abatement [əˈbeɪtmənt] *n*: **noise ~** lutte *f* contre le bruit
abattoir [ˈæbətwɑːʳ] *n (BRIT)* abattoir *m*
abbey [ˈæbɪ] *n* abbaye *f*
abbot [ˈæbət] *n* père supérieur
abbreviate [əˈbriːvɪeɪt] *vt* abréger
abbreviation [əbriːvɪˈeɪʃən] *n* abréviation *f*
ABC *n abbr (= American Broadcasting Company) chaîne de télévision*
abdicate [ˈæbdɪkeɪt] *vt, vi* abdiquer
abdication [æbdɪˈkeɪʃən] *n* abdication *f*
abdomen [ˈæbdəmən] *n* abdomen *m*
abdominal [æbˈdɔmɪnl] *adj* abdominal(e)
abduct [æbˈdʌkt] *vt* enlever
abduction [æbˈdʌkʃən] *n* enlèvement *m*
abductor [æbˈdʌktəʳ] *n* ravisseur(-euse) ; **child ~** kidnappeur *m* (d'enfants)
Aberdonian [æbəˈdəunɪən] *adj* d'Aberdeen ▸ *n* habitant(e) d'Aberdeen, natif(-ive) d'Aberdeen
aberration [æbəˈreɪʃən] *n* anomalie *f* ; **in a moment of mental ~** dans un moment d'égarement
abet [əˈbɛt] *vt see* **aid**
abeyance [əˈbeɪəns] *n*: **in ~** *(law)* en désuétude ; *(matter)* en suspens
abhor [əbˈhɔːʳ] *vt* abhorrer, exécrer
abhorrent [əbˈhɔrənt] *adj* odieux(-euse), exécrable
abide [əˈbaɪd] *vt* souffrir, supporter ; **I can't ~ it/him** je ne le supporte pas
▸ **abide by** *vt fus* observer, respecter
abiding [əˈbaɪdɪŋ] *adj (memory etc)* durable
ability [əˈbɪlɪtɪ] *n* compétence *f* ; capacité *f* ; *(skill)* talent *m* ; **to the best of my ~** de mon mieux
abject [ˈæbdʒɛkt] *adj (poverty)* sordide ; *(coward)* méprisable ; **an ~ apology** les excuses les plus plates
ablaze [əˈbleɪz] *adj* en feu, en flammes ; **~ with light** resplendissant de lumière
able [ˈeɪbl] *adj* compétent(e) ; **to be ~ to do sth** pouvoir faire qch, être capable de faire qch
able-bodied [ˈeɪblˈbɔdɪd] *adj* robuste ; **~ seaman** *(BRIT)* matelot breveté
ably [ˈeɪblɪ] *adv* avec compétence *or* talent, habilement
ABM *n abbr* = **anti-ballistic missile**
abnormal [æbˈnɔːməl] *adj* anormal(e)
abnormality [æbnɔːˈmælɪtɪ] *n (condition)* caractère anormal ; *(instance)* anomalie *f*
aboard [əˈbɔːd] *adv* à bord ▸ *prep* à bord de ; *(train)* dans
abode [əˈbəud] *n (old)* demeure *f* ; *(Law)*: **of no fixed ~** sans domicile fixe
abolish [əˈbɔlɪʃ] *vt* abolir
abolition [æbəˈlɪʃən] *n* abolition *f*

abominable [əˈbɔmɪnəbl] *adj* abominable
Aboriginal [æbəˈrɪdʒɪnəl] *(in Australia) n* aborigène *mf* (d'Australie) ▸ *adj (art, people)* aborigène
aboriginal [æbəˈrɪdʒɪnəl] *adj (native, indigenous)* autochtone
Aborigine [æbəˈrɪdʒɪnɪ] *n (in Australia)* aborigène *mf* (d'Australie)
aborigine [æbəˈrɪdʒɪnɪ] *n* aborigène *mf*
abort [əˈbɔːt] *vt (Med)* faire avorter ; *(Comput, fig)* abandonner
abortion [əˈbɔːʃən] *n* avortement *m* ; **to have an ~** se faire avorter
abortionist [əˈbɔːʃənɪst] *n* avorteur(-euse)
abortive [əˈbɔːtɪv] *adj* manqué(e)
abound [əˈbaund] *vi* abonder ; **to ~ in** abonder en, regorger de

KEYWORD

about [əˈbaut] *adv* **1** *(approximately)* environ, à peu près ; **about a hundred/thousand** *etc* environ cent/mille *etc*, une centaine (de)/un millier (de) *etc* ; **it takes about 10 hours** ça prend environ *or* à peu près 10 heures ; **at about 2 o'clock** vers 2 heures ; **I've just about finished** j'ai presque fini
2 *(referring to place)* çà et là, de-ci de-là ; **to run about** courir çà et là ; **to walk about** se promener, aller et venir ; **is Paul about?** (BRIT) est-ce que Paul est là ? ; **it's about here** c'est par ici, c'est dans les parages ; **they left all their things lying about** ils ont laissé traîner toutes leurs affaires
3: **to be about to do sth** être sur le point de faire qch ; **I'm not about to do all that for nothing** *(inf)* je ne vais quand même pas faire tout ça pour rien
4 *(opposite)*: **it's the other way about** (BRIT) c'est l'inverse
▸ *prep* **1** *(relating to)* au sujet de, à propos de ; **a book about London** un livre sur Londres ; **what is it about?** de quoi s'agit-il ? ; **we talked about it** nous en avons parlé ; **do something about it!** faites quelque chose ! ; **what** *or* **how about doing this?** et si nous faisions ceci ?
2 *(referring to place)* dans ; **to walk about the town** se promener dans la ville

about-turn [əbautˈtəːn], **about-face** [əbautˈfeɪs] *n (U-turn)* volte-face *f* ; *(Mil)* demi-tour *m* ; **to do an ~** *(U-turn)* faire volte-face ; *(Mil)* faire un demi-tour
above [əˈbʌv] *adv* au-dessus ; **mentioned ~** mentionné ci-dessus ▸ *prep* au-dessus de ; *(more than)* plus de ; **costing ~ £10** coûtant plus de 10 livres ; **~ all** par-dessus tout, surtout
aboveboard [əˈbʌvˈbɔːd] *adj* franc (franche), loyal(e) ; honnête
abrasion [əˈbreɪʒən] *n* frottement *m* ; *(on skin)* écorchure *f*
abrasive [əˈbreɪzɪv] *adj* abrasif(-ive) ; *(fig)* caustique, agressif(-ive)
abreast [əˈbrɛst] *adv* de front ; **to keep ~ of** se tenir au courant de
abridge [əˈbrɪdʒ] *vt* abréger
abroad [əˈbrɔːd] *adv* à l'étranger ; **there is a rumour ~ that ...** *(fig)* le bruit court que ...
abrupt [əˈbrʌpt] *adj (steep, blunt)* abrupt(e) ; *(sudden, gruff)* brusque
abruptly [əˈbrʌptlɪ] *adv (speak, end)* brusquement
abs [ˈæbz] *npl (inf: abdominal muscles)* abdos *mpl*
abscess [ˈæbsɪs] *n* abcès *m*
abscond [əbˈskɔnd] *vi* disparaître, s'enfuir
abseil [ˈæbseɪl] (BRIT) *vi* descendre en rappel ; **to ~ down a cliff** descendre en rappel une falaise
absence [ˈæbsəns] *n* absence *f* ; **in the ~ of** *(person)* en l'absence de ; *(thing)* faute de
absent [ˈæbsənt] *adj* absent(e) ; **~ without leave (AWOL)** *(Mil)* en absence irrégulière
absentee [æbsənˈtiː] *n* absent(e)
absenteeism [æbsənˈtiːɪzəm] *n* absentéisme *m*
absent-minded [ˈæbsəntˈmaɪndɪd] *adj* distrait(e)
absent-mindedness [ˈæbsəntˈmaɪndɪdnɪs] *n* distraction *f*
absolute [ˈæbsəluːt] *adj* absolu(e)
absolutely [æbsəˈluːtlɪ] *adv* absolument
absolve [əbˈzɔlv] *vt*: **to ~ sb (from)** *(sin etc)* absoudre qn (de) ; **to ~ sb from** *(oath)* délier qn de
absorb [əbˈzɔːb] *vt* absorber ; **to be absorbed in a book** être plongé(e) dans un livre
absorbent [əbˈzɔːbənt] *adj* absorbant(e)
absorbent cotton *n (US)* coton *m* hydrophile
absorbing [əbˈzɔːbɪŋ] *adj* absorbant(e) ; *(book, film etc)* captivant(e)
absorption [əbˈsɔːpʃən] *n* absorption *f*
abstain [əbˈsteɪn] *vi*: **to ~ (from)** s'abstenir (de)
abstemious [əbˈstiːmɪəs] *adj* sobre, frugal(e)
abstention [əbˈstɛnʃən] *n* abstention *f*
abstinence [ˈæbstɪnəns] *n* abstinence *f*
abstract [ˈæbstrækt] *adj* abstrait(e) ▸ *n (summary)* résumé *m* ▸ *vt* [æbˈstrækt] extraire
abstruse [æbˈstruːs] *adj* abstrus(e)
absurd [əbˈsəːd] *adj* absurde
absurdity [əbˈsəːdɪtɪ] *n* absurdité *f*
ABTA [ˈæbtə] *n abbr* = **Association of British Travel Agents**
Abu Dhabi [ˈæbuːˈdɑːbɪ] *n* Ab(o)u Dhabi *m*
abundance [əˈbʌndəns] *n* abondance *f*
abundant [əˈbʌndənt] *adj* abondant(e)
abuse *n* [əˈbjuːs] *(insults)* insultes *fpl*, injures *fpl* ; *(ill-treatment)* mauvais traitements *mpl* ; *(of power etc)* abus *m* ; **to be open to ~** se prêter à des abus ▸ *vt* [əˈbjuːz] *(insult)* insulter ; *(ill-treat)* malmener ; *(power etc)* abuser de
abuser [əbˈjuːzəʳ] *n (of victim, child)* auteur *m* de sévices, auteur *m* de maltraitances ; *(of drugs)* toxicomane *mf* ; *(of alcohol)* ivrogne *mf*
abusive [əˈbjuːsɪv] *adj* grossier(-ière), injurieux(-euse)
abysmal [əˈbɪzməl] *adj* exécrable ; *(ignorance etc)* sans bornes
abyss [əˈbɪs] *n* abîme *m*, gouffre *m*
AC *n abbr (US)* = **athletic club**
a/c *abbr (Banking etc)* = **account; account current**
acacia [əˈkeɪʃə] *n (also:* **acacia tree***)* acacia *m*
academic [ækəˈdɛmɪk] *adj* universitaire ; *(person: scholarly)* intellectuel(le) ; *(pej: issue)* oiseux(-euse), purement théorique ;

~ **freedom** liberté *f* académique ▸ *n* universitaire *mf*
academic year *n* (*University*) année *f* universitaire ; (*Scol*) année scolaire
academy [əˈkædəmɪ] *n* (*learned body*) académie *f* ; (*school*) collège *m* ; **military/naval** ~ école militaire/navale ; ~ **of music** conservatoire *m*
ACAS [ˈeɪkæs] *n abbr* (BRIT: = *Advisory, Conciliation and Arbitration Service*) *organisme de conciliation et d'arbitrage des conflits du travail*
accede [ækˈsiːd] *vi*: **to** ~ **to** (*request, throne*) accéder à
accelerate [ækˈsɛləreɪt] *vt, vi* accélérer
acceleration [æksɛləˈreɪʃən] *n* accélération *f*
accelerator [ækˈsɛləreɪtə^r] *n* (BRIT) accélérateur *m*
accent [ˈæksɛnt] *n* accent *m*
accentuate [ækˈsɛntjueɪt] *vt* (*syllable*) accentuer ; (*need, difference etc*) souligner
accept [əkˈsɛpt] *vt* accepter
acceptable [əkˈsɛptəbl] *adj* acceptable
acceptance [əkˈsɛptəns] *n* acceptation *f* ; **to meet with general** ~ être favorablement accueilli par tous
access [ˈæksɛs] *n* accès *m* ; **to have** ~ **to** (*information, library etc*) avoir accès à, pouvoir utiliser *or* consulter ; (*person*) avoir accès auprès de ; **the burglars gained** ~ **through a window** les cambrioleurs sont entrés par une fenêtre ▸ *vt* (*Comput*) accéder à
accessibility [əksɛsəˈbɪlɪtɪ] *n* accessibilité *f*
accessible [ækˈsɛsəbl] *adj* accessible
accession [ækˈsɛʃən] *n* accession *f* ; (*of king*) avènement *m* ; (*to library*) acquisition *f*
accessorize [ækˈsɛsəraɪz] *vt* (*clothes, furniture*) accessoiriser
accessory [ækˈsɛsərɪ] *n* accessoire *m* ; **toilet accessories** (BRIT) articles *mpl* de toilette ; ~ **to** (*Law*) accessoire à
access road *n* voie *f* d'accès ; (*to motorway*) bretelle *f* de raccordement
access time *n* (*Comput*) temps *m* d'accès
accident [ˈæksɪdənt] *n* accident *m* ; (*chance*) hasard *m* ; **to meet with** *or* **to have an** ~ avoir un accident ; **I've had an** ~ j'ai eu un accident ; **accidents at work** accidents du travail ; **by** ~ (*by chance*) par hasard ; (*not deliberately*) accidentellement
accidental [æksɪˈdɛntl] *adj* accidentel(le)
accidentally [æksɪˈdɛntəlɪ] *adv* accidentellement
Accident and Emergency Department *n* (BRIT) service *m* des urgences
accident insurance *n* assurance *f* accident
accident-prone [ˈæksɪdəntˈprəun] *adj* sujet(te) aux accidents
acclaim [əˈkleɪm] *vt* acclamer ▸ *n* acclamations *fpl*
acclamation [ækləˈmeɪʃən] *n* (*approval*) acclamation *f* ; (*applause*) ovation *f*
acclimatize [əˈklaɪmətaɪz], (US) **acclimate** [əˈklaɪmət] *vt*: **to become acclimatized** s'acclimater
accolade [ˈækəleɪd] *n* accolade *f* ; (*fig*) marque *f* d'honneur
accommodate [əˈkɔmədeɪt] *vt* loger, recevoir ; (*oblige, help*) obliger ; (*car etc*) contenir ; (*adapt*): **to** ~ **one's plans to** adapter ses projets à
accommodating [əˈkɔmədeɪtɪŋ] *adj* obligeant(e), arrangeant(e)
accommodation *n*, (US) **accommodations** *npl* [əkɔməˈdeɪʃən(z)] logement *m* ; **he's found** ~ il a trouvé à se loger ; **"~ to let"** (BRIT) « appartement *or* studio *etc* à louer » ; **they have** ~ **for 500** ils peuvent recevoir 500 personnes, il y a de la place pour 500 personnes ; **the hall has seating** ~ **for 600** (BRIT) la salle contient 600 places assises
accompaniment [əˈkʌmpənɪmənt] *n* accompagnement *m*
accompanist [əˈkʌmpənɪst] *n* accompagnateur(-trice)
accompany [əˈkʌmpənɪ] *vt* accompagner
accomplice [əˈkʌmplɪs] *n* complice *mf*
accomplish [əˈkʌmplɪʃ] *vt* accomplir
accomplished [əˈkʌmplɪʃt] *adj* accompli(e)
accomplishment [əˈkʌmplɪʃmənt] *n* (*skill: gen pl*) talent *m* ; (*completion*) accomplissement *m* ; (*achievement*) réussite *f*
accord [əˈkɔːd] *n* accord *m* ; **of his own** ~ de son plein gré ; **with one** ~ d'un commun accord ▸ *vt* accorder
accordance [əˈkɔːdəns] *n*: **in** ~ **with** conformément à
according [əˈkɔːdɪŋ]: ~ **to** *prep* selon ; ~ **to plan** comme prévu
accordingly [əˈkɔːdɪŋlɪ] *adv* (*appropriately*) en conséquence ; (*as a result*) par conséquent
accordion [əˈkɔːdɪən] *n* accordéon *m*
accost [əˈkɔst] *vt* accoster, aborder
account [əˈkaunt] *n* (*Comm*) compte *m* ; (*report*) compte rendu, récit *m* ; **"~ payee only"** (BRIT) « chèque non endossable » ; **to keep an** ~ **of** noter ; **to bring sb to** ~ **for sth/for having done sth** amener qn à rendre compte de qch/d'avoir fait qch ; **by all accounts** au dire de tous ; **of little** ~ de peu d'importance ; **of no** ~ sans importance ; **on** ~ en acompte ; **to buy sth on** ~ acheter qch à crédit ; **on no** ~ en aucun cas ; **on** ~ **of** à cause de ; **to take into** ~, **take** ~ **of** tenir compte de ; **accounts** *npl* (*Comm: records*) comptabilité *f*, comptes
▸ **account for** *vt fus* (*explain*) expliquer, rendre compte de ; (*represent*) représenter ; **all the children were accounted for** aucun enfant ne manquait ; **four people are still not accounted for** on n'a toujours pas retrouvé quatre personnes
accountability [əkauntəˈbɪlɪtɪ] *n* responsabilité *f* ; (*financial, political*) transparence *f*
accountable [əˈkauntəbl] *adj*: ~ **(for/to)** responsable (de/devant)
accountancy [əˈkauntənsɪ] *n* comptabilité *f*
accountant [əˈkauntənt] *n* comptable *mf*
accounting [əˈkauntɪŋ] *n* comptabilité *f*
accounting period *n* exercice financier, période *f* comptable
account number *n* numéro *m* de compte
account payable *n* compte *m* fournisseurs

account receivable *n* compte *m* clients
accreditation [əkrɛdɪ'teɪʃən] *n* (*of qualification, institution*) habilitation *f*; (*of diplomat, journalist, representative*) accréditation *f*
accredited [ə'krɛdɪtɪd] *adj* (*person*) accrédité(e)
accretion [ə'kri:ʃən] *n* accroissement *m*
accrual [ə'kru:əl] *n* accumulation *f*
accrue [ə'kru:] *vi* s'accroître ; (*mount up*) s'accumuler ; **to ~ to** s'ajouter à ; **accrued interest** intérêt couru
accumulate [ə'kju:mjuleɪt] *vt* accumuler, amasser ▸ *vi* s'accumuler, s'amasser
accumulation [əkju:mju'leɪʃən] *n* accumulation *f*
accuracy ['ækjurəsɪ] *n* exactitude *f*, précision *f*
accurate ['ækjurɪt] *adj* exact(e), précis(e) ; (*device*) précis
accurately ['ækjurɪtlɪ] *adv* avec précision
accusation [ækju'zeɪʃən] *n* accusation *f*
accusative [ə'kju:zətɪv] *n* (*Ling*) accusatif *m*
accusatory [ə'kju:zətəri, ækju'zeɪtəri] *adj* accusateur(-trice)
accuse [ə'kju:z] *vt*: **to ~ sb (of sth)** accuser qn (de qch)
accused [ə'kju:zd] *n* (*Law*) accusé(e)
accuser [ə'kju:zə^r] *n* accusateur(-trice)
accusing [ə'kju:zɪŋ] *adj* accusateur(-trice)
accusingly [ə'kju:zɪŋlɪ] *adv* (*say, ask*) d'un ton accusateur ; (*look, point*) d'un air accusateur
accustom [ə'kʌstəm] *vt* accoutumer, habituer ; **to ~ o.s. to sth** s'habituer à qch
accustomed [ə'kʌstəmd] *adj* (*usual*) habituel(le) ; **~ to** habitué(e) *or* accoutumé(e) à
AC/DC *abbr* = **alternating current/direct current**
ACE [eɪs] *n abbr* = **American Council on Education**
ace [eɪs] *n* as *m* ; **within an ~ of** (Brit) à deux doigts *or* un cheveu de
acerbic [ə'sə:bɪk] *adj* (*also fig*) acerbe
acetate ['æsɪteɪt] *n* acétate *m*
ache [eɪk] *n* mal *m*, douleur *f* ; **I've got stomach ~** *or* (US) **a stomach ~** j'ai mal à l'estomac ▸ *vi* (*be sore*) faire mal, être douloureux(-euse) ; (*yearn*): **to ~ to do sth** mourir d'envie de faire qch ; **my head aches** j'ai mal à la tête ; **I'm aching all over** j'ai mal partout
achieve [ə'tʃi:v] *vt* (*aim*) atteindre ; (*victory, success*) remporter, obtenir ; (*task*) accomplir
achievement [ə'tʃi:vmənt] *n* exploit *m*, réussite *f* ; (*of aims*) réalisation *f*
achiever [ə'tʃi:və^r] *n*: **to be a high ~** être très doué(e) ; **a way to keep low achievers from dropping out** un moyen de maintenir les moins doués dans le système
Achilles heel [ə'kɪli:z-] *n* talon *m* d'Achille
acid ['æsɪd] *adj*, *n* acide *m*
acidic [ə'sɪdɪk] *adj* (*not alkaline: substance*) acide ; (*sour: taste*) acide
acidity [ə'sɪdɪtɪ] *n* acidité *f*
acid rain *n* pluies *fpl* acides
acid test *n* (*fig*) épreuve décisive
acknowledge [ək'nɔlɪdʒ] *vt* (*also*: **acknowledge receipt of**) accuser réception de ; (*fact*) reconnaître
acknowledgement [ək'nɔlɪdʒmənt] *n* (*of letter*) accusé *m* de réception ; **acknowledgements** *npl* (*in book*) remerciements *mpl*
ACLU *n abbr* (= *American Civil Liberties Union*) *ligue des droits de l'homme*
acme ['ækmɪ] *n* point culminant
acne ['æknɪ] *n* acné *m*
acorn ['eɪkɔ:n] *n* gland *m*
acoustic [ə'ku:stɪk] *adj* acoustique
acoustics [ə'ku:stɪks] *n*, *npl* acoustique *f*
acquaint [ə'kweɪnt] *vt*: **to ~ sb with sth** mettre qn au courant de qch ; **to be acquainted with** (*person*) connaître ; (*fact*) savoir
acquaintance [ə'kweɪntəns] *n* connaissance *f* ; **to make sb's ~** faire la connaissance de qn
acquiesce [ækwɪ'ɛs] *vi* (*agree*): **to ~ (in)** acquiescer (à)
acquiescent [ækwi'ɛsənt] *adj* consentant(e)
acquire [ə'kwaɪə^r] *vt* acquérir
acquired [ə'kwaɪəd] *adj* acquis(e) ; **an ~ taste** un goût acquis
acquisition [ækwɪ'zɪʃən] *n* acquisition *f*
acquisitive [ə'kwɪzɪtɪv] *adj* qui a l'instinct de possession *or* le goût de la propriété
acquit [ə'kwɪt] *vt* acquitter ; **to ~ o.s. well** s'en tirer très honorablement
acquittal [ə'kwɪtl] *n* acquittement *m*
acre ['eɪkə^r] *n* acre *f* (= 4 047 m^2)
acreage ['eɪkərɪdʒ] *n* superficie *f*
acrid ['ækrɪd] *adj* (*smell*) âcre ; (*fig*) mordant(e)
acrimonious [ækrɪ'məunɪəs] *adj* acrimonieux(-euse), aigre
acrimoniously [ækrɪ'məunɪəslɪ] *adv* (*end, break up*) avec acrimonie
acrimony ['ækrɪmənɪ] *n* acrimonie *f*
acrobat ['ækrəbæt] *n* acrobate *mf*
acrobatic [ækrə'bætɪk] *adj* acrobatique
acrobatics [ækrə'bætɪks] *n*, *npl* acrobatie *f*
acronym ['ækrənɪm] *n* acronyme *m*
Acropolis [ə'krɔpəlɪs] *n*: **the ~** l'Acropole *f*
acrosport ['ækrəspɔ:t] *n* acrosport *m*
across [ə'krɔs] *prep* (*on the other side*) de l'autre côté de ; (*crosswise*) en travers de ; **to walk ~ the road** traverser la route ; **to take sb ~ the road** faire traverser la route à qn ; **a road ~ the wood** une route qui traverse le bois ▸ *adv* de l'autre côté ; en travers ; **to run/swim ~** traverser en courant/à la nage ; **to walk ~ to the window** aller à la fenêtre ; **the lake is 12 km ~** le lac fait 12 km de large ; **~ from** en face de ; **to get sth ~ (to sb)** faire comprendre qch (à qn)
acrylic [ə'krɪlɪk] *adj*, *n* acrylique *m*
ACT *n abbr* (= *American College Test*) *examen de fin d'études secondaires*
act [ækt] *n* acte *m*, action *f* ; (*Theat: part of play*) acte ; (: *of performer*) numéro *m* ; (*Law*) loi *f* ; **to catch sb in the ~** prendre qn sur le fait *or* en flagrant délit ; **it's only an ~** c'est du cinéma ; **~ of God** (*Law*) catastrophe naturelle ▸ *vi* agir ; (*Theat*) jouer ; (*pretend*) jouer la comédie ; **to ~ as** servir de ; **it acts as a deterrent** cela a un effet dissuasif ; **acting in my capacity as chairman, I ...** en ma qualité de président, je ... ▸ *vt* (*role*) jouer, tenir ; **to ~ Hamlet** (Brit) tenir *or* jouer le rôle d'Hamlet ; **to ~ the fool** (Brit) faire l'idiot

▸ **act on** *vt fus*: **to ~ on sth** agir sur la base de qch
▸ **act out** *vt* (*event*) raconter en mimant ; (*fantasies*) réaliser
▸ **act up** *vi* (*inf: person*) se conduire mal ; (*: knee, back, injury*) jouer des tours ; (*: machine*) être capricieux(-euse)

acting ['æktɪŋ] *adj* suppléant(e), par intérim ; **he is the ~ manager** il remplace (provisoirement) le directeur ▸ *n* (*of actor*) jeu *m* ; (*activity*): **to do some ~** faire du théâtre (*or* du cinéma)
action ['ækʃən] *n* action *f* ; (*Mil*) combat(s) *m(pl)* ; (*Law*) procès *m*, action en justice ; **to bring an ~ against sb** (*Law*) poursuivre qn en justice, intenter un procès contre qn ; **killed in ~** (*Mil*) tué au champ d'honneur ; **out of ~** hors de combat ; (*machine etc*) hors d'usage ; **to take ~** agir, prendre des mesures ; **to put a plan into ~** mettre un projet à exécution ▸ *vt* (*Comm*) mettre en œuvre
action plan *n* (*also*: **plan of action**) plan *m* d'action
action replay *n* (BRIT TV) ralenti *m*
activate ['æktɪveɪt] *vt* (*mechanism*) actionner, faire fonctionner ; (*Chem, Physics*) activer
activation [æktɪ'veɪʃən] *n* (*of mechanism, also Chem*) activation *f*
active ['æktɪv] *adj* actif(-ive) ; (*volcano*) en activité ; **to play an ~ part in** jouer un rôle actif dans
active duty *n* (*US Mil*) campagne *f*
actively ['æktɪvlɪ] *adv* activement ; (*discourage*) vivement
active partner *n* (*Comm*) associé(e)
active service *n* (BRIT *Mil*) campagne *f*
activism ['æktɪvɪzəm] *n* activisme *m* ; **political ~** activisme politique ; **environmental ~** militantisme *m* écologique
activist ['æktɪvɪst] *n* activiste *mf*
activity [æk'tɪvɪtɪ] *n* activité *f*
activity holiday *n* vacances actives
actor ['æktəʳ] *n* acteur *m*
actress ['æktrɪs] *n* actrice *f*
actual ['æktjuəl] *adj* réel(le), véritable ; (*emphatic use*) lui-même (elle-même)

> ⚠ **actual** ne veut pas dire *actuel*.

actuality [ˌæktʃu'ælɪtɪ] *n* (*reality*) réalité *f* ; (*formal: fact*) fait *m* ; (*: condition*) situation *f* réelle ; **in ~** en réalité
actually ['æktjuəlɪ] *adv* réellement, véritablement ; (*in fact*) en fait

> ⚠ **actually** ne veut pas dire *actuellement*.

actuarial [ˌæktju'ɛərɪəl] *adj* actuariel(le)
actuary ['æktjuərɪ] *n* actuaire *m*
actuate ['æktjueɪt] *vt* déclencher, actionner
acuity [ə'kju:ɪtɪ] *n* acuité *f*
acumen ['ækjumən] *n* perspicacité *f* ; **business ~** sens *m* des affaires
acupressure ['ækjuprɛʃəʳ] *n* acupressing *m*
acupuncture ['ækjupʌŋktʃəʳ] *n* acuponcture *f*
acute [ə'kju:t] *adj* (*severe: crisis, shortage*) grave ; (*: embarrassment*) profond(e) ; (*illness, accent*) aigu(ë) ; (*mind, observer*) pénétrant(e)
acutely [ə'kju:tlɪ] *adv* (*keenly: aware*) profondément ; (*: feel*) vivement ; (*intensely: embarrassing*) extrêmement
ad [æd] *n abbr* = **advertisement**
A.D. *adv abbr* (= *Anno Domini*) ap. J.-C. ▸ *n abbr* (*US Mil*) = **active duty**
adage ['ædɪdʒ] *n* adage *m* ; **the old ~ that ...** le vieil adage selon lequel ...
adamant ['ædəmənt] *adj* inflexible
Adam's apple ['ædəmz-] *n* pomme *f* d'Adam
adapt [ə'dæpt] *vt* adapter ▸ *vi*: **to ~ (to)** s'adapter (à)
adaptability [ədæptə'bɪlɪtɪ] *n* faculté *f* d'adaptation
adaptable [ə'dæptəbl] *adj* (*device*) adaptable ; (*person*) qui s'adapte facilement
adaptation [ædæp'teɪʃən] *n* adaptation *f*
adapter, adaptor [ə'dæptəʳ] *n* (*Elec*) adaptateur *m* ; (*for several plugs*) prise *f* multiple
adaptive [ə'dæptɪv] *adj* (*adaptable*) qui a une grande capacité d'adaptation
ADC *n abbr* (*Mil*) = **aide-de-camp**; (*US*: = *Aid to Dependent Children*) *aide pour enfants assistés*
ADD *n abbr* (= *attention deficit disorder*) TDA *m*
add [æd] *vt* ajouter ; (*figures: also*: **to add up**) additionner ▸ *vi*: **to ~ to** (*increase*) ajouter à, accroître ; **it doesn't ~ up** (*fig*) cela ne rime à rien
▸ **add on** *vt* ajouter
▸ **add up to** *vt fus* (*Math*) s'élever à ; (*fig: mean*) signifier ; **it doesn't ~ up to much** ça n'est pas grand-chose
added ['ædɪd] *adj* (*extra: advantage, benefit*) supplémentaire ; (*sugar, vitamins*) ajouté(e)
adder ['ædəʳ] *n* vipère *f*
addict ['ædɪkt] *n* toxicomane *mf* ; (*fig*) fanatique *mf* ; **heroin ~** héroïnomane *mf* ; **drug ~** drogué(e)
addicted [ə'dɪktɪd] *adj*: **to be ~ to** (*drink, drugs*) être adonné(e) à ; (*fig: football etc*) être un(e) fanatique de
addiction [ə'dɪkʃən] *n* (*Med*) dépendance *f*
addictive [ə'dɪktɪv] *adj* qui crée une dépendance
adding machine ['ædɪŋ-] *n* machine *f* à calculer
Addis Ababa ['ædɪs'æbəbə] *n* Addis Abeba, Addis Ababa
addition [ə'dɪʃən] *n* (*adding up*) addition *f* ; (*thing added*) ajout *m* ; **in ~** de plus, de surcroît ; **in ~ to** en plus de
additional [ə'dɪʃənl] *adj* supplémentaire
additionally [ə'dɪʃənəlɪ] *adv* (*moreover, to a greater extent*) de plus, en outre
additive ['ædɪtɪv] *n* additif *m*
address [ə'drɛs] *n* adresse *f* ; (*talk*) discours *m*, allocution *f* ; **my ~ is ...** mon adresse, c'est ... ; **form of ~** titre *m* ; **what form of ~ do you use for ...?** comment s'adresse-t-on à ... ? ; **absolute/relative ~** (*Comput*) adresse absolue/relative ▸ *vt* adresser ; (*speak to*) s'adresser à ; **to ~ (o.s. to) sth** (*problem, issue*) aborder qch
address book *n* carnet *m* d'adresses
addressee [ædrɛ'si:] *n* destinataire *mf*
Aden ['eɪdən] *n*: **Gulf of ~** Golfe *m* d'Aden
adenoids ['ædɪnɔɪdz] *npl* végétations *fpl*

adept [ə'dɛpt] *adj*: **~ at** expert(e) à *or* en
adequate ['ædɪkwɪt] *adj (enough)* suffisant(e) ; *(satisfactory)* satisfaisant(e) ; **to feel ~ to the task** se sentir à la hauteur de la tâche
adequately ['ædɪkwɪtlɪ] *adv* de façon adéquate
ADHD *n abbr (= attention deficit hyperactivity disorder)* TDAH *m*
adhere [əd'hɪəʳ] *vi*: **to ~ to** adhérer à ; *(fig: rule, decision)* se tenir à
adherence [əd'hɪərəns] *n (to rule, agreement, belief)* adhésion *f* ; **~ to sth** adhésion à qch
adhesion [əd'hi:ʒən] *n* adhésion *f*
adhesive [əd'hi:zɪv] *adj* adhésif(-ive) ▸ *n* adhésif *m*
adhesive tape *n* (BRIT) ruban *m* adhésif ; *(US Med)* sparadrap *m*
ad hoc [æd'hɔk] *adj (decision)* de circonstance ; *(committee)* ad hoc
ad infinitum ['ædɪnfɪ'naɪtəm] *adv* à l'infini
adjacent [ə'dʒeɪsənt] *adj* adjacent(e), contigu(ë) ; **~ to** adjacent à
adjective ['ædʒɛktɪv] *n* adjectif *m*
adjoin [ə'dʒɔɪn] *vt* jouxter
adjoining [ə'dʒɔɪnɪŋ] *adj* voisin(e), adjacent(e), attenant(e) ▸ *prep* voisin de, adjacent à
adjourn [ə'dʒə:n] *vt* ajourner ; **to ~ a meeting till the following week** reporter une réunion à la semaine suivante ▸ *vi* suspendre la séance ; lever la séance ; clore la session ; *(go)* se retirer ; **they adjourned to the pub** (BRIT *inf*) ils ont filé au pub
adjournment [ə'dʒə:nmənt] *n (period)* ajournement *m*
Adjt *abbr (Mil: = adjutant)* Adj
adjudicate [ə'dʒu:dɪkeɪt] *vt (contest)* juger ; *(claim)* statuer (sur) ▸ *vi* se prononcer
adjudication [ədʒu:dɪ'keɪʃən] *n (Law)* jugement *m*
adjudicator [ə'dʒu:dɪkeɪtəʳ] *n* juge *mf*
adjust [ə'dʒʌst] *vt (machine)* ajuster, régler ; *(prices, wages)* rajuster ▸ *vi*: **to ~ (to)** s'adapter (à)
adjustable [ə'dʒʌstəbl] *adj* réglable
adjuster [ə'dʒʌstəʳ] *n see* **loss**
adjustment [ə'dʒʌstmənt] *n (of machine)* ajustage *m*, réglage *m* ; *(of prices, wages)* rajustement *m* ; *(of person)* adaptation *f*
adjutant ['ædʒətənt] *n* adjudant *m*
ad-lib [æd'lɪb] *vt, vi* improviser ▸ *n* improvisation *f* ▸ *adv*: **ad lib** à volonté, à discrétion
adman ['ædmæn] *n (irreg) (inf)* publicitaire *m*
admin ['ædmɪn] *n abbr (inf)* = **administration**
administer [əd'mɪnɪstəʳ] *vt* administrer ; *(justice)* rendre
administration [ədmɪnɪs'treɪʃən] *n (management)* administration *f* ; *(government)* gouvernement *m*
administrative [əd'mɪnɪstrətɪv] *adj* administratif(-ive)
administrator [əd'mɪnɪstreɪtəʳ] *n* administrateur(-trice)
admirable ['ædmərəbl] *adj* admirable
admirably ['ædmɪrəblɪ] *adv* admirablement
admiral ['ædmərəl] *n* amiral *m*
Admiralty ['ædmərəltɪ] *n* (BRIT: *also*: **Admiralty Board**) ministère *m* de la Marine
admiration [ædmə'reɪʃən] *n* admiration *f*
admire [əd'maɪəʳ] *vt* admirer
admirer [əd'maɪərəʳ] *n (fan)* admirateur(-trice)
admiring [əd'maɪərɪŋ] *adj* admiratif(-ive)
admiringly [əd'maɪərɪŋlɪ] *adv (say, look)* avec admiration
admissible [əd'mɪsəbl] *adj* acceptable, admissible ; *(evidence)* recevable
admission [əd'mɪʃən] *n* admission *f* ; *(to exhibition, night club etc)* entrée *f* ; *(confession)* aveu *m* ; **"~ free", "free ~"** « entrée libre » ; **by his own ~** de son propre aveu
admission charge *n* droits *mpl* d'admission
admit [əd'mɪt] *vt* laisser entrer ; admettre ; *(agree)* reconnaître, admettre ; *(crime)* reconnaître avoir commis ; **"children not admitted"** « entrée interdite aux enfants » ; **this ticket admits two** ce billet est valable pour deux personnes ; **I must ~ that ...** je dois admettre *or* reconnaître que ...
▸ **admit of** *vt fus* admettre, permettre
▸ **admit to** *vt fus* reconnaître, avouer
admittance [əd'mɪtəns] *n* admission *f*, (droit *m* d')entrée *f* ; **"no ~"** « défense d'entrer »
admittedly [əd'mɪtɪdlɪ] *adv* il faut en convenir
admonish [əd'mɔnɪʃ] *vt* donner un avertissement à ; réprimander
admonishment [əd'mɔnɪʃmənt] *n* réprimande *f*
ad nauseam [æd'nɔ:sɪæm] *adv* à satiété
ado [ə'du:] *n*: **without (any) more ~** sans plus de cérémonies
adolescence [ædəu'lɛsns] *n* adolescence *f*
adolescent [ædəu'lɛsnt] *adj, n* adolescent(e)
adopt [ə'dɔpt] *vt* adopter
adopted [ə'dɔptɪd] *adj* adoptif(-ive), adopté(e)
adoption [ə'dɔpʃən] *n* adoption *f*
adoptive [ə'dɔptɪv] *adj (child, parents, family)* adoptif(-ive) ; *(country, home)* d'adoption, adoptif(-ive)
adorable [ə'dɔ:rəbl] *adj* adorable
adoration [ædɔ:'reɪʃən] *n* adoration *f*
adore [ə'dɔ:ʳ] *vt* adorer
adoring [ə'dɔ:rɪŋ] *adj*: **his ~ wife** sa femme qui est en adoration devant lui
adoringly [ə'dɔ:rɪŋlɪ] *adv* avec adoration
adorn [ə'dɔ:n] *vt* orner
adornment [ə'dɔ:nmənt] *n* ornement *m*
ADP *n abbr* = **automatic data processing**
adrenalin, adrenaline [ə'drɛnəlɪn] *n* adrénaline *f* ; **to get the ~ going** faire monter le taux d'adrénaline
Adriatic [eɪdrɪ'ætɪk], **Adriatic Sea** *n*: **the ~ (Sea)** la mer Adriatique, l'Adriatique *f*
adrift [ə'drɪft] *adv* à la dérive ; **to come ~** *(boat)* aller à la dérive ; *(wire, rope, fastening etc)* se défaire
adroit [ə'drɔɪt] *adj* adroit(e), habile
ADSL *n abbr (= asymmetric digital subscriber line)* ADSL *m*
ADT *abbr (US: = Atlantic Daylight Time) heure d'été de New York*
adulation [ˌædju'leɪʃən] *n* adulation *f*
adult ['ædʌlt] *n* adulte *mf* ▸ *adj (grown-up)* adulte ; *(for adults)* pour adultes

adult education *n* éducation *f* des adultes
adulterate [ə'dʌltəreɪt] *vt* frelater, falsifier
adulterer [ə'dʌltərəʳ] *n* homme *m* adultère
adulteress [ə'dʌltərɪs] *n* femme *f* adultère
adulterous [ə'dʌltərəs] *adj* adultère
adultery [ə'dʌltərɪ] *n* adultère *m*
adulthood ['ædʌlthud] *n* âge *m* adulte
advance [əd'vɑːns] *n* avance *f* ; **in ~** (*prepare, notify, decide*) à l'avance ; (*pay*) d'avance ; **do I need to book in ~?** est-ce qu'il faut réserver à l'avance ? ; **to make advances to sb** (*gen*) faire des propositions à qn ; (*amorously*) faire des avances à qn ▸ *vt* avancer ▸ *vi* s'avancer ▸ *cpd*: **~ booking** location *f* ; **~ notice**, **~ warning** préavis *m* ; (*verbal*) avertissement *m*
advanced [əd'vɑːnst] *adj* avancé(e) ; (*Scol: studies*) supérieur(e) ; **~ in years** d'un âge avancé
advancement [əd'vɑːnsmənt] *n* avancement *m*
advantage [əd'vɑːntɪdʒ] *n* (*also Tennis*) avantage *m* ; **to take ~ of** (*person*) exploiter ; (*opportunity*) profiter de ; **it's to our ~** c'est notre intérêt ; **it's to our ~ to ...** nous avons intérêt à ...
advantaged [əd'vɑːntɪdʒd] *adj* avantagé(e)
advantageous [ædvən'teɪdʒəs] *adj* avantageux(-euse)
advent ['ædvənt] *n* avènement *m*, venue *f* ; **A~** (*Rel*) Avent *m*
Advent calendar *n* calendrier *m* de l'Avent
adventure [əd'vɛntʃəʳ] *n* aventure *f*
adventure playground *n* aire *f* de jeux
adventurer [əd'vɛntʃərəʳ] *n* aventurier(-ière)
adventuresome [əd'vɛntʃəsəm] (*US*) *adj* aventureux(-euse)
adventurous [əd'vɛntʃərəs] *adj* aventureux(-euse)
adverb ['ædvəːb] *n* adverbe *m*
adversarial [ædvə'sɛərɪəl] *adj* antagonique
adversary ['ædvəsərɪ] *n* adversaire *mf*
adverse ['ædvəːs] *adj* adverse ; (*effect*) négatif(-ive) ; (*weather, publicity*) mauvais(e) ; (*wind*) contraire ; **~ to** hostile à ; **in ~ circumstances** dans l'adversité
adversely ['ædvəːslɪ] *adv*: **to affect sth ~** avoir un effet négatif sur qch
adversity [əd'vəːsɪtɪ] *n* adversité *f*
advert ['ædvəːt] *n abbr* (*Brit*) = **advertisement**
advertise ['ædvətaɪz] *vi* faire de la publicité *or* de la réclame ; (*in classified ads etc*) mettre une annonce ; **to ~ for** (*staff*) recruter par (voie d')annonce ▸ *vt* faire de la publicité *or* de la réclame pour ; (*in classified ads etc*) mettre une annonce pour vendre
advertisement [əd'vəːtɪsmənt] *n* publicité *f*, réclame *f* ; (*in classified ads etc*) annonce *f*
advertiser ['ædvətaɪzəʳ] *n* annonceur *m*
advertising ['ædvətaɪzɪŋ] *n* publicité *f*
advertising agency *n* agence *f* de publicité
advertising campaign *n* campagne *f* de publicité
advice [əd'vaɪs] *n* conseils *mpl* ; (*notification*) avis *m* ; **a piece of ~** un conseil ; **to ask (sb) for ~** demander conseil (à qn) ; **to take legal ~** consulter un avocat
advice note *n* (*Brit*) avis *m* d'expédition
advisable [əd'vaɪzəbl] *adj* recommandable, indiqué(e)
advise [əd'vaɪz] *vt* conseiller ; **to ~ sb of sth** aviser *or* informer qn de qch ; **to ~ against sth/doing sth** déconseiller qch/conseiller de ne pas faire qch ; **you would be well/ill advised to go** vous feriez mieux d'y aller/de ne pas y aller, vous auriez intérêt à y aller/à ne pas y aller
advisedly [əd'vaɪzɪdlɪ] *adv* (*deliberately*) délibérément
adviser, advisor [əd'vaɪzəʳ] *n* conseiller(-ère)
advisory [əd'vaɪzərɪ] *adj* consultatif(-ive) ; **in an ~ capacity** à titre consultatif
advocacy ['ædvəkəsɪ] *n* plaidoyer *m* ; **sb's ~ of sth** le plaidoyer de qn en faveur de qch
advocate *n* ['ædvəkɪt] (*lawyer*) avocat (plaidant) ; (*upholder*) défenseur *m*, avocat(e) ; **to be an ~ of** être partisan(e) de ▸ *vt* ['ædvəkeɪt] recommander, prôner
advt. *abbr* = **advertisement**
AEA *n abbr* (*Brit*: = *Atomic Energy Authority*) ≈ AEN *f* (= *Agence pour l'énergie nucléaire*)
AEC *n abbr* (*US*: = *Atomic Energy Commission*) CEA *m* (= *Commissariat à l'énergie atomique*)
AEEU *n abbr* (*Brit*: = *Amalgamated Engineering and Electrical Union*) *syndicat de techniciens et d'électriciens*
Aegean [iː'dʒiːən] *n, adj*: **the ~ (Sea)** la mer Égée, l'Égée *f*
aegis ['iːdʒɪs] *n*: **under the ~ of** sous l'égide de
aeon ['iːən] *n* éternité *f*
aerial ['ɛərɪəl] *n* antenne *f* ▸ *adj* aérien(ne)
aerobatics ['ɛərəu'bætɪks] *npl* acrobaties aériennes
aerobic [ɛə'rəubɪk] *adj* aérobie
aerobics [ɛə'rəubɪks] *n* aérobic *m*
aerodrome ['ɛərədrəum] *n* (*Brit*) aérodrome *m*
aerodynamic ['ɛərəudaɪ'næmɪk] *adj* aérodynamique
aerodynamics [ɛərəudaɪ'næmɪks] *n* aérodynamique *f*
aeronautical [ɛərə'nɔːtɪkl] *adj* (*engineer, research*) aéronautique ; **~ engineering** aéronautique *f*
aeronautics [ɛərə'nɔːtɪks] *n* aéronautique *f*
aeroplane ['ɛərəpleɪn] *n* (*Brit*) avion *m*
aerosol ['ɛərəsɔl] *n* aérosol *m*
aerospace industry ['ɛərəuspeɪs-] *n* (industrie) aérospatiale *f*
aesthete ['iːsθiːt] *n* esthète *mf*
aesthetic [ɪs'θɛtɪk] *adj* esthétique
aesthetics [iːs'θɛtɪks] *n* esthétique *f*
afar [ə'fɑːʳ] *adv*: **from ~** de loin
AFB *n abbr* (*US*) = **Air Force Base**
AFDC *n abbr* (*US*: = *Aid to Families with Dependent Children*) *aide pour enfants assistés*
affable ['æfəbl] *adj* affable
affair [ə'fɛəʳ] *n* affaire *f* ; (*also*: **love affair**) liaison *f* ; aventure *f* ; **affairs** *npl* (*business*) affaires
affect [ə'fɛkt] *vt* affecter ; (*subj: disease*) atteindre
affectation [æfɛk'teɪʃən] *n* affectation *f*
affected [ə'fɛktɪd] *adj* affecté(e)
affecting [ə'fɛktɪŋ] *adj* (*story, music*) touchant(e), émouvant(e)

a

affection [əˈfɛkʃən] *n* affection *f*
affectionate [əˈfɛkʃənɪt] *adj* affectueux(-euse)
affectionately [əˈfɛkʃənɪtlɪ] *adv* affectueusement
affidavit [æfɪˈdeɪvɪt] *n* (*Law*) déclaration écrite sous serment
affiliated [əˈfɪlɪeɪtɪd] *adj* affilié(e); **~ company** filiale *f*
affiliation [əfɪlɪˈeɪʃən] *n* affiliation *f*; **~ with sth, ~ to sth** affiliation à qch; **political affiliations** attaches *fpl* politiques
affinity [əˈfɪnɪtɪ] *n* affinité *f*
affirm [əˈfəːm] *vt* affirmer
affirmation [æfəˈmeɪʃən] *n* affirmation *f*, assertion *f*
affirmative [əˈfəːmətɪv] *adj* affirmatif(-ive) ▸ *n*: **in the ~** dans *or* par l'affirmative
affix [əˈfɪks] *vt* apposer, ajouter
afflict [əˈflɪkt] *vt* affliger
affliction [əˈflɪkʃən] *n* affliction *f*
affluence [ˈæfluəns] *n* aisance *f*, opulence *f*
affluent [ˈæfluənt] *adj* opulent(e); (*person, family, surroundings*) aisé(e), riche; **the ~ society** la société d'abondance
afford [əˈfɔːd] *vt* (*goods etc*) avoir les moyens d'acheter *or* d'entretenir; (*behaviour*) se permettre; (*provide*) fournir, procurer; **can we ~ a car?** avons-nous de quoi acheter *or* les moyens d'acheter une voiture ?; **I can't ~ the time** je n'ai vraiment pas le temps
affordability [əfɔːdəˈbɪlɪtɪ] *n* accessibilité *m* des prix
affordable [əˈfɔːdəbl] *adj* abordable
affray [əˈfreɪ] *n* (Brit *Law*) échauffourée *f*, rixe *f*
affront [əˈfrʌnt] *n* affront *m*
affronted [əˈfrʌntɪd] *adj* insulté(e)
Afghan [ˈæfgæn] *adj* afghan(e) ▸ *n* Afghan(e)
Afghanistan [æfˈgænɪstæn] *n* Afghanistan *m*
aficionado [əˌfɪʃiəˈnɑːdəu] *n* passionné(e); **an ~ of sth** un(e) passionné(e) de qch
afield [əˈfiːld] *adv*: **far ~** loin
aflame [əˈfleɪm] *adj* (*grass, forest*) en flammes; (*with colour*) flamboyant(e); (*with emotion: heart*) embrasé(e); (*: face*) en feu
AFL-CIO *n abbr* (= *American Federation of Labor and Congress of Industrial Organizations*) *confédération syndicale*
afloat [əˈfləut] *adj* à flot ▸ *adv*: **to stay ~** surnager; **to keep/get a business ~** maintenir à flot/lancer une affaire
afoot [əˈfut] *adv*: **there is something ~** il se prépare quelque chose
aforementioned [əˈfɔːmɛnʃənd], **aforesaid** [əˈfɔːsɛd] *adj* susdit(e), susmentionné(e)
afraid [əˈfreɪd] *adj* effrayé(e); **to be ~ of** *or* **to** avoir peur de; **I am ~ that** je crains que + *sub*; **I'm ~ so/not** oui/non, malheureusement
afresh [əˈfrɛʃ] *adv* de nouveau
Africa [ˈæfrɪkə] *n* Afrique *f*
African [ˈæfrɪkən] *adj* africain(e) ▸ *n* Africain(e)
African-American [ˈæfrɪkənəˈmɛrɪkən] *adj* afro-américain(e) ▸ *n* Afro-Américain(e)
Afrikaans [æfrɪˈkɑːns] *n* afrikaans *m*
Afrikaner [æfrɪˈkɑːnəʳ] *n* Afrikaner *mf*
Afro [ˈæfrəu] *adj* (*hair, wig*) afro ▸ *n* (*hairstyle*) coiffure *f* afro
Afro-American [ˈæfrəuəˈmɛrɪkən] *adj* afro-américain(e)
AFT *n abbr* (= *American Federation of Teachers*) *syndicat enseignant*
aft [ɑːft] *adv* à l'arrière, vers l'arrière
after [ˈɑːftəʳ] *prep, adv* après; **~ dinner** après (le) dîner; **the day ~ tomorrow** après-demain; **it's quarter ~ two** (*US*) il est deux heures et quart; **to name sb ~ sb** donner à qn le nom de qn; **to ask ~ sb** demander des nouvelles de qn; **what/who are you ~?** que/qui cherchez-vous ?; **the police are ~ him** la police est à ses trousses; **~ you!** après vous !; **~ all** après tout ▸ *conj* après que, après avoir *or* être + *pp*; **~ having done/~ he left** après avoir fait/ après son départ

> Rephrase phrases such as *after finishing*, or *after I'd finished* as *after having finished* before translating them into French: *after finishing* **après avoir fini**.

afterbirth [ˈɑːftəbəːθ] *n* placenta *m*
aftercare [ˈɑːftəkɛəʳ] *n* (Brit *Med*) post-cure *f*
after-effects [ˈɑːftərɪfɛkts] *npl* (*of disaster, radiation, drink etc*) répercussions *fpl*; (*of illness*) séquelles *fpl*, suites *fpl*
afterlife [ˈɑːftəlaɪf] *n* vie *f* après la mort
aftermarket [ˈɑːftəˌmɑːkɪt] *n* (*for cars*) marché *m* des accessoires; (*Stock Exchange*) marché *m* secondaire
aftermath [ˈɑːftəmɑːθ] *n* conséquences *fpl*; **in the ~ of** dans les mois *or* années *etc* qui suivirent, au lendemain de
afternoon [ˈɑːftəˈnuːn] *n* après-midi *mf*; **good ~!** bonjour !; (*goodbye*) au revoir !; *voir article*

> **AFTERNOON TEA**
>
> L'**afternoon tea** est une sorte de goûter assez consistant dont l'apparition date du XIXe siècle, parmi les Anglaises de la haute société qui se réunissaient chez l'une ou l'autre pour prendre le thé. L'*afternoon tea* est toujours répandu, même si de nos jours on se retrouve plutôt entre amies dans un hôtel ou un café, le plus souvent pour une occasion particulière. Au menu de l'*afternoon tea* classique : petits sandwiches au pain de mie, *scones* avec crème et confiture, assortiment de pâtisseries, thé ou café.

afterparty [ˈɑːftəpɑːtɪ] *n* after *m*
afters [ˈɑːftəz] *n* (Brit *inf: dessert*) dessert *m*
after-sales service [ɑːftəˈseɪlz-] *n* service *m* après-vente, SAV *m*
after-shave [ˈɑːftəʃeɪv], **after-shave lotion** *n* lotion *f* après-rasage
aftershock [ˈɑːftəʃɔk] *n* réplique *f* (sismique)
aftersun (cream/lotion) [ˈɑːftəsʌn-] *n* après-soleil *m inv*
aftertaste [ˈɑːftəteɪst] *n* arrière-goût *m*
afterthought [ˈɑːftəθɔːt] *n*: **I had an ~** il m'est venu une idée après coup
afterwards [ˈɑːftəwədz], (*US*) **afterward** [ˈɑːftəwəd] *adv* après
afterword [ˈɑːftəwəːd] *n* postface *f*

again [əˈgɛn] *adv* de nouveau, encore (une fois) ; **to do sth ~** refaire qch ; **not ... ~** ne ... plus ; **~ and ~** à plusieurs reprises ; **he's opened it ~** il l'a rouvert, il l'a de nouveau *or* l'a encore ouvert ; **now and ~** de temps à autre
against [əˈgɛnst] *prep* contre ; (*compared to*) par rapport à ; **~ a blue background** sur un fond bleu ; **(as) ~** (BRIT) contre
agape [əˈgeɪp] *adj*: **with her mouth ~** bouche bée
age [eɪdʒ] *n* âge *m* ; **what ~ is he?** quel âge a-t-il ? ; **he is 20 years of ~** il a 20 ans ; **under ~** mineur(e) ; **to come of ~** atteindre sa majorité ; **it's been ages since I saw you** ça fait une éternité que je ne t'ai pas vu ▸ *vt, vi* vieillir
aged *adj* [ˈeɪdʒd] âgé(e) ; **~ 10** âgé de 10 ans ▸ *npl* [ˈeɪdʒɪd]: **the ~** les personnes âgées
age group *n* tranche *f* d'âge ; **the 40 to 50 ~** la tranche d'âge des 40 à 50 ans
ageing [ˈeɪdʒɪŋ] *adj* vieillissant(e)
ageism [ˈeɪdʒɪzəm] *n* âgisme *m*
ageless [ˈeɪdʒlɪs] *adj* sans âge
age limit *n* limite *f* d'âge
agency [ˈeɪdʒənsɪ] *n* agence *f* ; **through** *or* **by the ~ of** par l'entremise *or* l'action de
agenda [əˈdʒɛndə] *n* ordre *m* du jour ; **on the ~** à l'ordre du jour

> ⚠ Le mot anglais **agenda** ne veut pas dire *agenda*.

agent [ˈeɪdʒənt] *n* agent *m* ; (*firm*) concessionnaire *m*
agglomeration [əglɔməˈreɪʃən] *n* agglomérat *m*
aggravate [ˈægrəveɪt] *vt* (*situation*) aggraver ; (*annoy*) exaspérer, agacer
aggravating [ˈægrəveɪtɪŋ] *adj* (*annoying*) exaspérant(e)
aggravation [ægrəˈveɪʃən] *n* agacements *mpl*
aggregate [ˈægrɪgɪt] *n* ensemble *m*, total *m* ; **on ~** (*Sport*) au total des points
aggregator [ˈægrɪgeɪtəʳ] *n* agrégateur *m*
aggression [əˈgrɛʃən] *n* agression *f*
aggressive [əˈgrɛsɪv] *adj* agressif(-ive)
aggressiveness [əˈgrɛsɪvnɪs] *n* agressivité *f*
aggressor [əˈgrɛsəʳ] *n* agresseur *m*
aggrieved [əˈgriːvd] *adj* chagriné(e), affligé(e)
aggro [ˈægrəu] *n* (BRIT *inf*: *physical*) grabuge *m* ; (: *hassle*) embêtements *mpl*
aghast [əˈgɑːst] *adj* consterné(e), atterré(e)
agile [ˈædʒaɪl] *adj* agile
agility [əˈdʒɪlɪtɪ] *n* agilité *f*, souplesse *f*
agitate [ˈædʒɪteɪt] *vt* (*person*) perturber ▸ *vi* faire de l'agitation (politique) ; **to ~ for** faire campagne pour
agitated [ˈædʒɪteɪtɪd] *adj* perturbé(e)
agitation [ædʒɪˈteɪʃən] *n* (*distress*) agitation *f* ; (*political*) campagne *f* ; **in a state of ~** dans tous ses états
agitator [ˈædʒɪteɪtəʳ] *n* agitateur(-trice) (politique)
AGM *n abbr* (= *annual general meeting*) AG f
agnostic [ægˈnɔstɪk] *adj, n* agnostique *mf*
agnosticism [ægˈnɔstɪsɪzm] *n* agnosticisme *m*
ago [əˈgəu] *adv*: **two days ~** il y a deux jours ; **not long ~** il n'y a pas longtemps ; **as long ~ as 1960** déjà en 1960 ; **how long ~?** il y a combien de temps (de cela) ?
agog [əˈgɔg] *adj*: **(all) ~** en émoi
agonize [ˈægənaɪz] *vi*: **he agonized over the problem** ce problème lui a causé bien du tourment
agonizing [ˈægənaɪzɪŋ] *adj* angoissant(e) ; (*cry*) déchirant(e)
agony [ˈægənɪ] *n* (*pain*) douleur *f* atroce ; (*distress*) angoisse *f* ; **to be in ~** souffrir le martyre
agony aunt *n* (BRIT *inf*) *journaliste qui tient la rubrique du courrier du cœur*
agony column *n* courrier *m* du cœur
agoraphobia [ægərəˈfəubiə] *n* agoraphobie *f*
agoraphobic [ægərəˈfəubɪk] *adj, n* agoraphobe *mf*
agrarian [əˈgrɛərɪən] *adj* agraire
agree [əˈgriː] *vt* (*price*) convenir de ; **to ~ that** (*admit*) convenir *or* reconnaître que ; **it was agreed that ...** il a été convenu que ... ; **to ~ to do** accepter de *or* consentir à faire ▸ *vi*: **to ~ with** (*person*) être d'accord avec ; (*statements etc*) concorder avec ; (*Ling*) s'accorder avec ; **to ~ to sth** consentir à qch ; **they ~ on this** ils sont d'accord sur ce point ; **they agreed on going/a price** ils se mirent d'accord pour y aller/sur un prix ; **garlic doesn't ~ with me** je ne supporte pas l'ail
agreeable [əˈgriːəbl] *adj* (*pleasant*) agréable ; (*willing*) consentant(e), d'accord ; **are you ~ to this?** est-ce que vous êtes d'accord ?
agreeably [əˈgriːəblɪ] *adv* agréablement ; **to be ~ surprised** être agréablement surpris(e)
agreed [əˈgriːd] *adj* (*time, place*) convenu(e) ; **to be ~** être d'accord
agreement [əˈgriːmənt] *n* accord *m* ; **in ~** d'accord ; **by mutual ~** d'un commun accord
agribusiness [ˈægrɪbɪznɪs] *n* agro-industrie *f*, agribusiness *m*
agricultural [ægrɪˈkʌltʃərəl] *adj* agricole
agriculture [ˈægrɪkʌltʃəʳ] *n* agriculture *f*
agritourism [ægrɪˈtuərɪzm] *n* tourisme *m* vert, agritourisme *m*
agroforestry [ægrəuˈfɔrɪstrɪ] *n* agroforesterie *f*
agrofuel [ˈægrəuˈfjuəl] *n* agrocarburant *m*
agronomist [əˈgrɔnəmɪst] *n* agronome *mf*
aground [əˈgraund] *adv*: **to run ~** s'échouer
ahead [əˈhɛd] *adv* en avant ; devant ; **go right** *or* **straight ~** (*direction*) allez tout droit ; **go ~!** (*permission*) allez-y ! ; **~ of** devant ; (*fig*: *schedule etc*) en avance sur ; **~ of time** en avance ; **they were (right) ~ of us** ils nous précédaient (de peu), ils étaient (juste) devant nous
ahoy [əˈhɔɪ] *excl* ohé ! ; **ship ~!** ohé du navire !
AI *n abbr* = **Amnesty International**; (*Comput*) = **artificial intelligence**
AIB *n abbr* (BRIT: = *Accident Investigation Bureau*) *commission d'enquête sur les accidents*
AID *n abbr* (= *artificial insemination by donor*) IAD *f* ; (*US*: = *Agency for International Development*) *agence pour le développement international*
aid [eɪd] *n* aide *f* ; (*device*) appareil *m* ; **with the ~ of** avec l'aide de ; **in ~ of** en faveur de ▸ *vt* aider ; **to ~ and abet** (*Law*) se faire le complice de
aide [eɪd] *n* (*person*) assistant(e)

aide-de-camp ['eɪddə'kɔm] *n* aide *m* de camp
aide-memoire [eɪdmɛm'wɑːʳ] *n* aide-mémoire *m inv*
AIDS [eɪdz] *n abbr* (= *acquired immune (or immuno-)deficiency syndrome*) SIDA *m*
AIH *n abbr* (= *artificial insemination by husband*) IAC *f*
ailing ['eɪlɪŋ] *adj* (*person*) souffreteux(euse) ; (*economy*) malade
ailment ['eɪlmənt] *n* affection *f*
aim [eɪm] *n* (*objective*) but *m* ; (*skill*): **his ~ is bad** il vise mal ▸ *vi* (*also*: **to take aim**) viser ; **to ~ at** viser ; (*fig*) viser (à) ; avoir pour but *or* ambition ; **to ~ to do** avoir l'intention de faire ▸ *vt*: **to ~ sth (at)** (*gun, camera*) braquer *or* pointer qch (sur) ; (*missile*) lancer qch (à *or* contre *or* en direction de) ; (*remark, blow*) destiner *or* adresser qch (à)
aimless ['eɪmlɪs] *adj* sans but
aimlessly ['eɪmlɪslɪ] *adv* sans but
ain't [eɪnt] (*inf*) = **am not; aren't; isn't**
air [ɛəʳ] *n* air *m* ; **to throw sth into the ~** (*ball etc*) jeter qch en l'air ; **by ~** par avion ; **to be on the ~** (*Radio, TV: programme*) être diffusé(e) ; (*: station*) émettre ▸ *vt* aérer ; (*idea, grievance, views*) mettre sur le tapis ; (*knowledge*) faire étalage de ▸ *cpd* (*currents, attack etc*) aérien(ne)
airbag ['ɛəbæg] *n* airbag *m*
air base *n* base aérienne
airbed ['ɛəbɛd] *n* (Brit) matelas *m* pneumatique
airborne ['ɛəbɔːn] *adj* (*plane*) en vol ; (*troops*) aéroporté(e) ; (*particles*) dans l'air ; **as soon as the plane was ~** dès que l'avion eut décollé
airbrush ['ɛəbrʌʃ] *vt* (*photograph, picture*) retoucher à l'aérographe
▸ **airbrush out** *vt* (*from picture*) effacer à l'aérographe ; (*fig*) balayer
air cargo *n* fret aérien
air-conditioned ['ɛəkən'dɪʃənd] *adj* climatisé(e), à air conditionné
air conditioning [-kən'dɪʃnɪŋ] *n* climatisation *f*
air-cooled ['ɛəkuːld] *adj* à refroidissement à air
aircraft ['ɛəkrɑːft] *n inv* avion *m*
aircraft carrier *n* porte-avions *m inv*
aircrew ['ɛəkruː] *n* équipage *m* (*d'un avion*)
air cushion *n* coussin *m* d'air
airdrome ['ɛədrəum] *n* (US) aérodrome *m*
air-drop ['ɛədrɔp] *n* (*of supplies*) parachutage *m* ▸ *vt* (*food, supplies*) parachuter ; **the US air-dropped supplies into Bosnia** les États-Unis ont parachuté des vivres en Bosnie
airfare ['ɛəfɛəʳ] *n* prix *m* du billet d'avion
airfield ['ɛəfiːld] *n* terrain *m* d'aviation
air force *n* armée *f* de l'air
air freight *n* fret aérien
air freshener [-'frɛʃnəʳ] *n* désodorisant *m*
airgun ['ɛəgʌn] *n* fusil *m* à air comprimé
air hostess *n* (Brit) hôtesse *f* de l'air
airily ['ɛərɪlɪ] *adv* d'un air dégagé
airing ['ɛərɪŋ] *n*: **to give an ~ to** aérer ; (*fig: ideas, views etc*) mettre sur le tapis
airing cupboard *n* (Brit) *placard qui contient la chaudière et dans lequel on met le linge à sécher*
airless ['ɛələs] *adj* (*room*) sans air ; (*day, afternoon*) étouffant(e)
air letter *n* (Brit) aérogramme *m*
airlift ['ɛəlɪft] *n* pont aérien
▸ **airlift in** *vt* (*food, supplies*) acheminer par pont aérien
▸ **airlift out** *vt* (*person, refugees*) évacuer par pont aérien
airline ['ɛəlaɪn] *n* ligne aérienne, compagnie aérienne
airliner ['ɛəlaɪnəʳ] *n* avion *m* de ligne
airlock ['ɛəlɔk] *n* sas *m*
airmail ['ɛəmeɪl] *n*: **by ~** par avion
airman ['ɛəmən] *n* (*irreg*) aviateur *m*
air mattress *n* matelas *m* pneumatique
air mile *n* air mile *m*
airplane ['ɛəpleɪn] *n* (US) avion *m*
airplay ['ɛəpleɪ] *n* temps *m* de diffusion à la radio ; **our first single got a lot of ~** notre premier single est beaucoup passé à la radio
air pocket *n* trou *m* d'air
airport ['ɛəpɔːt] *n* aéroport *m*
air raid *n* attaque aérienne
air rifle *n* carabine *f* à air comprimé
airship ['ɛəʃɪp] *n* dirigeable *m*
air show ['ɛəʃəu] *n* (*display*) meeting *m* aérien ; (*trade exhibition*) salon *m* de l'aéronautique
airsick ['ɛəsɪk] *adj*: **to be ~** avoir le mal de l'air
airspace ['ɛəspeɪs] *n* espace *m* aérien
airspeed ['ɛəspiːd] *n* vitesse relative
air strike *n* attaque *f* aérienne
airstrip ['ɛəstrɪp] *n* terrain *m* d'atterrissage
air terminal *n* aérogare *f*
airtight ['ɛətaɪt] *adj* hermétique
air time *n* (*Radio, TV*) temps *m* d'antenne
air-traffic control ['ɛətræfɪk-] *n* contrôle *m* de la navigation aérienne
air-traffic controller *n* aiguilleur *m* du ciel
airwaves ['ɛəweɪvz] *npl* ondes *fpl* ; **on the ~** sur les ondes
airway ['ɛəweɪ] *n* (*Aviat*) voie aérienne ; **airways** *npl* (*Anat*) voies aériennes
airworthy ['ɛəwəːðɪ] *adj* en état de navigation
airy ['ɛərɪ] *adj* bien aéré(e) ; (*manners*) dégagé(e)
aisle [aɪl] *n* (*of church: central*) allée *f* centrale ; (*: side*) nef *f* latérale, bas-côté *m* ; (*in theatre, supermarket*) allée ; (*on plane*) couloir *m*
aisle seat *n* place *f* côté couloir
ajar [ə'dʒɑːʳ] *adj* entrouvert(e)
AK *abbr* (US) = **Alaska**
aka *abbr* (= *also known as*) alias
akimbo [ə'kɪmbəu] *adj*: **with arms ~** les poings sur les hanches, les mains sur les hanches
akin [ə'kɪn] *adj*: **~ to** semblable à, du même ordre que
AL *abbr* (US) = **Alabama**
ALA *n abbr* = **American Library Association**
Ala. *abbr* (US) = **Alabama**
alabaster ['æləbɑːstəʳ] *n* albâtre *m* ▸ *cpd* (*figure, vase*) en albâtre ; (*skin, neck*) d'albâtre
à la carte [ælæ'kɑːt] *adv* à la carte
alacrity [ə'lækrɪtɪ] *n*: **with ~** avec empressement, promptement
alarm [ə'lɑːm] *n* alarme *f* ▸ *vt* alarmer
alarm call *n* coup *m* de fil pour réveiller ; **could I have an ~ at 7 am, please?** pouvez-vous me réveiller à 7 heures, s'il vous plaît ?
alarm clock *n* réveille-matin *m inv*, réveil *m*

alarmed [ə'lɑːmd] *adj* (*frightened*) alarmé(e) ; (*protected by an alarm*) protégé(e) par un système d'alarme ; **to become ~** prendre peur
alarming [ə'lɑːmɪŋ] *adj* alarmant(e)
alarmingly [ə'lɑːmɪŋlɪ] *adv* d'une manière alarmante ; **~ close** dangereusement proche ; **~ quickly** à une vitesse inquiétante
alarmist [ə'lɑːmɪst] *n* alarmiste *mf*
alas [ə'læs] *excl* hélas
Alas. *abbr* (*US*) = **Alaska**
Alaska [ə'læskə] *n* Alaska *m*
Albania [æl'beɪnɪə] *n* Albanie *f*
Albanian [æl'beɪnɪən] *adj* albanais(e) ▸ *n* Albanais(e) ; (*Ling*) albanais *m*
albatross ['ælbətrɔs] *n* albatros *m*
albeit [ɔːl'biːɪt] *conj* bien que + *sub*, encore que + *sub*
albino [æl'biːnəu] *adj, n* albinos *mf*
album ['ælbəm] *n* album *m*
albumen ['ælbjumɪn] *n* albumine *f* ; (*of egg*) albumen *m*
alchemist ['ælkəmɪst] *n* alchimiste *mf*
alchemy ['ælkɪmɪ] *n* alchimie *f*
alcohol ['ælkəhɔl] *n* alcool *m*
alcohol-free ['ælkəhɔlfriː] *adj* sans alcool
alcoholic [ælkə'hɔlɪk] *adj, n* alcoolique *mf*
alcoholism ['ælkəhɔlɪzəm] *n* alcoolisme *m*
alcopop ['ælkəuˌpɒp] *n* alcopop *m*
alcove ['ælkəuv] *n* alcôve *f*
Ald. *abbr* = **alderman**
alder ['ɔːldə^r] *n* aulne *m*
alderman ['ɔːldəmən] *n* (*irreg*) conseiller municipal (*en Angleterre*)
ale [eɪl] *n* bière *f*
alert [ə'ləːt] *adj* alerte, vif (vive) ; (*watchful*) vigilant(e) ▸ *n* alerte *f* ; **on the ~** sur le qui-vive ; (*Mil*) en état d'alerte ▸ *vt* alerter ; **to ~ sb (to sth)** attirer l'attention de qn (sur qch) ; **to ~ sb to the dangers of sth** avertir qn des dangers de qch
alertness [ə'ləːtnɪs] *n* vivacité *f*
Aleutian Islands [ə'luːʃən-] *npl* îles Aléoutiennes
A level *n abbr* (Brit : = *Advanced level*) ≈ baccalauréat *m*

A LEVEL

Les **A levels** (*Advanced levels*) sont les épreuves de fin d'études secondaires en Angleterre, au pays de Galles et en Irlande du Nord. La préparation se fait en deux ans, la première année étant elle-même sanctionnée par une série d'examens, les *AS* (*Advanced Subsidiary exams*). Les *A levels* sont beaucoup plus spécialisés que le baccalauréat puisqu'ils ne comportent en général que trois matières. La note obtenue dans chacune d'entre elles détermine si oui ou non le candidat pourra entreprendre des études supérieures.

Alexandria [ælɪg'zɑːndrɪə] *n* Alexandrie
alfalfa [æl'fælfə] *n* luzerne *f*
alfresco [æl'frɛskəu] *adj, adv* en plein air
algae ['ældʒiː] *n* algues *fpl*
algebra ['ældʒɪbrə] *n* algèbre *m*
Algeria [æl'dʒɪərɪə] *n* Algérie *f*
Algerian [æl'dʒɪərɪən] *adj* algérien(ne) ▸ *n* Algérien(ne)
Algiers [æl'dʒɪəz] *n* Alger
algorithm ['ælgərɪðəm] *n* algorithme *m*
alias ['eɪlɪəs] *adv* alias ▸ *n* faux nom, nom d'emprunt
alibi ['ælɪbaɪ] *n* alibi *m*
alien ['eɪlɪən] *n* (*from abroad*) étranger(-ère) ; (*from outer space*) extraterrestre *mf* ▸ *adj* : **~ (to)** étranger(-ère) (à)
alienate ['eɪlɪəneɪt] *vt* aliéner ; (*subj: person*) s'aliéner
alienated ['eɪlɪəneɪtɪd] *adj* aliéné(e) ; **to feel ~ (from sb/sth)** se sentir étranger(-ère) (à qn/qch)
alienation [eɪlɪə'neɪʃən] *n* aliénation *f*
alight [ə'laɪt] *adj, adv* en feu ▸ *vi* mettre pied à terre ; (*passenger*) descendre ; (*bird*) se poser
align [ə'laɪn] *vt* aligner
alignment [ə'laɪnmənt] *n* alignement *m* ; **it's out of ~ (with)** ce n'est pas aligné (avec)
alike [ə'laɪk] *adj* semblable, pareil(le) ; **to look ~** se ressembler ▸ *adv* de même
alimony ['ælɪmənɪ] *n* (*payment*) pension *f* alimentaire
alive [ə'laɪv] *adj* vivant(e) ; (*active*) plein(e) de vie ; **~ with** grouillant(e) de ; **~ to** sensible à
alkali ['ælkəlaɪ] *n* alcali *m*
alkaline ['ælkəlaɪn] *adj* alcalin(e)

KEYWORD

all [ɔːl] *adj* (*singular*) tout(e) ; (*plural*) tous (toutes) ; **all day** toute la journée ; **all night** toute la nuit ; **all men** tous les hommes ; **all five** tous les cinq ; **all the food** toute la nourriture ; **all the books** tous les livres ; **all the time** tout le temps ; **all his life** toute sa vie
▸ *pron* **1** tout ; **I ate it all, I ate all of it** j'ai tout mangé ; **all of us went** nous y sommes tous allés ; **all of the boys went** tous les garçons y sont allés ; **is that all?** c'est tout ? ; (*in shop*) ce sera tout ?
2 (*in phrases*) : **above all** surtout, par-dessus tout ; **after all** après tout ; **at all: not at all** (*in answer to question*) pas du tout ; (*in answer to thanks*) je vous en prie ! ; **I'm not at all tired** je ne suis pas du tout fatigué(e) ; **anything at all will do** n'importe quoi fera l'affaire ; **all in all** tout bien considéré, en fin de compte
▸ *adv* : **all alone** tout(e) seul(e) ; **it's not as hard as all that** ce n'est pas si difficile que ça ; **all the more/the better** d'autant plus/mieux ; **all but** presque, pratiquement ; **to be all in** (Brit *inf*) être complètement à plat ; **the score is 2 all** le score est de 2 partout

Allah ['ælə] *n* Allah *m*
all-around [ɔːlə'raund] *adj* (*US*) = **all-round**
allay [ə'leɪ] *vt* (*fears*) apaiser, calmer
all clear *n* (*also fig*) fin *f* d'alerte
allegation [ælɪ'geɪʃən] *n* allégation *f*
allege [ə'lɛdʒ] *vt* alléguer, prétendre ; **he is alleged to have said** il aurait dit
alleged [ə'lɛdʒd] *adj* prétendu(e)

allegedly [əˈlɛdʒɪdlɪ] *adv* à ce que l'on prétend, paraît-il
allegiance [əˈliːdʒəns] *n* fidélité *f*, obéissance *f*
allegorical [ælɪˈgɔrɪkl] *adj* allégorique
allegory [ˈælɪgərɪ] *n* allégorie *f*
alleluia [ælɪˈluːjə] *excl* = **hallelujah**
all-embracing [ˈɔːlɪmˈbreɪsɪŋ] *adj* universel(le)
allergen [ˈælədʒɛn] *n* allergène *m*
allergic [əˈləːdʒɪk] *adj*: ~ **to** allergique à ; **I'm ~ to penicillin** je suis allergique à la pénicilline
allergy [ˈælədʒɪ] *n* allergie *f*
alleviate [əˈliːvɪeɪt] *vt* (*suffering*) soulager, adoucir ; (*symptoms*) atténuer ; (*poverty*) réduire
alleviation [əliːviˈeɪʃən] *n* (*of pain, suffering*) soulagement *m* ; (*of symptoms*) atténuation *f* ; (*of poverty*) réduction *f*
alley [ˈælɪ] *n* ruelle *f* ; (*in garden*) allée *f*
alleyway [ˈælɪweɪ] *n* ruelle *f*
alliance [əˈlaɪəns] *n* alliance *f*
allied [ˈælaɪd] *adj* allié(e)
alligator [ˈælɪgeɪtəʳ] *n* alligator *m*
all-important [ˈɔːlɪmˈpɔːtənt] *adj* capital(e), crucial(e)
all-in [ˈɔːlɪn] *adj, adv* (Brit: *charge*) tout compris
all-in wrestling *n* (Brit) catch *m*
alliteration [əlɪtəˈreɪʃən] *n* allitération *f*
all-night [ˈɔːlˈnaɪt] *adj* ouvert(e) *or* qui dure toute la nuit
allocate [ˈæləkeɪt] *vt* (*share out*) répartir, distribuer ; **to ~ sth to** (*duties*) assigner *or* attribuer qch à ; (*sum, time*) allouer qch à ; **to ~ sth for** affecter qch à
allocation [æləuˈkeɪʃən] *n* répartition *f* ; attribution *f* ; allocation *f* ; affectation *f* ; (*money*) crédit(s) *m(pl)*, somme(s) allouée(s)
allot [əˈlɔt] *vt* (*share out*) répartir, distribuer ; **to ~ sth to** (*time*) allouer qch à ; (*duties*) assigner qch à ; **in the allotted time** dans le temps imparti
allotment [əˈlɔtmənt] *n* (*share*) part *f* ; (*garden*) lopin *m* de terre (*loué à la municipalité*)
all-out [ˈɔːlaut] *adj* (*effort etc*) total(e)
allow [əˈlau] *vt* (*practice, behaviour*) permettre, autoriser ; (*sum to spend etc*) accorder, allouer ; (*sum, time estimated*) compter, prévoir ; (*claim, goal*) admettre ; (*concede*): **to ~ that** convenir que ; **to ~ sb to do** permettre à qn de faire, autoriser qn à faire ; **he is allowed to ...** on lui permet de ... ; **smoking is not allowed** il est interdit de fumer ; **we must ~ three days for the journey** il faut compter trois jours pour le voyage
▸ **allow for** *vt fus* tenir compte de
allowable [əˈlauəbl] *adj* (*permissible*) admissible ; (*non-taxed: costs, expenses*) déductible
allowance [əˈlauəns] *n* (*money received*) allocation *f* ; (*: from parent etc*) subside *m* ; (*: for expenses*) indemnité *f* ; (*US: pocket money*) argent *m* de poche ; (*Tax*) somme *f* déductible du revenu imposable, abattement *m* ; **to make allowances for** (*person*) essayer de comprendre ; (*thing*) tenir compte de
alloy [ˈælɔɪ] *n* alliage *m*
all right *adv* (*feel, work*) bien ; (*as answer*) d'accord
all-round [ˈɔːlˈraund] *adj* compétent(e) dans tous les domaines ; (*athlete etc*) complet(-ète)
all-rounder [ɔːlˈraundəʳ] *n* (Brit): **to be a good ~** être doué(e) en tout
allspice [ˈɔːlspaɪs] *n* poivre *m* de la Jamaïque
all-time [ˈɔːlˈtaɪm] *adj* (*record*) sans précédent, absolu(e)
allude [əˈluːd] *vi*: **to ~ to** faire allusion à
allure [əˈluəʳ] *n* (*attraction: of place, event*) attrait *m* ; (*: of person*) charme *m* ; **sexual ~** pouvoir *m* de séduction
alluring [əˈljuərɪŋ] *adj* séduisant(e), alléchant(e)
allusion [əˈluːʒən] *n* allusion *f*
alluvial [əˈluːviəl] *adj* (*soil, plane*) alluvial(e) ; (*deposits*) alluvionnaire
alluvium [əˈluːvɪəm] *n* alluvions *fpl*
ally *n* [ˈælaɪ] allié *m* ▸ *vt* [əˈlaɪ]: **to ~ o.s. with** s'allier avec
alma mater [ˈælməˈmɑːtəʳ] *n* (*formal: school, university*) alma mater *f inv* ; (*US: official song*) hymne *m*
almanac, almanack [ˈɔːlmənæk] *n* almanach *m*
almighty [ɔːlˈmaɪtɪ] *adj* tout(e)-puissant(e) ; (*tremendous*) énorme
almond [ˈɑːmənd] *n* amande *f*
almost [ˈɔːlməust] *adv* presque ; **he ~ fell** il a failli tomber
alms [ɑːmz] *n* aumône(s) *f(pl)*
aloft [əˈlɔft] *adv* en haut, en l'air ; (*Naut*) dans la mâture
alone [əˈləun] *adj, adv* seul(e) ; **to leave sb ~** laisser qn tranquille ; **to leave sth ~** ne pas toucher à qch ; **let ~ ...** sans parler de ... ; encore moins ...
along [əˈlɔŋ] *prep* le long de ▸ *adv*: **is he coming ~ with us?** vient-il avec nous ? ; **he was hopping/limping ~** il venait *or* avançait en sautillant/boitant ; **~ with** avec, en plus de ; (*person*) en compagnie de ; **all ~** (*all the time*) depuis le début
alongside [əˈlɔŋˈsaɪd] *prep* (*along*) le long de ; (*beside*) à côté de ▸ *adv* bord à bord ; côte à côte ; **we brought our boat ~** (*of a pier, shore etc*) nous avons accosté
aloof [əˈluːf] *adj* distant(e) ▸ *adv* à distance, à l'écart ; **to stand ~** se tenir à l'écart *or* à distance
aloofness [əˈluːfnɪs] *n* réserve (hautaine), attitude distante
aloud [əˈlaud] *adv* à haute voix
alphabet [ˈælfəbɛt] *n* alphabet *m*
alphabetical [ælfəˈbɛtɪkl] *adj* alphabétique ; **in ~ order** par ordre alphabétique
alphabetically [ælfəˈbɛtɪklɪ] *adv* par ordre alphabétique
alphanumeric [ælfənjuːˈmɛrɪk] *adj* alphanumérique
alpine [ˈælpaɪn] *adj* alpin(e), alpestre ; **~ hut** cabane *f or* refuge *m* de montagne ; **~ pasture** pâturage *m* (de montagne) ; **~ skiing** ski alpin
Alps [ælps] *npl*: **the ~** les Alpes *fpl*
already [ɔːlˈrɛdɪ] *adv* déjà
alright [ˈɔːlˈraɪt] *adv* (Brit) = **all right**
Alsace [ælˈsæs] *n* Alsace *f*
Alsatian [ælˈseɪʃən] *adj* alsacien(ne), d'Alsace ▸ *n* Alsacien(ne) ; (Brit: *dog*) berger allemand
also [ˈɔːlsəu] *adv* aussi

Alta. *abbr* (CANADA) = **Alberta**
altar ['ɔltəʳ] *n* autel *m*
alter ['ɔltəʳ] *vt, vi* changer
alteration [ɔltə'reɪʃən] *n* changement *m*, modification *f* ; **timetable subject to ~** horaires sujets à modifications ; **alterations** *npl* (*Sewing*) retouches *fpl* ; (*Archit*) modifications *fpl*
altercation [ɔltə'keɪʃən] *n* altercation *f*
alternate *adj* [ɔl'tə:nɪt] alterné(e), alternant(e), alternatif(-ive) ; (*US*) = **alternative**; **on ~ days** un jour sur deux, tous les deux jours ▸ *vi* ['ɔltə:neɪt] alterner ; **to ~ with** alterner avec
alternately [ɔl'tə:nɪtlɪ] *adv* alternativement, en alternant
alternating ['ɔltə:neɪtɪŋ] *adj* (*current*) alternatif(-ive)
alternative [ɔl'tə:nətɪv] *adj* (*solution, plan*) autre, de remplacement ; (*energy*) doux (douce) ; (*lifestyle*) parallèle ▸ *n* (*choice*) alternative *f* ; (*other possibility*) autre possibilité *f*
alternatively [ɔl'tə:nətɪvlɪ] *adv*: **~ one could ...** une autre *or* l'autre solution serait de ...
alternative medicine *n* médecines *fpl* parallèles *or* douces
alternator ['ɔltə:neɪtəʳ] *n* (*Aut*) alternateur *m*
although [ɔ:l'ðəu] *conj* bien que + *sub*
altitude ['æltɪtju:d] *n* altitude *f*
alto ['æltəu] *n* (*female*) contralto *m* ; (*male*) haute-contre *f*
altogether [ɔ:ltə'gɛðəʳ] *adv* entièrement, tout à fait ; (*on the whole*) tout compte fait ; (*in all*) en tout ; **how much is that ~?** ça fait combien en tout ?
altruism ['æltruɪzəm] *n* altruisme *m*
altruistic [æltru'ɪstɪk] *adj* altruiste
aluminium [ælju'mɪnɪəm], (*US*) **aluminum** [ə'lu:mɪnəm] *n* aluminium *m*
alumna [ə'lʌmnə] (*pl* **alumnae** [-ni:]) *n* (*US Scol*) ancienne élève ; (*University*) ancienne étudiante
alumnus [ə'lʌmnəs] (*pl* **alumni** [-naɪ]) *n* (*US Scol*) ancien élève ; (*University*) ancien étudiant
always ['ɔ:lweɪz] *adv* toujours
Alzheimer's ['æltshaɪməz], **Alzheimer's disease** *n* maladie *f* d'Alzheimer
AM *abbr* = **amplitude modulation** ▸ *n abbr* (= *Assembly Member*) député *m* au Parlement gallois
am [æm] *vb see* **be**
a.m. *adv abbr* (= *ante meridiem*) du matin
AMA *n abbr* = **American Medical Association**
amalgam [ə'mælgəm] *n* amalgame *m*
amalgamate [ə'mælgəmeɪt] *vt, vi* fusionner
amalgamation [əmælgə'meɪʃən] *n* fusion *f* ; (*Comm*) fusionnement *m*
amass [ə'mæs] *vt* amasser
amateur ['æmətəʳ] *n* amateur(-trice) ▸ *adj* (*Sport*) amateur *inv* ; **~ dramatics** le théâtre amateur
amateurish ['æmətərɪʃ] *adj* (*pej*) d'amateur, un peu amateur
amaze [ə'meɪz] *vt* stupéfier ; **to be amazed (at)** être stupéfait(e) (de)
amazed [ə'meɪzd] *adj* stupéfait(e)
amazement [ə'meɪzmənt] *n* surprise *f*, étonnement *m*
amazing [ə'meɪzɪŋ] *adj* étonnant(e), incroyable ; (*bargain, offer*) exceptionnel(le)
amazingly [ə'meɪzɪŋlɪ] *adv* incroyablement
Amazon ['æməzən] *n* (*Geo, Mythology*) Amazone *f* ▸ *cpd* amazonien(ne), de l'Amazone ; **the ~ basin** le bassin de l'Amazone ; **the ~ jungle** la forêt amazonienne
Amazonian [æmə'zəunɪən] *adj* amazonien(ne)
ambassador [æm'bæsədəʳ] *n* ambassadeur *m*
amber ['æmbəʳ] *n* ambre *m* ; **at ~** (BRIT *Aut*) à l'orange
ambidextrous [æmbɪ'dɛkstrəs] *adj* ambidextre
ambience ['æmbɪəns] *n* ambiance *f*
ambient ['æmbɪənt] *adj* ambiant(e)
ambiguity [æmbɪ'gjuɪtɪ] *n* ambiguïté *f*
ambiguous [æm'bɪgjuəs] *adj* ambigu(ë)
ambit ['æmbɪt] *n* (*formal*) étendue *f* ; **to be** *or* **fall within the ~ of sth** relever de qch ; **to be** *or* **fall outside the ~ of sth** ne pas être du ressort de qch
ambition [æm'bɪʃən] *n* ambition *f*
ambitious [æm'bɪʃəs] *adj* ambitieux(-euse)
ambivalence [æm'bɪvələns] *n* ambivalence *f*
ambivalent [æm'bɪvələnt] *adj* (*attitude*) ambivalent(e)
amble ['æmbl] *vi* (*also*: **to amble along**) aller d'un pas tranquille
ambulance ['æmbjuləns] *n* ambulance *f* ; **call an ~!** appelez une ambulance !
ambush ['æmbuʃ] *n* embuscade *f* ▸ *vt* tendre une embuscade à
ameba [ə'mi:bə] *n* (*US*) = **amoeba**
ameliorate [ə'mi:lɪəreɪt] *vt* améliorer
amen ['ɑ:'mɛn] *excl* amen
amenable [ə'mi:nəbl] *adj*: **~ to** (*advice etc*) disposé(e) à écouter *or* suivre ; **~ to the law** responsable devant la loi
amend [ə'mɛnd] *vt* (*law*) amender ; (*text*) corriger ; (*habits*) réformer ▸ *vi* s'amender, se corriger ; **to make amends** réparer ses torts, faire amende honorable
amendment [ə'mɛndmənt] *n* (*to law*) amendement *m* ; (*to text*) correction *f*
amenities [ə'mi:nɪtɪz] *npl* aménagements *mpl*, équipements *mpl*
amenity [ə'mi:nɪtɪ] *n* charme *m*, agrément *m*
America [ə'mɛrɪkə] *n* Amérique *f*
American [ə'mɛrɪkən] *adj* américain(e) ▸ *n* Américain(e)
American football *n* (BRIT) football *m* américain
Americanize [ə'mɛrɪkənaɪz] *vt* américaniser
amethyst ['æmɪθɪst] *n* améthyste *f*
Amex ['æmɛks] *n abbr* = **American Stock Exchange**
amiable ['eɪmɪəbl] *adj* aimable, affable
amicable ['æmɪkəbl] *adj* amical(e) ; (*Law*) à l'amiable
amicably ['æmɪkəblɪ] *adv* amicalement
amid [ə'mɪd], **amidst** [ə'mɪdst] *prep* parmi, au milieu de
amiss [ə'mɪs] *adj, adv*: **there's something ~** il y a quelque chose qui ne va pas *or* qui cloche ; **to take sth ~** prendre qch mal *or* de travers
ammo ['æməu] *n abbr* (*inf*) = **ammunition**

a

ammonia [ə'məunɪə] *n* (*gas*) ammoniac *m* ; (*liquid*) ammoniaque *f*
ammunition [æmju'nɪʃən] *n* munitions *fpl* ; (*fig*) arguments *mpl*
ammunition dump *n* dépôt *m* de munitions
amnesia [æm'ni:zɪə] *n* amnésie *f*
amnesty ['æmnɪstɪ] *n* amnistie *f* ; **to grant an ~ to** accorder une amnistie à
Amnesty International *n* Amnesty International
amoeba, (*US*) **ameba** [ə'mi:bə] *n* amibe *f*
amok [ə'mɔk] *adv*: **to run ~** être pris(e) d'un accès de folie furieuse
among [ə'mʌŋ], **amongst** [ə'mʌŋst] *prep* parmi, entre
amoral [æ'mɔrəl] *adj* amoral(e)
amorous ['æmərəs] *adj* amoureux(-euse)
amorphous [ə'mɔ:fəs] *adj* amorphe
amortization [əmɔ:taɪ'zeɪʃən] *n* (*Comm*) amortissement *m*
amount [ə'maunt] *n* (*sum of money*) somme *f* ; (*total*) montant *m* ; (*quantity*) quantité *f* ; nombre *m* ; **the total ~** (*of money*) le montant total ▸ *vi*: **to ~ to** (*total*) s'élever à ; (*be same as*) équivaloir à, revenir à ; **this amounts to a refusal** cela équivaut à un refus
amp [æmp], **ampère** ['æmpɛə[r]] *n* ampère *m* ; **a 13 ~ plug** une fiche de 13 A
ampersand ['æmpəsænd] *n* signe &, « et » commercial
amphetamine [æm'fɛtəmi:n] *n* amphétamine *f*
amphibian [æm'fɪbɪən] *n* batracien *m*
amphibious [æm'fɪbɪəs] *adj* amphibie
amphitheatre, (*US*) **amphitheater** ['æmfɪθɪətə[r]] *n* amphithéâtre *m*
ample ['æmpl] *adj* ample, spacieux(-euse) ; (*enough*): **this is ~** c'est largement suffisant ; **to have ~ time/room** avoir bien assez de temps/place, avoir largement le temps/la place
amplifier ['æmplɪfaɪə[r]] *n* amplificateur *m*
amplify ['æmplɪfaɪ] *vt* amplifier
amply ['æmplɪ] *adv* amplement, largement
ampoule, (*US*) **ampule** ['æmpu:l] *n* (*Med*) ampoule *f*
amputate ['æmpjuteɪt] *vt* amputer
amputation [æmpju'teɪʃən] *n* amputation *f*
amputee [æmpju'ti:] *n* amputé(e)
Amsterdam ['æmstədæm] *n* Amsterdam
amt *abbr* = **amount**
Amtrak ['æmtræk] (*US*) *n société mixte de transports ferroviaires interurbains pour voyageurs*
amuck [ə'mʌk] *adv* = **amok**
amulet ['æmjulət] *n* amulette *f*
amuse [ə'mju:z] *vt* amuser ; **to ~ o.s. with sth/by doing sth** se divertir avec qch/à faire qch ; **to be amused at** être amusé par ; **he was not amused** il n'a pas apprécié
amusement [ə'mju:zmənt] *n* amusement *m* ; (*pastime*) distraction *f*
amusement arcade *n* salle *f* de jeu
amusement park *n* parc *m* d'attractions
amusing [ə'mju:zɪŋ] *adj* amusant(e), divertissant(e)
an [æn, ən, n] *indef art see* **a**
ANA *n abbr* = **American Newspaper Association; American Nurses Association**
anachronism [ə'nækrənɪzəm] *n* anachronisme *m*
anachronistic [ənækrə'nɪstɪk] *adj* anachronique
anaemia, (*US*) **anemia** [ə'ni:mɪə] *n* anémie *f*
anaemic, (*US*) **anemic** [ə'ni:mɪk] *adj* anémique
anaerobic [ænɛə'rəubɪk] *adj* (*animal, process*) anaérobie ; (*exercise*) d'anaérobie
anaesthetic, (*US*) **anesthetic** [ænɪs'θɛtɪk] *adj, n* anesthésique *m* ; **under the ~** sous anesthésie ; **local/general ~** anesthésie locale/générale
anaesthetist, (*US*) **anesthetist** [æ'ni:sθɪtɪst] *n* anesthésiste *mf*
anaesthetize, (*US*) **anesthetize** [ə'ni:sθətaɪz] *vt* anesthésier
anagram ['ænəgræm] *n* anagramme *m*
anal ['eɪnl] *adj* anal(e)
analgesic [ænæl'dʒi:sɪk] *adj, n* analgésique *m*
analog, analogue ['ænəlɔg] *adj* (*watch, computer*) analogique
analogous [ə'næləgəs] *adj*: **~ (to** *or* **with)** analogue (à)
analogy [ə'nælədʒɪ] *n* analogie *f* ; **to draw an ~ between** établir une analogie entre
analyse, (*US*) **analyze** ['ænəlaɪz] *vt* analyser
analysis [ə'næləsɪs] (*pl* **analyses** [-si:z]) *n* analyse *f* ; **in the last ~** en dernière analyse
analyst ['ænəlɪst] *n* (*political analyst etc*) analyste *mf* ; (*US*) psychanalyste *mf*
analytic [ænə'lɪtɪk], **analytical** [ænə'lɪtɪkəl] *adj* analytique
analyze ['ænəlaɪz] *vt* (*US*) = **analyse**
anarchic [æ'nɑ:kɪk] *adj* anarchique
anarchist ['ænəkɪst] *adj, n* anarchiste *mf*
anarchy ['ænəkɪ] *n* anarchie *f*
anathema [ə'næθɪmə] *n*: **it is ~ to him** il a cela en abomination
anatomical [ænə'tɔmɪkəl] *adj* anatomique
anatomy [ə'nætəmɪ] *n* anatomie *f*
ANC *n abbr* (= *African National Congress*) ANC *m*
ancestor ['ænsɪstə[r]] *n* ancêtre *m*, aïeul *m*
ancestral [æn'sɛstrəl] *adj* ancestral(e)
ancestry ['ænsɪstrɪ] *n* ancêtres *mpl* ; ascendance *f*
anchor ['æŋkə[r]] *n* ancre *f* ; **to weigh ~** lever l'ancre ▸ *vi* (*also*: **to drop anchor**) jeter l'ancre, mouiller ▸ *vt* mettre à l'ancre ; (*fig*): **to ~ sth to** fixer qch à
anchorage ['æŋkərɪdʒ] *n* mouillage *m*, ancrage *m*
anchor man, anchor woman *n* (*irreg*) (*TV, Radio*) présentateur(-trice)
anchovy ['æntʃəvɪ] *n* anchois *m*
ancient ['eɪnʃənt] *adj* ancien(ne), antique ; (*person*) d'un âge vénérable ; (*car*) antédiluvien(ne) ; **~ monument** monument *m* historique
ancillary [æn'sɪlərɪ] *adj* auxiliaire
and [ænd] *conj* et ; **~ so on** et ainsi de suite ; **try ~ come** tâchez de venir ; **come ~ sit here** venez vous asseoir ici ; **he talked ~ talked** il a parlé pendant des heures ; **better ~ better** de mieux en mieux ; **more ~ more** de plus en plus

Andes ['ændi:z] *npl*: **the ~** les Andes *fpl*
Andorra [æn'dɔ:rə] *n* (principauté *f* d')Andorre *f*
androgynous [æn'drɔdʒɪnəs] *adj* androgyne
android ['ændrɔɪd] *n* androïde *m*
anecdotal [ænɪk'dəutl] *adj* (*account*) anecdotique ; **~ evidence** témoignages *mpl*
anecdote ['ænɪkdəut] *n* anecdote *f*
anemia [ə'ni:mɪə] *n* (*US*) = **anaemia** *etc*
anemic [ə'ni:mɪk] *adj* = **anaemic**
anemone [ə'nɛmənɪ] *n* (*Bot*) anémone *f* ; **sea ~** anémone de mer
anesthesiologist [ænɪsθi:zɪ'ɔlədʒɪst] *n* (*US*) anesthésiste *mf*
anesthetic [ænɪs'θɛtɪk] *n, adj* (*US*) = **anaesthetic**
anesthetist [æ'ni:sθɪtɪst] *n* = **anaesthetist**
anesthetize [ə'ni:sθətaɪz] *vt* (*US*) = **anaesthetize**
anew [ə'nju:] *adv* à nouveau
angel ['eɪndʒəl] *n* ange *m*
angel dust *n* poussière *f* d'ange
angelic [æn'dʒɛlɪk] *adj* angélique
anger ['æŋgə^r] *n* colère *f* ▶ *vt* mettre en colère, irriter
angina [æn'dʒaɪnə] *n* angine *f* de poitrine
angle ['æŋgl] *n* angle *m* ; **from their ~** de leur point de vue ▶ *vi*: **to ~ for** (*trout*) pêcher ; (*compliments*) chercher
angler ['æŋglə^r] *n* pêcheur(-euse) à la ligne
Anglican ['æŋglɪkən] *adj, n* anglican(e)
anglicize ['æŋglɪsaɪz] *vt* angliciser
angling ['æŋglɪŋ] *n* pêche *f* à la ligne
Anglo- ['æŋgləu] *prefix* anglo(-)
Anglo-French ['æŋgləu'frɛntʃ] *adj* anglo-français(e)
Anglo-Saxon ['æŋgləu'sæksən] *adj, n* anglo-saxon(ne)
Angola [æŋ'gəulə] *n* Angola *m*
Angolan [æŋ'gəulən] *adj* angolais(e) ▶ *n* Angolais(e)
angrily ['æŋgrɪlɪ] *adv* avec colère
angry ['æŋgrɪ] *adj* en colère, furieux(-euse) ; (*wound*) enflammé(e) ; **to be ~ with sb/at sth** être furieux contre qn/de qch ; **to get ~** se fâcher, se mettre en colère ; **to make sb ~** mettre qn en colère
angst [æŋst] *n* angoisse *f*
anguish ['æŋgwɪʃ] *n* angoisse *f*
anguished ['æŋgwɪʃt] *adj* (*mentally*) angoissé(e) ; (*physically*) plein(e) de souffrance
angular ['æŋgjulə^r] *adj* anguleux(-euse)
animal ['ænɪməl] *n* animal *m* ▶ *adj* animal(e)
animal rights *npl* droits *mpl* de l'animal
animate *vt* ['ænɪmeɪt] animer ▶ *adj* ['ænɪmɪt] animé(e), vivant(e)
animated ['ænɪmeɪtɪd] *adj* animé(e)
animation [ænɪ'meɪʃən] *n* (*of person*) entrain *m* ; (*of street, Cine*) animation *f*
animator ['ænɪmeɪtə^r] *n* (*for films, cartoons*) animateur(-trice)
animosity [ænɪ'mɔsɪtɪ] *n* animosité *f*
aniseed ['ænɪsi:d] *n* anis *m*
Ankara ['æŋkərə] *n* Ankara
ankle ['æŋkl] *n* cheville *f*
ankle socks *npl* socquettes *fpl*
annals ['ænəlz] *npl* annales *fpl* ; **in the ~ of sth** dans les annales de qch
annex *n* ['ænɛks] (*Brit*: *also*: **annexe**) annexe *f* ▶ *vt* [ə'nɛks] annexer
annexation [ænɛks'eɪʃən] *n* annexion *f*
annihilate [ə'naɪəleɪt] *vt* annihiler, anéantir
annihilation [ənaɪə'leɪʃən] *n* anéantissement *m*
anniversary [ænɪ'və:sərɪ] *n* anniversaire *m*
anniversary dinner *n* dîner commémoratif *or* anniversaire
annotate ['ænəuteɪt] *vt* annoter
annotation [ænə'teɪʃən] *n* annotation *f*
announce [ə'nauns] *vt* annoncer ; (*birth, death*) faire part de ; **he announced that he wasn't going** il a déclaré qu'il n'irait pas
announcement [ə'naunsmənt] *n* annonce *f* ; (*for births etc*: *in newspaper*) avis *m* de faire-part ; (: *letter, card*) faire-part *m* ; **I'd like to make an ~** j'ai une communication à faire
announcer [ə'naunsə^r] *n* (*Radio, TV*: *between programmes*) speaker(ine) ; (: *in a programme*) présentateur(-trice)
annoy [ə'nɔɪ] *vt* agacer, ennuyer, contrarier ; **to be annoyed (at sth/with sb)** être en colère *or* irrité (contre qch/qn) ; **don't get annoyed!** ne vous fâchez pas !
annoyance [ə'nɔɪəns] *n* mécontentement *m*, contrariété *f*
annoying [ə'nɔɪɪŋ] *adj* agaçant(e), contrariant(e)
annual ['ænjuəl] *adj* annuel(le) ▶ *n* (*Bot*) plante annuelle ; (*book*) album *m*
annual general meeting *n* (*Brit*) assemblée générale annuelle
annually ['ænjuəlɪ] *adv* annuellement
annual report *n* rapport annuel
annuity [ə'nju:ɪtɪ] *n* rente *f* ; **life ~** rente viagère
annul [ə'nʌl] *vt* annuler ; (*law*) abroger
annulment [ə'nʌlmənt] *n* annulation *f* ; abrogation *f*
annum ['ænəm] *n see* **per**
Annunciation [ənʌnsɪ'eɪʃən] *n* Annonciation *f*
anode ['ænəud] *n* anode *f*
anodyne ['ænədaɪn] *adj* anodin(e)
anoint [ə'nɔɪnt] *vt* oindre
anomalous [ə'nɔmələs] *adj* anormal(e)
anomaly [ə'nɔməlɪ] *n* anomalie *f*
anon [ə'nɔn] *adv* (*literary*) sous peu
anon. [ə'nɔn] *abbr* = **anonymous**
anonymity [ænə'nɪmɪtɪ] *n* anonymat *m*
anonymous [ə'nɔnɪməs] *adj* anonyme ; **to remain ~** garder l'anonymat
anonymously [ə'nɔnɪməslɪ] *adv* anonymement
anorak ['ænəræk] *n* anorak *m*
anorexia [ænə'rɛksɪə] *n* (*also*: **anorexia nervosa**) anorexie *f*
anorexic [ænə'rɛksɪk] *adj, n* anorexique *mf*
another [ə'nʌðə^r] *adj*: **~ book** (*one more*) un autre livre, encore un livre, un livre de plus ; (*a different one*) un autre livre ; **~ drink?** encore un verre ? ; **in ~ five years** dans cinq ans ▶ *pron* un(e) autre, encore un(e), un(e) de plus ; *see also* **one**
ANSI ['ænsɪ] *n abbr* (= *American National Standards Institution*) ANSI *m* (= *Institut américain de normalisation*)

answer ['ɑːnsəʳ] *n* réponse *f* ; (*to problem*) solution *f* ; **in ~ to your letter** suite à *or* en réponse à votre lettre ▸ *vi* répondre ▸ *vt* (*reply to*) répondre à ; (*problem*) résoudre ; (*prayer*) exaucer ; **to ~ the phone** répondre (au téléphone) ; **to ~ the bell** *or* **the door** aller *or* venir ouvrir (la porte)
▸ **answer back** *vi* répondre, répliquer
▸ **answer for** *vt fus* répondre de, se porter garant de ; (*crime, one's actions*) répondre de
▸ **answer to** *vt fus* (*description*) répondre *or* correspondre à
answerable ['ɑːnsərəbl] *adj*: **~ (to sb/for sth)** responsable (devant qn/de qch) ; **I am ~ to no-one** je n'ai de comptes à rendre à personne
answering machine ['ɑːnsərɪŋ-] *n* répondeur *m*
answerphone ['ɑːnsəfəun] *n* (*esp* BRIT) répondeur *m* (téléphonique)
ant [ænt] *n* fourmi *f*
ANTA *n abbr* = **American National Theater and Academy**
antacid [ænt'æsɪd] *n* alcalin *m* ▸ *cpd* (*tablet, medication*) antiacide
antagonism [æn'tægənɪzəm] *n* antagonisme *m*
antagonist [æn'tægənɪst] *n* antagoniste *mf*, adversaire *mf*
antagonistic [æntægə'nɪstɪk] *adj* (*attitude, feelings*) hostile
antagonize [æn'tægənaɪz] *vt* éveiller l'hostilité de, contrarier
Antarctic [ænt'ɑːktɪk] *adj* antarctique, austral(e) ▸ *n*: **the ~** l'Antarctique *m*
Antarctica [ænt'ɑːktɪkə] *n* Antarctique *m*, Terres Australes
Antarctic Circle *n* cercle *m* Antarctique
Antarctic Ocean *n* océan *m* Antarctique *or* Austral
ante ['æntɪ] *n*: **to up the ~** faire monter les enjeux
ante... ['æntɪ] *prefix* anté..., anti..., pré...
anteater ['æntiːtəʳ] *n* fourmilier *m*, tamanoir *m*
antecedent [æntɪ'siːdənt] *n* antécédent *m*
antechamber ['æntɪtʃeɪmbəʳ] *n* antichambre *f*
antelope ['æntɪləup] *n* antilope *f*
antenatal ['æntɪ'neɪtl] *adj* prénatal(e)
antenatal clinic *n* service *m* de consultation prénatale
antenna [æn'tɛnə] (*pl* **antennae** [-niː]) *n* antenne *f*
anteroom ['æntiruːm] *n* antichambre *f*
anthem ['ænθəm] *n* motet *m* ; **national ~** hymne national
ant-hill ['ænthɪl] *n* fourmilière *f*
anthology [æn'θɔlədʒɪ] *n* anthologie *f*
anthrax ['ænθræks] *n* anthrax *m*
anthropologist [ænθrə'pɔlədʒɪst] *n* anthropologue *mf*
anthropology [ænθrə'pɔlədʒɪ] *n* anthropologie *f*
anthropomorphic [ænθrəpə'mɔːfɪk] *adj* anthropomorphique
anthropomorphism [ænθrəpə'mɔːfɪzəm] *n* anthropomorphisme *m*
anti ['æntɪ] *prefix* anti-
anti-aircraft ['æntɪ'ɛəkrɑːft] *adj* antiaérien(ne)
anti-aircraft defence *n* défense *f* contre avions, DCA *f*
antiballistic ['æntɪbə'lɪstɪk] *adj* antibalistique
antibiotic ['æntɪbaɪ'ɔtɪk] *adj, n* antibiotique *m*
antibody ['æntɪbɔdɪ] *n* anticorps *m*
anticipate [æn'tɪsɪpeɪt] *vt* s'attendre à, prévoir ; (*wishes, request*) aller au devant de, devancer ; **this is worse than I anticipated** c'est pire que je ne pensais ; **as anticipated** comme prévu
anticipation [æntɪsɪ'peɪʃən] *n* attente *f* ; **thanking you in ~** en vous remerciant d'avance, avec mes remerciements anticipés
anticlimax ['æntɪ'klaɪmæks] *n* déception *f*
anticlockwise ['æntɪ'klɔkwaɪz] (BRIT) *adv* dans le sens inverse des aiguilles d'une montre
antics ['æntɪks] *npl* singeries *fpl*
anticyclone ['æntɪ'saɪkləun] *n* anticyclone *m*
antidepressant ['æntɪdɪ'presnt] *n* antidépresseur *m*
antidote ['æntɪdəut] *n* antidote *m*, contrepoison *m*
antifreeze ['æntɪfriːz] *n* antigel *m*
antigen ['æntɪdʒən] *n* antigène *m*
anti-globalization [æntɪgləubəlaɪ'zeɪʃən] *n* antimondialisation *f*
anti-hero ['æntihɪərəu] *n* antihéros *m*
antihistamine [æntɪ'hɪstəmɪn] *n* antihistaminique *m*
Antilles [æn'tɪliːz] *npl*: **the ~** les Antilles *fpl*
antimatter ['æntimætəʳ] *n* antimatière *f*
antioxidant [ænti'ɔksɪdənt] *n* antioxidant(e)
antipathy [æn'tɪpəθɪ] *n* antipathie *f*
antiperspirant [æntɪ'pəːspɪrənt] *n* déodorant *m*
Antipodean [æntɪpə'diːən] *adj* australien(ne) et néo-zélandais(e), d'Australie et de Nouvelle-Zélande
Antipodes [æn'tɪpədiːz] *npl*: **the ~** l'Australie *f* et la Nouvelle-Zélande
antiquarian [æntɪ'kwɛərɪən] *adj*: **~ bookshop** librairie *f* d'ouvrages anciens ▸ *n* expert *m* en objets *or* livres anciens ; amateur *m* d'antiquités
antiquated ['æntɪkweɪtɪd] *adj* vieilli(e), suranné(e), vieillot(te)
antique [æn'tiːk] *n* (*ornament*) objet *m* d'art ancien ; (*furniture*) meuble ancien ▸ *adj* ancien(ne) ; (*pre-mediaeval*) antique
antique dealer *n* antiquaire *mf*
antique shop *n* magasin *m* d'antiquités
antiquity [æn'tɪkwɪtɪ] *n* antiquité *f*
anti-retroviral [æntirɛtrəu'vaɪərəl] (*Med*) *n* antirétroviral *m* ▸ *adj* antirétroviral(e)
anti-Semitic ['æntɪsɪ'mɪtɪk] *adj* antisémite
anti-Semitism ['æntɪ'sɛmɪtɪzəm] *n* antisémitisme *m*
antiseptic [æntɪ'sɛptɪk] *adj, n* antiseptique *m*
antisocial ['æntɪ'səuʃəl] *adj* (*unfriendly*) peu liant(e), insociable ; (*against society*) antisocial(e)
antitank [æntɪ'tæŋk] *adj* antichar
antithesis [æn'tɪθɪsɪs] (*pl* **antitheses** [-siːz]) *n* antithèse *f*
antitrust [æntɪ'trʌst] *adj*: **~ legislation** loi *f* antitrust
antiviral [æntɪ'vaɪərəl] *adj* (*Med*) antiviral
antivirus [æntɪ'vaɪrəs] *adj* (*Comput*) antivirus *inv* ; **~ software** (logiciel *m*) antivirus *m inv*
anti-war [ænti'wɔːʳ] *adj* antiguerre

antlers ['æntləz] *npl* bois *mpl*, ramure *f*
antonym ['æntənɪm] *n* antonyme *m*
Antwerp ['æntwəːp] *n* Anvers
anus ['eɪnəs] *n* anus *m*
anvil ['ænvɪl] *n* enclume *f*
anxiety [æŋ'zaɪətɪ] *n* anxiété *f* ; (*keenness*): **~ to do** grand désir *or* impatience *f* de faire
anxious ['æŋkʃəs] *adj* (très) inquiet(-ète) ; (*always worried*) anxieux(-euse) ; (*worrying*) angoissant(e) ; **~ to do/that** (*keen*) qui tient beaucoup à faire/à ce que + *sub* ; impatient(e) de faire/que + *sub* ; **I'm very ~ about you** je me fais beaucoup de souci pour toi
anxiously ['æŋkʃəslɪ] *adv* anxieusement

KEYWORD

any ['enɪ] *adj* **1** (*in questions etc: singular*) du, de l', de la ; (*: plural*) des ; **do you have any butter/children/ink?** avez-vous du beurre/des enfants/de l'encre ?
2 (*with negative*) de, d' ; **I don't have any money/books** je n'ai pas d'argent/de livres ; **without any difficulty** sans aucune difficulté
3 (*no matter which*) n'importe quel(le) ; (*each and every*) tout(e), chaque ; **choose any book you like** vous pouvez choisir n'importe quel livre ; **any teacher you ask will tell you** n'importe quel professeur vous le dira
4 (*in phrases*): **in any case** de toute façon ; **any day now** d'un jour à l'autre ; **at any moment** à tout moment, d'un instant à l'autre ; **at any rate** en tout cas ; **any time** n'importe quand ; **he might come (at) any time** il pourrait venir n'importe quand ; **come (at) any time** venez quand vous voulez
▸ *pron* **1** (*in questions etc*) en ; **have you got any?** est-ce que vous en avez ? ; **can any of you sing?** est-ce que parmi vous il y en a qui savent chanter ?
2 (*with negative*) en ; **I don't have any (of them)** je n'en ai pas, je n'en ai aucun
3 (*no matter which one(s)*) n'importe lequel (*or* laquelle) ; (*anybody*) n'importe qui ; **take any of those books (you like)** vous pouvez prendre n'importe lequel de ces livres
▸ *adv* **1** (*in questions etc*): **do you want any more soup/sandwiches?** voulez-vous encore de la soupe/des sandwichs ? ; **are you feeling any better?** est-ce que vous vous sentez mieux ?
2 (*with negative*): **I can't hear him any more** je ne l'entends plus ; **don't wait any longer** n'attendez pas plus longtemps

anybody ['enɪbɔdɪ] *pron* n'importe qui ; (*in interrogative sentences*) quelqu'un ; (*in negative sentences*): **I don't see ~** je ne vois personne ; **if ~ should phone ...** si quelqu'un téléphone ...
anyhow ['enɪhau] *adv* quoi qu'il en soit ; (*haphazardly*) n'importe comment ; **do it ~ you like** faites-le comme vous voulez ; **she leaves things just ~** elle laisse tout traîner ; **I shall go ~** j'irai de toute façon
anymore [ˌeni'mɔːʳ] *adv* ne ... plus
anyone ['enɪwʌn] *pron* = **anybody**
anyplace ['enɪpleɪs] *adv* (*US*) = **anywhere**
anything ['enɪθɪŋ] *pron* (*no matter what*) n'importe quoi ; (*in questions*) quelque chose ; (*with negative*) ne ... rien ; **I don't want ~** je ne veux rien ; **can you see ~?** tu vois quelque chose ? ; **if ~ happens to me ...** s'il m'arrive quoi que ce soit ... ; **you can say ~ you like** vous pouvez dire ce que vous voulez ; **~ will do** n'importe quoi fera l'affaire ; **he'll eat ~** il mange de tout ; **~ else?** (*in shop*) avec ceci ? ; **it can cost ~ between £15 and £20** (Brit) ça peut coûter dans les 15 à 20 livres
anytime ['enɪtaɪm] *adv* (*at any moment*) d'un moment à l'autre ; (*whenever*) n'importe quand
anyway ['enɪweɪ] *adv* de toute façon ; **~, I couldn't come even if I wanted to** de toute façon, je ne pourrais pas venir même si je le voulais ; **I shall go ~** j'irai quand même ; **why are you phoning, ~?** au fait, pourquoi tu me téléphones ?
anywhere ['enɪweəʳ] *adv* n'importe où ; (*in interrogative sentences*) quelque part ; (*in negative sentences*): **I can't see him ~** je ne le vois nulle part ; **can you see him ~?** tu le vois quelque part ? ; **put the books down ~** pose les livres n'importe où ; **~ in the world** (*no matter where*) n'importe où dans le monde
Anzac ['ænzæk] *n abbr* (= *Australia-New Zealand Army Corps*) *soldat du corps ANZAC*
Anzac Day *n voir article*

> **ANZAC DAY**
>
> **Anzac Day** est le 25 avril, jour férié en Australie et en Nouvelle-Zélande commémorant le débarquement des soldats du corps ANZAC (*Australia and New Zealand Army Corps*) à Gallipoli en 1915, pendant la Première Guerre mondiale. Ce fut la plus célèbre des campagnes du corps ANZAC.

aorta [eɪ'ɔːtə] *n* aorte *f*
apart [ə'pɑːt] *adv* (*to one side*) à part ; de côté ; à l'écart ; (*separately*) séparément ; **to take/pull ~** démonter ; **10 miles/a long way ~** à 10 miles/très éloignés l'un de l'autre ; **they are living ~** ils sont séparés ; **~ from** *prep* à part, excepté
apartheid [ə'pɑːteɪt] *n* apartheid *m*
apartment [ə'pɑːtmənt] *n* (*US*) appartement *m*, logement *m* ; (*room*) chambre *f*
apartment block, (*US*) **apartment building** *n* immeuble *m*, maison *f* divisée en appartements
apathetic [æpə'θetɪk] *adj* apathique, indifférent(e)
apathy ['æpəθɪ] *n* apathie *f*, indifférence *f*
APB *n abbr* (*US: = all points bulletin*) *expression de la police signifiant « découvrir et appréhender le suspect »*
ape [eɪp] *n* (grand) singe ▸ *vt* singer
Apennines ['æpənaɪnz] *npl*: **the ~** les Apennins *mpl*
aperitif [ə'perɪtɪf] *n* apéritif *m*
aperture ['æpətʃjuəʳ] *n* orifice *m*, ouverture *f* ; (*Phot*) ouverture (du diaphragme)
APEX ['eɪpeks] *n abbr* (*Aviat: = advance purchase excursion*) APEX *m*
apex ['eɪpeks] *n* sommet *m*
aphid ['eɪfɪd] *n* puceron *m*

aphorism ['æfərɪzəm] *n* aphorisme *m*
aphrodisiac [æfrəu'dɪzɪæk] *adj, n* aphrodisiaque *m*
API *n abbr* = **American Press Institute**
apiece [ə'pi:s] *adv (for each person)* chacun(e), par tête ; *(for each item)* chacun(e), la pièce
aplenty [ə'plɛntɪ] *adv* en abondance
aplomb [ə'plɔm] *n* sang-froid *m*, assurance *f*
APO *n abbr (US: = Army Post Office) service postal de l'armée*
apocalypse [ə'pɔkəlɪps] *n* apocalypse *f*
apocalyptic [əpɔkə'lɪptɪk] *adj* apocalyptique
apocryphal [ə'pɔkrɪfl] *adj* apocryphe
apolitical [eɪpə'lɪtɪkl] *adj* apolitique
apologetic [əpɔlə'dʒɛtɪk] *adj (tone, letter)* d'excuse ; **to be very ~ about** s'excuser vivement de
apologetically [əpɔlə'dʒɛtɪkəlɪ] *adv (say)* en s'excusant
apologist [ə'pɔlədʒɪst] *n* apologiste *mf* ; **an ~ for sb** un apologiste de qn
apologize [ə'pɔlədʒaɪz] *vi*: **to ~ (for sth to sb)** s'excuser (de qch auprès de qn), présenter des excuses (à qn pour qch)
apology [ə'pɔlədʒɪ] *n* excuses *fpl* ; **to send one's apologies** envoyer une lettre *or* un mot d'excuse, s'excuser (de ne pas pouvoir venir) ; **please accept my apologies** vous voudrez bien m'excuser

> ⚠ **apology** ne veut pas dire *apologie*.

apoplectic [æpə'plɛktɪk] *adj (Med)* apoplectique ; *(inf)*: **~ with rage** fou (folle) de rage
apoplexy ['æpəplɛksɪ] *n* apoplexie *f*
apostle [ə'pɔsl] *n* apôtre *m*
apostrophe [ə'pɔstrəfɪ] *n* apostrophe *f*
apotheosis [əpɔθɪ'əusɪs] *(formal) n (epitome)* quintessence *f* ; *(high point)* apothéose *f* ; **the ~ of sth** l'exemple même de qch
app *n abbr (inf: Comput: = application)* appli *f*
appal, (US) appall [ə'pɔ:l] *vt* consterner, atterrer ; horrifier
Appalachian Mountains [æpə'leɪʃən-] *npl*: **the ~** les (monts *mpl*) Appalaches *mpl*
appalling [ə'pɔ:lɪŋ] *adj* épouvantable ; *(stupidity)* consternant(e) ; **she's an ~ cook** c'est une très mauvaise cuisinière
apparatus [æpə'reɪtəs] *n* appareil *m*, dispositif *m* ; *(in gymnasium)* agrès *mpl*
apparel [ə'pærl] *n (US)* habillement *m*, confection *f*
apparent [ə'pærənt] *adj* apparent(e) ; **it is ~ that** il est évident que
apparently [ə'pærəntlɪ] *adv* apparemment
apparition [æpə'rɪʃən] *n* apparition *f*
appeal [ə'pi:l] *vi (Law)* faire *or* interjeter appel ; **to ~ for** demander (instamment) ; implorer ; **to ~ to** *(beg)* faire appel à ; *(be attractive)* plaire à ; **to ~ to sb for mercy** implorer la pitié de qn, prier *or* adjurer qn d'avoir pitié ; **it doesn't ~ to me** cela ne m'attire pas ▶ *n (Law)* appel *m* ; *(request)* appel ; prière *f* ; *(charm)* attrait *m*, charme *m* ; **right of ~** droit *m* de recours
appealing [ə'pi:lɪŋ] *adj (attractive)* attrayant(e) ; *(touching)* attendrissant(e)
appear [ə'pɪəʳ] *vi* apparaître, se montrer ; *(Law)* comparaître ; *(publication)* paraître, sortir, être publié(e) ; *(seem)* paraître, sembler ; **it would ~ that** il semble que ; **to ~ in Hamlet** jouer dans Hamlet ; **to ~ on TV** passer à la télé
appearance [ə'pɪərəns] *n* apparition *f* ; parution *f* ; *(look, aspect)* apparence *f*, aspect *m* ; **to put in** *or* **make an ~** faire acte de présence ; **by order of ~** *(Theat)* par ordre d'entrée en scène ; **to keep up appearances** sauver les apparences ; **to all appearances** selon toute apparence
appease [ə'pi:z] *vt* apaiser, calmer
appeasement [ə'pi:zmənt] *n (Pol)* apaisement *m*
appellant [ə'pɛlənt] *n* appelant(e)
append [ə'pɛnd] *vt (Comput)* ajouter (à la fin d'un fichier)
appendage [ə'pɛndɪdʒ] *n* appendice *m*
appendices [ə'pɛndɪsi:z] *npl of* **appendix**
appendicitis [əpɛndɪ'saɪtɪs] *n* appendicite *f*
appendix [ə'pɛndɪks] (*pl* **appendices** [-si:z]) *n* appendice *m* ; **to have one's ~ out** se faire opérer de l'appendicite
appetite ['æpɪtaɪt] *n* appétit *m* ; **that walk has given me an ~** cette promenade m'a ouvert l'appétit
appetizer ['æpɪtaɪzəʳ] *n (food)* amuse-gueule *m* ; *(drink)* apéritif *m*
appetizing ['æpɪtaɪzɪŋ] *adj* appétissant(e)
applaud [ə'plɔ:d] *vt, vi* applaudir
applause [ə'plɔ:z] *n* applaudissements *mpl*
apple ['æpl] *n* pomme *f* ; *(also:* **apple tree***)* pommier *m* ; **it's the ~ of my eye** j'y tiens comme à la prunelle de mes yeux
applecart ['æpəlkɑ:t] *n*: **to upset the ~** tout chambouler
apple pie *n* tarte *f* aux pommes
applet ['æplɪt] *n (Comput)* appliquette *f*, microprogramme *m*
apple turnover *n* chausson *m* aux pommes
appliance [ə'plaɪəns] *n* appareil *m* ; **electrical appliances** l'électroménager *m*
applicable [ə'plɪkəbl] *adj* applicable ; **the law is ~ from January** la loi entre en vigueur au mois de janvier ; **to be ~ to** *(relevant)* valoir pour
applicant ['æplɪkənt] *n*: **~ (for)** *(Admin: for benefit etc)* demandeur(-euse) (de) ; *(: for post)* candidat(e) (à)
application [æplɪ'keɪʃən] *n* application *f* ; *(for a job, a grant etc)* demande *f* ; candidature *f* ; *(Comput)* application *f*, (logiciel *m*) applicatif *m* ; **on ~** sur demande
application form *n* formulaire *m* de demande
application program *n (Comput)* (logiciel *m*) applicatif *m*
applications package *n (Comput)* progiciel *m* d'application
applicator ['æplɪkeɪtəʳ] *n* applicateur *m*
applied [ə'plaɪd] *adj* appliqué(e) ; **~ arts** arts décoratifs
appliqued, appliquéd [ə'pli:keɪd] *adj (design, cushion,)* en appliqué
apply [ə'plaɪ] *vt*: **to ~ (to)** *(paint, ointment)* appliquer (sur) ; *(rule, theory, technique)* appliquer (à) ; **to ~**

the brakes actionner les freins, freiner ; **to ~ o.s. to** s'appliquer à ▸ *vi*: **to ~ to** (*ask*) s'adresser à ; (*be suitable for, relevant to*) s'appliquer à, être valable pour ; **to ~ (for)** (*permit, grant*) faire une demande (en vue d'obtenir) ; (*job*) poser sa candidature (pour), faire une demande d'emploi (concernant)

appoint [ə'pɔɪnt] *vt* (*to post*) nommer, engager ; (*date, place*) fixer, désigner

appointed [ə'pɔɪntɪd] *adj*: **at the ~ time** *or* **hour** à l'heure convenue

appointee [əpɔɪn'tiː] *n* personne nommée ; candidat retenu

appointment [ə'pɔɪntmənt] *n* (*to post*) nomination *f* ; (*job*) poste *m* ; (*arrangement to meet*) rendez-vous *m* ; **to have an ~** avoir un rendez-vous ; **to make an ~ (with)** prendre rendez-vous (avec) ; **I'd like to make an ~** je voudrais prendre rendez-vous ; **"appointments (vacant)"** (*Press*) « offres d'emploi » ; **by ~** sur rendez-vous

apportion [ə'pɔːʃən] *vt* (*share out*) répartir, distribuer ; **to ~ sth to sb** attribuer *or* assigner *or* allouer qch à qn

apposite ['æpəzɪt] *adj* (*formal*) pertinent(e)

appraisal [ə'preɪzl] *n* évaluation *f*

appraise [ə'preɪz] *vt* (*value*) estimer ; (*situation etc*) évaluer

appreciable [ə'priːʃəbl] *adj* appréciable

appreciably [ə'priːʃəblɪ] *adv* sensiblement, de façon appréciable

appreciate [ə'priːʃɪeɪt] *vt* (*like*) apprécier, faire cas de ; (*be grateful for*) être reconnaissant(e) de ; (*assess*) évaluer ; (*be aware of*) comprendre, se rendre compte de ; **I ~ your help** je vous remercie pour votre aide ▸ *vi* (*Finance*) prendre de la valeur

appreciation [əpriːʃɪ'eɪʃən] *n* appréciation *f* ; (*gratitude*) reconnaissance *f* ; (*Finance*) hausse *f*, valorisation *f*

appreciative [ə'priːʃɪətɪv] *adj* (*person*) sensible ; (*comment*) élogieux(-euse)

apprehend [æprɪ'hɛnd] *vt* appréhender, arrêter ; (*understand*) comprendre

apprehension [æprɪ'hɛnʃən] *n* appréhension *f*, inquiétude *f*

apprehensive [æprɪ'hɛnsɪv] *adj* inquiet(-ète), appréhensif(-ive)

apprentice [ə'prɛntɪs] *n* apprenti *m* ▸ *vt*: **to be apprenticed to** être en apprentissage chez

apprenticeship [ə'prɛntɪsʃɪp] *n* apprentissage *m* ; **to serve one's ~** faire son apprentissage

apprise [ə'praɪz] *vt* (*formal*) informer ; **to ~ sb of sth** informer qn de qch

appro. ['æprəu] *abbr* (BRIT *Comm*: *inf*) = **approval**

approach [ə'prəutʃ] *vi* approcher ▸ *vt* (*come near*) approcher de ; (*ask, apply to*) s'adresser à ; (*subject, passer-by*) aborder ; **to ~ sb about sth** aller *or* venir voir qn pour qch ▸ *n* approche *f* ; accès *m*, abord *m* ; démarche *f* (*auprès de qn*) ; (*intellectual*) démarche *f*

approachable [ə'prəutʃəbl] *adj* accessible

approach road *n* voie *f* d'accès

approbation [æprə'beɪʃən] *n* approbation *f*

appropriate *adj* [ə'prəuprɪɪt] (*tool etc*) qui convient, approprié(e) ; (*moment, remark*) opportun(e) ; **~ for** *or* **to** approprié à ; **it would not be ~ for me to comment** il ne me serait pas approprié de commenter ▸ *vt* [ə'prəuprɪeɪt] (*take*) s'approprier ; (*allot*): **to ~ sth for** affecter qch à

appropriately [ə'prəuprɪɪtlɪ] *adv* pertinemment, avec à-propos

appropriation [əprəuprɪ'eɪʃən] *n* dotation *f*, affectation *f*

approval [ə'pruːvəl] *n* approbation *f* ; **to meet with sb's ~** (*proposal etc*) recueillir l'assentiment de qn ; **on ~** (*Comm*) à l'examen

approve [ə'pruːv] *vt* approuver
▸ **approve of** *vt fus* (*thing*) approuver ; (*person*): **they don't ~ of her** ils n'ont pas bonne opinion d'elle

approved school [ə'pruːvd-] *n* (BRIT) centre *m* d'éducation surveillée

approvingly [ə'pruːvɪŋlɪ] *adv* d'un air approbateur

approx. *abbr* (= *approximately*) env

approximate *adj* [ə'prɔksɪmɪt] approximatif(-ive) ▸ *vt* [ə'prɔksɪmeɪt] se rapprocher de ; être proche de

approximately [ə'prɔksɪmətlɪ] *adv* approximativement

approximation [ə'prɔksɪ'meɪʃən] *n* approximation *f*

APR *n abbr* (= *Annual Percentage Rate*) taux (d'intérêt) annuel

Apr. *abbr* = **April**

apres-ski, après-ski [æpreɪ'skiː] *n* après-ski *m*

apricot ['eɪprɪkɔt] *n* abricot *m*

April ['eɪprəl] *n* avril *m* ; **~ fool!** poisson d'avril ! ; *see also* **July**

April Fools' Day *n* le premier avril ; *voir article*

APRIL FOOLS' DAY

April Fools' Day est le 1er avril, à l'occasion duquel on fait des farces de toutes sortes. Les victimes de ces farces sont les *April fools*. Traditionnellement, on n'est censé faire des farces que jusqu'à midi.

apron ['eɪprən] *n* tablier *m* ; (*Aviat*) aire *f* de stationnement

apropos [æprə'pəu] *prep* (*also*: **apropos of**) à propos de ▸ *adj* (*appropriate*) approprié(e)

apse [æps] *n* (*Archit*) abside *f*

APT *n abbr* (BRIT: = *advanced passenger train*) ≈ TGV *m*

apt [æpt] *adj* (*suitable*) approprié(e) ; **~ (at)** (*able*) doué(e) (pour) ; apte (à) ; **~ to do** (*likely*) susceptible de faire ; ayant tendance à faire

Apt. *abbr* (= *apartment*) appt

aptitude ['æptɪtjuːd] *n* aptitude *f*

aptitude test *n* test *m* d'aptitude

aptly ['æptlɪ] *adv* (fort) à propos

aqualung ['ækwəlʌŋ] *n* scaphandre *m* autonome

aquamarine [ækwəmə'riːn] *n* (*stone*) aigue-marine *f* ; (*colour*) bleu-vert *m inv* ▸ *adj* (*in colour*) bleu-vert *inv*

aquarium [ə'kwɛərɪəm] *n* aquarium *m*

Aquarius [ə'kwɛərɪəs] *n* le Verseau ; **to be ~** être du Verseau
aquatic [ə'kwætɪk] *adj* aquatique ; (*sport*) nautique
aqueduct ['ækwɪdʌkt] *n* aqueduc *m*
aqueous ['eɪkwiəs] *adj* (*solution, cream*) aqueux(-euse)
aquifer ['ækwɪfəʳ] *n* aquifère *m*
aquiline ['ækwɪlaɪn] *adj* (*nose, profile*) aquilin(e)
AR *abbr* (*US*) = **Arkansas**
ARA *n abbr* (Brit) = **Associate of the Royal Academy**
Arab ['ærəb] *n* Arabe *mf* ▸ *adj* arabe
Arabia [ə'reɪbɪə] *n* Arabie *f*
Arabian [ə'reɪbɪən] *adj* arabe
Arabian Desert *n* désert *m* d'Arabie
Arabian Sea *n* mer *f* d'Arabie
Arabic ['ærəbɪk] *adj, n* arabe *m*
Arabic numerals *npl* chiffres *mpl* arabes
arable ['ærəbl] *adj* arable
ARAM *n abbr* (Brit) = **Associate of the Royal Academy of Music**
arbiter ['ɑːbɪtəʳ] *n* arbitre *m*
arbitrage ['ɑːbɪtrɑːʒ] *n* (*Finance*) arbitrage *m*
arbitrary ['ɑːbɪtrərɪ] *adj* arbitraire
arbitrate ['ɑːbɪtreɪt] *vi* arbitrer ; trancher
arbitration [ɑːbɪ'treɪʃən] *n* arbitrage *m* ; **the dispute went to ~** le litige a été soumis à arbitrage
arbitrator ['ɑːbɪtreɪtəʳ] *n* arbitre *m*, médiateur(-trice)
arboretum [ɑːbə'riːtəm] *n* arboretum *m*
arbour ['ɑːbəʳ] *n* tonnelle *f*
ARC *n abbr* = **American Red Cross**
arc [ɑːk] *n* arc *m*
arcade [ɑː'keɪd] *n* arcade *f* ; (*passage with shops*) passage *m*, galerie *f* ; (*with games*) salle *f* de jeu
arcane [ɑː'keɪn] *adj* (*formal: world*) obscur(e) ; (*: knowledge*) ésotérique
arch [ɑːtʃ] *n* arche *f* ; (*of foot*) cambrure *f*, voûte *f* plantaire ; **pointed ~** ogive *f* ▸ *vt* arquer, cambrer ▸ *adj* malicieux(-euse) ▸ *prefix*: **~(-)** achevé(e) ; par excellence
archaeological [ɑːkɪə'lɔdʒɪkl] *adj* archéologique
archaeologist [ɑːkɪ'ɔlədʒɪst] *n* archéologue *mf*
archaeology, (*US*) **archeology** [ɑːkɪ'ɔlədʒɪ] *n* archéologie *f*
archaic [ɑː'keɪɪk] *adj* archaïque
archangel ['ɑːkeɪndʒəl] *n* archange *m*
archbishop [ɑːtʃ'bɪʃəp] *n* archevêque *m*
archdeacon [ɑːtʃ'diːkən] *n* archidiacre *m*
archdiocese [ɑːtʃ'daɪəsɪs] *n* archidiocèse *m*
archenemy ['ɑːtʃ'ɛnɪmɪ] *n* ennemi *m* de toujours *or* par excellence
archeology *etc* [ɑːkɪ'ɔlədʒɪ] *n* (*US*) = **archaeology**
archer ['ɑːtʃəʳ] *n* archer *m*
archery ['ɑːtʃərɪ] *n* tir *m* à l'arc
archetypal ['ɑːkɪtaɪpəl] *adj* archétype
archetype ['ɑːkɪtaɪp] *n* prototype *m*, archétype *m*
archipelago [ɑːkɪ'pɛlɪgəu] *n* archipel *m*
architect ['ɑːkɪtɛkt] *n* architecte *m*
architectural [ɑːkɪ'tɛktʃərəl] *adj* architectural(e)
architecturally [ɑːkɪ'tɛktʃərəlɪ] *adv* du point de vue de l'architecture
architecture ['ɑːkɪtɛktʃəʳ] *n* architecture *f*
archive ['ɑːkaɪv] *n* (*often pl*) archives *fpl*
archive file *n* (*Comput*) fichier *m* d'archives
archives ['ɑːkaɪvz] *npl* archives *fpl*
archivist ['ɑːkɪvɪst] *n* archiviste *mf*
archway ['ɑːtʃweɪ] *n* voûte *f*, porche voûté *or* cintré
ARCM *n abbr* (Brit) = **Associate of the Royal College of Music**
Arctic ['ɑːktɪk] *adj* arctique ▸ *n*: **the ~** l'Arctique *m*
Arctic Circle *n* cercle *m* Arctique
Arctic Ocean *n* océan *m* Arctique
ARD *n abbr* (*US Med*) = **acute respiratory disease**
ardent ['ɑːdənt] *adj* fervent(e)
ardour, (*US*) **ardor** ['ɑːdəʳ] *n* ardeur *f*
arduous ['ɑːdjuəs] *adj* ardu(e)
are [ɑːʳ] *vb see* **be**
area ['ɛərɪə] *n* (*Geom*) superficie *f* ; (*zone*) région *f* ; (*: smaller*) secteur *m* ; (*in room*) coin *m* ; (*knowledge, research*) domaine *m* ; **the London ~** la région Londonienne
area code (*US*) *n* (*Tel*) indicatif *m* de zone
arena [ə'riːnə] *n* arène *f*
aren't [ɑːnt] = **are not**
Argentina [ɑːdʒən'tiːnə] *n* Argentine *f*
Argentinian [ɑːdʒən'tɪnɪən] *adj* argentin(e) ▸ *n* Argentin(e)
argon ['ɑːgɔn] *n* argon *m*
arguable ['ɑːgjuəbl] *adj* discutable, contestable ; **it is ~ whether** on peut se demander si
arguably ['ɑːgjuəblɪ] *adv*: **it is ~ ...** on peut soutenir que c'est ...
argue ['ɑːgjuː] *vi* (*quarrel*) se disputer ; (*reason*) argumenter ; **to ~ about sth (with sb)** se disputer (avec qn) au sujet de qch ; **to ~ that** objecter *or* alléguer que, donner comme argument que ▸ *vt* (*debate: case, matter*) débattre
argument ['ɑːgjumənt] *n* (*quarrel*) dispute *f*, discussion *f* ; (*reasons*) argument *m* ; (*debate*) discussion, controverse *f* ; **~ for/against** argument pour/contre
argumentative [ɑːgju'mɛntətɪv] *adj* ergoteur(-euse), raisonneur(-euse)
aria ['ɑːrɪə] *n* aria *f*
ARIBA [ə'riːbə] *n abbr* (Brit) = **Associate of the Royal Institute of British Architects**
arid ['ærɪd] *adj* aride
aridity [ə'rɪdɪtɪ] *n* aridité *f*
Aries ['ɛərɪz] *n* le Bélier ; **to be ~** être du Bélier
arise [ə'raɪz] (*pt* **arose** [ə'rəuz], *pp* **arisen** [ə'rɪzn]) *vi* survenir, se présenter ; **to ~ from** résulter de ; **should the need ~** en cas de besoin
aristocracy [ærɪs'tɔkrəsɪ] *n* aristocratie *f*
aristocrat ['ærɪstəkræt] *n* aristocrate *mf*
aristocratic [ærɪstə'krætɪk] *adj* aristocratique
arithmetic [ə'rɪθmətɪk] *n* arithmétique *f*
arithmetical [ærɪθ'mɛtɪkl] *adj* arithmétique
Ariz. *abbr* (*US*) = **Arizona**
ark [ɑːk] *n*: **Noah's A~** l'Arche *f* de Noé
Ark. *abbr* (*US*) = **Arkansas**
arm [ɑːm] *n* bras *m* ; **~ in ~** bras dessus bras dessous ▸ *vt* armer ; **arms** *npl* (*weapons, Heraldry*) armes *fpl*

Armageddon [ɑːmə'gɛdən] *n* Armaggedon *m*
armaments ['ɑːməmənts] *npl* (*weapons*) armement *m*
armband ['ɑːmbænd] *n* brassard *m*
armchair ['ɑːmtʃɛəʳ] *n* fauteuil *m*
armed [ɑːmd] *adj* armé(e)
armed forces *npl*: **the ~** les forces armées
armed robbery *n* vol *m* à main armée
Armenia [ɑː'miːnɪə] *n* Arménie *f*
Armenian [ɑː'miːnɪən] *adj* arménien(ne) ▸ *n* Arménien(ne) ; (*Ling*) arménien *m*
armful ['ɑːmful] *n* brassée *f*
armistice ['ɑːmɪstɪs] *n* armistice *m*
armour, (*US*) **armor** ['ɑːməʳ] *n* armure *f* ; (*also*: **armour-plating**) blindage *m* ; (*Mil*: *tanks*) blindés *mpl*
armoured car, (*US*) **armored car** ['ɑːməd-] *n* véhicule blindé
armoury, (*US*) **armory** ['ɑːmərɪ] *n* arsenal *m*
armpit ['ɑːmpɪt] *n* aisselle *f*
armrest ['ɑːmrɛst] *n* accoudoir *m*
arms control *n* contrôle *m* des armements
arms race *n* course *f* aux armements
army ['ɑːmɪ] *n* armée *f*
A road *n* (BRIT) ≈ route nationale
aroma [ə'rəumə] *n* arôme *m*
aromatherapist [ərəumə'θɛrəpɪst] *n* aromathérapeute *mf*
aromatherapy [ərəumə'θɛrəpɪ] *n* aromathérapie *f*
aromatic [ærə'mætɪk] *adj* aromatique
arose [ə'rəuz] *pt of* **arise**
around [ə'raund] *adv* (tout) autour ; (*nearby*) dans les parages ; **is he ~?** est-il dans les parages *or* là ? ▸ *prep* autour de ; (*near*) près de ; (*fig*: *about*) environ ; (: *date, time*) vers
arousal [ə'rauzəl] *n* (*sexual*) excitation sexuelle, éveil *m*
arouse [ə'rauz] *vt* (*sleeper*) éveiller ; (*curiosity, passions*) éveiller, susciter ; (*anger*) exciter
aroused [ə'rauzd] *adj* (*sexually*) excité(e)
arraign [ə'reɪn] *vt* (*Law*) traduire en justice ; **to be arraigned on charges of sth** être inculpé(e) de qch
arrange [ə'reɪndʒ] *vt* arranger ; (*programme*) arrêter, convenir de ; **to ~ to do sth** prévoir de faire qch ; **it was arranged that ...** il a été convenu que ..., il a été décidé que ... ▸ *vi*: **we have arranged for a car to pick you up** nous avons prévu qu'une voiture vienne vous prendre
arrangement [ə'reɪndʒmənt] *n* arrangement *m* ; **to come to an ~ (with sb)** se mettre d'accord (avec qn) ; **home deliveries by ~** livraison à domicile sur demande ; **arrangements** *npl* (*plans etc*) arrangements *mpl*, dispositions *fpl* ; **I'll make arrangements for you to be met** je vous enverrai chercher
arrant ['ærənt] *adj*: **he's talking ~ nonsense** il raconte vraiment n'importe quoi
array [ə'reɪ] *n* (*of objects*) déploiement *m*, étalage *m* ; (*Math, Comput*) tableau *m*
arrayed [ə'reɪd] *adj* (*arranged*: *objects*) disposé(e) ; (*Mil*): **to be ~ against sb** être déployé(e) contre qn ; (*literary*: *dressed*): **~ in sth** paré(e) de qch
arrears [ə'rɪəz] *npl* arriéré *m* ; **to be in ~ with one's rent** devoir un arriéré de loyer, être en retard pour le paiement de son loyer
arrest [ə'rɛst] *vt* arrêter ; (*sb's attention*) retenir, attirer ▸ *n* arrestation *f* ; **under ~** en état d'arrestation
arresting [ə'rɛstɪŋ] *adj* (*fig*: *beauty*) saisissant(e) ; (: *charm, candour*) désarmant(e)
arrival [ə'raɪvl] *n* arrivée *f* ; (*Comm*) arrivage *m* ; (*person*) arrivant(e) ; **new ~** nouveau venu/ nouvelle venue ; (*baby*) nouveau-né(e)
arrive [ə'raɪv] *vi* arriver
▸ **arrive at** *vt fus* (*decision, solution*) parvenir à
arrogance ['ærəgəns] *n* arrogance *f*
arrogant ['ærəgənt] *adj* arrogant(e)
arrogantly ['ærəgəntlɪ] *adv* (*claim*) avec arrogance
arrow ['ærəu] *n* flèche *f*
arrowhead ['ærəuhɛd] *n* pointe *f* de flèche
arse [ɑːs] *n* (BRIT *inf!*) cul *m* (!)
arsehole ['ɑːshəul] *n* (BRIT *inf!*) connard *m* (!)
arsenal ['ɑːsɪnl] *n* arsenal *m*
arsenic ['ɑːsnɪk] *n* arsenic *m*
arson ['ɑːsn] *n* incendie criminel
arsonist ['ɑːsənɪst] *n* incendiaire *mf*
art [ɑːt] *n* art *m* ; (*craft*) métier *m* ; **work of ~** œuvre *f* d'art ; **Arts** *npl* (*Scol*) les lettres *fpl*
art college *n* école *f* des beaux-arts
Art Deco [ɑːt'dɛkəu] *n* art *m* déco
artefact ['ɑːtɪfækt] *n* objet fabriqué
arterial [ɑː'tɪərɪəl] *adj* (*Anat*) artériel(le) ; (*road etc*) à grande circulation
arteriosclerosis [ɑːtɪərɪəusklɛ'rəusɪs] *n* artériosclérose *f*
artery ['ɑːtərɪ] *n* artère *f*
artful ['ɑːtful] *adj* rusé(e)
art gallery *n* musée *m* d'art ; (*saleroom*) galerie *f* de peinture
art-house ['ɑːthaus] *adj* (*film, classic*) d'art et d'essai
arthritic [ɑː'θrɪtɪk] *adj* arthritique
arthritis [ɑː'θraɪtɪs] *n* arthrite *f*
artichoke ['ɑːtɪtʃəuk] *n* artichaut *m* ; **Jerusalem ~** topinambour *m*
article ['ɑːtɪkl] *n* article *m* ; **articles of clothing** vêtements *mpl* ; **articles** *npl* (*training*) ≈ stage *m*
articled ['ɑːtɪkəld] *adj* (*clerk*) stagiaire ; **to be ~ to sb** être stagiaire chez qn
articles of association *npl* (*Comm*) statuts *mpl* d'une société
articulacy [ɑː'tɪkjuləsɪ] *n* (*of person*) éloquence *f* ; (*of speech*) articulation *f*
articulate *adj* [ɑː'tɪkjulɪt] (*person*) qui s'exprime clairement et aisément ; (*speech*) bien articulé(e), prononcé(e) clairement ▸ *vi* [ɑː'tɪkjuleɪt] articuler, parler distinctement ▸ *vt* articuler
articulated lorry [ɑː'tɪkjuleɪtɪd-] *n* (BRIT) (camion *m*) semi-remorque *m*
artifact ['ɑːtɪfækt] *n* (*US*) objet fabriqué
artifice ['ɑːtɪfɪs] *n* ruse *f*
artificial [ɑːtɪ'fɪʃəl] *adj* artificiel(le)
artificial insemination [-ɪnsɛmɪ'neɪʃən] *n* insémination artificielle

artificial intelligence *n* intelligence artificielle
artificial respiration *n* respiration artificielle
artillery [ɑːˈtɪlərɪ] *n* artillerie *f*
artisan [ˈɑːtɪzæn] *n* artisan(e)
artist [ˈɑːtɪst] *n* artiste *mf*
artiste [ɑːˈtiːst] (*esp* BRIT) *n* artiste *mf* ; **a cabaret ~** un artiste de cabaret
artistic [ɑːˈtɪstɪk] *adj* artistique
artistry [ˈɑːtɪstrɪ] *n* art *m*, talent *m*
artless [ˈɑːtlɪs] *adj* naïf (naïve), simple, ingénu(e)
Art Nouveau [ɑːtnuːˈvəu] *n* art *m inv* nouveau ▸ *cpd* (*work, building*) art nouveau *inv*
arts [ɑːts] *npl* (*Scol*) lettres *fpl*
art school *n* ≈ école *f* des beaux-arts
artsy [ˈɑːtsɪ] *adj* (*inf*: *person*) qui se donne le genre artiste ; (: *film, photograph*) de style artiste prétentieux
artwork [ˈɑːtwəːk] *n* maquette *f* (*prête pour la photogravure*)
ARV *n abbr* (= *American Revised Version*) *traduction américaine de la Bible*
AS *n abbr* (*US Scol*: = *Associate in/of Science*) *diplôme universitaire* ▸ *abbr* (*US*) = **American Samoa**

KEYWORD

as [æz] *conj* **1** (*time*: *moment*) comme, alors que ; à mesure que ; (: *duration*) tandis que ; **he came in as I was leaving** il est arrivé comme je partais ; **as the years went by** à mesure que les années passaient ; **as from tomorrow** à partir de demain
2 (*because*) comme, puisque ; **he left early as he had to be home by 10** comme il *or* puisqu'il devait être de retour avant 10h, il est parti de bonne heure
3 (*referring to manner, way*) comme ; **do as you wish** faites comme vous voudrez ; **as she said** comme elle disait
▸ *adv* **1** (*in comparisons*): **as big as** aussi grand que ; **twice as big as** deux fois plus grand que ; **big as it is** si grand que ce soit ; **much as I like them, I …** je les aime bien, mais je … ; **as much** *or* **many as** autant que ; **as much money/many books as** autant d'argent/de livres que ; **as soon as** dès que
2 (*concerning*): **as for** *or* **to that** quant à cela, pour ce qui est de cela
3: **as if** *or* **though** comme si ; **he looked as if he was ill** il avait l'air d'être malade ; *see also* **long**; **such**; **well**
▸ *prep* (*in the capacity of*) en tant que, en qualité de ; **he works as a driver** il travaille comme chauffeur ; **as chairman of the company, he …** en tant que président de la société, il … ; **dressed up as a cowboy** déguisé en cow-boy ; **he gave me it as a present** il me l'a offert, il m'en a fait cadeau

ASA *n abbr* (= *American Standards Association*) *association de normalisation*
a.s.a.p. *abbr* = **as soon as possible**
asbestos [æzˈbɛstəs] *n* asbeste *m*, amiante *m*
ASBO [ˈæzbəu] *n abbr* (BRIT: = *Antisocial Behaviour Order*) *décision de justice visant à empêcher une personne reconnue coupable d'incivilités de récidiver en restreignant sa liberté de mouvement ou d'action*
ascend [əˈsɛnd] *vt* gravir
ascendancy [əˈsɛndənsɪ] *n* ascendant *m*
ascendant [əˈsɛndənt] *n*: **to be in the ~** monter
ascending [əˈsɛndɪŋ] *adj* (*spiral, scale*) croissant(e) ; **in ~ order** par ordre croissant
ascension [əˈsɛnʃən] *n*: **the A~** (*Rel*) l'Ascension *f*
Ascension Island *n* île *f* de l'Ascension
ascent [əˈsɛnt] *n* (*climb*) ascension *f*
ascertain [æsəˈteɪn] *vt* s'assurer de, vérifier ; établir
ascetic [əˈsɛtɪk] *adj* ascétique
asceticism [əˈsɛtɪsɪzəm] *n* ascétisme *m*
ASCII [ˈæskiː] *n abbr* (= *American Standard Code for Information Interchange*) ASCII
ascribe [əˈskraɪb] *vt*: **to ~ sth to** attribuer qch à ; (*blame*) imputer qch à
ASCU *n abbr* (*US*) = **Association of State Colleges and Universities**
ASE *n abbr* = **American Stock Exchange**
asexual [eɪˈsɛkʃəl] *adj* (*reproduction*) asexuel(le), asexué(e) ; (*relationship*) platonique ; (*creature, plant*) asexué(e)
ASH [æʃ] *n abbr* (BRIT: = *Action on Smoking and Health*) *ligue anti-tabac*
ash [æʃ] *n* (*dust*) cendre *f* ; (*also*: **ash tree**) frêne *m*
ashamed [əˈʃeɪmd] *adj* honteux(-euse), confus(e) ; **to be ~ of** avoir honte de ; **to be ~ (of o.s.) for having done** avoir honte d'avoir fait
ash blond, ash blonde *adj* blond cendré
ashen [ˈæʃən] *adj* (*pale*) cendreux(-euse), blême
ashore [əˈʃɔːʳ] *adv* à terre ; **to go ~** aller à terre, débarquer
ashtray [ˈæʃtreɪ] *n* cendrier *m*
Ash Wednesday *n* mercredi *m* des Cendres
Asia [ˈeɪʃə] *n* Asie *f*
Asia Minor *n* Asie Mineure
Asian [ˈeɪʃən] *n* (*from Asia*) Asiatique *mf* ; (BRIT: *from Indian subcontinent*) Indo-Pakistanais(e) ▸ *adj* asiatique ; indo-pakistanais(e)
Asiatic [eɪsɪˈætɪk] *adj* asiatique
aside [əˈsaɪd] *adv* de côté ; à l'écart ; **~ from** *prep* à part, excepté ▸ *n* aparté *m*
ask [ɑːsk] *vt* demander ; (*invite*) inviter ; **to ~ sb sth/to do sth** demander à qn qch/de faire qch ; **to ~ sb the time** demander l'heure à qn ; **to ~ sb about sth** questionner qn au sujet de qch ; se renseigner auprès de qn au sujet de qch ; **to ~ (sb) a question** poser une question (à qn) ; **to ~ sb out to dinner** inviter qn au restaurant ▸ *vi* demander ; **to ~ about the price** s'informer du prix, se renseigner au sujet du prix
▸ **ask after** *vt fus* demander des nouvelles de
▸ **ask for** *vt fus* demander ; **it's just asking for trouble** *or* **for it** ce serait chercher des ennuis
askance [əˈskɑːns] *adv*: **to look ~ at sb** regarder qn de travers *or* d'un œil désapprobateur
askew [əˈskjuː] *adv* de travers, de guingois
asking price [ˈɑːskɪŋ-] *n* prix demandé
asleep [əˈsliːp] *adj* endormi(e) ; **to be ~** dormir, être endormi ; **to fall ~** s'endormir
ASLEF [ˈæzlɛf] *n abbr* (BRIT: = *Associated Society of Locomotive Engineers and Firemen*) *syndicat de cheminots*

AS level *n abbr (= Advanced Subsidiary level) première partie de l'examen équivalent au baccalauréat*
asp [æsp] *n* aspic *m*
asparagus [əs'pærəgəs] *n* asperges *fpl*
asparagus tips *npl* pointes *fpl* d'asperges
ASPCA *n abbr (= American Society for the Prevention of Cruelty to Animals)* ≈ SPA *f*
aspect ['æspɛkt] *n* aspect *m* ; *(direction in which a building etc faces)* orientation *f*, exposition *f*
aspen ['æspən] *n (tree)* tremble *m*
aspersions [əs'pəːʃənz] *npl*: **to cast ~ on** dénigrer
asphalt ['æsfælt] *n* asphalte *m*
asphyxia [æs'fɪksɪə] *n* asphyxie *f*
asphyxiate [æs'fɪksɪeɪt] *vt* asphyxier
asphyxiation [æsfɪksɪ'eɪʃən] *n* asphyxie *f*
aspiration [æspə'reɪʃən] *n* aspiration *f*
aspirations [æspə'reɪʃənz] *npl (hopes, ambition)* aspirations *fpl*
aspire [əs'paɪəʳ] *vi*: **to ~ to** aspirer à
aspirin ['æsprɪn] *n* aspirine *f*
aspiring [əs'paɪərɪŋ] *adj (artist, writer)* en herbe ; *(manager)* potentiel(le)
ass [æs] *n* âne *m* ; *(inf)* imbécile *mf* ; *(US inf!)* cul *m* (!)
assail [ə'seɪl] *vt* assaillir
assailant [ə'seɪlənt] *n* agresseur *m* ; assaillant *m*
assassin [ə'sæsɪn] *n* assassin *m*
assassinate [ə'sæsɪneɪt] *vt* assassiner
assassination [əsæsɪ'neɪʃən] *n* assassinat *m*
assault [ə'sɔːlt] *n (Mil)* assaut *m* ; *(gen: attack)* agression *f* ; *(Law)*: **~ (and battery)** voies *fpl* de fait, coups *mpl* et blessures *fpl* ▸ *vt* attaquer ; *(sexually)* violenter
assemble [ə'sɛmbl] *vt* assembler ▸ *vi* s'assembler, se rassembler
assembly [ə'sɛmblɪ] *n (meeting)* rassemblement *m* ; *(parliament)* assemblée *f* ; *(construction)* assemblage *m*
assembly language *n (Comput)* langage *m* d'assemblage
assembly line *n* chaîne *f* de montage
assemblyman [ə'sɛmblimən] *n (irreg)* membre *m* d'une assemblée législative
assemblywoman [ə'sɛmbliwumən] *n (irreg)* membre *m* d'une assemblée législative
assent [ə'sɛnt] *n* assentiment *m*, consentement *m* ▸ *vi*: **to ~ (to sth)** donner son assentiment (à qch), consentir (à qch)
assert [ə'səːt] *vt* affirmer, déclarer ; établir ; *(authority)* faire valoir ; *(innocence)* protester de ; **to ~ o.s.** s'imposer
assertion [ə'səːʃən] *n* assertion *f*, affirmation *f*
assertive [ə'səːtɪv] *adj* assuré(e) ; péremptoire
assertiveness [ə'səːtɪvnɪs] *n* assurance *f* ▸ *cpd (class, training)* d'affirmation de la personnalité
assess [ə'sɛs] *vt* évaluer, estimer ; *(tax, damages)* établir *or* fixer le montant de ; *(property etc: for tax)* calculer la valeur imposable de ; *(person)* juger la valeur de
assessment [ə'sɛsmənt] *n* évaluation *f*, estimation *f* ; *(of tax)* fixation *f* ; *(of property)* calcul *m* de la valeur imposable ; *(judgment)*: **~ (of)** jugement *m or* opinion *f* (sur)
assessor [ə'sɛsəʳ] *n* expert *m (en matière d'impôt et d'assurance)*
asset ['æsɛt] *n* avantage *m*, atout *m* ; *(person)* atout ; **assets** *npl (Comm)* capital *m* ; avoir(s) *m(pl)* ; actif *m*
asset-stripping ['æsɛt'strɪpɪŋ] *n (Comm)* récupération *f* (et démantèlement *m*) d'une entreprise en difficulté
asshole ['æshəul] *n (US inf!)* con(ne) (!), connard(e) (!)
assiduous [ə'sɪdjuəs] *adj* assidu(e)
assign [ə'saɪn] *vt (date)* fixer, arrêter ; **to ~ sth to** *(task)* assigner qch à ; *(resources)* affecter qch à ; *(cause, meaning)* attribuer qch à
assignation [æsɪg'neɪʃən] *n (formal, hum)* rendez-vous *m*
assignment [ə'saɪnmənt] *n (task)* mission *f* ; *(homework)* devoir *m*
assimilate [ə'sɪmɪleɪt] *vt* assimiler
assimilation [əsɪmɪ'leɪʃən] *n* assimilation *f*
assist [ə'sɪst] *vt* aider, assister ; *(injured person etc)* secourir
assistance [ə'sɪstəns] *n* aide *f*, assistance *f* ; secours *mpl*
assistant [ə'sɪstənt] *n* assistant(e), adjoint(e) ; (Brit: *also*: **shop assistant**) vendeur(-euse)
assistant manager *n* sous-directeur *m*
assizes [ə'saɪzɪz] *npl* assises *fpl*
associate *adj, n* [ə'səuʃɪɪt] associé(e) ; **~ director** directeur adjoint ▸ *vt* [ə'səuʃɪeɪt] associer ; **associated company** société affiliée ▸ *vi* [ə'səuʃɪeɪt]: **to ~ with sb** fréquenter qn
association [əsəusɪ'eɪʃən] *n* association *f* ; **in ~ with** en collaboration avec
association football *n* (Brit) football *m*
assorted [ə'sɔːtɪd] *adj* assorti(e) ; **in ~ sizes** en plusieurs tailles
assortment [ə'sɔːtmənt] *n* assortiment *m* ; *(of people)* mélange *m*
Asst. *abbr* = **assistant**
assuage [ə'sweɪdʒ] *vt (grief, pain)* soulager ; *(thirst, appetite)* assouvir
assume [ə'sjuːm] *vt* supposer ; *(responsibilities etc)* assumer ; *(attitude, name)* prendre, adopter
assumed name [ə'sjuːmd-] *n* nom *m* d'emprunt
assumption [ə'sʌmpʃən] *n* supposition *f*, hypothèse *f* ; *(of power)* assomption *f*, prise *f* ; **on the ~ that** dans l'hypothèse où ; *(on condition that)* à condition que
assurance [ə'ʃuərəns] *n* assurance *f* ; **I can give you no assurances** je ne peux rien vous garantir
assure [ə'ʃuəʳ] *vt* assurer
assured [ə'ʃuəd] *adj* assuré(e)
assuredly [ə'ʃuərɪdlɪ] *adv* assurément
AST *abbr (US: = Atlantic Standard Time) heure d'hiver de New York*
asterisk ['æstərɪsk] *n* astérisque *m*
astern [ə'stəːn] *adv* à l'arrière
asteroid ['æstərɔɪd] *n* astéroïde *m*
asthma ['æsmə] *n* asthme *m*
asthmatic [æs'mætɪk] *adj, n* asthmatique *mf*
astigmatism [ə'stɪgmətɪzəm] *n* astigmatisme *m*
astir [ə'stəːʳ] *adv* en émoi
astonish [ə'stɔnɪʃ] *vt* étonner, stupéfier

astonished [ə'stɔnɪʃd] *adj* étonné(e) ; **to be ~ at** être étonné(e) de
astonishing [ə'stɔnɪʃɪŋ] *adj* étonnant(e), stupéfiant(e) ; **I find it ~ that ...** je trouve incroyable que ... + *sub*
astonishingly [ə'stɔnɪʃɪŋlɪ] *adv* incroyablement
astonishment [ə'stɔnɪʃmənt] *n* (grand) étonnement, stupéfaction *f*
astound [ə'staund] *vt* stupéfier, sidérer
astounded [ə'staundɪd] *adj* abasourdi(e), stupéfait(e) ; **to be ~ at sth** être abasourdi(e) par qch, être stupéfait(e) par qch
astounding [ə'staundɪŋ] *adj* stupéfiant(e), étonnant(e)
astray [ə'streɪ] *adv*: **to go ~** s'égarer ; (*fig*) quitter le droit chemin ; **to lead ~** (*morally*) détourner du droit chemin ; **to go ~ in one's calculations** faire fausse route dans ses calculs
astride [ə'straɪd] *adv* à cheval ▸ *prep* à cheval sur
astringent [əs'trɪndʒənt] *adj* astringent(e) ▸ *n* astringent *m*
astrologer [əs'trɔlədʒəʳ] *n* astrologue *mf*
astrological [æstrə'lɔdʒɪkəl] *adj* astrologique
astrology [əs'trɔlədʒɪ] *n* astrologie *f*
astronaut ['æstrənɔːt] *n* astronaute *mf*
astronomer [əs'trɔnəməʳ] *n* astronome *mf*
astronomical [æstrə'nɔmɪkl] *adj* astronomique
astronomy [əs'trɔnəmɪ] *n* astronomie *f*
astrophysicist [æstrəu'fɪzɪsɪst] *n* astrophysicien(-ienne)
astrophysics ['æstrəu'fɪzɪks] *n* astrophysique *f*
astute [əs'tjuːt] *adj* astucieux(-euse), malin(-igne)
asunder [ə'sʌndəʳ] *adv*: **to tear ~** déchirer
ASV *n abbr* (= *American Standard Version*) *traduction de la Bible*
asylum [ə'saɪləm] *n* asile *m* ; **to seek political ~** demander l'asile politique
asylum seeker [-siːkəʳ] *n* demandeur(-euse) d'asile
asymmetric [eɪsɪ'mɛtrɪk], **asymmetrical** [eɪsɪ'mɛtrɪkl] *adj* asymétrique
asymmetry [eɪ'sɪmətrɪ] *n* asymétrie *f*

KEYWORD

at [æt] *prep* **1** (*referring to position, direction*) à ; **at the top** au sommet ; **at home/school** à la maison *or* chez soi/à l'école ; **at the baker's** à la boulangerie, chez le boulanger ; **to look at sth** regarder qch
2 (*referring to time*): **at 4 o'clock** à 4 heures ; **at Christmas** à Noël ; **at night** la nuit ; **at times** par moments, parfois
3 (*referring to rates, speed etc*) à ; **at £1 a kilo** une livre le kilo ; **two at a time** deux à la fois ; **at 50 km/h** à 50 km/h ; **at full speed** à toute vitesse
4 (*referring to manner*): **at a stroke** d'un seul coup ; **at peace** en paix
5 (*referring to activity*): **to be at work** (*in the office etc*) être au travail ; (*working*) travailler ; **to play at cowboys** jouer aux cow-boys ; **to be good at sth** être bon en qch
6 (*referring to cause*): **shocked/surprised/annoyed at sth** choqué par/étonné de/agacé par qch ; **I went at his suggestion** j'y suis allé sur son conseil
▸ *n* (*@ symbol*) arobase *f*

atavistic [ætə'vɪstɪk] *adj* (*formal*) atavique
ate [eɪt] *pt of* **eat**
atheism ['eɪθɪɪzəm] *n* athéisme *m*
atheist ['eɪθɪɪst] *n* athée *mf*
Athenian [ə'θiːnɪən] *adj* athénien(ne) ▸ *n* Athénien(ne)
Athens ['æθɪnz] *n* Athènes
athlete ['æθliːt] *n* athlète *mf*
athletic [æθ'lɛtɪk] *adj* athlétique
athletics [æθ'lɛtɪks] *n* athlétisme *m*
atishoo [ə'tɪʃuː] *excl* atchoum !
Atlantic [ət'læntɪk] *adj* atlantique ▸ *n*: **the ~ (Ocean)** l'(océan *m*) Atlantique *m*
atlas ['ætləs] *n* atlas *m*
Atlas Mountains *npl*: **the ~** les monts *mpl* de l'Atlas, l'Atlas *m*
ATM *n abbr* (= *Automated Telling Machine*) guichet *m* automatique
atmosphere ['ætməsfɪəʳ] *n* (*air*) atmosphère *f* ; (*fig: of place etc*) atmosphère, ambiance *f*
atmospheric [ætməs'fɛrɪk] *adj* atmosphérique
atmospherics [ætməs'fɛrɪks] *n* (*Radio*) parasites *mpl*
atoll ['ætɔl] *n* atoll *m*
atom ['ætəm] *n* atome *m*
atom bomb, atomic bomb *n* bombe *f* atomique
atomic [ə'tɔmɪk] *adj* atomique
atomizer ['ætəmaɪzəʳ] *n* atomiseur *m*
atonal [eɪ'təunl] *adj* atonal(e)
atone [ə'təun] *vi*: **to ~ for** expier, racheter
atonement [ə'təunmənt] *n* expiation *f*
atop [ə'tɔp] *prep* (*literary*) au sommet de, sur
ATP *n abbr* (= *Association of Tennis Professionals*) ATP *f* (= *Association des joueurs de tennis professionnels*)
atrium ['eɪtrɪəm] *n* atrium *m*
atrocious [ə'trəuʃəs] *adj* (*very bad*) atroce, exécrable
atrocity [ə'trɔsɪtɪ] *n* atrocité *f*
atrophy ['ætrəfɪ] *n* atrophie *f* ▸ *vt* atrophier ▸ *vi* s'atrophier
attach [ə'tætʃ] *vt* (*gen*) attacher ; (*document, letter*) joindre ; (*employee, troops*) affecter ; **to be attached to sb/sth** (*to like*) être attaché à qn/qch ; **to ~ a file to an email** joindre un fichier à un e-mail ; **the attached letter** la lettre ci-jointe
attaché [ə'tæʃeɪ] *n* attaché *m*
attaché case [ə'tæʃeɪ-] *n* mallette *f*, attaché-case *m*
attachment [ə'tætʃmənt] *n* (*tool*) accessoire *m* ; (*Comput*) fichier *m* joint ; (*love*): **~ (to)** affection *f* (pour), attachement *m* (à)
attack [ə'tæk] *vt* attaquer ; (*task etc*) s'attaquer à ▸ *n* attaque *f* ; **heart ~** crise *f* cardiaque
attacker [ə'tækəʳ] *n* attaquant *m* ; agresseur *m*
attain [ə'teɪn] *vt* (*also*: **to attain to**) parvenir à, atteindre ; (*knowledge*) acquérir
attainable [ə'teɪnəbl] *adj* (*goal*) accessible

attainment [ə'teɪnmənt] *n* (*achievement: of aim*) réalisation *f*, obtention *f* ; (*skill*) connaissance *f* ; (*of school pupil*) résultat *m*
attempt [ə'tɛmpt] *n* tentative *f* ; **to make an ~ on sb's life** attenter à la vie de qn ; **he made no ~ to help** il n'a rien fait pour m'aider *or* l'aider *etc* ▸ *vt* essayer, tenter ; **attempted theft** *etc* (*Law*) tentative de vol *etc*
attempted [ə'tɛmptɪd] *adj*: **~ murder/suicide** tentative *f* de meurtre/suicide
attend [ə'tɛnd] *vt* (*course*) suivre ; (*meeting, talk*) assister à ; (*school, church*) aller à, fréquenter ; (*patient*) soigner, s'occuper de
▸ **attend on, attend upon** *vt fus* (*person*) servir, être au service de
▸ **attend to** *vt fus* (*needs, affairs etc*) s'occuper de ; (*customer*) s'occuper de, servir
attendance [ə'tɛndəns] *n* (*being present*) présence *f* ; (*people present*) assistance *f*
attendant [ə'tɛndənt] *n* employé(e) ; gardien(ne) ▸ *adj* concomitant(e), qui accompagne *or* s'ensuit
attendee [ətɛn'diː] (*esp US*) *n* participant(e)
attention [ə'tɛnʃən] *n* attention *f* ; (*Mil*): **at ~** au garde-à-vous ; **for the ~ of** (*Admin*) à l'attention de ; **it has come to my ~ that ...** je constate que ... ▸ *excl* (*Mil*) garde-à-vous ! ; **attentions** *npl* attentions *fpl*, prévenances *fpl*
attentive [ə'tɛntɪv] *adj* attentif(-ive) ; (*kind*) prévenant(e)
attentively [ə'tɛntɪvlɪ] *adv* attentivement, avec attention
attenuate [ə'tɛnjueɪt] *vt* atténuer ▸ *vi* s'atténuer
attest [ə'tɛst] *vi*: **to ~ to** témoigner de, attester de
attic ['ætɪk] *n* grenier *m*, combles *mpl*
attire [ə'taɪəʳ] *n* habit *m*, atours *mpl*
attired [ə'taɪəd] *adj* (*formal*) vêtu(e) (*formal*) ; **~ in** vêtu(e) de
attitude ['ætɪtjuːd] *n* (*behaviour*) attitude *f*, manière *f* ; (*posture*) pose *f*, attitude ; (*view*): **~ (to)** attitude (envers)
attorney [ə'təːnɪ] *n* (*US: lawyer*) avocat *m* ; (*having proxy*) mandataire *m* ; **power of ~** procuration *f*
Attorney General *n* (Brit) ≈ procureur général ; (*US*) ≈ garde *m* des Sceaux, ministre *m* de la Justice
attract [ə'trækt] *vt* attirer
attracted [ə'træktɪd] *adj*: **to be ~ to sb/sth** être attiré(e) par qn/qch
attraction [ə'trækʃən] *n* (*gen pl: pleasant things*) attraction *f*, attrait *m* ; (*Physics*) attraction ; (*fig: towards sb, sth*) attirance *f*
attractive [ə'træktɪv] *adj* séduisant(e), attrayant(e)
attractiveness [ə'træktɪvnɪs] *n* (*of place, region*) charme *m* ; (*of person*) beauté *f*, charme *m* ; (*of scheme, price*) attrait *m*
attribute *n* ['ætrɪbjuːt] attribut *m* ▸ *vt* [ə'trɪbjuːt]: **to ~ sth to** attribuer qch à
attribution [ætrɪ'bjuːʃən] *n* attribution *f*
attrition [ə'trɪʃən] *n*: **war of ~** guerre *f* d'usure
attuned [ə'tjuːnd] *adj*: **~ to** (*feeling, needs*) à l'écoute de ; (*sound*) accoutumé(e) à
Atty. Gen. *abbr* = **Attorney General**
ATV *n abbr* (= *all terrain vehicle*) véhicule *m* tout-terrain
atypical [eɪ'tɪpɪkl] *adj* atypique
aubergine ['əubəʒiːn] *n* aubergine *f*
auburn ['ɔːbən] *adj* auburn *inv*, châtain roux *inv*
auction ['ɔːkʃən] *n* (*also*: **sale by auction**) vente *f* aux enchères ▸ *vt* (*also*: **to sell by auction**) vendre aux enchères ; (*also*: **to put up for auction**) mettre aux enchères
auctioneer [ɔːkʃə'nɪəʳ] *n* commissaire-priseur *m*
auction room *n* salle *f* des ventes
audacious [ɔː'deɪʃəs] *adj* impudent(e) ; audacieux(-euse), intrépide
audacity [ɔː'dæsɪtɪ] *n* impudence *f* ; audace *f*
audible ['ɔːdɪbl] *adj* audible
audience ['ɔːdɪəns] *n* (*people*) assistance *f*, public *m* ; (*on radio*) auditeurs *mpl* ; (*at theatre*) spectateurs *mpl* ; (*interview*) audience *f*
audio ['ɔːdiəu] *adj* (*equipment*) audio *inv*
audiotape ['ɔːdiəuteɪp] *n* (*magnetic tape*) bande *f* audio *inv* ; (*US: cassette*) cassette *f* ▸ *vt* (*US*) enregistrer sur cassette
audiovisual [ɔːdɪəu'vɪzjuəl] *adj* audio-visuel(le) ; **~ aids** supports *or* moyens audiovisuels
audit ['ɔːdɪt] *n* vérification *f* des comptes, apurement *m* ▸ *vt* vérifier, apurer
audition [ɔː'dɪʃən] *n* audition *f* ▸ *vi* auditionner
auditor ['ɔːdɪtəʳ] *n* vérificateur(-trice) des comptes
auditorium [ɔːdɪ'tɔːrɪəm] *n* auditorium *m*, salle *f* de concert *or* de spectacle
auditory ['ɔːdɪtrɪ] *adj* auditif(-ive)
Aug. *abbr* = **August**
augment [ɔːg'mɛnt] *vt, vi* augmenter
augur ['ɔːgəʳ] *vt* (*be a sign of*) présager, annoncer ▸ *vi*: **it augurs well** c'est bon signe *or* de bon augure, cela s'annonce bien
August ['ɔːgəst] *n* août *m* ; *see also* **July**
august [ɔː'gʌst] *adj* majestueux(-euse), imposant(e)
aunt [ɑːnt] *n* tante *f*
auntie, aunty ['ɑːntɪ] *n diminutive of* **aunt**
au pair ['əu'pɛəʳ] *n* (*also*: **au pair girl**) jeune fille *f* au pair
aura ['ɔːrə] *n* atmosphère *f* ; (*of person*) aura *f*
aural ['ɔːrəl] *adj* (*at school: comprehension, test*) oral(e)
auspices ['ɔːspɪsɪz] *npl*: **under the ~ of** sous les auspices de
auspicious [ɔːs'pɪʃəs] *adj* de bon augure, propice
Aussie ['ɔzɪ] *adj, n* (*inf*) Aussie *mf*
austere [ɔs'tɪəʳ] *adj* austère
austerity [ɔs'tɛrɪtɪ] *n* austérité *f*
Australasia [ɔːstrə'leɪzɪə] *n* Australasie *f*
Australia [ɔs'treɪlɪə] *n* Australie *f*
Australian [ɔs'treɪlɪən] *adj* australien(ne) ▸ *n* Australien(ne)
Austria ['ɔstrɪə] *n* Autriche *f*
Austrian ['ɔstrɪən] *adj* autrichien(ne) ▸ *n* Autrichien(ne)
AUT *n abbr* (Brit: = *Association of University Teachers*) *syndicat universitaire*

a

auteur [ɔːˈtəːʳ] *n (film director)* grand(e) réalisateur(-trice)
authentic [ɔːˈθɛntɪk] *adj* authentique
authenticate [ɔːˈθɛntɪkeɪt] *vt* établir l'authenticité de
authentication [ɔːθɛntɪˈkeɪʃən] *n* authentification *f*
authenticity [ɔːθɛnˈtɪsɪtɪ] *n* authenticité *f*
author [ˈɔːθəʳ] *n* auteur(e)
authorial [ɔːˈθɔːriəl] *adj (voice, intention)* de l'auteur
authoritarian [ɔːθɔrɪˈtɛərɪən] *adj* autoritaire
authoritarianism [ɔːθɔrɪˈtɛəriənɪzəm] *n* autoritarisme *m*
authoritative [ɔːˈθɔrɪtətɪv] *adj (account)* digne de foi ; *(study, treatise)* qui fait autorité ; *(manner)* autoritaire
authority [ɔːˈθɔrɪtɪ] *n* autorité *f* ; *(permission)* autorisation (formelle) ; **the authorities** les autorités *fpl*, l'administration *f* ; **to have ~ to do sth** être habilité à faire qch
authorization [ɔːθəraɪˈzeɪʃən] *n* autorisation *f*
authorize [ˈɔːθəraɪz] *vt* autoriser
authorized capital [ˈɔːθəraɪzd-] *n (Comm)* capital social
authorship [ˈɔːθəʃɪp] *n* paternité *f (littéraire etc)*
autism [ˈɔːtɪzəm] *n* autisme *m*
autistic [ɔːˈtɪstɪk] *adj* autiste, autistique
auto [ˈɔːtəu] *n (US)* auto *f*, voiture *f*
autobiographical [ˌɔːtəubaɪəˈgræfɪkəl] *adj* autobiographique
autobiography [ɔːtəbaɪˈɔgrəfɪ] *n* autobiographie *f*
autocracy [ɔːˈtɔkrəsɪ] *n* autocratie *f*
autocrat [ˈɔːtəkræt] *n* autocrate *mf*
autocratic [ɔːtəˈkrætɪk] *adj* autocratique
Autocue® [ˈɔːtəukjuː] *(Brit) n* prompteur *m*
autograph [ˈɔːtəgrɑːf] *n* autographe *m* ▸ *vt* signer, dédicacer
autoimmune [ɔːtəuɪˈmjuːn] *adj* auto-immune
automaker [ˈɔːtəumeɪkəʳ] *n (US)* constructeur *m* automobile
automat [ˈɔːtəmæt] *n (vending machine)* distributeur *m* (automatique) ; *(US: place)* cafétéria *f* avec distributeurs automatiques
automate [ˈɔːtəmeɪt] *vt* automatiser
automated [ˈɔːtəmeɪtɪd] *adj* automatisé(e)
automatic [ɔːtəˈmætɪk] *adj* automatique ▸ *n (gun)* automatique *m* ; *(washing machine)* lave-linge *m* automatique ; *(car)* voiture *f* à transmission automatique
automatically [ɔːtəˈmætɪklɪ] *adv* automatiquement
automatic data processing *n* traitement *m* automatique des données
automation [ɔːtəˈmeɪʃən] *n* automatisation *f*
automaton [ɔːˈtɔmətən] *(pl* **automata** [-tə]) *n* automate *m*
automobile [ˈɔːtəməbiːl] *n (US)* automobile *f*
automotive [ɔːtəˈməutɪv] *adj (industry, parts)* automobile
autonomous [ɔːˈtɔnəməs] *adj* autonome
autonomy [ɔːˈtɔnəmɪ] *n* autonomie *f*
autopilot [ˈɔːtəupaɪlət] *n* pilote *m* automatique ; **to be on ~** *(plane)* être sur pilote automatique ; *(fig)* marcher au radar
autopsy [ˈɔːtɔpsɪ] *n* autopsie *f*
autumn [ˈɔːtəm] *n* automne *m*
autumnal [ɔːˈtʌmnəl] *adj (colour)* automnal(e) ; *(weather)* d'automne
auxiliary [ɔːgˈzɪlɪərɪ] *adj*, *n* auxiliaire *mf*
AV *n abbr (= Authorized Version) traduction anglaise de la Bible* ▸ *abbr* = **audiovisual**
Av. *abbr (= avenue)* Av
avail [əˈveɪl] *vt*: **to ~ o.s. of** user de ; profiter de ▸ *n*: **to no ~** sans résultat, en vain, en pure perte
availability [əveɪləˈbɪlɪtɪ] *n* disponibilité *f*
available [əˈveɪləbl] *adj* disponible ; **every ~ means** tous les moyens possibles *or* à sa *(or notre etc)* disposition ; **is the manager ~?** est-ce que le directeur peut (me) recevoir ? ; *(on phone)* pourrais-je parler au directeur ? ; **to make sth ~ to sb** mettre qch à la disposition de qn
avalanche [ˈævəlɑːnʃ] *n* avalanche *f*
avant-garde [ˈævɔŋˈgɑːd] *adj* d'avant-garde
avarice [ˈævərɪs] *n* avarice *f*
avaricious [ævəˈrɪʃəs] *adj* âpre au gain
avdp. *abbr* = **avoirdupois**
Ave. *abbr (= avenue)* Av
avenge [əˈvɛndʒ] *vt* venger
avenger [əˈvɛndʒəʳ] *n* vengeur(-eresse)
avenue [ˈævənjuː] *n* avenue *f* ; *(fig)* moyen *m*
aver [əˈvəːʳ] *vt (formal)* affirmer
average [ˈævərɪdʒ] *n* moyenne *f* ; **on ~** en moyenne ; **above/below (the) ~** au-dessus/en-dessous de la moyenne ▸ *adj* moyen(ne) ▸ *vt (a certain figure)* atteindre *or* faire *etc* en moyenne ▸ **average out** *vi*: **to ~ out at** représenter en moyenne, donner une moyenne de
averse [əˈvəːs] *adj*: **to be ~ to sth/doing** éprouver une forte répugnance envers qch/à faire ; **I wouldn't be ~ to a drink** un petit verre ne serait pas de refus, je ne dirais pas non à un petit verre
aversion [əˈvəːʃən] *n* aversion *f*, répugnance *f*
avert [əˈvəːt] *vt (danger)* prévenir, écarter ; *(one's eyes)* détourner
aviary [ˈeɪvɪərɪ] *n* volière *f*
aviation [eɪvɪˈeɪʃən] *n* aviation *f*
aviator [ˈeɪvɪeɪtəʳ] *n* aviateur(-trice)
avid [ˈævɪd] *adj* avide
avidly [ˈævɪdlɪ] *adv* avidement, avec avidité
avionics [eɪvɪˈɔnɪks] *n* avionique *f*
avocado [ævəˈkɑːdəu] *n (Brit: also:* **avocado pear**) avocat *m*
avoid [əˈvɔɪd] *vt* éviter
avoidable [əˈvɔɪdəbl] *adj* évitable
avoidance [əˈvɔɪdəns] *n le fait d'éviter*
avowed [əˈvaud] *adj* déclaré(e)
AVP *n abbr (US)* = **assistant vice-president**
AWACS [ˈeɪwæks] *n abbr (= airborne warning and control system)* AWACS *(système aéroporté d'alerte et de contrôle)*
await [əˈweɪt] *vt* attendre ; **awaiting attention/delivery** *(Comm)* en souffrance ; **long awaited** tant attendu(e)
awake [əˈweɪk] *(pt* **awoke** [əˈwəuk], *pp* **awoken** [əˈwəukən]) *adj* éveillé(e) ; *(fig)* en éveil ; **to be ~** être réveillé(e) ; **he was still ~** il ne dormait pas encore ; **~ to** conscient de ▸ *vt* éveiller ▸ *vi* s'éveiller

awaken [ə'weɪkən] (*literary*) *vi*: **to ~ to sth** (*become aware of*) prendre conscience de qch ; (*wake up*) s'éveiller ▸ *vt* (*wake up: person*) réveiller ; (*interest*) éveiller
awakening [ə'weɪknɪŋ] *n* réveil *m*
award [ə'wɔːd] *n* (*for bravery*) récompense *f* ; (*prize*) prix *m* ; (*Law: damages*) dommages-intérêts *mpl* ▸ *vt* (*prize*) décerner ; (*Law: damages*) accorder
award ceremony *n* cérémonie *f* de remise des prix
aware [ə'wɛəʳ] *adj*: **~ of** (*conscious*) conscient(e) de ; (*informed*) au courant de ; **to become ~ of/that** prendre conscience de/que ; se rendre compte de/que ; **politically/socially ~** sensibilisé(e) aux *or* ayant pris conscience des problèmes politiques/sociaux ; **I am fully ~ that** je me rends parfaitement compte que
awareness [ə'wɛənɪs] *n* conscience *f*, connaissance *f* ; **to develop people's ~ (of)** sensibiliser le public (à)
awash [ə'wɔʃ] *adj* recouvert(e) (d'eau) ; **~ with** inondé(e) de
away [ə'weɪ] *adv* (au) loin ; (*movement*): **she went ~** elle est partie ; **far ~** (au) loin ; **two kilometres ~** à (une distance de) deux kilomètres, à deux kilomètres de distance ; **two hours ~ by car** à deux heures de voiture *or* de route ; **the holiday was two weeks ~** il restait deux semaines jusqu'aux vacances ; **~ from** loin de ; **to take sth ~ from sth** (*subtract*) ôter qch de qch ; **to take sth ~ from sb** prendre qch à qn ; **to work/pedal ~** travailler/pédaler à cœur joie ; **to fade ~** (*colour*) s'estomper ; (*sound*) s'affaiblir ▸ *adj* (*not in, not here*) absent(e) ; **he's ~ for a week** il est parti (pour) une semaine ; **he's ~ in Milan** il est (parti) à Milan
away game, away match *n* (*Sport*) match *m* à l'extérieur
awe [ɔː] *n* respect mêlé de crainte, effroi mêlé d'admiration
awe-inspiring ['ɔːɪnspaɪərɪŋ], **awesome** ['ɔːsəm] *adj* impressionnant(e)
awesome ['ɔːsəm] (*US*) *adj* (*inf: excellent*) génial(e)
awestruck ['ɔːstrʌk] *adj* frappé(e) d'effroi
awful ['ɔːfəl] *adj* affreux(-euse) ; **an ~ lot of** énormément de
awfully ['ɔːfəlɪ] *adv* (*very*) terriblement, vraiment
awhile [ə'waɪl] *adv* un moment, quelque temps
awkward ['ɔːkwəd] *adj* (*clumsy*) gauche, maladroit(e) ; (*inconvenient*) peu pratique ; (*embarrassing*) gênant ; **I can't talk just now, it's a bit ~** je ne peux pas parler tout de suite, c'est un peu difficile
awkwardness ['ɔːkwədnɪs] *n* (*embarrassment*) gêne *f*
awl [ɔːl] *n* alêne *f*
awning ['ɔːnɪŋ] *n* (*of tent*) auvent *m* ; (*of shop*) store *m* ; (*of hotel etc*) marquise *f* (de toile)
awoke [ə'wəuk] *pt of* **awake**
awoken [ə'wəukən] *pp of* **awake**
AWOL ['eɪwɔl] *abbr* (*Mil*) = **absent without leave**
awry [ə'raɪ] *adv, adj* de travers ; **to go ~** mal tourner
axe, (*US*) **ax** [æks] *n* hache *f* ; **to have an ~ to grind** (*fig*) prêcher pour son saint ▸ *vt* (*employee*) renvoyer ; (*project etc*) abandonner ; (*jobs*) supprimer
axes ['æksiːz] *npl of* **axis**
axiom ['æksɪəm] *n* axiome *m*
axiomatic [æksɪəu'mætɪk] *adj* axiomatique
axis ['æksɪs] (*pl* **axes** [-siːz]) *n* axe *m*
axle ['æksl] *n* (*also*: **axle-tree**) essieu *m*
ay, aye [aɪ] *excl* (*yes*) oui ▸ *n*: **the ay(e)s** les oui
ayatollah [aɪə'tɔlə] *n* ayatollah *m*
AYH *n abbr* = **American Youth Hostels**
AZ *abbr* (*US*) = **Arizona**
azalea [ə'zeɪlɪə] *n* azalée *f*
Azerbaijan [æzəbaɪ'dʒɑːn] *n* Azerbaïdjan *m*
Azerbaijani [æzəbaɪ'dʒɑːnɪ], **Azeri** [ə'zɛərɪ] *adj* azerbaïdjanais(e) ▸ *n* Azerbaïdjanais(e)
Azores [ə'zɔːz] *npl*: **the ~** les Açores *fpl*
AZT *n abbr* (= *azidothymidine*) AZT *f*
Aztec ['æztɛk] *adj* aztèque ▸ *n* Aztèque *mf*
azure ['eɪʒəʳ] *adj* azuré(e)

Bb

B, b [biː] *n* (*letter*) B, b *m* ; (*Scol: mark*) B ; (*Mus*): **B** si *m* ; **B for Benjamin**, (*US*) **B for Baker** B comme Berthe ; **B road** *n* (*Brit Aut*) route départementale
b. *abbr* = **born**
B2B [ˌbiːtəˈbiː] *adj abbr*, *n abbr* (= *business to business*) b2b *m*
B2C [ˌbiːtəˈsiː] *adj abbr*, *n abbr* (= *business to consumer*) b2c *m*
B4 [biːˈfɔːʳ] *abbr* (*in text message, e-mail*: = *before*) avant
B.A. *abbr* = **British Academy**; (*Scol*) = **Bachelor of Arts**
babble [ˈbæbl] *vi* babiller ▸ *n* babillage *m*
babe [beɪb] *n* (*esp US inf: term of address*) ma poule ; (*woman*) canon *m* (*inf*), super nana *f* (*inf*) ; (*old: baby*) bébé *m*
baboon [bəˈbuːn] *n* babouin *m*
baby [ˈbeɪbɪ] *n* bébé *m*
baby boomer [ˈbeɪbibuːməʳ] *n* enfant *mf* du baby-boom
baby carriage *n* (*US*) voiture *f* d'enfant
baby food *n* aliments *mpl* pour bébé(s)
baby grand *n* (*also*: **baby grand piano**) (piano *m*) demi-queue *m*
babyish [ˈbeɪbɪɪʃ] *adj* enfantin(e), de bébé
baby-minder [ˈbeɪbɪmaɪndəʳ] *n* (*Brit*) gardienne *f* (d'enfants)
baby-sit [ˈbeɪbɪsɪt] *vi* garder les enfants
baby-sitter [ˈbeɪbɪsɪtəʳ] *n* baby-sitter *mf*
baby talk *n* langage *m* bébé
baby wipe *n* lingette *f* (*pour bébé*)
baccalaureate [bækəˈlɔːrɪət] *n* baccalauréat *m* ; **international ~** baccalauréat international
bachelor [ˈbætʃələʳ] *n* célibataire *m* ; **B~ of Arts/Science (BA/BSc)** ≈ licencié(e) ès *or* en lettres/sciences ; **B~ of Arts/Science degree (BA/BSc)** *n* ≈ licence *f* ès *or* en lettres/sciences ; *voir article*

Bachelor's degree

Un **Bachelor's degree** est un diplôme accordé après trois ou quatre années d'université. Les *Bachelor's degrees* les plus courants sont le *BA* (*Bachelor of Arts*), le *BSc* (*Bachelor of Science*) ou *BS* aux États-Unis, le *BEd* (*Bachelor of Education*) et le *LLB* (*Bachelor of Laws*).

bachelor party *n* (*US*) enterrement *m* de vie de garçon
bacillus [bəˈsɪləs] *n* bacille *m*
back [bæk] *n* (*of person, horse*) dos *m* ; (*of hand*) dos, revers *m* ; (*of house, car, train*) arrière *m* ; (*of chair*) dossier *m* ; (*of page*) verso *m* ; (*Football*) arrière *m* ; **can the people at the ~ hear me properly?** est-ce que les gens du fond m'entendent ? ; **to have one's ~ to the wall** (*fig*) être au pied du mur ; **to break the ~ of a job** (*Brit*) faire le gros d'un travail ; **~ to front** à l'envers ▸ *vt* (*financially*) soutenir (financièrement) ; (*candidate: also*: **back up**) soutenir, appuyer ; (*horse: at races*) parier *or* miser sur ; (*car*) (faire) reculer ▸ *vi* reculer ; (*car etc*) faire marche arrière ▸ *adj* (*in compounds*) de derrière, à l'arrière ; **~ seat/wheel** (*Aut*) siège *m*/roue *f* arrière *inv* ; **~ payments/rent** arriéré *m* de paiements/loyer ; **~ garden/room** jardin/pièce sur l'arrière ; **to take a ~ seat** (*fig*) se contenter d'un second rôle, être relégué(e) au second plan ▸ *adv* (*not forward*) en arrière ; (*returned*): **he's ~** il est rentré, il est de retour ; **when will you be ~?** quand seras-tu de retour ? ; **he ran ~** il est revenu en courant ; **throw the ball ~** renvoie la balle ; **can I have it ~?** puis-je le ravoir ?, peux-tu me le rendre ? ; **he called ~** (*again*) il a rappelé
▸ **back down** *vi* rabattre de ses prétentions
▸ **back on to** *vt fus*: **the house backs on to the golf course** la maison donne derrière sur le terrain de golf
▸ **back out** *vi* (*of promise*) se dédire
▸ **back up** *vt* (*person*) soutenir ; (*Comput*) faire une copie de sauvegarde de
backache [ˈbækeɪk] *n* mal *m* au dos
backbencher [bækˈbɛntʃəʳ] *n* (*Brit*) *membre du parlement sans portefeuille*
back benches *npl* (*Brit*) *voir article*

Back benches

Le terme **back benches** désigne les bancs les plus éloignés de l'allée centrale de la Chambre des communes. Les députés qui occupent ces bancs sont les *backbenchers* et ils n'ont pas de portefeuille ministériel.

backbiting [ˈbækbaɪtɪŋ] *n* médisance(s) *f*(*pl*)
backbone [ˈbækbəun] *n* colonne vertébrale, épine dorsale ; **he's the ~ of the organization** c'est sur lui que repose l'organisation
back-breaking [ˈbækbreɪkɪŋ] *adj* (*work, labour*) éreintant(e)
back burner [bækˈbəːnəʳ] *n*: **on the ~** en veilleuse

backchat ['bæktʃæt] *n* (*BRIT inf*) impertinences *fpl*
backcloth ['bækklɔθ] *n* (*BRIT*) toile *f* de fond
backcomb ['bækkəum] *vt* (*BRIT*) crêper
back country (*US*) *n*: **the ~** la campagne *f* profonde
backdate [bæk'deɪt] *vt* (*letter*) antidater ; **backdated pay rise** augmentation *f* avec effet rétroactif
back door *n* porte *f* de derrière
backdrop ['bækdrɔp] *n* = **backcloth**
backer ['bækə^r] *n* partisan *m* ; (*Comm*) commanditaire *m*
backfire [bæk'faɪə^r] *vi* (*Aut*) pétarader ; (*plans*) mal tourner
backgammon ['bækgæmən] *n* trictrac *m*
background ['bækgraund] *n* arrière-plan *m* ; (*of events*) situation *f*, conjoncture *f* ; (*basic knowledge*) éléments *mpl* de base ; (*experience*) formation *f* ; **family ~** milieu familial ▸ *cpd* (*noise, music*) de fond ; **~ reading** lecture(s) générale(s) (sur un sujet)
backhand ['bækhænd] *n* (*Tennis: also:* **backhand stroke**) revers *m*
backhanded ['bæk'hændɪd] *adj* (*fig*) déloyal(e) ; équivoque
backhander ['bæk'hændə^r] *n* (*BRIT: bribe*) pot-de-vin *m*
backing ['bækɪŋ] *n* (*fig*) soutien *m*, appui *m* ; (*Comm*) soutien (financier) ; (*Mus*) accompagnement *m*
backlash ['bæklæʃ] *n* contre-coup *m*, répercussion *f*
backless ['bæklɪs] *adj* (*dress, top*) dos nu *inv*
backlog ['bæklɔg] *n*: **~ of work** travail *m* en retard
back number *n* (*of magazine etc*) vieux numéro
backpack ['bækpæk] *n* sac *m* à dos
backpacker ['bækpækə^r] *n* randonneur(-euse)
back pain *n* mal *m* de dos
back pay *n* rappel *m* de salaire
backpedal ['bækpɛdl] *vi* (*fig*) faire marche arrière
backrest ['bækrɛst] *n* dossier *m*
backroom ['bækrum] *n* (*place: lit*) pièce *f* du fond ; (*: fig*) coulisses *fpl* ▸ *cpd* (*pej: deal, negotiations*) dans les coulisses ; **~ team** équipe qui travaille dans les coulisses
backseat driver ['bæksiːt-] *n passager qui donne des conseils au conducteur*
backside ['bæksaɪd] *n* (*inf*) derrière *m*, postérieur *m*
back-slapping ['bækslæpɪŋ] *n* (*cordiality*) cordialité *f* ; (*congratulating*) félicitations *fpl*
backslash ['bækslæʃ] *n* barre oblique inversée
backslide ['bækslaɪd] *vi* retomber dans l'erreur
backspace ['bækspeɪs] *vi* (*in typing*) appuyer sur la touche retour
backstage [bæk'steɪdʒ] *adv* dans les coulisses
back-street ['bækstriːt] *adj* (*abortion*) clandestin(e) ; **~ abortionist** avorteur(-euse) (*clandestin*)
backstroke ['bækstrəuk] *n* dos crawlé
backtrack ['bæktræk] *vi* (*fig*) = **backpedal**
backup ['bækʌp] *adj* (*train, plane*) supplémentaire, de réserve ; (*Comput*) de sauvegarde ▸ *n* (*support*) appui *m*, soutien *m* ; (*Comput: also:* **backup file**) sauvegarde *f*
backward ['bækwəd] *adj* (*movement*) en arrière ; (*measure*) rétrograde ; (*person, country*) arriéré(e), attardé(e) ; (*shy*) hésitant(e) ; **~ and forward movement** mouvement de va-et-vient
backward-looking ['bækwədlukɪŋ] *adj* rétrograde
backwards ['bækwədz] *adv* (*move, go*) en arrière ; (*read a list*) à l'envers, à rebours ; (*fall*) à la renverse ; (*walk*) à reculons ; (*in time*) en arrière, vers le passé ; **to know sth ~** *or* (*US*) **~ and forwards** (*inf*) connaître qch sur le bout des doigts
backwash ['bækwɔʃ] *n* (*repercussions*) contrecoup *m* ; **in the ~ of sth** à la suite de qch
backwater ['bækwɔːtə^r] *n* (*fig*) coin reculé ; bled perdu
backwoods ['bækwudz] *npl* coin *m* reculé ; **the ~ of** le fin fond de ▸ *cpd* (*town, area*) reculé(e)
backyard [bæk'jɑːd] *n* arrière-cour *f*
bacon ['beɪkən] *n* bacon *m*, lard *m*
bacteria [bæk'tɪərɪə] *npl* bactéries *fpl*
bacterial [bæk'tɪərɪəl] *adj* bactérien(ne)
bacteriology [bæktɪərɪ'ɔlədʒɪ] *n* bactériologie *f*
bacterium [bæk'tɪərɪəm] *n of* **bacteria**
bad [bæd] *adj* mauvais(e) ; (*child*) vilain(e) ; (*mistake, accident*) grave ; (*meat, food*) gâté(e), avarié(e) ; **his ~ leg** sa jambe malade ; **to go ~** (*meat, food*) se gâter ; (*milk*) tourner ; **to have a ~ time of it** traverser une mauvaise passe ; **I feel ~ about it** (*guilty*) j'ai un peu mauvaise conscience ; **~ debt** créance douteuse ; **in ~ faith** de mauvaise foi
bad cheque, (*US*) **bad check** *n* chèque *m* en bois
baddie, baddy ['bædɪ] *n* (*inf: Cine etc*) méchant *m*
bade [bæd] *pt of* **bid**
badge [bædʒ] *n* insigne *m* ; (*of policeman*) plaque *f* ; (*stick-on, sew-on*) badge *m*
badger ['bædʒə^r] *n* blaireau *m* ▸ *vt* harceler
badinage ['bædɪnɑːʒ] *n* (*literary*) badinage *m*
badly ['bædlɪ] *adv* (*work, dress etc*) mal ; **to reflect ~ on sb** donner une mauvaise image de qn ; **~ wounded** grièvement blessé ; **he needs it ~** il en a absolument besoin ; **things are going ~** les choses vont mal ; **~ off** *adj, adv* dans la gêne
bad-mannered ['bæd'mænəd] *adj* mal élevé(e)
badminton ['bædmɪntən] *n* badminton *m*
bad-mouth ['bæd'mauθ] *vt* (*inf*) débiner
bad-tempered ['bæd'tɛmpəd] *adj* (*by nature*) ayant mauvais caractère ; (*on one occasion*) de mauvaise humeur
baffle ['bæfl] *vt* (*puzzle*) laisser perplexe
baffled ['bæfld] *adj* perplexe ; **to be ~ by sth** être dérouté(e) par qch
baffling ['bæflɪŋ] *adj* déroutant(e), déconcertant(e)
bag [bæg] *n* sac *m* ; (*of hunter*) gibecière *f*, chasse *f* ; **bags of** (*inf: lots of*) des tas de ; **to pack one's bags** faire ses valises *or* bagages ; **bags under the eyes** poches *fpl* sous les yeux ▸ *vt* (*inf: take*) empocher ; s'approprier ; (*Tech*) mettre en sacs
bagful ['bægful] *n* plein sac
baggage ['bægɪdʒ] *n* bagages *mpl*

baggage allowance *n* franchise *f* de bagages
baggage reclaim *n* (*at airport*) livraison *f* des bagages
baggy ['bægɪ] *adj* avachi(e), qui fait des poches
Baghdad [bæg'dæd] *n* Bagdad
bag lady *n* (*inf*) clocharde *f*
bagpipes ['bægpaɪps] *npl* cornemuse *f*
bag-snatcher ['bægsnætʃəʳ] *n* (BRIT) voleur(-euse) à l'arraché
bag-snatching ['bægsnætʃɪŋ] *n* (BRIT) vol *m* à l'arraché
baguette [bæ'gɛt] *n* baguette *f*
Bahamas [bə'hɑːməz] *npl*: **the ~** les Bahamas *fpl*
Bahrain [bɑː'reɪn] *n* Bahreïn *m*
bail [beɪl] *n* caution *f*; **to be released on ~** être libéré(e) sous caution ▸ *vt* (*prisoner: also*: **grant bail to**) mettre en liberté sous caution ; (*boat: also*: **bail out**) écoper ; *see* **bale**
▸ **bail out** *vt* (*prisoner*) payer la caution de
bailiff ['beɪlɪf] *n* huissier *m*
bailout ['beɪlaut] *n* sauvetage *m* (*de banque, d'entreprise*)
bait [beɪt] *n* appât *m* ▸ *vt* appâter ; (*fig: tease*) tourmenter
bake [beɪk] *vt* (faire) cuire au four ▸ *vi* (*bread etc*) cuire (au four) ; (*make cakes etc*) faire de la pâtisserie
baked beans [beɪkt-] *npl* haricots blancs à la sauce tomate
baked potato *n* pomme *f* de terre en robe des champs
baker ['beɪkəʳ] *n* boulanger(-ère)
bakery ['beɪkərɪ] *n* boulangerie *f* ; boulangerie industrielle
baking ['beɪkɪŋ] *n* (*process*) cuisson *f*
baking powder *n* levure *f* (chimique)
baking tin *n* (*for cake*) moule *m* à gâteaux ; (*for meat*) plat *m* pour le four
baking tray *n* plaque *f* à gâteaux
balaclava [bælə'klɑːvə] *n* (*also*: **balaclava helmet**) passe-montagne *m*
balance ['bæləns] *n* équilibre *m* ; (*Comm: sum*) solde *m* ; (*remainder*) reste *m* ; (*scales*) balance *f* ; **~ of trade/payments** balance commerciale/des comptes *or* paiements ; **~ carried forward** solde *m* à reporter ; **~ brought forward** solde reporté ▸ *vt* mettre *or* faire tenir en équilibre ; (*pros and cons*) peser ; (*budget*) équilibrer ; (*account*) balancer ; (*compensate*) compenser, contrebalancer ; **to ~ the books** arrêter les comptes, dresser le bilan
balanced ['bælənst] *adj* (*personality, diet*) équilibré(e) ; (*report*) objectif(-ive)
balance sheet *n* bilan *m*
balcony ['bælkənɪ] *n* balcon *m* ; **do you have a room with a ~?** avez-vous une chambre avec balcon ?
bald [bɔːld] *adj* chauve ; (*tyre*) lisse
balding ['bɔːldɪŋ] *adj* aux cheveux clairsemés
baldness ['bɔːldnɪs] *n* calvitie *f*
bale [beɪl] *n* balle *f*, ballot *m*
▸ **bale out** *vi* (*of a plane*) sauter en parachute ▸ *vt* (*Naut: water, boat*) écoper
Balearic Islands [bælɪ'ærɪk-] *npl*: **the ~** les (îles *fpl*) Baléares *fpl*
baleful ['beɪlful] *adj* funeste, maléfique
balk [bɔːk] *vi*: **to ~ (at)** (*person*) regimber (contre) ; (*horse*) se dérober (devant)
Balkan ['bɔːlkən] *adj* balkanique ▸ *n*: **the Balkans** les Balkans *mpl*
ball [bɔːl] *n* boule *f* ; (*football*) ballon *m* ; (*for tennis, golf*) balle *f* ; (*dance*) bal *m* ; **to play ~** jouer au ballon (*or* à la balle) ; (*fig*) coopérer ; **to be on the ~** (*fig: competent*) être à la hauteur ; (*: alert*) être éveillé(e), être vif (vive) ; **to start the ~ rolling** (*fig*) commencer ; **the ~ is in their court** (*fig*) la balle est dans leur camp
ballad ['bæləd] *n* ballade *f*
ballast ['bæləst] *n* lest *m*
ball bearings *n* roulement *m* à billes
ball cock *n* robinet *m* à flotteur
ballerina [bælə'riːnə] *n* ballerine *f*
ballet ['bæleɪ] *n* ballet *m* ; (*art*) danse *f* (classique)
ballet dancer *n* danseur(-euse) de ballet
ballet shoe *n* chausson *m* de danse
ball game ['bɔːlgeɪm] *n* (*tennis, baseball*) jeu *m* de balle ; (*football, basketball*) jeu *m* de ballon ; (*US: baseball match*) match *m* de base-ball ; (*fig: situation*) course *f* ; **a (whole) different ~** une (tout) autre histoire
ballgown ['bɔːlgaun] *n* robe *f* de bal
ballistic [bə'lɪstɪk] *adj* balistique
ballistics [bə'lɪstɪks] *n* balistique *f*
balloon [bə'luːn] *n* ballon *m* ; (*in comic strip*) bulle *f* ▸ *vi* gonfler
balloonist [bə'luːnɪst] *n* aéronaute *mf*
ballot ['bælət] *n* scrutin *m*
ballot box *n* urne (électorale)
ballot paper *n* bulletin *m* de vote
ballot rigging ['bælətrɪgɪŋ] *n* fraude *f* électorale
ballpark ['bɔːlpɑːk] *n* (*US*) stade *m* de base-ball
ballpark figure *n* (*inf*) chiffre approximatif
ballplayer ['bɔːlpleɪəʳ] (*US*) *n* joueur(-euse) de base-ball
ballpoint ['bɔːlpɔɪnt], **ballpoint pen** *n* stylo *m* à bille
ballroom ['bɔːlrum] *n* salle *f* de bal
balls [bɔːlz] *npl* (*inf!*) couilles *fpl* (*!*)
ballsy ['bɔːlzɪ] *adj* (*inf: person, behaviour*) gonflé(e)
ballyhoo [ˌbæli'huː] *n* bruit *m*
balm [bɑːm] *n* baume *m*
balmy ['bɑːmɪ] *adj* (*breeze, air*) doux (douce) ; (BRIT *inf*) = **barmy**
baloney [bə'ləunɪ] *n* (*inf: US esp*) balivernes *fpl*
BALPA ['bælpə] *n abbr* (= *British Airline Pilots' Association*) *syndicat des pilotes de ligne*
balsa ['bɔːlsə], **balsa wood** *n* balsa *m*
balsam ['bɔːlsəm] *n* baume *m*
balsamic [bɔːl'sæmɪk] *n* (*also*: **balsamic vinegar**) vinaigre *m* balsamique
Baltic [bɔːltɪk] *adj, n*: **the ~ (Sea)** la (mer) Baltique
balustrade [bæləs'treɪd] *n* balustrade *f*
bamboo [bæm'buː] *n* bambou *m*
bamboozle [bæm'buːzl] *vt* (*inf*) embobiner
ban [bæn] *n* interdiction *f* ▸ *vt* interdire ; **he was banned from driving** (BRIT) on lui a retiré le permis (de conduire)
banal [bə'nɑːl] *adj* banal(e)

banality [bə'nælɪtɪ] *n* banalité *f*
banana [bə'nɑːnə] *n* banane *f*
band [bænd] *n* bande *f*; (*at a dance*) orchestre *m*; (*Mil*) musique *f*, fanfare *f*
▸ **band together** *vi* se liguer
bandage ['bændɪdʒ] *n* bandage *m*, pansement *m* ▸ *vt* (*wound, leg*) mettre un pansement *or* un bandage sur; (*person*) mettre un pansement *or* un bandage à
Band-Aid® ['bændeɪd] *n* (*US*) pansement adhésif
bandanna, bandana [bæn'dænə] *n* bandana *m*
B. & B. *n abbr* = **bed and breakfast**
bandit ['bændɪt] *n* bandit *m*
band leader ['bændliːdə^r] *n* chef *m* d'orchestre
bandstand ['bændstænd] *n* kiosque *m* (à musique)
bandwagon ['bændwægən] *n*: **to jump on the ~** (*fig*) monter dans *or* prendre le train en marche
bandwidth ['bændwɪdθ] *n* largeur *f* de bande
bandy ['bændɪ] *vt* (*jokes, insults*) échanger
▸ **bandy about** *vt* employer à tout bout de champ *or* à tort et à travers
bandy-legged ['bændɪ'lɛgɪd] *adj* aux jambes arquées
bane [beɪn] *n*: **it** (*or* **he** *etc*) **is the ~ of my life** c'est (*or* il est *etc*) le drame de ma vie
bang [bæŋ] *n* détonation *f*; (*of door*) claquement *m*; (*blow*) coup (violent) ▸ *vt* frapper (violemment); (*door*) claquer ▸ *vi* détoner; claquer; **to ~ at the door** cogner à la porte; **to ~ into sth** se cogner contre qch ▸ *adv*: **to be ~ on time** (Brit *inf*) être à l'heure pile
▸ **bang on about** *vt fus* (Brit *inf*) radoter sur
▸ **bang up** *vt* (Brit *inf: in prison*) coffrer (*inf*); **to be banged up in a cell** être coincé(e) (*inf*) dans une cellule
banger ['bæŋə^r] *n* (Brit *inf: car: also:* **old banger**) (vieux) tacot *m*; (*inf: sausage*) saucisse *f*; (*firework*) pétard *m*
Bangkok [bæŋ'kɔk] *n* Bangkok
Bangladesh [bæŋglə'dɛʃ] *n* Bangladesh *m*
Bangladeshi [bæŋglə'dɛʃɪ] *adj* du Bangladesh ▸ *n* habitant(e) du Bangladesh
bangle ['bæŋgl] *n* bracelet *m*
bang-on [ˌbæŋ'ɔn] *adj* (Brit *inf*) au poil (*inf*); **to be ~ with sth** être au poil (*inf*) avec qch
bangs [bæŋz] *npl* (*US: fringe*) frange *f*
banish ['bænɪʃ] *vt* bannir
banishment ['bænɪʃmənt] *n* bannissement *m*
banister ['bænɪstə^r] *n*, **banisters** ['bænɪstəz] *npl* rampe *f* (d'escalier)
banjo ['bændʒəu] (*pl* **banjoes** *or* **banjos**) *n* banjo *m*
bank [bæŋk] *n* banque *f*; (*of river, lake*) bord *m*, rive *f*; (*of earth*) talus *m*, remblai *m* ▸ *vi* (*Aviat*) virer sur l'aile; (*Comm*): **they ~ with Pitt's** leur banque *or* banquier est Pitt's
▸ **bank on** *vt fus* miser *or* tabler sur
bank account *n* compte *m* en banque
bank balance *n* solde *m* bancaire
bank card (Brit) *n* carte *f* d'identité bancaire
bank charges *npl* (Brit) frais *mpl* de banque
bank draft *n* traite *f* bancaire
banker ['bæŋkə^r] *n* banquier(-ère); **~'s card** (Brit) carte *f* d'identité bancaire; **~'s order** (Brit) ordre *m* de virement
bank giro *n* paiement *m* par virement
bank holiday *n* (Brit) jour férié (*où les banques sont fermées*)

BANK HOLIDAY

Le terme **bank holiday** s'applique au Royaume-Uni aux jours fériés pendant lesquels les banques (et généralement les petits commerces) sont fermés. Les principaux *bank holidays* à part Noël et Pâques se situent au mois de mai et fin août, et contrairement aux pays de tradition catholique, ne coïncident pas nécessairement avec une fête religieuse.

banking ['bæŋkɪŋ] *n* opérations *fpl* bancaires; profession *f* de banquier
banking hours *npl* heures *fpl* d'ouverture des banques
bank loan *n* prêt *m* bancaire
bank manager *n* directeur *m* d'agence (bancaire)
banknote ['bæŋknəut] *n* billet *m* de banque
bank rate *n* taux *m* de l'escompte
bankroll ['bæŋkrəul] *vt* financer
bankrupt ['bæŋkrʌpt] *n* failli(e) ▸ *adj* en faillite; **to go ~** faire faillite
bankruptcy ['bæŋkrʌptsɪ] *n* faillite *f*
bank statement *n* relevé *m* de compte
banner ['bænə^r] *n* bannière *f*
bannister ['bænɪstə^r] *n*, **bannisters** ['bænɪstəz] *npl* = **banister**
banns [bænz] *npl* bans *mpl* (de mariage)
banquet ['bæŋkwɪt] *n* banquet *m*, festin *m*
bantam-weight ['bæntəmweɪt] *n* poids *m* coq *inv*
banter ['bæntə^r] *n* badinage *m*
baobab ['beɪəuˌbæb] *n* baobab *m*
bap [bæp] *n* (Brit: *roll*) petit pain *m*
baptism ['bæptɪzəm] *n* baptême *m*
baptismal [bæp'tɪzməl] *adj* de baptême
Baptist ['bæptɪst] *n* baptiste *mf*
baptize [bæp'taɪz] *vt* baptiser
bar [bɑː^r] *n* (*pub*) bar *m*; (*counter*) comptoir *m*, bar; (*rod: of metal etc*) barre *f*; (*: of window etc*) barreau *m*; (*of chocolate*) tablette *f*, plaque *f*; (*fig: obstacle*) obstacle *m*; (*prohibition*) mesure *f* d'exclusion; (*Mus*) mesure *f*; **~ of soap** savonnette *f*; **behind bars** (*prisoner*) derrière les barreaux; **the B~** (*Law*) le barreau ▸ *vt* (*road*) barrer; (*window*) munir de barreaux; (*person*) exclure; (*activity*) interdire ▸ *prep*: **~ none** sans exception
Barbados [bɑː'beɪdɔs] *n* Barbade *f*
barbarian [bɑː'bɛərɪən] *adj*, *n* barbare *mf*
barbaric [bɑː'bærɪk] *adj* barbare
barbarism ['bɑːbərɪzəm] *n* barbarie *f*
barbarity [bɑː'bærɪtɪ] *n* barbarie *f*
barbarous ['bɑːbərəs] *adj* barbare, cruel(le)
barbecue ['bɑːbɪkjuː] *n* barbecue *m*
barbed ['bɑːbd] *adj* (*comment, criticism*) acéré(e)
barbed wire ['bɑːbd-] *n* fil *m* de fer barbelé
barber ['bɑːbə^r] *n* coiffeur *m* (pour hommes)

barber's (shop) ['bɑ:bəz-], (*US*) **barber shop** *n* salon *m* de coiffure (pour hommes) ; **to go to the barber's** aller chez le coiffeur
barbie ['bɑ:bɪ] *n* (*BRIT, AUSTRALIA inf: barbecue*) barbecue *m*
barbiturate [bɑ:'bɪtjurɪt] *n* barbiturique *m*
Barcelona [bɑ:sə'ləunə] *n* Barcelone
bar chart *n* diagramme *m* en bâtons
bar code *n* code *m* à barres, code-barre *m*
bard [bɑ:d] *n* (*literary*) poète *m*
bare [bɛəʳ] *adj* nu(e) ; **the ~ essentials** le strict nécessaire ▸ *vt* mettre à nu, dénuder ; (*teeth*) montrer
bareback ['bɛəbæk] *adv* à cru, sans selle
barefaced ['bɛəfeɪst] *adj* impudent(e), effronté(e)
barefoot ['bɛəfut] *adj, adv* nu-pieds, (les) pieds nus
bareheaded [bɛə'hɛdɪd] *adj, adv* nu-tête, (la) tête nue
barely ['bɛəlɪ] *adv* à peine
Barents Sea ['bærənts-] *n*: **the ~** la mer de Barents
bargain ['bɑ:gɪn] *n* (*transaction*) marché *m* ; (*good buy*) affaire *f*, occasion *f* ; **into the ~** par-dessus le marché ▸ *vi* (*haggle*) marchander ; (*negotiate*) négocier, traiter
▸ **bargain for** *vt fus* (*inf*): **he got more than he bargained for!** il en a eu pour son argent !
▸ **bargain on** *vt fus* (*expect*) s'attendre à ; **to ~ on sth happening** s'attendre à ce que qch arrive
bargain-basement *cpd* (*prices, rates*) de bazar
bargain hunter *n* personne *f* à l'affût des bonnes occasions
bargaining ['bɑ:gənɪŋ] *n* marchandage *m* ; négociations *fpl*
bargaining position *n*: **to be in a weak/strong ~** être en mauvaise/bonne position pour négocier
barge [bɑ:dʒ] *n* péniche *f*
▸ **barge in** *vi* (*walk in*) faire irruption ; (*interrupt talk*) intervenir mal à propos
▸ **barge into** *vt fus* rentrer dans
▸ **barge past** *vt fus* bousculer en passant ▸ *vi* foncer
baritone ['bærɪtəun] *n* baryton *m*
barium meal ['bɛərɪəm-] *n* (bouillie *f* de) sulfate *m* de baryum
bark [bɑ:k] *n* (*of tree*) écorce *f* ; (*of dog*) aboiement *m* ▸ *vi* aboyer
barking mad, barking ['bɑ:kɪŋ] *adj* (*BRIT inf*) complètement cinglé(e) (*inf*)
barley ['bɑ:lɪ] *n* orge *f*
barley sugar *n* sucre *m* d'orge
barmaid ['bɑ:meɪd] *n* serveuse *f* (de bar), barmaid *f*
barman ['bɑ:mən] *n* (*irreg*) serveur *m* (de bar), barman *m*
bar meal *n* repas *m* de bistrot ; **to go for a ~** aller manger au bistrot
barmy ['bɑ:mɪ] *adj* (*BRIT inf*) timbré(e), cinglé(e)
barn [bɑ:n] *n* grange *f*
barnacle ['bɑ:nəkl] *n* anatife *m*, bernache *f*
barn owl *n* chouette-effraie *f*, chat-huant *m*
barnyard ['bɑ:njɑ:d] *n* basse-cour *f* ▸ *cpd* (*animal*) de basse-cour
barometer [bə'rɔmɪtəʳ] *n* baromètre *m*
baron ['bærən] *n* baron *m* ; **the press/oil barons** les magnats *mpl* or barons *mpl* de la presse/du pétrole
baroness ['bærənɪs] *n* baronne *f*
baronet ['bærənət] (*BRIT*) *n* baronnet *m*
baronial [bə'rəunɪəl] *adj* seigneurial(e)
baroque [bə'rɔk] *adj* baroque ▸ *n*: **the ~** le baroque
barrack ['bærək] *vt* (*BRIT*) chahuter
barracking ['bærəkɪŋ] *n* (*BRIT*): **to give sb a ~** chahuter qn
barracks ['bærəks] *npl* caserne *f*
barrage ['bærɑ:ʒ] *n* (*Mil*) tir *m* de barrage ; (*dam*) barrage *m* ; (*of criticism*) feu *m*
barrel ['bærəl] *n* tonneau *m* ; (*of gun*) canon *m*
barrel organ *n* orgue *m* de Barbarie
barren ['bærən] *adj* stérile ; (*hills*) aride
barrette [bə'rɛt] (*US*) *n* barrette *f*
barricade [bærɪ'keɪd] *n* barricade *f* ▸ *vt* barricader
barrier ['bærɪəʳ] *n* barrière *f* ; (*BRIT: also:* **crash barrier**) rail *m* de sécurité
barrier cream *n* (*BRIT*) crème protectrice
barring ['bɑ:rɪŋ] *prep* sauf
barrister ['bærɪstəʳ] *n* (*BRIT*) avocat (plaidant)

BARRISTER

En Angleterre, un **barrister**, que l'on appelle également *barrister-at-law*, est un avocat qui représente ses clients devant la cour et plaide pour eux. Le client doit d'abord passer par l'intermédiaire d'un *solicitor*. On obtient le diplôme de *barrister* après avoir fait des études dans l'une des *Inns of Court*, les quatre écoles de droit londoniennes.

barrow ['bærəu] *n* (*cart*) charrette *f* à bras
barstool ['bɑ:stu:l] *n* tabouret *m* de bar
Bart. *abbr* (*BRIT*) = **baronet**
bartender ['bɑ:tɛndəʳ] *n* (*US*) serveur *m* (*de bar*), barman *m*
barter ['bɑ:təʳ] *n* échange *m*, troc *m* ▸ *vt*: **to ~ sth for** échanger qch contre
base [beɪs] *n* base *f* ▸ *vt* (*troops*): **to be based at** être basé(e) à ; (*opinion, belief*): **to ~ sth on** baser *or* fonder qch sur ; **I'm based in London** je suis basé(e) à Londres ; **coffee-based** à base de café ; **a Paris-based firm** une maison opérant de Paris *or* dont le siège est à Paris ▸ *adj* vil(e), bas(se)
baseball ['beɪsbɔ:l] *n* base-ball *m*
baseball cap *n* casquette *f* de base-ball
baseboard ['beɪsbɔ:d] *n* (*US*) plinthe *f*
base camp *n* camp *m* de base
Basel [bɑ:l] *n* = **Basle**
baseless ['beɪslɪs] *adj* (*accusation, rumour*) sans fondement
baseline ['beɪslaɪn] *n* (*Tennis*) ligne *f* de fond
basement ['beɪsmənt] *n* sous-sol *m*
base rate *n* taux *m* de base
bases *npl* ['beɪsi:z] *of* **basis**; ['beɪsɪz] *of* **base**
bash [bæʃ] *vt* (*inf*) frapper, cogner ; **bashed in** *adj* enfoncé(e), défoncé(e) ▸ *n*: **I'll have a ~ (at it)** (*BRIT inf*) je vais essayer un coup

▸ **bash up** *vt* (*inf*: *car*) bousiller ; (: *BRIT*: *person*) tabasser
bashful ['bæʃful] *adj* timide ; modeste
bashing ['bæʃɪŋ] *n* (*inf*) raclée *f* ; **Paki-~** ≈ ratonnade *f* ; **queer-~** chasse *f* aux pédés
BASIC ['beɪsɪk] *n* (*Comput*) BASIC *m*
basic ['beɪsɪk] *adj* (*precautions, rules*) élémentaire ; (*principles, research*) fondamental(e) ; (*vocabulary, salary*) de base ; (*minimal*) réduit(e) au minimum, rudimentaire
basically ['beɪsɪklɪ] *adv* (*in fact*) en fait ; (*essentially*) fondamentalement
basic rate *n* (*of tax*) première tranche d'imposition
basics ['beɪsɪks] *npl*: **the ~** l'essentiel *m*
basil ['bæzl] *n* basilic *m*
basilica [bə'zɪlɪkə] *n* basilique *f*
basin ['beɪsn] *n* (*vessel, also Geo*) cuvette *f*, bassin *m* ; (*BRIT*: *for food*) bol *m* ; (: *bigger*) saladier *m* ; (*also*: **washbasin**) lavabo *m*
basis ['beɪsɪs] (*pl* **bases** [-si:z]) *n* base *f* ; **on a part-time/trial ~** à temps partiel/à l'essai ; **on the ~ of what you've said** d'après *or* compte tenu de ce que vous dites
bask [bɑ:sk] *vi*: **to ~ in the sun** se chauffer au soleil
basket ['bɑ:skɪt] *n* corbeille *f* ; (*with handle*) panier *m*
basketball ['bɑ:skɪtbɔ:l] *n* basket-ball *m*
basketball player *n* basketteur(-euse)
Basle [bɑ:l] *n* Bâle
basmati rice [bəz'mætɪ-] *n* riz *m* basmati
Basque [bæsk] *adj* basque ; **the ~ Country** le Pays basque ▸ *n* Basque *mf*
bass [beɪs] *n* (*Mus*) basse *f*
bass clef *n* clé *f* de fa
bass drum *n* grosse caisse *f*
bassoon [bə'su:n] *n* basson *m*
bastard ['bɑ:stəd] *n* enfant naturel(le), bâtard(e) ; (*inf!*) salaud *m* (*!*)
bastardized ['bɑ:stədaɪzd] *adj* bâtard(e)
baste [beɪst] *vt* (*Culin*) arroser ; (*Sewing*) bâtir, faufiler
bastion ['bæstiən] *n* bastion *m* ; **a ~ of sth** un bastion de qch
bat [bæt] *n* (*animal*) chauve-souris *f* ; (*for baseball etc*) batte *f* ; (*BRIT*: *for table tennis*) raquette *f* ; **off one's own ~** de sa propre initiative ▸ *vt*: **he didn't ~ an eyelid** il n'a pas sourcillé *or* bronché
batch [bætʃ] *n* (*of bread*) fournée *f* ; (*of papers*) liasse *f* ; (*of applicants, letters*) paquet *m* ; (*of work*) monceau *m* ; (*of goods*) lot *m*
bated ['beɪtɪd] *adj*: **with ~ breath** en retenant son souffle
bath [bɑ:θ] (*pl* **baths** [bɑ:ðz]) *n* bain *m* ; (*bathtub*) baignoire *f* ; **to have a ~** prendre un bain ; *see also* **baths** ▸ *vt* baigner, donner un bain à
bathe [beɪð] *vi* se baigner ▸ *vt* baigner ; (*wound etc*) laver
bather ['beɪðə^r] *n* baigneur(-euse)
bathing ['beɪðɪŋ] *n* baignade *f*
bathing cap *n* bonnet *m* de bain
bathing costume, (*US*) **bathing suit** *n* maillot *m* (de bain)
bathmat ['bɑ:θmæt] *n* tapis *m* de bain
bathrobe ['bɑ:θrəub] *n* peignoir *m* de bain
bathroom ['bɑ:θrum] *n* salle *f* de bains
baths [bɑ:ðz] *npl* (*BRIT*: *also*: **swimming baths**) piscine *f*
bath towel *n* serviette *f* de bain
bathtub ['bɑ:θtʌb] *n* baignoire *f*
bath water *n* eau *f* du bain
batik [bə'ti:k] *n* batik *m* ▸ *cpd* (*scarf, skirt*) en batik
batman ['bætmən] *n* (*irreg*) (*BRIT Mil*) ordonnance *f*
baton ['bætən] *n* bâton *m* ; (*Mus*) baguette *f* ; (*club*) matraque *f*
batsman ['bætsmən] *n* (*irreg*) batteur *m*
battalion [bə'tæliən] *n* bataillon *m*
batten ['bætn] *n* (*Carpentry*) latte *f* ; (*Naut*: *on sail*) latte de voile
▸ **batten down** *vt* (*Naut*): **to ~ down the hatches** fermer les écoutilles
batter ['bætə^r] *vt* battre ▸ *n* pâte *f* à frire
battered ['bætəd] *adj* (*hat, pan*) cabossé(e) ; (*wife, child*) battu(e) ; **a refuge for ~ wives** un centre d'accueil pour femmes battues
battering ['bætərɪŋ] *n* (*violence*) violences *fpl* physiques ; **to take a ~** souffrir
battering ram ['bætərɪŋ-] *n* bélier *m* (*fig*)
battery ['bætərɪ] *n* (*for torch, radio*) pile *f* ; (*Aut, Mil*) batterie *f*
battery charger *n* chargeur *m*
battery farming *n* élevage *m* en batterie
battery-operated [bætərɪ'ɔpəreɪtɪd], **battery-powered** [bætərɪ'pauəd] *adj* à piles, à pile
battle ['bætl] *n* bataille *f*, combat *m* ; **that's half the ~** (*fig*) c'est déjà bien ; **it's a** *or* **we're fighting a losing ~** (*fig*) c'est perdu d'avance, c'est peine perdue ▸ *vi* se battre, lutter
battle dress *n* tenue *f* de campagne *or* d'assaut
battlefield ['bætlfi:ld] *n* champ *m* de bataille
battleground ['bætlgraund] *n* champ *m* de bataille
battlements ['bætlmənts] *npl* remparts *mpl*
battleship ['bætlʃɪp] *n* cuirassé *m*
batty ['bætɪ] *adj* (*inf*: *person*) toqué(e) ; (: *idea, behaviour*) loufoque
bauble ['bɔ:bl] *n* babiole *f*
baulk [bɔ:lk] *vi* = **balk**
bauxite ['bɔ:ksaɪt] *n* bauxite *f*
Bavaria [bə'vɛərɪə] *n* Bavière *f*
Bavarian [bə'vɛərɪən] *adj* bavarois(e) ▸ *n* Bavarois(e)
bawdy ['bɔ:dɪ] *adj* paillard(e)
bawl [bɔ:l] *vi* hurler, brailler
bay [beɪ] *n* (*of sea*) baie *f* ; (*BRIT*: *for parking*) place *f* de stationnement ; (: *for loading*) aire *f* de chargement ; (*horse*) bai(e) ; **B~ of Biscay** golfe *m* de Gascogne ; **to hold sb at ~** tenir qn à distance *or* en échec
bay leaf *n* laurier *m*
bayonet ['beɪənɪt] *n* baïonnette *f*
bay tree *n* laurier *m*
bay window *n* baie vitrée
bazaar [bə'zɑ:^r] *n* (*shop, market*) bazar *m* ; (*sale*) vente *f* de charité
bazooka [bə'zu:kə] *n* bazooka *m*

b

BB *n abbr* (Brit: = *Boys' Brigade*) *mouvement de garçons*
BBB *n abbr* (US: = *Better Business Bureau*) *organisme de défense du consommateur*
BBC *n abbr* (= *British Broadcasting Corporation*) *office de la radiodiffusion et télévision britannique*

BBC

La **BBC** est un organisme centralisé dont les membres, nommés par l'État, gèrent les chaînes de télévision publiques (BBC1, qui présente des émissions d'intérêt général, et BBC2 plutôt orientée vers les émissions plus culturelles, ainsi que les chaînes numériques et en ligne) et les stations de radio publiques. Bien que sa programmation ne soit pas contrôlée par l'État, la BBC est responsable devant le parlement quant au contenu des émissions qu'elle diffuse. Par ailleurs, la BBC offre un service mondial de diffusion d'émissions, en anglais et dans 28 autres langues, appelé BBC *World Service*. La BBC ne diffuse pas de publicité car elle est financée par la redevance télévision et par l'exportation d'émissions.

BBQ *n abbr* (= *barbecue*) barbecue *m*
B.C. *adv abbr* (= *before Christ*) av. J.-C. ▸ *abbr* (Canada) = **British Columbia**
BCG *n abbr* (= *Bacillus Calmette-Guérin*) BCG *m*
BD *n abbr* (= *Bachelor of Divinity*) *diplôme universitaire*
B/D *abbr* = **bank draft**
BDS *n abbr* (= *Bachelor of Dental Surgery*) *diplôme universitaire*

KEYWORD

be [bi:] (*pt* **was** [wɔz], **were** [wəːʳ], *pp* **been** [bi:n]) *aux vb* **1** (*with present participle: forming continuous tenses*): **what are you doing?** que faites-vous ? ; **they're coming tomorrow** ils viennent demain ; **I've been waiting for you for 2 hours** je t'attends depuis 2 heures
2 (*with pp: forming passives*) être ; **to be killed** être tué(e) ; **the box had been opened** la boîte avait été ouverte ; **he was nowhere to be seen** on ne le voyait nulle part
3 (*in tag questions*): **it was fun, wasn't it?** c'était drôle, n'est-ce pas ? ; **he's good-looking, isn't he?** il est beau, n'est-ce pas ? ; **she's back, is she?** elle est rentrée, n'est-ce pas *or* alors ?
4 (*+to +infinitive*): **the house is to be sold** (*necessity*) la maison doit être vendue ; (*future*) la maison va être vendue ; **he's not to open it** il ne doit pas l'ouvrir ; **am I to understand that ...?** dois-je comprendre que ... ? ; **he was to have come yesterday** il devait venir hier
5 (*possibility: supposition*): **if I were you, I ...** à votre place, je ..., si j'étais vous, je ...
▸ *vb + complement* **1** (*gen*) être ; **I'm English** je suis anglais(e) ; **I'm tired** je suis fatigué(e) ; **I'm hot/cold** j'ai chaud/froid ; **he's a doctor** il est médecin ; **be careful/good/quiet!** faites attention/soyez sages/taisez-vous ! ; **2 and 2 are 4** 2 et 2 font 4
2 (*of health*) aller ; **how are you?** comment allez-vous ? ; **I'm better now** je vais mieux maintenant ; **he's fine now** il va bien maintenant ; **he's very ill** il est très malade
3 (*of age*) avoir ; **how old are you?** quel âge avez-vous ? ; **I'm sixteen (years old)** j'ai seize ans
4 (*cost*) coûter ; **how much was the meal?** combien a coûté le repas ? ; **that'll be £5, please** ça fera 5 livres, s'il vous plaît ; **this shirt is £17** cette chemise coûte 17 livres
▸ *vi* **1** (*exist, occur etc*) être, exister ; **the prettiest girl that ever was** la fille la plus jolie qui ait jamais existé ; **is there a God?** y a-t-il un dieu ? ; **be that as it may** quoi qu'il en soit ; **so be it** soit
2 (*referring to place*) être, se trouver ; **I won't be here tomorrow** je ne serai pas là demain ; **Edinburgh is in Scotland** Édimbourg est *or* se trouve en Écosse
3 (*referring to movement*) aller ; **where have you been?** où êtes-vous allé(s) ?
▸ *impers vb* **1** (*referring to time*) être ; **it's 5 o'clock** il est 5 heures ; **it's the 28th of April** c'est le 28 avril
2 (*referring to distance*): **it's 10 km to the village** le village est à 10 km
3 (*referring to the weather*) faire ; **it's too hot/cold** il fait trop chaud/froid ; **it's windy today** il y a du vent aujourd'hui
4 (*emphatic*): **it's me/the postman** c'est moi/le facteur ; **it was Maria who paid the bill** c'est Maria qui a payé la note

B/E *abbr* = **bill of exchange**
beach [bi:tʃ] *n* plage *f* ▸ *vt* échouer
beachcomber ['bi:tʃkəuməʳ] *n* ramasseur(-euse) d'épaves ; (*fig*) bon(ne) à rien
beachfront ['bi:tʃfrʌnt] *cpd* (*café, hotel*) en front de mer
beachwear ['bi:tʃwɛəʳ] *n* tenues *fpl* de plage
beacon ['bi:kən] *n* (*lighthouse*) fanal *m* ; (*marker*) balise *f* ; (*also*: **radio beacon**) radiophare *m*
bead [bi:d] *n* perle *f* ; (*of dew, sweat*) goutte *f* ;
beads *npl* (*necklace*) collier *m*
beaded ['bi:dɪd] *adj* (*dress, cushion*) orné(e) de perles ; **his forehead was ~ with sweat** la sueur perlait sur son front
beady ['bi:dɪ] *adj*: **~ eyes** yeux *mpl* de fouine
beagle [bi:gl] *n* beagle *m*
beak [bi:k] *n* bec *m*
beaker ['bi:kəʳ] *n* gobelet *m*
beam [bi:m] *n* (*Archit*) poutre *f* ; (*of light*) rayon *m* ; (*Radio*) faisceau *m* radio ; **to drive on full** *or* **main** *or* (US) **high ~** rouler en pleins phares ▸ *vi* rayonner
beaming ['bi:mɪŋ] *adj* (*sun, smile*) radieux(-euse)
bean [bi:n] *n* haricot *m* ; (*of coffee*) grain *m*
beanbag ['bi:nbæg] *n* fauteuil *m* poire
bean counter *n* (*pej*) comptable *mf*
beanpole ['bi:npəul] *n* (*inf*) perche *f*
beansprouts ['bi:nsprauts] *npl* pousses *fpl* *or* germes *mpl* de soja
bear [bɛəʳ] (*pt* **bore** [bɔːʳ], *pp* **borne** [bɔːn]) *n* ours *m* ; (*Stock Exchange*) baissier *m* ▸ *vt* porter ; (*endure*) supporter ; (*traces, signs*) porter ; (*Comm: interest*) rapporter ; **to ~ the**

responsibility of assumer la responsabilité de ; **to ~ comparison with** soutenir la comparaison avec ; **I can't ~ him** je ne peux pas le supporter *or* souffrir ▸ *vi*: **to ~ right/left** obliquer à droite/gauche, se diriger vers la droite/gauche ; **to bring pressure to ~ on sb** faire pression sur qn
▸ **bear down** *vi* (*rush towards*): **to ~ down on sb/sth** se ruer sur qn/qch
▸ **bear out** *vt* (*theory, suspicion*) confirmer
▸ **bear up** *vi* supporter, tenir le coup ; **he bore up well** il a tenu le coup
▸ **bear with** *vt fus* (*sb's moods, temper*) supporter ; **~ with me a minute** un moment, s'il vous plaît
bearable ['bɛərəbl] *adj* supportable
beard [bɪəd] *n* barbe *f*
bearded ['bɪədɪd] *adj* barbu(e)
bearer ['bɛərə^r] *n* porteur *m* ; (*of passport etc*) titulaire *mf*
bearing ['bɛərɪŋ] *n* maintien *m*, allure *f* ; (*connection*) rapport *m* ; **to take a ~** faire le point ; **to find one's bearings** s'orienter ; **(ball) bearings** *npl* (*Tech*) roulement *m* (à billes)
bearskin ['bɛəskɪn] *n* (*hat*) bonnet *m* à poil ; (*skin*) peau *f* d'ours
beast [bi:st] *n* bête *f* ; (*inf: person*) brute *f*
beastly ['bi:stlɪ] *adj* infect(e)
beat [bi:t] (*pt* **~**, *pp* **beaten** [bi:tn]) *n* battement *m* ; (*Mus*) temps *m*, mesure *f* ; (*of policeman*) ronde *f* ▸ *vt*, *vi* battre ; **to ~ it** (*inf*) ficher le camp ; **that beats everything!** c'est le comble ! ; **to ~ about the bush** tourner autour du pot
▸ **beat down** *vt* (*door*) enfoncer ; (*price*) faire baisser ; (*seller*) faire descendre ▸ *vi* (*rain*) tambouriner ; (*sun*) taper
▸ **beat off** *vt* repousser
▸ **beat up** *vt* (*eggs*) battre ; (*inf: person*) tabasser
beaten ['bi:tən] *pp* **beat** ▸ *adj* (*trampled*) battu(e) ; **off the ~ track** hors des chemins *or* sentiers battus
beater ['bi:tə^r] *n* (*for eggs, cream*) fouet *m*, batteur *m*
beatific [bi:ə'tɪfɪk] *adj* (*literary: smile*) béat(e)
beatification [biætɪfɪ'keɪʃən] *n* béatification *f*
beating ['bi:tɪŋ] *n* raclée *f*
beat-up ['bi:t'ʌp] *adj* (*inf*) déglingué(e)
beautician [bju:'tɪʃən] *n* esthéticien(ne)
beautiful ['bju:tɪful] *adj* beau (belle)
beautifully ['bju:tɪflɪ] *adv* admirablement
beautify ['bju:tɪfaɪ] *vt* embellir
beauty ['bju:tɪ] *n* beauté *f* ; **the ~ of it is that ...** le plus beau, c'est que ...
beauty contest *n* concours *m* de beauté
beauty parlour, (*US*) **beauty parlor** *n* institut *m* de beauté
beauty queen *n* reine *f* de beauté
beauty salon *n* institut *m* de beauté
beauty sleep *n*: **I need my ~** j'ai besoin de faire un gros dodo
beauty spot *n* (*on skin*) grain *m* de beauté ; (*BRIT Tourism*) site naturel (d'une grande beauté)
beaver ['bi:və^r] *n* castor *m*
▸ **beaver away** *vi* travailler d'arrache-pied
becalmed [bɪ'kɑ:md] *adj* immobilisé(e) par le calme plat
became [bɪ'keɪm] *pt of* **become**
because [bɪ'kɔz] *conj* parce que ; **~ of** *prep* à cause de
beck [bɛk] *n*: **to be at sb's ~ and call** être à l'entière disposition de qn
beckon ['bɛkən] *vt* (*also:* **beckon to**) faire signe (de venir) à
become [bɪ'kʌm] *vi* (*irreg: like* **come**) devenir ; **to ~ fat/thin** grossir/maigrir ; **to ~ angry** se mettre en colère ; **it became known that** on apprit que ; **what has ~ of him?** qu'est-il devenu ?
becoming [bɪ'kʌmɪŋ] *adj* (*behaviour*) convenable, bienséant(e) ; (*clothes*) seyant(e)
BECTU ['bɛktu] *n abbr* (*BRIT*) = **Broadcasting, Entertainment, Cinematographic and Theatre Union**
BEd *n abbr* (= *Bachelor of Education*) *diplôme d'aptitude à l'enseignement*
bed [bɛd] *n* lit *m* ; (*of flowers*) parterre *m* ; (*of coal, clay*) couche *f* ; (*of sea, lake*) fond *m* ; **to go to ~** aller se coucher
▸ **bed down** *vi* se coucher
bed and breakfast *n* (*terms*) chambre et petit déjeuner ; (*place*) ≈ chambre *f* d'hôte ; *voir article*

BED AND BREAKFAST

Un **bed and breakfast** est une petite pension dans une maison particulière ou une ferme où l'on peut louer une chambre avec petit déjeuner compris pour un prix modique par rapport à ce que l'on paierait dans un hôtel. Ces établissements sont communément appelés *B&B*, et sont signalés par une pancarte dans le jardin ou au-dessus de la porte.

bedbug ['bɛdbʌg] *n* punaise *f*
bedclothes ['bɛdkləuðz] *npl* couvertures *fpl* et draps *mpl*
bedcover ['bɛdkʌvə^r] *n* couvre-lit *m*, dessus-de-lit *m*
bedding ['bɛdɪŋ] *n* literie *f*
bedevil [bɪ'dɛvl] *vt* (*harass*) harceler ; **to be bedevilled by** être victime de
bedfellow ['bɛdfɛləu] *n*: **they are strange bedfellows** (*fig*) ça fait un drôle de mélange
bedlam ['bɛdləm] *n* chahut *m*, cirque *m*
bed linen *n* draps *mpl* de lit (et taies *fpl* d'oreillers), literie *f*
Bedouin ['bɛduɪn] *n* Bédouin(e) ▸ *adj* bédouin(e)
bedpan ['bɛdpæn] *n* bassin *m* (hygiénique)
bedpost ['bɛdpəust] *n* colonne *f* de lit
bedraggled [bɪ'drægld] *adj* dépenaillé(e), les vêtements en désordre
bedridden ['bɛdrɪdn] *adj* cloué(e) au lit
bedrock ['bɛdrɔk] *n* (*fig*) principes essentiels *or* de base, essentiel *m* ; (*Geo*) roche *f* en place, socle *m*
bedroll ['bɛdrəul] *n* couchage *m*
bedroom ['bɛdrum] *n* chambre *f* (à coucher)
Beds *abbr* (*BRIT*) = **Bedfordshire**
bed settee *n* canapé-lit *m*
bedside ['bɛdsaɪd] *n*: **at sb's ~** au chevet de qn ▸ *cpd* (*book, lamp*) de chevet

bedside lamp *n* lampe *f* de chevet
bedside table *n* table *f* de chevet
bedsit ['bɛdsɪt], **bedsitter** ['bɛdsɪtəʳ] *n* (Brit) chambre meublée, studio *m*
bedsore ['bɛdsɔːʳ] *n* escarre *f*
bedspread ['bɛdsprɛd] *n* couvre-lit *m*, dessus-de-lit *m*
bedstead ['bɛdstɛd] *n* châlit *m*
bedtime ['bɛdtaɪm] *n*: **it's ~** c'est l'heure de se coucher
bedwetting ['bɛdwɛtɪŋ] *n* incontinence *f* nocturne
bee [biː] *n* abeille *f* ; **to have a ~ in one's bonnet (about sth)** être obnubilé(e) (par qch)
Beeb [biːb] *n* (Brit *inf*): **the ~** la BBC
beech [biːtʃ] *n* hêtre *m*
beef [biːf] *n* bœuf *m* ; **roast ~** rosbif *m*
▸ **beef up** *vt* (*inf*: *support*) renforcer ; (*: essay*) étoffer
beefburger ['biːfbəːgəʳ] *n* hamburger *m*
beefcake ['biːfkeɪk] *n* (*inf*) armoire *f* à glace (*inf*), malabar *m* (*inf*)
Beefeater ['biːfiːtəʳ] *n* hallebardier *m* (*de la tour de Londres*)
beefsteak ['biːfsteɪk] *n* bifteck *m*, steak *m*
beefy ['biːfɪ] *adj* (*person*) costaud(e)
beehive ['biːhaɪv] *n* ruche *f*
beekeeper ['biːkiːpəʳ] *n* apiculteur(-trice)
bee-keeping ['biːkiːpɪŋ] *n* apiculture *f*
beeline ['biːlaɪn] *n*: **to make a ~ for** se diriger tout droit vers
been [biːn] *pp of* **be**
beep [biːp] *n* bip *m*
beeper ['biːpəʳ] *n* (*pager*) bip *m*
beer [bɪəʳ] *n* bière *f*
beer belly *n* (*inf*) bedaine *f* (*de buveur de bière*)
beer can *n* canette *f* de bière
beer garden *n* (Brit) jardin *m* d'un pub (*où l'on peut emmener ses consommations*)
beermat ['bɪəmæt] *n* dessous *m* de verre
beeswax ['biːzwæks] *n* cire *f* d'abeille
beet [biːt] *n* (*vegetable*) betterave *f* ; (*US*: *also*: **red beet**) betterave (potagère)
beetle ['biːtl] *n* scarabée *m*, coléoptère *m*
beetroot ['biːtruːt] *n* (Brit) betterave *f*
befall [bɪ'fɔːl] *vi*, *vt* (*irreg: like* **fall**) advenir (à)
befit [bɪ'fɪt] *vt* seoir à
before [bɪ'fɔːʳ] *prep* (*of time*) avant ; (*of space*) devant ▸ *conj* avant que + *sub* ; avant de ; **~ she goes** avant qu'elle (ne) parte ; **~ going** avant de partir ▸ *adv* avant ; **the week ~** la semaine précédente *or* d'avant ; **I've seen it ~** je l'ai déjà vu ; **I've never seen it ~** c'est la première fois que je le vois
beforehand [bɪ'fɔːhænd] *adv* au préalable, à l'avance
befriend [bɪ'frɛnd] *vt* venir en aide à ; traiter en ami
befuddled [bɪ'fʌdld] *adj*: **to be ~** avoir les idées brouillées
beg [bɛg] *vi* mendier ▸ *vt* mendier ; (*favour*) quémander, solliciter ; (*forgiveness, mercy etc*) demander ; (*entreat*) supplier ; **to ~ sb to do sth** supplier qn de faire qch ; **I ~ your pardon** (*apologizing*) excusez-moi (*: not hearing*) pardon ? ; **that begs the question of ...** cela soulève la question de ..., cela suppose réglée la question de ... ; *see also* **pardon**
began [bɪ'gæn] *pt of* **begin**
beget [bɪ'gɛt] (*pt* **begot** [bɪ'gɔt], *pp* **begotten** [bɪ'gɔtn]) *vt* engendrer
beggar ['bɛgəʳ] *n* (*also*: **beggarman, beggarwoman**) mendiant(e)
begin [bɪ'gɪn] (*pt* **began** [bɪ'gæn], *pp* **begun** [bɪ'gʌn]) *vt*, *vi* commencer ; **to ~ doing** *or* **to do sth** commencer à faire qch ; **beginning (from) Monday** à partir de lundi ; **I can't ~ to thank you** je ne saurais vous remercier ; **to ~ with** d'abord, pour commencer
beginner [bɪ'gɪnəʳ] *n* débutant(e)
beginning [bɪ'gɪnɪŋ] *n* commencement *m*, début *m* ; **right from the ~** dès le début
begonia [bɪ'gəuniə] *n* bégonia *m*
begot [bɪ'gɔt] *pt of* **beget**
begotten [bɪ'gɔtn] *pp of* **beget**
begrudge [bɪ'grʌdʒ] *vt*: **to ~ sb sth** envier qch à qn ; donner qch à contrecœur *or* à regret à qn
beguile [bɪ'gaɪl] *vt* (*enchant*) enjôler
beguiling [bɪ'gaɪlɪŋ] *adj* (*charming*) séduisant(e), enchanteur(-eresse)
begun [bɪ'gʌn] *pp of* **begin**
behalf [bɪ'hɑːf] *n*: **on ~ of**, (*US*) **in ~ of** (*representing*) de la part de ; au nom de ; (*for benefit of*) pour le compte de ; **on my/his ~** de ma/sa part
behave [bɪ'heɪv] *vi* se conduire, se comporter ; (*well*: *also*: **behave o.s.**) se conduire bien *or* comme il faut
behaviour, (*US*) **behavior** [bɪ'heɪvjəʳ] *n* comportement *m*, conduite *f*
behavioural, (*US*) **behavioral** [bɪ'heɪvjərəl] *adj* de comportement, comportemental(e)
behead [bɪ'hɛd] *vt* décapiter
beheld [bɪ'hɛld] *pt*, *pp of* **behold**
behest [bɪ'hɛst] *n*: **at sb's ~, at the ~ of sb** sur l'ordre de qn
behind [bɪ'haɪnd] *prep* derrière ; (*time*) en retard sur ; (*supporting*): **to be ~ sb** soutenir qn ; **~ the scenes** dans les coulisses ▸ *adv* derrière ; en retard ; **to leave sth ~** (*forget*) oublier de prendre qch ; **to be ~ with sth** être en retard dans qch ▸ *n* derrière *m*
behold [bɪ'həuld] *vt* (*irreg: like* **hold**) apercevoir, voir
beholden [bɪ'həuldən] *adj*: **~ to** redevable à
behove [bɪ'həuv], (*US*) **behoove** [bɪ'huːv] *vt* incomber ; **it behoves us to ...** il nous incombe de ...
beige [beɪʒ] *adj* beige
Beijing ['beɪ'dʒɪŋ] *n* Pékin
being ['biːɪŋ] *n* être *m* ; **to come into ~** prendre naissance
Beirut [beɪ'ruːt] *n* Beyrouth
bejewelled, (*US*) **bejeweled** [bɪ'dʒuːəld] *adj* (*woman*) paré(e) de bijoux ; (*crown, tiara*) incrusté(e) de joyaux
Belarus [bɛlə'rus] *n* Biélorussie *f*, Bélarus *m*
Belarussian [bɛlə'rʌʃən] *adj* biélorusse ▸ *n* Biélorusse *mf* ; (*Ling*) biélorusse *m*
belated [bɪ'leɪtɪd] *adj* tardif(-ive)

belatedly [bɪ'leɪtɪdlɪ] *adv* tardivement, avec retard
belch [bɛltʃ] *vi* avoir un renvoi, roter ▸ *vt* (*smoke etc: also:* **belch out**) vomir, cracher
beleaguered [bɪ'li:gɪd] *adj* (*city*) assiégé(e) ; (*army*) cerné(e) ; (*fig*) sollicité(e) de toutes parts
Belfast ['bɛlfɑ:st] *n* Belfast
belfry ['bɛlfrɪ] *n* beffroi *m*
Belgian ['bɛldʒən] *adj* belge, de Belgique ▸ *n* Belge *mf*
Belgium ['bɛldʒəm] *n* Belgique *f*
Belgrade [bɛl'greɪd] *n* Belgrade
belie [bɪ'laɪ] *vt* démentir ; (*give false impression of*) occulter
belief [bɪ'li:f] *n* (*opinion*) conviction *f* ; (*trust, faith*) foi *f* ; (*acceptance as true*) croyance *f* ; **it's beyond ~** c'est incroyable ; **in the ~ that** dans l'idée que
believable [bɪ'li:vəbl] *adj* croyable
believe [bɪ'li:v] *vt, vi* croire, estimer ; **to ~ in** (*God*) croire en ; (*ghosts, method*) croire à ; **I don't ~ in corporal punishment** je ne suis pas partisan des châtiments corporels ; **he is believed to be abroad** il serait à l'étranger
believer [bɪ'li:vəʳ] *n* (*in idea, activity*) partisan(e) ; **~ in** partisan(e) de ; (*Rel*) croyant(e)
belittle [bɪ'lɪtl] *vt* déprécier, rabaisser
Belize [bɛ'li:z] *n* Bélize *m*
bell [bɛl] *n* cloche *f* ; (*small*) clochette *f*, grelot *m* ; (*on door*) sonnette *f* ; (*electric*) sonnerie *f* ; **that rings a ~** (*fig*) cela me rappelle qch
bell-bottoms ['bɛlbɔtəmz] *npl* pantalon *m* à pattes d'éléphant
bellboy ['bɛlbɔɪ], (*US*) **bellhop** ['bɛlhɔp] *n* groom *m*, chasseur *m*
bellicose ['bɛlɪkəus] *adj* (*literary*) belliqueux(-euse)
belligerence [bɪ'lɪdʒərəns] *n* belligérance *f*
belligerent [bɪ'lɪdʒərənt] *adj* (*person*) agressif(-ive) ; (*nation*) belligérant(e)
bellow ['bɛləu] *vi* (*bull*) meugler ; (*person*) brailler ▸ *vt* (*orders*) hurler
bellows ['bɛləuz] *npl* soufflet *m*
bell pepper *n* (*esp US*) poivron *m*
bell push *n* (Brit) bouton *m* de sonnette
belly ['bɛlɪ] *n* ventre *m*
bellyache ['bɛlɪeɪk] (*inf*) *n* colique *f* ▸ *vi* ronchonner
belly button *n* (*inf*) nombril *m*
bellyful ['bɛlɪful] *n* (*inf*): **I've had a ~** j'en ai ras le bol
belong [bɪ'lɔŋ] *vi*: **to ~ to** appartenir à ; (*club etc*) faire partie de ; **this book belongs here** ce livre va ici, la place de ce livre est ici
belonging [bɪ'lɔŋɪŋ] *n*: **sense of ~** sentiment *m* d'appartenance
belongings [bɪ'lɔŋɪŋz] *npl* affaires *fpl*, possessions *fpl* ; **personal ~** effets personnels
Belorussia [bɛlə'rʌʃə] *n* Biélorussie *f*
Belorussian [bɛlə'rʌʃən] *adj, n* = **Belarussian**
beloved [bɪ'lʌvɪd] *adj* (bien-)aimé(e), chéri(e) ▸ *n* bien-aimé(e)
below [bɪ'ləu] *prep* sous, au-dessous de ; **temperatures ~ normal** températures inférieures à la normale ▸ *adv* en dessous ; en contre-bas ; **see ~** voir plus bas *or* plus loin *or* ci-dessous
belt [bɛlt] *n* ceinture *f* ; (*Tech*) courroie *f* ; **industrial ~** zone industrielle ▸ *vt* (*thrash*) donner une raclée à ▸ *vi* (Brit *inf*) filer (à toutes jambes)
▸ **belt out** *vt* (*song*) chanter à tue-tête *or* à pleins poumons
▸ **belt up** *vi* (Brit *inf*) la boucler
beltway ['bɛltweɪ] *n* (*US Aut*) route *f* de ceinture ; (*: motorway*) périphérique *m*
bemoan [bɪ'məun] *vt* se lamenter sur
bemused [bɪ'mju:zd] *adj* perplexe, médusé(e)
bemusement [bɪ'mju:zmənt] *n* perplexité *f*
bench [bɛntʃ] *n* banc *m* ; (*in workshop*) établi *m* ; **the B~** (*Law: judges*) la magistrature, la Cour
bench mark *n* repère *m*
bend [bɛnd] (*pt, pp* **bent** [bɛnt]) *vt* courber ; (*leg, arm*) plier ▸ *vi* se courber ▸ *n* (*in road*) virage *m*, tournant *m* ; (*in pipe, river*) coude *m*
▸ **bend down** *vi* se baisser
▸ **bend over** *vi* se pencher
bends [bɛndz] *npl* (*Med*) maladie *f* des caissons
bendy ['bɛndɪ] *adj* (*toy, wire*) flexible ; (*river*) sinueux(-euse)
beneath [bɪ'ni:θ] *prep* sous, au-dessous de ; (*unworthy of*) indigne de ▸ *adv* dessous, au-dessous, en bas
benefactor ['bɛnɪfæktəʳ] *n* bienfaiteur *m*
benefactress ['bɛnɪfæktrɪs] *n* bienfaitrice *f*
beneficial [bɛnɪ'fɪʃəl] *adj*: **~ (to)** salutaire (pour), bénéfique (à)
beneficiary [bɛnɪ'fɪʃərɪ] *n* (*Law*) bénéficiaire *mf*
benefit ['bɛnɪfɪt] *n* avantage *m*, profit *m* ; (*allowance of money*) allocation *f* ▸ *vt* faire du bien à, profiter à ▸ *vi*: **he'll ~ from it** cela lui fera du bien, il y gagnera *or* s'en trouvera bien
benefit performance *n* représentation *f or* gala *m* de bienfaisance
Benelux ['bɛnɪlʌks] *n* Bénélux *m*
benevolence [bɪ'nɛvələns] *n* bienveillance *f*
benevolent [bɪ'nɛvələnt] *adj* bienveillant(e)
BEng *n abbr* (*= Bachelor of Engineering*) *diplôme universitaire*
Bengali [bɛn'gɔ:lɪ] *adj* bengali *f inv* ▸ *n* (*person*) Bengali *mf* ; (*language*) bengali *m*
benighted [bɪ'naɪtɪd] *adj* (*literary: ignorant*) ignorant(e) ; (*unfortunate*) maudit(e)
benign [bɪ'naɪn] *adj* (*person, smile*) bienveillant(e), affable ; (*Med*) bénin(-igne)
bent [bɛnt] *pt, pp of* **bend** ▸ *n* inclination *f*, penchant *m* ▸ *adj* (*wire, pipe*) coudé(e) ; (*inf: dishonest*) véreux(-euse) ; **to be ~ on** être résolu(e) à
benzene ['bɛnzi:n] *n* benzène *m*
bequeath [bɪ'kwi:ð] *vt* léguer
bequest [bɪ'kwɛst] *n* legs *m*
berate [bɪ'reɪt] *vt* réprimander ; **to ~ sb for sth** réprimander qn pour qch
bereaved [bɪ'ri:vd] *n*: **the ~** la famille du disparu ▸ *adj* endeuillé(e)
bereavement [bɪ'ri:vmənt] *n* deuil *m*
bereft [bɪ'rɛft] *adj* (*lonely*) perdu(e) ; **to be ~ of sth** être dépourvu(e) de qch
beret ['bɛreɪ] *n* béret *m*
Bering Sea ['beɪrɪŋ-] *n*: **the ~** la mer de Béring
berk [bə:k] *n* (Brit *inf*) andouille *f*

b

Berks *abbr* (*Brit*) = **Berkshire**
Berlin [bəːˈlɪn] *n* Berlin ; **East/West ~** Berlin Est/ Ouest
berm [bəːm] *n* (*US Aut*) accotement *m*
Bermuda [bəːˈmjuːdə] *n* Bermudes *fpl*
Bermuda shorts *npl* bermuda *m*
Bern [bəːn] *n* Berne
berry [ˈbɛrɪ] *n* baie *f*
berserk [bəˈsəːk] *adj*: **to go ~** être pris(e) d'une rage incontrôlable ; se déchaîner
berth [bəːθ] *n* (*bed*) couchette *f* ; (*for ship*) poste *m* d'amarrage, mouillage *m* ; **to give sb a wide ~** (*fig*) éviter qn ▸ *vi* (*in harbour*) venir à quai ; (*at anchor*) mouiller
beseech [bɪˈsiːtʃ] (*pt, pp* **besought** [-ˈsɔːt]) *vt* implorer, supplier
beseeching [bɪˈsiːtʃɪŋ] *adj* (*expression, tone*) suppliant(e)
beset [bɪˈsɛt] (*pt, pp* **~**) *vt* assaillir ▸ *adj*: **~ with** semé(e) de
besetting [bɪˈsɛtɪŋ] *adj*: **his ~ sin** son vice, son gros défaut
beside [bɪˈsaɪd] *prep* à côté de ; (*compared with*) par rapport à ; **that's ~ the point** ça n'a rien à voir ; **to be ~ o.s. (with anger)** être hors de soi
besides [bɪˈsaɪdz] *adv* en outre, de plus ▸ *prep* en plus de ; (*except*) excepté
besiege [bɪˈsiːdʒ] *vt* (*town*) assiéger ; (*fig*) assaillir
besmirch [bɪˈsməːtʃ] *vt* (*reputation*) ternir, entacher ; **to ~ sb** diffamer qn
besotted [bɪˈsɔtɪd] *adj* (*Brit*): **~ with** entiché(e) de
besought [bɪˈsɔːt] *pt, pp of* **beseech**
bespectacled [bɪˈspɛktɪkld] *adj* à lunettes
bespoke [bɪˈspəuk] *adj* (*Brit: garment*) fait(e) sur mesure ; **~ tailor** tailleur *m* à façon
best [bɛst] *adj* meilleur(e) ; **the ~ thing to do is ...** le mieux, c'est de ... ; **the ~ part of** (*quantity*) le plus clair de, la plus grande partie de ▸ *adv* le mieux ▸ *n*: **at ~** au mieux ; **to do one's ~** faire de son mieux ; **to make the ~ of sth** s'accommoder de qch (du mieux que l'on peut) ; **to the ~ of my knowledge** pour autant que je sache ; **to the ~ of my ability** du mieux que je pourrai ; **he's not exactly patient at the ~ of times** il n'est jamais spécialement patient
best-before date [bɛstbɪˈfɔː-] *n* date *f* de limite d'utilisation *or* de consommation
best man *n* (*irreg*) garçon *m* d'honneur
bestow [bɪˈstəu] *vt* accorder ; (*title*) conférer
bestseller [ˈbɛstˈsɛləʳ] *n* best-seller *m*, succès *m* de librairie
bet [bɛt] (*pt, pp* **~** *or* **betted** [ˈbɛtɪd]) *n* pari *m* ; **it's a safe ~** (*fig*) il y a de fortes chances ▸ *vt, vi* parier ; **to ~ sb sth** parier qch à qn
beta [ˈbiːtə] *adj, n* bêta *adj, m inv*
Bethlehem [ˈbɛθlɪhɛm] *n* Bethléem
betide [bɪˈtaɪd] *vt*: **woe ~** malheur à
betray [bɪˈtreɪ] *vt* trahir
betrayal [bɪˈtreɪəl] *n* trahison *f*
betrothed [bɪˈtrəuðd] *adj, n* (*old*) fiancé(e)
better [ˈbɛtəʳ] *adj* meilleur(e) ; **that's ~!** c'est mieux ! ; **to get ~** (*Med*) aller mieux ; (*improve*) s'améliorer ▸ *adv* mieux ; **I had ~ go** il faut que je m'en aille ; **you had ~ do it** vous feriez mieux de le faire ; **he thought ~ of it** il s'est ravisé ; **~ off** *adj* plus à l'aise financièrement ; (*fig*) **you'd be ~ off this way** vous vous en trouveriez mieux ainsi, ce serait mieux *or* plus pratique ainsi ▸ *vt* améliorer ▸ *n*: **to get the ~ of** triompher de, l'emporter sur ; **a change for the ~** une amélioration
betterment [ˈbɛtəmənt] *n* amélioration *f*
betting [ˈbɛtɪŋ] *n* paris *mpl*
betting shop *n* (*Brit*) bureau *m* de paris
between [bɪˈtwiːn] *prep* entre ; **the road ~ here and London** la route d'ici à Londres ; **we only had 5 ~ us** nous n'en avions que 5 en tout ▸ *adv* au milieu, dans l'intervalle
bevel [ˈbɛvəl] *n* (*also*: **bevel edge**) biseau *m*
beverage [ˈbɛvərɪdʒ] *n* boisson *f* (*gén sans alcool*)
bevy [ˈbɛvɪ] *n*: **a ~ of** un essaim *or* une volée de
bewail [bɪˈweɪl] *vt* se lamenter sur
beware [bɪˈwɛəʳ] *vt, vi*: **to ~ (of)** prendre garde (à) ; **"~ of the dog"** « (attention) chien méchant »
bewildered [bɪˈwɪldəd] *adj* dérouté(e), ahuri(e)
bewildering [bɪˈwɪldrɪŋ] *adj* déroutant(e), ahurissant(e)
bewitch [bɪˈwɪtʃ] *vt* ensorceler ; **to be bewitched by sth/sb** être captivé(e) par qch/qn
bewitching [bɪˈwɪtʃɪŋ] *adj* enchanteur(-eresse)
beyond [bɪˈjɔnd] *prep* (*in space, time*) au-delà de ; (*exceeding*) au-dessus de ; **~ doubt** hors de doute ; **~ repair** irréparable ▸ *adv* au-delà
b/f *abbr* = **brought forward**
BFPO *n abbr* (= *British Forces Post Office*) *service postal de l'armée*
bhaji [ˈbɑːdʒi] *n* bhaji *m* (*beignet indien aux légumes*)
bhp *n abbr* (*Aut*: = *brake horsepower*) puissance *f* aux freins
bi... [baɪ] *prefix* bi...
biannual [baɪˈænjuəl] *adj* semestriel(le)
bias [ˈbaɪəs] *n* (*prejudice*) préjugé *m*, parti pris ; (*preference*) prévention *f*
biased, biassed [ˈbaɪəst] *adj* partial(e), montrant un parti pris ; **to be bias(s)ed against** avoir un préjugé contre
biathlon [baɪˈæθlən] *n* biathlon *m*
bib [bɪb] *n* bavoir *m*, bavette *f*
Bible [ˈbaɪbl] *n* Bible *f*
Bible Belt *n* (*in the US*): **the ~** la ceinture de la Bible (*région du Sud profond où le protestantisme évangélique est prédominant*)
biblical [ˈbɪblɪkl] *adj* biblique
bibliography [bɪblɪˈɔgrəfɪ] *n* bibliographie *f*
bicarbonate of soda [baɪˈkɑːbənɪt-] *n* bicarbonate *m* de soude
bicentenary [baɪsɛnˈtiːnərɪ], **bicentennial** [baɪsɛnˈtɛnɪəl] *n* bicentenaire *m*
biceps [ˈbaɪsɛps] *n* biceps *m*
bicker [ˈbɪkəʳ] *vi* se chamailler
bickering [ˈbɪkərɪŋ] *n* (*political*) querelles *fpl* ; (*of neighbours, family*) chamailleries *fpl*
bicycle [ˈbaɪsɪkl] *n* bicyclette *f*
bicycle path, bicycle track *n* piste *f* cyclable
bicycle pump *n* pompe *f* à vélo
bid [bɪd] *n* offre *f* ; (*at auction*) enchère *f* ; (*attempt*) tentative *f* ▸ *vi* (*pt, pp* **~**) faire une enchère *or*

offre ▸ *vt* (*pt* **bade** [bæd], *pp* **bidden** ['bɪdn]) faire une enchère *or* offre de ; **to ~ sb good day** souhaiter le bonjour à qn

bidden ['bɪdn] *pp of* **bid**

bidder ['bɪdəʳ] *n*: **the highest ~** le plus offrant

bidding ['bɪdɪŋ] *n* enchères *fpl*

bide [baɪd] *vt*: **to ~ one's time** attendre son heure

bidet ['bi:deɪ] *n* bidet *m*

bidirectional ['baɪdɪ'rɛkʃənl] *adj* bidirectionnel(le)

biennial [baɪ'ɛnɪəl] *adj* biennal(e), bisannuel(le) ▸ *n* biennale *f* ; (*plant*) plante bisannuelle

bier [bɪəʳ] *n* bière *f* (*cercueil*)

bifocals [baɪ'fəuklz] *npl* lunettes *fpl* à double foyer

big [bɪg] *adj* (*in height: person, building, tree*) grand(e) ; (*in bulk, amount: person, parcel, book*) gros(se) ; **to do things in a ~ way** faire les choses en grand

bigamist ['bɪgəmɪst] *n* bigame *mf*

bigamy ['bɪgəmɪ] *n* bigamie *f*

Big Apple *n voir article*

BIG APPLE

Si l'on sait que **the Big Apple** désigne la ville de New York (*apple* est en réalité un terme d'argot signifiant grande ville), on connaît moins les surnoms donnés aux autres grandes villes américaines. Chicago est surnommée *Windy City*, peut-être à cause des rafales soufflant du lac Michigan, La Nouvelle-Orléans doit son sobriquet de *Big Easy* à son style de vie décontracté, et l'industrie automobile a donné à Detroit son surnom de *Motown*.

big bang theory *n* théorie *f* du big bang

big dipper [-'dɪpəʳ] *n* montagnes *fpl* russes

big end *n* (*Aut*) tête *f* de bielle

biggish ['bɪgɪʃ] *adj* (*see* big) assez grand(e), assez gros(se)

bigheaded ['bɪg'hɛdɪd] *adj* prétentieux(-euse)

big-hearted ['bɪg'hɑ:tɪd] *adj* au grand cœur

bigot ['bɪgət] *n* fanatique *mf*, sectaire *mf*

bigoted ['bɪgətɪd] *adj* fanatique, sectaire

bigotry ['bɪgətrɪ] *n* fanatisme *m*, sectarisme *m*

big time, big-time (*inf*) *adj* (*football, investment*) de première catégorie *f* ▸ *n*: **to hit the ~** percer ▸ *adv* (*US*) de manière spectaculaire

big toe *n* gros orteil

big top *n* grand chapiteau

big wheel *n* (*at fair*) grande roue

bigwig ['bɪgwɪg] *n* (*inf*) grosse légume, huile *f*

bike [baɪk] *n* (*bicycle*) vélo *m* ; (*motorbike*) moto *f*, bécane *f*

bike lane *n* piste *f* cyclable

biker ['baɪkəʳ] *n* (*motorcyclist*) motard(e) ; (*US: cyclist*) cycliste *mf*

bikini [bɪ'ki:nɪ] *n* bikini *m*

bilateral [baɪ'lætərl] *adj* bilatéral(e)

bilberry ['bɪlbərɪ] *n* myrtille *f*

bile [baɪl] *n* bile *f*

bilingual [baɪ'lɪŋgwəl] *adj* bilingue

bilious ['bɪlɪəs] *adj* bilieux(-euse) ; (*fig*) maussade, irritable

bill [bɪl] *n* note *f*, facture *f* ; (*in restaurant*) addition *f*, note *f* ; (*Pol*) projet *m* de loi ; (*US: banknote*) billet *m* (de banque) ; (*notice*) affiche *f* ; (*of bird*) bec *m* ; (*Theat*): **on the ~** à l'affiche ; **may I have the ~ please?** (est-ce que je peux avoir) l'addition, s'il vous plaît ? ; **put it on my ~** mettez-le sur mon compte ; **"post no bills"** « défense d'afficher » ; **to fit** *or* **fill the ~** (*fig*) faire l'affaire ; **~ of exchange** lettre *f* de change ; **~ of lading** connaissement *m* ; **~ of sale** contrat *m* de vente ▸ *vt* (*item*) facturer ; (*customer*) remettre la facture à

billboard ['bɪlbɔ:d] *n* (*US*) panneau *m* d'affichage

billet ['bɪlɪt] *n* cantonnement *m* (chez l'habitant) ▸ *vt* (*troops*) cantonner

billfold ['bɪlfəuld] *n* (*US*) portefeuille *m*

billiards ['bɪljədz] *n* billard *m*

billing ['bɪlɪŋ] *n* (*of performer*) affiche *f*

billion ['bɪljən] *n* (Brit) billion *m* (*million de millions*) ; (*US*) milliard *m*

billionaire [bɪljə'nɛəʳ] *n* milliardaire *mf*

billow ['bɪləu] *n* nuage *m* ▸ *vi* (*smoke*) s'élever en nuage ; (*sail*) se gonfler

billy goat ['bɪlɪgəut] *n* bouc *m*

bimbo ['bɪmbəu] *n* (*inf*) bimbo *f*, ravissante idiote *f*

bimonthly [baɪ'mʌnθlɪ] (Brit) *adj* bimestriel(le)

bin [bɪn] *n* boîte *f* ; (Brit: *also:* **dustbin, litter bin**) poubelle *f* ; (*for coal*) coffre *m*

binary ['baɪnərɪ] *adj* binaire

bind [baɪnd] (*pt, pp* **bound** [baund]) *vt* attacher ; (*book*) relier ; (*oblige*) obliger, contraindre ▸ *n* (*inf: nuisance*) scie *f*

▸ **bind over** *vt* (*Law*) mettre en liberté conditionnelle

▸ **bind up** *vt* (*wound*) panser ; **to be bound up in** (*work, research etc*) être complètement absorbé par, être accroché par ; **to be bound up with** (*person*) être accroché à

binder ['baɪndəʳ] *n* (*file*) classeur *m*

binding ['baɪndɪŋ] *n* (*of book*) reliure *f* ▸ *adj* (*contract*) qui constitue une obligation

bindweed ['baɪndwi:d] *n* liseron *m*

binge [bɪndʒ] *n* (*inf*): **to go on a ~** faire la bringue

bingo ['bɪŋgəu] *n sorte de jeu de loto pratiqué dans des établissements publics*

bin liner *n* sac *m* poubelle

binoculars [bɪ'nɔkjuləz] *npl* jumelles *fpl*

biochemical [baɪəu'kɛmɪkl] *adj* biochimique

biochemist [baɪəu'kɛmɪst] *n* biochimiste *mf*

biochemistry [baɪə'kɛmɪstrɪ] *n* biochimie *f*

biodegradable ['baɪəudɪ'greɪdəbl] *adj* biodégradable

biodiesel ['baɪəudi:zl] *n* biodiesel *m* ; biogazole *m*

biodiversity ['baɪəudaɪ'və:sɪtɪ] *n* biodiversité *f*

bioengineering [baɪəuɛndʒɪ'nɪərɪŋ] *n* (*genetic engineering*) génie *m* génétique ; (*Med*) bioingénierie *f*

biofuel ['baɪəufjuəl] *n* biocarburant *m*

biographer [baɪ'ɔgrəfəʳ] *n* biographe *mf*

biographic [baɪə'græfɪk], **biographical** [baɪə'græfɪkl] *adj* biographique

biography [baɪ'ɔgrəfɪ] *n* biographie *f*

bioinformatics [baɪəuɪnfə'mætɪks] *n* bioinformatique *f*
biological [baɪə'lɔdʒɪkl] *adj* biologique
biological clock *n* horloge *f* physiologique
biologist [baɪ'ɔlədʒɪst] *n* biologiste *mf*
biology [baɪ'ɔlədʒɪ] *n* biologie *f*
biomedical [baɪəu'mɛdɪkl] *adj* biomédical(e)
biometric [baɪə'mɛtrɪk] *adj* biométrique
bionic [baɪ'ɔnɪk] *adj* bionique
biophysics ['baɪəu'fɪzɪks] *n* biophysique *f*
biopic ['baɪəupɪk] *n* film *m* biographique
biopsy ['baɪɔpsɪ] *n* biopsie *f*
biosphere ['baɪəsfɪə^r] *n* biosphère *f*
biotech ['baɪəutɛk] *n* biotechnologie *f* ▸ *cpd* (*industry, shares*) biotechnologique ; (*company*) de biotechnologie
biotechnology ['baɪəutɛk'nɔlədʒɪ] *n* biotechnologie *f*
bioterrorism [baɪəu'tɛrərɪzəm] *n* bioterrorisme *m*
bioterrorist [baɪəu'tɛrərɪst] *n* bioterroriste *mf* ▸ *cpd* (*attack*) bioterroriste
bipartisan [,baɪpɑ:tɪ'zæn] *adj* biparti(e), bipartite
biped ['baɪpɛd] *n* bipède *m*
bipolar [baɪ'pəulə^r] *adj* bipolaire
birch [bə:tʃ] *n* bouleau *m*
bird [bə:d] *n* oiseau *m* ; (Brit *inf*: *girl*) nana *f*
birdcage ['bə:dkeɪdʒ] *n* cage *f* à oiseaux
bird flu *n* grippe *f* aviaire
birdie ['bə:dɪ] (*Golf*) *n* birdie *m* ; **to get a ~** faire un birdie ▸ *vt*: **to ~ a hole** faire un birdie
bird of prey *n* oiseau *m* de proie
bird's-eye view ['bə:dzaɪ-] *n* vue *f* à vol d'oiseau ; (*fig*) vue d'ensemble *or* générale
birdsong ['bə:dsɔŋ] *n* chant *m* des oiseaux
bird watcher [-wɔtʃə^r] *n* ornithologue *mf* amateur(-trice)
birdwatching ['bə:dwɔtʃɪŋ] *n* ornithologie *f* (*d'amateur*)
Biro® ['baɪərəu] *n* stylo *m* à bille
birth [bə:θ] *n* naissance *f* ; **to give ~ to** donner naissance à, mettre au monde ; (*animal*) mettre bas
birth certificate *n* acte *m* de naissance
birth control *n* (*policy*) limitation *f* des naissances ; (*methods*) méthode(s) contraceptive(s)
birthdate ['bə:θdeɪt] *n* date *f* de naissance
birthday ['bə:θdeɪ] *n* anniversaire *m* ▸ *cpd* (*cake, card etc*) d'anniversaire
birthmark ['bə:θmɑ:k] *n* envie *f*, tache *f* de vin
birthplace ['bə:θpleɪs] *n* lieu *m* de naissance
birth rate *n* (taux *m* de) natalité *f*
birthright ['bə:θraɪt] *n* droit *m* de naissance
Biscay ['bɪskeɪ] *n*: **the Bay of ~** le golfe de Gascogne
biscuit ['bɪskɪt] *n* (Brit) biscuit *m* ; (US) petit pain au lait
bisect [baɪ'sɛkt] *vt* couper *or* diviser en deux
bisexual ['baɪ'sɛksjuəl] *adj, n* bisexuel(le)
bishop ['bɪʃəp] *n* évêque *m* ; (*Chess*) fou *m*
bison ['baɪsən] *n pl inv* (*esp* Brit) bison *m*
bistro ['bi:strəu] *n* petit restaurant *m*, bistrot *m*
bit [bɪt] *pt of* **bite** ▸ *n* morceau *m* ; (*Comput*) bit *m*, élément *m* binaire ; (*of tool*) mèche *f* ; (*of horse*) mors *m* ; **a ~ of** un peu de ; **a ~ mad/dangerous** un peu fou/risqué ; **~ by ~** petit à petit ; **to come to bits** (*break*) tomber en morceaux, se déglinguer ; **bring all your bits and pieces** apporte toutes tes affaires ; **to do one's ~** y mettre du sien
bitch [bɪtʃ] *n* (*dog*) chienne *f* ; (*inf!*) salope *f* (*!*), garce *f*
bitchy ['bɪtʃɪ] *adj* (*inf*) vache
bite [baɪt] (*pt* **bit** [bɪt], *pp* **bitten** ['bɪtn]) *vt, vi* mordre ; (*insect*) piquer ; **to ~ one's nails** se ronger les ongles ▸ *n* morsure *f* ; (*insect bite*) piqûre *f* ; (*mouthful*) bouchée *f* ; **let's have a ~ (to eat)** mangeons un morceau
biting ['baɪtɪŋ] *adj* mordant(e)
bit-map ['bɪtmæp] *n* (*Comput*) mode point *m* ; (*also*: **bit-map image**) image *f* en mode point
bit part *n* (*Theat*) petit rôle
bitten ['bɪtn] *pp of* **bite**
bitter ['bɪtə^r] *adj* amer(-ère) ; (*criticism*) cinglant(e) ; (*icy*: *weather, wind*) glacial(e) ; **to the ~ end** jusqu'au bout ▸ *n* (Brit: *beer*) bière *f* (*à forte teneur en houblon*)
bitterly ['bɪtəlɪ] *adv* (*complain, weep*) amèrement ; (*oppose, criticise*) durement, âprement ; (*jealous, disappointed*) horriblement ; **it's ~ cold** il fait un froid de loup
bitterness ['bɪtənɪs] *n* amertume *f* ; goût amer
bittersweet ['bɪtəswi:t] *adj* aigre-doux (douce)
bitty ['bɪtɪ] *adj* (Brit *inf*) décousu(e)
bitumen ['bɪtjumɪn] *n* bitume *m*
bivouac ['bɪvuæk] *n* bivouac *m*
bizarre [bɪ'zɑ:^r] *adj* bizarre
bk *abbr* = **bank; book**
BL *n abbr* (= *Bachelor of Law(s), Bachelor of Letters*) *diplôme universitaire* ; (US: = *Bachelor of Literature*) *diplôme universitaire*
bl *abbr* = **bill of lading**
blab [blæb] *vi* jaser, trop parler ▸ *vt* (*also*: **blab out**) laisser échapper, aller raconter
black [blæk] *adj* noir(e) ; **to give sb a ~ eye** pocher l'œil à qn, faire un œil au beurre noir à qn ; **~ and blue** (*bruised*) couvert(e) de bleus ▸ *n* (*colour*) noir *m* ; (*person*): **B~** noir(e) ; **to be in the ~** (*in credit*) avoir un compte créditeur ; **there it is in ~ and white** (*fig*) c'est écrit noir sur blanc ▸ *vt* (*shoes*) cirer ; (Brit *Industry*) boycotter
▸ **black out** *vi* (*faint*) s'évanouir
black belt *n* (*Judo etc*) ceinture noire ; **he's a ~** il est ceinture noire
blackberry ['blækbərɪ] *n* mûre *f*
blackbird ['blækbə:d] *n* merle *m*
blackboard ['blækbɔ:d] *n* tableau noir
black box *n* (*Aviat*) boîte noire
black coffee *n* café noir
Black Country *n* (Brit): **the ~** le Pays Noir (*dans les Midlands*)
blackcurrant ['blæk'kʌrənt] *n* cassis *m*
black economy *n* (Brit) travail *m* au noir
blacken ['blækn] *vt* noircir
Black Forest *n*: **the ~** la Forêt Noire
blackhead ['blækhɛd] *n* point noir

black hole *n* (*Astronomy*) trou noir
black humour, (*US*) **black humor** *n* humour *m* noir
black ice *n* verglas *m*
blackjack ['blækdʒæk] *n* (*Cards*) vingt-et-un *m* ; (*US: truncheon*) matraque *f*
blackleg ['blæklɛg] *n* (*Brit*) briseur(-euse) de grève, jaune *mf*
blacklist ['blæklɪst] *n* liste noire ▸ *vt* mettre sur la liste noire
blackmail ['blækmeɪl] *n* chantage *m* ▸ *vt* faire chanter, soumettre au chantage
blackmailer ['blækmeɪlə^r] *n* maître chanteur *m*
black market *n* marché noir
blackout ['blækaut] *n* panne *f* d'électricité ; (*in wartime*) black-out *m* ; (*TV*) interruption *f* d'émission ; (*fainting*) syncope *f*
black pepper *n* poivre noir
black pudding *n* boudin (noir)
Black Sea *n*: **the ~** la mer Noire
black sheep *n* brebis galeuse
blacksmith ['blæksmɪθ] *n* forgeron *m*
black spot *n* (*Aut*) point noir
black-tie *adj* (*dinner, function*) en tenue de soirée, habillé(e)
bladder ['blædə^r] *n* vessie *f*
blade [bleɪd] *n* lame *f* ; (*of oar*) plat *m* ; (*of propeller*) pale *f* ; **a ~ of grass** un brin d'herbe
blag [blæg] *vt* (*Brit inf*) obtenir à l'esbroufe
blame [bleɪm] *n* faute *f*, blâme *m* ▸ *vt*: **to ~ sb/sth for sth** attribuer à qn/qch la responsabilité de qch ; reprocher qch à qn/qch ; **who's to ~?** qui est le fautif *or* coupable *or* responsable ? ; **I'm not to ~** ce n'est pas ma faute
blameless ['bleɪmlɪs] *adj* irréprochable
blanch [blɑ:ntʃ] *vi* (*person, face*) blêmir ▸ *vt* (*Culin*) blanchir
bland [blænd] *adj* affable ; (*taste, food*) doux (douce), fade
blank [blæŋk] *adj* blanc (blanche) ; (*look*) sans expression, dénué(e) d'expression ▸ *n* espace *m* vide, blanc *m* ; (*cartridge*) cartouche *f* à blanc ; **his mind was a ~** il avait la tête vide ; **we drew a ~** (*fig*) nous n'avons abouti à rien
blank cheque, (*US*) **blank check** *n* chèque *m* en blanc ; **to give sb a ~ to do …** (*fig*) donner carte blanche à qn pour faire …
blanket ['blæŋkɪt] *n* couverture *f* ; (*of snow, cloud*) couche *f* ▸ *adj* (*statement, agreement*) global(e), de portée générale ; **to give ~ cover** (*insurance policy*) couvrir tous les risques
blare [blɛə^r] *vi* (*brass band, horns, radio*) beugler
blarney ['blɑ:nɪ] *n* boniment *m*
blasé ['blɑ:zeɪ] *adj* blasé(e)
blasphemous ['blæsfɪməs] *adj* (*words*) blasphématoire ; (*person*) blasphémateur(-trice)
blasphemy ['blæsfɪmɪ] *n* blasphème *m*
blast [blɑ:st] *n* explosion *f* ; (*shock wave*) souffle *m* ; (*of air, steam*) bouffée *f* ; **(at) full ~** (*play music etc*) à plein volume ▸ *vt* faire sauter *or* exploser ▸ *excl* (*Brit inf*) zut !
▸ **blast off** *vi* (*Space*) décoller
blasted ['blɑ:stɪd] *adj* (*inf: damned*) fichu(e)
blast-off ['blɑ:stɔf] *n* (*Space*) lancement *m*
blatant ['bleɪtənt] *adj* flagrant(e), criant(e)
blatantly ['bleɪtəntlɪ] *adv* (*lie*) ouvertement ; **it's ~ obvious** c'est l'évidence même
blaze [bleɪz] *n* (*fire*) incendie *m* ; (*flames: of fire, sun etc*) embrasement *m* ; (*: in hearth*) flamme *f*, flambée *f* ; (*fig*) flamboiement *m* ; **in a ~ of publicity** à grand renfort de publicité ▸ *vi* (*fire*) flamber ; (*fig*) flamboyer, resplendir ▸ *vt*: **to ~ a trail** (*fig*) montrer la voie
blazer ['bleɪzə^r] *n* blazer *m*
bleach [bli:tʃ] *n* (*also*: **household bleach**) eau *f* de Javel ▸ *vt* (*linen*) blanchir
bleached [bli:tʃt] *adj* (*hair*) oxygéné(e), décoloré(e)
bleachers ['bli:tʃəz] *npl* (*US Sport*) gradins *mpl* (*en plein soleil*)
bleak [bli:k] *adj* morne, désolé(e) ; (*weather*) triste, maussade ; (*smile*) lugubre ; (*prospect, future*) morose
bleary-eyed ['blɪərɪ'aɪd] *adj* aux yeux pleins de sommeil
bleat [bli:t] *n* bêlement *m* ▸ *vi* bêler
bled [blɛd] *pt, pp of* **bleed**
bleed [bli:d] (*pt, pp* **bled** [blɛd]) *vt* saigner ; (*brakes, radiator*) purger ▸ *vi* saigner ; **my nose is bleeding** je saigne du nez
bleep [bli:p] *n* (*Radio, TV*) top *m* ; (*of pocket device*) bip *m* ▸ *vi* émettre des signaux ▸ *vt* (*doctor etc*) appeler (*au moyen d'un bip*)
bleeper ['bli:pə^r] *n* (*of doctor etc*) bip *m*
blemish ['blɛmɪʃ] *n* défaut *m* ; (*on reputation*) tache *f*
blend [blɛnd] *n* mélange *m* ▸ *vt* mélanger ▸ *vi* (*colours etc: also*: **blend in**) se mélanger, se fondre, s'allier
blender ['blɛndə^r] *n* (*Culin*) mixeur *m*
bless [blɛs] (*pt, pp* **blessed** *or* **blest** [blɛst]) *vt* bénir ; **to be blessed with** avoir le bonheur de jouir de *or* d'avoir ; **~ you!** (*after sneeze*) à tes souhaits !
blessed ['blɛsɪd] *adj* (*Rel: holy*) béni(e) ; (*: happy*) bienheureux(-euse) ; **it rains every ~ day** il ne se passe pas de jour sans qu'il ne pleuve
blessing ['blɛsɪŋ] *n* bénédiction *f* ; (*godsend*) bienfait *m* ; **to count one's blessings** s'estimer heureux ; **it was a ~ in disguise** c'est un bien pour un mal
blew [blu:] *pt of* **blow**
blight [blaɪt] *n* (*of plants*) rouille *f* ▸ *vt* (*hopes etc*) anéantir, briser
blimey ['blaɪmɪ] *excl* (*Brit inf*) mince alors !
blind [blaɪnd] *adj* aveugle ; **to turn a ~ eye (on** *or* **to)** fermer les yeux (sur) ▸ *n* (*for window*) store *m* ▸ *vt* aveugler ; **the blind** *npl* les aveugles *mpl*
blind alley *n* impasse *f*
blind corner *n* (*Brit*) virage *m* sans visibilité
blind date *n* rendez-vous galant (avec un(e) inconnu(e))
blinders ['blaɪndəz] (*US*) *npl* œillères *fpl*
blindfold ['blaɪndfəuld] *n* bandeau *m* ▸ *adj, adv* les yeux bandés ▸ *vt* bander les yeux à
blinding ['blaɪndɪŋ] *adj* (*light, flash*) aveuglant(e) ; (*pain*) fulgurant(e)
blindly ['blaɪndlɪ] *adv* aveuglément
blindness ['blaɪndnɪs] *n* cécité *f* ; (*fig*) aveuglement *m*

b

blind spot *n (Aut etc)* angle *m* aveugle ; *(fig)* angle mort
bling ['blɪŋ], **bling bling** *n (inf: also:* **bling-bling jewellery**) quincaillerie *f (inf)*
blink [blɪŋk] *vi* cligner des yeux ; *(light)* clignoter ▸ *n*: **the TV's on the ~** *(inf)* la télé ne va pas tarder à nous lâcher
blinkered ['blɪŋkəd] *adj (BRIT: person)* qui a l'esprit borné ; *(: approach)* borné(e) ; *(: view)* étroit(e)
blinkers ['blɪŋkəz] *npl* œillères *fpl*
blinking ['blɪŋkɪŋ] *adj (BRIT inf)*: **this ~ ...** ce fichu *or* sacré ...
blip [blɪp] *n (on radar etc)* spot *m* ; *(on graph)* petite aberration ; *(fig)* petite anomalie (passagère)
bliss [blɪs] *n* félicité *f*, bonheur *m* sans mélange
blissful ['blɪsful] *adj (event, day)* merveilleux(-euse) ; *(smile)* de bonheur ; **a ~ sigh** un soupir d'aise ; **in ~ ignorance** dans une ignorance béate
blissfully ['blɪsfulɪ] *adv (smile)* béatement ; *(happy)* merveilleusement
blister ['blɪstəʳ] *n (on skin)* ampoule *f*, cloque *f* ; *(on paintwork)* boursouflure *f* ▸ *vi (paint)* se boursoufler, se cloquer
blistering ['blɪstərɪŋ] *adj (hot: heat, day)* torride ; *(: sun)* brûlant(e) ; *(angry: attack)* cinglant(e) ; *(fast: pace)* foudroyant(e)
BLit, BLitt *n abbr (= Bachelor of Literature) diplôme universitaire*
blithely ['blaɪðlɪ] *adv (unconcernedly)* tranquillement ; *(joyfully)* gaiement
blithering ['blɪðərɪŋ] *adj (inf)*: **this ~ idiot** cet espèce d'idiot
blitz [blɪts] *n* bombardement (aérien) ; **to have a ~ on sth** *(fig)* s'attaquer à qch
blizzard ['blɪzəd] *n* blizzard *m*, tempête *f* de neige
BLM *n abbr (US: = Bureau of Land Management)* ≈ les domaines
bloated ['bləutɪd] *adj (face)* bouffi(e) ; *(stomach, person)* gonflé(e)
blob [blɔb] *n (drop)* goutte *f* ; *(stain, spot)* tache *f*
bloc [blɔk] *n (Pol)* bloc *m*
block [blɔk] *n* bloc *m* ; *(in pipes)* obstruction *f* ; *(toy)* cube *m* ; *(of buildings)* pâté *m* (de maisons) ; **~ of flats** *(BRIT)* immeuble (locatif) ; **3 blocks from here** à trois rues d'ici ; **mental ~** blocage *m* ; **~ and tackle** *(Tech)* palan *m* ▸ *vt* bloquer ; *(fig)* faire obstacle à ; *(Comput)* grouper ; **the sink is blocked** l'évier est bouché
▸ **block off** *vt* boucher, condamner
▸ **block out** *vt (memories)* refouler
▸ **block up** *vt* boucher
blockade [blɔ'keɪd] *n* blocus *m* ▸ *vt* faire le blocus de
blockage ['blɔkɪdʒ] *n* obstruction *f*
block booking *n* réservation *f* en bloc
blockbuster ['blɔkbʌstəʳ] *n (film, book)* grand succès
block capitals *npl* majuscules *fpl* d'imprimerie
blockhead ['blɔkhɛd] *n* imbécile *mf*
block letters *npl* majuscules *fpl*
block release *n (BRIT)* congé *m* de formation
block vote *n (BRIT)* vote *m* de délégation
blog [blɔg] *n* blog *m*, blogue *m* ▸ *vi* bloguer
blogger ['blɔgəʳ] *n* blogueur(-euse)
blogging ['blɔgɪŋ] *n* blogging *m*
blogosphere ['blɔgəsfɪəʳ] *n* blogosphère *f*
bloke [bləuk] *n (BRIT inf)* type *m*
blond, blonde [blɔnd] *adj, n* blond(e)
blood [blʌd] *n* sang *m*
blood bank *n* banque *f* du sang
blood count *n* numération *f* globulaire
bloodcurdling ['blʌdkə:dlɪŋ] *adj* à vous glacer le sang
blood donor *n* donneur(-euse) de sang
blood group *n* groupe sanguin
bloodhound ['blʌdhaund] *n* limier *m*
bloodless ['blʌdlɪs] *adj (victory)* sans effusion de sang ; *(pale)* anémié(e)
bloodletting ['blʌdlɛtɪŋ] *n (Med)* saignée *f* ; *(fig)* effusion *f* de sang, représailles *fpl*
bloodline ['blʌdlaɪn] *n* lignée *f*
blood poisoning *n* empoisonnement *m* du sang
blood pressure *n* tension (artérielle) ; **to have high/low ~** faire de l'hypertension/l'hypotension
blood relation, blood relative *n* parent(e) (par le sang)
bloodshed ['blʌdʃɛd] *n* effusion *f* de sang, carnage *m*
bloodshot ['blʌdʃɔt] *adj*: **~ eyes** yeux injectés de sang
blood sports *npl* sports *mpl* sanguinaires
bloodstain ['blʌdsteɪn] *n* tache *f* de sang
bloodstained ['blʌdsteɪnd] *adj* taché(e) de sang
bloodstream ['blʌdstri:m] *n* sang *m*, système sanguin
blood test *n* analyse *f* de sang
bloodthirsty ['blʌdθə:stɪ] *adj* sanguinaire
blood transfusion *n* transfusion *f* de sang
blood type *n* groupe sanguin
blood vessel *n* vaisseau sanguin
bloody ['blʌdɪ] *adj* sanglant(e) ; *(BRIT inf!)*: **this ~ ...** ce foutu ..., ce putain de ... (!) ▸ *adv*: **~ strong/good** *(BRIT inf!)* vachement *or* sacrément fort/bon
bloody-minded ['blʌdɪ'maɪndɪd] *adj (BRIT inf)* contrariant(e), obstiné(e)
bloom [blu:m] *n* fleur *f* ; *(fig)* épanouissement *m* ▸ *vi* être en fleur ; *(fig)* s'épanouir ; être florissant(e)
blooming ['blu:mɪŋ] *adj (inf)*: **this ~ ...** ce fichu *or* sacré ...
blooper ['blu:pəʳ] *n (inf: esp US)* gaffe *f*
blossom ['blɔsəm] *n* fleur(s) *f(pl)* ▸ *vi* être en fleurs ; *(fig)* s'épanouir ; **to ~ into** *(fig)* devenir
blot [blɔt] *n* tache *f* ; **to be a ~ on the landscape** gâcher le paysage ▸ *vt* tacher ; *(ink)* sécher ; **to ~ one's copy book** *(fig)* faire un impair
▸ **blot out** *vt (memories)* effacer ; *(view)* cacher, masquer ; *(nation, city)* annihiler
blotch [blɔtʃ] *n* tache *f*
blotchy ['blɔtʃɪ] *adj (complexion)* couvert(e) de marbrures
blotting paper ['blɔtɪŋ-] *n* buvard *m*
blotto ['blɔtəu] *adj (inf)* bourré(e)
blouse [blauz] *n (feminine garment)* chemisier *m*, corsage *m*

blow [bləu] (*pt* **blew** [blu:], *pp* **blown** [bləun]) *n* coup *m* ; **to come to blows** en venir aux coups ▸ *vi* souffler ▸ *vt* (*glass*) souffler ; (*instrument*) jouer de ; (*fuse*) faire sauter ; **to ~ one's nose** se moucher ; **to ~ a whistle** siffler
▸ **blow away** *vi* s'envoler ▸ *vt* chasser, faire s'envoler
▸ **blow down** *vt* faire tomber, renverser
▸ **blow off** *vi* s'envoler ▸ *vt* (*hat*) emporter ; (*ship*): **to ~ off course** faire dévier
▸ **blow out** *vi* (*fire, flame*) s'éteindre ; (*tyre*) éclater ; (*fuse*) sauter
▸ **blow over** *vi* s'apaiser
▸ **blow up** *vi* exploser, sauter ▸ *vt* faire sauter ; (*tyre*) gonfler ; (*Phot*) agrandir

blow-dry ['bləudraɪ] *n* (*hairstyle*) brushing *m* ▸ *vt* faire un brushing à

blowlamp ['bləulæmp] *n* (Brit) chalumeau *m*

blown [bləun] *pp of* **blow**

blow-out ['bləuaut] *n* (*of tyre*) éclatement *m* ; (*Brit inf: big meal*) gueuleton *m*

blowtorch ['bləutɔ:tʃ] *n* chalumeau *m*

blowzy ['blauzɪ] *adj* (Brit) peu soigné(e)

BLS *n abbr* (*US*) = **Bureau of Labor Statistics**

blubber ['blʌbəʳ] *n* blanc *m* de baleine ▸ *vi* (*pej*) pleurer comme un veau

bludgeon ['blʌdʒən] *n* gourdin *m*, trique *f*

blue [blu:] *adj* bleu(e) ; (*depressed*) triste ; **~ film/joke** film *m*/histoire *f* pornographique ; **(only) once in a ~ moon** tous les trente-six du mois ; **out of the ~** (*fig*) à l'improviste, sans qu'on s'y attende

blue baby *n* enfant bleu(e)

bluebell ['blu:bɛl] *n* jacinthe *f* des bois

blueberry ['blu:bərɪ] *n* myrtille *f*, airelle *f*

bluebottle ['blu:bɔtl] *n* mouche *f* à viande

blue cheese *n* (fromage) bleu *m*

blue-chip ['blu:tʃɪp] *adj*: **~ investment** investissement *m* de premier ordre

blue-collar worker ['blu:kɔləʳ-] *n* ouvrier(-ère) col bleu

blue jeans *npl* blue-jeans *mpl*

blueprint ['blu:prɪnt] *n* bleu *m* ; (*fig*) projet *m*, plan directeur

blues [blu:z] *npl*: **the ~** (*Mus*) le blues ; **to have the ~** (*inf: feeling*) avoir le cafard

bluff [blʌf] *vi* bluffer ▸ *n* bluff *m* ; (*cliff*) promontoire *m*, falaise *f* ; **to call sb's ~** mettre qn au défi d'exécuter ses menaces ▸ *adj* (*person*) bourru(e), brusque

blunder ['blʌndəʳ] *n* gaffe *f*, bévue *f* ▸ *vi* faire une gaffe *or* une bévue ; **to ~ into sb/sth** buter contre qn/qch

blunt [blʌnt] *adj* (*knife*) émoussé(e), peu tranchant(e) ; (*pencil*) mal taillé(e) ; (*person*) brusque, ne mâchant pas ses mots ; **~ instrument** (*Law*) instrument contondant ▸ *vt* émousser

bluntly ['blʌntlɪ] *adv* carrément, sans prendre de gants

bluntness ['blʌntnɪs] *n* (*of person*) brusquerie *f*, franchise brutale

blur [blə:ʳ] *n* (*shape*): **to become a ~** devenir flou ▸ *vt* brouiller, rendre flou(e)

blurb [blə:b] *n* (*for book*) texte *m* de présentation ; (*pej*) baratin *m*

blurred [blə:d] *adj* flou(e)

blurt [blə:t]: **to ~ out** *vt* (*reveal*) lâcher ; (*say*) balbutier, dire d'une voix entrecoupée

blush [blʌʃ] *vi* rougir ▸ *n* rougeur *f*

blusher ['blʌʃəʳ] *n* rouge *m* à joues

bluster ['blʌstəʳ] *n* paroles *fpl* en l'air ; (*boasting*) fanfaronnades *fpl* ; (*threats*) menaces *fpl* en l'air ▸ *vi* parler en l'air ; fanfaronner

blustering ['blʌstərɪŋ] *adj* fanfaron(ne)

blustery ['blʌstərɪ] *adj* (*weather*) à bourrasques

Blvd *abbr* (= *boulevard*) Bd

BM *n abbr* = **British Museum**; (*Scol*: = *Bachelor of Medicine*) *diplôme universitaire*

BMA *n abbr* = **British Medical Association**

BMI *n abbr* (= *body mass index*) IMC *m*

BMJ *n abbr* = **British Medical Journal**

BMus *n abbr* (= *Bachelor of Music*) *diplôme universitaire*

BMX *n abbr* (= *bicycle motocross*) BMX *m*

BO *n abbr* (*inf*: = *body odour*) odeurs corporelles ; (*US*) = **box office**

boar [bɔ:ʳ] *n* sanglier *m*

board [bɔ:d] *n* (*wooden*) planche *f* ; (*on wall*) panneau *m* ; (*for chess etc*) plateau *m* ; (*cardboard*) carton *m* ; (*committee*) conseil *m*, comité *m* ; (*in firm*) conseil d'administration ; (*Naut, Aviat*): **on ~** à bord ; **full ~** (Brit) pension complète ; **half ~** (Brit) demi-pension *f* ; **with ~ and lodging** logé nourri ; **~ and lodging** *n* chambre *f* avec pension ; **above ~** (*fig*) régulier(-ère) ; **across the ~** (*fig: adv*) systématiquement (: *adj*) de portée générale ; **to go by the ~** (*hopes, principles*) être abandonné(e) ; (*be unimportant*) compter pour rien, n'avoir aucune importance ▸ *vt* (*ship*) monter à bord de ; (*train*) monter dans
▸ **board up** *vt* (*door*) condamner (*au moyen de planches, de tôle*)

boarder ['bɔ:dəʳ] *n* pensionnaire *mf* ; (*Scol*) interne *mf*, pensionnaire

board game *n* jeu *m* de société

boarding card ['bɔ:dɪŋ-] *n* (*Aviat, Naut*) carte *f* d'embarquement

boarding house ['bɔ:dɪŋ-] *n* pension *f*

boarding party ['bɔ:dɪŋ-] *n* section *f* d'abordage

boarding pass ['bɔ:dɪŋ-] *n* (Brit) = **boarding card**

boarding school ['bɔ:dɪŋ-] *n* internat *m*, pensionnat *m*

board meeting *n* réunion *f* du conseil d'administration

board room *n* salle *f* du conseil d'administration

boardwalk ['bɔ:dwɔ:k] *n* (*US*) cheminement *m* en planches

boast [bəust] *vi*: **to ~ (about *or* of)** se vanter (de) ▸ *vt* s'enorgueillir de ▸ *n* vantardise *f* ; sujet *m* d'orgueil *or* de fierté

boastful ['bəustful] *adj* vantard(e)

boastfulness ['bəustfulnɪs] *n* vantardise *f*

boat [bəut] *n* bateau *m* ; (*small*) canot *m* ; barque *f* ; **to go by ~** aller en bateau ; **to be in the same ~** (*fig*) être logé à la même enseigne

boater ['bəutəʳ] *n* (*hat*) canotier *m*

boathouse ['bəuthaus] *n* hangar *m* à bateau

boating ['bəutɪŋ] *n* canotage *m*

b

boat people *npl* boat people *mpl*
boatswain ['bəusn] *n* maître *m* d'équipage
boatyard ['bəutjɑːd] *n* chantier *m* naval
bob [bɔb] *vi* (*boat, cork on water: also*: **bob up and down**) danser, se balancer ▸ *n* (Brit *inf*) = **shilling**
▸ **bob up** *vi* surgir *or* apparaître brusquement
bobbed [bɔbd] *adj* (*hair*) coupé(e) au carré
bobbin ['bɔbɪn] *n* bobine *f* ; (*of sewing machine*) navette *f*
bobble ['bɔbl] *n* (Brit: *of hat*) pompon *m* ; (*for hair*) élastique *m* à cheveux
bobby ['bɔbɪ] *n* (Brit *inf*) ≈ agent *m* (de police)
bobby pin ['bɔbɪ-] *n* (*US*) pince *f* à cheveux
bobsled ['bɔbslɛd] *n* (*esp US: sledge*) bob *m* ; (*sport*) bobsleigh *m*
bobsleigh ['bɔbsleɪ] *n* bob *m*
bode [bəud] *vi*: **to ~ well/ill (for)** être de bon/mauvais augure (pour)
bodice ['bɔdɪs] *n* corsage *m*
bodily ['bɔdɪlɪ] *adj* corporel(le) ; (*pain, comfort*) physique ; (*needs*) matériel(le) ▸ *adv* (*carry, lift*) dans ses bras
body ['bɔdɪ] *n* corps *m* ; (*of car*) carrosserie *f* ; (*of plane*) fuselage *m* ; (*fig: society*) organe *m*, organisme *m* ; (*: quantity*) ensemble *m*, masse *f* ; (*of wine*) corps ; (*also*: **body stocking**) body *m*, justaucorps *m* ; **ruling ~** organe directeur ; **in a ~** en masse, ensemble ; (*speak*) comme un seul et même homme
body blow *n* (*fig*) coup dur, choc *m*
bodybuilder ['bɔdɪbɪldəʳ] *n* culturiste *mf*
body-building ['bɔdɪbɪldɪŋ] *n* body-building *m*, culturisme *m*
bodyguard ['bɔdɪgɑːd] *n* garde *mf* du corps
body language *n* langage *m* du corps
body odour, (*US*) **body odor** *n* odeur *f* corporelle
body repairs *npl* travaux *mpl* de carrosserie
body search *n* fouille *f* (corporelle) ; **to carry out a ~ on sb** fouiller qn ; **to submit to** *or* **undergo a ~** se faire fouiller
bodywork ['bɔdɪwəːk] *n* carrosserie *f*
boffin ['bɔfɪn] *n* (Brit) savant *m*
bog [bɔg] *n* tourbière *f* ▸ *vt*: **to get bogged down (in)** (*fig*) s'enliser (dans)
boggle ['bɔgl] *vi*: **the mind boggles** c'est incroyable, on en reste sidéré
boggy ['bɔgɪ] *adj* marécageux(-euse)
bogie ['bəugɪ] *n* bogie *m*
Bogotá [bəugə'tɑː] *n* Bogotá
bogus ['bəugəs] *adj* bidon *inv* ; fantôme
Bohemia [bəu'hiːmɪə] *n* Bohême *f*
Bohemian [bəu'hiːmɪən] *adj* bohémien(ne) ▸ *n* Bohémien(ne) ; (*gipsy: also*: **bohemian**) bohémien(ne)
boil [bɔɪl] *vt* (faire) bouillir ▸ *vi* bouillir ▸ *n* (*Med*) furoncle *m* ; **to come to the** *or* (*US*) **a ~** bouillir ; **to bring to the** *or* (*US*) **a ~** porter à ébullition
▸ **boil down** *vi* (*fig*): **to ~ down to** se réduire *or* ramener à
▸ **boil over** *vi* déborder
boiled egg *n* œuf *m* à la coque
boiler ['bɔɪləʳ] *n* chaudière *f*
boiler suit *n* (Brit) bleu *m* de travail, combinaison *f*
boiling ['bɔɪlɪŋ] *adj*: **I'm ~ (hot)** (*inf*) je crève de chaud
boiling point *n* point *m* d'ébullition
boil-in-the-bag [bɔɪlɪnðə'bæg] *adj* (*rice etc*) en sachet cuisson
boisterous ['bɔɪstərəs] *adj* bruyant(e), tapageur(-euse)
bold [bəuld] *adj* (*fearless: person*) hardi(e), intrépide ; (*move, reform*) audacieux(-euse) ; (*pej: impudent*) effronté(e) ; (*striking: colour*) vif (vive) ; (*: pattern*) voyant(e)
boldly ['bəuldlɪ] *adv* (*fearlessly*) audacieusement, hardiment ; (*look, announce, say*) avec assurance ; (*patterned, coloured*) de façon voyante, de manière voyante
boldness ['bəuldnɪs] *n* hardiesse *f*, audace *f* ; aplomb *m*, effronterie *f*
bold type *n* (*Typ*) caractères *mpl* gras
Bolivia [bə'lɪvɪə] *n* Bolivie *f*
Bolivian [bə'lɪvɪən] *adj* bolivien(ne) ▸ *n* Bolivien(ne)
bollard ['bɔləd] *n* (*Naut*) bitte *f* d'amarrage ; (Brit *Aut*) borne lumineuse *or* de signalisation
bollocks ['bɔləks] (Brit *inf!*) *excl* quelles conneries *fpl* ! ▸ *npl* couilles *fpl* (!)
Bollywood ['bɔlɪwud] *n* Bollywood *m*
bolshy ['bɔlʃɪ] *adj* râleur(-euse) ; **to be in a ~ mood** être peu coopératif(-ive)
bolster ['bəulstəʳ] *n* traversin *m*
▸ **bolster up** *vt* soutenir
bolt [bəult] *n* verrou *m* ; (*with nut*) boulon *m* ; **a ~ from the blue** (*fig*) un coup de tonnerre dans un ciel bleu ▸ *adv*: **~ upright** droit(e) comme un piquet ▸ *vt* (*door*) verrouiller ; (*food*) engloutir ▸ *vi* se sauver, filer (comme une flèche) ; (*horse*) s'emballer
bomb [bɔm] *n* bombe *f* ▸ *vt* bombarder
bombard [bɔm'bɑːd] *vt* bombarder
bombardment [bɔm'bɑːdmənt] *n* bombardement *m*
bombastic [bɔm'bæstɪk] *adj* grandiloquent(e), pompeux(-euse)
bomb disposal *n*: **~ unit** section *f* de déminage ; **~ expert** artificier *m*
bomber ['bɔməʳ] *n* caporal *m* d'artillerie ; (*Aviat*) bombardier *m* ; (*terrorist*) poseur *m* de bombes
bombing ['bɔmɪŋ] *n* bombardement *m*
bomb scare *n* alerte *f* à la bombe
bombshell ['bɔmʃɛl] *n* obus *m* ; (*fig*) bombe *f*
bomb site *n* zone *f* de bombardement
bona fide ['bəunə'faɪdɪ] *adj* de bonne foi ; (*offer*) sérieux(-euse)
bonanza [bə'nænzə] *n* filon *m*
bond [bɔnd] *n* lien *m* ; (*binding promise*) engagement *m*, obligation *f* ; (*Finance*) obligation ; **in ~** (*of goods*) en entrepôt ; **bonds** *npl* (*chains*) chaînes *fpl*
bondage ['bɔndɪdʒ] *n* esclavage *m*
bonded warehouse ['bɔndɪd-] *n* entrepôt *m* sous douanes
bonding ['bɔndɪŋ] *n* (formation *f* de) liens *mpl* affectifs
bone [bəun] *n* os *m* ; (*of fish*) arête *f* ▸ *vt* désosser ; ôter les arêtes de
bone china *n* porcelaine *f* tendre

bone-dry ['bəun'draɪ] *adj* absolument sec (sèche)
bone idle *adj* fainéant(e)
bone marrow *n* moelle osseuse
boner ['bəunə^r] *n* (*US*) gaffe *f*, bourde *f*
bonfire ['bɔnfaɪə^r] *n* feu *m* (de joie) ; (*for rubbish*) feu
bonk [bɔŋk] (*inf!*) *vt* s'envoyer (!), sauter (!) ▸ *vi* s'envoyer en l'air (!)
bonkers ['bɔŋkəz] *adj* (Brit *inf*) cinglé(e), dingue
Bonn [bɔn] *n* Bonn
bonnet ['bɔnɪt] *n* bonnet *m* ; (Brit: *of car*) capot *m*
bonny [bɔnɪ] *adj* (Scottish) joli(e)
bonsai ['bɔnsaɪ] *adj* (*tree*) bonsaï ▸ *n* (*tree*) bonsaï *m* ; (*art*) l'art *m* du bonsaï
bonus ['bəunəs] *n* (*money*) prime *f* ; (*advantage*) avantage *m*
bony ['bəunɪ] *adj* (*arm, face*: *Med*: *tissue*) osseux(-euse) ; (*thin*: *person*) squelettique ; (*meat*) plein(e) d'os ; (*fish*) plein d'arêtes
boo [bu:] *excl* hou !, peuh ! ▸ *vt* huer ▸ *n* huée *f*
boob [bu:b] *n* (*inf*: *breast*) nichon *m* ; (: Brit: *mistake*) gaffe *f*
booby prize ['bu:bɪ-] *n* timbale *f* (*ironic*)
booby trap ['bu:bɪ-] *n* guet-apens *m*
booby-trapped ['bu:bɪtræpt] *adj* piégé(e)
booing ['bu:ɪŋ] *n* huées *fpl*
book [buk] *n* livre *m* ; (*of stamps, tickets etc*) carnet *m* ; **by the ~** à la lettre, selon les règles ; **to throw the ~ at sb** passer un savon à qn ▸ *vt* (*ticket*) prendre ; (*seat, room*) réserver ; (*football player*) prendre le nom de, donner un carton à ; (*driver*) dresser un procès-verbal à ; **I booked a table in the name of ...** j'ai réservé une table au nom de ... ; **books** *npl* (*Comm*) comptes *mpl*, comptabilité *f* ; **to keep the books** tenir la comptabilité
▸ **book in** *vi* (Brit: *at hotel*) prendre sa chambre
▸ **book up** *vt* réserver ; **all seats are booked up** tout est pris, c'est complet ; **the hotel is booked up** l'hôtel est complet
bookable ['bukəbl] *adj*: **seats are ~** on peut réserver ses places
bookcase ['bukkeɪs] *n* bibliothèque *f* (*meuble*)
book ends *npl* serre-livres *m inv*
bookie ['bukɪ] *n* (*inf*) book *m*, bookmaker *m*
booking ['bukɪŋ] *n* (Brit) réservation *f* ; **I confirmed my ~ by fax/email** j'ai confirmé ma réservation par fax/e-mail
booking office *n* (Brit) bureau *m* de location
bookish ['bukɪʃ] *adj* (*studious*) studieux(-euse) ; (*book-loving*) qui aime lire
book-keeping ['buk'ki:pɪŋ] *n* comptabilité *f*
booklet ['buklɪt] *n* brochure *f*
bookmaker ['bukmeɪkə^r] *n* bookmaker *m*
bookmark ['bukmɑ:k] *n* (*for book*) marque-page *m* ; (*Comput*) signet *m*
bookseller ['buksɛlə^r] *n* libraire *mf*
bookshelf ['bukʃɛlf] *n* (*single*) étagère *f* (à livres) ; (*bookcase*) bibliothèque *f* ; **bookshelves** rayons *mpl* (de bibliothèque)
bookshop ['bukʃɔp], **bookstore** ['bukstɔ:^r] *n* librairie *f*
bookstall ['bukstɔ:l] *n* kiosque *m* à journaux
book store *n* = **bookshop**
book token *n* bon-cadeau *m* (pour un livre)
book value *n* valeur *f* comptable
bookworm ['bukwə:m] *n* dévoreur(-euse) de livres
boom [bu:m] *n* (*noise*) grondement *m* ; (*in prices, population*) forte augmentation ; (*busy period*) boom *m*, vague *f* de prospérité ▸ *vi* gronder ; prospérer
▸ **boom out** *vi* résonner ▸ *vt* hurler
boomerang ['bu:məræŋ] *n* boomerang *m*
boom town *n* ville *f* en plein essor
boon [bu:n] *n* bénédiction *f*, grand avantage
boorish ['buərɪʃ] *adj* grossier(-ère), rustre
boost [bu:st] *n* stimulant *m*, remontant *m* ; **to give a ~ to sb's spirits** *or* **to sb** remonter le moral à qn ▸ *vt* stimuler
booster ['bu:stə^r] *n* (*TV*) amplificateur *m* (de signal) ; (*Elec*) survolteur *m* ; (*Med*: *vaccine*) rappel *m* ; (*also*: **booster rocket**) booster *m*
booster seat *n* (*Aut*: *for children*) siège *m* rehausseur
boot [bu:t] *n* botte *f* ; (*for hiking*) chaussure *f* (de marche) ; (*ankle boot*) bottine *f* ; (Brit: *of car*) coffre *m* ; **to give sb the ~** (*inf*) flanquer qn dehors, virer qn ; **to ~** (*in addition*) par-dessus le marché, en plus
▸ **boot up** *vt fus* faire démarrer, mettre en route ▸ *vi* (*computer*) démarrer
booth [bu:ð] *n* (*at fair*) baraque (foraine) ; (*of telephone etc*) cabine *f* ; (*also*: **voting booth**) isoloir *m*
bootlace ['bu:tleɪs] *n* lacet *m* (de chaussure)
bootleg ['bu:tlɛg] *adj* de contrebande ; **~ record** enregistrement *m* pirate
bootlegger ['bu:tlɛgə^r] *n* pirate *m* (*qui se livre à l'enregistrement et à la vente de contenue audiovisuel*)
booty ['bu:tɪ] *n* butin *m*
booze [bu:z] (*inf*) *n* boissons *fpl* alcooliques, alcool *m* ▸ *vi* boire, picoler
boozer ['bu:zə^r] *n* (*inf*: *person*): **he's a ~** il picole pas mal ; (: Brit: *pub*) pub *m*
borax ['bɔ:ræks] *n* borax *m*
border ['bɔ:də^r] *n* bordure *f* ; bord *m* ; (*of a country*) frontière *f* ; **the Borders** *la région frontière entre l'Écosse et l'Angleterre*
▸ **border on** *vt fus* être voisin(e) de, toucher à
borderline ['bɔ:dəlaɪn] *n* (*fig*) ligne *f* de démarcation ▸ *adj*: **~ case** cas *m* limite
bore [bɔ:^r] *pt of* **bear** ▸ *vt* (*person*) ennuyer, raser ; (*hole*) percer ; (*well, tunnel*) creuser ▸ *n* (*person*) raseur(-euse) ; (*boring thing*) barbe *f* ; (*of gun*) calibre *m*
bored ['bɔ:d] *adj*: **to be ~** s'ennuyer ; **he's ~ to tears** *or* **to death** *or* **stiff** il s'ennuie à mourir
boredom ['bɔ:dəm] *n* ennui *m*
borehole ['bɔ:həul] *n* trou *m* de sonde
boring ['bɔ:rɪŋ] *adj* ennuyeux(-euse)
born [bɔ:n] *adj*: **to be ~** naître ; **I was ~ in 1960** je suis né en 1960 ; **~ blind** aveugle de naissance ; **a ~ comedian** un comédien-né
born-again [bɔ:nə'gɛn] *adj*: **~ Christian** ≈ évangéliste *mf*
borne [bɔ:n] *pp of* **bear**
Borneo ['bɔ:nɪəu] *n* Bornéo *f*
borough ['bʌrə] *n* municipalité *f*

b

borrow ['bɔrəu] *vt*: **to ~ sth (from sb)** emprunter qch (à qn) ; **may I ~ your car?** est-ce que je peux vous emprunter votre voiture ?
borrower ['bɔrəuər] *n* emprunteur(-euse)
borrowing ['bɔrəuɪŋ] *n* emprunt(s) *mpl*
borstal ['bɔːstl] *n* (Brit) ≈ maison *f* de correction
Bosnia ['bɔznɪə] *n* Bosnie *f*
Bosnia-Herzegovina, Bosnia-Hercegovina ['bɔznɪəhɛrtsə'gəuviːnə] *n* Bosnie-Herzégovine *f*
Bosnian ['bɔznɪən] *adj* bosniaque, bosnien(ne) ▸ *n* Bosniaque *mf*, Bosnien(ne)
bosom ['buzəm] *n* poitrine *f* ; (*fig*) sein *m*
bosom friend *n* ami(e) intime
boss [bɔs] *n* patron(ne) ▸ *vt* (*also*: **boss about, boss around**) mener à la baguette
bossy ['bɔsɪ] *adj* autoritaire
bosun ['bəusn] *n* maître *m* d'équipage
bot [bɔt] *n* bot *m*
botanical [bə'tænɪkl] *adj* botanique
botanist ['bɔtənɪst] *n* botaniste *mf*
botany ['bɔtənɪ] *n* botanique *f*
botch [bɔtʃ] *vt* (*also*: **botch up**) saboter, bâcler
both [bəuθ] *adj* les deux, l'un(e) et l'autre ▸ *pron*: **~ (of them)** les deux, tous (toutes) (les) deux, l'un(e) et l'autre ; **~ of us went, we ~ went** nous y sommes allés tous les deux ▸ *adv*: **~ A and B** A et B ; **they sell ~ the fabric and the finished curtains** ils vendent (et) le tissu et les rideaux (finis), ils vendent à la fois le tissu et les rideaux (finis)
bother ['bɔðər] *vt* (*worry*) tracasser ; (*needle, bait*) importuner, ennuyer ; (*disturb*) déranger ; **to ~ doing** prendre la peine de faire ; **I'm sorry to ~ you** excusez-moi de vous déranger ▸ *vi* (*also*: **bother o.s.**) se tracasser, se faire du souci ; **please don't ~** ne vous dérangez pas ; **don't ~** ce n'est pas la peine ▸ *n* (*trouble*) ennuis *mpl* ; **it is a ~ to have to do** c'est vraiment ennuyeux d'avoir à faire ; **it's no ~** aucun problème ▸ *excl* zut !
bothered ['bɔðəd] *adj* inquiet(-ète) ; **I'm not ~** ça m'est égal
bothersome ['bɔðəsəm] *adj* (*old*) ennuyeux(-euse)
Botox® ['bəutɔks] *n* Botox *m* ; **~ injections** injections *fpl* de Botox
Botswana [bɔt'swɑːnə] *n* Botswana *m*
bottle ['bɔtl] *n* bouteille *f* ; (*baby's*) biberon *m* ; (*of perfume, medicine*) flacon *m* ; **~ of wine/milk** bouteille de vin/lait ; **wine/milk ~** bouteille à vin/lait ▸ *vt* mettre en bouteille(s)
▸ **bottle up** *vt* refouler, contenir
bottle bank *n* conteneur *m* (de bouteilles)
bottleneck ['bɔtlnɛk] *n* (*in traffic*) bouchon *m* ; (*in production*) goulet *m* d'étranglement
bottle-opener ['bɔtləupnər] *n* ouvre-bouteille *m*
bottom ['bɔtəm] *n* (*of container, sea etc*) fond *m* ; (*buttocks*) derrière *m* ; (*of page, list*) bas *m* ; (*of chair*) siège *m* ; (*of mountain, tree, hill*) pied *m* ; **to get to the ~ of sth** (*fig*) découvrir le fin fond de qch ▸ *adj* (*shelf, step*) du bas
▸ **bottom out** *vi* (*recession, price*) atteindre son point le plus bas
bottomless ['bɔtəmlɪs] *adj* sans fond, insondable
bottom line *n*: **the ~ is that ...** l'essentiel, c'est que ...
botulism ['bɔtjulɪzəm] *n* botulisme *m*
bougainvillea, bougainvillaea [buːgən'vɪlɪə] *n* bougainvillée *f*, bougainvillier *m*
bough [bau] *n* branche *f*, rameau *m*
bought [bɔːt] *pt, pp of* **buy**
boulder ['bəuldər] *n* gros rocher (*gén lisse, arrondi*)
boulevard ['buːləvɑːd] *n* boulevard *m*
bounce [bauns] *vi* (*ball*) rebondir ; (*cheque*) être refusé (*étant sans provision*) ; (*also*: **to bounce forward/out**) bondir, s'élancer ▸ *vt* faire rebondir ▸ *n* (*rebound*) rebond *m* ; **he's got plenty of ~** (*fig*) il est plein d'entrain *or* d'allant
▸ **bounce back** *vi* (*team, competitor*) faire un retour en force
bouncer ['baunsər] *n* (*inf: at dance, club*) videur *m*
bouncing ['baunsɪŋ] *adj* (*baby*) plein(e) de santé
bouncy ['baunsɪ] *adj* (*lively: person*) dynamique ; (*ball, toy*) élastique
bound [baund] *pt, pp of* **bind** ▸ *n* (*gen pl*) limite *f* ; (*leap*) bond *m* ; **out of bounds** dont l'accès est interdit ▸ *vi* (*leap*) bondir ▸ *vt* (*limit*) borner ▸ *adj*: **to be ~ to do sth** (*obliged*) être obligé(e) *or* avoir obligation de faire qch ; **he's ~ to fail** (*likely*) il est sûr d'échouer, son échec est inévitable *or* assuré ; **~ by** (*law, regulation*) engagé(e) par ; **~ for** à destination de
boundary ['baundrɪ] *n* frontière *f*
boundless ['baundlɪs] *adj* illimité(e), sans bornes
bountiful ['bauntɪful] *adj* (*person*) généreux(-euse) ; (*God*) bienfaiteur(-trice) ; (*supply*) ample
bounty ['bauntɪ] *n* (*generosity*) générosité *f*
bouquet ['bukeɪ] *n* bouquet *m*
bourbon ['buəbən] *n* (*US: also*: **bourbon whiskey**) bourbon *m*
bourgeois ['buəʒwɑː] *adj, n* bourgeois(e)
bourgeoisie [ˌbuəʒwɑː'ziː] *n* bourgeoisie *f*
bout [baut] *n* période *f* ; (*of malaria etc*) accès *m*, crise *f*, attaque *f* ; (*Boxing etc*) combat *m*, match *m*
boutique [buː'tiːk] *n* boutique *f*
bovine ['bəuvaɪn] *adj* bovin(e)
bow¹ [bəu] *n* nœud *m* ; (*weapon*) arc *m* ; (*Mus*) archet *m*
bow² [bau] *n* (*with body*) révérence *f*, inclination *f* (du buste *or* corps) ; (*Naut: also*: **bows**) proue *f* ▸ *vi* faire une révérence, s'incliner ; (*yield*): **to ~ to** *or* **before** s'incliner devant, se soumettre à ; **to ~ to the inevitable** accepter l'inévitable *or* l'inéluctable
▸ **bow out** *vi* tirer sa révérence ; **to ~ out of sth** se retirer de qch
bowels [bauəlz] *npl* intestins *mpl* ; (*fig*) entrailles *fpl*
bower ['bauər] *n* (*literary: in garden*) tonnelle *f*
bowl [bəul] *n* (*for eating*) bol *m* ; (*for washing*) cuvette *f* ; (*ball*) boule *f* ; (*of pipe*) fourneau *m* ▸ *vi* (*Cricket*) lancer (la balle)
▸ **bowl out** *vt* (*Cricket*) éliminer par lancer direct
▸ **bowl over** *vt fus* (*fig*) renverser
bow-legged ['bəu'lɛgɪd] *adj* aux jambes arquées

b

bowler ['bəulə^r] *n* joueur *m* de boules ; (*Cricket*) lanceur *m* (de la balle) ; (BRIT: *also*: **bowler hat**) (chapeau *m*) melon *m*
bowlful ['bəulful] *n* bol *m*
bowling ['bəulıŋ] *n* (*game*) jeu *m* de boules, jeu de quilles
bowling alley *n* bowling *m*
bowling green *n* terrain *m* de boules (*gazonné et carré*)
bowls [bəulz] *n* (jeu *m* de) boules *fpl*
bow tie [bəu-] *n* nœud *m* papillon
box [bɔks] *n* boîte *f* ; (*also*: **cardboard box**) carton *m* ; (*crate*) caisse *f* ; (*Theat*) loge *f* ▸ *vt* mettre en boîte ; (*Sport*) boxer avec ▸ *vi* boxer, faire de la boxe
▸ **box in** *vt fus* coincer
boxer ['bɔksə^r] *n* (*person*) boxeur(-euse) ; (*dog*) boxer *m*
boxer shorts *npl* caleçon *m*
boxing ['bɔksıŋ] *n* (*sport*) boxe *f*
Boxing Day *n* (BRIT) *le lendemain de Noël*

BOXING DAY

Boxing Day est le lendemain de Noël, férié en Grande-Bretagne. Ce nom vient d'une coutume du XIXe siècle qui consistait à donner des cadeaux de Noël (dans des boîtes) à ses employés, etc le 26 décembre.

boxing gloves *npl* gants *mpl* de boxe
boxing ring *n* ring *m*
box number *n* (*for advertisements*) numéro *m* d'annonce
box office *n* bureau *m* de location
box room *n* débarras *m* ; chambrette *f*
boy [bɔı] *n* garçon *m*
boy band *n* boys band *m*
boycott ['bɔıkɔt] *n* boycottage *m* ▸ *vt* boycotter
boyfriend ['bɔıfrɛnd] *n* (petit) ami
boyhood ['bɔıhud] *n* enfance *f*
boyish ['bɔııʃ] *adj* d'enfant, de garçon ; **to look ~** (*man: appear youthful*) faire jeune
bozo ['bəuzəu] *n* (*inf*) andouille *f* (*inf*)
Bp *abbr* = **bishop**
bps *n abbr* (= *bits per second*) bits *mpl* par seconde
BR *abbr* = **British Rail**
Br. *abbr* (*Rel*) = **brother**
bra [brɑ:] *n* soutien-gorge *m*
brace [breıs] *n* (*support*) attache *f*, agrafe *f* ; (BRIT: *also*: **braces**: *on teeth*) appareil *m* (dentaire) ; (*tool*) vilebrequin *m* ; (*Typ*: *also*: **brace bracket**) accolade *f* ▸ *vt* (*support*) consolider, soutenir ; **to ~ o.s.** (*fig*) se préparer mentalement ;
braces *npl* (BRIT: *for trousers*) bretelles *fpl*
bracelet ['breıslıt] *n* bracelet *m*
bracing ['breısıŋ] *adj* tonifiant(e), tonique
bracken ['brækən] *n* fougère *f*
bracket ['brækıt] *n* (*Tech*) tasseau *m*, support *m* ; (*group*) classe *f*, tranche *f* ; (*also*: **brace bracket**) accolade *f* ; (*also*: **round bracket**) parenthèse *f* ; (*also*: **square bracket**) crochet *m* ; **income ~** tranche *f* des revenus ; **in brackets** entre parenthèses *or* crochets ▸ *vt* mettre entre parenthèses ; (*fig*: *also*: **bracket together**) regrouper
brackish ['brækıʃ] *adj* (*water*) saumâtre
brag [bræg] *vi* se vanter
braid [breıd] *n* (*trimming*) galon *m* ; (*of hair*) tresse *f*, natte *f* ▸ *vt* (*hair*) tresser
Braille [breıl] *n* braille *m*
brain [breın] *n* cerveau *m* ; **brains** *npl* (*intellect, food*) cervelle *f* ; **he's got brains** il est intelligent
brainchild ['breıntʃaıld] *n* trouvaille (personnelle), invention *f*
braindead ['breındɛd] *adj* (*Med*) dans un coma dépassé ; (*inf*) demeuré(e)
brain haemorrhage, (*US*) **brain hemorrhage** *n* hémorragie *f* cérébrale
brainless ['breınlıs] *adj* sans cervelle, stupide
brainpower ['breınpauə^r] *n* intelligence *f*
brainstorm ['breınstɔ:m] *n* (*fig*) moment *m* d'égarement ; (*US*: *brainwave*) idée *f* de génie
brainstorming ['breınstɔ:mıŋ] *n* brainstorming *m*, remue-méninges *m*
brainwash ['breınwɔʃ] *vt* faire subir un lavage de cerveau à
brainwave ['breınweıv] *n* idée *f* de génie
brainy ['breını] *adj* intelligent(e), doué(e)
braise [breız] *vt* braiser
brake [breık] *n* frein *m* ▸ *vt, vi* freiner
brake light *n* feu *m* de stop
brake pedal *n* pédale *f* de frein
bramble ['bræmbl] *n* ronces *fpl* ; (*fruit*) mûre *f*
bran [bræn] *n* son *m*
branch [brɑ:ntʃ] *n* branche *f* ; (*Comm*) succursale *f* ; (*: of bank*) agence *f* ; (*of association*) section locale ▸ *vi* bifurquer
▸ **branch off** *vi* (*road*) bifurquer
▸ **branch out** *vi* diversifier ses activités ; **to ~ out into** étendre ses activités à
branch line *n* (*Rail*) bifurcation *f*, embranchement *m*
branch manager *n* directeur(-trice) de succursale (*or* d'agence)
brand [brænd] *n* marque (commerciale) ▸ *vt* (*cattle*) marquer (au fer rouge) ; (*fig: pej*): **to ~ sb a communist** *etc* traiter *or* qualifier qn de communiste *etc*
branded ['brændıd] *adj* (BRIT: *product*) de marque
branding ['brændıŋ] *n* branding *m*, marquage *m*
brandish ['brændıʃ] *vt* brandir
brand name *n* nom *m* de marque
brand-new ['brænd'nju:] *adj* tout(e) neuf (neuve), flambant neuf (neuve)
brandy ['brændı] *n* cognac *m*, fine *f*
brash [bræʃ] *adj* effronté(e)
Brasilia [brə'zılıə] *n* Brasilia
brass [brɑ:s] *n* cuivre *m* (jaune), laiton *m* ; **the ~** (*Mus*) les cuivres
brass band *n* fanfare *f*
brassiere ['bræsıə^r] *n* soutien-gorge *m*
brass tacks *npl*: **to get down to ~** en venir au fait
brat [bræt] *n* (*pej*) mioche *mf*, môme *mf*
bravado [brə'vɑ:dəu] *n* bravade *f*
brave [breıv] *adj* courageux(-euse), brave ▸ *n* guerrier indien ▸ *vt* braver, affronter
bravery ['breıvərı] *n* bravoure *f*, courage *m*
bravo [brɑ:'vəu] *excl* (*old*) bravo

brawl [brɔːl] *n* rixe *f*, bagarre *f* ▸ *vi* se bagarrer
brawn [brɔːn] *n* muscle *m* ; (*meat*) fromage *m* de tête
brawny ['brɔːnɪ] *adj* musclé(e), costaud(e)
bray [breɪ] *n* braiement *m* ▸ *vi* braire
brazen ['breɪzn] *adj* impudent(e), effronté(e) ▸ *vt*: **to ~ it out** payer d'effronterie, crâner
brazenly ['breɪzənlɪ] *adv* impudemment, effrontément
brazier ['breɪzɪə^r] *n* brasero *m*
Brazil [brə'zɪl] *n* Brésil *m*
Brazilian [brə'zɪljən] *adj* brésilien(ne) ▸ *n* Brésilien(ne)
Brazil nut *n* noix *f* du Brésil
breach [briːtʃ] *vt* ouvrir une brèche dans ▸ *n* (*gap*) brèche *f* ; (*estrangement*) brouille *f* ; (*breaking*): **~ of contract** rupture *f* de contrat ; **~ of the peace** attentat *m* à l'ordre public ; **~ of trust** abus *m* de confiance
bread [brɛd] *n* pain *m* ; (*inf: money*) fric *m* ; **~ and butter** *n* tartines (beurrées) ; (*fig*) subsistance *f* ; **to earn one's daily ~** gagner son pain ; **to know which side one's ~ is buttered (on)** savoir où est son avantage *or* intérêt
breadbin ['brɛdbɪn] *n* (Brit) boîte *f or* huche *f* à pain
breadboard ['brɛdbɔːd] *n* planche *f* à pain ; (*Comput*) montage expérimental
breadbox ['brɛdbɔks] *n* (*US*) boîte *f or* huche *f* à pain
breadcrumbs ['brɛdkrʌmz] *npl* miettes *fpl* de pain ; (*Culin*) chapelure *f*, panure *f*
breaded ['brɛdɪd] *adj* pané(e)
breadfruit ['brɛdfruːt] *n* fruit *m* de l'arbre à pain
breadline ['brɛdlaɪn] *n*: **to be on the ~** être sans le sou *or* dans l'indigence
breadth [brɛtθ] *n* largeur *f*
breadwinner ['brɛdwɪnə^r] *n* soutien *m* de famille
break [breɪk] (*pt* **broke** [brəuk], *pp* **broken** ['brəukən]) *vt* casser, briser ; (*promise*) rompre ; (*law*) violer ; **to ~ one's leg** *etc* se casser la jambe *etc* ; **to ~ a record** battre un record ; **to ~ the news to sb** annoncer la nouvelle à qn ▸ *vi* se casser, se briser ; (*weather*) tourner ; (*storm*) éclater ; (*day*) se lever ; **to ~ with sb** rompre avec qn ; **to ~ even** rentrer dans ses frais ; **to ~ free** *or* **loose** se dégager, s'échapper ▸ *n* (*gap*) brèche *f* ; (*fracture*) cassure *f* ; (*rest*) interruption *f*, arrêt *m* ; (*: short*) pause *f* ; (*: at school*) récréation *f* ; (*chance*) chance *f*, occasion *f* favorable ; **to take a ~** (*few minutes*) faire une pause, s'arrêter cinq minutes ; (*holiday*) prendre un peu de repos ; **without a ~** sans interruption, sans arrêt
▸ **break away** *vi* (*from other people*) se détacher ; **to ~ away from sth** (*idea, tradition*) rompre avec qch
▸ **break down** *vt* (*door etc*) enfoncer ; (*resistance*) venir à bout de ; (*figures, data*) décomposer, analyser ▸ *vi* s'effondrer ; (*Med*) faire une dépression (nerveuse) ; (*Aut*) tomber en panne ; **my car has broken down** ma voiture est en panne
▸ **break in** *vt* (*horse etc*) dresser ▸ *vi* (*burglar*) entrer par effraction ; (*interrupt*) interrompre
▸ **break into** *vt fus* (*house*) s'introduire *or* pénétrer par effraction dans
▸ **break off** *vi* (*speaker*) s'interrompre ; (*branch*) se rompre ▸ *vt* (*talks, engagement*) rompre
▸ **break open** *vt* (*door etc*) forcer, fracturer
▸ **break out** *vi* éclater, se déclarer ; (*prisoner*) s'évader ; **to ~ out in spots** se couvrir de boutons
▸ **break through** *vi*: **the sun broke through** le soleil a fait son apparition ▸ *vt fus* (*defences, barrier*) franchir ; (*crowd*) se frayer un passage à travers
▸ **break up** *vi* (*partnership*) cesser, prendre fin ; (*marriage*) se briser ; (*crowd, meeting*) se séparer ; (*ship*) se disloquer ; (*Scol: pupils*) être en vacances ; (*line*) couper ; **the line's** *or* **you're breaking up** ça coupe ▸ *vt* fracasser, casser ; (*fight etc*) interrompre, faire cesser ; (*marriage*) désunir
breakable ['breɪkəbl] *adj* cassable, fragile ▸ *n*: **breakables** objets *mpl* fragiles
breakage ['breɪkɪdʒ] *n* casse *f* ; **to pay for breakages** payer la casse
breakaway ['breɪkəweɪ] *adj* (*group etc*) dissident(e)
breakdown ['breɪkdaun] *n* (*Aut*) panne *f* ; (*in communications, marriage*) rupture *f* ; (*Med: also:* **nervous breakdown**) dépression (nerveuse) ; (*of figures*) ventilation *f*, répartition *f*
breakdown service *n* (Brit) service *m* de dépannage
breakdown van, (*US*) **breakdown truck** *n* dépanneuse *f*
breaker ['breɪkə^r] *n* brisant *m*
breakeven ['breɪk'iːvn] *cpd*: **~ chart** graphique *m* de rentabilité ; **~ point** seuil *m* de rentabilité
breakfast ['brɛkfəst] *n* petit déjeuner *m* ; **what time is ~?** le petit déjeuner est à quelle heure ?
breakfast cereal *n* céréales *fpl*
break-in ['breɪkɪn] *n* cambriolage *m*
breaking and entering *n* (*Law*) effraction *f*
breaking point ['breɪkɪŋ-] *n* limites *fpl*
breakneck ['breɪknɛk] *adj*: **at ~ speed** (*develop, happen*) à la vitesse grand V ; **to drive at ~ speed** rouler à tombeau ouvert
breakout ['breɪkaut] *n* évasion *f*
breakthrough ['breɪkθruː] *n* percée *f*
break-up ['breɪkʌp] *n* (*of partnership, marriage*) rupture *f*
break-up value *n* (*Comm*) valeur *f* de liquidation
breakwater ['breɪkwɔːtə^r] *n* brise-lames *m inv*, digue *f*
breast [brɛst] *n* (*of woman*) sein *m* ; (*chest*) poitrine *f* ; (*of chicken, turkey*) blanc *m*
breastbone ['brɛstbəun] *n* sternum *m*
breast-feed ['brɛstfiːd] *vt, vi* (*irreg: like* **feed**) allaiter
breast milk *n* lait *m* maternel
breast pocket *n* poche *f* (de) poitrine
breast-stroke ['brɛststrəuk] *n* brasse *f*
breath [brɛθ] *n* haleine *f*, souffle *m* ; **to go out for a ~ of air** sortir prendre l'air ; **to take a deep ~** respirer à fond ; **out of ~** à bout de souffle, essoufflé(e)
breathable ['briːðəbl] *adj* (*fabric*) aéré(e)
breathalyse ['brɛəlaɪz] *vt* faire subir un alcootest à

Breathalyser® ['brɛθəlaɪzə^r] (Brit) *n* alcootest *m*
breathe [bri:ð] *vt, vi* respirer ; **I won't ~ a word about it** je n'en soufflerai pas mot, je n'en dirai rien à personne
▸ **breathe in** *vi* inspirer ▸ *vt* aspirer
▸ **breathe out** *vt, vi* expirer
breather ['bri:ðə^r] *n* moment *m* de repos *or* de répit
breathing ['bri:ðɪŋ] *n* respiration *f*
breathing space *n* (*fig*) (moment *m* de) répit *m*
breathless ['brɛθlɪs] *adj* essoufflé(e), haletant(e), oppressé(e) ; **~ with excitement** le souffle coupé par l'émotion
breathtaking ['brɛθteɪkɪŋ] *adj* stupéfiant(e), à vous couper le souffle
breath test *n* alcootest *m*
bred [brɛd] *pt, pp of* **breed**
-bred [brɛd] *suffix*: **well/ill~** bien/mal élevé(e)
breeches ['brɪtʃɪz, 'bri:tʃɪz] *npl* (*old*) culotte *f*
breed [bri:d] (*pt, pp* **bred** [brɛd]) *vt* élever, faire l'élevage de ; (*fig: hate, suspicion*) engendrer ▸ *vi* se reproduire ▸ *n* race *f*, variété *f*
breeder ['bri:də^r] *n* (*person*) éleveur *m* ; (*Physics: also*: **breeder reactor**) (réacteur *m*) surrégénérateur *m*
breeding ['bri:dɪŋ] *n* reproduction *f* ; élevage *m* ; (*upbringing*) éducation *f*
breeze [bri:z] *n* brise *f*
▸ **breeze in** *vi* entrer d'un air dégagé
breeze-block ['bri:zblɔk] *n* (Brit) parpaing *m*
breezy ['bri:zɪ] *adj* (*day, weather*) venteux(-euse) ; (*manner*) désinvolte ; (*person*) jovial(e)
brethren ['brɛðrɪn] *npl* (*old*) frères *mpl*
Breton ['brɛtən] *adj* breton(ne) ▸ *n* Breton(ne) ; (*Ling*) breton *m*
brevity ['brɛvɪtɪ] *n* brièveté *f*
brew [bru:] *vt* (*tea*) faire infuser ; (*beer*) brasser ; (*plot*) tramer, préparer ▸ *vi* (*tea*) infuser ; (*beer*) fermenter ; (*fig*) se préparer, couver
brewer ['bru:ə^r] *n* brasseur *m*
brewery ['bru:ərɪ] *n* brasserie *f* (*fabrique*)
brewing ['bru:ɪŋ] *n* brassage *m*
briar ['braɪə^r] *n* (*thorny bush*) ronces *fpl* ; (*wild rose*) églantine *f*
bribe [braɪb] *n* pot-de-vin *m* ▸ *vt* acheter ; soudoyer ; **to ~ sb to do sth** soudoyer qn pour qu'il fasse qch
bribery ['braɪbərɪ] *n* corruption *f*
bric-a-brac ['brɪkəbræk] *n* bric-à-brac *m*
brick [brɪk] *n* brique *f*
brickbat ['brɪkbæt] *n* violente critique *f*
bricklayer ['brɪkleɪə^r] *n* maçon *m*
brickwork ['brɪkwə:k] *n* briquetage *m*, maçonnerie *f*
brickworks ['brɪkwə:ks] *n* briqueterie *f*
bridal ['braɪdl] *adj* nuptial(e) ; **~ party** noce *f*
bride [braɪd] *n* mariée *f*, épouse *f*
bridegroom ['braɪdgru:m] *n* marié *m*, époux *m*
bridesmaid ['braɪdzmeɪd] *n* demoiselle *f* d'honneur
bridge [brɪdʒ] *n* pont *m* ; (*Naut*) passerelle *f* (de commandement) ; (*of nose*) arête *f* ; (*Cards, Dentistry*) bridge *m* ▸ *vt* (*river*) construire un pont sur ; (*gap*) combler
bridging loan ['brɪdʒɪŋ-] *n* (Brit) prêt *m* relais
bridle ['braɪdl] *n* bride *f* ▸ *vt* refréner, mettre la bride à ; (*horse*) brider
bridle path *n* piste *or* allée cavalière
brief [bri:f] *adj* bref (brève) ▸ *n* (*Law*) dossier *m*, cause *f* ; (*gen*) tâche *f* ; **in ~ ...** (en) bref ... ▸ *vt* mettre au courant ; (*Mil*) donner des instructions à ; **briefs** *npl* slip *m*
briefcase ['bri:fkeɪs] *n* serviette *f* ; porte-documents *m inv*
briefing ['bri:fɪŋ] *n* instructions *fpl* ; (*Press*) briefing *m*
briefly ['bri:flɪ] *adv* brièvement ; (*visit*) en coup de vent ; **to glimpse ~** entrevoir
briefness ['bri:fnɪs] *n* brièveté *f*
Brig. *abbr* = **brigadier**
brigade [brɪ'geɪd] *n* (*Mil*) brigade *f*
brigadier [brɪgə'dɪə^r] *n* brigadier général
bright [braɪt] *adj* brillant(e) ; (*room, weather*) clair(e) ; (*person: clever*) intelligent(e), doué(e) ; (*: cheerful*) gai(e) ; (*idea*) génial(e) ; (*colour*) vif (vive) ; **to look on the ~ side** regarder le bon côté des choses
brighten ['braɪtn], **brighten up** *vt* (*room*) éclaircir ; égayer ▸ *vi* s'éclaircir ; (*person*) retrouver un peu de sa gaieté
brightly ['braɪtlɪ] *adv* brillamment
brill [brɪl] *adj* (Brit *inf*) super *inv*
brilliance ['brɪljəns] *n* éclat *m* ; (*fig: of person*) brio *m*
brilliant ['brɪljənt] *adj* brillant(e) ; (*light, sunshine*) éclatant(e) ; (*inf: great*) super
brim [brɪm] *n* bord *m*
brimful ['brɪm'ful] *adj* plein(e) à ras bord ; (*fig*) débordant(e)
brine [braɪn] *n* eau salée ; (*Culin*) saumure *f*
bring [brɪŋ] (*pt, pp* **brought** [brɔ:t]) *vt* (*thing*) apporter ; (*person*) amener ; **to ~ sth to an end** mettre fin à qch ; **I can't ~ myself to fire him** je ne peux me résoudre à le mettre à la porte
▸ **bring about** *vt* provoquer, entraîner
▸ **bring along** *vt* (*thing*) apporter ; (*person*) amener
▸ **bring back** *vt* rapporter ; (*person*) ramener
▸ **bring down** *vt* (*lower*) abaisser ; (*shoot down*) abattre ; (*government*) faire s'effondrer
▸ **bring forward** *vt* avancer ; (*Book-keeping*) reporter
▸ **bring in** *vt* (*person*) faire entrer ; (*object*) rentrer ; (*Pol: legislation*) introduire ; (*Law: verdict*) rendre ; (*produce: income*) rapporter
▸ **bring off** *vt* (*task, plan*) réussir, mener à bien ; (*deal*) mener à bien
▸ **bring on** *vt* (*illness, attack*) provoquer ; (*player, substitute*) amener
▸ **bring out** *vt* sortir ; (*meaning*) faire ressortir, mettre en relief ; (*new product, book*) sortir
▸ **bring round, bring to** *vt* (*unconscious person*) ranimer
▸ **bring up** *vt* élever ; (*carry up*) monter ; (*question*) soulever ; (*food: vomit*) vomir, rendre
brink [brɪŋk] *n* bord *m* ; **on the ~ of doing** sur le point de faire, à deux doigts de faire ; **she was on the ~ of tears** elle était au bord des larmes
brinkmanship ['brɪŋkmənʃɪp] *n* politique *f* de la corde raide

b

brisk [brɪsk] *adj* vif (vive) ; (*abrupt*) brusque ; (*trade etc*) actif(-ive) ; **to go for a ~ walk** se promener d'un bon pas ; **business is ~** les affaires marchent (bien)
bristle ['brɪsl] *n* poil *m* ▸ *vi* se hérisser ; **bristling with** hérissé(e) de
bristly ['brɪslɪ] *adj* (*beard, hair*) hérissé(e) ; **your chin's all ~** ton menton gratte
Brit [brɪt] *n abbr* (*inf: = British person*) Britannique *mf*
Britain ['brɪtən] *n* (*also:* **Great Britain**) la Grande-Bretagne ; **in ~** en Grande-Bretagne
British ['brɪtɪʃ] *adj* britannique ▸ *npl*: **the ~** les Britanniques *mpl*
British Isles *npl*: **the ~** les îles *fpl* Britanniques
British Rail *n compagnie ferroviaire britannique,* ≈ SNCF *f*
British Summer Time *n* heure *f* d'été britannique
Briton ['brɪtən] *n* Britannique *mf*
Brittany ['brɪtənɪ] *n* Bretagne *f*
brittle ['brɪtl] *adj* cassant(e), fragile
Bro. *abbr* (*Rel*) = **brother**
broach [brəutʃ] *vt* (*subject*) aborder
broad [brɔːd] *adj* large ; (*distinction*) général(e) ; (*accent*) prononcé(e) ; **~ hint** allusion transparente ; **in ~ daylight** en plein jour ; **the ~ outlines** les grandes lignes ▸ *n* (*US inf*) nana *f*
B road *n* (BRIT) ≈ route départementale
broadband ['brɔːdbænd] *n* (internet *m* à) haut débit *m*
broad bean *n* fève *f*
broadcast ['brɔːdkɑːst] (*pt, pp* **~**) *n* émission *f* ▸ *vt* (*Radio*) radiodiffuser ; (*TV*) téléviser ▸ *vi* émettre
broadcaster ['brɔːdkɑːstəʳ] *n* personnalité *f* de la radio *or* de la télévision
broadcasting ['brɔːdkɑːstɪŋ] *n* radiodiffusion *f* ; télévision *f*
broadcasting station *n* station *f* de radio (*or* de télévision)
broaden ['brɔːdn] *vt* élargir ; **to ~ one's mind** élargir ses horizons ▸ *vi* s'élargir
broadly ['brɔːdlɪ] *adv* en gros, généralement
broad-minded ['brɔːd'maɪndɪd] *adj* large d'esprit
broadsheet ['brɔːdʃiːt] *n* (BRIT) journal *m* grand format
broadside ['brɔːdsaɪd] *n* (*attack*) attaque *f* violente *or* virulente ; **~ on** *adv* par le travers
brocade [brə'keɪd] *n* brocart *m*
broccoli ['brɔkəlɪ] *n* brocoli *m*
brochure ['brəuʃjuəʳ] *n* prospectus *m*, dépliant *m*
brogue [brəug] *n* (*accent*) accent régional ; (*shoe*) (*sorte de*) *chaussure basse de cuir épais*
broil [brɔɪl] *vt* (*US*) rôtir
broiler ['brɔɪləʳ] *n* (*US: fowl*) poulet *m* (*à rôtir*) ; (*grill*) gril *m*
broke [brəuk] *pt of* **break** ▸ *adj* (*inf*) fauché(e) ; **to go ~** (*business*) faire faillite
broken ['brəukn] *pp of* **break** ▸ *adj* (*stick, leg etc*) cassé(e) ; (*machine: also:* **broken down**) fichu(e) ; (*promise, vow*) rompu(e) ; **a ~ marriage** un couple dissocié ; **a ~ home** un foyer désuni ; **in ~ French/English** dans un français/anglais approximatif *or* hésitant
broken-down ['brəukn'daun] *adj* (*car*) en panne ; (*machine*) fichu(e) ; (*house*) en ruines
broken-hearted ['brəukn'hɑːtɪd] *adj* (ayant) le cœur brisé
broker ['brəukəʳ] *n* courtier *m*
brokerage ['brəukrɪdʒ] *n* courtage *m*
brolly ['brɔlɪ] *n* (BRIT *inf*) pépin *m*, parapluie *m*
bronchitis [brɔŋ'kaɪtɪs] *n* bronchite *f*
bronze [brɔnz] *n* bronze *m*
bronzed ['brɔnzd] *adj* bronzé(e), hâlé(e)
brooch [brəutʃ] *n* broche *f*
brood [bruːd] *n* couvée *f* ▸ *vi* (*hen, storm*) couver ; (*person*) méditer (sombrement), ruminer
broody ['bruːdɪ] *adj* (*fig*) taciturne, mélancolique
brook [bruk] *n* ruisseau *m*
broom [brum] *n* balai *m* ; (*Bot*) genêt *m*
broomstick ['brumstɪk] *n* manche *m* à balai
Bros. *abbr* (*Comm: = brothers*) Frères
broth [brɔθ] *n* bouillon *m* de viande et de légumes
brothel ['brɔθl] *n* maison close, bordel *m*
brother ['brʌðəʳ] *n* frère *m*
brotherhood ['brʌðəhud] *n* fraternité *f*
brother-in-law ['brʌðərɪn'lɔːʳ] *n* beau-frère *m*
brotherly ['brʌðəlɪ] *adj* fraternel(le)
brought [brɔːt] *pt, pp of* **bring**
brouhaha ['bruːhɑːhɑː] *n* brouhaha *m*
brow [brau] *n* front *m* ; (*rare: eyebrow*) sourcil *m* ; (*of hill*) sommet *m*
browbeat ['braubiːt] *vt* (*irreg: like* **beat**) intimider, brusquer
brown [braun] *adj* brun(e), marron *inv* ; (*hair*) châtain *inv* ; (*tanned*) bronzé(e) ; (*rice, bread, flour*) complet(-ète) ; **to go ~** (*person*) bronzer ; (*leaves*) jaunir ▸ *n* (*colour*) brun *m*, marron *m* ▸ *vt* brunir ; (*Culin*) faire dorer, faire roussir
brown bread *n* pain *m* bis
Brownie ['braunɪ] *n* jeannette *f* éclaireuse (cadette)
brown paper *n* papier *m* d'emballage, papier kraft
brown rice *n* riz *m* complet
brown sugar *n* cassonade *f*
browse [brauz] *vi* (*in shop*) regarder (*sans acheter*) ; (*among books*) bouquiner, feuilleter les livres ; (*animal*) paître ; **to ~ through a book** feuilleter un livre
browser [brauzəʳ] *n* (*Comput*) navigateur *m*
bruise [bruːz] *n* bleu *m*, ecchymose *f*, contusion *f* ▸ *vt* contusionner, meurtrir ; **to ~ one's arm** se faire un bleu au bras ▸ *vi* (*fruit*) se taler, se meurtrir
bruised ['bruːzd] *adj* contusionné(e)
bruiser ['bruːzəʳ] *n* (*inf*) cogneur(-euse)
bruising ['bruːzɪŋ] *adj* (*experience*) douloureux(-euse) ; (*campaign, encounter*) éprouvant(e) ▸ *n* bleus *mpl*, contusions *fpl*
Brum [brʌm] *n abbr*, **Brummagem** ['brʌmədʒəm] *n* (*inf*) Birmingham
Brummie ['brʌmɪ] *n* (*inf*) habitant(e) de Birmingham ; natif(-ive) de Birmingham

brunch [brʌntʃ] *n* brunch *m*
brunette [bruːˈnɛt] *n* (femme) brune
brunt [brʌnt] *n*: **the ~ of** (*attack, criticism etc*) le plus gros de
brush [brʌʃ] *n* brosse *f* ; (*for painting*) pinceau *m* ; (*for shaving*) blaireau *m* ; (*quarrel*) accrochage *m*, prise *f* de bec ; **to have a ~ with sb** s'accrocher avec qn ; **to have a ~ with the police** avoir maille à partir avec la police ▸ *vt* brosser ; (*also:* **brush past, brush against**) effleurer, frôler
▸ **brush aside** *vt* écarter, balayer
▸ **brush off** *vt* (*remove: thing*) enlever ; (*person*) envoyer balader
▸ **brush up** *vt* (*knowledge*) rafraîchir, réviser
brushed [brʌʃt] *adj* (*Tech: steel, chrome etc*) brossé(e) ; (*: nylon, denim etc*) gratté(e)
brush-off [ˈbrʌʃɔf] *n* (*inf*): **to give sb the ~** envoyer qn promener
brushwood [ˈbrʌʃwud] *n* broussailles *fpl*, taillis *m*
brusque [bruːsk] *adj* (*person, manner*) brusque, cassant(e) ; (*tone*) sec (sèche), cassant(e)
Brussels [ˈbrʌslz] *n* Bruxelles
Brussels sprout *n* chou *m* de Bruxelles
brutal [ˈbruːtl] *adj* brutal(e)
brutality [bruːˈtælɪtɪ] *n* brutalité *f*
brutalize [ˈbruːtəlaɪz] *vt* (*harden*) rendre brutal(e) ; (*ill-treat*) brutaliser
brute [bruːt] *n* brute *f* ▸ *adj*: **by ~ force** par la force
brutish [ˈbruːtɪʃ] *adj* grossier(-ère), brutal(e)
BS *n abbr* (*US: = Bachelor of Science*) *diplôme universitaire*
bs *abbr* = **bill of sale**
BSA *n abbr* = **Boy Scouts of America**
B.Sc. *n abbr* = **Bachelor of Science**
BSE *n abbr* (*= bovine spongiform encephalopathy*) ESB *f*, BSE *f*
BSI *n abbr* (*= British Standards Institution*) *association de normalisation*
BST *abbr* (*= British Summer Time*) heure *f* d'été
Bt. *abbr* (Brit) = **baronet**
btu *n abbr* (*= British thermal unit*) btu (*= 1054,2 joules*)
btw, BTW *abbr* (*= by the way*) au fait, à propos
bubble [ˈbʌbl] *n* bulle *f* ▸ *vi* bouillonner, faire des bulles ; (*sparkle, fig*) pétiller
bubble bath *n* bain moussant
bubble gum *n* chewing-gum *m*
bubblejet printer [ˈbʌbldʒɛt-] *n* imprimante *f* à bulle d'encre
bubbly [ˈbʌblɪ] *adj* (*drink*) pétillant(e) ; (*person*) plein(e) de vitalité ▸ *n* (*inf*) champ *m*
Bucharest [buːkəˈrɛst] *n* Bucarest
buck [bʌk] *n* mâle *m* (*d'un lapin, lièvre, daim etc*) ; (*US inf*) dollar *m* ; **to pass the ~ (to sb)** se décharger de la responsabilité (sur qn) ▸ *vi* ruer, lancer une ruade
▸ **buck up** *vi* (*cheer up*) reprendre du poil de la bête, se remonter ▸ *vt*: **to ~ one's ideas up** se reprendre
bucket [ˈbʌkɪt] *n* seau *m* ▸ *vi* (Brit *inf*): **the rain is bucketing (down)** il pleut à verse
bucketful [ˈbʌkɪtful] *n* plein seau *m*
Buckingham Palace [ˈbʌkɪŋhəm-] *n* le palais de Buckingham

BUCKINGHAM PALACE

Buckingham Palace est la résidence officielle londonienne du souverain britannique depuis 1762. Construit en 1703, il fut à l'origine le palais du duc de Buckingham. Il a été partiellement reconstruit au début du XXe siècle.

buckle [ˈbʌkl] *n* boucle *f* ▸ *vt* (*belt etc*) boucler, attacher ▸ *vi* (*warp*) tordre, gauchir ; (*: wheel*) se voiler
▸ **buckle down** *vi* s'y mettre
Bucks [bʌks] *abbr* (Brit) = **Buckinghamshire**
buckskin [ˈbʌkskɪn] *n* peau *f* de daim
buckwheat [ˈbʌkwiːt] *n* (*grain*) sarrasin *m* ; (*flour*) farine *f* de blé noir
bucolic [bjuːˈkɔlɪk] *adj* (*setting, scene*) pastoral ; (*poetry, poet*) bucolique
bud [bʌd] *n* bourgeon *m* ; (*of flower*) bouton *m* ▸ *vi* bourgeonner ; (*flower*) éclore
Buddha [ˈbudə] *n* Bouddha *m*
Buddhism [ˈbudɪzəm] *n* bouddhisme *m*
Buddhist [ˈbudɪst] *adj, n* bouddhiste *mf*
budding [ˈbʌdɪŋ] *adj* (*flower*) en bouton ; (*poet etc*) en herbe ; (*passion etc*) naissant(e)
buddy [ˈbʌdɪ] *n* (*US*) copain *m*
budge [bʌdʒ] *vt* faire bouger ▸ *vi* bouger
budgerigar [ˈbʌdʒərɪgɑːʳ] *n* perruche *f*
budget [ˈbʌdʒɪt] *n* budget *m* ; **I'm on a tight ~** je dois faire attention à mon budget ▸ *vi*: **to ~ for sth** inscrire qch au budget
budget airline *n* compagnie *f* aérienne low cost
budgetary [ˈbʌdʒɪtrɪ] *adj* budgétaire
budgeting [ˈbʌdʒɪtɪŋ] *n* prévisions *fpl* budgétaires
budgie [ˈbʌdʒɪ] *n* = **budgerigar**
Buenos Aires [ˈbweɪnɔsˈaɪrɪz] *n* Buenos Aires
buff [bʌf] *adj* (couleur *f*) chamois *m* ▸ *n* (*inf: enthusiast*) mordu(e)
buffalo [ˈbʌfələu] (*pl* **~** *or* **buffaloes**) *n* (Brit) buffle *m* ; (*US*) bison *m*
buffer [ˈbʌfəʳ] *n* tampon *m* ; (*Comput*) mémoire *f* tampon ▸ *vt, vi* (*Comput*) mettre en mémoire tampon
buffering [ˈbʌfərɪŋ] *n* (*Comput*) mise *f* en mémoire tampon
buffer state *n* état *m* tampon
buffer zone *n* zone *f* tampon
buffet *n* [ˈbufeɪ] (*food: Brit: bar*) buffet *m* ▸ *vt* [ˈbʌfɪt] (*wind, storm*) secouer ; (*government, economy*) secouer, ébranler
buffet car *n* (Brit *Rail*) voiture-bar *f*
buffeting [ˈbʌfɪtɪŋ] *n* (*of wind, seas*) assaut *m* ; (*attack*) rebuffade *f* ; **to take a ~** essuyer une rebuffade
buffet lunch *n* lunch *m*
buffoon [bəˈfuːn] *n* bouffon *m*, pitre *m*
bug [bʌg] *n* (*bedbug etc*) punaise *f* ; (*esp US: any insect*) insecte *m*, bestiole *f* ; (*fig: germ*) virus *m*, microbe *m* ; (*spy device*) dispositif *m* d'écoute (électronique), micro clandestin ; (*Comput: of program*) erreur *f* ; (*: of equipment*) défaut *m* ; **I've got the travel ~** (*fig*) j'ai le virus du voyage ▸ *vt* (*room*) poser des micros dans ; (*inf: annoy*) embêter

bugbear ['bʌgbɛəʳ] *n* cauchemar *m*, bête noire
bugger ['bʌgəʳ] *(inf!)* *n* salaud *m* (*!*), connard *m* (*!*) ▸ *vi*: ~ **off!** tire-toi ! (*!*) ▸ *excl*: ~**!** (*also*: **bugger it!**) merde ! (*!*)
buggered ['bʌgəd] *adj* (BRIT *inf!*: *broken*) foutu(e) ; **I'll be ~ if ...** je préfère plutôt crever
bugging ['bʌgɪŋ] *n* (*surveillance*) utilisation *f* d'appareils d'écoute ▸ *cpd* (*device, equipment*) d'écoute (clandestine)
buggy ['bʌgɪ] *n* poussette *f*
bugle ['bju:gl] *n* clairon *m*
bugler ['bju:gləʳ] *n* (joueur *m* de) clairon *m*
build [bɪld] (*pt, pp* **built** [bɪlt]) *n* (*of person*) carrure *f*, charpente *f* ▸ *vt* construire, bâtir
▸ **build on** *vt fus* (*fig*) tirer parti de, partir de
▸ **build up** *vt* accumuler, amasser ; (*business*) développer ; (*reputation*) bâtir
builder ['bɪldəʳ] *n* entrepreneur *m*
building ['bɪldɪŋ] *n* (*trade*) construction *f* ; (*structure*) bâtiment *m*, construction ; (*: residential, offices*) immeuble *m*
building contractor *n* entrepreneur *m* (en bâtiment)
building industry *n* (industrie *f* du) bâtiment *m*
building site *n* chantier *m* (de construction)
building society *n* (BRIT) société *f* de crédit immobilier

BUILDING SOCIETY

Une **building society** est une mutuelle dont les épargnants et emprunteurs sont les propriétaires. Ces mutuelles offrent deux services principaux : on peut y avoir un compte d'épargne duquel on peut retirer son argent sur demande ou moyennant un court préavis et on peut également y faire des emprunts à long terme, par exemple pour acheter une maison. Les *building societies* ont eu jusqu'en 1985 le quasi-monopole des comptes d'épargne et des prêts immobiliers, mais les banques ont maintenant une part importante de ce marché.

building trade *n* = **building industry**
build-up ['bɪldʌp] *n* (*of gas etc*) accumulation *f* ; (*publicity*): **to give sb/sth a good ~** faire de la pub pour qn/qch
built [bɪlt] *pt, pp of* **build**
built-in ['bɪlt'ɪn] *adj* (*cupboard*) encastré(e) ; (*device*) incorporé(e) ; intégré(e)
built-up ['bɪlt'ʌp] *adj*: ~ **area** agglomération (urbaine) ; zone urbanisée
bulb [bʌlb] *n* (*Bot*) bulbe *m*, oignon *m* ; (*Elec*) ampoule *f*
bulbous ['bʌlbəs] *adj* bulbeux(-euse)
Bulgaria [bʌl'gɛərɪə] *n* Bulgarie *f*
Bulgarian [bʌl'gɛərɪən] *adj* bulgare ▸ *n* Bulgare *mf* ; (*Ling*) bulgare *m*
bulge [bʌldʒ] *n* renflement *m*, gonflement *m* ; (*in birth rate, sales*) brusque augmentation *f* ▸ *vi* faire saillie ; présenter un renflement ; (*pocket, file*): **to be bulging with** être plein(e) à craquer de
bulimia [bə'lɪmɪə] *n* boulimie *f*
bulimic [bju:'lɪmɪk] *adj, n* boulimique *mf*
bulk [bʌlk] *n* masse *f*, volume *m* ; **in ~** (*Comm*) en gros, en vrac ; **the ~ of** la plus grande *or* grosse partie de
▸ **bulk up** *vt* épaissir ▸ *vi* prendre de l'épaisseur
bulk buying [-'baɪɪŋ] *n* achat *m* en gros
bulk carrier *n* cargo *m*
bulkhead ['bʌlkhɛd] *n* cloison *f* (étanche)
bulky ['bʌlkɪ] *adj* volumineux(-euse), encombrant(e)
bull [bul] *n* taureau *m* ; (*male elephant, whale*) mâle *m* ; (*Stock Exchange*) haussier *m* ; (*Rel*) bulle *f*
bulldog ['buldɔg] *n* bouledogue *m*
bulldoze ['buldəuz] *vt* passer *or* raser au bulldozer ; **I was bulldozed into doing it** (*fig: inf*) on m'a forcé la main
bulldozer ['buldəuzəʳ] *n* bulldozer *m*
bullet ['bulɪt] *n* balle *f* (*de fusil etc*)
bulletin ['bulɪtɪn] *n* bulletin *m*, communiqué *m* ; (*also*: **news bulletin**) (bulletin d')informations *fpl*
bulletin board *n* (*Comput*) messagerie *f* (électronique)
bulletproof ['bulɪtpru:f] *adj* à l'épreuve des balles ; ~ **vest** gilet *m* pare-balles
bullfight ['bulfaɪt] *n* corrida *f*, course *f* de taureaux
bullfighter ['bulfaɪtəʳ] *n* torero *m*
bullfighting ['bulfaɪtɪŋ] *n* tauromachie *f*
bullfinch ['bulfɪntʃ] *n* bouvreuil *m*
bullion ['buljən] *n* or *m or* argent *m* en lingots
bullish ['bulɪʃ] *adj* (*on stock market: mood*) haussier(-ière) ; (*optimistic*): **to be ~ about sth** être optimiste au sujet de qch
bullock ['bulək] *n* bœuf *m*
bullring ['bulrɪŋ] *n* arène *f*
bull's-eye ['bulzaɪ] *n* centre *m* (*de la cible*)
bullshit ['bulʃɪt] (*inf!*) *n* connerie(s) *f(pl)* (*!*) ▸ *vt* raconter des conneries à (*!*) ▸ *vi* déconner (*!*)
bully ['bulɪ] *n* brute *f*, tyran *m* ▸ *vt* tyranniser, rudoyer ; (*frighten*) intimider
bullying ['bulɪɪŋ] *n* brimades *fpl*
bulwark ['bulwək] *n* rempart *m*
bum [bʌm] *n* (*inf*: BRIT: *backside*) derrière *m* ; (*esp US: tramp*) vagabond(e), traîne-savates *mf* ; (*: idler*) glandeur *m*
▸ **bum around** *vi* (*inf*) vagabonder
bumblebee ['bʌmblbi:] *n* bourdon *m*
bumbling ['bʌmblɪŋ] *adj* empoté(e)
bumf [bʌmf] *n* (*inf: forms etc*) paperasses *fpl*
bummer ['bʌməʳ] *n* (*inf*): **what a ~!** quelle poisse ! ; **a ~ of a day** une journée pourrie
bump [bʌmp] *n* (*blow*) coup *m*, choc *m* ; (*jolt*) cahot *m* ; (*on road etc, on head*) bosse *f* ▸ *vt* heurter, cogner ; (*car*) emboutir
▸ **bump along** *vi* avancer en cahotant
▸ **bump into** *vt fus* rentrer dans, tamponner ; (*inf: meet*) tomber sur
▸ **bump up** *vt* (*inf: amount, price*) faire grimper
bumper ['bʌmpəʳ] *n* pare-chocs *m inv* ▸ *adj*: ~ **crop/harvest** récolte/moisson exceptionnelle
bumper cars *npl* (*US*) autos tamponneuses
bumph [bʌmf] *n* = **bumf**
bumptious ['bʌmpʃəs] *adj* suffisant(e), prétentieux(-euse)

bumpy ['bʌmpɪ] *adj* (*road*) cahoteux(-euse) ; **it was a ~ flight/ride** on a été secoués dans l'avion/la voiture
bun [bʌn] *n* (*cake*) petit gâteau ; (*bread*) petit pain au lait ; (*of hair*) chignon *m*
bunch [bʌntʃ] *n* (*of flowers*) bouquet *m* ; (*of keys*) trousseau *m* ; (*of bananas*) régime *m* ; (*of people*) groupe *m* ; **~ of grapes** grappe *f* de raisin ;
bunches *npl* (*in hair*) couettes *fpl*
bundle ['bʌndl] *n* paquet *m* ▸ *vt* (*also*: **bundle up**) faire un paquet de ; (*put*): **to ~ sth/sb into** fourrer *or* enfourner qch/qn dans
▸ **bundle off** *vt* (*person*) faire sortir (en toute hâte) ; expédier
▸ **bundle out** *vt* éjecter, sortir (sans ménagements)
bun fight *n* (Brit *inf*) réception *f* ; (*tea party*) thé *m*
bung [bʌŋ] *n* bonde *f*, bouchon *m* ▸ *vt* (Brit: *throw*: *also*: **bung into**) flanquer ; (*also*: **bung up**: *pipe, hole*) boucher ; **my nose is bunged up** j'ai le nez bouché
bungalow ['bʌŋgələu] *n* bungalow *m*
bungee jumping ['bʌndʒiːˈdʒʌmpɪŋ] *n* saut *m* à l'élastique
bungle ['bʌŋgl] *vt* bâcler, gâcher
bungling ['bʌŋglɪŋ] *adj* maladroit(e)
bunion ['bʌnjən] *n* oignon *m* (*au pied*)
bunk [bʌŋk] *n* couchette *f* ; (Brit *inf*): **to do a ~** mettre les bouts *or* les voiles
▸ **bunk off** *vi* (Brit *inf*: *Scol*) sécher (les cours) ; **I'll ~ off at 3 o'clock this afternoon** je vais mettre les bouts *or* les voiles à 3 heures cet après-midi
bunk beds *npl* lits superposés
bunker ['bʌŋkə^r] *n* (*coal store*) soute *f* à charbon ; (*Mil, Golf*) bunker *m*
bunkum ['bʌŋkəm] *n* (*inf*) foutaises *fpl* (*inf*), foutaise *f* (*inf*)
bunny ['bʌnɪ] *n* (*also*: **bunny rabbit**) lapin *m*
bunny girl *n* (Brit) *hôtesse de cabaret*
bunny hill *n* (*US Ski*) piste *f* pour débutants
bunting ['bʌntɪŋ] *n* pavoisement *m*, drapeaux *mpl*
buoy [bɔɪ] *n* bouée *f*
▸ **buoy up** *vt* faire flotter ; (*fig*) soutenir, épauler
buoyancy ['bɔɪənsɪ] *n* (*of ship*) flottabilité *f*
buoyant ['bɔɪənt] *adj* (*ship*) flottable ; (*carefree*) gai(e), plein(e) d'entrain ; (*Comm*: *market, economy*) actif(-ive) ; (: *prices, currency*) soutenu(e)
burble ['bəːbl] *vi* (*water, river*) murmurer ; (*person*) marmonner ; **to ~ on about sth** radoter sur (le thème de) qch ▸ *vt* (*say*) marmonner
burden ['bəːdn] *n* fardeau *m*, charge *f* ; **to be a ~ to sb** être un fardeau pour qn ▸ *vt* charger ; (*oppress*) accabler, surcharger
burdened ['bəːdənd] *adj*: **~ with** (*loaded with*) chargé(e) de qch ; (*debt, guilt*) accablé(e) de
burdensome ['bəːdənsəm] *adj* lourd(e)
bureau ['bjuərəu] (*pl* **bureaux** [-z]) *n* (Brit: *writing desk*) bureau *m*, secrétaire *m* ; (*US*: *chest of drawers*) commode *f* ; (*office*) bureau, office *m*
bureaucracy [bjuəˈrɔkrəsɪ] *n* bureaucratie *f*
bureaucrat ['bjuərəkræt] *n* bureaucrate *mf*, rond-de-cuir *m*
bureaucratic [bjuərəˈkrætɪk] *adj* bureaucratique
bureau de change [-dəˈʃɔnʒ] (*pl* **bureaux de change**) *n* bureau *m* de change
bureaux ['bjuərəuz] *npl of* **bureau**
burgeon ['bəːdʒən] *vi* (*fig*) être en expansion rapide
burger ['bəːgə^r] *n* hamburger *m*
burglar ['bəːglə^r] *n* cambrioleur(-euse)
burglar alarm *n* sonnerie *f* d'alarme
burglarize ['bəːgləraɪz] *vt* (*US*) cambrioler
burglary ['bəːglərɪ] *n* cambriolage *m*
burgle ['bəːgl] *vt* cambrioler
Burgundy ['bəːgəndɪ] *n* Bourgogne *f*
burgundy ['bəːgəndɪ] *adj* (*wine-coloured*) bordeaux *inv* ▸ *n* (*colour*) bordeaux *m* ; (*wine*) bourgogne *m*
burial ['bɛrɪəl] *n* enterrement *m*
burial ground *n* cimetière *m*
burlesque [bəːˈlɛsk] *n* parodie *f*
burly ['bəːlɪ] *adj* de forte carrure, costaud(e)
Burma ['bəːmə] *n* Birmanie *f* ; *see also* **Myanmar**
Burmese [bəːˈmiːz] *adj* birman(e), de Birmanie ▸ *n* (*pl inv*) Birman(e) ; (*Ling*) birman *m*
burn [bəːn] (*pt, pp* **burned** [bəːnd] *or* **burnt** [bəːnt]) *vt, vi* brûler ; **the cigarette burnt a hole in her dress** la cigarette a fait un trou dans sa robe ; **I've burnt myself!** je me suis brûlé(e) ! ▸ *n* brûlure *f*
▸ **burn down** *vt* incendier, détruire par le feu
▸ **burn out** *vt* (*writer etc*): **to ~ o.s. out** s'user (à force de travailler)
▸ **burn up** *vi* (*satellite*) se désintégrer ▸ *vt* (*calories*) brûler
burner ['bəːnə^r] *n* brûleur *m*
burning ['bəːnɪŋ] *adj* (*building, forest*) en flammes ; (*issue, question*) brûlant(e) ; (*ambition*) dévorant(e)
burnish ['bəːnɪʃ] *vt* polir
burnished ['bəːnɪʃt] *adj* (*literary*) aux reflets dorés
burnout ['bəːnaut] *n* (*inf*) épuisement *f*
Burns' Night [bəːnz-] *n fête écossaise à la mémoire du poète Robert Burns*

Burns' Night

Burns' Night est une fête qui a lieu le 25 janvier, à la mémoire du poète écossais Robert Burns (1759–1796), à l'occasion de laquelle les Écossais partout dans le monde organisent un souper, en général arrosé de whisky. Le plat principal est toujours le *haggis*, servi avec de la purée de pommes de terre et de la purée de rutabagas. On apporte le *haggis* au son des cornemuses et au cours du repas on lit des poèmes de Burns et on chante ses chansons.

burnt [bəːnt] *pt, pp of* **burn**
burnt sugar *n* (Brit) caramel *m*
burp [bəːp] (*inf*) *n* rot *m* ▸ *vi* roter
burqa ['bəːkə] *n* burqa *f*
burrow ['bʌrəu] *n* terrier *m* ▸ *vt* creuser ▸ *vi* (*rabbit*) creuser un terrier ; (*rummage*) fouiller
bursar ['bəːsə^r] *n* économe *mf* ; (Brit: *student*) boursier(-ère)
bursary ['bəːsərɪ] *n* (Brit) bourse *f* (d'études)
burst [bəːst] (*pt, pp* ~) *vt* faire éclater ; **to ~ its banks** (*river*) sortir de son lit ; **the river has ~**

its banks le cours d'eau est sorti de son lit ▸ *vi* éclater ; (*tyre*) crever ; **to ~ into flames** s'enflammer soudainement ; **to ~ out laughing** éclater de rire ; **to ~ into tears** fondre en larmes ; **to ~ open** s'ouvrir violemment *or* soudainement ; **to be bursting with** (*container*) être plein(e) (à craquer) de, regorger de ; (*fig*) être débordant(e) de ▸ *n* explosion *f* ; (*also*: **burst pipe**) fuite *f* (*due à une rupture*) ; **a ~ of enthusiasm/energy** un accès d'enthousiasme/d'énergie ; **~ of laughter** éclat *m* de rire ; **a ~ of applause** une salve d'applaudissements ; **a ~ of gunfire** une rafale de tir ; **a ~ of speed** une pointe de vitesse ▸ *adj*: **~ blood vessel** rupture *f* de vaisseau sanguin
▸ **burst into** *vt fus* (*room etc*) faire irruption dans
▸ **burst out of** *vt fus* sortir précipitamment de

bury ['bɛrɪ] *vt* enterrer ; **to ~ one's face in one's hands** se couvrir le visage de ses mains ; **to ~ one's head in the sand** (*fig*) pratiquer la politique de l'autruche ; **to ~ the hatchet** (*fig*) enterrer la hache de guerre

bus [bʌs] (*pl* **buses** ['bʌsɪz]) *n* (auto)bus *m*

busboy ['bʌsbɔɪ] *n* (*US*) aide-serveur *m*

bus conductor *n* receveur(-euse) de bus

bush [buʃ] *n* buisson *m* ; (*scrub land*) brousse *f* ; **to beat about the ~** tourner autour du pot

bushed [buʃt] *adj* (*inf*) crevé(e), claqué(e)

bushel ['buʃl] *n* boisseau *m*

bushfire ['buʃfaɪəʳ] *n* feu *m* de brousse

bushy ['buʃɪ] *adj* broussailleux(-euse), touffu(e)

busily ['bɪzɪlɪ] *adv*: **to be ~ doing sth** s'affairer à faire qch

business ['bɪznɪs] *n* (*matter, firm*) affaire *f* ; (*trading*) affaires *fpl* ; (*job, duty*) travail *m* ; **to be away on ~** être en déplacement d'affaires ; **I'm here on ~** je suis là pour affaires ; **he's in the insurance ~** il est dans les assurances ; **to do ~ with sb** traiter avec qn ; **it's none of my ~** cela ne me regarde pas, ce ne sont pas mes affaires ; **he means ~** il ne plaisante pas, il est sérieux

business address *n* adresse professionnelle *or* au bureau

business card *n* carte *f* de visite (professionnelle)

business class *n* (*on plane*) classe *f* affaires

businesslike ['bɪznɪslaɪk] *adj* sérieux(-euse), efficace

businessman ['bɪznɪsmən] *n* (*irreg*) homme *m* d'affaires

business trip *n* voyage *m* d'affaires

businesswoman ['bɪznɪswumən] *n* (*irreg*) femme *f* d'affaires

busk ['bʌsk] *vi* (Brit: *play*) jouer dans la rue ; (: *sing*) chanter dans la rue

busker ['bʌskəʳ] *n* (Brit) artiste ambulant(e)

bus lane *n* (Brit) voie réservée aux autobus

bus pass *n* carte *f* de bus

bus shelter *n* abribus *m*

bus station *n* gare routière

bus stop *n* arrêt *m* d'autobus

bust [bʌst] *n* buste *m* ; (*measurement*) tour *m* de poitrine ▸ *adj* (*inf*: *broken*) fichu(e), fini(e) ; **to go ~** (*inf*) faire faillite ▸ *vt* (*inf*: *Police*: *arrest*) pincer

bustier ['bʌstiəʳ] *n* bustier *m*

bustle ['bʌsl] *n* remue-ménage *m*, affairement *m* ▸ *vi* s'affairer, se démener

bustling ['bʌslɪŋ] *adj* (*person*) affairé(e) ; (*town*) très animé(e)

bust-up ['bʌstʌp] *n* (Brit *inf*) engueulade *f*

busty ['bʌstɪ] *adj* (*inf*) à la poitrine plantureuse

busy ['bɪzɪ] *adj* occupé(e) ; (*shop, street*) très fréquenté(e) ; (*US*: *telephone, line*) occupé ; **he's a ~ man** (*normally*) c'est un homme très pris ; (*temporarily*) il est très pris ▸ *vt*: **to ~ o.s.** s'occuper

busybody ['bɪzɪbɔdɪ] *n* mouche *f* du coche, âme *f* charitable

busy signal *n* (*US*) tonalité *f* occupé *inv*

KEYWORD

but [bʌt] *conj* mais ; **I'd love to come, but I'm busy** j'aimerais venir mais je suis occupé ; **he's not English but French** il n'est pas anglais mais français ; **but that's far too expensive!** mais c'est bien trop cher !
▸ *prep* (*apart from, except*) sauf, excepté ; **nothing but** rien d'autre que ; **we've had nothing but trouble** nous n'avons eu que des ennuis ; **no-one but him can do it** lui seul peut le faire ; **who but a lunatic would do such a thing?** qui sinon un fou ferait une chose pareille ? ; **but for you/your help** sans toi/ton aide ; **anything but that** tout sauf *or* excepté ça, tout mais pas ça ; **the last but one** (Brit) l'avant-dernier(-ère)
▸ *adv* (*just, only*) ne ... que ; **she's but a child** elle n'est qu'une enfant ; **had I but known** si seulement j'avais su ; **I can but try** je peux toujours essayer ; **all but finished** pratiquement terminé ; **anything but finished** tout sauf fini, très loin d'être fini

butane ['bju:teɪn] *n* (*also*: **butane gas**) butane *m*

butch [butʃ] *adj* (*inf*: *man*) costaud, viril ; (: *woman*) costaude, masculine

butcher ['butʃəʳ] *n* boucher *m* ▸ *vt* massacrer ; (*cattle etc for meat*) tuer

butcher's ['butʃəz], **butcher's shop** *n* boucherie *f*

butler ['bʌtləʳ] *n* maître *m* d'hôtel

butt [bʌt] *n* (*cask*) gros tonneau ; (*thick end*) (gros) bout ; (*of gun*) crosse *f* ; (*of cigarette*) mégot *m* ; (Brit *fig*: *target*) cible *f* ▸ *vt* donner un coup de tête à
▸ **butt in** *vi* (*interrupt*) interrompre

butter ['bʌtəʳ] *n* beurre *m* ▸ *vt* beurrer

buttercup ['bʌtəkʌp] *n* bouton *m* d'or

butter dish *n* beurrier *m*

butterfingers ['bʌtəfɪŋgəz] *n* (*inf*) maladroit(e)

butterfly ['bʌtəflaɪ] *n* papillon *m* ; (*Swimming*: *also*: **butterfly stroke**) brasse *f* papillon

buttermilk ['bʌtəmɪlk] *n* babeurre *m*

butterscotch ['bʌtəskɔtʃ] *n* caramel *m* dur (au beurre) ▸ *cpd* (*sauce*) au caramel

buttocks ['bʌtəks] *npl* fesses *fpl*

button ['bʌtn] *n* bouton *m* ; (*US*: *badge*) pin *m* ▸ *vt* (*also*: **button up**) boutonner ▸ *vi* se boutonner

buttonhole ['bʌtnhəul] *n* boutonnière *f* ▸ *vt* accrocher, arrêter, retenir

buttress ['bʌtrɪs] *n* contrefort *m*
buxom ['bʌksəm] *adj* aux formes avantageuses *or* épanouies, bien galbé(e)
buy [baɪ] (*pt, pp* **bought** [bɔːt]) *vt* acheter ; (*Comm: company*) (r)acheter ; **where can I ~ some postcards?** où est-ce que je peux acheter des cartes postales ? ; **to ~ sb sth/sth from sb** acheter qch à qn ; **to ~ sb a drink** offrir un verre *or* à boire à qn ; **can I ~ you a drink?** je vous offre un verre ? ▸ *n* achat *m* ; **that was a good/bad ~** c'était un bon/mauvais achat
▸ **buy back** *vt* racheter
▸ **buy in** *vt* (Brit: *goods*) acheter, faire venir
▸ **buy into** *vt fus* (Brit *Comm*) acheter des actions de
▸ **buy off** *vt* (*bribe*) acheter
▸ **buy out** *vt* (*partner*) désintéresser ; (*business*) racheter
▸ **buy up** *vt* acheter en bloc, rafler
buyer ['baɪə^r] *n* acheteur(-euse) ; **~'s market** marché *m* favorable aux acheteurs
buy-out ['baɪaut] *n* (*Comm*) rachat *m* (*d'entreprise*)
buzz [bʌz] *n* bourdonnement *m* ; (*inf: phone call*): **to give sb a ~** passer un coup de fil à qn ▸ *vi* bourdonner ; **my head is buzzing** j'ai la tête qui bourdonne ▸ *vt* (*call on intercom*) appeler ; (*with buzzer*) sonner ; (*Aviat: plane, building*) raser
▸ **buzz off** *vi* (*inf*) s'en aller, ficher le camp
buzzard ['bʌzəd] *n* buse *f*
buzzer ['bʌzə^r] *n* timbre *m* électrique
buzz word *n* (*inf*) mot *m* à la mode *or* dans le vent

KEYWORD

by [baɪ] *prep* **1** (*referring to cause, agent*) par, de ; **killed by lightning** tué par la foudre ; **surrounded by a fence** entouré d'une barrière ; **a painting by Picasso** un tableau de Picasso
2 (*referring to method: manner: means*): **by bus/car** en autobus/voiture ; **by train** par le *or* en train ; **to pay by cheque** payer par chèque ; **by moonlight/candlelight** à la lueur de la lune/d'une bougie ; **by saving hard, he ...** à force d'économiser, il ...
3 (*via, through*) par ; **we came by Dover** nous sommes venus par Douvres
4 (*close to, past*) à côté de ; **the house by the school** la maison à côté de l'école ; **a holiday by the sea** des vacances au bord de la mer ; **she sat by his bed** elle était assise à son chevet ; **she went by me** elle est passée à côté de moi ; **I go by the post office every day** je passe devant la poste tous les jours
5 (*with time: not later than*) avant ; (*: during*): **by daylight** à la lumière du jour ; **by night** la nuit, de nuit ; **by 4 o'clock** avant 4 heures ; **by this time tomorrow** d'ici demain à la même heure ; **by the time I got here it was too late** lorsque je suis arrivé il était déjà trop tard
6 (*amount*) à ; **by the kilo/metre** au kilo/au mètre ; **paid by the hour** payé à l'heure ; **to increase** *etc* **by the hour** augmenter *etc* d'heure en heure
7 (*Math: measure*): **to divide/multiply by 3** diviser/multiplier par 3 ; **a room 3 metres by 4** une pièce de 3 mètres sur 4 ; **it's broader by a metre** c'est plus large d'un mètre ; **the bullet missed him by inches** la balle est passée à quelques centimètres de lui ; **one by one** un à un ; **little by little** petit à petit, peu à peu
8 (*according to*) d'après, selon ; **it's 3 o'clock by my watch** il est 3 heures à ma montre ; **it's all right by me** je n'ai rien contre
9: **(all) by oneself** *etc* tout(e) seul(e)
▸ *adv* **1** *see* **go**; **pass** *etc*
2: **by and by** un peu plus tard, bientôt ; **by and large** dans l'ensemble

bye ['baɪ], **bye-bye** ['baɪ'baɪ] *excl* au revoir !, salut !
bye-law ['baɪlɔː] *n* = **by-law**
by-election ['baɪɪlɛkʃən] *n* (Brit) élection (législative) partielle
Byelorussia [bjɛləu'rʌʃə] *n* Biélorussie *f*
Byelorussian [bjɛləu'rʌʃən] *adj, n* = **Belorussian**
bygone ['baɪgɔn] *adj* passé(e) ▸ *n*: **let bygones be bygones** passons l'éponge, oublions le passé
by-law ['baɪlɔː] *n* arrêté municipal
bypass ['baɪpɑːs] *n* rocade *f* ; (*Med*) pontage *m* ▸ *vt* éviter
by-product ['baɪprɔdʌkt] *n* sous-produit *m*, dérivé *m* ; (*fig*) conséquence *f* secondaire, retombée *f*
byre ['baɪə^r] *n* (Brit) étable *f* (à vaches)
bystander ['baɪstændə^r] *n* spectateur(-trice), badaud(e)
byte [baɪt] *n* (*Comput*) octet *m*
byway ['baɪweɪ] *n* chemin détourné
byword ['baɪwəːd] *n*: **to be a ~ for** être synonyme de (*fig*)
by-your-leave ['baɪjɔː'liːv] *n*: **without so much as a ~** sans même demander la permission

Cc

C[1], c[1] [si:] *n* (*letter*) C, c *m* ; (*Scol: mark*) C ; (*Mus*): **C** do *m* ; **C for Charlie** C comme Célestin

C[2] *abbr* (= *Celsius, centigrade*) C

c[2] *abbr* (= *century*) s. ; (*US etc*) = **cent**; (= *circa*) v.

CA *n abbr* = **Central America**; (BRIT) = **chartered accountant** ▸ *abbr* (*US*) = **California**

ca. *abbr* (= *circa*) v

c/a *abbr* = **capital account**; **credit account**; **current account**

CAA *n abbr* (BRIT) = **Civil Aviation Authority**; (*US*: = *Civil Aeronautics Authority*) *direction de l'aviation civile*

CAB *n abbr* (BRIT) = **Citizens' Advice Bureau**

cab [kæb] *n* taxi *m* ; (*of train, truck*) cabine *f* ; (*horse-drawn*) fiacre *m*

cabaret ['kæbəreɪ] *n* attractions *fpl* ; (*show*) spectacle *m* de cabaret

cabbage ['kæbɪdʒ] *n* chou *m*

cabbie, cabby ['kæbɪ], **cab driver** *n* (*inf*) taxi *m*, chauffeur *m* de taxi

cabin ['kæbɪn] *n* (*house*) cabane *f*, hutte *f* ; (*on ship*) cabine *f* ; (*on plane*) compartiment *m*

cabin crew *n* (*Aviat*) équipage *m*

cabin cruiser *n* yacht *m* (à moteur)

cabinet ['kæbɪnɪt] *n* (*Pol*) cabinet *m* ; (*furniture*) petit meuble à tiroirs et rayons ; (*also*: **display cabinet**) vitrine *f*, petite armoire vitrée

cabinet-maker ['kæbɪnɪt'meɪkə^{r}] *n* ébéniste *mf*

cabinet minister *n* ministre *mf* (*membre du cabinet*)

cable ['keɪbl] *n* câble *m* ▸ *vt* câbler, télégraphier

cable car ['keɪblkɑː^{r}] *n* téléphérique *m*

cablegram ['keɪblgræm] *n* câblogramme *m*

cable railway *n* (BRIT) funiculaire *m*

cable television *n* télévision *f* par câble

cache [kæʃ] *n* cachette *f* ; **a ~ of food** *etc* un dépôt secret de provisions *etc*, une cachette contenant des provisions *etc*

cachet ['kæʃeɪ] *n* (*of position, place*) prestige *m* ; (*of thing*) cachet *m*

cackle ['kækl] *vi* caqueter

cacophony [kə'kɔfənɪ] *n* cacophonie *f*

cactus ['kæktəs] (*pl* **cacti** [-taɪ]) *n* cactus *m*

CAD *n abbr* (= *computer-aided design*) CAO *f*

cad [kæd] *n* (*old*) mufle *m*, goujat *m*

cadaver [kə'dævə^{r}] *n* cadavre *m*

caddie ['kædɪ] *n* caddie *m*

cadet [kə'dɛt] *n* (*Mil*) élève *mf* officier ; **police ~** élève agent de police

cadge [kædʒ] *vt* (*inf*) se faire donner ; **to ~ a meal (off sb)** se faire inviter à manger (par qn)

cadmium ['kædmiəm] *n* cadmium *m*

cadre ['kædrɪ] *n* cadre *m*

Caesarean, (*US***) Cesarean** [siː'zɛərɪən] *adj*: **~ (section)** césarienne *f*

Caesar salad [siːzə'sæləd] *n* salade *f* césar

CAF *abbr* (BRIT: = *cost and freight*) C et F

café ['kæfeɪ] *n* ≈ café(-restaurant) *m* (*sans alcool*)

cafeteria [kæfɪ'tɪərɪə] *n* cafétéria *f*

caffeine ['kæfiːn] *n* caféine *f*

cage [keɪdʒ] *n* cage *f* ▸ *vt* mettre en cage

caged [keɪdʒd] *adj* en cage

cagey ['keɪdʒɪ] *adj* (*inf*) réticent(e), méfiant(e)

cagoule [kə'guːl] *n* K-way® *m*

cahoots [kə'huːts] *n*: **to be in ~ (with)** être de mèche (avec)

CAI *n abbr* (= *computer-aided instruction*) EAO *m*

cairn [kɛən] *n* cairn *m*

Cairo ['kaɪərəu] *n* Le Caire

cajole [kə'dʒəul] *vt* couvrir de flatteries *or* de gentillesses

Cajun ['keɪdʒən] *adj* cajun *inv* ▸ *n* (*person*) Cajun *mf* ; (*language*) cajun *m*

cake [keɪk] *n* gâteau *m* ; **~ of soap** savonnette *f* ; **it's a piece of ~** (*inf*) c'est un jeu d'enfant ; **he wants to have his ~ and eat it (too)** (*fig*) il veut tout avoir

caked [keɪkt] *adj*: **~ with** raidi(e) par, couvert(e) d'une croûte de

cake shop *n* pâtisserie *f*

cakewalk ['keɪkwɔːk] *n* (*dance*) cake-walk ; (*fig*) promenade *f* de santé

Cal. *abbr* (*US*) = **California**

calamitous [kə'læmɪtəs] *adj* catastrophique, désastreux(-euse)

calamity [kə'læmɪtɪ] *n* calamité *f*, désastre *m*

calcium ['kælsɪəm] *n* calcium *m*

calculate ['kælkjuleɪt] *vt* calculer ; (*estimate: chances, effect*) évaluer

▸ **calculate on** *vt fus*: **to ~ on sth/on doing sth** compter sur qch/faire qch

calculated ['kælkjuleɪtɪd] *adj* (*insult, action*) délibéré(e) ; **a ~ risk** un risque pris en toute connaissance de cause

calculating ['kælkjuleɪtɪŋ] *adj* calculateur(-trice)

calculation [kælkju'leɪʃən] *n* calcul *m*

calculator ['kælkjuleɪtə^{r}] *n* machine *f* à calculer, calculatrice *f*

calculus ['kælkjuləs] *n* analyse *f* (mathématique), calcul infinitésimal ; **integral/differential ~** calcul intégral/ différentiel

calendar ['kæləndəʳ] *n* calendrier *m*
calendar year *n* année civile
calf [kɑːf] (*pl* **calves** [kɑːvz]) *n* (*of cow*) veau *m* ; (*of other animals*) petit *m* ; (*also*: **calfskin**) veau *m*, vachette *f* ; (*Anat*) mollet *m*
calfskin ['kɑːfskɪn] *n* (cuir *m* de) veau *m* ▸ *cpd* en veau
caliber ['kælɪbəʳ] *n* (*US*) = **calibre**
calibrate ['kælɪbreɪt] *vt* (*gun etc*) calibrer ; (*scale of measuring instrument*) étalonner
calibre, (*US*) **caliber** ['kælɪbəʳ] *n* calibre *m*
calico ['kælɪkəu] *n* (Brit) calicot *m* ; (*US*) indienne *f*
Calif. *abbr* (*US*) = **California**
California [kælɪ'fɔːnɪə] *n* Californie *f*
calipers ['kælɪpəz] *npl* (*US*) = **callipers**
calisthenics [kælɪs'θɛnɪks] *npl* = **callisthenics**
call [kɔːl] *vt* (*gen, also Tel*) appeler ; (*announce: flight*) annoncer ; (*: meeting*) convoquer ; (*: strike*) lancer ; **to be called** s'appeler ; **she's called Suzanne** elle s'appelle Suzanne ▸ *vi* appeler ; (*visit: also*: **call in, call round**) passer ; **who is calling?** (*Tel*) qui est à l'appareil ? ; **London calling** (*Radio*) ici Londres ▸ *n* (*shout*) appel *m*, cri *m* ; (*summons: for flight etc, fig: lure*) appel ; (*visit*) visite *f* ; (*also*: **telephone call**) coup *m* de téléphone ; communication *f* ; **please give me a ~ at 7** appelez-moi à 7 heures ; **to make a ~** téléphoner, passer un coup de fil ; **can I make a ~ from here?** est-ce que je peux téléphoner d'ici ? ; **to pay a ~ on sb** rendre visite à qn, passer voir qn ; **to be on ~** être de permanence ; **there's not much ~ for these items** ces articles ne sont pas très demandés
▸ **call at** *vt fus* (*ship*) faire escale à ; (*train*) s'arrêter à
▸ **call back** *vi* (*return*) repasser ; (*Tel*) rappeler ; **can you ~ back later?** pouvez-vous rappeler plus tard ? ▸ *vt* (*Tel*) rappeler
▸ **call for** *vt fus* (*demand*) demander ; (*fetch*) passer prendre
▸ **call in** *vt* (*doctor, expert, police*) appeler, faire venir
▸ **call off** *vt* annuler ; **the strike was called off** l'ordre de grève a été levé
▸ **call on** *vt fus* (*visit*) rendre visite à, passer voir ; (*request*): **to ~ on sb to do** inviter qn à faire
▸ **call out** *vi* pousser un cri *or* des cris ▸ *vt* (*doctor, police, troops*) appeler
▸ **call up** *vt* (*Mil*) appeler, mobiliser ; (*Tel*) appeler
call box ['kɔːlbɔks] *n* (Brit) cabine *f* téléphonique
call centre, (*US*) **call center** *n* centre *m* d'appels
caller ['kɔːləʳ] *n* (*Tel*) personne *f* qui appelle ; (*visitor*) visiteur *m* ; **hold the line, ~!** (*Tel*) ne quittez pas, Monsieur (*or* Madame) !
call girl *n* call-girl *f*
calligraphy [kə'lɪgrəfɪ] *n* calligraphie *f*
call-in ['kɔːlɪn] *n* (*US Radio, TV*) programme *m* à ligne ouverte
calling ['kɔːlɪŋ] *n* vocation *f* ; (*trade, occupation*) état *m*
calling card *n* (*US*) carte *f* de visite
callipers, (*US*) **calipers** ['kælɪpəz] *npl* (*Math*) compas *m* ; (*Med*) appareil *m* orthopédique ; gouttière *f* ; étrier *m*
callisthenics, calisthenics [kælɪs'θɛnɪks] *npl* gymnastique *f* suédoise, gymnastique *f* rythmique
callous ['kæləs] *adj* dur(e), insensible
calloused, callused ['kæləst] *adj* calleux(-euse)
callousness ['kæləsnɪs] *n* dureté *f*, manque *m* de cœur, insensibilité *f*
call-out charge, call-out fee ['kɔːlaut-] *n* frais *mpl* de déplacement
callow ['kæləu] *adj* sans expérience (de la vie)
calm [kɑːm] *adj* calme ▸ *n* calme *m* ▸ *vt* calmer, apaiser
▸ **calm down** *vi* se calmer, s'apaiser ▸ *vt* calmer, apaiser
calmly ['kɑːmlɪ] *adv* calmement, avec calme
calmness ['kɑːmnɪs] *n* calme *m*
Calor gas® ['kæləʳ-] *n* (Brit) butane *m*, butagaz® *m*
calorie ['kælərɪ] *n* calorie *f* ; **low ~ product** produit *m* pauvre en calories
calve [kɑːv] *vi* vêler, mettre bas
calves [kɑːvz] *npl of* **calf**
CAM *n abbr* (= *computer-aided manufacturing*) FAO *f*
camber ['kæmbəʳ] *n* (*of road*) bombement *m*
Cambodia [kæm'bəudɪə] *n* Cambodge *m*
Cambodian [kæm'bəudɪən] *adj* cambodgien(ne) ▸ *n* Cambodgien(ne)
Cambs *abbr* (Brit) = **Cambridgeshire**
camcorder ['kæmkɔːdəʳ] *n* caméscope *m*
came [keɪm] *pt of* **come**
camel ['kæməl] *n* chameau *m*
camellia [kə'miːlɪə] *n* camélia *m*
cameo ['kæmɪəu] *n* camée *m*
camera ['kæmərə] *n* appareil photo *m* ; (*Cine, TV*) caméra *f* ; **digital ~** appareil numérique ; **in ~** à huis clos, en privé
cameraman ['kæmərəmæn] *n* (*irreg*) caméraman *m*
camera phone *n* téléphone *m* avec appareil photo
Cameroon, Cameroun [kæmə'ruːn] *n* Cameroun *m*
camisole ['kæmɪsəul] *n* caraco *m*
camomile ['kæməmaɪl] *n* camomille *f*
camouflage ['kæməflɑːʒ] *n* camouflage *m* ▸ *vt* camoufler
camp [kæmp] *n* camp *m* ▸ *vi* camper ▸ *adj* (*man*) efféminé(e)
campaign [kæm'peɪn] *n* (*Mil, Pol*) campagne *f* ▸ *vi* (*also fig*) faire campagne ; **to ~ for/against** militer pour/contre
campaigner [kæm'peɪnəʳ] *n*: **~ for** partisan(e) de ; **~ against** opposant(e) à
camp bed ['kæmp'bɛd] *n* (Brit) lit *m* de camp
camper ['kæmpəʳ] *n* campeur(-euse) ; (*vehicle*) camping-car *m*
camping ['kæmpɪŋ] *n* camping *m* ; **to go ~** faire du camping
camping gas® *n* butane *m*
campsite ['kæmpsaɪt] *n* (terrain *m* de) camping *m*
campus ['kæmpəs] *n* campus *m*
camshaft ['kæmʃɑːft] *n* arbre *m* à came
can[1] [kæn] *n* (*of milk, oil, water*) bidon *m* ; (*tin*) boîte *f* (de conserve) ▸ *vt* mettre en conserve ; **a ~ of**

C

beer une canette de bière ; **he had to carry the ~** (BRIT *inf*) on lui a fait porter le chapeau

KEYWORD

can² [kæn] (*negative* **cannot** ['kænɔt], **can't** [kɑ:nt], *conditional, pt* **could** [kud]) *aux vb* **1** (*be able to*) pouvoir ; **you can do it if you try** vous pouvez le faire si vous essayez ; **I can't hear you** je ne t'entends pas
2 (*know how to*) savoir ; **I can swim/play tennis/drive** je sais nager/jouer au tennis/conduire ; **can you speak French?** parlez-vous français ?
3 (*may*) pouvoir ; **can I use your phone?** puis-je me servir de votre téléphone ?
4 (*expressing disbelief, puzzlement etc*): **it can't be true!** ce n'est pas possible ! ; **what CAN he want?** qu'est-ce qu'il peut bien vouloir ?
5 (*expressing possibility, suggestion etc*): **he could be in the library** il est peut-être dans la bibliothèque ; **she could have been delayed** il se peut qu'elle ait été retardée ; **they could have forgotten** ils ont pu oublier

can is not translated with French verbs such as **voir, entendre, comprendre** and **se souvenir de.**
I can see her! **Je la vois !**
I can't understand him. **Je ne le comprends pas.**

Canada ['kænədə] *n* Canada *m*
Canadian [kə'neɪdɪən] *adj* canadien(ne) ▸ *n* Canadien(ne)
canal [kə'næl] *n* canal *m*
canary [kə'nɛərɪ] *n* canari *m*, serin *m*
Canary Islands, Canaries [kə'nɛərɪz] *npl*: **the ~** les (îles *fpl*) Canaries *fpl*
Canberra ['kænbərə] *n* Canberra
cancel ['kænsəl] *vt* annuler ; (*train*) supprimer ; (*party, appointment*) décommander ; (*cross out*) barrer, rayer ; (*stamp*) oblitérer ; (*cheque*) faire opposition à ; **I would like to ~ my booking** je voudrais annuler ma réservation
▸ **cancel out** *vt* annuler ; **they ~ each other out** ils s'annulent
cancellation [kænsə'leɪʃən] *n* annulation *f* ; suppression *f* ; oblitération *f* ; (*Tourism*) réservation annulée, client *etc* qui s'est décommandé
Cancer ['kænsə^r] *n* (*Astrology*) le Cancer ; **to be ~** être du Cancer
cancer ['kænsə^r] *n* cancer *m*
cancerous ['kænsrəs] *adj* cancéreux(-euse)
cancer patient *n* cancéreux(-euse)
cancer research *n* recherche *f* contre le cancer
C and F *abbr* (BRIT: = *cost and freight*) C et F
candid ['kændɪd] *adj* (très) franc (franche), sincère
candidacy ['kændɪdəsɪ] *n* candidature *f*
candidate ['kændɪdeɪt] *n* candidat(e)
candidature ['kændɪdətʃə^r] *n* (BRIT) = **candidacy**
candied ['kændɪd] *adj* confit(e) ; **~ apple** (US) pomme caramélisée
candle ['kændl] *n* bougie *f* ; (*of tallow*) chandelle *f* ; (*in church*) cierge *m*
candlelight ['kændllaɪt] *n*: **by ~** à la lumière d'une bougie ; (*dinner*) aux chandelles
candlelit ['kændllɪt] *adj* (*room, table*) éclairé(e) à la bougie (*or* aux chandelles)
candlestick ['kændlstɪk] *n* (*also*: **candle holder**) bougeoir *m* ; (: *bigger, ornate*) chandelier *m*
candour, (US) **candor** ['kændə^r] *n* (grande) franchise *or* sincérité
C & W *n abbr* = **country and western**
candy ['kændɪ] *n* sucre candi ; (US) bonbon *m*
candy bar (US) *n* barre *f* chocolatée
candyfloss ['kændɪflɔs] *n* (BRIT) barbe *f* à papa
candy store *n* (US) confiserie *f*
cane [keɪn] *n* canne *f* ; (*for baskets, chairs etc*) rotin *m* ▸ *vt* (BRIT *Scol*) administrer des coups de bâton à
canine ['kænaɪn] *adj* canin(e)
canister ['kænɪstə^r] *n* boîte *f* (*gén en métal*) ; (*of gas*) bombe *f*
cannabis ['kænəbɪs] *n* (*drug*) cannabis *m* ; (*cannabis plant*) chanvre indien
canned ['kænd] *adj* (*food*) en boîte, en conserve ; (*inf: music*) enregistré(e) ; (BRIT *inf: drunk*) bourré(e) ; (US *inf: worker*) mis(e) à la porte
cannibal ['kænɪbəl] *n* cannibale *mf*, anthropophage *mf*
cannibalism ['kænɪbəlɪzəm] *n* cannibalisme *m*, anthropophagie *f*
cannon ['kænən] (*pl* **~** *or* **cannons**) *n* (*gun*) canon *m*
cannonball ['kænənbɔ:l] *n* boulet *m* de canon
cannon fodder *n* chair *f* à canon
cannot ['kænɔt] = **can not**
canny ['kænɪ] *adj* madré(e), finaud(e)
canoe [kə'nu:] *n* pirogue *f* ; (*Sport*) canoë *m*
canoeing [kə'nu:ɪŋ] *n* (*sport*) canoë *m*
canoeist [kə'nu:ɪst] *n* canoéiste *mf*
canon ['kænən] *n* (*clergyman*) chanoine *m* ; (*standard*) canon *m*
canonize ['kænənaɪz] *vt* canoniser
can-opener [-'əupnə^r] *n* ouvre-boîte *m*
canopy ['kænəpɪ] *n* baldaquin *m* ; dais *m*
cant [kænt] *n* jargon *m* ▸ *vt, vi* pencher
can't [kɑ:nt] = **can not**
Cantab. *abbr* (BRIT: = *cantabrigiensis*) *of Cambridge*
cantankerous [kæn'tæŋkərəs] *adj* querelleur(-euse), acariâtre
canteen [kæn'ti:n] *n* (*eating place*) cantine *f* ; (BRIT: *of cutlery*) ménagère *f*
canter ['kæntə^r] *n* petit galop ▸ *vi* aller au petit galop
cantilever ['kæntɪli:və^r] *n* porte-à-faux *m inv*
Cantonese [kæntə'ni:z] *adj* cantonais(e) ▸ *n* (*person*) Cantonais(e) ; (*language*) cantonais *m*
canvas ['kænvəs] *n* (*gen*) toile *f* ; **under ~** (*camping*) sous la tente ; (*Naut*) toutes voiles dehors
canvass ['kænvəs] *vi* (*Pol*): **to ~ for** faire campagne pour ▸ *vt* (*Pol: district*) faire la tournée électorale dans ; (: *person*) solliciter le suffrage de ; (*Comm: district*) prospecter ; (: *citizens, opinions*) sonder
canvasser ['kænvəsə^r] *n* (*Pol*) agent électoral ; (*Comm*) démarcheur *m*
canvassing ['kænvəsɪŋ] *n* (*Pol*) prospection électorale, démarchage électoral ; (*Comm*) démarchage, prospection

canyon ['kænjən] *n* cañon *m*, gorge (profonde)
CAP *n abbr* (= *Common Agricultural Policy*) PAC *f*
cap [kæp] *n* casquette *f* ; (*for swimming*) bonnet *m* de bain ; (*of pen*) capuchon *m* ; (*of bottle*) capsule *f* ; (BRIT: *contraceptive*: *also*: **Dutch cap**) diaphragme *m* ; (*Football*) sélection *f* pour l'équipe nationale ▸ *vt* capsuler ; (*outdo*) surpasser ; (*put limit on*) plafonner ; **capped with** coiffé(e) de ; **and to ~ it all, he ...** (BRIT) pour couronner le tout, il ...
capability [keɪpə'bɪlɪtɪ] *n* aptitude *f*, capacité *f*
capable ['keɪpəbl] *adj* capable ; **~ of** (*interpretation etc*) susceptible de
capably ['keɪpəblɪ] *adv* avec compétence
capacious [kə'peɪʃəs] *adj* vaste
capacity [kə'pæsɪtɪ] *n* (*of container*) capacité *f*, contenance *f* ; (*ability*) aptitude *f* ; **filled to ~** plein(e) ; **in his ~ as** en sa qualité de ; **in an advisory ~** à titre consultatif ; **to work at full ~** travailler à plein rendement
cape [keɪp] *n* (*garment*) cape *f* ; (*Geo*) cap *m*
Cape of Good Hope *n* cap *m* de Bonne Espérance
caper ['keɪpəʳ] *n* (*Culin*: *gen pl*) câpre *f* ; (*prank*) farce *f*
Cape Town *n* Le Cap
capita ['kæpɪtə] *n see* **per capita**
capital ['kæpɪtl] *n* (*also*: **capital city**) capitale *f* ; (*money*) capital *m* ; (*also*: **capital letter**) majuscule *f*
capital account *n* balance *f* des capitaux ; (*of country*) compte capital
capital allowance *n* provision *f* pour amortissement
capital assets *npl* immobilisations *fpl*
capital expenditure *n* dépenses *fpl* d'équipement
capital gains tax *n* impôt *m* sur les plus-values
capital goods *n* biens *mpl* d'équipement
capital-intensive ['kæpɪtlɪn'tɛnsɪv] *adj* à forte proportion de capitaux
capitalism ['kæpɪtəlɪzəm] *n* capitalisme *m*
capitalist ['kæpɪtəlɪst] *adj*, *n* capitaliste *mf*
capitalize ['kæpɪtəlaɪz] *vt* (*provide with capital*) financer
▸ **capitalize on** *vt fus* (*fig*) profiter de
capital punishment *n* peine capitale
capital transfer tax *n* (BRIT) impôt *m* sur le transfert de propriété
Capitol ['kæpɪtl] *n*: **the ~** le Capitole

CAPITOL

Le **Capitol** est le siège du *Congress*, à Washington. Il est situé sur *Capitol Hill*, dont le nom désigne par métonymie le *Congress* lui-même.

capitulate [kə'pɪtjuleɪt] *vi* capituler
capitulation [kəpɪtju'leɪʃən] *n* capitulation *f*
cappuccino [kæpə'tʃi:nəu] *n* cappuccino *m*
capricious [kə'prɪʃəs] *adj* capricieux(-euse), fantasque
Capricorn ['kæprɪkɔ:n] *n* le Capricorne ; **to be ~** être du Capricorne
caps [kæps] *abbr* = **capital letters**
capsize [kæp'saɪz] *vt* faire chavirer ▸ *vi* chavirer
capstan ['kæpstən] *n* cabestan *m*
capsule ['kæpsju:l] *n* capsule *f*
Capt. *abbr* (= *captain*) Cne
captain ['kæptɪn] *n* capitaine *m* ▸ *vt* commander, être le capitaine de
caption ['kæpʃən] *n* légende *f*
captivate ['kæptɪveɪt] *vt* captiver, fasciner
captive ['kæptɪv] *adj*, *n* captif(-ive)
captivity [kæp'tɪvɪtɪ] *n* captivité *f*
captor ['kæptəʳ] *n* (*unlawful*) ravisseur *m* ; (*lawful*): **his captors** les gens (*or* ceux *etc*) qui l'ont arrêté
capture ['kæptʃəʳ] *vt* (*prisoner, animal*) capturer ; (*town*) prendre ; (*attention*) capter ; (*Comput*) saisir ▸ *n* capture *f* ; (*of data*) saisie *f* de données
car [kɑ:ʳ] *n* voiture *f*, auto *f* ; (*US Rail*) wagon *m*, voiture ; **by ~** en voiture
carafe [kə'ræf] *n* carafe *f*
carafe wine *n* (*in restaurant*) ≈ vin ouvert
caramel ['kærəməl] *n* caramel *m*
carat ['kærət] *n* carat *m* ; **18 ~ gold** or *m* à 18 carats
caravan ['kærəvæn] *n* caravane *f*
caravan site *n* (BRIT) camping *m* pour caravanes
caraway ['kærəweɪ] *n*: **~ seed** graine *f* de cumin, cumin *m*
carb [kɑ:b] *n* (*inf*: *carbohydrate*) glucide *m* ; **a low-~ diet** un régime pauvre en glucides
carbohydrate [kɑ:bəu'haɪdreɪt] *n* (*Chem*) glucide *m*, hydrate *m* de carbone ; **carbohydrates** *npl* (*food*) farineux *mpl*, féculents *mpl*
carbolic acid [kɑ:'bɔlɪk-] *n* phénol *m*
car bomb *n* voiture piégée
carbon ['kɑ:bən] *n* carbone *m*
carbonated ['kɑ:bəneɪtɪd] *adj* (*drink*) gazeux(-euse)
carbon copy *n* carbone *m*
carbon credit *n* crédit *m* carbone
carbon dioxide [-daɪ'ɔksaɪd] *n* gaz *m* carbonique, dioxyde *m* de carbone
carbon footprint *n* empreinte *f* carbone
carbon monoxide [-mɔ'nɔksaɪd] *n* oxyde *m* de carbone
carbon-neutral [kɑ:bn'nju:trəl] *adj* neutre en carbone
carbon offset *n* compensation *f* carbone ; **~ credit** crédit de compensation carbone
carbon paper *n* papier *m* carbone
carbon ribbon *n* ruban *m* carbone
car boot sale *n* (BRIT) vide-grenier *m*
carburettor, (US) **carburetor** [kɑ:bju'rɛtəʳ] *n* carburateur *m*
carcass ['kɑ:kəs] *n* carcasse *f*
carcinogen [kɑ:'sɪnədʒən] *n* substance *f* cancérigène
carcinogenic [kɑ:sɪnə'dʒɛnɪk] *adj* cancérigène
card [kɑ:d] *n* carte *f* ; (*material*) carton *m* ; (*membership card*) carte d'adhérent ; **to play cards** jouer aux cartes
cardamom ['kɑ:dəməm] *n* cardamome *f*
cardboard ['kɑ:dbɔ:d] *n* carton *m*
cardboard box *n* (boîte *f* en) carton *m*
cardboard city *n endroit de la ville où dorment les SDF dans des boîtes en carton*

card-carrying member ['kɑ:dkærɪɪŋ-] *n* membre encarté
card game *n* jeu *m* de cartes
cardiac ['kɑ:dɪæk] *adj* cardiaque
cardigan ['kɑ:dɪgən] *n* cardigan *m*
cardinal ['kɑ:dɪnl] *adj* cardinal(e) ; (*importance*) capital(e) ▸ *n* cardinal *m*
card index *n* fichier *m* (alphabétique)
cardiologist [kɑ:di'ɔlədʒɪst] *n* cardiologue *mf*
cardiology [kɑ:di'ɔlədʒɪ] *n* cardiologie *f*
cardphone ['kɑ:dfəun] *n* téléphone *m* à carte (magnétique)
cardsharp ['kɑ:dʃɑ:p] *n* tricheur(-euse) professionnel(le)
card vote *n* (Brit) vote *m* de délégués
CARE [kɛə^r] *n abbr* (= *Cooperative for American Relief Everywhere*) *association charitable*
care [kɛə^r] *n* soin *m*, attention *f* ; (*worry*) souci *m* ; **in sb's ~** à la garde de qn, confié à qn ; **~ of** (*on letter*) chez ; **"with ~"** « fragile » ; **to take ~ (to do)** faire attention (à faire) ; **to take ~ of** s'occuper de ; **the child has been taken into ~** l'enfant a été placé en institution ▸ *vi*: **to ~ about** (*feel interest for*) se soucier de, s'intéresser à ; (*person: love*) être attaché(e) à ; **would you ~ to/for ...?** voulez-vous ... ? ; **I wouldn't ~ to do it** je n'aimerais pas le faire ; **I don't ~** ça m'est bien égal, peu m'importe ; **I couldn't ~ less** cela m'est complètement égal, je m'en fiche complètement
▸ **care for** *vt fus* s'occuper de ; (*like*) aimer
careen [kə'ri:n] *vi* (*ship*) donner de la bande ▸ *vt* caréner, mettre en carène
career [kə'rɪə^r] *n* carrière *f* ▸ *vi* (*also*: **career along**) aller à toute allure
career girl *n* jeune fille *f or* femme *f* qui veut faire carrière
careers officer *n* conseiller(-ère) d'orientation (professionnelle)
career woman *n* (*irreg*) femme ambitieuse
carefree ['kɛəfri:] *adj* sans souci, insouciant(e)
careful ['kɛəful] *adj* soigneux(-euse) ; (*cautious*) prudent(e) ; **(be) ~!** (fais) attention ! ; **to be ~ with one's money** regarder à la dépense
carefully ['kɛəfəlɪ] *adv* avec soin, soigneusement ; prudemment
caregiver ['kɛəgɪvə^r] *n* (*US: professional*) travailleur social ; (*unpaid*) *personne qui s'occupe d'un proche qui est malade*
careless ['kɛəlɪs] *adj* négligent(e) ; (*heedless*) insouciant(e)
carelessly ['kɛəlɪslɪ] *adv* négligemment ; avec insouciance
carelessness ['kɛəlɪsnɪs] *n* manque *m* de soin, négligence *f* ; insouciance *f*
carer ['kɛərə^r] *n* (*professional*) travailleur social ; (*unpaid*) *personne qui s'occupe d'un proche qui est malade*
caress [kə'rɛs] *n* caresse *f* ▸ *vt* caresser
caretaker ['kɛəteɪkə^r] *n* gardien(ne), concierge *mf*
caretaker government *n* (Brit) gouvernement *m* intérimaire
car-ferry ['kɑ:fɛrɪ] *n* (*on sea*) ferry(-boat) *m* ; (*on river*) bac *m*
cargo ['kɑ:gəu] (*pl* **cargoes**) *n* cargaison *f*, chargement *m*
cargo boat *n* cargo *m*
cargo plane *n* avion-cargo *m*
car hire *n* (Brit) location *f* de voitures
Caribbean [kærɪ'bi:ən] *adj*, *n*: **the ~ (Sea)** la mer des Antilles *or* des Caraïbes
caricature ['kærɪkətjuə^r] *n* caricature *f*
caring ['kɛərɪŋ] *adj* (*person*) bienveillant(e) ; (*society, organization*) humanitaire
car maker *n* constructeur *m* automobile
carnage ['kɑ:nɪdʒ] *n* carnage *m*
carnal ['kɑ:nl] *adj* charnel(le)
carnation [kɑ:'neɪʃən] *n* œillet *m*
carnival ['kɑ:nɪvl] *n* (*public celebration*) carnaval *m* ; (*US: funfair*) fête foraine
carnivore ['kɑ:nɪvɔ:^r] *n* (*animal*) carnivore *m* ; (*person*) carnivore *mf*
carnivorous [kɑ:'nɪvərəs] *adj* carnivore, carnassier(-ière)
carol ['kærəl] *n*: **(Christmas) ~** chant *m* de Noël
carouse [kə'rauz] *vi* faire la bringue
carousel [kærə'sɛl] *n* (*for luggage*) carrousel *m* ; (*US*) manège *m*
carp [kɑ:p] *n* (*fish*) carpe *f*
▸ **carp at** *vt fus* critiquer
car park (Brit) *n* parking *m*, parc *m* de stationnement
carpenter ['kɑ:pɪntə^r] *n* charpentier *m* ; (*joiner*) menuisier *m*
carpentry ['kɑ:pɪntrɪ] *n* charpenterie *f*, métier *m* de charpentier ; (*woodwork: at school etc*) menuiserie *f*
carpet ['kɑ:pɪt] *n* tapis *m* ; **fitted ~** (Brit) moquette *f* ▸ *vt* recouvrir (d'un tapis)
carpet bombing *n* bombardement intensif
carpet slippers *npl* pantoufles *fpl*
carpet sweeper [-'swi:pə^r] *n* balai *m* mécanique
car phone *n* téléphone *m* de voiture
car pool *n* (*arrangement*) covoiturage *m* ; (*stock of cars*) parc *m* de voitures de fonction ▸ *vi* (*esp US, Australia*) pratiquer le covoiturage
carport ['kɑ:pɔ:t] *n* auvent *m* pour voitures
car rental *n* (*US*) location *f* de voitures
carriage ['kærɪdʒ] *n* (Brit *Rail*) wagon *m* ; (*horse-drawn*) voiture *f* ; (*of goods*) transport *m* ; (*: cost*) port *m* ; (*of typewriter*) chariot *m* ; (*bearing*) maintien *m*, port *m* ; **~ forward** port dû ; **~ free** franco de port ; **~ paid** (en) port payé
carriage return *n* retour *m* à la ligne
carriageway ['kærɪdʒweɪ] *n* (Brit: *part of road*) chaussée *f*
carrier ['kærɪə^r] *n* transporteur *m*, camionneur *m* ; (*company*) entreprise *f* de transport ; (*Med*) porteur(-euse) ; (*Naut*) porte-avions *m inv*
carrier bag *n* (Brit) sac *m* en papier *or* en plastique
carrier pigeon *n* pigeon voyageur
carrion ['kærɪən] *n* charogne *f*
carrot ['kærət] *n* carotte *f*
carry ['kærɪ] *vt* (*subj: person*) porter ; (*: vehicle*) transporter ; (*a motion, bill*) voter, adopter ; (*Math: figure*) retenir ; (*Comm: interest*) rapporter ; (*involve: responsibilities etc*) comporter, impliquer ; (*Med: disease*) être porteur de ; **to get carried**

away (*fig*) s'emballer, s'enthousiasmer ; **this loan carries 10% interest** ce prêt est à 10% (d'intérêt) ▸ *vi* (*sound*) porter
▸ **carry forward** *vt* (*gen, Book-keeping*) reporter
▸ **carry on** *vi* (*continue*) continuer ; (*inf: make a fuss*) faire des histoires ; **to ~ on with sth/ doing** continuer qch/à faire ▸ *vt* (*conduct: business*) diriger ; (*: conversation*) entretenir ; (*continue: business, conversation*) continuer
▸ **carry out** *vt* (*orders*) exécuter ; (*investigation*) effectuer ; (*idea, threat*) mettre à exécution
carrycot ['kærɪkɔt] *n* (Brit) porte-bébé *m*
carry-on ['kærɪ'ɔn] *n* (*inf: fuss*) histoires *fpl* ; (*: annoying behaviour*) cirque *m*, cinéma *m*
cart [kɑ:t] *n* charrette *f* ▸ *vt* (*inf*) transporter
carte blanche ['kɑ:t'blɔŋʃ] *n*: **to give sb ~** donner carte blanche à qn
cartel [kɑ:'tɛl] *n* (*Comm*) cartel *m*
cartilage ['kɑ:tɪlɪdʒ] *n* cartilage *m*
cartographer [kɑ:'tɔgrəfəʳ] *n* cartographe *mf*
cartography [kɑ:'tɔgrəfɪ] *n* cartographie *f*
carton ['kɑ:tən] *n* (*box*) carton *m* ; (*of yogurt*) pot *m* (en carton) ; (*of cigarettes*) cartouche *f*
cartoon [kɑ:'tu:n] *n* (*Press*) dessin *m* (humoristique) ; (*satirical*) caricature *f* ; (*comic strip*) bande dessinée ; (*Cine*) dessin animé
cartoonist [kɑ:'tu:nɪst] *n* dessinateur(-trice) humoristique ; caricaturiste *mf* ; auteur *m* de dessins animés ; auteur de bandes dessinées
cartridge ['kɑ:trɪdʒ] *n* (*for gun, pen*) cartouche *f* ; (*for camera*) chargeur *m* ; (*music tape*) cassette *f* ; (*of record player*) cellule *f*
cartwheel ['kɑ:twi:l] *n* roue *f* ; **to turn a ~** faire la roue
carve [kɑ:v] *vt* (*meat: also:* **carve up**) découper ; (*wood, stone*) tailler, sculpter
carving ['kɑ:vɪŋ] *n* (*in wood etc*) sculpture *f*
carving knife *n* couteau *m* à découper
car wash *n* station *f* de lavage (de voitures)
Casablanca [kæsə'blæŋkə] *n* Casablanca
cascade [kæs'keɪd] *n* cascade *f* ▸ *vi* tomber en cascade
case [keɪs] *n* cas *m* ; (*Law*) affaire *f*, procès *m* ; (*box*) caisse *f*, boîte *f* ; (*for glasses*) étui *m* ; (Brit: *also:* **suitcase**) valise *f* ; (*Typ*): **lower/upper ~** minuscule *f*/majuscule *f* ; **to have a good ~** avoir de bons arguments ; **there's a strong ~ for reform** il y aurait lieu d'engager une réforme ; **in ~ of** en cas de ; **in ~ he** au cas où il ; **just in ~** à tout hasard ; **in any ~** en tout cas, de toute façon
case history *n* (*Med*) dossier médical, antécédents médicaux
caseload ['keɪsləud] *n* (*of doctor, social worker*) nombre *m* de dossiers
case study *n* étude *f* de cas
caseworker ['keɪswə:kəʳ] *n* assistant(e) social(e)
cash [kæʃ] *n* argent *m* ; (*Comm*) (argent *m*) liquide *m*, numéraire *m* ; liquidités *fpl* ; (*in payment*) argent comptant, espèces *fpl* ; **to pay (in) ~** payer (en argent) comptant *or* en espèces ; **~ with order/on delivery** (*Comm*) payable *or* paiement à la commande/livraison ; **to be short of ~** être à court d'argent ; **I haven't got any ~** je n'ai pas de liquide ▸ *vt* encaisser
▸ **cash in** *vt* (*insurance policy etc*) toucher
▸ **cash in on** *vt fus* profiter de
cash account *n* compte *m* caisse
cash and carry *n* libre-service *m* de gros, cash and carry *m inv*
cashback ['kæʃbæk] *n* (*discount*) remise *f* ; (*at supermarket etc*) retrait *m* (*à la caisse*)
cashbook ['kæʃbuk] *n* livre *m* de caisse
cash box *n* caisse *f*
cash card *n* carte *f* de retrait
cash desk *n* (Brit) caisse *f*
cash discount *n* escompte *m* de caisse (pour paiement au comptant), remise *f* au comptant
cash dispenser *n* distributeur *m* automatique de billets
cashew [kæ'ʃu:] *n* (*also:* **cashew nut**) noix *f* de cajou
cash flow *n* cash-flow *m*, marge brute d'autofinancement
cashier [kæ'ʃɪəʳ] *n* caissier(-ère) ▸ *vt* (*Mil*) destituer, casser
cashmere ['kæʃmɪəʳ] *n* cachemire *m*
cash payment *n* paiement comptant, versement *m* en espèces
cash point *n* distributeur *m* automatique de billets
cash price *n* prix comptant
cash register *n* caisse enregistreuse
cash sale *n* vente *f* au comptant
casing ['keɪsɪŋ] *n* revêtement (protecteur), enveloppe (protectrice)
casino [kə'si:nəu] *n* casino *m*
cask [kɑ:sk] *n* tonneau *m*
casket ['kɑ:skɪt] *n* coffret *m* ; (*US: coffin*) cercueil *m*
Caspian Sea ['kæspɪən-] *n*: **the ~** la mer Caspienne
cassava [kə'sɑ:və] *n* manioc *m*
casserole ['kæsərəul] *n* (*pot*) cocotte *f* ; (*food*) ragoût *m* (en cocotte)
cassette [kæ'sɛt] *n* cassette *f*
cassette deck *n* platine *f* cassette
cassette player *n* lecteur *m* de cassettes
cassette recorder *n* magnétophone *m* à cassettes
cassock ['kæsək] *n* soutane *f*
cast [kɑ:st] (*vb: pt, pp* **~**) *vt* (*throw*) jeter ; (*shadow: lit*) projeter ; (*: fig*) jeter ; (*glance*) jeter ; (*shed*) perdre ; se dépouiller de ; (*metal*) couler, fondre ; **to ~ sb as Hamlet** attribuer à qn le rôle d'Hamlet ; **to ~ one's vote** voter, exprimer son suffrage ; **to ~ doubt on** jeter un doute sur ▸ *n* (*Theat*) distribution *f* ; (*mould*) moule *m* ; (*also:* **plaster cast**) plâtre *m*
▸ **cast aside** *vt* (*reject*) rejeter
▸ **cast off** *vi* (*Naut*) larguer les amarres ; (*Knitting*) arrêter les mailles ▸ *vt* (*Knitting*) arrêter
▸ **cast on** (*Knitting*) *vt* monter ▸ *vi* monter les mailles
castanets [kæstə'nɛts] *npl* castagnettes *fpl*
castaway ['kɑ:stəweɪ] *n* naufragé(e)
caste [kɑ:st] *n* caste *f*, classe sociale
caster sugar ['kɑ:stə-] *n* (Brit) sucre *m* semoule
castigate ['kæstɪgeɪt] *vt* (*formal*) fustiger

casting ['kɑːstɪŋ] *n (of actor)* casting *m*
casting vote ['kɑːstɪŋ-] *n* (BRIT) voix prépondérante *(pour départager)*
cast iron *n* fonte *f*
cast-iron ['kɑːstaɪən] *adj (lit)* de *or* en fonte ; *(fig: will)* de fer ; *(alibi)* en béton
castle ['kɑːsl] *n* château *m* ; *(fortress)* château-fort *m* ; *(Chess)* tour *f*
cast-offs ['kɑːstɔfs] *npl* vêtements *mpl* dont on ne veut plus
castor ['kɑːstəʳ] *n (wheel)* roulette *f*
castor oil *n* huile *f* de ricin
castrate [kæs'treɪt] *vt* châtrer
casual ['kæʒjul] *adj (by chance)* de hasard, fait(e) au hasard, fortuit(e) ; *(irregular: work etc)* temporaire ; *(unconcerned)* désinvolte ; **~ wear** vêtements *mpl* sport *inv*
casual labour *n* main-d'œuvre *f* temporaire
casually ['kæʒjulɪ] *adv* avec désinvolture, négligemment ; *(by chance)* fortuitement
casualty ['kæʒjultɪ] *n* accidenté(e), blessé(e) ; *(dead)* victime *f*, mort(e) ; *(BRIT Med: department)* urgences *fpl* ; **heavy casualties** lourdes pertes
casualty ward *n* (BRIT) service *m* des urgences
cat [kæt] *n* chat *m*
cataclysmic [kætə'klɪzmɪk] *adj* cataclysmique
catacombs ['kætəkuːmz] *npl* catacombes *fpl*
Catalan ['kætəlæn] *adj* catalan(e) ▸ *n* Catalan(e)
catalogue, (US) **catalog** ['kætəlɔg] *n* catalogue *m* ▸ *vt* cataloguer
catalyst ['kætəlɪst] *n* catalyseur *m*
catalytic converter [kætə'lɪtɪkkən'vəːtəʳ] *n* pot *m* catalytique
catamaran [kætəmə'ræn] *n* catamaran *m*
catapult ['kætəpʌlt] *n* lance-pierres *m inv*, fronde *f* ; *(Hist)* catapulte *f*
cataract ['kætərækt] *n (also Med)* cataracte *f*
catarrh [kə'tɑːʳ] *n* rhume *m* chronique, catarrhe *f*
catastrophe [kə'tæstrəfɪ] *n* catastrophe *f*
catastrophic [kætə'strɔfɪk] *adj* catastrophique
catcall ['kætkɔːl] *n (at meeting etc)* sifflet *m*
catch [kætʃ] *(pt, pp* **caught** [kɔːt]) *vt (ball, train, thief, cold)* attraper ; *(person: by surprise)* prendre, surprendre ; *(understand)* saisir ; *(get entangled)* accrocher ; **to ~ sb's attention** *or* **eye** attirer l'attention de qn ; **to ~ fire** prendre feu ; **to ~ sight of** apercevoir ▸ *vi (fire)* prendre ; *(get entangled)* s'accrocher ▸ *n (fish etc)* prise *f* ; *(thief etc)* capture *f* ; *(hidden problem)* attrape *f* ; *(Tech)* loquet *m* ; cliquet *m* ; **to play ~** jouer à chat ; *(with ball)* jouer à attraper le ballon
▸ **catch on** *vi (become popular)* prendre ; *(understand)*: **to ~ on (to sth)** saisir (qch)
▸ **catch out** *vt (BRIT fig: with trick question)* prendre en défaut
▸ **catch up** *vi (with work)* se rattraper, combler son retard ▸ *vt (also:* **catch up with**) rattraper
▸ **catch up on** *vt (news)* se remettre au courant de ; *(sleep)* rattraper son retard de
catch-22 ['kætʃtwentɪ'tuː] *n*: **it's a ~ situation** c'est (une situation) sans issue
catching ['kætʃɪŋ] *adj (Med)* contagieux(-euse)
catchment area ['kætʃmənt-] *n (BRIT Scol)* aire *f* de recrutement ; *(Geo)* bassin *m* hydrographique
catch phrase *n* slogan *m*, expression toute faite
catchy ['kætʃɪ] *adj (tune)* facile à retenir
catechism ['kætɪkɪzəm] *n* catéchisme *m*
categoric [kætɪ'gɔrɪk], **categorical** [kætɪ'gɔrɪkl] *adj* catégorique
categorically [kætɪ'gɔrɪklɪ] *adv* catégoriquement
categorize ['kætɪgəraɪz] *vt* classer par catégories
category ['kætɪgərɪ] *n* catégorie *f*
cater ['keɪtəʳ] *vi*: **to ~ for** *(BRIT: needs)* satisfaire, pourvoir à ; *(: readers, consumers)* s'adresser à, pourvoir aux besoins de ; *(: Comm: parties etc)* préparer des repas pour
caterer ['keɪtərəʳ] *n* traiteur *m* ; fournisseur *m*
catering ['keɪtərɪŋ] *n* restauration *f* ; approvisionnement *m*, ravitaillement *m*
caterpillar ['kætəpɪləʳ] *n* chenille *f* ▸ *cpd (vehicle)* à chenille ; **~ track** *n* chenille *f*
catfight ['kætfaɪt] *n (between women)* crêpage *m* de chignon
cat flap *n* chatière *f*
cathartic [kə'θɑːtɪk] *adj* cathartique
cathedral [kə'θiːdrəl] *n* cathédrale *f*
Catherine wheel ['kæθərɪnwiːl] *n* soleil *m*
catheter ['kæθɪtəʳ] *n* cathéter *m*
cathode ['kæθəud] *n* cathode *f*
cathode ray tube *n* tube *m* cathodique
Catholic ['kæθəlɪk] *(Rel) adj, n* catholique *mf*
catholic ['kæθəlɪk] *adj (wide-ranging)* éclectique ; universel(le) ; libéral(e)
Catholicism [kə'θɔlɪsɪzəm] *n* catholicisme *m*
catnap ['kætnæp] *n (inf)* (petit) somme *m*
catsup ['kætsəp] *n (US)* ketchup *m*
cattery ['kætərɪ] *n* (BRIT) pension *f* pour chats
cattle ['kætl] *npl* bétail *m*, bestiaux *mpl*
catty ['kætɪ] *adj* méchant(e)
catwalk ['kætwɔːk] *n* passerelle *f* ; *(for models)* podium *m (de défilé de mode)*
Caucasian [kɔː'keɪzɪən] *adj, n* caucasien(ne)
Caucasus ['kɔːkəsəs] *n* Caucase *m*
caucus ['kɔːkəs] *n (US Pol)* comité électoral (pour désigner des candidats) ; *(BRIT Pol: group)* comité local *(d'un parti politique)*
caught [kɔːt] *pt, pp of* **catch**
cauldron ['kɔːldrən] *n* chaudron *m*
cauliflower ['kɔlɪflauəʳ] *n* chou-fleur *m*
causal ['kɔːzəl] *adj* causal(e)
cause [kɔːz] *n* cause *f* ; **there is no ~ for concern** il n'y a pas lieu de s'inquiéter ▸ *vt* causer ; **to ~ sth to be done** faire faire qch ; **to ~ sb to do sth** faire faire qch à qn
causeway ['kɔːzweɪ] *n* chaussée (surélevée)
caustic ['kɔːstɪk] *adj* caustique
caution ['kɔːʃən] *n* prudence *f* ; *(warning)* avertissement *m* ▸ *vt* avertir, donner un avertissement à
cautious ['kɔːʃəs] *adj* prudent(e)
cautiously ['kɔːʃəslɪ] *adv* prudemment, avec prudence
cautiousness ['kɔːʃəsnɪs] *n* prudence *f*
cavalcade [kævəl'keɪd] *n* cortège *m*
cavalier [kævə'lɪəʳ] *adj* cavalier(-ère), désinvolte ▸ *n (knight)* cavalier *m*
cavalry ['kævəlrɪ] *n* cavalerie *f*

cave [keɪv] *n* caverne *f*, grotte *f* ▸ *vi*: **to go caving** faire de la spéléo(logie)
▸ **cave in** *vi* (*roof etc*) s'effondrer

⚠ Le mot anglais **cave** ne veut pas dire *cave*.

caveat ['kæviæt] *n* mise *f* en garde
caveman ['keɪvmæn] *n* (*irreg*) homme *m* des cavernes
cavern ['kævən] *n* caverne *f*
cavernous ['kævənəs] *adj* immense
caviar, caviare ['kævɪɑːʳ] *n* caviar *m*
cavity ['kævɪtɪ] *n* cavité *f* ; (*Med*) carie *f*
cavity wall insulation *n* isolation *f* des murs creux
cavort [kə'vɔːt] *vi* cabrioler, faire des cabrioles
cayenne [keɪ'ɛn] *n* (*also*: **cayenne pepper**) poivre *m* de cayenne
CB *n abbr* (= *Citizens' Band (Radio)*) CB *f* ; (Brit: = *Companion of (the Order of) the Bath*) *titre honorifique*
CBC *n abbr* (= *Canadian Broadcasting Corporation*) *organisme de radiodiffusion*
CBE *n abbr* (= *Companion of (the Order of) the British Empire*) *titre honorifique*
CBI *n abbr* (= *Confederation of British Industry*) ≈ MEDEF *m* (= *Mouvement des entreprises de France*)
CBS *n abbr* (US: = *Columbia Broadcasting System*) *chaîne de télévision*
CC *abbr* (Brit) = **county council**
cc *abbr* (= *cubic centimetre*) cm³ ; (*on letter etc*: = *carbon copy*) cc
CCA *n abbr* (US: = *Circuit Court of Appeals*) cour d'appel itinérante
CCTV *n abbr* = **closed-circuit television**
CCTV camera *n* caméra *f* de vidéosurveillance
CCU *n abbr* (US: = *coronary care unit*) unité *f* de soins cardiologiques
CD *n abbr* (= *compact disc*) CD *m* ; (*Mil*: Brit) = **Civil Defence (Corps)**; (: US) = **Civil Defense** ▸ *abbr* (Brit: = *Corps Diplomatique*) CD
CD burner *n* graveur *m* de CD
CDC *n abbr* (US) = **center for disease control**
CD player *n* platine *f* laser
Cdr. *abbr* (= *commander*) Cdt
CD-ROM [siːdiː'rɔm] *n abbr* (= *compact disc read-only memory*) CD-ROM *m inv*
CDT *abbr* (US: = *Central Daylight Time*) *heure d'été du centre*
CDW *n abbr* = **collision damage waiver**
CD writer *n* graveur *m* de CD
cease [siːs] *vt, vi* cesser
ceasefire ['siːsfaɪəʳ] *n* cessez-le-feu *m*
ceaseless ['siːslɪs] *adj* incessant(e), continuel(le)
ceaselessly ['siːslɪslɪ] *adv* (*work, campaign*) sans cesse ; (*complain*) continuellement
CED *n abbr* (US) = **Committee for Economic Development**
cedar ['siːdəʳ] *n* cèdre *m*
cede [siːd] *vt* céder
cedilla [sɪ'dɪlə] *n* cédille *f*
CEEB *n abbr* (US: = *College Entrance Examination Board*) *commission d'admission dans l'enseignement supérieur*
ceilidh ['keɪlɪ] *n* bal *m* folklorique écossais *or* irlandais
ceiling ['siːlɪŋ] *n* (*also fig*) plafond *m*
celeb [sɪ'lɛb] *n* (*inf*: *celebrity*) célébrité *f*
celebrate ['sɛlɪbreɪt] *vt, vi* célébrer
celebrated ['sɛlɪbreɪtɪd] *adj* célèbre
celebration [sɛlɪ'breɪʃən] *n* célébration *f*
celebratory ['sɛləbreɪtərɪ] *adj* (*meal*) de fête ; **let's have a ~ drink!** prenons un verre pour fêter ça !
celebrity [sɪ'lɛbrɪtɪ] *n* célébrité *f*
celeriac [sə'lɛrɪæk] *n* céleri(-rave) *m*
celery ['sɛlərɪ] *n* céleri *m* (en branches)
celestial [sɪ'lɛstɪəl] *adj* céleste
celibacy ['sɛlɪbəsɪ] *n* célibat *m*
celibate ['sɛlɪbət] *adj* (*life, priest*) célibataire ; (*lay person*) chaste
cell [sɛl] *n* (*gen*) cellule *f* ; (*Elec*) élément *m* (*de pile*)
cellar ['sɛləʳ] *n* cave *f*
cellist ['tʃɛlɪst] *n* violoncelliste *mf*
cellmate ['sɛlmeɪt] *n* compagnon (compagne) de cellule
cello ['tʃɛləu] *n* violoncelle *m*
Cellophane® ['sɛləfeɪn] *n* cellophane® *f*
cellphone ['sɛlfəun] *n* (téléphone *m*) portable *m*, mobile *m*
cell tower *n* (*US Tel*) antenne-relais *f*
cellular ['sɛljuləʳ] *adj* cellulaire
cellular phone (*esp US*) *n* (téléphone *m*) portable *m*, mobile *m*
cellulite ['sɛljulaɪt] *n* cellulite *f*
cellulose ['sɛljuləus] *n* cellulose *f*
Celsius ['sɛlsɪəs] *adj* Celsius *inv*
Celt [kɛlt, sɛlt] *n* Celte *mf*
Celtic ['kɛltɪk, 'sɛltɪk] *adj* celte, celtique ▸ *n* (*Ling*) celtique *m*
cement [sə'mɛnt] *n* ciment *m* ▸ *vt* cimenter
cement mixer *n* bétonnière *f*
cemetery ['sɛmɪtrɪ] *n* cimetière *m*
cenotaph ['sɛnətɑːf] *n* cénotaphe *m*
censor ['sɛnsəʳ] *n* censeur *m* ▸ *vt* censurer
censorious [sɛn'sɔːrɪəs] *adj* (*formal*) sévère
censorship ['sɛnsəʃɪp] *n* censure *f*
censure ['sɛnʃəʳ] *vt* blâmer, critiquer
census ['sɛnsəs] *n* recensement *m*
cent [sɛnt] *n* (*unit of dollar, euro*) cent *m* (= *un centième du dollar, de l'euro*) ; *see also* **per cent**
centenarian [sɛntɪ'nɛərɪən] *n* centenaire *mf*
centenary [sɛn'tiːnərɪ], (US) **centennial** [sɛn'tɛnɪəl] *n* centenaire *m*
center *etc* ['sɛntəʳ] *n, vt* (US) = **centre** *etc*
centigrade ['sɛntɪgreɪd] *adj* centigrade
centilitre, (US) **centiliter** ['sɛntɪliːtəʳ] *n* centilitre *m*
centimetre, (US) **centimeter** ['sɛntɪmiːtəʳ] *n* centimètre *m*
centipede ['sɛntɪpiːd] *n* mille-pattes *m inv*
central ['sɛntrəl] *adj* central(e)
Central African Republic *n* République Centrafricaine
Central America *n* Amérique centrale
central heating *n* chauffage central
centralize ['sɛntrəlaɪz] *vt* centraliser
centrally ['sɛntrəlɪ] *adv* (*placed*) au centre ; (*located*) dans le centre

C

central processing unit *n* (*Comput*) unité centrale (de traitement)
central reservation *n* (BRIT *Aut*) terre-plein central
centre, (*US*) **center** ['sɛntəʳ] *n* centre *m* ▸ *vt* centrer ; (*Phot*) cadrer ; (*concentrate*): **to ~ (on)** centrer (sur)
centrefold, (*US*) **centerfold** ['sɛntəfəuld] *n* (*Press*) pages centrales détachables (*avec photo de pin up*)
centre-forward ['sɛntə'fɔ:wəd] *n* (*Sport*) avant-centre *m*
centre-half ['sɛntə'hɑ:f] *n* (*Sport*) demi-centre *m*
centrepiece, (*US*) **centerpiece** ['sɛntəpi:s] *n* milieu *m* de table ; (*fig*) pièce maîtresse
centre spread *n* (BRIT) publicité *f* en double page
centre-stage [sɛntə'steɪdʒ] *n*: **to take ~** occuper le centre de la scène
centrifugal [sɛn'trɪfjugl] *adj* centrifuge
centrifuge ['sɛntrɪfju:ʒ] *n* centrifugeuse *f*
centrist ['sɛntrɪst] *adj, n* centriste *mf*
century ['sɛntjurɪ] *n* siècle *m* ; **in the twentieth ~** au vingtième siècle
CEO *n abbr* = **chief executive officer**
ceramic [sɪ'ræmɪk] *adj* céramique
ceramics [sɪ'ræmɪks] *n* céramique *f*
cereal ['si:rɪəl] *n* céréale *f*
cerebral ['sɛrɪbrəl] *adj* cérébral(e)
ceremonial [sɛrɪ'məunɪəl] *n* cérémonial *m* ; (*rite*) rituel *m*
ceremony ['sɛrɪmənɪ] *n* cérémonie *f* ; **to stand on ~** faire des façons
cerise [sə'ri:z, sə'ri:s] *adj* (couleur) cerise *inv* ▸ *n* rouge *m* cerise
cert [sə:t] *n* (BRIT *inf*): **it's a dead ~** ça ne fait pas un pli
certain ['sə:tən] *adj* certain(e) ; **to make ~ of** s'assurer de ; **for ~** certainement, sûrement
certainly ['sə:tənlɪ] *adv* certainement
certainty ['sə:təntɪ] *n* certitude *f*
certificate [sə'tɪfɪkɪt] *n* certificat *m*
certified letter ['sə:tɪfaɪd-] *n* (*US*) lettre recommandée
certified public accountant ['sə:tɪfaɪd-] *n* (*US*) expert-comptable *m*
certify ['sə:tɪfaɪ] *vt* certifier ; (*award diploma to*) conférer un diplôme *etc* à ; (*declare insane*) déclarer malade mental(e) ▸ *vi*: **to ~ to** attester
cervical ['sə:vɪkl] *adj*: **~ cancer** cancer *m* du col de l'utérus ; **~ smear** frottis vaginal
cervix ['sə:vɪks] *n* col *m* de l'utérus
Cesarean [si:'zɛərɪən] *adj, n* (*US*) = **Caesarean**
cessation [sə'seɪʃən] *n* cessation *f*, arrêt *m*
cesspit ['sɛspɪt] *n* fosse *f* d'aisance
CET *abbr* (= *Central European Time*) *heure d'Europe centrale*
Ceylon [sɪ'lɔn] *n* Ceylan *m*
cf. *abbr* (= *compare*) cf., voir
c/f *abbr* (*Comm*) = **carried forward**
CFC *n abbr* (= *chlorofluorocarbon*) CFC *m*
CG *n abbr* (*US*) = **coastguard**
cg *abbr* (= *centigram*) cg
CGI *n abbr* (= *computer-generated imagery*) images *fpl* de synthèse
CH *n abbr* (BRIT: = *Companion of Honour*) *titre honorifique*
ch *abbr* (BRIT: = *central heating*) cc
ch. *abbr* (= *chapter*) chap
Chad [tʃæd] *n* Tchad *m*
chafe [tʃeɪf] *vt* irriter, frotter contre ▸ *vi* (*fig*): **to ~ against** se rebiffer contre, regimber contre
chaffinch ['tʃæfɪntʃ] *n* pinson *m*
chagrin ['ʃægrɪn] *n* contrariété *f*, déception *f*
chain [tʃeɪn] *n* (*gen*) chaîne *f* ▸ *vt* (*also*: **chain up**) enchaîner, attacher (avec une chaîne)
chain reaction *n* réaction *f* en chaîne
chain-smoke ['tʃeɪnsməuk] *vi* fumer cigarette sur cigarette
chain store *n* magasin *m* à succursales multiples
chair [tʃɛəʳ] *n* chaise *f* ; (*armchair*) fauteuil *m* ; (*of university*) chaire *f* ; (*of meeting*) présidence *f* ; **the ~** (*US*: *electric chair*) la chaise électrique ▸ *vt* (*meeting*) présider
chairlift ['tʃɛəlɪft] *n* télésiège *m*
chairman ['tʃɛəmən] *n* (*irreg*) président *m*
chairmanship ['tʃɛəmənʃɪp] *n* présidence *f*
chairperson ['tʃɛəpə:sn] *n* président(e)
chairwoman ['tʃɛəwumən] *n* (*irreg*) présidente *f*
chalet ['ʃæleɪ] *n* chalet *m*
chalice ['tʃælɪs] *n* calice *m*
chalk [tʃɔ:k] *n* craie *f*
▸ **chalk up** *vt* écrire à la craie ; (*fig*: *success etc*) remporter
challenge ['tʃælɪndʒ] *n* défi *m* ▸ *vt* défier ; (*statement, right*) mettre en question, contester ; **to ~ sb to a fight/game** inviter qn à se battre/à jouer (*sous forme d'un défi*) ; **to ~ sb to do** mettre qn au défi de faire
challenger ['tʃælɪndʒəʳ] *n* (*Sport*) challenger *m*
challenging ['tʃælɪndʒɪŋ] *adj* (*task, career*) qui représente un défi *or* une gageure ; (*tone, look*) de défi, provocateur(-trice)
chamber ['tʃeɪmbəʳ] *n* chambre *f* ; (BRIT *Law*: *gen pl*) cabinet *m* ; **~ of commerce** chambre de commerce
chambermaid ['tʃeɪmbəmeɪd] *n* femme *f* de chambre
chamber music *n* musique *f* de chambre
chamberpot ['tʃeɪmbəpɔt] *n* pot *m* de chambre
chameleon [kə'mi:lɪən] *n* caméléon *m*
chamois ['ʃæmwɑ:] *n* chamois *m*
chamois leather ['ʃæmɪ-] *n* peau *f* de chamois
champ [tʃæmp] *n* (*inf*: *champion*) champion(ne)
champagne [ʃæm'peɪn] *n* champagne *m*
champers ['ʃæmpəz] *n* (*inf*) champ *m*
champion ['tʃæmpɪən] *n* (*also of cause*) champion(ne) ▸ *vt* défendre
championship ['tʃæmpɪənʃɪp] *n* championnat *m*
chance [tʃɑ:ns] *n* (*luck*) hasard *m* ; (*opportunity*) occasion *f*, possibilité *f* ; (*hope, likelihood*) chance *f* ; (*risk*) risque *m* ; **there is little ~ of his coming** il est peu probable *or* il y a peu de chances qu'il vienne ; **to take a ~** prendre un risque ; **it's the ~ of a lifetime** c'est une occasion unique ; **by ~** par hasard ▸ *vt* (*risk*) risquer ; (*happen*): **to ~ to do** faire par hasard ; **to ~ doing sth** se risquer à faire qch ; **to ~ it** risquer le coup, essayer ▸ *adj* fortuit(e), de hasard

▸ **chance on, chance upon** *vt fus (person)* tomber sur, rencontrer par hasard ; *(thing)* trouver par hasard
chancel ['tʃɑ:nsəl] *n* chœur *m*
chancellor ['tʃɑ:nsələʳ] *n* chancelier *m*
Chancellor of the Exchequer [-ɪks'tʃɛkəʳ] (BRIT) *n* chancelier *m* de l'Échiquier
chandelier [ʃændə'lɪəʳ] *n* lustre *m*
change [tʃeɪndʒ] *vt (alter, replace: Comm: money)* changer ; *(switch, substitute: hands, trains, clothes, one's name etc)* changer de ; *(transform)*: **to ~ sb into** changer *or* transformer qn en ; **where can I ~ some money?** où est-ce que je peux changer de l'argent ? ; **to ~ gear** *(Aut)* changer de vitesse ; **to ~ one's mind** changer d'avis ▸ *vi (gen)* changer ; *(change clothes)* se changer ; *(be transformed)*: **to ~ into** se changer *or* transformer en ; **she changed into an old skirt** elle (s'est changée et) a enfilé une vieille jupe ▸ *n* changement *m* ; *(money)* monnaie *f* ; **a ~ of clothes** des vêtements de rechange ; **for a ~** pour changer ; **small ~** petite monnaie ; **to give sb ~ for** *or* **of £10** faire à qn la monnaie de 10 livres ; **do you have ~ for £10?** vous avez la monnaie de 10 livres ? ; **keep the ~!** gardez la monnaie !
▸ **change over** *vi (swap)* échanger ; *(change: drivers etc)* changer ; *(change sides: players etc)* changer de côté ; **to ~ over from sth to sth** passer de qch à qch

> Use **changement** to refer to a change in something: *a change of plan* **un changement de programme**. The French word **change** is a financial term meaning *exchange*.

changeable ['tʃeɪndʒəbl] *adj (weather)* variable ; *(person)* d'humeur changeante
change machine *n* distributeur *m* de monnaie
changeover ['tʃeɪndʒəuvəʳ] *n (to new system)* changement *m*, passage *m*
changing ['tʃeɪndʒɪŋ] *adj* changeant(e)
changing room *n (BRIT: in shop)* salon *m* d'essayage ; *(: Sport)* vestiaire *m*
channel ['tʃænl] *n (TV)* chaîne *f* ; *(waveband, groove, fig: medium)* canal *m* ; *(of river, sea)* chenal *m* ; **through the usual channels** en suivant la filière habituelle ; **green/red ~** *(Customs)* couloir *m or* sortie *f* « rien à déclarer »/« marchandises à déclarer » ; **the (English) C~** la Manche ▸ *vt* canaliser ; *(fig: interest, energies)*: **to ~ into** diriger vers
channel-hopping ['tsʃænl'hɔpɪŋ] *n (TV)* zapping *m*
Channel Islands *npl*: **the ~** les îles *fpl* Anglo-Normandes
channel-surf ['tʃænlsə:f] *vi (esp US)* zapper
Channel Tunnel *n*: **the ~** le tunnel sous la Manche
chant [tʃɑ:nt] *n* chant *m* ; mélopée *f* ; *(Rel)* psalmodie *f* ▸ *vt* chanter, scander ; psalmodier
Chanukah ['hɑ:nəkə] *n* = **Hanukkah**
chaos ['keɪɔs] *n* chaos *m*
chaos theory *n* théorie *f* du chaos
chaotic [keɪ'ɔtɪk] *adj* chaotique
chap [tʃæp] *n (BRIT inf: man)* type *m* ; *(term of address)*: **old ~** mon vieux ▸ *vt (skin)* gercer, crevasser
chapel ['tʃæpl] *n* chapelle *f*
chaperone, chaperon ['ʃæpərəun] *n* chaperon *m* ▸ *vt* chaperonner
chaplain ['tʃæplɪn] *n* aumônier *m*
chapped [tʃæpt] *adj (skin, lips)* gercé(e)
chapter ['tʃæptəʳ] *n* chapitre *m*
char [tʃɑ:ʳ] *vt (burn)* carboniser ▸ *vi (BRIT: cleaner)* faire des ménages ▸ *n* (BRIT) = **charlady**
character ['kærɪktəʳ] *n* caractère *m* ; *(in novel, film)* personnage *m* ; *(eccentric person)* numéro *m*, phénomène *m* ; **a person of good ~** une personne bien
character code *n (Comput)* code *m* de caractère
characteristic ['kærɪktə'rɪstɪk] *adj, n* caractéristique *(f)*
characterize ['kærɪktəraɪz] *vt* caractériser ; **to ~ (as)** définir (comme)
charade [ʃə'rɑ:d] *n* charade *f*
charcoal ['tʃɑ:kəul] *n* charbon *m* de bois ; *(Art)* charbon
charge [tʃɑ:dʒ] *n (accusation)* accusation *f* ; *(Law)* inculpation *f* ; *(cost)* prix (demandé) ; *(of gun, battery, Mil: attack)* charge *f* ; **is there a ~?** doit-on payer ? ; **there's no ~** c'est gratuit, on ne fait pas payer ; **extra ~** supplément *m* ; **to be in ~ of** être responsable de, s'occuper de ; **to take ~ of** se charger de ; **to have ~ of sb** avoir la charge de qn ▸ *vt (gun, battery, Mil: enemy)* charger ; *(customer, sum)* faire payer ; *(Law)*: **to ~ sb (with)** inculper qn (de) ; **how much do you ~ for this repair?** combien demandez-vous pour cette réparation ? ; **they charged us £10 for the meal** ils nous ont fait payer le repas 10 livres, ils nous ont compté 10 livres pour le repas ; **to ~ an expense (up) to sb** mettre une dépense sur le compte de qn ; **~ it to my account** facturez-le sur mon compte ▸ *vi (gen with: up, along etc)* foncer ; **to ~ in/out** entrer/sortir en trombe ; **to ~ down/up** dévaler/grimper à toute allure ; **charges** *npl (costs)* frais *mpl* ; **to reverse the charges** *(BRIT Tel)* téléphoner en PCV ; **bank/labour charges** frais *mpl* de banque/main-d'œuvre
▸ **charge up** *vt (battery)* charger, recharger
charge account *n* compte *m* client
charge card *n* carte *f* de client *(émise par un grand magasin)*
chargehand ['tʃɑ:dʒhænd] *n* (BRIT) chef *m* d'équipe
charger ['tʃɑ:dʒəʳ] *n (also:* **battery charger***)* chargeur *m* ; *(old: warhorse)* cheval *m* de bataille
char-grilled [tʃɑ:'grɪld] *adj* (BRIT) grillé(e) au feu de bois
chariot ['tʃæriət] *n* char *m*
charisma [kə'rɪzmə] *n* charisme *m*
charismatic [kærɪz'mætɪk] *adj* charismatique
charitable ['tʃærɪtəbl] *adj* charitable
charity ['tʃærɪtɪ] *n* charité *f* ; *(organization)* institution *f* charitable *or* de bienfaisance, œuvre *f* (de charité)
charity shop *n (BRIT) boutique vendant des articles d'occasion au profit d'une organisation caritative*
charlady ['tʃɑ:leɪdɪ] *n* (BRIT) femme *f* de ménage
charlatan ['ʃɑ:lətən] *n* charlatan *m*
charm [tʃɑ:m] *n* charme *m* ; *(on bracelet)* breloque *f* ▸ *vt* charmer, enchanter

charm bracelet *n* bracelet *m* à breloques
charming ['tʃɑːmɪŋ] *adj* charmant(e)
chart [tʃɑːt] *n* tableau *m*, diagramme *m* ; graphique *m* ; (*map*) carte marine ; (*weather chart*) carte *f* du temps ▸ *vt* dresser *or* établir la carte de ; (*sales, progress*) établir la courbe de ; **charts** *npl* (*Mus*) hit-parade *m* ; **to be in the charts** (*record, pop group*) figurer au hit-parade
charter ['tʃɑːtəʳ] *vt* (*plane*) affréter ▸ *n* (*document*) charte *f* ; **on ~** (*plane*) affrété(e)
chartered accountant ['tʃɑːtəd-] *n* (Brit) expert-comptable (experte-comptable)
charter flight *n* charter *m*
charwoman ['tʃɑːwumən] *n* (*irreg*) = **charlady**
chase [tʃeɪs] *vt* poursuivre, pourchasser ; (*also:* **chase away**) chasser ▸ *n* poursuite *f*, chasse *f*
▸ **chase down** *vt* (US) = **chase up**
▸ **chase up** *vt* (Brit: *person*) relancer ; (*: information*) rechercher
chasm ['kæzəm] *n* gouffre *m*, abîme *m*
chassis ['ʃæsɪ] *n* châssis *m*
chaste ['tʃeɪst] *adj* (*old: person, kiss*) chaste
chastened ['tʃeɪsnd] *adj* assagi(e), rappelé(e) à la raison
chastening ['tʃeɪsnɪŋ] *adj* qui fait réfléchir
chastise [tʃæs'taɪz] *vt* punir, châtier ; corriger
chastity ['tʃæstɪtɪ] *n* chasteté *f*
chat [tʃæt] *vi* (*also:* **have a chat**) bavarder, causer ; (*: on Internet*) chatter ▸ *n* conversation *f* ; (*on Internet*) chat *m*
▸ **chat up** *vt* (Brit *inf: girl*) baratiner
chatline ['tʃætlaɪn] *n numéro téléphonique qui permet de bavarder avec plusieurs personnes en même temps*
chat room *n* (*Internet*) salon *m* de discussion
chat show *n* (Brit) talk-show *m*
chattel ['tʃætl] *n see* **good**
chatter ['tʃætəʳ] *vi* (*person*) bavarder, papoter ; **my teeth are chattering** je claque des dents ▸ *n* bavardage *m*, papotage *m*
chatterbox ['tʃætəbɔks] *n* moulin *m* à paroles, babillard(e)
chattering classes ['tʃætərɪŋ-] *npl*: **the ~** (*inf, pej*) les intellos *mpl*
chatty ['tʃætɪ] *adj* (*style*) familier(-ière) ; (*person*) enclin(e) à bavarder *or* au papotage
chauffeur ['ʃəufəʳ] *n* chauffeur *m* (de maître)
chauvinism ['ʃəuvɪnɪzəm] *n* (*also:* **male chauvinism**) phallocratie *f*, machisme *m* ; (*nationalism*) chauvinisme *m*
chauvinist ['ʃəuvɪnɪst] *n* (*also:* **male chauvinist**) phallocrate *m*, macho *m* ; (*nationalist*) chauvin(e)
chauvinistic [ʃəuvɪ'nɪstɪk] *adj* (*sexist*) machiste ; (*nationalistic*) chauvin(e)
chav [tʃæv] *n* (*inf*) ≈ caillera *m* (!)
ChE *abbr* = **chemical engineer**
cheap [tʃiːp] *adj* bon marché *inv*, pas cher (chère) ; (*reduced: ticket*) à prix réduit ; (*: fare*) réduit(e) ; (*joke*) facile, d'un goût douteux ; (*poor quality*) à bon marché, de qualité médiocre ; **can you recommend a ~ hotel/restaurant, please?** pourriez-vous m'indiquer un hôtel/ restaurant bon marché ? ; **cheaper** *adj* moins cher (chère) ▸ *adv* à bon marché, pour pas cher
cheap day return *n* billet *m* d'aller et retour réduit (*valable pour la journée*)
cheapen ['tʃiːpn] *vt* rabaisser, déprécier
cheaply ['tʃiːplɪ] *adv* à bon marché, à bon compte
cheapskate ['tʃiːpskeɪt] *adj*, *n* radin(e)
cheat [tʃiːt] *vi* tricher ; (*in exam*) copier ▸ *vt* tromper, duper ; (*rob*): **to ~ sb out of sth** escroquer qch à qn ▸ *n* tricheur(-euse) ; escroc *m* ; (*trick*) duperie *f*, tromperie *f*
▸ **cheat on** *vt fus* tromper
cheating ['tʃiːtɪŋ] *n* tricherie *f*
cheat sheet *n* (US: *in exam*) antisèche *f*
Chechen ['tʃɛtʃen] *adj* tchétchène ▸ *n* (*person*) Tchétchène *mf* ; (*language*) tchétchène *m*
Chechnya [tʃɪtʃ'njɑː] *n* Tchétchénie *f*
check [tʃɛk] *vt* vérifier ; (*passport, ticket*) contrôler ; (*halt*) enrayer ; (*restrain*) maîtriser ▸ *vi* (*official etc*) se renseigner ; **to ~ with sb** demander à qn ▸ *n* vérification *f* ; contrôle *m* ; (*curb*) frein *m* ; (Brit: *bill*) addition *f* ; (US) = **cheque**; (*pattern: gen pl*) carreaux *mpl* ; **to keep a ~ on sb/sth** surveiller qn/qch ▸ *adj* (*also:* **checked**: *pattern, cloth*) à carreaux
▸ **check in** *vi* (*in hotel*) remplir sa fiche (d'hôtel) ; (*at airport*) se présenter à l'enregistrement ▸ *vt* (*luggage*) (faire) enregistrer
▸ **check off** *vt* (*tick off*) cocher
▸ **check out** *vi* (*in hotel*) régler sa note ▸ *vt* (*luggage*) retirer ; (*investigate: story*) vérifier ; (*: person*) prendre des renseignements sur
▸ **check up** *vi*: **to ~ up (on sth)** vérifier (qch) ; **to ~ up on sb** se renseigner sur le compte de qn
checkbook ['tʃɛkbuk] *n* (US) = **chequebook**
checked ['tʃɛkt] *adj* (*pattern, cloth*) à carreaux
checkered ['tʃɛkəd] *adj* (US) = **chequered**
checkers ['tʃɛkəz] *n* (US) jeu *m* de dames
check guarantee card *n* (US) carte *f* (d'identité) bancaire
check-in ['tʃɛkin] *n* (*at airport: also:* **check-in desk**) enregistrement *m*
checking account ['tʃɛkɪŋ-] *n* (US) compte courant
checklist ['tʃɛklɪst] *n* liste *f* de contrôle
checkmate ['tʃɛkmeɪt] *n* échec et mat *m*
checkout ['tʃɛkaut] *n* (*in supermarket*) caisse *f*
checkpoint ['tʃɛkpɔɪnt] *n* contrôle *m*
checkroom ['tʃɛkruːm] (US) *n* consigne *f*
checkup ['tʃɛkʌp] *n* (*Med*) examen médical, check-up *m*
cheddar ['tʃedəʳ] *n* (*also:* **cheddar cheese**) cheddar *m*
cheek [tʃiːk] *n* joue *f* ; (*impudence*) toupet *m*, culot *m* ; **what a ~!** quel toupet !
cheekbone ['tʃiːkbəun] *n* pommette *f*
cheeky ['tʃiːkɪ] *adj* effronté(e), culotté(e)
cheep [tʃiːp] *n* (*of bird*) piaulement *m* ▸ *vi* piauler
cheer [tʃɪəʳ] *vt* acclamer, applaudir ; (*gladden*) réjouir, réconforter ▸ *vi* applaudir ▸ *n* (*gen pl*) acclamations *fpl*, applaudissements *mpl* ; bravos *mpl*, hourras *mpl* ; **cheers!** à la vôtre !
▸ **cheer on** *vt* encourager (*par des cris etc*)
▸ **cheer up** *vi* se dérider, reprendre courage ▸ *vt* remonter le moral à *or* de, dérider, égayer
cheerful ['tʃɪəful] *adj* gai(e), joyeux(-euse)
cheerfully ['tʃɪəfulɪ] *adv* (*say, greet*) gaiement ; (*blithely: ignore, admit*) allégrement ; (*without hesitation*) sans la moindre hésitation

cheerfulness ['tʃɪəfulnɪs] *n* gaieté *f*, bonne humeur
cheerio [tʃɪəri'əu] *excl* (BRIT) salut !, au revoir !
cheerleader ['tʃɪəli:dəʳ] *n membre d'un groupe de majorettes qui chantent et dansent pour soutenir leur équipe pendant les matchs de football américain*
cheerless ['tʃɪəlɪs] *adj* sombre, triste
cheery ['tʃɪərɪ] *adj* (*wave, smile*) gai(e) ; (*person*) joyeux(-euse)
cheese [tʃi:z] *n* fromage *m*
cheeseboard ['tʃi:zbɔ:d] *n* plateau *m* à fromages ; (*with cheese on it*) plateau *m* de fromages
cheeseburger ['tʃi:zbə:gəʳ] *n* cheeseburger *m*
cheesecake ['tʃi:zkeɪk] *n* cheesecake *m*
cheesy ['tʃi:zɪ] *adj* (*biscuit, sauce*) au fromage ; (*inf: naff*) ringard(e)
cheetah ['tʃi:tə] *n* guépard *m*
chef [ʃɛf] *n* chef (cuisinier)
chemical ['kɛmɪkl] *adj* chimique ▸ *n* produit *m* chimique
chemist ['kɛmɪst] *n* (BRIT: *pharmacist*) pharmacien(ne) ; (*scientist*) chimiste *mf*
chemistry ['kɛmɪstrɪ] *n* chimie *f*
chemist's ['kɛmɪsts], **chemist's shop** *n* (BRIT) pharmacie *f*
chemo ['ki:məu] *n* (*chemotherapy*) chimio *f*
chemotherapy [ki:məu'θɛrəpɪ] *n* chimiothérapie *f*
cheque, (US) **check** [tʃɛk] *n* chèque *m* ; **to pay by ~** payer par chèque
chequebook, (US) **checkbook** ['tʃɛkbuk] *n* chéquier *m*, carnet *m* de chèques
cheque card *n* (BRIT) carte *f* (d'identité) bancaire
chequered, (US) **checkered** ['tʃɛkəd] *adj* (*fig*) varié(e)
cherish ['tʃɛrɪʃ] *vt* (*person, memory*) chérir ; (*hope*) caresser ; (*right, value*) entretenir
cherished ['tʃɛrɪʃt] *adj* (*dream, belief, memory*) cher (chère) ; (*possession*) précieux(-euse)
cheroot [ʃə'ru:t] *n* cigare *m* de Manille
cherry ['tʃɛrɪ] *n* cerise *f* ; (*also:* **cherry tree**) cerisier *m*
cherub ['tʃɛrəb] *n* chérubin *m*
Ches *abbr* (BRIT) = **Cheshire**
chess [tʃɛs] *n* échecs *mpl*
chessboard ['tʃɛsbɔ:d] *n* échiquier *m*
chessman ['tʃɛsmən] *n* (*irreg*) pièce *f* (de jeu d'échecs)
chessplayer ['tʃɛspleɪəʳ] *n* joueur(-euse) d'échecs
chest [tʃɛst] *n* poitrine *f* ; (*box*) coffre *m*, caisse *f* ; **to get sth off one's ~** (*inf*) vider son sac
chest measurement *n* tour *m* de poitrine
chestnut ['tʃɛsnʌt] *n* châtaigne *f* ; (*also:* **chestnut tree**) châtaignier *m* ; (*colour*) châtain *m* ▸ *adj* (*hair*) châtain *inv* ; (*horse*) alezan
chest of drawers *n* commode *f*
chesty ['tʃɛstɪ] *adj* (*cough*) de poitrine
chevron ['ʃɛvrən] *n* (*on sign*) flèche *f* ; (*stripe: of officer*) chevron *m*
chew [tʃu:] *vt* mâcher
chewing gum ['tʃu:ɪŋ-] *n* chewing-gum *m*
chewy ['tʃu:ɪ] *adj* (*meat, bread*) difficile à mâcher

chic [ʃi:k] *adj* chic *inv*, élégant(e)
chicanery [ʃɪ'keɪnərɪ] *n* (*formal: political, financial*) chicane *f*
chick [tʃɪk] *n* poussin *m* ; (*inf*) fille *f*
chicken ['tʃɪkɪn] *n* poulet *m* ; (*inf: coward*) poule mouillée
▸ **chicken out** *vi* (*inf*) se dégonfler
chicken feed *n* (*fig*) broutilles *fpl*, bagatelle *f*
chickenpox ['tʃɪkɪnpɔks] *n* varicelle *f*
chickpea ['tʃɪkpi:] *n* pois *m* chiche
chicory ['tʃɪkərɪ] *n* chicorée *f* ; (*salad*) endive *f*
chide [tʃaɪd] *vt* réprimander, gronder
chief [tʃi:f] *n* chef *m* ; **C~ of Staff** (*Mil*) chef d'État-major ▸ *adj* principal(e)
chief constable *n* (BRIT) ≈ préfet *m* de police
chief executive, (US) **chief executive officer** *n* directeur(-trice) général(e)
chiefly ['tʃi:flɪ] *adv* principalement, surtout
chiffon ['ʃɪfɔn] *n* mousseline *f* de soie
chihuahua [tʃɪ'wɑ:wə] *n* chihuahua *m*
chilblain ['tʃɪlbleɪn] *n* engelure *f*
child [tʃaɪld] (*pl* **children** ['tʃɪldrən]) *n* enfant *mf*
child abuse *n* maltraitance *f* d'enfants ; (*sexual*) abus *mpl* sexuels sur des enfants
childbearing ['tʃaɪldbɛərɪŋ] *adj*: **of ~ age** en âge d'avoir des enfants
child benefit *n* (BRIT) ≈ allocations familiales
childbirth ['tʃaɪldbə:θ] *n* accouchement *m*
childcare ['tʃaɪldkɛəʳ] *n* (*for working parents*) garde *f* des enfants (*pour les parents qui travaillent*)
childhood ['tʃaɪldhud] *n* enfance *f*
childish ['tʃaɪldɪʃ] *adj* puéril(e), enfantin(e)
childishly ['tʃaɪldɪʃlɪ] *adv* (*pej: behave*) d'une manière puérile ; (*excited, pleased*) comme un enfant
child labour, (US) **child labor** *n* (*practice*) travail *m* des enfants ; (*workers*) main-d'œuvre *f* enfantine
childless ['tʃaɪldlɪs] *adj* sans enfants
childlike ['tʃaɪldlaɪk] *adj* innocent(e), pur(e)
child minder *n* (BRIT) garde *f* d'enfants
child prodigy *n* enfant *mf* prodige
children ['tʃɪldrən] *npl of* **child**
children's home ['tʃɪldrənz-] *n* ≈ foyer *m* d'accueil (*pour enfants*)
Chile ['tʃɪlɪ] *n* Chili *m*
Chilean ['tʃɪlɪən] *adj* chilien(ne) ▸ *n* Chilien(ne)
chili, chilli ['tʃɪlɪ] *n* piment *m* (rouge)
chill [tʃɪl] *n* (*of water*) froid *m* ; (*of air*) fraîcheur *f* ; (*Med*) refroidissement *m*, coup *m* de froid ▸ *adj* froid(e), glacial(e) ▸ *vt* (*person*) faire frissonner ; refroidir ; (*Culin*) mettre au frais, rafraîchir ; **"serve chilled"** « à servir frais »
▸ **chill out** *vi* (*inf: esp US*) se relaxer
chilling ['tʃɪlɪŋ] *adj* (*wind*) frais (fraîche), froid(e) ; (*look, smile*) glacé(e) ; (*thought*) qui donne le frisson
chillingly ['tʃɪlɪŋlɪ] *adv* (*similiar, familiar*) qui fait froid dans le dos
chilly ['tʃɪlɪ] *adj* froid(e), glacé(e) ; (*sensitive to cold*) frileux(-euse) ; **to feel ~** avoir froid
chime [tʃaɪm] *n* carillon *m* ▸ *vi* carillonner, sonner
chimera [kaɪ'mɪərə] *n* chimère *f*
chimney ['tʃɪmnɪ] *n* cheminée *f*

C

chimney sweep *n* ramoneur *m*
chimp [tʃɪmp] *n* (*inf: chimpanzee*) chimpanzé *m*
chimpanzee [tʃɪmpæn'zi:] *n* chimpanzé *m*
chin [tʃɪn] *n* menton *m*
China ['tʃaɪnə] *n* Chine *f*
china ['tʃaɪnə] *n* (*material*) porcelaine *f* ; (*crockery*) (vaisselle *f* en) porcelaine
Chinese [tʃaɪ'ni:z] *adj* chinois(e) ▸ *n* (*pl inv*) Chinois(e) ; (*Ling*) chinois *m*
chink [tʃɪŋk] *n* (*opening*) fente *f*, fissure *f* ; (*noise*) tintement *m*
chintz [tʃɪnts] *n* chintz *m* ; **~ curtains** rideaux *mpl* de chintz
chinwag ['tʃɪnwæg] *n* (BRIT *inf*): **to have a ~** tailler une bavette
chip [tʃɪp] *n* (*gen pl: Culin:* BRIT) frites *fpl* ; (: *US: also:* **potato chip**) chip *f* ; (*of wood*) copeau *m* ; (*of glass, stone*) éclat *m* ; (*also:* **microchip**) puce *f* ; (*in gambling*) fiche *f* ; **when the chips are down** (*fig*) au moment critique ▸ *vt* (*cup, plate*) ébrécher
▸ **chip in** *vi* (*inf*) mettre son grain de sel
chip and PIN *n* carte *f* à puce ; **~ machine** machine *f* à carte (à puce)
chipboard ['tʃɪpbɔ:d] *n* aggloméré *m*, panneau *m* de particules
chipmunk ['tʃɪpmʌŋk] *n* suisse *m* (*animal*)
chippings ['tʃɪpɪŋz] *npl*: **loose ~** gravillons *mpl*
chippy, chippie ['tʃɪpɪ] *n* (BRIT *inf*) friterie *f*
chip shop *n* (BRIT) friterie *f*

CHIP SHOP

Un **chip shop**, que l'on appelle également un *fish-and-chip shop*, est un magasin où l'on vend des plats à emporter. Les *chip shops* sont d'ailleurs à l'origine des *takeaways*. On y achète en particulier du poisson frit et des frites, mais on y trouve également des plats traditionnels britanniques (*steak pies*, saucisses, etc). Tous les plats étaient à l'origine emballés dans du papier journal. Dans certains de ces magasins, on peut s'asseoir pour consommer sur place.

chiropodist [kɪ'rɔpədɪst] *n* (BRIT) pédicure *mf*
chiropractor ['kaɪərəpræktə^r] *n* chiropracteur(-trice)
chirp [tʃə:p] *n* pépiement *m*, gazouillis *m* ; (*of crickets*) stridulation *f* ▸ *vi* pépier, gazouiller ; chanter, striduler
chirpy ['tʃə:pɪ] *adj* (*inf*) plein(e) d'entrain, tout guilleret(te)
chisel ['tʃɪzl] *n* ciseau *m*
chit [tʃɪt] *n* mot *m*, note *f*
chitchat ['tʃɪttʃæt] *n* bavardage *m*, papotage *m*
chivalrous ['ʃɪvəlrəs] *adj* chevaleresque
chivalry ['ʃɪvəlrɪ] *n* chevalerie *f* ; esprit *m* chevaleresque
chives [tʃaɪvz] *npl* ciboulette *f*, civette *f*
chloride ['klɔ:raɪd] *n* chlorure *m*
chlorinate ['klɔrɪneɪt] *vt* chlorer
chlorine ['klɔ:ri:n] *n* chlore *m*
chloroform ['klɔrəfɔ:m] *n* chloroforme *m*
chlorophyll ['klɔrəfɪl] *n* chlorophylle *f*
choc-ice ['tʃɔkaɪs] *n* (BRIT) esquimau® *m*
chock [tʃɔk] *n* cale *f*
chock-a-block ['tʃɔkə'blɔk], **chock-full** [tʃɔk'ful] *adj* plein(e) à craquer
chocolate ['tʃɔklɪt] *n* chocolat *m*
choice [tʃɔɪs] *n* choix *m* ; **by** *or* **from ~** par choix ; **a wide ~** un grand choix ▸ *adj* de choix
choir ['kwaɪə^r] *n* chœur *m*, chorale *f*
choirboy ['kwaɪə'bɔɪ] *n* jeune choriste *m*, petit chanteur
choke [tʃəuk] *vi* étouffer ▸ *vt* étrangler ; étouffer ; (*block*) boucher, obstruer ▸ *n* (*Aut*) starter *m*
cholera ['kɔlərə] *n* choléra *m*
cholesterol [kə'lɛstərɔl] *n* cholestérol *m*
chook [tʃuk] *n* (AUSTRALIA, NEW ZEALAND *inf*) poule *f*
choose [tʃu:z] (*pt* **chose** [tʃəuz], *pp* **chosen** ['tʃəuzn]) *vt* choisir ; **to ~ to do** décider de faire, juger bon de faire ▸ *vi*: **to ~ between** choisir entre ; **to ~ from** choisir parmi
choosy ['tʃu:zɪ] *adj*: **(to be) ~** (faire le) difficile
chop [tʃɔp] *vt* (*wood*) couper (à la hache) ; (*Culin: also:* **chop up**) couper (fin), émincer, hacher (en morceaux) ▸ *n* coup *m* (*de hache, du tranchant de la main*) ; (*Culin*) côtelette *f* ; **to get the ~** (BRIT *inf: project*) tomber à l'eau ; (: *person: be sacked*) se faire renvoyer
▸ **chop down** *vt* (*tree*) abattre
▸ **chop off** *vt* trancher
chopper ['tʃɔpə^r] *n* (*helicopter*) hélicoptère *m*, hélico *m*
choppy ['tʃɔpɪ] *adj* (*sea*) un peu agité(e)
chops [tʃɔps] *npl* (*jaws*) mâchoires *fpl* ; babines *fpl*
chopsticks ['tʃɔpstɪks] *npl* baguettes *fpl*
choral ['kɔ:rəl] *adj* choral(e), chanté(e) en chœur
chord [kɔ:d] *n* (*Mus*) accord *m*
chore [tʃɔ:^r] *n* travail *m* de routine ; **household chores** taches *fpl* ménagères
choreograph ['kɔriəgrɑ:f] *vt, vi* chorégraphier
choreographer [kɔrɪ'ɔgrəfə^r] *n* chorégraphe *mf*
choreography [kɔrɪ'ɔgrəfɪ] *n* chorégraphie *f*
chorister ['kɔrɪstə^r] *n* choriste *mf*
chortle ['tʃɔ:tl] *vi* glousser
chorus ['kɔ:rəs] *n* chœur *m* ; (*repeated part of song, also fig*) refrain *m*
chose [tʃəuz] *pt of* **choose**
chosen ['tʃəuzn] *pp of* **choose**
chow [tʃau] *n* (*dog*) chow-chow *m*
chowder ['tʃaudə^r] *n* soupe *f* de poisson
Christ [kraɪst] *n* Christ *m*
christen ['krɪsn] *vt* baptiser
christening ['krɪsnɪŋ] *n* baptême *m*
Christian ['krɪstɪən] *adj, n* chrétien(ne)
Christianity [krɪstɪ'ænɪtɪ] *n* christianisme *m*
Christian name *n* prénom *m*
Christmas ['krɪsməs] *n* Noël *mf* ; **happy** *or* **merry ~!** joyeux Noël !
Christmas card *n* carte *f* de Noël
Christmas carol *n* chant *m* de Noël
Christmas Day *n* le jour de Noël
Christmas Eve *n* la veille de Noël ; la nuit de Noël
Christmas Island *n* île *f* Christmas
Christmas pudding *n* (*esp* BRIT) Christmas *m* pudding
Christmas tree *n* arbre *m* de Noël

chrome [krəum] *n* chrome *m*
chromium ['krəumɪəm] *n* chrome *m* ; (*also*: **chromium plating**) chromage *m*
chromosome ['krəuməsəum] *n* chromosome *m*
chronic ['krɔnɪk] *adj* chronique ; (*fig: liar, smoker*) invétéré(e)
chronicle ['krɔnɪkl] *n* chronique *f*
chronological [krɔnə'lɔdʒɪkl] *adj* chronologique
chronologically [krɔnə'lɔdʒɪklɪ] *adv* chronologiquement, par ordre chronologique
chronology [krə'nɔlədʒɪ] *n* chronologie *f*
chronometer [krɔ'nɔmɪtə^r] *n* chronomètre *m*
chrysanthemum [krɪ'sænθəməm] *n* chrysanthème *m*
chubby ['tʃʌbɪ] *adj* potelé(e), rondelet(te)
chuck [tʃʌk] *vt* (*inf*) lancer, jeter ; (*job*) lâcher ; (*person*) plaquer
▸ **chuck out** *vt* (*inf: person*) flanquer dehors *or* à la porte ; (*: rubbish etc*) jeter
chuckle ['tʃʌkl] *vi* glousser
chuffed [tʃʌft] *adj* (BRIT *inf*): **to be ~ about sth** être content(e) de qch
chug [tʃʌg] *vi* faire teuf-teuf ; souffler
chum [tʃʌm] *n* copain (copine)
chump ['tʃʌmp] *n* (*inf*) imbécile *mf*, crétin(e)
chunk [tʃʌŋk] *n* gros morceau ; (*of bread*) quignon *m*
chunky ['tʃʌŋkɪ] *adj* (*furniture etc*) massif(-ive) ; (*person*) trapu(e) ; (*knitwear*) en grosse laine
Chunnel ['tʃʌnəl] *n* = **Channel Tunnel**
church [tʃə:tʃ] *n* église *f* ; **the C~ of England** l'Église anglicane
churchgoer ['tʃə:tʃgəuə^r] *n* pratiquant(e)
churchyard ['tʃə:tʃɑ:d] *n* cimetière *m*
churlish ['tʃə:lɪʃ] *adj* grossier(-ère) ; hargneux(-euse)
churn [tʃə:n] *n* (*for butter*) baratte *f* ; (*also*: **milk churn**) (grand) bidon à lait
▸ **churn out** *vt* débiter
chute [ʃu:t] *n* goulotte *f* ; (*also*: **rubbish chute**) vide-ordures *m inv* ; (BRIT: *children's slide*) toboggan *m*
chutney ['tʃʌtnɪ] *n* chutney *m*
CIA *n abbr* (= *Central Intelligence Agency*) CIA *f*
CID *n abbr* (= *Criminal Investigation Department*) ≈ P.J. *f*
cider ['saɪdə^r] *n* cidre *m*
CIF *abbr* (= *cost, insurance and freight*) CAF
cigar [sɪ'gɑ:^r] *n* cigare *m*
cigarette [sɪgə'rɛt] *n* cigarette *f*
cigarette case *n* étui *m* à cigarettes
cigarette end *n* mégot *m*
cigarette holder *n* fume-cigarettes *m inv*
cigarette lighter *n* briquet *m*
C-in-C *abbr* = **commander-in-chief**
cinch [sɪntʃ] *n* (*inf*): **it's a ~** c'est du gâteau, c'est l'enfance de l'art
Cinderella [sɪndə'rɛlə] *n* Cendrillon
cine-camera ['sɪnɪ'kæmərə] *n* (BRIT) caméra *f*
cine-film ['sɪnɪfɪlm] *n* (BRIT) film *m*
cinema ['sɪnəmə] *n* cinéma *m*
cinematic [sɪnə'mætɪk] *adj* cinématographique
cine-projector ['sɪnɪprə'dʒɛktə^r] *n* (BRIT) projecteur *m* de cinéma
cinnamon ['sɪnəmən] *n* cannelle *f*
cipher ['saɪfə^r] *n* code secret ; (*fig: faceless employee etc*) numéro *m* ; **in ~** codé(e)
circa ['sə:kə] *prep* circa, environ
circle ['sə:kl] *n* cercle *m* ; (*in cinema*) balcon *m* ▸ *vi* faire *or* décrire des cercles ▸ *vt* (*surround*) entourer, encercler ; (*move round*) faire le tour de, tourner autour de
circuit ['sə:kɪt] *n* circuit *m* ; (*lap*) tour *m*
circuit board *n* plaquette *f*
circuitous [sə:'kjuɪtəs] *adj* indirect(e), qui fait un détour
circular ['sə:kjulə^r] *adj* circulaire ▸ *n* circulaire *f* ; (*as advertisement*) prospectus *m*
circulate ['sə:kjuleɪt] *vi* circuler ▸ *vt* faire circuler
circulation [sə:kju'leɪʃən] *n* circulation *f* ; (*of newspaper*) tirage *m*
circulatory [sə:kju'leɪtərɪ] *adj* circulatoire
circumcise ['sə:kəmsaɪz] *vt* (*male*) circoncire ; (*female*) exciser
circumcision [ˌsə:kəm'sɪʒən] *n* (*of male*) circoncision *f* ; (*of female*) excision *f*
circumference [sə'kʌmfərəns] *n* circonférence *f*
circumflex ['sə:kəmflɛks] *n* (*also*: **circumflex accent**) accent *m* circonflexe
circumnavigate [sə:kəm'nævɪgeɪt] *vt* (*island*) contourner ; **to ~ the world** faire le tour du monde en bateau
circumscribe ['sə:kəmskraɪb] *vt* circonscrire
circumspect ['sə:kəmspɛkt] *adj* circonspect(e)
circumstances ['sə:kəmstənsɪz] *npl* circonstances *fpl* ; (*financial condition*) moyens *mpl*, situation financière ; **in** *or* **under the ~** dans ces conditions ; **under no ~** en aucun cas, sous aucun prétexte
circumstantial [sə:kəm'stænʃl] *adj* (*report, statement*) circonstancié(e) ; **~ evidence** preuve indirecte
circumvent [sə:kəm'vɛnt] *vt* (*rule etc*) tourner
circus ['sə:kəs] *n* cirque *m* ; (*also*: **Circus**: *in place names*) place *f*
cirrhosis [sɪ'rəusɪs] *n* (*also*: **cirrhosis of the liver**) cirrhose *f* (du foie)
CIS *n abbr* (= *Commonwealth of Independent States*) CEI *f*
cissy ['sɪsɪ] *n* = **sissy**
cistern ['sɪstən] *n* réservoir *m* (d'eau) ; (*in toilet*) réservoir de la chasse d'eau
citadel ['sɪtədəl, 'sɪtədɛl] *n* citadelle *f*
citation [saɪ'teɪʃən] *n* citation *f* ; (US) P.-V. *m*
cite [saɪt] *vt* citer
citizen ['sɪtɪzn] *n* (*Pol*) citoyen(ne) ; (*resident*): **the citizens of this town** les habitants de cette ville
Citizens' Advice Bureau ['sɪtɪznz-] *n* (BRIT) ≈ Bureau *m* d'aide sociale
citizenship ['sɪtɪznʃɪp] *n* citoyenneté *f* ; (BRIT *Scol*) ≈ éducation *f* civique
citric ['sɪtrɪk] *adj*: **~ acid** acide *m* citrique
citrus fruits ['sɪtrəs-] *npl* agrumes *mpl*
city ['sɪtɪ] *n* (grande) ville *f* ; **the C~** la Cité de Londres (*centre des affaires*)
city centre *n* centre-ville *m*
City Hall *n* (US) ≈ hôtel *m* de ville
city technology college *n* (BRIT) établissement *m* d'enseignement technologique (*situé dans un quartier défavorisé*)

C

civic [ˈsɪvɪk] *adj* civique ; (*authorities*) municipal(e)
civic centre *n* (BRIT) centre administratif (municipal)
civil [ˈsɪvɪl] *adj* civil(e) ; (*polite*) poli(e), civil(e)
civil engineer *n* ingénieur civil
civil engineering *n* génie civil, travaux publics
civilian [sɪˈvɪlɪən] *adj, n* civil(e)
civility [sɪˈvɪlɪtɪ] *n* courtoisie *f*
civilization [sɪvɪlaɪˈzeɪʃən] *n* civilisation *f*
civilized [ˈsɪvɪlaɪzd] *adj* civilisé(e) ; (*fig*) où règnent les bonnes manières, empreint(e) d'une courtoisie de bon ton
civil law *n* code civil ; (*study*) droit civil
civil liberties *npl* libertés *fpl* civiques
civil partnership *n* ≈ PACS *m*
civil rights *npl* droits *mpl* civiques
civil servant *n* fonctionnaire *mf*
Civil Service *n* fonction publique, administration *f*
civil war *n* guerre civile
civvies [ˈsɪvɪz] *npl* (*inf*): **in ~** en civil
CJD *n abbr* (= *Creutzfeldt-Jakob disease*) MCJ *f*
cl *abbr* (= *centilitre*) cl
clad [klæd] *adj*: **~ (in)** habillé(e) de, vêtu(e) de
cladding [ˈklædɪŋ] *n* (*of building*) revêtement *m*
claim [kleɪm] *vt* (*rights etc*) revendiquer ; (*compensation*) réclamer ; (*assert*) déclarer, prétendre ▸ *vi* (*for insurance*) faire une déclaration de sinistre ▸ *n* revendication *f* ; prétention *f* ; (*right*) droit *m* ; (*for expenses*) note *f* de frais ; **(insurance) ~** demande *f* d'indemnisation, déclaration *f* de sinistre ; **to put in a ~ for** (*pay rise etc*) demander
claimant [ˈkleɪmənt] *n* (*Admin, Law*) requérant(e)
claim form *n* (*gen*) formulaire *m* de demande
clairvoyant [klɛəˈvɔɪənt] *n* voyant(e), extralucide *mf*
clam [klæm] *n* palourde *f*
▸ **clam up** *vi* (*inf*) la boucler
clamber [ˈklæmbəʳ] *vi* grimper, se hisser
clammy [ˈklæmɪ] *adj* humide et froid(e) (au toucher), moite
clamour, (US) **clamor** [ˈklæməʳ] *n* (*noise*) clameurs *fpl* ; (*protest*) protestations bruyantes ▸ *vi*: **to ~ for sth** réclamer qch à grands cris
clamp [klæmp] *n* crampon *m* ; (*on workbench*) valet *m* ; (*on car*) sabot *m* de Denver ▸ *vt* attacher ; (*car*) mettre un sabot à
▸ **clamp down on** *vt fus* sévir contre, prendre des mesures draconiennes à l'égard de
clampdown [ˈklæmpdaun] *n*: **there has been a ~ on ...** des mesures énergiques ont été prises contre ...
clan [klæn] *n* clan *m*
clandestine [klænˈdɛstɪn] *adj* clandestin(e)
clang [klæŋ] *n* bruit *m* or fracas *m* métallique
▸ *vi* émettre un bruit *or* fracas métallique
clanger [ˈklæŋəʳ] *n* (BRIT *inf*): **to drop a ~** faire une boulette
clank [ˈklæŋk] *vi* cliqueter ▸ *n* cliquetis *m*
clansman [ˈklænzmən] *n* (*irreg*) membre *m* d'un clan (écossais)
clap [klæp] *vi* applaudir ▸ *vt*: **to ~ (one's hands)** battre des mains ▸ *n* claquement *m* ; tape *f* ; **a ~ of thunder** un coup de tonnerre
clapboard [ˈklæpbɔːd] *n* (*wooden*) planche *f* à clin ▸ *cpd* (*building, wall*) à clins
clapping [ˈklæpɪŋ] *n* applaudissements *mpl*
claptrap [ˈklæptræp] *n* (*inf*) baratin *m*
claret [ˈklærət] *n* (vin *m* de) bordeaux *m* (rouge)
clarification [klærɪfɪˈkeɪʃən] *n* (*fig*) clarification *f*, éclaircissement *m*
clarify [ˈklærɪfaɪ] *vt* clarifier
clarinet [klærɪˈnɛt] *n* clarinette *f*
clarity [ˈklærɪtɪ] *n* clarté *f*
clash [klæʃ] *n* (*sound*) choc *m*, fracas *m* ; (*with police*) affrontement *m* ; (*fig*) conflit *m* ▸ *vi* se heurter ; être *or* entrer en conflit ; (*inf*) clasher ; (*colours*) jurer ; (*dates, events*) tomber en même temps
clasp [klɑːsp] *n* (*of necklace, bag*) fermoir *m* ▸ *vt* serrer, étreindre
class [klɑːs] *n* (*gen*) classe *f* ; (*group, category*) catégorie *f* ▸ *vt* classer, classifier
class-conscious [ˈklɑːsˈkɔnʃəs] *adj* conscient(e) de son appartenance sociale
class consciousness *n* conscience *f* de classe
classic [ˈklæsɪk] *adj* classique ▸ *n* (*author, work*) classique *m* ; (*race etc*) classique *f*
classical [ˈklæsɪkl] *adj* classique
classics [ˈklæsɪks] *npl* (*Scol*) lettres *fpl* classiques
classification [klæsɪfɪˈkeɪʃən] *n* classification *f*
classified [ˈklæsɪfaɪd] *adj* (*information*) secret(-ète) ; **~ ads** petites annonces
classify [ˈklæsɪfaɪ] *vt* classifier, classer
classless society [ˈklɑːslɪs-] *n* société *f* sans classes
classmate [ˈklɑːsmeɪt] *n* camarade *mf* de classe
classroom [ˈklɑːsrum] *n* (salle *f* de) classe *f*
classroom assistant *n* assistant(e) d'éducation
classy [ˈklɑːsɪ] *adj* (*inf*) classe (*inf*)
clatter [ˈklætəʳ] *n* cliquetis *m* ▸ *vi* cliqueter
clause [klɔːz] *n* clause *f* ; (*Ling*) proposition *f*
claustrophobia [klɔːstrəˈfəubɪə] *n* claustrophobie *f*
claustrophobic [klɔːstrəˈfəubɪk] *adj* (*person*) claustrophobe ; (*place*) où l'on se sent claustrophobe
claw [klɔː] *n* griffe *f* ; (*of bird of prey*) serre *f* ; (*of lobster*) pince *f* ▸ *vt* griffer ; déchirer
▸ **claw back** *vt* récupérer
clay [kleɪ] *n* argile *f*
clean [kliːn] *adj* propre ; (*clear, smooth*) net(te) ; (*record, reputation*) sans tache ; (*joke, story*) correct(e) ; **~ driving licence** *or* (US) **record** *permis où n'est portée aucune indication de contravention* ▸ *vt* nettoyer ; **to ~ one's teeth** se laver les dents ▸ *adv*: **he ~ forgot** il a complètement oublié ; **to come ~** (*inf: admit guilt*) se mettre à table
▸ **clean off** *vt* enlever
▸ **clean out** *vt* nettoyer (à fond)
▸ **clean up** *vt* nettoyer ; (*fig*) remettre de l'ordre dans ▸ *vi* (*fig: make profit*): **to ~ up on** faire son beurre avec
clean-cut [ˈkliːnˈkʌt] *adj* (*man*) soigné ; (*situation etc*) bien délimité(e), net(te), clair(e)
cleaner [ˈkliːnəʳ] *n* (*person*) nettoyeur(-euse), femme *f* de ménage ; (*also*: **dry cleaner**) teinturier(-ière) ; (*product*) détachant *m*

cleaner's ['kli:nəʳz] *n* (*also*: **dry cleaner's**) teinturier *m*
cleaning ['kli:nɪŋ] *n* nettoyage *m*
cleaning lady *n* femme *f* de ménage
cleanliness ['klɛnlɪnɪs] *n* propreté *f*
cleanly ['kli:nlɪ] *adv* proprement ; nettement
cleanse [klɛnz] *vt* nettoyer ; purifier
cleanser ['klɛnzəʳ] *n* détergent *m* ; (*for face*) démaquillant *m*
clean-shaven ['kli:n'ʃeɪvn] *adj* rasé(e) de près
cleansing department ['klɛnzɪŋ-] *n* (Brit) service *m* de voirie
clean sweep *n*: **to make a ~** (*Sport*) rafler tous les prix
clean technology *n* technologie *f* propre
clean-up ['kli:nʌp] *n* nettoyage *m*
clear [klɪəʳ] *adj* clair(e) ; (*glass, plastic*) transparent(e) ; (*road, way*) libre, dégagé(e) ; (*profit, majority*) net(te) ; (*conscience*) tranquille ; (*skin*) frais (fraîche) ; (*sky*) dégagé(e) ; **to make o.s. ~** se faire bien comprendre ; **to make it ~ to sb that ...** bien faire comprendre à qn que ... ; **I have a ~ day tomorrow** (Brit) je n'ai rien de prévu demain ▸ *vt* (*road*) dégager, déblayer ; (*table*) débarrasser ; (*room etc: of people*) faire évacuer ; (*woodland*) défricher ; (*cheque*) compenser ; (*Comm: goods*) liquider ; (*Law: suspect*) innocenter ; (*obstacle*) franchir *or* sauter sans heurter ; **to ~ the table** débarrasser la table, desservir ; **to ~ one's throat** s'éclaircir la gorge ; **to ~ a profit** faire un bénéfice net ▸ *vi* (*weather*) s'éclaircir ; (*fog*) se dissiper ▸ *adv*: **~ of** à distance de, à l'écart de ; **to keep ~ of sb/sth** éviter qn/qch ▸ *n*: **to be in the ~** (*out of debt*) être dégagé(e) de toute dette ; (*out of suspicion*) être lavé(e) de tout soupçon ; (*out of danger*) être hors de danger
▸ **clear away** *vt* (*things, clothes etc*) enlever, retirer ; **to ~ away the dishes** débarrasser la table
▸ **clear off** *vi* (*inf: leave*) dégager
▸ **clear up** *vi* s'éclaircir, se dissiper ▸ *vt* ranger, mettre en ordre ; (*mystery*) éclaircir, résoudre
clearance ['klɪərəns] *n* (*removal*) déblayage *m* ; (*free space*) dégagement *m* ; (*permission*) autorisation *f*
clearance sale *n* (*Comm*) liquidation *f*
clear-cut ['klɪə'kʌt] *adj* précis(e), nettement défini(e)
clearing ['klɪərɪŋ] *n* (*in forest*) clairière *f* ; (Brit *Banking*) compensation *f*, clearing *m*
clearing bank *n* (Brit) banque *f* qui appartient à une chambre de compensation
clearly ['klɪəlɪ] *adv* clairement ; (*obviously*) de toute évidence
clearway ['klɪəweɪ] *n* (Brit) route *f* à stationnement interdit
cleavage ['kli:vɪdʒ] *n* (*of dress*) décolleté *m*
cleaver ['kli:vəʳ] *n* fendoir *m*, couperet *m*
clef [klɛf] *n* (*Mus*) clé *f*
cleft [klɛft] *n* (*in rock*) crevasse *f*, fissure *f*
clemency ['klɛmənsɪ] *n* clémence *f*
clement ['klɛmənt] *adj* (*weather*) clément(e)
clementine ['klɛməntaɪn] *n* clémentine *f*
clench [klɛntʃ] *vt* serrer
clergy ['klə:dʒɪ] *n* clergé *m*
clergyman ['klə:dʒɪmən] *n* (*irreg*) ecclésiastique *m*
cleric ['klɛrɪk] *n* ecclésiastique *m*
clerical ['klɛrɪkl] *adj* de bureau, d'employé de bureau ; (*Rel*) clérical(e), du clergé
clerk [klɑ:k, (*US*) klə:rk] *n* (Brit) employé(e) de bureau ; (*US: salesman/woman*) vendeur(-euse) ; **C~ of Court** (*Law*) greffier(-ière) (du tribunal)
clever ['klɛvəʳ] *adj* (*intelligent*) intelligent(e) ; (*skilful*) habile, adroit(e) ; (*device, arrangement*) ingénieux(-euse), astucieux(-euse)
cleverly ['klɛvəlɪ] *adv* (*skilfully*) habilement ; (*craftily*) astucieusement
clew [klu:] *n* (*US*) = **clue**
cliché ['kli:ʃeɪ] *n* cliché *m*
click [klɪk] *n* (*Comput*) click *m* ▸ *vi* faire un bruit sec *or* un déclic ; (*Comput*) cliquer ; **to ~ on an icon** cliquer sur une icône ▸ *vt*: **to ~ one's tongue** faire claquer sa langue ; **to ~ one's heels** claquer des talons
clickable ['klɪkəbl] (*Comput*) *adj* cliquable
client ['klaɪənt] *n* client(e)
clientele [kli:ɔŋ'tɛl] *n* clientèle *f*
cliff [klɪf] *n* falaise *f*
cliffhanger ['klɪfhæŋəʳ] *n* (*TV, fig*) histoire pleine de suspense
clifftop ['klɪftɔp] *n* sommet *m* d'une falaise
climactic [klaɪ'mæktɪk] *adj* à son point culminant, culminant(e)
climate ['klaɪmɪt] *n* climat *m*
climate change *n* changement *m* climatique
climatic [klaɪ'mætɪk] *adj* climatique
climatologist [klaɪmə'tɔlədʒɪst] *n* climatologue *mf*
climax ['klaɪmæks] *n* apogée *m*, point culminant ; (*sexual*) orgasme *m*
climb [klaɪm] *vi* grimper, monter ; (*plane*) prendre de l'altitude ; **to ~ over a wall** passer par-dessus un mur ▸ *vt* (*stairs*) monter ; (*mountain*) escalader ; (*tree*) grimper à ▸ *n* montée *f*, escalade *f*
▸ **climb down** *vi* (re)descendre ; (Brit *fig*) rabattre de ses prétentions
climb-down ['klaɪmdaun] *n* (Brit) reculade *f*
climber ['klaɪməʳ] *n* (*also*: **rock climber**) grimpeur(-euse), varappeur(-euse) ; (*plant*) plante grimpante
climbing ['klaɪmɪŋ] *n* (*also*: **rock climbing**) escalade *f*, varappe *f*
clinch [klɪntʃ] *vt* (*deal*) conclure, sceller
clincher ['klɪntʃəʳ] *n*: **that was the ~** c'est ce qui a fait pencher la balance
cling [klɪŋ] (*pt, pp* **clung** [klʌŋ]) *vi*: **to ~ (to)** se cramponner (à), s'accrocher (à) ; (*clothes*) coller (à)
clingfilm® ['klɪŋfɪlm] *n* film *m* alimentaire
clingy ['klɪŋɪ] *adj* (*child*) dépendant(e) ; (*adult*) collant(e) ; (*clothes*) moulant(e)
clinic ['klɪnɪk] *n* clinique *f* ; centre médical ; (*session: Med*) consultation(s) *f(pl)*, séance(s) *f(pl)* ; (*: Sport*) séance(s) de perfectionnement
clinical ['klɪnɪkl] *adj* clinique ; (*fig*) froid(e)
clinician [klɪ'nɪʃən] *n* clinicien(ne)
clink [klɪŋk] *vi* tinter, cliqueter

clip [klɪp] *n (for hair)* barrette *f*; *(also:* **paper clip***)* trombone *m*; *(*BRIT*: also:* **bulldog clip***)* pince *f* de bureau; *(holding hose etc)* collier *m or* bague *f* (métallique) de serrage; *(TV, Cine)* clip *m* ▶ *vt (papers: also:* **clip together***)* attacher; *(hair, nails)* couper; *(hedge)* tailler
clipboard ['klɪpbɔ:d] *n (board)* écritoire *m* à pince; *(Comput)* bloc-notes *m*
clippers ['klɪpəz] *npl* tondeuse *f*; *(also:* **nail clippers***)* coupe-ongles *m inv*
clipping ['klɪpɪŋ] *n (from newspaper)* coupure *f* de journal
clique [kli:k] *n* clique *f*, coterie *f*
cloak [kləuk] *n* grande cape ▶ *vt (fig)* masquer, cacher
cloakroom ['kləukrum] *n (for coats etc)* vestiaire *m*; *(*BRIT*: W.C.)* toilettes *fpl*
clobber ['klɔbə^r] *(inf) n (*BRIT*)* barda *m (inf)* ▶ *vt (hit)* frapper; *(affect)*: **to be clobbered by sth** être mis(e) à mal par qch
clock [klɔk] *n (large)* horloge *f*; *(small)* pendule *f*; **round the ~** *(work etc)* vingt-quatre heures sur vingt-quatre; **to sleep round the ~** *or* **the ~ round** faire le tour du cadran; **30,000 on the ~** *(*BRIT *Aut)* 30 000 milles au compteur; **to work against the ~** faire la course contre la montre
▶ **clock in, clock on** *(*BRIT*) vi (with card)* pointer (en arrivant); *(start work)* commencer à travailler
▶ **clock off, clock out** *(*BRIT*) vi (with card)* pointer (en partant); *(leave work)* quitter le travail
▶ **clock up** *vt (miles, hours etc)* faire
clock tower *n* clocher *m*
clockwise ['klɔkwaɪz] *adv* dans le sens des aiguilles d'une montre
clockwork ['klɔkwə:k] *n* rouages *mpl*, mécanisme *m*; *(of clock)* mouvement *m* (d'horlogerie) ▶ *adj (toy, train)* mécanique
clog [klɔg] *n* sabot *m* ▶ *vt* boucher, encrasser ▶ *vi (also:* **clog up***)* se boucher, s'encrasser
cloister ['klɔɪstə^r] *n* cloître *m*
clone [kləun] *n* clone *m* ▶ *vt* cloner
close¹ [kləus] *adj (writing, texture)* serré(e); *(contact, link, watch)* étroit(e); *(examination)* attentif(-ive), minutieux(-euse); *(contest)* très serré(e); *(weather)* lourd(e), étouffant(e); *(room)* mal aéré(e); *(near)*: **~ (to)** près (de), proche (de); **how ~ is Edinburgh to Glasgow?** combien de kilomètres y a-t-il entre Édimbourg et Glasgow?; **a ~ friend** un ami intime; **to have a ~ shave** *(fig)* l'échapper belle; **at ~ quarters** tout près, à côté ▶ *adv* près, à proximité; **~ to** *prep* près de; **~ by, ~ at hand** *adj, adv* tout(e) près
close² [kləuz] *vt* fermer; *(bargain, deal)* conclure ▶ *vi (shop etc)* fermer; *(lid, door etc)* se fermer; *(end)* se terminer, se conclure; **what time do you ~?** à quelle heure fermez-vous? ▶ *n (end)* conclusion *f*; **to bring sth to a ~** mettre fin à qch
▶ **close down** *vt, vi* fermer *(définitivement)*
▶ **close in** *vi (hunters)* approcher; *(night, fog)* tomber; **the nights are closing in** les jours raccourcissent; **to ~ in on sb** cerner qn
▶ **close off** *vt (area)* boucler
closed [kləuzd] *adj (shop etc)* fermé(e); *(road)* fermé à la circulation
closed-circuit ['kləuzd'sə:kɪt] *adj*: **~ television** (système *m* de) vidéosurveillance *f*
closed shop *n* organisation *f* qui n'admet que des travailleurs syndiqués
close-knit ['kləus'nɪt] *adj (family, community)* très uni(e)
closely ['kləuslɪ] *adv (examine, watch)* de près; **we are ~ related** nous sommes proches parents; **a ~ guarded secret** un secret bien gardé
close season [kləus-] *n (*BRIT*: Hunting)* fermeture *f* de la chasse/pêche; *(: Football)* trêve *f*
closet ['klɔzɪt] *n (cupboard)* placard *m*, réduit *m*
close-up ['kləusʌp] *n* gros plan
closing ['kləuzɪŋ] *adj (stages, remarks)* final(e); **~ price** *(Stock Exchange)* cours *m* de clôture
closing time *n* heure *f* de fermeture
closure ['kləuʒə^r] *n* fermeture *f*
clot [klɔt] *n (of blood, milk)* caillot *m*; *(inf: person)* ballot *m* ▶ *vi (blood)* former des caillots; *(: external bleeding)* se coaguler
cloth [klɔθ] *n (material)* tissu *m*, étoffe *f*; *(*BRIT*: also:* **tea cloth***)* torchon *m*; lavette *f*; *(also:* **tablecloth***)* nappe *f*
clothe [kləuð] *vt* habiller, vêtir
clothed [kləuðd] *adj* habillé(e); **~ in sth** *(dressed)* vêtu(e) de qch
clothes [kləuðz] *npl* vêtements *mpl*, habits *mpl*; **to put one's ~ on** s'habiller; **to take one's ~ off** enlever ses vêtements
clothes brush *n* brosse *f* à habits
clothes line *n* corde *f* (à linge)
clothes peg, *(US)* **clothes pin** *n* pince *f* à linge
clothing ['kləuðɪŋ] *n* = **clothes**
clotted cream ['klɔtɪd-] *n (*BRIT*)* crème caillée
cloud [klaud] *n (also Comput)* nuage *m*; **every ~ has a silver lining** *(proverb)* à quelque chose malheur est bon *(proverbe)* ▶ *vt (liquid)* troubler; **to ~ the issue** brouiller les cartes
▶ **cloud over** *vi* se couvrir; *(fig)* s'assombrir
cloudburst ['klaudbə:st] *n* violente averse
cloud computing *n (Comput)* cloud computing *m*; informatique *f* en nuage
cloud-cuckoo-land ['klaud'kuku:'lænd] *n (*BRIT*)* monde *m* imaginaire
cloudless ['klaudlɪs] *adj* sans nuages
cloudy ['klaudɪ] *adj* nuageux(-euse), couvert(e); *(liquid)* trouble
clout [klaut] *n (blow)* taloche *f*; *(fig)* pouvoir *m* ▶ *vt* flanquer une taloche à
clove [kləuv] *n* clou *m* de girofle; **a ~ of garlic** une gousse d'ail
clover ['kləuvə^r] *n* trèfle *m*
cloverleaf ['kləuvəli:f] *n* feuille *f* de trèfle; *(Aut)* croisement *m* en trèfle
clown [klaun] *n* clown *m* ▶ *vi (also:* **clown about, clown around***)* faire le clown
cloying ['klɔɪɪŋ] *adj (taste, smell)* écœurant(e)
club [klʌb] *n (society)* club *m*; *(weapon)* massue *f*, matraque *f*; *(also:* **golf club***)* club ▶ *vt* matraquer ▶ *vi*: **to ~ together** s'associer; **clubs** *npl (Cards)* trèfle *m*
clubbing ['klʌbɪŋ] *n* sorties *fpl* en boîte *(inf)*; **to go ~** sortir en boîte
club car *n (US Rail)* wagon-restaurant *m*

club class *n (Aviat)* classe *f* club
clubhouse ['klʌbhaus] *n* pavillon *m*
club soda *n (US)* eau *f* de seltz
cluck [klʌk] *vi* glousser
clue [klu:] *n* indice *m* ; *(in crosswords)* définition *f* ; **I haven't a ~** je n'en ai pas la moindre idée
clued up, *(US)* **clued in** [klu:d-] *adj (inf)* (vachement) calé(e)
clueless ['klu:lɪs] *adj (inf)*: **to be ~ about sth** ne rien connaître à qch ; **I'm ~ about computers** je ne connais rien aux ordinateurs
clump [klʌmp] *n*: **~ of trees** bouquet *m* d'arbres
clumsy ['klʌmzɪ] *adj (person)* gauche, maladroit(e) ; *(object)* malcommode, peu maniable
clung [klʌŋ] *pt, pp of* **cling**
cluster ['klʌstəʳ] *n* (petit) groupe ; *(of flowers)* grappe *f* ▸ *vi* se rassembler
clutch [klʌtʃ] *n (Aut)* embrayage *m* ; *(grasp)*: **clutches** étreinte *f*, prise *f* ▸ *vt (grasp)* agripper ; *(hold tightly)* serrer fort ; *(hold on to)* se cramponner à
clutter ['klʌtəʳ] *vt (also:* **clutter up***)* encombrer ▸ *n* désordre *m*, fouillis *m*
cm *abbr (= centimetre)* cm
CNAA *n abbr (*Brit*: = Council for National Academic Awards) organisme non universitaire délivrant des diplômes*
CND *n abbr* = **Campaign for Nuclear Disarmament**
CO *n abbr (= commanding officer)* Cdt ; *(*Brit*)* = **Commonwealth Office** ▸ *abbr (US)* = **Colorado**
Co. *abbr* = **company, county**
c/o *abbr (= care of)* c/o, aux bons soins de
coach [kəutʃ] *n (bus)* autocar *m* ; *(horse-drawn)* diligence *f* ; *(of train)* voiture *f*, wagon *m* ; *(Sport: trainer)* entraîneur(-euse) ; *(school: tutor)* répétiteur(-trice) ▸ *vt (Sport)* entraîner ; *(student)* donner des leçons particulières à
coachload ['kəutʃləud] *n (*Brit*: party)* bus *m* ; **coachloads of** *(hordes of)* des hordes *fpl* de
coach station *(*Brit*)* *n* gare routière
coach trip *n* excursion *f* en car
coagulate [kəu'ægjuleɪt] *vt* coaguler ▸ *vi* se coaguler
coal [kəul] *n* charbon *m*
coal face *n* front *m* de taille
coalfield ['kəulfi:ld] *n* bassin houiller
coalition [kəuə'lɪʃən] *n* coalition *f*
coalman ['kəulmən] *n (irreg)* charbonnier *m*, marchand *m* de charbon
coal mine *n* mine *f* de charbon
coarse [kɔ:s] *adj* grossier(-ère), rude ; *(vulgar)* vulgaire
coast [kəust] *n* côte *f* ▸ *vi (car, cycle)* descendre en roue libre
coastal ['kəustl] *adj* côtier(-ère)
coaster ['kəustəʳ] *n (Naut)* caboteur *m* ; *(for glass)* dessous *m* de verre
coastguard ['kəustgɑ:d] *n* garde-côte *m*
coastline ['kəustlaɪn] *n* côte *f*, littoral *m*
coat [kəut] *n (garment)* manteau *m* ; *(of animal)* pelage *m*, poil *m* ; *(of paint)* couche *f* ; **~ of arms** *n* blason *m*, armoiries *fpl* ▸ *vt (with dirt, plastic)* couvrir ; *(with varnish, sealant)* enduire ; *(with metal)* revêtir
coated ['kəutɪd] *adj* recouvert(e) ; **to be ~ with sth** être recouvert(e) de qch
coat hanger *n* cintre *m*
coating ['kəutɪŋ] *n* couche *f*, enduit *m*
co-author ['kəu'ɔ:θəʳ] *n* co-auteur *m*
coax [kəuks] *vt* persuader par des cajoleries
cob [kɔb] *n see* **corn**
cobbled ['kɔbld] *adj* pavé(e)
cobbler ['kɔbləʳ] *n* cordonnier *m*
cobbles, cobblestones ['kɔblz, 'kɔblstəunz] *npl* pavés (ronds)
cobble together *vt* bricoler
COBOL ['kəubɔl] *n* COBOL *m*
cobra ['kəubrə] *n* cobra *m*
cobweb ['kɔbwɛb] *n* toile *f* d'araignée
cocaine [kə'keɪn] *n* cocaïne *f*
cock [kɔk] *n (rooster)* coq *m* ; *(male bird)* mâle *m* ▸ *vt (gun)* armer ; **to ~ one's ears** *(fig)* dresser l'oreille
cock-a-hoop [kɔkə'hu:p] *adj* jubilant(e)
cockatoo [kɔkə'tu:] *n* cacatoès *m*
cockerel ['kɔkərl] *n* jeune coq *m*
cock-eyed ['kɔkaɪd] *adj (fig)* de travers ; qui louche ; qui ne tient pas debout *(fig)*
cockle ['kɔkl] *n* coque *f*
cockney ['kɔknɪ] *n* cockney *mf (habitant des quartiers populaires de l'East End de Londres)*, ≈ faubourien(ne)
cockpit ['kɔkpɪt] *n (in aircraft)* poste *m* de pilotage, cockpit *m*
cockroach ['kɔkrəutʃ] *n* cafard *m*, cancrelat *m*
cocktail ['kɔkteɪl] *n* cocktail *m* ; **prawn ~**, *(US)* **shrimp ~** cocktail de crevettes
cocktail cabinet *n* (meuble-)bar *m*
cocktail party *n* cocktail *m*
cocktail shaker [-'ʃeɪkəʳ] *n* shaker *m*
cocky ['kɔkɪ] *adj* trop sûr(e) de soi
cocoa ['kəukəu] *n* cacao *m*
coconut ['kəukənʌt] *n* noix *f* de coco
cocoon [kə'ku:n] *n* cocon *m*
cod [kɔd] *n* morue fraîche, cabillaud *m*
C.O.D. *abbr* = **cash on delivery**; *(US)* = **collect on delivery**
code [kəud] *n* code *m* ; *(Tel: area code)* indicatif *m* ; **~ of behaviour** règles *fpl* de conduite ; **~ of practice** déontologie *f*
coded ['kəudɪd] *adj (lit: information, signal)* codé(e) ; *(fig: language)* voilé(e)
codeine ['kəudi:n] *n* codéine *f*
code word ['kəudwə:d] *n* mot *m* de passe
codger ['kɔdʒəʳ] *n*: **an old ~** *(*Brit* inf)* un drôle de vieux bonhomme
codicil ['kɔdɪsɪl] *n* codicille *m*
codify ['kəudɪfaɪ] *vt* codifier
cod-liver oil ['kɔdlɪvər-] *n* huile *f* de foie de morue
co-driver ['kəu'draɪvəʳ] *n (in race)* copilote *mf* ; *(of lorry)* deuxième chauffeur *m*
co-ed ['kəu'ɛd] *adj abbr* = **coeducational** ▸ *n abbr (US: female student) étudiante d'une université mixte* ; *(*Brit*: school)* école *f* mixte
coeducational ['kəuɛdju'keɪʃənl] *adj* mixte
coerce [kəu'ə:s] *vt* contraindre
coercion [kəu'ə:ʃən] *n* contrainte *f*
coercive [kəu'ə:sɪv] *adj* coercitif(-ive)
coexist [kəuɪg'zɪst] *vi* coexister

coexistence ['kəuɪg'zɪstəns] *n* coexistence *f*
C. of C. *n abbr* = **chamber of commerce**
C of E *n abbr* = **Church of England**
coffee ['kɔfɪ] *n* café *m* ; **white ~**, (*US*) **~ with cream** (café-)crème *m*
coffee bar *n* (BRIT) café *m*
coffee bean *n* grain *m* de café
coffee break *n* pause-café *f*
coffee cake ['kɔfɪkeɪk] *n* (*US*) ≈ petit pain aux raisins
coffee cup *n* tasse *f* à café
coffee maker *n* cafetière *f*
coffeepot ['kɔfɪpɔt] *n* cafetière *f*
coffee shop *n* café *m*
coffee table *n* (petite) table basse
coffin ['kɔfɪn] *n* cercueil *m*
C of I *n abbr* = **Church of Ireland**
C of S *n abbr* = **Church of Scotland**
cog [kɔg] *n* (*wheel*) roue dentée ; (*tooth*) dent *f* (d'engrenage)
cogent ['kəudʒənt] *adj* puissant(e), convaincant(e)
cognac ['kɔnjæk] *n* cognac *m*
cognitive ['kɔgnɪtɪv] *adj* cognitif(-ive)
cognizance ['kɔgnɪzəns] *n* (*formal*) connaissance *f* ; **to take ~ of sth** prendre connaissance de qch
cognizant ['kɔgnɪzənt] *adj* (*formal*) conscient(e)
cogwheel ['kɔgwiːl] *n* roue dentée
cohabit [kəu'hæbɪt] *vi* (*formal*): **to ~ (with sb)** cohabiter (avec qn)
cohabitation [kəuhæbɪ'teɪʃən] *n* concubinage *m*, vie *f* maritale
coherence [kəu'hɪərəns] *n* cohérence *f*
coherent [kəu'hɪərənt] *adj* cohérent(e)
cohesion [kəu'hiːʒən] *n* cohésion *f*
cohesive [kəu'hiːsɪv] *adj* (*fig*) cohésif(-ive)
cohort ['kəuhɔːt] *n* (*group*) groupe *m* ; (*supporter*) acolyte *m*
COI *n abbr* (BRIT: = *Central Office of Information*) *service d'information gouvernemental*
coil [kɔɪl] *n* rouleau *m*, bobine *f* ; (*one loop*) anneau *m*, spire *f* ; (*of smoke*) volute *f* ; (*contraceptive*) stérilet *m* ▸ *vt* enrouler
coin [kɔɪn] *n* pièce *f* (de monnaie) ▸ *vt* (*word*) inventer
coinage ['kɔɪnɪdʒ] *n* monnaie *f*, système *m* monétaire
coinbox ['kɔɪnbɔks] *n* (BRIT) cabine *f* téléphonique
coincide [kəuɪn'saɪd] *vi* coïncider
coincidence [kəu'ɪnsɪdəns] *n* coïncidence *f*
coincidental [kəuɪnsɪ'dɛntəl] *adj* (*resemblance, event*) fortuit(e) ; **it is ~ that ...** c'est une coïncidence si *or* que...
coincidentally [kəuɪnsɪ'dɛntəlɪ] *adv* par coïncidence
coin-operated ['kɔɪn'ɔpəreɪtɪd] *adj* (*machine, launderette*) automatique
coir ['kɔɪəʳ] *n* coco *m*
Coke® [kəuk] *n* coca *m*
coke [kəuk] *n* (*coal*) coke *m*
Col. *abbr* (= *colonel*) Col ; (*US*) = **Colorado**
COLA *n abbr* (*US*: = *cost-of-living adjustment*) *réajustement (des salaires, indemnités etc) en fonction du coût de la vie*

colander ['kɔləndəʳ] *n* passoire *f* (à légumes)
cold [kəuld] *adj* froid(e) ; **it's ~** il fait froid ; **to be ~** (*person*) avoir froid ; **in ~ blood** de sang-froid ; **to have ~ feet** avoir froid aux pieds ; (*fig*) avoir la frousse *or* la trouille ; **to give sb the ~ shoulder** battre froid à qn ▸ *n* froid *m* ; (*Med*) rhume *m* ; **to catch a ~, to catch ~** s'enrhumer, attraper un rhume
cold-blooded ['kəuld'blʌdɪd] *adj* (*Zool*) à sang froid
cold cream *n* crème *f* de soins
coldly ['kəuldlɪ] *adv* froidement
coldness ['kəuldnɪs] *n* froideur *f*
cold sore *n* bouton *m* de fièvre
cold sweat *n*: **to be in a ~ (about sth)** avoir des sueurs froides (au sujet de qch)
cold turkey *n* (*inf*) manque *m* ; **to go ~** être en manque
Cold War *n*: **the ~** la guerre froide
coleslaw ['kəulslɔː] *n sorte de salade de chou cru*
colic ['kɔlɪk] *n* colique(s) *f(pl)*
colicky ['kɔlɪkɪ] *adj* qui souffre de coliques
collaborate [kə'læbəreɪt] *vi* collaborer
collaboration [kəlæbə'reɪʃən] *n* collaboration *f*
collaborative [kə'læbərətɪv] *adj* (*project*) en collaboration
collaborator [kə'læbəreɪtəʳ] *n* collaborateur(-trice)
collage [kɔ'lɑːʒ] *n* (*Art*) collage *m*
collagen ['kɔlədʒən] *n* collagène *m*
collapse [kə'læps] *vi* s'effondrer, s'écrouler ; (*Med*) avoir un malaise ▸ *n* effondrement *m*, écroulement *m* ; (*of government*) chute *f*
collapsible [kə'læpsəbl] *adj* pliant(e), télescopique
collar ['kɔləʳ] *n* (*of coat, shirt*) col *m* ; (*for dog*) collier *m* ; (*Tech*) collier, bague *f* ▸ *vt* (*inf*: *person*) pincer
collarbone ['kɔləbəun] *n* clavicule *f*
collate [kɔ'leɪt] *vt* collationner
collateral [kə'lætərl] *n* nantissement *m*
collation [kə'leɪʃən] *n* collation *f*
colleague ['kɔliːg] *n* collègue *mf*
collect [kə'lɛkt] *vt* rassembler ; (*pick up*) ramasser ; (*as a hobby*) collectionner ; (BRIT: *call for*) (passer) prendre ; (*mail*) faire la levée de, ramasser ; (*money owed*) encaisser ; (*donations, subscriptions*) recueillir ; **to ~ one's thoughts** réfléchir, réunir ses idées ▸ *vi* (*people*) se rassembler ; (*dust, dirt*) s'amasser ; **~ on delivery (COD)** (*US Comm*) payable *or* paiement à la livraison ▸ *adv*: **to call ~** (*US Tel*) téléphoner en PCV
collected [kə'lɛktɪd] *adj*: **~ works** œuvres complètes
collection [kə'lɛkʃən] *n* collection *f* ; (*of mail*) levée *f* ; (*for money*) collecte *f*, quête *f*
collective [kə'lɛktɪv] *adj* collectif(-ive) ▸ *n* collectif *m*
collective bargaining *n* convention collective
collector [kə'lɛktəʳ] *n* collectionneur(-euse) ; (*of taxes*) percepteur(-trice) ; (*of rent, cash*) encaisseur(-euse) ; **~'s item** *or* **piece** pièce *f* de collection
college ['kɔlɪdʒ] *n* collège *m* ; (*of technology, agriculture etc*) institut *m* ; **to go to ~** faire des études supérieures ; **~ of education** ≈ école normale

collide [kəˈlaɪd] *vi*: **to ~ (with)** entrer en collision (avec)
collie [ˈkɔlɪ] *n* (*dog*) colley *m*
colliery [ˈkɔlɪərɪ] *n* (Brit) mine *f* de charbon, houillère *f*
collision [kəˈlɪʒən] *n* collision *f*, heurt *m* ; **to be on a ~ course** aller droit à la collision ; (*fig*) aller vers l'affrontement
collision damage waiver *n* (*Insurance*) rachat *m* de franchise
colloquial [kəˈləukwɪəl] *adj* familier(-ère)
collude [kəˈlu:d] *vi* (*pej*) s'associer ; **to ~ to do sth** s'associer pour faire qch ; **to ~ in sth** être de mèche dans qch
collusion [kəˈlu:ʒən] *n* collusion *f* ; **in ~ with** en complicité avec
Colo. *abbr* (*US*) = **Colorado**
cologne [kəˈləun] *n* (*also*: **eau de Cologne**) eau *f* de cologne
Colombia [kəˈlɔmbɪə] *n* Colombie *f*
Colombian [kəˈlɔmbɪən] *adj* colombien(ne) ▸ *n* Colombien(ne)
colon [ˈkəulən] *n* (*sign*) deux-points *m* ; (*Med*) côlon *m*
colonel [ˈkə:nl] *n* colonel *m*
colonial [kəˈlaunɪəl] *adj* colonial(e)
colonialism [kəˈləunɪəlɪzəm] *n* colonialisme *m*
colonize [ˈkɔlənaɪz] *vt* coloniser
colonnade [kɔləˈneɪd] *n* colonnade *f*
colony [ˈkɔlənɪ] *n* colonie *f*
color *etc* [ˈkʌləʳ] *n* (*US*) = **colour** *etc*
Colorado beetle [kɔləˈrɑ:dəu-] *n* doryphore *m*
colossal [kəˈlɔsl] *adj* colossal(e)
colostomy [kəˈlɔstəmɪ] *n* colostomie *f*
colour, (*US*) **color** [ˈkʌləʳ] *n* couleur *f* ; **I'd like a different ~** je le voudrais dans un autre coloris ▸ *vt* colorer ; (*dye*) teindre ; (*paint*) peindre ; (*with crayons*) colorier ; (*news*) fausser, exagérer ▸ *vi* (*blush*) rougir ▸ *cpd* (*film, photograph, television*) en couleur ; **colours** *npl* (*of party, club*) couleurs *fpl*
▸ **colour in** *vt* colorier
colour bar, (*US*) **color bar** *n* discrimination raciale (*dans un établissement etc*)
colour-blind, (*US*) **color-blind** [ˈkʌləblaɪnd] *adj* daltonien(ne)
coloured, (*US*) **colored** [ˈkʌləd] *adj* coloré(e) ; (*photo*) en couleur
colour film, (*US*) **color film** *n* (*for camera*) pellicule *f* (en) couleur
colourful, (*US*) **colorful** [ˈkʌləful] *adj* coloré(e), vif (vive) ; (*personality*) pittoresque, haut(e) en couleurs
colourfully, (*US*) **colorfully** [ˈkʌləfulɪ] *adv* (*dressed, painted*) en couleurs vives ; (*described*) de façon pittoresque
colouring, (*US*) **coloring** [ˈkʌlərɪŋ] *n* colorant *m* ; (*complexion*) teint *m*
colouring book, (*US*) **coloring book** *n* album *m* à colorier
colour scheme, (*US*) **color scheme** *n* combinaison *f* de(s) couleur(s)
colour supplement *n* (Brit *Press*) supplément *m* magazine
colour television, (*US*) **color television** *n* télévision *f* (en) couleur
colt [kəult] *n* poulain *m*
column [ˈkɔləm] *n* colonne *f* ; (*fashion column, sports column etc*) rubrique *f* ; **the editorial ~** l'éditorial *m*
columnist [ˈkɔləmnɪst] *n* rédacteur(-trice) d'une rubrique
coma [ˈkəumə] *n* coma *m*
comatose [ˈkəumətəus, ˈkəumətəuz] *adj* (*in a coma*) comateux(-euse) ; (*inf: asleep*) comateux(-euse)
comb [kəum] *n* peigne *m* ▸ *vt* (*hair*) peigner ; (*area*) ratisser, passer au peigne fin
combat [ˈkɔmbæt] *n* combat *m* ▸ *vt* combattre, lutter contre
combat fatigues *npl* treillis *m*
combative [ˈkɔmbətɪv] *adj* combatif(-ive)
combination [kɔmbɪˈneɪʃən] *n* (*gen*) combinaison *f*
combination lock *n* serrure *f* à combinaison
combine *vt* [kəmˈbaɪn] combiner ; **to ~ sth with sth** (*one quality with another*) joindre *or* allier qch à qch ; **a combined effort** un effort conjugué ▸ *vi* s'associer ; (*Chem*) se combiner ▸ *n* [ˈkɔmbaɪn] association *f* ; (*Econ*) trust *m* ; (*also*: **combine harvester**) moissonneuse-batteuse(-lieuse) *f*
combine harvester *n* moissonneuse-batteuse(-lieuse) *f*
combo [ˈkɔmbəu] *n* (*Jazz etc*) groupe *m* de musiciens
combustible [kəmˈbʌstɪbl] *adj* combustible
combustion [kəmˈbʌstʃən] *n* combustion *f*

KEYWORD

come [kʌm] (*pt* **came** [keɪm], *pp* **come** [kʌm]) *vi*
1 (*movement towards*) venir ; **to come running** arriver en courant ; **he's come here to work** il est venu ici pour travailler ; **come with me** suivez-moi ; **to come into sight** *or* **view** apparaître
2 (*arrive*) arriver ; **to come home** rentrer (chez soi *or* à la maison) ; **we've just come from Paris** nous arrivons de Paris ; **coming!** j'arrive !
3 (*reach*): **to come to** (*decision etc*) parvenir à, arriver à ; **the bill came to £40** la note s'est élevée à 40 livres ; **if it comes to it** s'il le faut, dans le pire des cas
4 (*occur*): **an idea came to me** il m'est venu une idée ; **what might come of it** ce qui pourrait en résulter, ce qui pourrait advenir *or* se produire
5 (*be, become*): **to come loose/undone** se défaire/desserrer ; **I've come to like him** j'ai fini par bien l'aimer
6 (*inf: sexually*) jouir
▸ **come about** *vi* se produire, arriver
▸ **come across** *vt fus* rencontrer par hasard, tomber sur ▸ *vi*: **to come across well/badly** faire une bonne/mauvaise impression
▸ **come along** *vi* (Brit: *pupil, work*) faire des progrès, avancer ; **come along!** viens ! ; allons !, allez !
▸ **come apart** *vi* s'en aller en morceaux ; se détacher
▸ **come away** *vi* partir, s'en aller ; (*become detached*) se détacher

▸ **come back** *vi* revenir ; (*reply*): **can I come back to you on that one?** est-ce qu'on peut revenir là-dessus plus tard ?
▸ **come by** *vt fus* (*acquire*) obtenir, se procurer
▸ **come down** *vi* descendre ; (*prices*) baisser ; (*buildings*) s'écrouler ; (*: be demolished*) être démoli(e)
▸ **come forward** *vi* s'avancer ; (*make o.s. known*) se présenter, s'annoncer
▸ **come from** *vt fus* (*source*) venir de ; (*place*) venir de, être originaire de
▸ **come in** *vi* entrer ; (*train*) arriver ; (*fashion*) entrer en vogue ; (*on deal etc*) participer
▸ **come in for** *vt fus* (*criticism etc*) être l'objet de
▸ **come into** *vt fus* (*money*) hériter de
▸ **come off** *vi* (*button*) se détacher ; (*attempt*) réussir
▸ **come on** *vi* (*lights, electricity*) s'allumer ; (*central heating*) se mettre en marche ; (*pupil, work, project*) faire des progrès, avancer ; **come on!** viens ! ; allons !, allez !
▸ **come out** *vi* sortir ; (*sun*) se montrer ; (*book*) paraître ; (*stain*) s'enlever ; (*strike*) cesser le travail, se mettre en grève
▸ **come over** *vt fus*: **I don't know what's come over him!** je ne sais pas ce qui lui a pris !
▸ **come round** *vi* (*after faint, operation*) revenir à soi, reprendre connaissance
▸ **come through** *vi* (*survive*) s'en sortir ; (*telephone call*): **the call came through** l'appel est bien parvenu
▸ **come to** *vi* revenir à soi ▸ *vt* (*add up to: amount*): **how much does it come to?** ça fait combien ?
▸ **come under** *vt fus* (*heading*) se trouver sous ; (*influence*) subir
▸ **come up** *vi* monter ; (*sun*) se lever ; (*problem*) se poser ; (*event*) survenir ; (*in conversation*) être soulevé
▸ **come up against** *vt fus* (*resistance, difficulties*) rencontrer
▸ **come upon** *vt fus* tomber sur
▸ **come up to** *vt fus* arriver à ; **the film didn't come up to our expectations** le film nous a déçus
▸ **come up with** *vt fus* (*money*) fournir ; **he came up with an idea** il a eu une idée, il a proposé quelque chose

comeback ['kʌmbæk] *n* (*Theat*) rentrée *f* ; (*reaction*) réaction *f* ; (*response*) réponse *f*
Comecon ['kɔmɪkɔn] *n abbr* (= *Council for Mutual Economic Aid*) COMECON *m*
comedian [kə'mi:dɪən] *n* (*comic*) comique *m* ; (*Theat*) comédien(ne)
comedic [kə'mi:dɪk] *adj* (*formal*) comique
comedienne [kəmi:dɪ'ɛn] *n* comique *f*
comedown ['kʌmdaun] *n* déchéance *f*
comedy ['kɔmɪdɪ] *n* comédie *f* ; (*humour*) comique *m*
comet ['kɔmɪt] *n* comète *f*
comeuppance [kʌm'ʌpəns] *n*: **to get one's ~** recevoir ce qu'on mérite
comfort ['kʌmfət] *n* confort *m*, bien-être *m* ; (*solace*) consolation *f*, réconfort *m* ▸ *vt* consoler, réconforter
comfortable ['kʌmfətəbl] *adj* confortable ; (*person*) à l'aise ; (*financially*) aisé(e) ; (*patient*) dont l'état est stationnaire ; **I don't feel very ~ about it** cela m'inquiète un peu
comfortably ['kʌmfətəblɪ] *adv* (*sit*) confortablement ; (*live*) à l'aise
comforter ['kʌmfətə^r] *n* (*US*) édredon *m*
comforting ['kʌmfətɪŋ] *adj* (*thought, words*) réconfortant(e)
comforts ['kʌmfəts] *npl* aises *fpl*
comfort station *n* (*US*) toilettes *fpl*
comfy ['kʌmfɪ] *adj* (*inf: clothes, chair*) confortable ; **to be ~** (*person*) être à l'aise
comic ['kɔmɪk] *adj* (*also*: **comical**) comique ▸ *n* (*person*) comique *m* ; (Brit: *magazine: for children*) magazine *m* de bandes dessinées *or* de BD ; (*: for adults*) illustré *m*
comical ['kɔmɪkl] *adj* amusant(e)
comic book *n* (*US: for children*) magazine *m* de bandes dessinées *or* de BD ; (*: for adults*) illustré *m*
comic strip *n* bande dessinée
coming ['kʌmɪŋ] *n* arrivée *f* ▸ *adj* (*next*) prochain(e) ; (*future*) à venir ; **in the ~ weeks** dans les prochaines semaines
Comintern ['kɔmɪntə:n] *n* Comintern *m*
comma ['kɔmə] *n* virgule *f*
command [kə'ma:nd] *n* ordre *m*, commandement *m* ; (*Mil: authority*) commandement ; (*mastery*) maîtrise *f* ; (*Comput*) commande *f* ; **to have/take ~ of** avoir/prendre le commandement de ; **to have at one's ~** (*money, resources etc*) disposer de ▸ *vt* (*troops*) commander ; (*be able to get*) (pouvoir) disposer de, avoir à sa disposition ; (*deserve*) avoir droit à ; **to ~ sb to do** donner l'ordre *or* commander à qn de faire
command economy *n* économie planifiée
commandeer [kɔmən'dɪə^r] *vt* réquisitionner (par la force)
commander [kə'ma:ndə^r] *n* chef *m* ; (*Mil*) commandant *m*
commander-in-chief [kə'ma:ndərɪn'tʃi:f] *n* (*Mil*) commandant *m* en chef
commanding [kə'ma:ndɪŋ] *adj* (*appearance*) imposant(e) ; (*voice, tone*) autoritaire ; (*lead, position*) dominant(e)
commanding officer *n* commandant *m*
commandment [kə'ma:ndmənt] *n* (*Rel*) commandement *m*
command module *n* (*Space*) module *m* de commande
commando [kə'ma:ndəu] *n* commando *m* ; membre *m* d'un commando
commemorate [kə'mɛməreɪt] *vt* commémorer
commemoration [kəmɛmə'reɪʃən] *n* commémoration *f*
commemorative [kə'mɛmərətɪv] *adj* commémoratif(-ive)
commence [kə'mɛns] *vt, vi* commencer
commencement [kə'mɛnsmənt] *n* (*start*) commencement *m* ; (*US: graduation*) remise *f* des diplômes
commend [kə'mɛnd] *vt* louer ; (*recommend*) recommander
commendable [kə'mɛndəbl] *adj* louable

commendation [kɔmɛn'deɪʃən] *n* éloge *m* ; recommandation *f*
commensurate [kə'mɛnʃərɪt] *adj*: **~ with/to** en rapport avec/selon
comment ['kɔmɛnt] *n* commentaire *m* ; **"no ~"** « je n'ai rien à déclarer » ▸ *vi* faire des remarques *or* commentaires ; **to ~ on** faire des remarques sur ▸ *vt*: **to ~ that** faire remarquer que
commentary ['kɔməntərɪ] *n* commentaire *m* ; (*Sport*) reportage *m* (en direct)
commentate ['kɔmənteɪt] *vi* faire le commentaire ; **to ~ on sth** (*match, one-off event*) faire le commentaire de qch ; (*series of events*) couvrir qch, faire un reportage sur qch
commentator ['kɔmənteɪtəʳ] *n* commentateur(-trice) ; (*Sport*) reporter *m*
commerce ['kɔmə:s] *n* commerce *m*
commercial [kə'mə:ʃəl] *adj* commercial(e) ▸ *n* (*Radio, TV*) annonce *f* publicitaire, spot *m* (publicitaire)
commercial bank *n* banque *f* d'affaires
commercial break *n* (*Radio, TV*) spot *m* (publicitaire)
commercial college *n* école *f* de commerce
commercialism [kə'mə:ʃəlɪzəm] *n* mercantilisme *m*
commercialization [kə,mə:ʃəlaɪ'zeɪʃən] *n* commercialisation *f*
commercialize [kə'mə:ʃəlaɪz] *vt* commercialiser
commercially [kə'mə:ʃəlɪ] *adv* (*viable*) commercialement ; (*available*) dans le commerce ; (*produce*) à échelle commerciale
commercial television *n* publicité *f* à la télévision, chaînes privées (financées par la publicité)
commercial traveller *n* voyageur(-euse) de commerce
commercial vehicle *n* véhicule *m* utilitaire
commiserate [kə'mɪzəreɪt] *vi*: **to ~ with sb** témoigner de la sympathie pour qn
commission [kə'mɪʃən] *n* (*committee, fee*) commission *f* ; (*order for work of art etc*) commande *f* ; **out of ~** (*Naut*) hors de service ; (*machine*) hors service ; **I get 10% ~** je reçois une commission de 10% ; **~ of inquiry** (Brit) commission d'enquête ▸ *vt* (*Mil*) nommer (à un commandement) ; (*work of art*) commander, charger un artiste de l'exécution de
commissionaire [kəmɪʃə'nɛəʳ] *n* (Brit: *at shop, cinema etc*) portier *m* (en uniforme)
commissioner [kə'mɪʃənəʳ] *n* membre *m* d'une commission ; (*Police*) préfet *m* (de police)
commit [kə'mɪt] *vt* (*act*) commettre ; (*resources*) consacrer ; (*to sb's care*) confier (à) ; **to ~ o.s. (to do)** s'engager (à faire) ; **to ~ suicide** se suicider ; **to ~ to writing** coucher par écrit ; **to ~ sb for trial** traduire qn en justice
commitment [kə'mɪtmənt] *n* engagement *m* ; (*obligation*) responsabilité(s) *fpl*
committed [kə'mɪtɪd] *adj* (*writer, politician etc*) engagé(e)
committee [kə'mɪtɪ] *n* comité *m* ; commission *f* ; **to be on a ~** siéger dans un comité *or* une commission)
committee meeting *n* réunion *f* de comité *or* commission
commodity [kə'mɔdɪtɪ] *n* produit *m*, marchandise *f*, article *m* ; (*food*) denrée *f*
commodity exchange *n* bourse *f* de marchandises
common ['kɔmən] *adj* (*gen*) commun(e) ; (*usual*) courant(e) ; **in ~ use** d'un usage courant ; **it's ~ knowledge that** il est bien connu *or* notoire que ; **to the ~ good** pour le bien de tous, dans l'intérêt général ▸ *n* terrain communal ; **in ~** en commun
common cold *n*: **the ~** le rhume
common denominator *n* dénominateur commun
commoner ['kɔmənəʳ] *n* roturier(-ière)
common ground *n* (*fig*) terrain *m* d'entente
common land *n* terrain communal
common law *n* droit coutumier
common-law ['kɔmənlɔ:] *adj*: **~ wife** épouse *f* de facto
commonly ['kɔmənlɪ] *adv* communément, généralement ; couramment
Common Market *n* Marché commun
commonplace ['kɔmənpleɪs] *adj* banal(e), ordinaire
common room *n* salle commune ; (*Scol*) salle des professeurs
Commons ['kɔmənz] *npl* (Brit *Pol*): **the (House of) ~** la chambre des Communes
common sense *n* bon sens
Commonwealth ['kɔmənwɛlθ] *n*: **the ~** le Commonwealth

Commonwealth

Le **Commonwealth** regroupe 53 États indépendants et plusieurs territoires qui reconnaissent tous le souverain britannique comme chef de cette association. Il fut formé en 1949 dans un souci de cohésion après le démantèlement de l'Empire britannique. Depuis 1930, les Jeux du Commonwealth ont lieu tous les quatre ans dans l'un des pays de l'organisation.

commotion [kə'məuʃən] *n* désordre *m*, tumulte *m*
communal ['kɔmju:nl] *adj* (*life*) communautaire ; (*for common use*) commun(e)
commune *n* ['kɔmju:n] (*group*) communauté *f* ▸ *vi* [kə'mju:n]: **to ~ with** converser intimement avec ; (*nature*) communier avec
communicable [kə'mju:nɪkəbl] *adj* (*disease*) transmissible
communicate [kə'mju:nɪkeɪt] *vt* communiquer, transmettre ▸ *vi*: **to ~ (with)** communiquer (avec)
communication [kəmju:nɪ'keɪʃən] *n* communication *f*
communication cord *n* (Brit) sonnette *f* d'alarme
communications network *n* réseau *m* de communications
communications satellite *n* satellite *m* de télécommunications

communicative [kə'mju:nɪkətɪv] *adj* communicatif(-ive)
communicator [kə'mju:nɪkeɪtəʳ] *n* communicateur(-trice)
communion [kə'mju:nɪən] *n (also:* **Holy Communion**) communion *f*
communism ['kɔmjunɪzəm] *n* communisme *m*
communist ['kɔmjunɪst] *adj, n* communiste *mf*
community [kə'mju:nɪtɪ] *n* communauté *f*
community centre, (US) **community center** *n* foyer socio-éducatif, centre *m* de loisirs
community chest *n* (US) fonds commun
community health centre *n* centre médico-social
community service *n* ≈ travail *m* d'intérêt général, TIG *m*
community spirit *n* solidarité *f*
commutation ticket [kɔmju'teɪʃən-] *n (US)* carte *f* d'abonnement
commute [kə'mju:t] *vi* faire le trajet journalier *(de son domicile à un lieu de travail assez éloigné)* ▶ *vt (Law)* commuer ; *(Math: terms etc)* opérer la commutation de
commuter [kə'mju:təʳ] *n* banlieusard(e) *(qui fait un trajet journalier pour se rendre à son travail)*
compact *adj* [kəm'pækt] compact(e) ▶ *n* ['kɔmpækt] contrat *m*, entente *f* ; *(also:* **powder compact**) poudrier *m*
compact disc *n* disque compact
compact disc player *n* lecteur *m* de disques compacts
companion [kəm'pænjən] *n* compagnon (compagne)
companionship [kəm'pænjənʃɪp] *n* camaraderie *f*
companionway [kəm'pænjənweɪ] *n (Naut)* escalier *m* des cabines
company ['kʌmpənɪ] *n (also Comm, Mil, Theat)* compagnie *f* ; **he's good ~** il est d'une compagnie agréable ; **we have ~** nous avons de la visite ; **to keep sb ~** tenir compagnie à qn ; **to part ~ with** se séparer de ; **Smith and C~** Smith et Compagnie
company car *n* voiture *f* de fonction
company director *n* administrateur(-trice)
company secretary *n (Brit Comm)* secrétaire général *(d'une société)*
comparable ['kɔmpərəbl] *adj* comparable
comparative [kəm'pærətɪv] *adj (study)* comparatif(-ive) ; *(relative)* relatif(-ive)
comparatively [kəm'pærətɪvlɪ] *adv (relatively)* relativement
compare [kəm'pɛəʳ] *vt*: **to ~ sth/sb with** *or* **to** comparer qch/qn avec *or* à ; **compared with** *or* **to** par rapport à ▶ *vi*: **to ~ (with)** se comparer (à) ; être comparable (à) ; **how do the prices ~?** comment sont les prix ?, est-ce que les prix sont comparables ?
comparison [kəm'pærɪsn] *n* comparaison *f* ; **in ~ (with)** en comparaison (de)
compartment [kəm'pɑ:tmənt] *n (also Rail)* compartiment *m* ; **a non-smoking ~** un compartiment non-fumeurs
compass ['kʌmpəs] *n* boussole *f* ; **within the ~ of** dans les limites de ; **compasses** *npl (Math)* compas *m*
compassion [kəm'pæʃən] *n* compassion *f*, humanité *f*
compassionate [kəm'pæʃənɪt] *adj* accessible à la compassion, au cœur charitable et bienveillant ; **on ~ grounds** pour raisons personnelles *or* de famille
compassionate leave *n* congé exceptionnel *(pour raisons de famille)*
compassionately [kəm'pæʃənətlɪ] *adv* avec compassion
compatibility [kəmpætɪ'bɪlɪtɪ] *n* compatibilité *f*
compatible [kəm'pætɪbl] *adj* compatible
compatriot [kəm'pætrɪət] *n* compatriote *mf*
compel [kəm'pɛl] *vt* contraindre, obliger
compelling [kəm'pɛlɪŋ] *adj (fig: argument)* irrésistible
compendium [kəm'pɛndɪəm] *n (summary)* abrégé *m*
compensate ['kɔmpənseɪt] *vt* indemniser, dédommager ▶ *vi*: **to ~ for** compenser
compensation [kɔmpən'seɪʃən] *n* compensation *f* ; *(money)* dédommagement *m*, indemnité *f*
compensatory [kɔmpən'seɪtərɪ] *adj (damages, payments)* compensateur(-trice) ; *(measures, programme)* compensatoire
compere ['kɔmpɛəʳ] *n* présentateur(-trice), animateur(-trice)
compete [kəm'pi:t] *vi (take part)* concourir ; *(vie)*: **to ~ (with)** rivaliser (avec), faire concurrence (à)
competence ['kɔmpɪtəns] *n* compétence *f*
competency ['kɔmpɪtənsɪ] *n* compétence *f*
competent ['kɔmpɪtənt] *adj* compétent(e), capable
competing [kəm'pi:tɪŋ] *adj (ideas, theories)* opposé(e) ; *(companies)* concurrent(e)
competition [kɔmpɪ'tɪʃən] *n (contest)* compétition *f*, concours *m* ; *(Econ)* concurrence *f* ; **in ~ with** en concurrence avec
competitive [kəm'pɛtɪtɪv] *adj (price, product)* concurrentiel(le), compétitif(-ive) ; *(sports, tennis)* de compétition ; **to be ~** *(person)* avoir l'esprit de compétition
competitive examination *n* concours *m*
competitiveness [kəm'pɛtɪtɪvnɪs] *n (ambition)* esprit *m* de compétition ; *(of price, product)* compétitivité *f*
competitor [kəm'pɛtɪtəʳ] *n* concurrent(e)
compile [kəm'paɪl] *vt* compiler
complacency [kəm'pleɪsnsɪ] *n* contentement *m* de soi, autosatisfaction *f*
complacent [kəm'pleɪsnt] *adj* (trop) content(e) de soi
complain [kəm'pleɪn] *vi*: **to ~ (about)** se plaindre (de) ; *(in shop etc)* réclamer (au sujet de)
▶ **complain of** *vt fus (Med)* se plaindre de
complainant [kəm'pleɪnənt] *n (Law)* plaignant(e)
complaint [kəm'pleɪnt] *n* plainte *f* ; *(in shop etc)* réclamation *f* ; *(Med)* affection *f*
complement ['kɔmplɪmənt] *n* complément *m* ; *(esp of ship's crew etc)* effectif complet ▶ *vt (enhance)* compléter

complementary [kɔmplɪ'mɛntərɪ] *adj* complémentaire
complete [kəm'pli:t] *adj* complet(-ète) ; (*finished*) achevé(e) ▸ *vt* achever, parachever ; (*set, group*) compléter ; (*a form*) remplir
completely [kəm'pli:tlɪ] *adv* complètement
completion [kəm'pli:ʃən] *n* achèvement *m* ; (*of contract*) exécution *f* ; **to be nearing ~** être presque terminé
complex ['kɔmplɛks] *adj* complexe ▸ *n* (*Psych, buildings etc*) complexe *m*
complexion [kəm'plɛkʃən] *n* (*of face*) teint *m* ; (*of event etc*) aspect *m*, caractère *m*
complexity [kəm'plɛksɪtɪ] *n* complexité *f*
compliance [kəm'plaɪəns] *n* (*submission*) docilité *f* ; (*agreement*) : **~ with** le fait de se conformer à ; **in ~ with** en conformité avec, conformément à
compliant [kəm'plaɪənt] *adj* docile, très accommodant(e)
complicate ['kɔmplɪkeɪt] *vt* compliquer
complicated ['kɔmplɪkeɪtɪd] *adj* compliqué(e)
complication [kɔmplɪ'keɪʃən] *n* complication *f*
complicit [kəm'plɪsɪt] *adj* complice ; **to be ~ in sth** être complice de qch
complicity [kəm'plɪsɪtɪ] *n* complicité *f*
compliment *n* ['kɔmplɪmənt] compliment *m* ; **to pay sb a ~** faire *or* adresser un compliment à qn ▸ *vt* ['kɔmplɪmɛnt] complimenter ; **to ~ sb (on sth/on doing sth)** féliciter qn (pour qch/de faire qch) ; **compliments** *npl* compliments *mpl*, hommages *mpl* ; vœux *mpl*
complimentary [kɔmplɪ'mɛntərɪ] *adj* flatteur(-euse) ; (*free*) à titre gracieux
complimentary ticket *n* billet *m* de faveur
compliments slip *n* fiche *f* de transmission
comply [kəm'plaɪ] *vi* : **to ~ with** se soumettre à, se conformer à
component [kəm'pəunənt] *adj* composant(e), constituant(e) ▸ *n* composant *m*, élément *m*
compose [kəm'pəuz] *vt* composer ; (*form*) : **to be composed of** se composer de ; **to ~ o.s.** se calmer, se maîtriser ; **to ~ one's features** prendre une contenance
composed [kəm'pəuzd] *adj* calme, posé(e)
composer [kəm'pəuzəʳ] *n* (*Mus*) compositeur(-trice)
composite ['kɔmpəzɪt] *adj* composite ; (*Bot, Math*) composé(e)
composition [kɔmpə'zɪʃən] *n* composition *f*
compost ['kɔmpɔst] *n* compost *m*
composure [kəm'pəuʒəʳ] *n* calme *m*, maîtrise *f* de soi
compound *n* ['kɔmpaund] (*Chem, Ling*) composé *m* ; (*enclosure*) enclos *m*, enceinte *f* ▸ *adj* ['kɔmpaund] composé(e) ; (*fracture*) compliqué(e) ▸ *vt* [kəm'paund] (*fig : problem etc*) aggraver
compound fracture *n* fracture compliquée
compound interest *n* intérêt composé
comprehend [kɔmprɪ'hɛnd] *vt* comprendre
comprehensible [kɔmprɪ'hɛnsɪbl] *adj* compréhensible
comprehension [kɔmprɪ'hɛnʃən] *n* compréhension *f*
comprehensive [kɔmprɪ'hɛnsɪv] *adj* (très) complet(-ète) ; **~ policy** (*Insurance*) assurance *f* tous risques

> Be careful not to translate *comprehensive* by the French word *compréhensif*.

comprehensive [kɔmprɪ'hɛnsɪv], **comprehensive school** *n* (Brit) *école secondaire non sélective avec libre circulation d'une section à l'autre*, ≈ CES *m*
comprehensively [kɔmprɪ'hɛnsɪvlɪ] *adv* (*reject, destroy, rebuild*) complètement ; (*beat, defeat*) à plate couture
compress *vt* [kəm'prɛs] comprimer ; (*text, information*) condenser ▸ *n* ['kɔmprɛs] (*Med*) compresse *f*
compression [kəm'prɛʃən] *n* compression *f*
compressor [kəm'prɛsəʳ] *n* compresseur *m*
comprise [kəm'praɪz] *vt* (*also* : **be comprised of**) comprendre ; (*constitute*) constituer, représenter
compromise ['kɔmprəmaɪz] *n* compromis *m* ▸ *vt* compromettre ▸ *vi* transiger, accepter un compromis ▸ *cpd* (*decision, solution*) de compromis
compromising ['kɔmprəmaɪzɪŋ] *adj* compromettant(e)
compulsion [kəm'pʌlʃən] *n* contrainte *f*, force *f* ; **under ~** sous la contrainte
compulsive [kəm'pʌlsɪv] *adj* (*Psych*) compulsif(-ive) ; (*book, film etc*) captivant(e) ; **he's a ~ smoker** c'est un fumeur invétéré
compulsory [kəm'pʌlsərɪ] *adj* obligatoire
compulsory purchase *n* expropriation *f*
compunction [kəm'pʌŋkʃən] *n* scrupule *m* ; **to have no ~ about doing sth** n'avoir aucun scrupule à faire qch
computation [kɔmpju'teɪʃən] *n* calcul *m*
computational [kɔmpju'teɪʃənəl] *adj* (*methods*) informatique
compute [kəm'pju:t] *vt* calculer
computer [kəm'pju:təʳ] *n* ordinateur *m* ; (*mechanical*) calculatrice *f*
computer game *n* jeu *m* vidéo
computer-generated [kəm'pju:tə'dʒɛnəreɪtɪd] *adj* de synthèse
computerize [kəm'pju:təraɪz] *vt* (*data*) traiter par ordinateur ; (*system, office*) informatiser
computer language *n* langage *m* machine *or* informatique
computer literate *adj* initié(e) à l'informatique
computer peripheral *n* périphérique *m*
computer program *n* programme *m* informatique
computer programmer *n* programmeur(-euse)
computer programming *n* programmation *f*
computer science *n* informatique *f*
computer scientist *n* informaticien(ne)
computer studies *npl* informatique *f*
computing [kəm'pju:tɪŋ] *n* informatique *f*
comrade ['kɔmrɪd] *n* camarade *mf*
comradeship ['kɔmrɪdʃɪp] *n* camaraderie *f*
Comsat ['kɔmsæt] *n abbr* = **communications satellite**

con [kɔn] *vt* duper ; (*cheat*) escroquer ; **to ~ sb into doing sth** tromper qn pour lui faire faire qch ▸ *n* escroquerie *f*
concave ['kɔn'keɪv] *adj* concave
conceal [kən'si:l] *vt* cacher, dissimuler
concealment [kən'si:lmənt] *n* (*of person, stolen goods*) recel *m* ; (*of information, documents*) dissimulation *f*
concede [kən'si:d] *vt* concéder ▸ *vi* céder
conceit [kən'si:t] *n* vanité *f*, suffisance *f*, prétention *f*
conceited [kən'si:tɪd] *adj* vaniteux(-euse), suffisant(e)
conceivable [kən'si:vəbl] *adj* concevable, imaginable ; **it is ~ that** il est concevable que
conceivably [kən'si:vəblɪ] *adv*: **he may ~ be right** il n'est pas impossible qu'il ait raison
conceive [kən'si:v] *vt, vi* concevoir ; **to ~ of sth/of doing sth** imaginer qch/de faire qch
concentrate ['kɔnsəntreɪt] *vi* se concentrer ▸ *vt* concentrer
concentration [kɔnsən'treɪʃən] *n* concentration *f*
concentration camp *n* camp *m* de concentration
concentric [kɔn'sɛntrɪk] *adj* concentrique
concept ['kɔnsɛpt] *n* concept *m*
conception [kən'sɛpʃən] *n* conception *f* ; (*idea*) idée *f*
conceptual [kən'sɛptʃuəl] *adj* conceptuel(le)
conceptualize [kən'sɛptʃuəlaɪz] *vt* concevoir, conceptualiser
concern [kən'sə:n] *n* affaire *f* ; (*Comm*) entreprise *f*, firme *f* ; (*anxiety*) inquiétude *f*, souci *m* ▸ *vt* (*worry*) inquiéter ; (*involve*) concerner ; (*relate to*) se rapporter à ; **to be concerned (about)** s'inquiéter (de), être inquiet(-ète) (au sujet de) ; **"to whom it may ~"** « à qui de droit » ; **as far as I am concerned** en ce qui me concerne ; **to be concerned with** (*person: involved with*) s'occuper de ; **the department concerned** (*under discussion*) le service en question ; (*involved*) le service concerné
concerning [kən'sə:nɪŋ] *prep* en ce qui concerne, à propos de
concert ['kɔnsət] *n* concert *m* ; **in ~** à l'unisson, en chœur ; ensemble
concerted [kən'sə:tɪd] *adj* concerté(e)
concertgoer ['kɔnsətgəuəʳ] *n* (*regular*) amateur(-trice) de concerts
concert hall *n* salle *f* de concert
concertina [kɔnsə'ti:nə] *n* concertina *m* ▸ *vi* se télescoper, se caramboler
concerto [kən'tʃə:təu] *n* concerto *m*
concession [kən'sɛʃən] *n* (*compromise*) concession *f* ; (*reduced price*) réduction *f* ; **tax ~** dégrèvement fiscal ; **"concessions"** tarif réduit
concessionaire [kənsɛʃə'nɛəʳ] *n* concessionnaire *mf*
concessionary [kən'sɛʃənrɪ] *adj* (*ticket, fare*) à tarif réduit
conciliate [kən'sɪlieɪt] *vt* apaiser ▸ *vi* concilier
conciliation [kənsɪlɪ'eɪʃən] *n* conciliation *f*, apaisement *m*
conciliator [kən'sɪlieɪtəʳ] *n* conciliateur(-trice)
conciliatory [kən'sɪlɪətrɪ] *adj* conciliateur(-trice) ; conciliant(e)
concise [kən'saɪs] *adj* concis(e)
conclave ['kɔnkleɪv] *n* assemblée secrète ; (*Rel*) conclave *m*
conclude [kən'klu:d] *vt* conclure ▸ *vi* (*speaker*) conclure ; (*events*): **to ~ (with)** se terminer (par)
concluding [kən'klu:dɪŋ] *adj* (*remarks etc*) final(e)
conclusion [kən'klu:ʒən] *n* conclusion *f* ; **to come to the ~ that** (en) conclure que
conclusive [kən'klu:sɪv] *adj* concluant(e), définitif(-ive)
conclusively [kən'klu:sɪvlɪ] *adv* de façon concluante ; **to prove sth ~** prouver qch de façon probante
concoct [kən'kɔkt] *vt* confectionner, composer
concoction [kən'kɔkʃən] *n* (*food, drink*) mélange *m*
concord ['kɔŋkɔ:d] *n* (*harmony*) harmonie *f* ; (*treaty*) accord *m*
concourse ['kɔŋkɔ:s] *n* (*hall*) hall *m*, salle *f* des pas perdus ; (*crowd*) affluence *f* ; multitude *f*
concrete ['kɔŋkri:t] *n* béton *m* ▸ *adj* concret(-ète) ; (*Constr*) en béton
concretely ['kɔŋkri:tlɪ] *adv* concrètement
concrete mixer *n* bétonnière *f*
concur [kən'kə:ʳ] *vi* être d'accord
concurrently [kən'kʌrntlɪ] *adv* simultanément
concussed [kən'kʌst] *adj* (*Med*) commotionné(e)
concussion [kən'kʌʃən] *n* (*Med*) commotion (cérébrale)
condemn [kən'dɛm] *vt* condamner
condemnation [kɔndɛm'neɪʃən] *n* condamnation *f*
condensation [kɔndɛn'seɪʃən] *n* condensation *f*
condense [kən'dɛns] *vi* se condenser ▸ *vt* condenser
condensed milk [kən'dɛnst-] *n* lait concentré (sucré)
condescend [kɔndɪ'sɛnd] *vi* condescendre, s'abaisser ; **to ~ to do sth** daigner faire qch
condescending [kɔndɪ'sɛndɪŋ] *adj* condescendant(e)
condiment ['kɔndɪmənt] *n* condiment *m*
condition [kən'dɪʃən] *n* condition *f* ; (*disease*) maladie *f* ; **in good/poor ~** en bon/mauvais état ; **a heart ~** une maladie cardiaque ; **weather conditions** conditions *fpl* météorologiques ; **on ~ that** à condition que *+ sub*, à condition de ▸ *vt* déterminer, conditionner
conditional [kən'dɪʃənl] *adj* conditionnel(le) ; **to be ~ upon** dépendre de
conditioner [kən'dɪʃənəʳ] *n* (*for hair*) baume démêlant ; (*for fabrics*) assouplissant *m*
conditioning [kən'dɪʃənɪŋ] *n* (*of person*) conditionnement *m* ; (*of hair*) traitement *m*
condo ['kɔndəu] *n* (*US inf*) = **condominium**
condolences [kən'dəulənsɪz] *npl* condoléances *fpl*
condom ['kɔndəm] *n* préservatif *m*
condominium [kɔndə'mɪnɪəm] *n* (*US: building*) immeuble *m* (en copropriété) ; (*: rooms*) appartement *m* (dans un immeuble en copropriété)

condone [kən'dəun] *vt* fermer les yeux sur, approuver (tacitement)
conducive [kən'dju:sɪv] *adj*: **~ to** favorable à, qui contribue à
conduct *n* ['kɔndʌkt] conduite *f* ▸ *vt* [kən'dʌkt] conduire ; (*manage*) mener, diriger ; (*Mus*) diriger ; **to ~ o.s.** se conduire, se comporter
conductivity [kɔndʌk'tɪvɪtɪ] *n* (*Elec*) conductivité *f*
conductor [kən'dʌktəʳ] *n* (*of orchestra*) chef *m* d'orchestre ; (*on bus*) receveur *m* ; (*US: on train*) chef *m* de train ; (*Elec*) conducteur *m*
conductress [kən'dʌktrɪs] *n* (*on bus*) receveuse *f*
conduit ['kɔndɪt] *n* conduit *m*, tuyau *m* ; tube *m*
cone [kəun] *n* cône *m* ; (*for ice-cream*) cornet *m* ; (*Bot*) pomme *f* de pin, cône
confectioner [kən'fɛkʃənəʳ] *n* (*of cakes*) pâtissier(-ière) ; (*of sweets*) confiseur(-euse) ; **~'s (shop)** confiserie(-pâtisserie) *f*
confectionery [kən'fɛkʃənrɪ] *n* (*sweets*) confiserie *f* ; (*cakes*) pâtisserie *f*
confederate [kən'fɛdrɪt] *adj* confédéré(e) ▸ *n* (*pej*) acolyte *m* ; (*US Hist*) confédéré(e)
confederation [kənfɛdə'reɪʃən] *n* confédération *f*
confer [kən'fə:ʳ] *vt*: **to ~ sth on** conférer qch à ▸ *vi* conférer, s'entretenir ; **to ~ (with sb about sth)** s'entretenir (de qch avec qn)
conference ['kɔnfərns] *n* conférence *f* ; **to be in ~** être en réunion *or* en conférence
conference room *n* salle *f* de conférence
confess [kən'fɛs] *vt* confesser, avouer ▸ *vi* (*admit sth*) avouer ; (*Rel*) se confesser
confession [kən'fɛʃən] *n* confession *f*
confessional [kən'fɛʃənl] *n* confessional *m*
confessor [kən'fɛsəʳ] *n* confesseur *m*
confetti [kən'fɛtɪ] *n* confettis *mpl*
confidant [kɔnfɪ'dænt] *n* confident *m*
confidante [kɔnfɪ'dænt] *n* confidente *f*
confide [kən'faɪd] *vi*: **to ~ in** s'ouvrir à, se confier à
confidence ['kɔnfɪdns] *n* confiance *f* ; (*also*: **self-confidence**) assurance *f*, confiance en soi ; (*secret*) confidence *f* ; **to have (every) ~ that** être certain que ; **motion of no ~** motion *f* de censure ; **in ~** (*speak, write*) en confidence, confidentiellement ; **to tell sb sth in strict ~** dire qch à qn en toute confidence
confidence trick *n* escroquerie *f*
confident ['kɔnfɪdənt] *adj* (*self-assured*) sûr(e) de soi ; (*sure*) sûr
confidential [kɔnfɪ'dɛnʃəl] *adj* confidentiel(le)
confidentiality ['kɔnfɪdɛnʃɪ'ælɪtɪ] *n* confidentialité *f*
confidentially [kɔnfɪ'dɛnʃəlɪ] *adv* (*secretly*) confidentiellement ; (*quietly: say, speak*) sur un ton confidentiel
configuration [kənfɪgju'reɪʃən] *n* (*also Comput*) configuration *f*
configure [kən'fɪgəʳ] *vt* (*Comput*) configurer
confine [kən'faɪn] *vt* limiter, borner ; (*shut up*) confiner, enfermer ; **to ~ o.s. to doing sth/to sth** se contenter de faire qch/se limiter à qch
confined [kən'faɪnd] *adj* (*space*) restreint(e), réduit(e)
confinement [kən'faɪnmənt] *n* emprisonnement *m*, détention *f* ; (*Mil*) consigne *f* (au quartier) ; (*Med*) accouchement *m*
confines ['kɔnfaɪnz] *npl* confins *mpl*, bornes *fpl*
confirm [kən'fə:m] *vt* (*report, Rel*) confirmer ; (*appointment*) ratifier
confirmation [kɔnfə'meɪʃən] *n* confirmation *f* ; ratification *f*
confirmed [kən'fə:md] *adj* invétéré(e), incorrigible
confiscate ['kɔnfɪskeɪt] *vt* confisquer
confiscation [kɔnfɪs'keɪʃən] *n* confiscation *f*
conflagration [kɔnflə'greɪʃən] *n* incendie *m* ; (*fig*) conflagration *f*
conflict *n* ['kɔnflɪkt] conflit *m*, lutte *f* ▸ *vi* [kən'flɪkt] être *or* entrer en conflit ; (*opinions*) s'opposer, se heurter
conflicting [kən'flɪktɪŋ] *adj* contradictoire
confluence ['kɔnfluəns] *n* confluence *f*
conform [kən'fɔ:m] *vi*: **to ~ (to)** se conformer (à)
conformist [kən'fɔ:mɪst] *n* (*gen, Rel*) conformiste *mf*
conformity [kən'fɔ:mɪtɪ] *n* conformisme *m* ; **in ~ with** conformément à
confound [kən'faund] *vt* confondre ; (*amaze*) rendre perplexe
confounded [kən'faundɪd] *adj* maudit(e), sacré(e)
confront [kən'frʌnt] *vt* (*two people*) confronter ; (*enemy, danger*) affronter, faire face à ; (*problem*) faire face à
confrontation [kɔnfrən'teɪʃən] *n* confrontation *f*
confrontational [kɔnfrən'teɪʃənl] *adj* conflictuel(le)
confuse [kən'fju:z] *vt* (*person*) troubler ; (*situation*) embrouiller ; (*one thing with another*) confondre
confused [kən'fju:zd] *adj* (*person*) dérouté(e), désorienté(e) ; (*situation*) embrouillé(e)
confusing [kən'fju:zɪŋ] *adj* peu clair(e), déroutant(e)
confusion [kən'fju:ʒən] *n* confusion *f*
congeal [kən'dʒi:l] *vi* (*oil*) se figer ; (*blood*) se coaguler
congenial [kən'dʒi:nɪəl] *adj* sympathique, agréable
congenital [kən'dʒɛnɪtl] *adj* congénital(e)
conger eel ['kɔŋgər-] *n* congre *m*, anguille *f* de roche
congested [kən'dʒɛstɪd] *adj* (*Med*) congestionné(e) ; (*fig*) surpeuplé(e) ; congestionné ; bloqué(e) ; (*telephone lines*) encombré(e)
congestion [kən'dʒɛstʃən] *n* (*Med*) congestion *f* ; (*fig: traffic*) encombrement *m*
conglomerate [kən'glɔmərɪt] *n* (*Comm*) conglomérat *m*
conglomeration [kənglɔmə'reɪʃən] *n* groupement *m* ; agglomération *f*
Congo ['kɔŋgəu] *n* (*state*) (république *f* du) Congo
congratulate [kən'grætjuleɪt] *vt*: **to ~ sb (on)** féliciter qn (de)
congratulations [kəngrætju'leɪʃənz] *npl*: **~ (on)** félicitations *fpl* (pour) ▸ *excl*: **~!** (toutes mes) félicitations !

congratulatory [kəngrætʃu'leɪtərɪ] *adj* (*message, letter*) de félicitations
congregate ['kɔŋgrɪgeɪt] *vi* se rassembler, se réunir
congregation [kɔŋgrɪ'geɪʃən] *n* assemblée *f* (des fidèles)
congress ['kɔŋgrɛs] *n* congrès *m* ; (*Pol*): **C~** Congrès *m* ; *voir article*

Congress

Le **Congress** est le parlement des États-Unis. Il comprend la *House of Representatives* et le *Senate*. Représentants et sénateurs sont élus au suffrage universel direct. Le Congrès se réunit au *Capitol*, à Washington.

congressional [kən'grɛʃənəl] *adj* (*US Pol: policy, action, leader*) du Congrès
congressman ['kɔŋgrɛsmən] *n* (*irreg*) membre *m* du Congrès
congresswoman ['kɔŋgrɛswumən] *n* (*irreg*) membre *m* du Congrès
conical ['kɔnɪkl] *adj* (de forme) conique
conifer ['kɔnɪfə^r] *n* conifère *m*
coniferous [kə'nɪfərəs] *adj* (*forest*) de conifères
conjecture [kən'dʒɛktʃə^r] *n* conjecture *f* ▸ *vt, vi* conjecturer
conjugal ['kɔndʒugl] *adj* conjugal(e)
conjugate ['kɔndʒugeɪt] *vt* conjuguer
conjugation [kɔndʒə'geɪʃən] *n* conjugaison *f*
conjunction [kən'dʒʌŋkʃən] *n* conjonction *f* ; **in ~ with** (conjointement) avec
conjunctivitis [kəndʒʌŋktɪ'vaɪtɪs] *n* conjonctivite *f*
conjure ['kʌndʒə^r] *vt* (*by magic*) faire apparaître (par la prestidigitation) ; [kən'dʒuə^r] conjurer, supplier ▸ *vi* faire des tours de passe-passe
▸ **conjure up** *vt* (*ghost, spirit*) faire apparaître ; (*memories*) évoquer
conjurer ['kʌndʒərə^r] *n* prestidigitateur(-trice), illusionniste *mf*
conjuring trick ['kʌndʒərɪŋ-] *n* tour *m* de prestidigitation
conker ['kɔŋkə^r] *n* (*Brit*) marron *m* (d'Inde)
conk out [kɔŋk-] *vi* (*inf*) tomber *or* rester en panne
conman ['kɔnmæn] *n* (*irreg*) escroc *m*
Conn. *abbr* (*US*) = **Connecticut**
connect [kə'nɛkt] *vt* joindre, relier ; (*Elec*) connecter ; (*Tel: caller*) mettre en connexion ; (*: subscriber*) brancher ; (*fig*) établir un rapport entre, faire un rapprochement entre ; **I am trying to ~ you** (*Tel*) j'essaie d'obtenir votre communication ▸ *vi* (*train*): **to ~ with** assurer la correspondance avec
connected [kə'nɛktɪd] *adj* (*electrical devices*) relié(e) ; (*associated: people, events*) associé(e) ; (*causally linked*) lié(e) ; **to be ~ with sth** (*person*) être associé(e) à qch ; (*problem, condition*) être lié(e) à qch
connecting flight *n* (vol *m* de) correspondance *f*
connection [kə'nɛkʃən] *n* relation *f*, lien *m* ; (*Elec*) connexion *f* ; (*Tel*) communication *f* ; (*train etc*) correspondance *f* ; **in ~ with** à propos de ; **what is the ~ between them?** quel est le lien entre eux ? ; **business connections** relations d'affaires ; **to miss/get one's ~** (*train etc*) rater/avoir sa correspondance
connection charge, connection fee *n* frais *mpl* de raccordement
connectivity [kɔnɛk'tɪvətɪ] *n* (*Comput*) connectivité *f*
connexion [kə'nɛkʃən] *n* (*Brit*) = **connection**
conning tower ['kɔnɪŋ-] *n* kiosque *m* (*de sous-marin*)
connivance [kə'naɪvəns] *n* connivence *f* ; **with the ~ of sb** avec l'accord tacite de qn, avec la connivence de qn
connive [kə'naɪv] *vi*: **to ~ with sb to do sth** être de connivence avec qn pour faire qch ; **to ~ at** se faire le complice de
conniving [kə'naɪvɪŋ] *adj* intrigant(e)
connoisseur [kɔnɪ'sə:^r] *n* connaisseur(-euse)
connotation [kɔnə'teɪʃən] *n* connotation *f*, implication *f*
connubial [kə'nju:bɪəl] *adj* conjugal(e)
conquer ['kɔŋkə^r] *vt* conquérir ; (*feelings*) vaincre, surmonter
conqueror ['kɔŋkərə^r] *n* conquérant(e), vainqueur *m*
conquest ['kɔŋkwɛst] *n* conquête *f*
cons [kɔnz] *npl see* **convenience; pro**
conscience ['kɔnʃəns] *n* conscience *f* ; **in all ~** en conscience
conscientious [kɔnʃɪ'ɛnʃəs] *adj* consciencieux(-euse) ; (*scruple, objection*) de conscience
conscientiously [kɔnʃi'ɛnʃəslɪ] *adv* consciencieusement
conscientious objector *n* objecteur *m* de conscience
conscious ['kɔnʃəs] *adj* conscient(e) ; (*deliberate: insult, error*) délibéré(e) ; **to become ~ of sth/that** prendre conscience de qch/que
consciousness ['kɔnʃəsnɪs] *n* conscience *f* ; (*Med*) connaissance *f* ; **to lose/regain ~** perdre/reprendre connaissance
conscript ['kɔnskrɪpt] *n* conscrit *m*
conscription [kən'skrɪpʃən] *n* conscription *f*
consecrate ['kɔnsɪkreɪt] *vt* consacrer
consecutive [kən'sɛkjutɪv] *adj* consécutif(-ive) ; **on three ~ occasions** trois fois de suite
consecutively [kən'sɛkjutɪvlɪ] *adv* consécutivement
consensual [kən'sɛnʃuəl] *adj* (*approach, decision*) consensuel(le) ; (*sex*) consenti(e)
consensus [kən'sɛnsəs] *n* consensus *m* ; **the ~ (of opinion)** le consensus (d'opinion)
consent [kən'sɛnt] *n* consentement *m* ; **age of ~** âge nubile (légal) ; **by common ~** d'un commun accord ▸ *vi*: **to ~ (to)** consentir (à)
consenting adults [kən'sɛntɪŋ-] *npl* personnes consentantes
consequence ['kɔnsɪkwəns] *n* suites *fpl*, conséquence *f* ; (*significance*) importance *f* ; **in ~** en conséquence, par conséquent
consequent ['kɔnsɪkwənt] *adj* résultant(e)
consequently ['kɔnsɪkwəntlɪ] *adv* par conséquent, donc
conservation [kɔnsə'veɪʃən] *n* préservation *f*, protection *f* ; (*also*: **nature conservation**)

défense *f* de l'environnement ; **energy ~** économies *fpl* d'énergie
conservationist [kɔnsə'veɪʃnɪst] *n* protecteur(-trice) de la nature
Conservative [kən'sə:vətɪv] *adj, n* (BRIT *Pol*) conservateur(-trice) ; **the ~ Party** le parti conservateur
conservative [kən'sə:vətɪv] *adj* conservateur(-trice) ; (*cautious*) prudent(e)
conservatory [kən'sə:vətrɪ] *n* (*room*) jardin *m* d'hiver ; (*Mus*) conservatoire *m*
conserve [kən'sə:v] *vt* conserver, préserver ; (*supplies, energy*) économiser ▸ *n* confiture *f*, conserve *f* (de fruits)
consider [kən'sɪdəʳ] *vt* (*study*) considérer, réfléchir à ; (*take into account*) penser à, prendre en considération ; (*regard, judge*) considérer, estimer ; **to ~ doing sth** envisager de faire qch ; **~ yourself lucky** estimez-vous heureux ; **all things considered** (toute) réflexion faite
considerable [kən'sɪdərəbl] *adj* considérable
considerably [kən'sɪdərəblɪ] *adv* nettement
considerate [kən'sɪdərɪt] *adj* prévenant(e), plein(e) d'égards
consideration [kənsɪdə'reɪʃən] *n* considération *f* ; (*reward*) rétribution *f*, rémunération *f* ; **out of ~ for** par égard pour ; **under ~** à l'étude ; **my first ~ is my family** ma famille passe avant tout le reste
considered [kən'sɪdəd] *adj*: **it is my ~ opinion that ...** après avoir mûrement réfléchi, je pense que ...
considering [kən'sɪdərɪŋ] *prep*: **~ (that)** étant donné (que)
consign [kən'saɪn] *vt* expédier, livrer
consignee [kɔnsaɪ'ni:] *n* destinataire *mf*
consignment [kən'saɪnmənt] *n* arrivage *m*, envoi *m*
consignment note *n* (*Comm*) bordereau *m* d'expédition
consignor [kən'saɪnəʳ] *n* expéditeur(-trice)
consist [kən'sɪst] *vi*: **to ~ of** consister en, se composer de
consistency [kən'sɪstənsɪ] *n* (*thickness*) consistance *f* ; (*fig*) cohérence *f*
consistent [kən'sɪstənt] *adj* logique, cohérent(e) ; **~ with** compatible avec, en accord avec
consistently [kən'sɪstəntlɪ] *adv* (*always*) toujours
consolation [kɔnsə'leɪʃən] *n* consolation *f*
console¹ [kən'səul] *vt* consoler
console² ['kɔnsəul] *n* console *f*
consolidate [kən'sɔlɪdeɪt] *vt* consolider
consolidation [kənsɔlɪ'deɪʃən] *n* (*of power, position*) consolidation *f* ; (*amalgamation: of groups, firms*) fusion *f*
consols ['kɔnsɔlz] *npl* (BRIT *Stock Exchange*) rente *f* d'État
consommé [kən'sɔmeɪ] *n* consommé *m*
consonant ['kɔnsənənt] *n* consonne *f*
consort *n* ['kɔnsɔ:t] époux (épouse) ; **prince ~** prince *m* consort ▸ *vi* [kən'sɔ:t] (*often pej*): **to ~ with sb** frayer avec qn
consortium [kən'sɔ:tɪəm] *n* consortium *m*, comptoir *m*
conspicuous [kən'spɪkjuəs] *adj* voyant(e), qui attire l'attention ; **to make o.s. ~** se faire remarquer
conspiracy [kən'spɪrəsɪ] *n* conspiration *f*, complot *m*
conspirator [kən'spɪrətəʳ] *n* conspirateur(-trice)
conspiratorial [kən'spɪrə'tɔ:rɪəl] *adj* (*behaviour*) de conspirateur ; (*glance*) conspirateur(-trice)
conspire [kən'spaɪəʳ] *vi* conspirer, comploter
constable ['kʌnstəbl] *n* (BRIT) ≈ agent *m* de police, gendarme *m* ; **chief ~** ≈ préfet *m* de police
constabulary [kən'stæbjulərɪ] *n* ≈ police *f*, gendarmerie *f*
constant ['kɔnstənt] *adj* constant(e) ; incessant(e)
constantly ['kɔnstəntlɪ] *adv* constamment, sans cesse
constellation [kɔnstə'leɪʃən] *n* constellation *f*
consternation [kɔnstə'neɪʃən] *n* consternation *f*
constipated ['kɔnstɪpeɪtɪd] *adj* constipé(e)
constipation [kɔnstɪ'peɪʃən] *n* constipation *f*
constituency [kən'stɪtjuənsɪ] *n* (*Pol: area*) circonscription électorale ; (*: electors*) électorat *m*
constituency party *n* section locale (d'un parti)
constituent [kən'stɪtjuənt] *n* électeur(-trice) ; (*part*) élément constitutif, composant *m*
constitute ['kɔnstɪtju:t] *vt* constituer
constitution [kɔnstɪ'tju:ʃən] *n* constitution *f*
constitutional [kɔnstɪ'tju:ʃənl] *adj* constitutionnel(le)
constitutional monarchy *n* monarchie constitutionnelle
constrain [kən'streɪn] *vt* contraindre, forcer
constrained [kən'streɪnd] *adj* contraint(e), gêné(e)
constraint [kən'streɪnt] *n* contrainte *f* ; (*embarrassment*) gêne *f*
constrict [kən'strɪkt] *vt* rétrécir, resserrer ; gêner, limiter
construct [kən'strʌkt] *vt* construire
construction [kən'strʌkʃən] *n* construction *f* ; (*fig: interpretation*) interprétation *f* ; **under ~** (*building etc*) en construction
construction industry *n* (industrie *f* du) bâtiment
constructive [kən'strʌktɪv] *adj* constructif(-ive)
construe [kən'stru:] *vt* analyser, expliquer
consul ['kɔnsl] *n* consul *m*
consular ['kɔnsjuləʳ] *adj* consulaire
consulate ['kɔnsjulɪt] *n* consulat *m*
consult [kən'sʌlt] *vt* consulter ; **to ~ sb (about sth)** consulter qn (à propos de qch)
consultancy [kən'sʌltənsɪ] *n* service *m* de conseils
consultancy fee *n* honoraires *mpl* d'expert
consultant [kən'sʌltənt] *n* (*Med*) médecin consultant ; (*other specialist*) consultant *m*, (expert-)conseil *m* ; **legal/management ~** conseiller *m* juridique/en gestion ▸ *cpd*: **~ engineer** *n* ingénieur-conseil *mf* ; **~ paediatrician** *n* pédiatre *mf*

consultation [kɔnsəl'teɪʃən] *n* consultation *f* ; **in ~ with** en consultation avec
consultative [kən'sʌltətɪv] *adj* consultatif(-ive)
consulting room [kən'sʌltɪŋ-] *n* (Brit) cabinet *m* de consultation
consume [kən'sju:m] *vt* consommer ; (*subj: flames, hatred, desire*) consumer ; **to be consumed with hatred** être dévoré par la haine ; **to be consumed with desire** brûler de désir
consumer [kən'sju:məʳ] *n* consommateur(-trice) ; (*of electricity, gas etc*) usager *m*
consumer credit *n* crédit *m* aux consommateurs
consumer durables *npl* biens *mpl* de consommation durables
consumer goods *npl* biens *mpl* de consommation
consumerism [kən'sju:mərizəm] *n* (*consumer protection*) défense *f* du consommateur ; (*Econ*) consumérisme *m*
consumerist [kən'sju:mərɪst] *adj* (*pej: society*) consumériste
consumer society *n* société *f* de consommation
consumer watchdog *n* organisme *m* pour la défense des consommateurs
consummate ['kɔnsəmeɪt] *vt* consommer
consummation [kɔnsə'meɪʃən] *n* consommation *f*
consumption [kən'sʌmpʃən] *n* consommation *f* ; **not fit for human ~** non comestible
cont. *abbr* (= *continued*) suite
contact ['kɔntækt] *n* contact *m* ; (*person*) connaissance *f*, relation *f* ; **to be in ~ with sb/sth** être en contact avec qn/qch ; **business contacts** relations *fpl* d'affaires, contacts *mpl* ▸ *cpd*: **~ number** numéro *m* de téléphone ▸ *vt* se mettre en contact *or* en rapport avec
contact lenses *npl* verres *mpl* de contact
contagion [kən'teɪdʒən] *n* contagion *f*
contagious [kən'teɪdʒəs] *adj* contagieux(-euse)
contain [kən'teɪn] *vt* contenir ; **to ~ o.s.** se contenir, se maîtriser
container [kən'teɪnəʳ] *n* récipient *m* ; (*for shipping etc*) conteneur *m*
containerize [kən'teɪnəraɪz] *vt* conteneuriser
container ship *n* porte-conteneurs *m inv*
containment [kən'teɪnmənt] *n* (*policy*) endiguement *m* ; (*of fire, disease*) maîtrise *f*
contaminate [kən'tæmɪneɪt] *vt* contaminer
contamination [kəntæmɪ'neɪʃən] *n* contamination *f*
cont'd *abbr* (= *continued*) suite
contemplate ['kɔntəmpleɪt] *vt* contempler ; (*consider*) envisager
contemplation [kɔntəm'pleɪʃən] *n* contemplation *f*
contemporaneous [kəntɛmpə'reɪniəs] *adj* contemporain(e)
contemporary [kən'tɛmpərərɪ] *adj* contemporain(e) ; (*design, wallpaper*) moderne ▸ *n* contemporain(e)
contempt [kən'tɛmpt] *n* mépris *m*, dédain *m* ; **~ of court** (*Law*) outrage *m* à l'autorité de la justice
contemptible [kən'tɛmptəbl] *adj* méprisable, vil(e)
contemptuous [kən'tɛmptjuəs] *adj* dédaigneux(-euse), méprisant(e)
contemptuously [kən'tɛmptjuəslɪ] *adv* (*say*) avec mépris
contend [kən'tɛnd] *vt*: **to ~ that** soutenir *or* prétendre que ▸ *vi*: **to ~ with** (*compete*) rivaliser avec ; (*struggle*) lutter avec ; **to have to ~ with** (*be faced with*) avoir affaire à, être aux prises avec
contender [kən'tɛndəʳ] *n* prétendant(e) ; candidat(e)
content *adj* [kən'tɛnt] content(e), satisfait(e) ; **to be ~ with** se contenter de ▸ *vt* [kən'tɛnt] contenter, satisfaire ; **to ~ o.s. with sth/with doing sth** se contenter de qch/de faire qch ▸ *n* ['kɔntɛnt] (*also Comput*) contenu *m* ; (*of fat, moisture*) teneur *f* ; **contents** *npl* (*of container etc*) contenu *m* ; **(table of) contents** table *f* des matières
contented [kən'tɛntɪd] *adj* content(e), satisfait(e)
contentedly [kən'tɛntɪdlɪ] *adv* avec un sentiment de (profonde) satisfaction
contention [kən'tɛnʃən] *n* dispute *f*, contestation *f* ; (*argument*) assertion *f*, affirmation *f* ; **bone of ~** sujet *m* de discorde
contentious [kən'tɛnʃəs] *adj* querelleur(-euse) ; litigieux(-euse)
contentment [kən'tɛntmənt] *n* contentement *m*, satisfaction *f*
contest *n* ['kɔntɛst] combat *m*, lutte *f* ; (*competition*) concours *m* ▸ *vt* [kən'tɛst] contester, discuter ; (*compete for*) disputer ; (*Law*) attaquer
contestant [kən'tɛstənt] *n* concurrent(e) ; (*in fight*) adversaire *mf*
context ['kɔntɛkst] *n* contexte *m* ; **in/out of ~** dans le/hors contexte
contiguous [kən'tɪgjuəs] *adj* (*formal*) contigu(-guë) ; **to be ~ with sth** être contigu(-guë) à qch, être attenant(e) à qch
continent ['kɔntɪnənt] *n* continent *m* ; **the C~** (Brit) l'Europe continentale ; **on the C~** en Europe (continentale)
continental [kɔntɪ'nɛntl] *adj* continental(e) ▸ *n* (Brit) Européen(ne) (continental(e))
continental breakfast *n* café (*or* thé) complet
continental quilt *n* (Brit) couette *f*
contingency [kən'tɪndʒənsɪ] *n* éventualité *f*, événement imprévu
contingency plan *n* plan *m* d'urgence
contingent [kən'tɪndʒənt] *adj* contingent(e) ; **to be ~ upon** dépendre de ▸ *n* contingent *m*
continual [kən'tɪnjuəl] *adj* continuel(le)
continually [kən'tɪnjuəlɪ] *adv* continuellement, sans cesse
continuance [kən'tɪnjuəns] *n* (*of situation*) continuation *f* ; (*of species*) continuité *f*
continuation [kəntɪnju'eɪʃən] *n* continuation *f* ; (*after interruption*) reprise *f* ; (*of story*) suite *f*
continue [kən'tɪnju:] *vi* continuer ▸ *vt* continuer ; (*start again*) reprendre ; **to be continued** (*story*) à suivre ; **continued on page 10** suite page 10

continuing education [kən'tɪnjuɪŋ-] *n* formation permanente *or* continue
continuity [kɔntɪ'nju:ɪtɪ] *n* continuité *f*; (*TV*) enchaînement *m*; (*Cine*) script *m*
continuity girl *n* (*Cine*) script-girl *f*
continuous [kən'tɪnjuəs] *adj* continu(e), permanent(e); (*Ling*) progressif(-ive); **~ performance** (*Cine*) séance permanente; **~ stationery** (*Comput*) papier *m* en continu
continuous assessment (BRIT) *n* contrôle continu
continuously [kən'tɪnjuəslɪ] *adv* (*repeatedly*) continuellement; (*uninterruptedly*) sans interruption
contort [kən'tɔ:t] *vt* tordre, crisper
contortion [kən'tɔ:ʃən] *n* crispation *f*, torsion *f*; (*of acrobat*) contorsion *f*
contortionist [kən'tɔ:ʃənɪst] *n* contorsionniste *mf*
contour ['kɔntuəʳ] *n* contour *m*, profil *m*; (*also*: **contour line**) courbe *f* de niveau
contraband ['kɔntrəbænd] *n* contrebande *f* ▸ *adj* de contrebande
contraception [kɔntrə'sɛpʃən] *n* contraception *f*
contraceptive [kɔntrə'sɛptɪv] *adj* contraceptif(-ive), anticonceptionnel(le) ▸ *n* contraceptif *m*
contract *n* ['kɔntrækt] contrat *m*; **~ of employment/service** contrat de travail/de service ▸ *cpd* (*price, date*) contractuel(le); (*work*) à forfait ▸ *vi* [kən'trækt] (*become smaller*) se contracter, se resserrer; (*Comm*): **to ~ to do sth** s'engager (par contrat) à faire qch ▸ *vt* contracter
▸ **contract in** *vi* s'engager (par contrat); (BRIT *Admin*) s'affilier au régime de retraite complémentaire
▸ **contract out** *vi* se dégager; (BRIT *Admin*) opter pour la non-affiliation au régime de retraite complémentaire
contraction [kən'trækʃən] *n* contraction *f*; (*Ling*) forme contractée
contractor [kən'træktəʳ] *n* entrepreneur(-euse)
contractual [kən'træktʃuəl] *adj* contractuel(le)
contractually [kən'træktʃuəlɪ] *adv* contractuellement
contradict [kɔntrə'dɪkt] *vt* contredire; (*be contrary to*) démentir, être en contradiction avec
contradiction [kɔntrə'dɪkʃən] *n* contradiction *f*; **to be in ~ with** contredire, être en contradiction avec
contradictory [kɔntrə'dɪktərɪ] *adj* contradictoire
contraflow ['kɔntrəfləu] *n* (*Aut*): **~ lane** voie *f* à contresens; **there's a ~ system in operation on ...** une voie a été mise en sens inverse sur ...
contraindication [kɔntrəɪndɪ'keɪʃən] *n* (*Med*) contre-indication *f*
contralto [kən'træltəu] *n* contralto *m*
contraption [kən'træpʃən] *n* (*pej*) machin *m*, truc *m*
contrary¹ ['kɔntrərɪ] *adj* contraire, opposé(e) ▸ *n* contraire *m*; **on the ~** au contraire; **unless you hear to the ~** sauf avis contraire ▸ *adv*: **~ to what we thought** contrairement à ce que nous pensions
contrary² [kən'trɛərɪ] *adj* (*perverse*) contrariant(e), entêté(e)
contrast *n* ['kɔntrɑ:st] contraste *m*; **in ~ to** *or* **with** contrairement à, par opposition à ▸ *vt* [kən'trɑ:st] mettre en contraste, contraster
contrasting [kən'trɑ:stɪŋ] *adj* opposé(e), contrasté(e)
contravene [kɔntrə'vi:n] *vt* enfreindre, violer, contrevenir à
contravention [kɔntrə'vɛnʃən] *n*: **~ (of)** infraction *f* (à)
contribute [kən'trɪbju:t] *vi* contribuer; **to ~ to** (*gen*) contribuer à; (*newspaper*) collaborer à; (*discussion*) prendre part à ▸ *vt*: **to ~ £10/an article to** donner 10 livres/un article à
contribution [kɔntrɪ'bju:ʃən] *n* contribution *f*; (BRIT: *for social security*) cotisation *f*; (*to publication*) article *m*
contributor [kən'trɪbjutəʳ] *n* (*to newspaper*) collaborateur(-trice); (*of money, goods*) donateur(-trice)
contributory [kən'trɪbjutərɪ] *adj* (*cause*) annexe; **it was a ~ factor in ...** ce facteur a contribué à ...
contributory pension scheme *n* (BRIT) régime *m* de retraite salariale
contrite ['kɔntraɪt] *adj* contrit(e)
contrition [kən'trɪʃən] *n* remords *m*
contrivance [kən'traɪvəns] *n* (*scheme*) machination *f*, combinaison *f*; (*device*) appareil *m*, dispositif *m*
contrive [kən'traɪv] *vt* combiner, inventer ▸ *vi*: **to ~ to do** s'arranger pour faire, trouver le moyen de faire
contrived [kən'traɪvd] *adj* (*pej*: *not spontaneous*) forcé(e); (*unconvincing*: *plot*) tiré(e) par les cheveux
control [kən'trəul] *vt* (*process, machinery*) commander; (*temper*) maîtriser; (*disease*) enrayer; (*check*) contrôler; **to ~ o.s.** se contrôler ▸ *n* maîtrise *f*; (*power*) autorité *f*; **to take ~ of** se rendre maître de; (*Comm*) acquérir une participation majoritaire dans; **to be in ~ of** être maître de, maîtriser; (*in charge of*) être responsable de; **everything is under ~** j'ai (*or il a etc*) la situation en main; **the car went out of ~** j'ai (*or il a etc*) perdu le contrôle du véhicule; **beyond our ~** indépendant(e) de notre volonté; **controls** *npl* (*of machine etc*) commandes *fpl*; (*on radio*) boutons *mpl* de réglage
control key *n* (*Comput*) touche *f* contrôle
controlled drug, controlled substance *n* substance *f* inscrite au tableau
controller [kən'trəuləʳ] *n* contrôleur(-euse)
controlling interest [kən'trəulɪŋ-] *n* (*Comm*) participation *f* majoritaire
control panel *n* (*on aircraft, ship, TV etc*) tableau *m* de commandes
control point *n* (poste *m* de) contrôle *m*
control room *n* (*Naut, Mil*) salle *f* des commandes; (*Radio, TV*) régie *f*
control tower *n* (*Aviat*) tour *f* de contrôle

control unit *n* (*Comput*) unité *f* de contrôle
controversial [kɔntrə'vəːʃl] *adj* discutable, controversé(e)
controversy ['kɔntrəvəːsɪ] *n* controverse *f*, polémique *f*
conundrum [kə'nʌndrəm] *n* énigme *f*
conurbation [kɔnə'beɪʃən] *n* conurbation *f*
convalesce [kɔnvə'lɛs] *vi* relever de maladie, se remettre (d'une maladie)
convalescence [kɔnvə'lɛsns] *n* convalescence *f*
convalescent [kɔnvə'lɛsnt] *adj*, *n* convalescent(e)
convector [kən'vɛktə^r] *n* radiateur *m* à convection, appareil *m* de chauffage par convection
convene [kən'viːn] *vt* convoquer, assembler ▸ *vi* se réunir, s'assembler
convener, convenor [kən'viːnə^r] *n* responsable *mf* des convocations
convenience [kən'viːnɪəns] *n* commodité *f*; **at your ~** quand *or* comme cela vous convient; **at your earliest ~** (*Comm*) dans les meilleurs délais, le plus tôt possible; **all modern conveniences, all mod cons** (Brit) avec tout le confort moderne, tout confort
convenience foods *npl* plats cuisinés
convenient [kən'viːnɪənt] *adj* commode; **if it is ~ to you** si cela vous convient, si cela ne vous dérange pas
conveniently [kən'viːnɪəntlɪ] *adv* (*happen*) à pic; (*situated*) commodément
convent ['kɔnvənt] *n* couvent *m*
convention [kən'vɛnʃən] *n* convention *f*; (*custom*) usage *m*
conventional [kən'vɛnʃənl] *adj* conventionnel(le)
conventionally [kən'vɛnʃənlɪ] *adv* (*dress, produce*) de manière conventionnelle; (*beautiful, handsome*) classiquement
convent school *n* couvent *m*
converge [kən'vəːdʒ] *vi* converger
convergence [kən'vəːdʒəns] *n* convergence *f*
conversant [kən'vəːsnt] *adj*: **to be ~ with** s'y connaître en; être au courant de
conversation [kɔnvə'seɪʃən] *n* conversation *f*
conversational [kɔnvə'seɪʃənl] *adj* de la conversation; (*Comput*) conversationnel(le)
conversationalist [kɔnvə'seɪʃnəlɪst] *n* brillant(e) causeur(-euse)
converse *n* ['kɔnvəːs] contraire *m*, inverse *m* ▸ *vi* [kən'vəːs]: **to ~ (with sb about sth)** s'entretenir (avec qn de qch)
conversely [kɔn'vəːslɪ] *adv* inversement, réciproquement
conversion [kən'vəːʃən] *n* conversion *f*; (Brit: *of house*) transformation *f*, aménagement *m*; (*Rugby*) transformation *f*
conversion table *n* table *f* de conversion
convert *vt* [kən'vəːt] (*Rel, Comm*) convertir; (*alter*) transformer; (*house*) aménager; (*Rugby*) transformer ▸ *n* ['kɔnvəːt] converti(e)
converter [kən'vəːtə^r] *n* convertisseur *m*
convertible [kən'vəːtəbl] *adj* convertible ▸ *n* (voiture *f*) décapotable *f*
convex ['kɔn'vɛks] *adj* convexe
convey [kən'veɪ] *vt* transporter; (*thanks*) transmettre; (*idea*) communiquer
conveyance [kən'veɪəns] *n* (*of goods*) transport *m* de marchandises; (*vehicle*) moyen *m* de transport
conveyancing [kən'veɪənsɪŋ] *n* (*Law*) rédaction *f* des actes de cession de propriété
conveyor belt [kən'veɪə^r-] *n* convoyeur *m* tapis roulant
convict *vt* [kən'vɪkt] déclarer (*or* reconnaître) coupable ▸ *n* ['kɔnvɪkt] forçat *m*, convict *m*
conviction [kən'vɪkʃən] *n* (*Law*) condamnation *f*; (*belief*) conviction *f*
convince [kən'vɪns] *vt* convaincre, persuader; **to ~ sb (of sth/that)** persuader qn (de qch/que)
convinced [kən'vɪnst] *adj*: **~ of/that** convaincu(e) de/que
convincing [kən'vɪnsɪŋ] *adj* persuasif(-ive), convaincant(e)
convincingly [kən'vɪnsɪŋlɪ] *adv* de façon convaincante
convivial [kən'vɪvɪəl] *adj* joyeux(-euse), plein(e) d'entrain
convoluted ['kɔnvəluːtɪd] *adj* (*shape*) tarabiscoté(e); (*argument*) compliqué(e)
convoy ['kɔnvɔɪ] *n* convoi *m*
convulse [kən'vʌls] *vt* ébranler; **to be convulsed with laughter** se tordre de rire
convulsion [kən'vʌlʃən] *n* convulsion *f*
COO *n abbr* (= *chief operating officer*) président(e)
coo [kuː] *vi* roucouler
cook [kuk] *vt* (faire) cuire ▸ *vi* cuire; (*person*) faire la cuisine ▸ *n* cuisinier(-ière)
▸ **cook up** *vt* (*inf: excuse, story*) inventer
cookbook ['kukbuk] *n* livre *m* de cuisine
cooker ['kukə^r] *n* cuisinière *f*
cookery ['kukərɪ] *n* cuisine *f*
cookery book *n* (Brit) = **cookbook**
cookie ['kukɪ] *n* (*US*) biscuit *m*, petit gâteau sec; (*Comput*) cookie *m*, témoin *m* de connexion
cooking ['kukɪŋ] *n* cuisine *f* ▸ *cpd* (*apples, chocolate*) à cuire; (*utensils, salt*) de cuisine
cookout ['kukaut] *n* (*US*) barbecue *m*
cookware ['kukwɛə^r] *n* batterie *f* de cuisine
cool [kuːl] *adj* frais (fraîche); (*not afraid*) calme; (*unfriendly*) froid(e); (*impertinent*) effronté(e); (*inf: trendy*) cool *inv* (*inf*); (*: great*) super *inv* (*inf*); **it's ~** (*weather*) il fait frais; **to keep sth ~** *or* **in a ~ place** garder *or* conserver qch au frais ▸ *vt, vi* rafraîchir, refroidir
▸ **cool down** *vi* refroidir; (*fig: person, situation*) se calmer
▸ **cool off** *vi* (*become calmer*) se calmer; (*lose enthusiasm*) perdre son enthousiasme
coolant ['kuːlənt] *n* liquide *m* de refroidissement
cool box, (US) cooler ['kuːlə^r] *n* boîte *f* isotherme
cooling ['kuːlɪŋ] *adj* (*breeze*) rafraîchissant(e)
cooling tower *n* refroidisseur *m*
coolly ['kuːlɪ] *adv* (*calmly*) calmement; (*audaciously*) sans se gêner; (*unenthusiastically*) froidement
coolness ['kuːlnɪs] *n* fraîcheur *f*; sang-froid *m*, calme *m*; froideur *f*

coop [ku:p] *n* poulailler *m* ▸ *vt*: **to ~ up** (*fig*) cloîtrer, enfermer
co-op ['kəuɔp] *n abbr* (= *cooperative (society)*) coop *f*
cooperate [kəu'ɔpəreɪt] *vi* coopérer, collaborer
cooperation [kəuɔpə'reɪʃən] *n* coopération *f*, collaboration *f*
cooperative [kəu'ɔpərətɪv] *adj* coopératif(-ive) ▸ *n* coopérative *f*
coopt [kəu'ɔpt] *vt*: **to ~ sb onto a committee** coopter qn pour faire partie d'un comité
coordinate *vt* [kəu'ɔ:dɪneɪt] coordonner ▸ *n* [kəu'ɔdɪnət] (*Math*) coordonnée *f*; **coordinates** *npl* (*clothes*) ensemble *m*, coordonnés *mpl*
coordination [kəuɔ:dɪ'neɪʃən] *n* coordination *f*
coordinator [kəu'ɔ:dɪneɪtə^r] *n* coordinateur(-trice)
coot [ku:t] *n* foulque *f*
co-ownership ['kəu'əunəʃɪp] *n* copropriété *f*
cop [kɔp] *n* (*inf*) flic *m*
cope [kəup] *vi* s'en sortir, tenir le coup; **to ~ with** (*problem*) faire face à; (*take care of*) s'occuper de
Copenhagen ['kəupn'heɪgən] *n* Copenhague
copier ['kɔpɪə^r] *n* (*also*: **photocopier**) copieur *m*
co-pilot ['kəu'paɪlət] *n* copilote *mf*
copious ['kəupɪəs] *adj* copieux(-euse), abondant(e)
copper ['kɔpə^r] *n* cuivre *m*; (Brit *inf*: *policeman*) flic *m*; **coppers** *npl* petite monnaie
coppice ['kɔpɪs], **copse** [kɔps] *n* taillis *m*
copulate ['kɔpjuleɪt] *vi* copuler
copy ['kɔpɪ] *n* copie *f*; (*book etc*) exemplaire *m*; (*material*: *for printing*) copie; **rough ~** (*gen*) premier jet; (*Scol*) brouillon *m*; **fair ~** version définitive; propre *m*; **to make good ~** (*Press*) faire un bon sujet d'article ▸ *vt* copier; (*imitate*) imiter
▸ **copy out** *vt* copier
copycat ['kɔpɪkæt] *n* (*pej*) copieur(-euse)
copyright ['kɔpɪraɪt] *n* droit *m* d'auteur, copyright *m*; **~ reserved** tous droits (de reproduction) réservés
copy typist *n* dactylo *mf*
copywriter ['kɔpɪraɪtə^r] *n* rédacteur(-trice) publicitaire
coracle ['kɔrəkl] *n* coracle *m*
coral ['kɔrəl] *n* corail *m*
coral reef *n* récif *m* de corail
Coral Sea *n*: **the ~** la mer de Corail
cord [kɔ:d] *n* corde *f*; (*fabric*) velours côtelé; whipcord *m*; corde *f*; (*Elec*) cordon *m* (d'alimentation), fil *m* (électrique); **cords** *npl* (*trousers*) pantalon *m* de velours côtelé
cordial ['kɔ:dɪəl] *adj* cordial(e), chaleureux(-euse) ▸ *n* sirop *m*; cordial *m*
cordially ['kɔ:dɪəlɪ] *adv* chaleureusement
cordless ['kɔ:dlɪs] *adj* sans fil
cordon ['kɔ:dn] *n* cordon *m*
▸ **cordon off** *vt* (*area*) interdire l'accès à; (*crowd*) tenir à l'écart
corduroy ['kɔ:dərɔɪ] *n* velours côtelé
CORE [kɔ:^r] *n abbr* (US) = **Congress of Racial Equality**
core [kɔ:^r] *n* (*of fruit*) trognon *m*, cœur *m*; (*Tech*: *also of earth*) noyau *m*; (: *of nuclear reactor*) cœur; (*fig*: *of problem etc*) cœur; **rotten to the ~** complètement pourri ▸ *vt* enlever le trognon *or* le cœur de
Corfu [kɔ:'fu:] *n* Corfou
coriander [kɔrɪ'ændə^r] *n* coriandre *f*
cork [kɔ:k] *n* (*material*) liège *m*; (*of bottle*) bouchon *m*
corkage ['kɔ:kɪdʒ] *n droit payé par le client qui apporte sa propre bouteille de vin*
corked [kɔ:kt], (US) **corky** ['kɔ:kɪ] *adj* (*wine*) qui sent le bouchon
corkscrew ['kɔ:kskru:] *n* tire-bouchon *m*
cormorant ['kɔ:mərnt] *n* cormoran *m*
corn [kɔ:n] *n* (Brit: *wheat*) blé *m*; (US: *maize*) maïs *m*; (*on foot*) cor *m*; **~ on the cob** (*Culin*) épi *m* de maïs au naturel
cornea ['kɔ:nɪə] *n* cornée *f*
corned beef ['kɔ:nd-] *n* corned-beef *m*
corner ['kɔ:nə^r] *n* coin *m*; (*in road*) tournant *m*, virage *m*; (*Football*: *also*: **corner kick**) corner *m*; **to cut corners** (*fig*) prendre des raccourcis ▸ *vt* (*trap*: *prey*) acculer; (*fig*) coincer; (*Comm*: *market*) accaparer ▸ *vi* prendre un virage
corner flag *n* (*Football*) piquet *m* de coin
corner kick *n* (*Football*) corner *m*
corner shop (Brit) *n* magasin *m* du coin
cornerstone ['kɔ:nəstəun] *n* pierre *f* angulaire
cornet ['kɔ:nɪt] *n* (*Mus*) cornet *m* à pistons; (Brit: *of ice-cream*) cornet (de glace)
cornfield ['kɔ:nfi:ld] *n* (Brit: *field of wheat*) champ *m* de blé; (US: *field of maize*) champ *m* de maïs
cornflakes ['kɔ:nfleɪks] *npl* cornflakes *mpl*
cornflour ['kɔ:nflauə^r] *n* (Brit) farine *f* de maïs, maïzena® *f*
cornflower ['kɔ:nflauə^r] *n* bleuet *m*, barbeau *m*
cornice ['kɔ:nɪs] *n* corniche *f*
Cornish ['kɔ:nɪʃ] *adj* de Cornouailles, cornouaillais(e)
corn oil *n* huile *f* de maïs
cornstarch ['kɔ:nstɑ:tʃ] *n* (US) farine *f* de maïs, maïzena® *f*
cornucopia [kɔ:nju'kəupɪə] *n* corne *f* d'abondance
Cornwall ['kɔ:nwəl] *n* Cornouailles *f*
corny ['kɔ:nɪ] *adj* (*inf*) rebattu(e), galvaudé(e)
corollary [kə'rɔlərɪ] *n* corollaire *m*
coronary ['kɔrənərɪ] *n*: **~ (thrombosis)** infarctus *m* (du myocarde), thrombose *f* coronaire
coronation [kɔrə'neɪʃən] *n* couronnement *m*
coroner ['kɔrənə^r] *n* coroner *m*, *officier de police judiciaire chargé de déterminer les causes d'un décès*
coronet ['kɔrənɪt] *n* couronne *f*
Corp. *abbr* = **corporation**
corporal ['kɔ:pərl] *n* caporal *m*, brigadier *m* ▸ *adj*: **~ punishment** châtiment corporel
corporate ['kɔ:pərɪt] *adj* (*action, ownership*) en commun; (*Comm*) de la société
corporate hospitality *n arrangement selon lequel une société offre des places de théâtre, concert etc à ses clients*
corporate identity, corporate image *n* (*of organization*) image *f* de la société
corporation [kɔ:pə'reɪʃən] *n* (*of town*) municipalité *f*, conseil municipal; (*Comm*) société *f*

C

corporation tax *n* ≈ impôt *m* sur les bénéfices
corps [kɔːʳ] (*pl* ~ [kɔːz]) *n* corps *m*; **the diplomatic ~** le corps diplomatique; **the press ~** la presse
corpse [kɔːps] *n* cadavre *m*
corpulent ['kɔːpjulənt] *adj* (*literary*) corpulent(e)
corpuscle ['kɔːpʌsl] *n* corpuscule *m*
corral [kə'rɑːl] *n* corral *m*
correct [kə'rɛkt] *adj* (*accurate*) correct(e), exact(e); (*proper*) correct, convenable; **you are ~** vous avez raison ▸ *vt* corriger
correction [kə'rɛkʃən] *n* correction *f*
correctional [kə'rɛkʃənəl] *adj* (*esp US*) correctionnel(le)
correctly [kə'rɛktlɪ] *adv* (*right*) correctement; **quite ~, she ...** à fort juste titre, elle ...
correlate ['kɒrɪleɪt] *vt* mettre en corrélation ▸ *vi*: **to ~ with** correspondre à
correlation [kɒrɪ'leɪʃən] *n* corrélation *f*
correspond [kɒrɪs'pɒnd] *vi* correspondre; **to ~ to sth** (*be equivalent to*) correspondre à qch
correspondence [kɒrɪs'pɒndəns] *n* correspondance *f*
correspondence course *n* cours *m* par correspondance
correspondent [kɒrɪs'pɒndənt] *n* correspondant(e)
corresponding [kɒrɪs'pɒndɪŋ] *adj* correspondant(e)
correspondingly [kɒrɪ'spɒndɪŋlɪ] *adv* (*proportionately*) proportionnellement
corridor ['kɒrɪdɔːʳ] *n* couloir *m*, corridor *m*
corroborate [kə'rɒbəreɪt] *vt* corroborer, confirmer
corroboration [kərɒbə'reɪʃən] *n* confirmation *f*
corrode [kə'rəud] *vt* corroder, ronger ▸ *vi* se corroder
corrosion [kə'rəuʒən] *n* corrosion *f*
corrosive [kə'rəuzɪv] *adj* corrosif(-ive)
corrugated ['kɒrəgeɪtɪd] *adj* plissé(e); ondulé(e)
corrugated iron *n* tôle ondulée
corrupt [kə'rʌpt] *adj* corrompu(e); (*Comput*) altéré(e); **~ practices** (*dishonesty, bribery*) malversation *f* ▸ *vt* corrompre; (*Comput*) altérer
corruption [kə'rʌpʃən] *n* corruption *f*; (*Comput*) altération *f* (de données)
corset ['kɔːsɪt] *n* corset *m*
Corsica ['kɔːsɪkə] *n* Corse *f*
Corsican ['kɔːsɪkən] *adj* corse ▸ *n* Corse *mf*
cortège [kɔː'teɪʒ] *n* cortège *m* (*gén funèbre*)
cortex ['kɔːtɛks] (*pl* **cortices** ['kɔːtɪsiːz]) *n* (*of brain*) cortex *m*
cortisone ['kɔːtɪzəun] *n* cortisone *f*
coruscating ['kɒrəskeɪtɪŋ] *adj* scintillant(e)
cosh [kɒʃ] *n* (*Brit*) matraque *f*
cosignatory ['kəu'sɪgnətərɪ] *n* cosignataire *mf*
cosiness ['kəuzɪnɪs] *n* atmosphère douillette, confort *m*
cos lettuce ['kɒs-] *n* (laitue *f*) romaine *f*
cosmetic [kɒz'mɛtɪk] *n* produit *m* de beauté, cosmétique *m* ▸ *adj* (*preparation*) cosmétique; (*fig: reforms*) symbolique, superficiel(le)
cosmetic surgery *n* chirurgie *f* esthétique
cosmic ['kɒzmɪk] *adj* cosmique
cosmonaut ['kɒzmənɔːt] *n* cosmonaute *mf*
cosmopolitan [kɒzmə'pɒlɪtn] *adj* cosmopolite
cosmos ['kɒzmɒs] *n* cosmos *m*
cosset ['kɒsɪt] *vt* choyer, dorloter
cost [kɒst] *n* coût *m*; **at all costs** coûte que coûte, à tout prix ▸ *vt* (*pt, pp* **~**: *money*) coûter; (*pt, pp* **costed**: *estimate cost of*) établir *or* calculer le prix de revient de; **how much does it ~?** combien ça coûte?; **it costs £5/too much** cela coûte 5 livres/trop cher; **what will it ~ to have it repaired?** combien cela coûtera de le faire réparer?; **to ~ sb time/effort** demander du temps/un effort à qn; **it ~ him his life/job** ça lui a coûté la vie/son emploi; **costs** *npl* (*Comm*) frais *mpl*; (*Law*) dépens *mpl*
cost accountant *n* analyste *mf* de coûts
co-star ['kəustɑːʳ] *n* partenaire *mf*
Costa Rica ['kɒstə'riːkə] *n* Costa Rica *m*
cost centre *n* centre *m* de coût
cost control *n* contrôle *m* des coûts
cost-effective ['kɒstɪ'fɛktɪv] *adj* rentable
cost-effectiveness ['kɒstɪ'fɛktɪvnɪs] *n* rentabilité *f*
costing ['kɒstɪŋ] *n* calcul *m* du prix de revient
costly ['kɒstlɪ] *adj* coûteux(-euse)
cost of living ['kɒstəv'lɪvɪŋ] *n* coût *m* de la vie ▸ *cpd*: **~ allowance** indemnité *f* de vie chère; **~ index** indice *m* du coût de la vie
cost price *n* (*Brit*) prix coûtant *or* de revient
costume ['kɒstjuːm] *n* costume *m*; (*lady's suit*) tailleur *m*; (*Brit*: *also*: **swimming costume**) maillot *m* (de bain)
costume jewellery *n* bijoux *mpl* de fantaisie
cosy, (*US*) **cozy** ['kəuzɪ] *adj* (*room, bed*) douillet(te); (*scarf, gloves*) bien chaud(e); (*atmosphere*) chaleureux(-euse); **to be ~** (*person*) être bien (au chaud)
cot [kɒt] *n* (*Brit*: *child's*) lit *m* d'enfant, petit lit; (*US*: *campbed*) lit de camp
cot death *n* mort subite du nourrisson
Cotswolds ['kɒtswəuldz] *npl*: **the ~** *région de collines du Gloucestershire*
cottage ['kɒtɪdʒ] *n* petite maison (à la campagne), cottage *m*
cottage cheese *n* fromage blanc (*maigre*)
cottage industry *n* industrie familiale *or* artisanale
cottage pie *n* ≈ hachis *m* Parmentier
cotton ['kɒtn] *n* coton *m*; (*thread*) fil *m* (de coton) ▸ *cpd* (*dress, sheet*) de coton; **a ~ shirt** une chemise de coton
▸ **cotton on** *vi* (*inf*): **to ~ on (to sth)** piger (qch)
cotton bud *n* (*Brit*) coton-tige® *m*
cotton candy *n* (*US*) barbe *f* à papa
cotton wool *n* (*Brit*) ouate *f*, coton *m* hydrophile
couch [kautʃ] *n* canapé *m*; divan *m*; (*doctor's*) table *f* d'examen; (*psychiatrist's*) divan ▸ *vt* formuler, exprimer
couchette [kuː'ʃɛt] *n* couchette *f*
couch potato *n* (*inf*) mollasson(ne) (*qui passe son temps devant la télé*)
cough [kɒf] *vi* tousser ▸ *n* toux *f*; **I've got a ~** j'ai la toux, je tousse
▸ **cough up** (*inf*) *vt fus* (*money*) raquer (*inf*), cracher (*inf*) ▸ *vi* (*pay money*) raquer (*inf*)
cough drop *n* pastille *f* pour *or* contre la toux

cough mixture, cough syrup *n* sirop *m* pour la toux
cough sweet *n* pastille *f* pour *or* contre la toux
could [kud] *pt of* **can²**
couldn't = **could not**
council ['kaunsl] *n* conseil *m* ; **city** *or* **town ~** conseil municipal ; **C~ of Europe** Conseil de l'Europe
council estate *n* (BRIT) (quartier *m or* zone *f* de) logements loués à/par la municipalité
council house *n* (BRIT) maison *f* (à loyer modéré) louée par la municipalité
councillor, (US) **councilor** ['kaunslə^r] *n* conseiller(-ère)
council tax *n* (BRIT) impôts locaux
counsel ['kaunsl] *n* conseil *m* ; (*lawyer*) avocat(e) ; **~ for the defence/the prosecution** (avocat de la) défense/avocat du ministère public ▸ *vt*: **to ~ (sb to do sth)** conseiller (à qn de faire qch)
counselling, (US) **counseling** ['kaunslıŋ] *n* (*Psych*) aide psychosociale
counsellor, (US) **counselor** ['kaunslə^r] *n* conseiller(-ère) ; (*US Law*) avocat *m*
count [kaunt] *vt* compter ; **not counting the children** sans compter les enfants ; **10 counting him** 10 avec lui, 10 en le comptant ; **to ~ the cost of** établir le coût de ; **~ yourself lucky** estimez-vous heureux ▸ *vi* compter ; **to ~ (up) to 10** compter jusqu'à 10 ; **it counts for very little** cela n'a pas beaucoup d'importance ▸ *n* compte *m* ; (*nobleman*) comte *m* ; **to keep ~ of sth** tenir le compte de qch
▸ **count in** *vt* (*inf*): **to ~ sb in on sth** inclure qn dans qch
▸ **count on** *vt fus* compter sur ; **to ~ on doing sth** compter faire qch
▸ **count up** *vt* compter, additionner
countdown ['kauntdaun] *n* compte *m* à rebours
countenance ['kauntınəns] *n* expression *f* ▸ *vt* approuver
counter ['kauntə^r] *n* comptoir *m* ; (*in post office, bank*) guichet *m* ; (*in game*) jeton *m* ; **to buy under the ~** (*fig*) acheter sous le manteau *or* en sous-main ▸ *vt* aller à l'encontre de, opposer ; (*blow*) parer ; **to ~ sth with sth/by doing sth** contrer *or* riposter à qch par qch/en faisant qch ▸ *adv*: **~ to** à l'encontre de ; contrairement à
counteract ['kauntər'ækt] *vt* neutraliser, contrebalancer
counterattack ['kauntərə'tæk] *n* contre-attaque *f* ▸ *vi* contre-attaquer
counterbalance ['kauntə'bæləns] *vt* contrebalancer, faire contrepoids à
counterclockwise ['kauntə'klɔkwaız] *adv* (US) en sens inverse des aiguilles d'une montre
counter-espionage ['kauntər'ɛspıənɑ:ʒ] *n* contre-espionnage *m*
counterfeit ['kauntəfıt] *n* faux *m*, contrefaçon *f* ▸ *vt* contrefaire ▸ *adj* faux (fausse)
counterfoil ['kauntəfɔıl] *n* talon *m*, souche *f*
counterintelligence ['kauntərın'tɛlıdʒəns] *n* contre-espionnage *m*
countermand ['kauntəmɑ:nd] *vt* annuler
countermeasure ['kauntəmɛʒə^r] *n* contre-mesure *f*
counteroffensive ['kauntərə'fɛnsıv] *n* contre-offensive *f*
counterpane ['kauntəpeın] *n* dessus-de-lit *m*
counterpart ['kauntəpɑ:t] *n* (*of document etc*) double *m* ; (*of person*) homologue *mf*
counterproductive ['kauntəprə'dʌktıv] *adj* contre-productif(-ive)
counterproposal ['kauntəprə'pəuzl] *n* contre-proposition *f*
counter-revolutionary [kauntərɛvə'lu:ʃənrı] *adj, n* contre-révolutionnaire *mf*
countersign ['kauntəsaın] *vt* contresigner
countersink ['kauntəsıŋk] *vt* (*hole*) fraiser
countertenor ['kauntətɛnə^r] *n* haute-contre *m*
counterterrorism [kauntə'tɛrərızəm] *n* contre-terrorisme *m*
countertop ['kauntətɔp] *n* (*US: worktop*) plan *m* de travail
counterweight ['kauntəweıt] *n* contrepoids *m* ▸ *vt* contrebalancer
countess ['kauntıs] *n* comtesse *f*
countless ['kauntlıs] *adj* innombrable
countrified ['kʌntrıfaıd] *adj* rustique, à l'air campagnard
country ['kʌntrı] *n* pays *m* ; (*native land*) patrie *f* ; (*as opposed to town*) campagne *f* ; (*region*) région *f*, pays ; **in the ~** à la campagne ; **mountainous ~** pays de montagne, région montagneuse
country and western, country and western music *n* musique *f* country
country dancing *n* (BRIT) danse *f* folklorique
country house *n* manoir *m*, (petit) château
countryman ['kʌntrımən] *n* (*irreg*) (*compatriot*) compatriote *m* ; (*country dweller*) habitant *m* de la campagne, campagnard *m*
countryside ['kʌntrısaıd] *n* campagne *f*
countrywide ['kʌntrı'waıd] *adj* s'étendant à l'ensemble du pays ; (*problem*) à l'échelle nationale ▸ *adv* à travers *or* dans tout le pays
countrywoman ['kʌntriwumən] *n* (*irreg*) (*compatriot*) compatriote *f* ; (*country dweller*) habitante *f* de la campagne, campagnarde *f*
county ['kauntı] *n* comté *m*
county council *n* (BRIT) ≈ conseil régional
county town *n* (BRIT) chef-lieu *m*
coup [ku:] (*pl* **coups** [ku:z]) *n* (*achievement*) beau coup ; (*also*: **coup d'état**) coup d'État
coupé [ku:'peı] *n* (*Aut*) coupé *m*
couple ['kʌpl] *n* couple *m* ; **a ~ of** (*two*) deux ; (*a few*) deux ou trois ▸ *vt* (*carriages*) atteler ; (*Tech*) coupler ; (*ideas, names*) associer
couplet ['kʌplıt] *n* distique *m*
coupling ['kʌplıŋ] *n* (*Rail*) attelage *m*
coupon ['ku:pɔn] *n* (*voucher*) bon *m* de réduction ; (*detachable form*) coupon *m* détachable, coupon-réponse *m* ; (*Finance*) coupon
courage ['kʌrıdʒ] *n* courage *m*
courageous [kə'reıdʒəs] *adj* courageux(-euse)
courgette [kuə'ʒɛt] *n* (BRIT) courgette *f*
courier ['kurıə^r] *n* messager *m*, courrier *m* ; (*for tourists*) accompagnateur(-trice)
course [kɔ:s] *n* cours *m* ; (*of ship*) route *f* ; (*for golf*) terrain *m* ; (*part of meal*) plat *m* ; **first ~** entrée *f* ; **of ~** *adv* bien sûr ; **(no,) of ~ not!** bien sûr que non !, évidemment que non ! ; **in the ~ of** au

C

cours de ; **in the ~ of the next few days** au cours des prochains jours ; **in due ~** en temps utile *or* voulu ; **~ (of action)** parti *m*, ligne *f* de conduite ; **the best ~ would be to ...** le mieux serait de ... ; **we have no other ~ but to ...** nous n'avons pas d'autre solution que de ... ; **~ of lectures** série *f* de conférences ; **~ of treatment** (*Med*) traitement *m*

coursework ['kɔːswəːk] *n* (*students' work*) devoirs *mpl* ; (*continuous assessment*) contrôle *m* continu

court [kɔːt] *n* cour *f* ; (*Law*) cour, tribunal *m* ; (*Tennis*) court *m* ; **out of ~** (*Law: settle*) à l'amiable ; **to take to ~** actionner *or* poursuivre en justice ; **~ of appeal** cour d'appel ▸ *vt* (*woman*) courtiser, faire la cour à ; (*fig: favour, popularity*) rechercher ; (*: death, disaster*) courir après, flirter avec

courteous ['kəːtɪəs] *adj* courtois(e), poli(e)

courtesan [kɔːtɪ'zæn] *n* courtisane *f*

courtesy ['kəːtəsɪ] *n* courtoisie *f*, politesse *f* ; **(by) ~ of** avec l'aimable autorisation de

courtesy bus, courtesy coach *n* navette gratuite

courtesy light *n* (*Aut*) plafonnier *m*

court-house ['kɔːthaus] *n* (*US*) palais *m* de justice

courtier ['kɔːtɪəʳ] *n* courtisan *m*, dame *f* de cour

court martial (*pl* **courts martial**) *n* cour martiale, conseil *m* de guerre

courtroom ['kɔːtrum] *n* salle *f* de tribunal

court shoe *n* escarpin *m*

courtyard ['kɔːtjɑːd] *n* cour *f*

cousin ['kʌzn] *n* cousin(e) ; **first ~** cousin(e) germain(e)

couturier [ku'tjuərieɪ] *n* grand couturier *m*

cove [kəuv] *n* petite baie, anse *f*

covenant ['kʌvənənt] *n* contrat *m*, engagement *m* ▸ *vt*: **to ~ £200 per year to a charity** s'engager à verser 200 livres par an à une œuvre de bienfaisance

Coventry ['kɔvəntrɪ] *n*: **to send sb to ~** (*fig*) mettre qn en quarantaine

cover ['kʌvəʳ] *vt* couvrir ; (*Press: report on*) faire un reportage sur ; (*feelings, mistake*) cacher ; (*include*) englober ; (*discuss*) traiter ; **£10 will ~ everything** 10 livres suffiront (pour tout payer) ▸ *n* (*of book, Comm*) couverture *f* ; (*of pan*) couvercle *m* ; (*over furniture*) housse *f* ; (*shelter*) abri *m* ; **to take ~** se mettre à l'abri ; **under ~** à l'abri ; **under ~ of darkness** à la faveur de la nuit ; **under separate ~** (*Comm*) sous pli séparé ; **covers** *npl* (*on bed*) couvertures
▸ **cover up** *vt* (*truth, facts*) occulter ; (*person, object*): **to ~ up (with)** couvrir (de) ▸ *vi*: **to ~ up for sb** (*fig*) couvrir qn

coverage ['kʌvərɪdʒ] *n* (*in media*) reportage *m* ; (*Insurance*) couverture *f*

cover charge *n* couvert *m* (*supplément à payer*)

covered ['kʌvəd] *adj* couvert(e) ; **to be ~ in** *or* **with sth** être couvert(e) de qch

covering ['kʌvərɪŋ] *n* couverture *f*, enveloppe *f*

covering letter, (*US*) **cover letter** *n* lettre explicative

cover note *n* (*Insurance*) police *f* provisoire

cover price *n* prix *m* de l'exemplaire

covert ['kʌvət] *adj* (*threat*) voilé(e), caché(e) ; (*attack*) indirect(e) ; (*glance*) furtif(-ive)

covertly ['kʌvətlɪ] *adv* (*work, operate*) secrètement ; (*watch*) à la dérobée ; **to film sb ~** filmer qn à son insu

cover-up ['kʌvərʌp] *n* tentative *f* pour étouffer une affaire

covet ['kʌvɪt] *vt* convoiter

cow [kau] *n* vache *f* ▸ *cpd* femelle ▸ *vt* effrayer, intimider

coward ['kauəd] *n* lâche *mf*

cowardice ['kauədɪs] *n* lâcheté *f*

cowardly ['kauədlɪ] *adj* lâche

cowboy ['kaubɔɪ] *n* cow-boy *m*

cower ['kauəʳ] *vi* se recroqueviller ; trembler

cowhide ['kauhaɪd] *n* cuir *m* de vache ▸ *cpd* (*boots, bag, chair*) en cuir de vache

cowl [kaul] *n* (*hood*) capuchon *m*

cowpat ['kaupæt] *n* bouse *f* de vache

cowshed ['kauʃɛd] *n* étable *f*

cowslip ['kauslɪp] *n* (*Bot*) (fleur *f* de) coucou *m*

cox [kɔks] *n* (*of rowing boat*) barreur(-euse)

coxswain ['kɔksən] *n* (*of lifeboat*) timonier *m*

coy [kɔɪ] *adj* (*shy*) faussement effarouché(e) *or* timide ; (*coquettish: smile*) séducteur(-trice) ; (*evasive*) évasif(-ive)

coyly ['kɔɪlɪ] *adv* (*coquettishly*) avec coquetterie ; (*euphemistically*) euphémiquement ; (*evasively*) évasivement

coyote [kɔɪ'əutɪ] *n* coyote *m*

cozy ['kəuzɪ] *adj* (*US*) = **cosy**

CP *n abbr* (= *Communist Party*) PC *m*

cp. *abbr* (= *compare*) cf

CPA *n abbr* (*US*) = **certified public accountant**

CPI *n abbr* (= *Consumer Price Index*) IPC *m*

Cpl. *abbr* (= *corporal*) C/C

CP/M *n abbr* (= *Central Program for Microprocessors*) CP/M *m*

CPR *n abbr* (= *cardiopulmonary resuscitation*) RCP *f*

c.p.s. *abbr* (= *characters per second*) caractères/seconde

CPSA *n abbr* (Brit: = *Civil and Public Services Association*) *syndicat de la fonction publique*

CPU *n abbr* = **central processing unit**

cr. *abbr* = **credit**; **creditor**

crab [kræb] *n* crabe *m*

crab apple *n* pomme *f* sauvage

crack [kræk] *n* (*split*) fente *f*, fissure *f* ; (*in cup, bone*) fêlure *f* ; (*in wall*) lézarde *f* ; (*noise*) craquement *m*, coup (sec) ; (*joke*) plaisanterie *f* ; (*inf: attempt*): **to have a ~ (at sth)** essayer (qch) ; (*also:* **crack cocaine**) crack *m* ; (Irish *inf: craic*) ambiance *f* ▸ *vt* fendre, fissurer ; fêler ; lézarder ; (*whip*) faire claquer ; (*nut*) casser ; (*problem*) résoudre, trouver la clef de ; (*code*) déchiffrer ; **to ~ jokes** (*inf*) raconter des blagues ▸ *vi*: **to get cracking** (*inf*) s'y mettre, se magner ▸ *cpd* (*athlete*) de première classe, d'élite
▸ **crack down on** *vt fus* (*crime*) sévir contre, réprimer ; (*spending*) mettre un frein à
▸ **crack up** *vi* être au bout du rouleau, flancher

crack cocaine *n* crack *m*

crackdown ['krækdaun] *n*: **~ (on)** (*on crime*) répression *f* (de) ; (*on spending*) restrictions *fpl* (de)

cracked [krækt] *adj (cup, bone)* fêlé(e) ; *(broken)* cassé(e) ; *(wall)* lézardé(e) ; *(surface)* craquelé(e) ; *(inf)* toqué(e), timbré(e)
cracker ['krækəʳ] *n (also:* **Christmas cracker***)* pétard *m* ; *(biscuit)* biscuit (salé), craquelin *m* ; **a ~ of a ...** *(BRIT inf)* un(e) ... formidable ; **he's crackers** *(BRIT inf)* il est cinglé
crackle ['krækl] *vi* crépiter, grésiller
crackling ['kræklɪŋ] *n* crépitement *m*, grésillement *m* ; *(on radio, telephone)* grésillement, friture *f* ; *(of pork)* couenne *f*
crackpot ['krækpɔt] *n (inf)* tordu(e)
cradle ['kreɪdl] *n* berceau *m* ▸ *vt (child)* bercer ; *(object)* tenir dans ses bras
craft [krɑːft] *n* métier (artisanal) ; *(cunning)* ruse *f*, astuce *f* ; *(boat: pl inv)* embarcation *f*, barque *f* ; *(plane: pl inv)* appareil *m*
craftsman ['krɑːftsmən] *n (irreg)* artisan *m*
craftsmanship ['krɑːftsmənʃɪp] *n* métier *m*, habileté *f*
craftswoman ['krɑːftswumən] *n (irreg)* artisane *f*
crafty ['krɑːftɪ] *adj* rusé(e), malin(-igne), astucieux(-euse)
crag [kræg] *n* rocher escarpé
craggy ['krægɪ] *adj (cliff)* escarpé(e) ; *(face)* anguleux(-euse)
craic [kræk] *n (IRISH inf)* ambiance *f*
cram [kræm] *vt*: **to ~ sth with** *(fill)* bourrer qch de ; **to ~ sth into** *(put)* fourrer qch dans ▸ *vi (for exams)* bachoter
crammed [kræmd] *adj*: **to be ~ with sth** être bourré(e) de qch ; **to be ~ into sth** être entassé(e) dans qch
cramming ['kræmɪŋ] *n (for exams)* bachotage *m*
cramp [kræmp] *n* crampe *f* ; **I've got ~ in my leg** j'ai une crampe à la jambe ▸ *vt* gêner, entraver
cramped [kræmpt] *adj* à l'étroit, très serré(e)
crampon ['kræmpən] *n* crampon *m*
cranberry ['krænbərɪ] *n* canneberge *f*
crane [kreɪn] *n* grue *f* ▸ *vi, vt*: **to ~ forward, to ~ one's neck** allonger le cou
cranefly ['kreɪnflaɪ] *n* tipule *f*
cranium ['kreɪnɪəm] *(pl* **crania** ['kreɪnɪə]*) n* boîte crânienne
crank [kræŋk] *n* manivelle *f* ; *(person)* excentrique *mf*
crankshaft ['kræŋkʃɑːft] *n* vilebrequin *m*
cranky ['kræŋkɪ] *adj* excentrique, loufoque ; *(bad-tempered)* grincheux(-euse), revêche
cranny ['krænɪ] *n see* **nook**
crap [kræp] *n (inf!: nonsense)* conneries *fpl (!)* ; *(: excrement)* merde *f (!)* ; **the party was ~** la fête était merdique *(!)* ; **to have a ~** chier *(!)*
crappy ['kræpɪ] *adj (inf)* merdique *(!)*
crash [kræʃ] *n (noise)* fracas *m* ; *(of car, plane)* collision *f* ; *(of business)* faillite *f* ; *(Stock Exchange)* krach *m* ▸ *vt (plane)* écraser ; **he crashed the car into a wall** il s'est écrasé contre un mur avec sa voiture ▸ *vi (plane)* s'écraser ; *(two cars)* se percuter, s'emboutir ; *(business)* s'effondrer ; **to ~ into** se jeter *or* se fracasser contre
crash barrier *n (BRIT Aut)* rail *m* de sécurité
crash course *n* cours intensif
crash helmet *n* casque (protecteur)
crash landing *n* atterrissage forcé *or* en catastrophe
crass [kræs] *adj* grossier(-ière), crasse
crate [kreɪt] *n* cageot *m* ; *(for bottles)* caisse *f*
crater ['kreɪtəʳ] *n* cratère *m*
cravat [krə'væt] *n* foulard *(noué autour du cou)*
crave [kreɪv] *vt, vi*: **to ~ (for)** désirer violemment, avoir un besoin physiologique de, avoir une envie irrésistible de
craving ['kreɪvɪŋ] *n*: **~ (for)** *(for food, cigarettes etc)* envie *f* irrésistible (de)
crawl [krɔːl] *vi* ramper ; *(vehicle)* avancer au pas ; **to ~ on one's hands and knees** aller à quatre pattes ; **to ~ to sb** *(inf)* faire de la lèche à qn ▸ *n (Swimming)* crawl *m*
crawler lane ['krɔːlə-] *n (BRIT Aut)* file *f or* voie *f* pour véhicules lents
crawling ['krɔːlɪŋ] *adj*: **to be ~ with** *(pej)* grouiller de
crayfish ['kreɪfɪʃ] *n (pl inv: freshwater)* écrevisse *f* ; *(: saltwater)* langoustine *f*
crayon ['kreɪən] *n* crayon *m* (de couleur)
craze [kreɪz] *n* engouement *m*
crazed [kreɪzd] *adj (look, person)* affolé(e) ; *(pottery, glaze)* craquelé(e)
craziness ['kreɪzɪnɪs] *n* folie *f*
crazy ['kreɪzɪ] *adj* fou (folle) ; **to go ~** devenir fou ; **to be ~ about sb/sth** *(inf)* être fou de qn/qch
crazy paving *n (BRIT)* dallage irrégulier (en pierres plates)
CRB *n abbr (BRIT)* = **Criminal Records Bureau**
creak [kriːk] *vi (hinge)* grincer ; *(floor, shoes)* craquer
creaky ['kriːkɪ] *adj (door)* grinçant(e) ; *(floorboard)* qui craque ; *(old-fashioned)* vieillot(te)
cream [kriːm] *n* crème *f* ; **whipped ~** crème fouettée ▸ *adj (colour)* crème *inv*
▸ **cream off** *vt (fig)* prélever
cream cake *n* (petit) gâteau à la crème
cream cheese *n* fromage *m* à la crème, fromage blanc
creamery ['kriːmərɪ] *n (shop)* crémerie *f* ; *(factory)* laiterie *f*
creamy ['kriːmɪ] *adj* crémeux(-euse)
crease [kriːs] *n* pli *m* ▸ *vt* froisser, chiffonner ▸ *vi* se froisser, se chiffonner
crease-resistant ['kriːsrɪzɪstənt] *adj* infroissable
create [kriː'eɪt] *vt* créer ; *(impression, fuss)* faire
creation [kriː'eɪʃən] *n* création *f*
creationism [kri'eɪʃənɪzəm] *n* créationnisme *m*
creative [kriː'eɪtɪv] *adj* créatif(-ive)
creatively [kri'eɪtɪvlɪ] *adv* de façon créative
creativity [kriːeɪ'tɪvɪtɪ] *n* créativité *f*
creator [kriː'eɪtəʳ] *n* créateur(-trice)
creature ['kriːtʃəʳ] *n* créature *f*
creature comforts *npl* petit confort
crèche [krɛʃ] *n* garderie *f*, crèche *f*
credence ['kriːdns] *n* croyance *f*, foi *f*
credentials [krɪ'dɛnʃlz] *npl (references)* références *fpl* ; *(identity papers)* pièce *f* d'identité ; *(letters of reference)* pièces justificatives
credibility [krɛdɪ'bɪlɪtɪ] *n* crédibilité *f*

credible ['krɛdɪbl] *adj* digne de foi, crédible
credit ['krɛdɪt] *n* crédit *m* ; *(recognition)* honneur *m* ; *(Scol)* unité *f* de valeur ; **to be in ~** *(person, bank account)* être créditeur(-trice) ; **on ~** à crédit ; **to one's ~** à son honneur ; à son actif ; **to take the ~ for** s'attribuer le mérite de ; **it does him ~** cela lui fait honneur ▸ *vt (Comm)* créditer ; *(believe: also:* **give credit to***)* ajouter foi à, croire ; **to ~ sb with** *(fig)* prêter *or* attribuer à qn ; **to ~ £5 to sb** créditer (le compte de) qn de 5 livres ; **credits** *npl (Cine)* générique *m*
creditable ['krɛdɪtəbl] *adj* honorable, estimable
credit account *n* compte *m* client
credit agency *n (Brit)* agence *f* de renseignements commerciaux
credit balance *n* solde créditeur
credit bureau *n (US)* agence *f* de renseignements commerciaux
credit card *n* carte *f* de crédit ; **do you take credit cards?** acceptez-vous les cartes de crédit ?
credit control *n* suivi *m* des factures
credit crunch *n* crise *f* du crédit
credit facilities *npl* facilités *fpl* de paiement
credit limit *n* limite *f* de crédit
credit note *n (Brit)* avoir *m*
creditor ['krɛdɪtə^r] *n* créancier(-ière)
credit transfer *n* virement *m*
creditworthiness ['krɛdɪtwəːðɪnɪs] *n* solvabilité *f*
creditworthy ['krɛdɪtwəːðɪ] *adj* solvable
credulity [krɪ'djuːlɪtɪ] *n* crédulité *f*
credulous ['krɛdʒuləs] *adj* crédule
creed [kriːd] *n* croyance *f* ; credo *m*, principes *mpl*
creek [kriːk] *n (inlet)* crique *f*, anse *f* ; *(US: stream)* ruisseau *m*, petit cours d'eau
creel ['kriːl] *n* panier *m* de pêche ; *(also:* **lobster creel***)* panier à homards
creep [kriːp] *(pt, pp* **crept** [krɛpt]) *vi* ramper ; *(silently)* se faufiler, se glisser ; *(plant)* grimper ; **to ~ up on sb** s'approcher furtivement de qn ▸ *n (inf: flatterer)* lèche-botte *m* ; **he's a ~** c'est un type puant ; **it gives me the creeps** cela me fait froid dans le dos
creeper ['kriːpə^r] *n* plante grimpante
creepers ['kriːpəz] *npl (US: for baby)* barboteuse *f*
creepy ['kriːpɪ] *adj (frightening)* qui fait frissonner, qui donne la chair de poule
creepy-crawly ['kriːpɪ'krɔːlɪ] *n (inf)* bestiole *f*
cremate [krɪ'meɪt] *vt* incinérer
cremation [krɪ'meɪʃən] *n* incinération *f*
crematorium [krɛmə'tɔːrɪəm] *(pl* **crematoria** [-'tɔːrɪə]) *n* four *m* crématoire
creosote ['krɪəsəut] *n* créosote *f*
crepe [kreɪp] *n* crêpe *m*
crepe bandage *n (Brit)* bande *f* Velpeau®
crepe paper *n* papier *m* crépon
crept [krɛpt] *pt, pp of* **creep**
crescendo [krɪ'ʃɛndəu] *n* crescendo *m*
crescent ['krɛsnt] *n* croissant *m* ; *(street)* rue *f (en arc de cercle)*
cress [krɛs] *n* cresson *m*
crest [krɛst] *n* crête *f* ; *(of helmet)* cimier *m* ; *(of coat of arms)* timbre *m*
crestfallen ['krɛstfɔːlən] *adj* déconfit(e), découragé(e)
Crete ['kriːt] *n* Crète *f*
crevasse [krɪ'væs] *n* crevasse *f*
crevice ['krɛvɪs] *n* fissure *f*, lézarde *f*, fente *f*
crew [kruː] *n* équipage *m* ; *(Cine)* équipe *f (de tournage)* ; *(gang)* bande *f*
crew-cut ['kruːkʌt] *n*: **to have a ~** avoir les cheveux en brosse
crewman ['kruːmən] *n (irreg)* membre *m* de l'équipage
crew-neck ['kruːnɛk] *n* col ras
crib [krɪb] *n* lit *m* d'enfant ; *(for baby)* berceau *m* ▸ *vt (inf)* copier
cribbage ['krɪbɪdʒ] *n sorte de jeu de cartes*
crib sheet *n (Brit: in exam)* antisèche *f*
crick [krɪk] *n* crampe *f* ; **~ in the neck** torticolis *m*
cricket ['krɪkɪt] *n (insect)* grillon *m*, cri-cri *m inv* ; *(game)* cricket *m*
cricketer ['krɪkɪtə^r] *n* joueur *m* de cricket
crime [kraɪm] *n* crime *m* ; **minor ~** délit mineur, infraction mineure
crime wave *n* poussée *f* de la criminalité
crime writer *n* auteur *mf* de romans policiers
criminal ['krɪmɪnl] *adj, n* criminel(le)
criminality [krɪmɪ'nælɪtɪ] *n* criminalité *f*
criminalize ['krɪmɪnəlaɪz] *vt* criminaliser
criminally ['krɪmɪnəlɪ] *adv (responsible, liable)* pénalement ; *(fig: expensive, underpaid)* scandaleusement ; **~ irresponsible** d'une irresponsabilité criminelle
criminology [krɪmɪ'nɔlədʒɪ] *n* criminologie *f*
crimp [krɪmp] *vt* friser, frisotter
crimson ['krɪmzn] *adj* cramoisi(e)
cringe [krɪndʒ] *vi* avoir un mouvement de recul ; *(fig)* s'humilier, ramper
crinkle ['krɪŋkl] *vt* froisser, chiffonner
cripple ['krɪpl] *n* boiteux(-euse), infirme *mf* ▸ *vt (person)* estropier, paralyser ; *(ship, plane)* immobiliser ; *(production, exports)* paralyser ; **crippled with rheumatism** perclus(e) de rhumatismes
crippling ['krɪplɪŋ] *adj (disease)* handicapant(e) ; *(taxation, debts)* écrasant(e)
crisis ['kraɪsɪs] *(pl* **crises** [-siːz]) *n* crise *f*
crisp [krɪsp] *adj* croquant(e) ; *(weather)* vif (vive) ; *(manner etc)* brusque
crisps [krɪsps] *(Brit) npl* (pommes *fpl*) chips *fpl*
crispy [krɪspɪ] *adj* croustillant(e)
crisscross ['krɪskrɔs] *adj* entrecroisé(e), en croisillons ; **~ pattern** croisillons *mpl* ▸ *vt* sillonner
criterion [kraɪ'tɪərɪən] *(pl* **criteria** [-'tɪərɪə]) *n* critère *m*
critic ['krɪtɪk] *n* critique *mf*
critical ['krɪtɪkl] *adj* critique ; **to be ~ of sb/sth** critiquer qn/qch
critically ['krɪtɪklɪ] *adv (examine)* d'un œil critique ; *(speak)* sévèrement ; **~ ill** gravement malade
criticism ['krɪtɪsɪzəm] *n* critique *f*
criticize ['krɪtɪsaɪz] *vt* critiquer
critique [krɪ'tiːk] *n* critique *f*
croak [krəuk] *vi (frog)* coasser ; *(raven)* croasser

Croat ['krəuæt] *adj, n* = **Croatian**
Croatia [krəu'eɪʃə] *n* Croatie *f*
Croatian [krəu'eɪʃən] *adj* croate ▸ *n* Croate *mf* ; (*Ling*) croate *m*
crochet ['krəuʃeɪ] *n* travail *m* au crochet
crock [krɔk] *n* cruche *f* ; (*inf*: *also*: **old crock**) épave *f*
crockery ['krɔkərɪ] *n* vaisselle *f*
crocodile ['krɔkədaɪl] *n* crocodile *m*
crocus ['krəukəs] *n* crocus *m*
croft [krɔft] *n* (Brit) petite ferme
crofter ['krɔftəʳ] *n* (Brit) fermier *m*
croissant ['krwasɔŋ] *n* croissant *m*
crone [krəun] *n* vieille bique, (vieille) sorcière
crony ['krəunɪ] *n* copain (copine)
cronyism ['krəunɪɪzəm] *n* copinage *m* ; **political ~** copinage *m* politique
crook [kruk] *n* (*inf*) escroc *m* ; (*of shepherd*) houlette *f*
crooked ['krukɪd] *adj* courbé(e), tordu(e) ; (*action*) malhonnête
crop [krɔp] *n* (*produce*) culture *f* ; (*amount produced*) récolte *f* ; (*riding crop*) cravache *f* ; (*of bird*) jabot *m* ▸ *vt* (*hair*) tondre ; (*animals*: *grass*) brouter
▸ **crop up** *vi* surgir, se présenter, survenir
cropped [krɔpt] *adj* (*hair*) coupé(e) court ; (*top*) petit(e) ; (*trousers*) court(e)
cropper ['krɔpəʳ] *n*: **to come a ~** (*inf*) faire la culbute, s'étaler
crop spraying [-spreɪɪŋ] *n* pulvérisation *f* des cultures
croquet ['krəukeɪ] *n* croquet *m*
cross [krɔs] *n* croix *f* ; (*Biol*) croisement *m* ▸ *vt* (*street etc*) traverser ; (*arms, legs, Biol*) croiser ; (*cheque*) barrer ; (*thwart*: *person, plan*) contrarier ; **to ~ o.s.** se signer, faire le signe de (la) croix ; **we have a crossed line** (Brit: *on telephone*) il y a des interférences ; **they've got their lines crossed** (*fig*) il y a un malentendu entre eux ▸ *vi*: **the boat crosses from ... to ...** le bateau fait la traversée de ... à ... ▸ *adj* en colère, fâché(e) ; **to be/get ~ with sb (about sth)** être en colère/(se) fâcher contre qn (à propos de qch)
▸ **cross off, cross out** *vt* barrer, rayer
▸ **cross over** *vi* traverser
crossbar ['krɔsbɑːʳ] *n* barre transversale
crossbow ['krɔsbəu] *n* arbalète *f*
crossbreed ['krɔsbriːd] *n* hybride *m*, métis(se)
cross-Channel ferry [krɔs'tʃænl-] *n* ferry *m* qui fait la traversée de la Manche
cross-check ['krɔstʃɛk] *n* recoupement *m* ▸ *vi* vérifier par recoupement
cross-country [krɔs'kʌntrɪ], **cross-country race** *n* cross(-country) *m*
cross-dressing [krɔs'drɛsɪŋ] *n* travestisme *m*
cross-examination ['krɔsɪgzæmɪ'neɪʃən] *n* (*Law*) examen *m* contradictoire (*d'un témoin*)
cross-examine ['krɔsɪg'zæmɪn] *vt* (*Law*) faire subir un examen contradictoire à
cross-eyed ['krɔsaɪd] *adj* qui louche
crossfire ['krɔsfaɪəʳ] *n* feux croisés
crossing ['krɔsɪŋ] *n* croisement *m*, carrefour *m* ; (*sea passage*) traversée *f* ; (*also*: **pedestrian crossing**) passage clouté ; **how long does the ~ take?** combien de temps dure la traversée ?
crossing guard *n* (*US*) *contractuel qui fait traverser la rue aux enfants*
crossing point *n* poste frontalier
crossover ['krɔsəuvəʳ] *n* (*hybrid mix*) hybride *m*
cross-purposes ['krɔs'pəːpəsɪz] *npl*: **to be at ~ with sb** comprendre qn de travers ; **we're (talking) at ~** on ne parle pas de la même chose
cross-question ['krɔs'kwɛstʃən] *vt* faire subir un interrogatoire à
cross-reference ['krɔs'rɛfrəns] *n* renvoi *m*, référence *f*
crossroads ['krɔsrəudz] *n* carrefour *m*
cross section *n* (*Biol*) coupe transversale ; (*in population*) échantillon *m*
cross-stitch ['krɔsstɪtʃ] *n* point *m* de croix
crosswalk ['krɔswɔːk] *n* (*US*) passage clouté
crosswind ['krɔswɪnd] *n* vent *m* de travers
crosswise ['krɔswaɪz] *adv* en travers
crossword ['krɔswəːd] *n* mots *mpl* croisés
crotch [krɔtʃ] *n* (*of garment*) entrejambe *m* ; (*Anat*) entrecuisse *m*
crotchet ['krɔtʃɪt] *n* (*Mus*) noire *f*
crotchety ['krɔtʃɪtɪ] *adj* (*person*) grognon(ne), grincheux(-euse)
crouch [krautʃ] *vi* s'accroupir ; (*hide*) se tapir ; (*before springing*) se ramasser
croup [kruːp] *n* (*Med*) croup *m*
crouton ['kruːtɔn] *n* croûton *m*
crow [krəu] *n* (*bird*) corneille *f* ; (*of cock*) chant *m* du coq, cocorico *m* ▸ *vi* (*cock*) chanter ; (*fig*) pavoiser, chanter victoire
crowbar ['krəubɑːʳ] *n* levier *m*
crowd [kraud] *n* foule *f* ; **crowds of people** une foule de gens ▸ *vt* (*streets*) se presser dans ; (*pavements*) se presser sur ▸ *vi* affluer, s'attrouper, s'entasser
▸ **crowd into** *vt fus* (*room, building, bus*) s'entasser dans ; (*square*) s'attrouper sur
crowded ['kraudɪd] *adj* bondé(e), plein(e) ; **~ with** plein de
crowd scene *n* (*Cine, Theat*) scène *f* de foule
crowdsource ['kraudsɔːs] *vt* crowdsourcer
crowdsourcing ['kraudsɔːsɪŋ] *n* crowdsourcing *m* ; externalisation ouverte
crown [kraun] *n* couronne *f* ; (*of head*) sommet *m* de la tête, calotte crânienne ; (*of hat*) fond *m* ; (*of hill*) sommet *m* ▸ *vt* (*also tooth*) couronner
crown court *n* (Brit) ≈ Cour *f* d'assises

CROWN COURT

En Angleterre et au pays de Galles, une **crown court** est une cour de justice où sont jugées les affaires très graves, telles que le meurtre, l'homicide, le viol et le vol, en présence d'un jury. Tous les crimes et délits, quel que soit leur degré de gravité, doivent d'abord passer devant une *magistrates' court*. Il existe environ 90 *crown courts*.

crowning ['kraunɪŋ] *adj* (*achievement, glory*) suprême
crown jewels *npl* joyaux *mpl* de la Couronne
crown prince *n* prince héritier
crow's-feet ['krəuzfiːt] *npl* pattes *fpl* d'oie (*fig*)
crow's-nest ['krəuznɛst] *n* (*on sailing-ship*) nid *m* de pie

crucial ['kru:ʃl] *adj* crucial(e), décisif(-ive) ; (*also:* **crucial to**) essentiel(le) à
crucifix ['kru:sɪfɪks] *n* crucifix *m*
crucifixion [kru:sɪ'fɪkʃən] *n* crucifiement *m*, crucifixion *f*
crucify ['kru:sɪfaɪ] *vt* crucifier, mettre en croix ; (*fig*) crucifier
crude [kru:d] *adj* (*materials*) brut(e) ; non raffiné(e) ; (*basic*) rudimentaire, sommaire ; (*vulgar*) cru(e), grossier(-ière) ▸*n* (*also:* **crude oil**) (pétrole *m*) brut *m*
cruel ['kruəl] *adj* cruel(le)
cruelly ['kru:əlɪ] *adv* cruellement
cruelty ['kruəltɪ] *n* cruauté *f*
cruet ['kru:ɪt] *n* huilier *m* ; vinaigrier *m*
cruise [kru:z] *n* croisière *f* ▸*vi* (*ship*) croiser ; (*car*) rouler ; (*aircraft*) voler ; (*taxi*) être en maraude
cruise missile *n* missile *m* de croisière
cruiser ['kru:zəʳ] *n* croiseur *m*
cruising speed ['kru:zɪŋ-] *n* vitesse *f* de croisière
crumb [krʌm] *n* miette *f*
crumble ['krʌmbl] *vt* émietter ▸*vi* s'émietter ; (*plaster etc*) s'effriter ; (*land, earth*) s'ébouler ; (*building*) s'écrouler, crouler ; (*fig*) s'effondrer
crumbly ['krʌmblɪ] *adj* friable
crummy ['krʌmɪ] *adj* (*inf*) minable ; (*: unwell*) mal fichu(e), patraque
crumpet ['krʌmpɪt] *n* petite crêpe (épaisse)
crumple ['krʌmpl] *vt* froisser, friper
crunch [krʌntʃ] *vt* croquer ; (*underfoot*) faire craquer, écraser ; faire crisser ▸*n* (*fig*) instant *m* *or* moment *m* critique, moment de vérité
crunchy ['krʌntʃɪ] *adj* croquant(e), croustillant(e)
crusade [kru:'seɪd] *n* croisade *f* ▸*vi* (*fig*): **to ~ for/against** partir en croisade pour/contre
crusader [kru:'seɪdəʳ] *n* croisé *m* ; (*fig*): **~ (for)** champion *m* (de)
crush [krʌʃ] *n* (*crowd*) foule *f*, cohue *f* ; (*love*): **to have a ~ on sb** avoir le béguin pour qn ; (*drink*): **lemon ~** citron pressé ▸*vt* écraser ; (*crumple*) froisser ; (*grind, break up: garlic, ice*) piler ; (*: grapes*) presser ; (*hopes*) anéantir
crush barrier *n* (Brit) barrière *f* de sécurité
crushing ['krʌʃɪŋ] *adj* écrasant(e)
crust [krʌst] *n* croûte *f*
crustacean [krʌs'teɪʃən] *n* crustacé *m*
crusty ['krʌstɪ] *adj* (*bread*) croustillant(e) ; (*inf: person*) revêche, bourru(e) ; (*: remark*) irrité(e)
crutch [krʌtʃ] *n* béquille *f* ; (*Tech*) support *m* ; (*of garment*) entrejambe *m* ; (*Anat*) entrecuisse *m*
crux [krʌks] *n* point crucial
cry [kraɪ] *vi* pleurer ; (*shout: also:* **cry out**) crier ; **why are you crying?** pourquoi pleures-tu ? ; **to ~ for help** appeler à l'aide ▸*n* cri *m* ; **she had a good ~** elle a pleuré un bon coup ; **it's a far ~ from ...** (*fig*) on est loin de ...
▸**cry off** *vi* se dédire ; se décommander
▸**cry out** *vi* (*call out, shout*) pousser un cri ▸*vt* crier
crybaby ['kraɪbeɪbɪ] *n* (*inf*) pleurnichard(e)
crying ['kraɪɪŋ] *adj* (*fig*) criant(e), flagrant(e)
cryogenics [kraɪəu'dʒɛnɪks] *n* cryogénie *f*
crypt [krɪpt] *n* crypte *f*
cryptic ['krɪptɪk] *adj* énigmatique
crystal ['krɪstl] *n* cristal *m*
crystal-clear ['krɪstl'klɪəʳ] *adj* clair(e) comme de l'eau de roche
crystallize ['krɪstəlaɪz] *vt* cristalliser ; **crystallized fruits** (Brit) fruits confits ▸*vi* (se) cristalliser
CSA *n abbr* = **Confederate States of America** ; (*Brit: = Child Support Agency*) *organisme pour la protection des enfants de parents séparés, qui contrôle le versement des pensions alimentaires.*
CSC *n abbr (= Civil Service Commission) commission de recrutement des fonctionnaires*
CS gas *n* (Brit) gaz *m* C.S.
CST *abbr (US: = Central Standard Time) fuseau horaire*
CT *abbr* (*US*) = **Connecticut**
ct *abbr* = **carat**
CTC *n abbr* (Brit) = **city technology college**
CT scanner *n abbr* (*Med: = computerized tomography scanner*) scanner *m*, tomodensitomètre *m*
cu. *abbr* = **cubic**
cub [kʌb] *n* petit *m* (*d'un animal*) ; (*also:* **cub scout**) louveteau *m*
Cuba ['kju:bə] *n* Cuba *m*
Cuban ['kju:bən] *adj* cubain(e) ▸*n* Cubain(e)
cubbyhole ['kʌbɪhəul] *n* cagibi *m*
cube [kju:b] *n* cube *m* ▸*vt* (*Math*) élever au cube
cube root *n* racine *f* cubique
cubic ['kju:bɪk] *adj* cubique ; **~ metre** *etc* mètre *m etc* cube ; **~ capacity** (*Aut*) cylindrée *f*
cubicle ['kju:bɪkl] *n* (*in hospital*) box *m* ; (*at pool*) cabine *f*
cuckoo ['kuku:] *n* coucou *m*
cuckoo clock *n* (pendule *f* à) coucou *m*
cucumber ['kju:kʌmbəʳ] *n* concombre *m*
cud [kʌd] *n*: **to chew the ~** ruminer
cuddle ['kʌdl] *vt* câliner, caresser ▸*vi* se blottir l'un contre l'autre ▸*n* câlin ; **to give sb a ~** faire un câlin à qn
▸**cuddle up** *vi*: **to ~ up with** *or* **to sb** se blottir contre qn
cuddly ['kʌdlɪ] *adj* câlin(e)
cudgel ['kʌdʒl] *n* gourdin *m* ▸*vt*: **to ~ one's brains** se creuser la tête
cue [kju:] *n* queue *f* de billard ; (*Theat etc*) signal *m*
cuff [kʌf] *n* (Brit: *of shirt, coat etc*) poignet *m*, manchette *f* ; (*US: on trousers*) revers *m* ; (*blow*) gifle *f* ; **off the ~** *adv* à l'improviste ▸*vt* gifler
cufflinks ['kʌflɪŋks] *n* boutons *m* de manchette
cu. in. *abbr* = **cubic inches**
cuisine [kwɪ'zi:n] *n* cuisine *f*, art *m* culinaire
cul-de-sac ['kʌldəsæk] *n* cul-de-sac *m*, impasse *f*
culinary ['kʌlɪnərɪ] *adj* culinaire
cull [kʌl] *vt* sélectionner ; (*kill selectively*) pratiquer l'abattage sélectif de ▸*n* (*of animals*) abattage sélectif
culminate ['kʌlmɪneɪt] *vi*: **to ~ in** finir *or* se terminer par ; (*lead to*) mener à
culmination [kʌlmɪ'neɪʃən] *n* point culminant
culottes [kju:'lɔts] *npl* jupe-culotte *f*
culpability [kʌlpə'bɪlɪtɪ] *n* culpabilité *f*
culpable ['kʌlpəbl] *adj* coupable
culprit ['kʌlprɪt] *n* coupable *mf*
cult [kʌlt] *n* culte *m*

cult figure *n* idole *f*
cultivate ['kʌltɪveɪt] *vt* (*also fig*) cultiver
cultivation [kʌltɪ'veɪʃən] *n* culture *f*
cultural ['kʌltʃərəl] *adj* culturel(le)
culture ['kʌltʃə^r] *n* (*also fig*) culture *f*
cultured ['kʌltʃəd] *adj* cultivé(e) (*fig*)
culvert ['kʌlvət] *n* caniveau *m*
cumbersome ['kʌmbəsəm] *adj* encombrant(e), embarrassant(e)
cumin ['kʌmɪn] *n* (*spice*) cumin *m*
cumulative ['kju:mjulətɪv] *adj* cumulatif(-ive)
cunning ['kʌnɪŋ] *n* ruse *f*, astuce *f* ▸ *adj* rusé(e), malin(-igne) ; (*clever: device, idea*) astucieux(-euse)
cunt [kʌnt] *n* (*inf!*) chatte *f* (*!*) ; (*insult*) salaud *m* (*!*), salope *f* (*!*)
cup [kʌp] *n* tasse *f* ; (*prize, event*) coupe *f* ; (*of bra*) bonnet *m* ; **a ~ of tea** une tasse de thé
cupboard ['kʌbəd] *n* placard *m*
cupcake ['kʌpkeɪk] *n* petit gâteau *m*
cup final *n* (Brit Football) finale *f* de la coupe
cupful ['kʌpful] *n* tasse *f*
Cupid ['kju:pɪd] *n* Cupidon *m* ; (*figurine*) amour *m*
cupidity [kju:'pɪdɪtɪ] *n* cupidité *f*
cupola ['kju:pələ] *n* coupole *f*
cuppa ['kʌpə] *n* (Brit *inf*) tasse *f* de thé
cup tie ['kʌptaɪ] *n* (Brit Football) match *m* de coupe
curable ['kjuərəbl] *adj* guérissable, curable
curate ['kjuərɪt] *n* vicaire *m*
curator [kjuə'reɪtə^r] *n* conservateur(-trice) (*d'un musée etc*)
curb [kə:b] *vt* refréner, mettre un frein à ; (*expenditure*) limiter, juguler ▸ *n* (*fig*) frein *m* ; (US) bord *m* du trottoir
curd cheese *n* ≈ fromage blanc
curdle ['kə:dl] *vi* (se) cailler
curds [kə:dz] *npl* lait caillé
cure [kjuə^r] *vt* guérir ; (*Culin: salt*) saler ; (*: smoke*) fumer ; (*: dry*) sécher ; **to be cured of sth** être guéri de qch ▸ *n* remède *m*
cure-all ['kjuərɔ:l] *n* (*also fig*) panacée *f*
curfew ['kə:fju:] *n* couvre-feu *m*
curio ['kjuərɪəu] *n* bibelot *m*, curiosité *f*
curiosity [kjuərɪ'ɔsɪtɪ] *n* curiosité *f*
curious ['kjuərɪəs] *adj* curieux(-euse) ; **I'm ~ about him** il m'intrigue
curiously ['kjuərɪəslɪ] *adv* curieusement ; (*inquisitively*) avec curiosité ; **~ enough, …** bizarrement, …
curl [kə:l] *n* boucle *f* (de cheveux) ; (*of smoke etc*) volute *f* ▸ *vt, vi* boucler ; (*tightly*) friser
▸ **curl up** *vi* s'enrouler ; (*person*) se pelotonner
curler ['kə:lə^r] *n* bigoudi *m*, rouleau *m* ; (*Sport*) joueur(-euse) de curling
curlew ['kə:lu:] *n* courlis *m*
curling ['kə:lɪŋ] *n* (*sport*) curling *m*
curling tongs, (US) **curling irons** *npl* fer *m* à friser
curly ['kə:lɪ] *adj* bouclé(e) ; (*tightly curled*) frisé(e)
currant ['kʌrnt] *n* raisin *m* de Corinthe, raisin sec ; (*fruit*) groseille *f*
currency ['kʌrnsɪ] *n* monnaie *f* ; **foreign ~** devises étrangères, monnaie étrangère ; **to gain ~** (*fig*) s'accréditer
current ['kʌrnt] *n* courant *m* ; **direct/alternating ~** (*Elec*) courant continu/alternatif ▸ *adj* (*common*) courant(e) ; (*tendency, price, event*) actuel(le) ; **the ~ issue of a magazine** le dernier numéro d'un magazine ; **in ~ use** d'usage courant
current account *n* (Brit) compte courant
current affairs *npl* (questions *fpl* d')actualité *f*
current assets *npl* (*Comm*) actif *m* disponible
current liabilities *npl* (*Comm*) passif *m* exigible
currently ['kʌrntlɪ] *adv* actuellement
curriculum [kə'rɪkjuləm] (*pl* **curriculums** *or* **curricula** [-lə]) *n* programme *m* d'études
curriculum vitae [-'vi:taɪ] *n* curriculum vitae (CV) *m*
curry ['kʌrɪ] *n* curry *m* ; **chicken ~** curry de poulet, poulet *m* au curry ▸ *vt*: **to ~ favour with** chercher à gagner la faveur *or* à s'attirer les bonnes grâces de
curry powder *n* poudre *f* de curry
curse [kə:s] *vi* jurer, blasphémer ▸ *vt* maudire ▸ *n* (*spell*) malédiction *f* ; (*problem, scourge*) fléau *m* ; (*swearword*) juron *m*
cursor ['kə:sə^r] *n* (*Comput*) curseur *m*
cursory ['kə:sərɪ] *adj* superficiel(le), hâtif(-ive)
curt [kə:t] *adj* brusque, sec (sèche)
curtail [kə:'teɪl] *vt* (*visit etc*) écourter ; (*expenses etc*) réduire
curtain ['kə:tn] *n* rideau *m* ; **to draw the curtains** (*together*) fermer *or* tirer les rideaux ; (*apart*) ouvrir les rideaux
curtain call *n* (*Theat*) rappel *m*
curtsey, curtsy ['kə:tsɪ] *n* révérence *f* ▸ *vi* faire une révérence
curvaceous [kə:'veɪʃəs] *adj* plantureux(-euse)
curvature ['kə:vətʃə^r] *n* courbure *f*
curve [kə:v] *n* courbe *f* ; (*in the road*) tournant *m*, virage *m* ▸ *vt* courber ▸ *vi* se courber ; (*road*) faire une courbe
curved [kə:vd] *adj* courbe
cushion ['kuʃən] *n* coussin *m* ▸ *vt* (*seat*) rembourrer ; (*fall, shock*) amortir
cushy ['kuʃɪ] *adj* (*inf*): **a ~ job** un boulot de tout repos ; **to have a ~ time** se la couler douce
cusp [kʌsp] *n*: **to be on the ~ of sth** être à l'orée de qch
custard ['kʌstəd] *n* (*for pouring*) crème anglaise
custard powder *n* (Brit) ≈ crème pâtissière instantanée
custodial sentence [kʌs'təudɪəl-] *n* peine *f* de prison
custodian [kʌs'təudɪən] *n* gardien(ne) ; (*of collection etc*) conservateur(-trice)
custody ['kʌstədɪ] *n* (*of child*) garde *f* ; (*for offenders*) détention préventive ; **to take sb into ~** placer qn en détention préventive ; **in the ~ of** sous la garde de
custom ['kʌstəm] *n* coutume *f*, usage *m* ; (*Law*) droit coutumier, coutume ; (*Comm*) clientèle *f*
customary ['kʌstəmərɪ] *adj* habituel(le) ; **it is ~ to do it** l'usage veut qu'on le fasse
custom-built ['kʌstəm'bɪlt] *adj see* **custom-made**
customer ['kʌstəmə^r] *n* client(e) ; **he's an awkward ~** (*inf*) ce n'est pas quelqu'un de facile

C

customer profile *n* profil *m* du client
customize ['kʌstəmaɪz] *vt* personnaliser ; customiser
customized ['kʌstəmaɪzd] *adj* personnalisé(e) ; (*car etc*) construit(e) sur commande
custom-made ['kʌstəm'meɪd] *adj* (*clothes*) fait(e) sur mesure ; (*other goods: also:* **custom-built**) hors série, fait(e) sur commande
customs ['kʌstəmz] *npl* douane *f* ; **to go through (the) ~** passer la douane
Customs and Excise *n* (BRIT) administration *f* des douanes
customs officer *n* douanier(-ière)
cut [kʌt] (*pt, pp* **~**) *vt* couper ; (*meat*) découper ; (*shape, make*) tailler ; couper ; creuser ; graver ; (*reduce*) réduire ; (*inf: lecture, appointment*) manquer ; **to ~ teeth** (*baby*) faire ses dents ; **to ~ a tooth** percer une dent ; **to ~ one's finger** se couper le doigt ; **to get one's hair ~** se faire couper les cheveux ; **I've ~ myself** je me suis coupé ; **to ~ sth short** couper court à qch ; **to ~ sb dead** ignorer (complètement) qn ▸ *vi* couper ; (*intersect*) se couper ▸ *n* (*gen*) coupure *f* ; (*of clothes*) coupe *f* ; (*of jewel*) taille *f* ; (*in salary etc*) réduction *f* ; (*of meat*) morceau *m*
▸ **cut back** *vt* (*plants*) tailler ; (*production, expenditure*) réduire
▸ **cut down** *vt* (*tree*) abattre ; (*reduce*) réduire ; **to ~ sb down to size** (*fig*) remettre qn à sa place
▸ **cut down on** *vt fus* réduire
▸ **cut in** *vi* (*interrupt: conversation*): **to ~ in (on)** couper la parole (à) ; (*Aut*) faire une queue de poisson
▸ **cut off** *vt* couper ; (*fig*) isoler ; **we've been ~ off** (*Tel*) nous avons été coupés
▸ **cut out** *vt* (*picture etc*) découper ; (*remove*) supprimer
▸ **cut up** *vt* découper
cut-and-dried ['kʌtən'draɪd] *adj* (*also:* **cut-and-dry**) tout(e) fait(e), tout(e) décidé(e)
cutaway ['kʌtəweɪ] *adj, n*: **~ (drawing)** écorché *m*
cutback ['kʌtbæk] *n* réduction *f*
cute [kjuːt] *adj* mignon(ne), adorable ; (*clever*) rusé(e), astucieux(-euse)
cut glass *n* cristal taillé
cuticle ['kjuːtɪkl] *n* (*on nail*): **~ remover** repousse-peaux *m inv*
cutlery ['kʌtlərɪ] *n* couverts *mpl* ; (*trade*) coutellerie *f*
cutlet ['kʌtlɪt] *n* côtelette *f*
cutoff ['kʌtɔf] *n* (*also:* **cutoff point**) seuil-limite *m*
cutoff switch *n* interrupteur *m*
cutout ['kʌtaut] *n* coupe-circuit *m inv* ; (*paper figure*) découpage *m*
cut-price ['kʌt'praɪs], (US) **cut-rate** ['kʌt'reɪt] *adj* au rabais, à prix réduit
cut-throat ['kʌtθrəut] *n* assassin *m* ▸ *adj*: **~ competition** concurrence *f* sauvage
cutting ['kʌtɪŋ] *adj* tranchant(e), coupant(e) ; (*fig*) cinglant(e) ▸ *n* (BRIT: *from newspaper*) coupure *f* (de journal) ; (*from plant*) bouture *f* ; (*Rail*) tranchée *f* ; (*Cine*) montage *m*
cutting edge *n* (*of knife*) tranchant *m* ; **on** *or* **at the ~ of** à la pointe de
cutting-edge [kʌtɪŋ'ɛdʒ] *adj* (*technology, research*) de pointe
cuttlefish ['kʌtlfɪʃ] *n* seiche *f*
cut-up ['kʌtʌp] *adj* affecté(e), démoralisé(e)
CV *n abbr* = **curriculum vitae**
cwo *abbr* (*Comm*) = **cash with order**
cwt *abbr* = **hundredweight**
cyanide ['saɪənaɪd] *n* cyanure *m*
cyberattack ['saɪbərətæk] *n* cyber-attaque *f*
cyberbullying ['saɪbəbulɪɪŋ] *n* harcèlement *m* virtuel
cybercafé ['saɪbəkæfeɪ] *n* cybercafé *m*
cybercrime ['saɪbəkraɪm] *n* cybercriminalité *f*
cybernetics [saɪbə'nɛtɪks] *n* cybernétique *f*
cybersecurity [saɪbəsɪ'kjurɪtɪ] *n* cyber-sécurité *f*
cyberspace ['saɪbəspeɪs] *n* cyberespace *m*
cybersquatting ['saɪbəskwɔtɪŋ] *n* cybersquatting *m*
cyberterrorism [saɪbə'tɛrərɪzəm] *n* cyberterrorisme *m*
cyborg ['saɪbɔːg] *n* cyborg *m*
cyclamen ['sɪkləmən] *n* cyclamen *m*
cycle ['saɪkl] *n* cycle *m* ; (*bicycle*) bicyclette *f*, vélo *m* ▸ *vi* faire de la bicyclette
cycle hire *n* location *f* de vélos
cycle lane, cycle path *n* piste *f* cyclable
cycle race *n* course *f* cycliste
cycle rack *n* râtelier *m* à bicyclette
cyclical ['sɪklɪkl, 'saɪklɪkl] *adj* cyclique
cycling ['saɪklɪŋ] *n* cyclisme *m* ; **to go on a ~ holiday** (BRIT) faire du cyclotourisme
cyclist ['saɪklɪst] *n* cycliste *mf*
cyclone ['saɪkləun] *n* cyclone *m*
cygnet ['sɪgnɪt] *n* jeune cygne *m*
cylinder ['sɪlɪndə^r] *n* cylindre *m*
cylinder capacity *n* cylindrée *f*
cylinder head *n* culasse *f*
cymbals ['sɪmblz] *npl* cymbales *fpl*
cynic ['sɪnɪk] *n* cynique *mf*
cynical ['sɪnɪkl] *adj* cynique
cynicism ['sɪnɪsɪzəm] *n* cynisme *m*
CYO *n abbr* (*US:* = *Catholic Youth Organization*) ≈ JC *f*
cypress ['saɪprɪs] *n* cyprès *m*
Cypriot ['sɪprɪət] *adj* cypriote, chypriote ▸ *n* Cypriote *mf*, Chypriote *mf*
Cyprus ['saɪprəs] *n* Chypre *f*
cyst [sɪst] *n* kyste *m*
cystitis [sɪs'taɪtɪs] *n* cystite *f*
CZ *n abbr* (*US:* = *Central Zone*) *zone du canal de Panama*
czar [zɑː^r] *n* tsar *m*
Czech [tʃɛk] *adj* tchèque ▸ *n* Tchèque *mf* ; (*Ling*) tchèque *m*
Czechoslovak [tʃɛkə'sləuvæk] *adj, n* (*Hist*) = **Czechoslovakian**
Czechoslovakia [tʃɛkəslə'vækɪə] *n* (*Hist*) Tchécoslovaquie *f*
Czechoslovakian [tʃɛkəslə'vækɪən] (*Hist*) *adj* tchécoslovaque ▸ *n* Tchécoslovaque *mf*
Czech Republic *n*: **the ~** la République tchèque

Dd

d

D[1], d[1] [diː] *n (letter)* D, d *m* ; *(Mus)*: **D** ré *m* ; **D for David**, *(US)* **D for Dog** D comme Désirée
D[2] *abbr (US Pol)* = **democrat; democratic**
d[2] *abbr (BRIT old)* = **penny**
d. *abbr* = **died**
DA *n abbr (US)* = **district attorney**
DAB *n abbr (= digital audio broadcasting)* DAB *m*
dab [dæb] *vt (eyes, wound)* tamponner ; *(paint, cream)* appliquer (par petites touches *or* rapidement) ; **a ~ of paint** un petit coup de peinture
dabble ['dæbl] *vi*: **to ~ in** faire *or* se mêler *or* s'occuper un peu de
Dacca ['dækə] *n* Dacca
dachshund ['dækshund] *n* teckel *m*
dad, daddy [dæd, 'dædɪ] *n* papa *m*
daddy-long-legs [dædɪ'lɔŋlɛgz] *n* tipule *f* ; faucheux *m*
daffodil ['dæfədɪl] *n* jonquille *f*
daft [dɑːft] *adj (inf)* idiot(e), stupide ; **to be ~ about** être toqué(e) *or* mordu(e) de
dagger ['dægəʳ] *n* poignard *m* ; **to be at daggers drawn with sb** être à couteaux tirés avec qn ; **to look daggers at sb** foudroyer qn du regard
dahlia ['deɪljə] *n* dahlia *m*
daily ['deɪlɪ] *adj* quotidien(ne), journalier(-ière) ▸ *n* quotidien *m* ; *(BRIT: servant)* femme *f* de ménage *(à la journée)* ▸ *adv* tous les jours ; **twice ~** deux fois par jour
dainty ['deɪntɪ] *adj* délicat(e), mignon(ne)
dairy ['dɛərɪ] *n (shop)* crémerie *f*, laiterie *f* ; *(on farm)* laiterie ▸ *adj* laitier(-ière)
dairy cow *n* vache laitière
dairy farm *n* exploitation *f* pratiquant l'élevage laitier
dairy produce *n* produits laitiers
dairy products *npl* produits laitier
dais ['deɪɪs] *n* estrade *f*
daisy ['deɪzɪ] *n* pâquerette *f*
Dakar ['dækə] *n* Dakar
dale [deɪl] *n* vallon *m*
dalliance ['dæliəns] *n (with person)* badinage *m* amoureux ; *(with idea, thing)* flirt *m*
dally ['dælɪ] *vi* musarder, flâner
dalmatian [dæl'meɪʃən] *n (dog)* dalmatien(ne)
dam [dæm] *n (wall)* barrage *m* ; *(water)* réservoir *m*, lac *m* de retenue ▸ *vt* endiguer
damage ['dæmɪdʒ] *n* dégâts *mpl*, dommages *mpl* ; *(fig)* tort *m* ; **~ to property** dégâts matériels ▸ *vt* endommager, abîmer ; *(fig)* faire du tort à ; **damages** *npl (Law)* dommages-intérêts *mpl* ; **to pay £5000 in damages** payer 5000 livres de dommages-intérêts
damage limitation *n*: **an exercise in ~** une opération visant à limiter les dégâts
damaging ['dæmɪdʒɪŋ] *adj*: **~ (to)** préjudiciable (à), nuisible (à)
Damascus [də'mɑːskəs] *n* Damas
dame [deɪm] *n (title) titre porté par une femme décorée de l'ordre de l'Empire britannique ou d'un ordre de chevalerie, titre porté par la femme ou la veuve d'un chevalier ou baronnet* ; *(US inf)* nana *f* ; *(Theat)* vieille dame *(rôle comique joué par un homme)*
damn [dæm] *vt* condamner ; *(curse)* maudire ▸ *n (inf)*: **I don't give a ~** je m'en fous ▸ *adj (inf: also*: **damned**): **this ~ ...** ce sacré *or* foutu ... ▸ *excl*: **~!** *(also*: **damn it!**) zut !
damnable ['dæmnəbl] *adj (inf: behaviour)* odieux(-euse), détestable ; *(: weather)* épouvantable, abominable
damnation [dæm'neɪʃən] *n (Rel)* damnation *f* ▸ *excl (inf)* malédiction !, merde !
damning ['dæmɪŋ] *adj (evidence)* accablant(e)
damp [dæmp] *adj* humide ▸ *n* humidité *f* ▸ *vt (also*: **dampen**: *cloth, rag)* humecter ; *(: enthusiasm etc)* refroidir
dampcourse ['dæmpkɔːs] *n* couche isolante (contre l'humidité)
dampener ['dæmpnəʳ] *n*: **to put a ~ on sth** gâcher qch
damper ['dæmpəʳ] *n (Mus)* étouffoir *m* ; *(of fire)* registre *m* ; **to put a ~ on sth** *(fig)* gâcher qch
dampness ['dæmpnɪs] *n* humidité *f*
damson ['dæmzən] *n* prune *f* de Damas
dance [dɑːns] *n* danse *f* ; *(ball)* bal *m* ▸ *vi* danser ; **to ~ about** sautiller, gambader
dance floor *n* piste *f* de danse
dance hall *n* salle *f* de bal, dancing *m*
dancer ['dɑːnsəʳ] *n* danseur(-euse)
dancing ['dɑːnsɪŋ] *n* danse *f*
D and C *n abbr (Med: = dilation and curettage)* curetage *m*
dandelion ['dændɪlaɪən] *n* pissenlit *m*
dandruff ['dændrəf] *n* pellicules *fpl*
D & T *n abbr (BRIT Scol)* = **design and technology**
dandy ['dændɪ] *n* dandy *m*, élégant *m* ▸ *adj (US inf)* fantastique, super
Dane [deɪn] *n* Danois(e)
danger ['deɪndʒəʳ] *n* danger *m* ; **~!** *(on sign)* danger ! ; **there is a ~ of fire** il y a (un) risque d'incendie ; **in ~** en danger ; **he was in ~ of falling** il risquait de tomber ; **out of ~** hors de danger

danger list *n (Med)*: **on the ~** dans un état critique
danger money *n (BRIT)* prime *f* de risque
dangerous ['deɪndʒrəs] *adj* dangereux(-euse)
dangerously ['deɪndʒrəslɪ] *adv* dangereusement ; **~ ill** très gravement malade, en danger de mort
danger zone *n* zone dangereuse
dangle ['dæŋgl] *vt* balancer ; *(fig)* faire miroiter ▸ *vi* pendre, se balancer
Danish ['deɪnɪʃ] *adj* danois(e) ▸ *n (Ling)* danois *m*
Danish pastry *n* feuilleté *m (recouvert d'un glaçage et fourré aux fruits etc)*
dank [dæŋk] *adj* froid(e) et humide
Danube ['dænju:b] *n*: **the ~** le Danube
dapper ['dæpəʳ] *adj* pimpant(e)
dappled ['dæpəld] *adj (horse)* pommelé(e) ; **to be ~ with sunlight** être tacheté(e) de lumière
Dardanelles [dɑ:də'nɛlz] *npl* Dardanelles *fpl*
dare [dɛəʳ] *vt*: **to ~ sb to do** défier qn *or* mettre qn au défi de faire ▸ *aux vb*: **to ~ (to) do sth** oser faire qch ; **I daren't tell him** *(BRIT)* je n'ose pas le lui dire ; **I ~ say he'll turn up** il est probable qu'il viendra
daredevil ['dɛədɛvl] *n* casse-cou *m inv*
Dar-es-Salaam ['dɑ:rɛssə'lɑ:m] *n* Dar-es-Salaam, Dar-es-Salam
daring ['dɛərɪŋ] *adj* hardi(e), audacieux(-euse) ▸ *n* audace *f*, hardiesse *f*
dark [dɑ:k] *adj (night, room)* obscur(e), sombre ; *(colour, complexion)* foncé(e), sombre ; *(fig)* sombre ; **it is/is getting ~** il fait nuit/commence à faire nuit ▸ *n*: **in the ~** dans le noir ; **to be in the ~ about** *(fig)* ignorer tout de ; **after ~** après la tombée de la nuit
darken [dɑ:kn] *vt* obscurcir, assombrir ▸ *vi* s'obscurcir, s'assombrir
darkened ['dɑ:kənd] *adj (house, room)* plongé(e) dans l'obscurité
dark glasses *npl* lunettes noires
dark horse *n (fig)*: **he's a ~** on ne sait pas grand-chose de lui
darkly ['dɑ:klɪ] *adv (gloomily)* mélancoliquement ; *(in a sinister way)* lugubrement
darkness ['dɑ:knɪs] *n* obscurité *f*
darkroom ['dɑ:krum] *n* chambre noire
darling ['dɑ:lɪŋ] *adj, n* chéri(e)
darn [dɑ:n] *vt* repriser
dart [dɑ:t] *n* fléchette *f* ; *(in sewing)* pince *f* ▸ *vi*: **to ~ towards** *(also*: **make a dart towards**) se précipiter *or* s'élancer vers ; **to ~ away/along** partir/passer comme une flèche
dartboard ['dɑ:tbɔ:d] *n* cible *f (de jeu de fléchettes)*
darts [dɑ:ts] *n* jeu *m* de fléchettes
dash [dæʃ] *n (sign)* tiret *m* ; *(small quantity)* goutte *f*, larme *f* ; **a ~ of soda** un peu d'eau gazeuse ▸ *vt (throw)* jeter *or* lancer violemment ; *(hopes)* anéantir ▸ *vi*: **to ~ towards** *(also*: **make a dash towards**) se précipiter *or* se ruer vers
▸ **dash away** *vi* partir à toute allure
▸ **dash off** *vi* = **dash away**
dashboard ['dæʃbɔ:d] *n (Aut)* tableau *m* de bord
dashing ['dæʃɪŋ] *adj* fringant(e)
dastardly ['dæstədlɪ] *adj* lâche
DAT *n abbr (= digital audio tape)* cassette *f* audio digitale
data ['deɪtə] *npl* données *fpl*
database ['deɪtəbeɪs] *n* base *f* de données
data capture *n* saisie *f* de données
data processing *n* traitement *m* des données
data transmission *n* transmission *f* de données
date [deɪt] *n* date *f* ; *(with sb)* rendez-vous *m* ; *(fruit)* datte *f* ; **what's the ~ today?** quelle date sommes-nous aujourd'hui ? ; **~ of birth** date de naissance ; **closing ~** date de clôture ; **to ~** *adv* à ce jour ; **out of ~** périmé(e) ; **up to ~** à la page, mis(e) à jour, moderne ; **to bring up to ~** *(correspondence, information)* mettre à jour ; *(method)* moderniser ; *(person)* mettre au courant ▸ *vt* dater ; *(person)* sortir avec ; **letter dated 5th July** *or (US)* **July 5th** lettre (datée) du 5 juillet
▸ **date back to** *vt fus* dater de
▸ **date from** *vt fus* dater de
dated ['deɪtɪd] *adj* démodé(e)
dateline ['deɪtlaɪn] *n* ligne *f* de changement de date
date rape *n* viol *m (à l'issue d'un rendez-vous galant)*
date stamp *n* timbre-dateur *m*
dating ['deɪtɪŋ] *adj (service)* de rencontres
daub [dɔ:b] *vt* barbouiller
daughter ['dɔ:təʳ] *n* fille *f*
daughter-in-law ['dɔ:tərɪnlɔ:] *n* belle-fille *f*, bru *f*
daunt [dɔ:nt] *vt* intimider, décourager
daunting ['dɔ:ntɪŋ] *adj* décourageant(e), intimidant(e)
dauntless ['dɔ:ntlɪs] *adj* intrépide
dawdle ['dɔ:dl] *vi* traîner, lambiner ; **to ~ over one's work** traînasser *or* lambiner sur son travail
dawn [dɔ:n] *n* aube *f*, aurore *f* ; **at ~** à l'aube ; **from ~ to dusk** du matin au soir ▸ *vi (day)* se lever, poindre ; *(fig)* naître, se faire jour ; **it dawned on him that ...** il lui vint à l'esprit que ...
dawn chorus *n (BRIT)* chant *m* des oiseaux à l'aube
day [deɪ] *n* jour *m* ; *(as duration)* journée *f* ; *(period of time, age)* époque *f*, temps *m* ; **the ~ before** la veille, le jour précédent ; **the ~ after, the following ~** le lendemain, le jour suivant ; **the ~ before yesterday** avant-hier ; **the ~ after tomorrow** après-demain ; **(on) the ~ that ...** le jour où ... ; **~ by ~** jour après jour ; **by ~** de jour ; **paid by the ~** payé(e) à la journée ; **these days, in the present ~** de nos jours, à l'heure actuelle

> Use **jour** to mean the whole 24-hour period: *We stayed there for three days.* **Nous y sommes restés trois jours.** The word **la journée** refers to the time while you are awake.

daybook ['deɪbuk] *n (BRIT)* main courante, brouillard *m*, journal *m*
day boy *n (Scol)* externe *m*
daybreak ['deɪbreɪk] *n* point *m* du jour
day-care centre ['deɪkɛə-] *n (for elderly etc)* centre *m* d'accueil de jour ; *(for children)* garderie *f*

daydream ['deɪdri:m] *n* rêverie *f* ▸ *vi* rêver (tout éveillé)
day girl *n* (*Scol*) externe *f*
daylight ['deɪlaɪt] *n* (lumière *f* du) jour *m*
daylight robbery *n*: **it's ~** (*fig: inf*) c'est du vol caractérisé *or* manifeste
daylight saving time *n* (*US*) heure *f* d'été
day release *n*: **to be on ~** avoir une journée de congé pour formation professionnelle
day return *n* (*BRIT*) billet *m* d'aller-retour (*valable pour la journée*)
day shift *n* équipe *f* de jour
daytime ['deɪtaɪm] *n* jour *m*, journée *f*
day-to-day ['deɪtə'deɪ] *adj* (*routine, expenses*) journalier(-ière) ; **on a ~ basis** au jour le jour
day trip *n* excursion *f* (d'une journée)
day tripper *n* excursionniste *mf*
daze [deɪz] *vt* (*drug*) hébéter ; (*blow*) étourdir ▸ *n*: **in a ~** hébété(e), étourdi(e)
dazed [deɪzd] *adj* abruti(e)
dazzle ['dæzl] *vt* éblouir, aveugler
dazzling ['dæzlɪŋ] *adj* (*light*) aveuglant(e), éblouissant(e) ; (*fig*) éblouissant(e)
DC *abbr* (*Elec*) = **direct current**; (*US*) = **District of Columbia**
DD *n abbr* (= *Doctor of Divinity*) *titre universitaire*
dd. *abbr* (*Comm*) = **delivered**
D/D *abbr* = **direct debit**
D-day ['di:deɪ] *n* le jour J
DDS *n abbr* (*US*) = **Doctor of Dental Science**; (*BRIT*: = *Doctor of Dental Surgery*) *titres universitaires*
DDT *n abbr* (= *dichlorodiphenyl trichloroethane*) DDT *m*
DE *abbr* (*US*) = **Delaware**
DEA *n abbr* (*US*: = *Drug Enforcement Administration*) ≈ brigade *f* des stupéfiants
deacon ['di:kən] *n* diacre *m*
dead [dɛd] *adj* mort(e) ; (*numb*) engourdi(e), insensible ; (*battery*) à plat ; **he was shot ~** il a été tué d'un coup de revolver ; **the line is ~** (*Tel*) la ligne est coupée ▸ *adv* (*completely*) absolument, complètement ; (*exactly*) juste ; **~ on time** à l'heure pile ; **~ tired** éreinté(e), complètement fourbu(e) ; **to stop ~** s'arrêter pile *or* net ; **the dead** *npl* les morts
deadbeat ['dɛdbi:t] *n* (*esp US inf*) bon(ne) à rien
dead beat *adj* (*inf*) claqué(e), crevé(e)
deaden [dɛdn] *vt* (*blow, sound*) amortir ; (*make numb*) endormir, rendre insensible
dead end *n* impasse *f*
dead-end ['dɛdɛnd] *adj*: **a ~ job** un emploi *or* poste sans avenir
dead heat *n* (*Sport*): **to finish in a ~** terminer ex aequo
dead-letter office [dɛd'lɛtər-] *n* ≈ centre *m* de recherche du courrier
deadline ['dɛdlaɪn] *n* date *f or* heure *f* limite ; **to work to a ~** avoir des délais stricts à respecter
deadlock ['dɛdlɔk] *n* impasse *f*
deadlocked ['dɛdlɔkt] *adj*: **to be ~** (*negotiations*) être au point mort ; (*people*) être dans l'impasse
dead loss *n* (*inf*): **to be a ~** (*person*) n'être bon(ne) à rien ; (*thing*) ne rien valoir
deadly ['dɛdlɪ] *adj* mortel(le) ; (*weapon*) meurtrier(-ière) ; **~ dull** ennuyeux(-euse) à mourir, mortellement ennuyeux
deadpan ['dɛdpæn] *adj* impassible ; (*humour*) pince-sans-rire *inv*
Dead Sea *n*: **the ~** la mer Morte
deaf [dɛf] *adj* sourd(e) ; **to turn a ~ ear to sth** faire la sourde oreille à qch
deaf-aid ['dɛfeɪd] *n* (*BRIT*) appareil auditif
deaf-and-dumb ['dɛfən'dʌm] *adj* sourd(e)-muet(te) ; **~ alphabet** alphabet *m* des sourds-muets
deafen ['dɛfn] *vt* rendre sourd(e) ; (*fig*) assourdir
deafening ['dɛfnɪŋ] *adj* assourdissant(e)
deaf-mute ['dɛfmju:t] *n* sourd(e)-muet(te)
deafness ['dɛfnɪs] *n* surdité *f*
deal [di:l] (*pt, pp* **dealt** [dɛlt]) *n* affaire *f*, marché *m* ; **to strike a ~ with sb** faire *or* conclure un marché avec qn ; **it's a ~!** (*inf*) marché conclu !, tope là !, topez là ! ; **he got a bad ~ from them** ils ont mal agi envers lui ; **he got a fair ~ from them** ils ont agi loyalement envers lui ; **a good ~** (*a lot*) beaucoup ; **a good ~ of, a great ~ of** beaucoup de, énormément de ▸ *vt* (*blow*) porter ; (*cards*) distribuer ▸ *vi* (*deal cards*) donner ; **it's your turn to ~** c'est à toi de donner
▸ **deal in** *vt fus* (*Comm*) faire le commerce de, être dans le commerce de
▸ **deal out** *vt* (*cards*) distribuer ; (*punishment*) donner
▸ **deal with** *vt fus* (*Comm*) traiter avec ; (*handle*) s'occuper *or* se charger de ; (*be about: book etc*) traiter de
dealer ['di:lə[r]] *n* (*Comm*) marchand *m* ; (*Cards*) donneur *m*
dealership ['di:ləʃɪp] *n* concession *f*
dealings ['di:lɪŋz] *npl* (*in goods, shares*) opérations *fpl*, transactions *fpl* ; (*relations*) relations *fpl*, rapports *mpl*
dealt [dɛlt] *pt, pp of* **deal**
dean [di:n] *n* (*Rel, BRIT Scol*) doyen *m* ; (*US Scol*) conseiller principal (conseillère principale) d'éducation
dear [dɪə[r]] *adj* cher (chère) ; (*expensive*) cher, coûteux(-euse) ; **D~ Sir/Madam** (*in letter*) Monsieur/Madame ; **D~ Mr/Mrs X** Cher Monsieur/Chère Madame X ▸ *n*: **my ~** mon cher (ma chère) ▸ *excl*: **~ me!** mon Dieu !
dearest ['dɪərɪst] *n* chéri (chérie) ▸ *adj*: **D~ Paul/ Maria** Mon cher Paul/Ma chère Maria ; **my ~ hope** mon plus grand espoir ; **my ~ wish** mon vœu le plus cher
dearly ['dɪəlɪ] *adv* (*love*) tendrement ; (*pay*) cher
dearth [də:θ] *n* disette *f*, pénurie *f*
death [dɛθ] *n* mort *f* ; (*Admin*) décès *m*
deathbed ['dɛθbɛd] *n* lit *m* de mort
death certificate *n* acte *m* de décès
death knell *n* mort *f* ; **to sound the ~ of sth** sonner le glas pour qch
deathly ['dɛθlɪ] *adj* de mort ▸ *adv* comme la mort
death penalty *n* peine *f* de mort
death rate *n* taux *m* de mortalité
death row [-'rəu] *n* (*US*) quartier *m* des condamnés à mort ; **to be on ~** être condamné à la peine de mort
death sentence *n* condamnation *f* à mort
death squad *n* escadron *m* de la mort

d

death throes *npl* agonie *f* ; **a society in its ~** une société agonisante
death toll *n* nombre *m* de morts
death trap *n* endroit *or* véhicule *etc* dangereux
deb [dɛb] *n abbr (inf)* = **debutante**
debacle [deɪˈbɑːkl] *n (Brit: fiasco)* fiasco *m* ; *(military)* débâcle *f*
debar [dɪˈbɑːʳ] *vt*: **to ~ sb from a club** *etc* exclure qn d'un club *etc* ; **to ~ sb from doing** interdire à qn de faire
debase [dɪˈbeɪs] *vt (currency)* déprécier, dévaloriser ; *(person)* abaisser, avilir
debatable [dɪˈbeɪtəbl] *adj* discutable, contestable ; **it is ~ whether ...** il est douteux que ...
debate [dɪˈbeɪt] *n* discussion *f*, débat *m* ▸ *vt* discuter, débattre ▸ *vi (consider)*: **to ~ whether** se demander si
debauched [dɪˈbɔːtʃt] *adj (old: society)* de débauchés, dépravé(e) ; **a ~ lifestyle** une vie de débauché(e)
debauchery [dɪˈbɔːtʃərɪ] *n* débauche *f*
debenture [dɪˈbɛntʃəʳ] *n (Comm)* obligation *f*
debilitate [dɪˈbɪlɪteɪt] *vt* débiliter
debilitating [dɪˈbɪlɪteɪtɪŋ] *adj* débilitant(e)
debit [ˈdɛbɪt] *n* débit *m* ▸ *vt*: **to ~ a sum to sb** *or* **to sb's account** porter une somme au débit de qn, débiter qn d'une somme
debit balance *n* solde débiteur
debit card *n* carte *f* de paiement
debit note *n* note *f* de débit
debrief [diːˈbriːf] *vt* demander un compte rendu de fin de mission à
debriefing [diːˈbriːfɪŋ] *n* compte rendu *m*
debris [ˈdɛbriː] *n* débris *mpl*, décombres *mpl*
debt [dɛt] *n* dette *f* ; **to be in ~** avoir des dettes, être endetté(e) ; **bad ~** créance *f* irrécouvrable
debt collector *n* agent *m* de recouvrements
debtor [ˈdɛtəʳ] *n* débiteur(-trice)
debug [diːˈbʌg] *vt (Comput)* déboguer
debunk [diːˈbʌŋk] *vt (inf: theory, claim)* montrer le ridicule de
debut [ˈdeɪbjuː] *n* début(s) *m(pl)*
debutante [ˈdɛbjutænt] *n* débutante *f*
Dec. *abbr (= December)* déc
decade [ˈdɛkeɪd] *n* décennie *f*, décade *f*
decadence [ˈdɛkədəns] *n* décadence *f*
decadent [ˈdɛkədənt] *adj* décadent(e)
decaf [ˈdiːkæf] *n (inf)* déca *m*
decaffeinated [dɪˈkæfɪneɪtɪd] *adj* décaféiné(e)
decamp [dɪˈkæmp] *vi (inf)* décamper, filer
decant [dɪˈkænt] *vt (wine)* décanter
decanter [dɪˈkæntəʳ] *n* carafe *f*
decapitate [dɪˈkæpɪteɪt] *vt* décapiter
decarbonize [diːˈkɑːbənaɪz] *vt (Aut)* décalaminer
decathlon [dɪˈkæθlən] *n* décathlon *m*
decay [dɪˈkeɪ] *n (of food, wood etc)* décomposition *f*, pourriture *f* ; *(of building)* délabrement *m* ; *(fig)* déclin *m* ; *(also:* **tooth decay***)* carie *f* (dentaire) ▸ *vi (rot)* se décomposer, pourrir ; *(teeth)* se carier ; *(fig: city, district, building)* se délabrer ; *(: civilization)* décliner ; *(: system)* tomber en ruine
decease [dɪˈsiːs] *n* décès *m*
deceased [dɪˈsiːst] *n*: **the ~** le (la) défunt(e)
deceit [dɪˈsiːt] *n* tromperie *f*, supercherie *f*
deceitful [dɪˈsiːtful] *adj* trompeur(-euse)
deceive [dɪˈsiːv] *vt* tromper ; **to ~ o.s.** s'abuser

> ⚠ **to deceive** ne veut pas dire *décevoir*.

decelerate [diːˈsɛləreɪt] *vt, vi* ralentir
December [dɪˈsɛmbəʳ] *n* décembre *m* ; *see also* **July**
decency [ˈdiːsənsɪ] *n* décence *f*
decent [ˈdiːsənt] *adj (proper)* décent(e), convenable ; **they were very ~ about it** ils se sont montrés très chics
decently [ˈdiːsəntlɪ] *adv (respectably)* décemment, convenablement ; *(kindly)* décemment
decentralization [diːsɛntrəlaɪˈzeɪʃən] *n* décentralisation *f*
decentralize [diːˈsɛntrəlaɪz] *vt* décentraliser
deception [dɪˈsɛpʃən] *n* tromperie *f*

> ⚠ Le mot anglais **deception** ne veut pas dire *déception*.

deceptive [dɪˈsɛptɪv] *adj* trompeur(-euse)
decibel [ˈdɛsɪbɛl] *n* décibel *m*
decide [dɪˈsaɪd] *vt (subj: person)* décider ; *(question, argument)* trancher, régler ; **to ~ to do/that** décider de faire/que ▸ *vi* se décider, décider ; **to ~ on** décider, se décider pour ; **to ~ on doing** décider de faire ; **to ~ against doing** décider de ne pas faire
decided [dɪˈsaɪdɪd] *adj (resolute)* résolu(e), décidé(e) ; *(clear, definite)* net(te), marqué(e)
decidedly [dɪˈsaɪdɪdlɪ] *adv* résolument ; incontestablement, nettement
deciding [dɪˈsaɪdɪŋ] *adj* décisif(-ive)
deciduous [dɪˈsɪdjuəs] *adj* à feuilles caduques
decimal [ˈdɛsɪməl] *adj* décimal(e) ; **to three ~ places** (jusqu')à la troisième décimale ▸ *n* décimale *f*
decimalize [ˈdɛsɪməlaɪz] *vt (Brit)* décimaliser
decimal point *n* ≈ virgule *f*
decimate [ˈdɛsɪmeɪt] *vt* décimer
decimation [dɛsɪˈmeɪʃən] *n (reduction)* décimation *f* ; *(destruction)* destruction *f*
decipher [dɪˈsaɪfəʳ] *vt* déchiffrer
decision [dɪˈsɪʒən] *n* décision *f* ; **to make a ~** prendre une décision
decisive [dɪˈsaɪsɪv] *adj* décisif(-ive) ; *(influence)* décisif, déterminant(e) ; *(manner, person)* décidé(e), catégorique ; *(reply)* ferme, catégorique
decisiveness [dɪˈsaɪsɪvnɪs] *n (of person)* esprit *m* de décision
deck [dɛk] *n (Naut)* pont *m* ; *(of cards)* jeu *m* ; *(record deck)* platine *f* ; *(of bus)*: **top ~** impériale *f* ; **to go up on ~** monter sur le pont ; **below ~** dans l'entrepont
deckchair [ˈdɛktʃɛəʳ] *n* chaise longue
deck hand *n* matelot *m*
declaration [dɛkləˈreɪʃən] *n* déclaration *f*
declare [dɪˈklɛəʳ] *vt* déclarer
declassify [diːˈklæsɪfaɪ] *vt* rendre accessible au public *or* à tous
decline [dɪˈklaɪn] *n (decay)* déclin *m* ; *(lessening)* baisse *f* ; **~ in living standards** baisse du niveau de vie ▸ *vt* refuser, décliner ; **to ~ to do**

sth refuser (poliment) de faire qch ▸*vi* décliner; (*business*) baisser
declutch ['di:'klʌtʃ] *vi* (BRIT) débrayer
decode ['di:'kəud] *vt* décoder
decoder [di:'kəudəʳ] *n* (*Comput, TV*) décodeur *m*
decommission [di:kə'mɪʃən] *vt* mettre hors service
decompose [di:kəm'pəuz] *vi* se décomposer
decomposition [di:kɔmpə'zɪʃən] *n* décomposition *f*
decompression [di:kəm'prɛʃən] *n* décompression *f*
decompression chamber *n* caisson *m* de décompression
decongestant [di:kən'dʒɛstənt] *n* décongestif *m*
deconstruct [di:kən'strʌkt] *vt* déconstruire
decontaminate [di:kən'tæmɪneɪt] *vt* décontaminer
decontrol [di:kən'trəul] *vt* (*prices etc*) libérer
décor ['deɪkɔ:ʳ] *n* décor *m*
decorate ['dɛkəreɪt] *vt* (*adorn, give a medal to*) décorer; (*paint and paper*) peindre et tapisser
decorating ['dɛkəreɪtɪŋ] *n* (*painting and papering*) peinture *f* et tapisserie *f*
decoration [dɛkə'reɪʃən] *n* (*medal etc, adornment*) décoration *f*
decorative ['dɛkərətɪv] *adj* décoratif(-ive)
decorator ['dɛkəreɪtəʳ] *n* peintre *m* en bâtiment
decorum [dɪ'kɔ:rəm] *n* décorum *m*, bienséance *f*
decoy ['di:kɔɪ] *n* piège *m*; **they used him as a ~ for the enemy** ils se sont servis de lui pour attirer l'ennemi
decrease *n* ['di:kri:s] diminution *f*; **to be on the ~** diminuer, être en diminution ▸*vt, vi* [di:'kri:s] diminuer
decreasing [di:'kri:sɪŋ] *adj* en voie de diminution
decree [dɪ'kri:] *n* (*Pol, Rel*) décret *m*; (*Law*) arrêt *m*, jugement *m*; **~ absolute** jugement définitif (de divorce); **~ nisi** jugement provisoire de divorce ▸*vt*: **to ~ (that)** décréter (que), ordonner (que)
decrepit [dɪ'krɛpɪt] *adj* (*person*) décrépit(e); (*building*) délabré(e)
decriminalization [di:krɪmɪnəlaɪ'zeɪʃən] *n* dépénalisation *f*
decriminalize [di:'krɪmɪnəlaɪz] *vt* dépénaliser
decry [dɪ'kraɪ] *vt* condamner ouvertement, déplorer; (*disparage*) dénigrer, décrier
decrypt [di:'krɪpt] *vt* (*Comput, Tel*) décrypter
dedicate ['dɛdɪkeɪt] *vt* consacrer; (*book etc*) dédier
dedicated ['dɛdɪkeɪtɪd] *adj* (*person*) dévoué(e); (*Comput*) spécialisé(e), dédié(e); **~ word processor** station *f* de traitement de texte
dedication [dɛdɪ'keɪʃən] *n* (*devotion*) dévouement *m*; (*in book*) dédicace *f*
deduce [dɪ'dju:s] *vt* déduire, conclure
deduct [dɪ'dʌkt] *vt*: **to ~ sth (from)** déduire qch (de), retrancher qch (de); (*from wage etc*) prélever qch (sur), retenir qch (sur)
deduction [dɪ'dʌkʃən] *n* (*deducting, deducing*) déduction *f*; (*from wage etc*) prélèvement *m*, retenue *f*
deductive [dɪ'dʌktɪv] *adj* déductif(-ive)
deed [di:d] *n* action *f*, acte *m*; (*Law*) acte notarié, contrat *m*; **~ of covenant** (acte *m* de) donation *f*
deem [di:m] *vt* (*formal*) juger, estimer; **to ~ it wise to do** juger bon de faire
deep [di:p] *adj* (*water, sigh, sorrow, thoughts*) profond(e); (*voice*) grave; **how ~ is the water?** l'eau a quelle profondeur?; **he took a ~ breath** il inspira profondément, il prit son souffle ▸*adv*: **~ in snow** recouvert(e) d'une épaisse couche de neige; **spectators stood 20 ~** il y avait 20 rangs de spectateurs; **knee-~ in water** dans l'eau jusqu'aux genoux; **4 metres ~** de 4 mètres de profondeur
deepen [di:pn] *vt* (*hole*) approfondir ▸*vi* s'approfondir; (*darkness*) s'épaissir
deepfreeze ['di:p'fri:z] *n* congélateur *m* ▸*vt* surgeler
deep-fry ['di:p'fraɪ] *vt* faire frire (dans une friteuse)
deeply ['di:plɪ] *adv* profondément; (*dig*) en profondeur; (*regret, interested*) vivement
deep-rooted ['di:p'ru:tɪd] *adj* (*prejudice*) profondément enraciné(e); (*affection*) profond(e); (*habit*) invétéré(e)
deep-sea ['di:p'si:] *adj*: **~ diver** plongeur sous-marin; **~ diving** plongée sous-marine; **~ fishing** pêche hauturière
deep-seated ['di:p'si:tɪd] *adj* (*belief*) profondément enraciné(e)
deep-set ['di:psɛt] *adj* (*eyes*) enfoncé(e)
deep vein thrombosis *n* thrombose *f* veineuse profonde
deer [dɪəʳ] *n pl inv*: **the ~** les cervidés *mpl*; **(red) ~** cerf *m*; **(fallow) ~** daim *m*; **(roe) ~** chevreuil *m*
deerskin ['dɪəskɪn] *n* peau *f* de daim
deerstalker ['dɪəstɔ:kəʳ] *n* (*person*) chasseur *m* de cerf; (*hat*) casquette *f* à la Sherlock Holmes
deface [dɪ'feɪs] *vt* dégrader; barbouiller rendre illisible
de facto [deɪ'fæktəu] *adj* de fait ▸*adv* de facto
defamation [dɛfə'meɪʃən] *n* diffamation *f*
defamatory [dɪ'fæmətrɪ] *adj* diffamatoire, diffamant(e)
default [dɪ'fɔ:lt] *vi* (*Law*) faire défaut; (*gen*) manquer à ses engagements; **to ~ on a debt** ne pas s'acquitter d'une dette ▸*n* (*Comput: also:* **default value**) valeur *f* par défaut; **by ~** (*Law*) par défaut, par contumace; (*Sport*) par forfait
defaulter [dɪ'fɔ:ltəʳ] *n* (*on debt*) débiteur défaillant
default option *n* (*Comput*) option *f* par défaut
defeat [dɪ'fi:t] *n* défaite *f* ▸*vt* (*team, opponents*) battre; (*fig: plans, efforts*) faire échouer
defeatism [dɪ'fi:tɪzəm] *n* défaitisme *m*
defeatist [dɪ'fi:tɪst] *adj, n* défaitiste *mf*
defecate ['dɛfəkeɪt] *vi* déféquer
defect *n* ['di:fɛkt] défaut *m*; **physical ~** malformation *f*, vice *m* de conformation; **mental ~** anomalie *or* déficience mentale ▸*vi* [dɪ'fɛkt]: **to ~ to the enemy/the West** passer à l'ennemi/l'Ouest
defection [dɪ'fɛkʃən] *n* défection *f*
defective [dɪ'fɛktɪv] *adj* défectueux(-euse)
defector [dɪ'fɛktəʳ] *n* transfuge *mf*

d

defence, (*US*) **defense** [dɪ'fɛns] *n* défense *f* ; **in ~ of** pour défendre ; **witness for the ~** témoin *m* à décharge ; **the Ministry of D~**, (*US*) **the Department of Defense** le ministère de la Défense nationale
defenceless [dɪ'fɛnslɪs] *adj* sans défense
defend [dɪ'fɛnd] *vt* défendre ; (*decision, action, opinion*) justifier, défendre
defendant [dɪ'fɛndənt] *n* défendeur(-eresse) ; (*in criminal case*) accusé(e), prévenu(e)
defender [dɪ'fɛndəʳ] *n* défenseur *m*
defending champion [dɪ'fɛndɪŋ-] *n* (*Sport*) champion(ne) en titre
defending counsel [dɪ'fɛndɪŋ-] *n* (*Law*) avocat *m* de la défense
defense [dɪ'fɛns] *n* (*US*) = **defence**
defensible [dɪ'fɛnsɪbl] *adj* défendable ; **morally ~** moralement défendable
defensive [dɪ'fɛnsɪv] *adj* défensif(-ive) ▸ *n* défensive *f* ; **on the ~** sur la défensive
defensively [dɪ'fɛnsɪvlɪ] *adv* (*play*) défensivement ; (*say*) sur la défensive
defer [dɪ'fəːʳ] *vt* (*postpone*) différer, ajourner ▸ *vi* (*submit*): **to ~ to sb/sth** déférer à qn/qch, s'en remettre à qn/qch
deference ['dɛfərəns] *n* déférence *f*, égards *mpl* ; **out of** *or* **in ~ to** par déférence *or* égards pour
deferential [dɛfə'rɛnʃl] *adj* déférent(e)
defiance [dɪ'faɪəns] *n* défi *m* ; **in ~ of** au mépris de
defiant [dɪ'faɪənt] *adj* provocant(e), de défi ; (*person*) rebelle, intraitable
defiantly [dɪ'faɪəntlɪ] *adv* d'un air (*or* d'un ton) de défi
defibrillator [diː'fɪbrɪleɪtəʳ] *n* défibrillateur *m*
deficiency [dɪ'fɪʃənsɪ] *n* (*lack*) insuffisance *f* ; (*: Med*) carence *f* ; (*flaw*) faiblesse *f* ; (*Comm*) déficit *m*, découvert *m*
deficiency disease *n* maladie *f* de carence
deficient [dɪ'fɪʃənt] *adj* (*inadequate*) insuffisant(e) ; (*defective*) défectueux(-euse) ; **to be ~ in** manquer de
deficit ['dɛfɪsɪt] *n* déficit *m*
defile [dɪ'faɪl] *vt* souiller ▸ *vi* défiler
define [dɪ'faɪn] *vt* définir
definite ['dɛfɪnɪt] *adj* (*fixed*) défini(e), (bien) déterminé(e) ; (*clear, obvious*) net(te), manifeste ; (*Ling*) défini(e) ; (*certain*) sûr(e) ; **he was ~ about it** il a été catégorique ; il était sûr de son fait
definitely ['dɛfɪnɪtlɪ] *adv* sans aucun doute
definition [dɛfɪ'nɪʃən] *n* définition *f* ; (*clearness*) netteté *f*
definitive [dɪ'fɪnɪtɪv] *adj* définitif(-ive)
definitively [dɪ'fɪnɪtɪvlɪ] *adv* de façon absolue
deflate [diː'fleɪt] *vt* dégonfler ; (*pompous person*) rabattre le caquet à ; (*Econ*) provoquer la déflation de ; (*: prices*) faire tomber *or* baisser
deflated [dɪ'fleɪtɪd] *adj* (*person*) découragé(e)
deflation [diː'fleɪʃən] *n* (*Econ*) déflation *f*
deflationary [diː'fleɪʃənrɪ] *adj* (*Econ*) déflationniste
deflect [dɪ'flɛkt] *vt* détourner, faire dévier
defog ['diː'fɔg] *vt* (*US Aut*) désembuer
defogger ['diː'fɔgəʳ] *n* (*US Aut*) dispositif *m* anti-buée *inv*
deforest [diː'fɔrɪst] *vt* déforester
deforestation [diːfɔrɪ'steɪʃən] *n* déforestation *f*
deform [dɪ'fɔːm] *vt* déformer
deformed [dɪ'fɔːmd] *adj* difforme
deformity [dɪ'fɔːmɪtɪ] *n* difformité *f*
DEFRA ['dɛfrə] *n abbr* (*Brit: = Department for Environment, Food and Rural Affairs*) ≈ ministère *m* de l'agriculture
defraud [dɪ'frɔːd] *vt* frauder ; **to ~ sb of sth** soutirer qch malhonnêtement à qn ; escroquer qch à qn ; frustrer qn de qch
defray [dɪ'freɪ] *vt*: **to ~ sb's expenses** défrayer qn (de ses frais), rembourser *or* payer à qn ses frais
defriend [diː'frɛnd] *vt* (*Internet*) supprimer de sa liste d'amis
defrost [diː'frɔst] *vt* (*fridge*) dégivrer ; (*frozen food*) décongeler
deft [dɛft] *adj* adroit(e), preste
deftly ['dɛftlɪ] *adv* adroitement
defunct [dɪ'fʌŋkt] *adj* défunt(e)
defuse [diː'fjuːz] *vt* désamorcer
defy [dɪ'faɪ] *vt* défier ; (*efforts etc*) résister à ; **it defies description** cela défie toute description
degenerate *vi* [dɪ'dʒɛnəreɪt] dégénérer ▸ *adj* [dɪ'dʒɛnərɪt] dégénéré(e)
degenerative [dɪ'dʒɛnərətɪv] *adj* dégénératif(-ive)
degradation [dɛgrə'deɪʃən] *n* dégradation *f*
degrade [dɪ'greɪd] *vt* dégrader
degrading [dɪ'greɪdɪŋ] *adj* dégradant(e)
degree [dɪ'griː] *n* degré *m* ; (*Scol*) diplôme *m* (universitaire) ; **10 degrees below (zero)** 10 degrés au-dessous de zéro ; **a (first) ~ in maths** (*Brit*) une licence en maths ; **a considerable ~ of risk** un facteur *or* élément considérable de risque ; **by degrees** (*gradually*) par degrés ; **to some ~, to a certain ~** jusqu'à un certain point, dans une certaine mesure
dehumanize [diː'hjuːmənaɪz] *vt* déshumaniser
dehumanizing [diː'hjuːmənaɪzɪŋ] *adj* déshumanisant(e)
dehumidifier [diːhjuˈmɪdɪfaɪəʳ] *n* déshumidificateur *m*
dehydrated [diːhaɪ'dreɪtɪd] *adj* déshydraté(e) ; (*milk, eggs*) en poudre
dehydration [diːhaɪ'dreɪʃən] *n* déshydratation *f*
de-ice ['diː'aɪs] *vt* (*windscreen*) dégivrer
de-icer ['diː'aɪsəʳ] *n* dégivreur *m*
deign [deɪn] *vi*: **to ~ to do** daigner faire
deity ['diːɪtɪ] *n* divinité *f* ; dieu *m*, déesse *f*
déjà vu [deɪʒɑː'vuː] *n*: **I had a sense of ~** j'ai eu une impression de déjà-vu
dejected [dɪ'dʒɛktɪd] *adj* abattu(e), déprimé(e)
dejection [dɪ'dʒɛkʃən] *n* abattement *m*, découragement *m*
de jure [deɪ'dʒuəreɪ] *adj, adv* (*Law*) de jure
Del. *abbr* (*US*) = **Delaware**
del. *abbr* = **delete**
delay [dɪ'leɪ] *vt* (*journey, operation*) retarder, différer ; (*traveller, train*) retarder ; (*payment*) différer ; **to be delayed** être en retard ▸ *vi* s'attarder ▸ *n* délai *m*, retard *m* ; **without ~** sans délai, sans tarder

delayed-action [dɪ'leɪd'ækʃən] *adj* à retardement
delectable [dɪ'lɛktəbl] *adj* délicieux(-euse)
delegate *n* ['dɛlɪgɪt] délégué(e) ▸ *vt* ['dɛlɪgeɪt] déléguer ; **to ~ sth to sb/sb to do sth** déléguer qch à qn/qn pour faire qch
delegation [dɛlɪ'geɪʃən] *n* délégation *f*
delete [dɪ'li:t] *vt* (*word*) rayer, supprimer ; (*Comput: file*) effacer ; (*: message*) supprimer
deletion [dɪ'li:ʃən] *n* (*in written text*) rature *f* ; (*in electronic text*) suppression *f*
Delhi ['dɛlɪ] *n* Delhi
deli ['dɛlɪ] *n* épicerie fine
deliberate *adj* [dɪ'lɪbərɪt] (*intentional*) délibéré(e) ; (*slow*) mesuré(e) ▸ *vi* [dɪ'lɪbəreɪt] délibérer, réfléchir
deliberately [dɪ'lɪbərɪtlɪ] *adv* (*on purpose*) exprès, délibérément
deliberation [dɪlɪbə'reɪʃən] *n* délibération *f*, réflexion *f* ; (*gen pl: discussion*) délibérations, débats *mpl*
deliberative [dɪ'lɪbərətɪv] *adj* délibérant(e)
delicacy ['dɛlɪkəsɪ] *n* délicatesse *f* ; (*choice food*) mets fin *or* délicat, friandise *f*
delicate ['dɛlɪkɪt] *adj* délicat(e)
delicately ['dɛlɪkɪtlɪ] *adv* délicatement ; (*act, express*) avec délicatesse, avec tact
delicatessen [dɛlɪkə'tɛsn] *n* épicerie fine
delicious [dɪ'lɪʃəs] *adj* délicieux(-euse), exquis(e)
deliciously [dɪ'lɪʃəslɪ] *adv* délicieusement
delight [dɪ'laɪt] *n* (grande) joie, grand plaisir ; **she's a ~ to work with** c'est un plaisir de travailler avec elle ; **a ~ to the eyes** un régal *or* plaisir pour les yeux ; **to take ~ in** prendre grand plaisir à ; **to be the ~ of** faire les délices *or* la joie de ▸ *vt* enchanter
delighted [dɪ'laɪtɪd] *adj*: **~ (at** *or* **with sth)** ravi(e) (de qch) ; **to be ~ to do sth/that** être enchanté(e) *or* ravi(e) de faire qch/que ; **I'd be ~** j'en serais enchanté *or* ravi
delightful [dɪ'laɪtful] *adj* (*person*) charmant(e), adorable ; (*place, meal, evening*) merveilleux(-euse)
delightfully [dɪ'laɪtfulɪ] *adv* délicieusement
delimit [di:'lɪmɪt] *vt* délimiter
delineate [dɪ'lɪnɪeɪt] *vt* tracer, esquisser ; (*fig*) dépeindre, décrire
delinquency [dɪ'lɪŋkwənsɪ] *n* délinquance *f*
delinquent [dɪ'lɪŋkwənt] *adj, n* délinquant(e)
delirious [dɪ'lɪrɪəs] *adj* (*Med: fig*) délirant(e) ; **to be ~** délirer
deliriously [dɪ'lɪriəslɪ] *adv*: **~ happy** fou (folle) de joie
delirium [dɪ'lɪrɪəm] *n* délire *m*
deliver [dɪ'lɪvəʳ] *vt* (*mail*) distribuer ; (*goods*) livrer ; (*message*) remettre ; (*speech*) prononcer ; (*warning, ultimatum*) lancer ; (*free*) délivrer ; (*Med: baby*) mettre au monde ; (*: woman*) accoucher ; **to ~ the goods** (*fig*) tenir ses promesses
deliverance [dɪ'lɪvrəns] *n* délivrance *f*, libération *f*
delivery [dɪ'lɪvərɪ] *n* (*of mail*) distribution *f* ; (*of goods*) livraison *f* ; (*of speaker*) élocution *f* ; (*Med*) accouchement *m* ; **to take ~ of** prendre livraison de
delivery note *n* bon *m* de livraison
delivery van, (*US*) **delivery truck** *n* fourgonnette *f or* camionnette *f* de livraison
delta ['dɛltə] *n* delta *m*
delude [dɪ'lu:d] *vt* tromper, leurrer ; **to ~ o.s.** se leurrer, se faire des illusions
deluge ['dɛlju:dʒ] *n* déluge *m* ▸ *vt* (*fig*): **to ~ (with)** inonder (de)
delusion [dɪ'lu:ʒən] *n* illusion *f* ; **to have delusions of grandeur** être un peu mégalomane
de luxe [də'lʌks] *adj* de luxe
delve [dɛlv] *vi*: **to ~ into** fouiller dans
Dem. *abbr* (*US Pol*) = **democrat; democratic**
demagogue ['dɛməgɔg] *n* démagogue *mf*
demand [dɪ'mɑ:nd] *vt* réclamer, exiger ; (*need*) exiger, requérir ; **to ~ sth (from** *or* **of sb)** exiger qch (de qn), réclamer qch (à qn) ▸ *n* exigence *f* ; (*claim*) revendication *f* ; (*Econ*) demande *f* ; **in ~** demandé(e), recherché(e) ; **on ~** sur demande

> ⚠ **to demand** ne veut pas dire *demander*.

demanding [dɪ'mɑ:ndɪŋ] *adj* (*person*) exigeant(e) ; (*work*) astreignant(e)
demarcation [di:mɑ:'keɪʃən] *n* démarcation *f*
demarcation dispute *n* (*Industry*) conflit *m* d'attributions
demean [dɪ'mi:n] *vt*: **to ~ o.s.** s'abaisser
demeaning [dɪ'mi:nɪŋ] *adj* dégradant(e)
demeanour, (*US*) **demeanor** [dɪ'mi:nəʳ] *n* comportement *m* ; maintien *m*
demented [dɪ'mɛntɪd] *adj* dément(e), fou (folle)
dementia [dɪ'mɛnʃə] *n* démence *f*
demerger [di:'mə:dʒəʳ] (BRIT) *n* scission *f*
demilitarized zone [di:'mɪlɪtəraɪzd-] *n* zone démilitarisée
demise [dɪ'maɪz] *n* décès *m*
demist [di:'mɪst] *vt* (BRIT *Aut*) désembuer
demister [di:'mɪstəʳ] *n* (BRIT *Aut*) dispositif *m* anti-buée *inv*
demo ['dɛməu] *n abbr* (*inf*) = **demonstration;** (*protest*) manif *f* ; (*Comput*) démonstration *f*
demobilize [di:'məubɪlaɪz] *vt* démobiliser
democracy [dɪ'mɔkrəsɪ] *n* démocratie *f*
democrat ['dɛməkræt] *n* démocrate *mf*
democratic [dɛmə'krætɪk] *adj* démocratique ; **the D~ Party** (*US*) le parti démocrate
democratically [dɛmə'krætɪkəlɪ] *adv* démocratiquement
democratization [dɪ,mɔkrətaɪ'zeɪʃən] *n* démocratisation *f*
democratize [dɪ'mɔkrətaɪz] *vt* démocratiser
demographic [dɛmə'græfɪk] *adj* démographique ▸ *n* (*group*) tranche *f* de population ; **demographics** *npl* données *fpl* démographiques
demography [dɪ'mɔgrəfɪ] *n* démographie *f*
demolish [dɪ'mɔlɪʃ] *vt* démolir
demolition [dɛmə'lɪʃən] *n* démolition *f*
demon ['di:mən] *n* démon *m* ▸ *cpd*: **a ~ squash player** un crack en squash ; **a ~ driver** un fou du volant
demonic [dɪ'mɔnɪk] *adj* (*forces, grin*) démoniaque ; (*energy, drive, ability*) redoutable
demonize ['di:mənaɪz] *vt* diaboliser

demonstrably [ˈdɛmənstrəblɪ, dɪˈmɔnstrəblɪ] *adv* (*true, false*) manifestement
demonstrate [ˈdɛmənstreɪt] *vt* démontrer, prouver ; (*show*) faire une démonstration de ▸ *vi*: **to ~ (for/against)** manifester (en faveur de/contre)
demonstration [dɛmənˈstreɪʃən] *n* démonstration *f* ; (*Pol etc*) manifestation *f* ; **to hold a ~** (*Pol etc*) organiser une manifestation, manifester
demonstrative [dɪˈmɔnstrətɪv] *adj* démonstratif(-ive)
demonstrator [ˈdɛmənstreɪtəʳ] *n* (*Pol etc*) manifestant(e) ; (*Comm: sales person*) vendeur(-euse) ; (*: car, computer etc*) modèle *m* de démonstration
demoralize [dɪˈmɔrəlaɪz] *vt* démoraliser
demote [dɪˈməut] *vt* rétrograder
demotion [dɪˈməuʃən] *n* rétrogradation *f*
demur [dɪˈməːʳ] *vi*: **to ~ (at sth)** hésiter (devant qch) ; (*object*) élever des objections (contre qch) ▸ *n*: **without ~** sans hésiter ; sans faire de difficultés
demure [dɪˈmjuəʳ] *adj* sage, réservé(e), d'une modestie affectée
demurrage [dɪˈmʌrɪdʒ] *n* droits *mpl* de magasinage ; surestarie *f*
demutualize [diːˈmjuːtʃuəlaɪz] *vi* (Brit) se démutualiser
demystify [diːˈmɪstɪfaɪ] *vt* démystifier
den [dɛn] *n* (*of lion*) tanière *f* ; (*room*) repaire *m*
denationalization [diːnæʃnəlaɪˈzeɪʃən] *n* dénationalisation *f*
denationalize [diːˈnæʃnəlaɪz] *vt* dénationaliser
denial [dɪˈnaɪəl] *n* (*of accusation*) démenti *m* ; (*of rights, guilt, truth*) dénégation *f*
denier [ˈdɛnɪəʳ] *n* denier *m* ; **15 ~ stockings** bas de 15 deniers
denigrate [ˈdɛnɪgreɪt] *vt* dénigrer
denim [ˈdɛnɪm] *n* jean *m* ; **denims** *npl* (blue-)jeans *mpl*
denim jacket *n* veste *f* en jean
denizen [ˈdɛnɪzn] *n* (*inhabitant*) habitant(e) ; (*foreigner*) étranger(-ère)
Denmark [ˈdɛnmɑːk] *n* Danemark *m*
denomination [dɪnɔmɪˈneɪʃən] *n* (*money*) valeur *f* ; (*Rel*) confession *f* ; culte *m*
denominator [dɪˈnɔmɪneɪtəʳ] *n* dénominateur *m*
denote [dɪˈnəut] *vt* dénoter
denouement, dénouement [deɪˈnuːmɔn] *n* dénouement *m*
denounce [dɪˈnauns] *vt* dénoncer
dense [dɛns] *adj* dense ; (*inf: stupid*) obtus(e), dur(e) *or* lent(e) à la comprenette
densely [ˈdɛnslɪ] *adv*: **~ wooded** couvert(e) d'épaisses forêts ; **~ populated** à forte densité (de population), très peuplé(e)
density [ˈdɛnsɪtɪ] *n* densité *f*
dent [dɛnt] *n* bosse *f* ; **to make a ~ in sth** (*car*) faire une bosse dans qch ; **to make a ~ in one's savings** entamer ses économies ▸ *vt* (*make a dent in*) cabosser
dental [ˈdɛntl] *adj* dentaire
dental floss [-flɔs] *n* fil *m* dentaire
dental surgeon *n* (chirurgien(ne))-dentiste
dental surgery *n* cabinet *m* de dentiste
dented [ˈdɛntɪd] *adj* cabossé(e)
dentist [ˈdɛntɪst] *n* dentiste *mf* ; **~'s surgery** (Brit) cabinet *m* de dentiste
dentistry [ˈdɛntɪstrɪ] *n* art *m* dentaire
dentures [ˈdɛntʃəz] *npl* dentier *msg*
denunciation [dɪnʌnsɪˈeɪʃən] *n* dénonciation *f*
deny [dɪˈnaɪ] *vt* nier ; (*refuse*) refuser ; (*disown*) renier ; **he denies having said it** il nie l'avoir dit
deodorant [diːˈəudərənt] *n* désodorisant *m*, déodorant *m*
depart [dɪˈpɑːt] *vi* partir ; **to ~ from** (*leave*) quitter, partir de ; (*fig: differ from*) s'écarter de
departed [dɪˈpɑːtɪd] *adj* (*dead*) défunt(e) ; **the (dear) ~** le défunt/la défunte/les défunts
department [dɪˈpɑːtmənt] *n* (*Comm*) rayon *m* ; (*Scol*) section *f* ; (*Pol*) ministère *m*, département *m* ; **that's not my ~** (*fig*) ce n'est pas mon domaine *or* ma compétence, ce n'est pas mon rayon ; **D~ of State** (*US*) Département d'État
departmental [diːpɑːtˈmɛntl] *adj* d'une *or* de la section ; d'un *or* du ministère, d'un *or* du département ; **~ manager** chef *m* de service ; (*in shop*) chef de rayon
department store *n* grand magasin
departure [dɪˈpɑːtʃəʳ] *n* départ *m* ; (*fig*): **~ from** écart *m* par rapport à ; **a new ~** une nouvelle voie
departure lounge *n* salle *f* de départ
depend [dɪˈpɛnd] *vi*: **to ~ (up)on** dépendre de ; (*rely on*) compter sur ; (*financially*) dépendre (financièrement) de, être à la charge de ; **it depends** cela dépend ; **depending on the result ...** selon le résultat ...
dependable [dɪˈpɛndəbl] *adj* sûr(e), digne de confiance
dependant [dɪˈpɛndənt] *n* personne *f* à charge
dependence [dɪˈpɛndəns] *n* dépendance *f*
dependency [dɪˈpɛndənsɪ] *n* (*country*) colonie *f* ; (*on person, thing*) dépendance *f* ; **drug ~** dépendance à la drogue *f*
dependent [dɪˈpɛndənt] *adj*: **to be ~ (on)** dépendre (de) ▸ *n* = **dependant**
depict [dɪˈpɪkt] *vt* (*in picture*) représenter ; (*in words*) (dé)peindre, décrire
depiction [dɪˈpɪkʃən] *n* (*in picture*) représentation *f* ; (*in words*) description *f*
depilatory [dɪˈpɪlətrɪ] *n* (*also*: **depilatory cream**) dépilatoire *m*, crème *f* à épiler
deplete [dɪˈpliːt] *vt* réduire
depleted [dɪˈpliːtɪd] *adj* (considérablement) réduit(e) *or* diminué(e)
depletion [dɪˈpliːʃən] *n* diminution *f* ; **ozone ~** diminution de la couche d'ozone
deplorable [dɪˈplɔːrəbl] *adj* déplorable, lamentable
deplore [dɪˈplɔːʳ] *vt* déplorer
deploy [dɪˈplɔɪ] *vt* déployer
deployment [dɪˈplɔɪmənt] *n* déploiement *m*
depopulate [diːˈpɔpjuleɪt] *vt* dépeupler
depopulation [ˈdiːpɔpjuˈleɪʃən] *n* dépopulation *f*, dépeuplement *m*
deport [dɪˈpɔːt] *vt* déporter, expulser

deportation [diːpɔːˈteɪʃən] *n* déportation *f*, expulsion *f*
deportation order *n* arrêté *m* d'expulsion
deportee [diːpɔːˈtiː] *n* déporté(e)
deportment [dɪˈpɔːtmənt] *n* maintien *m*, tenue *f*
depose [dɪˈpəuz] *vt* déposer
deposit [dɪˈpɔzɪt] *n* (*Chem, Comm, Geo*) dépôt *m* ; (*of ore, oil*) gisement *m* ; (*part payment*) arrhes *fpl*, acompte *m* ; (*on bottle etc*) consigne *f* ; (*for hired goods etc*) cautionnement *m*, garantie *f* ; **to put down a ~ of £50** verser 50 livres d'arrhes *or* d'acompte ; laisser 50 livres en garantie ▸ *vt* déposer ; (*valuables*) mettre *or* laisser en dépôt
deposit account *n* compte *m* sur livret
depositor [dɪˈpɔzɪtəʳ] *n* déposant(e)
depository [dɪˈpɔzɪtərɪ] *n* (*person*) dépositaire *mf* ; (*place*) dépôt *m*
depot [ˈdɛpəu] *n* dépôt *m* ; (*US Rail*) gare *f*
depraved [dɪˈpreɪvd] *adj* dépravé(e), perverti(e)
depravity [dɪˈprævɪtɪ] *n* dépravation *f*
deprecate [ˈdɛprɪkeɪt] *vt* désapprouver
deprecating [ˈdɛprɪkeɪtɪŋ] *adj* (*disapproving*) désapprobateur(-trice) ; (*apologetic*): **a ~ smile** un sourire d'excuse
depreciate [dɪˈpriːʃɪeɪt] *vt* déprécier ▸ *vi* se déprécier, se dévaloriser
depreciation [dɪpriːʃɪˈeɪʃən] *n* dépréciation *f*
depress [dɪˈprɛs] *vt* déprimer ; (*press down*) appuyer sur, abaisser ; (*wages etc*) faire baisser
depressant [dɪˈprɛsnt] *n* (*Med*) dépresseur *m*
depressed [dɪˈprɛst] *adj* (*person*) déprimé(e), abattu(e) ; (*area*) en déclin, touché(e) par le sous-emploi ; (*Comm: market, trade*) maussade ; **to get ~** se démoraliser, se laisser abattre
depressing [dɪˈprɛsɪŋ] *adj* déprimant(e)
depression [dɪˈprɛʃən] *n* (*Econ*) dépression *f*
depressive [dɪˈprɛsɪv] *adj, n* (*Med*) dépressif(-ive)
deprivation [dɛprɪˈveɪʃən] *n* privation *f* ; (*loss*) perte *f*
deprive [dɪˈpraɪv] *vt*: **to ~ sb of** priver qn de
deprived [dɪˈpraɪvd] *adj* déshérité(e)
dept. *abbr* (= *department*) dép, dépt
depth [dɛpθ] *n* profondeur *f* ; **in the depths of** au fond de ; au cœur de ; au plus profond de ; **to be in the depths of despair** être au plus profond du désespoir ; **at a ~ of 3 metres** à 3 mètres de profondeur ; **to be out of one's ~** (*BRIT: swimmer*) ne plus avoir pied ; (*fig*) être dépassé(e), nager ; **to study sth in ~** étudier qch en profondeur
depth charge *n* grenade sous-marine
deputation [dɛpjuˈteɪʃən] *n* députation *f*, délégation *f*
deputize [ˈdɛpjutaɪz] *vi*: **to ~ for** assurer l'intérim de
deputy [ˈdɛpjutɪ] *n* (*replacement*) suppléant(e), intérimaire *mf* ; (*second in command*) adjoint(e) ; (*Pol*) député *m* ; (*US: also*: **deputy sheriff**) shérif adjoint ▸ *adj*: **~ chairman** vice-président *m* ; **~ head** (*Scol*) directeur(-trice) adjoint(e), sous-directeur(-trice) ; **~ leader** (*BRIT Pol*) vice-président(e), secrétaire adjoint(e)
derail [dɪˈreɪl] *vt* faire dérailler ; **to be derailed** dérailler
derailment [dɪˈreɪlmənt] *n* déraillement *m*
deranged [dɪˈreɪndʒd] *adj*: **to be (mentally) ~** avoir le cerveau dérangé
derby [ˈdəːrbɪ] *n* (*US*) (chapeau *m*) melon *m*
deregulate [dɪˈrɛgjuleɪt] *vt* libérer, dérégler, déréguler
deregulation [dɪrɛgjuˈleɪʃən] *n* libération *f*, dérèglement *m*
derelict [ˈdɛrɪlɪkt] *adj* abandonné(e), à l'abandon
deride [dɪˈraɪd] *vt* railler
derision [dɪˈrɪʒən] *n* dérision *f*
derisive [dɪˈraɪsɪv] *adj* moqueur(-euse), railleur(-euse)
derisory [dɪˈraɪsərɪ] *adj* (*sum*) dérisoire ; (*smile, person*) moqueur(-euse), railleur(-euse)
derivation [dɛrɪˈveɪʃən] *n* dérivation *f*
derivative [dɪˈrɪvətɪv] *n* dérivé *m* ▸ *adj* dérivé(e)
derive [dɪˈraɪv] *vt*: **to ~ sth from** tirer qch de ; trouver qch dans ▸ *vi*: **to ~ from** provenir de, dériver de
dermatitis [dəːməˈtaɪtɪs] *n* dermatite *f*
dermatologist [dəːməˈtɔlədʒɪst] *n* dermatologue *mf*
dermatology [dəːməˈtɔlədʒɪ] *n* dermatologie *f*
derogatory [dɪˈrɔgətərɪ] *adj* désobligeant(e), péjoratif(-ive)
derrick [ˈdɛrɪk] *n* mât *m* de charge, derrick *m*
derv [dəːv] *n* (*BRIT*) gas-oil *m*, diesel *m*
DES *n abbr* (*BRIT*: = *Department of Education and Science*) *ministère de l'éducation nationale et des sciences*
desalination [diːsælɪˈneɪʃən] *n* dessalement *m*, dessalage *m*
descend [dɪˈsɛnd] *vt, vi* descendre ; **to ~ from** descendre de, être issu(e) de ; **to ~ to** s'abaisser à ; **in descending order of importance** par ordre d'importance décroissante
▸ **descend on** *vt fus* (*enemy, angry person*) tomber *or* sauter sur ; (*misfortune*) s'abattre sur ; (*gloom, silence*) envahir ; **visitors descended (up)on us** des gens sont arrivés chez nous à l'improviste
descendant [dɪˈsɛndənt] *n* descendant(e)
descended [dɪˈsɛndɪd] *adj*: **to be ~ from sb** descendre de qn
descending [dɪˈsɛndɪŋ] *adj*: **in ~ order** par ordre décroissant
descent [dɪˈsɛnt] *n* descente *f* ; (*origin*) origine *f*
describe [dɪsˈkraɪb] *vt* décrire
description [dɪsˈkrɪpʃən] *n* description *f* ; (*sort*) sorte *f*, espèce *f* ; **of every ~** de toutes sortes
descriptive [dɪsˈkrɪptɪv] *adj* descriptif(-ive)
desecrate [ˈdɛsɪkreɪt] *vt* profaner
desecration [dɛsɪˈkreɪʃən] *n* profanation *f*
desegregation [diːsɛgrɪˈgeɪʃən] *n* déségrégation *f*
desert *n* [ˈdɛzət] désert *m* ▸ *vt* [dɪˈzəːt] déserter, abandonner ▸ *vi* (*Mil*) déserter
deserted [dɪˈzəːtɪd] *adj* désert(e)
deserter [dɪˈzəːtəʳ] *n* déserteur *m*
desertification [dɪzəːtɪfɪˈkeɪʃən] *n* désertification *f*
desertion [dɪˈzəːʃən] *n* désertion *f*
desert island *n* île déserte

deserts [dɪ'zəːts] *npl*: **to get one's just ~** n'avoir que ce qu'on mérite
deserve [dɪ'zəːv] *vt* mériter
deservedly [dɪ'zəːvɪdlɪ] *adv* à juste titre, à bon droit
deserving [dɪ'zəːvɪŋ] *adj* (*person*) méritant(e) ; (*action, cause*) méritoire
desiccated ['dɛsɪkeɪtɪd] *adj* séché(e)
design [dɪ'zaɪn] *n* (*sketch*) plan *m*, dessin *m* ; (*layout, shape*) conception *f*, ligne *f* ; (*pattern*) dessin, motif(s) *m(pl)* ; (*of dress, car*) modèle *m* ; (*art*) design *m*, stylisme *m* ; (*intention*) dessein *m* ; **to have designs on** avoir des visées sur ; **industrial ~** esthétique industrielle ▸ *vt* dessiner ; (*plan*) concevoir ; **well-designed** *adj* bien conçu(e)
design and technology *n* (BRIT *Scol*) technologie *f*
designate *vt* ['dɛzɪgneɪt] désigner ▸ *adj* ['dɛzɪgnɪt] désigné(e)
designation [dɛzɪg'neɪʃən] *n* désignation *f*
designer [dɪ'zaɪnəʳ] *n* (*Archit, Art*) dessinateur(-trice) ; (*Industry*) concepteur(-trice), designer *mf* ; (*Fashion*) styliste *mf*
desirability [dɪzaɪərə'bɪlɪtɪ] *n* avantage *m* ; attrait *m*
desirable [dɪ'zaɪərəbl] *adj* (*property, location, purchase*) attrayant(e) ; **it is ~ that** il est souhaitable que
desire [dɪ'zaɪəʳ] *n* désir *m* ▸ *vt* désirer, vouloir ; **to ~ to do sth/that** désirer faire qch/que
desirous [dɪ'zaɪərəs] *adj*: **~ of** désireux(-euse) de
desist [dɪ'zɪst, dɪ'sɪst] *vi* cesser ; **to ~ from sth** cesser qch ; **to ~ from doing sth** cesser de faire qch
desk [dɛsk] *n* (*in office*) bureau *m* ; (*for pupil*) pupitre *m* ; (BRIT: *in shop, restaurant*) caisse *f* ; (*in hotel, at airport*) réception *f*
desktop *n* bureau *m* ▸ *adj* de bureau ; **~ computer** ordinateur de bureau
desk-top publishing ['dɛsktɔp-] *n* publication assistée par ordinateur, PAO *f*
desolate ['dɛsəlɪt] *adj* désolé(e)
desolation [dɛsə'leɪʃən] *n* désolation *f*
despair [dɪs'pɛəʳ] *n* désespoir *m* ; **to be in ~** être au désespoir ▸ *vi*: **to ~ of** désespérer de
despatch [dɪs'pætʃ] *n, vt* = **dispatch**
desperate ['dɛspərɪt] *adj* désespéré(e) ; (*fugitive*) prêt(e) à tout ; (*measures*) désespéré, extrême ; **to be ~ for sth/to do sth** avoir désespérément besoin de qch/de faire qch ; **we are getting ~** nous commençons à désespérer
desperately ['dɛspərɪtlɪ] *adv* désespérément ; (*very*) terriblement, extrêmement ; **~ ill** très gravement malade
desperation [dɛspə'reɪʃən] *n* désespoir *m* ; **in (sheer) ~** en désespoir de cause
despicable [dɪs'pɪkəbl] *adj* méprisable
despise [dɪs'paɪz] *vt* mépriser, dédaigner
despite [dɪs'paɪt] *prep* malgré, en dépit de
despondent [dɪs'pɔndənt] *adj* découragé(e), abattu(e)
despot ['dɛspɔt] *n* despote *mf*
despotic [dɪs'pɔtɪk] *adj* despotique
dessert [dɪ'zəːt] *n* dessert *m*
dessertspoon [dɪ'zəːtspuːn] *n* cuiller *f* à dessert
destabilize [diː'steɪbɪlaɪz] *vt* déstabiliser
destination [dɛstɪ'neɪʃən] *n* destination *f*
destine ['dɛstɪn] *vt* destiner
destined ['dɛstɪnd] *adj*: **to be ~ to do sth** être destiné(e) à faire qch ; **~ for London** à destination de Londres
destiny ['dɛstɪnɪ] *n* destinée *f*, destin *m*
destitute ['dɛstɪtjuːt] *adj* misérable, dans la misère ; **to be left ~** être plongé(e) dans la misère ; **the ~** les indigents
destitution [dɛstɪ'tjuːʃən] *n* dénuement *m*, indigence *f*
de-stress [diː'strɛs] *vi, vt* déstresser (*inf*)
destroy [dɪs'trɔɪ] *vt* détruire ; (*injured horse*) abattre ; (*dog*) faire piquer
destroyer [dɪs'trɔɪəʳ] *n* (*Naut*) contre-torpilleur *m*
destruction [dɪs'trʌkʃən] *n* destruction *f*
destructive [dɪs'trʌktɪv] *adj* destructeur(-trice)
desultory ['dɛsəltərɪ] *adj* (*reading, conversation*) décousu(e) ; (*contact*) irrégulier(-ière)
detach [dɪ'tætʃ] *vt* détacher
detachable [dɪ'tætʃəbl] *adj* amovible, détachable
detached [dɪ'tætʃt] *adj* (*attitude*) détaché(e)
detached house *n* pavillon *m* maison(nette) (individuelle)
detachment [dɪ'tætʃmənt] *n* (*Mil*) détachement *m* ; (*fig*) détachement, indifférence *f*
detail ['diːteɪl] *n* détail *m* ; (*Mil*) détachement *m* ; **in ~** en détail ; **to go into ~(s)** entrer dans les détails ▸ *vt* raconter en détail, énumérer ; (*Mil*): **to ~ sb (for)** affecter qn (à), détacher qn (pour)
detailed ['diːteɪld] *adj* détaillé(e)
detain [dɪ'teɪn] *vt* retenir ; (*in captivity*) détenir ; (*in hospital*) hospitaliser
detainee [diːteɪ'niː] *n* détenu(e)
detect [dɪ'tɛkt] *vt* déceler, percevoir ; (*Med, Police*) dépister ; (*Mil, Radar, Tech*) détecter
detection [dɪ'tɛkʃən] *n* découverte *f* ; (*Med, Police*) dépistage *m* ; (*Mil, Radar, Tech*) détection *f* ; **to escape ~** échapper aux recherches, éviter d'être découvert(e) ; (*mistake*) passer inaperçu(e) ; **crime ~** le dépistage des criminels
detective [dɪ'tɛktɪv] *n* agent *m* de la sûreté, policier *m* ; **private ~** détective privé
detective story *n* roman policier
detector [dɪ'tɛktəʳ] *n* détecteur *m*
détente [deɪ'tɑːnt] *n* détente *f*
detention [dɪ'tɛnʃən] *n* détention *f* ; (*Scol*) retenue *f*, consigne *f*
deter [dɪ'təːʳ] *vt* dissuader
detergent [dɪ'təːdʒənt] *n* détersif *m*, détergent *m*
deteriorate [dɪ'tɪərɪəreɪt] *vi* se détériorer, se dégrader
deterioration [dɪtɪərɪə'reɪʃən] *n* détérioration *f*
determinant [dɪ'təːmɪnənt] *n* déterminant *m*
determination [dɪtəːmɪ'neɪʃən] *n* détermination *f*
determine [dɪ'təːmɪn] *vt* déterminer ; **to ~ to do** résoudre de faire, se déterminer à faire

determined [dɪ'tə:mɪnd] *adj* (*person*) déterminé(e), décidé(e) ; (*quantity*) déterminé, établi(e) ; (*effort*) très gros(se) ; **~ to do** bien décidé à faire
determinism [dɪ'tə:mɪnɪzəm] *n* déterminisme *m*
deterrence [dɪ'tɛrns] *n* dissuasion *f*
deterrent [dɪ'tɛrənt] *n* effet *m* de dissuasion ; force *f* de dissuasion ; **to act as a ~** avoir un effet dissuasif
detest [dɪ'tɛst] *vt* détester, avoir horreur de
detestable [dɪ'tɛstəbl] *adj* détestable odieux(-euse)
detonate ['dɛtəneɪt] *vi* exploser ▸ *vt* faire exploser *or* détoner
detonator ['dɛtəneɪtə^r] *n* détonateur *m*
detour ['di:tuə^r] *n* détour *m* ; (*US Aut: diversion*) déviation *f*
detox ['di:tɔks] *vi* se détoxifier ; (*body*) détoxifier ▸ *n* détox *f*
detoxification [di:tɔksɪfɪ'keɪʃən] *n* détox *f*
detoxify [di:'tɔksɪfaɪ] *vi* se détoxifier ; (*body*) détoxifier
detract [dɪ'trækt] *vt*: **to ~ from** (*quality, pleasure*) diminuer ; (*reputation*) porter atteinte à
detractor [dɪ'træktə^r] *n* détracteur(-trice)
detriment ['dɛtrɪmənt] *n*: **to the ~ of** au détriment de, au préjudice de ; **without ~ to** sans porter atteinte *or* préjudice à, sans conséquences fâcheuses pour
detrimental [dɛtrɪ'mɛntl] *adj*: **~ to** préjudiciable *or* nuisible à
deuce [dju:s] *n* (*Tennis*) égalité *f*
devaluation [dɪvælju'eɪʃən] *n* dévaluation *f*
devalue ['di:'vælju:] *vt* dévaluer
devastate ['dɛvəsteɪt] *vt* dévaster ; **he was devastated by the news** cette nouvelle lui a porté un coup terrible
devastating ['dɛvəsteɪtɪŋ] *adj* dévastateur(-trice) ; (*news*) accablant(e)
devastation [dɛvəs'teɪʃən] *n* dévastation *f*
develop [dɪ'vɛləp] *vt* (*gen*) développer ; (*disease*) commencer à souffrir de ; (*habit*) contracter ; (*resources*) mettre en valeur, exploiter ; (*land*) aménager ; **can you ~ this film?** pouvez-vous développer cette pellicule ? ; **to ~ a taste for sth** prendre goût à qch ▸ *vi* se développer ; (*situation, disease: evolve*) évoluer ; (*facts, symptoms: appear*) se manifester, se produire ; **to ~ into** devenir
developer [dɪ'vɛləpə^r] *n* (*Phot*) révélateur *m* ; (*of land*) promoteur *m* ; (*also*: **property developer**) promoteur immobilier
developing [dɪ'vɛləpɪŋ] *adj* (*world*) en voie de développement
developing country *n* pays *m* en voie de développement
development [dɪ'vɛləpmənt] *n* développement *m* ; (*of land*) exploitation *f* ; (*new fact, event*) rebondissement *m*, fait(s) nouveau(x)
development area *n* zone *f* à urbaniser
deviate ['di:vɪeɪt] *vi*: **to ~ (from)** dévier (de)
deviation [di:vɪ'eɪʃən] *n* déviation *f*
device [dɪ'vaɪs] *n* (*scheme*) moyen *m*, expédient *m* ; (*apparatus*) appareil *m*, dispositif *m* ; **explosive ~** engin explosif ; **improvised explosive ~** engin explosif improvisé
devil ['dɛvl] *n* diable *m* ; démon *m*
devilish ['dɛvlɪʃ] *adj* diabolique
devil-may-care ['dɛvlmeɪ'kɛə^r] *adj* je-m'en-foutiste
devil's advocate *n*: **to play ~** se faire avocat du diable
devious ['di:vɪəs] *adj* (*means*) détourné(e) ; (*person*) sournois(e), dissimulé(e)
devise [dɪ'vaɪz] *vt* imaginer, concevoir
devoid [dɪ'vɔɪd] *adj*: **~ of** dépourvu(e) de, dénué(e) de
devolution [di:və'lu:ʃən] *n* (*Pol*) décentralisation *f*
devolve [dɪ'vɔlv] *vi*: **to ~ (up)on** retomber sur
devote [dɪ'vəut] *vt*: **to ~ sth to** consacrer qch à
devoted [dɪ'vəutɪd] *adj* dévoué(e) ; **to be ~ to** être dévoué(e) *or* très attaché(e) à ; (*book etc*) être consacré(e) à
devotee [dɛvəu'ti:] *n* (*Rel*) adepte *mf* ; (*Mus, Sport*) fervent(e)
devotion [dɪ'vəuʃən] *n* dévouement *m*, attachement *m* ; (*Rel*) dévotion *f*, piété *f*
devour [dɪ'vauə^r] *vt* dévorer
devout [dɪ'vaut] *adj* pieux(-euse), dévot(e)
dew [dju:] *n* rosée *f*
dexterity [dɛks'tɛrɪtɪ] *n* dextérité *f*, adresse *f*
DfEE *n abbr* (Brit: = *Department for Education and Employment*) Ministère de l'éducation et de l'emploi
dg *abbr* (= *decigram*) dg
DHSS *n abbr* (Brit) = **Department of Health and Social Security**
diabetes [daɪə'bi:ti:z] *n* diabète *m*
diabetic [daɪə'bɛtɪk] *n* diabétique *mf* ▸ *adj* (*person*) diabétique ; (*chocolate, jam*) pour diabétiques
diabolical [daɪə'bɔlɪkl] *adj* diabolique ; (*inf: dreadful*) infernal(e), atroce
diagnose [daɪəg'nəuz] *vt* diagnostiquer
diagnosis [daɪəg'nəusɪs] (*pl* **diagnoses** [-si:z]) *n* diagnostic *m*
diagnostic [daɪəg'nɔstɪk] *adj* diagnostique
diagonal [daɪ'ægənl] *adj* diagonal(e) ▸ *n* diagonale *f*
diagram ['daɪəgræm] *n* diagramme *m*, schéma *m*
dial ['daɪəl] *n* cadran *m* ▸ *vt* (*number*) faire, composer ; **to ~ a wrong number** faire un faux numéro ; **can I ~ London direct?** puis-je *or* est-ce que je peux avoir Londres par l'automatique ?
dial. *abbr* = **dialect**
dialect ['daɪəlɛkt] *n* dialecte *m*
dialling code ['daɪəlɪŋ-], (*US*) **dial code** *n* indicatif *m* (téléphonique) ; **what's the ~ for Paris?** quel est l'indicatif de Paris ?
dialling tone ['daɪəlɪŋ-], (*US*) **dial tone** *n* tonalité *f*
dialogue, (*US*) **dialog** ['daɪəlɔg] *n* dialogue *m*
dialogue box, dialog box *n* (*Comput*) boîte *f* de dialogue
dialysis [daɪ'ælɪsɪs] *n* dialyse *f*
diameter [daɪ'æmɪtə^r] *n* diamètre *m*

d

diametrically [daɪə'mɛtrɪklɪ] *adv*: **~ opposed (to)** diamétralement opposé(e) (à)
diamond ['daɪəmənd] *n* diamant *m* ; (*shape*) losange *m* ; **diamonds** *npl* (*Cards*) carreau *m*
diamond ring *n* bague *f* de diamant(s)
diaper ['daɪəpəʳ] *n* (*US*) couche *f*
diaphanous [daɪ'æfənəs] *adj* diaphane
diaphragm ['daɪəfræm] *n* diaphragme *m*
diarrhoea, (*US*) **diarrhea** [daɪə'riːə] *n* diarrhée *f*
diary ['daɪərɪ] *n* (*daily account*) journal *m* ; (*book*) agenda *m* ; **to keep a ~** tenir un journal
diaspora [daɪ'æspərə] *n* diaspora *f* ; **the Irish ~** la diaspora irlandaise
diatribe ['daɪətraɪb] *n* diatribe *f*
dice [daɪs] *n* (*pl inv*) dé *m* ▸ *vt* (*Culin*) couper en dés *or* en cubes
dicey ['daɪsɪ] *adj* (*inf*): **it's a bit ~** c'est un peu risqué
dichotomy [daɪ'kɔtəmɪ] *n* dichotomie *f*
dickhead ['dɪkhɛd] *n* (Brit *inf!*) tête *f* de nœud (*!*)
Dictaphone® ['dɪktəfəun] *n* Dictaphone® *m*
dictate *vt* [dɪk'teɪt] dicter ▸ *vi*: **to ~ to** (*person*) imposer sa volonté à, régenter ; **I won't be dictated to** je n'ai d'ordres à recevoir de personne ▸ *n* ['dɪkteɪt] injonction *f*
dictation [dɪk'teɪʃən] *n* dictée *f* ; **at ~ speed** à une vitesse de dictée
dictator [dɪk'teɪtəʳ] *n* dictateur *m*
dictatorial [dɪktə'tɔːrɪəl] *adj* dictatorial(e)
dictatorship [dɪk'teɪtəʃɪp] *n* dictature *f*
diction ['dɪkʃən] *n* diction *f*, élocution *f*
dictionary ['dɪkʃənrɪ] *n* dictionnaire *m*
did [dɪd] *pt of* **do**
didactic [daɪ'dæktɪk] *adj* didactique
diddle ['dɪdl] *vt* (*esp* Brit *inf*: *con*) rouler ▸ *vi* (*US inf*): **to ~ with sth** (*fiddle*) tripatouiller qch ; **to ~ around** (*waste time*) traînasser
didn't [dɪdnt] = **did not**
die [daɪ] (*pl* **dice**) *n* dé *m* ; (*pl* **dies**) coin *m* ; matrice *f* ; étampe *f* ▸ *vi* mourir ; **to ~ of** *or* **from** mourir de ; **to be dying** être mourant(e) ; **to be dying for sth** avoir une envie folle de qch ; **to be dying to do sth** mourir d'envie de faire qch
▸ **die away** *vi* s'éteindre
▸ **die down** *vi* se calmer, s'apaiser
▸ **die out** *vi* disparaître, s'éteindre
diehard ['daɪhɑːd] *n* réactionnaire *mf*, jusqu'au-boutiste *mf*
diesel ['diːzl] *n* (*vehicle*) diesel *m* ; (*also*: **diesel oil**) carburant *m* diesel, gas-oil *m*
diesel engine *n* moteur *m* diesel
diesel fuel, diesel oil *n* carburant *m* diesel
diet ['daɪət] *n* alimentation *f* ; (*restricted food*) régime *m* ; **to live on a ~ of** se nourrir de ▸ *vi* (*also*: **be on a diet**) suivre un régime
dietary ['daɪətrɪ] *adj* (*habits, advice*) diététique ; (*fat, fibre*) alimentaire
dietician [daɪə'tɪʃən] *n* diététicien(ne)
differ ['dɪfəʳ] *vi*: **to ~ from sth** (*be different*) être différent(e) de qch, différer de qch ; **to ~ from sb over sth** ne pas être d'accord avec qn au sujet de qch
difference ['dɪfrəns] *n* différence *f* ; (*quarrel*) différend *m*, désaccord *m* ; **it makes no ~ to me** cela m'est égal, cela m'est indifférent ; **to settle one's differences** résoudre la situation
different ['dɪfrənt] *adj* différent(e)
differential [dɪfə'rɛnʃəl] *n* (*Aut, wages*) différentiel *m*
differentiate [dɪfə'rɛnʃɪeɪt] *vt* différencier ▸ *vi* se différencier ; **to ~ between** faire une différence entre
differentiation [dɪfərɛnʃɪ'eɪʃən] *n* différenciation *f*
differently ['dɪfrəntlɪ] *adv* différemment
difficult ['dɪfɪkəlt] *adj* difficile ; **~ to understand** difficile à comprendre
difficulty ['dɪfɪkəltɪ] *n* difficulté *f* ; **to have difficulties with** avoir des ennuis *or* problèmes avec ; **to be in ~** avoir des difficultés, avoir des problèmes
diffidence ['dɪfɪdəns] *n* manque *m* de confiance en soi, manque d'assurance
diffident ['dɪfɪdənt] *adj* qui manque de confiance *or* d'assurance, peu sûr(e) de soi
diffuse *adj* [dɪ'fjuːs] diffus(e) ▸ *vt* [dɪ'fjuːz] diffuser, répandre
diffusion [dɪ'fjuːʒən] *n* diffusion *f*
dig [dɪg] (*pt, pp* **dug** [dʌg]) *vt* (*hole*) creuser ; (*garden*) bêcher ; **to ~ one's nails into** enfoncer ses ongles dans ▸ *vi*: **to ~ into** (*snow, soil*) creuser ; **to ~ into one's pockets for sth** fouiller dans ses poches pour chercher *or* prendre qch ▸ *n* (*prod*) coup *m* de coude ; (*fig*: *remark*) coup de griffe *or* de patte ; (*Archaeology*) fouille *f*
▸ **dig in** *vi* (*Mil*) se retrancher ; (*fig*) tenir bon, se braquer ; (*inf*: *eat*) attaquer (un repas *or* un plat *etc*) ▸ *vt* (*compost*) bien mélanger à la bêche ; (*knife, claw*) enfoncer ; **to ~ in one's heels** (*fig*) se braquer, se buter
▸ **dig out** *vt* (*survivors, car from snow*) sortir *or* dégager (à coups de pelles *or* pioches)
▸ **dig up** *vt* déterrer
digest *vt* [daɪ'dʒɛst] digérer ▸ *n* ['daɪdʒɛst] sommaire *m*, résumé *m*
digestible [dɪ'dʒɛstəbl] *adj* digestible
digestion [dɪ'dʒɛstʃən] *n* digestion *f*
digestive [dɪ'dʒɛstɪv] *adj* digestif(-ive)
digger ['dɪgəʳ] *n* (*machine*) excavateur *m*, excavatrice *f*
digit ['dɪdʒɪt] *n* (*number*) chiffre *m* (*de o à 9*) ; (*finger*) doigt *m*
digital ['dɪdʒɪtl] *adj* (*system, recording, radio*) numérique, digital(e) ; (*watch*) à affichage numérique *or* digital
digital camera *n* appareil *m* photo numérique
digital compact cassette *n* cassette *f* numérique
digitally ['dɪdʒɪtəlɪ] *adv* numériquement
digital TV *n* télévision *f* numérique
digitize ['dɪdʒɪtaɪz] *vt* numériser
dignified ['dɪgnɪfaɪd] *adj* digne
dignitary ['dɪgnɪtərɪ] *n* dignitaire *m*
dignity ['dɪgnɪtɪ] *n* dignité *f*
digress [daɪ'grɛs] *vi*: **to ~ from** s'écarter de, s'éloigner de
digression [daɪ'grɛʃən] *n* digression *f*
digs [dɪgz] *npl* (Brit *inf*) piaule *f*, chambre meublée
diktat ['dɪktæt] *n* diktat *m*

dilapidated [dɪ'læpɪdeɪtɪd] *adj* délabré(e)
dilate [daɪ'leɪt] *vt* dilater ▸ *vi* se dilater
dilatory ['dɪlətərɪ] *adj* dilatoire
dilemma [daɪ'lɛmə] *n* dilemme *m* ; **to be in a ~** être pris dans un dilemme
diligence ['dɪlɪdʒəns] *n* assiduité *f*, application *f* ; **with ~** avec assiduité
diligent ['dɪlɪdʒənt] *adj* (*worker, student*) appliqué(e), assidu(e) ; (*work*) assidu(e)
dill [dɪl] *n* aneth *m*
dilly-dally ['dɪlɪ'dælɪ] *vi* hésiter, tergiverser ; traînasser, lambiner
dilute [daɪ'lu:t] *vt* diluer ▸ *adj* dilué(e)
dilution [daɪ'lu:ʃən] *n* (*of solution, substance*) dilution *f* ; (*of quality, value*) affaiblissement *m*
dim [dɪm] *adj* (*light, eyesight*) faible ; (*memory, outline*) vague, indécis(e) ; (*room*) sombre ; (*inf: stupid*) borné(e), obtus(e) ; **to take a ~ view of sth** voir qch d'un mauvais œil ▸ *vt* (*light*) réduire, baisser ; (*US Aut*) mettre en code, baisser
dime [daɪm] *n* (*US*) pièce *f* de 10 cents
dimension [daɪ'mɛnʃən] *n* dimension *f*
-dimensional [dɪ'mɛnʃənl] *adj suffix*: **two~** à deux dimensions
diminish [dɪ'mɪnɪʃ] *vt, vi* diminuer
diminished [dɪ'mɪnɪʃt] *adj*: **~ responsibility** (*Law*) responsabilité atténuée
diminutive [dɪ'mɪnjutɪv] *adj* minuscule, tout(e) petit(e) ▸ *n* (*Ling*) diminutif *m*
dimly ['dɪmlɪ] *adv* faiblement ; vaguement
dimmer ['dɪmə^r] *n* (*also*: **dimmer switch**) variateur *m* ; **dimmers** *npl* (*US Aut: dipped headlights*) phares *mpl* code *inv*, codes *mpl* ; (*parking lights*) feux *mpl* de position
dimple ['dɪmpl] *n* fossette *f*
dim-witted ['dɪm'wɪtɪd] *adj* (*inf*) stupide, borné(e)
din [dɪn] *n* vacarme *m* ▸ *vt*: **to ~ sth into sb** (*inf*) enfoncer qch dans la tête *or* la caboche de qn
dine [daɪn] *vi* dîner
▸ **dine out** *vi* (*at restaurant*) aller au restaurant
diner ['daɪnə^r] *n* (*person*) dîneur(-euse) ; (*Rail*) = **dining car**; (*US: eating place*) petit restaurant
dinghy ['dɪŋgɪ] *n* youyou *m* ; (*inflatable*) canot *m* pneumatique ; (*also*: **sailing dinghy**) voilier *m*, dériveur *m*
dingo ['dɪŋgəu] *n* dingo *m*
dingy ['dɪndʒɪ] *adj* miteux(-euse), minable
dining car ['daɪnɪŋ-] *n* (BRIT) voiture-restaurant *f*, wagon-restaurant *m*
dining room ['daɪnɪŋ-] *n* salle *f* à manger
dining table [daɪnɪŋ-] *n* table *f* de (la) salle à manger
dinkum ['dɪŋkʌm] *adj* (AUSTRALIA, NEW ZEALAND *inf*) vrai(e) ; **fair ~** vrai(e)
dinner ['dɪnə^r] *n* (*evening meal*) dîner *m* ; (*lunch*) déjeuner *m* ; (*public*) banquet *m* ; **~'s ready!** à table !
dinner jacket *n* smoking *m*
dinner party *n* dîner *m*
dinner time *n* (*evening*) heure *f* du dîner ; (*midday*) heure du déjeuner
dinosaur ['daɪnəsɔ:^r] *n* dinosaure *m*
dint [dɪnt] *n*: **by ~ of (doing) sth** à force de (faire) qch
diocese ['daɪəsɪs] *n* diocèse *m*
dioxide [daɪ'ɔksaɪd] *n* dioxyde *m*
dip [dɪp] *n* (*slope*) déclivité *f* ; (*in sea*) baignade *f*, bain *m* ; (*Culin*) ≈ sauce *f* ▸ *vt* tremper, plonger ; (BRIT *Aut: lights*) mettre en code, baisser ▸ *vi* plonger
▸ **dip into** *vt fus* (*book*) parcourir ; (*savings*) puiser dans
Dip. *abbr* (BRIT) = **diploma**
diphtheria [dɪf'θɪərɪə] *n* diphtérie *f*
diphthong ['dɪfθɔŋ] *n* diphtongue *f*
diploma [dɪ'pləumə] *n* diplôme *m*
diplomacy [dɪ'pləuməsɪ] *n* diplomatie *f*
diplomat ['dɪpləmæt] *n* diplomate *mf*
diplomatic [dɪplə'mætɪk] *adj* diplomatique ; **to break off ~ relations (with)** rompre les relations diplomatiques (avec)
diplomatic corps *n* corps *m* diplomatique
diplomatic immunity *n* immunité *f* diplomatique
dipstick ['dɪpstɪk] *n* (BRIT *Aut*) jauge *f* de niveau d'huile
dipswitch ['dɪpswɪtʃ] *n* (BRIT *Aut*) commutateur *m* de code
dire [daɪə^r] *adj* (*poverty*) extrême ; (*awful*) affreux(-euse)
direct [daɪ'rɛkt] *adj* direct(e) ; (*manner, person*) direct, franc (franche) ▸ *vt* (*tell way*) diriger, orienter ; (*letter, remark*) adresser ; (*Cine, TV*) réaliser ; (*Theat*) mettre en scène ; (*order*): **to ~ sb to do sth** ordonner à qn de faire qch ; **can you ~ me to ...?** pouvez-vous m'indiquer le chemin de ... ? ▸ *adv* directement
direct cost *n* (*Comm*) coût *m* variable
direct current *n* (*Elec*) courant continu
direct debit *n* (BRIT *Banking*) prélèvement *m* automatique
direct dialling *n* (*Tel*) automatique *m*
direct hit *n* (*Mil*) coup *m* au but, touché *m*
direction [dɪ'rɛkʃən] *n* direction *f* ; (*Theat*) mise *f* en scène ; (*Cine, TV*) réalisation *f* ; **sense of ~** sens *m* de l'orientation ; **in the ~ of** dans la direction de, vers ; **directions** *npl* (*to a place*) indications *fpl* ; **directions for use** mode *m* d'emploi ; **to ask for directions** demander sa route *or* son chemin
directive [dɪ'rɛktɪv] *n* directive *f* ; **a government ~** une directive du gouvernement
direct labour *n* main-d'œuvre directe ; employés municipaux
directly [dɪ'rɛktlɪ] *adv* (*in straight line*) directement, tout droit ; (*at once*) tout de suite, immédiatement
direct mail *n* vente *f* par publicité directe
direct mailshot *n* (BRIT) publicité postale
directness [daɪ'rɛktnɪs] *n* (*of person, speech*) franchise *f*
director [dɪ'rɛktə^r] *n* directeur *m* ; (*board member*) administrateur *m* ; (*Theat*) metteur *m* en scène ; (*Cine, TV*) réalisateur(-trice) ; **D~ of Public Prosecutions** (BRIT) ≈ procureur général
directorship [dɪ'rɛktəʃɪp, daɪ'rɛktəʃɪp] *n* poste *m* de directeur, fonction *f* de directeur
directory [dɪ'rɛktərɪ] *n* annuaire *m* ; (*also*: **street directory**) indicateur *m* de rues ; (*also*: **trade**

directory) annuaire du commerce ; (*Comput*) répertoire *m*
directory enquiries, (*US*) **directory assistance** *n* (*Tel: service*) renseignements *mpl*
dirt [dəːt] *n* saleté *f* ; (*mud*) boue *f* ; **to treat sb like ~** traiter qn comme un chien
dirt-cheap ['dəːt'tʃiːp] *adj* (ne) coûtant presque rien
dirt road *n* chemin non macadamisé *or* non revêtu
dirty ['dəːtɪ] *adj* sale ; (*joke*) cochon(ne) ; **~ story** histoire cochonne ; **~ trick** coup tordu ▸ *vt* salir
disability [dɪsə'bɪlɪtɪ] *n* invalidité *f*, infirmité *f*
disability allowance *n* allocation *f* d'invalidité *or* d'infirmité
disable [dɪs'eɪbl] *vt* (*illness, accident*) rendre *or* laisser infirme ; (*tank, gun*) mettre hors d'action
disabled [dɪs'eɪbld] *adj* handicapé(e) ; (*maimed*) mutilé(e) ; (*through illness, old age*) impotent(e)
disabling [dɪ'seɪblɪŋ] *adj* handicapant(e)
disabuse [dɪsə'bjuːz] *vt* détromper ; **to ~ sb of sth** détromper qn de qch
disadvantage [dɪsəd'vɑːntɪdʒ] *n* désavantage *m*, inconvénient *m*
disadvantaged [dɪsəd'vɑːntɪdʒd] *adj* (*person*) désavantagé(e)
disadvantageous [dɪsædvɑːn'teɪdʒəs] *adj* désavantageux(-euse)
disaffected [dɪsə'fɛktɪd] *adj*: **~ (to** *or* **towards)** mécontent(e) (de)
disaffection [dɪsə'fɛkʃən] *n* désaffection *f*, mécontentement *m*
disagree [dɪsə'griː] *vi* (*differ*) ne pas concorder ; (*be against, think otherwise*): **to ~ (with)** ne pas être d'accord (avec) ; **garlic disagrees with me** l'ail ne me convient pas, je ne supporte pas l'ail
disagreeable [dɪsə'griːəbl] *adj* désagréable
disagreement [dɪsə'griːmənt] *n* désaccord *m*, différend *m*
disallow ['dɪsə'lau] *vt* rejeter, désavouer ; (Brit *Football: goal*) refuser
disappear [dɪsə'pɪəʳ] *vi* disparaître
disappearance [dɪsə'pɪərəns] *n* disparition *f*
disappoint [dɪsə'pɔɪnt] *vt* décevoir
disappointed [dɪsə'pɔɪntɪd] *adj* déçu(e)
disappointing [dɪsə'pɔɪntɪŋ] *adj* décevant(e)
disappointingly [dɪsə'pɔɪntɪŋlɪ] *adv*: **~ slow** d'une lenteur décevante ; **~, ...** à ma (*or* notre *etc*) grande déception, ..., à la grande déception de tous, ...
disappointment [dɪsə'pɔɪntmənt] *n* déception *f*
disapproval [dɪsə'pruːvəl] *n* désapprobation *f*
disapprove [dɪsə'pruːv] *vi*: **to ~ of** désapprouver
disapproving [dɪsə'pruːvɪŋ] *adj* désapprobateur(-trice), de désapprobation
disarm [dɪs'ɑːm] *vt* désarmer
disarmament [dɪs'ɑːməmənt] *n* désarmement *m*
disarming [dɪs'ɑːmɪŋ] *adj* (*smile*) désarmant(e)
disarray [dɪsə'reɪ] *n* désordre *m*, confusion *f* ; **in ~** (*troops*) en déroute ; (*thoughts*) embrouillé(e) ; (*clothes*) en désordre ; **to throw into ~** semer la confusion *or* le désordre dans (*or* parmi)
disassemble [dɪsə'sembl] *vt* (*formal: machine, weapon*) démonter
disassociate [dɪsə'səuʃieɪt] *vt* dissocier ; **to ~ o.s. from sth/sb** se dissocier de qch/qn
disaster [dɪ'zɑːstəʳ] *n* catastrophe *f*, désastre *m*
disastrous [dɪ'zɑːstrəs] *adj* désastreux(-euse)
disastrously [dɪ'zɑːstrəslɪ, dɪ'zæstrəslɪ] *adv* (*high, low, late*) terriblement ; **to go ~ wrong** tourner au désastre
disband [dɪs'bænd] *vt* démobiliser ; disperser ▸ *vi* se séparer ; se disperser
disbelief ['dɪsbə'liːf] *n* incrédulité *f* ; **in ~** avec incrédulité
disbelieve ['dɪsbə'liːv] *vt* (*person*) ne pas croire ; (*story*) mettre en doute ; **I don't ~ you** je veux bien vous croire
disbursement [dɪs'bəːsmənt] *n* (*formal: act*) déboursement *m* ; (*sum paid*) débours *m*
disc [dɪsk] *n* disque *m* ; (*Comput*) = **disk**
disc. *abbr* (*Comm*) = **discount**
discard [dɪs'kɑːd] *vt* (*old things*) se débarrasser de, mettre au rencart *or* au rebut ; (*fig*) écarter, renoncer à
disc brake *n* frein *m* à disque
discern [dɪ'səːn] *vt* discerner, distinguer
discernible [dɪ'səːnəbl] *adj* discernable, perceptible ; (*object*) visible
discerning [dɪ'səːnɪŋ] *adj* judicieux(-euse), perspicace
discharge *vt* [dɪs'tʃɑːdʒ] (*duties*) s'acquitter de ; (*settle: debt*) s'acquitter de, régler ; (*waste etc*) déverser ; décharger ; (*Elec, Med*) émettre ; (*patient*) renvoyer (chez lui) ; (*employee, soldier*) congédier, licencier ; (*defendant*) relaxer, élargir ; **to ~ one's gun** faire feu ; **discharged bankrupt** failli(e), réhabilité(e) ▸ *n* ['dɪstʃɑːdʒ] (*Elec, Med*) émission *f* ; (*also*: **vaginal discharge**) pertes blanches ; (*dismissal*) renvoi *m*, licenciement *m*, élargissement *m*
disciple [dɪ'saɪpl] *n* disciple *mf*
disciplinarian [dɪsɪplɪ'nɛərɪən] *n*: **to be a ~** être strict(e) en matière de discipline
disciplinary ['dɪsɪplɪnərɪ] *adj* disciplinaire ; **to take ~ action against sb** prendre des mesures disciplinaires à l'encontre de qn
discipline ['dɪsɪplɪn] *n* discipline *f* ▸ *vt* discipliner ; (*punish*) punir ; **to ~ o.s. to do sth** s'imposer *or* s'astreindre à une discipline pour faire qch
disc jockey *n* disque-jockey *m* (DJ)
disclaim [dɪs'kleɪm] *vt* désavouer, dénier
disclaimer [dɪs'kleɪməʳ] *n* démenti *m*, dénégation *f* ; **to issue a ~** publier un démenti
disclose [dɪs'kləuz] *vt* révéler, divulguer
disclosure [dɪs'kləuʒəʳ] *n* révélation *f*, divulgation *f*
disco ['dɪskəu] *n abbr* discothèque *f*
discolour, (*US*) **discolor** [dɪs'kʌləʳ] *vt* décolorer ; (*sth white*) jaunir ▸ *vi* se décolorer ; jaunir
discolouration, (*US*) **discoloration** [dɪskʌlə'reɪʃən] *n* décoloration *f* ; jaunissement *m*
discoloured, (*US*) **discolored** [dɪs'kʌləd] *adj* décoloré(e), jauni(e)
discomfiture [dɪs'kʌmfɪtʃəʳ] *n* embarras *m*
discomfort [dɪs'kʌmfət] *n* malaise *m*, gêne *f* ; (*lack of comfort*) manque *m* de confort

d

disconcert [dɪskən'səːt] *vt* déconcerter, décontenancer
disconcerting [dɪskən'səːtɪŋ] *adj* déconcertant(e)
disconnect [dɪskə'nɛkt] *vt* détacher ; (*Elec, Radio*) débrancher ; (*gas, water*) couper
disconnected [dɪskə'nɛktɪd] *adj* (*speech, thoughts*) décousu(e), peu cohérent(e)
disconnection [dɪskə'nɛkʃən] *n* (*of water, electricity, telephone*) coupure *f* ; (*between people, organizations*) séparation *f*
disconsolate [dɪs'kɔnsəlɪt] *adj* inconsolable
discontent [dɪskən'tɛnt] *n* mécontentement *m*
discontented [dɪskən'tɛntɪd] *adj* mécontent(e)
discontinue [dɪskən'tɪnjuː] *vt* cesser, interrompre ; **"discontinued"** (*Comm*) « fin de série »
discord ['dɪskɔːd] *n* discorde *f*, dissension *f* ; (*Mus*) dissonance *f*
discordant [dɪs'kɔːdənt] *adj* discordant(e), dissonant(e)
discount *n* ['dɪskaunt] remise *f*, rabais *m* ; **to give sb a ~ on sth** faire une remise *or* un rabais à qn sur qch ; **~ for cash** escompte *f* au comptant ; **at a ~** avec une remise *or* réduction, au rabais ▸ *vt* [dɪs'kaunt] (*report etc*) ne pas tenir compte de
discount house *n* (*Finance*) banque *f* d'escompte ; (*Comm: also:* **discount store**) magasin *m* de discount
discount rate *n* taux *m* de remise
discourage [dɪs'kʌrɪdʒ] *vt* (*dishearten*) décourager ; (*dissuade, deter*) dissuader, décourager
discouraged [dɪs'kʌrɪdʒd] *adj* découragé(e) ; **don't be ~** ne te décourage pas
discouragement [dɪs'kʌrɪdʒmənt] *n* (*depression*) découragement *m* ; **to act as a ~ to sb** dissuader qn
discouraging [dɪs'kʌrɪdʒɪŋ] *adj* décourageant(e)
discourse *n* ['dɪskɔːs] (*communication*) conversation *m* ; (*speech*) discours *m* ; (*written piece*) dissertation *f* ▸ *vi* [dɪs'kɔːs] (*formal*) discourir ; **to ~ on sth** discourir sur qch
discourteous [dɪs'kəːtɪəs] *adj* incivil(e), discourtois(e)
discover [dɪs'kʌvə^r] *vt* découvrir
discovery [dɪs'kʌvərɪ] *n* découverte *f*
discredit [dɪs'krɛdɪt] *vt* (*idea*) mettre en doute ; (*person*) discréditer ▸ *n* discrédit *m*
discreet [dɪ'skriːt] *adj* discret(-ète)
discreetly [dɪ'skriːtlɪ] *adv* discrètement
discrepancy [dɪ'skrɛpənsɪ] *n* divergence *f*, contradiction *f*
discrete [dɪs'kriːt] *adj* distinct(e), séparé(e)
discretion [dɪ'skrɛʃən] *n* discrétion *f* ; **at the ~ of** à la discrétion de ; **use your own ~** à vous de juger
discretionary [dɪ'skrɛʃənrɪ] *adj* (*powers*) discrétionnaire
discriminate [dɪ'skrɪmɪneɪt] *vi*: **to ~ between** établir une distinction entre, faire la différence entre ; **to ~ against** pratiquer une discrimination contre
discriminating [dɪ'skrɪmɪneɪtɪŋ] *adj* qui a du discernement
discrimination [dɪskrɪmɪ'neɪʃən] *n* discrimination *f* ; (*judgment*) discernement *m* ; **racial/sexual ~** discrimination raciale/sexuelle
discriminatory [dɪ'skrɪmɪnətərɪ] *adj* discriminatoire
discus ['dɪskəs] *n* disque *m*
discuss [dɪ'skʌs] *vt* discuter de ; (*debate*) discuter
discussion [dɪ'skʌʃən] *n* discussion *f* ; **under ~** en discussion
disdain [dɪs'deɪn] *n* dédain *m*
disdainful [dɪs'deɪnful] *adj* dédaigneux(-euse) ; **to be ~ of sb/sth** dédaigner qn/qch
disease [dɪ'ziːz] *n* maladie *f*
diseased [dɪ'ziːzd] *adj* malade
disembark [dɪsɪm'bɑːk] *vt, vi* débarquer
disembarkation [dɪsɛmbɑː'keɪʃən] *n* débarquement *m*
disembodied ['dɪsɪm'bɔdɪd] *adj* désincarné(e)
disembowel ['dɪsɪm'bauəl] *vt* éviscérer, étriper
disempower [dɪsɪm'pauə^r] *vt* (*person, group*) priver de son autonomie
disenchanted [dɪsɪn'tʃɑːntɪd] *adj*: **~** désenchanté(e), désabusé(e) ; **to be ~ with sb/sth** être déçu(e) par qn/qch
disenchantment [dɪsɪn'tʃɑːntmənt] *n* désillusion *f* ; **there's growing ~ with the government** de plus en plus de gens sont déçus par le gouvernement
disenfranchise ['dɪsɪn'fræntʃaɪz] *vt* priver du droit de vote ; (*Comm*) retirer la franchise à
disengage [dɪsɪn'geɪdʒ] *vt* dégager ; (*Tech*) déclencher ; **to ~ the clutch** (*Aut*) débrayer
disentangle [dɪsɪn'tæŋgl] *vt* démêler
disfavour, (*US*) **disfavor** [dɪs'feɪvə^r] *n* défaveur *f* ; disgrâce *f*
disfigure [dɪs'fɪgə^r] *vt* défigurer
disgorge [dɪs'gɔːdʒ] *vt* déverser
disgrace [dɪs'greɪs] *n* honte *f* ; (*disfavour*) disgrâce *f* ▸ *vt* déshonorer, couvrir de honte
disgraced [dɪs'greɪst] *adj* disgracié(e)
disgraceful [dɪs'greɪsful] *adj* scandaleux(-euse), honteux(-euse)
disgruntled [dɪs'grʌntld] *adj* mécontent(e)
disguise [dɪs'gaɪz] *n* déguisement *m* ; **in ~** déguisé(e) ▸ *vt* déguiser ; (*voice*) déguiser, contrefaire ; (*feelings etc*) masquer, dissimuler ; **to ~ o.s. as** se déguiser en ; **there's no disguising the fact that ...** on ne peut pas se dissimuler que ...
disguised [dɪs'gaɪzd] *adj* (*in disguise*) déguisé(e) ; (*veiled: criticism, anger*) dissimulé(e) ; **to be ~ as sb/sth** être déguisé(e) en qn/qch
disgust [dɪs'gʌst] *n* dégoût *m*, aversion *f* ▸ *vt* dégoûter, écœurer
disgusted [dɪs'gʌstɪd] *adj* dégoûté(e), écœuré(e)
disgusting [dɪs'gʌstɪŋ] *adj* dégoûtant(e), révoltant(e)
dish [dɪʃ] *n* plat *m* ; **to do** *or* **wash the dishes** faire la vaisselle
▸ **dish out** *vt* distribuer
▸ **dish up** *vt* servir ; (*facts, statistics*) sortir, débiter
dishcloth ['dɪʃklɔθ] *n* (*for drying*) torchon *m* ; (*for washing*) lavette *f*
dishearten [dɪs'hɑːtn] *vt* décourager

disheartening [dɪs'hɑ:tnɪŋ] *adj* décourageant(e)
dishevelled, (*US*) **disheveled** [dɪ'ʃɛvəld] *adj* ébouriffé(e), décoiffé(e), débraillé(e)
dishonest [dɪs'ɔnɪst] *adj* malhonnête
dishonesty [dɪs'ɔnɪstɪ] *n* malhonnêteté *f*
dishonour, (*US*) **dishonor** [dɪs'ɔnə^r] *n* déshonneur *m*
dishonourable, (*US*) **dishonorable** [dɪs'ɔnərəbl] *adj* déshonorant(e)
dish soap *n* (*US*) produit *m* pour la vaisselle
dishtowel ['dɪʃtauəl] *n* (*US*) torchon *m* (à vaisselle)
dishwasher ['dɪʃwɔʃə^r] *n* lave-vaisselle *m* ; (*person*) plongeur(-euse)
dishwater ['dɪʃwɔ:tə^r] *n* eau *f* de vaisselle ; **as dull as ~** ennuyeux(-euse) comme la pluie
dishy ['dɪʃɪ] *adj* (BRIT *inf*) séduisant(e), sexy *inv*
disillusion [dɪsɪ'lu:ʒən] *vt* désabuser, désenchanter ▸ *n* désenchantement *m*
disillusioned [dɪsɪ'lu:ʒənd] *adj* désabusé(e), désenchanté(e) ; **to become ~ (with sth/sb)** perdre ses illusions (sur qch/qn)
disillusionment [dɪsɪ'lu:ʒənmənt] *n* désillusion *f* ; **~ with sth/sb** désillusion envers qch/qn
disincentive [dɪsɪn'sɛntɪv] *n*: **it's a ~** c'est démotivant ; **to be a ~ to sb** démotiver qn
disinclined ['dɪsɪn'klaɪnd] *adj*: **to be ~ to do sth** être peu disposé(e) *or* peu enclin(e) à faire qch
disinfect [dɪsɪn'fɛkt] *vt* désinfecter
disinfectant [dɪsɪn'fɛktənt] *n* désinfectant *m*
disinflation [dɪsɪn'fleɪʃən] *n* désinflation *f*
disinformation [dɪsɪnfə'meɪʃən] *n* désinformation *f*
disingenuous [dɪsɪn'dʒɛnjuəs] *adj* peu sincère ; **it is ~ to do …** ce n'est pas sincère de faire …
disingenuously [dɪsɪn'dʒɛnjuəslɪ] *adv* de manière peu sincère
disinherit [dɪsɪn'hɛrɪt] *vt* déshériter
disintegrate [dɪs'ɪntɪgreɪt] *vi* se désintégrer
disintegration [dɪsɪntɪ'greɪʃən] *n* (*of object*) désintégration *f* ; (*of substance, relationship, nation*) désagrégation *f*
disinterested [dɪs'ɪntrəstɪd] *adj* désintéressé(e)
disjointed [dɪs'dʒɔɪntɪd] *adj* décousu(e), incohérent(e)
disk [dɪsk] *n* (*Comput*) disquette *f* ; **single-/double-sided ~** disquette une face/double face
disk drive *n* lecteur *m* de disquette
diskette [dɪs'kɛt] *n* (*Comput*) disquette *f*
disk operating system *n* système *m* d'exploitation à disques
dislike [dɪs'laɪk] *n* aversion *f*, antipathie *f* ; **to take a ~ to sb/sth** prendre qn/qch en grippe ▸ *vt* ne pas aimer ; **I ~ the idea** l'idée me déplaît
dislocate ['dɪsləkeɪt] *vt* (*shoulder, ankle*) disloquer, déboîter ; (*service*) désorganiser ; (*system, process*) bouleverser ; **he has dislocated his shoulder** il s'est disloqué l'épaule
dislocation [dɪslə'keɪʃən] *n* (*of shoulder, ankle*) dislocation *f*, déboîtement *m* ; (*of system, process, service*) bouleversement *m*
dislodge [dɪs'lɔdʒ] *vt* déplacer, faire bouger ; (*enemy*) déloger
disloyal [dɪs'lɔɪəl] *adj* déloyal(e)
dismal ['dɪzml] *adj* (*gloomy*) lugubre, maussade ; (*very bad*) lamentable
dismally ['dɪzməlɪ] *adv* (*fail, perform*) lamentablement
dismantle [dɪs'mæntl] *vt* démonter ; (*fort, warship*) démanteler
dismast [dɪs'mɑ:st] *vt* démâter
dismay [dɪs'meɪ] *n* consternation *f* ; **much to my ~** à ma grande consternation, à ma grande inquiétude ▸ *vt* consterner
dismiss [dɪs'mɪs] *vt* congédier, renvoyer ; (*idea*) écarter ; (*Law*) rejeter ▸ *vi* (*Mil*) rompre les rangs
dismissal [dɪs'mɪsl] *n* renvoi *m*
dismissive [dɪs'mɪsɪv] *adj* dédaigneux(-euse) ; **to be ~ of sth** faire peu de cas de qch
dismount [dɪs'maunt] *vi* mettre pied à terre
disobedience [dɪsə'bi:dɪəns] *n* désobéissance *f*
disobedient [dɪsə'bi:dɪənt] *adj* désobéissant(e), indiscipliné(e)
disobey [dɪsə'beɪ] *vt* désobéir à ; (*rule*) transgresser, enfreindre
disorder [dɪs'ɔ:də^r] *n* (*Med*) troubles *mpl* ; (*mess*) désordre *m* ; (*rioting*) désordres *mpl* ; **a kidney ~** une maladie des reins ; **in ~** en désordre ; **civil ~** désordre *m* public
disordered [dɪs'ɔ:dəd] *adj* (*messy*) en désordre ; (*mind, behaviour*) dérangé(e), déséquilibré(e)
disorderly [dɪs'ɔ:dəlɪ] *adj* (*room*) en désordre ; (*behaviour, retreat, crowd*) désordonné(e)
disorderly conduct *n* (*Law*) conduite *f* contraire aux bonnes mœurs
disorganized [dɪs'ɔ:gənaɪzd] *adj* désorganisé(e)
disorientated [dɪs'ɔ:rɪɛnteɪtɪd] *adj* désorienté(e)
disown [dɪs'əun] *vt* renier
disparaging [dɪs'pærɪdʒɪŋ] *adj* désobligeant(e) ; **to be ~ about sb/sth** faire des remarques désobligeantes sur qn/qch
disparate ['dɪspərɪt] *adj* disparate
disparity [dɪs'pærɪtɪ] *n* disparité *f*
dispassionate [dɪs'pæʃənət] *adj* calme, froid(e), impartial(e), objectif(-ive)
dispatch [dɪs'pætʃ] *vt* expédier, envoyer ; (*deal with: business*) régler, en finir avec ▸ *n* envoi *m*, expédition *f* ; (*Mil, Press*) dépêche *f*
dispatch department *n* service *m* des expéditions
dispatch rider *n* (*Mil*) estafette *f*
dispel [dɪs'pɛl] *vt* dissiper, chasser
dispensary [dɪs'pɛnsərɪ] *n* pharmacie *f* ; (*in chemist's*) officine *f*
dispense [dɪs'pɛns] *vt* distribuer, administrer ; (*medicine*) préparer (et vendre) ; **to ~ sb from** dispenser qn de
▸ **dispense with** *vt fus* se passer de ; (*make unnecessary*) rendre superflu(e)
dispenser [dɪs'pɛnsə^r] *n* (*device*) distributeur *m*
dispensing chemist [dɪs'pɛnsɪŋ-] *n* (BRIT) pharmacie *f*
dispersal [dɪs'pə:sl] *n* dispersion *f* ; (*Admin*) déconcentration *f*
disperse [dɪs'pə:s] *vt* disperser ; (*knowledge*) disséminer ▸ *vi* se disperser
dispirited [dɪs'pɪrɪtɪd] *adj* découragé(e), déprimé(e)

dispiriting [dɪ'spɪrɪtɪŋ] *adj* décourageant(e)
displace [dɪs'pleɪs] *vt* déplacer
displaced person [dɪs'pleɪst-] *n* (*Pol*) personne déplacée
displacement [dɪs'pleɪsmənt] *n* déplacement *m*
display [dɪs'pleɪ] *n* (*of goods*) étalage *m* ; affichage *m* ; (*Comput: information*) visualisation *f* ; (*: device*) visuel *m* ; (*of feeling*) manifestation *f* ; (*pej*) ostentation *f* ; (*show, spectacle*) spectacle *m* ; (*military display*) parade *f* militaire ; **on ~** (*exhibits*) exposé(e), exhibé(e) ; (*goods*) à l'étalage ▸ *vt* montrer ; (*goods*) mettre à l'étalage, exposer ; (*results, departure times*) afficher ; (*pej*) faire étalage de
display advertising *n* publicité rédactionnelle
displease [dɪs'pli:z] *vt* mécontenter, contrarier ; **displeased with** mécontent(e) de
displeasure [dɪs'plɛʒəʳ] *n* mécontentement *m*
disposable [dɪs'pəuzəbl] *adj* (*pack etc*) jetable ; (*income*) disponible ; **~ nappy** (BRIT) couche *f* à jeter, couche-culotte *f*
disposal [dɪs'pəuzl] *n* (*of rubbish*) évacuation *f*, destruction *f* ; (*of property etc: by selling*) vente *f* ; (*: by giving away*) cession *f* ; (*availability, arrangement*) disposition *f* ; **at one's ~** à sa disposition ; **to put sth at sb's ~** mettre qch à la disposition de qn
dispose [dɪs'pəuz] *vt* disposer ▸ *vi*: **to ~ of** (*time, money*) disposer de ; (*unwanted goods*) se débarrasser de, se défaire de ; (*Comm: stock*) écouler, vendre ; (*problem*) expédier
disposed [dɪs'pəuzd] *adj*: **~ to do** disposé(e) à faire
disposition [dɪspə'zɪʃən] *n* disposition *f* ; (*temperament*) naturel *m*
dispossess ['dɪspə'zɛs] *vt*: **to ~ sb (of)** déposséder qn (de)
disproportion [dɪsprə'pɔ:ʃən] *n* disproportion *f*
disproportionate [dɪsprə'pɔ:ʃənət] *adj* disproportionné(e)
disproportionately [dɪsprə'pɔ:ʃənətlɪ] *adv*: **~ high** disproportionné(e)
disprove [dɪs'pru:v] *vt* réfuter
dispute [dɪs'pju:t] *n* discussion *f* ; (*also:* **industrial dispute**) conflit *m* ; **to be in** *or* **under ~** (*matter*) être en discussion ; (*territory*) être contesté(e) ▸ *vt* (*question*) contester ; (*matter*) discuter ; (*victory*) disputer
disputed [dɪ'spju:tɪd] *adj* (*territory, region, border*) contesté(e)
disqualification [dɪskwɔlɪfɪ'keɪʃən] *n* disqualification *f* ; **~ (from driving)** (BRIT) retrait *m* du permis (de conduire)
disqualify [dɪs'kwɔlɪfaɪ] *vt* (*Sport*) disqualifier ; **to ~ sb for sth/from doing** (*status, situation*) rendre qn inapte à qch/à faire ; (*authority*) signifier à qn l'interdiction de qch/de faire ; **to ~ sb (from driving)** (BRIT) retirer à qn son permis (de conduire)
disquiet [dɪs'kwaɪət] *n* inquiétude *f*, trouble *m*
disquieting [dɪs'kwaɪətɪŋ] *adj* inquiétant(e), alarmant(e)
disregard [dɪsrɪ'gɑ:d] *vt* ne pas tenir compte de ▸ *n*: **~ (for)** (*feelings*) indifférence *f* (pour), insensibilité *f* (à) ; (*danger, money*) mépris *m* (pour)
disrepair ['dɪsrɪ'pɛəʳ] *n* mauvais état ; **to fall into ~** (*building*) tomber en ruine ; (*street*) se dégrader
disreputable [dɪs'rɛpjutəbl] *adj* (*person*) de mauvaise réputation, peu recommandable ; (*behaviour*) déshonorant(e) ; (*area*) mal famé(e), louche
disrepute ['dɪsrɪ'pju:t] *n* déshonneur *m*, discrédit *m* ; **to bring into ~** faire tomber dans le discrédit
disrespect [dɪsrɪ'spɛkt] *n* manque *m* de respect ; **~ for sb/sth** manque de respect envers qn/qch
disrespectful [dɪsrɪ'spɛktful] *adj* irrespectueux(-euse) ; **to be ~ to sb** (*person*) manquer de respect à qn
disrupt [dɪs'rʌpt] *vt* (*plans, meeting, lesson*) perturber, déranger
disruption [dɪs'rʌpʃən] *n* perturbation *f*, dérangement *m*
disruptive [dɪs'rʌptɪv] *adj* perturbateur(-trice)
diss [dɪs] *vt* (*inf*) débiner (*inf*)
dissatisfaction [dɪssætɪs'fækʃən] *n* mécontentement *m*, insatisfaction *f*
dissatisfied [dɪs'sætɪsfaɪd] *adj*: **~ (with)** insatisfait(e) (de)
dissect [dɪ'sɛkt] *vt* (*body, issue, theory*) disséquer ; (*account, book, report*) éplucher
dissection [dɪ'sɛkʃən] *n* (*of body, issue, theory*) dissection *f* ; (*of account, book, report*) épluchage *m*
disseminate [dɪ'sɛmɪneɪt] *vt* (*information, facts*) disséminer, propager ; (*knowledge*) diffuser
dissemination [dɪsɛmɪ'neɪʃən] *n* (*of information, facts, ideas*) dissémination *f*, propagation *f* ; (*of knowledge*) diffusion *f*
dissent [dɪ'sɛnt] *n* dissentiment *m*, différence *f* d'opinion
dissenter [dɪ'sɛntəʳ] *n* (*Rel, Pol etc*) dissident(e)
dissenting [dɪ'sɛntɪŋ] *adj* contestataire
dissertation [dɪsə'teɪʃən] *n* (*Scol*) mémoire *m*
disservice [dɪs'sə:vɪs] *n*: **to do sb a ~** rendre un mauvais service à qn ; desservir qn
dissident ['dɪsɪdnt] *adj*, *n* dissident(e)
dissimilar [dɪ'sɪmɪləʳ] *adj*: **~ (to)** dissemblable (à), différent(e) (de)
dissipate ['dɪsɪpeɪt] *vt* dissiper ; (*energy, efforts*) disperser
dissipated ['dɪsɪpeɪtɪd] *adj* dissolu(e), débauché(e)
dissociate [dɪ'səuʃɪeɪt] *vt* dissocier ; **to ~ o.s. from sb/sth** se dissocier de qn/qch
dissolute ['dɪsəlu:t] *adj* débauché(e), dissolu(e)
dissolution [dɪsə'lu:ʃən] *n* dissolution *f*
dissolve [dɪ'zɔlv] *vt* dissoudre ▸ *vi* se dissoudre, fondre ; (*fig*) disparaître ; **to ~ in(to) tears** fondre en larmes
dissuade [dɪ'sweɪd] *vt*: **to ~ sb (from)** dissuader qn (de)
distance ['dɪstns] *n* distance *f* ; **what's the ~ to London?** à quelle distance se trouve Londres ? ; **it's within walking ~** on peut y aller à pied ; **in the ~** au loin
distant ['dɪstnt] *adj* lointain(e), éloigné(e) ; (*manner*) distant(e), froid(e)
distaste [dɪs'teɪst] *n* dégoût *m*

d

distasteful [dɪs'teɪstful] *adj* déplaisant(e), désagréable
Dist. Atty. *abbr* (*US*) = **district attorney**
distemper [dɪs'tɛmpəʳ] *n* (*paint*) détrempe *f*, badigeon *m* ; (*of dogs*) maladie *f* de Carré
distended [dɪs'tɛndɪd] *adj* (*stomach*) dilaté(e)
distil, (*US*) **distill** [dɪs'tɪl] *vt* (*whisky, water*) distiller ; (*thoughts, ideas*) condenser
distillation [dɪstɪ'leɪʃən] *n* (*of whisky, water*) distillation *f* ; (*of thoughts, ideas*) condensé *m*
distillery [dɪs'tɪlərɪ] *n* distillerie *f*
distinct [dɪs'tɪŋkt] *adj* distinct(e) ; (*clear*) marqué(e) ; **as ~ from** par opposition à, en contraste avec
distinction [dɪs'tɪŋkʃən] *n* distinction *f* ; (*in exam*) mention *f* très bien ; **to draw a ~ between** faire une distinction entre ; **a writer of ~** un écrivain réputé
distinctive [dɪs'tɪŋktɪv] *adj* (*style, feature, character*) distinctif(-ive) ; (*taste, smell*) caractéristique
distinctively [dɪ'stɪŋktɪvlɪ] *adv* (*typically: American, British*) typiquement ; (*decorated*) de façon particulière
distinctly [dɪs'tɪŋktlɪ] *adv* distinctement ; (*specify*) expressément
distinguish [dɪs'tɪŋgwɪʃ] *vt* distinguer ; **to ~ o.s.** se distinguer ▸ *vi*: **to ~ between** (*concepts*) distinguer entre, faire une distinction entre
distinguishable [dɪ'stɪŋgwɪʃəbl] *adj* (*recognizable*) reconnaissable ; (*discernible: sound*) perceptible ; (*: shape*) visible ; **to be ~ by sth** être reconnaissable par qch, se distinguer par qch
distinguished [dɪs'tɪŋgwɪʃt] *adj* (*eminent, refined*) distingué(e) ; (*career*) remarquable, brillant(e)
distinguishing [dɪs'tɪŋgwɪʃɪŋ] *adj* (*feature*) distinctif(-ive), caractéristique
distort [dɪs'tɔ:t] *vt* déformer
distorted [dɪ'stɔ:tɪd] *adj* (*picture, image, sound*) déformé(e) ; (*view, idea*) faussé(e)
distortion [dɪs'tɔ:ʃən] *n* déformation *f*
distract [dɪs'trækt] *vt* distraire, déranger
distracted [dɪs'træktɪd] *adj* (*not concentrating*) distrait(e) ; (*worried*) affolé(e)
distractedly [dɪ'stræktɪdlɪ] *adv* distraitement
distraction [dɪs'trækʃən] *n* distraction *f*, dérangement *m* ; **to drive sb to ~** rendre qn fou (folle)
distraught [dɪs'trɔ:t] *adj* éperdu(e)
distress [dɪs'trɛs] *n* détresse *f* ; (*pain*) douleur *f* ; **in ~** (*ship*) en perdition ; (*plane*) en détresse ▸ *vt* bouleverser
distressed [dɪ'strɛst] *adj* (*upset*) bouleversé(e) ; (*poor*) dans le besoin ; (*artificially aged: denim*) vieilli(e) ; **to be ~ about sth** être bouleversé(e) par qch ; **~ area** (Brit) zone sinistrée
distressing [dɪs'trɛsɪŋ] *adj* douloureux(-euse), pénible, affligeant(e)
distress signal *n* signal *m* de détresse
distribute [dɪs'trɪbju:t] *vt* distribuer
distribution [dɪstrɪ'bju:ʃən] *n* distribution *f*
distribution cost *n* coût *m* de distribution
distributor [dɪs'trɪbjutəʳ] *n* (*gen: Tech*) distributeur *m* ; (*Comm*) concessionnaire *mf*
district ['dɪstrɪkt] *n* (*of country*) région *f* ; (*of town*) quartier *m* ; (*Admin*) district *m*
district attorney *n* (*US*) ≈ procureur *mf* de la République
district council *n* (Brit) ≈ conseil municipal
district nurse *n* (Brit) infirmière visiteuse
distrust [dɪs'trʌst] *n* méfiance *f*, doute *m* ▸ *vt* se méfier de
distrustful [dɪs'trʌstful] *adj* méfiant(e)
disturb [dɪs'tə:b] *vt* troubler ; (*inconvenience*) déranger ; **sorry to ~ you** excusez-moi de vous déranger
disturbance [dɪs'tə:bəns] *n* dérangement *m* ; (*political etc*) troubles *mpl* ; (*by drunks etc*) tapage *m* ; **to cause a ~** troubler l'ordre public ; **~ of the peace** (*Law*) tapage injurieux *or* nocturne
disturbed [dɪs'tə:bd] *adj* (*worried, upset*) agité(e), troublé(e) ; **to be emotionally ~** avoir des problèmes affectifs
disturbing [dɪs'tə:bɪŋ] *adj* troublant(e), inquiétant(e)
disunited [dɪsju'naɪtɪd] *adj* désuni(e)
disunity [dɪs'ju:nɪtɪ] *n* désunion *f*
disuse [dɪs'ju:s] *n*: **to fall into ~** tomber en désuétude
disused [dɪs'ju:zd] *adj* désaffecté(e)
ditch [dɪtʃ] *n* fossé *m* ; (*for irrigation*) rigole *f* ▸ *vt* (*inf*) abandonner ; (*person*) plaquer
dither ['dɪðəʳ] *vi* hésiter
ditto ['dɪtəu] *adv* idem
ditty ['dɪtɪ] *n* chansonnette *f*
diuretic [daɪjuə'rɛtɪk] *adj, n* diurétique *m*
diva ['di:və] *n* diva *f*
divan [dɪ'væn] *n* divan *m*
divan bed *n* divan-lit *m*
dive [daɪv] *n* plongeon *m* ; (*of submarine*) plongée *f* ; (*Aviat*) piqué *m* ; (*pej: café, bar etc*) bouge *m* ▸ *vi* plonger ; **to ~ into** (*bag etc*) plonger la main dans ; (*place*) se précipiter dans
diver ['daɪvəʳ] *n* plongeur(-euse)
diverge [daɪ'və:dʒ] *vi* diverger
divergence [daɪ'və:dʒəns] *n* divergence *f* ; **a ~ of opinion** une divergence d'opinions
divergent [daɪ'və:dʒənt] *adj* divergent(e)
diverse [daɪ'və:s] *adj* divers(e)
diversification [daɪvə:sɪfɪ'keɪʃən] *n* diversification *f*
diversify [daɪ'və:sɪfaɪ] *vt* diversifier
diversion [daɪ'və:ʃən] *n* (Brit *Aut*) déviation *f* ; (*distraction, Mil*) diversion *f*
diversionary [daɪ'və:ʃənrɪ] *adj* (*activity, attack*) de diversion ; **~ tactic** manœuvre *f* de diversion
diversity [daɪ'və:sɪtɪ] *n* diversité *f*, variété *f*
divert [daɪ'və:t] *vt* (Brit: *traffic*) dévier ; (*plane*) dérouter ; (*train, river*) détourner ; (*amuse*) divertir
divest [daɪ'vɛst] *vt*: **to ~ sb of** dépouiller qn de
divide [dɪ'vaɪd] *vt* (*quantity, number*) diviser ; (*separate*) séparer ; **40 divided by 5** 40 divisé par 5 ; **to ~ people into groups** diviser *or* repartir des personnes en groupes ; **to ~ sth between** *or* **among** partager *or* répartir entre ▸ *vi* se diviser
▸ **divide out** *vt*: **to ~ out (between** *or* **among)** distribuer *or* répartir (entre)

▸ **divide up** *vt* (*group, country*) diviser ; (*share: money, possessions*) partager ; **to ~ sth up into** diviser qch en
divided [dɪ'vaɪdɪd] *adj* (*fig: country, couple*) désuni(e) ; (*opinions*) partagé(e)
divided highway *n* (*US*) route *f* à quatre voies
divided skirt *n* jupe-culotte *f*
dividend ['dɪvɪdɛnd] *n* dividende *m*
dividend cover *n* rapport *m* dividendes-résultat
dividers [dɪ'vaɪdəz] *npl* compas *m* à pointes sèches ; (*between pages*) feuillets *mpl* intercalaires
divine [dɪ'vaɪn] *adj* divin(e) ▸ *vt* (*future*) prédire ; (*truth*) deviner, entrevoir ; (*water, metal*) détecter la présence de (*par l'intermédiaire de la radiesthésie*)
diving ['daɪvɪŋ] *n* plongée (sous-marine)
diving board *n* plongeoir *m*
diving suit *n* scaphandre *m*
divinity [dɪ'vɪnɪtɪ] *n* divinité *f* ; (*as study*) théologie *f*
division [dɪ'vɪʒən] *n* division *f* ; (*Brit Football*) division *f* ; (*separation*) séparation *f* ; (*Comm*) service *m* ; (*Brit Pol*) vote *m* ; (*also*: **division of labour**) division du travail
divisive [dɪ'vaɪsɪv] *adj* qui entraîne la division, clivant(e)
divorce [dɪ'vɔːs] *n* divorce *m* ▸ *vt* divorcer d'avec
divorced [dɪ'vɔːst] *adj* divorcé(e)
divorcee [dɪvɔː'siː] *n* divorcé(e)
divot ['dɪvət] *n* (*Golf*) motte *f* de gazon
divulge [daɪ'vʌldʒ] *vt* divulguer, révéler
Diwali [dɪ'wɑːlɪ], **Divali** [dɪ'vɑːlɪ] *n* Dipavali *m*
DIY *adj, n abbr* (*Brit*) = **do-it-yourself**
dizziness ['dɪzɪnɪs] *n* vertige *m*, étourdissement *m*
dizzy ['dɪzɪ] *adj* (*height*) vertigineux(-euse) ; **to make sb ~** donner le vertige à qn ; **I feel ~** la tête me tourne, j'ai la tête qui tourne
dizzying ['dɪzɪɪŋ] *adj* (*height, speed*) vertigineux(-euse)
DJ *n abbr* = **disc jockey**
d.j. *n abbr* = **dinner jacket**
Djakarta [dʒə'kɑːtə] *n* Djakarta
DJIA *n abbr* (*US Stock Exchange*) = **Dow-Jones Industrial Average**
dl *abbr* (*= decilitre*) dl
DLit, DLitt *n abbr* (*= Doctor of Literature, Doctor of Letters*) titre universitaire
DMus *n abbr* (*= Doctor of Music*) titre universitaire
DMZ *n abbr* = **demilitarized zone**
DNA *n abbr* (*= deoxyribonucleic acid*) ADN *m*
DNA fingerprinting [-'fɪŋɡəprɪntɪŋ] *n* technique *f* des empreintes génétiques

KEYWORD

do [duː] (*pt* **did** [dɪd], *pp* **done** [dʌn]) *n* (*inf: party etc*) soirée *f*, fête *f* ; (*: formal gathering*) réception *f*
▸ *aux vb* **1** (*in negative constructions*) *non traduit* ; **I don't understand** je ne comprends pas
2 (*to form questions*) *non traduit* ; **didn't you know?** vous ne le saviez pas ? ; **what do you think?** qu'en pensez-vous ? ; **why didn't you come?** pourquoi n'êtes-vous pas venu ?
3 (*for emphasis: in polite expressions*): **people do make mistakes sometimes** on peut toujours se tromper ; **she does seem rather late** je trouve qu'elle est bien en retard ; **do sit down/help yourself** asseyez-vous/servez-vous je vous en prie ; **do take care!** faites bien attention à vous ! ; **I DO wish I could go** j'aimerais tant y aller ; **but I DO like it!** mais si, je l'aime !
4 (*used to avoid repeating vb*): **she swims better than I do** elle nage mieux que moi ; **do you agree? — yes, I do/no I don't** vous êtes d'accord ? — oui/non ; **she lives in Glasgow — so do I** elle habite Glasgow — moi aussi ; **he didn't like it and neither did we** il n'a pas aimé ça, et nous non plus ; **who broke it? — I did** qui l'a cassé ? — c'est moi ; **he asked me to help him and I did** il m'a demandé de l'aider, et c'est ce que j'ai fait
5 (*in question tags*): **you like him, don't you?** vous l'aimez bien, n'est-ce pas ? ; **he laughed, didn't he?** il a ri, n'est-ce pas ? ; **I don't know him, do I?** je ne crois pas le connaître
▸ *vt* **1** (*gen: carry out, perform etc*) faire ; (*: visit: city, museum*) faire, visiter ; **what are you doing tonight?** qu'est-ce que vous faites ce soir ? ; **what do you do?** (*job*) que faites-vous dans la vie ? ; **what did he do with the cat?** qu'a-t-il fait du chat ? ; **what can I do for you?** que puis-je faire pour vous ? ; **to do the cooking/washing-up** faire la cuisine/la vaisselle ; **to do one's teeth/hair/nails** se brosser les dents/se coiffer/se faire les ongles
2 (*Aut etc: distance*) faire ; (*: speed*) faire du ; **we've done 200 km already** nous avons déjà fait 200 km ; **the car was doing 100** la voiture faisait du 100 (à l'heure) ; **he can do 100 in that car** il peut faire du 100 (à l'heure) dans cette voiture-là
▸ *vi* **1** (*act, behave*) faire ; **do as I do** faites comme moi
2 (*get on, fare*) marcher ; **the firm is doing well** l'entreprise marche bien ; **he's doing well/badly at school** ça marche bien/mal pour lui à l'école ; **how do you do?** comment allez-vous ? ; (*on being introduced*) enchanté(e) !
3 (*suit*) aller ; **will it do?** est-ce que ça ira ?
4 (*be sufficient*) suffire, aller ; **will £10 do?** est-ce que 10 livres suffiront ? ; **that'll do** ça suffit, ça ira ; **that'll do!** (*in annoyance*) ça va *or* suffit comme ça ! ; **to make do (with)** se contenter (de)
▸ **do away with** *vt fus* abolir ; (*inf: kill*) supprimer
▸ **do for** *vt fus* (*Brit inf: clean for*) faire le ménage chez
▸ **do up** *vt* (*laces, dress*) attacher ; (*buttons*) boutonner ; (*zip*) fermer ; (*renovate: room*) refaire ; (*: house*) remettre à neuf ; **to do o.s. up** se faire beau (belle)
▸ **do with** *vt fus* (*need*): **I could do with a drink/some help** quelque chose à boire/un peu d'aide ne serait pas de refus ; **it could do with a wash** ça ne lui ferait pas de mal d'être lavé ; (*be connected with*): **that has nothing to do with you** cela ne vous concerne pas ; **I won't have anything to do with it** je ne veux pas m'en mêler ; **what has that got to do with it?** quel est le rapport ?, qu'est-ce que cela vient faire là-dedans ?

▸ do without *vi* s'en passer ; **if you're late for tea then you'll do without** si vous êtes en retard pour le dîner il faudra vous en passer ▸ *vt fus* se passer de ; **I can do without a car** je peux me passer de voiture

do. *abbr* (= *ditto*) d
DOA *abbr* (= *dead on arrival*) décédé(e) à l'admission
doable ['du:əbl] *adj* faisable
d.o.b. *abbr* = **date of birth**
doc [dɔk] *n* (*inf*) toubib *m*
docile ['dəusaɪl] *adj* docile
dock [dɔk] *n* dock *m* ; (*wharf*) quai *m* ; (*Law*) banc *m* des accusés ▸ *vi* se mettre à quai ; (*Space*) s'arrimer ▸ *vt*: **they docked a third of his wages** ils lui ont retenu *or* décompté un tiers de son salaire ; **docks** *npl* (*Naut*) docks
dock dues *npl* droits *mpl* de bassin
docker ['dɔkəʳ] *n* docker *m*
docket ['dɔkɪt] *n* bordereau *m* ; (*on parcel etc*) étiquette *f or* fiche *f* (*décrivant le contenu d'un paquet etc*)
dockside ['dɔksaɪd] *n* docks *mpl*
dockyard ['dɔkjɑ:d] *n* chantier *m* de construction navale
doctor ['dɔktəʳ] *n* médecin *m*, docteur *m* ; (*PhD etc*) docteur ; **call a ~!** appelez un docteur *or* un médecin ! ; **~'s office** (*US*) cabinet *m* de consultation ▸ *vt* (*cat*) couper ; (*interfere with: food*) altérer ; (*: drink*) frelater ; (*: text, document*) arranger
doctoral ['dɔktərəl] *adj* (*thesis, research*) doctoral(e) ; (*student, degree*) de doctorat
doctorate ['dɔktərɪt] *n* doctorat *m*

DOCTORATE

Le **doctorate** est le diplôme universitaire le plus prestigieux. Il est le résultat d'au minimum trois années de recherche et est accordé après soutenance d'une thèse devant un jury. Le *doctorate* le plus courant est le *PhD* (*Doctor of Philosophy*), accordé en lettres, en sciences et en ingénierie, bien qu'il existe également d'autres doctorats spécialisés (en musique, en droit, etc); voir *Bachelor's degree*, *Master's degree*

Doctor of Philosophy *n* (*degree*) doctorat *m* ; (*person*) titulaire *mf* d'un doctorat
doctrine ['dɔktrɪn] *n* (*belief*) doctrine *f* ; (*US: government policy*) politique *f* ; **the ~ that ...** la doctrine selon laquelle ...
docudrama ['dɔkjudrɑ:mə] *n* docudrame *m*
document *n* ['dɔkjumənt] document *m* ▸ *vt* ['dɔkjumɛnt] documenter
documentary [dɔkju'mɛntərɪ] *adj*, *n* documentaire (*m*)
documentation [dɔkjumən'teɪʃən] *n* documentation *f*
docusoap ['dɔkjusəup] *n* feuilleton-documentaire *m*
DOD *n abbr* (*US*) = **Department of Defense**
doddering ['dɔdərɪŋ] *adj* (*senile*) gâteux(-euse)
doddery ['dɔdərɪ] *adj* branlant(e)
doddle ['dɔdl] *n*: **it's a ~** (*inf*) c'est simple comme bonjour, c'est du gâteau
Dodecanese [dəudɪkə'ni:z] *n*, **Dodecanese Islands** *npl* Dodécanèse *m*
dodge [dɔdʒ] *n* truc *m* ; combine *f* ▸ *vt* esquiver, éviter ▸ *vi* faire un saut de côté ; (*Sport*) faire une esquive ; **to ~ out of the way** s'esquiver ; **to ~ through the traffic** se faufiler *or* faire de savantes manœuvres entre les voitures
Dodgems® ['dɔdʒəmz] *npl* (*Brit*) autos tamponneuses
dodgy ['dɔdʒɪ] *adj* (*Brit inf: uncertain*) douteux(-euse) ; (*: shady*) louche
DOE *n abbr* (*Brit*) = **Department of the Environment**; (*US*) = **Department of Energy**
doe [dəu] *n* (*deer*) biche *f* ; (*rabbit*) lapine *f*
does [dʌz] *vb see* **do**
doesn't ['dʌznt] = **does not**
dog [dɔg] *n* chien(ne) ; **to go to the dogs** (*nation etc*) aller à vau-l'eau ▸ *vt* (*follow closely*) suivre de près, ne pas lâcher d'une semelle ; (*fig: memory etc*) poursuivre, harceler
dog biscuits *npl* biscuits *mpl* pour chien
dog collar *n* collier *m* de chien ; (*fig*) faux-col *m* d'ecclésiastique
dog-eared ['dɔgɪəd] *adj* corné(e)
dogfight ['dɔgfaɪt] *n* (*between competitors*) bagarre *f* ; (*between planes*) combat *m* tournoyant
dog food *n* nourriture *f* pour les chiens *or* le chien
dogged ['dɔgɪd] *adj* obstiné(e), opiniâtre
doggy ['dɔgɪ] *n* (*inf*) toutou *m*
doggy bag ['dɔgɪ-] *n petit sac pour emporter les restes*
doghouse ['dɔghaus] *n* (*US*) niche *f*, chenil *m* ; **to be in the ~** (*inf*) ne pas être en odeur de sainteté
dogma ['dɔgmə] *n* dogme *m*
dogmatic [dɔg'mætɪk] *adj* dogmatique
do-gooder [du:'gudəʳ] *n* (*pej*) faiseur(-euse) de bonnes œuvres
dogsbody ['dɔgzbɔdɪ] *n* (*Brit*) bonne *f* à tout faire, tâcheron *m*
doily ['dɔɪlɪ] *n* dessus *m* d'assiette
doing ['duɪŋ] *n*: **this is your ~** c'est votre travail, c'est vous qui avez fait ça
doings ['duɪŋz] *npl* activités *fpl*
do-it-yourself ['du:ɪtjɔ:'sɛlf] *n* bricolage *m*
doldrums ['dɔldrəmz] *npl*: **to be in the ~** avoir le cafard ; être dans le marasme
dole [dəul] *n* (*Brit: payment*) allocation *f* de chômage ; **on the ~** au chômage
▸ dole out *vt* donner au compte-goutte
doleful ['dəulful] *adj* triste, lugubre
doll [dɔl] *n* poupée *f*
▸ doll up *vt*: **to ~ o.s. up** se faire beau (belle)
dollar ['dɔləʳ] *n* dollar *m*
dollop ['dɔləp] *n* (*of butter, cheese*) bon morceau ; (*of cream*) bonne cuillerée
dolly ['dɔlɪ] *n* poupée *f*
dolphin ['dɔlfɪn] *n* dauphin *m*
domain [də'meɪn] *n* (*also fig*) domaine *m*
dome [dəum] *n* dôme *m*
domestic [də'mɛstɪk] *adj* (*duty, happiness*) familial(e) ; (*policy, affairs, flight*) intérieur(e) ; (*news*) national(e) ; (*animal*) domestique

domesticated [də'mɛstɪkeɪtɪd] *adj* domestiqué(e) ; *(pej)* d'intérieur ; **he's very ~** il participe volontiers aux tâches ménagères ; question ménage, il est très organisé
domesticity [dəumɛs'tɪsɪtɪ] *n* vie *f* de famille
domestic servant *n* domestique *mf*
domicile ['dɔmɪsaɪl] *n* domicile *m*
dominance ['dɔmɪnəns] *n* domination *f* ; **~ over sb** domination sur qn
dominant ['dɔmɪnənt] *adj* dominant(e)
dominate ['dɔmɪneɪt] *vt* dominer
domination [dɔmɪ'neɪʃən] *n* domination *f*
domineering [dɔmɪ'nɪərɪŋ] *adj* dominateur(-trice), autoritaire
Dominican Republic [də'mɪnɪkən-] *n* République dominicaine
dominion [də'mɪnɪən] *n* domination *f* ; territoire *m* ; dominion *m*
domino ['dɔmɪnəu] (*pl* **dominoes**) *n* domino *m*
dominoes ['dɔmɪnəuz] *n (game)* dominos *mpl*
don [dɔn] *n* (BRIT) professeur *m* d'université ▸ *vt* revêtir
donate [də'neɪt] *vt* faire don de, donner
donation [də'neɪʃən] *n* donation *f*, don *m*
done [dʌn] *pp of* **do**
dongle ['dɔŋgl] *n (Comput)* dongle *m*
donkey ['dɔŋkɪ] *n* âne *m*
donkey-work ['dɔŋkɪwə:k] *n* (BRIT *inf*) le gros du travail, le plus dur (du travail)
donor ['dəunəʳ] *n (of blood etc)* donneur(-euse) ; *(to charity)* donateur(-trice)
donor card *n* carte *f* de don d'organes
don't [dəunt] = **do not**
donut ['dəunʌt] *n* (US) = **doughnut**
doodle ['du:dl] *n* griffonnage *m*, gribouillage *m* ▸ *vi* griffonner, gribouiller
doom [du:m] *n (fate)* destin *m* ; *(ruin)* ruine *f* ▸ *vt*: **to be doomed to failure** être voué(e) à l'échec
doomsday ['du:mzdeɪ] *n* le Jugement dernier
door [dɔ:ʳ] *n* porte *f* ; *(Rail, car)* portière *f* ; **to go from ~ to ~** aller de porte en porte
doorbell ['dɔ:bɛl] *n* sonnette *f*
door handle *n* poignée *f* de porte ; *(of car)* poignée de portière
doorknob ['dɔ:nɔb] *n* poignée *f or* bouton *m* de porte
doorman ['dɔ:mən] *n (irreg) (in hotel)* portier *m* ; *(in block of flats)* concierge *m*
doormat ['dɔ:mæt] *n* paillasson *m*
doorpost ['dɔ:pəust] *n* montant *m* de porte
doorstep ['dɔ:stɛp] *n* pas *m* de (la) porte, seuil *m*
door-to-door ['dɔ:tə'dɔ:ʳ] *adj*: **~ selling** vente *f* à domicile
doorway ['dɔ:weɪ] *n* (embrasure *f* de) porte *f*
dope [dəup] *n (inf: drug)* drogue *f* ; *(: person)* andouille *f* ; *(: information)* tuyaux *mpl*, rancards *mpl* ▸ *vt (horse etc)* doper
dopey ['dəupɪ] *adj (inf)* à moitié endormi(e)
doping ['dəupɪŋ] *(Sport) n* dopage *m* ▸ *cpd (offence, allegation, test)* de dopage
dormant ['dɔ:mənt] *adj* assoupi(e), en veilleuse ; *(rule, law)* inappliqué(e)
dormer ['dɔ:məʳ] *n (also:* **dormer window***)* lucarne *f*
dormice ['dɔ:maɪs] *npl of* **dormouse**
dormitory ['dɔ:mɪtrɪ] *n* (BRIT) dortoir *m* ; (US: *hall of residence*) résidence *f* universitaire
dormouse ['dɔ:maus] (*pl* **dormice** [-maɪs]) *n* loir *m*
DOS [dɔs] *n abbr (= disk operating system)* DOS *m*
dosage ['dəusɪdʒ] *n* dose *f* ; dosage *m* ; *(on label)* posologie *f*
dose [dəus] *n* dose *f* ; (BRIT: *bout*) attaque *f* ; **a ~ of flu** une belle *or* bonne grippe ▸ *vt*: **to ~ o.s.** se bourrer de médicaments
dosh [dɔʃ] *n (inf)* fric *m*
dosser ['dɔsəʳ] *n* (BRIT *inf*) clochard(e)
doss house ['dɔs-] *n* (BRIT) asile *m* de nuit
dossier ['dɔsieɪ] *n* dossier *m*
DOT *n abbr* (US) = **Department of Transportation**
dot [dɔt] *n* point *m* ; *(on material)* pois *m* ; **on the ~** à l'heure tapante ▸ *vt*: **dotted with** parsemé(e) de
dotcom *n* point com *m*, pointcom *m*
dot command *n (Comput)* commande précédée d'un point
dote [dəut]: **to ~ on** *vt fus* être fou (folle) de
dot-matrix printer [dɔt'meɪtrɪks-] *n* imprimante matricielle
dotted line ['dɔtɪd-] *n* ligne pointillée ; *(Aut)* ligne discontinue ; **to sign on the ~** signer à l'endroit indiqué *or* sur la ligne pointillée ; *(fig)* donner son consentement
dotty ['dɔtɪ] *adj (inf)* loufoque, farfelu(e)
double ['dʌbl] *adj* double ; **~ five two six (5526)** (BRIT *Tel*) cinquante-cinq – vingt-six ; **it's spelt with a ~ "l"** ça s'écrit avec deux « l » ▸ *adv (fold)* en deux ; *(twice)*: **to cost ~ (sth)** coûter le double (de qch) *or* deux fois plus (que qch) ▸ *n* double *m* ; *(Cine)* doublure *f* ; **on the ~, at the ~** au pas de course ▸ *vt* doubler ; *(fold)* plier en deux ▸ *vi* doubler ; *(have two uses)*: **to ~ as** servir aussi de
▸ **double back** *vi (person)* revenir sur ses pas
▸ **double up** *vi (bend over)* se courber, se plier ; *(share room)* partager la chambre
double bass *n* contrebasse *f*
double bed *n* grand lit
double-breasted ['dʌbl'brɛstɪd] *adj* croisé(e)
double-check ['dʌbl'tʃɛk] *vt, vi* revérifier
double-click ['dʌbl'klɪk] *vi (Comput)* double-cliquer
double-clutch ['dʌbl'klʌtʃ] *vi* (US) faire un double débrayage
double cream *n* (BRIT) crème fraîche épaisse
double-cross ['dʌbl'krɔs] *vt* doubler, trahir
double-decker ['dʌbl'dɛkəʳ] *n* autobus *m* à impériale
double declutch *vi* (BRIT) faire un double débrayage
double exposure *n (Phot)* surimpression *f*
double glazing *n* (BRIT) double vitrage *m*
double-page ['dʌblpeɪdʒ] *adj*: **~ spread** publicité *f* en double page
double parking *n* stationnement *m* en double file
double room *n* chambre *f* pour deux
doubles ['dʌblz] *n (Tennis)* double *m*
double whammy [-'wæmɪ] *n (inf)* double contretemps *m*
double yellow lines *npl* (BRIT *Aut*) *double bande jaune marquant l'interdiction de stationner*

doubly ['dʌblɪ] *adv* doublement, deux fois plus
doubt [daut] *n* doute *m* ; **no ~** sans doute ; **without (a) ~** sans aucun doute ; **beyond ~** *adv* indubitablement ; *adj* indubitable ▸ *vt* douter de ; **I ~ it very much** j'en doute fort ; **to ~ that** douter que + *sub*
doubtful ['dautful] *adj* douteux(-euse) ; (*person*) incertain(e) ; **to be ~ about sth** avoir des doutes sur qch, ne pas être convaincu de qch ; **I'm a bit ~** je n'en suis pas certain *or* sûr
doubtless ['dautlɪs] *adv* sans doute, sûrement
dough [dəu] *n* pâte *f* ; (*inf: money*) fric *m*, pognon *m*
doughnut, (*US*) **donut** ['dəunʌt] *n* beignet *m*
dour [duəʳ] *adj* austère
douse [dauz] *vt* (*with water*) tremper, inonder ; (*flames*) éteindre
dove [dʌv] *n* colombe *f*
dovecote, dovecot ['dʌvkɔt] *n* pigeonnier *m*
Dover ['dəuvəʳ] *n* Douvres
dovetail ['dʌvteɪl] *n*: **~ joint** assemblage *m* à queue d'aronde ▸ *vi* (*fig*) concorder
dowager ['dauədʒəʳ] *n* douairière *f*
dowdy ['daudɪ] *adj* démodé(e), mal fagoté(e)
Dow-Jones average ['dau'dʒəunz-] *n* (*US*) indice *m* Dow-Jones
down [daun] *n* (*fluff*) duvet *m* ; (*hill*) colline (dénudée) ▸ *adv* en bas, vers le bas ; (*on the ground*) par terre ; **to fall ~** tomber ; **she's going ~ to Bristol** elle descend à Bristol ; **to write sth ~** écrire qch ; **~ there** là-bas (en bas), là au fond ; **~ here** ici en bas ; **the price of meat is ~** le prix de la viande a baissé ; **I've got it ~ in my diary** c'est inscrit dans mon agenda ; **to pay £2 ~** verser 2 livres d'arrhes *or* en acompte ; **England is two goals ~** l'Angleterre a deux buts de retard ; **~ with X!** à bas X ! ▸ *prep* en bas de ; (*along*) le long de ; **to walk ~ a hill** descendre une colline ; **to run ~ the street** descendre la rue en courant ▸ *vt* (*enemy*) abattre ; (*inf: drink*) siffler ; **to ~ tools** (Brit) cesser le travail
down-and-out ['daunəndaut] *n* (*tramp*) clochard(e)
down-at-heel ['daunət'hi:l] *adj* (*fig*) miteux(-euse)
downbeat ['daunbi:t] *n* (*Mus*) temps frappé ▸ *adj* sombre, négatif(-ive)
downcast ['daunkɑ:st] *adj* démoralisé(e)
downer ['daunəʳ] *n* (*inf: drug*) tranquillisant *m* ; **to be on a ~** (*depressed*) flipper
downfall ['daunfɔ:l] *n* chute *f* ; ruine *f*
downgrade ['daungreɪd] *vt* déclasser
downhearted ['daun'hɑ:tɪd] *adj* découragé(e)
downhill ['daun'hɪl] *adv* (*face, look*) en aval, vers l'aval ; (*roll, go*) vers le bas, en bas ; **to go ~** descendre ; (*business*) péricliter, aller à vau-l'eau ▸ *n* (*Ski: also:* **downhill race**) descente *f*
Downing Street ['daunɪŋ-] *n* (Brit): **10 ~** *résidence du Premier ministre*

Downing Street

Downing Street est une rue de Westminster (à Londres) où se trouvent la résidence officielle du Premier ministre et celle du ministre des Finances. Le nom *Downing Street* est souvent utilisé pour désigner le gouvernement britannique.

download ['daunləud] *n* téléchargement *m* ▸ *vt* (*Comput*) télécharger
downloadable [daun'ləudəbl] *adj* (*Comput*) téléchargeable
down-market ['daun'mɑ:kɪt] *adj* (*product*) bas de gamme *inv*
down payment *n* acompte *m*
downplay ['daunpleɪ] *vt* (*US*) minimiser (l'importance de)
downpour ['daunpɔ:ʳ] *n* pluie torrentielle, déluge *m*
downright ['daunraɪt] *adj* (*lie etc*) effronté(e) ; (*refusal*) catégorique
Downs [daunz] *npl* (Brit): **the ~** *collines crayeuses du sud-est de l'Angleterre*
downside ['daunsaɪd] *n* inconvénient *m* ; **the ~ of sth** l'inconvénient de qch
downsize ['daunsaɪz] *vt* (*company, industry*) dégraisser
downsizing ['daunsaɪzɪŋ] *n* (*of company, industry*) dégraissage *m*
Down's syndrome [daunz-] *n* mongolisme *m*, trisomie *f* ; **a ~ baby** un bébé mongolien *or* trisomique
downstairs ['daun'stɛəz] *adv* (*on or to ground floor*) au rez-de-chaussée ; (*on or to floor below*) à l'étage inférieur ; **to come ~, to go ~** descendre (l'escalier)
downstream ['daunstri:m] *adv* en aval
downtime ['dauntaɪm] *n* (*of machine etc*) temps mort ; (*of person*) temps d'arrêt
down-to-earth ['dauntu'ə:θ] *adj* terre à terre *inv*
downtown ['daun'taun] *adv* en ville ▸ *adj* (*US*): **~ Chicago** le centre commerçant de Chicago
downtrodden ['dauntrɔdn] *adj* opprimé(e)
downturn ['dauntə:n] *n* (*slump*) récession *f*
down under *adv* en Australie *or* Nouvelle-Zélande
downward ['daunwəd] *adj, adv* vers le bas ; **a ~ trend** une tendance à la baisse, une diminution progressive
downwards ['daunwədz] *adv* vers le bas
dowry ['daurɪ] *n* dot *f*
doyen ['dɔɪən] *n* doyen *m*
doyenne [dɔɪ'ɛn] *n* doyenne *f*
doz. *abbr* = **dozen**
doze [dəuz] *vi* sommeiller
▸ **doze off** *vi* s'assoupir
dozen ['dʌzn] *n* douzaine *f* ; **a ~ books** une douzaine de livres ; **80p a ~** 80p la douzaine ; **dozens of** des centaines de
DPh, DPhil *n abbr* (= *Doctor of Philosophy*) *titre universitaire*
DPP *n abbr* (Brit) = **Director of Public Prosecutions**
DPT *n abbr* (*Med:* = *diphtheria, pertussis, tetanus*) DCT *m*
DPW *n abbr* (*US*) = **Department of Public Works**
dr *abbr* (*Comm*) = **debtor**
Dr. *abbr* (= *doctor*) Dr ; (*in street names*) = **drive**
drab [dræb] *adj* terne, morne

draconian [drə'kəuniən] *adj* draconien(ne)
draft [drɑ:ft] *n* (*of letter, school work*) brouillon *m* ; (*of literary work*) ébauche *f* ; (*of contract, document*) version *f* préliminaire ; (*Comm*) traite *f* ; (*US Mil*) contingent *m* ; (*: call-up*) conscription *f* ▸ *vt* faire le brouillon de ; (*document, report*) rédiger une version préliminaire de ; (*Mil: send*) détacher ; *see also* **draught**
▸ **draft in** *vt* (*worker, player*) affecter
draftsman *etc* ['drɑ:ftsmən] (*US*) *n* = **draughtsman** *etc*
drafty *etc* ['drɑ:ftɪ] (*US*) *n* = **draughty** *etc*
drag [dræg] *vt* traîner ; (*river*) draguer ; **to ~ and drop** (*Comput*) glisser-déposer ▸ *vi* traîner ▸ *n* (*Aviat, Naut*) résistance *f* ; (*inf*) casse-pieds *mf* ; (*: women's clothing*): **in ~** (en) travesti
▸ **drag away** *vt*: **to ~ away (from)** arracher *or* emmener de force (de)
▸ **drag on** *vi* s'éterniser
▸ **drag out** *vt* (*process*) faire traîner ; **to ~ sth out of sb** soutirer qch à qn
dragnet ['drægnɛt] *n* drège *f* ; (*fig*) piège *m*, filets *mpl*
dragon ['drægn] *n* dragon *m*
dragonfly ['drægənflaɪ] *n* libellule *f*
dragoon [drə'gu:n] *n* (*cavalryman*) dragon *m* ▸ *vt*: **to ~ sb into doing sth** (*Brit*) forcer qn à faire qch
drain [dreɪn] *n* égout *m* ; (*on resources*) saignée *f* ▸ *vt* (*land, marshes*) drainer, assécher ; (*vegetables*) égoutter ; (*reservoir etc*) vider ; **to feel drained** (*of energy, emotion*) être épuisé(e) ▸ *vi* (*water*) s'écouler
drainage ['dreɪnɪdʒ] *n* (*system*) système *m* d'égouts ; (*act*) drainage *m*
draining ['dreɪnɪŋ] *adj* épuisant(e) ; **emotionally ~** épuisant(e) moralement
draining board ['dreɪnɪŋ-], (*US*) **drainboard** ['dreɪnbɔ:d] *n* égouttoir *m*
drainpipe ['dreɪnpaɪp] *n* tuyau *m* d'écoulement
drake [dreɪk] *n* canard *m* (mâle)
dram [dræm] *n* petit verre
drama ['drɑ:mə] *n* (*art*) théâtre *m*, art *m* dramatique ; (*play*) pièce *f* ; (*event*) drame *m*
dramatic [drə'mætɪk] *adj* (*Theat*) dramatique ; (*impressive*) spectaculaire
dramatically [drə'mætɪklɪ] *adv* de façon spectaculaire
dramatist ['dræmətɪst] *n* auteur *m* dramatique
dramatization [dræmətaɪ'zeɪʃən] *n* (*of book, story*) adaptation *f* pour la scène/télévision/radio
dramatize ['dræmətaɪz] *vt* (*events etc*) dramatiser ; (*adapt*) adapter pour la télévision (*or* pour l'écran)
drank [dræŋk] *pt of* **drink**
drape [dreɪp] *vt* draper ; **drapes** *npl* (*US*) rideaux *mpl*
draper ['dreɪpəʳ] *n* (*Brit*) marchand(e) de nouveautés
drastic ['dræstɪk] *adj* (*measures*) d'urgence, énergique ; (*change*) radical(e)
drastically ['dræstɪklɪ] *adv* radicalement
draught, (*US*) **draft** [drɑ:ft] *n* courant *m* d'air ; (*of chimney*) tirage *m* ; (*Naut*) tirant *m* d'eau ; **on ~** (*beer*) à la pression
draught beer *n* bière *f* (à la) pression
draughtboard ['drɑ:ftbɔ:d] *n* (*Brit*) damier *m*
draughts [drɑ:fts] *n* (*Brit: game*) (jeu *m* de) dames *fpl*
draughtsman, (*US*) **draftsman** ['drɑ:ftsmən] *n* (*irreg*) dessinateur(-trice) (industriel(le))
draughtsmanship, (*US*) **draftsmanship** ['drɑ:ftsmənʃɪp] *n* (*technique*) dessin industriel ; (*art*) graphisme *m*
draughty, (*US*) **drafty** ['drɑ:ftɪ] *adj* plein(e) de courants d'air
draw [drɔ:] (*vb: pt* **drew** [dru:], *pp* **drawn** [drɔ:n]) *vt* tirer ; (*picture*) dessiner ; (*attract*) attirer ; (*line, circle*) tracer ; (*money*) retirer ; (*wages*) toucher ; (*comparison, distinction*): **to ~ (between)** faire (entre) ▸ *vi* (*Sport*) faire match nul ; (*move, come*): **to ~ to a close** toucher à *or* tirer à sa fin ; **to ~ near** s'approcher ; approcher ▸ *n* match nul ; (*lottery*) loterie *f* ; (*picking of ticket*) tirage *m* au sort
▸ **draw back** *vi* (*move back*): **to ~ back (from)** reculer (de)
▸ **draw in** *vi* (*Brit: car*) s'arrêter le long du trottoir ; (*train*) entrer en gare *or* dans la station
▸ **draw on** *vt* (*resources*) faire appel à ; (*imagination, person*) avoir recours à, faire appel à
▸ **draw out** *vi* (*lengthen*) s'allonger ▸ *vt* (*money*) retirer
▸ **draw up** *vi* (*stop*) s'arrêter ▸ *vt* (*document*) établir, dresser ; (*plan*) formuler, dessiner ; (*chair*) approcher
drawback ['drɔ:bæk] *n* inconvénient *m*, désavantage *m*
drawbridge ['drɔ:brɪdʒ] *n* pont-levis *m*
drawee [drɔ:'i:] *n* tiré *m*
drawer *n* [drɔ:ʳ] tiroir *m* ; (*of cheque*) ['drɔ:əʳ] tireur *m*
drawing ['drɔ:ɪŋ] *n* dessin *m*
drawing board *n* planche *f* à dessin
drawing pin *n* (*Brit*) punaise *f*
drawing room *n* salon *m*
drawl [drɔ:l] *n* accent traînant
drawn [drɔ:n] *pp of* **draw** ▸ *adj* (*haggard*) tiré(e), crispé(e)
drawstring ['drɔ:strɪŋ] *n* cordon *m*
dread [drɛd] *n* épouvante *f*, effroi *m* ▸ *vt* redouter, appréhender
dreadful ['drɛdful] *adj* épouvantable, affreux(-euse)
dreadfully ['drɛdfulɪ] *adv* (*very badly: behave, treat*) très mal ; (*very: ill, worried*) affreusement ; (*very much: miss*) terriblement
dreadlocks ['drɛdlɔks] *npl* dreadlocks *fpl*
dream [dri:m] (*pt, pp* **dreamed** [dri:md] *or* **dreamt** [drɛmt]) *n* rêve *m* ; **to have a ~ about sb/sth** rêver à qn/qch ; **sweet dreams!** faites de beaux rêves ! ▸ *vt, vi* rêver
▸ **dream up** *vt* inventer
dreamer ['dri:məʳ] *n* rêveur(-euse)
dreamt [drɛmt] *pt, pp of* **dream**
dreamy ['dri:mɪ] *adj* (*absent-minded*) rêveur(-euse)
dreary ['drɪərɪ] *adj* triste ; monotone
dredge [drɛdʒ] *vt* draguer
▸ **dredge up** *vt* draguer ; (*fig: unpleasant facts*) (faire) ressortir

d

dredger ['drɛdʒəʳ] *n* (*ship*) dragueur *m* ; (*machine*) drague *f* ; (Brit: *also*: **sugar dredger**) saupoudreuse *f*
dregs [drɛgz] *npl* lie *f*
drench [drɛntʃ] *vt* tremper ; **drenched to the skin** trempé(e) jusqu'aux os
dress [drɛs] *n* robe *f* ; (*clothing*) habillement *m*, tenue *f* ▸ *vt* habiller ; (*wound*) panser ; (*food*) préparer ; **to ~ o.s.**, **to get dressed** s'habiller ; **to ~ a shop window** faire l'étalage *or* la vitrine ▸ *vi*: **she dresses very well** elle s'habille très bien
▸ **dress up** *vi* s'habiller ; (*in fancy dress*) se déguiser
dressage ['drɛsɑːʒ] *n* dressage *m*
dress circle *n* (Brit) premier balcon
dress designer *n* modéliste *mf*, dessinateur(-trice) de mode
dresser ['drɛsəʳ] *n* (*Theat*) habilleur(-euse) ; (*also*: **window dresser**) étalagiste *mf* ; (*furniture*) vaisselier *m* ; (: *US*) coiffeuse *f*, commode *f*
dressing ['drɛsɪŋ] *n* (*Med*) pansement *m* ; (*Culin*) sauce *f*, assaisonnement *m*
dressing gown *n* (Brit) robe *f* de chambre
dressing room *n* (*Theat*) loge *f* ; (*Sport*) vestiaire *m*
dressing table *n* coiffeuse *f*
dressmaker ['drɛsmeɪkəʳ] *n* couturière *f*
dressmaking ['drɛsmeɪkɪŋ] *n* couture *f* ; travaux *mpl* de couture
dress rehearsal *n* (répétition *f*) générale *f*
dress shirt *n* chemise *f* à plastron
dressy ['drɛsɪ] *adj* (*inf*: *clothes*) (qui fait) habillé(e)
drew [druː] *pt of* **draw**
dribble ['drɪbl] *vi* tomber goutte à goutte ; (*baby*) baver ▸ *vt* (*ball*) dribbler
dried [draɪd] *adj* (*fruit, beans*) sec (sèche) ; (*eggs, milk*) en poudre
drier ['draɪəʳ] *n* = **dryer**
drift [drɪft] *n* (*of current etc*) force *f* ; direction *f* ; (*of sand etc*) amoncellement *m* ; (*of snow*) rafale *f* ; coulée *f* ; (*on ground*) congère *f* ; (*general meaning*) sens général ; **I get** *or* **catch your ~** je vois en gros ce que vous voulez dire ▸ *vi* (*boat*) aller à la dérive, dériver ; (*sand, snow*) s'amonceler, s'entasser ; **to let things ~** laisser les choses aller à la dérive ; **to ~ apart** (*friends, lovers*) s'éloigner l'un de l'autre
drifter ['drɪftəʳ] *n* personne *f* sans but dans la vie
driftwood ['drɪftwud] *n* bois flotté
drill [drɪl] *n* perceuse *f* ; (*bit*) foret *m* ; (*of dentist*) roulette *f*, fraise *f* ; (*Mil*) exercice *m* ▸ *vt* percer ; (*troops*) entraîner ; (*pupils*: *in grammar*) faire faire des exercices à ▸ *vi* (*for oil*) faire un *or* des forage(s)
drilling ['drɪlɪŋ] *n* (*for oil*) forage *m*
drilling rig *n* (*on land*) tour *f* (de forage), derrick *m* ; (*at sea*) plate-forme *f* de forage
drily ['draɪlɪ] *adv* = **dryly**
drink [drɪŋk] (*pt* **drank** [dræŋk], *pp* **drunk** [drʌŋk]) *n* boisson *f* ; (*alcoholic*) verre *m* ; **to have a ~** boire quelque chose, boire un verre ; **a ~ of water** un verre d'eau ; **would you like a ~?** tu veux boire quelque chose ? ; **we had drinks before lunch** on a pris l'apéritif ▸ *vt*, *vi* boire
▸ **drink in** *vt* (*fresh air*) inspirer profondément ; (*story*) avaler, ne pas perdre une miette de ; (*sight*) se remplir la vue de
▸ **drink to** *vt fus* (*success, sb's memory*) boire à
▸ **drink up** *vi* finir *or* vider son verre ▸ *vt* finir
drinkable ['drɪŋkəbl] *adj* (*not dangerous*) potable ; (*palatable*) buvable
drink-driving ['drɪŋk'draɪvɪŋ] *n* conduite *f* en état d'ivresse
drinker ['drɪŋkəʳ] *n* buveur(-euse)
drinking ['drɪŋkɪŋ] *n* (*drunkenness*) boisson *f*, alcoolisme *m*
drinking fountain *n* (*in park etc*) fontaine publique ; (*in building*) jet *m* d'eau potable
drinking water *n* eau *f* potable
drink problem *n*: **to have a ~** trop boire
drip [drɪp] *n* (*drop*) goutte *f* ; (*sound*: *of water etc*) bruit *m* de l'eau qui tombe goutte à goutte ; (*Med*: *device*) goutte-à-goutte *m inv* ; (: *liquid*) perfusion *f* ; (*inf*: *person*) lavette *f*, nouille *f* ▸ *vi* tomber goutte à goutte ; (*tap*) goutter ; (*washing*) s'égoutter ; (*wall*) suinter
drip-dry ['drɪp'draɪ] *adj* (*shirt*) sans repassage
drip-feed ['drɪpfiːd] *vt* alimenter au goutte-à-goutte *or* par perfusion
dripping ['drɪpɪŋ] *n* graisse *f* de rôti ▸ *adj*: **~ wet** trempé(e)
drive [draɪv] (*pt* **drove** [drəuv], *pp* **driven** ['drɪvn]) *n* promenade *f or* trajet *m* en voiture ; (*also*: **driveway**) allée *f* ; (*energy*) dynamisme *m*, énergie *f* ; (*Psych*) besoin *m*, pulsion *f* ; (*push*) effort (concerté), campagne *f* ; (*Sport*) drive *m* ; (*Tech*) entraînement *m* ; traction *f* ; transmission *f* ; (*Comput*: *also*: **disk drive**) lecteur *m* de disques ; **to go for a ~** aller faire une promenade en voiture ; **it's 3 hours' ~ from London** Londres est à 3 heures de route ; **left-/right-hand ~** (*Aut*) conduite *f* à gauche/droite ; **front-/rear-wheel ~** (*Aut*) traction *f* avant/arrière ▸ *vt* conduire ; (*nail*) enfoncer ; (*push*) chasser, pousser ; (*Tech*: *motor*) actionner ; entraîner ; **to ~ sb to (do) sth** pousser *or* conduire qn à (faire) qch ; **to ~ sb mad** rendre qn fou (folle) ▸ *vi* (*be at the wheel*) conduire ; (*travel by car*) aller en voiture
▸ **drive at** *vt fus* (*fig*: *intend, mean*) vouloir dire, en venir à
▸ **drive on** *vi* poursuivre sa route, continuer ; (*after stopping*) reprendre sa route, repartir ▸ *vt* (*incite, encourage*) inciter
▸ **drive out** *vt* (*force out*) chasser
▸ **drive away** *vt* (*customers, friends*) faire fuir
drive-by ['draɪvbaɪ] *n* (*also*: **drive-by shooting**) *tentative d'assassinat par coups de feu tirés d'une voiture*
drive-in ['draɪvɪn] *adj*, *n* (*esp US*) drive-in *m*
drive-in window *n* (*US*) guichet-auto *m*
drivel ['drɪvl] *n* (*inf*) idioties *fpl*, imbécillités *fpl*
driven ['drɪvn] *pp of* **drive**
driver ['draɪvəʳ] *n* conducteur(-trice) ; (*of taxi, bus*) chauffeur *m*
driver's license *n* (*US*) permis *m* de conduire
driveway ['draɪvweɪ] *n* allée *f*
driving ['draɪvɪŋ] *adj*: **~ rain** pluie battante ▸ *n* conduite *f*

driving force *n* locomotive *f*, élément *m* dynamique
driving instructor *n* moniteur(-trice) d'auto-école
driving lesson *n* leçon *f* de conduite
driving licence *n* (BRIT) permis *m* de conduire
driving school *n* auto-école *f*
driving test *n* examen *m* du permis de conduire
drizzle ['drɪzl] *n* bruine *f*, crachin *m* ▸ *vi* bruiner
drizzly ['drɪzlɪ] *adj* (*weather, day*) de crachin
droll [drəul] *adj* drôle
dromedary ['drɔmədərɪ] *n* dromadaire *m*
drone [drəun] *vi* (*bee*) bourdonner ; (*engine etc*) ronronner ; (*also*: **drone on**) parler d'une voix monocorde ▸ *n* bourdonnement *m* ; ronronnement *m* ; (*male bee*) faux-bourdon *m*
drool [dru:l] *vi* baver ; **to ~ over sb/sth** (*fig*) baver d'admiration *or* être en extase devant qn/qch
droop [dru:p] *vi* (*flower*) commencer à se faner ; (*shoulders, head*) tomber
drop [drɔp] *n* (*of liquid*) goutte *f* ; (*fall*) baisse *f* ; (*: in salary*) réduction *f* ; (*also*: **parachute drop**) saut *m* ; (*of cliff*) dénivellation *f* ; à-pic *m* ; **a ~ of 10%** une baisse (*or* réduction) de 10% ▸ *vt* laisser tomber ; (*voice, eyes, price*) baisser ; (*passenger*) déposer ; **to ~ anchor** jeter l'ancre ; **to ~ sb a line** mettre un mot à qn ▸ *vi* (*wind, temperature, price, voice*) tomber ; (*numbers, attendance*) diminuer ; **drops** *npl* (*Med*) gouttes ; **cough drops** pastilles *fpl* pour la toux
▸ **drop by** *vi* (*call in*) passer
▸ **drop in** *vi* (*inf: visit*): **to ~ in (on)** faire un saut (chez), passer (chez)
▸ **drop off** *vi* (*sleep*) s'assoupir ▸ *vt* (*passenger*) déposer ; **to ~ sb off** déposer qn
▸ **drop out** *vi* (*withdraw*) se retirer ; (*student etc*) abandonner, décrocher
droplet ['drɔplɪt] *n* gouttelette *f*
dropout ['drɔpaut] *n* (*from society*) marginal(e) ; (*from university*) (étudiant(e)) décrocheur(-euse)
dropper ['drɔpəʳ] *n* (*Med etc*) compte-gouttes *m inv*
droppings ['drɔpɪŋz] *npl* crottes *fpl*
dross [drɔs] *n* déchets *mpl* ; rebut *m*
drought [draut] *n* sécheresse *f*
drove [drəuv] *pt of* **drive** ▸ *n*: **droves of people** une foule de gens
drown [draun] *vt* noyer ; (*also*: **drown out**: *sound*) couvrir, étouffer ▸ *vi* se noyer
drowse [drauz] *vi* somnoler
drowsiness ['drauzɪnɪs] *n* somnolence *f*
drowsy ['drauzɪ] *adj* somnolent(e)
drudge [drʌdʒ] *n* bête *f* de somme (*fig*)
drudgery ['drʌdʒərɪ] *n* corvée *f*
drug [drʌg] *n* médicament *m* ; (*narcotic*) drogue *f* ; **to be on drugs** se droguer ; **he's on drugs** il se drogue ; (*Med*) il est sous médication ▸ *vt* droguer
drug addict *n* toxicomane *mf*
drug dealer *n* revendeur(-euse) de drogue
drug-driving [drʌg'draivɪŋ] *n* conduite *f* sous l'emprise de stupéfiants
druggist ['drʌgɪst] *n* (US) pharmacien(ne)-droguiste
drug peddler *n* revendeur(-euse) de drogue
drugs test, drug test *n* contrôle *m* antidopage
drugstore ['drʌgstɔːʳ] *n* (US) pharmacie-droguerie *f*, drugstore *m*
Druid ['dru:ɪd] *n* druide *mf*
drum [drʌm] *n* tambour *m* ; (*for oil, petrol*) bidon *m* ▸ *vt*: **to ~ one's fingers on the table** pianoter *or* tambouriner sur la table ; **drums** *npl* (*Mus*) batterie *f*
▸ **drum up** *vt* (*enthusiasm, support*) susciter, rallier
drummer ['drʌməʳ] *n* (joueur *m* de) tambour *m* ; (*in rock band, in jazz band*) batteur *mf*
drum roll *n* roulement *m* de tambour
drumstick ['drʌmstɪk] *n* (*Mus*) baguette *f* de tambour ; (*of chicken*) pilon *m*
drunk [drʌŋk] *pp of* **drink** ▸ *adj* ivre, soûl(e) ; **to get ~** s'enivrer, se soûler ▸ *n* (*also*: **drunkard**) ivrogne *mf*
drunkard ['drʌŋkəd] *n* ivrogne *mf*
drunken ['drʌŋkən] *adj* ivre, soûl(e) ; (*rage, stupor*) ivrogne, d'ivrogne ; **~ driving** conduite *f* en état d'ivresse
drunkenness ['drʌŋkənnɪs] *n* ivresse *f* ; ivrognerie *f*
dry [draɪ] *adj* sec (sèche) ; (*day*) sans pluie ; (*humour*) pince-sans-rire ; (*uninteresting*) aride, rébarbatif(-ive) ; **on ~ land** sur la terre ferme ▸ *vt* sécher ; (*clothes*) faire sécher ; **to ~ one's hands/hair/eyes** se sécher les mains/les cheveux/les yeux ▸ *vi* sécher
▸ **dry off** *vi, vt* sécher
▸ **dry up** *vi* (*river, supplies*) se tarir ; (*speaker*) sécher, rester sec
dry-clean ['draɪ'kli:n] *vt* nettoyer à sec
dry-cleaner ['draɪ'kli:nəʳ] *n* teinturier *m*
dry-cleaner's ['draɪ'kli:nəz] *n* teinturerie *f*
dry-cleaning ['draɪ'kli:nɪŋ] *n* (*process*) nettoyage *m* à sec
dry dock *n* (*Naut*) cale sèche, bassin *m* de radoub
dryer ['draɪəʳ] *n* (*tumble-dryer*) sèche-linge *m inv* ; (*for hair*) sèche-cheveux *m inv*
dry goods *npl* (*Comm*) textiles *mpl*, mercerie *f*
dry goods store *n* (US) magasin *m* de nouveautés
dry ice *n* neige *f* carbonique
dryly ['draɪlɪ] *adv* sèchement, d'un ton sec
dryness ['draɪnɪs] *n* sécheresse *f*
dry rot *n* pourriture sèche (*du bois*)
dry run *n* (*fig*) essai *m*
dry ski slope *n* piste (de ski) artificielle
DSc *n abbr* (*= Doctor of Science*) *titre universitaire*
DSS *n abbr* (BRIT) = **Department of Social Security**
DST *abbr* (*US: = Daylight Saving Time*) *heure d'été*
DT *n abbr* (*Comput*) = **data transmission**
DTI *n abbr* (BRIT) = **Department of Trade and Industry**
DTP *n abbr* (*= desktop publishing*) PAO *f*
DT's [di:'ti:z] *n abbr* (*inf: = delirium tremens*) delirium tremens *m*
dual ['djuəl] *adj* double
dual carriageway *n* (BRIT) quatre voie *f*, voie express
dual-control ['djuəlkən'trəul] *adj* à doubles commandes
dual nationality *n* double nationalité *f*

d

dual-purpose ['djuəl'pə:pəs] *adj* à double emploi
dubbed [dʌbd] *adj* (*Cine*) doublé(e) ; (*nicknamed*) surnommé(e)
dubious ['dju:bɪəs] *adj* hésitant(e), incertain(e) ; (*reputation, company*) douteux(-euse) ; **I'm very ~ about it** j'ai des doutes sur la question, je n'en suis pas sûr du tout
Dublin ['dʌblɪn] *n* Dublin
Dubliner ['dʌblɪnəʳ] *n* habitant(e) de Dublin, originaire *mf* de Dublin
duchess ['dʌtʃɪs] *n* duchesse *f*
duchy ['dʌtʃɪ] *n* duché *m*
duck [dʌk] *n* canard *m* ▸ *vi* se baisser vivement, baisser subitement la tête ▸ *vt* plonger dans l'eau
duckling ['dʌklɪŋ] *n* caneton *m*
duct [dʌkt] *n* conduite *f*, canalisation *f* ; (*Anat*) conduit *m*
dud [dʌd] *n* (*shell*) obus non éclaté ; (*object, tool*): **it's a ~** c'est de la camelote, ça ne marche pas ▸ *adj* (Brit: *cheque*) sans provision ; (: *note, coin*) faux (fausse)
dude [du:d] *n* (*US inf*) mec *m* (*inf*)
due [dju:] *adj* (*money, payment*) dû (due) ; (*expected*) attendu(e) ; (*fitting*) qui convient ; **~ to** (*because of*) en raison de ; (*caused by*) dû à ; **in ~ course** en temps utile *or* voulu ; (*in the end*) finalement ; **the rent is ~ on the 30th** il faut payer le loyer le 30 ; **the train is ~ at 8 a.m.** le train est attendu à 8 h ; **she is ~ back tomorrow** elle doit rentrer demain ; **he is ~ £10** on lui doit 10 livres ; **I am ~ 6 days' leave** j'ai droit à 6 jours de congé ▸ *n* dû *m* ; **to give sb his** *or* **her ~** être juste envers qn ▸ *adv*: **~ north** droit vers le nord ; **dues** *npl* (*for club, union*) cotisation *f* ; (*in harbour*) droits *mpl* (de port)
due date *n* date *f* d'échéance
duel ['djuəl] *n* duel *m*
duet [dju:'ɛt] *n* duo *m*
duff [dʌf] *adj* (Brit *inf*) nullard(e), nul(le)
duffel bag, duffle bag ['dʌfl-] *n* sac marin
duffel coat, duffle coat ['dʌfl-] *n* duffel-coat *m*
duffer ['dʌfəʳ] *n* (*inf*) nullard(e)
dug [dʌg] *pt, pp of* **dig**
dugout ['dʌgaut] *n* (*Sport*) banc *m* de touche
DUI *n abbr* (*US*: = *driving under (the) influence (of alcohol)*) CEI (= *conduite en état d'ivresse*)
duke [dju:k] *n* duc *m*
dukedom ['dju:kdəm] *n* (*title*) titre *m* de duc ; (*land*) duché *m*
dull [dʌl] *adj* (*boring*) ennuyeux(-euse) ; (*slow*) borné(e) ; (*not bright*) morne, terne ; (*sound, pain*) sourd(e) ; (*weather, day*) gris(e), maussade ; (*blade*) émoussé(e) ▸ *vt* (*pain, grief*) atténuer ; (*mind, senses*) engourdir
duly ['dju:lɪ] *adv* (*on time*) en temps voulu ; (*as expected*) comme il se doit
dumb [dʌm] *adj* muet(te) ; (*stupid*) bête ; **to be struck ~** (*fig*) rester abasourdi(e), être sidéré(e)
▸ **dumb down** *vt* niveler par le bas
dumbbell ['dʌmbɛl] *n* (*Sport*) haltère *m*
dumbfounded [dʌm'faundɪd] *adj* sidéré(e)
dumbstruck ['dʌmstrʌk] *adj* sans voix ; **to be ~** rester sans voix
dummy ['dʌmɪ] *n* (*tailor's model*) mannequin *m* ; (*mock-up*) factice *m*, maquette *f* ; (*Sport*) feinte *f* ; (Brit: *for baby*) tétine *f* ▸ *adj* faux (fausse), factice
dummy run *n* essai *m*
dump [dʌmp] *n* tas *m* d'ordures ; (*also*: **rubbish dump**) décharge (publique) ; (*Mil*) dépôt *m* ; (*Comput*) listage *m* (de la mémoire) ; (*inf: place*) trou *m* ; **to be (down) in the dumps** (*inf*) avoir le cafard, broyer du noir ▸ *vt* (*put down*) déposer ; déverser ; (*get rid of*) se débarrasser de ; (*Comput*) lister ; (*Comm: goods*) vendre à perte (*sur le marché extérieur*)
dumping ['dʌmpɪŋ] *n* (*Econ*) dumping *m* ; (*of rubbish*): **"no ~"** « décharge interdite »
dumpling ['dʌmplɪŋ] *n* boulette *f* (de pâte)
Dumpster® ['dʌmpstəʳ] *n* (*US*) benne *f* (à ordures)
dumpy ['dʌmpɪ] *adj* courtaud(e), boulot(te)
dunce [dʌns] *n* âne *m*, cancre *m*
dune [dju:n] *n* dune *f*
dung [dʌŋ] *n* fumier *m*
dungarees [dʌŋgə'ri:z] *npl* bleu(s) *m(pl)* ; (*for child, woman*) salopette *f*
dungeon ['dʌndʒən] *n* cachot *m*
dunk [dʌŋk] *vt* tremper
Dunkirk [dʌn'kə:k] *n* Dunkerque
duo ['dju:əu] *n* (*gen, Mus*) duo *m*
duodenal [dju:əu'di:nl] *adj* duodénal(e) ; **~ ulcer** ulcère *m* du duodénum
dupe [dju:p] *n* dupe *f* ▸ *vt* duper, tromper
duplex ['dju:plɛks] *n* (*US*: *also*: **duplex apartment**) duplex *m*
duplicate *n* ['dju:plɪkət] double *m*, copie exacte ; (*copy of letter etc*) duplicata *m* ; **in ~** en deux exemplaires, en double ▸ *adj* (*copy*) en double ; **~ key** double *m* de la (*or* d'une) clé ▸ *vt* ['dju:plɪkeɪt] faire un double de ; (*on machine*) polycopier
duplicating machine ['dju:plɪkeɪtɪŋ-], **duplicator** ['dju:plɪkeɪtəʳ] *n* duplicateur *m*
duplication [dju:plɪ'keɪʃən] *n* (*of effort*) répétition *f*
duplicity [dju:'plɪsɪtɪ] *n* duplicité *f*, fausseté *f*
durability [djuərə'bɪlɪtɪ] *n* solidité *f* ; durabilité *f*
durable ['djuərəbl] *adj* durable ; (*clothes, metal*) résistant(e), solide
duration [djuə'reɪʃən] *n* durée *f*
duress [djuə'rɛs] *n*: **under ~** sous la contrainte
Durex® ['djuərɛks] *n* (Brit) préservatif (masculin)
during ['djuərɪŋ] *prep* pendant, au cours de
dusk [dʌsk] *n* crépuscule *m*
dusky ['dʌskɪ] *adj* sombre
dust [dʌst] *n* poussière *f* ▸ *vt* (*furniture*) essuyer, épousseter ; (*cake etc*): **to ~ with** saupoudrer de
▸ **dust off** *vt* (*also fig*) dépoussiérer
dustbin ['dʌstbɪn] *n* (Brit) poubelle *f*
duster ['dʌstəʳ] *n* chiffon *m*
dusting ['dʌstɪŋ] *n*: **to do the ~** faire les poussières ; **I hate ~!** je déteste faire les poussières !
dust jacket *n* jacquette *f*
dustman ['dʌstmən] *n* (*irreg*) (Brit) boueux *m*, éboueur *m*

dustpan ['dʌstpæn] *n* pelle *f* à poussière
dusty ['dʌstɪ] *adj* poussiéreux(-euse)
Dutch [dʌtʃ] *adj* hollandais(e), néerlandais(e) ▸ *n* (*Ling*) hollandais *m*, néerlandais *m* ▸ *adv*: **to go ~** *or* **dutch** (*inf*) partager les frais ; **the Dutch** *npl* les Hollandais, les Néerlandais
Dutch auction *n* enchères *fpl* à la baisse
Dutchman ['dʌtʃmən] *n* (*irreg*) Hollandais *m*
Dutchwoman ['dʌtʃwumən] *n* (*irreg*) Hollandaise *f*
dutiable ['dju:tɪəbl] *adj* taxable, soumis(e) à des droits de douane
dutiful ['dju:tɪful] *adj* (*child*) respectueux(-euse) ; (*husband, wife*) plein(e) d'égards, prévenant(e) ; (*employee*) consciencieux(-euse)
duty ['dju:tɪ] *n* devoir *m* ; (*tax*) droit *m*, taxe *f* ; **to make it one's ~ to do sth** se faire un devoir de faire qch ; **to pay ~ on sth** payer un droit *or* une taxe sur qch ; **on ~** de service ; (*at night etc*) de garde ; **off ~** libre, pas de service *or* de garde ; **duties** *npl* fonctions *fpl*
duty-free ['dju:tɪ'fri:] *adj* exempté(e) de douane, hors-taxe ; **~ shop** boutique *f* hors-taxe
duty officer *n* (*Mil etc*) officier *m* de permanence
duvet ['du:veɪ] *n* (Brit) couette *f*
DV *abbr* (= *Deo volente*) si Dieu le veut
DVD *n abbr* (= *digital versatile or video disc*) DVD *m*
DVD burner *n* graveur *m* de DVD
DVD player *n* lecteur *m* de DVD
DVD writer *n* graveur *m* de DVD
DVLA *n abbr* (Brit: = *Driver and Vehicle Licensing Agency*) *service qui délivre les cartes grises et les permis de conduire*
DVM *n abbr* (US: = *Doctor of Veterinary Medicine*) *titre universitaire*
DVT *n abbr* = **deep vein thrombosis**
dwarf [dwɔ:f] (*pl* **dwarves** [dwɔ:vz]) *n* nain(e) ▸ *vt* écraser
dwell [dwɛl] (*pt, pp* **dwelt** [dwɛlt]) *vi* demeurer ▸ **dwell on** *vt fus* s'étendre sur
dweller ['dwɛlə^r] *n* habitant(e)
dwelling ['dwɛlɪŋ] *n* habitation *f*, demeure *f*
dwelt [dwɛlt] *pt, pp of* **dwell**
dwindle ['dwɪndl] *vi* diminuer, décroître
dwindling ['dwɪndlɪŋ] *adj* décroissant(e), en diminution
DWP *n abbr* (Brit) = **Department of Work and Pensions**
dye [daɪ] *n* teinture *f* ; **hair ~** teinture pour les cheveux ▸ *vt* teindre
dyestuffs ['daɪstʌfs] *npl* colorants *mpl*
dying ['daɪɪŋ] *adj* mourant(e), agonisant(e)
dyke [daɪk] *n* (*embankment*) digue *f*
dynamic [daɪ'næmɪk] *adj* dynamique
dynamics [daɪ'næmɪks] *n, npl* dynamique *f*
dynamism ['daɪnəmɪzəm] *n* dynamisme *m*
dynamite ['daɪnəmaɪt] *n* dynamite *f* ▸ *vt* dynamiter, faire sauter à la dynamite
dynamo ['daɪnəməu] *n* dynamo *f*
dynastic [dɪ'næstɪk, daɪ'næstɪk] *adj* dynastique
dynasty ['dɪnəstɪ] *n* dynastie *f*
dysentery ['dɪsntrɪ] *n* dysenterie *f*
dysfunctional [dɪs'fʌŋkʃənl] *adj* dysfonctionnel(le)
dyslexia [dɪs'lɛksɪə] *n* dyslexie *f*
dyslexic [dɪs'lɛksɪk] *adj, n* dyslexique *mf*
dyspepsia [dɪs'pɛpsɪə] *n* dyspepsie *f*
dystrophy ['dɪstrəfɪ] *n* dystrophie *f* ; **muscular ~** dystrophie musculaire

d

Ee

E, e [iː] *n (letter)* E, e *m* ; *(Mus)*: **E** mi *m* ; **E for Edward,** *(US)* **E for Easy** E comme Eugène ▸ *abbr (= east)* E ▸ *n abbr (Drugs)* = **ecstasy**
ea. *abbr* = **each**
E.A. *n abbr (US: = educational age) niveau scolaire*
each [iːtʃ] *adj* chaque ; **~ day** chaque jour, tous les jours ; **~ one** chacun(e) ; **~ other** l'un l'autre ; **they hate ~ other** ils se détestent (mutuellement) ; **you are jealous of ~ other** vous êtes jaloux l'un de l'autre ▸ *pron* chacun(e) ; **they have 2 books ~** ils ont 2 livres chacun ; **they cost £5 ~** ils coûtent 5 livres (la) pièce ; **~ of us** chacun(e) de nous
eager ['iːgəʳ] *adj (person, buyer)* empressé(e) ; *(lover)* ardent(e), passionné(e) ; *(keen: pupil, worker)* enthousiaste ; **to be ~ to do sth** *(impatient)* brûler de faire qch ; *(keen)* désirer vivement faire qch ; **to be ~ for** *(event)* désirer vivement ; *(vengeance, affection, information)* être avide de
eagerly ['iːgəlɪ] *adv (ask)* avec impatience ; **~ awaited** tant attendu(e)
eagle ['iːgl] *n* aigle *m*
E and OE *abbr* = **errors and omissions excepted**
ear [ɪəʳ] *n* oreille *f* ; *(of corn)* épi *m* ; **up to one's ears in debt** endetté(e) jusqu'au cou
earache ['ɪəreɪk] *n* mal *m* aux oreilles
eardrum ['ɪədrʌm] *n* tympan *m*
earful ['ɪəful] *n (inf)*: **to give sb an ~** passer un savon à qn
earl [əːl] *n* comte *m*
earlier ['əːlɪəʳ] *adj (date etc)* plus rapproché(e) ; *(edition etc)* plus ancien(ne), antérieur(e) ▸ *adv* plus tôt
early ['əːlɪ] *adv* tôt, de bonne heure ; *(ahead of time)* en avance ; *(near the beginning)* au début ; **~ in the morning** tôt le matin ; **~ in the spring/19th century** au début *or* commencement du printemps/19ème siècle ▸ *adj* précoce, qui se manifeste *(or se fait)* tôt *or* de bonne heure ; *(Christians, settlers)* premier(-ière) ; *(reply)* rapide ; *(death)* prématuré(e) ; *(work)* de jeunesse ; **you're ~!** tu es en avance ! ; **to have an ~ night/start** se coucher/partir tôt *or* de bonne heure ; **take the ~ train** prenez le premier train ; **in the ~ spring/19th century** au début *or* commencement du printemps/19ème siècle ; **she's in her ~ forties** elle a un peu plus de quarante ans *or* de la quarantaine ; **at your earliest convenience** *(Comm)* dans les meilleurs délais
early retirement *n* retraite anticipée
early warning system *n* système *m* de première alerte
earmark ['ɪəmɑːk] *vt*: **to ~ sth for** réserver *or* destiner qch à
earn [əːn] *vt* gagner ; *(Comm: yield)* rapporter ; **to ~ one's living** gagner sa vie ; **this earned him much praise, he earned much praise for this** ceci lui a valu de nombreux éloges ; **he's earned his rest/reward** il mérite *or* a bien mérité *or* a bien gagné son repos/sa récompense
earned income [əːnd-] *n* revenu *m* du travail
earner ['əːnəʳ] *n (person)*: **a high ~** un(e) salarié(e) aux revenus élevés ; *(product)* source *f* de revenus ; **to be a nice little ~** *(BRIT inf)* bien rapporter
earnest ['əːnɪst] *adj* sérieux(-euse) ▸ *n (also:* **earnest money***)* acompte *m*, arrhes *fpl* ; **in ~** *adv* sérieusement, pour de bon
earnestly ['əːnɪstlɪ] *adv (seriously: say)* avec le plus grand sérieux ; *(sincerely: hope, wish)* sincèrement
earnings ['əːnɪŋz] *npl* salaire *m* ; gains *mpl* ; *(of company etc)* profits *mpl*, bénéfices *mpl*
ear, nose and throat specialist *n* oto-rhino-laryngologiste *mf*
earphones ['ɪəfəunz] *npl* écouteurs *mpl*
earplugs ['ɪəplʌgz] *npl* boules *fpl* Quiès® ; *(to keep out water)* protège-tympans *mpl*
earring ['ɪərɪŋ] *n* boucle *f* d'oreille
earshot ['ɪəʃɔt] *n*: **out of/within ~** hors de portée/à portée de voix
earth [əːθ] *n (gen, also BRIT Elec)* terre *f* ; *(of fox etc)* terrier *m* ▸ *vt (BRIT Elec)* relier à la terre
earthenware ['əːθnwɛəʳ] *n* poterie *f* ; faïence *f* ▸ *adj* de *or* en faïence
earthly ['əːθlɪ] *adj* terrestre ; *(also:* **earthly paradise***)* paradis *m* terrestre ; **there is no ~ reason to think that ...** il n'y a absolument aucune raison *or* pas la moindre raison de penser que ...
earthquake ['əːθkweɪk] *n* tremblement *m* de terre, séisme *m*
earth-shattering ['əːθʃætərɪŋ] *adj* stupéfiant(e)
earth tremor *n* secousse *f* sismique
earthworks ['əːθwəːks] *npl* travaux *mpl* de terrassement
earthy ['əːθɪ] *adj (fig)* terre à terre *inv*, truculent(e)
earwax ['ɪəwæks] *n* cérumen *m*

earwig ['ɪəwɪg] *n* perce-oreille *m*
ease [i:z] *n* facilité *f*, aisance *f* ; (*comfort*) bien-être *m* ; **with ~** sans difficulté, aisément ; **life of ~** vie oisive ; **at ~** à l'aise ; (*Mil*) au repos ▸ *vt* (*soothe: mind*) tranquilliser ; (*reduce: pain, problem*) atténuer ; (*: tension*) réduire ; (*loosen*) relâcher, détendre ; (*help pass*): **to ~ sth in/out** faire pénétrer/sortir qch délicatement *or* avec douceur, faciliter la pénétration/la sortie de qch ▸ *vi* (*situation*) se détendre
▸ **ease off, ease up** *vi* diminuer ; (*slow down*) ralentir ; (*relax*) se détendre
easel ['i:zl] *n* chevalet *m*
easily ['i:zɪlɪ] *adv* facilement ; (*by far*) de loin
easiness ['i:sɪnɪs] *n* facilité *f* ; (*of manner*) aisance *f* ; nonchalance *f*
east [i:st] *n* est *m* ; **the E~** l'Orient *m* ; (*Pol*) les pays *mpl* de l'Est ▸ *adj* (*wind*) d'est ; (*side*) est *inv* ▸ *adv* à l'est, vers l'est
eastbound ['i:stbaund] *adj* en direction de l'est ; (*carriageway*) est *inv*
Easter ['i:stə^r] *n* Pâques *fpl* ▸ *adj* (*holidays*) de Pâques, pascal(e)
Easter egg *n* œuf *m* de Pâques
Easter Island *n* île *f* de Pâques
easterly ['i:stəlɪ] *adj* d'est
Easter Monday *n* le lundi de Pâques
eastern ['i:stən] *adj* de l'est, oriental(e) ; **E~ Europe** l'Europe de l'Est ; **the E~ bloc** (*Pol*) les pays *mpl* de l'est
Easter Sunday *n* le dimanche de Pâques
East Germany *n* (*formerly*) Allemagne *f* de l'Est
eastward ['i:stwəd], **eastwards** ['i:stwədz] *adv* vers l'est, à l'est
easy ['i:zɪ] *adj* facile ; (*manner*) aisé(e) ; **to have an ~ life** avoir la vie facile ; **payment on ~ terms** (*Comm*) facilités *fpl* de paiement ; **I'm ~** (*inf*) ça m'est égal ▸ *adv*: **to take it** *or* **things ~** (*rest*) ne pas se fatiguer ; (*not worry*) ne pas (trop) s'en faire ; **that's easier said than done** c'est plus facile à dire qu'à faire, c'est vite dit
easy chair *n* fauteuil *m*
easy-going ['i:zɪ'gəuɪŋ] *adj* accommodant(e), facile à vivre
easy touch *n* (*inf*): **he's an ~** c'est une bonne poire
eat [i:t] (*pt* **ate** [eɪt], *pp* **eaten** ['i:tn]) *vt, vi* manger ; **can we have something to ~?** est-ce qu'on peut manger quelque chose ?
▸ **eat away** *vt* (*sea*) saper, éroder ; (*acid*) ronger, corroder
▸ **eat away at, eat into** *vt fus* ronger, attaquer
▸ **eat out** *vi* manger au restaurant
▸ **eat up** *vt* (*food*) finir (de manger) ; **it eats up electricity** ça bouffe du courant, ça consomme beaucoup d'électricité
eatable ['i:təbl] *adj* mangeable ; (*safe to eat*) comestible
eaten ['i:tn] *pp of* **eat**
eau de Cologne ['əudəkə'ləun] *n* eau *f* de Cologne
eaves [i:vz] *npl* avant-toit *m*
eavesdrop ['i:vzdrɔp] *vi*: **to ~ (on)** écouter de façon indiscrète
ebb [ɛb] *n* reflux *m* ; **the ~ and flow** le flux et le reflux ; **to be at a low ~** (*fig*) être bien bas(se), ne pas aller bien fort ▸ *vi* refluer ; (*fig: also:* **ebb away**) décliner
ebb tide *n* marée descendante, reflux *m*
e-bike ['i:baɪk] *n* VAE *m*
ebony ['ɛbənɪ] *n* ébène *f*
e-book ['i:buk] *n* livre *m* électronique
ebullient [ɪ'bʌlɪənt] *adj* exubérant(e)
e-business ['i:bɪznɪs] *n* (*company*) entreprise *f* électronique ; (*commerce*) commerce *m* électronique
e-card ['i:kɑ:d] *n* carte *f* virtuelle
ECB *n abbr* (= *European Central Bank*) BCE *f* (= *Banque centrale européenne*)
eccentric [ɪk'sɛntrɪk] *adj, n* excentrique *mf*
ecclesiastic [ɪkli:zɪ'æstɪk], **ecclesiastical** [ɪkli:zɪ'æstɪkl] *adj* ecclésiastique
ECG *n abbr* = **electrocardiogram**
echelon ['ɛʃəlɔn] *n* échelon *m* ; **the upper echelons of** les plus hauts échelons de
echo ['ɛkəu] (*pl* **echoes**) *n* écho *m* ▸ *vt* répéter ; faire chorus avec ▸ *vi* résonner ; faire écho
e-cigarette ['i:sɪgərɛt] *n* cigarette *f* électronique
éclair ['eɪklɛə^r] *n* éclair *m* (*Culin*)
eclectic [ɪ'klɛktɪk] *adj* (*collection*) hétéroclite ; (*tastes*) éclectique
eclipse [ɪ'klɪps] *n* éclipse *f* ▸ *vt* éclipser
eco- ['i:kəu] *prefix* éco-
eco-friendly [i:kəu'frɛndlɪ] *adj* non nuisible à l'environnement
ecological [i:kə'lɔdʒɪkəl] *adj* écologique
ecologist [ɪ'kɔlədʒɪst] *n* écologiste *mf*
ecology [ɪ'kɔlədʒɪ] *n* écologie *f*
e-commerce ['i:kɔmə:s] *n* commerce *m* électronique
economic [i:kə'nɔmɪk] *adj* économique ; (*profitable*) rentable
economical [i:kə'nɔmɪkl] *adj* économique ; (*person*) économe
economically [i:kə'nɔmɪklɪ] *adv* économiquement
economics [i:kə'nɔmɪks] *n* (*Scol*) économie *f* politique ▸ *npl* (*of project etc*) côté *m or* aspect *m* économique
economist [ɪ'kɔnəmɪst] *n* économiste *mf*
economize [ɪ'kɔnəmaɪz] *vi* économiser, faire des économies
economy [ɪ'kɔnəmɪ] *n* économie *f* ; **economies of scale** économies d'échelle
economy class *n* (*Aviat*) classe *f* touriste
economy class syndrome *n* syndrome *m* de la classe économique
economy size *n* taille *f* économique
ecosystem ['i:kəusɪstəm] *n* écosystème *m*
eco-tourism [i:kəu'tuərɪzəm] *n* écotourisme *m*
ECSC *n abbr* (= *European Coal & Steel Community*) CECA *f* (= *Communauté européenne du charbon et de l'acier*)
ecstasy ['ɛkstəsɪ] *n* extase *f* ; (*Drugs*) ecstasy *m* ; **to go into ecstasies over** s'extasier sur
ecstatic [ɛks'tætɪk] *adj* extatique, en extase
ECT *n abbr* = **electroconvulsive therapy**
Ecuador ['ɛkwədɔ:^r] *n* Équateur *m*

e

ecumenical [iːkju'mɛnɪkl] *adj* œcuménique
eczema ['ɛksɪmə] *n* eczéma *m*
eddy ['ɛdɪ] *n* tourbillon *m*
edge [ɛdʒ] *n* bord *m* ; (*of knife etc*) tranchant *m*, fil *m* ; **on ~** (*fig*) crispé(e), tendu(e) ; **to have the ~ on** (*fig*) l'emporter (de justesse) sur, être légèrement meilleur que ▸ *vt* border ▸ *vi*: **to ~ forward** avancer petit à petit ; **to ~ away from** s'éloigner furtivement de
edged [ɛdʒd] *adj*: **~ with** bordé(e) de
edgeways ['ɛdʒweɪz] *adv* latéralement ; **he couldn't get a word in ~** il ne pouvait pas placer un mot
edging ['ɛdʒɪŋ] *n* bordure *f*
edgy ['ɛdʒɪ] *adj* crispé(e), tendu(e)
edible ['ɛdɪbl] *adj* comestible ; (*meal*) mangeable
edict ['iːdɪkt] *n* décret *m*
edifice ['ɛdɪfɪs] *n* édifice *m*
edifying ['ɛdɪfaɪɪŋ] *adj* édifiant(e)
Edinburgh ['ɛdɪnbərə] *n* Édimbourg ; *voir article*

EDINBURGH FESTIVAL

Le Festival d'Édimbourg (**Edinburgh Festival**), qui se tient chaque année durant trois semaines au mois d'août, est l'un des grands festivals européens. Il est réputé pour son programme officiel mais aussi pour son festival *off* (*the Fringe*) qui propose des spectacles de théâtre, de musique, de comédie et de danse aussi bien traditionnels que résolument d'avant-garde. Pendant la durée du *Festival* se tient par ailleurs, sur l'esplanade du château, un grand spectacle de musique militaire, le *Military Tattoo*.

edit ['ɛdɪt] *vt* (*report, essay*) préparer ; (*sb else's text, computer file*) éditer ; (*editor: magazine, newspaper*) être le rédacteur *or* la rédactrice en chef de ; (*film*) monter
▸ **edit out** *vt* couper
editing ['ɛdɪtɪŋ] *n* (*of own article, manuscript*) préparation *f* ; (*of sb else's text*) édition *f* ; (*of film, programme*) montage *m* ▸ *cpd* (*Comput: package, software, tools*) d'édition
edition [ɪ'dɪʃən] *n* édition *f*
editor ['ɛdɪtə^r] *n* (*of newspaper*) rédacteur(-trice), rédacteur(-trice) en chef ; (*of sb's work*) éditeur(-trice) ; (*also*: **film editor**) monteur(-euse) ; **political/ foreign ~** rédacteur politique/au service étranger
editorial [ɛdɪ'tɔːrɪəl] *adj* de la rédaction, éditorial(e) ; **the ~ staff** la rédaction ▸ *n* éditorial *m*
EDP *n abbr* = **electronic data processing**
EDT *abbr* (*US*: = *Eastern Daylight Time*) *heure d'été de New York*
educate ['ɛdjukeɪt] *vt* (*teach*) instruire ; (*bring up*) éduquer ; **educated at ...** qui a fait ses études à ...
educated ['ɛdjukeɪtɪd] *adj* (*person*) cultivé(e)
educated guess *n* supposition éclairée
education [ɛdju'keɪʃən] *n* éducation *f* ; (*studies*) études *fpl* ; (*teaching*) enseignement *m*, instruction *f* ; (*at university: subject etc*) pédagogie *f* ; **primary** *or* (*US*) **elementary/secondary ~** instruction *f* primaire/secondaire
educational [ɛdʒu'keɪʃənl] *adj* (*toy, system*) éducatif(-ive) ; (*theory, method*) pédagogique ; (*institution*) d'enseignement ; (*attainments, background*) scolaire ; (*useful*) instructif(-ive) ; **~ technology** technologie *f* de l'enseignement
educationally [ɛdʒu'keɪʃənlɪ] *adv* (*subnormal, disadvantaged*) sur le plan éducatif ; (*sound, valuable*) du point de vue pédagogique
edutainment [ɛdʒu'teɪnmənt] *n* jeux *mpl* éducatifs
Edwardian [ɛd'wɔːdɪən] *adj* de l'époque du roi Édouard VII, des années 1900
EE *abbr* = **electrical engineer**
EEG *n abbr* = **electroencephalogram**
eel [iːl] *n* anguille *f*
EENT *n abbr* (*US Med*) = **eye, ear, nose and throat**
EEOC *n abbr* (*US*) = **Equal Employment Opportunity Commission**
eerie ['ɪərɪ] *adj* inquiétant(e), spectral(e), surnaturel(le)
EET *abbr* (= *Eastern European Time*) HEO (= *heure d'Europe orientale*)
effect [ɪ'fɛkt] *n* effet *m* ; **to have an ~ on sb/sth** avoir *or* produire un effet sur qn/qch ; **to take ~** (*Law*) entrer en vigueur, prendre effet ; (*drug*) agir, faire son effet ; **to put into ~** (*plan*) mettre en application *or* à exécution ; **in ~** en fait ; **his letter is to the ~ that ...** sa lettre nous apprend que ... ▸ *vt* effectuer ; **effects** *npl* (*Theat*) effets *mpl* ; (*property*) effets, affaires *fpl*
effective [ɪ'fɛktɪv] *adj* efficace ; (*striking: display, outfit*) frappant(e), qui produit *or* fait de l'effet ; (*actual*) véritable ; **to become ~** (*Law*) entrer en vigueur, prendre effet ; **~ date** date *f* d'effet *or* d'entrée en vigueur
effectively [ɪ'fɛktɪvlɪ] *adv* efficacement ; (*strikingly*) d'une manière frappante, avec beaucoup d'effet ; (*in reality*) effectivement, en fait
effectiveness [ɪ'fɛktɪvnɪs] *n* efficacité *f*
effeminate [ɪ'fɛmɪnɪt] *adj* efféminé(e)
effervescent [ɛfə'vɛsnt] *adj* effervescent(e)
efficacious [ɛfɪ'keɪʃəs] *adj* efficace
efficacy ['ɛfɪkəsɪ] *n* efficacité *f*
efficiency [ɪ'fɪʃənsɪ] *n* efficacité *f* ; (*of machine, car*) rendement *m*
efficiency apartment *n* (*US*) studio *m* avec coin cuisine
efficient [ɪ'fɪʃənt] *adj* efficace ; (*machine, car*) d'un bon rendement
efficiently [ɪ'fɪʃəntlɪ] *adv* efficacement
effigy ['ɛfɪdʒɪ] *n* effigie *f*
effluent ['ɛfluənt] *n* effluent *m*
effort ['ɛfət] *n* effort *m* ; **to make an ~ to do sth** faire *or* fournir un effort pour faire qch
effortless ['ɛfətlɪs] *adj* sans effort, aisé(e) ; (*achievement*) facile
effrontery [ɪ'frʌntərɪ] *n* effronterie *f*
effusive [ɪ'fjuːsɪv] *adj* (*person*) expansif(-ive) ; (*welcome*) chaleureux(-euse)

EFL *n abbr (Scol)* = **English as a Foreign Language**
EFTA ['ɛftə] *n abbr (= European Free Trade Association)* AELE *f (= Association européenne de libre-échange)*
e.g. *adv abbr (= exempli gratia)* par exemple, p. ex.
egalitarian [ɪgælɪ'tɛərɪən] *adj* égalitaire
egg [ɛg] *n* œuf *m* ; **hard-boiled/soft-boiled ~** œuf dur/à la coque
▸ **egg on** *vt* pousser
eggcup ['ɛgkʌp] *n* coquetier *m*
egghead ['ɛghɛd] *n (inf)* intello *mf (inf)*
eggnog ['ɛgnɔg] *n* lait *m* de poule
egg plant ['ɛgplɑːnt] *n (US)* aubergine *f*
eggshell ['ɛgʃɛl] *n* coquille *f* d'œuf ▸ *adj (colour)* blanc cassé *inv*
egg-timer ['ɛgtaɪmə^r] *n* sablier *m*
egg white *n* blanc *m* d'œuf
egg yolk *n* jaune *m* d'œuf
ego ['iːgəu] *n (self-esteem)* amour-propre *m* ; *(Psych)* moi *m*
egocentric [iːgəu'sɛntrɪk, ɛgəu'sɛntrɪk] *adj* égocentrique
egoism ['ɛgəuɪzəm] *n* égoïsme *m*
egoist ['ɛgəuɪst] *n* égoïste *mf*
egoistic [iːgəu'ɪstɪk, ɛgəu'ɪstɪk] *adj* égoïste
egotism ['ɛgəutɪzəm] *n* égotisme *m*
egotist ['ɛgəutɪst] *n* égocentrique *mf*
egotistic [iːgə'tɪstɪk, ɛgə'tɪstɪk], **egotistical** [iːgə'tɪstɪkəl, ɛgə'tɪstɪkəl] *adj* égotiste
ego trip *n*: **to be on an ~** être en plein délire d'autosatisfaction
Egypt ['iːdʒɪpt] *n* Égypte *f*
Egyptian [ɪ'dʒɪpʃən] *adj* égyptien(ne) ▸ *n* Égyptien(ne)
EHIC *n abbr (= European Health Insurance Card)* CEAM *f*
Eid ['iːd] *n (also:* **Eid-al-Fitr, Eid-ul-Fitr***)* Aïd *m*
eiderdown ['aɪdədaun] *n* édredon *m*
Eiffel Tower ['aɪfəl-] *n* tour *f* Eiffel
eight [eɪt] *num* huit
eighteen [eɪ'tiːn] *num* dix-huit
eighteenth [eɪ'tiːnθ] *num* dix-huitième
eighth [eɪtθ] *num* huitième
eightieth ['eɪtɪɪθ] *num* quatre-vingtième
eighty ['eɪtɪ] *num* quatre-vingt(s)
Eire ['ɛərə] *n* République *f* d'Irlande
EIS *n abbr (= Educational Institute of Scotland) syndicat enseignant*
eisteddfod [aɪ'stɛdvəd] *n au Pays de Galles, fête lors de laquelle on dispute des concours de musique et de poésie en gallois*
either ['aɪðə^r] *adj* l'un ou l'autre ; *(both, each)* chaque ; **on ~ side** de chaque côté ▸ *pron*: **~ (of them)** l'un ou l'autre ; **I don't like ~** je n'aime ni l'un ni l'autre ; **which bike do you want? — ~ will do** quel vélo voulez-vous ? — n'importe lequel ▸ *adv* non plus ; **no, I don't ~** moi non plus ▸ *conj*: **~ good or bad** ou bon ou mauvais, soit bon soit mauvais ; **answer with ~ yes or no** répondez par oui ou par non ; **I haven't seen ~ one or the other** je n'ai vu ni l'un ni l'autre
ejaculate [ɪ'dʒækjuleɪt] *vi (Physiol)* éjaculer ▸ *vt (literary: exclaim)* s'exclamer, s'écrier
ejaculation [ɪdʒækju'leɪʃən] *n (Physiol)* éjaculation *f*
eject [ɪ'dʒɛkt] *vt (tenant etc)* expulser ; *(object)* éjecter ▸ *vi (pilot)* s'éjecter
ejector seat [ɪ'dʒɛktə-] *n* siège *m* éjectable
eke [iːk]: **to ~ out** *vt* faire durer ; augmenter
EKG *n abbr (US)* = **electrocardiogram**
el [ɛl] *n abbr (US inf)* = **elevated railroad**
elaborate *adj* [ɪ'læbərɪt] *(system, procedure)* compliqué(e) ; *(dinner, scheme)* élaboré(e) ; *(costume, jewellery)* recherché(e) ▸ *vt* [ɪ'læbəreɪt] élaborer ▸ *vi* entrer dans les détails
elaborately [ɪ'læbərɪtlɪ] *adv (in detail: planned)* avec minutie ; *(richly: decorated, costumed)* avec recherche
élan, elan [eɪ'lɑːn] *n (literary)*: **to do sth with elan** faire qch avec entrain
elapse [ɪ'læps] *vi* s'écouler, passer
elastic [ɪ'læstɪk] *adj, n* élastique *m*
elasticated [ɪ'læstɪkeɪtɪd] *adj (*Brit*)* à élastique
elastic band *n (*Brit*)* élastique *m*
elasticity [ɪlæs'tɪsɪtɪ] *n* élasticité *f*
elated [ɪ'leɪtɪd] *adj* transporté(e) de joie
elation [ɪ'leɪʃən] *n* (grande) joie, allégresse *f*
elbow ['ɛlbəu] *n* coude *m* ▸ *vt*: **to ~ one's way through the crowd** se frayer un passage à travers la foule (en jouant des coudes)
elbow grease *n*: **to use a bit of ~** mettre de l'huile de coude
elder ['ɛldə^r] *adj* aîné(e) ▸ *n (tree)* sureau *m* ; **one's elders** ses aînés
elderberry ['ɛldəbɛrɪ] *n (berry)* baie *f* de sureau ; *(tree)* sureau *m*
elderly ['ɛldəlɪ] *adj* âgé(e) ▸ *npl*: **the ~** les personnes âgées
elder statesman *n (irreg)* vétéran *m* de la politique
eldest ['ɛldɪst] *adj, n*: **the ~ (child)** l'aîné(e) (des enfants)
elect [ɪ'lɛkt] *vt* élire ; *(choose)*: **to ~ to do** choisir de faire ▸ *adj*: **the president ~** le président désigné
election [ɪ'lɛkʃən] *n* élection *f* ; **to hold an ~** procéder à une élection
election campaign *n* campagne électorale
electioneering [ɪlɛkʃə'nɪərɪŋ] *n* propagande électorale, manœuvres électorales
elective [ɪ'lɛktɪv] *adj* électif(-ive) ▸ *n (US)* cours *m* facultatif
elector [ɪ'lɛktə^r] *n* électeur(-trice)
electoral [ɪ'lɛktərəl] *adj* électoral(e)
electoral college *n* collège électoral
electoral roll *n (*Brit*)* liste électorale
electorate [ɪ'lɛktərɪt] *n* électorat *m*
electric [ɪ'lɛktrɪk] *adj* électrique
electrical [ɪ'lɛktrɪkl] *adj* électrique
electrical engineer *n* ingénieur électricien
electrical failure *n* panne *f* d'électricité *or* de courant
electric blanket *n* couverture chauffante
electric blue *adj, n* bleu électrique *m inv*
electric chair *n* chaise *f* électrique
electric cooker *n* cuisinière *f* électrique
electric current *n* courant *m* électrique
electric fire *n (*Brit*)* radiateur *m* électrique
electrician [ɪlɛk'trɪʃən] *n* électricien *m*

e

electricity [ɪlɛkˈtrɪsɪtɪ] *n* électricité *f* ; **to switch on/off the ~** rétablir/couper le courant
electricity board *n* (BRIT) ≈ agence régionale de l'E.D.F.
electric light *n* lumière *f* électrique
electrics [ɪˈlɛktrɪks] *npl* (BRIT) installation *f* électrique
electric shock *n* choc *m* or décharge *f* électrique
electrify [ɪˈlɛktrɪfaɪ] *vt* (*Rail*) électrifier ; (*audience*) électriser
electro... [ɪˈlɛktrəu] *prefix* électro...
electrocardiogram [ɪlɛktrəuˈkɑːdi əgræm] *n* électrocardiogramme *m*
electro-convulsive therapy [ɪlɛktrəukənˈvʌlsɪv-] *n* électrochocs *mpl*
electrocute [ɪˈlɛktrəkjuːt] *vt* électrocuter
electrode [ɪˈlɛktrəud] *n* électrode *f*
electroencephalogram [ɪlɛktrəuɛnˈsɛfələgræm] *n* électroencéphalogramme *m*
electrolysis [ɪlɛkˈtrɔlɪsɪs] *n* électrolyse *f*
electromagnetic [ɪˈlɛktrəmægˈnɛtɪk] *adj* électromagnétique
electron [ɪˈlɛktrɔn] *n* électron *m*
electronic [ɪlɛkˈtrɔnɪk] *adj* électronique
electronically [ɪlɛkˈtrɔnɪklɪ] *adv* électroniquement
electronic data processing *n* traitement *m* électronique des données
electronic mail *n* courrier *m* électronique
electronics [ɪlɛkˈtrɔnɪks] *n* électronique *f*
electron microscope *n* microscope *m* électronique
electroplated [ɪˈlɛktrəˈpleɪtɪd] *adj* plaqué(e) *or* doré(e) *or* argenté(e) par galvanoplastie
electrotherapy [ɪˈlɛktrəˈθɛrəpɪ] *n* électrothérapie *f*
elegance [ˈɛlɪgəns] *n* élégance *f*
elegant [ˈɛlɪgənt] *adj* élégant(e)
elegantly [ˈɛlɪgəntlɪ] *adv* (*dressed, furnished*) avec élégance ; (*designed, shaped*) élégamment ; **~ simple** d'une élégante simplicité
elegy [ˈɛlɪdʒɪ] *n* élégie *f*
element [ˈɛlɪmənt] *n* (*gen*) élément *m* ; (*of heater, kettle etc*) résistance *f*
elementary [ɛlɪˈmɛntərɪ] *adj* élémentaire ; (*school, education*) primaire
elementary school *n* (*US*) école *f* primaire

ELEMENTARY SCHOOL

Aux États-Unis et au Canada, une **elementary school** (également appelée *grade school* ou *grammar school* aux États-Unis) est une école publique où les enfants passent les six à huit premières années de leur scolarité.

elephant [ˈɛlɪfənt] *n* éléphant *m*
elevate [ˈɛlɪveɪt] *vt* élever
elevated railroad [ˈɛlɪveɪtɪd-] *n* (*US*) métro *m* aérien
elevation [ɛlɪˈveɪʃən] *n* élévation *f* ; (*height*) altitude *f*
elevator [ˈɛlɪveɪtəʳ] *n* (*in warehouse etc*) élévateur *m*, monte-charge *m inv* ; (*US: lift*) ascenseur *m*
eleven [ɪˈlɛvn] *num* onze
elevenses [ɪˈlɛvnzɪz] *npl* (BRIT) ≈ pause-café *f*
eleventh [ɪˈlɛvnθ] *num* onzième ; **at the ~ hour** (*fig*) à la dernière minute
elf [ɛlf] (*pl* **elves** [ɛlvz]) *n* lutin *m*
elfin [ˈɛlfɪn] *adj* (*face*) délicat(e)
elicit [ɪˈlɪsɪt] *vt*: **to ~ (from)** obtenir (de) ; tirer (de)
eligibility [ɛlɪdʒɪˈbɪlɪtɪ] *n*: **~ (for sth)** (*membership, job*) admissibilité *f* (à qch) ; (*benefits*) droit *m* (à qch) ; **~ to do sth** droit de faire qch
eligible [ˈɛlɪdʒəbl] *adj* (*for compensation, benefits*) éligible ; (*for membership*) admissible ; **an ~ young man** un beau parti ; **to be ~ for sth** remplir les conditions requises pour qch ; **~ for a pension** ayant droit à la retraite
eliminate [ɪˈlɪmɪneɪt] *vt* éliminer
elimination [ɪlɪmɪˈneɪʃən] *n* élimination *f* ; **by process of ~** par élimination
elite, élite [ɪˈliːt] *adj* (*group, athlete*) d'élite ; (*institution*) prestigieux(-euse) ▸*n*: **the ~** l'élite *f*
elitist [ɛˈliːtɪst] *adj* (*pej*) élitiste
elixir [ɪˈlɪksəʳ] *n* (*literary*) élixir *m*
Elizabethan [ɪlɪzəˈbiːθən] *adj* élisabéthain(e)
ellipse [ɪˈlɪps] *n* ellipse *f*
elliptical [ɪˈlɪptɪkl] *adj* elliptique
elm [ɛlm] *n* orme *m*
elocution [ɛləˈkjuːʃən] *n* élocution *f*
elongated [ˈiːlɔŋgeɪtɪd] *adj* étiré(e), allongé(e)
elope [ɪˈləup] *vi* (*lovers*) s'enfuir (ensemble)
elopement [ɪˈləupmənt] *n* fugue amoureuse
eloquence [ˈɛləkwəns] *n* éloquence *f*
eloquent [ˈɛləkwənt] *adj* éloquent(e)
eloquently [ˈɛləkwəntlɪ] *adv* (*speak, write*) avec éloquence
else [ɛls] *adv* d'autre ; **something ~** quelque chose d'autre, autre chose ; **somewhere ~** ailleurs, autre part ; **everywhere ~** partout ailleurs ; **everyone ~** tous les autres ; **nothing ~** rien d'autre ; **is there anything ~ I can do?** est-ce que je peux faire quelque chose d'autre ? ; **where ~?** à quel autre endroit ? ; **little ~** pas grand-chose d'autre
elsewhere [ɛlsˈwɛəʳ] *adv* ailleurs, autre part
ELT *n abbr* (*Scol*) = **English Language Teaching**
elucidate [ɪˈluːsɪdeɪt] *vt* élucider
elude [ɪˈluːd] *vt* échapper à ; (*question*) éluder
elusive [ɪˈluːsɪv] *adj* insaisissable ; (*answer*) évasif(-ive)
elves [ɛlvz] *npl of* **elf**
emaciated [ɪˈmeɪsɪeɪtɪd] *adj* émacié(e), décharné(e)
email [ˈiːmeɪl] *n abbr* (= *electronic mail*) (e-)mail *m*, courriel *m* ▸*vt*: **to ~ sb** envoyer un (e-)mail *or* un courriel à qn
email account *n* compte *m* (e-)mail
email address *n* adresse *f* (e-)mail *or* électronique
emanate [ˈɛməneɪt] *vi*: **to ~ from** émaner de
emancipate [ɪˈmænsɪpeɪt] *vt* émanciper
emancipation [ɪmænsɪˈpeɪʃən] *n* émancipation *f*
emasculate [ɪˈmæskjuleɪt] *vt* émasculer

embalm [ɪm'bɑːm] *vt* embaumer
embankment [ɪm'bæŋkmənt] *n* (*of road, railway*) remblai *m*, talus *m* ; (*of river*) berge *f*, quai *m* ; (*dyke*) digue *f*
embargo [ɪm'bɑːgəu] (*pl* **embargoes**) *n* (*Comm, Naut*) embargo *m* ; (*prohibition*) interdiction *f* ; **to put an ~ on sth** mettre l'embargo sur qch ▸ *vt* frapper d'embargo, mettre l'embargo sur
embark [ɪm'bɑːk] *vi* embarquer ; **to ~ on** (*ship*) (s')embarquer à bord de *or* sur ; (*journey etc*) commencer, entreprendre ; (*fig*) se lancer *or* s'embarquer dans ▸ *vt* embarquer
embarkation [ɛmbɑː'keɪʃən] *n* embarquement *m*
embarkation card *n* carte *f* d'embarquement
embarrass [ɪm'bærəs] *vt* embarrasser, gêner
embarrassed [ɪm'bærəst] *adj* gêné(e) ; **to be ~** être gêné(e)
embarrassing [ɪm'bærəsɪŋ] *adj* gênant(e), embarrassant(e)
embarrassment [ɪm'bærəsmənt] *n* embarras *m*, gêne *f* ; (*embarrassing thing, person*) source *f* d'embarras
embassy ['ɛmbəsɪ] *n* ambassade *f* ; **the French E~** l'ambassade de France
embed [ɪm'bɛd] *vt* (*object*) enfoncer ; (*values, attitudes*) ancrer ; **to ~ itself in sth** (*object*) s'enfoncer dans qch ; (*bullet*) se loger dans qch
embedded [ɪm'bɛdɪd] *adj* (*object*) enfoncé(e) ; **to be ~ in sth** (*thorn*) être enfoncé(e) dans qch ; (*bullet*) être logé(e) dans qch ; (*value, attitude*) être ancré(e) dans qch
embellish [ɪm'bɛlɪʃ] *vt* embellir ; enjoliver
embers ['ɛmbəz] *npl* braise *f*
embezzle [ɪm'bɛzl] *vt* détourner
embezzlement [ɪm'bɛzlmənt] *n* détournement *m* (de fonds)
embezzler [ɪm'bɛzlə^r] *n* escroc *m*
embitter [ɪm'bɪtə^r] *vt* aigrir ; envenimer
emblazoned [ɪm'bleɪzənd] *adj*: **to be ~ with sth** être armorié(e) de qch ; **to be ~ on sth** être inscrit(e) sur qch
emblem ['ɛmbləm] *n* emblème *m*
emblematic [ɛmblə'mætɪk] *adj* emblématique
embodiment [ɪm'bɔdɪmənt] *n* personnification *f*, incarnation *f*
embody [ɪm'bɔdɪ] *vt* (*features*) réunir, comprendre ; (*ideas*) formuler, exprimer
embolden [ɪm'bəuldn] *vt* enhardir
embolism ['ɛmbəlɪzəm] *n* embolie *f*
embossed [ɪm'bɔst] *adj* repoussé(e), gaufré(e) ; **~ with** où figure(nt) en relief
embrace [ɪm'breɪs] *vt* embrasser, étreindre ; (*include*) embrasser, couvrir, comprendre ▸ *vi* s'embrasser, s'étreindre ▸ *n* étreinte *f*
embroider [ɪm'brɔɪdə^r] *vt* broder ; (*fig: story*) enjoliver
embroidery [ɪm'brɔɪdərɪ] *n* broderie *f*
embroil [ɪm'brɔɪl] *vt*: **to become embroiled (in sth)** se retrouver mêlé(e) (à qch), se laisser entraîner (dans qch)
embryo ['ɛmbrɪəu] *n* (*also fig*) embryon *m*
embryonic [ɛmbrɪ'ɔnɪk] *adj* (*idea, organization*) à l'état embryonnaire, embryonnaire ; (*Biol*) embryonnaire
emcee [ɛm'siː] *n* maître *m* de cérémonie
emend [ɪ'mɛnd] *vt* (*text*) corriger
emerald ['ɛmərəld] *n* émeraude *f*
emerge [ɪ'məːdʒ] *vi* apparaître ; (*from room, car*) surgir ; (*from sleep, imprisonment*) sortir ; **it emerges that** (Brit) il ressort que
emergence [ɪ'məːdʒəns] *n* apparition *f* ; (*of nation*) naissance *f*
emergency [ɪ'məːdʒənsɪ] *n* (*crisis*) cas *m* d'urgence ; (*Med*) urgence *f* ; **in an ~** en cas d'urgence ; **state of ~** état *m* d'urgence
emergency brake (US) *n* frein *m* à main
emergency exit *n* sortie *f* de secours
emergency landing *n* atterrissage forcé
emergency lane *n* (*US Aut*) accotement stabilisé
emergency road service *n* (US) service *m* de dépannage
emergency room *n* (*US Med*) urgences *fpl*
emergency services *npl*: **the ~** (*fire, police, ambulance*) les services *mpl* d'urgence
emergency stop *n* (*Brit Aut*) arrêt *m* d'urgence
emergent [ɪ'məːdʒənt] *adj*: **~ nation** pays *m* en voie de développement
emeritus [ɪ'mɛrɪtəs] *adj* émérite
emery board ['ɛmərɪ-] *n* lime *f* à ongles (*en carton émerisé*)
emery paper ['ɛmərɪ-] *n* papier *m* (d')émeri
emetic [ɪ'mɛtɪk] *n* vomitif *m*, émétique *m*
emigrant ['ɛmɪgrənt] *n* émigrant(e)
emigrate ['ɛmɪgreɪt] *vi* émigrer
emigration [ɛmɪ'greɪʃən] *n* émigration *f*
émigré ['ɛmɪgreɪ] *n* émigré(e)
eminence ['ɛmɪnəns] *n* éminence *f*
eminent ['ɛmɪnənt] *adj* éminent(e)
eminently ['ɛmɪnəntlɪ] *adv* éminemment, admirablement
emir [ɛ'mɪə^r] *n* émir *m*
emissary ['ɛmɪsərɪ] *n* émissaire *m*
emissions [ɪ'mɪʃənz] *npl* émissions *fpl*
emit [ɪ'mɪt] *vt* émettre
emolument [ɪ'mɔljumənt] *n* (*often pl: formal*) émoluments *mpl* ; (*fee*) honoraires *mpl* ; (*salary*) traitement *m*
emoticon [ɪ'məutɪkən] *n* (*Comput*) émoticone *m*
emotion [ɪ'məuʃən] *n* sentiment *m* ; (*as opposed to reason*) émotion *f*, sentiments
emotional [ɪ'məuʃənl] *adj* (*person*) émotif(-ive), très sensible ; (*needs*) affectif(-ive) ; (*scene*) émouvant(e) ; (*tone, speech*) qui fait appel aux sentiments
emotionally [ɪ'məuʃnəlɪ] *adv* (*behave*) émotivement ; (*be involved*) affectivement ; (*speak*) avec émotion ; **~ disturbed** qui souffre de troubles de l'affectivité
emotive [ɪ'məutɪv] *adj* émotif(-ive) ; **~ power** capacité *f* d'émouvoir *or* de toucher
empathize ['ɛmpəθaɪz] *vi* se montrer compréhensif(-ive) ; **to ~ with sb** comprendre ce que ressent qn
empathy ['ɛmpəθɪ] *n* communion *f* d'idées *or* de sentiments, empathie *f* ; **to feel ~ with sb** se mettre à la place de qn

e

emperor ['ɛmpərəʳ] *n* empereur *m*
emphasis ['ɛmfəsɪs] (*pl* **emphases** [-si:z]) *n* accent *m* ; **to lay** *or* **place ~ on sth** (*fig*) mettre l'accent sur, insister sur ; **the ~ is on reading** la lecture tient une place primordiale, on accorde une importance particulière à la lecture
emphasize ['ɛmfəsaɪz] *vt* (*syllable, word, point*) appuyer *or* insister sur ; (*feature*) souligner, accentuer
emphatic [ɛm'fætɪk] *adj* (*strong*) énergique, vigoureux(-euse) ; (*unambiguous, clear*) catégorique
emphatically [ɛm'fætɪklɪ] *adv* avec vigueur *or* énergie ; catégoriquement
emphysema [ɛmfɪ'si:mə] *n* emphysème *m*
empire ['ɛmpaɪəʳ] *n* empire *m*
empirical [ɛm'pɪrɪkl] *adj* empirique
empirically [ɪm'pɪrɪkəlɪ] *adv* de manière empirique, empiriquement ; **~ based** fondé(e) sur l'expérience
employ [ɪm'plɔɪ] *vt* employer ; **he's employed in a bank** il est employé de banque, il travaille dans une banque
employee [ɪmplɔɪ'i:] *n* employé(e)
employer [ɪm'plɔɪəʳ] *n* employeur(-euse)
employment [ɪm'plɔɪmənt] *n* emploi *m* ; **to find ~** trouver un emploi *or* du travail ; **without ~** au chômage, sans emploi ; **place of ~** lieu *m* de travail
employment agency *n* agence *f or* bureau *m* de placement
employment exchange *n* (Brit) agence *f* pour l'emploi
emporium [ɛm'pɔ:rɪəm] (*pl* **emporia** [ɛm'pɔ:rɪə]) *n* grand magasin *m* ; **food ~** grand magasin d'alimentation
empower [ɪm'pauəʳ] *vt* (*strengthen: person, group*) responsabiliser ; **to ~ sb to do** autoriser *or* habiliter qn à faire
empowerment [ɪm'pauəmənt] *n* responsabilisation *f*
empress ['ɛmprɪs] *n* impératrice *f*
emptiness ['ɛmptɪnɪs] *n* vide *m* ; (*of area*) aspect *m* désertique
empty ['ɛmptɪ] *adj* vide ; (*street, area*) désert(e) ; (*threat, promise*) en l'air, vain(e) ; **on an ~ stomach** à jeun ▸*n* (*bottle*) bouteille *f* vide ▸*vt* vider ▸*vi* se vider ; (*liquid*) s'écouler ; **to ~ into** (*river*) se jeter dans, se déverser dans
empty-handed ['ɛmptɪ'hændɪd] *adj* les mains vides
empty-headed ['ɛmptɪ'hɛdɪd] *adj* écervelé(e), qui n'a rien dans la tête
EMS *n abbr* (= *European Monetary System*) SME *m*
EMT *n abbr* = **emergency medical technician**
EMU *n abbr* (= *European Monetary Union*) UME *f*
emu ['i:mju:] (*pl* **~** *or* **emus**) *n* émeu *m*
emulate ['ɛmjuleɪt] *vt* rivaliser avec, imiter
emulsion [ɪ'mʌlʃən] *n* émulsion *f* ; (*also:* **emulsion paint**) peinture mate
enable [ɪ'neɪbl] *vt*: **to ~ sb to do** permettre à qn de faire, donner à qn la possibilité de faire
enact [ɪ'nækt] *vt* (*Law*) promulguer ; (*play, scene*) jouer, représenter
enactment [ɪn'æktmənt] *n* (*Law*) promulgation *f* ; (*of play, story*) représentation *f*
enamel [ɪ'næməl] *n* émail *m* ; (*also:* **enamel paint**) (peinture *f*) laque *f*
enamelled, (US) **enameled** [ɪ'næməld] *adj* (*steel, gold*) émaillé(e) ; (*bath, bowl*) en émail
enamoured [ɪ'næməd] *adj*: **~ of** amoureux(-euse) de ; (*idea*) enchanté(e) par
encampment [ɪn'kæmpmənt] *n* campement *m*
encapsulate [ɪn'kæpsjuleɪt] *vt* (*mood, spirit*) incarner ; (*views, ideas*) résumer
encased [ɪn'keɪst] *adj*: **~ in** enfermé(e) dans, recouvert(e) de
enchant [ɪn'tʃɑ:nt] *vt* enchanter
enchanting [ɪn'tʃɑ:ntɪŋ] *adj* ravissant(e), enchanteur(-eresse)
encircle [ɪn'sə:kl] *vt* entourer, encercler
encl. *abbr* (*on letters etc: = enclosed*) ci-joint(e) ; (= *enclosure*) PJ *f*
enclave ['ɛŋkleɪv] *n* enclave *f*
enclose [ɪn'kləuz] *vt* (*land*) clôturer ; (*space, object*) entourer ; (*letter etc*): **to ~ (with)** joindre (à) ; **please find enclosed** veuillez trouver ci-joint
enclosure [ɪn'kləuʒəʳ] *n* enceinte *f* ; (*in letter etc*) annexe *f*
encode [ɪn'kəud] *vt* coder
encoder [ɪn'kəudəʳ] *n* (*Comput*) encodeur *m*
encompass [ɪn'kʌmpəs] *vt* encercler, entourer ; (*include*) contenir, inclure
encore [ɔŋ'kɔ:ʳ] *excl, n* bis *m*
encounter [ɪn'kauntəʳ] *n* rencontre *f* ▸*vt* rencontrer
encourage [ɪn'kʌrɪdʒ] *vt* encourager ; (*industry, growth*) favoriser ; **to ~ sb to do sth** encourager qn à faire qch
encouragement [ɪn'kʌrɪdʒmənt] *n* encouragement *m*
encouraging [ɪn'kʌrɪdʒɪŋ] *adj* encourageant(e)
encroach [ɪn'krəutʃ] *vi*: **to ~ (up)on** empiéter sur
encroachment [ɪn'krəutʃmənt] *n* empiètement *m*
encrusted [ɪn'krʌstɪd] *adj*: **~ (with)** incrusté(e) (de)
encrypt [ɪn'krɪpt] *vt* crypter
encryption [ɪn'krɪpʃən] *n* cryptage *m* ▸*cpd* (*technology, code*) de cryptage
encumbered [ɪn'kʌmbəd] *adj* encombré(e) ; **to be ~ with** (*luggage*) être encombré(e) de ; (*debts*) être criblé(e) de ; (*rules, regulations*) être surchargé(e) de
encyclopaedia, encyclopedia [ɛnsaɪkləu'pi:dɪə] *n* encyclopédie *f*
encyclopaedic, encyclopedic [ɪnsaɪklə'pi:dɪk] *adj* encyclopédique
end [ɛnd] *n* fin *f* ; (*of table, street, rope etc*) bout *m*, extrémité *f* ; (*of pointed object*) pointe *f* ; (*of town*) bout ; (*Sport*) côté *m* ; **from ~ to ~** d'un bout à l'autre ; **to come to an ~** prendre fin ; **to be at an ~** être fini(e), être terminé(e) ; **in the ~** finalement ; **on ~** (*object*) debout, dressé(e) ; **to stand on ~** (*hair*) se dresser sur la tête ; **for 5**

hours on ~ durant 5 heures d'affilée *or* de suite ; **for hours on ~** pendant des heures (et des heures) ; **at the ~ of the day** (BRIT *fig*) en fin de compte ; **to this ~, with this ~ in view** à cette fin, dans ce but ▸ *vt* terminer ; (*also*: **bring to an end, put an end to**) mettre fin à ▸ *vi* se terminer, finir
▸ **end up** *vi*: **to ~ up in** (*condition*) finir *or* se terminer par ; (*place*) finir *or* aboutir à
endanger [ɪn'deɪndʒə^r] *vt* mettre en danger ; **an endangered species** une espèce en voie de disparition
endear [ɪn'dɪə^r] *vt*: **to ~ o.s. to sb** se faire aimer de qn
endearing [ɪn'dɪərɪŋ] *adj* attachant(e)
endearment [ɪn'dɪəmənt] *n*: **to whisper endearments** murmurer des mots *or* choses tendres ; **term of ~** terme *m* d'affection
endeavour, (US) **endeavor** [ɪn'dɛvə^r] *n* effort *m* ; (*attempt*) tentative *f* ▸ *vt*: **to ~ to do** tenter *or* s'efforcer de faire
endemic [ɛn'dɛmɪk] *adj* endémique
endgame ['ɛndgeɪm] *n* (*Chess, fig*) fin *f* de partie
ending ['ɛndɪŋ] *n* dénouement *m*, conclusion *f* ; (*Ling*) terminaison *f*
endive ['ɛndaɪv] *n* (*curly*) chicorée *f* ; (*smooth, flat*) endive *f*
endless ['ɛndlɪs] *adj* (*interminable: journey, war*) sans fin, interminable ; (*unlimited: patience, resources*) inépuisable, sans limites ; (*: possibilities*) illimité(e)
endlessly ['ɛndləslɪ] *adv* (*talk, repeat*) continuellement ; (*infinitely*): **to be ~ patient** être d'une patience infinie ; **it's ~ fascinating** cela ne cesse pas de me fasciner
endorse [ɪn'dɔːs] *vt* (*cheque*) endosser ; (*approve*) appuyer, approuver, sanctionner
endorsee [ɪndɔː'siː] *n* bénéficiaire *mf*, endossataire *mf*
endorsement [ɪn'dɔːsmənt] *n* (*approval*) appui *m*, aval *m* ; (*signature*) endossement *m* ; (BRIT: *on driving licence*) contravention *f* (*portée au permis de conduire*)
endorser [ɪn'dɔːsə^r] *n* avaliste *m*, endosseur *m*
endow [ɪn'dau] *vt* (*provide with money*) faire une donation à, doter ; (*equip*): **to ~ with** gratifier de, doter de
endowment [ɪn'daumənt] *n* dotation *f*
endowment mortgage *n* hypothèque liée à une assurance-vie
endowment policy *n* assurance *f* à capital différé
end product *n* (*Industry*) produit fini ; (*fig*) résultat *m*, aboutissement *m*
end result *n* résultat final
endurable [ɪn'djuərəbl] *adj* supportable
endurance [ɪn'djuərəns] *n* endurance *f*
endurance test *n* test *m* d'endurance
endure [ɪn'djuə^r] *vt* (*bear*) supporter, endurer ▸ *vi* (*last*) durer
enduring [ɪn'djuərɪŋ] *adj* (*appeal, influence*) constant(e) ; (*legacy, love*) durable ; (*image, memory*) tenace
end user *n* (*Comput*) utilisateur final
enema ['ɛnɪmə] *n* (*Med*) lavement *m*
enemy ['ɛnəmɪ] *adj, n* ennemi(e) ; **to make an ~ of sb** se faire un(e) ennemi(e) de qn, se mettre qn à dos
energetic [ɛnə'dʒɛtɪk] *adj* énergique ; (*activity*) très actif(-ive), qui fait se dépenser (physiquement)
energize ['ɛnədʒaɪz] *vt* stimuler, motiver ; **to be energized** être plein(e) d'énergie
energizing ['ɛnədʒaɪzɪŋ] *adj* stimulant(e)
energy ['ɛnədʒɪ] *n* énergie *f* ; **Department of E~** ministère *m* de l'Énergie
energy crisis *n* crise *f* de l'énergie
energy drink *n* boisson *f* énergisante
energy-efficient ['ɛnədʒɪɪ'fɪʃənt] *adj* économe en énergie
energy-saving ['ɛnədʒɪ'seɪvɪŋ] *adj* (*policy*) d'économie d'énergie ; (*device*) qui permet de réaliser des économies d'énergie
enervating ['ɛnəveɪtɪŋ] *adj* débilitant(e), affaiblissant(e)
enforce [ɪn'fɔːs] *vt* (*law*) appliquer, faire respecter
enforced [ɪn'fɔːst] *adj* forcé(e)
enforcement [ɪn'fɔːsmənt] *n* (*of law, rule*) application *f*
enfranchise [ɪn'fræntʃaɪz] *vt* accorder le droit de vote à ; (*set free*) affranchir
engage [ɪn'geɪdʒ] *vt* engager ; (*Mil*) engager le combat avec ; (*lawyer*) prendre ; **to ~ sb in conversation** engager la conversation avec qn ▸ *vi* (*Tech*) s'enclencher, s'engrener ; **to ~ in** se lancer dans
engaged [ɪn'geɪdʒd] *adj* (BRIT: *busy, in use*) occupé(e) ; (*betrothed*) fiancé(e) ; **to get ~** se fiancer ; **the line's ~** la ligne est occupée ; **he is ~ in research/a survey** il fait de la recherche/une enquête
engaged tone *n* (BRIT *Tel*) tonalité *f* occupé *inv*
engagement [ɪn'geɪdʒmənt] *n* (*undertaking*) obligation *f*, engagement *m* ; (*appointment*) rendez-vous *m inv* ; (*to marry*) fiançailles *fpl* ; (*Mil*) combat *m* ; **I have a previous ~** j'ai déjà un rendez-vous, je suis déjà pris(e)
engagement ring *n* bague *f* de fiançailles
engaging [ɪn'geɪdʒɪŋ] *adj* engageant(e), attirant(e)
engender [ɪn'dʒɛndə^r] *vt* produire, causer
engine ['ɛndʒɪn] *n* (*Aut*) moteur *m* ; (*Rail*) locomotive *f*
engine driver *n* (BRIT: *of train*) mécanicien *m*
engineer [ɛndʒɪ'nɪə^r] *n* ingénieur *m* ; (BRIT: *repairer*) dépanneur *m* ; (*Navy, US Rail*) mécanicien *m* ; **civil/mechanical ~** ingénieur des Travaux Publics *or* des Ponts et Chaussées/mécanicien
engineering [ɛndʒɪ'nɪərɪŋ] *n* engineering *m*, ingénierie *f* ; (*of bridges, ships*) génie *m* ; (*of machine*) mécanique *f* ▸ *cpd*: **~ works** *or* **factory** atelier *m* de construction mécanique
engine failure *n* panne *f*
engine trouble *n* ennuis *mpl* mécaniques
England ['ɪŋglənd] *n* Angleterre *f*

e

English ['ɪŋglɪʃ] *adj* anglais(e) ▸ *n* (*Ling*) anglais *m* ; **an ~ speaker** un anglophone ▸ *npl*: **the ~** les Anglais *mpl*
English Channel *n*: **the ~** la Manche
Englishman ['ɪŋglɪʃmən] *n* (*irreg*) Anglais *m*
English-speaking ['ɪŋglɪʃspi:kɪŋ] *adj* qui parle anglais ; anglophone
Englishwoman ['ɪŋglɪʃwumən] *n* (*irreg*) Anglaise *f*
engrave [ɪn'greɪv] *vt* graver
engraving [ɪn'greɪvɪŋ] *n* gravure *f*
engrossed [ɪn'grəust] *adj*: **~ in** absorbé(e) par, plongé(e) dans
engulf [ɪn'gʌlf] *vt* engloutir
enhance [ɪn'hɑ:ns] *vt* rehausser, mettre en valeur ; (*position*) améliorer ; (*reputation*) accroître
enhancement [ɪn'hɑ:nsmənt] *n* (*of quality, appearance, condition*) amélioration *f* ; (*to pension, salary*) majoration *f* ; **image ~** retouche *f* d'images ; **breast ~** augmentation *f* mammaire
enigma [ɪ'nɪgmə] *n* énigme *f*
enigmatic [ɛnɪg'mætɪk] *adj* énigmatique
enjoy [ɪn'dʒɔɪ] *vt* aimer, prendre plaisir à ; (*have benefit of: health, fortune*) jouir de ; (*: success*) connaître ; **to ~ o.s.** s'amuser
enjoyable [ɪn'dʒɔɪəbl] *adj* agréable
enjoyment [ɪn'dʒɔɪmənt] *n* plaisir *m*
enlarge [ɪn'lɑ:dʒ] *vt* accroître ; (*Phot*) agrandir ▸ *vi*: **to ~ on** (*subject*) s'étendre sur
enlarged [ɪn'lɑ:dʒd] *adj* (*edition*) augmenté(e) ; (*Med: organ, gland*) anormalement gros(se), hypertrophié(e)
enlargement [ɪn'lɑ:dʒmənt] *n* (*Phot*) agrandissement *m*
enlighten [ɪn'laɪtn] *vt* éclairer
enlightened [ɪn'laɪtnd] *adj* éclairé(e)
enlightening [ɪn'laɪtnɪŋ] *adj* instructif(-ive), révélateur(-trice)
enlightenment [ɪn'laɪtnmənt] *n* édification *f* ; éclaircissements *mpl* ; (*Hist*): **the E~** ≈ le Siècle des lumières
enlist [ɪn'lɪst] *vt* recruter ; (*support*) s'assurer ; **enlisted man** (*US Mil*) simple soldat *m* ▸ *vi* s'engager
enliven [ɪn'laɪvn] *vt* animer, égayer
en masse [ɔn'mæs] *adv* en masse
enmity ['ɛnmɪtɪ] *n* inimitié *f*
ennoble [ɪ'nəubl] *vt* (*with title*) anoblir
enormity [ɪ'nɔ:mɪtɪ] *n* énormité *f*
enormous [ɪ'nɔ:məs] *adj* énorme
enormously [ɪ'nɔ:məslɪ] *adv* (*increase*) dans des proportions énormes ; (*rich*) extrêmement
enough [ɪ'nʌf] *adj*: **~ time/books** assez *or* suffisamment de temps/livres ▸ *adv*: **big ~** assez *or* suffisamment grand ; **he has not worked ~** il n'a pas assez *or* suffisamment travaillé, il n'a pas travaillé assez *or* suffisamment ; **it's hot ~ (as it is)!** il fait assez chaud comme ça ! ; **he was kind ~ to lend me the money** il a eu la gentillesse de me prêter l'argent ; **... which, funnily** *or* **oddly** *or* **strangely ~ ...** qui, chose curieuse, ... ▸ *pron*: **have you got ~?** (en) avez-vous assez ? ; **~ to eat** assez à manger ; **will five be ~?** est-ce que cinq suffiront ?, est-ce qu'il y en aura assez avec cinq ? ; **(that's) ~!** ça suffit !, assez ! ; **that's ~, thanks** cela suffit *or* c'est assez, merci ; **I've had ~!** je n'en peux plus ! ; **I've had ~ of him** j'en ai assez de lui
enquire [ɪn'kwaɪə^r] *vt, vi* = **inquire**
enquiry [ɪn'kwaɪərɪ] *n* = **inquiry**
enrage [ɪn'reɪdʒ] *vt* mettre en fureur *or* en rage, rendre furieux(-euse)
enraged [ɪn'reɪdʒd] *adj* furieux(-euse) ; **to be ~ at sb/by sth** être furieux(-euse) contre qn/à cause de qch
enrich [ɪn'rɪtʃ] *vt* enrichir
enrichment [ɪn'rɪtʃmənt] *n* enrichissement *m*
enrol, (*US*) **enroll** [ɪn'rəul] *vt* inscrire ▸ *vi* s'inscrire
enrolment, (*US*) **enrollment** [ɪn'rəulmənt] *n* inscription *f*
en route [ɔn'ru:t] *adv* en route, en chemin ; **~ for** *or* **to** en route vers, à destination de
ensconced [ɪn'skɔnst] *adj*: **~ in** bien calé(e) dans
enshrine [ɪn'ʃraɪn] *vt* (*fig*) préserver
ensign *n* (*Naut*) ['ɛnsən] enseigne *f*, pavillon *m* ; (*Mil*) ['ɛnsaɪn] porte-étendard *m*
enslave [ɪn'sleɪv] *vt* asservir
ensue [ɪn'sju:] *vi* s'ensuivre, résulter
en suite ['ɔnswi:t] *adj*: **with ~ bathroom** avec salle de bains en attenante
ensure [ɪn'ʃuə^r] *vt* assurer, garantir ; **to ~ that** s'assurer que
ENT *n abbr* (= *Ear, Nose and Throat*) ORL *f*
entail [ɪn'teɪl] *vt* entraîner, nécessiter
entangle [ɪn'tæŋgl] *vt* emmêler, embrouiller ; **to become entangled in sth** (*fig*) se laisser entraîner *or* empêtrer dans qch
enter ['ɛntə^r] *vt* (*room*) entrer dans, pénétrer dans ; (*club, army*) entrer à ; (*profession*) embrasser ; (*competition*) s'inscrire à *or* pour ; (*sb for a competition*) (faire) inscrire ; (*write down*) inscrire, noter ; (*Comput*) entrer, introduire ▸ *vi* entrer
▸ **enter for** *vt fus* s'inscrire à, se présenter pour *or* à
▸ **enter into** *vt fus* (*explanation*) se lancer dans ; (*negotiations*) entamer ; (*debate*) prendre part à ; (*agreement*) conclure
▸ **enter on** *vt fus* commencer
▸ **enter up** *vt* inscrire
▸ **enter upon** *vt fus* = **enter on**
enteritis [ɛntə'raɪtɪs] *n* entérite *f*
enterprise ['ɛntəpraɪz] *n* (*company, undertaking*) entreprise *f* ; (*initiative*) (esprit *m* d')initiative *f* ; **free ~** libre entreprise ; **private ~** entreprise privée
enterprising ['ɛntəpraɪzɪŋ] *adj* entreprenant(e), dynamique ; (*scheme*) audacieux(-euse)
entertain [ɛntə'teɪn] *vt* amuser, distraire ; (*invite*) recevoir (à dîner) ; (*idea, plan*) envisager
entertainer [ɛntə'teɪnə^r] *n* artiste *mf* de variétés

entertaining [ɛntəˈteɪnɪŋ] *adj* amusant(e), distrayant(e) ▸ *n*: **to do a lot of ~** beaucoup recevoir
entertainment [ɛntəˈteɪnmənt] *n* (*amusement*) distraction *f*, divertissement *m*, amusement *m* ; (*show*) spectacle *m*
entertainment allowance *n* frais *mpl* de représentation
enthralled [ɪnˈθrɔːld] *adj* captivé(e)
enthralling [ɪnˈθrɔːlɪŋ] *adj* captivant(e), enchanteur(-eresse)
enthuse [ɪnˈθuːz] *vi*: **to ~ about** *or* **over** parler avec enthousiasme de
enthusiasm [ɪnˈθuːzɪæzəm] *n* enthousiasme *m*
enthusiast [ɪnˈθuːzɪæst] *n* enthousiaste *mf* ; **a jazz** *etc* **~** un fervent *or* passionné du jazz *etc*
enthusiastic [ɪnθuːzɪˈæstɪk] *adj* enthousiaste ; **to be ~ about** être enthousiasmé(e) par
enthusiastically [ɪnθjuːziˈæstɪklɪ] *adv* avec enthousiasme
entice [ɪnˈtaɪs] *vt* attirer, séduire
enticing [ɪnˈtaɪsɪŋ] *adj* (*person, offer*) séduisant(e) ; (*food*) alléchant(e)
entire [ɪnˈtaɪəʳ] *adj* (tout) entier(-ère)
entirely [ɪnˈtaɪəlɪ] *adv* entièrement, complètement
entirety [ɪnˈtaɪərətɪ] *n*: **in its ~** dans sa totalité
entitle [ɪnˈtaɪtl] *vt* (*allow*): **to ~ sb to do** donner (le) droit à qn de faire ; **to ~ sb to sth** donner droit à qch à qn
entitled [ɪnˈtaɪtld] *adj* (*book*) intitulé(e) ; **to be ~ to do** avoir le droit de faire
entitlement [ɪnˈtaɪtlmənt] *n* droit *m* ; **~ to** (*benefit, leave*) droit à
entity [ˈɛntɪtɪ] *n* entité *f*
entourage [ˈɔnturɑːʒ] *n* entourage *m*
entrails [ˈɛntreɪlz] *npl* entrailles *fpl*
entrance *n* [ˈɛntrns] entrée *f* ; **where's the ~?** où est l'entrée ? ; **to gain ~ to** (*university etc*) être admis à ▸ *vt* [ɪnˈtrɑːns] enchanter, ravir
entrance examination *n* examen *m* d'entrée *or* d'admission
entrance fee *n* (*to museum etc*) prix *m* d'entrée ; (*to join club etc*) droit *m* d'inscription
entrance ramp *n* (*US Aut*) bretelle *f* d'accès
entrancing [ɪnˈtrɑːnsɪŋ] *adj* enchanteur(-eresse), ravissant(e)
entrant [ˈɛntrnt] *n* (*in race etc*) participant(e), concurrent(e) ; (*Brit: in exam*) candidat(e)
entreat [ɛnˈtriːt] *vt* supplier
entreaty [ɛnˈtriːtɪ] *n* supplication *f*, prière *f*
entrée [ˈɔntreɪ] *n* (*Culin*) entrée *f*
entrenched [ɛnˈtrɛntʃt] *adj* retranché(e)
entrepreneur [ˈɔntrəprəˈnəːʳ] *n* entrepreneur *m*
entrepreneurial [ˈɔntrəprəˈnəːrɪəl] *adj* animé(e) d'un esprit d'entreprise
entrepreneurship [ɔntrəprəˈnəːʃɪp] *n* esprit *m* d'entreprise
entrust [ɪnˈtrʌst] *vt*: **to ~ sth to** confier qch à
entry [ˈɛntrɪ] *n* entrée *f* ; (*in register, diary*) inscription *f* ; (*in ledger*) écriture *f* ; **"no ~"** « défense d'entrer », « entrée interdite » ; (*Aut*) « sens interdit » ; **single/double ~ book-keeping** comptabilité *f* en partie simple/double
entry form *n* feuille *f* d'inscription
entry phone *n* (Brit) interphone *m* (*à l'entrée d'un immeuble*)
entwine [ɪnˈtwaɪn] *vt* entrelacer
E-number [ˈiːnʌmbəʳ] *n* additif *m* (alimentaire)
enumerate [ɪˈnjuːməreɪt] *vt* énumérer
enunciate [ɪˈnʌnsɪeɪt] *vt* énoncer ; prononcer
envelop [ɪnˈvɛləp] *vt* envelopper
envelope [ˈɛnvələup] *n* enveloppe *f*
enviable [ˈɛnvɪəbl] *adj* enviable
envious [ˈɛnvɪəs] *adj* envieux(-euse)
environment [ɪnˈvaɪərnmənt] *n* (*social, moral*) milieu *m* ; (*natural world*): **the ~** l'environnement *m* ; **Department of the E~** (Brit) *ministère de l'Équipement et de l'Aménagement du territoire*
environmental [ɪnvaɪərnˈmɛntl] *adj* (*of surroundings*) du milieu ; (*issue, disaster*) écologique ; **~ studies** (*in school etc*) écologie *f*
environmentalist [ɪnvaɪərnˈmɛntlɪst] *n* écologiste *mf*
environmentally [ɪnvaɪərnˈmɛntlɪ] *adv*: **~ sound/friendly** qui ne nuit pas à l'environnement
Environmental Protection Agency *n* (US) ≈ ministère *m* de l'Environnement
envisage [ɪnˈvɪzɪdʒ] *vt* (*imagine*) envisager ; (*foresee*) prévoir
envision [ɪnˈvɪʒən] *vt* envisager, concevoir
envoy [ˈɛnvɔɪ] *n* envoyé(e) ; (*diplomat*) ministre *m* plénipotentiaire
envy [ˈɛnvɪ] *n* envie *f* ▸ *vt* envier ; **to ~ sb sth** envier qch à qn
enzyme [ˈɛnzaɪm] *n* enzyme *m*
EPA *n abbr* (US) = **Environmental Protection Agency**
ephemeral [ɪˈfɛmərl] *adj* éphémère
epic [ˈɛpɪk] *n* épopée *f* ▸ *adj* épique
epicentre, (US) **epicenter** [ˈɛpɪsɛntəʳ] *n* épicentre *m*
epidemic [ɛpɪˈdɛmɪk] *n* épidémie *f*
epidural [ɛpɪˈdjuərəl] *n* péridurale *f*
epilepsy [ˈɛpɪlɛpsɪ] *n* épilepsie *f*
epileptic [ɛpɪˈlɛptɪk] *adj, n* épileptique *mf*
epileptic fit *n* crise *f* d'épilepsie
epilogue [ˈɛpɪlɔg] *n* épilogue *m*
Epiphany [ɪˈpɪfənɪ] *n* Épiphanie *f*
episcopal [ɪˈpɪskəpl] *adj* épiscopal(e)
episode [ˈɛpɪsəud] *n* épisode *m*
episodic [ɛpɪˈsɔdɪk] *adj* épisodique
epistle [ɪˈpɪsl] *n* épître *f*
epitaph [ˈɛpɪtɑːf] *n* épitaphe *f*
epithet [ˈɛpɪθɛt] *n* épithète *f*
epitome [ɪˈpɪtəmɪ] *n* (*fig*) quintessence *f*, type *m*
epitomize [ɪˈpɪtəmaɪz] *vt* (*fig*) illustrer, incarner
epoch [ˈiːpɔk] *n* époque *f*, ère *f*
epoch-making [ˈiːpɔkmeɪkɪŋ] *adj* qui fait époque

eponymous [ɪ'pɔnɪməs] *adj* de ce *or* du même nom, éponyme
equable ['ɛkwəbl] *adj* égal(e), de tempérament égal
equal ['iːkwl] *adj* égal(e) ; **~ to** (*task*) à la hauteur de ; **~ to doing** de taille à *or* capable de faire ▸ *n* égal(e) ▸ *vt* égaler
equality [iː'kwɔlɪtɪ] *n* égalité *f*
Equality and Human Rights Commission, (*US*) **Equal Employment Opportunity Commission** *n commission pour la non discrimination dans l'emploi*
equalize ['iːkwəlaɪz] *vt, vi* (*Sport*) égaliser
equalizer ['iːkwəlaɪzə^r] *n* but égalisateur
equally ['iːkwəlɪ] *adv* également ; (*share*) en parts égales ; (*treat*) de la même façon ; (*pay*) autant ; (*just as*) tout aussi ; **they are ~ clever** ils sont tout aussi intelligents
equal sign, equals sign *n* signe *m* d'égalité
equanimity [ɛkwə'nɪmɪtɪ] *n* égalité *f* d'humeur
equate [ɪ'kweɪt] *vt*: **to ~ sth with** comparer qch à ; assimiler qch à ; **to ~ sth to** mettre qch en équation avec ; égaler qch à
▸ **equate to** *vt fus* (*equal*) être égal à ; (*mean*) signifier
equation [ɪ'kweɪʃən] *n* (*Math*) équation *f*
equator [ɪ'kweɪtə^r] *n* équateur *m*
Equatorial Guinea [ˌɛkwə'tɔːrɪəl-] *n* Guinée équatoriale
equestrian [ɪ'kwɛstrɪən] *adj* équestre ▸ *n* écuyer(-ère), cavalier(-ère)
equilibrium [iːkwɪ'lɪbrɪəm] *n* équilibre *m*
equine ['ɛkwaɪn] *adj* équin(e)
equinox ['iːkwɪnɔks] *n* équinoxe *m*
equip [ɪ'kwɪp] *vt* équiper ; **to ~ sb/sth with** équiper *or* munir qn/qch de ; **he is well equipped for the job** il a les compétences *or* les qualités requises pour ce travail
equipment [ɪ'kwɪpmənt] *n* équipement *m* ; (*electrical etc*) appareillage *m*, installation *f*
equitable ['ɛkwɪtəbl] *adj* équitable
equities ['ɛkwɪtɪz] *npl* (Brit *Comm*) actions cotées en Bourse
equity ['ɛkwɪtɪ] *n* équité *f*
equity capital *n* capitaux *mpl* propres
equivalent [ɪ'kwɪvəlnt] *adj* équivalent(e) ; **to be ~ to** équivaloir à, être équivalent(e) à ▸ *n* équivalent *m*
equivocal [ɪ'kwɪvəkl] *adj* équivoque ; (*open to suspicion*) douteux(-euse)
equivocate [ɪ'kwɪvəkeɪt] *vi* user de faux-fuyants ; éviter de répondre
equivocation [ɪkwɪvə'keɪʃən] *n* équivoque *f*
ER *abbr* (Brit: *= Elizabeth Regina*) *la reine Élisabeth* ; (*US Med: = emergency room*) urgences *fpl*
ERA *n abbr* (*US Pol: = Equal Rights Amendment*) *amendement sur l'égalité des droits des femmes*
era ['ɪərə] *n* ère *f*, époque *f*
eradicate [ɪ'rædɪkeɪt] *vt* éliminer
eradication [ɪrædɪ'keɪʃən] *n* éradication *f*
erase [ɪ'reɪz] *vt* effacer
eraser [ɪ'reɪzə^r] *n* gomme *f*
e-reader, eReader ['iːriːdə^r] *n* liseuse *f*
erect [ɪ'rɛkt] *adj* droit(e) ▸ *vt* construire ; (*monument*) ériger, élever ; (*tent etc*) dresser
erection [ɪ'rɛkʃən] *n* (*Physiol*) érection *f* ; (*of building*) construction *f* ; (*of machinery etc*) installation *f*
ergonomics [əːgə'nɔmɪks] *n* ergonomie *f*
ERISA *n abbr* (*US: = Employee Retirement Income Security Act*) *loi sur les pensions de retraite*
Eritrea [ɛrɪ'treɪə] *n* Érythrée *f*
ERM *n abbr* (*= Exchange Rate Mechanism*) mécanisme *m* des taux de change
ermine ['əːmɪn] *n* hermine *f*
ERNIE ['əːnɪ] *n abbr* (Brit: *= Electronic Random Number Indicator Equipment*) *ordinateur servant au tirage des bons à lots gagnants*
erode [ɪ'rəud] *vt* éroder ; (*metal*) ronger
erogenous zone [ɪ'rɔdʒənəs-] *n* zone *f* érogène
erosion [ɪ'rəuʒən] *n* érosion *f*
erotic [ɪ'rɔtɪk] *adj* érotique
erotica [ɪ'rɔtɪkə] *npl* art *m* érotique
eroticism [ɪ'rɔtɪsɪzəm] *n* érotisme *m*
err [əː^r] *vi* se tromper ; (*Rel*) pécher
errand ['ɛrnd] *n* course *f*, commission *f* ; **to run errands** faire des courses ; **~ of mercy** mission *f* de charité, acte *m* charitable
errand boy *n* garçon *m* de courses
errant ['ɛrənt] *adj* (*unfaithful: husband*) infidèle ; (*son, child*) délinquant(e)
erratic [ɪ'rætɪk] *adj* irrégulier(-ière), inconstant(e)
erroneous [ɪ'rəunɪəs] *adj* erroné(e)
erroneously [ɪ'rəuniəslɪ] *adv* erronément
error ['ɛrə^r] *n* erreur *f* ; **typing/spelling ~** faute *f* de frappe/d'orthographe ; **in ~** par erreur, par méprise ; **errors and omissions excepted** sauf erreur ou omission
error message *n* (*Comput*) message *m* d'erreur
erstwhile ['əːstwaɪl] *adj* précédent(e), d'autrefois
erudite ['ɛrjudaɪt] *adj* savant(e)
erupt [ɪ'rʌpt] *vi* entrer en éruption ; (*fig*) éclater, exploser
eruption [ɪ'rʌpʃən] *n* éruption *f* ; (*of anger, violence*) explosion *f*
ESA *n abbr* (*= European Space Agency*) ASE *f* (*= Agence spatiale européenne*)
escalate ['ɛskəleɪt] *vi* s'intensifier ; (*costs*) monter en flèche
escalation [ɛskə'leɪʃən] *n* escalade *f*
escalation clause *n* clause *f* d'indexation
escalator ['ɛskəleɪtə^r] *n* escalier roulant
escapade [ɛskə'peɪd] *n* fredaine *f* ; équipée *f*
escape [ɪ'skeɪp] *n* évasion *f*, fuite *f* ; (*of gas etc*) fuite ; (*Tech*) échappement *m* ▸ *vi* s'échapper, fuir ; (*from jail*) s'évader ; (*fig*) s'en tirer, en réchapper ; (*leak*) fuir, s'échapper ; **to ~ from** (*person*) échapper à ; (*place*) s'échapper de ; (*fig*) fuir ; **to ~ to** (*another place*) fuir à, s'enfuir à ; **to ~ to safety** se réfugier dans *or* gagner un endroit sûr ▸ *vt* échapper à ; **to ~ notice** passer inaperçu(e) ; **his name escapes me** son nom m'échappe
escape artist *n* virtuose *mf* de l'évasion
escape clause *n* clause *f* dérogatoire
escapee [ɪskeɪ'piː] *n* évadé(e)
escape key *n* (*Comput*) touche *f* d'échappement

escape route *n* (*from fire*) issue *f* de secours ; (*of prisoners etc*) voie empruntée pour s'échapper
escapism [ɪ'skeɪpɪzəm] *n* évasion *f* (*fig*)
escapist [ɪ'skeɪpɪst] *adj* (*literature*) d'évasion ▶ *n* personne *f* qui se réfugie hors de la réalité
escapologist [ɛskə'pɔlədʒɪst] *n* (Brit) = **escape artist**
escarpment [ɪs'kɑːpmənt] *n* escarpement *m*
eschew [ɪs'tʃuː] *vt* éviter
escort *vt* [ɪ'skɔːt] escorter ▶ *n* ['ɛskɔːt] (*Mil*) escorte *f* ; (*to dance etc*): **her ~** son compagnon *or* cavalier ; **his ~** sa compagne
escort agency *n* bureau *m* d'hôtesses
Eskimo ['ɛskɪməu] *adj* esquimau(de), eskimo ▶ *n* Esquimau(de) ; (*Ling*) esquimau *m*
ESL *n abbr* (*Scol*) = **English as a Second Language**
esophagus [iː'sɔfəgəs] *n* (*US*) = **oesophagus**
esoteric [ɛsə'tɛrɪk] *adj* ésotérique
ESP *n abbr* = **extrasensory perception**; (*Scol*) = **English for Special Purposes**
esp. *abbr* = **especially**
especially [ɪ'spɛʃlɪ] *adv* (*particularly*) particulièrement ; (*above all*) surtout
espionage ['ɛspɪənɑːʒ] *n* espionnage *m*
esplanade [ɛsplə'neɪd] *n* esplanade *f*
espouse [ɪ'spauz] *vt* épouser, embrasser
espresso [ɛ'sprɛsəu] *n* expresso *m*
Esquire [ɪ'skwaɪə[r]] *n* (Brit: *abbr* **Esq.**): **J. Brown, ~** Monsieur J. Brown
essay ['ɛseɪ] *n* (*Scol*) dissertation *f* ; (*Literature*) essai *m* ; (*attempt*) tentative *f*
essence ['ɛsns] *n* essence *f* ; (*Culin*) extrait *m* ; **in ~** en substance ; **speed is of the ~** l'essentiel, c'est la rapidité
essential [ɪ'sɛnʃl] *adj* essentiel(le) ; (*basic*) fondamental(e) ; **it is ~ that** il est essentiel *or* primordial que ; **essentials** *npl* éléments essentiels
essentially [ɪ'sɛnʃlɪ] *adv* essentiellement
EST *abbr* (*US: = Eastern Standard Time*) *heure d'hiver de New York*
est. *abbr* = **established; estimate(d)**
establish [ɪ'stæblɪʃ] *vt* établir ; (*business*) fonder, créer ; (*one's power etc*) asseoir, affermir
established [ɪ'stæblɪʃt] *adj* bien établi(e)
establishment [ɪ'stæblɪʃmənt] *n* établissement *m* ; (*founding*) création *f* ; (*institution*) établissement ; **the E~** les pouvoirs établis ; l'ordre établi
estate [ɪ'steɪt] *n* (*land*) domaine *m*, propriété *f* ; (*Law*) biens *mpl*, succession *f* ; (Brit: *also*: **housing estate**) lotissement *m*
estate agency *n* (Brit) agence immobilière
estate agent *n* (Brit) agent immobilier
estate car *n* (Brit) break *m*
esteem [ɪ'stiːm] *n* estime *f* ; **to hold sb in high ~** tenir qn en haute estime ▶ *vt* estimer ; apprécier
esthetic [ɪs'θɛtɪk] *adj* (*US*) = **aesthetic**
estimate *n* ['ɛstɪmət] estimation *f* ; (*Comm*) devis *m* ; **to give sb an ~ of** faire *or* donner un devis à qn pour ; **at a rough ~** approximativement ▶ *vt* ['ɛstɪmeɪt] estimer ▶ *vi* (Brit *Comm*): **to ~ for** estimer, faire une estimation de ; (*bid for*) faire un devis pour
estimated ['ɛstɪmeɪtɪd] *adj* (*quantity, value*) estimé(e) ; **there are an ~ 90,000 gangsters in the country** on estime à 90'000 le nombre de malfaiteurs dans le pays
estimation [ɛstɪ'meɪʃən] *n* opinion *f* ; estime *f* ; **in my ~** à mon avis, selon moi
Estonia [ɛ'stəunɪə] *n* Estonie *f*
Estonian [ɛ'stəunɪən] *adj* estonien(ne) ▶ *n* Estonien(ne) ; (*Ling*) estonien *m*
estranged [ɪs'treɪndʒd] *adj* (*couple*) séparé(e) ; (*husband, wife*) dont on s'est séparé(e)
estrangement [ɪs'treɪndʒmənt] *n* (*from wife, family*) séparation *f*
estrogen ['iːstrəudʒən] *n* (*US*) = **oestrogen**
estuary ['ɛstjuərɪ] *n* estuaire *m*
ET *n abbr* (Brit: *= Employment Training*) *formation professionnelle pour les demandeurs d'emploi* ▶ *abbr* (*US: = Eastern Time*) *heure de New York*
ETA *n abbr* (*= estimated time of arrival*) HPA *f* (*= heure probable d'arrivée*)
e-tailer ['iːteɪlə[r]] *n* détaillant(e)électronique
et al. *abbr* (*= et alii: and others*) et coll
etc *abbr* (*= et cetera*) etc
etch [ɛtʃ] *vt* graver à l'eau forte
etching ['ɛtʃɪŋ] *n* eau-forte *f*
ETD *n abbr* (*= estimated time of departure*) HPD *f* (*= heure probable de départ*)
eternal [ɪ'təːnl] *adj* éternel(le)
eternity [ɪ'təːnɪtɪ] *n* éternité *f*
ethanol ['ɛθənɔl] *n* alcool *m* éthylique
ether ['iːθə[r]] *n* éther *m*
ethereal [ɪ'θɪərɪəl] *adj* éthéré(e)
Ethernet® ['iːθənɛt] *n* Ethernet® *m*
ethical ['ɛθɪkl] *adj* (*moral: aspect, consideration*) moral(e) ; (*morally acceptable*) éthique ; **~ investment** placements *mpl* éthiques
ethically ['ɛθɪklɪ] *adv* (*dubious, satisfactory*) d'un point de vue éthique ; (*behave, invest*) conformément à l'éthique
ethics ['ɛθɪks] *n* éthique *f* ▶ *npl* moralité *f*
Ethiopia [iːθɪ'əupɪə] *n* Éthiopie *f*
Ethiopian [iːθɪ'əupɪən] *adj* éthiopien(ne) ▶ *n* Éthiopien(ne)
ethnic ['ɛθnɪk] *adj* ethnique ; (*clothes, food*) folklorique, exotique, *propre aux minorités ethniques non-occidentales*
ethnic cleansing [-'klɛnzɪŋ] *n* purification *f* ethnique
ethnicity [ɛθ'nɪsɪtɪ] *n* ethnicité *f*
ethnic minority *n* minorité *f* ethnique
ethnology [ɛθ'nɔlədʒɪ] *n* ethnologie *f*
ethos ['iːθɔs] *n* (système *m* de) valeurs *fpl*
e-ticket ['iːtɪkɪt] *n* billet *m* électronique
etiquette ['ɛtɪkɛt] *n* convenances *fpl*, étiquette *f*
ETV *n abbr* (*US: = Educational Television*) *télévision scolaire*
etymology [ɛtɪ'mɔlədʒɪ] *n* étymologie *f*
EU *n abbr* (*= European Union*) UE *f*
eucalyptus [juːkə'lɪptəs] *n* eucalyptus *m*
eugenics [juː'dʒɛnɪks] *n* eugénisme *m*
eulogy ['juːlədʒɪ] *n* éloge *m*
euphemism ['juːfəmɪzəm] *n* euphémisme *m*
euphemistic [juːfə'mɪstɪk] *adj* euphémique

euphoria [juːˈfɔːrɪə] *n* euphorie *f*
euphoric [juːˈfɔrɪk] *adj* euphorique
Eurasia [juəˈreɪʃə] *n* Eurasie *f*
Eurasian [juəˈreɪʃən] *adj* eurasien(ne) ; (*continent*) eurasiatique ▸ *n* Eurasien(ne)
Euratom [juəˈrætəm] *n abbr* (= *European Atomic Energy Community*) EURATOM *f*
eureka [juˈriːkə] *excl* eurêka
euro [ˈjuərəu] *n* (*currency*) euro *m*
Euro- [ˈjuərəu] *prefix* euro-
Eurocrat [ˈjuərəukræt] *n* eurocrate *mf*
Euroland [ˈjuərəulænd] *n* Euroland *m*
Europe [ˈjuərəp] *n* Europe *f*
European [juərəˈpiːən] *adj* européen(ne) ▸ *n* Européen(ne)
European Community *n* Communauté européenne
European Court of Justice *n* Cour *f* de Justice de la CEE
European Union *n* Union européenne
Euro-sceptic [ˈjuərəuskɛptɪk] *n* eurosceptique *mf*
Eurostar® [ˈjuərəustɑːʳ] *n* Eurostar® *m*
eurozone [ˈjuərəuzəun] *n* zone *f* euro
euthanasia [juːθəˈneɪzɪə] *n* euthanasie *f*
evacuate [ɪˈvækjueɪt] *vt* évacuer
evacuation [ɪvækjuˈeɪʃən] *n* évacuation *f*
evacuee [ɪvækjuˈiː] *n* évacué(e)
evade [ɪˈveɪd] *vt* échapper à ; (*question etc*) éluder ; (*duties*) se dérober à
evaluate [ɪˈvæljueɪt] *vt* évaluer
evaluation [ɪvæljuˈeɪʃən] *n* évaluation *f*
evangelical [iːvænˈdʒɛlɪkəl] *adj* (*Christian, group*) évangélique ; (*zeal, fervour*) fanatique
evangelist [ɪˈvændʒəlɪst] *n* évangéliste *m*
evangelize [ɪˈvændʒəlaɪz] *vt* évangéliser, prêcher l'Évangile à
evaporate [ɪˈvæpəreɪt] *vi* s'évaporer ; (*fig: hopes, fear*) s'envoler ; (*: anger*) se dissiper ▸ *vt* faire évaporer
evaporated milk [ɪˈvæpəreɪtɪd-] *n* lait condensé (non sucré)
evaporation [ɪvæpəˈreɪʃən] *n* évaporation *f*
evasion [ɪˈveɪʒən] *n* dérobade *f* ; (*excuse*) faux-fuyant *m*
evasive [ɪˈveɪsɪv] *adj* évasif(-ive)
eve [iːv] *n*: **on the ~ of** à la veille de
even [ˈiːvn] *adj* (*level, smooth*) régulier(-ière) ; (*equal*) égal(e) ; (*number*) pair(e) ; **to break ~** s'y retrouver, équilibrer ses comptes ; **to get ~ with sb** prendre sa revanche sur qn ▸ *adv* même ; **~ if** même si + *indic* ; **~ though** quand (bien) même + *cond*, alors même que + *cond* ; **~ more** encore plus ; **~ faster** encore plus vite ; **~ so** quand même ; **not ~** pas même ; **~ he was there** même lui était là ; **~ on Sundays** même le dimanche
▸ **even out** *vi* s'égaliser
even-handed [iːvnˈhændɪd] *adj* équitable
evening [ˈiːvnɪŋ] *n* soir *m* ; (*as duration, event*) soirée *f* ; **in the ~** le soir ; **this ~** ce soir ; **tomorrow/yesterday ~** demain/hier soir
evening class *n* cours *m* du soir
evening dress *n* (*man's*) tenue *f* de soirée, smoking *m* ; (*woman's*) robe *f* de soirée
evenly [ˈiːvnlɪ] *adv* uniformément, également ; (*space*) régulièrement
evensong [ˈiːvnsɔŋ] *n* office *m* du soir
event [ɪˈvɛnt] *n* événement *m* ; (*Sport*) épreuve *f* ; **in the course of events** par la suite ; **in the ~ of** en cas de ; **in the ~** en réalité, en fait ; **at all events**, (BRIT) **in any ~** en tout cas, de toute manière
eventful [ɪˈvɛntful] *adj* mouvementé(e)
eventing [ɪˈvɛntɪŋ] *n* (*Horse-Riding*) concours complet (*équitation*)
eventual [ɪˈvɛntʃuəl] *adj* final(e)
eventuality [ɪvɛntʃuˈælɪtɪ] *n* possibilité *f*, éventualité *f*
eventually [ɪˈvɛntʃuəlɪ] *adv* finalement
ever [ˈɛvəʳ] *adv* jamais ; (*at all times*) toujours ; **why ~ not?** mais enfin, pourquoi pas ? ; **the best ~** le meilleur qu'on ait jamais vu ; **have you ~ seen it?** l'as-tu déjà vu ?, as-tu eu l'occasion *or* t'est-il arrivé de le voir ? ; **did you ~ meet him?** est-ce qu'il vous est arrivé de le rencontrer ? ; **have you ~ been there?** y êtes-vous déjà allé ? ; **for ~** pour toujours ; **hardly ~** ne … presque jamais ; **~ since** (*as adv*) depuis ; (*as conj*) depuis que ; **~ so pretty** si joli ; **thank you ~ so much** merci mille fois
Everest [ˈɛvərɪst] *n* (*also:* **Mount Everest**) le mont Everest, l'Everest *m*
evergreen [ˈɛvəgriːn] *n* arbre *m* à feuilles persistantes
everlasting [ɛvəˈlɑːstɪŋ] *adj* éternel(le)

KEYWORD

every [ˈɛvrɪ] *adj* **1** (*each*) chaque ; **every one of them** tous (sans exception) ; **every shop in town was closed** tous les magasins en ville étaient fermés
2 (*all possible*) tous (toutes) les ; **I gave you every assistance** j'ai fait tout mon possible pour vous aider ; **I have every confidence in him** j'ai entièrement *or* pleinement confiance en lui ; **we wish you every success** nous vous souhaitons beaucoup de succès
3 (*showing recurrence*) tous les ; **every day** tous les jours, chaque jour ; **every other car** une voiture sur deux ; **every other/third day** tous les deux/trois jours ; **every now and then** de temps en temps

everybody *pron* = **everyone**
everyday [ˈɛvrɪdeɪ] *adj* (*expression*) courant(e), d'usage courant ; (*use*) courant ; (*clothes, life*) de tous les jours ; (*occurrence, problem*) quotidien(ne)
everyone [ˈɛvrɪwʌn] *pron* tout le monde, tous *pl* ; **~ knows about it** tout le monde le sait ; **~ else** tous les autres
everything [ˈɛvrɪθɪŋ] *pron* tout ; **~ is ready** tout est prêt ; **he did ~ possible** il a fait tout son possible
everywhere [ˈɛvrɪwɛəʳ] *adv* partout ; **~ you go you meet …** où qu'on aille on rencontre …
evict [ɪˈvɪkt] *vt* expulser
eviction [ɪˈvɪkʃən] *n* expulsion *f*

eviction notice *n* préavis *m* d'expulsion
evidence ['ɛvɪdns] *n* (*proof*) preuve(s) *f*(*pl*) ; (*of witness*) témoignage *m* ; (*sign*): **to show ~ of** donner des signes de ; **to give ~** témoigner, déposer ; **in ~** (*obvious*) en évidence ; en vue

⚠ **evidence** se traduit rarement par *évidence*.

evident ['ɛvɪdnt] *adj* évident(e)
evidently ['ɛvɪdntlɪ] *adv* de toute évidence ; (*apparently*) apparemment
evil ['i:vl] *adj* mauvais(e) ▸ *n* mal *m*
evince [ɪ'vɪns] *vt* manifester
evocation [i:vəu'keɪʃən] *n* évocation *f*
evocative [ɪ'vɔkətɪv] *adj* évocateur(-trice)
evoke [ɪ'vəuk] *vt* évoquer ; (*admiration*) susciter
evolution [i:və'lu:ʃən] *n* évolution *f*
evolutionary [i:və'lu:ʃənrɪ] *adj* (*process*) d'évolution ; (*theory*) de l'évolution ; **~ change** évolution *f*
evolve [ɪ'vɔlv] *vt* élaborer ▸ *vi* évoluer, se transformer
ewe [ju:] *n* brebis *f*
ex [ɛks] *n* (*inf*): **my ex** mon ex
ex- [ɛks] *prefix* (*former: husband, president etc*) ex- ; (*out of*): **the price ~works** le prix départ usine
exacerbate [ɪg'zæsəbeɪt] *vt* (*pain*) exacerber, accentuer ; (*fig*) aggraver
exact [ɪg'zækt] *adj* exact(e) ▸ *vt*: **to ~ sth (from)** (*signature, confession*) extorquer qch (à) ; (*apology*) exiger qch (de)
exacting [ɪg'zæktɪŋ] *adj* exigeant(e) ; (*work*) fatigant(e)
exactitude [ɪg'zæktɪtju:d] *n* exactitude *f*, précision *f*
exactly [ɪg'zæktlɪ] *adv* exactement ; **~!** parfaitement !, précisément !
exaggerate [ɪg'zædʒəreɪt] *vt, vi* exagérer
exaggeration [ɪgzædʒə'reɪʃən] *n* exagération *f*
exalted [ɪg'zɔ:ltɪd] *adj* (*rank*) élevé(e) ; (*person*) haut placé(e) ; (*elated*) exalté(e)
exam [ɪg'zæm] *n abbr* (*Scol*) = **examination**
examination [ɪgzæmɪ'neɪʃən] *n* (*Scol, Med*) examen *m* ; **to take** *or* **sit an ~** (BRIT) passer un examen ; **the matter is under ~** la question est à l'examen
examine [ɪg'zæmɪn] *vt* (*gen*) examiner ; (*Scol, Law: person*) interroger ; (*inspect: machine, premises*) inspecter ; (*: passport*) contrôler ; (*: luggage*) fouiller
examiner [ɪg'zæmɪnəʳ] *n* examinateur(-trice)
example [ɪg'za:mpl] *n* exemple *m* ; **for ~** par exemple ; **to set a good/bad ~** donner le bon/mauvais exemple
exasperate [ɪg'za:spəreɪt] *vt* exaspérer, agacer
exasperated [ɪg'za:spəreɪtɪd] *adj* exaspéré(e)
exasperating [ɪg'za:spəreɪtɪŋ] *adj* exaspérant(e)
exasperation [ɪgza:spə'reɪʃən] *n* exaspération *f*, irritation *f*
excavate ['ɛkskəveɪt] *vt* (*site*) fouiller, excaver ; (*object*) mettre au jour
excavation [ɛkskə'veɪʃən] *n* excavation *f*
excavator ['ɛkskəveɪtəʳ] *n* excavateur *m*, excavatrice *f*
exceed [ɪk'si:d] *vt* dépasser ; (*one's powers*) outrepasser
exceedingly [ɪk'si:dɪŋlɪ] *adv* extrêmement
excel [ɪk'sɛl] *vi* exceller ▸ *vt* surpasser ; **to ~ o.s.** se surpasser
excellence ['ɛksələns] *n* excellence *f*
Excellency ['ɛksələnsɪ] *n*: **His ~** son Excellence *f*
excellent ['ɛksələnt] *adj* excellent(e)
except [ɪk'sɛpt] *prep* (*also*: **except for, excepting**) sauf, excepté, à l'exception de ; **~ if/when** sauf si/quand ; **~ that** excepté que, si ce n'est que ▸ *vt* excepter
exception [ɪk'sɛpʃən] *n* exception *f* ; **to take ~ to** s'offusquer de ; **with the ~ of** à l'exception de
exceptional [ɪk'sɛpʃənl] *adj* exceptionnel(le)
exceptionally [ɪk'sɛpʃənəlɪ] *adv* exceptionnellement
excerpt ['ɛksə:pt] *n* extrait *m*
excess [ɪk'sɛs] *n* excès *m* ; **in ~ of** plus de
excess baggage *n* excédent *m* de bagages
excess fare *n* supplément *m*
excessive [ɪk'sɛsɪv] *adj* excessif(-ive)
excessively [ɪk'sɛsɪvlɪ] *adv* (*long, large*) excessivement ; (*drink*) avec excès
excess supply *n* suroffre *f*, offre *f* excédentaire
exchange [ɪks'tʃeɪndʒ] *n* échange *m* ; (*also*: **telephone exchange**) central *m* ; **in ~ for** en échange de ; **foreign ~** (*Comm*) change *m* ▸ *vt*: **to ~ (for)** échanger (contre) ; **could I ~ this, please?** est-ce que je peux échanger ceci, s'il vous plaît ?
exchange control *n* contrôle *m* des changes
exchange market *n* marché *m* des changes
exchange rate *n* taux *m* de change
Exchequer [ɪks'tʃɛkəʳ] *n* (BRIT): **the ~** l'Échiquier *m*, ≈ le ministère *m* des Finances
excisable [ɪk'saɪzəbl] *adj* taxable
excise *n* ['ɛksaɪz] taxe *f* ▸ *vt* [ɛk'saɪz] exciser
excise duties *npl* impôts indirects
excitable [ɪk'saɪtəbl] *adj* excitable, nerveux(-euse)
excite [ɪk'saɪt] *vt* exciter
excited [ɪk'saɪtəd] *adj* (tout (toute)) excité(e) ; **to get ~** s'exciter
excitement [ɪk'saɪtmənt] *n* excitation *f*
exciting [ɪk'saɪtɪŋ] *adj* passionnant(e)
excl. *abbr* = **excluding; exclusive (of)**
exclaim [ɪk'skleɪm] *vi* s'exclamer
exclamation [ɛksklə'meɪʃən] *n* exclamation *f*
exclamation mark, (US) **exclamation point** *n* point *m* d'exclamation
exclude [ɪk'sklu:d] *vt* exclure
excluding [ɪk'sklu:dɪŋ] *prep*: **~ VAT** la TVA non comprise
exclusion [ɪk'sklu:ʒən] *n* exclusion *f* ; **to the ~ of** à l'exclusion de
exclusion clause *n* clause *f* d'exclusion
exclusion zone *n* zone interdite
exclusive [ɪk'sklu:sɪv] *adj* exclusif(-ive) ; (*club, district*) sélect(e) ; (*item of news*) en exclusivité ; **~ rights** (*Comm*) exclusivité *f* ▸ *adv* (*Comm*) exclusivement, non inclus ; **~ of VAT** TVA non

e

comprise ; **~ of postage** (les) frais de poste non compris ; **from 1st to 15th March ~** du 1er au 15 mars exclusivement *or* exclu
exclusively [ɪk'sklu:sɪvlɪ] *adv* exclusivement
excommunicate [ɛkskə'mju:nɪkeɪt] *vt* excommunier
excrement ['ɛkskrəmənt] *n* excrément *m*
excruciating [ɪk'skru:ʃɪeɪtɪŋ] *adj* (*pain*) atroce, déchirant(e) ; (*embarrassing*) pénible
excursion [ɪk'skə:ʃən] *n* excursion *f*
excursion ticket *n* billet *m* tarif excursion
excusable [ɪk'skju:zəbl] *adj* excusable
excuse *n* [ɪk'skju:s] excuse *f* ; **to make excuses for sb** trouver des excuses à qn ▸ *vt* [ɪk'skju:z] (*forgive*) excuser ; (*justify*) excuser, justifier ; **to ~ sb from** (*activity*) dispenser qn de ; **~ me!** excusez-moi !, pardon ! ; **now if you will ~ me, …** maintenant, si vous (le) permettez … ; **to ~ o.s. for sth/for doing sth** s'excuser de/d'avoir fait qch
ex-directory ['ɛksdɪ'rɛktərɪ] *adj* (Brit) sur la liste rouge
execute ['ɛksɪkju:t] *vt* exécuter
execution [ɛksɪ'kju:ʃən] *n* exécution *f*
executioner [ɛksɪ'kju:ʃnə[r]] *n* bourreau *m*
executive [ɪg'zɛkjutɪv] *n* (*person*) cadre *m* ; (*managing group*) bureau *m* ; (*Pol*) exécutif *m* ▸ *adj* exécutif(-ive) ; (*position, job*) de cadre ; (*secretary*) de direction ; (*offices*) de la direction ; (*car, plane*) de fonction
executive director *n* administrateur(-trice)
executor [ɪg'zɛkjutə[r]] *n* exécuteur(-trice) testamentaire
exemplary [ɪg'zɛmplərɪ] *adj* exemplaire
exemplify [ɪg'zɛmplɪfaɪ] *vt* illustrer
exempt [ɪg'zɛmpt] *adj*: **~ from** exempté(e) *or* dispensé(e) de ▸ *vt*: **to ~ sb from** exempter *or* dispenser qn de
exemption [ɪg'zɛmpʃən] *n* exemption *f*, dispense *f*
exercise ['ɛksəsaɪz] *n* exercice *m* ▸ *vt* exercer ; (*patience etc*) faire preuve de ; (*dog*) promener ▸ *vi* (*also*: **to take exercise**) prendre de l'exercice
exercise bike *n* vélo *m* d'appartement
exercise book *n* cahier *m*
exert [ɪg'zə:t] *vt* exercer, employer ; (*strength, force*) employer ; **to ~ o.s.** se dépenser
exertion [ɪg'zə:ʃən] *n* effort *m*
exfoliate [ɛks'fəulieɪt] *vt* exfolier
ex gratia ['ɛks'greɪʃə] *adj*: **~ payment** gratification *f*
exhale [ɛks'heɪl] *vt* (*breathe out*) expirer ; exhaler ▸ *vi* expirer
exhaust [ɪg'zɔ:st] *n* (*also*: **exhaust fumes**) gaz *mpl* d'échappement ; (*also*: **exhaust pipe**) tuyau *m* d'échappement ▸ *vt* épuiser ; **to ~ o.s.** s'épuiser
exhausted [ɪg'zɔ:stɪd] *adj* épuisé(e)
exhausting [ɪg'zɔ:stɪŋ] *adj* épuisant(e)
exhaustion [ɪg'zɔ:stʃən] *n* épuisement *m* ; **nervous ~** fatigue nerveuse
exhaustive [ɪg'zɔ:stɪv] *adj* très complet(-ète)
exhibit [ɪg'zɪbɪt] *n* (*Art*) objet exposé, pièce exposée ; (*Law*) pièce à conviction ▸ *vt* (*Art*) exposer ; (*courage, skill*) faire preuve de
exhibition [ɛksɪ'bɪʃən] *n* exposition *f* ; **~ of temper** manifestation *f* de colère
exhibitionist [ɛksɪ'bɪʃənɪst] *n* exhibitionniste *mf*
exhibitor [ɪg'zɪbɪtə[r]] *n* exposant(e)
exhilarated [ɪg'zɪləreɪtɪd] *adj* euphorique
exhilarating [ɪg'zɪləreɪtɪŋ] *adj* grisant(e), stimulant(e)
exhilaration [ɪgzɪlə'reɪʃən] *n* euphorie *f*, ivresse *f*
exhort [ɪg'zɔ:t] *vt* exhorter
exhumation [ɛgzju:'meɪʃən] *n* exhumation *f*
exhume [ɛks'hju:m, ɪg'zju:m] *vt* exhumer
ex-husband ['ɛks'hʌzbənd] *n* ex-mari *m*
exile ['ɛksaɪl] *n* exil *m* ; (*person*) exilé(e) ; **in ~** en exil ▸ *vt* exiler
exist [ɪg'zɪst] *vi* exister
existence [ɪg'zɪstəns] *n* existence *f* ; **to be in ~** exister
existentialism [ɛgzɪs'tɛnʃlɪzəm] *n* existentialisme *m*
existing [ɪg'zɪstɪŋ] *adj* (*laws*) existant(e) ; (*system, regime*) actuel(le)
exit ['ɛksɪt] *n* sortie *f* ; **where's the ~?** où est la sortie ? ▸ *vi* (*Comput, Theat*) sortir
exit poll *n* sondage *m* (*fait à la sortie de l'isoloir*)
exit ramp *n* (*US Aut*) bretelle *f* d'accès
exit visa *n* visa *m* de sortie
exodus ['ɛksədəs] *n* exode *m*
ex officio ['ɛksə'fɪʃɪəu] *adj, adv* d'office, de droit
exonerate [ɪg'zɔnəreɪt] *vt*: **to ~ from** disculper de
exorbitant [ɪg'zɔ:bɪtnt] *adj* (*price*) exorbitant(e), excessif(-ive) ; (*demands*) exorbitant, démesuré(e)
exorcize ['ɛksɔ:saɪz] *vt* exorciser
exotic [ɪg'zɔtɪk] *adj* exotique
expand [ɪk'spænd] *vt* (*area*) agrandir ; (*quantity*) accroître ; (*influence etc*) étendre ▸ *vi* (*population, production*) s'accroître ; (*trade, etc*) se développer, s'accroître ; (*gas, metal*) se dilater, dilater ; **to ~ on** (*notes, story etc*) développer
expanse [ɪk'spæns] *n* étendue *f*
expansion [ɪk'spænʃən] *n* (*territorial, economic*) expansion *f* ; (*of trade, influence etc*) développement *m* ; (*of production*) accroissement *m* ; (*of population*) croissance *f* ; (*of gas, metal*) expansion, dilatation *f*
expansionism [ɪk'spænʃənɪzəm] *n* expansionnisme *m*
expansionist [ɪk'spænʃənɪst] *adj* expansionniste
expansive [ɪk'spænsɪv] *adj* (*area*) étendu(e) ; (*person, also Econ*) expansif(-ive) ; **to be in ~ mood** être d'humeur joviale
expat [ɛks'pæt] *n* (Brit *inf*) expatrié(e)
expatriate *n* [ɛks'pætrɪət] expatrié(e) ▸ *vt* [ɛks'pætrɪeɪt] expatrier, exiler
expect [ɪk'spɛkt] *vt* (*anticipate*) s'attendre à, s'attendre à ce que + *sub* ; (*count on*) compter sur, escompter ; (*hope for*) espérer ; (*require*) demander, exiger ; (*suppose*) supposer ; (*await: also baby*) attendre ; **to ~ sb to do** (*anticipate*) s'attendre à ce que qn fasse ; (*demand*) attendre de qn qu'il fasse ; **to ~ to do sth** penser *or*

compter faire qch, s'attendre à faire qch ; **as expected** comme prévu ▸ *vi*: **to be expecting** (*pregnant woman*) être enceinte ; **I ~ so** je crois que oui, je crois bien
expectancy [ɪk'spɛktənsɪ] *n* attente *f* ; **life ~** espérance *f* de vie
expectant [ɪk'spɛktənt] *adj* qui attend (quelque chose) ; **~ mother** future maman
expectantly [ɪk'spɛktəntlɪ] *adv* (*look, listen*) avec l'air d'attendre quelque chose
expectation [ɛkspɛk'teɪʃən] *n* (*hope*) attente *f*, espérance(s) *f(pl)* ; (*belief*) attente ; **in ~ of** dans l'attente de, en prévision de ; **against** *or* **contrary to all ~(s)** contre toute attente, contrairement à ce qu'on attendait ; **to come** *or* **live up to sb's expectations** répondre à l'attente *or* aux espérances de qn
expedience [ek'spi:dɪəns], **expediency** [ek'spi:dɪənsɪ] *n* opportunité *f* ; convenance *f* (du moment) ; **for the sake of ~** parce que c'est (*or* c'était) plus simple *or* plus commode
expedient [ɪk'spi:dɪənt] *adj* indiqué(e), opportun(e), commode ▸ *n* expédient *m*
expedite ['ɛkspədaɪt] *vt* hâter ; expédier
expedition [ɛkspə'dɪʃən] *n* expédition *f*
expeditionary force [ɛkspə'dɪʃənrɪ-] *n* corps *m* expéditionnaire
expeditious [ɛkspə'dɪʃəs] *adj* expéditif(-ive), prompt(e)
expel [ɪk'spɛl] *vt* chasser, expulser ; (*Scol*) renvoyer, exclure
expend [ɪk'spɛnd] *vt* consacrer ; (*use up*) dépenser
expendable [ɪk'spɛndəbl] *adj* remplaçable
expenditure [ɪk'spɛndɪtʃəʳ] *n* (*act of spending*) dépense *f* ; (*money spent*) dépenses *fpl*
expense [ɪk'spɛns] *n* (*high cost*) coût *m* ; (*spending*) dépense *f*, frais *mpl* ; **to go to the ~ of** faire la dépense de ; **at great/little ~** à grands/peu de frais ; **at the ~ of** aux frais de ; (*fig*) aux dépens de ; **expenses** *npl* frais *mpl* ; dépenses
expense account *n* (note *f* de) frais *mpl*
expensive [ɪk'spɛnsɪv] *adj* cher (chère), coûteux(-euse) ; **to be ~** coûter cher ; **it's too ~** ça coûte trop cher ; **~ tastes** goûts *mpl* de luxe
experience [ɪk'spɪərɪəns] *n* expérience *f* ; **to know by ~** savoir par expérience ▸ *vt* connaître ; (*feeling*) éprouver
experienced [ɪk'spɪərɪənst] *adj* expérimenté(e)
experiment [ɪk'spɛrɪmənt] *n* expérience *f* ; **to perform** *or* **carry out an ~** faire une expérience ; **as an ~** à titre d'expérience ▸ *vi* faire une expérience ; **to ~ with** expérimenter
experimental [ɪkspɛrɪ'mɛntl] *adj* expérimental(e)
experimentation [ɪkspɛrɪmɛn'teɪʃən] *n* expérimentation *f*
expert ['ɛkspə:t] *adj* expert(e) ; **to be ~ in** *or* **at doing sth** être spécialiste de qch ; **~ witness** (*Law*) expert *m* ▸ *n* expert *m* ; **an ~ on sth** un spécialiste de qch
expertise [ɛkspə:'ti:z] *n* (grande) compétence
expertly ['ɛkspə:tlɪ] *adv* habilement
expire [ɪk'spaɪəʳ] *vi* expirer
expiry [ɪk'spaɪərɪ] *n* expiration *f*
expiry date *n* date *f* d'expiration ; (*on label*) à utiliser avant …
explain [ɪk'spleɪn] *vt* expliquer
▸ **explain away** *vt* justifier, excuser
explanation [ɛksplə'neɪʃən] *n* explication *f* ; **to find an ~ for sth** trouver une explication à qch
explanatory [ɪk'splænətrɪ] *adj* explicatif(-ive)
expletive [ɪk'spli:tɪv] *n* juron *m*
explicit [ɪk'splɪsɪt] *adj* explicite ; (*definite*) formel(le)
explode [ɪk'spləud] *vi* exploser ▸ *vt* faire exploser ; (*fig: theory*) démolir ; **to ~ a myth** détruire un mythe
exploit *n* ['ɛksplɔɪt] exploit *m* ▸ *vt* [ɪk'splɔɪt] exploiter
exploitation [ɛksplɔɪ'teɪʃən] *n* exploitation *f*
exploitative [ɪk'splɔɪtətɪv] *adj* (*pej: relationship, behaviour*) fondé(e) sur l'exploitation d'autrui
exploration [ɛksplə'reɪʃən] *n* exploration *f*
exploratory [ɪk'splɔrətrɪ] *adj* (*fig: talks*) préliminaire ; **~ operation** (*Med*) intervention *f* (à visée) exploratrice
explore [ɪk'splɔ:ʳ] *vt* explorer ; (*possibilities*) étudier, examiner
explorer [ɪk'splɔ:rəʳ] *n* explorateur(-trice)
explosion [ɪk'spləuʒən] *n* explosion *f*
explosive [ɪk'spləusɪv] *adj* explosif(-ive) ▸ *n* explosif *m*
exponent [ɪk'spəunənt] *n* (*of school of thought etc*) interprète *m*, représentant *m* ; (*Math*) exposant *m*
exponential [ɛkspə'nɛnʃəl] *adj* exponentiel(le)
exponentially [ɛkspə'nɛnʃəlɪ] *adv* de manière exponentielle
export *vt* [ɛk'spɔ:t] exporter ▸ *n* ['ɛkspɔ:t] exportation *f* ▸ *cpd* ['ɛkspɔ:t] d'exportation
exportation [ɛkspɔ:'teɪʃən] *n* exportation *f*
exporter [ɛk'spɔ:təʳ] *n* exportateur *m*
export licence *n* licence *f* d'exportation
expose [ɪk'spəuz] *vt* exposer ; (*unmask*) démasquer, dévoiler ; **to ~ o.s.** (*Law*) commettre un outrage à la pudeur
exposed [ɪk'spəuzd] *adj* (*land, house*) exposé(e) ; (*Elec: wire*) à nu ; (*pipe, beam*) apparent(e)
exposition [ɛkspə'zɪʃən] *n* exposition *f*
exposure [ɪk'spəuʒəʳ] *n* exposition *f* ; (*publicity*) couverture *f* ; (*Phot: speed*) (temps *m* de) pose *f* ; (*: shot*) pose ; **suffering from ~** (*Med*) souffrant des effets du froid et de l'épuisement ; **to die of ~** (*Med*) mourir de froid
exposure meter *n* posemètre *m*
expound [ɪk'spaund] *vt* exposer, expliquer
express [ɪk'sprɛs] *adj* (*definite*) formel(le), exprès(-esse) ; (*BRIT: letter etc*) exprès *inv* ▸ *n* (*train*) rapide *m* ▸ *adv* (*send*) exprès ▸ *vt* exprimer ; **to ~ o.s.** s'exprimer
expression [ɪk'sprɛʃən] *n* expression *f*
expressionism [ɪk'sprɛʃənɪzəm] *n* expressionnisme *m*
expressive [ɪk'sprɛsɪv] *adj* expressif(-ive)
expressly [ɪk'sprɛslɪ] *adv* expressément, formellement
expressway [ɪk'sprɛsweɪ] *n* (*US*) voie *f* express (à plusieurs files)
expropriate [ɛks'prəuprɪeɪt] *vt* exproprier

e

expulsion [ɪk'spʌlʃən] *n* expulsion *f* ; renvoi *m*
exquisite [ɛk'skwɪzɪt] *adj* exquis(e)
ex-serviceman ['ɛks'sə:vɪsmən] *n (irreg)* ancien combattant
ext. *abbr (Tel)* = **extension**
extemporize [ɪk'stɛmpəraɪz] *vi* improviser
extend [ɪk'stɛnd] *vt (visit, street)* prolonger ; *(deadline)* reporter, remettre ; *(building)* agrandir ; *(offer)* présenter, offrir ; *(Comm: credit)* accorder ; *(hand, arm)* tendre ▸ *vi (land)* s'étendre
extension [ɪk'stɛnʃən] *n (of visit, street)* prolongation *f* ; *(of building)* agrandissement *m* ; *(building)* annexe *f* ; *(to wire, table)* rallonge *f* ; *(telephone: in offices)* poste *m* ; *(: in private house)* téléphone *m* supplémentaire ; **~ 3718** *(Tel)* poste 3718
extension cable, extension lead *n (Elec)* rallonge *f*
extensive [ɪk'stɛnsɪv] *adj* étendu(e), vaste ; *(damage, alterations)* considérable ; *(inquiries)* approfondi(e) ; *(use)* largement répandu(e)
extensively [ɪk'stɛnsɪvlɪ] *adv (altered, damaged etc)* considérablement ; **he's travelled ~** il a beaucoup voyagé
extent [ɪk'stɛnt] *n* étendue *f* ; *(degree: of damage, loss)* importance *f* ; **to some ~** dans une certaine mesure ; **to a certain ~** dans une certaine mesure, jusqu'à un certain point ; **to a large ~** en grande partie ; **to the ~ of ...** au point de ... ; **to what ~?** dans quelle mesure ?, jusqu'à quel point ? ; **to such an ~ that ...** à tel point que ...
extenuating [ɪk'stɛnjueɪtɪŋ] *adj*: **~ circumstances** circonstances atténuantes
exterior [ɛk'stɪərɪə^r] *adj* extérieur(e) ▸ *n* extérieur *m*
exterminate [ɪk'stə:mɪneɪt] *vt* exterminer
extermination [ɪkstə:mɪ'neɪʃən] *n* extermination *f*
external [ɛk'stə:nl] *adj* externe ; **for ~ use only** *(Med)* à usage externe ▸ *n*: **the externals** les apparences *fpl*
externally [ɛk'stə:nəlɪ] *adv* extérieurement
extinct [ɪk'stɪŋkt] *adj (volcano)* éteint(e) ; *(species)* disparu(e)
extinction [ɪk'stɪŋkʃən] *n* extinction *f*
extinguish [ɪk'stɪŋgwɪʃ] *vt* éteindre
extinguisher [ɪk'stɪŋgwɪʃə^r] *n* extincteur *m*
extol, *(US)* **extoll** [ɪk'stəul] *vt (merits)* chanter, prôner ; *(person)* chanter les louanges de
extort [ɪk'stɔ:t] *vt*: **to ~ sth (from)** extorquer qch (à)
extortion [ɪk'stɔ:ʃən] *n* extorsion *f*
extortionate [ɪk'stɔ:ʃnɪt] *adj* exorbitant(e)
extortionist [ɪk'stɔ:ʃənɪst] *n* extorqueur(-euse)
extra ['ɛkstrə] *adj* supplémentaire, de plus ; **breakfast is ~** il y a un supplément pour le petit déjeuner ▸ *adv (in addition)* en plus ; **wine will cost ~** le vin sera en supplément ; **~ large sizes** très grandes tailles ▸ *n* supplément *m* ; *(perk)* à-coté *m* ; *(Cine, Theat)* figurant(e)
extra... ['ɛkstrə] *prefix* extra...
extract *vt* [ɪk'strækt] extraire ; *(tooth)* arracher ; *(money, promise)* soutirer ▸ *n* ['ɛkstrækt] extrait *m*
extraction [ɪk'strækʃən] *n* extraction *f*
extractor fan [ɪk'stræktə-] *n* exhausteur *m*, ventilateur *m* extracteur
extracurricular ['ɛkstrəkə'rɪkjulə^r] *adj (Scol)* parascolaire
extradite ['ɛkstrədaɪt] *vt* extrader
extradition [ɛkstrə'dɪʃən] *n* extradition *f*
extramarital ['ɛkstrə'mærɪtl] *adj* extraconjugal(e)
extramural ['ɛkstrə'mjuərl] *adj* hors-faculté *inv*
extraneous [ɛk'streɪnɪəs] *adj*: **~ to** étranger(-ère) à
extraordinarily [ɪk'strɔ:dnrɪlɪ] *adv (exceptionally)* extraordinairement
extraordinary [ɪk'strɔ:dnrɪ] *adj* extraordinaire ; **the ~ thing is that ...** le plus étrange *or* étonnant c'est que ...
extraordinary general meeting *n* assemblée *f* générale extraordinaire
extrapolate [ɪk'stræpəleɪt] *vt, vi* extrapoler ; **to ~ from sth** extrapoler à partir de qch
extrapolation [ɛkstræpə'leɪʃən] *n* extrapolation *f*
extrasensory perception ['ɛkstrə'sɛnsərɪ-] *n* perception *f* extrasensorielle
extraterrestrial [ɛkstrətɪ'rɛstriəl] *adj* extraterrestre
extra time *n (Football)* prolongations *fpl*
extravagance [ɪk'strævəgəns] *n (excessive spending)* prodigalités *fpl* ; *(thing bought)* folie *f*, dépense excessive
extravagant [ɪk'strævəgənt] *adj* extravagant(e) ; *(in spending: person)* prodigue, dépensier(-ière) ; *(: tastes)* dispendieux(-euse)
extravaganza [ɪkstrævə'gænzə] *n* spectacle *m* somptueux
extreme [ɪk'stri:m] *adj, n* extrême *m* ; **the ~ left/ right** *(Pol)* l'extrême gauche *f*/droite *f* ; **extremes of temperature** différences *fpl* extrêmes de température
extremely [ɪk'stri:mlɪ] *adv* extrêmement
extremism [ɪk'stri:mɪzəm] *n* extrémisme *m*
extremist [ɪk'stri:mɪst] *adj, n* extrémiste *mf*
extremity [ɪk'strɛmɪtɪ] *n* extrémité *f*
extricate ['ɛkstrɪkeɪt] *vt*: **to ~ sth (from)** dégager qch (de)
extrovert ['ɛkstrəvə:t] *n* extraverti(e)
exuberance [ɪg'zju:bərns] *n* exubérance *f*
exuberant [ɪg'zju:bərnt] *adj* exubérant(e)
exude [ɪg'zju:d] *vt* exsuder ; *(fig)* respirer ; **the charm** *etc* **he exudes** le charme *etc* qui émane de lui
exult [ɪg'zʌlt] *vi* exulter, jubiler
exultant [ɪg'zʌltənt] *adj (shout, expression)* de triomphe ; **to be ~** jubiler, triompher
exultation [ɛgzʌl'teɪʃən] *n* exultation *f*, jubilation *f*
ex-wife ['ɛkswaɪf] *n* ex-femme *f*
eye [aɪ] *n* œil *m* ; *(of needle)* trou *m*, chas *m* ; **as far as the ~ can see** à perte de vue ; **to keep an ~ on** surveiller ; **to have an ~ for sth** avoir l'œil pour qch ; **in the public ~** en vue ; **with an ~ to doing sth** *(BRIT)* en vue de faire qch ; **there's more to this than meets the ~** ce n'est pas aussi simple que cela paraît ▸ *vt* examiner
eyeball ['aɪbɔ:l] *n* globe *m* oculaire

eyebath ['aɪbɑːθ] *n* (BRIT) œillère *f* (*pour bains d'œil*)
eyebrow ['aɪbraʊ] *n* sourcil *m*
eyebrow pencil *n* crayon *m* à sourcils
eye-catching ['aɪkætʃɪŋ] *adj* voyant(e), accrocheur(-euse)
eye cup *n* (*US*) = **eyebath**
eye drops *npl* gouttes *fpl* pour les yeux
eyeful ['aɪful] *n*: **to get an ~ (of sth)** se rincer l'œil (en voyant qch)
eyeglass ['aɪglɑːs] *n* monocle *m*
eyelash ['aɪlæʃ] *n* cil *m*
eyelet ['aɪlɪt] *n* œillet *m*
eye-level ['aɪlɛvl] *adj* en hauteur
eyelid ['aɪlɪd] *n* paupière *f*
eyeliner ['aɪlaɪnəʳ] *n* eye-liner *m*
eye-opener ['aɪəupnəʳ] *n* révélation *f*
eye shadow *n* ombre *f* à paupières
eyesight ['aɪsaɪt] *n* vue *f*
eyesore ['aɪsɔːʳ] *n* horreur *f*, chose *f* qui dépare *or* enlaidit
eyestrain ['aɪstreɪn] *adj*: **to get ~** se fatiguer la vue *or* les yeux
eyewash ['aɪwɔʃ] *n* bain *m* d'œil ; (*fig*) frime *f*
eye witness *n* témoin *m* oculaire
eyrie ['ɪərɪ] *n* aire *f*

e

Ff

F[1], f[1] [ɛf] *n (letter)* F, f *m* ; *(Mus)*: **F** fa *m* ; **F for Frederick**, *(US)* **F for Fox** F comme François
F[2] *abbr (= Fahrenheit)* F
FA *n abbr* (BRIT: *= Football Association) fédération de football*
FAA *n abbr (US)* = **Federal Aviation Administration**
fable ['feɪbl] *n* fable *f*
fabric ['fæbrɪk] *n* tissu *m* ▸ *cpd*: **~ ribbon** *(for typewriter)* ruban *m* (en) tissu

> ⚠ **fabric** ne veut pas dire *fabrique*.

fabricate ['fæbrɪkeɪt] *vt* fabriquer, inventer
fabrication [fæbrɪ'keɪʃən] *n* fabrication *f*, invention *f*
fabulous ['fæbjuləs] *adj (inf: wonderful: food, prize)* formidable, sensationnel(le) ; *(: figure)* sensationnel(le) ; *(wealth)* fabuleux(-euse)
fabulously ['fæbjuləslɪ] *adv (rich, wealthy)* fabuleusement ; *(successful, beautiful)* incroyablement
façade [fə'sɑːd] *n* façade *f*
face [feɪs] *n* visage *m*, figure *f* ; *(expression)* air *m* ; grimace *f* ; *(of clock)* cadran *m* ; *(of cliff)* paroi *f* ; *(of mountain)* face *f* ; *(of building)* façade *f* ; *(side, surface)* face ; **~ down** *(person)* à plat ventre ; *(card)* face en dessous ; **to lose/save ~** perdre/sauver la face ; **to pull a ~** faire une grimace ; **in the ~ of** *(difficulties etc)* face à, devant ; **on the ~ of it** à première vue ; **~ to ~** face à face ▸ *vt* faire face à ; *(facts etc)* accepter
▸ **face up to** *vt fus* faire face à, affronter
Facebook® ['feɪsbuk] *n* Facebook® *m* ▸ *vt*: **to facebook sb** envoyer un message sur Facebook à qn
face cloth *n* (BRIT) gant *m* de toilette
face cream *n* crème *f* pour le visage
faceless ['feɪslɪs] *adj* anonyme
face lift *n* lifting *m* ; *(of façade etc)* ravalement *m*, retapage *m*
face pack *n* (BRIT) masque *m* (de beauté)
face powder *n* poudre *f* (pour le visage)
face-saving ['feɪsseɪvɪŋ] *adj* qui sauve la face
facet ['fæsɪt] *n* facette *f*
facetious [fə'siːʃəs] *adj* facétieux(-euse)
face-to-face ['feɪstə'feɪs] *adv* face à face
face value *n (of coin)* valeur nominale ; **to take sth at ~** *(fig)* prendre qch pour argent comptant
facia ['feɪʃə] *n* = **fascia**
facial ['feɪʃl] *adj* facial(e) ▸ *n* soin complet du visage
facile ['fæsaɪl] *adj* facile
facilitate [fə'sɪlɪteɪt] *vt* faciliter
facilitator [fə'sɪlɪteɪtə^r] *n (in negotiations)* facilitateur(-trice) ; *(educational)* animateur(-trice)
facilities [fə'sɪlɪtɪz] *npl* installations *fpl*, équipement *m* ; **credit ~** facilités *fpl* de paiement
facility [fə'sɪlɪtɪ] *n* facilité *f*
facing ['feɪsɪŋ] *prep* face à, en face de ▸ *n (of wall etc)* revêtement *m* ; *(Sewing)* revers *m*
facsimile [fæk'sɪmɪlɪ] *n (exact replica)* facsimilé *m* ; *(also:* **facsimile machine***)* télécopieur *m* ; *(transmitted document)* télécopie *f*
fact [fækt] *n* fait *m* ; **in ~** en fait ; **to know for a ~ that …** savoir pertinemment que …
fact-finding ['fæktfaɪndɪŋ] *adj*: **a ~ tour** *or* **mission** une mission d'enquête
faction ['fækʃən] *n* faction *f*
factional ['fækʃənl] *adj* de factions
factor ['fæktə^r] *n* facteur *m* ; *(of sun cream)* indice *m* (de protection) ; *(Comm)* factor *m*, société *f* d'affacturage ; *(: agent)* dépositaire *mf* ; **safety ~** facteur de sécurité ; **I'd like a ~ 15 suntan lotion** je voudrais une crème solaire d'indice 15 ▸ *vi* faire du factoring
▸ **factor in** *vt* prendre en compte ; **to ~ sth in to** prendre qch en compte dans
factory ['fæktərɪ] *n* usine *f*, fabrique *f*
factory farming *n* (BRIT) élevage industriel
factory floor *n*: **the ~** *(workers)* les ouvriers *mpl* ; *(workshop)* l'usine *f* ; **on the ~** dans les ateliers
factory ship *n* navire-usine *m*
factual ['fæktjuəl] *adj* basé(e) sur les faits
faculty ['fækəltɪ] *n* faculté *f* ; *(US: teaching staff)* corps enseignant
fad [fæd] *n (personal)* manie *f* ; *(craze)* engouement *m*
fade [feɪd] *vi (fabric, wallpaper)* se décolorer, passer ; *(colour)* passer, pâlir ; *(light, sound)* s'affaiblir, disparaître ; *(flower)* se faner
▸ **fade away** *vi (sound)* s'affaiblir
▸ **fade in** *vt (picture)* ouvrir en fondu ; *(sound)* monter progressivement
▸ **fade out** *vt (picture)* fermer en fondu ; *(sound)* baisser progressivement
faded ['fædɪd] *adj (blue, green)* passé(e) ; *(fabric, object)* décoloré(e) ; *(jeans)* délavé(e) ; *(photograph)* jauni(e)
faeces, *(US)* **feces** ['fiːsiːz] *npl* fèces *fpl*
fag [fæg] *n* (BRIT *inf: cigarette)* clope *f* ; *(: chore)*: **what a ~!** quelle corvée ! ; *(US !: homosexual)* pédé *m*

fag end *n* (Brit *inf*) mégot *m*
fagged out [fægd-] *adj* (Brit *inf*) crevé(e)
Fahrenheit ['fɑːrənhaɪt] *n* Fahrenheit *m inv*
fail [feɪl] *vt* (*exam*) échouer à ; (*candidate*) recaler ; (*subj: courage, memory*) faire défaut à ; **to ~ to do sth** (*neglect*) négliger de *or* ne pas faire qch ; (*be unable*) ne pas arriver *or* parvenir à faire qch ▸ *vi* échouer ; (*supplies*) manquer ; (*eyesight, health, light: also:* **be failing**) baisser, s'affaiblir ; (*brakes*) lâcher ▸ *n*: **without ~** à coup sûr ; sans faute
failed ['feɪld] *adj* (*attempt, marriage*) raté(e)
failing ['feɪlɪŋ] *n* défaut *m* ▸ *prep* faute de ; **~ that** à défaut, sinon
failsafe ['feɪlseɪf] *adj* (*device etc*) à sûreté intégrée
failure ['feɪljə^r] *n* échec *m* ; (*person*) raté(e) ; (*mechanical etc*) défaillance *f* ; **his ~ to turn up** le fait de n'être pas venu *or* qu'il ne soit pas venu
faint [feɪnt] *adj* faible ; (*recollection*) vague ; (*mark*) à peine visible ; (*smell, breeze, trace*) léger(-ère) ; **to feel ~** défaillir ▸ *n* évanouissement *m* ▸ *vi* s'évanouir
faintest ['feɪntɪst] *adj*: **I haven't the ~ idea** je n'en ai pas la moindre idée
faint-hearted ['feɪnt'hɑːtɪd] *adj* pusillanime
faintly ['feɪntlɪ] *adv* faiblement ; (*vaguely*) vaguement
faintness ['feɪntnɪs] *n* faiblesse *f*
fair [fɛə^r] *adj* équitable, juste ; (*reasonable*) correct(e), honnête ; (*hair*) blond(e) ; (*skin, complexion*) pâle, blanc (blanche) ; (*weather*) beau (belle) ; (*good enough*) assez bon(ne) ; (*sizeable*) considérable ; **it's not ~!** ce n'est pas juste ! ; **a ~ amount of** une quantité considérable de ▸ *adv*: **to play ~** jouer franc jeu ▸ *n* foire *f* ; (Brit: *funfair*) fête (foraine) ; (*also:* **trade fair**) foire(-exposition) commerciale
fair copy *n* copie *f* au propre, corrigé *m*
fair game *n*: **to be ~ (for)** être une cible légitime (pour)
fairground ['fɛəgraund] *n* champ *m* de foire
fair-haired [fɛə'hɛəd] *adj* (*person*) aux cheveux clairs, blond(e)
fairly ['fɛəlɪ] *adv* (*justly*) équitablement ; (*quite*) assez ; **I'm ~ sure** j'en suis quasiment *or* presque sûr
fairness ['fɛənɪs] *n* (*of trial etc*) justice *f*, équité *f* ; (*of person*) sens *m* de la justice ; **in all ~** en toute justice
fair play *n* fair play *m*
fair trade *n* commerce *m* équitable
fairway ['fɛəweɪ] *n* (*Golf*) fairway *m*
fairy ['fɛərɪ] *n* fée *f*
fairy godmother *n* bonne fée
fairy lights *npl* (Brit) guirlande *f* électrique
fairy tale *n* conte *m* de fées
faith [feɪθ] *n* foi *f* ; (*trust*) confiance *f* ; (*sect*) culte *m*, religion *f* ; **to have ~ in sb/sth** avoir confiance en qn/qch
faithful ['feɪθful] *adj* fidèle
faithfully ['feɪθfəlɪ] *adv* fidèlement ; **yours ~** (Brit: *in letters*) veuillez agréer l'expression de mes salutations les plus distinguées
faith healer *n* guérisseur(-euse)
fake [feɪk] *n* (*painting etc*) faux *m* ; (*photo*) trucage *m* ; (*person*) imposteur *m* ; **his illness is a ~** sa maladie est une comédie *or* de la simulation ▸ *adj* faux (fausse) ▸ *vt* (*emotions*) simuler ; (*painting*) faire un faux de ; (*photo*) truquer ; (*story*) fabriquer
falcon ['fɔːlkən] *n* faucon *m*
Falkland Islands ['fɔːlklənd-] *npl*: **the ~** les Malouines *fpl*, les îles *fpl* Falkland
fall [fɔːl] (*pt* **fell** [fɛl], *pp* **fallen** ['fɔːlən]) *n* chute *f* ; (*decrease*) baisse *f* ; (*US: autumn*) automne *m* ; **a ~ of snow** (Brit) une chute de neige ▸ *vi* tomber ; (*price, temperature, dollar*) baisser ; **to ~ flat** (*on one's face*) tomber de tout son long, s'étaler ; (*joke*) tomber à plat ; (*plan*) échouer ; **to ~ short of** (*sb's expectations*) ne pas répondre à ; **falls** *npl* (*waterfall*) chute *f* d'eau, cascade *f*
▸ **fall apart** *vi* (*object*) tomber en morceaux ; (*inf: emotionally*) craquer
▸ **fall back** *vi* reculer, se retirer
▸ **fall back on** *vt fus* se rabattre sur ; **to have something to ~ back on** (*money etc*) avoir quelque chose en réserve ; (*job etc*) avoir une solution de rechange
▸ **fall behind** *vi* prendre du retard
▸ **fall down** *vi* (*person*) tomber ; (*building*) s'effondrer, s'écrouler
▸ **fall for** *vt fus* (*trick*) se laisser prendre à ; (*person*) tomber amoureux(-euse) de
▸ **fall in** *vi* s'effondrer ; (*Mil*) se mettre en rangs
▸ **fall in with** *vt fus* (*sb's plans etc*) accepter
▸ **fall off** *vi* tomber ; (*diminish*) baisser, diminuer
▸ **fall out** *vi* (*friends etc*) se brouiller ; (*hair, teeth*) tomber
▸ **fall over** *vi* tomber (par terre)
▸ **fall through** *vi* (*plan, project*) tomber à l'eau
fallacious [fə'leɪʃəs] *adj* (*formal*) fallacieux(-euse)
fallacy ['fæləsɪ] *n* erreur *f*, illusion *f*
fallback ['fɔːlbæk] *adj*: **~ position** position *f* de repli
fallen ['fɔːlən] *pp of* **fall**
fallible ['fæləbl] *adj* faillible
fallopian tube [fə'ləupɪən-] *n* (*Anat*) trompe *f* de Fallope
fallout ['fɔːlaut] *n* retombées (radioactives)
fallout shelter *n* abri *m* anti-atomique
fallow ['fæləu] *adj* en jachère ; en friche
false [fɔːls] *adj* faux (fausse) ; **under ~ pretences** sous un faux prétexte
false alarm *n* fausse alerte
falsehood ['fɔːlshud] *n* mensonge *m*
falsely ['fɔːlslɪ] *adv* (*accuse*) à tort
false teeth *npl* (Brit) fausses dents, dentier *m*
falsify ['fɔːlsɪfaɪ] *vt* falsifier ; (*accounts*) maquiller
falter ['fɔːltə^r] *vi* (*when speaking*) hésiter ; (*when walking*) chanceler, vaciller
faltering ['fɔːltərɪŋ] *adj* (*voice, speech, steps*) hésitant(e) ; (*economy, process*) chancelant(e)
fame [feɪm] *n* renommée *f*, renom *m*
famed [feɪmd] *adj* célèbre ; **to be ~ for sth** être célèbre pour qch
familial [fə'mɪlɪəl] *adj* familial(e)
familiar [fə'mɪlɪə^r] *adj* familier(-ière) ; **to be ~ with sth** connaître qch ; **to make o.s. ~ with sth** se familiariser avec qch ; **to be on ~ terms with sb** bien connaître qn

f

familiarity [fəmɪlɪ'ærɪtɪ] *n* familiarité *f*
familiarize [fə'mɪlɪəraɪz] *vt* familiariser ; **to ~ o.s. with** se familiariser avec
family ['fæmɪlɪ] *n* famille *f*
family allowance *n* (BRIT) allocations familiales
family business *n* entreprise familiale
family credit *n* (BRIT) complément familial
family doctor *n* médecin *m* de famille
family life *n* vie *f* de famille
family man *n* (*irreg*) père *m* de famille
family planning *n* planning familial
family planning clinic *n* centre *m* de planning familial
family tree *n* arbre *m* généalogique
famine ['fæmɪn] *n* famine *f*
famished ['fæmɪʃt] *adj* affamé(e) ; **I'm ~!** (*inf*) je meurs de faim !
famous ['feɪməs] *adj* célèbre
famously ['feɪməslɪ] *adv* (*get on*) fameusement, à merveille
fan [fæn] *n* (*folding*) éventail *m* ; (*Elec*) ventilateur *m* ; (*person*) fan *m*, admirateur(-trice) ; (*Sport*) supporter *mf* ▸*vt* éventer ; (*fire, quarrel*) attiser
▸**fan out** *vi* se déployer (en éventail)
fanatic [fə'nætɪk] *n* fanatique *mf*
fanatical [fə'nætɪkl] *adj* fanatique
fanaticism [fə'nætɪsɪzəm] *n* fanatisme *m* ; **religious ~** le fanatisme religieux
fan belt *n* courroie *f* de ventilateur
fancied ['fænsɪd] *adj* imaginaire
fanciful ['fænsɪful] *adj* fantaisiste
fan club *n* fan-club *m*
fancy ['fænsɪ] *n* (*whim*) fantaisie *f*, envie *f* ; (*imagination*) imagination *f* ; **to take a ~ to** se prendre d'affection pour ; s'enticher de ; **it took** *or* **caught my ~** ça m'a plu ; **when the ~ takes him** quand ça lui prend ▸*adj* (*luxury*) de luxe ; (*elaborate: jewellery, packaging*) fantaisie *inv* ; (*showy*) tape-à-l'œil *inv* ; (*pretentious: words*) recherché(e) ▸*vt* (*feel like, want*) avoir envie de ; (*imagine*) imaginer ; **to ~ that ...** se figurer *or* s'imaginer que ... ; **he fancies her** elle lui plaît
fancy dress *n* déguisement *m*, travesti *m*
fancy-dress ball [fænsɪ'drɛs-] *n* bal masqué *or* costumé
fancy goods *npl* articles *mpl* (de) fantaisie
fanfare ['fænfɛəʳ] *n* fanfare *f* (*musique*)
fanfold paper ['fænfəuld-] *n* papier *m* à pliage accordéon
fang [fæŋ] *n* croc *m* ; (*of snake*) crochet *m*
fan heater *n* (BRIT) radiateur soufflant
fanlight ['fænlaɪt] *n* imposte *f*
fanny ['fænɪ] *n* (BRIT *inf!*) chatte *f* (*!*) ; (US *inf*) cul *m* (*!*)
fantasize ['fæntəsaɪz] *vi* fantasmer
fantastic [fæn'tæstɪk] *adj* fantastique
fantasy ['fæntəsɪ] *n* imagination *f*, fantaisie *f* ; (*unreality*) fantasme *m*
fanzine ['fænzi:n] *n* fanzine *m*
FAO *n abbr* (= *Food and Agriculture Organization*) FAO *f*
FAQ *n abbr* (= *frequently asked question*) FAQ *f inv*, faq *f inv* ▸*abbr* (= *free alongside quay*) FLQ
far [fɑ:ʳ] *adj* (*distant*) lointain(e), éloigné(e) ; **the ~ side/end** l'autre côté/bout ; **the ~ left/right** (*Pol*) l'extrême gauche *f*/droite *f* ▸*adv* loin ; **is it ~ to London?** est-ce qu'on est loin de Londres ? ; **it's not ~ (from here)** ce n'est pas loin (d'ici) ; **~ away**, **~ off** au loin, dans le lointain ; **~ better** beaucoup mieux ; **~ from** loin de ; **by ~** de loin, de beaucoup ; **as ~ back as the 13th century** dès le 13e siècle ; **go as ~ as the bridge** allez jusqu'au pont ; **as ~ as I know** pour autant que je sache ; **how ~ is it to ...?** combien y a-t-il jusqu'à ... ? ; **as ~ as possible** dans la mesure du possible ; **how ~ have you got with your work?** où en êtes-vous dans votre travail ?
faraway ['fɑ:rəweɪ] *adj* lointain(e) ; (*look*) absent(e)
farce [fɑ:s] *n* farce *f*
farcical ['fɑ:sɪkl] *adj* grotesque
fare [fɛəʳ] *n* (*on trains, buses*) prix *m* du billet ; (*in taxi*) prix de la course ; (*passenger in taxi*) client *m* ; (*food*) table *f*, chère *f* ; **half ~** demi-tarif ; **full ~** plein tarif ▸*vi* se débrouiller
Far East *n*: **the ~** l'Extrême-Orient *m*
farewell [fɛə'wɛl] *excl*, *n* adieu *m* ▸*cpd* (*party etc*) d'adieux
far-fetched ['fɑ:'fɛtʃt] *adj* exagéré(e), poussé(e)
farm [fɑ:m] *n* ferme *f* ▸*vt* cultiver
▸**farm out** *vt* (*work etc*) distribuer
farmer ['fɑ:məʳ] *n* fermier(-ière), cultivateur(-trice)
farmers' market *n* marché *m* fermier
farmhand ['fɑ:mhænd] *n* ouvrier(-ière) agricole
farmhouse ['fɑ:mhaus] *n* (maison *f* de) ferme *f*
farming ['fɑ:mɪŋ] *n* agriculture *f* ; (*of animals*) élevage *m* ; **intensive ~** culture intensive ; **sheep ~** élevage du mouton
farm labourer *n* = **farmhand**
farmland ['fɑ:mlænd] *n* terres cultivées *or* arables
farm produce *n* produits *mpl* agricoles
farm worker *n* = **farmhand**
farmyard ['fɑ:mjɑ:d] *n* cour *f* de ferme
Faroe Islands ['fɛərəu-], **Faroes** ['fɛərəuz] *npl*: **the ~** les îles *fpl* Féroé *or* Faeroe
far-reaching ['fɑ:'ri:tʃɪŋ] *adj* d'une grande portée
farrier ['færiəʳ] *n* maréchal-ferrant *m*
far-sighted ['fɑ:'saɪtɪd] *adj* presbyte ; (*fig*) prévoyant(e), qui voit loin
fart [fɑ:t] (*inf!*) *n* pet *m* ▸*vi* péter
farther ['fɑ:ðəʳ] *adv* plus loin ▸*adj* plus éloigné(e), plus lointain(e)
farthest ['fɑ:ðɪst] *superlative of* **far**
FAS *abbr* (BRIT: = *free alongside ship*) FLB
fascia ['feɪʃə] *n* (*Aut*) (garniture *f* du) tableau *m* de bord
fascinate ['fæsɪneɪt] *vt* fasciner, captiver
fascinated ['fæsɪneɪtəd] *adj* fasciné(e)
fascinating ['fæsɪneɪtɪŋ] *adj* fascinant(e)
fascination [fæsɪ'neɪʃən] *n* fascination *f*
fascism ['fæʃɪzəm] *n* fascisme *m*
fascist ['fæʃɪst] *adj*, *n* fasciste *mf*
fashion ['fæʃən] *n* mode *f* ; (*manner*) façon *f*, manière *f* ; **in ~** à la mode ; **out of ~** démodé(e) ; **in the Greek ~** à la grecque ; **after a ~** (*finish, manage etc*) tant bien que mal ▸*vt* façonner
fashionable ['fæʃnəbl] *adj* à la mode

fashion designer *n* (grand(e)) couturier(-ière)
fashionista [fæʃə'nɪstə] *n* fashionista *mf*
fashion show *n* défilé *m* de mannequins *or* de mode
fast [fɑːst] *adj* rapide ; (*clock*): **to be ~** avancer ; (*dye, colour*) grand *or* bon teint *inv* ; **my watch is 5 minutes ~** ma montre avance de 5 minutes ; **to make a boat ~** (Brit) amarrer un bateau ▸ *adv* vite, rapidement ; (*stuck, held*) solidement ; **~ asleep** profondément endormi ; **as ~ as I can** aussi vite que je peux ▸ *n* jeûne *m* ▸ *vi* jeûner
fasten ['fɑːsn] *vt* attacher, fixer ; (*coat*) attacher, fermer ▸ *vi* se fermer, s'attacher
▸ **fasten on, fasten upon** *vt fus* (*idea*) se cramponner à
fastener ['fɑːsnəʳ], **fastening** ['fɑːsnɪŋ] *n* fermeture *f*, attache *f* ; (Brit: *zip fastener*) fermeture éclair® *inv or* à glissière
fast food *n* fast food *m*, restauration *f* rapide
fastidious [fæs'tɪdɪəs] *adj* exigeant(e), difficile
fast lane *n* (*Aut: in Britain*) voie *f* de droite
fast-track ['fɑːstræk] *vt* (*student, employee*) faire suivre un programme accéléré à ; (*bring forward: event*) avancer ▸ *cpd* (*promotion, scheme*) accéléré(e)
fat [fæt] *adj* gros(se) ▸ *n* graisse *f* ; (*on meat*) gras *m* ; (*for cooking*) matière grasse ; **to live off the ~ of the land** vivre grassement
fatal ['feɪtl] *adj* (*mistake*) fatal(e) ; (*injury*) mortel(le)
fatalism ['feɪtlɪzəm] *n* fatalisme *m*
fatalistic [feɪtə'lɪstɪk] *adj* fataliste ; **to be ~ about sth** être fataliste quant à qch
fatality [fə'tælɪtɪ] *n* (*road death etc*) victime *f*, décès *m*
fatally ['feɪtəlɪ] *adv* fatalement ; (*injured*) mortellement
fate [feɪt] *n* destin *m* ; (*of person*) sort *m* ; **to meet one's ~** trouver la mort
fated ['feɪtɪd] *adj* (*person*) condamné(e) ; (*project*) voué(e) à l'échec
fateful ['feɪtful] *adj* fatidique
fat-free ['fæt'friː] *adj* sans matières grasses
father ['fɑːðəʳ] *n* père *m*
Father Christmas *n* le Père Noël
fatherhood ['fɑːðəhud] *n* paternité *f*
father-in-law ['fɑːðərənlɔː] *n* beau-père *m*
fatherland ['fɑːðəlænd] *n* (*mère f*) patrie *f*
fatherly ['fɑːðəlɪ] *adj* paternel(le)
fathom ['fæðəm] *n* brasse *f* (= *1828 mm*) ▸ *vt* (*mystery*) sonder, pénétrer
fatigue [fə'tiːg] *n* fatigue *f* ; (*Mil*) corvée *f* ; **metal ~** fatigue du métal
fatness ['fætnɪs] *n* corpulence *f*, grosseur *f*
fatten ['fætn] *vt, vi* engraisser
fattening ['fætnɪŋ] *adj* (*food*) qui fait grossir ; **chocolate is ~** le chocolat fait grossir
fatty ['fætɪ] *adj* (*food*) gras(se) ▸ *n* (*inf*) gros (grosse)
fatuous ['fætjuəs] *adj* stupide
fatwa, fatwah ['fætwɑː] *n* fatwa *f*
faucet ['fɔːsɪt] *n* (US) robinet *m*
fault [fɔːlt] *n* faute *f* ; (*defect*) défaut *m* ; (*Geo*) faille *f* ; **it's my ~** c'est de ma faute ; **to find ~ with** trouver à redire *or* à critiquer à ; **at ~** fautif(-ive), coupable ; **to a ~** à l'excès ▸ *vt* trouver des défauts à, prendre en défaut
faultless ['fɔːltlɪs] *adj* impeccable ; irréprochable
faulty ['fɔːltɪ] *adj* défectueux(-euse)
fauna ['fɔːnə] *n* faune *f*
faux pas ['fəu'pɑː] *n* impair *m*, bévue *f*, gaffe *f*
favour, (US) **favor** ['feɪvəʳ] *n* faveur *f* ; (*help*) service *m* ; **to do sb a ~** rendre un service à qn ; **in ~ of** en faveur de ; **to be in ~ of sth/of doing sth** être partisan de qch/de faire qch ; **to find ~ with sb** trouver grâce aux yeux de qn ▸ *vt* (*proposition*) être en faveur de ; (*pupil etc*) favoriser ; (*team, horse*) donner gagnant
favourable, (US) **favorable** ['feɪvrəbl] *adj* favorable ; (*price*) avantageux(-euse)
favourably, (US) **favorably** ['feɪvrəblɪ] *adv* favorablement
favourite, (US) **favorite** ['feɪvrɪt] *adj, n* favori(te)
favouritism, (US) **favoritism** ['feɪvrɪtɪzəm] *n* favoritisme *m*
fawn [fɔːn] *n* (*deer*) faon *m* ▸ *adj* (*also*: **fawn-coloured**) fauve ▸ *vi*: **to ~ (up)on** flatter servilement
fax [fæks] *n* (*document*) télécopie *f* ; (*machine*) télécopieur *m* ▸ *vt* envoyer par télécopie
FBI *n abbr* (*US: = Federal Bureau of Investigation*) FBI *m*
FCC *n abbr* (US) = **Federal Communications Commission**
FCO *n abbr* (Brit: = *Foreign and Commonwealth Office*) *ministère des Affaires étrangères et du Commonwealth*
FD *n abbr* (US) = **fire department**
FDA *n abbr* (*US: = Food and Drug Administration*) *office de contrôle des produits pharmaceutiques et alimentaires*
FE *n abbr* = **further education**
fear [fɪəʳ] *n* crainte *f*, peur *f* ; **~ of heights** vertige *m* ; **for ~ of** de peur que + *sub or* de + *infinitive* ▸ *vt* craindre ; **to ~ that** craindre que ▸ *vi*: **to ~ for** craindre pour
fearful ['fɪəful] *adj* craintif(-ive) ; (*sight, noise*) affreux(-euse), épouvantable ; **to be ~ of** avoir peur de, craindre
fearfully ['fɪəfəlɪ] *adv* (*timidly*) craintivement ; (*inf: very*) affreusement
fearless ['fɪəlɪs] *adj* intrépide, sans peur
fearsome ['fɪəsəm] *adj* (*opponent*) redoutable ; (*sight*) épouvantable
feasibility [fiːzə'bɪlɪtɪ] *n* (*of plan*) possibilité *f* de réalisation, faisabilité *f*
feasibility study *n* étude *f* de faisabilité
feasible ['fiːzəbl] *adj* faisable, réalisable
feast [fiːst] *n* festin *m*, banquet *m* ; (*Rel: also*: **feast day**) fête *f* ▸ *vi* festoyer ; **to ~ on** se régaler de
feat [fiːt] *n* exploit *m*, prouesse *f*
feather ['fɛðəʳ] *n* plume *f* ▸ *vt*: **to ~ one's nest** (*fig*) faire sa pelote ▸ *cpd* (*bed etc*) de plumes
feather-weight ['fɛðəweɪt] *n* poids *m* plume *inv*
feature ['fiːtʃəʳ] *n* caractéristique *f* ; (*article*) chronique *f*, rubrique *f* ; **a (special) ~ on sth/sb** un reportage sur qch/qn ▸ *vt* (*film*) avoir pour vedette(s) ▸ *vi* figurer (en bonne place) ; **it featured prominently in ...** cela a figuré en bonne place sur *or* dans ... ; **features** *npl* (*of face*) traits *mpl*

f

feature film *n* long métrage
featureless ['fi:tʃəlɪs] *adj* anonyme, sans traits distinctifs
Feb. *abbr* (= *February*) fév
February ['fɛbruərɪ] *n* février *m* ; *see also* **July**
feces ['fi:si:z] *npl* (*US*) = **faeces**
feckless ['fɛklɪs] *adj* inepte
Fed *abbr* (*US*) = **federal; federation**
fed [fɛd] *pt, pp of* **feed**
Fed. [fɛd] *n abbr* (*US inf*) = **Federal Reserve Board**
federal ['fɛdərəl] *adj* fédéral(e)
federalism ['fɛdərəlɪzəm] *n* fédéralisme *m*
federalist ['fɛdərəlɪst] *adj, n* fédéraliste *mf*
Federal Reserve Board *n* (*US*) *organe de contrôle de la banque centrale américaine*
Federal Trade Commission *n* (*US*) *organisme de protection contre les pratiques commerciales abusives*
federation [fɛdə'reɪʃən] *n* fédération *f*
fed up *adj*: **to be ~ (with)** en avoir marre *or* plein le dos (de)
fee [fi:] *n* rémunération *f* ; (*of doctor, lawyer*) honoraires *mpl* ; (*of school, college etc*) frais *mpl* de scolarité ; (*for examination*) droits *mpl* ; **entrance/ membership ~** droit d'entrée/d'inscription ; **for a small ~** pour une somme modique
feeble ['fi:bl] *adj* faible ; (*attempt, excuse*) pauvre ; (*joke*) piteux(-euse)
feeble-minded ['fi:bl'maɪndɪd] *adj* faible d'esprit
feed [fi:d] (*pt, pp* **fed** [fɛd]) *n* (*of baby*) tétée *f* ; (*of animal*) nourriture *f*, pâture *f* ; (*on printer*) mécanisme *m* d'alimentation ▸ *vt* (*person*) nourrir ; (BRIT: *baby: breastfeed*) allaiter ; (: *with bottle*) donner le biberon à ; (*horse etc*) donner à manger à ; (*machine*) alimenter ; (*data etc*): **to ~ sth into** enregistrer qch dans
▸ **feed back** *vt* (*results*) donner en retour
▸ **feed on** *vt fus* se nourrir de
▸ **feed through** *vi* (*be felt*) se faire ressentir ; **to ~ through to sb/sth** (*impact on*) se répercuter sur qn/qch
feedback ['fi:dbæk] *n* (*Elec*) effet *m* Larsen ; (*from person*) réactions *fpl*
feeder ['fi:dər] *n* (*bib*) bavette *f*
feeding bottle ['fi:dɪŋ-] *n* (BRIT) biberon *m*
feel [fi:l] (*pt, pp* **felt** [fɛlt]) *n* (*sensation*) sensation *f* ; (*impression*) impression *f* ; **to get the ~ of sth** (*fig*) s'habituer à qch ▸ *vt* (*touch*) toucher ; (*explore*) tâter, palper ; (*cold, pain*) sentir ; (*grief, anger*) ressentir, éprouver ; (*think, believe*): **to ~ (that)** trouver que ; **I ~ that you ought to do it** il me semble que vous devriez le faire ▸ *vi*: **to ~ hungry/cold** avoir faim/froid ; **to ~ lonely/ better** se sentir seul/mieux ; **I don't ~ well** je ne me sens pas bien ; **to ~ sorry for** avoir pitié de ; **it feels soft** c'est doux au toucher ; **it feels colder here** je trouve qu'il fait plus froid ici ; **it feels like velvet** on dirait du velours, ça ressemble au velours ; **to ~ like** (*want*) avoir envie de ; **to ~ about** *or* **around** fouiller, tâtonner
▸ **feel for** *vt fus* (*feel sorry for*) plaindre ; (*grope for*) chercher à tâtons
feeler ['fi:lər] *n* (*of insect*) antenne *f* ; (*fig*): **to put out a ~** *or* **feelers** tâter le terrain
feel-good ['fi:lgud] *adj* (*film*) qui réchauffe le cœur
feeling ['fi:lɪŋ] *n* (*physical*) sensation *f* ; (*emotion, impression*) sentiment *m* ; **to hurt sb's feelings** froisser qn ; **feelings ran high about it** cela a déchaîné les passions ; **what are your feelings about the matter?** quel est votre sentiment sur cette question ? ; **my ~ is that ...** j'estime que ... ; **I have a ~ that ...** j'ai l'impression que ...
fee-paying school ['fi:peɪɪŋ-] *n* établissement (d'enseignement) privé
feet [fi:t] *npl of* **foot**
feign [feɪn] *vt* feindre, simuler
feisty ['faɪstɪ] *adj* fougueux(-euse)
felicitous [fɪ'lɪsɪtəs] *adj* heureux(-euse)
fell [fɛl] *pt of* **fall** ▸ *vt* (*tree*) abattre ▸ *n* (BRIT: *mountain*) montagne *f* ; (: *moorland*): **the fells** la lande ▸ *adj*: **with one ~ blow** d'un seul coup
fellow ['fɛləu] *n* type *m* ; (*comrade*) compagnon *m* ; (*of learned society*) membre *m* ; (*of university*) universitaire *mf* (*membre du conseil*) ▸ *cpd*: **their ~ prisoners/students** leurs camarades prisonniers/étudiants ; **his ~ workers** ses collègues *mpl* (de travail)
fellow citizen *n* concitoyen(ne)
fellow countryman *n* (*irreg*) compatriote *m*
fellow feeling *n* sympathie *f*
fellow men *npl* semblables *mpl*
fellowship ['fɛləuʃɪp] *n* (*society*) association *f* ; (*comradeship*) amitié *f*, camaraderie *f* ; (*Scol*) *sorte de bourse universitaire*
fellow traveller *n* compagnon (compagne) de route ; (*Pol*) communisant(e)
fell-walking ['fɛlwɔ:kɪŋ] *n* (BRIT) randonnée *f* en montagne
felon ['fɛlən] *n* (*Law*) criminel(le)
felony ['fɛlənɪ] *n* crime *m*, forfait *m*
felt [fɛlt] *pt, pp of* **feel** ▸ *n* feutre *m*
felt-tip ['fɛlttɪp] *n* (*also*: **felt-tip pen**) stylo-feutre *m*
female ['fi:meɪl] *n* (*Zool*) femelle *f* ; (*pej: woman*) bonne femme ▸ *adj* (*Biol, Elec*) femelle ; (*sex, character*) féminin(e) ; (*vote etc*) des femmes ; (*child etc*) du sexe féminin ; **male and ~ students** étudiants et étudiantes
female impersonator *n* (*Theat*) travesti *m*
feminine ['fɛmɪnɪn] *adj* féminin(e) ▸ *n* féminin *m*
femininity [fɛmɪ'nɪnɪtɪ] *n* féminité *f*
feminism ['fɛmɪnɪzəm] *n* féminisme *m*
feminist ['fɛmɪnɪst] *n* féministe *mf*
fen [fɛn] *n* (BRIT): **the Fens** les plaines *fpl* du Norfolk (*anciennement marécageuses*)
fence [fɛns] *n* barrière *f* ; (*Sport*) obstacle *m* ; (*inf: person*) receleur(-euse) ; **to sit on the ~** (*fig*) ne pas se mouiller ▸ *vt* (*also*: **fence in**) clôturer ▸ *vi* faire de l'escrime
fencing ['fɛnsɪŋ] *n* (*sport*) escrime *m*
fend [fɛnd] *vi*: **to ~ for o.s.** se débrouiller (tout seul)
▸ **fend off** *vt* (*attack etc*) parer ; (*questions*) éluder
fender ['fɛndər] *n* garde-feu *m inv* ; (*on boat*) défense *f* ; (*US: of car*) aile *f*
feng shui [fʌŋ'ʃweɪ] *n* feng shui *m inv*

fennel ['fɛnl] *n* fenouil *m*
feral ['fɛrəl] *adj* sauvage
ferment *vi* [fə'mɛnt] fermenter ▸ *n* ['fə:mɛnt] (*fig*) agitation *f*, effervescence *f*
fermentation [fə:mɛn'teɪʃən] *n* fermentation *f*
fern [fə:n] *n* fougère *f*
ferocious [fə'rəuʃəs] *adj* féroce
ferociously [fə'rəuʃəslɪ] *adv* violemment
ferocity [fə'rɔsɪtɪ] *n* férocité *f*
ferret ['fɛrɪt] *n* furet *m*
▸ **ferret about, ferret around** *vi* fureter
▸ **ferret out** *vt* dénicher
Ferris wheel ['fɛrɪs-] *n* (*US*) grande roue *f*
ferry ['fɛrɪ] *n* (*small*) bac *m* ; (*large: also:* **ferryboat**) ferry(-boat *m*) *m* ▸ *vt* transporter ; **to ~ sth/sb across** *or* **over** faire traverser qch/qn
ferryman ['fɛrɪmən] *n* (*irreg*) passeur *m*
fertile ['fə:taɪl] *adj* fertile ; (*Biol*) fécond(e) ; **~ period** période *f* de fécondité
fertility [fə'tɪlɪtɪ] *n* fertilité *f* ; fécondité *f*
fertility drug *n* médicament *m* contre la stérilité
fertilize ['fə:tɪlaɪz] *vt* fertiliser ; (*Biol*) féconder
fertilizer ['fə:tɪlaɪzə^r] *n* engrais *m*
fervent ['fə:vənt] *adj* fervent(e), ardent(e)
fervently ['fə:vəntlɪ] *adv* ardemment
fervour, (*US*) **fervor** ['fə:və^r] *n* ferveur *f*
fester ['fɛstə^r] *vi* suppurer
festival ['fɛstɪvəl] *n* (*Rel*) fête *f* ; (*Art, Mus*) festival *m*
festive ['fɛstɪv] *adj* de fête ; **the ~ season** (Brit: *Christmas*) la période des fêtes
festivities [fɛs'tɪvɪtɪz] *npl* réjouissances *fpl*
festoon [fɛs'tu:n] *vt*: **to ~ with** orner de
fetal ['fi:təl] *adj* (*US*) = **foetal**
fetch [fɛtʃ] *vt* aller chercher ; (Brit: *sell for*) rapporter ; **how much did it ~?** ça a atteint quel prix ?
▸ **fetch up** *vi* (Brit) se retrouver
fetching ['fɛtʃɪŋ] *adj* charmant(e)
fête [feɪt] *n* fête *f*, kermesse *f*
fetid ['fɛtɪd] *adj* fétide
fetish ['fɛtɪʃ] *n* fétiche *m*
fetter ['fɛtə^r] *vt* entraver
fetters ['fɛtəz] *npl* chaînes *fpl*
fettle ['fɛtl] *n* (Brit): **in fine ~** en bonne forme
fetus ['fi:təs] *n* (*US*) = **foetus**
feud [fju:d] *n* querelle *f*, dispute *f* ; **a family ~** une querelle de famille ▸ *vi* se quereller, se disputer
feudal ['fju:dl] *adj* féodal(e)
feudalism ['fju:dlɪzəm] *n* féodalité *f*
fever ['fi:və^r] *n* fièvre *f* ; **he has a ~** il a de la fièvre
fevered ['fi:vəd] *adj* (*activity, anticipation*) fébrile ; (*excitement*) frénétique ; (*brow*) brûlant(e) de fièvre
feverish ['fi:vərɪʃ] *adj* (*Med*) fiévreux(-euse), fébrile ; (*frantic: activity*) fébrile ; (*: excitement*) frénétique
few [fju:] *adj* (*not many*) peu de ; **a ~** (+ *noun*) quelques ; **quite a ~ ...** (+ *noun*) un certain nombre de ..., pas mal de ... ; **in the next ~ days** dans les jours qui viennent ; **in the past ~ days** ces derniers jours ; **every ~ days/months** tous les deux ou trois jours/mois ; **a ~ more ...** encore quelques ..., quelques ... de plus ▸ *pron* peu ; **a ~** quelques-uns(-unes) ; **~ succeed** il y en a peu qui réussissent, (bien) peu réussissent ; **they were ~** ils étaient peu (nombreux), il y en avait peu ; **I know a ~** j'en connais quelques-uns ; **a ~ of the teachers** quelques-uns des professeurs ; **a ~ of us** quelques-uns d'entre nous
fewer ['fju:ə^r] *adj* moins de ; **there are ~ buses on Sundays** il y a moins de bus le dimanche ; **they are ~ now** il y en a moins maintenant, ils sont moins (nombreux) maintenant ▸ *pron* moins ; **no ~ than** pas moins de
fewest ['fju:ɪst] *adj* le moins nombreux
FFA *n abbr* = **Future Farmers of America**
FH *abbr* (Brit) = **fire hydrant**
FHA *n abbr* (*US: = Federal Housing Administration*) *office fédéral du logement*
fiancé [fɪ'ɔŋseɪ] *n* fiancé *m*
fiancée [fɪ'ɔŋseɪ] *n* fiancée *f*
fiasco [fɪ'æskəu] *n* fiasco *m*
fib [fɪb] *n* bobard *m*
fibre, (*US*) **fiber** ['faɪbə^r] *n* fibre *f*
fibreboard, (*US*) **fiberboard** ['faɪbəbɔ:d] *n* panneau *m* de fibres
fibreglass, (*US*) **Fiberglass**® ['faɪbəglɑ:s] *n* fibre *f* de verre
fibre optic, (*US*) **fiber optic** *cpd* (*cable*) en fibre *f* optique
fibrositis [faɪbrə'saɪtɪs] *n* aponévrosite *f*
FICA *n abbr* (*US*) = **Federal Insurance Contributions Act**
fickle ['fɪkl] *adj* inconstant(e), volage, capricieux(-euse)
fiction ['fɪkʃən] *n* romans *mpl*, littérature *f* romanesque ; (*invention*) fiction *f*
fictional ['fɪkʃənl] *adj* fictif(-ive)
fictionalize ['fɪkʃnəlaɪz] *vt* romancer
fictitious [fɪk'tɪʃəs] *adj* fictif(-ive), imaginaire
fiddle ['fɪdl] *n* (*Mus*) violon *m* ; (*cheating*) combine *f* ; escroquerie *f* ; **tax ~** fraude fiscale, combine *f* pour échapper au fisc ; **to work a ~** traficoter ▸ *vt* (Brit: *accounts*) falsifier, maquiller
▸ **fiddle with** *vt fus* tripoter
fiddler ['fɪdlə^r] *n* violoniste *mf*
fiddly ['fɪdlɪ] *adj* (*task*) minutieux(-euse)
fidelity [fɪ'dɛlɪtɪ] *n* fidélité *f*
fidget ['fɪdʒɪt] *vi* se trémousser, remuer
fidgety ['fɪdʒɪtɪ] *adj* agité(e), qui a la bougeotte
fiduciary [fɪ'dju:ʃɪərɪ] *n* agent *m* fiduciaire
field [fi:ld] *n* champ *m* ; (*fig*) domaine *m*, champ ; (*Sport: ground*) terrain *m* ; (*Comput*) champ, zone *f* ; **to lead the ~** (*Sport, Comm*) dominer ; **the children had a ~ day** (*fig*) c'était un grand jour pour les enfants
fielder ['fi:ldə^r] *n* joueur(-euse) de champ
field glasses *npl* jumelles *fpl*
field hospital *n* antenne chirurgicale
field marshal *n* maréchal *m*
fieldwork ['fi:ldwə:k] *n* travaux *mpl* pratiques (*or* recherches *fpl*) sur le terrain
fiend [fi:nd] *n* démon *m*
fiendish ['fi:ndɪʃ] *adj* diabolique ; (*problem, task*) infernal(e)

f

fiendishly ['fi:ndɪʃlɪ] *adv (clever)* extrêmement ; *(difficult, complicated)* abominablement
fierce [fɪəs] *adj (look, animal)* féroce, sauvage ; *(wind, attack, person)* (très) violent(e) ; *(fighting, enemy)* acharné(e)
fiercely ['fɪəslɪ] *adv (say)* d'un ton féroce ; *(fight, compete)* avec acharnement ; *(loyal, proud)* profondément ; *(ambitious)* redoutablement
fiery ['faɪərɪ] *adj* ardent(e), brûlant(e), fougueux(-euse)
FIFA ['fi:fə] *n abbr (= Fédération Internationale de Football Association)* FIFA *f*
fifteen [fɪf'ti:n] *num* quinze
fifteenth [fɪf'ti:nθ] *num* quinzième
fifth [fɪfθ] *num* cinquième
fiftieth ['fɪftɪɪθ] *num* cinquantième
fifty ['fɪftɪ] *num* cinquante
fifty-fifty ['fɪftɪ'fɪftɪ] *adv* moitié-moitié ; **to share ~ with sb** partager moitié-moitié avec qn ▸ *adj*: **to have a ~ chance (of success)** avoir une chance sur deux (de réussir)
fig [fɪg] *n* figue *f*
fight [faɪt] *(pt, pp* **fought** [fɔ:t]) *n (between persons)* bagarre *f* ; *(argument)* dispute *f* ; *(Mil)* combat *m* ; *(against cancer etc)* lutte *f* ▸ *vt* se battre contre ; *(cancer, alcoholism, emotion)* combattre, lutter contre ; *(election)* se présenter à ; *(Law: case)* défendre ▸ *vi* se battre ; *(argue)* se disputer ; *(fig)*: **to ~ (for/against)** lutter (pour/contre)
▸ **fight back** *vi* rendre les coups ; *(after illness)* reprendre le dessus ▸ *vt (tears)* réprimer
▸ **fight off** *vt* repousser ; *(disease, sleep, urge)* lutter contre
fighter ['faɪtə^r] *n* lutteur *m* ; *(fig: plane)* chasseur *m*
fighter pilot *n* pilote *m* de chasse
fighting ['faɪtɪŋ] *n* combats *mpl* ; *(brawls)* bagarres *fpl*
figment ['fɪgmənt] *n*: **a ~ of the imagination** une invention
figurative ['fɪgjurətɪv] *adj* figuré(e)
figuratively ['fɪgərətɪvlɪ] *adv* au sens figuré
figure ['fɪgə^r] *n (Drawing, Geom)* figure *f* ; *(number)* chiffre *m* ; *(body, outline)* silhouette *f* ; *(person's shape)* ligne *f*, formes *fpl* ; *(person)* personnage *m* ; **public ~** personnalité *f* ; **~ of speech** figure *f* de rhétorique ▸ *vt (US: think)* supposer ▸ *vi (appear)* figurer ; *(US: make sense)* s'expliquer
▸ **figure on** *vt fus (US)*: **to ~ on doing** compter faire
▸ **figure out** *vt (understand)* arriver à comprendre ; *(plan)* calculer
figurehead ['fɪgəhɛd] *n (Naut)* figure *f* de proue ; *(pej)* prête-nom *m*
figure skating *n* figures imposées *(en patinage)*, patinage *m* artistique
Fiji ['fi:dʒi:] *n*, **Fiji Islands** *npl* (îles *fpl*) Fi(d)ji *fpl*
filament ['fɪləmənt] *n* filament *m*
filch [fɪltʃ] *vt (inf: steal)* voler, chiper
file [faɪl] *n (tool)* lime *f* ; *(dossier)* dossier *m* ; *(folder)* dossier, chemise *f* ; *(: binder)* classeur *m* ; *(Comput)* fichier *m* ; *(row)* file *f* ▸ *vt (nails, wood)* limer ; *(papers)* classer ; *(Law: claim)* faire enregistrer ; déposer ; **to ~ a suit against sb** *(Law)* intenter un procès à qn ▸ *vi*: **to ~ in/out** entrer/sortir l'un derrière l'autre ; **to ~ past** défiler devant
file name *n (Comput)* nom *m* de fichier
file sharing [-ʃɛərɪŋ] *n (Comput)* partage *m* de fichiers
filibuster ['fɪlɪbʌstə^r] *(esp US Pol) n (also:* **filibusterer**) obstructionniste *mf* ▸ *vi* faire de l'obstructionnisme
filing ['faɪlɪŋ] *n* (travaux *mpl* de) classement *m* ; **filings** *npl* limaille *f*
filing cabinet *n* classeur *m (meuble)*
filing clerk *n* documentaliste *mf*
Filipino [fɪlɪ'pi:nəu] *adj* philippin(e) ▸ *n (person)* Philippin(e) ; *(Ling)* tagalog *m*
fill [fɪl] *vt* remplir ; *(vacancy)* pourvoir à ; **to ~ with** remplir de ▸ *n*: **to eat one's ~** manger à sa faim
▸ **fill in** *vt (hole)* boucher ; *(form)* remplir ; *(details, report)* compléter
▸ **fill out** *vt (form, receipt)* remplir
▸ **fill up** *vt* remplir ; **~ it up, please** *(Aut)* le plein, s'il vous plaît ▸ *vi (Aut)* faire le plein
filled [fɪld] *adj*: **~ with** *(full of)* rempli(e) de
fillet ['fɪlɪt] *n* filet *m* ▸ *vt* préparer en filets
fillet steak *n* filet *m* de bœuf, tournedos *m*
filling ['fɪlɪŋ] *n (Culin)* garniture *f*, farce *f* ; *(for tooth)* plombage *m*
filling station *n* station-service *f*, station *f* d'essence
fillip ['fɪlɪp] *n* coup *m* de fouet *(fig)*
filly ['fɪlɪ] *n* pouliche *f*
film [fɪlm] *n* film *m* ; *(Phot)* pellicule *f*, film ; *(of powder, liquid)* couche *f*, pellicule ; **I'd like a 36-exposure ~** je voudrais une pellicule de 36 poses ▸ *vt (scene)* filmer ▸ *vi* tourner
filming ['fɪlmɪŋ] *n* tournage *m*
film-maker ['fɪlmmeɪkə^r] *n (esp* BRIT) cinéaste *mf*
film star *n* vedette *f* de cinéma
filmstrip ['fɪlmstrɪp] *n* (film *m* pour) projection *f* fixe
film studio *n* studio *m* (de cinéma)
Filofax® ['faɪləufæks] *n* Filofax® *m*
filter ['fɪltə^r] *n* filtre *m* ▸ *vt* filtrer
▸ **filter through** *vi* filtrer ; **to ~ through to sb** filtrer jusqu'à qn
filter coffee *n* café *m* filtre
filter lane *n (*BRIT *Aut: at traffic lights)* voie *f* de dégagement ; *(: on motorway)* voie *f* de sortie
filter tip *n* bout *m* filtre
filth [fɪlθ] *n* saleté *f*
filthy ['fɪlθɪ] *adj* sale, dégoûtant(e) ; *(language)* ordurier(-ière), grossier(-ière)
fin [fɪn] *n (of fish)* nageoire *f* ; *(of shark)* aileron *m* ; *(of diver)* palme *f*
final ['faɪnl] *adj* final(e), dernier(-ière) ; *(decision, answer)* définitif(-ive) ; **~ demand** *(on invoice etc)* dernier rappel ▸ *n (*BRIT *Sport)* finale *f* ; **finals** *npl (US Scol)* examens *mpl* de dernière année ; *(Sport)* finale *f*
finale [fɪ'nɑ:lɪ] *n* finale *m*
finalist ['faɪnəlɪst] *n (Sport)* finaliste *mf*
finalize ['faɪnəlaɪz] *vt* mettre au point
finally ['faɪnəlɪ] *adv (eventually)* enfin, finalement ; *(lastly)* en dernier lieu ; *(irrevocably)* définitivement

finance [faɪ'næns] *n* finance *f* ▸ *vt* financer ; **finances** *npl* finances *fpl*
financial [faɪ'nænʃəl] *adj* financier(-ière) ; **~ statement** bilan *m*, exercice financier
financially [faɪ'nænʃəlɪ] *adv* financièrement
financial year *n* année *f* budgétaire
financier [faɪ'nænsɪəʳ] *n* financier *m*
find [faɪnd] (*pt, pp* **found** [faund]) *vt* trouver ; (*lost object*) retrouver ; **to ~ sb guilty** (*Law*) déclarer qn coupable ; **to ~ (some) difficulty in doing sth** avoir du mal à faire qch ▸ *n* trouvaille *f*, découverte *f*
▸ **find out** *vt* se renseigner sur ; (*truth, secret*) découvrir ; (*person*) démasquer ▸ *vi*: **to ~ out about** (*make enquiries*) se renseigner sur ; (*by chance*) apprendre
findings ['faɪndɪŋz] *npl* (*Law*) conclusions *fpl*, verdict *m* ; (*of report*) constatations *fpl*
fine [faɪn] *adj* (*weather*) beau (belle) ; (*excellent*) excellent(e) ; (*thin, subtle, not coarse*) fin(e) ; (*acceptable*) bien *inv* ; **he's ~** il va bien ; **the weather is ~** il fait beau ▸ *adv* (*well*) très bien ; (*small*) fin, finement ; **you're doing ~** c'est bien, vous vous débrouillez bien ; **to cut it ~** calculer un peu juste ▸ *n* (*Law*) amende *f* ; contravention *f* ▸ *vt* (*Law*) condamner à une amende ; donner une contravention à
fine arts *npl* beaux-arts *mpl*
finely ['faɪnlɪ] *adv* (*slice, grate*) finement ; (*well: observed, drawn*) bien
fine print *n*: **the ~** ce qui est imprimé en tout petit
finery ['faɪnərɪ] *n* parure *f*
finesse [fɪ'nɛs] *n* finesse *f*, élégance *f*
fine-tooth comb ['faɪntu:θ-] *n*: **to go through sth with a ~** (*fig*) passer qch au peigne fin *or* au crible
finger ['fɪŋgəʳ] *n* doigt *m* ; **index ~** index *m* ▸ *vt* palper, toucher
fingernail ['fɪŋgəneɪl] *n* ongle *m* (de la main)
fingerprint ['fɪŋgəprɪnt] *n* empreinte digitale ▸ *vt* (*person*) prendre les empreintes digitales de
fingerstall ['fɪŋgəstɔ:l] *n* doigtier *m*
fingertip ['fɪŋgətɪp] *n* bout *m* du doigt ; (*fig*): **to have sth at one's fingertips** avoir qch à sa disposition ; (*knowledge*) savoir qch sur le bout du doigt
finicky ['fɪnɪkɪ] *adj* tatillon(ne), méticuleux(-euse), minutieux(-euse)
finish ['fɪnɪʃ] *n* fin *f* ; (*Sport*) arrivée *f* ; (*polish etc*) finition *f* ▸ *vt* finir, terminer ; **to ~ doing sth** finir de faire qch ▸ *vi* finir, se terminer ; (*session*) s'achever ; **to ~ third** arriver *or* terminer troisième ; **when does the show ~?** quand est-ce que le spectacle se termine ?
▸ **finish off** *vt* finir, terminer ; (*kill*) achever
▸ **finish up** *vi, vt* finir
▸ **finish with** *vt fus* (*girlfriend, boyfriend*) quitter
finishing line ['fɪnɪʃɪŋ-] *n* ligne *f* d'arrivée
finishing school ['fɪnɪʃɪŋ-] *n* institution privée (*pour jeunes filles*)
finite ['faɪnaɪt] *adj* fini(e) ; (*verb*) conjugué(e)
Finland ['fɪnlənd] *n* Finlande *f*
Finn [fɪn] *n* Finnois(e), Finlandais(e)
Finnish ['fɪnɪʃ] *adj* finnois(e), finlandais(e) ▸ *n* (*Ling*) finnois *m*
fiord [fjɔ:d] *n* fjord *m*
fir [fə:ʳ] *n* sapin *m*
fire ['faɪəʳ] *n* feu *m* ; (*accidental*) incendie *m* ; (*heater*) radiateur *m* ; **~!** au feu ! ; **on ~** en feu ; **to set ~ to sth, set sth on ~** mettre le feu à qch ; **insured against ~** assuré contre l'incendie ▸ *vt* (*discharge*): **to ~ a gun** tirer un coup de feu ; (*fig: interest*) enflammer, animer ; (*inf: dismiss*) mettre à la porte, renvoyer ▸ *vi* (*shoot*) tirer, faire feu ▸ *cpd*: **~ hazard, ~ risk**: **that's a ~ risk** *or* **hazard** cela présente un risque d'incendie
fire alarm *n* avertisseur *m* d'incendie
firearm ['faɪərɑ:m] *n* arme *f* à feu
fireball ['faɪəbɔ:l] *n* boule *f* de feu
fire brigade *n* (régiment *m* de sapeurs-)pompiers *mpl*
fire chief *n* (*US*) = **fire master**
fire department *n* (*US*) = **fire brigade**
fire door *n* porte *f* coupe-feu
fire engine *n* (Brit) pompe *f* à incendie
fire escape *n* escalier *m* de secours
fire exit *n* issue *f or* sortie *f* de secours
fire extinguisher *n* extincteur *m*
firefighting ['faɪəfaɪtɪŋ] *n* (*lit*) lutte *f* contre les incendies ; (*fig*) gestion *f* de crise
fireguard ['faɪəgɑ:d] *n* (Brit) garde-feu *m inv*
fire insurance *n* assurance *f* incendie
fireman ['faɪəmən] *n* (*irreg*) pompier *m*
fire master *n* (Brit) capitaine *m* des pompiers
fireplace ['faɪəpleɪs] *n* cheminée *f*
firepower ['faɪəpauəʳ] *n* puissance *f* de feu
fireproof ['faɪəpru:f] *adj* ignifuge
fire regulations *npl* consignes *fpl* en cas d'incendie
fire screen *n* (*decorative*) écran *m* de cheminée ; (*for protection*) garde-feu *m inv*
fireside ['faɪəsaɪd] *n* foyer *m*, coin *m* du feu
fire station *n* caserne *f* de pompiers
fire truck *n* (*US*) = **fire engine**
firewall ['faɪəwɔ:l] *n* (*Internet*) pare-feu *m*
firewood ['faɪəwud] *n* bois *m* de chauffage
fireworks ['faɪəwə:ks] *npl* (*display*) feu(x) *m(pl)* d'artifice
firing ['faɪərɪŋ] *n* (*Mil*) feu *m*, tir *m*
firing line *n* ligne *f* de tir ; **to be in the ~** (*lit*) être dans la ligne de tir ; (*fig*) être sous le feu des attaques
firing squad *n* peloton *m* d'exécution
firm [fə:m] *adj* ferme ; **it is my ~ belief that ...** je crois fermement que ... ▸ *n* compagnie *f*, firme *f*
firmly ['fə:mlɪ] *adv* fermement
firmness ['fə:mnɪs] *n* fermeté *f*
first [fə:st] *adj* premier(-ière) ; **in the ~ instance** en premier lieu ; **I'll do it ~ thing tomorrow** je le ferai tout de suite demain matin ▸ *adv* (*before other people*) le premier, la première ; (*before other things*) en premier, d'abord ; (*when listing reasons etc*) en premier lieu, premièrement ; (*in the beginning*) au début ; **~ of all** tout d'abord, pour commencer ▸ *n* (*person: in race*) premier(-ière) ; (Brit *Scol*) mention *f* très bien ; (*Aut*) première *f* ; **the ~ of January** le premier janvier ; **at ~** au commencement, au début
first aid *n* premiers secours *or* soins

f

first-aid kit [fə:st'eɪd-] *n* trousse *f* à pharmacie
first-class ['fə:st'klɑ:s] *adj (ticket etc)* de première classe ; *(excellent)* excellent(e), exceptionnel(le) ; *(post)* en tarif prioritaire
first-class mail *n* courrier *m* rapide
first-hand ['fə:st'hænd] *adj* de première main
first lady *n (US)* femme *f* du président
firstly ['fə:stlɪ] *adv* premièrement, en premier lieu
first minister *n (in Scotland) chef du parlement écossais*
first name *n* prénom *m*
first night *n (Theat)* première *f*
first-rate ['fə:st'reɪt] *adj* excellent(e)
first-time buyer ['fə:sttaɪm-] *n personne achetant une maison ou un appartement pour la première fois*
fir tree *n* sapin *m*
fiscal ['fɪskl] *adj* fiscal(e)
fiscal year *n* exercice financier
fish [fɪʃ] *n (pl inv)* poisson *m* ; poissons *mpl* ; **~ and chips** poisson frit et frites ▸ *vt, vi* pêcher ; **to ~ a river** pêcher dans une rivière
▸ **fish out** *vt (inf: take out)* sortir ; **to ~ sth out of sth** sortir qch de qch
fisherman ['fɪʃəmən] *n (irreg)* pêcheur *m*

> The word for *fisherman* has a circumflex accent: *he's a fisherman* **il est pêcheur**. The word **pécheur** means *sinner*.

fishery ['fɪʃərɪ] *n* pêcherie *f*
fish factory *n (BRIT)* conserverie *f* de poissons
fish farm *n* établissement *m* piscicole
fish fingers *npl (BRIT)* bâtonnets *mpl* de poisson (congelés)
fish hook *n* hameçon *m*
fishing ['fɪʃɪŋ] *n* pêche *f* ; **to go ~** aller à la pêche
fishing boat *n* barque *f* de pêche
fishing industry *n* industrie *f* de la pêche
fishing line *n* ligne *f* (de pêche)
fishing rod *n* canne *f* à pêche
fishing tackle *n* attirail *m* de pêche
fish market *n* marché *m* au poisson
fishmonger ['fɪʃmʌŋgə^r] *n (BRIT)* marchand *m* de poisson
fishmonger's ['fɪʃmʌŋgəz], **fishmonger's shop** *n (BRIT)* poissonnerie *f*
fishnet stockings ['fɪʃnɛt-] *npl* bas *mpl* résille
fish slice *n (BRIT)* pelle *f* à poisson
fish sticks *npl (US)* = **fish fingers**
fishy ['fɪʃɪ] *adj (inf)* suspect(e), louche
fission ['fɪʃən] *n* fission *f* ; **atomic** *or* **nuclear ~** fission nucléaire
fissure ['fɪʃə^r] *n* fissure *f*
fist [fɪst] *n* poing *m*
fistfight ['fɪstfaɪt] *n* pugilat *m*, bagarre *f* (à coups de poing)
fit [fɪt] *adj (Med, Sport)* en (bonne) forme ; *(proper)* convenable ; approprié(e) ; **~ to** *(ready to)* en état de ; **~ for** *(worthy)* digne de ; *(capable)* apte à ; **to keep ~** se maintenir en forme ▸ *vt (subj: clothes)* aller à ; *(adjust)* ajuster ; *(put in, attach)* installer, poser ; adapter ; *(equip)* équiper, garnir, munir ; *(suit)* convenir à ▸ *vi (clothes)* aller ; *(parts)* s'adapter ; *(in space, gap)* entrer, s'adapter ▸ *n (Med)* accès *m*, crise *f* ; *(of anger)* accès ; *(of hysterics, jealousy)* crise ; **this dress is a tight/good ~** cette robe est un peu juste/(me) va très bien ; **a ~ of coughing** une quinte de toux ; **to have a ~** *(Med)* faire *or* avoir une crise ; *(inf)* piquer une crise ; **by fits and starts** par à-coups
▸ **fit in** *vi (add up)* cadrer ; *(integrate)* s'intégrer ; *(to new situation)* s'adapter
▸ **fit into** *vt fus (group, team)* s'intégrer à ; *(space, container)* tenir dans ; *(slot)* entrer
▸ **fit out** *vt (BRIT: also:* **fit up**) équiper
fitful ['fɪtful] *adj* intermittent(e)
fitment ['fɪtmənt] *n* meuble encastré, élément *m*
fitness ['fɪtnɪs] *n (Med)* forme *f* physique ; *(of remark)* à-propos *m*, justesse *f*
fitness instructor *n* professeur *mf* de fitness
fitted ['fɪtɪd] *adj (jacket, shirt)* ajusté(e)
fitted carpet *n* moquette *f*
fitted kitchen *n (BRIT)* cuisine équipée
fitted sheet *n* drap-housse *m*
fitter ['fɪtə^r] *n* monteur *m* ; *(Dress)* essayeur(-euse)
fitting ['fɪtɪŋ] *adj* approprié(e) ▸ *n (of dress)* essayage *m* ; *(of piece of equipment)* pose *f*, installation *f*
fitting room *n (in shop)* cabine *f* d'essayage
fittings ['fɪtɪŋz] *npl* installations *fpl*
five [faɪv] *num* cinq
five-day week ['faɪvdeɪ-] *n* semaine *f* de cinq jours
fiver ['faɪvə^r] *n (inf: US)* billet de cinq dollars ; (: *BRIT*) billet *m* de cinq livres
fix [fɪks] *vt (date, amount etc)* fixer ; *(sort out)* arranger ; *(mend)* réparer ; *(make ready: meal, drink)* préparer ; *(inf: game etc)* truquer ▸ *n*: **to be in a ~** être dans le pétrin
▸ **fix up** *vt (meeting)* arranger ; **to ~ sb up with sth** faire avoir qch à qn
fixation [fɪk'seɪʃən] *n (Psych)* fixation *f* ; *(fig)* obsession *f*
fixed [fɪkst] *adj (prices etc)* fixe ; **there's a ~ charge** il y a un prix forfaitaire ; **how are you ~ for money?** *(inf)* question fric, ça va ?
fixed assets *npl* immobilisations *fpl*
fixture ['fɪkstʃə^r] *n* installation *f* (fixe) ; *(Sport)* rencontre *f* (au programme)
fizz [fɪz] *vi* pétiller
fizzle ['fɪzl] *vi* pétiller
▸ **fizzle out** *vi* rater
fizzy ['fɪzɪ] *adj* pétillant(e), gazeux(-euse)
fjord [fjɔ:d] *n* = **fiord**
FL, Fla. *abbr (US)* = **Florida**
flabbergasted ['flæbəgɑ:stɪd] *adj* sidéré(e), ahuri(e)
flabby ['flæbɪ] *adj* mou (molle)
flag [flæg] *n* drapeau *m* ; *(also:* **flagstone**) dalle *f* ; **~ of convenience** pavillon *m* de complaisance
▸ *vi* faiblir ; fléchir
▸ **flag down** *vt* héler, faire signe (de s'arrêter) à
▸ **flag up** *vt* signaler
flagon ['flægən] *n* bonbonne *f*
flagpole ['flægpəul] *n* mât *m*
flagrant ['fleɪgrənt] *adj* flagrant(e)
flagship ['flægʃɪp] *n* vaisseau *m* amiral ; *(fig)* produit *m* vedette

flag stop *n* (*US: for bus*) arrêt facultatif
flair [flɛəʳ] *n* flair *m*
flak [flæk] *n* (*Mil*) tir antiaérien ; (*inf: criticism*) critiques *fpl*
flake [fleɪk] *n* (*of rust, paint*) écaille *f* ; (*of snow, soap powder*) flocon *m* ▸ *vi* (*also:* **flake off**) s'écailler
flaky ['fleɪkɪ] *adj* (*paintwork*) écaillé(e) ; (*skin*) desquamé(e) ; (*pastry*) feuilleté(e)
flamboyant [flæm'bɔɪənt] *adj* flamboyant(e), éclatant(e) ; (*person*) haut(e) en couleur
flame [fleɪm] *n* flamme *f*
flamingo [flə'mɪŋgəu] *n* flamant *m* (rose)
flammable ['flæməbl] *adj* inflammable
flan [flæn] *n* (Brit) tarte *f*
Flanders ['flɑːndəz] *n* Flandre(s) *f(pl)*
flange [flændʒ] *n* boudin *m* ; collerette *f*
flank [flæŋk] *n* flanc *m* ▸ *vt* flanquer
flannel ['flænl] *n* (Brit: *also:* **face flannel**) gant *m* de toilette ; (*fabric*) flanelle *f* ; (Brit *inf*) baratin *m* ; **flannels** *npl* pantalon *m* de flanelle
flap [flæp] *n* (*of pocket, envelope*) rabat *m* ▸ *vt* (*wings*) battre (de) ▸ *vi* (*sail, flag*) claquer ; (*inf: also:* **be in a flap**) paniquer
flapjack ['flæpdʒæk] *n* (*US: pancake*) ≈ crêpe *f* ; (Brit: *biscuit*) galette *f*
flare [flɛəʳ] *n* (*signal*) signal lumineux ; (*Mil*) fusée éclairante ; (*in skirt etc*) évasement *m* ; **flares** *npl* (*trousers*) pantalon *m* à pattes d'éléphant
▸ **flare up** *vi* s'embraser ; (*fig: person*) se mettre en colère, s'emporter ; (*: revolt*) éclater
flared ['flɛəd] *adj* (*trousers*) à jambes évasées ; (*skirt*) évasé(e)
flash [flæʃ] *n* éclair *m* ; (*also:* **news flash**) flash *m* (d'information) ; (*Phot*) flash ; **a ~ of lightning** un éclair ; **in a ~** en un clin d'œil ▸ *vt* (*switch on*) allumer (brièvement) ; (*direct*): **to ~ sth at** braquer qch sur ; (*flaunt*) étaler, exhiber ; (*send: message*) câbler ; (*smile*) lancer ; **to ~ one's headlights** faire un appel de phares ▸ *vi* briller ; jeter des éclairs ; (*light on ambulance etc*) clignoter ; **he flashed by** *or* **past** il passa (devant nous) comme un éclair
flashback ['flæʃbæk] *n* flashback *m*, retour *m* en arrière
flashbulb ['flæʃbʌlb] *n* ampoule *f* de flash
flash card *n* (*Scol*) carte *f* (*support visuel*)
flashcube ['flæʃkjuːb] *n* cube-flash *m*
flash drive *n* (*Comput*) clé *f* USB
flasher ['flæʃəʳ] *n* (*Aut*) clignotant *m*
flashlight ['flæʃlaɪt] *n* lampe *f* de poche
flashpoint ['flæʃpɔɪnt] *n* point *m* d'ignition ; (*fig*): **to be at ~** être sur le point d'exploser
flashy ['flæʃɪ] *adj* (*pej*) tape-à-l'œil *inv*, tapageur(-euse)
flask [flɑːsk] *n* flacon *m*, bouteille *f* ; (*Chem*) ballon *m* ; (*also:* **vacuum flask**) bouteille *f* thermos®
flat [flæt] *adj* plat(e) ; (*tyre*) dégonflé(e), à plat ; (*beer*) éventé(e) ; (*battery*) à plat ; (*denial*) catégorique ; (*Mus*) bémol *inv* ; (*: voice*) faux (fausse) ; **~ rate of pay** (*Comm*) salaire *m* fixe ▸ *n* (Brit: *apartment*) appartement *m* ; (*Aut*) crevaison *f*, pneu crevé ; (*Mus*) bémol *m* ▸ *adv*: **~ out** (*work*) sans relâche ; (*race*) à fond
flat-footed ['flæt'futɪd] *adj*: **to be ~** avoir les pieds plats
flatly ['flætlɪ] *adv* catégoriquement
flatmate ['flætmeɪt] *n* (Brit): **he's my ~** il partage l'appartement avec moi
flatness ['flætnɪs] *n* (*of land*) absence *f* de relief, aspect plat
flat pack *n* (Brit) meuble *m* en kit
flat-screen ['flætskriːn] *adj* à écran plat
flatten ['flætn] *vt* (*also:* **flatten out**) aplatir ; (*crop*) coucher ; (*house, city*) raser
flatter ['flætəʳ] *vt* flatter
flatterer ['flætərəʳ] *n* flatteur *m*
flattering ['flætərɪŋ] *adj* flatteur(-euse) ; (*clothes etc*) seyant(e)
flattery ['flætərɪ] *n* flatterie *f*
flatulence ['flætjuləns] *n* flatulence *f*
flaunt [flɔːnt] *vt* faire étalage de
flavour, (US) **flavor** ['fleɪvəʳ] *n* goût *m*, saveur *f* ; (*of ice cream etc*) parfum *m* ; **what flavours do you have?** quels parfums avez-vous ? ; **to give** *or* **add ~ to** donner du goût à, relever ▸ *vt* parfumer, aromatiser ; **vanilla-flavoured** à l'arôme de vanille, vanillé(e)
flavouring, (US) **flavoring** ['fleɪvərɪŋ] *n* arôme *m* (synthétique)
flavoursome, (US) **flavorsome** ['fleɪvəsəm] *adj* goûteux(-euse)
flaw [flɔː] *n* défaut *m*
flawed [flɔːd] *adj* défectueux(-euse) ; **to be seriously ~** comporter de sérieux défauts ; **to be fundamentally ~** être foncièrement défectueux(-euse)
flawless ['flɔːlɪs] *adj* sans défaut
flawlessly ['flɔːlɪslɪ] *adv* parfaitement
flax [flæks] *n* lin *m*
flaxen ['flæksən] *adj* blond(e)
flea [fliː] *n* puce *f*
flea market *n* marché *m* aux puces
fleck [flɛk] *n* (*of dust*) particule *f* ; (*of mud, paint, colour*) tacheture *f*, moucheture *f* ▸ *vt* tacher, éclabousser ; **brown flecked with white** brun moucheté de blanc
fled [flɛd] *pt, pp of* **flee**
fledgeling, fledgling ['flɛdʒlɪŋ] *n* oisillon *m*
flee [fliː] (*pt, pp* **fled** [flɛd]) *vt* fuir, s'enfuir de ▸ *vi* fuir, s'enfuir
fleece [fliːs] *n* (*of sheep*) toison *f* ; (*top*) (laine *f*) polaire *f* ▸ *vt* (*inf*) voler, filouter
fleecy ['fliːsɪ] *adj* (*blanket*) moelleux(-euse) ; (*cloud*) floconneux(-euse)
fleet [fliːt] *n* flotte *f* ; (*of lorries, cars etc*) parc *m* ; convoi *m*
fleeting ['fliːtɪŋ] *adj* fugace, fugitif(-ive) ; (*visit*) très bref (brève)
Fleet Street *n terme désignant la presse nationale britannique et ses journalistes*
Flemish ['flɛmɪʃ] *adj* flamand(e) ▸ *n* (*Ling*) flamand *m* ; **the ~** *npl* les Flamands
flesh [flɛʃ] *n* chair *f*
▸ **flesh out** *vt* (*story, plan*) développer
flesh wound [-wuːnd] *n* blessure superficielle
fleshy ['flɛʃɪ] *adj* (*person*) grassouillet(te) ; (*part of body*) rebondi(e) ; (*plant, fruit*) charnu(e)
flew [fluː] *pt of* **fly**

f

flex [flɛks] *n* fil *m or* câble *m* électrique (souple) ▸ *vt* (*knee*) fléchir ; (*muscles*) bander
flexibility [flɛksɪ'bɪlɪtɪ] *n* flexibilité *f*
flexible ['flɛksəbl] *adj* flexible ; (*person, schedule*) souple
flexitime ['flɛksɪtaɪm], (*US*) **flextime** ['flɛkstaɪm] *n* horaire *m* variable *or* à la carte
flick [flɪk] *n* petit coup ; (*with finger*) chiquenaude *f* ▸ *vt* donner un petit coup à ; (*switch*) appuyer sur
▸ **flick through** *vt fus* feuilleter
flicker ['flɪkə^r] *vi* (*light, flame*) vaciller ▸ *n* vacillement *m* ; **a ~ of light** une brève lueur
flick knife *n* (Brit) couteau *m* à cran d'arrêt
flicks [flɪks] *npl* (*inf*) ciné *m*
flier *n* = **flyer**
flies [flaɪz] *npl of* **fly**
flight [flaɪt] *n* vol *m* ; (*escape*) fuite *f* ; (*also:* **flight of steps**) escalier *m* ; **to take ~** prendre la fuite ; **to put to ~** mettre en fuite
flight attendant *n* steward *m*, hôtesse *f* de l'air
flight crew *n* équipage *m*
flight deck *n* (*Aviat*) poste *m* de pilotage ; (*Naut*) pont *m* d'envol
flight path *n* trajectoire *f* (de vol)
flight recorder *n* enregistreur *m* de vol
flimsy ['flɪmzɪ] *adj* peu solide ; (*clothes*) trop léger(-ère) ; (*excuse*) pauvre, mince
flinch [flɪntʃ] *vi* tressaillir ; **to ~ from** se dérober à, reculer devant
fling [flɪŋ] (*pt, pp* **flung** [flʌŋ]) *vt* jeter, lancer ▸ *n* (*love affair*) brève liaison, passade *f*
flint [flɪnt] *n* silex *m* ; (*in lighter*) pierre *f* (à briquet)
flip [flɪp] *n* chiquenaude *f* ▸ *vt* (*throw*) donner une chiquenaude à ; (*switch*) appuyer sur ; (*US: pancake*) faire sauter ; **to ~ sth over** retourner qch ▸ *vi*: **to ~ for sth** (*US*) jouer qch à pile ou face
▸ **flip through** *vt fus* feuilleter
flip chart *n* tableau *m* de conférence
flip-flops ['flɪpflɔps] *npl* (*esp* Brit) tongs *fpl*
flippant ['flɪpənt] *adj* désinvolte, irrévérencieux(-euse)
flipper ['flɪpə^r] *n* (*of animal*) nageoire *f* ; (*for swimmer*) palme *f*
flip side *n* (*of record*) deuxième face *f*
flirt [flə:t] *vi* flirter ▸ *n* flirteur(-euse)
flirtation [flə:'teɪʃən] *n* flirt *m*
flirtatious [flə:'teɪʃəs] *adj* dragueur(-euse)
flit [flɪt] *vi* voleter
float [fləut] *n* flotteur *m* ; (*in procession*) char *m* ; (*sum of money*) réserve *f* ▸ *vi* flotter ; (*bather*) flotter, faire la planche ▸ *vt* faire flotter ; (*loan, business, idea*) lancer
floating ['fləutɪŋ] *adj* flottant(e) ; **~ vote** voix flottante ; **~ voter** électeur indécis
flock [flɔk] *n* (*of sheep*) troupeau *m* ; (*of birds*) vol *m* ; (*of people*) foule *f*
floe [fləu] *n* (*also:* **ice floe**) iceberg *m*
flog [flɔg] *vt* fouetter
flood [flʌd] *n* inondation *f* ; (*of letters, refugees etc*) flot *m* ; **in ~** en crue ▸ *vt* inonder ; (*Aut: carburettor*) noyer ; **to ~ the market** (*Comm*) inonder le marché ▸ *vi* (*place*) être inondé ; (*people*): **to ~ into** envahir
▸ **flood in** *vi* affluer
floodgates ['flʌdgeɪts] *npl*: **to open the ~ to sth** être la porte ouverte à qch
flooding ['flʌdɪŋ] *n* inondation *f*
floodlight ['flʌdlaɪt] *n* projecteur *m* ▸ *vt* (*irreg: like* **light**) éclairer aux projecteurs, illuminer
floodlit ['flʌdlɪt] *pt, pp of* **floodlight** ▸ *adj* illuminé(e)
flood tide *n* marée montante
floodwater ['flʌdwɔ:tə^r] *n* eau *f* de la crue
floor [flɔ:^r] *n* sol *m* ; (*storey*) étage *m* ; (*of sea, valley*) fond *m* ; (*fig: at meeting*): **the ~** l'assemblée *f*, les membres *mpl* de l'assemblée ; **on the ~** par terre ; **ground ~**, (*US*) **first ~** rez-de-chaussée *m* ; **first ~**, (*US*) **second ~** premier étage ; **top ~** dernier étage ; **what ~ is it on?** c'est à quel étage ? ; **to have the ~** (*speaker*) avoir la parole ▸ *vt* (*knock down*) terrasser ; (*baffle*) désorienter
floorboard ['flɔ:bɔ:d] *n* planche *f* (*du plancher*)
flooring ['flɔ:rɪŋ] *n* sol *m* ; (*wooden*) plancher *m* ; (*material to make floor*) matériau(x) *m(pl)* pour planchers ; (*covering*) revêtement *m* de sol
floor lamp *n* (*US*) lampadaire *m*
floor show *n* spectacle *m* de variétés
floorwalker ['flɔ:wɔ:kə^r] *n* (*esp US*) surveillant *m* (de grand magasin)
flop [flɔp] *n* fiasco *m* ▸ *vi* (*fail*) faire fiasco ; (*fall*) s'affaler, s'effondrer
floppy ['flɔpɪ] *adj* lâche, flottant(e) ; **~ hat** chapeau *m* à bords flottants ▸ *n* (*Comput: also:* **floppy disk**) disquette *f*
floppy disk *n* disquette *f*, disque *m* souple
flora ['flɔ:rə] *n* flore *f*
floral ['flɔ:rl] *adj* floral(e) ; (*dress*) à fleurs
Florence ['flɔrəns] *n* Florence
florid ['flɔrɪd] *adj* (*complexion*) fleuri(e) ; (*style*) plein(e) de fioritures
florist ['flɔrɪst] *n* fleuriste *mf*
florist's ['flɔrɪsts], **florist's shop** *n* magasin *m or* boutique *f* de fleuriste
flotation [fləu'teɪʃən] *n* (*of shares*) émission *f* ; (*of company*) lancement *m* (en Bourse)
flotilla [flə'tɪlə] *n* flottille *f*
flounce [flauns] *n* volant *m*
▸ **flounce out** *vi* sortir dans un mouvement d'humeur
flounder ['flaundə^r] *n* (*Zool*) flet *m* ▸ *vi* patauger
flour ['flauə^r] *n* farine *f*
flourish ['flʌrɪʃ] *vi* prospérer ▸ *vt* brandir ▸ *n* (*gesture*) moulinet *m* ; (*decoration*) fioriture *f* ; (*of trumpets*) fanfare *f*
flourishing ['flʌrɪʃɪŋ] *adj* prospère, florissant(e)
flout [flaut] *vt* se moquer de, faire fi de
flow [fləu] *n* (*of water, traffic etc*) écoulement *m* ; (*tide, influx*) flux *m* ; (*of orders, letters etc*) flot *m* ; (*of blood, Elec*) circulation *f* ; (*of river*) courant *m* ▸ *vi* couler ; (*traffic*) s'écouler ; (*robes, hair*) flotter
flow chart, flow diagram *n* organigramme *m*
flower ['flauə^r] *n* fleur *f* ; **in ~** en fleur ▸ *vi* fleurir
flower bed *n* plate-bande *f*
flowerpot ['flauəpɔt] *n* pot *m* (à fleurs)
flowery ['flauərɪ] *adj* fleuri(e)
flown [fləun] *pp of* **fly**
fl. oz. *abbr* = **fluid ounce**
flu [flu:] *n* grippe *f*

fluctuate ['flʌktjueɪt] *vi* varier, fluctuer
fluctuation [flʌktju'eɪʃən] *n* fluctuation *f*, variation *f*
flue [flu:] *n* conduit *m*
fluency ['flu:ənsɪ] *n* facilité *f*, aisance *f*
fluent ['flu:ənt] *adj* (*speech, style*) coulant(e), aisé(e) ; **he's a ~ speaker/reader** il s'exprime/lit avec aisance *or* facilité ; **he speaks ~ French, he's ~ in French** il parle couramment français
fluently ['flu:əntlɪ] *adv* couramment ; avec aisance *or* facilité
fluff [flʌf] *n* duvet *m* ; (*on jacket, carpet*) peluche *f*
fluffy ['flʌfɪ] *adj* duveteux(-euse) ; (*jacket, carpet*) pelucheux(-euse) ; (*toy*) en peluche
fluid ['flu:ɪd] *n* fluide *m* ; (*in diet*) liquide *m* ▸ *adj* fluide
fluid ounce *n* (Brit) = *0.028 l ; 0.05 pints*
fluke [flu:k] *n* coup *m* de veine
flummox ['flʌməks] *vt* dérouter, déconcerter
flung [flʌŋ] *pt, pp of* **fling**
flunky ['flʌŋkɪ] *n* larbin *m*
fluorescent [fluə'rɛsnt] *adj* fluorescent(e)
fluoridation [fluərɪ'deɪʃən] *n* fluoration *f*
fluoride ['fluəraɪd] *n* fluor *m*
fluorine ['fluəri:n] *n* fluor *m*
flurry ['flʌrɪ] *n* (*of snow*) rafale *f*, bourrasque *f* ; **a ~ of activity** un affairement soudain ; **a ~ of excitement** une excitation soudaine
flush [flʌʃ] *n* (*on face*) rougeur *f* ; (*fig: of youth etc*) éclat *m* ; (*of blood*) afflux *m* ; **hot flushes** (*Med*) bouffées *fpl* de chaleur ▸ *vt* nettoyer à grande eau ; (*also:* **flush out**) débusquer ; **to ~ the toilet** tirer la chasse (d'eau) ▸ *vi* rougir ▸ *adj* (*inf*) en fonds ; (*level*): **~ with** au ras de, de niveau avec
flushed ['flʌʃt] *adj* (tout(e)) rouge
fluster ['flʌstə^r] *n* agitation *f*, trouble *m*
flustered ['flʌstəd] *adj* énervé(e)
flute [flu:t] *n* flûte *f*
flutter ['flʌtə^r] *n* (*of panic, excitement*) agitation *f* ; (*of wings*) battement *m* ▸ *vi* (*bird*) battre des ailes, voleter ; (*person*) aller et venir dans une grande agitation
flux [flʌks] *n*: **in a state of ~** fluctuant sans cesse
fly [flaɪ] (*pt* **flew** [flu:], *pp* **flown** [fləun]) *n* (*insect*) mouche *f* ; (*on trousers: also:* **flies**) braguette *f* ▸ *vt* (*plane*) piloter ; (*passengers, cargo*) transporter (par avion) ; (*distance*) parcourir ▸ *vi* voler ; (*passengers*) aller en avion ; (*escape*) s'enfuir, fuir ; (*flag*) se déployer ; **to ~ open** s'ouvrir brusquement ; **to ~ off the handle** s'énerver, s'emporter
▸ **fly away, fly off** *vi* s'envoler
▸ **fly in** *vi* (*plane*) atterrir ; **he flew in yesterday** il est arrivé hier (par avion)
▸ **fly into** *vt fus*: **to ~ into a rage** se mettre en rage
▸ **fly out** *vi* partir (par avion)
fly-drive ['flaɪdraɪv] *n* formule *f* avion plus voiture
flyer ['flaɪə^r] *n* (*pilot*) aviateur(-trice) ; (*passenger*) passager(-ère) (*d'un avion*) ; (*handbill*) prospectus *m*
fly-fishing ['flaɪfɪʃɪŋ] *n* pêche *f* à la mouche
flying ['flaɪɪŋ] *n* (*activity*) aviation *f* ; (*action*) vol *m* ; **he doesn't like ~** il n'aime pas voyager en avion ▸ *adj*: **~ visit** visite *f* éclair *inv* ; **with ~ colours** haut la main
flying buttress *n* arc-boutant *m*
flying picket *n* piquet *m* de grève volant
flying saucer *n* soucoupe volante
flying squad *n* (*Police*) brigade volante
flying start *n*: **to get off to a ~** faire un excellent départ
flyleaf ['flaɪli:f] *n* page *f* de garde
flyover ['flaɪəuvə^r] *n* (Brit: *overpass*) pont routier
flypast ['flaɪpɑ:st] *n* défilé aérien
flysheet ['flaɪʃi:t] *n* (*for tent*) double toit *m*
flyweight ['flaɪweɪt] *n* (*Sport*) poids *m* mouche
flywheel ['flaɪwi:l] *n* volant *m* (de commande)
FM *abbr* (Brit *Mil*) = **field marshal**; (*Radio:* = *frequency modulation*) FM
FMB *n abbr* (*US*) = **Federal Maritime Board**
FMCS *n abbr* (*US:* = *Federal Mediation and Conciliation Services*) *organisme de conciliation en cas de conflits du travail*
FO *n abbr* (Brit) = **Foreign Office**
foal [fəul] *n* poulain *m*
foam [fəum] *n* écume *f* ; (*on beer*) mousse *f* ; (*also:* **foam rubber**) caoutchouc *m* mousse ; (*also:* **plastic foam**) mousse cellulaire *or* de plastique ▸ *vi* (*liquid*) écumer ; (*soapy water*) mousser
foam rubber *n* caoutchouc *m* mousse
FOB *abbr* (= *free on board*) fob
fob [fɔb] *n* (*also:* **watch fob**) chaîne *f*, ruban *m* ▸ *vt*: **to ~ sb off with sth** refiler qch à qn
foc *abbr* (Brit) = **free of charge**
focal ['fəukl] *adj* (*also fig*) focal(e)
focal point *n* foyer *m* ; (*fig*) centre *m* de l'attention, point focal
focus ['fəukəs] (*pl* **focuses**) *n* foyer *m* ; (*of interest*) centre *m* ; **out of/in ~** (*picture*) flou(e)/net(te) ; (*camera*) pas au point/au point ▸ *vt* (*field glasses etc*) mettre au point ; (*light rays*) faire converger ▸ *vi*: **to ~ (on)** (*with camera*) régler la mise au point (sur) ; (*with eyes*) fixer son regard (sur) ; (*fig: concentrate*) se concentrer (sur)
fodder ['fɔdə^r] *n* fourrage *m*
FOE *n abbr* (= *Friends of the Earth*) *AT mpl* (= *Amis de la Terre*) ; (*US:* = *Fraternal Order of Eagles*) *organisation charitable*
foe [fəu] *n* ennemi *m*
foetal, (*US*) **fetal** ['fi:təl] *adj* fœtal(e)
foetus, (*US*) **fetus** ['fi:təs] *n* fœtus *m*
fog [fɔg] *n* brouillard *m*
fogbound ['fɔgbaund] *adj* bloqué(e) par le brouillard
foggy ['fɔgɪ] *adj*: **it's ~** il y a du brouillard
fog lamp, (*US*) **fog light** *n* (*Aut*) phare *m* anti-brouillard
foible ['fɔɪbl] *n* faiblesse *f*
foil [fɔɪl] *vt* déjouer, contrecarrer ▸ *n* feuille *f* de métal ; (*kitchen foil*) papier *m* d'alu(minium) ; (*Fencing*) fleuret *m* ; **to act as a ~ to** (*fig*) servir de repoussoir à
foist [fɔɪst] *vt*: **to ~ sth on sb** imposer qch à qn
fold [fəuld] *n* (*bend, crease*) pli *m* ; (*Agr*) parc *m* à moutons ; (*fig*) bercail *m* ▸ *vt* plier ; **to ~ one's arms** croiser les bras

▸ **fold up** *vi* (*map etc*) se plier, se replier ; (*business*) fermer boutique ▸ *vt* (*map etc*) plier, replier
folder ['fəuldəʳ] *n* (*for papers*) chemise *f* ; (*: binder*) classeur *m* ; (*brochure*) dépliant *m* ; (*Comput*) dossier *m*
folding ['fəuldɪŋ] *adj* (*chair, bed*) pliant(e)
foliage ['fəulɪɪdʒ] *n* feuillage *m*
folk [fəuk] *npl* gens *mpl* ▸ *cpd* folklorique ; **folks** *npl* (*inf: parents*) famille *f*, parents *mpl*
folklore ['fəuklɔːʳ] *n* folklore *m*
folk music *n* musique *f* folklorique ; (*contemporary*) musique folk, folk *m*
folk song ['fəuksɔŋ] *n* chanson *f* folklorique ; (*contemporary*) chanson folk *inv*
folksy ['fəuksɪ] *adj* rustique
follow ['fɔləu] *vt* suivre ; (*on Twitter*) s'abonner aux tweets de ; **to ~ sb's advice** suivre les conseils de qn ; **I don't quite ~ you** je ne vous suis plus ; **to ~ suit** (*fig*) faire de même ▸ *vi* suivre ; (*result*) s'ensuivre ; **to ~ in sb's footsteps** emboîter le pas à qn ; (*fig*) suivre les traces de qn ; **it follows that ...** de ce fait, il s'ensuit que ...
▸ **follow out** *vt* (*idea, plan*) poursuivre, mener à terme
▸ **follow through** *vt* = **follow out**
▸ **follow up** *vt* (*victory*) tirer parti de ; (*letter, offer*) donner suite à ; (*case*) suivre
follower ['fɔləuəʳ] *n* disciple *mf*, partisan(e)
following ['fɔləuɪŋ] *adj* suivant(e) ▸ *n* partisans *mpl*, disciples *mpl*
follow-up ['fɔləuʌp] *n* suite *f* ; (*on file, case*) suivi *m*
folly ['fɔlɪ] *n* inconscience *f* ; sottise *f* ; (*building*) folie *f*
foment [fə'mɛnt] *vt* fomenter
fond [fɔnd] *adj* (*memory, look*) tendre, affectueux(-euse) ; (*hopes, dreams*) un peu fou (folle) ; **to be ~ of** aimer beaucoup
fondle ['fɔndl] *vt* caresser
fondly ['fɔndlɪ] *adv* (*lovingly*) tendrement ; (*naïvely*) naïvement
fondness ['fɔndnɪs] *n* (*for things*) attachement *m* ; (*for people*) sentiments affectueux ; **a special ~ for** une prédilection pour
font [fɔnt] *n* (*Rel*) fonts baptismaux ; (*Typ*) police *f* de caractères
food [fuːd] *n* nourriture *f*
food chain *n* chaîne *f* alimentaire
foodie ['fuːdɪ] *n* (*inf*) gourmet *m*
food mixer *n* mixeur *m*
food poisoning *n* intoxication *f* alimentaire
food processor *n* robot *m* de cuisine
food stamp *n* (*US*) bon *m* de nourriture (*pour indigents*)
foodstuffs ['fuːdstʌfs] *npl* denrées *fpl* alimentaires
fool [fuːl] *n* idiot(e) ; (*Hist: of king*) bouffon *m*, fou *m* ; (*Culin*) mousse *f* de fruits ; **to make a ~ of sb** (*ridicule*) ridiculiser qn ; (*trick*) avoir *or* duper qn ; **to make a ~ of o.s.** se couvrir de ridicule ▸ *vt* berner, duper ; **you can't ~ me** vous (ne) me la ferez pas, on (ne) me la fait pas ▸ *vi* (*also*: **fool around**) faire l'idiot *or* l'imbécile
▸ **fool about, fool around** *vi* (*pej: waste time*) traînailler, glandouiller ; (*: behave foolishly*) faire l'idiot *or* l'imbécile
foolhardy ['fuːlhɑːdɪ] *adj* téméraire, imprudent(e)
foolish ['fuːlɪʃ] *adj* idiot(e), stupide ; (*rash*) imprudent(e)
foolishly ['fuːlɪʃlɪ] *adv* stupidement
foolishness ['fuːlɪʃnɪs] *n* idiotie *f*, stupidité *f*
foolproof ['fuːlpruːf] *adj* (*plan etc*) infaillible
foolscap ['fuːlskæp] *n* ≈ papier *m* ministre
foot [fut] (*pl* **feet** [fiːt]) *n* pied *m* ; (*of animal*) patte *f* ; (*measure*) pied (= *30.48 cm ; 12 inches*) ; **on ~** à pied ; **to find one's feet** (*fig*) s'acclimater ; **to put one's ~ down** (*Aut*) appuyer sur le champignon ; (*say no*) s'imposer ▸ *vt* (*bill*) casquer, payer
footage ['futɪdʒ] *n* (*Cine: length*) ≈ métrage *m* ; (*: material*) séquences *fpl*
foot-and-mouth [futənd'mauθ], **foot-and-mouth disease** *n* fièvre aphteuse
football ['futbɔːl] *n* (*ball*) ballon *m* (de football) ; (*sport: Brit*) football *m* ; (*: US*) football américain
footballer ['futbɔːləʳ] *n* (*Brit*) = **football player**
football ground *n* terrain *m* de football
football match *n* (*Brit*) match *m* de foot(ball)
football player *n* footballeur(-euse), joueur(-euse) de football ; (*US*) joueur(-euse) de football américain
football pools *npl* (*US*) ≈ loto *m* sportif, ≈ pronostics *mpl* (sur les matchs de football)
footbrake ['futbreɪk] *n* frein *m* à pédale
footbridge ['futbrɪdʒ] *n* passerelle *f*
foothills ['futhɪlz] *npl* contreforts *mpl*
foothold ['futhəuld] *n* prise *f* (de pied)
footie, footy ['futɪ] *n* (*Brit inf*) foot *m* (*inf*) ▸ *cpd* (*season, fan*) de foot (*inf*)
footing ['futɪŋ] *n* (*fig*) position *f* ; **to lose one's ~** perdre pied ; **on an equal ~** sur pied d'égalité
footlights ['futlaɪts] *npl* rampe *f*
footloose ['futluːs] *adj* libre ; **to be ~ and fancy-free** être libre comme l'air
footman ['futmən] *n* (*irreg*) laquais *m*
footnote ['futnəut] *n* note *f* (en bas de page)
footpath ['futpɑːθ] *n* sentier *m* ; (*in street*) trottoir *m*
footprint ['futprɪnt] *n* trace *f* (de pied)
footrest ['futrɛst] *n* marchepied *m*
footsie ['futsɪ] *n* (*inf*): **to play ~ with sb** faire du pied à qn
footsore ['futsɔːʳ] *adj*: **to be ~** avoir mal aux pieds
footstep ['futstɛp] *n* pas *m*
footstool ['futstuːl] *n* repose-pied *m*
footwear ['futwɛəʳ] *n* chaussures *fpl*
footwork ['futwəːk] *n* (*of boxer, footballer*) jeu *m* de jambes ; (*fig*) manœuvre *f*
footy ['futɪ] *n* (*Brit inf*) = **footie**
FOR *abbr* (= *free on rail*) franco wagon

KEYWORD

for [fɔːʳ] *prep* **1** (*indicating destination, intention, purpose*) pour ; **the train for London** le train pour (*or* à destination de) Londres ; **he left for Rome** il est parti pour Rome ; **he went for the paper** il est allé chercher le journal ; **is this for**

me? c'est pour moi ? ; **it's time for lunch** c'est l'heure du déjeuner ; **what's it for?** ça sert à quoi ? ; **what for?** (*why?*) pourquoi ? ; (*to what end?*) pour quoi faire ?, à quoi bon ? ; **for sale** à vendre ; **to pray for peace** prier pour la paix
2 (*on behalf of, representing*) pour ; **the MP for Hove** le député de Hove ; **to work for sb/sth** travailler pour qn/qch ; **I'll ask him for you** je vais lui demander pour toi ; **G for George** G comme Georges
3 (*because of*) pour ; **for this reason** pour cette raison ; **for fear of being criticized** de peur d'être critiqué
4 (*with regard to*) pour ; **it's cold for July** il fait froid pour juillet ; **a gift for languages** un don pour les langues
5 (*in exchange for*) : **I sold it for £5** je l'ai vendu 5 livres ; **to pay 50 pence for a ticket** payer un billet 50 pence
6 (*in favour of*) pour ; **are you for or against us?** êtes-vous pour ou contre nous ? ; **I'm all for it** je suis tout à fait pour ; **vote for X** votez pour X
7 (*referring to distance*) pendant, sur ; **there are roadworks for 5 km** il y a des travaux sur *or* pendant 5 km ; **we walked for miles** nous avons marché pendant des kilomètres
8 (*referring to time*) pendant ; depuis ; pour ; **he was away for 2 years** il a été absent pendant 2 ans ; **she will be away for a month** elle sera absente (pendant) un mois ; **it hasn't rained for 3 weeks** ça fait 3 semaines qu'il ne pleut pas, il ne pleut pas depuis 3 semaines ; **I have known her for years** je la connais depuis des années ; **can you do it for tomorrow?** est-ce que tu peux le faire pour demain ?
9 (*with infinitive clauses*) : **it is not for me to decide** ce n'est pas à moi de décider ; **it would be best for you to leave** le mieux serait que vous partiez ; **there is still time for you to do it** vous avez encore le temps de le faire ; **for this to be possible ...** pour que cela soit possible ...
10 (*in spite of*) : **for all that** malgré cela, néanmoins ; **for all his work/efforts** malgré tout son travail/tous ses efforts ; **for all his complaints, he's very fond of her** il a beau se plaindre, il l'aime beaucoup
▸ *conj* (*since, as: formal*) car

> When talking about how long something has been happening use **depuis** and the present tense.
> *I've been learning French for two years.* **J'apprends le français depuis deux ans.**
> If the action has finished, use **pendant** and the past tense.
> *I learned French for two years.* **J'ai appris le français pendant deux ans.**

forage ['fɔrɪdʒ] *n* fourrage *m* ▸ *vi* fourrager, fouiller
forage cap *n* calot *m*
foray ['fɔreɪ] *n* incursion *f*
forbad, forbade [fə'bæd] *pt of* **forbid**
forbearing [fɔː'bɛərɪŋ] *adj* patient(e), tolérant(e)
forbid [fə'bɪd] (*pt* **forbad** *or* **forbade** [-'bæd], *pp* **forbidden** [-'bɪdn]) *vt* défendre, interdire ; **to ~ sb to do** défendre *or* interdire à qn de faire
forbidden [fə'bɪdn] *adj* défendu(e)
forbidding [fə'bɪdɪŋ] *adj* d'aspect *or* d'allure sévère *or* sombre
force [fɔːs] *n* force *f* ; **in ~** (*rule, law, prices*) en vigueur ; (*in large numbers*) en force ; **to come into ~** entrer en vigueur ; **a ~ 5 wind** un vent de force 5 ; **the sales ~** (*Comm*) la force de vente ; **to join forces** unir ses forces ▸ *vt* forcer ; (*push*) pousser (de force) ; **to ~ o.s. to do** se forcer à faire ; **to ~ sb to do sth** forcer qn à faire qch ; **Forces** *npl*: **the Forces** (Brit *Mil*) les forces armées
▸ **force back** *vt* (*crowd, enemy*) repousser ; (*tears*) refouler
▸ **force down** *vt* (*food*) se forcer à manger
forced [fɔːst] *adj* forcé(e)
force-feed ['fɔːsfiːd] *vt* nourrir de force
forceful ['fɔːsful] *adj* énergique
forcemeat ['fɔːsmiːt] *n* (Brit *Culin*) farce *f*
forceps ['fɔːsɛps] *npl* forceps *m*
forcibly ['fɔːsəblɪ] *adv* par la force, de force ; (*vigorously*) énergiquement
ford [fɔːd] *n* gué *m* ▸ *vt* passer à gué
fore [fɔːʳ] *n*: **to the ~** en évidence ; **to come to the ~** se faire remarquer
forearm ['fɔːrɑːm] *n* avant-bras *m inv*
forebear ['fɔːbɛəʳ] *n* ancêtre *m*
foreboding [fɔː'bəudɪŋ] *n* pressentiment *m* (néfaste)
forecast ['fɔːkɑːst] *n* prévision *f* ; (*also*: **weather forecast**) prévisions *fpl* météorologiques, météo *f* ▸ *vt* (*irreg: like* **cast**) prévoir
forecaster ['fɔːkɑːstəʳ] *n* (*also*: **weather forecaster**) météorologiste *mf* ; (*economic*) prévisionniste *mf*
foreclose [fɔː'kləuz] *vt* (*Law*: *also*: **foreclose on**) saisir
foreclosure [fɔː'kləuʒəʳ] *n* saisie *f* du bien hypothéqué
forecourt ['fɔːkɔːt] *n* (*of garage*) devant *m*
foredeck ['fɔːdɛk] *n* pont *m* avant
forefathers ['fɔːfɑːðəz] *npl* ancêtres *mpl*
forefinger ['fɔːfɪŋgəʳ] *n* index *m*
forefront ['fɔːfrʌnt] *n*: **in the ~ of** au premier rang *or* plan de
forego [fɔː'gəu] *vt* (*irreg: like* **go**) renoncer à
foregoing ['fɔːgəuɪŋ] *adj* susmentionné(e) ▸ *n*: **the ~** ce qui précède
foregone ['fɔːgɔn] *adj*: **it's a ~ conclusion** c'est à prévoir, c'est couru d'avance
foreground ['fɔːgraund] *n* premier plan ▸ *cpd* (*Comput*) prioritaire
forehand ['fɔːhænd] *n* (*Tennis*) coup droit
forehead ['fɔrɪd] *n* front *m*
foreign ['fɔrɪn] *adj* étranger(-ère) ; (*trade*) extérieur(e) ; (*travel*) à l'étranger
foreign body *n* corps étranger
foreign currency *n* devises étrangères
foreigner ['fɔrɪnəʳ] *n* étranger(-ère)
foreign exchange *n* (*system*) change *m* ; (*money*) devises *fpl*
foreign exchange market *n* marché *m* des devises

f

foreign exchange rate *n* cours *m* des devises
foreign investment *n* investissement *m* à l'étranger
Foreign Office *n* (BRIT) ministère *m* des Affaires étrangères
Foreign Secretary *n* (BRIT) ministre *m* des Affaires étrangères
foreknowledge [fɔːˈnɔlɪdʒ] *n*: **to have ~ of sth** savoir qch à l'avance
foreleg [ˈfɔːlɛg] *n* patte *f* de devant, jambe antérieure
foreman [ˈfɔːmən] *n* (*irreg*) (*in construction*) contremaître *m* ; (*Law: of jury*) président *m* (du jury)
foremost [ˈfɔːməust] *adj* le (la) plus en vue, premier(-ière) ▸ *adv*: **first and ~** avant tout, tout d'abord
forename [ˈfɔːneɪm] *n* prénom *m*
forensic [fəˈrɛnsɪk] *adj*: **~ medicine** médecine légale ; **~ expert** expert *m* de la police, expert légiste
foreplay [ˈfɔːpleɪ] *n* stimulation *f* érotique, prélude *m*
forerunner [ˈfɔːrʌnəʳ] *n* précurseur *m*
foresee [fɔːˈsiː] *vt* (*irreg: like* **see**) prévoir
foreseeable [fɔːˈsiːəbl] *adj* prévisible
foreseen [fɔːˈsiːn] *pp of* **foresee**
foreshadow [fɔːˈʃædəu] *vt* présager, annoncer, laisser prévoir
foreshore [ˈfɔːʃɔːʳ] *n* laisse *f* de mer
foreshorten [fɔːˈʃɔːtn] *vt* (*figure, scene*) réduire, faire en raccourci
foresight [ˈfɔːsaɪt] *n* prévoyance *f*
foreskin [ˈfɔːskɪn] *n* (*Anat*) prépuce *m*
forest [ˈfɔrɪst] *n* forêt *f*
forestall [fɔːˈstɔːl] *vt* devancer
forested [ˈfɔrɪstɪd] *adj* boisé(e) ; **thickly ~** très boisé
forestry [ˈfɔrɪstrɪ] *n* sylviculture *f*
foretaste [ˈfɔːteɪst] *n* avant-goût *m*
foretell [fɔːˈtɛl] *vt* (*irreg: like* **tell**) prédire
forethought [ˈfɔːθɔːt] *n* prévoyance *f*
foretold [fɔːˈtəuld] *pt, pp of* **foretell**
forever [fəˈrɛvəʳ] *adv* pour toujours ; (*fig: endlessly*) continuellement
forewarn [fɔːˈwɔːn] *vt* avertir
forewent [fɔːˈwɛnt] *pt of* **forego**
foreword [ˈfɔːwəːd] *n* avant-propos *m inv*
forfeit [ˈfɔːfɪt] *n* prix *m*, rançon *f* ▸ *vt* perdre ; (*one's life, health*) payer de
forgave [fəˈgeɪv] *pt of* **forgive**
forge [fɔːdʒ] *n* forge *f* ▸ *vt* (*signature*) contrefaire ; (*wrought iron*) forger ; **to ~ documents/a will** fabriquer de faux papiers/un faux testament ; **to ~ money** (BRIT) fabriquer de la fausse monnaie
▸ **forge ahead** *vi* pousser de l'avant, prendre de l'avance
forged [fɔːdʒd] *adj* faux (fausse)
forger [ˈfɔːdʒəʳ] *n* faussaire *m*
forgery [ˈfɔːdʒərɪ] *n* faux *m*, contrefaçon *f*
forget [fəˈgɛt] (*pt* **forgot** [-ˈgɔt], *pp* **forgotten** [-ˈgɔtn]) *vt, vi* oublier ; **to ~ to do sth** oublier de faire qch ; **to ~ about sth** (*accidentally*) oublier qch ; (*on purpose*) ne plus penser à qch ; **I've forgotten my key/passport** j'ai oublié ma clé/mon passeport
forgetful [fəˈgɛtful] *adj* distrait(e), étourdi(e) ; **~ of** oublieux(-euse) de
forgetfulness [fəˈgɛtfulnɪs] *n* tendance *f* aux oublis ; (*oblivion*) oubli *m*
forget-me-not [fəˈgɛtmɪnɔt] *n* myosotis *m*
forgettable [fəˈgɛtəbl] *adj* (*film, year*) peu mémorable ; (*person, face*) ordinaire
forgivable [fəˈgɪvəbl] *adj* pardonnable
forgive [fəˈgɪv] *vt* (*irreg: like* **give**) pardonner ; **to ~ sb for sth/for doing sth** pardonner qch à qn/à qn de faire qch
forgiveness [fəˈgɪvnɪs] *n* pardon *m*
forgiving [fəˈgɪvɪŋ] *adj* indulgent(e)
forgo [fɔːˈgəu] (*pt* **forwent** [-ˈwɛnt], *pp* **forgone** [-ˈgɔn]) *vt* = **forego**
forgot [fəˈgɔt] *pt of* **forget**
forgotten [fəˈgɔtn] *pp of* **forget**
fork [fɔːk] *n* (*for eating*) fourchette *f* ; (*for gardening*) fourche *f* ; (*of roads*) bifurcation *f* ; (*of railways*) embranchement *m* ▸ *vi* (*road*) bifurquer
▸ **fork out** (*inf*) *vt* (*pay*) allonger, se fendre de ▸ *vi* casquer
forked [fɔːkt] *adj* (*lightning*) en zigzags, ramifié(e)
fork-lift truck [ˈfɔːklɪft-] *n* chariot élévateur
forlorn [fəˈlɔːn] *adj* (*person*) délaissé(e) ; (*deserted*) abandonné(e) ; (*hope, attempt*) désespéré(e)
form [fɔːm] *n* forme *f* ; (*Scol*) classe *f* ; (*questionnaire*) formulaire *m* ; **in the ~ of** sous forme de ; **to be on good ~** (*Sport, fig*) être en forme ; **on top ~** en pleine forme ▸ *vt* former ; (*habit*) contracter ; **to ~ part of sth** faire partie de qch
formal [ˈfɔːməl] *adj* (*offer, receipt*) en bonne et due forme ; (*person*) cérémonieux(-euse), à cheval sur les convenances ; (*occasion, dinner*) officiel(le) ; (*garden*) à la française ; (*Art, Philosophy*) formel(le) ; (*clothes*) de soirée
formaldehyde [fɔːˈmældɪhaɪd] *n* formaldéhyde *m*
formality [fɔːˈmælɪtɪ] *n* formalité *f*, cérémonie(s) *f(pl)*
formalize [ˈfɔːməlaɪz] *vt* officialiser
formally [ˈfɔːməlɪ] *adv* officiellement ; formellement ; cérémonieusement
format [ˈfɔːmæt] *n* format *m* ▸ *vt* (*Comput*) formater
formation [fɔːˈmeɪʃən] *n* formation *f*
formative [ˈfɔːmətɪv] *adj*: **~ years** années *fpl* d'apprentissage (*fig*) *or* de formation (*d'un enfant, d'un adolescent*)
former [ˈfɔːməʳ] *adj* ancien(ne) ; (*before n*) précédent(e) ; **the ~ ... the latter** le premier ... le second, celui-là ... celui-ci ; **the ~ president** l'ex-président ; **the ~ Yugoslavia/Soviet Union** l'ex Yougoslavie/Union Soviétique
formerly [ˈfɔːməlɪ] *adv* autrefois
form feed *n* (*on printer*) alimentation *f* en feuilles
Formica® [fɔːˈmaɪkə] *n* formica® *m*
formidable [ˈfɔːmɪdəbl] *adj* redoutable
formula [ˈfɔːmjulə] *n* formule *f* ; **F~ One** (*Aut*) Formule un
formulaic [fɔːmjuˈleɪɪk] *adj* convenu(e)
formulate [ˈfɔːmjuleɪt] *vt* formuler

fornicate ['fɔːnɪkeɪt] *vi* forniquer
forsake [fə'seɪk] (*pt* **forsook** [-'suk], *pp* **forsaken** [-'seɪkən]) *vt* abandonner
fort [fɔːt] *n* fort *m* ; **to hold the ~** (*fig*) assurer la permanence
forte ['fɔːtɪ] *n* (point) fort *m*
forth [fɔːθ] *adv* en avant ; **to go back and ~** aller et venir ; **and so ~** et ainsi de suite
forthcoming [fɔːθ'kʌmɪŋ] *adj* qui va paraître *or* avoir lieu prochainement ; (*character*) ouvert(e), communicatif(-ive) ; (*available*) disponible
forthright ['fɔːθraɪt] *adj* franc (franche), direct(e)
forthwith ['fɔːθ'wɪθ] *adv* sur le champ
fortieth ['fɔːtɪɪθ] *num* quarantième
fortification [fɔːtɪfɪ'keɪʃən] *n* fortification *f*
fortified wine ['fɔːtɪfaɪd-] *n* vin liquoreux *or* de liqueur
fortify ['fɔːtɪfaɪ] *vt* (*city*) fortifier ; (*person*) remonter
fortitude ['fɔːtɪtjuːd] *n* courage *m*, force *f* d'âme
fortnight ['fɔːtnaɪt] *n* (Brit) quinzaine *f*, quinze jours *mpl* ; **it's a ~ since ...** il y a quinze jours que ...
fortnightly ['fɔːtnaɪtlɪ] *adj* bimensuel(le) ▸ *adv* tous les quinze jours
FORTRAN ['fɔːtræn] *n* FORTRAN *m*
fortress ['fɔːtrɪs] *n* forteresse *f*
fortuitous [fɔː'tjuːɪtəs] *adj* fortuit(e)
fortunate ['fɔːtʃənɪt] *adj* heureux(-euse) ; (*person*) chanceux(-euse) ; **to be ~** avoir de la chance ; **it is ~ that** c'est une chance que, il est heureux que
fortunately ['fɔːtʃənɪtlɪ] *adv* heureusement, par bonheur
fortune ['fɔːtʃən] *n* chance *f* ; (*wealth*) fortune *f* ; **to make a ~** faire fortune
fortune-teller ['fɔːtʃəntɛləʳ] *n* diseuse *f* de bonne aventure
forty ['fɔːtɪ] *num* quarante
forum ['fɔːrəm] *n* forum *m*, tribune *f*
forward ['fɔːwəd] *adj* (*movement, position*) en avant, vers l'avant ; (*not shy*) effronté(e) ; (*in time*) en avance ; (*Comm: delivery, sales, exchange*) à terme ; **~ planning** planification *f* à long terme ▸ *adv* (*also*: **forwards**) en avant ; **to look ~ to sth** attendre qch avec impatience ; **to move ~** avancer ▸ *n* (*Sport*) avant *m* ▸ *vt* (*letter*) faire suivre ; (*parcel, goods*) expédier ; (*fig*) promouvoir, favoriser ; **"please ~"** « prière de faire suivre »
forwarding address ['fɔːwədɪŋ-] *n* adresse *f* de réexpédition
forward slash *n* barre *f* oblique
forwent [fɔː'wɛnt] *pt of* **forgo**
fossick ['fɔsɪk] *vi* (Australia, New Zealand *inf*) chercher ; **to ~ around for** fouiner (*inf*) pour trouver
fossil ['fɔsl] *adj*, *n* fossile *m* ; **~ fuel** combustible *m* fossile
fossilized ['fɔsəllaɪzd] *adj* (*bones*) fossilisé(e)
foster ['fɔstəʳ] *vt* (*encourage*) encourager, favoriser ; (*child*) élever (*sans adopter*)
foster brother *n* frère adoptif ; frère de lait
foster child *n* (*irreg*) *enfant élevé dans une famille d'accueil*
foster mother *n* mère adoptive ; mère nourricière
foster parent *n parent qui élève un enfant sans l'adopter*
foster sister *n* sœur *f* de lait
fought [fɔːt] *pt, pp of* **fight**
foul [faul] *adj* (*weather, smell, food*) infect(e) ; (*language*) ordurier(-ière) ; (*deed*) infâme ; **he's got a ~ temper** il a un caractère de chien ▸ *n* (*Football*) faute *f* ▸ *vt* (*dirty*) salir, encrasser ; (*football player*) commettre une faute sur ; (*entangle: anchor, propeller*) emmêler
foul play *n* (*Sport*) jeu déloyal ; (*Law*) acte criminel ; **~ is not suspected** la mort (*or* l'incendie *etc*) n'a pas de causes suspectes, on écarte l'hypothèse d'un meurtre (*or* d'un acte criminel)
found [faund] *pt, pp of* **find** ▸ *vt* (*establish*) fonder
foundation [faun'deɪʃən] *n* (*act*) fondation *f* ; (*base*) fondement *m* ; (*also*: **foundation cream**) fond *m* de teint ; **foundations** *npl* (*of building*) fondations *fpl* ; **to lay the foundations** (*fig*) poser les fondements
foundation stone *n* première pierre
founder ['faundəʳ] *n* fondateur *m* ▸ *vi* couler, sombrer
founding ['faundɪŋ] *adj*: **~ fathers** (*esp US*) pères *mpl* fondateurs ; **~ member** membre *m* fondateur
foundry ['faundrɪ] *n* fonderie *f*
fount [faunt] *n* source *f* ; (*Typ*) fonte *f*
fountain ['fauntɪn] *n* fontaine *f*
fountain pen *n* stylo *m* (à encre)
four [fɔːʳ] *num* quatre ; **on all fours** à quatre pattes
four-by-four [fɔːbaɪ'fɔːʳ] *n* (*Aut*) 4x4 *m*
four-letter word ['fɔːlɛtə-] *n* obscénité *f*, gros mot
four-poster ['fɔː'pəustəʳ] *n* (*also*: **four-poster bed**) lit *m* à baldaquin
foursome ['fɔːsəm] *n* partie *f* à quatre ; sortie *f* à quatre
fourteen ['fɔː'tiːn] *num* quatorze
fourteenth ['fɔː'tiːnθ] *num* quatorzième
fourth ['fɔːθ] *num* quatrième ▸ *n* (*Aut*: *also*: **fourth gear**) quatrième *f*
four-wheel drive ['fɔːwiːl-] *n* (*Aut*: *car*) voiture *f* à quatre roues motrices ; **with ~** à quatre roues motrices
fowl [faul] *n* volaille *f*
fox [fɔks] *n* renard *m* ▸ *vt* mystifier
fox fur *n* renard *m*
foxglove ['fɔksglʌv] *n* (*Bot*) digitale *f*
fox-hunting ['fɔkshʌntɪŋ] *n* chasse *f* au renard
foyer ['fɔɪeɪ] *n* (*in hotel*) vestibule *m* ; (*Theat*) foyer *m*
FP *n abbr* (Brit) = **former pupil**; (*US*) = **fireplug**
FPA *n abbr* (Brit) = **Family Planning Association**
Fr. *abbr* (*Rel*: = *father*) P ; (= *friar*) F
fr. *abbr* (= *franc*) F
fracas ['frækɑː] *n* bagarre *f*
fracking ['frækɪŋ] *n* fracturation *f* hydraulique
fractal ['fræktəl] *n* fractale *f*
fraction ['frækʃən] *n* fraction *f*
fractional ['frækʃənəl] *adj* infime

f

fractionally ['frækʃnəlɪ] *adv*: **~ smaller** *etc* un poil plus petit *etc*
fractious ['frækʃəs] *adj* grincheux(-euse)
fracture ['fræktʃəʳ] *n* fracture *f* ▸ *vt* fracturer
fragile ['frædʒaɪl] *adj* fragile
fragility [frə'dʒɪlɪtɪ] *n* fragilité *f*
fragment ['frægmənt] *n* fragment *m*
fragmentary ['frægməntərɪ] *adj* fragmentaire
fragmented [fræg'mɛntɪd] *adj* (*divided*) divisé(e)
fragrance ['freɪgrəns] *n* parfum *m*
fragrant ['freɪgrənt] *adj* parfumé(e), odorant(e)
frail [freɪl] *adj* fragile, délicat(e) ; (*person*) frêle
frailty ['freɪltɪ] *n* (*weakness*) faiblesse *f* ; (*poor health*) fragilité *f*
frame [freɪm] *n* (*of building*) charpente *f* ; (*of human, animal*) charpente, ossature *f* ; (*of picture*) cadre *m* ; (*of door, window*) encadrement *m*, chambranle *m* ; (*of spectacles: also*: **frames**) monture *f* ; **~ of mind** disposition *f* d'esprit ▸ *vt* (*picture*) encadrer ; (*theory, plan*) construire, élaborer ; **to ~ sb** (*inf*) monter un coup contre qn
framework ['freɪmwə:k] *n* structure *f*
France [frɑ:ns] *n* la France ; **in ~** en France
franchise ['fræntʃaɪz] *n* (*Pol*) droit *m* de vote ; (*Comm*) franchise *f*
franchisee [fræntʃaɪ'zi:] *n* franchisé *m*
franchiser ['fræntʃaɪzəʳ] *n* franchiseur *m*
Francophone ['fræŋkəufəun] *n* francophone *mf*
frank [fræŋk] *adj* franc (franche) ▸ *vt* (*letter*) affranchir
Frankfurt ['fræŋkfə:t] *n* Francfort
franking machine ['fræŋkɪŋ-] *n* machine *f* à affranchir
frankly ['fræŋklɪ] *adv* franchement
frankness ['fræŋknɪs] *n* franchise *f*
frantic ['fræntɪk] *adj* (*hectic*) frénétique ; (*need, desire*) effréné(e) ; (*distraught*) hors de soi
frantically ['fræntɪklɪ] *adv* frénétiquement
fraternal [frə'tə:nl] *adj* fraternel(le)
fraternity [frə'tə:nɪtɪ] *n* (*club*) communauté *f*, confrérie *f* ; (*spirit*) fraternité *f*
fraternize ['frætənaɪz] *vi* fraterniser
fraud [frɔ:d] *n* supercherie *f*, fraude *f*, tromperie *f* ; (*person*) imposteur *m*
fraud squad *n* service *m* de la répression des fraudes
fraudster ['frɔ:dstəʳ] *n* (*esp* Brit) fraudeur(-euse)
fraudulent ['frɔ:djulənt] *adj* frauduleux(-euse)
fraudulently ['frɔ:dʒuləntlɪ] *adv* frauduleusement
fraught [frɔ:t] *adj* (*tense: person*) très tendu(e) ; (*: situation*) pénible ; **~ with** (*difficulties etc*) chargé(e) de, plein(e) de
fray [freɪ] *n* bagarre *f* ; (*Mil*) combat *m* ▸ *vt* effilocher ▸ *vi* s'effilocher ; **tempers were frayed** les gens commençaient à s'énerver ; **her nerves were frayed** elle était à bout de nerfs
FRB *n abbr* (US) = **Federal Reserve Board**
FRCM *n abbr* (Brit) = **Fellow of the Royal College of Music**
FRCO *n abbr* (Brit) = **Fellow of the Royal College of Organists**
FRCP *n abbr* (Brit) = **Fellow of the Royal College of Physicians**
FRCS *n abbr* (Brit) = **Fellow of the Royal College of Surgeons**
freak [fri:k] *n* (*eccentric person*) phénomène *m* ; (*unusual event*) hasard *m* extraordinaire ; (*pej: fanatic*): **health food ~** fana *mf or* obsédé(e) de l'alimentation saine ▸ *adj* (*storm*) exceptionnel(le) ; (*accident*) bizarre
▸ **freak out** *vi* (*inf: drop out*) se marginaliser ; (*: on drugs*) se défoncer
freakish ['fri:kɪʃ] *adj* insolite, anormal(e)
freckle ['frɛkl] *n* tache *f* de rousseur
freckled ['frɛkəld] *adj* plein(e) de taches de rousseur
free [fri:] *adj* libre ; (*gratis*) gratuit(e) ; (*liberal*) généreux(-euse), large ; **is this seat ~?** la place est libre ? ; **to give sb a ~ hand** donner carte blanche à qn ; **~ and easy** sans façon, décontracté(e) ; **admission ~** entrée libre ▸ *vt* (*prisoner etc*) libérer ; (*jammed object or person*) dégager ▸ *adv*: **~ (of charge)** gratuitement
▸ **free up** *vt* dégager
freebie ['fri:bɪ] *n* (*inf*): **it's a ~** c'est gratuit
freedom ['fri:dəm] *n* liberté *f*
freedom fighter *n* combattant *m* de la liberté
free enterprise *n* libre entreprise *f*
Freefone® ['fri:fəun] *n* numéro vert
free-for-all ['fri:fərɔ:l] *n* mêlée générale
free gift *n* prime *f*
freehold ['fri:həuld] *n* propriété foncière libre
free kick *n* (*Sport*) coup franc
freelance ['fri:lɑ:ns] *adj* (*journalist etc*) indépendant(e), free-lance *inv* ; (*work*) en free-lance ▸ *adv* en free-lance
freelancer ['fri:lɑ:nsəʳ] *n* travailleur(-euse) indépendant(e), free-lance *mf*
freeloader ['fri:ləudəʳ] *n* (*pej*) parasite *m*
freely ['fri:lɪ] *adv* librement ; (*liberally*) libéralement
free-market economy [fri:'mɑ:kɪt-] *n* économie *f* de marché
freemason ['fri:meɪsn] *n* franc-maçon *m*
freemasonry ['fri:meɪsnrɪ] *n* franc-maçonnerie *f*
Freepost® ['fri:pəust] *n* (Brit) port payé
free-range ['fri:'reɪndʒ] *adj* (*egg*) de ferme ; (*chicken*) fermier
free sample *n* échantillon gratuit
free speech *n* liberté *f* d'expression
freestyle ['fri:staɪl] *adj* (*swimming, wrestling*) libre ; **~ skiing** ski acrobatique ; **~ event** (*in swimming*) épreuve *f* libre ; (*in skiing*) épreuve *f* acrobatique
free trade *n* libre-échange *m*
freeware ['fri:wɛəʳ] *n* (*Comput*) freeware *m*, graticiel *m*
freeway ['fri:weɪ] *n* (US) autoroute *f*
freewheel [fri:'wi:l] *vi* descendre en roue libre
freewheeling [fri:'wi:lɪŋ] *adj* indépendant(e), libre
free will *n* libre arbitre *m* ; **of one's own ~** de son plein gré
freeze [fri:z] (*pt* **froze** [frəuz], *pp* **frozen** ['frəuzn]) *vi* geler ▸ *vt* geler ; (*food*) congeler ; (*prices, salaries*) bloquer, geler ▸ *n* gel *m* ; (*of prices, salaries*) blocage *m*
▸ **freeze over** *vi* (*river*) geler ; (*windscreen*) se couvrir de givre *or* de glace
▸ **freeze up** *vi* geler

freeze-dried ['fri:zdraɪd] *adj* lyophilisé(e)
freezer ['fri:zəʳ] *n* congélateur *m*
freezing ['fri:zɪŋ] *adj*: **~ (cold)** *(room etc)* glacial(e) ; *(person, hands)* gelé(e), glacé(e) ; **it's ~** il fait un froid glacial ▸ *n*: **3 degrees below ~** 3 degrés au-dessous de zéro
freezing point *n* point *m* de congélation
freight [freɪt] *n (goods)* fret *m*, cargaison *f* ; *(money charged)* fret, prix *m* du transport ; **~ forward** port dû ; **~ inward** port payé par le destinataire
freighter ['freɪtəʳ] *n (Naut)* cargo *m*
freight forwarder [-fɔ:wədəʳ] *n* transitaire *m*
freight train *n (US)* train *m* de marchandises
French [frɛntʃ] *adj* français(e) ▸ *n (Ling)* français *m* ; **what's the ~ for ...?** comment dit-on ... en français ? ; **the ~** *npl* les Français
French bean *n (Brit)* haricot vert
French bread *n* pain *m* français
French Canadian *adj* canadien(ne) français(e) ▸ *n* Canadien(ne) français(e)
French dressing *n (Culin)* vinaigrette *f*
French fried potatoes, *(US)* **French fries** *npl* (pommes de terre *fpl*) frites *fpl*
French Guiana [-gaɪ'ænə] *n* Guyane française
French horn *n (Mus)* cor *m* (d'harmonie)
French kiss *n* baiser profond
French loaf *n* ≈ pain *m*, ≈ parisien *m*
Frenchman ['frɛntʃmən] *n (irreg)* Français *m*
French Riviera *n*: **the ~** la Côte d'Azur
French stick *n* ≈ baguette *f*
French window *n* porte-fenêtre *f*
Frenchwoman ['frɛntʃwumən] *n (irreg)* Française *f*
frenetic [frə'nɛtɪk] *adj* frénétique
frenzied ['frɛnzid] *adj (activity)* frénétique ; *(attack)* déchaîné(e)
frenzy ['frɛnzɪ] *n* frénésie *f*
frequency ['fri:kwənsɪ] *n* fréquence *f*
frequency modulation *n* modulation *f* de fréquence
frequent *adj* ['fri:kwənt] fréquent(e) ▸ *vt* [frɪ'kwɛnt] fréquenter
frequently ['fri:kwəntlɪ] *adv* fréquemment
fresco ['frɛskəu] *n* fresque *f*
fresh [frɛʃ] *adj* frais (fraîche) ; *(new)* nouveau (nouvelle) ; *(cheeky)* familier(-ière), culotté(e) ; **to make a ~ start** prendre un nouveau départ
freshen ['frɛʃən] *vi (wind, air)* fraîchir
▸ **freshen up** *vi* faire un brin de toilette
freshener ['frɛʃnəʳ] *n*: **skin ~** astringent *m* ; **air ~** désodorisant *m*
fresher ['frɛʃəʳ] *n (Brit University: inf)* bizuth *m*, étudiant(e) de première année
freshly ['frɛʃlɪ] *adv* nouvellement, récemment
freshman ['frɛʃmən] *n (irreg) (US)* = **fresher**
freshness ['frɛʃnɪs] *n* fraîcheur *f*
freshwater ['frɛʃwɔ:təʳ] *adj (fish)* d'eau douce
fret [frɛt] *vi* s'agiter, se tracasser
fretful ['frɛtful] *adj (child)* grincheux(-euse)
Freudian ['frɔɪdɪən] *adj* freudien(ne) ; **~ slip** lapsus *m*
FRG *n abbr (= Federal Republic of Germany)* RFA *f*
Fri. *abbr (= Friday)* ve.
friar ['fraɪəʳ] *n* moine *m*, frère *m*
friction ['frɪkʃən] *n* friction *f*, frottement *m*
friction feed *n (on printer)* entraînement *m* par friction
Friday ['fraɪdɪ] *n* vendredi *m* ; *see also* **Tuesday**
fridge [frɪdʒ] *n (Brit)* frigo *m*, frigidaire® *m*
fridge-freezer ['frɪdʒ'fri:zəʳ] *n* réfrigérateur-congélateur *m*
fried [fraɪd] *pt, pp of* **fry** ▸ *adj* frit(e) ; **~ egg** œuf *m* sur le plat
friend [frɛnd] *n* ami(e) ; **to make friends with** se lier (d'amitié) avec ▸ *vt (Internet)* ajouter comme ami(e)
friendliness ['frɛndlɪnɪs] *n* attitude amicale
friendly ['frɛndlɪ] *adj* amical(e) ; *(kind)* sympathique, gentil(le) ; *(place)* accueillant(e) ; *(Pol: country)* ami(e) ; **to be ~ with** être ami(e) avec ; **to be ~ to** être bien disposé(e) à l'égard de ▸ *n (also:* **friendly match***)* match amical
friendly fire *n*: **they were killed by ~** ils sont morts sous les tirs de leur propre camp
friendly society *n* société *f* mutualiste
friendship ['frɛndʃɪp] *n* amitié *f*
fries [fraɪz] *npl (esp US)* = **chips**
frieze [fri:z] *n* frise *f*, bordure *f*
frigate ['frɪgɪt] *n (Naut: modern)* frégate *f*
fright [fraɪt] *n* peur *f*, effroi *m* ; **to give sb a ~** faire peur à qn ; **to take ~** prendre peur, s'effrayer ; **she looks a ~** elle a l'air d'un épouvantail
frighten ['fraɪtn] *vt* effrayer, faire peur à
▸ **frighten away, frighten off** *vt (birds, children etc)* faire fuir, effaroucher
frightened ['fraɪtnd] *adj*: **to be ~ (of)** avoir peur (de)
frightening ['fraɪtnɪŋ] *adj* effrayant(e)
frightful ['fraɪtful] *adj* affreux(-euse)
frightfully ['fraɪtfəlɪ] *adv* affreusement
frigid ['frɪdʒɪd] *adj* frigide
frigidity [frɪ'dʒɪdɪtɪ] *n* frigidité *f*
frill [frɪl] *n (of dress)* volant *m* ; *(of shirt)* jabot *m* ; **without frills** *(fig)* sans manières
frilly ['frɪlɪ] *adj* à fanfreluches
fringe [frɪndʒ] *n (Brit: of hair)* frange *f* ; *(edge: of forest etc)* bordure *f* ; *(fig)*: **on the ~** en marge
fringe benefits *npl* avantages sociaux *or* en nature
fringe theatre *n* théâtre *m* d'avant-garde
Frisbee® ['frɪzbɪ] *n* Frisbee® *m*
frisk [frɪsk] *vt* fouiller
frisky ['frɪskɪ] *adj* vif (vive), sémillant(e)
frisson ['fri:sɔn] *n (literary)* frisson *m*
fritter ['frɪtəʳ] *n* beignet *m*
▸ **fritter away** *vt* gaspiller
frivolity [frɪ'vɔlɪtɪ] *n* frivolité *f*
frivolous ['frɪvələs] *adj* frivole
frizzy ['frɪzɪ] *adj* crépu(e)
fro [frəu] *adv see* **to**
frock [frɔk] *n* robe *f*
frog [frɔg] *n* grenouille *f* ; **to have a ~ in one's throat** avoir un chat dans la gorge
frogman ['frɔgmən] *n (irreg)* homme-grenouille *m*
frogmarch ['frɔgmɑ:tʃ] *vt (Brit)*: **to ~ sb in/out** faire entrer/sortir qn de force
frolic ['frɔlɪk] *n* ébats *mpl* ▸ *vi* folâtrer, batifoler

KEYWORD

from [frɔm] *prep* **1** (*indicating starting place, origin etc*) de ; **where do you come from?, where are you from?** d'où venez-vous ? ; **where has he come from?** d'où arrive-t-il ? ; **from London to Paris** de Londres à Paris ; **to escape from sb/sth** échapper à qn/qch ; **a letter/telephone call from my sister** une lettre/un appel de ma sœur ; **to drink from the bottle** boire à (même) la bouteille ; **tell him from me that ...** dites-lui de ma part que ...
2 (*indicating time*) (à partir) de ; **from one o'clock to** *or* **until** *or* **till two** d'une heure à deux heures ; **from January (on)** à partir de janvier
3 (*indicating distance*) de ; **the hotel is one kilometre from the beach** l'hôtel est à un kilomètre de la plage
4 (*indicating price, number etc*) de ; **prices range from £10 to £50** les prix varient entre 10 livres et 50 livres ; **the interest rate was increased from 9% to 10%** le taux d'intérêt est passé de 9% à 10%
5 (*indicating difference*) de ; **he can't tell red from green** il ne peut pas distinguer le rouge du vert ; **to be different from sb/sth** être différent de qn/qch
6 (*because of, on the basis of*): **from what he says** d'après ce qu'il dit ; **weak from hunger** affaibli par la faim

frond [frɔnd] *n* fronde *f*
front [frʌnt] *n* (*of house, dress*) devant *m* ; (*of coach, train*) avant *m* ; (*of book*) couverture *f* ; (*promenade: also:* **sea front**) bord *m* de mer ; (*Mil, Pol, Meteorology*) front *m* ; (*fig: appearances*) contenance *f*, façade *f* ; **in ~ (of)** devant ▸ *adj* de devant ; (*page, row*) premier(-ière) ; (*seat, wheel*) avant *inv* ▸ *vi*: **to ~ onto sth** donner sur qch
frontage ['frʌntɪdʒ] *n* façade *f* ; (*of shop*) devanture *f*
frontal ['frʌntl] *adj* frontal(e)
front bench *n* (Brit *Pol*) *voir article*

FRONT BENCH

Le **front bench** est le banc du gouvernement, placé à la droite du *Speaker*, ou celui du cabinet fantôme, placé à sa gauche. Ils se font face dans l'enceinte de la Chambre des communes. Par extension, *front bench* désigne les dirigeants des groupes parlementaires de la majorité et de l'opposition, qui sont appelés *frontbenchers* par opposition aux autres députés qui sont appelés *backbenchers*.

frontbencher [frʌnt'bɛntʃəʳ] *n* (Brit: *government minister*) ministre *m* ; (: *shadow minister*) membre *m* du cabinet fantôme
front desk *n* (*US: in hotel, at doctor's*) réception *f*
front door *n* porte *f* d'entrée ; (*of car*) portière *f* avant
frontier ['frʌntɪəʳ] *n* frontière *f*
frontispiece ['frʌntɪspi:s] *n* frontispice *m*
front page *n* première page
front room *n* (Brit) pièce *f* de devant, salon *m*
front runner *n* (*fig*) favori(te)
front-wheel drive ['frʌntwi:l-] *n* traction *f* avant
frost [frɔst] *n* gel *m*, gelée *f* ; (*also:* **hoarfrost**) givre *m*
frostbite ['frɔstbaɪt] *n* gelures *fpl*
frostbitten ['frɔstbɪtən] *adj* gelé(e)
frosted ['frɔstɪd] *adj* (*glass*) dépoli(e) ; (*esp US: cake*) glacé(e)
frosting ['frɔstɪŋ] *n* (*esp US: on cake*) glaçage *m*
frosty ['frɔstɪ] *adj* (*window*) couvert(e) de givre ; (*weather, welcome*) glacial(e)
froth [frɔθ] *n* mousse *f* ; écume *f*
frothy ['frɔθɪ] *adj* mousseux(-euse)
frown [fraun] *n* froncement *m* de sourcils ▸ *vi* froncer les sourcils
▸ **frown on** *vt* (*fig*) désapprouver
froze [frəuz] *pt of* **freeze**
frozen ['frəuzn] *pp of* **freeze** ▸ *adj* (*food*) congelé(e) ; (*person, also assets*) gelé(e)
FRS *n abbr* (Brit: = *Fellow of the Royal Society*) *membre de l'Académie des sciences* ; (*US:* = *Federal Reserve System*) *banque centrale américaine*
fructose ['fruktəuz] *n* fructose *m*
frugal ['fru:gl] *adj* frugal(e)
fruit [fru:t] *n* (*pl inv*) fruit *m*
fruiterer ['fru:tərəʳ] *n* fruitier *m*, marchand(e) de fruits ; **~'s (shop)** fruiterie *f*
fruit fly *n* mouche *f* du vinaigre, drosophile *f*
fruitful ['fru:tful] *adj* fructueux(-euse) ; (*plant, soil*) fécond(e)
fruition [fru:'ɪʃən] *n*: **to come to ~** se réaliser
fruit juice *n* jus *m* de fruit
fruitless ['fru:tlɪs] *adj* (*fig*) vain(e), infructueux(-euse)
fruit machine *n* (Brit) machine *f* à sous
fruit salad *n* salade *f* de fruits
frump [frʌmp] *n* mocheté *f*
frustrate [frʌs'treɪt] *vt* frustrer ; (*plot, plans*) faire échouer
frustrated [frʌs'treɪtɪd] *adj* frustré(e)
frustrating [frʌs'treɪtɪŋ] *adj* (*job*) frustrant(e) ; (*day*) démoralisant(e)
frustration [frʌs'treɪʃən] *n* frustration *f*
fry [fraɪ] (*pt, pp* **fried** [-d]) *vt* (faire) frire ▸ *n*: **small ~** le menu fretin
frying pan ['fraɪɪŋ-] *n* poêle *f* (à frire)
FT *n abbr* (Brit: = *Financial Times*) *journal financier*
ft. *abbr* = **foot; feet**
FTC *n abbr* (*US*) = **Federal Trade Commission**
FTSE 100 (Share) Index ['futsɪ-] *n abbr* (= *Financial Times Stock Exchange 100 (Share) Index*) indice *m* Footsie des cent grandes valeurs
fuchsia ['fju:ʃə] *n* fuchsia *m*
fuck [fʌk] *vt*, *vi* (*inf!*) baiser (*!*) ; **~ off!** fous le camp ! (*!*)
▸ **fuck up** *vt* (*inf!*) foutre la merde dans (*inf*)
fucking ['fʌkɪŋ] (*inf!*) *adj* putain de (*inf*) ▸ *adv* (*stupid, expensive*) carrément (*inf*)
fuddled ['fʌdld] *adj* (*muddled*) embrouillé(e), confus(e)
fuddy-duddy ['fʌdɪdʌdɪ] *adj* (*pej*) vieux jeu *inv*, ringard(e)
fudge [fʌdʒ] *n* (*Culin*) *sorte de confiserie à base de sucre, de beurre et de lait* ▸ *vt* (*issue, problem*) esquiver

fuel [fjuəl] *n (for heating)* combustible *m*; *(for engine)* carburant *m*
fuel oil *n* mazout *m*
fuel poverty *n* pauvreté *f* énergétique
fuel pump *n (Aut)* pompe *f* d'alimentation
fuel tank *n* cuve *f* à mazout, citerne *f*; *(in vehicle)* réservoir *m* de *or* à carburant
fug [fʌg] *n (BRIT)* puanteur *f*, odeur *f* de renfermé
fugitive ['fju:dʒɪtɪv] *n* fugitif(-ive)
fulfil, (US) **fulfill** [ful'fɪl] *vt (function, condition)* remplir; *(order)* exécuter; *(wish, desire)* satisfaire, réaliser
fulfilled [ful'fɪld] *adj (person)* comblé(e), épanoui(e)
fulfilling [ful'fɪlɪŋ] *adj* profondément satisfaisant(e)
fulfilment, (US) **fulfillment** [ful'fɪlmənt] *n (of wishes)* réalisation *f*
full [ful] *adj* plein(e); *(details, hotel, bus)* complet(-ète); *(price)* fort(e), normal(e); *(busy: day)* chargé(e); *(skirt)* ample, large; **~ (up)** *(hotel etc)* complet(-ète); **I'm ~ (up)** j'ai bien mangé; **~ employment/fare** plein emploi/tarif; **a ~ two hours** deux bonnes heures; **at ~ speed** à toute vitesse ▸ *adv*: **to know ~ well that** savoir fort bien que ▸ *n*: **in ~** *(reproduce, quote, pay)* intégralement; *(write name etc)* en toutes lettres
fullback ['fulbæk] *n (Rugby, Football)* arrière *m*
full-blooded ['ful'blʌdɪd] *adj (vigorous)* vigoureux(-euse)
full board *n (esp BRIT)* pension *f* complète
full-cream ['ful'kri:m] *adj*: **~ milk** *(BRIT)* lait entier
full-grown ['ful'grəun] *adj* arrivé(e) à maturité, adulte
full-length ['ful'lɛŋθ] *adj (portrait)* en pied; *(coat)* long(ue); **~ film** long métrage
full moon *n* pleine lune
fullness ['fulnɪs] *n (of garment)* ampleur *f*; *(after eating)* rassasiement *m*; **in the ~ of time** avec le temps
full-scale ['fulskeɪl] *adj (model)* grandeur nature *inv*; *(search, retreat)* complet(-ète), total(e)
full-sized ['ful'saɪzd] *adj (portrait etc)* grandeur nature *inv*
full stop *n* point *m*
full-time ['ful'taɪm] *adj, adv (work)* à plein temps ▸ *n (Sport)* fin *f* du match
fully ['fulɪ] *adv* entièrement, complètement; *(at least)*: **~ as big** au moins aussi grand
fully-fledged ['fulɪ'flɛdʒd] *adj (teacher, barrister)* diplômé(e); *(citizen, member)* à part entière
fulsome ['fulsəm] *adj (pej: praise)* excessif(-ive); *(: manner)* exagéré(e)
fumble ['fʌmbl] *vi* fouiller, tâtonner ▸ *vt (ball)* mal réceptionner, cafouiller
▸ **fumble for** *vt* fouiller pour trouver
▸ **fumble with** *vt fus* tripoter
fume [fju:m] *vi (rage)* rager
fumes [fju:mz] *npl* vapeurs *fpl*, émanations *fpl*, gaz *mpl*
fumigate ['fju:mɪgeɪt] *vt* désinfecter (par fumigation)
fun [fʌn] *n* amusement *m*, divertissement *m*; **to have ~** s'amuser; **for ~** pour rire; **it's not much ~** ce n'est pas très drôle *or* amusant; **to make ~ of** se moquer de
function ['fʌŋkʃən] *n* fonction *f*; *(reception, dinner)* cérémonie *f*, soirée officielle ▸ *vi* fonctionner; **to ~ as** faire office de
functional ['fʌŋkʃənl] *adj* fonctionnel(le)
functionality [fʌŋkʃə'nælɪtɪ] *n* fonctionnalité *f*
function key *n (Comput)* touche *f* de fonction
fund [fʌnd] *n* caisse *f*, fonds *m*; *(source, store)* source *f*, mine *f*; **funds** *npl (money)* fonds *mpl*
fundamental [fʌndə'mɛntl] *adj* fondamental(e); **fundamentals** *npl* principes *mpl* de base
fundamentalism [fʌndə'mɛntəlɪzəm] *n* intégrisme *m*
fundamentalist [fʌndə'mɛntəlɪst] *n* intégriste *mf*
fundamentally [fʌndə'mɛntəlɪ] *adv* fondamentalement
funding ['fʌndɪŋ] *n* financement *m*
fund-raising ['fʌndreɪzɪŋ] *n* collecte *f* de fonds
funeral ['fju:nərəl] *n* enterrement *m*; *(more formal occasion)* obsèques *fpl*
funeral director *n* entrepreneur *m* des pompes funèbres
funeral parlour *n (BRIT)* dépôt *m* mortuaire
funeral service *n* service *m* funèbre
funereal [fju:'nɪərɪəl] *adj* lugubre, funèbre
funfair ['fʌnfɛə^r] *n (BRIT)* fête (foraine)
fungal ['fʌŋgəl] *adj* fongique
fungus ['fʌŋgəs] *(pl* **fungi** [-gaɪ]) *n* champignon *m*; *(mould)* moisissure *f*
funicular [fju:'nɪkjulə^r] *n (also:* **funicular railway**) funiculaire *m*
funky ['fʌŋkɪ] *adj (music)* funky *inv*; *(inf: excellent)* super *inv*
funnel ['fʌnl] *n* entonnoir *m*; *(of ship)* cheminée *f*
funnily ['fʌnɪlɪ] *adv* drôlement; *(strangely)* curieusement
funny ['fʌnɪ] *adj* amusant(e), drôle; *(strange)* curieux(-euse), bizarre
funny bone *n endroit sensible du coude*
fun run *n* course *f* de fond *(pour amateurs)*
fur [fə:^r] *n* fourrure *f*; *(BRIT: in kettle etc)* (dépôt *m* de) tartre *m*
fur coat *n* manteau *m* de fourrure
furious ['fjuərɪəs] *adj* furieux(-euse); *(effort)* acharné(e); **to be ~ with sb** être dans une fureur noire contre qn
furiously ['fjuərɪəslɪ] *adv* furieusement; avec acharnement
furl [fə:l] *vt* rouler; *(Naut)* ferler
furlong ['fə:lɔŋ] *n = 201.17 m (terme d'hippisme)*
furlough ['fə:ləu] *n* permission *f*, congé *m*
furnace ['fə:nɪs] *n* fourneau *m*
furnish ['fə:nɪʃ] *vt* meubler; *(supply)* fournir; **furnished flat** *or* (US) **apartment** meublé *m*
furnishings ['fə:nɪʃɪŋz] *npl* mobilier *m*, articles *mpl* d'ameublement
furniture ['fə:nɪtʃə^r] *n* meubles *mpl*, mobilier *m*; **piece of ~** meuble *m*
furniture polish *n* encaustique *f*
furore [fjuə'rɔ:rɪ] *n (protests)* protestations *fpl*
furrier ['fʌrɪə^r] *n* fourreur *m*
furrow ['fʌrəu] *n* sillon *m*

f

furry ['fəːrɪ] *adj* (*animal*) à fourrure ; (*toy*) en peluche
further ['fəːðəʳ] *adj* supplémentaire, autre ; nouveau (nouvelle) ; **how much ~ is it?** quelle distance *or* combien reste-t-il à parcourir ? ; **until ~ notice** jusqu'à nouvel ordre *or* avis ▸ *adv* plus loin ; (*more*) davantage ; (*moreover*) de plus ; **~ to your letter of ...** (*Comm*) suite à votre lettre du ... ▸ *vt* faire avancer *or* progresser, promouvoir
further education *n* enseignement *m* postscolaire (*recyclage, formation professionnelle*)
furthermore [fəːðə'mɔːʳ] *adv* de plus, en outre
furthermost ['fəːðəməust] *adj* le (la) plus éloigné(e)
furthest ['fəːðɪst] *superlative of* **far**
furtive ['fəːtɪv] *adj* furtif(-ive)
fury ['fjuərɪ] *n* fureur *f*
fuse, (*US*) **fuze** [fjuːz] *n* fusible *m* ; (*for bomb etc*) amorce *f*, détonateur *m* ; **a ~ has blown** un fusible a sauté ▸ *vt, vi* (*metal*) fondre ; (*fig*) fusionner ; (Brit *Elec*) **to ~ the lights** faire sauter les fusibles *or* les plombs
fuse box *n* boîte *f* à fusibles
fuselage ['fjuːzəlɑːʒ] *n* fuselage *m*
fuse wire *n* fusible *m*
fusillade [fjuːzɪ'leɪd] *n* fusillade *f* ; (*fig*) feu roulant
fusion ['fjuːʒən] *n* fusion *f*
fuss [fʌs] *n* (*anxiety, excitement*) chichis *mpl*, façons *fpl* ; (*commotion*) tapage *m* ; (*complaining, trouble*) histoire(s) *f(pl)* ; **to make a ~** faire des façons (*or* des histoires) ; **to make a ~ of sb** dorloter qn ▸ *vi* faire des histoires ▸ *vt* (*person*) embêter
▸ **fuss over** *vt fus* (*person*) dorloter
fusspot ['fʌspɔt] *n* (*inf*): **don't be such a ~!** ne fais pas tant d'histoires !
fussy ['fʌsɪ] *adj* (*person*) tatillon(ne), difficile, chichiteux(-euse) ; (*dress, style*) tarabiscoté(e) ; **I'm not ~** (*inf*) ça m'est égal
fusty ['fʌstɪ] *adj* (*old-fashioned*) vieillot(te) ; (*smell*) de renfermé *or* moisi
futile ['fjuːtaɪl] *adj* futile
futility [fjuː'tɪlɪtɪ] *n* futilité *f*
futon ['fuːtɔn] *n* futon *m*
future ['fjuːtʃəʳ] *adj* futur(e) ▸ *n* avenir *m* ; (*Ling*) futur *m* ; **in (the) ~** à l'avenir ; **in the near/immediate ~** dans un avenir proche/immédiat ;
futures *npl* (*Comm*) opérations *fpl* à terme
futuristic [fjuːtʃə'rɪstɪk] *adj* futuriste
fuze [fjuːz] *n, vt, vi* (*US*) = **fuse**
fuzz ['fʌz] *n* (*on body, face*) duvet *m* ▸ *npl*: **the ~** (*inf*) les flics (*inf*)
fuzzy ['fʌzɪ] *adj* (*Phot*) flou(e) ; (*hair*) crépu(e)
fwd. *abbr* = **forward**
fwy *abbr* (*US*) = **freeway**
FY *abbr* = **fiscal year**
FYI *abbr* = **for your information**

Gg

G¹, g [dʒiː] *n (letter)* G, g *m*; *(Mus)*: **G** sol *m*; **G for George** G comme Gaston
G² *n abbr (BRIT Scol: = good)* b *(= bien)*; *(US Cine: = general (audience))* ≈ tous publics
g. *abbr (= gram)* g; *(= gravity)* g
G8 *n abbr (Pol: = Group of Eight)* G8 *m*
G20 *n abbr (Pol: = Group of Twenty)* G20 *m*
GA *abbr (US)* = **Georgia**
gab [gæb] *n (inf)*: **to have the gift of the ~** avoir la langue bien pendue
gabble ['gæbl] *vi* bredouiller; jacasser
gaberdine [gæbə'diːn] *n* gabardine *f*
gable ['geɪbl] *n* pignon *m*
Gabon [gə'bɔn] *n* Gabon *m*
gad about [gæd-] *vi (inf)* se balader
gadget ['gædʒɪt] *n* gadget *m*
Gaelic ['geɪlɪk] *adj, n (Ling)* gaélique *m*
gaffe [gæf] *n* gaffe *f*
gaffer ['gæfəʳ] *n (BRIT: foreman)* contremaître *m*; *(: inf: boss)* patron *m*
gag [gæg] *n (on mouth)* bâillon *m*; *(joke)* gag *m* ▸ *vt (prisoner etc)* bâillonner ▸ *vi (choke)* étouffer
gaga ['gɑːgɑː] *adj*: **to go ~** devenir gaga *or* gâteux(-euse)
gaggle ['gægl] *n* troupeau *m*
gaiety ['geɪɪtɪ] *n* gaieté *f*
gaily ['geɪlɪ] *adv* gaiement
gain [geɪn] *n (improvement)* gain *m*; *(profit)* gain, profit *m* ▸ *vt* gagner; **to ~ 3lbs (in weight)** prendre 3 livres; **to ~ ground** gagner du terrain ▸ *vi (watch)* avancer; **to ~ from/by** gagner de/à; **to ~ on sb** *(catch up)* rattraper qn
gainful ['geɪnful] *adj* profitable, lucratif(-ive)
gainfully ['geɪnfəlɪ] *adv*: **to be ~ employed** avoir un emploi rémunéré
gainsay [geɪn'seɪ] *vt (irreg: like* **say***)* contredire; nier
gait [geɪt] *n* démarche *f*
gal. *abbr* = **gallon**
gala ['gɑːlə] *n* gala *m*; **swimming ~** grand concours de natation
galactic [gə'læktɪk] *adj* galactique
Galápagos [gə'læpəgəs] *npl*: **the ~ (Islands)** les (îles *fpl*) Galapagos *fpl*
galaxy ['gæləksɪ] *n* galaxie *f*
gale [geɪl] *n* coup *m* de vent; **~ force 10** vent *m* de force 10
gall [gɔːl] *n (Anat)* bile *f*; *(fig)* effronterie *f* ▸ *vt* ulcérer, irriter
gall. *abbr* = **gallon**
gallant ['gælənt] *adj* vaillant(e), brave; *(towards ladies)* empressé(e), galant(e)
gallantly ['gæləntlɪ] *adv (bravely)* courageusement; *(valiantly)* vaillamment; *(chivalrously)* galamment
gallantry ['gæləntrɪ] *n* bravoure *f*, vaillance *f*; empressement *m*, galanterie *f*
gall bladder *n* vésicule *f* biliaire
galleon ['gælɪən] *n* galion *m*
gallery ['gælərɪ] *n* galerie *f*; *(also:* **art gallery***)* musée *m*; *(: private)* galerie; *(for spectators)* tribune *f*; *(: in theatre)* dernier balcon
galley ['gælɪ] *n (ship's kitchen)* cambuse *f*; *(ship)* galère *f*; *(also:* **galley proof***)* placard *m*, galée *f*
Gallic ['gælɪk] *adj (of Gaul)* gaulois(e); *(French)* français(e)
galling ['gɔːlɪŋ] *adj* irritant(e)
gallon ['gæln] *n* gallon *m (Brit = 4.543 l; US = 3.785 l)*
gallop ['gæləp] *n* galop *m* ▸ *vi* galoper; **galloping inflation** inflation galopante
gallows ['gæləuz] *n* potence *f*
gallstone ['gɔːlstəun] *n* calcul *m* (biliaire)
Gallup Poll ['gæləp-] *n* sondage *m* Gallup
galore [gə'lɔːʳ] *adv* en abondance, à gogo
galvanize ['gælvənaɪz] *vt* galvaniser; *(fig)*: **to ~ sb into action** galvaniser qn
Gambia ['gæmbɪə] *n* Gambie *f*
gambit ['gæmbɪt] *n (fig)*: **(opening) ~** manœuvre *f* stratégique
gamble ['gæmbl] *n* pari *m*, risque calculé ▸ *vt, vi* jouer; **to ~ on the Stock Exchange** jouer en *or* à la Bourse; **to ~ on** *(fig)* miser sur
▸ **gamble away** *vt* perdre au jeu
gambler ['gæmbləʳ] *n* joueur *m*
gambling ['gæmblɪŋ] *n* jeu *m*
gambol ['gæmbl] *vi* gambader
game [geɪm] *n* jeu *m*; *(event)* match *m*; *(of tennis, chess, cards)* partie *f*; *(Hunting)* gibier *m*; **a ~ of football/tennis** une partie de football/tennis; **big ~** gros gibier ▸ *adj* brave; *(willing)*: **to be ~ (for)** être prêt(e) (à *or* pour); **games** *npl (Scol)* sport *m*; *(sport event)* jeux
game bird *n* gibier *m* à plume
gamekeeper ['geɪmkiːpəʳ] *n* garde-chasse *m*
gamely ['geɪmlɪ] *adv* vaillamment
gamer ['geɪməʳ] *n* joueur(-euse) de jeux vidéos
game reserve *n* réserve animalière
games console *n* console *f* de jeux vidéo
game show *n* jeu télévisé
gamesmanship ['geɪmzmənʃɪp] *n* roublardise *f*
gaming ['geɪmɪŋ] *n* jeu *m*, jeux *mpl* d'argent; *(video games)* jeux *mpl* vidéos

gammon ['gæmən] *n* (*bacon*) quartier *m* de lard fumé ; (*ham*) jambon fumé *or* salé
gamut ['gæmət] *n* gamme *f*
G&T *n abbr* gin *m inv* tonic *m*
gang [gæŋ] *n* bande *f*, groupe *m* ; (*of workmen*) équipe *f*
▸ **gang up** *vi*: **to ~ up on sb** se liguer contre qn
Ganges ['gændʒi:z] *n*: **the ~** le Gange
gangland ['gæŋlænd] *adj*: **~ killer** tueur professionnel du milieu ; **~ boss** chef *m* de gang
gangling ['gæŋglɪŋ], **gangly** ['gæŋglɪ] *adj* dégingandé(e)
gangplank ['gæŋplæŋk] *n* passerelle *f*
gangrene ['gæŋgri:n] *n* gangrène *f*
gangster ['gæŋstəʳ] *n* gangster *m*, bandit *m*
gangway ['gæŋweɪ] *n* passerelle *f* ; (Brit: *of bus*) couloir central
gantry ['gæntrɪ] *n* portique *m* ; (*for rocket*) tour *f* de lancement
GAO *n abbr* (*US: = General Accounting Office*) ≈ Cour *f* des comptes
gaol [dʒeɪl] *n, vt* (Brit) = **jail**
gap [gæp] *n* trou *m* ; (*in time*) intervalle *m* ; (*fig*) lacune *f* ; vide *m* ; (*difference*): **~ (between)** écart *m* (entre)
gape [geɪp] *vi* (*person*) être *or* rester bouche bée ; (*hole, shirt*) être ouvert(e)
gaping ['geɪpɪŋ] *adj* (*hole*) béant(e)
gap year *n année que certains étudiants prennent pour voyager ou pour travailler avant d'entrer à l'université*
garage ['gærɑ:ʒ] *n* garage *m*
garage sale *n* vide-grenier *m*
garb [gɑ:b] *n* tenue *f*, costume *m*
garbage ['gɑ:bɪdʒ] *n* (*US: rubbish*) ordures *fpl*, détritus *mpl* ; (*inf: nonsense*) âneries *fpl*
garbage can *n* (*US*) poubelle *f*, boîte *f* à ordures
garbage collector *n* (*US*) éboueur *m*
garbage disposal, garbage disposal unit *n* broyeur *m* d'ordures
garbage truck *n* (*US*) camion *m* (de ramassage des ordures), benne *f* à ordures
garbled ['gɑ:bld] *adj* déformé(e), faussé(e)
garden ['gɑ:dn] *n* jardin *m* ▸ *vi* jardiner ; **gardens** *npl* (*public*) jardin public ; (*private*) parc *m*
garden centre (Brit) *n* pépinière *f*, jardinerie *f*
garden city *n* (Brit) cité-jardin *f*
gardener ['gɑ:dnəʳ] *n* jardinier *m*
gardening ['gɑ:dnɪŋ] *n* jardinage *m*
gargantuan [gɑ:'gæntʃuən] *adj* gargantuesque
gargle ['gɑ:gl] *vi* se gargariser ▸ *n* gargarisme *m*
gargoyle ['gɑ:gɔɪl] *n* gargouille *f*
garish ['gɛərɪʃ] *adj* criard(e), voyant(e)
garland ['gɑ:lənd] *n* guirlande *f* ; couronne *f*
garlic ['gɑ:lɪk] *n* ail *m*
garment ['gɑ:mənt] *n* vêtement *m*
garner ['gɑ:nəʳ] *vt* engranger, amasser
garnish ['gɑ:nɪʃ] (*Culin*) *vt* garnir ▸ *n* décoration *f*
garret ['gærɪt] *n* mansarde *f*
garrison ['gærɪsn] *n* garnison *f* ▸ *vt* mettre en garnison, stationner
garrulous ['gærjuləs] *adj* volubile, loquace
garter ['gɑ:təʳ] *n* jarretière *f* ; (*US: suspender*) jarretelle *f*
garter belt *n* (*US*) porte-jarretelles *m inv*
gas [gæs] *n* gaz *m* ; (*US: gasoline*) essence *f* ; **I can smell ~** ça sent le gaz ; **to be given ~** (*as anaesthetic*) se faire endormir ▸ *vt* asphyxier ; (*Mil*) gazer
Gascony ['gæskənɪ] *n* Gascogne *f*
gas cooker *n* (Brit) cuisinière *f* à gaz
gas cylinder *n* bouteille *f* de gaz
gaseous ['gæsɪəs] *adj* gazeux(-euse)
gas fire *n* (Brit) radiateur *m* à gaz
gas-fired ['gæsfaɪəd] *adj* au gaz
gash [gæʃ] *n* entaille *f* ; (*on face*) balafre *f* ▸ *vt* taillader ; balafrer
gasket ['gæskɪt] *n* (*Aut*) joint *m* de culasse
gas mask *n* masque *m* à gaz
gas meter *n* compteur *m* à gaz
gasoline ['gæsəli:n] *n* (*US*) essence *f*
gasp [gɑ:sp] *n* halètement *m* ; (*of shock etc*): **she gave a small ~ of pain** la douleur lui coupa le souffle ▸ *vi* haleter ; (*fig*) avoir le souffle coupé
▸ **gasp out** *vt* (*say*) dire dans un souffle *or* d'une voix entrecoupée
gas pedal *n* (*US*) accélérateur *m*
gas ring *n* brûleur *m*
gas station *n* (*US*) station-service *f*
gas stove *n* réchaud *m* à gaz ; (*cooker*) cuisinière *f* à gaz
gassy ['gæsɪ] *adj* gazeux(-euse)
gas tank *n* (*US Aut*) réservoir *m* d'essence
gas tap *n* bouton *m* (de cuisinière à gaz) ; (*on pipe*) robinet *m* à gaz
gastric ['gæstrɪk] *adj* gastrique
gastric band *n* (*Med*) anneau *m* gastrique
gastric ulcer *n* ulcère *m* de l'estomac
gastroenteritis ['gæstrəuɛntə'raɪtɪs] *n* gastroentérite *f*
gastrointestinal [gæstrəuɪn'tɛstɪnəl] *adj* gastro-intestinal(e)
gastronomic [gæstrə'nɔmɪk] *adj* gastronomique
gastronomy [gæs'trɔnəmɪ] *n* gastronomie *f*
gasworks ['gæswə:ks] *n, npl* usine *f* à gaz
gate [geɪt] *n* (*of garden*) portail *m* ; (*of field, at level crossing*) barrière *f* ; (*of building, town, at airport*) porte *f* ; (*of lock*) vanne *f*
gateau ['gætəu] (*pl* **gateaux** [-z]) *n* gros gâteau à la crème
gatecrash ['geɪtkræʃ] *vt* s'introduire sans invitation dans
gatecrasher ['geɪtkræʃəʳ] *n* intrus(e)
gated community ['geɪtɪd-] *n quartier enclos dont l'entrée est gardée* ; ≈ quartier *m* sécurisé
gatehouse ['geɪthaus] *n* loge *f*
gatekeeper ['geɪtki:pəʳ] *n* gardien(-ienne)
gateway ['geɪtweɪ] *n* porte *f*
gather ['gæðəʳ] *vt* (*flowers, fruit*) cueillir ; (*pick up*) ramasser ; (*assemble: objects*) rassembler ; (*: people*) réunir ; (*: information*) recueillir ; (*understand*) comprendre ; (*Sewing*) froncer ; **to ~ (from/that)** conclure *or* déduire (de/que) ; **to ~ speed** prendre de la vitesse ▸ *vi* (*assemble*) se rassembler ; (*dust*) s'amasser ; (*clouds*) s'amonceler ; **as far as I can ~** d'après ce que je comprends
gathering ['gæðərɪŋ] *n* rassemblement *m*

GATT [gæt] *n abbr (= General Agreement on Tariffs and Trade)* GATT *m*
gauche [gəuʃ] *adj* gauche, maladroit(e)
gaudy ['gɔːdɪ] *adj* voyant(e)
gauge [geɪdʒ] *n (standard measure)* calibre *m* ; *(Rail)* écartement *m* ; *(instrument)* jauge *f* ; **petrol ~**, *(US)* **gas ~** jauge d'essence ▸ *vt* jauger ; *(fig: sb's capabilities, character)* juger de ; **to ~ the right moment** calculer le moment propice
Gaul [gɔːl] *n (country)* Gaule *f* ; *(person)* Gaulois(e)
gaunt [gɔːnt] *adj* décharné(e) ; *(grim, desolate)* désolé(e)
gauntlet ['gɔːntlɪt] *n (fig)*: **to throw down the ~** jeter le gant ; **to run the ~ through an angry crowd** se frayer un passage à travers une foule hostile *or* entre deux haies de manifestants *etc* hostiles
gauze [gɔːz] *n* gaze *f*
gave [geɪv] *pt of* **give**
gavel ['gævəl] *n* marteau *m (de commissaire-priseur, de magistrat, etc)*
gawk [gɔːk] *vi (inf)* rester bouche bée ; **to ~ at sb/sth** regarder qn/qch bouche bée
gawky ['gɔːkɪ] *adj* dégingandé(e), godiche
gawp [gɔːp] *vi*: **to ~ at** regarder bouche bée
gay [geɪ] *adj (homosexual)* homosexuel(le) ; *(old: cheerful)* gai(e), réjoui(e) ; *(colour)* gai, vif (vive) ; **~ marriage** mariage homosexuel
gaze [geɪz] *n* regard *m* fixe ▸ *vi*: **to ~ at** fixer du regard
gazebo [gə'ziːbəu] *n* belvédère *m*
gazelle [gə'zɛl] *n* gazelle *f*
gazette [gə'zɛt] *n (newspaper)* gazette *f* ; *(official publication)* journal officiel
gazetteer [gæzə'tɪəʳ] *n* dictionnaire *m* géographique
gazump [gə'zʌmp] *vi (Brit) revenir sur une promesse de vente pour accepter un prix plus élevé*
GB *abbr* = **Great Britain**
GBH *n abbr (Brit Law: inf)* = **grievous bodily harm**
GC *n abbr (Brit: = George Cross) distinction honorifique*
GCE *n abbr (Brit)* = **General Certificate of Education**
GCHQ *n abbr (Brit: = Government Communications Headquarters) centre d'interception des télécommunications étrangères*
GCSE *n abbr (Brit: = General Certificate of Secondary Education) examen passé à l'âge de 16 ans sanctionnant les connaissances de l'élève* ; **she's got eight GCSEs** elle a réussi dans huit matières aux épreuves du GCSE

GCSE

Les **GCSE** *(General Certificate of Secondary Education)* sont des épreuves passées dans plusieurs matières par les jeunes Anglais, Gallois et Irlandais du Nord âgés de 14 à 16 ans. La réussite à ces épreuves est une condition à remplir pour ceux qui souhaitent continuer leurs études et passer les *A levels* dans les matières en question (voir *A level*). Le nombre de matières est généralement compris entre 8 et 11, certaines, comme l'anglais, les maths et les sciences, étant obligatoires pour tous les étudiants.

Gdns. *abbr* = **gardens**
GDP *n abbr* = **gross domestic product**
GDR *n abbr (old: = German Democratic Republic)* RDA *f*
gear [gɪəʳ] *n* matériel *m*, équipement *m* ; *(Tech)* engrenage *m* ; *(Aut)* vitesse *f* ; **top** *or (US)* **high/low ~** quatrième *(or* cinquième*)*/première vitesse ; **in ~** en prise ; **out of ~** au point mort ▸ *vt (fig: adapt)* adapter ; **our service is geared to meet the needs of the disabled** notre service répond de façon spécifique aux besoins des handicapés
▸ **gear up** *vi*: **to ~ up (to do)** se préparer (à faire)
▸ **gear up for** *vt* se préparer pour
gear box *n* boîte *f* de vitesse
gear lever *n* levier *m* de vitesse
gear shift *n (US)* = **gear lever**
gear stick *(Brit) n* = **gear lever**
GED *n abbr (US Scol)* = **general educational development**
gee [dʒiː] *excl (US inf)* ça alors
geek [giːk] *n (inf: nerd)* allumé(e) *(inf)* ; *(also:* **computer geek***)* crack *m (inf)* en informatique
geese [giːs] *npl of* **goose**
geezer ['giːzəʳ] *n (Brit inf)* mec *m*
Geiger counter ['gaɪgə-] *n* compteur *m* Geiger
gel [dʒɛl] *n* gelée *f* ; *(Chem)* colloïde *m*
gelatin, gelatine ['dʒɛlətiːn] *n* gélatine *f*
gelding ['gɛldɪŋ] *n* hongre *m*
gelignite ['dʒɛlɪgnaɪt] *n* plastic *m*
gem [dʒɛm] *n* pierre précieuse
Gemini ['dʒɛmɪnaɪ] *n* les Gémeaux *mpl* ; **to be ~** être des Gémeaux
gemstone ['dʒɛmstəun] *n* pierre *f* précieuse
gen [dʒɛn] *n (Brit inf)*: **to give sb the ~ on sth** mettre qn au courant de qch
Gen. *abbr (Mil: = general)* Gal
gen. *abbr (= general, generally)* gén
gender ['dʒɛndəʳ] *n* genre *m* ; *(person's sex)* sexe *m*
gene [dʒiːn] *n (Biol)* gène *m*
genealogy [dʒiːnɪ'ælədʒɪ] *n* généalogie *f*
general ['dʒɛnərl] *n* général *m* ; **in ~** en général ▸ *adj* général(e) ; **the ~ public** le grand public ; **~ audit** *(Comm)* vérification annuelle
general anaesthetic, *(US)* **general anesthetic** *n* anesthésie générale
general delivery *n* poste restante
general election *n* élection(s) législative(s)
generalization ['dʒɛnrəlaɪ'zeɪʃən] *n* généralisation *f*
generalize ['dʒɛnrəlaɪz] *vi* généraliser
general knowledge *n* connaissances générales
generally ['dʒɛnrəlɪ] *adv* généralement
general manager *n* directeur général
general practitioner *n* généraliste *mf*
general store *n* épicerie *f*
general strike *n* grève générale
generate ['dʒɛnəreɪt] *vt* engendrer ; *(electricity)* produire
generation [dʒɛnə'reɪʃən] *n* génération *f* ; *(of electricity etc)* production *f*
generator ['dʒɛnəreɪtəʳ] *n* générateur *m*
generic [dʒɪ'nɛrɪk] *adj* générique
generosity [dʒɛnə'rɔsɪtɪ] *n* générosité *f*
generous ['dʒɛnərəs] *adj* généreux(-euse) ; *(copious)* copieux(-euse)

g

generously ['dʒɛnərəslɪ] *adv* généreusement ; (*plentifully*) abondamment
genesis ['dʒɛnɪsɪs] *n* genèse *f*
genetic [dʒɪ'nɛtɪk] *adj* génétique ; **~ engineering** ingénierie *m* génétique ; **~ fingerprinting** système *m* d'empreinte génétique
genetically modified *adj* (*food etc*) génétiquement modifié(e)
geneticist [dʒɪ'nɛtɪsɪst] *n* généticien(-ienne)
genetics [dʒɪ'nɛtɪks] *n* génétique *f*
Geneva [dʒɪ'ni:və] *n* Genève ; **Lake ~** le lac Léman
genial ['dʒi:nɪəl] *adj* cordial(e), chaleureux(-euse) ; (*climate*) clément(e)
genie ['dʒi:ni] *n* génie *m*, djinn *m*
genitals ['dʒɛnɪtlz] *npl* organes génitaux
genitive ['dʒɛnɪtɪv] *n* génitif *m*
genius ['dʒi:nɪəs] *n* génie *m*
Genoa ['dʒɛnəuə] *n* Gênes
genocidal [dʒɛnə'saɪdl] *adj* génocide
genocide ['dʒɛnəusaɪd] *n* génocide *m*
genome ['dʒi:nəum] *n* génome *m*
genre ['ʒɔnrə] *n* genre *m*
gent [dʒɛnt] *n abbr* (BRIT *inf*) = **gentleman**
genteel [dʒɛn'ti:l] *adj* de bon ton, distingué(e)
Gentile ['dʒɛntaɪl] *n* gentil(e)
gentle ['dʒɛntl] *adj* doux (douce) ; (*breeze, touch*) léger(-ère)
gentleman ['dʒɛntlmən] *n* (*irreg*) monsieur *m* ; (*well-bred man*) gentleman *m* ; **~'s agreement** gentleman's agreement *m*
gentlemanly ['dʒɛntlmənlɪ] *adj* bien élevé(e)
gentleness ['dʒɛntlnɪs] *n* douceur *f*
gently ['dʒɛntlɪ] *adv* doucement
gentry ['dʒɛntrɪ] *n* petite noblesse
gents [dʒɛnts] *n* W.-C. *mpl* (pour hommes)
genuine ['dʒɛnjuɪn] *adj* véritable, authentique ; (*person, emotion*) sincère
genuinely ['dʒɛnjuɪnlɪ] *adv* sincèrement, vraiment
genus ['dʒi:nəs] (*pl* **genera** ['dʒɛnərə]) *n* genre *m*
geographer [dʒɪ'ɔgrəfə^r] *n* géographe *mf*
geographic [dʒɪə'græfɪk], **geographical** [dʒɪə'græfɪkl] *adj* géographique
geographically [dʒɪə'græfɪklɪ] *adv* géographiquement
geography [dʒɪ'ɔgrəfɪ] *n* géographie *f*
geolocate [dʒi:ələu'keɪt] *vt* géolocaliser
geolocation [dʒi:ələu'keɪʃən] *n* géolocalisation *f*
geological [dʒɪə'lɔdʒɪkl] *adj* géologique
geologist [dʒɪ'ɔlədʒɪst] *n* géologue *mf*
geology [dʒɪ'ɔlədʒɪ] *n* géologie *f*
geometric [dʒɪə'mɛtrɪk], **geometrical** [dʒɪə'mɛtrɪkl] *adj* géométrique
geometry [dʒɪ'ɔmətrɪ] *n* géométrie *f*
geophysicist [dʒi:əu'fɪzɪsɪst] *n* géophysicien(-ienne)
geopolitical [dʒi:əupə'lɪtɪkl] *adj* géopolitique
Geordie ['dʒɔ:dɪ] *n* (*inf*) habitant(e) de Tyneside, originaire *mf* de Tyneside.
Georgia ['dʒɔ:dʒə] *n* Géorgie *f*
Georgian ['dʒɔ:dʒən] *adj* (*Geo*) géorgien(ne) ▸ *n* Géorgien(ne) ; (*Ling*) géorgien *m*
geranium [dʒɪ'reɪnɪəm] *n* géranium *m*
gerbil ['dʒə:bɪl] *n* gerbille *f*
geriatric [dʒɛrɪ'ætrɪk] *adj* gériatrique ▸ *n* patient(e) gériatrique
germ [dʒə:m] *n* (*Med*) microbe *m* ; (*Biol, fig*) germe *m*
German ['dʒə:mən] *adj* allemand(e) ▸ *n* Allemand(e) ; (*Ling*) allemand *m*
germane [dʒə:'meɪn] *adj* (*formal*) : **~ (to)** se rapportant (à)
German measles *n* rubéole *f*
Germany ['dʒə:mənɪ] *n* Allemagne *f*
germinate ['dʒə:mɪneɪt] *vi* germer ▸ *vt* faire germer
germination [dʒə:mɪ'neɪʃən] *n* germination *f*
germ warfare *n* guerre *f* bactériologique
gerrymandering ['dʒɛrɪmændərɪŋ] *n* tripotage *m* du découpage électoral
gestation [dʒɛs'teɪʃən] *n* gestation *f*
gesticulate [dʒɛs'tɪkjuleɪt] *vi* gesticuler
gesture ['dʒɛstjə^r] *n* geste *m* ; **as a ~ of friendship** en témoignage d'amitié

KEYWORD

get [gɛt] (*pt, pp* **got** [gɔt], *US pp* **gotten** ['gɔtn]) *vi*
1 (*become, be*) devenir ; **to get old/tired** devenir vieux/fatigué, vieillir/se fatiguer ; **to get drunk** s'enivrer ; **to get ready/washed/shaved** *etc* se préparer/laver/raser *etc* ; **to get killed** se faire tuer ; **to get dirty** se salir ; **to get married** se marier ; **when do I get paid?** quand est-ce que je serai payé ? ; **it's getting late** il se fait tard
2 (*go*) : **to get to/from** aller à/de ; **to get home** rentrer chez soi ; **how did you get here?** comment es-tu arrivé ici ? ; **he got across the bridge/under the fence** il a traversé le pont/est passé au-dessous de la barrière
3 (*begin*) commencer *or* se mettre à ; **to get to know sb** apprendre à connaître qn ; **I'm getting to like him** je commence à l'apprécier ; **let's get going** *or* **started** allons-y
4 (*modal aux vb*) : **you've got to do it** il faut que vous le fassiez ; **I've got to tell the police** je dois le dire à la police
▸ *vt* **1** : **to get sth done** (*do*) faire qch ; (*have done*) faire faire qch ; **to get sth/sb ready** préparer qch/qn ; **to get one's hair cut** se faire couper les cheveux ; **to get the car going** *or* **to go** (faire) démarrer la voiture ; **to get sb to do sth** faire faire qch à qn ; **to get sb drunk** enivrer qn
2 (*obtain: money, permission, results*) obtenir, avoir ; (*buy*) acheter ; (*find: job, flat*) trouver ; (*fetch: person, doctor, object*) aller chercher ; **to get sth for sb** procurer qch à qn ; **get me Mr Jones, please** (*on phone*) passez-moi Mr Jones, s'il vous plaît ; **can I get you a drink?** est-ce que je peux vous servir à boire ?
3 (*receive: present, letter*) recevoir, avoir ; (*acquire: reputation*) avoir ; (*: prize*) obtenir ; **what did you get for your birthday?** qu'est-ce que tu as eu pour ton anniversaire ? ; **how much did you get for the painting?** combien avez-vous vendu le tableau ?
4 (*catch*) prendre, saisir, attraper ; (*hit: target etc*) atteindre ; **to get sb by the arm/throat**

prendre *or* saisir *or* attraper qn par le bras/à la gorge ; **get him!** arrête-le ! ; **the bullet got him in the leg** il a pris la balle dans la jambe ; **he really gets me!** il me porte sur les nerfs !
5 (*take, move*): **to get sth to sb** faire parvenir qch à qn ; **do you think we'll get it through the door?** on arrivera à le faire passer par la porte ? ; **I'll get you there somehow** je me débrouillerai pour t'y emmener
6 (*catch, take: plane, bus etc*) prendre ; **where do I get the train for Birmingham?** où prend-on le train pour Birmingham ?
7 (*understand*) comprendre, saisir ; (*hear*) entendre ; **I've got it!** j'ai compris ! ; **I don't get your meaning** je ne vois *or* comprends pas ce que vous voulez dire ; **I didn't get your name** je n'ai pas entendu votre nom
8 (*have, possess*): **to have got** avoir ; **how many have you got?** vous en avez combien ?
9 (*illness*) avoir ; **I've got a cold** j'ai le rhume ; **she got pneumonia and died** elle a fait une pneumonie et elle en est morte
▸ **get about** *vi* se déplacer ; (*news*) se répandre
▸ **get across** *vt*: **to get across (to)** (*message, meaning*) faire passer (à) ▸ *vi*: **to get across (to)** (*speaker*) se faire comprendre (par)
▸ **get ahead** *vi* (*succeed*) réussir
▸ **get along** *vi* (*agree*) s'entendre ; (*depart*) s'en aller ; (*manage*) = **get by**
▸ **get around** *vi* (*news*) circuler ; (*person*) se déplacer ; **to get around to sth** avoir le temps de faire qch ▸ *vt* (*problem, rule*) contourner
▸ **get at** *vt fus* (*attack*) s'en prendre à ; (*reach*) attraper, atteindre ; **what are you getting at?** à quoi voulez-vous en venir ?
▸ **get away** *vi* partir, s'en aller ; (*escape*) s'échapper
▸ **get away with** *vt fus* (*punishment*) en être quitte pour ; (*crime etc*) se faire pardonner
▸ **get back** *vi* (*return*) rentrer ; **to get back to** (*start again*) retourner *or* revenir à ▸ *vt* récupérer, recouvrer ; (*contact again*) recontacter ; **when do we get back?** quand serons-nous de retour ?
▸ **get back at** *vt fus* (*inf*): **to get back at sb** rendre la monnaie de sa pièce à qn
▸ **get by** *vi* (*pass*) passer ; (*manage*) se débrouiller ; **I can get by in Dutch** je me débrouille en hollandais
▸ **get down** *vi, vt fus* descendre ▸ *vt* descendre ; (*depress*) déprimer
▸ **get down to** *vt fus* (*work*) se mettre à (faire) ; **to get down to business** passer aux choses sérieuses
▸ **get in** *vi* entrer ; (*arrive home*) rentrer ; (*train*) arriver ▸ *vt* (*bring in: harvest*) rentrer ; (*: coal*) faire rentrer ; (*: supplies*) faire des provisions de
▸ **get into** *vt fus* entrer dans ; (*car, train etc*) monter dans ; (*clothes*) mettre, enfiler, endosser ; **to get into bed/a rage** se mettre au lit/en colère
▸ **get off** *vi* (*from train etc*) descendre ; (*depart: person, car*) s'en aller ; (*escape*) s'en tirer ▸ *vt* (*remove: clothes, stain*) enlever ; (*send off*) expédier ; (*have as leave: day, time*): **we got 2 days off** nous avons eu 2 jours de congé ▸ *vt fus* (*train, bus*) descendre de ; **where do I get off?** où est-ce que je dois descendre ? ; **to get off to a good start** (*fig*) prendre un bon départ
▸ **get on** *vi* (*at exam etc*) se débrouiller ; (*agree*): **to get on (with)** s'entendre (avec) ; **how are you getting on?** comment ça va ? ▸ *vt fus* monter dans ; (*horse*) monter sur
▸ **get on to** *vt fus* (Brit: *deal with: problem*) s'occuper de ; (*: contact: person*) contacter
▸ **get out** *vi* sortir ; (*of vehicle*) descendre ; (*news etc*) s'ébruiter ▸ *vt* sortir
▸ **get out of** *vt fus* sortir de ; (*duty etc*) échapper à, se soustraire à
▸ **get over** *vt fus* (*illness*) se remettre de ▸ *vt* (*communicate: idea etc*) communiquer ; (*finish*): **let's get it over (with)** finissons-en
▸ **get round** *vi*: **to get round to doing sth** se mettre (finalement) à faire qch ▸ *vt fus* contourner ; (*fig: person*) entortiller
▸ **get through** *vi* (*Tel*) avoir la communication ; **to get through to sb** atteindre qn ▸ *vt fus* (*finish: work, book*) finir, terminer
▸ **get together** *vi* se réunir ▸ *vt* rassembler
▸ **get up** *vi* (*rise*) se lever ▸ *vt fus* monter
▸ **get up to** *vt fus* (*reach*) arriver à ; (*prank etc*) faire

getaway ['gɛtəweɪ] *n* fuite *f*
getaway car *n* voiture prévue pour prendre la fuite
get-together ['gɛttəgɛðə^r] *n* petite réunion, petite fête
get-up ['gɛtʌp] *n* (*inf: outfit*) accoutrement *m*
get-well card [gɛt'wɛl-] *n* carte *f* de vœux de bon rétablissement
geyser ['gi:zə^r] *n* chauffe-eau *m inv* ; (*Geo*) geyser *m*
Ghana ['gɑ:nə] *n* Ghana *m*
Ghanaian [gɑ:'neɪən] *adj* ghanéen(ne) ▸ *n* Ghanéen(ne)
ghastly ['gɑ:stlɪ] *adj* atroce, horrible ; (*pale*) livide, blême
ghee [gi:] *n* beurre *m* clarifié
gherkin ['gə:kɪn] *n* cornichon *m*
ghetto ['gɛtəu] *n* ghetto *m*
ghetto blaster [-blɑ:stə^r] *n* (*inf*) gros radiocassette
ghost [gəust] *n* fantôme *m*, revenant *m* ▸ *vt* (*sb else's book*) écrire
ghostly ['gəustlɪ] *adj* fantomatique
ghostwriter ['gəustraɪtə^r] *n* nègre *m* (*fig*)
ghoul [gu:l] *n* (*ghost*) vampire *m*
ghoulish ['gu:lɪʃ] *adj* (*tastes etc*) morbide
GHQ *n abbr* (*Mil: = general headquarters*) GQG *m*
GI *n abbr* (*US inf: = government issue*) *soldat de l'armée américaine*, GI *m*
giant ['dʒaɪənt] *n* géant(e) ▸ *adj* géant(e), énorme ; **~ (size) packet** paquet géant
giant killer *n* (*Sport*) *équipe inconnue qui remporte un match contre une équipe renommée*
gibber ['dʒɪbə^r] *vi* émettre des sons inintelligibles
gibberish ['dʒɪbərɪʃ] *n* charabia *m*
gibbon ['gɪbən] *n* gibbon *m*
gibe [dʒaɪb] *n* sarcasme *m* ▸ *vi*: **to ~ at** railler
giblets ['dʒɪblɪts] *npl* abats *mpl*

Gibraltar [dʒɪ'brɔːltəʳ] *n* Gibraltar *m*
giddiness ['gɪdɪnɪs] *n* vertige *m*
giddy ['gɪdɪ] *adj (dizzy)*: **to be (*or* feel) ~** avoir le vertige ; *(height)* vertigineux(-euse) ; *(thoughtless)* sot(te), étourdi(e)
gift [gɪft] *n* cadeau *m*, présent *m* ; *(donation, talent)* don *m* ; *(Comm: also:* **free gift***)* cadeau(-réclame) *m* ; **to have a ~ for sth** avoir des dons pour *or* le don de qch
gifted ['gɪftɪd] *adj* doué(e)
gift shop, (*US*) **gift store** *n* boutique *f* de cadeaux
gift token, gift voucher *n* chèque-cadeau *m*
gig [gɪg] *n (inf: concert)* concert *m*
gigabyte ['gɪgəbaɪt] *n* gigaoctet *m*
gigantic [dʒaɪ'gæntɪk] *adj* gigantesque
giggle ['gɪgl] *vi* glousser, ricaner sottement ▸ *n* petit rire *m* bête
giggly ['gɪglɪ] *adj*: **~ teenage girls** des adolescentes qui gloussent sans arrêt
GIGO ['gaɪgəu] *abbr (Comput: = garbage in, garbage out)* qualité d'entrée = qualité de sortie
gild [gɪld] *vt* dorer
gill [dʒɪl] *n (measure) = 0.25 pints (Brit = 0.148 l ; US = 0.118 l)*
gills [gɪlz] *npl (of fish)* ouïes *fpl*, branchies *fpl*
gilt [gɪlt] *n* dorure *f* ▸ *adj* doré(e)
gilt-edged ['gɪltɛdʒd] *adj (stocks, securities)* de premier ordre
gimlet ['gɪmlɪt] *n* vrille *f*
gimmick ['gɪmɪk] *n* truc *m* ; **sales ~** astuce *f* pour faire vendre
gimmicky ['gɪmɪkɪ] *adj (inf)* fantaisiste
gin [dʒɪn] *n* gin *m*
ginger ['dʒɪndʒəʳ] *n* gingembre *m*
▸ **ginger up** *vt* secouer ; animer
ginger ale, ginger beer *n* boisson gazeuse au gingembre
gingerbread ['dʒɪndʒəbrɛd] *n* pain *m* d'épices
ginger group *n* (Brit) groupe *m* de pression
ginger-haired ['dʒɪndʒə'hɛəd] *adj* roux (rousse)
gingerly ['dʒɪndʒəlɪ] *adv* avec précaution
gingham ['gɪŋəm] *n* vichy *m*
ginseng ['dʒɪnsɛŋ] *n* ginseng *m*
gipsy ['dʒɪpsɪ] *n* = **gypsy**
giraffe [dʒɪ'rɑːf] *n* girafe *f*
girder ['gəːdəʳ] *n* poutrelle *f*
girdle ['gəːdl] *n (corset)* gaine *f* ▸ *vt* ceindre
girl [gəːl] *n* fille *f*, fillette *f* ; *(young unmarried woman)* jeune fille ; *(daughter)* fille ; **an English ~** une jeune Anglaise ; **a little English ~** une petite Anglaise
girl band *n* girls band *m*
girlfriend ['gəːlfrɛnd] *n (of girl)* amie *f* ; *(of boy)* petite amie
Girl Guide *n* (Brit) éclaireuse *f* ; *(Roman Catholic)* guide *f*
girlish ['gəːlɪʃ] *adj* de jeune fille
Girl Scout *n* (*US*) = **Girl Guide**
Giro ['dʒaɪrəu] *n*: **the National ~** (Brit) ≈ les comptes chèques postaux
giro ['dʒaɪrəu] *n (bank giro)* virement *m* bancaire ; *(post office giro)* mandat *m*
girth [gəːθ] *n* circonférence *f* ; *(of horse)* sangle *f*
gist [dʒɪst] *n* essentiel *m*
give [gɪv] *(pt* **gave** [geɪv], *pp* **given** ['gɪvn]) *n (of fabric)* élasticité *f* ▸ *vt* donner ; **to ~ sb sth, ~ sth to sb** donner qch à qn ; *(gift)* offrir qch à qn ; *(message)* transmettre qch à qn ; **to ~ sb a call/kiss** appeler/embrasser qn ; **to ~ a cry/sigh** pousser un cri/un soupir ; **how much did you ~ for it?** combien (l')avez-vous payé ? ; **12 o'clock, ~ or take a few minutes** midi, à quelques minutes près ; **to ~ way** céder ; (Brit *Aut)* donner la priorité ▸ *vi (break)* céder ; *(stretch: fabric)* se prêter
▸ **give away** *vt* donner ; *(give free)* faire cadeau de ; *(betray)* donner, trahir ; *(disclose)* révéler ; *(bride)* conduire à l'autel
▸ **give back** *vt* rendre
▸ **give in** *vi* céder ▸ *vt* donner
▸ **give off** *vt* dégager
▸ **give out** *vt (food etc)* distribuer ; *(news)* annoncer ▸ *vi (be exhausted: supplies)* s'épuiser ; *(fail)* lâcher
▸ **give up** *vi* renoncer ▸ *vt* renoncer à ; **to ~ up smoking** arrêter de fumer ; **to ~ o.s. up** se rendre
give-and-take ['gɪvənd'teɪk] *n* concessions mutuelles
giveaway ['gɪvəweɪ] *n (inf)*: **her expression was a ~** son expression la trahissait ; **the exam was a ~!** cet examen, c'était du gâteau ! ▸ *cpd*: **~ prices** prix sacrifiés
given ['gɪvn] *pp of* **give** ▸ *adj (fixed: time, amount)* donné(e), déterminé(e) ▸ *conj*: **~ the circumstances ...** étant donné les circonstances ..., vu les circonstances ... ; **~ that ...** étant donné que ...
giver ['gɪvəʳ] *n (of aid)* donateur(-trice)
gizmo ['gɪzməu] *n (inf)* truc *m*
glacial ['gleɪsɪəl] *adj (Geo)* glaciaire ; *(wind, weather)* glacial(e)
glacier ['glæsɪəʳ] *n* glacier *m*
glad [glæd] *adj* content(e) ; **to be ~ about sth/that** être heureux(-euse) *or* bien content de qch/que ; **I was ~ of his help** j'étais bien content de (pouvoir compter sur) son aide *or* qu'il m'aide
gladden ['glædn] *vt* réjouir
glade [gleɪd] *n* clairière *f*
gladioli [glædɪ'əulaɪ] *npl* glaïeuls *mpl*
gladly ['glædlɪ] *adv* volontiers
glamorous ['glæmərəs] *adj (person)* séduisant(e) ; *(job)* prestigieux(-euse)
glamour, (*US*) **glamor** ['glæməʳ] *n* éclat *m*, prestige *m*
glance [glɑːns] *n* coup *m* d'œil ▸ *vi*: **to ~ at** jeter un coup d'œil à
▸ **glance off** *vt fus (bullet)* ricocher sur
glancing ['glɑːnsɪŋ] *adj (blow)* oblique
gland [glænd] *n* glande *f*
glandular ['glændjuləʳ] *adj*: **~ fever** (Brit) mononucléose infectieuse
glare [glɛəʳ] *n (of anger)* regard furieux ; *(of light)* lumière éblouissante ; *(of publicity)* feux *mpl* ▸ *vi* briller d'un éclat aveuglant ; **to ~ at** lancer un regard *or* des regards furieux à
glaring ['glɛərɪŋ] *adj (mistake)* criant(e), qui saute aux yeux

glasnost ['glæznɔst] *n* glasnost *f*
glass [glɑːs] *n* verre *m* ; (*also*: **looking glass**) miroir *m* ; **glasses** *npl* (*spectacles*) lunettes *fpl*
glass-blowing ['glɑːsbləuɪŋ] *n* soufflage *m* (du verre)
glass ceiling *n* (*fig*) *plafond dans l'échelle hiérarchique au-dessus duquel les femmes ou les membres d'une minorité ethnique ne semblent pouvoir s'élever*
glass fibre *n* fibre *f* de verre
glasshouse ['glɑːshaus] *n* serre *f*
glassware ['glɑːswɛəʳ] *n* verrerie *f*
glassy ['glɑːsɪ] *adj* (*eyes*) vitreux(-euse)
Glaswegian [glæs'wiːdʒən] *adj* de Glasgow ▸ *n* habitant(e) de Glasgow, natif(-ive) de Glasgow
glaucoma [glɔː'kəumə] *n* glaucome *m*
glaze [gleɪz] *vt* (*door*) vitrer ; (*pottery*) vernir ; (*Culin*) glacer ▸ *n* vernis *m* ; (*Culin*) glaçage *m*
glazed [gleɪzd] *adj* (*eye*) vitreux(-euse) ; (*pottery*) verni(e) ; (*tiles*) vitrifié(e)
glazier ['gleɪzɪəʳ] *n* vitrier *m*
gleam [gliːm] *n* lueur *f* ; **a ~ of hope** une lueur d'espoir ▸ *vi* luire, briller
gleaming ['gliːmɪŋ] *adj* luisant(e)
glean [gliːn] *vt* (*information*) recueillir
glee [gliː] *n* joie *f*
gleeful ['gliːful] *adj* joyeux(-euse)
glen [glɛn] *n* vallée *f*
glib [glɪb] *adj* qui a du bagou ; facile
glide [glaɪd] *vi* glisser ; (*Aviat, bird*) planer ▸ *n* glissement *m* ; vol plané
glider ['glaɪdəʳ] *n* (*Aviat*) planeur *m*
gliding ['glaɪdɪŋ] *n* (*Aviat*) vol *m* à voile
glimmer ['glɪməʳ] *vi* luire ▸ *n* lueur *f*
glimpse [glɪmps] *n* vision passagère, aperçu *m* ; **to catch a ~ of** entrevoir ▸ *vt* entrevoir, apercevoir
glint [glɪnt] *n* éclair *m* ▸ *vi* étinceler
glisten ['glɪsn] *vi* briller, luire
glitch [glɪtʃ] *n* (*inf*) pépin *m* ; **a technical ~** un pépin technique
glitter ['glɪtəʳ] *vi* (*metal, light*) scintiller, briller ; (*eyes*) briller ▸ *n* scintillement *m* ; (*on decorations, cards*) paillettes *fpl*
glittering ['glɪtərɪŋ] *adj* (*sparkling*) étincelant(e) ; (*eyes, career*) brillant(e) ; (*occasion*) somptueux(-euse)
glitz [glɪts] *n* (*inf*) faste *m*
glitzy ['glɪtsɪ] *adj* (*inf*) fastueux(-euse)
gloat [gləut] *vi* : **to ~ (over)** jubiler (à propos de)
global ['gləubl] *adj* (*world-wide*) mondial(e) ; (*overall*) global(e)
globalization [gləublaɪ'zeɪʃən] *n* mondialisation *f*
globally ['gləubəlɪ] *adv* mondialement
global warming [-'wɔːmɪŋ] *n* réchauffement *m* de la planète
globe [gləub] *n* globe *m*
globe-trotter ['gləubtrɔtəʳ] *n* globe-trotter *m*
globule ['glɔbjuːl] *n* (*Anat*) globule *m* ; (*of water etc*) gouttelette *f*
gloom [gluːm] *n* obscurité *f* ; (*sadness*) tristesse *f*, mélancolie *f*
gloomily ['gluːmɪlɪ] *adv* (*say, speak*) d'un air sombre
gloomy ['gluːmɪ] *adj* (*person*) morose, sombre ; (*place, outlook*) sombre ; **to feel ~** se sentir morose
glorification [glɔːrɪfɪ'keɪʃən] *n* glorification *f*
glorified ['glɔːrɪfaɪd] *adj* : **I'm just a ~ secretary** je ne suis guère mieux qu'une simple secrétaire
glorify ['glɔːrɪfaɪ] *vt* glorifier
glorious ['glɔːrɪəs] *adj* glorieux(-euse) ; (*beautiful*) splendide
glory ['glɔːrɪ] *n* gloire *f* ; splendeur *f* ▸ *vi* : **to ~ in** se glorifier de
glory hole *n* (*inf*) capharnaüm *m*
Glos *abbr* (BRIT) = **Gloucestershire**
gloss [glɔs] *n* (*shine*) brillant *m*, vernis *m* ; (*also*: **gloss paint**) peinture brillante
▸ **gloss over** *vt fus* glisser sur
glossary ['glɔsərɪ] *n* glossaire *m*, lexique *m*
glossy ['glɔsɪ] *adj* brillant(e), luisant(e) ▸ *n* (*also*: **glossy magazine**) revue *f* de luxe
glove [glʌv] *n* gant *m*
glove compartment *n* (*Aut*) boîte *f* à gants, vide-poches *m inv*
gloved [glʌvd] *adj* ganté(e)
glow [gləu] *vi* rougeoyer ; (*face*) rayonner ; (*eyes*) briller ▸ *n* rougeoiement *m*
glower ['glauəʳ] *vi* lancer des regards mauvais
glowing ['gləuɪŋ] *adj* (*fire*) rougeoyant(e) ; (*complexion*) éclatant(e) ; (*report, description etc*) dithyrambique
glow-worm ['gləuwəːm] *n* ver luisant
glucose ['gluːkəus] *n* glucose *m*
glue [gluː] *n* colle *f* ▸ *vt* coller
glue-sniffing ['gluːsnɪfɪŋ] *n* inhalation *f* de colle
glum [glʌm] *adj* sombre, morose
glumly ['glʌmlɪ] *adv* (*say*) d'un air sombre
glut [glʌt] *n* surabondance *f* ▸ *vt* rassasier ; (*market*) encombrer
gluten ['gluːtən] *n* gluten *m*
glutinous ['gluːtɪnəs] *adj* visqueux(-euse)
glutton ['glʌtn] *n* glouton(ne) ; **a ~ for work** un bourreau de travail
gluttonous ['glʌtənəs] *adj* glouton(ne)
gluttony ['glʌtənɪ] *n* gloutonnerie *f* ; (*sin*) gourmandise *f*
glycerin, glycerine ['glɪsəriːn] *n* glycérine *f*
GM *abbr* (= *genetically modified*) génétiquement modifié(e)
gm *abbr* (= *gram*) g
GMAT ['dʒiːmæt] *n abbr* (*US*: = *Graduate Management Admissions Test*) *examen d'admission dans le 2e cycle de l'enseignement supérieur*
GM crop *n* culture *f* OGM
GM foods *n* aliments *mpl* génétiquement modifiés
GMO *n abbr* (= *genetically modified organism*) OGM *m*
GMT *abbr* (= *Greenwich Mean Time*) GMT
gnarled [nɑːld] *adj* noueux(-euse)
gnash [næʃ] *vt* : **to ~ one's teeth** grincer des dents
gnat [næt] *n* moucheron *m*
gnaw [nɔː] *vt* ronger
gnome [nəum] *n* gnome *m*, lutin *m*
GNP *n abbr* = **gross national product**

go [gəu] *vi* (*pt* **went** [wɛnt], *pp* **gone** [gɔn]) aller ; (*depart*) partir, s'en aller ; (*work*) marcher ; (*break*) céder ; (*time*) passer ; (*be sold*): **to go for £10** se vendre 10 livres ; (*become*): **to go pale/mouldy** pâlir/moisir ; **to go by car/on foot** aller en voiture/à pied ; **he's going to do it** il va le faire, il est sur le point de le faire ; **to go for a walk** aller se promener ; **to go dancing/shopping** aller danser/faire les courses ; **to go looking for sb/sth** aller *or* partir à la recherche de qn/qch ; **to go to sleep** s'endormir ; **to go and see sb, go to see sb** aller voir qn ; **how is it going?** comment ça marche ? ; **how did it go?** comment est-ce que ça s'est passé ? ; **to go round the back/by the shop** passer par derrière/devant le magasin ; **my voice has gone** j'ai une extinction de voix ; **the cake is all gone** il n'y a plus de gâteau ; **I'll take whatever is going** (Brit) je prendrai ce qu'il y a (*or* ce que vous avez) ; **... to go** (*US: food*) ... à emporter ▸ *n* (*pl* **goes**): **to have a go (at)** essayer (de faire) ; **to be on the go** être en mouvement ; **whose go is it?** à qui est-ce de jouer ?
▸ **go about** *vi* (*also*: **go around**) aller çà et là ; (: *rumour*) se répandre ▸ *vt fus*: **how do I go about this?** comment dois-je m'y prendre (pour faire ceci) ? ; **to go about one's business** s'occuper de ses affaires
▸ **go after** *vt fus* (*pursue*) poursuivre, courir après ; (*job, record etc*) essayer d'obtenir
▸ **go against** *vt fus* (*be unfavourable to*) être défavorable à ; (*be contrary to*) être contraire à
▸ **go ahead** *vi* (*make progress*) avancer ; (*take place*) avoir lieu ; (*get going*) y aller
▸ **go along** *vi* aller, avancer ; **as you go along (with your work)** au fur et à mesure (de votre travail) ; **to go along with** (*accompany*) accompagner ; (*agree with: idea*) être d'accord sur ; (: *person*) suivre ▸ *vt fus* (*street*) parcourir
▸ **go away** *vi* partir, s'en aller
▸ **go back** *vi* rentrer ; revenir ; (*go again*) retourner
▸ **go back on** *vt fus* (*promise*) revenir sur
▸ **go back to** *vt fus* (*task, activity*) reprendre ; **to go back to work** reprendre le travail
▸ **go by** *vi* (*years, time*) passer, s'écouler ▸ *vt fus* s'en tenir à ; (*believe*) en croire
▸ **go down** *vi* descendre ; (*number, price, amount*) baisser ; (*ship*) couler ; (*sun*) se coucher ; **that should go down well with him** (*fig*) ça devrait lui plaire ▸ *vt fus* descendre
▸ **go for** *vt fus* (*fetch*) aller chercher ; (*like*) aimer ; (*attack*) s'en prendre à ; attaquer
▸ **go in** *vi* entrer
▸ **go in for** *vt fus* (*competition*) se présenter à ; (*like*) aimer
▸ **go into** *vt fus* entrer dans ; (*investigate*) étudier, examiner ; (*embark on*) se lancer dans
▸ **go off** *vi* partir, s'en aller ; (*food*) se gâter ; (*milk*) tourner ; (*bomb*) sauter ; (*alarm clock*) sonner ; (*alarm*) se déclencher ; (*lights etc*) s'éteindre ; (*event*) se dérouler ; **the gun went off** le coup est parti ; **to go off to sleep** s'endormir ; **the party went off well** la fête s'est bien passée *or* était très réussie ▸ *vt fus* ne plus aimer, ne plus avoir envie de
▸ **go on** *vi* continuer ; (*happen*) se passer ; (*lights*) s'allumer ; **to go on doing** continuer à faire ; **what's going on here?** qu'est-ce qui se passe ici ? ▸ *vt fus* (*be guided by: evidence etc*) se fonder sur
▸ **go on at** *vt fus* (*nag*) tomber sur le dos de
▸ **go on with** *vt fus* poursuivre, continuer
▸ **go out** *vi* sortir ; (*fire, light*) s'éteindre ; (*tide*) descendre ; **to go out with sb** sortir avec qn
▸ **go over** *vi* (*ship*) chavirer ▸ *vt fus* (*check*) revoir, vérifier ; **to go over sth in one's mind** repasser qch dans son esprit
▸ **go past** *vt fus*: **to go past sth** passer devant qch
▸ **go round** *vi* (*circulate: news, rumour*) circuler ; (*revolve*) tourner ; (*suffice*) suffire (pour tout le monde) ; (*visit*): **to go round to sb's** passer chez qn ; aller chez qn ; (*make a detour*): **to go round (by)** faire un détour (par)
▸ **go through** *vt fus* (*town etc*) traverser ; (*search through*) fouiller ; (*suffer*) subir ; (*examine: list, book*) lire *or* regarder en détail, éplucher ; (*perform: lesson*) réciter ; (: *formalities*) remplir ; (: *programme*) exécuter
▸ **go through with** *vt fus* (*plan, crime*) aller jusqu'au bout de
▸ **go under** *vi* (*sink, also fig*) couler ; (: *person*) succomber
▸ **go up** *vi* monter ; (*price*) augmenter ; (*also*: **go up in flames**) flamber, s'enflammer brusquement ▸ *vt fus* monter, gravir
▸ **go with** *vt fus* aller avec
▸ **go without** *vt fus* se passer de

goad [gəud] *vt* aiguillonner
go-ahead ['gəuəhɛd] *adj* dynamique, entreprenant(e) ▸ *n* feu vert
goal [gəul] *n* but *m*
goal difference *n* différence *f* de buts
goalie ['gəulɪ] *n* (*inf*) goal *m*
goalkeeper ['gəulki:pə^{r}] *n* gardien *m* de but
goalkeeping ['gəulki:pɪŋ] *n* jeu *m* du gardien de but
goal kick *n* coup *m* de pied de renvoi (aux six mètres)
goalless ['gəullɪs] *adj* (*draw*) sans but marqué
goal-post [gəulpəust] *n* poteau *m* de but
goat [gəut] *n* chèvre *f*
goatee [gəu'ti:] *n* bouc *m*
gob [gɔb] *n* (Brit *inf*) gueule *f* (*inf*)
gobble ['gɔbl] *vt* (*also*: **gobble down, gobble up**) engloutir
gobbledygook, gobbledegook ['gɔbldigu:k] *n* (*inf*) charabia *m*
go-between ['gəubɪtwi:n] *n* médiateur *m*
Gobi Desert ['gəubɪ-] *n* désert *m* de Gobi
goblet ['gɔblɪt] *n* coupe *f*
goblin ['gɔblɪn] *n* lutin *m*
gobsmacked ['gɔbsmækt] *adj* (Brit *inf*) estomaqué(e)(*inf*)
go-cart ['gəuka:t] *n* kart *m* ▸ *cpd*: **~ racing** karting *m*
god [gɔd] *n* dieu *m* ; **God** Dieu
god-awful [gɔd'ɔ:fəl] *adj* (*inf*) franchement atroce
godchild ['gɔdtʃaɪld] *n* (*irreg*) filleul(e)

goddamn, goddam ['gɔddæm] *excl* (*esp US inf*): **~ (it)!** nom de Dieu ! ▸ *adj* (*also*: **goddamned**) fichu(e) ▸ *adv* sacrément
goddaughter ['gɔddɔːtəʳ] *n* filleule *f*
goddess ['gɔdɪs] *n* déesse *f*
godfather ['gɔdfɑːðəʳ] *n* parrain *m*
god-fearing ['gɔdfɪərɪŋ] *adj* croyant(e)
god-forsaken ['gɔdfəseɪkən] *adj* maudit(e)
godless ['gɔdlɪs] *adj* impie
godmother ['gɔdmʌðəʳ] *n* marraine *f*
godparents ['gɔdpɛərənts] *npl*: **the ~** le parrain et la marraine
godsend ['gɔdsɛnd] *n* aubaine *f*
godson ['gɔdsʌn] *n* filleul *m*
goes [gəuz] *vb see* **go**
gofer ['gəufəʳ] *n* coursier(-ière)
go-getter ['gəugɛtəʳ] *n* arriviste *mf*
goggle ['gɔgl] *vi*: **to ~ at** regarder avec des yeux ronds
goggles ['gɔglz] *npl* (*for skiing etc*) lunettes (protectrices) ; (*for swimming*) lunettes de piscine
going ['gəuɪŋ] *n* (*conditions*) état *m* du terrain ; **it was slow ~** les progrès étaient lents, ça n'avançait pas vite ▸ *adj*: **the ~ rate** le tarif (en vigueur) ; **a ~ concern** une affaire prospère
going-over [gəuɪŋ'əuvəʳ] *n* (*inf*) vérification *f*, révision *f* ; (*beating*) passage *m* à tabac
goings-on ['gəuɪŋz'ɔn] *npl* (*inf*) manigances *fpl*
go-kart ['gəukɑːt] *n* = **go-cart**
gold [gəuld] *n* or *m* ▸ *adj* en or ; (*reserves*) d'or
golden ['gəuldən] *adj* (*made of gold*) en or ; (*gold in colour*) doré(e)
golden age *n* âge *m* d'or
golden handshake *n* (Brit) prime *f* de départ
golden rule *n* règle *f* d'or
goldfish ['gəuldfɪʃ] *n* poisson *m* rouge
gold leaf *n* or *m* en feuille
gold medal *n* (*Sport*) médaille *f* d'or
goldmine ['gəuldmaɪn] *n* mine *f* d'or
gold-plated ['gəuld'pleɪtɪd] *adj* plaqué(e) or *inv*
goldsmith ['gəuldsmɪθ] *n* orfèvre *m*
gold standard *n* étalon-or *m*
golf [gɔlf] *n* golf *m*
golf ball *n* balle *f* de golf ; (*on typewriter*) boule *f*
golf club *n* club *m* de golf ; (*stick*) club *m*, crosse *f* de golf
golf course *n* terrain *m* de golf
golfer ['gɔlfəʳ] *n* joueur(-euse) de golf
golfing ['gɔlfɪŋ] *n* golf *m*
gondola ['gɔndələ] *n* gondole *f*
gondolier [gɔndə'lɪəʳ] *n* gondolier *m*
gone [gɔn] *pp of* **go** ▸ *adj* parti(e)
goner ['gɔnəʳ] *n* (*inf*): **to be a ~** être fichu(e) *or* foutu(e)
gong [gɔŋ] *n* gong *m*
gonna ['gɔnə] = **going to**
gonorrhoea, (US) **gonorrhea** [gɔnə'rɪə] *n* blennorragie *f*
goo [guː] *n* (*inf*) pâte *f* visqueuse
good [gud] *adj* bon(ne) ; (*kind*) gentil(le) ; (*child*) sage ; (*weather*) beau (belle) ; **~!** bon !, très bien ! ; **to be ~ at** être bon en ; **to be ~ for** être bon pour ; **it's ~ for you** c'est bon pour vous ; **she is ~ with children/her hands** elle sait bien s'occuper des enfants/sait se servir de ses mains ; **to feel ~** se sentir bien ; **it's a ~ thing you were there** heureusement que vous étiez là ; **it's ~ to see you** ça me fait plaisir de vous voir, je suis content de vous voir ; **~ morning/afternoon!** bonjour ! ; **~ evening!** bonsoir ! ; **~ night!** bonsoir ! ; (*on going to bed*) bonne nuit ! ; **would you be ~ enough to ...?** auriez-vous la bonté *or* l'amabilité de ... ? ; **that's very ~ of you** c'est très gentil de votre part ; **to make ~** (*deficit*) combler ; (*losses*) compenser ; **a ~ deal (of)** beaucoup (de) ; **a ~ many** beaucoup (de) ▸ *n* bien *m* ; **he's up to no ~** il prépare quelque mauvais coup ; **it's no ~ complaining** cela ne sert à rien de se plaindre ; **is this any ~?** (*will it do?*) est-ce que ceci fera l'affaire ?, est-ce que cela peut vous rendre service ? ; (*what's it like?*) qu'est-ce que ça vaut ? ; **for the common ~** dans l'intérêt commun ; **for ~** (*for ever*) pour de bon, une fois pour toutes ; **goods** *npl* marchandise *f*, articles *mpl* ; (*Comm etc*) marchandises ; **goods and chattels** biens *mpl* et effets *mpl*
goodbye [gud'baɪ] *excl* au revoir ! ; **to say ~ to sb** dire au revoir à qn
good faith *n* bonne foi
good-for-nothing ['gudfənʌθɪŋ] *adj* bon(ne) *or* propre à rien
Good Friday *n* Vendredi saint
good-humoured ['gud'hjuːməd] *adj* (*person*) jovial(e) ; (*remark, joke*) sans malice
goodies ['gudiz] *npl* (*inf*): **a little bag of ~** un sachet de petits cadeaux
good-looking ['gud'lukɪŋ] *adj* beau (belle), bien *inv*
good-natured ['gud'neɪtʃəd] *adj* (*person*) qui a un bon naturel ; (*discussion*) enjoué(e)
goodness ['gudnɪs] *n* (*of person*) bonté *f* ; **for ~ sake!** je vous en prie ! ; **~ gracious!** mon Dieu !
goods train *n* (Brit) train *m* de marchandises
goodwill [gud'wɪl] *n* bonne volonté ; (*Comm*) réputation *f* (auprès de la clientèle)
goody-goody ['gudɪgudɪ] *n* (*pej*) petit saint, sainte nitouche
gooey ['guːɪ] *adj* (*inf*) gluant(e)
Google® ['gugl] *n* Google® *m* ▸ *vt*: **to google** (*word, name*) chercher sur Google
goose [guːs] (*pl* **geese** [giːs]) *n* oie *f*
gooseberry ['guzbərɪ] *n* groseille *f* à maquereau ; **to play ~** (Brit) tenir la chandelle
goose bumps *npl* chair *f* de poule
gooseflesh ['guːsflɛʃ] *n*, **goose pimples** *npl* chair *f* de poule
goose step *n* (*Mil*) pas *m* de l'oie
GOP *n abbr* (*US Pol: inf: = Grand Old Party*) *parti républicain*
gopher ['gəufəʳ] *n* = **gofer**
gore [gɔːʳ] *vt* encorner ▸ *n* sang *m*
gorge [gɔːdʒ] *n* gorge *f* ▸ *vt*: **to ~ o.s. (on)** se gorger (de)
gorgeous ['gɔːdʒəs] *adj* splendide, superbe
gorilla [gə'rɪlə] *n* gorille *m*
gormless ['gɔːmlɪs] *adj* (Brit *inf*) lourdaud(e)
gorse [gɔːs] *n* ajoncs *mpl*
gory ['gɔːrɪ] *adj* sanglant(e)
gosh [gɔʃ] *excl* (*inf*) mince alors !

g

go-slow ['gəu'sləu] *n* (BRIT) grève perlée
gospel ['gɔspl] *n* évangile *m*
gossamer ['gɔsəməʳ] *n* (*cobweb*) fils *mpl* de la vierge ; (*light fabric*) étoffe très légère
gossip ['gɔsɪp] *n* (*chat*) bavardages *mpl* ; (*malicious*) commérage *m*, cancans *mpl* ; (*person*) commère *f* ; **a piece of ~** un ragot, un racontar ▸*vi* bavarder ; cancaner, faire des commérages
gossip column *n* (*Press*) échos *mpl*
got [gɔt] *pt, pp of* **get**
Gothic ['gɔθɪk] *adj* gothique
gotta ['gɔtə] = **has got to**; = **have got to**
gotten ['gɔtn] (*US*) *pp of* **get**
gouge [gaudʒ] *vt* (*also*: **gouge out**: *hole etc*) évider ; (*initials*) tailler ; **to ~ sb's eyes out** crever les yeux à qn
gourd [guəd] *n* calebasse *f*, gourde *f*
gourmet ['guəmeɪ] *n* gourmet *m*, gastronome *mf*
gout [gaut] *n* goutte *f*
govern ['gʌvən] *vt* (*gen, Ling*) gouverner ; (*influence*) déterminer
governance ['gʌvənəns] *n* (*formal*: *of country*) gouvernement *m* ; (: *of company, organization*) gestion *f*
governess ['gʌvənɪs] *n* gouvernante *f*
governing ['gʌvənɪŋ] *adj* (*Pol*) au pouvoir, au gouvernement ; **~ body** conseil *m* d'administration
government ['gʌvnmənt] *n* gouvernement *m* ; (BRIT: *ministers*) ministère *m* ▸*cpd* de l'État
governmental [gʌvn'mɛntl] *adj* gouvernemental(e)
government housing *n* (*US*) logements sociaux
government stock *n* titres *mpl* d'État
governor ['gʌvənəʳ] *n* (*of colony, state, bank*) gouverneur *m* ; (*of school, hospital etc*) administrateur(-trice) ; (BRIT: *of prison*) directeur(-trice)
Govt *abbr* (= *government*) gvt
gown [gaun] *n* robe *f* ; (*of teacher*, BRIT: *of judge*) toge *f*
GP *n abbr* (*Med*) = **general practitioner**; **who's your GP?** qui est votre médecin traitant ?
GPMU *n abbr* (BRIT) = **Graphical, Paper and Media Union**
GPO *n abbr* (BRIT *old*) = **General Post Office**; (*US*) = **Government Printing Office**
GPS *n abbr* (= *global positioning system*) GPS *m*
gr. *abbr* (*Comm*) = **gross**
grab [græb] *vt* saisir, empoigner ; (*property, power*) se saisir de ▸*vi*: **to ~ at** essayer de saisir
grace [greɪs] *n* grâce *f* ; **5 days' ~** un répit de 5 jours ; **to say ~** dire le bénédicité ; (*after meal*) dire les grâces ; **with a good/bad ~** de bonne/mauvaise grâce ; **his sense of humour is his saving ~** il se rachète par son sens de l'humour ▸*vt* (*honour*) honorer ; (*adorn*) orner
graceful ['greɪsful] *adj* (*person, movement*) gracieux(-euse), élégant(e) ; (*polite*) élégant(e)
gracefully ['greɪsfulɪ] *adv* (*move*) gracieusement ; (*politely*) élégamment
gracious ['greɪʃəs] *adj* (*kind*) charmant(e), bienveillant(e) ; (*polite*) courtois(e) ; (*elegant*) plein(e) d'élégance, d'une grande élégance ; (*formal*: *pardon etc*) miséricordieux(-euse) ▸*excl*: **(good) ~!** mon Dieu !
graciously ['greɪʃəslɪ] *adv* (*politely*) courtoisement
gradation [grə'deɪʃən] *n* gradation *f*
grade [greɪd] *n* (*Comm*: *quality*) qualité *f* ; (: *size*) calibre *m* ; (: *type*) catégorie *f* ; (*in hierarchy*) grade *m*, échelon *m* ; (*Scol*) note *f* ; (*US*: *school class*) classe *f* ; (: *gradient*) pente *f* ; **to make the ~** (*fig*) réussir ▸*vt* classer ; (*by size*) calibrer ; graduer
grade crossing *n* (*US*) passage *m* à niveau
grade school *n* (*US*) école *f* primaire
gradient ['greɪdɪənt] *n* inclinaison *f*, pente *f* ; (*Geom*) gradient *m*
gradual ['grædjuəl] *adj* graduel(le), progressif(-ive)
gradually ['grædjuəlɪ] *adv* peu à peu, graduellement
graduate *n* ['grædjuɪt] diplômé(e) d'université ; (*US*: *of high school*) diplômé(e) de fin d'études ▸*vi* ['grædjueɪt] obtenir un diplôme d'université (*or* de fin d'études)
graduated pension ['grædjueɪtɪd-] *n* retraite calculée en fonction des derniers salaires
graduation [grædju'eɪʃən] *n* cérémonie *f* de remise des diplômes
graffiti [grə'fi:tɪ] *npl* graffiti *mpl* ; **~ artist** graffeur(-euse)
graft [grɑ:ft] *n* (*Agr, Med*) greffe *f* ; (*bribery*) corruption *f* ; **hard ~** (BRIT *inf*) boulot acharné ▸*vt* greffer
Grail [greɪl] *n*: **the ~** le Graal
grain [greɪn] *n* (*single piece*) grain *m* ; (*no pl*: *cereals*) céréales *fpl* ; (*US*: *corn*) blé *m* ; (*of wood*) fibre *f* ; **it goes against the ~** cela va à l'encontre de sa (*or* ma *etc*) nature
grainy ['greɪnɪ] *adj* (*film, photograph*) qui a du grain ; (*surface*) granuleux(-euse)
gram [græm] *n* gramme *m*
grammar ['græməʳ] *n* grammaire *f*
grammar school *n* (BRIT) ≈ lycée *m*
grammatical [grə'mætɪkl] *adj* grammatical(e)
gramme [græm] *n* = **gram**
gramophone ['græməfəun] *n* (BRIT) gramophone *m*
gran [græn] *n* (BRIT *inf*) mamie *f* (*inf*), mémé *f* (*inf*) ; **my ~** (*young child speaking*) ma mamie *or* mémé ; (*older child or adult speaking*) ma grand-mère
granary ['grænərɪ] *n* grenier *m*
grand [grænd] *adj* magnifique, splendide ; (*terrific*) magnifique, formidable ; (*gesture etc*) noble ▸*n* (*inf*: *thousand*) mille livres *fpl* (*or* dollars *mpl*)
grandad ['grændæd] *n* (*inf*) = **granddad**
grandchild ['græntʃaɪld] (*pl* **grandchildren** ['græntʃɪldrən]) *n* petit-fils *m*, petite-fille *f* ; **grandchildren** *npl* petits-enfants
granddad ['grændæd] *n* (*inf*) papy *m* (*inf*), papi *m* (*inf*), pépé *m* (*inf*) ; **my ~** (*young child speaking*) mon papy *or* papi *or* pépé ; (*older child or adult speaking*) mon grand-père
granddaughter ['grændɔ:təʳ] *n* petite-fille *f*
grandeur ['grændjəʳ] *n* magnificence *f*, splendeur *f* ; (*of position etc*) éminence *f*
grandfather ['grændfɑ:ðəʳ] *n* grand-père *m*
grandiose ['grændɪəus] *adj* grandiose ; (*pej*) pompeux(-euse)

grand jury *n (US)* jury *m* d'accusation (*formé de 12 à 23 jurés*)
grandma ['grænmɑ:] *n (inf)* = **gran**
grandmother ['grænmʌðəʳ] *n* grand-mère *f*
grandpa ['grænpɑ:] *n (inf)* = **granddad**
grandparents ['grændpɛərənts] *npl* grands-parents *mpl*
grand piano *n* piano *m* à queue
Grand Prix ['grɔŋ'pri:] *n (Aut)* grand prix automobile
grand slam *n* grand chelem *m*
grandson ['grænsʌn] *n* petit-fils *m*
grandstand ['grændstænd] *n (Sport)* tribune *f*
grandstanding ['grændstændɪŋ] *n (pej)* démagogie *f*
grand total *n* total général
granite ['grænɪt] *n* granit *m*
granny ['grænɪ] *n (inf)* = **gran**
grant [grɑ:nt] *vt* accorder ; (*a request*) accéder à ; (*admit*) concéder ; **to take sth for granted** considérer qch comme acquis ; **to take sb for granted** considérer qn comme faisant partie du décor ; **to ~ that** admettre que ▸ *n (Scol)* bourse *f* ; (*Admin*) subside *m*, subvention *f*
granulated ['grænjuleɪtɪd] *adj*: **~ sugar** sucre *m* en poudre
granule ['grænju:l] *n* granule *m*
grape [greɪp] *n* raisin *m* ; **a bunch of grapes** une grappe de raisin
grapefruit ['greɪpfru:t] *n* pamplemousse *m*
grapevine ['greɪpvaɪn] *n* vigne *f* ; **I heard it on the ~** (*fig*) je l'ai appris par le téléphone arabe
graph [grɑ:f] *n* graphique *m*, courbe *f*
graphic ['græfɪk] *adj* graphique ; (*vivid*) vivant(e)
graphic designer *n* graphiste *mf*
graphic equalizer *n* égaliseur *m* graphique
graphics ['græfɪks] *n (art)* arts *mpl* graphiques ; (*process*) graphisme *m* ▸ *npl (drawings)* illustrations *fpl*
graphite ['græfaɪt] *n* graphite *m*
graph paper *n* papier millimétré
grapple ['græpl] *vi*: **to ~ with** être aux prises avec
grappling iron ['græplɪŋ-] *n (Naut)* grappin *m*
grasp [grɑ:sp] *vt* saisir, empoigner ; (*understand*) saisir, comprendre ▸ *n (grip)* prise *f* ; (*fig*) compréhension *f*, connaissance *f* ; **to have sth within one's ~** avoir qch à sa portée ; **to have a good ~ of sth** (*fig*) bien comprendre qch
▸ **grasp at** *vt fus (rope etc)* essayer de saisir ; (*fig: opportunity*) sauter sur
grasping ['grɑ:spɪŋ] *adj* avide
grass [grɑ:s] *n* herbe *f* ; (*lawn*) gazon *m* ; (Brit *inf: informer*) mouchard(e) ; (*: ex-terrorist*) balanceur(-euse)
grasshopper ['grɑ:shɔpəʳ] *n* sauterelle *f*
grassland ['grɑ:slænd] *n* prairie *f*
grass roots *npl (fig)* base *f*
grass snake *n* couleuvre *f*
grassy ['grɑ:sɪ] *adj* herbeux(-euse)
grate [greɪt] *n* grille *f* de cheminée ▸ *vi* grincer ▸ *vt (Culin)* râper
grateful ['greɪtful] *adj* reconnaissant(e)
gratefully ['greɪtfəlɪ] *adv* avec reconnaissance
grater ['greɪtəʳ] *n* râpe *f*
gratification [grætɪfɪ'keɪʃən] *n* satisfaction *f*
gratify ['grætɪfaɪ] *vt* faire plaisir à ; (*whim*) satisfaire
gratifying ['grætɪfaɪɪŋ] *adj* agréable, satisfaisant(e)
grating ['greɪtɪŋ] *n (iron bars)* grille *f* ▸ *adj (noise)* grinçant(e)
gratitude ['grætɪtju:d] *n* gratitude *f*
gratuitous [grə'tju:ɪtəs] *adj* gratuit(e)
gratuity [grə'tju:ɪtɪ] *n* pourboire *m*
grave [greɪv] *n* tombe *f* ▸ *adj* grave, sérieux(-euse)
gravedigger ['greɪvdɪgəʳ] *n* fossoyeur *m*
gravel ['grævl] *n* gravier *m*
gravely ['greɪvlɪ] *adv* gravement, sérieusement ; **~ ill** gravement malade
gravestone ['greɪvstəun] *n* pierre tombale
graveyard ['greɪvjɑ:d] *n* cimetière *m*
gravitas ['grævɪtæs] *n* sérieux *m*
gravitate ['grævɪteɪt] *vi* graviter
gravitational [grævɪ'teɪʃənəl] *n (Physics: field, force)* de gravitation
gravity ['grævɪtɪ] *n (Physics)* gravité *f* ; pesanteur *f* ; (*seriousness*) gravité, sérieux *m*
gravy ['greɪvɪ] *n* jus *m* (de viande), sauce *f* (au jus de viande)
gravy boat *n* saucière *f*
gravy train *n (inf)*: **to ride the ~** avoir une bonne planque
gray *etc* [greɪ] *adj (US)* = **grey** *etc*
graze [greɪz] *vi* paître, brouter ▸ *vt (touch lightly)* frôler, effleurer ; (*scrape*) écorcher ▸ *n* écorchure *f*
grazed [greɪzd] *adj (arm, knee)* écorché(e)
grazing ['greɪzɪŋ] *n (pasture)* pâturage *m*
grease [gri:s] *n (fat)* graisse *f* ; (*lubricant*) lubrifiant *m* ▸ *vt* graisser ; lubrifier ; **to ~ the skids** (*US fig*) huiler les rouages
grease gun *n* graisseur *m*
greasepaint ['gri:speɪnt] *n* produits *mpl* de maquillage
greaseproof paper ['gri:spru:f-] *n* (Brit) papier sulfurisé
greasy ['gri:sɪ] *adj* gras(se), graisseux(-euse) ; (*hands, clothes*) graisseux ; (Brit: *road, surface*) glissant(e)
great [greɪt] *adj* grand(e) ; (*heat, pain etc*) très fort(e), intense ; (*inf*) formidable ; **they're ~ friends** ils sont très amis, ce sont de grands amis ; **we had a ~ time** nous nous sommes bien amusés ; **it was ~!** c'était fantastique *or* super ! ; **the ~ thing is that ...** ce qu'il y a de vraiment bien c'est que ...
Great Barrier Reef *n*: **the ~** la Grande Barrière
Great Britain *n* Grande-Bretagne *f*

GREAT BRITAIN

Bien qu'il soit courant d'utiliser indifféremment **Great Britain** (Grande-Bretagne) et *United Kingdom* (Royaume-Uni), ces deux termes ne recouvrent pas les mêmes réalités. *Great Britain* désigne l'ensemble composé de l'Angleterre, du pays de Galles et de l'Écosse, né en 1707 de l'union de deux royaumes. Le Royaume-Uni, quant à lui, comprend la Grande-Bretagne plus l'Irlande du Nord.

great-grandchild [greɪt'græntʃaɪld] (*pl* **-children** [-tʃɪldrən]) *n* arrière-petit(e)-enfant
great-grandfather [greɪt'grænfɑːðəʳ] *n* arrière-grand-père *m*
great-grandmother [greɪt'grænmʌðəʳ] *n* arrière-grand-mère *f*
Great Lakes *npl*: **the ~** les Grands Lacs
greatly ['greɪtlɪ] *adv* très, grandement ; (*with verbs*) beaucoup
greatness ['greɪtnɪs] *n* grandeur *f*
Grecian ['griːʃən] *adj* grec (grecque)
Greece [griːs] *n* Grèce *f*
greed [griːd] *n* (*also*: **greediness**) avidité *f* ; (*for food*) gourmandise *f*
greedily ['griːdɪlɪ] *adv* avidement ; avec gourmandise
greedy ['griːdɪ] *adj* avide ; (*for food*) gourmand(e)
Greek [griːk] *adj* grec (grecque) ▶ *n* Grec (Grecque) ; (*Ling*) grec *m* ; **ancient/modern ~** grec classique/moderne
green [griːn] *adj* vert(e) ; (*inexperienced*) (bien) jeune, naïf(-ïve) ; (*ecological: product etc*) écologique ; **to have ~ fingers** *or* (*US*) **a ~ thumb** (*fig*) avoir le pouce vert ; **G~** (*Pol*) écologiste *mf* ; **the G~ Party** le parti écologiste ▶ *n* (*colour*) vert *m* ; (*on golf course*) green *m* ; (*stretch of grass*) pelouse *f* ; (*also*: **village green**) ≈ place *f* du village ; **greens** *npl* (*vegetables*) légumes verts
green belt *n* (*round town*) ceinture verte
green card *n* (*Aut*) carte verte ; (*US: work permit*) permis *m* de travail
greenery ['griːnərɪ] *n* verdure *f*
greenfly ['griːnflaɪ] *n* (Brit) puceron *m*
greengage ['griːngeɪdʒ] *n* reine-claude *f*
greengrocer ['griːngrəusəʳ] *n* (Brit) marchand *m* de fruits et légumes
greengrocer's ['griːngrəusəz], **greengrocer's shop** *n* magasin *m* de fruits et légumes
greenhouse ['griːnhaus] *n* serre *f*
greenhouse effect *n*: **the ~** l'effet *m* de serre
greenhouse gas *n* gaz *m* contribuant à l'effet de serre
greenish ['griːnɪʃ] *adj* verdâtre
Greenland ['griːnlənd] *n* Groenland *m*
Greenlander ['griːnləndəʳ] *n* Groenlandais(e)
green light *n*: **to give sb/sth the ~** donner le feu vert à qn/qch
green pepper *n* poivron (vert)
green pound *n* (*Econ*) livre verte
green salad *n* salade verte
green tax *n* écotaxe *f*
greet [griːt] *vt* accueillir
greeting ['griːtɪŋ] *n* salutation *f* ; **Christmas/birthday greetings** souhaits *mpl* de Noël/de bon anniversaire
greetings card *n* carte *f* de vœux
gregarious [grə'gɛərɪəs] *adj* grégaire ; sociable
grenade [grə'neɪd] *n* (*also*: **hand grenade**) grenade *f*
grew [gruː] *pt of* **grow**
grey, (*US*) **gray** [greɪ] *adj* gris(e) ; (*dismal*) sombre ; **to go ~** (commencer à) grisonner
grey area, (*US*) **gray area** *n* zone *f* floue
grey-haired, (*US*) **gray-haired** [greɪ'hɛəd] *adj* aux cheveux gris
greyhound ['greɪhaund] *n* lévrier *m*
greying, (*US*) **graying** ['greɪɪŋ] *adj* (*hair, person*) grisonnant(e)
grey matter, (*US*) **gray matter** *n* (*inf*) matière *f* grise
grey squirrel, (*US*) **gray squirrel** *n* écureuil *m* gris, petit-gris *m*
grey vote, (*US*) **gray vote** *n* vote *m* des seniors
grid [grɪd] *n* grille *f* ; (*Elec*) réseau *m* ; (*US Aut*) intersection *f* (*matérialisée par des marques au sol*) ; **off-~** hors-réseau
griddle ['grɪdl] *n* (*on cooker*) plaque chauffante
gridiron ['grɪdaɪən] *n* gril *m*
gridlock ['grɪdlɔk] *n* (*traffic jam*) embouteillage *m*
gridlocked ['grɪdlɔkt] *adj*: **to be ~** (*roads*) être bloqué par un embouteillage ; (*talks etc*) être suspendu
grief [griːf] *n* chagrin *m*, douleur *f* ; **to come to ~** (*plan*) échouer ; (*person*) avoir un malheur
grievance ['griːvəns] *n* doléance *f*, grief *m* ; (*cause for complaint*) grief
grieve [griːv] *vi* avoir du chagrin ; se désoler ; **to ~ for sb** pleurer qn ; **to ~ at** se désoler de ; pleurer ▶ *vt* faire de la peine à, affliger
grievous ['griːvəs] *adj* grave, cruel(le) ; **~ bodily harm** (*Law*) coups *mpl* et blessures *fpl*
grill [grɪl] *n* (*on cooker*) gril *m* ; (*also*: **mixed grill**) grillade(s) *f(pl)* ; (*also*: **grillroom**) rôtisserie *f* ▶ *vt* (*Culin*) griller ; (*inf: question*) interroger longuement, cuisiner
grille [grɪl] *n* grillage *m* ; (*Aut*) calandre *f*
grillroom ['grɪlrum] *n* rôtisserie *f*
grim [grɪm] *adj* sinistre, lugubre ; (*serious, stern*) sévère
grimace [grɪ'meɪs] *n* grimace *f* ▶ *vi* grimacer, faire une grimace
grime [graɪm] *n* crasse *f*
grimly ['grɪmlɪ] *adv* (*say*) d'un air sévère
grimy ['graɪmɪ] *adj* crasseux(-euse)
grin [grɪn] *n* large sourire *m* ▶ *vi* sourire ; **to ~ (at)** faire un grand sourire (à)
grind [graɪnd] (*pt, pp* **ground** [graund]) *vt* écraser ; (*coffee, pepper etc*) moudre ; (*US: meat*) hacher ; (*make sharp*) aiguiser ; (*polish: gem, lens*) polir ; **to ~ one's teeth** grincer des dents ▶ *vi* (*car gears*) grincer ; **to ~ to a halt** (*vehicle*) s'arrêter dans un grincement de freins ; (*fig*) s'arrêter, s'immobiliser ▶ *n* (*work*) corvée *f* ; **the daily ~** (*inf*) le train-train quotidien
grinder ['graɪndəʳ] *n* (*machine: for coffee*) moulin *m* (à café) ; (*: for waste disposal etc*) broyeur *m*
grinding ['graɪndɪŋ] *adj* (*poverty, difficulty*) écrasant(e) ; **to come to a ~ halt** s'arrêter net
grindstone ['graɪndstəun] *n*: **to keep one's nose to the ~** travailler sans relâche
grip [grɪp] *n* (*handclasp*) poigne *f* ; (*control*) prise *f* ; (*handle*) poignée *f* ; (*holdall*) sac *m* de voyage ; **to lose one's ~** lâcher prise ; (*fig*) perdre les pédales, être dépassé(e) ; **to come to grips with** se colleter avec, en venir aux prises avec ▶ *vt* saisir, empoigner ; (*viewer, reader*) captiver ; **to ~ the road** (*Aut*) adhérer à la route
gripe [graɪp] *n* (*Med*) coliques *fpl* ; (*inf: complaint*) ronchonnement *m*, rouspétance *f* ▶ *vi* (*inf*) râler
gripping ['grɪpɪŋ] *adj* prenant(e), palpitant(e)

grisly ['grɪzlɪ] *adj* sinistre, macabre
grist [grɪst] *n* (*fig*): **it's (all) ~ to his mill** ça l'arrange, ça apporte de l'eau à son moulin
gristle ['grɪsl] *n* cartilage *m* (*de poulet etc*)
grit [grɪt] *n* gravillon *m* ; (*courage*) cran *m* ; **to have a piece of ~ in one's eye** avoir une poussière *or* saleté dans l'œil ▸ *vt* (*road*) sabler ; **to ~ one's teeth** serrer les dents
grits [grɪts] *npl* (*US*) gruau *m* de maïs
gritty ['grɪtɪ] *adj* (*surface*) recouvert(e) de gravier ; (*texture*) graveleux(-euse) ; (*realistic: description*) réaliste
grizzle ['grɪzl] *vi* (Brit) pleurnicher
grizzly ['grɪzlɪ] *n* (*also*: **grizzly bear**) grizzli *m*, ours gris
groan [grəun] *n* (*of pain*) gémissement *m* ; (*of disapproval, dismay*) grognement *m* ▸ *vi* gémir ; grogner
grocer ['grəusəʳ] *n* épicier *m*
groceries ['grəusərɪz] *npl* provisions *fpl*
grocer's (shop) ['grəusəz-], **grocery** ['grəusərɪ] *n* épicerie *f*
grog [grɔg] *n* grog *m*
groggy ['grɔgɪ] *adj* groggy *inv*
groin [grɔɪn] *n* aine *f*
groom [gru:m] *n* (*for horses*) palefrenier *m* ; (*also*: **bridegroom**) marié *m* ▸ *vt* (*horse*) panser ; (*fig*): **to ~ sb for** former qn pour
grooming ['gru:mɪŋ] *n* (*personal care*) toilette *f* ; (*between monkeys*) épouillage *m* ; (*on Internet*) *utilisation de services de rencontres en ligne par des adultes cherchant à séduire des mineurs*
groove [gru:v] *n* sillon *m*, rainure *f*
grope [grəup] *vi* tâtonner ; **to ~ for** chercher à tâtons
gross [grəus] *adj* grossier(-ière) ; (*Comm*) brut(e) ▸ *n* (*pl inv: twelve dozen*) grosse *f* ▸ *vt* (*Comm*): **to ~ £500,000** gagner 500 000 livres avant impôt
gross domestic product *n* produit brut intérieur
grossly ['grəuslɪ] *adv* (*greatly*) très, grandement
gross national product *n* produit national brut
grotesque [grə'tɛsk] *adj* grotesque
grotto ['grɔtəu] *n* grotte *f*
grotty ['grɔtɪ] *adj* (Brit *inf*) minable
grouch [grautʃ] (*inf*) *vi* rouspéter ▸ *n* (*person*) rouspéteur(-euse)
ground [graund] *pt, pp of* **grind** ▸ *n* sol *m*, terre *f* ; (*land*) terrain *m*, terres *fpl* ; (*Sport*) terrain ; (*reason: gen pl*) raison *f* ; (*US: also*: **ground wire**) terre *f* ; **on the ~, to the ~** par terre ; **below ~** sous terre ; **to gain/lose ~** gagner/perdre du terrain ; **common ~** terrain d'entente ; **he covered a lot of ~ in his lecture** sa conférence a traité un grand nombre de questions *or* la question en profondeur ▸ *vt* (*plane*) empêcher de décoller, retenir au sol ; (*US Elec*) équiper d'une prise de terre, mettre à la terre ▸ *vi* (*ship*) s'échouer ▸ *adj* (*coffee etc*) moulu(e) ; (*US: meat*) haché(e) ; **grounds** *npl* (*gardens etc*) parc *m*, domaine *m* ; (*of coffee*) marc *m*
groundbreaking ['graundbreɪkɪŋ] *adj* révolutionnaire
ground cloth *n* (*US*) = **groundsheet**
ground control *n* (*Aviat, Space*) centre *m* de contrôle (au sol)
ground floor *n* (Brit) rez-de-chaussée *m*
groundhog ['graundhɔg] *n* marmotte *f* commune
grounding ['graundɪŋ] *n* (*in education*) connaissances *fpl* de base
groundless ['graundlɪs] *adj* sans fondement
groundnut ['graundnʌt] *n* arachide *f*
ground rent *n* (Brit) fermage *m*
ground rules *npl*: **the ~** les principes *mpl* de base
groundsheet ['graundʃi:t] *n* (Brit) tapis *m* de sol
groundsman ['graundzmən] (*irreg*), (*US*) **groundskeeper** ['graundzki:pəʳ] *n* (*Sport*) gardien *m* de stade
ground staff *n* équipage *m* au sol
groundswell ['graundswɛl] *n* lame *f or* vague *f* de fond
ground-to-air ['grauntu'ɛəʳ] *adj* (*Mil*) sol-air *inv*
ground-to-ground ['grauntə'graund] *adj* (*Mil*) sol-sol *inv*
groundwater ['graundwɔ:təʳ] *n* nappe *f* phréatique
groundwork ['graundwə:k] *n* préparation *f*
group [gru:p] *n* groupe *m* ▸ *vt* (*also*: **group together**) grouper ▸ *vi* (*also*: **group together**) se grouper
groupie ['gru:pɪ] *n* groupie *f*
grouping ['gru:pɪŋ] *n* groupement *m*
group therapy *n* thérapie *f* de groupe
grouse [graus] *n* (*pl inv: bird*) grouse *f* (*sorte de coq de bruyère*) ▸ *vi* (*complain*) rouspéter, râler
grove [grəuv] *n* bosquet *m*
grovel ['grɔvl] *vi* (*fig*): **to ~ (before)** ramper (devant)
grow [grəu] (*pt* **grew** [gru:], *pp* **grown** [grəun]) *vi* (*plant*) pousser, croître ; (*person*) grandir ; (*increase*) augmenter, se développer ; (*become*) devenir ; **to ~ rich/weak** s'enrichir/s'affaiblir ▸ *vt* cultiver, faire pousser ; (*hair, beard*) laisser pousser
▸ **grow apart** *vi* (*fig*) se détacher (l'un de l'autre)
▸ **grow away from** *vt fus* (*fig*) s'éloigner de
▸ **grow into** *vi* (*become*) se transformer en ▸ *vt fus* (*clothes*) devenir assez grand pour mettre
▸ **grow on** *vt fus*: **that painting is growing on me** je finirai par aimer ce tableau
▸ **grow out of** *vt fus* (*clothes*) devenir trop grand pour ; (*habit*) perdre (avec le temps) ; **he'll ~ out of it** ça lui passera
▸ **grow up** *vi* grandir
grower ['grəuəʳ] *n* producteur *m* ; (*Agr*) cultivateur(-trice)
growing ['grəuɪŋ] *adj* (*fear, amount*) croissant(e), grandissant(e) ; **~ pains** (*Med*) fièvre *f* de croissance ; (*fig*) difficultés *fpl* de croissance
growl [graul] *vi* grogner
grown [grəun] *pp of* **grow** ▸ *adj* adulte
grown-up [grəun'ʌp] *n* adulte *mf*, grande personne
growth [grəuθ] *n* croissance *f*, développement *m* ; (*what has grown*) pousse *f* ; poussée *f* ; (*Med*) grosseur *f*, tumeur *f*
growth rate *n* taux *m* de croissance
GRSM *n abbr* (Brit) = **Graduate of the Royal Schools of Music**

g

grub [grʌb] *n* larve *f*; (*inf: food*) bouffe *f*
grubby [ˈgrʌbɪ] *adj* crasseux(-euse)
grudge [grʌdʒ] *n* rancune *f*; **to bear sb a ~ (for)** garder rancune *or* en vouloir à qn (de) ▸ *vt*: **to ~ sb sth** (*in giving*) donner qch à qn à contre-cœur; (*resent*) reprocher qch à qn; **he grudges spending** il rechigne à dépenser
grudging [ˈgrʌdʒɪŋ] *adj* (*respect, admiration*) accordé(e) à contre-cœur
grudgingly [ˈgrʌdʒɪŋlɪ] *adv* à contre-cœur, de mauvaise grâce
gruelling, (*US*) **grueling** [ˈgruəlɪŋ] *adj* exténuant(e)
gruesome [ˈgru:səm] *adj* horrible
gruff [grʌf] *adj* bourru(e)
grumble [ˈgrʌmbl] *vi* rouspéter, ronchonner
grumpy [ˈgrʌmpɪ] *adj* grincheux(-euse)
grunge [grʌndʒ] *n* (*Mus: style*) grunge *m*
grunt [grʌnt] *vi* grogner ▸ *n* grognement *m*
G-string [ˈdʒi:strɪŋ] *n* (*garment*) cache-sexe *m inv*
GSUSA *n abbr* = **Girl Scouts of the United States of America**
GU *abbr* (*US*) = **Guam**
guarantee [gærənˈti:] *n* garantie *f* ▸ *vt* garantir; **he can't ~ (that) he'll come** il n'est pas absolument certain de pouvoir venir
guaranteed [gærənˈti:d] *adj* (*income, success*) garanti(e); **articles of this kind are ~ to cause anxiety** des articles de ce genre vont à coup sûr provoquer des inquiétudes
guarantor [gærənˈtɔ:ʳ] *n* garant(e)
guard [gɑ:d] *n* garde *f*, surveillance *f*; (*squad: Boxing, Fencing*) garde; (*one man*) garde *m*; (*Brit Rail*) chef *m* de train; (*safety device: on machine*) dispositif *m* de sûreté; (*also*: **fireguard**) garde-feu *m inv*; **to be on one's ~** (*fig*) être sur ses gardes ▸ *vt* garder, surveiller; (*protect*): **to ~ sb/sth (against** *or* **from)** protéger qn/qch (contre)
▸ **guard against** *vi*: **to ~ against doing sth** se garder de faire qch
guard dog *n* chien *m* de garde
guarded [ˈgɑ:dɪd] *adj* (*fig*) prudent(e)
guardian [ˈgɑ:dɪən] *n* gardien(ne); (*of minor*) tuteur(-trice)
guard's van [ˈgɑ:dz-] *n* (*Brit Rail*) fourgon *m*
Guatemala [gwɑ:tɪˈmɑ:lə] *n* Guatémala *m*
Guernsey [ˈgə:nzɪ] *n* Guernesey *mf*
guerrilla [gəˈrɪlə] *n* guérillero *m*
guerrilla warfare *n* guérilla *f*
guess [gɛs] *vi* deviner; **to keep sb guessing** laisser qn dans le doute *or* l'incertitude, tenir qn en haleine ▸ *vt* deviner; (*estimate*) évaluer; (*US*) croire, penser ▸ *n* supposition *f*, hypothèse *f*; **to take** *or* **have a ~** essayer de deviner
guesstimate [ˈgɛstɪmɪt] *n* (*inf*) estimation *f*
guesswork [ˈgɛswə:k] *n* hypothèse *f*; **I got the answer by ~** j'ai deviné la réponse
guest [gɛst] *n* invité(e); (*in hotel*) client(e); **be my ~** faites comme chez vous
guest house *n* pension *f*
guest of honour, (*US*) **guest of honor** *n* invité(e) d'honneur
guest room *n* chambre *f* d'amis
guff [gʌf] *n* (*inf*) bêtises *fpl*
guffaw [gʌˈfɔ:] *n* gros rire ▸ *vi* pouffer de rire
guidance [ˈgaɪdəns] *n* (*advice*) conseils *mpl*; **under the ~ of** conseillé(e) *or* encadré(e) par, sous la conduite de; **vocational ~** orientation professionnelle; **marriage ~** conseils conjugaux
guide [gaɪd] *n* (*person*) guide *mf*; (*book*) guide *m*; (*also*: **Girl Guide**) éclaireuse *f*; (: *Roman Catholic*) guide *f*; **is there an English-speaking ~?** est-ce que l'un des guides parle anglais ? ▸ *vt* guider; **to be guided by sb/sth** se laisser guider par qn/qch
guidebook [ˈgaɪdbuk] *n* guide *m*; **do you have a ~ in English?** est-ce que vous avez un guide en anglais ?
guided missile [ˈgaɪdɪd-] *n* missile téléguidé
guide dog *n* chien *m* d'aveugle
guided tour [ˈgaɪdɪd-] *n* visite guidée; **what time does the ~ start?** la visite guidée commence à quelle heure ?
guidelines [ˈgaɪdlaɪnz] *npl* (*advice*) instructions générales, conseils *mpl*
guild [gɪld] *n* (*Hist*) corporation *f*; (*sharing interests*) cercle *m*, association *f*
guildhall [ˈgɪldhɔ:l] *n* (*Brit*) hôtel *m* de ville
guile [gaɪl] *n* astuce *f*
guileless [ˈgaɪllɪs] *adj* candide
guillotine [ˈgɪləti:n] *n* guillotine *f*; (*for paper*) massicot *m*
guilt [gɪlt] *n* culpabilité *f*
guilty [ˈgɪltɪ] *adj* coupable; **to plead ~/not ~** plaider coupable/non coupable; **to feel ~ about doing sth** avoir mauvaise conscience à faire qch
Guinea [ˈgɪnɪ] *n*: **Republic of ~** (République *f* de) Guinée *f*
guinea [ˈgɪnɪ] *n* (*Brit: formerly*) guinée *f* (= 21 *shillings*)
guinea pig *n* cobaye *m*
guise [gaɪz] *n* aspect *m*, apparence *f*
guitar [gɪˈtɑ:ʳ] *n* guitare *f*
guitarist [gɪˈtɑ:rɪst] *n* guitariste *mf*
gulch [gʌltʃ] *n* (*US*) ravin *m*
gulf [gʌlf] *n* golfe *m*; (*abyss*) gouffre *m*; **the (Persian) G~** le golfe Persique
Gulf States *npl*: **the ~** (*in Middle East*) les pays *mpl* du Golfe
Gulf Stream *n*: **the ~** le Gulf Stream
gull [gʌl] *n* mouette *f*
gullet [ˈgʌlɪt] *n* gosier *m*
gullibility [gʌlɪˈbɪlɪtɪ] *n* crédulité *f*
gullible [ˈgʌlɪbl] *adj* crédule
gully [ˈgʌlɪ] *n* ravin *m*; ravine *f*; couloir *m*
gulp [gʌlp] *vi* avaler sa salive; (*from emotion*) avoir la gorge serrée, s'étrangler ▸ *vt* (*also*: **gulp down**) avaler ▸ *n* (*of drink*) gorgée *f*; **at one ~** d'un seul coup
gum [gʌm] *n* (*Anat*) gencive *f*; (*glue*) colle *f*; (*sweet*) boule *f* de gomme; (*also*: **chewing-gum**) chewing-gum *m* ▸ *vt* coller
gumboil [ˈgʌmbɔɪl] *n* abcès *m* dentaire
gumboots [ˈgʌmbu:ts] *npl* (*Brit*) bottes *fpl* en caoutchouc
gumption [ˈgʌmpʃən] *n* bon sens, jugeote *f*

gun [gʌn] *n (small)* revolver *m*, pistolet *m* ; *(rifle)* fusil *m*, carabine *f* ; *(cannon)* canon *m* ; **to stick to one's guns** *(fig)* ne pas en démordre ▸ *vt (also:* **gun down***)* abattre
▸ **gun for** *vt fus*: **to be gunning for sb** essayer d'avoir qn
gunboat ['gʌnbəut] *n* canonnière *f*
gun dog *n* chien *m* de chasse
gunfight ['gʌnfaɪt] *n* échange *m* de coups de feu
gunfire ['gʌnfaɪəʳ] *n* fusillade *f*
gung-ho [gʌŋ'həu] *adj (inf)* enthousiaste
gunk [gʌŋk] *n (inf)* saleté *f*
gunman ['gʌnmən] *n (irreg)* bandit armé
gunner ['gʌnəʳ] *n* artilleur *m*
gunpoint ['gʌnpɔɪnt] *n*: **at ~** sous la menace du pistolet *(or* fusil*)*
gunpowder ['gʌnpaudəʳ] *n* poudre *f* à canon
gunrunner ['gʌnrʌnəʳ] *n* trafiquant *m* d'armes
gunrunning ['gʌnrʌnɪŋ] *n* trafic *m* d'armes
gunshot ['gʌnʃɔt] *n* coup *m* de feu ; **within ~** à portée de fusil
gunsmith ['gʌnsmɪθ] *n* armurier *m*
gurgle ['gə:gl] *n* gargouillis *m* ▸ *vi* gargouiller
gurney ['gə:nɪ] *n (US)* lit *m* roulant
guru ['guru:] *n* gourou *m*
gush [gʌʃ] *n* jaillissement *m*, jet *m* ▸ *vi* jaillir ; *(fig)* se répandre en effusions
gushing ['gʌʃɪŋ] *adj (person)* trop exubérant(e) *or* expansif(-ive) ; *(compliments)* exagéré(e)
gusset ['gʌsɪt] *n* gousset *m*, soufflet *m* ; *(in tights, pants)* entre-jambes *m*
gust [gʌst] *n (of wind)* rafale *f* ; *(of smoke)* bouffée *f*
gusto ['gʌstəu] *n* enthousiasme *m*
gusty ['gʌstɪ] *adj* venteux(-euse) ; **~ winds** des rafales de vent
gut [gʌt] *n* intestin *m*, boyau *m* ; *(Mus etc)* boyau ▸ *vt (poultry, fish)* vider ; *(building)* ne laisser que les murs de ; **guts** *npl (inf: Anat)* boyaux *mpl* ; *(: courage)* cran *m* ; **to hate sb's guts** ne pas pouvoir voir qn en peinture *or* sentir qn
gut reaction *n* réaction instinctive
gutsy ['gʌtsɪ] *adj (person)* qui a du cran ; *(style)* qui a du punch
gutted ['gʌtɪd] *adj*: **I was ~** *(inf: disappointed)* j'étais carrément dégoûté
gutter ['gʌtəʳ] *n (of roof)* gouttière *f* ; *(in street)* caniveau *m* ; *(fig)* ruisseau *m*
gutter press *n*: **the ~** la presse de bas étage *or* à scandale
guttural ['gʌtərl] *adj* guttural(e)
guy [gaɪ] *n (inf: man)* type *m* ; *(also:* **guyrope***)* corde *f* ; *(figure) effigie de Guy Fawkes*
Guyana [gaɪ'ænə] *n* Guyane *f*
Guy Fawkes' Night [gaɪ'fɔ:ks-] *n voir article*

GUY FAWKES' NIGHT

Guy Fawkes' Night, ou *Bonfire Night*, commémore l'échec du complot (le *Gunpowder Plot*) contre James Iᵉʳ et son parlement le 5 novembre 1605. L'un des conspirateurs, Guy Fawkes, avait été surpris dans les caves du parlement alors qu'il s'apprêtait à y mettre le feu. Chaque année pour le 5 novembre, beaucoup de gens font un feu de joie et un feu d'artifice dans leur jardin. La plupart des municipalités font de même, mais dans un parc et de façon plus officielle.

guzzle ['gʌzl] *vi* s'empiffrer ▸ *vt* avaler gloutonnement
gym [dʒɪm] *n (also:* **gymnasium***)* gymnase *m* ; *(also:* **gymnastics***)* gym *f*
gymkhana [dʒɪm'ka:nə] *n* gymkhana *m*
gymnasium [dʒɪm'neɪzɪəm] *n* gymnase *m*
gymnast ['dʒɪmnæst] *n* gymnaste *mf*
gymnastics [dʒɪm'næstɪks] *n, npl* gymnastique *f*
gym shoes *npl* chaussures *fpl* de gym(nastique)
gynaecological, *(US)* **gynecological** [gaɪnɪkə'lɔdʒɪkl] *adj* gynécologique
gynaecologist, *(US)* **gynecologist** [gaɪnɪ'kɔlədʒɪst] *n* gynécologue *mf*
gynaecology, *(US)* **gynecology** [gaɪnə'kɔlədʒɪ] *n* gynécologie *f*
gypsy ['dʒɪpsɪ] *n* gitan(e), bohémien(ne) ▸ *cpd*: **~ caravan** *n* roulotte *f*
gyrate [dʒaɪ'reɪt] *vi* tournoyer

g

Hh

H, h [eɪtʃ] *n (letter)* H, h *m* ; **H for Harry**, *(US)* **H for How** H comme Henri
habeas corpus ['heɪbɪəs'kɔːpəs] *n (Law)* habeas corpus *m*
haberdashery [hæbə'dæʃərɪ] *n (*BRIT*)* mercerie *f*
habit ['hæbɪt] *n* habitude *f* ; *(costume: Rel)* habit *m* ; *(for riding)* tenue *f* d'équitation ; **to get out of/into the ~ of doing sth** perdre/prendre l'habitude de faire qch
habitable ['hæbɪtəbl] *adj* habitable
habitat ['hæbɪtæt] *n* habitat *m*
habitation [hæbɪ'teɪʃən] *n* habitation *f*
habitual [hə'bɪtjuəl] *adj* habituel(le) ; *(drinker, liar)* invétéré(e)
habitually [hə'bɪtjuəlɪ] *adv* habituellement, d'habitude
hack [hæk] *vt* hacher, tailler ▸ *n (cut)* entaille *f* ; *(blow)* coup *m* ; *(pej: writer)* nègre *m* ; *(old horse)* canasson *m*
▸ **hack into** *vt fus (computer system, network)* s'introduire dans
hacker ['hækəʳ] *n (Comput)* pirate *m* (informatique) ; *(: enthusiast)* passionné(e) des ordinateurs
hackles ['hæklz] *npl*: **to make sb's ~ rise** *(fig)* mettre qn hors de soi
hackney cab ['hæknɪ-] *n* fiacre *m*
hackneyed ['hæknɪd] *adj* usé(e), rebattu(e)
hacksaw ['hæksɔː] *n* scie *f* à métaux
had [hæd] *pt, pp of* **have**
haddock ['hædək] *(pl* **~** *or* **haddocks***)* *n* églefin *m* ; **smoked ~** haddock *m*
hadn't ['hædnt] = **had not**
haematology, *(US)* **hematology** ['hiːmə'tɔlədʒɪ] *n* hématologie *f*
haemoglobin, *(US)* **hemoglobin** ['hiːmə'gləubɪn] *n* hémoglobine *f*
haemophilia, *(US)* **hemophilia** ['hiːmə'fɪlɪə] *n* hémophilie *f*
haemorrhage, *(US)* **hemorrhage** ['hɛmərɪdʒ] *n* hémorragie *f*
haemorrhoids, *(US)* **hemorrhoids** ['hɛmərɔɪdz] *npl* hémorroïdes *fpl*
hag [hæg] *n (ugly)* vieille sorcière ; *(nasty)* chameau *m*, harpie *f* ; *(witch)* sorcière
haggard ['hægəd] *adj* hagard(e), égaré(e)
haggis ['hægɪs] *n plat à base d'abats de mouton, d'avoine et d'épices dont on farcit l'estomac de l'animal et que l'on fait bouillir*
haggle ['hægl] *vi* marchander ; **to ~ over** chicaner sur
haggling ['hæglɪŋ] *n* marchandage *m*
Hague [heɪg] *n*: **The ~** La Haye
hail [heɪl] *n* grêle *f* ▸ *vt (call)* héler ; *(greet)* acclamer ▸ *vi* grêler ; *(originate)*: **he hails from Scotland** il est originaire d'Écosse
hailstone ['heɪlstəun] *n* grêlon *m*
hailstorm ['heɪlstɔːm] *n* averse *f* de grêle
hair [hɛəʳ] *n* cheveux *mpl* ; *(on body)* poils *mpl*, pilosité *f* ; *(of animal)* pelage *m* ; *(single hair: on head)* cheveu *m* ; *(: on body, of animal)* poil *m* ; **to do one's ~** se coiffer
hairband ['hɛəbænd] *n (elasticated)* bandeau *m* ; *(plastic)* serre-tête *m*
hairbrush ['hɛəbrʌʃ] *n* brosse *f* à cheveux
haircare ['hɛəkɛəʳ] *n* soins *mpl* capillaires ▸ *cpd (product)* capillaire, pour les cheveux
haircut ['hɛəkʌt] *n* coupe *f* (de cheveux)
hairdo ['hɛəduː] *n* coiffure *f*
hairdresser ['hɛədrɛsəʳ] *n* coiffeur(-euse)

> **Un coiffeur** is a hairdresser; *une coiffure* is a hairdo.

hairdresser's ['hɛədrɛsəz] *n* salon *m* de coiffure, coiffeur *m*
hairdressing ['hɛədrɛsɪŋ] *n* coiffure *f*
hair dryer *n* sèche-cheveux *m*, séchoir *m*
-haired [hɛəd] *suffix*: **fair/long~** aux cheveux blonds/longs
hair gel *n* gel *m* pour cheveux
hairgrip ['hɛəgrɪp] *n* pince *f* à cheveux
hairline ['hɛəlaɪn] *n* naissance *f* des cheveux
hairline fracture *n* fêlure *f*
hairnet ['hɛənɛt] *n* résille *f*
hair oil *n* huile *f* capillaire
hairpiece ['hɛəpiːs] *n* postiche *m*
hairpin ['hɛəpɪn] *n* épingle *f* à cheveux
hairpin bend, *(US)* **hairpin curve** *n* virage *m* en épingle à cheveux
hair-raising ['hɛəreɪzɪŋ] *adj* à (vous) faire dresser les cheveux sur la tête
hair remover *n* dépilateur *m*
hair removing cream [-rɪ'muːvɪŋ-] *n* crème *f* dépilatoire
hair spray *n* laque *f* (pour les cheveux)
hairstyle ['hɛəstaɪl] *n* coiffure *f*
hairy ['hɛərɪ] *adj* poilu(e), chevelu(e) ; *(inf: frightening)* effrayant(e)
Haiti ['heɪtɪ] *n* Haïti *m*
haka ['hɑːkə] *n (*NEW ZEALAND*)* haka *m*
hake [heɪk] *(pl* **~** *or* **hakes***)* *n* colin *m*, merlu *m*

halal [hə'lɑ:l] *n* (*also*: **halal meat**) viande *f* halal *or* hallal ▸ *adj* halal, hallal
halcyon ['hælsɪən] *adj* merveilleux(-euse)
hale [heɪl] *adj*: **~ and hearty** robuste, en pleine santé
half [hɑ:f] (*pl* **halves** [hɑ:vz]) *n* moitié *f* ; (*of beer: also*: **half pint**) ≈ demi *m* ; (*Rail, bus: also*: **half fare**) demi-tarif *m* ; (*Sport: of match*) mi-temps *f* ; (*: of ground*) moitié (du terrain) ; **two and a ~** deux et demi ; **a week and a ~** une semaine et demie ; **~ (of it)** la moitié ; **~ (of)** la moitié de ; **to cut sth in ~** couper qch en deux ; **to go halves (with sb)** se mettre de moitié avec qn ; **~ past three** trois heures et demie ▸ *adj* demi(e) ; **~ an hour** une demi-heure ; **~ a dozen** une demi-douzaine ; **~ a dozen eggs** une demi-douzaine d'œufs ; **~ a pound** une demi-livre, ≈ 250 g ; **~ the amount of** la moitié de ▸ *adv* (à) moitié, à demi ; **~ empty/closed** à moitié vide/fermé(e)
half-back ['hɑ:fbæk] *n* (*Sport*) demi *m*
half-baked ['hɑ:f'beɪkt] *adj* (*inf: idea, scheme*) qui ne tient pas debout
half board *n* (Brit: *in hotel*) demi-pension *f*
half-breed ['hɑ:fbri:d] *n* (*pej*) = **half-caste**
half-brother ['hɑ:fbrʌðə^r] *n* demi-frère *m*
half-caste ['hɑ:fkɑ:st] *n* (*pej*) métis(se)
half day *n* demi-journée *f*
half-dead *adj* à moitié mort(e)
half fare *n* demi-tarif *m*
half-hearted ['hɑ:f'hɑ:tɪd] *adj* tiède, sans enthousiasme
half-hour [hɑ:f'auə^r] *n* demi-heure *f*
half-life ['hɑ:flaɪf] *n* (*Physics*) demi-vie *f*
half-mast ['hɑ:f'mɑ:st] *n*: **at ~** (*flag*) en berne, à mi-mât
halfpenny ['heɪpnɪ] *n* demi-penny *m*
half-price ['hɑ:f'praɪs] *adj* à moitié prix ▸ *adv* (*also*: **at half-price**) à moitié prix
half term *n* (Brit *Scol*) vacances *fpl* (*de demi-trimestre*)
half-time [hɑ:f'taɪm] *n* mi-temps *f*
halfway ['hɑ:f'weɪ] *adv* à mi-chemin ; **to meet sb ~** (*fig*) parvenir à un compromis avec qn ; **~ through sth** au milieu de qch
halfway house *n* (*hostel*) centre *m* de réadaptation (*pour anciens prisonniers, malades mentaux etc*) ; (*fig*): **a ~ (between)** une étape intermédiaire (entre)
half-wit ['hɑ:fwɪt] *n* (*inf*) idiot(e), imbécile *mf*
half-yearly [hɑ:f'jɪəlɪ] *adv* deux fois par an ▸ *adj* semestriel(le)
halibut ['hælɪbət] *n* (*pl inv*) flétan *m*
halitosis [hælɪ'təusɪs] *n* mauvaise haleine
hall [hɔ:l] *n* salle *f* ; (*entrance way: big*) hall *m* ; (*: small*) entrée *f* ; (*US: corridor*) couloir *m* ; (*mansion*) château *m*, manoir *m*
hallelujah [hælɪ'lu:jə] *excl* (*also*: **alleluia**) alléluia *m*
hallmark ['hɔ:lmɑ:k] *n* poinçon *m* ; (*fig*) marque *f*
hallo [hə'ləu] *excl* = **hello**
hall of residence *n* (Brit) pavillon *m or* résidence *f* universitaire
hallowed ['hæləud] *adj* (*respected*) vénérable ; (*holy*) béni(e)
Hallowe'en, Halloween ['hæləu'i:n] *n* veille *f* de la Toussaint

Hallowe'en

Fête d'origine païenne, **Hallowe'en** est célébré au Royaume-Uni et aux États-Unis le 31 octobre, veille de la Toussaint. De nombreuses coutumes américaines ont été adoptées par les Britanniques. Ainsi, il est courant de confectionner des lanternes à partir d'une citrouille évidée dans laquelle on a découpé un visage menaçant. Les enfants se déguisent en sorcières, fantômes, etc, et vont de porte en porte quémander des sucreries en menaçant les réfractaires de leur jouer un mauvais tour.

hallucination [həlu:sɪ'neɪʃən] *n* hallucination *f*
hallucinogenic [həlu:sɪnəu'dʒɛnɪk] *adj* hallucinogène
hallway ['hɔ:lweɪ] *n* (*entrance*) vestibule *m* ; (*corridor*) couloir *m*
halo ['heɪləu] *n* (*of saint etc*) auréole *f* ; (*of sun*) halo *m*
halt [hɔ:lt] *n* halte *f*, arrêt *m* ; **to call a ~ to sth** (*fig*) mettre fin à qch ▸ *vt* faire arrêter ; (*progress etc*) interrompre ▸ *vi* faire halte, s'arrêter
halter ['hɔ:ltə^r] *n* (*for horse*) licou *m*
halterneck ['hɔ:ltənɛk] *adj* (*dress*) (avec) dos nu *inv*
halting ['hɔ:ltɪŋ] *adj* hésitant(e)
halve [hɑ:v] *vt* (*apple etc*) partager *or* diviser en deux ; (*reduce by half*) réduire de moitié
halves [hɑ:vz] *npl of* **half**
ham [hæm] *n* jambon *m* ; (*inf: also*: **radio ham**) radio-amateur *m* ; (*also*: **ham actor**) cabotin(e)
Hamburg ['hæmbə:g] *n* Hambourg
hamburger ['hæmbə:gə^r] *n* hamburger *m*
ham-fisted ['hæm'fɪstɪd], (*US*) **ham-handed** ['hæm'hændɪd] *adj* maladroit(e)
hamlet ['hæmlɪt] *n* hameau *m*
hammer ['hæmə^r] *n* marteau *m* ▸ *vt* (*nail*) enfoncer ; (*fig*) éreinter, démolir ; **to ~ a point home to sb** faire rentrer qch dans la tête de qn ▸ *vi* (*at door*) frapper à coups redoublés
▸ **hammer out** *vt* (*metal*) étendre au marteau ; (*fig: solution*) élaborer
hammering ['hæmərɪŋ] *n* (*inf: criticism*) volée *f* (*inf*) ; (*: defeat*) raclée *f* (*inf*) ; (*knocking*) martèlement *m*
hammock ['hæmək] *n* hamac *m*
hamper ['hæmpə^r] *vt* gêner ▸ *n* panier *m* (d'osier)
hamster ['hæmstə^r] *n* hamster *m*
hamstring ['hæmstrɪŋ] *n* (*Anat*) tendon *m* du jarret
hand [hænd] *n* main *f* ; (*of clock*) aiguille *f* ; (*handwriting*) écriture *f* ; (*at cards*) jeu *m* ; (*measurement: of horse*) paume *f* ; (*worker*) ouvrier(-ière) ; **to give sb a ~** donner un coup de main à qn ; **at ~** à portée de la main ; **in ~** (*situation*) en main ; (*work*) en cours ; **we have the situation in ~** nous avons la situation bien en main ; **to be on ~** (*person*) être disponible ; (*emergency services*) se tenir prêt(e) (à intervenir) ;

h

to ~ *(information etc)* sous la main, à portée de la main ; **to force sb's ~** forcer la main à qn ; **to have a free ~** avoir carte blanche ; **to have sth in one's ~** tenir qch à la main ; **on the one ~ ..., on the other ~** d'une part ..., d'autre part ▸ *vt* passer, donner
▸ **hand back** *vt* : **to ~ sth back (to sb)** *(object, property, land)* rendre qch (à qn) ; *(power, control)* restituer qch (à qn)
▸ **hand down** *vt* passer ; *(tradition, heirloom)* transmettre ; *(US: sentence, verdict)* prononcer
▸ **hand in** *vt* remettre
▸ **hand out** *vt* distribuer
▸ **hand over** *vt* remettre ; *(powers etc)* transmettre
▸ **hand round** *vt* *(Brit: information)* faire circuler ; *(: chocolates etc)* faire passer
handbag ['hændbæg] *n* sac *m* à main
hand baggage *n* = **hand luggage**
handball ['hændbɔːl] *n* handball *m*
handbasin ['hændbeɪsn] *n* lavabo *m*
handbook ['hændbuk] *n* manuel *m*
handbrake ['hændbreɪk] *n* frein *m* à main
h & c *abbr* *(Brit)* = **hot and cold (water)**
hand cream *n* crème *f* pour les mains
handcuffs ['hændkʌfs] *npl* menottes *fpl*
handful ['hændful] *n* poignée *f*
handgun ['hændgʌn] *n* arme *f* de poing
handheld ['hænd'hɛld] *adj* *(device)* portatif(-ive) ; *(computer)* de poche ; *(camera)* de reportage
handicap ['hændɪkæp] *n* handicap *m* ▸ *vt* handicaper ; **mentally/physically handicapped** handicapé(e) mentalement/ physiquement
handicraft ['hændɪkrɑːft] *n* travail *m* d'artisanat, technique artisanale
handiwork ['hændɪwəːk] *n* ouvrage *m* ; **this looks like his ~** *(pej)* ça a tout l'air d'être son œuvre
handkerchief ['hæŋkətʃɪf] *n* mouchoir *m*
handle ['hændl] *n* *(of door etc)* poignée *f* ; *(of cup etc)* anse *f* ; *(of knife etc)* manche *m* ; *(of saucepan)* queue *f* ; *(for winding)* manivelle *f* ; **to fly off the ~** s'énerver ▸ *vt* toucher, manier ; *(deal with)* s'occuper de ; *(treat: people)* prendre ▸ *vi*: **"~ with care"** « fragile »
handlebar ['hændlbɑːʳ] *n*, **handlebars** ['hændlbɑːz] *npl* guidon *m*
handler ['hændləʳ] *n* *(of animal)* dresseur(-euse) ; **food ~** personne *f* qui manipule des aliments
handling ['hændlɪŋ] *n* *(Aut)* maniement *m* ; *(treatment)*: **his ~ of the matter** la façon dont il a traité l'affaire
handling charges *npl* frais *mpl* de manutention ; *(Banking)* agios *mpl*
hand luggage *n* bagages *mpl* à main ; **one item of ~** un bagage à main
handmade ['hænd'meɪd] *adj* fait(e) à la main
handout ['hændaut] *n* *(money)* aide *f*, don *m* ; *(leaflet)* prospectus *m* ; *(press handout)* communiqué *m* de presse ; *(at lecture)* polycopié *m*
handover ['hændəuvəʳ] *n* *(of place, country)* transfert *m* ; *(of company, business)* cession *f* ; *(of power)* passation *f*
handpick ['hænd'pɪk] *vt* *(staff, successor)* trier sur le volet
handpicked ['hænd'pɪkt] *adj* *(produce)* cueilli(e) à la main ; *(staff, successor)* trié(e) sur le volet
handrail ['hændreɪl] *n* *(on staircase etc)* rampe *f*, main courante
handset ['hændsɛt] *n* *(Tel)* combiné *m*
hands-free [hændz'friː] *adj* mains libres *inv* ▸ *n* *(also*: **hands-free kit**) kit *m* mains libres *inv*
handshake ['hændʃeɪk] *n* poignée *f* de main ; *(Comput)* établissement *m* de la liaison
handsome ['hænsəm] *adj* beau (belle) ; *(gift)* généreux(-euse) ; *(profit)* considérable

> **beau** changes to **bel** before a vowel or an 'h': *a handsome man* **un bel homme**.

hands-on [hændz'ɔn] *adj* *(training, experience)* sur le tas ; **she has a very ~ approach** sa politique est de mettre la main à la pâte
handstand ['hændstænd] *n*: **to do a ~** faire l'arbre droit
hand-to-hand ['hændtə'hænd] *adj* *(fighting)* corps à corps
hand-to-mouth ['hændtə'mauθ] *adj* *(existence)* au jour le jour
hand-wash ['hændwɔʃ] *vt* laver à la main
handwriting ['hændraɪtɪŋ] *n* écriture *f*
handwritten ['hændrɪtn] *adj* manuscrit(e), écrit(e) à la main
handy ['hændɪ] *adj* *(person)* adroit(e) ; *(close at hand)* sous la main ; *(convenient)* pratique ; **to come in ~** être *(or* s'avérer) utile
handyman ['hændɪmæn] *n* *(irreg)* bricoleur *m* ; *(servant)* homme *m* à tout faire
hang [hæŋ] *(pt, pp* **hung** [hʌŋ]) *vt* accrocher ; *(pt, pp* **hanged**: *criminal)* pendre ▸ *vi* pendre ; *(hair, drapery)* tomber ▸ *n*: **to get the ~ of (doing) sth** *(inf)* attraper le coup pour faire qch
▸ **hang about, hang around** *vi* flâner, traîner
▸ **hang back** *vi* *(hesitate)*: **to ~ back (from doing)** être réticent(e) (pour faire)
▸ **hang down** *vi* pendre
▸ **hang on** *vi* *(wait)* attendre ; **to ~ on to** *(keep hold of)* ne pas lâcher ; *(keep)* garder ▸ *vt fus* *(depend on)* dépendre de
▸ **hang out** *vt* *(washing)* étendre (dehors) ▸ *vi* pendre ; *(inf: live)* habiter, percher ; *(: spend time)* traîner
▸ **hang round** *vi* = **hang about**
▸ **hang together** *vi* *(argument etc)* se tenir, être cohérent(e)
▸ **hang up** *vi* *(Tel)* raccrocher ; **to ~ up on sb** *(Tel)* raccrocher au nez de qn ▸ *vt* *(coat, painting etc)* accrocher, suspendre
hangar ['hæŋəʳ] *n* hangar *m*
hangdog ['hæŋdɔg] *adj* *(look, expression)* de chien battu
hanger ['hæŋəʳ] *n* cintre *m*, portemanteau *m*
hanger-on [hæŋər'ɔn] *n* parasite *m*
hang-glider ['hæŋglaɪdəʳ] *n* deltaplane *m*
hang-gliding ['hæŋglaɪdɪŋ] *n* vol *m* libre *or* sur aile delta
hanging ['hæŋɪŋ] *n* *(execution)* pendaison *f*
hangman ['hæŋmən] *n* *(irreg)* bourreau *m*

hangover ['hæŋəuvə^r] *n (after drinking)* gueule *f* de bois
hang-up ['hæŋʌp] *n* complexe *m*
hank [hæŋk] *n* écheveau *m*
hanker ['hæŋkə^r] *vi*: **to ~ after** avoir envie de
hankering ['hæŋkərɪŋ] *n*: **to have a ~ for/to do sth** avoir une grande envie de/de faire qch
hankie, hanky ['hæŋkɪ] *n abbr* = **handkerchief**
hanky-panky [hæŋki'pæŋki] *n (inf: sexual)* galipettes *fpl (inf)* ; *(: dishonest)* entourloupes *fpl (inf)*
Hants *abbr* (BRIT) = **Hampshire**
Hanukkah, Hanukah ['hɑ:nəkə] *n* Hanoukka *f*
haphazard [hæp'hæzəd] *adj* fait(e) au hasard, fait(e) au petit bonheur
hapless ['hæplɪs] *adj* malheureux(-euse)
happen ['hæpən] *vi* arriver, se passer, se produire ; **what's happening?** que se passe-t-il ? ; **she happened to be free** il s'est trouvé *(or* se trouvait) qu'elle était libre ; **if anything happened to him** s'il lui arrivait quoi que ce soit ; **as it happens** justement
▸ **happen on, happen upon** *vt fus* tomber sur
happening ['hæpnɪŋ] *n* événement *m*
happily ['hæpɪlɪ] *adv* heureusement ; *(cheerfully)* joyeusement
happiness ['hæpɪnɪs] *n* bonheur *m*
happy ['hæpɪ] *adj* heureux(-euse) ; **~ with** *(arrangements etc)* satisfait(e) de ; **to be ~ to do** faire volontiers ; **yes, I'd be ~ to** oui, avec plaisir *or* (bien) volontiers ; **~ birthday!** bon anniversaire ! ; **~ Christmas/New Year!** joyeux Noël/bonne année !
happy-go-lucky ['hæpɪgəu'lʌkɪ] *adj* insouciant(e)
happy hour *n* l'heure *f* de l'apéritif, *heure pendant laquelle les consommations sont à prix réduit*
harangue [hə'ræŋ] *vt* haranguer
harass ['hærəs] *vt* accabler, tourmenter
harassed ['hærəst] *adj* tracassé(e)
harassment ['hærəsmənt] *n* tracasseries *fpl* ; **sexual ~** harcèlement sexuel
harbinger ['hɑ:bɪndʒə^r] *n (literary)* signe *m* avant-coureur
harbour, *(US)* **harbor** ['hɑ:bə^r] *n* port *m* ▸ *vt* héberger, abriter ; *(hopes, suspicions)* entretenir ; **to ~ a grudge against sb** en vouloir à qn
harbour dues, *(US)* **harbor dues** *npl* droits *mpl* de port
harbour master, *(US)* **harbor master** *n* capitaine *m* du port
hard [hɑ:d] *adj* dur(e) ; *(question, problem)* difficile ; *(facts, evidence)* concret(-ète) ; **~ luck!** pas de veine ! ; **no ~ feelings!** sans rancune ! ; **to be ~ of hearing** être dur(e) d'oreille ; **to be ~ on sb** être dur(e) avec qn ; **I find it ~ to believe that ...** je n'arrive pas à croire que ... ▸ *adv (work)* dur ; *(think, try)* sérieusement ; **to look ~ at** regarder fixement ; *(thing)* regarder de près ; **to drink ~** boire sec ; **to be ~ done by** être traité(e) injustement
hard-and-fast ['hɑ:dən'fɑ:st] *adj* strict(e), absolu(e)
hardback ['hɑ:dbæk] *n* livre relié
hardball ['hɑ:dbɔ:l] *n*: **to play ~** *(fig)* employer les grands moyens
hardboard ['hɑ:dbɔ:d] *n* Isorel® *m*
hard-boiled egg ['hɑ:d'bɔɪld-] *n* œuf dur
hard cash *n* espèces *fpl*
hard copy *n (Comput)* sortie *f or* copie *f* papier
hard-core ['hɑ:d'kɔ:^r] *adj (pornography)* (dit(e)) dur(e) ; *(supporters)* inconditionnel(le)
hard court *n (Tennis)* court *m* en dur
hard disk *n (Comput)* disque dur
hard drive *n (Comput)* disque dur
harden ['hɑ:dn] *vt* durcir ; *(steel)* tremper ; *(fig)* endurcir ▸ *vi (substance)* durcir
hardened ['hɑ:dnd] *adj (criminal)* endurci(e) ; **to be ~ to sth** s'être endurci(e) à qch, être (devenu(e)) insensible à qch
hardening ['hɑ:dənɪŋ] *n (of attitude, position)* durcissement *m*
hard-headed ['hɑ:d'hɛdɪd] *adj* réaliste ; décidé(e)
hard-hearted ['hɑ:d'hɑ:tɪd] *adj* dur(e), impitoyable
hard-hitting ['hɑ:d'hɪtɪŋ] *adj (speech, article)* sans complaisances
hard labour *n* travaux forcés
hardline [hɑ:d'laɪn] *adj (communist, republican)* pur(e) et dur(e) ; *(policy, stance)* jusqu'au-boutiste, intransigeant(e)
hardliner [hɑ:d'laɪnə^r] *n* intransigeant(e), dur(e)
hard-luck story [hɑ:d'lʌk-] *n* histoire larmoyante
hardly ['hɑ:dlɪ] *adv (scarcely)* à peine ; *(harshly)* durement ; **it's ~ the case** ce n'est guère le cas ; **~ anywhere/ever** presque nulle part/jamais ; **I can ~ believe it** j'ai du mal à le croire
hardness ['hɑ:dnɪs] *n* dureté *f*
hard-nosed ['hɑ:d'nəuzd] *adj* impitoyable, dur(e)
hard-pressed ['hɑ:d'prɛst] *adj* sous pression
hard sell *n* vente agressive
hardship ['hɑ:dʃɪp] *n (difficulties)* épreuves *fpl* ; *(deprivation)* privations *fpl*
hard shoulder *n* (BRIT *Aut*) accotement stabilisé
hard-up [hɑ:d'ʌp] *adj (inf)* fauché(e)
hardware ['hɑ:dwɛə^r] *n* quincaillerie *f* ; *(Comput, Mil)* matériel *m*
hardware shop, *(US)* **hardware store** *n* quincaillerie *f*
hard-wearing [hɑ:d'wɛərɪŋ] *adj* solide
hard-wired [hɑ:d'waɪəd] *adj (Comput)* câblé(e) ; *(into the brain)* programmé(e)
hard-won ['hɑ:d'wʌn] *adj* (si) durement gagné(e)
hardwood ['hɑ:dwud] *n* bois *m* dur ▸ *cpd (floor, flooring)* en bois dur ; *(tree)* feuillu(e)
hard-working [hɑ:d'wə:kɪŋ] *adj* travailleur(-euse), consciencieux(-euse)
hardy ['hɑ:dɪ] *adj* robuste ; *(plant)* résistant(e) au gel
hare [hɛə^r] *n* lièvre *m*
hare-brained ['hɛəbreɪnd] *adj* farfelu(e), écervelé(e)
harelip ['hɛəlɪp] *n (Med)* bec-de-lièvre *m*
harem [hɑ:'ri:m] *n* harem *m*
hark back [hɑ:k-] *vi*: **to ~ to** (en) revenir toujours à

harm [hɑːm] *n* mal *m* ; (*wrong*) tort *m* ; **to mean no ~** ne pas avoir de mauvaises intentions ; **there's no ~ in trying** on peut toujours essayer ; **out of ~'s way** à l'abri du danger, en lieu sûr ▸ *vt* (*person*) faire du mal *or* du tort à ; (*thing*) endommager
harmful ['hɑːmful] *adj* nuisible
harmless ['hɑːmlɪs] *adj* inoffensif(-ive)
harmonic [hɑː'mɔnɪk] *adj* harmonique
harmonica [hɑː'mɔnɪkə] *n* harmonica *m*
harmonics [hɑː'mɔnɪks] *npl* harmoniques *mpl or fpl*
harmonious [hɑː'məunɪəs] *adj* harmonieux(-euse)
harmonium [hɑː'məunɪəm] *n* harmonium *m*
harmonization [hɑːmənaɪ'zeɪʃən] *n* harmonisation *f*
harmonize ['hɑːmənaɪz] *vt* harmoniser ▸ *vi* s'harmoniser
harmony ['hɑːmənɪ] *n* harmonie *f*
harness ['hɑːnɪs] *n* harnais *m* ▸ *vt* (*horse*) harnacher ; (*resources*) exploiter
harp [hɑːp] *n* harpe *f* ▸ *vi*: **to ~ on about** revenir toujours sur
harpist ['hɑːpɪst] *n* harpiste *mf*
harpoon [hɑː'puːn] *n* harpon *m*
harpsichord ['hɑːpsɪkɔːd] *n* clavecin *m*
harrowing ['hærəuɪŋ] *adj* déchirant(e)
harsh [hɑːʃ] *adj* (*hard*) dur(e) ; (*severe*) sévère ; (*rough: surface*) rugueux(-euse) ; (*unpleasant: sound*) discordant(e) ; (*: light*) cru(e) ; (*: taste*) âpre
harshly ['hɑːʃlɪ] *adv* durement, sévèrement
harshness ['hɑːʃnɪs] *n* dureté *f*, sévérité *f*
harvest ['hɑːvɪst] *n* (*of corn*) moisson *f* ; (*of fruit*) récolte *f* ; (*of grapes*) vendange *f* ▸ *vi, vt* moissonner ; récolter ; vendanger
harvester ['hɑːvɪstə^r] *n* (*machine*) moissonneuse *f* ; (*also*: **combine harvester**) moissonneuse-batteuse(-lieuse) *f*
has [hæz] *vb see* **have**
has-been ['hæzbiːn] *n* (*inf: person*): **he/she's a ~** il/elle a fait son temps *or* est fini(e)
hash [hæʃ] *n* (*Culin*) hachis *m* ; (*fig: mess*) gâchis *m* ▸ *n abbr* (*inf*) = **hashish**
hashish ['hæʃɪʃ] *n* haschisch *m*
hashtag ['hæʃtæg] *n* (*on Twitter*) mot-dièse *m*, hashtag *m*
hasn't ['hæznt] = **has not**
hassle ['hæsl] *n* (*inf: fuss*) histoire(s) *f(pl)*
haste [heɪst] *n* hâte *f*, précipitation *f* ; **in ~** à la hâte, précipitamment
hasten ['heɪsn] *vt* hâter, accélérer ▸ *vi* se hâter, s'empresser ; **I ~ to add that ...** je m'empresse d'ajouter que ...
hastily ['heɪstɪlɪ] *adv* à la hâte ; (*leave*) précipitamment
hasty ['heɪstɪ] *adj* (*decision, action*) hâtif(-ive) ; (*departure, escape*) précipité(e)
hat [hæt] *n* chapeau *m*
hatbox ['hætbɔks] *n* carton *m* à chapeau
hatch [hætʃ] *n* (*Naut: also*: **hatchway**) écoutille *f* ; (Brit: *also*: **service hatch**) passe-plats *m inv* ▸ *vi* éclore ▸ *vt* faire éclore ; (*fig: scheme*) tramer, ourdir
hatchback ['hætʃbæk] *n* (*Aut*) modèle *m* avec hayon arrière
hatchet ['hætʃɪt] *n* hachette *f*
hatchet job *n* (*inf*) démolissage *m*
hatchet man *n* (*irreg*) (*inf*) homme *m* de main
hate [heɪt] *vt* haïr, détester ; **to ~ to do** *or* **doing** détester faire ; **I ~ to trouble you, but ...** désolé de vous déranger, mais ... ▸ *n* haine *f*
hateful ['heɪtful] *adj* odieux(-euse), détestable
hater ['heitə^r] *n*: **cop-~** anti-flic *mf* ; **woman-~** misogyne *mf* (haineux(-euse))
hatred ['heɪtrɪd] *n* haine *f*
hat trick *n* (Brit *Sport, also fig*): **to get a ~** réussir trois coups (*or* gagner trois matchs *etc*) consécutifs
haughty ['hɔːtɪ] *adj* hautain(e), arrogant(e)
haul [hɔːl] *vt* traîner, tirer ; (*by lorry*) camionner ; (*Naut*) haler ▸ *n* (*of fish*) prise *f* ; (*of stolen goods etc*) butin *m*
haulage ['hɔːlɪdʒ] *n* transport routier
haulage contractor *n* (Brit: *firm*) entreprise *f* de transport (routier) ; (*: person*) transporteur routier
haulier ['hɔːlɪə^r], (US) **hauler** ['hɔːlə^r] *n* transporteur (routier), camionneur *m*
haunch [hɔːntʃ] *n* hanche *f* ; **~ of venison** cuissot *m* de chevreuil
haunt [hɔːnt] *vt* (*subj: ghost, fear*) hanter ; (*: person*) fréquenter ▸ *n* repaire *m*
haunted ['hɔːntɪd] *adj* (*castle etc*) hanté(e) ; (*look*) égaré(e), hagard(e)
haunting ['hɔːntɪŋ] *adj* (*sight, music*) obsédant(e)
Havana [hə'vænə] *n* La Havane

KEYWORD

have [hæv] (*pt, pp* **had** [hæd]) *aux vb* **1** (*gen*) avoir ; être ; **to have eaten/slept** avoir mangé/dormi ; **to have arrived/gone** être arrivé(e)/allé(e) ; **he has been promoted** il a eu une promotion ; **having finished** *or* **when he had finished, he left** quand il a eu fini, il est parti ; **we'd already eaten** nous avions déjà mangé
2 (*in tag questions*): **you've done it, haven't you?** vous l'avez fait, n'est-ce pas ?
3 (*in short answers and questions*): **no I haven't!/yes we have!** mais non !/mais si ! ; **so I have!** ah oui !, oui c'est vrai ! ; **I've been there before, have you?** j'y suis déjà allé, et vous ?
▸ *modal aux vb* (*be obliged*): **to have (got) to do sth** devoir faire qch, être obligé(e) de faire qch ; **she has (got) to do it** elle doit le faire, il faut qu'elle le fasse ; **you haven't to tell her** vous n'êtes pas obligé de le lui dire ; (*must not*) ne le lui dites surtout pas ; **do you have to book?** il faut réserver ?
▸ *vt* **1** (*possess*) avoir ; **he has (got) blue eyes/dark hair** il a les yeux bleus/les cheveux bruns
2 (*referring to meals etc*): **to have breakfast** prendre le petit déjeuner ; **to have dinner/lunch** dîner/déjeuner ; **to have a drink** prendre un verre ; **to have a cigarette** fumer une cigarette
3 (*receive*) avoir, recevoir ; (*obtain*) avoir ; **may I have your address?** puis-je avoir votre adresse ? ; **you can have it for £5** vous pouvez l'avoir pour 5 livres ; **I must have it for**

tomorrow il me le faut pour demain ; **to have a baby** avoir un bébé
4 (*maintain, allow*): **I won't have it!** ça ne se passera pas comme ça ! ; **we can't have that** nous ne tolérerons pas ça
5 (*by sb else*): **to have sth done** faire faire qch ; **to have one's hair cut** se faire couper les cheveux ; **to have sb do sth** faire faire qch à qn
6 (*experience, suffer*) avoir ; **to have a cold/flu** avoir un rhume/la grippe ; **to have an operation** se faire opérer ; **she had her bag stolen** elle s'est fait voler son sac
7 (*+noun*): **to have a swim/walk** nager/se promener ; **to have a bath/shower** prendre un bain/une douche ; **let's have a look** regardons ; **to have a meeting** se réunir ; **to have a party** organiser une fête ; **let me have a try** laissez-moi essayer
8 (*inf: dupe*) avoir ; **he's been had** il s'est fait avoir *or* rouler
▸ **have on** *vt*: **to be having sb on** (Brit *inf*) faire marcher qn
▸ **have out** *vt*: **to have it out with sb** (*settle a problem etc*) s'expliquer (franchement) avec qn

haven ['heɪvn] *n* port *m* ; (*fig*) havre *m*
haven't ['hævnt] = **have not**
haversack ['hævəsæk] *n* sac *m* à dos
haves [hævz] *npl* (*inf*): **the ~ and have-nots** les riches et les pauvres
havoc ['hævək] *n* ravages *mpl*, dégâts *mpl* ; **to play ~ with** (*fig*) désorganiser complètement ; détraquer
Hawaii [hə'waɪɪ] *n* (îles *fpl*) Hawaï *m*
Hawaiian [hə'waɪən] *adj* hawaïen(ne) ▸ *n* Hawaïen(ne) ; (*Ling*) hawaïen *m*
hawk [hɔːk] *n* faucon *m* ▸ *vt* (*goods for sale*) colporter
hawker ['hɔːkəʳ] *n* colporteur *m*
hawkish ['hɔːkɪʃ] *adj* belliciste
hawthorn ['hɔːθɔːn] *n* aubépine *f*
hay [heɪ] *n* foin *m*
hay fever *n* rhume *m* des foins
haystack ['heɪstæk] *n* meule *f* de foin
haywire ['heɪwaɪəʳ] *adj* (*inf*): **to go ~** perdre la tête ; mal tourner
hazard ['hæzəd] *n* (*risk*) danger *m*, risque *m* ; (*chance*) hasard *m*, chance *f* ; **to be a health/fire ~** présenter un risque pour la santé/d'incendie ▸ *vt* risquer, hasarder ; **to ~ a guess** émettre *or* hasarder une hypothèse
hazardous ['hæzədəs] *adj* hasardeux(-euse), risqué(e)
hazard pay *n* (*US*) prime *f* de risque
hazard warning lights *npl* (*Aut*) feux *mpl* de détresse
haze [heɪz] *n* brume *f*
hazel [heɪzl] *n* (*tree*) noisetier *m* ▸ *adj* (*eyes*) noisette *inv*
hazelnut ['heɪzlnʌt] *n* noisette *f*
hazy ['heɪzɪ] *adj* brumeux(-euse) ; (*idea*) vague ; (*photograph*) flou(e)
H-bomb ['eɪtʃbɔm] *n* bombe *f* H
HD *abbr* (= *high definition*) HD (= *haute définition*)
HDTV *n abbr* (= *high definition television*) TVHD *f* (= *télévision haute-définition*)

HE *abbr* = **high explosive**; (*Rel, Diplomacy*) = **His Excellency; Her Excellency**
he [hiː] *pron* il ; **it is he who ...** c'est lui qui ... ; **here he is** le voici ; **he-bear** *etc* ours *etc* mâle
head [hɛd] *n* tête *f* ; (*leader*) chef *m* ; (*of school*) directeur(-trice) ; (*of secondary school*) proviseur *m* ; **~ first** la tête la première ; **~ over heels in love** follement *or* éperdument amoureux(-euse) ; **10 euros a** *or* **per ~** 10 euros par personne ; **to sit at the ~ of the table** présider la tablée ; **to have a ~ for business** avoir des dispositions pour les affaires ; **to have no ~ for heights** être sujet(te) au v ertige ; **to come to a ~** (*fig: situation etc*) devenir critique ▸ *vt* (*list*) être en tête de ; (*group, company*) être à la tête de ; **to ~ the ball** faire une tête ;
heads *npl* (*on coin*) (le côté) face ; **heads or tails** pile ou face
▸ **head back** *vi* retourner
▸ **head for** *vt fus* se diriger vers ; (*disaster*) aller à
▸ **head off** *vt* (*threat, danger*) détourner
▸ **head out** *vi* (*person*) sortir ; **a fishing boat heading out to sea** un bateau de pêcheurs prenant le large
▸ **head up** *vt* (*department, division*) diriger ; **to ~ up an investigation** mener une enquête
headache ['hɛdeɪk] *n* mal *m* de tête ; **to have a ~** avoir mal à la tête
headband ['hɛdbænd] *n* bandeau *m*
headboard ['hɛdbɔːd] *n* dosseret *m*
head-butt ['hɛdbʌt] *vt* donner un coup de tête à
head cold *n* rhume *m* de cerveau
headcount ['hɛdkaunt] *n* (*number present*) nombre *m* de personnes présentes ; (*number of staff*) effectifs *mpl* ; **to do a ~** compter combien il y a de personnes
headdress ['hɛddrɛs] *n* coiffure *f*
headed notepaper ['hɛdɪd-] *n* papier *m* à lettres à en-tête
header ['hɛdəʳ] *n* (*Football*) (coup *m* de) tête *f* ; (*inf: fall*) chute *f* (*or* plongeon *m*) la tête la première
head-first ['hɛd'fəːst] *adv* (*lit*) la tête la première
headgear ['hɛdgɪəʳ] *n* (*hat*) chapeau *m* ; **protective ~** (*helmets*) casques *m*
headhunt ['hɛdhʌnt] *vt*: **she was headhunted** elle a été recrutée par un chasseur de têtes
headhunter ['hɛdhʌntəʳ] *n* chasseur *m* de têtes
heading ['hɛdɪŋ] *n* titre *m* ; (*subject title*) rubrique *f*
headlamp ['hɛdlæmp] *n* (Brit) = **headlight**
headland ['hɛdlənd] *n* promontoire *m*, cap *m*
headlight ['hɛdlaɪt] *n* phare *m*
headline ['hɛdlaɪn] *n* titre *m*
headlong ['hɛdlɔŋ] *adv* (*fall*) la tête la première ; (*rush*) tête baissée
headmaster [hɛd'mɑːstəʳ] *n* directeur *m*, proviseur *m*
headmistress [hɛd'mɪstrɪs] *n* directrice *f*
head office *n* siège *m*, bureau *m* central
head-on [hɛd'ɔn] *adj* (*collision*) de plein fouet
headphones ['hɛdfəunz] *npl* casque *m* (à écouteurs)
headquartered [hɛd'kwɔːtəd] *adj*: **to be ~** (*business*) avoir son siège

h

headquarters ['hɛdkwɔːtəz] *npl (of business)* bureau *or* siège central ; *(Mil)* quartier général
headrest ['hɛdrɛst] *n* appui-tête *m*
headroom ['hɛdrum] *n (in car)* hauteur *f* de plafond ; *(under bridge)* hauteur limite ; dégagement *m*
headscarf ['hɛdskɑːf] *(pl* **headscarves** [-skɑːvz]*)* *n* foulard *m*
headset ['hɛdsɛt] *n* = **headphones**
headship ['hɛdʃɪp] *n (of school, department)* poste *m* de directeur
head start *n (in career, competition)*: **to have a ~** être avantagé(e) dès le départ ; **to give sb a ~** donner à qn une longueur d'avance
headstone ['hɛdstəun] *n* pierre tombale
headstrong ['hɛdstrɔŋ] *adj* têtu(e), entêté(e)
headteacher [hɛd'tɪtʃə^r] *n* directeur(-trice) ; *(of secondary school)* proviseur *m*
head waiter *n* maître *m* d'hôtel
headway ['hɛdweɪ] *n*: **to make ~** avancer, faire des progrès
headwind ['hɛdwɪnd] *n* vent *m* contraire
heady ['hɛdɪ] *adj* capiteux(-euse), enivrant(e)
heal [hiːl] *vt, vi* guérir
healer ['hiːlə^r] *n* guérisseur(-euse)
health [hɛlθ] *n* santé *f* ; **Department of H~** (BRIT, US) ≈ ministère *m* de la Santé
health care *n* services médicaux
health centre *n* (BRIT) centre *m* de santé
health food *n* aliment(s) naturel(s)
health food shop *n* magasin *m* diététique
healthful ['hɛlθful] *adj* sain(e)
health hazard *n* risque *m* pour la santé
Health Service *n*: **the ~** (BRIT) ≈ la Sécurité Sociale
healthy ['hɛlθɪ] *adj (person)* en bonne santé ; *(climate, food, attitude etc)* sain(e)
heap [hiːp] *n* tas *m*, monceau *m* ; **heaps (of)** *(inf: lots)* des tas (de) ▸ *vt (also:* **heap up***)* entasser, amonceler ; **she heaped her plate with cakes** elle a chargé son assiette de gâteaux ; **to ~ favours/praise/gifts** *etc* **on sb** combler qn de faveurs/d'éloges/de cadeaux *etc*
heaped ['hiːpt] *adj*: **~ with sth** *(surface)* recouvert(e) d'une montagne de qch ; *(dish, bowl)* rempli(e) d'une montagne de qch ; **add one ~ tablespoon of salt** ajouter une grosse cuillerée à soupe de sel
hear [hɪə^r] *(pt, pp* **heard** [həːd]*)* *vt* entendre ; *(news)* apprendre ; *(lecture)* assister à, écouter ▸ *vi* entendre ; **to ~ about** entendre parler de ; *(have news of)* avoir des nouvelles de ; **did you ~ about the move?** tu es au courant du déménagement ? ; **to ~ from sb** recevoir des nouvelles de qn ; **I've never heard of that book** je n'ai jamais entendu parler de ce livre
▸ **hear out** *vt* écouter jusqu'au bout
heard [həːd] *pt, pp of* **hear**
hearing ['hɪərɪŋ] *n (sense)* ouïe *f* ; *(of witnesses)* audition *f* ; *(of a case)* audience *f* ; *(of committee)* séance *f* ; **to give sb a ~** (BRIT) écouter ce que qn a à dire
hearing aid *n* appareil *m* acoustique
hearing impaired [-ɪm'pɛəd] *adj* malentendant(e) ▸ *npl*: **the ~** les malentendants *mpl*
hearsay ['hɪəseɪ] *n* on-dit *mpl*, rumeurs *fpl* ; **by ~** *adv* par ouï-dire
hearse [həːs] *n* corbillard *m*
heart [hɑːt] *n* cœur *m* ; **at ~** au fond ; **by ~** *(learn, know)* par cœur ; **to have a weak ~** avoir le cœur malade, avoir des problèmes de cœur ; **to lose/take ~** perdre/prendre courage ; **to set one's ~ on sth/on doing sth** vouloir absolument qch/faire qch ; **the ~ of the matter** le fond du problème ; **hearts** *npl (Cards)* cœur
heartache ['hɑːteɪk] *n* chagrin *m*, douleur *f*
heart attack *n* crise *f* cardiaque
heartbeat ['hɑːtbiːt] *n* battement *m* de cœur
heartbreak ['hɑːtbreɪk] *n* immense chagrin *m*
heartbreaking ['hɑːtbreɪkɪŋ] *adj* navrant(e), déchirant(e)
heartbroken ['hɑːtbrəukən] *adj*: **to be ~** avoir beaucoup de chagrin
heartburn ['hɑːtbəːn] *n* brûlures *fpl* d'estomac
heart disease *n* maladie *f* cardiaque
-hearted ['hɑːtɪd] *suffix*: **kind~** généreux(-euse), qui a bon cœur
heartening ['hɑːtnɪŋ] *adj* encourageant(e), réconfortant(e)
heart failure *n (Med)* arrêt *m* du cœur
heartfelt ['hɑːtfɛlt] *adj* sincère
hearth [hɑːθ] *n* foyer *m*, cheminée *f*
heartily ['hɑːtɪlɪ] *adv* chaleureusement ; *(laugh)* de bon cœur ; *(eat)* de bon appétit ; **to agree ~** être entièrement d'accord ; **to be ~ sick of** (BRIT) en avoir ras le bol de
heartland ['hɑːtlænd] *n* centre *m*, cœur *m* ; **France's heartlands** la France profonde
heartless ['hɑːtlɪs] *adj (person)* sans cœur, insensible ; *(treatment)* cruel(le)
heart rate *n* rythme *m* cardiaque
heart-rending ['hɑːtrendɪŋ] *adj* déchirant(e)
heartstrings ['hɑːtstrɪŋz] *npl*: **to tug (at) sb's ~** toucher *or* faire vibrer les cordes sensibles de qn
heartthrob ['hɑːtθrɔb] *n* idole *f*
heart-to-heart ['hɑːt'tə'hɑːt] *adj, adv* à cœur ouvert
heart transplant *n* greffe *f* du cœur
heartwarming ['hɑːtwɔːmɪŋ] *adj* réconfortant(e)
hearty ['hɑːtɪ] *adj* chaleureux(-euse) ; *(appetite)* solide ; *(dislike)* cordial(e) ; *(meal)* copieux(-euse)
heat [hiːt] *n* chaleur *f* ; *(fig)* ardeur *f* ; feu *m* ; *(Sport: also:* **qualifying heat***)* éliminatoire *f* ▸ *vt* chauffer
▸ **heat up** *vi (liquid)* chauffer ; *(room)* se réchauffer ▸ *vt* réchauffer
heated ['hiːtɪd] *adj* chauffé(e) ; *(fig)* passionné(e), échauffé(e), excité(e)
heater ['hiːtə^r] *n* appareil *m* de chauffage ; radiateur *m* ; *(in car)* chauffage *m* ; *(water heater)* chauffe-eau *m*
heath [hiːθ] *n* (BRIT) lande *f*
heathen ['hiːðn] *adj, n* païen(ne)
heather ['hɛðə^r] *n* bruyère *f*
heating ['hiːtɪŋ] *n* chauffage *m*
heat-resistant ['hiːtrɪzɪstənt] *adj* résistant(e) à la chaleur
heat-seeking ['hiːtsiːkɪŋ] *adj* guidé(e) par infrarouge

heatstroke ['hi:tstrəuk] *n* coup *m* de chaleur
heatwave ['hi:tweɪv] *n* vague *f* de chaleur
heave [hi:v] *vt* soulever (avec effort) ; **to ~ a sigh** pousser un gros soupir ▸*vi* se soulever ; *(retch)* avoir des haut-le-cœur ▸*n (push)* poussée *f*
heaven ['hɛvn] *n* ciel *m*, paradis *m* ; *(fig)* paradis ; **~ forbid!** surtout pas ! ; **thank ~!** Dieu merci ! ; **for ~'s sake!** *(pleading)* je vous en prie ! ; *(protesting)* mince alors !
heavenly ['hɛvnlɪ] *adj* céleste, divin(e)
heavily ['hɛvɪlɪ] *adv* lourdement ; *(drink, smoke)* beaucoup ; *(sleep, sigh)* profondément
heavy ['hɛvɪ] *adj* lourd(e) ; *(work, rain, user, eater)* gros(se) ; *(drinker, smoker)* grand(e) ; *(schedule, week)* chargé(e) ; **it's too ~** c'est trop lourd ; **it's ~ going** ça ne va pas tout seul, c'est pénible
heavy cream *n (US)* crème fraîche épaisse
heavy-duty ['hɛvɪ'dju:tɪ] *adj* à usage intensif
heavy goods vehicle *n (BRIT)* poids lourd *m*
heavy-handed ['hɛvɪ'hændɪd] *adj (fig)* maladroit(e), qui manque de tact
heavy metal *n (Mus)* heavy metal *m*
heavy-set ['hɛvɪ'sɛt] *adj (esp US)* costaud(e)
heavyweight ['hɛvɪweɪt] *n (Sport)* poids lourd
Hebrew ['hi:bru:] *adj* hébraïque ▸*n (Ling)* hébreu *m*
Hebrides ['hɛbrɪdi:z] *npl*: **the ~** les Hébrides *fpl*
heck [hɛk] *n (inf)*: **why the ~ ...?** pourquoi diable ... ? ; **a ~ of a lot** une sacrée quantité ; **he has done a ~ of a lot for us** il a vraiment beaucoup fait pour nous
heckle ['hɛkl] *vt, vi* chahuter
heckler ['hɛkləʳ] *n* interrupteur *m* ; élément perturbateur
heckling ['hɛklɪŋ] *n* chahut *m*
hectare ['hɛktɑ:ʳ] *n (BRIT)* hectare *m*
hectic ['hɛktɪk] *adj (schedule)* très chargé(e) ; *(day)* mouvementé(e) ; *(activity)* fiévreux(-euse) ; *(lifestyle)* trépidant(e)
hectoring ['hɛktərɪŋ] *adj (tone)* autoritaire
he'd [hi:d] = **he would; he had**
hedge [hɛdʒ] *n* haie *f* ; **as a ~ against inflation** pour se prémunir contre l'inflation ▸*vi* se dérober ▸*vt*: **to ~ one's bets** *(fig)* se couvrir
▸**hedge in** *vt* entourer d'une haie
hedgehog ['hɛdʒhɔg] *n* hérisson *m*
hedgerow ['hɛdʒrəu] *n* haie(s) *f(pl)*
hedonism ['hi:dənɪzəm] *n* hédonisme *m*
hedonistic [hi:də'nɪstɪk] *adj* hédoniste
heed [hi:d] *vt (also*: **take heed of***)* tenir compte de, prendre garde à
heedless ['hi:dlɪs] *adj* insouciant(e)
heel [hi:l] *n* talon *m* ; **to bring to ~** *(dog)* faire venir à ses pieds ; *(fig: person)* rappeler à l'ordre ; **to take to one's heels** prendre ses jambes à son cou ▸*vt (shoe)* retalonner
hefty ['hɛftɪ] *adj (person)* costaud(e) ; *(parcel)* lourd(e) ; *(piece, price)* gros(se)
hegemony [hɪ'gɛmənɪ] *n* hégémonie *f*
heifer ['hɛfəʳ] *n* génisse *f*
height [haɪt] *n (of person)* taille *f*, grandeur *f* ; *(of object)* hauteur *f* ; *(of plane, mountain)* altitude *f* ; *(high ground)* hauteur, éminence *f* ; *(fig: of glory, fame, power)* sommet *m* ; *(: of luxury, stupidity)* comble *m* ; **at the ~ of summer** au cœur de l'été ; **what ~ are you?** combien mesurez-vous ?, quelle est votre taille ? ; **of average ~** de taille moyenne ; **to be afraid of heights** être sujet(te) au vertige ; **it's the ~ of fashion** c'est le dernier cri
heighten ['haɪtn] *vt* hausser, surélever ; *(fig)* augmenter
heinous ['heɪnəs] *adj* odieux(-euse), atroce
heir [ɛəʳ] *n* héritier *m*
heir apparent *n* héritier présomptif
heiress ['ɛərɛs] *n* héritière *f*
heirloom ['ɛəlu:m] *n* meuble *m (or* bijou *m or* tableau *m)* de famille
heist [haɪst] *n (US inf: hold-up)* casse *m*
held [hɛld] *pt, pp of* **hold**
helicopter ['hɛlɪkɔptəʳ] *n* hélicoptère *m*
helipad ['hɛlipæd] *n* hélistation *f*
heliport ['hɛlɪpɔ:t] *n (Aviat)* héliport *m*
helium ['hi:lɪəm] *n* hélium *m*
hell [hɛl] *n* enfer *m* ; **a ~ of a ...** *(inf)* un(e) sacré(e) ... ; **oh ~!** *(inf)* merde !
he'll [hi:l] = **he will; he shall**
hell-bent [hɛl'bɛnt] *adj (inf)*: **to be ~ on doing sth** vouloir à tout prix faire qch
hellish ['hɛlɪʃ] *adj* infernal(e)
hello [hə'ləu] *excl* bonjour ! ; *(to attract attention)* hé ! ; *(surprise)* tiens !
helm [hɛlm] *n (Naut)* barre *f*
helmet ['hɛlmɪt] *n* casque *m*
helmsman ['hɛlmzmən] *n (irreg)* timonier *m*
help [hɛlp] *n* aide *f* ; *(cleaner etc)* femme *f* de ménage ; *(assistant etc)* employé(e) ; **with the ~ of** *(person)* avec l'aide de ; *(tool etc)* à l'aide de ; **to be of ~ to sb** être utile à qn ▸*vt, vi* aider ; **can you ~ me?** pouvez-vous m'aider ? ; **can I ~ you?** *(in shop)* vous désirez ? ; **~ yourself** servez-vous ; **to ~ sb (to) do sth** aider qn à faire qch ; **I can't ~ saying** je ne peux pas m'empêcher de dire ; **he can't ~ it** il n'y peut rien ▸*excl* au secours !
▸**help out** *vi* aider ▸*vt*: **to ~ sb out** aider qn
help desk *n (esp Comput)* centre *m* d'assistance
helper ['hɛlpəʳ] *n* aide *mf*, assistant(e)
helpful ['hɛlpful] *adj (person)* serviable, aimable ; *(useful)* utile
helpfully ['hɛlpfulɪ] *adv* aimablement
helping ['hɛlpɪŋ] *n* portion *f*
helping hand *n* coup *m* de main ; **to give sb a ~** prêter main-forte à qn
helpless ['hɛlplɪs] *adj* impuissant(e) ; *(baby)* sans défense
helplessly ['hɛlplɪslɪ] *adv (watch)* sans pouvoir rien faire
helplessness ['hɛlplɪsnɪs] *n* impuissance *f*
helpline ['hɛlplaɪn] *n* service *m* d'assistance téléphonique ; *(free)* ≈ numéro vert
Helsinki ['hɛlsɪŋkɪ] *n* Helsinki
helter-skelter ['hɛltə'skɛltəʳ] *n (BRIT: at amusement park)* toboggan *m*
hem [hɛm] *n* ourlet *m* ▸*vt* ourler
▸**hem in** *vt* cerner ; **to feel hemmed in** *(fig)* avoir l'impression d'étouffer, se sentir oppressé(e) *or* écrasé(e)
he-man ['hi:mæn] *n (irreg) (inf)* macho *m*
hematology ['hi:mə'tɔlədʒɪ] *n (US)* = **haematology**

h

hemisphere ['hɛmɪsfɪəʳ] *n* hémisphère *m*
hemlock ['hɛmlɔk] *n* ciguë *f*
hemoglobin ['hiːmə'gləubɪn] *n (US)* = **haemoglobin**
hemophilia ['hiːmə'fɪlɪə] *n (US)* = **haemophilia**
hemorrhage ['hɛmərɪdʒ] *n (US)* = **haemorrhage**
hemorrhoids ['hɛmərɔɪdz] *npl (US)* = **haemorrhoids**
hemp [hɛmp] *n* chanvre *m*
hen [hɛn] *n* poule *f* ; *(female bird)* femelle *f*
hence [hɛns] *adv (therefore)* d'où, de là ; **2 years ~** d'ici 2 ans
henceforth [hɛns'fɔːθ] *adv* dorénavant
henchman ['hɛntʃmən] *n (irreg) (pej)* acolyte *m*, séide *m*
henna ['hɛnə] *n* henné *m*
hen night, hen party *n* soirée *f* entre filles *(avant le mariage de l'une d'elles)*
henpecked ['hɛnpɛkt] *adj* dominé par sa femme
hepatitis [hɛpə'taɪtɪs] *n* hépatite *f*
heptathlon [hɛp'tæθlɔn] *n* heptathlon *m*
her [həːʳ] *pron (direct)* la, l' *+ vowel or h mute* ; *(indirect)* lui ; *(stressed, after prep)* elle ; **I see ~** je la vois ; **give ~ a book** donne-lui un livre ; **after ~** après elle ▸ *adj* son (sa), ses *pl* ; *see also* **me**; **my**
herald ['hɛrəld] *n* héraut *m* ▸ *vt* annoncer
heraldic [hɛ'rældɪk] *adj* héraldique
heraldry ['hɛrəldrɪ] *n* héraldique *f* ; *(coat of arms)* blason *m*
herb [həːb] *n* herbe *f* ; **herbs** *npl* fines herbes
herbaceous [həː'beɪʃəs] *adj* herbacé(e)
herbal ['həːbl] *adj* à base de plantes
herbalist ['həːbəlɪst] *n* herboriste *mf*
herbal tea *n* tisane *f*
herbicide ['həːbɪsaɪd] *n* herbicide *m*
Herculean [həːkju'liːən] *adj (literary)* herculéen(ne)
herd [həːd] *n* troupeau *m* ; *(of wild animals, swine)* troupeau, troupe *f* ▸ *vt (drive: animals, people)* mener, conduire ; *(gather)* rassembler ; **herded together** parqués (comme du bétail)
here [hɪəʳ] *adv* ici ; *(time)* alors ; **~ is, ~ are** voici ; **~'s my sister** voici ma sœur ; **~ he/she is** le (la) voici ; **~ she comes** la voici qui vient ; **come ~!** viens ici ! ; **~ and there** ici et là ▸ *excl* tiens !, tenez ! ; *(present)* présent !
hereabouts ['hɪərə'bauts] *adv* par ici, dans les parages
hereafter [hɪər'ɑːftəʳ] *adv* après, plus tard ; ci-après ▸ *n*: **the ~** l'au-delà *m*
hereby [hɪə'baɪ] *adv (in letter)* par la présente
hereditary [hɪ'rɛdɪtrɪ] *adj* héréditaire
heredity [hɪ'rɛdɪtɪ] *n* hérédité *f*
herein [hɪər'ɪn] *adv (in this text)* dans le présent texte ; **~ lies the problem** de là vient tout le problème
heresy ['hɛrəsɪ] *n* hérésie *f*
heretic ['hɛrətɪk] *n* hérétique *mf*
heretical [hɪ'rɛtɪkl] *adj* hérétique
herewith [hɪə'wɪð] *adv* avec ceci, ci-joint
heritage ['hɛrɪtɪdʒ] *n* héritage *m*, patrimoine *m* ; **our national ~** notre patrimoine national
hermetically [həː'mɛtɪklɪ] *adv* hermétique
hermit ['həːmɪt] *n* ermite *m*
hernia ['həːnɪə] *n* hernie *f*
hero ['hɪərəu] *(pl* **heroes***)* *n* héros *m*
heroic [hɪ'rəuɪk] *adj* héroïque
heroin ['hɛrəuɪn] *n* héroïne *f (drogue)*
heroin addict *n* héroïnomane *mf*
heroine ['hɛrəuɪn] *n* héroïne *f (femme)*
heroism ['hɛrəuɪzəm] *n* héroïsme *m*
heron ['hɛrən] *n* héron *m*
hero worship *n* culte *m* (du héros)
herpes ['həːpiːz] *n* herpès *m*
herring ['hɛrɪŋ] *n* hareng *m*
hers [həːz] *pron* le (la) sien(ne), les siens (siennes) ; **a friend of ~** un(e) ami(e) à elle, un(e) de ses ami(e)s ; *see also* **mine¹**
herself [həː'sɛlf] *pron (reflexive)* se ; *(emphatic)* elle-même ; *(after prep)* elle ; *see also* **oneself**
Herts [hɑːts] *abbr (*Brit*)* = **Hertfordshire**
he's [hiːz] = **he is; he has**
hesitant ['hɛzɪtənt] *adj* hésitant(e), indécis(e) ; **to be ~ about doing sth** hésiter à faire qch
hesitate ['hɛzɪteɪt] *vi*: **to ~ (about/to do)** hésiter (sur/à faire)
hesitation [hɛzɪ'teɪʃən] *n* hésitation *f* ; **I have no ~ in saying (that)...** je n'hésiterais pas à dire (que) ...
hessian ['hɛsɪən] *n* (toile *f* de) jute *m*
heterogeneous ['hɛtərə'dʒiːnɪəs] *adj* hétérogène
heterosexual ['hɛtərəu'sɛksjuəl] *adj, n* hétérosexuel(le)
het up [hɛt-] *adj (inf)* agité(e), excité(e)
HEW *n abbr (US: = Department of Health, Education and Welfare) ministère de la santé publique, de l'enseignement et du bien-être*
hew [hjuː] *vt* tailler *(à la hache)*
hex [hɛks] *(US) n* sort *m* ▸ *vt* jeter un sort sur
hexagon ['hɛksəgən] *n* hexagone *m*
hexagonal [hɛk'sægənl] *adj* hexagonal(e)
hey [heɪ] *excl* hé !
heyday ['heɪdeɪ] *n*: **the ~ of** l'âge *m* d'or de, les beaux jours de
HF *n abbr (= high frequency)* HF *f*
HGV *n abbr* = **heavy goods vehicle**
HI *abbr (US)* = **Hawaii**
hi [haɪ] *excl* salut ! ; *(to attract attention)* hé !
hiatus [haɪ'eɪtəs] *n* trou *m*, lacune *f* ; *(Ling)* hiatus *m*
hibernate ['haɪbəneɪt] *vi* hiberner
hibernation [haɪbə'neɪʃən] *n* hibernation *f*
hibiscus [hɪ'bɪskəs] *n* hibiscus *m*
hiccough, hiccup ['hɪkʌp] *vi* hoqueter ▸ *n* hoquet *m* ; **to have (the) hiccoughs** avoir le hoquet
hick [hɪk] *n (US inf)* plouc *m*, péquenaud(e)
hid [hɪd] *pt of* **hide**
hidden ['hɪdn] *pp of* **hide** ▸ *adj*: **there are no ~ extras** absolument tout est compris dans le prix ; **~ agenda** intentions non déclarées
hide [haɪd] *(pt* **hid** [hɪd], *pp* **hidden** ['hɪdn]*)* *n (skin)* peau *f* ▸ *vt* cacher ; *(feelings, truth)* dissimuler ; **to ~ sth from sb** cacher qch à qn ▸ *vi*: **to ~ (from sb)** se cacher (de qn)
hide-and-seek ['haɪdən'siːk] *n* cache-cache *m*
hideaway ['haɪdəweɪ] *n* cachette *f*
hideous ['hɪdɪəs] *adj* hideux(-euse), atroce

hide-out ['haɪdaut] *n* cachette *f*
hiding ['haɪdɪŋ] *n* (*beating*) correction *f*, volée *f* de coups ; **to be in ~** (*concealed*) se tenir caché(e)
hiding place *n* cachette *f*
hierarchy ['haɪərɑ:kɪ] *n* hiérarchie *f*
hieroglyphic [haɪərə'glɪfɪk] *adj* hiéroglyphique ; **hieroglyphics** *npl* hiéroglyphes *mpl*
hi-fi ['haɪfaɪ] *adj, n abbr* (= *high fidelity*) hi-fi *f inv*
higgledy-piggledy ['hɪgldɪ'pɪgldɪ] *adv* pêle-mêle, dans le plus grand désordre
high [haɪ] *adj* haut(e) ; (*speed, respect, number*) grand(e) ; (*price*) élevé(e) ; (*wind*) fort(e), violent(e) ; (*voice*) aigu(ë) ; (*inf: person: on drugs*) défoncé(e), fait(e) ; (*: on drink*) soûl(e), bourré(e) ; (BRIT *Culin: meat, game*) faisandé(e) ; (*: spoilt*) avarié(e) ; **20 m ~** haut(e) de 20 m ; **to pay a ~ price for sth** payer cher pour qch ▸ *adv* haut, en haut ; **~ in the air** haut dans le ciel ▸ *n* (*weather*) zone *f* de haute pression ; **exports have reached a new ~** les exportations ont atteint un nouveau record
highball ['haɪbɔ:l] *n* (US) whisky *m* à l'eau avec des glaçons
highboy ['haɪbɔɪ] *n* (US) grande commode
highbrow ['haɪbrau] *adj, n* intellectuel(le)
highchair ['haɪtʃɛəʳ] *n* (*child's*) chaise haute
high-class ['haɪ'klɑ:s] *adj* (*neighbourhood, hotel*) chic *inv*, de grand standing ; (*performance etc*) de haut niveau
High Court *n* (*Law*) cour *f* suprême

HIGH COURT

Dans le système juridique anglais et gallois, la **High Court** est une cour de droit civil chargée des affaires plus importantes et complexes que celles traitées par les *county courts*. En Écosse en revanche, la *High Court (of Justiciary)* est la plus haute cour de justice à laquelle les affaires les plus graves telles que le meurtre et le viol sont soumises et où elles sont jugées devant un jury.

higher ['haɪəʳ] *adj* (*form of life, study etc*) supérieur(e) ▸ *adv* plus haut
higher education *n* études supérieures
highfalutin [haɪfə'lu:tɪn] *adj* (*inf*) affecté(e)
high finance *n* la haute finance
high five *n* high five *m* ; **to give sb a ~** faire *or* échanger un high five avec qn, taper dans les mains de qn
high-flier, high-flyer [haɪ'flaɪəʳ] *n* (*ambitious*) ambitieux(-euse) ; (*gifted*) *personne particulièrement douée et promise à un avenir brillant*
high-flying [haɪ'flaɪɪŋ] *adj* (*fig*) ambitieux(-euse), de haut niveau
high-handed [haɪ'hændɪd] *adj* très autoritaire ; très cavalier(-ière)
high-heeled [haɪ'hi:ld] *adj* à hauts talons
high heels *npl* talons hauts, hauts talons
high jump *n* (*Sport*) saut *m* en hauteur
highlands ['haɪləndz] *npl* région montagneuse ; **the H~** (*in Scotland*) les Highlands *mpl*
high-level ['haɪlɛvl] *adj* (*talks etc*) à un haut niveau ; **~ language** (*Comput*) langage évolué
highlight ['haɪlaɪt] *n* (*fig: of event*) point culminant ▸ *vt* (*emphasize*) faire ressortir, souligner ; **highlights** *npl* (*in hair*) reflets *mpl*
highlighter ['haɪlaɪtəʳ] *n* (*pen*) surligneur (lumineux)
highly ['haɪlɪ] *adv* extrêmement, très ; (*unlikely*) fort ; (*recommended, skilled, qualified*) hautement ; **~ paid** très bien payé(e) ; **to speak ~ of** dire beaucoup de bien de
highly strung *adj* nerveux(-euse), toujours tendu(e)
High Mass *n* grand-messe *f*
highness ['haɪnɪs] *n* hauteur *f* ; **His/Her H~** son Altesse *f*
high-pitched [haɪ'pɪtʃt] *adj* aigu(ë)
high point *n*: **the ~ (of)** le clou (de), le point culminant (de)
high-powered ['haɪ'pauəd] *adj* (*engine*) performant(e) ; (*fig: person*) dynamique ; (*: job, businessman*) très important(e)
high-pressure ['haɪprɛʃəʳ] *adj* à haute pression
high-profile [haɪ'prəufaɪl] *cpd* (*visible: person, position*) très en vue ; (*influential: role*) très influent(e) ; (*talked about: issue*) très discuté(e) ; (*of media interest: event*) médiatisé(e)
high-rise ['haɪraɪz] *n* (*also:* **high-rise block, high-rise building**) tour *f* (d'habitation)
high school *n* lycée *m* ; (US) établissement *m* d'enseignement supérieur

HIGH SCHOOL

Une **high school** est un établissement d'enseignement secondaire. Aux États-Unis, il y a la *Junior High School*, qui correspond au collège, et la *Senior High School*, qui correspond au lycée. En Grande-Bretagne, c'est un nom que l'on donne parfois aux écoles secondaires; voir *elementary school*.

high season *n* (BRIT) haute saison
high spirits *npl* pétulance *f* ; **to be in ~** être plein(e) d'entrain
high street *n* (BRIT) grand-rue *f*
high-tech ['haɪ'tɛk] *adj* (*inf*) de pointe
highway ['haɪweɪ] *n* (BRIT) route *f* ; (US) route nationale ; **the information ~** l'autoroute *f* de l'information
Highway Code *n* (BRIT) code *m* de la route
highwayman ['haɪweɪmən] *n* (*irreg*) voleur *m* de grand chemin
hijack ['haɪdʒæk] *vt* détourner (*par la force*) ▸ *n* (*also:* **hijacking**) détournement *m* (d'avion)
hijacker ['haɪdʒækəʳ] *n* auteur *m* d'un détournement d'avion, pirate *m* de l'air
hike [haɪk] *vi* faire des excursions à pied ▸ *n* excursion *f* à pied, randonnée *f* ; (*inf: in prices etc*) augmentation *f* ▸ *vt* (*inf*) augmenter
hiker ['haɪkəʳ] *n* promeneur(-euse), excursionniste *mf*
hiking ['haɪkɪŋ] *n* excursions *fpl* à pied, randonnée *f*
hilarious [hɪ'lɛərɪəs] *adj* (*behaviour, event*) désopilant(e)
hilarity [hɪ'lærɪtɪ] *n* hilarité *f*

h

hill [hɪl] *n* colline *f*; (*fairly high*) montagne *f*; (*on road*) côte *f*
hillbilly ['hɪlbɪlɪ] *n* (*US*) montagnard(e) du sud des USA; (*pej*) péquenaud *m*
hillock ['hɪlək] *n* petite colline, butte *f*
hillside ['hɪlsaɪd] *n* (flanc *m* de) coteau *m*
hill start *n* (*Aut*) démarrage *m* en côte
hilltop ['hɪltɔp] *n* sommet *m* de la/d'une colline ▶ *cpd* (*village, building*) perché(e) sur une colline
hill walking *n* randonnée *f* de basse montagne
hilly ['hɪlɪ] *adj* vallonné(e), montagneux(-euse); (*road*) à fortes côtes
hilt [hɪlt] *n* (*of sword*) garde *f*; **to the ~** (*fig: support*) à fond
him [hɪm] *pron* (*direct*) le, l' *+ vowel or h mute*; (*stressed, indirect, after prep*) lui; **I see ~** je le vois; **give ~ a book** donne-lui un livre; **after ~** après lui; *see also* **me**
Himalayas [hɪmə'leɪəz] *npl*: **the ~** l'Himalaya *m*
himself [hɪm'sɛlf] *pron* (*reflexive*) se; (*emphatic*) lui-même; (*after prep*) lui; *see also* **oneself**
hind [haɪnd] *adj* de derrière ▶ *n* biche *f*
hinder ['hɪndə^r^] *vt* gêner; (*delay*) retarder; (*prevent*): **to ~ sb from doing** empêcher qn de faire
Hindi ['hɪndi] *n* hindi *m*; **to speak ~** parler hindi *or* l'hindi
hindquarters ['haɪnd'kwɔːtəz] *npl* (*Zool*) arrière-train *m*
hindrance ['hɪndrəns] *n* gêne *f*, obstacle *m*
hindsight ['haɪndsaɪt] *n* bon sens après coup; **with (the benefit of) ~** avec du recul, rétrospectivement
Hindu ['hɪnduː] *n* Hindou(e)
Hinduism ['hɪnduɪzəm] *n* (*Rel*) hindouisme *m*
hinge [hɪndʒ] *n* charnière *f* ▶ *vi* (*fig*): **to ~ on** dépendre de
hint [hɪnt] *n* allusion *f*; (*advice*) conseil *m*; (*clue*) indication *f*; **to drop a ~** faire une allusion *or* insinuation; **give me a ~** (*clue*) mettez-moi sur la voie, donnez-moi une indication ▶ *vt*: **to ~ that** insinuer que ▶ *vi*: **to ~ at** faire une allusion à
hinterland ['hɪntəlænd] *n* arrière-pays *m*
hip [hɪp] *n* hanche *f*; (*Bot*) fruit *m* de l'églantier *or* du rosier
hip flask *n* flacon *m* (pour la poche)
hip-hop ['hɪphɔp] *n* hip hop *m*
hippie, hippy ['hɪpɪ] *n* hippie *mf*
hippo ['hɪpəu] (*pl* **hippos**) *n* hippopotame *m*
hippopotamus [hɪpə'pɔtəməs] (*pl* **hippopotamuses** *or* **hippopotami** [hɪpə'pɔtəmaɪ]) *n* hippopotame *m*
hippy ['hɪpɪ] *n* = **hippie**
hire ['haɪə^r^] *vt* (*BRIT: car, equipment*) louer; (*worker*) embaucher, engager; **I'd like to ~ a car** je voudrais louer une voiture ▶ *n* location *f*; **for ~** à louer; (*taxi*) libre; **on ~** en location
▶ **hire out** *vt* louer
hire car, hired car ['haɪəd-] *n* (*BRIT*) voiture *f* de location
hire purchase *n* (*BRIT*) achat *m* (*or* vente *f*) à tempérament *or* crédit; **to buy sth on ~** acheter qch en location-vente
his [hɪz] *pron* le (la) sien(ne), les siens (siennes); **this is ~** c'est à lui, c'est le sien; **a friend of ~** un(e) de ses ami(e)s, un(e) ami(e) à lui ▶ *adj* son (sa), ses *pl*; *see also* **mine**[1]; **my**

The adjectives **son, sa** and **ses** agree with the noun they go with. They do not indicate whether the owner in question is male or female: *his father* **son père**; *his car* **sa voiture**; *his friends* **ses amis**.

Hispanic [hɪs'pænɪk] *adj* (*in US*) hispano-américain(e) ▶ *n* Hispano-Américain(e)
hiss [hɪs] *vi* siffler ▶ *n* sifflement *m*
histogram ['hɪstəgræm] *n* histogramme *m*
historian [hɪ'stɔːrɪən] *n* historien(ne)
historic [hɪ'stɔrɪk], **historical** [hɪ'stɔrɪkl] *adj* historique
historically [hɪ'stɔrɪklɪ] *adv* historiquement
history ['hɪstərɪ] *n* histoire *f*; **medical ~** (*of patient*) passé médical
histrionics [hɪstrɪ'ɔnɪks] *n* gestes *mpl* dramatiques, cinéma *m* (*fig*)
hit [hɪt] (*pt, pp* **~**) *vt* frapper; (*knock against*) cogner; (*reach: target*) atteindre, toucher; (*collide with: car*) entrer en collision avec, heurter; (*fig: affect*) toucher; (*find*) tomber sur; **to ~ it off with sb** bien s'entendre avec qn; **to ~ the headlines** être à la une des journaux; **to ~ the road** (*inf*) se mettre en route ▶ *n* coup *m*; (*success*) coup réussi, succès *m*; (*song*) chanson *f* à succès, tube *m*; (*to website*) visite *f*; (*on search engine*) résultat *m* de recherche
▶ **hit back** *vi*: **to ~ back at sb** prendre sa revanche sur qn
▶ **hit on** *vt fus* (*answer*) trouver (par hasard); (*solution*) tomber sur (par hasard)
▶ **hit out at** *vt fus* envoyer un coup à; (*fig*) attaquer
▶ **hit upon** *vt fus* = **hit on**
hit-and-miss ['hɪtænd'mɪs] *adj* au petit bonheur (la chance)
hit-and-run driver ['hɪtænd'rʌn-] *n* chauffard *m*
hitch [hɪtʃ] *vt* (*fasten*) accrocher, attacher; (*also:* **hitch up**) remonter d'une saccade; **to ~ a lift** faire du stop ▶ *vi* faire de l'autostop ▶ *n* (*knot*) nœud *m*; (*difficulty*) anicroche *f*, contretemps *m*; **technical ~** incident *m* technique
▶ **hitch up** *vt* (*horse, cart*) atteler; *see also* **hitch**
hitch-hike ['hɪtʃhaɪk] *vi* faire de l'auto-stop
hitch-hiker ['hɪtʃhaɪkə^r^] *n* auto-stoppeur(-euse)
hitch-hiking ['hɪtʃhaɪkɪŋ] *n* auto-stop *m*, stop *m* (*inf*)
hi-tech ['haɪ'tɛk] *adj* de pointe ▶ *n* high-tech *m*
hitherto [hɪðə'tuː] *adv* jusqu'ici, jusqu'à présent
hit list *n* liste noire
hitman ['hɪtmæn] *n* (*irreg*) (*inf*) tueur *m* à gages
hit-or-miss ['hɪtə'mɪs] *adj* au petit bonheur (la chance); **it's ~ whether ...** il est loin d'être certain que ... *+ sub*
hit parade *n* hit parade *m*
hitter ['hɪtə^r^] *n* (*in tennis, baseball*) frappeur(-euse); **a big** *or* **heavy ~** (*fig*) un poids lourd
HIV *n abbr* (*= human immunodeficiency virus*) HIV *m*, VIH *m*; **~-negative** séronégatif(-ive); **~-positive** séropositif(-ive)

hive [haɪv] *n* ruche *f* ; **the shop was a ~ of activity** (*fig*) le magasin était une véritable ruche
▸ **hive off** *vt* (*inf*) mettre à part, séparer
hl *abbr* (= *hectolitre*) hl
HM *abbr* (= *His* (*or*) *Her Majesty*) SM
HMG *abbr* (Brit) = **Her Majesty's Government**; **His Majesty's Government**
HMI *n abbr* (Brit *Scol*) = **His Majesty's Inspector**; **Her Majesty's Inspector**
HMO *n abbr* (*US*: = *health maintenance organization*) *organisme médical assurant un forfait entretien de santé*
HMS *abbr* (Brit) = **His Majesty's Ship**; **Her Majesty's Ship**
HMSO *n abbr* (Brit: = *His* (*or*) *Her Majesty's Stationery Office*) ≈ Imprimerie nationale
HNC *n abbr* (Brit: = *Higher National Certificate*) ≈ DUT *m*
HND *n abbr* (Brit: = *Higher National Diploma*) ≈ licence *f* de sciences et techniques
hoard [hɔːd] *n* (*of food*) provisions *fpl*, réserves *fpl* ; (*of money*) trésor *m* ▸ *vt* amasser
hoarding ['hɔːdɪŋ] *n* (Brit) panneau *m* d'affichage *or* publicitaire
hoarfrost ['hɔːfrɔst] *n* givre *m*
hoarse [hɔːs] *adj* enroué(e)
hoax [həuks] *n* canular *m*
hob [hɔb] *n* plaque chauffante
hobble ['hɔbl] *vi* boitiller
hobby ['hɔbɪ] *n* passe-temps favori
hobby-horse ['hɔbɪhɔːs] *n* cheval *m* à bascule ; (*fig*) dada *m*
hobnob ['hɔbnɔb] *vi*: **to ~ with** frayer avec, fréquenter
hobo ['həubəu] *n* (*US*) vagabond *m*
hock [hɔk] *n* (Brit: *wine*) vin *m* du Rhin ; (*of animal*: *Culin*) jarret *m*
hockey ['hɔkɪ] *n* hockey *m*
hockey stick *n* crosse *f* de hockey
hocus-pocus ['həukəs'pəukəs] *n* (*trickery*) supercherie *f* ; (*words*: *of magician*) formules *fpl* magiques ; (: *jargon*) galimatias *m*
hod [hɔd] *n* oiseau *m*, hotte *f*
hodgepodge ['hɔdʒpɔdʒ] *n* = **hotchpotch**
hoe [həu] *n* houe *f*, binette *f* ▸ *vt* (*ground*) biner ; (*plants etc*) sarcler
hog [hɔg] *n* porc (châtré) ; **to go the whole ~** aller jusqu'au bout ▸ *vt* (*fig*) accaparer
Hogmanay [hɔgmə'neɪ] *n* réveillon *m* du jour de l'An, Saint-Sylvestre *f*

Hogmanay

La Saint-Sylvestre, ou *New Year's Eve*, se nomme **Hogmanay** en Écosse, où traditionnellement elle faisait l'objet de célébrations plus importantes que Noël. À cette occasion, la famille et les amis se réunissent pour entendre sonner les douze coups de minuit et fêter le *first-footing*, une coutume qui veut qu'on se rende chez ses amis et voisins en apportant quelque chose à boire (du whisky en général) et un morceau de charbon en gage de prospérité pour la nouvelle année.

hogwash ['hɔgwɔʃ] *n* (*inf*) foutaises *fpl*
hoist [hɔɪst] *n* palan *m* ▸ *vt* hisser
hoity-toity [hɔɪtɪ'tɔɪtɪ] *adj* (*inf*) prétentieux(-euse), qui se donne
hold [həuld] (*pt*, *pp* **held** [hɛld]) *vt* tenir ; (*contain*) contenir ; (*meeting*) tenir ; (*keep back*) retenir ; (*believe*) maintenir, considérer ; (*possess*) avoir ; détenir ; **~ the line!** (*Tel*) ne quittez pas ! ; **to ~ one's own** (*fig*) (bien) se défendre ; **to ~ office** (*Pol*) avoir un portefeuille ; **he holds the view that ...** il pense *or* estime que ..., d'après lui ... ; **to ~ sb responsible for sth** tenir qn pour responsable de qch ▸ *vi* (*withstand pressure*) tenir (bon) ; (*be valid*) valoir ; (*on telephone*) attendre ; **to ~ firm** *or* **fast** tenir bon ▸ *n* prise *f* ; (*find*) influence *f* ; (*Naut*) cale *f* ; **to catch** *or* **get (a) ~ of** saisir ; **to get ~ of** (*find*) trouver ; **to get ~ of o.s.** se contrôler
▸ **hold back** *vt* retenir ; (*secret*) cacher ; **to ~ sb back from doing sth** empêcher qn de faire qch
▸ **hold down** *vt* (*person*) maintenir à terre ; (*job*) occuper
▸ **hold forth** *vi* pérorer
▸ **hold off** *vt* tenir à distance ▸ *vi*: **if the rain holds off** s'il ne pleut pas, s'il ne se met pas à pleuvoir
▸ **hold on** *vi* tenir bon ; (*wait*) attendre ; **~ on!** (*Tel*) ne quittez pas ! ; **to ~ on to sth** (*grasp*) se cramponner à qch ; (*keep*) conserver *or* garder qch
▸ **hold out** *vt* offrir ▸ *vi* (*resist*): **to ~ out (against)** résister (devant), tenir bon (devant)
▸ **hold over** *vt* (*meeting etc*) ajourner, reporter
▸ **hold up** *vt* (*raise*) lever ; (*support*) soutenir ; (*delay*) retarder ; (: *traffic*) ralentir ; (*rob*) braquer
▸ **hold with** *vt fus* apprécier
holdall ['həuldɔːl] *n* (Brit) fourre-tout *m inv*
holder ['həuldəʳ] *n* (*container*) support *m* ; (*of ticket*, *record*) détenteur(-trice) ; (*of office*, *title*, *passport etc*) titulaire *mf*
holding ['həuldɪŋ] *n* (*share*) intérêts *mpl* ; (*farm*) ferme *f*
holding company *n* holding *m*
hold-up ['həuldʌp] *n* (*robbery*) hold-up *m* ; (*delay*) retard *m* ; (Brit: *in traffic*) embouteillage *m*
hole [həul] *n* trou *m* ; **~ in the heart** (*Med*) communication *f* interventriculaire ; **to pick holes (in)** (*fig*) chercher des poux (dans) ▸ *vt* trouer, faire un trou dans
▸ **hole up** *vi* se terrer
holiday ['hɔlədɪ] *n* (Brit: *vacation*) vacances *fpl* ; (*day off*) jour *m* de congé ; (*public*) jour férié ; **to be on ~** être en vacances ; **I'm here on ~** je suis ici en vacances ; **tomorrow is a ~** demain c'est fête, on a congé demain
holiday camp *n* (Brit: *for children*) colonie *f* de vacances ; (*also*: **holiday centre**) camp *m* de vacances
holiday home *n* (*rented*) location *f* de vacances ; (*owned*) résidence *f* secondaire
holiday job *n* (Brit) boulot *m* (*inf*) de vacances
holiday-maker ['hɔlədɪmeɪkəʳ] *n* (Brit) vacancier(-ière)
holiday pay *n* paie *f* des vacances
holiday resort *n* centre *m* de villégiature *or* de vacances

holiday season *n* période *f* des vacances
holiness ['həulɪnɪs] *n* sainteté *f*
holistic [həu'lɪstɪk] *adj* holiste, holistique
Holland ['hɔlənd] *n* Hollande *f*
holler ['hɔlə^r] *vi* (*inf*) brailler
hollow ['hɔləu] *adj* creux(-euse) ; (*fig*) faux (fausse) ▸ *n* creux *m* ; (*in land*) dépression *f* (de terrain), cuvette *f* ▸ *vt*: **to ~ out** creuser, évider
holly ['hɔlɪ] *n* houx *m*
hollyhock ['hɔlɪhɔk] *n* rose trémière
Hollywood ['hɔlɪwud] *n* Hollywood *m*
holocaust ['hɔləkɔ:st] *n* holocauste *m*
hologram ['hɔləgræm] *n* hologramme *m*
hols [hɔlz] *npl* (*inf*) vacances *fpl*
holster ['həulstə^r] *n* étui *m* de revolver
holy ['həulɪ] *adj* saint(e) ; (*bread, water*) bénit(e) ; (*ground*) sacré(e)
Holy Communion *n* la (sainte) communion
Holy Ghost, Holy Spirit *n* Saint-Esprit *m*
Holy Land *n*: **the ~** la Terre Sainte
holy orders *npl* ordres (majeurs)
homage ['hɔmɪdʒ] *n* hommage *m* ; **to pay ~ to** rendre hommage à
home [həum] *n* foyer *m*, maison *f* ; (*country*) pays natal, patrie *f* ; (*institution*) maison ; **at ~** chez soi, à la maison ; **make yourself at ~** faites comme chez vous ; **near my ~** près de chez moi ▸ *adj* de famille ; (*Econ, Pol*) national(e), intérieur(e) ; (*Sport: team*) qui reçoit ; (*: match, win*) sur leur (*or* notre) terrain ▸ *adv* chez soi, à la maison ; au pays natal ; (*right in: nail etc*) à fond ; **to go** (*or* **come**) **~** rentrer (chez soi), rentrer à la maison (*or* au pays) ; **I'm going ~ on Tuesday** je rentre mardi
▸ **home in on** *vt fus* (*missile*) se diriger automatiquement vers *or* sur
home address *n* domicile permanent
home-brew [həum'bru:] *n* vin *m* (*or* bière *f*) maison
homecoming ['həumkʌmɪŋ] *n* retour *m* (au bercail)
home computer *n* ordinateur *m* domestique
Home Counties *npl les comtés autour de Londres*
home economics *n* économie *f* domestique
home ground *n*: **to be on ~** être sur son terrain
home-grown ['həumgrəun] *adj* (*not foreign*) du pays ; (*from garden*) du jardin
home help *n* (Brit) aide-ménagère *f*
homeland ['həumlænd] *n* patrie *f*
homeless ['həumlɪs] *adj* sans logis, sans abri ; **a ~ person** un sans-abri ; **to be made ~** perdre son logement, devenir sans-abri ; **the homeless** *npl* les sans-abri *mpl*
homelessness ['həumlɪsnɪs] *n* problème *m* des sans-abri
home loan *n* prêt *m* sur hypothèque
homely ['həumlɪ] *adj* (*plain*) simple, sans prétention ; (*welcoming*) accueillant(e)
home-made [həum'meɪd] *adj* fait(e) à la maison
home match *n* match *m* à domicile
Home Office *n* (Brit) ministère *m* de l'Intérieur
homeopathy *etc* [həumɪ'ɔpəθɪ] *n* (*US*) = **homoeopathy** *etc*
home owner *n* propriétaire occupant
home page *n* (*Comput*) page *f* d'accueil
home rule *n* autonomie *f*
Home Secretary *n* (Brit) ministre *m* de l'Intérieur
homesick ['həumsɪk] *adj*: **to be ~** avoir le mal du pays ; (*missing one's family*) s'ennuyer de sa famille
homesickness ['həumsɪknɪs] *n* mal *m* du pays
homestead ['həumstɛd] *n* propriété *f* ; (*farm*) ferme *f*
home town *n* ville natale
home truth *n*: **to tell sb a few home truths** dire ses quatre vérités à qn
homeward ['həumwəd] *adj* (*journey*) du retour ▸ *adv* = **homewards**
homewards ['həumwədz] *adv* vers la maison
homework ['həumwə:k] *n* devoirs *mpl*
homey ['həumɪ] *adj* (*esp US: cosy*) simple et accueillant(e)
homicidal [hɔmɪ'saɪdl] *adj* homicide
homicide ['hɔmɪsaɪd] *n* (*US*) homicide *m*
homily ['hɔmɪlɪ] *n* homélie *f*
homing ['həumɪŋ] *adj* (*device, missile*) à tête chercheuse ; **~ pigeon** pigeon voyageur
homoeopath, (*US*) **homeopath** ['həumɪəupæθ] *n* homéopathe *mf*
homoeopathic, (*US*) **homeopathic** [həumɪəu'pæθɪk] *adj* (*medicine*) homéopathique ; (*doctor*) homéopathe
homoeopathy, (*US*) **homeopathy** [həumɪ'ɔpəθɪ] *n* homéopathie *f*
homogeneous [hɔməu'dʒi:nɪəs] *adj* homogène
homogenize [hə'mɔdʒənaɪz] *vt* homogénéiser
homophobia [hɔmə'fəubiə] *n* homophobie *f*
homophobic [hɔmə'fəubɪk] *adj* homophobe
homosexual [hɔməu'sɛksjuəl] *adj, n* homosexuel(le)
homosexuality [hɔməusɛksju'ælɪtɪ] *n* homosexualité *f*
Hon. *abbr* (*= honourable, honorary*) *dans un titre*
Honduras [hɔn'djuərəs] *n* Honduras *m*
hone [həun] *n* pierre *f* à aiguiser ▸ *vt* affûter, aiguiser
honest ['ɔnɪst] *adj* honnête ; (*sincere*) franc (franche) ; **to be quite ~ with you ...** à dire vrai ...
honestly ['ɔnɪstlɪ] *adv* honnêtement ; franchement
honesty ['ɔnɪstɪ] *n* honnêteté *f*
honey ['hʌnɪ] *n* miel *m* ; (*inf: darling*) chéri(e)
honeycomb ['hʌnɪkəum] *n* rayon *m* de miel ; (*pattern*) nid *m* d'abeilles, motif alvéolé ▸ *vt* (*fig*): **to ~ with** cribler de
honeymoon ['hʌnɪmu:n] *n* lune *f* de miel, voyage *m* de noces ; **we're on ~** nous sommes en voyage de noces
honeysuckle ['hʌnɪsʌkl] *n* chèvrefeuille *m*
Hong Kong ['hɔŋ'kɔŋ] *n* Hong Kong
honk [hɔŋk] *n* (*Aut*) coup *m* de klaxon ▸ *vi* klaxonner
Honolulu [hɔnə'lu:lu:] *n* Honolulu
honorary ['ɔnərərɪ] *adj* honoraire ; (*duty, title*) honorifique ; **~ degree** diplôme *m* honoris causa
honour, (*US*) **honor** ['ɔnə^r] *vt* honorer ▸ *n* honneur *m* ; **in ~ of** en l'honneur de ; **to**

graduate with honours obtenir sa licence avec mention
honourable, (*US*) **honorable** ['ɔnərəbl] *adj* honorable
honour-bound, (*US*) **honor-bound** ['ɔnə'baund] *adj*: **to be ~ to do** se devoir de faire
honours degree *n* (*University*) ≈ licence *f* avec mention

HONOURS DEGREE

Un **honours degree** est un diplôme universitaire que l'on reçoit après trois années d'études en Angleterre et quatre années en Écosse. Les mentions qui l'accompagnent sont, par ordre décroissant: *first class* (très bien/bien), *upper second class* (assez bien), *lower second class* (passable), et *third class* (diplôme sans mention). Le titulaire d'un *honours degree* a un titre qu'il peut mettre à la suite de son nom, par exemple: *Peter Jones BA Hons*; voir *ordinary degree*.

honours list *n* (*BRIT*): **the ~** *voir article*

HONOURS LIST

L' **honours list** est la liste des citoyens du Royaume-Uni et du Commonwealth auxquels le souverain confère un titre ou une décoration. Cette liste est préparée par le Premier ministre et paraît deux fois par an, au Nouvel An et lors de l'anniversaire officiel du règne du souverain. Des personnes qui se sont distinguées dans le monde des affaires, des sports et des médias, ainsi que dans les forces armées, mais également des citoyens « ordinaires » qui se consacrent à des œuvres de charité sont ainsi récompensées.

Hons. *abbr* (*Scol*) = **honours degree**
hood [hud] *n* capuchon *m* ; (*of cooker*) hotte *f* ; (*BRIT Aut*) capote *f* ; (*US Aut*) capot *m* ; (*inf*) truand *m*
hooded ['hudɪd] *adj* (*jacket, coat*) à capuche ; (*gunman*) cagoulé(e) ; (*eyes*) aux paupières tombantes
hoodie ['hudɪ] *n* (*top*) sweat *m* à capuche ; (*youth*) jeune *m* à capuche
hoodlum ['hu:dləm] *n* truand *m*
hoodwink ['hudwɪŋk] *vt* tromper
hoof [hu:f] (*pl* **hoofs** *or* **hooves** [hu:vz]) *n* sabot *m*
hook [huk] *n* crochet *m* ; (*on dress*) agrafe *f* ; (*for fishing*) hameçon *m* ; **off the ~** (*Tel*) décroché ; **~ and eye** agrafe ; **by ~ or by crook** de gré ou de force, coûte que coûte ▸ *vt* accrocher ; (*dress*) agrafer ; **to be hooked (on)** (*inf*) être accroché(e) (par) ; (*person*) être dingue (de)
▸ **hook up** *vt* (*Radio, TV etc*) faire un duplex entre
hooker ['hukəʳ] *n* (*esp US inf*) pute (*inf*) *f*
hooligan ['hu:lɪgən] *n* hooligan *m*
hooliganism ['hu:lɪgənɪzəm] *n* hooliganisme *m* ; **football ~** le hooliganisme dans le football
hoop [hu:p] *n* cerceau *m* ; (*of barrel*) cercle *m*
hooray [hə'reɪ, hu'reɪ] *excl* hourra
hoot [hu:t] *vi* (*BRIT Aut*) klaxonner ; (*siren*) mugir ; (*owl*) hululer ; **to ~ with laughter** rire aux éclats ▸ *vt* (*jeer at*) huer ▸ *n* huée *f* ; coup *m* de klaxon ; mugissement *m* ; hululement *m*
hooter ['hu:təʳ] *n* (*BRIT Aut*) klaxon *m* ; (*Naut, factory*) sirène *f*
Hoover® ['hu:vəʳ] (*BRIT*) *n* aspirateur *m* ▸ *vt*: **to hoover** (*room*) passer l'aspirateur dans ; (*carpet*) passer l'aspirateur sur
hooves [hu:vz] *npl of* **hoof**
hop [hɔp] *vi* sauter ; (*on one foot*) sauter à cloche-pied ; (*bird*) sautiller ▸ *n* saut *m*
hope [həup] *vt, vi* espérer ; **I ~ so** je l'espère ; **I ~ not** j'espère que non ▸ *n* espoir *m*
hopeful ['həupful] *adj* (*person*) plein(e) d'espoir ; (*situation*) prometteur(-euse), encourageant(e) ; **I'm ~ that she'll manage to come** j'ai bon espoir qu'elle pourra venir
hopefully ['həupfulɪ] *adv* (*expectantly*) avec espoir, avec optimisme ; (*one hopes*) avec un peu de chance ; **~, they'll come back** espérons bien qu'ils reviendront
hopeless ['həuplɪs] *adj* désespéré(e), sans espoir ; (*useless*) nul(le)
hopelessly ['həuplɪslɪ] *adv* (*live etc*) sans espoir ; **~ confused** *etc* complètement désorienté *etc*
hops [hɔps] *npl* houblon *m*
horde [hɔ:d] *n* horde *f*
horizon [hə'raɪzn] *n* horizon *m*
horizontal [hɔrɪ'zɔntl] *adj* horizontal(e)
hormonal [hɔ:'məunl] *adj* hormonal(e)
hormone ['hɔ:məun] *n* hormone *f*
hormone replacement therapy *n* hormonothérapie substitutive, traitement hormono-supplétif
horn [hɔ:n] *n* corne *f* ; (*Mus*) cor *m* ; (*Aut*) klaxon *m*
horned [hɔ:nd] *adj* (*animal*) à cornes
hornet ['hɔ:nɪt] *n* frelon *m*
horny ['hɔ:nɪ] *adj* corné(e) ; (*hands*) calleux(-euse) ; (*inf: aroused*) excité(e)
horoscope ['hɔrəskəup] *n* horoscope *m*
horrendous [hə'rɛndəs] *adj* horrible, affreux(-euse)
horrible ['hɔrɪbl] *adj* horrible, affreux(-euse)
horrid ['hɔrɪd] *adj* (*person*) détestable ; (*weather, place, smell*) épouvantable
horrific [hɔ'rɪfɪk] *adj* horrible
horrified ['hɔrɪfaɪd] *adj* horrifié(e) ; **to be ~ by/at sth** être horrifié(e) par qch
horrify ['hɔrɪfaɪ] *vt* horrifier
horrifying ['hɔrɪfaɪɪŋ] *adj* horrifiant(e)
horror ['hɔrəʳ] *n* horreur *f*
horror film, (*US*) **horror movie** *n* film *m* d'épouvante
horror-struck ['hɔrəstrʌk], **horror-stricken** ['hɔrəstrɪkn] *adj* horrifié(e)
hors d'œuvre [ɔ:'də:vrə] *n* hors d'œuvre *m*
horse [hɔ:s] *n* cheval *m*
horseback ['hɔ:sbæk]: **on ~** *adj, adv* à cheval
horsebox ['hɔ:sbɔks] *n* van *m*
horse chestnut *n* (*nut*) marron *m* (d'Inde) ; (*tree*) marronnier *m* (d'Inde)
horse-drawn ['hɔ:sdrɔ:n] *adj* tiré(e) par des chevaux
horsefly ['hɔ:sflaɪ] *n* taon *m*
horseman ['hɔ:smən] *n* (*irreg*) cavalier *m*

h

horsemanship ['hɔːsmənʃɪp] *n* talents *mpl* de cavalier
horseplay ['hɔːspleɪ] *n* chahut *m* (*blagues etc*)
horsepower ['hɔːspauəʳ] *n* puissance *f* (en chevaux) ; (*unit*) cheval-vapeur *m* (CV)
horse-racing ['hɔːsreɪsɪŋ] *n* courses *fpl* de chevaux
horseradish ['hɔːsrædɪʃ] *n* raifort *m*
horse riding *n* (Brit) équitation *f*
horseshoe ['hɔːsʃuː] *n* fer *m* à cheval
horse show *n* concours *m* hippique
horse-trading ['hɔːstreɪdɪŋ] *n* maquignonnage *m*
horse trials *npl* = **horse show**
horsewhip ['hɔːswɪp] *vt* cravacher
horsewoman ['hɔːswumən] *n* (*irreg*) cavalière *f*
horsey ['hɔːsɪ] *adj* (*inf*) féru(e) d'équitation *or* de cheval ; (*appearance*) chevalin(e)
horticultural [hɔːtɪ'kʌltʃərəl] *adj* horticole
horticulture ['hɔːtɪkʌltʃəʳ] *n* horticulture *f*
hose [həuz] *n* (*also*: **hosepipe**) tuyau *m* ; (*also*: **garden hose**) tuyau d'arrosage
▸ **hose down** *vt* laver au jet
hosepipe ['həuzpaɪp] *n* tuyau *m* ; (*in garden*) tuyau d'arrosage ; (*for fire*) tuyau d'incendie
hosiery ['həuzɪərɪ] *n* (rayon *m* des) bas *mpl*
hospice ['hɔspɪs] *n* hospice *m*
hospitable ['hɔspɪtəbl] *adj* hospitalier(-ière)
hospital ['hɔspɪtl] *n* hôpital *m* ; **in ~**, (*US*) **in the ~** à l'hôpital ; **where's the nearest ~?** où est l'hôpital le plus proche ?
hospitality [hɔspɪ'tælɪtɪ] *n* hospitalité *f*
hospitalize ['hɔspɪtəlaɪz] *vt* hospitaliser
host [həust] *n* hôte *m* ; (*in hotel etc*) patron *m* ; (*TV, Radio*) présentateur(-trice), animateur(-trice) ; (*large number*): **a ~ of** une foule de ; (*Rel*) hostie *f* ▸ *vt* (*TV programme*) présenter, animer
hostage ['hɔstɪdʒ] *n* otage *m*
host country *n* pays *m* d'accueil, pays-hôte *m*
hostel ['hɔstl] *n* foyer *m* ; (*also*: **youth hostel**) auberge *f* de jeunesse
hostelling ['hɔstlɪŋ] *n*: **to go (youth) ~** faire une virée *or* randonnée en séjournant dans des auberges de jeunesse
hostess ['həustɪs] *n* hôtesse *f* ; (Brit: *also*: **air hostess**) hôtesse de l'air ; (*TV, Radio*) présentatrice *f* ; (*in nightclub*) entraîneuse *f*
hostile ['hɔstaɪl] *adj* hostile
hostile bid *n* (*also*: **hostile takeover bid**) OPA *f* hostile
hostility [hɔ'stɪlɪtɪ] *n* hostilité *f*
hot [hɔt] *adj* chaud(e) ; (*as opposed to only warm*) très chaud ; (*spicy*) fort(e) ; (*fig: contest*) acharné(e) ; (*topic*) brûlant(e) ; (*temper*) violent(e), passionné(e) ; **to be ~** (*person*) avoir chaud ; (*thing*) être (très) chaud ; **it's ~** (*weather*) il fait chaud
▸ **hot up** (Brit *inf*) *vi* (*situation*) devenir tendu(e) ; (*party*) s'animer ▸ *vt* (*pace*) accélérer, forcer ; (*engine*) gonfler
hot-air balloon [hɔt'ɛə-] *n* montgolfière *f*, ballon *m*
hotbed ['hɔtbɛd] *n* (*fig*) foyer *m*, pépinière *f*
hotchpotch ['hɔtʃpɔtʃ] *n* (Brit) mélange *m* hétéroclite
hot dog *n* hot-dog *m*
hotel [həu'tɛl] *n* hôtel *m*
hotelier [həu'tɛlɪəʳ] *n* hôtelier(-ière)
hotel industry *n* industrie hôtelière
hotel room *n* chambre *f* d'hôtel
hot flush *n* (Brit) bouffée *f* de chaleur
hotfoot ['hɔtfut] *adv* à toute vitesse
hothead ['hɔthɛd] *n* (*fig*) tête brûlée
hotheaded [hɔt'hɛdɪd] *adj* impétueux(-euse)
hothouse ['hɔthaus] *n* serre chaude
hotline ['hɔtlaɪn] *n* (*Pol*) téléphone *m* rouge, ligne directe
hotly ['hɔtlɪ] *adv* passionnément, violemment
hotplate ['hɔtpleɪt] *n* (*on cooker*) plaque chauffante
hotpot ['hɔtpɔt] *n* (Brit *Culin*) ragoût *m*
hot potato *n* (Brit *inf*) sujet brûlant ; **to drop sb/sth like a ~** laisser tomber qn/qch brusquement
hot seat *n* (*fig*) poste chaud
hotspot ['hɔtspɔt] *n* (*Comput*: *also*: **wireless hotspot**) borne *f* wifi, hotspot *m*
hot spot *n* point chaud
hot spring *n* source thermale
hot-tempered ['hɔt'tɛmpəd] *adj* emporté(e)
hot-water bottle [hɔt'wɔːtə-] *n* bouillotte *f*
hot-wire ['hɔtwaɪəʳ] *vt* (*inf*: *car*) démarrer en faisant se toucher les fils de contact
hound [haund] *vt* poursuivre avec acharnement ▸ *n* chien courant ; **the hounds** la meute
hour ['auəʳ] *n* heure *f* ; **at 30 miles an ~** ≈ à 50 km à l'heure ; **lunch ~** heure du déjeuner ; **to pay sb by the ~** payer qn à l'heure
hourglass ['auəglɑːs] *n* sablier *m* ; **to have an ~ figure** avoir des formes *fpl* généreuses
hourly ['auəlɪ] *adj* toutes les heures ; (*rate*) horaire ; **~ paid** *adj* payé(e) à l'heure
house [haus] (*pl* **houses** ['hauzɪz]) *n* maison *f* ; (*Pol*) chambre *f* ; (*Theat*) salle *f* ; auditoire *m* ; **at (*or* to) my ~** chez moi ; **on the ~** (*fig*) aux frais de la maison ; **the H~ of Commons/of Lords** (Brit) la Chambre des communes/des lords ; **the H~ (of Representatives)** (*US*) la Chambre des représentants ▸ *vt* [hauz] (*person*) loger, héberger

House of Commons/of Lords

Le parlement en Grande-Bretagne est constitué de deux assemblées: la **House of Commons**, présidée par le *Speaker* et composée de plus de 600 députés (les *MPs*) élus au suffrage universel direct. Ceux-ci reçoivent tous un salaire. La Chambre des communes siège environ 175 jours par an. La **House of Lords**, présidée par le *Lord Chancellor* est composée de lords dont le titre est attribué par le souverain à vie; elle peut amender certains projets de loi votés par la *House of Commons*, mais elle n'est pas habilitée à débattre des projets de lois de finances. La *House of Lords* fait également office de juridiction suprême en Angleterre et au pays de Galles.

House of Representatives

Aux États-Unis, le parlement, appelé le *Congress*, est constitué du *Senate* et de la **House of Representatives**. Cette dernière comprend 435 membres, le nombre de ces représentants par État étant proportionnel à la densité de population de cet État. Ils sont élus pour deux ans au suffrage universel direct et siègent au *Capitol*, à Washington D.C.

house arrest *n* assignation *f* à domicile
houseboat ['hausbəut] *n* bateau (aménagé en habitation)
housebound ['hausbaund] *adj* confiné(e) chez soi
housebreaking ['hausbreıkıŋ] *n* cambriolage *m* (avec effraction)
house-broken ['hausbrəukn] *adj* (*US*) = **house-trained**
housecoat ['hauskəut] *n* peignoir *m*
household ['haushəuld] *n* (*Admin etc*) ménage *m* ; (*people*) famille *f*, maisonnée *f* ; **~ name** nom connu de tout le monde
householder ['haushəuldə^r] *n* propriétaire *mf* ; (*head of house*) chef *m* de famille
househunting ['haushʌntıŋ] *n*: **to go ~** se mettre en quête d'une maison (*or* d'un appartement)
housekeeper ['hauski:pə^r] *n* gouvernante *f*
housekeeping ['hauski:pıŋ] *n* (*work*) ménage *m* ; (*also*: **housekeeping money**) argent *m* du ménage ; (*Comput*) gestion *f* (des disques)
houseman ['hausmən] *n* (*irreg*) (*Brit Med*) ≈ interne *m*
housemate ['hausmeıt] *n* colocataire *mf*
house-owner ['hausəunə^r] *n* propriétaire *mf* (*de maison ou d'appartement*)
house-proud ['hauspraud] *adj* qui tient à avoir une maison impeccable
house-to-house ['haustə'haus] *adj* (*enquiries etc*) chez tous les habitants (du quartier *etc*)
house-train ['haustreın] *vt* (*pet*) apprendre à être propre à
house-trained ['haustreınd] *adj* (*pet*) propre
house-warming ['hauswɔ:mıŋ] *n* (*also*: **house-warming party**) pendaison *f* de crémaillère
housewife ['hauswaıf] *n* (*irreg*) ménagère *f* ; femme *f* au foyer
house wine *n* cuvée *f* maison *or* du patron
housework ['hauswə:k] *n* (travaux *mpl* du) ménage *m*
housing ['hauzıŋ] *n* logement *m* ▸ *cpd* (*problem, shortage*) de *or* du logement
housing association *n* fondation *f* charitable fournissant des logements
housing benefit *n* (*Brit*) ≈ allocations *fpl* logement
housing development, (*Brit*) **housing estate** *n* (*blocks of flats*) cité *f* ; (*houses*) lotissement *m*
hovel ['hɔvl] *n* taudis *m*
hover ['hɔvə^r] *vi* planer ; **to ~ round sb** rôder *or* tourner autour de qn
hovercraft ['hɔvəkrɑ:ft] *n* aéroglisseur *m*, hovercraft *m*
hoverport ['hɔvəpɔ:t] *n* hoverport *m*
how [hau] *adv* comment ; **~ are you?** comment allez-vous ? ; **~ do you do?** bonjour ; (*on being introduced*) enchanté(e) ; **~ far is it to ...?** combien y a-t-il jusqu'à ... ? ; **~ long have you been here?** depuis combien de temps êtes-vous là ? ; **~ lovely/awful!** que *or* comme c'est joli/affreux ! ; **~ many/much?** combien ? ; **~ much time/many people?** combien de temps/gens ? ; **~ much does it cost?** ça coûte combien ? ; **~ old are you?** quel âge avez-vous ? ; **~ tall is he?** combien mesure-t-il ? ; **~ is school?** ça va à l'école ? ; **~ was the film?** comment était le film ? ; **~'s life?** (*inf*) comment ça va ? ; **~ about a drink?** si on buvait quelque chose ? ; **~ is it that ...?** comment se fait-il que ... + *sub* ?
however [hau'ɛvə^r] *conj* pourtant, cependant ▸ *adv* de quelque façon *or* manière que + *sub* ; (+ *adjective*) quelque *or* si ... que + *sub* ; (*in questions*) comment ; **~ I do it** de quelque manière que je m'y prenne ; **~ cold it is** même s'il fait très froid ; **~ did you do it?** comment y êtes-vous donc arrivé ?
howitzer ['hauıtsə^r] *n* (*Mil*) obusier *m*
howl [haul] *n* hurlement *m* ▸ *vi* hurler ; (*wind*) mugir
howler ['haulə^r] *n* gaffe *f*, bourde *f*
howling ['haulıŋ] *adj*: **a ~ wind** *or* **gale** un vent à décorner les bœufs
H.P. *n abbr* (*Brit*) = **hire purchase**
h.p. *abbr* (*Aut*) = **horsepower**
HQ *n abbr* (= *headquarters*) QG *m*
HR *n abbr* (*US*) = **House of Representatives**
hr *abbr* (= *hour*) h
HRH *abbr* (= *His (or Her) Royal Highness*) SAR
hrs *abbr* (= *hours*) h
HRT *n abbr* = **hormone replacement therapy**
HS *abbr* (*US*) = **high school**
HST *abbr* (*US*: = *Hawaiian Standard Time*) *heure de Hawaii*
HTML *n abbr* (= *hypertext markup language*) HTML *m*
hub [hʌb] *n* (*of wheel*) moyeu *m* ; (*fig*) centre *m*, foyer *m*
hubbub ['hʌbʌb] *n* brouhaha *m*
hubby ['hʌbı] *n* (*inf*) mari *m*
hubcap [hʌbkæp] *n* (*Aut*) enjoliveur *m*
hubris ['hju:brıs] *n* arrogance *f*
HUD *n abbr* (*US*: = *Department of Housing and Urban Development*) *ministère de l'urbanisme et du logement*
huddle ['hʌdl] *vi*: **to ~ together** se blottir les uns contre les autres
hue [hju:] *n* teinte *f*, nuance *f* ; **~ and cry** *n* tollé (général), clameur *f*
huff [hʌf] *n*: **in a ~** fâché(e) ; **to take the ~** prendre la mouche
huffy ['hʌfı] *adj* (*inf*) froissé(e)
hug [hʌg] *vt* serrer dans ses bras ; (*shore, kerb*) serrer ▸ *n* étreinte *f* ; **to give sb a ~** serrer qn dans ses bras
huge [hju:dʒ] *adj* énorme, immense
hugely ['hju:dʒlı] *adv* (*popular, successful*) extrêmement ; (*enjoy*) énormément
hulk [hʌlk] *n* (*ship*) vieux rafiot ; (*car, building*) carcasse *f* ; (*person*) mastodonte *m*, malabar *m*
hulking ['hʌlkıŋ] *adj* balourd(e)

h

hull [hʌl] *n* (*of ship*) coque *f* ; (*of nuts*) coque ; (*of peas*) cosse *f*
hullabaloo ['hʌləbə'lu:] *n* (*inf: noise*) tapage *m*, raffut *m*
hullo [hə'ləu] *excl* = **hello**
hum [hʌm] *vt* (*tune*) fredonner ▸ *vi* fredonner ; (*insect*) bourdonner ; (*plane, tool*) vrombir ▸ *n* fredonnement *m* ; bourdonnement *m* ; vrombissement *m*
human ['hju:mən] *adj* humain(e) ▸ *n* (*also:* **human being**) être humain
humane [hju:'meɪn] *adj* humain(e), humanitaire
humanely [hju:'meɪnlɪ] *adv* (*treat*) humainement ; **to be ~ destroyed** être abattu(e) sans cruauté
humanism ['hju:mənɪzəm] *n* humanisme *m*
humanist ['hju:mənɪst] *n* humaniste *mf*
humanitarian [hju:mænɪ'tɛərɪən] *adj* humanitaire
humanity [hju:'mænɪtɪ] *n* humanité *f*
humankind [hju:mən'kaɪnd] *n* l'humanité *f*
humanly ['hju:mənlɪ] *adv* humainement
humanoid ['hju:mənɔɪd] *adj, n* humanoïde *mf*
human rights *npl* droits *mpl* de l'homme
humble ['hʌmbl] *adj* humble, modeste ▸ *vt* humilier
humbled ['hʌmbəld] *adj* empli(e) d'humilité
humbling ['hʌmblɪŋ] *adj*: **to be a ~ experience** être une leçon d'humilité
humbly ['hʌmblɪ] *adv* humblement, modestement
humbug ['hʌmbʌg] *n* fumisterie *f* ; (BRIT: *sweet*) bonbon *m* à la menthe
humdrum ['hʌmdrʌm] *adj* monotone, routinier(-ière)
humid ['hju:mɪd] *adj* humide
humidifier [hju:'mɪdɪfaɪə^r] *n* humidificateur *m*
humidity [hju:'mɪdɪtɪ] *n* humidité *f*
humiliate [hju:'mɪlɪeɪt] *vt* humilier
humiliating [hju:'mɪlɪeɪtɪŋ] *adj* humiliant(e)
humiliation [hju:mɪlɪ'eɪʃən] *n* humiliation *f*
humility [hju:'mɪlɪtɪ] *n* humilité *f*
hummus ['huməs] *n* houm(m)ous *m*
humorist ['hju:mərɪst] *n* humoriste *mf*
humorous ['hju:mərəs] *adj* humoristique ; (*person*) plein(e) d'humour
humour, (*US*) **humor** ['hju:mə^r] *n* humour *m* ; (*mood*) humeur *f* ; **sense of ~** sens *m* de l'humour ; **to be in a good/bad ~** être de bonne/mauvaise humeur ▸ *vt* (*person*) faire plaisir à ; se prêter aux caprices de
humourless, (*US*) **humorless** ['hu:məlɪs] *adj* dépourvu(e) d'humour
hump [hʌmp] *n* bosse *f*
humpback ['hʌmpbæk] *n* bossu(e) ; (BRIT: *also:* **humpback bridge**) dos-d'âne *m*
humus ['hju:məs] *n* humus *m*
hunch [hʌntʃ] *n* bosse *f* ; (*premonition*) intuition *f* ; **I have a ~ that** j'ai (comme une vague) idée que
hunchback ['hʌntʃbæk] *n* bossu(e)
hunched [hʌntʃt] *adj* arrondi(e), voûté(e)
hundred ['hʌndrəd] *num* cent ; **about a ~ people** une centaine de personnes ; **hundreds of** des centaines de ; **I'm a ~ per cent sure** j'en suis absolument certain
hundredth ['hʌndrədθ] *num* centième
hundredweight ['hʌndrɪdweɪt] *n* (BRIT) = 50.8 *kg* ; (*US*) = 45.3 *kg*
hung [hʌŋ] *pt, pp of* **hang**
Hungarian [hʌŋ'gɛərɪən] *adj* hongrois(e) ▸ *n* Hongrois(e) ; (*Ling*) hongrois *m*
Hungary ['hʌŋgərɪ] *n* Hongrie *f*
hunger ['hʌŋgə^r] *n* faim *f* ▸ *vi*: **to ~ for** avoir faim de, désirer ardemment
hunger strike *n* grève *f* de la faim
hungover [hʌŋ'əuvə^r] *adj* (*inf*): **to be ~** avoir la gueule de bois
hungrily ['hʌŋgrəlɪ] *adv* voracement ; (*fig*) avidement
hungry ['hʌŋgrɪ] *adj* affamé(e) ; **to be ~** avoir faim ; **~ for** (*fig*) avide de
hung up *adj* (*inf*) complexé(e), bourré(e) de complexes
hunk [hʌŋk] *n* gros morceau ; (*inf: man*) beau mec
hunker down ['hʌŋkə-] *vi* (*US: squat*) s'accroupir ; (*: lie low*) adopter un profil bas
hunt [hʌnt] *vt* (*seek*) chercher ; (*criminal*) pourchasser ; (*Sport*) chasser ▸ *vi* (*search*): **to ~ for** chercher (partout) ; (*Sport*) chasser ▸ *n* (*Sport*) chasse *f*
▸ **hunt down** *vt* pourchasser
hunter ['hʌntə^r] *n* chasseur *m* ; (BRIT: *horse*) cheval *m* de chasse
hunting ['hʌntɪŋ] *n* chasse *f*
hurdle ['hə:dl] *n* (*for fences*) claie *f* ; (*Sport*) haie *f* ; (*fig*) obstacle *m*
hurdler ['hə:dlə^r] *n* coureur(-euse) de haies
hurl [hə:l] *vt* lancer (avec violence) ; (*abuse, insults*) lancer
hurling ['hə:lɪŋ] *n* (*Sport*) *genre de hockey joué en Irlande*
hurly-burly ['hə:lɪ'bə:lɪ] *n* tohu-bohu *m inv* ; brouhaha *m*
hurrah, hurray [hu'rɑ:, hu'reɪ] *excl* hourra !
hurricane ['hʌrɪkən] *n* ouragan *m*
hurried ['hʌrɪd] *adj* pressé(e), précipité(e) ; (*work*) fait(e) à la hâte
hurriedly ['hʌrɪdlɪ] *adv* précipitamment, à la hâte
hurry ['hʌrɪ] *n* hâte *f*, précipitation *f* ; **to be in a ~** être pressé(e) ; **to do sth in a ~** faire qch en vitesse ▸ *vi* se presser, se dépêcher ; **to ~ in/out** entrer/sortir précipitamment ; **to ~ home** se dépêcher de rentrer ▸ *vt* (*person*) faire presser, faire se dépêcher ; (*work*) presser
▸ **hurry along** *vi* marcher d'un pas pressé
▸ **hurry away, hurry off** *vi* partir précipitamment
▸ **hurry up** *vi* se dépêcher
hurt [hə:t] (*pt, pp* **~**) *vt* (*cause pain to*) faire mal à ; (*injure, fig*) blesser ; (*damage: business, interests etc*) nuire à ; faire du tort à ; **I ~ my arm** je me suis fait mal au bras ; **to ~ o.s.** se faire mal ▸ *vi* faire mal ; **my arm hurts** j'ai mal au bras ; **where does it ~?** où avez-vous mal ?, où est-ce que ça vous fait mal ? ▸ *adj* blessé(e)
hurtful ['hə:tful] *adj* (*remark*) blessant(e)
hurtle ['hə:tl] *vt* lancer (de toutes ses forces) ▸ *vi*: **to ~ past** passer en trombe ; **to ~ down** dégringoler

husband ['hʌzbənd] *n* mari *m*
hush [hʌʃ] *n* calme *m*, silence *m* ▸ *vt* faire taire ▸ *excl*: ~**!** chut !
▸ **hush up** *vt* (*fact*) étouffer
hushed ['hʌʃt] *adj* (*tone, voice*) étouffé(e)
hush-hush [hʌʃ'hʌʃ] *adj* (*inf*) ultra-secret(-ète)
husk [hʌsk] *n* (*of wheat*) balle *f* ; (*of rice, maize*) enveloppe *f* ; (*of peas*) cosse *f*
husky ['hʌskɪ] *adj* (*voice*) rauque ; (*burly*) costaud(e) ▸ *n* chien *m* esquimau *or* de traîneau
hustings ['hʌstɪŋz] *npl* (Brit Pol) plate-forme électorale
hustle ['hʌsl] *vt* pousser, bousculer ▸ *n* bousculade *f* ; ~ **and bustle** *n* tourbillon *m* (d'activité)
hustler ['hʌsləʳ] *n* (*inf: sex worker*) prostitué(e) *m, f*
hut [hʌt] *n* hutte *f* ; (*shed*) cabane *f*
hutch [hʌtʃ] *n* clapier *m*
hyacinth ['haɪəsɪnθ] *n* jacinthe *f*
hybrid ['haɪbrɪd] *adj, n* hybride *m*
hydrant ['haɪdrənt] *n* prise *f* d'eau ; (*also*: **fire hydrant**) bouche *f* d'incendie
hydraulic [haɪ'drɔːlɪk] *adj* hydraulique
hydraulics [haɪ'drɔːlɪks] *n* hydraulique *f*
hydrocarbon [haɪdrəu'kɑːbən] *n* hydrocarbure *m*
hydrochloric ['haɪdrəu'klɔrɪk] *adj*: ~ **acid** acide *m* chlorhydrique
hydroelectric ['haɪdrəuɪ'lɛktrɪk] *adj* hydro-électrique
hydrofoil ['haɪdrəfɔɪl] *n* hydrofoil *m*
hydrogen ['haɪdrədʒən] *n* hydrogène *m*
hydrogen bomb *n* bombe *f* à hydrogène
hydrophobia ['haɪdrə'fəubɪə] *n* hydrophobie *f*
hydroplane ['haɪdrəpleɪn] *n* (*seaplane*) hydravion *m* ; (*jetfoil*) hydroglisseur *m*
hydrotherapy [haɪdrəu'θɛrəpɪ] *n* hydrothérapie *f*
hyena [haɪ'iːnə] *n* hyène *f*
hygiene ['haɪdʒiːn] *n* hygiène *f*
hygienic [haɪ'dʒiːnɪk] *adj* hygiénique
hygienist [haɪ'dʒiːnɪst] *n* (*also*: **dental hygienist**) hygiéniste *mf* dentaire
hymn [hɪm] *n* hymne *m* ; cantique *m*
hype [haɪp] *n* (*inf*) matraquage *m* publicitaire *or* médiatique
hyperactive ['haɪpər'æktɪv] *adj* hyperactif(-ive)
hyperactivity [haɪpəræk'tɪvɪtɪ] *n* hyperactivité *f*
hyperbole [haɪ'pəːbəlɪ] *n* hyperbole *f*
hyperinflation [haɪpərɪn'fleɪʃən] *n* hyperinflation *f*
hyperlink ['haɪpəlɪŋk] *n* hyperlien *m*
hypermarket ['haɪpəmɑːkɪt] *n* (Brit) hypermarché *m*
hypertension ['haɪpə'tɛnʃən] *n* (*Med*) hypertension *f*
hypertext ['haɪpətɛkst] *n* (*Comput*) hypertexte *m*
hyperventilate [haɪpə'vɛntɪleɪt] *vi* faire de l'hyperventilation
hyphen ['haɪfn] *n* trait *m* d'union
hypnosis [hɪp'nəusɪs] *n* hypnose *f*
hypnotherapist [hɪpnəu'θɛrəpɪst] *n* hypnothérapeute *mf*
hypnotherapy [hɪpnəu'θɛrəpɪ] *n* hypnothérapie *f*
hypnotic [hɪp'nɔtɪk] *adj* hypnotique
hypnotism ['hɪpnətɪzəm] *n* hypnotisme *m*
hypnotist ['hɪpnətɪst] *n* hypnotiseur(-euse)
hypnotize ['hɪpnətaɪz] *vt* hypnotiser
hypoallergenic ['haɪpəuælə'dʒɛnɪk] *adj* hypoallergénique
hypochondriac [haɪpə'kɔndrɪæk] *n* hypocondriaque *mf*
hypocrisy [hɪ'pɔkrɪsɪ] *n* hypocrisie *f*
hypocrite ['hɪpəkrɪt] *n* hypocrite *mf*
hypocritical [hɪpə'krɪtɪkl] *adj* hypocrite
hypodermic [haɪpə'dəːmɪk] *adj* hypodermique ▸ *n* (*syringe*) seringue *f* hypodermique
hypotenuse [haɪ'pɔtɪnjuːz] *n* hypoténuse *f*
hypothermia [haɪpə'θəːmɪə] *n* hypothermie *f*
hypothesis [haɪ'pɔθɪsɪs] (*pl* **hypotheses** [-siːz]) *n* hypothèse *f*
hypothesize [haɪ'pɔθɪsaɪz] *vt* faire l'hypothèse de ; **to ~ that ...** faire l'hypothèse que ...
hypothetical [haɪpə'θɛtɪkəl] *adj* hypothétique ▸ *n* hypothèse *f*
hysterectomy [hɪstə'rɛktəmɪ] *n* hystérectomie *f*
hysteria [hɪ'stɪərɪə] *n* hystérie *f*
hysterical [hɪ'stɛrɪkl] *adj* hystérique ; (*funny*) hilarant(e) ; **to become ~** avoir une crise de nerfs
hysterics [hɪ'stɛrɪks] *npl* (violente) crise de nerfs ; (*laughter*) crise de rire ; **to be in/have ~** (*anger, panic*) avoir une crise de nerfs ; (*laughter*) attraper un fou rire
Hz *abbr* (= *hertz*) Hz

h

I i

I¹, i¹ [aɪ] *n* (*letter*) I, i *m* ; **I for Isaac**, (*US*) **I for Item** I comme Irma
I² [aɪ] *pron* je ; (*before vowel*) j' ; (*stressed*) moi ▸ *abbr* (= *island, isle*) I
IA, Ia. *abbr* (*US*) = **Iowa**
IAEA *n abbr* = **International Atomic Energy Agency**
IBA *n abbr* (Brit: = *Independent Broadcasting Authority*) ≈ CNCL *f* (= *Commission nationale de la communication audio-visuelle*)
Iberian [aɪ'bɪərɪən] *adj* ibérique, ibérien(ne)
Iberian Peninsula *n*: **the ~** la péninsule Ibérique
IBEW *n abbr* (*US*: = *International Brotherhood of Electrical Workers*) *syndicat international des électriciens*
i/c *abbr* (Brit) = **in charge**
ICBM *n abbr* (= *intercontinental ballistic missile*) ICBM *m*, engin *m* balistique à portée intercontinentale
ICC *n abbr* (= *International Chamber of Commerce*) CCI *f* ; (*US*) = **Interstate Commerce Commission**
ice [aɪs] *n* glace *f* ; (*on road*) verglas *m* ; **to put sth on ~** (*fig*) mettre qch en attente ▸ *vt* (*cake*) glacer ; (*drink*) faire rafraîchir ▸ *vi* (*also*: **ice over**) geler ; (*also*: **ice up**) se givrer
Ice Age *n* ère *f* glaciaire
ice axe, (*US*) **ice ax** *n* piolet *m*
iceberg ['aɪsbəːg] *n* iceberg *m* ; **the tip of the ~** (*also fig*) la partie émergée de l'iceberg
icebox ['aɪsbɔks] *n* (*US*) réfrigérateur *m* ; (Brit) compartiment *m* à glace ; (*insulated box*) glacière *f*
icebreaker ['aɪsbreɪkə^r] *n* brise-glace *m*
ice bucket *n* seau *m* à glace
ice-cap ['aɪskæp] *n* calotte *f* glaciaire
ice-cold [aɪs'kəuld] *adj* glacé(e)
ice cream *n* glace *f*
ice cube *n* glaçon *m*
iced [aɪst] *adj* (*drink*) frappé(e) ; (*coffee, tea, also cake*) glacé(e)
ice hockey *n* hockey *m* sur glace
Iceland ['aɪslənd] *n* Islande *f*
Icelander ['aɪsləndə^r] *n* Islandais(e)
Icelandic [aɪs'lændɪk] *adj* islandais(e) ▸ *n* (*Ling*) islandais *m*
ice lolly *n* (Brit) esquimau *m*
ice pick *n* pic *m* à glace
ice rink *n* patinoire *f*
ice-skate ['aɪsskeɪt] *n* patin *m* à glace ▸ *vi* faire du patin à glace
ice skating *n* patinage *m* (sur glace)
icicle ['aɪsɪkl] *n* glaçon *m* (*naturel*)
icing ['aɪsɪŋ] *n* (*Aviat etc*) givrage *m* ; (*Culin*) glaçage *m*
icing sugar *n* (Brit) sucre *m* glace
ICJ *n abbr* = **International Court of Justice**
icon ['aɪkɔn] *n* icône *f*
iconic [aɪ'kɔnɪk] *adj* (*status, figure*) d'icône, emblématique
iconoclastic [aɪkɔnə'klæstɪk] *adj* iconoclaste
iconography [aɪkə'nɔgrəfɪ] *n* iconographie *f*
ICR *n abbr* (*US*) = **Institute for Cancer Research**
ICRC *n abbr* (= *International Committee of the Red Cross*) CICR *m*
ICT *n abbr* (Brit *Scol*: = *information and communications technology*) TIC *fpl*
ICU *n abbr* = **intensive care unit**
icy ['aɪsɪ] *adj* glacé(e) ; (*road*) verglacé(e) ; (*weather, temperature*) glacial(e)
ID *abbr* (*US*) = **Idaho**
I'd [aɪd] = **I would; I had**
Ida. *abbr* (*US*) = **Idaho**
ID card *n* carte *f* d'identité
IDD *n abbr* (Brit *Tel*: = *international direct dialling*) *automatique international*
idea [aɪ'dɪə] *n* idée *f* ; **good ~!** bonne idée ! ; **to have an ~ that ...** avoir idée que ... ; **I have no ~** je n'ai pas la moindre idée
ideal [aɪ'dɪəl] *n* idéal *m* ▸ *adj* idéal(e)
idealist [aɪ'dɪəlɪst] *n* idéaliste *mf*
idealize [aɪ'dɪəlaɪz] *vt* idéaliser
ideally [aɪ'dɪəlɪ] *adv* (*preferably*) dans l'idéal ; (*perfectly*): **he is ~ suited to the job** il est parfait pour ce poste ; **~ the book should have ...** l'idéal serait que le livre ait ...
identical [aɪ'dɛntɪkl] *adj* identique
identifiable [aɪdɛntɪ'faɪəbl] *adj* identifiable
identification [aɪdɛntɪfɪ'keɪʃən] *n* identification *f* ; **means of ~** pièce *f* d'identité
identify [aɪ'dɛntɪfaɪ] *vt* identifier ▸ *vi*: **to ~ with** s'identifier à
Identikit® [aɪ'dɛntɪkɪt] *n*: **~ (picture)** portrait-robot *m*
identity [aɪ'dɛntɪtɪ] *n* identité *f*
identity card *n* carte *f* d'identité
identity parade *n* (Brit) parade *f* d'identification
identity theft *n* usurpation *f* d'identité
ideological [aɪdɪə'lɔdʒɪkl] *adj* idéologique
ideology [aɪdɪ'ɔlədʒɪ] *n* idéologie *f*
idiocy ['ɪdɪəsɪ] *n* idiotie *f*, stupidité *f*

idiom ['ɪdɪəm] *n* (*language*) langue *f*, idiome *m* ; (*phrase*) expression *f* idiomatique ; (*style*) style *m*
idiomatic [ɪdɪə'mætɪk] *adj* idiomatique
idiosyncrasy [ɪdɪəu'sɪŋkrəsɪ] *n* singularité *f*
idiosyncratic [ɪdɪəusɪŋ'krætɪk] *adj* singulier(-ière) ; **a highly ~ personality** un personnage des plus singuliers
idiot ['ɪdɪət] *n* idiot(e), imbécile *mf*
idiotic [ɪdɪ'ɔtɪk] *adj* idiot(e), bête, stupide
idle ['aɪdl] *adj* (*doing nothing*) sans occupation, désœuvré(e) ; (*lazy*) oisif(-ive), paresseux(-euse) ; (*unemployed*) au chômage ; (*machinery*) au repos ; (*question, pleasures*) vain(e), futile ; **to lie ~** être arrêté, ne pas fonctionner ▸ *vi* (*engine*) tourner au ralenti
▸ **idle away** *vt*: **to ~ away one's time** passer son temps à ne rien faire
idleness ['aɪdlnɪs] *n* désœuvrement *m* ; oisiveté *f*
idler ['aɪdlə^r] *n* désœuvré(e), oisif(-ive)
idle time *n* (*Comm*) temps mort
idol ['aɪdl] *n* idole *f*
idolatry [aɪ'dɔlətrɪ] *n* idolâtrie *f*
idolize ['aɪdəlaɪz] *vt* idolâtrer, adorer
idyll, (*US*) **idyl** ['ɪdəl] *n* idylle *f* ; **a rural ~** une idylle bucolique
idyllic [ɪ'dɪlɪk] *adj* idyllique
i.e. *abbr* (= *id est: that is*) c. à d., c'est-à-dire
IED [aɪi:'di:] *abbr* (= *Improvised Explosive Device*) EEI *m*
if [ɪf] *conj* si ; **I'd be pleased if you could do it** je serais très heureux si vous pouviez le faire ; **if necessary** si nécessaire, le cas échéant ; **if so** si c'est le cas ; **if not** sinon ; **if only I could!** si seulement je pouvais ! ; **if only he were here** si seulement il était là ; **if only to show him my gratitude** ne serait-ce que pour lui témoigner ma gratitude ; *see also* **as**; **even** ▸ *n*: **there are a lot of ifs and buts** il y a beaucoup de si *mpl* et de mais *mpl*
iffy ['ɪfɪ] *adj* (*inf*) douteux(-euse)
igloo ['ɪglu:] *n* igloo *m*
ignite [ɪg'naɪt] *vt* mettre le feu à, enflammer ▸ *vi* s'enflammer
ignition [ɪg'nɪʃən] *n* (*Aut*) allumage *m* ; **to switch on/off the ~** mettre/couper le contact
ignition key *n* (*Aut*) clé *f* de contact
ignoble [ɪg'nəubl] *adj* ignoble, indigne
ignominious [ɪgnə'mɪnɪəs] *adj* honteux(-euse), ignominieux(-euse)
ignominy ['ɪgnəmɪnɪ] *n* ignominie *f*
ignoramus [ɪgnə'reɪməs] *n* personne *f* ignare
ignorance ['ɪgnərəns] *n* ignorance *f* ; **to keep sb in ~ of sth** tenir qn dans l'ignorance de qch
ignorant ['ɪgnərənt] *adj* ignorant(e) ; **to be ~ of** (*subject*) ne rien connaître en ; (*events*) ne pas être au courant de
ignore [ɪg'nɔ:^r] *vt* ne tenir aucun compte de ; (*mistake*) ne pas relever ; (*person: pretend to not see*) faire semblant de ne pas reconnaître ; (*: pay no attention to*) ignorer
ikon ['aɪkɔn] *n* = **icon**
IL *abbr* (*US*) = **Illinois**
ILA *n abbr* (*US: = International Longshoremen's Association*) *syndicat international des dockers*
ilk [ɪlk] *n*: **of that ~** (*of that type*) de cette eau ; **and their ~** et consorts
ill [ɪl] *adj* (*sick*) malade ; (*bad*) mauvais(e) ; **to be taken ~** tomber malade ▸ *n* mal *m* ▸ *adv*: **to speak/think ~ of sb** dire/penser du mal de qn
Ill. *abbr* (*US*) = **Illinois**
I'll [aɪl] = **I will**; **I shall**
ill-advised [ɪləd'vaɪzd] *adj* (*decision*) peu judicieux(-euse) ; (*person*) malavisé(e)
ill-at-ease [ɪlət'i:z] *adj* mal à l'aise
ill-considered [ɪlkən'sɪdəd] *adj* (*plan*) inconsidéré(e), irréfléchi(e)
ill-disposed [ɪldɪs'pəuzd] *adj*: **to be ~ towards sb/sth** être mal disposé(e) envers qn/qch
ill effects *npl* effets *mpl* adverses
illegal [ɪ'li:gl] *adj* illégal(e)
illegally [ɪ'li:gəlɪ] *adv* illégalement
illegible [ɪ'lɛdʒɪbl] *adj* illisible
illegitimate [ɪlɪ'dʒɪtɪmət] *adj* illégitime
ill-fated [ɪl'feɪtɪd] *adj* malheureux(-euse) ; (*day*) néfaste
ill-favoured, (*US*) **ill-favored** [ɪl'feɪvəd] *adj* déplaisant(e)
ill feeling *n* ressentiment *m*, rancune *f*
ill-gotten ['ɪlgɔtn] *adj* (*gains etc*) mal acquis(e)
ill health *n* mauvaise santé
illicit [ɪ'lɪsɪt] *adj* illicite
ill-informed [ɪlɪn'fɔ:md] *adj* (*judgment*) erroné(e) ; (*person*) mal renseigné(e)
illiterate [ɪ'lɪtərət] *adj* illettré(e) ; (*letter*) plein(e) de fautes
ill-mannered [ɪl'mænəd] *adj* impoli(e), grossier(-ière)
illness ['ɪlnɪs] *n* maladie *f*
illogical [ɪ'lɔdʒɪkl] *adj* illogique
ill-suited [ɪl'su:tɪd] *adj* (*couple*) mal assorti(e) ; **he is ~ to the job** il n'est pas vraiment fait pour ce travail
ill-timed [ɪl'taɪmd] *adj* inopportun(e)
ill-treat [ɪl'tri:t] *vt* maltraiter
ill-treatment [ɪl'tri:tmənt] *n* mauvais traitement
illuminate [ɪ'lu:mɪneɪt] *vt* (*room, street*) éclairer ; (*for special effect*) illuminer ; **illuminated sign** enseigne lumineuse
illuminating [ɪ'lu:mɪneɪtɪŋ] *adj* éclairant(e)
illumination [ɪlu:mɪ'neɪʃən] *n* éclairage *m* ; illumination *f*
illusion [ɪ'lu:ʒən] *n* illusion *f* ; **to be under the ~ that** avoir l'illusion que
illusive [ɪ'lu:sɪv], **illusory** [ɪ'lu:sərɪ] *adj* illusoire
illustrate ['ɪləstreɪt] *vt* illustrer
illustration [ɪlə'streɪʃən] *n* illustration *f*
illustrator ['ɪləstreɪtə^r] *n* illustrateur(-trice)
illustrious [ɪ'lʌstrɪəs] *adj* illustre
ill will *n* malveillance *f*
ILO *n abbr* (= *International Labour Organization*) OIT *f*
ILWU *n abbr* (*US: = International Longshoremen's and Warehousemen's Union*) *syndicat international des dockers et des magasiniers*
IM *n abbr* (= *instant messaging*) messagerie *f* instantanée ▸ *vt* envoyer un message instantané à
I'm [aɪm] = **I am**
image ['ɪmɪdʒ] *n* image *f* ; (*public face*) image de marque

imagery ['ɪmɪdʒərɪ] *n* images *fpl*
imaginable [ɪ'mædʒɪnəbl] *adj* imaginable
imaginary [ɪ'mædʒɪnərɪ] *adj* imaginaire
imagination [ɪmædʒɪ'neɪʃən] *n* imagination *f*
imaginative [ɪ'mædʒɪnətɪv] *adj* imaginatif(-ive) ; *(person)* plein(e) d'imagination
imagine [ɪ'mædʒɪn] *vt* s'imaginer ; *(suppose)* imaginer, supposer
imam [ɪ'mɑːm] *n* imam *m*
imbalance [ɪm'bæləns] *n* déséquilibre *m*
imbecile ['ɪmbəsiːl] *n* imbécile *mf*
imbue [ɪm'bjuː] *vt*: **to ~ sth with** imprégner qch de
IMF *n abbr* = **International Monetary Fund**
imitate ['ɪmɪteɪt] *vt* imiter
imitation [ɪmɪ'teɪʃən] *n* imitation *f*
imitator ['ɪmɪteɪtə^r] *n* imitateur(-trice)
immaculate [ɪ'mækjulət] *adj* impeccable ; *(Rel)* immaculé(e)
immaculately [ɪ'mækjulətlɪ] *adv* impeccablement
immaterial [ɪmə'tɪərɪəl] *adj* sans importance, insignifiant(e)
immature [ɪmə'tjuə^r] *adj (fruit)* qui n'est pas mûr(e) ; *(person)* qui manque de maturité
immaturity [ɪmə'tjuərɪtɪ] *n* immaturité *f*
immeasurable [ɪ'mɛʒrəbl] *adj* incommensurable
immediacy [ɪ'miːdɪəsɪ] *n (of events etc)* caractère *or* rapport immédiat ; *(of needs)* urgence *f*
immediate [ɪ'miːdɪət] *adj* immédiat(e)
immediately [ɪ'miːdɪətlɪ] *adv (at once)* immédiatement ; **~ next to** juste à côté de
immemorial [ɪmɪ'mɔːrɪəl] *adj (literary)* immémorial(e) ; **since time ~** depuis des temps immémoriaux
immense [ɪ'mɛns] *adj* immense, énorme
immensely [ɪ'mɛnslɪ] *adv (+adj)* extrêmement ; *(+vb)* énormément
immensity [ɪ'mɛnsɪtɪ] *n* immensité *f*
immerse [ɪ'məːs] *vt* immerger, plonger ; **to ~ sth in** plonger qch dans
immersed [ɪ'məːst] *adj*: **to be ~ in sth** *(in subject, activity)* être plongé(e) dans qch, être absorbé(e) par qch
immersion heater [ɪ'məːʃən-] *n* (Brit) chauffe-eau *m* électrique
immigrant ['ɪmɪgrənt] *n* immigrant(e) ; *(already established)* immigré(e)
immigration [ɪmɪ'greɪʃən] *n* immigration *f*
immigration authorities *npl* service *m* de l'immigration
immigration laws *npl* lois *fpl* sur l'immigration
imminent ['ɪmɪnənt] *adj* imminent(e)
immobile [ɪ'məubaɪl] *adj* immobile
immobility [ɪməu'bɪlɪtɪ] *n* immobilité *f*
immobilize [ɪ'məubɪlaɪz] *vt* immobiliser
immoderate [ɪ'mɔdərət] *adj* immodéré(e), démesuré(e)
immodest [ɪ'mɔdɪst] *adj (indecent)* indécent(e) ; *(boasting)* pas modeste, présomptueux(-euse)
immoral [ɪ'mɔrl] *adj* immoral(e)
immorality [ɪmɔ'rælɪtɪ] *n* immoralité *f*
immortal [ɪ'mɔːtl] *adj, n* immortel(le)
immortality [ɪmɔː'tælɪtɪ] *n* immortalité *f* ; **to achieve ~** passer à la postérité
immortalize [ɪ'mɔːtlaɪz] *vt* immortaliser
immovable [ɪ'muːvəbl] *adj (object)* fixe ; immobilier(-ière) ; *(person)* inflexible ; *(opinion)* immuable
immune [ɪ'mjuːn] *adj*: **~ (to)** immunisé(e) (contre)
immune system *n* système *m* immunitaire
immunity [ɪ'mjuːnɪtɪ] *n* immunité *f* ; **diplomatic ~** immunité diplomatique
immunization [ɪmjunaɪ'zeɪʃən] *n* immunisation *f*
immunize ['ɪmjunaɪz] *vt* immuniser
immutable [ɪ'mjuːtəbl] *adj* immuable
imp [ɪmp] *n (small devil)* lutin *m* ; *(child)* petit diable
impact *n* ['ɪmpækt] choc *m*, impact *m* ; *(fig)* impact
▸ **impact on** *vt fus* [ɪm'pækt] avoir un réel impact sur
impair [ɪm'pɛə^r] *vt* détériorer, diminuer
impaired [ɪm'pɛəd] *adj (organ, vision)* abîmé(e), détérioré(e) ; **his memory/circulation is ~** il a des problèmes de mémoire/circulation ; **visually ~** malvoyant(e) ; **hearing ~** malentendant(e) ; **mentally/physically ~** intellectuellement/physiquement diminué(e)
impairment [ɪm'pɛəmənt] *n* handicap *m* ; **a visual ~** un handicap visuel
impale [ɪm'peɪl] *vt* empaler
impart [ɪm'pɑːt] *vt (make known)* communiquer, transmettre ; *(bestow)* confier, donner
impartial [ɪm'pɑːʃl] *adj* impartial(e)
impartiality [ɪmpɑːʃɪ'ælɪtɪ] *n* impartialité *f*
impassable [ɪm'pɑːsəbl] *adj* infranchissable ; *(road)* impraticable
impasse [æm'pɑːs] *n (fig)* impasse *f*
impassioned [ɪm'pæʃənd] *adj* passionné(e)
impassive [ɪm'pæsɪv] *adj* impassible
impatience [ɪm'peɪʃəns] *n* impatience *f*
impatient [ɪm'peɪʃənt] *adj* impatient(e) ; **to get** *or* **grow ~** s'impatienter
impatiently [ɪm'peɪʃəntlɪ] *adv* avec impatience
impeach [ɪm'piːtʃ] *vt* accuser, attaquer ; *(public official)* mettre en accusation
impeachment [ɪm'piːtʃmənt] *n (Law)* (mise *f* en) accusation *f*
impeccable [ɪm'pɛkəbl] *adj* impeccable, parfait(e)
impeccably [ɪm'pɛkəblɪ] *adv* impeccablement
impecunious [ɪmpɪ'kjuːnɪəs] *adj* sans ressources
impede [ɪm'piːd] *vt* gêner
impediment [ɪm'pɛdɪmənt] *n* obstacle *m* ; *(also:* **speech impediment***)* défaut *m* d'élocution
impel [ɪm'pɛl] *vt (force)*: **to ~ sb (to do sth)** forcer qn (à faire qch)
impending [ɪm'pɛndɪŋ] *adj* imminent(e)
impenetrable [ɪm'pɛnɪtrəbl] *adj* impénétrable
imperative [ɪm'pɛrətɪv] *adj* nécessaire ; *(need)* urgent(e), pressant(e) ; *(tone)* impérieux(-euse) ▸ *n (Ling)* impératif *m*
imperceptible [ɪmpə'sɛptɪbl] *adj* imperceptible
imperceptibly [ɪmpə'sɛptɪblɪ] *adv* imperceptiblement

imperfect [ɪm'pə:fɪkt] *adj* imparfait(e) ; (*goods etc*) défectueux(-euse) ▸ *n* (*Ling: also:* **imperfect tense**) imparfait *m*
imperfection [ɪmpə:'fɛkʃən] *n* imperfection *f* ; défectuosité *f*
imperial [ɪm'pɪərɪəl] *adj* impérial(e) ; (BRIT: *measure*) légal(e)
imperialism [ɪm'pɪərɪəlɪzəm] *n* impérialisme *m*
imperil [ɪm'pɛrɪl] *vt* mettre en péril
imperious [ɪm'pɪərɪəs] *adj* impérieux(-euse)
impersonal [ɪm'pə:sənl] *adj* impersonnel(le)
impersonate [ɪm'pə:səneɪt] *vt* se faire passer pour ; (*Theat*) imiter
impersonation [ɪmpə:sə'neɪʃən] *n* (*Law*) usurpation *f* d'identité ; (*Theat*) imitation *f*
impersonator [ɪm'pə:səneɪtə^r] *n* imposteur *m* ; (*Theat*) imitateur(-trice)
impertinence [ɪm'pə:tɪnəns] *n* impertinence *f*, insolence *f*
impertinent [ɪm'pə:tɪnənt] *adj* impertinent(e), insolent(e)
imperturbable [ɪmpə'tə:bəbl] *adj* imperturbable
impervious [ɪm'pə:vɪəs] *adj* imperméable ; **~ to** (*fig*) insensible à ; inaccessible à
impetuous [ɪm'pɛtjuəs] *adj* impétueux(-euse), fougueux(-euse)
impetus ['ɪmpətəs] *n* impulsion *f* ; (*of runner*) élan *m*
impinge [ɪm'pɪndʒ]: **to ~ on** *vt fus* (*person*) affecter, toucher ; (*rights*) empiéter sur
impish ['ɪmpɪʃ] *adj* espiègle
implacable [ɪm'plækəbl] *adj* implacable
implant [ɪm'plɑ:nt] *vt* (*Med*) implanter ; (*fig: idea, principle*) inculquer
implausible [ɪm'plɔ:zɪbl] *adj* peu plausible
implement *n* ['ɪmplɪmənt] outil *m*, instrument *m* ; (*for cooking*) ustensile *m* ▸ *vt* ['ɪmplɪmɛnt] mettre en œuvre, implémenter
implementation [ɪmplɪmɛn'teɪʃən] *n* mise *f* en œuvre, implémentation *f*
implicate ['ɪmplɪkeɪt] *vt* impliquer, compromettre
implication [ɪmplɪ'keɪʃən] *n* implication *f* ; **by ~** indirectement
implicit [ɪm'plɪsɪt] *adj* implicite ; (*complete*) absolu(e), sans réserve
implicitly [ɪm'plɪsɪtlɪ] *adv* implicitement ; absolument, sans réserve
implode [ɪm'pləud] *vi* imploser
implore [ɪm'plɔ:^r] *vt* implorer, supplier
imply [ɪm'plaɪ] *vt* (*hint*) suggérer, laisser entendre ; (*mean*) indiquer, supposer
impolite [ɪmpə'laɪt] *adj* impoli(e)
imponderable [ɪm'pɔndərəbl] *adj* impondérable
import *vt* [ɪm'pɔ:t] importer ▸ *n* ['ɪmpɔ:t] (*Comm*) importation *f* ; (*meaning*) portée *f*, signification *f* ▸ *cpd* ['ɪmpɔ:t] (*duty, licence etc*) d'importation
importance [ɪm'pɔ:tns] *n* importance *f* ; **to be of great/little ~** avoir beaucoup/peu d'importance
important [ɪm'pɔ:tnt] *adj* important(e) ; **it is ~ that** il importe que, il est important que ; **it's not ~** c'est sans importance, ce n'est pas important
importantly [ɪm'pɔ:tntlɪ] *adv* (*with an air of importance*) d'un air important ; (*essentially*): **but, more ~ ...** mais, (ce qui est) plus important encore ...
importation [ɪmpɔ:'teɪʃən] *n* importation *f*
imported [ɪm'pɔ:tɪd] *adj* importé(e), d'importation
importer [ɪm'pɔ:tə^r] *n* importateur(-trice)
impose [ɪm'pəuz] *vt* imposer ▸ *vi*: **to ~ on sb** abuser de la gentillesse de qn
imposing [ɪm'pəuzɪŋ] *adj* imposant(e), impressionnant(e)
imposition [ɪmpə'zɪʃən] *n* (*of tax etc*) imposition *f* ; **to be an ~ on** (*person*) abuser de la gentillesse *or* la bonté de
impossibility [ɪmpɔsə'bɪlɪtɪ] *n* impossibilité *f*
impossible [ɪm'pɔsɪbl] *adj* impossible ; **it is ~ for me to leave** il m'est impossible de partir
impostor [ɪm'pɔstə^r] *n* imposteur *m*
impotence ['ɪmpətns] *n* impuissance *f*
impotent ['ɪmpətnt] *adj* impuissant(e)
impound [ɪm'paund] *vt* confisquer, saisir
impoverished [ɪm'pɔvərɪʃt] *adj* pauvre, appauvri(e)
impracticable [ɪm'præktɪkəbl] *adj* impraticable
impractical [ɪm'præktɪkl] *adj* pas pratique ; (*person*) qui manque d'esprit pratique
imprecise [ɪmprɪ'saɪs] *adj* imprécis(e)
impregnable [ɪm'prɛgnəbl] *adj* (*fortress*) imprenable ; (*fig*) inattaquable, irréfutable
impregnate ['ɪmprɛgneɪt] *vt* imprégner ; (*fertilize*) féconder
impresario [ɪmprɪ'sɑ:rɪəu] *n* impresario *m*
impress [ɪm'prɛs] *vt* impressionner, faire impression sur ; (*mark*) imprimer, marquer ; **to ~ sth on sb** faire bien comprendre qch à qn
impressed [ɪm'prɛst] *adj* impressionné(e)
impression [ɪm'prɛʃən] *n* impression *f* ; (*of stamp, seal*) empreinte *f* ; (*imitation*) imitation *f* ; **to make a good/bad ~ on sb** faire bonne/mauvaise impression sur qn ; **to be under the ~ that** avoir l'impression que
impressionable [ɪm'prɛʃnəbl] *adj* impressionnable, sensible
impressionist [ɪm'prɛʃənɪst] *n* impressionniste *mf*
impressionistic [ɪmprɛʃə'nɪstɪk] *adj* impressionniste
impressive [ɪm'prɛsɪv] *adj* impressionnant(e)
imprint ['ɪmprɪnt] *n* empreinte *f* ; (*Publishing*) notice *f* ; (*: label*) nom *m* (de collection *or* d'éditeur)
imprinted [ɪm'prɪntɪd] *adj*: **~ on** imprimé(e) sur ; (*fig*) imprimé(e) *or* gravé(e) dans
imprison [ɪm'prɪzn] *vt* emprisonner, mettre en prison
imprisonment [ɪm'prɪznmənt] *n* emprisonnement *m* ; (*period*): **to sentence sb to 10 years' ~** condamner qn à 10 ans de prison
improbable [ɪm'prɔbəbl] *adj* improbable ; (*excuse*) peu plausible
impromptu [ɪm'prɔmptju:] *adj* impromptu(e) ▸ *adv* impromptu

i

improper [ɪm'prɔpə^r] *adj* (*wrong*) incorrect(e) ; (*unsuitable*) déplacé(e), de mauvais goût ; (*indecent*) indécent(e) ; (*dishonest*) malhonnête
impropriety [ɪmprə'praɪətɪ] *n* inconvenance *f* ; (*of expression*) impropriété *f*
improve [ɪm'pru:v] *vt* améliorer ▸ *vi* s'améliorer ; (*pupil etc*) faire des progrès
▸ **improve on, improve upon** *vt fus* (*offer*) enchérir sur
improvement [ɪm'pru:vmənt] *n* amélioration *f* ; (*of pupil etc*) progrès *m* ; **to make improvements to** apporter des améliorations à
improvisation [ɪmprəvaɪ'zeɪʃən] *n* improvisation *f*
improvise ['ɪmprəvaɪz] *vt, vi* improviser
imprudence [ɪm'pru:dns] *n* imprudence *f*
imprudent [ɪm'pru:dnt] *adj* imprudent(e)
impudent ['ɪmpjudnt] *adj* impudent(e)
impugn [ɪm'pju:n] *vt* contester, attaquer
impulse ['ɪmpʌls] *n* impulsion *f* ; **on ~** impulsivement, sur un coup de tête
impulse buy *n* achat *m* d'impulsion
impulsive [ɪm'pʌlsɪv] *adj* impulsif(-ive)
impunity [ɪm'pju:nɪtɪ] *n*: **with ~** impunément
impure [ɪm'pjuə^r] *adj* impur(e)
impurity [ɪm'pjuərɪtɪ] *n* impureté *f*
IN *abbr* (*US*) = **Indiana**

KEYWORD

in [ɪn] *prep* **1** (*indicating place, position*) dans ; **in the house/the fridge** dans la maison/le frigo ; **in the garden** dans le *or* au jardin ; **in town** en ville ; **in the country** à la campagne ; **in school** à l'école ; **in here/there** ici/là
2 (*with place names: of town, region, country*): **in London** à Londres ; **in England** en Angleterre ; **in Japan** au Japon ; **in the United States** aux États-Unis
3 (*indicating time: during*): **in spring** au printemps ; **in summer** en été ; **in May/2005** en mai/2005 ; **in the afternoon** (dans) l'après-midi ; **at 4 o'clock in the afternoon** à 4 heures de l'après-midi
4 (*indicating time: in the space of*) en ; (*: future*) dans ; **I did it in 3 hours/days** je l'ai fait en 3 heures/jours ; **I'll see you in 2 weeks** *or* **in 2 weeks' time** je te verrai dans 2 semaines ; **once in a hundred years** une fois tous les cent ans
5 (*indicating manner etc*) à ; **in a loud/soft voice** à voix haute/basse ; **in pencil** au crayon ; **in writing** par écrit ; **in French** en français ; **to pay in dollars** payer en dollars ; **the boy in the blue shirt** le garçon à *or* avec la chemise bleue
6 (*indicating circumstances*): **in the sun** au soleil ; **in the shade** à l'ombre ; **in the rain** sous la pluie ; **a change in policy** un changement de politique
7 (*indicating mood, state*): **in tears** en larmes ; **in anger** sous le coup de la colère ; **in despair** au désespoir ; **in good condition** en bon état ; **to live in luxury** vivre dans le luxe
8 (*with ratios, numbers*): **1 in 10 households, 1 household in 10** 1 ménage sur 10 ; **20 pence in the pound** 20 pence par livre sterling ; **they lined up in twos** ils se mirent en rangs (deux) par deux ; **in hundreds** par centaines
9 (*referring to people, works*) chez ; **the disease is common in children** c'est une maladie courante chez les enfants ; **in (the works of) Dickens** chez Dickens, dans (l'œuvre de) Dickens
10 (*indicating profession etc*) dans ; **to be in teaching** être dans l'enseignement
11 (*after superlative*) de ; **the best pupil in the class** le meilleur élève de la classe
12 (*with present participle*): **in saying this** en disant ceci
▸ *adv*: **to be in** (*person: at home, work*) être là ; (*train, ship, plane*) être arrivé(e) ; (*in fashion*) être à la mode ; **to ask sb in** inviter qn à entrer ; **to run/limp** *etc* **in** entrer en courant/boitant *etc* ; **their party is in** leur parti est au pouvoir
▸ *n*: **the ins and outs (of)** (*of proposal, situation etc*) les tenants et aboutissants (de)

in. *abbr* = **inch; inches**
inability [ɪnə'bɪlɪtɪ] *n* incapacité *f* ; **~ to pay** incapacité de payer
inaccessible [ɪnək'sɛsɪbl] *adj* inaccessible
inaccuracy [ɪn'ækjurəsɪ] *n* inexactitude *f* ; manque *m* de précision
inaccurate [ɪn'ækjurət] *adj* inexact(e) ; (*person*) qui manque de précision
inaction [ɪn'ækʃən] *n* inaction *f*, inactivité *f*
inactivity [ɪnæk'tɪvɪtɪ] *n* inactivité *f*
inadequacy [ɪn'ædɪkwəsɪ] *n* insuffisance *f*
inadequate [ɪn'ædɪkwət] *adj* (*supply, resources*) insuffisant(e), inadéquat(e) ; (*person*) qui n'est pas à la hauteur
inadequately [ɪn'ædɪkwətlɪ] *adv* (*funded, trained, protected*) insuffisamment
inadmissible [ɪnəd'mɪsəbl] *adj* (*behaviour*) inadmissible ; (*Law: evidence*) irrecevable
inadvertent [ɪnəd'və:tnt] *adj* (*mistake*) commis(e) par inadvertance
inadvertently [ɪnəd'və:tntlɪ] *adv* par mégarde
inadvisable [ɪnəd'vaɪzəbl] *adj* à déconseiller ; **it is ~ to** il est déconseillé de
inane [ɪ'neɪn] *adj* inepte, stupide
inanimate [ɪn'ænɪmət] *adj* inanimé(e)
inapplicable [ɪn'æplɪkəbl] *adj* inapplicable
inappropriate [ɪnə'prəuprɪət] *adj* inopportun(e), mal à propos ; (*word, expression*) impropre
inapt [ɪn'æpt] *adj* inapte ; peu approprié(e)
inaptitude [ɪn'æptɪtju:d] *n* inaptitude *f*
inarticulate [ɪnɑ:'tɪkjulət] *adj* (*person*) qui s'exprime mal ; (*speech*) indistinct(e)
inasmuch [ɪnəz'mʌtʃ] *adv*: **~ as** vu que, en ce sens que
inattention [ɪnə'tɛnʃən] *n* manque *m* d'attention
inattentive [ɪnə'tɛntɪv] *adj* inattentif(-ive), distrait(e) ; négligent(e)
inaudible [ɪn'ɔ:dɪbl] *adj* inaudible
inaugural [ɪ'nɔ:gjurəl] *adj* inaugural(e)
inaugurate [ɪ'nɔ:gjureɪt] *vt* inaugurer ; (*president, official*) investir de ses fonctions
inauguration [ɪnɔ:gju'reɪʃən] *n* inauguration *f* ; investiture *f*

inauspicious [ɪnɔːsˈpɪʃəs] *adj* peu propice
in-between [ɪnbɪˈtwiːn] *adj* entre les deux
inborn [ɪnˈbɔːn] *adj (feeling)* inné(e) ; *(defect)* congénital(e)
inbox [ˈɪnbɔks] *n (Comput)* boîte *f* de réception ; *(US: intray)* corbeille *f* du courrier reçu
inbred [ɪnˈbrɛd] *adj* inné(e), naturel(le) ; *(family)* consanguin(e)
inbreeding [ɪnˈbriːdɪŋ] *n* croisement *m* d'animaux de même souche ; unions consanguines
in-built [ɪnˈbɪlt] *adj (innate: tendency, feeling)* inné(e) ; *(integral: feature, device)* intégré(e)
Inc. *abbr* = **incorporated**
Inca [ˈɪŋkə] *adj (also:* **Incan**) inca *inv* ▸ *n* Inca *mf*
incalculable [ɪnˈkælkjuləbl] *adj* incalculable
incandescent [ɪnkænˈdɛsənt] *adj (substance, device)* incandescent(e) ; **to be ~ with rage** être vert(e) de rage
incapability [ɪnkeɪpəˈbɪlɪtɪ] *n* incapacité *f*
incapable [ɪnˈkeɪpəbl] *adj*: **~ (of)** incapable (de)
incapacitate [ɪnkəˈpæsɪteɪt] *vt*: **to ~ sb from doing** rendre qn incapable de faire
incapacitated [ɪnkəˈpæsɪteɪtɪd] *adj (Law)* frappé(e) d'incapacité
incapacity [ɪnkəˈpæsɪtɪ] *n* incapacité *f*
incarcerate [ɪnˈkɑːsəreɪt] *vt* incarcérer
incarceration [ɪnkɑːsəˈreɪʃən] *n* incarcération *f*
incarnate *adj* [ɪnˈkɑːnɪt] incarné(e) ▸ *vt* [ˈɪnkɑːneɪt] incarner
incarnation [ɪnkɑːˈneɪʃən] *n* incarnation *f*
incendiary [ɪnˈsɛndɪərɪ] *adj* incendiaire ▸ *n (bomb)* bombe *f* incendiaire
incense *n* [ˈɪnsɛns] encens *m* ▸ *vt* [ɪnˈsɛns] *(anger)* mettre en colère
incense burner *n* encensoir *m*
incentive [ɪnˈsɛntɪv] *n* encouragement *m*, raison *f* de se donner de la peine
incentive scheme *n* système *m* de primes d'encouragement
inception [ɪnˈsɛpʃən] *n* commencement *m*, début *m*
incessant [ɪnˈsɛsnt] *adj* incessant(e)
incessantly [ɪnˈsɛsntlɪ] *adv* sans cesse, constamment
incest [ˈɪnsɛst] *n* inceste *m*
incestuous [ɪnˈsɛstjuəs] *adj (lit: relationship)* incestueux(-euse) ; *(fig: group, place)* fermé(e)
inch [ɪntʃ] *n* pouce *m* (= 25 mm ; 12 in a foot) ; **within an ~ of** à deux doigts de ; **he wouldn't give an ~** *(fig)* il n'a pas voulu céder d'un pouce
▸ **inch forward** *vi* avancer petit à petit
inch tape *n (Brit)* centimètre *m* (de couturière)
incidence [ˈɪnsɪdns] *n (of crime, disease)* fréquence *f*
incident [ˈɪnsɪdnt] *n* incident *m* ; *(in book)* péripétie *f*
incidental [ɪnsɪˈdɛntl] *adj* accessoire ; *(unplanned)* accidentel(le) ; **~ to** qui accompagne ; **~ expenses** faux frais *mpl*
incidentally [ɪnsɪˈdɛntəlɪ] *adv (by the way)* à propos
incidental music *n* musique *f* de fond
incident room *n (Police)* salle *f* d'opérations
incinerate [ɪnˈsɪnəreɪt] *vt* incinérer
incinerator [ɪnˈsɪnəreɪtəʳ] *n* incinérateur *m*
incipient [ɪnˈsɪpɪənt] *adj* naissant(e)
incision [ɪnˈsɪʒən] *n* incision *f*
incisive [ɪnˈsaɪsɪv] *adj* incisif(-ive), mordant(e)
incisor [ɪnˈsaɪzəʳ] *n* incisive *f*
incite [ɪnˈsaɪt] *vt* inciter, pousser
incitement [ɪnˈsaɪtmənt] *n* incitation *f* ; **~ to murder** incitation au meurtre
incl. *abbr* = **including**; **inclusive (of)**
inclement [ɪnˈklɛmənt] *adj* inclément(e), rigoureux(-euse)
inclination [ɪnklɪˈneɪʃən] *n* inclination *f* ; *(desire)* envie *f*
incline *n* [ˈɪnklaɪn] pente *f*, plan incliné ▸ *vt* [ɪnˈklaɪn] incliner ; **to be inclined to do** *(want to)* être enclin(e) à faire ; *(have a tendency to do)* avoir tendance à faire ; **to be well inclined towards sb** être bien disposé(e) à l'égard de qn ▸ *vi (surface)* s'incliner ; **I ~ to the view that ...** j'ai tendance à penser que ...
include [ɪnˈkluːd] *vt* inclure, comprendre ; **service is/is not included** le service est compris/n'est pas compris
including [ɪnˈkluːdɪŋ] *prep* y compris ; **~ service** service compris
inclusion [ɪnˈkluːʒən] *n* inclusion *f*
inclusive [ɪnˈkluːsɪv] *adj* inclus(e), compris(e) ; **~ of tax** taxes comprises ; **£50 ~ of all surcharges** 50 livres tous frais compris
inclusive terms *npl (Brit)* prix tout compris
incognito [ɪnkɔgˈniːtəu] *adv* incognito
incoherent [ɪnkəuˈhɪərənt] *adj* incohérent(e)
income [ˈɪnkʌm] *n* revenu *m* ; *(from property etc)* rentes *fpl* ; **gross/net ~** revenu brut/net ; **~ and expenditure account** compte *m* de recettes et de dépenses
income support *n (Brit)* ≈ revenu *m* minimum d'insertion, RMI *m*
income tax *n* impôt *m* sur le revenu
income tax inspector *n* inspecteur *m* des contributions directes
income tax return *n* déclaration *f* des revenus
incoming [ˈɪnkʌmɪŋ] *adj (passengers, mail)* à l'arrivée ; *(government, tenant)* nouveau (nouvelle) ; **~ tide** marée montante
incommunicado [ˈɪnkəmjunɪˈkɑːdəu] *adj*: **to hold sb ~** tenir qn au secret
incomparable [ɪnˈkɔmpərəbl] *adj* incomparable
incompatible [ɪnkəmˈpætɪbl] *adj* incompatible
incompetence [ɪnˈkɔmpɪtns] *n* incompétence *f*, incapacité *f*
incompetent [ɪnˈkɔmpɪtnt] *adj* incompétent(e), incapable
incomplete [ɪnkəmˈpliːt] *adj* incomplet(-ète)
incomprehensible [ɪnkɔmprɪˈhɛnsɪbl] *adj* incompréhensible
incomprehension [ɪnkɔmprɪˈhɛnʃən] *n* incompréhension *f*
inconceivable [ɪnkənˈsiːvəbl] *adj* inconcevable
inconclusive [ɪnkənˈkluːsɪv] *adj* peu concluant(e) ; *(argument)* peu convaincant(e)
incongruity [ɪnkɔŋˈgruːɪtɪ] *n* incongruité *f*
incongruous [ɪnˈkɔŋgruəs] *adj* peu approprié(e) ; *(remark, act)* incongru(e), déplacé(e)

inconsequential [ɪnkɔnsɪ'kwɛnʃl] *adj* sans importance
inconsiderable [ɪnkən'sɪdərəbl] *adj*: **not ~** non négligeable
inconsiderate [ɪnkən'sɪdərət] *adj (action)* inconsidéré(e) ; *(person)* qui manque d'égards
inconsistency [ɪnkən'sɪstənsɪ] *n (of actions etc)* inconséquence *f* ; *(of work)* irrégularité *f* ; *(of statement etc)* incohérence *f*
inconsistent [ɪnkən'sɪstnt] *adj* qui manque de constance ; *(work)* irrégulier(-ière) ; *(statement)* peu cohérent(e) ; **~ with** en contradiction avec
inconsolable [ɪnkən'səuləbl] *adj* inconsolable
inconspicuous [ɪnkən'spɪkjuəs] *adj* qui passe inaperçu(e) ; *(colour, dress)* discret(-ète) ; **to make o.s. ~** ne pas se faire remarquer
inconstant [ɪn'kɔnstnt] *adj* inconstant(e), variable
incontinence [ɪn'kɔntɪnəns] *n* incontinence *f*
incontinent [ɪn'kɔntɪnənt] *adj* incontinent(e)
incontrovertible [ɪnkɔntrə'vəːtəbl] *adj* irréfutable
inconvenience [ɪnkən'viːnjəns] *n* inconvénient *m* ; *(trouble)* dérangement *m* ▸ *vt* déranger ; **don't ~ yourself** ne vous dérangez pas
inconvenient [ɪnkən'viːnjənt] *adj* malcommode ; *(time, place)* mal choisi(e), qui ne convient pas ; *(visitor)* importun(e) ; **that time is very ~ for me** c'est un moment qui ne me convient pas du tout
incorporate [ɪn'kɔːpəreɪt] *vt* incorporer ; *(contain)* contenir ▸ *vi* fusionner ; *(two firms)* se constituer en société
incorporated [ɪn'kɔːpəreɪtɪd] *adj*: **~ company** *(US)* ≈ société *f* anonyme
incorrect [ɪnkə'rɛkt] *adj* incorrect(e) ; *(opinion, statement)* inexact(e)
incorrigible [ɪn'kɔrɪdʒɪbl] *adj* incorrigible
incorruptible [ɪnkə'rʌptɪbl] *adj* incorruptible
increase *n* ['ɪnkriːs] augmentation *f* ; **an ~ of 5%** une augmentation de 5% ; **to be on the ~** être en augmentation ▸ *vi, vt* [ɪn'kriːs] augmenter
increasing [ɪn'kriːsɪŋ] *adj* croissant(e)
increasingly [ɪn'kriːsɪŋlɪ] *adv* de plus en plus
incredible [ɪn'krɛdɪbl] *adj* incroyable
incredibly [ɪn'krɛdɪblɪ] *adv* incroyablement
incredulity [ɪnkrə'djuːlɪtɪ] *n* incrédulité *f*
incredulous [ɪn'krɛdjuləs] *adj* incrédule
increment ['ɪnkrɪmənt] *n* augmentation *f*
incremental [ɪnkrɪ'mɛntl] *adj (rise, increase)* progressif(-ive) ; *(cost)* marginal
incriminate [ɪn'krɪmɪneɪt] *vt* incriminer, compromettre
incriminating [ɪn'krɪmɪneɪtɪŋ] *adj* compromettant(e)
incubate ['ɪnkjubeɪt] *vt (egg)* couver, incuber ▸ *vi (eggs)* couver ; *(disease)* couver
incubation [ɪnkju'beɪʃən] *n* incubation *f*
incubation period *n* période *f* d'incubation
incubator ['ɪnkjubeɪtə^r] *n* incubateur *m* ; *(for babies)* couveuse *f*
inculcate ['ɪnkʌlkeɪt] *vt*: **to ~ sth in sb** inculquer qch à qn
incumbent [ɪn'kʌmbənt] *adj*: **it is ~ on him to …** il lui appartient de … ▸ *n* titulaire *mf*
incur [ɪn'kəː^r] *vt (expenses)* encourir ; *(anger, risk)* s'exposer à ; *(debt)* contracter ; *(loss)* subir
incurable [ɪn'kjuərəbl] *adj* incurable
incursion [ɪn'kəːʃən] *n* incursion *f*
Ind. *abbr (US)* = **Indiana**
indebted [ɪn'dɛtɪd] *adj*: **to be ~ to sb (for)** être redevable à qn (de)
indebtedness [ɪn'dɛtɪdnɪs] *n* dette *f*
indecency [ɪn'diːsnsɪ] *n* indécence *f*
indecent [ɪn'diːsnt] *adj* indécent(e), inconvenant(e)
indecent assault *n (Brit)* attentat *m* à la pudeur
indecent exposure *n* outrage *m* public à la pudeur
indecipherable [ɪndɪ'saɪfərəbl] *adj* indéchiffrable
indecision [ɪndɪ'sɪʒən] *n* indécision *f*
indecisive [ɪndɪ'saɪsɪv] *adj* indécis(e) ; *(discussion)* peu concluant(e)
indeed [ɪn'diːd] *adv (confirming, agreeing)* en effet, effectivement ; *(for emphasis)* vraiment ; *(furthermore)* d'ailleurs ; **yes ~!** certainement !
indefatigable [ɪndɪ'fætɪgəbl] *adj* infatigable
indefensible [ɪndɪ'fɛnsɪbl] *adj (conduct)* indéfendable
indefinable [ɪndɪ'faɪnəbl] *adj* indéfinissable
indefinite [ɪn'dɛfɪnɪt] *adj* indéfini(e) ; *(answer)* vague ; *(period, number)* indéterminé(e)
indefinitely [ɪn'dɛfɪnɪtlɪ] *adv (wait)* indéfiniment ; *(speak)* vaguement, avec imprécision
indelible [ɪn'dɛlɪbl] *adj* indélébile
indelicate [ɪn'dɛlɪkɪt] *adj (tactless)* indélicat(e), grossier(-ière) ; *(not polite)* inconvenant(e), malséant(e)
indemnify [ɪn'dɛmnɪfaɪ] *vt* indemniser, dédommager
indemnity [ɪn'dɛmnɪtɪ] *n (insurance)* assurance *f*, garantie *f* ; *(compensation)* indemnité *f*
indent [ɪn'dɛnt] *vt (text)* commencer en retrait
indentation [ɪndɛn'teɪʃən] *n* découpure *f* ; *(Typ)* alinéa *m* ; *(on metal)* bosse *f*
indenture [ɪn'dɛntʃə^r] *n* contrat *m* d'emploi-formation
independence [ɪndɪ'pɛndns] *n* indépendance *f*
Independence Day *n (US) fête de l'Indépendance américaine*

Independence Day

L'**Independence Day** est la fête nationale aux États-Unis, le 4 juillet. Il commémore l'adoption de la déclaration d'Indépendance, en 1776, écrite par Thomas Jefferson et proclamant la séparation des 13 colonies américaines de la Grande-Bretagne.

independent [ɪndɪ'pɛndnt] *adj* indépendant(e) ; *(radio)* libre ; **to become ~** s'affranchir
independently [ɪndɪ'pɛndntlɪ] *adv* de façon indépendante ; **~ of** indépendamment de
independent school *n (Brit)* école privée
in-depth ['ɪndɛpθ] *adj* approfondi(e)
indescribable [ɪndɪ'skraɪbəbl] *adj* indescriptible

indestructible [ɪndɪ'strʌktɪbl] *adj* indestructible
indeterminate [ɪndɪ'tə:mɪnɪt] *adj* indéterminé(e)
index ['ɪndɛks] *n* (*pl* **indexes**: *in book*) index *m* ; (*in library etc*) catalogue *m* ; (*pl* **indices** ['ɪndɪsi:z]: *ratio, sign*) indice *m*
index card *n* fiche *f*
index finger *n* index *m*
index-linked ['ɪndɛks'lɪŋkt], (*US*) **indexed** ['ɪndɛkst] *adj* indexé(e) (sur le coût de la vie *etc*)
India ['ɪndɪə] *n* Inde *f*
Indian ['ɪndɪən] *adj* indien(ne) ▸ *n* Indien(ne) ; **(American)** ~ Indien(ne) (d'Amérique)
Indian ink *n* encre *f* de Chine
Indian Ocean *n*: **the** ~ l'océan Indien
Indian summer *n* (*fig*) été indien, beaux jours en automne
India paper *n* papier *m* bible
India rubber *n* gomme *f*
indicate ['ɪndɪkeɪt] *vt* indiquer ▸ *vi* (*BRIT Aut*): **to ~ left/right** mettre son clignotant à gauche/à droite
indication [ɪndɪ'keɪʃən] *n* indication *f*, signe *m*
indicative [ɪn'dɪkətɪv] *adj* indicatif(-ive) ; **to be ~ of sth** être symptomatique de qch ▸ *n* (*Ling*) indicatif *m*
indicator ['ɪndɪkeɪtə^r] *n* (*sign*) indicateur *m* ; (*Aut*) clignotant *m*
indices ['ɪndɪsi:z] *npl of* **index**
indict [ɪn'daɪt] *vt* accuser
indictable [ɪn'daɪtəbl] *adj* (*person*) passible de poursuites ; **~ offence** délit *m* tombant sous le coup de la loi
indictment [ɪn'daɪtmənt] *n* accusation *f*
indifference [ɪn'dɪfrəns] *n* indifférence *f*
indifferent [ɪn'dɪfrənt] *adj* indifférent(e) ; (*poor*) médiocre, quelconque
indigenous [ɪn'dɪdʒɪnəs] *adj* indigène
indigestible [ɪndɪ'dʒɛstɪbl] *adj* indigeste
indigestion [ɪndɪ'dʒɛstʃən] *n* indigestion *f*, mauvaise digestion
indignant [ɪn'dɪgnənt] *adj*: **~ (at sth/with sb)** indigné(e) (de qch/contre qn)
indignation [ɪndɪg'neɪʃən] *n* indignation *f*
indignity [ɪn'dɪgnɪtɪ] *n* indignité *f*, affront *m*
indigo ['ɪndɪgəu] *adj* indigo *inv* ▸ *n* indigo *m*
indirect [ɪndɪ'rɛkt] *adj* indirect(e)
indirectly [ɪndɪ'rɛktlɪ] *adv* indirectement
indiscreet [ɪndɪ'skri:t] *adj* indiscret(-ète) ; (*rash*) imprudent(e)
indiscretion [ɪndɪ'skrɛʃən] *n* indiscrétion *f* ; (*rashness*) imprudence *f*
indiscriminate [ɪndɪ'skrɪmɪnət] *adj* (*person*) qui manque de discernement ; (*admiration*) aveugle ; (*killings*) commis(e) au hasard
indispensable [ɪndɪ'spɛnsəbl] *adj* indispensable
indisposed [ɪndɪ'spəuzd] *adj* (*unwell*) indisposé(e), souffrant(e)
indisposition [ɪndɪspə'zɪʃən] *n* (*illness*) indisposition *f*, malaise *m*
indisputable [ɪndɪ'spju:təbl] *adj* incontestable, indiscutable
indistinct [ɪndɪ'stɪŋkt] *adj* indistinct(e) ; (*memory, noise*) vague
indistinguishable [ɪndɪ'stɪŋgwɪʃəbl] *adj* impossible à distinguer
individual [ɪndɪ'vɪdjuəl] *n* individu *m* ▸ *adj* individuel(le) ; (*characteristic*) particulier(-ière), original(e)
individualism [ɪndɪ'vɪdjuəlɪzəm] *n* individualisme *m*
individualist [ɪndɪ'vɪdjuəlɪst] *n* individualiste *mf*
individualistic [ɪndɪvɪdjuə'lɪstɪk] *adj* individualiste
individuality [ɪndɪvɪdju'ælɪtɪ] *n* individualité *f*
individually [ɪndɪ'vɪdjuəlɪ] *adv* individuellement
indivisible [ɪndɪ'vɪzɪbl] *adj* indivisible ; (*Math*) insécable
Indo-China ['ɪndəu'tʃaɪnə] *n* Indochine *f*
indoctrinate [ɪn'dɔktrɪneɪt] *vt* endoctriner
indoctrination [ɪndɔktrɪ'neɪʃən] *n* endoctrinement *m*
indolent ['ɪndələnt] *adj* indolent(e), nonchalant(e)
indomitable [ɪn'dɔmɪtəbl] *adj* indomptable
Indonesia [ɪndə'ni:zɪə] *n* Indonésie *f*
Indonesian [ɪndə'ni:zɪən] *adj* indonésien(ne) ▸ *n* Indonésien(ne) ; (*Ling*) indonésien *m*
indoor ['ɪndɔ:^r] *adj* d'intérieur ; (*plant*) d'appartement ; (*swimming pool*) couvert(e) ; (*sport, games*) pratiqué(e) en salle
indoors [ɪn'dɔ:z] *adv* à l'intérieur ; (*at home*) à la maison
indubitable [ɪn'dju:bɪtəbl] *adj* indubitable, incontestable
induce [ɪn'dju:s] *vt* (*persuade*) persuader ; (*bring about*) provoquer ; (*labour*) déclencher ; **to ~ sb to do sth** inciter *or* pousser qn à faire qch
inducement [ɪn'dju:smənt] *n* incitation *f* ; (*incentive*) but *m* ; (*pej: bribe*) pot-de-vin *m*
induct [ɪn'dʌkt] *vt* établir dans ses fonctions ; (*fig*) initier
induction [ɪn'dʌkʃən] *n* (*Med: of birth*) accouchement provoqué
induction course *n* (*BRIT*) stage *m* de mise au courant
indulge [ɪn'dʌldʒ] *vt* (*whim*) céder à, satisfaire ; (*child*) gâter ▸ *vi*: **to ~ in sth** (*luxury*) s'offrir qch, se permettre qch ; (*fantasies etc*) se livrer à qch
indulgence [ɪn'dʌldʒəns] *n* fantaisie *f* (que l'on s'offre) ; (*leniency*) indulgence *f*
indulgent [ɪn'dʌldʒənt] *adj* indulgent(e)
industrial [ɪn'dʌstrɪəl] *adj* industriel(le) ; (*injury*) du travail ; (*dispute*) ouvrier(-ière)
industrial action *n* action revendicative
industrial estate *n* (*BRIT*) zone industrielle
industrialist [ɪn'dʌstrɪəlɪst] *n* industriel *m*
industrialization [ɪndʌstrɪəlaɪ'zeɪʃən] *n* industrialisation *f*
industrialize [ɪn'dʌstrɪəlaɪz] *vt* industrialiser
industrial park *n* (*US*) zone industrielle
industrial relations *npl* relations *fpl* dans l'entreprise
industrial tribunal *n* (*BRIT*) ≈ conseil *m* de prud'hommes
industrious [ɪn'dʌstrɪəs] *adj* travailleur(-euse)
industry ['ɪndəstrɪ] *n* industrie *f* ; (*diligence*) zèle *m*, application *f*

inebriated [ɪ'ni:brɪeɪtɪd] *adj* ivre
inedible [ɪn'ɛdɪbl] *adj* immangeable ; (*plant etc*) non comestible
ineffective [ɪnɪ'fɛktɪv], **ineffectual** [ɪnɪ'fɛktʃuəl] *adj* inefficace ; incompétent(e)
inefficiency [ɪnɪ'fɪʃənsɪ] *n* inefficacité *f*
inefficient [ɪnɪ'fɪʃənt] *adj* inefficace
inelegant [ɪn'ɛlɪgənt] *adj* peu élégant(e), inélégant(e)
ineligible [ɪn'ɛlɪdʒɪbl] *adj* (*candidate*) inéligible ; **to be ~ for sth** ne pas avoir droit à qch
inept [ɪ'nɛpt] *adj* inepte
ineptitude [ɪ'nɛptɪtju:d] *n* ineptie *f*
inequality [ɪnɪ'kwɔlɪtɪ] *n* inégalité *f*
inequitable [ɪn'ɛkwɪtəbl] *adj* inéquitable, inique
ineradicable [ɪnɪ'rædɪkəbl] *adj* indéracinable, tenace
inert [ɪ'nə:t] *adj* inerte
inertia [ɪ'nə:ʃə] *n* inertie *f*
inertia-reel seat belt [ɪ'nə:ʃə'ri:l-] *n* ceinture *f* de sécurité à enrouleur
inescapable [ɪnɪ'skeɪpəbl] *adj* inéluctable, inévitable
inessential [ɪnɪ'sɛnʃl] *adj* superflu(e)
inestimable [ɪn'ɛstɪməbl] *adj* inestimable, incalculable
inevitability [ɪnɛvɪtə'bɪlɪtɪ] *n* caractère *m* inévitable
inevitable [ɪn'ɛvɪtəbl] *adj* inévitable
inevitably [ɪn'ɛvɪtəblɪ] *adv* inévitablement, fatalement
inexact [ɪnɪg'zækt] *adj* inexact(e)
inexcusable [ɪnɪk'skju:zəbl] *adj* inexcusable
inexhaustible [ɪnɪg'zɔ:stɪbl] *adj* inépuisable
inexorable [ɪn'ɛksərəbl] *adj* inexorable
inexpensive [ɪnɪk'spɛnsɪv] *adj* bon marché *inv*
inexperience [ɪnɪk'spɪərɪəns] *n* inexpérience *f*, manque *m* d'expérience
inexperienced [ɪnɪk'spɪərɪənst] *adj* inexpérimenté(e) ; **to be ~ in sth** manquer d'expérience dans qch
inexplicable [ɪnɪk'splɪkəbl] *adj* inexplicable
inexpressible [ɪnɪk'sprɛsɪbl] *adj* inexprimable ; indicible
inextricable [ɪnɪk'strɪkəbl] *adj* inextricable
infallibility [ɪnfælə'bɪlɪtɪ] *n* infaillibilité *f*
infallible [ɪn'fælɪbl] *adj* infaillible
infamous ['ɪnfəməs] *adj* infâme, abominable
infamy ['ɪnfəmɪ] *n* infamie *f*
infancy ['ɪnfənsɪ] *n* petite enfance, bas âge ; (*fig*) enfance, débuts *mpl*
infant ['ɪnfənt] *n* (*baby*) nourrisson *m* ; (*young child*) petit(e) enfant
infantile ['ɪnfəntaɪl] *adj* infantile
infant mortality *n* mortalité *f* infantile
infantry ['ɪnfəntrɪ] *n* infanterie *f*
infantryman ['ɪnfəntrɪmən] *n* (*irreg*) fantassin *m*
infant school *n* (Brit) classes *fpl* préparatoires (*entre 5 et 7 ans*)
infatuated [ɪn'fætjueɪtɪd] *adj*: **~ with** entiché(e) de ; **to become ~ (with sb)** s'enticher (de qn)
infatuation [ɪnfætju'eɪʃən] *n* toquade *f* ; engouement *m*
infect [ɪn'fɛkt] *vt* (*wound*) infecter ; (*person, blood*) contaminer ; (*fig, pej*) corrompre ; **infected with** (*illness*) atteint(e) de ; **to become infected** (*wound*) s'infecter
infection [ɪn'fɛkʃən] *n* infection *f* ; (*contagion*) contagion *f*
infectious [ɪn'fɛkʃəs] *adj* infectieux(-euse) ; (*also fig*) contagieux(-euse)
infer [ɪn'fə:ʳ] *vt*: **to ~ (from)** conclure (de), déduire (de)
inference ['ɪnfərəns] *n* conclusion *f*, déduction *f*
inferior [ɪn'fɪərɪəʳ] *adj* inférieur(e) ; (*goods*) de qualité inférieure ; **to feel ~** avoir un sentiment d'infériorité ▸ *n* inférieur(e) ; (*in rank*) subalterne *mf*
inferiority [ɪnfɪərɪ'ɔrətɪ] *n* infériorité *f*
inferiority complex *n* complexe *m* d'infériorité
infernal [ɪn'fə:nl] *adj* infernal(e)
inferno [ɪn'fə:nəu] *n* enfer *m* ; brasier *m*
infertile [ɪn'fə:taɪl] *adj* stérile
infertility [ɪnfə:'tɪlɪtɪ] *n* infertilité *f*, stérilité *f*
infestation [ɪnfɛs'teɪʃən] *n* infestation *f*
infested [ɪn'fɛstɪd] *adj*: **~ (with)** infesté(e) (de)
infidelity [ɪnfɪ'dɛlɪtɪ] *n* infidélité *f*
in-fighting ['ɪnfaɪtɪŋ] *n* querelles *fpl* internes
infiltrate ['ɪnfɪltreɪt] *vt* (*troops etc*) faire s'infiltrer ; (*enemy line etc*) s'infiltrer dans ▸ *vi* s'infiltrer
infinite ['ɪnfɪnɪt] *adj* infini(e) ; (*time, money*) illimité(e)
infinitely ['ɪnfɪnɪtlɪ] *adv* infiniment
infinitesimal [ɪnfɪnɪ'tɛsɪməl] *adj* infinitésimal(e)
infinitive [ɪn'fɪnɪtɪv] *n* infinitif *m*
infinity [ɪn'fɪnɪtɪ] *n* infinité *f* ; (*also Math*) infini *m*
infirm [ɪn'fə:m] *adj* infirme
infirmary [ɪn'fə:mərɪ] *n* hôpital *m* ; (*in school, factory*) infirmerie *f*
infirmity [ɪn'fə:mɪtɪ] *n* infirmité *f*
inflamed [ɪn'fleɪmd] *adj* enflammé(e)
inflammable [ɪn'flæməbl] *adj* (Brit) inflammable
inflammation [ɪnflə'meɪʃən] *n* inflammation *f*
inflammatory [ɪn'flæmətərɪ] *adj* (*speech*) incendiaire
inflatable [ɪn'fleɪtəbl] *adj* gonflable
inflate [ɪn'fleɪt] *vt* (*tyre, balloon*) gonfler ; (*fig: exaggerate*) grossir, gonfler ; (*: increase*) gonfler
inflated [ɪn'fleɪtɪd] *adj* (*style*) enflé(e) ; (*value*) exagéré(e)
inflation [ɪn'fleɪʃən] *n* (*Econ*) inflation *f*
inflationary [ɪn'fleɪʃənərɪ] *adj* inflationniste
inflexible [ɪn'flɛksɪbl] *adj* inflexible, rigide
inflict [ɪn'flɪkt] *vt*: **to ~ on** infliger à
infliction [ɪn'flɪkʃən] *n*: **without the ~ of pain** sans infliger de douleurs
in-flight ['ɪnflaɪt] *adj* (*refuelling*) en vol ; (*service etc*) à bord
inflow ['ɪnfləu] *n* afflux *m*
influence ['ɪnfluəns] *n* influence *f* ; **under the ~ of** sous l'effet de ; **under the ~ of alcohol** en état d'ébriété ▸ *vt* influencer
influential [ɪnflu'ɛnʃl] *adj* influent(e)
influenza [ɪnflu'ɛnzə] *n* grippe *f*
influx ['ɪnflʌks] *n* afflux *m*

info ['ɪnfəu] *n* (*inf*: = *information*) renseignements *mpl*
infomercial ['ɪnfəumə:ʃl] (*US*) *n* (*for product*) publi-information *f* ; (*Pol*) *émission où un candidat présente son programme électoral*
inform [ɪn'fɔ:m] *vt*: **to ~ sb (of)** informer *or* avertir qn (de) ; **to ~ sb about** renseigner qn sur, mettre qn au courant de ▸ *vi*: **to ~ on sb** dénoncer qn, informer contre qn
informal [ɪn'fɔ:ml] *adj* (*person, manner, party*) simple, sans cérémonie ; (*visit, discussion*) dénué(e) de formalités ; (*announcement, invitation*) non officiel(le) ; (*colloquial*) familier(-ère) ; **"dress ~"** « tenue de ville »
informality [ɪnfɔ:'mælɪtɪ] *n* simplicité *f*, absence *f* de cérémonie ; caractère non officiel
informally [ɪn'fɔ:məlɪ] *adv* sans cérémonie, en toute simplicité ; non officiellement
informant [ɪn'fɔ:mənt] *n* informateur(-trice)
information [ɪnfə'meɪʃən] *n* information(s) *f(pl)* ; renseignements *mpl* ; (*knowledge*) connaissances *fpl* ; **to get ~ on** se renseigner sur ; **a piece of ~** un renseignement ; **for your ~** à titre d'information
information bureau *n* bureau *m* de renseignements
information desk *n* accueil *m*
information office *n* bureau *m* de renseignements
information processing *n* traitement *m* de l'information
information technology *n* informatique *f*
informative [ɪn'fɔ:mətɪv] *adj* instructif(-ive)
informed [ɪn'fɔ:md] *adj* (bien) informé(e) ; **an ~ guess** une hypothèse fondée sur la connaissance des faits
informer [ɪn'fɔ:məʳ] *n* dénonciateur(-trice) ; (*also*: **police informer**) indicateur(-trice)
infra dig ['ɪnfrə'dɪg] *adj abbr* (*inf*: = *infra dignitatem*) au-dessous de ma (*or* sa *etc*) dignité
infra-red [ɪnfrə'rɛd] *adj* infrarouge
infrastructure ['ɪnfrəstrʌktʃəʳ] *n* infrastructure *f*
infrequent [ɪn'fri:kwənt] *adj* peu fréquent(e), rare
infringe [ɪn'frɪndʒ] *vt* enfreindre ▸ *vi*: **to ~ on** empiéter sur
infringement [ɪn'frɪndʒmənt] *n*: **~ (of)** infraction *f* (à)
infuriate [ɪn'fjuərɪeɪt] *vt* mettre en fureur
infuriating [ɪn'fjuərɪeɪtɪŋ] *adj* exaspérant(e)
infuse [ɪn'fju:z] *vt*: **to ~ sb with sth** (*fig*) insuffler qch à qn
infusion [ɪn'fju:ʒən] *n* (*tea etc*) infusion *f*
ingenious [ɪn'dʒi:njəs] *adj* ingénieux(-euse)
ingenuity [ɪndʒɪ'nju:ɪtɪ] *n* ingéniosité *f*
ingenuous [ɪn'dʒɛnjuəs] *adj* franc (franche), ouvert(e)
ingot ['ɪŋgət] *n* lingot *m*
ingrained [ɪn'greɪnd] *adj* enraciné(e)
ingratiate [ɪn'greɪʃɪeɪt] *vt*: **to ~ o.s. with** s'insinuer dans les bonnes grâces de, se faire bien voir de
ingratiating [ɪn'greɪʃɪeɪtɪŋ] *adj* (*smile, speech*) insinuant(e) ; (*person*) patelin(e)
ingratitude [ɪn'grætɪtju:d] *n* ingratitude *f*
ingredient [ɪn'gri:dɪənt] *n* ingrédient *m* ; (*fig*) élément *m*
ingrowing ['ɪngrəuɪŋ], **ingrown** ['ɪngrəun] *adj*: **~ toenail** ongle incarné
inhabit [ɪn'hæbɪt] *vt* habiter
inhabitable [ɪn'hæbɪtəbl] *adj* habitable
inhabitant [ɪn'hæbɪtnt] *n* habitant(e)
inhale [ɪn'heɪl] *vt* inhaler ; (*perfume*) respirer ; (*smoke*) avaler ▸ *vi* (*breathe in*) aspirer ; (*in smoking*) avaler la fumée
inhaler [ɪn'heɪləʳ] *n* inhalateur *m*
inherent [ɪn'hɪərənt] *adj*: **~ (in** *or* **to)** inhérent(e) (à)
inherently [ɪn'hɪərəntlɪ] *adv* (*easy, difficult*) en soi ; (*lazy*) fondamentalement
inherit [ɪn'hɛrɪt] *vt* hériter (de)
inheritance [ɪn'hɛrɪtəns] *n* héritage *m* ; (*fig*): **the situation that was his ~ as president** la situation dont il a hérité en tant que président ; **law of ~** droit *m* de la succession
inhibit [ɪn'hɪbɪt] *vt* (*Psych*) inhiber ; (*growth*) freiner ; **to ~ sb from doing** empêcher *or* retenir qn de faire
inhibited [ɪn'hɪbɪtɪd] *adj* (*person*) inhibé(e)
inhibiting [ɪn'hɪbɪtɪŋ] *adj* gênant(e)
inhibition [ɪnhɪ'bɪʃən] *n* inhibition *f*
inhospitable [ɪnhɔs'pɪtəbl] *adj* inhospitalier(-ière)
in-house ['ɪn'haus] *adj* (*system*) interne ; (*training*) effectué(e) sur place *or* dans le cadre de la compagnie ▸ *adv* (*train, produce*) sur place
inhuman [ɪn'hju:mən] *adj* inhumain(e)
inhumane [ɪnhju:'meɪn] *adj* inhumain(e)
inhumanity [ɪnhju'mænɪtɪ] *n* inhumanité *f*
inimical [ɪ'nɪmɪkl] *adj*: **to be ~ to sth** être antagonique à qch
inimitable [ɪ'nɪmɪtəbl] *adj* inimitable
iniquity [ɪ'nɪkwɪtɪ] *n* iniquité *f*
initial [ɪ'nɪʃl] *adj* initial(e) ▸ *n* initiale *f* ▸ *vt* parafer ; **initials** *npl* initiales *fpl* ; (*as signature*) parafe *m*
initialize [ɪ'nɪʃəlaɪz] *vt* (*Comput*) initialiser
initially [ɪ'nɪʃəlɪ] *adv* initialement, au début
initiate [ɪ'nɪʃɪeɪt] *vt* (*start*) entreprendre ; amorcer ; (*enterprise*) lancer ; (*person*) initier ; **to ~ sb into a secret** initier qn à un secret ; **to ~ proceedings against sb** (*Law*) intenter une action à qn, engager des poursuites contre qn
initiation [ɪnɪʃɪ'eɪʃən] *n* (*into secret etc*) initiation *f*
initiative [ɪ'nɪʃətɪv] *n* initiative *f* ; **to take the ~** prendre l'initiative
inject [ɪn'dʒɛkt] *vt* (*liquid, fig: money*) injecter ; (*person*): **to ~ sb with sth** faire une piqûre de qch à qn
injection [ɪn'dʒɛkʃən] *n* injection *f*, piqûre *f* ; **to have an ~** se faire faire une piqûre
injudicious [ɪndʒu'dɪʃəs] *adj* peu judicieux(-euse)
injunction [ɪn'dʒʌŋkʃən] *n* (*Law*) injonction *f*, ordre *m*
injure ['ɪndʒəʳ] *vt* blesser ; (*wrong*) faire du tort à ; (*damage: reputation etc*) compromettre ; (*: feelings*) heurter ; **to ~ o.s.** se blesser

⚠ **to injure** ne veut pas dire *injurier*.

injured ['ɪndʒəd] *adj (person, leg etc)* blessé(e) ; *(tone, feelings)* offensé(e) ; **~ party** *(Law)* partie lésée
injurious [ɪn'dʒuərɪəs] *adj*: **~ (to)** préjudiciable (à)
injury ['ɪndʒərɪ] *n* blessure *f* ; *(wrong)* tort *m* ; **to escape without ~** s'en sortir sain et sauf

⚠ **injury** ne veut pas dire *injure*.

injury time *n (Sport)* arrêts *mpl* de jeu
injustice [ɪn'dʒʌstɪs] *n* injustice *f* ; **you do me an ~** vous êtes injuste envers moi
ink [ɪŋk] *n* encre *f*
ink-jet printer ['ɪŋkdʒɛt-] *n* imprimante *f* à jet d'encre
inkling ['ɪŋklɪŋ] *n* soupçon *m*, vague idée *f*
inkpad ['ɪŋkpæd] *n* tampon *m* encreur
inky ['ɪŋkɪ] *adj* taché(e) d'encre
inlaid ['ɪnleɪd] *adj* incrusté(e) ; *(table etc)* marqueté(e)
inland *adj* ['ɪnlənd] intérieur(e) ; **~ waterways** canaux *mpl* et rivières *fpl* ▸ *adv* [ɪn'lænd] à l'intérieur, dans les terres
Inland Revenue *n (Brit)* fisc *m*
in-laws ['ɪnlɔːz] *npl* beaux-parents *mpl* ; belle famille
inlet ['ɪnlɛt] *n (Geo)* crique *f*
inlet pipe *n (Tech)* tuyau *m* d'arrivée
inmate ['ɪnmeɪt] *n (in prison)* détenu(e) ; *(in asylum)* interné(e)
inmost ['ɪnməust] *adj* le (la) plus profond(e)
inn [ɪn] *n* auberge *f*
innards ['ɪnədz] *npl (inf)* entrailles *fpl*
innate [ɪ'neɪt] *adj* inné(e)
inner ['ɪnəʳ] *adj* intérieur(e)
inner city *n* centre *m* urbain *(souffrant souvent de délabrement, d'embouteillages etc)*
inner-city ['ɪnə'sɪtɪ] *adj (schools, problems)* de quartiers déshérités
innermost ['ɪnəməust] *adj* le (la) plus profond(e)
inner tube *n (of tyre)* chambre *f* à air
inning ['ɪnɪŋ] *n (US Baseball)* tour *m* de batte ; **innings** *n (Cricket)* tour de batte ; **he has had a good innings** *(Brit fig)* il (en) a bien profité
innocence ['ɪnəsns] *n* innocence *f*
innocent ['ɪnəsnt] *adj* innocent(e)
innocuous [ɪ'nɔkjuəs] *adj* inoffensif(-ive)
innovate ['ɪnəveɪt] *vi* innover
innovation [ɪnəu'veɪʃən] *n* innovation *f*
innovative ['ɪnəvətɪv] *adj (product, idea)* innovant(e) ; *(person)* novateur(-trice)
innovator ['ɪnəveɪtəʳ] *n* novateur(-trice)
innuendo [ɪnju'ɛndəu] *(pl* **innuendoes**) *n* insinuation *f*, allusion (malveillante)
innumerable [ɪ'njuːmrəbl] *adj* innombrable
inoculate [ɪ'nɔkjuleɪt] *vt*: **to ~ sb with sth** inoculer qch à qn ; **to ~ sb against sth** vacciner qn contre qch
inoculation [ɪnɔkju'leɪʃən] *n* inoculation *f*
inoffensive [ɪnə'fɛnsɪv] *adj* inoffensif(-ive)
inoperable [ɪn'ɔprəbl] *adj* inopérable
inopportune [ɪn'ɔpətjuːn] *adj* inopportun(e)
inordinate [ɪn'ɔːdɪnət] *adj* démesuré(e)
inordinately [ɪn'ɔːdɪnətlɪ] *adv* démesurément
inorganic [ɪnɔː'gænɪk] *adj* inorganique
in-patient ['ɪnpeɪʃənt] *n* malade hospitalisé(e)
input ['ɪnput] *n (contribution)* contribution *f* ; *(resources)* ressources *fpl* ; *(Elec)* énergie *f*, puissance *f* ; *(of machine)* consommation *f* ; *(Comput)* entrée *f* (de données) ; *(: data)* données *fpl* ▸ *vt (Comput)* introduire, entrer
inquest ['ɪnkwɛst] *n* enquête (criminelle) ; *(coroner's)* enquête judiciaire
inquire [ɪn'kwaɪəʳ] *vi* demander ; **to ~ about** s'informer de, se renseigner sur ▸ *vt* demander, s'informer de ; **to ~ when/where/whether** demander quand/où/si
▸ **inquire after** *vt fus* demander des nouvelles de
▸ **inquire into** *vt fus* faire une enquête sur
inquiring [ɪn'kwaɪərɪŋ] *adj (mind)* curieux(-euse), investigateur(-trice)
inquiry [ɪn'kwaɪərɪ] *n* demande *f* de renseignements ; *(Law)* enquête *f*, investigation *f* ; **"inquiries"** « renseignements » ; **to hold an ~ into sth** enquêter sur qch
inquiry desk *n (Brit)* guichet *m* de renseignements
inquiry office *n (Brit)* bureau *m* de renseignements
inquisition [ɪnkwɪ'zɪʃən] *n* enquête *f*, investigation *f* ; *(Rel)*: **the I~** l'Inquisition *f*
inquisitive [ɪn'kwɪzɪtɪv] *adj* curieux(-euse)
inroads ['ɪnrəudz] *npl*: **to make ~ into** *(savings, supplies)* entamer
ins. *abbr* = **inches**
insane [ɪn'seɪn] *adj* fou (folle) ; *(Med)* aliéné(e)
insanitary [ɪn'sænɪtərɪ] *adj* insalubre
insanity [ɪn'sænɪtɪ] *n* folie *f* ; *(Med)* aliénation (mentale)
insatiable [ɪn'seɪʃəbl] *adj* insatiable
inscribe [ɪn'skraɪb] *vt* inscrire ; *(book etc)*: **to ~ (to sb)** dédicacer (à qn)
inscription [ɪn'skrɪpʃən] *n* inscription *f* ; *(in book)* dédicace *f*
inscrutable [ɪn'skruːtəbl] *adj* impénétrable
inseam ['ɪnsiːm] *n (US)*: **~ measurement** hauteur *f* d'entre-jambe
insect ['ɪnsɛkt] *n* insecte *m*
insect bite *n* piqûre *f* d'insecte
insecticide [ɪn'sɛktɪsaɪd] *n* insecticide *m*
insect repellent *n* crème *f* anti-insectes
insecure [ɪnsɪ'kjuəʳ] *adj (person)* anxieux(-euse) ; *(job)* précaire ; *(building etc)* peu sûr(e)
insecurity [ɪnsɪ'kjuərɪtɪ] *n* insécurité *f*
insemination [ɪnsɛmɪ'neɪʃən] *n* insémination *f*
insensible [ɪn'sɛnsɪbl] *adj* insensible ; *(unconscious)* sans connaissance
insensitive [ɪn'sɛnsɪtɪv] *adj* insensible
insensitivity [ɪnsɛnsɪ'tɪvɪtɪ] *n* insensibilité *f*
inseparable [ɪn'sɛprəbl] *adj* inséparable
insert *vt* [ɪn'səːt] insérer ▸ *n* ['ɪnsəːt] insertion *f*
insertion [ɪn'səːʃən] *n* insertion *f*
in-service ['ɪn'səːvɪs] *adj (training)* continu(e) ; *(course)* d'initiation ; de perfectionnement ; de recyclage
inshore *adj* ['ɪnʃɔːʳ] côtier(-ière) ▸ *adv* [ɪn'ʃɔːʳ] près de la côte ; vers la côte

inside ['ɪn'saɪd] *n* intérieur *m* ; (*of road*: BRIT) côté *m* gauche (*de la route*) ; (: *US, Europe etc*) côté droit (*de la route*) ▸ *adj* intérieur(e) ; **~ information** renseignements *mpl* à la source ; **~ story** histoire racontée par un témoin ▸ *adv* à l'intérieur, dedans ; **to go ~** rentrer ▸ *prep* à l'intérieur de ; (*of time*): **~ 10 minutes** en moins de 10 minutes ; **insides** *npl* (*inf*) intestins *mpl*
inside forward *n* (*Sport*) intérieur *m*
inside lane *n* (*Aut: in Britain*) voie *f* de gauche ; (: *in US, Europe*) voie *f* de droite
inside leg measurement *n* (BRIT) hauteur *f* d'entre-jambe
inside out *adv* à l'envers ; (*know*) à fond ; **to turn sth ~** retourner qch
insider [ɪn'saɪdəʳ] *n* initié(e)
insider dealing, insider trading *n* (*Stock Exchange*) délit *m* d'initiés
insidious [ɪn'sɪdɪəs] *adj* insidieux(-euse)
insight ['ɪnsaɪt] *n* perspicacité *f* ; (*glimpse, idea*) aperçu *m* ; **to gain an ~ into sth** avoir un aperçu de qch ; **to give sb an ~ into sth** donner à qn un aperçu de qch
insightful ['ɪnsaɪtful] *adj* sagace
insignia [ɪn'sɪgnɪə] *npl* insignes *mpl*
insignificant [ɪnsɪg'nɪfɪknt] *adj* insignifiant(e)
insincere [ɪnsɪn'sɪəʳ] *adj* hypocrite
insincerity [ɪnsɪn'sɛrɪtɪ] *n* manque *m* de sincérité, hypocrisie *f*
insinuate [ɪn'sɪnjueɪt] *vt* insinuer
insinuation [ɪnsɪnju'eɪʃən] *n* insinuation *f*
insipid [ɪn'sɪpɪd] *adj* insipide, fade
insist [ɪn'sɪst] *vi* insister ; **to ~ on doing** insister pour faire ; **to ~ on sth** exiger qch ; **to ~ that** insister pour que + *sub* ; (*claim*) maintenir *or* soutenir que
insistence [ɪn'sɪstəns] *n* insistance *f*
insistent [ɪn'sɪstənt] *adj* insistant(e), pressant(e) ; (*noise, action*) ininterrompu(e)
insistently [ɪn'sɪstəntlɪ] *adv* avec insistance
insofar [ɪnsəu'fɑːʳ]: **~ as** *conj* dans la mesure où
insole ['ɪnsəul] *n* semelle intérieure ; (*fixed part of shoe*) première *f*
insolence ['ɪnsələns] *n* insolence *f*
insolent ['ɪnsələnt] *adj* insolent(e)
insoluble [ɪn'sɔljubl] *adj* insoluble
insolvency [ɪn'sɔlvənsɪ] *n* insolvabilité *f* ; faillite *f*
insolvent [ɪn'sɔlvənt] *adj* insolvable ; (*bankrupt*) en faillite
insomnia [ɪn'sɔmnɪə] *n* insomnie *f*
insomniac [ɪn'sɔmnɪæk] *n* insomniaque *mf*
insouciance [ɪn'suːsiəns] *n* (*formal*) insouciance *f*
inspect [ɪn'spɛkt] *vt* inspecter ; (BRIT: *ticket*) contrôler
inspection [ɪn'spɛkʃən] *n* inspection *f* ; (BRIT: *of tickets*) contrôle *m*
inspector [ɪn'spɛktəʳ] *n* inspecteur(-trice) ; (BRIT: *on buses, trains*) contrôleur(-euse)
inspiration [ɪnspə'reɪʃən] *n* inspiration *f*
inspirational [ɪnspɪ'reɪʃənl] *adj* (*person, leader*) charismatique
inspire [ɪn'spaɪəʳ] *vt* inspirer
inspired [ɪn'spaɪəd] *adj* (*writer, book etc*) inspiré(e) ; **in an ~ moment** dans un moment d'inspiration
inspiring [ɪn'spaɪərɪŋ] *adj* inspirant(e)
inst. *abbr* (BRIT *Comm*) = **instant**; **of the 16th inst.** du 16 courant
instability [ɪnstə'bɪlɪtɪ] *n* instabilité *f*
install, (*US*) **instal** [ɪn'stɔːl] *vt* installer
installation [ɪnstə'leɪʃən] *n* installation *f*
installer [ɪn'stɔːlə] *n* (*Comput*) installeur *m*
installment plan *n* (*US*) achat *m* (*or* vente *f*) à tempérament *or* crédit
instalment, (*US*) **installment** [ɪn'stɔːlmənt] *n* (*payment*) acompte *m*, versement partiel ; (*of TV serial etc*) épisode *m* ; **in instalments** (*pay*) à tempérament ; (*receive*) en plusieurs fois
instance ['ɪnstəns] *n* exemple *m* ; **for ~** par exemple ; **in many instances** dans bien des cas ; **in that ~** dans ce cas ; **in the first ~** tout d'abord, en premier lieu
instant ['ɪnstənt] *n* instant *m* ; **the 10th ~** le 10 courant ▸ *adj* immédiat(e), urgent(e) ; (*coffee, food*) instantané(e), en poudre
instantaneous [ɪnstən'teɪnɪəs] *adj* instantané(e)
instantly ['ɪnstəntlɪ] *adv* immédiatement, tout de suite
instant message *n* message *m* instantané
instant messaging *n* messagerie *f* instantanée
instant replay *n* (*US TV*) retour *m* sur une séquence
instead [ɪn'stɛd] *adv* au lieu de cela ; **~ of** au lieu de ; **~ of sb** à la place de qn
instep ['ɪnstɛp] *n* cou-de-pied *m* ; (*of shoe*) cambrure *f*
instigate ['ɪnstɪgeɪt] *vt* (*rebellion, strike, crime*) inciter à ; (*new ideas etc*) susciter
instigation [ɪnstɪ'geɪʃən] *n* instigation *f* ; **at sb's ~** à l'instigation de qn
instigator ['ɪnstɪgeɪtəʳ] *n* instigateur(-trice)
instil [ɪn'stɪl] *vt*: **to ~ (into)** inculquer (à) ; (*courage*) insuffler (à)
instinct ['ɪnstɪŋkt] *n* instinct *m*
instinctive [ɪn'stɪŋktɪv] *adj* instinctif(-ive)
instinctively [ɪn'stɪŋktɪvlɪ] *adv* instinctivement
institute ['ɪnstɪtjuːt] *n* institut *m* ▸ *vt* instituer, établir ; (*inquiry*) ouvrir ; (*proceedings*) entamer
institution [ɪnstɪ'tjuːʃən] *n* institution *f* ; (*school*) établissement *m* (scolaire) ; (*for care*) établissement (psychiatrique *etc*)
institutional [ɪnstɪ'tjuːʃənl] *adj* institutionnel(le) ; **~ care** soins fournis par un établissement médico-social
institutionalized [ɪnstɪ'tjuːʃənlaɪzd] *adj* (*racism, corruption*) institutionnalisé(e) ; **to become ~** (*person*) devenir un(e) perpétuel(le) assisté(e)
instruct [ɪn'strʌkt] *vt* instruire, former ; **to ~ sb in sth** enseigner qch à qn ; **to ~ sb to do** charger qn *or* ordonner à qn de faire
instruction [ɪn'strʌkʃən] *n* instruction *f* ; **instructions** *npl* (*orders*) directives *fpl* ; **instructions for use** mode *m* d'emploi
instruction book *n* manuel *m* d'instructions
instructive [ɪn'strʌktɪv] *adj* instructif(-ive)

i

instructor [ɪn'strʌktə^r] *n* professeur *m*; (*for skiing, driving*) moniteur *m*
instrument ['ɪnstrumənt] *n* instrument *m*
instrumental [ɪnstru'mɛntl] *adj* (*Mus*) instrumental(e); **to be ~ in sth/in doing sth** contribuer à qch/à faire qch
instrumentalist [ɪnstru'mɛntəlɪst] *n* instrumentiste *mf*
instrument panel *n* tableau *m* de bord
insubordinate [ɪnsə'bɔːdənɪt] *adj* insubordonné(e)
insubordination [ɪnsəbɔːdə'neɪʃən] *n* insubordination *f*
insufferable [ɪn'sʌfrəbl] *adj* insupportable
insufficient [ɪnsə'fɪʃənt] *adj* insuffisant(e)
insufficiently [ɪnsə'fɪʃəntlɪ] *adv* insuffisamment
insular ['ɪnsjulə^r] *adj* insulaire; (*outlook*) étroit(e); (*person*) aux vues étroites
insulate ['ɪnsjuleɪt] *vt* isoler; (*against sound*) insonoriser
insulating tape ['ɪnsjuleɪtɪŋ-] *n* ruban isolant
insulation [ɪnsju'leɪʃən] *n* isolation *f*; (*against sound*) insonorisation *f*
insulin ['ɪnsjulɪn] *n* insuline *f*
insult *n* ['ɪnsʌlt] insulte *f*, affront *m* ▸ *vt* [ɪn'sʌlt] insulter, faire un affront à
insulting [ɪn'sʌltɪŋ] *adj* insultant(e), injurieux(-euse)
insuperable [ɪn'sjuːprəbl] *adj* insurmontable
insurance [ɪn'ʃuərəns] *n* assurance *f*; **fire/life ~** assurance-incendie/-vie; **to take out ~ (against)** s'assurer (contre)
insurance agent *n* agent *m* d'assurances
insurance broker *n* courtier *m* en assurances
insurance company *n* compagnie *f or* société *f* d'assurances
insurance policy *n* police *f* d'assurance
insurance premium *n* prime *f* d'assurance
insure [ɪn'ʃuə^r] *vt* assurer; **to ~ (o.s.) against** (*fig*) parer à; **to ~ sb/sb's life** assurer qn/la vie de qn; **to be insured for £5000** être assuré(e) pour 5000 livres
insured [ɪn'ʃuəd] *n*: **the ~** l'assuré(e)
insurer [ɪn'ʃuərə^r] *n* assureur *m*
insurgency [ɪn'səːdʒənsɪ] *n* insurrection *f*
insurgent [ɪn'səːdʒənt] *adj*, *n* insurgé(e)
insurmountable [ɪnsə'mauntəbl] *adj* insurmontable
insurrection [ɪnsə'rɛkʃən] *n* insurrection *f*
intact [ɪn'tækt] *adj* intact(e)
intake ['ɪnteɪk] *n* (*Tech*) admission *f*; (*consumption*) consommation *f*; (*Brit Scol*): **an ~ of 200 a year** 200 admissions par an
intangible [ɪn'tændʒɪbl] *adj* intangible; (*assets*) immatériel(le)
integral ['ɪntɪgrəl] *adj* (*whole*) intégral(e); (*part*) intégrant(e)
integrate ['ɪntɪgreɪt] *vt* intégrer ▸ *vi* s'intégrer
integrated circuit ['ɪntɪgreɪtɪd-] *n* (*Comput*) circuit intégré
integration [ɪntɪ'greɪʃən] *n* intégration *f*; **racial ~** intégration raciale
integrity [ɪn'tɛgrɪtɪ] *n* intégrité *f*
intellect ['ɪntəlɛkt] *n* intelligence *f*
intellectual [ɪntə'lɛktjuəl] *adj*, *n* intellectuel(le)
intellectually [ɪntə'lɛktjuəlɪ] *adv* intellectuellement
intelligence [ɪn'tɛlɪdʒəns] *n* intelligence *f*; (*Mil*) informations *fpl*, renseignements *mpl*
intelligence quotient *n* quotient intellectuel
Intelligence Service *n* services *mpl* de renseignements
intelligence test *n* test *m* d'intelligence
intelligent [ɪn'tɛlɪdʒənt] *adj* intelligent(e)
intelligently [ɪn'tɛlɪdʒəntlɪ] *adv* intelligemment
intelligentsia [ɪntɛlɪ'dʒɛntsɪə] *n*: **the ~** l'intelligentsia *f*
intelligible [ɪn'tɛlɪdʒɪbl] *adj* intelligible
intemperate [ɪn'tɛmpərət] *adj* immodéré(e); (*drinking too much*) adonné(e) à la boisson
intend [ɪn'tɛnd] *vt* (*gift etc*): **to ~ sth for** destiner qch à; **to ~ to do** avoir l'intention de faire
intended [ɪn'tɛndɪd] *adj* (*insult*) intentionnel(le); (*journey*) projeté(e); (*effect*) voulu(e)
intense [ɪn'tɛns] *adj* intense; (*person*) véhément(e)
intensely [ɪn'tɛnslɪ] *adv* intensément; (*moving*) profondément
intensify [ɪn'tɛnsɪfaɪ] *vt* intensifier
intensity [ɪn'tɛnsɪtɪ] *n* intensité *f*
intensive [ɪn'tɛnsɪv] *adj* intensif(-ive)
intensive care *n*: **to be in ~** être en réanimation
intensive care unit *n* service *m* de réanimation
intent [ɪn'tɛnt] *n* intention *f*; **to all intents and purposes** en fait, pratiquement ▸ *adj* attentif(-ive), absorbé(e); **to be ~ on doing sth** être (bien) décidé à faire qch
intention [ɪn'tɛnʃən] *n* intention *f*
intentional [ɪn'tɛnʃənl] *adj* intentionnel(le), délibéré(e)
intentionally [ɪn'tɛnʃənlɪ] *adv* intentionnellement
intently [ɪn'tɛntlɪ] *adv* attentivement
inter [ɪn'təː^r] *vt* enterrer
interact [ɪntər'ækt] *vi* avoir une action réciproque; (*people*) communiquer
interaction [ɪntər'ækʃən] *n* interaction *f*
interactive [ɪntər'æktɪv] *adj* (*group*) interactif(-ive); (*Comput*) interactif, conversationnel(le)
interactivity [ɪntəræk'tɪvɪtɪ] *n* (*Comput*) interactivité *f*
intercede [ɪntə'siːd] *vi*: **to ~ with sb/on behalf of sb** intercéder auprès de qn/en faveur de qn
intercept [ɪntə'sɛpt] *vt* intercepter; (*person*) arrêter au passage
interception [ɪntə'sɛpʃən] *n* interception *f*
interchange *n* ['ɪntətʃeɪndʒ] (*exchange*) échange *m*; (*on motorway*) échangeur *m* ▸ *vt* [ɪntə'tʃeɪndʒ] échanger; mettre à la place l'un(e) de l'autre
interchangeable [ɪntə'tʃeɪndʒəbl] *adj* interchangeable
intercity [ɪntə'sɪtɪ] *adj*: **~ (train)** train *m* rapide
intercom ['ɪntəkɔm] *n* interphone *m*
interconnect [ɪntəkə'nɛkt] *vi* (*rooms*) communiquer

intercontinental ['ɪntəkɔntɪ'nɛntl] *adj* intercontinental(e)
intercourse ['ɪntəkɔ:s] *n* rapports *mpl* ; **sexual ~** rapports sexuels
interdependent [ɪntədɪ'pɛndənt] *adj* interdépendant(e)
interest ['ɪntrɪst] *n* intérêt *m* ; (*Comm: stake, share*) participation *f*, intérêts *mpl* ; **compound/ simple ~** intérêt composé/simple ; **British interests in the Middle East** les intérêts britanniques au Moyen-Orient ; **his main ~ is ...** ce qui l'intéresse le plus est ... ▸ *vt* intéresser
interested ['ɪntrɪstɪd] *adj* intéressé(e) ; **to be ~ in sth** s'intéresser à qch ; **I'm ~ in going** ça m'intéresse d'y aller
interest-free ['ɪntrɪst'fri:] *adj* sans intérêt
interesting ['ɪntrɪstɪŋ] *adj* intéressant(e)
interestingly ['ɪntrɪstɪŋlɪ] *adv* (*it is of interest that*) il est intéressant de noter que ; (*curiously*) curieusement ; **~ enough, he soon remarried** il est intéressant de noter qu'il s'est remarié peu après
interest rate *n* taux *m* d'intérêt
interface ['ɪntəfeɪs] *n* (*Comput*) interface *f*
interfaith [ɪntə'feɪθ] *adj* (*relations, dialogue*) interreligieux(-euse)
interfere [ɪntə'fɪə^r] *vi*: **to ~ in** (*quarrel*) s'immiscer dans ; (*other people's business*) se mêler de ; **to ~ with** (*object*) tripoter, toucher à ; (*plans*) contrecarrer ; (*duty*) être en conflit avec ; **don't ~** mêlez-vous de vos affaires
interference [ɪntə'fɪərəns] *n* (*gen*) ingérence *f* ; (*Physics*) interférence *f* ; (*Radio, TV*) parasites *mpl*
interfering [ɪntə'fɪərɪŋ] *adj* importun(e)
interim ['ɪntərɪm] *adj* provisoire ; (*post*) intérimaire ▸ *n*: **in the ~** dans l'intérim
interior [ɪn'tɪərɪə^r] *n* intérieur *m* ▸ *adj* intérieur(e) ; (*minister, department*) de l'intérieur
interior decorator, interior designer *n* décorateur(-trice) d'intérieur
interior design *n* architecture *f* d'intérieur
interjection [ɪntə'dʒɛkʃən] *n* interjection *f*
interlock [ɪntə'lɔk] *vi* s'enclencher ▸ *vt* enclencher
interloper ['ɪntələupə^r] *n* intrus(e)
interlude ['ɪntəlu:d] *n* intervalle *m* ; (*Theat*) intermède *m*
intermarry [ɪntə'mærɪ] *vi* former des alliances entre familles (*or* tribus) ; former des unions consanguines
intermediary [ɪntə'mi:dɪərɪ] *n* intermédiaire *mf*
intermediate [ɪntə'mi:dɪət] *adj* intermédiaire ; (*Scol: course, level*) moyen(ne)
interment [ɪn'tə:mənt] *n* inhumation *f*, enterrement *m*
interminable [ɪn'tə:mɪnəbl] *adj* sans fin, interminable
intermission [ɪntə'mɪʃən] *n* pause *f* ; (*Theat, Cine*) entracte *m*
intermittent [ɪntə'mɪtnt] *adj* intermittent(e)
intermittently [ɪntə'mɪtntlɪ] *adv* par intermittence, par intervalles
intern *vt* [ɪn'tə:n] interner ▸ *n* ['ɪntə:n] (*in company*) stagiaire *mf* ; (*US Med*) ≈ interne *mf*
internal [ɪn'tə:nl] *adj* interne ; (*dispute, reform etc*) intérieur(e) ; **~ injuries** lésions *fpl* internes
internalize [ɪn'tə:nlaɪz] *vt* (*belief, values*) intérioriser
internally [ɪn'tə:nəlɪ] *adv* intérieurement ; **"not to be taken ~"** « pour usage externe »
Internal Revenue Service *n* (*US*) fisc *m*
international [ɪntə'næʃənl] *adj* international(e) ▸ *n* (*Brit Sport*) international *m*
International Atomic Energy Agency *n* Agence Internationale de l'Énergie Atomique
International Court of Justice *n* Cour internationale de justice
international date line *n* ligne *f* de changement de date
internationalist [ɪntə'næʃnəlɪst] *adj* internationaliste
internationally [ɪntə'næʃnəlɪ] *adv* dans le monde entier
International Monetary Fund *n* Fonds monétaire international
international relations *npl* relations internationales
internecine [ɪntə'ni:saɪn] *adj* mutuellement destructeur(-trice)
internee [ɪntə:'ni:] *n* interné(e)
Internet [ɪntə'nɛt] *n*: **the ~** l'Internet *m*
Internet café *n* cybercafé *m*
Internet connection *n* connexion *f* Internet
Internet service provider *n* fournisseur *m* d'accès à Internet
Internet user *n* internaute *mf*
internment [ɪn'tə:nmənt] *n* internement *m*
internship ['ɪntə:nʃɪp] *n* (*in company*) stage *m* de formation en entreprise ; (*US Med*) ≈ internat *m* (*aux États-Unis, première année de formation clinique avant le passage de l'examen d'État permettant d'exercer*)
interpersonal [ɪntəpə:snl] *adj* interpersonnel(le)
interplay ['ɪntəpleɪ] *n* effet *m* réciproque, jeu *m*
Interpol ['ɪntəpɔl] *n* Interpol *m*
interpret [ɪn'tə:prɪt] *vt* interpréter ▸ *vi* servir d'interprète
interpretation [ɪntə:prɪ'teɪʃən] *n* interprétation *f*
interpreter [ɪn'tə:prɪtə^r] *n* interprète *mf* ; **could you act as an ~ for us?** pourriez-vous nous servir d'interprète ?
interpreting [ɪn'tə:prɪtɪŋ] *n* (*profession*) interprétariat *m*
interpretive [ɪn'tə:prɪtɪv] *adj* interprétatif(-ive)
interrelated [ɪntərɪ'leɪtɪd] *adj* en corrélation, en rapport étroit
interrogate [ɪn'tɛrəugeɪt] *vt* interroger ; (*suspect etc*) soumettre à un interrogatoire
interrogation [ɪntɛrəu'geɪʃən] *n* interrogation *f* ; (*by police*) interrogatoire *m*
interrogative [ɪntə'rɔgətɪv] *adj* interrogateur(-trice) ▸ *n* (*Ling*) interrogatif *m*
interrogator [ɪn'tɛrəgeɪtə^r] *n* interrogateur(-trice)
interrupt [ɪntə'rʌpt] *vt, vi* interrompre
interruption [ɪntə'rʌpʃən] *n* interruption *f*
intersect [ɪntə'sɛkt] *vt* couper, croiser ; (*Math*) intersecter ▸ *vi* se croiser, se couper ; s'intersecter

intersection [ɪntə'sɛkʃən] *n* intersection *f* ; (*of roads*) croisement *m*
intersperse [ɪntə'spə:s] *vt*: **to ~ with** parsemer de
interspersed [ɪntə'spə:st] *adj*: **~ with** (*in time*) entrecoupé de ; (*in space*) alternant avec
interstate ['ɪntərsteɪt] *n* (*US*) autoroute *f* (qui relie plusieurs États)
intertwine [ɪntə'twaɪn] *vt* entrelacer ▸ *vi* s'entrelacer
interval ['ɪntəvl] *n* intervalle *m* ; (Brit: *Theat*) entracte *m* ; (: *Sport*) mi-temps *f* ; **bright intervals** (*in weather*) éclaircies *fpl* ; **at intervals** par intervalles
intervene [ɪntə'vi:n] *vi* (*time*) s'écouler (entre-temps) ; (*event*) survenir ; (*person*) intervenir
intervention [ɪntə'vɛnʃən] *n* intervention *f*
interventionist [ɪntə'vɛnʃənɪst] *adj*, *n* interventionniste *mf*
interview ['ɪntəvju:] *n* (*Radio*, *TV*) interview *f* ; (*for job*) entrevue *f* ▸ *vt* interviewer, avoir une entrevue avec
interviewee [ɪntəvju'i:] *n* (*for job*) candidat *m* (*qui passe un entretien*) ; (*TV etc*) invité(e), personne interviewée
interviewer ['ɪntəvjuə^r] *n* (*Radio*, *TV*) interviewer *m*
intestate [ɪn'tɛsteɪt] *adj* intestat *f inv*
intestinal [ɪn'tɛstɪnl] *adj* intestinal(e)
intestine [ɪn'tɛstɪn] *n* intestin *m* ; **large ~** gros intestin ; **small ~** intestin grêle
intimacy ['ɪntɪməsɪ] *n* intimité *f*
intimate *adj* ['ɪntɪmət] intime ; (*friendship*) profond(e) ; (*knowledge*) approfondi(e) ▸ *vt* ['ɪntɪmeɪt] suggérer, laisser entendre ; (*announce*) faire savoir
intimately ['ɪntɪmətlɪ] *adv* intimement
intimation [ɪntɪ'meɪʃən] *n* annonce *f*
intimidate [ɪn'tɪmɪdeɪt] *vt* intimider
intimidating [ɪn'tɪmɪdeɪtɪŋ] *adj* intimidant(e)
intimidation [ɪntɪmɪ'deɪʃən] *n* intimidation *f*
into ['ɪntu] *prep* dans ; **~ pieces/French** en morceaux/français ; **to change pounds ~ dollars** changer des livres en dollars ; **3 ~ 9 goes 3** 9 divisé par 3 donne 3 ; **she's ~ opera** c'est une passionnée d'opéra
intolerable [ɪn'tɔlərəbl] *adj* intolérable
intolerance [ɪn'tɔlərns] *n* intolérance *f*
intolerant [ɪn'tɔlərnt] *adj*: **~ (of)** intolérant(e) (de) ; (*Med*) intolérant (à)
intonation [ɪntəu'neɪʃən] *n* intonation *f*
intoxicate [ɪn'tɔksɪkeɪt] *vt* enivrer
intoxicated [ɪn'tɔksɪkeɪtɪd] *adj* ivre
intoxicating [ɪn'tɔksɪkeɪtɪŋ] *adj* (*atmosphere*, *fragrance*) enivrant(e) ; (*drink*) alcoolisé(e)
intoxication [ɪntɔksɪ'keɪʃən] *n* ivresse *f*
intractable [ɪn'træktəbl] *adj* (*child*, *temper*) indocile, insoumis(e) ; (*problem*) insoluble ; (*illness*) incurable
intranet [ɪn'trənɛt] *n* intranet *m*
intransigence [ɪn'trænsɪdʒəns] *n* intransigeance *f*
intransigent [ɪn'trænsɪdʒənt] *adj* intransigeant(e)
intransitive [ɪn'trænsɪtɪv] *adj* intransitif(-ive)
intra-uterine device ['ɪntrə'ju:təraɪn-] *n* dispositif intra-utérin, stérilet *m*
intravenous [ɪntrə'vi:nəs] *adj* intraveineux(-euse)
intravenously [ɪntrə'vi:nəslɪ] *adv* par intraveineuse
in-tray ['ɪntreɪ] *n* courrier *m* « arrivée »
intrepid [ɪn'trɛpɪd] *adj* intrépide
intricacy ['ɪntrɪkəsɪ] *n* complexité *f*
intricate ['ɪntrɪkət] *adj* complexe, compliqué(e)
intrigue [ɪn'tri:g] *n* intrigue *f* ▸ *vt* intriguer ▸ *vi* intriguer, comploter
intriguing [ɪn'tri:gɪŋ] *adj* fascinant(e)
intrinsic [ɪn'trɪnsɪk] *adj* intrinsèque
introduce [ɪntrə'dju:s] *vt* introduire ; (*TV show etc*) présenter ; **to ~ sb (to sb)** présenter qn (à qn) ; **to ~ sb to** (*pastime*, *technique*) initier qn à ; **may I ~ ...?** je vous présente ...
introduction [ɪntrə'dʌkʃən] *n* introduction *f* ; (*of person*) présentation *f* ; (*to new experience*) initiation *f* ; **a letter of ~** une lettre de recommandation
introductory [ɪntrə'dʌktərɪ] *adj* préliminaire, introductif(-ive) ; **~ remarks** remarques *fpl* liminaires ; **an ~ offer** une offre de lancement
introspection [ɪntrəu'spɛkʃən] *n* introspection *f*
introspective [ɪntrəu'spɛktɪv] *adj* introspectif(-ive)
introvert ['ɪntrəuvə:t] *adj*, *n* introverti(e)
intrude [ɪn'tru:d] *vi* (*person*) être importun(e) ; **to ~ on** *or* **into** (*conversation etc*) s'immiscer dans ; **am I intruding?** est-ce que je vous dérange ?
intruder [ɪn'tru:də^r] *n* intrus(e)
intrusion [ɪn'tru:ʒən] *n* intrusion *f*
intrusive [ɪn'tru:sɪv] *adj* importun(e), gênant(e)
intuition [ɪntju:'ɪʃən] *n* intuition *f*
intuitive [ɪn'tju:ɪtɪv] *adj* intuitif(-ive)
inundate ['ɪnʌndeɪt] *vt*: **to ~ with** inonder de
inure [ɪn'juə^r] *vt*: **to ~ (to)** habituer (à)
invade [ɪn'veɪd] *vt* envahir
invader [ɪn'veɪdə^r] *n* envahisseur *m*
invalid *n* ['ɪnvəlɪd] malade *mf* ; (*with disability*) invalide *mf* ▸ *adj* [ɪn'vælɪd] (*not valid*) invalide, non valide
invalidate [ɪn'vælɪdeɪt] *vt* invalider, annuler
invalid chair ['ɪnvəlɪd-] *n* (Brit) fauteuil *m* d'infirme
invaluable [ɪn'væljuəbl] *adj* inestimable, inappréciable
invariable [ɪn'vɛərɪəbl] *adj* invariable ; (*fig*) immanquable
invariably [ɪn'vɛərɪəblɪ] *adv* invariablement ; **she is ~ late** elle est toujours en retard
invasion [ɪn'veɪʒən] *n* invasion *f*
invective [ɪn'vɛktɪv] *n* invective *f*
inveigle [ɪn'vi:gl] *vt*: **to ~ sb into (doing) sth** amener qn à (faire) qch (par la ruse *or* la flatterie)
invent [ɪn'vɛnt] *vt* inventer
invention [ɪn'vɛnʃən] *n* invention *f*
inventive [ɪn'vɛntɪv] *adj* inventif(-ive)
inventiveness [ɪn'vɛntɪvnɪs] *n* esprit inventif *or* d'invention

inventor [ɪn'vɛntəʳ] *n* inventeur(-trice)
inventory ['ɪnvəntrɪ] *n* inventaire *m*
inventory control *n* (*Comm*) contrôle *m* des stocks
inverse [ɪn'vəːs] *adj* inverse ; **in ~ proportion (to)** inversement proportionnel(le) (à) ▸ *n* inverse *m*, contraire *m*
inversely [ɪn'vəːslɪ] *adv* inversement
invert [ɪn'vəːt] *vt* intervertir ; (*cup, object*) retourner
invertebrate [ɪn'vəːtɪbrət] *n* invertébré *m*
inverted commas [ɪn'vəːtɪd-] *npl* (Brit) guillemets *mpl*
invest [ɪn'vɛst] *vt* investir ; (*endow*): **to ~ sb with sth** conférer qch à qn ▸ *vi* faire un investissement, investir ; **to ~ in** placer de l'argent *or* investir dans ; (*fig: acquire*) s'offrir, faire l'acquisition de
investigate [ɪn'vɛstɪgeɪt] *vt* étudier, examiner ; (*crime*) faire une enquête sur
investigation [ɪnvɛstɪ'geɪʃən] *n* examen *m* ; (*of crime*) enquête *f*, investigation *f*
investigative [ɪn'vɛstɪgeɪtɪv] *adj*: **~ journalism** enquête-reportage *f*, journalisme *m* d'enquête
investigator [ɪn'vɛstɪgeɪtəʳ] *n* investigateur(-trice) ; **private ~** détective privé
investiture [ɪn'vɛstɪtʃəʳ] *n* investiture *f*
investment [ɪn'vɛstmənt] *n* investissement *m*, placement *m*
investment income *n* revenu *m* de placement
investment trust *n* société *f* d'investissements
investor [ɪn'vɛstəʳ] *n* épargnant(e) ; (*shareholder*) actionnaire *mf*
inveterate [ɪn'vɛtərət] *adj* invétéré(e)
invidious [ɪn'vɪdɪəs] *adj* injuste ; (*task*) déplaisant(e)
invigilate [ɪn'vɪdʒɪleɪt] (Brit) *vt* surveiller ▸ *vi* être de surveillance
invigilator [ɪn'vɪdʒɪleɪtəʳ] *n* (Brit) surveillant *m* (d'examen)
invigorating [ɪn'vɪgəreɪtɪŋ] *adj* vivifiant(e), stimulant(e)
invincibility [ɪnvɪnsɪ'bɪlɪtɪ] *n* invincibilité *f*
invincible [ɪn'vɪnsɪbl] *adj* invincible
inviolate [ɪn'vaɪələt] *adj* inviolé(e)
invisible [ɪn'vɪzɪbl] *adj* invisible
invisible assets *npl* (Brit) actif incorporel
invisible ink *n* encre *f* sympathique
invisible mending *n* stoppage *m*
invitation [ɪnvɪ'teɪʃən] *n* invitation *f* ; **by ~ only** sur invitation ; **at sb's ~** à la demande de qn
invite [ɪn'vaɪt] *vt* inviter ; (*opinions etc*) demander ; (*trouble*) chercher ; **to ~ sb (to do)** inviter qn (à faire) ; **to ~ sb to dinner** inviter qn à dîner
▸ **invite out** *vt* inviter (à sortir)
▸ **invite over** *vt* inviter (chez soi)
inviting [ɪn'vaɪtɪŋ] *adj* engageant(e), attrayant(e) ; (*gesture*) encourageant(e)
invoice ['ɪnvɔɪs] *n* facture *f* ▸ *vt* facturer ; **to ~ sb for goods** facturer des marchandises à qn
invoke [ɪn'vəuk] *vt* invoquer
involuntarily ['ɪnvɔləntrɪlɪ] *adv* involontairement
involuntary [ɪn'vɔləntrɪ] *adj* involontaire
involve [ɪn'vɔlv] *vt* (*entail*) impliquer ; (*concern*) concerner ; (*require*) nécessiter ; **to ~ sb in** (*theft etc*) impliquer qn dans ; (*activity, meeting*) faire participer qn à
involved [ɪn'vɔlvd] *adj* (*complicated*) complexe ; **to be ~ in** (*take part*) participer à ; (*be engrossed*) être plongé(e) dans ; **to feel ~** se sentir concerné(e) ; **to become ~** (*in love etc*) s'engager
involvement [ɪn'vɔlvmənt] *n* (*personal role*) rôle *m* ; (*participation*) participation *f* ; (*enthusiasm*) enthousiasme *m* ; (*of resources, funds*) mise *f* en jeu
invulnerable [ɪn'vʌlnərəbl] *adj* invulnérable
inward ['ɪnwəd] *adj* (*movement*) vers l'intérieur ; (*thought, feeling*) profond(e), intime ▸ *adv* = **inwards**
inwardly ['ɪnwədlɪ] *adv* (*feel, think etc*) secrètement, en son for intérieur
inwards ['ɪnwədz] *adv* vers l'intérieur
I/O *abbr* (*Comput*: = *input/output*) E/S
IOC *n abbr* (= *International Olympic Committee*) CIO *m* (= *Comité international olympique*)
iodine ['aɪəudiːn] *n* iode *m*
IOM *abbr* = **Isle of Man**
ion ['aɪən] *n* ion *m*
Ionian Sea [aɪ'əunɪən-] *n*: **the ~** la mer Ionienne
ioniser ['aɪənaɪzəʳ] *n* ioniseur *m*
iota [aɪ'əutə] *n* (*fig*) brin *m*, grain *m*
IOU *n abbr* (= *I owe you*) reconnaissance *f* de dette
IOW *abbr* (Brit) = **Isle of Wight**
IPA *n abbr* (= *International Phonetic Alphabet*) API *m*
iPad® ['aɪpæd] *n* iPad® *m*
iPhone® ['aɪfəun] *n* iPhone® *m*
IPO *n abbr* (*Stock Exchange*: = *initial public offering*) OPI *f* (= *offre publique initiale*)
iPod® ['aɪpɔd] *n* iPod® *m*
IQ *n abbr* (= *intelligence quotient*) Q.I. *m*
IRA *n abbr* (= *Irish Republican Army*) IRA *f* ; (US) = **individual retirement account**
Iran [ɪ'rɑːn] *n* Iran *m*
Iranian [ɪ'reɪnɪən] *adj* iranien(ne) ▸ *n* Iranien(ne) ; (*Ling*) iranien *m*
Iraq [ɪ'rɑːk] *n* Irak *m*
Iraqi [ɪ'rɑːkɪ] *adj* irakien(ne) ▸ *n* Irakien(ne)
irascible [ɪ'ræsɪbl] *adj* irascible
irate [aɪ'reɪt] *adj* courroucé(e)
ire ['aɪəʳ] *n* ire *f*
Ireland ['aɪələnd] *n* Irlande *f* ; **Republic of ~** République *f* d'Irlande
iridescent [ɪrɪ'dɛsnt] *adj* (*literary*) iridescent(e)
iris ['aɪrɪs] (*pl* **irises** [-ɪz]) *n* iris *m*
Irish ['aɪrɪʃ] *adj* irlandais(e) ▸ *npl*: **the ~** les Irlandais ▸ *n* (*Ling*) irlandais *m*
Irishman ['aɪrɪʃmən] *n* (*irreg*) Irlandais *m*
Irish Sea *n*: **the ~** la mer d'Irlande
Irishwoman ['aɪrɪʃwumən] *n* (*irreg*) Irlandaise *f*
irk [əːk] *vt* ennuyer
irksome ['əːksəm] *adj* ennuyeux(-euse)
IRN *n abbr* (= *Independent Radio News*) *agence de presse radiophonique*
IRO *n abbr* (US) = **International Refugee Organization**
iron ['aɪən] *n* fer *m* ; (*for clothes*) fer *m* à repasser ▸ *adj* de *or* en fer ▸ *vt* (*clothes*) repasser ; **irons** *npl* (*chains*) fers *mpl*, chaînes *fpl*

▸ **iron out** *vt* (*crease*) faire disparaître au fer ; (*fig*) aplanir ; faire disparaître
Iron Curtain *n*: **the ~** le rideau de fer
iron foundry *n* fonderie *f* de fonte
ironic [aɪ'rɔnɪk], **ironical** [aɪ'rɔnɪkl] *adj* ironique
ironically [aɪ'rɔnɪklɪ] *adv* ironiquement
ironing ['aɪənɪŋ] *n* (*activity*) repassage *m* ; (*clothes: ironed*) linge repassé ; (*: to be ironed*) linge à repasser
ironing board *n* planche *f* à repasser
ironmonger ['aɪənmʌŋgə^r] *n* (Brit) quincaillier *m* ; **~'s (shop)** quincaillerie *f*
iron ore *n* minerai *m* de fer
ironworks ['aɪənwə:ks] *n* usine *f* sidérurgique
irony ['aɪrənɪ] *n* ironie *f*
irradiate [ɪ'reɪdieɪt] *vt* irradier
irrational [ɪ'ræʃənl] *adj* irrationnel(le) ; (*person*) qui n'est pas rationnel
irreconcilable [ɪrɛkən'saɪləbl] *adj* irréconciliable ; (*opinion*): **~ with** inconciliable avec
irredeemable [ɪrɪ'di:məbl] *adj* (*Comm*) non remboursable
irrefutable [ɪrɪ'fju:təbl] *adj* irréfutable
irregular [ɪ'rɛgjulə^r] *adj* irrégulier(-ière)
irregularity [ɪrɛgju'lærɪtɪ] *n* irrégularité *f*
irregularly [ɪ'rɛgjuləlɪ] *adv* (*occur, eat*) sporadiquement ; **~ spaced** à intervalles irréguliers ; **~ shaped/sized** de forme/taille irrégulière
irrelevance [ɪ'rɛləvəns] *n* manque *m* de rapport *or* d'à-propos
irrelevant [ɪ'rɛləvənt] *adj* sans rapport, hors de propos
irreligious [ɪrɪ'lɪdʒəs] *adj* irréligieux(-euse)
irreparable [ɪ'rɛprəbl] *adj* irréparable
irreplaceable [ɪrɪ'pleɪsəbl] *adj* irremplaçable
irrepressible [ɪrɪ'prɛsəbl] *adj* irrépressible
irreproachable [ɪrɪ'prəutʃəbl] *adj* irréprochable
irresistible [ɪrɪ'zɪstɪbl] *adj* irrésistible
irresolute [ɪ'rɛzəlu:t] *adj* irrésolu(e), indécis(e)
irrespective [ɪrɪ'spɛktɪv]: **~ of** *prep* sans tenir compte de
irresponsibility [ɪrɪspɔnsɪ'bɪlɪtɪ] *n* irresponsabilité *f*
irresponsible [ɪrɪ'spɔnsɪbl] *adj* irresponsable
irresponsibly [ɪrɪ'spɔnsɪblɪ] *adv* de manière irresponsable
irretrievable [ɪrɪ'tri:vəbl] *adj* irréparable, irrémédiable ; (*object*) introuvable
irreverent [ɪ'rɛvərnt] *adj* irrévérencieux(-euse)
irreversible [ɪrɪ'və:sɪbl] *adj* irréversible
irrevocable [ɪ'rɛvəkəbl] *adj* irrévocable
irrevocably [ɪ'rɛvəkəblɪ] *adv* irrévocablement
irrigate ['ɪrɪgeɪt] *vt* irriguer
irrigation [ɪrɪ'geɪʃən] *n* irrigation *f*
irritable ['ɪrɪtəbl] *adj* irritable
irritant ['ɪrɪtənt] *n* (*substance*) irritant *m* ; (*annoyance*) source *f* d'irritation
irritate ['ɪrɪteɪt] *vt* irriter
irritating ['ɪrɪteɪtɪŋ] *adj* irritant(e)
irritation [ɪrɪ'teɪʃən] *n* irritation *f*
IRS *n abbr* (*US*) = **Internal Revenue Service**
is [ɪz] *vb see* **be**
ISA ['aɪsə] *n abbr* (Brit: = *Individual Savings Account*) plan *m* d'épargne défiscalisé
ISBN *n abbr* (= *International Standard Book Number*) ISBN *m*
ISDN *n abbr* (= *Integrated Services Digital Network*) RNIS *m*
Islam ['ɪzlɑ:m] *n* Islam *m*
Islamic [ɪz'lɑ:mɪk] *adj* islamique ; **~ fundamentalists** intégristes *mpl* musulmans
Islamist ['ɪzləmɪst] *n* islamiste *mf*
island ['aɪlənd] *n* île *f* ; (*also:* **traffic island**) refuge *m* (pour piétons)
islander ['aɪləndə^r] *n* habitant(e) d'une île, insulaire *mf*
isle [aɪl] *n* île *f*
isn't ['ɪznt] = **is not**
isolate ['aɪsəleɪt] *vt* isoler
isolated ['aɪsəleɪtɪd] *adj* isolé(e)
isolation [aɪsə'leɪʃən] *n* isolement *m*
isotope ['aɪsətəup] *n* isotope *m*
ISP *n abbr* = **Internet Service Provider**
Israel ['ɪzreɪl] *n* Israël *m*
Israeli [ɪz'reɪlɪ] *adj* israélien(ne) ▸ *n* Israélien(ne)
issue ['ɪʃu:] *n* question *f*, problème *m* ; (*outcome*) résultat *m*, issue *f* ; (*of banknotes*) émission *f* ; (*of newspaper*) numéro *m* ; (*of book*) publication *f*, parution *f* ; (*offspring*) descendance *f* ; **at ~** en jeu, en cause ; **to avoid the ~** éluder le problème ; **to take ~ with sb (over sth)** exprimer son désaccord avec qn (sur qch) ; **to make an ~ of sth** faire de qch un problème ; **to confuse** *or* **obscure the ~** embrouiller la question ▸ *vt* (*rations, equipment*) distribuer ; (*orders*) donner ; (*statement*) publier, faire ; (*certificate, passport*) délivrer ; (*book*) faire paraître ; publier ; (*banknotes, cheques, stamps*) émettre, mettre en circulation ▸ *vi*: **to ~ from** provenir de

> ⚠ Le mot anglais **issue** ne veut pas dire *issue.*

Istanbul [ɪstæn'bu:l] *n* Istamboul, Istanbul
isthmus ['ɪsməs] *n* isthme *m*
IT *n abbr* = **information technology**

KEYWORD

it [ɪt] *pron* **1** (*specific: subject*) il (elle) ; (*: direct object*) le, la, l' ; (*: indirect object*) lui ; **it's on the table** c'est *or* il (*or* elle) est sur la table ; **I can't find it** je n'arrive pas à le trouver ; **give it to me** donne-le-moi
2 (*after prep*): **about/from/of it** en ; **I spoke to him about it** je lui en ai parlé ; **what did you learn from it?** qu'est-ce que vous en avez retiré ? ; **I'm proud of it** j'en suis fier ; **I've come from it** j'en viens ; **in/to it** y ; **put the book in it** mettez-y le livre ; **it's on it** c'est dessus ; **he agreed to it** il y a consenti ; **did you go to it?** (*party, concert etc*) est-ce que vous y êtes allé(s) ? ; **above it, over it** (au-)dessus ; **below it, under it** (en-)dessous ; **in front of/behind it** devant/derrière
3 (*impersonal*) il ; ce, cela, ça ; **it's Friday tomorrow** demain, c'est vendredi *or* nous sommes vendredi ; **it's 6 o'clock** il est 6

heures ; **how far is it? — it's 10 miles** c'est loin ? — c'est à 10 miles ; **it's 2 hours by train** c'est à 2 heures de train ; **who is it? — it's me** qui est-ce ? — c'est moi ; **it's raining** il pleut

> **il est** is used to translate *it is* or *it's* when *it* refers to a noun.
> *The bank? It's closed.* **La banque ? Elle est fermée.**
> **c'est** is used with pronouns, names, adverbs and conjunctions.
> *It's him.* **C'est lui.**
> *It's here.* **C'est ici.**
> *It's because...* **C'est parce que ...**

ITA *n abbr* (BRIT: = *initial teaching alphabet*) *alphabet en partie phonétique utilisé pour l'enseignement de la lecture*
Italian [ɪ'tæljən] *adj* italien(ne) ▸ *n* Italien(ne) ; (*Ling*) italien *m*
italic [ɪ'tælɪk] *adj* italique
italics [ɪ'tælɪks] *npl* italique *m*
Italy ['ɪtəlɪ] *n* Italie *f*
itch [ɪtʃ] *n* démangeaison *f* ▸ *vi* (*person*) éprouver des démangeaisons ; (*part of body*) démanger ; **I'm itching to do** l'envie me démange de faire
itchy ['ɪtʃɪ] *adj* qui démange ; **my back is ~** j'ai le dos qui me démange
it'd ['ɪtd] = **it would; it had**
item ['aɪtəm] *n* (*gen*) article *m* ; (*on agenda*) question *f*, point *m* ; (*in programme*) numéro *m* ; (*also*: **news item**) nouvelle *f* ; **items of clothing** articles vestimentaires
itemize ['aɪtəmaɪz] *vt* détailler, spécifier
itemized bill ['aɪtəmaɪzd-] *n* facture détaillée
itinerant [ɪ'tɪnərənt] *adj* itinérant(e) ; (*musician*) ambulant(e)
itinerary [aɪ'tɪnərərɪ] *n* itinéraire *m*
it'll ['ɪtl] = **it will; it shall**
ITN *n abbr* (BRIT: = *Independent Television News*) *chaîne de télévision commerciale*
its [ɪts] *adj* son (sa), ses *pl* ▸ *pron* le (la) sien(ne), les siens (siennes)
it's [ɪts] = **it is; it has**
itself [ɪt'sɛlf] *pron* (*reflexive*) se ; (*emphatic*) lui-même (elle-même)
ITV *n abbr* (BRIT: = *Independent Television*) *chaîne de télévision commerciale*
IUD *n abbr* = **intra-uterine device**
I've [aɪv] = **I have**
IVF *n abbr* (= *in vitro fertilization*) FIV *f* (= *fécondation in vitro*)
ivory ['aɪvərɪ] *n* ivoire *m*
Ivory Coast *n* Côte *f* d'Ivoire
ivory tower *n* tour *f* d'ivoire
ivy ['aɪvɪ] *n* lierre *m*
Ivy League *n* (*US*) *voir article*

> **IVY LEAGUE**
> L'**Ivy League** regroupe huit universités privées du nord-est des États-Unis, qui comptent parmi les plus anciennes du pays et les plus prestigieuses du monde en raison de l'excellence de leur enseignement. Elles sélectionnent très strictement les candidats à l'entrée et demandent des frais d'inscription très élevés. De nombreuses personnalités du monde politique et culturel américain ont fait leurs études dans les universités de l'*Ivy League*. Bien que le terme désigne à l'origine une compétition sportive entre les équipes des huit établissements, il a acquis une connotation beaucoup plus large en raison de la rivalité non seulement sportive mais aussi intellectuelle qui les oppose. Il est aujourd'hui synonyme d'excellence et d'élitisme.

i

Jj

J, j [dʒeɪ] *n (letter)* J, j *m* ; **J for Jack,** *(US)* **J for Jig** J comme Joseph
JA *n abbr* = **judge advocate**
J/A *n abbr* = **joint account**
jab [dʒæb] *vt*: **to ~ sth into** enfoncer *or* planter qch dans ▸ *n* coup *m* ; *(Med, inf)* piqûre *f*
jabber ['dʒæbəʳ] *vt, vi* bredouiller, baragouiner
jack [dʒæk] *n (Aut)* cric *m* ; *(Bowls)* cochonnet *m* ; *(Cards)* valet *m*
▸ **jack in** *vt (inf)* laisser tomber
▸ **jack up** *vt* soulever (au cric)
jackal ['dʒækl] *n* chacal *m*
jackass ['dʒækæs] *n (also fig)* âne *m*
jackdaw ['dʒækdɔː] *n* choucas *m*
jacket ['dʒækɪt] *n* veste *f*, veston *m* ; *(of boiler etc)* enveloppe *f* ; *(of book)* couverture *f*, jaquette *f*
jacket potato *n* pomme *f* de terre en robe des champs
jack-in-the-box ['dʒækɪnðəbɔks] *n* diable *m* à ressort
jackknife ['dʒæknaɪf] *n* couteau *m* de poche ▸ *vi*: **the lorry jackknifed** la remorque (du camion) s'est mise en travers
jack-of-all-trades [dʒækəv'ɔːltreɪdz] *n* bricoleur *m*
jack plug *n* (BRIT) jack *m*
jackpot ['dʒækpɔt] *n* gros lot
Jacuzzi® [dʒə'kuːzɪ] *n* jacuzzi® *m*
jade [dʒeɪd] *n* jade *m* ▸ *cpd (earrings, brooch)* de jade
jaded ['dʒeɪdɪd] *adj* éreinté(e), fatigué(e)
JAG *n abbr* = **Judge Advocate General**
jagged ['dʒægɪd] *adj* dentelé(e)
jaguar ['dʒægjuəʳ] *n* jaguar *m*
jail [dʒeɪl] *n* prison *f* ▸ *vt* emprisonner, mettre en prison
jailbird ['dʒeɪlbəːd] *n* récidiviste *mf*
jailbreak ['dʒeɪlbreɪk] *n* évasion *f*
jailer ['dʒeɪləʳ] *n* geôlier(-ière)
jail sentence *n* peine *f* de prison
jalopy [dʒə'lɔpɪ] *n (inf)* vieux clou
jam [dʒæm] *n* confiture *f* ; *(of shoppers etc)* cohue *f* ; *(also:* **traffic jam***)* embouteillage *m* ; **to be in a ~** *(inf)* être dans le pétrin ; **to get sb out of a ~** *(inf)* sortir qn du pétrin ▸ *vt (passage etc)* encombrer, obstruer ; *(mechanism, drawer etc)* bloquer, coincer ; *(Radio)* brouiller ; **to ~ sth into** *(stuff)* entasser *or* comprimer qch dans ; *(thrust)* enfoncer qch dans ; **the telephone lines are jammed** les lignes (téléphoniques) sont encombrées ▸ *vi (mechanism, sliding part)* se coincer, se bloquer ; *(gun)* s'enrayer
Jamaica [dʒə'meɪkə] *n* Jamaïque *f*
Jamaican [dʒə'meɪkən] *adj* jamaïquain(e) ▸ *n* Jamaïquain(e)
jamb ['dʒæm] *n* jambage *m*
jam jar *n* pot *m* à confiture
jammed [dʒæmd] *adj (window etc)* coincé(e)
jam-packed [dʒæm'pækt] *adj*: **~ (with)** bourré(e) (de)
jam session *n* jam session *f*
jangle ['dʒæŋgl] *vi* cliqueter
janitor ['dʒænɪtəʳ] *n (caretaker)* concierge *m*
January ['dʒænjuərɪ] *n* janvier *m* ; *see also* **July**
Japan [dʒə'pæn] *n* Japon *m*
Japanese [dʒæpə'niːz] *adj* japonais(e) ▸ *n (pl inv)* Japonais(e) ; *(Ling)* japonais *m*
jar [dʒɑːʳ] *n (stone, earthenware)* pot *m* ; *(glass)* bocal *m* ▸ *vi (sound)* produire un son grinçant *or* discordant ; *(colours etc)* détonner, jurer ▸ *vt (shake)* ébranler, secouer
jargon ['dʒɑːgən] *n* jargon *m*
jarring ['dʒɑːrɪŋ] *adj (sound, colour)* discordant(e)
Jas. *abbr* = **James**
jasmin, jasmine ['dʒæzmɪn] *n* jasmin *m*
jaundice ['dʒɔːndɪs] *n* jaunisse *f*
jaundiced ['dʒɔːndɪst] *adj (fig)* envieux(-euse), désapprobateur(-trice)
jaunt [dʒɔːnt] *n* balade *f*
jaunty ['dʒɔːntɪ] *adj* enjoué(e), désinvolte
Java ['dʒɑːvə] *n* Java *f*
javelin ['dʒævlɪn] *n* javelot *m*
jaw [dʒɔː] *n* mâchoire *f*
jawbone ['dʒɔːbəun] *n* maxillaire *m*
jay [dʒeɪ] *n* geai *m*
jaywalker ['dʒeɪwɔːkəʳ] *n* piéton indiscipliné
jazz [dʒæz] *n* jazz *m*
▸ **jazz up** *vt* animer, égayer
jazz band *n* orchestre *m or* groupe *m* de jazz
jazzy ['dʒæzɪ] *adj* bariolé(e), tapageur(-euse) ; *(beat)* de jazz
JCB® *n* excavatrice *f*
JCS *n abbr (US)* = **Joint Chiefs of Staff**
JD *n abbr (US: = Doctor of Laws) titre universitaire* ; *(: = Justice Department) ministère de la Justice*
jealous ['dʒɛləs] *adj* jaloux(-ouse)
jealously ['dʒɛləslɪ] *adv* jalousement
jealousy ['dʒɛləsɪ] *n* jalousie *f*
jeans [dʒiːnz] *npl* jean *m*
Jeep® [dʒiːp] *n* jeep *f*
jeer [dʒɪəʳ] *vi*: **to ~ (at)** huer ; se moquer cruellement (de), railler
jeering ['dʒɪərɪŋ] *adj* railleur(-euse), moqueur(-euse) ▸ *n* huées *fpl*

jeers [dʒɪəz] *npl* huées *fpl* ; sarcasmes *mpl*
Jehovah's Witness [dʒɪ'həuvəz-] *n* témoin *m* de Jéhovah
Jell-O® ['dʒɛləu] *n (US)* gelée *f*
jelly ['dʒɛlɪ] *n (dessert)* gelée *f* ; *(US: jam)* confiture *f*
jellyfish ['dʒɛlɪfɪʃ] *n* méduse *f*
jeopardize ['dʒɛpədaɪz] *vt* mettre en danger *or* péril
jeopardy ['dʒɛpədɪ] *n*: **in ~** en danger *or* péril
jerk [dʒə:k] *n* secousse *f*, saccade *f* ; *(of muscle)* spasme *m* ; *(inf)* pauvre type *m* ▸ *vt (shake)* donner une secousse à ; *(pull)* tirer brusquement ▸ *vi (vehicles)* cahoter
jerkin ['dʒə:kɪn] *n* blouson *m*
jerky ['dʒə:kɪ] *adj* saccadé(e), cahotant(e)
jerry-built ['dʒɛrɪbɪlt] *adj* de mauvaise qualité
jerry can ['dʒɛrɪ-] *n* bidon *m*
Jersey ['dʒə:zɪ] *n* Jersey *f*
jersey ['dʒə:zɪ] *n* tricot *m* ; *(fabric)* jersey *m*
Jerusalem [dʒə'ru:sləm] *n* Jérusalem
jest [dʒɛst] *n* plaisanterie *f* ; **in ~** en plaisantant
jester ['dʒɛstə^r] *n (Hist)* plaisantin *m*
Jesus ['dʒi:zəs] *n* Jésus ; **~ Christ** Jésus-Christ
jet [dʒɛt] *n (of gas, liquid)* jet *m* ; *(Aut)* gicleur *m* ; *(Aviat)* avion *m* à réaction, jet *m*
jet-black ['dʒɛt'blæk] *adj* (d'un noir) de jais
jet engine *n* moteur *m* à réaction
jet lag *n* décalage *m* horaire
jetsam ['dʒɛtsəm] *n* objets jetés à la mer (et rejetés sur la côte)
jet-setter ['dʒɛtsɛtə^r] *n* membre *m* du *or* de la jet set
jet-ski *vi* faire du jet-ski *or* scooter des mers
jettison ['dʒɛtɪsn] *vt* jeter par-dessus bord
jetty ['dʒɛtɪ] *n* jetée *f*, digue *f*
Jew [dʒu:] *n* Juif *m*
jewel ['dʒu:əl] *n* bijou *m*, joyau *m* ; *(in watch)* rubis *m*
jewelled, (US) **jeweled** ['dʒu:əld] *adj* orné(e) de pierreries
jeweller, (US) **jeweler** ['dʒu:ələ^r] *n* bijoutier(-ière), joaillier *m*
jeweller's, jeweller's shop *n* (BRIT) bijouterie *f*, joaillerie *f*
jewellery, (US) **jewelry** ['dʒu:əlrɪ] *n* bijoux *mpl*
Jewess ['dʒu:ɪs] *n* Juive *f*
Jewish ['dʒu:ɪʃ] *adj* juif (juive)
JFK *n abbr* (US) = **John Fitzgerald Kennedy International Airport**
jib [dʒɪb] *n (Naut)* foc *m* ; *(of crane)* flèche *f* ▸ *vi (horse)* regimber ; **to ~ at doing sth** rechigner à faire qch
jibe [dʒaɪb] *n* sarcasme *m*
jiffy ['dʒɪfɪ] *n (inf)*: **in a ~** en un clin d'œil
jig [dʒɪg] *n (dance, tune)* gigue *m*
jiggle ['dʒɪgəl] *vt (from side to side)* remuer
jigsaw ['dʒɪgsɔ:] *n (also:* **jigsaw puzzle***)* puzzle *m* ; *(tool)* scie sauteuse
jihad [dʒi'hæd] *n* djihad *m*, jihad *m*
jilt [dʒɪlt] *vt* laisser tomber, plaquer
jingle ['dʒɪŋgl] *n (advertising jingle)* couplet *m* publicitaire ▸ *vi* cliqueter, tinter
jingoism ['dʒɪŋgəuɪzəm] *n* chauvinisme *m*
jinx [dʒɪŋks] *n (inf)* (mauvais) sort
jinxed [dʒɪŋkst] *adj* maudit(e)
jitters ['dʒɪtəz] *npl (inf)*: **to get the ~** avoir la trouille *or* la frousse
jittery ['dʒɪtərɪ] *adj (inf)* nerveux(-euse) ; **to be ~** avoir les nerfs en pelote
jiujitsu [dʒu:'dʒɪtsu:] *n* jiu-jitsu *m*
jive [dʒaɪv] *vi* danser le rock, danser le swing ▸ *n* rock *m*, swing *m*
Jnr *adj* (BRIT: = *Junior*) jr.
job [dʒɔb] *n (chore, task)* travail *m*, tâche *f* ; *(employment)* emploi *m*, poste *m*, place *f* ; **a part-time/full-time ~** un emploi à temps partiel/à plein temps ; **he's only doing his ~** il fait son boulot ; **it's a good ~ that ...** c'est heureux *or* c'est une chance que ... *+ sub* ; **just the ~!** (c'est) juste *or* exactement ce qu'il faut !
jobber ['dʒɔbə^r] *n* (BRIT *Stock Exchange*) négociant *m* en titres
jobbing ['dʒɔbɪŋ] *adj* (BRIT: *workman*) à la tâche, à la journée
job centre ['dʒɔbsɛntə^r] *n* (BRIT) ≈ ANPE *f*, ≈ Agence nationale pour l'emploi
job creation scheme *n* plan *m* pour la création d'emplois
job description *n* description *f* du poste
jobless ['dʒɔblɪs] *adj* sans travail, au chômage ▸ *npl*: **the ~** les sans-emploi *m inv*, les chômeurs *mpl*
job lot *n* lot *m* (d'articles divers)
job satisfaction *n* satisfaction professionnelle
job security *n* sécurité *f* de l'emploi
job-share ['dʒɔbʃɛə^r] (BRIT) *n (also:* **job share***)* partage *m* de poste ▸ *vi* partager un poste
job specification *n* caractéristiques *fpl* du poste
Jock [dʒɔk] *n (inf: Scotsman)* Écossais *m*
jockey ['dʒɔkɪ] *n* jockey *m* ▸ *vi*: **to ~ for position** manœuvrer pour être bien placé
jockey box *n (US Aut)* boîte *f* à gants, vide-poches *m inv*
jockstrap ['dʒɔkstræp] *n* slip *m* de sport
jocular ['dʒɔkjulə^r] *adj* jovial(e), enjoué(e) ; facétieux(-euse)
jodhpurs ['dʒɔdpəz] *npl* jodhpur *m*, jodhpurs *mpl*
jog [dʒɔg] *vt* secouer ; **to ~ sb's memory** rafraîchir la mémoire de qn ▸ *vi (Sport)* faire du jogging ; **to ~ along** cahoter ; trotter
jogger ['dʒɔgə^r] *n* jogger *mf*
jogging ['dʒɔgɪŋ] *n* jogging *m*
john [dʒɔn] *n (US inf)*: **the ~** *(toilet)* les cabinets *mpl*
join [dʒɔɪn] *vt (put together)* unir, assembler ; *(become member of)* s'inscrire à ; *(meet)* rejoindre, retrouver ; *(queue)* se joindre à ; **will you ~ us for dinner?** vous dînerez bien avec nous ? ; **I'll ~ you later** je vous rejoindrai plus tard ; **to ~ forces (with)** s'associer (à) ▸ *vi (roads, rivers)* se rejoindre, se rencontrer ▸ *n* raccord *m*
▸ **join in** *vi* se mettre de la partie ▸ *vt fus* se mêler à
▸ **join up** *vi (meet)* se rejoindre ; *(Mil)* s'engager
joiner ['dʒɔɪnə^r] *n* (BRIT) menuisier *m*
joinery ['dʒɔɪnərɪ] *n* menuiserie *f*
joint [dʒɔɪnt] *n (Tech)* jointure *f* ; joint *m* ; *(Anat)* articulation *f*, jointure ; (BRIT *Culin*) rôti *m* ; *(inf:*

place) boîte *f* ; (*of cannabis*) joint ▸ *adj* commun(e) ; (*committee*) mixte, paritaire ; (*winner*) ex aequo ; **~ responsibility** coresponsabilité *f*
joint account *n* compte joint
jointly ['dʒɔɪntlɪ] *adv* ensemble, en commun
joint ownership *n* copropriété *f*
joint-stock company ['dʒɔɪntstɔk-] *n* société *f* par actions
joint venture *n* entreprise commune
joist [dʒɔɪst] *n* solive *f*
joke [dʒəuk] *n* plaisanterie *f* ; (*also*: **practical joke**) farce *f* ; **to play a ~ on** jouer un tour à, faire une farce à ▸ *vi* plaisanter
joker ['dʒəukə^r] *n* plaisantin *m*, blagueur(-euse) ; (*Cards*) joker *m*
joking ['dʒəukɪŋ] *n* plaisanterie *f*
jokingly ['dʒəukɪŋlɪ] *adv* pour plaisanter ; **half-~** en plaisantant à moitié
jollity ['dʒɔlɪtɪ] *n* réjouissances *fpl*, gaieté *f*
jolly ['dʒɔlɪ] *adj* gai(e), enjoué(e) ; (*enjoyable*) amusant(e), plaisant(e) ▸ *adv* (Brit *inf*) rudement, drôlement ; **~ good!** (Brit) formidable ! ▸ *vt* (Brit): **to ~ sb along** amadouer qn, convaincre *or* entraîner qn à force d'encouragements
jolt [dʒəult] *n* cahot *m*, secousse *f* ; (*shock*) choc *m* ▸ *vt* cahoter, secouer
Jordan [dʒɔ:dən] *n* (*country*) Jordanie *f* ; (*river*) Jourdain *m*
Jordanian [dʒɔ:'deɪnɪən] *adj* jordanien(ne) ▸ *n* Jordanien(ne)
joss stick ['dʒɔs-] *n* bâton *m* d'encens
jostle ['dʒɔsl] *vt* bousculer, pousser ▸ *vi* jouer des coudes
jot [dʒɔt] *n*: **not one ~** pas un brin
▸ **jot down** *vt* inscrire rapidement, noter
jotter ['dʒɔtə^r] *n* (Brit: *exercise book*) cahier *m* (de brouillon) ; (: *pad*) bloc-notes *m*
joule [dʒu:l] *n* joule *m*
journal ['dʒə:nl] *n* journal *m*
journalese [dʒə:nə'li:z] *n* (*pej*) style *m* journalistique
journalism ['dʒə:nəlɪzəm] *n* journalisme *m*
journalist ['dʒə:nəlɪst] *n* journaliste *mf*
journalistic [dʒə:nə'lɪstɪk] *adj* journalistique
journey ['dʒə:nɪ] *n* voyage *m* ; (*distance covered*) trajet *m* ; **the ~ takes two hours** le trajet dure deux heures ; **a 5-hour ~** un voyage de 5 heures ; **how was your ~?** votre voyage s'est bien passé ? ▸ *vi* voyager

⚠ **journey** ne veut pas dire *journée*.

jovial ['dʒəuvɪəl] *adj* jovial(e)
jowl [dʒaul] *n* mâchoire *f* (*inférieure*) ; bajoue *f*
joy [dʒɔɪ] *n* joie *f*
joyful ['dʒɔɪful], **joyous** ['dʒɔɪəs] *adj* joyeux(-euse)
joyride ['dʒɔɪraɪd] *vi*: **to go joyriding** *faire une virée dans une voiture volée*
joyrider ['dʒɔɪraɪdə^r] *n* voleur(-euse) de voiture (*qui fait une virée dans le véhicule volé*)
joy stick *n* (*Aviat*) manche *m* à balai ; (*Comput*) manche à balai, manette *f* (de jeu)
JP *n abbr* = **Justice of the Peace**
JPEG ['dʒeɪpeg] *n* JPEG *m* ▸ *cpd*: **~ image** image *f* en format JPEG
Jr *abbr* = **junior**
JTPA *n abbr* (*US*: = *Job Training Partnership Act*) *programme gouvernemental de formation*
jubilant ['dʒu:bɪlnt] *adj* triomphant(e), réjoui(e)
jubilation [dʒu:bɪ'leɪʃən] *n* jubilation *f*
jubilee ['dʒu:bɪli:] *n* jubilé *m* ; **silver ~** (jubilé du) vingt-cinquième anniversaire
Judaism ['dʒu:deɪɪzəm] *n* judaïsme *m*
judge [dʒʌdʒ] *n* juge *m* ▸ *vt* juger ; (*estimate: weight, size etc*) apprécier ; (*consider*) estimer ▸ *vi*: **judging** *or* **to ~ by his expression** d'après son expression ; **as far as I can ~** autant que je puisse en juger
judge advocate *n* (*Mil*) magistrat *m* militaire
judgment, judgement ['dʒʌdʒmənt] *n* jugement *m* ; (*punishment*) châtiment *m* ; **in my ~** à mon avis ; **to pass ~ on** (*Law*) prononcer un jugement (sur)
judgmental, judgemental [dʒʌdʒ'mɛntəl] *adj*: **to be ~** être catégorique dans ses jugements ; **to be judgemental about sb** s'ériger en juge à propos de qn
judicial [dʒu:'dɪʃl] *adj* judiciaire ; (*fair*) impartial(e)
judiciary [dʒu:'dɪʃɪərɪ] *n* (pouvoir *m*) judiciaire *m*
judicious [dʒu:'dɪʃəs] *adj* judicieux(-euse)
judo ['dʒu:dəu] *n* judo *m*
jug [dʒʌg] *n* pot *m*, cruche *f*
jugged hare ['dʒʌgd-] *n* (Brit) civet *m* de lièvre
juggernaut ['dʒʌgənɔ:t] *n* (Brit: *huge truck*) mastodonte *m*
juggle ['dʒʌgl] *vi* jongler
juggler ['dʒʌglə^r] *n* jongleur *m*
Jugoslav ['ju:gəu'slɑ:v] *adj*, *n* = **Yugoslav**
jugular ['dʒʌgjulə^r] *adj*: **~ (vein)** veine *f* jugulaire
juice [dʒu:s] *n* jus *m* ; (*inf*: *petrol*): **we've run out of ~** c'est la panne sèche
juicy ['dʒu:sɪ] *adj* juteux(-euse)
jukebox ['dʒu:kbɔks] *n* juke-box *m*
Jul. *abbr* (= *July*) juil.
July [dʒu:'laɪ] *n* juillet *m* ; **the first of ~** le premier juillet ; **(on) the eleventh of ~** le onze juillet ; **in the month of ~** au mois de juillet ; **at the beginning/end of ~** au début/à la fin (du mois) de juillet, début/fin juillet ; **in the middle of ~** au milieu (du mois) de juillet, à la mi-juillet ; **during ~** pendant le mois de juillet ; **in ~ of next year** en juillet de l'année prochaine ; **each** *or* **every ~** tous les ans *or* chaque année en juillet ; **~ was wet this year** il a beaucoup plu cette année en juillet
jumble ['dʒʌmbl] *n* fouillis *m* ▸ *vt* (*also*: **jumble up, jumble together**) mélanger, brouiller
jumble sale *n* (Brit) vente *f* de charité
jumbo ['dʒʌmbəu] *adj* (*also*: **jumbo jet**) (avion) gros porteur (à réaction) ; **~ size** format maxi *or* extra-grand
jump [dʒʌmp] *vi* sauter, bondir ; (*with fear etc*) sursauter ; (*increase*) monter en flèche ▸ *vt* sauter, franchir ; **to ~ the queue** (Brit) passer avant son tour ▸ *n* saut *m*, bond *m* ; (*with fear etc*) sursaut *m* ; (*fence*) obstacle *m*
▸ **jump about** *vi* sautiller

▸**jump at** *vt fus (fig)* sauter sur ; **he jumped at the offer** il s'est empressé d'accepter la proposition
▸**jump down** *vi* sauter (pour descendre)
▸**jump up** *vi* se lever (d'un bond)
jumped-up ['dʒʌmptʌp] *adj (BRIT pej)* parvenu(e)
jumper ['dʒʌmpəʳ] *n (BRIT: pullover)* pull-over *m* ; *(US: pinafore dress)* robe-chasuble *f* ; *(Sport)* sauteur(-euse)
jump leads, (US) **jumper cables** *npl* câbles *mpl* de démarrage
jump-start ['dʒʌmpstɑ:t] *vt (car: push)* démarrer en poussant ; *(: with jump leads)* démarrer avec des câbles (de démarrage) ; *(fig: project, situation)* faire redémarrer promptement
jumpy ['dʒʌmpɪ] *adj* nerveux(-euse), agité(e)
Jun. *abbr* = **June; junior**
junction ['dʒʌŋkʃən] *n (BRIT: of roads)* carrefour *m* ; *(: of rails)* embranchement *m*
juncture ['dʒʌŋktʃəʳ] *n*: **at this ~** à ce moment-là, sur ces entrefaites
June [dʒu:n] *n* juin *m* ; *see also* **July**
jungle ['dʒʌŋgl] *n* jungle *f*
junior ['dʒu:nɪəʳ] *adj, n*: **he's ~ to me (by two years), he's my ~ (by two years)** il est mon cadet (de deux ans), il est plus jeune que moi (de deux ans) ; **he's ~ to me** *(seniority)* il est en dessous de moi (dans la hiérarchie), j'ai plus d'ancienneté que lui
junior executive *n* cadre moyen
junior high school *n (US)* ≈ collège *m* d'enseignement secondaire ; *see also* **high school**
junior minister *n (BRIT)* ministre *m* sous tutelle
junior partner *n* associé(-adjoint) *m*
junior school *n (BRIT)* école *f* primaire
junior sizes *npl (Comm)* tailles *fpl* fillettes/garçonnets
juniper ['dʒu:nɪpəʳ] *n*: **~ berry** baie *f* de genièvre
junk [dʒʌŋk] *n (rubbish)* camelote *f* ; *(cheap goods)* bric-à-brac *m inv* ; *(ship)* jonque *f* ▸ *vt (inf)* abandonner, mettre au rancart
junk bond *n (Comm) obligation hautement spéculative utilisée dans les OPA agressives*
junk dealer *n* brocanteur(-euse)
junket ['dʒʌŋkɪt] *n (Culin)* lait caillé ; *(BRIT inf)*: **to go on a ~, go junketing** voyager aux frais de la princesse
junk food *n* snacks vite prêts *(sans valeur nutritive)*
junkie ['dʒʌŋkɪ] *n (inf)* junkie *m*, drogué(e)
junk mail *n* prospectus *mpl* ; *(Comput)* messages *mpl* publicitaires
junk room *n (US)* débarras *m*
junk shop *n* (boutique *f* de) brocanteur *m*
Junr *abbr* = **junior**
junta ['dʒʌntə] *n* junte *f*
Jupiter ['dʒu:pɪtəʳ] *n (planet)* Jupiter *f*
jurisdiction [dʒuərɪs'dɪkʃən] *n* juridiction *f* ; **it falls** *or* **comes within/outside our ~** cela est/n'est pas de notre compétence *or* ressort
jurisprudence [dʒuərɪs'pru:dəns] *n* jurisprudence *f*
juror ['dʒuərəʳ] *n* juré *m*
jury ['dʒuərɪ] *n* jury *m*
jury box *n* banc *m* des jurés
juryman ['dʒuərɪmən] *n (irreg)* = **juror**
just [dʒʌst] *adj* juste ▸ *adv*: **he's ~ done it/left** il vient de le faire/partir ; **~ as I expected** exactement *or* précisément comme je m'y attendais ; **~ right/two o'clock** exactement *or* juste ce qu'il faut/deux heures ; **we were ~ going** nous partions ; **I was ~ about to phone** j'allais téléphoner ; **~ as he was leaving** au moment *or* à l'instant précis où il partait ; **~ before/enough/here** juste avant/assez/là ; **it's ~ me/a mistake** ce n'est que moi/(rien) qu'une erreur ; **~ missed/caught** manqué/attrapé de justesse ; **~ listen to this!** écoutez un peu ça ! ; **~ ask someone the way** vous n'avez qu'à demander votre chemin à quelqu'un ; **it's ~ as good** c'est (vraiment) aussi bon ; **she's ~ as clever as you** elle est tout aussi intelligente que vous ; **it's ~ as well that you ...** heureusement que vous ... ; **not ~ now** pas tout de suite ; **~ a minute!, ~ one moment!** un instant (s'il vous plaît) !
justice ['dʒʌstɪs] *n* justice *f* ; *(US: judge)* juge *m* de la Cour suprême ; **Lord Chief J~** *(BRIT)* premier président de la cour d'appel ; **this photo doesn't do you ~** cette photo ne vous avantage pas
Justice of the Peace *n* juge *m* de paix
justifiable [dʒʌstɪ'faɪəbl] *adj* justifiable
justifiably [dʒʌstɪ'faɪəblɪ] *adv* légitimement, à juste titre
justification [dʒʌstɪfɪ'keɪʃən] *n* justification *f*
justify ['dʒʌstɪfaɪ] *vt* justifier ; **to be justified in doing sth** être en droit de faire qch
justly ['dʒʌstlɪ] *adv* avec raison, justement
justness ['dʒʌstnɪs] *n* justesse *f*
jut [dʒʌt] *vi (also:* **jut out***)* dépasser, faire saillie
jute [dʒu:t] *n* jute *m*
juvenile ['dʒu:vənaɪl] *adj* juvénile ; *(court, books)* pour enfants ▸ *n* adolescent(e)
juvenile delinquency *n* délinquance *f* juvénile
juxtapose ['dʒʌkstəpəuz] *vt* juxtaposer
juxtaposition ['dʒʌkstəpə'zɪʃən] *n* juxtaposition *f*

J

Kk

K, k [keɪ] *n* (*letter*) K, k *m* ; **K for King** K comme Kléber ▸ *abbr* (*= one thousand*) K ; (BRIT: *= Knight*) *titre honorifique*
kaftan ['kæftæn] *n* cafetan *m*
Kalahari Desert [kælə'hɑːrɪ-] *n* désert *m* de Kalahari
kale [keɪl] *n* chou frisé
kaleidoscope [kə'laɪdəskəup] *n* kaléidoscope *m*
kamikaze [kæmɪ'kɑːzɪ] *adj* kamikaze
Kampala [kæm'pɑːlə] *n* Kampala
Kampuchea [kæmpu'tʃɪə] *n* Kampuchéa *m*
kangaroo [kæŋgə'ruː] *n* kangourou *m*
Kans. *abbr* (*US*) = **Kansas**
kaput [kə'put] *adj* (*inf*) kaput
karaoke [kɑːrə'əukɪ] *n* karaoké *m*
karate [kə'rɑːtɪ] *n* karaté *m*
karma ['kɑːmə] *n* karma *m*
Kashmir [kæʃ'mɪə^r] *n* Cachemire *m*
kayak ['kaɪæk] *n* kayak *m*
Kazakhstan [kɑːzɑː'k'stæn] *n* Kazakhstan *m*
kB *n abbr* (*= kilobyte*) Ko *m*
KC *n abbr* (BRIT *Law*: *= King's Counsel*) *titre donné à certains avocats* ; *see also* **QC**
kd *abbr* (*US*: *= knocked down*) en pièces détachées
kebab [kə'bæb] *n* kebab *m*
keel [kiːl] *n* quille *f* ; **on an even ~** (*fig*) à flot
▸ **keel over** *vi* (*Naut*) chavirer, dessaler ; (*person*) tomber dans les pommes
keen [kiːn] *adj* (*eager*) plein(e) d'enthousiasme ; (*interest, desire, competition*) vif (vive) ; (*eye, intelligence*) pénétrant(e) ; (*edge*) effilé(e) ; **to be ~ to do** *or* **on doing sth** désirer vivement faire qch, tenir beaucoup à faire qch ; **to be ~ on sth/sb** aimer beaucoup qch/qn ; **I'm not ~ on going** je ne suis pas chaud pour y aller, je n'ai pas très envie d'y aller
keenly ['kiːnlɪ] *adv* (*enthusiastically*) avec enthousiasme ; (*feel*) vivement, profondément ; (*look*) intensément
keenness ['kiːnnɪs] *n* (*eagerness*) enthousiasme *m* ; **~ to do** vif désir de faire
keep [kiːp] (*pt, pp* **kept** [kɛpt]) *vt* (*retain, preserve*) garder ; (*hold back*) retenir ; (*shop, accounts, promise, diary*) tenir ; (*support*) entretenir, assurer la subsistance de ; (*a promise*) tenir ; (*chickens, bees, pigs etc*) élever ; **to ~ sb from doing/sth from happening** empêcher qn de faire *or* que qn (ne) fasse/que qch (n')arrive ; **to ~ sb happy/a place tidy** faire que qn soit content/qu'un endroit reste propre ; **to ~ sb waiting** faire attendre qn ; **to ~ an appointment** ne pas manquer un rendez-vous ; **to ~ a record of sth** prendre note de qch ; **to ~ sth to o.s.** garder qch pour soi, tenir qch secret ; **to ~ sth from sb** cacher qch à qn ; **to ~ time** (*clock*) être à l'heure, ne pas retarder ▸ *vi* (*food*) se conserver ; (*remain: in a certain state or place*) rester ; **to ~ doing sth** (*continue*) continuer à faire qch ; (*repeatedly*) ne pas arrêter de faire qch ▸ *n* (*of castle*) donjon *m* ; (*food etc*): **enough for his ~** assez pour (assurer) sa subsistance ; **for keeps** (*inf*) pour de bon, pour toujours
▸ **keep at** *vt fus*: **to ~ at it** persévérer
▸ **keep away** *vt*: **to ~ sth/sb away from sb** tenir qch/qn éloigné de qn ▸ *vi*: **to ~ away (from)** ne pas s'approcher (de)
▸ **keep back** *vt* (*crowds, tears, money*) retenir ; (*conceal: information*): **to ~ sth back from sb** cacher qch à qn ▸ *vi* rester en arrière
▸ **keep down** *vt* (*control: prices, spending*) empêcher d'augmenter, limiter ; (*retain: food*) garder ▸ *vi* (*person*) rester assis(e) ; rester par terre
▸ **keep in** *vt* (*invalid, child*) garder à la maison ; (*Scol*) consigner ▸ *vi* (*inf*): **to ~ in with sb** rester en bons termes avec qn
▸ **keep off** *vt* (*dog, person*) éloigner ; **~ your hands off!** pas touche ! (*inf*) ▸ *vt fus*: **"~ off the grass"** « pelouse interdite » ▸ *vi* ne pas s'approcher ; **if the rain keeps off** s'il ne pleut pas
▸ **keep on** *vi* continuer ; **to ~ on doing** continuer à faire ; **don't ~ on about it!** arrête (d'en parler) !
▸ **keep out** *vt* empêcher d'entrer ▸ *vi* (*stay out*) rester en dehors ; **"~ out"** « défense d'entrer »
▸ **keep to** *vt fus* (*plan, speed limit*) respecter ; (*path, road*) rester sur
▸ **keep up** *vi* (*fig: in comprehension*) suivre ; **to ~ up with sb** (*in work etc*) se maintenir au même niveau que qn ; (*in race etc*) aller aussi vite que qn ▸ *vt* continuer, maintenir
keeper ['kiːpə^r] *n* gardien(ne)
keep-fit [kiːp'fɪt] *n* gymnastique *f* (d'entretien)
keeping ['kiːpɪŋ] *n* (*care*) garde *f* ; **in ~ with** en harmonie avec
keeps [kiːps] *n*: **for ~** (*inf*) pour de bon, pour toujours
keepsake ['kiːpseɪk] *n* souvenir *m*
keg [kɛg] *n* barrique *f*, tonnelet *m*
Ken. *abbr* (*US*) = **Kentucky**
kennel ['kɛnl] *n* niche *f* ; **kennels** *npl* (*for boarding*) chenil *m*

Kenya ['kɛnjə] *n* Kenya *m*
Kenyan ['kɛnjən] *adj* kényan(ne) ▸ *n* Kényan(ne)
kept [kɛpt] *pt, pp of* **keep**
kerb [kə:b] *n* (Brit) bordure *f* du trottoir
kerb crawler [-krɔ:ləʳ] *n personne qui accoste les prostitué(e)s en voiture*
kernel ['kə:nl] *n* amande *f*; (*fig*) noyau *m*
kerosene ['kɛrəsi:n] *n* kérosène *m*
kestrel ['kɛstrəl] *n* faucon *m* crécerelle
ketchup ['kɛtʃəp] *n* ketchup *m*
kettle ['kɛtl] *n* bouilloire *f*
kettling ['kɛtəlɪŋ] *n* ≈ tactique *f* de l'encerclement; *tactique policière consistant à encercler des manifestants pour les confiner dans un lieu de façon prolongée*
key [ki:] *n* (*gen, Mus*) clé *f*; (*of piano, typewriter*) touche *f*; (*on map*) légende *f*; **can I have my ~?** je peux avoir ma clé ? ▸ *adj* (*factor, role, area*) clé *inv*; **a ~ issue** un problème fondamental ▸ *cpd* (-)clé ▸ *vt* (*word*) taper
▸ **key in** *vt* (*text*) rentrer, taper
keyboard ['ki:bɔ:d] *n* clavier *m* ▸ *vt* (*text*) saisir
keyboarder ['ki:bɔ:dəʳ] *n* claviste *mf*
keyed up [ki:d-] *adj*: **to be (all) ~** être surexcité(e)
keyhole ['ki:həul] *n* trou *m* de la serrure
keyhole surgery *n chirurgie très minutieuse où l'incision est minimale*
keynote ['ki:nəut] *n* (*Mus*) tonique *f*; (*fig*) note dominante
keypad ['ki:pæd] *n* pavé *m* numérique
keyring ['ki:rɪŋ] *n* porte-clés *m*
keystroke ['ki:strəuk] *n* frappe *f*
kg *abbr* (= *kilogram*) K
KGB *n abbr* KGB *m*
khaki ['kɑ:kɪ] *adj, n* kaki *m*
kibbutz [kɪ'buts] *n* kibboutz *m*
kick [kɪk] *vt* donner un coup de pied à; **to ~ the habit** (*inf*) arrêter ▸ *vi* (*horse*) ruer ▸ *n* coup *m* de pied; (*of rifle*) recul *m*; (*inf: thrill*): **he does it for kicks** il le fait parce que ça l'excite, il le fait pour le plaisir
▸ **kick around** *vi* (*inf*) traîner
▸ **kick in** *vi* (*start working*) se mettre en marche
▸ **kick off** *vi* (*Sport*) donner le coup d'envoi
▸ **kick out** *vt* (*inf*) virer (*inf*); **to ~ sb out of sth** virer qn de qch
▸ **kick up** *vt*: **to ~ up a fuss (about sth)** faire du foin (à propos de qch); **to ~ up a rumpus** faire du scandale
kickback ['kɪkbæk] *n* (*bribe*) pot *m* de vin
kick-off ['kɪkɔf] *n* (*Sport*) coup *m* d'envoi
kick-start ['kɪkstɑ:t] *n* (*also*: **kick-starter**) lanceur *m* au pied
kid [kɪd] *n* (*inf: child*) gamin(e), gosse *mf*; (*animal, leather*) chevreau *m* ▸ *vi* (*inf*) plaisanter, blaguer
kid gloves *npl*: **to treat sb with ~** traiter qn avec ménagement
kidnap ['kɪdnæp] *vt* enlever, kidnapper
kidnapper ['kɪdnæpəʳ] *n* ravisseur(-euse)
kidnapping ['kɪdnæpɪŋ] *n* enlèvement *m*
kidney ['kɪdnɪ] *n* (*Anat*) rein *m*; (*Culin*) rognon *m*
kidney bean *n* haricot *m* rouge
kidney machine *n* (*Med*) rein artificiel
Kilimanjaro [kɪlɪmən'dʒɑ:rəu] *n*: **Mount ~** Kilimandjaro *m*
kill [kɪl] *vt* tuer; (*fig*) faire échouer; détruire; supprimer; **to ~ time** tuer le temps ▸ *n* mise *f* à mort
▸ **kill off** *vt* exterminer; (*fig*) éliminer
killer ['kɪləʳ] *n* tueur(-euse); (*murderer*) meurtrier(-ière)
killer instinct *n* combativité *f*; **to have the ~** avoir un tempérament de battant
killing ['kɪlɪŋ] *n* meurtre *m*; (*of group of people*) tuerie *f*, massacre *m*; (*inf*): **to make a ~** se remplir les poches, réussir un beau coup ▸ *adj* (*inf*) tordant(e)
killjoy ['kɪldʒɔɪ] *n* rabat-joie *m inv*
kiln [kɪln] *n* four *m*
kilo ['ki:ləu] *n* kilo *m*
kilobyte ['ki:ləubaɪt] *n* (*Comput*) kilo-octet *m*
kilogram, kilogramme ['kɪləugræm] *n* kilogramme *m*
kilometre, (*US*) **kilometer** ['kɪləmi:təʳ] *n* kilomètre *m*

When saying how far away something is, the distance is preceded by à.
It's ten kilometres from here. **C'est à dix kilomètres d'ici.**

kilowatt ['kɪləuwɔt] *n* kilowatt *m*
kilt [kɪlt] *n* kilt *m*
kilter ['kɪltəʳ] *n*: **out of ~** déréglé(e), détraqué(e)
kimono [kɪ'məunəu] *n* kimono *m*
kin [kɪn] *n see* **next-of-kin; kith**
kind [kaɪnd] *adj* gentil(le), aimable; **would you be ~ enough to ...?, would you be so ~ as to ...?** auriez-vous la gentillesse *or* l'obligeance de ... ?; **it's very ~ of you (to do)** c'est très aimable à vous (de faire) ▸ *n* sorte *f*, espèce *f*; (*species*) genre *m*; **to be two of a ~** se ressembler; **in ~** (*Comm*) en nature; (*fig*) **to repay sb in ~** rendre la pareille à qn; **~ of** (*inf: rather*) plutôt; **a ~ of** une sorte de; **what ~ of ...?** quelle sorte de ... ?
kindergarten ['kɪndəgɑ:tn] *n* jardin *m* d'enfants
kind-hearted [kaɪnd'hɑ:tɪd] *adj* bon(ne)
Kindle® ['kɪndl] *n* Kindle® *m*
kindle ['kɪndl] *vt* allumer, enflammer
kindling ['kɪndlɪŋ] *n* petit bois
kindly ['kaɪndlɪ] *adj* bienveillant(e), plein(e) de gentillesse ▸ *adv* avec bonté; **will you ~ ...** auriez-vous la bonté *or* l'obligeance de ...; **he didn't take it ~** il l'a mal pris
kindness ['kaɪndnɪs] *n* (*quality*) bonté *f*, gentillesse *f*
kindred ['kɪndrɪd] *adj* apparenté(e); **~ spirit** âme *f* sœur
kinetic [kɪ'nɛtɪk] *adj* cinétique
king [kɪŋ] *n* roi *m*
kingdom ['kɪŋdəm] *n* royaume *m*
kingfisher ['kɪŋfɪʃəʳ] *n* martin-pêcheur *m*
kingpin ['kɪŋpɪn] *n* (*Tech*) pivot *m*; (*fig*) cheville ouvrière
king-size ['kɪŋsaɪz], **king-sized** ['kɪŋsaɪzd] *adj* (*cigarette*) (format) extra-long (longue)
king-size bed, king-sized bed *n* grand lit (*de 1,95 m de large*)

kink [kɪŋk] *n (of rope)* entortillement *m* ; *(in hair)* ondulation *f* ; *(inf: fig)* aberration *f*
kinky ['kɪŋkɪ] *adj (fig)* excentrique ; *(pej)* aux goûts spéciaux
kinship ['kɪnʃɪp] *n* parenté *f*
kinsman ['kɪnzmən] *n (irreg)* parent *m*
kinswoman ['kɪnzwumən] *n (irreg)* parente *f*
kiosk ['ki:ɔsk] *n* kiosque *m* ; (BRIT: *also*: **telephone kiosk**) cabine *f* (téléphonique) ; (*also*: **newspaper kiosk**) kiosque à journaux
kipper ['kɪpə^r] *n* hareng fumé et salé
Kirghizia [kə:'gɪzɪə] *n* Kirghizistan *m*
kiss [kɪs] *n* baiser *m* ▸ *vt* embrasser ; **to ~ (each other)** s'embrasser ; **to ~ sb goodbye** dire au revoir à qn en l'embrassant
kissagram ['kɪsəgræm] *n baiser envoyé à l'occasion d'une célébration par l'intermédiaire d'une personne employée à cet effet*
kiss of life *n* (BRIT) bouche à bouche *m*
kit [kɪt] *n* équipement *m*, matériel *m* ; *(set of tools etc)* trousse *f* ; *(for assembly)* kit *m* ; **tool ~** nécessaire *m* à outils
▸ **kit out** *vt* (BRIT) équiper
kitbag ['kɪtbæg] *n* sac *m* de voyage *or* de marin
kitchen ['kɪtʃɪn] *n* cuisine *f*
kitchen garden *n* jardin *m* potager
kitchen sink *n* évier *m*
kitchen unit *n* (BRIT) élément *m* de cuisine
kitchenware ['kɪtʃɪnwɛə^r] *n* vaisselle *f* ; ustensiles *mpl* de cuisine
kite [kaɪt] *n (toy)* cerf-volant *m* ; *(Zool)* milan *m*
kith [kɪθ] *n*: **~ and kin** parents et amis *mpl*
kitten ['kɪtn] *n* petit chat, chaton *m*
kitty ['kɪtɪ] *n (money)* cagnotte *f*
kiwi ['ki:wi:] *n (also:* **kiwi fruit***)* kiwi *m*
KKK *n abbr* (US) = **Ku Klux Klan**
Kleenex® ['kli:nɛks] *n* Kleenex® *m*
kleptomaniac [klɛptəu'meɪnɪæk] *n* kleptomane *mf*
km *abbr (= kilometre)* km
km/h *abbr (= kilometres per hour)* km/h
knack [næk] *n*: **to have the ~ (of doing)** avoir le coup (pour faire) ; **there's a ~** il y a un coup à prendre *or* une combine
knackered ['nækəd] *adj (inf)* crevé(e), nase
knapsack ['næpsæk] *n* musette *f*
knave [neɪv] *n (Cards)* valet *m*
knead [ni:d] *vt* pétrir
knee [ni:] *n* genou *m*
kneecap ['ni:kæp] *n* rotule *f* ▸ *vt* tirer un coup de feu dans la rotule de
knee-deep ['ni:'di:p] *adj*: **the water was ~** l'eau arrivait aux genoux
kneel [ni:l] (*pt, pp* **knelt** [nɛlt]) *vi (also:* **kneel down***)* s'agenouiller
kneepad ['ni:pæd] *n* genouillère *f*
knell [nɛl] *n* glas *m*
knelt [nɛlt] *pt, pp of* **kneel**
knew [nju:] *pt of* **know**
knickers ['nɪkəz] *npl* (BRIT) culotte *f* (de femme)
knick-knack ['nɪknæk] *n* colifichet *m*
knife [naɪf] (*pl* **knives** [naɪvz]) *n* couteau *m* ; **~, fork and spoon** couvert *m* ▸ *vt* poignarder, frapper d'un coup de couteau
knife-edge ['naɪfɛdʒ] *n*: **to be on a ~** être sur le fil du rasoir
knifepoint ['naɪfpɔɪnt] *n*: **at ~** *(rape, rob)* sous la menace d'un couteau ; **to hold sb at ~** tenir qn en respect avec son couteau
knight [naɪt] *n* chevalier *m* ; *(Chess)* cavalier *m*
knighthood ['naɪthud] *n* chevalerie *f* ; *(title)*: **to get a ~** être fait chevalier
knit [nɪt] *vt* tricoter ; *(fig)*: **to ~ together** unir ; **to ~ one's brows** froncer les sourcils ▸ *vi* tricoter ; *(broken bones)* se ressouder
knitted ['nɪtɪd] *adj* en tricot
knitting ['nɪtɪŋ] *n* tricot *m*
knitting machine *n* machine *f* à tricoter
knitting needle *n* aiguille *f* à tricoter
knitting pattern *n* modèle *m* (pour tricot)
knitwear ['nɪtwɛə^r] *n* tricots *mpl*, lainages *mpl*
knives [naɪvz] *npl of* **knife**
knob [nɔb] *n* bouton *m* ; (BRIT): **a ~ of butter** une noix de beurre
knobbly ['nɔblɪ], (US) **knobby** ['nɔbɪ] *adj (wood, surface)* noueux(-euse) ; *(knees)* noueux
knock [nɔk] *vt* frapper ; *(bump into)* heurter ; *(force: nail etc)*: **to ~ a nail into** enfoncer un clou dans ; *(inf, fig)* dénigrer ; *(make: hole etc)*: **to ~ a hole in** faire un trou dans, trouer ▸ *vi (engine)* cogner ; *(at door etc)*: **to ~ at/on** frapper à/sur ; **he knocked at the door** il frappa à la porte ▸ *n* coup *m*
▸ **knock down** *vt* renverser ; *(price)* réduire
▸ **knock off** *vi (inf: finish)* s'arrêter (de travailler) ▸ *vt (vase, object)* faire tomber ; *(inf: steal)* piquer ; *(fig: from price etc)*: **to ~ off £10** faire une remise de 10 livres
▸ **knock out** *vt* assommer ; *(Boxing)* mettre k.-o. ; *(in competition)* éliminer
▸ **knock over** *vt (object)* faire tomber ; *(pedestrian)* renverser
knockdown ['nɔkdaun] *adj (price)* sacrifié(e)
knocker ['nɔkə^r] *n (on door)* heurtoir *m*
knocking ['nɔkɪŋ] *n* coups *mpl*
knock-kneed [nɔk'ni:d] *adj* aux genoux cagneux
knockout ['nɔkaut] *n (Boxing)* knock-out *m*, K.-O. *m* ; **~ competition** (BRIT) compétition *f* avec épreuves éliminatoires
knock-up ['nɔkʌp] *n (Tennis)*: **to have a ~** faire des balles
knot [nɔt] *n (gen)* nœud *m* ; **to tie a ~** faire un nœud ▸ *vt* nouer
knotty ['nɔtɪ] *adj (fig)* épineux(-euse)
know [nəu] (*pt* **knew** [nju:], *pp* **known** [nəun]) *vt* savoir ; *(person, place)* connaître ; **to ~ that** savoir que ; **to ~ how to do** savoir faire ; **to ~ how to swim** savoir nager ; **to get to ~ sth** *(fact)* apprendre qch ; *(place)* apprendre à connaître qch ; **I don't ~ him** je ne le connais pas ; **do you ~ where I can ...?** savez-vous où je peux ... ? ; **to ~ right from wrong** savoir distinguer le bon du mauvais ▸ *vi* savoir ; **I don't ~** je ne sais pas ; **as far as I ~ ...** à ma connaissance ..., autant que je sache ...
▸ **know about** *vt fus (news, event)* être au courant de ; *(subject)* s'y connaître en ; **to ~ a lot about sth** bien s'y connaître en qch ; **I don't ~ much**

about computers je ne m'y connais pas bien en informatique
▸ **know of** *vt fus* (*have heard of*) connaître ; **no, not that I ~ of** non, pas autant que je sache

know-all ['nəuɔːl] *n* (BRIT *pej*) je-sais-tout *mf*

know-how ['nəuhau] *n* savoir-faire *m*, technique *f*, compétence *f*

knowing ['nəuɪŋ] *adj* (*look etc*) entendu(e)

knowingly ['nəuɪŋlɪ] *adv* (*on purpose*) sciemment ; (*smile, look*) d'un air entendu

know-it-all ['nəuɪtɔːl] *n* (*US*) = **know-all**

knowledge ['nɔlɪdʒ] *n* connaissance *f* ; (*learning*) connaissances, savoir *m* ; **to have no ~ of** ignorer ; **not to my ~** pas à ma connaissance ; **without my ~** à mon insu ; **to have a working ~ of French** se débrouiller en français ; **it is common ~ that ...** chacun sait que ... ; **it has come to my ~ that ...** j'ai appris que ...

knowledgeable ['nɔlɪdʒəbl] *adj* bien informé(e)

known [nəun] *pp of* **know** ▸ *adj* (*thief, facts*) notoire ; (*expert*) célèbre

knuckle ['nʌkl] *n* articulation *f* (des phalanges), jointure *f*
▸ **knuckle down** *vi* (*inf*) s'y mettre
▸ **knuckle under** *vi* (*inf*) céder

knuckleduster ['nʌkldʌstəʳ] *n* coup-de-poing américain

KO *abbr* = **knock out** ▸ *n* K.-O. *m* ▸ *vt* mettre K.-O.

koala [kəu'ɑːlə] *n* (*also*: **koala bear**) koala *m*

kook [kuːk] *n* (*US inf*) loufoque *mf*

Koran [kɔ'rɑːn] *n* Coran *m*

Korea [kə'rɪə] *n* Corée *f* ; **North/South ~** Corée du Nord/Sud

Korean [kə'rɪən] *adj* coréen(ne) ▸ *n* Coréen(ne)

kosher ['kəuʃəʳ] *adj* kascher *inv*

Kosovar, Kosovan ['kɔsəvɑːʳ, 'kɔsəvæn] *adj* kosovar(e)

Kosovo ['kɔsɔvəu] *n* Kosovo *m*

kowtow ['kau'tau] *vi*: **to ~ to sb** s'aplatir devant qn

Kremlin ['krɛmlɪn] *n*: **the ~** le Kremlin

KS *abbr* (*US*) = **Kansas**

Kt *abbr* (BRIT: = *Knight*) *titre honorifique*

Kuala Lumpur ['kwɑːlə'lumpuəʳ] *n* Kuala Lumpur

kudos ['kjuːdɔs] *n* gloire *f*, lauriers *mpl*

Kurd [kəːd] *n* Kurde *mf*

Kurdish ['kəːdɪʃ] *adj* kurde ▸ *n* (*language*) kurde *m*

Kuwait [ku'weɪt] *n* Koweït *m*

Kuwaiti [ku'weɪtɪ] *adj* koweïtien(ne) ▸ *n* Koweïtien(ne)

kW *abbr* (= *kilowatt*) kW

KY, Ky. *abbr* (*US*) = **Kentucky**

k

Ll

L¹, l¹ [ɛl] *n (letter)* L, l *m* ; **L for Lucy,** (*US*) **L for Love** L comme Louis
L² *abbr (= lake, large)* L ; (*BRIT Aut: = learner) signale un conducteur débutant* ; (*= left*) g
l. *abbr (= litre)* l
LA *n abbr (US)* = **Los Angeles** ▸ *abbr (US)* = **Louisiana**
La. *abbr (US)* = **Louisiana**
lab [læb] *n abbr (= laboratory)* labo *m*
Lab. *abbr* (*CANADA*) = **Labrador**
label ['leɪbl] *n* étiquette *f* ; *(brand: of record)* marque *f* ▸ *vt* étiqueter ; **to ~ sb a ...** qualifier qn de ...
labor *etc* ['leɪbəʳ] *n (US)* = **labour** *etc*
laboratory [lə'bɔrətərɪ] *n* laboratoire *m*
Labor Day *n (US, CANADA)* fête *f* du travail *(le premier lundi de septembre)*

Labor Day

Labor Day aux États-Unis et au Canada est fixée au premier lundi de septembre. Instituée par le Congrès en 1894 après avoir été réclamée par les mouvements ouvriers pendant douze ans, elle a perdu une grande partie de son caractère politique pour devenir un jour férié assez ordinaire et l'occasion de partir pour un long week-end avant la rentrée des classes.

laborious [lə'bɔːrɪəs] *adj* laborieux(-euse)
labor union *n (US)* syndicat *m*
Labour ['leɪbəʳ] *n (BRIT Pol: also:* **the Labour Party**) le parti travailliste, les travaillistes *mpl*
labour, (*US*) **labor** ['leɪbəʳ] *n (work)* travail *m* ; *(workforce)* main-d'œuvre *f* ; *(Med)* travail, accouchement *m* ; **in ~** *(Med)* en travail ▸ *vi*: **to ~ (at)** travailler dur (à), peiner (sur) ▸ *vt*: **to ~ a point** insister sur un point
labour camp, (*US*) **labor camp** *n* camp *m* de travaux forcés
labour cost, (*US*) **labor cost** *n* coût *m* de la main-d'œuvre ; coût de la façon
laboured, (*US*) **labored** ['leɪbəd] *adj* lourd(e), laborieux(-euse) ; *(breathing)* difficile, pénible ; *(style)* lourd, embarrassé(e)
labourer, (*US*) **laborer** ['leɪbərəʳ] *n* manœuvre *m* ; **farm ~** ouvrier *m* agricole
labour force, (*US*) **labor force** *n* main-d'œuvre *f*
labour-intensive, (*US*) **labor-intensive** [leɪbərɪn'tɛnsɪv] *adj* intensif(-ive) en main-d'œuvre
labour market, (*US*) **labor market** *n* marché *m* du travail
labour pains, (*US*) **labor pains** *npl* douleurs *fpl* de l'accouchement
labour relations, (*US*) **labor relations** *npl* relations *fpl* dans l'entreprise
labour-saving, (*US*) **labor-saving** ['leɪbəseɪvɪŋ] *adj* qui simplifie le travail
labour unrest, (*US*) **labor unrest** *n* agitation sociale
labyrinth ['læbɪrɪnθ] *n* labyrinthe *m*, dédale *m*
lace [leɪs] *n* dentelle *f* ; *(of shoe etc)* lacet *m* ▸ *vt (shoe: also:* **lace up**) lacer ; *(drink)* arroser, corser
lacemaking ['leɪsmeɪkɪŋ] *n* fabrication *f* de dentelle
laceration [læsə'reɪʃən] *n* lacération *f*
lace-up ['leɪsʌp] *adj (shoes etc)* à lacets
lack [læk] *n* manque *m* ; **through** *or* **for ~ of** faute de, par manque de ▸ *vt* manquer de ▸ *vi*: **to be lacking** manquer, faire défaut ; **to be lacking in** manquer de
lackadaisical [lækə'deɪzɪkl] *adj* nonchalant(e), indolent(e)
lackey ['lækɪ] *n (also fig)* laquais *m*
lacklustre ['læklʌstəʳ] *adj* terne
laconic [lə'kɔnɪk] *adj* laconique
lacquer ['lækəʳ] *n* laque *f*
lacquered ['lækəd] *adj* laqué(e)
lacrosse [lə'krɔs] *n* la crosse *f*, jeu *m* de la crosse
lacy ['leɪsɪ] *adj (made of lace)* en dentelle ; *(like lace)* comme de la dentelle, qui ressemble à de la dentelle
lad [læd] *n* garçon *m*, gars *m* ; (*BRIT: in stable etc*) lad *m*
ladder ['lædəʳ] *n* échelle *f* ; (*BRIT: in tights*) maille filée ▸ *vt, vi* (*BRIT: tights*) filer
laden ['leɪdn] *adj*: **~ (with)** chargé(e) (de) ; **fully ~** *(truck, ship)* en pleine charge
ladle ['leɪdl] *n* louche *f*
lady ['leɪdɪ] *n* dame *f* ; **"ladies and gentlemen ..."** « Mesdames (et) Messieurs ... » ; **young ~** jeune fille *f* ; *(married)* jeune femme *f* ; **L~ Smith** lady Smith ; **the ladies' (room)** les toilettes *fpl* des dames ; **a ~ doctor** une doctoresse, une femme médecin
ladybird ['leɪdɪbəːd], (*US*) **ladybug** ['leɪdɪbʌg] *n* coccinelle *f*
lady-in-waiting ['leɪdɪɪn'weɪtɪŋ] *n* dame *f* d'honneur
lady-killer ['leɪdɪkɪləʳ] *n* don Juan *m*
ladylike ['leɪdɪlaɪk] *adj* distingué(e)

ladyship ['leɪdɪʃɪp] *n*: **your L~** Madame la comtesse (*or* la baronne *etc*)
lag [læg] *n* retard *m* ▸ *vi* (*also*: **lag behind**) rester en arrière, traîner ; (: *fig*) rester à la traîne ▸ *vt* (*pipes*) calorifuger
lager ['lɑːgəʳ] *n* bière blonde
lager lout *n* (BRIT *inf*) jeune voyou *m* (*porté sur la boisson*)
lagging ['lægɪŋ] *n* enveloppe isolante, calorifuge *m*
lagoon [lə'guːn] *n* lagune *f*
Lagos ['leɪgɔs] *n* Lagos
laid [leɪd] *pt, pp of* **lay**
laid back *adj* (*inf*) relaxe, décontracté(e)
laid up *adj* alité(e)
lain [leɪn] *pp of* **lie**
lair [lɛəʳ] *n* tanière *f*, gîte *m*
laissez-faire [lɛseɪ'fɛəʳ] *n* libéralisme *m*
laity ['leɪətɪ] *n* laïques *mpl*
lake [leɪk] *n* lac *m*
Lake District *n*: **the ~** (BRIT) la région des lacs
lamb [læm] *n* agneau *m*
lambast [læm'bæst], (US) **lambaste** [læm'beɪst] *vt* étriller
lamb chop *n* côtelette *f* d'agneau
lambing ['læmɪŋ] *n* agnelage *m*
lambskin ['læmskɪn] *n* (peau *f* d')agneau *m*
lambswool ['læmzwul] *n* laine *f* d'agneau
lame [leɪm] *adj* (*also fig*) boiteux(-euse) ; **~ duck** (*fig*) canard boiteux
lamely ['leɪmlɪ] *adv* (*fig*) sans conviction
lament [lə'mɛnt] *n* lamentation *f* ▸ *vt* pleurer, se lamenter sur
lamentable ['læməntəbl] *adj* déplorable, lamentable
laminated ['læmɪneɪtɪd] *adj* laminé(e) ; (*windscreen*) (en verre) feuilleté
lamp [læmp] *n* lampe *f*
lamplight ['læmplaɪt] *n*: **by ~** à la lumière de la (*or* d'une) lampe
lampoon [læm'puːn] *n* pamphlet *m*
lamppost ['læmppəust] *n* (BRIT) réverbère *m*
lampshade ['læmpʃeɪd] *n* abat-jour *m inv*
lance [lɑːns] *n* lance *f* ▸ *vt* (*Med*) inciser
lance corporal *n* (BRIT) (soldat *m* de) première classe *m*
lancet ['lɑːnsɪt] *n* (*Med*) bistouri *m*
Lancs [læŋks] *abbr* (BRIT) = **Lancashire**
land [lænd] *n* (*as opposed to sea*) terre *f* (ferme) ; (*country*) pays *m* ; (*soil*) terre ; (*piece of land*) terrain *m* ; (*estate*) terre(s), domaine(s) *m(pl)* ; **to go/travel by ~** se déplacer par voie de terre ; **to own ~** être propriétaire foncier ▸ *vi* (*from ship*) débarquer ; (*Aviat*) atterrir ; (*fig: fall*) (re)tomber ; **to ~ on one's feet** (*also fig*) retomber sur ses pieds ▸ *vt* (*passengers, goods*) débarquer ; (*obtain*) décrocher ; **to ~ sb with sth** (*inf*) coller qch à qn
▸ **land up** *vi* atterrir, (finir par) se retrouver
landed gentry ['lændɪd-] *n* (BRIT) propriétaires terriens *or* fonciers
landfill site ['lændfɪl-] *n* centre *m* d'enfouissement des déchets
landing ['lændɪŋ] *n* (*from ship*) débarquement *m* ; (*Aviat*) atterrissage *m* ; (*of staircase*) palier *m*
landing card *n* carte *f* de débarquement
landing craft *n* péniche *f* de débarquement
landing gear *n* train *m* d'atterrissage
landing stage *n* (BRIT) débarcadère *m*, embarcadère *m*
landing strip *n* piste *f* d'atterrissage
landlady ['lændleɪdɪ] *n* propriétaire *f*, logeuse *f* ; (*of pub*) patronne *f*
landline ['lændlaɪn] *n* ligne *f* fixe
landlocked ['lændlɔkt] *adj* entouré(e) de terre(s), sans accès à la mer
landlord ['lændlɔːd] *n* propriétaire *m*, logeur *m* ; (*of pub etc*) patron *m*
landlubber ['lændlʌbəʳ] *n* terrien(ne)
landmark ['lændmɑːk] *n* (point *m* de) repère *m* ; **to be a ~** (*fig*) faire date *or* époque
landmine ['lændmaɪn] *n* mine *f* terrestre
landowner ['lændəunəʳ] *n* propriétaire foncier *or* terrien
landscape ['lænskeɪp] *n* paysage *m*
landscape architect, landscape gardener *n* paysagiste *mf*
landscaped ['lændskeɪpt] *adj* paysagé(e), paysager *inv*
landscape painting *n* (*Art*) paysage *m*
landslide ['lændslaɪd] *n* (*Geo*) glissement *m* (de terrain) ; (*fig: Pol*) raz-de-marée (électoral)
lane [leɪn] *n* (*in country*) chemin *m* ; (*in town*) ruelle *f* ; (*Aut: of road*) voie *f* ; (: *line of traffic*) file *f* ; (*in race*) couloir *m* ; **shipping ~** route *f* maritime *or* de navigation
language ['læŋgwɪdʒ] *n* langue *f* ; (*way one speaks*) langage *m* ; **what languages do you speak?** quelles langues parlez-vous ? ; **bad ~** grossièretés *fpl*, langage grossier

> Use **langue** to refer to a language such as French or English, use **langage** for a way of communicating: *everyday language* **le langage courant**.

language laboratory *n* laboratoire *m* de langues
language school *n* école *f* de langue
languid ['læŋgwɪd] *adj* languissant(e), langoureux(-euse)
languish ['læŋgwɪʃ] *vi* languir
lank [læŋk] *adj* (*hair*) raide et terne
lanky ['læŋkɪ] *adj* grand(e) et maigre, efflanqué(e)
lanolin, lanoline ['lænəlɪn] *n* lanoline *f*
lantern ['læntn] *n* lanterne *f*
Laos [laus] *n* Laos *m*
lap [læp] *n* (*of track*) tour *m* (de piste) ; (*of body*): **in** *or* **on one's ~** sur les genoux ▸ *vt* (*also*: **lap up**) laper ▸ *vi* (*waves*) clapoter
▸ **lap up** *vt* (*fig*) boire comme du petit-lait, se gargariser de ; (: *lies etc*) gober
La Paz [læ'pæz] *n* La Paz
lap dancing *n strip-tease où la danseuse s'asseoit sur les genoux des clients*
lapdog ['læpdɔg] *n* chien *m* d'appartement
lapel [lə'pɛl] *n* revers *m*
Lapland ['læplænd] *n* Laponie *f*
lapse [læps] *n* défaillance *f* ; (*in behaviour*) écart *m* (de conduite) ; **~ of time** laps *m* de temps, intervalle *m* ; **a ~ of memory** un trou de

l

mémoire ▸ *vi* (*Law*) cesser d'être en vigueur ; (*contract*) expirer ; (*pass*) être périmé ; (*subscription*) prendre fin ; **to ~ into bad habits** prendre de mauvaises habitudes

laptop ['læptɔp], **laptop computer** *n* (ordinateur *m*) portable *m*

larceny ['lɑːsənɪ] *n* vol *m*

larch [lɑːtʃ] *n* mélèze *m*

lard [lɑːd] *n* saindoux *m*

larder ['lɑːdə[r]] *n* garde-manger *m inv*

large [lɑːdʒ] *adj* grand(e) ; (*person, animal*) gros (grosse) ; **to make larger** agrandir ; **a ~ number of people** beaucoup de gens ; **by and ~** en général ; **on a ~ scale** sur une grande échelle ; **at ~** (*free*) en liberté ; (*generally*) en général ; pour la plupart ; *see also* **by**

> ⚠ Le mot anglais **large** ne veut pas dire *large*.

largely ['lɑːdʒlɪ] *adv* en grande partie ; (*principally*) surtout

large-scale ['lɑːdʒ'skeɪl] *adj* (*map, drawing etc*) à grande échelle ; (*fig*) important(e)

largesse, (*US*) **largess** [lɑː'ʒɛs] *n* largesses *fpl*

lark [lɑːk] *n* (*bird*) alouette *f* ; (*joke*) blague *f*, farce *f*
▸ **lark about** *vi* faire l'idiot, rigoler

larrikin ['lærɪkɪn] *n* (AUSTRALIA, NEW ZEALAND *inf*) fripon *m* (*inf*)

larva ['lɑːvə] (*pl* **larvae** [-iː]) *n* larve *f*

laryngitis [lærɪn'dʒaɪtɪs] *n* laryngite *f*

larynx ['lærɪŋks] *n* larynx *m*

lasagne [lə'zænjə] *n* lasagne *f*

lascivious [lə'sɪvɪəs] *adj* lascif(-ive)

laser ['leɪzə[r]] *n* laser *m*

laser beam *n* rayon *m* laser

laser printer *n* imprimante *f* laser

lash [læʃ] *n* coup *m* de fouet ; (*also*: **eyelash**) cil *m* ▸ *vt* fouetter ; (*tie*) attacher
▸ **lash down** *vt* attacher ; amarrer ; arrimer ▸ *vi* (*rain*) tomber avec violence
▸ **lash out** *vi*: **to ~ out (at** *or* **against sb/sth)** attaquer violemment (qn/qch) ; **to ~ out (on sth)** (*inf*: *spend*) se fendre (de qch)

lashing ['læʃɪŋ] *n*: **lashings of** (BRIT *inf*: *cream etc*) des masses de

lass [læs] *n* (BRIT) (jeune) fille *f*

lasso [læ'suː] *n* lasso *m* ▸ *vt* prendre au lasso

last [lɑːst] *adj* dernier(-ière) ; **~ week** la semaine dernière ; **~ night** (*evening*) hier soir ; (*night*) la nuit dernière ; **the ~ time** la dernière fois ; **the ~ but one** *adj* l'avant-dernier(-ière) (*before noun*) ▸ *adv* en dernier ; (*most recently*) la dernière fois ; (*finally*) finalement ▸ *vi* durer ; **it lasts (for) 2 hours** ça dure 2 heures ▸ *n*: **at ~** enfin ▸ *pron*: **the ~** (*the last one*) le dernier (la dernière) ; (*the last ones*) les derniers ; **the ~ but one** l'avant-dernier(-ière)

last-ditch ['lɑːst'dɪtʃ] *adj* ultime, désespéré(e)

lasting ['lɑːstɪŋ] *adj* durable

lastly ['lɑːstlɪ] *adv* en dernier lieu, pour finir

last-minute ['lɑːstmɪnɪt] *adj* de dernière minute

latch [lætʃ] *n* loquet *m*
▸ **latch onto** *vt fus* (*cling to: person, group*) s'accrocher à ; (*: idea*) se mettre en tête

latchkey ['lætʃkiː] *n* clé *f* (de la porte d'entrée)

late [leɪt] *adj* (*not on time*) en retard ; (*far on in day etc*) tardif(-ive) ; (*: edition, delivery*) dernier(-ière) ; (*recent*) récent(e), dernier ; (*former*) ancien(ne) ; (*dead*) défunt(e) ; **to be ~** avoir du retard ; **to be 10 minutes ~** avoir 10 minutes de retard ; **sorry I'm ~** désolé d'être en retard ; **it's too ~** il est trop tard ; **in ~ May** vers la fin (du mois) de mai, fin mai ; **the ~ Mr X** feu M. X ▸ *adv* tard ; (*behind time, schedule*) en retard ; **to work ~** travailler tard ; **~ in life** sur le tard, à un âge avancé ▸ *n*: **of ~** (*lately*) dernièrement

latecomer ['leɪtkʌmə[r]] *n* retardataire *mf*

lately ['leɪtlɪ] *adv* récemment

lateness ['leɪtnɪs] *n* (*of person*) retard *m* ; (*of event*) heure tardive

latent ['leɪtnt] *adj* latent(e) ; **~ defect** vice caché

later ['leɪtə[r]] *adj* (*date etc*) ultérieur(e) ; (*version etc*) plus récent(e) ▸ *adv* plus tard ; **~ on today** plus tard dans la journée

lateral ['lætərl] *adj* latéral(e)

latest ['leɪtɪst] *adj* tout(e) dernier(-ière) ; **the ~ news** les dernières nouvelles ; **at the ~** au plus tard

latex ['leɪtɛks] *n* latex *m*

lath [læθ] (*pl* **laths** [læðz]) *n* latte *f*

lathe [leɪð] *n* tour *m*

lather ['lɑːðə[r]] *n* mousse *f* (de savon) ▸ *vt* savonner ▸ *vi* mousser

Latin ['lætɪn] *n* latin *m* ▸ *adj* latin(e)

Latin America *n* Amérique latine

Latin American *adj* latino-américain(e), d'Amérique latine ▸ *n* Latino-Américain(e)

latitude ['lætɪtjuːd] *n* (*also fig*) latitude *f*

latrine [lə'triːn] *n* latrines *fpl*

latte ['lɑːteɪ] *n* crème *m*

latter ['lætə[r]] *adj* deuxième, dernier(-ière) ▸ *n*: **the ~** ce dernier, celui-ci

latterly ['lætəlɪ] *adv* dernièrement, récemment

lattice ['lætɪs] *n* treillis *m* ; treillage *m*

lattice window *n* fenêtre treillissée, fenêtre à croisillons

Latvia ['lætvɪə] *n* Lettonie *f*

Latvian ['lætvɪən] *adj* letton(ne) ▸ *n* Letton(ne) ; (*Ling*) letton *m*

laud [lɔːd] *vt* louer

laudable ['lɔːdəbl] *adj* louable

laudatory ['lɔːdətrɪ] *adj* élogieux(-euse)

laugh [lɑːf] *n* rire *m* ; **(to do sth) for a ~** (faire qch) pour rire ▸ *vi* rire
▸ **laugh at** *vt fus* se moquer de ; (*joke*) rire de
▸ **laugh off** *vt* écarter *or* rejeter par une plaisanterie *or* par une boutade

laughable ['lɑːfəbl] *adj* risible, ridicule

laughing ['lɑːfɪŋ] *adj* rieur(-euse) ; **this is no ~ matter** il n'y a pas de quoi rire, ça n'a rien d'amusant

laughing gas *n* gaz hilarant

laughing stock *n*: **the ~ of** la risée de

laughter ['lɑːftə[r]] *n* rire *m* ; (*of several people*) rires *mpl*

launch [lɔːntʃ] *n* lancement *m* ; (*boat*) chaloupe *f* ; (*also*: **motor launch**) vedette *f* ▸ *vt* (*ship, rocket, plan*) lancer
▸ **launch into** *vt fus* se lancer dans
▸ **launch out** *vi*: **to ~ out (into)** se lancer (dans)

launching ['lɔːntʃɪŋ] *n* lancement *m*
launder ['lɔːndəʳ] *vt* laver ; (*fig: money*) blanchir
Launderette® [lɔːn'drɛt], (*US*) **Laundromat®** ['lɔːndrəmæt] *n* laverie *f* (automatique)
laundry ['lɔːndrɪ] *n* (*clothes*) linge *m* ; (*business*) blanchisserie *f* ; (*room*) buanderie *f* ; **to do the ~** faire la lessive
laureate ['lɔːrɪət] *adj see* **poet laureate**
laurel ['lɔrl] *n* laurier *m* ; **to rest on one's laurels** se reposer sur ses lauriers
lava ['lɑːvə] *n* lave *f*
lavatory ['lævətərɪ] *n* toilettes *fpl*
lavatory paper *n* (BRIT) papier *m* hygiénique
lavender ['lævəndəʳ] *n* lavande *f*
lavish ['lævɪʃ] *adj* (*amount*) copieux(-euse) ; (*meal*) somptueux(-euse) ; (*hospitality*) généreux(-euse) ; (*person: giving freely*): **~ with** prodigue de ▸ *vt*: **to ~ sth on sb** prodiguer qch à qn ; (*money*) dépenser qch sans compter pour qn
lavishly ['lævɪʃlɪ] *adv* (*give, spend*) sans compter ; (*furnished*) luxueusement
law [lɔː] *n* loi *f* ; (*field of study, profession*) droit *m* ; **against the ~** contraire à la loi ; **to study ~** faire du droit ; **to go to ~** (BRIT) avoir recours à la justice ; **~ and order** *n* l'ordre public
law-abiding ['lɔːəbaɪdɪŋ] *adj* respectueux(-euse) des lois
lawbreaker ['lɔːbreɪkəʳ] *n* personne *f* qui transgresse la loi
law court *n* tribunal *m*, cour *f* de justice
law enforcement *cpd* (*agency, officer*) chargé(e) de faire appliquer la loi
lawful ['lɔːful] *adj* légal(e), permis(e)
lawfully ['lɔːfəlɪ] *adv* légalement
lawless ['lɔːlɪs] *adj* (*action*) illégal(e) ; (*place*) sans loi ; **~ behaviour** le non-respect des lois
lawlessness ['lɔːlɪsnɪs] *n* non-respect *m* des lois, non-droit *m*
Law Lord *n* (BRIT) *juge siégeant à la Chambre des Lords*
lawmaker ['lɔːmeɪkəʳ] *n* législateur(-trice)
lawn [lɔːn] *n* pelouse *f*
lawnmower ['lɔːnməuəʳ] *n* tondeuse *f* à gazon
lawn tennis *n* tennis *m*
law school *n* faculté *f* de droit
law student *n* étudiant(e) en droit
lawsuit ['lɔːsuːt] *n* procès *m* ; **to bring a ~ against** engager des poursuites contre
lawyer ['lɔːjəʳ] *n* (*consultant, with company*) juriste *m* ; (*for sales, wills etc*) ≈ notaire *m* ; (*partner, in court*) ≈ avocat *m*
lax [læks] *adj* relâché(e)
laxative ['læksətɪv] *n* laxatif *m*
laxity ['læksɪtɪ] *n* relâchement *m*
lay [leɪ] *pt of* **lie** ▸ *adj* laïque ; (*not expert*) profane ▸ *vt* (*pt, pp* **laid** [leɪd]) poser, mettre ; (*eggs*) pondre ; (*trap*) tendre ; (*plans*) élaborer ; **to ~ the table** mettre la table ; **to ~ the facts/one's proposals before sb** présenter les faits/ses propositions à qn ; **to get laid** (*inf!*) baiser (*!*), se faire baiser (*!*)
▸ **lay aside, lay by** *vt* mettre de côté
▸ **lay down** *vt* poser ; (*rules etc*) établir ; **to ~ down the law** (*fig*) faire la loi
▸ **lay in** *vt* accumuler, s'approvisionner en
▸ **lay into** *vi* (*inf: attack*) tomber sur ; (*: scold*) passer une engueulade à
▸ **lay off** *vt* (*workers*) licencier
▸ **lay on** *vt* (*water, gas*) mettre, installer ; (*provide: meal etc*) fournir ; (*paint*) étaler
▸ **lay out** *vt* (*design*) dessiner, concevoir ; (*display*) disposer ; (*spend*) dépenser
▸ **lay up** *vt* (*store*) amasser ; (*car*) remiser ; (*ship*) désarmer ; (*illness*) forcer à s'aliter
layabout ['leɪəbaut] *n* fainéant(e)
lay-by ['leɪbaɪ] *n* (BRIT) aire *f* de stationnement (sur le bas-côté)
lay days *npl* (*Naut*) estarie *f*
layer ['leɪəʳ] *n* couche *f* ▸ *vt* disposer en couches
layette [leɪ'ɛt] *n* layette *f*
layman ['leɪmən] *n* (*irreg*) (*Rel*) laïque *m* ; (*non-expert*) profane *m*
lay-off ['leɪɔf] *n* licenciement *m*
layout ['leɪaut] *n* disposition *f*, plan *m*, agencement *m* ; (*Press*) mise *f* en page
laze [leɪz] *vi* paresser
laziness ['leɪzɪnɪs] *n* paresse *f*
lazy ['leɪzɪ] *adj* paresseux(-euse)
LB *abbr* (CANADA) = **Labrador**
lb. *abbr* (*weight*) = **pound**
lbw *abbr* (*Cricket: = leg before wicket*) *faute dans laquelle le joueur a la jambe devant le guichet*
LC *n abbr* (*US*) = **Library of Congress**
lc *abbr* (*Typ: = lower case*) b.d.c.
L/C *abbr* = **letter of credit**
LCD *n abbr* = **liquid crystal display**
Ld *abbr* (BRIT: *= lord*) *titre honorifique*
LDS *n abbr* (*= Licentiate in Dental Surgery*) *diplôme universitaire* ; (*= Latter-day Saints*) *Église de Jésus-Christ des Saints du dernier jour*
LEA *n abbr* (BRIT: *= local education authority*) *services locaux de l'enseignement*
lead¹ [liːd] (*pt, pp* **led** [lɛd]) *n* (*front position*) tête *f* ; (*distance, time ahead*) avance *f* ; (*clue*) piste *f* ; (*to battery*) raccord *m* ; (*Elec*) fil *m* ; (*for dog*) laisse *f* ; (*Theat*) rôle principal ; **to be in the ~** (*Sport: in race*) mener, être en tête ; (*: in match*) mener (à la marque) ; **to take the ~** (*Sport*) passer en tête, prendre la tête ; mener ; (*fig*) prendre l'initiative ▸ *vt* (*guide*) mener, conduire ; (*induce*) amener ; (*be leader of*) être à la tête de ; (*Sport*) être en tête de ; (*orchestra:* BRIT) être le premier violon de ; (*: US*) diriger ; **to ~ sb astray** détourner qn du droit chemin ; **to ~ sb to believe that ...** amener qn à croire que ... ; **to ~ sb to do sth** amener qn à faire qch ; **to ~ the way** montrer le chemin ▸ *vi* (*Sport*) mener, être en tête ; **to ~ to** (*road, pipe*) mener à, conduire à ; (*result in*) conduire à ; aboutir à
▸ **lead away** *vt* emmener
▸ **lead back** *vt* ramener
▸ **lead off** *vi* (*in game etc*) commencer
▸ **lead on** *vt* (*tease*) faire marcher ; **to ~ sb on to** (*induce*) amener qn à
▸ **lead up to** *vt* conduire à ; (*in conversation*) en venir à
lead² [lɛd] *n* (*metal*) plomb *m* ; (*in pencil*) mine *f*
leaded ['lɛdɪd] *adj* (*windows*) à petits carreaux
leaded petrol *n* essence *f* au plomb
leaden ['lɛdn] *adj* de *or* en plomb

l

leader ['li:dəʳ] *n* (*of team*) chef *m* ; (*of party etc*) dirigeant(e), leader *m* ; (*Sport: in league*) leader ; (*: in race*) coureur *m* de tête ; (*in newspaper*) éditorial *m* ; **they are leaders in their field** (*fig*) ils sont à la pointe du progrès dans leur domaine ; **the L~ of the House** (Brit) le chef de la majorité ministérielle
leadership ['li:dəʃɪp] *n* (*position*) direction *f* ; **under the ~ of ...** sous la direction de ... ; **qualities of ~** qualités *fpl* de chef *or* de meneur
lead-free ['lɛdfri:] *adj* sans plomb
leading ['li:dɪŋ] *adj* de premier plan ; (*main*) principal(e) ; (*in race*) de tête ; **a ~ question** une question tendancieuse ; **~ role** rôle prépondérant *or* de premier plan
leading lady *n* (*Theat*) vedette (féminine)
leading light *n* (*person*) sommité *f*, personnalité *f* de premier plan
leading man *n* (*irreg*) (*Theat*) vedette (masculine)
lead pencil [lɛd-] *n* crayon noir *or* à papier
lead poisoning [lɛd-] *n* saturnisme *m*
lead singer [li:d-] *n* (*in pop group*) (chanteur *m*) vedette *f*
lead time [li:d-] *n* (*Comm*) délai *m* de livraison
lead weight [lɛd-] *n* plomb *m*
leaf [li:f] (*pl* **leaves** [li:vz]) *n* feuille *f* ; (*of table*) rallonge *f* ; **to turn over a new ~** (*fig*) changer de conduite *or* d'existence ; **to take a ~ out of sb's book** (*fig*) prendre exemple sur qn
▸ **leaf through** *vt* (*book*) feuilleter
leaflet ['li:flɪt] *n* prospectus *m*, brochure *f* ; (*Pol, Rel*) tract *m*
leafy ['li:fɪ] *adj* feuillu(e)
league [li:g] *n* ligue *f* ; (*Football*) championnat *m* ; (*measure*) lieue *f* ; **to be in ~ with** avoir partie liée avec, être de mèche avec
league table *n* classement *m*
leak [li:k] *n* (*lit, fig*) fuite *f* ; (*in*) infiltration *f* ▸ *vi* (*pipe, liquid etc*) fuir ; (*shoes*) prendre l'eau ; (*ship*) faire eau ▸ *vt* (*liquid*) répandre ; (*information*) divulguer
▸ **leak out** *vi* fuir ; (*information*) être divulgué(e)
leakage ['li:kɪdʒ] *n* (*also fig*) fuite *f*
leaky ['li:kɪ] *adj* (*pipe, bucket*) qui fuit, percé(e) ; (*roof*) qui coule ; (*shoe*) qui prend l'eau ; (*boat*) qui fait eau
lean [li:n] (*pt, pp* **leaned** [li:nd] *or* **leant** [lɛnt]) *adj* maigre ▸ *n* (*of meat*) maigre *m* ▸ *vt*: **to ~ sth on** appuyer qch sur ▸ *vi* (*slope*) pencher ; (*rest*): **to ~ against** s'appuyer contre ; être appuyé(e) contre ; **to ~ on** s'appuyer sur
▸ **lean back** *vi* se pencher en arrière
▸ **lean forward** *vi* se pencher en avant
▸ **lean out** *vi*: **to ~ out (of)** se pencher au dehors (de)
▸ **lean over** *vi* se pencher
leaning ['li:nɪŋ] *adj* penché(e) ; **the L~ Tower of Pisa** la tour penchée de Pise ▸ *n*: **~ (towards)** penchant *m* (pour)
leant [lɛnt] *pt, pp of* **lean**
lean-to ['li:ntu:] *n* appentis *m*
leap [li:p] (*pt, pp* **leaped** [li:pt] *or* **leapt** [lɛpt]) *n* bond *m*, saut *m* ▸ *vi* bondir, sauter ; **to ~ at an offer** saisir une offre
▸ **leap up** *vi* (*person*) faire un bond ; se lever d'un bond
leapfrog ['li:pfrɔg] *n* jeu *m* de saute-mouton
leapt [lɛpt] *pt, pp of* **leap**
leap year *n* année *f* bissextile
learn [lə:n] (*pt, pp* **learned** [lə:nd] *or* **learnt** [lə:nt]) *vt, vi* apprendre ; **to ~ (how) to do sth** apprendre à faire qch ; **we were sorry to ~ that ...** nous avons appris avec regret que ... ; **to ~ about sth** (*Scol*) étudier qch ; (*hear, read*) apprendre qch
learned ['lə:nɪd] *adj* érudit(e), savant(e)
learner ['lə:nəʳ] *n* débutant(e) ; (Brit: *also:* **learner driver**) (conducteur(-trice)) débutant(e)
learning ['lə:nɪŋ] *n* savoir *m*
learning difficulties, learning disabilities *npl* (*in adults*) difficultés *fpl* d'apprentissage ; (*in children*) difficultés *fpl* scolaires
learnt [lə:nt] *pp of* **learn**
lease [li:s] *n* bail *m* ; **on ~** en location ▸ *vt* louer à bail
▸ **lease back** *vt* vendre en cession-bail
leaseback ['li:sbæk] *n* cession-bail *f*
leasehold ['li:shəuld] *n* (*contract*) bail *m* ▸ *adj* loué(e) à bail
leaseholder ['li:shəuldəʳ] *n* preneur *m*
leash [li:ʃ] *n* laisse *f*
least [li:st] *adj*: **the ~** (*+ noun*) le (la) plus petit(e), le (la) moindre ; (*smallest amount of*) le moins de ; **the ~ money** le moins d'argent ▸ *n*: **(the) ~** le moins ; **at ~** au moins ; (*or rather*) du moins ; **you could at ~ have written** tu aurais au moins pu écrire ; **not in the ~** pas le moins du monde ▸ *adv* (*+ verb*) le moins ; (*+ adj*): **the ~** le (la) moins ; **the ~ expensive** le (la) moins cher (chère) ; **the ~ possible effort** le moins d'effort possible
leather ['lɛðəʳ] *n* cuir *m* ▸ *cpd* en *or* de cuir ; **~ goods** maroquinerie *f*
leave [li:v] (*pt, pp* **left** [lɛft]) *vt* laisser ; (*go away from*) quitter ; (*forget*) oublier ; **to ~ sth to sb** (*money etc*) laisser qch à qn ; **to be left** rester ; **there's some milk left over** il reste du lait ; **to ~ school** quitter l'école, terminer sa scolarité ; **~ it to me!** laissez-moi faire !, je m'en occupe ! ▸ *vi* partir, s'en aller ; **what time does the train/bus ~?** le train/le bus part à quelle heure ? ▸ *n* (*time off*) congé *m* ; (*Mil, also consent*) permission *f* ; **on ~** en permission ; **to take one's ~ of** prendre congé de ; **~ of absence** *n* congé exceptionnel ; (*Mil*) permission spéciale
▸ **leave behind** *vt* (*also fig*) laisser ; (*opponent in race*) distancer ; (*forget*) laisser, oublier
▸ **leave off** *vt* (*cover, lid, heating*) ne pas (re)mettre ; (*light*) ne pas (r)allumer, laisser éteint(e) ▸ *vi* (Brit *inf: stop*): **to ~ off (doing sth)** s'arrêter (de faire qch)
▸ **leave on** *vt* (*coat etc*) garder, ne pas enlever ; (*lid*) laisser dessus ; (*light, fire, cooker*) laisser allumé(e)
▸ **leave out** *vt* oublier, omettre
leaves [li:vz] *npl of* **leaf**
leavetaking ['li:vteɪkɪŋ] *n* adieux *mpl*
Lebanese [lɛbə'ni:z] *adj* libanais(e) ▸ *n* (*pl inv*) Libanais(e)

Lebanon ['lɛbənən] *n* Liban *m*
lecherous ['lɛtʃərəs] *adj* lubrique
lectern ['lɛktə:n] *n* lutrin *m*, pupitre *m*
lecture ['lɛktʃə^r] *n* conférence *f* ; (*Scol*) cours (magistral) ; **to give a ~ (on)** faire une conférence (sur), faire un cours (sur) ▸ *vi* donner des cours ; enseigner ; **to ~ on** faire un cours (*or* son cours) sur ▸ *vt* (*scold*) sermonner, réprimander

> ⚠ Le mot anglais **lecture** ne veut pas dire *lecture*.

lecture hall *n* amphithéâtre *m*
lecturer ['lɛktʃərə^r] *n* (*speaker*) conférencier(-ière) ; (Brit: *at university*) professeur *m* (d'université), prof *mf* de fac (*inf*) ; **assistant ~** (Brit) ≈ assistant(e) ; **senior ~** (Brit) ≈ chargé(e) d'enseignement
lecture theatre *n* = **lecture hall**
LED *n abbr* (= *light-emitting diode*) LED *f*, diode électroluminescente
led [lɛd] *pt, pp of* **lead¹**
ledge [lɛdʒ] *n* (*of window, on wall*) rebord *m* ; (*of mountain*) saillie *f*, corniche *f*
ledger ['lɛdʒə^r] *n* registre *m*, grand livre
lee [li:] *n* côté *m* sous le vent ; **in the ~ of** à l'abri de
leech [li:tʃ] *n* sangsue *f*
leek [li:k] *n* poireau *m*
leer [lɪə^r] *vi*: **to ~ at sb** regarder qn d'un air mauvais *or* concupiscent, lorgner qn
leeward ['li:wəd] *adj, adv* sous le vent ▸ *n* côté *m* sous le vent ; **to ~** sous le vent
leeway ['li:weɪ] *n* (*fig*): **to make up ~** rattraper son retard ; **to have some ~** avoir une certaine liberté d'action
left [lɛft] *pt, pp of* **leave** ▸ *adj* (*not right*) gauche ; (*remaining*): **there are two ~** il en reste deux ▸ *adv* à gauche ▸ *n* gauche *f* ; **on the ~, to the ~** à gauche ; **the L~** (*Pol*) la gauche
left-hand ['lɛfthænd] *adj*: **the ~ side** la gauche, le côté gauche
left-hand drive ['lɛfthænd-] *n* conduite *f* à gauche ; (*vehicle*) véhicule *m* avec la conduite à gauche
left-handed [lɛft'hændɪd] *adj* gaucher(-ère) ; (*scissors etc*) pour gauchers
leftie ['lɛftɪ] *n* (*inf*) gaucho *mf*, gauchiste *mf*
leftist ['lɛftɪst] *adj* (*Pol*) gauchiste, de gauche
left-luggage [lɛft'lʌgɪdʒ], **left-luggage office** *n* (Brit) consigne *f*
left-luggage locker *n* (Brit) (casier *m* à) consigne *f* automatique
left-overs ['lɛftəuvəz] *npl* restes *mpl*
left wing *n* (*Mil, Sport*) aile *f* gauche ; (*Pol*) gauche *f*
left-wing ['lɛft'wɪŋ] *adj* (*Pol*) de gauche
left-winger ['lɛft'wɪŋgə^r] *n* (*Pol*) membre *m* de la gauche ; (*Sport*) ailier *m* gauche
lefty ['lɛftɪ] *n* (*inf*) = **leftie**
leg [lɛg] *n* jambe *f* ; (*of animal*) patte *f* ; (*of furniture*) pied *m* ; (*Culin: of chicken*) cuisse *f* ; (*of journey*) étape *f* ; **1st/2nd ~** (*Sport*) match *m* aller/retour ; (*of journey*) 1ère/2ème étape ; **~ of lamb** (*Culin*) gigot *m* d'agneau ; **to stretch one's legs** se dégourdir les jambes
legacy ['lɛgəsɪ] *n* (*also fig*) héritage *m*, legs *m*
legal ['li:gl] *adj* (*permitted by law*) légal(e) ; (*relating to law*) juridique ; **to take ~ action** *or* **proceedings against sb** poursuivre qn en justice
legal adviser *n* conseiller(-ère) juridique
legal holiday *n* (*US*) jour férié
legality [lɪ'gælɪtɪ] *n* légalité *f*
legalization [li:gəlaɪ'zeɪʃən] *n* légalisation *f*
legalize ['li:gəlaɪz] *vt* légaliser
legally ['li:gəlɪ] *adv* légalement ; **~ binding** juridiquement contraignant(e)
legal tender *n* monnaie légale
legation [lɪ'geɪʃən] *n* légation *f*
legend ['lɛdʒənd] *n* légende *f*
legendary ['lɛdʒəndərɪ] *adj* légendaire
-legged ['lɛgɪd] *suffix*: **two~** à deux pattes (*or* jambes *or* pieds)
leggings ['lɛgɪŋz] *npl* caleçon *m*
leggy ['lɛgɪ] *adj* aux longues jambes
legibility [lɛdʒɪ'bɪlɪtɪ] *n* lisibilité *f*
legible ['lɛdʒəbl] *adj* lisible
legibly ['lɛdʒəblɪ] *adv* lisiblement
legion ['li:dʒən] *n* légion *f*
legionnaire [li:dʒə'nɛə^r] *n* légionnaire *m* ; **~'s disease** maladie *f* du légionnaire
legislate ['lɛdʒɪsleɪt] *vi* légiférer
legislation [lɛdʒɪs'leɪʃən] *n* législation *f* ; **a piece of ~** un texte de loi
legislative ['lɛdʒɪslətɪv] *adj* législatif(-ive)
legislator ['lɛdʒɪsleɪtə^r] *n* législateur(-trice)
legislature ['lɛdʒɪslətʃə^r] *n* corps législatif
legitimacy [lɪ'dʒɪtɪməsɪ] *n* légitimité *f*
legitimate [lɪ'dʒɪtɪmət] *adj* légitime
legitimately [lɪ'dʒɪtɪmətlɪ] *adv* légitimement
legitimize [lɪ'dʒɪtɪmaɪz] *vt* légitimer
legless ['lɛglɪs] *adj* (Brit *inf*) bourré(e)
leg-room ['lɛgru:m] *n* place *f* pour les jambes
legume ['lɛgju:m] *n* légumineuse *f*
legwork ['lɛgwə:k] *n* travail *m* sur le terrain
Leics *abbr* (Brit) = **Leicestershire**
leisure ['lɛʒə^r] *n* (*free time*) temps *m* libre, loisirs *mpl* ; **at ~** (tout) à loisir ; **at your ~** (*later*) à tête reposée
leisure centre *n* (Brit) centre *m* de loisirs
leisurely ['lɛʒəlɪ] *adj* tranquille, fait(e) sans se presser
leisure suit *n* (Brit) survêtement *m* (mode)
leisurewear ['lɛʒəwɛə^r] *n* vêtements *mpl* de loisirs, vêtements *mpl* de loisir
lemon ['lɛmən] *n* citron *m*
lemonade [lɛmə'neɪd] *n* (*fizzy*) limonade *f*
lemon cheese, lemon curd *n* crème *f* de citron
lemon juice *n* jus *m* de citron
lemon squeezer [-skwi:zə^r] *n* presse-citron *m inv*
lemon tea *n* thé *m* au citron
lend [lɛnd] (*pt, pp* **lent** [lɛnt]) *vt*: **to ~ sth (to sb)** prêter qch (à qn) ; **could you ~ me some money?** pourriez-vous me prêter de l'argent ? ; **to ~ a hand** donner un coup de main
lender ['lɛndə^r] *n* prêteur(-euse)
lending ['lɛndɪŋ] *n* prêt *m*
lending library *n* bibliothèque *f* de prêt

length [lɛŋθ] *n* longueur *f* ; (*section: of road, pipe etc*) morceau *m*, bout *m* ; **~ of time** durée *f* ; **what ~ is it?** quelle longueur fait-il ? ; **it is 2 metres in ~** cela fait 2 mètres de long ; **to fall full ~** tomber de tout son long ; **at ~** (*at last*) enfin, à la fin ; (*lengthily*) longuement ; **to go to any ~(s) to do sth** faire n'importe quoi pour faire qch, ne reculer devant rien pour faire qch
lengthen [ˈlɛŋθn] *vt* allonger, prolonger ▸ *vi* s'allonger
lengthways [ˈlɛŋθweɪz] *adv* dans le sens de la longueur, en long
lengthy [ˈlɛŋθɪ] *adj* (très) long (longue)
leniency [ˈliːnɪənsɪ] *n* indulgence *f*, clémence *f*
lenient [ˈliːnɪənt] *adj* indulgent(e), clément(e)
leniently [ˈliːnɪəntlɪ] *adv* avec indulgence *or* clémence
lens [lɛnz] *n* lentille *f* ; (*of spectacles*) verre *m* ; (*of camera*) objectif *m*
Lent [lɛnt] *n* carême *m*
lent [lɛnt] *pt, pp of* **lend**
lentil [ˈlɛntl] *n* lentille *f*
Leo [ˈliːəu] *n* le Lion ; **to be ~** être du Lion
leopard [ˈlɛpəd] *n* léopard *m*
leotard [ˈliːətɑːd] *n* justaucorps *m*
leper [ˈlɛpəʳ] *n* lépreux(-euse)
leper colony *n* léproserie *f*
leprosy [ˈlɛprəsɪ] *n* lèpre *f*
lesbian [ˈlɛzbɪən] *n* lesbienne *f* ▸ *adj* lesbien(ne)
lesion [ˈliːʒən] *n* (*Med*) lésion *f*
Lesotho [lɪˈsuːtuː] *n* Lesotho *m*
less [lɛs] *adj* moins de ▸ *pron, adv* moins ; **~ than that/you** moins que cela/vous ; **~ than half** moins de la moitié ; **~ than one/a kilo/3 metres** moins de un/d'un kilo/de 3 mètres ; **~ than ever** moins que jamais ; **~ and ~** de moins en moins ; **the ~ he works ...** moins il travaille ... ▸ *prep*: **~ tax/10% discount** avant impôt/moins 10% de remise
lessee [lɛˈsiː] *n* locataire *mf* (à bail), preneur(-euse) du bail
lessen [ˈlɛsn] *vi* diminuer, s'amoindrir, s'atténuer ▸ *vt* diminuer, réduire, atténuer
lesser [ˈlɛsəʳ] *adj* moindre ; **to a ~ extent** *or* **degree** à un degré moindre
lesson [ˈlɛsn] *n* leçon *f* ; **a maths ~** une leçon *or* un cours de maths ; **to give lessons in** donner des cours de ; **to teach sb a ~** (*fig*) donner une bonne leçon à qn ; **it taught him a ~** (*fig*) cela lui a servi de leçon
lessor [ˈlɛsɔːʳ, lɛˈsɔːʳ] *n* bailleur(-eresse)
lest [lɛst] *conj* de peur de + *infinitive*, de peur que + *sub*
let [lɛt] (*pt, pp* **~**) *vt* laisser ; (Brit: *lease*) louer ; **to ~ sb do sth** laisser qn faire qch ; **to ~ sb know sth** faire savoir qch à qn, prévenir qn de qch ; **he ~ me go** il m'a laissé partir ; **~ the water boil and ...** faites bouillir l'eau et ... ; **~'s go** allons-y ; **~ him come** qu'il vienne ; **"to ~"** (Brit) « à louer »
▸ **let down** *vt* (*lower*) baisser ; (*dress*) rallonger ; (*hair*) défaire ; (Brit: *tyre*) dégonfler ; (*disappoint*) décevoir
▸ **let go** *vi* lâcher prise ; **to ~ go of sth, to ~ sth go** lâcher qch ▸ *vt* (*release hold on*) lâcher
▸ **let in** *vt* laisser entrer ; (*visitor etc*) faire entrer ; **what have you ~ yourself in for?** à quoi t'es-tu engagé ?
▸ **let off** *vt* (*allow to leave*) laisser partir ; (*not punish*) ne pas punir ; (*taxi driver, bus driver*) déposer ; (*firework etc*) faire partir ; (*bomb*) faire exploser ; (*smell etc*) dégager ; **to ~ off steam** (*fig, inf*) se défouler, décharger sa rate *or* bile
▸ **let on** *vi* (*inf*): **to ~ on that ....** révéler que ..., dire que ...
▸ **let out** *vt* laisser sortir ; (*dress*) élargir ; (*scream*) laisser échapper ; (Brit: *rent out*) louer
▸ **let up** *vi* diminuer, s'arrêter
let-down [ˈlɛtdaun] *n* (*disappointment*) déception *f*
lethal [ˈliːθl] *adj* mortel(le), fatal(e) ; (*weapon*) meurtrier(-ère)
lethargic [lɛˈθɑːdʒɪk] *adj* léthargique
lethargy [ˈlɛθədʒɪ] *n* léthargie *f*
letter [ˈlɛtəʳ] *n* lettre *f* ; **small/capital ~** minuscule *f*/majuscule *f* ; **~ of credit** lettre *f* de crédit ; **letters** *npl* (*Literature*) lettres
letter bomb *n* lettre piégée
letterbox [ˈlɛtəbɔks] *n* (Brit) boîte *f* aux *or* à lettres
letterhead [ˈlɛtəhɛd] *n* en-tête *m*
lettering [ˈlɛtərɪŋ] *n* lettres *fpl* ; caractères *mpl*
letter opener *n* coupe-papier *m*
letterpress [ˈlɛtəprɛs] *n* (*method*) typographie *f*
letter quality *n* qualité *f* « courrier »
letters patent *npl* brevet *m* d'invention
lettuce [ˈlɛtɪs] *n* laitue *f*, salade *f*
let-up [ˈlɛtʌp] *n* répit *m*, détente *f*
leukaemia, (US) **leukemia** [luːˈkiːmɪə] *n* leucémie *f*
level [ˈlɛvl] *n* niveau *m* ; (*flat place*) terrain plat ; (*also*: **spirit level**) niveau à bulle ; **on the ~** à l'horizontale ; (*fig: honest*) régulier(-ière) ; **A levels** *npl* (Brit) ≈ baccalauréat *m* ; **O levels** *npl* (Brit: *formerly*) *examens passés à l'âge de 16 ans sanctionnant les connaissances de l'élève*, ≈ brevet *m* des collèges ▸ *adj* (*flat*) plat(e), plan(e), uni(e) ; (*horizontal*) horizontal(e) ; **a ~ spoonful** (*Culin*) une cuillerée rase ; **to be ~ with** être au même niveau que ▸ *adv*: **to draw ~ with** (*team*) arriver à égalité de points avec, égaliser avec ; arriver au même classement que ; (*runner, car*) arriver à la hauteur de, rattraper ▸ *vt* niveler, aplanir ; (*gun*) pointer, braquer ; (*accusation*): **to ~ (against)** lancer *or* porter (contre) ▸ *vi* (*inf*): **to ~ with sb** être franc (franche) avec qn
▸ **level off, level out** *vi* (*prices etc*) se stabiliser ▸ *vt* (*ground*) aplanir, niveler
level crossing *n* (Brit) passage *m* à niveau
level-headed [lɛvlˈhɛdɪd] *adj* équilibré(e)
levelling, (US) **leveling** [ˈlɛvlɪŋ] *adj* (*process, effect*) de nivellement
level playing field *n*: **to compete on a ~** jouer sur un terrain d'égalité
lever [ˈliːvəʳ] *n* levier *m* ▸ *vt*: **to ~ up/out** soulever/extraire au moyen d'un levier
leverage [ˈliːvərɪdʒ] *n* (*influence*): **~ (on** *or* **with)** prise *f* (sur)
levity [ˈlɛvɪtɪ] *n* manque *m* de sérieux, légèreté *f*
levy [ˈlɛvɪ] *n* taxe *f*, impôt *m* ▸ *vt* (*tax*) lever ; (*fine*) infliger

lewd [lu:d] *adj* obscène, lubrique
lexicographer [lɛksɪ'kɔgrəfəʳ] *n* lexicographe *mf*
lexicography [lɛksɪ'kɔgrəfɪ] *n* lexicographie *f*
lexicon ['lɛksɪkən] *n* lexique *m*
LGBT *n abbr* LGBT (= *lesbiennes, gays, bisexuels et transgenres*)
LGV *n abbr* (= *Large Goods Vehicle*) poids lourd
LI *abbr* (*US*) = **Long Island**
liabilities [laɪə'bɪlətɪz] *npl* (*Comm*) obligations *fpl*, engagements *mpl* ; (*on balance sheet*) passif *m*
liability [laɪə'bɪlətɪ] *n* responsabilité *f* ; (*handicap*) handicap *m*
liable ['laɪəbl] *adj* (*subject*): **~ to** sujet(te) à, passible de ; (*responsible*): **~ (for)** responsable (de) ; (*likely*): **~ to do** susceptible de faire ; **to be ~ to a fine** être passible d'une amende
liaise [li:'eɪz] *vi*: **to ~ with** assurer la liaison avec
liaison [li:'eɪzɔn] *n* liaison *f*
liar ['laɪəʳ] *n* menteur(-euse)
libel ['laɪbl] *n* diffamation *f* ; (*document*) écrit *m* diffamatoire ▸ *vt* diffamer
libellous ['laɪbləs] *adj* diffamatoire
liberal ['lɪbrl] *adj* libéral(e) ; (*generous*): **~ with** prodigue de, généreux(-euse) avec ▸ *n*: **L~** (*Pol*) libéral(e)
Liberal Democrat *n* (Brit) libéral(e)-démocrate
liberalism ['lɪbrəlɪzəm] *n* libéralisme *m*
liberality [lɪbə'rælɪtɪ] *n* (*generosity*) générosité *f*, libéralité *f*
liberalization [lɪbrəlaɪ'zeɪʃən] *n* libéralisation *f*
liberalize ['lɪbrəlaɪz] *vt* libéraliser
liberally ['lɪbrəlɪ] *adv* généreusement
liberal-minded ['lɪbərl'maɪndɪd] *adj* libéral(e), tolérant(e)
liberate ['lɪbəreɪt] *vt* libérer
liberating ['lɪbəreɪtɪŋ] *adj* libérateur(-trice)
liberation [lɪbə'reɪʃən] *n* libération *f*
liberation theology *n* théologie *f* de libération
Liberia [laɪ'bɪərɪə] *n* Libéria *m*, Liberia *m*
Liberian [laɪ'bɪərɪən] *adj* libérien(ne) ▸ *n* Libérien(ne)
liberty ['lɪbətɪ] *n* liberté *f* ; **to be at ~** (*criminal*) être en liberté ; **at ~ to do** libre de faire ; **to take the ~ of** prendre la liberté de, se permettre de
libido [lɪ'bi:dəu] *n* libido *f*
Libra ['li:brə] *n* la Balance ; **to be ~** être de la Balance
librarian [laɪ'brɛərɪən] *n* bibliothécaire *mf*
library ['laɪbrərɪ] *n* bibliothèque *f*
library book *n* livre *m* de bibliothèque
libretto [lɪ'brɛtəu] *n* livret *m*
Libya ['lɪbɪə] *n* Libye *f*
Libyan ['lɪbɪən] *adj* libyen(ne), de Libye ▸ *n* Libyen(ne)
lice [laɪs] *npl of* **louse**
licence, (*US*) **license** ['laɪsns] *n* autorisation *f*, permis *m* ; (*Comm*) licence *f* ; (*Radio, TV*) redevance *f* ; (*excessive freedom*) licence ; **driving ~**, (*US*) **driver's license** permis *m* (de conduire) ; **import ~** licence d'importation ; **produced under ~** fabriqué(e) sous licence
licence number *n* (Brit *Aut*) numéro *m* d'immatriculation
license ['laɪsns] *n* (*US*) = **licence** ▸ *vt* donner une licence à ; (*car*) acheter la vignette de ; délivrer la vignette de
licensed ['laɪsnst] *adj* (*for alcohol*) patenté(e) pour la vente des spiritueux, qui a une patente de débit de boissons ; (*car*) muni(e) de la vignette
licensee [laɪsən'si:] *n* (Brit: *of pub*) patron(ne), gérant(e)
license plate *n* (*US Aut*) plaque *f* minéralogique
licensing hours (Brit) *npl* heures *fpl* d'ouvertures (*des pubs*)
licentious [laɪ'sɛnʃəs] *adj* licencieux(-euse)
lichen ['laɪkən] *n* lichen *m*
lick [lɪk] *vt* lécher ; (*inf: defeat*) écraser, flanquer une piquette *or* raclée à ; **to ~ one's lips** (*fig*) se frotter les mains ▸ *n* coup *m* de langue ; **a ~ of paint** un petit coup de peinture
licorice ['lɪkərɪʃ] *n* = **liquorice**
lid [lɪd] *n* couvercle *m* ; (*eyelid*) paupière *f* ; **to take the ~ off sth** (*fig*) exposer *or* étaler qch au grand jour
lido ['laɪdəu] *n* piscine *f* en plein air, complexe *m* balnéaire
lie [laɪ] *n* mensonge *m* ; **to tell lies** mentir ▸ *vi* (*pt, pp* **lied**: *tell lies*) mentir ; (*pt* **lay** [leɪ], *pp* **lain** [leɪn]: *rest*) être étendu(e) *or* allongé(e) *or* couché(e) ; (*in grave*) être enterré(e), reposer ; (*object: be situated*) se trouver, être ; **to ~ low** (*fig*) se cacher, rester caché(e)
▸ **lie about, lie around** *vi* (*things*) traîner ; (Brit: *person*) traînasser, flemmarder
▸ **lie ahead** *vi* être à venir
▸ **lie back** *vi* se renverser en arrière
▸ **lie down** *vi* se coucher, s'étendre
▸ **lie up** *vi* (*hide*) se cacher
Liechtenstein ['lɪktənstaɪn] *n* Liechtenstein *m*
lie detector *n* détecteur *m* de mensonges
lie-down ['laɪdaun] *n* (Brit): **to have a ~** s'allonger, se reposer
lie-in ['laɪɪn] *n* (Brit): **to have a ~** faire la grasse matinée
lieu [lu:]: **in ~ of** *prep* au lieu de, à la place de
Lieut. *abbr* (= *lieutenant*) Lt
lieutenant [lɛf'tɛnənt, (*US*) lu:'tɛnənt] *n* lieutenant *m*
lieutenant-colonel [lɛf'tɛnənt'kə:nl, (*US*) lu:'tɛnənt'kə:nl] *n* lieutenant-colonel *m*
life [laɪf] (*pl* **lives** [laɪvz]) *n* vie *f* ; **to come to ~** (*fig*) s'animer ; **true to ~** réaliste, fidèle à la réalité ; **to paint from ~** peindre d'après nature ; **to be sent to prison for ~** être condamné(e) (à la réclusion criminelle) à perpétuité ; **country/city ~** la vie à la campagne/à la ville ▸ *cpd* de vie ; de la vie ; à vie
life annuity *n* pension *f*, rente viagère
life assurance *n* (Brit) = **life insurance**
lifebelt ['laɪfbɛlt] *n* (Brit) bouée *f* de sauvetage
lifeblood ['laɪfblʌd] *n* (*fig*) élément moteur
lifeboat ['laɪfbəut] *n* canot *m or* chaloupe *f* de sauvetage
lifebuoy ['laɪfbɔɪ] *n* bouée *f* de sauvetage
life expectancy *n* espérance *f* de vie
life force *n* force *f* vitale
lifeguard ['laɪfgɑ:d] *n* surveillant *m* de baignade

life imprisonment *n* prison *f* à vie ; (*Law*) réclusion *f* à perpétuité
life insurance *n* assurance-vie *f*
life jacket *n* gilet *m or* ceinture *f* de sauvetage
lifeless ['laɪflɪs] *adj* sans vie, inanimé(e) ; (*dull*) qui manque de vie *or* de vigueur
lifelike ['laɪflaɪk] *adj* qui semble vrai(e) *or* vivant(e), ressemblant(e) ; (*painting*) réaliste
lifeline ['laɪflaɪn] *n* corde *f* de sauvetage
lifelong ['laɪflɔŋ] *adj* de toute une vie, de toujours
life preserver [-prɪ'zəːvəʳ] *n* (*US*) gilet *m or* ceinture *f* de sauvetage
lifer ['laɪfəʳ] *n* (*inf*) condamné(e) à perpète
life-raft ['laɪfrɑːft] *n* radeau *m* de sauvetage
life-saver ['laɪfseɪvəʳ] *n* surveillant *m* de baignade
life-saving ['laɪfseɪvɪŋ] *n* sauvetage *m*
life sentence *n* condamnation *f* à vie *or* à perpétuité
life-size ['laɪfsaɪz], **life-sized** ['laɪfsaɪzd] *adj* grandeur nature *inv*
life span *n* (durée *f* de) vie *f*
lifestyle ['laɪfstaɪl] *n* style *m* de vie
life-support system ['laɪfsəpɔːt-] *n* (*Med*) respirateur artificiel
lifetime ['laɪftaɪm] *n*: **in his ~** de son vivant ; **the chance of a ~** la chance de ma (*or* sa *etc*) vie, une occasion unique
lift [lɪft] *vt* soulever, lever ; (*end*) supprimer, lever ; (*steal*) prendre, voler ▸ *vi* (*fog*) se lever ▸ *n* (BRIT: *elevator*) ascenseur *m* ; **to give sb a ~** (BRIT) emmener *or* prendre qn en voiture ; **can you give me a ~ to the station?** pouvez-vous m'emmener à la gare ?
▸ **lift off** *vi* (*rocket, helicopter*) décoller
▸ **lift out** *vt* sortir ; (*troops, evacuees etc*) évacuer par avion *or* hélicoptère
▸ **lift up** *vt* soulever
lift-off ['lɪftɔf] *n* décollage *m*
ligament ['lɪgəmənt] *n* ligament *m*
light [laɪt] (*pt, pp* **lighted** ['laɪtɪd] *or* **lit** [lɪt]) *n* lumière *f* ; (*daylight*) lumière, jour *m* ; (*lamp*) lampe *f* ; (*Aut: rear light*) feu *m* ; (*: headlamp*) phare *m* ; (*for cigarette etc*): **have you got a ~?** avez-vous du feu ? ; **to turn the ~ on/off** allumer/éteindre ; **to cast** *or* **shed** *or* **throw ~ on** éclaircir ; **to come to ~** être dévoilé(e) *or* découvert(e) ; **in the ~ of** à la lumière de ; étant donné ▸ *vt* (*candle, cigarette, fire*) allumer ; (*room*) éclairer ▸ *adj* (*room, colour*) clair(e) ; (*not heavy, also fig*) léger(-ère) ; (*not strenuous*) peu fatigant(e) ; **to make ~ of sth** (*fig*) prendre qch à la légère, faire peu de cas de qch ▸ *adv* (*travel*) avec peu de bagages ; **lights** *npl* (*traffic lights*) feux *mpl*
▸ **light up** *vi* s'allumer ; (*face*) s'éclairer ; (*smoke*) allumer une cigarette *or* une pipe *etc* ▸ *vt* (*illuminate*) éclairer, illuminer
light bulb *n* ampoule *f*
lighten ['laɪtn] *vi* s'éclairer ▸ *vt* (*light up*) éclairer ; (*make lighter*) éclaircir ; (*make less heavy*) alléger
lighter ['laɪtəʳ] *n* (*also*: **cigarette lighter**) briquet *m* ; (*: in car*) allume-cigare *m inv* ; (*boat*) péniche *f*
light-fingered [laɪt'fɪŋgəd] *adj* chapardeur(-euse)
light-headed [laɪt'hɛdɪd] *adj* étourdi(e), écervelé(e)
light-hearted [laɪt'hɑːtɪd] *adj* gai(e), joyeux(-euse), enjoué(e)
lighthouse ['laɪthaus] *n* phare *m*
lighting ['laɪtɪŋ] *n* éclairage *m* ; (*in theatre*) éclairages
lighting-up time [laɪtɪŋ'ʌp-] *n* (BRIT) *heure officielle de la tombée du jour*
lightly ['laɪtlɪ] *adv* légèrement ; **to get off ~** s'en tirer à bon compte
light meter *n* (*Phot*) photomètre *m*, cellule *f*
lightness ['laɪtnɪs] *n* clarté *f* ; (*in weight*) légèreté *f*
lightning ['laɪtnɪŋ] *n* foudre *f* ; (*flash*) éclair *m*
lightning conductor, (*US*) **lightning rod** *n* paratonnerre *m*
lightning strike *n* (BRIT) grève *f* surprise
light pen *n* crayon *m* optique
lightship ['laɪtʃɪp] *n* bateau-phare *m*
lightweight ['laɪtweɪt] *adj* (*suit*) léger(-ère) ▸ *n* (*Boxing*) poids léger
light year *n* année-lumière *f*
like [laɪk] *vt* aimer (bien) ; **I would ~, I'd ~** je voudrais, j'aimerais ; **would you ~ a coffee?** voulez-vous du café ? ; **if you ~** si vous voulez ▸ *prep* comme ; **to be/look ~ sb/sth** ressembler à qn/qch ; **what's he ~?** comment est-il ? ; **what's the weather ~?** quel temps fait-il ? ; **what does it look ~?** de quoi est-ce que ça a l'air ? ; **what does it taste ~?** quel goût est-ce que ça a ? ; **that's just ~ him** c'est bien de lui, ça lui ressemble ; **something ~ that** quelque chose comme ça ; **do it ~ this** fais-le comme ceci ; **I feel ~ a drink** je boirais bien quelque chose ; **it's nothing ~ ...** ce n'est pas du tout comme ... ; **there's nothing ~ ...** il n'y a rien de tel que ... ▸ *adj* semblable, pareil(le) ▸ *n*: **the ~** un(e) pareil(le) *or* semblable ; le (la) pareil(le) ; (*pej*) (d')autres du même genre *or* acabit ; **his likes and dislikes** ses goûts *mpl or* préférences *fpl*

> **aimer** can mean *to like* or *to love*. **aimer bien** indicates liking rather than love.
> *I like him but I don't want to go out with him.* **Je l'aime bien mais je ne veux pas sortir avec lui.**

likeable ['laɪkəbl] *adj* sympathique, agréable
likelihood ['laɪklɪhud] *n* probabilité *f* ; **in all ~** selon toute vraisemblance
likely ['laɪklɪ] *adj* (*result, outcome*) probable ; (*excuse*) plausible ; **he's ~ to leave** il va sûrement partir, il risque fort de partir ; **not ~!** (*inf*) pas de danger !
like-minded ['laɪk'maɪndɪd] *adj* de même opinion
liken ['laɪkən] *vt*: **to ~ sth to** comparer qch à
likeness ['laɪknɪs] *n* ressemblance *f*
likewise ['laɪkwaɪz] *adv* de même, pareillement
liking ['laɪkɪŋ] *n* (*for person*) affection *f* ; (*for thing*) penchant *m*, goût *m* ; **to take a ~ to sb** se prendre d'amitié pour qn ; **to be to sb's ~** être au goût de qn, plaire à qn
lilac ['laɪlək] *n* lilas *m* ▸ *adj* lilas *inv*

Lilo® ['laɪləu] *n* matelas *m* pneumatique
lilt [lɪlt] *n* rythme *m*, cadence *f*
lilting ['lɪltɪŋ] *adj* aux cadences mélodieuses ; chantant(e)
lily ['lɪlɪ] *n* lis *m* ; **~ of the valley** muguet *m*
Lima ['li:mə] *n* Lima
limb [lɪm] *n* membre *m* ; **to be out on a ~** (*fig*) être isolé(e)
limber ['lɪmbəʳ]: **to ~ up** *vi* se dégourdir, se mettre en train
limbo ['lɪmbəu] *n*: **to be in ~** (*fig*) être tombé(e) dans l'oubli
lime [laɪm] *n* (*tree*) tilleul *m* ; (*fruit*) citron vert, lime *f* ; (*Geo*) chaux *f*
lime green *n* citron *m* vert ▸ *adj* (*also*: **lime-green**) couleur citron vert *inv*
lime juice *n* jus *m* de citron vert
limelight ['laɪmlaɪt] *n*: **in the ~** (*fig*) en vedette, au premier plan
limerick ['lɪmərɪk] *n* petit poème humoristique
limestone ['laɪmstəun] *n* pierre *f* à chaux ; (*Geo*) calcaire *m*
limit ['lɪmɪt] *n* limite *f* ; **weight/speed ~** limite de poids/de vitesse ▸ *vt* limiter
limitation [lɪmɪ'teɪʃən] *n* limitation *f*, restriction *f*
limited ['lɪmɪtɪd] *adj* limité(e), restreint(e) ; **~ edition** édition *f* à tirage limité ; **to be ~ to** se limiter à, ne concerner que
limited company, limited liability company *n* (Brit) ≈ société *f* anonyme
limitless ['lɪmɪtlɪs] *adj* illimité(e)
limo ['lɪməu] *n* (*inf*) limousine *f*
limousine ['lɪməzi:n] *n* limousine *f*
limp [lɪmp] *n*: **to have a ~** boiter ▸ *vi* boiter ▸ *adj* mou (molle)
limpet ['lɪmpɪt] *n* patelle *f* ; **like a ~** (*fig*) comme une ventouse
limpid ['lɪmpɪd] *adj* limpide
linchpin ['lɪntʃpɪn] *n* esse *f* ; (*fig*) pivot *m*
Lincs [lɪŋks] *abbr* (Brit) = **Lincolnshire**
line [laɪn] *n* (*gen*) ligne *f* ; (*stroke*) trait *m* ; (*wrinkle*) ride *f* ; (*rope*) corde *f* ; (*wire*) fil *m* ; (*of poem*) vers *m* ; (*row, series*) rangée *f* ; (*of people*) file *f*, queue *f* ; (*railway track*) voie *f* ; (*Comm*: *series of goods*) article(s) *m(pl)*, ligne de produits ; (*work*) métier *m* ; **to stand in ~** (*US*) faire la queue ; **to cut in ~** (*US*) passer avant son tour ; **in his ~ of business** dans sa partie, dans son rayon ; **on the right lines** sur la bonne voie ; **a new ~ in cosmetics** une nouvelle ligne de produits de beauté ; **hold the ~ please** (Brit *Tel*) ne quittez pas ; **to be in ~ for sth** (*fig*) être en lice pour qch ; **in ~ with** en accord avec, en conformité avec ; **in a ~** aligné(e) ; **to bring sth into ~ with sth** aligner qch sur qch ; **to draw the ~ at (doing) sth** (*fig*) se refuser à (faire) qch ; ne pas tolérer *or* admettre (qu'on fasse) qch ; **to take the ~ that ...** être d'avis *or* de l'opinion que ... ▸ *vt* (*subj*: *trees, crowd*) border ; **to ~ (with)** (*clothes*) doubler (de) ; (*box*) garnir *or* tapisser (de)
▸ **line up** *vi* s'aligner, se mettre en rang(s) ; (*in queue*) faire la queue ▸ *vt* aligner ; (*event*) prévoir ; (*find*) trouver ; **to have sb/sth lined up** avoir qn/qch en vue *or* de prévu(e)
linear ['lɪnɪəʳ] *adj* linéaire
lined [laɪnd] *adj* (*paper*) réglé(e) ; (*face*) marqué(e), ridé(e) ; (*clothes*) doublé(e)
lineman ['laɪnmən] *n* (*irreg*) (*US*: *Rail*) poseur *m* de rails ; (: *Tel*) ouvrier *m* de ligne ; (: *Football*) avant *m*
linen ['lɪnɪn] *n* linge *m* (de corps *or* de maison) ; (*cloth*) lin *m*
line printer *n* imprimante *f* (ligne par) ligne
liner ['laɪnəʳ] *n* (*ship*) paquebot *m* de ligne ; (*for bin*) sac-poubelle *m*
linesman ['laɪnzmən] *n* (*irreg*) (*Tennis*) juge *m* de ligne ; (*Football*) juge de touche
line-up ['laɪnʌp] *n* (*US*: *queue*) file *f* ; (*also*: **police line-up**) parade *f* d'identification ; (*Sport*) (composition *f* de l')équipe *f*
linger ['lɪŋgəʳ] *vi* s'attarder ; traîner ; (*smell, tradition*) persister
lingerie ['lænʒəri:] *n* lingerie *f*
lingering ['lɪŋgərɪŋ] *adj* persistant(e) ; qui subsiste ; (*death*) lent(e)
lingo ['lɪŋgəu] (*pl* **lingoes**) *n* (*pej*) jargon *m*
linguist ['lɪŋgwɪst] *n* linguiste *mf* ; **to be a good ~** être doué(e) pour les langues
linguistic [lɪŋ'gwɪstɪk] *adj* linguistique
linguistics [lɪŋ'gwɪstɪks] *n* linguistique *f*
lining ['laɪnɪŋ] *n* doublure *f* ; (*Tech*) revêtement *m* ; (: *of brakes*) garniture *f*
link [lɪŋk] *n* (*connection*) lien *m*, rapport *m* ; (*Internet*) lien ; (*of a chain*) maillon *m* ; **rail ~** liaison *f* ferroviaire ▸ *vt* relier, lier, unir ; **links** *npl* (*Golf*) (terrain *m* de) golf *m*
▸ **link up** *vt* relier ▸ *vi* (*people*) se rejoindre ; (*companies etc*) s'associer
link-up ['lɪŋkʌp] *n* lien *m*, rapport *m* ; (*of roads*) jonction *f*, raccordement *m* ; (*of spaceships*) arrimage *m* ; (*Radio, TV*) liaison *f* ; (: *programme*) duplex *m*
lino ['laɪnəu] *n* = **linoleum**
linoleum [lɪ'nəulɪəm] *n* linoléum *m*
linseed oil ['lɪnsi:d-] *n* huile *f* de lin
lint [lɪnt] *n* tissu ouaté (*pour pansements*)
lintel ['lɪntl] *n* linteau *m*
lion ['laɪən] *n* lion *m*
lion cub *n* lionceau *m*
lioness ['laɪənɪs] *n* lionne *f*
lip [lɪp] *n* lèvre *f* ; (*of cup etc*) rebord *m* ; (*insolence*) insolences *fpl*
liposuction ['lɪpəusʌkʃən] *n* liposuccion *f*
lip-read ['lɪpri:d] *vi* (*irreg*: *like* **read**) lire sur les lèvres
lip salve [-sælv] *n* pommade *f* pour les lèvres, pommade rosat
lip service *n*: **to pay ~ to sth** ne reconnaître le mérite de qch que pour la forme *or* qu'en paroles
lipstick ['lɪpstɪk] *n* rouge *m* à lèvres
liquefy ['lɪkwɪfaɪ] *vt* liquéfier ▸ *vi* se liquéfier
liqueur [lɪ'kjuəʳ] *n* liqueur *f*
liquid ['lɪkwɪd] *n* liquide *m* ▸ *adj* liquide
liquid assets *npl* liquidités *fpl*, disponibilités *fpl*
liquidate ['lɪkwɪdeɪt] *vt* liquider
liquidation [lɪkwɪ'deɪʃən] *n* liquidation *f* ; **to go into ~** déposer son bilan
liquidator ['lɪkwɪdeɪtəʳ] *n* liquidateur *m*

liquid crystal display *n* affichage *m* à cristaux liquides
liquidity [lɪ'kwɪdɪtɪ] *n* liquidité *f*
liquidize ['lɪkwɪdaɪz] *vt* (BRIT *Culin*) passer au mixer
liquidizer ['lɪkwɪdaɪzəʳ] *n* (BRIT *Culin*) mixer *m*
liquor ['lɪkəʳ] *n* spiritueux *m*, alcool *m*
liquorice ['lɪkərɪʃ] *n* (BRIT) réglisse *m*
liquor store *n* (US) magasin *m* de vins et spiritueux
Lisbon ['lɪzbən] *n* Lisbonne
lisp [lɪsp] *n* zézaiement *m* ▶ *vi* zézayer
lissom ['lɪsəm] *adj* souple, agile
list [lɪst] *n* liste *f* ; (*of ship*) inclinaison *f* ; **shopping ~** liste des courses ▶ *vt* (*write down*) inscrire ; (*make list of*) faire la liste de ; (*enumerate*) énumérer ; (*Comput*) lister ▶ *vi* (*ship*) gîter, donner de la bande
listed building ['lɪstɪd-] *n* (*Archit*) monument classé
listed company ['lɪstɪd-] *n* société cotée en Bourse
listen ['lɪsn] *vi* écouter ; **to ~ to** écouter
listener ['lɪsnəʳ] *n* auditeur(-trice)
listeria [lɪs'tɪərɪə] *n* listéria *f*
listing ['lɪstɪŋ] *n* (*Comput*) listage *m* ; (*: hard copy*) liste *f*, listing *m*
listless ['lɪstlɪs] *adj* indolent(e), apathique
listlessly ['lɪstlɪslɪ] *adv* avec indolence *or* apathie
list price *n* prix *m* de catalogue
lit [lɪt] *pt, pp of* **light**
litany ['lɪtənɪ] *n* litanie *f*
liter ['li:təʳ] *n* (US) = **litre**
literacy ['lɪtərəsɪ] *n* degré *m* d'alphabétisation, fait *m* de savoir lire et écrire ; (BRIT *Scol*) enseignement *m* de la lecture et de l'écriture ; **basic ~ and numeracy** des notions élémentaires de lecture, d'écriture et de calcul
literal ['lɪtərl] *adj* littéral(e)
literally ['lɪtrəlɪ] *adv* littéralement ; (*really*) réellement
literary ['lɪtərərɪ] *adj* littéraire
literate ['lɪtərət] *adj* qui sait lire et écrire ; (*educated*) instruit(e)
literature ['lɪtrɪtʃəʳ] *n* littérature *f* ; (*brochures etc*) copie *f* publicitaire, prospectus *mpl*
lithe [laɪð] *adj* agile, souple
lithography [lɪ'θɔgrəfɪ] *n* lithographie *f*
Lithuania [lɪθju'eɪnɪə] *n* Lituanie *f*
Lithuanian [lɪθju'eɪnɪən] *adj* lituanien(ne) ▶ *n* Lituanien(ne) ; (*Ling*) lituanien *m*
litigate ['lɪtɪgeɪt] *vt* mettre en litige ▶ *vi* plaider
litigation [lɪtɪ'geɪʃən] *n* litige *m* ; contentieux *m*
litmus ['lɪtməs] *n*: **~ paper** papier *m* de tournesol
litre, (US) **liter** ['li:təʳ] *n* litre *m*
litter ['lɪtəʳ] *n* (*rubbish*) détritus *mpl* ; (*dirtier*) ordures *fpl* ; (*young animals*) portée *f* ▶ *vt* éparpiller ; laisser des détritus dans ; **littered with** jonché(e) de, couvert(e) de
litter bin *n* (BRIT) poubelle *f*
litter lout, (US) **litterbug** ['lɪtəbʌg] *n personne qui jette des détritus par terre*
little ['lɪtl] *adj* (*small*) petit(e) ; (*not much*): **~ milk** peu de lait ; (*some*): **a ~** (+*noun*) un peu de ; **with ~ difficulty** sans trop de difficulté ; **a ~ milk** un peu de lait ; **a ~ bit** un peu ; **for a ~ while** pendant un petit moment ▶ *adv* peu ; **as ~ as possible** le moins possible ; **~ by ~** petit à petit, peu à peu ▶ *pron* (*not much*) peu de choses ; (*a bit*): **a ~** un peu ; **to make ~ of** faire peu de cas de ; **~ is known about his childhood** on sait peu de choses sur son enfance
little finger *n* auriculaire *m*, petit doigt
little-known ['lɪtl'nəun] *adj* peu connu(e)
liturgy ['lɪtədʒɪ] *n* liturgie *f*
live¹ [laɪv] *adj* (*animal*) vivant(e), en vie ; (*wire*) sous tension ; (*broadcast*) (transmis(e)) en direct ; (*issue*) d'actualité, brûlant(e) ; (*unexploded*) non explosé(e) ; **~ ammunition** munitions *fpl* de combat
live² [lɪv] *vi* vivre ; (*reside*) vivre, habiter ; **to ~ in London** habiter (à) Londres ; **where do you ~?** où habitez-vous ?
▶ **live down** *vt* faire oublier (avec le temps)
▶ **live in** *vi* être logé(e) et nourri(e) ; être interne
▶ **live off** *vt fus* (*land, fish etc*) vivre de ; (*pej: parents etc*) vivre aux crochets de
▶ **live on** *vt fus* (*food*) vivre de ; **to ~ on £50 a week** vivre avec 50 livres par semaine ▶ *vi* survivre
▶ **live out** *vi* (BRIT: *students*) être externe ▶ *vt*: **to ~ out one's days** *or* **life** passer sa vie
▶ **live together** *vi* vivre ensemble, cohabiter
▶ **live up** *vt*: **to ~ it up** (*inf*) faire la fête ; mener la grande vie
▶ **live up to** *vt fus* se montrer à la hauteur de
live-in ['lɪvɪn] *adj* (*nanny*) à demeure ; **~ partner** concubin(e)
livelihood ['laɪvlɪhud] *n* moyens *mpl* d'existence
liveliness ['laɪvlɪnəs] *n* vivacité *f*, entrain *m*
lively ['laɪvlɪ] *adj* vif (vive), plein(e) d'entrain ; (*place, book*) vivant(e)
liven up ['laɪvn-] *vt* (*room etc*) égayer ; (*discussion, evening*) animer ▶ *vi* s'animer
liver ['lɪvəʳ] *n* foie *m*
liverish ['lɪvərɪʃ] *adj* qui a mal au foie ; (*fig*) grincheux(-euse)
Liverpudlian [lɪvə'pʌdlɪən] *adj* de Liverpool ▶ *n* habitant(e) de Liverpool, natif(-ive) de Liverpool
livery ['lɪvərɪ] *n* livrée *f*
lives [laɪvz] *npl of* **life**
livestock ['laɪvstɔk] *n* cheptel *m*, bétail *m*
live wire [laɪv-] *n* (*lit*) fil *m* sous tension ; (*inf, fig*): **to be a (real) ~** péter le feu
livid ['lɪvɪd] *adj* livide, blafard(e) ; (*furious*) furieux(-euse), furibond(e)
living ['lɪvɪŋ] *adj* vivant(e), en vie ; **within ~ memory** de mémoire d'homme ▶ *n*: **to earn** *or* **make a ~** gagner sa vie
living conditions *npl* conditions *fpl* de vie
living expenses *npl* dépenses courantes
living room *n* salle *f* de séjour
living standards *npl* niveau *m* de vie
living wage *n* salaire *m* permettant de vivre (décemment)
living will *n* directives *fpl* anticipées
lizard ['lɪzəd] *n* lézard *m*
llama ['lɑ:mə] *n* lama *m*
LLB *n abbr* (= *Bachelor of Laws*) *titre universitaire*

LLD *n abbr* (*= Doctor of Laws*) *titre universitaire*
LMT *abbr* (*US: = Local Mean Time*) *heure locale*
load [ləud] *n* (*weight*) poids *m* ; (*thing carried*) chargement *m*, charge *f* ; (*Elec, Tech*) charge ; **a ~ of, loads of** (*fig*) un *or* des tas de, des masses de ; **to talk a ~ of rubbish** (*inf*) dire des bêtises ▸ *vt* charger ; (*also*: **load up**): **to ~ (with)** (*lorry, ship*) charger (de) ; (*gun, camera*) charger (avec)
loaded ['ləudɪd] *adj* (*dice*) pipé(e) ; (*question*) insidieux(-euse) ; (*inf: rich*) bourré(e) de fric ; (*: drunk*) bourré
loading bay ['ləudɪŋ-] *n* aire *f* de chargement
loaf [ləuf] (*pl* **loaves** [ləuvz]) *n* pain *m*, miche *f* ▸ *vi* (*also*: **loaf about, loaf around**) fainéanter, traîner
loam [ləum] *n* terreau *m*
loan [ləun] *n* prêt *m* ; **on ~** prêté(e), en prêt ; **public ~** emprunt public ▸ *vt* prêter
loan account *n* compte *m* de prêt
loan capital *n* capital *m* d'emprunt
loan shark *n* (*inf, pej*) usurier *m*
loath [ləuθ] *adj*: **to be ~ to do** répugner à faire
loathe [ləuð] *vt* détester, avoir en horreur
loathing ['ləuðɪŋ] *n* dégoût *m*, répugnance *f*
loathsome ['ləuðsəm] *adj* répugnant(e), détestable
loaves [ləuvz] *npl of* **loaf**
lob [lɔb] *vt* (*ball*) lober
lobby ['lɔbɪ] *n* hall *m*, entrée *f* ; (*Pol*) lobby *m*, groupe *m* de pression ▸ *vt* faire du lobbying auprès de, faire pression sur ▸ *vi*: **to ~ for sth** faire du lobbying pour qch
lobbying ['lɔbɪɪŋ] *n* lobbying *m*
lobbyist ['lɔbɪɪst] *n* lobbyiste *mf*, membre *mf* d'un groupe de pression
lobe [ləub] *n* lobe *m*
lobster ['lɔbstə^r] *n* homard *m*
lobster pot *n* casier *m* à homards
local ['ləukl] *adj* local(e) ▸ *n* (*Brit: pub*) pub *m or* café *m* du coin ; **the locals** *npl* les gens *mpl* du pays *or* du coin
local anaesthetic, (*US*) **local anesthetic** *n* anesthésie locale
local authority *n* collectivité locale, municipalité *f*
local call *n* (*Tel*) communication urbaine
local government *n* administration locale *or* municipale
locality [ləu'kælɪtɪ] *n* région *f*, environs *mpl* ; (*position*) lieu *m*
localize ['ləukəlaɪz] *vt* localiser
locally ['ləukəlɪ] *adv* localement ; dans les environs *or* la région
locate [ləu'keɪt] *vt* (*find*) trouver, repérer ; (*situate*) situer ; **to be located in** être situé à *or* en
location [ləu'keɪʃən] *n* emplacement *m* ; **on ~** (*Cine*) en extérieur
loch [lɔx] *n* lac *m*, loch *m*
lock [lɔk] *n* (*of door, box*) serrure *f* ; (*of canal*) écluse *f* ; (*of hair*) mèche *f*, boucle *f* ; **~ stock and barrel** (*fig*) en bloc ; **on full ~** (*Brit Aut*) le volant tourné à fond ▸ *vt* (*with key*) fermer à clé ; (*immobilize*) bloquer ▸ *vi* (*door etc*) fermer à clé ; (*wheels*) se bloquer
▸ **lock away** *vt* (*valuables*) mettre sous clé ; (*criminal*) mettre sous les verrous, enfermer
▸ **lock in** *vt* enfermer
▸ **lock out** *vt* enfermer dehors ; (*on purpose*) mettre à la porte ; (*: workers*) lock-outer
▸ **lock up** *vt* (*person*) enfermer ; (*house*) fermer à clé ▸ *vi* tout fermer (à clé)
lockdown ['lɔkdaun] *n*: **to be in** *or* **under ~** (*place*) faire l'objet de mesures de confinement ; **to be on ~** (*prisoner*) être confiné(e) dans sa *or* en cellule
locker ['lɔkə^r] *n* casier *m* ; (*in station*) consigne *f* automatique
locker-room ['lɔkəru:m] *n* (*US Sport*) vestiaire *m*
locket ['lɔkɪt] *n* médaillon *m*
lockjaw ['lɔkdʒɔ:] *n* tétanos *m*
lockout ['lɔkaut] *n* (*Industry*) lock-out *m*, grève patronale
locksmith ['lɔksmɪθ] *n* serrurier *m*
lock-up ['lɔkʌp] *n* (*prison*) prison *f* ; (*cell*) cellule *f* provisoire ; (*also*: **lock-up garage**) box *m*
locomotive [ləukə'məutɪv] *n* locomotive *f*
locum ['ləukəm] *n* (*Med*) suppléant(e) de médecin *etc*
locust ['ləukəst] *n* locuste *f*, sauterelle *f*
lodge [lɔdʒ] *n* pavillon *m* (de gardien) ; (*also*: **hunting lodge**) pavillon de chasse ; (*Freemasonry*) loge *f* ▸ *vi* (*person*): **to ~ with** être logé(e) chez, être en pension chez ; (*bullet*) se loger ; **to ~ in/between** se loger dans/entre ▸ *vt* (*appeal etc*) présenter ; déposer ; **to ~ a complaint** porter plainte ; **to ~ itself in/between** se loger dans/entre
lodger ['lɔdʒə^r] *n* locataire *mf* ; (*with room and meals*) pensionnaire *mf*
lodging ['lɔdʒɪŋ] *n* logement *m* ; *see also* **board**
lodging house *n* (*Brit*) pension *f* de famille
lodgings ['lɔdʒɪŋz] *npl* chambre *f*, meublé *m*
loft [lɔft] *n* grenier *m* ; (*apartment*) grenier aménagé (en appartement) (*gén dans ancien entrepôt ou fabrique*)
lofty ['lɔftɪ] *adj* élevé(e) ; (*haughty*) hautain(e) ; (*sentiments, aims*) noble
log [lɔg] *n* (*of wood*) bûche *f* ; (*Naut*) livre *m or* journal *m* de bord ; (*of car*) ≈ carte grise ▸ *n abbr* (*= logarithm*) log *m* ▸ *vt* enregistrer
▸ **log in, log on** *vi* (*Comput*) ouvrir une session, entrer dans le système
▸ **log off, log out** *vi* (*Comput*) clore une session, sortir du système
logarithm ['lɔgərɪðm] *n* logarithme *m*
logbook ['lɔgbuk] *n* (*Naut*) livre *m or* journal *m* de bord ; (*Aviat*) carnet *m* de vol ; (*of lorry driver*) carnet de route ; (*of movement of goods etc*) registre *m* ; (*of car*) ≈ carte grise
log cabin *n* cabane *f* en rondins
log fire *n* feu *m* de bois
logger ['lɔgə^r] *n* bûcheron *m*
loggerheads ['lɔgəhɛdz] *npl*: **at ~ (with)** à couteaux tirés (avec)
logging ['lɔgɪŋ] *n* exploitation *f* forestière ▸ *cpd* (*company*) d'exploitation *f* forestière
logic ['lɔdʒɪk] *n* logique *f*
logical ['lɔdʒɪkl] *adj* logique
logically ['lɔdʒɪkəlɪ] *adv* logiquement

login [ˈlɔgɪn] *n (Comput)* identifiant *m*
logistic [lɔˈdʒɪstɪk], **logistical** [lɔˈdʒɪstɪkl] *adj* logistique
logistics [lɔˈdʒɪstɪks] *n* logistique *f*
logjam [ˈlɔgdʒæm] *n*: **to break the ~** créer une ouverture dans l'impasse
logo [ˈləugəu] *n* logo *m*
loin [lɔɪn] *n (Culin)* filet *m*, longe *f*; **loins** *npl* reins *mpl*
loin cloth *n* pagne *m*
Loire [lwaː] *n*: **the (River) ~** la Loire
loiter [ˈlɔɪtəʳ] *vi* s'attarder ; **to ~ (about)** traîner, musarder ; *(pej)* rôder
LOL, lol *abbr (inf: = laugh out loud)* MDR (= *mort(e) de rire*)
loll [lɔl] *vi (also:* **loll about***)* se prélasser, fainéanter
lollipop [ˈlɔlɪpɔp] *n* sucette *f*
lollipop man/lady *(Brit) n (irreg) contractuel(le) qui fait traverser la rue aux enfants*

LOLLIPOP MEN/LADIES

Les **lollipop men/ladies** sont employés pour aider les enfants à traverser la rue à proximité des écoles à l'heure où ils entrent en classe et à la sortie. On les repère facilement à cause de leur long ciré jaune et ils portent une pancarte ronde pour faire signe aux automobilistes de s'arrêter. On les appelle ainsi car la forme circulaire de cette pancarte rappelle une sucette.

lollop [ˈlɔləp] *vi (Brit)* avancer *(or* courir*)* maladroitement
lolly [ˈlɔlɪ] *n (inf: ice)* esquimau *m* ; *(: lollipop)* sucette *f* ; *(: money)* fric *m*
Lombardy [ˈlɔmbədɪ] *n* Lombardie *f*
London [ˈlʌndən] *n* Londres
Londoner [ˈlʌndənəʳ] *n* Londonien(ne)
lone [ləun] *adj* solitaire
loneliness [ˈləunlɪnɪs] *n* solitude *f*, isolement *m*
lonely [ˈləunlɪ] *adj* seul(e) ; *(childhood etc)* solitaire ; *(place)* solitaire, isolé(e)
lonely hearts *adj*: **~ ad** petite annonce (personnelle) ; **~ club** club *m* de rencontres *(pour personnes seules)*
lone parent *n* parent *m* unique
loner [ˈləunəʳ] *n* solitaire *mf*
lonesome [ˈləunsəm] *adj* seul(e), solitaire
long [lɔŋ] *adj* long (longue) ; **how ~ is this river/course?** quelle est la longueur de ce fleuve/la durée de ce cours ? ; **6 metres ~** (long) de 6 mètres ; **6 months ~** qui dure 6 mois, de 6 mois ; **at ~ last** enfin ; **in the ~ run** à la longue ; finalement ▸ *adv* longtemps ; **he had ~ understood that ...** il avait compris depuis longtemps que ... ; **all night ~** toute la nuit ; **he no longer comes** il ne vient plus ; **I can't stand it any longer** je ne peux plus le supporter ; **~ before** longtemps avant ; **before ~** *(+ future)* avant peu, dans peu de temps ; *(+ past)* peu de temps après ; **~ ago** il y a longtemps ; **don't be ~!** fais vite !, dépêche-toi ! ; **I shan't be ~** je n'en ai pas pour longtemps ; **so** *or* **as ~ as** à condition que *+ sub* ▸ *n*: **the ~ and the short of it is that ...** *(fig)* le fin mot de l'histoire c'est que ... ▸ *vi*: **to ~ for sth/to do sth** avoir très envie de qch/de faire qch, attendre qch avec impatience/attendre avec impatience de faire qch
long-distance [lɔŋˈdɪstəns] *adj (race)* de fond ; *(call)* interurbain(e)
longer *adv see* **long**
longevity [lɔnˈdʒɛvɪtɪ] *n (of person)* longévité *f* ; *(of event, situation)* longue durée *f*
long-haired [ˈlɔŋˈhɛəd] *adj (person)* aux cheveux longs ; *(animal)* aux longs poils
longhand [ˈlɔŋhænd] *n* écriture normale *or* courante
long-haul [ˈlɔŋhɔːl] *adj (flight)* long-courrier
longing [ˈlɔŋɪŋ] *n* désir *m*, envie *f* ; *(nostalgia)* nostalgie *f* ▸ *adj* plein(e) d'envie *or* de nostalgie
longingly [ˈlɔŋɪŋlɪ] *adv* avec désir *or* nostalgie
longitude [ˈlɔŋgɪtjuːd] *n* longitude *f*
long johns *npl* caleçons longs
long jump *n* saut *m* en longueur
long-life [lɔŋˈlaɪf] *adj (batteries etc)* longue durée *inv* ; *(milk)* longue conservation
long-lost [ˈlɔŋlɔst] *adj* perdu(e) depuis longtemps
long-playing [ˈlɔŋpleɪɪŋ] *adj*: **~ record (LP)** (disque *m*) 33 tours *m inv*
long-range [ˈlɔŋˈreɪndʒ] *adj* à longue portée ; *(weather forecast)* à long terme
longshoreman [ˈlɔŋʃɔːmən] *n (irreg) (US)* docker *m*, débardeur *m*
long-sighted [ˈlɔŋˈsaɪtɪd] *adj (Brit)* presbyte ; *(fig)* prévoyant(e)
long-standing [ˈlɔŋˈstændɪŋ] *adj* de longue date
long-suffering [lɔŋˈsʌfərɪŋ] *adj* empreint(e) d'une patience résignée ; extrêmement patient(e)
long-term [ˈlɔŋtəːm] *adj* à long terme
longtime [ˈlɔŋtaɪm] *adj* de longue date
long wave *n (Radio)* grandes ondes, ondes longues
long-winded [lɔŋˈwɪndɪd] *adj* intarissable, interminable
loo [luː] *n (Brit inf)* w.-c. *mpl*, petit coin
loofah [ˈluːfə] *n sorte d'éponge végétale*
look [luk] *vi* regarder ; *(seem)* sembler, paraître, avoir l'air ; *(building etc)*: **to ~ south/on to the sea** donner au sud/sur la mer ; **to ~ like** ressembler à ; **it looks like him** on dirait que c'est lui ; **it looks about 4 metres long** je dirais que ça fait 4 mètres de long ; **it looks all right to me** ça me paraît bien ; **~ (here)!** *(annoyance)* écoutez ! ▸ *n* regard *m* ; *(appearance)* air *m*, allure *f*, aspect *m* ; **to have a ~** regarder ; **to have a ~ at sth** jeter un coup d'œil à qch ; **to have a ~ for sth** chercher qch ; **looks** *npl (good looks)* physique *m*, beauté *f*
▸ **look after** *vt fus* s'occuper de, prendre soin de ; *(luggage etc: watch over)* garder, surveiller
▸ **look ahead** *vi (lit)* regarder devant soi ; *(fig)* penser à l'avenir ; **to ~ ahead to sth** envisager qch
▸ **look around** *vi* regarder autour de soi
▸ **look at** *vt fus* regarder ; *(problem etc)* examiner

▸ **look back** *vi*: **to ~ back at sth/sb** se retourner pour regarder qch/qn ; **to ~ back on** *(event, period)* évoquer, repenser à
▸ **look down on** *vt fus (fig)* regarder de haut, dédaigner
▸ **look for** *vt fus* chercher ; **we're looking for a hotel/restaurant** nous cherchons un hôtel/restaurant
▸ **look forward to** *vt fus* attendre avec impatience ; **I'm not looking forward to it** cette perspective ne me réjouit guère ; **looking forward to hearing from you** *(in letter)* dans l'attente de vous lire
▸ **look in** *vi*: **to ~ in on sb** passer voir qn
▸ **look into** *vt fus (matter, possibility)* examiner, étudier
▸ **look on** *vi* regarder (en spectateur)
▸ **look out** *vi (beware)*: **to ~ out (for)** prendre garde (à), faire attention (à) ; **~ out!** attention !
▸ **look out for** *vt fus (seek)* être à la recherche de ; *(try to spot)* guetter
▸ **look over** *vt (essay)* jeter un coup d'œil à ; *(town, building)* visiter (rapidement) ; *(person)* jeter un coup d'œil à ; examiner de la tête aux pieds
▸ **look round** *vt fus (house, shop)* faire le tour de ▸ *vi (turn)* regarder derrière soi, se retourner ; **to ~ round for sth** chercher qch
▸ **look through** *vt fus (papers, book)* examiner ; *(: briefly)* parcourir ; *(telescope)* regarder à travers
▸ **look to** *vt fus* veiller à ; *(rely on)* compter sur
▸ **look up** *vi* lever les yeux ; *(improve)* s'améliorer ▸ *vt (word)* chercher ; *(friend)* passer voir
▸ **look up to** *vt fus* avoir du respect pour

lookalike ['lukəlaɪk] *n* sosie *m* ; **a Marilyn Monroe ~** un sosie de Marilyn Monroe
looking glass ['lukɪŋ-] *n* miroir *m*
lookout ['lukaut] *n (tower etc)* poste *m* de guet ; *(person)* guetteur *m* ; **to be on the ~ (for)** guetter
look-up table ['lukʌp-] *n (Comput)* table *f* à consulter
loom [lu:m] *n* métier *m* à tisser ▸ *vi (also:* **loom up***)* surgir ; *(: event)* paraître imminent(e) ; *(: threaten)* menacer
loony ['lu:nɪ] *adj, n (inf)* timbré(e), cinglé(e)
loop [lu:p] *n* boucle *f* ; *(contraceptive)* stérilet *m* ▸ *vt*: **to ~ sth round sth** passer qch autour de qch
loophole ['lu:phəul] *n (fig)* porte *f* de sortie ; échappatoire *f*
loose [lu:s] *adj (knot, screw)* desserré(e) ; *(stone)* branlant(e) ; *(clothes)* vague, ample, lâche ; *(hair)* dénoué(e), épars(e) ; *(not firmly fixed)* pas solide ; *(animal)* en liberté, échappé(e) ; *(life)* dissolu(e) ; *(morals, discipline)* relâché(e) ; *(thinking)* peu rigoureux(-euse), vague ; *(translation)* approximatif(-ive) ; **~ connection** *(Elec)* mauvais contact ; **to be at a ~ end** *or (US)* **at ~ ends** *(fig)* ne pas trop savoir quoi faire ; **to tie up ~ ends** *(fig)* mettre au point *or* régler les derniers détails ▸ *n*: **to be on the ~** être en liberté ▸ *vt (free: animal)* lâcher ; *(: prisoner)* relâcher, libérer ; *(slacken)* détendre, relâcher ; desserrer ; défaire ; donner du mou a ; donner du ballant à ; *(BRIT: arrow)* tirer
loose change *n* petite monnaie
loose chippings [-'tʃɪpɪŋz] *npl (on road)* gravillons *mpl*
loose-fitting ['lu:sfɪtɪŋ] *adj (clothes)* ample
loose-leaf ['lu:sli:f] *adj*: **~ binder** *or* **folder** classeur *m* à feuilles *or* feuillets mobiles
loose-limbed [lu:s'lɪmd] *adj* agile, souple
loosely ['lu:slɪ] *adv* sans serrer ; *(imprecisely)* approximativement
loosely-knit ['lu:slɪ'nɪt] *adj* élastique
loosen ['lu:sn] *vt* desserrer, relâcher, défaire
▸ **loosen up** *vi (before game)* s'échauffer ; *(inf: relax)* se détendre, se laisser aller
loot [lu:t] *n* butin *m* ▸ *vt* piller
looter ['lu:tə^r] *n* pillard *m*, casseur *m*
looting ['lu:tɪŋ] *n* pillage *m*
lop [lɔp]: **to ~ off** *vt* couper, trancher
lop-sided ['lɔp'saɪdɪd] *adj* de travers, asymétrique
loquacious [lə'kweɪʃəs] *adj (formal)* loquace
lord [lɔ:d] *n* seigneur *m* ; **L~ Smith** lord Smith ; **the L~** *(Rel)* le Seigneur ; **my L~** *(to noble)* Monsieur le comte/le baron ; *(to judge)* Monsieur le juge ; *(to bishop)* Monseigneur ; **good L~!** mon Dieu !
lordly ['lɔ:dlɪ] *adj* noble, majestueux(-euse) ; *(arrogant)* hautain(e)
Lords ['lɔ:dz] *npl (BRIT Pol)*: **the (House of) ~** la Chambre des Lords
lordship ['lɔ:dʃɪp] *n (BRIT)*: **your L~** Monsieur le comte *(or* le baron *or* le Juge*)*
lore [lɔ:^r] *n* tradition(s) *f(pl)*
lorry ['lɔrɪ] *n (BRIT)* camion *m*
lorry driver *n (BRIT)* camionneur *m*, routier *m*
lose [lu:z] *(pt, pp* **lost** [lɔst]*) vt* perdre ; *(opportunity)* manquer, perdre ; *(pursuers)* distancer, semer ; **I've lost my wallet/passport** j'ai perdu mon portefeuille/passeport ; **to ~ time** *(clock)* retarder ; **to ~ no time (in doing sth)** ne pas perdre de temps (à faire qch) ; *see also* **lost** ▸ *vi* perdre ; *(clock)* retarder
▸ **lose out** *vi* être perdant(e)
loser ['lu:zə^r] *n* perdant(e) ; **to be a good/bad ~** être beau/mauvais joueur
loss [lɔs] *n* perte *f* ; **to cut one's losses** limiter les dégâts ; **to make a ~** enregistrer une perte ; **to sell sth at a ~** vendre qch à perte ; **to be at a ~** être perplexe *or* embarrassé(e) ; **to be at a ~ to do** se trouver incapable de faire
loss adjuster *n (Insurance)* responsable *mf* de l'évaluation des dommages
loss leader *n (Comm)* article sacrifié
lost [lɔst] *pt, pp of* **lose** ▸ *adj* perdu(e) ; **to get ~** *vi (person)* se perdre ; **my watch has got ~** ma montre est perdue ; **I'm ~** je me suis perdu ; **~ in thought** perdu dans ses pensées ; **~ and found property** *(US)* objets trouvés ; **~ and found** *(US)* (bureau *m* des) objets trouvés
lost property *n (BRIT)* objets trouvés ; **~ office** *or* **department** (bureau *m* des) objets trouvés
lot [lɔt] *n (at auctions, set)* lot *m* ; *(destiny)* sort *m*, destinée *f* ; **the ~** *(everything)* le tout ; *(everyone)* tous *mpl*, toutes *fpl* ; **a ~** beaucoup ; **a ~ of** beaucoup de ; **lots of** des tas de ; **to draw lots (for sth)** tirer (qch) au sort

l

lotion ['ləuʃən] *n* lotion *f*
lottery ['lɔtərɪ] *n* loterie *f*
loud [laud] *adj* bruyant(e), sonore ; (*voice*) fort(e) ; (*condemnation etc*) vigoureux(-euse) ; (*gaudy*) voyant(e), tapageur(-euse) ▸ *adv* (*speak etc*) fort ; **out ~** tout haut
loud-hailer [laud'heɪlə^r] *n* porte-voix *m inv*
loudly ['laudlɪ] *adv* fort, bruyamment
loudspeaker [laud'spi:kə^r] *n* haut-parleur *m*
lounge [laundʒ] *n* salon *m* ; (*of airport*) salle *f* ; (BRIT: *also*: **lounge bar**) (salle de) café *m or* bar *m* ▸ *vi* (*also*: **lounge about, lounge around**) se prélasser, paresser
lounge bar *n* (salle *f* de) bar *m*
lounge suit *n* (BRIT) complet *m* ; (: *on invitation*) « tenue de ville »
louse [laus] (*pl* **lice** [laɪs]) *n* pou *m* ▸ **louse up** [lauz-] *vt* (*inf*) gâcher
lousy ['lauzɪ] *adj* (*inf*: *bad quality*) infect(e), moche ; **I feel ~** je suis mal fichu(e)
lout [laut] *n* rustre *m*, butor *m*
louvre, (US) louver ['lu:və^r] *adj* (*door, window*) à claire-voie
lovable ['lʌvəbl] *adj* très sympathique ; adorable
love [lʌv] *n* amour *m* ; **to be/fall in ~ with** être/tomber amoureux(-euse) de ; **to make ~** faire l'amour ; **~ at first sight** le coup de foudre ; **to send one's ~ to sb** adresser ses amitiés à qn ; **~ from Anne, ~, Anne** affectueusement, Anne ; **"15 ~"** (*Tennis*) « 15 à rien *or* zéro » ▸ *vt* aimer ; (*caringly, kindly*) aimer beaucoup ; **I ~ you** je t'aime ; **I ~ chocolate** j'adore le chocolat ; **to ~ to do** aimer beaucoup *or* adorer faire ; **I'd ~ to come** cela me ferait très plaisir (de venir)
love affair *n* liaison (amoureuse)
love child *n* (*irreg*) enfant *mf* de l'amour
loved ones ['lʌvdwʌnz] *npl* proches *mpl* et amis chers
love-hate relationship [lʌv'heɪt-] *n* rapport ambigu ; **they have a ~** ils s'aiment et se détestent à la fois
love life *n* vie sentimentale
lovelorn ['lʌvlɔ:n] *adj* qui se languit d'amour
lovely ['lʌvlɪ] *adj* (*pretty*) ravissant(e) ; (*friend, wife*) charmant(e) ; (*holiday, surprise*) très agréable, merveilleux(-euse) ; **we had a ~ time** c'était vraiment très bien, nous avons eu beaucoup de plaisir
lovemaking ['lʌvmeɪkɪŋ] *n* ébats *mpl* (amoureux)
lover ['lʌvə^r] *n* amant *m* ; (*person in love*) amoureux(-euse) ; (*amateur*): **a ~ of** un(e) ami(e) de, un(e) amoureux(-euse) de
lovesick ['lʌvsɪk] *adj* qui se languit d'amour
love song *n* chanson *f* d'amour
loving ['lʌvɪŋ] *adj* affectueux(-euse), tendre, aimant(e)
low [ləu] *adj* bas(se) ; (*quality*) mauvais(e), inférieur(e) ; **to feel ~** se sentir déprimé(e) ; **he's very ~** (*ill*) il est bien bas *or* très affaibli ; **to be ~ on** (*supplies etc*) être à court de ▸ *adv* bas ; **to turn (down) ~** *vt* baisser ▸ *n* (*Meteorology*) dépression *f* ; **to reach a new** *or* **an all-time ~** tomber au niveau le plus bas ▸ *vi* (*cow*) mugir
low-alcohol [ləu'ælkəhɔl] *adj* à faible teneur en alcool, peu alcoolisé(e)
lowbrow ['ləubrau] *adj* sans prétentions intellectuelles
low-calorie ['ləu'kælərɪ] *adj* hypocalorique
low-carb [ləu'kɑ:b] *adj* (*inf*) pauvre en glucides
low-cut ['ləukʌt] *adj* (*dress*) décolleté(e)
low-down ['ləudaun] *n* (*inf*): **he gave me the ~ (on it)** il m'a mis au courant ▸ *adj* (*mean*) méprisable
lower *adj* ['ləuə^r] inférieur(e) ▸ *vt* ['ləuə^r] baisser ; (*resistance*) diminuer ; **to ~ o.s. to** s'abaisser à ▸ *vi* ['lauə^r] (*person, sky, clouds*) être menaçant ; **to ~ at sb** jeter un regard mauvais *or* noir à qn
lower sixth (BRIT) *n* (*Scol*) première *f*
low-fat ['ləu'fæt] *adj* maigre
low-key ['ləu'ki:] *adj* modéré(e), discret(-ète)
lowland *n*, **lowlands** *npl* ['ləulənd(z)] plaine(s) *f(pl)*
low-level ['ləulɛvl] *adj* bas(se) ; (*flying*) à basse altitude
low-loader ['ləuləudə^r] *n* semi-remorque *f* à plate-forme surbaissée
lowly ['ləulɪ] *adj* humble, modeste
low-lying [ləu'laɪɪŋ] *adj* à faible altitude
low-paid [ləu'peɪd] *adj* mal payé(e), aux salaires bas
low-rise ['ləuraɪz] *adj* bas(se), de faible hauteur
low-tech ['ləutɛk] *adj* sommaire
loyal ['lɔɪəl] *adj* loyal(e), fidèle
loyalist ['lɔɪəlɪst] *n* loyaliste *mf*
loyalty ['lɔɪəltɪ] *n* loyauté *f*, fidélité *f*
loyalty card *n* carte *f* de fidélité
lozenge ['lɔzɪndʒ] *n* (*Med*) pastille *f* ; (*Geom*) losange *m*
LP *n abbr* = **long-playing record**
LPG *n abbr* (= *liquid petroleum gas*) GPL *m*
L-plates ['ɛlpleɪts] *npl* (BRIT) plaques *fpl* (obligatoires) d'apprenti conducteur
LPN *n abbr* (US: = *Licensed Practical Nurse*) infirmier(-ière) diplômé(e)
LRAM *n abbr* (BRIT) = **Licentiate of the Royal Academy of Music**
LSAT *n abbr* (US) = **Law School Admissions Test**
LSD *n abbr* (= *lysergic acid diethylamide*) LSD *m* ; (BRIT: = *pounds, shillings and pence*) *système monétaire en usage en GB jusqu'en 1971*
LSE *n abbr* = **London School of Economics**
LT *abbr* (*Elec*: = *low tension*) BT
Lt *abbr* (= *lieutenant*) Lt.
Ltd *abbr* (*Comm*: = *limited*) ≈ SA
lubricant ['lu:brɪkənt] *n* lubrifiant *m*
lubricate ['lu:brɪkeɪt] *vt* lubrifier, graisser
lucid ['lu:sɪd] *adj* lucide
lucidity [lu:'sɪdɪtɪ] *n* lucidité *f*
luck [lʌk] *n* chance *f* ; **bad ~** malchance *f*, malheur *m* ; **to be in ~** avoir de la chance ; **to be out of ~** ne pas avoir de chance ; **good ~!** bonne chance ! ; **bad** *or* **hard** *or* **tough ~!** pas de chance !
luckily ['lʌkɪlɪ] *adv* heureusement, par bonheur
luckless ['lʌklɪs] *adj* (*person*) malchanceux(-euse) ; (*trip*) marqué(e) par la malchance

lucky ['lʌkɪ] *adj (person)* qui a de la chance ; *(coincidence)* heureux(-euse) ; *(number etc)* qui porte bonheur
lucrative ['lu:krətɪv] *adj* lucratif(-ive), rentable, qui rapporte
ludicrous ['lu:dɪkrəs] *adj* ridicule, absurde
ludo ['lu:dəu] *n* jeu *m* des petits chevaux
lug [lʌg] *vt* traîner, tirer
luggage ['lʌgɪdʒ] *n* bagages *mpl* ; **our ~ hasn't arrived** nos bagages ne sont pas arrivés ; **could you send someone to collect our ~?** pourriez-vous envoyer quelqu'un chercher nos bagages ?
luggage lockers *npl* consigne *f* automatique
luggage rack *n (in train)* porte-bagages *m inv* ; *(: made of string)* filet *m* à bagages ; *(on car)* galerie *f*
luggage van, (US) **luggage car** *n* (Rail) fourgon *m* (à bagages)
lugubrious [lu'gu:brɪəs] *adj* lugubre
lukewarm ['lu:kwɔ:m] *adj* tiède
lull [lʌl] *n* accalmie *f* ; *(in conversation)* pause *f* ▸ *vt*: **to ~ sb to sleep** bercer qn pour qu'il s'endorme ; **to be lulled into a false sense of security** s'endormir dans une fausse sécurité
lullaby ['lʌləbaɪ] *n* berceuse *f*
lumbago [lʌm'beɪgəu] *n* lumbago *m*
lumber ['lʌmbə^r] *n (wood)* bois *m* de charpente ; *(junk)* bric-à-brac *m inv* ▸ *vt* (Brit *inf*): **to ~ sb with sth/sb** coller *or* refiler qch/qn à qn ▸ *vi (also:* **lumber about, lumber along**) marcher pesamment
lumberjack ['lʌmbədʒæk] *n* bûcheron *m*
lumber room *n* (Brit) débarras *m*
lumber yard *n* entrepôt *m* de bois
luminous ['lu:mɪnəs] *adj* lumineux(-euse)
lump [lʌmp] *n* morceau *m* ; *(in sauce)* grumeau *m* ; *(swelling)* grosseur *f* ▸ *vt (also:* **lump together**) réunir, mettre en tas
lump sum *n* somme globale *or* forfaitaire
lumpy ['lʌmpɪ] *adj (sauce)* qui a des grumeaux ; *(bed)* défoncé(e), peu confortable
lunacy ['lu:nəsɪ] *n* démence *f*, folie *f*
lunar ['lu:nə^r] *adj* lunaire
lunatic ['lu:nətɪk] *n* fou (folle), dément(e) ▸ *adj* fou (folle), dément(e)
lunatic asylum *n* asile *m* d'aliénés
lunch [lʌntʃ] *n* déjeuner *m* ; **to invite sb to** *or* **for ~** inviter qn à déjeuner ; **it is his ~ hour** c'est l'heure où il déjeune ▸ *vi* déjeuner
lunch box *n (lit) boîte dans laquelle on transporte son déjeuner* ; (Brit *inf, fig*) engin *m (inf)*
lunch break, lunch hour *n* pause *f* de midi, heure *f* du déjeuner
luncheon ['lʌntʃən] *n* déjeuner *m*
luncheon meat *n sorte de saucisson*
luncheon voucher *n* chèque-repas *m*, ticket-repas *m*
lunchtime ['lʌntʃtaɪm] *n*: **it's ~** c'est l'heure du déjeuner
lung [lʌŋ] *n* poumon *m*
lung cancer *n* cancer *m* du poumon
lunge [lʌndʒ] *vi (also:* **lunge forward**) faire un mouvement brusque en avant ; **to ~ at sb** envoyer *or* assener un coup à qn
lupin ['lu:pɪn] *n* lupin *m*
lurch [lə:tʃ] *vi* vaciller, tituber ▸ *n* écart *m* brusque, embardée *f* ; **to leave sb in the ~** laisser qn se débrouiller *or* se dépêtrer tout(e) seul(e)
lure [luə^r] *n (attraction)* attrait *m*, charme *m* ; *(in hunting)* appât *m*, leurre *m* ▸ *vt* attirer *or* persuader par la ruse
lurid ['luərɪd] *adj* affreux(-euse), atroce
lurk [lə:k] *vi* se tapir, se cacher
luscious ['lʌʃəs] *adj* succulent(e), appétissant(e)
lush [lʌʃ] *adj* luxuriant(e)
lust [lʌst] *n (sexual)* désir (sexuel) ; (Rel) luxure *f* ; *(fig)*: **~ for** soif *f* de
▸ **lust after** *vt fus* convoiter, désirer
luster ['lʌstə^r] *n* (US) = **lustre**
lustful ['lʌstful] *adj* lascif(-ive)
lustre, (US) **luster** ['lʌstə^r] *n* lustre *m*, brillant *m*
lusty ['lʌstɪ] *adj* vigoureux(-euse), robuste
lute [lu:t] *n* luth *m*
Luxembourg ['lʌksəmbə:g] *n* Luxembourg *m*
luxuriant [lʌg'zjuərɪənt] *adj* luxuriant(e)
luxurious [lʌg'zjuərɪəs] *adj* luxueux(-euse)
luxury ['lʌkʃərɪ] *n* luxe *m* ▸ *cpd* de luxe
LV *n abbr* (Brit) = **luncheon voucher**
LW *abbr* (Radio: = *long wave*) GO
Lycra® ['laɪkrə] *n* Lycra® *m*
lying ['laɪɪŋ] *n* mensonge(s) *m(pl)* ▸ *adj (statement, story)* mensonger(-ère), faux (fausse) ; *(person)* menteur(-euse)
lynch [lɪntʃ] *vt* lyncher
lynx [lɪŋks] *n* lynx *m inv*
Lyons ['ljɔŋ] *n* Lyon
lyre ['laɪə^r] *n* lyre *f*
lyric ['lɪrɪk] *adj* lyrique
lyrical ['lɪrɪkl] *adj* lyrique
lyricism ['lɪrɪsɪzəm] *n* lyrisme *m*
lyrics ['lɪrɪks] *npl (of song)* paroles *fpl*

l

Mm

M¹, m [ɛm] *n* (*letter*) M, m *m* ; **M for Mary**, (*US*) **M for Mike** M comme Marcel
M² *n abbr* (Brit) = **motorway**; **the M8** ≈ l'A8 ▸ *abbr* (= *medium*) M
m. *abbr* (= *metre*) m ; (= *million*) M ; (= *mile*) mi
ma [mɑ:] *n* (*inf*) maman *f*
M.A. *n abbr* (*Scol*) = **Master of Arts** ▸ *abbr* (*US*) = **military academy**; **Massachusetts**
ma'am ['mæm] *n* (*esp US*: *madam*) Madame *f*
mac [mæk] *n* (Brit) imper(méable *m*) *m*
macabre [mə'kɑ:brə] *adj* macabre
macaroni [mækə'rəunɪ] *n* macaronis *mpl*
macaroon [mækə'ru:n] *n* macaron *m*
mace [meɪs] *n* masse *f* ; (*spice*) macis *m*
Macedonia [mæsɪ'dəunɪə] *n* Macédoine *f*
Macedonian [mæsɪ'dəunɪən] *adj* macédonien(ne) ▸ *n* Macédonien(ne) ; (*Ling*) macédonien *m*
machete [mə'ʃɛtɪ] *n* machette *f*
Machiavellian [mækiə'vɛliən] *adj* machiavélique
machinations [mækɪ'neɪʃənz] *npl* machinations *fpl*, intrigues *fpl*
machine [mə'ʃi:n] *n* machine *f* ▸ *vt* (*dress etc*) coudre à la machine ; (*Tech*) usiner
machine code *n* (*Comput*) code *m* machine
machine gun *n* mitrailleuse *f*
machine language *n* (*Comput*) langage *m* machine
machine-readable [mə'ʃi:nri:dəbl] *adj* (*Comput*) exploitable par une machine
machinery [mə'ʃi:nərɪ] *n* machinerie *f*, machines *fpl* ; (*fig*) mécanisme(s) *m*(*pl*)
machine shop *n* atelier *m* d'usinage
machine tool *n* machine-outil *f*
machine washable *adj* (*garment*) lavable en machine
machinist [mə'ʃi:nɪst] *n* machiniste *mf*
machismo [mæ'kɪzməu, mæ'tʃɪzməu] *n* machisme *m*
macho ['mætʃəu] *adj* macho *inv*
mackerel ['mækrl] *n* (*pl inv*) maquereau *m*
mackintosh ['mækɪntɔʃ] *n* (Brit) imperméable *m*
macro... ['mækrəu] *prefix* macro...
macroeconomic [mækrəui:kə'nɔmɪk] *adj* macro-économique
macroeconomics [mækrəui:kə'nɔmɪks] *n* macro-économie *f*
mad [mæd] *adj* fou (folle) ; (*foolish*) insensé(e) ; (*angry*) furieux(-euse) ; **to go ~** devenir fou ; **to be ~ (keen) about** *or* **on sth** (*inf*) être follement passionné de qch, être fou de qch
Madagascar [mædə'gæskə^r] *n* Madagascar *m*
madam ['mædəm] *n* madame *f* ; **yes ~** oui Madame ; **M~ Chairman** Madame la Présidente
madcap ['mædkæp] *adj* (*inf*) écervelé(e)
mad cow disease *n* maladie *f* de la vache folle
madden ['mædn] *vt* exaspérer
maddening ['mædnɪŋ] *adj* exaspérant(e)
made [meɪd] *pt*, *pp of* **make**
Madeira [mə'dɪərə] *n* (*Geo*) Madère *f* ; (*wine*) madère *m*
made-to-measure ['meɪdtə'mɛʒə^r] *adj* (Brit) fait(e) sur mesure
made-up ['meɪdʌp] *adj* (*story*) inventé(e), fabriqué(e)
madhouse ['mædhaus] *n* (*also fig*) maison *f* de fous
madly ['mædlɪ] *adv* follement ; **~ in love** éperdument amoureux(-euse)
madman ['mædmən] *n* (*irreg*) fou *m*, aliéné *m*
madness ['mædnɪs] *n* folie *f*
Madonna [mə'dɔnə] *n* (*Rel*) Madone *f*
Madrid [mə'drɪd] *n* Madrid
maelstrom ['meɪlstrɔm] *n* maelström *m*, tourbillon *m*
Mafia ['mæfɪə] *n* maf(f)ia *f*
mag [mæg] *n abbr* (Brit *inf*: = *magazine*) magazine *m*
magazine [mægə'zi:n] *n* (*Press*) magazine *m*, revue *f* ; (*Radio*, *TV*) magazine ; (*Mil*: *store*) dépôt *m*, arsenal *m* ; (*of firearm*) magasin *m*
magenta [mə'dʒɛntə] *adj* magenta *inv* ▸ *n* magenta *m*
maggot ['mægət] *n* ver *m*, asticot *m*
magic ['mædʒɪk] *n* magie *f* ▸ *adj* magique
magical ['mædʒɪkl] *adj* magique ; (*experience*, *evening*) merveilleux(-euse)
magician [mə'dʒɪʃən] *n* magicien(ne)
magistrate ['mædʒɪstreɪt] *n* magistrat *m* ; juge *m* ; **magistrates' court** (Brit) ≈ tribunal *m* d'instance
magnanimous [mæg'nænɪməs] *adj* magnanime
magnate ['mægneɪt] *n* magnat *m*
magnesium [mæg'ni:zɪəm] *n* magnésium *m*
magnet ['mægnɪt] *n* aimant *m*
magnetic [mæg'nɛtɪk] *adj* magnétique
magnetic disk *n* (*Comput*) disque *m* magnétique
magnetic tape *n* bande *f* magnétique

magnetism ['mægnɪtɪzəm] *n* magnétisme *m*
magnification [mægnɪfɪ'keɪʃən] *n* grossissement *m*
magnificence [mæg'nɪfɪsns] *n* magnificence *f*
magnificent [mæg'nɪfɪsnt] *adj* superbe, magnifique ; (*splendid: robe, building*) somptueux(-euse), magnifique
magnificently [mæg'nɪfɪsntlɪ] *adv* magnifiquement, brillamment
magnify ['mægnɪfaɪ] *vt* grossir ; (*sound*) amplifier
magnifying glass ['mægnɪfaɪɪŋ-] *n* loupe *f*
magnitude ['mægnɪtju:d] *n* ampleur *f*
magnolia [mæg'nəulɪə] *n* magnolia *m*
magpie ['mægpaɪ] *n* pie *f*
mahogany [mə'hɔgənɪ] *n* acajou *m* ▸ *cpd* en (bois d')acajou
maid [meɪd] *n* bonne *f* ; (*in hotel*) femme *f* de chambre ; **old ~** (*pej*) vieille fille
maiden ['meɪdn] *n* jeune fille *f* ▸ *adj* (*aunt etc*) non mariée ; (*speech, voyage*) inaugural(e)
maiden name *n* nom *m* de jeune fille
mail [meɪl] *n* poste *f* ; (*letters*) courrier *m* ; **by ~** par la poste ▸ *vt* envoyer (par la poste)
mailbag ['meɪlbæg] *n* (*sack*) sac postal ; (*postman's*) sacoche *f*
mailbox ['meɪlbɔks] *n* (*US, also Comput*) boîte *f* aux lettres
mailing list ['meɪlɪŋ-] *n* liste *f* d'adresses
mailman ['meɪlmæn] *n* (*irreg*) (*US*) facteur *m*
mail-order ['meɪlɔ:dəʳ] *n* vente *f* or achat *m* par correspondance ▸ *cpd*: **~ firm** *or* **house** maison *f* de vente par correspondance
mailshot ['meɪlʃɔt] *n* (Brit) mailing *m*
mail train *n* train postal
mail truck *n* (*US Aut*) = **mail van**
mail van (Brit) *n* (*Aut*) voiture *f* or fourgonnette *f* des postes ; (*Rail*) wagon-poste *m*
maim [meɪm] *vt* mutiler
main [meɪn] *adj* principal(e) ; **the ~ thing** l'essentiel *m* ▸ *n* (*pipe*) conduite principale, canalisation *f* ; **the mains** (*Elec*) le secteur ; **in the ~** dans l'ensemble
main course *n* (*Culin*) plat *m* principal
mainframe ['meɪnfreɪm] *n* (*also*: **mainframe computer**) (gros) ordinateur, unité centrale
mainland ['meɪnlənd] *n* continent *m*
mainline ['meɪnlaɪn] *adj* (*Rail*) de grande ligne ▸ *vt* (*drugs slang*) se shooter à ▸ *vi* (*drugs slang*) se shooter
main line *n* (*Rail*) grande ligne
mainly ['meɪnlɪ] *adv* principalement, surtout
main road *n* grand axe, route nationale
mainstay ['meɪnsteɪ] *n* (*fig*) pilier *m*
mainstream ['meɪnstri:m] *n* (*fig*) courant principal
main street *n* rue *f* principale
maintain [meɪn'teɪn] *vt* entretenir ; (*continue*) maintenir, préserver ; (*affirm*) soutenir ; **to ~ that ...** soutenir que ...
maintenance ['meɪntənəns] *n* entretien *m* ; (*Law: alimony*) pension *f* alimentaire
maintenance contract *n* contrat *m* d'entretien
maintenance order *n* (*Law*) obligation *f* alimentaire
maisonette [meɪzə'nɛt] *n* (Brit) appartement *m* en duplex
maize [meɪz] *n* (Brit) maïs *m*
Maj. *abbr* (*Mil*) = **major**
majestic [mə'dʒɛstɪk] *adj* majestueux(-euse)
majesty ['mædʒɪstɪ] *n* majesté *f* ; (*title*): **Your M~** Votre Majesté
major ['meɪdʒəʳ] *n* (*Mil*) commandant *m* ▸ *adj* (*important*) important(e) ; (*most important*) principal(e) ; (*Mus*) majeur(e) ; **a ~ operation** (*Med*) une grosse opération ▸ *vi* (*US Scol*): **to ~ (in)** se spécialiser (en)
Majorca [mə'jɔ:kə] *n* Majorque *f*
major general *n* (*Mil*) général *m* de division
majority [mə'dʒɔrɪtɪ] *n* majorité *f* ▸ *cpd* (*verdict, holding*) majoritaire
make [meɪk] (*pt, pp* **made** [meɪd]) *vt* faire ; (*manufacture*) faire, fabriquer ; (*earn*) gagner ; (*decision*) prendre ; (*friend*) se faire ; (*speech*) faire, prononcer ; (*cause to be*): **to ~ sb sad** *etc* rendre qn triste *etc* ; (*force*): **to ~ sb do sth** obliger qn à faire qch, faire faire qch à qn ; (*equal*): **2 and 2 ~ 4** 2 et 2 font 4 ; **to ~ the bed** faire le lit ; **to ~ a fool of sb** (*ridicule*) ridiculiser qn ; (*trick*) avoir *or* duper qn ; **to ~ a profit** faire un *or* des bénéfice(s) ; **to ~ a loss** essuyer une perte ; **to ~ it** (*in time etc*) y arriver ; (*succeed*) réussir ; **what time do you ~ it?** quelle heure avez-vous ? ; **I ~ it £249** d'après mes calculs ça fait 249 livres ; **to be made of** être en ; **to ~ do with** se contenter de ; se débrouiller avec ; **to ~ good** *vi* (*succeed*) faire son chemin, réussir ; *vt* (*deficit*) combler ; (*losses*) compenser ▸ *n* (*manufacture*) fabrication *f* ; (*brand*) marque *f*
▸ **make for** *vt fus* (*place*) se diriger vers
▸ **make off** *vi* filer
▸ **make out** *vt* (*write out: cheque*) faire ; (*decipher*) déchiffrer ; (*understand*) comprendre ; (*see*) distinguer ; (*claim, imply*) prétendre, vouloir faire croire ; **to ~ out a case for sth** présenter des arguments solides en faveur de qch
▸ **make over** *vt* (*assign*): **to ~ over (to)** céder (à), transférer (au nom de)
▸ **make up** *vt* (*invent*) inventer, imaginer ; (*constitute*) constituer ; (*parcel, bed*) faire ; **to be made up of** se composer de ▸ *vi* se réconcilier ; (*with cosmetics*) se maquiller, se farder
▸ **make up for** *vt fus* compenser ; (*lost time*) rattraper
make-believe ['meɪkbɪli:v] *n*: **a world of ~** un monde de chimères *or* d'illusions ; **it's just ~** c'est de la fantaisie ; c'est une illusion
make-or-break [meɪkɔ:'breɪk] *adj* (*issue, game, meeting*) décisif(-ive) ; **it's ~ time** c'est le moment décisif
makeover ['meɪkəuvəʳ] *n* (*by beautician*) soins *mpl* de maquillage ; (*change of image*) changement *m* d'image ; **to give sb a ~** relooker qn
maker ['meɪkəʳ] *n* fabricant *m* ; (*of film, programme*) réalisateur(-trice)
makeshift ['meɪkʃɪft] *adj* provisoire, improvisé(e)
make-up ['meɪkʌp] *n* maquillage *m*
make-up bag *n* trousse *f* de maquillage
make-up remover *n* démaquillant *m*

m

making ['meɪkɪŋ] *n (fig)*: **in the ~** en formation *or* gestation ; **to have the makings of** *(actor, athlete)* avoir l'étoffe de
maladjusted [mælə'dʒʌstɪd] *adj* inadapté(e)
maladministration [mælədmɪnɪ'streɪʃən] *n* mauvaise gestion *f*
malaise [mæ'leɪz] *n* malaise *m*
malaria [mə'lɛərɪə] *n* malaria *f*, paludisme *m*
Malawi [mə'lɑːwɪ] *n* Malawi *m*
Malay [mə'leɪ] *adj* malais(e) ▸ *n (person)* Malais(e) ; *(language)* malais *m*
Malaya [mə'leɪə] *n* Malaisie *f*
Malayan [mə'leɪən] *adj, n* = **Malay**
Malaysia [mə'leɪzɪə] *n* Malaisie *f*
Malaysian [mə'leɪzɪən] *adj* malaisien(ne) ▸ *n* Malaisien(ne)
Maldives ['mɔːldaɪvz] *npl*: **the ~** les Maldives *fpl*
male [meɪl] *n (Biol, Elec)* mâle *m* ▸ *adj (sex, attitude)* masculin(e) ; *(animal)* mâle ; *(child etc)* du sexe masculin ; **~ and female students** étudiants et étudiantes
male chauvinist *n* phallocrate *m*
male nurse *n* infirmier *m*
malevolence [mə'lɛvələns] *n* malveillance *f*
malevolent [mə'lɛvələnt] *adj* malveillant(e)
malfunction [mæl'fʌŋkʃən] *n* fonctionnement défectueux
malice ['mælɪs] *n* méchanceté *f*, malveillance *f*
malicious [mə'lɪʃəs] *adj* méchant(e), malveillant(e) ; *(Law)* avec intention criminelle
maliciously [mə'lɪʃəslɪ] *adv* avec malveillance
malign [mə'laɪn] *vt* diffamer, calomnier
malignant [mə'lɪgnənt] *adj (Med)* malin(-igne)
malinger [mə'lɪŋgə^r] *vi* faire semblant d'être malade
malingerer [mə'lɪŋgərə^r] *n* faux (fausse) malade
mall [mɔːl] *n (also*: **shopping mall**) centre commercial
mallard ['mælɑːd] *n* colvert *m*
malleable ['mælɪəbl] *adj* malléable
mallet ['mælɪt] *n* maillet *m*
malnourished [mæl'nʌrɪʃt] *adj* mal nourri(e)
malnutrition [mælnjuː'trɪʃən] *n* malnutrition *f*
malpractice [mæl'præktɪs] *n* faute professionnelle ; négligence *f*
malt [mɔːlt] *n* malt *m* ▸ *cpd (whisky)* pur malt
Malta ['mɔːltə] *n* Malte *f*
Maltese [mɔːl'tiːz] *adj* maltais(e) ▸ *n (pl inv)* Maltais(e) ; *(Ling)* maltais *m*
maltreat [mæl'triːt] *vt* maltraiter
malware ['mælwɛə^r] *n (Comput)* logiciel *m* malveillant
mammal ['mæml] *n* mammifère *m*
mammogram ['mæməgræm] *n* mammographie *f*
mammoth ['mæməθ] *n* mammouth *m* ▸ *adj* géant(e), monstre
man [mæn] *(pl* **men** [mɛn]) *n* homme *m* ; *(Sport)* joueur *m* ; *(Chess)* pièce *f* ; *(Draughts)* pion *m* ; **an old ~** un vieillard ; **~ and wife** mari et femme ▸ *vt (Naut: ship)* garnir d'hommes ; *(machine)* assurer le fonctionnement de ; *(Mil: gun)* servir ; *(: post)* être de service à
Man. *abbr* (CANADA) = **Manitoba**
manacles ['mænəklz] *npl* menottes *fpl*
manage ['mænɪdʒ] *vi* se débrouiller ; *(succeed)* y arriver, réussir ▸ *vt (business)* gérer ; *(team, operation)* diriger ; *(control: ship)* manier, manœuvrer ; *(: person)* savoir s'y prendre avec ; *(device, things to do, carry etc)* arriver à se débrouiller avec, s'en tirer avec ; **to ~ to do** se débrouiller pour faire ; *(succeed)* réussir à faire
manageable ['mænɪdʒəbl] *adj* maniable ; *(task etc)* faisable ; *(number)* raisonnable
management ['mænɪdʒmənt] *n (running)* administration *f*, direction *f* ; *(people in charge: of business, firm)* dirigeants *mpl*, cadres *mpl* ; *(: of hotel, shop, theatre)* direction ; **"under new ~"** « changement de gérant », « changement de propriétaire »
management accounting *n* comptabilité *f* de gestion
management consultant *n* conseiller(-ère) de direction
manager ['mænɪdʒə^r] *n (of business)* directeur *m* ; *(of institution etc)* administrateur *m* ; *(of department, unit)* responsable *mf*, chef *m* ; *(of hotel etc)* gérant *m* ; *(Sport)* manager *m* ; *(of artist)* impresario *m* ; **sales ~** responsable *or* chef des ventes
manageress [mænɪdʒə'rɛs] *n* directrice *f* ; *(of hotel etc)* gérante *f*
managerial [mænɪ'dʒɪərɪəl] *adj* directorial(e) ; *(skills)* de cadre, de gestion ; **~ staff** cadres *mpl*
managing director ['mænɪdʒɪŋ-] *n* directeur général
Mancunian [mæŋ'kjuːnɪən] *adj* de Manchester ▸ *n* habitant(e) de Manchester ; natif(-ive) de Manchester
Mandarin ['mændərɪn] *n (language)* mandarin *m*
mandarin ['mændərɪn] *n (also*: **mandarin orange**) mandarine *f* ; *(person)* mandarin *m*
mandate ['mændeɪt] *n* mandat *m*
mandatory ['mændətərɪ] *adj* obligatoire ; *(powers etc)* mandataire
mandolin, mandoline ['mændəlɪn] *n* mandoline *f*
mane [meɪn] *n* crinière *f*
maneuver *etc* [mə'nuːvə^r] *n (US)* = **manoeuvre** *etc*
manfully ['mænfəlɪ] *adv* vaillamment
manganese [mæŋgə'niːz] *n* manganèse *m*
manger ['meɪndʒə^r] *n* mangeoire *f*
mangetout ['mɔnʒ'tuː] *n* mange-tout *m inv*
mangle ['mæŋgl] *vt* déchiqueter ; mutiler ▸ *n* essoreuse *f* ; calandre *f*
mango ['mæŋgəu] *(pl* **mangoes**) *n* mangue *f*
mangrove ['mæŋgrəuv] *n* palétuvier *m*
mangy ['meɪndʒɪ] *adj* galeux(-euse)
manhandle ['mænhændl] *vt (mistreat)* maltraiter, malmener ; *(move by hand)* manutentionner
manhole ['mænhəul] *n* trou *m* d'homme
manhood ['mænhud] *n (age)* âge *m* d'homme ; *(manliness)* virilité *f*
man-hour ['mænauə^r] *n* heure-homme *f*, heure *f* de main-d'œuvre
manhunt ['mænhʌnt] *n* chasse *f* à l'homme
mania ['meɪnɪə] *n* manie *f*

maniac ['meɪnɪæk] *n* maniaque *mf*; (*fig*) fou (folle)
manic ['mænɪk] *adj* maniaque
manic-depressive ['mænɪkdɪ'prɛsɪv] *adj*, *n* (*Psych*) maniaco-dépressif(-ive)
manicure ['mænɪkjuəʳ] *n* manucure *f* ▸ *vt* (*person*) faire les mains à
manicure set *n* trousse *f* à ongles
manifest ['mænɪfɛst] *vt* manifester ▸ *adj* manifeste, évident(e) ▸ *n* (*Aviat, Naut*) manifeste *m*
manifestation [mænɪfɛs'teɪʃən] *n* manifestation *f*
manifesto [mænɪ'fɛstəu] *n* (*Pol*) manifeste *m*
manifold ['mænɪfəuld] *adj* multiple, varié(e) ▸ *n* (*Aut etc*): **exhaust ~** collecteur *m* d'échappement
Manila [mə'nɪlə] *n* Manille, Manila
manila [mə'nɪlə] *adj*: **~ paper** papier *m* bulle
manipulate [mə'nɪpjuleɪt] *vt* manipuler; (*system, situation*) exploiter
manipulation [mənɪpju'leɪʃən] *n* manipulation *f*
manipulative [mə'nɪpjulətɪv] *adj* manipulateur(-trice)
mankind [mæn'kaɪnd] *n* humanité *f*, genre humain
manliness ['mænlɪnɪs] *n* virilité *f*
manly ['mænlɪ] *adj* viril(e)
man-made ['mæn'meɪd] *adj* artificiel(le); (*fibre*) synthétique
manna ['mænə] *n* manne *f*
manned [mænd] *adj* (*spacecraft, flight*) habité(e)
mannequin ['mænɪkɪn] *n* mannequin *m*
manner ['mænəʳ] *n* manière *f*, façon *f*; (*behaviour*) attitude *f*, comportement *m*; **all ~ of** toutes sortes de; **manners** *npl*: **(good) manners** (bonnes) manières; **bad manners** mauvaises manières
mannerism ['mænərɪzəm] *n* particularité *f* de langage (*or* de comportement), tic *m*
mannerly ['mænəlɪ] *adj* poli(e), courtois(e)
manoeuvrable, (*US*) **maneuverable** [mə'nu:vrəbl] *adj* facile à manœuvrer
manoeuvre, (*US*) **maneuver** [mə'nu:vəʳ] *vt* (*move*) manœuvrer; (*manipulate: person*) manipuler; (*: situation*) exploiter; **to ~ sb into doing sth** manipuler qn pour lui faire faire qch ▸ *n* manœuvre *f*
manor ['mænəʳ] *n* (*also*: **manor house**) manoir *m*
manpower ['mænpauəʳ] *n* main-d'œuvre *f*
manservant ['mænsə:vənt] (*pl* **menservants** ['mɛn-]) *n* domestique *m*
mansion ['mænʃən] *n* château *m*, manoir *m*
manslaughter ['mænslɔ:təʳ] *n* homicide *m* involontaire
mantelpiece ['mæntlpi:s] *n* cheminée *f*
mantle ['mæntl] *n* cape *f*; (*fig*) manteau *m*
man-to-man ['mæntə'mæn] *adj*, *adv* d'homme à homme
mantra ['mæntrə] *n* mantra *m*
manual ['mænjuəl] *adj* manuel(le) ▸ *n* manuel *m*
manually ['mænjuəlɪ] *adv* manuellement
manual worker *n* travailleur manuel
manufacture [mænju'fæktʃəʳ] *vt* fabriquer ▸ *n* fabrication *f*
manufactured goods [mænju'fæktʃəd-] *npl* produits manufacturés
manufacturer [mænju'fæktʃərəʳ] *n* fabricant *m*
manufacturing [mænju'fæktʃərɪŋ] *n* industrie *f* ▸ *cpd* (*sector, output*) industriel(le)
manufacturing industries *npl* industries *fpl* de transformation
manure [mə'njuəʳ] *n* fumier *m*; (*artificial*) engrais *m*
manuscript ['mænjuskrɪpt] *n* manuscrit *m*
Manx [mæŋks] *adj* mannois(e), de l'île de Man
many ['mɛnɪ] *adj* beaucoup de, de nombreux(-euses); **how ~ ...?** combien de ...?; **a great ~...** un grand nombre de ...; **too ~ difficulties** trop de difficultés; **twice as ~ ...** deux fois plus de ...; **~ a ...** bien des ..., plus d'un(e) ... ▸ *pron* beaucoup, un grand nombre; **how ~?** combien?; **a great ~** un grand nombre; **twice as ~** deux fois plus
Maori ['maurɪ] *n* Maori(e) ▸ *adj* maori(e)
map [mæp] *n* carte *f*; (*of town*) plan *m*; **can you show it to me on the ~?** pouvez-vous me l'indiquer sur la carte? ▸ *vt* dresser la carte de
▸ **map out** *vt* tracer; (*fig: task*) planifier; (*: career, holiday*) organiser, préparer (à l'avance); (*: essay*) faire le plan de
maple ['meɪpl] *n* érable *m*
mar [mɑ:ʳ] *vt* gâcher, gâter
Mar. *abbr* = **March**
marathon ['mærəθən] *n* marathon *m* ▸ *adj*: **a ~ session** une séance-marathon
marathon runner *n* coureur(-euse) de marathon, marathonien(ne)
marauder [mə'rɔ:dəʳ] *n* maraudeur(-euse)
marble ['mɑ:bl] *n* marbre *m*; (*toy*) bille *f*; **marbles** *npl* (*game*) billes
March [mɑ:tʃ] *n* mars *m*; *see also* **July**
march [mɑ:tʃ] *vi* marcher au pas; (*demonstrators*) défiler; **to ~ out of/into** *etc* sortir de/entrer dans *etc* (*de manière décidée ou impulsive*) ▸ *n* marche *f*; (*demonstration*) manifestation *f*
marcher ['mɑ:tʃəʳ] *n* (*demonstrator*) manifestant(e), marcheur(-euse)
marching ['mɑ:tʃɪŋ] *n*: **to give sb his ~ orders** (*fig*) renvoyer qn; envoyer promener qn
march-past ['mɑ:tʃpɑ:st] *n* défilé *m*
mare [mɛəʳ] *n* jument *f*
marg. [mɑ:dʒ] *n abbr* (*inf*) = **margarine**
margarine [mɑ:dʒə'ri:n] *n* margarine *f*
margin ['mɑ:dʒɪn] *n* marge *f*
marginal ['mɑ:dʒɪnl] *adj* marginal(e); **~ seat** (*Pol*) siège disputé
marginalize ['mɑ:dʒɪnəlaɪz] *vt* marginaliser
marginally ['mɑ:dʒɪnəlɪ] *adv* très légèrement, sensiblement
marigold ['mærɪgəuld] *n* souci *m*
marijuana [mærɪ'wɑ:nə] *n* marijuana *f*
marina [mə'ri:nə] *n* marina *f*
marinade *n* [mærɪ'neɪd] marinade *f* ▸ *vt* ['mærɪneɪd] = **marinate**
marinate ['mærɪneɪt] *vt* (faire) mariner
marine [mə'ri:n] *adj* marin(e) ▸ *n* fusilier marin; (*US*) marine *m*

m

marine insurance *n* assurance *f* maritime
marital ['mærɪtl] *adj* matrimonial(e)
marital status *n* situation *f* de famille
maritime ['mærɪtaɪm] *adj* maritime
maritime law *n* droit *m* maritime
marjoram ['mɑːdʒərəm] *n* marjolaine *f*
mark [mɑːk] *n* marque *f* ; *(of skid etc)* trace *f* ; (BRIT *Scol*) note *f* ; *(Sport)* cible *f* ; *(currency)* mark *m* ; (BRIT *Tech*): **M~ 2/3** 2ème/3ème série *f or* version *f* ; *(oven temperature)*: **(gas) ~ 4** thermostat *m* 4 ; **to be quick off the ~ (in doing)** *(fig)* ne pas perdre de temps (pour faire) ; **up to the ~** *(in efficiency)* à la hauteur ; **punctuation marks** signes *mpl* de ponctuation ▸ *vt (Sport: player)* marquer ; *(stain)* tacher ; (BRIT *Scol*) corriger, noter ; **to ~ time** marquer le pas
▸ **mark down** *vt (prices, goods)* démarquer, réduire le prix de
▸ **mark off** *vt (tick off)* cocher, pointer
▸ **mark out** *vt* désigner
▸ **mark up** *vt (price)* majorer
marked [mɑːkt] *adj (obvious)* marqué(e), net(te)
markedly ['mɑːkɪdlɪ] *adv* visiblement, manifestement
marker ['mɑːkə^r] *n (sign)* jalon *m* ; *(bookmark)* signet *m*
market ['mɑːkɪt] *n* marché *m* ; **to be on the ~** être sur le marché ; **on the open ~** en vente libre ; **to play the ~** jouer à la *or* spéculer en Bourse ▸ *vt (Comm)* commercialiser
marketable ['mɑːkɪtəbl] *adj* commercialisable
market analysis *n* analyse *f* de marché
market day *n* jour *m* de marché
market demand *n* besoins *mpl* du marché
market economy *n* économie *f* de marché
market forces *npl* tendances *fpl* du marché
market garden *n* (BRIT) jardin maraîcher
marketing ['mɑːkɪtɪŋ] *n* marketing *m*
marketplace ['mɑːkɪtpleɪs] *n* place *f* du marché ; *(Comm)* marché *m*
market price *n* prix marchand
market research *n* étude *f* de marché
market value *n* valeur marchande ; valeur du marché
marking ['mɑːkɪŋ] *n (on animal)* marque *f*, tache *f* ; *(on road)* signalisation *f*
marksman ['mɑːksmən] *n (irreg)* tireur *m* d'élite
marksmanship ['mɑːksmənʃɪp] *n* adresse *f* au tir
mark-up ['mɑːkʌp] *n (Comm: margin)* marge *f* (bénéficiaire) ; *(: increase)* majoration *f*
marmalade ['mɑːməleɪd] *n* confiture *f* d'oranges
maroon [mə'ruːn] *vt*: **to be marooned** être abandonné(e) ; *(fig)* être bloqué(e) ▸ *adj (colour)* bordeaux *inv*
marquee [mɑː'kiː] *n* chapiteau *m*
marquess, marquis ['mɑːkwɪs] *n* marquis *m*
Marrakech, Marrakesh [mærə'kɛʃ] *n* Marrakech
marriage ['mærɪdʒ] *n* mariage *m*
marriage bureau *n* agence matrimoniale
marriage certificate *n* extrait *m* d'acte de mariage
marriage guidance, (US) **marriage counseling** *n* conseils conjugaux
marriage guidance counsellor, (US) **marriage counselor** *n* conseiller(-ère) conjugal(e)
marriage of convenience *n* mariage *m* de convenance
married ['mærɪd] *adj* marié(e) ; *(life, love)* conjugal(e)
marrow ['mærəu] *n (of bone)* moelle *f* ; *(vegetable)* courge *f*
marry ['mærɪ] *vt* épouser, se marier avec ; *(subj: father, priest etc)* marier ▸ *vi (also:* **get married***)* se marier
Mars [mɑːz] *n (planet)* Mars *f*
Marseilles [mɑː'seɪ] *n* Marseille
marsh [mɑːʃ] *n* marais *m*, marécage *m*
marshal ['mɑːʃl] *n* maréchal *m* ; *(US: fire, police)* ≈ capitaine *m* ; *(for demonstration, meeting)* membre *m* du service d'ordre ▸ *vt* rassembler
marshalling yard ['mɑːʃlɪŋ-] *n (Rail)* gare *f* de triage
marshmallow [mɑːʃ'mæləu] *n (Bot)* guimauve *f* ; *(sweet)* (pâte *f* de) guimauve
marshy ['mɑːʃɪ] *adj* marécageux(-euse)
marsupial [mɑː'suːpɪəl] *adj* marsupial(e) ▸ *n* marsupial *m*
martial ['mɑːʃl] *adj* martial(e)
martial arts *npl* arts martiaux
martial law *n* loi martiale
Martian ['mɑːʃən] *n* Martien(ne)
martin ['mɑːtɪn] *n (also:* **house martin***)* martinet *m*
martyr ['mɑːtə^r] *n* martyr(e) ▸ *vt* martyriser
martyrdom ['mɑːtədəm] *n* martyre *m*
marvel ['mɑːvl] *n* merveille *f* ▸ *vi*: **to ~ (at)** s'émerveiller (de)
marvellous, (US) **marvelous** ['mɑːvləs] *adj* merveilleux(-euse)
Marxism ['mɑːksɪzəm] *n* marxisme *m*
Marxist ['mɑːksɪst] *adj, n* marxiste *mf*
marzipan ['mɑːzɪpæn] *n* pâte *f* d'amandes
mascara [mæs'kɑːrə] *n* mascara *m*
mascot ['mæskət] *n* mascotte *f*
masculine ['mæskjulɪn] *adj* masculin(e) ▸ *n* masculin *m*
masculinity [mæskju'lɪnɪtɪ] *n* masculinité *f*
MASH [mæʃ] *n abbr (US Mil)* = **mobile army surgical hospital**
mash [mæʃ] *vt (Culin)* faire une purée de
mashed potato *n*, **mashed potatoes** *npl* [mæʃt-] purée *f* de pommes de terre
mask [mɑːsk] *n* masque *m* ▸ *vt* masquer
masked [mɑːskt] *adj* masqué(e)
masochism ['mæsəkɪzəm] *n* masochisme *m*
masochist ['mæsəkɪst] *n* masochiste *mf*
masochistic [mæsə'kɪstɪk] *adj* masochiste
mason ['meɪsn] *n (also:* **stonemason***)* maçon *m* ; *(also:* **freemason***)* franc-maçon *m*
masonic [mə'sɔnɪk] *adj* maçonnique
masonry ['meɪsnrɪ] *n* maçonnerie *f*
masquerade [mæskə'reɪd] *n* bal masqué ; *(fig)* mascarade *f* ▸ *vi*: **to ~ as** se faire passer pour
mass [mæs] *n* multitude *f*, masse *f* ; *(Physics)* masse ; *(Rel)* messe *f* ; **to go to ~** aller à la messe ▸ *cpd (communication)* de masse ; *(unemployment)* massif(-ive) ▸ *vi* se masser ; **masses** *npl*: **the masses** les masses ; **masses of** *(inf)* des tas de

Mass. *abbr* (*US*) = **Massachusetts**
massacre ['mæsəkə^r] *n* massacre *m* ▸ *vt* massacrer
massage ['mæsɑ:ʒ] *n* massage *m* ▸ *vt* masser
massage parlour, (*US*) **massage parlor** *n* salon *m* de massage
massive ['mæsɪv] *adj* énorme, massif(-ive)
massively ['mæsɪvlɪ] *adv* (*rise, increase*) massivement ; (*popular, important*) immensément ; **to be ~ successful** remporter un succès immense
mass market *n* marché *m* grand public
mass media *npl* mass-media *mpl*
mass meeting *n* rassemblement *m* de masse
mass-produce ['mæsprə'dju:s] *vt* fabriquer en série
mass production *n* fabrication *f* en série
mast [mɑ:st] *n* mât *m* ; (*Radio, TV*) pylône *m*
mastectomy [mæs'tɛktəmɪ] *n* mastectomie *f*
master ['mɑ:stə^r] *n* maître *m* ; (*in secondary school*) professeur *m* ; (*in primary school*) instituteur *m* ; (*title for boys*): **M~ X** Monsieur X ; **~ of ceremonies (MC)** *n* maître des cérémonies ; **M~ of Arts/Science (MA/MSc)** *n* ≈ titulaire *mf* d'une maîtrise (en lettres/science) ; **M~ of Arts/Science degree (MA/MSc)** *n* ≈ maîtrise *f* ; **M~'s degree** *n* ≈ maîtrise ; *voir article* ▸ *vt* maîtriser ; (*learn*) apprendre à fond ; (*understand*) posséder parfaitement *or* à fond

MASTER'S DEGREE

Le **Master's degree** est un diplôme que l'on prépare en général après le *Bachelor's degree*, bien que certaines universités décernent un *Master's* au lieu d'un *Bachelor's*. Il consiste soit à suivre des cours, soit à rédiger un mémoire à partir d'une recherche personnelle, soit encore les deux. Les principaux masters sont le *MA* (*Master of Arts*), et le *MSc* (*Master of Science*), qui comprennent cours et mémoire, et le *MLitt* (*Master of Letters*) et le *MPhil* (*Master of Philosophy*), qui reposent uniquement sur le mémoire; voir *doctorate*.

master disk *n* (*Comput*) disque original
masterful ['mɑ:stəful] *adj* autoritaire, impérieux(-euse)
master key *n* passe-partout *m inv*
masterly ['mɑ:stəlɪ] *adj* magistral(e)
mastermind ['mɑ:stəmaɪnd] *n* esprit supérieur ▸ *vt* diriger, être le cerveau de
masterpiece ['mɑ:stəpi:s] *n* chef-d'œuvre *m*
master plan *n* stratégie *f* d'ensemble
master stroke *n* coup *m* de maître
mastery ['mɑ:stərɪ] *n* maîtrise *f* ; connaissance parfaite
mastiff ['mæstɪf] *n* mastiff *m*
masturbate ['mæstəbeɪt] *vi* se masturber
masturbation [mæstə'beɪʃən] *n* masturbation *f*
mat [mæt] *n* petit tapis ; (*also*: **doormat**) paillasson *m* ; (*also*: **tablemat**) set *m* de table ▸ *adj* = **matt**
match [mætʃ] *n* allumette *f* ; (*game*) match *m*, partie *f* ; (*fig*) égal(e) ; mariage *m* ; parti *m* ; **to be a good ~** être bien assorti(e) ▸ *vt* (*also*: **match up**) assortir ; (*go well with*) aller bien avec, s'assortir à ; (*equal*) égaler, valoir ▸ *vi* être assorti(e)
▸ **match up** *vt* assortir
matchbox ['mætʃbɔks] *n* boîte *f* d'allumettes
matching ['mætʃɪŋ] *adj* assorti(e)
matchless ['mætʃlɪs] *adj* sans égal
mate [meɪt] *n* camarade *mf* de travail ; (*inf*) copain (copine) ; (*animal*) partenaire *mf*, mâle (femelle) ; (*in merchant navy*) second *m* ▸ *vi* s'accoupler ▸ *vt* accoupler
material [mə'tɪərɪəl] *n* (*substance*) matière *f*, matériau *m* ; (*cloth*) tissu *m*, étoffe *f* ; (*information, data*) données *fpl* ; **reading ~** de quoi lire, de la lecture ▸ *adj* matériel(le) ; (*relevant: evidence*) pertinent(e) ; (*important*) essentiel(le) ;
materials *npl* (*equipment*) matériaux *mpl*
materialism [mə'tɪərɪəlɪzəm] *n* matérialisme *m*
materialist [mə'tɪərɪəlɪst] *adj*, *n* matérialiste *mf*
materialistic [mətɪərɪə'lɪstɪk] *adj* matérialiste
materialize [mə'tɪərɪəlaɪz] *vi* se matérialiser, se réaliser
materially [mə'tɪərɪəlɪ] *adv* matériellement ; essentiellement
maternal [mə'tə:nl] *adj* maternel(le)
maternity [mə'tə:nɪtɪ] *n* maternité *f* ▸ *cpd* de maternité, de grossesse
maternity benefit *n* prestation *f* de maternité
maternity dress *n* robe *f* de grossesse
maternity hospital *n* maternité *f*
maternity leave *n* congé *m* de maternité
matey ['meɪtɪ] *adj* (*BRIT inf*) copain-copain *inv*
math [mæθ] *n* (*US*: = *mathematics*) maths *fpl*
mathematical [mæθə'mætɪkl] *adj* mathématique
mathematician [mæθəmə'tɪʃən] *n* mathématicien(ne)
mathematics [mæθə'mætɪks] *n* mathématiques *fpl*
maths [mæθs] *n abbr* (*BRIT*: = *mathematics*) maths *fpl*
matinée ['mætɪneɪ] *n* matinée *f*
mating ['meɪtɪŋ] *n* accouplement *m*
mating call *n* appel *m* du mâle
mating season *n* saison *f* des amours
matriarchal [meɪtrɪ'ɑ:kl] *adj* matriarcal(e)
matrices ['meɪtrɪsi:z] *npl of* **matrix**
matriculation [mətrɪkju'leɪʃən] *n* inscription *f*
matrimonial [mætrɪ'məunɪəl] *adj* matrimonial(e), conjugal(e)
matrimony ['mætrɪmənɪ] *n* mariage *m*
matrix ['meɪtrɪks] (*pl* **matrices** ['meɪtrɪsi:z]) *n* matrice *f*
matron ['meɪtrən] *n* (*in hospital*) infirmière-chef *f* ; (*in school*) infirmière *f*
matronly ['meɪtrənlɪ] *adj* de matrone ; imposant(e)
matt [mæt] *adj* mat(e)
matted ['mætɪd] *adj* emmêlé(e)
matter ['mætə^r] *n* question *f* ; (*Physics*) matière *f*, substance *f* ; (*content*) contenu *m*, fond *m* ; (*Med: pus*) pus *m* ; **what's the ~?** qu'est-ce qu'il y a ?, qu'est-ce qui ne va pas ? ; **no ~ what** quoi qu'il arrive ; **that's another ~** c'est une autre affaire ; **as a ~ of course** tout naturellement ;

m

as a ~ of fact en fait ; **it's a ~ of habit** c'est une question d'habitude ; **printed ~** imprimés *mpl* ; **reading ~** (Brit) de quoi lire, de la lecture ▸ *vi* importer ; **it doesn't ~** cela n'a pas d'importance ; (*I don't mind*) cela ne fait rien ; **matters** *npl* (*affairs, situation*) la situation
matter-of-fact ['mætərəv'fækt] *adj* terre à terre, neutre
matting ['mætɪŋ] *n* natte *f*
mattress ['mætrɪs] *n* matelas *m*
mature [mə'tjuəʳ] *adj* mûr(e) ; (*cheese*) fait(e) ; (*wine*) arrivé(e) à maturité ▸ *vi* mûrir ; (*cheese, wine*) se faire
mature student *n étudiant(e) plus âgé(e) que la moyenne*
maturity [mə'tjuərɪtɪ] *n* maturité *f*
maudlin ['mɔ:dlɪn] *adj* larmoyant(e)
maul [mɔ:l] *vt* lacérer
Mauritania [mɔ:rɪ'teɪnɪə] *n* Mauritanie *f*
Mauritius [mə'rɪʃəs] *n* l'île *f* Maurice
mausoleum [mɔ:sə'lɪəm] *n* mausolée *m*
mauve [məuv] *adj* mauve
maverick ['mævrɪk] *n* (*fig*) franc-tireur *m*, non-conformiste *mf*
mawkish ['mɔ:kɪʃ] *adj* mièvre ; fade
max *abbr* = **maximum**
maxim ['mæksɪm] *n* maxime *f*
maxima ['mæksɪmə] *npl of* **maximum**
maximize ['mæksɪmaɪz] *vt* (*profits etc, chances*) maximiser
maximum ['mæksɪməm] (*pl* **maxima** [-mə]) *adj* maximum ▸ *n* maximum *m*
May [meɪ] *n* mai *m* ; *see also* **July**
may [meɪ] (*conditional* **might** [maɪt]) *vi* (*indicating possibility*): **he ~ come** il se peut qu'il vienne ; (*be allowed to*) **~ I smoke?** puis-je fumer ? ; (*wishes*) **~ God bless you!** (que) Dieu vous bénisse ! ; **~ I sit here?** vous permettez que je m'assoie ici ? ; **he might be there** il pourrait bien y être, il se pourrait qu'il y soit ; **you ~ as well go** vous feriez aussi bien d'y aller ; **I might as well go** je ferais aussi bien d'y aller, autant y aller ; **you might like to try** vous pourriez (peut-être) essayer
maybe ['meɪbi:] *adv* peut-être ; **~ he'll ...** peut-être qu'il ... ; **~ not** peut-être pas
mayday ['meɪdeɪ] *n* S.O.S. *m*
May Day *n* le Premier mai
mayhem ['meɪhɛm] *n* grabuge *m*
mayonnaise [meɪə'neɪz] *n* mayonnaise *f*
mayor [mɛəʳ] *n* maire *m*
mayoress ['mɛərɛs] *n* (*female mayor*) maire *m* ; (*wife of mayor*) épouse *f* du maire
maypole ['meɪpəul] *n* mât enrubanné (*autour duquel on danse*)
maze [meɪz] *n* labyrinthe *m*, dédale *m*
MB *abbr* (*Comput*) = **megabyte**; (Canada) = **Manitoba**
MBA *n abbr* (= *Master of Business Administration*) *titre universitaire*
MBBS, MBChB *n abbr* (Brit: = *Bachelor of Medicine and Surgery*) *titre universitaire*
MBE *n abbr* (Brit: = *Member of the Order of the British Empire*) *titre honorifique*
MBO *n abbr* (Brit) = **management buyout**
MC *n abbr* = **master of ceremonies**
MCAT ['ɛmkæt] *n abbr* (US) = **Medical College Admissions Test**
MD *n abbr* (= *Doctor of Medicine*) *titre universitaire* ; (*Comm*) = **managing director** ▸ *abbr* (US) = **Maryland**
Md. *abbr* (US) = **Maryland**
MDF *n abbr* (= *medium-density fibreboard*) panneau *m* MDF, panneau *m* de fibre de moyenne densité
MDT *abbr* (US: = *Mountain Daylight Time*) *heure d'été des Montagnes Rocheuses*
ME *n abbr* (US: = *medical examiner*) médecin légiste *mf* ; (*Med*: = *myalgic encephalomyelitis*) encéphalomyélite *f* myalgique ▸ *abbr* (US) = **Maine**
me [mi:] *pron* me, m' + *vowel or h mute* ; (*stressed, after prep*) moi ; **it's me** c'est moi ; **he heard me** il m'a entendu ; **give me a book** donnez-moi un livre ; **it's for me** c'est pour moi
meadow ['mɛdəu] *n* prairie *f*, pré *m*
meagre, (US) **meager** ['mi:gəʳ] *adj* maigre
meal [mi:l] *n* repas *m* ; (*flour*) farine *f* ; **to go out for a ~** sortir manger
meals on wheels *npl* (Brit) *repas livrés à domicile aux personnes âgées ou handicapées*
mealtime ['mi:ltaɪm] *n* heure *f* du repas
mealy-mouthed ['mi:lɪmauðd] *adj* mielleux(-euse)
mean [mi:n] (*pt, pp* **meant** [mɛnt]) *adj* (*with money*) avare, radin(e) ; (*unkind*) mesquin(e), méchant(e) ; (*shabby*) misérable ; (*US inf: animal*) méchant, vicieux(-euse) ; (*: person*) vache ; (*average*) moyen(ne) ▸ *vt* (*signify*) signifier, vouloir dire ; (*refer to*) faire allusion à, parler de ; (*intend*): **to ~ to do** avoir l'intention de faire ; **to be meant for** être destiné(e) à ; **do you ~ it?** vous êtes sérieux ? ; **what do you ~?** que voulez-vous dire ? ▸ *n* moyenne *f* ; **means** *npl* (*way, money*) moyens *mpl* ; **by means of** (*instrument*) au moyen de ; **by all means** je vous en prie
meander [mɪ'ændəʳ] *vi* faire des méandres ; (*fig*) flâner
meaning ['mi:nɪŋ] *n* signification *f*, sens *m*
meaningful ['mi:nɪŋful] *adj* significatif(-ive) ; (*relationship*) valable
meaningfully ['mi:nɪŋfulɪ] *adv* (*say, add*) sur un ton qui en dit long ; **to glance ~ at sb** jeter un regard éloquent à qn
meaningless ['mi:nɪŋlɪs] *adj* dénué(e) de sens
meanness ['mi:nnɪs] *n* avarice *f* ; mesquinerie *f*
means test *n* (*Admin*) contrôle *m* des conditions de ressources
meant [mɛnt] *pt, pp of* **mean**
meantime ['mi:ntaɪm] *adv* (*also*: **in the meantime**) pendant ce temps
meanwhile ['mi:nwaɪl] *adv* = **meantime**
measles ['mi:zlz] *n* rougeole *f*
measly ['mi:zlɪ] *adj* (*inf*) minable
measurable ['mɛʒərəbl] *adj* mesurable
measure ['mɛʒəʳ] *vt, vi* mesurer ▸ *n* mesure *f* ; (*ruler*) règle (graduée) ; **a litre ~** un litre ; **some ~ of success** un certain succès ; **to take measures to do sth** prendre des mesures pour faire qch

▸ **measure up** *vi*: **to ~ up (to)** être à la hauteur (de)
measured ['mɛʒəd] *adj* mesuré(e)
measurements ['mɛʒəməntz] *npl* mesures *fpl*; **chest/hip ~** tour *m* de poitrine/hanches; **to take sb's ~** prendre les mesures de qn
meat [mi:t] *n* viande *f*; **I don't eat ~** je ne mange pas de viande; **cold meats** (Brit) viandes froides; **crab ~** crabe *f*
meatball ['mi:tbɔ:l] *n* boulette *f* de viande
meat pie *n* pâté *m* en croûte
meaty ['mi:tɪ] *adj* (*flavour*) de viande; (*fig: argument, book*) étoffé(e), substantiel(le)
Mecca ['mɛkə] *n* la Mecque; (*fig*): **a ~ (for)** la Mecque (de)
mechanic [mɪ'kænɪk] *n* mécanicien *m*; **can you send a ~?** pouvez-vous nous envoyer un mécanicien?
mechanical [mɪ'kænɪkl] *adj* mécanique
mechanical engineering *n* (*science*) mécanique *f*; (*industry*) construction *f* mécanique
mechanically [mɪ'kænɪklɪ] *adv* (*react, say*) mécaniquement; **~ sound** en bon état mécanique
mechanics [mə'kænɪks] *n* mécanique *f* ▸ *npl* mécanisme *m*
mechanism ['mɛkənɪzəm] *n* mécanisme *m*
mechanization [mɛkənaɪ'zeɪʃən] *n* mécanisation *f*
MEd *n abbr* (= *Master of Education*) *titre universitaire*
medal ['mɛdl] *n* médaille *f*
medallion [mɪ'dælɪən] *n* médaillon *m*
medallist, (*US*) **medalist** ['mɛdlɪst] *n* (*Sport*) médaillé(e)
meddle ['mɛdl] *vi*: **to ~ in** se mêler de, s'occuper de; **to ~ with** toucher à
meddlesome ['mɛdlsəm], **meddling** ['mɛdlɪŋ] *adj* indiscret(-ète), qui se mêle de ce qui ne le (*or* la) regarde pas; touche-à-tout *inv*
media ['mi:dɪə] *npl* media *mpl* ▸ *npl of* **medium**
media circus *n* (*event*) battage *m* médiatique; (*group of journalists*) cortège *m* médiatique
mediaeval [mɛdɪ'i:vl] *adj* = **medieval**
median ['mi:dɪən] *n* (*US: also*: **median strip**) bande médiane
media research *n* étude *f* de l'audience
mediate ['mi:dɪeɪt] *vi* servir d'intermédiaire
mediation [mi:dɪ'eɪʃən] *n* médiation *f*
mediator ['mi:dɪeɪtə^r] *n* médiateur(-trice)
medic ['mɛdɪk] *n* (*inf: doctor*) toubib *mf* (*inf*); (*student*) carabin *m* (*inf*)
Medicaid ['mɛdɪkeɪd] *n* (*US*) *assistance médicale aux indigents*
medical ['mɛdɪkl] *adj* médical(e) ▸ *n* (*also*: **medical examination**) visite médicale; (*: private*) examen médical
medical certificate *n* certificat médical
medical student *n* étudiant(e) en médecine
Medicare ['mɛdɪkɛə^r] *n* (*US*) *régime d'assurance maladie*
medicated ['mɛdɪkeɪtɪd] *adj* traitant(e), médicamenteux(-euse)
medication [mɛdɪ'keɪʃən] *n* (*drugs etc*) médication *f*
medicinal [mɛ'dɪsɪnl] *adj* médicinal(e)
medicine ['mɛdsɪn] *n* médecine *f*; (*drug*) médicament *m*
medicine chest *n* pharmacie *f* (*murale ou portative*)
medicine man *n* (*irreg*) sorcier *m*
medieval [mɛdɪ'i:vl] *adj* médiéval(e)
mediocre [mi:dɪ'əukə^r] *adj* médiocre
mediocrity [mi:dɪ'ɔkrɪtɪ] *n* médiocrité *f*
meditate ['mɛdɪteɪt] *vi*: **to ~ (on)** méditer (sur)
meditation [mɛdɪ'teɪʃən] *n* méditation *f*
Mediterranean [mɛdɪtə'reɪnɪən] *adj* méditerranéen(ne); **the ~ (Sea)** la (mer) Méditerranée
medium ['mi:dɪəm] *adj* moyen(ne) ▸ *n* (*pl* **media** ['mi:dɪə]) (*means*) moyen *m*; (*pl* **mediums**: *person*) médium *m*; **the happy ~** le juste milieu
medium-dry ['mi:dɪəm'draɪ] *adj* demi-sec
medium-sized ['mi:dɪəm'saɪzd] *adj* de taille moyenne
medium wave *n* (*Radio*) ondes moyennes, petites ondes
medley ['mɛdlɪ] *n* mélange *m*
meek [mi:k] *adj* doux (douce), humble
meet [mi:t] (*pt, pp* **met** [mɛt]) *vt* rencontrer; (*by arrangement*) retrouver, rejoindre; (*for the first time*) faire la connaissance de; (*go and fetch*): **I'll ~ you at the station** j'irai te chercher à la gare; (*opponent, danger, problem*) faire face à; (*requirements*) satisfaire à, répondre à; (*bill, expenses*) régler, honorer; **pleased to ~ you!** enchanté!; **nice meeting you** ravi d'avoir fait votre connaissance ▸ *vi* (*friends*) se rencontrer; se retrouver; (*in session*) se réunir; (*join: lines, roads*) se joindre ▸ *n* (Brit *Hunting*) rendez-vous *m* de chasse; (*US Sport*) rencontre *f*, meeting *m*
▸ **meet up** *vi*: **to ~ up with sb** rencontrer qn
▸ **meet with** *vt fus* (*difficulty*) rencontrer; **to ~ with success** être couronné(e) de succès
meeting ['mi:tɪŋ] *n* (*of group of people*) réunion *f*; (*between individuals*) rendez-vous *m*; (*formal*) assemblée *f*; (*Sport: rally*) rencontre, meeting *m*; (*interview*) entrevue *f*; **she's at** *or* **in a ~** (*Comm*) elle est en réunion; **to call a ~** convoquer une réunion
meeting place *n* lieu *m* de (la) réunion; (*for appointment*) lieu de rendez-vous
mega ['mɛgə] *adv* (*inf*): **he's ~ rich** il est hyper-riche
megabit ['mɛgəbɪt] *n* (*Comput*) mégabit *m*
megabyte ['mɛgəbaɪt] *n* (*Comput*) méga-octet *m*
megalomaniac [mɛgələu'meɪnɪæk] *n* mégalomane *mf*
megaphone ['mɛgəfəun] *n* porte-voix *m inv*
megapixel ['mɛgəpɪksl] *n* mégapixel *m*
megaton ['mɛgətʌn] *n* mégatonne *f*
megawatt ['mɛgəwɔt] *n* mégawatt *m*
meh [mɛ] *excl* bof
melancholy ['mɛlənkəlɪ] *n* mélancolie *f* ▸ *adj* mélancolique
melanoma [mɛlə'nəumə] *n* mélanome *m*
mellow ['mɛləu] *adj* velouté(e), doux (douce); (*colour*) riche et profond(e); (*fruit*) mûr(e) ▸ *vi* (*person*) s'adoucir
melodic [mɪ'lɔdɪk] *adj* mélodique
melodious [mɪ'ləudɪəs] *adj* mélodieux(-euse)

m

melodrama ['mɛləudrɑ:mə] *n* mélodrame *m*
melodramatic [mɛlədrə'mætɪk] *adj* mélodramatique
melody ['mɛlədɪ] *n* mélodie *f*
melon ['mɛlən] *n* melon *m*
melt [mɛlt] *vi* fondre ; (*become soft*) s'amollir ; (*fig*) s'attendrir ▸ *vt* faire fondre
▸ **melt away** *vi* fondre complètement
▸ **melt down** *vt* fondre
meltdown ['mɛltdaun] *n* fusion *f* (du cœur d'un réacteur nucléaire)
melting point ['mɛltɪŋ-] *n* point *m* de fusion
melting pot ['mɛltɪŋ-] *n* (*fig*) creuset *m* ; **to be in the ~** être encore en discussion
member ['mɛmbəʳ] *n* membre *m* ; (*of club, political party*) membre, adhérent(e) ▸ *cpd*: **~ country/state** *n* pays *m*/état *m* membre
Member of Parliament *n* (Brit) député *m*
Member of the European Parliament *n* Eurodéputé *m*
Member of the House of Representatives *n* (*US*) membre *m* de la Chambre des représentants
Member of the Scottish Parliament *n* (Brit) député *m* au Parlement écossais
membership ['mɛmbəʃɪp] *n* (*becoming a member*) adhésion *f* ; admission *f* ; (*being a member*) qualité *f* de membre, fait *m* d'être membre ; (*members*) membres *mpl*, adhérents *mpl* ; (*number of members*) nombre *m* des membres *or* adhérents
membership card *n* carte *f* de membre
membrane ['mɛmbreɪn] *n* membrane *f*
memento [mə'mɛntəu] *n* souvenir *m*
memo ['mɛməu] *n* note *f* (de service)
memoir ['mɛmwɑ:ʳ] *n* mémoire *m*, étude *f* ; **memoirs** *npl* mémoires
memo pad *n* bloc-notes *m*
memorabilia [mɛmrə'bɪlɪə] *npl* objets *mpl* de collection ; **rock and pop ~** des objets de collection sur le rock et la pop
memorable ['mɛmərəbl] *adj* mémorable
memorandum [mɛmə'rændəm] (*pl* **memoranda** [-də]) *n* note *f* (de service) ; (*Diplomacy*) mémorandum *m*
memorial [mɪ'mɔ:rɪəl] *n* mémorial *m* ▸ *adj* commémoratif(-ive)
Memorial Day *n* (*US*) *voir article*

Memorial Day

Memorial Day est un jour férié aux États-Unis, le dernier lundi de mai dans la plupart des États, à la mémoire des soldats américains morts au combat.

memorize ['mɛməraɪz] *vt* apprendre *or* retenir par cœur
memory ['mɛmərɪ] *n* (*also Comput*) mémoire *f* ; (*recollection*) souvenir *m* ; **to have a good/bad ~** avoir une bonne/mauvaise mémoire ; **loss of ~** perte *f* de mémoire ; **in ~ of** à la mémoire de
memory card *n* (*for digital camera*) carte *f* mémoire
memory stick *n* (*Comput: flash pen*) clé *f* USB ; (*: card*) carte *f* mémoire
men [mɛn] *npl of* **man**
menace ['mɛnɪs] *n* menace *f* ; (*inf: nuisance*) peste *f*, plaie *f* ; **a public ~** un danger public ▸ *vt* menacer
menacing ['mɛnɪsɪŋ] *adj* menaçant(e)
menagerie [mɪ'nædʒərɪ] *n* ménagerie *f*
mend [mɛnd] *vt* réparer ; (*darn*) raccommoder, repriser ; **to ~ one's ways** s'amender ▸ *n* reprise *f* ; **on the ~** en voie de guérison
mending ['mɛndɪŋ] *n* raccommodages *mpl*
menfolk ['mɛnfəuk] *npl* hommes *mpl*
menial ['mi:nɪəl] *adj* de domestique, inférieur(e) ; subalterne
meningitis [mɛnɪn'dʒaɪtɪs] *n* méningite *f*
menopausal [mɛnə'pɔ:zl] *adj* ménopausé(e)
menopause ['mɛnəpɔ:z] *n* ménopause *f*
menservants ['mɛnsə:vənts] *npl of* **manservant**
men's room *n* (*US*): **the ~** les toilettes *fpl* pour hommes
menstrual ['mɛnstruəl] *adj* menstruel(le)
menstruate ['mɛnstrueɪt] *vi* avoir ses règles
menstruation [mɛnstru'eɪʃən] *n* menstruation *f*
menswear ['mɛnzwɛəʳ] *n* vêtements *mpl* d'hommes
mental ['mɛntl] *adj* mental(e) ; **~ illness** maladie mentale
mental hospital *n* hôpital *m* psychiatrique
mentality [mɛn'tælɪtɪ] *n* mentalité *f*
mentally ['mɛntlɪ] *adv*: **to be ~ handicapped** être handicapé(e) mental(e) ; **the ~ ill** les malades mentaux
menthol ['mɛnθɔl] *n* menthol *m*
mention ['mɛnʃən] *n* mention *f* ▸ *vt* mentionner, faire mention de ; **don't ~ it!** je vous en prie, il n'y a pas de quoi ! ; **I need hardly ~ that ...** est-il besoin de rappeler que ... ? ; **not to ~ ..., without mentioning ...** sans parler de ..., sans compter ...
mentor ['mɛntɔ:ʳ] *n* mentor *m*
menu ['mɛnju:] *n* (*set menu, Comput*) menu *m* ; (*list of dishes*) carte *f* ; **could we see the ~?** est-ce qu'on peut voir la carte ?
menu-driven ['mɛnju:drɪvn] *adj* (*Comput*) piloté(e) par menu
meow [mi'au] *vi see* **miaow**
MEP *n abbr* = **Member of the European Parliament**
mercantile ['mə:kəntaɪl] *adj* marchand(e) ; (*law*) commercial(e)
mercenary ['mə:sɪnərɪ] *adj* (*person*) intéressé(e), mercenaire ▸ *n* mercenaire *m*
merchandise ['mə:tʃəndaɪz] *n* marchandises *fpl* ▸ *vt* commercialiser
merchandiser ['mə:tʃəndaɪzəʳ] *n* marchandiseur *m*
merchant ['mə:tʃənt] *n* négociant *m*, marchand *m* ; **timber/wine ~** négociant en bois/vins, marchand de bois/vins
merchant bank *n* (Brit) banque *f* d'affaires
merchantman ['mə:tʃəntmən] *n* (*irreg*) navire marchand
merchant navy, (US) merchant marine *n* marine marchande
merciful ['mə:sɪful] *adj* miséricordieux(-euse), clément(e)

mercifully ['mə:sɪflɪ] *adv* avec clémence ; (*fortunately*) par bonheur, Dieu merci
merciless ['mə:sɪlɪs] *adj* impitoyable, sans pitié
mercilessly ['mə:sɪlɪslɪ] *adv* impitoyablement
mercurial [mə:'kjuərɪəl] *adj* changeant(e) ; (*lively*) vif (vive)
mercury ['mə:kjurɪ] *n* mercure *m*
mercy ['mə:sɪ] *n* pitié *f*, merci *f* ; (*Rel*) miséricorde *f* ; **to have ~ on sb** avoir pitié de qn ; **at the ~ of** à la merci de
mercy killing *n* euthanasie *f*
mere [mɪəʳ] *adj* simple ; (*chance*) pur(e) ; **a ~ two hours** seulement deux heures
merely ['mɪəlɪ] *adv* simplement, purement
merge [mə:dʒ] *vt* unir ; (*Comput*) fusionner, interclasser ▸ *vi* (*colours, shapes, sounds*) se mêler ; (*roads*) se joindre ; (*Comm*) fusionner
merger ['mə:dʒəʳ] *n* (*Comm*) fusion *f*
meridian [mə'rɪdɪən] *n* méridien *m*
meringue [mə'ræŋ] *n* meringue *f*
merit ['mɛrɪt] *n* mérite *m*, valeur *f* ▸ *vt* mériter
meritocracy [mɛrɪ'tɔkrəsɪ] *n* méritocratie *f*
mermaid ['mə:meɪd] *n* sirène *f*
merriment ['mɛrɪmənt] *n* gaieté *f*
merry ['mɛrɪ] *adj* gai(e) ; **M~ Christmas!** joyeux Noël !
merry-go-round ['mɛrɪgəuraund] *n* manège *m*
mesh [mɛʃ] *n* mailles *fpl* ; **wire ~** grillage *m* (métallique), treillis *m* (métallique) ▸ *vi* (*gears*) s'engrener
mesmerize ['mɛzməraɪz] *vt* ensorceler, hypnotiser
mesmerizing ['mɛzməraɪzɪŋ] *adj* ensorcelant(e)
mess [mɛs] *n* désordre *m*, fouillis *m*, pagaille *f* ; (*muddle: of life*) gâchis *m* ; (*: of economy*) pagaille *f* ; (*dirt*) saleté *f* ; (*Mil*) mess *m*, cantine *f* ; **to be (in) a ~** être en désordre ; **to be/get o.s. in a ~** (*fig*) être/se mettre dans le pétrin
▸ **mess about, mess around** *vi* (*inf*) perdre son temps
▸ **mess about with, mess around with** *vt fus* (*inf*) chambarder, tripoter
▸ **mess up** *vt* (*inf: dirty*) salir ; (*: spoil*) gâcher
▸ **mess with** (*inf*) *vt fus* (*challenge, confront*) se frotter à ; (*interfere with*) toucher à
message ['mɛsɪdʒ] *n* message *m* ; **can I leave a ~?** est-ce que je peux laisser un message ? ; **are there any messages for me?** est-ce que j'ai des messages ? ; **to get the ~** (*fig, inf*) saisir, piger ▸ *vt* envoyer un message (à) ; **she messaged me on Facebook** elle m'a envoyé un message sur Facebook
message board *n* (*on Internet*) forum *m*
message switching [-swɪtʃɪŋ] *n* (*Comput*) commutation *f* de messages
messaging ['mɛsɪdʒɪŋ] *n* messagerie *f*
messenger ['mɛsɪndʒəʳ] *n* messager *m*
Messiah [mɪ'saɪə] *n* Messie *m*
Messrs, Messrs. ['mɛsəz] *abbr* (*on letters: = messieurs*) MM
messy ['mɛsɪ] *adj* (*dirty*) sale ; (*untidy*) en désordre
Met [mɛt] *n abbr* (*US*) = **Metropolitan Opera**
met [mɛt] *pt, pp of* **meet** ▸ *adj abbr* (*= meteorological*) météo *inv*
metabolic [mɛtə'bɔlɪk] *adj* métabolique
metabolism [mɛ'tæbəlɪzəm] *n* métabolisme *m*
metal ['mɛtl] *n* métal *m* ▸ *cpd* en métal ▸ *vt* empierrer
metallic [mɛ'tælɪk] *adj* métallique
metallurgy [mɛ'tælədʒɪ] *n* métallurgie *f*
metalwork ['mɛtlwə:k] *n* (*craft*) ferronnerie *f*
metamorphosis [mɛtə'mɔ:fəsɪs] (*pl* **metamorphoses** [-si:z]) *n* métamorphose *f*
metaphor ['mɛtəfəʳ] *n* métaphore *f*
metaphorical [mɛtə'fɔrɪkl] *adj* métaphorique
metaphysical [mɛtə'fɪzɪkl] *adj* métaphysique
metaphysics [mɛtə'fɪzɪks] *n* métaphysique *f*
mete [mi:t]: **to ~ out** *vt fus* infliger
meteor ['mi:tɪəʳ] *n* météore *m*
meteoric [mi:tɪ'ɔrɪk] *adj* (*fig*) fulgurant(e)
meteorite ['mi:tɪəraɪt] *n* météorite *mf*
meteorological [mi:tɪərə'lɔdʒɪkl] *adj* météorologique
meteorologist [mi:tiə'rɔlədʒɪst] *n* météorologue *mf*
meteorology [mi:tɪə'rɔlədʒɪ] *n* météorologie *f*
meter ['mi:təʳ] *n* (*instrument*) compteur *m* ; (*also:* **parking meter**) parc(o)mètre *m* ; (*US: unit*) = **metre** ▸ *vt* (*US Post*) affranchir à la machine
methane ['mi:θeɪn] *n* méthane *m*
method ['mɛθəd] *n* méthode *f* ; **~ of payment** mode *m or* modalité *f* de paiement
methodical [mɪ'θɔdɪkl] *adj* méthodique
Methodist ['mɛθədɪst] *adj, n* méthodiste *mf*
method of payment *n* (*also:* **payment method**) mode *m or* méthode *f* de paiement
methodology [mɛθə'dɔlədʒɪ] *n* méthodologie *f*
methylated spirit ['mɛθɪleɪtɪd-] *n* (Brit) alcool *m* à brûler
meticulous [mɛ'tɪkjuləs] *adj* (*person*) méticuleux(-euse) ; (*care, attention*) minutieux(-euse)
meticulously [mə'tɪkjuləslɪ] *adv* (*planned, researched*) méticuleusement ; (*detailed*) minutieusement
Met Office *n* (Brit): **the ~** ≈ la Météorologie nationale
metre, (US) **meter** ['mi:təʳ] *n* mètre *m*
metric ['mɛtrɪk] *adj* métrique ; **to go ~** adopter le système métrique
metrical ['mɛtrɪkl] *adj* métrique
metrication [mɛtrɪ'keɪʃən] *n* conversion *f* au système métrique
metric system *n* système *m* métrique
metric ton *n* tonne *f*
metro ['metrəu] *n* métro *m*
metronome ['mɛtrənəum] *n* métronome *m*
metropolis [mɪ'trɔpəlɪs] *n* métropole *f*
metropolitan [mɛtrə'pɔlɪtən] *adj* métropolitain(e) ; **the M~ Police** (Brit) la police londonienne
mettle ['mɛtl] *n* courage *m*
mew [mju:] *vi* (*cat*) miauler
mews [mju:z] *n* (Brit): **~ cottage** *maisonnette aménagée dans une ancienne écurie ou remise*
Mexican ['mɛksɪkən] *adj* mexicain(e) ▸ *n* Mexicain(e)
Mexico ['mɛksɪkəu] *n* Mexique *m*
Mexico City *n* Mexico

m

mezzanine ['mɛtsəni:n] *n* mezzanine *f* ; (*of shops, offices*) entresol *m*
mezzo-soprano [mɛtsəusə'prɑ:nəu] *n* mezzo-soprano *f*
MFA *n abbr* (*US*: = *Master of Fine Arts*) *titre universitaire*
mfr *abbr* = **manufacture; manufacturer**
mg *abbr* (= *milligram*) mg
Mgr *abbr* (= *Monseigneur, Monsignor*) Mgr ; (= *manager*) dir
MHR *n abbr* (*US*) = **Member of the House of Representatives**
MHz *abbr* (= *megahertz*) MHz
MI *abbr* (*US*) = **Michigan**
MI5 *n abbr* (Brit: = *Military Intelligence 5*) ≈ DST *f*
MI6 *n abbr* (Brit: = *Military Intelligence 6*) ≈ DGSE *f*
MIA *abbr* (= *missing in action*) disparu(e) au combat
miaow [mi:'au] *vi* (*also*: **meow**) miauler
mice [maɪs] *npl of* **mouse**
Mich. *abbr* (*US*) = **Michigan**
micro ['maɪkrəu] *n* (*also*: **microcomputer**) micro(-ordinateur *m*) *m*
micro... [maɪkrəu] *prefix* micro...
microbe ['maɪkrəub] *n* microbe *m*
microbiologist [maɪkrəubaɪ'ɔlədʒɪst] *n* microbiologiste *mf*
microbiology [maɪkrəubaɪ'ɔlədʒɪ] *n* microbiologie *f*
microblog ['maɪkrəublɔg] *n* microblog *m*
microbrewery ['maɪkrəubruərɪ] *n* microbrasserie *f*
microchip ['maɪkrəutʃɪp] *n* (*Elec*) puce *f*
microcomputer ['maɪkrəukəm'pju:tər] *n* micro-ordinateur *m*
microcosm ['maɪkrəukɔzəm] *n* microcosme *m*
microeconomics ['maɪkrəui:kə'nɔmɪks] *n* micro-économie *f*
microfiche ['maɪkrəufi:ʃ] *n* microfiche *f*
microfilm ['maɪkrəufɪlm] *n* microfilm *m* ▸ *vt* microfilmer
microlight ['maɪkrəulaɪt] *n* ULM *m*
micrometer [maɪ'krɔmɪtər] *n* palmer *m*, micromètre *m*
micro-organism [maɪkrəu'ɔ:gənɪzəm] *n* micro-organisme *m*
microphone ['maɪkrəfəun] *n* microphone *m*
microprocessor ['maɪkrəu'prəusɛsər] *n* microprocesseur *m*
microscope ['maɪkrəskəup] *n* microscope *m* ; **under the ~** au microscope
microscopic [maɪkrə'skɔpɪk] *adj* microscopique
microwave ['maɪkrəuweɪv] *n* (*also*: **microwave oven**) (four *m* à) micro-ondes *m* ▸ *vt* cuire au micro-ondes
mid [mɪd] *adj*: **~ May** la mi-mai ; **~ afternoon** le milieu de l'après-midi ; **in ~ air** en plein ciel ; **he's in his ~ thirties** il a dans les trente-cinq ans
midday [mɪd'deɪ] *n* midi *m*
middle ['mɪdl] *n* milieu *m* ; (*waist*) ceinture *f*, taille *f* ; **in the ~ of the night** au milieu de la nuit ; **I'm in the ~ of reading it** je suis (justement) en train de le lire ▸ *adj* du milieu ; (*average*) moyen(ne)
middle age *n tranche d'âge aux limites floues, entre la quarantaine et le début du troisième âge*
middle-aged [mɪdl'eɪdʒd] *adj* d'un certain âge, ni vieux ni jeune ; (*pej*: *values, outlook*) conventionnel(le), rassis(e)
Middle Ages *npl*: **the ~** le Moyen Âge
middle class *n*, **middle classes** *npl*: **the ~(es)** ≈ les classes moyennes
middle-class [mɪdl'klɑ:s] *adj* bourgeois(e)
Middle East *n*: **the ~** le Moyen-Orient
Middle Eastern *adj* du Moyen-Orient
middleman ['mɪdlmæn] *n* (*irreg*) intermédiaire *m*
middle management *n* cadres moyens
middle name *n* second prénom
middle-of-the-road ['mɪdləvðə'rəud] *adj* (*policy*) modéré(e), du juste milieu ; (*music etc*) plutôt classique, assez traditionnel(le)
middle school *n* (*US*) *école pour les enfants de 12 à 14 ans*, ≈ collège *m* ; (Brit) *école pour les enfants de 8 à 14 ans*
middleweight ['mɪdlweɪt] *n* (*Boxing*) poids moyen
middling ['mɪdlɪŋ] *adj* moyen(ne)
midge [mɪdʒ] *n* moucheron *m*
midget ['mɪdʒɪt] *n* nain(e) ▸ *adj* minuscule
midi system ['mɪdɪ-] *n* chaîne *f* midi
Midlands ['mɪdləndz] *npl comtés du centre de l'Angleterre*
midnight ['mɪdnaɪt] *n* minuit *m* ; **at ~** à minuit
midpoint ['mɪdpɔɪnt] *n* (*between places, things*) point *m* médian ; (*middle*) milieu *m* ; **the ~ of one's life** la moitié de sa vie
midriff ['mɪdrɪf] *n* estomac *m*, taille *f*
midst [mɪdst] *n*: **in the ~ of** au milieu de
midsummer [mɪd'sʌmər] *n* milieu *m* de l'été
Midsummer's Day *n* Saint-Jean *f*
midway [mɪd'weɪ] *adj, adv*: **~ (between)** à mi-chemin (entre) ; **~ through ...** au milieu de ..., en plein(e) ...
midweek [mɪd'wi:k] *adj* du milieu de la semaine ▸ *adv* au milieu de la semaine, en pleine semaine
Midwest [mɪd'wɛst] *n*: **in the ~** dans le Midwest ▸ *cpd* (*town*) du Midwest ; **the ~ states** les États du Midwest
midwife ['mɪdwaɪf] (*pl* **midwives** [-vz]) *n* sage-femme *f*
midwifery ['mɪdwɪfərɪ] *n* obstétrique *f*
midwinter [mɪd'wɪntər] *n* milieu *m* de l'hiver
miffed [mɪft] *adj* (*inf*) fâché(e), vexé(e)
might [maɪt] *vb see* **may** ▸ *n* puissance *f*, force *f*
mighty ['maɪtɪ] *adj* puissant(e) ▸ *adv* (*inf*) rudement
migraine ['mi:greɪn] *n* migraine *f*
migrant ['maɪgrənt] *n* (*bird, animal*) migrateur *m* ; (*person*) migrant(e) ; nomade *mf* ▸ *adj* migrateur(-trice) ; migrant(e) ; nomade ; (*worker*) saisonnier(-ière)
migrate [maɪ'greɪt] *vi* migrer
migration [maɪ'greɪʃən] *n* migration *f*
migratory ['maɪgrətrɪ] *adj* (*animal, bird*) migrateur(-trice) ; (*pattern, path*) migratoire
mike [maɪk] *n abbr* (= *microphone*) micro *m*
Milan [mɪ'læn] *n* Milan

mild [maɪld] *adj* doux (douce) ; (*reproach, infection*) léger(-ère) ; (*illness*) bénin(-igne) ; (*interest*) modéré(e) ; (*taste*) peu relevé(e) ▸ *n* bière légère
mildew ['mɪldju:] *n* mildiou *m*
mildly ['maɪldlɪ] *adv* doucement ; légèrement ; **to put it ~** (*inf*) c'est le moins qu'on puisse dire
mildness ['maɪldnɪs] *n* douceur *f*
mile [maɪl] *n* mil(l)e *m* (= 1609 *m*) ; **to do 30 miles per gallon** ≈ faire 9, 4 litres aux cent
mileage ['maɪlɪdʒ] *n* distance *f* en milles, ≈ kilométrage *m*
mileage allowance *n* ≈ indemnité *f* kilométrique
mileometer [maɪ'lɔmɪtə^r] *n* compteur *m* kilométrique
milestone ['maɪlstəun] *n* borne *f* ; (*fig*) jalon *m*
milieu ['mi:ljə:] *n* milieu *m*
militancy ['mɪlɪtnsɪ] *n* militantisme *m*
militant ['mɪlɪtnt] *adj, n* militant(e)
militarily [mɪlɪ'tɛərɪlɪ] *adv* militairement
militarism ['mɪlɪtərɪzəm] *n* militarisme *m*
militaristic [mɪlɪtə'rɪstɪk] *adj* militariste
military ['mɪlɪtərɪ] *adj* militaire ▸ *n*: **the ~** l'armée *f*, les militaires *mpl*
military service *n* service *m* (militaire *or* national)
militate ['mɪlɪteɪt] *vi*: **to ~ against** militer contre
militia [mɪ'lɪʃə] *n* milice *f*
milk [mɪlk] *n* lait *m* ▸ *vt* (*cow*) traire ; (*fig: person*) dépouiller, plumer ; (*: situation*) exploiter à fond
milk chocolate *n* chocolat *m* au lait
milk float *n* (Brit) voiture *f or* camionnette *f* du *or* de laitier
milking ['mɪlkɪŋ] *n* traite *f*
milkman ['mɪlkmən] *n* (*irreg*) laitier *m*
milk shake *n* milk-shake *m*
milk tooth *n* dent *f* de lait
milk truck *n* (US) = **milk float**
milky ['mɪlkɪ] *adj* (*drink*) au lait ; (*colour*) laiteux(-euse)
Milky Way *n* Voie lactée
mill [mɪl] *n* moulin *m* ; (*factory*) usine *f*, fabrique *f* ; (*spinning mill*) filature *f* ; (*flour mill*) minoterie *f* ; (*steel mill*) aciérie *f* ▸ *vt* moudre, broyer ▸ *vi* (*also*: **mill about**) grouiller
millennium [mɪ'lɛnɪəm] (*pl* **millenniums** *or* **millennia** [-'lɛnɪə]) *n* millénaire *m*
millennium bug *n* bogue *m or* bug *m* de l'an 2000
miller ['mɪlə^r] *n* meunier *m*
millet ['mɪlɪt] *n* millet *m*
milli... ['mɪlɪ] *prefix* milli...
milligram, milligramme ['mɪlɪgræm] *n* milligramme *m*
millilitre, (US) **milliliter** ['mɪlɪli:tə^r] *n* millilitre *m*
millimetre, (US) **millimeter** ['mɪlɪmi:tə^r] *n* millimètre *m*
milliner ['mɪlɪnə^r] *n* modiste *f*
millinery ['mɪlɪnərɪ] *n* modes *fpl*
million ['mɪljən] *n* million *m* ; **a ~ pounds** un million de livres sterling
millionaire [mɪljə'nɛə^r] *n* millionnaire *m*
millionth ['mɪljənθ] *num* millionième
millipede ['mɪlɪpi:d] *n* mille-pattes *m inv*
millisecond ['mɪlɪsɛkənd] *n* millième *m* de seconde
millstone ['mɪlstəun] *n* meule *f*
millwheel ['mɪlwi:l] *n* roue *f* de moulin
milometer [maɪ'lɔmɪtə^r] *n* = **mileometer**
mime [maɪm] *n* mime *m* ▸ *vt, vi* mimer
mimic ['mɪmɪk] *n* imitateur(-trice) ▸ *vt, vi* imiter, contrefaire
mimicry ['mɪmɪkrɪ] *n* imitation *f* ; (*Zool*) mimétisme *m*
Min. *abbr* (Brit *Pol*) = **ministry**
min. *abbr* (= *minute(s)*) mn. ; (= *minimum*) min.
minaret [mɪnə'rɛt] *n* minaret *m*
mince [mɪns] *vt* hacher ; **he does not ~ (his) words** il ne mâche pas ses mots ▸ *vi* (*in walking*) marcher à petits pas maniérés ▸ *n* (Brit *Culin*) viande hachée, hachis *m*
mincemeat ['mɪnsmi:t] *n* *hachis de fruits secs utilisés en pâtisserie* ; (US) viande hachée, hachis *m*
mince pie *n* *sorte de tarte aux fruits secs*
mincer ['mɪnsə^r] *n* hachoir *m*
mincing ['mɪnsɪŋ] *adj* affecté(e)
mind [maɪnd] *n* esprit *m* ; **it is on my ~** cela me préoccupe ; **to change one's ~** changer d'avis ; **to be in two minds about sth** (Brit) être indécis(e) *or* irrésolu(e) en ce qui concerne qch ; **to my ~** à mon avis, selon moi ; **to be out of one's ~** ne plus avoir toute sa raison ; **to keep sth in ~** ne pas oublier qch ; **to bear sth in ~** tenir compte de qch ; **to have sb/sth in ~** avoir qn/qch en tête ; **to have in ~ to do** avoir l'intention de faire ; **it went right out of my ~** ça m'est complètement sorti de la tête ; **to bring** *or* **call sth to ~** se rappeler qch ; **to make up one's ~** se décider ▸ *vt* (*attend to, look after*) s'occuper de ; (*be careful*) faire attention à ; (*object to*): **I don't ~ the noise** je ne crains pas le bruit, le bruit ne me dérange pas ; **~ you, ...** remarquez, ... ; **"~ the step"** « attention à la marche » ▸ *vi*: **do you ~ if ...?** est-ce que cela vous gêne si ... ? ; **I don't ~** cela ne me dérange pas ; (*don't care*) ça m'est égal ; **never ~** peu importe, ça ne fait rien ; (*don't worry*) ne vous en faites pas
mind-boggling ['maɪndbɔglɪŋ] *adj* (*inf*) époustouflant(e), ahurissant(e)
minded ['maɪndɪd] *adj*: **to be ~ to do sth** avoir l'intention de faire qch ; **if they were so ~, ...** s'ils le voulaient, ...
-minded ['maɪndɪd] *adj*: **fair~** impartial(e) ; **an industrially~ nation** une nation orientée vers l'industrie
minder ['maɪndə^r] *n* (*child minder*) gardienne *f* ; (*bodyguard*) ange gardien (*fig*)
mindful ['maɪndful] *adj*: **~ of** attentif(-ive) à, soucieux(-euse) de
mindless ['maɪndlɪs] *adj* irréfléchi(e) ; (*violence, crime*) insensé(e) ; (*boring: job*) idiot(e)
mindset ['maɪndsɛt] *n* mentalité *f*
mine[1] [maɪn] *pron* le (la) mien(ne), les miens (miennes) ; **a friend of ~** un de mes amis, un ami à moi ; **this book is ~** ce livre est à moi

m

mine² [maɪn] *n* mine *f* ▸ *vt* (*coal*) extraire ; (*ship, beach*) miner
mine detector *n* détecteur *m* de mines
minefield ['maɪnfi:ld] *n* champ *m* de mines
miner ['maɪnəʳ] *n* mineur *m*
mineral ['mɪnərəl] *adj* minéral(e) ▸ *n* minéral *m* ; **minerals** *npl* (Brit: *soft drinks*) boissons gazeuses (sucrées)
mineralogy [mɪnə'rælədʒɪ] *n* minéralogie *f*
mineral water *n* eau minérale
minesweeper ['maɪnswi:pəʳ] *n* dragueur *m* de mines
mingle ['mɪŋgl] *vt* mêler, mélanger ▸ *vi*: **to ~ with** se mêler à
mingy ['mɪndʒɪ] *adj* (*inf*) radin(e)
miniature ['mɪnətʃəʳ] *adj* (en) miniature ▸ *n* miniature *f*
minibar ['mɪnɪbɑ:ʳ] *n* minibar *m*
minibus ['mɪnɪbʌs] *n* minibus *m*
minicab ['mɪnɪkæb] *n* (Brit) taxi *m* indépendant
minicomputer ['mɪnɪkəm'pju:təʳ] *n* mini-ordinateur *m*
minim ['mɪnɪm] *n* (*Mus*) blanche *f*
minima ['mɪnɪmə] *npl of* **minimum**
minimal ['mɪnɪml] *adj* minimal(e)
minimalism ['mɪnɪməlɪzəm] *n* minimalisme *m*
minimalist ['mɪnɪməlɪst] *adj, n* minimaliste *mf*
minimize ['mɪnɪmaɪz] *vt* (*reduce*) réduire au minimum ; (*play down*) minimiser
minimum ['mɪnɪməm] (*pl* **minima** ['mɪnɪmə]) *n* minimum *m* ; **to reduce to a ~** réduire au minimum ▸ *adj* minimum
minimum lending rate *n* (*Econ*) taux *m* de crédit minimum
mining ['maɪnɪŋ] *n* exploitation minière ▸ *adj* minier(-ière) ; de mineurs
minion ['mɪnjən] *n* (*pej*) laquais *m* ; favori(te)
mini-series ['mɪnɪsɪəri:z] *n* téléfilm *m* en plusieurs parties
miniskirt ['mɪnɪskə:t] *n* mini-jupe *f*
minister ['mɪnɪstəʳ] *n* (Brit *Pol*) ministre *mf* ; (*Rel*) pasteur *m* ▸ *vi*: **to ~ to sb** donner ses soins à qn ; **to ~ to sb's needs** pourvoir aux besoins de qn
ministerial [mɪnɪs'tɪərɪəl] *adj* (Brit *Pol*) ministériel(le)
ministry ['mɪnɪstrɪ] *n* (Brit *Pol*) ministère *m* ; (*Rel*): **to go into the ~** devenir pasteur
mink [mɪŋk] *n* vison *m*
mink coat *n* manteau *m* de vison
Minn. *abbr* (US) = **Minnesota**
minnow ['mɪnəu] *n* vairon *m*
minor ['maɪnəʳ] *adj* petit(e), de peu d'importance ; (*Mus, poet, problem*) mineur(e) ▸ *n* (*Law*) mineur(e)
Minorca [mɪ'nɔ:kə] *n* Minorque *f*
minority [maɪ'nɔrɪtɪ] *n* minorité *f* ; **to be in a ~** être en minorité
minster ['mɪnstəʳ] *n* église abbatiale
minstrel ['mɪnstrəl] *n* trouvère *m*, ménestrel *m*
mint [mɪnt] *n* (*plant*) menthe *f* ; (*sweet*) bonbon *m* à la menthe ; **the (Royal) M~, the (US) M~** ≈ l'hôtel *m* de la Monnaie ▸ *adj*: **in ~ condition** à l'état de neuf ▸ *vt* (*coins*) battre
mint sauce *n* sauce *f* à la menthe
minuet [mɪnju'ɛt] *n* menuet *m*
minus ['maɪnəs] *n* (*also*: **minus sign**) signe *m* moins ▸ *prep* moins ; **12 ~ 6 equals 6** 12 moins 6 égal 6 ; **~ 24°C** moins 24°C
minuscule ['mɪnəskju:l] *adj* minuscule
minute¹ ['mɪnɪt] *n* minute *f* ; (*official record*) procès-verbal *m*, compte rendu ; **it is 5 minutes past 3** il est 3 heures 5 ; **wait a ~!** (attendez) un instant ! ; **at the last ~** à la dernière minute ; **up to the ~** (*fashion*) dernier cri ; (*news*) de dernière minute ; (*machine, technology*) de pointe ; **minutes** *npl* (*of meeting*) procès-verbal *m*, compte rendu
minute² [maɪ'nju:t] *adj* minuscule ; (*detailed*) minutieux(-euse) ; **in ~ detail** par le menu
minute book ['mɪnɪt-] *n* registre *m* des procès-verbaux
minute hand ['mɪnɪt-] *n* aiguille *f* des minutes
minutely [maɪ'nju:tlɪ] *adv* (*by a small amount*) de peu, de manière infime ; (*in detail*) minutieusement, dans les moindres détails
minutiae [mɪ'nju:ʃɪ:] *npl* menus détails
miracle ['mɪrəkl] *n* miracle *m*
miraculous [mɪ'rækjuləs] *adj* miraculeux(-euse)
mirage ['mɪrɑ:ʒ] *n* mirage *m*
mire ['maɪəʳ] *n* bourbe *f*, boue *f*
mirror ['mɪrəʳ] *n* miroir *m*, glace *f* ; (*in car*) rétroviseur *m* ▸ *vt* refléter
mirror image *n* image inversée
mirth [mə:θ] *n* gaieté *f*
misadventure [mɪsəd'vɛntʃəʳ] *n* mésaventure *f* ; **death by ~** (Brit) décès accidentel
misanthropist [mɪ'zænθrəpɪst] *n* misanthrope *mf*
misapply [mɪsə'plaɪ] *vt* mal employer
misapprehension ['mɪsæprɪ'hɛnʃən] *n* malentendu *m*, méprise *f*
misappropriate [mɪsə'prəuprɪeɪt] *vt* détourner
misappropriation ['mɪsəprəuprɪ'eɪʃən] *n* escroquerie *f*, détournement *m*
misbehave [mɪsbɪ'heɪv] *vi* mal se conduire
misbehaviour, (US) **misbehavior** [mɪsbɪ'heɪvjəʳ] *n* mauvaise conduite
misc. *abbr* = **miscellaneous**
miscalculate [mɪs'kælkjuleɪt] *vt* mal calculer
miscalculation ['mɪskælkju'leɪʃən] *n* erreur *f* de calcul
miscarriage ['mɪskærɪdʒ] *n* (*Med*) fausse couche ; **~ of justice** erreur *f* judiciaire
miscarry [mɪs'kærɪ] *vi* (*Med*) faire une fausse couche ; (*fail: plans*) échouer, mal tourner
miscellaneous [mɪsɪ'leɪnɪəs] *adj* (*items, expenses*) divers(es) ; (*selection*) varié(e)
miscellany [mɪ'sɛlənɪ] *n* recueil *m*
mischance [mɪs'tʃɑ:ns] *n* malchance *f* ; **by (some) ~** par malheur
mischief ['mɪstʃɪf] *n* (*naughtiness*) sottises *fpl* ; (*fun*) farce *f* ; (*playfulness*) espièglerie *f* ; (*harm*) mal *m*, dommage *m* ; (*maliciousness*) méchanceté *f*
mischievous ['mɪstʃɪvəs] *adj* (*playful, naughty*) coquin(e), espiègle ; (*harmful*) méchant(e)
misconception ['mɪskən'sɛpʃən] *n* idée fausse
misconduct [mɪs'kɔndʌkt] *n* inconduite *f* ; **professional ~** faute professionnelle

misconstrue [mɪskən'stru:] *vt* mal interpréter
miscount [mɪs'kaunt] *vt, vi* mal compter
misdeed ['mɪs'di:d] *n* méfait *m*
misdemeanour, (*US*) **misdemeanor** [mɪsdɪ'mi:nəʳ] *n* écart *m* de conduite ; infraction *f*
misdirect [mɪsdɪ'rɛkt] *vt* (*person*) mal renseigner ; (*letter*) mal adresser
miser ['maɪzəʳ] *n* avare *mf*
miserable ['mɪzərəbl] *adj* (*person, expression*) malheureux(-euse) ; (*conditions*) misérable ; (*weather*) maussade ; (*offer, donation*) minable ; (*failure*) pitoyable ; **to feel ~** avoir le cafard
miserably ['mɪzərəblɪ] *adv* (*smile, answer*) tristement ; (*live, pay*) misérablement ; (*fail*) lamentablement
miserly ['maɪzəlɪ] *adj* avare
misery ['mɪzərɪ] *n* (*unhappiness*) tristesse *f* ; (*pain*) souffrances *fpl* ; (*wretchedness*) misère *f*
misfire [mɪs'faɪəʳ] *vi* rater ; (*car engine*) avoir des ratés
misfit ['mɪsfɪt] *n* (*person*) inadapté(e)
misfortune [mɪs'fɔ:tʃən] *n* malchance *f*, malheur *m*
misgiving [mɪs'gɪvɪŋ] *n* (*apprehension*) craintes *fpl* ; **to have misgivings about sth** avoir des doutes quant à qch
misguided [mɪs'gaɪdɪd] *adj* malavisé(e)
mishandle [mɪs'hændl] *vt* (*treat roughly*) malmener ; (*mismanage*) mal s'y prendre pour faire *or* résoudre *etc*
mishap ['mɪshæp] *n* mésaventure *f*
mishear [mɪs'hɪəʳ] *vt, vi* (*irreg: like* **hear**) mal entendre
mishmash ['mɪʃmæʃ] *n* (*inf*) fatras *m*, méli-mélo *m*
misinform [mɪsɪn'fɔ:m] *vt* mal renseigner
misinformation [mɪsɪnfə'meɪʃən] *n* informations *fpl* erronées, information *f* erronée, fausse information
misinterpret [mɪsɪn'tə:prɪt] *vt* mal interpréter
misinterpretation ['mɪsɪntə:prɪ'teɪʃən] *n* interprétation erronée, contresens *m*
misjudge [mɪs'dʒʌdʒ] *vt* méjuger, se méprendre sur le compte de
mislay [mɪs'leɪ] *vt* (*irreg: like* **lay**) égarer
mislead [mɪs'li:d] *vt* (*irreg: like* **lead¹**) induire en erreur
misleading [mɪs'li:dɪŋ] *adj* trompeur(-euse)
misled [mɪs'lɛd] *pt, pp of* **mislead**
mismanage [mɪs'mænɪdʒ] *vt* mal gérer ; mal s'y prendre pour faire *or* résoudre *etc*
mismanagement [mɪs'mænɪdʒmənt] *n* mauvaise gestion
mismatch ['mɪsmætʃ] *n* décalage *m* ; **a ~ between requirements and resources** un décalage entre les besoins et les ressources ; **a ~ of styles** une discordance des styles
misnomer [mɪs'nəuməʳ] *n* terme *or* qualificatif trompeur *or* peu approprié
misogynist [mɪ'sɔdʒɪnɪst] *n* misogyne *mf*
misogyny [mɪ'sɔdʒɪnɪ] *n* misogynie *f*
misplace [mɪs'pleɪs] *vt* égarer ; **to be misplaced** (*trust etc*) être mal placé(e)
misprint ['mɪsprɪnt] *n* faute *f* d'impression
mispronounce [mɪsprə'nauns] *vt* mal prononcer
misquote [mɪs'kwəut] *vt* citer erronément *or* inexactement
misread [mɪs'ri:d] *vt* (*irreg: like* **read**) mal lire
misrepresent [mɪsrɛprɪ'zɛnt] *vt* (*person*) donner une image inexacte de ; (*views*) déformer
misrepresentation [mɪsrɛprɪzɛn'teɪʃən] *n* (*of facts, data*) déformation *f*
Miss [mɪs] *n* Mademoiselle ; **Dear ~ Smith** Chère Mademoiselle Smith
miss [mɪs] *vt* (*fail to get, attend, see*) manquer, rater ; (*appointment, class*) manquer ; (*escape, avoid*) échapper à, éviter ; (*notice loss of: money etc*) s'apercevoir de l'absence de ; (*regret the absence of*): **I ~ him/it** il/cela me manque ; **we missed our train** nous avons raté notre train ; **the bus just missed the wall** le bus a évité le mur de justesse ; **you're missing the point** vous êtes à côté de la question ; **you can't ~ it** vous ne pouvez pas vous tromper ▸ *vi* manquer ▸ *n* (*shot*) coup manqué
▸ **miss out** *vt* (Brit) oublier
▸ **miss out on** *vt fus* (*fun, party*) rater, manquer ; (*chance, bargain*) laisser passer

> To translate a sentence like *I'm missing my parents* you have to rephrase it as *my parents are missing to me*.
> *I'm missing my parents*. **Mes parents me manquent.**
> *She's missing her boyfriend*. **Son petit ami lui manque.**

Miss. *abbr* (*US*) = **Mississippi**
missal ['mɪsl] *n* missel *m*
mis-sell [mɪs'sɛl] *vt* (*irreg: like* **sell**) vendre de façon abusive
mis-selling [mɪs'sɛlɪŋ] *n* vente *f* abusive
misshapen [mɪs'ʃeɪpən] *adj* difforme
missile ['mɪsaɪl] *n* (*Aviat*) missile *m* ; (*object thrown*) projectile *m*
missile base *n* base *f* de missiles
missile launcher [-lɔ:ntʃəʳ] *n* lance-missiles *m*
missing ['mɪsɪŋ] *adj* manquant(e) ; (*after escape, disaster: person*) disparu(e) ; **to go ~** disparaître ; **~ person** personne disparue, disparu(e) ; **~ in action** (*Mil*) porté(e) disparu(e)
mission ['mɪʃən] *n* mission *f* ; **on a ~ to sb** en mission auprès de qn
missionary ['mɪʃənrɪ] *n* missionnaire *mf*
mission statement *n* déclaration *f* d'intention
missive ['mɪsɪv] *n* missive *f*
misspell ['mɪs'spɛl] *vt* (*irreg: like* **spell**) mal orthographier
misspent ['mɪs'spɛnt] *adj*: **his ~ youth** sa folle jeunesse
missus ['mɪsɪz] *n* (*inf: wife*): **my ~, the ~** bobonne *f* (*inf*) ; (*as address*): **thanks, ~** merci M'dame (*inf*)
mist [mɪst] *n* brume *f* ▸ *vi* (*also:* **mist over, mist up**) devenir brumeux(-euse) ; (*: Brit: windows*) s'embuer
mistake [mɪs'teɪk] *n* erreur *f*, faute *f* ; **by ~** par erreur, par inadvertance ; **to make a ~** (*in writing*) faire une faute ; (*in calculating etc*) faire une erreur ; **there must be some ~** il doit y

m

avoir une erreur, se tromper ; **to make a ~ about sb/sth** se tromper sur le compte de qn/ sur qch ▶ *vt (irreg: like* **take**) *(meaning)* mal comprendre ; *(intentions)* se méprendre sur ; **to ~ for** prendre pour
mistaken [mɪs'teɪkən] *pp of* **mistake** ▶ *adj (idea etc)* erroné(e) ; **to be ~** faire erreur, se tromper
mistaken identity *n* erreur *f* d'identité
mistakenly [mɪs'teɪkənlɪ] *adv* par erreur, par mégarde
mister ['mɪstəʳ] *n (inf)* Monsieur *m* ; *see* **Mr**
mistletoe ['mɪsltəu] *n* gui *m*
mistook [mɪs'tuk] *pt of* **mistake**
mistranslation [mɪstræns'leɪʃən] *n* erreur *f* de traduction, contresens *m*
mistreat [mɪs'tri:t] *vt* maltraiter
mistress ['mɪstrɪs] *n* maîtresse *f* ; (BRIT: *in primary school)* institutrice *f* ; (: *in secondary school)* professeur *m*
mistrust [mɪs'trʌst] *vt* se méfier de ▶ *n*: **~ (of)** méfiance *f* (à l'égard de)
mistrustful [mɪs'trʌstful] *adj*: **~ (of)** méfiant(e) (à l'égard de)
misty ['mɪstɪ] *adj* brumeux(-euse) ; *(glasses, window)* embué(e)
misty-eyed ['mɪstɪ'aɪd] *adj* les yeux embués de larmes ; *(fig)* sentimental(e)
misunderstand [mɪsʌndə'stænd] *vt, vi (irreg: like* **understand**) mal comprendre
misunderstanding ['mɪsʌndə'stændɪŋ] *n* méprise *f*, malentendu *m* ; **there's been a ~** il y a eu un malentendu
misunderstood [mɪsʌndə'stud] *pt, pp of* **misunderstand** ▶ *adj (person)* incompris(e)
misuse *n* [mɪs'ju:s] mauvais emploi ; *(of power)* abus *m* ▶ *vt* [mɪs'ju:z] mal employer ; abuser de
MIT *n abbr (US)* = **Massachusetts Institute of Technology**
mite [maɪt] *n (small quantity)* grain *m*, miette *f* ; (BRIT: *small child)* petit(e)
mitigate ['mɪtɪgeɪt] *vt* atténuer ; **mitigating circumstances** circonstances atténuantes
mitigation [mɪtɪ'geɪʃən] *n* atténuation *f*
mitre, (US) **miter** ['maɪtəʳ] *n* mitre *f* ; *(Carpentry)* onglet *m*
mitt ['mɪt], **mitten** ['mɪtn] *n* moufle *f* ; *(fingerless)* mitaine *f*
mix [mɪks] *vt* mélanger ; *(sauce, drink etc)* préparer ; **to ~ sth with sth** mélanger qch à qch ; **to ~ business with pleasure** unir l'utile à l'agréable ▶ *vi* se mélanger ; *(socialize)*: **he doesn't ~ well** il est peu sociable ▶ *n* mélange *m* ; **cake ~** préparation *f* pour gâteau
▶ **mix in** *vt* incorporer, mélanger
▶ **mix up** *vt* mélanger ; *(confuse)* confondre ; **to be mixed up in sth** être mêlé(e) à qch *or* impliqué(e) dans qch
mixed [mɪkst] *adj (feelings, reactions)* contradictoire ; *(school, marriage)* mixte
mixed-ability ['mɪkstə'bɪlɪtɪ] *adj (class etc)* sans groupes de niveaux
mixed bag *n*: **it's a (bit of a) ~** il y a (un peu) de tout
mixed blessing *n*: **it's a ~** cela a du bon et du mauvais
mixed doubles *npl (Sport)* double *m* mixte
mixed economy *n* économie *f* mixte
mixed grill *n* (BRIT) assortiment *m* de grillades
mixed marriage *n* mariage *m* mixte
mixed salad *n* salade *f* de crudités
mixed-up [mɪkst'ʌp] *adj (person)* désorienté(e), embrouillé(e)
mixer ['mɪksəʳ] *n (for food)* batteur *m*, mixeur *m* ; *(drink)* boisson gazeuse *(servant à couper un alcool)* ; *(person)*: **he is a good ~** il est très sociable
mixer tap *n* (robinet *m*) mélangeur *m*
mixture ['mɪkstʃəʳ] *n* assortiment *m*, mélange *m* ; *(Med)* préparation *f*
mix-up ['mɪksʌp] *n*: **there was a ~** il y a eu confusion
MK *abbr (*BRIT *Tech)* = **mark**
mk *abbr* = **mark**
mkt *abbr* = **market**
ml *abbr (= millilitre(s))* ml
MLitt ['ɛm'lɪt] *n abbr (= Master of Literature, Master of Letters) titre universitaire*
MLR *n abbr* (BRIT) = **minimum lending rate**
mm *abbr (= millimetre)* mm
MMR *n abbr (= measles, mumps and rubella)* vaccin *m* ROR *(= rougeole, oreillons, rubéole)*
MN *abbr* (BRIT) = **Merchant Navy**; *(US)* = **Minnesota**
MO *n abbr (Med)* = **medical officer**; *(US inf: = modus operandi)* méthode *f* ▶ *abbr (US)* = **Missouri**
m.o. *abbr* = **money order**
moan [məun] *n* gémissement *m* ▶ *vi* gémir ; *(inf: complain)*: **to ~ (about)** se plaindre (de)
moaner ['məunəʳ] *n (inf)* rouspéteur(-euse), râleur(-euse)
moaning ['məunɪŋ] *n* gémissements *mpl*
moat [məut] *n* fossé *m*, douves *fpl*
mob [mɔb] *n* foule *f* ; *(disorderly)* cohue *f* ; *(pej)*: **the ~** la populace ▶ *vt* assaillir
mobile ['məubaɪl] *adj* mobile ; **applicants must be ~** (BRIT) les candidats devront être prêts à accepter tout déplacement ▶ *n (Art)* mobile *m* ; (BRIT *inf: phone)* (téléphone *m*) portable *m*, mobile *m*
mobile home *n* caravane *f*
mobile phone *n* (téléphone *m*) portable *m*, mobile *m*
mobile phone mast *n* (BRIT *Tel)* antenne-relais *f*
mobile shop *n* (BRIT) camion *m* magasin
mobility [məu'bɪlɪtɪ] *n* mobilité *f*
mobilization [məubɪlaɪ'zeɪʃən] *n* mobilisation *f*
mobilize ['məubɪlaɪz] *vt, vi* mobiliser
moccasin ['mɔkəsɪn] *n* mocassin *m*
mock [mɔk] *vt* ridiculiser ; *(laugh at)* se moquer de ▶ *adj* faux (fausse) ; **mocks** *npl* (BRIT *Scol)* examens blancs
mockery ['mɔkərɪ] *n* moquerie *f*, raillerie *f* ; **to make a ~ of** ridiculiser, tourner en dérision
mocking ['mɔkɪŋ] *adj* moqueur(-euse)
mockingbird ['mɔkɪŋbə:d] *n* moqueur *m*
mock-up ['mɔkʌp] *n* maquette *f*
MOD *n abbr* (BRIT) = **Ministry of Defence**; *see* **defence**
mod [mɔd] *adj see* **convenience**
mod cons ['mɔd'kɔnz] *npl abbr* (BRIT) = **modern conveniences**; *see* **convenience**

mode [məud] *n* mode *m* ; (*of transport*) moyen *m*
model ['mɔdl] *n* modèle *m* ; (*person: for fashion*) mannequin *m* ; (*: for artist*) modèle ▸ *vt* (*with clay etc*) modeler ; **to ~ clothes** présenter des vêtements ; **to ~ o.s. on** imiter ; **to ~ sb/sth on** modeler qn/qch sur ▸ *vi* travailler comme mannequin ▸ *adj* (*railway: toy*) modèle réduit *inv* ; (*child, factory*) modèle
modelling ['mɔdlɪŋ] *n* (*profession*) mannequinat *f* ▸ *cpd* (*contract, career*) de mannequinat
modem ['məudɛm] *n* modem *m*
moderate *adj* ['mɔdərət] modéré(e) ; (*amount, change*) peu important(e) ▸ *n* (*Pol*) modéré(e) ▸ *vi* ['mɔdəreɪt] se modérer, se calmer ▸ *vt* ['mɔdəreɪt] modérer
moderately ['mɔdərətlɪ] *adv* (*act*) avec modération *or* mesure ; (*expensive, difficult*) moyennement ; (*pleased, happy*) raisonnablement, assez ; **~ priced** à un prix raisonnable
moderation [mɔdə'reɪʃən] *n* modération *f*, mesure *f* ; **in ~** à dose raisonnable, pris(e) *or* pratiqué(e) modérément
moderator ['mɔdəreɪtə^r] *n* (*Rel*): **M~** président *m* (*de l'Assemblée générale de l'Église presbytérienne*) ; (*Pol*) modérateur *m*
modern ['mɔdən] *adj* moderne
modernity [mɔ'də:nɪtɪ] *n* modernité *f*
modernization [mɔdənaɪ'zeɪʃən] *n* modernisation *f*
modernize ['mɔdənaɪz] *vt* moderniser
modern languages *npl* langues vivantes
modest ['mɔdɪst] *adj* modeste
modesty ['mɔdɪstɪ] *n* modestie *f*
modicum ['mɔdɪkəm] *n*: **a ~ of** un minimum de
modification [mɔdɪfɪ'keɪʃən] *n* modification *f* ; **to make modifications** faire *or* apporter des modifications
modify ['mɔdɪfaɪ] *vt* modifier
modish ['məudɪʃ] *adj* à la mode
Mods [mɔdz] *n abbr* (Brit: = (*Honour*) *Moderations*) *premier examen universitaire (à Oxford)*
modular ['mɔdjulə^r] *adj* (*filing, unit*) modulaire
modulate ['mɔdjuleɪt] *vt* moduler
modulation [mɔdju'leɪʃən] *n* modulation *f*
module ['mɔdju:l] *n* module *m*
Mogadishu [mɔgə'dɪʃu:] *n* Mogadiscio
mogul ['məugl] *n* (*fig*) nabab *m* ; (*Ski*) bosse *f*
MOH *n abbr* (Brit) = **Medical Officer of Health**
mohair ['məuhɛə^r] *n* mohair *m*
Mohammed [mə'hæmɛd] *n* Mahomet *m*
moist [mɔɪst] *adj* humide, moite
moisten ['mɔɪsn] *vt* humecter, mouiller légèrement
moisture ['mɔɪstʃə^r] *n* humidité *f* ; (*on glass*) buée *f*
moisturize ['mɔɪstʃəraɪz] *vt* (*skin*) hydrater
moisturizer ['mɔɪstʃəraɪzə^r] *n* crème hydratante
molar ['məulə^r] *n* molaire *f*
molasses [məu'læsɪz] *n* mélasse *f*
mold *etc* [məuld] *n* (*US*) = **mould** *etc*
Moldavia [mɔl'deɪvɪə], **Moldova** [mɔl'dəuvə] *n* Moldavie *f*
Moldavian [mɔl'deɪvɪən], **Moldovan** [mɔl'dəuvən] *adj* moldave
mole [məul] *n* (*animal, spy*) taupe *f* ; (*spot*) grain *m* de beauté
molecular [mə'lɛkjulə^r] *adj* moléculaire
molecule ['mɔlɪkju:l] *n* molécule *f*
molehill ['məulhɪl] *n* taupinière *f*
molest [məu'lɛst] *vt* (*assault sexually*) attenter à la pudeur de ; (*attack*) molester ; (*harass*) tracasser
mollusc ['mɔləsk] *n* mollusque *m*
mollycoddle ['mɔlɪkɔdl] *vt* chouchouter, couver
Molotov cocktail ['mɔlətɔf-] *n* cocktail *m* Molotov
molt [məult] *vi* (*US*) = **moult**
molten ['məultən] *adj* fondu(e) ; (*rock*) en fusion
mom [mɔm] *n* (*US*) = **mum**
moment ['məumənt] *n* moment *m*, instant *m* ; (*importance*) importance *f* ; **at the ~** en ce moment ; **for the ~** pour l'instant ; **in a ~** dans un instant ; **"one ~ please"** (*Tel*) « ne quittez pas »
momentarily ['məuməntrɪlɪ] *adv* momentanément ; (*US: soon*) bientôt
momentary ['məuməntərɪ] *adj* momentané(e), passager(-ère)
momentous [məu'mɛntəs] *adj* important(e), capital(e)
momentum [məu'mɛntəm] *n* élan *m*, vitesse acquise ; (*fig*) dynamique *f* ; **to gather ~** prendre de la vitesse ; (*fig*) gagner du terrain
mommy ['mɔmɪ] *n* (*US: mother*) maman *f*
Mon. *abbr* (= *Monday*) lun.
Monaco ['mɔnəkəu] *n* Monaco *f*
monarch ['mɔnək] *n* monarque *m*
monarchist ['mɔnəkɪst] *n* monarchiste *mf*
monarchy ['mɔnəkɪ] *n* monarchie *f*
monastery ['mɔnəstərɪ] *n* monastère *m*
monastic [mə'næstɪk] *adj* monastique
Monday ['mʌndɪ] *n* lundi *m* ; *see also* **Tuesday**
monetarism ['mʌnɪtərɪzəm] *n* monétarisme *m*
monetarist ['mʌnɪtərɪst] *n* monétariste *mf*
monetary ['mʌnɪtərɪ] *adj* monétaire
money ['mʌnɪ] *n* argent *m* ; **to make ~** (*person*) gagner de l'argent ; (*business*) rapporter ; **I've got no ~ left** je n'ai plus d'argent, je n'ai plus un sou
money belt *n* ceinture-portefeuille *f*
moneyed ['mʌnɪd] *adj* riche
money laundering [-lɔ:ndərɪŋ] *n* blanchiment *m* d'argent
moneylender ['mʌnɪlɛndə^r] *n* prêteur(-euse)
moneymaker ['mʌnɪmeɪkə^r] *n* (Brit *inf: business*) affaire lucrative
moneymaking ['mʌnɪmeɪkɪŋ] *adj* lucratif(-ive), qui rapporte (de l'argent)
money market *n* marché financier
money order *n* mandat *m*
money-spinner ['mʌnɪspɪnə^r] *n* (*inf*) mine *f* d'or (*fig*)
money supply *n* masse *f* monétaire
Mongol ['mɔŋgəl] *n* Mongol(e) ; (*Ling*) mongol *m*
mongol ['mɔŋgəl] *adj*, *n* (*Med*) mongolien(ne)
Mongolia [mɔŋ'gəulɪə] *n* Mongolie *f*
Mongolian [mɔŋ'gəulɪən] *adj* mongol(e) ▸ *n* Mongol(e) ; (*Ling*) mongol *m*
mongoose ['mɔŋgu:s] *n* mangouste *f*
mongrel ['mʌŋgrəl] *n* (*dog*) bâtard *m*

m

monies ['mʌniz] *npl* sommes *fpl* d'argent
monitor ['mɔnɪtəʳ] *n* (*TV, Comput*) écran *m*, moniteur *m* ; (BRIT *Scol*) chef *m* de classe ; (*US Scol*) surveillant *m* (d'examen) ▶ *vt* contrôler ; (*foreign station*) être à l'écoute de ; (*progress*) suivre de près
monk [mʌŋk] *n* moine *m*
monkey ['mʌŋkɪ] *n* singe *m*
monkey nut *n* (BRIT) cacahuète *f*
monkey wrench *n* clé *f* à molette
mono ['mɔnəu] *adj* mono *inv*
mono... ['mɔnəu] *prefix* mono...
monochrome ['mɔnəkrəum] *adj* monochrome
monocle ['mɔnəkl] *n* monocle *m*
monogamous [mɔ'nɔgəməs] *adj* monogame
monogamy [mɔ'nɔgəmɪ] *n* monogamie *f*
monogram ['mɔnəgræm] *n* monogramme *m*
monolith ['mɔnəlɪθ] *n* monolithe *m*
monologue ['mɔnəlɔg] *n* monologue *m*
monoplane ['mɔnəpleɪn] *n* monoplan *m*
monopolize [mə'nɔpəlaɪz] *vt* monopoliser
monopoly [mə'nɔpəlɪ] *n* monopole *m* ; **Monopolies and Mergers Commission** (BRIT) *commission britannique d'enquête sur les monopoles*
monorail ['mɔnəureɪl] *n* monorail *m*
monosodium glutamate ['mɔnəsəudɪəm'glu:təmeɪt] *n* glutamate *m* de sodium
monosyllabic [mɔnəsɪ'læbɪk] *adj* monosyllabique ; (*person*) laconique
monosyllable ['mɔnəsɪləbl] *n* monosyllabe *m*
monotone ['mɔnətəun] *n* ton *m* (*or* voix *f*) monocorde ; **to speak in a ~** parler sur un ton monocorde
monotonous [mə'nɔtənəs] *adj* monotone
monotony [mə'nɔtənɪ] *n* monotonie *f*
monoxide [mɔ'nɔksaɪd] *n*: **carbon ~** oxyde *m* de carbone
monsoon [mɔn'su:n] *n* mousson *f*
monster ['mɔnstəʳ] *n* monstre *m*
monstrosity [mɔns'trɔsɪtɪ] *n* monstruosité *f*, atrocité *f*
monstrous ['mɔnstrəs] *adj* (*huge*) gigantesque ; (*atrocious*) monstrueux(-euse), atroce
Mont. *abbr* (*US*) = **Montana**
montage [mɔn'tɑ:ʒ] *n* montage *m*
Mont Blanc [mɔŋblɔŋ] *n* Mont Blanc *m*
month [mʌnθ] *n* mois *m* ; **every ~** tous les mois ; **300 dollars a ~** 300 dollars par mois
monthly ['mʌnθlɪ] *adj* mensuel(le) ▶ *adv* mensuellement ; **twice ~** deux fois par mois ▶ *n* (*magazine*) mensuel *m*, publication mensuelle
Montreal [mɔntrɪ'ɔ:l] *n* Montréal
monument ['mɔnjumənt] *n* monument *m*
monumental [mɔnju'mɛntl] *adj* monumental(e)
monumental mason *n* marbrier *m*
moo [mu:] *vi* meugler, beugler
mood [mu:d] *n* humeur *f*, disposition *f* ; **to be in a good/bad ~** être de bonne/mauvaise humeur ; **to be in the ~ for** être d'humeur à, avoir envie de
moody ['mu:dɪ] *adj* (*variable*) d'humeur changeante, lunatique ; (*sullen*) morose, maussade
moon [mu:n] *n* lune *f*
moonbeam ['mu:nbi:m] *n* rayon *m* de lune
moon landing *n* alunissage *m*
moonlight ['mu:nlaɪt] *n* clair *m* de lune ▶ *vi* travailler au noir
moonlighting ['mu:nlaɪtɪŋ] *n* travail *m* au noir
moonlit ['mu:nlɪt] *adj* éclairé(e) par la lune ; **a ~ night** une nuit de lune
moonshot ['mu:nʃɔt] *n* (*Space*) tir *m* lunaire
moonstruck ['mu:nstrʌk] *adj* fou (folle), dérangé(e)
moony ['mu:nɪ] *adj*: **to have ~ eyes** avoir l'air dans la lune *or* rêveur
Moor [muəʳ] *n* Maure (Mauresque)
moor [muəʳ] *n* lande *f* ▶ *vt* (*ship*) amarrer ▶ *vi* mouiller
moorings ['muərɪŋz] *npl* (*chains*) amarres *fpl* ; (*place*) mouillage *m*
Moorish ['muərɪʃ] *adj* maure, mauresque
moorland ['muələnd] *n* lande *f*
moose [mu:s] *n* (*pl inv*) élan *m*
moot [mu:t] *vt* soulever ▶ *adj*: **~ point** point *m* discutable
mop [mɔp] *n* balai *m* à laver ; (*for dishes*) lavette *f* à vaisselle ; **~ of hair** tignasse *f* ▶ *vt* éponger, essuyer
▶ **mop up** *vt* éponger
mope [məup] *vi* avoir le cafard, se morfondre
▶ **mope about, mope around** *vi* broyer du noir, se morfondre
moped ['məupɛd] *n* cyclomoteur *m*
MOR *adj abbr* (*Mus: = middle-of-the-road*) tous publics
moral ['mɔrl] *adj* moral(e) ▶ *n* morale *f* ; **morals** *npl* moralité *f*
morale [mɔ'rɑ:l] *n* moral *m*

> In French **la morale** is used for the moral of a story, or to mean *morals*. Use **le moral** for the morale of a person or team.
> *The team's morale is low.*
> **Le moral de l'équipe est bas.**

morality [mə'rælɪtɪ] *n* moralité *f*
moralize ['mɔrəlaɪz] *vi*: **to ~ (about)** moraliser (sur)
morally ['mɔrəlɪ] *adv* moralement
moral victory *n* victoire morale
morass [mə'ræs] *n* marais *m*, marécage *m*
moratorium [mɔrə'tɔ:rɪəm] *n* moratoire *m*
morbid ['mɔ:bɪd] *adj* morbide

KEYWORD

more [mɔ:ʳ] *adj* **1** (*greater in number etc*) plus (de), davantage (de) ; **more people/work (than)** plus de gens/de travail (que)
2 (*additional*) encore (de) ; **do you want (some) more tea?** voulez-vous encore du thé ? ; **is there any more wine?** reste-t-il du vin ? ; **I have no** *or* **I don't have any more money** je n'ai plus d'argent ; **it'll take a few more weeks** ça prendra encore quelques semaines
▶ *pron* plus, davantage ; **more than 10** plus de 10 ; **it cost more than we expected** cela a coûté plus que prévu ; **I want more** j'en veux plus *or* davantage ; **is there any more?** est-ce qu'il en reste ? ; **there's no more** il n'y en a

plus ; **a little more** un peu plus ; **many/much more** beaucoup plus, bien davantage ▸ *adv* plus ; **more dangerous/easily (than)** plus dangereux/facilement (que) ; **more and more expensive** de plus en plus cher ; **more or less** plus ou moins ; **more than ever** plus que jamais ; **once more** encore une fois, une fois de plus ; **and what's more ...** et de plus ..., et qui plus est ...

When making comparisons, use **plus**.
It's more expensive in France. **En France c'est plus cher.**
When talking about an additional amount, use **encore**.
Would you like some more? **Vous en voulez encore ?**

moreover [mɔːˈrəuvəʳ] *adv* de plus
morgue [mɔːg] *n* morgue *f*
MORI [ˈmɔːrɪ] *n abbr* (Brit: = *Market & Opinion Research Institute*) *institut de sondage*
moribund [ˈmɔrɪbʌnd] *adj* moribond(e)
morning [ˈmɔːnɪŋ] *n* matin *m* ; (*as duration*) matinée *f* ; **in the ~** le matin ; **7 o'clock in the ~** 7 heures du matin ; **this ~** ce matin ▸ *cpd* matinal(e) ; (*paper*) du matin
morning-after pill [ˈmɔːnɪŋˈɑːftə-] *n* pilule *f* du lendemain
morning sickness *n* nausées matinales
Moroccan [məˈrɔkən] *adj* marocain(e) ▸ *n* Marocain(e)
Morocco [məˈrɔkəu] *n* Maroc *m*
moron [ˈmɔːrɔn] *n* idiot(e), minus *mf*
moronic [məˈrɔnɪk] *adj* idiot(e), imbécile
morose [məˈrəus] *adj* morose, maussade
morphine [ˈmɔːfiːn] *n* morphine *f*
morris dancing [ˈmɔrɪs-] *n* (Brit) *danses folkloriques anglaises*
Morse [mɔːs] *n* (*also*: **Morse code**) morse *m*
morsel [ˈmɔːsl] *n* bouchée *f*
mortal [ˈmɔːtl] *adj, n* mortel(le)
mortality [mɔːˈtælɪtɪ] *n* mortalité *f*
mortality rate *n* (taux *m* de) mortalité *f*
mortar [ˈmɔːtəʳ] *n* mortier *m*
mortgage [ˈmɔːgɪdʒ] *n* hypothèque *f* ; (*loan*) prêt *m* (*or* crédit *m*) hypothécaire ; **to take out a ~** prendre une hypothèque, faire un emprunt ▸ *vt* hypothéquer
mortgage company *n* (US) société *f* de crédit immobilier
mortgagee [mɔːgəˈdʒiː] *n* prêteur(-euse) (sur hypothèque)
mortgagor [ˈmɔːgədʒəʳ] *n* emprunteur(-euse) (sur hypothèque)
mortician [mɔːˈtɪʃən] *n* (US) entrepreneur *m* de pompes funèbres
mortified [ˈmɔːtɪfaɪd] *adj* mort(e) de honte
mortise lock [ˈmɔːtɪs-] *n* serrure encastrée
mortuary [ˈmɔːtjuərɪ] *n* morgue *f*
mosaic [məuˈzeɪɪk] *n* mosaïque *f*
Moscow [ˈmɔskəu] *n* Moscou
Moslem [ˈmɔzləm] *adj, n* = **Muslim**
mosque [mɔsk] *n* mosquée *f*
mosquito [mɔsˈkiːtəu] (*pl* **mosquitoes**) *n* moustique *m*
mosquito net *n* moustiquaire *f*
moss [mɔs] *n* mousse *f*
mossy [ˈmɔsɪ] *adj* moussu(e)
most [məust] *adj* (*majority of*) la plupart de ; (*greatest amount of*) le plus de ; **~ fish** la plupart des poissons ▸ *pron* la plupart ; **~ of** (*with plural*) la plupart de ; (*with singular*) la plus grande partie de ; **~ of them** la plupart d'entre eux ; **~ of the time** la plupart du temps ; **at the (very) ~** au plus ; **to make the ~ of** profiter au maximum de ▸ *adv* le plus ; (*very*) très, extrêmement ; **I saw ~** (*more than the others*) c'est moi qui en ai vu le plus ; **the ~** le plus ; **he's the one who talks the ~** c'est lui qui parle le plus ; **the ~ beautiful woman in the world** la plus belle femme du monde

le/la/les plus is used with an adjective to make the superlative. When the French adjective follows the noun the article is repeated: *the easiest question* **la question la plus facile**.
When the French adjective goes in front of the noun it is not repeated: *the biggest hotels* **les plus grands hôtels**.

mostly [ˈməustlɪ] *adv* (*chiefly*) surtout, principalement ; (*usually*) généralement
MOT *n abbr* (Brit) = **Ministry of Transport**; **the ~ (test)** *visite technique (annuelle) obligatoire des véhicules à moteur*
motel [məuˈtɛl] *n* motel *m*
moth [mɔθ] *n* papillon *m* de nuit ; (*in clothes*) mite *f*
mothball [ˈmɔθbɔːl] *n* boule *f* de naphtaline
moth-eaten [ˈmɔθiːtn] *adj* mité(e)
mother [ˈmʌðəʳ] *n* mère *f* ▸ *vt* (*pamper, protect*) dorloter
mother board *n* (*Comput*) carte-mère *f*
motherhood [ˈmʌðəhud] *n* maternité *f*
mother-in-law [ˈmʌðərɪnlɔː] *n* belle-mère *f*
motherly [ˈmʌðəlɪ] *adj* maternel(le)
mother-of-pearl [ˈmʌðərəvˈpəːl] *n* nacre *f*
Mother's Day *n* fête *f* des Mères
mother's help *n* aide *f or* auxiliaire *f* familiale
mother-to-be [ˈmʌðətəˈbiː] *n* future maman
mother tongue *n* langue maternelle
mothproof [ˈmɔθpruːf] *adj* traité(e) à l'antimite
motif [məuˈtiːf] *n* motif *m*
motion [ˈməuʃən] *n* mouvement *m* ; (*gesture*) geste *m* ; (*at meeting*) motion *f* ; (Brit: *also*: **bowel motion**) selles *fpl* ; **to be in ~** (*vehicle*) être en marche ; **to set in ~** mettre en marche ; **to go through the motions of doing sth** (*fig*) faire qch machinalement *or* sans conviction ▸ *vt, vi*: **to ~ (to) sb to do** faire signe à qn de faire
motionless [ˈməuʃənlɪs] *adj* immobile, sans mouvement
motion picture *n* film *m*
motivate [ˈməutɪveɪt] *vt* motiver
motivated [ˈməutɪveɪtɪd] *adj* motivé(e)
motivation [məutɪˈveɪʃən] *n* motivation *f*
motive [ˈməutɪv] *n* motif *m*, mobile *m* ; **from the best (of) motives** avec les meilleures intentions (du monde) ▸ *adj* moteur(-trice)

m

motley ['mɔtlɪ] *adj* hétéroclite ; bigarré(e), bariolé(e)
motor ['məutəʳ] *n* moteur *m* ; (*Brit inf: vehicle*) auto *f* ▸ *adj* moteur(-trice)
motorbike ['məutəbaɪk] *n* moto *f*
motorboat ['məutəbəut] *n* bateau *m* à moteur
motorcade ['məutəkeɪd] *n* cortège *m* d'automobiles *or* de voitures
motorcar ['məutəkɑː] *n* (Brit) automobile *f*
motorcoach ['məutəkəutʃ] *n* (Brit) car *m*
motorcycle ['məutəsaɪkl] *n* moto *f*
motorcycle racing *n* course *f* de motos
motorcyclist ['məutəsaɪklɪst] *n* motocycliste *mf*
motoring ['məutərɪŋ] (Brit) *n* tourisme *m* automobile ▸ *adj* (*accident*) de voiture, de la route ; ~ **holiday** vacances *fpl* en voiture ; ~ **offence** infraction *f* au code de la route
motorist ['məutərɪst] *n* automobiliste *mf*
motorize ['məutəraɪz] *vt* motoriser
motor mechanic *n* mécanicien *m* garagiste
motor oil *n* huile *f* de graissage
motor racing *n* (Brit) course *f* automobile
motor scooter *n* scooter *m*
motor trade *n* secteur *m* de l'automobile
motor vehicle *n* véhicule *m* automobile
motorway ['məutəweɪ] *n* (Brit) autoroute *f*
mottled ['mɔtld] *adj* tacheté(e), marbré(e)
motto ['mɔtəu] (*pl* **mottoes**) *n* devise *f*
mould, (*US*) **mold** [məuld] *n* moule *m* ; (*mildew*) moisissure *f* ▸ *vt* mouler, modeler ; (*fig*) façonner
moulder, (*US*) **molder** ['məuldəʳ] *vi* (*decay*) moisir
moulding, (*US*) **mold** ['məuldɪŋ] *n* (*Archit*) moulure *f*
mouldy, (*US*) **moldy** ['məuldɪ] *adj* moisi(e) ; (*smell*) de moisi
moult, (*US*) **molt** [məult] *vi* muer
mound [maund] *n* monticule *m*, tertre *m*
mount [maunt] *n* (*hill*) mont *m*, montagne *f* ; (*horse*) monture *f* ; (*for picture*) carton *m* de montage ; (*for jewel etc*) monture ▸ *vt* monter ; (*horse*) monter à ; (*bike*) monter sur ; (*exhibition*) organiser, monter ; (*picture*) monter sur carton ; (*stamp*) coller dans un album ▸ *vi* (*inflation, tension*) augmenter
▸ **mount up** *vi* s'élever, monter ; (*bills, problems, savings*) s'accumuler
mountain ['mauntɪn] *n* montagne *f* ; **to make a ~ out of a molehill** (*fig*) se faire une montagne d'un rien ▸ *cpd* de (la) montagne
mountain bike *n* VTT *m*, vélo *m* tout terrain
mountaineer [mauntɪ'nɪəʳ] *n* alpiniste *mf*
mountaineering [mauntɪ'nɪərɪŋ] *n* alpinisme *m* ; **to go ~** faire de l'alpinisme
mountainous ['mauntɪnəs] *adj* montagneux(-euse)
mountain range *n* chaîne *f* de montagnes
mountain rescue team *n* colonne *f* de secours
mountainside ['mauntɪnsaɪd] *n* flanc *m* or versant *m* de la montagne
mounted ['mauntɪd] *adj* monté(e)
Mount Everest *n* le mont Everest
mounting ['mauntɪŋ] *adj* (*tension, excitement*) croissant(e) ; (*ever-increasing*): **he ignored his ~ debts** il ignora les dettes qui s'accumulaient ; **in order to cover ~ costs** pour compenser l'augmentation des coûts
mourn [mɔːn] *vt* pleurer ▸ *vi*: **to ~ for sb** pleurer qn ; **to ~ for sth** se lamenter sur qch
mourner ['mɔːnəʳ] *n* parent(e) *or* ami(e) du défunt ; personne *f* en deuil *or* venue rendre hommage au défunt
mournful ['mɔːnful] *adj* triste, lugubre
mourning ['mɔːnɪŋ] *n* deuil *m* ; **in ~** en deuil ▸ *cpd* (*dress*) de deuil
mouse [maus] (*pl* **mice** [maɪs]) *n* (*also Comput*) souris *f*
mouse mat *n* (*Comput*) tapis *m* de souris
mousetrap ['maustræp] *n* souricière *f*
moussaka [mu'sɑːkə] *n* moussaka *f*
mousse [muːs] *n* mousse *f*
moustache, (*US*) **mustache** [məs'tɑːʃ] *n* moustache(s) *f(pl)*
mousy ['mausɪ] *adj* (*person*) effacé(e) ; (*hair*) d'un châtain terne
mouth [mauθ] (*pl* **mouths** [mauðz]) *n* bouche *f* ; (*of dog, cat*) gueule *f* ; (*of river*) embouchure *f* ; (*of hole, cave*) ouverture *f* ; (*of bottle*) goulot *m* ; (*opening*) orifice *m*
mouthful ['mauθful] *n* bouchée *f*
mouth organ *n* harmonica *m*
mouthpiece ['mauθpiːs] *n* (*of musical instrument*) bec *m*, embouchure *f* ; (*spokesperson*) porte-parole *m inv*
mouth-to-mouth ['mauθtə'mauθ] *adj*: ~ **resuscitation** bouche à bouche *m*
mouthwash ['mauθwɔʃ] *n* eau *f* dentifrice
mouth-watering ['mauθwɔːtərɪŋ] *adj* qui met l'eau à la bouche
movable ['muːvəbl] *adj* mobile
move [muːv] *n* (*movement*) mouvement *m* ; (*in game*) coup *m* ; (*: turn to play*) tour *m* ; (*change of house*) déménagement *m* ; (*change of job*) changement *m* d'emploi ; **to get a ~ on** se dépêcher, se remuer ▸ *vt* déplacer, bouger ; (*emotionally*) émouvoir ; (*Pol: resolution etc*) proposer ; **can you ~ your car, please?** pouvez-vous déplacer votre voiture, s'il vous plaît ? ; **to ~ sb to do sth** pousser *or* inciter qn à faire qch ▸ *vi* (*gen*) bouger, remuer ; (*traffic*) circuler ; (*also*: **move house**) déménager ; (*in game*) jouer ; **to ~ towards** se diriger vers
▸ **move about, move around** *vi* (*fidget*) remuer ; (*travel*) voyager, se déplacer
▸ **move along** *vi* se pousser
▸ **move away** *vi* s'en aller, s'éloigner
▸ **move back** *vi* revenir, retourner
▸ **move forward** *vi* avancer ▸ *vt* avancer ; (*people*) faire avancer
▸ **move in** *vi* (*to a house*) emménager ; (*police, soldiers*) intervenir
▸ **move into** *vt fus* (*house*) emménager dans
▸ **move off** *vi* s'éloigner, s'en aller
▸ **move on** *vi* se remettre en route ▸ *vt* (*onlookers*) faire circuler
▸ **move out** *vi* (*of house*) déménager
▸ **move over** *vi* se pousser, se déplacer
▸ **move up** *vi* avancer ; (*employee*) avoir de l'avancement ; (*pupil*) passer dans la classe supérieure

moveable [muːvəbl] *adj* = **movable**
movement ['muːvmənt] *n* mouvement *m* ; **~ (of the bowels)** *(Med)* selles *fpl*
mover ['muːvəʳ] *n* auteur *m* d'une proposition
movie ['muːvɪ] *n* film *m* ; **movies** *npl*: **the movies** le cinéma
movie camera *n* caméra *f*
moviegoer ['muːvɪgəuəʳ] *n (US)* cinéphile *mf*
movie theater *(US) n* cinéma *m*
moving ['muːvɪŋ] *adj* en mouvement ; *(touching)* émouvant(e) ▸ *n (US)* déménagement *m*
mow [məu] *(pt* **mowed** [məud], *pp* **mowed** *or* **mown** [məun]) *vt* faucher ; *(lawn)* tondre
▸ **mow down** *vt* faucher
mower ['məuəʳ] *n (also:* **lawnmower**) tondeuse *f* à gazon
mown [məun] *pp of* **mow**
Mozambique [məuzəm'biːk] *n* Mozambique *m*
MP *n abbr (= Military Police)* PM ; (BRIT) = **Member of Parliament**; (CANADA) = **Mounted Police**
MP3 *n* mp3 *m*
MP3 player *n* baladeur *m* numérique, lecteur *m* mp3
mpg *n abbr (= miles per gallon) (30 mpg = 9,4 l. aux 100 km)*
mph *abbr (= miles per hour) (60 mph = 96 km/h)*
MPhil ['ɛm'fɪl] *n abbr (US: = Master of Philosophy) titre universitaire*
MPS *n abbr* (BRIT) = **Member of the Pharmaceutical Society**
Mr, (US) **Mr.** ['mɪstəʳ] *n*: **Mr X** Monsieur X, M. X
MRC *n abbr (BRIT: = Medical Research Council) conseil de la recherche médicale*
MRCP *n abbr* (BRIT) = **Member of the Royal College of Physicians**
MRCS *n abbr* (BRIT) = **Member of the Royal College of Surgeons**
MRCVS *n abbr* (BRIT) = **Member of the Royal College of Veterinary Surgeons**
Mrs, (US) **Mrs.** ['mɪsɪz] *n*: **~ X** Madame X, Mme X
MS *n abbr (= manuscript)* ms ; *(= multiple sclerosis)* SEP *f* ; *(US: = Master of Science) titre universitaire* ▸ *abbr (US)* = **Mississippi**
Ms, (US) **Ms.** [mɪz] *n (Miss or Mrs)*: **Ms X** Madame X, Mme X
MSA *n abbr (US: = Master of Science in Agriculture) titre universitaire*
MSc *n abbr* = **Master of Science**
MSG *n abbr* = **monosodium glutamate**
MSP *n abbr (= Member of the Scottish Parliament)* député *m* au Parlement écossais
MST *abbr (US: = Mountain Standard Time) heure d'hiver des Montagnes Rocheuses*
MT *n abbr (= machine translation)* TM ▸ *abbr (US)* = **Montana**
Mt *abbr (Geo: = mount)* Mt
mth *abbr (= month)* m
MTV *n abbr* = **music television**
much [mʌtʃ] *adj* beaucoup de ; **~ milk** beaucoup de lait ; **we don't have ~ time** nous n'avons pas beaucoup de temps ▸ *adv, n, pron* beaucoup ; **how ~ is it?** combien est-ce que ça coûte ? ; **it's not ~** ce n'est pas beaucoup ; **too ~** trop (de) ; **so ~** tant (de) ; **I like it very/so ~** j'aime beaucoup/tellement ça ; **as ~ as** autant de ; **thank you very ~** merci beaucoup ; **that's ~ better** c'est beaucoup mieux ; **~ to my amazement ...** à mon grand étonnement ...
muck [mʌk] *n (mud)* boue *f* ; *(dirt)* ordures *fpl*
▸ **muck about** *vi (inf)* faire l'imbécile ; *(: waste time)* traînasser ; *(: tinker)* bricoler ; tripoter
▸ **muck in** *vi* (BRIT *inf*) donner un coup de main
▸ **muck out** *vt (stable)* nettoyer
▸ **muck up** *vt (inf: ruin)* gâcher, esquinter ; *(dirty)* salir ; *(exam, interview)* se planter à
muckraking ['mʌkreɪkɪŋ] *n (fig, inf)* déterrement *m* d'ordures
mucky ['mʌkɪ] *adj (dirty)* boueux(-euse), sale
mucus ['mjuːkəs] *n* mucus *m*
mud [mʌd] *n* boue *f*
muddle ['mʌdl] *n (mess)* pagaille *f*, fouillis *m* ; *(mix-up)* confusion *f* ; **to be in a ~** *(person)* ne plus savoir où l'on en est ; **to get in a ~** *(while explaining etc)* s'embrouiller ▸ *vt (also:* **muddle up**) brouiller, embrouiller
▸ **muddle along** *vi* aller son chemin tant bien que mal
▸ **muddle through** *vi* se débrouiller
muddled ['mʌdld] *adj (person)* perdu(e) ; *(ideas, approach)* confus(e)
muddle-headed [mʌdl'hɛdɪd] *adj (person)* à l'esprit embrouillé *or* confus, dans le brouillard
muddy ['mʌdɪ] *adj* boueux(-euse)
mud flats *npl* plage *f* de vase
mudguard ['mʌdgɑːd] *n* garde-boue *m inv*
mudpack ['mʌdpæk] *n* masque *m* de beauté
mudslide ['mʌdslaɪd] *n* coulée *f* de boue
mud-slinging ['mʌdslɪŋɪŋ] *n* médisance *f*, dénigrement *m*
muesli ['mjuːzlɪ] *n* muesli *m*
muezzin [mu'ɛzɪn] *n* muezzin *m*
muff [mʌf] *n* manchon *m* ▸ *vt (inf: shot, catch etc)* rater, louper ; **to ~ it** rater *or* louper son coup
muffin ['mʌfɪn] *n (roll) petit pain rond et plat* ; *(cake) petit gâteau au chocolat ou aux fruits*
muffle ['mʌfl] *vt (sound)* assourdir, étouffer ; *(against cold)* emmitoufler
muffled ['mʌfld] *adj* étouffé(e), voilé(e)
muffler ['mʌfləʳ] *n (scarf)* cache-nez *m inv* ; *(US Aut)* silencieux *m*
mufti ['mʌftɪ] *n*: **in ~** en civil
mug [mʌg] *n (cup)* tasse *f (sans soucoupe)* ; *(: for beer)* chope *f* ; *(inf: face)* bouille *f* ; *(: fool)* poire *f* ; **it's a ~'s game** (BRIT) c'est bon pour les imbéciles ▸ *vt (assault)* agresser
▸ **mug up** *vt* (BRIT *inf: also:* **mug up on**) bosser, bûcher
mugger ['mʌgəʳ] *n* agresseur *m*
mugging ['mʌgɪŋ] *n* agression *f*
muggins ['mʌgɪnz] *n (inf)* ma pomme
muggy ['mʌgɪ] *adj* lourd(e), moite
mug shot *n (inf: Police)* photo *f* de criminel ; *(: gen: photo)* photo d'identité
mulatto [mjuː'lætəu] *(pl* **mulattoes**) *n* mulâtre(-tresse)
mulberry ['mʌlbrɪ] *n (fruit)* mûre *f* ; *(tree)* mûrier *m*
mule [mjuːl] *n* mule *f*
mull [mʌl]: **to ~ over** *vt* réfléchir à, ruminer
mullah ['mulə] *n* mollah *m*

mulled [mʌld] *adj*: **~ wine** vin chaud
mullet ['mʌlɪt] (*pl* **~**) *n* (*fish*) mulet *m*; **red ~** rouget *m*
multi... ['mʌltɪ] *prefix* multi...
multi-access ['mʌltɪ'æksɛs] *adj* (*Comput*) à accès multiple
multicoloured, (*US*) **multicolored** ['mʌltɪkʌləd] *adj* multicolore
multicultural [mʌltɪ'kʌltʃərəl] *adj* multiculturel(le)
multiculturalism [mʌltɪ'kʌltʃərəlɪzəm] *n* multiculturalisme *m*
multifaceted [mʌltɪ'fæsɪtɪd] *adj*: **he's a ~ performer** c'est un artiste aux multiples talents; **her job is ~** son travail est très varié
multifarious [mʌltɪ'fɛərɪəs] *adj* divers(es), varié(e)
multilateral [mʌltɪ'lætərl] *adj* (*Pol*) multilatéral(e)
multi-level ['mʌltɪlɛvl] *adj* (*US*) = **multistorey**
multilingual [mʌltɪ'lɪŋgwəl] *adj* (*country*) multilingue, plurilingue; (*person*) polyglotte
multimedia ['mʌltɪ'miːdɪə] *adj* multimédia *inv*
multimillionaire [mʌltɪmɪljə'nɛə^r] *n* milliardaire *mf*
multinational [mʌltɪ'næʃənl] *n* multinationale *f* ▸ *adj* multinational(e)
multiple ['mʌltɪpl] *adj* multiple ▸ *n* multiple *m*; (Brit: *also*: **multiple store**) magasin *m* à succursales (multiples)
multiple choice (test) *n* QCM *m*, questionnaire *m* à choix multiple
multiple crash *n* carambolage *m*
multiple sclerosis [-sklɪ'rəusɪs] *n* sclérose *f* en plaques
multiplex (cinema) ['mʌltɪplɛks-] *n* (cinéma *m*) multisalles *m*
multiplication [mʌltɪplɪ'keɪʃən] *n* multiplication *f*
multiplication table *n* table *f* de multiplication
multiplicity [mʌltɪ'plɪsɪtɪ] *n* multiplicité *f*
multiply ['mʌltɪplaɪ] *vt* multiplier ▸ *vi* se multiplier
multiracial [mʌltɪ'reɪʃl] *adj* multiracial(e)
multistorey ['mʌltɪ'stɔːrɪ] *adj* (Brit: *building*) à étages; (: *car park*) à étages *or* niveaux multiples
multitask ['mʌltɪtɑːsk] *vi* (*also Comput*) être multitâche
multitasking ['mʌltɪtɑːskɪŋ] *n* (*also Comput*) multitâche *m*
multitude ['mʌltɪtjuːd] *n* multitude *f*
mum [mʌm] *n* (Brit) maman *f* ▸ *adj*: **to keep ~** ne pas souffler mot; **~'s the word!** motus et bouche cousue!
Mumbai [mum'baɪ] *n* Mumbai
mumble ['mʌmbl] *vt, vi* marmotter, marmonner
mumbo jumbo ['mʌmbəu-] *n* (*inf*) baragouin *m*, charabia *m*
mummify ['mʌmɪfaɪ] *vt* momifier
mummy ['mʌmɪ] *n* (Brit: *mother*) maman *f*; (*embalmed*) momie *f*
mumps [mʌmps] *n* oreillons *mpl*
munch [mʌntʃ] *vt, vi* mâcher
mundane [mʌn'deɪn] *adj* banal(e), terre à terre *inv*
municipal [mjuː'nɪsɪpl] *adj* municipal(e)
municipality [mjuːnɪsɪ'pælɪtɪ] *n* municipalité *f*
munitions [mjuː'nɪʃənz] *npl* munitions *fpl*
mural ['mjuərl] *n* peinture murale
murder ['məːdə^r] *n* meurtre *m*, assassinat *m*; **to commit ~** commettre un meurtre ▸ *vt* assassiner
murderer ['məːdərə^r] *n* meurtrier *m*, assassin *m*
murderess ['məːdərɪs] *n* meurtrière *f*
murderous ['məːdərəs] *adj* meurtrier(-ière)
murk [məːk] *n* obscurité *f*
murky ['məːkɪ] *adj* sombre, ténébreux(-euse); (*water*) trouble
murmur ['məːmə^r] *n* murmure *m*; **heart ~** (*Med*) souffle *m* au cœur ▸ *vt, vi* murmurer
MusB, MusBac *n abbr* (= *Bachelor of Music*) *titre universitaire*
muscle ['mʌsl] *n* muscle *m*; (*fig*) force *f*
▸ **muscle in** *vi* s'imposer, s'immiscer
muscular ['mʌskjulə^r] *adj* musculaire; (*person, arm*) musclé(e)
muscular dystrophy *n* dystrophie *f* musculaire
MusD, MusDoc *n abbr* (= *Doctor of Music*) *titre universitaire*
muse [mjuːz] *vi* méditer, songer ▸ *n* muse *f*
museum [mjuː'zɪəm] *n* musée *m*
mush [mʌʃ] *n* bouillie *f*; (*pej*) sentimentalité *f* à l'eau de rose
mushroom ['mʌʃrum] *n* champignon *m* ▸ *vi* (*fig*) pousser comme un (*or* des) champignon(s)
mushy ['mʌʃɪ] *adj* (*vegetables, fruit*) en bouillie; (*movie etc*) à l'eau de rose
music ['mjuːzɪk] *n* musique *f*
musical ['mjuːzɪkl] *adj* musical(e); (*person*) musicien(ne) ▸ *n* (*show*) comédie musicale
musical box *n* = **music box**
musical chairs *npl* chaises musicales; (*fig*): **to play ~** faire des permutations
musical instrument *n* instrument *m* de musique
music box *n* boîte *f* à musique
music centre *n* chaîne compacte
music hall *n* music-hall *m*
musician [mjuː'zɪʃən] *n* musicien(ne)
music stand *n* pupitre *m* à musique
musk [mʌsk] *n* musc *m*
musket ['mʌskɪt] *n* mousquet *m*
muskrat ['mʌskræt] *n* rat musqué
musk rose *n* (*Bot*) rose *f* muscade
Muslim ['mʌzlɪm] *adj, n* musulman(e)
muslin ['mʌzlɪn] *n* mousseline *f*
musquash ['mʌskwɔʃ] *n* loutre *f*; (*fur*) rat *m* d'Amérique, ondatra *m*
mussel ['mʌsl] *n* moule *f*
must [mʌst] *aux vb* (*obligation*): **I ~ do it** je dois le faire, il faut que je le fasse; (*probability*): **he ~ be there by now** il doit y être maintenant, il y est probablement maintenant; (*suggestion, invitation*): **you ~ come and see me** il faut que vous veniez me voir; **I ~ have made a mistake** j'ai dû me tromper ▸ *n* nécessité *f*, impératif *m*; **it's a ~** c'est indispensable
mustache ['mʌstæʃ] *n* (*US*) = **moustache**
mustard ['mʌstəd] *n* moutarde *f*
mustard gas *n* ypérite *f*, gaz *m* moutarde

muster ['mʌstəʳ] *vt* rassembler ; (*also*: **muster up**: *strength, courage*) rassembler
mustiness ['mʌstɪnɪs] *n* goût *m* de moisi ; odeur *f* de moisi *or* de renfermé
mustn't ['mʌsnt] = **must not**
musty ['mʌstɪ] *adj* qui sent le moisi *or* le renfermé
mutant ['mju:tənt] *adj* mutant(e) ▸ *n* mutant *m*
mutate [mju:'teɪt] *vi* subir une mutation
mutation [mju:'teɪʃən] *n* mutation *f*
mute [mju:t] *adj, n* muet(te)
muted ['mju:tɪd] *adj* (*noise*) sourd(e), assourdi(e) ; (*criticism*) voilé(e) ; (*Mus*) en sourdine ; (: *trumpet*) bouché(e)
mutilate ['mju:tɪleɪt] *vt* mutiler
mutilation [mju:tɪ'leɪʃən] *n* mutilation *f*
mutinous ['mju:tɪnəs] *adj* (*troops*) mutiné(e) ; (*attitude*) rebelle
mutiny ['mju:tɪnɪ] *n* mutinerie *f* ▸ *vi* se mutiner
mutter ['mʌtəʳ] *vt, vi* marmonner, marmotter
mutton ['mʌtn] *n* mouton *m*
mutual ['mju:tʃuəl] *adj* mutuel(le), réciproque ; (*benefit, interest*) commun(e)
mutually ['mju:tʃuəlɪ] *adv* mutuellement, réciproquement
Muzak® ['mju:zæk] *n* (*often pej*) musique *f* d'ambiance
muzzle ['mʌzl] *n* museau *m* ; (*protective device*) muselière *f* ; (*of gun*) gueule *f* ▸ *vt* museler
MVP *n abbr* (*US Sport*) = **most valuable player**
MW *abbr* (= *medium wave*) PO
my [maɪ] *adj* mon (ma), mes *pl* ; **my house/car/gloves** ma maison/ma voiture/mes gants ; **I've washed my hair/cut my finger** je me suis lavé les cheveux/coupé le doigt ; **is this my pen or yours?** c'est mon stylo ou c'est le vôtre ?
Myanmar ['maɪænmɑːʳ] *n* Myanmar *m*
myopic [maɪ'ɔpɪk] *adj* myope
myriad ['mɪrɪəd] *n* myriade *f*
myself [maɪ'sɛlf] *pron* (*reflexive*) me ; (*emphatic*) moi-même ; (*after prep*) moi ; *see also* **oneself**
mysterious [mɪs'tɪərɪəs] *adj* mystérieux(-euse)
mysteriously [mɪ'stɪərɪəslɪ] *adv* mystérieusement
mystery ['mɪstərɪ] *n* mystère *m*
mystery story *n* roman *m* à suspense
mystic ['mɪstɪk] *n* mystique *mf* ▸ *adj* (*mysterious*) ésotérique
mystical ['mɪstɪkl] *adj* mystique
mysticism ['mɪstɪsɪzəm] *n* mysticisme *m*
mystify ['mɪstɪfaɪ] *vt* (*deliberately*) mystifier ; (*puzzle*) ébahir
mystique [mɪs'ti:k] *n* mystique *f*
myth [mɪθ] *n* mythe *m*
mythical ['mɪθɪkl] *adj* mythique
mythological [mɪθə'lɔdʒɪkl] *adj* mythologique
mythology [mɪ'θɔlədʒɪ] *n* mythologie *f*

m

Nn

N¹, n [ɛn] *n (letter)* N, n *m* ; **N for Nellie**, *(US)* **N for Nan** N comme Nicolas
N² *abbr (= north)* N
'n' [ən] *conj (inf: and)* 'n' ; **country 'n' western** country *inv* ; **a country 'n' western song** une chanson country ; **a fish 'n' chips restaurant** un fish and chips
NA *n abbr (US: = Narcotics Anonymous) association d'aide aux drogués* ; *(US)* = **National Academy**
n/a *abbr (= not applicable)* n.a. ; *(Comm etc)* = **no account**
NAACP *n abbr (US)* = **National Association for the Advancement of Colored People**
NAAFI ['næfɪ] *n abbr (Brit: = Navy, Army & Air Force Institute) organisme responsable des magasins et cantines de l'armée*
nab [næb] *vt (inf)* pincer, attraper
NACU *n abbr (US)* = **National Association of Colleges and Universities**
nadir ['neɪdɪəʳ] *n (Astronomy)* nadir *m* ; *(fig)* fond *m*, point *m* extrême
naff [næf] *adj (Brit inf)* nul(le)
nag [næg] *vt (scold)* être toujours après, reprendre sans arrêt ▸ *n (pej: horse)* canasson *m* ; *(person)*: **she's an awful ~** elle est constamment après lui *(or* eux *etc)*, elle est très casse-pieds
nagging ['nægɪŋ] *adj (doubt, pain)* persistant(e) ▸ *n* remarques continuelles
nail [neɪl] *n (human)* ongle *m* ; *(metal)* clou *m* ; **to pay cash on the ~** *(Brit)* payer rubis sur l'ongle ▸ *vt* clouer ; **to ~ sth to sth** clouer qch à qch ; **to ~ sb down to a date/price** contraindre qn à accepter *or* donner une date/un prix
nailbrush ['neɪlbrʌʃ] *n* brosse *f* à ongles
nailfile ['neɪlfaɪl] *n* lime *f* à ongles
nail polish *n* vernis *m* à ongles
nail polish remover *n* dissolvant *m*
nail scissors *npl* ciseaux *mpl* à ongles
nail varnish *n (Brit)* = **nail polish**
Nairobi [naɪ'rəubɪ] *n* Nairobi
naïve [naɪ'i:v] *adj* naïf(-ïve)
naïveté [naɪ'i:vteɪ], **naivety** [naɪ'i:vɪtɪ] *n* naïveté *f*
naked ['neɪkɪd] *adj* nu(e) ; **with the ~ eye** à l'œil nu
nakedness ['neɪkɪdnɪs] *n* nudité *f*
NAM *n abbr (US)* = **National Association of Manufacturers**
name [neɪm] *n* nom *m* ; *(reputation)* réputation *f* ; **by ~** par son nom ; de nom ; **in the ~ of** au nom de ; **what's your ~?** comment vous appelez-vous ?, quel est votre nom ? ; **my ~ is Peter** je m'appelle Peter ; **to take sb's ~ and address** relever l'identité de qn *or* les nom et adresse de qn ; **to make a ~ for o.s.** se faire un nom ; **to get (o.s.) a bad ~** se faire une mauvaise réputation ; **to call sb names** traiter qn de tous les noms ▸ *vt* nommer ; *(identify: accomplice etc)* citer ; *(price, date)* fixer, donner
name dropping *n mention (pour se faire valoir) du nom de personnalités qu'on connaît (ou prétend connaître)*
nameless ['neɪmlɪs] *adj* sans nom ; *(witness, contributor)* anonyme
namely ['neɪmlɪ] *adv* à savoir
nameplate ['neɪmpleɪt] *n (on door etc)* plaque *f*
namesake ['neɪmseɪk] *n* homonyme *m*
nan bread [nɑ:n-] *n* nan *m*
nanny ['nænɪ] *n* bonne *f* d'enfants
nanny goat *n* chèvre *f*
nanotechnology [nænəutɛk'nɔlədʒɪ] *n* nanotechnologie *f*
nap [næp] *n (sleep)* (petit) somme ▸ *vi*: **to be caught napping** être pris(e) à l'improviste *or* en défaut
NAPA *n abbr (US: = National Association of Performing Artists) syndicat des gens du spectacle*
napalm ['neɪpɑ:m] *n* napalm *m*
nape [neɪp] *n*: **~ of the neck** nuque *f*
napkin ['næpkɪn] *n* serviette *f* (de table)
Naples ['neɪplz] *n* Naples
Napoleonic [nəpəulɪ'ɔnɪk] *adj* napoléonien(ne)
nappy ['næpɪ] *n (Brit)* couche *f*
nappy liner *n (Brit)* protège-couche *m*
nappy rash *n*: **to have ~** avoir les fesses rouges
narcissistic [nɑ:sɪ'sɪstɪk] *adj* narcissique
narcissus [nɑ:'sɪsəs] *(pl* **narcissi** [-saɪ]) *n* narcisse *m*
narcotic [nɑ:'kɔtɪk] *n (Med)* narcotique *m*
narcotics [nɑ:'kɔtɪkz] *npl (illegal drugs)* stupéfiants *mpl*
nark [nɑ:k] *vt (Brit inf)* mettre en rogne
narrate [nə'reɪt] *vt* raconter, narrer
narration [nə'reɪʃən] *n* narration *f*
narrative ['nærətɪv] *n* récit *m* ▸ *adj* narratif(-ive)
narrator [nə'reɪtəʳ] *n* narrateur(-trice)
narrow ['nærəu] *adj* étroit(e) ; *(fig)* restreint(e), limité(e) ; **to have a ~ escape** l'échapper belle ▸ *vi (road)* devenir plus étroit, se rétrécir ; *(gap, difference)* se réduire
▸ **narrow down** *vt* restreindre

narrow gauge *adj* (*Rail*) à voie étroite
narrowly ['nærəulɪ] *adv*: **he ~ missed injury/the tree** il a failli se blesser/rentrer dans l'arbre ; **he only ~ missed the target** il a manqué la cible de peu *or* de justesse
narrow-minded [nærəu'maɪndɪd] *adj* à l'esprit étroit, borné(e) ; (*attitude*) borné(e)
NAS *n abbr* (*US*) = **National Academy of Sciences**
NASA ['næsə] *n abbr* (*US*: = *National Aeronautics and Space Administration*) NASA *f*
nasal ['neɪzl] *adj* nasal(e)
Nassau ['næsɔː] *n* (*in Bahamas*) Nassau
nastily ['nɑːstɪlɪ] *adv* (*say, act*) méchamment
nastiness ['nɑːstɪnɪs] *n* (*of person, remark*) méchanceté *f*
nasturtium [nəs'təːʃəm] *n* capucine *f*
nasty ['nɑːstɪ] *adj* (*person: malicious*) méchant(e) ; (*: rude*) très désagréable ; (*smell*) dégoûtant(e) ; (*wound, situation*) mauvais(e), vilain(e) ; (*weather*) affreux(-euse) ; **to turn ~** (*situation*) mal tourner ; (*weather*) se gâter ; (*person*) devenir méchant ; **it's a ~ business** c'est une sale affaire
NAS/UWT *n abbr* (Brit: = *National Association of Schoolmasters/Union of Women Teachers*) *syndicat enseignant*
nation ['neɪʃən] *n* nation *f*
national ['næʃənl] *adj* national(e) ▸ *n* (*abroad*) ressortissant(e) ; (*when home*) national(e)
national anthem *n* hymne national
National Curriculum *n* (Brit) *programme scolaire commun à toutes les écoles publiques en Angleterre et au Pays de Galles comprenant dix disciplines*
national debt *n* dette *f* publique
national dress *n* costume national
National Guard *n* (*US*) milice *f* (*de volontaires*)
National Health Service *n* (Brit) *service national de santé*, ≈ Sécurité Sociale

National Health Service

Depuis sa création, en 1948, le **National Health Service** (ou, plus couramment, *NHS*) a pour mission de fournir des soins de santé à tous les résidents du Royaume-Uni. Il s'agit du plus grand système de santé public du monde. Financé par les contribuables, il est fondé sur un grand principe : la gratuité des soins de santé pour tous, quels que soient leurs revenus. À quelques exceptions prés (notamment les soins dentaires et les médicaments en Angleterre, au pays de Galles et en Irlande du Nord), toutes les prestations, y compris les consultations médicales et les soins hospitaliers, sont gratuites. Chacun des quatre pays du Royaume-Uni possède son propre système, financé et géré de façon indépendante. Souvent en butte aux critiques en raison des temps d'attente pour les opérations chirurgicales et de l'insuffisance des effectifs dans les hôpitaux, le NHS fait régulièrement l'objet de réformes visant à améliorer le service fourni.

National Insurance *n* (Brit) ≈ Sécurité Sociale

National Insurance

Le **National Insurance** est un système de cotisations obligatoires versées par les travailleurs (par prélèvement à la source sur les salaires) et les employeurs du Royaume-Uni afin de contribuer au coût de certaines prestations sociales : retraite, congé maternité, allocations chômage, pension d'invalidité. Introduit en 1911 comme système d'assurance contre la maladie et le chômage, il a été considérablement étendu en 1948.

nationalism ['næʃnəlɪzəm] *n* nationalisme *m*
nationalist ['næʃnəlɪst] *adj, n* nationaliste *mf*
nationality [næʃə'nælɪtɪ] *n* nationalité *f*
nationalization [næʃnəlaɪ'zeɪʃən] *n* nationalisation *f*
nationalize ['næʃnəlaɪz] *vt* nationaliser
nationally ['næʃnəlɪ] *adv* du point de vue national ; dans le pays entier
national park *n* parc national
national press *n* presse nationale
National Security Council *n* (*US*) conseil national de sécurité
national service *n* (*Mil*) service *m* militaire
National Trust *n* (Brit) ≈ Caisse *f* nationale des monuments historiques et des sites

National Trust

Le **National Trust** est un organisme indépendant, à but non lucratif, dont la mission est de protéger et de mettre en valeur les monuments et les sites britanniques en raison de leur intérêt historique ou de leur beauté naturelle.

nation state *n* État-nation *m*
nationwide ['neɪʃənwaɪd] *adj* s'étendant à l'ensemble du pays ; (*problem*) à l'échelle du pays entier ▸ *adv* à travers *or* dans tout le pays
native ['neɪtɪv] *n* habitant(e) du pays, autochtone *mf* ; (*in colonies*) indigène *mf* ; **a ~ of Russia** une personne originaire de Russie ▸ *adj* du pays, indigène ; (*country*) natal(e) ; (*language*) maternel(le) ; (*ability*) inné(e) ; **a ~ speaker of French** une personne de langue maternelle française
Native American *n* Indien(ne) d'Amérique ▸ *adj* amérindien(ne)
native speaker *n* locuteur natif ; *see also* **native**
Nativity [nə'tɪvɪtɪ] *n* (*Rel*): **the ~** la Nativité
nativity play *n* mystère *m or* miracle *m* de la Nativité
NATO ['neɪtəu] *n abbr* (= *North Atlantic Treaty Organization*) OTAN *f*
natter ['nætə^r] *vi* (Brit) bavarder
natural ['nætʃrəl] *adj* naturel(le) ; **to die of ~ causes** mourir d'une mort naturelle
natural childbirth *n* accouchement *m* sans douleur
natural gas *n* gaz naturel
natural history *n* histoire naturelle

n

naturalism [ˈnætʃrəlɪzəm] *n* naturalisme *m*
naturalist [ˈnætʃrəlɪst] *n* naturaliste *mf*
naturalization [ˈnætʃrəlaɪˈzeɪʃən] *n* naturalisation *f* ; acclimatation *f*
naturalize [ˈnætʃrəlaɪz] *vt* naturaliser ; (*plant*) acclimater ; **to become naturalized** (*person*) se faire naturaliser
naturally [ˈnætʃrəlɪ] *adv* naturellement
natural resources *npl* ressources naturelles
natural selection *n* sélection naturelle
natural wastage *n* (*Industry*) départs naturels et volontaires
nature [ˈneɪtʃəʳ] *n* nature *f* ; **by ~** par tempérament, de nature ; **documents of a confidential ~** documents à caractère confidentiel
-natured [ˈneɪtʃəd] *suffix*: **ill~** qui a mauvais caractère
nature reserve *n* (BRIT) réserve naturelle
nature trail *n sentier de découverte de la nature*
naturist [ˈneɪtʃərɪst] *n* naturiste *mf*
naught [nɔːt] *n* = **nought**
naughtiness [ˈnɔːtɪnɪs] *n* (*of child*) désobéissance *f* ; (*of story etc*) grivoiserie *f*
naughty [ˈnɔːtɪ] *adj* (*child*) vilain(e), pas sage ; (*story, film*) grivois(e)
nausea [ˈnɔːsɪə] *n* nausée *f*
nauseate [ˈnɔːsɪeɪt] *vt* écœurer, donner la nausée à
nauseating [ˈnɔːsɪeɪtɪŋ] *adj* écœurant(e), dégoûtant(e)
nauseous [ˈnɔːsɪəs] *adj* nauséabond(e), écœurant(e) ; (*feeling sick*): **to be ~** avoir des nausées
nautical [ˈnɔːtɪkl] *adj* nautique
nautical mile *n* mille marin (= *1853 m*)
naval [ˈneɪvl] *adj* naval(e)
naval officer *n* officier *m* de marine
nave [neɪv] *n* nef *f*
navel [ˈneɪvl] *n* nombril *m*
navigable [ˈnævɪgəbl] *adj* navigable
navigate [ˈnævɪgeɪt] *vt* (*steer*) diriger, piloter ▸ *vi* naviguer ; (*Aut*) indiquer la route à suivre
navigation [nævɪˈgeɪʃən] *n* navigation *f*
navigator [ˈnævɪgeɪtəʳ] *n* navigateur *m*
navvy [ˈnævɪ] *n* (BRIT) terrassier *m*
navy [ˈneɪvɪ] *n* marine *f* ; **Department of the N~** (*US*) ministère *m* de la Marine
navy-blue [ˈneɪvɪˈbluː] *adj* bleu marine *inv*
Nazi [ˈnɑːtsɪ] *adj* nazi(e) ▸ *n* Nazi(e)
NB *abbr* (= *nota bene*) NB ; (CANADA) = **New Brunswick**
NBA *n abbr* (*US*) = **National Basketball Association; National Boxing Association**
NBC *n abbr* (*US*: = *National Broadcasting Company*) *chaîne de télévision*
NBS *n abbr* (*US*: = *National Bureau of Standards*) *office de normalisation*
NC *abbr* (*Comm etc*) = **no charge**; (*US*) = **North Carolina**
NCC *n abbr* (BRIT: = *Nature Conservancy Council*) *organisme de protection de la nature* ; (*US*) = **National Council of Churches**
NCO *n abbr* = **non-commissioned officer**
ND, N. Dak. *abbr* (*US*) = **North Dakota**
NE *abbr* (*US*) = **Nebraska**; **New England**
NEA *n abbr* (*US*) = **National Education Association**
neap [niːp] *n* (*also*: **neap tide**) mortes-eaux *fpl*
near [nɪəʳ] *adj* proche ; **in the ~ future** dans un proche avenir ; **£25,000 or nearest offer** (BRIT) 25 000 livres à débattre ▸ *adv* près ; **to come ~** s'approcher ▸ *prep* (*also*: **near to**) près de ; **~ here/there** près d'ici/non loin de là ▸ *vt* approcher de
nearby [nɪəˈbaɪ] *adj* proche ▸ *adv* tout près, à proximité
Near East *n*: **the ~** le Proche-Orient
nearer [ˈnɪərəʳ] *adj* plus proche ▸ *adv* plus près
nearly [ˈnɪəlɪ] *adv* presque ; **I ~ fell** j'ai failli tomber ; **it's not ~ big enough** ce n'est vraiment pas assez grand, c'est loin d'être assez grand
near miss *n* collision évitée de justesse ; (*when aiming*) coup manqué de peu *or* de justesse
nearness [ˈnɪənɪs] *n* proximité *f*
nearside [ˈnɪəsaɪd] (*Aut*) *n* (*right-hand drive*) côté *m* gauche ; (*left-hand drive*) côté droit ▸ *adj* de gauche ; de droite
near-sighted [nɪəˈsaɪtɪd] *adj* myope
neat [niːt] *adj* (*person, work*) soigné(e) ; (*room etc*) bien tenu(e) *or* rangé(e) ; (*solution, plan*) habile ; (*spirits*) pur(e) ; **I drink it ~** je le bois sec *or* sans eau
neatly [ˈniːtlɪ] *adv* avec soin *or* ordre ; (*skilfully*) habilement
neatness [ˈniːtnɪs] *n* (*tidiness*) netteté *f* ; (*skilfulness*) habileté *f*
Nebr. *abbr* (*US*) = **Nebraska**
nebulous [ˈnɛbjuləs] *adj* nébuleux(-euse)
necessarily [ˈnɛsɪsərɪlɪ] *adv* nécessairement ; **not ~** pas nécessairement *or* forcément
necessary [ˈnɛsɪsrɪ] *adj* nécessaire ; **if ~** si besoin est, le cas échéant
necessitate [nɪˈsɛsɪteɪt] *vt* nécessiter
necessity [nɪˈsɛsɪtɪ] *n* nécessité *f* ; chose nécessaire *or* essentielle ; **in case of ~** en cas d'urgence
neck [nɛk] *n* cou *m* ; (*of horse, garment*) encolure *f* ; (*of bottle*) goulot *m* ; **~ and ~** à égalité ; **to stick one's ~ out** (*inf*) se mouiller ▸ *vi* (*inf*) se peloter
necklace [ˈnɛklɪs] *n* collier *m*
neckline [ˈnɛklaɪn] *n* encolure *f*
necktie [ˈnɛktaɪ] *n* (*esp US*) cravate *f*
nectar [ˈnɛktəʳ] *n* nectar *m*
nectarine [ˈnɛktərɪn] *n* brugnon *m*, nectarine *f*
née [neɪ] *adj*: **~ Scott** née Scott
need [niːd] *n* besoin *m* ; **to be in ~ of** *or* **have ~ of** avoir besoin de ; **£10 will meet my immediate needs** 10 livres suffiront pour mes besoins immédiats ; **in case of ~** en cas de besoin, au besoin ; **there's no ~ to do ....** il n'y a pas lieu de faire ..., il n'est pas nécessaire de faire ... ; **there's no ~ for that** ce n'est pas la peine, cela n'est pas nécessaire ▸ *vt* avoir besoin de ; **to ~ to do** devoir faire ; avoir besoin de faire ; **you don't ~ to go** vous n'avez pas besoin *or* vous n'êtes pas obligé de partir ; **a signature is needed** il faut une signature

needle ['ni:dl] *n* aiguille *f*; (*on record player*) saphir *m* ▸ *vt* (*inf*) asticoter, tourmenter
needlecord ['ni:dlkɔ:d] *n* (Brit) velours *m* mille-raies
needless ['ni:dlɪs] *adj* inutile; **~ to say, ...** inutile de dire que ...
needlessly ['ni:dlɪslɪ] *adv* inutilement
needlework ['ni:dlwə:k] *n* (*activity*) travaux *mpl* d'aiguille; (*object*) ouvrage *m*
needn't ['ni:dnt] = **need not**
needy ['ni:dɪ] *adj* nécessiteux(-euse)
negation [nɪ'geɪʃən] *n* négation *f*
negative ['nɛgətɪv] *n* (*Phot, Elec*) négatif *m*; (*Ling*) terme *m* de négation; **to answer in the ~** répondre par la négative ▸ *adj* négatif(-ive)
negative equity *n situation dans laquelle la valeur d'une maison est inférieure à celle du prêt immobilier contracté pour la payer*
negatively ['nɛgətɪvlɪ] *adv* négativement
negativity [nɛgə'tɪvɪtɪ] *n* négativité *f*
neglect [nɪ'glɛkt] *vt* négliger; (*garden*) ne pas entretenir; (*duty*) manquer à; **to ~ to do sth** négliger *or* omettre de faire qch; **to ~ one's appearance** se négliger ▸ *n* (*of person, duty, garden*) le fait de négliger; **(state of) ~** abandon *m*
neglected [nɪ'glɛktɪd] *adj* négligé(e), à l'abandon
neglectful [nɪ'glɛktful] *adj* (*gen*) négligent(e); **to be ~ of sb/sth** négliger qn/qch
negligee ['nɛglɪʒeɪ] *n* déshabillé *m*
negligence ['nɛglɪdʒəns] *n* négligence *f*
negligent ['nɛglɪdʒənt] *adj* négligent(e)
negligently ['nɛglɪdʒəntlɪ] *adv* par négligence; (*offhandedly*) négligemment
negligible ['nɛglɪdʒɪbl] *adj* négligeable
negotiable [nɪ'gəuʃɪəbl] *adj* négociable; **not ~** (*cheque*) non négociable
negotiate [nɪ'gəuʃɪeɪt] *vi* négocier; **to ~ with sb for sth** négocier avec qn en vue d'obtenir qch ▸ *vt* négocier; (*Comm*) négocier; (*obstacle*) franchir, négocier; (*bend in road*) négocier
negotiating table [nɪ'gəuʃɪeɪtɪŋ-] *n* table *f* des négociations
negotiation [nɪgəuʃɪ'eɪʃən] *n* négociation *f*, pourparlers *mpl*; **to enter into negotiations with sb** engager des négociations avec qn
negotiator [nɪ'gəuʃɪeɪtəʳ] *n* négociateur(-trice)
Negress ['ni:grɪs] *n* négresse *f*
Negro ['ni:grəu] (*pl* **Negroes**) *adj* (*gen*) noir(e); (*music, arts*) nègre, noir ▸ *n* Noir(e)
neigh [neɪ] *vi* hennir
neighbour, (*US*) **neighbor** ['neɪbəʳ] *n* voisin(e)
neighbourhood, (*US*) **neighborhood** ['neɪbəhud] *n* (*place*) quartier *m*; (*people*) voisinage *m*
neighbourhood watch *n* (Brit: *also*: **neighbourhood watch scheme**) *système de surveillance, assuré par les habitants d'un même quartier*
neighbouring, (*US*) **neighboring** ['neɪbərɪŋ] *adj* voisin(e), avoisinant(e)
neighbourly, (*US*) **neighborly** ['neɪbəlɪ] *adj* obligeant(e); (*relations*) de bon voisinage

neither ['naɪðəʳ] *adj, pron* aucun(e) (des deux), ni l'un(e) ni l'autre; **~ of them** ni l'un ni l'autre ▸ *conj*: **~ do I** moi non plus; **I didn't move and ~ did Claude** je n'ai pas bougé, (et) Claude non plus; **~ did I refuse** (et *or* mais) je n'ai pas non plus refusé ▸ *adv*: **~ good nor bad** ni bon ni mauvais
nemesis ['nɛməsɪs] *n* némésis *f*
neo... ['ni:əu] *prefix* néo-
neolithic [ni:əu'lɪθɪk] *adj* néolithique
neologism [nɪ'ɔlədʒɪzəm] *n* néologisme *m*
neon ['ni:ɔn] *n* néon *m*
neonatal [ni:əu'neɪtəl] *adj* néonatal(e)
neon light *n* lampe *f* au néon
neon sign *n* enseigne (lumineuse) au néon
Nepal [nɪ'pɔ:l] *n* Népal *m*
nephew ['nɛvju:] *n* neveu *m*
nepotism ['nɛpətɪzəm] *n* népotisme *m*
nerd [nə:d] *n* (*inf*) pauvre mec *m*, ballot *m*
nerve [nə:v] *n* nerf *m*; (*bravery*) sang-froid *m*, courage *m*; (*cheek*) aplomb *m*, toupet *m*; **to lose one's ~** (*self-confidence*) perdre son sang-froid; **nerves** *npl* (*nervousness*) nervosité *f*; **he gets on my nerves** il m'énerve; **to have a fit of nerves** avoir le trac
nerve centre *n* (*Anat*) centre nerveux; (*fig*) centre névralgique
nerve gas *n* gaz *m* neuroplégique
nerve-racking ['nə:vrækɪŋ] *adj* angoissant(e)
nervous ['nə:vəs] *adj* nerveux(-euse); (*anxious*) inquiet(-ète), plein(e) d'appréhension; (*timid*) intimidé(e)
nervous breakdown *n* dépression nerveuse
nervously ['nə:vəslɪ] *adv* nerveusement
nervousness ['nə:vəsnɪs] *n* nervosité *f*; inquiétude *f*, appréhension *f*
nervous wreck *n*: **to be a ~** être une boule de nerfs
nervy ['nə:vɪ] *adj*: **he's very ~** il a les nerfs à fleur de peau *or* à vif
nest [nɛst] *n* nid *m*; **~ of tables** table *f* gigogne ▸ *vi* (se) nicher, faire son nid
nest egg *n* (*fig*) bas *m* de laine, magot *m*
nestle ['nɛsl] *vi* se blottir
nestling ['nɛstlɪŋ] *n* oisillon *m*
Net [nɛt] *n* (*Comput*): **the ~** (*Internet*) le Net
net [nɛt] *n* filet *m*; (*fabric*) tulle *f* ▸ *adj* net(te) ▸ *adv*: **~ of tax** net d'impôt; **he earns £20,000 ~ per year** il gagne 20 000 livres net par an ▸ *vt* (*fish etc*) prendre au filet; (*money: person*) toucher; (*: deal, sale*) rapporter
netball ['nɛtbɔ:l] *n* netball *m*
net curtains *npl* voilages *mpl*
Netherlands ['nɛðələndz] *npl*: **the ~** les Pays-Bas *mpl*
netiquette ['nɛtɪkɛt] *n* netiquette *f*
net profit *n* bénéfice net
nett [nɛt] *adj* = **net**
netting ['nɛtɪŋ] *n* (*for fence etc*) treillis *m*, grillage *m*; (*fabric*) voile *m*
nettle ['nɛtl] *n* ortie *f*
network ['nɛtwə:k] *n* réseau *m* ▸ *cpd*: **there's no ~ coverage here** (*Tel*) il n'y a pas de réseau ici ▸ *vt* (*Radio, TV*) diffuser sur l'ensemble du réseau; (*computers*) interconnecter ▸ *vi* créer des réseaux, réseauter

n

networking ['nɛtwəːkɪŋ] *n* réseautage *m*
neuralgia [njuə'rældʒə] *n* névralgie *f*
neurological [njuərə'lɔdʒɪkl] *adj* neurologique
neurologist [njuə'rɔlədʒɪst] *n* neurologue *mf*
neurology [njuə'rɔlədʒɪ] *n* neurologie *f*
neuron ['njuərɔn], **neurone** ['njuərəun] *n* neurone *m*
neurosis [njuə'rəusɪs] (*pl* **neuroses** [-siːz]) *n* névrose *f*
neurotic [njuə'rɔtɪk] *adj, n* névrosé(e)
neuter ['njuːtəʳ] *adj* neutre ▸ *n* neutre *m* ▸ *vt* (*cat etc*) châtrer, couper
neutral ['njuːtrəl] *adj* neutre ▸ *n* (*Aut*) point mort
neutrality [njuː'trælɪtɪ] *n* neutralité *f*
neutralize ['njuːtrəlaɪz] *vt* neutraliser
neutron bomb ['njuːtrɔn-] *n* bombe *f* à neutrons
Nev. *abbr* (*US*) = **Nevada**
never ['nɛvəʳ] *adv* (ne ...) jamais ; **I ~ went** je n'y suis pas allé ; **I've ~ been to Spain** je ne suis jamais allé en Espagne ; **~ again** plus jamais ; **~ in my life** jamais de ma vie ; *see also* **mind**
never-ending [nɛvər'ɛndɪŋ] *adj* interminable
nevertheless [nɛvəðə'lɛs] *adv* néanmoins, malgré tout
new [njuː] *adj* nouveau (nouvelle) ; (*brand new*) neuf (neuve) ; **as good as ~** comme neuf

nouveau changes to **nouvel** before a vowel or with 'h': *her new computer* **son nouvel ordinateur**.

New Age *n* New Age *m*
newbie ['njuːbɪ] *n* (*beginner*) newbie *mf* ; (*on forum*) nouveau (nouvelle)
newborn ['njuːbɔːn] *adj* nouveau-né(e)
new build *n* constructions *fpl* nouvelles
newcomer ['njuːkʌməʳ] *n* nouveau venu (nouvelle venue)
new-fangled ['njuːfæŋgld] *adj* (*pej*) ultramoderne (et farfelu(e))
new-found ['njuːfaund] *adj* de fraîche date ; (*friend*) nouveau (nouvelle)
Newfoundland ['njuːfənlənd] *n* Terre-Neuve *f*
New Guinea *n* Nouvelle-Guinée *f*
newly ['njuːlɪ] *adv* nouvellement, récemment
newly-weds ['njuːlɪwɛdz] *npl* jeunes mariés *mpl*
new moon *n* nouvelle lune
newness ['njuːnɪs] *n* nouveauté *f* ; (*of fabric, clothes etc*) état neuf
New Orleans [-'ɔːlənz] *n* la Nouvelle-Orléans
news [njuːz] *n* nouvelle(s) *f(pl)* ; (*Radio, TV*) informations *fpl*, actualités *fpl* ; **a piece of ~** une nouvelle ; **good/bad ~** bonne/mauvaise nouvelle ; **financial ~** (*Press, Radio, TV*) page financière
news agency *n* agence *f* de presse
newsagent ['njuːzeɪdʒənt] *n* (BRIT) marchand *m* de journaux
news bulletin *n* (*Radio, TV*) bulletin *m* d'informations
newscaster ['njuːzkɑːstəʳ] *n* (*Radio, TV*) présentateur(-trice)
news flash *n* flash *m* d'information
newsgroup ['njuːzgruːp] *n* forum *m* Internet
newsletter ['njuːzlɛtəʳ] *n* bulletin *m*
newspaper ['njuːzpeɪpəʳ] *n* journal *m* ; **daily ~** quotidien *m* ; **weekly ~** hebdomadaire *m*
newsprint ['njuːzprɪnt] *n* papier *m* (de) journal
newsreader ['njuːzriːdəʳ] *n* = **newscaster**
newsreel ['njuːzriːl] *n* actualités (filmées)
newsroom ['njuːzruːm] *n* (*Press*) salle *f* de rédaction ; (*Radio, TV*) studio *m*
news stand *n* kiosque *m* à journaux
newsworthy ['njuːzwəːðɪ] *adj*: **to be ~** valoir la peine d'être publié
newt [njuːt] *n* triton *m*
new town *n* (BRIT) ville nouvelle
New Year *n* Nouvel An ; **Happy ~!** Bonne Année ! ; **to wish sb a happy ~** souhaiter la Bonne Année à qn
New Year's Day *n* le jour de l'An
New Year's Eve *n* la Saint-Sylvestre
New Year's resolution *n* résolution *f* pour la nouvelle année
New York [-'jɔːk] *n* New York ; (*also*: **New York State**) New York *m*
New Zealand [-'ziːlənd] *n* Nouvelle-Zélande *f* ▸ *adj* néo-zélandais(e)
New Zealander [-'ziːləndəʳ] *n* Néo-Zélandais(e)
next [nɛkst] *adj* (*in time*) prochain(e) ; (*seat, room*) voisin(e), d'à côté ; (*meeting, bus stop*) suivant(e) ; **~ time** la prochaine fois ; **the ~ day** le lendemain, le jour suivant *or* d'après ; **~ week** la semaine prochaine ; **the ~ week** la semaine suivante ; **~ year** l'année prochaine ; **"turn to the ~ page"** « voir page suivante » ; **who's ~?** c'est à qui ? ▸ *adv* la fois suivante ; la prochaine fois ; (*afterwards*) ensuite ; **when do we meet ~?** quand nous revoyons-nous ? ; **~ to** *prep* à côté de ; **~ to nothing** presque rien ▸ *pron*: **the week after ~** dans deux semaines ; **~ please!** (*at doctor's etc*) au suivant !
next door *adv* à côté ▸ *adj* (*neighbour*) d'à côté
next-of-kin ['nɛkstəv'kɪn] *n* parent *m* le plus proche
NF *n abbr* (BRIT *Pol*: = *National Front*) ≈ FN ▸ *abbr* (CANADA) = **Newfoundland**
NFL *n abbr* (*US*) = **National Football League**
Nfld. *abbr* (CANADA) = **Newfoundland**
NG *abbr* (*US*) = **National Guard**
NGO *n abbr* (*US*: = *non-governmental organization*) ONG *f*
NH *abbr* (*US*) = **New Hampshire**
NHL *n abbr* (*US*) = **National Hockey League**
NHS *n abbr* (BRIT) = **National Health Service**
NI *abbr* = **Northern Ireland**; (BRIT) = **National Insurance**
Niagara Falls [naɪ'ægərə-] *npl* les chutes *fpl* du Niagara
nib [nɪb] *n* (*of pen*) (bec *m* de) plume *f*
nibble ['nɪbl] *vt* grignoter
Nicaragua [nɪkə'rægjuə] *n* Nicaragua *m*
Nicaraguan [nɪkə'rægjuən] *adj* nicaraguayen(ne) ▸ *n* Nicaraguayen(ne)
nice [naɪs] *adj* (*holiday, trip, taste*) agréable ; (*flat, picture*) joli(e) ; (*person*) gentil(le) ; (*distinction, point*) subtil(e)
nice-looking ['naɪslukɪŋ] *adj* joli(e)

nicely ['naɪslɪ] *adv* agréablement ; joliment ; gentiment ; subtilement ; **that will do ~** ce sera parfait
niceties ['naɪsɪtɪz] *npl* subtilités *fpl*
niche [niːʃ] *n* (*Archit*) niche *f*
nick [nɪk] *n* (*indentation*) encoche *f* ; (*wound*) entaille *f* ; (BRIT *inf*) : **in good ~** en bon état ; **in the ~ of time** juste à temps ▸ *vt* (*cut*) : **to ~ o.s.** se couper ; (BRIT *inf*: *steal*) faucher, piquer ; (: *arrest*) choper, pincer
nickel ['nɪkl] *n* nickel *m* ; (*US*) pièce *f* de 5 cents
nickname ['nɪkneɪm] *n* surnom *m* ▸ *vt* surnommer
Nicosia [nɪkə'siːə] *n* Nicosie
nicotine ['nɪkətiːn] *n* nicotine *f*
nicotine patch *n* timbre *m* anti-tabac, patch *m*
niece [niːs] *n* nièce *f*
nifty ['nɪftɪ] *adj* (*inf*: *car, jacket*) qui a du chic *or* de la classe ; (: *gadget, tool*) astucieux(-euse)
Niger ['naɪdʒəʳ] *n* (*country, river*) Niger *m*
Nigeria [naɪ'dʒɪərɪə] *n* Nigéria *mf*
Nigerian [naɪ'dʒɪərɪən] *adj* nigérien(ne) ▸ *n* Nigérien(ne)
niggardly ['nɪgədlɪ] *adj* (*person*) parcimonieux(-euse), pingre ; (*allowance, amount*) misérable
nigger ['nɪgəʳ] *n* (*!*) nègre (négresse)
niggle ['nɪgl] *vt* tracasser ▸ *vi* (*find fault*) trouver toujours à redire ; (*fuss*) n'être jamais content(e)
niggling ['nɪglɪŋ] *adj* tatillon(ne) ; (*detail*) insignifiant(e) ; (*doubt, pain*) persistant(e)
night [naɪt] *n* nuit *f* ; (*evening*) soir *m* ; **at ~** la nuit ; **by ~** de nuit ; **in the ~, during the ~** pendant la nuit ; **last ~** (*evening*) hier soir ; (*night-time*) la nuit dernière ; **the ~ before last** avant-hier soir
night-bird ['naɪtbəːd] *n* oiseau *m* nocturne ; (*fig*) couche-tard *m inv*, noctambule *mf*
nightcap ['naɪtkæp] *n boisson prise avant le coucher*
night club *n* boîte *f* de nuit
nightdress ['naɪtdrɛs] *n* chemise *f* de nuit
nightfall ['naɪtfɔːl] *n* tombée *f* de la nuit
nightgown ['naɪtgaun] *n* (*US*) chemise *f* de nuit
nightie ['naɪtɪ] *n* chemise *f* de nuit
nightingale ['naɪtɪŋgeɪl] *n* rossignol *m*
nightlife ['naɪtlaɪf] *n* vie *f* nocturne
nightly ['naɪtlɪ] *adj* (*news*) du soir ; (*by night*) nocturne ▸ *adv* (*every evening*) tous les soirs ; (*every night*) toutes les nuits
nightmare ['naɪtmɛəʳ] *n* cauchemar *m*
night porter *n* gardien *m* de nuit, concierge *m* de service la nuit
night safe *n* coffre *m* de nuit
night school *n* cours *mpl* du soir
nightshade ['naɪtʃeɪd] *n*: **deadly ~** (*Bot*) belladone *f*
night shift *n* équipe *f* de nuit
nightspot ['naɪtspɔt] *n* (*inf*) boîte *f* de nuit
night-time ['naɪttaɪm] *n* nuit *f*
night watchman *n* (*irreg*) veilleur *m* de nuit ; poste *m* de nuit
nightwear ['naɪtwɛəʳ] *n* vêtements *mpl* de nuit
nihilism ['naɪɪlɪzəm] *n* nihilisme *m*
nihilistic [naɪɪ'lɪstɪk] *adj* nihiliste
nil [nɪl] *n* rien *m* ; (BRIT *Sport*) zéro *m*
Nile [naɪl] *n*: **the ~** le Nil
nimble ['nɪmbl] *adj* agile
nimbyism ['nɪmbɪɪzəm] *n* syndrome *m* du « pas dans mon jardin », *mobilisation contre des décisions d'aménagement du territoire (par ex. implantation d'une déchetterie, d'une ligne haute tension ou d'un parc éolien).*
nine [naɪn] *num* neuf
nineteen ['naɪn'tiːn] *num* dix-neuf
nineteenth [naɪn'tiːnθ] *num* dix-neuvième
ninetieth ['naɪntɪɪθ] *num* quatre-vingt-dixième
ninety ['naɪntɪ] *num* quatre-vingt-dix
ninth [naɪnθ] *num* neuvième
nip [nɪp] *vt* pincer ▸ *vi* (BRIT *inf*) : **to ~ out/down/up** sortir/descendre/monter en vitesse ; **to ~ into a shop** faire un saut dans un magasin ▸ *n* pincement *m* ; (*drink*) petit verre
nipple ['nɪpl] *n* (*Anat*) mamelon *m*, bout *m* du sein
nippy ['nɪpɪ] *adj* (BRIT: *person*) alerte, leste ; (: *car*) nerveux(-euse)
nit [nɪt] *n* (*in hair*) lente *f* ; (*inf*: *idiot*) imbécile *mf*, crétin(e)
nit-pick ['nɪtpɪk] *vi* (*inf*) être tatillon(ne)
nitrogen ['naɪtrədʒən] *n* azote *m*
nitroglycerin, nitroglycerine ['naɪtrəu'glɪsəriːn] *n* nitroglycérine *f*
nitty-gritty ['nɪtɪ'grɪtɪ] *n* (*inf*) : **to get down to the ~** en venir au fond du problème
nitwit ['nɪtwɪt] *n* (*inf*) nigaud(e)
NJ *abbr* (*US*) = **New Jersey**
NLF *n abbr* (= *National Liberation Front*) FLN *m*
NLQ *abbr* (= *near letter quality*) qualité *f* courrier
NLRB *n abbr* (*US*: = *National Labor Relations Board*) *organisme de protection des travailleurs*
NM, N. Mex. *abbr* (*US*) = **New Mexico**

KEYWORD

no [nəu] *adv* (*opposite of "yes"*) non ; **are you coming? — no (I'm not)** est-ce que vous venez ? — non ; **would you like some more? — no thank you** vous en voulez encore ? — non merci
▸ *adj* (*not any*) (ne ...) pas de, (ne ...) aucun(e) ; **I have no money/books** je n'ai pas d'argent/de livres ; **no student would have done it** aucun étudiant ne l'aurait fait ; **"no smoking"** « défense de fumer » ; **"no dogs"** « les chiens ne sont pas admis »
▸ *n* (*pl* **noes**) non *m* ; **I won't take no for an answer** il n'est pas question de refuser

no. *abbr* (= *number*) n°
nobble ['nɔbl] *vt* (BRIT *inf*: *person*: *bribe*) soudoyer, acheter ; (: *to speak to*) mettre le grappin sur ; (*Racing*: *horse, dog*) droguer (*pour l'empêcher de gagner*)
Nobel prize [nəu'bɛl-] *n* prix *m* Nobel
nobility [nəu'bɪlɪtɪ] *n* noblesse *f*
noble ['nəubl] *adj* noble
nobleman ['nəublmən] *n* (*irreg*) noble *m*
nobly ['nəublɪ] *adv* noblement
nobody ['nəubədɪ] *pron* (ne ...) personne
no-claims bonus ['nəukleɪmz-] *n* bonus *m*

n

nocturnal [nɔk'tə:nl] *adj* nocturne
nod [nɔd] *vi* faire un signe de (la) tête (*affirmatif ou amical*) ; (*sleep*) somnoler ▸ *vt*: **to ~ one's head** faire un signe de (la) tête ; (*in agreement*) faire signe que oui ; **they nodded their agreement** ils ont acquiescé d'un signe de la tête ▸ *n* signe *m* de (la) tête
▸ **nod off** *vi* s'assoupir
node [nəud] *n* nœud *m* ; (*Anat*) nodule *m*
no-fly zone [nəu'flaɪ-] *n* zone interdite (*aux avions et hélicoptères*)
noise [nɔɪz] *n* bruit *m* ; **I can't sleep for the ~** je n'arrive pas à dormir à cause du bruit
noiseless ['nɔɪzlɪs] *adj* silencieux(-euse)
noisily ['nɔɪzɪlɪ] *adv* bruyamment
noisy ['nɔɪzɪ] *adj* bruyant(e)
nomad ['nəumæd] *n* nomade *mf*
nomadic [nəu'mædɪk] *adj* nomade
no man's land *n* no man's land *m*
nominal ['nɔmɪnl] *adj* (*rent, fee*) symbolique ; (*value*) nominal(e)
nominate ['nɔmɪneɪt] *vt* (*propose*) proposer ; (*appoint*) nommer
nomination [nɔmɪ'neɪʃən] *n* nomination *f*
nominee [nɔmɪ'ni:] *n* candidat agréé ; personne nommée
non- [nɔn] *prefix* non-
nonalcoholic [nɔnælkə'hɔlɪk] *adj* non alcoolisé(e)
nonbreakable [nɔn'breɪkəbl] *adj* incassable
nonce word ['nɔns-] *n* mot créé pour l'occasion
nonchalant ['nɔnʃələnt] *adj* nonchalant(e)
non-commissioned [nɔnkə'mɪʃənd] *adj*: **~ officer** sous-officier *m*
noncommittal [nɔnkə'mɪtl] *adj* évasif(-ive)
nonconformist [nɔnkən'fɔ:mɪst] *n* non-conformiste *mf* ▸ *adj* non-conformiste, dissident(e)
noncooperation ['nɔnkəuɔpə'reɪʃən] *n* refus *m* de coopérer, non-coopération *f*
nondescript ['nɔndɪskrɪpt] *adj* quelconque, indéfinissable
none [nʌn] *pron* aucun(e) ; **~ of you** aucun d'entre vous, personne parmi vous ; **I have ~** je n'en ai pas ; **I have ~ left** je n'en ai plus ; **~ at all** (*not one*) aucun(e) ; **how much milk? — ~ at all** combien de lait ? — pas du tout ; **he's ~ the worse for it** il ne s'en porte pas plus mal
nonentity [nɔ'nɛntɪtɪ] *n* personne insignifiante
nonessential [nɔnɪ'sɛnʃl] *adj* accessoire, superflu(e) ▸ *n*: **nonessentials** le superflu
nonetheless ['nʌnðə'lɛs] *adv* néanmoins
nonevent [nɔnɪ'vɛnt] *n* événement manqué
nonexecutive [nɔnɪg'zɛkjutɪv] *adj*: **~ director** administrateur(-trice), conseiller(-ère) de direction
nonexistent [nɔnɪg'zɪstənt] *adj* inexistant(e)
non-fiction [nɔn'fɪkʃən] *n* littérature *f* non romanesque
nonintervention ['nɔnɪntə'vɛnʃən] *n* non-intervention *f*
non-nuclear [nɔn'nju:kliəʳ] *adj* (*weapon*) conventionnel(le) ; (*country*) non doté(e) de l'arme nucléaire
no-no ['nəunəu] *n* (*inf*): **it's a ~** il n'en est pas question
non obst. *abbr* (= *non obstante: notwithstanding*) nonobstant
no-nonsense [nəu'nɔnsəns] *adj* (*manner, person*) plein(e) de bon sens
nonpayment [nɔn'peɪmənt] *n* non-paiement *m*
nonplussed [nɔn'plʌst] *adj* perplexe
non-profit [nɔn'prɔfɪt] *adj* à but non lucratif
non-profit-making [nɔn'prɔfɪtmeɪkɪŋ] *adj* à but non lucratif
non-proliferation [nɔnprəlɪfə'reɪʃən] *n* non-prolifération *f*
nonsense ['nɔnsəns] *n* absurdités *fpl*, idioties *fpl* ; **~!** ne dites pas d'idioties ! ; **it is ~ to say that ...** il est absurde de dire que ....
nonsensical [nɔn'sɛnsɪkl] *adj* absurde, qui n'a pas de sens
non-smoker ['nɔn'sməukəʳ] *n* non-fumeur *m*
non-smoking ['nɔn'sməukɪŋ] *adj* non-fumeur
nonstarter [nɔn'sta:təʳ] *n*: **it's a ~** c'est voué à l'échec
non-stick ['nɔn'stɪk] *adj* qui n'attache pas
nonstop ['nɔn'stɔp] *adj* direct(e), sans arrêt (*or* escale) ▸ *adv* sans arrêt
nontaxable [nɔn'tæksəbl] *adj*: **~ income** revenu *m* non imposable
non-U ['nɔnju:] *adj abbr* (BRIT *inf*: = *non-upper class*) qui ne se dit (*or* se fait) pas
non-violent [nɔn'vaɪələnt] *adj* (*protest, offender*) non violent(e) ; (*crime*) commis(e) sans user de violence
nonvolatile [nɔn'vɔlətaɪl] *adj*: **~ memory** (*Comput*) mémoire rémanente *or* non volatile
nonvoting [nɔn'vəutɪŋ] *adj*: **~ shares** actions *fpl* sans droit de vote
non-white ['nɔn'waɪt] *adj* de couleur ▸ *n* personne *f* de couleur
noodles ['nu:dlz] *npl* nouilles *fpl*
nook [nuk] *n*: **nooks and crannies** recoins *mpl*
noon [nu:n] *n* midi *m*
no-one ['nəuwʌn] *pron* = **nobody**
noose [nu:s] *n* nœud coulant ; (*hangman's*) corde *f*
nor [nɔ:ʳ] *conj* = **neither** ▸ *adv see* **neither**
norm [nɔ:m] *n* norme *f*
normal ['nɔ:ml] *adj* normal(e) ▸ *n*: **to return to ~** redevenir normal(e)
normality [nɔ:'mælɪtɪ] *n* normalité *f*
normally ['nɔ:məlɪ] *adv* normalement
Norman ['nɔ:mən] *adj, n* Normand(e)
Normandy ['nɔ:məndɪ] *n* Normandie *f*
Norse [nɔ:s] *adj* (*mythology, gods*) scandinave ▸ *n* (*language*) norrois *m*
north [nɔ:θ] *n* nord *m* ▸ *adj* nord *inv* ; (*wind*) du nord ▸ *adv* au *or* vers le nord
North Africa *n* Afrique *f* du Nord
North African *adj* nord-africain(e), d'Afrique du Nord ▸ *n* Nord-Africain(e)
North America *n* Amérique *f* du Nord
North American *n* Nord-Américain(e) ▸ *adj* nord-américain(e), d'Amérique du Nord
Northants [nɔ:'θænts] *abbr* (BRIT) = **Northamptonshire**

northbound ['nɔːθbaund] *adj* (*traffic*) en direction du nord ; (*carriageway*) nord *inv*
north-east [nɔːθ'iːst] *n* nord-est *m*
northeastern [nɔːθ'iːstən] *adj* (du) nord-est *inv*
northerly ['nɔːðəlɪ] *adj* (*wind, direction*) du nord
northern ['nɔːðən] *adj* du nord, septentrional(e)
northerner ['nɔːðənə^r] *n* habitant(e) du nord ; **northerners** les gens du nord ; **to be a northener** être *or* venir du nord
Northern Ireland *n* Irlande *f* du Nord

NORTHERN IRELAND

L'Irlande du Nord (**Northern Ireland**), qui fait partie du Royaume-Uni, se compose de six comtés du nord-est de l'Irlande. Elle est née en 1921 de la division de cette dernière en Irlande du Nord et Irlande du Sud, devenue depuis un État indépendant. La population se composait en majorité d'unionistes, désireux de rester rattachés au Royaume-Uni, avec une importante minorité de républicains, catholiques pour la plupart, partisans d'une Irlande unifiée et indépendante. L'Irlande du Nord a été longtemps marquée par le conflit entre ces deux communautés. De la fin des années 1960 à la fin des années 1990, elle a connu une époque de violence, *The Troubles*, qui a fait des milliers de victimes. L'accord connu sous le nom de *Good Friday Agreement* (accord du Vendredi saint) a marqué une étape importante sur la voie de la paix, même si le sectarisme et la ségrégation religieuse continuent de poser des problèmes.

northernmost ['nɔːðənməust] *adj* (*part*) le (la) plus au nord ; (*tip*) septentrional(e)
North Korea *n* Corée *f* du Nord
North Pole *n*: **the ~** le pôle Nord
North Sea *n*: **the ~** la mer du Nord
North Sea oil *n* pétrole *m* de la mer du Nord
northward ['nɔːθwəd], **northwards** ['nɔːθwədz] *adv* vers le nord
north-west [nɔːθ'wɛst] *n* nord-ouest *m*
northwestern ['nɔːθ'westən] *adj* (du) nord-ouest *inv*
Norway ['nɔːweɪ] *n* Norvège *f*
Norwegian [nɔː'wiːdʒən] *adj* norvégien(ne) ▸ *n* Norvégien(ne) ; (*Ling*) norvégien *m*
nos. *abbr* (= *numbers*) n^{os}
nose [nəuz] *n* nez *m* ; (*of dog, cat*) museau *m* ; (*fig*) flair *m* ; **to pay through the ~ (for sth)** (*inf*) payer un prix excessif (pour qch) ▸ *vi* (*also*: **nose one's way**) avancer précautionneusement
▸ **nose about, nose around** *vi* fouiner *or* fureter (partout)
nosebleed ['nəuzbliːd] *n* saignement *m* de nez
nose-dive ['nəuzdaɪv] *n* (descente *f* en) piqué *m*
nose drops *npl* gouttes *fpl* pour le nez
nosey ['nəuzɪ] *adj* (*inf*) curieux(-euse)
nostalgia [nɔs'tældʒɪə] *n* nostalgie *f*
nostalgic [nɔs'tældʒɪk] *adj* nostalgique
nostril ['nɔstrɪl] *n* narine *f* ; (*of horse*) naseau *m*
nosy ['nəuzɪ] *adj* (*inf*) = **nosey**
not [nɔt] *adv* (ne ...) pas ; **he is ~** *or* **isn't here** il n'est pas ici ; **you must ~** *or* **mustn't do that** tu ne dois pas faire ça ; **I hope ~** j'espère que non ; **~ at all** pas du tout ; (*after thanks*) de rien ; **it's too late, isn't it?** c'est trop tard, n'est-ce pas ? ; **~ yet/now** pas encore/maintenant ; *see also* **only**
notable ['nəutəbl] *adj* notable
notably ['nəutəblɪ] *adv* (*particularly*) en particulier ; (*markedly*) spécialement
notary ['nəutərɪ] *n* (*also*: **notary public**) notaire *m*
notation [nəu'teɪʃən] *n* notation *f*
notch [nɔtʃ] *n* encoche *f*
▸ **notch up** *vt* (*score*) marquer ; (*victory*) remporter
note [nəut] *n* note *f* ; (*letter*) mot *m* ; (*banknote*) billet *m* ; **just a quick ~ to let you know ...** juste un mot pour vous dire ... ; **to take notes** prendre des notes ; **to compare notes** (*fig*) échanger des (*or* leurs *etc*) impressions ; **to take ~ of** prendre note de ; **a person of ~** une personne éminente ▸ *vt* (*also*: **note down**) noter ; (*notice*) constater
notebook ['nəutbuk] *n* carnet *m* ; (*for shorthand etc*) bloc-notes *m*
note-case ['nəutkeɪs] *n* (BRIT) porte-feuille *m*
noted ['nəutɪd] *adj* réputé(e)
notepad ['nəutpæd] *n* bloc-notes *m*
notepaper ['nəutpeɪpə^r] *n* papier *m* à lettres
noteworthy ['nəutwəːðɪ] *adj* remarquable
nothing ['nʌθɪŋ] *n* rien *m* ; **he does ~** il ne fait rien ; **~ new** rien de nouveau ; **for ~** (*free*) pour rien, gratuitement ; (*in vain*) pour rien ; **~ at all** rien du tout ; **~ much** pas grand-chose

rien can be used by itself.
What's wrong? Nothing. **Qu'est-ce qui ne va pas ? Rien.**
If using a verb with **rien**, put **ne** in front of the verb.
He does nothing. **Il ne fait rien.**

notice ['nəutɪs] *n* (*announcement, warning*) avis *m* ; (*of leaving*) congé *m* ; (BRIT: *review: of play etc*) critique *f*, compte rendu *m* ; **without ~** sans préavis ; **advance ~** préavis *m* ; **to give sb ~ of sth** notifier qn de qch ; **at short ~** dans un délai très court ; **until further ~** jusqu'à nouvel ordre ; **to give ~, hand in one's ~** (*employee*) donner sa démission, démissionner ; **to take ~ of** prêter attention à ; **to bring sth to sb's ~** porter qch à la connaissance de qn ; **it has come to my ~ that ...** on m'a signalé que ... ; **to escape** *or* **avoid ~** (essayer de) passer inaperçu *or* ne pas se faire remarquer ▸ *vt* remarquer, s'apercevoir de
noticeable ['nəutɪsəbl] *adj* (*difference, improvement*) sensible ; (*effect*) visible
noticeably ['nəutɪsəblɪ] *adv* (*improve, change*) sensiblement ; (*visibly*) visiblement
notice board *n* (BRIT) panneau *m* d'affichage
notification [nəutɪfɪ'keɪʃən] *n* notification *f*
notify ['nəutɪfaɪ] *vt*: **to ~ sth to sb** notifier qch à qn ; **to ~ sb of sth** avertir qn de qch
notion ['nəuʃən] *n* idée *f* ; (*concept*) notion *f* ;
notions *npl* (*US: haberdashery*) mercerie *f*
notoriety [nəutə'raɪətɪ] *n* notoriété *f*

n

notorious [nəu'tɔːrɪəs] *adj* notoire (*souvent en mal*)
notoriously [nəu'tɔːrɪəslɪ] *adj* notoirement
Notts [nɔts] *abbr* (Brit) = **Nottinghamshire**
notwithstanding [nɔtwɪθ'stændɪŋ] *adv* néanmoins ▸ *prep* en dépit de
nougat ['nuːgɑː] *n* nougat *m*
nought [nɔːt] *n* zéro *m*
noun [naun] *n* nom *m*
nourish ['nʌrɪʃ] *vt* nourrir
nourishing ['nʌrɪʃɪŋ] *adj* nourrissant(e)
nourishment ['nʌrɪʃmənt] *n* nourriture *f*
nous [naus] *n* (Brit) bon sens *m* ; **to have political/business ~** être habile en politique/affaires ; **to have the ~ to do sth** avoir l'intelligence de faire qch
Nov. *abbr* (= *November*) nov
Nova Scotia ['nəuvə'skəuʃə] *n* Nouvelle-Écosse *f*
novel ['nɔvl] *n* roman *m* ▸ *adj* nouveau (nouvelle), original(e)
novelist ['nɔvəlɪst] *n* romancier *m*
novella [nə'vɛlə] *n* roman *m* court
novelty ['nɔvəltɪ] *n* nouveauté *f*
November [nəu'vɛmbə^r] *n* novembre *m* ; *see also* **July**
novice ['nɔvɪs] *n* novice *mf*
NOW [nau] *n abbr* (US) = **National Organization for Women**
now [nau] *adv* maintenant ; **right ~** tout de suite ; **by ~** à l'heure qu'il est ; **that's the fashion just ~** c'est la mode en ce moment *or* maintenant ; **I saw her just ~** je viens de la voir, je l'ai vue à l'instant ; **I'll read it just ~** je vais le lire à l'instant *or* dès maintenant ; **~ and then, ~ and again** de temps en temps ; **from ~ on** dorénavant ; **in 3 days from ~** dans *or* d'ici trois jours ; **between ~ and Monday** d'ici (à) lundi ; **that's all for ~** c'est tout pour l'instant ▸ *conj*: **~ (that)** maintenant (que)
nowadays ['nauədeɪz] *adv* de nos jours
nowhere ['nəuwɛə^r] *adv* (ne ...) nulle part ; **~ else** nulle part ailleurs
no-win situation [nəu'wɪn-] *n* impasse *f* ; **we're in a ~** nous sommes dans l'impasse
noxious ['nɔkʃəs] *adj* toxique
nozzle ['nɔzl] *n* (*of hose*) jet *m*, lance *f* ; (*of vacuum cleaner*) suceur *m*
NP *n abbr* = **notary public**
nr *abbr* (Brit) = **near**
NS *abbr* (Canada) = **Nova Scotia**
NSC *n abbr* (US) = **National Security Council**
NSF *n abbr* (US) = **National Science Foundation**
NSPCC *n abbr* (Brit) = **National Society for the Prevention of Cruelty to Children**
NSW *abbr* (Australia) = **New South Wales**
NT *n abbr* (= *New Testament*) NT *m* ▸ *abbr* (Canada) = **Northwest Territories**
nth [ɛnθ] *adj*: **for the ~ time** (*inf*) pour la énième fois
nuance ['njuːɔ̃ːs] *n* nuance *f*
nubile ['njuːbaɪl] *adj* nubile ; (*attractive*) jeune et désirable
nuclear ['njuːklɪə^r] *adj* nucléaire
nuclear disarmament *n* désarmement *m* nucléaire
nuclear family *n* famille *f* nucléaire
nuclear-free zone ['njuːklɪə'friː-] *n* zone *f* où le nucléaire est interdit
nucleus ['njuːklɪəs] (*pl* **nuclei** ['njuːklɪaɪ]) *n* noyau *m*
NUCPS *n abbr* (Brit: = *National Union of Civil and Public Servants*) *syndicat des fonctionnaires*
nude [njuːd] *adj* nu(e) ▸ *n* (*Art*) nu *m* ; **in the ~** (tout(e)) nu(e)
nudge [nʌdʒ] *vt* donner un (petit) coup de coude à
nudist ['njuːdɪst] *n* nudiste *mf*
nudist colony *n* colonie *f* de nudistes
nudity ['njuːdɪtɪ] *n* nudité *f*
nugget ['nʌgɪt] *n* pépite *f*
nuisance ['njuːsns] *n*: **it's a ~** c'est (très) ennuyeux *or* gênant ; **he's a ~** il est assommant *or* casse-pieds ; **what a ~!** quelle barbe !
NUJ *n abbr* (Brit: = *National Union of Journalists*) *syndicat des journalistes*
nuke [njuːk] *n* (*inf*) bombe *f* atomique
null [nʌl] *adj*: **~ and void** nul(le) et non avenu(e)
nullify ['nʌlɪfaɪ] *vt* invalider
NUM *n abbr* (Brit: = *National Union of Mineworkers*) *syndicat des mineurs*
numb [nʌm] *adj* engourdi(e) ; (*with fear*) paralysé(e) ; **~ with cold** engourdi(e) par le froid, transi(e) (de froid) ; **~ with fear** transi de peur, paralysé(e) par la peur ▸ *vt* engourdir
number ['nʌmbə^r] *n* nombre *m* ; (*numeral*) chiffre *m* ; (*of house, car, telephone, newspaper*) numéro *m* ; **a ~ of** un certain nombre de ; **they were seven in ~** ils étaient (au nombre de) sept ; **wrong ~** (*Tel*) mauvais numéro ▸ *vt* numéroter ; (*amount to*) compter ; **to be numbered among** compter parmi ; **the staff numbers 20** le nombre d'employés s'élève à *or* est de 20
numbered account ['nʌmbəd-] *n* (*in bank*) compte numéroté
number plate *n* (Brit *Aut*) plaque *f* minéralogique *or* d'immatriculation
Number Ten *n* (Brit: *10 Downing Street*) *résidence du Premier ministre*
numbness ['nʌmnɪs] *n* torpeur *f* ; (*due to cold*) engourdissement *m*
numbskull ['nʌmskʌl] *n* (*inf*) gourde *f*
numeracy ['njuːmərəsɪ] *n* notions *fpl* de calcul ; **people who have problems with literacy and ~** les personnes qui ont des difficultés pour lire, écrire et compter
numeral ['njuːmərəl] *n* chiffre *m*
numerate ['njuːmərɪt] *adj* (Brit): **to be ~** savoir compter
numerical [njuː'mɛrɪkl] *adj* numérique
numerous ['njuːmərəs] *adj* nombreux(-euse)
nun [nʌn] *n* religieuse *f*, sœur *f*
nunnery ['nʌnərɪ] *n* couvent *m*
nuptial ['nʌpʃəl] *adj* nuptial(e)
nurse [nəːs] *n* infirmière *f* ; (*also*: **nursemaid**) bonne *f* d'enfants ▸ *vt* (*patient, cold*) soigner ; (*baby*: Brit) bercer (dans ses bras) ; (*: US*) allaiter, nourrir ; (*hope*) nourrir
nursery ['nəːsərɪ] *n* (*room*) nursery *f* ; (*institution*) crèche *f*, garderie *f* ; (*for plants*) pépinière *f*
nursery rhyme *n* comptine *f*, chansonnette *f* pour enfants

nursery school *n* école maternelle
nursery slope *n* (Brit *Ski*) piste *f* pour débutants
nursing ['nə:sɪŋ] *n* (*profession*) profession *f* d'infirmière ; (*care*) soins *mpl* ▸ *adj* (*mother*) qui allaite
nursing home *n* clinique *f* ; (*for convalescence*) maison *f* de convalescence *or* de repos ; (*for old people*) maison de retraite
nurture ['nə:tʃəʳ] *vt* élever
NUS *n abbr* (Brit: = *National Union of Students*) *syndicat des étudiants*
NUT *n abbr* (Brit: = *National Union of Teachers*) *syndicat enseignant*
nut [nʌt] *n* (*of metal*) écrou *m* ; (*fruit*) *terme générique désignant les noix, noisettes, etc* ; (*walnut*) noix *f* ; (*hazelnut*) noisette *f* ; (*peanut*) cacahuète *f* ▸ *adj* (*chocolate etc*) aux noisettes ; **he's nuts** (*inf*) il est dingue
nutcase ['nʌtkeɪs] *n* (*inf*) dingue *mf*
nutcrackers ['nʌtkrækəz] *npl* casse-noix *m inv*, casse-noisette(s) *m*
nutmeg ['nʌtmɛg] *n* (noix *f*) muscade *f*
nutrient ['nju:trɪənt] *adj* nutritif(-ive) ▸ *n* substance nutritive
nutrition [nju:'trɪʃən] *n* nutrition *f*, alimentation *f*
nutritional [nju:'trɪʃənəl] *adj* nutritif(-ive)
nutritionist [nju:'trɪʃənɪst] *n* nutritionniste *mf*
nutritious [nju:'trɪʃəs] *adj* nutritif(-ive), nourrissant(e)
nuts [nʌts] *adj* (*inf*) dingue
nutshell ['nʌtʃɛl] *n* coquille *f* de noix ; **in a ~** en un mot
nutter ['nʌtəʳ] *n* (Brit *inf*): **he's a complete ~** il est complètement cinglé
nutty ['nʌtɪ] *adj* (*flavour*) à la noisette ; (*inf: person*) cinglé(e), dingue
nuzzle ['nʌzl] *vi*: **to ~ up to** fourrer son nez contre
NV *abbr* (US) = **Nevada**
NVQ *n abbr* (Brit) = **National Vocational Qualification**
NWT *abbr* (Canada) = **Northwest Territories**
NY *abbr* (US) = **New York**
NYC *abbr* (US) = **New York City**
nylon ['naɪlɔn] *n* nylon *m* ▸ *adj* de *or* en nylon ; **nylons** *npl* bas *mpl* nylon
nymph [nɪmf] *n* nymphe *f*
nymphomaniac ['nɪmfəu'meɪnɪæk] *adj*, *n* nymphomane *f*
NYSE *n abbr* (US) = **New York Stock Exchange**
NZ *abbr* = **New Zealand**

Oo

O, o [əu] *n (letter)* O, o *m* ; *(US Scol: = outstanding)* tb (= *très bien*) ; **O for Oliver**, *(US)* **O for Oboe** O comme Oscar
oaf [əuf] *n* balourd *m*
oak [əuk] *n* chêne *m* ▸ *cpd* de *or* en (bois de) chêne
O&M *n abbr* = **organization and method**
O.A.P. *n abbr (Brit)* = **old age pensioner**
oar [ɔːʳ] *n* aviron *m*, rame *f* ; **to put** *or* **shove one's ~ in** *(fig, inf)* mettre son grain de sel
oarsman ['ɔːzmən], **oarswoman** ['ɔːzwumən] *n (irreg)* rameur(-euse) ; *(Naut, Sport)* nageur(-euse)
OAS *n abbr (= Organization of American States)* OEA *f* (= *Organisation des États américains*)
oasis [əu'eɪsɪs] *(pl* **oases** [əu'eɪsiːz]*) n* oasis *f*
oath [əuθ] *n* serment *m* ; *(swear word)* juron *m* ; **to take the ~** prêter serment ; **on** *(Brit) or* **under ~** sous serment ; assermenté(e)
oatmeal ['əutmiːl] *n* flocons *mpl* d'avoine
oats [əuts] *n* avoine *f*
OAU *n abbr (= Organization of African Unity)* OUA *f* (= *Organisation de l'unité africaine*)
obdurate ['ɔbdjurɪt] *adj* obstiné(e), impénitent(e) ; intraitable
OBE *n abbr (Brit: = Order of the British Empire) distinction honorifique*
obedience [ə'biːdɪəns] *n* obéissance *f* ; **in ~ to** conformément à
obedient [ə'biːdɪənt] *adj* obéissant(e) ; **to be ~ to sb/sth** obéir à qn/qch
obelisk ['ɔbɪlɪsk] *n* obélisque *m*
obese [əu'biːs] *adj* obèse
obesity [əu'biːsɪtɪ] *n* obésité *f*
obey [ə'beɪ] *vt* obéir à ; *(instructions, regulations)* se conformer à ▸ *vi* obéir
obituary [ə'bɪtjuərɪ] *n* nécrologie *f*
object *n* ['ɔbdʒɪkt] objet *m* ; *(purpose)* but *m*, objet ; *(Ling)* complément *m* d'objet ; **what's the ~ of doing that?** quel est l'intérêt de faire cela ? ; **money is no ~** l'argent n'est pas un problème ▸ *vi* [əb'dʒɛkt]: **to ~ to** *(attitude)* désapprouver ; *(proposal)* protester contre, élever une objection contre ; **I ~!** je proteste ! ; **do you ~ to my smoking?** est-ce que cela vous gêne si je fume ? ▸ *vt*: **he objected that ...** il a fait valoir *or* a objecté que ...
objection [əb'dʒɛkʃən] *n* objection *f* ; *(drawback)* inconvénient *m* ; **if you have no ~** si vous n'y voyez pas d'inconvénient ; **to make** *or* **raise an ~** élever une objection
objectionable [əb'dʒɛkʃənəbl] *adj* très désagréable ; choquant(e)
objective [əb'dʒɛktɪv] *n* objectif *m* ▸ *adj* objectif(-ive)
objectively [əb'dʒɛktɪvlɪ] *adv* objectivement
objectivity [ɔbdʒɪk'tɪvɪtɪ] *n* objectivité *f*
object lesson *n (fig)* (bonne) illustration
objector [əb'dʒɛktəʳ] *n* opposant(e)
obligation [ɔblɪ'geɪʃən] *n* obligation *f*, devoir *m* ; *(debt)* dette *f* (de reconnaissance) ; **"without ~"** « sans engagement »
obligatory [ə'blɪgətərɪ] *adj* obligatoire
oblige [ə'blaɪdʒ] *vt (force)*: **to ~ sb to do** obliger *or* forcer qn à faire ; *(do a favour)* rendre service à, obliger ; **to be obliged to sb for sth** être obligé(e) à qn de qch ; **anything to ~!** *(inf)* (toujours prêt à rendre) service !
obliging [ə'blaɪdʒɪŋ] *adj* obligeant(e), serviable
oblique [ə'bliːk] *adj* oblique ; *(allusion)* indirect(e) ▸ *n (Brit Typ)* barre *f* oblique
obliterate [ə'blɪtəreɪt] *vt* effacer
oblivion [ə'blɪvɪən] *n* oubli *m*
oblivious [ə'blɪvɪəs] *adj*: **~ of** oublieux(-euse) de
oblong ['ɔblɔŋ] *adj* oblong(ue) ▸ *n* rectangle *m*
obnoxious [əb'nɔkʃəs] *adj* odieux(-euse) ; *(smell)* nauséabond(e)
o.b.o. *abbr (US: in classified ads: = or best offer)* ≈ à débattre
oboe ['əubəu] *n* hautbois *m*
oboist ['əubəuɪst] *n* hautboïste *mf*
obscene [əb'siːn] *adj* obscène
obscenity [əb'sɛnɪtɪ] *n* obscénité *f*
obscure [əb'skjuəʳ] *adj* obscur(e) ▸ *vt* obscurcir ; *(hide: sun)* cacher
obscurity [əb'skjuərɪtɪ] *n* obscurité *f*
obsequious [əb'siːkwɪəs] *adj* obséquieux(-euse)
observable [əb'zəːvəbl] *adj* observable ; *(appreciable)* notable
observance [əb'zəːvns] *n* observance *f*, observation *f* ; **religious observances** observances religieuses
observant [əb'zəːvnt] *adj* observateur(-trice)
observation [ɔbzə'veɪʃən] *n* observation *f* ; *(by police etc)* surveillance *f*
observation post *n (Mil)* poste *m* d'observation
observatory [əb'zəːvətrɪ] *n* observatoire *m*
observe [əb'zəːv] *vt* observer ; *(remark)* faire observer *or* remarquer
observer [əb'zəːvəʳ] *n* observateur(-trice)
obsess [əb'sɛs] *vt* obséder ; **to be obsessed by** *or* **with sb/sth** être obsédé(e) par qn/qch

obsession [əb'sɛʃən] *n* obsession *f*
obsessive [əb'sɛsɪv] *adj* obsédant(e)
obsolescence [ɔbsə'lɛsns] *n* vieillissement *m* ; obsolescence *f* ; **built-in** *or* **planned ~** (*Comm*) désuétude calculée
obsolescent [ɔbsə'lɛsnt] *adj* obsolescent(e), en voie d'être périmé(e)
obsolete ['ɔbsəliːt] *adj* dépassé(e), périmé(e)
obstacle ['ɔbstəkl] *n* obstacle *m*
obstacle race *n* course *f* d'obstacles
obstetrician [ɔbstə'trɪʃən] *n* obstétricien(ne)
obstetrics [ɔb'stɛtrɪks] *n* obstétrique *f*
obstinacy ['ɔbstɪnəsɪ] *n* obstination *f*
obstinate ['ɔbstɪnɪt] *adj* obstiné(e) ; (*pain, cold*) persistant(e)
obstreperous [əb'strɛpərəs] *adj* turbulent(e)
obstruct [əb'strʌkt] *vt* (*block*) boucher, obstruer ; (*halt*) arrêter ; (*hinder*) entraver
obstruction [əb'strʌkʃən] *n* obstruction *f* ; (*to plan, progress*) obstacle *m*
obstructive [əb'strʌktɪv] *adj* obstructionniste
obtain [əb'teɪn] *vt* obtenir ▸ *vi* avoir cours
obtainable [əb'teɪnəbl] *adj* qu'on peut obtenir
obtrusive [əb'truːsɪv] *adj* (*person*) importun(e) ; (*smell*) pénétrant(e) ; (*building etc*) trop en évidence
obtuse [əb'tjuːs] *adj* obtus(e)
obverse ['ɔbvəːs] *n* (*of medal, coin*) côté *m* face ; (*fig*) contrepartie *f*
obviate ['ɔbvɪeɪt] *vt* parer à, obvier à
obvious ['ɔbvɪəs] *adj* évident(e), manifeste
obviously ['ɔbvɪəslɪ] *adv* manifestement ; (*of course*) : **~, he** ... *or* **he ~** ... il est bien évident qu'il ... ; **~!** bien sûr ! ; **~ not!** évidemment pas !, bien sûr que non !
OCAS *n abbr* (= *Organization of Central American States*) ODEAC *f* (= *Organisation des États d'Amérique centrale*)
occasion [ə'keɪʒən] *n* occasion *f* ; (*event*) événement *m* ; **on that ~** à cette occasion ; **to rise to the ~** se montrer à la hauteur de la situation ▸ *vt* occasionner, causer
occasional [ə'keɪʒənl] *adj* pris(e) (*or* fait(e) *etc*) de temps en temps ; (*worker, spending*) occasionnel(le)
occasionally [ə'keɪʒənəlɪ] *adv* de temps en temps, quelquefois ; **very ~** (assez) rarement
occasional table *n* table décorative
occult [ɔ'kʌlt] *adj* occulte ▸ *n* : **the ~** le surnaturel
occupancy ['ɔkjupənsɪ] *n* occupation *f*
occupant ['ɔkjupənt] *n* occupant *m*
occupation [ɔkju'peɪʃən] *n* occupation *f* ; (*job*) métier *m*, profession *f* ; **unfit for ~** (*house*) impropre à l'habitation
occupational [ɔkju'peɪʃənl] *adj* (*accident, disease*) du travail ; (*hazard*) du métier
occupational guidance *n* (Brit) orientation professionnelle
occupational hazard *n* risque *m* du métier
occupational pension *n* retraite professionnelle
occupational therapy *n* ergothérapie *f*
occupier ['ɔkjupaɪəʳ] *n* occupant(e)
occupy ['ɔkjupaɪ] *vt* occuper ; **to ~ o.s. with** *or* **by doing** s'occuper à faire ; **to be occupied with sth** être occupé avec qch
occur [ə'kəːʳ] *vi* se produire ; (*difficulty, opportunity*) se présenter ; (*phenomenon, error*) se rencontrer ; **to ~ to sb** venir à l'esprit de qn
occurrence [ə'kʌrəns] *n* (*existence*) présence *f*, existence *f* ; (*event*) cas *m*, fait *m*
ocean ['əuʃən] *n* océan *m* ; **oceans of** (*inf*) des masses de
ocean bed *n* fond (sous-)marin
ocean-going ['əuʃəngəuɪŋ] *adj* de haute mer
Oceania [əuʃɪ'eɪnɪə] *n* Océanie *f*
ocean liner *n* paquebot *m*
oceanographer [əuʃə'nɔgrəfəʳ] *n* océanographe *mf*
ochre ['əukəʳ] *adj* ocre
o'clock [ə'klɔk] *adv* : **it is 5 ~** il est 5 heures
OCR *n abbr* = **optical character reader**; **optical character recognition**
Oct. *abbr* (= *October*) oct
octagonal [ɔk'tægənl] *adj* octogonal(e)
octane ['ɔkteɪn] *n* octane *m* ; **high-~ petrol** *or* (US) **gas** essence *f* à indice d'octane élevé
octave ['ɔktɪv] *n* octave *f*
October [ɔk'təubəʳ] *n* octobre *m* ; *see also* **July**
octogenarian ['ɔktəudʒɪ'nɛərɪən] *n* octogénaire *mf*
octopus ['ɔktəpəs] *n* pieuvre *f*
odd [ɔd] *adj* (*strange*) bizarre, curieux(-euse) ; (*number*) impair(e) ; (*left over*) qui reste, en plus ; (*not of a set*) dépareillé(e) ; **60-~** 60 et quelques ; **at ~ times** de temps en temps ; **the ~ one out** l'exception *f*
oddball ['ɔdbɔːl] *n* (*inf*) excentrique *mf*
oddity ['ɔdɪtɪ] *n* bizarrerie *f* ; (*person*) excentrique *mf*
odd-job man [ɔd'dʒɔb-] *n* (*irreg*) homme *m* à tout faire
odd jobs *npl* petits travaux divers
oddly ['ɔdlɪ] *adv* bizarrement, curieusement
oddments ['ɔdmənts] *npl* (Brit *Comm*) fins *fpl* de série
odds [ɔdz] *npl* (*in betting*) cote *f* ; **the ~ are against his coming** il y a peu de chances qu'il vienne ; **it makes no ~** cela n'a pas d'importance ; **to succeed against all the ~** réussir contre toute attente ; **~ and ends** de petites choses ; **at ~** en désaccord
odds-on [ɔdz'ɔn] *adj* : **the ~ favourite** le grand favori ; **it's ~ that he'll come** il y a toutes les chances *or* gros à parier qu'il vienne
ode [əud] *n* ode *f*
odious ['əudɪəs] *adj* odieux(-euse), détestable
odometer [ɔ'dɔmɪtəʳ] *n* (US) odomètre *m*
odour, (US) **odor** ['əudəʳ] *n* odeur *f*
odourless, (US) **odorless** ['əudəlɪs] *adj* inodore
odyssey ['ɔdɪsɪ] *n* odyssée *f*
OECD *n abbr* (= *Organization for Economic Cooperation and Development*) OCDE *f* (= *Organisation de coopération et de développement économique*)
oesophagus, (US) **esophagus** [iː'sɔfəgəs] *n* œsophage *m*
oestrogen, (US) **estrogen** ['iːstrəudʒən] *n* œstrogène *m*

O

KEYWORD

of [ɔv, əv] *prep* **1** (*gen*) de ; **a friend of ours** un de nos amis ; **a boy of 10** un garçon de 10 ans ; **that was kind of you** c'était gentil de votre part
2 (*expressing quantity, amount, dates etc*) de ; **a kilo of flour** un kilo de farine ; **how much of this do you need?** combien vous en faut-il ? ; **there were three of them** (*people*) ils étaient 3 ; (*objects*) il y en avait 3 ; **three of us went** 3 d'entre nous y sont allés (allées) ; **the 5th of July** le 5 juillet ; **a quarter of 4** (*US*) 4 heures moins le quart
3 (*from, out of*) en, de ; **a statue of marble** une statue de *or* en marbre ; **made of wood** (fait) en bois

Ofcom ['ɔfkɔm] *n abbr* (*BRIT*: = *Office of Communications Regulation*) *organe de régulation de télécommunications*
off [ɔf] *adj, adv* (*engine*) coupé(e) ; (*light, TV*) éteint(e) ; (*tap*) fermé(e) ; (*BRIT*: *food*) mauvais(e), avancé(e) ; (: *milk*) tourné(e) ; (*absent*) absent(e) ; (*cancelled*) annulé(e) ; **the lid was ~** (*removed*) le couvercle était retiré *or* n'était pas mis ; **to run/drive ~** (*away*) partir en courant/en voiture ; **to be ~** (*to leave*) partir, s'en aller ; **I must be ~** il faut que je file ; **to be ~ sick** être absent pour cause de maladie ; **a day ~** un jour de congé ; **to have an ~ day** n'être pas en forme ; **he had his coat ~** il avait enlevé son manteau ; **the hook is ~** le crochet s'est détaché ; le crochet n'est pas mis ; **10% ~** (*Comm*) 10% de rabais ; **it's a long way ~** c'est loin (d'ici) ; **to be well/badly ~** être bien/mal loti ; (*financially*) être aisé/dans la gêne ; **~ and on, on and ~** de temps à autre ; **I'm afraid the chicken is ~** (*BRIT*: *not available*) je regrette, il n'y a plus de poulet ; **that's a bit ~** (*fig, inf*) c'est un peu fort ▸ *prep* de ; **5 km ~ (the road)** à 5 km (de la route) ; **~ the coast** au large de la côte ; **a house ~ the main road** une maison à l'écart de la grand-route ; **I'm ~ meat** je ne mange plus de viande ; je n'aime plus la viande
offal ['ɔfl] *n* (*Culin*) abats *mpl*
offbeat ['ɔfbi:t] *adj* excentrique
off-centre [ɔf'sɛntəʳ] *adj* décentré(e), excentré(e)
off chance *n*: **on the ~** à tout hasard
off-colour ['ɔf'kʌləʳ] *adj* (*BRIT*: *ill*) malade, mal fichu(e) ; **to feel ~** être mal fichu
off day *n* (*bad day*): **to have an ~** avoir un jour sans ; (*US*: *holiday*) jour *m* de congé ; **he had an ~** il a eu un jour sans, il n'était pas en forme
offence, (*US*) **offense** [ə'fɛns] *n* (*crime*) délit *m*, infraction *f* ; **to give ~ to** blesser, offenser ; **to take ~ at** se vexer de, s'offenser de ; **to commit an ~** commettre une infraction
offend [ə'fɛnd] *vt* (*person*) offenser, blesser ▸ *vi*: **to ~ against** (*law, rule*) contrevenir à, enfreindre
offender [ə'fɛndəʳ] *n* délinquant(e) ; (*against regulations*) contrevenant(e)
offending [ə'fɛndɪŋ] *adj* incriminé(e)
offense [ə'fɛns] *n* (*US*) = **offence**
offensive [ə'fɛnsɪv] *adj* offensant(e), choquant(e) ; (*smell etc*) très déplaisant(e) ; (*weapon*) offensif(-ive) ▸ *n* (*Mil*) offensive *f*
offer ['ɔfəʳ] *n* offre *f*, proposition *f* ; **to make an ~ for sth** faire une offre pour qch ; **"on ~"** (*Comm*) « en promotion » ▸ *vt* offrir, proposer ; **to ~ sth to sb, ~ sb sth** offrir qch à qn ; **to ~ to do sth** proposer de faire qch
offering ['ɔfərɪŋ] *n* offrande *f*
offhand [ɔf'hænd] *adj* désinvolte ▸ *adv* spontanément ; **I can't tell you ~** je ne peux pas vous le dire comme ça
office ['ɔfɪs] *n* (*place*) bureau *m* ; (*position*) charge *f*, fonction *f* ; **doctor's ~** (*US*) cabinet (médical) ; **to take ~** entrer en fonctions ; **through his good offices** (*fig*) grâce à ses bons offices ; **O~ of Fair Trading** (*BRIT*) *organisme de protection contre les pratiques commerciales abusives*
office automation *n* bureautique *f*
office bearer *n* (*of club etc*) membre *m* du bureau
office block, (*US*) **office building** *n* immeuble *m* de bureaux
office boy *n* garçon *m* de bureau
office hours *npl* heures *fpl* de bureau ; (*US Med*) heures de consultation
office manager *n* responsable administratif(-ive)
officer ['ɔfɪsəʳ] *n* (*Mil etc*) officier *m* ; (*also*: **police officer**) agent *m* (de police) ; (*of organization*) membre *m* du bureau directeur
office work *n* travail *m* de bureau
office worker *n* employé(e) de bureau
official [ə'fɪʃl] *adj* (*authorized*) officiel(le) ▸ *n* officiel *m* ; (*civil servant*) fonctionnaire *mf* ; (*of railways, post office, town hall*) employé(e)
officialdom [ə'fɪʃldəm] *n* bureaucratie *f*
officially [ə'fɪʃəlɪ] *adv* officiellement
official receiver *n* administrateur *m* judiciaire, syndic *m* de faillite
officiate [ə'fɪʃɪeɪt] *vi* (*Rel*) officier ; **to ~ as Mayor** exercer les fonctions de maire ; **to ~ at a marriage** célébrer un mariage
officious [ə'fɪʃəs] *adj* trop empressé(e)
offing ['ɔfɪŋ] *n*: **in the ~** (*fig*) en perspective
off-key [ɔf'ki:] *adj* faux (fausse) ▸ *adv* faux
off-licence ['ɔflaɪsns] *n* (*BRIT*: *shop*) débit *m* de vins et de spiritueux
off-limits [ɔf'lɪmɪts] *adj* (*esp US*) dont l'accès est interdit
off-line [ɔf'laɪn] *adj* (*Comput*) (en mode) autonome ; (: *switched off*) non connecté(e)
off-load ['ɔfləud] *vt*: **to ~ sth (onto)** (*goods*) décharger qch (sur) ; (*job*) se décharger de qch (sur)
off-peak [ɔf'pi:k] *adj* aux heures creuses ; (*electricity, ticket*) au tarif heures creuses
off-putting ['ɔfputɪŋ] *adj* (*BRIT*: *remark*) rébarbatif(-ive) ; (*person*) rebutant(e), peu engageant(e)
off-road vehicle ['ɔfrəud-] *n* véhicule *m* tout-terrain
off-screen [ɔf'skri:n] *adv, adj* hors écran
off-season ['ɔf'si:zn] *adj, adv* hors-saison *inv*
offset ['ɔfsɛt] *vt* (*irreg*: *like* **set**) (*counteract*) contrebalancer, compenser ▸ *n* (*also*: **offset printing**) offset *m*

offshoot ['ɔfʃu:t] *n* (*fig*) ramification *f*, antenne *f* ; (: *of discussion etc*) conséquence *f*
offshore [ɔf'ʃɔ:ʳ] *adj* (*breeze*) de terre ; (*island*) proche du littoral ; (*fishing*) côtier(-ière) ; **~ oilfield** gisement *m* pétrolifère en mer
offside ['ɔf'saɪd] *n* (*Aut: with right-hand drive*) côté droit ; (: *with left-hand drive*) côté gauche ▸ *adj* (*Sport*) hors jeu ; (*Aut: in Britain*) de droite ; (: *in US, Europe*) de gauche
offspring ['ɔfsprɪŋ] *n* progéniture *f*
offstage [ɔf'steɪdʒ] *adv* dans les coulisses
off-the-cuff [ɔfðə'kʌf] *adv* au pied levé ; de chic
off-the-job ['ɔfðə'dʒɔb] *adj*: **~ training** formation professionnelle extérieure
off-the-peg ['ɔfðə'pɛg], (US) **off-the-rack** ['ɔfðə'ræk] *adv* en prêt-à-porter
off-the-record ['ɔfðə'rɛkɔ:d] *adj* (*remark*) confidentiel(le), sans caractère officiel ▸ *adv* officieusement
off-white ['ɔfwaɪt] *adj* blanc cassé *inv*
often ['ɔfn] *adv* souvent ; **how ~ do you go?** vous y allez tous les combien ? ; **every so ~** de temps en temps, de temps à autre ; **as ~ as not** la plupart du temps
Ofwat ['ɔfwɔt] *n abbr* (BRIT: = *Office of Water Services*) *organisme qui surveille les activités des compagnies des eaux*
ogle ['əugl] *vt* lorgner
ogre ['əugəʳ] *n* ogre *m*
OH *abbr* (US) = **Ohio**
oh [əu] *excl* ô !, oh !, ah !
OHMS *abbr* (BRIT) = **On His/Her Majesty's Service**
oil [ɔɪl] *n* huile *f* ; (*petroleum*) pétrole *m* ; (*for central heating*) mazout *m* ▸ *vt* (*machine*) graisser
oilcan ['ɔɪlkæn] *n* burette *f* de graissage ; (*for storing*) bidon *m* à huile
oil change *n* vidange *f*
oilfield ['ɔɪlfi:ld] *n* gisement *m* de pétrole
oil filter *n* (*Aut*) filtre *m* à huile
oil-fired ['ɔɪlfaɪəd] *adj* au mazout
oil gauge *n* jauge *f* de niveau d'huile
oil industry *n* industrie pétrolière
oil level *n* niveau *m* d'huile
oil painting *n* peinture *f* à l'huile
oil refinery *n* raffinerie *f* de pétrole
oil rig *n* derrick *m* ; (*at sea*) plate-forme pétrolière
oilseed rape [ɔɪlsi:d-] *n* (BRIT) colza *m*
oilskins ['ɔɪlskɪnz] *npl* ciré *m*
oil slick *n* nappe *f* de mazout
oil tanker *n* (*ship*) pétrolier *m* ; (*truck*) camion-citerne *m*
oil well *n* puits *m* de pétrole
oily ['ɔɪlɪ] *adj* huileux(-euse) ; (*food*) gras(se)
ointment ['ɔɪntmənt] *n* onguent *m*
OK *abbr* (US) = **Oklahoma**
O.K., okay ['əu'keɪ] (*inf*) *excl* d'accord ! ▸ *vt* approuver, donner son accord à ▸ *n*: **to give sth one's O.K.** donner son accord à qch ▸ *adj* (*not bad*) pas mal, en règle ; en bon état ; sain et sauf ; acceptable ; **is it O.K.?, are you O.K.?** ça va ? ; **are you O.K. for money?** ça va *or* ira question argent ? ; **it's O.K. with** *or* **by me** ça me va, c'est d'accord en ce qui me concerne
Okla. *abbr* (US) = **Oklahoma**
old [əuld] *adj* vieux (vieille) ; (*person*) vieux, âgé(e) ; (*former*) ancien(ne), vieux ; **how ~ are you?** quel âge avez-vous ? ; **he's 10 years ~** il a 10 ans, il est âgé de 10 ans ; **older brother/sister** frère/sœur aîné(e) ; **any ~ thing will do** n'importe quoi fera l'affaire

vieux changes to **vieil** before a vowel or with 'h': *an old man* **un vieil homme**.

old age *n* vieillesse *f*
old-age pension ['əuldeɪdʒ-] *n* (BRIT) retraite *f*
old-age pensioner ['əuldeɪdʒ-] *n* (BRIT) retraité(e)
old-fashioned ['əuld'fæʃnd] *adj* démodé(e) ; (*person*) vieux jeu *inv*
old maid *n* vieille fille
old people's home *n* (*esp* BRIT) maison *f* de retraite
old-style ['əuldstaɪl] *adj* à l'ancienne (mode)
old-time ['əuld'taɪm] *adj* du temps jadis, d'autrefois
old-timer [əuld'taɪməʳ] *n* ancien *m*
old wives' tale *n* conte *m* de bonne femme
oleander [əulɪ'ændəʳ] *n* laurier *m* rose
O-level ['əulɛvl] *n* (*in England and Wales: formerly*) *examen passé à l'âge de 16 ans sanctionnant les connaissances de l'élève*, ≈ brevet *m* des collèges
olive ['ɔlɪv] *n* (*fruit*) olive *f* ; (*tree*) olivier *m* ▸ *adj* (*also*: **olive-green**) (vert) olive *inv*
olive oil *n* huile *f* d'olive
Olympic [əu'lɪmpɪk] *adj* olympique ; **the ~ Games, the Olympics** les Jeux *mpl* olympiques
OM *n abbr* (BRIT: = *Order of Merit*) *titre honorifique*
Oman [əu'mɑ:n] *n* Oman *m*
OMB *n abbr* (US: = *Office of Management and Budget*) *service conseillant le président en matière budgétaire*
ombudsman ['ɔmbudzmən] *n* (*irreg*) médiateur *m* de la République, protecteur *m* du citoyen (CANADA)
omelette, omelet ['ɔmlɪt] *n* omelette *f* ; **ham/cheese omelet(te)** omelette au jambon/fromage
omen ['əumən] *n* présage *m*
OMG *abbr* (*inf*: = *Oh My God !*) OMD (= *Oh Mon Dieu !*)
ominous ['ɔmɪnəs] *adj* menaçant(e), inquiétant(e) ; (*event*) de mauvais augure
omission [əu'mɪʃən] *n* omission *f*
omit [əu'mɪt] *vt* omettre ; **to ~ to do sth** négliger de faire qch
omnipotent [ɔm'nɪpətənt] *adj* omnipotent(e)
omniscient [ɔm'nɪsɪənt] *adj* omniscient(e)
omnivorous [ɔm'nɪvrəs] *adj* omnivore
ON *abbr* (CANADA) = **Ontario**

KEYWORD

on [ɔn] *prep* **1** (*indicating position*) sur ; **on the table** sur la table ; **on the wall** sur le *or* au mur ; **on the left** à gauche ; **I haven't any money on me** je n'ai pas d'argent sur moi
2 (*indicating means, method, condition etc*): **on foot** à pied ; **on the train/plane** (*be*) dans le train/l'avion ; (*go*) en train/avion ; **on the telephone/radio/television** au téléphone/à la radio/à la télévision ; **to be on drugs** se droguer ; **on holiday**, (US) **on vacation** en

O

vacances ; **on the continent** sur le continent
3 (*referring to time*): **on Friday** vendredi ; **on Fridays** le vendredi ; **on June 20th** le 20 juin ; **a week on Friday** vendredi en huit ; **on arrival** à l'arrivée ; **on seeing this** en voyant cela
4 (*about, concerning*) sur, de ; **a book on Balzac/physics** un livre sur Balzac/de physique
5 (*at the expense of*): **this round is on me** c'est ma tournée
▸ *adv* 1 (*referring to dress*): **to have one's coat on** avoir (mis) son manteau ; **to put one's coat on** mettre son manteau ; **what's she got on?** qu'est-ce qu'elle porte ?
2 (*referring to covering*): **screw the lid on tightly** vissez bien le couvercle
3 (*further, continuously*): **to walk** *etc* **on** continuer à marcher *etc* ; **on and off** de temps à autre ; **from that day on** depuis ce jour
▸ *adj* 1 (*in operation: machine*) en marche ; (*: radio, TV, light*) allumé(e) ; (*: tap, gas*) ouvert(e) ; (*: brakes*) mis(e) ; **is the meeting still on?** (*not cancelled*) est-ce que la réunion a bien lieu ? ; **it was well on in the evening** c'était tard dans la soirée ; **when is this film on?** quand passe ce film ?
2 (*inf*): **that's not on!** (*not acceptable*) cela ne se fait pas ! ; (*not possible*) pas question !

ONC *n abbr* (BRIT: *= Ordinary National Certificate*) ≈ BT *m*
once [wʌns] *adv* une fois ; (*formerly*) autrefois ; **at ~** tout de suite, immédiatement ; (*simultaneously*) à la fois ; **all at ~** *adv* tout d'un coup ; **~ a week** une fois par semaine ; **~ more** encore une fois ; **I knew him ~** je l'ai connu autrefois ; **~ and for all** une fois pour toutes ; **~ upon a time there was ...** il y avait une fois ..., il était une fois ... ▸ *conj* une fois que *+sub* ; **~ he had left/it was done** une fois qu'il fut parti/ que ce fut terminé
oncoming ['ɔnkʌmɪŋ] *adj* (*traffic*) venant en sens inverse
OND *n abbr* (BRIT: *= Ordinary National Diploma*) ≈ BTS *m*

KEYWORD

one [wʌn] *num* un(e) ; **one hundred and fifty** cent cinquante ; **one by one** un(e) à *or* par un(e) ; **one day** un jour
▸ *adj* 1 (*sole*) seul(e), unique ; **the one book which** l'unique *or* le seul livre qui ; **the one man who** le seul (homme) qui
2 (*same*) même ; **they came in the one car** ils sont venus dans la même voiture
▸ *pron* 1: **this one** celui-ci (celle-ci) ; **that one** celui-là (celle-là) ; **I've already got one/a red one** j'en ai déjà un(e)/un(e) rouge ; **which one do you want?** lequel voulez-vous ?
2: **one another** l'un(e) l'autre ; **to look at one another** se regarder
3 (*impersonal*) on ; **one never knows** on ne sait jamais ; **to cut one's finger** se couper le doigt ; **one needs to eat** il faut manger
4 (*phrases*): **to be one up on sb** avoir l'avantage sur qn ; **to be at one (with sb)** être d'accord (avec qn)

one-armed bandit ['wʌnɑːmd-] *n* machine *f* à sous
one-day excursion ['wʌndeɪ-] *n* (*US*) billet *m* d'aller-retour (valable pour la journée)
One-hundred share index ['wʌnhʌndrəd-] *n* indice *m* Footsie des cent grandes valeurs
one-man ['wʌn'mæn] *adj* (*business*) dirigé(e) *etc* par un seul homme
one-man band *n* homme-orchestre *m*
one-off [wʌn'ɔf] *n* (BRIT *inf*) exemplaire *m* unique ▸ *adj* unique
one-on-one [wʌnɔn'wʌn] *adv, adj* en tête à tête
one-parent family ['wʌnpɛərənt-] *n* famille monoparentale
one-piece ['wʌnpiːs] *adj*: **~ bathing suit** maillot *m* une pièce
onerous ['ɔnərəs] *adj* (*task, duty*) pénible ; (*responsibility*) lourd(e)
oneself [wʌn'sɛlf] *pron* se ; (*after prep, also emphatic*) soi-même ; **to hurt ~** se faire mal ; **to keep sth for ~** garder qch pour soi ; **to talk to ~** se parler à soi-même ; **by ~** tout seul
one-shot [wʌn'ʃɔt] *n* (*US*) = **one-off**
one-sided [wʌn'saɪdɪd] *adj* (*argument, decision*) unilatéral(e) ; (*judgment, account*) partial(e) ; (*contest*) inégal(e)
one-size-fits-all [wʌnsaɪzfɪtz'ɔːl] *adj* (*policy, approach*) taille unique *inv*
one-time ['wʌntaɪm] *adj* d'autrefois
one-to-one ['wʌntəwʌn] *adj* (*relationship*) univoque
one-upmanship [wʌn'ʌpmənʃɪp] *n*: **the art of ~** l'art de faire mieux que les autres
one-way ['wʌnweɪ] *adj* (*street, traffic*) à sens unique
ongoing ['ɔngəuɪŋ] *adj* en cours ; (*relationship*) suivi(e)
onion ['ʌnjən] *n* oignon *m*
on-line ['ɔnlaɪn] *adj* (*Comput*) en ligne ; (*: switched on*) connecté(e)
onlooker ['ɔnlukə^r] *n* spectateur(-trice)
only ['əunlɪ] *adv* seulement ; **not ~ ... but also** non seulement ... mais aussi ; **I ~ took one** j'en ai seulement pris un, je n'en ai pris qu'un ; **I saw her ~ yesterday** je l'ai vue hier encore ; **I'd be ~ too pleased to help** je ne serais que trop content de vous aider ▸ *adj* seul(e), unique ; **an ~ child** un enfant unique ▸ *conj* seulement, mais ; **I would come, ~ I'm very busy** je viendrais bien mais j'ai beaucoup à faire
ono *abbr* (BRIT: *in classified ads: = or nearest offer*) ≈ à débattre
on-screen [ɔn'skriːn] *adj* à l'écran
onset ['ɔnsɛt] *n* début *m* ; (*of winter, old age*) approche *f*
onshore ['ɔnʃɔː[r]] *adj* (*wind*) du large
onside [ɔn'saɪd] *adv*: **to bring sb ~** gagner qn à sa cause ▸ *adj* (*Football: player*) qui n'est pas hors jeu
onslaught ['ɔnslɔːt] *n* attaque *f*, assaut *m*
onstage [ɔn'steɪdʒ] *adv* en scène ; **~ and offstage** à la scène comme à la ville
Ont. *abbr* (CANADA) = **Ontario**
on-the-job ['ɔnðə'dʒɔb] *adj*: **~ training** formation *f* sur place

onto ['ɔntu] *prep* sur
onus ['əunəs] *n* responsabilité *f* ; **the ~ is upon him to prove it** c'est à lui de le prouver
onward ['ɔnwəd], **onwards** ['ɔnwədz] *adv* (*move*) en avant ; **from that time onwards** à partir de ce moment
oodles ['u:dlz] *npl* (*inf*): **~ of** un maximum de
oomph [umf] *n* (*inf*) peps *m*(*inf*) ; **to have ~** avoir du peps
oops [ups] *excl* houp ! ; **~-a-daisy!** houp-là !
ooze [u:z] *vi* suinter
opacity [əu'pæsɪtɪ] *n* opacité *f*
opal ['əupl] *n* opale *f*
opaque [əu'peɪk] *adj* opaque
OPEC ['əupɛk] *n abbr* (= *Organization of Petroleum-Exporting Countries*) OPEP *f*
open ['əupn] *adj* ouvert(e) ; (*car*) découvert(e) ; (*road, view*) dégagé(e) ; (*meeting*) public(-ique) ; (*admiration*) manifeste ; (*question*) non résolu(e) ; (*enemy*) déclaré(e) ; **is it ~ to the public?** est-ce ouvert au public ? ; **in the ~ air** en plein air ; **the ~ sea** le large ; **~ ground** (*among trees*) clairière *f* ; (*waste ground*) terrain *m* vague ; **to have an ~ mind (on sth)** avoir l'esprit ouvert (sur qch) ▸ *n*: **in the ~** (*outside*) en plein air ; (*not secret*) au grand jour ▸ *vt* ouvrir ▸ *vi* (*flower, eyes, door, debate*) s'ouvrir ; (*shop, bank, museum*) ouvrir ; (*book etc: commence*) commencer, débuter ; **what time do you ~?** à quelle heure ouvrez-vous ?
▸ **open on to** *vt fus* (*room, door*) donner sur
▸ **open out** *vt* ouvrir ▸ *vi* s'ouvrir
▸ **open up** *vt* ouvrir ; (*blocked road*) dégager ▸ *vi* s'ouvrir
open-air [əupn'ɛəʳ] *adj* en plein air
open-and-shut ['əupnən'ʃʌt] *adj*: **~ case** cas *m* limpide
opencast ['əupnkɑ:st] *adj* à ciel ouvert
open day *n* journée *f* portes ouvertes
open-ended [əupn'ɛndɪd] *adj* (*fig*) non limité(e)
opener ['əupnəʳ] *n* (*also*: **can opener, tin opener**) ouvre-boîtes *m*
open-heart surgery [əupn'hɑ:t-] *n* chirurgie *f* à cœur ouvert
opening ['əupnɪŋ] *n* ouverture *f* ; (*opportunity*) occasion *f* ; (*work*) débouché *m* ; (*job*) poste vacant
opening hours *npl* heures *fpl* d'ouverture
opening night *n* (*Theat*) première *f*
open learning *n enseignement universitaire à la carte, notamment par correspondance* ; (*distance learning*) télé-enseignement *m*
open learning centre *n centre ouvert à tous où l'on dispense un enseignement général à temps partiel*
openly ['əupnlɪ] *adv* ouvertement
open-minded [əupn'maɪndɪd] *adj* à l'esprit ouvert
open-necked ['əupn'nɛkt] *adj* à col ouvert
openness ['əupnnɪs] *n* (*frankness*) franchise *f*
open-plan ['əupn'plæn] *adj* sans cloisons
open prison *n* prison ouverte
open sandwich *n* canapé *m*
open shop *n entreprise qui admet les travailleurs non syndiqués*
Open University *n* (BRIT) *cours universitaires par correspondance*

OPEN UNIVERSITY

L'**Open University**, fondée en 1969, est un organisme d'enseignement universitaire à distance. Cet enseignement comprend des cours en ligne, des devoirs qui sont envoyés par l'étudiant à son directeur ou sa directrice d'études, et un séjour obligatoire en université d'été. Il faut préparer un certain nombre d'unités de valeur pendant une période de temps déterminée et obtenir la moyenne à un certain nombre d'entre elles pour recevoir le diplôme visé. Avec plus de 250 000 inscrits, dont 50 000 étudiants étrangers, l'*Open University* est le plus grand organisme éducatif du Royaume-Uni et l'un des plus grands du monde. Il obtient régulièrement d'excellents résultats, tant en ce qui concerne la qualité des enseignements dispensés que le niveau de satisfaction des étudiants.

opera ['ɔpərə] *n* opéra *m*
opera glasses *npl* jumelles *fpl* de théâtre
opera house *n* opéra *m*
opera singer *n* chanteur(-euse) d'opéra
operate ['ɔpəreɪt] *vt* (*machine*) faire marcher, faire fonctionner ; (*system*) pratiquer ▸ *vi* fonctionner ; (*drug*) faire effet ; **to ~ on sb (for)** (*Med*) opérer qn (de)
operatic [ɔpə'rætɪk] *adj* d'opéra
operating ['ɔpəreɪtɪŋ] *adj* (*Comm: costs, profit*) d'exploitation ; (*Med*): **~ table** table *f* d'opération
operating room *n* (*US Med*) salle *f* d'opération
operating system *n* (*Comput*) système *m* d'exploitation
operating theatre *n* (BRIT *Med*) salle *f* d'opération
operation [ɔpə'reɪʃən] *n* opération *f* ; (*of machine*) fonctionnement *m* ; **to have an ~ (for)** se faire opérer (de) ; **to be in ~** (*machine*) être en service ; (*system*) être en vigueur
operational [ɔpə'reɪʃənl] *adj* opérationnel(le) ; (*ready for use*) en état de marche ; **when the service is fully ~** lorsque le service fonctionnera pleinement
operative ['ɔpərətɪv] *adj* (*measure*) en vigueur ; **the ~ word** le mot clef ▸ *n* (*in factory*) ouvrier(-ière)
operator ['ɔpəreɪtəʳ] *n* (*of machine*) opérateur(-trice) ; (*Tel*) téléphoniste *mf*
operetta [ɔpə'rɛtə] *n* opérette *f*
ophthalmologist [ɔfθæl'mɔlədʒɪst] *n* ophtalmologiste *mf*, ophtalmologue *mf*
opiate ['əupɪət] *n* opiacé *m*
opinion [ə'pɪnjən] *n* opinion *f*, avis *m* ; **in my ~** à mon avis ; **to seek a second ~** demander un deuxième avis
opinionated [ə'pɪnjəneɪtɪd] *adj* aux idées bien arrêtées
opinion poll *n* sondage *m* d'opinion
opium ['əupɪəm] *n* opium *m*
opponent [ə'pəunənt] *n* adversaire *mf*
opportune ['ɔpətju:n] *adj* opportun(e)
opportunism [ɔpə'tju:nɪzəm] *n* opportunisme *m*

O

opportunist [ɔpə'tju:nɪst] *n* opportuniste *mf*
opportunistic [ɔpətju:'nɪstɪk] *adj* opportuniste
opportunity [ɔpə'tju:nɪtɪ] *n* occasion *f* ; **to take the ~ to do** *or* **of doing** profiter de l'occasion pour faire
oppose [ə'pəuz] *vt* s'opposer à ; **to be opposed to sth** être opposé(e) à qch ; **as opposed to** par opposition à
opposing [ə'pəuzɪŋ] *adj* (*side*) opposé(e)
opposite ['ɔpəzɪt] *adj* opposé(e) ; (*house etc*) d'en face ; **"see ~ page"** « voir ci-contre » ▸ *adv* en face ▸ *prep* en face de ▸ *n* opposé *m*, contraire *m* ; (*of word*) contraire
opposite number *n* (BRIT) homologue *mf*
opposite sex *n*: **the ~** l'autre sexe
opposition [ɔpə'zɪʃən] *n* opposition *f*
oppress [ə'prɛs] *vt* opprimer
oppression [ə'prɛʃən] *n* oppression *f*
oppressive [ə'prɛsɪv] *adj* oppressif(-ive)
oppressor [ə'prɛsə^r] *n* oppresseur *m*
opprobrium [ə'prəubrɪəm] *n* (*formal*) opprobre *m*
opt [ɔpt] *vi*: **to ~ for** opter pour ; **to ~ to do** choisir de faire
▸ **opt out** *vi* (*school, hospital*) devenir autonome ; (*health service*) devenir privé(e) ; **to ~ out of** choisir de ne pas participer à *or* de ne pas faire
optical ['ɔptɪkl] *adj* optique ; (*instrument*) d'optique
optical character reader *n* lecteur *m* optique
optical character recognition *n* lecture *f* optique
optical fibre *n* fibre *f* optique
optician [ɔp'tɪʃən] *n* opticien(ne)
optics ['ɔptɪks] *n* optique *f*
optimal ['ɔptɪml] = **optimum**
optimism ['ɔptɪmɪzəm] *n* optimisme *m*
optimist ['ɔptɪmɪst] *n* optimiste *mf*
optimistic [ɔptɪ'mɪstɪk] *adj* optimiste
optimistically [ɔptɪ'mɪstɪklɪ] *adv* avec optimisme
optimize ['ɔptɪmaɪz] *vt* (*plan, machine*) optimiser ; (*situation, opportunity*) tirer le plus grand profit de
optimum ['ɔptɪməm] *adj* optimal(e), optimum
option ['ɔpʃən] *n* choix *m*, option *f* ; (*Scol*) matière *f* à option ; (*Comm*) option ; **to keep one's options open** (*fig*) ne pas s'engager ; **I have no ~** je n'ai pas le choix
optional ['ɔpʃənl] *adj* facultatif(-ive) ; (*Comm*) en option ; **~ extras** accessoires *mpl* en option, options *fpl*
optometrist [ɔp'tɔmətrɪst] *n* (*esp US*) optométriste *mf*
opulence ['ɔpjuləns] *n* opulence *f* ; abondance *f*
opulent ['ɔpjulənt] *adj* opulent(e) ; abondant(e)
OR *abbr* (*US*) = **Oregon**
or [ɔ:^r] *conj* ou ; (*with negative*): **he hasn't seen or heard anything** il n'a rien vu ni entendu ; **or else** sinon ; ou bien
oracle ['ɔrəkl] *n* oracle *m*
oral ['ɔ:rəl] *adj* oral(e) ▸ *n* oral *m*
orange ['ɔrɪndʒ] *n* (*fruit*) orange *f* ▸ *adj* orange *inv*
orangeade [ɔrɪndʒ'eɪd] *n* orangeade *f*
orange juice *n* jus *m* d'orange
orangutan, orang-utan [ɔ:'ræŋutæn] *n* orang-outan *m*
oration [ɔ:'reɪʃən] *n* discours solennel
orator ['ɔrətə^r] *n* orateur(-trice)
oratorio [ɔrə'tɔ:rɪəu] *n* oratorio *m*
oratory ['ɔrətrɪ] *n* (*art*) talent *m* oratoire ; (*speech*) oraison *f*
orb [ɔ:b] *n* orbe *m*
orbit ['ɔ:bɪt] *n* orbite *f* ; **to be in/go into ~ (round)** être/entrer en orbite (autour de) ▸ *vt* graviter autour de
orbital ['ɔ:bɪtl] *n* (*also*: **orbital motorway**) périphérique *f*
orchard ['ɔ:tʃəd] *n* verger *m* ; **apple ~** verger de pommiers
orchestra ['ɔ:kɪstrə] *n* orchestre *m* ; (*US: seating*) (fauteuils *mpl* d')orchestre
orchestral [ɔ:'kɛstrəl] *adj* orchestral(e) ; (*concert*) symphonique
orchestrate ['ɔ:kɪstreɪt] *vt* (*Mus, fig*) orchestrer
orchid ['ɔ:kɪd] *n* orchidée *f*
ordain [ɔ:'deɪn] *vt* (*Rel*) ordonner ; (*decide*) décréter
ordeal [ɔ:'di:l] *n* épreuve *f*
order ['ɔ:də^r] *n* ordre *m* ; (*Comm*) commande *f* ; **in ~** en ordre ; (*document*) en règle ; **out of ~** (*not in correct order*) en désordre ; (*machine*) hors service ; (*telephone*) en dérangement ; **a machine in working ~** une machine en état de marche ; **in ~ of size** par ordre de grandeur ; **in ~ to do/that** pour faire/que + *sub* ; **to place an ~ for sth with sb** commander qch auprès de qn, passer commande de qch à qn ; **to be on ~** être en commande ; **made to ~** fait sur commande ; **to be under orders to do sth** avoir ordre de faire qch ; **a point of ~** un point de procédure ; **to the ~ of** (*Banking*) à l'ordre de ▸ *vt* ordonner ; (*Comm*) commander ; **to ~ sb to do** ordonner à qn de faire ▸ *vi* commander ; **could I ~ now, please?** je peux commander, s'il vous plaît ?
order book *n* carnet *m* de commandes
order form *n* bon *m* de commande
orderly ['ɔ:dəlɪ] *n* (*Mil*) ordonnance *f* ; (*Med*) garçon *m* de salle ▸ *adj* (*room*) en ordre ; (*mind*) méthodique ; (*person*) qui a de l'ordre
order number *n* (*Comm*) numéro *m* de commande
ordinal ['ɔ:dɪnl] *adj* (*number*) ordinal(e)
ordinarily [ɔ:d'nɛrɪlɪ] *adv* (*normally*) d'ordinaire
ordinary ['ɔ:dnrɪ] *adj* ordinaire, normal(e) ; (*pej*) ordinaire, quelconque ; **out of the ~** exceptionnel(le)
ordinary degree *n* (*Scol*) ≈ licence *f* libre

ORDINARY DEGREE

Un **ordinary degree** est un diplôme inférieur à l'*honours degree* que l'on obtient en général après trois années d'études universitaires. Il peut aussi être décerné en cas d'échec à l'*honours degree*.

ordinary seaman *n* (*irreg*) (BRIT) matelot *m*
ordinary shares *npl* actions *fpl* ordinaires
ordination [ɔ:dɪ'neɪʃən] *n* ordination *f*
ordnance ['ɔ:dnəns] *n* (*Mil: unit*) service *m* du matériel
Ordnance Survey map *n* (BRIT) ≈ carte *f* d'État-major

ore [ɔːʳ] *n* minerai *m*
Ore., Oreg. *abbr (US)* = **Oregon**
oregano [ɔrɪ'gɑːnəu] *n* origan *m*
organ ['ɔːgən] *n* organe *m* ; *(Mus)* orgue *m*, orgues *fpl*
organic [ɔː'gænɪk] *adj* organique ; *(crops etc)* biologique, naturel(le)
organically [ɔː'gænɪklɪ] *adv (grow, produce)* biologiquement
organism ['ɔːgənɪzəm] *n* organisme *m*
organist ['ɔːgənɪst] *n* organiste *mf*
organization [ɔːgənaɪ'zeɪʃən] *n* organisation *f*
organizational [ɔːgənaɪ'zeɪʃnəl] *adj* organisationnel(le) ; **at an ~ level** au niveau organisationnel
organization chart *n* organigramme *m*
organize ['ɔːgənaɪz] *vt* organiser ; **to get organized** s'organiser
organized ['ɔːgənaizd] *adj (planned)* organisé(e) ; *(efficient)* bien organisé
organized crime *n* crime organisé, grand banditisme
organized labour *n* main-d'œuvre syndiquée
organizer ['ɔːgənaɪzəʳ] *n* organisateur(-trice)
orgasm ['ɔːgæzəm] *n* orgasme *m*
orgy ['ɔːdʒɪ] *n* orgie *f*
Orient ['ɔːrɪənt] *n*: **the ~** l'Orient *m*
orient ['ɔːrɪənt], **orientate** ['ɔːrɪənteɪt] *vt* orienter ; **to be oriented towards sth** *(person)* être orienté vers qch ; *(thing)* être axé sur qch
oriental [ɔːrɪ'ɛntl] *adj* oriental(e) ▸ *n* Oriental(e)
orientate ['ɔːrɪɛnteɪt] *vt* = **orient**
orientation [ɔːrɪen'teɪʃən] *n (attitudes)* tendance *f* ; *(in job)* orientation *f* ; *(of building)* orientation, exposition *f*
orienteering [ɔːrɪən'tɪərɪŋ] *n* course *f* d'orientation
orifice ['ɔrɪfɪs] *n* orifice *m*
origami [ɔrɪ'gɑːmi] *n* origami *m*
origin ['ɔrɪdʒɪn] *n* origine *f* ; **country of ~** pays *m* d'origine
original [ə'rɪdʒɪnl] *adj* original(e) ; *(earliest)* originel(le) ▸ *n* original *m*
originality [ərɪdʒɪ'nælɪtɪ] *n* originalité *f*
originally [ə'rɪdʒɪnəlɪ] *adv (at first)* à l'origine
originate [ə'rɪdʒɪneɪt] *vi*: **to ~ from** être originaire de ; *(suggestion)* provenir de ; **to ~ in** *(custom)* prendre naissance dans, avoir son origine dans
originator [ə'rɪdʒɪneɪtəʳ] *n* auteur *m*
Orkney ['ɔːknɪ] *n (also:* **the Orkneys, the Orkney Islands**) les Orcades *fpl*
ornament ['ɔːnəmənt] *n* ornement *m* ; *(trinket)* bibelot *m*
ornamental [ɔːnə'mɛntl] *adj* décoratif(-ive) ; *(garden)* d'agrément
ornamentation [ɔːnəmɛn'teɪʃən] *n* ornementation *f*
ornate [ɔː'neɪt] *adj* très orné(e)
ornithologist [ɔːnɪ'θɔlədʒɪst] *n* ornithologue *mf*
ornithology [ɔːnɪ'θɔlədʒɪ] *n* ornithologie *f*
orphan ['ɔːfn] *n* orphelin(e) ▸ *vt*: **to be orphaned** devenir orphelin
orphanage ['ɔːfənɪdʒ] *n* orphelinat *m*
orthodontist [ɔːθə'dɔntɪst] *n* orthodontiste *mf*
orthodox ['ɔːθədɔks] *adj* orthodoxe
orthodoxy ['ɔːθədɔksɪ] *n* orthodoxie *f*
orthopaedic, *(US)* **orthopedic** [ɔːθə'piːdɪk] *adj* orthopédique
OS *abbr* (BRIT: = *Ordnance Survey*) ≈ IGN *m* (= *Institut géographique national*) ; *(Naut)* = **ordinary seaman**; *(Dress)* = **outsize**
O/S *abbr* = **out of stock**
Oscar ['ɔskəʳ] *n* oscar *m*
oscillate ['ɔsɪleɪt] *vi* osciller
OSHA *n abbr* (US: = *Occupational Safety and Health Administration*) *office de l'hygiène et de la sécurité au travail*
Oslo ['ɔzləu] *n* Oslo
osmosis [ɔz'məusɪs] *n* osmose *f* ; **by ~** par osmose
ostensible [ɔs'tɛnsɪbl] *adj* prétendu(e) ; apparent(e)
ostensibly [ɔs'tɛnsɪblɪ] *adv* en apparence
ostentation [ɔstɛn'teɪʃən] *n* ostentation *f*
ostentatious [ɔstɛn'teɪʃəs] *adj* prétentieux(-euse) ; ostentatoire
osteopath ['ɔstɪəpæθ] *n* ostéopathe *mf*
osteoporosis [ɔstiəupə'rəusɪs] *n* ostéoporose *f*
ostracism ['ɔstrəsɪzəm] *n* ostracisme *m*
ostracize ['ɔstrəsaɪz] *vt* frapper d'ostracisme
ostrich ['ɔstrɪtʃ] *n* autruche *f*
OT *n abbr* (= *Old Testament*) AT *m*
OTB *n abbr* (US: = *off-track betting*) *paris pris en dehors du champ de course*
O.T.E. *abbr* (= *on-target earnings*) primes *fpl* sur objectifs inclus
other ['ʌðəʳ] *adj* autre ; **the ~ one** l'autre ; **some ~ people have still to arrive** on attend encore quelques personnes ; **the ~ day** l'autre jour ▸ *pron*: **the ~** l'autre ; **others** *(other people)* d'autres ; **some actor or ~** un certain acteur, je ne sais quel acteur ; **somebody or ~** quelqu'un ; **the car was none ~ than John's** la voiture n'était autre que celle de John ▸ *adv*: **~ than** autrement que ; à part
otherwise ['ʌðəwaɪz] *adv, conj* autrement ; **an ~ good piece of work** par ailleurs, un beau travail
otherworldly [ʌðə'wəːldlɪ] *adj* d'un autre monde
OTT *abbr (inf)* = **over the top**; *see* **top**
Ottawa ['ɔtəwə] *n* Ottawa
otter ['ɔtəʳ] *n* loutre *f*
OU *n abbr* (BRIT) = **Open University**
ouch [autʃ] *excl* aïe !
ought [ɔːt] *aux vb*: **I ~ to do it** je devrais le faire, il faudrait que je le fasse ; **this ~ to have been corrected** cela aurait dû être corrigé ; **he ~ to win** *(probability)* il devrait gagner ; **you ~ to go and see it** vous devriez aller le voir
ounce [auns] *n* once *f (28.35g ; 16 in a pound)*
our ['auəʳ] *adj* notre, nos *pl* ; *see also* **my**
ours [auəz] *pron* le (la) nôtre, les nôtres ; *see also* **mine**[1]
ourselves [auə'sɛlvz] *pl pron (reflexive, after preposition)* nous ; *(emphatic)* nous-mêmes ; **we did it (all) by ~** nous avons fait ça tout seuls ; *see also* **oneself**
oust [aust] *vt* évincer

out [aut] *adv, adj* dehors ; (*published, not at home etc*) sorti(e) ; (*light, fire*) éteint(e) ; (*on strike*) en grève ; **~ here** ici ; **~ there** là-bas ; **he's ~** (*absent*) il est sorti ; (*unconscious*) il est sans connaissance ; **to be ~ in one's calculations** s'être trompé dans ses calculs ; **to run/back** *etc* **~** sortir en courant/en reculant *etc* ; **to be ~ and about** *or* (*US*) **around again** être de nouveau sur pied ; **before the week was ~** avant la fin de la semaine ; **the journey ~** l'aller *m* ; **the boat was 10 km ~** le bateau était à 10 km du rivage ; **~ loud** *adv* à haute voix ; **~ of** *prep* (*outside*) en dehors de ; (*because of: anger etc*) par ; (*from among*): **10 ~ of 10** 10 sur 10 ; (*without*): **~ of petrol** sans essence, à court d'essence ; **made ~ of wood** en *or* de bois ; **~ of order** (*machine*) en panne ; (*Tel: line*) en dérangement ; **~ of stock** (*Comm: article*) épuisé(e) ; (*: shop*) en rupture de stock ▸ *vt*: **to ~ sb** révéler l'homosexualité de qn
outage ['autɪdʒ] *n* (*esp US: power failure*) panne *f or* coupure *f* de courant
out-and-out ['autəndaut] *adj* véritable
outback ['autbæk] *n* campagne isolée ; (*in Australia*) intérieur *m*
outbid [aut'bɪd] *vt* (*irreg: like* **bid**) surenchérir
outboard ['autbɔːd] *n*: **~ (motor)** (moteur *m*) hors-bord *m*
outbound ['autbaund] *adj*: **~ (from/for)** en partance (de/pour)
outbox ['autbɔks] *n* (*Comput*) boîte *f* d'envoi ; (*US: out-tray*) corbeille *f* du courrier au départ
outbreak ['autbreɪk] *n* (*of violence*) éruption *f*, explosion *f* ; (*of disease*) de nombreux cas ; **the ~ of war south of the border** la guerre qui s'est déclarée au sud de la frontière
outbuilding ['autbɪldɪŋ] *n* dépendance *f*
outburst ['autbəːst] *n* explosion *f*, accès *m*
outcast ['autkɑːst] *n* exilé(e) ; (*socially*) paria *m*
outclass [aut'klɑːs] *vt* surclasser
outcome ['autkʌm] *n* issue *f*, résultat *m*
outcrop ['autkrɔp] *n* affleurement *m*
outcry ['autkraɪ] *n* tollé (général)
outdated [aut'deɪtɪd] *adj* démodé(e)
outdistance [aut'dɪstəns] *vt* distancer
outdo [aut'duː] *vt* (*irreg: like* **do**) surpasser
outdoor [aut'dɔːʳ] *adj* de *or* en plein air
outdoors [aut'dɔːz] *adv* dehors ; au grand air
outer ['autəʳ] *adj* extérieur(e) ; **~ suburbs** grande banlieue
outer space *n* espace *m* cosmique
outfit ['autfɪt] *n* équipement *m* ; (*clothes*) tenue *f* ; (*inf, Comm*) organisation *f*, boîte *f*
outfitter ['autfɪtəʳ] *n* (Brit): **"(gents') ~'s"** « confection pour hommes »
outgoing ['autgəuɪŋ] *adj* (*president, tenant*) sortant(e) ; (*character*) ouvert(e), extraverti(e)
outgoings ['autgəuɪŋz] *npl* (Brit: *expenses*) dépenses *fpl*
outgrow [aut'grəu] *vt* (*irreg: like* **grow**) (*clothes*) devenir trop grand(e) pour
outhouse ['authaus] *n* appentis *m*, remise *f*
outing ['autɪŋ] *n* sortie *f* ; excursion *f*
outlandish [aut'lændɪʃ] *adj* étrange
outlast [aut'lɑːst] *vt* survivre à
outlaw ['autlɔː] *n* hors-la-loi *m inv* ▸ *vt* (*person*) mettre hors la loi ; (*practice*) proscrire
outlay ['autleɪ] *n* dépenses *fpl* ; (*investment*) mise *f* de fonds
outlet ['autlɛt] *n* (*for liquid etc*) issue *f*, sortie *f* ; (*for emotion*) exutoire *m* ; (*for goods*) débouché *m* ; (*also*: **retail outlet**) point *m* de vente ; (*US Elec*) prise *f* de courant
outline ['autlaɪn] *n* (*shape*) contour *m* ; (*summary*) esquisse *f*, grandes lignes ▸ *vt* (*fig: theory, plan*) exposer à grands traits
outlive [aut'lɪv] *vt* survivre à
outlook ['autluk] *n* perspective *f* ; (*point of view*) attitude *f*
outlying ['autlaɪɪŋ] *adj* écarté(e)
outmanoeuvre [autmə'nuːvəʳ] *vt* (*rival etc*) avoir au tournant
outmoded [aut'məudɪd] *adj* démodé(e) ; dépassé(e)
outnumber [aut'nʌmbəʳ] *vt* surpasser en nombre
out-of-court [autəv'kɔːt] *adj, adv* à l'aimable
out-of-date [autəv'deɪt] *adj* (*passport, ticket*) périmé(e) ; (*theory, idea*) dépassé(e) ; (*custom*) désuet(-ète) ; (*clothes*) démodé(e)
out-of-doors ['autəv'dɔːz] *adv* = **outdoors**
out-of-the-way ['autəvðə'weɪ] *adj* loin de tout ; (*fig*) insolite
out-of-town [autəv'taun] *adj* (*shopping centre etc*) en périphérie
outpace [aut'peɪs] *vt* distancer
outpatient ['autpeɪʃənt] *n* malade *mf* en consultation externe
outperform [autpə'fɔːm] *vt* être plus performant que
outpost ['autpəust] *n* avant-poste *m*
outpouring ['autpɔːrɪŋ] *n* (*fig*) épanchement(s) *m(pl)*
output ['autput] *n* rendement *m*, production *f* ; (*Comput*) sortie *f* ▸ *vt* (*Comput*) sortir
outrage ['autreɪdʒ] *n* (*anger*) indignation *f* ; (*violent act*) atrocité *f*, acte *m* de violence ; (*scandal*) scandale *m* ▸ *vt* outrager
outrageous [aut'reɪdʒəs] *adj* atroce ; (*scandalous*) scandaleux(-euse)
outreach programme, (*US*) **outreach program** ['autriːtʃ-] *n* programme *m* de proximité
outrider ['autraɪdəʳ] *n* (*on motorcycle*) motard *m*
outright *adv* [aut'raɪt] complètement ; (*deny, refuse*) catégoriquement ; (*ask*) carrément ; (*kill*) sur le coup ▸ *adj* ['autraɪt] complet(-ète) ; catégorique
outrun [aut'rʌn] *vt* (*irreg: like* **run**) dépasser
outsell [aut'sɛl] *vt* (*irreg: like* **sell**) réaliser de meilleurs chiffres de ventes que
outset ['autsɛt] *n* début *m*
outshine [aut'ʃaɪn] *vt* (*irreg: like* **shine**) (*fig*) éclipser
outside [aut'saɪd] *n* extérieur *m* ; **at the ~** (*fig*) au plus *or* maximum ▸ *adj* extérieur(e) ; (*remote, unlikely*): **an ~ chance** une (très) faible chance ; **~ left/right** *n* (*Football*) ailier gauche/droit ▸ *adv* (au) dehors, à l'extérieur ▸ *prep* hors de, à l'extérieur de ; (*in front of*) devant

outside broadcast *n (Radio, TV)* reportage *m*
outside lane *n (Aut: in Britain)* voie *f* de droite ; *(: in US, Europe)* voie de gauche
outside line *n (Tel)* ligne extérieure
outsider [aut'saɪdəʳ] *n (in race etc)* outsider *m* ; *(stranger)* étranger(-ère)
outsize ['autsaɪz] *adj* énorme ; *(clothes)* grande taille *inv*
outskirts ['autskə:ts] *npl* faubourgs *mpl*
outsmart [aut'smɑ:t] *vt* se montrer plus malin(-igne) *or* futé(e) que
outsource [aut'sɔ:s] *vt* externaliser
outsourcing [aut'sɔ:sɪŋ] *n* externalisation *f*
outspoken [aut'spəukən] *adj* très franc (franche)
outspokenness [aut'spəukənnɪs] *n* franc-parler *m*
outspread [aut'sprɛd] *adj (wings)* déployé(e)
outstanding [aut'stændɪŋ] *adj* remarquable, exceptionnel(le) ; *(unfinished: work, business)* en suspens, en souffrance ; *(debt)* impayé(e) ; *(problem)* non réglé(e) ; **your account is still ~** vous n'avez pas encore tout remboursé
outstandingly [aut'stændɪŋlɪ] *adv* remarquablement
outstay [aut'steɪ] *vt*: **to ~ one's welcome** abuser de l'hospitalité de son hôte
outstretched [aut'strɛtʃt] *adj (hand)* tendu(e) ; *(body)* étendu(e)
outstrip [aut'strɪp] *vt (also fig)* dépasser
out-tray ['auttreɪ] *n* courrier *m* (« départ »)
outvote [aut'vəut] *vt*: **to ~ sb (by)** mettre qn en minorité (par) ; **to ~ sth (by)** rejeter qch (par)
outward ['autwəd] *adj (sign, appearances)* extérieur(e) ; *(journey)* (d')aller ▸ *adv* vers l'extérieur
outwardly ['autwədlɪ] *adv* extérieurement ; en apparence
outwards ['autwədz] *adv (esp* Brit*)* = **outward**
outweigh [aut'weɪ] *vt* l'emporter sur
outwit [aut'wɪt] *vt* se montrer plus malin que
oval ['əuvl] *adj, n* ovale *m*
Oval Office *n (US Pol) voir article*

> **Oval Office**
>
> L'**Oval Office** est le bureau personnel du président des États-Unis à la Maison-Blanche, ainsi appelé du fait de sa forme ovale. Par extension, ce terme désigne la présidence elle-même.

ovarian [əu'vɛərɪən] *adj* ovarien(ne) ; *(cancer)* des ovaires
ovary ['əuvərɪ] *n* ovaire *m*
ovation [əu'veɪʃən] *n* ovation *f*
oven ['ʌvn] *n* four *m*
oven glove *n* gant *m* de cuisine
ovenproof ['ʌvnpru:f] *adj* allant au four
oven-ready ['ʌvnrɛdɪ] *adj* prêt(e) à cuire
ovenware ['ʌvnwɛəʳ] *n* plats *mpl* allant au four
over ['əuvəʳ] *adv* (par-)dessus ; *(excessively)* trop ; **~ here** ici ; **~ there** là-bas ; **all ~** *(everywhere)* partout ; **~ and ~ (again)** à plusieurs reprises ; **to ask sb ~** inviter qn (à passer) ; **to go ~ to sb's** passer chez qn ; **to fall ~** tomber ; **to turn sth ~** retourner qch ; **now ~ to our Paris correspondent** nous passons l'antenne à notre correspondant à Paris ; **the world ~** dans le monde entier ; **she's not ~ intelligent** (Brit) elle n'est pas particulièrement intelligente ▸ *adj (finished)* fini(e), terminé(e) ; *(too much)* en plus ; **all ~** *(finished)* fini(e) ▸ *prep* sur ; par-dessus ; *(above)* au-dessus de ; *(on the other side of)* de l'autre côté de ; *(more than)* plus de ; *(during)* pendant ; *(about, concerning)*: **they fell out ~ money/her** ils se sont brouillés pour des questions d'argent/à cause d'elle ; **~ and above** en plus de
over... ['əuvəʳ] *prefix*: **overabundant** surabondant(e)
overact [əuvər'ækt] *vi (Theat)* outrer son rôle
overall *adj* ['əuvərɔ:l] *(length)* total(e) ; *(study, impression)* d'ensemble ▸ *n* ['əuvərɔ:l] (Brit) blouse *f* ▸ *adv* [əuvər'ɔ:l] dans l'ensemble, en général ; **overalls** *npl (boiler suit)* bleus *mpl* (de travail)
overall majority *n* majorité absolue
overanxious [əuvər'æŋkʃəs] *adj* trop anxieux(-euse)
overawe [əuvər'ɔ:] *vt* impressionner
overbalance [əuvə'bæləns] *vi* basculer
overbearing [əuvə'bɛərɪŋ] *adj* impérieux(-euse), autoritaire
overblown [əuvə'bləun] *adj* exagéré(e)
overboard ['əuvəbɔ:d] *adv (Naut)* par-dessus bord ; **to go ~ for sth** *(fig)* s'emballer (pour qch)
overbook [əuvə'buk] *vi* faire du surbooking
overbooking [ˌəuvə'bukɪŋ] *n* surréservation *f*, surbooking *m*
overcame [əuvə'keɪm] *pt of* **overcome**
overcapitalize [əuvə'kæpɪtəlaɪz] *vt* surcapitaliser
overcast ['əuvəkɑ:st] *adj* couvert(e)
overcharge [əuvə'tʃɑ:dʒ] *vt*: **to ~ sb for sth** faire payer qch trop cher à qn
overcoat ['əuvəkəut] *n* pardessus *m*
overcome [əuvə'kʌm] *vt (irreg: like* **come***) (defeat)* triompher de ; *(difficulty)* surmonter ▸ *adj (emotionally)* bouleversé(e) ; **~ with grief** accablé(e) de douleur
overconfident [əuvə'kɔnfɪdənt] *adj* trop sûr(e) de soi
overcrowded [əuvə'kraudɪd] *adj* bondé(e) ; *(city, country)* surpeuplé(e)
overcrowding [əuvə'kraudɪŋ] *n* surpeuplement *m* ; *(in bus)* encombrement *m*
overdo [əuvə'du:] *vt (irreg: like* **do***)* exagérer ; *(overcook)* trop cuire ; **to ~ it, to ~ things** *(work too hard)* en faire trop, se surmener
overdone [əuvə'dʌn] *adj (vegetables, steak)* trop cuit(e)
overdose ['əuvədəus] *n* dose excessive
overdraft ['əuvədrɑ:ft] *n* découvert *m*
overdrawn [əuvə'drɔ:n] *adj (account)* à découvert
overdrive ['əuvədraɪv] *n (Aut)* (vitesse *f*) surmultipliée *f*
overdue [əuvə'dju:] *adj* en retard ; *(bill)* impayé(e) ; *(change)* qui tarde ; **that change was long ~** ce changement n'avait que trop tardé

O

overeat [əuvər'i:t] *vi (irreg: like* **eat***)* trop manger
overeating [əuvər'i:tɪŋ] *n* hyperphagie *f*, tendance *f* à trop manger
overemphasis [əuvər'ɛmfəsɪs] *n*: **to put an ~ on** accorder trop d'importance à
overestimate [əuvər'ɛstɪmeɪt] *vt* surestimer
overexcited [əuvərɪk'saɪtɪd] *adj* surexcité(e)
overexertion [əuvərɪg'zə:ʃən] *n* surmenage *m* (physique)
overexpose [əuvərɪk'spəuz] *vt (Phot)* surexposer
overflow *vi* [əuvə'fləu] déborder ▸ *n* ['əuvəfləu] trop-plein *m* ; *(also:* **overflow pipe***)* tuyau *m* d'écoulement, trop-plein *m*
overfly [əuvə'flaɪ] *vt (irreg: like* **fly***)* survoler
overgenerous [əuvə'dʒɛnərəs] *adj (person)* prodigue ; *(offer)* excessif(-ive)
overgrown [əuvə'grəun] *adj (garden)* envahi(e) par la végétation ; **he's just an ~ schoolboy** *(fig)* c'est un écolier attardé
overhang ['əuvə'hæŋ] *vt (irreg: like* **hang***)* surplomber ▸ *vi* faire saillie
overhaul *vt* [əuvə'hɔ:l] réviser ▸ *n* ['əuvəhɔ:l] révision *f*
overhead *adv* [əuvə'hɛd] au-dessus ▸ *adj* ['əuvəhɛd] aérien(ne) ; *(lighting)* vertical(e) ▸ *n* ['əuvəhɛd] *(US)* = **overheads**
overhead projector *n* rétroprojecteur *m*
overheads ['əuvəhɛdz] *npl* (BRIT) frais généraux
overhear [əuvə'hɪə^r] *vt (irreg: like* **hear***)* entendre (par hasard)
overheat [əuvə'hi:t] *vi* devenir surchauffé(e) ; *(engine)* chauffer
overindulge [əuvərɪn'dʌldʒ] *vi* faire des excès ; **to ~ in alcohol** faire des excès de boisson
overjoyed [əuvə'dʒɔɪd] *adj* ravi(e), enchanté(e)
overkill ['əuvəkɪl] *n (fig)*: **it would be ~** ce serait de trop
overland ['əuvəlænd] *adj, adv* par voie de terre
overlap *vi* [əuvə'læp] se chevaucher ▸ *n* ['əuvəlæp] chevauchement *m*
overleaf [əuvə'li:f] *adv* au verso
overload [əuvə'ləud] *vt* surcharger
overlook [əuvə'luk] *vt (have view of)* donner sur ; *(miss)* oublier, négliger ; *(forgive)* fermer les yeux sur
overlord ['əuvəlɔ:d] *n* chef *m* suprême
overly ['əuvəlɪ] *adv* excessivement
overmanning [əuvə'mænɪŋ] *n* sureffectif *m*, main-d'œuvre *f* pléthorique
overnight *adv* [əuvə'naɪt] *(happen)* durant la nuit ; *(fig)* soudain ; **to stay ~ (with sb)** passer la nuit (chez qn) ; **he stayed there ~** il y a passé la nuit ; **if you travel ~ ...** si tu fais le voyage de nuit ... ; **he'll be away ~** il ne rentrera pas ce soir ▸ *adj* ['əuvənaɪt] d'une *(or* de*)* nuit ; soudain(e)
overnight bag *n* nécessaire *m* de voyage
overpaid [əuvə'peɪd] *adj* surpayé(e) ; **grossly ~** largement surpayé
overpass ['əuvəpɑ:s] *n (US: for cars)* pont autoroutier ; *(: for pedestrians)* passerelle *f*, pont *m*
overpay [əuvə'peɪ] *vt (irreg: like* **pay***)*: **to ~ sb by £50** donner à qn 50 livres de trop
overplay [əuvə'pleɪ] *vt* exagérer ; **to ~ one's hand** trop présumer de sa situation
overpower [əuvə'pauə^r] *vt* vaincre ; *(fig)* accabler
overpowering [əuvə'pauərɪŋ] *adj* irrésistible ; *(heat, stench)* suffocant(e)
overpriced [əuvə'praɪst] *adj* vendu(e) trop cher(-ère), trop cher(-ère)
overproduction ['əuvəprə'dʌkʃən] *n* surproduction *f*
overran [əuvə'ræn] *pt of* **overrun**
overrate [əuvə'reɪt] *vt* surestimer
overrated [əuvə'reɪtɪd] *adj* surfait(e) ; **to be vastly ~** être très surfait
overreact [əuvəri:'ækt] *vi* réagir de façon excessive
overreaction [əuvəri'ækʃən] *n* réaction *f* excessive
override [əuvə'raɪd] *vt (irreg: like* **ride***)* *(order, objection)* passer outre à ; *(decision)* annuler
overriding [əuvə'raɪdɪŋ] *adj* prépondérant(e)
overrule [əuvə'ru:l] *vt (decision)* annuler ; *(claim)* rejeter ; *(person)* rejeter l'avis de
overrun [əuvə'rʌn] *vt (irreg: like* **run***)* *(Mil: country etc)* occuper ; *(time limit etc)* dépasser ; **the town is ~ with tourists** la ville est envahie de touristes ▸ *vi* dépasser le temps imparti
overseas [əuvə'si:z] *adv* outre-mer ; *(abroad)* à l'étranger ▸ *adj (trade)* extérieur(e) ; *(visitor)* étranger(-ère)
oversee [əuvə'si:] *vt (irreg: like* **see***)* surveiller
overseer ['əuvəsɪə^r] *n (in factory)* contremaître *m*
overshadow [əuvə'ʃædəu] *vt (fig)* éclipser
overshoot [əuvə'ʃu:t] *vt (irreg: like* **shoot***)* dépasser
oversight ['əuvəsaɪt] *n* omission *f*, oubli *m* ; **due to an ~** par suite d'une inadvertance
oversimplification [əuvəsɪmplɪfɪ'keɪʃən] *n* simplification *f* hâtive
oversimplify [əuvə'sɪmplɪfaɪ] *vt* trop simplifier
oversleep [əuvə'sli:p] *vi (irreg: like* **sleep***)* se réveiller (trop) tard
overspend [əuvə'spɛnd] *vi (irreg: like* **spend***)* dépenser de trop ; **we have overspent by 5,000 dollars** nous avons dépassé notre budget de 5 000 dollars, nous avons dépensé 5 000 dollars de trop
overspill ['əuvəspɪl] *n* excédent *m* de population
overstaffed [əuvə'stɑ:ft] *adj*: **to be ~** avoir trop de personnel, être en surnombre
overstate [əuvə'steɪt] *vt* exagérer
overstatement [əuvə'steɪtmənt] *n* exagération *f*
overstay [əuvə'steɪ] *vt*: **to ~ one's welcome (at sb's)** abuser de l'hospitalité de qn
overstep [əuvə'stɛp] *vt*: **to ~ the mark** dépasser la mesure
overstock [əuvə'stɔk] *vt* stocker en surabondance
overstretched [əuvə'strɛtʃt] *adj (person)* débordé(e) ; **my budget is ~** j'ai atteint les limites de mon budget
overstrike *n* ['əuvəstraɪk] *(on printer)* superposition *f*, double frappe *f* ▸ *vt* [əuvə'straɪk] *(irreg: like* **strike***)* surimprimer
oversubscribed [əuvəsəb'skraɪbd] *adj (event, service)* trop couru(e) ; *(shares)* sursouscrit(e)

overt [əu'vəːt] *adj* non dissimulé(e)
overtake [əuvə'teɪk] *vt (irreg: like* **take**) dépasser ; (BRIT *Aut*) dépasser, doubler
overtaking [əuvə'teɪkɪŋ] *n* (BRIT *Aut*) dépassement *m*
overtax [əuvə'tæks] *vt* (*Econ*) surimposer ; (*fig: strength, patience*) abuser de ; **to ~ o.s.** se surmener
overthrow [əuvə'θrəu] *vt (irreg: like* **throw**) (*government*) renverser
overtime ['əuvətaɪm] *n* heures *fpl* supplémentaires ; **to do** *or* **work ~** faire des heures supplémentaires
overtime ban *n* refus *m* de faire des heures supplémentaires
overtired [əuvə'taɪəd] *adj* surmené(e)
overtly [əu'vəːtlɪ] *adv* ouvertement
overtone ['əuvətəun] *n* (*also*: **overtones**) note *f*, sous-entendus *mpl*
overtook [əuvə'tuk] *pt of* **overtake**
overture ['əuvətʃuəʳ] *n* (*Mus, fig*) ouverture *f*
overturn [əuvə'təːn] *vt* renverser ; (*decision, plan*) annuler ▸ *vi* se retourner
overuse *vt* [əuvə'juːz] (*thing*) abuser de ; (*word, idea*) galvauder ▸ *n* [əuvə'juːs] surexploitation *f*
overview ['əuvəvjuː] *n* vue *f* d'ensemble
overweight [əuvə'weɪt] *adj* (*person*) trop gros(se) ; (*luggage*) trop lourd(e)
overwhelm [əuvə'wɛlm] *vt* (*subj: emotion*) accabler, submerger ; (*enemy, opponent*) écraser
overwhelmed [əuvə'wɛlmd] *adj* (*by emotion*) bouleversé(e) ; (*by work, trouble*) accablé(e) ; **to be ~ by sth** être accablé par qch ; **to be ~ with sth** (*requests, responses*) être submergé de qch
overwhelming [əuvə'wɛlmɪŋ] *adj* (*victory, defeat*) écrasant(e) ; (*desire*) irrésistible ; **one's ~ impression is of heat** on a une impression dominante de chaleur
overwhelmingly [əuvə'wɛlmɪŋlɪ] *adv* (*vote*) en masse ; (*win*) d'une manière écrasante
overwork [əuvə'wəːk] *n* surmenage *m* ▸ *vt* surmener ▸ *vi* se surmener
overworked [əuvə'wəːkt] *adj* (*person*) surmené(e) ; (*word, phrase*) galvaudé(e)
overwrite [əuvə'raɪt] *vt (irreg: like* **write**) (*Comput*) écraser
overwrought [əuvə'rɔːt] *adj* excédé(e)
ovulate ['ɔvjuleɪt] *vi* ovuler
ovulation [ɔvju'leɪʃən] *n* ovulation *f*
owe [əu] *vt* devoir ; **to ~ sb sth, to ~ sth to sb** devoir qch à qn ; **how much do I ~ you?** combien est-ce que je vous dois ?
owing to ['əuɪŋ-] *prep* à cause de, en raison de
owl [aul] *n* hibou *m*
own [əun] *vt* posséder ▸ *vi* (BRIT): **to ~ to sth** reconnaître *or* avouer qch ; **to ~ to having done sth** avouer avoir fait qch ▸ *adj* propre ▸ *pron*: **a room of my ~** une chambre à moi, ma propre chambre ; **can I have it for my (very) ~?** puis-je l'avoir pour moi (tout) seul ? ; **to get one's ~ back** prendre sa revanche ; **on one's ~** tout(e) seul(e) ; **to come into one's ~** trouver sa voie ; trouver sa justification
▸ **own up** *vi* avouer
own brand *n* (*Comm*) marque *f* de distributeur
owner ['əunəʳ] *n* propriétaire *mf*
owner-occupier ['əunər'ɔkjupaɪəʳ] *n* propriétaire occupant
ownership ['əunəʃɪp] *n* possession *f* ; **it's under new ~** (*shop etc*) il y a eu un changement de propriétaire
own goal *n*: **he scored an ~** (*Sport*) il a marqué un but contre son camp ; (*fig*) cela s'est retourné contre lui
ox [ɔks] (*pl* **oxen** ['ɔksn]) *n* bœuf *m*
Oxbridge ['ɔksbrɪdʒ] *n* (BRIT) *les universités d'Oxford et de Cambridge*

OXBRIDGE

Oxbridge, nom formé à partir des mots Ox(ford) et (Cam)bridge, s'utilise pour parler de ces deux universités comme formant un tout, dans la mesure où elles sont toutes deux les universités britanniques les plus prestigieuses et mondialement connues.

oxen ['ɔksn] *npl of* **ox**
Oxfam ['ɔksfæm] *n abbr* (BRIT: = *Oxford Committee for Famine Relief*) *association humanitaire*
oxide ['ɔksaɪd] *n* oxyde *m*
Oxon. ['ɔksn] *abbr* (BRIT: *Oxoniensis*) = **of Oxford**
oxtail ['ɔksteɪl] *n*: **~ soup** soupe *f* à la queue de bœuf
oxygen ['ɔksɪdʒən] *n* oxygène *m*
oxygen mask *n* masque *m* à oxygène
oxygen tent *n* tente *f* à oxygène
oxymoron [ɔksɪ'mɔːrɔn] *n* oxymore *m*
oyster ['ɔɪstəʳ] *n* huître *f*
oz. *abbr* = **ounce; ounces**
ozone ['əuzəun] *n* ozone *m*
ozone friendly *adj* qui n'attaque pas *or* qui préserve la couche d'ozone
ozone hole *n* trou *m* d'ozone
ozone layer *n* couche *f* d'ozone

O

Pp

P¹, p¹ [pi:] *n (letter)* P, p *m* ; **P for Peter** P comme Pierre
P² *abbr* = **president; prince**
p² *abbr (= page)* p ; (BRIT) = **penny; pence**
pa [pɑ:] *n (inf)* papa *m*
Pa. *abbr (US)* = **Pennsylvania**
P.A. *n abbr* = **personal assistant; public address system** ▸ *abbr (US)* = **Pennsylvania**
p.a. *abbr* = **per annum**
PAC *n abbr (US)* = **political action committee**
pace [peɪs] *n* pas *m* ; *(speed)* allure *f* ; vitesse *f* ; **to keep ~ with** aller à la même vitesse que ; *(events)* se tenir au courant de ; **to set the ~** *(running)* donner l'allure ; *(fig)* donner le ton ; **to put sb through his paces** *(fig)* mettre qn à l'épreuve ▸ *vi*: **to ~ up and down** faire les cent pas
pacemaker ['peɪsmeɪkə^r] *n (Med)* stimulateur *m* cardiaque ; *(Sport: also:* **pacesetter***)* meneur(-euse) de train
pacey ['peɪsɪ] = **pacy**
Pacific [pə'sɪfɪk] *n*: **the ~ (Ocean)** le Pacifique, l'océan *m* Pacifique
pacific [pə'sɪfɪk] *adj* pacifique
pacification [pæsɪfɪ'keɪʃən] *n* pacification *f*
Pacific Rim *n* bassin *m* du Pacifique
pacifier ['pæsɪfaɪə^r] *n (US: dummy)* tétine *f*
pacifism ['pæsɪfɪzəm] *n* pacifisme *f*
pacifist ['pæsɪfɪst] *n* pacifiste *mf*
pacify ['pæsɪfaɪ] *vt* pacifier ; *(soothe)* calmer
pack [pæk] *n* paquet *m* ; *(bundle)* ballot *m* ; *(of hounds)* meute *f* ; *(of thieves, wolves etc)* bande *f* ; *(of cards)* jeu *m* ; *(US: of cigarettes)* paquet ; *(back pack)* sac *m* à dos ▸ *vt (goods)* empaqueter, emballer ; *(in suitcase etc)* emballer ; *(box)* remplir ; *(cram)* entasser ; *(press down)* tasser ; damer ; *(Comput)* grouper, tasser ; **to ~ one's bags** faire ses bagages ▸ *vi* faire ses bagages ; **to ~ into** *(room, stadium)* s'entasser dans ; **to send sb packing** *(inf)* envoyer promener qn
▸ **pack in** *(BRIT inf) vi (machine)* tomber en panne ▸ *vt (boyfriend)* plaquer ; **~ it in!** laisse tomber !
▸ **pack off** *vt*: **to ~ sb off to** expédier qn à
▸ **pack up** *vi (BRIT inf: machine)* tomber en panne ; *(: person)* se tirer ▸ *vt (belongings)* ranger ; *(goods, presents)* empaqueter, emballer
package ['pækɪdʒ] *n* paquet *m* ; *(of goods)* emballage *m*, conditionnement *m* ; *(also:* **package deal***: agreement)* marché global ; *(purchase)* forfait *m* ; *(Comput)* progiciel *m* ▸ *vt (goods)* conditionner
package holiday *n (BRIT)* vacances organisées
package tour *n* voyage organisé
packaging ['pækɪdʒɪŋ] *n (wrapping materials)* emballage *m* ; *(of goods)* conditionnement *m*
packed [pækt] *adj (crowded)* bondé(e)
packed lunch *n (BRIT)* repas froid
packer ['pækə^r] *n (person)* emballeur(-euse) ; conditionneur(-euse)
packet ['pækɪt] *n* paquet *m*
packet switching [-swɪtʃɪŋ] *n (Comput)* commutation *f* de paquets
pack ice *n* banquise *f*
packing ['pækɪŋ] *n* emballage *m*
packing case *n* caisse *f* (d'emballage)
pact [pækt] *n* pacte *m*, traité *m*
pacy ['peɪsɪ] *adj (thriller, comedy)* au rythme enlevé ; *(player, striker)* véloce
pad [pæd] *n* bloc(-notes *m*) *m* ; *(to prevent friction)* tampon *m* ; *(for inking)* tampon *m* encreur ; *(inf: flat)* piaule *f* ▸ *vt* rembourrer ▸ *vi*: **to ~ in/about** *etc* entrer/aller et venir *etc* à pas feutrés
padded ['pædɪd] *adj (jacket)* matelassé(e) ; *(bra)* rembourré(e) ; **~ cell** cellule capitonnée
padding ['pædɪŋ] *n* rembourrage *m* ; *(fig)* délayage *m*
paddle ['pædl] *n (oar)* pagaie *f* ; *(US: for table tennis)* raquette *f* de ping-pong ▸ *vi (with feet)* barboter, faire trempette ▸ *vt*: **to ~ a canoe** *etc* pagayer
paddle steamer *n* bateau *m* à aubes
paddling pool ['pædlɪŋ-] *n* petit bassin
paddock ['pædək] *n* enclos *m* ; *(Racing)* paddock *m*
paddy ['pædɪ] *n (also:* **paddy field***)* rizière *f*
padlock ['pædlɔk] *n* cadenas *m* ▸ *vt* cadenasser
padre ['pɑ:drɪ] *n* aumônier *m*
paediatrician, (US) **pediatrician** [pi:dɪə'trɪʃən] *n* pédiatre *mf*
paediatrics, (US) **pediatrics** [pi:dɪ'ætrɪks] *n* pédiatrie *f*
paedophile, (US) **pedophile** ['pi:dəufaɪl] *n* pédophile *m*
pagan ['peɪgən] *adj, n* païen(ne)
page [peɪdʒ] *n (of book)* page *f* ; *(also:* **page boy***)* groom *m*, chasseur *m* ; *(: at wedding)* garçon *m* d'honneur ▸ *vt (in hotel etc)* (faire) appeler
pageant ['pædʒənt] *n* spectacle *m* historique ; grande cérémonie
pageantry ['pædʒəntrɪ] *n* apparat *m*, pompe *f*
page break *n* fin *f* or saut *m* de page
pager ['peɪdʒə^r] *n* bip *m (inf)*, Alphapage® *m*
paginate ['pædʒɪneɪt] *vt* paginer

pagination [pædʒɪ'neɪʃən] *n* pagination *f*
pagoda [pə'gəudə] *n* pagode *f*
paid [peɪd] *pt, pp of* **pay** ▸ *adj* (*work, official*) rémunéré(e) ; (*holiday*) payé(e) ; **to put ~ to** (BRIT) mettre fin à, mettre par terre
paid-up ['peɪdʌp], (*US*) **paid-in** ['peɪdɪn] *adj* (*member*) à jour de sa cotisation ; (*shares*) libéré(e) ; **~ capital** capital versé
pail [peɪl] *n* seau *m*
pain [peɪn] *n* douleur *f* ; (*inf: nuisance*) plaie *f* ; **to be in ~** souffrir, avoir mal ; **to have a ~ in** avoir mal à *or* une douleur à *or* dans ; **to take pains to do** se donner du mal pour faire ; **on ~ of death** sous peine de mort
pained [peɪnd] *adj* peiné(e), chagrin(e)
painful ['peɪnful] *adj* douloureux(-euse) ; (*difficult*) difficile, pénible
painfully ['peɪnfəlɪ] *adv* (*fig: very*) terriblement
painkiller ['peɪnkɪlə^r] *n* calmant *m*, analgésique *m*
painless ['peɪnlɪs] *adj* indolore
painstaking ['peɪnzteɪkɪŋ] *adj* (*person*) soigneux(-euse) ; (*work*) soigné(e)
paint [peɪnt] *n* peinture *f* ▸ *vt* peindre ; (*fig*) dépeindre ; **to ~ the door blue** peindre la porte en bleu ▸ *vi* peindre ; **to ~ in oils** faire de la peinture à l'huile
paintbox ['peɪntbɔks] *n* boîte *f* de couleurs
paintbrush ['peɪntbrʌʃ] *n* pinceau *m*
painter ['peɪntə^r] *n* peintre *m*
painting ['peɪntɪŋ] *n* peinture *f* ; (*picture*) tableau *m*
paint-stripper ['peɪntstrɪpə^r] *n* décapant *m*
paintwork ['peɪntwə:k] *n* (BRIT) peintures *fpl* ; (: *of car*) peinture *f*
pair [pɛə^r] *n* (*of shoes, gloves etc*) paire *f* ; (*of people*) couple *m* ; (*twosome*) duo *m* ; **~ of scissors** (paire de) ciseaux *mpl* ; **~ of trousers** pantalon *m*
▸ **pair off** *vi* se mettre par deux
pairing ['pɛərɪŋ] *n* (*twosome*) paire *f* ; (*putting together: of people*) association *f* ; (: *of foods, flavours*) mariage *m*
pajamas [pə'dʒɑ:məz] *npl* (*US*) pyjama *m*
Pakistan [pɑ:kɪ'stɑ:n] *n* Pakistan *m*
Pakistani [pɑ:kɪ'stɑ:nɪ] *adj* pakistanais(e) ▸ *n* Pakistanais(e)
PAL [pæl] *n abbr* (TV: = *phase alternation line*) PAL *m*
pal [pæl] *n* (*inf*) copain (copine)
palace ['pæləs] *n* palais *m*
palaeontologist, (*US*) **paleontologist** [pælɪɔn'tɔlədʒɪst] *n* paléontologue *mf*
palatable ['pælɪtəbl] *adj* bon(ne), agréable au goût
palate ['pælɪt] *n* palais *m* (*Anat*)
palatial [pə'leɪʃəl] *adj* grandiose, magnifique
palaver [pə'lɑ:və^r] *n* palabres *fpl or mpl* ; histoire(s) *f(pl)*
pale [peɪl] *adj* pâle ; **~ blue** bleu pâle *m inv* ; **to grow** *or* **turn ~** (*person*) pâlir ▸ *vi* pâlir ; **to ~ into insignificance (beside)** perdre beaucoup d'importance (par rapport à) ▸ *n*: **to be beyond the ~** être au ban de la société
paleness ['peɪlnɪs] *n* pâleur *f*
paleontologist [pælɪɔn'tɔlədʒɪst] *n* (*US*) = **palaeontologist**
Palestine ['pælɪstaɪn] *n* Palestine *f*
Palestinian [pælɪs'tɪnɪən] *adj* palestinien(ne) ▸ *n* Palestinien(ne)
palette ['pælɪt] *n* palette *f*
paling ['peɪlɪŋ] *n* (*stake*) palis *m* ; (*fence*) palissade *f*
palisade [pælɪ'seɪd] *n* palissade *f*
pall [pɔ:l] *n* (*of smoke*) voile *m* ▸ *vi*: **to ~ (on)** devenir lassant (pour)
pallbearer ['pɔ:lbɛərə^r] *n* porteur *m* de cercueil
pallet ['pælɪt] *n* (*for goods*) palette *f*
palliative ['pælɪətɪv] *adj* palliatif(-ive) ; **~ care** soins *mpl* palliatifs ▸ *n* palliatif *m*
pallid ['pælɪd] *adj* blême
pallor ['pælə^r] *n* pâleur *f*
pally ['pælɪ] *adj* (*inf*) copain (copine)
palm [pɑ:m] *n* (*Anat*) paume *f* ; (*also:* **palm tree**) palmier *m* ; (*leaf, symbol*) palme *f* ▸ *vt*: **to ~ sth off on sb** (*inf*) refiler qch à qn
palmist ['pɑ:mɪst] *n* chiromancien(ne)
Palm Sunday *n* le dimanche des Rameaux
palpable ['pælpəbl] *adj* évident(e), manifeste
palpitation [pælpɪ'teɪʃən] *n* palpitation *f*
paltry ['pɔ:ltrɪ] *adj* dérisoire ; piètre
pamper ['pæmpə^r] *vt* gâter, dorloter
pamphlet ['pæmflət] *n* brochure *f* ; (*political etc*) tract *m*
pan [pæn] *n* (*also:* **saucepan**) casserole *f* ; (*also:* **frying pan**) poêle *f* ; (*of lavatory*) cuvette *f* ▸ *vi* (*Cine*) faire un panoramique ; **to ~ for gold** laver du sable aurifère ▸ *vt* (*inf: book, film*) éreinter
panacea [pænə'sɪə] *n* panacée *f*
panache [pə'næʃ] *n* panache *m*
Panama ['pænəmɑ:] *n* Panama *m*
Panama Canal *n* canal *m* de Panama
pancake ['pænkeɪk] *n* crêpe *f*
Pancake Day *n* (BRIT) mardi gras
pancake roll *n* rouleau *m* de printemps
pancreas ['pæŋkrɪəs] *n* pancréas *m*
panda ['pændə] *n* panda *m*
panda car *n* (BRIT) ≈ voiture *f* pie *inv*
pandemic [pæn'dɛmɪk] *n* pandémie *f*
pandemonium [pændɪ'məunɪəm] *n* tohu-bohu *m*
pander ['pændə^r] *vi*: **to ~ to** flatter bassement ; obéir servilement à
p&h *abbr* (*US*: = *postage and handling*) frais *mpl* de port
P&L *abbr* = **profit and loss**
p&p *abbr* (BRIT: = *postage and packing*) frais *mpl* de port
pane [peɪn] *n* carreau *m* (de fenêtre), vitre *f*
panel ['pænl] *n* (*of wood, cloth etc*) panneau *m* ; (*Radio, TV*) panel *m*, invités *mpl* ; (*for interview, exams*) jury *m* ; (*official: of experts*) table ronde, comité *m*
panel game *n* (BRIT) jeu *m* (radiophonique/télévisé)
panelled, (*US*) **paneled** ['pænəld] *adj* lambrissé(e)
panelling, (*US*) **paneling** ['pænəlɪŋ] *n* boiseries *fpl*
panellist, (*US*) **panelist** ['pænəlɪst] *n* invité(e) (*d'un panel*), membre *m* d'un panel

P

pang [pæŋ] *n*: **pangs of remorse** pincements *mpl* de remords ; **pangs of hunger/conscience** tiraillements *mpl* d'estomac/de la conscience
panhandler ['pænhændləʳ] *n (US inf)* mendiant(e)
panic ['pænɪk] *n* panique *f*, affolement *m* ▸ *vi* s'affoler, paniquer
panic buying [-baɪɪŋ] *n* achats *mpl* de précaution
panicky ['pænɪkɪ] *adj (person)* qui panique *or* s'affole facilement
panic-stricken ['pænɪkstrɪkən] *adj* affolé(e)
pannier ['pænɪəʳ] *n (on animal)* bât *m* ; *(on bicycle)* sacoche *f*
panorama [pænə'rɑːmə] *n* panorama *m*
panoramic [pænə'ræmɪk] *adj* panoramique
pansy ['pænzɪ] *n (Bot)* pensée *f* ; *(inf)* tapette *f*, pédé *m*
pant [pænt] *vi* haleter
pantechnicon [pæn'tɛknɪkən] *n (Brit)* (grand) camion de déménagement
pantheon ['pænθɪən] *n* panthéon *m*
panther ['pænθəʳ] *n* panthère *f*
panties ['pæntɪz] *npl* slip *m*, culotte *f*
pantihose ['pæntɪhəuz] *n (US)* collant *m*
panto ['pæntəu] *n* = **pantomime**
pantomime ['pæntəmaɪm] *n (Brit)* spectacle *m* de Noël

PANTOMIME

Une **pantomime** (à ne pas confondre avec le mot tel qu'on l'utilise en français), que l'on appelle également de façon familière *panto*, est un genre de farce traditionnellement joué pendant la période de Noël. Le personnage principal est souvent un jeune garçon et il y a toujours une *dame*, c'est-à-dire une vieille femme jouée par un homme, et un méchant. La plupart du temps, l'histoire est basée sur un conte de fées comme Cendrillon ou Le Chat botté, et le public est encouragé à participer en prévenant le héros d'un danger imminent. Ce genre de spectacle, qui s'adresse surtout aux enfants, vise également un public d'adultes au travers des nombreuses plaisanteries faisant allusion à des faits d'actualité.

pantry ['pæntrɪ] *n* garde-manger *m inv* ; *(room)* office *m*
pants [pænts] *npl (Brit: woman's)* culotte *f*, slip *m* ; *(: man's)* slip, caleçon *m* ; *(US: trousers)* pantalon *m*
pantsuit ['pæntsuːt] *n (US)* tailleur-pantalon *m*
pantyhose ['pæntɪhəuz] *npl (US)* collant *m*
papacy ['peɪpəsɪ] *n* papauté *f*
papal ['peɪpəl] *adj* papal(e), pontifical(e)
paparazzi [pæpə'rætsiː] *npl* paparazzi *mpl*
papaya [pə'paɪə] *n* papaye *f*
paper ['peɪpəʳ] *n* papier *m* ; *(also:* **wallpaper***)* papier peint ; *(also:* **newspaper***)* journal *m* ; *(academic essay)* article *m* ; *(exam)* épreuve écrite ; **a piece of ~** *(odd bit)* un bout de papier ; *(sheet)* une feuille de papier ; **to put sth down on ~** mettre qch par écrit ▸ *adj* en *or* de papier ▸ *vt* tapisser (de papier peint) ; **papers** *npl (also:* **identity papers***)* papiers *mpl* (d'identité)
paper advance *n (on printer)* avance *f* (du) papier
paperback ['peɪpəbæk] *n* livre broché *or* non relié ; *(small)* livre *m* de poche ▸ *adj*: **~ edition** édition brochée
paper bag *n* sac *m* en papier
paperboy ['peɪpəbɔɪ] *n (selling)* vendeur *m* de journaux ; *(delivering)* livreur *m* de journaux
paper clip *n* trombone *m*
paper handkerchief, paper hankie *n (inf)* mouchoir *m* en papier
paperless ['peɪpəlɪs] *adj*: **the ~ office** le bureau sans papier ; **~ trading** *(Finance)* les transactions *fpl* informatisées
paper mill *n* papeterie *f*
paper money *n* papier-monnaie *m*
paper profit *n* profit *m* théorique
paper shop *n (Brit)* marchand *m* de journaux
paperweight ['peɪpəweɪt] *n* presse-papiers *m inv*
paperwork ['peɪpəwəːk] *n* papiers *mpl* ; *(pej)* paperasserie *f*
papier-mâché ['pæpɪeɪ'mæʃeɪ] *n* papier mâché
paprika ['pæprɪkə] *n* paprika *m*
Pap test, Pap smear ['pæp-] *n (Med)* frottis *m*
par [pɑːʳ] *n* pair *m* ; *(Golf)* normale *f* du parcours ; **on a ~ with** à égalité avec, au même niveau que ; **at ~** au pair ; **above/below ~** au-dessus/au-dessous du pair ; **to feel below** *or* **under** *or* **not up to ~** ne pas se sentir en forme
parable ['pærəbl] *n* parabole *f (Rel)*
parabola [pə'ræbələ] *n* parabole *f (Math)*
parabolic [pærə'bɔlɪk] *adj* parabolique
paracetamol [pærə'siːtəmɔl] *n (Brit)* paracétamol *m*
parachute ['pærəʃuːt] *n* parachute *m* ▸ *vi* sauter en parachute
parachute jump *n* saut *m* en parachute
parachutist ['pærəʃuːtɪst] *n* parachutiste *mf*
parade [pə'reɪd] *n* défilé *m* ; *(inspection)* revue *f* ; *(street)* boulevard *m* ; **a fashion ~** *(Brit)* un défilé de mode ▸ *vt (fig)* faire étalage de ▸ *vi* défiler
parade ground *n* terrain *m* de manœuvre
paradise ['pærədaɪs] *n* paradis *m*
paradox ['pærədɔks] *n* paradoxe *m*
paradoxical [pærə'dɔksɪkl] *adj* paradoxal(e)
paradoxically [pærə'dɔksɪklɪ] *adv* paradoxalement
paraffin ['pærəfɪn] *n (Brit)*: **~ (oil)** pétrole (lampant) ; **liquid ~** huile *f* de paraffine
paraffin heater *n (Brit)* poêle *m* à mazout
paraffin lamp *n (Brit)* lampe *f* à pétrole
paragliding ['pærəglaɪdɪŋ] *n* parapente *m*
paragon ['pærəgən] *n* parangon *m*
paragraph ['pærəgrɑːf] *n* paragraphe *m* ; **to begin a new ~** aller à la ligne
Paraguay ['pærəgwaɪ] *n* Paraguay *m*
Paraguayan [pærə'gwaɪən] *adj* paraguayen(ne) ▸ *n* Paraguayen(ne)
paralegal [pærə'liːgl] *n (US)* technicien(ne) juridique
parallel ['pærəlɛl] *adj*: **~ (with** *or* **to)** parallèle (à) ; *(fig)* analogue (à) ▸ *n (line)* parallèle *f* ; *(fig, Geo)* parallèle *m*

paralyse, (*US*) **paralyze** ['pærəlaɪz] *vt* paralyser
paralysed, (*US*) **paralyzed** ['pærəlaɪzd] *adj* paralysé(e) ; **~ with fear** paralysé par la peur
paralysis [pə'rælɪsɪs] (*pl* **paralyses** [-si:z]) *n* paralysie *f*
paralytic [pærə'lɪtɪk] *adj* paralytique ; (*BRIT inf: drunk*) ivre mort(e)
paralyze ['pærəlaɪz] *vt* (*US*) = **paralyse**
paramedic [pærə'mɛdɪk] *n* auxiliaire *mf* médical(e)
parameter [pə'ræmɪtə^r] *n* paramètre *m*
paramilitary [pærə'mɪlɪtərɪ] *adj* paramilitaire
paramount ['pærəmaunt] *adj*: **of ~ importance** de la plus haute *or* grande importance
paranoia [pærə'nɔɪə] *n* paranoïa *f*
paranoid ['pærənɔɪd] *adj* (*Psych*) paranoïaque ; (*neurotic*) paranoïde
paranormal [pærə'nɔ:ml] *adj* paranormal(e)
parapet ['pærəpɪt] *n* parapet *m* ; **to put one's head above the ~** (*BRIT*) se mouiller
paraphernalia [pærəfə'neɪlɪə] *n* attirail *m*, affaires *fpl*
paraphrase ['pærəfreɪz] *vt* paraphraser
paraplegic [pærə'pli:dʒɪk] *n* paraplégique *mf*
parapsychology [pærəsaɪ'kɔlədʒɪ] *n* parapsychologie *f*
parasite ['pærəsaɪt] *n* parasite *m*
parasitic, parasitical [pærə'sɪtɪk(l)] *adj* (*disease*) parasitaire ; (*organism, person*) parasite
parasol ['pærəsɔl] *n* ombrelle *f* ; (*at café etc*) parasol *m*
paratrooper ['pærətru:pə^r] *n* parachutiste *m* (*soldat*)
parboil ['pɑ:bɔɪl] *vt* blanchir
parcel ['pɑ:sl] *n* paquet *m*, colis *m* ▶ *vt* (*also*: **parcel up**) empaqueter
▶ **parcel out** *vt* répartir
parcel bomb *n* (*BRIT*) colis piégé
parcel post *n* service *m* de colis postaux
parch [pɑ:tʃ] *vt* dessécher
parched [pɑ:tʃt] *adj* (*person*) assoiffé(e)
parchment ['pɑ:tʃmənt] *n* parchemin *m*
pardon ['pɑ:dn] *n* pardon *m* ; (*Law*) grâce *f* ; **I beg your ~** je vous demande pardon ; **~?** pardon ? ▶ *vt* pardonner à ; (*Law*) gracier ; **~ me!** (*after burping etc*) excusez-moi ! ; **~ me?** (*what did you say?*) pardon ?
pare [pɛə^r] *vt* (*BRIT: nails*) couper ; (*fruit etc*) peler ; (*fig: costs etc*) réduire
parent ['pɛərənt] *n* (*father*) père *m* ; (*mother*) mère *f* ; **parents** *npl* parents *mpl*
parentage ['pɛərəntɪdʒ] *n* naissance *f* ; **of unknown ~** de parents inconnus
parental [pə'rɛntl] *adj* parental(e), des parents
parent company *n* société *f* mère
parenthesis [pə'rɛnθɪsɪs] (*pl* **parentheses** [-si:z]) *n* parenthèse *f* ; **in parentheses** entre parenthèses
parenthood ['pɛərənthud] *n* paternité *f or* maternité *f*
parenting ['pɛərəntɪŋ] *n* le métier de parent, le travail d'un parent
Paris ['pærɪs] *n* Paris
parish ['pærɪʃ] *n* paroisse *f* ; (*BRIT: civil*) ≈ commune *f* ▶ *adj* paroissial(e)
parish council *n* (*BRIT*) ≈ conseil municipal
parishioner [pə'rɪʃənə^r] *n* paroissien(ne)
Parisian [pə'rɪzɪən] *adj* parisien(ne), de Paris ▶ *n* Parisien(ne)
parity ['pærɪtɪ] *n* parité *f*
park [pɑ:k] *n* parc *m*, jardin public ▶ *vt* garer ▶ *vi* se garer ; **can I ~ here?** est-ce que je peux me garer ici ?
parka ['pɑ:kə] *n* parka *m*
park and ride *n* parking-relais *m*
parking ['pɑ:kɪŋ] *n* stationnement *m* ; **"no ~"** « stationnement interdit »
parking lights *npl* feux *mpl* de stationnement
parking lot *n* (*US*) parking *m*, parc *m* de stationnement
parking meter *n* parc(o)mètre *m*
parking offence, (*US*) **parking violation** *n* infraction *f* au stationnement
parking place *n* place *f* de stationnement
parking ticket *n* P.-V. *m*
Parkinson's ['pɑ:kɪnsənz] *n* (*also*: **Parkinson's disease**) maladie *f* de Parkinson, parkinson *m*
park keeper *n* (*BRIT*) gardien(ne) de parc
parkland ['pɑ:klænd] *n* espaces *mpl* verts
parkway ['pɑ:kweɪ] *n* (*US*) route *f* express (*en site vert ou aménagé*)
parlance ['pɑ:ləns] *n*: **in common/modern ~** dans le langage courant/actuel
parliament ['pɑ:ləmənt] *n* parlement *m*

PARLIAMENT

Le **Parliament** est l'assemblée législative britannique ; elle est composée de deux chambres : la *House of Commons* et la *House of Lords*. Ses bureaux sont les *Houses of Parliament* au palais de Westminster à Londres. Chaque *Parliament* est en général élu pour cinq ans. Ses débats sont retransmis à la télévision.

parliamentary [pɑ:lə'mɛntərɪ] *adj* parlementaire
parlour, (*US*) **parlor** ['pɑ:lə^r] *n* salon *m*
parlous ['pɑ:ləs] *adj* (*formal*) précaire
Parmesan [pɑ:mɪ'zæn] *n* (*also*: **Parmesan cheese**) Parmesan *m*
parochial [pə'rəukɪəl] *adj* paroissial(e) ; (*pej*) à l'esprit de clocher
parody ['pærədɪ] *n* parodie *f*
parole [pə'rəul] *n*: **on ~** en liberté conditionnelle
paroxysm ['pærəksɪzəm] *n* (*Med, of grief*) paroxysme *m* ; (*of anger*) accès *m*
parquet ['pɑ:keɪ] *n*: **~ floor(ing)** parquet *m*
parrot ['pærət] *n* perroquet *m*
parrot fashion *adv* comme un perroquet
parry ['pærɪ] *vt* esquiver, parer à
parsimonious [pɑ:sɪ'məunɪəs] *adj* parcimonieux(-euse)
parsley ['pɑ:slɪ] *n* persil *m*
parsnip ['pɑ:snɪp] *n* panais *m*
parson ['pɑ:sn] *n* ecclésiastique *m* ; (*Church of England*) pasteur *m*
part [pɑ:t] *n* partie *f* ; (*of machine*) pièce *f* ; (*Theat*) rôle *m* ; (*Mus*) voix *f* ; partie ; (*of serial*) épisode *m* ; (*US: in hair*) raie *f* ; **to take ~ in** participer à, prendre part à ; **to take sb's ~** prendre le parti

P

de qn, prendre parti pour qn ; **on his ~** de sa part ; **for my ~** en ce qui me concerne ; **for the most ~** en grande partie ; dans la plupart des cas ; **for the better ~ of the day** pendant la plus grande partie de la journée ; **to be ~ and parcel of** faire partie de ; **in ~** en partie ; **to take sth in good/bad ~** prendre qch du bon/ mauvais côté ▶ *adj* partiel(le) ▶ *adv* = **partly** ▶ *vt* séparer ▶ *vi* (*people*) se séparer ; (*crowd*) s'ouvrir ; (*roads*) se diviser
▶ **part with** *vt fus* (*person*) se séparer de ; (*possessions*) se défaire de

Use **partie** to mean *section*: *the first part of the film* **la première partie du film**. The word **part** means *share* or *portion*.

partake [pɑːˈteɪk] *vi* (*irreg: like* **take**) (*formal*): **to ~ of sth** prendre part à qch, partager qch
part exchange *n* (Brit): **in ~** en reprise
partial [ˈpɑːʃl] *adj* (*incomplete*) partiel(le) ; (*unjust*) partial(e) ; **to be ~ to** aimer, avoir un faible pour
partially [ˈpɑːʃəlɪ] *adv* en partie, partiellement ; partialement
participant [pɑːˈtɪsɪpənt] *n* (*in competition, campaign*) participant(e)
participate [pɑːˈtɪsɪpeɪt] *vi*: **to ~ (in)** participer (à), prendre part (à)
participation [pɑːtɪsɪˈpeɪʃən] *n* participation *f*
participle [ˈpɑːtɪsɪpl] *n* participe *m*
particle [ˈpɑːtɪkl] *n* particule *f* ; (*of dust*) grain *m*
particular [pəˈtɪkjuləʳ] *adj* (*specific*) particulier(-ière) ; (*special*) particulier, spécial(e) ; (*fussy*) difficile, exigeant(e) ; (*careful*) méticuleux(-euse) ; **in ~** en particulier, surtout
particularly [pəˈtɪkjuləlɪ] *adv* particulièrement ; (*in particular*) en particulier
particulars [pəˈtɪkjuləz] *npl* détails *mpl* ; (*information*) renseignements *mpl*
parting [ˈpɑːtɪŋ] *n* séparation *f* ; (Brit: *in hair*) raie *f* ▶ *adj* d'adieu ; **his ~ shot was …** il lança en partant …
partisan [pɑːtɪˈzæn] *n* partisan(e) ▶ *adj* partisan(e) ; de parti
partition [pɑːˈtɪʃən] *n* (Pol) partition *f*, division *f* ; (*wall*) cloison *f*
partly [ˈpɑːtlɪ] *adv* en partie, partiellement
partner [ˈpɑːtnəʳ] *n* (Comm) associé(e) ; (Sport) partenaire *mf* ; (*spouse*) conjoint(e) ; (*lover*) ami(e) ; (*at dance*) cavalier(-ière) ▶ *vt* être l'associé *or* le partenaire *or* le cavalier de
partnership [ˈpɑːtnəʃɪp] *n* association *f* ; **to go into ~ (with), form a ~ (with)** s'associer (avec)
partook [pɑːˈtuk] *pt of* **partake**
part owner [pɑːtˈəunəʳ] *n* copropriétaire *mf*
part payment *n* acompte *m*
partridge [ˈpɑːtrɪdʒ] *n* perdrix *f*
part-time [ˈpɑːtˈtaɪm] *adj, adv* à mi-temps, à temps partiel
part-timer [pɑːtˈtaɪməʳ] *n* (*also*: **part-time worker**) travailleur(-euse) à temps partiel
party [ˈpɑːtɪ] *n* (Pol) parti *m* ; (*celebration*) fête *f* ; (*: formal*) réception *f* ; (*: in evening*) soirée *f* ; (*team*) équipe *f* ; (*group*) groupe *m* ; (Law) partie *f* ; **dinner ~** dîner *m* ; **to give** *or* **throw a ~** donner une réception ; **we're having a ~ next Saturday** nous organisons une soirée *or* réunion entre amis samedi prochain ; **it's for our son's birthday ~** c'est pour la fête (*or* le goûter) d'anniversaire de notre garçon ; **to be a ~ to a crime** être impliqué(e) dans un crime
party dress *n* robe habillée
partygoer [ˈpɑːtɪgəuəʳ] *n* (*attendee*) participant(e) à la fête ; (*party animal*) fêtard(e)
party line *n* (Pol) ligne *f* politique ; (Tel) ligne partagée
party piece *n* numéro habituel
party political broadcast *n émission réservée à un parti politique.*
pass [pɑːs] *vt* (*time, object*) passer ; (*place*) passer devant ; (*friend*) croiser ; (*exam*) être reçu(e) à, réussir ; (*candidate*) admettre ; (*overtake*) dépasser ; (*approve*) approuver, accepter ; (*law*) promulguer ; **to ~ sb sth** passer qch à qn ; **could you ~ the salt/oil, please?** pouvez-vous me passer le sel/l'huile, s'il vous plaît ? ; **to ~ sth through a ring** *etc* (faire) passer qch dans un anneau *etc* ; **could you ~ the vegetables round?** pourriez-vous faire passer les légumes ? ▶ *vi* passer ; (Scol) être reçu(e) *or* admis(e), réussir ; **she could ~ for 25** on lui donnerait 25 ans ▶ *n* (*permit*) laissez-passer *m inv* ; (*membership card*) carte *f* d'accès *or* d'abonnement ; (*in mountains*) col *m* ; (Sport) passe *f* ; (Scol); **to get a ~** être reçu(e) (sans mention) ; **things have come to a pretty ~** (Brit) voilà où on en est ! ; **to make a ~ at sb** (*inf*) faire des avances à qn
▶ **pass away** *vi* mourir
▶ **pass back** *vt* (*return: gen*) rendre ; (*: benefits, savings*) répercuter ; (*message*) transmettre ; (*ball*) repasser
▶ **pass by** *vi* passer ▶ *vt* (*ignore*) négliger
▶ **pass down** *vt* (*customs, inheritance*) transmettre
▶ **pass on** *vi* (*die*) s'éteindre, décéder ▶ *vt* (*hand on*): **to ~ on (to)** transmettre (à) ; (*illness*) passer (à) ; (*price rises*) répercuter (sur)
▶ **pass out** *vi* s'évanouir ; (Brit Mil) sortir (*d'une école militaire*)
▶ **pass over** *vt* (*ignore*) passer sous silence
▶ **pass up** *vt* (*opportunity*) laisser passer

When talking about passing an exam use **être reçu à**.
Eva passed the exam. **Eva a été reçue à l'examen. Passer un examen** means *to take an exam*.

passable [ˈpɑːsəbl] *adj* (*road*) praticable ; (*work*) acceptable
passage [ˈpæsɪdʒ] *n* (*also*: **passageway**) couloir *m* ; (*gen, in book*) passage *m* ; (*by boat*) traversée *f*
passbook [ˈpɑːsbuk] *n* livret *m*
passenger [ˈpæsɪndʒəʳ] *n* passager(-ère)
passer-by [pɑːsəˈbaɪ] *n* passant(e)
passing [ˈpɑːsɪŋ] *adj* (*fig*) passager(-ère) ; **in ~** en passant
passing place *n* (Aut) aire *f* de croisement
passion [ˈpæʃən] *n* passion *f* ; **to have a ~ for sth** avoir la passion de qch
passionate [ˈpæʃənɪt] *adj* passionné(e)
passion fruit *n* fruit *m* de la passion

passion play *n* mystère *m* de la Passion
passive ['pæsɪv] *adj* (*also: Ling*) passif(-ive)
passive smoking *n* tabagisme passif
passkey ['pɑːskiː] *n* passe *m*
Passover ['pɑːsəuvəʳ] *n* Pâque juive
passport ['pɑːspɔːt] *n* passeport *m*
passport control *n* contrôle *m* des passeports
passport office *n* bureau *m* de délivrance des passeports
password ['pɑːswəːd] *n* mot *m* de passe
past [pɑːst] *prep* (*in front of*) devant ; (*further than*) au delà de, plus loin que ; après ; (*later than*) après ; **he's ~ forty** il a dépassé la quarantaine, il a plus de *or* passé quarante ans ; **ten/quarter ~ eight** (BRIT) huit heures dix/un *or* et quart ; **it's ~ midnight** il est plus de minuit, il est passé minuit ; **he ran ~ me** il m'a dépassé en courant, il a passé devant moi en courant ; **I'm ~ caring** je ne m'en fais plus ; **to be ~ it** (BRIT *inf*: *person*) avoir passé l'âge ▸ *adv*: **to run ~** passer en courant ▸ *adj* passé(e) ; (*president etc*) ancien(ne) ; **for the ~ few/3 days** depuis quelques/3 jours ; ces derniers/3 derniers jours ▸ *n* passé *m* ; **in the ~** (*gen*) dans le temps, autrefois ; (*Ling*) au passé
pasta ['pæstə] *n* pâtes *fpl*
paste [peɪst] *n* pâte *f* ; (*Culin: meat*) pâté *m* (à tartiner) ; (*: tomato*) purée *f*, concentré *m* ; (*glue*) colle *f* (de pâte) ; (*jewellery*) strass *m* ▸ *vt* coller
pastel ['pæstl] *adj* pastel *inv* ▸ *n* (*Art: pencil*) (crayon *m*) pastel *m* ; (*: drawing*) (dessin *m* au) pastel ; (*colour*) ton *m* pastel *inv*
pasteurized ['pæstəraɪzd] *adj* pasteurisé(e)
pastiche [pæ'stiːʃ] *n* pastiche *m*
pastille ['pæstl] *n* pastille *f*
pastime ['pɑːstaɪm] *n* passe-temps *m inv*, distraction *f*
past master *n* (BRIT): **to be a ~ at** être expert en
pastor ['pɑːstəʳ] *n* pasteur *m*
pastoral ['pɑːstərl] *adj* pastoral(e)
pastry ['peɪstrɪ] *n* pâte *f* ; (*cake*) pâtisserie *f*
pasture ['pɑːstʃəʳ] *n* pâturage *m*
pasty[1] ['pæstɪ] *n* petit pâté (en croûte)
pasty[2] ['peɪstɪ] *adj* pâteux(-euse) ; (*complexion*) terreux(-euse)
pat [pæt] *vt* donner une petite tape à ; (*dog*) caresser ▸ *n*: **a ~ of butter** une noisette de beurre ; **to give sb/o.s. a ~ on the back** (*fig*) congratuler qn/se congratuler ▸ *adv*: **he knows it (off) ~**, (US) **he has it down ~** il sait cela sur le bout des doigts
patch [pætʃ] *n* (*of material*) pièce *f* ; (*eye patch*) cache *m* ; (*spot*) tache *f* ; (*of land*) parcelle *f* ; (*on tyre*) rustine *f* ; **a bad ~** (BRIT) une période difficile ▸ *vt* (*clothes*) rapiécer
▸ **patch up** *vt* réparer
patchwork ['pætʃwəːk] *n* patchwork *m*
patchy ['pætʃɪ] *adj* inégal(e) ; (*incomplete*) fragmentaire
pate [peɪt] *n*: **a bald ~** un crâne chauve *or* dégarni
pâté ['pæteɪ] *n* pâté *m*, terrine *f*
patent ['peɪtnt, (US) 'pætnt] *n* brevet *m* (d'invention) ▸ *vt* faire breveter ▸ *adj* patent(e), manifeste
patent leather *n* cuir verni
patently ['peɪtntlɪ] *adv* manifestement
patent medicine *n* spécialité *f* pharmaceutique
patent office *n* bureau *m* des brevets
paternal [pə'təːnl] *adj* paternel(le)
paternalistic [pətəːnə'lɪstɪk] *adj* paternaliste
paternity [pə'təːnɪtɪ] *n* paternité *f*
paternity leave *n* congé *m* de paternité
paternity suit *n* (*Law*) action *f* en recherche de paternité
path [pɑːθ] *n* chemin *m*, sentier *m* ; (*in garden*) allée *f* ; (*of planet*) course *f* ; (*of missile*) trajectoire *f*
pathetic [pə'θɛtɪk] *adj* (*pitiful*) pitoyable ; (*very bad*) lamentable, minable ; (*moving*) pathétique
pathological [pæθə'lɔdʒɪkl] *adj* pathologique
pathologist [pə'θɔlədʒɪst] *n* pathologiste *mf*
pathology [pə'θɔlədʒɪ] *n* pathologie *f*
pathos ['peɪθɔs] *n* pathétique *m*
pathway ['pɑːθweɪ] *n* chemin *m*, sentier *m* ; (*in garden*) allée *f*
patience ['peɪʃns] *n* patience *f* ; (BRIT *Cards*) réussite *f* ; **to lose (one's) ~** perdre patience
patient ['peɪʃnt] *n* malade *mf* ; (*of dentist etc*) patient(e) ▸ *adj* patient(e)
patiently ['peɪʃntlɪ] *adv* patiemment
patio ['pætɪəu] *n* patio *m*
patriot ['peɪtrɪət] *n* patriote *mf*
patriotic [pætrɪ'ɔtɪk] *adj* patriotique ; (*person*) patriote
patriotism ['pætrɪətɪzəm] *n* patriotisme *m*
patrol [pə'trəul] *n* patrouille *f* ; **to be on ~** être de patrouille ▸ *vt* patrouiller dans
patrol boat *n* patrouilleur *m*
patrol car *n* voiture *f* de police
patrolman [pə'trəulmən] *n* (*irreg*) (US) agent *m* de police
patron ['peɪtrən] *n* (*in shop*) client(e) ; (*of charity*) patron(ne) ; **~ of the arts** mécène *m*
patronage ['pætrənɪdʒ] *n* patronage *m*, appui *m*
patronize ['pætrənaɪz] *vt* être (un) client *or* un habitué de ; (*fig*) traiter avec condescendance
patronizing ['pætrənaɪzɪŋ] *adj* condescendant(e)
patron saint *n* saint(e) patron(ne)
patsy ['pætsɪ] *n* (US *inf*) pigeon *m*
patter ['pætəʳ] *n* crépitement *m*, tapotement *m* ; (*sales talk*) boniment *m* ▸ *vi* crépiter, tapoter
pattern ['pætən] *n* modèle *m* ; (*Sewing*) patron *m* ; (*design*) motif *m* ; (*sample*) échantillon *m* ; **behaviour ~** mode *m* de comportement
patterned ['pætənd] *adj* à motifs
paucity ['pɔːsɪtɪ] *n* pénurie *f*, carence *f*
paunch [pɔːntʃ] *n* gros ventre, bedaine *f*
pauper ['pɔːpəʳ] *n* indigent(e) ; **~'s grave** fosse commune
pause [pɔːz] *n* pause *f*, arrêt *m* ; (*Mus*) silence *m* ▸ *vi* faire une pause, s'arrêter ; **to ~ for breath** reprendre son souffle ; (*fig*) faire une pause
pave [peɪv] *vt* paver, daller ; **to ~ the way for** ouvrir la voie à
pavement ['peɪvmənt] *n* (BRIT) trottoir *m* ; (US) chaussée *f*
pavilion [pə'vɪlɪən] *n* pavillon *m* ; tente *f* ; (*Sport*) stand *m*
paving ['peɪvɪŋ] *n* (*material*) pavé *m*, dalle *f* ; (*area*) pavage *m*, dallage *m*

P

paving stone *n* pavé *m*
paw [pɔː] *n* patte *f* ▸ *vt* donner un coup de patte à ; (*person: pej*) tripoter
pawn [pɔːn] *n* gage *m* ; (*Chess, also fig*) pion *m* ▸ *vt* mettre en gage
pawnbroker ['pɔːnbrəukəʳ] *n* prêteur *m* sur gages
pawnshop ['pɔːnʃɔp] *n* mont-de-piété *m*
pay [peɪ] (*pt, pp* **paid** [peɪd]) *n* salaire *m* ; (*of manual worker*) paie *f* ▸ *vt* payer ; (*be profitable to, also fig*) rapporter à ; **how much did you ~ for it?** combien l'avez-vous payé ?, vous l'avez payé combien ? ; **I paid £5 for that ticket** j'ai payé ce billet 5 livres ; **to ~ one's way** payer sa part ; (*company*) couvrir ses frais ; **to ~ dividends** (*fig*) porter ses fruits, s'avérer rentable ; **it won't ~ you to do that** vous ne gagnerez rien à faire cela ; **to ~ attention (to)** prêter attention (à) ; **to ~ sb a visit** rendre visite à qn ; **to ~ one's respects to sb** présenter ses respects à qn ▸ *vi* payer ; (*be profitable*) être rentable ; **can I ~ by credit card?** est-ce que je peux payer par carte de crédit ?
▸ **pay back** *vt* rembourser
▸ **pay for** *vt fus* payer
▸ **pay in** *vt* verser
▸ **pay off** *vt* (*debts*) régler, acquitter ; (*person*) rembourser ; (*workers*) licencier ; **to ~ sth off in instalments** payer qch à tempérament ▸ *vi* (*scheme, decision*) se révéler payant(e)
▸ **pay out** *vt* (*money*) payer, sortir de sa poche ; (*rope*) laisser filer
▸ **pay up** *vt* (*debts*) régler ; (*amount*) payer

> When talking about paying for something no preposition is used in French to translate *for*.
> *I pay for gas and electricity.* **Je paie le gaz et l'électricité**.

payable ['peɪəbl] *adj* payable ; **to make a cheque ~ to sb** établir un chèque à l'ordre de qn
pay-as-you-go [peɪəzjə'gəu] *adj* (*mobile phone*) à carte prépayée
pay award *n* augmentation *f*
payback ['peɪbæk] *n* (*from investment*) bénéfice *m* ; (*from action*) avantage *m*
payday ['peɪdeɪ] *n* jour *m* de paie ; **~ loan** (Brit *Finance*) *prêt personnel de courte durée et d'un montant peu important, dont le taux d'intérêt est très élevé*
PAYE *n abbr* (Brit: = *pay as you earn*) *système de retenue des impôts à la source*
payee [peɪ'iː] *n* bénéficiaire *mf*
pay envelope *n* (US) paie *f*
paying ['peɪɪŋ] *adj* payant(e) ; **~ guest** hôte payant
payload ['peɪləud] *n* charge *f* utile
payment ['peɪmənt] *n* paiement *m* ; (*of bill*) règlement *m* ; (*of deposit, cheque*) versement *m* ; **advance ~** (*part sum*) acompte *m* ; (*total sum*) paiement anticipé ; **deferred ~, ~ by instalments** paiement par versements échelonnés ; **monthly ~** mensualité *f* ; **in ~ for, in ~ of** en règlement de ; **on ~ of £5** pour 5 livres
payoff ['peɪɔf] *n* (*benefit*) avantage *m* ; (*sweetener*) pot-de-vin *m* ; (*to employee*) grosse prime *f* de départ ; **the ~ from sth** l'avantage de qch
payout ['peɪaut] *n* (*from insurance*) dédommagement *m* ; (*in competition*) prix *m*
pay packet *n* (Brit) paie *f*
pay phone *n* cabine *f* téléphonique, téléphone public
pay raise *n* (US) = **pay rise**
pay rise *n* (Brit) augmentation *f* (de salaire)
payroll ['peɪrəul] *n* registre *m* du personnel ; **to be on a firm's ~** être employé par une entreprise
pay slip *n* (Brit) bulletin *m* de paie, feuille *f* de paie
pay station *n* (US) cabine *f* téléphonique
pay television *n* chaînes *fpl* payantes
paywall ['peɪwɔːl] *n* (*Comput*) mur *m* (payant)
PBS *n abbr* (*US: = Public Broadcasting Service*) *groupement d'aide à la réalisation d'émissions pour la TV publique*
PBX *n abbr* (Brit: = *private branch exchange*) PBX *m*, commutateur *m* privé
PC *n abbr* = **personal computer**; (Brit) = **police constable** ▸ *adj abbr* = **politically correct** ▸ *abbr* (Brit) = **Privy Councillor**
p.c. *abbr* = **per cent; postcard**
p/c *abbr* = **petty cash**
PCB *n abbr* = **printed circuit board**
pcm *n abbr* (= *per calendar month*) par mois
PD *n abbr* (US) = **police department**
pd *abbr* = **paid**
PDA *n abbr* (= *personal digital assistant*) agenda *m* électronique
PDF, pdf *n abbr* (*Comput: = Portable Document Format*) pdf *m*
PDQ *n abbr* = **pretty damn quick**
PDSA *n abbr* (Brit) = **People's Dispensary for Sick Animals**
PDT *abbr* (*US: = Pacific Daylight Time*) *heure d'été du Pacifique*
pea [piː] *n* (petit) pois
peace [piːs] *n* paix *f* ; (*calm*) calme *m*, tranquillité *f* ; **to be at ~ with sb/sth** être en paix avec qn/ qch ; **to keep the ~** (*policeman*) assurer le maintien de l'ordre ; (*citizen*) ne pas troubler l'ordre
peaceable ['piːsəbl] *adj* paisible, pacifique
peaceful ['piːsful] *adj* (*place, time, person*) paisible, calme ; (*protest, demo*) pacifique
peacefully ['piːsfulɪ] *adv* (*sleep, die*) paisiblement ; (*resolve*) de manière pacifique ; (*pass off*) dans le calme ; **to live ~ with sb** vivre en paix avec qn
peacekeeper ['piːskiːpəʳ] *n* (*force*) force gardienne de la paix
peacekeeping ['piːskiːpɪŋ] *n* maintien *m* de la paix
peacekeeping force *n* forces *fpl* qui assurent le maintien de la paix
peacemaker ['piːsmeɪkəʳ] *n* conciliateur(-trice) ; **to act as a ~** jouer un rôle de conciliateur
peace offering *n* gage *m* de réconciliation ; (*humorous*) gage de paix
peacetime ['piːstaɪm] *n*: **in** *or* **during ~** en temps de paix
peach [piːtʃ] *n* pêche *f*

peacock ['pi:kɔk] *n* paon *m*
peak [pi:k] *n* (*mountain*) pic *m*, cime *f*; (*of cap*) visière *f*; (*fig: highest level*) maximum *m*; (*: of career, fame*) apogée *m*
peaked [pi:kt] *adj* (*cap*) à visière
peak-hour ['pi:kauəʳ] *adj* (*traffic etc*) de pointe
peak hours *npl* heures *fpl* d'affluence *or* de pointe
peak period *n* période *f* de pointe
peak rate *n* plein tarif
peaky ['pi:kɪ] *adj* (Brit *inf*) fatigué(e)
peal [pi:l] *n* (*of bells*) carillon *m*; **peals of laughter** éclats *mpl* de rire
peanut ['pi:nʌt] *n* arachide *f*, cacahuète *f*
peanut butter *n* beurre *m* de cacahuète
pear [pɛəʳ] *n* poire *f*
pearl [pə:l] *n* perle *f*
peasant ['pɛznt] *n* paysan(ne)
peat [pi:t] *n* tourbe *f*
pebble ['pɛbl] *n* galet *m*, caillou *m*
peck [pɛk] *vt* (*also*: **peck at**) donner un coup de bec à; (*: food*) picorer ▸ *n* coup *m* de bec; (*kiss*) bécot *m*
pecking order ['pɛkɪŋ-] *n* ordre *m* hiérarchique
peckish ['pɛkɪʃ] *adj* (Brit *inf*): **I feel ~** je mangerais bien quelque chose, j'ai la dent
pecs [pɛks] *npl* (*inf*) pectoraux *mpl*
peculiar [pɪ'kju:lɪəʳ] *adj* (*odd*) étrange, bizarre, curieux(-euse); (*particular*) particulier(-ière); **~ to** particulier à
peculiarity [pɪkju:lɪ'ærɪtɪ] *n* bizarrerie *f*; particularité *f*
pecuniary [pɪ'kju:nɪərɪ] *adj* pécuniaire
pedagogical [pɛdə'gɔdʒɪkl] *adj* pédagogique
pedal ['pɛdl] *n* pédale *f* ▸ *vi* pédaler
pedal bin *n* (Brit) poubelle *f* à pédale
pedantic [pɪ'dæntɪk] *adj* pédant(e)
peddle ['pɛdl] *vt* colporter; (*drugs*) faire le trafic de
peddler ['pɛdləʳ] *n* colporteur *m*; camelot *m*
pedestal ['pɛdəstl] *n* piédestal *m*
pedestrian [pɪ'dɛstrɪən] *n* piéton *m* ▸ *adj* piétonnier(-ière); (*fig*) prosaïque, terre à terre *inv*
pedestrian crossing *n* (Brit) passage clouté
pedestrianized [pɪ'dɛstrɪənaɪzd] *adj*: **a ~ street** une rue piétonne
pedestrian precinct, (US) **pedestrian zone** *n* (Brit) zone piétonne
pediatrics [pi:dɪ'ætrɪks] *n* (US) = **paediatrics**
pedicure ['pɛdɪkjuəʳ] *n* soins *mpl* des pieds; **to have a ~** se faire soigner les pieds
pedigree ['pɛdɪgri:] *n* ascendance *f*; (*of animal*) pedigree *m* ▸ *cpd* (*animal*) de race
pedlar ['pɛdləʳ] *n* = **peddler**
pedophile ['pi:dəufaɪl] *n* (US) = **paedophile**
pee [pi:] *vi* (*inf*) faire pipi, pisser
peek [pi:k] *vi* jeter un coup d'œil (furtif)
peel [pi:l] *n* pelure *f*, épluchure *f*; (*of orange, lemon*) écorce *f* ▸ *vt* peler, éplucher ▸ *vi* (*paint etc*) s'écailler; (*wallpaper*) se décoller; (*skin*) peler
▸ **peel back** *vt* décoller
▸ **peel off** *vt* (*sticker, label*) décoller
peeler ['pi:ləʳ] *n* (*potato etc peeler*) éplucheur *m*
peelings ['pi:lɪŋz] *npl* pelures *fpl*, épluchures *fpl*
peep [pi:p] *n* (*look*) coup d'œil furtif; (*sound*) pépiement *m* ▸ *vi* jeter un coup d'œil (furtif)
▸ **peep out** *vi* se montrer (furtivement)
peephole ['pi:phəul] *n* judas *m*
peer [pɪəʳ] *vi*: **to ~ at** regarder attentivement, scruter ▸ *n* (*noble*) pair *m*; (*equal*) pair, égal(e)
peerage ['pɪərɪdʒ] *n* pairie *f*
peerless ['pɪəlɪs] *adj* incomparable, sans égal
peer pressure *n* (*also*: **peer group pressure**) influence *f* de l'entourage
peeved [pi:vd] *adj* irrité(e), ennuyé(e)
peevish ['pi:vɪʃ] *adj* grincheux(-euse), maussade
peg [pɛg] *n* cheville *f*; (*for coat etc*) patère *f*; (Brit: *also*: **clothes peg**) pince *f* à linge ▸ *vt* (*clothes*) accrocher; (Brit: *groundsheet*) fixer (avec des piquets); (*fig: prices, wages*) contrôler, stabiliser
PEI *abbr* (Canada) = **Prince Edward Island**
pejorative [pɪ'dʒɔrətɪv] *adj* péjoratif(-ive)
Pekin [pi:'kɪn], **Peking** [pi:'kɪŋ] *n* Pékin
Pekinese, Pekingese [pi:kɪ'ni:z] *n* pékinois *m*
pelican ['pɛlɪkən] *n* pélican *m*
pelican crossing *n* (Brit *Aut*) feu *m* à commande manuelle
pellet ['pɛlɪt] *n* boulette *f*; (*of lead*) plomb *m*
pell-mell ['pɛl'mɛl] *adv* pêle-mêle
pelmet ['pɛlmɪt] *n* cantonnière *f*; lambrequin *m*
pelt [pɛlt] *vt*: **to ~ sb (with)** bombarder qn (de) ▸ *vi* (*inf: rain*) tomber à seaux; (*: run*) courir à toutes jambes ▸ *n* peau *f*
▸ **pelt down** *vi* (*inf: rain*) tomber à seaux; **it's pelting down** il tombe des cordes
pelvic ['pɛlvɪk] *adj* pelvien(ne)
pelvis ['pɛlvɪs] *n* bassin *m*
pen [pɛn] *n* (*for writing*) stylo *m*; (*for sheep*) parc *m*; (US *inf: prison*) taule *f*; **to put ~ to paper** prendre la plume
penal ['pi:nl] *adj* pénal(e)
penalize ['pi:nəlaɪz] *vt* pénaliser; (*fig*) désavantager
penal servitude [-'sə:vɪtju:d] *n* travaux forcés
penalty ['pɛnltɪ] *n* pénalité *f*; sanction *f*; (*fine*) amende *f*; (*Sport*) pénalisation *f*; (*also*: **penalty kick**: *Football*) penalty *m*; (*: Rugby*) pénalité *f*; **to pay the ~ for** être pénalisé(e) pour
penalty area, penalty box *n* (Brit *Sport*) surface *f* de réparation
penalty clause *n* clause pénale
penalty kick *n* (*Football*) penalty *m*
penalty shoot-out [-'ʃu:taut] *n* (*Football*) épreuve *f* des penalties
penance ['pɛnəns] *n* pénitence *f*
pence [pɛns] *npl of* **penny**
penchant ['pɑ̃:ʃɔŋ] *n* penchant *m*
pencil ['pɛnsl] *n* crayon *m*
▸ **pencil in** *vt* noter provisoirement
pencil case *n* trousse *f* (d'écolier)
pencil sharpener *n* taille-crayon(s) *m inv*
pendant ['pɛndnt] *n* pendentif *m*
pending ['pɛndɪŋ] *prep* en attendant ▸ *adj* en suspens
pendulum ['pɛndjuləm] *n* pendule *m*; (*of clock*) balancier *m*
penetrate ['pɛnɪtreɪt] *vt* pénétrer dans; (*enemy territory*) entrer en; (*sexually*) pénétrer
penetrating ['pɛnɪtreɪtɪŋ] *adj* pénétrant(e)

P

penetration [pɛnɪ'treɪʃən] *n* pénétration *f*
pen friend *n* (BRIT) correspondant(e)
penguin ['pɛŋgwɪn] *n* pingouin *m*
penicillin [pɛnɪ'sɪlɪn] *n* pénicilline *f*
peninsula [pə'nɪnsjulə] *n* péninsule *f*
penis ['piːnɪs] *n* pénis *m*, verge *f*
penitence ['pɛnɪtns] *n* repentir *m*
penitent ['pɛnɪtnt] *adj* repentant(e)
penitentiary [pɛnɪ'tɛnʃərɪ] *n* (US) prison *f*
penknife ['pɛnnaɪf] *n* canif *m*
Penn., Penna. *abbr* (US) = **Pennsylvania**
pen name *n* nom *m* de plume, pseudonyme *m*
pennant ['pɛnənt] *n* flamme *f*, banderole *f*
penniless ['pɛnɪlɪs] *adj* sans le sou
Pennines ['pɛnaɪnz] *npl*: **the ~** les Pennines *fpl*
penny ['pɛnɪ] (*pl* **pennies** ['pɛnɪz] *or* **pence** [pɛns]) *n* (BRIT) penny *m* ; (US) cent *m*
pen pal *n* correspondant(e)
penpusher ['pɛnpuʃə^r] *n* (*pej*) gratte-papier *m inv*
pension ['pɛnʃən] *n* (*from company*) retraite *f* ; (*Mil*) pension *f*
▸ **pension off** *vt* mettre à la retraite
pensionable ['pɛnʃnəbl] *adj* qui a droit à une retraite
pensioner ['pɛnʃənə^r] *n* (BRIT) retraité(e)
pension fund *n* caisse *f* de retraite
pension plan *n* plan *m* de retraite
pensive ['pɛnsɪv] *adj* pensif(-ive)
pentagon ['pɛntəgən] *n* pentagone *m* ; **the P~** (*US Pol*) le Pentagone
pentathlon [pɛn'tæθlən] *n* pentathlon *m*
Pentecost ['pɛntɪkɔst] *n* Pentecôte *f*
penthouse ['pɛnthaus] *n* appartement *m* (de luxe) en attique
pent-up ['pɛntʌp] *adj* (*feelings*) refoulé(e)
penultimate [pɪ'nʌltɪmət] *adj* pénultième, avant-dernier(-ière)
penury ['pɛnjurɪ] *n* misère *f*
peony ['piːənɪ] *n* pivoine *f*
people ['piːpl] *npl* gens *mpl* ; personnes *fpl* ; (*inhabitants*) population *f* ; (*Pol*) peuple *m* ; **I know ~ who ...** je connais des gens qui ... ; **the room was full of ~** la salle était pleine de monde *or* de gens ; **several ~ came** plusieurs personnes sont venues ; **~ say that ...** on dit *or* les gens disent que ... ; **old ~** les personnes âgées ; **young ~** les jeunes ▸ *n* (*nation, race*) peuple *m* ; **a man of the ~** un homme du peuple ▸ *vt* peupler
PEP [pɛp] *n* (= *personal equity plan*) ≈ CEA *m* (= *compte d'épargne en actions*)
pep [pɛp] *n* (*inf*) entrain *m*, dynamisme *m*
▸ **pep up** *vt* (*inf*) remonter
pepper ['pɛpə^r] *n* poivre *m* ; (*vegetable*) poivron *m* ▸ *vt* (*Culin*) poivrer
pepper mill *n* moulin *m* à poivre
peppermint ['pɛpəmɪnt] *n* (*plant*) menthe poivrée ; (*sweet*) pastille *f* de menthe
pepperoni [pɛpə'rəunɪ] *n saucisson sec de porc et de bœuf très poivré.*
pepperpot ['pɛpəpɔt] *n* poivrière *f*
pep talk *n* (*inf*) (petit) discours d'encouragement
per [pəː^r] *prep* par ; **~ hour** (*miles etc*) à l'heure ; (*fee*) (de) l'heure ; **~ kilo** *etc* le kilo *etc* ; **~ day/person** par jour/personne ; **~ annum** par an ; **as ~ your instructions** conformément à vos instructions
per annum *adv* par an
per capita *adj, adv* par habitant, par personne
perceive [pə'siːv] *vt* percevoir ; (*notice*) remarquer, s'apercevoir de
per cent *adv* pour cent ; **a 20 ~ discount** une réduction de 20 pour cent
percentage [pə'sɛntɪdʒ] *n* pourcentage *m* ; **on a ~ basis** au pourcentage
percentage point *n*: **ten percentage points** dix pour cent
perceptible [pə'sɛptɪbl] *adj* perceptible
perception [pə'sɛpʃən] *n* perception *f* ; (*insight*) sensibilité *f*
perceptive [pə'sɛptɪv] *adj* (*remark, person*) perspicace
perch [pəːtʃ] *n* (*fish*) perche *f* ; (*for bird*) perchoir *m* ▸ *vi* (se) percher
percolate ['pəːkəleɪt] *vt, vi* passer
percolator ['pəːkəleɪtə^r] *n* percolateur *m* ; cafetière *f* électrique
percussion [pə'kʌʃən] *n* percussion *f*
peremptory [pə'rɛmptərɪ] *adj* péremptoire
perennial [pə'rɛnɪəl] *adj* perpétuel(le) ; (*Bot*) vivace ▸ *n* (*Bot*) (plante *f*) vivace *f*, plante pluriannuelle
perfect *adj* ['pəːfɪkt] parfait(e) ; **he's a ~ stranger to me** il m'est totalement inconnu ▸ *n* ['pəːfɪkt] (*also*: **perfect tense**) parfait *m* ▸ *vt* [pə'fɛkt] (*technique, skill, work of art*) parfaire ; (*method, plan*) mettre au point
perfection [pə'fɛkʃən] *n* perfection *f*
perfectionist [pə'fɛkʃənɪst] *n* perfectionniste *mf*
perfectly ['pəːfɪktlɪ] *adv* parfaitement ; **I'm ~ happy with the situation** cette situation me convient parfaitement ; **you know ~ well** vous le savez très bien
perforate ['pəːfəreɪt] *vt* perforer, percer
perforated ulcer ['pəːfəreɪtɪd-] *n* (*Med*) ulcère perforé
perforation [pəːfə'reɪʃən] *n* perforation *f* ; (*line of holes*) pointillé *m*
perform [pə'fɔːm] *vt* (*carry out*) exécuter, remplir ; (*concert etc*) jouer, donner ▸ *vi* (*actor, musician*) jouer ; (*machine, car*) marcher, fonctionner ; (*company, economy*): **to ~ well/badly** produire de bons/mauvais résultats
performance [pə'fɔːməns] *n* représentation *f*, spectacle *m* ; (*of an artist*) interprétation *f* ; (*Sport: of car, engine*) performance *f* ; (*of company, economy*) résultats *mpl* ; **the team put up a good ~** l'équipe a bien joué
performer [pə'fɔːmə^r] *n* artiste *mf*
performing [pə'fɔːmɪŋ] *adj* (*animal*) savant(e)
performing arts *npl*: **the ~** les arts *mpl* du spectacle
perfume ['pəːfjuːm] *n* parfum *m* ▸ *vt* parfumer
perfunctory [pə'fʌŋktərɪ] *adj* négligent(e), pour la forme
perhaps [pə'hæps] *adv* peut-être ; **~ he'll ...** peut-être qu'il ... ; **~ so/not** peut-être que oui/que non
peril ['pɛrɪl] *n* péril *m*

perilous ['pɛrɪləs] *adj* périlleux(-euse)
perilously ['pɛrɪləslɪ] *adv*: **they came ~ close to being caught** ils ont été à deux doigts de se faire prendre
perimeter [pə'rɪmɪtəʳ] *n* périmètre *m*
perimeter wall *n* mur *m* d'enceinte
period ['pɪərɪəd] *n* période *f* ; *(Hist)* époque *f* ; *(Scol)* cours *m* ; *(full stop)* point *m* ; *(Med)* règles *fpl* ; **for a ~ of three weeks** pour (une période de) trois semaines ; **the holiday ~** (BRIT) la période des vacances ▸ *adj (costume, furniture)* d'époque
periodic [pɪərɪ'ɔdɪk] *adj* périodique
periodical [pɪərɪ'ɔdɪkl] *adj* périodique ▸ *n* périodique *m*
periodically [pɪərɪ'ɔdɪklɪ] *adv* périodiquement
period pains *npl* (BRIT) douleurs menstruelles
peripatetic [pɛrɪpə'tɛtɪk] *adj (salesman)* ambulant ; (BRIT: *teacher*) qui travaille dans plusieurs établissements
peripheral [pə'rɪfərəl] *adj* périphérique ▸ *n (Comput)* périphérique *m*
periphery [pə'rɪfərɪ] *n* périphérie *f*
periscope ['pɛrɪskəup] *n* périscope *m*
perish ['pɛrɪʃ] *vi* périr, mourir ; *(decay)* se détériorer
perishable ['pɛrɪʃəbl] *adj* périssable
perishables ['pɛrɪʃəblz] *npl* denrées *fpl* périssables
perishing ['pɛrɪʃɪŋ] *adj* (BRIT *inf*: *cold*) glacial(e)
peritonitis [pɛrɪtə'naɪtɪs] *n* péritonite *f*
perjure ['pə:dʒəʳ] *vt*: **to ~ o.s.** se parjurer
perjury ['pə:dʒərɪ] *n (Law: in court)* faux témoignage ; *(breach of oath)* parjure *m*
perk [pə:k] *n (inf)* avantage *m*, à-côté *m*
▸ **perk up** *vi (inf: cheer up)* se ragaillardir
perky ['pə:kɪ] *adj (cheerful)* guilleret(te), gai(e)
perm [pə:m] *n (for hair)* permanente *f* ▸ *vt*: **to have one's hair permed** se faire faire une permanente
permanence ['pə:mənəns] *n* permanence *f*
permanent ['pə:mənənt] *adj* permanent(e) ; *(job, position)* permanent, fixe ; *(dye, ink)* indélébile ; **I'm not ~ here** je ne suis pas ici à titre définitif ; **~ address** adresse habituelle
permanently ['pə:mənəntlɪ] *adv* de façon permanente ; *(move abroad)* définitivement ; *(open, closed)* en permanence ; *(tired, unhappy)* constamment
permeable ['pə:mɪəbl] *adj* perméable
permeate ['pə:mɪeɪt] *vi* s'infiltrer ▸ *vt* s'infiltrer dans ; pénétrer
permissible [pə'mɪsɪbl] *adj* permis(e), acceptable
permission [pə'mɪʃən] *n* permission *f*, autorisation *f* ; **to give sb ~ to do sth** donner à qn la permission de faire qch
permissive [pə'mɪsɪv] *adj* tolérant(e) ; **the ~ society** la société de tolérance
permit *n* ['pə:mɪt] permis *m* ; *(entrance pass)* autorisation *f*, laissez-passer *m* ; *(for goods)* licence *f* ▸ *vt* [pə'mɪt] permettre ; **to ~ sb to do** autoriser qn à faire, permettre à qn de faire ▸ *vi*: **weather permitting** si le temps le permet
permutation [pə:mju'teɪʃən] *n* permutation *f*
pernicious [pə:'nɪʃəs] *adj* pernicieux(-euse), nocif(-ive)
pernickety [pə'nɪkɪtɪ] *adj (inf)* pointilleux(-euse), tatillon(ne) ; *(task)* minutieux(-euse)
peroxide [pə'rɔksaɪd] *n* eau *f* oxygénée
perpendicular [pə:pən'dɪkjuləʳ] *adj, n* perpendiculaire *f*
perpetrate ['pə:pɪtreɪt] *vt* perpétrer, commettre
perpetrator ['pə:pɪtreɪtəʳ] *n (of crime)* auteur *m*
perpetual [pə'pɛtjuəl] *adj* perpétuel(le)
perpetuate [pə'pɛtjueɪt] *vt* perpétuer
perpetuity [pə:pɪ'tju:ɪtɪ] *n*: **in ~** à perpétuité
perplex [pə'plɛks] *vt (person)* rendre perplexe
perplexed [pə'plɛkst] *adj* perplexe ; **to be ~ about sth** être perplexe quant à qch
perplexing [pə:'plɛksɪŋ] *adj* embarrassant(e)
perquisites ['pə:kwɪzɪts] *npl (also:* **perks***)* avantages *mpl* annexes
persecute ['pə:sɪkju:t] *vt* persécuter
persecution [pə:sɪ'kju:ʃən] *n* persécution *f*
perseverance [pə:sɪ'vɪərns] *n* persévérance *f*, ténacité *f*
persevere [pə:sɪ'vɪəʳ] *vi* persévérer
Persia ['pə:ʃə] *n* Perse *f*
Persian ['pə:ʃən] *adj* persan(e) ; **the ~ Gulf** le golfe Persique ▸ *n (Ling)* persan *m*
Persian cat *n* chat persan
persist [pə'sɪst] *vi*: **to ~ (in doing)** persister (à faire), s'obstiner (à faire)
persistence [pə'sɪstəns] *n* persistance *f*, obstination *f* ; opiniâtreté *f*
persistent [pə'sɪstənt] *adj (headache, cough)* persistant(e), tenace ; *(noise, rain, problem)* persistant(e) ; *(person)* persévérant(e) ; **~ offender** *(Law)* multirécidiviste *mf*
persistently [pə'sɪstəntlɪ] *adv (with determination)* avec persévérance ; *(unfailingly: high)* invariablement ; **to be ~ late** persister à être en retard
persnickety [pə'snɪkɪtɪ] *adj (US inf)* = **pernickety**
person ['pə:sn] *n* personne *f* ; **in ~** en personne ; **on** *or* **about one's ~** sur soi ; **~ to ~ call** *(Tel)* appel *m* avec préavis
persona [pə'səunə] *n (image)* personnage *m* ; **public ~** personne publique
personable ['pə:snəbl] *adj* de belle prestance, au physique attrayant
personal ['pə:snl] *adj* personnel(le) ; **~ belongings, ~ effects** effets personnels ; **~ hygiene** hygiène *f* intime ; **a ~ interview** un entretien
personal allowance *n (Tax)* part *f* du revenu non imposable
personal assistant *n* secrétaire personnel(le)
personal call *n (Tel)* communication *f* avec préavis
personal column *n* annonces personnelles
personal computer *n* ordinateur individuel, PC *m*
personal details *npl (on form etc)* coordonnées *fpl*
personal identification number *n (Comput, Banking)* numéro *m* d'identification personnel
personality [pə:sə'nælɪtɪ] *n* personnalité *f*
personalize ['pə:sənəlaɪz] *vt* personnaliser

personally ['pəːsnəlɪ] *adv* personnellement ; **to take sth ~** se sentir visé(e) par qch
personal organizer *n* agenda (personnel) ; (*electronic*) agenda électronique
personal property *n* biens personnels
personal stereo *n* Walkman® *m*, baladeur *m*
personify [pəː'sɔnɪfaɪ] *vt* personnifier
personnel [pəːsə'nɛl] *n* personnel *m*
personnel department *n* service *m* du personnel
personnel manager *n* chef *m* du personnel
perspective [pə'spɛktɪv] *n* perspective *f* ; **to get sth into ~** ramener qch à sa juste mesure
perspex® ['pəːspɛks] *n* (BRIT) Plexiglas® *m*
perspicacious [pəːspɪ'keɪʃəs] *adj* perspicace
perspicacity [pəːspɪ'kæsɪtɪ] *n* perspicacité *f*
perspiration [pəːspɪ'reɪʃən] *n* transpiration *f*
perspire [pə'spaɪəʳ] *vi* transpirer
persuade [pə'sweɪd] *vt*: **to ~ sb to do sth** persuader qn de faire qch, amener *or* décider qn à faire qch ; **to ~ sb of sth/that** persuader qn de qch/que
persuasion [pə'sweɪʒən] *n* persuasion *f* ; (*creed*) conviction *f*
persuasive [pə'sweɪsɪv] *adj* persuasif(-ive)
pert [pəːt] *adj* coquin(e), mutin(e)
pertaining [pəː'teɪnɪŋ]: **~ to** *prep* relatif(-ive) à
pertinent ['pəːtɪnənt] *adj* pertinent(e)
perturb [pə'təːb] *vt* troubler, inquiéter
perturbing [pə'təːbɪŋ] *adj* troublant(e)
Peru [pə'ruː] *n* Pérou *m*
perusal [pə'ruːzl] *n* consultation *f*
peruse [pər'uːz] *vt* consulter
Peruvian [pə'ruːvjən] *adj* péruvien(ne) ▸ *n* Péruvien(ne)
pervade [pə'veɪd] *vt* se répandre dans, envahir
pervasive [pə'veɪsɪv] *adj* (*smell*) pénétrant(e) ; (*influence*) insidieux(-euse) ; (*gloom, ideas*) diffus(e)
perverse [pə'vəːs] *adj* pervers(e) ; (*contrary*) entêté(e), contrariant(e)
perversion [pə'vəːʃən] *n* perversion *f*
perversity [pə'vəːsɪtɪ] *n* perversité *f*
pervert *n* ['pəːvəːt] perverti(e) ▸ *vt* [pə'vəːt] pervertir ; (*words*) déformer
pesky ['pɛskɪ] *adj* (*inf*) casse-pieds *inv*
pessimism ['pɛsɪmɪzəm] *n* pessimisme *m*
pessimist ['pɛsɪmɪst] *n* pessimiste *mf*
pessimistic [pɛsɪ'mɪstɪk] *adj* pessimiste
pest [pɛst] *n* animal *m* (*or* insecte *m*) nuisible ; (*fig*) fléau *m*
pest control *n* lutte *f* contre les nuisibles
pester ['pɛstəʳ] *vt* importuner, harceler
pesticide ['pɛstɪsaɪd] *n* pesticide *m*
pestilence ['pɛstɪləns] *n* peste *f*
pestle ['pɛsl] *n* pilon *m*
pet [pɛt] *n* animal familier ; (*favourite*) chouchou *m* ; **teacher's ~** chouchou *m* du professeur ▸ *cpd* (*favourite*) favori(e) ; **~ lion** *etc* lion *etc* apprivoisé ; **~ hate** bête noire ▸ *vt* choyer ; (*stroke*) caresser, câliner ▸ *vi* (*inf*) se peloter
petal ['pɛtl] *n* pétale *m*
peter ['piːtəʳ]: **to ~ out** *vi* s'épuiser ; s'affaiblir
petite [pə'tiːt] *adj* menu(e)
petition [pə'tɪʃən] *n* pétition *f* ▸ *vt* adresser une pétition à ▸ *vi*: **to ~ for divorce** demander le divorce
pet name *n* (BRIT) petit nom
petrified ['pɛtrɪfaɪd] *adj* (*fig*) mort(e) de peur
petrify ['pɛtrɪfaɪ] *vt* pétrifier
petrochemical [pɛtrə'kɛmɪkl] *adj* pétrochimique
petrodollars ['pɛtrəudɔləz] *npl* pétrodollars *mpl*
petrol ['pɛtrəl] *n* (BRIT) essence *f* ; **I've run out of ~** je suis en panne d'essence
petrol bomb *n* cocktail *m* Molotov
petrol can *n* (BRIT) bidon *m* à essence
petrol engine *n* (BRIT) moteur *m* à essence
petroleum [pə'trəulɪəm] *n* pétrole *m*
petroleum jelly *n* vaseline *f*
petrol pump *n* (BRIT: *in car, at garage*) pompe *f* à essence
petrol station *n* (BRIT) station-service *f*
petrol tank *n* (BRIT) réservoir *m* d'essence
petticoat ['pɛtɪkəut] *n* jupon *m*
pettifogging ['pɛtɪfɔgɪŋ] *adj* chicanier(-ière)
pettiness ['pɛtɪnɪs] *n* mesquinerie *f*
petty ['pɛtɪ] *adj* (*mean*) mesquin(e) ; (*unimportant*) insignifiant(e), sans importance
petty cash *n* caisse *f* des dépenses courantes, petite caisse
petty officer *n* second-maître *m*
petulant ['pɛtjulənt] *adj* irritable
petunia [pə'tjuːnɪə] *n* pétunia *m*
pew [pjuː] *n* banc *m* (d'église)
pewter ['pjuːtəʳ] *n* étain *m*
Pfc *abbr* (*US Mil*) = **private first class**
PFI *n abbr* (= *Private Finance Initiative*) PPP *m* (= *partenariat public-privé*)
PG *n abbr* (*Cine*: = *parental guidance*) *avis des parents recommandé*
PGA *n abbr* = **Professional Golfers Association**
PH *n abbr* (*US Mil*: = *Purple Heart*) *décoration accordée aux blessés de guerre*
PHA *n abbr* (*US*: = *Public Housing Administration*) *organisme d'aide à la construction*
phablet ['fæblɪt] *n* (*Tel*: *phone plus tablet*) phablet *m*
phallic ['fælɪk] *adj* phallique
phantom ['fæntəm] *n* fantôme *m* ; (*vision*) fantasme *m*
Pharaoh ['fɛərəu] *n* pharaon *m*
pharmaceutical [fɑːmə'sjuːtɪkl] *adj* pharmaceutique ▸ *n*: **pharmaceuticals** produits *mpl* pharmaceutiques
pharmacist ['fɑːməsɪst] *n* pharmacien(ne)
pharmacology [fɑːmə'kɔlədʒɪ] *n* pharmacologie *f*
pharmacy ['fɑːməsɪ] *n* pharmacie *f*
phase [feɪz] *n* phase *f*, période *f*
▸ **phase in** *vt* introduire progressivement
▸ **phase out** *vt* supprimer progressivement
phased [feɪzd] *adj* progressif(-ive)
Ph.D. *abbr* = **Doctor of Philosophy**
pheasant ['fɛznt] *n* faisan *m*
phenomena [fə'nɔmɪnə] *npl of* **phenomenon**
phenomenal [fɪ'nɔmɪnl] *adj* phénoménal(e)
phenomenon [fə'nɔmɪnən] (*pl* **phenomena** [-nə]) *n* phénomène *m*
phew [fjuː] *excl* ouf !

phial ['faɪəl] *n* fiole *f*
philanderer [fɪ'lændərəʳ] *n* don Juan *m*
philanthropic [fɪlən'θrɔpɪk] *adj* philanthropique
philanthropist [fɪ'lænθrəpɪst] *n* philanthrope *mf*
philanthropy [fɪ'lænθrəpɪ] *n* philanthropie *f*
philatelist [fɪ'lætəlɪst] *n* philatéliste *mf*
philately [fɪ'lætəlɪ] *n* philatélie *f*
Philippines ['fɪlɪpi:nz] *npl* (*also*: **Philippine Islands**): **the ~** les Philippines *fpl*
philistine ['fɪlɪstaɪn] *n* philistin *m*
philosopher [fɪ'lɔsəfəʳ] *n* philosophe *m*
philosophical [fɪlə'sɔfɪkl] *adj* philosophique
philosophize [fɪ'lɔsəfaɪz] *vi* philosopher ; **to ~ about sth** philosopher sur qch
philosophy [fɪ'lɔsəfɪ] *n* philosophie *f*
phishing ['fɪʃɪŋ] *n* phishing *m*
phlegm [flɛm] *n* flegme *m*
phlegmatic [flɛg'mætɪk] *adj* flegmatique
phobia ['fəubjə] *n* phobie *f*
phobic ['fəubɪk] *adj, n* phobique *mf* ; **to be ~ about sth** avoir une phobie de qch
phoenix ['fi:nɪks] *n* phénix *m*
phone [fəun] *n* téléphone *m* ; **to be on the ~** avoir le téléphone ; (*be calling*) être au téléphone ▸ *vt* téléphoner à ▸ *vi* téléphoner
▸ **phone back** *vt, vi* rappeler
▸ **phone up** *vt* téléphoner à ▸ *vi* téléphoner
phone bill *n* facture *f* de téléphone
phone book *n* annuaire *m*
phone box, (*US*) **phone booth** *n* cabine *f* téléphonique
phone call *n* coup *m* de fil *or* de téléphone
phonecard ['fəunkɑ:d] *n* télécarte *f*
phone-in ['fəunɪn] *n* (Brit *Radio, TV*) programme *m* à ligne ouverte
phone number *n* numéro *m* de téléphone
phone tapping [-tæpɪŋ] *n* mise *f* sur écoutes téléphoniques
phonetics [fə'nɛtɪks] *n* phonétique *f*
phoney ['fəunɪ] *adj* faux (fausse), factice ; (*person*) pas franc (franche) ▸ *n* (*person*) charlatan *m* ; fumiste *mf*
phonics ['fɔnɪks] *n* (*Scol*) méthode *f* syllabique
phonograph ['fəunəgrɑ:f] *n* (*US*) électrophone *m*
phony ['fəunɪ] *adj, n* = **phoney**
phosphate ['fɔsfeɪt] *n* phosphate *m*
phosphorus ['fɔsfərəs] *n* phosphore *m*
photo ['fəutəu] *n* photo *f* ; **to take a ~ of** prendre en photo
photo... ['fəutəu] *prefix* photo...
photo album *n* album *m* de photos
photocall ['fəutəukɔ:l] *n* séance *f* de photos pour la presse
photocopier ['fəutəukɔpɪəʳ] *n* copieur *m*
photocopy ['fəutəukɔpɪ] *n* photocopie *f* ▸ *vt* photocopier
photoelectric [fəutəuɪ'lɛktrɪk] *adj* photoélectrique ; **~ cell** cellule *f* photoélectrique
Photofit® ['fəutəufɪt] *n* portrait-robot *m*
photogenic [fəutəu'dʒɛnɪk] *adj* photogénique
photograph ['fəutəgræf] *n* photographie *f* ; **to take a ~ of sb** prendre qn en photo ▸ *vt* photographier
photographer [fə'tɔgrəfəʳ] *n* photographe *mf*
photographic [fəutə'græfɪk] *adj* photographique
photography [fə'tɔgrəfɪ] *n* photographie *f*
photojournalism [fəutəu'dʒə:nəlɪzəm] *n* photojournalisme *m*
photojournalist [fəutəu'dʒə:nəlɪst] *n* photojournaliste *mf*
photon ['fəutɔn] *n* photon *m*
photo opportunity *n occasion, souvent arrangée, pour prendre des photos d'une personnalité.*
Photoshop® ['fəutəuʃɔp] *n* Photoshop® ▸ *vt*: **to photoshop a picture** retoucher une image avec Photoshop
Photostat® ['fəutəustæt] *n* photocopie *f*, photostat *m*
photosynthesis [fəutəu'sɪnθəsɪs] *n* photosynthèse *f*
phrase [freɪz] *n* expression *f* ; (*Ling*) locution *f* ▸ *vt* exprimer ; (*letter*) rédiger
phrase book *n* recueil *m* d'expressions (pour touristes)
physical ['fɪzɪkl] *adj* physique ; **~ examination** examen médical ; **~ exercises** gymnastique *f*
physical education *n* éducation *f* physique
physically ['fɪzɪklɪ] *adv* physiquement
physician [fɪ'zɪʃən] *n* médecin *m*
physicist ['fɪzɪsɪst] *n* physicien(ne)
physics ['fɪzɪks] *n* physique *f*
physio ['fɪziəu] *n* (Brit *inf*: *person*) kiné *mf* ; (*therapy*) physio *f*
physiological [fɪzɪə'lɔdʒɪkl] *adj* physiologique
physiologist [fɪzɪɔ'lədʒɪst] *n* physiologiste *mf*
physiology [fɪzɪ'ɔlədʒɪ] *n* physiologie *f*
physiotherapist [fɪzɪəu'θɛrəpɪst] *n* kinésithérapeute *mf*
physiotherapy [fɪzɪəu'θɛrəpɪ] *n* kinésithérapie *f*
physique [fɪ'zi:k] *n* (*appearance*) physique *m* ; (*health etc*) constitution *f*
pianist ['pi:ənɪst] *n* pianiste *mf*
piano [pɪ'ænəu] *n* piano *m*
piano accordion *n* (Brit) accordéon *m* à touches
Picardy ['pɪkədɪ] *n* Picardie *f*
piccolo ['pɪkələu] *n* piccolo *m*
pick [pɪk] *n* (*tool*: *also*: **pick-axe**) pic *m*, pioche *f* ; **take your ~** faites votre choix ; **the ~ of** le (la) meilleur(e) de ▸ *vt* choisir ; (*gather*) cueillir ; (*remove*) prendre ; (*lock*) forcer ; (*scab, spot*) gratter, écorcher ; **to ~ a bone** ronger un os ; **to ~ one's nose** se mettre les doigts dans le nez ; **to ~ one's teeth** se curer les dents ; **to ~ sb's brains** faire appel aux lumières de qn ; **to ~ pockets** pratiquer le vol à la tire ; **to ~ a quarrel with sb** chercher noise à qn
▸ **pick at** *vt fus*: **to ~ at one's food** manger du bout des dents, chipoter
▸ **pick off** *vt* (*kill*) (viser soigneusement et) abattre
▸ **pick on** *vt fus* (*person*) harceler
▸ **pick out** *vt* choisir ; (*distinguish*) distinguer
▸ **pick up** *vi* (*improve*) remonter, s'améliorer ; **to ~ up where one left off** reprendre là où l'on s'est arrêté ▸ *vt* ramasser ; (*telephone*) décrocher ; (*collect*) passer prendre ; (*Aut*: *give lift to*) prendre ;

P

(learn) apprendre ; *(Radio)* capter ; **to ~ up speed** prendre de la vitesse ; **to ~ o.s. up** se relever
pickaxe, *(US)* **pickax** ['pɪkæks] *n* pioche *f*
picket ['pɪkɪt] *n (in strike)* gréviste *mf* participant à un piquet de grève ; piquet *m* de grève ▸ *vt* mettre un piquet de grève devant
picket line *n* piquet *m* de grève
pickings ['pɪkɪŋz] *npl*: **there are rich ~ to be had in ...** il y a gros à gagner dans ...
pickle ['pɪkl] *n (as condiment: also:* **pickles**) pickles *mpl* ; **in a ~** *(fig)* dans le pétrin ▸ *vt* conserver dans du vinaigre *or* dans de la saumure
pickled ['pɪkld] *adj (food)* au vinaigre
pick-me-up ['pɪkmi:ʌp] *n* remontant *m*
pickpocket ['pɪkpɔkɪt] *n* pickpocket *m*
pick-up ['pɪkʌp] *n (also:* **pick-up truck**) pick-up *m inv* ; *(BRIT: on record player)* bras *m* pick-up
picnic ['pɪknɪk] *n* pique-nique *m* ▸ *vi* pique-niquer
picnic area *n* aire *f* de pique-nique
picnicker ['pɪknɪkə^r] *n* pique-niqueur(-euse)
pictorial [pɪk'tɔ:rɪəl] *adj* illustré(e)
picture ['pɪktʃə^r] *n (also TV)* image *f* ; *(painting)* peinture *f*, tableau *m* ; *(photograph)* photo(graphie) *f* ; *(drawing)* dessin *m* ; *(film)* film *m* ; *(fig: description)* description *f* ; **to take a ~ of sb/sth** prendre qn/qch en photo ; **would you take a ~ of us, please?** pourriez-vous nous prendre en photo, s'il vous plaît ? ; **the overall ~** le tableau d'ensemble ; **to put sb in the ~** mettre qn au courant ▸ *vt (imagine)* se représenter ; *(describe)* dépeindre, représenter ;
pictures *npl*: **the pictures** *(BRIT)* le cinéma
picture book *n* livre *m* d'images
picture frame *n* cadre *m*
picture messaging *n* picture messaging *m*, messagerie *f* d'images
picturesque [pɪktʃə'rɛsk] *adj* pittoresque
picture window *n* baie vitrée, fenêtre *f* panoramique
piddling ['pɪdlɪŋ] *adj (inf)* insignifiant(e)
pie [paɪ] *n* tourte *f* ; *(of fruit)* tarte *f* ; *(of meat)* pâté *m* en croûte
piebald ['paɪbɔ:ld] *adj* pie *inv*
piece [pi:s] *n* morceau *m* ; *(of land)* parcelle *f* ; *(item)*: **a ~ of furniture/advice** un meuble/ conseil ; *(Draughts)* pion *m* ; **in pieces** *(broken)* en morceaux, en miettes ; *(not yet assembled)* en pièces détachées ; **to take to pieces** démonter ; **in one ~** *(object)* intact(e) ; **to get back all in one ~** *(person)* rentrer sain et sauf ; **a 10p ~** *(BRIT)* une pièce de 10p ; **~ by ~** morceau par morceau ; **a six-~ band** un orchestre de six musiciens ; **to say one's ~** réciter son morceau ▸ *vt*: **to ~ together** rassembler
piecemeal ['pi:smi:l] *adv* par bouts
piece rate *n* taux *m or* tarif *m* à la pièce
piecework ['pi:swə:k] *n* travail *m* aux pièces *or* à la pièce
pie chart *n* graphique *m* à secteurs, camembert *m*
Piedmont ['pi:dmɔnt] *n* Piémont *m*
pier [pɪə^r] *n* jetée *f* ; *(of bridge etc)* pile *f*
pierce [pɪəs] *vt* percer, transpercer ; **to have one's ears pierced** se faire percer les oreilles
pierced [pɪəst] *adj (ears)* percé(e)
piercing ['pɪəsɪŋ] *adj (cry)* perçant(e)
piety ['paɪətɪ] *n* piété *f*
piffling ['pɪflɪŋ] *adj* insignifiant(e)
pig [pɪg] *n* cochon *m*, porc *m* ; *(pej: unkind person)* mufle *m* ; *(: greedy person)* goinfre *m*
pigeon ['pɪdʒən] *n* pigeon *m*
pigeonhole ['pɪdʒənhəul] *n* casier *m*
pigeon-toed ['pɪdʒəntəud] *adj* marchant les pieds en dedans
piggyback ['pɪgɪbæk] *n (also:* **piggyback ride**): **to give sb a ~** porter qn sur son dos ▸ *adv* à califourchon
▸ **piggyback on** *vt* surfer sur
piggy bank ['pɪgɪ-] *n* tirelire *f*
pigheaded ['pɪg'hɛdɪd] *adj* entêté(e), têtu(e)
piglet ['pɪglɪt] *n* petit cochon, porcelet *m*
pigment ['pɪgmənt] *n* pigment *m*
pigmentation [pɪgmən'teɪʃən] *n* pigmentation *f*
pigmy ['pɪgmɪ] *n* = **pygmy**
pigskin ['pɪgskɪn] *n* (peau *f* de) porc *m*
pigsty ['pɪgstaɪ] *n* porcherie *f*
pigtail ['pɪgteɪl] *n* natte *f*, tresse *f*
pike [paɪk] *n (spear)* pique *f* ; *(fish)* brochet *m*
Pilates [pɪ'lɑ:ti:z] *n* Pilates *m*
pilchard ['pɪltʃəd] *n* pilchard *m (sorte de sardine)*
pile [paɪl] *n (pillar, of books)* pile *f* ; *(heap)* tas *m* ; *(of carpet)* épaisseur *f* ; **in a ~** en tas
▸ **pile in** *vi* s'entasser
▸ **pile on** *vt*: **to ~ it on** *(inf)* exagérer
▸ **pile up** *vi (accumulate)* s'entasser, s'accumuler ▸ *vt (put in heap)* empiler, entasser ; *(accumulate)* accumuler
piles [paɪlz] *npl* hémorroïdes *fpl*
pile-up ['paɪlʌp] *n (Aut)* télescopage *m*, collision *f* en série
pilfer ['pɪlfə^r] *vt* chaparder ▸ *vi* commettre des larcins
pilfering ['pɪlfərɪŋ] *n* chapardage *m*
pilgrim ['pɪlgrɪm] *n* pèlerin *m* ; *voir article*

PILGRIM FATHERS

Les **Pilgrim Fathers** (Pères pèlerins) sont un groupe de puritains qui quittèrent l'Angleterre en 1620 pour fuir les persécutions religieuses. Ayant traversé l'Atlantique à bord du *Mayflower*, ils fondèrent New Plymouth en Nouvelle-Angleterre, dans ce qui est aujourd'hui le Massachusetts. Ces Pères pèlerins sont considérés comme les fondateurs des États-Unis, et l'on commémore chaque année, le jour de *Thanksgiving*, la réussite de leur première récolte.

pilgrimage ['pɪlgrɪmɪdʒ] *n* pèlerinage *m*
pill [pɪl] *n* pilule *f* ; **the ~** la pilule ; **to be on the ~** prendre la pilule
pillage ['pɪlɪdʒ] *vt* piller
pillar ['pɪlə^r] *n* pilier *m*
pillar box *n (BRIT)* boîte *f* aux lettres *(publique)*
pillion ['pɪljən] *n (of motor cycle)* siège *m* arrière ; **to ride ~** être derrière ; *(on horse)* être en croupe
pillory ['pɪlərɪ] *n* pilori *m* ▸ *vt* mettre au pilori

pillow ['pɪləu] *n* oreiller *m*
pillowcase ['pɪləukeɪs], **pillowslip** ['pɪləuslɪp] *n* taie *f* d'oreiller
pilot ['paɪlət] *n* pilote *m* ▸ *cpd* (*scheme etc*) pilote, expérimental(e) ▸ *vt* piloter
pilot boat *n* bateau-pilote *m*
pilot light *n* veilleuse *f*
pimento [pɪ'mɛntəu] *n* piment *m*
pimp [pɪmp] *n* souteneur *m*, maquereau *m*
pimple ['pɪmpl] *n* bouton *m*
pimply ['pɪmplɪ] *adj* boutonneux(-euse)
PIN *n abbr* (= *personal identification number*) code *m* confidentiel
pin [pɪn] *n* épingle *f* ; (*Tech*) cheville *f* ; (BRIT: *drawing pin*) punaise *f* ; (*in grenade*) goupille *f* ; (BRIT *Elec*: *of plug*) broche *f* ; **pins and needles** fourmis *fpl* ▸ *vt* (*with pins*) épingler ; **to ~ sb against/to** clouer qn contre/à ; **to ~ sth on sb** (*fig*) mettre qch sur le dos de qn
▸ **pin down** *vt* (*physically*) clouer au sol ; (*fig*) obliger à répondre ; **there's something strange here but I can't quite ~ it down** il y a quelque chose d'étrange ici, mais je n'arrive pas exactement à savoir quoi
pinafore ['pɪnəfɔːʳ] *n* tablier *m*
pinafore dress *n* robe-chasuble *f*
pinball ['pɪnbɔːl] *n* flipper *m*
pincers ['pɪnsəz] *npl* tenailles *fpl*
pinch [pɪntʃ] *n* pincement *m* ; (*of salt etc*) pincée *f* ; **at a ~** à la rigueur ; **to feel the ~** (*fig*) se ressentir des restrictions (*or* de la récession *etc*) ▸ *vt* pincer ; (*inf*: *steal*) piquer, chiper ▸ *vi* (*shoe*) serrer
pinched [pɪntʃt] *adj* (*drawn*) tiré(e) ; **~ with cold** transi(e) de froid
pincushion ['pɪnkuʃən] *n* pelote *f* à épingles
pine [paɪn] *n* (*also*: **pine tree**) pin *m* ▸ *vi*: **to ~ for** aspirer à, désirer ardemment
▸ **pine away** *vi* dépérir
pineapple ['paɪnæpl] *n* ananas *m*
pine cone *n* pomme *f* de pin
ping [pɪŋ] *n* (*noise*) tintement *m*
ping-pong® ['pɪŋpɔŋ] *n* ping-pong® *m*
pink [pɪŋk] *adj* rose ▸ *n* (*colour*) rose *m* ; (*Bot*) œillet *m*, mignardise *f*
pinkie, pinky ['pɪŋkɪ] *n* (*inf*) petit doigt *m*
pinking shears ['pɪŋkɪŋ-] *npl* ciseaux *mpl* à denteler
pin money *n* (BRIT) argent *m* de poche
pinnacle ['pɪnəkl] *n* pinacle *m*
pinpoint ['pɪnpɔɪnt] *vt* indiquer (avec précision)
pinstripe ['pɪnstraɪp] *n* rayure très fine
pinstriped ['pɪnstraɪpt] *adj* à rayures
pint [paɪnt] *n* pinte *f* (*Brit* = 0,57 l ; *US* = 0,47 l) ; (BRIT *inf*) ≈ pot *m*
pinup ['pɪnʌp] *n* pin-up *f inv*
pioneer [paɪə'nɪəʳ] *n* explorateur(-trice) ; (*early settler*) pionnier *m* ; (*fig*) pionnier, précurseur *m* ▸ *vt* être un pionnier de
pioneering [paɪə'nɪərɪŋ] *adj* (*work, research*) pionnier(-ière) ; **~ spirit** esprit de pionnier
pious ['paɪəs] *adj* pieux(-euse)
pip [pɪp] *n* (*seed*) pépin *m* ; **pips** *npl*: **the pips** (BRIT: *time signal on radio*) le top
pipe [paɪp] *n* tuyau *m*, conduite *f* ; (*for smoking*) pipe *f* ; (*Mus*) pipeau *m* ▸ *vt* amener par tuyau ; **pipes** *npl* (*also*: **bagpipes**) cornemuse *f*
▸ **pipe down** *vi* (*inf*) se taire
pipe cleaner *n* cure-pipe *m*
piped music [paɪpt-] *n* musique *f* de fond
pipe dream *n* chimère *f*, utopie *f*
pipeline ['paɪplaɪn] *n* (*for gas*) gazoduc *m*, pipeline *m* ; (*for oil*) oléoduc *m*, pipeline ; **it is in the ~** (*fig*) c'est en route, ça va se faire
piper ['paɪpəʳ] *n* (*flautist*) joueur(-euse) de pipeau ; (*of bagpipes*) joueur(-euse) de cornemuse
pipe tobacco *n* tabac *m* pour la pipe
piping ['paɪpɪŋ] *adv*: **~ hot** très chaud(e)
piquant ['piːkənt] *adj* piquant(e)
pique [piːk] *n* dépit *m*
piqued [piːkt] *adj* piqué(e) au vif ; **a bit ~** un peu dépité(e)
piracy ['paɪərəsɪ] *n* piraterie *f*
piranha [pɪ'rɑːnə] (*pl* **~**) *n* (*also*: **piranha fish**) piranha *m*
pirate ['paɪərət] *n* pirate *m* ▸ *vt* (*CD, video, book*) pirater
pirated ['paɪərətɪd] *adj* pirate
pirate radio *n* (BRIT) radio *f* pirate
pirouette [pɪru'ɛt] *n* pirouette *f* ▸ *vi* faire une *or* des pirouette(s)
Pisces ['paɪsiːz] *n* les Poissons *mpl* ; **to be ~** être des Poissons
piss [pɪs] *vi* (*inf!*) pisser (*!*) ; **~ off!** tire-toi ! (*!*)
pissed [pɪst] *adj* (*inf!*: BRIT: *drunk*) bourré(e) ; (: *US*: *angry*) furieux(-euse)
pistachio [pɪ'stæʃɪəu] *n* (*also*: **pistachio nut**) pistache *f* ; (*tree*) pistachier *m*
piste [piːst] *n* piste *f*
pistol ['pɪstl] *n* pistolet *m*
piston ['pɪstən] *n* piston *m*
pit [pɪt] *n* trou *m*, fosse *f* ; (*also*: **coal pit**) puits *m* de mine ; (*also*: **orchestra pit**) fosse d'orchestre ; (*US*: *fruit stone*) noyau *m* ▸ *vt*: **to ~ sb against sb** opposer qn à qn ; **to ~ o.s.** *or* **one's wits against** se mesurer à ; **pits** *npl* (*in motor racing*) aire *f* de service
pitapat ['pɪtə'pæt] *adv*: **to go ~** (*heart*) battre la chamade ; (*rain*) tambouriner
pitch [pɪtʃ] *n* (BRIT *Sport*) terrain *m* ; (*throw*) lancement *m* ; (*Mus*) ton *m* ; (*of voice*) hauteur *f* ; (*fig*: *degree*) degré *m* ; (*also*: **sales pitch**) baratin *m*, boniment *m* ; (*Naut*) tangage *m* ; (*tar*) poix *f* ; **at this ~** à ce rythme ▸ *vt* (*throw*) lancer ; (*tent*) dresser ; (*set*: *price, message*) adapter, positionner ; **to be pitched forward** être projeté(e) en avant ▸ *vi* (*Naut*) tanguer ; (*fall*): **to ~ into/off** tomber dans/de
▸ **pitch in** *vi* (*inf*: *financially*) mettre la main à la poche ; (: *make a big effort*) donner un coup de main ; **they all pitched in to help** ils ont tous mis la main à la poche pour aider ; ils ont tous donné un coup de main
pitch-black ['pɪtʃblæk] *adj* noir(e) comme poix
pitched battle [pɪtʃt-] *n* bataille rangée
pitcher ['pɪtʃəʳ] *n* cruche *f*
pitchfork ['pɪtʃfɔːk] *n* fourche *f*
piteous ['pɪtɪəs] *adj* pitoyable

P

pitfall ['pɪtfɔːl] *n* trappe *f*, piège *m*
pith [pɪθ] *n* (*of plant*) moelle *f* ; (*of orange etc*) intérieur *m* de l'écorce ; (*fig*) essence *f* ; vigueur *f*
pithead ['pɪthɛd] *n* (Brit) bouche *f* de puits
pithy ['pɪθɪ] *adj* piquant(e) ; vigoureux(-euse)
pitiable ['pɪtɪəbl] *adj* pitoyable
pitiful ['pɪtɪful] *adj* (*touching*) pitoyable ; (*contemptible*) lamentable
pitifully ['pɪtɪfəlɪ] *adv* pitoyablement ; lamentablement
pitiless ['pɪtɪlɪs] *adj* impitoyable
pittance ['pɪtns] *n* salaire *m* de misère
pitted ['pɪtɪd] *adj*: **~ with** (*chickenpox*) grêlé(e) par ; (*rust*) piqué(e) de
pity ['pɪtɪ] *n* pitié *f* ; **what a ~!** quel dommage ! ; **it is a ~ that you can't come** c'est dommage que vous ne puissiez venir ; **to have** *or* **take ~ on sb** avoir pitié de qn ▸ *vt* plaindre
pitying ['pɪtɪɪŋ] *adj* compatissant(e)
pivot ['pɪvət] *n* pivot *m* ▸ *vi* pivoter
pivotal ['pɪvətl] *adj* (*role, position*) pivot
pixel ['pɪksl] *n* (*Comput*) pixel *m*
pixelate ['pɪksɪleɪt] *vt* (*Comput*) pixéliser
pixie ['pɪksɪ] *n* lutin *m*
pizza ['piːtsə] *n* pizza *f*
pizzazz, pizazz [pə'zæz] *n* (*inf*) allant *m* ; **a young woman with a lot of energy and ~** une jeune femme pleine d'énergie et d'allant
placard ['plækɑːd] *n* affiche *f* ; (*in march*) pancarte *f*
placate [plə'keɪt] *vt* apaiser, calmer
placatory [plə'keɪtərɪ] *adj* d'apaisement, lénifiant(e)
place [pleɪs] *n* endroit *m*, lieu *m* ; (*proper position, job, rank, seat*) place *f* ; (*house*) maison *f*, logement *m* ; (*in street names*): **Laurel P~** ≈ rue des Lauriers ; (*home*): **at/to his ~** chez lui ; **to take ~** avoir lieu ; (*occur*) se produire ; **to take sb's ~** remplacer qn ; **to change places with sb** changer de place avec qn ; **from ~ to ~** d'un endroit à l'autre ; **all over the ~** partout ; **out of ~** (*not suitable*) déplacé(e), inopportun(e) ; **I feel out of ~ here** je ne me sens pas à ma place ici ; **in the first ~** d'abord, en premier ; **to put sb in his ~** (*fig*) remettre qn à sa place ; **he's going places** (*fig, inf*) il fait son chemin ; **it is not my ~ to do it** ce n'est pas à moi de le faire ▸ *vt* (*position*) placer, mettre ; (*identify*) situer ; reconnaître ; **to ~ an order with sb (for)** (*Comm*) passer commande à qn (de) ; **to be placed** (*in race, exam*) se placer ; **how are you placed next week?** comment ça se présente pour la semaine prochaine ?
placebo [plə'siːbəu] *n* placebo *m*
place mat *n* set *m* de table ; (*in linen etc*) napperon *m*
placement ['pleɪsmənt] *n* placement *m* ; (*during studies*) stage *m*
place name *n* nom *m* de lieu
placenta [plə'sɛntə] *n* placenta *m*
placid ['plæsɪd] *adj* placide
placidity [plə'sɪdɪtɪ] *n* placidité *f*
plagiarism ['pleɪdʒjərɪzəm] *n* plagiat *m*
plagiarist ['pleɪdʒjərɪst] *n* plagiaire *mf*
plagiarize ['pleɪdʒjəraɪz] *vt* plagier
plague [pleɪg] *n* fléau *m* ; (*Med*) peste *f* ▸ *vt* (*fig*) tourmenter ; **to ~ sb with questions** harceler qn de questions
plaice [pleɪs] *n* (*pl inv*) carrelet *m*
plaid [plæd] *n* tissu écossais
plain [pleɪn] *adj* (*in one colour*) uni(e) ; (*clear*) clair(e), évident(e) ; (*simple*) simple, ordinaire ; (*frank*) franc (franche) ; (*not handsome*) quelconque, ordinaire ; (*cigarette*) sans filtre ; (*without seasoning etc*) nature *inv* ; **in ~ clothes** (*police*) en civil ; **to make sth ~ to sb** faire clairement comprendre qch à qn ▸ *adv* franchement, carrément ▸ *n* plaine *f*
plain chocolate *n* chocolat *m* à croquer
plainly ['pleɪnlɪ] *adv* clairement ; (*frankly*) carrément, sans détours
plainness ['pleɪnnɪs] *n* simplicité *f*
plain speaking *n* propos *mpl* sans équivoque ; **she has a reputation for ~** elle est bien connue pour son franc parler *or* sa franchise
plaintiff ['pleɪntɪf] *n* plaignant(e)
plaintive ['pleɪntɪv] *adj* plaintif(-ive)
plait [plæt] *n* tresse *f*, natte *f* ▸ *vt* tresser, natter
plan [plæn] *n* plan *m* ; (*scheme*) projet *m* ▸ *vt* (*think in advance*) projeter ; (*prepare*) organiser ; **to ~ to do** projeter de faire ; **how long do you ~ to stay?** combien de temps comptez-vous rester ? ▸ *vi* faire des projets
▸ **plan for** *vt fus* (*prepare*) préparer ; (*expect*) prévoir
▸ **plan on** *vt fus*: **to ~ on doing sth** prévoir de faire qch ; (*expect*) s'attendre à ; **I hadn't planned on John arriving last night** je ne m'attendais pas à ce que John arrive hier soir
plane [pleɪn] *n* (*Aviat*) avion *m* ; (*also*: **plane tree**) platane *m* ; (*tool*) rabot *m* ; (*Art, Math etc*) plan *m* ; (*fig*) niveau *m*, plan ▸ *adj* plan(e) ; plat(e) ▸ *vt* (*with tool*) raboter
planet ['plænɪt] *n* planète *f*
planetarium [plænɪ'tɛərɪəm] *n* planétarium *m*
planetary ['plænɪtrɪ] *adj* planétaire
plank [plæŋk] *n* planche *f* ; (*Pol*) point *m* d'un programme
plankton ['plæŋktən] *n* plancton *m*
planned economy [plænd-] *n* économie planifiée
planner ['plænə^r] *n* planificateur(-trice) ; (*chart*) planning *m* ; **town** *or* (*US*) **city ~** urbaniste *mf*
planning ['plænɪŋ] *n* planification *f* ; **family ~** planning familial
planning permission *n* (Brit) permis *m* de construire
plant [plɑːnt] *n* plante *f* ; (*machinery*) matériel *m* ; (*factory*) usine *f* ▸ *vt* planter ; (*bomb*) déposer, poser ; (*microphone, evidence*) cacher
plantation [plæn'teɪʃən] *n* plantation *f*
plant pot *n* (Brit) pot *m* de fleurs
plaque [plæk] *n* plaque *f*
plasma ['plæzmə] *n* plasma *m*
plaster ['plɑːstə^r] *n* plâtre *m* ; (*also*: **plaster of Paris**) plâtre à mouler ; (Brit: *also*: **sticking plaster**) pansement adhésif ; **in ~** (Brit: *leg etc*) dans le plâtre ▸ *vt* plâtrer ; (*cover*): **to ~ with** couvrir de
plasterboard ['plɑːstəbɔːd] *n* Placoplâtre® *m*

plaster cast *n (Med)* plâtre *m* ; *(model, statue)* moule *m*
plastered ['plɑːstəd] *adj (inf)* soûl(e)
plasterer ['plɑːstərəʳ] *n* plâtrier *m*
plastic ['plæstɪk] *n* plastique *m* ▸ *adj (made of plastic)* en plastique ; *(flexible)* plastique, malléable ; *(art)* plastique
plastic bag *n* sac *m* en plastique
plastic bullet *n* balle *f* de plastique
plastic explosive *n* plastic *m*
plasticine® ['plæstɪsiːn] *n* pâte *f* à modeler
plastic surgery *n* chirurgie *f* esthétique
plate [pleɪt] *n (dish)* assiette *f* ; *(sheet of metal, on door, Phot)* plaque *f* ; *(Typ)* cliché *m* ; *(in book)* gravure *f* ; *(dental)* dentier *m* ; *(Aut: number plate)* plaque minéralogique ; **gold/silver ~** *(dishes)* vaisselle *f* d'or/d'argent
plateau ['plætəu] *(pl* **plateaus** *or* **plateaux** ['plætəuz]) *n* plateau *m*
plateful ['pleɪtful] *n* assiette *f*, assiettée *f*
plate glass *n* verre *m* à vitre, vitre *f*
platen ['plætən] *n (on typewriter, printer)* rouleau *m*
plate rack *n* égouttoir *m*
platform ['plætfɔːm] *n (at meeting)* tribune *f* ; *(*Brit*: of bus)* plate-forme *f* ; *(stage)* estrade *f* ; *(Rail)* quai *m* ; *(Pol)* plateforme *f* ; **the train leaves from ~ 7** le train part de la voie 7
platform ticket *n (*Brit*)* billet *m* de quai
platinum ['plætɪnəm] *n* platine *m*
platitude ['plætɪtjuːd] *n* platitude *f*, lieu commun
platonic [plə'tɔnɪk] *adj (feelings, relationship)* platonique
platoon [plə'tuːn] *n* peloton *m*
platter ['plætəʳ] *n* plat *m*
plaudits ['plɔːdɪts] *npl* applaudissements *mpl*
plausible ['plɔːzɪbl] *adj* plausible ; *(person)* convaincant(e)
play [pleɪ] *n* jeu *m* ; *(Theat)* pièce *f* (de théâtre) ; **to bring** *or* **call into ~** faire entrer en jeu ; **~ on words** jeu de mots ▸ *vt (game)* jouer à ; *(team, opponent)* jouer contre ; *(instrument)* jouer de ; *(part, piece of music, note)* jouer ; *(CD etc)* passer ; **to ~ a trick on sb** jouer un tour à qn ▸ *vi* jouer ; **to ~ safe** ne prendre aucun risque ; **they're playing at soldiers** ils jouent aux soldats ; **to ~ into sb's hands** *(fig)* faire le jeu de qn
▸ **play about, play around** *vi (person)* s'amuser
▸ **play along** *vi (fig)*: **to ~ along with** *(person)* entrer dans le jeu de ▸ *vt (fig)*: **to ~ sb along** faire marcher qn
▸ **play back** *vt* repasser, réécouter
▸ **play down** *vt* minimiser
▸ **play for** *vt fus (Sport: team)* jouer pour ; **to ~ for money** *(in games)* jouer de l'argent ; **to ~ for time** chercher à gagner du temps ; **it's all to ~ for** tout reste à jouer
▸ **play on** *vt fus (sb's feelings, credulity)* jouer sur ; **to ~ on sb's nerves** porter sur les nerfs de qn
▸ **play up** *vi (cause trouble)* faire des siennes
playact ['pleɪækt] *vi* jouer la comédie
playboy ['pleɪbɔɪ] *n* playboy *m*
played-out ['pleɪd'aut] *adj* épuisé(e)
player ['pleɪəʳ] *n* joueur(-euse) ; *(Theat)* acteur(-trice) ; *(Mus)* musicien(ne)
playful ['pleɪful] *adj* enjoué(e)
playgoer ['pleɪgəuəʳ] *n* amateur(-trice) de théâtre, habitué(e) des théâtres
playground ['pleɪgraund] *n* cour *f* de récréation ; *(in park)* aire *f* de jeux
playgroup ['pleɪgruːp] *n* garderie *f*
playing card ['pleɪɪŋ-] *n* carte *f* à jouer
playing field ['pleɪɪŋ-] *n* terrain *m* de sport
playmaker ['pleɪmeɪkəʳ] *n (Sport) joueur qui crée des occasions de marquer des buts pour ses coéquipiers*
playmate ['pleɪmeɪt] *n* camarade *mf*, copain (copine)
play-off ['pleɪɔf] *n (Sport)* belle *f*
playpen ['pleɪpɛn] *n* parc *m* (pour bébé)
playroom ['pleɪruːm] *n* salle *f* de jeux
playschool ['pleɪskuːl] *n* = **playgroup**
plaything ['pleɪθɪŋ] *n* jouet *m*
playtime ['pleɪtaɪm] *n (Scol)* récréation *f*
playwright ['pleɪraɪt] *n* dramaturge *m*
plc *abbr (*Brit*: = public limited company)* ≈ SARL *f*
plea [pliː] *n (request)* appel *m* ; *(excuse)* excuse *f* ; *(Law)* défense *f*
plea bargaining *n (Law) négociations entre le procureur, l'avocat de la défense et parfois le juge, pour réduire la gravité des charges*
plead [pliːd] *vt* plaider ; *(give as excuse)* invoquer ▸ *vi (Law)* plaider ; *(beg)*: **to ~ with sb (for sth)** implorer qn (d'accorder qch) ; **to ~ for sth** implorer qch ; **to ~ guilty/not guilty** plaider coupable/non coupable
pleading ['pliːdɪŋ] *adj (expression, voice)* implorant(e) ▸ *n* imploration *f*
pleasant ['plɛznt] *adj* agréable
pleasantly ['plɛzntlɪ] *adv* agréablement
pleasantry ['plɛzntrɪ] *n (joke)* plaisanterie *f* ; **pleasantries** *npl (polite remarks)* civilités *fpl*
please [pliːz] *adv* s'il te (*or* vous) plaît ; **my bill, ~** l'addition, s'il vous plaît ; **~ don't cry!** je t'en prie, ne pleure pas ! ▸ *vt* plaire à ; **~ yourself!** *(inf)* (faites) comme vous voulez ! ▸ *vi (think fit)*: **do as you ~** faites comme il vous plaira
pleased [pliːzd] *adj*: **~ (with)** content(e) (de) ; **~ to meet you** enchanté (de faire votre connaissance) ; **we are ~ to inform you that ...** nous sommes heureux de vous annoncer que ...
pleasing ['pliːzɪŋ] *adj* plaisant(e), qui fait plaisir
pleasurable ['plɛʒərəbl] *adj* très agréable
pleasure ['plɛʒəʳ] *n* plaisir *m* ; **"it's a ~"** « je vous en prie » ; **with ~** avec plaisir ; **is this trip for business or ~?** est-ce un voyage d'affaires ou d'agrément ?
pleasure cruise *n* croisière *f*
pleat [pliːt] *n* pli *m*
pleated ['pliːtɪd] *adj* plissé(e)
pleb [plɛb] *(*Brit *inf, pej)* *n* prolo *m (inf)* ; **plebs** *npl*: **the plebs** la plèbe
plebiscite ['plɛbɪsɪt] *n* plébiscite *m*
plectrum ['plɛktrəm] *n* plectre *m*
pledge [plɛdʒ] *n* gage *m* ; *(promise)* promesse *f* ▸ *vt* engager ; promettre ; **to ~ support for sb** s'engager à soutenir qn ; **to ~ sb to secrecy** faire promettre à qn de garder le secret
plenary ['pliːnərɪ] *adj*: **in ~ session** en séance plénière

P

plentiful ['plɛntɪful] *adj* abondant(e), copieux(-euse)
plenty ['plɛntɪ] *n* abondance *f* ; **~ of** beaucoup de ; *(sufficient)* (bien) assez de ; **we've got ~ of time** nous avons largement le temps
plethora ['plɛθərə] *n* pléthore *f* ; **a ~ of** une pléthore de
pleurisy ['pluərɪsɪ] *n* pleurésie *f*
pliable ['plaɪəbl] *adj* flexible ; *(person)* malléable
pliers ['plaɪəz] *npl* pinces *fpl*
plight [plaɪt] *n* situation *f* critique
plimsolls ['plɪmsəlz] *npl* (BRIT) (chaussures *fpl*) tennis *fpl*
plinth [plɪnθ] *n* socle *m*
PLO *n abbr (= Palestine Liberation Organization)* OLP *f*
plod [plɔd] *vi* avancer péniblement ; *(fig)* peiner
plodder ['plɔdəʳ] *n* bûcheur(-euse)
plodding ['plɔdɪŋ] *adj* pesant(e)
plonk [plɔŋk] *(inf) n* (BRIT: *wine*) pinard *m*, piquette *f* ▸ *vt*: **to ~ sth down** poser brusquement qch
plot [plɔt] *n* complot *m*, conspiration *f* ; *(of story, play)* intrigue *f* ; *(of land)* lot *m* de terrain, lopin *m* ; **a vegetable ~** (BRIT) un carré de légumes ▸ *vt (mark out)* tracer point par point ; *(Naut)* pointer ; *(make graph of)* faire le graphique de ; *(conspire)* comploter ▸ *vi* comploter
plotter ['plɔtəʳ] *n* conspirateur(-trice) ; *(Comput)* traceur *m*
plough, (US) **plow** [plau] *n* charrue *f* ▸ *vt (earth)* labourer ; **to ~ money into** investir dans
▸ **plough back** *vt (Comm)* réinvestir
▸ **plough through** *vt fus (snow etc)* avancer péniblement dans
ploughing, (US) **plowing** ['plauɪŋ] *n* labourage *m*
ploughman, (US) **plowman** ['plaumən] *n (irreg)* laboureur *m*
plow [plau] *n* (US) = **plough**
ploy [plɔɪ] *n* stratagème *m*
pls *abbr (= please)* SVP *m*
pluck [plʌk] *vt (fruit)* cueillir ; *(musical instrument)* pincer ; *(bird)* plumer ; **to ~ one's eyebrows** s'épiler les sourcils ; **to ~ up courage** prendre son courage à deux mains ▸ *n* courage *m*, cran *m*
plucky ['plʌkɪ] *adj* courageux(-euse)
plug [plʌg] *n (stopper)* bouchon *m*, bonde *f* ; *(Elec)* prise *f* de courant ; *(Aut: also:* **spark(ing) plug***)* bougie *f* ; **to give sb/sth a ~** *(inf)* faire de la pub pour qn/qch ▸ *vt (hole)* boucher ; *(inf: advertise)* faire du battage pour, matraquer
▸ **plug in** *vt (Elec)* brancher ▸ *vi (Elec)* se brancher
plughole ['plʌghəul] *n* (BRIT) trou *m* (d'écoulement)
plug-in ['plʌgɪn] *n (Comput)* greffon *m* ; module *m* d'extension
plum [plʌm] *n (fruit)* prune *f* ▸ *adj*: **~ job** *(inf)* travail *m* en or
plumage ['plu:mɪdʒ] *n* plumage *m*
plumb [plʌm] *adj* vertical(e) ▸ *n* plomb *m* ▸ *adv (exactly)* en plein ▸ *vt* sonder
▸ **plumb in** *vt (washing machine)* faire le raccordement de
plumber ['plʌməʳ] *n* plombier *m*
plumbing ['plʌmɪŋ] *n (trade)* plomberie *f* ; *(piping)* tuyauterie *f*
plumbline ['plʌmlaɪn] *n* fil *m* à plomb
plume [plu:m] *n* plume *f*, plumet *m*
plummet ['plʌmɪt] *vi (person, object)* plonger ; *(sales, prices)* dégringoler
plump [plʌmp] *adj* rondelet(te), dodu(e), bien en chair ▸ *vt*: **to ~ sth (down) on** laisser tomber qch lourdement sur
▸ **plump for** *vt fus (inf: choose)* se décider pour
▸ **plump up** *vt (cushion)* battre (pour lui redonner forme)
plunder ['plʌndəʳ] *n* pillage *m* ▸ *vt* piller
plunge [plʌndʒ] *n* plongeon *m* ; *(fig)* chute *f* ; **to take the ~** se jeter à l'eau ▸ *vt* plonger ▸ *vi (fall)* tomber, dégringoler ; *(dive)* plonger
plunger ['plʌndʒəʳ] *n* piston *m* ; *(for blocked sink)* (débouchoir *m* à) ventouse *f*
plunging ['plʌndʒɪŋ] *adj (neckline)* plongeant(e)
pluperfect [plu:'pə:fɪkt] *n (Ling)* plus-que-parfait *m*
plural ['pluərl] *adj* pluriel(le) ▸ *n* pluriel *m*
plus [plʌs] *n (also:* **plus sign***)* signe *m* plus ; *(advantage)* atout *m* ; **it's a ~** c'est un atout ▸ *prep* plus ▸ *adv*: **ten/twenty ~** plus de dix/vingt
plus fours *npl* pantalon *m* (de) golf
plush [plʌʃ] *adj* somptueux(-euse) ▸ *n* peluche *f*
plus-one ['plʌs'wʌn] *n personne qui accompagne un invité à une réception ou une cérémonie.*
plutonium [plu:'təuniəm] *n* plutonium *m*
ply [plaɪ] *n (of wool)* fil *m* ; *(of wood)* feuille *f*, épaisseur *f* ; **three ~ (wool)** *n* laine *f* trois fils ▸ *vt (tool)* manier ; *(a trade)* exercer ; **to ~ sb with drink** donner continuellement à boire à qn ▸ *vi (ship)* faire la navette
plywood ['plaɪwud] *n* contreplaqué *m*
P.M. *n abbr* (BRIT) = **prime minister**
p.m. *adv abbr (= post meridiem)* de l'après-midi
PMS *n abbr (= premenstrual syndrome)* syndrome prémenstruel
PMT *n abbr (= premenstrual tension)* syndrome prémenstruel
pneumatic [nju:'mætɪk] *adj* pneumatique
pneumatic drill *n* marteau-piqueur *m*
pneumonia [nju:'məunɪə] *n* pneumonie *f*
PO *n abbr (= Post Office)* PTT *fpl* ; *(Mil)* = **petty officer**
po *abbr* = **postal order**
POA *n abbr* (BRIT) = **Prison Officers' Association**
poach [pəutʃ] *vt (cook)* pocher ; *(steal)* pêcher *(or* chasser) sans permis ▸ *vi* braconner
poached [pəutʃt] *adj (egg)* poché(e)
poacher ['pəutʃəʳ] *n* braconnier *m*
poaching ['pəutʃɪŋ] *n* braconnage *m*
P.O. Box *n abbr* = **post office box**
pocket ['pɔkɪt] *n* poche *f* ; **to be (£5) out of ~** (BRIT) en être de sa poche (pour 5 livres) ▸ *vt* empocher
pocketbook ['pɔkɪtbuk] *n (notebook)* carnet *m* ; *(US: wallet)* portefeuille *m* ; *(: handbag)* sac *m* à main
pocket knife *n* canif *m*
pocket money *n* argent *m* de poche
pockmarked ['pɔkmɑ:kt] *adj (face)* grêlé(e)
pod [pɔd] *n* cosse *f* ▸ *vt* écosser
podcast ['pɔdkɑ:st] *n* podcast *m* ▸ *vi* podcaster

podcasting ['pɔdkɑːstɪŋ] *n* podcasting *m*, baladodiffusion *f*
podgy ['pɔdʒɪ] *adj* rondelet(te)
podiatrist [pɔ'daɪətrɪst] *n* (*US*) pédicure *mf*
podiatry [pɔ'daɪətrɪ] *n* (*US*) pédicurie *f*
podium ['pəudɪəm] *n* podium *m*
POE *n abbr* = **port of embarkation; port of entry**
poem ['pəuɪm] *n* poème *m*
poet ['pəuɪt] *n* poète *m*
poetic [pəu'ɛtɪk] *adj* poétique
poet laureate *n* poète lauréat

POET LAUREATE

En Grande-Bretagne, le **poet laureate** est un poète qui reçoit un traitement en tant que poète de la cour et qui est officier de la maison royale à vie. Le premier d'entre eux fut Ben Jonson, en 1616. Le poète lauréat écrit des poèmes pour marquer les grandes occasions comme les naissances et mariages royaux, ainsi que d'autres événements nationaux d'importance.

poetry ['pəuɪtrɪ] *n* poésie *f*
pogrom ['pɔgrəm] *n* pogrom *m*
poignant ['pɔɪnjənt] *adj* poignant(e) ; (*sharp*) vif (vive)
point [pɔɪnt] *n* (*Geom, Scol, Sport, on scale*) point *m* ; (*tip*) pointe *f* ; (*in time*) moment *m* ; (*in space*) endroit *m* ; (*subject, idea*) point, sujet *m* ; (*purpose*) but *m* ; (*also*: **decimal point**): **2 ~ 3 (2.3)** 2 virgule 3 (2,3) ; (Brit *Elec*: *also*: **power point**) prise *f* (de courant) ; **to make a ~** faire une remarque ; **to make a ~ of doing sth** ne pas manquer de faire qch ; **to make one's ~** se faire comprendre ; **to get/miss the ~** comprendre/ne pas comprendre ; **to come to the ~** en venir au fait ; **when it comes to the ~** le moment venu ; **there's no ~ (in doing)** cela ne sert à rien (de faire) ; **what's the ~?** à quoi ça sert ? ; **to be on the ~ of doing sth** être sur le point de faire qch ; **that's the whole ~!** précisément ! ; **to be beside the ~** être à côté de la question ; **you've got a ~ there!** (c'est) juste ! ; **good points** qualités *fpl* ; **in ~ of fact** en fait, en réalité ; **~ of departure** (*also fig*) point de départ ; **~ of order** point de procédure ; **~ of sale** (*Comm*) point de vente ; **the train stops at Carlisle and all points south** le train dessert Carlisle et toutes les gares vers le sud ▸ *vt* (*show*) indiquer ; (*wall, window*) jointoyer ; (*gun etc*): **to ~ sth at** braquer *or* diriger qch sur ▸ *vi*: **to ~ at** montrer du doigt ; **to ~ to sth** (*fig*) signaler ; **points** *npl* (*Aut*) vis platinées ; (*Rail*) aiguillage *m*
▸ **point out** *vt* (*show*) montrer, indiquer ; (*mention*) faire remarquer, souligner
point-blank ['pɔɪnt'blæŋk] *adv* (*fig*) catégoriquement ; (*also*: **at point-blank range**) à bout portant ▸ *adj* (*fig*) catégorique
point duty *n* (Brit): **to be on ~** diriger la circulation
pointed ['pɔɪntɪd] *adj* (*shape*) pointu(e) ; (*remark*) plein(e) de sous-entendus
pointedly ['pɔɪntɪdlɪ] *adv* d'une manière significative
pointer ['pɔɪntə^r] *n* (*stick*) baguette *f* ; (*needle*) aiguille *f* ; (*dog*) chien *m* d'arrêt ; (*clue*) indication *f* ; (*advice*) tuyau *m*
pointless ['pɔɪntlɪs] *adj* inutile, vain(e)
point of view *n* point *m* de vue
pointy ['pɔɪntɪ] *adj* (*inf*) en pointe
poise [pɔɪz] *n* (*balance*) équilibre *m* ; (*of head, body*) port *m* ; (*calmness*) calme *m* ▸ *vt* placer en équilibre ; **to be poised for** (*fig*) être prêt à
poison ['pɔɪzn] *n* poison *m* ▸ *vt* empoisonner
poisoning ['pɔɪznɪŋ] *n* empoisonnement *m*
poisonous ['pɔɪznəs] *adj* (*snake*) venimeux(-euse) ; (*substance, plant*) vénéneux(-euse) ; (*fumes*) toxique ; (*fig*) pernicieux(-euse)
poke [pəuk] *vt* (*fire*) tisonner ; (*jab with finger, stick etc*) piquer ; pousser du doigt ; (*put*): **to ~ sth in(to)** fourrer *or* enfoncer qch dans ; **to ~ fun at sb** se moquer de qn ▸ *n* (*jab*) (petit) coup ; (*to fire*) coup *m* de tisonnier
▸ **poke about** *vi* fureter
▸ **poke out** *vi* (*stick out*) sortir ▸ *vt*: **to ~ one's head out of the window** passer la tête par la fenêtre
poker ['pəukə^r] *n* tisonnier *m* ; (*Cards*) poker *m*
poker-faced ['pəukə'feɪst] *adj* au visage impassible
poky ['pəukɪ] *adj* exigu(ë)
Poland ['pəulənd] *n* Pologne *f*
polar ['pəulə^r] *adj* polaire
polar bear *n* ours blanc
polarization [pəulərаɪ'zeɪʃən] *n* opposition *f*
polarize ['pəuləraɪz] *vt* polariser
Pole [pəul] *n* Polonais(e)
pole [pəul] *n* (*of wood*) mât *m*, perche *f* ; (*Elec*) poteau *m* ; (*Geo*) pôle *m*
poleaxe ['pəulæks] *vt* (*fig*) terrasser
pole bean *n* (*US*) haricot *m* (à rames)
polecat ['pəulkæt] *n* putois *m*
Pol. Econ. ['pɔlɪkɔn] *n abbr* = **political economy**
polemic [pɔ'lɛmɪk] *n* polémique *f*
pole star *n* étoile *f* polaire
pole vault *n* saut *m* à la perche
police [pə'liːs] *npl* police *f* ; **a large number of ~ were hurt** de nombreux policiers ont été blessés ▸ *vt* maintenir l'ordre dans
police car *n* voiture *f* de police
police constable *n* (Brit) agent *m* de police
police department *n* (*US*) services *mpl* de police
police force *n* police *f*, forces *fpl* de l'ordre
policeman [pə'liːsmən] *n* (*irreg*) agent *m* de police, policier *m*
police officer *n* agent *m* de police
police record *n* casier *m* judiciaire
police state *n* état policier
police station *n* commissariat *m* de police
policewoman [pə'liːswumən] *n* (*irreg*) femme-agent *f*
policy ['pɔlɪsɪ] *n* politique *f* ; (*also*: **insurance policy**) police *f* (d'assurance) ; (*of newspaper, company*) politique générale ; **to take out a ~** (*Insurance*) souscrire une police d'assurance
policy holder *n* assuré(e)
policy-making ['pɔlɪsɪmeɪkɪŋ] *n* élaboration *f* de nouvelles lignes d'action

P

polio ['pəulɪəu] *n* polio *f*
Polish ['pəulɪʃ] *adj* polonais(e) ▸ *n* (*Ling*) polonais *m*
polish ['pɔlɪʃ] *n* (*for shoes*) cirage *m* ; (*for floor*) cire *f*, encaustique *f* ; (*for nails*) vernis *m* ; (*shine*) éclat *m*, poli *m* ; (*fig: refinement*) raffinement *m* ▸ *vt* (*put polish on: shoes, wood*) cirer ; (*make shiny*) astiquer, faire briller ; (*fig: improve*) perfectionner
▸ **polish off** *vt* (*work*) expédier ; (*food*) liquider
polished ['pɔlɪʃt] *adj* (*fig*) raffiné(e)
polite [pə'laɪt] *adj* poli(e) ; **it's not ~ to do that** ça ne se fait pas
politely [pə'laɪtlɪ] *adv* poliment
politeness [pə'laɪtnɪs] *n* politesse *f*
politic ['pɔlɪtɪk] *adj* diplomatique
political [pə'lɪtɪkl] *adj* politique
political asylum *n* asile *m* politique
politically [pə'lɪtɪklɪ] *adv* politiquement ; **~ correct** politiquement correct(e)
politician [pɔlɪ'tɪʃən] *n* homme/femme politique, politicien(ne)
politicize [pə'lɪtɪsaɪz] *vt* politiser
politics ['pɔlɪtɪks] *n* politique *f*
polka ['pɔlkə] *n* polka *f*
polka dot *n* pois *m*
poll [pəul] *n* scrutin *m*, vote *m* ; (*also*: **opinion poll**) sondage *m* (d'opinion) ; **to go to the polls** (*voters*) aller aux urnes ; (*government*) tenir des élections ▸ *vt* (*votes*) obtenir
pollen ['pɔlən] *n* pollen *m*
pollen count *n* taux *m* de pollen
pollinate ['pɔlɪneɪt] *vt* (*plant, tree*) polliniser
pollination [pɔlɪ'neɪʃən] *n* pollinisation *f*
polling ['pəulɪŋ] *n* (*Pol*) élections *fpl* ; (*Tel*) invitation *f* à émettre
polling booth *n* (BRIT) isoloir *m*
polling day *n* (BRIT) jour *m* des élections
polling station *n* (BRIT) bureau *m* de vote
pollster ['pəulstə^r] *n* sondeur *m*, enquêteur(-euse)
poll tax *n* (BRIT: *formerly*) ≈ impôts locaux
pollutant [pə'lu:tənt] *n* polluant *m*
pollute [pə'lu:t] *vt* polluer
polluted [pə'lu:tɪd] *adj* pollué(e) ; **to be ~ with sth** être pollué(e) par qch
polluter [pə'lu:tə^r] *n* pollueur(-euse)
pollution [pə'lu:ʃən] *n* pollution *f*
polo ['pəuləu] *n* polo *m*
polo-neck ['pəuləunɛk] *adj* à col roulé ▸ *n* (*sweater*) pull *m* à col roulé
polo shirt *n* polo *m*
poly ['pɔlɪ] *n abbr* (BRIT) = **polytechnic**
poly bag *n* (BRIT *inf*) sac *m* en plastique
polyester [pɔlɪ'ɛstə^r] *n* polyester *m*
polygamy [pə'lɪgəmɪ] *n* polygamie *f*
polygraph ['pɔlɪgrɑ:f] *n* détecteur *m* de mensonges
Polynesia [pɔlɪ'ni:zɪə] *n* Polynésie *f*
Polynesian [pɔlɪ'ni:zɪən] *adj* polynésien(ne) ▸ *n* Polynésien(ne)
polyp ['pɔlɪp] *n* (*Med*) polype *m*
polystyrene [pɔlɪ'staɪri:n] *n* polystyrène *m*
polytechnic [pɔlɪ'tɛknɪk] *n* (*college*) IUT *m*, Institut *m* universitaire de technologie
polythene ['pɔlɪθi:n] *n* (BRIT) polyéthylène *m*
polythene bag *n* sac *m* en plastique
polyunsaturated [pɔliʌn'sætʃəreɪtɪd] *adj* polyinsaturé(e)
polyurethane [pɔlɪ'juərɪθeɪn] *n* polyuréthane *m*
pomegranate ['pɔmɪgrænɪt] *n* grenade *f*
pommel ['pɔml] *n* pommeau *m* ▸ *vt* = **pummel**
pomp [pɔmp] *n* pompe *f*, faste *f*, apparat *m*
pompom ['pɔmpɔm] *n* pompon *m*
pompous ['pɔmpəs] *adj* pompeux(-euse)
pond [pɔnd] *n* étang *m* ; (*stagnant*) mare *f*
ponder ['pɔndə^r] *vi* réfléchir ▸ *vt* considérer, peser
ponderous ['pɔndərəs] *adj* pesant(e), lourd(e)
pong [pɔŋ] (BRIT *inf*) *n* puanteur *f* ▸ *vi* schlinguer
pontiff ['pɔntɪf] *n* pontife *m*
pontificate [pɔn'tɪfɪkeɪt] *vi* (*fig*): **to ~ (about)** pontifier (sur)
pontoon [pɔn'tu:n] *n* ponton *m* ; (BRIT *Cards*) vingt-et-un *m*
pony ['pəunɪ] *n* poney *m*
ponytail ['pəunɪteɪl] *n* queue *f* de cheval
pony trekking [-trɛkɪŋ] *n* (BRIT) randonnée *f* équestre *or* à cheval
poo [pu:] *n* (*inf*) caca *m*
poodle ['pu:dl] *n* caniche *m*
pooh-pooh ['pu:'pu:] *vt* dédaigner
pool [pu:l] *n* (*of rain*) flaque *f* ; (*pond*) mare *f* ; (*artificial*) bassin *m* ; (*also*: **swimming pool**) piscine *f* ; (*sth shared*) fonds commun ; (*money at cards*) cagnotte *f* ; (*billiards*) poule *f* ; (*Comm: consortium*) pool *m* ; (*US: monopoly trust*) trust *m* ; **typing ~**, (*US*) **secretary ~** pool *m* dactylographique ▸ *vt* mettre en commun ; **pools** *npl* (*football*) ≈ loto sportif ; **to do the (football) pools** (BRIT) ≈ jouer au loto sportif ; *see also* **football pools**

> Use **bassin** to refer to a pool: *an ornamental pool* **un bassin d'agrément. Une bassine** is a bowl.

poor [puə^r] *adj* pauvre ; (*mediocre*) médiocre, faible, mauvais(e) ▸ *npl*: **the ~** les pauvres *mpl*
poorly ['puəlɪ] *adv* pauvrement ; (*badly*) mal, médiocrement ▸ *adj* souffrant(e), malade
pop [pɔp] *n* (*noise*) bruit sec ; (*Mus*) musique *f* pop ; (*inf: drink*) soda *m* ; (*US inf: father*) papa *m* ▸ *vt* (*put*) fourrer, mettre (rapidement) ; **she popped her head out of the window** elle passa la tête par la fenêtre ▸ *vi* éclater ; (*cork*) sauter
▸ **pop in** *vi* entrer en passant
▸ **pop out** *vi* sortir
▸ **pop up** *vi* apparaître, surgir
pop concert *n* concert *m* pop
popcorn ['pɔpkɔ:n] *n* pop-corn *m*
pope [pəup] *n* pape *m*
poplar ['pɔplə^r] *n* peuplier *m*
poplin ['pɔplɪn] *n* popeline *f*
popper ['pɔpə^r] *n* (BRIT) bouton-pression *m*
poppy ['pɔpɪ] *n* (*wild*) coquelicot *m* ; (*cultivated*) pavot *m*
poppycock ['pɔpɪkɔk] *n* (*inf*) balivernes *fpl*
Popsicle® ['pɔpsɪkl] *n* (*US*) esquimau *m* (*glace*)
pop star *n* pop star *f*

populace ['pɔpjuləs] *n* peuple *m*
popular ['pɔpjulə^r] *adj* populaire ; (*fashionable*) à la mode ; **to be ~ (with)** (*person*) avoir du succès (auprès de) ; (*decision*) être bien accueilli(e) (par)
popularity [pɔpju'lærɪtɪ] *n* popularité *f*
popularize ['pɔpjuləraɪz] *vt* populariser ; (*science*) vulgariser
populate ['pɔpjuleɪt] *vt* peupler
population [pɔpju'leɪʃən] *n* population *f*
population explosion *n* explosion *f* démographique
populist ['pɔpjulɪst] *adj* populiste
populous ['pɔpjuləs] *adj* populeux(-euse)
pop-up ['pɔpʌp] *adj* (*Comput: menu, window*) pop up *inv* ▸ *n* pop up *m inv*, fenêtre *f* pop up
porcelain ['pɔːslɪn] *n* porcelaine *f*
porch [pɔːtʃ] *n* porche *m* ; (*US*) véranda *f*
porcupine ['pɔːkjupaɪn] *n* porc-épic *m*
pore [pɔː^r] *n* pore *m* ▸ *vi*: **to ~ over** s'absorber dans, être plongé(e) dans
pork [pɔːk] *n* porc *m*
pork chop *n* côte *f* de porc
pork pie *n* pâté *m* de porc en croûte
porn [pɔːn] *adj* (*inf*) porno ▸ *n* (*inf*) porno *m*
pornographic [pɔːnə'græfɪk] *adj* pornographique
pornography [pɔː'nɔgrəfɪ] *n* pornographie *f*
porous ['pɔːrəs] *adj* poreux(-euse)
porpoise ['pɔːpəs] *n* marsouin *m*
porridge ['pɔrɪdʒ] *n* porridge *m*
port [pɔːt] *n* (*harbour*) port *m* ; (*opening in ship*) sabord *m* ; (*Naut: left side*) bâbord *m* ; (*wine*) porto *m* ; (*Comput*) port *m*, accès *m* ; **to ~** (*Naut*) à bâbord ; **~ of call** (port d')escale *f* ▸ *cpd* portuaire, du port
portability [pɔːtə'bɪlɪtɪ] *n* portabilité *f*
portable ['pɔːtəbl] *adj* portatif(-ive)
portal ['pɔːtl] *n* portail *m*
portcullis [pɔːt'kʌlɪs] *n* herse *f*
portend [pɔː'tɛnd] *vt* présager, annoncer
portent ['pɔːtɛnt] *n* présage *m*
porter ['pɔːtə^r] *n* (*for luggage*) porteur *m* ; (*doorkeeper*) gardien(ne) ; portier *m*
portfolio [pɔːt'fəulɪəu] *n* portefeuille *m* ; (*of artist*) portfolio *m*
porthole ['pɔːthəul] *n* hublot *m*
portico ['pɔːtɪkəu] *n* portique *m*
portion ['pɔːʃən] *n* portion *f*, part *f*
portly ['pɔːtlɪ] *adj* corpulent(e)
portrait ['pɔːtreɪt] *n* portrait *m*
portray [pɔː'treɪ] *vt* faire le portrait de ; (*in writing*) dépeindre, représenter ; (*subj: actor*) jouer
portrayal [pɔː'treɪəl] *n* portrait *m*, représentation *f*
Portugal ['pɔːtjugl] *n* Portugal *m*
Portuguese [pɔːtju'giːz] *adj* portugais(e) ▸ *n* (*pl inv*) Portugais(e) ; (*Ling*) portugais *m*
Portuguese man-of-war [-mænəv'wɔː^r] *n* (*jellyfish*) galère *f*
pose [pəuz] *n* pose *f* ; (*pej*) affectation *f* ; **to strike a ~** poser (pour la galerie) ▸ *vi* poser ; (*pretend*): **to ~ as** se faire passer pour ▸ *vt* poser ; (*problem*) créer
poser ['pəuzə^r] *n* question difficile *or* embarrassante ; (*person*) = **poseur**
poseur [pəu'zəː^r] *n* (*pej*) poseur(-euse)
posh [pɔʃ] *adj* (*inf*) chic *inv* ; **to talk ~** parler d'une manière affectée
position [pə'zɪʃən] *n* position *f* ; (*job, situation*) situation *f* ; **to be in a ~ to do sth** être en mesure de faire qch ▸ *vt* mettre en place *or* en position
positive ['pɔzɪtɪv] *adj* positif(-ive) ; (*certain*) sûr(e), certain(e) ; (*definite*) formel(le), catégorique ; (*clear*) indéniable, réel(le)
positively ['pɔzɪtɪvlɪ] *adv* (*affirmatively, enthusiastically*) de façon positive ; (*inf: really*) carrément ; **to think ~** être positif(-ive)
posse ['pɔsɪ] *n* (*US*) détachement *m*
possess [pə'zɛs] *vt* posséder ; **like one possessed** comme un fou ; **whatever can have possessed you?** qu'est-ce qui vous a pris ?
possession [pə'zɛʃən] *n* possession *f* ; **to take ~ of sth** prendre possession de qch ; **possessions** *npl* (*belongings*) affaires *fpl*
possessive [pə'zɛsɪv] *adj* possessif(-ive)
possessiveness [pə'zɛsɪvnɪs] *n* possessivité *f*
possessor [pə'zɛsə^r] *n* possesseur *m*
possibility [pɔsɪ'bɪlɪtɪ] *n* possibilité *f* ; (*event*) éventualité *f* ; **he's a ~ for the part** c'est un candidat possible pour le rôle
possible ['pɔsɪbl] *adj* possible ; (*solution*) envisageable, éventuel(le) ; **it is ~ to do it** il est possible de le faire ; **as far as ~** dans la mesure du possible, autant que possible ; **if ~** si possible ; **as big as ~** aussi gros que possible
possibly ['pɔsɪblɪ] *adv* (*perhaps*) peut-être ; **if you ~ can** si cela vous est possible ; **I cannot ~ come** il m'est impossible de venir
post [pəust] *n* (Brit: *mail*) poste *f* ; (: *collection*) levée *f* ; (: *letters, delivery*) courrier *m* ; (*job, situation*) poste *m* ; (*pole*) poteau *m* ; (*trading post*) comptoir (commercial) ; (*Internet*) billet *m*, post *m* ; **by ~** (Brit) par la poste ; **by return of ~** (Brit) par retour du courrier ▸ *vt* (*notice*) afficher ; (*Internet*) poster ; (Brit: *send by post, Mil*) poster ; (: *appoint*): **to ~ to** affecter à ; **where can I ~ these cards?** où est-ce que je peux poster ces cartes postales ? ; **to keep sb posted** tenir qn au courant
post... [pəust] *prefix* post... ; **post-1990** *adj* d'après 1990 ; *adv* après 1990
postage ['pəustɪdʒ] *n* tarifs *mpl* d'affranchissement ; **~ paid** port payé ; **~ prepaid** (*US*) franco (de port)
postage stamp *n* timbre-poste *m*
postal ['pəustl] *adj* postal(e)
postal order *n* mandat(-poste *m*) *m*
postbag ['pəustbæg] *n* (Brit) sac postal ; (*postman's*) sacoche *f*
postbox ['pəustbɔks] *n* (Brit) boîte *f* aux lettres (*publique*)
postcard ['pəustkɑːd] *n* carte postale
postcode ['pəustkəud] *n* (Brit) code postal
postdate ['pəust'deɪt] *vt* (*cheque*) postdater
poster ['pəustə^r] *n* affiche *f*
poster child *n* (*esp US: for cause: also:* **poster boy/girl**) figure *f* emblématique
poste restante [pəust'rɛstɔŋt] *n* (Brit) poste restante

P

posterior [pɔs'tɪərɪə^r] *n (inf)* postérieur *m*, derrière *m*
posterity [pɔs'tɛrɪtɪ] *n* postérité *f*
poster paint *n* gouache *f*
post exchange *n (US Mil)* magasin *m* de l'armée
post-free [pəust'fri:] *adj (BRIT)* franco (de port)
postgraduate ['pəust'grædjuət] *n* ≈ étudiant(e) de troisième cycle
posthumous ['pɔstjuməs] *adj* posthume
posthumously ['pɔstjuməslɪ] *adv* après la mort de l'auteur, à titre posthume
posting ['pəustɪŋ] *n (BRIT)* affectation *f*
postman ['pəustmən] *n (irreg) (BRIT)* facteur *m*
postmark ['pəustmɑ:k] *n* cachet *m* (de la poste)
postmarked ['pəustmɑ:kt] *adj*: **the envelope was ~ Helsinki** l'enveloppe portait le cachet d'Helsinki
postmaster ['pəustmɑ:stə^r] *n* receveur *m* des postes
Postmaster General *n* ≈ ministre *m* des Postes et Télécommunications
postmistress ['pəustmɪstrɪs] *n* receveuse *f* des postes
post-mortem [pəust'mɔ:təm] *n* autopsie *f*
postnatal ['pəust'neɪtl] *adj* postnatal(e)
post office *n (building)* poste *f* ; *(organization)*: **the Post Office** les postes *fpl*
post office box *n* boîte postale
post-paid ['pəust'peɪd] *adj (BRIT)* port payé
postpone [pəs'pəun] *vt* remettre (à plus tard), reculer
postponement [pəs'pəunmənt] *n* ajournement *m*, renvoi *m*
postscript ['pəustskrɪpt] *n* post-scriptum *m*
postulate ['pɔstjuleɪt] *vt* postuler
posture ['pɔstʃə^r] *n* posture *f* ; *(fig)* attitude *f* ▸ *vi* poser
postwar [pəust'wɔ:^r] *adj* d'après-guerre
postwoman [pəust'wumən] *n (irreg) (BRIT)* factrice *f*
posy ['pəuzɪ] *n* petit bouquet
pot [pɔt] *n (for cooking)* marmite *f* ; casserole *f* ; *(teapot)* théière *f* ; *(for coffee)* cafetière *f* ; *(for plants, jam)* pot *m* ; *(piece of pottery)* poterie *f* ; *(inf: marijuana)* herbe *f* ; **to go to ~** *(inf)* aller à vau-l'eau ; **pots of** *(BRIT inf)* beaucoup de, plein de ▸ *vt (plant)* mettre en pot
potash ['pɔtæʃ] *n* potasse *f*
potassium [pə'tæsɪəm] *n* potassium *m*
potato [pə'teɪtəu] *(pl* **potatoes***)* *n* pomme *f* de terre
potato crisps, *(US)* **potato chips** *npl* chips *mpl*
potato flour *n* fécule *f*
potato peeler *n* épluche-légumes *m*
potbellied ['pɔtbɛlɪd] *adj (from overeating)* bedonnant(e) ; *(from malnutrition)* au ventre ballonné
potboiler ['pɔtbɔɪlə^r] *n (Cine, Publishing)* film *or* roman commercial
potency ['pəutnsɪ] *n* puissance *f*, force *f* ; *(of drink)* degré *m* d'alcool
potent ['pəutnt] *adj* puissant(e) ; *(drink)* fort(e), très alcoolisé(e) ; *(man)* viril
potentate ['pəutnteɪt] *n* potentat *m*
potential [pə'tɛnʃl] *adj* potentiel(le) ▸ *n* potentiel *m* ; **to have ~** être prometteur(-euse) ; ouvrir des possibilités
potentially [pə'tɛnʃəlɪ] *adv* potentiellement ; **it's ~ dangerous** ça pourrait se révéler dangereux, il y a possibilité de danger
pothole ['pɔthəul] *n (in road)* nid *m* de poule ; *(BRIT: underground)* gouffre *m*, caverne *f*
potholer ['pɔthəulə^r] *n (BRIT)* spéléologue *mf*
potholing ['pɔthəulɪŋ] *n (BRIT)*: **to go ~** faire de la spéléologie
potion ['pəuʃən] *n* potion *f*
potluck [pɔt'lʌk] *n*: **to take ~** tenter sa chance
pot plant *n* plante *f* d'appartement
potpourri [pəu'puri:] *n* pot-pourri *m*
pot roast *n* rôti *m* à la cocotte
pot shot *n*: **to take pot shots at** canarder
potted ['pɔtɪd] *adj (food)* en conserve ; *(plant)* en pot ; *(fig: shortened)* abrégé(e)
potter ['pɔtə^r] *n* potier *m* ; **~'s wheel** tour *m* de potier ▸ *vi (BRIT)*: **to ~ around** *or* **about** bricoler
pottery ['pɔtərɪ] *n* poterie *f* ; **a piece of ~** une poterie
potty ['pɔtɪ] *adj (BRIT inf: mad)* dingue ▸ *n (child's)* pot *m*
potty-training ['pɔtɪtreɪnɪŋ] *n* apprentissage *m* de la propreté
pouch [pautʃ] *n (Zool)* poche *f* ; *(for tobacco)* blague *f* ; *(for money)* bourse *f*
pouf, pouffe [pu:f] *n (stool)* pouf *m*
poultice ['pəultɪs] *n* cataplasme *m*
poultry ['pəultrɪ] *n* volaille *f*
poultry farm *n* élevage *m* de volaille
poultry farmer *n* aviculteur *m*
pounce [pauns] *vi*: **to ~ (on)** bondir (sur), fondre (sur) ▸ *n* bond *m*, attaque *f*
pound [paund] *n* livre *f (weight = 453g, 16 ounces ; money = 100 pence)* ; *(for dogs, cars)* fourrière *f* ; **half a ~ (of)** une demi-livre (de) ; **a five-~ note** un billet de cinq livres ▸ *vt (beat)* bourrer de coups, marteler ; *(crush)* piler, pulvériser ; *(with guns)* pilonner ▸ *vi (heart)* battre violemment, taper
▸ **pound on** *vt fus (door, table)* frapper à grands coups à
pounding ['paundɪŋ] *n*: **to take a ~** *(fig)* prendre une râclée
pound sterling *n* livre *f* sterling
pour [pɔ:^r] *vt* verser ; **to ~ sb a drink** verser *or* servir à boire à qn ▸ *vi* couler à flots ; *(rain)* pleuvoir à verse
▸ **pour away, pour off** *vt* vider
▸ **pour down** *vi (rain)* pleuvoir à verse
▸ **pour in** *vi (people)* affluer, se précipiter ; *(news, letters)* arriver en masse ; **to come pouring in** *(water)* entrer à flots ; *(letters)* arriver par milliers ; *(people)* affluer
▸ **pour out** *vi (people)* sortir en masse ▸ *vt* vider ; *(fig)* déverser ; *(serve: a drink)* verser
pouring ['pɔ:rɪŋ] *adj*: **~ rain** pluie torrentielle
pout [paut] *n* moue *f* ▸ *vi* faire la moue
poverty ['pɔvətɪ] *n* pauvreté *f*, misère *f*
poverty line *n* seuil *m* de pauvreté
poverty-stricken ['pɔvətɪstrɪkn] *adj* pauvre, déshérité(e)
poverty trap *n (BRIT)* piège *m* de la pauvreté

POW *n abbr* = **prisoner of war**
powder ['paudəʳ] *n* poudre *f* ▸ *vt* poudrer ; **to ~ one's nose** se poudrer ; (*euphemism*) aller à la salle de bain
powder compact *n* poudrier *m*
powdered milk ['paudəd-] *n* lait *m* en poudre
powder keg *n* (*fig*) poudrière *f*
powder puff *n* houppette *f*
powder room *n* toilettes *fpl* (pour dames)
powdery ['paudərɪ] *adj* poudreux(-euse)
power ['pauəʳ] *n* (*strength, nation*) puissance *f*, force *f* ; (*ability, Pol: of party, leader*) pouvoir *m* ; (*Math*) puissance ; (*of speech, thought*) faculté *f* ; (*Elec*) courant *m* ; **to do all in one's ~ to help sb** faire tout ce qui est en son pouvoir pour aider qn ; **the world powers** les grandes puissances ; **to be in ~** être au pouvoir ▸ *vt* faire marcher, actionner
▸ **power down** *vt* éteindre, arrêter
▸ **power up** *vt* allumer
power base *n* base *f* de pouvoir
powerboat ['pauəbəut] *n* (Brit) hors-bord *m*
power cut *n* (Brit) coupure *f* de courant
powered ['pauəd] *adj*: **~ by** actionné(e) par, fonctionnant à ; **nuclear-~ submarine** sous-marin *m* (à propulsion) nucléaire
power failure *n* panne *f* de courant
powerful ['pauəful] *adj* puissant(e) ; (*performance etc*) très fort(e)
powerfully ['pauəfulɪ] *adv* puissamment ; (*with force*) avec force
powerhouse ['pauəhaus] *n* (*fig: person*) fonceur *m* ; **a ~ of ideas** une mine d'idées
powerless ['pauəlɪs] *adj* impuissant(e)
powerlessness ['pauəlɪsnɪs] *n* impuissance *f*
power line *n* ligne *f* électrique
power of attorney *n* procuration *f*
power play *n* (*in politics, business*) jeu *m* de pouvoir(s) ; (*Sport*) période *f* de supériorité numérique
power point *n* (Brit) prise *f* de courant
power station *n* centrale *f* électrique
power steering *n* direction assistée
power struggle *n* lutte *f* pour le pouvoir
powwow ['pauwau] *n* conciliabule *m*
p.p. *abbr* (= *per procurationem: by proxy*) p.p.
PPE *n abbr* (Brit *Scol*) = **philosophy, politics and economics**
PPS *n abbr* (= *post postscriptum*) PPS ; (Brit: = *parliamentary private secretary*) *parlementaire chargé de mission auprès d'un ministre*
PQ *abbr* (Canada: = *Province of Quebec*) PQ
PR *n abbr* = **proportional representation**; **public relations** ▸ *abbr* (US) = **Puerto Rico**
Pr. *abbr* (= *prince*) Pce
practicability [præktɪkə'bɪlɪtɪ] *n* possibilité *f* de réalisation
practicable ['præktɪkəbl] *adj* (*scheme*) réalisable
practical ['præktɪkl] *adj* pratique
practicality [præktɪ'kælɪtɪ] *n* (*of plan*) aspect *m* pratique ; (*of person*) sens *m* pratique ; **practicalities** *npl* détails *mpl* pratiques
practical joke *n* farce *f*
practically ['præktɪklɪ] *adv* (*almost*) pratiquement
practice ['præktɪs] *n* pratique *f* ; (*of profession*) exercice *m* ; (*at football etc*) entraînement *m* ; (*business*) cabinet *m* ; clientèle *f* ; **in ~** (*in reality*) en pratique ; **out of ~** rouillé(e) ; **to put sth into ~** mettre qch en pratique ; **2 hours' piano ~** 2 heures de travail *or* d'exercices au piano ; **target ~** exercices de tir ; **it's common ~** c'est courant, ça se fait couramment ▸ *vt, vi* (US) = **practise**
practice match *n* match *m* d'entraînement
practise, (US) **practice** ['præktɪs] *vt* (*work at: piano, backhand etc*) s'exercer à, travailler ; (*train for: sport*) s'entraîner à ; (*a sport, religion, method*) pratiquer ; (*profession*) exercer ▸ *vi* s'exercer, travailler ; (*train*) s'entraîner ; (*lawyer, doctor*) exercer ; **to ~ for a match** s'entraîner pour un match
practised, (US) **practiced** ['præktɪst] *adj* (*person*) expérimenté(e) ; (*performance*) impeccable ; (*liar*) invétéré(e) ; **with a ~ eye** d'un œil exercé
practising, (US) **practicing** ['præktɪsɪŋ] *adj* (*Christian etc*) pratiquant(e) ; (*lawyer*) en exercice ; (*homosexual*) déclaré
practitioner [præk'tɪʃənəʳ] *n* praticien(ne)
pragmatic [præg'mætɪk] *adj* pragmatique
pragmatism ['prægmətɪzəm] *n* pragmatisme *m*
pragmatist ['prægmətɪst] *n* pragmatiste *mf*
Prague [prɑ:g] *n* Prague
prairie ['prɛərɪ] *n* savane *f* ; (US): **the prairies** la Prairie
praise [preɪz] *n* éloge(s) *m(pl)*, louange(s) *f(pl)* ▸ *vt* louer, faire l'éloge de
praiseworthy ['preɪzwə:ðɪ] *adj* digne de louanges
pram [præm] *n* (Brit) landau *m*, voiture *f* d'enfant
prance [prɑ:ns] *vi* (*horse*) caracoler
prank [præŋk] *n* farce *f*
prankster ['præŋkstəʳ] *n* farceur(-euse)
prat [præt] *n* (Brit *inf*) imbécile *m*, andouille *f*
prattle ['prætl] *vi* jacasser
prawn [prɔ:n] *n* crevette *f* (rose)
prawn cocktail *n* cocktail *m* de crevettes
pray [preɪ] *vi* prier
prayer [prɛəʳ] *n* prière *f*
prayer book *n* livre *m* de prières
pre... ['pri:] *prefix* pré... ; **pre-1970** *adj* d'avant 1970 ; *adv* avant 1970
preach [pri:tʃ] *vt, vi* prêcher ; **to ~ at sb** faire la morale à qn
preacher ['pri:tʃəʳ] *n* prédicateur *m* ; (US: *clergyman*) pasteur *m*
preamble [prɪ'æmbl] *n* préambule *m*
prearranged [pri:ə'reɪndʒd] *adj* organisé(e) *or* fixé(e) à l'avance
precarious [prɪ'kɛərɪəs] *adj* précaire
precariously [prɪ'kɛərɪəslɪ] *adv* (*uncertainly*) de manière précaire ; (*unsteadily*): **~ balanced** en équilibre instable
precaution [prɪ'kɔ:ʃən] *n* précaution *f*
precautionary [prɪ'kɔ:ʃənrɪ] *adj* (*measure*) de précaution
precede [prɪ'si:d] *vt, vi* précéder
precedence ['prɛsɪdəns] *n* préséance *f*
precedent ['prɛsɪdənt] *n* précédent *m* ; **to establish** *or* **set a ~** créer un précédent

P

preceding [prɪ'si:dɪŋ] *adj* qui précède (*or* précédait)
precept ['pri:sɛpt] *n* précepte *m*
precinct ['pri:sɪŋkt] *n* (*round cathedral*) pourtour *m*, enceinte *f* ; (*US: district*) circonscription *f*, arrondissement *m* ; **pedestrian ~** (BRIT) zone piétonnière ; **shopping ~** (BRIT) centre commercial ; **precincts** *npl* (*neighbourhood*) alentours *mpl*, environs *mpl*
precious ['prɛʃəs] *adj* précieux(-euse) ; **your ~ dog** (*ironic*) ton chien chéri, ton chéri chien ▶ *adv* (*inf*): **~ little** *or* **few** fort peu
precipice ['prɛsɪpɪs] *n* précipice *m*
precipitate *adj* [prɪ'sɪpɪtɪt] (*hasty*) précipité(e) ▶ *vt* [prɪ'sɪpɪteɪt] précipiter
precipitation [prɪsɪpɪ'teɪʃən] *n* précipitation *f*
precipitous [prɪ'sɪpɪtəs] *adj* (*steep*) abrupt(e), à pic
précis ['preɪsɪ:] (*pl* **~** [-z]) *n* résumé *m*
precise [prɪ'saɪs] *adj* précis(e)
precisely [prɪ'saɪslɪ] *adv* précisément
precision [prɪ'sɪʒən] *n* précision *f*
preclude [prɪ'klu:d] *vt* exclure, empêcher ; **to ~ sb from doing** empêcher qn de faire
precocious [prɪ'kəuʃəs] *adj* précoce
preconceived [pri:kən'si:vd] *adj* (*idea*) préconçu(e)
preconception [pri:kən'sɛpʃən] *n* idée préconçue
precondition ['pri:kən'dɪʃən] *n* condition *f* nécessaire
precursor [pri:'kə:səʳ] *n* précurseur *m*
predate ['pri:'deɪt] *vt* (*precede*) antidater
predator ['prɛdətəʳ] *n* prédateur *m*, rapace *m*
predatory ['prɛdətərɪ] *adj* rapace
predecessor ['pri:dɪsɛsəʳ] *n* prédécesseur *m*
predestination [pri:dɛstɪ'neɪʃən] *n* prédestination *f*
predetermine [pri:dɪ'tə:mɪn] *vt* prédéterminer
predetermined [pri:dɪ'tə:mɪnd] *adj* prédéterminé(e)
predicament [prɪ'dɪkəmənt] *n* situation *f* difficile
predicate ['prɛdɪkɪt] *n* (*Ling*) prédicat *m*
predicated ['prɛdɪkeɪtɪd] *adj*: **to be ~ on sth** supposer qch
predict [prɪ'dɪkt] *vt* prédire
predictable [prɪ'dɪktəbl] *adj* prévisible
predictably [prɪ'dɪktəblɪ] *adv* (*behave, react*) de façon prévisible ; **~ she didn't arrive** comme on pouvait s'y attendre, elle n'est pas venue
prediction [prɪ'dɪkʃən] *n* prédiction *f*
predictor [prɪ'dɪktəʳ] *n* indicateur *m*
predilection [pri:dɪ'lɛkʃən] *n* prédilection *f*
predispose [pri:dɪs'pəuz] *vt* prédisposer
predominance [prɪ'dɔmɪnəns] *n* prédominance *f*
predominant [prɪ'dɔmɪnənt] *adj* prédominant(e)
predominantly [prɪ'dɔmɪnəntlɪ] *adv* en majeure partie ; (*especially*) surtout
predominate [prɪ'dɔmɪneɪt] *vi* prédominer
pre-eminent [pri:'ɛmɪnənt] *adj* prééminent(e)
pre-empt [pri:'ɛmt] *vt* (*acquire*) acquérir par droit de préemption ; (*fig*) anticiper sur ; **to ~ the issue** conclure avant même d'ouvrir les débats
pre-emptive [prɪ'ɛmtɪv] *adj*: **~ strike** attaque (*or* action) préventive
preen [pri:n] *vt*: **to ~ itself** (*bird*) se lisser les plumes ; **to ~ o.s.** s'admirer
prefab ['pri:fæb] *n abbr* (= *prefabricated building*) bâtiment préfabriqué
prefabricated [pri:'fæbrɪkeɪtɪd] *adj* préfabriqué(e)
preface ['prɛfəs] *n* préface *f*
prefect ['pri:fɛkt] *n* (BRIT: *in school*) *élève chargé de certaines fonctions de discipline* ; (*in France*) préfet *m*
prefer [prɪ'fə:ʳ] *vt* préférer ; (*Law*): **to ~ charges** procéder à une inculpation ; **to ~ coffee to tea** préférer le café au thé ; **to ~ doing** *or* **to do sth** préférer faire qch
preferable ['prɛfrəbl] *adj* préférable
preferably ['prɛfrəblɪ] *adv* de préférence
preference ['prɛfrəns] *n* préférence *f* ; **in ~ to sth** plutôt que qch, de préférence à qch
preference shares *npl* (BRIT) actions privilégiées
preferential [prɛfə'rɛnʃəl] *adj* préférentiel(le) ; **~ treatment** traitement *m* de faveur
preferred [prɪ'fə:d] *adj* préféré(e)
preferred stock *npl* (*US*) = **preference shares**
prefix ['pri:fɪks] *n* préfixe *m*
pregnancy ['prɛgnənsɪ] *n* grossesse *f*
pregnancy test *n* test *m* de grossesse
pregnant ['prɛgnənt] *adj* enceinte ; (*animal*) pleine ; **3 months ~** enceinte de 3 mois
prehistoric ['pri:hɪs'tɔrɪk] *adj* préhistorique
prehistory [pri:'hɪstərɪ] *n* préhistoire *f*
prejudge [pri:'dʒʌdʒ] *vt* préjuger de
prejudice ['prɛdʒudɪs] *n* préjugé *m* ; (*harm*) tort *m*, préjudice *m* ; **racial ~** préjugés raciaux ▶ *vt* porter préjudice à ; (*bias*): **to ~ sb in favour of/against** prévenir qn en faveur de/contre
prejudiced ['prɛdʒudɪst] *adj* (*person*) plein(e) de préjugés ; (*in a matter*) partial(e) ; (*view*) préconçu(e), partial(e) ; **to be ~ against sb/sth** avoir un parti-pris contre qn/qch ; **to be racially ~** avoir des préjugés raciaux
prejudicial [prɛdʒu'dɪʃl] *adj* préjudiciable ; **~ to sth** préjudiciable à qch
prelate ['prɛlət] *n* prélat *m*
preliminaries [prɪ'lɪmɪnərɪz] *npl* préliminaires *mpl*
preliminary [prɪ'lɪmɪnərɪ] *adj* préliminaire
prelude ['prɛlju:d] *n* prélude *m*
premarital ['pri:'mærɪtl] *adj* avant le mariage ; **~ contract** contrat *m* de mariage
premature ['prɛmətʃuəʳ] *adj* prématuré(e) ; **to be ~ (in doing sth)** aller un peu (trop) vite (en faisant qch)
prematurely ['prɛmətʃuəlɪ] *adv* prématurément
premeditated [pri:'mɛdɪteɪtɪd] *adj* prémédité(e)
premeditation [pri:mɛdɪ'teɪʃən] *n* préméditation *f*
premenstrual [pri:'mɛnstruəl] *adj* prémenstruel(le)
premenstrual tension *n* irritabilité *f* avant les règles

premier ['prɛmɪəʳ] *adj* premier(-ière), principal(e) ▸ *n* (*Pol: Prime Minister*) premier ministre ; (*: President*) chef *m* de l'État
premiere ['prɛmɪɛəʳ] *n* première *f*
Premier League *n* première division
premiership ['prɛmɪəʃɪp] *n* (*of leader*) mandat *m* (*d'un Premier ministre*) ; (*Sport*) championnat *m* de ligue 1
premise ['prɛmɪs] *n* prémisse *f*
premises ['prɛmɪsɪz] *npl* locaux *mpl* ; **on the ~** sur les lieux ; sur place ; **business ~** locaux commerciaux
premium ['pri:mɪəm] *n* prime *f* ; **to be at a ~** (*fig: housing etc*) être très demandé(e), être rarissime ; **to sell at a ~** (*shares*) vendre au-dessus du pair
premium bond *n* (Brit) obligation *f* à prime, bon *m* à lots
premium deal *n* (*Comm*) offre spéciale
premium fuel, (US) **premium gasoline** *n* super *m*
premonition [prɛmə'nɪʃən] *n* prémonition *f*
preoccupation [pri:ɔkju'peɪʃən] *n* préoccupation *f*
preoccupied [pri:'ɔkjupaɪd] *adj* préoccupé(e)
pre-owned [pri:'əund] *adj* (*game, car*) d'occasion
prep [prɛp] *adj abbr* = **preparatory school** ▸ *n* (*Scol: = preparation*) étude *f*
prepackaged [pri:'pækɪdʒd] *adj* préempaqueté(e)
prepaid [pri:'peɪd] *adj* payé(e) d'avance
preparation [prɛpə'reɪʃən] *n* préparation *f* ; **in ~ for** en vue de ; **preparations** *npl* (*for trip, war*) préparatifs *mpl*
preparatory [prɪ'pærətərɪ] *adj* préparatoire ; **~ to sth/to doing sth** en prévision de qch/avant de faire qch
preparatory school *n* (Brit) école primaire privée ; (US) lycée privé
prepare [prɪ'pɛəʳ] *vt* préparer ▸ *vi*: **to ~ for** se préparer à
prepared [prɪ'pɛəd] *adj*: **~ for** préparé(e) à ; **~ to** prêt(e) à
preponderance [prɪ'pɔndərns] *n* prépondérance *f*
preposition [prɛpə'zɪʃən] *n* préposition *f*
prepossessing [pri:pə'zɛsɪŋ] *adj* avenant(e), engageant(e)
preposterous [prɪ'pɔstərəs] *adj* ridicule, absurde
prep school *n* = **preparatory school**
prequel ['pri:kwl] *n* préquel *m*, préquelle *f*
pre-record [pri:rɪ'kɔ:d] *vt* préenregistrer
pre-recorded [pri:rɪ'kɔ:dɪd] *adj* préenregistré(e) ; **~ broadcast** émission *f* en différé, émission *f* préenregistrée
prerequisite [pri:'rɛkwɪzɪt] *n* condition *f* préalable
prerogative [prɪ'rɔgətɪv] *n* prérogative *f*
presbyterian [prɛzbɪ'tɪərɪən] *adj, n* presbytérien(ne)
presbytery ['prɛzbɪtərɪ] *n* presbytère *m*
preschool ['pri:'sku:l] *adj* préscolaire ; (*child*) d'âge préscolaire
prescience ['prɛsɪəns] *n* prescience *f*
prescient ['prɛsɪənt] *adj* visionnaire
prescribe [prɪ'skraɪb] *vt* prescrire ; **prescribed books** (Brit *Scol*) œuvres *fpl* au programme
prescription [prɪ'skrɪpʃən] *n* prescription *f* ; (*Med*) ordonnance *f* ; (*: medicine*) médicament *m* (obtenu sur ordonnance) ; **to make up** *or* (US) **fill a ~** faire une ordonnance ; **could you write me a ~?** pouvez-vous me faire une ordonnance ? ; **"only available on ~"** « uniquement sur ordonnance »
prescription charges *npl* (Brit) participation *f* fixe au coût de l'ordonnance
prescriptive [prɪ'skrɪptɪv] *adj* normatif(-ive)
pre-season [pri:'si:zən] *cpd* (*training, match*) de présaison
presence ['prɛzns] *n* présence *f* ; **in sb's ~** en présence de qn ; **~ of mind** présence d'esprit
present *adj* ['prɛznt] présent(e) ; (*current*) présent, actuel(le) ; **to be ~ at** assister à ; **those ~** les présents ; **~ tense** présent *m* ▸ *n* ['prɛznt] cadeau *m* ; (*time, tense*) présent *m* ; **to give sb a ~** offrir un cadeau à qn ; **at ~** en ce moment ▸ *vt* [prɪ'zɛnt] présenter ; (*prize, medal*) remettre ; (*give*): **to ~ sb with sth** offrir qch à qn ; **to ~ sb (to sb)** présenter qn (à qn)
presentable [prɪ'zɛntəbl] *adj* présentable
presentation [prɛzn'teɪʃən] *n* présentation *f* ; (*gift*) cadeau *m*, présent *m* ; (*ceremony*) remise *f* du cadeau (*or* de la médaille *etc*) ; **on ~ of** (*voucher etc*) sur présentation de
present-day ['prɛzntdeɪ] *adj* contemporain(e), actuel(le)
presenter [prɪ'zɛntəʳ] *n* (Brit *Radio, TV*) présentateur(-trice)
presently ['prɛzntlɪ] *adv* (*soon*) tout à l'heure, bientôt ; (*with verb in past*) peu après ; (*at present*) en ce moment ; (*US: now*) maintenant
preservation [prɛzə'veɪʃən] *n* préservation *f*, conservation *f*
preservative [prɪ'zə:vətɪv] *n* agent *m* de conservation
preserve [prɪ'zə:v] *vt* (*keep safe*) préserver, protéger ; (*maintain*) conserver, garder ; (*food*) mettre en conserve ▸ *n* (*for game, fish*) réserve *f* ; (*often pl: jam*) confiture *f* ; (*: fruit*) fruits *mpl* en conserve
preset [pri:'sɛt] *vt* prérégler
preshrunk [pri:'ʃrʌŋk] *adj* irrétrécissable
preside [prɪ'zaɪd] *vi* présider
presidency ['prɛzɪdənsɪ] *n* présidence *f*
president ['prɛzɪdənt] *n* président(e) ; (*US: of company*) président-directeur général, PDG *m*
presidential [prɛzɪ'dɛnʃl] *adj* présidentiel(le)
press [prɛs] *n* (*tool, machine, newspapers*) presse *f* ; (*for wine*) pressoir *m* ; (*crowd*) cohue *f*, foule *f* ; **to go to ~** (*newspaper*) aller à l'impression ; **to be in the ~** (*being printed*) être sous presse ; (*in the newspapers*) être dans le journal ▸ *vt* (*push*) appuyer sur ; (*squeeze*) presser, serrer ; (*clothes: iron*) repasser ; (*pursue*) talonner ; (*insist*): **to ~ sth on sb** presser qn d'accepter qch ; (*urge, entreat*): **to ~ sb to do** *or* **into doing sth** pousser qn à faire qch ; **to ~ sb for an answer** presser qn de répondre ; **to ~ charges against sb** (*Law*) engager des poursuites contre qn ; **we are pressed for time** le temps nous manque ▸ *vi*

P

appuyer, peser ; se presser ; **to ~ for sth** faire pression pour obtenir qch
▸ **press ahead** *vi* = **press on**
▸ **press on** *vi* continuer
press agency *n* agence *f* de presse
press clipping *n* coupure *f* de presse
press conference *n* conférence *f* de presse
press cutting *n* = **press clipping**
press-gang ['prɛsgæŋ] *vt* (*fig*): **to ~ sb into doing sth** faire pression sur qn pour qu'il fasse qch
pressing ['prɛsɪŋ] *adj* urgent(e), pressant(e) ▸ *n* repassage *m*
press officer *n* attaché(e) de presse
press release *n* communiqué *m* de presse
press room *n* salle *f* de presse
press stud *n* (BRIT) bouton-pression *m*
press-up ['prɛsʌp] *n* (BRIT) traction *f*
pressure ['prɛʃə^r] *n* pression *f* ; (*stress*) tension *f* ; **to put ~ on sb (to do sth)** faire pression sur qn (pour qu'il fasse qch) ▸ *vt* faire pression sur
pressure cooker *n* cocotte-minute® *f*
pressured ['prɛʃəd] *adj* (*tense*) tendu(e)
pressure gauge *n* manomètre *m*
pressure group *n* groupe *m* de pression
pressurize ['prɛʃəraɪz] *vt* pressuriser ; (BRIT *fig*): **to ~ sb (into doing sth)** faire pression sur qn (pour qu'il fasse qch)
pressurized ['prɛʃəraɪzd] *adj* pressurisé(e)
prestige [prɛs'tiːʒ] *n* prestige *m*
prestigious [prɛs'tɪdʒəs] *adj* prestigieux(-euse)
presumably [prɪ'zjuːməblɪ] *adv* vraisemblablement ; **~ he did it** c'est sans doute lui (qui a fait cela)
presume [prɪ'zjuːm] *vt* présumer, supposer ; **to ~ to do** (*dare*) se permettre de faire
presumption [prɪ'zʌmpʃən] *n* supposition *f*, présomption *f* ; (*boldness*) audace *f*
presumptuous [prɪ'zʌmpʃəs] *adj* présomptueux(-euse)
presuppose [priːsə'pəuz] *vt* présupposer
pre-tax [priː'tæks] *adj* avant impôt(s)
pre-teen [priː'tiːn] *adj*, *n* préadolescent(e) ; **~ children** les préadolescents
pretence, (US) **pretense** [prɪ'tɛns] *n* (*claim*) prétention *f* ; (*pretext*) prétexte *m* ; **she is devoid of all ~** elle n'est pas du tout prétentieuse ; **to make a ~ of doing** faire semblant de faire ; **on** *or* **under the ~ of doing sth** sous prétexte de faire qch ; **under false pretences** sous des prétextes fallacieux
pretend [prɪ'tɛnd] *vt* (*feign*) feindre, simuler ; **to ~ to do** faire semblant de faire ▸ *vi* (*feign*) faire semblant ; (*claim*): **to ~ to sth** prétendre à qch
pretense [prɪ'tɛns] *n* (US) = **pretence**
pretension [prɪ'tɛnʃən] *n* (*claim*) prétention *f* ; **to have no pretensions to sth/to being sth** n'avoir aucune prétention à qch/à être qch
pretentious [prɪ'tɛnʃəs] *adj* prétentieux(-euse)
preterite ['prɛtərɪt] *n* prétérit *m*
pretext ['priːtɛkst] *n* prétexte *m* ; **on** *or* **under the ~ of doing sth** sous prétexte de faire qch
pretty ['prɪtɪ] *adj* joli(e) ▸ *adv* assez
pretzel [prɛtsl] *n* bretzel *m*
prevail [prɪ'veɪl] *vi* (*win*) l'emporter, prévaloir ; (*be usual*) avoir cours ; (*persuade*): **to ~ (up)on sb to do** persuader qn de faire
prevailing [prɪ'veɪlɪŋ] *adj* (*widespread*) courant(e), répandu(e) ; (*wind*) dominant(e)
prevalence ['prɛvələns] *n* prévalence *f*
prevalent ['prɛvələnt] *adj* (*condition*) prévalent(e) ; (*view, attitude*) répandu(e) ; (*fashion*) en vogue
prevarication [prɪværɪ'keɪʃən] *n* (usage *m* de) faux-fuyants *mpl*
prevent [prɪ'vɛnt] *vt*: **to ~ (from doing)** empêcher (de faire)
preventable [prɪ'vɛntəbl] *adj* évitable
preventative [prɪ'vɛntətɪv] *adj* préventif(-ive)
prevention [prɪ'vɛnʃən] *n* prévention *f*
preventive [prɪ'vɛntɪv] *adj* préventif(-ive)
preview ['priːvjuː] *n* (*of film*) avant-première *f* ; (*fig*) aperçu *m*
previous ['priːvɪəs] *adj* (*last*) précédent(e) ; (*earlier*) antérieur(e) ; (*question, experience*) préalable ; **I have a ~ engagement** je suis déjà pris(e) ; **~ to doing** avant de faire
previously ['priːvɪəslɪ] *adv* précédemment, auparavant
prewar [priː'wɔː^r] *adj* d'avant-guerre
prey [preɪ] *n* proie *f* ▸ *vi*: **to ~ on** s'attaquer à ; **it was preying on his mind** ça le rongeait *or* minait
price [praɪs] *n* prix *m* ; (*Betting: odds*) cote *f* ; **what is the ~ of ...?** combien coûte ... ?, quel est le prix de ... ? ; **to go up** *or* **rise in ~** augmenter ; **to put a ~ on sth** chiffrer qch ; **what ~ his promises now?** (BRIT) que valent maintenant toutes ses promesses ? ; **he regained his freedom, but at a ~** il a retrouvé sa liberté, mais cela lui a coûté cher ▸ *vt* (*goods*) fixer le prix de ; tarifer ; **to be priced out of the market** (*article*) être trop cher pour soutenir la concurrence ; (*producer, nation*) ne pas pouvoir soutenir la concurrence
price control *n* contrôle *m* des prix
price-cutting ['praɪskʌtɪŋ] *n* réductions *fpl* de prix
priceless ['praɪslɪs] *adj* sans prix, inestimable ; (*inf: amusing*) impayable
price list *n* tarif *m*
price range *n* gamme *f* de prix ; **it's within my ~** c'est dans mes prix
price tag *n* étiquette *f*
price war *n* guerre *f* des prix
pricey ['praɪsɪ] *adj* (*inf*) chérot *inv*
pricing ['praɪsɪŋ] *n* prix *mpl*
prick [prɪk] *n* (*sting*) piqûre *f* ; (*inf!*) bitte *f* (*!*) ; connard *m* (*!*) ▸ *vt* piquer ; **to ~ up one's ears** dresser *or* tendre l'oreille
prickle ['prɪkl] *n* (*of plant*) épine *f* ; (*sensation*) picotement *m*
prickly ['prɪklɪ] *adj* piquant(e), épineux(-euse) ; (*fig: person*) irritable
prickly heat *n* fièvre *f* miliaire
prickly pear *n* figue *f* de Barbarie
pride [praɪd] *n* (*feeling proud*) fierté *f* ; (*pej*) orgueil *m* ; (*self-esteem*) amour-propre *m* ; **to take (a) ~ in** être (très) fier(-ère) de ; **to take a ~ in doing**

mettre sa fierté à faire ; **to have ~ of place** (BRIT) avoir la place d'honneur ▸ *vt*: **to ~ o.s. on** se flatter de ; s'enorgueillir de
priest [pri:st] *n* prêtre *m*
priestess ['pri:stɪs] *n* prêtresse *f*
priesthood ['pri:sthud] *n* prêtrise *f*, sacerdoce *m*
prig [prɪg] *n* poseur(-euse), fat *m*
prim [prɪm] *adj* collet monté *inv*, guindé(e)
prima facie ['praɪmə'feɪʃɪ] *adj*: **to have a ~ case** (*Law*) avoir une affaire recevable
primal ['praɪməl] *adj* (*first in time*) primitif(-ive) ; (*first in importance*) primordial(e)
primarily ['praɪmərɪlɪ] *adv* principalement, essentiellement
primary ['praɪmərɪ] *adj* primaire ; (*first in importance*) premier(-ière), primordial(e) ▸ *n* (*US: election*) (élection *f*) primaire *f*
primary colour *n* couleur fondamentale
primary school *n* (BRIT) école *f* primaire

PRIMARY SCHOOL

Les **primary schools** en Grande-Bretagne accueillent les enfants de 4 ou 5 ans à 11 ans. Elles marquent le début du cycle scolaire obligatoire et couvrent les sept premières années de scolarité. Certaines d'entre elles comprennent deux sections : la section des petits (*infant school*) et la section des grands (*junior school*).

primate *n* (*Rel*) ['praɪmɪt] primat *m* ; (*Zool*) ['praɪmeɪt] primate *m*
prime [praɪm] *adj* primordial(e), fondamental(e) ; (*excellent*) excellent(e) ▸ *vt* (*gun, pump*) amorcer ; (*fig*) mettre au courant ▸ *n*: **in the ~ of life** dans la fleur de l'âge
Prime Minister *n* Premier ministre
primer ['praɪmə^r] *n* (*book*) premier livre, manuel *m* élémentaire ; (*paint*) apprêt *m*
prime time *n* (*Radio, TV*) heure(s) *f(pl)* de grande écoute
primeval [praɪ'mi:vl] *adj* primitif(-ive)
primitive ['prɪmɪtɪv] *adj* primitif(-ive)
primrose ['prɪmrəuz] *n* primevère *f*
primus® ['praɪməs], **primus stove**® *n* (BRIT) réchaud *m* de camping
prince [prɪns] *n* prince *m*
princely ['prɪnslɪ] *adj* princier(-ière)
princess [prɪn'sɛs] *n* princesse *f*
principal ['prɪnsɪpl] *adj* principal(e) ▸ *n* (*head teacher*) directeur *m*, principal *m* ; (*in play*) rôle principal ; (*money*) principal *m*
principality [prɪnsɪ'pælɪtɪ] *n* principauté *f*
principally ['prɪnsɪplɪ] *adv* principalement
principle ['prɪnsɪpl] *n* principe *m* ; **in ~** en principe ; **on ~** par principe
print [prɪnt] *n* (*mark*) empreinte *f* ; (*letters*) caractères *mpl* ; (*fabric*) imprimé *m* ; (*Art*) gravure *f*, estampe *f* ; (*Phot*) épreuve *f* ; **out of ~** épuisé(e) ▸ *vt* imprimer ; (*publish*) publier ; (*write in capitals*) écrire en majuscules
▸ **print out** *vt* (*Comput*) imprimer
printed circuit board ['prɪntɪd-] *n* carte *f* à circuit imprimé
printed matter ['prɪntɪd-] *n* imprimés *mpl*
printer ['prɪntə^r] *n* (*machine*) imprimante *f* ; (*person*) imprimeur *m*
printhead ['prɪnthɛd] *n* tête *f* d'impression
printing ['prɪntɪŋ] *n* impression *f*
printing press *n* presse *f* typographique
printout ['prɪntaut] *n* (*Comput*) sortie *f* imprimante
print wheel *n* marguerite *f*
prior ['praɪə^r] *adj* antérieur(e), précédent(e) ; (*more important*) prioritaire ; **without ~ notice** sans préavis ; **to have a ~ claim to sth** avoir priorité pour qch ▸ *n* (*Rel*) prieur *m* ▸ *adv*: **~ to doing** avant de faire
prioritize [praɪ'ɔrɪtaɪz] *vt* (*give priority to*) privilégier ; (*order by importance*) ordonner selon ses priorités
priority [praɪ'ɔrɪtɪ] *n* priorité *f* ; **to have** *or* **take ~ over sth/sb** avoir la priorité sur qch/qn
priory ['praɪərɪ] *n* prieuré *m*
prise [praɪz] *vt*: **to ~ open** forcer
prism ['prɪzəm] *n* prisme *m*
prison ['prɪzn] *n* prison *f* ▸ *cpd* pénitentiaire
prison camp *n* camp *m* de prisonniers
prisoner ['prɪznə^r] *n* prisonnier(-ière) ; **the ~ at the bar** l'accusé(e) ; **to take sb ~** faire qn prisonnier
prisoner of war *n* prisonnier(-ière) de guerre
prissy ['prɪsɪ] *adj* bégueule
pristine ['prɪsti:n] *adj* virginal(e)
privacy ['prɪvəsɪ] *n* intimité *f*, solitude *f*
private ['praɪvɪt] *adj* (*not public*) privé(e) ; (*personal*) personnel(le) ; (*house, car, lesson*) particulier(-ière) ; (*quiet: place*) tranquille ; **"~"** (*on envelope*) « personnelle » ; (*on door*) « privé » ; **in (his) ~ life** dans sa vie privée ; **he is a very ~ person** il est très secret ; **to be in ~ practice** être médecin (*or dentiste etc*) non conventionné ; **~ hearing** (*Law*) audience *f* à huis-clos ▸ *n* soldat *m* de deuxième classe ; **in ~** en privé
private detective *n* détective privé
private enterprise *n* entreprise privée
private eye *n* détective privé
private limited company *n* (BRIT) société *f* à participation restreinte (*non cotée en Bourse*)
privately ['praɪvɪtlɪ] *adv* en privé ; (*within oneself*) intérieurement
private parts *npl* parties (génitales)
private property *n* propriété privée
private school *n* école privée
privatization [praɪvətaɪ'zeɪʃən] *n* privatisation *f*
privatize ['praɪvɪtaɪz] *vt* privatiser
privet ['prɪvɪt] *n* troène *m*
privilege ['prɪvɪlɪdʒ] *n* privilège *m*
privileged ['prɪvɪlɪdʒd] *adj* privilégié(e) ; **to be ~ to do sth** avoir le privilège de faire qch
privy ['prɪvɪ] *adj*: **to be ~ to** être au courant de
privy council *n* conseil privé

PRIVY COUNCIL

Le **Privy Council** est un groupe d'éminents hommes politiques présents ou passés, dont les membres du gouvernement, qui remplissent la fonction de conseillers du souverain britannique. Jadis doté de pouvoirs importants, il n'a plus aujourd'hui de rôle exécutif.

prize [praɪz] *n* prix *m* ▸ *adj (example, idiot)* parfait(e) ; *(bull, novel)* primé(e) ▸ *vt* priser, faire grand cas de
prized [praɪzd] *adj* précieux(-euse) ; **their most ~ possession** leur plus précieuse possession ; **to be ~ for sth** être prisé(e) pour qch
prize-fighter ['praɪzfaɪtəʳ] *n* boxeur professionnel
prize-giving ['praɪzgɪvɪŋ] *n* distribution *f* des prix
prize money *n* argent *m* du prix
prizewinner ['praɪzwɪnəʳ] *n* gagnant(e)
prizewinning ['praɪzwɪnɪŋ] *adj* gagnant(e) ; *(novel, essay etc)* primé(e)
PRO *n abbr* = **public relations officer**
pro [prəu] *n (inf: Sport)* professionnel(le) ▸ *prep* pro ; **pros** *npl*: **the pros and cons** le pour et le contre
pro- [prəu] *prefix (in favour of)* pro-
pro-active [prəu'æktɪv] *adj* dynamique
probability [prɔbə'bɪlɪtɪ] *n* probabilité *f* ; **in all ~** très probablement
probable ['prɔbəbl] *adj* probable ; **it is ~/hardly ~ that ...** il est probable/peu probable que ...
probably ['prɔbəblɪ] *adv* probablement
probate ['prəubɪt] *n (Law)* validation *f*, homologation *f*
probation [prə'beɪʃən] *n (in employment)* (période *f* d')essai *m* ; *(Law)* liberté surveillée ; *(Rel)* noviciat *m*, probation *f* ; **on ~** *(employee)* à l'essai ; *(Law)* en liberté surveillée
probationary [prə'beɪʃənrɪ] *adj (period)* d'essai
probe [prəub] *n (Med, Space)* sonde *f* ; *(enquiry)* enquête *f*, investigation *f* ▸ *vt* sonder, explorer
probity ['prəubɪtɪ] *n* probité *f*
problem ['prɔbləm] *n* problème *m* ; **to have problems with the car** avoir des ennuis avec la voiture ; **what's the ~?** qu'y a-t-il ?, quel est le problème ? ; **I had no ~ in finding her** je n'ai pas eu de mal à la trouver ; **no ~!** pas de problème !
problematic [prɔblə'mætɪk] *adj* problématique
problem-solving ['prɔbləmsɔlvɪŋ] *n* résolution *f* de problèmes ; **an approach to ~** une approche en matière de résolution de problèmes
procedural [prə'siːdʒərəl] *adj* procédural(e)
procedure [prə'siːdʒəʳ] *n (Admin, Law)* procédure *f* ; *(method)* marche *f* à suivre, façon *f* de procéder
proceed [prə'siːd] *vi (go forward)* avancer ; *(act)* procéder ; *(continue)*: **to ~ (with)** continuer, poursuivre ; **to ~ to** aller à ; passer à ; **to ~ to do** se mettre à faire ; **I am not sure how to ~** je ne sais pas exactement comment m'y prendre ; **to ~ against sb** *(Law)* intenter des poursuites contre qn
proceedings [prə'siːdɪŋz] *npl (measures)* mesures *fpl* ; *(Law: against sb)* poursuites *fpl* ; *(meeting)* réunion *f*, séance *f* ; *(records)* compte rendu ; actes *mpl*
proceeds ['prəusiːdz] *npl* produit *m*, recette *f*
process *n* ['prəusɛs] processus *m* ; *(method)* procédé *m* ; **in ~** en cours ; **we are in the ~ of doing** nous sommes en train de faire ▸ *vt* ['prəusɛs] traiter ▸ *vi* [prə'sɛs] *(*BRIT *formal: go in procession)* défiler
processed cheese ['prəusɛst-] *n* ≈ fromage fondu
processing ['prəusɛsɪŋ] *n* traitement *m*
procession [prə'sɛʃən] *n* défilé *m*, cortège *m* ; **funeral ~** *(on foot)* cortège funèbre ; *(in cars)* convoi *m* mortuaire
pro-choice [prəu'tʃɔɪs] *adj* en faveur de l'avortement
proclaim [prə'kleɪm] *vt* déclarer, proclamer
proclamation [prɔklə'meɪʃən] *n* proclamation *f*
proclivity [prə'klɪvɪtɪ] *n* inclination *f*
procrastinate [prəu'kræstɪneɪt] *vi* faire traîner les choses, vouloir tout remettre au lendemain
procrastination [prəukræstɪ'neɪʃən] *n* procrastination *f*
procreation [prəukrɪ'eɪʃən] *n* procréation *f*
Procurator Fiscal ['prɔkjureɪtə-] *n (*SCOTTISH*)* ≈ procureur *m (de la République)*
procure [prə'kjuəʳ] *vt (for o.s.)* se procurer ; *(for sb)* procurer
procurement [prə'kjuəmənt] *n* achat *m*, approvisionnement *m*
prod [prɔd] *vt* pousser ▸ *n (push, jab)* petit coup, poussée *f*
prodigal ['prɔdɪgl] *adj* prodigue
prodigious [prə'dɪdʒəs] *adj* prodigieux(-euse)
prodigy ['prɔdɪdʒɪ] *n* prodige *m*
produce *n* ['prɔdjuːs] *(Agr)* produits *mpl* ▸ *vt* [prə'djuːs] produire ; *(show)* présenter ; *(cause)* provoquer, causer ; *(Theat)* monter, mettre en scène ; *(TV: programme)* réaliser ; *(: play, film)* mettre en scène ; *(Radio: programme)* réaliser ; *(: play)* mettre en ondes
producer [prə'djuːsəʳ] *n (Theat)* metteur *m* en scène ; *(Agr, Comm, Cine)* producteur *m* ; *(TV: of programme)* réalisateur *m* ; *(: of play, film)* metteur en scène ; *(Radio: of programme)* réalisateur ; *(: of play)* metteur en ondes
product ['prɔdʌkt] *n* produit *m*
production [prə'dʌkʃən] *n* production *f* ; *(Theat)* mise *f* en scène ; **to put into ~** *(goods)* entreprendre la fabrication de
production agreement *n (US)* accord *m* de productivité
production line *n* chaîne *f* (de fabrication)
production manager *n* directeur(-trice) de la production
productive [prə'dʌktɪv] *adj* productif(-ive)
productivity [prɔdʌk'tɪvɪtɪ] *n* productivité *f*
productivity agreement *n (*BRIT*)* accord *m* de productivité
productivity bonus *n* prime *f* de rendement
Prof. [prɔf] *abbr (= professor)* Prof
profane [prə'feɪn] *adj* sacrilège ; *(lay)* profane
profanity [prə'fænɪtɪ] *n* obscénités *fpl*
profess [prə'fɛs] *vt* professer ; **I do not ~ to be an expert** je ne prétends pas être spécialiste
professed [prə'fɛst] *adj (self-declared)* déclaré(e)
profession [prə'fɛʃən] *n* profession *f* ; **the professions** les professions libérales
professional [prə'fɛʃənl] *n* professionnel(le) ▸ *adj* professionnel(le) ; *(work)* de professionnel ; **he's a ~ man** il exerce une profession libérale ; **to take ~ advice** consulter un spécialiste

professionalism [prəˈfɛʃnəlɪzəm] *n* professionnalisme *m*
professionally [prəˈfɛʃnəlɪ] *adv* professionnellement ; (*Sport: play*) en professionnel ; **I only know him ~** je n'ai avec lui que des relations de travail
professor [prəˈfɛsəʳ] *n* professeur *m* (*titulaire d'une chaire*) ; (*US: teacher*) professeur *m*
professorship [prəˈfɛsəʃɪp] *n* chaire *f*
proffer [ˈprɔfəʳ] *vt* (*hand*) tendre ; (*remark*) faire ; (*apologies*) présenter
proficiency [prəˈfɪʃənsɪ] *n* compétence *f*, aptitude *f*
proficient [prəˈfɪʃənt] *adj* compétent(e), capable
profile [ˈprəufaɪl] *n* profil *m* ; **to keep a high/low ~** (*fig*) rester *or* être très en évidence/discret(-ète)
profit [ˈprɔfɪt] *n* (*from trading*) bénéfice *m* ; (*advantage*) profit *m* ; **to make a ~** faire un *or* des bénéfice(s) ; **to sell sth at a ~** vendre qch à profit ▸ *cpd*: **~ and loss account** compte *m* de profits et pertes ▸ *vi*: **to ~ (by** *or* **from)** profiter (de)
profitability [prɔfɪtəˈbɪlɪtɪ] *n* rentabilité *f*
profitable [ˈprɔfɪtəbl] *adj* lucratif(-ive), rentable ; (*fig: beneficial*) avantageux(-euse) ; (*: meeting*) fructueux(-euse)
profit centre *n* centre *m* de profit
profiteering [prɔfɪˈtɪərɪŋ] *n* (*pej*) mercantilisme *m*
profit-making [ˈprɔfɪtmeɪkɪŋ] *adj* à but lucratif
profit margin *n* marge *f* bénéficiaire
profit-sharing [ˈprɔfɪtʃɛərɪŋ] *n* intéressement *m* aux bénéfices
profits tax *n* (Brit) impôt *m* sur les bénéfices
profligate [ˈprɔflɪgɪt] *adj* (*behaviour, act*) dissolu(e) ; (*person*) débauché(e) ; (*extravagant*): **~ (with)** prodigue (de)
pro forma [ˈprəuˈfɔːmə] *adj*: **~ invoice** facture *f* pro-forma
profound [prəˈfaund] *adj* profond(e)
profoundly [prəˈfaundlɪ] *adv* profondément
profuse [prəˈfjuːs] *adj* abondant(e)
profusely [prəˈfjuːslɪ] *adv* abondamment ; (*thank etc*) avec effusion
profusion [prəˈfjuːʒən] *n* profusion *f*, abondance *f*
progeny [ˈprɔdʒɪnɪ] *n* progéniture *f* ; descendants *mpl*
progesterone [prəˈdʒɛstərəun] *n* progestérone *f*
prognosis [prɔgˈnəusɪs] (*pl* **prognoses** [prɔgˈnəusiːz]) *n* pronostic *m*
programmable [prəuˈgræməbl] *adj* programmable
programme, (US) **program** [ˈprəugræm] *n* (*Comput*) programme *m* ; (*Radio, TV*) émission *f* ▸ *vt* programmer
programmer [ˈprəugræməʳ] *n* programmeur(-euse)
programming, (US) **programing** [ˈprəugræmɪŋ] *n* programmation *f*
programming language, (US) **programing language** *n* langage *m* de programmation
progress *n* [ˈprəugrɛs] progrès *m(pl)* ; **in ~** en cours ; **to make ~** progresser, faire des progrès, être en progrès ▸ *vi* [prəˈgrɛs] progresser, avancer ; **as the match progressed** au fur et à mesure que la partie avançait
progression [prəˈgrɛʃən] *n* progression *f*
progressive [prəˈgrɛsɪv] *adj* progressif(-ive) ; (*person*) progressiste
progressively [prəˈgrɛsɪvlɪ] *adv* progressivement
progress report *n* (*Med*) bulletin *m* de santé ; (*Admin*) rapport *m* d'activité ; rapport sur l'état (d'avancement) des travaux
prohibit [prəˈhɪbɪt] *vt* interdire, défendre ; **to ~ sb from doing sth** défendre *or* interdire à qn de faire qch ; **"smoking prohibited"** « défense de fumer »
prohibition [prəuɪˈbɪʃən] *n* prohibition *f*
prohibitive [prəˈhɪbɪtɪv] *adj* (*price etc*) prohibitif(-ive)
project *n* [ˈprɔdʒɛkt] (*plan*) projet *m*, plan *m* ; (*venture*) opération *f*, entreprise *f* ; (*Scol: research*) étude *f*, dossier *m* ▸ *vt* [prəˈdʒɛkt] projeter ▸ *vi* [prəˈdʒɛkt] (*stick out*) faire saillie, s'avancer
projected [prɔˈdʒɛktɪd] *adj* prévu(e)
projectile [prəˈdʒɛktaɪl] *n* projectile *m*
projection [prəˈdʒɛkʃən] *n* projection *f* ; (*overhang*) saillie *f*
projectionist [prəˈdʒɛkʃənɪst] *n* (*Cine*) projectionniste *mf*
projection room *n* (*Cine*) cabine *f* de projection
projector [prəˈdʒɛktəʳ] *n* (*Cine etc*) projecteur *m*
proletarian [prəulɪˈtɛərɪən] *adj* prolétarien(ne) ▸ *n* prolétaire *mf*
proletariat [prəulɪˈtɛərɪət] *n* prolétariat *m*
pro-life [prəuˈlaɪf] *adj* contre l'avortement
proliferate [prəˈlɪfəreɪt] *vi* proliférer
proliferation [prəlɪfəˈreɪʃən] *n* prolifération *f*
prolific [prəˈlɪfɪk] *adj* prolifique
prologue [ˈprəulɔg] *n* prologue *m*
prolong [prəˈlɔŋ] *vt* prolonger
prolonged [prəˈlɔŋd] *adj* prolongé(e)
prom [prɔm] *n abbr* = **promenade; promenade concert**; (*US: ball*) bal *m* d'étudiants ; *voir article* ; **the Proms** *série de concerts de musique classique*

Prom

Le **prom** (abréviation de **promenade**) est un bal organisé à l'intention des élèves pour fêter la fin de leurs années de lycée. Cet événement d'origine américaine occupe une place très importante dans la culture du pays et dans la vie des lycéens, avec les traditions et les conventions que cela implique. Depuis le début du XXIe siècle, les proms connaissent également un grand succès au Royaume-Uni, même s'ils ne revêtent pas encore l'importance culturelle de leur équivalent américain.

promenade [prɔməˈnɑːd] *n* (*by sea*) esplanade *f*, promenade *f*
promenade concert *n* concert *m* (de musique classique)
promenade deck *n* (*Naut*) pont *m* promenade
prominence [ˈprɔmɪnəns] *n* proéminence *f* ; importance *f*

P

prominent ['prɔmɪnənt] *adj* (*standing out*) proéminent(e) ; (*important*) important(e) ; **he is ~ in the field of ...** il est très connu dans le domaine de ...
prominently ['prɔmɪnəntlɪ] *adv* (*display, set*) bien en évidence ; **he figured ~ in the case** il a joué un rôle important dans l'affaire
promiscuity [prɔmɪs'kju:ɪtɪ] *n* (*sexual*) légèreté *f* de mœurs
promiscuous [prə'mɪskjuəs] *adj* (*sexually*) de mœurs légères
promise ['prɔmɪs] *n* promesse *f* ; **to make sb a ~** faire une promesse à qn ; **a young man of ~** un jeune homme plein d'avenir ▸ *vt, vi* promettre ; **to ~ well** *vi* promettre
promising ['prɔmɪsɪŋ] *adj* prometteur(-euse)
promissory note ['prɔmɪsərɪ-] *n* billet *m* à ordre
promo ['prəuməu] (*inf*) *n* promo *f* (*inf*) ▸ *cpd* (*film, tour*) promotionnel(le)
promontory ['prɔməntrɪ] *n* promontoire *m*
promote [prə'məut] *vt* promouvoir ; (*venture, event*) organiser, mettre sur pied ; (*new product*) lancer ; **the team was promoted to the second division** (Brit *Football*) l'équipe est montée en 2ᵉ division
promoter [prə'məutəʳ] *n* (*of event*) organisateur(-trice)
promotion [prə'məuʃən] *n* promotion *f*
promotional [prə'məuʃənl] *adj* promotionnel(le)
prompt [prɔmpt] *adj* rapide ; **they're very ~** (*punctual*) ils sont ponctuels ; **he was ~ to accept** il a tout de suite accepté ▸ *adv*: **at 8 o'clock ~** à 8 heures précises ▸ *n* (*Comput*) message *m* (de guidage) ▸ *vt* inciter ; (*cause*) entraîner, provoquer ; (*Theat*) souffler (son rôle *or* ses répliques) à ; **to ~ sb to do** inciter *or* pousser qn à faire
prompter ['prɔmptəʳ] *n* (*Theat*) souffleur *m*
promptly ['prɔmptlɪ] *adv* (*quickly*) rapidement, sans délai ; (*on time*) ponctuellement
promptness ['prɔmptnɪs] *n* rapidité *f* ; promptitude *f* ; ponctualité *f*
prone [prəun] *adj* (*lying*) couché(e) (face contre terre) ; (*liable*): **~ to** enclin(e) à ; **to be ~ to illness** être facilement malade ; **to be ~ to an illness** être sujet à une maladie ; **she is ~ to burst into tears if ...** elle a tendance à tomber en larmes si ...
prong [prɔŋ] *n* pointe *f* ; (*of fork*) dent *f*
pronoun ['prəunaun] *n* pronom *m*
pronounce [prə'nauns] *vt* prononcer ; **how do you ~ it?** comment est-ce que ça se prononce ? ; **they pronounced him unfit to drive** ils l'ont déclaré inapte à la conduite ▸ *vi*: **to ~ (up)on** se prononcer sur
pronounced [prə'naunst] *adj* (*marked*) prononcé(e)
pronouncement [prə'naunsmənt] *n* déclaration *f*
pronunciation [prənʌnsɪ'eɪʃən] *n* prononciation *f*
proof [pru:f] *n* preuve *f* ; (*test, of book, Phot*) épreuve *f* ; (*of alcohol*) degré *m* ; **to be 70° ~** ≈ titrer 40 degrés ▸ *adj*: **~ against** à l'épreuve de ▸ *vt* (Brit: *tent, anorak*) imperméabiliser
proofread ['pru:fri:d] *vt* corriger
proofreader ['pru:fri:dəʳ] *n* correcteur(-trice) (d'épreuves)
prop [prɔp] *n* support *m*, étai *m* ; (*fig*) soutien *m* ▸ *vt* (*also*: **prop up**) étayer, soutenir ; **to ~ sth against** (*lean*) appuyer qch contre *or* à ; **props** *npl* accessoires *mpl*
Prop. *abbr* (*Comm*) = **proprietor**
propaganda [prɔpə'gændə] *n* propagande *f*
propagate ['prɔpəgeɪt] *vt* propager
propagation [prɔpə'geɪʃən] *n* propagation *f*
propel [prə'pɛl] *vt* propulser, faire avancer
propeller [prə'pɛləʳ] *n* hélice *f*
propelling pencil [prə'pɛlɪŋ-] *n* (Brit) porte-mine *m inv*
propensity [prə'pɛnsɪtɪ] *n* propension *f*
proper ['prɔpəʳ] *adj* (*suited, right*) approprié(e), bon(ne) ; (*seemly*) correct(e), convenable ; (*authentic*) vrai(e), véritable ; (*inf*: *real*) fini(e), vrai(e) ; (*referring to place*): **the village ~** le village proprement dit ; **to go through the ~ channels** (*Admin*) passer par la voie officielle
properly ['prɔpəlɪ] *adv* correctement, convenablement ; (*really*) bel et bien
proper noun *n* nom *m* propre
property ['prɔpətɪ] *n* (*possessions*) biens *mpl* ; (*house etc*) propriété *f* ; (*land*) terres *fpl*, domaine *m* ; (*Chem etc*: *quality*) propriété *f* ; **it's their ~** cela leur appartient, c'est leur propriété
property developer *n* (Brit) promoteur immobilier
property owner *n* propriétaire *m*
property tax *n* impôt foncier
prophecy ['prɔfɪsɪ] *n* prophétie *f*
prophesy ['prɔfɪsaɪ] *vt* prédire ▸ *vi* prophétiser
prophet ['prɔfɪt] *n* prophète *m*
prophetic [prə'fɛtɪk] *adj* prophétique
proponent [prə'pəunənt] *n* défenseur *m*
proportion [prə'pɔ:ʃən] *n* proportion *f* ; (*share*) part *f* ; partie *f* ; **to be in/out of ~ to** *or* **with sth** être à la mesure de/hors de proportion avec qch ; **to see sth in ~** (*fig*) ramener qch à de justes proportions ▸ *vt* proportionner ; **proportions** *npl* (*size*) dimensions *fpl*
proportional [prə'pɔ:ʃənl] *adj* proportionnel(le)
proportionally [prə'pɔ:ʃənlɪ] *adv* proportionnellement
proportional representation *n* (*Pol*) représentation proportionnelle
proportionate [prə'pɔ:ʃənət] *adj* (*in size*) proportionnel(le) ; (*appropriate*) proportionné(e) ; **to be ~ to sth** (*in size*) être proportionnel(le) à qch ; (*appropriate*) être proportionné(e) à qch
proportionately [prə'pɔ:ʃənətlɪ] *adv* proportionnellement
proposal [prə'pəuzl] *n* proposition *f*, offre *f* ; (*plan*) projet *m* ; (*of marriage*) demande *f* en mariage
propose [prə'pəuz] *vt* proposer, suggérer ; (*have in mind*): **to ~ sth/doing sth** envisager qch/de faire qch ; **to ~ to do** avoir l'intention de faire ▸ *vi* faire sa demande en mariage
proposer [prə'pəuzəʳ] *n* (Brit: *of motion etc*) auteur *m*

proposition [prɔpəˈzɪʃən] *n* proposition *f* ; **to make sb a ~** faire une proposition à qn
propound [prəˈpaund] *vt* proposer, soumettre
proprietary [prəˈpraɪətərɪ] *adj* de marque déposée ; **~ article** article *m or* produit *m* de marque ; **~ brand** marque déposée
proprietor [prəˈpraɪətəʳ] *n* propriétaire *mf*
propriety [prəˈpraɪətɪ] *n* (*seemliness*) bienséance *f*, convenance *f*
propulsion [prəˈpʌlʃən] *n* propulsion *f*
pro rata [prəuˈrɑːtə] *adv* au prorata
prosaic [prəuˈzeɪɪk] *adj* prosaïque
Pros. Atty. *abbr* (*US*) = **prosecuting attorney**
proscribe [prəˈskraɪb] *vt* proscrire
proscription [prəˈskrɪpʃən] *n* interdiction *f*
prose [prəuz] *n* prose *f* ; (*Scol: translation*) thème *m*
prosecute [ˈprɔsɪkjuːt] *vt* poursuivre
prosecuting attorney [ˈprɔsɪkjuːtɪŋ-] *n* (*US*) procureur *m*
prosecution [prɔsɪˈkjuːʃən] *n* poursuites *fpl* judiciaires ; (*accusing side: in criminal case*) accusation *f* ; (*: in civil case*) la partie plaignante
prosecutor [ˈprɔsɪkjuːtəʳ] *n* (*lawyer*) procureur *m* ; (*also:* **public prosecutor**) ministère public ; (*US: plaintiff*) plaignant(e)
prospect *n* [ˈprɔspɛkt] perspective *f* ; (*hope*) espoir *m*, chances *fpl* ; **we are faced with the ~ of leaving** nous risquons de devoir partir ; **there is every ~ of an early victory** tout laisse prévoir une victoire rapide ▸ *vt, vi* [prəˈspɛkt] prospecter ; **prospects** *npl* (*for work etc*) possibilités *fpl* d'avenir, débouchés *mpl*
prospecting [prəˈspɛktɪŋ] *n* prospection *f*
prospective [prəˈspɛktɪv] *adj* (*possible*) éventuel(le) ; (*future*) futur(e)
prospector [prəˈspɛktəʳ] *n* prospecteur *m* ; **gold ~** chercheur *m* d'or
prospectus [prəˈspɛktəs] *n* prospectus *m*
prosper [ˈprɔspəʳ] *vi* prospérer
prosperity [prɔˈspɛrɪtɪ] *n* prospérité *f*
prosperous [ˈprɔspərəs] *adj* prospère
prostate [ˈprɔsteɪt] *n* (*also:* **prostate gland**) prostate *f*
prosthetic [prɔsˈθɛtɪk] *adj* prothétique
prostitute [ˈprɔstɪtjuːt] *n* prostituée *f* ; **male ~** prostitué *m*
prostitution [prɔstɪˈtjuːʃən] *n* prostitution *f*
prostrate *adj* [ˈprɔstreɪt] prosterné(e) ; (*fig*) prostré(e) ▸ *vt* [prɔˈstreɪt] : **to ~ o.s. (before sb)** se prosterner (devant qn)
protagonist [prəˈtægənɪst] *n* protagoniste *m*
protect [prəˈtɛkt] *vt* protéger
protection [prəˈtɛkʃən] *n* protection *f* ; **to be under sb's ~** être sous la protection de qn
protectionism [prəˈtɛkʃənɪzəm] *n* protectionnisme *m*
protectionist [prəˈtɛkʃənɪst] *adj* protectionniste
protection racket *n* racket *m*
protective [prəˈtɛktɪv] *adj* protecteur(-trice) ; (*clothing*) de protection ; **~ custody** (*Law*) détention préventive
protector [prəˈtɛktəʳ] *n* protecteur(-trice)
protégé [ˈprəutɛʒeɪ] *n* protégé *m*
protégée [ˈprəutɛʒeɪ] *n* protégée *f*
protein [ˈprəutiːn] *n* protéine *f*
pro tem [prəuˈtɛm] *adv abbr* (= *pro tempore: for the time being*) provisoirement
protest *n* [ˈprəutɛst] protestation *f* ▸ *vi* [prəˈtɛst] : **to ~ against/about** protester contre/à propos de ▸ *vt* [prəˈtɛst] protester de ; **to ~ (that)** protester que
Protestant [ˈprɔtɪstənt] *adj, n* protestant(e)
Protestantism [ˈprɔtɪstəntɪzəm] *n* protestantisme *m*
protester, protestor [prəˈtɛstəʳ] *n* (*in demonstration*) manifestant(e)
protest march *n* manifestation *f*
protocol [ˈprəutəkɔl] *n* protocole *m*
proton [ˈprəutɔn] *n* proton *m*
prototype [ˈprəutətaɪp] *n* prototype *m*
protracted [prəˈtræktɪd] *adj* prolongé(e)
protractor [prəˈtræktəʳ] *n* (*Geom*) rapporteur *m*
protrude [prəˈtruːd] *vi* avancer, dépasser
protuberance [prəˈtjuːbərəns] *n* protubérance *f*
proud [praud] *adj* fier(-ère) ; (*pej*) orgueilleux(-euse) ; **to be ~ to do sth** être fier de faire qch ; **to do sb ~** (*inf*) faire honneur à qn ; **to do o.s. ~** (*inf*) ne se priver de rien
proudly [ˈpraudlɪ] *adv* fièrement
prove [pruːv] *vt* prouver, démontrer ; **to ~ o.s.** montrer ce dont on est capable ; **to ~ o.s./itself (to be) useful** *etc* se montrer *or* se révéler utile *etc* ; **he was proved right in the end** il s'est avéré qu'il avait raison ▸ *vi* : **to ~ correct** *etc* s'avérer juste *etc*
proven [ˈprəuvən, ˈpruːvən] *pp of* **prove** ▸ *adj* (*ability*) avéré(e) ; **to have a ~ track record** avoir fait ses preuves
proverb [ˈprɔvəːb] *n* proverbe *m*
proverbial [prəˈvəːbɪəl] *adj* proverbial(e)
provide [prəˈvaɪd] *vt* fournir ; **to ~ sb with sth** fournir qch à qn ; **to be provided with** (*person*) disposer de ; (*thing*) être équipé(e) *or* muni(e) de
▸ **provide for** *vt fus* (*person*) subvenir aux besoins de ; (*future event*) prévoir
provided [prəˈvaɪdɪd] *conj* : **~ (that)** à condition que + *sub*
Providence [ˈprɔvɪdəns] *n* la Providence
provider [prəˈvaɪdəʳ] *n* (*of goods, services*) fournisseur *m* ; (*in family*) soutien *m* (de famille) ; **internet ~** fournisseur d'accès
providing [prəˈvaɪdɪŋ] *conj* à condition que + *sub*
province [ˈprɔvɪns] *n* province *f* ; (*fig*) domaine *m*
provincial [prəˈvɪnʃəl] *adj* provincial(e)
provision [prəˈvɪʒən] *n* (*supply*) provision *f* ; (*supplying*) fourniture *f* ; approvisionnement *m* ; (*stipulation*) disposition *f* ; **to make ~ for** (*one's future*) assurer ; (*one's family*) assurer l'avenir de ; **there's no ~ for this in the contract** le contrat ne prévoit pas cela ; **provisions** *npl* (*food*) provisions *fpl*
provisional [prəˈvɪʒənl] *adj* provisoire ▸ *n* : **P~** (IRISH *Pol*) Provisional *m* (*membre de la tendance activiste de l'IRA*)
provisional licence *n* (BRIT *Aut*) permis *m* provisoire
provisionally [prəˈvɪʒnəlɪ] *adv* provisoirement

P

proviso [prə'vaɪzəu] *n* condition *f* ; **with the ~ that** à la condition (expresse) que
Provo ['prɔvəu] *n abbr (inf)* = **Provisional**
provocation [prɔvə'keɪʃən] *n* provocation *f*
provocative [prə'vɔkətɪv] *adj* provocateur(-trice), provocant(e)
provoke [prə'vəuk] *vt* provoquer ; **to ~ sb to sth/to do** *or* **into doing sth** pousser qn à qch/à faire qch
provoking [prə'vəukɪŋ] *adj* énervant(e), exaspérant(e)
provost ['prɔvəst] *n* (BRIT: *of university*) principal *m* ; (SCOTTISH) maire *m*
prow [prau] *n* proue *f*
prowess ['prauɪs] *n* prouesse *f*
prowl [praul] *vi (also:* **prowl about, prowl around**) rôder ▸ *n*: **to be on the ~** rôder
prowler ['praulə^r] *n* rôdeur(-euse)
proximity [prɔk'sɪmɪtɪ] *n* proximité *f*
proxy ['prɔksɪ] *n* procuration *f* ; **by ~** par procuration
Prozac® ['prəuzæk] *n* Prozac® *m*
PRP *n abbr (= performance related pay)* salaire *m* au rendement
prude [pru:d] *n* prude *f*
prudence ['pru:dns] *n* prudence *f*
prudent ['pru:dnt] *adj* prudent(e)
prudish ['pru:dɪʃ] *adj* prude, pudibond(e)
prune [pru:n] *n* pruneau *m* ▸ *vt* élaguer
prurient ['pruərɪənt] *adj* lubrique
pry [praɪ] *vi*: **to ~ into** fourrer son nez dans
PS *n abbr (= postscript)* PS *m*
psalm [sɑ:m] *n* psaume *m*
PSAT *n abbr (US)* = **Preliminary Scholastic Aptitude Test**
PSBR *n abbr* (BRIT: = *public sector borrowing requirement)* besoins *mpl* d'emprunts des pouvoirs publics
pseud [sju:d] *n* (BRIT *inf: intellectually)* pseudo-intello *m* ; (: *socially)* snob *mf*
pseudo- ['sju:dəu] *prefix* pseudo-
pseudonym ['sju:dənɪm] *n* pseudonyme *m*
PSHE *n abbr* (BRIT *Scol*: = *personal, social and health education) cours d'éducation personnelle, sanitaire et sociale préparant à la vie adulte*
PST *abbr (US: = Pacific Standard Time) heure d'hiver du Pacifique*
PSV *n abbr* (BRIT) = **public service vehicle**
psyche ['saɪkɪ] *n* psychisme *m*
psychedelic [saɪkə'dɛlɪk] *adj* psychédélique
psychiatric [saɪkɪ'ætrɪk] *adj* psychiatrique
psychiatrist [saɪ'kaɪətrɪst] *n* psychiatre *mf*
psychiatry [saɪ'kaɪətrɪ] *n* psychiatrie *f*
psychic ['saɪkɪk] *adj (also:* **psychical**) (méta)psychique ; *(person)* doué(e) de télépathie *or* d'un sixième sens
psycho ['saɪkəu] *n (inf)* psychopathe *mf*
psychoanalysis [saɪkəuə'nælɪsɪs] *(pl* **psychoanalyses** [-si:z]) *n* psychanalyse *f*
psychoanalyst [saɪkəu'ænəlɪst] *n* psychanalyste *mf*
psychological [saɪkə'lɔdʒɪkl] *adj* psychologique
psychologically [saɪkə'lɔdʒɪklɪ] *adv* psychologiquement
psychologist [saɪ'kɔlədʒɪst] *n* psychologue *mf*
psychology [saɪ'kɔlədʒɪ] *n* psychologie *f*
psychometric [saɪkə'mɛtrɪk] *adj* psychométrique ; **~ testing** tests *mpl* psychométriques
psychopath ['saɪkəupæθ] *n* psychopathe *mf*
psychosis [saɪ'kəusɪs] *(pl* **psychoses** [-si:z]) *n* psychose *f*
psychosomatic [saɪkəusə'mætɪk] *adj* psychosomatique
psychotherapist [saɪkəu'θɛrəpɪst] *n* psychothérapeute *mf*
psychotherapy [saɪkəu'θɛrəpɪ] *n* psychothérapie *f*
psychotic [saɪ'kɔtɪk] *adj, n* psychotique *mf*
PT *n abbr* (BRIT: = *physical training)* EPS *f*
pt *abbr* = **pint; point**
Pt. *abbr (in place names: = Point)* Pte
PTA *n abbr* = **Parent-Teacher Association**
Pte. *abbr* (BRIT *Mil)* = **private**
PTO *abbr (= please turn over)* TSVP
PTSD *abbr* = **post-traumatic stress disorder**
PTV *abbr (US)* = **pay television**
pub [pʌb] *n abbr (= public house)* pub *m*
pub crawl *n* (BRIT *inf)*: **to go on a ~** faire la tournée des bars
puberty ['pju:bətɪ] *n* puberté *f*
pubic ['pju:bɪk] *adj* pubien(ne), du pubis
public ['pʌblɪk] *adj* public(-ique) ; **to be ~ knowledge** être de notoriété publique ; **to go ~** *(Comm)* être coté(e) en Bourse ; **to make ~** rendre public ▸ *n* public *m* ; **in ~** en public ; **the general ~** le grand public
public address system *n* (système *m* de) sonorisation *f*, sono *f (inf)*
publican ['pʌblɪkən] *n* patron *m or* gérant *m* de pub
publication [pʌblɪ'keɪʃən] *n* publication *f*
public company *n* société *f* anonyme
public convenience *n* (BRIT) toilettes *fpl*
public holiday *n* (BRIT) jour férié
public house *n* (BRIT) pub *m*
publicist ['pʌblɪsɪst] *n* publicitaire *mf*
publicity [pʌb'lɪsɪtɪ] *n* publicité *f*
publicize ['pʌblɪsaɪz] *vt (make known)* faire connaître, rendre public ; *(advertise)* faire de la publicité pour
public limited company *n* ≈ société *f* anonyme (SA) *(cotée en Bourse)*
publicly ['pʌblɪklɪ] *adv* publiquement, en public
public opinion *n* opinion publique
public ownership *n*: **to be taken into ~** être nationalisé(e), devenir propriété de l'État
public prosecutor *n* ≈ procureur *m (de la République)* ; **~'s office** parquet *m*
public relations *n* relations publiques (RP)
public relations officer *n* responsable *mf* des relations publiques
public school *n* (BRIT) école privée ; (US) école publique

PUBLIC SCHOOL

Une **public school** est un type d'établissement d'enseignement secondaire privé (*private school* ou *independent school* étant le terme générique). Ce sont des écoles prestigieuses, aux origines anciennes, avec des frais de scolarité très élevés pour les plus connues (Westminster, Eton, Harrow). Bon nombre d'entre elles sont des pensionnats. Beaucoup ont également une école primaire qui leur est rattachée (une *prep* ou *preparatory school*) pour préparer les élèves au cycle secondaire. Une grande proportion d'élèves vont ensuite à l'université, notamment à Oxford ou Cambridge. Les grands industriels, les députés et les hauts fonctionnaires sortent souvent de ces écoles. Aux États-Unis, le terme *public school* désigne tout simplement une école publique gratuite.

public sector *n* secteur public
public service vehicle *n* (BRIT) véhicule affecté au transport de personnes
public-spirited [pʌblɪk'spɪrɪtɪd] *adj* qui fait preuve de civisme
public transport, (US) public transportation *n* transports *mpl* en commun
public utility *n* service public
public works *npl* travaux publics
publish ['pʌblɪʃ] *vt* publier
publisher ['pʌblɪʃə^r] *n* éditeur *m*
publishing ['pʌblɪʃɪŋ] *n* (*industry*) édition *f*; (*of a book*) publication *f*
publishing company *n* maison *f* d'édition
pub lunch *n* repas *m* de bistrot
puce [pju:s] *adj* puce
puck [pʌk] *n* (*elf*) lutin *m* ; (*Ice Hockey*) palet *m*
pucker ['pʌkə^r] *vt* plisser
pudding ['pudɪŋ] *n* (BRIT: *dessert*) dessert *m*, entremets *m* ; (*sweet dish*) pudding *m*, gâteau *m* ; (*sausage*) boudin *m* ; **rice ~** ≈ riz *m* au lait ; **black ~**, (US) **blood ~** boudin (noir)
puddle ['pʌdl] *n* flaque *f* d'eau
puerile ['pjuəraɪl] *adj* puéril(e)
Puerto Rico ['pwə:təu'ri:kəu] *n* Porto Rico *f*
puff [pʌf] *n* bouffée *f* ▸ *vt*: **to ~ one's pipe** tirer sur sa pipe ; (*also*: **puff out**: *sails, cheeks*) gonfler ; **to ~ out smoke** envoyer des bouffées de fumée ▸ *vi* sortir par bouffées ; (*pant*) haleter
puffed [pʌft] *adj* (*inf*: *out of breath*) tout(e) essoufflé(e)
puffin ['pʌfɪn] *n* macareux *m*
puff pastry, (US) puff paste *n* pâte feuilletée
puffy ['pʌfɪ] *adj* bouffi(e), boursouflé(e)
pugnacious [pʌg'neɪʃəs] *adj* pugnace, batailleur(-euse)
puke ['pju:k] (*inf*) *vi* (*also*: **puke up**) dégueuler (*inf*) ▸ *n* dégueulis *m* (*inf*)
pull [pul] *n* (*of moon, magnet, the sea etc*) attraction *f*; (*fig*) influence *f*; (*tug*): **to give sth a ~** tirer sur qch ▸ *vt* tirer ; (*trigger*) presser ; (*strain*: *muscle, tendon*) se claquer ; **to ~ a face** faire une grimace ; **to ~ to pieces** mettre en morceaux ; **to ~ one's punches** (*also fig*) ménager son adversaire ; **to ~ one's weight** y mettre du sien ; **to ~ sb's leg** (*fig*) faire marcher qn ; **to ~ strings (for sb)** intervenir (en faveur de qn) ▸ *vi* tirer
▸ **pull about** *vt* (BRIT: *handle roughly*: *object*) maltraiter ; (: *person*) malmener
▸ **pull apart** *vt* séparer ; (*break*) mettre en pièces, démantibuler
▸ **pull away** *vi* (*vehicle*: *move off*) partir ; (*draw back*) s'éloigner
▸ **pull back** *vt* (*lever etc*) tirer sur ; (*curtains*) ouvrir ▸ *vi* (*refrain*) s'abstenir ; (*Mil*: *withdraw*) se retirer
▸ **pull down** *vt* baisser, abaisser ; (*house*) démolir ; (*tree*) abattre
▸ **pull in** *vi* (*Aut*) se ranger ; (*Rail*) entrer en gare
▸ **pull off** *vt* enlever, ôter ; (*deal etc*) conclure
▸ **pull out** *vi* démarrer, partir ; (*withdraw*) se retirer ; (*Aut*: *come out of line*) déboîter ▸ *vt* (*from bag, pocket*) sortir ; (*remove*) arracher ; (*withdraw*) retirer
▸ **pull over** *vi* (*Aut*) se ranger
▸ **pull round** *vi* (*unconscious person*) revenir à soi ; (*sick person*) se rétablir
▸ **pull through** *vi* s'en sortir
▸ **pull together** *vi* (*cooperate*) se serrer les coudes ▸ *vt*: **to ~ o.s. together** se ressaisir
▸ **pull up** *vi* (*stop*) s'arrêter ▸ *vt* remonter ; (*uproot*) déraciner, arracher ; (*stop*) arrêter
pulley ['pulɪ] *n* poulie *f*
pull-out ['pulaut] *n* (*of forces etc*) retrait *m* ▸ *cpd* (*magazine, pages*) détachable
pullover ['puləuvə^r] *n* pull-over *m*, tricot *m*
pulmonary ['pʌlmənrɪ] *adj* pulmonaire
pulp [pʌlp] *n* (*of fruit*) pulpe *f*; (*for paper*) pâte *f* à papier ; (*pej*: *also*: **pulp magazines**) presse *f* à sensation *or* de bas étage ; **to reduce sth to (a) ~** réduire qch en purée
pulpit ['pulpɪt] *n* chaire *f*
pulsate [pʌl'seɪt] *vi* battre, palpiter ; (*music*) vibrer
pulse [pʌls] *n* (*of blood*) pouls *m* ; (*of heart*) battement *m* ; (*of music, engine*) vibrations *fpl* ; **to feel** *or* **take sb's ~** prendre le pouls à qn ; **pulses** *npl* (*Culin*) légumineuses *fpl*
pulverize ['pʌlvəraɪz] *vt* pulvériser
puma ['pju:mə] *n* puma *m*
pumice ['pʌmɪs] *n* (*also*: **pumice stone**) pierre *f* ponce
pummel ['pʌml] *vt* rouer de coups
pump [pʌmp] *n* pompe *f*; (*shoe*) escarpin *m* ▸ *vt* pomper ; (*fig, inf*) faire parler ; **to ~ sb for information** essayer de soutirer des renseignements à qn
▸ **pump up** *vt* gonfler
pumpkin ['pʌmpkɪn] *n* potiron *m*, citrouille *f*
pun [pʌn] *n* jeu *m* de mots, calembour *m*
punch [pʌntʃ] *n* (*blow*) coup *m* de poing ; (*fig*: *force*) vivacité *f*, mordant *m* ; (*tool*) poinçon *m* ; (*drink*) punch *m* ▸ *vt* (*make a hole in*) poinçonner, perforer ; (*hit*): **to ~ sb/sth** donner un coup de poing à qn/sur qch ; **to ~ a hole (in)** faire un trou (dans)
▸ **punch in** *vi* (US) pointer (en arrivant)
▸ **punch out** *vi* (US) pointer (en partant)
punch card, punched card [pʌntʃt-] *n* carte perforée
punch-drunk ['pʌntʃdrʌŋk] *adj* (BRIT) sonné(e)
punch line *n* (*of joke*) conclusion *f*
punch-up ['pʌntʃʌp] *n* (BRIT *inf*) bagarre *f*
punctual ['pʌŋktjuəl] *adj* ponctuel(le)
punctuality [pʌŋktju'ælɪtɪ] *n* ponctualité *f*

P

punctually ['pʌŋktjuəlɪ] *adv* ponctuellement ; **it will start ~ at 6** cela commencera à 6 heures précises
punctuate ['pʌŋktjueɪt] *vt* ponctuer
punctuation [pʌŋktju'eɪʃən] *n* ponctuation *f*
punctuation mark *n* signe *m* de ponctuation
puncture ['pʌŋktʃə^r] *n* (BRIT) crevaison *f* ; **I have a ~** (*Aut*) j'ai (un pneu) crevé ▸ *vt* crever
pundit ['pʌndɪt] *n* individu *m* qui pontifie, pontife *m*
pungent ['pʌndʒənt] *adj* piquant(e) ; (*fig*) mordant(e), caustique
punish ['pʌnɪʃ] *vt* punir ; **to ~ sb for sth/for doing sth** punir qn de qch/d'avoir fait qch
punishable ['pʌnɪʃəbl] *adj* punissable
punishing ['pʌnɪʃɪŋ] *adj* (*fig: exhausting*) épuisant(e) ▸ *n* punition *f*
punishment ['pʌnɪʃmənt] *n* punition *f*, châtiment *m* ; (*fig, inf*): **to take a lot of ~** (*boxer*) encaisser ; (*car, person etc*) être mis(e) à dure épreuve
punitive ['pju:nɪtɪv] *adj* punitif(-ive)
Punjab ['pʌndʒɑ:b] *n* (*also*: **the Punjab**) le Pendjab
punk [pʌŋk] *n* (*person: also*: **punk rocker**) punk *mf* ; (*music: also*: **punk rock**) le punk ; (*US inf: hoodlum*) voyou *m*
punt [pʌnt] *n* (*boat*) bachot *m* ; (IRISH) livre irlandaise ▸ *vi* (BRIT: *bet*) parier
punter ['pʌntə^r] *n* (BRIT *inf: gambler*) parieur(-euse) ; Monsieur *m* tout le monde ; type *m*
puny ['pju:nɪ] *adj* chétif(-ive)
pup [pʌp] *n* chiot *m*
pupil ['pju:pl] *n* élève *mf* ; (*of eye*) pupille *f*
puppet ['pʌpɪt] *n* marionnette *f*, pantin *m*
puppet government *n* gouvernement *m* fantoche
puppy ['pʌpɪ] *n* chiot *m*, petit chien
purchase ['pə:tʃɪs] *n* achat *m* ; (*grip*) prise *f* ; **to get a ~ on** trouver appui sur ▸ *vt* acheter
purchase order *n* ordre *m* d'achat
purchase price *n* prix *m* d'achat
purchaser ['pə:tʃɪsə^r] *n* acheteur(-euse)
purchase tax *n* (BRIT) taxe *f* à l'achat
purchasing power ['pə:tʃɪsɪŋ-] *n* pouvoir *m* d'achat
pure [pjuə^r] *adj* pur(e) ; **a ~ wool jumper** un pull en pure laine ; **~ and simple** pur(e) et simple
purebred ['pjuəbrɛd] *adj* de race
purée ['pjuəreɪ] *n* purée *f*
purely ['pjuəlɪ] *adv* purement
purge [pə:dʒ] *n* (*Med*) purge *f* ; (*Pol*) épuration *f*, purge ▸ *vt* purger ; (*fig*) épurer, purger
purification [pjuərɪfɪ'keɪʃən] *n* purification *f*
purify ['pjuərɪfaɪ] *vt* purifier, épurer
purist ['pjuərɪst] *n* puriste *mf*
puritan ['pjuərɪtən] *n* puritain(e)
puritanical [pjuərɪ'tænɪkl] *adj* puritain(e)
purity ['pjuərɪtɪ] *n* pureté *f*
purl [pə:l] *n* maille *f* à l'envers ▸ *vt* tricoter à l'envers
purloin [pə:'lɔɪn] *vt* dérober
purple ['pə:pl] *adj* violet(te) ; (*face*) cramoisi(e)
purport [pə:'pɔ:t] *vi*: **to ~ to be/do** prétendre être/faire
purported [pə'pɔ:tɪd] *adj* prétendu(e) *before noun*
purportedly [pə'pɔ:tɪdlɪ] *adv* prétendument
purpose ['pə:pəs] *n* intention *f*, but *m* ; **on ~** exprès ; **for illustrative purposes** à titre d'illustration ; **for teaching purposes** dans un but pédagogique ; **for the purposes of this meeting** pour cette réunion ; **to no ~** en pure perte

> Use **exprès** for *on purpose: I did it on purpose*. **Je l'ai fait exprès**.The French word **express** means an express train or an espresso coffee.

purpose-built ['pə:pəs'bɪlt] *adj* (BRIT) fait(e) sur mesure
purposeful ['pə:pəsful] *adj* déterminé(e), résolu(e)
purposely ['pə:pəslɪ] *adv* exprès
purr [pə:^r] *n* ronronnement *m* ▸ *vi* ronronner
purse [pə:s] *n* (BRIT: *for money*) porte-monnaie *m inv*, bourse *f* ; (*US: handbag*) sac *m* (à main) ▸ *vt* serrer, pincer
purser ['pə:sə^r] *n* (*Naut*) commissaire *m* du bord
purse snatcher [-'snætʃə^r] *n* (*US*) voleur *m* à l'arraché
pursue [pə'sju:] *vt* poursuivre ; (*pleasures*) rechercher ; (*inquiry, matter*) approfondir
pursuer [pə'sju:ə^r] *n* poursuivant(e)
pursuit [pə'sju:t] *n* poursuite *f* ; (*occupation*) occupation *f*, activité *f* ; **scientific pursuits** recherches *fpl* scientifiques ; **in (the) ~ of sth** à la recherche de qch
purveyor [pə'veɪə^r] *n* fournisseur *m*
pus [pʌs] *n* pus *m*
push [puʃ] *n* poussée *f* ; (*effort*) gros effort ; (*drive*) énergie *f* ; **at a ~** (BRIT *inf*) à la limite, à la rigueur ▸ *vt* pousser ; (*button*) appuyer sur ; (*thrust*): **to ~ sth (into)** enfoncer qch (dans) ; (*fig: product*) mettre en avant, faire de la publicité pour ; **to ~ a door open/shut** pousser une porte (pour l'ouvrir/pour la fermer) ; **to be pushed for time/money** être à court de temps/d'argent ; **she is pushing fifty** (*inf*) elle frise la cinquantaine ▸ *vi* pousser ; appuyer ; **"~"** (*on door*) « pousser » ; (*on bell*) « appuyer » ; **to ~ for** (*better pay, conditions*) réclamer
▸ **push aside** *vt* écarter
▸ **push ahead** *vi*: **to ~ ahead with sth** (*plans, policies*) poursuivre qch
▸ **push in** *vi* s'introduire de force
▸ **push off** *vi* (*inf*) filer, ficher le camp
▸ **push on** *vi* (*continue*) continuer
▸ **push over** *vt* renverser
▸ **push through** *vt* (*measure*) faire voter ▸ *vi* (*in crowd*) se frayer un chemin
▸ **push up** *vt* (*total, prices*) faire monter
push-bike ['puʃbaɪk] *n* (BRIT) vélo *m*
push-button ['puʃbʌtn] *n* bouton(-poussoir *m*) *m*
pushchair ['puʃtʃɛə^r] *n* (BRIT) poussette *f*
pusher ['puʃə^r] *n* (*also*: **drug pusher**) revendeur(-euse) (de drogue), ravitailleur(-euse) (en drogue)
pushover ['puʃəuvə^r] *n* (*inf*): **it's a ~** c'est un jeu d'enfant

push-up ['puʃʌp] *n* (*US*) traction *f*
pushy ['puʃɪ] *adj* (*pej*) arriviste
pussy ['pusɪ], **pussy-cat** ['pusɪkæt] *n* (*inf*) minet *m*
put [put] (*pt*, *pp* ~) *vt* mettre ; (*place*) poser, placer ; (*say*) dire, exprimer ; (*a question*) poser ; (*case, view*) exposer, présenter ; (*estimate*) estimer ; **to ~ sb in a good/bad mood** mettre qn de bonne/mauvaise humeur ; **to ~ sb to bed** mettre qn au lit, coucher qn ; **to ~ sb to a lot of trouble** déranger qn ; **how shall I ~ it?** comment dirais-je ?, comment dire ? ; **to ~ a lot of time into sth** passer beaucoup de temps à qch ; **to ~ money on a horse** miser sur un cheval ; **I ~ it to you that ...** (BRIT) je (vous) suggère que ..., je suis d'avis que ... ; **to stay ~** ne pas bouger
▸ **put about** *vi* (*Naut*) virer de bord ▸ *vt* (*rumour*) faire courir
▸ **put across** *vt* (*ideas etc*) communiquer ; faire comprendre
▸ **put aside** *vt* mettre de côté
▸ **put away** *vt* (*store*) ranger
▸ **put back** *vt* (*replace*) remettre, replacer ; (*postpone*) remettre ; (*delay, watch, clock*) retarder ; **this will ~ us back ten years** cela nous ramènera dix ans en arrière
▸ **put by** *vt* (*money*) mettre de côté, économiser
▸ **put down** *vt* (*parcel etc*) poser, déposer ; (*pay*) verser ; (*in writing*) mettre par écrit, inscrire ; (*suppress: revolt etc*) réprimer, écraser ; (*attribute*) attribuer ; (*animal*) abattre ; (*cat, dog*) faire piquer
▸ **put forward** *vt* (*ideas*) avancer, proposer ; (*date, watch, clock*) avancer
▸ **put in** *vt* (*gas, electricity*) installer ; (*complaint*) soumettre ; (*time, effort*) consacrer
▸ **put in for** *vt fus* (*job*) poser sa candidature pour ; (*promotion*) solliciter
▸ **put off** *vt* (*light etc*) éteindre ; (*postpone*) remettre à plus tard, ajourner ; (*discourage*) dissuader
▸ **put on** *vt* (*clothes, lipstick, CD*) mettre ; (*light etc*) allumer ; (*play etc*) monter ; (*extra bus, train etc*) mettre en service ; (*food, meal: provide*) servir ; (*: cook*) mettre à cuire *or* à chauffer ; (*weight*) prendre ; (*assume: accent, manner*) prendre ; (*: airs*) se donner, prendre ; (*inf: tease*) faire marcher ; (*inform, indicate*): **to ~ sb on to sb/sth** indiquer qn/qch à qn ; **to ~ the brakes on** freiner
▸ **put out** *vt* (*take outside*) mettre dehors ; (*one's hand*) tendre ; (*news, rumour*) faire courir, répandre ; (*light etc*) éteindre ; (*person: inconvenience*) déranger, gêner ; (BRIT: *dislocate*) se démettre ▸ *vi* (*Naut*): **to ~ out to sea** prendre le large ; **to ~ out from Plymouth** quitter Plymouth
▸ **put through** *vt* (*Tel: caller*) mettre en communication ; (*: call*) passer ; (*plan*) faire accepter ; **~ me through to Miss Blair** passez-moi Miss Blair
▸ **put together** *vt* mettre ensemble ; (*assemble: furniture*) monter, assembler ; (*: meal*) préparer
▸ **put up** *vt* (*raise*) lever, relever, remonter ; (*pin up*) afficher ; (*hang*) accrocher ; (*build*) construire, ériger ; (*tent*) monter ; (*umbrella*) ouvrir ; (*increase*) augmenter ; (*accommodate*) loger ; (*incite*): **to ~ sb up to doing sth** pousser qn à faire qch ; **to ~ sth up for sale** mettre qch en vente
▸ **put upon** *vt fus*: **to be ~ upon** (*imposed on*) se laisser faire
▸ **put up with** *vt fus* supporter
putative ['pju:tətɪv] *adj* (*formal*) putatif(-ive)
putrid ['pju:trɪd] *adj* putride
putt [pʌt] *vt*, *vi* putter ▸ *n* putt *m*
putter ['pʌtə^r] *n* (*Golf*) putter *m*
putting green ['pʌtɪŋ-] *n* green *m*
putty ['pʌtɪ] *n* mastic *m*
put-up ['putʌp] *adj*: **~ job** coup monté
puzzle ['pʌzl] *n* énigme *f*, mystère *m* ; (*game*) jeu *m*, casse-tête *m* ; (*jigsaw*) puzzle *m* ; (*also:* **crossword puzzle**) mots croisés ▸ *vt* intriguer, rendre perplexe ▸ *vi* se creuser la tête ; **to ~ over** chercher à comprendre
puzzled ['pʌzld] *adj* perplexe ; **to be ~ about sth** être perplexe au sujet de qch
puzzling ['pʌzlɪŋ] *adj* déconcertant(e), inexplicable
PVC *n abbr* (*= polyvinyl chloride*) PVC *m*
Pvt. *abbr* (*US Mil*) = **private**
pw *abbr* (*= per week*) p. sem.
PX *n abbr* (*US Mil*) = **post exchange**
pygmy ['pɪgmɪ] *n* pygmée *mf*
pyjamas [pɪ'dʒɑ:məz] *npl* (BRIT) pyjama *m* ; **a pair of ~** un pyjama
pylon ['paɪlən] *n* pylône *m*
pyramid ['pɪrəmɪd] *n* pyramide *f*
pyre ['paɪə^r] *n* bûcher *m*
Pyrenean [pɪrə'ni:ən] *adj* pyrénéen(ne), des Pyrénées
Pyrenees [pɪrə'ni:z] *npl* Pyrénées *fpl*
Pyrex® ['paɪrɛks] *n* Pyrex® *m* ▸ *cpd*: **~ dish** plat *m* en Pyrex
python ['paɪθən] *n* python *m*

P

Qq

Q, q [kjuː] *n (letter)* Q, q *m* ; **Q for Queen** Q comme Quintal
Q & A *n* questions-réponses *fpl* ▸ *cpd*: **a ~ session** une séance de questions-réponses
Qatar [kæ'tɑːʳ] *n* Qatar *m*, Katar *m*
QC *n abbr* = **Queen's Counsel**
QED *abbr (= quod erat demonstrandum)* CQFD
q.t. *n abbr (inf)* = **quiet**; **on the q.t.** discrètement
qty *abbr (= quantity)* qté
quack [kwæk] *n (of duck)* coin-coin *m inv* ; *(pej: doctor)* charlatan *m* ▸ *vi* faire coin-coin
quad [kwɔd] *n abbr* = **quadruplet; quadrangle**
quadrangle ['kwɔdræŋgl] *n (Math)* quadrilatère *m* ; *(courtyard: abbr: quad)* cour *f*
quadriplegic [kwɔdrɪ'pliːdʒɪk] *adj, n* tétraplégique *mf*
quadruped ['kwɔdrupɛd] *n* quadrupède *m*
quadruple [kwɔ'druːpl] *adj, n* quadruple *m* ▸ *vt, vi* quadrupler
quadruplet [kwɔ'druːplɪt] *n* quadruplé(e)
quagmire ['kwægmaɪəʳ] *n* bourbier *m*
quail [kweɪl] *n (Zool)* caille *f* ▸ *vi*: **to ~ at** *or* **before** reculer devant
quaint [kweɪnt] *adj* bizarre ; *(old-fashioned)* désuet(-ète) ; *(picturesque)* au charme vieillot, pittoresque
quake [kweɪk] *vi* trembler ▸ *n abbr* = **earthquake**
Quaker ['kweɪkəʳ] *n* quaker(esse)
qualification [kwɔlɪfɪ'keɪʃən] *n (often pl: degree etc)* diplôme *m* ; *(training)* qualification(s) *f(pl)* ; *(ability)* compétence(s) *f(pl)* ; *(limitation)* réserve *f*, restriction *f* ; **what are your qualifications?** qu'avez-vous comme diplômes ? ; quelles sont vos qualifications ?
qualified ['kwɔlɪfaɪd] *adj (trained)* qualifié(e) ; *(professionally)* diplômé(e) ; *(fit, competent)* compétent(e), qualifié(e) ; *(limited)* conditionnel(le) ; **it was a ~ success** ce fut un succès mitigé ; **~ for/to do** qui a les diplômes requis pour/pour faire ; qualifié pour/pour faire
qualifier ['kwɔlɪfaɪəʳ] *n (game)* éliminatoire *f* ; *(Grammar)* qualificatif *m* ; **a World Cup ~** une éliminatoire de la Coupe du Monde
qualify ['kwɔlɪfaɪ] *vt* qualifier ; *(modify)* atténuer, nuancer ; *(limit: statement)* apporter des réserves à ▸ *vi*: **to ~ (as)** obtenir son diplôme (de) ; **to ~ (for)** remplir les conditions requises (pour) ; *(Sport)* se qualifier (pour)
qualifying ['kwɔlɪfaɪɪŋ] *adj*: **~ exam** examen *m* d'entrée ; **~ round** éliminatoires *fpl*
qualitative ['kwɔlɪtətɪv] *adj* qualitatif(-ive)
quality ['kwɔlɪtɪ] *n* qualité *f* ; **of good/poor ~** de bonne/mauvaise qualité ▸ *cpd* de qualité
quality control *n* contrôle *m* de qualité
quality press *n (Brit)*: **the ~** la presse d'information
quality time *n* moments privilégiés
qualm [kwɑːm] *n* doute *m* ; scrupule *m* ; **to have qualms about sth** avoir des doutes sur qch ; éprouver des scrupules à propos de qch
quandary ['kwɔndrɪ] *n*: **in a ~** devant un dilemme, dans l'embarras
quango ['kwæŋgəu] *n abbr (Brit: = quasi-autonomous non-governmental organization)* commission nommée par le gouvernement
quantifiable ['kwɔntɪfaɪəbl] *adj* quantifiable
quantify ['kwɔntɪfaɪ] *vt* quantifier
quantitative ['kwɔntɪtətɪv] *adj* quantitatif(-ive)
quantity ['kwɔntɪtɪ] *n* quantité *f* ; **in ~** en grande quantité
quantity surveyor *n (Brit)* métreur vérificateur
quantum leap ['kwɔntəm-] *n (fig)* bond *m* en avant
quarantine ['kwɔrntiːn] *n* quarantaine *f*
quark [kwɑːk] *n* quark *m*
quarrel ['kwɔrl] *n* querelle *f*, dispute *f* ; **to have a ~ with sb** se quereller avec qn ; **I've no ~ with him** je n'ai rien contre lui ▸ *vi* se disputer, se quereller ; **I can't ~ with that** je ne vois rien à redire à cela
quarrelsome ['kwɔrəlsəm] *adj* querelleur(-euse)
quarry ['kwɔrɪ] *n (for stone)* carrière *f* ; *(animal)* proie *f*, gibier *m* ▸ *vt (marble etc)* extraire
quart [kwɔːt] *n* ≈ litre *m*
quarter ['kwɔːtəʳ] *n* quart *m* ; *(of year)* trimestre *m* ; *(district)* quartier *m* ; *(US, Canada: 25 cents)* (pièce *f* de) vingt-cinq cents *mpl* ; **a ~ of an hour** un quart d'heure ; **it's a ~ to 3**, *(US)* **it's a ~ of 3** il est 3 heures moins le quart ; **it's a ~ past 3**, *(US)* **it's a ~ after 3** il est 3 heures et quart ; **from all quarters** de tous côtés ▸ *vt* partager en quartiers *or* en quatre ; *(Mil)* caserner, cantonner ; **quarters** *npl* logement *m* ; *(Mil)* quartiers *mpl*, cantonnement *m*
quarterback ['kwɔːtəbæk] *n (US Football)* quarterback *mf*
quarter-deck ['kwɔːtədɛk] *n (Naut)* plage *f* arrière

quarter final *n* quart *m* de finale
quarterly ['kwɔːtəlɪ] *adj* trimestriel(le) ▶ *adv* tous les trois mois ▶ *n* (*Press*) revue trimestrielle
quartermaster ['kwɔːtəmɑːstəʳ] *n* (*Mil*) intendant *m* militaire de troisième classe ; (*Naut*) maître *m* de manœuvre
quartet, quartette [kwɔː'tɛt] *n* quatuor *m* ; (*jazz players*) quartette *m*
quarto ['kwɔːtəu] *adj*, *n* in-quarto *m inv*
quartz [kwɔːts] *n* quartz *m* ▶ *cpd* de *or* en quartz ; (*watch, clock*) à quartz
quash [kwɔʃ] *vt* (*verdict*) annuler, casser
quasi- ['kweɪzaɪ] *prefix* quasi- + *noun* ; quasi, presque + *adjective*
quaver ['kweɪvəʳ] *n* (Brit *Mus*) croche *f* ▶ *vi* trembler
quay [kiː] *n* (*also*: **quayside**) quai *m*
Que. *abbr* (Canada) = **Quebec**
queasy ['kwiːzɪ] *adj* (*stomach*) délicat(e) ; **to feel ~** avoir mal au cœur
Quebec [kwɪ'bɛk] *n* (*city*) Québec ; (*province*) Québec *m*
queen [kwiːn] *n* (*gen*) reine *f* ; (*Cards etc*) dame *f*
queen mother *n* reine mère *f*
Queen's speech *n* (Brit) discours *m* de la reine

Queen's speech

Le **Queen's speech** (ou **King's speech**) est le discours lu par le souverain à la *House of Lords*, à l'ouverture du Parliament qui a lieu en mai, en présence des lords et des députés. Il contient le programme de politique générale que propose le gouvernement pour la session, et il est préparé par le Premier ministre en consultation avec le cabinet.

queer [kwɪəʳ] *adj* étrange, curieux(-euse) ; (*suspicious*) louche ; (Brit: *sick*): **I feel ~** je ne me sens pas bien ▶ *n* (!) homosexuel *m*
quell [kwɛl] *vt* réprimer, étouffer
quench [kwɛntʃ] *vt* (*flames*) éteindre ; **to ~ one's thirst** se désaltérer
querulous ['kwɛruləs] *adj* (*person*) récriminateur(-trice) ; (*voice*) plaintif(-ive)
query ['kwɪərɪ] *n* question *f* ; (*doubt*) doute *m* ; (*question mark*) point *m* d'interrogation ▶ *vt* (*disagree with, dispute*) mettre en doute, questionner
quest [kwɛst] *n* recherche *f*, quête *f*
question ['kwɛstʃən] *n* question *f* ; **to ask sb a ~, to put a ~ to sb** poser une question à qn ; **to bring** *or* **call sth into ~** remettre qch en question ; **the ~ is ...** la question est de savoir ... ; **it's a ~ of doing** il s'agit de faire ; **there's some ~ of doing** il est question de faire ; **beyond ~** sans aucun doute ; **out of the ~** hors de question ▶ *vt* (*person*) interroger ; (*plan, idea*) mettre en question *or* en doute
questionable ['kwɛstʃənəbl] *adj* discutable
questioner ['kwɛstʃənəʳ] *n* personne *f* qui pose une question (*or* qui a posé la question *etc*)
questioning ['kwɛstʃənɪŋ] *adj* interrogateur(-trice) ▶ *n* interrogatoire *m*
question mark *n* point *m* d'interrogation
questionnaire [kwɛstʃə'nɛəʳ] *n* questionnaire *m*
queue [kjuː] (Brit) *n* queue *f*, file *f* ; **to jump the ~** passer avant son tour ▶ *vi* (*also*: **queue up**) faire la queue
quibble ['kwɪbl] *vi* ergoter, chicaner
quiche [kiːʃ] *n* quiche *f*
quick [kwɪk] *adj* rapide ; (*reply*) prompt(e), rapide ; (*mind*) vif (vive) ; (*agile*) agile, vif (vive) ; **be ~!** dépêche-toi ! ; **to be ~ to act** agir tout de suite ▶ *adv* vite, rapidement ▶ *n*: **cut to the ~** (*fig*) touché(e) au vif
quicken ['kwɪkən] *vt* accélérer, presser ; (*rouse*) stimuler ▶ *vi* s'accélérer, devenir plus rapide
quickfire [kwɪk'faɪəʳ] *adj* (*response, answer*) immédiat(e)
quick fix *n* solution *f* de fortune
quicklime ['kwɪklaɪm] *n* chaux vive
quickly ['kwɪklɪ] *adv* (*fast*) vite, rapidement ; (*immediately*) tout de suite
quickness ['kwɪknɪs] *n* rapidité *f*, promptitude *f* ; (*of mind*) vivacité *f*
quicksand ['kwɪksænd] *n* sables mouvants
quickstep ['kwɪkstɛp] *n* fox-trot *m*
quick-tempered [kwɪk'tɛmpəd] *adj* emporté(e)
quick-witted [kwɪk'wɪtɪd] *adj* à l'esprit vif
quid [kwɪd] *n* (*pl inv*: Brit *inf*) livre *f*
quid pro quo ['kwɪdprəu'kwəu] *n* contrepartie *f*
quiet ['kwaɪət] *adj* tranquille, calme ; (*not noisy*: *engine*) silencieux(-euse) ; (*reserved*) réservé(e) ; (*voice*) bas(se) ; (*not busy*: *day, business*) calme ; (*ceremony, colour*) discret(-ète) ; **keep ~!** tais-toi ! ; **I'll have a ~ word with him** je lui en parlerai discrètement ▶ *n* tranquillité *f*, calme *m* ; (*silence*) silence *m* ; **on the ~** en secret, discrètement ▶ *vt*, *vi* (*US*) = **quieten**
quieten ['kwaɪətn], **quieten down** *vi* se calmer, s'apaiser ▶ *vt* calmer, apaiser
quietly ['kwaɪətlɪ] *adv* tranquillement ; (*silently*) silencieusement ; (*discreetly*) discrètement
quietness ['kwaɪətnɪs] *n* tranquillité *f*, calme *m* ; silence *m*
quill [kwɪl] *n* plume *f* (d'oie)
quilt [kwɪlt] *n* édredon *m* ; (*continental quilt*) couette *f*
quin [kwɪn] *n abbr* = **quintuplet**
quince [kwɪns] *n* coing *m* ; (*tree*) cognassier *m*
quinine [kwɪ'niːn] *n* quinine *f*
quintessential [kwɪntɪ'sɛnʃəl] *adj* (*most typical*) par excellence ; (*essential*) caractéristique
quintessentially [kwɪntɪ'sɛnʃəlɪ] *adv* typiquement
quintet, quintette [kwɪn'tɛt] *n* quintette *m*
quintuplet [kwɪn'tjuːplɪt] *n* quintuplé(e)
quip [kwɪp] *n* remarque piquante *or* spirituelle, pointe *f* ▶ *vt*: **... he quipped** ... lança-t-il
quire ['kwaɪəʳ] *n* ≈ main *f* (*de papier*)
quirk [kwəːk] *n* bizarrerie *f* ; **by some ~ of fate** par un caprice du hasard
quirky ['kwəːkɪ] *adj* singulier(-ère)
quit [kwɪt] (*pt, pp* **~** *or* **quitted** ['kwɪtɪd]) *vt* quitter ; **to ~ doing** arrêter de faire ; **~ stalling!** (*US inf*) arrête de te dérober ! ▶ *vi* (*give up*) abandonner, renoncer ; (*resign*) démissionner ; **notice to ~** (Brit) congé *m* (*signifié au locataire*)
quite [kwaɪt] *adv* (*rather*) assez, plutôt ; (*entirely*) complètement, tout à fait ; **~ new** plutôt neuf ;

q

tout à fait neuf ; **she's ~ pretty** elle est plutôt jolie ; **I ~ understand** je comprends très bien ; **~ a few of them** un assez grand nombre d'entre eux ; **that's not ~ right** ce n'est pas tout à fait juste ; **not ~ as many as last time** pas tout à fait autant que la dernière fois ; ~ **(so)!** exactement !
Quito ['kiːtəu] *n* Quito
quits [kwɪts] *adj*: ~ **(with)** quitte (envers) ; **let's call it ~** restons-en là
quitter ['kwɪtə^r] *n*: **I'm not a ~** je ne baisse pas facilement les bras
quiver ['kwɪvə^r] *vi* trembler, frémir ▶ *n* (*for arrows*) carquois *m*
quixotic [kwɪk'sɔtɪk] *adj* chimérique
quiz [kwɪz] *n* (*on TV*) jeu-concours *m* (télévisé) ; (*in magazine etc*) test *m* de connaissances ▶ *vt* interroger
quizzical ['kwɪzɪkl] *adj* narquois(e)
quoits [kwɔɪts] *npl* jeu *m* du palet
quorum ['kwɔːrəm] *n* quorum *m*
quota ['kwəutə] *n* quota *m*
quotation [kwəu'teɪʃən] *n* citation *f* ; (*of shares etc*) cote *f*, cours *m* ; (*estimate*) devis *m*
quotation marks *npl* guillemets *mpl*
quote [kwəut] *n* citation *f* ; (*estimate*) devis *m* ▶ *vt* (*sentence, author*) citer ; (*price*) donner, soumettre ; (*shares*) coter ▶ *vi*: **to ~ from** citer ; **to ~ for a job** établir un devis pour des travaux ▶ *excl*: **~ ... unquote** (*in dictation*) ouvrez les guillemets ... fermez les guillemets ; **quotes** *npl* (*inverted commas*) guillemets *mpl* ; **in quotes** entre guillemets
quotient ['kwəuʃənt] *n* quotient *m*
Quran, Qur'an [kɔː'rɑːn, kɔː'ræn] *n*: **the ~** le Coran
qv *abbr* (= *quod vide: which see*) voir
qwerty keyboard ['kwəːtɪ-] *n* clavier *m* QWERTY

Rr

R[1], r [ɑːʳ] *n (letter)* R, r *m* ; **R for Robert,** (US) **R for Roger** R comme Raoul

R[2] *abbr (= right)* dr ; *(US Cine: = restricted) interdit aux moins de 17 ans* ; *(US Pol)* = **republican**; (BRIT) *Rex, Regina* ; *(= river)* riv., fl ; *(= Réaumur (scale))* R

RA *abbr* = **rear admiral** ▸ *n abbr* (BRIT) = **Royal Academy; Royal Academician**

RAAF *n abbr* = **Royal Australian Air Force**

Rabat [rəˈbɑːt] *n* Rabat

rabbi [ˈræbaɪ] *n* rabbin *m*

rabbit [ˈræbɪt] *n* lapin *m* ▸ *vi:* **to ~ (on)** (BRIT) parler à n'en plus finir

rabbit hole *n* terrier *m* (de lapin)

rabbit hutch *n* clapier *m*

rabble [ˈræbl] *n (pej)* populace *f*

rabid [ˈræbɪd] *adj* enragé(e)

rabies [ˈreɪbiːz] *n* rage *f*

RAC *n abbr (BRIT: = Royal Automobile Club)* ≈ ACF *m*

raccoon, racoon [rəˈkuːn] *n* raton *m* laveur

race [reɪs] *n (species)* race *f* ; *(competition, rush)* course *f* ; **the human ~** la race humaine ▸ *vt (person)* faire la course avec ; *(horse)* faire courir ; *(engine)* emballer ▸ *vi (compete)* faire la course, courir ; *(hurry)* aller à toute vitesse, courir ; *(engine)* s'emballer ; *(pulse)* battre très vite ; **to ~ in/out** *etc* entrer/sortir *etc* à toute vitesse

race car *n* (US) = **racing car**

race car driver *n* (US) = **racing driver**

racecourse [ˈreɪskɔːs] *n* champ *m* de courses

racegoer [ˈreɪsgəuəʳ] *n (esp* BRIT*)* turfiste *mf*

racehorse [ˈreɪshɔːs] *n* cheval *m* de course

racer [ˈreɪsəʳ] *n (bike)* vélo *m* de course

race relations *npl* rapports *mpl* entre les races

racetrack [ˈreɪstræk] *n* piste *f*

racial [ˈreɪʃl] *adj* racial(e)

racialism [ˈreɪʃlɪzəm] *n* racisme *m*

racialist [ˈreɪʃlɪst] *adj, n* raciste *mf*

racing [ˈreɪsɪŋ] *n* courses *fpl*

racing car *n* (BRIT) voiture *f* de course

racing driver *n* (BRIT) pilote *m* de course

racism [ˈreɪsɪzəm] *n* racisme *m*

racist [ˈreɪsɪst] *adj, n* raciste *mf*

rack [ræk] *n (for guns, tools)* râtelier *m* ; *(for clothes)* portant *m* ; *(for bottles)* casier *m* ; *(also:* **luggage rack***)* filet *m* à bagages ; *(also:* **roof rack***)* galerie *f* ; *(also:* **dish rack***)* égouttoir *m* ; **magazine ~** porte-revues *m inv* ; **shoe ~** étagère *f* à chaussures ; **toast ~** porte-toast *m* ; **to go to ~ and ruin** *(building)* tomber en ruine ; *(business)* péricliter ▸ *vt* tourmenter ; **to ~ one's brains** se creuser la cervelle

▸ **rack up** *vt* accumuler

racket [ˈrækɪt] *n (for tennis)* raquette *f* ; *(noise)* tapage *m*, vacarme *m* ; *(swindle)* escroquerie *f* ; *(organized crime)* racket *m*

racketeer [rækɪˈtɪəʳ] *n (esp US)* racketteur *m*

racketeering [rækɪˈtɪərɪŋ] *n* racket *m*

raconteur [rækɔnˈtəːʳ] *n* conteur(-euse)

racquet [ˈrækɪt] *n* raquette *f*

racy [ˈreɪsɪ] *adj* plein(e) de verve, osé(e)

RADA [rɑːdə] *n abbr* (BRIT) = **Royal Academy of Dramatic Art**

radar [ˈreɪdɑːʳ] *n* radar *m* ▸ *cpd* radar *inv*

radar trap *n (Aut: police)* contrôle *m* radar

radial [ˈreɪdɪəl] *adj (also:* **radial-ply***)* à carcasse radiale

radiance [ˈreɪdɪəns] *n* éclat *m*, rayonnement *m*

radiant [ˈreɪdɪənt] *adj* rayonnant(e) ; *(Physics)* radiant(e)

radiate [ˈreɪdɪeɪt] *vt (heat)* émettre, dégager ▸ *vi (lines)* rayonner

radiation [reɪdɪˈeɪʃən] *n* rayonnement *m* ; *(radioactive)* radiation *f*

radiation sickness *n* mal *m* des rayons

radiator [ˈreɪdɪeɪtəʳ] *n* radiateur *m*

radiator cap *n* bouchon *m* de radiateur

radiator grill *n (Aut)* calandre *f*

radical [ˈrædɪkl] *adj* radical(e)

radicalism [ˈrædɪklɪzəm] *n* radicalisme *m*

radicalization [rædɪklaɪˈzeɪʃən] *n* radicalisation *f*

radii [ˈreɪdɪaɪ] *npl of* **radius**

radio [ˈreɪdɪəu] *n* radio *f* ; **on the ~** à la radio ▸ *vi:* **to ~ to sb** envoyer un message radio à qn ▸ *vt (information)* transmettre par radio ; *(one's position)* signaler par radio ; *(person)* appeler par radio

radioactive [ˈreɪdɪəuˈæktɪv] *adj* radioactif(-ive)

radioactivity [ˈreɪdɪəuækˈtɪvɪtɪ] *n* radioactivité *f*

radio announcer *n* annonceur *m*

radio cassette *n* radiocassette *m*

radio-controlled [ˈreɪdɪəukənˈtrəuld] *adj* radioguidé(e)

radiographer [reɪdɪˈɔgrəfəʳ] *n* radiologue *mf (technicien)*

radiography [reɪdɪˈɔgrəfɪ] *n* radiographie *f*

radiologist [reɪdɪˈɔlədʒɪst] *n* radiologue *mf (médecin)*

radiology [reɪdɪˈɔlədʒɪ] *n* radiologie *f*

radio station *n* station *f* de radio

radio taxi *n* radio-taxi *m*

radiotelephone ['reɪdɪəu'tɛlɪfəun] *n* radiotéléphone *m*
radiotherapist ['reɪdɪəu'θɛrəpɪst] *n* radiothérapeute *mf*
radiotherapy ['reɪdɪəu'θɛrəpɪ] *n* radiothérapie *f*
radish ['rædɪʃ] *n* radis *m*
radium ['reɪdɪəm] *n* radium *m*
radius ['reɪdɪəs] (*pl* **radii** [-ɪaɪ]) *n* rayon *m* ; (*Anat*) radius *m* ; **within a ~ of 50 miles** dans un rayon de 50 milles
radon ['reɪdɔn] *n* radon *m*
RAF *n abbr* (BRIT) = **Royal Air Force**
raffia ['ræfɪə] *n* raphia *m*
raffish ['ræfɪʃ] *adj* dissolu(e), canaille
raffle ['ræfl] *n* tombola *f* ▸ *vt* mettre comme lot dans une tombola
raft [rɑːft] *n* (*craft: also:* **life raft**) radeau *m* ; (*logs*) train *m* de flottage
rafter ['rɑːftəʳ] *n* chevron *m*
rafting ['rɑːftɪŋ] *n* rafting *m*
rag [ræg] *n* chiffon *m* ; (*pej: newspaper*) feuille *f*, torchon *m* ; (*for charity*) *attractions organisées par les étudiants au profit d'œuvres de charité* ▸ *vt* (BRIT *inf*) chahuter, mettre en boîte ; **rags** *npl* haillons *mpl* ; **in rags** (*person*) en haillons ; (*clothes*) en lambeaux
rag-and-bone man [rægən'bəun-] *n* (*irreg*) chiffonnier *m*
ragbag ['rægbæg] *n* (*fig*) ramassis *m*
rag doll *n* poupée *f* de chiffon
rage [reɪdʒ] *n* (*fury*) rage *f*, fureur *f* ; **to fly into a ~** se mettre en rage ; **it's all the ~** cela fait fureur ▸ *vi* (*person*) être fou (folle) de rage ; (*storm*) faire rage, être déchaîné(e)
ragged ['rægɪd] *adj* (*edge*) inégal(e), qui accroche ; (*clothes*) en loques ; (*cuff*) effiloché(e) ; (*appearance*) déguenillé(e)
raging ['reɪdʒɪŋ] *adj* (*sea, storm*) en furie ; (*fever, pain*) violent(e) ; **~ toothache** rage *f* de dents ; **in a ~ temper** dans une rage folle
rag trade *n* (*inf*): **the ~** la confection
raid [reɪd] *n* (*Mil*) raid *m* ; (*criminal*) hold-up *m inv* ; (*by police*) descente *f*, rafle *f* ▸ *vt* faire un raid sur *or* un hold-up dans *or* une descente dans
raider ['reɪdəʳ] *n* malfaiteur *m*
rail [reɪl] *n* (*on stair*) rampe *f* ; (*on bridge, balcony*) balustrade *f* ; (*of ship*) bastingage *m* ; (*for train*) rail *m* ; **by ~** en train, par le train ; **rails** *npl* rails *mpl*, voie ferrée
railcard ['reɪlkɑːd] *n* (BRIT) carte *f* de chemin de fer ; **young person's ~** carte *f* jeune
railing ['reɪlɪŋ] *n*, **railings** ['reɪlɪŋz] *npl* grille *f*
railway ['reɪlweɪ], (*US*) **railroad** ['reɪlrəud] *n* chemin *m* de fer ; (*track*) voie *f* ferrée
railway engine *n* locomotive *f*
railway line *n* (BRIT) ligne *f* de chemin de fer ; (*track*) voie ferrée
railwayman ['reɪlweɪmən] *n* (*irreg*) cheminot *m*
railway station *n* (BRIT) gare *f*
rain [reɪn] *n* pluie *f* ; **in the ~** sous la pluie ▸ *vi* pleuvoir ; **it's raining** il pleut ▸ *vt*: **it's raining cats and dogs** il pleut à torrents
▸ **rain off** *vt* (BRIT): **to be rained off** (*game, match*) être annulé(e) pour cause de pluie
rainbow ['reɪnbəu] *n* arc-en-ciel *m*
raincoat ['reɪnkəut] *n* imperméable *m*
raindrop ['reɪndrɔp] *n* goutte *f* de pluie
rainfall ['reɪnfɔːl] *n* chute *f* de pluie ; (*measurement*) hauteur *f* des précipitations
rainforest ['reɪnfɔrɪst] *n* forêt tropicale
rainproof ['reɪnpruːf] *adj* imperméable
rainstorm ['reɪnstɔːm] *n* pluie torrentielle
rainwater ['reɪnwɔːtəʳ] *n* eau *f* de pluie
rainy ['reɪnɪ] *adj* pluvieux(-euse)
raise [reɪz] *n* augmentation *f* ▸ *vt* (*lift*) lever ; hausser ; (*end: siege, embargo*) lever ; (*build*) ériger ; (*increase*) augmenter ; (*morale*) remonter ; (*standards*) améliorer ; (*a protest, doubt*) provoquer, causer ; (*a question*) soulever ; (*cattle, family*) élever ; (*crop*) faire pousser ; (*army, funds*) rassembler ; (*loan*) obtenir ; **to ~ one's glass to sb/sth** porter un toast en l'honneur de qn/qch ; **to ~ one's voice** élever la voix ; **to ~ sb's hopes** donner de l'espoir à qn ; **to ~ a laugh/a smile** faire rire/sourire
raisin ['reɪzn] *n* raisin sec
Raj [rɑːdʒ] *n*: **the ~** l'empire *m* (*aux Indes*)
rajah ['rɑːdʒə] *n* radja(h) *m*
rake [reɪk] *n* (*tool*) râteau *m* ; (*person*) débauché *m* ▸ *vt* (*garden*) ratisser ; (*fire*) tisonner ; (*with machine gun*) balayer ▸ *vi*: **to ~ through** (*fig: search*) fouiller (dans)
▸ **rake in** *vt* (*inf: profits, money*) engranger ; **he's raking it in** il engrange les bénéfices
rake-off ['reɪkɔf] *n* (*inf*) pourcentage *m*
rakish ['reɪkɪʃ] *adj* dissolu(e) ; cavalier(-ière)
rally ['rælɪ] *n* (*Pol etc*) meeting *m*, rassemblement *m* ; (*Aut*) rallye *m* ; (*Tennis*) échange *m* ▸ *vt* rassembler, rallier ; (*support*) gagner ▸ *vi* se rallier ; (*sick person*) aller mieux ; (*Stock Exchange*) reprendre
▸ **rally round** *vi* venir en aide ▸ *vt fus* se rallier à ; venir en aide à
rallying point ['rælɪɪŋ-] *n* (*Mil*) point *m* de ralliement
RAM [ræm] *n abbr* (*Comput: = random access memory*) mémoire *f* vive, RAM *f*
ram [ræm] *n* bélier *m* ▸ *vt* (*push*) enfoncer ; (*soil*) tasser ; (*crash into: vehicle*) emboutir ; (*: lamppost etc*) percuter ; (*in battle*) éperonner
Ramadan [ræmə'dæn] *n* Ramadan *m*
ramble ['ræmbl] *n* randonnée *f* ▸ *vi* (*walk*) se promener, faire une randonnée ; (*pej: also:* **ramble on**) discourir, pérorer
rambler ['ræmbləʳ] *n* promeneur(-euse), randonneur(-euse) ; (*Bot*) rosier grimpant
rambling ['ræmblɪŋ] *adj* (*speech*) décousu(e) ; (*house*) plein(e) de coins et de recoins ; (*Bot*) grimpant(e)
RAMC *n abbr* (BRIT) = **Royal Army Medical Corps**
ramification [ræmɪfɪ'keɪʃən] *n* ramification *f*
ramp [ræmp] *n* (*incline*) rampe *f* ; (*Aut*) dénivellation *f* ; (*in garage*) pont *m* ; **on/off ~** (*US Aut*) bretelle *f* d'accès
rampage ['ræmpeɪdʒ] *n*: **to be on the ~** se déchaîner ▸ *vi* [ræm'peɪdʒ]: **they went rampaging through the town** ils ont envahi les rues et ont tout saccagé sur leur passage
rampant ['ræmpənt] *adj* (*disease etc*) qui sévit
rampart ['ræmpɑːt] *n* rempart *m*

ram raiding [-reɪdɪŋ] *n pillage d'un magasin en enfonçant la vitrine avec une voiture volée*
ramshackle ['ræmʃækl] *adj (house)* délabré(e) ; *(car etc)* déglingué(e)
RAN *n abbr* = **Royal Australian Navy**
ran [ræn] *pt of* **run**
ranch [rɑ:ntʃ] *n* ranch *m*
rancher ['rɑ:ntʃəʳ] *n (owner)* propriétaire *m* de ranch ; *(ranch hand)* cow-boy *m*
rancid ['rænsɪd] *adj* rance
rancorous ['ræŋkərəs] *adj* acrimonieux(-euse)
rancour, *(US)* **rancor** ['ræŋkəʳ] *n* rancune *f*, rancœur *f*
R&B *n abbr* = **rhythm and blues**
R&D *n abbr (= research and development)* R-D *f*
random ['rændəm] *adj* fait(e) *or* établi(e) au hasard ; *(Comput, Math)* aléatoire ▸ *n*: **at ~** au hasard
random access memory *n (Comput)* mémoire vive, RAM *f*
randomize ['rændəmaɪz] *vt* randomiser
randomly ['rændəmlɪ] *adv (select, assign)* aléatoirement, au hasard ; *(scattered)* au hasard
R&R *n abbr (US Mil)* = **rest and recreation**
randy ['rændɪ] *adj (Brit inf)* excité(e) ; lubrique
rang [ræŋ] *pt of* **ring**
range [reɪndʒ] *n (of mountains)* chaîne *f* ; *(of missile, voice)* portée *f* ; *(of products)* choix *m*, gamme *f* ; *(also:* **shooting range***)* champ *m* de tir ; *(: indoor)* stand *m* de tir ; *(also:* **kitchen range***)* fourneau *m* (de cuisine) ; **price ~** éventail *m* des prix ; **do you have anything else in this price ~?** avez-vous autre chose dans ces prix ? ; **within (firing) ~** à portée (de tir) ▸ *vt (place)* mettre en rang, placer ; *(roam)* parcourir ; **ranged left/ right** *(text)* justifié à gauche/à droite ▸ *vi*: **to ~ over** couvrir ; **to ~ from ... to** aller de ... à
ranger ['reɪndʒəʳ] *n* garde *m* forestier
Rangoon [ræŋ'gu:n] *n* Rangoon
rank [ræŋk] *n* rang *m* ; *(Mil)* grade *m* ; *(Brit: also:* **taxi rank***)* station *f* de taxis ; **the ranks** *(Mil)* la troupe ; **the ~ and file** *(fig)* la masse, la base ; **to close ranks** *(Mil, fig)* serrer les rangs ▸ *vi*: **to ~ among** compter *or* se classer parmi ▸ *vt*: **I ~ him sixth** je le place sixième ▸ *adj (smell)* nauséabond(e) ; *(hypocrisy, injustice etc)* flagrant(e) ; **he's a ~ outsider** il n'est vraiment pas dans la course
ranking ['ræŋkɪŋ] *n (of player, team)* classement *m* ; **in the world rankings** au classement mondial
rankle ['ræŋkl] *vi (insult)* rester sur le cœur
ransack ['rænsæk] *vt* fouiller (à fond) ; *(plunder)* piller
ransom ['rænsəm] *n* rançon *f* ; **to hold sb to ~** *(fig)* exercer un chantage sur qn
rant [rænt] *vi* fulminer
ranting ['ræntɪŋ] *n* invectives *fpl*
rap [ræp] *n* petit coup sec ; tape *f* ; *(music)* rap *m* ▸ *vt (door)* frapper sur *or* à ; *(table etc)* taper sur
rape [reɪp] *n* viol *m* ; *(Bot)* colza *m* ▸ *vt* violer
rape oil, rapeseed oil ['reɪpsi:d-] *n* huile *f* de colza
rapid ['ræpɪd] *adj* rapide
rapidity [rə'pɪdɪtɪ] *n* rapidité *f*
rapidly ['ræpɪdlɪ] *adv* rapidement
rapids ['ræpɪdz] *npl (Geo)* rapides *mpl*
rapist ['reɪpɪst] *n* auteur *m* d'un viol
rapper ['ræpəʳ] *n* rappeur(-euse)
rapport [ræ'pɔ:ʳ] *n* entente *f*
rapt [ræpt] *adj (attention)* extrême ; **to be ~ in contemplation** être perdu(e) dans la contemplation
rapture ['ræptʃəʳ] *n* extase *f*, ravissement *m* ; **to go into raptures over** s'extasier sur
rapturous ['ræptʃərəs] *adj* extasié(e) ; frénétique
rare [rɛəʳ] *adj* rare ; *(Culin: steak)* saignant(e)
rarebit ['rɛəbɪt] *n see* **Welsh rarebit**
rarefied ['rɛərɪfaɪd] *adj (air, atmosphere)* raréfié(e)
rarely ['rɛəlɪ] *adv* rarement
raring ['rɛərɪŋ] *adj*: **to be ~ to go** *(inf)* être très impatient(e) de commencer
rarity ['rɛərɪtɪ] *n* rareté *f*
rascal ['rɑ:skl] *n* vaurien *m*
rash [ræʃ] *adj (person)* imprudent(e) ; *(decision)* inconsidéré(e) ; **don't do anything ~** ne faites rien d'inconsidéré ▸ *n (Med)* rougeur *f*, éruption *f* ; *(of events)* série *f* (noire) ; **to come out in a ~** avoir une éruption
rasher ['ræʃəʳ] *n* fine tranche (de lard)
rashly ['ræʃlɪ] *adv* inconsidérément
rasp [rɑ:sp] *n (tool)* lime *f* ▸ *vt (speak: also:* **rasp out***)* dire d'une voix grinçante
raspberry ['rɑ:zbərɪ] *n* framboise *f*
raspberry bush *n* framboisier *m*
rasping ['rɑ:spɪŋ] *adj*: **~ noise** grincement *m*
Rastafarian [ræstə'fɛərɪən] *adj, n* rastafari *mf*
rat [ræt] *n* rat *m*
ratable ['reɪtəbl] *adj see* **rateable value**
ratatouille [rætə'tu:i] *n* ratatouille *f*
ratchet ['rætʃɪt] *n*: **~ wheel** roue *f* à rochet
rate [reɪt] *n (ratio)* taux *m*, pourcentage *m* ; *(speed)* vitesse *f*, rythme *m* ; *(price)* tarif *m* ; **at a ~ of 60 kph** à une vitesse de 60 km/h ; **at any ~** en tout cas ; **~ of exchange** taux *or* cours *m* du change ; **~ of flow** débit *m* ; **~ of return** (taux de) rendement *m* ; **pulse ~** fréquence *f* des pulsations ▸ *vt (price)* évaluer, estimer ; *(people)* classer ; *(deserve)* mériter ; **to ~ sb/sth as** considérer qn/qch comme ; **to ~ sb/sth among** classer qn/qch parmi ; **to ~ sb/sth highly** avoir une haute opinion de qn/qch ; **rates** *npl (Brit: property tax)* impôts locaux
rateable value ['reɪtəbl-] *n (Brit)* valeur locative imposable
ratepayer ['reɪtpeɪəʳ] *n (Brit)* contribuable *mf* *(payant les impôts locaux)*
rather ['rɑ:ðəʳ] *adv (somewhat)* assez, plutôt ; *(to some extent)* un peu ; **it's ~ expensive** c'est assez cher ; *(too much)* c'est un peu cher ; **there's ~ a lot** il y en a beaucoup ; **I would** *or* **I'd ~ go** j'aimerais mieux *or* je préférerais partir ; **I'd ~ not leave** j'aimerais mieux ne pas partir ; **or ~** *(more accurately)* ou plutôt ; **I ~ think he won't come** je crois bien qu'il ne viendra pas
ratification [rætɪfɪ'keɪʃən] *n* ratification *f*
ratify ['rætɪfaɪ] *vt* ratifier
rating ['reɪtɪŋ] *n (assessment)* évaluation *f* ; *(score)* classement *m* ; *(Finance)* cote *f* ; *(Naut: category)*

r

classe *f* ; (: *sailor*: BRIT) matelot *m* ; **ratings** *npl* (*Radio*) indice(s) *m(pl)* d'écoute ; (*TV*) Audimat® *m*
ratio ['reɪʃɪəu] *n* proportion *f* ; **in the ~ of 100 to 1** dans la proportion de 100 contre 1
ration ['ræʃən] *n* ration *f* ▸ *vt* rationner ; **rations** *npl* (*food*) vivres *mpl*
rational ['ræʃənl] *adj* raisonnable, sensé(e) ; (*solution, reasoning*) logique ; (*Med: person*) lucide
rationale [ræʃə'nɑːl] *n* raisonnement *m* ; justification *f*
rationalism ['ræʃənlɪzəm] *n* rationalisme *m*
rationalization [ræʃnəlaɪ'zeɪʃən] *n* rationalisation *f*
rationalize ['ræʃnəlaɪz] *vt* rationaliser ; (*conduct*) essayer d'expliquer *or* de motiver
rationally ['ræʃnəlɪ] *adv* raisonnablement ; logiquement
rationing ['ræʃnɪŋ] *n* rationnement *m*
rat pack *n* (BRIT *inf*) journalistes *mpl* de la presse à sensation
rat poison *n* mort-aux-rats *f inv*
rat race *n* foire *f* d'empoigne
rattan [ræ'tæn] *n* rotin *m*
rattle ['rætl] *n* (*of door, window*) battement *m* ; (*of coins, chain*) cliquetis *m* ; (*of train, engine*) bruit *m* de ferraille ; (*for baby*) hochet *m* ; (*of sports fan*) crécelle *f* ▸ *vi* cliqueter ; (*car, bus*): **to ~ along** rouler en faisant un bruit de ferraille ▸ *vt* agiter (bruyamment) ; (*inf: disconcert*) décontenancer ; (: *annoy*) embêter
▸ **rattle off** *vt* (*names, statistics*) débiter
rattlesnake ['rætlsneɪk] *n* serpent *m* à sonnettes
ratty ['rætɪ] *adj* (*inf*) en rogne (*inf*)
raucous ['rɔːkəs] *adj* rauque
raucously ['rɔːkəslɪ] *adv* d'une voix rauque
raunchy ['rɔːntʃɪ] *adj* (*inf: voice, image, act*) sexy ; (*scenes, film*) lubrique
ravage ['rævɪdʒ] *vt* ravager
ravages ['rævɪdʒɪz] *npl* ravages *mpl*
rave [reɪv] *vi* (*in anger*) s'emporter ; (*with enthusiasm*) s'extasier ; (*Med*) délirer ▸ *n* (*party*) rave *f*, soirée *f* techno ▸ *adj* (*scene, culture, music*) rave, techno ▸ *cpd*: **~ review** (*inf*) critique *f* dithyrambique
raven ['reɪvən] *n* grand corbeau
ravenous ['rævənəs] *adj* affamé(e)
ravine [rə'viːn] *n* ravin *m*
raving ['reɪvɪŋ] *adj*: **he's ~ mad** il est complètement cinglé
ravings ['reɪvɪŋz] *npl* divagations *fpl*
ravioli [rævɪ'əulɪ] *n* ravioli *mpl*
ravish ['rævɪʃ] *vt* ravir
ravishing ['rævɪʃɪŋ] *adj* enchanteur(-eresse)
raw [rɔː] *adj* (*uncooked*) cru(e) ; (*not processed*) brut(e) ; (*sore*) à vif, irrité(e) ; (*inexperienced*) inexpérimenté(e) ; (*weather, day*) froid(e) et humide ; **~ deal** (*inf: bad bargain*) sale coup *m* ; **to get a ~ deal** (*inf: unfair treatment*) être traité(e) injustement ; **~ materials** matières premières
Rawalpindi [rɔːl'pɪndɪ] *n* Rawalpindi
ray [reɪ] *n* rayon *m* ; **~ of hope** lueur *f* d'espoir
rayon ['reɪɔn] *n* rayonne *f*
raze [reɪz] *vt* (*also*: **raze to the ground**) raser
razor ['reɪzə^r] *n* rasoir *m*
razor blade *n* lame *f* de rasoir
razzle [ræzl], **razzle-dazzle** ['ræzl'dæzl] *n* (BRIT *inf*): **to go on the ~** faire la bringue (*inf*)
razzmatazz ['ræzmə'tæz] *n* (*inf*) tralala *m*, tapage *m*
RC *abbr* = **Roman Catholic**
RCAF *n abbr* = **Royal Canadian Air Force**
RCMP *n abbr* = **Royal Canadian Mounted Police**
RCN *n abbr* = **Royal Canadian Navy**
RD *abbr* (*US*) = **rural delivery**
Rd *abbr* = **road**
RDC *n abbr* (BRIT) = **rural district council**
RE *n abbr* (BRIT: = *religious education*) instruction religieuse ; (BRIT *Mil*) = **Royal Engineers**
re [riː] *prep* concernant
reach [riːtʃ] *n* portée *f*, atteinte *f* ; (*of river etc*) étendue *f* ; **out of/within ~** (*object*) hors de/à portée ; **within easy ~ (of)** (*place*) à proximité (de), proche (de) ▸ *vt* atteindre, arriver à ; (*conclusion, decision*) parvenir à ; **to ~ sb by phone** joindre qn par téléphone ▸ *vi* s'étendre ; (*stretch out hand*): **to ~ up/down** *etc* **(for sth)** lever/ baisser *etc* le bras (pour prendre qch)
▸ **reach out** *vt* tendre ▸ *vi*: **to ~ out (for)** allonger le bras (pour prendre)
react [riː'ækt] *vi* réagir
reaction [riː'ækʃən] *n* réaction *f*
reactionary [riː'ækʃənrɪ] *adj, n* réactionnaire *mf*
reactivate [rɪ'æktɪveɪt] *vt* réactiver
reactor [riː'æktə^r] *n* réacteur *m*
read [riːd] (*pt, pp* **~** [rɛd]) *vi* lire ▸ *vt* lire ; (*understand*) comprendre, interpréter ; (*study*) étudier ; (*meter*) relever ; (*subj: instrument etc*) indiquer, marquer ; **do you ~ me?** (*Tel*) est-ce que vous me recevez ? ; **to take sth as ~** (*fig*) considérer qch comme accepté ; **to ~ sth into sb's remarks** voir qch dans les remarques de qn ; **to ~ too much into sth** attacher trop d'importance à qch
▸ **read out** *vt* lire à haute voix
▸ **read over** *vt* relire
▸ **read through** *vt* (*quickly*) parcourir ; (*thoroughly*) lire jusqu'au bout
▸ **read up about, read up on** *vt* étudier
readable ['riːdəbl] *adj* facile *or* agréable à lire
reader ['riːdə^r] *n* lecteur(-trice) ; (*book*) livre *m* de lecture ; (BRIT: *at university*) maître *m* de conférences
readership ['riːdəʃɪp] *n* (*of paper etc*) (nombre *m* de) lecteurs *mpl*
readily ['rɛdɪlɪ] *adv* volontiers, avec empressement ; (*easily*) facilement
readiness ['rɛdɪnɪs] *n* empressement *m* ; **in ~** (*prepared*) prêt(e)
reading ['riːdɪŋ] *n* lecture *f* ; (*understanding*) interprétation *f* ; (*on instrument*) indications *fpl*
reading lamp *n* lampe *f* de bureau
reading room *n* salle *f* de lecture
readjust [riːə'dʒʌst] *vt* rajuster ; (*instrument*) régler de nouveau ▸ *vi* (*person*): **to ~ (to)** se réadapter (à)
readjustment [riːə'dʒʌstmənt] *n* réadaptation *f*
readout ['riːdaut] *n* (*from instrument*) mesure *f*

ready ['rɛdɪ] *adj* prêt(e) ; (*willing*) prêt, disposé(e) ; (*quick*) prompt(e) ; (*available*) disponible ; **~ for use** prêt à l'emploi ; **to be ~ to do sth** être prêt à faire qch ; **when will my photos be ~?** quand est-ce que mes photos seront prêtes ? ; **to get ~** (*as vi*) se préparer ; (*as vt*) préparer ▸ *n*: **at the ~** (*Mil*) prêt à faire feu ; (*fig*) tout(e) prêt(e)
ready cash *n* (argent *m*) liquide *m*
ready-cooked ['rɛdɪ'kukd] *adj* précuit(e)
ready-made ['rɛdɪ'meɪd] *adj* tout(e) fait(e)
ready-mix ['rɛdɪmɪks] *n* (*for cakes etc*) préparation *f* en sachet
ready reckoner [-'rɛknəʳ] *n* (Brit) barème *m*
ready-to-wear ['rɛdɪtə'wɛəʳ] *adj* (en) prêt-à-porter
reaffirm [riːə'fəːm] *vt* réaffirmer ; **to ~ (that) …** confirmer que …
reaffirmation [riːæfə'meɪʃən] *n* réaffirmation *f*
reafforestation [riːəfɔrɪ'steɪʃən] *n* (*esp* Brit) reboisement *m*
reagent [riː'eɪdʒənt] *n* réactif *m*
real [rɪəl] *adj* (*world, life*) réel(le) ; (*genuine*) véritable ; (*proper*) vrai(e) ; **in ~ life** dans la réalité ▸ *adv* (*US inf: very*) vraiment
real ale *n* bière traditionnelle
real estate *n* biens fonciers *or* immobiliers
realign [riːə'laɪn] *vt* (*policies, plans*) repenser ; (*party*) réorienter ; (*reposition: objects*) réagencer
realignment [riːə'laɪnmənt] *n* (*of company, economy*) réorientation *f*
realism ['rɪəlɪzəm] *n* réalisme *m*
realist ['rɪəlɪst] *n* réaliste *mf*
realistic [rɪə'lɪstɪk] *adj* réaliste
realistically [rɪə'lɪstɪklɪ] *adv* (*pragmatically, accurately*) de façon réaliste ; (*reasonably*) raisonnablement ; (*in reality*) en réalité
reality [riː'ælɪtɪ] *n* réalité *f* ; **in ~** en réalité, en fait
reality TV *n* téléréalité *f*
realizable ['rɪəlaɪzəbl] *adj* réalisable
realization [rɪəlaɪ'zeɪʃən] *n* (*awareness*) prise *f* de conscience ; (*fulfilment: also: of asset*) réalisation *f*
realize ['rɪəlaɪz] *vt* (*understand*) se rendre compte de, prendre conscience de ; (*a project, Comm: asset*) réaliser
reallocate [riː'æləukeɪt] *vt* redistribuer
really ['rɪəlɪ] *adv* vraiment ; **~?** vraiment ?, c'est vrai ?
realm [rɛlm] *n* royaume *m* ; (*fig*) domaine *m*
real-time ['riːltaɪm] *adj* (*Comput*) en temps réel
realtor ['rɪəltɔːʳ] *n* (*US*) agent immobilier
ream [riːm] *n* rame *f* (*de papier*) ; **reams** *npl* (*inf: fig*) des pages et des pages
reap [riːp] *vt* moissonner ; (*fig*) récolter
reaper ['riːpəʳ] *n* (*machine*) moissonneuse *f*
reappear [riːə'pɪəʳ] *vi* réapparaître, reparaître
reappearance [rɪːə'pɪərəns] *n* réapparition *f*
reapply [riːə'plaɪ] *vi*: **to ~ for** (*job*) faire une nouvelle demande d'emploi concernant ; reposer sa candidature à ; (*loan, grant*) faire une nouvelle demande de
reappraisal [riːə'preɪzl] *n* réévaluation *f*
rear [rɪəʳ] *adj* de derrière, arrière *inv* ; (*Aut: wheel etc*) arrière ▸ *n* arrière *m*, derrière *m* ▸ *vt* (*cattle, family*) élever ▸ *vi* (*also:* **rear up**: *animal*) se cabrer
rear admiral *n* vice-amiral *m*
rear-engined ['rɪər'ɛndʒɪnd] *adj* (*Aut*) avec moteur à l'arrière
rearguard ['rɪəgɑːd] *n* arrière-garde *f*
rearmament [riː'ɑːməmənt] *n* réarmement *m*
rearrange [riːə'reɪndʒ] *vt* réarranger
rear-view mirror ['rɪəvjuː-] *n* (*Aut*) rétroviseur *m*
rear-wheel drive ['rɪəwiːl-] *n* (*Aut*) traction *f* arrière
reason ['riːzn] *n* raison *f* ; **the ~ for/why** la raison de/pour laquelle ; **to have ~ to think** avoir lieu de penser ; **it stands to ~ that** il va sans dire que ; **she claims with good ~ that …** elle affirme à juste titre que … ; **all the more ~ why** raison de plus pour + *infinitive or* pour que + *sub* ; **within ~** dans les limites du raisonnable ▸ *vi*: **to ~ with sb** raisonner qn, faire entendre raison à qn
reasonable ['riːznəbl] *adj* raisonnable ; (*not bad*) acceptable
reasonably ['riːznəblɪ] *adv* (*behave*) raisonnablement ; (*fairly*) assez ; **one can ~ assume that …** on est fondé à *or* il est permis de supposer que …
reasoned ['riːznd] *adj* (*argument*) raisonné(e)
reasoning ['riːznɪŋ] *n* raisonnement *m*
reassemble [riːə'sɛmbl] *vt* rassembler ; (*machine*) remonter
reassert [riːə'səːt] *vt* réaffirmer
reassess [riːə'sɛs] *vt* réexaminer
reassessment [riːə'sɛsmənt] *n* réexamen *m*
reassurance [riːə'ʃuərəns] *n* (*factual*) assurance *f*, garantie *f* ; (*emotional*) réconfort *m*
reassure [riːə'ʃuəʳ] *vt* rassurer ; **to ~ sb of** donner à qn l'assurance répétée de
reassuring [riːə'ʃuərɪŋ] *adj* rassurant(e)
reassuringly [riːə'ʃuərɪŋlɪ] *adv* (*say*) d'un ton rassurant ; **she smiled at me ~** elle m'a souri pour me rassurer
reawakening [riːə'weɪknɪŋ] *n* réveil *m*
rebate ['riːbeɪt] *n* (*on product*) rabais *m* ; (*on tax etc*) dégrèvement *m* ; (*repayment*) remboursement *m*
rebel *n* ['rɛbl] rebelle *mf* ▸ *vi* [rɪ'bɛl] se rebeller, se révolter
rebellion [rɪ'bɛljən] *n* rébellion *f*, révolte *f*
rebellious [rɪ'bɛljəs] *adj* rebelle
rebelliousness [rɪ'bɛljəsnɪs] *n* esprit *m* de rébellion
rebirth [riː'bəːθ] *n* renaissance *f*
reborn [riː'bɔːn] *adj* (*Rel*): **to be ~** renaître ; (*fig*): **to be ~ as sth** se réincarner en qch
rebound *vi* [rɪ'baund] (*ball*) rebondir ▸ *n* ['riːbaund] rebond *m*
rebrand [riː'brænd] *vt* changer l'image de
rebranding [riː'brændɪŋ] *n* changement *m* d'image
rebuff [rɪ'bʌf] *n* rebuffade *f* ▸ *vt* repousser
rebuild [riː'bɪld] *vt* (*irreg: like* **build**) reconstruire
rebuke [rɪ'bjuːk] *n* réprimande *f*, reproche *m* ▸ *vt* réprimander
rebut [rɪ'bʌt] *vt* réfuter
rebuttal [rɪ'bʌtl] *n* réfutation *f*
recalcitrant [rɪ'kælsɪtrənt] *adj* récalcitrant(e)
recall *vt* [rɪ'kɔːl] rappeler ; (*remember*) se rappeler, se souvenir de ▸ *n* ['riːkɔl] rappel *m* ; (*ability to remember*) mémoire *f* ; **beyond ~** *adj* irrévocable

r

recant [rɪ'kænt] *vi* se rétracter ; (*Rel*) abjurer
recap ['ri:kæp] *n* récapitulation *f* ▸ *vt, vi* récapituler
recapture [ri:'kæptʃəʳ] *vt* reprendre ; (*atmosphere*) recréer
recede [rɪ'si:d] *vi* s'éloigner ; reculer
receding [rɪ'si:dɪŋ] *adj* (*forehead, chin*) fuyant(e) ; **~ hairline** front dégarni
receipt [rɪ'si:t] *n* (*document*) reçu *m* ; (*for parcel etc*) accusé *m* de réception ; (*act of receiving*) réception *f* ; **to acknowledge ~ of** accuser réception de ; **we are in ~ of ...** nous avons reçu ... ; **can I have a ~, please?** je peux avoir un reçu, s'il vous plaît ? ; **receipts** *npl* (*Comm*) recettes *fpl*
receivable [rɪ'si:vəbl] *adj* (*Comm*) recevable ; (: *owing*) à recevoir
receive [rɪ'si:v] *vt* recevoir ; (*guest*) recevoir, accueillir ; **"received with thanks"** (*Comm*) « pour acquit » ; **Received Pronunciation** *voir article*

RECEIVED PRONUNCIATION

En Grande-Bretagne, la **Received Pronunciation** ou **RP** est un accent surtout caractéristique du sud de l'Angleterre. Bien qu'aucun critère objectif n'en fasse un accent supérieur à la façon de parler d'autres régions anglaises, il est depuis longtemps associé aux élites politiques et financières du pays. Depuis les années 1960, les accents régionaux ont cependant gagné en visibilité dans les médias et la vie publique, à tel point que dans certains contextes la RP est parfois perçue de façon négative.

receiver [rɪ'si:vəʳ] *n* (*Tel*) récepteur *m*, combiné *m* ; (*Radio*) récepteur ; (*of stolen goods*) receleur *m* ; (*for bankruptcies*) administrateur *m* judiciaire
receivership [rɪ'si:vəʃɪp] *n*: **to go into ~** être placé sous administration judiciaire
recent ['ri:snt] *adj* récent(e) ; **in ~ years** au cours de ces dernières années
recently ['ri:sntlɪ] *adv* récemment ; **as ~ as** pas plus tard que ; **until ~** jusqu'à il y a peu de temps encore
receptacle [rɪ'sɛptɪkl] *n* récipient *m*
reception [rɪ'sɛpʃən] *n* réception *f* ; (*welcome*) accueil *m*, réception
reception centre *n* (BRIT) centre *m* d'accueil
reception desk *n* réception *f*
receptionist [rɪ'sɛpʃənɪst] *n* réceptionniste *mf*
receptive [rɪ'sɛptɪv] *adj* réceptif(-ive)
recess [rɪ'sɛs] *n* (*in room*) renfoncement *m* ; (*for bed*) alcôve *f* ; (*secret place*) recoin *m* ; (*Pol etc: holiday*) vacances *fpl* ; (*US Law: short break*) suspension *f* d'audience ; (*Scol: esp US*) récréation *f*
recession [rɪ'sɛʃən] *n* (*Econ*) récession *f*
recessionista [rɪsɛʃə'nɪstə] *n* recessionista *mf*
recessive [rɪ'sɛsɪv] *adj* (*gene*) récessif(-ive)
recharge [ri:'tʃɑ:dʒ] *vt* (*battery*) recharger
rechargeable [ri:'tʃɑ:dʒəbl] *adj* rechargeable
recipe ['rɛsɪpɪ] *n* recette *f*
recipient [rɪ'sɪpɪənt] *n* (*of payment*) bénéficiaire *mf* ; (*of letter*) destinataire *mf*
reciprocal [rɪ'sɪprəkl] *adj* réciproque
reciprocate [rɪ'sɪprəkeɪt] *vt* retourner, offrir en retour ▸ *vi* en faire autant
recital [rɪ'saɪtl] *n* récital *m*
recitation [rɛsɪ'teɪʃən] *n* récitation *f*
recite [rɪ'saɪt] *vt* (*poem*) réciter ; (*complaints etc*) énumérer
reckless ['rɛkləs] *adj* (*careless*) imprudent(e) ; (*heedless of danger*) téméraire ; **~ driver** conducteur(-trice) imprudent(e)
recklessly ['rɛkləslɪ] *adv* imprudemment
recklessness ['rɛkləsnɪs] *n* imprudence *f*
reckon ['rɛkən] *vt* (*count*) calculer, compter ; (*consider*) considérer, estimer ; (*think*): **I ~ (that) ...** je pense (que) ..., j'estime (que) ... ▸ *vi*: **to ~ with** (*take into account*) tenir compte de ; **he is somebody to be reckoned with** il ne faut pas le sous-estimer ; **to ~ without sb/sth** ne pas tenir compte de qn/qch
▸ **reckon on** *vt fus* compter sur, s'attendre à
reckoning ['rɛknɪŋ] *n* compte *m*, calcul *m* ; estimation *f* ; **the day of ~** le jour du Jugement
reclaim [rɪ'kleɪm] *vt* (*land: from sea*) assécher ; (: *from forest*) défricher ; (: *with fertilizer*) amender ; (*demand back*) réclamer (le remboursement *or* la restitution de) ; (*waste materials*) récupérer
reclamation [rɛklə'meɪʃən] *n* (*of land*) amendement *m* ; assèchement *m* ; défrichement *m*
recline [rɪ'klaɪn] *vi* être allongé(e) *or* étendu(e)
recliner [rɪ'klaɪnəʳ] *n* fauteuil *m* relax
reclining [rɪ'klaɪnɪŋ] *adj* (*seat*) à dossier réglable
recluse [rɪ'klu:s] *n* reclus(e), ermite *m*
reclusive [rɪ'klu:sɪv] *adj* (*person*) solitaire ; (*life*) de reclus(e)
recognition [rɛkəg'nɪʃən] *n* reconnaissance *f* ; **in ~ of** en reconnaissance de ; **to gain ~** être reconnu(e) ; **transformed beyond ~** méconnaissable
recognizable ['rɛkəgnaɪzəbl] *adj*: **~ (by)** reconnaissable (à)
recognize ['rɛkəgnaɪz] *vt*: **to ~ (by/as)** reconnaître (à/comme étant)
recoil [rɪ'kɔɪl] *vi* (*person*): **to ~ (from)** reculer (devant) ▸ *n* (*of gun*) recul *m*
recollect [rɛkə'lɛkt] *vt* se rappeler, se souvenir de
recollection [rɛkə'lɛkʃən] *n* souvenir *m* ; **to the best of my ~** autant que je m'en souvienne
recommend [rɛkə'mɛnd] *vt* recommander ; **can you ~ a good restaurant?** pouvez-vous me conseiller un bon restaurant ? ; **she has a lot to ~ her** elle a beaucoup de choses en sa faveur
recommendation [rɛkəmɛn'deɪʃən] *n* recommandation *f*
recommended [rɛkə'mɛndɪd] *adj* conseillé(e), recommandé(e)
recommended retail price *n* (BRIT) prix conseillé
recompense ['rɛkəmpɛns] *vt* récompenser ; (*compensate*) dédommager ▸ *n* récompense *f* ; dédommagement *m*
reconcilable ['rɛkənsaɪləbl] *adj* (*ideas*) conciliable

reconcile ['rɛkənsaɪl] *vt* (*two people*) réconcilier ; (*two facts*) concilier, accorder ; **to ~ o.s. to** se résigner à
reconciliation [rɛkənsɪlɪ'eɪʃən] *n* réconciliation *f* ; conciliation *f*
recondite [rɪ'kɔndaɪt] *adj* abstrus(e), obscur(e)
recondition [ri:kən'dɪʃən] *vt* remettre à neuf ; réviser entièrement
reconnaissance [rɪ'kɔnɪsns] *n* (*Mil*) reconnaissance *f*
reconnect [ri:kə'nɛkt] *vt* (*electricity, water supply*) rebrancher ; (*customer, house*) rebrancher sur le réseau
reconnoitre, (*US*) **reconnoiter** [rɛkə'nɔɪtə^r] (*Mil*) *vt* reconnaître ▸ *vi* faire une reconnaissance
reconsider [ri:kən'sɪdə^r] *vt* reconsidérer
reconstitute [ri:'kɔnstɪtju:t] *vt* reconstituer
reconstruct [ri:kən'strʌkt] *vt* (*building*) reconstruire ; (*crime, system*) reconstituer
reconstruction [ri:kən'strʌkʃən] *n* reconstruction *f* ; reconstitution *f*
reconstructive [ri:kən'strʌktɪv] *adj* reconstructif(-ive)
reconvene [ri:kən'vi:n] *vt* reconvoquer ▸ *vi* se réunir *or* s'assembler de nouveau
record *n* ['rɛkɔ:d] rapport *m*, récit *m* ; (*of meeting etc*) procès-verbal *m* ; (*register*) registre *m* ; (*file*) dossier *m* ; (*Comput*) article *m* ; (*also:* **police record**) casier *m* judiciaire ; (*Mus: disc*) disque *m* ; (*Sport*) record *m* ; **to keep a ~ of** noter ; **to set the ~ straight** (*fig*) mettre les choses au point ; **he is on ~ as saying that ...** il a déclaré en public que ... ; **Italy's excellent ~** les excellents résultats obtenus par l'Italie ; **off the ~** *adj* officieux(-euse) ; *adv* officieusement ; **public records** archives *fpl* ▸ *adj* ['rɛkɔ:d] record *inv* ; **in ~ time** dans un temps record ▸ *vt* [rɪ'kɔ:d] (*set down*) noter ; (*relate*) rapporter ; (*Mus: song etc*) enregistrer
record card *n* (*in file*) fiche *f*
recorded delivery [rɪ'kɔ:dɪd-] *n* (BRIT *Post*) : **to send sth ~** ≈ envoyer qch en recommandé
recorded delivery letter [rɪ'kɔ:dɪd-] *n* (BRIT *Post*) ≈ lettre recommandée
recorder [rɪ'kɔ:də^r] *n* (*Law*) *avocat nommé à la fonction de juge* ; (*Mus*) flûte *f* à bec
record holder *n* (*Sport*) détenteur(-trice) du record
recording [rɪ'kɔ:dɪŋ] *n* (*Mus*) enregistrement *m*
recording studio *n* studio *m* d'enregistrement
record-keeping ['rɛkɔ:dki:pɪŋ] *n* archivage *m*
record library *n* discothèque *f*
record player *n* tourne-disque *m*
recount [rɪ'kaunt] *vt* raconter
re-count *n* ['ri:kaunt] (*Pol: of votes*) nouveau décompte (des suffrages) ▸ *vt* [ri:'kaunt] recompter
recoup [rɪ'ku:p] *vt* : **to ~ one's losses** récupérer ce qu'on a perdu, se refaire
recourse [rɪ'kɔ:s] *n* recours *m* ; expédient *m* ; **to have ~ to** recourir à, avoir recours à
recover [rɪ'kʌvə^r] *vt* récupérer ▸ *vi* (*from illness*) se rétablir ; (*from shock*) se remettre ; (*country*) se redresser
re-cover [ri:'kʌvə^r] *vt* (*chair etc*) recouvrir
recoverable [rɪ'kʌvərəbl] *adj* (*costs*) recouvrable
recovery [rɪ'kʌvərɪ] *n* récupération *f* ; rétablissement *m* ; (*Econ*) redressement *m*
recreate [ri:krɪ'eɪt] *vt* recréer
recreation [rɛkrɪ'eɪʃən] *n* (*leisure*) récréation *f*, détente *f*
recreational [rɛkrɪ'eɪʃənl] *adj* pour la détente, récréatif(-ive)
recreational drug *n* drogue récréative
recreational vehicle *n* (*US*) camping-car *m*
recrimination [rɪkrɪmɪ'neɪʃən] *n* récrimination *f*
recruit [rɪ'kru:t] *n* recrue *f* ▸ *vt* recruter
recruiting office [rɪ'kru:tɪŋ-] *n* bureau *m* de recrutement
recruitment [rɪ'kru:tmənt] *n* recrutement *m*
rectangle ['rɛktæŋgl] *n* rectangle *m*
rectangular [rɛk'tæŋgjulə^r] *adj* rectangulaire
rectify ['rɛktɪfaɪ] *vt* (*error*) rectifier, corriger ; (*omission*) réparer
rector ['rɛktə^r] *n* (*Rel*) pasteur *m* ; (*in Scottish universities*) *personnalité élue par les étudiants pour les représenter*
rectory ['rɛktərɪ] *n* presbytère *m*
rectum ['rɛktəm] *n* (*Anat*) rectum *m*
recuperate [rɪ'kju:pəreɪt] *vi* (*from illness*) se rétablir
recuperation [rɪˌku:pə'reɪʃən] *n* rétablissement *m* ; **powers of ~** pouvoir *m* de récupération
recuperative [rɪ'ku:pərətɪv] *adj* : **~ powers** pouvoir *m* de récupération
recur [rɪ'kə:^r] *vi* se reproduire ; (*idea, opportunity*) se retrouver ; (*symptoms*) réapparaître
recurrence [rɪ'kə:rns] *n* répétition *f* ; réapparition *f*
recurrent [rɪ'kə:rnt] *adj* périodique, fréquent(e)
recurring [rɪ'kə:rɪŋ] *adj* (*problem*) périodique, fréquent(e) ; (*Math*) périodique
recyclable [ri:'saɪkləbl] *adj* recyclable
recycle [ri:'saɪkl] *vt*, *vi* recycler
recycling [ri:'saɪklɪŋ] *n* recyclage *m*
red [rɛd] *n* rouge *m* ; (*Pol: pej*) rouge *mf* ; **in the ~** (*account*) à découvert ; (*business*) en déficit ▸ *adj* rouge ; (*hair*) roux (rousse)
red alert *n* alerte *f* rouge
red-blooded [rɛd'blʌdɪd] *adj* (*inf*) viril(e), vigoureux(-euse)
redbrick university ['rɛdbrɪk-] *n* (BRIT) *voir article*

REDBRICK UNIVERSITY

Une **redbrick university**, ainsi nommée à cause du matériau de construction répandu à l'époque (la brique), est une université britannique provinciale construite assez récemment, en particulier fin XIXe-début XXe siècle. Il y en a notamment une à Manchester, une à Liverpool et une à Bristol. Ce terme est utilisé pour établir une distinction avec les universités les plus anciennes et traditionnelles.

red carpet treatment *n* réception *f* en grande pompe

Red Cross *n* Croix-Rouge *f*
redcurrant ['rɛdkʌrənt] *n* groseille *f* (rouge)
redden ['rɛdn] *vt, vi* rougir
reddish ['rɛdɪʃ] *adj* rougeâtre ; (*hair*) plutôt roux (rousse)
redecorate [ri:'dɛkəreɪt] *vt* refaire à neuf, repeindre et retapisser
redeem [rɪ'di:m] *vt* (*debt*) rembourser ; (*sth in pawn*) dégager ; (*fig, Rel*) racheter
redeemable [rɪ'di:məbl] *adj* rachetable ; remboursable, amortissable
redeeming [rɪ'di:mɪŋ] *adj* (*feature*) qui sauve, qui rachète (le reste)
redefine [ri:dɪ'faɪn] *vt* redéfinir
redemption [rɪ'dɛmʃən] *n* (*Rel*) rédemption *f* ; **past** *or* **beyond ~** (*situation*) irrémédiable ; (*place*) qui ne peut plus être sauvé(e) ; (*person*) irrécupérable
redeploy [ri:dɪ'plɔɪ] *vt* (*Mil*) redéployer ; (*staff, resources*) reconvertir
redeployment [ri:dɪ'plɔɪmənt] *n* redéploiement *m* ; reconversion *f*
redesign [ri:dɪ'zaɪn] *vt* (*building*) réaménager ; (*system*) repenser
redevelop [ri:dɪ'vɛləp] *vt* rénover
redevelopment [ri:dɪ'vɛləpmənt] *n* rénovation *f*
red-haired [rɛd'hɛəd] *adj* roux (rousse)
red-handed [rɛd'hændɪd] *adj*: **to be caught ~** être pris(e) en flagrant délit *or* la main dans le sac
redhead ['rɛdhɛd] *n* roux (rousse)
red herring *n* (*fig*) diversion *f*, fausse piste
red-hot [rɛd'hɔt] *adj* chauffé(e) au rouge, brûlant(e)
redirect [ri:daɪ'rɛkt] *vt* (*mail*) faire suivre
rediscover [ri:dɪ'skʌvə^r] *vt* redécouvrir
redistribute [ri:dɪ'strɪbju:t] *vt* redistribuer
redistribution [ri:dɪstrɪ'bju:ʃən] *n* redistribution *f*
red-letter day ['rɛdlɛtə-] *n* grand jour *m*, jour mémorable
red light *n*: **to go through a ~** (*Aut*) brûler un feu rouge
red-light district ['rɛdlaɪt-] *n* quartier mal famé
red meat *n* viande *f* rouge
redneck ['rɛdnɛk] *n* (*esp US inf, pej*) plouc *m* (*inf*)
redness ['rɛdnɪs] *n* rougeur *f* ; (*of hair*) rousseur *f*
redo [ri:'du:] *vt* (*irreg: like* **do**) refaire
redolent ['rɛdələnt] *adj*: **~ of** qui sent ; (*fig*) qui évoque
redouble [ri:'dʌbl] *vt*: **to ~ one's efforts** redoubler d'efforts
redoubtable [rɪ'dautəbl] *adj* redoutable
redraft [ri:'drɑ:ft] *vt* remanier
redress [rɪ'drɛs] *n* réparation *f* ▸ *vt* redresser ; **to ~ the balance** rétablir l'équilibre
Red Sea *n*: **the ~** la mer Rouge
redskin ['rɛdskɪn] *n* (*old*) Peau-Rouge *mf*
red tape *n* (*fig*) paperasserie (administrative)
reduce [rɪ'dju:s] *vt* réduire ; (*lower*) abaisser ; **"~ speed now"** (*Aut*) « ralentir » ; **to ~ sth by/to** réduire qch de/à ; **to ~ sb to tears** faire pleurer qn
reduced [rɪ'dju:st] *adj* réduit(e) ; **"greatly ~ prices"** « gros rabais » ; **at a ~ price** (*goods*) au rabais ; (*ticket etc*) à prix réduit
reduction [rɪ'dʌkʃən] *n* réduction *f* ; (*of price*) baisse *f* ; (*discount*) rabais *m* ; réduction ; **is there a ~ for children/students?** y a-t-il une réduction pour les enfants/les étudiants ?
redundancy [rɪ'dʌndənsɪ] *n* (Brit) licenciement *m*, mise *f* au chômage ; **compulsory ~** licenciement ; **voluntary ~** départ *m* volontaire
redundancy payment *n* (Brit) indemnité *f* de licenciement
redundant [rɪ'dʌndnt] *adj* (Brit: *worker*) licencié(e), mis(e) au chômage ; (*detail, object*) superflu(e) ; **to be made ~** (*worker*) être licencié, être mis au chômage
reed [ri:d] *n* (*Bot*) roseau *m* ; (*Mus: of clarinet etc*) anche *f*
re-educate [ri:'edjukeɪt] *vt* rééduquer
reedy ['ri:dɪ] *adj* (*voice, instrument*) ténu(e)
reef [ri:f] *n* (*at sea*) récif *m*, écueil *m*
reek [ri:k] *vi*: **to ~ (of)** puer, empester
reel [ri:l] *n* bobine *f* ; (*Tech*) dévidoir *m* ; (*Fishing*) moulinet *m* ; (*Cine*) bande *f* ; (*dance*) quadrille écossais ▸ *vt* (*Tech*) bobiner ; (*also:* **reel up**) enrouler ▸ *vi* (*sway*) chanceler ; **my head is reeling** j'ai la tête qui tourne
▸ **reel in** *vt* (*fish, line*) ramener
▸ **reel off** *vt* (*say*) énumérer, débiter
re-elect [ri:ɪ'lɛkt] *vt* réélire ; **to ~ sb as sth** réélire qn qch
re-election [ri:ɪ'lɛkʃən] *n* réélection *f*
re-enact [ri:ɪn'ækt] *vt* (*incident*) reconstituer ; (*scene*) rejouer
re-enter [ri:'ɛntə^r] *vt* (*also Space*) rentrer dans
re-entry [ri:'ɛntrɪ] *n* (*also Space*) rentrée *f*
re-examine [ri:ɪg'zæmɪn] *vt* reconsidérer
re-export *vt* ['ri:ɪks'pɔ:t] réexporter ▸ *n* [ri:'ɛkspɔ:t] marchandise réexportée ; (*act*) réexportation *f*
ref [rɛf] *n abbr* (*inf:* = *referee*) arbitre *m*
ref. *abbr* (*Comm:* = *with reference to*) réf
refectory [rɪ'fɛktərɪ] *n* réfectoire *m*
refer [rɪ'fə:^r] *vt*: **to ~ sth to** (*dispute, decision*) soumettre qch à ; **to ~ sb to** (*inquirer, patient*) adresser qn à ; (*reader: to text*) renvoyer qn à ; **he referred me to the manager** il m'a dit de m'adresser au directeur ▸ *vi*: **to ~ to** (*allude to*) parler de, faire allusion à ; (*consult*) se reporter à ; (*apply to*) s'appliquer à ; **referring to your letter** (*Comm*) en réponse à votre lettre
referee [rɛfə'ri:] *n* arbitre *m* ; (*Tennis*) juge-arbitre *m* ; (Brit: *for job application*) répondant(e) ▸ *vt* arbitrer
reference ['rɛfrəns] *n* référence *f*, renvoi *m* ; (*mention*) allusion *f*, mention *f* ; (*for job application: letter*) références ; lettre *f* de recommandation ; (*person*) répondant(e) ; **with ~ to** en ce qui concerne ; (*Comm: in letter*) me référant à ; **"please quote this ~"** (*Comm*) « prière de rappeler cette référence »
reference book *n* ouvrage *m* de référence
reference library *n* bibliothèque *f* d'ouvrages à consulter
reference number *n* (*Comm*) numéro *m* de référence

referendum [rɛfə'rɛndəm] (*pl* **referenda** [-də]) *n* référendum *m*
referral [rɪ'fə:rəl] *n* soumission *f* ; **she got a ~ to a specialist** elle a été adressée à un spécialiste
refill *vt* [ri:'fɪl] remplir à nouveau ; (*pen, lighter etc*) recharger ▸ *n* ['ri:fɪl] (*for pen etc*) recharge *f*
refine [rɪ'faɪn] *vt* (*sugar, oil*) raffiner ; (*taste*) affiner ; (*idea, theory*) peaufiner
refined [rɪ'faɪnd] *adj* (*person, taste*) raffiné(e)
refinement [rɪ'faɪnmənt] *n* (*of person*) raffinement *m*
refinery [rɪ'faɪnərɪ] *n* raffinerie *f*
refit (*Naut*) *n* ['ri:fɪt] remise *f* en état ▸ *vt* [ri:'fɪt] remettre en état
reflate [ri:'fleɪt] *vt* (*economy*) relancer
reflation [ri:'fleɪʃən] *n* relance *f*
reflationary [ri:'fleɪʃənrɪ] *adj* de relance
reflect [rɪ'flɛkt] *vt* (*light, image*) réfléchir, refléter ; (*fig*) refléter ▸ *vi* (*think*) réfléchir, méditer ; **it reflects badly on him** cela le discrédite ; **it reflects well on him** c'est tout à son honneur
▸ **reflect on** *vt fus* (*think about*) réfléchir à
reflection [rɪ'flɛkʃən] *n* réflexion *f* ; (*image*) reflet *m* ; **~ on** (*criticism*) critique *f* de ; atteinte *f* à ; **on ~** réflexion faite
reflective [rɪ'flɛktɪv] *adj* (*person, mood*) méditatif(-ive) ; (*surface, pool*) réfléchissant(e) ; **to be ~ of sth** refléter qch
reflector [rɪ'flɛktə^r] *n* (*also Aut*) réflecteur *m*
reflex ['ri:flɛks] *adj, n* réflexe *m*
reflexive [rɪ'flɛksɪv] *adj* (*Ling*) réfléchi(e)
reflexologist [ri:flɛks'ɔlədʒɪst] *n* réflexologue *mf*
reflexology [ri:flɛk'sɔlədʒɪ] *n* réflexologie *f*
reforestation [ri:fɔrɪ'steɪʃən] *n* reboisement *m*, reforestation *f*
reform [rɪ'fɔ:m] *n* réforme *f* ▸ *vt* réformer
reformat [ri:'fɔ:mæt] *vt* (*Comput*) reformater
Reformation [rɛfə'meɪʃən] *n* : **the ~** la Réforme
reformatory [rɪ'fɔ:mətərɪ] *n* (*US*) centre *m* d'éducation surveillée
reformed [rɪ'fɔ:md] *adj* amendé(e), assagi(e)
reformer [rɪ'fɔ:mə^r] *n* réformateur(-trice)
refrain [rɪ'freɪn] *vi* : **to ~ from doing** s'abstenir de faire ▸ *n* refrain *m*
refresh [rɪ'frɛʃ] *vt* rafraîchir ; (*subj: food, sleep etc*) redonner des forces à
refresher course [rɪ'frɛʃə-] *n* (Brit) cours *m* de recyclage
refreshing [rɪ'frɛʃɪŋ] *adj* (*drink*) rafraîchissant(e) ; (*sleep*) réparateur(-trice) ; (*fact, idea etc*) qui réjouit par son originalité *or* sa rareté
refreshingly [rɪ'frɛʃɪŋlɪ] *adv* : **~ honest/simple** d'une honnêteté/simplicité rafraîchissante
refreshment [rɪ'frɛʃmənt] *n* : **for some ~** (*eating*) pour se restaurer *or* sustenter ; **in need of ~** (*resting etc*) ayant besoin de refaire ses forces
refreshments [rɪ'frɛʃmənts] *npl* rafraîchissements *mpl*
refrigerated [rɪ'frɪdʒəreɪtɪd] *adj* réfrigéré(e)
refrigeration [rɪfrɪdʒə'reɪʃən] *n* réfrigération *f*
refrigerator [rɪ'frɪdʒəreɪtə^r] *n* réfrigérateur *m*, frigidaire *m*
refuel [ri:'fjuəl] *vt* ravitailler en carburant ▸ *vi* se ravitailler en carburant
refuelling, (*US*) **refueling** [ri:'fju:əlɪŋ] *n* (*of aircraft*) ravitaillement *m*
refuge ['rɛfju:dʒ] *n* refuge *m* ; **to take ~ in** se réfugier dans
refugee [rɛfju'dʒi:] *n* réfugié(e)
refugee camp *n* camp *m* de réfugiés
refund *n* ['ri:fʌnd] remboursement *m* ▸ *vt* [rɪ'fʌnd] rembourser
refundable [rɪ'fʌndəbl] *adj* remboursable
refurbish [ri:'fə:bɪʃ] *vt* remettre à neuf
refurbishment [ri:'fə:bɪʃmənt] *n* rénovation *f*
refurnish [ri:'fə:nɪʃ] *vt* remeubler
refusal [rɪ'fju:zəl] *n* refus *m* ; **to have first ~ on sth** avoir droit de préemption sur qch
refuse¹ ['rɛfju:s] *n* ordures *fpl*, détritus *mpl*
refuse² [rɪ'fju:z] *vt, vi* refuser ; **to ~ to do sth** refuser de faire qch
refuse collection *n* ramassage *m* d'ordures
refuse disposal *n* élimination *f* des ordures
refusenik [rɪ'fju:znɪk] *n* refuznik *mf*
refute [rɪ'fju:t] *vt* réfuter
regain [rɪ'geɪn] *vt* (*lost ground*) regagner ; (*strength*) retrouver
regal ['ri:gl] *adj* royal(e)
regale [rɪ'geɪl] *vt* : **to ~ sb with sth** régaler qn de qch
regalia [rɪ'geɪlɪə] *n* insignes *mpl* de la royauté
regard [rɪ'gɑ:d] *n* respect *m*, estime *f*, considération *f* ; **to give one's regards to** faire ses amitiés à ; **"with kindest regards"** « bien amicalement » ; **with ~ to** (*also*: **as regards**) en ce qui concerne ▸ *vt* considérer
regarding [rɪ'gɑ:dɪŋ] *prep* en ce qui concerne
regardless [rɪ'gɑ:dlɪs] *adv* quand même ; **~ of** sans se soucier de
regatta [rɪ'gætə] *n* régate *f*
regency ['ri:dʒənsɪ] *n* régence *f*
regenerate [rɪ'dʒɛnəreɪt] *vt* régénérer ▸ *vi* se régénérer
regeneration [rɪdʒɛnə'reɪʃən] *n* régénération *f*
regent ['ri:dʒənt] *n* régent(e)
reggae ['rɛgeɪ] *n* reggae *m*
régime [reɪ'ʒi:m] *n* régime *m*
regiment *n* ['rɛdʒɪmənt] régiment *m* ▸ *vt* ['rɛdʒɪmɛnt] imposer une discipline trop stricte à
regimental [rɛdʒɪ'mɛntl] *adj* d'un régiment
regimentation [rɛdʒɪmɛn'teɪʃən] *n* réglementation excessive
region ['ri:dʒən] *n* région *f* ; **in the ~ of** (*fig*) aux alentours de
regional ['ri:dʒənl] *adj* régional(e)
regional development *n* aménagement *m* du territoire
register ['rɛdʒɪstə^r] *n* registre *m* ; (*also*: **electoral register**) liste électorale ▸ *vt* enregistrer, inscrire ; (*birth*) déclarer ; (*vehicle*) immatriculer ; (*luggage*) enregistrer ; (*letter*) envoyer en recommandé ; (*subj: instrument*) marquer ; **to ~ a protest** protester ▸ *vi* s'inscrire ; (*at hotel*) signer le registre ; (*make impression*) être (bien) compris(e) ; **to ~ for a course** s'inscrire à un cours

r

registered ['rɛdʒɪstəd] *adj (design)* déposé(e) ; (*BRIT: letter*) recommandé(e) ; *(student, voter)* inscrit(e) ; **by ~ mail** *or* (*BRIT*) **post** en recommandé
registered company *n* société immatriculée
registered nurse *n (US)* infirmier(-ière) diplômé(e) d'État
registered office *n* siège social
registered trademark *n* marque déposée
registrar ['rɛdʒɪstrɑːʳ] *n* officier *m* de l'état civil ; secrétaire *mf* général(e)
registration [rɛdʒɪs'treɪʃən] *n (act)* enregistrement *m* ; *(of student)* inscription *f* ; (*BRIT Aut: also:* **registration number**) numéro *m* d'immatriculation
registry ['rɛdʒɪstrɪ] *n* bureau *m* de l'enregistrement
registry office *n* (*BRIT*) bureau *m* de l'état civil ; **to get married in a ~** ≈ se marier à la mairie
regret [rɪ'grɛt] *n* regret *m* ▸ *vt* regretter ; **to ~ that** regretter que *+sub* ; **we ~ to inform you that …** nous sommes au regret de vous informer que …
regretfully [rɪ'grɛtfəlɪ] *adv* à *or* avec regret
regrettable [rɪ'grɛtəbl] *adj* regrettable, fâcheux(-euse)
regrettably [rɪ'grɛtəblɪ] *adv (drunk, late)* fâcheusement ; **~, he …** malheureusement, il …
regroup [riː'gruːp] *vt* regrouper ▸ *vi* se regrouper
regt *abbr* = **regiment**
regular ['rɛgjuləʳ] *adj* régulier(-ière) ; *(usual)* habituel(le), normal(e) ; *(listener, reader)* fidèle ; *(soldier)* de métier ; *(Comm: size)* ordinaire ▸ *n (client etc)* habitué(e)
regularity [rɛgju'lærɪtɪ] *n* régularité *f*
regularly ['rɛgjuləlɪ] *adv* régulièrement
regulate ['rɛgjuleɪt] *vt* régler
regulation [rɛgju'leɪʃən] *n (rule)* règlement *m* ; *(adjustment)* réglage *m* ▸ *cpd* réglementaire
regulator ['rɛgjuleɪtəʳ] *n* régulateur(-trice)
regulatory [rɛgju'leɪtrɪ] *adj* régulateur(-trice)
rehab ['riːhæb] *n* désintox *f (inf)*, désintoxication *f* ; **to be in ~** être en désintox *or* désintoxication
rehabilitate [riːə'bɪlɪteɪt] *vt (criminal)* réinsérer ; *(drug addict)* désintoxiquer ; *(invalid)* rééduquer
rehabilitation ['riːəbɪlɪ'teɪʃən] *n (of offender)* réhabilitation *f* ; *(of drug addict)* désintoxication *f* ; *(of disabled)* rééducation *f*, réadaptation *f*
rehash [riː'hæʃ] *vt (inf)* remanier
rehearsal [rɪ'həːsəl] *n* répétition *f* ; **dress ~** (répétition) générale *f*
rehearse [rɪ'həːs] *vt* répéter
rehome [riː'həum] *vt (animal)* faire adopter
rehouse [riː'hauz] *vt* reloger
reign [reɪn] *n* règne *m* ▸ *vi* régner
reigning ['reɪnɪŋ] *adj (monarch)* régnant(e) ; *(champion)* actuel(le)
reimburse [riːɪm'bəːs] *vt* rembourser
reimbursement [riːɪm'bəːsmənt] *n* remboursement *m*
rein [reɪn] *n (for horse)* rêne *f* ; **to give sb free ~** *(fig)* donner carte blanche à qn
▸ **rein in** *vt (enthusiasm, temper)* réfréner ; *(costs, inflation)* mettre un frein à
reincarnation [riːɪnkɑː'neɪʃən] *n* réincarnation *f*
reindeer ['reɪndɪəʳ] *n (pl inv)* renne *m*
reinforce [riːɪn'fɔːs] *vt* renforcer
reinforced concrete [riːɪn'fɔːst-] *n* béton armé
reinforcement [riːɪn'fɔːsmənt] *n (action)* renforcement *m*
reinforcements [riːɪn'fɔːsmənts] *npl (Mil)* renfort(s) *m(pl)*
reinstate [riːɪn'steɪt] *vt* rétablir, réintégrer
reinstatement [riːɪn'steɪtmənt] *n* réintégration *f*
reintroduce [riːɪntrə'djuːs] *vt* réintroduire
reintroduction [riːɪntrə'dʌkʃən] *n* réintroduction *f*
reinvent [riːɪn'vɛnt] *vt* réinventer ; **to ~ o.s.** se réinventer ; **to ~ the wheel** réinventer la roue
reinvention [riːɪn'vɛnʃən] *n* réinvention *f*
reissue [riː'ɪʃjuː] *vt (book)* rééditer ; *(film)* ressortir
reiterate [riː'ɪtəreɪt] *vt* réitérer, répéter
reject *n* ['riːdʒɛkt] *(Comm)* article *m* de rebut ▸ *vt* [rɪ'dʒɛkt] refuser ; *(Comm: goods)* mettre au rebut ; *(idea)* rejeter
rejection [rɪ'dʒɛkʃən] *n* rejet *m*, refus *m*
rejig, (*US*) **rejigger** [riː'dʒɪg(əʳ)] *vt* réorganiser
rejoice [rɪ'dʒɔɪs] *vi*: **to ~ (at** *or* **over)** se réjouir (de)
rejoin [riː'dʒɔɪn] *vt* rejoindre
rejoinder [rɪ'dʒɔɪndəʳ] *n (retort)* réplique *f*
rejuvenate [rɪ'dʒuːvəneɪt] *vt (person, skin)* rajeunir ; *(area)* moderniser
rejuvenating [rɪ'dʒuːvəneɪtɪŋ] *adj (holiday, break)* revigorant(e) ; *(treatment)* rajeunissant(e)
rekindle [riː'kɪndl] *vt* rallumer ; *(fig)* raviver
relapse [rɪ'læps] *n (Med)* rechute *f*
relate [rɪ'leɪt] *vt (tell)* raconter ; *(connect)* établir un rapport entre ▸ *vi*: **to ~ to** *(connect)* se rapporter à ; **to ~ to sb** *(interact)* entretenir des rapports avec qn
related [rɪ'leɪtɪd] *adj* apparenté(e) ; **~ to** *(subject)* lié(e) à
relating to [rɪ'leɪtɪŋ-] *prep* concernant
relation [rɪ'leɪʃən] *n (person)* parent(e) ; *(link)* rapport *m*, lien *m* ; **in ~ to** en ce qui concerne, par rapport à ; **to bear no ~ to** être sans rapport avec ; **relations** *npl (relatives)* famille *f* ; **diplomatic/international relations** relations diplomatiques/internationales
relationship [rɪ'leɪʃənʃɪp] *n* rapport *m*, lien *m* ; *(personal ties)* relations *fpl*, rapports ; *(also:* **family relationship**) lien de parenté ; *(affair)* liaison *f* ; **they have a good ~** ils s'entendent bien
relative ['rɛlətɪv] *n* parent(e) ; **all her relatives** toute sa famille ▸ *adj* relatif(-ive) ; *(respective)* respectif(-ive)
relatively ['rɛlətɪvlɪ] *adv* relativement
relativity [rɛlə'tɪvɪtɪ] *n (Physics)* relativité *f* ; **the theory of ~** la théorie de la relativité
relaunch *vt* [riː'lɔːntʃ] relancer ▸ *n* ['riːlɔːntʃ] relance *f*
relax [rɪ'læks] *vi (muscle)* se relâcher ; *(person: unwind)* se détendre ; (: *calm down*) se calmer ▸ *vt* relâcher ; *(mind, person)* détendre

relaxation [riːlæk'seɪʃən] *n* relâchement *m* ; (*of mind*) détente *f* ; (*recreation*) détente, délassement *m* ; (*entertainment*) distraction *f*
relaxed [rɪ'lækst] *adj* relâché(e) ; détendu(e)
relaxing [rɪ'læksɪŋ] *adj* délassant(e)
relay ['riːleɪ] *n* (*Sport*) course *f* de relais ▸ *vt* (*message*) retransmettre, relayer
release [rɪ'liːs] *n* (*from prison, obligation*) libération *f* ; (*of gas etc*) émission *f* ; (*of film etc*) sortie *f* ; (*new recording*) disque *m* ; (*device*) déclencheur *m* ▸ *vt* (*prisoner*) libérer ; (*book, film*) sortir ; (*report, news*) rendre public, publier ; (*gas etc*) émettre, dégager ; (*free: from wreckage etc*) dégager ; (*Tech: catch, spring etc*) déclencher ; (*let go: person, animal*) relâcher ; (*: hand, object*) lâcher ; (*: brake*) desserrer ; **to ~ one's grip** *or* **hold** lâcher prise ; **to ~ the clutch** (*Aut*) débrayer
relegate ['rɛləgeɪt] *vt* reléguer ; (*Sport*): **to be relegated** descendre dans une division inférieure
relegation [rɛlɪ'geɪʃən] *n* (*Sport*) relégation *f*
relent [rɪ'lɛnt] *vi* se laisser fléchir
relentless [rɪ'lɛntlɪs] *adj* implacable ; (*non-stop*) continuel(le)
relentlessly [rɪ'lɛntləslɪ] *adv* implacablement ; (*continuously: rain*) sans discontinuer
relevance ['rɛləvəns] *n* pertinence *f* ; **~ of sth to sth** rapport *m* entre qch et qch
relevant ['rɛləvənt] *adj* (*question*) pertinent(e) ; (*corresponding*) approprié(e) ; (*fact*) significatif(-ive) ; (*information*) utile ; **~ to** ayant rapport à, approprié à
reliability [rɪlaɪə'bɪlɪtɪ] *n* sérieux *m* ; fiabilité *f*
reliable [rɪ'laɪəbl] *adj* (*person, firm*) sérieux(-euse), fiable ; (*method, machine*) fiable ; (*news, information*) sûr(e)
reliably [rɪ'laɪəblɪ] *adv*: **to be ~ informed** savoir de source sûre
reliance [rɪ'laɪəns] *n*: **~ (on)** (*trust*) confiance *f* (en) ; (*dependence*) besoin *m* (de), dépendance *f* (de)
reliant [rɪ'laɪənt] *adj*: **to be ~ on sth/sb** dépendre de qch/qn
relic ['rɛlɪk] *n* (*Rel*) relique *f* ; (*of the past*) vestige *m*
relief [rɪ'liːf] *n* (*from pain, anxiety*) soulagement *m* ; (*help, supplies*) secours *m(pl)* ; (*of guard*) relève *f* ; (*Art, Geo*) relief *m* ; **by way of light ~** pour faire diversion
relief map *n* carte *f* en relief
relief road *n* (BRIT) route *f* de délestage
relieve [rɪ'liːv] *vt* (*pain, patient*) soulager ; (*fear, worry*) dissiper ; (*bring help*) secourir ; (*take over from: gen*) relayer ; (*: guard*) relever ; **to ~ sb of sth** débarrasser qn de qch ; **to ~ sb of his command** (*Mil*) relever qn de ses fonctions ; **to ~ o.s.** (*euphemism*) se soulager, faire ses besoins
relieved [rɪ'liːvd] *adj* soulagé(e) ; **to be ~ that ...** être soulagé que ... ; **I'm ~ to hear it** je suis soulagé de l'entendre
religion [rɪ'lɪdʒən] *n* religion *f*
religious [rɪ'lɪdʒəs] *adj* religieux(-euse) ; (*book*) de piété
religious education *n* instruction religieuse
relinquish [rɪ'lɪŋkwɪʃ] *vt* abandonner ; (*plan, habit*) renoncer à
relish ['rɛlɪʃ] *n* (*Culin*) condiment *m* ; (*enjoyment*) délectation *f* ▸ *vt* (*food etc*) savourer ; **to ~ doing** se délecter à faire
relive [riː'lɪv] *vt* revivre
reload [riː'ləud] *vt* recharger
relocate [riːləu'keɪt] *vt* (*business*) délocaliser ▸ *vi* (*company*) délocaliser ; (*person*) déménager ; **to ~ to** (*person*) déménager à ; (*company*) délocaliser à
relocation [riːləu'keɪʃən] *n* (*of company*) délocalisation *f* ; (*of person*) déménagement *m*
reluctance [rɪ'lʌktəns] *n* répugnance *f*
reluctant [rɪ'lʌktənt] *adj* peu disposé(e), qui hésite ; **to be ~ to do sth** hésiter à faire qch
reluctantly [rɪ'lʌktəntlɪ] *adv* à contrecœur, sans enthousiasme
rely on [rɪ'laɪ-] *vt fus* (*be dependent on*) dépendre de ; (*trust*) compter sur
remain [rɪ'meɪn] *vi* rester ; **to ~ silent** garder le silence ; **I ~, yours faithfully** (BRIT: *in letters*) je vous prie d'agréer, Monsieur *etc* l'assurance de mes sentiments distingués
remainder [rɪ'meɪndə^r] *n* reste *m* ; (*Comm*) fin *f* de série
remaining [rɪ'meɪnɪŋ] *adj* qui reste
remains [rɪ'meɪnz] *npl* restes *mpl*
remake ['riːmeɪk] *n* (*Cine*) remake *m*
remand [rɪ'mɑːnd] *n*: **on ~** en détention préventive ▸ *vt*: **to be remanded in custody** être placé(e) en détention préventive
remand home *n* (BRIT) centre *m* d'éducation surveillée
remark [rɪ'mɑːk] *n* remarque *f*, observation *f* ▸ *vt* (faire) remarquer, dire ; (*notice*) remarquer ▸ *vi*: **to ~ on sth** faire une *or* des remarque(s) sur qch
remarkable [rɪ'mɑːkəbl] *adj* remarquable
remarkably [rɪ'mɑːkəblɪ] *adv* remarquablement
remarriage [riː'mærɪdʒ] *n* remariage *m*
remarry [riː'mærɪ] *vi* se remarier
rematch ['riːmætʃ] *n* (*esp* BRIT: *repeat match*) revanche *f* ; (*esp* US: *second meeting*) match *m* retour
remedial [rɪ'miːdɪəl] *adj* (*tuition, classes*) de rattrapage
remedy ['rɛmədɪ] *n*: **~ (for)** remède *m* (contre *or* à) ▸ *vt* remédier à
remember [rɪ'mɛmbə^r] *vt* se rappeler, se souvenir de ; (*send greetings*): **~ me to him** saluez-le de ma part ; **I ~ seeing it, I ~ having seen it** je me rappelle l'avoir vu *or* que je l'ai vu ; **she remembered to do it** elle a pensé à le faire ; **~ me to your wife** rappelez-moi au bon souvenir de votre femme

In French, instead of telling people to remember something, one tends to tell them not to forget it.
Remember your passport! **N'oubliez pas votre passeport !**

remembrance [rɪ'mɛmbrəns] *n* souvenir *m*, mémoire *f*
Remembrance Day *n* (BRIT) ≈ (le jour de) l'Armistice *m*, ≈ le 11 novembre

r

Remembrance Day

Remembrance Day ou **Remembrance Sunday** est le dimanche le plus proche du 11 novembre, jour où la Première Guerre mondiale a officiellement pris fin. Il rend hommage aux victimes des deux guerres mondiales. À cette occasion, on observe deux minutes de silence à 11h, heure de la signature de l'armistice avec l'Allemagne en 1918; certaines membres de la famille royale et du gouvernement déposent des gerbes de coquelicots au cénotaphe de Whitehall, et des couronnes sont placées sur les monuments aux morts dans toute la Grande-Bretagne; par ailleurs, les gens portent des coquelicots artificiels fabriqués et vendus par des membres de la légion britannique blessés au combat, au profit des blessés de guerre et de leur famille.

remind [rɪ'maɪnd] *vt*: **to ~ sb of sth** rappeler qch à qn ; **to ~ sb to do** faire penser à qn à faire, rappeler à qn qu'il doit faire ; **that reminds me!** j'y pense !

reminder [rɪ'maɪndəʳ] *n* (*Comm: letter*) rappel *m* ; (*note etc*) pense-bête *m* ; (*souvenir*) souvenir *m*

reminisce [rɛmɪ'nɪs] *vi*: **to ~ (about)** évoquer ses souvenirs (de)

reminiscences [rɛmɪ'nɪsnsɪz] *npl* réminiscences *fpl*, souvenirs *mpl*

reminiscent [rɛmɪ'nɪsnt] *adj*: **~ of** qui rappelle, qui fait penser à

remiss [rɪ'mɪs] *adj* négligent(e) ; **it was ~ of me** c'était une négligence de ma part

remission [rɪ'mɪʃən] *n* rémission *f* ; (*of debt, sentence*) remise *f* ; (*of fee*) exemption *f*

remit [rɪ'mɪt] *vt* (*send: money*) envoyer

remittance [rɪ'mɪtns] *n* envoi *m*, paiement *m*

remix *n* ['ri:mɪks] remix *m* ▸ *vt* [ri:'mɪks] remixer

remnant ['rɛmnənt] *n* reste *m*, restant *m* ; (*of cloth*) coupon *m* ; **remnants** *npl* (*Comm*) fins *fpl* de série

remodel [ri:'mɔdl] *vt* (*room, house*) réagencer

remonstrate ['rɛmənstreɪt] *vi*: **to ~ (with sb about sth)** se plaindre (à qn de qch)

remorse [rɪ'mɔ:s] *n* remords *m*

remorseful [rɪ'mɔ:sful] *adj* plein(e) de remords

remorseless [rɪ'mɔ:slɪs] *adj* (*fig*) impitoyable

remote [rɪ'məut] *adj* éloigné(e), lointain(e) ; (*person*) distant(e) ; (*possibility*) vague ; **there is a ~ possibility that …** il est tout juste possible que …

remote control *n* télécommande *f*

remote-controlled [rɪ'məutkən'trəuld] *adj* téléguidé(e)

remotely [rɪ'məutlɪ] *adv* au loin ; (*slightly*) très vaguement

remoteness [rɪ'məutnɪs] *n* (*of location*) éloignement *m* ; (*of person*) attitude *f* distante

remould ['ri:məuld] *n* (Brit: *tyre*) pneu *m* rechapé

removable [rɪ'mu:vəbl] *adj* (*detachable*) amovible

removal [rɪ'mu:vəl] *n* (*taking away*) enlèvement *m* ; suppression *f* ; (Brit: *from house*) déménagement *m* ; (*from office: dismissal*) renvoi *m* ; (*of stain*) nettoyage *m* ; (*Med*) ablation *f*

removal man *n* (*irreg*) (Brit) déménageur *m*

removal van *n* (Brit) camion *m* de déménagement

remove [rɪ'mu:v] *vt* enlever, retirer ; (*employee*) renvoyer ; (*stain*) faire partir ; (*abuse*) supprimer ; (*doubt*) chasser ; **first cousin once removed** cousin(e) au deuxième degré

remover [rɪ'mu:vəʳ] *n* (*for paint*) décapant *m* ; (*for varnish*) dissolvant *m* ; **make-up ~** démaquillant *m*

remunerate [rɪ'mju:nəreɪt] *vt* rémunérer

remuneration [rɪmju:nə'reɪʃən] *n* rémunération *f*

remunerative [rɪ'mju:nərətɪv] *adj* rémunéré(e)

Renaissance [rɪ'neɪsɔŋs] *n*: **the ~** la Renaissance

renal [ri:nl] *adj* rénal(e)

rename [ri:'neɪm] *vt* rebaptiser

rend [rɛnd] (*pt, pp* **rent** [rɛnt]) *vt* déchirer

render ['rɛndəʳ] *vt* rendre ; (*Culin: fat*) clarifier

rendering ['rɛndərɪŋ] *n* (*Mus etc*) interprétation *f*

rendezvous ['rɔndɪvu:] *n* rendez-vous *m inv* ▸ *vi* opérer une jonction, se rejoindre ; **to ~ with sb** rejoindre qn

rendition [rɛn'dɪʃən] *n* interprétation *f*

renegade ['rɛnɪgeɪd] *n* renégat(e)

renege [rɪ'neɪg] *vi*: **to ~ on sth** revenir sur qch

renew [rɪ'nju:] *vt* renouveler ; (*negotiations*) reprendre ; (*acquaintance*) renouer

renewable [rɪ'nju:əbl] *adj* (*energy*) renouvelable ; **renewables** énergies *fpl* renouvelables

renewal [rɪ'nju:əl] *n* renouvellement *m* ; reprise *f*

renewed [rɪ'nju:d] *adj* (*interest, vigour*) accru(e) ; **~ fighting/violence** une recrudescence des combats/de la violence

renounce [rɪ'nauns] *vt* renoncer à ; (*disown*) renier

renovate ['rɛnəveɪt] *vt* rénover ; (*work of art*) restaurer

renovation [rɛnə'veɪʃən] *n* rénovation *f* ; restauration *f*

renown [rɪ'naun] *n* renommée *f*

renowned [rɪ'naund] *adj* renommé(e)

rent [rɛnt] *pt, pp of* **rend** ▸ *n* loyer *m* ▸ *vt* louer ; (*car, TV*) louer, prendre en location ; (*also*: **rent out**: *car, TV*) louer, donner en location

▸ **rent out** *vt* (*house, boat*) louer

rental ['rɛntl] *n* (*for television, car*) (prix *m* de) location *f*

rent boy *n* (Brit *inf*) jeune prostitué *m*

renunciation [rɪnʌnsɪ'eɪʃən] *n* renonciation *f* ; (*self-denial*) renoncement *m*

reopen [ri:'əupən] *vt* rouvrir

reorder [ri:'ɔ:dəʳ] *vt* commander de nouveau ; (*rearrange*) réorganiser

reorganization [ri:ɔ:gənaɪ'zeɪʃən] *n* réorganisation *f*

reorganize [ri:'ɔ:gənaɪz] *vt* réorganiser

rep [rɛp] *n abbr* (*Comm*) = **representative**; (*Theat*) = **repertory**

Rep. *abbr* (*Pol*) = **representative; republican**

repair [rɪ'pɛəʳ] *n* réparation *f* ; **in good/bad ~** en bon/mauvais état ; **under ~** en réparation ▸ *vt* réparer ; **where can I get this repaired?** où est-ce que je peux faire réparer ceci ?

repair kit *n* trousse *f* de réparations

repair man *n (irreg)* réparateur *m*
repair shop *n (Aut etc)* atelier *m* de réparations
reparation [rɛpəˈreɪʃən] *n* réparation *f* ; **war reparations** réparations de guerre
repartee [rɛpɑːˈtiː] *n* repartie *f*
repast [rɪˈpɑːst] *n (formal)* repas *m*
repatriate [riːˈpætrɪeɪt] *vt* rapatrier
repatriation [riːpætrɪˈeɪʃən] *n* rapatriement *m*
repay [riːˈpeɪ] *vt (irreg: like* **pay***) (money, creditor)* rembourser ; *(sb's efforts)* récompenser
repayable [rɪˈpeɪəbl] *adj (loan)* remboursable ; **~ over 10 years** remboursable sur 10 ans
repayment [riːˈpeɪmənt] *n* remboursement *m* ; récompense *f*
repeal [rɪˈpiːl] *n (of law)* abrogation *f* ; *(of sentence)* annulation *f* ▸ *vt* abroger ; annuler
repeat [rɪˈpiːt] *n (Radio, TV)* reprise *f* ▸ *vt* répéter ; *(pattern)* reproduire ; *(promise, attack, also Comm: order)* renouveler ; *(Scol: a class)* redoubler ; **can you ~ that, please?** pouvez-vous répéter, s'il vous plaît ? ▸ *vi* répéter
repeated [rɪˈpiːtɪd] *adj* répété(e)
repeatedly [rɪˈpiːtɪdlɪ] *adv* souvent, à plusieurs reprises
repeat prescription *n (Brit)*: **I'd like a ~** je voudrais renouveler mon ordonnance
repel [rɪˈpɛl] *vt* repousser
repellent [rɪˈpɛlənt] *adj* repoussant(e) ▸ *n*: **insect ~** insectifuge *m* ; **moth ~** produit *m* antimite(s)
repent [rɪˈpɛnt] *vi*: **to ~ (of)** se repentir (de)
repentance [rɪˈpɛntəns] *n* repentir *m*
repentant [rɪˈpɛntənt] *adj (gen)* repentant(e) ; *(criminal)* repenti(e)
repercussions [riːpəˈkʌʃənz] *npl* répercussions *fpl*
repertoire [ˈrɛpətwɑːʳ] *n* répertoire *m*
repertory [ˈrɛpətərɪ] *n (also:* **repertory theatre***)* théâtre *m* de répertoire
repertory company *n* troupe théâtrale permanente
repetition [rɛpɪˈtɪʃən] *n* répétition *f*
repetitious [rɛpɪˈtɪʃəs] *adj (speech)* plein(e) de redites
repetitive [rɪˈpɛtɪtɪv] *adj (movement, work)* répétitif(-ive) ; *(speech)* plein(e) de redites
rephrase [riːˈfreɪz] *vt* reformuler
replace [rɪˈpleɪs] *vt (put back)* remettre, replacer ; *(take the place of)* remplacer ; *(Tel)*: **"~ the receiver"** « raccrochez »
replacement [rɪˈpleɪsmənt] *n* replacement *m* ; *(substitution)* remplacement *m* ; *(person)* remplaçant(e)
replacement part *n* pièce *f* de rechange
replay [ˈriːpleɪ] *n (of match)* match rejoué ; *(of tape, film)* répétition *f*
replenish [rɪˈplɛnɪʃ] *vt (glass)* remplir (de nouveau) ; *(stock etc)* réapprovisionner
replete [rɪˈpliːt] *adj* rempli(e) ; *(well-fed)*: **~ (with)** rassasié(e) (de)
replica [ˈrɛplɪkə] *n* réplique *f*, copie exacte
replicate [ˈrɛplɪkeɪt] *vt (work, experiment)* reproduire
reply [rɪˈplaɪ] *n* réponse *f* ; **in ~ (to)** en réponse (à) ; **there's no ~** *(Tel)* ça ne répond pas ▸ *vi* répondre
reply coupon *n* coupon-réponse *m*
repopulate [riːˈpɔpjuleɪt] *vt* repeupler
report [rɪˈpɔːt] *n* rapport *m* ; *(Press etc)* reportage *m* ; *(Brit: also:* **school report***)* bulletin *m* (scolaire) ; *(of gun)* détonation *f* ▸ *vt* rapporter, faire un compte rendu de ; *(Press etc)* faire un reportage sur ; *(notify: accident)* signaler ; *(: culprit)* dénoncer ; **I'd like to ~ a theft** je voudrais signaler un vol ; **it is reported that** on dit *or* annonce que ; **it is reported from Berlin that** on nous apprend de Berlin que ▸ *vi (make a report)* faire un rapport ; *(for newspaper)* faire un reportage (sur) ; **to ~ (to sb)** *(present o.s.)* se présenter (chez qn)
report card *n (US, Scottish)* bulletin *m* (scolaire)
reportedly [rɪˈpɔːtɪdlɪ] *adv*: **she is ~ living in Spain** elle habiterait en Espagne ; **he ~ told them to ...** il leur aurait dit de ...
reported speech [rɪˈpɔːtɪd-] *n (Ling)* discours indirect
reporter [rɪˈpɔːtəʳ] *n* reporter *m*
repose [rɪˈpəuz] *n*: **in ~** en *or* au repos
reposition [riːpəˈzɪʃən] *vt* repositionner
repository [rɪˈpɔzɪtrɪ] *n (store)* dépôt *m* ; *(of information, knowledge)* dépositaire *mf*
repossess [riːpəˈzɛs] *vt* saisir
repossession [riːpəˈzɛʃən] *n* saisie *f*
repossession order [riːpəˈzɛʃən-] *n* ordre *m* de reprise de possession
reprehensible [rɛprɪˈhɛnsɪbl] *adj* répréhensible
represent [rɛprɪˈzɛnt] *vt* représenter ; *(view, belief)* présenter, expliquer ; *(describe)*: **to ~ sth as** présenter *or* décrire qch comme ; **to ~ to sb that** expliquer à qn que
representation [rɛprɪzɛnˈteɪʃən] *n* représentation *f* ; **representations** *npl (protest)* démarche *f*
representative [rɛprɪˈzɛntətɪv] *n* représentant(e) ; *(Comm)* représentant(e) (de commerce) ; *(US Pol)* député *m* ▸ *adj* représentatif(-ive), caractéristique
representativeness [rɛprɪˈzɛntətɪvnɪs] *n* représentativité *f*
repress [rɪˈprɛs] *vt* réprimer
repressed [rɪˈprɛst] *adj* refoulé(e) ; **sexually ~** sexuellement refoulé(e)
repression [rɪˈprɛʃən] *n* répression *f*
repressive [rɪˈprɛsɪv] *adj* répressif(-ive)
reprieve [rɪˈpriːv] *n (Law)* grâce *f* ; *(fig)* sursis *m*, délai *m* ▸ *vt* gracier ; accorder un sursis *or* un délai à
reprimand [ˈrɛprɪmɑːnd] *n* réprimande *f* ▸ *vt* réprimander
reprint *n* [ˈriːprɪnt] réimpression *f* ▸ *vt* [riːˈprɪnt] réimprimer
reprisal [rɪˈpraɪzl] *n* représailles *fpl* ; **to take reprisals** user de représailles
reproach [rɪˈprəutʃ] *n* reproche *m* ; **beyond ~** irréprochable ▸ *vt*: **to ~ sb with sth** reprocher qch à qn
reproachful [rɪˈprəutʃful] *adj* de reproche
reprocess [riːˈprəusɛs] *vt (nuclear fuel)* retraiter
reproduce [riːprəˈdjuːs] *vt* reproduire ▸ *vi* se reproduire
reproduction [riːprəˈdʌkʃən] *n* reproduction *f*

reproductive [ri:prə'dʌktɪv] *adj* reproducteur(-trice)
reproof [rɪ'pru:f] *n* reproche *m*
reprove [rɪ'pru:v] *vt* (*action*) réprouver ; (*person*): **to ~ (for)** blâmer (de)
reproving [rɪ'pru:vɪŋ] *adj* réprobateur(-trice)
reptile ['rɛptaɪl] *n* reptile *m*
Repub. *abbr* (*US Pol*) = **republican**
republic [rɪ'pʌblɪk] *n* république *f*
republican [rɪ'pʌblɪkən] *adj, n* républicain(e)
republicanism [rɪ'pʌblɪkənɪzəm] *n* républicanisme *m*
repudiate [rɪ'pju:dɪeɪt] *vt* (*ally, behaviour*) désavouer ; (*accusation*) rejeter ; (*wife*) répudier
repugnance [rɪ'pʌgnəns] *n* dégoût *m*
repugnant [rɪ'pʌgnənt] *adj* répugnant(e)
repulse [rɪ'pʌls] *vt* repousser
repulsion [rɪ'pʌlʃən] *n* répulsion *f*
repulsive [rɪ'pʌlsɪv] *adj* repoussant(e), répulsif(-ive)
reputable ['rɛpjutəbl] *adj* de bonne réputation ; (*occupation*) honorable
reputation [rɛpju'teɪʃən] *n* réputation *f* ; **to have a ~ for** être réputé(e) pour ; **he has a ~ for being awkward** il a la réputation de ne pas être commode
repute [rɪ'pju:t] *n* (bonne) réputation
reputed [rɪ'pju:tɪd] *adj* réputé(e) ; **he is ~ to be rich/intelligent** *etc* on dit qu'il est riche/ intelligent *etc*
reputedly [rɪ'pju:tɪdlɪ] *adv* d'après ce qu'on dit
request [rɪ'kwɛst] *n* demande *f* ; (*formal*) requête *f* ; **at the ~ of** à la demande de ▸ *vt*: **to ~ (of** *or* **from sb)** demander (à qn)
request stop *n* (Brit: *for bus*) arrêt facultatif
requiem ['rɛkwɪəm] *n* requiem *m*
require [rɪ'kwaɪəʳ] *vt* (*need: subj: person*) avoir besoin de ; (*: thing, situation*) nécessiter, demander ; (*want*) exiger ; (*order*): **to ~ sb to do sth/sth of sb** exiger que qn fasse qch/qch de qn ; **if required** s'il le faut ; **what qualifications are required?** quelles sont les qualifications requises ? ; **required by law** requis par la loi
required [rɪ'kwaɪəd] *adj* requis(e), voulu(e)
requirement [rɪ'kwaɪəmənt] *n* (*need*) exigence *f* ; besoin *m* ; (*condition*) condition *f* (requise)
requisite ['rɛkwɪzɪt] *n* chose *f* nécessaire ; **toilet requisites** accessoires *mpl* de toilette ▸ *adj* requis(e), nécessaire
requisition [rɛkwɪ'zɪʃən] *n*: **~ (for)** demande *f* (de) ▸ *vt* (*Mil*) réquisitionner
reroute [ri:'ru:t] *vt* (*train etc*) dérouter
re-run *n* ['ri:rʌn] (*rebroadcast*) rediffusion *f* ; (*of event, experience*) répétition *f* ; (*of elections*) réorganisation *f* ; (*race*) course *f* recourue ▸ *vt* [ri:'rʌn] (*irreg: like* **run**) (*rebroadcast*) rediffuser ; (*election*) refaire ; (*Comput: program, software*) réexécuter ; (*race*) recourir
resale ['ri:'seɪl] *n* revente *f*
resale price maintenance *n vente au détail à prix imposé*
resat [ri:'sæt] *pt, pp of* **resit**
reschedule [ri:'ʃɛdju:l] *vt* (*event, meeting*) reporter ; (*programme*) reprogrammer ; (*debt*) rééchelonner
rescind [rɪ'sɪnd] *vt* annuler ; (*law*) abroger ; (*judgment*) rescinder
rescue ['rɛskju:] *n* (*from accident*) sauvetage *m* ; (*help*) secours *mpl* ; **to come to sb's ~** venir au secours de qn ▸ *vt* sauver
rescue party *n* équipe *f* de sauvetage
rescuer ['rɛskjuəʳ] *n* sauveteur *m*
research [rɪ'sə:tʃ] *n* recherche(s) *f(pl)* ; **a piece of ~** un travail de recherche ; **~ and development** recherche-développement ▸ *vt* faire des recherches sur ▸ *vi*: **to ~ (into sth)** faire des recherches (sur qch)
researcher [rɪ'sə:tʃəʳ] *n* chercheur(-euse)
research work *n* recherches *fpl*
resell [ri:'sɛl] *vt* (*irreg: like* **sell**) revendre
resemblance [rɪ'zɛmbləns] *n* ressemblance *f* ; **to bear a strong ~ to** ressembler beaucoup à
resemble [rɪ'zɛmbl] *vt* ressembler à
resent [rɪ'zɛnt] *vt* éprouver du ressentiment de, être contrarié(e) par
resentful [rɪ'zɛntful] *adj* irrité(e), plein(e) de ressentiment
resentment [rɪ'zɛntmənt] *n* ressentiment *m*
reservation [rɛzə'veɪʃən] *n* (*booking*) réservation *f* ; (*doubt, protected area*) réserve *f* ; (Brit *Aut: also:* **central reservation**) bande médiane ; **to make a ~ (in an hotel/a restaurant/on a plane)** réserver *or* retenir une chambre/une table/une place ; **with reservations** (*doubts*) avec certaines réserves
reservation desk *n* (*US: in hotel*) réception *f*
reserve [rɪ'zə:v] *n* réserve *f* ; (*Sport*) remplaçant(e) ; **in ~** en réserve ▸ *vt* (*seats etc*) réserver, retenir ; **reserves** *npl* (*Mil*) réservistes *mpl*
reserve currency *n* monnaie *f* de réserve
reserved [rɪ'zə:vd] *adj* réservé(e)
reserve price *n* (Brit) mise *f* à prix, prix *m* de départ
reserve team *n* (Brit *Sport*) deuxième équipe *f*
reservist [rɪ'zə:vɪst] *n* (*Mil*) réserviste *m*
reservoir ['rɛzəvwɑ:ʳ] *n* réservoir *m*
reset [ri:'sɛt] *vt* (*irreg: like* **set**) remettre ; (*clock, watch*) mettre à l'heure ; (*Comput*) remettre à zéro
resettlement [ri:'sɛtlmənt] *n* (*of people*) relocalisation *f*
reshape [ri:'ʃeɪp] *vt* (*policy*) réorganiser
reshuffle ['ri:ʃʌfl] *n*: **Cabinet ~** (Brit *Pol*) remaniement ministériel
reside [rɪ'zaɪd] *vi* résider
residence ['rɛzɪdəns] *n* résidence *f* ; **to take up ~** s'installer ; **in ~** (*queen etc*) en résidence ; (*doctor*) résidant(e)
residence permit *n* (Brit) permis *m* de séjour
resident ['rɛzɪdənt] *n* (*of country*) résident(e) ; (*of area, house*) habitant(e) ; (*in hotel*) pensionnaire *mf* ▸ *adj* résidant(e)
residential [rɛzɪ'dɛnʃəl] *adj* de résidence ; (*area*) résidentiel(le) ; (*course*) avec hébergement sur place
residential school *n* internat *m*
residual [rɪ'zɪdjuəl] *adj* résiduel(le)
residue ['rɛzɪdju:] *n* reste *m* ; (*Chem, Physics*) résidu *m*

resign [rɪ'zaɪn] *vt* (*one's post*) se démettre de ; **to ~ o.s. to** (*endure*) se résigner à ▸ *vi* démissionner
resignation [rɛzɪg'neɪʃən] *n* (*from post*) démission *f* ; (*state of mind*) résignation *f* ; **to tender one's ~** donner sa démission
resigned [rɪ'zaɪnd] *adj* résigné(e)
resilience [rɪ'zɪlɪəns] *n* (*of material*) élasticité *f* ; (*of person*) ressort *m*
resilient [rɪ'zɪlɪənt] *adj* (*person*) qui réagit, qui a du ressort
resin ['rɛzɪn] *n* résine *f*
resist [rɪ'zɪst] *vt* résister à
resistance [rɪ'zɪstəns] *n* résistance *f*
resistant [rɪ'zɪstənt] *adj*: **~ (to)** résistant(e) (à)
resit *vt* [ri:'sɪt] (*irreg: like* **sit**) (BRIT: *exam*) repasser ▸ *n* ['ri:sɪt] deuxième session *f* (*d'un examen*)
resolute ['rɛzəlu:t] *adj* résolu(e)
resolutely ['rɛzəlu:tlɪ] *adv* (*refuse, reject*) résolument ; **to remain ~ opposed to sth** rester résolument opposé(e) à qch
resolution [rɛzə'lu:ʃən] *n* résolution *f* ; **to make a ~** prendre une résolution
resolve [rɪ'zɔlv] *n* résolution *f* ▸ *vt* (*problem*) résoudre ; (*decide*): **to ~ to do** résoudre *or* décider de faire
resolved [rɪ'zɔlvd] *adj* résolu(e)
resonance ['rɛzənəns] *n* résonance *f*
resonant ['rɛzənənt] *adj* résonnant(e)
resonate ['rɛzəneɪt] *vi* (*sound, room*) résonner ; (*be meaningful*): **to ~ with sb** trouver un écho chez qn
resort [rɪ'zɔ:t] *n* (*seaside town*) station *f* balnéaire ; (*for skiing*) station de ski ; (*recourse*) recours *m* ; **in the last ~** en dernier ressort ▸ *vi*: **to ~ to** avoir recours à
resound [rɪ'zaund] *vi*: **to ~ (with)** retentir (de)
resounding [rɪ'zaundɪŋ] *adj* retentissant(e)
resource [rɪ'sɔ:s] *n* ressource *f* ; **resources** *npl* ressources ; **natural resources** ressources naturelles ; **to leave sb to his (*or* her) own resources** (*fig*) livrer qn à lui-même (*or* elle-même)
resourceful [rɪ'sɔ:sful] *adj* ingénieux(-euse), débrouillard(e)
resourcefulness [rɪ'sɔ:sfəlnɪs] *n* ressource *f*
respect [rɪs'pɛkt] *n* respect *m* ; (*point, detail*): **in some respects** à certains égards ; **to have *or* show ~ for sb/sth** respecter qn/qch ; **out of ~ for** par respect pour ; **with ~ to** en ce qui concerne ; **in ~ of** sous le rapport de, quant à ; **in this ~** sous ce rapport, à cet égard ; **with due ~ I ...** malgré le respect que je vous dois, je ... ▸ *vt* respecter ; **respects** *npl* respects, hommages *mpl* ; **to pay one's respects** présenter ses respects
respectability [rɪspɛktə'bɪlɪtɪ] *n* respectabilité *f*
respectable [rɪs'pɛktəbl] *adj* respectable ; (*quite good: result etc*) honorable ; (: *player*) assez bon(ne)
respectful [rɪs'pɛktful] *adj* respectueux(-euse)
respectfully [rɪ'spɛktfulɪ] *adv* respectueusement
respective [rɪs'pɛktɪv] *adj* respectif(-ive)
respectively [rɪs'pɛktɪvlɪ] *adv* respectivement
respiration [rɛspɪ'reɪʃən] *n* respiration *f*
respirator ['rɛspɪreɪtə^r] *n* respirateur *m*
respiratory ['rɛspərətərɪ] *adj* respiratoire
respite ['rɛspaɪt] *n* répit *m*
resplendent [rɪs'plɛndənt] *adj* resplendissant(e)
respond [rɪs'pɔnd] *vi* répondre ; (*react*) réagir
respondent [rɪs'pɔndənt] *n* (*Law*) défendeur(-deresse)
response [rɪs'pɔns] *n* réponse *f* ; (*reaction*) réaction *f* ; **in ~ to** en réponse à
responsibility [rɪspɔnsɪ'bɪlɪtɪ] *n* responsabilité *f* ; **to take ~ for sth/sb** accepter la responsabilité de qch/d'être responsable de qn
responsible [rɪs'pɔnsɪbl] *adj* (*liable*): **~ (for)** responsable (de) ; (*person*) digne de confiance ; (*job*) qui comporte des responsabilités ; **to be ~ to sb (for sth)** être responsable devant qn (de qch)
responsibly [rɪs'pɔnsɪblɪ] *adv* avec sérieux
responsive [rɪs'pɔnsɪv] *adj* (*student, audience*) réceptif(-ive) ; (*brakes, steering*) sensible
rest [rɛst] *n* repos *m* ; (*stop*) arrêt *m*, pause *f* ; (*Mus*) silence *m* ; (*support*) support *m*, appui *m* ; (*remainder*) reste *m*, restant *m* ; **the ~ of them** les autres ; **to set sb's mind at ~** tranquilliser qn ▸ *vi* se reposer ; (*be supported*): **to ~ on** appuyer *or* reposer sur ; (*remain*) rester ; **it rests with him to** c'est à lui de ; **~ assured that ...** soyez assuré que ... ▸ *vt* (*lean*): **to ~ sth on/against** appuyer qch sur/contre
restart [ri:'stɑ:t] *vt* (*engine*) remettre en marche ; (*work*) reprendre
restaurant ['rɛstərɔnt] *n* restaurant *m*
restaurant car *n* (BRIT *Rail*) wagon-restaurant *m*
restaurateur [rɛstrə'tə:^r] *n* restaurateur(-trice)
rest cure *n* cure *f* de repos
rested ['rɛstɪd] *adj* reposé(e) ; **to feel ~** se sentir reposé(e)
restful ['rɛstful] *adj* reposant(e)
rest home *n* maison *f* de repos
restitution [rɛstɪ'tju:ʃən] *n* (*act*) restitution *f* ; (*reparation*) réparation *f*
restive ['rɛstɪv] *adj* agité(e), impatient(e) ; (*horse*) rétif(-ive)
restless ['rɛstlɪs] *adj* agité(e) ; **to get ~** s'impatienter
restlessly ['rɛstlɪslɪ] *adv* avec agitation
restlessness ['rɛstlɪsnɪs] *n* agitation *f*
restock [ri:'stɔk] *vt* réapprovisionner
restoration [rɛstə'reɪʃən] *n* (*of building*) restauration *f* ; (*of stolen goods*) restitution *f*
restorative [rɪ'stɔrətɪv] *adj* reconstituant(e) ▸ *n* reconstituant *m*
restore [rɪ'stɔ:^r] *vt* (*building*) restaurer ; (*sth stolen*) restituer ; (*peace, health*) rétablir ; **to ~ to** (*former state*) ramener à
restorer [rɪ'stɔ:rə^r] *n* (*Art etc*) restaurateur(-trice) (d'œuvres d'art)
restrain [rɪs'treɪn] *vt* (*feeling*) contenir ; (*person*): **to ~ (from doing)** retenir (de faire)
restrained [rɪs'treɪnd] *adj* (*style*) sobre ; (*manner*) mesuré(e)
restraint [rɪs'treɪnt] *n* (*restriction*) contrainte *f* ; (*moderation*) retenue *f* ; (*of style*) sobriété *f* ; **wage ~** limitations salariales
restrict [rɪs'trɪkt] *vt* restreindre, limiter

r

restricted [rɪ'strɪktɪd] *adj* restreint(e) ; (Brit: *document*) confidentiel(le) ; **to be ~ to sb/sth** se limiter à qn/qch

restricted area *n* (*Aut*) zone *f* à vitesse limitée

restriction [rɪs'trɪkʃən] *n* restriction *f*, limitation *f*

restrictive [rɪs'trɪktɪv] *adj* restrictif(-ive)

restrictive practices *npl* (*Industry*) pratiques *fpl* entravant la libre concurrence

rest room *n* (*US*) toilettes *fpl*

restructure [riː'strʌktʃəʳ] *vt* restructurer

restructuring [riː'strʌktʃərɪŋ] *n* restructuration *f*

result [rɪ'zʌlt] *n* résultat *m* ; **as a ~ it is too expensive** il en résulte que c'est trop cher ; **as a ~ of** à la suite de ▸ *vi* : **to ~ (from)** résulter (de) ; **to ~ in** aboutir à, se terminer par

resultant [rɪ'zʌltənt] *adj* résultant(e)

resume [rɪ'zjuːm] *vt* (*work, journey*) reprendre ; (*sum up*) résumer ▸ *vi* (*work etc*) reprendre

résumé ['reɪzjuːmeɪ] *n* (*summary*) résumé *m* ; (*US*: *curriculum vitae*) curriculum vitae *m inv*

resumption [rɪ'zʌmpʃən] *n* reprise *f*

resurface [riː'səːfɪs] *vi* refaire surface ▸ *vt* (*road*) refaire le revêtement de

resurgence [rɪ'səːdʒəns] *n* réapparition *f*

resurrect [rɛzə'rɛkt] *vt* ressusciter

resurrection [rɛzə'rɛkʃən] *n* résurrection *f*

resuscitate [rɪ'sʌsɪteɪt] *vt* (*Med*) réanimer

resuscitation [rɪsʌsɪ'teɪʃən] *n* réanimation *f*

retail ['riːteɪl] *n* (vente *f* au) détail *m* ▸ *adj* de *or* au détail ▸ *adv* au détail ▸ *vt* vendre au détail ▸ *vi* : **to ~ at 10 euros** se vendre au détail à 10 euros

retailer ['riːteɪləʳ] *n* détaillant(e)

retailing ['riːteɪlɪŋ] *n* commerce *m* de détail ▸ *cpd* (*industry, business*) de détail

retail outlet *n* point *m* de vente

retail price *n* prix *m* de détail

retail price index *n* ≈ indice *m* des prix

retain [rɪ'teɪn] *vt* (*keep*) garder, conserver ; (*employ*) engager

retainer [rɪ'teɪnəʳ] *n* (*servant*) serviteur *m* ; (*fee*) acompte *m*, provision *f*

retake *vt* [riː'teɪk] (*irreg: like* **take**) (*recapture*) reprendre ; (*exam, course*) repasser ▸ *n* ['riːteɪk] (*exam*) rattrapage *m*, deuxième session *f* ; (*Cine*: *of scene*) retournage *m*

retaliate [rɪ'tælɪeɪt] *vi* : **to ~ (against)** se venger (de) ; **to ~ (on sb)** rendre la pareille (à qn)

retaliation [rɪtælɪ'eɪʃən] *n* représailles *fpl*, vengeance *f* ; **in ~ for** par représailles pour

retaliatory [rɪ'tælɪətərɪ] *adj* de représailles

retarded [rɪ'tɑːdɪd] *adj* retardé(e)

retch [rɛtʃ] *vi* avoir des haut-le-cœur

retell [riː'tɛl] *vt* (*irreg: like* **tell**) (*story, tale: repeat*) raconter à nouveau ; (*: in a new form*) adapter

retention [rɪ'tɛnʃən] *n* (*keeping*) maintien *m* ; (*of information, fluid, heat*) rétention *f*

retentive [rɪ'tɛntɪv] *adj* : **~ memory** excellente mémoire

rethink ['riː'θɪŋk] *vt* repenser

reticence ['rɛtɪsns] *n* réticence *f*

reticent ['rɛtɪsnt] *adj* réticent(e)

retina ['rɛtɪnə] *n* rétine *f*

retinue ['rɛtɪnjuː] *n* suite *f*, cortège *m*

retire [rɪ'taɪəʳ] *vi* (*give up work*) prendre sa retraite ; (*withdraw*) se retirer, partir ; (*go to bed*) (aller) se coucher

retired [rɪ'taɪəd] *adj* (*person*) retraité(e)

retiree [rɪtaɪə'riː] *n* (*esp US*) retraité(e)

retirement [rɪ'taɪəmənt] *n* retraite *f*

retirement age *n* âge *m* de la retraite

retiring [rɪ'taɪərɪŋ] *adj* (*person*) réservé(e) ; (*chairman etc*) sortant(e)

retook [riː'tuk] *pt of* **retake**

retort [rɪ'tɔːt] *n* (*reply*) riposte *f* ; (*container*) cornue *f* ▸ *vi* riposter

retrace [riː'treɪs] *vt* reconstituer ; **to ~ one's steps** revenir sur ses pas

retract [rɪ'trækt] *vt* (*statement, claws*) rétracter ; (*undercarriage, aerial*) rentrer, escamoter ▸ *vi* se rétracter ; rentrer

retractable [rɪ'træktəbl] *adj* escamotable

retrain [riː'treɪn] *vt* recycler ▸ *vi* se recycler

retraining [riː'treɪnɪŋ] *n* recyclage *m*

retread *vt* [riː'trɛd] (*Aut: tyre*) rechaper ▸ *n* ['riːtrɛd] pneu rechapé

retreat [rɪ'triːt] *n* retraite *f* ; **to beat a hasty ~** (*fig*) partir avec précipitation ▸ *vi* battre en retraite ; (*flood*) reculer

retrial [riː'traɪəl] *n* nouveau procès

retribution [rɛtrɪ'bjuːʃən] *n* châtiment *m*

retrieval [rɪ'triːvəl] *n* récupération *f* ; réparation *f* ; recherche *f* et extraction *f*

retrieve [rɪ'triːv] *vt* (*sth lost*) récupérer ; (*situation, honour*) sauver ; (*error, loss*) réparer ; (*Comput*) rechercher

retriever [rɪ'triːvəʳ] *n* chien *m* d'arrêt

retroactive [rɛtrəu'æktɪv] *adj* rétroactif(-ive)

retroactively [rɛtrəu'æktɪvlɪ] *adv* rétroactivement

retrograde ['rɛtrəgreɪd] *adj* rétrograde

retrospect ['rɛtrəspɛkt] *n* : **in ~** rétrospectivement, après coup

retrospective [rɛtrə'spɛktɪv] *adj* rétrospectif(-ive) ; (*law*) rétroactif(-ive) ▸ *n* (*Art*) rétrospective *f*

retrospectively [rɛtrə'spɛktɪvlɪ] *adv* rétrospectivement

return [rɪ'təːn] *n* (*going or coming back*) retour *m* ; (*of sth stolen etc*) restitution *f* ; (*recompense*) récompense *f* ; (*Finance: from land, shares*) rapport *m* ; (*report*) relevé *m*, rapport ; (Brit: *also*: **return ticket**) aller retour *m*, aller et retour *m* ; **by ~ (of post)** par retour (du courrier) ; **in ~ (for)** en échange (de) ; **a ~ to Avignon, please** un aller retour pour Avignon, s'il vous plaît ▸ *cpd* (*journey*) de retour ; (Brit: *airfare*) aller et retour ; (*match*) retour ▸ *vi* (*person etc: come back*) revenir ; (*: go back*) retourner ▸ *vt* rendre ; (*bring back*) rapporter ; (*send back*) renvoyer ; (*put back*) remettre ; (*Pol: candidate*) élire ; **returns** *npl* (*Comm*) recettes *fpl* ; (*Finance*) bénéfices *mpl* ; (*: returned goods*) marchandises renvoyées ; **many happy returns (of the day)!** bon anniversaire !

returnable [rɪ'təːnəbl] *adj* (*bottle etc*) consigné(e)

returner [rɪ'təːnəʳ] *n femme qui reprend un travail après avoir élevé ses enfants*

returning officer [rɪ'tə:nɪŋ-] *n* (Brit *Pol*) président *m* de bureau de vote
return key *n* (*Comput*) touche *f* de retour
return ticket *n* (*esp* Brit) billet *m* aller-retour
retweet [ri:'twi:t] *vt* (*on Twitter*) retweeter ▸ *n* retweet *m*
reunification [ri:ju:nɪfɪ'keɪʃən] *n* réunification *f*
reunion [ri:'ju:nɪən] *n* réunion *f*
reunite [ri:ju:'naɪt] *vt* réunir
reusable [ri:'ju:zəbl] *adj* réutilisable
reuse [ri:'ju:z] *vt* réutiliser
rev [rɛv] *n abbr* (*Aut*: = *revolution*) tour *m* ▸ *vt* (*also*: **rev up**) emballer ▸ *vi* (*also*: **rev up**) s'emballer
Rev. *abbr* = **Reverend**
revaluation [ri:vælju'eɪʃən] *n* réévaluation *f*
revamp [ri:'væmp] *vt* (*house*) retaper ; (*firm*) réorganiser
rev counter *n* (Brit) compte-tours *m inv*
Revd *abbr* = **Reverend**
reveal [rɪ'vi:l] *vt* (*make known*) révéler ; (*display*) laisser voir
revealing [rɪ'vi:lɪŋ] *adj* révélateur(-trice) ; (*dress*) au décolleté généreux *or* suggestif
reveille [rɪ'vælɪ] *n* (*Mil*) réveil *m*
revel ['rɛvl] *vi*: **to ~ in sth/in doing** se délecter de qch/à faire
revelation [rɛvə'leɪʃən] *n* révélation *f*
reveller ['rɛvlə^r] *n* fêtard *m*
revelry ['rɛvlrɪ] *n* festivités *fpl*
revenge [rɪ'vɛndʒ] *n* vengeance *f* ; (*in game etc*) revanche *f* ; **to take ~ (on)** se venger (sur) ▸ *vt* venger
revengeful [rɪ'vɛndʒful] *adj* vengeur(-eresse), vindicatif(-ive)
revenue ['rɛvənju:] *n* revenu *m*
reverberate [rɪ'və:bəreɪt] *vi* (*sound*) retentir, se répercuter ; (*light*) se réverbérer
reverberation [rɪvə:bə'reɪʃən] *n* répercussion *f* ; réverbération *f*
revere [rɪ'vɪə^r] *vt* vénérer, révérer
reverence ['rɛvərəns] *n* vénération *f*, révérence *f*
Reverend ['rɛvərənd] *adj* vénérable ; (*in titles*): **the ~ John Smith** (*Anglican*) le révérend John Smith ; (*Catholic*) l'abbé (John) Smith ; (*Protestant*) le pasteur (John) Smith
reverent ['rɛvərənt] *adj* respectueux(-euse)
reverential [rɛvə'rɛnʃəl] *adj* révérencieux(-euse)
reverie ['rɛvərɪ] *n* rêverie *f*
reversal [rɪ'və:sl] *n* (*of opinion*) revirement *m* ; (*of order*) renversement *m* ; (*of direction*) changement *m*
reverse [rɪ'və:s] *n* contraire *m*, opposé *m* ; (*back*) dos *m*, envers *m* ; (*of paper*) verso *m* ; (*of coin*) revers *m* ; (*Aut*: *also*: **reverse gear**) marche *f* arrière ; **to go into ~** faire marche arrière ▸ *adj* (*direction, effect*) inverse ; **in ~ order** en ordre inverse ▸ *vt* (*order, position*) changer, inverser ; (*direction, policy*) changer complètement de ; (*decision*) annuler ; (*roles*) renverser ; (*car*) faire marche arrière avec ; (*Law*: *judgment*) réformer ▸ *vi* (Brit *Aut*) faire marche arrière
reverse video *n* vidéo *m* inverse
reversible [rɪ'və:səbl] *adj* (*garment*) réversible ; (*procedure*) révocable
reversing lights [rɪ'və:sɪŋ-] *npl* (Brit *Aut*) feux *mpl* de marche arrière *or* de recul
reversion [rɪ'və:ʃən] *n* retour *m*
revert [rɪ'və:t] *vi*: **to ~ to** revenir à, retourner à
review [rɪ'vju:] *n* revue *f* ; (*of book, film*) critique *f* ; (*of situation, policy*) examen *m*, bilan *m* ; (*US*: *examination*) examen ; **to come under ~** être révisé(e) ▸ *vt* passer en revue ; faire la critique de ; examiner
reviewer [rɪ'vju:ə^r] *n* critique *m*
revile [rɪ'vaɪl] *vt* injurier
revise [rɪ'vaɪz] *vt* réviser, modifier ; (*manuscript*) revoir, corriger ; **revised edition** édition revue et corrigée ▸ *vi* (*study*) réviser
revision [rɪ'vɪʒən] *n* révision *f* ; (*revised version*) version corrigée
revitalization [ri:vaɪtəlaɪ'zeɪʃən] *n* revitalisation *f*
revitalize [ri:'vaɪtəlaɪz] *vt* revitaliser
revival [rɪ'vaɪvəl] *n* reprise *f* ; (*recovery*) rétablissement *m* ; (*of faith*) renouveau *m*
revive [rɪ'vaɪv] *vt* (*person*) ranimer ; (*custom*) rétablir ; (*economy*) relancer ; (*hope, courage*) raviver, faire renaître ; (*play, fashion*) reprendre ▸ *vi* (*person*) reprendre connaissance ; (: *from ill health*) se rétablir ; (*hope etc*) renaître ; (*activity*) reprendre
revoke [rɪ'vəuk] *vt* révoquer ; (*promise, decision*) revenir sur
revolt [rɪ'vəult] *n* révolte *f* ▸ *vi* se révolter, se rebeller ▸ *vt* révolter, dégoûter
revolting [rɪ'vəultɪŋ] *adj* dégoûtant(e)
revolution [rɛvə'lu:ʃən] *n* révolution *f* ; (*of wheel etc*) tour *m*, révolution
revolutionary [rɛvə'lu:ʃənrɪ] *adj*, *n* révolutionnaire *mf*
revolutionize [rɛvə'lu:ʃənaɪz] *vt* révolutionner
revolve [rɪ'vɔlv] *vi* tourner
▸ **revolve around** *vt fus* tourner autour de ; **her life revolves around tennis** sa vie tourne autour du tennis
revolver [rɪ'vɔlvə^r] *n* revolver *m*
revolving [rɪ'vɔlvɪŋ] *adj* (*chair*) pivotant(e) ; (*light*) tournant(e)
revolving door *n* (porte *f* à) tambour *m*
revue [rɪ'vju:] *n* (*Theat*) revue *f*
revulsion [rɪ'vʌlʃən] *n* dégoût *m*, répugnance *f*
reward [rɪ'wɔ:d] *n* récompense *f* ▸ *vt*: **to ~ (for)** récompenser (de)
rewarding [rɪ'wɔ:dɪŋ] *adj* (*fig*) qui (en) vaut la peine, gratifiant(e) ; **financially ~** financièrement intéressant(e)
rewind [ri:'waɪnd] *vt* (*irreg*: *like* **wind²**) (*watch*) remonter ; (*tape*) réembobiner
rewire [ri:'waɪə^r] *vt* (*house*) refaire l'installation électrique de
reword [ri:'wə:d] *vt* formuler *or* exprimer différemment
rework [ri:'wə:k] *vt* retravailler
reworking [ri:'wə:kɪŋ] *n* (*of book, story*) revisite *f*
rewound [ri:'waund] *pt*, *pp of* **rewind**
rewritable [ri:'raɪtəbl] *adj* (CD, DVD) réinscriptible
rewrite [ri:'raɪt] *vt* (*irreg*: *like* **write**) récrire
Reykjavik ['reɪkjəvi:k] *n* Reykjavik

r

RFD *abbr (US Post)* = **rural free delivery**
Rh *abbr (= rhesus)* Rh
rhapsodize ['ræpsədaɪz] *vi* s'extasier ; **to ~ over sth** s'extasier sur qch
rhapsody ['ræpsədɪ] *n (Mus)* rhapsodie *f* ; *(fig)* éloge délirant
rhesus negative ['ri:səs-] *adj (Med)* de rhésus négatif
rhesus positive ['ri:səs-] *adj (Med)* de rhésus positif
rhetoric ['rɛtərɪk] *n* rhétorique *f*
rhetorical [rɪ'tɔrɪkl] *adj* rhétorique
rheumatic [ru:'mætɪk] *adj* rhumatismal(e)
rheumatism ['ru:mətɪzəm] *n* rhumatisme *m*
rheumatoid arthritis ['ru:mətɔɪd-] *n* polyarthrite *f* chronique
rheumatologist [ru:mə'tɔlədʒɪst] *n* rhumatologue *mf*
Rhine [raɪn] *n*: **the (River) ~** le Rhin
rhinestone ['raɪnstəun] *n* faux diamant
rhino ['raɪnəu] *n* rhinocéros *m*
rhinoceros [raɪ'nɔsərəs] *n* rhinocéros *m*
Rhodes [rəudz] *n* Rhodes *f*
Rhodesia [rəu'di:ʒə] *n* Rhodésie *f*
Rhodesian [rəu'di:ʒən] *adj* rhodésien(ne) ▸ *n* Rhodésien(ne)
rhododendron [rəudə'dɛndrn] *n* rhododendron *m*
rhubarb ['ru:bɑ:b] *n* rhubarbe *f*
rhyme [raɪm] *n* rime *f* ; *(verse)* vers *mpl* ; **without ~ or reason** sans rime ni raison ▸ *vi*: **to ~ (with)** rimer (avec)
rhythm ['rɪðm] *n* rythme *m*
rhythmic ['rɪðmɪk], **rhythmical** ['rɪðmɪkl] *adj* rythmique
rhythmically ['rɪðmɪklɪ] *adv* avec rythme
rhythm method *n* méthode *f* des températures
RI *n abbr* (Brit) = **religious instruction** ▸ *abbr* (US) = **Rhode Island**
rib [rɪb] *n (Anat)* côte *f* ▸ *vt (mock)* taquiner
ribald ['rɪbəld] *adj* paillard(e)
ribbed [rɪbd] *adj (knitting)* à côtes ; *(shell)* strié(e)
ribbon ['rɪbən] *n* ruban *m* ; **in ribbons** *(torn)* en lambeaux
rice [raɪs] *n* riz *m*
rice field *n* rizière *f*
rice pudding *n* riz *m* au lait
rich [rɪtʃ] *adj* riche ; *(gift, clothes)* somptueux(-euse) ; **to be ~ in sth** être riche en qch ▸ *npl*: **the ~** les riches *mpl* ; **riches** *npl* richesses *fpl*
richly ['rɪtʃlɪ] *adv* richement ; *(deserved, earned)* largement, grandement
richness ['rɪtʃnɪs] *n* richesse *f*
rickets ['rɪkɪts] *n* rachitisme *m*
rickety ['rɪkɪtɪ] *adj* branlant(e)
rickshaw ['rɪkʃɔ:] *n* pousse(-pousse) *m inv*
ricochet ['rɪkəʃeɪ] *n* ricochet *m* ▸ *vi* ricocher
rid [rɪd] *(pt, pp ~)* *vt*: **to ~ sb of** débarrasser qn de ; **to get ~ of** se débarrasser de
riddance ['rɪdns] *n*: **good ~!** bon débarras !
ridden ['rɪdn] *pp of* **ride**
riddle ['rɪdl] *n (puzzle)* énigme *f* ▸ *vt*: **to be riddled with** être criblé(e) de ; *(fig)* être en proie à
ride [raɪd] *(pt* **rode** [rəud], *pp* **ridden** ['rɪdn]) *n* promenade *f*, tour *m* ; *(distance covered)* trajet *m* ; **horse/car ~** promenade *or* tour à cheval/en voiture ; **to go for a ~** faire une promenade (en voiture *or* à bicyclette *etc*) ; **to take sb for a ~** *(fig)* faire marcher qn ; *(cheat)* rouler qn ▸ *vi (as sport)* monter (à cheval), faire du cheval ; *(go somewhere: on horse, bicycle)* aller (à cheval *or* bicyclette *etc*) ; *(travel: on bicycle, motor cycle, bus)* rouler ; **we rode all day/all the way** nous sommes restés toute la journée en selle/avons fait tout le chemin en selle *or* à cheval ; **to ~ at anchor** *(Naut)* être à l'ancre ▸ *vt (a horse)* monter ; *(distance)* parcourir, faire ; **to ~ a horse/bicycle** monter à cheval/à bicyclette ; **can you ~ a bike?** est-ce que tu sais monter à bicyclette ?
▸ **ride out** *vt*: **to ~ out the storm** *(fig)* surmonter les difficultés
▸ **ride up** *vi (skirt, top)* remonter
rider ['raɪdəʳ] *n* cavalier(-ière) ; *(in race)* jockey *m* ; *(on bicycle)* cycliste *mf* ; *(on motorcycle)* motocycliste *mf* ; *(in document)* annexe *f*, clause additionnelle
ridge [rɪdʒ] *n (of hill)* faîte *m* ; *(of roof, mountain)* arête *f* ; *(on object)* strie *f*
ridicule ['rɪdɪkju:l] *n* ridicule *m* ; dérision *f* ; **to hold sb/sth up to ~** tourner qn/qch en ridicule ▸ *vt* ridiculiser, tourner en dérision
ridiculous [rɪ'dɪkjuləs] *adj* ridicule
riding ['raɪdɪŋ] *n* équitation *f*
riding school *n* manège *m*, école *f* d'équitation
rife [raɪf] *adj* répandu(e) ; **~ with** abondant(e) en
riff [rɪf] *n (Mus)* riff *m*
riffraff ['rɪfræf] *n* racaille *f*
rifle ['raɪfl] *n* fusil *m* (à canon rayé) ▸ *vt* vider, dévaliser
▸ **rifle through** *vt fus* fouiller dans
rifle range *n* champ *m* de tir ; *(indoor)* stand *m* de tir
rift [rɪft] *n* fente *f*, fissure *f* ; *(fig: disagreement)* désaccord *m*
rig [rɪg] *n (also:* **oil rig**: *on land)* derrick *m* ; *(: at sea)* plate-forme pétrolière ▸ *vt (election etc)* truquer
▸ **rig out** *vt* (Brit) habiller ; *(: pej)* fringuer, attifer
▸ **rig up** *vt* arranger, faire avec des moyens de fortune
rigging ['rɪgɪŋ] *n (Naut)* gréement *m*
right [raɪt] *adj (true)* juste, exact(e) ; *(correct)* bon(ne) ; *(suitable)* approprié(e), convenable ; *(just)* juste, équitable ; *(morally good)* bien *inv* ; *(not left)* droit(e) ; **the ~ time** *(precise)* l'heure exacte ; *(not wrong)* la bonne heure ; **do you have the ~ time?** avez-vous l'heure juste *or* exacte ? ; **to be ~** *(person)* avoir raison ; *(answer)* être juste *or* correct(e) ; **to get sth ~** ne pas se tromper sur qch ; **let's get it ~ this time!** essayons de ne pas nous tromper cette fois-ci ! ; **you did the ~ thing** vous avez bien fait ; **to put a mistake ~** (Brit) rectifier une erreur ▸ *n (moral good)* bien *m* ; *(title, claim)* droit *m* ; *(not left)* droite *f* ; **on the ~** à droite ; **~ and wrong** le bien et le mal ; **to be in the ~** avoir raison ; **by rights** en toute justice ▸ *adv (answer)* correctement ; *(treat)* bien,

comme il faut ; (*not on the left*) à droite ; **~ now** en ce moment même ; (*immediately*) tout de suite ; **~ before/after** juste avant/après ; **~ against the wall** tout contre le mur ; **~ ahead** tout droit ; droit devant ; **~ in the middle** en plein milieu ; **~ away** immédiatement ; **to go ~ to the end of sth** aller jusqu'au bout de qch ▸ *vt* redresser ▸ *excl* bon ! ; **rights** *npl* (*Comm*) droits *mpl* ; **film rights** droits d'adaptation cinématographique

Use the masculine word **droit** to refer to the right to something: *human rights* **les droits de l'homme**. The feminine word **droite** means *right* as opposed to *left*.

right angle *n* (*Math*) angle droit
righteous ['raɪtʃəs] *adj* droit(e), vertueux(-euse) ; (*anger*) justifié(e)
righteousness ['raɪtʃəsnɪs] *n* droiture *f*, vertu *f*
rightful ['raɪtful] *adj* (*heir*) légitime
rightfully ['raɪtfəlɪ] *adv* à juste titre, légitimement
right-hand ['raɪthænd] *adj*: **the ~ side** la droite
right-hand drive *n* conduite *f* à droite ; (*vehicle*) véhicule *m* avec la conduite à droite
right-handed [raɪt'hændɪd] *adj* (*person*) droitier(-ière)
right-hand man *n* (*irreg*) bras droit (*fig*)
rightly ['raɪtlɪ] *adv* bien, correctement ; (*with reason*) à juste titre ; **if I remember ~** (BRIT) si je me souviens bien
right-minded ['raɪt'maɪndɪd] *adj* sensé(e), sain(e) d'esprit
right of way *n* (*on path etc*) droit *m* de passage ; (*Aut*) priorité *f*
rights issue *n* (*Stock Exchange*) émission préférentielle *or* de droit de souscription
right to life *n* droit *m* à la vie ▸ *cpd* (*group, campaign*: *also*: **right-to-life**) antiavortement *inv*
right wing *n* (*Mil, Sport*) aile droite ; (*Pol*) droite *f*
right-wing [raɪt'wɪŋ] *adj* (*Pol*) de droite
right-winger [raɪt'wɪŋə^r] *n* (*Pol*) membre *m* de la droite ; (*Sport*) ailier droit
rigid ['rɪdʒɪd] *adj* rigide ; (*principle, control*) strict(e)
rigidity [rɪ'dʒɪdɪtɪ] *n* rigidité *f*
rigidly ['rɪdʒɪdlɪ] *adv* rigidement ; (*behave*) inflexiblement
rigmarole ['rɪgmərəul] *n* galimatias *m*, comédie *f*
rigor ['rɪgə^r] *n* (*US*) = **rigour**
rigor mortis ['rɪgə'mɔːtɪs] *n* rigidité *f* cadavérique
rigorous ['rɪgərəs] *adj* rigoureux(-euse)
rigorously ['rɪgərəslɪ] *adv* rigoureusement
rigour, (*US*) **rigor** ['rɪgə^r] *n* rigueur *f*
rig-out ['rɪgaut] *n* (BRIT *inf*) tenue *f*
rile [raɪl] *vt* agacer
rim [rɪm] *n* bord *m* ; (*of spectacles*) monture *f* ; (*of wheel*) jante *f*
rimless ['rɪmlɪs] *adj* (*spectacles*) à monture invisible
rind [raɪnd] *n* (*of bacon*) couenne *f* ; (*of lemon etc*) écorce *f*, zeste *m* ; (*of cheese*) croûte *f*
ring [rɪŋ] (*pt* **rang** [ræŋ], *pp* **rung** [rʌŋ]) *n* anneau *m* ; (*on finger*) bague *f* ; (*also*: **wedding ring**) alliance *f* ; (*for napkin*) rond *m* ; (*of people, objects*) cercle *m* ; (*of spies*) réseau *m* ; (*of smoke etc*) rond *m* ; (*arena*) piste *f*, arène *f* ; (*for boxing*) ring *m* ; (*sound of bell*) sonnerie *f* ; (*telephone call*) coup *m* de téléphone ; **to give sb a ~** (*Tel*) passer un coup de téléphone *or* de fil à qn ; **that has the ~ of truth about it** cela sonne vrai ▸ *vi* (*telephone, bell*) sonner ; (*person: by telephone*) téléphoner ; (*ears*) bourdonner ; (*also*: **ring out**: *voice, words*) retentir ▸ *vt* (*also*: **ring up**) téléphoner à, appeler ; **to ~ the bell** sonner ; **the name doesn't ~ a bell (with me)** ce nom ne me dit rien
▸ **ring around** *vi, vt fus* = **ring round**
▸ **ring back** *vt, vi* (BRIT *Tel*) rappeler
▸ **ring in** *vi* (*esp* BRIT) appeler
▸ **ring off** *vi* (BRIT *Tel*) raccrocher
▸ **ring out** *vi* (*voice, words, shot*) retentir
▸ **ring round** (*esp* BRIT) *vi* passer des coups de fil ▸ *vt fus* appeler
▸ **ring up** *vt* (BRIT *Tel*) téléphoner à, appeler
ring binder *n* classeur *m* à anneaux
ring-fence [rɪŋ'fɛns] *vt* (*allocate*) réserver, allouer ; (*protect*) protéger
ring finger *n* annulaire *m*
ringing ['rɪŋɪŋ] *n* (*of bell*) tintement *m* ; (*louder: of telephone*) sonnerie *f* ; (*: in ears*) bourdonnement *m*
ringing tone *n* (BRIT *Tel*) tonalité *f* d'appel
ringleader ['rɪŋliːdə^r] *n* (*of gang*) chef *m*, meneur *m*
ringlets ['rɪŋlɪts] *npl* anglaises *fpl*
ringmaster ['rɪŋmɑːstə^r] *n* (*at the circus*) Monsieur Loyal *m*
ring road *n* (BRIT) rocade *f* ; (*motorway*) périphérique *m*
ringside ['rɪŋsaɪd] *n*: **at the ~** (*Boxing*) au bord du ring ; (*at circus*) au bord de la piste ▸ *cpd*: **to have a ~ view** *or* **seat** (*fig*) être aux premières loges
ringtone ['rɪŋtəun] *n* (*on mobile*) sonnerie *f* (*de téléphone portable*)
ringworm ['rɪŋwəːm] *n* teigne *f*
rink [rɪŋk] *n* (*also*: **ice rink**) patinoire *f* ; (*for roller-skating*) skating *m*
rinse [rɪns] *n* rinçage *m* ▸ *vt* rincer
Rio ['riːəu], **Rio de Janeiro** ['riːəudədʒə'nɪərəu] *n* Rio de Janeiro
riot ['raɪət] *n* émeute *f*, bagarres *fpl* ; **a ~ of colours** une débauche *or* orgie de couleurs ▸ *vi* (*demonstrators*) manifester avec violence ; (*population*) se soulever, se révolter ▸ *adv*: **to run ~** se déchaîner
rioter ['raɪətə^r] *n* émeutier(-ière), manifestant(e)
riot gear *n*: **in ~** casqué et portant un bouclier
rioting ['raɪətɪŋ] *n* émeutes *fpl*
riotous ['raɪətəs] *adj* tapageur(-euse) ; tordant(e)
riotously ['raɪətəslɪ] *adv*: **~ funny** tordant(e)
riot police *n* forces *fpl* de police intervenant en cas d'émeute ; **hundreds of ~** des centaines de policiers casqués et armés
RIP *abbr* (= *rest in peace*) RIP
rip [rɪp] *n* déchirure *f* ▸ *vt* déchirer ▸ *vi* se déchirer

r

▸ **rip off** *vt* (*inf*: *cheat*) arnaquer (*inf*)
▸ **rip out** *vt* arracher
▸ **rip up** *vt* déchirer

ripcord ['rɪpkɔːd] *n* poignée *f* d'ouverture
ripe [raɪp] *adj* (*fruit*) mûr(e) ; (*cheese*) fait(e)
ripen ['raɪpn] *vt* mûrir ▸ *vi* mûrir ; se faire
ripeness ['raɪpnɪs] *n* maturité *f*
rip-off ['rɪpɔf] *n* (*inf*): **it's a ~!** c'est du vol manifeste !, c'est de l'arnaque ! (*inf*)
riposte [rɪ'pɔst] *n* riposte *f*
ripple ['rɪpl] *n* ride *f*, ondulation *f* ; (*of applause, laughter*) cascade *f* ▸ *vi* se rider, onduler ▸ *vt* rider, faire onduler
rise [raɪz] (*pt* **rose** [rəuz], *pp* **risen** [rɪzn]) *n* (*slope*) côte *f*, pente *f* ; (*hill*) élévation *f* ; (*increase*: *in wages*: Brit) augmentation *f* ; (: *in prices, temperature*) hausse *f*, augmentation ; (*fig*: *of person*) ascension *f* ; **~ to power** montée *f* au pouvoir ; **to give ~ to** donner lieu à ▸ *vi* s'élever, monter ; (*prices, numbers*) augmenter, monter ; (*waters, river*) monter ; (*sun, wind, person*: *from chair, bed*) se lever ; (*also*: **rise up**: *tower, building*) s'élever ; (: *rebel*) se révolter, se rebeller ; (*in rank*) s'élever ; **to ~ to the occasion** se montrer à la hauteur
▸ **rise above** *vt fus* (*differences, fears*) surmonter ; (*insults*) ignorer
risen ['rɪzn] *pp of* **rise**
rising ['raɪzɪŋ] *adj* (*increasing*: *number, prices*) en hausse ; (*tide*) montant(e) ; (*sun, moon*) levant(e) ▸ *n* (*uprising*) soulèvement *m*, insurrection *f*
rising damp *n* humidité *f* (montant des fondations)
rising star *n* (*also fig*) étoile montante
risk [rɪsk] *n* risque *m*, danger *m* ; (*deliberate*) risque ; **to take** *or* **run the ~ of doing** courir le risque de faire ; **at ~** en danger ; **at one's own ~** à ses risques et périls ; **it's a fire/health ~** cela présente un risque d'incendie/pour la santé ▸ *vt* risquer ; **I'll ~ it** je vais risquer le coup
risk capital *n* capital-risque *m*
risky ['rɪskɪ] *adj* risqué(e)
risotto [rɪ'zɔtəu] *n* risotto *m*
risqué ['riːskeɪ] *adj* (*joke*) risqué(e)
rissole ['rɪsəul] *n* croquette *f*
rite [raɪt] *n* rite *m* ; **the last rites** les derniers sacrements
ritual ['rɪtjuəl] *adj* rituel(le) ▸ *n* rituel *m*
rival ['raɪvl] *n* rival(e) ; (*in business*) concurrent(e) ▸ *adj* rival(e) ; qui fait concurrence ▸ *vt* (*match*) égaler ; (*compete with*) être en concurrence avec ; **to ~ sb/sth in** rivaliser avec qn/qch de
rivalry ['raɪvlrɪ] *n* rivalité *f* ; (*in business*) concurrence *f*
river ['rɪvəʳ] *n* rivière *f* ; (*major, also fig*) fleuve *m* ; **up/down ~** en amont/aval ▸ *cpd* (*port, traffic*) fluvial(e)
riverbank ['rɪvəbæŋk] *n* rive *f*, berge *f*
riverbed ['rɪvəbɛd] *n* lit *m* (de rivière *or* de fleuve)
riverfront ['rɪvəfrʌnt] *n* berges *fpl* aménagées
riverside ['rɪvəsaɪd] *n* bord *m* de la rivière *or* du fleuve
rivet ['rɪvɪt] *n* rivet *m* ▸ *vt* riveter ; (*fig*) river, fixer
riveting ['rɪvɪtɪŋ] *adj* (*fig*) fascinant(e)

Riviera [rɪvɪ'ɛərə] *n*: **the (French) ~** la Côte d'Azur ; **the Italian ~** la Riviera (italienne)
rivulet ['rɪvjulət] *n* ruisseau *m*
Riyadh [rɪ'jɑːd] *n* Riyad
RMT *n abbr* (= *Rail, Maritime and Transport*) *syndicat des transports*
RN *n abbr* = **registered nurse**; (Brit) = **Royal Navy**
RNA *n abbr* (= *ribonucleic acid*) ARN *m*
RNLI *n abbr* (Brit: = *Royal National Lifeboat Institution*) ≈ SNSM *f*
RNZAF *n abbr* = **Royal New Zealand Air Force**
RNZN *n abbr* = **Royal New Zealand Navy**
road [rəud] *n* route *f* ; (*in town*) rue *f* ; (*fig*) chemin *m*, voie *f* ; **main ~** grande route ; **major/minor ~** route principale *or* à priorité/voie secondaire ; **it takes four hours by ~** il y a quatre heures de route ; **which ~ do I take for ...?** quelle route dois-je prendre pour aller à ... ? ; **"~ up"** (Brit) « attention travaux » ▸ *cpd* (*accident*) de la route
road accident *n* accident *m* de la circulation
roadblock ['rəudblɔk] *n* barrage routier
road haulage *n* transports routiers
roadhog ['rəudhɔg] *n* chauffard *m*
roadie ['rəudɪ] *n* roadie *m*
roadkill ['rəudkɪl] *n* animal *m* tué sur la route
road map *n* carte routière
road rage *n comportement très agressif de certains usagers de la route*
road safety *n* sécurité routière
roadside ['rəudsaɪd] *n* bord *m* de la route, bas-côté *m* ; **by the ~** au bord de la route ▸ *cpd* (situé(e) *etc*) au bord de la route
road sign ['rəudsaɪn] *n* panneau *m* de signalisation
road sweeper ['rəudswiːpəʳ] *n* (*person*) balayeur(-euse) ; (*vehicle*) balayeuse *f*
road tax *n* (Brit Aut) taxe *f* sur les automobiles
road user *n* usager *m* de la route
roadway ['rəudweɪ] *n* chaussée *f*
roadworks ['rəudwəːks] *npl* travaux *mpl* (de réfection des routes)
roadworthy ['rəudwəːðɪ] *adj* en bon état de marche
roam [rəum] *vi* errer, vagabonder ▸ *vt* parcourir, errer par
roaming ['rəumɪŋ] *n* (*Tel*) roaming *m*
roar [rɔːʳ] *n* rugissement *m* ; (*of crowd*) hurlements *mpl* ; (*of vehicle, thunder, storm*) grondement *m* ▸ *vi* rugir ; hurler ; gronder ; **to ~ with laughter** rire à gorge déployée
roaring ['rɔːrɪŋ] *adj*: **a ~ fire** une belle flambée ; **a ~ success** un succès fou ; **to do a ~ trade** faire des affaires en or
roast [rəust] *n* rôti *m* ▸ *vt* (*meat*) (faire) rôtir ; (*coffee*) griller, torréfier
roast beef *n* rôti *m* de bœuf, rosbif *m*
roasting ['rəustɪŋ] *n* (*inf*): **to give sb a ~** sonner les cloches à qn (*inf*)
rob [rɔb] *vt* (*person*) voler ; (*bank*) dévaliser ; **to ~ sb of sth** voler *or* dérober qch à qn ; (*fig*: *deprive*) priver qn de qch
robber ['rɔbəʳ] *n* bandit *m*, voleur *m*
robbery ['rɔbərɪ] *n* vol *m*

robe [rəub] *n (for ceremony etc)* robe *f* ; *(also:* **bathrobe***)* peignoir *m* ; *(US: rug)* couverture *f* ▸ *vt* revêtir (d'une robe)
robin ['rɔbɪn] *n* rouge-gorge *m*
robot ['rəubɔt] *n* robot *m*
robotic [rəu'bɔtɪk] *adj (arm, technology)* robotique ; *(stiff: movements, speech)* de robot
robotics [rə'bɔtɪks] *n* robotique *m*
robust [rəu'bʌst] *adj* robuste ; *(material, appetite)* solide
rock [rɔk] *n (substance)* roche *f*, roc *m* ; *(boulder)* rocher *m*, roche ; *(US: small stone)* caillou *m* ; *(Brit: sweet)* ≈ sucre *m* d'orge ; **on the rocks** *(drink)* avec des glaçons ; *(ship)* sur les écueils ; *(fig: marriage etc)* en train de craquer ▸ *vt (swing gently: cradle)* balancer ; *(: child)* bercer ; *(shake)* ébranler, secouer ; **to ~ the boat** *(fig)* jouer les trouble-fête ▸ *vi* se balancer, être ébranlé(e) *or* secoué(e)
rock and roll, rock 'n' roll *n* rock (and roll) *m*, rock'n'roll *m*
rock-bottom ['rɔk'bɔtəm] *n (fig)* niveau le plus bas ; **to reach** *or* **touch ~** *(price, person)* tomber au plus bas ▸ *adj (fig: prices)* sacrifié(e)
rock climber *n* varappeur(-euse)
rock climbing *n* varappe *f*
rocker ['rɔkə^r^] *n (musician)* rocker *m*, rockeur(-euse) ; *(esp US: chair)* rocking-chair *m*
rockery ['rɔkərɪ] *n* (jardin *m* de) rocaille *f*
rocket ['rɔkɪt] *n* fusée *f* ; *(Mil)* fusée, roquette *f* ; *(Brit Culin)* roquette ▸ *vi (prices)* monter en flèche
rocket launcher [-lɔːnʃə^r^] *n* lance-roquettes *m inv*
rock face *n* paroi rocheuse
rock fall *n* chute *f* de pierres
rock-hard [rɔk'hɑːd] *adj* dur(e) comme la pierre
Rockies ['rɔkiz] *npl*: **the ~** les Rocheuses *fpl*
rocking chair ['rɔkɪŋ-] *n* fauteuil *m* à bascule
rocking horse ['rɔkɪŋ-] *n* cheval *m* à bascule
rock-solid [rɔk'sɔlɪd] *adj (hard)* complètement solidifié(e) ; *(reliable: defence, proof)* en béton ; **the firm is ~ financially** financièrement, l'entreprise est solide comme un roc
rocky ['rɔkɪ] *adj (hill)* rocheux(-euse) ; *(path)* rocailleux(-euse) ; *(unsteady: table)* branlant(e)
Rocky Mountains *npl*: **the ~** les (montagnes *fpl*) Rocheuses *fpl*
rod [rɔd] *n (metallic)* tringle *f* ; *(Tech)* tige *f* ; *(wooden)* baguette *f* ; *(also:* **fishing rod***)* canne *f* à pêche
rode [rəud] *pt of* **ride**
rodent ['rəudnt] *n* rongeur *m*
rodeo ['rəudɪəu] *n* rodéo *m*
roe [rəu] *n (species: also:* **roe deer***)* chevreuil *m* ; *(of fish: also:* **hard roe***)* œufs *mpl* de poisson ; **soft ~** laitance *f*
roe deer *n* chevreuil *m*
rogue [rəug] *n* coquin(e)
roguish ['rəugɪʃ] *adj* coquin(e)
role [rəul] *n* rôle *m*
role-model ['rəulmɔdl] *n* modèle *m* à émuler
role play, role playing *n* jeu *m* de rôle
roll [rəul] *n* rouleau *m* ; *(of banknotes)* liasse *f* ; *(also:* **bread roll***)* petit pain ; *(register)* liste *f* ; *(sound: of drums etc)* roulement *m* ; *(movement: of ship)* roulis *m* ▸ *vt* rouler ; *(also:* **roll up***: string)* enrouler ; *(also:* **roll out***: pastry)* étendre au rouleau, abaisser ▸ *vi* rouler ; *(wheel)* tourner ; **cheese ~** ≈ sandwich *m* au fromage *(dans un petit pain)*
▸ **roll about, roll around** *vi* rouler çà et là ; *(person)* se rouler par terre
▸ **roll by** *vi (time)* s'écouler, passer
▸ **roll down** *vt (close: blind)* baisser ; *(open)*: **to ~ down one's window** baisser sa vitre
▸ **roll in** *vi (mail, cash)* affluer
▸ **roll over** *vi* se retourner
▸ **roll up** *vi (inf: arrive)* arriver, s'amener ▸ *vt (carpet, cloth, map)* rouler ; *(sleeves)* retrousser ; **to ~ o.s. up into a ball** se rouler en boule
roll call *n* appel *m*
roller ['rəulə^r^] *n* rouleau *m* ; *(wheel)* roulette *f* ; *(for road)* rouleau compresseur ; *(for hair)* bigoudi *m*
Rollerblade® ['rəuləbleɪd] *npl* roller *m* ; **a pair of Rollerblades** une paire de rollers
rollerblading ['rəuləbleɪdɪŋ] *n* roller *m* ; **to go ~** faire du roller
roller blind *n (Brit)* store *m*
roller coaster *n* montagnes *fpl* russes
roller skates *npl* patins *mpl* à roulettes
roller-skating ['rəuləskeɪtɪŋ] *n* patin *m* à roulettes ; **to go ~** faire du patin à roulettes
rollicking ['rɔlɪkɪŋ] *adj* bruyant(e) et joyeux(-euse) ; *(play)* bouffon(ne) ; **to have a ~ time** s'amuser follement
rolling ['rəulɪŋ] *adj (landscape)* onduleux(-euse)
rolling mill *n* laminoir *m*
rolling pin *n* rouleau *m* à pâtisserie
rolling stock *n (Rail)* matériel roulant
roll-on-roll-off ['rəulɔn'rəulɔf] *adj (Brit: ferry)* roulier(-ière)
rollover ['rəuləuvə^r^] *n (in lottery) enjeu auquel vient s'ajouter le gros lot du tirage précédent, faute de gagnant*
roly-poly ['rəulɪ'pəulɪ] *n (Brit Culin)* roulé *m* à la confiture
ROM [rɔm] *n abbr (Comput: = read-only memory)* mémoire morte, ROM *f*
Roman ['rəumən] *adj* romain(e) ▸ *n* Romain(e)
Roman Catholic *adj, n* catholique *mf*
romance [rə'mæns] *n (love affair)* idylle *f* ; *(charm)* poésie *f* ; *(novel)* roman *m* à l'eau de rose
Romanesque [rəumə'nɛsk] *adj* roman(e)
Romania [rəu'meɪnɪə] *n* = **Rumania**
Romanian [rəu'meɪnɪən] *adj, n* = **Rumanian**
Roman numeral *n* chiffre romain
romantic [rə'mæntɪk] *adj* romantique ; *(novel, attachment)* sentimental(e)
romanticism [rə'mæntɪsɪzəm] *n* romantisme *m*
romanticize [rəu'mæntɪsaɪz] *vt* romancer, sentimentaliser ▸ *vi* sentimentaliser
Romany ['rɔmənɪ] *adj* de bohémien ▸ *n* bohémien(ne) ; *(Ling)* romani *m*
Rome [rəum] *n* Rome
romp [rɔmp] *n* jeux bruyants ▸ *vi (also:* **romp about***)* s'ébattre, jouer bruyamment ; **to ~ home** *(horse)* arriver bon premier
rompers ['rɔmpəz] *npl* barboteuse *f*
rondo ['rɔndəu] *n (Mus)* rondeau *m*

r

roof [ru:f] *n* toit *m* ; (*of tunnel, cave*) plafond *m* ; **the ~ of the mouth** la voûte du palais ▸ *vt* couvrir (d'un toit)
roofer ['ru:fər] *n* couvreur(-euse)
roof garden *n* toit-terrasse *m*
roofing ['ru:fɪŋ] *n* toiture *f*
roof rack *n* (*Aut*) galerie *f*
rooftop ['ru:ftɔp] *n* toit *m* ; **to shout sth from the rooftops** crier qch sur tous les toits
rook [ruk] *n* (*bird*) freux *m* ; (*Chess*) tour *f* ▸ *vt* (*inf: cheat*) rouler, escroquer
rookie ['rukɪ] *n* (*inf: esp Mil*) bleu *m* (*inf*)
room [ru:m] *n* (*in house*) pièce *f* ; (*also:* **bedroom**) chambre *f* (à coucher) ; (*in school etc*) salle *f* ; (*space*) place *f* ; **is there ~ for this?** est-ce qu'il y a de la place pour ceci ? ; **to make ~ for sb** faire de la place à qn ; **there is ~ for improvement** on peut faire mieux ; **rooms** *npl* (*lodging*) meublé *m* ; **"rooms to let"**, (*US*) **"rooms for rent"** « chambres à louer »
▸ **room with** (*esp US*) *vt fus* faire chambre commune avec
rooming house ['ru:mɪŋ-] *n* (*US*) maison *f* de rapport
roommate ['ru:mmeɪt] *n* camarade *mf* de chambre ; (*US*) colocataire *mf*
room service *n* service *m* des chambres (*dans un hôtel*)
room temperature *n* température ambiante ; **"serve at ~"** (*wine*) « servir chambré »
roomy ['ru:mɪ] *adj* spacieux(-euse) ; (*garment*) ample
roost [ru:st] *n* juchoir *m* ▸ *vi* se jucher
rooster ['ru:stər] *n* coq *m*
root [ru:t] *n* (*Bot, Math*) racine *f* ; (*fig: of problem*) origine *f*, fond *m* ; **to take ~** (*plant, idea*) prendre racine ; **to have its roots in sth** (*fig*) avoir ses racines dans qch ▸ *vi* (*plant*) s'enraciner
▸ **root about, root around** *vi* fouiller
▸ **root for** *vt fus* (*inf*) applaudir
▸ **root out** *vt* extirper
▸ **root through** *vt fus* fouiller dans
root beer *n* (*US*) *sorte de limonade à base d'extraits végétaux*
rooted ['ru:tɪd] *adj*: **~ in** (*tradition, religion*) enraciné(e) dans ; **to be ~ in sth** (*suj: idea, problem*) tirer ses racines de qch ; **deeply ~** profondément enraciné(e) ; **~ to the spot** cloué(e) sur place
rootless ['ru:tlɪs] *adj* (*person*) déraciné(e) ; (*life*) sans racines
rope [rəup] *n* corde *f* ; (*Naut*) cordage *m* ; **to know the ropes** (*fig*) être au courant, connaître les ficelles ▸ *vt* (*box*) corder ; (*tie up or together*) attacher ; (*climbers: also:* **rope together**) encorder ; (*area: also:* **rope off**) interdire l'accès de ; (*: divide off*) séparer ; **to ~ sb in** (*fig*) embringuer qn
rope ladder *n* échelle *f* de corde
ropey ['rəupɪ] *adj* (*inf*) pas fameux(-euse) *or* brillant(e) (*inf*) ; **I feel a bit ~ today** c'est pas la forme aujourd'hui
rort [rɔ:t] *n* (*Australia, New Zealand inf*) arnaque *f* (*inf*) ▸ *vt* escroquer
rosary ['rəuzərɪ] *n* chapelet *m*
rose [rəuz] *pt of* **rise** ▸ *n* rose *f* ; (*also:* **rosebush**) rosier *m* ; (*on watering can*) pomme *f* ▸ *adj* rose
rosé ['rəuzeɪ] *n* rosé *m*
rosebed ['rəuzbɛd] *n* massif *m* de rosiers
rosebud ['rəuzbʌd] *n* bouton *m* de rose
rosebush ['rəuzbuʃ] *n* rosier *m*
rose-coloured, (*US*) **rose-colored** ['rəuzkʌləd] *adj* rose ; **to look at sb/sth through ~ glasses** *or* (*Brit*) **spectacles** ne voir que les bons côtés de qn/qch ; **to see life through ~ glasses** *or* (*Brit*) **spectacles** voir la vie en rose
rosehip ['rəuzhɪp] *n* cynorhodon *m*
rosemary ['rəuzmərɪ] *n* romarin *m*
rosette [rəu'zɛt] *n* rosette *f* ; (*larger*) cocarde *f*
rosewater ['rəuzwɔ:tər] *n* eau *f* de rose
ROSPA ['rɔspə] *n abbr* (*Brit*) = **Royal Society for the Prevention of Accidents**
roster ['rɔstər] *n*: **duty ~** tableau *m* de service
rostrum ['rɔstrəm] *n* tribune *f* (*pour un orateur etc*)
rosy ['rəuzɪ] *adj* rose ; **a ~ future** un bel avenir
rot [rɔt] *n* (*decay*) pourriture *f* ; (*fig: pej: nonsense*) idioties *fpl*, balivernes *fpl* ; **to stop the ~** (*Brit fig*) rétablir la situation ; **dry ~** pourriture sèche (*du bois*) ; **wet ~** pourriture (du bois) ▸ *vt, vi* pourrir
▸ **rot away** *vi* pourrir
rota ['rəutə] *n* liste *f*, tableau *m* de service ; **on a ~ basis** par roulement
rotary ['rəutərɪ] *adj* rotatif(-ive)
rotate [rəu'teɪt] *vt* (*revolve*) faire tourner ; (*change round: crops*) alterner ; (*: jobs*) faire à tour de rôle ▸ *vi* (*revolve*) tourner
rotating [rəu'teɪtɪŋ] *adj* (*movement*) tournant(e)
rotation [rəu'teɪʃən] *n* rotation *f* ; **in ~** à tour de rôle
rote [rəut] *n*: **by ~** machinalement, par cœur
rotor ['rəutər] *n* rotor *m*
rotten ['rɔtn] *adj* (*decayed*) pourri(e) ; (*dishonest*) corrompu(e) ; (*inf: bad*) mauvais(e), moche ; **to feel ~** (*ill*) être mal fichu(e) (*inf*)
rotting ['rɔtɪŋ] *adj* pourrissant(e)
rotund [rəu'tʌnd] *adj* rondelet(te) ; arrondi(e)
rouble, (*US*) **ruble** ['ru:bl] *n* rouble *m*
rouge [ru:ʒ] *n* rouge *m* (à joues)
rough [rʌf] *adj* (*cloth, skin*) rêche, rugueux(-euse) ; (*terrain*) accidenté(e) ; (*path*) rocailleux(-euse) ; (*voice*) rauque, rude ; (*person, manner: coarse*) rude, fruste ; (*: violent*) brutal(e) ; (*district, weather*) mauvais(e) ; (*sea*) houleux(-euse) ; (*plan*) ébauché(e) ; (*guess*) approximatif(-ive) ; **the sea is ~ today** la mer est agitée aujourd'hui ; **to have a ~ time (of it)** en voir de dures ; **to feel ~** (*Brit: ill*) être mal fichu(e) ; **~ estimate** approximation *f* ▸ *n* (*Golf*) rough *m* ▸ *vt*: **to ~ it** vivre à la dure ▸ *adv*: (*Brit*): **to sleep ~** coucher à la dure ; **to play ~** jouer avec brutalité
▸ **rough out** *vt* (*draft*) ébaucher
▸ **rough up** *vt* (*inf*) malmener
roughage ['rʌfɪdʒ] *n* fibres *fpl* diététiques
rough-and-ready ['rʌfən'rɛdɪ] *adj* (*accommodation, method*) rudimentaire
rough-and-tumble ['rʌfən'tʌmbl] *n* agitation *f*
roughcast ['rʌfkɑ:st] *n* crépi *m*
rough copy, rough draft *n* brouillon *m*
roughen ['rʌfn] *vt* (*a surface*) rendre rude *or* rugueux(-euse)

rough justice *n* justice *f* sommaire
roughly ['rʌflɪ] *adv* (*handle*) rudement, brutalement ; (*speak*) avec brusquerie ; (*make*) grossièrement ; (*approximately*) à peu près, en gros ; **~ speaking** en gros
roughness ['rʌfnɪs] *n* (*of cloth, skin*) rugosité *f* ; (*of person*) rudesse *f* ; brutalité *f*
roughshod ['rʌfʃɔd] *adv*: **to ride ~ over** ne tenir aucun compte de
rough work *n* (*at school etc*) brouillon *m*
roulette [ru:'lɛt] *n* roulette *f*
Roumania *etc* [ru:'meɪnɪə] *n* = **Rumania** *etc*
round [raund] *adj* rond(e) ; **in ~ figures** en chiffres ronds ▸ *n* rond *m*, cercle *m* ; (BRIT: *of toast*) tranche *f* ; (*duty: of policeman, milkman etc*) tournée *f* ; (: *of doctor*) visites *fpl* ; (*game: of cards, in competition*) partie *f* ; (*Boxing*) round *m* ; (*of talks*) série *f* ; **to go the rounds** (*disease, story*) circuler ; **the daily ~** (*fig*) la routine quotidienne ; **~ of ammunition** cartouche *f* ; **~ of applause** applaudissements *mpl* ; **~ of drinks** tournée *f* ; **~ of sandwiches** (BRIT) sandwich *m* ▸ *vt* (*corner*) tourner ; (*bend*) prendre ; (*cape*) doubler ▸ *prep* autour de ; **it's just ~ the corner** c'est juste après le coin ; (*fig*) c'est tout près ; **to go ~ an obstacle** contourner un obstacle ; **go ~ the back** passez par derrière ; **to go ~ a house** visiter une maison, faire le tour d'une maison ; **she arrived ~ noon** (BRIT) elle est arrivée vers midi ; **~ the clock** 24 heures sur 24 ▸ *adv*: **right ~, all ~** tout autour ; **~ about** (*with quantity*) environ ; (*with time*) vers ; **the long way ~** (par) le chemin le plus long ; **all (the) year ~** toute l'année ; **I'll be ~ at 6 o'clock** je serai là à 6 heures ; **to ask sb ~** inviter qn (chez soi) ; **to go ~** faire le tour *or* un détour ; **enough to go ~** assez pour tout le monde ; **to go ~ to sb's (house)** aller chez qn
▸ **round down** *vt* (*number, price*) arrondir
▸ **round off** *vt* (*speech etc*) terminer
▸ **round on** *vt fus* (*person*) s'en prendre à
▸ **round up** *vt* rassembler ; (*criminals*) effectuer une rafle de ; (*prices*) arrondir (au chiffre supérieur)
roundabout ['raundəbaut] *n* (BRIT: *Aut*) rond-point *m* (à sens giratoire) ; (: *at fair*) manège *m* (de chevaux de bois) ▸ *adj* (*route, means*) détourné(e)
rounded ['raundɪd] *adj* arrondi(e) ; (*style*) harmonieux(-euse)
rounders ['raundəz] *npl* (*game*) ≈ balle *f* au camp
roundly ['raundlɪ] *adv* (*fig*) tout net, carrément
round-shouldered ['raund'ʃəuldəd] *adj* au dos rond
round table *n* (*conference*) table *f* ronde
round trip *n* (voyage *m*) aller et retour *m*
round trip ticket *n* billet *m* aller-retour
roundup ['raundʌp] *n* rassemblement *m* ; (*of criminals*) rafle *f* ; **a ~ of the latest news** un rappel des derniers événements
roundworm ['raundwə:m] *n* ver *m* rond
rouse [rauz] *vt* (*wake up*) réveiller ; (*stir up*) susciter, provoquer ; (*interest*) éveiller ; (*suspicions*) susciter, éveiller
rousing ['rauzɪŋ] *adj* (*welcome*) enthousiaste
rout [raut] *n* (*Mil*) déroute *f* ▸ *vt* mettre en déroute
route [ru:t, (*US*) raut] *n* itinéraire *m* ; (*of bus*) parcours *m* ; (*of trade, shipping*) route *f* ; **"all routes"** (*Aut*) « toutes directions » ; **the best ~ to London** le meilleur itinéraire pour aller à Londres
route map *n* (*for journey*) croquis *m* d'itinéraire ; (*for trains etc*) carte *f* du réseau
router ['ru:təʳ, (*US*) 'rautəʳ] *n* (*Comput*) routeur *m*
routine [ru:'ti:n] *n* (*normal procedure*) routine *f* ; (*act*) numéro *m* ; **as a matter of ~** par routine ; **training/exercise ~** programme *m* d'entraînement/d'exercice ▸ *adj* (*questions, check, test*) de routine ; (*procedure*) d'usage ; (*boring: life, job*) routinier(-ière)
routinely [ru:'ti:nlɪ] *adv* (*as a matter of course*) systématiquement ; (*invariably*) habituellement
roving ['rəuvɪŋ] *adj* (*life*) vagabond(e)
roving reporter *n* reporter volant
row¹ [rəu] *n* (*line*) rangée *f* ; (*of people, seats, Knitting*) rang *m* ; (*behind one another: of cars, people*) file *f* ; **in a ~** (*fig*) d'affilée ▸ *vi* (*in boat*) ramer ; (*as sport*) faire de l'aviron ▸ *vt* (*boat*) faire aller à la rame *or* à l'aviron
row² [rau] *n* (*noise*) vacarme *m* ; (*dispute*) dispute *f*, querelle *f* ; (*scolding*) réprimande *f*, savon *m* ▸ *vi* (*also*: **to have a row**) se disputer, se quereller
rowan ['rauən, 'rəuən] *n* (*also*: **rowan tree**) sorbier *m*
rowboat ['rəubəut] *n* (*US*) canot *m* (à rames)
rowdiness ['raudɪnɪs] *n* tapage *m*, chahut *m* ; (*fighting*) bagarre *f*
rowdy ['raudɪ] *adj* chahuteur(-euse) ; bagarreur(-euse) ▸ *n* voyou *m*
rowdyism ['raudɪɪzəm] *n* tapage *m*, chahut *m*
rower ['rəuəʳ] *n* rameur(-euse)
rowing ['rəuɪŋ] *n* canotage *m* ; (*as sport*) aviron *m*
rowing boat *n* (BRIT) canot *m* (à rames)
rowlock ['rɔlək] *n* (BRIT) dame *f* de nage, tolet *m*
royal ['rɔɪəl] *adj* royal(e)
Royal Academy, Royal Academy of Arts *n* (BRIT) l'Académie *f* royale des Beaux-Arts

ROYAL ACADEMY (OF ARTS)

La **Royal Academy** ou **Royal Academy of Arts** est une institution indépendante, financée par des fonds privés, qui réunit des artistes et architectes éminents. Fondée en 1768 par George III pour encourager la peinture, la sculpture et l'architecture, elle est située à Burlington House, sur Piccadilly. Une exposition d'œuvres d'artistes contemporains a lieu tous les étés. L'Académie dispense également des cours de peinture, de sculpture et d'architecture.

Royal Air Force *n* (BRIT) *armée de l'air britannique*
royal blue *adj, n* bleu roi *m inv*
royalist ['rɔɪəlɪst] *adj, n* royaliste *mf*
Royal Navy *n* (BRIT) *marine de guerre britannique*
royalty ['rɔɪəltɪ] *n* (*royal persons*) (membres *mpl* de la) famille royale ; (*payment: to author*) droits *mpl* d'auteur ; (: *to inventor*) royalties *fpl*

RP *n abbr* (BRIT: *= received pronunciation*) prononciation *f* standard ; *see also* **Received Pronunciation**
RPI *n abbr* = **retail price index**
rpm *abbr* (*= revolutions per minute*) t/mn *mpl* (*= tours/minute*)
RR *abbr* (US) = **railway**
RRP *abbr* = **recommended retail price**
RSA *n abbr* (BRIT) = **Royal Society of Arts; Royal Scottish Academy**
RSI *n abbr* (*Med: = repetitive strain injury*) microtraumatisme permanent
RSPB *n abbr* (BRIT: *= Royal Society for the Protection of Birds*) ≈ LPO *f*
RSPCA *n abbr* (BRIT: *= Royal Society for the Prevention of Cruelty to Animals*) ≈ SPA *f*
R.S.V.P. *abbr* (*= répondez s'il vous plaît*) RSVP
RTA *n abbr* (*= road traffic accident*) accident *m* de la route
Rt. Hon. *abbr* (BRIT: *= Right Honourable*) *titre donné aux députés de la Chambre des communes*
Rt Rev. *abbr* (*= Right Reverend*) très révérend
rub [rʌb] *n* (*with cloth*) coup *m* de chiffon *or* de torchon ; (*on person*) friction *f* ; **to give sth a ~** donner un coup de chiffon *or* de torchon à qch ▸ *vt* frotter ; (*person*) frictionner ; (*hands*) se frotter ; **to ~ sb up** (BRIT) *or* **to ~ sb** (US) **the wrong way** prendre qn à rebrousse-poil
▸ **rub down** *vt* (*body*) frictionner ; (*horse*) bouchonner
▸ **rub in** *vt* (*ointment*) faire pénétrer
▸ **rub off** *vi* partir ; **to ~ off on** déteindre sur
▸ **rub out** *vt* effacer ▸ *vi* s'effacer
rubber ['rʌbəʳ] *n* caoutchouc *m* ; (BRIT: *eraser*) gomme *f* (à effacer)
rubber band *n* élastique *m*
rubber bullet *n* balle *f* en caoutchouc
rubber gloves *npl* gants *mpl* en caoutchouc
rubber plant *n* caoutchouc *m* (*plante verte*)
rubber ring *n* (*for swimming*) bouée *f* (de natation)
rubber stamp *n* tampon *m*
rubber-stamp [rʌbə'stæmp] *vt* (*fig*) approuver sans discussion
rubbery ['rʌbərɪ] *adj* caoutchouteux(-euse)
rubbish ['rʌbɪʃ] *n* (*from household*) ordures *fpl* ; (*fig: pej*) choses *fpl* sans valeur ; camelote *f* ; (*nonsense*) bêtises *fpl*, idioties *fpl* ; **what you've just said is ~** tu viens de dire une bêtise ▸ *vt* (BRIT *inf*) dénigrer, rabaisser
rubbish bin *n* (BRIT) boîte *f* à ordures, poubelle *f*
rubbish dump *n* (BRIT: *in town*) décharge publique, dépotoir *m*
rubbishy ['rʌbɪʃɪ] *adj* (BRIT *inf*) qui ne vaut rien, moche
rubble ['rʌbl] *n* décombres *mpl* ; (*smaller*) gravats *mpl* ; (*Constr*) blocage *m*
rubella [ru:'bɛlə] *n* rubéole *f*
ruble ['ru:bl] *n* (US) = **rouble**
rubric ['ru:brɪk] *n* (*set of rules*) intitulé *m* ; (*heading*) rubrique *f*
ruby ['ru:bɪ] *n* rubis *m*
ruby-red *adj* rubis *inv*
RUC *n abbr* (BRIT) = **Royal Ulster Constabulary**
ruched [ru:ʃt] *adj* ruché(e)
ruck [rʌk] *n* (*Rugby*) mêlée *f* ouverte, maul *m* ; (BRIT: *scrap*) mêlée ; (*crease*) faux pli *m*
▸ **ruck up** *vi* se plisser
rucksack ['rʌksæk] *n* sac *m* à dos
ruckus ['rʌkəs] *n* (*esp US inf*) remue-ménage *m* ; **to cause a ~** provoquer du remue-ménage
ructions ['rʌkʃənz] *npl* grabuge *m*
rudder ['rʌdəʳ] *n* gouvernail *m*
ruddy ['rʌdɪ] *adj* (*face*) coloré(e) ; (*inf: damned*) sacré(e) (*inf*), fichu(e) (*inf*)
rude [ru:d] *adj* (*impolite: person*) impoli(e) ; (*: word, manners*) grossier(-ière) ; (*shocking*) indécent(e), inconvenant(e) ; **to be ~ to sb** être grossier envers qn
rudely ['ru:dlɪ] *adv* impoliment ; grossièrement
rudeness ['ru:dnɪs] *n* impolitesse *f* ; grossièreté *f*
rudiment ['ru:dɪmənt] *n* rudiment *m*
rudimentary [ru:dɪ'mɛntərɪ] *adj* rudimentaire
rue [ru:] *vt* se repentir de, regretter amèrement
rueful ['ru:ful] *adj* triste
ruff [rʌf] *n* fraise *f*, collerette *f*
ruffian ['rʌfɪən] *n* brute *f*, voyou *m*
ruffle ['rʌfl] *vt* (*hair*) ébouriffer ; (*clothes*) chiffonner ; (*water*) agiter ; (*fig: person*) émouvoir, faire perdre son flegme à ; **to get ruffled** s'énerver
rug [rʌg] *n* petit tapis ; (BRIT: *blanket*) couverture *f*
rugby ['rʌgbɪ] *n* (*also:* **rugby football**) rugby *m*
rugged ['rʌgɪd] *adj* (*landscape*) accidenté(e) ; (*features, character*) rude ; (*determination*) farouche
rugger ['rʌgəʳ] *n* (BRIT *inf*) rugby *m*
ruin ['ru:ɪn] *n* ruine *f* ▸ *vt* ruiner ; (*spoil: clothes*) abîmer ; (*: event*) gâcher ; **ruins** *npl* (*of building*) ruine(s) ; **in ruins** en ruine
ruination [ru:ɪ'neɪʃən] *n* ruine *f*
ruinous ['ru:ɪnəs] *adj* ruineux(-euse)
rule [ru:l] *n* règle *f* ; (*regulation*) règlement *m* ; (*government*) autorité *f*, gouvernement *m* ; (*dominion etc*): **under British ~** sous l'autorité britannique ; **it's against the rules** c'est contraire au règlement ; **by ~ of thumb** à vue de nez ; **as a ~** normalement, en règle générale ▸ *vt* (*country*) gouverner ; (*person*) dominer ; (*decide*) décider ; **to ~ that** (*umpire, judge etc*) décider que ▸ *vi* commander ; décider ; (*Law*): **to ~ against/in favour of/on** statuer contre/en faveur de/sur
▸ **rule out** *vt* exclure ; **murder cannot be ruled out** l'hypothèse d'un meurtre ne peut être exclue
rule book *n* règlement *m* ; **to play by the ~** s'en tenir au règlement
ruled [ru:ld] *adj* (*paper*) réglé(e)
ruler ['ru:ləʳ] *n* (*sovereign*) souverain(e) ; (*leader*) chef *m* (d'État) ; (*for measuring*) règle *f*
ruling ['ru:lɪŋ] *adj* (*party*) au pouvoir ; (*class*) dirigeant(e) ▸ *n* (*Law*) décision *f*
rum [rʌm] *n* rhum *m* ▸ *adj* (BRIT *inf*) bizarre
Rumania [ru:'meɪnɪə] *n* Roumanie *f*
Rumanian [ru:'meɪnɪən] *adj* roumain(e) ▸ *n* Roumain(e) ; (*Ling*) roumain *m*
rumba ['rʌmbə] *n* rumba *f* ; **to dance the ~** danser la rumba ▸ *cpd* (*steps, rhythm*) de rumba

rumble ['rʌmbl] *n* (*of thunder, traffic*) grondement *m* ; (*of stomach, pipe*) gargouillement *m* ▸ *vi* (*thunder*) gronder ; (*stomach, pipe*) gargouiller
rumbling ['rʌmblɪŋ] *n* (*of thunder, traffic*) grondement *m* ; (*of stomach*) gargouillement *m* ; **rumblings** *npl*: **rumblings of discontent** des murmures de mécontentement
rumbustious [rʌm'bʌstʃəs], **rumbunctious** [rʌm'bʌŋkʃəs] *adj* (*US: person*) exubérant(e)
ruminate ['ruːmɪneɪt] *vi* ruminer ; **to ~ on** *or* **over** *or* **about sth** ruminer sur qch
rummage ['rʌmɪdʒ] *vi* fouiller
rumour, (*US*) **rumor** ['ruːmə^r] *n* rumeur *f*, bruit *m* (qui court) ▸ *vt*: **it is rumoured that** le bruit court que
rumour mill, (*US*) **rumor mill** *n* machine *f* à rumeurs
rump [rʌmp] *n* (*of animal*) croupe *f*
rumple ['rʌmpl] *vt* (*hair*) ébouriffer ; (*clothes*) chiffonner, friper
rump steak *n* romsteck *m*
rumpus ['rʌmpəs] *n* (*inf*) tapage *m*, chahut *m* ; (*quarrel*) prise *f* de bec (*inf*) ; **to kick up a ~** faire toute une histoire
run [rʌn] (*pt* **ran** [ræn], *pp* **~** [rʌn]) *n* (*race*) course *f* ; (*outing*) tour *m* *or* promenade *f* (en voiture) ; (*distance travelled*) parcours *m*, trajet *m* ; (*series*) suite *f*, série *f* ; (*Theat*) série de représentations ; (*Ski*) piste *f* ; (*Cricket, Baseball*) point *m* ; (*in tights, stockings*) maille filée, échelle *f* ; **at a ~** au pas de course ; **to go for a ~** aller courir *or* faire un peu de course à pied ; (*in car*) faire un tour *or* une promenade (en voiture) ; **to break into a ~** se mettre à courir ; **a ~ of luck** une série de coups de chance ; **to have the ~ of sb's house** avoir la maison de qn à sa disposition ; **there was a ~ on** (*meat, tickets*) les gens se sont rués sur ; **in the long ~** à la longue, à longue échéance ; **in the short ~** à brève échéance, à court terme ; **on the ~** en fuite ; **to make a ~ for it** s'enfuir ▸ *vt* (*business*) diriger ; (*competition, course*) organiser ; (*hotel, house*) tenir ; (*race*) participer à ; (*Comput: program*) exécuter ; (*force through: rope, pipe*): **to ~ sth through sth** faire passer qch à travers qch ; (*to pass: hand, finger*): **to ~ sth over sth** promener *or* passer qch sur qch ; (*water, bath*) faire couler ; (*Press: feature*) publier ; **I'll ~ you to the station** je vais vous emmener *or* conduire à la gare ; **to ~ errands** faire des commissions ; **to ~ a risk** courir un risque ; **it's very cheap to ~** (*car, machine*) c'est très économique ; **to be ~ off one's feet** (Brit) ne plus savoir où donner de la tête ▸ *vi* courir ; (*pass: road etc*) passer ; (*work: machine, factory*) marcher ; (*bus, train*) circuler ; (*continue: play*) se jouer, être à l'affiche ; (*: contract*) être valide *or* en vigueur ; (*slide: drawer etc*) glisser ; (*flow: river, bath, nose*) couler ; (*colours, washing*) déteindre ; (*in election*) être candidat, se présenter ; **the train runs between Gatwick and Victoria** le train assure le service entre Gatwick et Victoria ; **the bus runs every 20 minutes** il y a un autobus toutes les 20 minutes ; **to ~ on petrol** *or* (*US*) **gas/on diesel/off batteries** marcher à l'essence/au diesel/sur piles ; **to ~ for president** être candidat à la présidence ; **their losses ran into millions** leurs pertes se sont élevées à plusieurs millions
▸ **run about** *vi* (*children*) courir çà et là
▸ **run across** *vt fus* (*find*) trouver par hasard
▸ **run after** *vt fus* (*to catch up*) courir après ; (*chase*) poursuivre
▸ **run around** *vi* = **run about**
▸ **run away** *vi* s'enfuir
▸ **run away with** *vt fus*: **he let his temper ~ away with him** il s'est laissé emporter par son humeur
▸ **run down** *vi* (*clock*) s'arrêter (faute d'avoir été remonté) ▸ *vt* (*Aut: knock over*) renverser ; (Brit: *reduce: production*) réduire progressivement ; (*: factory/shop*) réduire progressivement la production/l'activité de ; (*criticize*) critiquer, dénigrer ; **to be ~ down** (*tired*) être fatigué(e) *or* à plat
▸ **run in** *vt* (Brit: *car*) roder
▸ **run into** *vt fus* (*meet: person*) rencontrer par hasard ; (*: trouble*) se heurter à ; (*collide with*) heurter ; **to ~ into debt** contracter des dettes
▸ **run off** *vi* s'enfuir ▸ *vt* (*water*) laisser s'écouler ; (*copies*) tirer
▸ **run out** *vi* (*person*) sortir en courant ; (*liquid*) couler ; (*lease*) expirer ; (*money*) être épuisé(e)
▸ **run out of** *vt fus* se trouver à court de ; **I've ~ out of petrol** *or* (*US*) **gas** je suis en panne d'essence
▸ **run over** *vt* (*Aut*) écraser ▸ *vt fus* (*revise*) revoir, reprendre
▸ **run through** *vt fus* (*recap*) reprendre, revoir ; (*play*) répéter
▸ **run up** *vi*: **to ~ up against** (*difficulties*) se heurter à ▸ *vt*: **to ~ up a debt** s'endetter
runabout ['rʌnəbaut] *n* (*car*) cabriolet *m* ; (*US: boat*) canot *m* à moteur
runaround ['rʌnəraund] *n* (*inf*): **to give sb the ~** rester très évasif
runaway ['rʌnəweɪ] *adj* (*horse*) emballé(e) ; (*truck*) fou (folle) ; (*person*) fugitif(-ive) ; (*child*) fugueur(-euse) ; (*inflation*) galopant(e)
rundown ['rʌndaun] *n* (Brit: *of industry etc*) réduction progressive
rune [ruːn] *n* rune *f*
rung [rʌŋ] *pp of* **ring** ▸ *n* (*of ladder*) barreau *m*
run-in ['rʌnɪn] *n* (*inf*) accrochage *m*, prise *f* de bec (*inf*)
runner ['rʌnə^r] *n* (*in race: person*) coureur(-euse) ; (*: horse*) partant *m* ; (*on sledge*) patin *m* ; (*for drawer etc*) coulisseau *m* ; (*carpet: in hall etc*) chemin *m*
runner bean *n* (Brit) haricot *m* (à rames)
runner-up [rʌnər'ʌp] *n* second(e)
running ['rʌnɪŋ] *n* (*in race etc*) course *f* ; (*of business, organization*) direction *f*, gestion *f* ; (*of event*) organisation *f* ; (*of machine etc*) marche *f*, fonctionnement *m* ; **to be in/out of the ~ for sth** être/ne pas être sur les rangs pour qch ▸ *adj* (*water*) courant(e) ; (*commentary*) suivi(e) ▸ *adv*: **6 days ~** 6 jours de suite
running commentary *n* commentaire détaillé
running costs *npl* (*of business*) frais *mpl* de gestion ; (*of car*): **the ~ are high** elle revient cher
running head *n* (*Typ, Comput*) titre courant

r

running mate *n (US Pol) candidat à la vice-présidence*
runny ['rʌnɪ] *adj* qui coule
run-off ['rʌnɔf] *n (in contest, election)* deuxième tour *m* ; *(extra race etc)* épreuve *f* supplémentaire
run-of-the-mill ['rʌnəvðə'mɪl] *adj* ordinaire, banal(e)
runt [rʌnt] *n* avorton *m*
run-through ['rʌnθruː] *n* répétition *f*, essai *m*
run-up ['rʌnʌp] *n* (Brit): **~ to sth** période *f* précédant qch
runway ['rʌnweɪ] *n (Aviat)* piste *f* (d'envol *or* d'atterrissage)
rupee [ruː'piː] *n* roupie *f*
rupture ['rʌptʃə^r] *n (Med)* hernie *f* ▶ *vt*: **to ~ o.s.** se donner une hernie
rural ['ruərl] *adj* rural(e)
ruse [ruːz] *n* ruse *f*
rush [rʌʃ] *n* course précipitée ; *(of crowd, Comm: sudden demand)* ruée *f* ; *(hurry)* hâte *f* ; *(of anger, joy)* accès *m* ; *(current)* flot *m* ; *(Bot)* jonc *m* ; *(for chair)* paille *f* ; **is there any ~ for this?** est-ce urgent ? ; **we've had a ~ of orders** nous avons reçu une avalanche de commandes ; **I'm in a ~ (to do)** je suis vraiment pressé (de faire) ; **gold ~** ruée vers l'or ▶ *vt (hurry)* transporter *or* envoyer d'urgence ; *(attack: town etc)* prendre d'assaut ; *(Brit inf: overcharge)* estamper ; faire payer ; **don't ~ me!** laissez-moi le temps de souffler ! ; **to ~ sth off** *(do quickly)* faire qch à la hâte ; *(send)* envoyer qch d'urgence ▶ *vi* se précipiter
▶ **rush through** *vt fus (work)* exécuter à la hâte
▶ *vt (Comm: order)* exécuter d'urgence
rushed ['rʌʃt] *adj (job, work)* bâclé(e) ; *(meal)* sur le pouce ; *(busy)* débordé(e) ; **to be ~ off one's feet** *(inf)* être complètement débordé
rush hour *n* heures *fpl* de pointe *or* d'affluence
rush job *n* travail urgent
rush matting *n* natte *f* de paille
rusk [rʌsk] *n* biscotte *f*
russet ['rʌsɪt] *n* roux *m* ▶ *adj* roussâtre
Russia ['rʌʃə] *n* Russie *f*
Russian ['rʌʃən] *adj* russe ▶ *n* Russe *mf* ; *(Ling)* russe *m*
rust [rʌst] *n* rouille *f* ▶ *vi* rouiller
rustic ['rʌstɪk] *adj* rustique ▶ *n (pej)* rustaud(e)
rustle ['rʌsl] *vi* bruire, produire un bruissement ▶ *vt (paper)* froisser ; *(US: cattle)* voler
rustling ['rʌslɪŋ] *n (esp US: of cattle)* vol *m* de bétail ; *(sound: of paper)* froissement *m* ; *(: of leaves)* bruissement *m* ; *(: of silk)* frou-frou *m*
rustproof ['rʌstpruːf] *adj* inoxydable
rustproofing ['rʌstpruːfɪŋ] *n* traitement *m* antirouille
rusty ['rʌstɪ] *adj* rouillé(e)
rut [rʌt] *n* ornière *f* ; *(Zool)* rut *m* ; **to be in a ~** *(fig)* suivre l'ornière, s'encroûter
rutabaga [ruːtə'beɪgə] *n (US)* rutabaga *m*
ruthless ['ruːθlɪs] *adj* sans pitié, impitoyable
ruthlessly ['ruːθlɪslɪ] *adv (exploit, deal with)* impitoyablement ; **~ efficient** d'une efficacité impitoyable
ruthlessness ['ruːθlɪsnɪs] *n* dureté *f*, cruauté *f*
rutted ['rʌtɪd] *adj* plein(e) d'ornières
rutting ['rʌtɪŋ] *adj* en rut
RV *abbr (= revised version) traduction anglaise de la Bible de 1885* ▶ *n abbr (US)* = **recreational vehicle**
rye [raɪ] *n* seigle *m*
rye bread *n* pain *m* de seigle

Ss

S[1], s [ɛs] *n* (*letter*) S, s *m* ; (*US Scol: satisfactory*) ≈ assez bien ; **S for Sugar** S comme Suzanne
S[2] *abbr* (*= south, small*) S ; (*= saint*) St
SA *n abbr* = **South Africa**; **South America**
Sabbath [ˈsæbəθ] *n* (*Jewish*) sabbat *m* ; (*Christian*) dimanche *m*
sabbatical [səˈbætɪkl] *adj*: **~ year** année *f* sabbatique
sabotage [ˈsæbətɑːʒ] *n* sabotage *m* ▸ *vt* saboter
saboteur [sæbəˈtəːʳ] *n* saboteur(-euse)
sabre, (*US*) **saber** [ˈseɪbəʳ] *n* sabre *m*
sabre rattling, (*US*) **saber rattling** *n* tentatives *fpl* d'intimidation
sac [sæk] *n* (*Anat*) sac *m*
saccharin, saccharine [ˈsækərɪn] *n* saccharine *f*
sachet [ˈsæʃeɪ] *n* sachet *m*
sack [sæk] *n* (*bag*) sac *m* ; **to give sb the ~** renvoyer qn, mettre qn à la porte ; **to get the ~** être renvoyé(e) *or* mis(e) à la porte ▸ *vt* (*dismiss*) renvoyer, mettre à la porte ; (*plunder*) piller, mettre à sac
sackful [ˈsækful] *n*: **a ~ of** un (plein) sac de
sacking [ˈsækɪŋ] *n* toile *f* à sac ; (*dismissal*) renvoi *m*
sacrament [ˈsækrəmənt] *n* sacrement *m*
sacred [ˈseɪkrɪd] *adj* sacré(e)
sacred cow *n* (*fig*) chose sacro-sainte
sacrifice [ˈsækrɪfaɪs] *n* sacrifice *m* ; **to make sacrifices (for sb)** se sacrifier *or* faire des sacrifices (pour qn) ▸ *vt* sacrifier
sacrilege [ˈsækrɪlɪdʒ] *n* sacrilège *m*
sacrilegious [sækrɪˈlɪdʒəs] *adj* sacrilège
sacrosanct [ˈsækrəusæŋkt] *adj* sacro-saint(e)
SAD *n abbr* (*= seasonal affective disorder*) dépression *f* saisonnière
sad [sæd] *adj* (*unhappy*) triste ; (*deplorable*) triste, fâcheux(-euse) ; (*inf: pathetic: thing*) triste, lamentable ; (*: person*) minable
sadden [ˈsædn] *vt* attrister, affliger
saddle [ˈsædl] *n* selle *f* ▸ *vt* (*horse*) seller ; **to be saddled with sth** (*inf*) avoir qch sur les bras
saddlebag [ˈsædlbæg] *n* sacoche *f*
sadism [ˈseɪdɪzəm] *n* sadisme *m*
sadist [ˈseɪdɪst] *n* sadique *mf*
sadistic [səˈdɪstɪk] *adj* sadique
sadly [ˈsædlɪ] *adv* tristement ; (*unfortunately*) malheureusement ; (*seriously*) fort
sadness [ˈsædnɪs] *n* tristesse *f*
sado-masochism [seɪdəuˈmæsəkɪzəm] *n* sadomasochisme *m*
sado-masochist [seɪdəuˈmæsəkɪst] *n* sadomasochiste *mf*
sado-masochistic [seɪdəumæsəˈkɪstɪk] *adj* sadomasochiste
s.a.e. *n abbr* (Brit: *= stamped addressed envelope*) *enveloppe affranchie pour la réponse*
safari [səˈfɑːrɪ] *n* safari *m*
safari park *n* réserve *f*
safe [seɪf] *adj* (*out of danger*) hors de danger, en sécurité ; (*not dangerous*) sans danger ; (*cautious*) prudent(e) ; (*sure: bet*) assuré(e) ; **~ from** à l'abri de ; **~ and sound** sain(e) et sauf (sauve) ; **(just) to be on the ~ side** pour plus de sûreté, par précaution ; **it is ~ to say that ...** on peut dire sans crainte que ... ; **~ journey!** bon voyage ! ▸ *n* coffre-fort *m* ▸ *adv*: **to play ~** ne prendre aucun risque
safe bet *n*: **it was a ~** ça ne comportait pas trop de risques ; **it's a ~ that he'll be late** il y a toutes les chances pour qu'il soit en retard
safe-breaker [ˈseɪfbreɪkəʳ] *n* (Brit) perceur *m* de coffre-fort
safe-conduct [seɪfˈkɔndʌkt] *n* sauf-conduit *m*
safe-cracker [ˈseɪfkrækəʳ] *n* = **safe-breaker**
safe-deposit [ˈseɪfdɪpɔzɪt] *n* (*vault*) dépôt *m* de coffres-forts ; (*box*) coffre-fort *m*
safeguard [ˈseɪfgɑːd] *n* sauvegarde *f*, protection *f* ▸ *vt* sauvegarder, protéger
safe haven *n* zone *f* de sécurité
safekeeping [ˈseɪfˈkiːpɪŋ] *n* bonne garde
safely [ˈseɪflɪ] *adv* (*assume, say*) sans risque d'erreur ; (*drive, arrive*) sans accident ; **I can ~ say ...** je peux dire à coup sûr ...
safe passage *n*: **to grant sb ~** accorder un laissez-passer à qn
safe sex *n* rapports sexuels protégés
safety [ˈseɪftɪ] *n* sécurité *f* ; **~ first!** la sécurité d'abord !
safety belt *n* ceinture *f* de sécurité
safety catch *n* cran *m* de sûreté *or* sécurité
safety net *n* filet *m* de sécurité
safety pin *n* épingle *f* de sûreté *or* de nourrice
safety valve *n* soupape *f* de sûreté
saffron [ˈsæfrən] *n* safran *m*
sag [sæg] *vi* s'affaisser, fléchir ; (*hem, breasts*) pendre
saga [ˈsɑːgə] *n* saga *f* ; (*fig*) épopée *f*
sage [seɪdʒ] *n* (*herb*) sauge *f* ; (*person*) sage *m*
Sagittarius [sædʒɪˈtɛərɪəs] *n* le Sagittaire ; **to be ~** être du Sagittaire
sago [ˈseɪgəu] *n* sagou *m*

Sahara [səˈhɑːrə] *n*: **the ~ (Desert)** le (désert du) Sahara *m*
Sahel [sæˈhɛl] *n* Sahel *m*
said [sɛd] *pt, pp of* **say**
Saigon [saɪˈgɔn] *n* Saigon
sail [seɪl] *n* (*on boat*) voile *f* ; (*trip*): **to go for a ~** faire un tour en bateau ▸ *vt* (*boat*) manœuvrer, piloter ▸ *vi* (*travel: ship*) avancer, naviguer ; (*: passenger*) aller *or* se rendre (en bateau) ; (*set off*) partir, prendre la mer ; (*Sport*) faire de la voile ; **they sailed into Le Havre** ils sont entrés dans le port du Havre
▸ **sail through** *vi, vt fus* (*fig*) réussir haut la main
sailboat [ˈseɪlbəut] *n* (*US*) bateau *m* à voiles, voilier *m*
sailing [ˈseɪlɪŋ] *n* (*Sport*) voile *f* ; **to go ~** faire de la voile
sailing boat *n* bateau *m* à voiles, voilier *m*
sailing ship *n* grand voilier
sailor [ˈseɪləʳ] *n* marin *m*, matelot *m*
saint [seɪnt] *n* saint(e)
saintly [ˈseɪntlɪ] *adj* saint(e), plein(e) de bonté
sake [seɪk] *n*: **for the ~ of** (*out of concern for*) pour (l'amour de), dans l'intérêt de ; (*out of consideration for*) par égard pour ; (*in order to achieve*) pour plus de, par souci de ; **arguing for arguing's ~** discuter pour (le plaisir de) discuter ; **for heaven's ~!** pour l'amour du ciel ! ; **for the ~ of argument** à titre d'exemple
salacious [səˈleɪʃəs] *adj* salace
salad [ˈsæləd] *n* salade *f* ; **tomato ~** salade de tomates
salad bowl *n* saladier *m*
salad cream *n* (Bʀɪᴛ) *sorte de mayonnaise*
salad dressing *n* vinaigrette *f*
salad oil *n* huile *f* de table
salami [səˈlɑːmɪ] *n* salami *m*
salaried [ˈsælərɪd] *adj* (*staff*) salarié(e), qui touche un traitement
salary [ˈsælərɪ] *n* salaire *m*, traitement *m*
salary scale *n* échelle *f* des traitements
sale [seɪl] *n* vente *f* ; (*at reduced prices*) soldes *mpl* ; **"for ~"** « à vendre » ; **on ~** en vente ; **on ~ or return** vendu(e) avec faculté de retour ; **closing-down** *or* (*US*) **liquidation ~** liquidation *f* (*avant fermeture*) ; **~ and lease back** *n* cession-bail *f* ; **sales** *npl* (*total amount sold*) chiffre *m* de ventes
saleable [ˈseɪləbl] *adj* vendable
saleroom [ˈseɪlruːm] *n* salle *f* des ventes
sales assistant, (*US*) **sales clerk** *n* vendeur(-euse)
sales conference *n* réunion *f* de vente
sales drive *n* campagne commerciale, animation *f* des ventes
sales force *n* (ensemble *m* du) service *m* des ventes
salesgirl [ˈseɪlzgəːl] *n* vendeuse *f*
salesman [ˈseɪlzmən] *n* (*irreg*) (*in shop*) vendeur *m* ; (*representative*) représentant *m* de commerce
sales manager *n* directeur(-trice) commercial(e)
salesmanship [ˈseɪlzmənʃɪp] *n* art *m* de la vente
salesperson [ˈseɪlzpəːsn] *n* (*in shop*) vendeur(-euse)
sales rep *n* (*Comm*) représentant(e)
sales tax *n* (*US*) taxe *f* à l'achat
saleswoman [ˈseɪlzwumən] *n* (*irreg*) (*in shop*) vendeuse *f* ; (*representative*) représentante *f* de commerce
salient [ˈseɪlɪənt] *adj* saillant(e)
saline [ˈseɪlaɪn] *adj* salin(e)
salinity [səˈlɪnɪtɪ] *n* salinité *f*
saliva [səˈlaɪvə] *n* salive *f*
salivate [ˈsælɪveɪt] *vi* saliver ; (*fig*): **to ~ over** *or* **at sth** saliver à la perspective de qch
sallow [ˈsæləu] *adj* cireux(-euse)
sally forth, sally out [ˈsælɪ-] *vi* partir plein(e) d'entrain
salmon [ˈsæmən] *n* (*pl inv*) saumon *m*
salmonella [sælməˈnɛlə] *n* (*bacteria*) salmonelle *f* ; (*poisoning*) salmonellose *f*
salmon trout *n* truite saumonée
salon [ˈsælɔn] *n* salon *m*
saloon [səˈluːn] *n* (*US*) bar *m* ; (Bʀɪᴛ *Aut*) berline *f* ; (*ship's lounge*) salon *m*
salsa [ˈsælsə] *n* (*sauce*) sauce *f* piquante à la tomate ; (*music*) salsa *f*
SALT [sɔːlt] *n abbr* (= *Strategic Arms Limitation Talks/Treaty*) SALT *m*
salt [sɔːlt] *n* sel *m* ; **an old ~** un vieux loup de mer ▸ *vt* saler ▸ *cpd* de sel ; (*Culin*) salé(e)
▸ **salt away** *vt* mettre de côté
salt cellar *n* salière *f*
salt-free [ˈsɔːltˈfriː] *adj* sans sel
saltwater [ˈsɔːltˈwɔːtəʳ] *adj* (*fish etc*) (d'eau) de mer
salty [ˈsɔːltɪ] *adj* salé(e)
salubrious [səˈluːbrɪəs] *adj* salubre
salutary [ˈsæljutərɪ] *adj* salutaire
salute [səˈluːt] *n* salut *m* ; (*of guns*) salve *f* ▸ *vt* saluer
salvage [ˈsælvɪdʒ] *n* (*saving*) sauvetage *m* ; (*things saved*) biens sauvés *or* récupérés ▸ *vt* sauver, récupérer
salvageable [ˈsælvɪdʒəbəl] *adj* (*object*) récupérable ; (*event*) qui peut être sauvé(e)
salvage vessel *n* bateau *m* de sauvetage
salvation [sælˈveɪʃən] *n* salut *m*
Salvation Army *n* Armée *f* du Salut
salve [sælv] *vt* (*conscience*) apaiser ▸ *n* baume *m* ; *see also* **lip salve**
salver [ˈsælvəʳ] *n* plateau *m* de métal
salvo [ˈsælvəu] *n* salve *f*
Samaritan [səˈmærɪtən] *n*: **the Samaritans** (*organization*) ≈ S.O.S. Amitié
samba [ˈsæmbə] *n* samba *f*
same [seɪm] *adj* même ; **the ~ book as** le même livre que ; **on the ~ day** le même jour ; **at the ~ time** en même temps ; (*yet*) néanmoins ▸ *pron*: **the ~** le (la) même, les mêmes ; **all** *or* **just the ~** tout de même, quand même ; **they're one and the ~** (*person/thing*) c'est une seule et même personne/chose ; **to do the ~** faire de même, en faire autant ; **to do the ~ as sb** faire comme qn ; **and the ~ to you!** et à vous de même ! ; (*after insult*) toi-même ! ; **~ here!** moi aussi ! ; **the ~ again!** (*in bar etc*) la même chose !
same-sex marriage [ˈseɪmsɛks-] *n* mariage *m* homosexuel

same-sex relationship ['seɪmsɛks-] *n* relation *f* homosexuelle
samosa [sə'məusə] *n* samosa *m*, *petit pâté indien aux légumes ou à la viande*
sample ['sɑːmpl] *n* échantillon *m* ; (*Med*) prélèvement *m* ; **to take a ~** prélever un échantillon ; **free ~** échantillon gratuit ▸ *vt* (*food, wine*) goûter
sanatorium [sænə'tɔːrɪəm] (*pl* **sanatoria** [-rɪə]) *n* sanatorium *m*
sanctify ['sæŋktɪfaɪ] *vt* sanctifier
sanctimonious [sæŋktɪ'məunɪəs] *adj* moralisateur(-trice)
sanction ['sæŋkʃən] *n* approbation *f*, sanction *f* ▸ *vt* cautionner, sanctionner ; **sanctions** *npl* (*Pol*) sanctions ; **to impose economic sanctions on** *or* **against** prendre des sanctions économiques contre
sanctity ['sæŋktɪtɪ] *n* sainteté *f*, caractère sacré
sanctuary ['sæŋktjuərɪ] *n* (*holy place*) sanctuaire *m* ; (*refuge*) asile *m* ; (*for wildlife*) réserve *f*
sand [sænd] *n* sable *m* ▸ *vt* sabler ; (*also*: **sand down**: *wood etc*) poncer
sandal ['sændl] *n* sandale *f*
sandalwood ['sændlwud] *n* (*wood*) bois *m* de santal ; (*tree*) santal *m* ; (*also*: **sandalwood oil**) huile *f* de santal
sandbag ['sændbæg] *n* sac *m* de sable
sandblast ['sændblɑːst] *vt* décaper à la sableuse
sandbox ['sændbɔks] *n* (*US*: *for children*) tas *m* de sable
sand castle ['sændkɑːsl] *n* château *m* de sable
sand dune *n* dune *f* de sable
sander ['sændə^r] *n* ponceuse *f*
S&M *n abbr* (= *sadomasochism*) sadomasochisme *m*
sandpaper ['sændpeɪpə^r] *n* papier *m* de verre
sandpit ['sændpɪt] *n* (Brit: *for children*) tas *m* de sable
sands [sændz] *npl* plage *f* (de sable)
sandstone ['sændstəun] *n* grès *m*
sandstorm ['sændstɔːm] *n* tempête *f* de sable
sandwich ['sændwɪtʃ] *n* sandwich *m* ; **cheese/ham ~** sandwich au fromage/jambon ▸ *vt* (*also*: **sandwich in**) intercaler ; **sandwiched between** pris en sandwich entre
sandwich board *n* panneau *m* publicitaire (porté par un homme-sandwich)
sandwich course *n* (Brit) cours *m* de formation professionnelle
sandy ['sændɪ] *adj* sablonneux(-euse) ; couvert(e) de sable ; (*colour*) sable *inv*, blond roux *inv*
sane [seɪn] *adj* (*person*) sain(e) d'esprit ; (*outlook*) sensé(e), sain(e)
sang [sæŋ] *pt of* **sing**
sanguine ['sæŋgwɪn] *adj* optimiste
sanitarium [sænɪ'tɛərɪəm] (*pl* **sanitaria** [-rɪə]) *n* (*US*) = **sanatorium**
sanitary ['sænɪtərɪ] *adj* (*system, arrangements*) sanitaire ; (*clean*) hygiénique
sanitary towel, (*US*) **sanitary napkin** *n* serviette *f* hygiénique
sanitation [sænɪ'teɪʃən] *n* (*in house*) installations *fpl* sanitaires ; (*in town*) système *m* sanitaire
sanitation department *n* (*US*) service *m* de voirie
sanitize ['sænɪtaɪz] *vt* édulcorer ; **a sanitized version of sth** une version édulcorée de qch
sanity ['sænɪtɪ] *n* santé mentale ; (*common sense*) bon sens
sank [sæŋk] *pt of* **sink**
San Marino ['sænmə'riːnəu] *n* Saint-Marin *m*
Santa Claus ['sæntə'klɔːz] *n* le Père Noël
Santiago [sæntɪ'ɑːgəu] *n* (*also*: **Santiago de Chile**) Santiago (du Chili)
sap [sæp] *n* (*of plants*) sève *f* ▸ *vt* (*strength*) saper, miner
sapling ['sæplɪŋ] *n* jeune arbre *m*
sapphire ['sæfaɪə^r] *n* saphir *m*
sarcasm ['sɑːkæzm] *n* sarcasme *m*, raillerie *f*
sarcastic [sɑː'kæstɪk] *adj* sarcastique
sarcastically [sɑː'kæstɪklɪ] *adv* d'un ton sarcastique
sarcophagus [sɑː'kɔfəgəs] (*pl* **sarcophagi** [-gaɪ]) *n* sarcophage *m*
sardine [sɑː'diːn] *n* sardine *f*
Sardinia [sɑː'dɪnɪə] *n* Sardaigne *f*
Sardinian [sɑː'dɪnɪən] *adj* sarde ▸ *n* Sarde *mf* ; (*Ling*) sarde *m*
sardonic [sɑː'dɔnɪk] *adj* sardonique
sari ['sɑːrɪ] *n* sari *m*
sarin ['sɑːrɪn] *n* sarin *m*
sarong [sə'rɔŋ] *n* (*traditional*) sarong *m* ; (*for beach*) paréo *m*
SARS ['sɑːrz] *n abbr* = **severe acute respiratory syndrome**
sartorial [sɑː'tɔːrɪəl] *adj* vestimentaire
SAS *n abbr* (Brit *Mil*: = *Special Air Service*) ≈ GIGN *m*
SASE *n abbr* (*US*: = *self-addressed stamped envelope*) *enveloppe affranchie pour la réponse*
sash [sæʃ] *n* écharpe *f*
sash window *n* fenêtre *f* à guillotine
Sask. *abbr* (Canada) = **Saskatchewan**
sassy ['sæsɪ] *adj* (*esp US inf*: *cheeky*) culotté(e) (*inf*) ; (*stylish*) classe (*inf*)
SAT, SATs *n abbr* (*US*) = **Scholastic Aptitude Test(s)**

SAT

Aux États-Unis, les lycéens qui souhaitent faire des études universitaires doivent passer un test : soit le **SAT**, soit l'*ACT*. Le *SAT* a été introduit en 1926 sous le nom de *Scholastic Aptitude Test*, puis de *Scholastic Assessment Test*. Depuis 2005, l'appellation officielle est *SAT Reasoning Test*. Il comprend trois épreuves : mathématiques, lecture critique, rédaction. L'*ACT* (*American College Test*) a vu le jour en 1959 et se compose de quatre épreuves : anglais, mathématiques, lecture et raisonnement scientifique, plus une épreuve de rédaction facultative. En Angleterre, les collégiens passent à l'âge de 7 ans puis de 11 ans une série de tests appelés *SATs* (*Standard Assessment Tests*) pour permettre aux écoles d'évaluer les progrès de chaque enfant par rapport à ses condisciples.

sat [sæt] *pt, pp of* **sit**

Sat. *abbr* (= *Saturday*) sa.
Satan ['seɪtn] *n* Satan *m*
satanic [sə'tænɪk] *adj* satanique, démoniaque
Satanism ['seɪtnɪzəm] *n* satanisme *m*
Satanist ['seɪtnɪst] *n* sataniste *mf*
satchel ['sætʃl] *n* cartable *m*
sated ['seɪtɪd] *adj* repu(e) ; blasé(e)
satellite ['sætəlaɪt] *adj*, *n* satellite *m*
satellite dish *n* antenne *f* parabolique
satellite navigation system *n* système *m* de navigation par satellite
satellite television *n* télévision *f* par satellite
satiate ['seɪʃɪeɪt] *vt* rassasier
satin ['sætɪn] *n* satin *m* ▶ *adj* en *or* de satin, satiné(e) ; **with a ~ finish** satiné(e)
satire ['sætaɪə^r] *n* satire *f*
satirical [sə'tɪrɪkl] *adj* satirique
satirist ['sætɪrɪst] *n* (*writer*) auteur *m* satirique ; (*cartoonist*) caricaturiste *mf*
satirize ['sætɪraɪz] *vt* faire la satire de, satiriser
satisfaction [sætɪs'fækʃən] *n* satisfaction *f*
satisfactorily [sætɪs'fæktrɪlɪ] *adv* de manière satisfaisante
satisfactory [sætɪs'fæktrɪ] *adj* satisfaisant(e)
satisfied ['sætɪsfaɪd] *adj* satisfait(e) ; **to be ~ with sth** être satisfait de qch
satisfy ['sætɪsfaɪ] *vt* satisfaire, contenter ; (*convince*) convaincre, persuader ; **to ~ the requirements** remplir les conditions ; **to ~ sb (that)** convaincre qn (que) ; **to ~ o.s. of sth** vérifier qch, s'assurer de qch
satisfying ['sætɪsfaɪɪŋ] *adj* satisfaisant(e)
satsuma [sæt'suːmə] *n* satsuma *f*
saturate ['sætʃəreɪt] *vt*: **to ~ (with)** saturer (de)
saturated fat ['sætʃəreɪtɪd-] *n* graisse saturée
saturation [sætʃə'reɪʃən] *n* saturation *f*
Saturday ['sætədɪ] *n* samedi *m* ; *see also* **Tuesday**
sauce [sɔːs] *n* sauce *f*
saucepan ['sɔːspən] *n* casserole *f*
saucer ['sɔːsə^r] *n* soucoupe *f*
saucy ['sɔːsɪ] *adj* impertinent(e)
Saudi ['saudi], **Saudi Arabian** *adj* saoudien(ne) ▶ *n* Saoudien(ne)
Saudi Arabia *n* Arabie *f* Saoudite
sauna ['sɔːnə] *n* sauna *m*
saunter ['sɔːntə^r] *vi*: **to ~ to** aller en flânant *or* se balader jusqu'à
sausage ['sɔsɪdʒ] *n* saucisse *f* ; (*salami etc*) saucisson *m*
sausage roll *n* friand *m*
sauté ['səuteɪ] *adj* (*Culin*: *potatoes*) sauté(e) ; (: *onions*) revenu(e) ▶ *vt* faire sauter ; faire revenir
sautéed ['səuteɪd] *adj* sauté(e)
savage ['sævɪdʒ] *adj* (*cruel, fierce*) brutal(e), féroce ; (*primitive*) primitif(-ive), sauvage ▶ *n* sauvage *mf* ▶ *vt* attaquer férocement
savagely ['sævɪdʒlɪ] *adv* sauvagement
savagery ['sævɪdʒrɪ] *n* sauvagerie *f*, brutalité *f*, férocité *f*
savannah, savanna [sə'vænə] *n* savane *f*
save [seɪv] *vt* (*person, belongings*) sauver ; (*money*) mettre de côté, économiser ; (*time*) (faire) gagner ; (*keep*) garder ; (*Comput*) sauvegarder ; (*Sport*: *stop*) arrêter ; (*avoid*: *trouble*) éviter ; **it will ~ me an hour** ça me fera gagner une heure ; **to ~ face** sauver la face ; **God ~ the Queen!** vive la Reine ! ▶ *vi* (*also*: **save up**) mettre de l'argent de côté ▶ *n* (*Sport*) arrêt *m* (du ballon) ▶ *prep* sauf, à l'exception de
saver ['seɪvə^r] *n* (*of money*) épargnant(e)
saving ['seɪvɪŋ] *n* économie *f* ▶ *adj*: **the ~ grace of** ce qui rachète ; **savings** *npl* économies *fpl* ; **to make savings** faire des économies
savings account *n* compte *m* d'épargne
savings and loan association (*US*) *n* ≈ société *f* de crédit immobilier
savings bank *n* caisse *f* d'épargne
saviour, (*US*) **savior** ['seɪvjə^r] *n* sauveur *m*
savour, (*US*) **savor** ['seɪvə^r] *n* saveur *f*, goût *m* ▶ *vt* savourer
savoury, (*US*) **savory** ['seɪvərɪ] *adj* savoureux(-euse) ; (*dish*: *not sweet*) salé(e)
savvy ['sævɪ] *n* (*inf*) jugeote *f* (*inf*)
saw [sɔː] *pt of* **see** ▶ *n* (*tool*) scie *f* ▶ *vt* (*pt* **sawed**, *pp* **sawed** *or* **sawn** [sɔːn]) scier ; **to ~ sth up** débiter qch à la scie
sawdust ['sɔːdʌst] *n* sciure *f*
sawmill ['sɔːmɪl] *n* scierie *f*
sawn [sɔːn] *pp of* **saw**
sawn-off ['sɔːnɔf], (*US*) **sawed-off** ['sɔːdɔf] *adj*: **~ shotgun** carabine *f* à canon scié
sax [sæks] *n* (*inf*) saxo *m* (*inf*)
saxophone ['sæksəfəun] *n* saxophone *m*
saxophonist [sæk'sɔfənɪst] *n* saxophoniste *mf*
say [seɪ] (*pt, pp* **said** [sɛd]) *vt* dire ; **could you ~ that again?** pourriez-vous répéter ce que vous venez de dire ? ; **to ~ yes/no** dire oui/non ; **she said (that) I was to give you this** elle m'a chargé de vous remettre ceci ; **my watch says 3 o'clock** ma montre indique 3 heures, il est 3 heures à ma montre ; **shall we ~ Tuesday?** disons mardi ? ; **that doesn't ~ much for him** ce n'est pas vraiment à son honneur ; **when all is said and done** en fin de compte, en définitive ; **there is something** *or* **a lot to be said for it** cela a des avantages ; **that is to ~** c'est-à-dire ; **to ~ nothing of** sans compter ; **~ that ...** mettons *or* disons que ... ; **that goes without saying** cela va sans dire, cela va de soi ▶ *n*: **to have one's ~** dire ce qu'on a à dire ; **to have a ~** avoir voix au chapitre
saying ['seɪɪŋ] *n* dicton *m*, proverbe *m*
SBA *n abbr* (*US*: = *Small Business Administration*) *organisme d'aide aux PME*
SC *n abbr* (*US*) = **supreme court** ▶ *abbr* (*US*) = **South Carolina**
s/c *abbr* = **self-contained**
scab [skæb] *n* croûte *f* ; (*pej*) jaune *m*
scabby ['skæbɪ] *adj* croûteux(-euse)
scaffold ['skæfəld] *n* échafaud *m*
scaffolding ['skæfəldɪŋ] *n* échafaudage *m*
scalable ['skeɪləbl] *adj* (*Comput*) extensible
scald [skɔːld] *n* brûlure *f* ▶ *vt* ébouillanter
scalding ['skɔːldɪŋ] *adj* (*also*: **scalding hot**) brûlant(e), bouillant(e)
scale [skeɪl] *n* (*of fish*) écaille *f* ; (*Mus*) gamme *f* ; (*of ruler, thermometer etc*) graduation *f*, échelle (graduée) ; (*of salaries, fees etc*) barème *m* ; (*of map, also size, extent*) échelle ; **pay ~** échelle des

salaires ; **~ of charges** tableau *m* des tarifs ; **on a large ~** sur une grande échelle, en grand ; **to draw sth to ~** dessiner qch à l'échelle ; **small-~ model** modèle réduit ▸ *vt (mountain)* escalader ; *(fish)* écailler ; **scales** *npl* balance *f* ; *(larger)* bascule *f* ; *(also:* **bathroom scales**) pèse-personne *m inv*
▸ **scale down** *vt* réduire
scaled-down [skeɪld'daun] *adj* à échelle réduite
scale drawing *n* dessin *m* à l'échelle
scale model *n* modèle *m* à l'échelle
scallion ['skæljən] *n* oignon *m* ; *(US: salad onion)* ciboule *f* ; *(: shallot)* échalote *f* ; *(: leek)* poireau *m*
scallop ['skɔləp, 'skæləp] *n* coquille *f* Saint-Jacques ; *(Sewing)* feston *m*
scalloped ['skɔləpt, 'skæləpt] *adj* festonné(e)
scalp [skælp] *n* cuir chevelu ▸ *vt* scalper
scalpel ['skælpl] *n* scalpel *m*
scalper ['skælpəʳ] *n (US inf: of tickets)* revendeur *m* de billets
scam [skæm] *n (inf)* arnaque *f*
scamp [skæmp] *vt* bâcler
scamper ['skæmpəʳ] *vi*: **to ~ away, ~ off** détaler
scampi ['skæmpɪ] *npl* langoustines (frites), scampi *mpl*
scan [skæn] *vt (examine)* scruter, examiner ; *(glance at quickly)* parcourir ; *(poetry)* scander ; *(TV, Radar)* balayer ▸ *n (Med)* scanographie *f*
scandal ['skændl] *n* scandale *m* ; *(gossip)* ragots *mpl*
scandalize ['skændəlaɪz] *vt* scandaliser, indigner
scandalous ['skændələs] *adj* scandaleux(-euse)
scandalously ['skændələslɪ] *adv (behave)* de façon scandaleuse ; **~ overpriced** à un prix scandaleux
Scandinavia [skændɪ'neɪvɪə] *n* Scandinavie *f*
Scandinavian [skændɪ'neɪvɪən] *adj* scandinave ▸ *n* Scandinave *mf*
scanner ['skænəʳ] *n (Radar, Med)* scanner *m*, scanographe *m* ; *(Comput)* scanner
scant [skænt] *adj* insuffisant(e)
scantily ['skæntɪlɪ] *adv*: **~ clad** *or* **dressed** vêtu(e) du strict minimum
scanty ['skæntɪ] *adj* peu abondant(e), insuffisant(e), maigre
scapegoat ['skeɪpgəut] *n* bouc *m* émissaire
scar [skɑːʳ] *n* cicatrice *f* ▸ *vt* laisser une cicatrice *or* une marque à
scarce [skɛəs] *adj* rare, peu abondant(e) ; **to make o.s. ~** *(inf)* se sauver
scarcely ['skɛəslɪ] *adv* à peine, presque pas ; **~ anybody** pratiquement personne ; **I can ~ believe it** j'ai du mal à le croire
scarcity ['skɛəsɪtɪ] *n* rareté *f*, manque *m*, pénurie *f*
scarcity value *n* valeur *f* de rareté
scare [skɛəʳ] *n* peur *f*, panique *f* ; **bomb ~** alerte *f* à la bombe ▸ *vt* effrayer, faire peur à ; **to ~ sb stiff** faire une peur bleue à qn
▸ **scare away, scare off** *vt* faire fuir
scarecrow ['skɛəkrəu] *n* épouvantail *m*
scared ['skɛəd] *adj*: **to be ~** avoir peur
scaremonger ['skɛəmʌŋgəʳ] *n* alarmiste *mf*
scaremongering ['skɛəmʌŋgərɪŋ] *n* alarmisme *m*
scarf [skɑːf] *(pl* **scarves** [skɑːvz]) *n (long)* écharpe *f* ; *(square)* foulard *m*
scarlet ['skɑːlɪt] *adj, n* écarlate *f*
scarlet fever *n* scarlatine *f*
scarper ['skɑːpəʳ] *vi (BRIT inf)* ficher le camp *(inf)*
scarves [skɑːvz] *npl of* **scarf**
scary ['skɛərɪ] *adj (inf)* effrayant(e) ; *(film)* qui fait peur
scathing ['skeɪðɪŋ] *adj* cinglant(e), acerbe ; **to be ~ about sth** être très critique vis-à-vis de qch
scatter ['skætəʳ] *vt* éparpiller, répandre ; *(crowd)* disperser ▸ *vi* se disperser
scatterbrained ['skætəbreɪnd] *adj* écervelé(e), étourdi(e)
scattered ['skætəd] *adj* épars(e), dispersé(e)
scatty ['skætɪ] *adj (BRIT inf)* loufoque *(inf)*
scavenge ['skævəndʒ] *vi (person)*: **to ~ (for)** faire les poubelles (pour trouver) ; **to ~ for food** *(hyenas etc)* se nourrir de charognes
scavenger ['skævəndʒəʳ] *n* éboueur *m*
SCE *n abbr* = **Scottish Certificate of Education**
scenario [sɪ'nɑːrɪəu] *n* scénario *m*
scene [siːn] *n (Theat, fig etc)* scène *f* ; *(of crime, accident)* lieu(x) *m(pl)*, endroit *m* ; *(sight, view)* spectacle *m*, vue *f* ; **behind the scenes** *(also fig)* dans les coulisses ; **to make a ~** *(inf: fuss)* faire une scène *or* toute une histoire ; **to appear on the ~** *(also fig)* faire son apparition, arriver ; **the political ~** la situation politique
scenery ['siːnərɪ] *n (Theat)* décor(s) *m(pl)* ; *(landscape)* paysage *m*
scenic ['siːnɪk] *adj* scénique ; offrant de beaux paysages *or* panoramas
scent [sɛnt] *n* parfum *m*, odeur *f* ; *(fig: track)* piste *f* ; *(sense of smell)* odorat *m* ; **to put** *or* **throw sb off the ~** mettre qn sur une mauvaise piste ▸ *vt* parfumer ; *(smell: also fig)* flairer
scented ['sɛntɪd] *adj* parfumé(e)
sceptic, *(US)* **skeptic** ['skɛptɪk] *n* sceptique *mf*
sceptical, *(US)* **skeptical** ['skɛptɪkl] *adj* sceptique
scepticism, *(US)* **skepticism** ['skɛptɪsɪzəm] *n* scepticisme *m*
sceptre, *(US)* **scepter** ['sɛptəʳ] *n* sceptre *m*
Schadenfreude ['ʃɑːdənfrɔɪdə] *n* joie *f* maligne *(suscitée par le malheur d'autrui)*
schedule ['ʃɛdjuːl, (US) 'skɛdjuːl] *n* programme *m*, plan *m* ; *(of trains)* horaire *m* ; *(of prices etc)* barème *m*, tarif *m* ; **on ~** à l'heure (prévue) ; à la date prévue ; **to be ahead of/behind ~** avoir de l'avance/du retard ; **we are working to a very tight ~** notre programme de travail est très serré *or* intense ; **everything went according to ~** tout s'est passé comme prévu ▸ *vt* prévoir ; **as scheduled** comme prévu
scheduled ['ʃɛdjuːld, (US) 'skɛdjuːld] *adj (date, time)* prévu(e), indiqué(e) ; *(visit, event)* programmé(e), prévu ; *(train, bus, stop, flight)* régulier(-ière)
scheduled flight *n* vol régulier
schematic [skɪ'mætɪk] *adj* schématique
scheme [skiːm] *n* plan *m*, projet *m* ; *(method)* procédé *m* ; *(plot)* complot *m*, combine *f* ; *(arrangement)* arrangement *m*, classification *f* ;

S

(*pension scheme etc*) régime *m* ; **colour ~** combinaison *f* de(s) couleurs ▸ *vt, vi* comploter, manigancer
scheming ['ski:mɪŋ] *adj* rusé(e), intrigant(e) ▸ *n* manigances *fpl*, intrigues *fpl*
schism ['skɪzəm] *n* schisme *m*
schizophrenia [skɪtsə'fri:nɪə] *n* schizophrénie *f*
schizophrenic [skɪtsə'frɛnɪk] *adj* schizophrène
schmaltz ['ʃmɔ:lts] *n* (*inf*) mièvrerie *f*
schmaltzy ['ʃmɔ:ltsɪ] *adj* (*inf*: *song, film, book*) à l'eau de rose, mièvre
scholar ['skɔlər] *n* érudit(e) ; (*pupil*) boursier(-ère)
scholarly ['skɔləlɪ] *adj* érudit(e), savant(e)
scholarship ['skɔləʃɪp] *n* érudition *f* ; (*grant*) bourse *f* (d'études)
school [sku:l] *n* (*gen*) école *f* ; (*secondary school*) collège *m* ; lycée *m* ; (*in university*) faculté *f* ; (*US*: *university*) université *f* ; (*of fish*) banc *m* ▸ *cpd* scolaire ▸ *vt* (*animal*) dresser
school age *n* âge *m* scolaire
schoolbag ['sku:lbæg] *n* cartable *m*
schoolbook ['sku:lbuk] *n* livre *m* scolaire *or* de classe
schoolboy ['sku:lbɔɪ] *n* écolier *m* ; (*at secondary school*) collégien *m* ; lycéen *m*
schoolchildren ['sku:ltʃɪldrən] *npl* écoliers *mpl* ; (*at secondary school*) collégiens *mpl* ; lycéens *mpl*
schooldays ['sku:ldeɪz] *npl* années *fpl* de scolarité
school friend *n* ami(e) d'école
schoolgirl ['sku:lgə:l] *n* écolière *f* ; (*at secondary school*) collégienne *f* ; lycéenne *f*
schoolhouse ['sku:lhaus] *n* (*US*) école *f*
schooling ['sku:lɪŋ] *n* instruction *f*, études *fpl*
school-leaver ['sku:lli:vər] *n* (Brit) *jeune qui vient de terminer ses études secondaires*
schoolmaster ['sku:lmɑ:stər] *n* (*primary*) instituteur *m* ; (*secondary*) professeur *m*
schoolmate ['sku:lmeɪt] *n* camarade *mf* d'école
school meal, school lunch *n* déjeuner *m* à la cantine (scolaire)
schoolmistress ['sku:lmɪstrɪs] *n* (*primary*) institutrice *f* ; (*secondary*) professeur *m*
school report *n* (Brit) bulletin *m* (scolaire)
schoolroom ['sku:lru:m] *n* (salle *f* de) classe *f*
schoolteacher ['sku:lti:tʃər] *n* (*primary*) instituteur(-trice) ; (*secondary*) professeur *m*
schoolwork ['sku:lwə:k] *n* devoirs *mpl*
schoolyard ['sku:ljɑ:d] *n* (*US*) cour *f* de récréation
schooner ['sku:nər] *n* (*ship*) schooner *m*, goélette *f* ; (*glass*) grand verre (à xérès)
sciatica [saɪ'ætɪkə] *n* sciatique *f*
science ['saɪəns] *n* science *f* ; **the sciences** les sciences ; (*Scol*) les matières *fpl* scientifiques
science fiction *n* science-fiction *f*
scientific [saɪən'tɪfɪk] *adj* scientifique
scientifically [saɪən'tɪfɪklɪ] *adv* scientifiquement
scientist ['saɪəntɪst] *n* scientifique *mf* ; (*eminent*) savant *m*
sci-fi ['saɪfaɪ] *n abbr* (= *science fiction*) SF *f*
Scilly Isles ['sɪlɪ'aɪlz], **Scillies** ['sɪlɪz] *npl*: **the ~** les Sorlingues *fpl*, les îles *fpl* Scilly
scintillating ['sɪntɪleɪtɪŋ] *adj* scintillant(e), étincelant(e) ; (*wit etc*) brillant(e)
scion ['saɪən] *n* (*lit, fig*) rejeton *m*
scissors ['sɪzəz] *npl* ciseaux *mpl* ; **a pair of ~** une paire de ciseaux
sclerosis [sklɪ'rəusɪs] *n* sclérose *f*
scoff [skɔf] *vt* (Brit *inf*: *eat*) avaler, bouffer (*inf*) ▸ *vi*: **to ~ (at)** (*mock*) se moquer (de)
scold [skəuld] *vt* gronder, attraper, réprimander
scolding ['skəuldɪŋ] *n* réprimande *f*
scone [skɔn] *n petit gâteau dont la version sucrée se mange souvent avec de la crème et de la confiture*
scoop [sku:p] *n* pelle *f* (à main) ; (*for ice cream*) boule *f* à glace ; (*Press*) reportage exclusif *or* à sensation
▸ **scoop out** *vt* évider, creuser
▸ **scoop up** *vt* ramasser
scoot [sku:t] *vi* (*inf*) filer (*inf*)
scooter ['sku:tər] *n* (*motor cycle*) scooter *m* ; (*toy*) trottinette *f*
scope [skəup] *n* (*capacity*: *of plan, undertaking*) portée *f*, envergure *f* ; (: *of person*) compétence *f*, capacités *fpl* ; (*opportunity*) possibilités *fpl* ; **within the ~ of** dans les limites de ; **there is plenty of ~ for improvement** (Brit) cela pourrait être beaucoup mieux
scorch [skɔ:tʃ] *vt* (*clothes*) brûler (légèrement), roussir ; (*earth, grass*) dessécher, brûler
scorched earth policy ['skɔ:tʃt-] *n* politique *f* de la terre brûlée
scorcher ['skɔ:tʃər] *n* (*inf*: *hot day*) journée *f* torride
scorching ['skɔ:tʃɪŋ] *adj* torride, brûlant(e)
score [skɔ:r] *n* score *m*, décompte *m* des points ; (*Mus*) partition *f* ; **on that ~** sur ce chapitre, à cet égard ; **to have an old ~ to settle with sb** (*fig*) avoir un (vieux) compte à régler avec qn ; **a ~ of** (*twenty*) vingt ; **scores of** (*fig*) des tas de ▸ *vt* (*goal, point*) marquer ; (*success*) remporter ; (*cut*: *leather, wood, card*) entailler, inciser ; **to ~ 6 out of 10** obtenir 6 sur 10 ▸ *vi* marquer des points ; (*Football*) marquer un but ; (*keep score*) compter les points
▸ **score out** *vt* rayer, barrer, biffer
scoreboard ['skɔ:bɔ:d] *n* tableau *m*
scorecard ['skɔ:kɑ:d] *n* (*Sport*) carton *m*, feuille *f* de marque
scoreless ['skɔ:lɪs] *adj* (*game*) qui s'est terminé sur un score vierge ; (*draw, tie*) zéro à zéro
scoreline ['skɔ:laɪn] *n* (*Sport*) score *m*
scorer ['skɔ:rər] *n* (*Football*) auteur *m* du but ; buteur *m* ; (*keeping score*) marqueur *m*
scoring ['skɔ:rɪŋ] *n* (*of points, goals*) inscription *f* ; (*scorekeeping*) marque *f* ; (*Mus*) arrangements *mpl* ; **to do the ~** tenir la marque
scorn [skɔ:n] *n* mépris *m*, dédain *m* ▸ *vt* mépriser, dédaigner
scornful ['skɔ:nful] *adj* méprisant(e), dédaigneux(-euse)
scornfully ['skɔ:nfulɪ] *adv* avec mépris
Scorpio ['skɔ:pɪəu] *n* le Scorpion ; **to be ~** être du Scorpion
scorpion ['skɔ:pɪən] *n* scorpion *m*
Scot [skɔt] *n* Écossais(e)
Scotch [skɔtʃ] *n* whisky *m*, scotch *m*

scotch [skɔtʃ] *vt* faire échouer ; enrayer ; étouffer
Scotch tape® (*US*) *n* scotch® *m*, ruban adhésif
scot-free ['skɔt'fri:] *adj*: **to get off ~** s'en tirer sans être puni(e) ; s'en sortir indemne
Scotland ['skɔtlənd] *n* Écosse *f*
Scots [skɔts] *adj* écossais(e)
Scotsman ['skɔtsmən] *n* (*irreg*) Écossais *m*
Scotswoman ['skɔtswumən] *n* (*irreg*) Écossaise *f*
Scottish ['skɔtɪʃ] *adj* écossais(e) ; **the ~ National Party** le parti national écossais ; **the ~ Parliament** le Parlement écossais

Scottish Parliament

En 1997, après presque trois siècles d'union politique entre l'Angleterre et l'Écosse, cette dernière a opté à l'issue d'un référendum pour un parlement décentralisé qui siégerait à Édimbourg. En 1999, 129 députés ont été élus et dotés de pouvoirs législatifs dans plusieurs domaines, notamment l'éducation, l'environnement, la santé, la justice, la fiscalité et l'administration locale. Le chef du gouvernement écossais est le *First Minister*, mais le souverain britannique demeure le chef de l'État. En septembre 2014, à l'issue d'un autre référendum, les Écossais ont opté contre l'indépendance totale du reste du Royaume-Uni.

scoundrel ['skaundrl] *n* vaurien *m*
scour ['skauəʳ] *vt* (*clean*) récurer ; frotter ; décaper ; (*search*) battre, parcourir
scourer ['skauərəʳ] *n* tampon abrasif *or* à récurer ; (*powder*) poudre *f* à récurer
scourge [skə:dʒ] *n* fléau *m*
scout [skaut] *n* (*Mil*) éclaireur *m* ; (*also*: **boy scout**) scout *m* ; **girl ~** (*US*) guide *f*
▸ **scout around** *vi* chercher
scoutmaster ['skautmɑ:stəʳ] *n* chef *mf* scout(e)
scowl [skaul] *vi* se renfrogner, avoir l'air maussade ; **to ~ at** regarder de travers
scrabble ['skræbl] *vi* (*claw*): **to ~ (at)** gratter ; **to ~ about** *or* **around for sth** chercher qch à tâtons ▸ *n*: **S~**® Scrabble® *m*
scraggy ['skrægɪ] *adj* décharné(e), efflanqué(e), famélique
scram [skræm] *vi* (*inf*) ficher le camp (*inf*)
scramble ['skræmbl] *n* (*rush*) bousculade *f*, ruée *f* ▸ *vi* grimper/descendre tant bien que mal ; **to ~ for** se bousculer *or* se disputer pour (avoir) ; **to go scrambling** (*Sport*) faire du trial
scrambled eggs ['skræmbld-] *npl* œufs brouillés
scrap [skræp] *n* bout *m*, morceau *m* ; (*inf*: *fight*) bagarre *f* ; (*also*: **scrap iron**) ferraille *f* ; **to sell sth for ~** vendre qch à la casse *or* à la ferraille ▸ *vt* jeter, mettre au rebut ; (*fig*) abandonner, laisser tomber ▸ *vi* (*inf*) se bagarrer ; **scraps** *npl* (*waste*) déchets *mpl*
scrapbook ['skræpbuk] *n* album *m*
scrap dealer *n* marchand *m* de ferraille
scrape [skreɪp] *vt, vi* gratter, racler ▸ *n*: **to get into a ~** s'attirer des ennuis
▸ **scrape by** *vi* (*financially*) s'en sortir
▸ **scrape through** *vi* (*exam etc*) réussir de justesse
▸ **scrape together** *vt* (*money*) racler ses fonds de tiroir pour réunir
scraper ['skreɪpəʳ] *n* grattoir *m*, racloir *m*
scrap heap *n* tas *m* de ferraille ; (*fig*): **on the ~** au rancart *or* rebut
scrap merchant *n* (Brit) marchand *m* de ferraille
scrap metal *n* ferraille *f*
scrap paper *n* papier *m* brouillon
scrappy ['skræpɪ] *adj* fragmentaire, décousu(e)
scrap yard *n* parc *m* à ferrailles ; (*for cars*) cimetière *m* de voitures
scratch [skrætʃ] *n* égratignure *f*, rayure *f* ; (*on paint*) éraflure *f* ; (*from claw*) coup *m* de griffe ; **to start from ~** partir de zéro ; **to be up to ~** être à la hauteur ▸ *adj*: **~ team** équipe de fortune *or* improvisée ▸ *vt* (*rub*) (se) gratter ; (*record*) rayer ; (*paint etc*) érafler ; (*with claw, nail*) griffer ; (*Comput*) effacer ▸ *vi* (se) gratter
▸ **scratch out** *vt* (*name, words*) gratter ; **to ~ sb's eyes out** arracher les yeux de qn
scratch card *n* carte *f* à gratter
scratchy ['skrætʃɪ] *adj* (*recording*) grésillant(e) ; (*pen*) qui accroche ; (*sweater, wool*) qui gratte
scrawl [skrɔ:l] *n* gribouillage *m* ▸ *vi* gribouiller
scrawny ['skrɔ:nɪ] *adj* décharné(e)
scream [skri:m] *n* cri perçant, hurlement *m* ; **to be a ~** (*inf*) être impayable (*inf*) ▸ *vi* crier, hurler ; **to ~ at sb to do sth** crier *or* hurler à qn de faire qch
scree [skri:] *n* éboulis *m*
screech [skri:tʃ] *n* cri strident, hurlement *m* ; (*of tyres, brakes*) crissement *m*, grincement *m* ▸ *vi* hurler ; crisser, grincer
screen [skri:n] *n* écran *m* ; (*in room*) paravent *m* ; (*Cine, TV*) écran ; (*fig*) écran, rideau *m* ▸ *vt* masquer, cacher ; (*from the wind etc*) abriter, protéger ; (*film*) projeter ; (*candidates etc*) filtrer ; (*for illness*): **to ~ sb for sth** faire subir un test de dépistage de qch à qn
screen editing [-'ɛdɪtɪŋ] *n* (*Comput*) édition *f or* correction *f* sur écran
screening ['skri:nɪŋ] *n* (*of film*) projection *f* ; (*Med*) test *m* (*or* tests) de dépistage ; (*for security*) filtrage *m*
screen memory *n* (*Comput*) mémoire *f* écran
screenplay ['skri:npleɪ] *n* scénario *m*
screen saver *n* (*Comput*) économiseur *m* d'écran
screenshot ['skri:nʃɔt] *n* (*Comput*) capture *f* d'écran
screen test *n* bout *m* d'essai
screenwriter ['skri:nraɪtəʳ] *n* scénariste *mf*
screenwriting ['skri:nraɪtɪŋ] *n* écriture *f* de scénarios
screw [skru:] *n* vis *f* ; (*propeller*) hélice *f* ▸ *vt* (*also*: **screw in**) visser ; (*inf!*: *woman*) baiser (!) ; **to ~ sth to the wall** visser qch au mur ; **to have one's head screwed on** (*fig*) avoir la tête sur les épaules
▸ **screw up** *vt* (*paper etc*) froisser ; (*inf*: *ruin*) bousiller ; **to ~ up one's eyes** se plisser les yeux ; **to ~ up one's face** faire la grimace

S

screwball ['skru:bɔ:l] *(inf) cpd (comedy)* délirant(e) ▸ *n* doux (douce) dingue
screwdriver ['skru:draɪvəʳ] *n* tournevis *m*
screwed-up ['skru:d'ʌp] *adj (inf)*: **to be ~** être paumé(e)
screwy ['skru:ɪ] *adj (inf)* dingue, cinglé(e)
scribble ['skrɪbl] *n* gribouillage *m* ▸ *vt* gribouiller, griffonner ; **to ~ sth down** griffonner qch
scribe [skraɪb] *n* scribe *m*
script [skrɪpt] *n (Cine etc)* scénario *m*, texte *m* ; *(in exam)* copie *f* ; *(writing)* (écriture *f*) script *m*
scripted ['skrɪptɪd] *adj (Radio, TV)* préparé(e) à l'avance
Scripture ['skrɪptʃəʳ] *n* Écriture sainte
scriptwriter ['skrɪptraɪtəʳ] *n* scénariste *mf*, dialoguiste *mf*
scroll [skrəul] *n* rouleau *m* ▸ *vt (Comput)* faire défiler (sur l'écran)
▸ **scroll down** *vt* faire défiler ▸ *vi (person)* faire défiler le texte ; *(text)* défiler
▸ **scroll up** *vt* faire défiler vers le haut ▸ *vi (person)* faire défiler le texte vers le haut ; *(text, titles)* défiler vers le haut
Scrooge [skru:dʒ] *n* rat *m*
scrotum ['skrəutəm] *n* scrotum *m*
scrounge [skraundʒ] *(inf) vt*: **to ~ sth (off** *or* **from sb)** se faire payer qch (par qn), emprunter qch (à qn) ▸ *vi*: **to ~ off sb** vivre aux crochets de qn
scrounger ['skraundʒəʳ] *n* parasite *m*
scrub [skrʌb] *n (clean)* nettoyage *m* (à la brosse) ; *(land)* broussailles *fpl* ▸ *vt (floor)* nettoyer à la brosse ; *(pan)* récurer ; *(washing)* frotter ; *(reject)* annuler
scrubbing brush ['skrʌbɪŋ-] *n* brosse dure
scruff [skrʌf] *n*: **by the ~ of the neck** par la peau du cou
scruffy ['skrʌfɪ] *adj* débraillé(e)
scrum ['skrʌm], **scrummage** ['skrʌmɪdʒ] *n* mêlée *f*
scrumptious ['skrʌmpʃəs] *adj (inf)* succulent(e)
scrunch up *vt (paper, cloth)* chiffonner
scruple ['skru:pl] *n* scrupule *m* ; **to have no scruples about doing sth** n'avoir aucun scrupule à faire qch
scrupulous ['skru:pjuləs] *adj* scrupuleux(-euse)
scrupulously ['skru:pjuləslɪ] *adv* scrupuleusement ; **to be ~ honest** être d'une honnêteté scrupuleuse
scrutinize ['skru:tɪnaɪz] *vt* scruter, examiner minutieusement
scrutiny ['skru:tɪnɪ] *n* examen minutieux ; **under the ~ of sb** sous la surveillance de qn
scuba ['sku:bə] *n* scaphandre *m* (autonome)
scuba diving *n* plongée sous-marine
scuff [skʌf] *vt* érafler
scuffle ['skʌfl] *n* échauffourée *f*, rixe *f*
scullery ['skʌlərɪ] *n* arrière-cuisine *f*
sculpt [skʌlpt] *vt, vi* sculpter
sculptor ['skʌlptəʳ] *n* sculpteur *m*
sculptural ['skʌlptʃərəl] *adj* sculptural(e)
sculpture ['skʌlptʃəʳ] *n* sculpture *f*
sculptured ['skʌlptʃəd] *adj* sculpté(e)
scum [skʌm] *n* écume *f*, mousse *f* ; *(inf, pej: people)* rebut *m*, lie *f*
scumbag ['skʌmbæg] *n (inf, pej)* fripouille *f (inf)*
scupper ['skʌpəʳ] *vt (Brit)* saborder
scurrilous ['skʌrɪləs] *adj* haineux(-euse), virulent(e) ; calomnieux(-euse)
scurry ['skʌrɪ] *vi* filer à toute allure ; **to ~ off** détaler, se sauver
scurvy ['skə:vɪ] *n* scorbut *m*
scuttle ['skʌtl] *n (Naut)* écoutille *f* ; *(also:* **coal scuttle**) seau *m* (à charbon) ▸ *vt (ship)* saborder ▸ *vi (scamper)*: **to ~ away, ~ off** détaler
scythe [saɪð] *n* faux *f*
SD, S. Dak. *abbr (US)* = **South Dakota**
SDI *n abbr (= Strategic Defense Initiative)* IDS *f*
SDLP *n abbr (Brit Pol)* = **Social Democratic and Labour Party**
sea [si:] *n* mer *f* ; **on the ~** *(boat)* en mer ; *(town)* au bord de la mer ; **by** *or* **beside the ~** *(holiday, town)* au bord de la mer ; **by ~** par mer, en bateau ; **out to ~** au large ; **(out) at ~** en mer ; **heavy** *or* **rough ~(s)** grosse mer, mer agitée ; **a ~ of faces** *(fig)* une multitude de visages ; **to be all at ~** *(fig)* nager complètement ▸ *cpd* marin(e), de (la) mer, maritime
sea bed *n* fond *m* de la mer
sea bird *n* oiseau *m* de mer
seaboard ['si:bɔ:d] *n* côte *f*
sea breeze *n* brise *f* de mer
sea dog *n (old)* vieux loup *m* de mer
seafarer ['si:fɛərəʳ] *n* marin *m*
seafaring ['si:fɛərɪŋ] *adj (life)* de marin ; **~ people** les gens *mpl* de mer
seafood ['si:fu:d] *n* fruits *mpl* de mer
sea front *n* bord *m* de mer
seagoing ['si:gəuɪŋ] *adj (ship)* de haute mer
sea-green [si:'gri:n] *n* bleu-vert *m inv* ▸ *adj* bleu-vert *inv*
seagull ['si:gʌl] *n* mouette *f*
seahorse ['si:hɔ:s] *n* hippocampe *m*
seal [si:l] *n (animal)* phoque *m* ; *(stamp)* sceau *m*, cachet *m* ; *(impression)* cachet, estampille *f* ; **~ of approval** approbation *f* ▸ *vt* sceller ; *(envelope)* coller ; *(: with seal)* cacheter ; *(decide: sb's fate)* décider (de) ; *(: bargain)* conclure
▸ **seal off** *vt (close)* condamner ; *(forbid entry to)* interdire l'accès de
▸ **seal up** *vt (window)* sceller ; *(holes, cracks)* reboucher
sealant ['si:lənt] *n* mastic *m*
sea level *n* niveau *m* de la mer
sealing wax ['si:lɪŋ-] *n* cire *f* à cacheter
sea lion *n* lion *m* de mer
sealskin ['si:lskɪn] *n* peau *f* de phoque
seam [si:m] *n* couture *f* ; *(of coal)* veine *f*, filon *m* ; **the hall was bursting at the seams** la salle était pleine à craquer
seaman ['si:mən] *n (irreg)* marin *m*
seamanship ['si:mənʃɪp] *n* qualités *fpl* de marin
seamless ['si:mlɪs] *adj (Fashion, Sewing)* sans couture(s) ; *(transition)* sans heurt
seamlessly ['si:mlɪslɪ] *adv* sans heurt
seamy ['si:mɪ] *adj* louche, mal famé(e)
seance ['seɪɔns] *n* séance *f* de spiritisme
seaplane ['si:pleɪn] *n* hydravion *m*

seaport ['siːpɔːt] *n* port *m* de mer
search [səːtʃ] *n* (*for person, thing, Comput*) recherche(s) *f(pl)* ; (*of drawer, pockets*) fouille *f* ; (*Law: at sb's home*) perquisition *f* ; **in ~ of** à la recherche de ▸ *vt* fouiller ; (*examine*) examiner minutieusement ; scruter ▸ *vi*: **to ~ for** chercher
▸ **search through** *vt fus* fouiller
search engine *n* (*Comput*) moteur *m* de recherche
searcher ['səːtʃə^r] *n* chercheur(-euse)
searching ['səːtʃɪŋ] *adj* (*look, question*) pénétrant(e) ; (*examination*) minutieux(-euse)
searchlight ['səːtʃlaɪt] *n* projecteur *m*
search party *n* expédition *f* de secours
search warrant *n* mandat *m* de perquisition
searing ['sɪərɪŋ] *adj* (*heat*) brûlant(e) ; (*pain*) aigu(ë)
seascape ['siːskeɪp] *n* marine *f*
seashell ['siːʃɛl] *n* coquillage *m*
seashore ['siːʃɔː^r] *n* rivage *m*, plage *f*, bord *m* de (la) mer ; **on the ~** sur le rivage
seasick ['siːsɪk] *adj*: **to be ~** avoir le mal de mer
seasickness ['siːsɪknɪs] *n* mal *m* de mer
seaside ['siːsaɪd] *n* bord *m* de mer
seaside resort *n* station *f* balnéaire
season ['siːzn] *n* saison *f* ; **to be in/out of ~** être/ne pas être de saison ; **the busy ~** (*for shops*) la période de pointe ; (*for hotels etc*) la pleine saison ; **the open ~** (*Hunting*) la saison de la chasse ▸ *vt* assaisonner, relever
seasonal ['siːznl] *adj* saisonnier(-ière)
seasoned ['siːznd] *adj* (*wood*) séché(e) ; (*fig: worker, actor, troops*) expérimenté(e) ; **a ~ campaigner** un vieux militant, un vétéran
seasoning ['siːznɪŋ] *n* assaisonnement *m*
season ticket *n* carte *f* d'abonnement
seat [siːt] *n* siège *m* ; (*in bus, train: place*) place *f* ; (*Parliament*) siège ; (*buttocks*) postérieur *m* ; (*of trousers*) fond *m* ; **are there any seats left?** est-ce qu'il reste des places ? ; **to take one's ~** prendre place ▸ *vt* faire asseoir, placer ; (*have room for*) avoir des places assises pour, pouvoir accueillir ; **to be seated** être assis ; **please be seated** veuillez vous asseoir
seat belt *n* ceinture *f* de sécurité
seating ['siːtɪŋ] *n* sièges *fpl*, places assises
seating capacity *n* nombre *m* de places assises
sea urchin *n* oursin *m*
sea water *n* eau *f* de mer
seaweed ['siːwiːd] *n* algues *fpl*
seaworthy ['siːwəːðɪ] *adj* en état de naviguer
SEC *n abbr* (*US: = Securities and Exchange Commission*) ≈ COB *f* (*= Commission des opérations de Bourse*)
sec. *abbr* (*= second*) sec
secateurs [sɛkə'təːz] *npl* sécateur *m*
secede [sɪ'siːd] *vi* faire sécession
secession [sɪ'sɛʃən] *n* sécession *f*
secluded [sɪ'kluːdɪd] *adj* retiré(e), à l'écart
seclusion [sɪ'kluːʒən] *n* solitude *f*
second[1] ['sɛkənd] *num* deuxième, second(e) ; **~ floor** (Brit) deuxième (étage) *m* ; (*US*) premier (étage) *m* ; **to ask for a ~ opinion** (*Med*) demander l'avis d'un autre médecin ▸ *adv* (*in race etc*) en seconde position ▸ *n* (*unit of time*) seconde *f* ; (*Aut: also:* **second gear**) seconde ; (*in series, position*) deuxième *mf*, second(e) ; (*Comm: imperfect*) article *m* de second choix ; (Brit *University*) ≈ licence *f* avec mention ; **Charles the S~** Charles II ; **just a ~!** une seconde !, un instant ! ; (*stopping sb*) pas si vite ! ▸ *vt* (*motion*) appuyer ; **seconds** *npl* (*inf: food*) rab *m* (*inf*)
second[2] [sɪ'kɔnd] *vt* (*employee*) détacher, mettre en détachement
secondary ['sɛkəndərɪ] *adj* secondaire
secondary school *n* (*age 11 to 15*) collège *m* ; (*age 15 to 18*) lycée *m*
second-best [sɛkənd'bɛst] *n* deuxième choix *m* ; **as a ~** faute de mieux
second-class ['sɛkənd'klɑːs] *adj* de deuxième classe ; (*Rail*) de seconde (classe) ; (*Post*) au tarif réduit ; (*pej*) de qualité inférieure ; **~ citizen** citoyen(ne) de deuxième classe ▸ *adv* (*Rail*) en seconde ; (*Post*) au tarif réduit
second cousin *n* cousin(e) issu(e) de germains
seconder ['sɛkəndə^r] *n* personne *f* qui appuie une motion
second-guess ['sɛkənd'gɛs] *vt* (*predict*) (essayer d')anticiper ; **they're still trying to ~ his motives** ils essaient toujours de comprendre ses raisons
secondhand ['sɛkənd'hænd] *adj* d'occasion ; (*information*) de seconde main ▸ *adv* (*buy*) d'occasion ; **to hear sth ~** apprendre qch indirectement
second hand *n* (*on clock*) trotteuse *f*
second-hand bookshop ['sɛkənd'hænd-] *n* bouquiniste *m*
second-in-command ['sɛkəndɪnkə'mɑːnd] *n* (*Mil*) commandant *m* en second ; (*Admin*) adjoint(e), sous-chef *m*
secondly ['sɛkəndlɪ] *adv* deuxièmement ; **firstly ... ~ ...** d'abord ... ensuite ... *or* de plus ...
secondment [sɪ'kɔndmənt] *n* (Brit) détachement *m*
second-rate ['sɛkənd'reɪt] *adj* de deuxième ordre, de qualité inférieure
second thoughts *npl*: **to have ~** changer d'avis ; **on ~** *or* (*US*) **thought** à la réflexion
secrecy ['siːkrəsɪ] *n* secret *m* ; **in ~** en secret
secret ['siːkrɪt] *adj* secret(-ète) ; **to keep sth ~ from sb** cacher qch à qn, ne pas révéler qch à qn ; **keep it ~** n'en parle à personne ▸ *n* secret *m* ; **in ~** *adv* en secret, secrètement, en cachette ; **to make no ~ of sth** ne pas cacher qch
secret agent *n* agent secret
secretarial [sɛkrɪ'tɛərɪəl] *adj* de secrétaire, de secrétariat
secretarial college, secretarial school *n* école *f* de secrétariat
secretariat [sɛkrɪ'tɛərɪət] *n* secrétariat *m*
secretary ['sɛkrətrɪ] *n* secrétaire *mf* ; (*Comm*) secrétaire général ; **S~ of State** (*US Pol*) ≈ ministre *m* des Affaires étrangères ; **S~ of State (for)** (*Pol*) ministre *m* (de)
secretary-general ['sɛkrətrɪ'dʒɛnərl] *n* secrétaire général
secrete [sɪ'kriːt] *vt* (*Anat, Biol, Med*) sécréter ; (*hide*) cacher
secretion [sɪ'kriːʃən] *n* sécrétion *f*

S

secretive ['si:krətɪv] *adj* réservé(e) ; (*pej*) cachottier(-ière), dissimulé(e)
secretly ['si:krɪtlɪ] *adv* en secret, secrètement, en cachette
secret police *n* police secrète
secret service *n* services secrets
sect [sɛkt] *n* secte *f*
sectarian [sɛk'tɛərɪən] *adj* sectaire
sectarianism [sɛk'tɛərɪənɪzəm] *n* sectarisme *m*
section ['sɛkʃən] *n* section *f* ; (*department*) section ; (*Comm*) rayon *m* ; (*of document*) section, article *m*, paragraphe *m* ; (*cut*) coupe *f* ; **the business** *etc* **~** (*Press*) la page des affaires *etc* ▸ *vt* sectionner
sector ['sɛktəʳ] *n* secteur *m*
secular ['sɛkjuləʳ] *adj* laïque
secularism ['sɛkjulərɪzəm] *n* laïcité *f*
secure [sɪ'kjuəʳ] *adj* (*free from anxiety*) sans inquiétude, sécurisé(e) ; (*firmly fixed*) solide, bien attaché(e) (*or* fermé(e) *etc*) ; (*in safe place*) en lieu sûr, en sûreté ; **to make sth ~** bien fixer *or* attacher qch ▸ *vt* (*fix*) fixer, attacher ; (*get*) obtenir, se procurer ; (*Comm: loan*) garantir ; **to ~ sth for sb** obtenir qch pour qn, procurer qch à qn
secured creditor [sɪ'kjuəd-] *n* créancier(-ière), privilégié(e)
securely [sɪ'kjuəlɪ] *adv* (*firmly*) solidement ; (*safely*) fermement
security [sɪ'kjuərɪtɪ] *n* sécurité *f*, mesures *fpl* de sécurité ; (*for loan*) caution *f*, garantie *f* ; **to increase** *or* **tighten ~** renforcer les mesures de sécurité ; **~ of tenure** stabilité *f* d'un emploi, titularisation *f* ; **securities** *npl* (*Stock Exchange*) valeurs *fpl*, titres *mpl*
Security Council *n*: **the ~** le Conseil de sécurité
security forces *npl* forces *fpl* de sécurité
security guard *n* garde chargé de la sécurité ; (*transporting money*) convoyeur *m* de fonds
security risk *n* menace *f* pour la sécurité de l'état (*or* d'une entreprise *etc*)
sedan [sə'dæn] *n* (*US Aut*) berline *f*
sedate [sɪ'deɪt] *adj* calme ; posé(e) ▸ *vt* donner des sédatifs à
sedated [sɪ'deɪtɪd] *adj* sous sédation ; **lightly ~** sous sédation légère
sedation [sɪ'deɪʃən] *n* sédation *f* ; **to be under ~** être sous calmants
sedative ['sɛdɪtɪv] *n* calmant *m*, sédatif *m*
sedentary ['sɛdntrɪ] *adj* sédentaire
sediment ['sɛdɪmənt] *n* sédiment *m*, dépôt *m*
sedition [sɪ'dɪʃən] *n* sédition *f*
seditious [sɪ'dɪʃəs] *adj* séditieux(-euse)
seduce [sɪ'dju:s] *vt* séduire
seducer [sɪ'dju:səʳ] *n* séducteur(-trice)
seduction [sɪ'dʌkʃən] *n* séduction *f*
seductive [sɪ'dʌktɪv] *adj* séduisant(e) ; (*smile*) séducteur(-trice) ; (*fig: offer*) alléchant(e)
seductress [sɪ'dʌktrɪs] *n* séductrice *f*
see [si:] (*pt* **saw** [sɔ:], *pp* **seen** [si:n]) *vt* (*gen*) voir ; (*accompany*): **to ~ sb to the door** reconduire *or* raccompagner qn jusqu'à la porte ; (*ensure*): **to ~ that** veiller à ce que + *sub*, faire en sorte que + *sub*, s'assurer que ; **to go and ~ sb** aller voir qn ; **there was nobody to be seen** il n'y avait pas un chat ; **I don't know what she sees in him** je ne sais pas ce qu'elle lui trouve ; **~ you!** au revoir !, à bientôt ! ; **~ you soon/later/ tomorrow!** à bientôt/plus tard/demain ! ▸ *vi* voir ; **~ for yourself** voyez vous-même ; **let me ~** (*show me*) fais(-moi) voir ; (*let me think*) voyons (un peu) ; **as far as I can ~** pour autant que je puisse en juger ▸ *n* évêché *m*
▸ **see about** *vt fus* (*deal with*) s'occuper de
▸ **see off** *vt* accompagner (à l'aéroport *etc*)
▸ **see out** *vt* (*take to door*) raccompagner à la porte
▸ **see through** *vt* mener à bonne fin ▸ *vt fus* voir clair dans
▸ **see to** *vt fus* s'occuper de, se charger de
seed [si:d] *n* graine *f* ; (*fig*) germe *m* ; (*Tennis etc*) tête *f* de série ; **to go to ~** (*plant*) monter en graine ; (*fig*) se laisser aller
seeded ['si:dɪd] *adj* (*Tennis etc*): **a ~ player** une tête de série ; **to be ~ second** être tête de série numéro deux
seedless ['si:dlɪs] *adj* sans pépins
seedling ['si:dlɪŋ] *n* jeune plant *m*, semis *m*
seedy ['si:dɪ] *adj* (*shabby*) minable, miteux(-euse)
seeing ['si:ɪŋ] *conj*: **~ (that)** vu que, étant donné que
seek [si:k] (*pt, pp* **sought** [sɔ:t]) *vt* chercher, rechercher ; **to ~ advice/help from sb** demander conseil/de l'aide à qn
▸ **seek out** *vt* (*person*) chercher
seem [si:m] *vi* sembler, paraître ; **there seems to be ...** il semble qu'il y a ..., on dirait qu'il y a ... ; **it seems (that) ...** il semble que ... ; **what seems to be the trouble?** qu'est-ce qui ne va pas ?
seeming ['si:mɪŋ] *adj* apparent(e)
seemingly ['si:mɪŋlɪ] *adv* apparemment
seemly ['si:mlɪ] *adj* (*old*) convenable
seen [si:n] *pp of* **see**
seep [si:p] *vi* suinter, filtrer
seepage ['si:pɪdʒ] *n* infiltrations *fpl*
seer [sɪəʳ] *n* prophète (prophétesse) voyant(e)
seersucker ['sɪəsʌkəʳ] *n* cloqué *m*, étoffe cloquée
seesaw ['si:sɔ:] *n* (jeu *m* de) bascule *f*
seethe [si:ð] *vi* être en effervescence ; **to ~ with anger** bouillir de colère
see-through ['si:θru:] *adj* transparent(e)
segment ['sɛgmənt] *n* segment *m* ; (*of orange*) quartier *m*
segregate ['sɛgrɪgeɪt] *vt* séparer, isoler
segregation [sɛgrɪ'geɪʃən] *n* ségrégation *f*
Seine [seɪn] *n*: **the (River) ~** la Seine
seismic ['saɪzmɪk] *adj* sismique
seismological [saɪzmə'lɔdʒɪkl] *adj* sismologique
seismologist [saɪz'mɔlədʒɪst] *n* sismologue *mf*
seize [si:z] *vt* (*grasp*) saisir, attraper ; (*take possession of*) s'emparer de ; (*opportunity*) saisir ; (*Law*) saisir
▸ **seize on** *vt fus* saisir, sauter sur
▸ **seize up** *vi* (*Tech*) se gripper
▸ **seize upon** *vt fus* = **seize on**
seizure ['si:ʒəʳ] *n* (*Med*) crise *f*, attaque *f* ; (*of power*) prise *f* ; (*Law*) saisie *f*
seldom ['sɛldəm] *adv* rarement

select [sɪ'lɛkt] *adj* choisi(e), d'élite ; (*hotel, restaurant, club*) chic *inv*, sélect *inv* ; **a ~ few** quelques privilégiés ▸ *vt* sélectionner, choisir
selection [sɪ'lɛkʃən] *n* sélection *f*, choix *m*
selection committee *n* comité *m* de sélection
selective [sɪ'lɛktɪv] *adj* sélectif(-ive) ; (*school*) à recrutement sélectif
selector [sɪ'lɛktə^r] *n* (*person*) sélectionneur(-euse) ; (*Tech*) sélecteur *m*
self [sɛlf] (*pl* **selves** [sɛlvz]) *n*: **the ~** le moi *inv* ▸ *prefix* auto-
self-addressed ['sɛlfə'drɛst] *adj*: **~ envelope** enveloppe *f* à mon (*or* votre *etc*) nom
self-adhesive [sɛlfəd'hi:zɪv] *adj* autocollant(e)
self-assertive [sɛlfə'sə:tɪv] *adj* autoritaire
self-assurance [sɛlfə'ʃuərəns] *n* assurance *f*
self-assured [sɛlfə'ʃuəd] *adj* sûr(e) de soi, plein(e) d'assurance
self-catering [sɛlf'keɪtərɪŋ] *adj* (Brit: *flat*) avec cuisine, où l'on peut faire sa cuisine ; (: *holiday*) en appartement (*or* chalet *etc*) loué
self-centred, (*US*) **self-centered** [sɛlf'sɛntəd] *adj* égocentrique
self-cleaning [sɛlf'kli:nɪŋ] *adj* autonettoyant(e)
self-coloured, (*US*) **self-colored** [sɛlf'kʌləd] *adj* uni(e)
self-confessed [sɛlfkən'fɛst] *adj* (*alcoholic etc*) déclaré(e), qui ne s'en cache pas
self-confidence [sɛlf'kɔnfɪdns] *n* confiance *f* en soi
self-confident [sɛlf'kɔnfɪdnt] *adj* sûr(e) de soi, plein(e) d'assurance
self-conscious [sɛlf'kɔnʃəs] *adj* timide, qui manque d'assurance
self-contained [sɛlfkən'teɪnd] *adj* (Brit: *flat*) avec entrée particulière, indépendant(e)
self-control [sɛlfkən'trəul] *n* maîtrise *f* de soi
self-defeating [sɛlfdɪ'fi:tɪŋ] *adj* qui a un effet contraire à l'effet recherché
self-defence, (*US*) **self-defense** [sɛlfdɪ'fɛns] *n* autodéfense *f* ; (*Law*) légitime défense *f*
self-discipline [sɛlf'dɪsɪplɪn] *n* discipline personnelle
self-drive [sɛlf'draɪv] *adj* (Brit): **~ car** voiture *f* de location
self-employed [sɛlfɪm'plɔɪd] *adj* qui travaille à son compte
self-esteem [sɛlfɪ'sti:m] *n* amour-propre *m*
self-evident [sɛlf'ɛvɪdnt] *adj* évident(e), qui va de soi
self-explanatory [sɛlfɪk'splænətrɪ] *adj* qui se passe d'explication
self-governing [sɛlf'gʌvənɪŋ] *adj* autonome
self-harm [sɛlf'hɑ:m] *vi* s'automutiler ▸ *n* automutilation *f*
self-help ['sɛlf'hɛlp] *n* initiative personnelle, efforts personnels
self-importance [sɛlfɪm'pɔ:tns] *n* suffisance *f*
self-indulgent [sɛlfɪn'dʌldʒənt] *adj* qui ne se refuse rien
self-inflicted [sɛlfɪn'flɪktɪd] *adj* volontaire
self-interest [sɛlf'ɪntrɪst] *n* intérêt personnel
selfish ['sɛlfɪʃ] *adj* égoïste
selfishly ['sɛlfɪʃlɪ] *adv* égoïstement
selfishness ['sɛlfɪʃnɪs] *n* égoïsme *m*
selfless ['sɛlflɪs] *adj* désintéressé(e), plein(e) d'abnégation
selflessly ['sɛlflɪslɪ] *adv* avec abnégation
selflessness ['sɛlflɪsnɪs] *n* dévouement *m*, abnégation *f*
self-made man ['sɛlfmeɪd-] *n* (*irreg*) self-made man *m*
self-pity [sɛlf'pɪtɪ] *n* apitoiement *m* sur soi-même
self-portrait [sɛlf'pɔ:treɪt] *n* autoportrait *m*
self-possessed [sɛlfpə'zɛst] *adj* assuré(e)
self-preservation ['sɛlfprɛzə'veɪʃən] *n* instinct *m* de conservation
self-raising [sɛlf'reɪzɪŋ], (*US*) **self-rising** [sɛlf'raɪzɪŋ] *adj*: **~ flour** farine *f* pour gâteaux (*avec levure incorporée*)
self-regulatory [sɛlfrɛgju'leɪtərɪ], **self-regulating** [sɛlf'rɛgjuleɪtɪŋ] *adj* autorégulé(e)
self-reliant [sɛlfrɪ'laɪənt] *adj* indépendant(e)
self-respect [sɛlfrɪs'pɛkt] *n* respect *m* de soi, amour-propre *m*
self-respecting [sɛlfrɪs'pɛktɪŋ] *adj* qui se respecte
self-righteous [sɛlf'raɪtʃəs] *adj* satisfait(e) de soi, pharisaïque
self-rising [sɛlf'raɪzɪŋ] *adj* (*US*) = **self-raising**
self-sacrifice [sɛlf'sækrɪfaɪs] *n* abnégation *f*
self-same ['sɛlfseɪm] *adj* même
self-satisfied [sɛlf'sætɪsfaɪd] *adj* content(e) de soi, suffisant(e)
self-sealing [sɛlf'si:lɪŋ] *adj* (*envelope*) autocollant(e)
self-service [sɛlf'sə:vɪs] *adj*, *n* libre-service *m*, self-service *m*
self-styled ['sɛlfstaɪld] *adj* soi-disant *inv*
self-sufficient [sɛlfsə'fɪʃənt] *adj* indépendant(e)
self-supporting [sɛlfsə'pɔ:tɪŋ] *adj* financièrement indépendant(e)
self-tanning ['sɛlf'tænɪŋ] *adj*: **~ cream** *or* **lotion** *etc* autobronzant *m*
self-taught [sɛlf'tɔ:t] *adj* autodidacte
self-worth [sɛlf'wə:θ] *n* amour-propre *m*
sell [sɛl] (*pt, pp* **sold** [səuld]) *vt* vendre ; **to ~ sb an idea** (*fig*) faire accepter une idée à qn ▸ *vi* se vendre ; **to ~ at** *or* **for 10 euros** se vendre 10 euros
▸ **sell off** *vt* liquider
▸ **sell out** *vi*: **to ~ out (of sth)** (*use up stock*) vendre tout son stock (de qch) ; **to ~ out (to)** (*Comm*) vendre son fonds *or* son affaire (à) ▸ *vt* vendre tout son stock de ; **the tickets are all sold out** il ne reste plus de billets
▸ **sell up** *vi* vendre son fonds *or* son affaire
sell-by date ['sɛlbaɪ-] *n* date *f* limite de vente
seller ['sɛlə^r] *n* vendeur(-euse), marchand(e) ; **~'s market** marché *m* à la hausse
selling price ['sɛlɪŋ-] *n* prix *m* de vente
Sellotape® ['sɛləuteɪp] *n* (Brit) scotch® *m*
sellout ['sɛlaut] *n* trahison *f*, capitulation *f* ; (*of tickets*): **it was a ~** tous les billets ont été vendus
selves [sɛlvz] *npl of* **self**
semantic [sɪ'mæntɪk] *adj* sémantique
semantics [sɪ'mæntɪks] *n* sémantique *f*
semaphore ['sɛməfɔ:^r] *n* signaux *mpl* à bras ; (*Rail*) sémaphore *m*

S

semblance ['sɛmblns] *n* semblant *m*
semen ['si:mən] *n* sperme *m*
semester [sɪ'mɛstəʳ] *n* (*esp US*) semestre *m*
semi... ['sɛmɪ] *prefix* semi-, demi- ; à demi, à moitié ▸ *n*: **semi** = **semidetached (house)**
semi-automatic [sɛmiɔ:tə'mætɪk] *n* arme *f* semi-automatique
semibreve ['sɛmɪbri:v] *n* (BRIT) ronde *f*
semicircle ['sɛmɪsə:kl] *n* demi-cercle *m*
semicircular ['sɛmɪ'sə:kjuləʳ] *adj* en demi-cercle, semi-circulaire
semicolon [sɛmɪ'kəulən] *n* point-virgule *m*
semiconductor [sɛmɪkən'dʌktəʳ] *n* semi-conducteur *m*
semiconscious [sɛmɪ'kɔnʃəs] *adj* à demi conscient(e)
semidetached (house) [sɛmɪdɪ'tætʃt-] *n* (BRIT) maison jumelée *or* jumelle
semi-final [sɛmɪ'faɪnl] *n* demi-finale *f*
semi-finalist [sɛmi'faɪnlɪst] *n* demi-finaliste *mf*
seminal ['sɛmɪnəl] *adj* (*work, author*) phare ; (*Biol*) séminal(e)
seminar ['sɛmɪna:ʳ] *n* séminaire *m*
seminary ['sɛmɪnərɪ] *n* (*Rel: for priests*) séminaire *m*
semiprecious [sɛmɪ'prɛʃəs] *adj* semi-précieux(-euse)
semiquaver ['sɛmɪkweɪvəʳ] *n* (BRIT) double croche *f*
semiskilled [sɛmɪ'skɪld] *adj*: **~ worker** ouvrier(-ière) spécialisé(e)
semi-skimmed ['sɛmɪ'skɪmd] *adj* demi-écrémé(e)
semitone ['sɛmɪtəun] *n* (*Mus*) demi-ton *m*
semolina [sɛmə'li:nə] *n* semoule *f*
SEN *n abbr* (BRIT) = **State Enrolled Nurse**
Sen., sen. *abbr* = **senator; senior**
senate ['sɛnɪt] *n* sénat *m* ; (*US*): **the S~** le Sénat

SENATE

Le **Senate** est la chambre haute du *Congress*, le parlement des États-Unis. Il est composé de 100 sénateurs, 2 par État, élus au suffrage universel direct tous les 6 ans, un tiers d'entre eux étant renouvelé tous les 2 ans.

senator ['sɛnɪtəʳ] *n* sénateur *m*
send [sɛnd] (*pt, pp* **sent** [sɛnt]) *vt* envoyer ; **to ~ by post** *or* (*US*) **mail** envoyer *or* expédier par la poste ; **to ~ sb for sth** envoyer qn chercher qch ; **to ~ word that ...** faire dire que ... ; **she sends (you) her love** elle vous adresse ses amitiés ; **to ~ sb to Coventry** (BRIT) mettre qn en quarantaine ; **to ~ sb to sleep** endormir qn ; **to ~ sb into fits of laughter** faire rire qn aux éclats ; **to ~ sth flying** envoyer valser qch
▸ **send away** *vt* (*letter, goods*) envoyer, expédier
▸ **send away for** *vt fus* commander par correspondance, se faire envoyer
▸ **send back** *vt* renvoyer
▸ **send for** *vt fus* envoyer chercher ; faire venir ; (*by post*) se faire envoyer, commander par correspondance
▸ **send in** *vt* (*report, application, resignation*) remettre
▸ **send off** *vt* (*goods*) envoyer, expédier ; (BRIT *Sport: player*) expulser *or* renvoyer du terrain
▸ **send off for** *vt fus* (*information, brochure*) se faire envoyer ; (*product*) commander par correspondance
▸ **send on** *vt* (BRIT: *letter*) faire suivre ; (*luggage etc: in advance*) (faire) expédier à l'avance
▸ **send out** *vt* (*invitation*) envoyer (par la poste) ; (*emit: light, heat, signal*) émettre
▸ **send out for** *vt fus* (*pizza*) commander par téléphone
▸ **send round** *vt* (*letter, document etc*) faire circuler
▸ **send up** *vt* (*person, price*) faire monter ; (BRIT: *parody*) mettre en boîte, parodier
sender ['sɛndəʳ] *n* expéditeur(-trice)
send-off ['sɛndɔf] *n*: **a good ~** des adieux chaleureux
Senegal [sɛnɪ'gɔ:l] *n* Sénégal *m*
Senegalese [sɛnɪgə'li:z] *adj* sénégalais(e) ▸ *n* (*pl inv*) Sénégalais(e)
senile ['si:naɪl] *adj* sénile
senility [sɪ'nɪlɪtɪ] *n* sénilité *f*
senior ['si:nɪəʳ] *adj* (*older*) aîné(e), plus âgé(e) ; (*high-ranking*) de haut niveau ; (*of higher rank*): **to be ~ to sb** être le supérieur de qn ▸ *n* (*older*): **she is 15 years his ~** elle est son aînée de 15 ans, elle est plus âgée que lui de 15 ans ; (*in service*) personne *f* qui a plus d'ancienneté ; **P. Jones ~** P. Jones père
senior citizen *n* personne *f* du troisième âge
senior high school *n* (*US*) ≈ lycée *m*
seniority [si:nɪ'ɔrɪtɪ] *n* priorité *f* d'âge, ancienneté *f* ; (*in rank*) supériorité *f* (hiérarchique)
sensation [sɛn'seɪʃən] *n* sensation *f* ; **to create a ~** faire sensation
sensational [sɛn'seɪʃənl] *adj* qui fait sensation ; (*marvellous*) sensationnel(le)
sensationalism [sɛn'seɪʃənlɪzəm] *n* sensationnalisme *m*
sensationalist [sɛn'seɪʃənlɪst] *adj* sensationnaliste
sense [sɛns] *n* sens *m* ; (*feeling*) sentiment *m* ; (*meaning*) sens, signification *f* ; (*wisdom*) bon sens ; **it makes ~** c'est logique ; **there is no ~ in (doing) that** cela n'a pas de sens ▸ *vt* sentir, pressentir ; **senses** *npl* raison *f* ; **to come to one's senses** (*regain consciousness*) reprendre conscience ; (*become reasonable*) revenir à la raison ; **to take leave of one's senses** perdre la tête
senseless ['sɛnslɪs] *adj* insensé(e), stupide ; (*unconscious*) sans connaissance
sense of humour, (*US*) **sense of humor** *n* sens *m* de l'humour
sensibility [sɛnsɪ'bɪlɪtɪ] *n* sensibilité *f* ; **sensibilities** *npl* susceptibilité *f*
sensible ['sɛnsɪbl] *adj* sensé(e), raisonnable ; (*shoes etc*) pratique

⚠ Le mot anglais **sensible** ne veut pas dire *sensible*.

sensitive ['sɛnsɪtɪv] *adj*: **~ (to)** sensible (à) ; **he is very ~ about it** c'est un point très sensible (chez lui)

sensitivity [sɛnsɪ'tɪvɪtɪ] *n* sensibilité *f*
sensitize ['sɛnsɪtaɪz] *vt* sensibiliser ; **to ~ sb to sth** sensibiliser qn à qch ; **to be sensitized (to sth)** être sensibilisé(e) (à qch)
sensor ['sɛnsəʳ] *n* senseur *m*
sensory ['sɛnsərɪ] *adj* sensoriel(le)
sensual ['sɛnsjuəl] *adj* sensuel(le)
sensuous ['sɛnsjuəs] *adj* voluptueux(-euse), sensuel(le)
sent [sɛnt] *pt, pp of* **send**
sentence ['sɛntns] *n* (*Ling*) phrase *f* ; (*Law: judgment*) condamnation *f*, sentence *f* ; (*: punishment*) peine *f* ; **to pass ~ on sb** prononcer une peine contre qn ▸ *vt*: **to ~ sb to death/to 5 years** condamner qn à mort/à 5 ans
sentient ['sɛntiənt] *adj* doué(e) de sens
sentiment ['sɛntɪmənt] *n* sentiment *m* ; (*opinion*) opinion *f*, avis *m*
sentimental [sɛntɪ'mɛntl] *adj* sentimental(e)
sentimentality [sɛntɪmɛn'tælɪtɪ] *n* sentimentalité *f*, sensiblerie *f*
sentry ['sɛntrɪ] *n* sentinelle *f*, factionnaire *m*
sentry duty *n*: **to be on ~** être de faction
Seoul [səul] *n* Séoul
separable ['sɛprəbl] *adj* séparable
separate *adj* ['sɛprɪt] séparé(e) ; (*organization*) indépendant(e) ; (*day, occasion, issue*) différent(e) ; **~ from** distinct(e) de ; **under ~ cover** (*Comm*) sous pli séparé ▸ *vt* ['sɛpəreɪt] séparer ; (*distinguish*) distinguer ; **to ~ into** diviser en ▸ *vi* ['sɛpəreɪt] se séparer
separately ['sɛprɪtlɪ] *adv* séparément
separates ['sɛprɪts] *npl* (*clothes*) coordonnés *mpl*
separation [sɛpə'reɪʃən] *n* séparation *f*
separatism ['sɛprɪtɪzəm] *n* séparatisme *m*
separatist ['sɛprɪtɪst] *adj, n* séparatiste *mf*
sepia ['si:piə] *adj* sépia *inv*
Sept. *abbr* (*= September*) sept
September [sɛp'tɛmbəʳ] *n* septembre *m* ; *see also* **July**
septic ['sɛptɪk] *adj* septique ; (*wound*) infecté(e) ; **to go ~** s'infecter
septicaemia [sɛptɪ'si:mɪə] *n* septicémie *f*
septic tank *n* fosse *f* septique
septuagenarian [sɛptʃuədʒɪ'nɛəriən] *adj, n* septuagénaire *mf*
sequel ['si:kwl] *n* conséquence *f* ; séquelles *fpl* ; (*of story*) suite *f*
sequence ['si:kwəns] *n* ordre *m*, suite *f* ; (*in film*) séquence *f* ; (*dance*) numéro *m* ; **in ~** par ordre, dans l'ordre, les uns après les autres ; **~ of tenses** concordance *f* des temps
sequential [sɪ'kwɛnʃəl] *adj*: **~ access** (*Comput*) accès séquentiel
sequin ['si:kwɪn] *n* sequin *m*
sequinned, sequined ['si:kwɪnd] *adj* à sequins
Serb [sə:b] *adj* serbe ▸ *n* Serbe *mf*
Serbia ['sə:bɪə] *n* Serbie *f*
Serbian ['sə:bɪən] *adj* serbe ▸ *n* Serbe *mf* ; (*Ling*) serbe *m*
Serbo-Croat ['sə:bəu'krəuæt] *n* (*Ling*) serbo-croate *m*
serenade [sɛrə'neɪd] *n* sérénade *f* ▸ *vt* donner une sérénade à
serendipitous [sɛrən'dɪpɪtəs] *adj* (*discovery, event*) inespéré(e)
serendipity [sɛrɛn'dɪpətɪ] *n* heureux hasard *m*
serene [sɪ'ri:n] *adj* serein(e), calme, paisible
serenely [sɪ'ri:nlɪ] *adv* (*say, smile*) sereinement
serenity [sə'rɛnɪtɪ] *n* sérénité *f*, calme *m*
sergeant ['sɑ:dʒənt] *n* sergent *m* ; (*Police*) brigadier *m*
sergeant major *n* sergent-major *m*
serial ['sɪərɪəl] *n* feuilleton *m* ▸ *adj* (*Comput: interface, printer*) série *inv* ; (*: access*) séquentiel(le)
serialize ['sɪərɪəlaɪz] *vt* publier (*or* adapter) en feuilleton
serial killer *n* meurtrier *m* tuant en série
serial number *n* numéro *m* de série
series ['sɪərɪz] *n* série *f* ; (*Publishing*) collection *f*
serious ['sɪərɪəs] *adj* sérieux(-euse) ; (*accident etc*) grave ; **are you ~ (about it)?** parlez-vous sérieusement ?
seriously ['sɪərɪəslɪ] *adv* sérieusement ; (*hurt*) gravement ; **~ rich/difficult** (*inf: extremely*) drôlement riche/difficile ; **to take sth/sb ~** prendre qch/qn au sérieux
seriousness ['sɪərɪəsnɪs] *n* sérieux *m*, gravité *f*
sermon ['sə:mən] *n* sermon *m*
serotonin [sɛrə'təunɪn] *n* sérotonine *m*
serpent ['sə:pənt] *n* serpent *m*
serrated [sɪ'reɪtɪd] *adj* en dents de scie
serum ['sɪərəm] *n* sérum *m*
servant ['sə:vənt] *n* domestique *mf* ; (*fig*) serviteur (servante)
serve [sə:v] *vt* (*employer etc*) servir, être au service de ; (*purpose*) servir à ; (*customer, food, meal*) servir ; (*subj: train*) desservir ; (*apprenticeship*) faire, accomplir ; (*prison term*) faire ; purger ; **are you being served?** est-ce qu'on s'occupe de vous ? ; **it serves him right** c'est bien fait pour lui ; **it serves my purpose** cela fait mon affaire ▸ *vi* (*Tennis*) servir ; (*be useful*): **to ~ as/for/to do** servir de/à/à faire ; **to ~ on a committee/jury** faire partie d'un comité/ jury ▸ *n* (*Tennis*) service *m*
▸ **serve out, serve up** *vt* (*food*) servir
server [sə:vəʳ] *n* (*Comput*) serveur *m*
service ['sə:vɪs] *n* (*gen*) service *m* ; (*Aut*) révision *f* ; (*Rel*) office *m* ; **to be of ~ to sb, to do sb a ~** rendre service à qn ; **~ included/not included** service compris/non compris ; **to put one's car in for ~** donner sa voiture à réviser ; **dinner ~** service de table ▸ *vt* (*car etc*) réviser ; **services** *npl* (*Econ: tertiary sector*) (secteur *m*) tertiaire *m*, secteur des services ; (*Brit: on motorway*) station-service *f* ; (*Mil*): **the Services** *npl* les forces armées
serviceable ['sə:vɪsəbl] *adj* pratique, commode
service area *n* (*on motorway*) aire *f* de services
service charge *n* (*Brit*) service *m*
service industries *npl* les industries *fpl* de service, les services *mpl*
serviceman ['sə:vɪsmən] *n* (*irreg*) militaire *m*
service station *n* station-service *f*
servicewoman ['sə:vɪswumən] *n* (*irreg*) militaire *f*
serviette [sə:vɪ'ɛt] *n* (*Brit*) serviette *f* (de table)
servile ['sə:vaɪl] *adj* servile
servitude ['sə:vɪtju:d] *n* servitude *f*

S

sesame ['sɛsəmɪ] *n* sésame *m* ▶ *cpd* (*seed, oil*) de sésame ; (*cracker, biscuit*) au sésame
session ['sɛʃən] *n* (*sitting*) séance *f* ; (*Scol*) année *f* scolaire (*or* universitaire) ; **to be in ~** siéger, être en session *or* en séance
session musician *n* musicien(ne) de studio
set [sɛt] (*pt, pp* **~**) *n* série *f*, assortiment *m* ; (*of tools etc*) jeu *m* ; (*Radio, TV*) poste *m* ; (*Tennis*) set *m* ; (*group of people*) cercle *m*, milieu *m* ; (*Cine*) plateau *m* ; (*Theat: stage*) scène *f* ; (*: scenery*) décor *m* ; (*Math*) ensemble *m* ; (*Hairdressing*) mise *f* en plis ; **a ~ of false teeth** un dentier ; **a ~ of dining-room furniture** une salle à manger ▶ *adj* (*fixed*) fixe, déterminé(e) ; (*ready*) prêt(e) ; **to be ~ on doing** être résolu(e) à faire ; **to be all ~ to do** être (fin) prêt(e) pour faire ; **to be (dead) ~ against** être (totalement) opposé à ; **he's ~ in his ways** il n'est pas très souple, il tient à ses habitudes ; **a ~ phrase** une expression toute faite, une locution ▶ *vt* (*place*) mettre, poser, placer ; (*fix, establish*) fixer ; (*: record*) établir ; (*assign: task, homework*) donner ; (*exam*) composer ; (*adjust*) régler ; (*decide: rules etc*) fixer, choisir ; (*Typ*) composer ; **to ~ to music** mettre en musique ; **to ~ on fire** mettre le feu à ; **to ~ free** libérer ; **to ~ sth going** déclencher qch ; **to ~ the alarm clock for seven o'clock** mettre le réveil à sonner à sept heures ; **to ~ sail** partir, prendre la mer ▶ *vi* (*sun*) se coucher ; (*jam, jelly, concrete*) prendre ; (*bone*) se ressouder
▶ **set about** *vt fus* (*task*) entreprendre, se mettre à ; **to ~ about doing sth** se mettre à faire qch
▶ **set aside** *vt* mettre de côté ; (*time*) garder
▶ **set back** *vt* (*in time*): **to ~ back (by)** retarder (de) ; (*place*): **a house ~ back from the road** une maison située en retrait de la route
▶ **set down** *vt* (*subj: bus, train*) déposer
▶ **set in** *vi* (*infection, bad weather*) s'installer ; (*complications*) survenir, surgir ; **the rain has ~ in for the day** c'est parti pour qu'il pleuve toute la journée
▶ **set off** *vi* se mettre en route, partir ▶ *vt* (*bomb*) faire exploser ; (*cause to start*) déclencher ; (*show up well*) mettre en valeur, faire valoir
▶ **set out** *vi*: **to ~ out (from)** partir (de) ; **to ~ out to do** entreprendre de faire ; avoir pour but *or* intention de faire ▶ *vt* (*arrange*) disposer ; (*state*) présenter, exposer
▶ **set up** *vt* (*organization*) fonder, créer ; (*monument*) ériger ; **to ~ up shop** (*fig*) s'établir, s'installer
setback ['sɛtbæk] *n* (*hitch*) revers *m*, contretemps *m* ; (*in health*) rechute *f*
set menu *n* menu *m*
set square *n* équerre *f*
settee [sɛ'tiː] *n* canapé *m*
setting ['sɛtɪŋ] *n* cadre *m* ; (*of jewel*) monture *f* ; (*position: of controls*) réglage *m*
setting lotion *n* lotion *f* pour mise en plis
settle ['sɛtl] *vt* (*argument, matter, account*) régler ; (*problem*) résoudre ; (*Med: calm*) calmer ; (*colonize: land*) coloniser ; **that's settled then** alors, c'est d'accord ! ; **to ~ one's stomach** calmer des maux d'estomac ▶ *vi* (*bird, dust etc*) se poser ; (*sediment*) se déposer ; **to ~ to sth** se mettre sérieusement à qch ; **to ~ for sth** accepter qch, se contenter de qch ; **to ~ on sth** opter *or* se décider pour qch
▶ **settle down** *vi* (*get comfortable*) s'installer ; (*become calmer*) se calmer ; se ranger
▶ **settle in** *vi* s'installer
▶ **settle up** *vi*: **to ~ up with sb** régler (ce que l'on doit à) qn
settlement ['sɛtlmənt] *n* (*payment*) règlement *m* ; (*agreement*) accord *m* ; (*colony*) colonie *f* ; (*village etc*) village *m*, hameau *m* ; **in ~ of our account** (*Comm*) en règlement de notre compte
settler ['sɛtlə^r] *n* colon *m*
setup ['sɛtʌp] *n* (*arrangement*) manière *f* dont les choses sont organisées ; (*situation*) situation *f*, allure *f* des choses
seven ['sɛvn] *num* sept
seventeen [sɛvn'tiːn] *num* dix-sept
seventeenth [sevn'tiːnθ] *num* dix-septième
seventh ['sɛvnθ] *num* septième
seventieth ['sevntɪɪθ] *num* soixante-dixième
seventy ['sɛvntɪ] *num* soixante-dix
sever ['sɛvə^r] *vt* couper, trancher ; (*relations*) rompre
several ['sɛvərl] *adj, pron* plusieurs *pl* ; **~ of us** plusieurs d'entre nous ; **~ times** plusieurs fois
severance ['sɛvərəns] *n* (*of relations*) rupture *f*
severance pay *n* indemnité *f* de licenciement
severe [sɪ'vɪə^r] *adj* (*stern*) sévère, strict(e) ; (*serious*) grave, sérieux(-euse) ; (*hard*) rigoureux(-euse), dur(e) ; (*plain*) sévère, austère
severely [sɪ'vɪəlɪ] *adv* sévèrement ; (*wounded, ill*) gravement
severity [sɪ'vɛrɪtɪ] *n* sévérité *f* ; gravité *f* ; rigueur *f*
sew [səu] (*pt* **sewed** [səud], *pp* **sewn** [səun]) *vt, vi* coudre
▶ **sew on** *vt* coudre ; **to ~ on a button** coudre un bouton
▶ **sew up** *vt* (re)coudre ; **it is all sewn up** (*fig*) c'est dans le sac *or* dans la poche
sewage ['suːɪdʒ] *n* vidange(s) *f(pl)*
sewage works *n* champ *m* d'épandage
sewer ['suːə^r] *n* égout *m*
sewerage ['suːərɪdʒ] *n* tout-à-l'égout *m*
sewing ['səuɪŋ] *n* couture *f* ; (*item(s)*) ouvrage *m*
sewing machine *n* machine *f* à coudre
sewn [səun] *pp of* **sew**
sex [sɛks] *n* sexe *m* ; **to have ~ with** avoir des rapports (sexuels) avec
▶ **sex up** *vt* (*inf*) donner du piquant à
sex act *n* acte sexuel
sex appeal *n* sex-appeal *m*
sex change *n* (*also*: **sex change operation**) (opération *f* de) changement *m* de sexe
sex discrimination *n* (*also*: **sexual discrimination**) discrimination *f* sexuelle
sex education *n* éducation sexuelle
sexism ['sɛksɪzəm] *n* sexisme *m*
sexist ['sɛksɪst] *adj* sexiste
sex life *n* vie sexuelle
sex object *n* femme-objet *f*, objet sexuel
sextet [sɛks'tɛt] *n* sextuor *m*
sexual ['sɛksjuəl] *adj* sexuel(le) ; **~ assault** attentat *m* à la pudeur ; **~ harassment** harcèlement sexuel
sexual intercourse *n* rapports sexuels

sexuality [sɛksju'ælɪtɪ] *n* sexualité *f*
sexually ['sɛksjuəlɪ] *adv* sexuellement
sexy ['sɛksɪ] *adj* sexy *inv*
Seychelles [seɪ'ʃɛl(z)] *npl*: **the ~** les Seychelles *fpl*
SF *n abbr* (= *science fiction*) SF *f*
SG *n abbr* (*US*) = **Surgeon General**
Sgt *abbr* (= *sergeant*) Sgt
shabbiness ['ʃæbɪnɪs] *n* aspect miteux ; mesquinerie *f*
shabby ['ʃæbɪ] *adj* miteux(-euse) ; (*behaviour*) mesquin(e), méprisable
shack [ʃæk] *n* cabane *f*, hutte *f*
shackles ['ʃæklz] *npl* chaînes *fpl*, entraves *fpl*
shade [ʃeɪd] *n* ombre *f* ; (*for lamp*) abat-jour *m inv* ; (*of colour*) nuance *f*, ton *m* ; (*US: window shade*) store *m* ; (*small quantity*): **a ~ of** un soupçon de ; **in the ~** à l'ombre ; **a ~ smaller** un tout petit peu plus petit ▸ *vt* abriter du soleil, ombrager ; **shades** *npl* (*US: sunglasses*) lunettes *fpl* de soleil
shaded ['ʃeɪdɪd] *adj* (*shady*) ombragé(e) ; (*coloured: area*) ombré(e)
shadow ['ʃædəu] *n* ombre *f* ; **without** *or* **beyond a ~ of doubt** sans l'ombre d'un doute ▸ *vt* (*follow*) filer
shadow cabinet *n* (Brit Pol) *cabinet parallèle formé par le parti qui n'est pas au pouvoir*
shadowy ['ʃædəuɪ] *adj* ombragé(e) ; (*dim*) vague, indistinct(e)
shady ['ʃeɪdɪ] *adj* ombragé(e) ; (*fig: dishonest*) louche, véreux(-euse)
shaft [ʃɑ:ft] *n* (*of arrow, spear*) hampe *f* ; (*Aut, Tech*) arbre *m* ; (*of mine*) puits *m* ; (*of lift*) cage *f* ; (*of light*) rayon *m*, trait *m* ; **ventilator ~** conduit *m* d'aération *or* de ventilation
shaggy ['ʃægɪ] *adj* hirsute ; en broussaille
shake [ʃeɪk] (*pt* **shook** [ʃuk], *pp* **shaken** ['ʃeɪkn]) *vt* secouer ; (*bottle, cocktail*) agiter ; (*house, confidence*) ébranler ; **to ~ one's head** (*in refusal etc*) dire *or* faire non de la tête ; (*in dismay*) secouer la tête ; **to ~ hands with sb** serrer la main à qn ▸ *vi* trembler ▸ *n* secousse *f*
▸ **shake off** *vt* secouer ; (*pursuer*) se débarrasser de
▸ **shake up** *vt* secouer
shake-up ['ʃeɪkʌp] *n* grand remaniement
shakily ['ʃeɪkɪlɪ] *adv* (*reply*) d'une voix tremblante ; (*walk*) d'un pas mal assuré ; (*write*) d'une main tremblante
shaky ['ʃeɪkɪ] *adj* (*hand, voice*) tremblant(e) ; (*building*) branlant(e), peu solide ; (*memory*) chancelant(e) ; (*knowledge*) incertain(e)
shale [ʃeɪl] *n* schiste argileux
shall [ʃæl] *aux vb*: **I ~ go** j'irai ; **~ I open the door?** j'ouvre la porte ? ; **I'll get the coffee, ~ I?** je vais chercher le café, d'accord ?
shallot [ʃə'lɔt] *n* (Brit) échalote *f*
shallow ['ʃæləu] *adj* peu profond(e) ; (*fig*) superficiel(le), qui manque de profondeur
sham [ʃæm] *n* frime *f* ; (*jewellery, furniture*) imitation *f* ▸ *adj* feint(e), simulé(e) ▸ *vt* feindre, simuler
shaman ['ʃeɪmən] *n* chaman *m*
shamanism ['ʃeɪmənɪzəm] *n* chamanisme *m*
shambles ['ʃæmblz] *n* confusion *f*, pagaïe *f*, fouillis *m* ; **the economy is (in) a complete ~** l'économie est dans la confusion la plus totale
shambolic [ʃæm'bɔlɪk] *adj* (*inf*) bordélique (*inf*)
shame [ʃeɪm] *n* honte *f* ; **it is a ~ (that/to do)** c'est dommage (que + *sub*/de faire) ; **what a ~!** quel dommage ! ; **to put sb/sth to ~** (*fig*) faire honte à qn/qch ▸ *vt* faire honte à
shamefaced ['ʃeɪmfeɪst] *adj* honteux(-euse), penaud(e)
shameful ['ʃeɪmful] *adj* honteux(-euse), scandaleux(-euse)
shamefully ['ʃeɪmfulɪ] *adv* honteusement
shameless ['ʃeɪmlɪs] *adj* éhonté(e), effronté(e) ; (*immodest*) impudique
shamelessly ['ʃeɪmlɪslɪ] *adv* (*lie, cheat*) sans vergogne ; (*immodestly*) sans pudeur
shampoo [ʃæm'pu:] *n* shampooing *m* ; **~ and set** shampooing et mise *f* en plis ▸ *vt* faire un shampooing à
shamrock ['ʃæmrɔk] *n* trèfle *m* (*emblème national de l'Irlande*)
shandy ['ʃændɪ] *n* bière panachée
shan't [ʃɑ:nt] = **shall not**
shanty ['ʃæntɪ] *n* (*hut*) baraque *f* ; (*song*) chanson *f* de marins
shantytown ['ʃæntɪtaun] *n* bidonville *m*
SHAPE [ʃeɪp] *n abbr* (= *Supreme Headquarters Allied Powers, Europe*) *quartier général des forces alliées en Europe*
shape [ʃeɪp] *n* forme *f* ; **to take ~** prendre forme *or* tournure ; **in the ~ of a heart** en forme de cœur ; **I can't bear gardening in any ~ or form** je déteste le jardinage sous quelque forme que ce soit ; **to get o.s. into ~** (re)trouver la forme ▸ *vt* façonner, modeler ; (*clay, stone*) donner forme à ; (*statement*) formuler ; (*sb's ideas, character*) former ; (*sb's life*) déterminer ; (*course of events*) influer sur le cours de ▸ *vi* (*also*: **shape up**: *events*) prendre tournure ; (*: person*) faire des progrès, s'en sortir
shaped [ʃeɪpt] *adj*: **oddly ~** à la forme étrange ; **~ like sth** en forme de qch
-shaped [ʃeɪpt] *suffix*: **heart~** en forme de cœur
shapeless ['ʃeɪplɪs] *adj* informe, sans forme
shapely ['ʃeɪplɪ] *adj* bien proportionné(e), beau (belle)
shard [ʃɑ:d] *n* (*of glass, metal*) éclat *m* ; (*of pottery*) tesson *m*
share [ʃɛə[r]] *n* (*thing received, contribution*) part *f* ; (*Comm*) action *f* ▸ *vt* partager ; (*have in common*) avoir en commun ; **to ~ out (among** *or* **between)** partager (entre) ▸ *vi* partager ; **to ~ in** (*joy, sorrow*) prendre part à ; (*profits*) participer à, avoir part à ; (*work*) partager
share capital *n* capital social
share certificate *n* certificat *m or* titre *m* d'action
shareholder ['ʃɛəhəuldə[r]] *n* actionnaire *mf*
shareholding ['ʃɛəhəuldɪŋ] *n* participation *f* ; **to have a ~ in sth** détenir une participation dans qch
share index *n* indice *m* de la Bourse
shareware ['ʃɛəwɛə[r]] *n* (*Comput*) partagiciel *m*
sharia [ʃə'ri:ə] *n* charia *f* ▸ *cpd* (*law, court*) de la charia
shark [ʃɑ:k] *n* requin *m*

S

sharp [ʃɑ:p] *adj* (*razor, knife*) tranchant(e), bien aiguisé(e) ; (*point, voice*) aigu(ë) ; (*nose, chin*) pointu(e) ; (*outline, increase*) net(te) ; (*curve, bend*) brusque ; (*cold, pain*) vif (vive) ; (*taste*) piquant(e), âcre ; (*Mus*) dièse ; (*person: quick-witted*) vif (vive), éveillé(e) ; (*: unscrupulous*) malhonnête ; **to be ~ with sb** être brusque avec qn ; **look ~!** dépêche-toi ! ▸ *n* (*Mus*) dièse *m* ▸ *adv*: **at 2 o'clock ~** à 2 heures pile *or* tapantes ; **turn ~ left** tournez immédiatement à gauche
sharpen ['ʃɑ:pn] *vt* aiguiser ; (*pencil*) tailler ; (*fig*) aviver
sharpener ['ʃɑ:pnəʳ] *n* (*also*: **pencil sharpener**) taille-crayon(s) *m inv* ; (*also*: **knife sharpener**) aiguisoir *m*
sharp-eyed [ʃɑ:p'aɪd] *adj* à qui rien n'échappe
sharpish ['ʃɑ:pɪʃ] *adv* (Brit *inf: quickly*) en vitesse
sharply ['ʃɑ:plɪ] *adv* (*turn, stop*) brusquement ; (*stand out*) nettement ; (*criticize, retort*) sèchement, vertement
sharpshooter ['ʃɑ:pʃu:təʳ] *n* tireur(-euse) d'élite
sharp-tempered [ʃɑ:p'tɛmpəd] *adj* prompt(e) à se mettre en colère
sharp-witted [ʃɑ:p'wɪtɪd] *adj* à l'esprit vif, malin(-igne)
shatter ['ʃætəʳ] *vt* fracasser, briser, faire voler en éclats ; (*fig: upset*) bouleverser ; (*: ruin*) briser, ruiner ▸ *vi* voler en éclats, se briser, se fracasser
shattered ['ʃætəd] *adj* (*devastated*) bouleversé(e) ; (*inf: exhausted*) crevé(e) (*inf*)
shattering ['ʃætərɪŋ] *adj* (*devastating: experience*) bouleversant(e) ; (*: blow*) terrible ; (Brit *inf: exhausting: day, journey*) crevant(e) (*inf*) ▸ *n*: **I heard the ~ of glass** j'ai entendu un bruit de verre brisé
shatterproof ['ʃætəpru:f] *adj* incassable
shave [ʃeɪv] *vt* raser ▸ *vi* se raser ▸ *n*: **to have a ~** se raser
▸ **shave off** *vt* (*beard, hair*) raser ; (*wood*) raboter ; (*cut*): **to ~ a few seconds off the record** battre le record de quelques secondes
shaven ['ʃeɪvn] *adj* (*head*) rasé(e)
shaver ['ʃeɪvəʳ] *n* (*also*: **electric shaver**) rasoir *m* électrique
shaving ['ʃeɪvɪŋ] *n* (*action*) rasage *m*
shaving brush *n* blaireau *m*
shaving cream *n* crème *f* à raser
shaving foam *n* mousse *f* à raser
shavings ['ʃeɪvɪŋz] *npl* (*of wood etc*) copeaux *mpl*
shaving soap *n* savon *m* à barbe
shawl [ʃɔ:l] *n* châle *m*
she [ʃi:] *pron* elle ; **there ~ is** la voilà ; **~-elephant** *etc* éléphant *m etc* femelle
sheaf [ʃi:f] (*pl* **sheaves** [ʃi:vz]) *n* gerbe *f*
shear [ʃɪəʳ] (*pt* **sheared** [ʃɪəd], *pp* **sheared** *or* **shorn** [ʃɔ:n]) *vt* (*sheep*) tondre
▸ **shear off** *vt* tondre ; (*branch*) élaguer
shears ['ʃɪəz] *npl* (*for hedge*) cisaille(s) *f(pl)*
sheath [ʃi:θ] *n* gaine *f*, fourreau *m*, étui *m* ; (*contraceptive*) préservatif *m*
sheathe [ʃi:ð] *vt* gainer ; (*sword*) rengainer
sheath knife *n* couteau *m* à gaine
sheaves [ʃi:vz] *npl of* **sheaf**
shed [ʃɛd] (*pt, pp* **~**) *n* remise *f*, resserre *f* ; (*Industry, Rail*) hangar *m* ▸ *vt* (*leaves, fur etc*) perdre ; (*tears*) verser, répandre ; (*workers*) congédier ; **to ~ light on** (*problem, mystery*) faire la lumière sur
she'd [ʃi:d] = **she had; she would**
sheen [ʃi:n] *n* lustre *m*
sheep [ʃi:p] *n* (*pl inv*) mouton *m*
sheepdog ['ʃi:pdɔg] *n* chien *m* de berger
sheep farmer *n* éleveur *m* de moutons
sheepish ['ʃi:pɪʃ] *adj* penaud(e), timide
sheepskin ['ʃi:pskɪn] *n* peau *f* de mouton
sheepskin jacket *n* canadienne *f*
sheer [ʃɪəʳ] *adj* (*utter*) pur(e), pur et simple ; (*steep*) à pic, abrupt(e) ; (*almost transparent*) extrêmement fin(e) ; **by ~ chance** par pur hasard ▸ *adv* à pic, abruptement
sheet [ʃi:t] *n* (*on bed*) drap *m* ; (*of paper*) feuille *f* ; (*of glass, metal etc*) feuille, plaque *f*
sheet feed *n* (*on printer*) alimentation *f* en papier (feuille à feuille)
sheet lightning *n* éclair *m* en nappe(s)
sheet metal *n* tôle *f*
sheet music *n* partition(s) *f(pl)*
sheik, sheikh [ʃeɪk] *n* cheik *m*
shelf [ʃɛlf] (*pl* **shelves** [ʃɛlvz]) *n* étagère *f*, rayon *m* ; **set of shelves** rayonnage *m*
shelf life *n* (*Comm*) durée *f* de conservation (avant la vente)
shell [ʃɛl] *n* (*on beach*) coquillage *m* ; (*of egg, nut etc*) coquille *f* ; (*explosive*) obus *m* ; (*of building*) carcasse *f* ▸ *vt* (*crab, prawn etc*) décortiquer ; (*peas*) écosser ; (*Mil*) bombarder (d'obus)
▸ **shell out** *vi* (*inf*): **to ~ out (for)** casquer (pour) (*inf*)
she'll [ʃi:l] = **she will; she shall**
shellfire ['ʃɛlfaɪəʳ] *n* tirs *mpl* d'obus ; **to come under ~** être soumis(e) à des tirs d'obus
shellfish ['ʃɛlfɪʃ] *n* (*pl inv: crab etc*) crustacé *m* ; (*: scallop etc*) coquillage *m* ▸ *npl* (*as food*) fruits *mpl* de mer
shelling ['ʃɛlɪŋ] *n* (*Mil*) tirs *mpl* d'obus
shell-shocked ['ʃɛlʃɔkt] *adj* (*soldier*) atteint(e) de psychose traumatique ; (*inf: stunned*) sous le choc
shell suit *n* survêtement *m*
shelter ['ʃɛltəʳ] *n* abri *m*, refuge *m* ; **to take ~ (from)** s'abriter (de) ▸ *vt* abriter, protéger ; (*give lodging to*) donner asile à ▸ *vi* s'abriter, se mettre à l'abri
sheltered ['ʃɛltəd] *adj* (*life*) retiré(e), à l'abri des soucis ; (*spot*) abrité(e)
sheltered housing *n* foyers *mpl* (*pour personnes âgées ou handicapées*)
shelve [ʃɛlv] *vt* (*fig*) mettre en suspens *or* en sommeil
shelves ['ʃɛlvz] *npl of* **shelf**
shelving ['ʃɛlvɪŋ] *n* (*shelves*) rayonnage(s) *m(pl)*
shenanigans [ʃɪ'nænɪgənz] *npl* (*inf*) combines *fpl* (*inf*)
shepherd ['ʃɛpəd] *n* berger *m* ▸ *vt* (*guide*) guider, escorter
shepherdess ['ʃɛpədɪs] *n* bergère *f*
shepherd's pie ['ʃɛpədz-] *n* ≈ hachis *m* Parmentier
sherbet ['ʃə:bət] *n* (Brit: *powder*) poudre acidulée ; (*US: water ice*) sorbet *m*

sheriff ['ʃɛrɪf] (*US*) *n* shérif *m*
sherry ['ʃɛrɪ] *n* xérès *m*, sherry *m*
she's [ʃi:z] = **she is**; **she has**
Shetland ['ʃɛtlənd] *n* (*also*: **the Shetland Isles** *or* **Islands**) les îles *fpl* Shetland
Shetland pony *n* poney *m* des îles Shetland
shield [ʃi:ld] *n* bouclier *m* ; (*protection*) écran *m* de protection ▸ *vt*: **to ~ (from)** protéger (de *or* contre)
shift [ʃɪft] *n* (*change*) changement *m* ; (*work period*) période *f* de travail ; (*of workers*) équipe *f*, poste *m* ; **a ~ in demand** (*Comm*) un déplacement de la demande ▸ *vt* déplacer, changer de place ; (*remove*) enlever ▸ *vi* changer de place, bouger ; **the wind has shifted to the south** le vent a tourné au sud
shift key *n* (*on keyboard*) touche *f* de majuscule
shiftless ['ʃɪftlɪs] *adj* fainéant(e)
shift work *n* travail *m* par roulement ; **to do ~** travailler par roulement
shifty ['ʃɪftɪ] *adj* sournois(e) ; (*eyes*) fuyant(e)
Shiite ['ʃi:aɪt] *n* Chiite *mf* ▸ *adj* chiite
shilling ['ʃɪlɪŋ] *n* (Brit *Hist*) shilling *m*
shilly-shally ['ʃɪlɪʃælɪ] *vi* tergiverser, atermoyer
shimmer ['ʃɪmə^r] *n* miroitement *m*, chatoiement *m* ▸ *vi* miroiter, chatoyer
shin [ʃɪn] *n* tibia *m* ▸ *vi*: **to ~ up/down a tree** grimper dans un/descendre d'un arbre
shindig ['ʃɪndɪg] *n* (*inf*) bamboula *f* (*inf*)
shine [ʃaɪn] (*pt, pp* **shone** [ʃɔn]) *n* éclat *m*, brillant *m* ▸ *vi* briller ▸ *vt* (*pt, pp* **shined**) (*polish*) faire briller *or* reluire ; **to ~ sth on sth** (*torch*) braquer qch sur qch
shingle ['ʃɪŋgl] *n* (*on beach*) galets *mpl* ; (*on roof*) bardeau *m*
shingles ['ʃɪŋglz] *n* (*Med*) zona *m*
shining ['ʃaɪnɪŋ] *adj* brillant(e)
Shinto ['ʃɪntəu] *n* shintoïsme *m*
shiny ['ʃaɪnɪ] *adj* brillant(e)
ship [ʃɪp] *n* bateau *m* ; (*large*) navire *m* ; **on board ~** à bord ▸ *vt* transporter (par mer) ; (*send*) expédier (par mer) ; (*load*) charger, embarquer
▸ **ship off** *vt* (*inf: send away*) expédier (*inf*)
▸ **ship out** *vt* (*send*) expédier ; (*: by sea*) expédier par bateau
shipbuilder ['ʃɪpbɪldə^r] *n* constructeur *m* de navires
shipbuilding ['ʃɪpbɪldɪŋ] *n* construction navale
ship chandler [-'tʃɑ:ndlə^r] *n* fournisseur *m* maritime, shipchandler *m*
shipment ['ʃɪpmənt] *n* cargaison *f*
shipowner ['ʃɪpəunə^r] *n* armateur *m*
shipper ['ʃɪpə^r] *n* affréteur *m*, expéditeur *m*
shipping ['ʃɪpɪŋ] *n* (*ships*) navires *mpl* ; (*traffic*) navigation *f* ; (*the industry*) industrie navale ; (*transport*) transport *m*
shipping agent *n* agent *m* maritime
shipping company *n* compagnie *f* de navigation
shipping lane *n* couloir *m* de navigation
shipping line *n* = **shipping company**
shipshape ['ʃɪpʃeɪp] *adj* en ordre impeccable
shipwreck ['ʃɪprɛk] *n* épave *f* ; (*event*) naufrage *m* ▸ *vt*: **to be shipwrecked** faire naufrage
shipyard ['ʃɪpjɑ:d] *n* chantier naval
shire ['ʃaɪə^r] *n* (Brit) comté *m*
shirk [ʃə:k] *vt* esquiver, se dérober à
shirt [ʃə:t] *n* chemise *f* ; (*woman's*) chemisier *m* ; **in ~ sleeves** en bras de chemise
shirty ['ʃə:tɪ] *adj* (Brit *inf*) de mauvais poil
shit [ʃɪt] *excl* (*inf!*) merde (!)
shitless ['ʃɪtlɪs] *adv* (*inf!*): **to be bored ~** s'emmerder comme un rat mort (*inf*) ; **to be scared ~** avoir une peur bleue (*inf*)
shiver ['ʃɪvə^r] *n* frisson *m* ▸ *vi* frissonner
shoal [ʃəul] *n* (*of fish*) banc *m*
shock [ʃɔk] *n* (*impact*) choc *m*, heurt *m* ; (*Elec*) secousse *f*, décharge *f* ; (*emotional*) choc ; (*Med*) commotion *f*, choc ; **it gave us a ~** ça nous a fait un choc ; **it came as a ~ to hear that ...** nous avons appris avec stupeur que ... ; **suffering from ~** (*Med*) commotionné(e) ▸ *vt* (*scandalize*) choquer, scandaliser ; (*upset*) bouleverser
shock absorber [-əbzɔ:bə^r] *n* amortisseur *m*
shocked [ʃɔkt] *adj* (*scandalized*) choqué(e) ; (*upset*) bouleversé(e)
shocker ['ʃɔkə^r] *n* (*inf*): **the news was a real ~ to him** il a vraiment été choqué par cette nouvelle
shocking ['ʃɔkɪŋ] *adj* (*outrageous*) choquant(e), scandaleux(-euse) ; (*awful*) épouvantable
shockingly ['ʃɔkɪŋlɪ] *adv* (*terribly: bad, expensive*) affreusement ; (*as sentence adverb*): **~, ...**, ce qui est un véritable scandale
shockproof ['ʃɔkpru:f] *adj* anti-choc *inv*
shock therapy, shock treatment *n* (*Med*) (traitement *m* par) électrochoc(s) *m(pl)*
shock wave *n* (*also fig*) onde *f* de choc
shod [ʃɔd] *pt, pp of* **shoe**; **well-~** bien chaussé(e)
shoddy ['ʃɔdɪ] *adj* de mauvaise qualité, mal fait(e)
shoe [ʃu:] (*pt, pp* **shod** [ʃɔd]) *n* chaussure *f*, soulier *m* ; (*also*: **horseshoe**) fer *m* à cheval ; (*also*: **brake shoe**) mâchoire *f* de frein ▸ *vt* (*horse*) ferrer
shoebrush ['ʃu:brʌʃ] *n* brosse *f* à chaussures
shoehorn ['ʃu:hɔ:n] *n* chausse-pied *m*
shoelace ['ʃu:leɪs] *n* lacet *m* (de soulier)
shoemaker ['ʃu:meɪkə^r] *n* cordonnier *m*, fabricant *m* de chaussures
shoe polish *n* cirage *m*
shoeshop ['ʃu:ʃɔp] *n* magasin *m* de chaussures
shoestring ['ʃu:strɪŋ] *n*: **on a ~** (*fig*) avec un budget dérisoire ; avec des moyens très restreints
shoetree ['ʃu:tri:] *n* embauchoir *m*
shone [ʃɔn] *pt, pp of* **shine**
shonky ['ʃɔŋkɪ] *adj* (Australia, New Zealand *inf: untrustworthy*) louche (*inf*)
shoo [ʃu:] *excl* allez, ouste ! ▸ *vt* (*also*: **shoo away**, **shoo off**) chasser
shook [ʃuk] *pt of* **shake**
shoot [ʃu:t] (*pt, pp* **shot** [ʃɔt]) *n* (*on branch, seedling*) pousse *f* ; (*shooting party*) partie *f* de chasse ▸ *vt* (*game: hunt*) chasser ; (*: aim at*) tirer ; (*: kill*) abattre ; (*person*) blesser/tuer d'un coup de fusil (*or* de revolver) ; (*execute*) fusiller ; (*arrow*) tirer ; (*gun*) tirer un coup de ; (*Cine*) tourner ▸ *vi* (*with gun, bow*): **to ~ (at)** tirer (sur) ; (*Football*) shooter, tirer ; **to ~ past sb** passer en flèche devant qn ; **to ~ in/out** entrer/sortir comme une flèche
▸ **shoot down** *vt* (*plane*) abattre
▸ **shoot up** *vi* (*fig: prices etc*) monter en flèche

S

shooting ['ʃuːtɪŋ] *n* (*shots*) coups *mpl* de feu ; (*attack*) fusillade *f* ; (*murder*) homicide *m* (*à l'aide d'une arme à feu*) ; (*Hunting*) chasse *f* ; (*Cine*) tournage *m*
shooting range *n* stand *m* de tir
shooting star *n* étoile filante
shop [ʃɔp] *n* magasin *m* ; (*workshop*) atelier *m* ; **repair ~** atelier de réparations ; **to talk ~** (*fig*) parler boutique ▸ *vi* (*also*: **go shopping**) faire ses courses *or* ses achats
▸ **shop around** *vi* faire le tour des magasins (pour comparer les prix) ; (*fig*) se renseigner avant de choisir *or* décider
shopaholic [ʃɔpə'hɔlɪk] *n* (*inf*) *personne qui achète sans pouvoir s'arrêter*
shop assistant *n* (BRIT) vendeur(-euse)
shop floor *n* (BRIT *fig*) ouvriers *mpl*
shopkeeper ['ʃɔpkiːpə^r] *n* marchand(e), commerçant(e)
shoplift ['ʃɔplɪft] *vi* voler à l'étalage
shoplifter ['ʃɔplɪftə^r] *n* voleur(-euse) à l'étalage
shoplifting ['ʃɔplɪftɪŋ] *n* vol *m* à l'étalage
shopper ['ʃɔpə^r] *n* personne *f* qui fait ses courses, acheteur(-euse)
shopping ['ʃɔpɪŋ] *n* (*goods*) achats *mpl*, provisions *fpl*
shopping bag *n* sac *m* (à provisions)
shopping cart *n* (*US*) chariot *m*, Caddie® *m* ; (*Internet*) panier *m* (d'achats)
shopping centre, (*US*) **shopping center** *n* centre commercial
shopping mall *n* centre commercial
shopping trolley *n* (BRIT) Caddie® *m*
shop-soiled ['ʃɔpsɔɪld] *adj* défraîchi(e), qui a fait la vitrine
shop window *n* vitrine *f*
shore [ʃɔː^r] *n* (*of sea, lake*) rivage *m*, rive *f* ; **on ~** à terre ▸ *vt*: **to ~ (up)** étayer
shore leave *n* (*Naut*) permission *f* à terre
shoreline ['ʃɔːlaɪn] *n* (*of sea*) littoral *m* ; (*of lake*) rive *f*
shorn [ʃɔːn] *pp of* **shear** ▸ *adj*: **~ of** dépouillé(e) de
short [ʃɔːt] *adj* (*not long*) court(e) ; (*soon finished*) court, bref (brève) ; (*person, step*) petit(e) ; (*curt*) brusque, sec (sèche) ; (*insufficient*) insuffisant(e) ; **to be ~ of sth** être à court de *or* manquer de qch ; **I'm three ~** il m'en manque trois ; **to be in ~ supply** manquer, être difficile à trouver ; **it is ~ for** c'est l'abréviation *or* le diminutif de ; **a ~ time ago** il y a peu de temps ; **in the ~ term** à court terme ▸ *adv*: **~ of doing** à moins de faire ; **everything ~ of** tout sauf ; **to cut ~** (*speech, visit*) abréger, écourter ; (*person*) couper la parole à ; **to fall ~ of** ne pas être à la hauteur de ; **to run ~ of** arriver à court de, venir à manquer de ; **to stop ~** s'arrêter net ; **to stop ~ of** ne pas aller jusqu'à ▸ *n* (*also*: **short film**) court métrage ; (*Elec*) court-circuit *m* ; **in ~** bref ; en bref
shortage ['ʃɔːtɪdʒ] *n* manque *m*, pénurie *f*
shortbread ['ʃɔːtbrɛd] *n* ≈ sablé *m*
short-change [ʃɔːt'tʃeɪndʒ] *vt*: **to ~ sb** ne pas rendre assez à qn
short-circuit [ʃɔːt'səːkɪt] *n* court-circuit *m* ▸ *vt* court-circuiter ▸ *vi* se mettre en court-circuit
shortcoming ['ʃɔːtkʌmɪŋ] *n* défaut *m*
shortcrust pastry ['ʃɔːt(krʌst)-], (*US*) **short pastry** *n* pâte brisée
shortcut ['ʃɔːtkʌt] *n* raccourci *m*
shorten ['ʃɔːtn] *vt* raccourcir ; (*text, visit*) abréger
shortening ['ʃɔːtnɪŋ] *n* (*Culin*) matière grasse
shortfall ['ʃɔːtfɔːl] *n* déficit *m*
shorthand ['ʃɔːthænd] *n* (BRIT) sténo(graphie) *f* ; **to take sth down in ~** prendre qch en sténo
shorthand notebook *n* bloc *m* sténo
shorthand typist *n* (BRIT) sténodactylo *mf*
shortlist ['ʃɔːtlɪst] *n* (BRIT: *for job*) liste *f* des candidats sélectionnés
short-lived ['ʃɔːt'lɪvd] *adj* de courte durée
shortly ['ʃɔːtlɪ] *adv* bientôt, sous peu
short message service *n* SMS *m*
shortness ['ʃɔːtnɪs] *n* brièveté *f*
short notice *n*: **at ~** au dernier moment
short pastry *n* (*US*) = **shortcrust pastry**
shorts [ʃɔːts] *npl*: **(a pair of) ~** un short
short-sighted [ʃɔːt'saɪtɪd] *adj* (BRIT) myope ; (*fig*) qui manque de clairvoyance
short-sleeved [ʃɔːt'sliːvd] *adj* à manches courtes
short-staffed [ʃɔːt'stɑːft] *adj* à court de personnel
short-stay [ʃɔːt'steɪ] *adj* (*car park*) de courte durée
short story *n* nouvelle *f*
short-tempered [ʃɔːt'tɛmpəd] *adj* qui s'emporte facilement
short-term ['ʃɔːttəːm] *adj* (*effect*) à court terme
short time *n*: **to work ~, to be on ~** (*Industry*) être en chômage partiel, travailler à horaire réduit
short wave *n* (*Radio*) ondes courtes
shot [ʃɔt] *pt, pp of* **shoot** ▸ *n* coup *m* (de feu) ; (*shotgun pellets*) plombs *mpl* ; (*try*) coup, essai *m* ; (*injection*) piqûre *f* ; (*Phot*) photo *f* ; **to be a good/poor ~** (*person*) tirer bien/mal ; **to fire a ~ at sb/sth** tirer sur qn/qch ; **to have a ~ at (doing) sth** essayer de faire qch ; **like a ~** comme une flèche ; (*very readily*) sans hésiter ; **a big ~** (*inf*) un gros bonnet (*inf*) ▸ *adj* (*inf*): **to get ~ of sb/sth** se débarrasser de qn/qch
shotgun ['ʃɔtgʌn] *n* fusil *m* de chasse
should [ʃud] *aux vb*: **I ~ go now** je devrais partir maintenant ; **he ~ be there now** il devrait être arrivé maintenant ; **I ~ go if I were you** si j'étais vous j'irais ; **I ~ like to** volontiers, j'aimerais bien ; **~ he phone ...** si jamais il téléphone ...
shoulder ['ʃəuldə^r] *n* épaule *f* ; (BRIT: *of road*) **hard ~** accotement *m* ; **to look over one's ~** regarder derrière soi (en tournant la tête) ; **to rub shoulders with sb** (*fig*) côtoyer qn ; **to give sb the cold ~** (*fig*) battre froid à qn ▸ *vt* (*fig*) endosser, se charger de
shoulder bag *n* sac *m* à bandoulière
shoulder blade *n* omoplate *f*
shoulder strap *n* bretelle *f*
shouldn't ['ʃudnt] = **should not**
shout [ʃaut] *n* cri *m* ; **to give sb a ~** appeler qn ▸ *vt* crier ▸ *vi* crier, pousser des cris
▸ **shout down** *vt* huer
▸ **shout out** *vt, vi* crier
shouting ['ʃautɪŋ] *n* cris *mpl*

shouting match *n (inf)* engueulade *f (inf)*, empoignade *f (inf)*
shove [ʃʌv] *vt* pousser ; *(inf: put)*: **to ~ sth in** fourrer *or* ficher qch dans ; **he shoved me out of the way** il m'a écarté en me poussant ▸ *n* poussée *f*
▸ **shove off** *vi (Naut)* pousser au large ; *(fig: col)* ficher le camp
shovel [ˈʃʌvl] *n* pelle *f* ▸ *vt* pelleter, enlever *(or* enfourner) à la pelle
show [ʃəu] *(pt* **showed** [ʃəud], *pp* **shown** [ʃəun]) *n (of emotion)* manifestation *f*, démonstration *f* ; *(semblance)* semblant *m*, apparence *f* ; *(exhibition)* exposition *f*, salon *m* ; *(Theat, TV)* spectacle *m* ; *(Cine)* séance *f* ; **to ask for a ~ of hands** demander que l'on vote à main levée ; **to be on ~** être exposé(e) ; **it's just for ~** c'est juste pour l'effet ; **who's running the ~ here?** *(inf)* qui est-ce qui commande ici ? ▸ *vt* montrer ; *(film)* passer ; *(courage etc)* faire preuve de, manifester ; *(exhibit)* exposer ; **can you ~ me where it is, please?** pouvez-vous me montrer où c'est ? ; **to ~ sb to his seat/to the door** accompagner qn jusqu'à sa place/la porte ; **to ~ a profit/loss** *(Comm)* indiquer un bénéfice/une perte ; **it just goes to ~ that ...** ça prouve bien que ... ▸ *vi* se voir, être visible
▸ **show around** *vt* faire visiter ; **would you ~ me around?** tu veux bien me faire visiter ? ; **he showed me around the flat** il m'a fait visiter l'appartement
▸ **show in** *vt* faire entrer
▸ **show off** *vi (pej)* crâner ▸ *vt (display)* faire valoir ; *(pej)* faire étalage de
▸ **show out** *vt* reconduire à la porte
▸ **show round** *vt* (BRIT) = **show around**
▸ **show up** *vi (stand out)* ressortir ; *(inf: turn up)* se montrer ▸ *vt* démontrer ; *(unmask)* démasquer, dénoncer ; *(flaw)* faire ressortir
showbiz [ˈʃəubɪz] *n (inf)* showbiz *m*
show business *n* le monde du spectacle
showcase [ˈʃəukeɪs] *n* vitrine *f*
showdown [ˈʃəudaun] *n* épreuve *f* de force
shower [ˈʃauəʳ] *n (for washing)* douche *f* ; *(rain)* averse *f* ; *(of stones etc)* pluie *f* ; *(US: party) réunion organisée pour la remise de cadeaux* ; **to have** *or* **take a ~** prendre une douche, se doucher ▸ *vi* prendre une douche, se doucher ▸ *vt*: **to ~ sb with** *(gifts etc)* combler qn de ; *(abuse etc)* accabler qn de ; *(missiles)* bombarder qn de
shower cap *n* bonnet *m* de douche
shower gel *n* gel *m* douche
showerproof [ˈʃauəpruːf] *adj* imperméable
showery [ˈʃauərɪ] *adj (weather)* pluvieux(-euse)
showground [ˈʃəugraund] *n* champ *m* de foire
showing [ˈʃəuɪŋ] *n (of film)* projection *f*
show jumping [-dʒʌmpɪŋ] *n* concours *m* hippique
showman [ˈʃəumən] *n (irreg) (at fair, circus)* forain *m* ; *(fig)* comédien *m*
showmanship [ˈʃəumənʃɪp] *n* art *m* de la mise en scène
shown [ʃəun] *pp of* **show**
show-off [ˈʃəuɔf] *n (inf: person)* crâneur(-euse) *(inf)*, m'as-tu-vu(e) *(inf)*
showpiece [ˈʃəupiːs] *n (of exhibition etc)* joyau *m*, clou *m* ; **that hospital is a ~** cet hôpital est un modèle du genre
showroom [ˈʃəurum] *n* magasin *m or* salle *f* d'exposition
showstopper [ˈʃəustɔpəʳ] *n (inf)*: **to be a ~** être extraordinaire
show trial *n* grand procès *m* médiatique *(qui fait un exemple)*
showy [ˈʃəuɪ] *adj* tapageur(-euse)
shrank [ʃræŋk] *pt of* **shrink**
shrapnel [ˈʃræpnl] *n* éclats *mpl* d'obus
shred [ʃrɛd] *n (gen pl)* lambeau *m*, petit morceau ; *(fig: of truth, evidence)* parcelle *f* ▸ *vt* mettre en lambeaux, déchirer ; *(documents)* détruire ; *(Culin: grate)* râper ; *(: lettuce etc)* couper en lanières
shredder [ˈʃrɛdəʳ] *n (for vegetables)* râpeur *m* ; *(for documents, papers)* déchiqueteuse *f*
shrew [ʃruː] *n (animal)* musaraigne *f* ; *(pej: woman)* mégère *f*
shrewd [ʃruːd] *adj* astucieux(-euse), perspicace ; *(business person)* habile
shrewdness [ˈʃruːdnɪs] *n* perspicacité *f*
shriek [ʃriːk] *n* cri perçant *or* aigu, hurlement *m* ▸ *vt, vi* hurler, crier
shrift [ʃrɪft] *n*: **to give sb short ~** expédier qn sans ménagements
shrill [ʃrɪl] *adj* perçant(e), aigu(ë), strident(e)
shrimp [ʃrɪmp] *n* crevette grise
shrimp cocktail (US) *n* cocktail *m* de crevettes
shrine [ʃraɪn] *n* châsse *f* ; *(place)* lieu *m* de pèlerinage
shrink [ʃrɪŋk] *(pt* **shrank** [ʃræŋk], *pp* **shrunk** [ʃrʌŋk]) *vi* rétrécir ; *(fig)* diminuer ; *(also:* **shrink away**) reculer ; **to ~ from (doing) sth** reculer devant (la pensée de faire) qch ▸ *vt (wool)* (faire) rétrécir ▸ *n (inf, pej)* psychanalyste *mf*
shrinkage [ˈʃrɪŋkɪdʒ] *n (of clothes)* rétrécissement *m*
shrink-wrap [ˈʃrɪŋkræp] *vt* emballer sous film plastique
shrivel [ˈʃrɪvl], **shrivel up** *vt* ratatiner, flétrir ▸ *vi* se ratatiner, se flétrir
shrivelled, (US) **shriveled** [ʃrɪvld] *adj* ratatiné(e), flétri(e)
shroud [ʃraud] *n* linceul *m* ▸ *vt*: **shrouded in mystery** enveloppé(e) de mystère
Shrove Tuesday [ˈʃrəuv-] *n* (le) Mardi gras
shrub [ʃrʌb] *n* arbuste *m*
shrubbery [ˈʃrʌbərɪ] *n* massif *m* d'arbustes
shrug [ʃrʌg] *n* haussement *m* d'épaules ▸ *vt, vi*: **to ~ (one's shoulders)** hausser les épaules
▸ **shrug off** *vt* faire fi de ; *(cold, illness)* se débarrasser de
shrunk [ʃrʌŋk] *pp of* **shrink**
shrunken [ˈʃrʌŋkn] *adj* ratatiné(e)
shudder [ˈʃʌdəʳ] *n* frisson *m*, frémissement *m* ▸ *vi* frissonner, frémir
shuffle [ˈʃʌfl] *vt (cards)* battre ; **to ~ (one's feet)** traîner les pieds
shun [ʃʌn] *vt* éviter, fuir
shunt [ʃʌnt] *vt (Rail: direct)* aiguiller ; *(: divert)* détourner ▸ *vi*: **to ~ (to and fro)** faire la navette
shunting yard [ˈʃʌntɪŋ-] *n* voies *fpl* de garage *or* de triage

S

shush [ʃuʃ] *excl* chut !
shut [ʃʌt] (*pt, pp* ~) *vt* fermer ▸ *vi* (se) fermer
▸ **shut down** *vt* fermer définitivement ; (*machine*) arrêter ▸ *vi* fermer définitivement
▸ **shut off** *vt* couper, arrêter
▸ **shut out** *vt* (*person, cold*) empêcher d'entrer ; (*noise*) éviter d'entendre ; (*block: view*) boucher ; (*: memory of sth*) chasser de son esprit
▸ **shut up** *vi* (*inf: keep quiet*) se taire ▸ *vt* (*close*) fermer ; (*silence*) faire taire
shutdown ['ʃʌtdaun] *n* fermeture *f*
shutter ['ʃʌtə[r]] *n* volet *m* ; (*Phot*) obturateur *m*
shuttle ['ʃʌtl] *n* navette *f* ; (*also:* **shuttle service**) (service *m* de) navette *f* ▸ *vi* (*vehicle, person*) faire la navette ▸ *vt* (*passengers*) transporter par un système de navette
shuttlecock ['ʃʌtlkɔk] *n* volant *m* (*de badminton*)
shuttle diplomacy *n* navettes *fpl* diplomatiques
shy [ʃaɪ] *adj* timide ; **to fight ~ of** se dérober devant ; **to be ~ of doing sth** hésiter à faire qch, ne pas oser faire qch ▸ *vi*: **to ~ away from doing sth** (*fig*) craindre de faire qch
shyly ['ʃaɪlɪ] *adv* timidement
shyness ['ʃaɪnɪs] *n* timidité *f*
Siam [saɪ'æm] *n* Siam *m*
Siamese [saɪə'mi:z] *adj*: **~ cat** chat *m* siamois ; **~ twins** (frères *mpl*) siamois *mpl*, (sœurs *fpl*) siamoises *fpl*
Siberia [saɪ'bɪərɪə] *n* Sibérie *f*
siblings ['sɪblɪŋz] *npl* (*formal*) frères et sœurs *mpl* (*de mêmes parents*)
Sicilian [sɪ'sɪlɪən] *adj* sicilien(ne) ▸ *n* Sicilien(ne)
Sicily ['sɪsɪlɪ] *n* Sicile *f*
sick [sɪk] *adj* (*ill*) malade ; (Brit: *humour*) noir(e), macabre ; (*vomiting*): **to be ~** vomir ; **to feel ~** avoir envie de vomir, avoir mal au cœur ; **to fall ~** tomber malade ; **to be (off) ~** être absent(e) pour cause de maladie ; **a ~ person** un(e) malade ; **to be ~ of** (*fig*) en avoir assez de
sick bag *n* sac *m* vomitoire
sick bay *n* infirmerie *f*
sick building syndrome *n maladie dûe à la climatisation, l'éclairage artificiel etc des bureaux*
sicken ['sɪkn] *vt* écœurer ▸ *vi*: **to be sickening for sth** (*cold, flu etc*) couver qch
sickening ['sɪknɪŋ] *adj* (*fig*) écœurant(e), révoltant(e), répugnant(e)
sickle ['sɪkl] *n* faucille *f*
sick leave *n* congé *m* de maladie
sickle-cell anaemia ['sɪklsɛl-] *n* anémie *f* à hématies falciformes, drépanocytose *f*
sickly ['sɪklɪ] *adj* maladif(-ive), souffreteux(-euse) ; (*causing nausea*) écœurant(e)
sickness ['sɪknɪs] *n* maladie *f* ; (*vomiting*) vomissement(s) *m(pl)*
sickness benefit *n* (prestations *fpl* de l')assurance-maladie *f*
sick note *n* (*from parents*) mot *m* d'absence ; (*from doctor*) certificat médical
sick pay *n* indemnité *f* de maladie (*versée par l'employeur*)
sickroom ['sɪkru:m] *n* infirmerie *f*
side [saɪd] *n* côté *m* ; (*of animal*) flanc *m* ; (*of lake, road*) bord *m* ; (*of mountain*) versant *m* ; (*fig: aspect*) côté, aspect *m* ; (*team: Sport*) équipe *f* ; (*TV: channel*) chaîne *f* ; **by the ~ of** au bord de ; **~ by ~** côte à côte ; **the right/wrong ~** le bon/mauvais côté, l'endroit/l'envers *m* ; **they are on our ~** ils sont avec nous ; **from all sides** de tous côtés ; **to rock from ~ to ~** se balancer ; **to take sides (with)** prendre parti (pour) ; **a ~ of beef** ≈ un quartier de bœuf ▸ *adj* (*door, entrance*) latéral(e) ▸ *vi*: **to ~ with sb** prendre le parti de qn, se ranger du côté de qn
sideboard ['saɪdbɔ:d] *n* buffet *m*
sideboards ['saɪdbɔ:dz], (*US*) **sideburns** ['saɪdbə:nz] *npl* (*whiskers*) pattes *fpl*
sidecar ['saɪdkɑ:[r]] *n* side-car *m*
side dish *n* (plat *m* d')accompagnement *m*
side drum *n* (*Mus*) tambour plat, caisse claire
side effect *n* effet *m* secondaire
sidekick ['saɪdkɪk] *n* (*inf*) sous-fifre *m*
sidelight ['saɪdlaɪt] *n* (*Aut*) veilleuse *f*
sideline ['saɪdlaɪn] *n* (*Sport*) (ligne *f* de) touche *f* ; (*fig*) activité *f* secondaire
sidelong ['saɪdlɔŋ] *adj*: **to give sb a ~ glance** regarder qn du coin de l'œil
side order *n* garniture *f*
side plate *n* petite assiette
side road *n* petite route, route transversale
sidesaddle ['saɪdsædl] *adv* en amazone
sideshow ['saɪdʃəu] *n* attraction *f*
sidestep ['saɪdstɛp] *vt* (*question*) éluder ; (*problem*) éviter ▸ *vi* (*Boxing etc*) esquiver
side street *n* rue transversale
sideswipe ['saɪdswaɪp] *n* pique *f* ; **to take a ~ at sb** lancer une pique à qn
sidetrack ['saɪdtræk] *vt* (*fig*) faire dévier de son sujet
sidewalk ['saɪdwɔ:k] *n* (*US*) trottoir *m*
sideways ['saɪdweɪz] *adv* de côté
siding ['saɪdɪŋ] *n* (*Rail*) voie *f* de garage
sidle ['saɪdl] *vi*: **to ~ up (to)** s'approcher furtivement (de)
SIDS [sɪdz] *n abbr* (*= sudden infant death syndrome*) mort subite du nourrisson, mort *f* au berceau
siege [si:dʒ] *n* siège *m* ; **to lay ~ to** assiéger
siege economy *n* économie *f* de (temps de) siège
Sierra Leone [sɪ'ɛrəlɪ'əun] *n* Sierra Leone *f*
siesta [si'ɛstə] *n* sieste *f* ; **to have** *or* **take a ~** faire la sieste
sieve [sɪv] *n* tamis *m*, passoire *f* ▸ *vt* tamiser, passer (au tamis)
sift [sɪft] *vt* passer au tamis *or* au crible ; (*fig*) passer au crible ▸ *vi* (*fig*): **to ~ through** passer en revue
sigh [saɪ] *n* soupir *m* ▸ *vi* soupirer, pousser un soupir
sight [saɪt] *n* (*faculty*) vue *f* ; (*spectacle*) spectacle *m* ; (*on gun*) mire *f* ; **in ~** visible ; (*fig*) en vue ; **out of ~** hors de vue ; **at ~** (*Comm*) à vue ; **at first ~** à première vue, au premier abord ; **I know her by ~** je la connais de vue ; **to catch ~ of sb/sth** apercevoir qn/qch ; **to lose ~ of sb/sth** perdre qn/qch de vue ; **to set one's sights on sth** jeter son dévolu sur qch ▸ *vt* apercevoir

sighted ['saɪtɪd] *adj* qui voit ; **partially ~** qui a un certain degré de vision
sightseeing ['saɪtsi:ɪŋ] *n* tourisme *m* ; **to go ~** faire du tourisme
sightseer ['saɪtsi:əʳ] *n* touriste *mf*
sign [saɪn] *n* (*gen*) signe *m* ; (*with hand etc*) signe, geste *m* ; (*notice*) panneau *m*, écriteau *m* ; (*also:* **road sign**) panneau de signalisation ; **as a ~ of** en signe de ; **it's a good/bad ~** c'est bon/ mauvais signe ; **plus/minus ~** signe plus/ moins ; **there's no ~ of a change of mind** rien ne laisse présager un revirement ; **he was showing signs of improvement** il commençait visiblement à faire des progrès ▸ *vt, vi* signer ; **to ~ one's name** signer ; **where do I ~?** où dois-je signer ?
▸ **sign away** *vt* (*rights etc*) renoncer officiellement à
▸ **sign for** *vt fus* (*item*) signer le reçu pour
▸ **sign in** *vi* signer le registre (en arrivant)
▸ **sign off** *vi* (*Radio, TV*) terminer l'émission
▸ **sign on** *vi* (*Mil*) s'engager ; (*BRIT: as unemployed*) s'inscrire au chômage ; (*enrol*) s'inscrire ; **to ~ on for a course** s'inscrire pour un cours ▸ *vt* (*Mil*) engager ; (*employee*) embaucher
▸ **sign out** *vi* signer le registre (en partant)
▸ **sign over** *vt*: **to ~ sth over to sb** céder qch par écrit à qn
▸ **sign up** *vt* (*Mil*) engager ▸ *vi* (*Mil*) s'engager ; (*for course*) s'inscrire
signage ['saɪnɪdʒ] *n* panneautage *m*
signal ['sɪgnl] *n* signal *m* ▸ *vi* (*Aut*) mettre son clignotant ; **to ~ to sb (to do sth)** faire signe à qn (de faire qch) ▸ *vt* (*person*) faire signe à ; (*message*) communiquer par signaux ; **to ~ a left/right turn** (*Aut*) indiquer *or* signaler que l'on tourne à gauche/droite
signal box *n* (*Rail*) poste *m* d'aiguillage
signalman [sɪgnlmən] *n* (*irreg*) (*Rail*) aiguilleur *m*
signatory ['sɪgnətərɪ] *n* signataire *mf*
signature ['sɪgnətʃəʳ] *n* signature *f*
signature tune *n* indicatif musical
signet ring ['sɪgnət-] *n* chevalière *f*
significance [sɪg'nɪfɪkəns] *n* signification *f* ; importance *f* ; **that is of no ~** ceci n'a pas d'importance
significant [sɪg'nɪfɪkənt] *adj* significatif(-ive) ; (*important*) important(e), considérable
significantly [sɪg'nɪfɪkəntlɪ] *adv* (*improve, increase*) sensiblement ; (*smile*) d'un air entendu, éloquemment ; **~, ...** fait significatif, ...
signify ['sɪgnɪfaɪ] *vt* signifier
signing ['saɪnɪŋ] *n* (*of letter, treaty*) signature *f* ; (*of player, singer*) recrutement *m* ; (*player, singer*) nouvelle recrue *f* ; (*sign language*) langue *f* des signes
sign language *n* langage *m* par signes
signpost ['saɪnpəust] *n* poteau indicateur
Sikh [si:k] *adj, n* Sikh *mf*
Sikhism ['si:kɪzəm] *n* sikhisme *m*
silage ['saɪlɪdʒ] *n* (*fodder*) fourrage vert ; (*method*) ensilage *m*
silence ['saɪlns] *n* silence *m* ▸ *vt* faire taire, réduire au silence
silencer ['saɪlənsəʳ] *n* (*BRIT: on gun, Aut*) silencieux *m*
silent ['saɪlnt] *adj* silencieux(-euse) ; (*film*) muet(te) ; **to keep** *or* **remain ~** garder le silence, ne rien dire
silently ['saɪlntlɪ] *adv* silencieusement
silent partner *n* (*Comm*) bailleur *m* de fonds, commanditaire *m*
silhouette [sɪlu:'ɛt] *n* silhouette *f* ▸ *vt*: **silhouetted against** se profilant sur, se découpant contre
silicon ['sɪlɪkən] *n* silicium *m*
silicon chip *n* puce *f* électronique
silicone ['sɪlɪkəun] *n* silicone *f*
silk [sɪlk] *n* soie *f* ▸ *cpd* de *or* en soie
silky ['sɪlkɪ] *adj* soyeux(-euse)
sill [sɪl] *n* (*also:* **windowsill**) rebord *m* (de la fenêtre) ; (*of door*) seuil *m* ; (*Aut*) bas *m* de marche
silly ['sɪlɪ] *adj* stupide, sot(te), bête ; **to do something ~** faire une bêtise
silo ['saɪləu] *n* silo *m*
silt [sɪlt] *n* vase *f* ; limon *m*
silver ['sɪlvəʳ] *n* argent *m* ; (*money*) monnaie *f* (en pièces d'argent) ; (*also:* **silverware**) argenterie *f* ▸ *adj* (*made of silver*) d'argent, en argent ; (*in colour*) argenté(e) ; (*car*) gris métallisé *inv*
silver-plated [sɪlvə'pleɪtɪd] *adj* plaqué(e) argent
silversmith ['sɪlvəsmɪθ] *n* orfèvre *mf*
silverware ['sɪlvəwɛəʳ] *n* argenterie *f*
silver wedding, silver wedding anniversary *n* noces *fpl* d'argent
silvery ['sɪlvrɪ] *adj* argenté(e)
SIM card ['sɪm-] *abbr* (*Tel: = subscriber identity module card*) carte *f* SIM
similar ['sɪmɪləʳ] *adj*: **~ (to)** semblable (à)
similarity [sɪmɪ'lærɪtɪ] *n* ressemblance *f*, similarité *f*
similarly ['sɪmɪləlɪ] *adv* de la même façon, de même
simile ['sɪmɪlɪ] *n* comparaison *f*
simmer ['sɪməʳ] *vi* cuire à feu doux, mijoter
▸ **simmer down** *vi* (*fig: inf*) se calmer
simper ['sɪmpəʳ] *vi* minauder
simpering ['sɪmprɪŋ] *adj* stupide
simple ['sɪmpl] *adj* simple ; **the ~ truth** la vérité pure et simple
simple interest *n* (*Math, Comm*) intérêts *mpl* simples
simple-minded [sɪmpl'maɪndɪd] *adj* simplet(te), simple d'esprit
simpleton ['sɪmpltən] *n* nigaud(e), niais(e)
simplicity [sɪm'plɪsɪtɪ] *n* simplicité *f*
simplification [sɪmplɪfɪ'keɪʃən] *n* simplification *f*
simplify ['sɪmplɪfaɪ] *vt* simplifier
simplistic [sɪm'plɪstɪk] *adj* simpliste
simply ['sɪmplɪ] *adv* simplement ; (*without fuss*) avec simplicité ; (*absolutely*) absolument
simulate ['sɪmjuleɪt] *vt* simuler, feindre
simulation [sɪmju'leɪʃən] *n* simulation *f*
simulator ['sɪmjuleɪtəʳ] *n* simulateur *m*
simulcast ['sɪmlkɑ:st] *n* diffusion *f* simultanée (*à la radio et à la télévision*) ▸ *vt* diffuser en simultané (*à la radio et à la télévision*) ▸ *cpd* (*interview, debate*) radiotélévisé(e)

S

simultaneous [sɪməl'teɪnɪəs] *adj* simultané(e)
simultaneously [sɪməl'teɪnɪəslɪ] *adv* simultanément
sin [sɪn] *n* péché *m* ▸ *vi* pécher
Sinai ['saɪneɪaɪ] *n* Sinaï *m*
since [sɪns] *adv, prep* depuis ; **~ then, ever ~** depuis ce moment-là ; **~ Monday** depuis lundi ▸ *conj* (*time*) depuis que ; (*because*) puisque, étant donné que, comme ; **(ever) ~ I arrived** depuis mon arrivée, depuis que je suis arrivé

When talking about since when something has been happening use **depuis** and the present tense.
I've been waiting since ten o'clock. **J'attends depuis dix heures.**

sincere [sɪn'sɪəʳ] *adj* sincère
sincerely [sɪn'sɪəlɪ] *adv* sincèrement ; **yours ~** (*at end of letter*) veuillez agréer, Monsieur (*or* Madame) l'expression de mes sentiments distingués *or* les meilleurs
sincerity [sɪn'sɛrɪtɪ] *n* sincérité *f*
sine [saɪn] *n* (*Math*) sinus *m*
sinew ['sɪnju:] *n* tendon *m* ; **sinews** *npl* muscles *mpl*
sinful ['sɪnful] *adj* coupable
sing [sɪŋ] (*pt* **sang** [sæŋ], *pp* **sung** [sʌŋ]) *vt, vi* chanter
Singapore [sɪŋgə'pɔ:ʳ] *n* Singapour *m*
Singaporean [sɪŋgə'pɔ:riən] *adj* singapourien(ne) ▸ *n* Singapourien(ne)
singe [sɪndʒ] *vt* brûler légèrement ; (*clothes*) roussir
singer ['sɪŋəʳ] *n* chanteur(-euse)
Singhalese [sɪŋə'li:z] *adj* = **Sinhalese**
singing ['sɪŋɪŋ] *n* (*of person, bird*) chant *m* ; façon *f* de chanter ; (*of kettle, bullet, in ears*) sifflement *m*
single ['sɪŋgl] *adj* seul(e), unique ; (*unmarried*) célibataire ; (*not double*) simple ; **not a ~ one was left** il n'en est pas resté un(e), seul(e) ; **every ~ day** chaque jour sans exception ▸ *n* (BRIT: *also*: **single ticket**) aller *m* (simple) ; (*record*) 45 tours *m* ; **singles** *npl* (*Tennis*) simple *m* ; (*single people*) célibataires *mf*
▸ **single out** *vt* choisir ; (*distinguish*) distinguer
single bed *n* lit *m* d'une personne *or* à une place
single-breasted ['sɪŋglbrɛstɪd] *adj* droit(e)
Single European Market *n*: **the ~** le marché unique européen
single file *n*: **in ~** en file indienne
single-handed [sɪŋgl'hændɪd] *adv* tout(e) seul(e), sans (aucune) aide
single-minded [sɪŋgl'maɪndɪd] *adj* résolu(e), tenace
single parent *n* parent *m* solo ; **single-parent family** famille monoparentale
single room *n* chambre *f* à un lit *or* pour une personne
singles bar *n* (*esp US*) bar *m* de rencontres pour célibataires
single-sex school [sɪŋgl'sɛks-] *n* école *f* non mixte
singlet ['sɪŋglɪt] *n* tricot *m* de corps
singleton ['sɪŋgəltən] *n* (*inf: person*) célibataire *mf*
single-track road [sɪŋgl'træk-] *n* route *f* à voie unique
singly ['sɪŋglɪ] *adv* séparément
singsong ['sɪŋsɔŋ] *adj* (*tone*) chantant(e) ▸ *n* (*songs*): **to have a ~** chanter quelque chose (ensemble)
singular ['sɪŋgjuləʳ] *adj* singulier(-ière) ; (*odd*) singulier, étrange ; (*outstanding*) remarquable ; (*Ling*) (au) singulier, du singulier ▸ *n* (*Ling*) singulier *m* ; **in the feminine ~** au féminin singulier
singularly ['sɪŋgjuləlɪ] *adv* singulièrement ; étrangement
Sinhalese [sɪnhə'li:z] *adj* cingalais(e)
sinister ['sɪnɪstəʳ] *adj* sinistre
sink [sɪŋk] (*pt* **sank** [sæŋk], *pp* **sunk** [sʌŋk]) *n* évier *m* ; (*washbasin*) lavabo *m* ▸ *vt* (*ship*) (faire) couler, faire sombrer ; (*foundations*) creuser ; (*piles etc*): **to ~ sth into** enfoncer qch dans ▸ *vi* couler, sombrer ; (*ground etc*) s'affaisser ; **to ~ into sth** (*chair*) s'enfoncer dans qch ; **he sank into a chair/the mud** il s'est enfoncé dans un fauteuil/la boue ; **a sinking feeling** un serrement de cœur
▸ **sink in** *vi* s'enfoncer, pénétrer ; (*explanation*) rentrer (*inf*), être compris ; **it took a long time to ~ in** il a fallu longtemps pour que ça rentre
sinking fund *n* fonds *mpl* d'amortissement
sink unit *n* bloc-évier *m*
sinner ['sɪnəʳ] *n* pécheur(-eresse)
Sinn Féin [ʃɪn'feɪn] *n* Sinn Féin *m* (*parti politique irlandais qui soutient l'IRA*)
Sino- ['saɪnəu] *prefix* sino-
sinuous ['sɪnjuəs] *adj* sinueux(-euse)
sinus ['saɪnəs] *n* (*Anat*) sinus *m inv*
sinusitis [saɪnə'saɪtɪs] *n* sinusite *f*
sip [sɪp] *n* petite gorgée ▸ *vt* boire à petites gorgées
siphon ['saɪfən] *n* siphon *m* ▸ *vt* (*also*: **siphon off**) siphonner ; (*fig: funds*) transférer ; (*: illegally*) détourner
sir [səʳ] *n* monsieur *m* ; **S~ John Smith** sir John Smith ; **yes ~** oui Monsieur ; **Dear S~** (*in letter*) Monsieur
siren ['saɪərn] *n* sirène *f*
sirloin ['sə:lɔɪn] *n* aloyau *m*
sirloin steak *n* bifteck *m* dans l'aloyau
sirocco [sɪ'rɔkəu] *n* sirocco *m*
sisal ['saɪsəl] *n* sisal *m*
sissy ['sɪsɪ] *n* (*inf: coward*) poule mouillée (*inf*)
sister ['sɪstəʳ] *n* sœur *f* ; (*nun*) religieuse *f*, (bonne) sœur ; (BRIT: *nurse*) infirmière *f* en chef ▸ *cpd*: **~ organization** organisation *f* sœur ; **~ ship** sister(-)ship *m*
sisterhood ['sɪstəhud] *n* sororité *f*
sister-in-law ['sɪstərɪnlɔ:] *n* belle-sœur *f*
sisterly ['sɪstəlɪ] *adj* sororal(e)
sit [sɪt] (*pt, pp* **sat** [sæt]) *vi* s'asseoir ; (*be sitting*) être assis(e) ; (*assembly*) être en séance, siéger ; (*for painter*) poser ; (*dress etc*) tomber ; **to ~ tight** ne pas bouger ▸ *vt* (*exam*) passer, se présenter à
▸ **sit about, sit around** *vi* être assis(e) *or* rester à ne rien faire
▸ **sit back** *vi* (*in seat*) bien s'installer, se carrer
▸ **sit down** *vi* s'asseoir ; **to be sitting down** être assis(e)

▸ **sit in** *vi*: **to ~ in on a discussion** assister à une discussion
▸ **sit on** *vt fus (jury, committee)* faire partie de
▸ **sit out** *vt (game)* ne pas prendre part à ; *(crisis, recession)* laisser passer
▸ **sit up** *vi* s'asseoir ; *(straight)* se redresser ; *(not go to bed)* rester debout, ne pas se coucher

sitar ['sɪtɑːʳ, sɪ'tɑːʳ] *n* sitar *m*
sitcom ['sɪtkɔm] *n abbr* (TV: = *situation comedy*) sitcom *f*, comédie *f* de situation
sit-down ['sɪtdaun] *adj*: **a ~ strike** une grève sur le tas ; **a ~ meal** un repas assis
site [saɪt] *n* emplacement *m*, site *m* ; *(also:* **building site**) chantier *m* ; *(Internet)* site *m* web ▸ *vt* placer
sit-in ['sɪtɪn] *n (demonstration)* sit-in *m inv*, occupation *f* de locaux
siting ['saɪtɪŋ] *n (location)* emplacement *m*
sitter ['sɪtəʳ] *n (for painter)* modèle *m* ; *(also:* **babysitter**) baby-sitter *mf*
sitting ['sɪtɪŋ] *n (of assembly etc)* séance *f* ; *(in canteen)* service *m*
sitting member *n* (Pol) parlementaire *mf* en exercice
sitting room *n* salon *m*
sitting tenant *n* (Brit) locataire occupant(e)
situate ['sɪtjueɪt] *vt* situer
situated ['sɪtjueɪtɪd] *adj* situé(e)
situation [sɪtju'eɪʃən] *n* situation *f* ; **"situations vacant/wanted"** (Brit) « offres/demandes d'emploi »
situation comedy *n* (TV) comédie *f* de situation
sit-ups ['sɪtʌps] *npl* abdominaux *mpl* ; **to do ~** faire des abdominaux
six [sɪks] *num* six
six-pack ['sɪkspæk] *n (esp US)* pack *m* de six canettes
sixteen [sɪks'tiːn] *num* seize
sixteenth [sɪks'tiːnθ] *num* seizième
sixth ['sɪksθ] *num* sixième ▸ *n*: **the upper/lower ~** (Brit *Scol*) la terminale/la première
sixth form *n* (Brit) ≈ classes *fpl* de première et de terminale
sixth-form college *n lycée n'ayant que des classes de première et de terminale*
sixtieth ['sɪkstɪɪθ] *num* soixantième
sixty ['sɪkstɪ] *num* soixante
size [saɪz] *n* dimensions *fpl* ; *(of person)* taille *f* ; *(of clothing)* taille ; *(of shoes)* pointure *f* ; *(of estate, area)* étendue *f* ; *(of problem)* ampleur *f* ; *(of company)* importance *f* ; *(glue)* colle *f* ; **I take ~ 14** *(of dress etc)* ≈ je prends du 42 *or* la taille 42 ; **the small/large ~** *(of soap powder etc)* le petit/grand modèle ; **it's the ~ of ...** c'est de la taille *(or* grosseur) de ..., c'est grand *(or* gros) comme ... ; **cut to ~** découpé(e) aux dimensions voulues
▸ **size up** *vt* juger, jauger
sizeable ['saɪzəbl] *adj (object, building, estate)* assez grand(e) ; *(amount, problem, majority)* assez important(e)
sizzle ['sɪzl] *vi* grésiller
SK *abbr* (Canada) = **Saskatchewan**
skate [skeɪt] *n* patin *m* ; *(fish: pl inv)* raie *f* ▸ *vi* patiner
▸ **skate over, skate around** *vt (problem, issue)* éluder

skateboard ['skeɪtbɔːd] *n* skateboard *m*, planche *f* à roulettes
skateboarder ['skeɪtbɔːdəʳ] *n* skateur(-euse)
skateboarding ['skeɪtbɔːdɪŋ] *n* skateboard *m*
skate park, skateboard park *n* skate-park *m*, skate-parc *m*
skater ['skeɪtəʳ] *n* patineur(-euse)
skating ['skeɪtɪŋ] *n* patinage *m*
skating rink *n* patinoire *f*
skeletal ['skɛlɪtl] *adj* squelettique ; *(remains)* de squelette ; *(service)* spartiate
skeleton ['skɛlɪtn] *n* squelette *m* ; *(outline)* schéma *m*
skeleton key *n* passe-partout *m*
skeleton staff *n* effectifs réduits
skeptic ['skɛptɪk] *n* (US) = **sceptic**
skeptical ['skɛptɪkl] *adj* (US) = **sceptical**
sketch [skɛtʃ] *n (drawing)* croquis *m*, esquisse *f* ; *(outline plan)* aperçu *m* ; *(Theat)* sketch *m*, saynète *f* ▸ *vt* esquisser, faire un croquis *or* une esquisse de ; *(plan etc)* esquisser
▸ **sketch out** *vt (situation)* brosser le tableau de ; *(incident, plan)* décrire
sketch book *n* carnet *m* à dessin
sketch pad *n* bloc *m* à dessin
sketchy ['skɛtʃɪ] *adj* incomplet(-ète), fragmentaire
skew [skjuː] *n* (Brit): **on the ~** de travers, en biais
skewed [skjuːd] *adj* faussé(e)
skewer ['skjuːəʳ] *n* brochette *f*
ski [skiː] *n* ski *m* ▸ *vi* skier, faire du ski
ski boot *n* chaussure *f* de ski
skid [skɪd] *n* dérapage *m* ; **to go into a ~** déraper ▸ *vi* déraper
skid mark *n* trace *f* de dérapage
skid row [skɪd'rəu] *n (esp US)* bas-fonds *mpl*
skier ['skiːəʳ] *n* skieur(-euse)
skiing ['skiːɪŋ] *n* ski *m* ; **to go ~** (aller) faire du ski
ski instructor *n* moniteur(-trice) de ski
ski jump *n (ramp)* tremplin *m* ; *(event)* saut *m* à skis
skilful, (US) **skillful** ['skɪlful] *adj* habile, adroit(e)
skilfully, (US) **skillfully** ['skɪlfəlɪ] *adv* habilement, adroitement
ski lift *n* remonte-pente *m inv*
skill [skɪl] *n (ability)* habileté *f*, adresse *f*, talent *m* ; *(requiring training)* compétences *fpl*
skilled [skɪld] *adj* habile, adroit(e) ; *(worker)* qualifié(e)
skillet ['skɪlɪt] *n* poêlon *m*
skillful *etc* ['skɪlful] *adj* (US) = **skilful** *etc*
skim [skɪm] *vt (milk)* écrémer ; *(soup)* écumer ; *(glide over)* raser, effleurer ▸ *vi*: **to ~ through** *(fig)* parcourir
skimmed milk [skɪmd-], (US) **skim milk** *n* lait écrémé
skimp [skɪmp] *vt (work)* bâcler, faire à la va-vite ; *(cloth etc)* lésiner sur
▸ **skimp on** *vt fus (gen)* lésiner sur ; *(praise, thanks)* être avare de
skimpy ['skɪmpɪ] *adj* étriqué(e) ; maigre
skin [skɪn] *n* peau *f* ; **wet** *or* **soaked to the ~** trempé(e) jusqu'aux os ▸ *vt (fruit etc)* éplucher ; *(animal)* écorcher

S

skin cancer *n* cancer *m* de la peau
skincare ['skɪnkɛəʳ] *n* soins *mpl* de la peau ▸ *cpd* (*product, routine*) de soins de la peau
skin colour, (*US*) **skin color** *n* couleur *f* de peau
skin-deep ['skɪn'diːp] *adj* superficiel(le)
skin diver *n* plongeur(-euse) sous-marin(e)
skin diving *n* plongée sous-marine
skinflint ['skɪnflɪnt] *n* grippe-sou *m*
skin graft *n* greffe *f* de peau
skinhead ['skɪnhɛd] *n* skinhead *m*
skinny ['skɪnɪ] *adj* maigre, maigrichon(ne)
skint [skɪnt] *adj* (*BRIT inf*) raide (*inf*)
skin test *n* cuti(-réaction) *f*
skintight ['skɪntaɪt] *adj* (*dress etc*) collant(e), ajusté(e)
skip [skɪp] *n* petit bond *or* saut ; (*BRIT: container*) benne *f* ▸ *vi* gambader, sautiller ; (*with rope*) sauter à la corde ▸ *vt* (*pass over*) sauter ; **to ~ school** (*esp US*) faire l'école buissonnière
ski pants *npl* pantalon *m* de ski
ski pass *n* forfait-skieur(s) *m*
ski pole *n* bâton *m* de ski
skipper ['skɪpəʳ] *n* (*Naut, Sport*) capitaine *m* ; (*in race*) skipper *m* ▸ *vt* (*boat*) commander ; (*team*) être le chef de
skipping rope ['skɪpɪŋ-], (*US*) **skip rope** *n* corde *f* à sauter
ski resort *n* station *f* de sports d'hiver
skirmish ['skəːmɪʃ] *n* escarmouche *f*, accrochage *m*
skirt [skəːt] *n* jupe *f* ▸ *vt* longer, contourner
▸ **skirt around, skirt round** *vt fus* (*lit, fig*) contourner
skirting board ['skəːtɪŋ-] *n* (*BRIT*) plinthe *f*
ski run *n* piste *f* de ski
ski slope *n* piste *f* de ski
ski suit *n* combinaison *f* de ski
skit [skɪt] *n* sketch *m* satirique
ski tow *n* = **ski lift**
skittish ['skɪtɪʃ] *adj* (*nervous*) nerveux(-euse) ; (*frivolous*) frivole
skittle ['skɪtl] *n* quille *f* ; **skittles** *npl* (*game*) (jeu *m* de) quilles*fpl*
skive [skaɪv] *vi* (*BRIT inf*) tirer au flanc
skulduggery [skʌl'dʌgərɪ] *n* magouilles *fpl*
skulk [skʌlk] *vi* rôder furtivement
skull [skʌl] *n* crâne *m*
skullcap ['skʌlkæp] *n* calotte *f*
skunk [skʌŋk] *n* mouffette *f* ; (*fur*) sconse *m*
sky [skaɪ] *n* ciel *m* ; **to praise sb to the skies** porter qn aux nues
sky-blue [skaɪ'bluː] *adj* bleu ciel *inv*
skydiver ['skaɪdaɪvəʳ] *n* parachutiste *mf*
skydiving ['skaɪdaɪvɪŋ] *n* parachutisme *m* ; **to go ~** faire du parachutisme
sky-high ['skaɪ'haɪ] *adv* très haut ▸ *adj* exorbitant(e) ; **prices are ~** les prix sont exorbitants
skylark ['skaɪlɑːk] *n* (*bird*) alouette *f* (des champs)
skylight ['skaɪlaɪt] *n* lucarne *f*
skyline ['skaɪlaɪn] *n* (*horizon*) (ligne *f* d')horizon *m* ; (*of city*) ligne des toits
Skype® [skaɪp] (*Internet, Tel*) *n* Skype® ▸ *vt* contacter via Skype®
skyscraper ['skaɪskreɪpəʳ] *n* gratte-ciel *m inv*
slab [slæb] *n* plaque *f* ; (*of stone*) dalle *f* ; (*of wood*) bloc *m* ; (*of meat, cheese*) tranche épaisse
slack [slæk] *adj* (*loose*) lâche, desserré(e) ; (*slow*) stagnant(e) ; (*careless*) négligent(e), peu sérieux(-euse) *or* consciencieux(-euse) ; (*Comm: market*) peu actif(-ive) ; (*: demand*) faible ; (*period*) creux(-euse) ; **business is ~** les affaires vont mal ▸ *n* (*in rope etc*) mou *m*
slacken ['slækn] *vi* (*also:* **slacken off**) ralentir, diminuer ▸ *vt* relâcher
slacker ['slækəʳ] *n* fainéant(e)
slacks [slæks] *npl* pantalon *m*
slag [slæg] *n* scories *fpl*
slag heap *n* crassier *m*
slag off *vt* (*BRIT inf*) dire du mal de
slain [sleɪn] *pp of* **slay**
slake [sleɪk] *vt* (*one's thirst*) étancher
slalom ['slɑːləm] *n* slalom *m*
slam [slæm] *vt* (*door*) (faire) claquer ; (*throw*) jeter violemment, flanquer ; (*inf: criticize*) éreinter, démolir ▸ *vi* claquer
slammer ['slæməʳ] *n* (*inf*): **the ~** la taule (*inf*)
slander ['slɑːndəʳ] *n* calomnie *f* ; (*Law*) diffamation *f* ▸ *vt* calomnier ; diffamer
slanderous ['slɑːndrəs] *adj* calomnieux(-euse) ; diffamatoire
slang [slæŋ] *n* argot *m*
slanging match ['slæŋɪŋ-] *n* (*BRIT inf*) engueulade *f*, empoignade *f*
slant [slɑːnt] *n* inclinaison *f* ; (*fig*) angle *m*, point *m* de vue
slanted ['slɑːntɪd] *adj* tendancieux(-euse)
slanting ['slɑːntɪŋ] *adj* en pente, incliné(e) ; couché(e)
slap [slæp] *n* claque *f*, gifle *f* ; (*on the back*) tape *f* ▸ *vt* donner une claque *or* une gifle (*or* une tape) à ; **to ~ on** (*paint*) appliquer rapidement ▸ *adv* (*directly*) tout droit, en plein
slapdash ['slæpdæʃ] *adj* (*work*) fait(e) sans soin *or* à la va-vite ; (*person*) insouciant(e), négligent(e)
slaphead ['slæphɛd] *n* (*BRIT inf*) chauve *m*
slapstick ['slæpstɪk] *n* (*comedy*) grosse farce (*style tarte à la crème*)
slap-up ['slæpʌp] *adj* (*BRIT*): **a ~ meal** un repas extra *or* fameux
slash [slæʃ] *vt* entailler, taillader ; (*fig: prices*) casser
slat [slæt] *n* (*of wood*) latte *f*, lame *f*
slate [sleɪt] *n* ardoise *f* ▸ *vt* (*fig: criticize*) éreinter, démolir
slaughter ['slɔːtəʳ] *n* carnage *m*, massacre *m* ; (*of animals*) abattage *m* ▸ *vt* (*animal*) abattre ; (*people*) massacrer
slaughterhouse ['slɔːtəhaus] *n* abattoir *m*
Slav [slɑːv] *adj* slave ▸ *n* Slave *mf*
slave [sleɪv] *n* esclave *mf* ▸ *vi* (*also:* **slave away**) trimer, travailler comme un forçat ; **to ~ (away) at sth/at doing sth** se tuer à qch/à faire qch
slave driver *n* (*inf, pej*) négrier(-ière)
slave labour *n* travail *m* d'esclave ; **it's just ~** (*fig*) c'est de l'esclavage
slaver ['slævəʳ] *vi* (*dribble*) baver
slavery ['sleɪvərɪ] *n* esclavage *m*
Slavic ['slævɪk] *adj* slave

slavish ['sleɪvɪʃ] *adj* servile
slavishly ['sleɪvɪʃlɪ] *adv* (*copy*) servilement
Slavonic [slə'vɔnɪk] *adj* slave
slay [sleɪ] (*pt* **slew** [slu:], *pp* **slain** [sleɪn]) *vt* (*literary*) tuer
slaying ['sleɪɪŋ] *n* (*killing*) mort *f* (violente) ; (*esp US: murder*) meurtre *m*
sleaze [sli:z] *n* (*inf*) débauche *f*
sleazy ['sli:zɪ] *adj* miteux(-euse), minable
sled [slɛd] *n* (*US*) = **sledge**
sledge [slɛdʒ] *n* luge *f*
sledgehammer ['slɛdʒhæmə^r] *n* marteau *m* de forgeron
sleek [sli:k] *adj* (*hair, fur*) brillant(e), luisant(e) ; (*car, boat*) aux lignes pures *or* élégantes
sleep [sli:p] (*pt, pp* **slept** [slɛpt]) *n* sommeil *m* ; **to go to ~** s'endormir ; **to have a good night's ~** passer une bonne nuit ; **to put to ~** (*patient*) endormir ; (*animal: euphemism: kill*) piquer ▸ *vi* dormir ; (*spend night*) dormir, coucher ; **to ~ lightly** avoir le sommeil léger ; **to ~ with sb** (*have sex*) coucher avec qn ▸ *vt*: **we can ~ 4** on peut coucher *or* loger 4 personnes
▸ **sleep around** *vi* coucher à droite et à gauche
▸ **sleep in** *vi* (*oversleep*) se réveiller trop tard ; (*on purpose*) faire la grasse matinée
▸ **sleep together** *vi* (*have sex*) coucher ensemble
sleeper ['sli:pə^r] *n* (*person*) dormeur(-euse) ; (Brit *Rail: on track*) traverse *f* ; (*: train*) train-couchettes *m* ; (*: carriage*) wagon-lits *m*, voiture-lits *f* ; (*: berth*) couchette *f*
sleepily ['sli:pɪlɪ] *adv* d'un air endormi
sleeping ['sli:pɪŋ] *adj* qui dort, endormi(e)
sleeping bag *n* sac *m* de couchage
sleeping car *n* wagon-lits *m*, voiture-lits *f*
sleeping partner *n* (Brit *Comm*) = **silent partner**
sleeping pill *n* somnifère *m*
sleeping sickness *n* maladie *f* du sommeil
sleepless ['sli:plɪs] *adj*: **a ~ night** une nuit blanche
sleeplessness ['sli:plɪsnɪs] *n* insomnie *f*
sleepover ['sli:pəuvə^r] *n* nuit *f* chez un copain *or* une copine ; **we're having a ~ at Jo's** nous allons passer la nuit chez Jo
sleepwalk ['sli:pwɔ:k] *vi* marcher en dormant
sleepwalker ['sli:pwɔ:kə^r] *n* somnambule *mf*
sleepy ['sli:pɪ] *adj* qui a envie de dormir ; (*fig*) endormi(e) ; **to be** *or* **feel ~** avoir sommeil, avoir envie de dormir
sleet [sli:t] *n* neige fondue
sleeve [sli:v] *n* manche *f* ; (*of record*) pochette *f*
sleeveless ['sli:vlɪs] *adj* (*garment*) sans manches
sleigh [sleɪ] *n* traîneau *m*
sleight [slaɪt] *n*: **~ of hand** tour *m* de passe-passe
slender ['slɛndə^r] *adj* svelte, mince ; (*fig*) faible, ténu(e)
slept [slɛpt] *pt, pp of* **sleep**
sleuth [slu:θ] *n* (*inf*) détective (privé)
slew [slu:] *vi* (*also:* **slew round**) virer, pivoter ▸ *pt of* **slay**
slice [slaɪs] *n* tranche *f* ; (*round*) rondelle *f* ; (*utensil*) spatule *f* ; (*also:* **fish slice**) pelle *f* à poisson ▸ *vt* couper en tranches (*or* en rondelles) ; **sliced bread** pain *m* en tranches
slick [slɪk] *adj* (*skilful*) bien ficelé(e) ; (*salesperson*) qui a du bagout, mielleux(-euse) ▸ *n* (*also:* **oil slick**) nappe *f* de pétrole, marée noire
slid [slɪd] *pt, pp of* **slide**
slide [slaɪd] (*pt, pp* **slid** [slɪd]) *n* (*in playground*) toboggan *m* ; (*Phot*) diapositive *f* ; (Brit: *also:* **hair slide**) barrette *f* ; (*microscope slide*) (lame *f*) porte-objet *m* ; (*in prices*) chute *f*, baisse *f* ▸ *vt* (faire) glisser ▸ *vi* glisser ; **to let things ~** (*fig*) laisser les choses aller à la dérive
slide projector *n* (*Phot*) projecteur *m* de diapositives
slide rule *n* règle *f* à calcul
slide show *n* diaporama *m*
sliding ['slaɪdɪŋ] *adj* (*door*) coulissant(e) ; **~ roof** (*Aut*) toit ouvrant
sliding scale *n* échelle *f* mobile
slight [slaɪt] *adj* (*slim*) mince, menu(e) ; (*frail*) frêle ; (*trivial*) faible, insignifiant(e) ; (*small*) petit(e), léger(-ère) *before noun* ; **the slightest** le (*or* la) moindre ; **not in the slightest** pas le moins du monde, pas du tout ▸ *n* offense *f*, affront *m* ▸ *vt* (*offend*) blesser, offenser
slightly ['slaɪtlɪ] *adv* légèrement, un peu ; **~ built** fluet(te)
slim [slɪm] *adj* mince ▸ *vi* maigrir ; (*diet*) faire un régime, suivre un régime
slime [slaɪm] *n* vase *f* ; substance visqueuse
slimmer ['slɪmə^r] *n* personne *f* au régime
slimming [slɪmɪŋ] *n* amaigrissement *m* ▸ *adj* (*diet, pills*) amaigrissant(e), pour maigrir ; (*food*) qui ne fait pas grossir
slimy ['slaɪmɪ] *adj* visqueux(-euse), gluant(e) ; (*covered with mud*) vaseux(-euse)
sling [slɪŋ] (*pt, pp* **slung** [slʌŋ]) *n* (*Med*) écharpe *f* ; (*for baby*) porte-bébé *m* ; (*weapon*) fronde *f*, lance-pierre *m* ; **to have one's arm in a ~** avoir le bras en écharpe ▸ *vt* lancer, jeter
slingshot ['slɪŋʃɔt] *n* (*US*) fronde *f*, lance-pierre *m*
slink [slɪŋk] (*pt, pp* **slunk** [slʌŋk]) *vi*: **to ~ away** *or* **off** s'en aller furtivement
slinky ['slɪŋkɪ] *adj* (*clothes*) moulant(e)
slip [slɪp] *n* faux pas ; (*mistake*) erreur *f*, bévue *f* ; (*underskirt*) combinaison *f* ; (*of paper*) petite feuille, fiche *f* ; **to give sb the ~** fausser compagnie à qn ; **a ~ of the tongue** un lapsus ▸ *vt* (*slide*) glisser ; **to ~ sth on/off** enfiler/enlever qch ▸ *vi* (*slide*) glisser ; (*decline*) baisser ; (*move smoothly*): **to ~ into/out of** se glisser *or* se faufiler dans/hors de ; **to let a chance ~ by** laisser passer une occasion ; **it slipped from her hand** cela lui a glissé des mains
▸ **slip away** *vi* s'esquiver
▸ **slip in** *vt* glisser
▸ **slip out** *vi* sortir
▸ **slip up** *vi* faire une erreur, gaffer
slip-on ['slɪpɔn] *adj* facile à enfiler ; **~ shoes** mocassins *mpl*
slippage ['slɪpɪdʒ] *n* (*reduction*) baisse *f*, déclin *m*
slipped disc [slɪpt-] *n* déplacement *m* de vertèbre
slipper ['slɪpə^r] *n* pantoufle *f*
slippery ['slɪpərɪ] *adj* glissant(e) ; (*fig: person*) insaisissable

slip road *n* (Brit: *to motorway*) bretelle *f* d'accès
slipshod ['slɪpʃɔd] *adj* négligé(e), peu soigné(e)
slipstream ['slɪpstri:m] *n* sillage *m*
slip-up ['slɪpʌp] *n* bévue *f*
slipway ['slɪpweɪ] *n* cale *f* (de construction *or* de lancement)
slit [slɪt] (*pt, pp* ~) *n* fente *f* ; (*cut*) incision *f* ; (*tear*) déchirure *f* ▸ *vt* fendre ; couper, inciser ; déchirer ; **to ~ sb's throat** trancher la gorge à qn
slither ['slɪðə^r] *vi* glisser, déraper
sliver ['slɪvə^r] *n* (*of glass, wood*) éclat *m* ; (*of cheese, sausage*) petit morceau
slob [slɔb] *n* (*inf*) rustaud(e)
slog [slɔg] *n* (Brit: *effort*) gros effort ; (: *work*) tâche fastidieuse ▸ *vi* travailler très dur
slogan ['sləugən] *n* slogan *m*
slop [slɔp] *vi* (*also*: **slop over**); déborder ; se renverser ▸ *vt* répandre ; renverser
slope [sləup] *n* pente *f*, côte *f* ; (*side of mountain*) versant *m* ; (*slant*) inclinaison *f* ▸ *vi*: **to ~ down** être *or* descendre en pente ; **to ~ up** monter
sloping ['sləupɪŋ] *adj* en pente, incliné(e) ; (*handwriting*) penché(e)
sloppy ['slɔpɪ] *adj* (*work*) peu soigné(e), bâclé(e) ; (*appearance*) négligé(e), débraillé(e) ; (*film etc*) sentimental(e)
slosh [slɔʃ] *vi* (*inf*): **to ~ about** *or* **around** (*children*) patauger ; (*liquid*) clapoter
sloshed [slɔʃt] *adj* (*inf: drunk*) bourré(e) (*inf*)
slot [slɔt] *n* fente *f* ; (*fig: in timetable, Radio, TV*) créneau *m*, plage *f* ▸ *vt*: **to ~ sth into** encastrer *or* insérer qch dans ▸ *vi*: **to ~ into** s'encastrer *or* s'insérer dans
sloth [sləuθ] *n* (*vice*) paresse *f* ; (*Zool*) paresseux *m*
slot machine *n* (Brit: *vending machine*) distributeur *m* (automatique), machine *f* à sous ; (*for gambling*) appareil *m or* machine à sous
slot meter *n* (Brit) compteur *m* à pièces
slouch [slautʃ] *vi* avoir le dos rond, être voûté(e)
▸ **slouch about, slouch around** *vi* traîner à ne rien faire
Slovak ['sləuvæk] *adj* slovaque ; **the ~ Republic** la République slovaque ▸ *n* Slovaque *mf* ; (*Ling*) slovaque *m*
Slovakia [sləu'vækɪə] *n* Slovaquie *f*
Slovakian [sləu'vækɪən] *adj, n* = **Slovak**
Slovene [sləu'vi:n] *adj* slovène ▸ *n* Slovène *mf* ; (*Ling*) slovène *m*
Slovenia [sləu'vi:nɪə] *n* Slovénie *f*
Slovenian [sləu'vi:nɪən] *adj, n* = **Slovene**
slovenly ['slʌvənlɪ] *adj* sale, débraillé(e), négligé(e)
slow [sləu] *adj* lent(e) ; (*watch*): **to be ~** retarder ; **"~"** (*road sign*) « ralentir » ; **at a ~ speed** à petite vitesse ; **to be ~ to act/decide** être lent à agir/décider ; **my watch is 20 minutes ~** ma montre retarde de 20 minutes ; **business is ~** les affaires marchent au ralenti ▸ *adv* lentement ; **to go ~** (*driver*) rouler lentement ; (*in industrial dispute*) faire la grève perlée ▸ *vt, vi* ralentir
▸ **slow down** *vi* ralentir
slow-acting [sləu'æktɪŋ] *adj* qui agit lentement, à action lente
slowcoach ['sləukəutʃ] *n* (Brit *inf*) lambin(e)
slowdown ['sləudaun] *n* ralentissement *m*
slowly ['sləulɪ] *adv* lentement
slow motion *n*: **in ~** au ralenti
slowness ['sləunɪs] *n* lenteur *f*
slowpoke ['sləupəuk] *n* (*US inf*) = **slowcoach**
sludge [slʌdʒ] *n* boue *f*
slug [slʌg] *n* limace *f* ; (*bullet*) balle *f*
sluggish ['slʌgɪʃ] *adj* (*person*) mou (molle), lent(e) ; (*stream, engine, trading*) lent(e) ; (*business, sales*) stagnant(e)
sluice [slu:s] *n* écluse *f* ; (*also*: **sluice gate**) vanne *f* ▸ *vt*: **to ~ down** *or* **out** laver à grande eau
slum [slʌm] *n* (*house*) taudis *m* ; **slums** *npl* (*area*) quartiers *mpl* pauvres
slumber ['slʌmbə^r] *n* sommeil *m*
slump [slʌmp] *n* baisse soudaine, effondrement *m* ; (*Econ*) crise *f* ▸ *vi* s'effondrer, s'affaisser
slung [slʌŋ] *pt, pp of* **sling**
slunk [slʌŋk] *pt, pp of* **slink**
slur [slə:^r] *n* bredouillement *m* ; (*smear*): **~ (on)** atteinte *f* (à) ; insinuation *f* (contre) ; **to be a ~ on** porter atteinte à ▸ *vt* mal articuler
slurp [slə:p] *vt, vi* boire à grand bruit
slurred [slə:d] *adj* (*pronunciation*) inarticulé(e), indistinct(e)
slush [slʌʃ] *n* neige fondue
slush fund *n* caisse noire, fonds secrets
slushy ['slʌʃɪ] *adj* (*snow*) fondu(e) ; (*street*) couvert(e) de neige fondue ; (Brit *fig*) à l'eau de rose
slut [slʌt] *n* souillon *f*
sly [slaɪ] *adj* (*person*) rusé(e) ; (*smile, expression, remark*) sournois(e) ; **on the ~** en cachette
smack [smæk] *n* (*slap*) tape *f* ; (*on face*) gifle *f* ▸ *vt* donner une tape à ; (*on face*) gifler ; (*on bottom*) donner la fessée à ; **to ~ one's lips** se lécher les babines ▸ *vi*: **to ~ of** avoir des relents de, sentir ▸ *adv* (*inf*): **it fell ~ in the middle** c'est tombé en plein milieu *or* en plein dedans
smacker ['smækə^r] *n* (*inf: kiss*) bisou *m or* bise *f* sonore ; (: Brit: *pound note*) livre *f* ; (: *US: dollar bill*) dollar *m*
small [smɔ:l] *adj* petit(e) ; (*letter*) minuscule ; **to get** *or* **grow smaller** diminuer ; **to make smaller** (*amount, income*) diminuer ; (*object, garment*) rapetisser ; **a ~ shopkeeper** un petit commerçant ▸ *n*: **the ~ of the back** le creux des reins
small ads *npl* (Brit) petites annonces
small arms *npl* armes individuelles
small business *n* petit commerce, petite affaire
small change *n* petite *or* menue monnaie
smallholder ['smɔ:lhəuldə^r] *n* (Brit) petit cultivateur
smallholding ['smɔ:lhəuldɪŋ] *n* (Brit) petite ferme
small hours *npl*: **in the ~** au petit matin
smallish ['smɔ:lɪʃ] *adj* plutôt *or* assez petit(e)
small-minded [smɔ:l'maɪndɪd] *adj* mesquin(e)
smallpox ['smɔ:lpɔks] *n* variole *f*
small print *n* (*in contract etc*) clause(s) imprimée(s) en petits caractères
small-scale ['smɔ:lskeɪl] *adj* (*map, model*) à échelle réduite, à petite échelle ; (*business, farming*) peu important(e), modeste

small talk *n* menus propos
small-time ['smɔːltaɪm] *adj* (*farmer etc*) petit(e) ; **a ~ thief** un voleur à la petite semaine
small-town ['smɔːltaun] *adj* provincial(e)
smarmy ['smɑːmɪ] *adj* (Brit *pej*) flagorneur(-euse), lécheur(-euse)
smart [smɑːt] *adj* élégant(e), chic *inv* ; (*clever*) intelligent(e) ; (*pej*) futé(e) ; (*quick*) vif (vive), prompt(e) ; **the ~ set** le beau monde ; **to look ~** être élégant(e) ▸ *vi* faire mal, brûler ; **my eyes are smarting** j'ai les yeux irrités *or* qui me piquent
smart alec, smart aleck *n* (*inf*) petit(e) prétentieux(-euse) (*inf*), monsieur (madame) je-sais-tout (*inf*)
smart card *n* carte *f* à puce
smarten up ['smɑːtn-] *vi* devenir plus élégant(e), se faire beau (belle) ▸ *vt* rendre plus élégant(e)
smartly ['smɑːtlɪ] *adv* (*dress*) bien ; (*quickly*) vivement
smartphone ['smɑːtfəun] *n* smartphone *m*
smartwatch ['smɑːtwɔtʃ] *n* smartwatch *f*
smash [smæʃ] *n* collision *f*, accident *m* ; (*Mus*) succès foudroyant ; (*sound*) fracas *m* ▸ *vt* casser, briser, fracasser ; (*opponent*) écraser ; (*hopes*) ruiner, détruire ; (*Sport: record*) pulvériser ▸ *vi* se briser, se fracasser ; s'écraser
▸ **smash up** *vt* (*car*) bousiller ; (*room*) tout casser dans
smashed ['smæʃt] *adj* (*inf: drunk*) bourré(e) (*inf*)
smashing ['smæʃɪŋ] *adj* (*inf*) formidable
smash-up ['smæʃʌp] *n* collision *f*, accident *m*
smattering ['smætərɪŋ] *n*: **a ~ of** quelques notions de
SME *n abbr* (= *small and medium(-sized) enterprise(s)*) PME *f inv*
smear [smɪəʳ] *n* (*stain*) tache *f* ; (*mark*) trace *f* ; (*Med*) frottis *m* ; (*insult*) calomnie *f* ▸ *vt* enduire ; (*make dirty*) salir ; (*fig*) porter atteinte à ; **his hands were smeared with oil/ink** il avait les mains maculées de cambouis/d'encre
smear campaign *n* campagne *f* de dénigrement
smear test *n* (Brit *Med*) frottis *m*
smell [smɛl] (*pt, pp* **smelt** [smɛlt] *or* **smelled** [smɛld]) *n* odeur *f* ; (*sense*) odorat *m* ▸ *vt* sentir ▸ *vi* (*pej*) sentir mauvais ; (*food etc*): **to ~ (of)** sentir ; **it smells good** ça sent bon
smelly ['smɛlɪ] *adj* qui sent mauvais, malodorant(e)
smelt [smɛlt] *pt, pp of* **smell** ▸ *vt* (*ore*) fondre
smidgen, smidgeon, smidgin ['smɪdʒən] *n* (*inf*): **a ~** un peu
smile [smaɪl] *n* sourire *m* ▸ *vi* sourire
smiley ['smaɪlɪ] *adj* (*inf*) souriant(e) ▸ *n* binette *f*, smiley *m*
smiling ['smaɪlɪŋ] *adj* souriant(e)
smirk [sməːk] *n* petit sourire suffisant *or* affecté
smith [smɪθ] *n* maréchal-ferrant *m* ; forgeron *m*
smithereens [smɪðə'riːnz] *npl*: **to smash sth to ~** briser qch en mille morceaux ; **to get blown to ~** être déchiqueté(e) dans une explosion
smithy ['smɪðɪ] *n* forge *f*
smitten ['smɪtn] *adj*: **~ with** pris(e) de ; frappé(e) de
smock [smɔk] *n* blouse *f*, sarrau *m*
smog [smɔg] *n* brouillard mêlé de fumée
smoke [sməuk] *n* fumée *f* ; **to have a ~** fumer une cigarette ; **to go up in ~** (*house etc*) brûler ; (*fig*) partir en fumée ▸ *vt, vi* fumer ; **do you ~?** est-ce que vous fumez ? ; **do you mind if I ~?** ça ne vous dérange pas que je fume ?
smoke alarm *n* détecteur *m* de fumée
smoked ['sməukt] *adj* (*bacon, glass*) fumé(e)
smokeless fuel ['sməuklɪs-] *n* combustible non polluant
smokeless zone ['sməuklɪs-] *n* (Brit) zone *f* où l'usage du charbon est réglementé
smoker ['sməukəʳ] *n* (*person*) fumeur(-euse) ; (*Rail*) wagon *m* fumeurs
smoke screen *n* rideau *m or* écran *m* de fumée ; (*fig*) paravent *m*
smoke shop *n* (US) (bureau *m* de) tabac *m*
smoking ['sməukɪŋ] *n*: **"no ~"** (*sign*) « défense de fumer » ; **to give up ~** arrêter de fumer
smoking compartment, (US) **smoking car** *n* wagon *m* fumeurs
smoky ['sməukɪ] *adj* enfumé(e) ; (*taste*) fumé(e)
smolder ['sməuldəʳ] *vi* (US) = **smoulder**
smoochy ['smuːtʃɪ] *adj* (*inf*) langoureux(-euse)
smooth [smuːð] *adj* lisse ; (*sauce*) onctueux(-euse) ; (*flavour, whisky*) moelleux(-euse) ; (*cigarette*) doux (douce) ; (*movement*) régulier(-ière), sans à-coups *or* heurts ; (*landing, takeoff*) en douceur ; (*flight*) sans secousses ; (*pej: person*) doucereux(-euse), mielleux(-euse) ▸ *vt* (*also*: **smooth out**) lisser, défroisser ; (*: creases, difficulties*) faire disparaître
▸ **smooth over** *vt*: **to ~ things over** (*fig*) arranger les choses
smoothie ['smuːðɪ] *n* (*drink*) *boisson à base de purée de fruits, parfois additionnée de yaourt ou de glace* ; (*inf: man*) charmeur *m*
smoothly ['smuːðlɪ] *adv* (*easily*) facilement, sans difficulté(s) ; **everything went ~** tout s'est bien passé
smother ['smʌðəʳ] *vt* étouffer
smoulder, (US) **smolder** ['sməuldəʳ] *vi* couver
SMS *n abbr* (= *short message service*) SMS *m*
SMS message *n* (message *m*) SMS *m*
smudge [smʌdʒ] *n* tache *f*, bavure *f* ▸ *vt* salir, maculer
smug [smʌg] *adj* suffisant(e), content(e) de soi
smuggle ['smʌgl] *vt* passer en contrebande *or* en fraude ; **to ~ in/out** (*goods etc*) faire entrer/sortir clandestinement *or* en fraude
smuggler ['smʌgləʳ] *n* contrebandier(-ière)
smuggling ['smʌglɪŋ] *n* contrebande *f*
smugly ['smʌglɪ] *adv* d'un air suffisant
smugness ['smʌgnɪs] *n* suffisance *f*
smut [smʌt] *n* (*grain of soot*) grain *m* de suie ; (*mark*) tache *f* de suie ; (*in conversation etc*) obscénités *fpl*
smutty ['smʌtɪ] *adj* (*fig*) grossier(-ière), obscène
snack [snæk] *n* casse-croûte *m inv* ; **to have a ~** prendre un en-cas, manger quelque chose (de léger)
snack bar *n* snack(-bar) *m*
snag [snæg] *n* inconvénient *m*, difficulté *f*
snail [sneɪl] *n* escargot *m*

S

snake [sneɪk] *n* serpent *m*
snakeskin ['sneɪkskɪn] *n* peau *f* de serpent ▸ *cpd* (*bag, belt*) en serpent, en peau de serpent
snap [snæp] *n* (*sound*) claquement *m*, bruit sec ; (*photograph*) photo *f*, instantané *m* ; (*game*) *sorte de jeu de bataille* ; **a cold ~** (*of weather*) un refroidissement soudain de la température ▸ *adj* subit(e), fait(e) sans réfléchir ▸ *vt* (*fingers*) faire claquer ; (*break*) casser net ; (*photograph*) prendre un instantané de ; **to ~ one's fingers at** (*fig*) se moquer de ▸ *vi* se casser net *or* avec un bruit sec ; (*fig: person*) craquer ; (*speak sharply*) parler d'un ton brusque ; **to ~ open/shut** s'ouvrir/se refermer brusquement
▸ **snap at** *vt fus* (*subj: dog*) essayer de mordre
▸ **snap off** *vt* (*break*) casser net
▸ **snap up** *vt* sauter sur, saisir
snap fastener *n* bouton-pression *m*
snappy ['snæpɪ] *adj* prompt(e) ; (*slogan*) qui a du punch ; **make it ~!** (*inf: hurry up*) grouille-toi ! (*inf*), magne-toi ! (*inf*)
snapshot ['snæpʃɔt] *n* photo *f*, instantané *m*
snare [snɛəʳ] *n* piège *m* ▸ *vt* attraper, prendre au piège
snarl [snɑːl] *n* grondement *m or* grognement *m* féroce ▸ *vi* gronder ▸ *vt*: **to get snarled up** (*wool, plans*) s'emmêler ; (*traffic*) se bloquer
snatch [snætʃ] *n* (*fig*) vol *m* ; (*small amount*): **snatches of** des fragments *mpl or* bribes *fpl* de ▸ *vt* saisir (*d'un geste vif*) ; (*steal*) voler ; **to ~ a sandwich** manger *or* avaler un sandwich à la hâte ; **to ~ some sleep** arriver à dormir un peu ▸ *vi*: **don't ~!** doucement !
▸ **snatch up** *vt* saisir, s'emparer de
snazzy ['snæzɪ] *adj* (*inf: clothes*) classe *inv* (*inf*), chouette (*inf*)
sneak [sniːk] (*US pt, pp* **snuck** [snʌk]) *vi*: **to ~ in/out** entrer/sortir furtivement *or* à la dérobée ; **to ~ up on sb** s'approcher de qn sans faire de bruit ▸ *vt*: **to ~ a look at sth** regarder furtivement qch ▸ *n* (*inf: pej: informer*) faux jeton
sneakers ['sniːkəz] *npl* tennis *mpl*, baskets *fpl*
sneaking ['sniːkɪŋ] *adj*: **to have a ~ feeling** *or* **suspicion that …** avoir la vague impression que …
sneaky ['sniːkɪ] *adj* sournois(e)
sneer [snɪəʳ] *n* ricanement *m* ▸ *vi* ricaner, sourire d'un air sarcastique ; **to ~ at sb/sth** se moquer de qn/qch avec mépris
sneeze [sniːz] *n* éternuement *m* ▸ *vi* éternuer
snide [snaɪd] *adj* sarcastique, narquois(e)
sniff [snɪf] *n* reniflement *m* ▸ *vi* renifler ▸ *vt* renifler, flairer ; (*glue, drug*) sniffer, respirer
▸ **sniff at** *vt fus*: **it's not to be sniffed at** il ne faut pas cracher dessus, ce n'est pas à dédaigner
sniffer dog ['snɪfə-] *n* (*Police*) *chien dressé pour la recherche d'explosifs et de stupéfiants*
sniffle ['snɪfl] *vi* renifler ▸ *n* (*inf: cold*) léger rhume *m* ; **to have the sniffles** être un peu enrhumé(e)
snigger ['snɪgəʳ] *n* ricanement *m* ; rire moqueur ▸ *vi* ricaner
snip [snɪp] *n* (*cut*) entaille *f* ; (*piece*) petit bout ; (*Brit inf: bargain*) (bonne) occasion *or* affaire ▸ *vt* couper
snipe [snaɪp] *vi* (*criticize*) critiquer ; **to ~ at sb/sth** (*criticize*) critiquer qn/qch ; (*shoot at*) tirer sur qn/qch sans se faire voir
sniper ['snaɪpəʳ] *n* (*marksman*) tireur embusqué
snippet ['snɪpɪt] *n* bribes *fpl*
snitch [snɪtʃ] (*inf*) *vi* cafter (*inf*) ; **to ~ on sb** cafter qn ▸ *n* cafteur(-euse) (*inf*)
snivel [snɪvl] *vi* pleurnicher
snivelling ['snɪvlɪŋ] *adj* larmoyant(e), pleurnicheur(-euse)
snob [snɔb] *n* snob *mf*
snobbery ['snɔbərɪ] *n* snobisme *m*
snobbish ['snɔbɪʃ] *adj* snob *inv*
snog [snɔg] *vi* (*inf*) se bécoter
snooker ['snuːkəʳ] *n sorte de jeu de billard*
snoop [snuːp] *vi*: **to ~ on sb** espionner qn ; **to ~ about** fureter
snooper ['snuːpəʳ] *n* fureteur(-euse)
snooty ['snuːtɪ] *adj* snob *inv*, prétentieux(-euse)
snooze [snuːz] *n* petit somme ▸ *vi* faire un petit somme
snore [snɔːʳ] *vi* ronfler ▸ *n* ronflement *m*
snoring ['snɔːrɪŋ] *n* ronflement(s) *m(pl)*
snorkel ['snɔːkl] *n* (*of swimmer*) tuba *m*
snort [snɔːt] *n* grognement *m* ▸ *vi* grogner ; (*horse*) renâcler ▸ *vt* (*inf: drugs*) sniffer
snot [snɔt] *n* (*inf*) morve *f*
snotty ['snɔtɪ] *adj* (*inf*) morveux(-euse)
snout [snaut] *n* museau *m*
snow [snəu] *n* neige *f* ▸ *vi* neiger ▸ *vt*: **to be snowed under with work** être débordé(e) de travail
snowball ['snəubɔːl] *n* boule *f* de neige
snowboard ['snəubɔːd] *n* planche *f* de snowboard
snowboarder ['snəubɔːdəʳ] *n* snowboarder(-euse), surfeur(-euse) des neiges
snowboarding ['snəubɔːdɪŋ] *n* snowboard *m*
snowbound ['snəubaund] *adj* enneigé(e), bloqué(e) par la neige
snow-capped ['snəukæpt] *adj* (*peak, mountain*) couvert(e) de neige
snowdrift ['snəudrɪft] *n* congère *f*
snowdrop ['snəudrɔp] *n* perce-neige *m*
snowfall ['snəufɔːl] *n* chute *f* de neige
snowflake ['snəufleɪk] *n* flocon *m* de neige
snowman ['snəumæn] *n* (*irreg*) bonhomme *m* de neige
snowmobile ['snəuməubiːl] *n* scooter *m* des neiges
snowplough, (*US*) **snowplow** ['snəuplau] *n* chasse-neige *m inv*
snowshoe ['snəuʃuː] *n* raquette *f* (*pour la neige*)
snowstorm ['snəustɔːm] *n* tempête *f* de neige
snowy ['snəuɪ] *adj* neigeux(-euse) ; (*covered with snow*) enneigé(e)
SNP *n abbr* (*Brit Pol*) = **Scottish National Party**
snub [snʌb] *vt* repousser, snober ▸ *n* rebuffade *f*
snub-nosed [snʌb'nəuzd] *adj* au nez retroussé
snuck [snʌk] (*US*) *pt, pp of* **sneak**
snuff [snʌf] *n* tabac *m* à priser ▸ *vt* (*also:* **snuff out**: *candle*) moucher
snuff movie *n* (*inf*) *film pornographique qui se termine par le meurtre réel de l'un des acteurs*

snug [snʌg] *adj* douillet(te), confortable ; (*person*) bien au chaud ; **it's a ~ fit** c'est bien ajusté(e)
snuggle ['snʌgl] *vi*: **to ~ down in bed/up to sb** se pelotonner dans son lit/contre qn
SO *abbr* (*Banking*) = **standing order**

KEYWORD

so [səu] *adv* **1** (*thus, likewise*) ainsi, de cette façon ; **if so** si oui ; **so do** *or* **have I** moi aussi ; **it's 5 o'clock — so it is!** il est 5 heures — en effet ! *or* c'est vrai ! ; **I hope/think so** je l'espère/le crois ; **so far** jusqu'ici, jusqu'à maintenant ; (*in past*) jusque-là ; **quite so!** exactement !, c'est bien ça ! ; **even so** quand même, tout de même
2 (*in comparisons etc: to such a degree*) si, tellement ; **so big (that)** si *or* tellement grand (que) ; **she's not so clever as her brother** elle n'est pas aussi intelligente que son frère
3: **so much** *adj, adv* tant (de) ; **I've got so much work** j'ai tant de travail ; **I love you so much** je vous aime tant ; **so many** tant (de)
4 (*phrases*): **10 or so** à peu près *or* environ 10 ; **so long!** (*inf: goodbye*) au revoir !, à un de ces jours ! ; **so to speak** pour ainsi dire ; **so (what)?** (*inf*) (bon) et alors ?, et après ?
▸ *conj* **1** (*expressing purpose*): **so as to do** pour faire, afin de faire ; **so (that)** pour que *or* afin que *+ sub*
2 (*expressing result*) donc, par conséquent ; **so that** si bien que, de (telle) sorte que ; **so that's the reason!** c'est donc (pour) ça ! ; **so you see, I could have gone** alors tu vois, j'aurais pu y aller

soak [səuk] *vt* faire *or* laisser tremper ; (*drench*) tremper ; **to be soaked through** être trempé jusqu'aux os ▸ *vi* tremper
▸ **soak in** *vi* pénétrer, être absorbé(e)
▸ **soak up** *vt* absorber
soaking ['səukɪŋ] *adj* (*also*: **soaking wet**) trempé(e)
so-and-so ['səuənsəu] *n* (*somebody*) un(e) tel(le)
soap [səup] *n* savon *m*
soapbox ['səupbɔks] *n* tribune improvisée (en plein air)
soapflakes ['səupfleɪks] *npl* paillettes *fpl* de savon
soap opera *n* feuilleton télévisé (*quotidienneté réaliste ou embellie*)
soap powder *n* lessive *f*, détergent *m*
soapsuds ['səupsʌds] *npl* mousse *f* de savon
soapy ['səupɪ] *adj* savonneux(-euse)
soar [sɔːʳ] *vi* monter (en flèche), s'élancer ; (*building*) s'élancer ; **soaring prices** prix qui grimpent
sob [sɔb] *n* sanglot *m* ▸ *vi* sangloter
s.o.b. *n abbr* (*US inf!*: = *son of a bitch*) salaud *m* (!)
sobbing ['sɔbɪŋ] *n* sanglots *mpl*
sober ['səubəʳ] *adj* qui n'est pas (*or* plus) ivre ; (*serious*) sérieux(-euse), sensé(e) ; (*moderate*) mesuré(e) ; (*colour, style*) sobre, discret(-ète)
▸ **sober up** *vt* dégriser ▸ *vi* se dégriser
sobering ['səubərɪŋ] *adj*: **it's a ~ thought** cela donne à réfléchir ; **to have a ~ effect on sb** donner à réfléchir à qn
sobriety [sə'braɪətɪ] *n* (*not being drunk*) sobriété *f* ; (*seriousness, sedateness*) sérieux *m*
sob story *n* (*inf, pej*) histoire larmoyante
Soc. *abbr* (= *society*) Soc
so-called ['səu'kɔːld] *adj* soi-disant *inv*
soccer ['sɔkəʳ] *n* football *m*
soccer pitch *n* terrain *m* de football
soccer player *n* footballeur *m*
sociability [səuʃə'bɪlɪtɪ] *n* sociabilité *f*
sociable ['səuʃəbl] *adj* sociable
social ['səuʃl] *adj* social(e) ; (*sociable*) sociable ▸ *n* (petite) fête
social climber *n* arriviste *mf*
social club *n* amicale *f*, foyer *m*
Social Democrat *n* social-démocrate *mf*
social insurance *n* (*US*) sécurité sociale
socialism ['səuʃəlɪzəm] *n* socialisme *m*
socialist ['səuʃəlɪst] *adj, n* socialiste *mf*
socialite ['səuʃəlaɪt] *n* personnalité mondaine
socialization [səuʃəlaɪ'zeɪʃən] *n* socialisation *f*
socialize ['səuʃəlaɪz] *vi* voir *or* rencontrer des gens, se faire des amis ; **to ~ with** (*meet often*) fréquenter ; (*get to know*) lier connaissance *or* parler avec
social life *n* vie sociale ; **how's your ~?** est-ce que tu sors beaucoup ?
socially ['səuʃəlɪ] *adv* socialement, en société
social media *npl* médias *mpl* sociaux
social networking [-'nɛtwəːkɪŋ] *n* réseaux *mpl* sociaux
social networking site *n* site *m* de réseautage
social science *n* sciences humaines
social security *n* aide sociale
social services *npl* services sociaux
social welfare *n* sécurité sociale
social work *n* assistance sociale
social worker *n* assistant(e) social(e)
societal [sə'saɪətl] *adj* sociétal(e)
society [sə'saɪətɪ] *n* société *f* ; (*club*) société, association *f* ; (*also*: **high society**) (haute) société, grand monde ▸ *cpd* (*party*) mondain(e)
socio-economic ['səusɪəuiːkə'nɔmɪk] *adj* socioéconomique
sociological [səusɪə'lɔdʒɪkl] *adj* sociologique
sociologist [səusɪ'ɔlədʒɪst] *n* sociologue *mf*
sociology [səusɪ'ɔlədʒɪ] *n* sociologie *f*
sociopath ['səusiəpæθ] *n* sociopathe *mf*
socio-political [səusiəupə'lɪtɪkl] *adj* sociopolitique
sock [sɔk] *n* chaussette *f* ; **to pull one's socks up** (*fig*) se secouer (les puces) ▸ *vt* (*inf: hit*) flanquer un coup à
socket ['sɔkɪt] *n* cavité *f* ; (*Elec: also*: **wall socket**) prise *f* de courant ; (*for light bulb*) douille *f*
sod [sɔd] *n* (*of earth*) motte *f* ; (BRIT *inf!*) con *m* (!), salaud *m* (!)
▸ **sod off** *vi*: **~ off!** (BRIT *inf!*) fous le camp !, va te faire foutre ! (!)
soda ['səudə] *n* (*Chem*) soude *f* ; (*also*: **soda water**) eau *f* de Seltz ; (*US: also*: **soda pop**) soda *m*
sodden ['sɔdn] *adj* trempé(e), détrempé(e)
sodium ['səudɪəm] *n* sodium *m*
sodium chloride *n* chlorure *m* de sodium
Sod's Law [sɔdz'lɔː] *n* (BRIT *inf*) loi *f* de l'emmerdement maximum (*inf*)
sofa ['səufə] *n* sofa *m*, canapé *m*
sofa bed *n* canapé-lit *m*

S

Sofia ['səufɪə] *n* Sofia
soft [sɔft] *adj* (*not rough*) doux (douce) ; (*not hard*) doux, mou (molle) ; (*not loud*) doux, léger(-ère) ; (*kind*) doux, gentil(le) ; (*weak*) indulgent(e) ; (*stupid*) stupide, débile
softball ['sɔftbɔ:l] *n* (*game*) softball *m* ; (*ball*) balle *f* de softball
soft-boiled ['sɔftbɔɪld] *adj* (*egg*) à la coque
soft drink *n* boisson non alcoolisée
soft drugs *npl* drogues douces
soften ['sɔfn] *vt* (r)amollir ; (*fig*) adoucir ▸ *vi* se ramollir ; (*fig*) s'adoucir
softener ['sɔfnəʳ] *n* (*water softener*) adoucisseur *m* ; (*fabric softener*) produit assouplissant
soft fruit *n* (Brit) baies *fpl*
soft furnishings *npl* tissus *mpl* d'ameublement
soft-hearted [sɔft'hɑ:tɪd] *adj* au cœur tendre
softly ['sɔftlɪ] *adv* doucement ; (*touch*) légèrement ; (*kiss*) tendrement
softness ['sɔftnɪs] *n* douceur *f*
soft option *n* solution *f* de facilité
soft sell *n* promotion *f* de vente discrète
soft target *n* cible *f* facile
soft toy *n* jouet *m* en peluche
software ['sɔftwɛəʳ] *n* (*Comput*) logiciel *m*, software *m*
software package *n* (*Comput*) progiciel *m*
softy ['sɔftɪ] *n* (*inf*) cœur *m* sensible
soggy ['sɔgɪ] *adj* (*clothes*) trempé(e) ; (*ground*) détrempé(e)
soil [sɔɪl] *n* (*earth*) sol *m*, terre *f* ▸ *vt* salir ; (*fig*) souiller
soiled [sɔɪld] *adj* sale ; (*Comm*) défraîchi(e)
sojourn ['sɔdʒə:n] *n* (*formal*) séjour *m*
solace ['sɔlɪs] *n* consolation *f*, réconfort *m*
solar ['səuləʳ] *adj* solaire
solarium [sə'lɛərɪəm] (*pl* **solaria** [-rɪə]) *n* solarium *m*
solar panel *n* panneau *m* solaire
solar plexus [-'plɛksəs] *n* (*Anat*) plexus *m* solaire
solar power *n* énergie *f* solaire
solar system *n* système *m* solaire
sold [səuld] *pt, pp of* **sell**
solder ['səuldəʳ] *vt* souder (*au fil à souder*) ▸ *n* soudure *f*
soldier ['səuldʒəʳ] *n* soldat *m*, militaire *m* ; **toy ~** petit soldat ▸ *vi*: **to ~ on** persévérer, s'accrocher
sold out *adj* (*Comm*) épuisé(e)
sole [səul] *n* (*of foot*) plante *f* ; (*of shoe*) semelle *f* ; (*fish: pl inv*) sole *f* ▸ *adj* seul(e), unique ; **the ~ reason** la seule et unique raison
solely ['səullɪ] *adv* seulement, uniquement ; **I will hold you ~ responsible** je vous en tiendrai pour seul responsable
solemn ['sɔləm] *adj* solennel(le) ; (*person*) sérieux(-euse), grave
sole trader *n* (*Comm*) chef *m* d'entreprise individuelle
solicit [sə'lɪsɪt] *vt* (*request*) solliciter ▸ *vi* (*prostitute*) racoler
solicitor [sə'lɪsɪtəʳ] *n* (Brit: *for wills etc*) ≈ notaire *m* ; (: *in court*) ≈ avocat *m*
solid ['sɔlɪd] *adj* (*strong, sound, reliable, not liquid*) solide ; (*not hollow: mass*) compact(e) ; (: *metal, rock, wood*) massif(-ive) ; (*meal*) consistant(e), substantiel(le) ; (*vote*) unanime ; **to be on ~ ground** être sur la terre ferme ; (*fig*) être en terrain sûr ; **we waited two ~ hours** nous avons attendu deux heures entières ▸ *n* solide *m*
solidarity [sɔlɪ'dærɪtɪ] *n* solidarité *f*
solid fuel *n* combustible *m* solide
solidify [sə'lɪdɪfaɪ] *vi* se solidifier ▸ *vt* solidifier
solidity [sə'lɪdɪtɪ] *n* solidité *f*
solidly ['sɔlɪdlɪ] *adv* (*firmly: built, based*) solidement ; (*continuously: work, rain*) sans discontinuer ; (*unanimously*) massivement ; **to sleep ~ for 12 hours** dormir pendant 12 heures d'affilée ; **to be ~ behind/against sb/sth** faire bloc derrière/contre qn/qch
solid-state ['sɔlɪdsteɪt] *adj* (*Elec*) à circuits intégrés
soliloquy [sə'lɪləkwɪ] *n* monologue *m*
solitaire [sɔlɪ'tɛəʳ] *n* (*gem*, Brit: *game*) solitaire *m* ; (*US: card game*) réussite *f*
solitary ['sɔlɪtərɪ] *adj* solitaire
solitary confinement *n* (*in prison*) isolement *m* (cellulaire)
solitude ['sɔlɪtju:d] *n* solitude *f*
solo ['səuləu] *n* solo *m* ▸ *adv* (*fly*) en solitaire
soloist ['səuləuɪst] *n* soliste *mf*
Solomon Islands ['sɔləmən-] *npl*: **the ~** les (îles *fpl*) Salomon *fpl*
solstice ['sɔlstɪs] *n* solstice *m*
soluble ['sɔljubl] *adj* soluble
solution [sə'lu:ʃən] *n* solution *f*
solve [sɔlv] *vt* résoudre
solvency ['sɔlvənsɪ] *n* (*Comm*) solvabilité *f*
solvent ['sɔlvənt] *adj* (*Comm*) solvable ▸ *n* (*Chem*) (dis)solvant *m*
solvent abuse *n* usage *m* de solvants hallucinogènes
Somali [səu'mɑ:lɪ] *adj* somali(e), somalien(ne) ▸ *n* Somali(e), Somalien(ne)
Somalia [səu'mɑ:lɪə] *n* (République *f* de) Somalie *f*
Somalian [sə'mɑ:liən] *adj* somalien(ne) ▸ *n* Somalien(ne)
Somaliland [səu'mɑ:lɪlænd] *n* Somaliland *m*
sombre, (*US*) **somber** ['sɔmbəʳ] *adj* sombre, morne

KEYWORD

some [sʌm] *adj* **1** (*a certain amount or number of*): **some tea/water/ice cream** du thé/de l'eau/de la glace ; **some children/apples** des enfants/pommes ; **I've got some money but not much** j'ai de l'argent mais pas beaucoup
2 (*certain: in contrasts*): **some people say that ...** il y a des gens qui disent que ... ; **some films were excellent, but most were mediocre** certains films étaient excellents, mais la plupart étaient médiocres
3 (*unspecified*): **some woman was asking for you** il y avait une dame qui vous demandait ; **he was asking for some book (or other)** il demandait un livre quelconque ; **some day** un de ces jours ; **some day next week** un jour la semaine prochaine ; **after some time** après un certain temps ; **at some length** assez

longuement ; **in some form or other** sous une forme ou une autre, sous une forme quelconque
▸ *pron* **1** (*a certain number*) quelques-uns (quelques-unes), certains (certaines) ; **I've got some** (*books etc*) j'en ai (quelques-uns) ; **some (of them) have been sold** certains ont été vendus
2 (*a certain amount*) un peu ; **I've got some** (*money, milk*) j'en ai (un peu) ; **would you like some?** est-ce que vous en voulez ?, en voulez-vous ? ; **could I have some of that cheese?** pourrais-je avoir un peu de ce fromage ? ; **I've read some of the book** j'ai lu une partie du livre
▸ *adv*: **some 10 people** quelque 10 personnes, 10 personnes environ

somebody ['sʌmbədɪ] *pron* = **someone**
someday ['sʌmdeɪ] *adv* un de ces jours, un jour ou l'autre
somehow ['sʌmhau] *adv* d'une façon ou d'une autre ; (*for some reason*) pour une raison ou une autre
someone ['sʌmwʌn] *pron* quelqu'un ; **~ or other** quelqu'un, je ne sais qui
someplace ['sʌmpleɪs] *adv* (*US*) = **somewhere**
somersault ['sʌməsɔːlt] *n* culbute *f*, saut périlleux ▸ *vi* faire la culbute *or* un saut périlleux ; (*car*) faire un tonneau
something ['sʌmθɪŋ] *pron* quelque chose *m* ; **~ interesting** quelque chose d'intéressant ; **~ to do** quelque chose à faire ; **he's ~ like me** il est un peu comme moi ; **it's ~ of a problem** il y a là un problème
sometime ['sʌmtaɪm] *adv* (*in future*) un de ces jours, un jour ou l'autre ; (*in past*): **~ last month** au cours du mois dernier
sometimes ['sʌmtaɪmz] *adv* quelquefois, parfois
somewhat ['sʌmwɔt] *adv* quelque peu, un peu
somewhere ['sʌmwɛə^r] *adv* quelque part ; **~ else** ailleurs, autre part
son [sʌn] *n* fils *m*
sonar ['səunɑː^r] *n* sonar *m*
sonata [sə'nɑːtə] *n* sonate *f*
song [sɔŋ] *n* chanson *f* ; (*of bird*) chant *m*
songbird ['sɔŋbəːd] *n* oiseau *m* chanteur
songbook ['sɔŋbuk] *n* chansonnier *m*
songwriter ['sɔŋraɪtə^r] *n* auteur-compositeur *m*
sonic ['sɔnɪk] *adj* (*boom*) supersonique
son-in-law ['sʌnɪnlɔː] *n* gendre *m*, beau-fils *m*
sonnet ['sɔnɪt] *n* sonnet *m*
sonny ['sʌnɪ] *n* (*inf*) fiston *m* (*inf*)
son of a bitch *n* (*inf!*) fils *m* de pute (*!*)
sonorous ['sɔnərəs, sə'nɔːrəs] *adj* sonore
soon [suːn] *adv* bientôt ; (*early*) tôt ; **~ afterwards** peu après ; **quite ~** sous peu ; **how ~ can you do it?** combien de temps vous faut-il pour le faire, au plus pressé ? ; **how ~ can you come back?** quand *or* dans combien de temps pouvez-vous revenir, au plus tôt ? ; **see you ~!** à bientôt ! ; *see also* **as**
sooner ['suːnə^r] *adv* (*time*) plus tôt ; (*preference*): **I would ~ do that** j'aimerais autant *or* je préférerais faire ça ; **~ or later** tôt ou tard ; **no ~ said than done** sitôt dit, sitôt fait ; **the ~ the better** le plus tôt sera le mieux ; **no ~ had we left than ...** à peine étions-nous partis que ...
soot [sut] *n* suie *f*
soothe [suːð] *vt* calmer, apaiser
soothing ['suːðɪŋ] *adj* (*ointment etc*) lénitif(-ive), lénifiant(e) ; (*tone, words etc*) apaisant(e) ; (*drink, bath*) relaxant(e)
SOP *n abbr* = **standard operating procedure**
sop [sɔp] *n*: **that's only a ~** c'est pour nous (*or* les *etc*) amadouer
sophisticated [sə'fɪstɪkeɪtɪd] *adj* raffiné(e), sophistiqué(e) ; (*machinery*) hautement perfectionné(e), très complexe ; (*system etc*) très perfectionné(e), sophistiqué
sophistication [səfɪstɪ'keɪʃən] *n* raffinement *m*, niveau *m* (de) perfectionnement *m*
sophomore ['sɔfəmɔː^r] *n* (*US*) étudiant(e) de seconde année
soporific [sɔpə'rɪfɪk] *adj* soporifique ▸ *n* somnifère *m*
sopping ['sɔpɪŋ] *adj* (*also*: **sopping wet**) tout(e) trempé(e)
soppy ['sɔpɪ] *adj* (*pej*) sentimental(e)
soprano [sə'prɑːnəu] *n* (*voice*) soprano *m* ; (*singer*) soprano *mf*
sorbet ['sɔːbeɪ] *n* sorbet *m*
sorcerer ['sɔːsərə^r] *n* sorcier *m*
sorceress ['sɔːsərɪs] *n* sorcière *f*
sordid ['sɔːdɪd] *adj* sordide
sore [sɔː^r] *adj* (*painful*) douloureux(-euse), sensible ; (*offended*) contrarié(e), vexé(e) ; **to have a ~ throat** avoir mal à la gorge ; **it's a ~ point** (*fig*) c'est un point délicat ▸ *n* plaie *f*
sorely ['sɔːlɪ] *adv* (*tempted*) fortement
sorrel ['sɔrəl] *n* oseille *f*
sorrow ['sɔrəu] *n* peine *f*, chagrin *m*
sorrowful ['sɔrəuful] *adj* triste
sorry ['sɔrɪ] *adj* désolé(e) ; (*condition, excuse, tale*) triste, déplorable ; (*sight*) désolant(e) ; **~!** pardon !, excusez-moi ! ; **~?** pardon ? ; **to feel ~ for sb** plaindre qn ; **I'm ~ to hear that ...** je suis désolé(e) *or* navré(e) d'apprendre que ... ; **to be ~ about sth** regretter qch
sort [sɔːt] *n* genre *m*, espèce *f*, sorte *f* ; (*make: of coffee, car etc*) marque *f* ; **what ~ do you want?** quelle sorte *or* quel genre voulez-vous ? ; **what ~ of car?** quelle marque de voiture ? ; **I'll do nothing of the ~!** je ne ferai rien de tel ! ; **it's ~ of awkward** (*inf*) c'est plutôt gênant ▸ *vt* (*also*: **sort out**: *select which to keep*) trier ; (*: classify*) classer ; (*: tidy*) ranger ; (*: letters etc*) trier ; (*: Comput*) trier
▸ **sort out** *vt* (*problem*) résoudre, régler
sortie ['sɔːtɪ] *n* sortie *f*
sorting office ['sɔːtɪŋ-] *n* (*Post*) bureau *m* de tri
SOS *n* SOS *m*
so-so ['səusəu] *adv* comme ci comme ça
soufflé ['suːfleɪ] *n* soufflé *m*
sought [sɔːt] *pt, pp of* **seek**
sought-after ['sɔːtɑːftə^r] *adj* recherché(e)
soul [səul] *n* âme *f* ; **the poor ~ had nowhere to sleep** le pauvre n'avait nulle part où dormir ; **I didn't see a ~** je n'ai vu (absolument) personne

S

soul-destroying ['səuldɪstrɔɪɪŋ] *adj* démoralisant(e)
soulful ['səulful] *adj* plein(e) de sentiment
soulless ['səullɪs] *adj* sans cœur, inhumain(e)
soul mate *n* âme *f* sœur
soul-searching ['səulsə:tʃɪŋ] *n*: **after much ~, I decided ...** j'ai longuement réfléchi avant de décider ...
sound [saund] *adj* (*healthy*) en bonne santé, sain(e) ; (*safe, not damaged*) solide, en bon état ; (*reliable, not superficial*) sérieux(-euse), solide ; (*sensible*) sensé(e) ; **to be of ~ mind** être sain(e) d'esprit ▸ *adv*: **~ asleep** profondément endormi(e) ▸ *n* (*noise, volume*) son *m* ; (*louder*) bruit *m* ; (*Geo*) détroit *m*, bras *m* de mer ; **I don't like the ~ of it** ça ne me dit rien qui vaille ▸ *vt* (*alarm*) sonner ; (*also*: **sound out**: *opinions*) sonder ; **to ~ one's horn** (*Aut*) klaxonner, actionner son avertisseur ▸ *vi* sonner, retentir ; (*fig*: *seem*) sembler (être) ; **to ~ like** ressembler à ; **it sounds as if ...** il semblerait que ..., j'ai l'impression que ...
▸ **sound off** *vi* (*inf*): **to ~ off (about)** la ramener (sur)
sound barrier *n* mur *m* du son
sound bite *n* phrase toute faite (*pour être citée dans les médias*)
sound effects *npl* bruitage *m*
sound engineer *n* ingénieur *m* du son
sounding ['saundɪŋ] *n* (*Naut etc*) sondage *m*
sounding board *n* (*Mus*) table *f* d'harmonie ; (*fig*): **to use sb as a ~ for one's ideas** essayer ses idées sur qn
soundly ['saundlɪ] *adv* (*sleep*) profondément ; (*beat*) complètement, à plate couture
soundproof ['saundpru:f] *vt* insonoriser ▸ *adj* insonorisé(e)
soundproofing ['saundpru:fɪŋ] *n* insonorisation *f*
sound system *n* sono(risation) *f*
soundtrack ['saundtræk] *n* (*of film*) bande *f* sonore
sound wave *n* (*Physics*) onde *f* sonore
soup [su:p] *n* soupe *f*, potage *m* ; **in the ~** (*fig*) dans le pétrin
soup course *n* potage *m*
soup kitchen *n* soupe *f* populaire
soup plate *n* assiette creuse *or* à soupe
soup spoon ['su:pspu:n] *n* cuiller *f* à soupe
sour ['sauəʳ] *adj* aigre, acide ; (*milk*) tourné(e), aigre ; (*fig*) acerbe, aigre ; revêche ; **to go** *or* **turn ~** (*milk, wine*) tourner ; (*fig*: *relationship, plans*) mal tourner ; **it's ~ grapes** c'est du dépit
source [sɔ:s] *n* source *f* ; **I have it from a reliable ~ that** je sais de source sûre que
sour cream, soured cream *n* crème *f* aigre
south [sauθ] *n* sud *m* ; **to the ~ of** au sud de ▸ *adj* sud *inv* ; (*wind*) du sud ▸ *adv* au sud, vers le sud ; **to travel ~** aller en direction du sud ; **~ of** au sud de
South Africa *n* Afrique *f* du Sud
South African *adj* sud-africain(e) ▸ *n* Sud-Africain(e)
South America *n* Amérique *f* du Sud
South American *adj* sud-américain(e) ▸ *n* Sud-Américain(e)
southbound ['sauθbaund] *adj* en direction du sud ; (*carriageway*) sud *inv*
south-east [sauθ'i:st] *n* sud-est *m*
South-East Asia *n* le Sud-Est asiatique
southeastern [sauθ'i:stən] *adj* du *or* au sud-est
southerly ['sʌðəlɪ] *adj* du sud ; au sud
southern ['sʌðən] *adj* (du) sud ; méridional(e) ; **with a ~ aspect** orienté(e) *or* exposé(e) au sud ; **the ~ hemisphere** l'hémisphère sud *or* austral
southerner ['sʌðənəʳ] *n* méridional(e)
southernmost ['sʌðənməust] *adj*: **the ~ part of sth** l'extrême sud de qch ; **Egypt's ~ city** la ville la plus au sud d'Égypte
South Korea *n* Corée *f* du Sud
South of France *n*: **the ~** le Sud de la France, le Midi
South Pole *n*: **the ~** le pôle Sud
South Sea Islands *npl*: **the ~** l'Océanie *f*
South Seas *npl*: **the ~** les mers *fpl* du Sud
South Vietnam *n* Viêt-Nam *m* du Sud
South Wales *n* sud *m* du Pays de Galles
southward ['sauθwəd], **southwards** ['sauθwədz] *adv* vers le sud
south-west [sauθ'wɛst] *n* sud-ouest *m*
southwestern [sauθ'westən] *adj* du *or* au sud-ouest
souvenir [su:və'nɪəʳ] *n* souvenir *m* (*objet*)
sovereign ['sɔvrɪn] *adj*, *n* souverain(e)
sovereignty ['sɔvrɪntɪ] *n* souveraineté *f*
soviet ['səuvɪət] *adj* soviétique
Soviet Union *n*: **the ~** l'Union *f* soviétique
sow¹ [səu] (*pt* **sowed** [səud], *pp* **sown** [səun]) *vt* semer
sow² [sau] *n* truie *f*
soya ['sɔɪə], (*US*) **soy** [sɔɪ] *n*: **~ bean** graine *f* de soja ; **~ sauce** sauce *f* au soja
sozzled ['sɔzld] *adj* (*Brit inf*) paf *inv*
spa [spɑ:] *n* (*town*) station thermale ; (*also*: **health spa**) spa *m*
space [speɪs] *n* (*gen*) espace *m* ; (*room*) place *f* ; espace ; (*length of time*) laps *m* de temps ; **to clear a ~ for sth** faire de la place pour qch ; **in a confined ~** dans un espace réduit *or* restreint ; **in a short ~ of time** dans peu de temps ; **(with)in the ~ of an hour** en l'espace d'une heure ▸ *cpd* spatial(e) ▸ *vt* (*also*: **space out**) espacer
space bar *n* (*on typewriter*) barre *f* d'espacement
spacecraft ['speɪskrɑ:ft] *n* engin *or* vaisseau spatial
spaceman ['speɪsmæn] *n* (*irreg*) astronaute *m*, cosmonaute *m*
spaceship ['speɪsʃɪp] *n* = **spacecraft**
space shuttle *n* navette spatiale
spacesuit ['speɪssu:t] *n* combinaison spatiale
spacewoman ['speɪswumən] *n* (*irreg*) astronaute *f*, cosmonaute *f*
spacing ['speɪsɪŋ] *n* espacement *m* ; **single/double ~** (*Typ etc*) interligne *m* simple/double
spacious ['speɪʃəs] *adj* spacieux(-euse), grand(e)
spade [speɪd] *n* (*tool*) bêche *f*, pelle *f* ; (*child's*) pelle ; **spades** *npl* (*Cards*) pique *m*
spadework ['speɪdwə:k] *n* (*fig*) gros *m* du travail
spaghetti [spə'gɛtɪ] *n* spaghetti *mpl*
Spain [speɪn] *n* Espagne *f*

spam [spæm] *n* (*Comput*) spam *m*, pollupostage *m* ▶ *cpd* (*filter, laws*) antispam *inv*, antipollupostage *inv* ▶ *vt* envoyer des spams à, polluposter
spammer ['spæməʳ] *n* (*Comput*) spammeur(-euse), polluposteur *m*
span [spæn] *n* (*of bird, plane*) envergure *f*; (*of arch*) portée *f*; (*in time*) espace *m* de temps, durée *f* ▶ *vt* enjamber, franchir; (*fig*) couvrir, embrasser
spangled ['spæŋgəld] *adj* pailleté(e); **a dark night sky ~ with stars** une nuit sombre constellée d'étoiles
Spaniard ['spænjəd] *n* Espagnol(e)
spaniel ['spænjəl] *n* épagneul *m*
Spanish ['spænɪʃ] *adj* espagnol(e), d'Espagne; **~ omelette** omelette *f* à l'espagnole ▶ *n* (*Ling*) espagnol *m*; **the ~** *npl* les Espagnols *mpl*
spank [spæŋk] *vt* donner une fessée à
spanking ['spæŋkɪŋ] *n* fessée *f* ▶ *adv* (*inf: new*) flambant; **a ~ new Mercedes** une Mercedes flambant neuve
spanner ['spænəʳ] *n* (Brit) clé *f* (de mécanicien)
spar [spɑːʳ] *n* espar *m* ▶ *vi* (*Boxing*) s'entraîner
spare [spɛəʳ] *adj* de réserve, de rechange; (*surplus*) de *or* en trop, de reste; **there are 2 going ~** (Brit) il y en a 2 de disponible ▶ *n* (*part*) pièce *f* de rechange, pièce détachée ▶ *vt* (*do without*) se passer de; (*afford to give*) donner, accorder, passer; (*not hurt*) épargner; (*not use*) ménager; **to ~** (*surplus*) en surplus, de trop; **to ~ no expense** ne pas reculer devant la dépense; **can you ~ the time?** est-ce que vous avez le temps?; **there is no time to ~** il n'y a pas de temps à perdre; **I've a few minutes to ~** je dispose de quelques minutes
spare part *n* pièce *f* de rechange, pièce détachée
spare room *n* chambre *f* d'ami
spare time *n* moments *mpl* de loisir
spare tyre, (*US*) **spare tire** *n* (*Aut*) pneu *m* de rechange
spare wheel *n* (*Aut*) roue *f* de secours
sparing ['spɛərɪŋ] *adj*: **to be ~ with** ménager
sparingly ['spɛərɪŋlɪ] *adv* avec modération
spark [spɑːk] *n* étincelle *f*; (*fig*) étincelle, lueur *f*
▶ **spark off** *vt* (*riot, row*) déclencher
sparkle ['spɑːkl] *n* scintillement *m*, étincellement *m*, éclat *m* ▶ *vi* étinceler, scintiller; (*bubble*) pétiller
sparkler ['spɑːkləʳ] *n* cierge *m* magique
sparkling ['spɑːklɪŋ] *adj* étincelant(e), scintillant(e); (*wine*) mousseux(-euse), pétillant(e); (*water*) pétillant(e), gazeux(-euse)
sparkly ['spɑːklɪ] *adj* (*inf*) étincelant(e)
spark plug *n* bougie *f*
sparring partner ['spɑːrɪŋ-] *n* sparring-partner *m*; (*fig*) vieil(le) ennemi(e)
sparrow ['spærəu] *n* moineau *m*
sparse [spɑːs] *adj* clairsemé(e)
sparsely ['spɑːslɪ] *adv*: **~ populated** à la population clairsemée; **~ furnished** sommairement meublé(e)
spartan ['spɑːtən] *adj* (*fig*) spartiate
spasm ['spæzəm] *n* (*Med*) spasme *m*; (*fig*) accès *m*
spasmodic [spæz'mɔdɪk] *adj* (*fig*) intermittent(e)
spat [spæt] *pt, pp of* **spit** ▶ *n* (*US*) prise *f* de bec
spate [speɪt] *n* (*fig*): **~ of** avalanche *f or* torrent *m* de; **in ~** (*river*) en crue
spatial ['speɪʃl] *adj* spatial(e)
spatter ['spætəʳ] *n* éclaboussure(s) *f(pl)* ▶ *vt* éclabousser ▶ *vi* gicler
spatula ['spætjulə] *n* spatule *f*
spawn [spɔːn] *vt* pondre; (*pej*) engendrer ▶ *vi* frayer ▶ *n* frai *m*
SPCA *n abbr* (*US: = Society for the Prevention of Cruelty to Animals*) ≈ SPA *f*
SPCC *n abbr* (*US*) = **Society for the Prevention of Cruelty to Children**
speak [spiːk] (*pt* **spoke** [spəuk], *pp* **spoken** ['spəukn]) *vt* (*language*) parler; (*truth*) dire; **I don't ~ French** je ne parle pas français; **do you ~ English?** parlez-vous anglais?; **to ~ one's mind** dire ce que l'on pense ▶ *vi* parler; (*make a speech*) prendre la parole; **to ~ to sb/of** *or* **about sth** parler à qn/de qch; **can I ~ to ...?** est-ce que je peux parler à ...?; **speaking!** (*on telephone*) c'est moi-même!; **it speaks for itself** c'est évident; **~ up!** parle plus fort!; **he has no money to ~ of** il n'a pas d'argent
▶ **speak for** *vt fus*: **to ~ for sb** parler pour qn; **that picture is already spoken for** (*in shop*) ce tableau est déjà réservé
▶ **speak out** *vi* parler haut et fort; **to ~ out against sth** s'élever contre qch; **to ~ out in favour of sth** plaider la cause de qch
speaker ['spiːkəʳ] *n* (*in public*) orateur *m*; (*also*: **loudspeaker**) haut-parleur *m*; (*: for stereo etc*) baffle *m*, enceinte *f*; (*: Pol*): **the S~** (Brit) *le président de la Chambre des communes or des représentants*; (*US*) *le président de la Chambre*; **are you a Welsh ~?** parlez-vous gallois?
speaking ['spiːkɪŋ] *adj* parlant(e); **French-~ people** les francophones *mpl*; **to be on ~ terms** se parler
spear [spɪəʳ] *n* lance *f* ▶ *vt* transpercer
spearhead ['spɪəhɛd] *n* fer *m* de lance; (*Mil*) colonne *f* d'attaque ▶ *vt* (*attack etc*) mener
spearmint ['spɪəmɪnt] *n* (*Bot etc*) menthe verte
spec [spɛk] *n* (Brit *inf*): **on ~** à tout hasard; **to buy on ~** acheter avec l'espoir de faire une bonne affaire
special ['spɛʃl] *adj* spécial(e); **take ~ care** soyez particulièrement prudent; **nothing ~** rien de spécial ▶ *n* (*train*) train spécial; **today's ~** (*at restaurant*) le plat du jour
special agent *n* agent secret
special correspondent *n* envoyé spécial
special delivery *n* (*Post*): **by ~** en express
special effects *npl* (*Cine*) effets spéciaux
specialist ['spɛʃəlɪst] *n* spécialiste *mf*; **heart ~** cardiologue *mf*
speciality [spɛʃɪ'ælɪtɪ] *n* (Brit) spécialité *f*
specialization [spɛʃəlaɪ'zeɪʃən] *n* spécialisation *f*
specialize ['spɛʃəlaɪz] *vi*: **to ~ (in)** se spécialiser (dans)
specially ['spɛʃlɪ] *adv* spécialement, particulièrement
special needs *npl* (Brit) difficultés *fpl* d'apprentissage scolaire

S

special offer *n (Comm)* réclame *f*
special school *n (Brit)* établissement *m* d'enseignement spécialisé
specialty ['spɛʃəltɪ] *n (US)* = **speciality**
species ['spi:ʃi:z] *n (pl inv)* espèce *f*
specific [spə'sɪfɪk] *adj (not vague)* précis(e), explicite ; *(particular)* particulier(-ière) ; *(Bot, Chem etc)* spécifique ; **to be ~ to** être particulier à, être le *or* un caractère *(or* les caractères) spécifique(s) de
specifically [spə'sɪfɪklɪ] *adv* explicitement, précisément ; *(intend, ask, design)* expressément, spécialement ; *(exclusively)* exclusivement, spécifiquement
specification [spɛsɪfɪ'keɪʃən] *n* spécification *f* ; stipulation *f* ; **specifications** *npl (of car, building etc)* spécification
specifics [spə'sɪfɪks] *npl* détails *mpl*
specify ['spɛsɪfaɪ] *vt* spécifier, préciser ; **unless otherwise specified** sauf indication contraire
specimen ['spɛsɪmən] *n* spécimen *m*, échantillon *m* ; *(Med: of blood)* prélèvement *m* ; (: *of urine)* échantillon *m*
specimen copy *n* spécimen *m*
specimen signature *n* spécimen *m* de signature
speck [spɛk] *n* petite tache, petit point ; *(particle)* grain *m*
speckled ['spɛkld] *adj* tacheté(e), moucheté(e)
specs [spɛks] *npl (inf)* lunettes *fpl*
spectacle ['spɛktəkl] *n* spectacle *m* ; **spectacles** *npl (Brit)* lunettes *fpl*
spectacle case *n (Brit)* étui *m* à lunettes
spectacular [spɛk'tækjulə^r] *adj* spectaculaire ▸ *n (Cine etc)* superproduction *f*
spectator [spɛk'teɪtə^r] *n* spectateur(-trice)
spectator sport *n*: **football is a great ~** le football est un sport qui passionne les foules
spectra ['spɛktrə] *npl of* **spectrum**
spectre, *(US)* **specter** ['spɛktə^r] *n* spectre *m*, fantôme *m*
spectrum ['spɛktrəm] *(pl* **spectra** [-rə]) *n* spectre *m* ; *(fig)* gamme *f*
speculate ['spɛkjuleɪt] *vi* spéculer ; *(ponder)*: **to ~ about** s'interroger sur
speculation [spɛkju'leɪʃən] *n* spéculation *f* ; conjectures *fpl*
speculative ['spɛkjulətɪv] *adj* spéculatif(-ive)
speculator ['spɛkjuleɪtə^r] *n* spéculateur(-trice)
sped [spɛd] *pt, pp of* **speed**
speech [spi:tʃ] *n (faculty)* parole *f* ; *(talk)* discours *m*, allocution *f* ; *(manner of speaking)* façon *f* de parler, langage *m* ; *(language)* langage *m* ; *(enunciation)* élocution *f*
speech day *n (Brit Scol)* distribution *f* des prix
speech impediment *n* défaut *m* d'élocution
speechless ['spi:tʃlɪs] *adj* muet(te)
speech therapy *n* orthophonie *f*
speed [spi:d] *(pt, pp* **sped** [spɛd]) *n* vitesse *f* ; *(promptness)* rapidité *f* ; **at ~** *(Brit)* rapidement ; **at full** *or* **top ~** à toute vitesse *or* allure ; **at a ~ of 70 km/h** à une vitesse de 70 km/h ; **shorthand/typing speeds** nombre *m* de mots à la minute en sténographie/dactylographie ; **a five-~ gearbox** une boîte cinq vitesses ▸ *vi (Aut: exceed speed limit)* faire un excès de vitesse ; **to ~ along/by** *etc* aller/passer *etc* à toute vitesse
▸ **speed up** *(pt, pp* **speeded up**) *vi* aller plus vite, accélérer ▸ *vt* accélérer
speedboat ['spi:dbəut] *n* vedette *f*, hors-bord *m inv*
speed bump *n* ralentisseur *m*
speed camera *n* radar *m* (automatique)
speedily ['spi:dɪlɪ] *adv* rapidement, promptement
speeding ['spi:dɪŋ] *n (Aut)* excès *m* de vitesse
speed limit *n* limitation *f* de vitesse, vitesse maximale permise
speedometer [spɪ'dɔmɪtə^r] *n* compteur *m* (de vitesse)
speed trap *n (Aut)* piège *m* de police pour contrôle de vitesse
speedway ['spi:dweɪ] *n (Sport)* piste *f* de vitesse pour motos ; *(also:* **speedway racing**) épreuve(s) *f(pl)* de vitesse de motos
speedy [spi:dɪ] *adj* rapide, prompt(e)
speleologist [spɛlɪ'ɔlədʒɪst] *n* spéléologue *mf*
spell [spɛl] *(pt, pp* **spelt** [spɛlt] *or* **spelled** [spɛld]) *n (also:* **magic spell**) sortilège *m*, charme *m* ; *(period of time)* (courte) période ; **to cast a ~ on sb** jeter un sort à qn ▸ *vt (in writing)* écrire, orthographier ; *(aloud)* épeler ; *(fig)* signifier ; **how do you ~ your name?** comment écrivez-vous votre nom ? ; **can you ~ it for me?** pouvez-vous me l'épeler ? ▸ *vi*: **he can't ~** il fait des fautes d'orthographe
▸ **spell out** *vt (explain)*: **to ~ sth out for sb** expliquer qch clairement à qn
spellbinding ['spɛlbaɪndɪŋ] *adj* captivant(e)
spellbound ['spɛlbaund] *adj* envoûté(e), subjugué(e)
spellcheck ['spɛltʃɛk] *vt* passer au correcteur orthographique ▸ *n* correction *f* orthographique ; **to ~ sth** *or* **to run a ~ over sth** passer qch au correcteur orthographique
spellchecker ['speltʃekə^r] *n* correcteur *m or* vérificateur *m* orthographique
spelling ['spɛlɪŋ] *n* orthographe *f*
spelt [spɛlt] *pt, pp of* **spell**
spend [spɛnd] *(pt, pp* **spent** [spɛnt]) *vt (money)* dépenser ; *(time, life)* passer ; *(devote)* consacrer ; **to ~ time/money/effort on sth** consacrer du temps/de l'argent/de l'énergie à qch
spending ['spɛndɪŋ] *n* dépenses *fpl* ; **government ~** les dépenses publiques
spending money *n* argent *m* de poche
spending power *n* pouvoir *m* d'achat
spendthrift ['spɛndθrɪft] *n* dépensier(-ière)
spent [spɛnt] *pt, pp of* **spend** ▸ *adj (patience)* épuisé(e), à bout ; *(cartridge, bullets)* vide ; **~ matches** vieilles allumettes
sperm [spə:m] *n* spermatozoïde *m* ; *(semen)* sperme *m*
sperm bank *n* banque *f* du sperme
spermicide ['spə:mɪsaɪd] *n* spermicide *m*
sperm whale *n* cachalot *m*
spew [spju:] *vt* vomir
▸ **spew out** *vt* cracher
sphere [sfɪə^r] *n* sphère *f* ; *(fig)* sphère, domaine *m*
spherical ['sfɛrɪkl] *adj* sphérique
sphinx [sfɪŋks] *n* sphinx *m*

spice [spaɪs] *n* épice *f* ▸ *vt* épicer
▸ **spice up** *vt* (*story, conversation*) donner du piquant à, donner du sel à
spiced [spaɪst] *adj* (*dish, sauce*) épicé(e) ; **~ with sth** relevé(e) avec qch
spick-and-span ['spɪkən'spæn] *adj* impeccable
spicy ['spaɪsɪ] *adj* épicé(e), relevé(e) ; (*fig*) piquant(e)
spider ['spaɪdəʳ] *n* araignée *f* ; **~'s web** toile *f* d'araignée
spiel [spi:l] *n* laïus *m inv*
spigot ['spɪgət] *n* (*US*) robinet *m*
spike [spaɪk] *n* pointe *f* ; (*Elec*) pointe de tension ; (*Bot*) épi *m* ; **spikes** *npl* (*Sport*) chaussures *fpl* à pointes
spike heel *n* (*US*) talon *m* aiguille
spiky ['spaɪkɪ] *adj* (*bush, branch*) épineux(-euse) ; (*animal*) plein(e) de piquants ; (*hair*) en épis
spill [spɪl] (*pt, pp* **spilt** [-t] *or* **spilled** [-d]) *vt* renverser ; répandre ; **to ~ the beans** (*inf*) vendre la mèche ; (*confess*) lâcher le morceau
▸ *vi* se répandre
▸ **spill out** *vi* sortir à flots, se répandre
▸ **spill over** *vi* déborder
spillage ['spɪlɪdʒ] *n* (*of oil*) déversement *m* (accidentel)
spilt [spɪlt] *pt, pp of* **spill**
spin [spɪn] (*pt, pp* **spun** [spʌn]) *n* (*revolution of wheel*) tour *m* ; (*Aviat*) (chute *f* en) vrille *f* ; (*trip in car*) petit tour, balade *f* ; (*on ball*) effet *m* ▸ *vt* (*wool etc*) filer ; (*wheel*) faire tourner ; (Brit: *clothes*) essorer ; **to ~ a yarn** débiter une longue histoire ; **to ~ a coin** (Brit) jouer à pile ou face
▸ *vi* (*turn*) tourner, tournoyer
▸ **spin out** *vt* faire durer
▸ **spin round** *vt* faire tourner ▸ *vi* (*wheel, top, skater*) tourner (sur soi-même) ; (*person: to face other way*) faire volte-face
spina bifida ['spaɪnə'bɪfɪdə] *n* spina-bifida *m inv*
spinach ['spɪnɪtʃ] *n* épinard *m* ; (*as food*) épinards *mpl*
spinal ['spaɪnl] *adj* vertébral(e), spinal(e)
spinal column *n* colonne vertébrale
spinal cord *n* moelle épinière
spindly ['spɪndlɪ] *adj* grêle, filiforme
spin doctor *n* (*inf*) *personne employée pour présenter un parti politique sous un jour favorable*
spin-dry ['spɪn'draɪ] *vt* essorer
spin-dryer [spɪn'draɪəʳ] *n* (Brit) essoreuse *f*
spine [spaɪn] *n* colonne vertébrale ; (*thorn*) épine *f*, piquant *m*
spine-chilling ['spaɪntʃɪlɪŋ] *adj* terrifiant(e)
spineless ['spaɪnlɪs] *adj* invertébré(e) ; (*fig*) mou (molle), sans caractère
spinner ['spɪnəʳ] *n* (*of thread*) fileur(-euse)
spinning ['spɪnɪŋ] *n* (*of thread*) filage *m* ; (*by machine*) filature *f*
spinning top *n* toupie *f*
spinning wheel *n* rouet *m*
spin-off ['spɪnɔf] *n* sous-produit *m* ; avantage inattendu
spinster ['spɪnstəʳ] *n* célibataire *f* ; vieille fille
spiral ['spaɪərl] *n* spirale *f* ; **the inflationary ~** la spirale inflationniste ▸ *adj* en spirale ▸ *vi* (*fig: prices etc*) monter en flèche
spiral staircase *n* escalier *m* en colimaçon
spire ['spaɪəʳ] *n* flèche *f*, aiguille *f*
spirit ['spɪrɪt] *n* (*soul*) esprit *m*, âme *f* ; (*ghost*) esprit, revenant *m* ; (*mood*) esprit, état *m* d'esprit ; (*courage*) courage *m*, énergie *f* ; **community ~** solidarité *f* ; **public ~** civisme *m* ; **spirits** *npl* (*drink*) spiritueux *mpl*, alcool *m* ; (*state of mind*): **in good spirits** de bonne humeur ; **in low spirits** démoralisé(e)
spirit duplicator *n* duplicateur *m* à alcool
spirited ['spɪrɪtɪd] *adj* vif (vive), fougueux(-euse), plein(e) d'allant
spirit level *n* niveau *m* à bulle
spiritual ['spɪrɪtjuəl] *adj* spirituel(le) ; (*religious*) religieux(-euse) ▸ *n* (*also:* **Negro spiritual**) spiritual *m*
spiritualism ['spɪrɪtjuəlɪzəm] *n* spiritisme *m*
spirituality [spɪrɪtju'ælətɪ] *n* spiritualité *f*
spit [spɪt] (*pt, pp* **spat** [spæt]) *n* (*for roasting*) broche *f* ; (*spittle*) crachat *m* ; (*saliva*) salive *f* ▸ *vi* cracher ; (*sound*) crépiter ; (*rain*) crachiner
▸ **spit out** *vt* (*food, words*) cracher
spite [spaɪt] *n* rancune *f*, dépit *m* ; **in ~ of** en dépit de, malgré ▸ *vt* contrarier, vexer
spiteful ['spaɪtful] *adj* malveillant(e), rancunier(-ière)
spitroast ['spɪt'rəust] *vt* faire rôtir à la broche
spitting ['spɪtɪŋ] *n*: **"~ prohibited"** « défense de cracher » ▸ *adj*: **to be the ~ image of sb** être le portrait tout craché de qn
spittle ['spɪtl] *n* salive *f* ; bave *f* ; crachat *m*
spiv [spɪv] *n* (Brit *inf*) chevalier *m* d'industrie, aigrefin *m*
splash [splæʃ] *n* (*sound*) plouf *m* ; (*of colour*) tache *f*
▸ *vt* éclabousser ▸ *vi* (*also:* **splash about**) barboter, patauger
▸ **splash out** *vi* (Brit) faire une folie
splashdown ['splæʃdaun] *n* amerrissage *m*
splat [splæt] *n* floc *m*
splatter ['splætəʳ] *vi* dégouliner ▸ *vt* éclabousser
splay-footed [spleɪ'futəd] *adj* marchant les pieds en dehors
spleen [spli:n] *n* (*Anat*) rate *f*
splendid ['splɛndɪd] *adj* splendide, superbe, magnifique
splendour, (*US*) **splendor** ['splɛndəʳ] *n* splendeur *f*, magnificence *f*
splice [splaɪs] *vt* épisser
spliff [splɪf] *n* (*inf*) joint *m* (*inf*), pétard *m* (*inf*)
splint [splɪnt] *n* attelle *f*, éclisse *f*
splinter ['splɪntəʳ] *n* (*wood*) écharde *f* ; (*metal*) éclat *m* ▸ *vi* (*wood*) se fendre ; (*glass*) se briser
splinter group *n* groupe dissident
split [splɪt] (*pt, pp* **~**) *n* fente *f*, déchirure *f* ; (*fig: Pol*) scission *f* ; **to do the splits** faire le grand écart ▸ *vt* fendre, déchirer ; (*party*) diviser ; (*work, profits*) partager, répartir ; **let's ~ the difference** coupons la poire en deux ▸ *vi* (*break*) se fendre, se briser ; (*divide*) se diviser
▸ **split up** *vi* (*couple*) se séparer, rompre ; (*meeting*) se disperser
split-level ['splɪtlɛvl] *adj* (*house*) à deux *or* plusieurs niveaux
split peas *npl* pois cassés

S

split personality *n* double personnalité *f*
split second *n* fraction *f* de seconde
splitting ['splɪtɪŋ] *adj*: **a ~ headache** un mal de tête atroce
splodge [splɔdʒ] *n* (Brit) tache *f*
splotch [splɔtʃ] *n* tache *f*
splurge [splə:dʒ] *vi* faire des folies ; **to ~ on sth** dépenser une fortune dans qch
splutter ['splʌtə^r] *vi* bafouiller ; postillonner
spoil [spɔɪl] (*pt, pp* **spoiled** [-d] *or* **spoilt** [-t]) *vt* (*damage*) abîmer ; (*mar*) gâcher ; (*child*) gâter ; (*ballot paper*) rendre nul ▸ *vi*: **to be spoiling for a fight** chercher la bagarre
spoils [spɔɪlz] *npl* butin *m*
spoilsport ['spɔɪlspɔ:t] *n* trouble-fête *mf*, rabat-joie *m inv*
spoilt [spɔɪlt] *pt, pp of* **spoil** ▸ *adj* (*child*) gâté(e) ; (*ballot paper*) nul(le)
spoke [spəuk] *pt of* **speak** ▸ *n* rayon *m*
spoken ['spəukn] *pp of* **speak**
spokesman ['spəuksmən] *n* (*irreg*) porte-parole *m inv*
spokesperson ['spəukspə:sn] *n* porte-parole *m inv*
spokeswoman ['spəukswumən] *n* (*irreg*) porte-parole *m inv*
sponge [spʌndʒ] *n* éponge *f* ; (*Culin: also:* **sponge cake**) ≈ biscuit *m* de Savoie ▸ *vt* éponger ▸ *vi*: **to ~ off** vivre aux crochets de
sponge bag *n* (Brit) trousse *f* de toilette
sponge cake *n* ≈ biscuit *m* de Savoie
sponger ['spʌndʒə^r] *n* (*pej*) parasite *m*
spongy ['spʌndʒɪ] *adj* spongieux(-euse)
sponsor ['spɔnsə^r] *n* (*Radio, TV, Sport*) sponsor *m* ; (*for application*) parrain (marraine) ; (Brit: *for fund-raising event*) donateur(-trice) ▸ *vt* (*programme, competition etc*) parrainer, patronner, sponsoriser ; (*Pol: bill*) présenter ; (*new member*) parrainer ; (*fund-raiser*) faire un don à ; **I sponsored him at £3 a mile** (*in fund-raising race*) je me suis engagé à lui donner 3 livres par mile
sponsored ['spɔnsəd] *adj*: **~ walk** marche *f* (*pour une œuvre caritative*)
sponsorship ['spɔnsəʃɪp] *n* sponsoring *m* ; patronage *m*, parrainage *m* ; dons *mpl*
spontaneity [spɔntə'neɪɪtɪ] *n* spontanéité *f*
spontaneous [spɔn'teɪnɪəs] *adj* spontané(e)
spontaneously [spɔn'teɪniəslɪ] *adv* spontanément
spoof [spu:f] *n* (*parody*) parodie *f* ; (*trick*) canular *m*
spook [spu:k] *n* (*inf: ghost*) fantôme *m* ; (*US: secret agent*) barbouze *m* (*inf*) ▸ *vt* faire peur à ; **to be spooked by sth** être effrayé(e) par qch
spooky ['spu:kɪ] *adj* (*inf*) qui donne la chair de poule
spool [spu:l] *n* bobine *f*
spoon [spu:n] *n* cuiller *f*
spoon-feed ['spu:nfi:d] *vt* nourrir à la cuiller ; (*fig*) mâcher le travail à
spoonful ['spu:nful] *n* cuillerée *f*
sporadic [spə'rædɪk] *adj* sporadique
spore [spɔ:^r] *n* spore *f*
sport [spɔ:t] *n* sport *m* ; (*amusement*) divertissement *m* ; (*person*) chic type *m*/chic fille *f* ; **indoor/outdoor sports** sports en salle/de plein air ; **to say sth in ~** dire qch pour rire ▸ *vt* (*wear*) arborer
sporting ['spɔ:tɪŋ] *adj* sportif(-ive) ; **to give sb a ~ chance** donner sa chance à qn
sport jacket *n* (*US*) = **sports jacket**
sports car *n* voiture *f* de sport
sportscaster ['spɔ:tskɑ:stə^r] (*esp US*) *n* commentateur(-trice) sportif(-ive)
sports centre (Brit) *n* centre sportif
sports drink *n* boisson *f* pour le sport
sports ground *n* terrain *m* de sport
sports jacket *n* (Brit) veste *f* de sport
sportsman ['spɔ:tsmən] *n* (*irreg*) sportif *m*
sportsmanship ['spɔ:tsmənʃɪp] *n* esprit sportif, sportivité *f*
sports page *n* page *f* des sports
sports utility vehicle *n* véhicule *m* de loisirs, SUV *m*
sportswear ['spɔ:tswɛə^r] *n* vêtements *mpl* de sport
sportswoman ['spɔ:tswumən] *n* (*irreg*) sportive *f*
sporty ['spɔ:tɪ] *adj* sportif(-ive)
spot [spɔt] *n* tache *f* ; (*dot: on pattern*) pois *m* ; (*pimple*) bouton *m* ; (*place*) endroit *m*, coin *m* ; (*also:* **spot advertisement**) message *m* publicitaire ; **on the ~** sur place, sur les lieux ; (*immediately*) sur le champ ; **to put sb on the ~** (*fig*) mettre qn dans l'embarras ; **to come out in spots** se couvrir de boutons, avoir une éruption de boutons ▸ *vt* (*notice*) apercevoir, repérer
spot check *n* contrôle intermittent
spotless ['spɔtlɪs] *adj* immaculé(e)
spotlight ['spɔtlaɪt] *n* projecteur *m* ; (*Aut*) phare *m* auxiliaire
spot-on [spɔt'ɔn] *adj* (Brit *inf*) en plein dans le mille
spot price *n* prix *m* sur place
spotted ['spɔtɪd] *adj* tacheté(e), moucheté(e) ; à pois ; **~ with** tacheté(e) de
spotty ['spɔtɪ] *adj* (*face*) boutonneux(-euse)
spouse [spauz] *n* époux (épouse)
spout [spaut] *n* (*of jug*) bec *m* ; (*of liquid*) jet *m* ▸ *vi* jaillir
sprain [spreɪn] *n* entorse *f*, foulure *f* ▸ *vt*: **to ~ one's ankle** se fouler *or* se tordre la cheville
sprang [spræŋ] *pt of* **spring**
sprawl [sprɔ:l] *vi* s'étaler ; **to send sb sprawling** envoyer qn rouler par terre ▸ *n*: **urban ~** expansion urbaine
sprawled [sprɔ:ld] *adj* (*person*) vautré(e)
spray [spreɪ] *n* jet *m* (en fines gouttelettes) ; (*from sea*) embruns *mpl* ; (*aerosol*) vaporisateur *m*, bombe *f* ; (*for garden*) pulvérisateur *m* ; (*of flowers*) petit bouquet ▸ *vt* vaporiser, pulvériser ; (*crops*) traiter ▸ *cpd* (*deodorant etc*) en bombe *or* atomiseur
spray-paint ['spreɪpeɪnt] *n* (*also:* **spray paint**) peinture *f* en bombe ▸ *vt* peindre à la bombe, bomber
spread [sprɛd] (*pt, pp* **~**) *n* (*distribution*) répartition *f* ; (*Culin*) pâte *f* à tartiner ; (*inf: meal*) festin *m* ; (*Press, Typ: two pages*) double page *f* ;

middle-age ~ embonpoint *m* (pris avec l'âge) ▸ *vt* (*paste, contents*) étendre, étaler ; (*rumour, disease*) répandre, propager ; (*repayments*) échelonner, étaler ; (*wealth*) répartir ▸ *vi* s'étendre ; se répandre ; se propager ; (*stain*) s'étaler
▸ **spread out** *vi* (*people*) se disperser
spread-eagled ['sprɛdi:gld] *adj*: **to be** *or* **lie** ~ être étendu(e) bras et jambes écartés
spreadsheet ['sprɛdʃi:t] *n* (*Comput*) tableur *m*
spree [spri:] *n*: **to go on a** ~ faire la fête
sprig [sprɪg] *n* rameau *m*
sprightly ['spraɪtlɪ] *adj* alerte
spring [sprɪŋ] (*pt* **sprang** [spræŋ], *pp* **sprung** [sprʌŋ]) *n* (*season*) printemps *m* ; (*leap*) bond *m*, saut *m* ; (*coiled metal*) ressort *m* ; (*bounciness*) élasticité *f* ; (*of water*) source *f* ; **in ~, in the ~** au printemps ; **to walk with a ~ in one's step** marcher d'un pas souple ▸ *vi* bondir, sauter ; **to ~ from** provenir de ; **to ~ into action** passer à l'action ▸ *vt*: **to ~ a leak** (*pipe etc*) se mettre à fuir ; **he sprang the news on me** il m'a annoncé la nouvelle de but en blanc
▸ **spring up** *vi* (*problem*) se présenter, surgir ; (*plant, buildings*) surgir de terre
springboard ['sprɪŋbɔ:d] *n* tremplin *m*
spring-clean [sprɪŋ'kli:n] *n* (*also*: **spring-cleaning**) grand nettoyage de printemps
spring onion *n* (Brit) ciboule *f*, cive *f*
spring roll *n* rouleau *m* de printemps
springtime ['sprɪŋtaɪm] *n* printemps *m*
springy ['sprɪŋɪ] *adj* élastique, souple
sprinkle ['sprɪŋkl] *vt* (*pour*) répandre ; verser ; **to ~ water** *etc* **on, ~ with water** *etc* asperger d'eau *etc* ; **to ~ sugar** *etc* **on, ~ with sugar** *etc* saupoudrer de sucre *etc* ; **sprinkled with** (*fig*) parsemé(e) de
sprinkler ['sprɪŋkləʳ] *n* (*for lawn etc*) arroseur *m* ; (*to put out fire*) diffuseur *m* d'extincteur automatique d'incendie
sprinkling ['sprɪŋklɪŋ] *n* (*of water*) quelques gouttes *fpl* ; (*of salt*) pincée *f* ; (*of sugar*) légère couche
sprint [sprɪnt] *n* sprint *m* ▸ *vi* courir à toute vitesse ; (*Sport*) sprinter
sprinter ['sprɪntəʳ] *n* sprinteur(-euse)
sprite [spraɪt] *n* lutin *m*
spritzer ['sprɪtsəʳ] *n boisson à base de vin blanc et d'eau de Seltz*
sprocket ['sprɔkɪt] *n* (*on printer etc*) picot *m*
sprout [spraut] *vi* germer, pousser
sprouts [sprauts] *npl* (*also*: **Brussels sprouts**) choux *mpl* de Bruxelles
spruce [spru:s] *n* épicéa *m* ▸ *adj* net(te), pimpant(e)
▸ **spruce up** *vt* (*smarten up: room etc*) apprêter ; **to ~ o.s. up** se faire beau (belle)
sprung [sprʌŋ] *pp of* **spring**
spry [spraɪ] *adj* alerte, vif (vive)
SPUC *n abbr* = **Society for the Protection of Unborn Children**
spud [spʌd] *n* (*inf: potato*) patate *f*
spun [spʌn] *pt, pp of* **spin**
spur [spə:ʳ] *n* éperon *m* ; (*fig*) aiguillon *m* ; **on the ~ of the moment** sous l'impulsion du moment ▸ *vt* (*also*: **spur on**) éperonner ; aiguillonner
spurious ['spjuərɪəs] *adj* faux (fausse)
spurn [spə:n] *vt* repousser avec mépris
spurt [spə:t] *n* jet *m* ; (*of blood*) jaillissement *m* ; (*of energy*) regain *m*, sursaut *m* ; **to put in** *or* **on a ~** (*runner*) piquer un sprint ; (*fig: in work etc*) donner un coup de collier ▸ *vi* jaillir, gicler
sputter ['spʌtəʳ] *vi* = **splutter**
spy [spaɪ] *n* espion(ne) ▸ *vi*: **to ~ on** espionner, épier ▸ *vt* (*see*) apercevoir ▸ *cpd* (*film, story*) d'espionnage
spying ['spaɪɪŋ] *n* espionnage *m*
spyware ['spaɪwɛəʳ] *n* (*Comput*) logiciel *m* espion
Sq. *abbr* (*in address*) = **square**
sq. *abbr* (*Math etc*) = **square**
squabble ['skwɔbl] *n* querelle *f*, chamaillerie *f* ▸ *vi* se chamailler
squad [skwɔd] *n* (*Mil, Police*) escouade *f*, groupe *m* ; (*Football*) contingent *m* ; **flying ~** (*Police*) brigade volante
squad car *n* (Brit *Police*) voiture *f* de police
squaddie ['skwɔdɪ] *n* (*Mil: inf*) troufion *m*, bidasse *m*
squadron ['skwɔdrn] *n* (*Mil*) escadron *m* ; (*Aviat, Naut*) escadrille *f*
squalid ['skwɔlɪd] *adj* sordide, ignoble
squall [skwɔ:l] *n* rafale *f*, bourrasque *f*
squalor ['skwɔləʳ] *n* conditions *fpl* sordides
squander ['skwɔndəʳ] *vt* gaspiller, dilapider
square [skwɛəʳ] *n* carré *m* ; (*in town*) place *f* ; (*US: block of houses*) îlot *m*, pâté *m* de maisons ; (*instrument*) équerre *f* ; **we're back to ~ one** (*fig*) on se retrouve à la case départ ▸ *adj* carré(e) ; (*honest*) honnête, régulier(-ière) ; (*inf: ideas, tastes*) vieux jeu *inv*, qui retarde ; **all ~** quitte ; à égalité ; **a ~ meal** un repas convenable ; **2 metres ~** (de) 2 mètres sur 2 ; **1 ~ metre** 1 mètre carré ▸ *vt* (*arrange*) régler ; arranger ; (*Math*) élever au carré ; (*reconcile*) concilier ▸ *vi* (*agree*) cadrer, s'accorder
▸ **square up** *vi* (Brit: *settle*) régler ; **to ~ up with sb** régler ses comptes avec qn
square bracket *n* (*Typ*) crochet *m*
squarely ['skwɛəlɪ] *adv* carrément ; (*honestly, fairly*) honnêtement, équitablement
square root *n* racine carrée
squash [skwɔʃ] *n* (Brit *Sport*) squash *m* ; (*US: vegetable*) courge *f* ; (*drink*): **lemon/orange ~** citronnade *f*/orangeade *f* ▸ *vt* écraser
squat [skwɔt] *adj* petit(e) et épais(se), ramassé(e) ▸ *vi* (*also*: **squat down**) s'accroupir ; (*on property*) squatter, squattériser
squatter ['skwɔtəʳ] *n* squatter *m*
squawk [skwɔ:k] *vi* pousser un *or* des gloussement(s)
squeak [skwi:k] *n* (*of hinge, wheel etc*) grincement *m* ; (*of shoes*) craquement *m* ; (*of mouse etc*) petit cri aigu ▸ *vi* (*hinge, wheel*) grincer ; (*mouse*) pousser un petit cri
squeaky ['skwi:kɪ] *adj* grinçant(e) ; **to be ~ clean** (*fig*) être au-dessus de tout soupçon
squeal [skwi:l] *vi* pousser un *or* des cri(s) aigu(s) *or* perçant(s) ; (*brakes*) grincer
squeamish ['skwi:mɪʃ] *adj* facilement dégoûté(e) ; facilement scandalisé(e)

S

squeeze [skwi:z] *n* pression *f* ; (*also*: **credit squeeze**) encadrement *m* du crédit, restrictions *fpl* de crédit ; **a ~ of lemon** quelques gouttes de citron ▸ *vt* presser ; (*hand, arm*) serrer ▸ *vi*: **to ~ past/under sth** se glisser avec (beaucoup de) difficulté devant/sous qch
▸ **squeeze in** *vt* (*find time for*) caser ; **I can ~ you in at two o'clock** je peux vous caser à deux heures ▸ *vi*: **it was a tiny car, but we managed to ~ in** la voiture était toute petite, mais nous avons réussi à nous serrer
▸ **squeeze out** *vt* exprimer ; (*fig*) soutirer
squelch [skwɛltʃ] *vi* faire un bruit de succion ; patauger
squib [skwɪb] *n* pétard *m*
squid [skwɪd] *n* calmar *m*
squiggle ['skwɪgl] *n* gribouillis *m*
squint [skwɪnt] *vi* loucher ; **to ~ at sth** regarder qch du coin de l'œil ; (*quickly*) jeter un coup d'œil à qch ▸ *n*: **he has a ~** il louche, il souffre de strabisme
squire ['skwaɪəʳ] *n* (Brit) propriétaire terrien
squirm [skwə:m] *vi* se tortiller
squirrel ['skwɪrəl] *n* écureuil *m*
▸ **squirrel away** *vt* (*money, objects*) mettre en lieu sûr
squirt [skwə:t] *n* jet *m* ▸ *vi* jaillir, gicler ▸ *vt* faire gicler
Sr *abbr* = **senior**; (*Rel*) = **sister**
SRC *n abbr* (Brit: = *Students' Representative Council*) ≈ CROUS *m*
Sri Lanka [srɪ'læŋkə] *n* Sri Lanka *m*
SRN *n abbr* (Brit) = **State Registered Nurse**
SRO *abbr* (US) = **standing room only**
SS *abbr* (= *steamship*) S/S
SSA *n abbr* (US: = *Social Security Administration*) *organisme de sécurité sociale*
SST *n abbr* (US) = **supersonic transport**
ST *abbr* (US: = *Standard Time*) *heure officielle*
St *abbr* = **saint; street**
stab [stæb] *n* (*with knife etc*) coup *m* (de couteau *etc*) ; (*of pain*) lancée *f* ; (*inf: try*): **to have a ~ at (doing) sth** s'essayer à (faire) qch ▸ *vt* poignarder ; **to ~ sb to death** tuer qn à coups de couteau
stabbing ['stæbɪŋ] *n*: **there's been a ~** quelqu'un a été attaqué à coups de couteau ▸ *adj* (*pain, ache*) lancinant(e)
stability [stə'bɪlɪtɪ] *n* stabilité *f*
stabilization [steɪbəlaɪ'zeɪʃən] *n* stabilisation *f*
stabilize ['steɪbəlaɪz] *vt* stabiliser ▸ *vi* se stabiliser
stabilizer ['steɪbəlaɪzəʳ] *n* stabilisateur *m*
stable ['steɪbl] *n* écurie *f* ; **riding ~** centre *m* d'équitation ▸ *adj* stable
stable boy, stable lad *n* garçon *m* d'écurie, lad *m*
stab wound ['stæbwu:nd] *n* coup *m* de couteau
staccato [stə'kɑ:təu] *adv* staccato ▸ *adj* (*Mus*) piqué(e) ; (*noise, voice*) saccadé(e)
stack [stæk] *n* tas *m*, pile *f* ; **there's stacks of time** (Brit *inf*) on a tout le temps ▸ *vt* empiler, entasser
stadium ['steɪdɪəm] *n* stade *m*
staff [stɑ:f] *n* (*work force*) personnel *m* ; (Brit *Scol*: *also*: **teaching staff**) professeurs *mpl*, enseignants *mpl*, personnel enseignant ; (*servants*) domestiques *mpl* ; (*Mil*) état-major *m* ; (*stick*) perche *f*, bâton *m* ▸ *vt* pourvoir en personnel
staffroom ['stɑ:fru:m] *n* salle *f* des professeurs
Staffs *abbr* (Brit) = **Staffordshire**
stag [stæg] *n* cerf *m* ; (Brit *Stock Exchange*) loup *m*
stage [steɪdʒ] *n* scène *f* ; (*platform*) estrade *f* ; (*point*) étape *f*, stade *m* ; (*profession*): **the ~** le théâtre ; **in stages** par étapes, par degrés ; **to go through a difficult ~** traverser une période difficile ; **in the early stages** au début ; **in the final stages** à la fin ▸ *vt* (*play*) monter, mettre en scène ; (*demonstration*) organiser ; (*fig: recovery etc*) effectuer
stagecoach ['steɪdʒkəutʃ] *n* diligence *f*
stage door *n* entrée *f* des artistes
stage fright *n* trac *m*
stagehand ['steɪdʒhænd] *n* machiniste *m*
stage-manage ['steɪdʒmænɪdʒ] *vt* (*fig*) orchestrer
stage manager *n* régisseur *m*
stagger ['stægəʳ] *vi* chanceler, tituber ▸ *vt* (*person: amaze*) stupéfier ; bouleverser ; (*hours, holidays*) étaler, échelonner
staggered ['stægəd] *adj* (*amazed*) stupéfait(e)
staggering ['stægərɪŋ] *adj* (*amazing*) stupéfiant(e), renversant(e)
staging post ['steɪdʒɪŋ-] *n* relais *m*
stagnant ['stægnənt] *adj* stagnant(e)
stagnate [stæg'neɪt] *vi* stagner, croupir
stagnation [stæg'neɪʃən] *n* stagnation *f*
stag night, stag party *n* enterrement *m* de vie de garçon
staid [steɪd] *adj* posé(e), rassis(e)
stain [steɪn] *n* tache *f* ; (*colouring*) colorant *m* ▸ *vt* tacher ; (*wood*) teindre
stained [steɪnd] *adj* taché(e) ; **to be ~ with sth** être taché(e) de qch
stained glass [steɪnd-] *n* (*decorative*) verre coloré ; (*in church*) vitraux *mpl* ; **~ window** vitrail *m*
stainless ['steɪnlɪs] *adj* (*steel*) inoxydable
stainless steel *n* inox *m*, acier *m* inoxydable
stain remover *n* détachant *m*
stair [stɛəʳ] *n* (*step*) marche *f*
staircase ['stɛəkeɪs] *n* = **stairway**
stairlift ['stɛəlɪft] *n* monte-escaliers *m inv*
stairs [stɛəz] *npl* escalier *m* ; **on the ~** dans l'escalier
stairway ['stɛəweɪ] *n* escalier *m*
stairwell ['stɛəwɛl] *n* cage *f* d'escalier
stake [steɪk] *n* pieu *m*, poteau *m* ; (*Comm: interest*) intérêts *mpl* ; (*Betting*) enjeu *m* ; **to be at ~** être en jeu ; **to have a ~ in sth** avoir des intérêts (en jeu) dans qch ▸ *vt* risquer, jouer ; (*also*: **stake out**: *area*) marquer, délimiter ; **to ~ a claim (to sth)** revendiquer (qch)
stakeholder ['steɪkhəuldəʳ] *n* partie *f* prenante
stakeout ['steɪkaut] *n* surveillance *f* ; **to be on a ~** effectuer une surveillance
stalactite ['stæləktaɪt] *n* stalactite *f*
stalagmite ['stæləgmaɪt] *n* stalagmite *f*

stale [steɪl] *adj* (*bread*) rassis(e) ; (*food*) pas frais (fraîche) ; (*beer*) éventé(e) ; (*smell*) de renfermé ; (*air*) confiné(e)
stalemate ['steɪlmeɪt] *n* pat *m* ; (*fig*) impasse *f*
stalk [stɔːk] *n* tige *f* ▶ *vt* traquer ▶ *vi*: **to ~ out/off** sortir/partir d'un air digne
stall [stɔːl] *n* (*in street, market etc*) éventaire *m*, étal *m* ; (*in stable*) stalle *f* ; **a newspaper/flower ~** un kiosque à journaux/de fleuriste ▶ *vt* (*Aut*) caler ; (*fig: delay*) retarder ▶ *vi* (*Aut*) caler ; (*fig*) essayer de gagner du temps ; **stalls** *npl* (BRIT: *in cinema, theatre*) orchestre *m*
stallholder ['stɔːlhəuldə^r] *n* (BRIT) marchand(e) en plein air
stallion ['stæljən] *n* étalon *m* (*cheval*)
stalwart ['stɔːlwət] *n* partisan *m* fidèle
stamen ['steɪmɛn] *n* étamine *f*
stamina ['stæmɪnə] *n* vigueur *f*, endurance *f*
stammer ['stæmə^r] *n* bégaiement *m* ▶ *vi* bégayer
stamp [stæmp] *n* timbre *m* ; (*also*: **rubber stamp**) tampon *m* ; (*mark, also fig*) empreinte *f* ; (*on document*) cachet *m* ▶ *vi* (*also*: **stamp one's foot**) taper du pied ▶ *vt* (*letter*) timbrer ; (*with rubber stamp*) tamponner
▶ **stamp out** *vt* (*fire*) piétiner ; (*crime*) éradiquer ; (*opposition*) éliminer
stamp album *n* album *m* de timbres(-poste)
stamp collecting [-kəlɛktɪŋ] *n* philatélie *f*
stamp duty *n* (BRIT: *on document*) droit *m* de timbre ; (: *on property transaction*) *droit de timbre payé par l'acheteur d'un bien immobilier ou d'un terrain*
stamped addressed envelope *n* (BRIT) enveloppe affranchie pour la réponse
stampede [stæm'piːd] *n* ruée *f* ; (*of cattle*) débandade *f*
stamp machine *n* distributeur *m* de timbres
stance [stæns] *n* position *f*
stand [stænd] (*pt, pp* **stood** [stud]) *n* (*position*) position *f* ; (*for taxis*) station *f* (de taxis) ; (*Mil*) résistance *f* ; (*structure*) guéridon *m* ; support *m* ; (*Comm*) étalage *m*, stand *m* ; (*Sport*: *also*: **stands**) tribune *f* ; (*also*: **music stand**) pupitre *m* ; **to make a ~** prendre position ; **to take a ~ on an issue** prendre position sur un problème ▶ *vi* être *or* se tenir (debout) ; (*rise*) se lever, se mettre debout ; (*be placed*) se trouver ; (*remain: offer etc*) rester valable ; **to ~ for parliament** (BRIT) se présenter aux élections (*comme candidat à la députation*) ; **it stands to reason** c'est logique ; cela va de soi ; **as things ~** dans l'état actuel des choses ▶ *vt* (*place*) mettre, poser ; (*tolerate, withstand*) supporter ; (*treat, invite*) offrir, payer ; **to ~ sb a drink/meal** payer à boire/à manger à qn ; **I can't ~ him** je ne peux pas le voir ; **to ~ guard** *or* **watch** (*Mil*) monter la garde
▶ **stand aside** *vi* s'écarter
▶ **stand back** *vi* (*move back*) reculer, s'écarter
▶ **stand by** *vi* (*be ready*) se tenir prêt(e) ▶ *vt fus* (*opinion*) s'en tenir à ; (*person*) ne pas abandonner, soutenir
▶ **stand down** *vi* (*withdraw*) se retirer ; (*Law*) renoncer à ses droits
▶ **stand for** *vt fus* (*signify*) représenter, signifier ; (*tolerate*) supporter, tolérer
▶ **stand in for** *vt fus* remplacer
▶ **stand out** *vi* (*be prominent*) ressortir
▶ **stand up** *vi* (*rise*) se lever, se mettre debout
▶ **stand up for** *vt fus* défendre
▶ **stand up to** *vt fus* tenir tête à, résister à
stand-alone ['stændələun] *adj* (*Comput*) autonome
standard ['stændəd] *n* (*norm*) norme *f*, étalon *m* ; (*level*) niveau *m* (voulu) ; (*criterion*) critère *m* ; (*flag*) étendard *m* ; **to be** *or* **come up to ~** être du niveau voulu *or* à la hauteur ; **to apply a double ~** avoir *or* appliquer deux poids deux mesures ▶ *adj* (*size etc*) ordinaire, normal(e) ; (*model, feature*) standard *inv* ; (*practice*) courant(e) ; (*text*) de base ; **standards** *npl* (*morals*) morale *f*, principes *mpl*
standardization [stændədaɪ'zeɪʃən] *n* standardisation *f*
standardize ['stændədaɪz] *vt* standardiser
standard lamp *n* (BRIT) lampadaire *m*
standard of living *n* niveau *m* de vie
standard time *n* heure légale
stand-by ['stændbaɪ] *n* remplaçant(e) ; **to be on ~** se tenir prêt(e) (à intervenir) ; (*doctor*) être de garde ▶ *adj* (*provisions*) de réserve
stand-by generator *n* générateur *m* de secours
stand-by passenger *n* passager(-ère) en stand-by *or* en attente
stand-by ticket *n* (*Aviat*) billet *m* stand-by
stand-in ['stændɪn] *n* remplaçant(e) ; (*Cine*) doublure *f*
standing ['stændɪŋ] *adj* debout *inv* ; (*permanent*) permanent(e) ; (*rule*) immuable ; (*army*) de métier ; (*grievance*) constant(e), de longue date ; **he was given a ~ ovation** on s'est levé pour l'acclamer ; **it's a ~ joke** c'est un vieux sujet de plaisanterie ▶ *n* réputation *f*, rang *m*, standing *m* ; (*duration*): **of 6 months' ~** qui dure depuis 6 mois ; **of many years' ~** qui dure *or* existe depuis longtemps ; **a man of some ~** un homme estimé
standing committee *n* commission permanente
standing order *n* (BRIT: *at bank*) virement *m* automatique, prélèvement *m* bancaire ; **standing orders** *npl* (*Mil*) règlement *m*
standing room *n* places *fpl* debout
stand-off ['stændɔf] *n* (*esp US: stalemate*) impasse *f*
stand-offish [stænd'ɔfɪʃ] *adj* distant(e), froid(e)
standpat ['stændpæt] *adj* (US) inflexible, rigide
standpipe ['stændpaɪp] *n* colonne *f* d'alimentation
standpoint ['stændpɔɪnt] *n* point *m* de vue
standstill ['stændstɪl] *n*: **at a ~** à l'arrêt ; (*fig*) au point mort ; **to come to a ~** s'immobiliser, s'arrêter
stand-up ['stændʌp] *adj* (*row, fight*) en règle ; **~ comedian** monologuiste *mf* ; **~ comedy** monologue *m* comique
stank [stæŋk] *pt of* **stink**
stanza ['stænzə] *n* strophe *f* ; couplet *m*
staple ['steɪpl] *n* (*for papers*) agrafe *f* ; (*chief product*) produit *m* de base ▶ *adj* (*food, crop, industry etc*) de base principal(e) ▶ *vt* agrafer

S

stapler ['steɪpləʳ] *n* agrafeuse *f*
star [stɑːʳ] *n* étoile *f* ; (*celebrity*) vedette *f* ; **4-~ hotel** hôtel *m* 4 étoiles ; **2-~ petrol** (BRIT) essence *f* ordinaire ; **4-~ petrol** (BRIT) super *m* ▸ *vi*: **to ~ (in)** être la vedette (de) ▸ *vt* avoir pour vedette ; **stars** *npl*: **the stars** (*Astrology*) l'horoscope *m*
star attraction *n* grande attraction
starboard ['stɑːbəd] *n* tribord *m* ; **to ~** à tribord
starch [stɑːtʃ] *n* amidon *m* ; (*in food*) fécule *f*
starched [stɑːtʃt] *adj* (*collar*) amidonné(e), empesé(e)
starchy ['stɑːtʃɪ] *adj* (*food*) riche en féculents ; (*person*) guindé(e)
stardom ['stɑːdəm] *n* célébrité *f*
stare [stɛəʳ] *n* regard *m* fixe ▸ *vi*: **to ~ at** regarder fixement
starfish ['stɑːfɪʃ] *n* étoile *f* de mer
stark [stɑːk] *adj* (*bleak*) désolé(e), morne ; (*simplicity, colour*) austère ; (*reality, poverty*) nu(e) ▸ *adv*: **~ naked** complètement nu(e)
starkers ['stɑːkəz] *adj*: **to be ~** (BRIT *inf*) être à poil
starlet ['stɑːlɪt] *n* (*Cine*) starlette *f*
starlight ['stɑːlaɪt] *n*: **by ~** à la lumière des étoiles
starling ['stɑːlɪŋ] *n* étourneau *m*
starlit ['stɑːlɪt] *adj* étoilé(e) ; illuminé(e) par les étoiles
starry ['stɑːrɪ] *adj* étoilé(e)
starry-eyed [stɑːrɪ'aɪd] *adj* (*innocent*) ingénu(e)
Stars and Stripes *npl*: **the ~** la bannière étoilée
star sign *n* signe zodiacal *or* du zodiaque
star-studded ['stɑːstʌdɪd] *adj*: **a ~ cast** une distribution prestigieuse
start [stɑːt] *n* commencement *m*, début *m* ; (*of race*) départ *m* ; (*sudden movement*) sursaut *m* ; (*advantage*) avance *f*, avantage *m* ; **at the ~** au début ; **for a ~** d'abord, pour commencer ; **to make an early ~** partir *or* commencer de bonne heure ▸ *vt* commencer ; (*cause: fight*) déclencher ; (*rumour*) donner naissance à ; (*fashion*) lancer ; (*found: business, newspaper*) lancer, créer ; (*engine*) mettre en marche ; **to ~ doing** *or* **to do sth** se mettre à faire qch ▸ *vi* (*begin*) commencer ; (*begin journey*) partir, se mettre en route ; (*jump*) sursauter ; **when does the film ~?** à quelle heure est-ce que le film commence ? ; **to ~ (off) with ...** (*firstly*) d'abord ... ; (*at the beginning*) au commencement ...
▸ **start off** *vi* commencer ; (*leave*) partir
▸ **start out** *vi* (*begin*) commencer ; (*set out*) partir
▸ **start over** *vi* (US) recommencer
▸ **start up** *vi* commencer ; (*car*) démarrer ▸ *vt* (*fight*) déclencher ; (*business*) créer ; (*car*) mettre en marche
starter ['stɑːtəʳ] *n* (*Aut*) démarreur *m* ; (*Sport: official*) starter *m* ; (*: runner, horse*) partant *m* ; (BRIT *Culin*) entrée *f*
starting handle ['stɑːtɪŋ-] *n* (BRIT) manivelle *f*
starting point ['stɑːtɪŋ-] *n* point *m* de départ
starting price ['stɑːtɪŋ-] *n* prix initial
startle ['stɑːtl] *vt* faire sursauter ; donner un choc à
startling ['stɑːtlɪŋ] *adj* surprenant(e), saisissant(e)
startlingly ['stɑːtlɪŋlɪ] *adv*: **he was ~ handsome** il était d'une beauté saisissante
start-up company, start-up firm *n* start-up *f*
star turn *n* (BRIT) vedette *f*
starvation [stɑː'veɪʃən] *n* faim *f*, famine *f* ; **to die of ~** mourir de faim *or* d'inanition
starve [stɑːv] *vi* mourir de faim ▸ *vt* laisser mourir de faim
starving ['stɑːvɪŋ] *adj* (*dying of hunger*) affamé(e) ; (*inf: famished*) affamé(e), qui meurt de faim ; **I'm ~!** je meurs de faim !
stash [stæʃ] *vt* (*inf*): **to ~ sth away** planquer qch
state [steɪt] *n* état *m* ; (*Pol*) État ; (*pomp*): **in ~** en grande pompe ; **to be in a ~** être dans tous ses états ; **~ of emergency** état d'urgence ; **~ of mind** état d'esprit ; **the ~ of the art** l'état actuel de la technologie (*or* des connaissances) ▸ *vt* (*declare*) déclarer, affirmer ; (*specify*) indiquer, spécifier ; **States** *npl*: **the States** les États-Unis
state control *n* contrôle *m* de l'État
stated ['steɪtɪd] *adj* fixé(e), prescrit(e)
State Department *n* (US) Département *m* d'État, ≈ ministère *m* des Affaires étrangères
state education *n* (BRIT) enseignement public
stateless ['steɪtlɪs] *adj* apatride
stately ['steɪtlɪ] *adj* majestueux(-euse), imposant(e)
stately home *n* manoir *m* *or* château *m* (*ouvert au public*)
statement ['steɪtmənt] *n* déclaration *f* ; (*Law*) déposition *f* ; (*Econ*) relevé *m* ; **official ~** communiqué officiel ; **~ of account, bank ~** relevé de compte
state-owned ['steɪtəund] *adj* étatisé(e)
stateroom ['steɪtruːm] *n* (*esp* BRIT*: in palace*) salle *f* d'honneur ; (*on liner*) cabine *f* de luxe
States [steɪts] *npl*: **the ~** les États-Unis *mpl*
state school *n* école publique
statesman ['steɪtsmən] *n* (*irreg*) homme *m* d'État
statesmanlike ['steɪtsmənlaɪk] *adj* (*person*) habile homme d'État ; **in a ~ way** en habile homme d'État
statesmanship ['steɪtsmənʃɪp] *n* qualités *fpl* d'homme d'État
statewide [steɪt'waɪd] *adj* dans l'État, ≈ provincial(e) ▸ *adv* à l'échelle de l'État
static ['stætɪk] *n* (*Radio*) parasites *mpl* ; (*also:* **static electricity**) électricité *f* statique ▸ *adj* statique
station ['steɪʃən] *n* gare *f* ; (*also:* **police station**) poste *m* *or* commissariat *m* (de police) ; (*Mil*) poste *m* (militaire) ; (*rank*) condition *f*, rang *m* ; **action stations** postes de combat ▸ *vt* placer, poster ; **to be stationed in** (*Mil*) être en garnison à
stationary ['steɪʃnərɪ] *adj* à l'arrêt, immobile
stationer ['steɪʃənəʳ] *n* papetier(-ière)
stationer's (shop) *n* (BRIT) papeterie *f*
stationery ['steɪʃnərɪ] *n* papier *m* à lettres, petit matériel de bureau

stationmaster ['steɪʃənmɑːstəʳ] *n* (*Rail*) chef *m* de gare
station wagon *n* (*US*) break *m*
statistic [stə'tɪstɪk] *n* statistique *f*
statistical [stə'tɪstɪkl] *adj* statistique
statistician [stætɪ'stɪʃən] *n* statisticien(ne)
statistics [stə'tɪstɪks] *n* (*science*) statistique *f*
statuary ['stætjuərɪ] *n* statuaire *f*
statue ['stætjuː] *n* statue *f*
statuesque [stætju'ɛsk] *adj* sculptural(e)
statuette [stætju'ɛt] *n* statuette *f*
stature ['stætʃəʳ] *n* stature *f*; (*fig*) envergure *f*
status ['steɪtəs] *n* position *f*, situation *f*; (*prestige*) prestige *m*; (*Admin, official position*) statut *m*
status quo [-'kwəu] *n*: **the ~** le statu quo
status symbol *n* marque *f* de standing, signe extérieur de richesse
statute ['stætjuːt] *n* loi *f*; **statutes** *npl* (*of club etc*) statuts *mpl*
statute book *n* ≈ code *m*, textes *mpl* de loi
statutory ['stætjutrɪ] *adj* statutaire, prévu(e) par un article de loi; **~ meeting** assemblée constitutive *or* statutaire
staunch [stɔːntʃ] *adj* sûr(e), loyal(e) ▶ *vt* étancher
stave [steɪv] *n* (*Mus*) portée *f* ▶ *vt*: **to ~ off** (*attack*) parer; (*threat*) conjurer
stay [steɪ] *n* (*period of time*) séjour *m*; (*Law*): **~ of execution** sursis *m* à statuer ▶ *vi* rester; (*reside*) loger; (*spend some time*) séjourner; **to ~ put** ne pas bouger; **to ~ with friends** loger chez des amis; **to ~ the night** passer la nuit
▶ **stay away** *vi* (*from person, building*) ne pas s'approcher; (*from event*) ne pas venir
▶ **stay behind** *vi* rester en arrière
▶ **stay in** *vi* (*at home*) rester à la maison
▶ **stay on** *vi* rester
▶ **stay out** *vi* (*of house*) ne pas rentrer; (*strikers*) rester en grève
▶ **stay up** *vi* (*at night*) ne pas se coucher
staying power ['steɪɪŋ-] *n* endurance *f*
STD *n abbr* (= *sexually transmitted disease*) MST *f*; (Brit: = *subscriber trunk dialling*) l'automatique *m*
stead [stɛd] *n* (Brit): **in sb's ~** à la place de qn; **to stand sb in good ~** être très utile *or* servir beaucoup à qn
steadfast ['stɛdfɑːst] *adj* ferme, résolu(e)
steadfastly ['stɛdfɑːstlɪ] *adv* résolument
steadily ['stɛdɪlɪ] *adv* (*regularly*) progressivement; (*firmly*) fermement; (*walk*) d'un pas ferme; (*fixedly: look*) sans détourner les yeux
steady ['stɛdɪ] *adj* stable, solide, ferme; (*regular*) constant(e), régulier(-ière); (*person*) calme, pondéré(e); **a ~ boyfriend** un petit ami ▶ *vt* assurer, stabiliser; (*nerves*) calmer; (*voice*) assurer; **to ~ oneself** reprendre son aplomb
steak [steɪk] *n* (*meat*) bifteck *m*, steak *m*; (*fish, pork*) tranche *f*
steakhouse ['steɪkhaus] *n* ≈ grill-room *m*
steal [stiːl] (*pt* **stole** [stəul], *pp* **stolen** ['stəuln]) *vt, vi* voler; (*move*) se faufiler, se déplacer furtivement; **my wallet has been stolen** on m'a volé mon portefeuille
▶ **steal away, steal off** *vi* s'esquiver
stealth [stɛlθ] *n*: **by ~** furtivement
stealthy ['stɛlθɪ] *adj* furtif(-ive)
steam [stiːm] *n* vapeur *f*; **under one's own ~** (*fig*) par ses propres moyens; **to run out of ~** (*fig: person*) caler; être à bout; **to let off ~** (*fig: inf*) se défouler ▶ *vt* passer à la vapeur; (*Culin*) cuire à la vapeur ▶ *vi* fumer; (*ship*): **to ~ along** filer
▶ **steam up** *vi* (*window*) se couvrir de buée; **to get steamed up about sth** (*fig: inf*) s'exciter à propos de qch
steam engine *n* locomotive *f* à vapeur
steamer ['stiːməʳ] *n* (bateau *m* à) vapeur *m*; (*Culin*) ≈ couscoussier *m*
steam iron *n* fer *m* à repasser à vapeur
steamroller ['stiːmrəuləʳ] *n* rouleau compresseur
steamship ['stiːmʃɪp] *n* (bateau *m* à) vapeur *m*
steamy ['stiːmɪ] *adj* humide; (*window*) embué(e); (*sexy*) torride
steed [stiːd] *n* (*literary*) coursier *m*
steel [stiːl] *n* acier *m* ▶ *cpd* d'acier
steel band *n* steel band *m*
steel industry *n* sidérurgie *f*
steelmaker ['stiːlmeɪkəʳ] *n* sidérurgiste *m*
steel mill *n* aciérie *f*, usine *f* sidérurgique
steelworker ['stiːlwəːkəʳ] *n* ouvrier(-ière) sidérurgiste
steelworks ['stiːlwəːks] *n* aciérie *f*
steely ['stiːlɪ] *adj* (*determination*) inflexible; (*eyes, gaze*) d'acier
steep [stiːp] *adj* raide, escarpé(e); (*price*) très élevé(e), excessif(-ive) ▶ *vt* (faire) tremper
steeple ['stiːpl] *n* clocher *m*
steeplechase ['stiːpltʃeɪs] *n* steeple(-chase) *m*
steeplejack ['stiːpldʒæk] *n* réparateur *m* de clochers et de hautes cheminées
steeply ['stiːplɪ] *adv* en pente raide
steer [stɪəʳ] *n* bœuf *m* ▶ *vt* diriger; (*boat*) gouverner; (*lead: person*) guider, conduire ▶ *vi* tenir le gouvernail; **to ~ clear of sb/sth** (*fig*) éviter qn/qch
steering ['stɪərɪŋ] *n* (*Aut*) conduite *f*
steering column *n* (*Aut*) colonne *f* de direction
steering committee *n* comité *m* d'organisation
steering wheel *n* volant *m*
stellar ['stɛləʳ] *adj* stellaire
stem [stɛm] *n* (*of plant*) tige *f*; (*of leaf, fruit*) queue *f*; (*of glass*) pied *m* ▶ *vt* contenir, endiguer; (*attack, spread of disease*) juguler
▶ **stem from** *vt fus* provenir de, découler de
stem cell *n* cellule *f* souche
stench [stɛntʃ] *n* puanteur *f*
stencil ['stɛnsl] *n* stencil *m*; pochoir *m* ▶ *vt* polycopier
stenographer [stɛ'nɔgrəfəʳ] *n* (*US*) sténographe *mf*
stenography [stɛ'nɔgrəfɪ] *n* (*US*) sténo(graphie) *f*
step [stɛp] *n* pas *m*; (*stair*) marche *f*; (*action*) mesure *f*, disposition *f*; **~ by ~** pas à pas; (*fig*) petit à petit; **to be in/out of ~ (with)** (*fig*) aller dans le sens (de)/être déphasé(e) (par rapport à) ▶ *vi*: **to ~ forward/back** faire un pas en avant/arrière, avancer/reculer; **steps** *npl* (Brit) = **stepladder**

S

▸ **step aside** *vi* (*lit*) faire un pas de côté ; (*stand down*) se désister
▸ **step back** *vi* faire un pas en arrière
▸ **step down** *vi* (*fig*) se retirer, se désister
▸ **step forward** *vi* faire un pas en avant, avancer
▸ **step in** *vi* (*fig*) intervenir
▸ **step off** *vt fus* descendre de
▸ **step over** *vt fus* enjamber
▸ **step up** *vt* (*production, sales*) augmenter ; (*campaign, efforts*) intensifier

step aerobics® *npl* step® *m*
stepbrother ['stɛpbrʌðəʳ] *n* demi-frère *m*
stepchild ['stɛptʃaɪld] (*pl* **stepchildren** ['stɛp'tʃɪldrən]) *n* beau-fils (belle-fille)
stepdaughter ['stɛpdɔːtəʳ] *n* belle-fille *f*
stepfather ['stɛpfɑːðəʳ] *n* beau-père *m*
stepladder ['stɛplædəʳ] *n* (Brit) escabeau *m*
stepmother ['stɛpmʌðəʳ] *n* belle-mère *f*
stepping stone ['stɛpɪŋ-] *n* pierre *f* de gué ; (*fig*) tremplin *m*
stepsister ['stɛpsɪstəʳ] *n* demi-sœur *f*
stepson ['stɛpsʌn] *n* beau-fils *m*
stereo ['stɛrɪəu] *n* (*sound*) stéréo *f* ; (*hi-fi*) chaîne *f* stéréo ; **in ~** en stéréo ▸ *adj* (*also*: **stereophonic**) stéréo(phonique)
stereotype ['stɪərɪətaɪp] *n* stéréotype *m* ▸ *vt* stéréotyper
stereotypical [stɛriə'tɪpɪkl] *adj* stéréotypé(e)
sterile ['stɛraɪl] *adj* stérile
sterility [stɛ'rɪlɪtɪ] *n* stérilité *f*
sterilization [stɛrɪlaɪ'zeɪʃən] *n* stérilisation *f*
sterilize ['stɛrɪlaɪz] *vt* stériliser
sterling ['stəːlɪŋ] *adj* sterling *inv* ; (*silver*) de bon aloi, fin(e) ; (*fig*) à toute épreuve, excellent(e) ▸ *n* (*currency*) livre *f* sterling *inv* ; **a pound ~** une livre sterling
sterling area *n* zone *f* sterling *inv*
stern [stəːn] *adj* sévère ▸ *n* (*Naut*) arrière *m*, poupe *f*
sternly ['stəːnlɪ] *adv* sévèrement
sternum ['stəːnəm] *n* sternum *m*
steroid ['stɪərɔɪd] *n* stéroïde *m*
stethoscope ['stɛθəskəup] *n* stéthoscope *m*
stevedore ['stiːvədɔːʳ] *n* docker *m*, débardeur *m*
stew [stjuː] *n* ragoût *m* ▸ *vt, vi* cuire à la casserole ; **stewed tea** thé trop infusé ; **stewed fruit** fruits cuits *or* en compote
steward ['stjuːəd] *n* (*Aviat, Naut, Rail*) steward *m* ; (*in club etc*) intendant *m* ; (*also*: **shop steward**) délégué syndical
stewardess ['stjuədɛs] *n* hôtesse *f*
stewardship ['stjuədʃɪp] *n* intendance *f*
stewing steak ['stjuːɪŋ-], (US) **stew meat** *n* bœuf *m* à braiser
St. Ex. *abbr* = **stock exchange**
stg *abbr* = **sterling**
STI *n abbr* (= *sexually transmitted infection*) IST *f* (= *infection sexuellement transmissible*)
stick [stɪk] (*pt, pp* **stuck** [stʌk]) *n* bâton *m* ; (*for walking*) canne *f* ; (*of chalk etc*) morceau *m* ; **to get hold of the wrong end of the ~** (Brit *fig*) comprendre de travers ▸ *vt* (*glue*) coller ; (*thrust*): **to ~ sth into** piquer *or* planter *or* enfoncer qch dans ; (*inf*: *put*) mettre, fourrer ; (: *tolerate*) supporter ▸ *vi* (*adhere*) tenir, coller ; (*remain*) rester ; (*get jammed*: *door, lift*) se bloquer ; **to ~ to** (*one's promise*) s'en tenir à ; (*principles*) rester fidèle à
▸ **stick around** *vi* (*inf*) rester (dans les parages)
▸ **stick out** *vi* dépasser, sortir ▸ *vt*: **to ~ it out** (*inf*) tenir le coup
▸ **stick up** *vi* dépasser, sortir
▸ **stick up for** *vt fus* défendre

sticker ['stɪkəʳ] *n* auto-collant *m*
sticking plaster ['stɪkɪŋ-] *n* sparadrap *m*, pansement adhésif
sticking point ['stɪkɪŋ-] *n* (*fig*) point *m* de friction
stick insect *n* phasme *m*
stickleback ['stɪklbæk] *n* épinoche *f*
stickler ['stɪkləʳ] *n*: **to be a ~ for** être pointilleux(-euse) sur
stick shift *n* (*US Aut*) levier *m* de vitesses
stick-up ['stɪkʌp] *n* (*inf*) braquage *m* (*inf*), hold-up *m* (*inf*)
sticky ['stɪkɪ] *adj* poisseux(-euse) ; (*label*) adhésif(-ive) ; (*fig*: *situation*) délicat(e)
stiff [stɪf] *adj* (*gen*) raide, rigide ; (*door, brush*) dur(e) ; (*difficult*) difficile, ardu(e) ; (*cold*) froid(e), distant(e) ; (*strong, high*) fort(e), élevé(e) ; **to be** *or* **feel ~** (*person*) avoir des courbatures ; **to have a ~ back/neck** avoir mal au dos/un torticolis ; **~ upper lip** (Brit *fig*) flegme *m* (*typiquement britannique*) ▸ *adv*: **to be bored/scared/frozen ~** s'ennuyer à mourir/être mort(e) de peur/froid
stiffen ['stɪfn] *vt* raidir, renforcer ▸ *vi* se raidir ; se durcir
stiffly ['stɪflɪ] *adv* (*move, stand*) avec raideur ; (*coldly*: *say, smile*) sèchement
stiffness ['stɪfnɪs] *n* raideur *f*
stifle ['staɪfl] *vt* étouffer, réprimer
stifling ['staɪflɪŋ] *adj* (*heat*) suffocant(e)
stigma ['stɪgmə] (*pl Bot, Med, Rel* **stigmata** [stɪg'mɑːtə], *fig* **stigmas**) *n* stigmate *m*
stigmatize ['stɪgmətaɪz] *vt* stigmatiser
stile [staɪl] *n* échalier *m*
stiletto [stɪ'lɛtəu] *n* (Brit: *also*: **stiletto heel**) talon *m* aiguille
still [stɪl] *adj* (*motionless*) immobile ; (*calm*) calme, tranquille ; (Brit: *mineral water etc*) non gazeux(-euse) ; **to stand ~** rester immobile, ne pas bouger ; **keep ~!** ne bouge pas ! ▸ *adv* (*up to this time*) encore, toujours ; (*even*) encore ; (*nonetheless*) quand même, tout de même ; **he ~ hasn't arrived** il n'est pas encore arrivé, il n'est toujours pas arrivé ▸ *n* (*Cine*) photo *f*
stillbirth ['stɪlbəːθ] *n* mortinaissance *f*, naissance *f* d'un enfant mort-né
stillborn ['stɪlbɔːn] *adj* mort-né(e)
still life *n* nature morte
stillness ['stɪlnɪs] *n* (*calm*) silence *m*
stilt [stɪlt] *n* échasse *f* ; (*pile*) pilotis *m*
stilted ['stɪltɪd] *adj* guindé(e), emprunté(e)
stimulant ['stɪmjulənt] *n* stimulant *m*
stimulate ['stɪmjuleɪt] *vt* stimuler
stimulating ['stɪmjuleɪtɪŋ] *adj* stimulant(e)
stimulation [stɪmju'leɪʃən] *n* stimulation *f*
stimulus ['stɪmjuləs] (*pl* **stimuli** ['stɪmjulaɪ]) *n* stimulant *m* ; (*Biol, Psych*) stimulus *m*

sting [stɪŋ] (*pt, pp* **stung** [stʌŋ]) *n* piqûre *f* ; (*organ*) dard *m* ; (*inf: confidence trick*) arnaque *m* ▸ *vt, vi* piquer ; **my eyes are stinging** j'ai les yeux qui piquent
stingy ['stɪndʒɪ] *adj* (*inf*) avare, pingre (*inf*), chiche (*inf*)
stink [stɪŋk] (*pt* **stank** [stæŋk], *pp* **stunk** [stʌŋk]) *n* puanteur *f* ▸ *vi* puer, empester
stinker ['stɪŋkə^r] *n* (*inf: problem, exam*) vacherie *f* (*inf*) ; (*person*) dégueulasse *mf*
stinking ['stɪŋkɪŋ] *adj* (*fig: inf*) infect(e) (*inf*) ; **~ rich** bourré(e) de pognon (*inf*)
stint [stɪnt] *n* part *f* de travail ▸ *vi*: **to ~ on** lésiner sur, être chiche de
stipend ['staɪpɛnd] *n* (*of vicar etc*) traitement *m*
stipendiary [staɪ'pɛndɪərɪ] *adj*: **~ magistrate** juge *m* de tribunal d'instance
stipulate ['stɪpjuleɪt] *vt* stipuler
stipulation [stɪpju'leɪʃən] *n* stipulation *f*, condition *f*
stir [stəːʳ] *n* agitation *f*, sensation *f* ; **to give sth a ~** remuer qch ; **to cause a ~** faire sensation ▸ *vt* remuer ▸ *vi* remuer, bouger
▸ **stir up** *vt* exciter ; (*trouble*) fomenter, provoquer
stir-fry ['stəː'fraɪ] *vt* faire sauter ▸ *n*: **vegetable ~** légumes sautés à la poêle
stirring [stəːrɪŋ] *adj* excitant(e) ; émouvant(e)
stirrup ['stɪrəp] *n* étrier *m*
stitch [stɪtʃ] *n* (*Sewing*) point *m* ; (*Knitting*) maille *f* ; (*Med*) point de suture ; (*pain*) point de côté ▸ *vt* coudre, piquer ; (*Med*) suturer
stoat [stəut] *n* hermine *f* (*avec son pelage d'été*)
stock [stɔk] *n* réserve *f*, provision *f* ; (*Comm*) stock *m* ; (*Agr*) cheptel *m*, bétail *m* ; (*Culin*) bouillon *m* ; (*Finance*) valeurs *fpl*, titres *mpl* ; (*Rail: also*: **rolling stock**) matériel roulant ; (*descent, origin*) souche *f* ; **in ~** en stock, en magasin ; **out of ~** épuisé(e) ; **to take ~** (*fig*) faire le point ; **stocks and shares** valeurs (mobilières), titres ; **government ~** fonds publics ▸ *adj* (*fig: reply etc*) courant(e), classique ▸ *vt* (*have in stock*) avoir, vendre ; **well-stocked** bien approvisionné(e) *or* fourni(e)
▸ **stock up** *vi*: **to ~ up (with)** s'approvisionner (en)
stockade [stɔ'keɪd] *n* palissade *f*
stockbroker ['stɔkbrəukəʳ] *n* agent *m* de change
stockbroking ['stɔkbrəukɪŋ] *n* courtage *m* ▸ *cpd* (*firm, company*) de courtage ; (*analyst*) boursier(-ière)
stock control *n* (*Comm*) gestion *f* des stocks
stock cube *n* (Brit *Culin*) bouillon-cube *m*
stock exchange *n* Bourse *f* (des valeurs)
stockholder ['stɔkhəuldəʳ] *n* (*US*) actionnaire *mf*
Stockholm ['stɔkhəum] *n* Stockholm
stocking ['stɔkɪŋ] *n* bas *m*
stocking filler ['stɔkɪŋfɪləʳ] *n* (Brit) petit cadeau *m* de Noël
stock-in-trade ['stɔkɪn'treɪd] *n* (*fig*): **it's his ~** c'est sa spécialité
stockist ['stɔkɪst] *n* (Brit) stockiste *m*
stock market *n* Bourse *f*, marché financier
stock phrase *n* cliché *m*
stockpile ['stɔkpaɪl] *n* stock *m*, réserve *f* ▸ *vt* stocker, accumuler
stockroom ['stɔkruːm] *n* réserve *f*, magasin *m*
stock still *adj*: **to rest/stand ~** rester/se tenir parfaitement immobile
stocktaking ['stɔkteɪkɪŋ] *n* (Brit *Comm*) inventaire *m*
stocky ['stɔkɪ] *adj* trapu(e), râblé(e)
stodgy ['stɔdʒɪ] *adj* bourratif(-ive), lourd(e)
stoic ['stəuɪk] *n* stoïque *mf*
stoical ['stəuɪkl] *adj* stoïque
stoically ['stəuɪklɪ] *adv* stoïquement
stoicism ['stəuɪsɪzəm] *n* stoïcisme *m*
stoke [stəuk] *vt* garnir, entretenir ; chauffer
stoker ['stəukəʳ] *n* (*Rail, Naut etc*) chauffeur *m*
stole [stəul] *pt of* **steal** ▸ *n* étole *f*
stolen ['stəuln] *pp of* **steal**
stolid ['stɔlɪd] *adj* impassible, flegmatique
stomach ['stʌmək] *n* estomac *m* ; (*abdomen*) ventre *m* ▸ *vt* supporter, digérer
stomachache ['stʌməkeɪk] *n* mal *m* à l'estomac *or* au ventre
stomach pump *n* pompe stomacale
stomach ulcer *n* ulcère *m* à l'estomac
stomp [stɔmp] *vi*: **to ~ in/out** entrer/sortir d'un pas bruyant
stone [stəun] *n* pierre *f* ; (*pebble*) caillou *m*, galet *m* ; (*in fruit*) noyau *m* ; (*Med*) calcul *m* ; (Brit: *weight*) = 6.348 kg ; **within a ~'s throw of the station** à deux pas de la gare ▸ *cpd* de *or* en pierre ▸ *vt* (*person*) lancer des pierres sur, lapider ; (*fruit*) dénoyauter
Stone Age *n*: **the ~** l'âge *m* de pierre
stone-cold ['stəun'kəuld] *adj* complètement froid(e)
stoned [stəund] *adj* (*inf: drunk*) bourré(e) (*inf*) ; (*: on drugs*) défoncé(e) (*inf*)
stone-deaf ['stəun'dɛf] *adj* sourd(e) comme un pot
stonemason ['stəunmeɪsn] *n* tailleur *m* de pierre(s)
stonewall [stəun'wɔːl] *vi* faire de l'obstruction ▸ *vt* faire obstruction à
stonework ['stəunwəːk] *n* maçonnerie *f*
stony ['stəunɪ] *adj* pierreux(-euse), rocailleux(-euse)
stood [stud] *pt, pp of* **stand**
stooge [stuːdʒ] *n* (*inf*) larbin *m* (*inf*)
stool [stuːl] *n* tabouret *m*
stoop [stuːp] *vi* (*also*: **have a stoop**) être voûté(e) ; (*bend: also*: **stoop down**) se baisser, se courber ; (*fig*): **to ~ to sth/doing sth** s'abaisser jusqu'à qch/jusqu'à faire qch
stop [stɔp] *n* arrêt *m* ; (*short stay*) halte *f* ; (*in punctuation*) point *m* ▸ *vt* arrêter ; (*break off*) interrompre ; (*also*: **put a stop to**) mettre fin à ; (*prevent*) empêcher ; **to ~ doing sth** cesser *or* arrêter de faire qch ; **to ~ sb (from) doing sth** empêcher qn de faire qch ; **~ it!** arrête ! ▸ *vi* s'arrêter ; (*rain, noise etc*) cesser, s'arrêter ; **could you ~ here/at the corner?** arrêtez-vous ici/au coin, s'il vous plaît ; **to ~ dead** s'arrêter net
▸ **stop by** *vi* s'arrêter (au passage)
▸ **stop off** *vi* faire une courte halte
▸ **stop up** *vt* (*hole*) boucher
stopcock ['stɔpkɔk] *n* robinet *m* d'arrêt
stopgap ['stɔpgæp] *n* (*person*) bouche-trou *m* ; (*also*: **stopgap measure**) mesure *f* intérimaire

S

stoplights ['stɔplaɪts] *npl* (*Aut*) signaux *mpl* de stop, feux *mpl* arrière
stopover ['stɔpəuvəʳ] *n* halte *f*; (*Aviat*) escale *f*
stoppage ['stɔpɪdʒ] *n* arrêt *m*; (*of pay*) retenue *f*; (*strike*) arrêt de travail; (*obstruction*) obstruction *f*
stopper ['stɔpəʳ] *n* bouchon *m*
stop press *n* nouvelles *fpl* de dernière heure
stopwatch ['stɔpwɔtʃ] *n* chronomètre *m*
storage ['stɔːrɪdʒ] *n* emmagasinage *m*; (*of nuclear waste etc*) stockage *m*; (*in house*) rangement *m*; (*Comput*) mise *f* en mémoire *or* réserve
storage heater *n* (Brit) radiateur *m* électrique par accumulation
store [stɔːʳ] *n* (*stock*) provision *f*, réserve *f*; (*depot*) entrepôt *m*; (Brit: *large shop*) grand magasin; (*US: shop*) magasin *m*; **who knows what is in ~ for us?** qui sait ce que l'avenir nous réserve *or* ce qui nous attend ?; **to set great/little ~ by sth** faire grand cas/peu de cas de qch ▸ *vt* emmagasiner; (*nuclear waste etc*) stocker; (*information*) enregistrer; (*in filing system*) classer, ranger; (*Comput*) mettre en mémoire; **stores** *npl* (*food*) provisions
▸ **store up** *vt* mettre en réserve, emmagasiner
storehouse ['stɔːhaus] *n* entrepôt *m*
storekeeper ['stɔːkiːpəʳ] *n* (*US*) commerçant(e)
storeroom ['stɔːruːm] *n* réserve *f*, magasin *m*
storey, (*US*) **story** ['stɔːrɪ] *n* étage *m*
stork [stɔːk] *n* cigogne *f*
storm [stɔːm] *n* tempête *f*; (*thunderstorm*) orage *m* ▸ *vi* (*fig*) fulminer ▸ *vt* prendre d'assaut
storm cloud *n* nuage *m* d'orage
storm door *n* double-porte (extérieure)
stormy ['stɔːmɪ] *adj* orageux(-euse)
story ['stɔːrɪ] *n* histoire *f*; récit *m*; (*Press: article*) article *m*; (*: subject*) affaire *f*; (*US*) = **storey**
storybook ['stɔːrɪbuk] *n* livre *m* d'histoires *or* de contes
storyline ['stɔːrɪlaɪn] *n* (*of film*) scénario *m*; (*of book, play*) intrigue *f*
storyteller ['stɔːrɪtɛləʳ] *n* conteur(-euse)
stout [staut] *adj* (*strong*) solide; (*brave*) intrépide; (*fat*) gros(se), corpulent(e) ▸ *n* bière brune
stove [stəuv] *n* (*for cooking*) fourneau *m*; (*: small*) réchaud *m*; (*for heating*) poêle *m*; **gas/electric ~** (*cooker*) cuisinière *f* à gaz/électrique
stow [stəu] *vt* ranger; cacher
stowaway ['stəuəweɪ] *n* passager(-ère) clandestin(e)
straddle ['strædl] *vt* enjamber, être à cheval sur
strafe [strɑːf] *vt* mitrailler
straggle ['strægl] *vi* être (*or* marcher) en désordre; **straggled along the coast** disséminé(e) tout au long de la côte
straggler [strægləʳ] *n* traînard(e)
straggling ['stræglɪŋ], **straggly** ['stræglɪ] *adj* (*hair*) en désordre
straight [streɪt] *adj* droit(e); (*hair*) raide; (*frank*) honnête, franc (franche); (*simple*) simple; (*Theat: part, play*) sérieux(-euse); (*inf: heterosexual*) hétéro *inv*; **to put** *or* **get ~** mettre en ordre, mettre de l'ordre dans; (*fig*) mettre au clair; **let's get this ~** mettons les choses au point; **10 ~ wins** 10 victoires d'affilée ▸ *adv* (tout) droit; (*drink*) sec, sans eau; **to go ~ home** rentrer directement à la maison; **~ away**, **~ off** (*at once*) tout de suite; **~ off**, **~ out** sans hésiter ▸ *n*: **the ~** (*Sport*) la ligne droite
straighten ['streɪtn] *vt* ajuster; (*bed*) arranger
▸ **straighten out** *vt* (*fig*) débrouiller; **to ~ things out** arranger les choses
▸ **straighten up** *vi* (*stand up*) se redresser; (*tidy*) ranger
straighteners ['streɪtnəz] *npl* (*for hair*) lisseur *m*
straight-faced [streɪt'feɪst] *adj* impassible ▸ *adv* en gardant son sérieux
straightforward [streɪt'fɔːwəd] *adj* simple; (*frank*) honnête, direct(e)
strain [streɪn] *n* (*Tech*) tension *f*; pression *f*; (*physical*) effort *m*; (*mental*) tension (nerveuse); (*Med*) entorse *f*; (*streak, trace*) tendance *f*; élément *m*; (*breed: of plants*) variété *f*; (*: of animals*) race *f*; (*of virus*) souche *f*; **he's been under a lot of ~** il a traversé des moments difficiles, il est très éprouvé nerveusement ▸ *vt* (*stretch*) tendre fortement; (*fig: resources etc*) mettre à rude épreuve, grever; (*hurt: back etc*) se faire mal à; (*filter*) passer, filtrer; (*vegetables*) égoutter ▸ *vi* peiner, fournir un gros effort; **strains** *npl* (*Mus*) accords *mpl*, accents *mpl*
strained [streɪnd] *adj* (*muscle*) froissé(e); (*laugh etc*) forcé(e), contraint(e); (*relations*) tendu(e)
strainer ['streɪnəʳ] *n* passoire *f*
strait [streɪt] *n* (*Geo*) détroit *m*; **straits** *npl*: **to be in dire straits** (*fig*) avoir de sérieux ennuis
straitjacket ['streɪtdʒækɪt] *n* camisole *f* de force
strait-laced [streɪt'leɪst] *adj* collet monté *inv*
strand [strænd] *n* (*of thread*) fil *m*, brin *m*; (*of rope*) toron *m*; (*of hair*) mèche *f* ▸ *vt* (*boat*) échouer
stranded ['strændɪd] *adj* en rade, en plan
strange [streɪndʒ] *adj* (*not known*) inconnu(e); (*odd*) étrange, bizarre
strangely ['streɪndʒlɪ] *adv* étrangement, bizarrement; *see also* **enough**
stranger ['streɪndʒəʳ] *n* (*unknown*) inconnu(e); (*from somewhere else*) étranger(-ère); **I'm a ~ here** je ne suis pas d'ici
strangle ['stræŋgl] *vt* étrangler
stranglehold ['stræŋglhəuld] *n* (*fig*) emprise totale, mainmise *f*
strangulation [stræŋgju'leɪʃən] *n* strangulation *f*
strap [stræp] *n* lanière *f*, courroie *f*, sangle *f*; (*of slip, dress*) bretelle *f* ▸ *vt* attacher (avec une courroie *etc*)
straphanging ['stræphæŋɪŋ] *n* fait *m* de voyager debout (dans le métro *etc*)
strapless ['stræplɪs] *adj* (*bra, dress*) sans bretelles
strapped [stræpt] *adj*: **to be ~ for cash** (*inf*) être à court d'argent
strapping ['stræpɪŋ] *adj* bien découplé(e), costaud(e)
strappy [stræpɪ] *adj* (*dress*) à bretelles; (*sandals*) à lanières
Strasbourg ['stræzbəːg] *n* Strasbourg
strata ['strɑːtə] *npl of* **stratum**
stratagem ['strætɪdʒəm] *n* stratagème *m*
strategic [strə'tiːdʒɪk] *adj* stratégique
strategist ['strætɪdʒɪst] *n* stratège *m*

strategy ['strætɪdʒɪ] *n* stratégie *f*
stratosphere ['strætəsfɪəʳ] *n* stratosphère *f*
stratospheric [strætə'sfɛrɪk] *adj (lit)* stratosphérique ; *(fig: price, cost)* astronomique
stratum ['strɑːtəm] *(pl* **strata** ['strɑːtə]) *n* strate *f*, couche *f*
straw [strɔː] *n* paille *f* ; **that's the last ~!** ça c'est le comble !
strawberry ['strɔːbərɪ] *n* fraise *f* ; *(plant)* fraisier *m*
stray [streɪ] *adj (animal)* perdu(e), errant(e) ; *(scattered)* isolé(e) ; **~ bullet** balle perdue ▸ *vi* s'égarer
streak [striːk] *n* bande *f*, filet *m* ; *(in hair)* raie *f* ; *(fig: of madness etc)*: **a ~ of** une *or* des tendance(s) à ; **to have streaks in one's hair** s'être fait faire des mèches ; **a winning/losing ~** une bonne/mauvaise série *or* période ▸ *vt* zébrer, strier ▸ *vi*: **to ~ past** passer à toute allure
streaker ['striːkəʳ] *n* streaker(-euse)
streaky ['striːkɪ] *adj* zébré(e), strié(e)
streaky bacon *n* (Brit) ≈ lard *m* (maigre)
stream [striːm] *n (brook)* ruisseau *m* ; *(current)* courant *m*, flot *m* ; *(of people)* défilé ininterrompu, flot ; **against the ~** à contre courant ; **on ~** *(new power plant etc)* en service ▸ *vt (Scol)* répartir par niveau ▸ *vi* ruisseler ; **to ~ in/out** entrer/sortir à flots
streamer ['striːməʳ] *n* serpentin *m*, banderole *f*
stream feed *n (on photocopier etc)* alimentation *f* en continu
streamline ['striːmlaɪn] *vt* donner un profil aérodynamique à ; *(fig)* rationaliser
streamlined ['striːmlaɪnd] *adj (Aviat)* fuselé(e), profilé(e) ; *(Aut)* aérodynamique ; *(fig)* rationalisé(e)
street [striːt] *n* rue *f* ; **the back streets** les quartiers pauvres ; **to be on the streets** *(homeless)* être à la rue *or* sans abri
streetcar ['striːtkɑːʳ] *n (US)* tramway *m*
street cred [-krɛd] *n (inf)*: **to have ~** être branché(e) *(inf)*
street lamp *n* réverbère *m*
street light *n* réverbère *m*
street lighting *n* éclairage public
street map, street plan *n* plan *m* des rues
street market *n* marché *m* à ciel ouvert
streetwise ['striːtwaɪz] *adj (inf)* futé(e), réaliste
strength [strɛŋθ] *n* force *f* ; *(of girder, knot etc)* solidité *f* ; *(of chemical solution)* titre *m* ; *(of wine)* degré *m* d'alcool ; **on the ~ of** en vertu de ; **at full ~** au grand complet ; **below ~** à effectifs réduits
strengthen ['strɛŋθn] *vt* renforcer ; *(muscle)* fortifier ; *(building, Econ)* consolider
strenuous ['strɛnjuəs] *adj* vigoureux(-euse), énergique ; *(tiring)* ardu(e), fatigant(e)
strenuously ['strɛnjuəslɪ] *adv (deny, object)* énergiquement
stress [strɛs] *n (force, pressure)* pression *f* ; *(mental strain)* tension (nerveuse), stress *m* ; *(accent)* accent *m* ; *(emphasis)* insistance *f* ; **to lay great ~ on sth** insister beaucoup sur qch ; **to be under ~** être stressé(e) ▸ *vt* insister sur, souligner ; *(syllable)* accentuer
stressed [strɛst] *adj (tense)* stressé(e) ; *(syllable)* accentué(e)
stressful ['strɛsful] *adj (job)* stressant(e)
stretch [strɛtʃ] *n (of sand etc)* étendue *f* ; *(of time)* période *f* ; **at a ~** d'affilée ▸ *vi* s'étirer ; *(extend)*: **to ~ to** *or* **as far as** s'étendre jusqu'à ; *(be enough: money, food)*: **to ~ to** aller pour ▸ *vt* tendre, étirer ; *(spread)* étendre ; *(fig)* pousser (au maximum) ; **to ~ a muscle** se distendre un muscle ; **to ~ one's legs** se dégourdir les jambes
▸ **stretch out** *vi* s'étendre ; **to ~ out for sth** allonger la main pour prendre qch ▸ *vt (arm etc)* allonger, tendre ; *(to spread)* étendre
stretcher ['strɛtʃəʳ] *n* brancard *m*, civière *f*
stretcher-bearer ['strɛtʃəbɛərəʳ] *n* brancardier *m*
stretch marks *npl (on skin)* vergetures *fpl*
stretchy ['strɛtʃɪ] *adj* élastique
strewn [struːn] *adj*: **~ with** jonché(e) de
stricken ['strɪkən] *adj* très éprouvé(e) ; dévasté(e) ; *(ship)* très endommagé(e) ; **~ with** frappé(e) *or* atteint(e) de
strict [strɪkt] *adj* strict(e) ; **in ~ confidence** tout à fait confidentiellement
strictly ['strɪktlɪ] *adv* strictement ; **~ confidential** strictement confidentiel(le) ; **~ speaking** à strictement parler
stridden ['strɪdn] *pp of* **stride**
stride [straɪd] *(pt* **strode** [strəud], *pp* **stridden** ['strɪdn]) *n* grand pas, enjambée *f* ; **to take sth in one's ~** *(fig: changes etc)* accepter qch sans sourciller ▸ *vi* marcher à grands pas
strident ['straɪdnt] *adj* strident(e)
strife [straɪf] *n* conflit *m*, dissensions *fpl*
strife-ridden ['straɪfrɪdən], **strife-torn** ['straɪftɔːn] *adj* déchiré(e) par les conflits
strike [straɪk] *(pt, pp* **struck** [strʌk]) *n* grève *f* ; *(of oil etc)* découverte *f* ; *(attack)* raid *m* ; **to go on** *or* **come out on ~** se mettre en grève, faire grève ▸ *vt* frapper ; *(oil etc)* trouver, découvrir ; *(make: agreement, deal)* conclure ; **to ~ a match** frotter une allumette ; **to ~ a balance** *(fig)* trouver un juste milieu ▸ *vi* faire grève ; *(attack)* attaquer ; *(clock)* sonner
▸ **strike back** *vi (Mil, fig)* contre-attaquer
▸ **strike down** *vt (fig)* terrasser
▸ **strike off** *vt (from list)* rayer ; *(: doctor etc)* radier
▸ **strike out** *vt* rayer
▸ **strike up** *vt (Mus)* se mettre à jouer ; **to ~ up a friendship with** se lier d'amitié avec
strikebreaker ['straɪkbreɪkəʳ] *n* briseur *m* de grève
striker ['straɪkəʳ] *n* gréviste *mf* ; *(Sport)* buteur *m*
striking ['straɪkɪŋ] *adj* frappant(e), saisissant(e) ; *(attractive)* éblouissant(e)
strikingly ['straɪkɪŋlɪ] *adv*: **to be ~ similar/different** présenter une ressemblance frappante/des différences frappantes ; **a ~ handsome man** un homme dont la beauté attire l'œil
strimmer® ['strɪməʳ] *n* (Brit) coupe-bordures *m*
string [strɪŋ] *n* ficelle *f*, fil *m* ; *(row: of beads)* rang *m* ; *(: of onions, excuses)* chapelet *m* ; *(: of people, cars)* file *f* ; *(Mus)* corde *f* ; *(Comput)* chaîne *f* ; **to pull strings** *(fig)* faire jouer le piston ; **to get a job**

S

by pulling strings obtenir un emploi en faisant jouer le piston ; **with no strings attached** (*fig*) sans conditions ; **the strings** *npl* (*Mus*) les instruments *mpl* à cordes ▸ *vt* (*pt, pp* **strung** [strʌŋ]): **to ~ together** enchaîner ▸ **string out** *vt* échelonner
string bean *n* haricot vert
stringed instrument, string instrument *n* (*Mus*) instrument *m* à cordes
stringent ['strɪndʒənt] *adj* rigoureux(-euse) ; (*need*) impérieux(-euse)
string quartet *n* quatuor *m* à cordes
strip [strɪp] *n* bande *f* ; (*Sport*) tenue *f* ; **wearing the Celtic ~** en tenue du Celtic ▸ *vt* (*undress*) déshabiller ; (*paint*) décaper ; (*fig*) dégarnir, dépouiller ; (*also:* **strip down**: *machine*) démonter ▸ *vi* se déshabiller ▸ **strip off** *vt* (*paint etc*) décaper ▸ *vi* (*person*) se déshabiller
strip cartoon *n* bande dessinée
stripe [straɪp] *n* raie *f*, rayure *f* ; (*Mil*) galon *m*
striped ['straɪpt] *adj* rayé(e), à rayures
strip light *n* (BRIT) (tube *m* au) néon *m*
stripper ['strɪpəʳ] *n* strip-teaseuse *f*
strip-search ['strɪpsəːtʃ] *n* fouille corporelle (*en faisant se déshabiller la personne*) ▸ *vt*: **to ~ sb** fouiller qn (*en le faisant se déshabiller*)
striptease ['strɪptiːz] *n* strip-tease *m*
stripy ['straɪpɪ] *adj* rayé(e)
strive [straɪv] (*pt* **strove** [strəuv], *pp* **striven** ['strɪvn]) *vi*: **to ~ to do/for sth** s'efforcer de faire/d'obtenir qch
strobe [strəub] *n* (*also:* **strobe light**) stroboscope *m*
strode [strəud] *pt of* **stride**
stroke [strəuk] *n* coup *m* ; (*Med*) attaque *f* ; (*caress*) caresse *f* ; (*Swimming: style*) (sorte *f* de) nage *f* ; (*of piston*) course *f* ; **at a ~** d'un (seul) coup ; **on the ~ of 5** à 5 heures sonnantes ; **a ~ of luck** un coup de chance ; **a 2-~ engine** un moteur à 2 temps ▸ *vt* caresser
stroll [strəul] *n* petite promenade ; **to go for a ~** aller se promener *or* faire un tour ▸ *vi* flâner, se promener nonchalamment
stroller ['strəuləʳ] *n* (*US: for child*) poussette *f*
strong [strɔŋ] *adj* (*gen*) fort(e) ; (*healthy*) vigoureux(-euse) ; (*heart, nerves*) solide ; (*distaste, desire*) vif (vive) ; (*drugs, chemicals*) puissant(e) ; **they are 50 ~** ils sont au nombre de 50 ▸ *adv*: **to be going ~** (*company*) marcher bien ; (*person*) être toujours solide
strong-arm ['strɔŋɑːm] *adj* (*tactics, methods*) musclé(e)
strongbox ['strɔŋbɔks] *n* coffre-fort *m*
stronghold ['strɔŋhəuld] *n* forteresse *f*, fort *m* ; (*fig*) bastion *m*
strongly ['strɔŋlɪ] *adv* fortement, avec force ; vigoureusement ; solidement ; **I feel ~ about it** c'est une question qui me tient particulièrement à cœur ; (*negatively*) j'y suis profondément opposé(e)
strongman ['strɔŋmæn] *n* (*irreg*) hercule *m*, colosse *m* ; (*fig*) homme *m* à poigne
strongroom ['strɔŋruːm] *n* chambre forte
stroppy ['strɔpɪ] *adj* (BRIT *inf*) contrariant(e), difficile
strove [strəuv] *pt of* **strive**
struck [strʌk] *pt, pp of* **strike**
structural ['strʌktʃrəl] *adj* structural(e) ; (*Constr*) de construction ; affectant les parties portantes
structurally ['strʌktʃrəlɪ] *adv* du point de vue de la construction
structure ['strʌktʃəʳ] *n* structure *f* ; (*building*) construction *f*
struggle ['strʌgl] *n* lutte *f* ; **to have a ~ to do sth** avoir beaucoup de mal à faire qch ▸ *vi* lutter, se battre
strum [strʌm] *vt* (*guitar*) gratter de
strung [strʌŋ] *pt, pp of* **string**
strut [strʌt] *n* étai *m*, support *m* ▸ *vi* se pavaner
strychnine ['strɪkniːn] *n* strychnine *f*
stub [stʌb] *n* (*of cigarette*) bout *m*, mégot *m* ; (*of ticket etc*) talon *m* ▸ *vt*: **to ~ one's toe (on sth)** se heurter le doigt de pied (contre qch) ▸ **stub out** *vt* écraser
stubble ['stʌbl] *n* chaume *m* ; (*on chin*) barbe *f* de plusieurs jours
stubborn ['stʌbən] *adj* têtu(e), obstiné(e), opiniâtre
stubbornly ['stʌbənlɪ] *adv* obstinément
stubbornness ['stʌbənnɪs] *n* obstination *f*
stubby ['stʌbɪ] *adj* trapu(e) ; gros(se) et court(e)
stucco ['stʌkəu] *n* stuc *m*
stuck [stʌk] *pt, pp of* **stick** ▸ *adj* (*jammed*) bloqué(e), coincé(e) ; **to get ~** se bloquer *or* coincer
stuck-up [stʌk'ʌp] *adj* prétentieux(-euse)
stud [stʌd] *n* (*on boots etc*) clou *m* ; (*collar stud*) bouton *m* de col ; (*earring*) petite boucle d'oreille ; (*of horses: also:* **stud farm**) écurie *f*, haras *m* ; (*also:* **stud horse**) étalon *m* ▸ *vt* (*fig*): **studded with** parsemé(e) *or* criblé(e) de
student ['stjuːdənt] *n* étudiant(e) ; **law/ medical ~** étudiant en droit/ médecine ▸ *adj* (*life*) estudiantin(e), étudiant(e), d'étudiant ; (*residence, restaurant*) universitaire ; (*loan, movement*) étudiant, universitaire d'étudiant
student driver *n* (*US*) (conducteur(-trice)) débutant(e)
students' union *n* (BRIT: *association*) ≈ association *f* des étudiants ; (*: building*) ≈ foyer *m* des étudiants
studied ['stʌdɪd] *adj* étudié(e), calculé(e)
studio ['stjuːdɪəu] *n* studio *m*, atelier *m* ; (*TV etc*) studio
studio flat, (*US*) **studio apartment** *n* studio *m*
studious ['stjuːdɪəs] *adj* studieux(-euse), appliqué(e) ; (*studied*) étudié(e)
studiously ['stjuːdɪəslɪ] *adv* (*carefully*) soigneusement
study ['stʌdɪ] *n* étude *f* ; (*room*) bureau *m* ; **to make a ~ of sth** étudier qch, faire une étude de qch ▸ *vt* étudier ; (*examine*) examiner ▸ *vi* étudier, faire ses études ; **to ~ for an exam** préparer un examen
stuff [stʌf] *n* (*gen*) chose(s) *f(pl)*, truc *m* ; (*belongings*) affaires *fpl*, trucs ; (*substance*) substance *f* ▸ *vt* rembourrer ; (*Culin*) farcir ; (*inf: push*) fourrer ; (*animal: for exhibition*) empailler ; **my nose is stuffed up** j'ai le nez

bouché ; **get stuffed!** (*inf!*) va te faire foutre ! (*!*) ; **stuffed toy** jouet *m* en peluche
stuffing ['stʌfɪŋ] *n* bourre *f*, rembourrage *m* ; (*Culin*) farce *f*
stuffy ['stʌfɪ] *adj* (*room*) mal ventilé(e) *or* aéré(e) ; (*ideas*) vieux jeu *inv*
stumble ['stʌmbl] *vi* trébucher ; **to ~ across** *or* **on** (*fig*) tomber sur
stumbling block ['stʌmblɪŋ-] *n* pierre *f* d'achoppement
stump [stʌmp] *n* souche *f* ; (*of limb*) moignon *m* ▸ *vt*: **to be stumped** sécher, ne pas savoir que répondre
stun [stʌn] *vt* (*blow*) étourdir ; (*news*) abasourdir, stupéfier
stung [stʌŋ] *pt, pp of* **sting**
stunk [stʌŋk] *pp of* **stink**
stunned [stʌnd] *adj* assommé(e) ; (*fig*) sidéré(e)
stunning ['stʌnɪŋ] *adj* (*beautiful*) étourdissant(e) ; (*news etc*) stupéfiant(e)
stunt [stʌnt] *n* tour *m* de force ; (*in film*) cascade *f*, acrobatie *f* ; (*publicity*) truc *m* publicitaire ; (*Aviat*) acrobatie *f* ▸ *vt* retarder, arrêter
stunted ['stʌntɪd] *adj* rabougri(e)
stuntman ['stʌntmæn] *n* (*irreg*) cascadeur *m*
stupefaction [stju:pɪ'fækʃən] *n* stupéfaction *f*, stupeur *f*
stupefy ['stju:pɪfaɪ] *vt* étourdir ; abrutir ; (*fig*) stupéfier
stupendous [stju:'pɛndəs] *adj* prodigieux(-euse), fantastique
stupid ['stju:pɪd] *adj* stupide, bête
stupidity [stju:'pɪdɪtɪ] *n* stupidité *f*, bêtise *f*
stupidly ['stju:pɪdlɪ] *adv* stupidement, bêtement
stupor ['stju:pə^r] *n* stupeur *f*
sturdy ['stə:dɪ] *adj* (*person, plant*) robuste, vigoureux(-euse) ; (*object*) solide
sturgeon ['stə:dʒən] *n* esturgeon *m*
stutter ['stʌtə^r] *n* bégaiement *m* ▸ *vi* bégayer
sty [staɪ] *n* (*of pigs*) porcherie *f*
stye [staɪ] *n* (*Med*) orgelet *m*
style [staɪl] *n* style *m* ; (*of dress etc*) genre *m* ; (*distinction*) allure *f*, cachet *m*, style ; (*design*) modèle *m* ; **in the latest ~** à la dernière mode ; **hair ~** coiffure *f*
stylish ['staɪlɪʃ] *adj* élégant(e), chic *inv*
stylishly ['staɪlɪʃlɪ] *adv* élégamment
stylist ['staɪlɪst] *n* (*hair stylist*) coiffeur(-euse) ; (*literary stylist*) styliste *mf*
stylistic [staɪ'lɪstɪk] *adj* (*element, change, difference*) stylistique
stylized ['staɪlaɪzd] *adj* stylisé(e)
stylus ['staɪləs] (*pl* **styli** [-laɪ] *or* **styluses**) *n* (*of record player*) pointe *f* de lecture
stymie ['staɪmɪ] *vt* (*inf*) entraver ; **to be stymied** être entravé(e)
Styrofoam® ['staɪrəfəum] *n* polystyrène expansé ▸ *adj* en polystyrène expansé
suave [swɑ:v] *adj* doucereux(-euse), onctueux(-euse)
sub [sʌb] *n abbr* = **submarine**; **subscription**
sub... [sʌb] *prefix* sub..., sous-
subcommittee ['sʌbkəmɪtɪ] *n* sous-comité *m*
subconscious [sʌb'kɔnʃəs] *adj* subconscient(e) ▸ *n* subconscient *m*
subconsciously [sʌb'kɔnʃəslɪ] *adv* inconsciemment
subcontinent [sʌb'kɔntɪnənt] *n*: **the (Indian) ~** le sous-continent indien
subcontract *n* ['sʌb'kɔntrækt] contrat *m* de sous-traitance ▸ *vt* [sʌbkən'trækt] sous-traiter
subcontractor ['sʌbkən'træktə^r] *n* sous-traitant *m*
subculture ['sʌbkʌltʃə^r] *n* sous-culture *f*
subdivide [sʌbdɪ'vaɪd] *vt* subdiviser
subdivision ['sʌbdɪvɪʒən] *n* subdivision *f*
subdue [səb'dju:] *vt* subjuguer, soumettre
subdued [səb'dju:d] *adj* contenu(e), atténué(e) ; (*light*) tamisé(e) ; (*person*) qui a perdu de son entrain
sub-editor ['sʌb'ɛdɪtə^r] *n* (Brit) secrétaire *mf* de (la) rédaction
subgroup ['sʌbgru:p] *n* sous-groupe *m*
subheading ['sʌbhɛdɪŋ] *n* sous-titre *m*
subject *n* ['sʌbdʒɪkt] sujet *m* ; (*Scol*) matière *f* ; **to change the ~** changer de conversation ▸ *adj* ['sʌbdʒɪkt]: **to be ~ to** (*law*) être soumis(e) à ; (*disease*) être sujet(te) à ; **~ to confirmation in writing** sous réserve de confirmation écrite ▸ *vt* [səb'dʒɛkt]: **to ~ to** soumettre à ; exposer à
subjection [səb'dʒɛkʃən] *n* soumission *f*, sujétion *f*
subjective [səb'dʒɛktɪv] *adj* subjectif(-ive)
subjectivity [sʌbdʒɛk'tɪvɪtɪ] *n* subjectivité *f*
subject matter *n* sujet *m* ; (*content*) contenu *m*
sub judice [sʌb'dju:dɪsɪ] *adj* (*Law*) devant les tribunaux
subjugate ['sʌbdʒugeɪt] *vt* subjuguer
subjunctive [səb'dʒʌŋktɪv] *adj* subjonctif(-ive) ▸ *n* subjonctif *m*
sublet [sʌb'lɛt] *vt* sous-louer
sublime [sə'blaɪm] *adj* sublime
subliminal [sʌb'lɪmɪnl] *adj* subliminal(e)
submachine gun ['sʌbmə'ʃi:n-] *n* mitraillette *f*
submarine [sʌbmə'ri:n] *n* sous-marin *m*
submerge [səb'mə:dʒ] *vt* submerger ; immerger ▸ *vi* plonger
submersion [səb'mə:ʃən] *n* submersion *f* ; immersion *f*
submission [səb'mɪʃən] *n* soumission *f* ; (*to committee etc*) présentation *f*
submissive [səb'mɪsɪv] *adj* soumis(e)
submit [səb'mɪt] *vt* soumettre ▸ *vi* se soumettre
subnormal [sʌb'nɔ:ml] *adj* au-dessous de la normale ; (*person*) arriéré(e)
subordinate [sə'bɔ:dɪnət] *adj* (*junior*) subalterne ; (*Grammar*) subordonné(e) ▸ *n* subordonné(e)
sub-plot ['sʌbplɔt] *n* intrigue *f* secondaire
subpoena [səb'pi:nə] (*Law*) *n* citation *f*, assignation *f* ▸ *vt* citer *or* assigner (à comparaître)
subprime ['sʌbpraɪm] *adj* (*Finance: borrower, loan*) à haut risque ; **~ mortgage** prêt *m* hypothécaire à haut risque ; **the ~ crisis** la crise des subprimes
subroutine [sʌbru:'ti:n] *n* (*Comput*) sous-programme *m*
subscribe [səb'skraɪb] *vi* cotiser ; **to ~ to** (*opinion, fund*) souscrire à ; (*newspaper*) s'abonner à ; être abonné(e) à

S

subscriber [səb'skraɪbəʳ] *n* (*to magazine, service*) abonné(e)
subscript ['sʌbskrɪpt] *n* (*Typ*) indice inférieur
subscription [səb'skrɪpʃən] *n* (*to fund*) souscription *f* ; (*to magazine etc*) abonnement *m* ; (*membership dues*) cotisation *f* ; **to take out a ~ to** s'abonner à
subsequent ['sʌbsɪkwənt] *adj* ultérieur(e), suivant(e) ; **~ to** *prep* à la suite de
subsequently ['sʌbsɪkwəntlɪ] *adv* par la suite
subservient [səb'sə:vɪənt] *adj* obséquieux(-euse)
subset ['sʌbsɛt] *n* sous-ensemble *m*
subside [səb'saɪd] *vi* (*land*) s'affaisser ; (*flood*) baisser ; (*wind, feelings*) tomber
subsidence [səb'saɪdns] *n* affaissement *m*
subsidiarity [səbsɪdɪ'ærɪtɪ] *n* (*Pol*) subsidiarité *f*
subsidiary [səb'sɪdɪərɪ] *adj* subsidiaire ; accessoire ; (*BRIT Scol: subject*) complémentaire ▸ *n* filiale *f*
subsidize ['sʌbsɪdaɪz] *vt* subventionner
subsidy ['sʌbsɪdɪ] *n* subvention *f*
subsist [səb'sɪst] *vi*: **to ~ on sth** (arriver à) vivre avec *or* subsister avec qch
subsistence [səb'sɪstəns] *n* existence *f*, subsistance *f*
subsistence allowance *n* indemnité *f* de séjour
subsistence level *n* niveau *m* de vie minimum
substance ['sʌbstəns] *n* substance *f* ; (*fig*) essentiel *m* ; **a man of ~** un homme jouissant d'une certaine fortune ; **to lack ~** être plutôt mince (*fig*)
substance abuse *n* abus *m* de substances toxiques
substandard [sʌb'stændəd] *adj* (*goods*) de qualité inférieure, qui laisse à désirer ; (*housing*) inférieur(e) aux normes requises
substantial [səb'stænʃl] *adj* substantiel(le) ; (*fig*) important(e)
substantially [səb'stænʃəlɪ] *adv* considérablement ; en grande partie
substantiate [səb'stænʃɪeɪt] *vt* étayer, fournir des preuves à l'appui de
substitute ['sʌbstɪtju:t] *n* (*person*) remplaçant(e) ; (*thing*) succédané *m* ▸ *vt*: **to ~ sth/sb for** substituer qch/qn à, remplacer par qch/qn
substitute teacher *n* (*US*) suppléant(e)
substitution [sʌbstɪ'tju:ʃən] *n* substitution *f*
subterfuge ['sʌbtəfju:dʒ] *n* subterfuge *m*
subterranean [sʌbtə'reɪnɪən] *adj* souterrain(e)
subtext ['sʌbtɛkst] *n* sujet *m* sous-jacent
subtitled ['sʌbtaɪtld] *adj* sous-titré(e)
subtitles ['sʌbtaɪtlz] *npl* (*Cine*) sous-titres *mpl*
subtle ['sʌtl] *adj* subtil(e)
subtlety ['sʌtltɪ] *n* subtilité *f*
subtly ['sʌtlɪ] *adv* subtilement
subtotal [sʌb'təutl] *n* total partiel
subtract [səb'trækt] *vt* soustraire, retrancher
subtraction [səb'trækʃən] *n* soustraction *f*
subtropical [sʌb'trɔpɪkl] *adj* subtropical(e)
suburb ['sʌbə:b] *n* faubourg *m* ; **the suburbs** la banlieue
suburban [sə'bə:bən] *adj* de banlieue, suburbain(e)
suburbia [sə'bə:bɪə] *n* la banlieue
subvention [səb'vɛnʃən] *n* (*subsidy*) subvention *f*
subversion [səb'və:ʃən] *n* subversion *f*
subversive [səb'və:sɪv] *adj* subversif(-ive)
subvert [səb'və:t] *vt* subvertir
subway ['sʌbweɪ] *n* (*BRIT: underpass*) passage souterrain ; (*US: railway*) métro *m*
sub-zero [sʌb'zɪərəu] *adj* au-dessous de zéro
succeed [sək'si:d] *vi* réussir ; **to ~ in doing** réussir à faire ▸ *vt* succéder à
succeeding [sək'si:dɪŋ] *adj* suivant(e), qui suit (*or* suivent *or* suivront *etc*)
success [sək'sɛs] *n* succès *m* ; réussite *f*
successful [sək'sɛsful] *adj* qui a du succès ; (*candidate*) choisi(e), agréé(e) ; (*business*) prospère, qui réussit ; (*attempt*) couronné(e) de succès ; **to be ~ (in doing)** réussir (à faire)
successfully [sək'sɛsfəlɪ] *adv* avec succès
succession [sək'sɛʃən] *n* succession *f* ; **in ~** successivement ; **3 years in ~** 3 ans de suite
successive [sək'sɛsɪv] *adj* successif(-ive) ; **on 3 ~ days** 3 jours de suite *or* consécutifs
successor [sək'sɛsəʳ] *n* successeur *m*
succinct [sək'sɪŋkt] *adj* succinct(e), bref (brève)
succulent ['sʌkjulənt] *adj* succulent(e) ▸ *n* (*Bot*): **succulents** plantes grasses
succumb [sə'kʌm] *vi* succomber
such [sʌtʃ] *adj* tel (telle) ; (*of that kind*): **~ a book** un livre de ce genre *or* pareil, un tel livre ; (*so much*): **~ courage** un tel courage ; **~ books** des livres de ce genre *or* pareils, de tels livres ; **making ~ a noise that** faisant un tel bruit que *or* tellement de bruit que ; **~ as** (*like*) tel (telle) que, comme ; **a noise ~ as to** un bruit de nature à ; **~ books as I have** les quelques livres que j'ai ▸ *adv* si ; **~ good books** de si bons livres ; **~ a long trip** un si long voyage ; **~ a long trip that** un voyage si *or* tellement long que ; **~ a long time ago** il y a si *or* tellement longtemps ; **~ a lot of** tellement *or* tant de ▸ *pron*: **as ~** en tant que tel (telle), à proprement parler
such-and-such ['sʌtʃənsʌtʃ] *adj* tel ou tel (telle ou telle)
suchlike ['sʌtʃlaɪk] *pron* (*inf*): **and ~** et le reste
suck [sʌk] *vt* sucer ; (*breast, bottle*) téter ; (*pump, machine*) aspirer
sucker ['sʌkəʳ] *n* (*Bot, Zool, Tech*) ventouse *f* ; (*inf*) naïf(-ïve), poire *f* (*inf*)
suckle ['sʌkl] *vt* allaiter
sucrose ['su:krəuz] *n* saccharose *m*
suction ['sʌkʃən] *n* succion *f*
suction pump *n* pompe aspirante
Sudan [su'dɑ:n] *n* Soudan *m*
Sudanese [su:də'ni:z] *adj* soudanais(e) ▸ *n* Soudanais(e)
sudden ['sʌdn] *adj* soudain(e), subit(e) ▸ *n*: **all of a ~** soudain, tout à coup
sudden-death [sʌdn'dɛθ] *n*: **~ play-off** *partie supplémentaire pour départager les adversaires*
suddenly ['sʌdnlɪ] *adv* brusquement, tout à coup, soudain
sudoku [su'dəuku:] *n* sudoku *m*
suds [sʌdz] *npl* eau savonneuse
sue [su:] *vt* poursuivre en justice, intenter un procès à ; **to ~ sb for damages** poursuivre qn

en dommages-intérêts ▸ *vi*: **to ~ (for)** intenter un procès (pour) ; **to ~ for divorce** engager une procédure de divorce
suede [sweɪd] *n* daim *m*, cuir suédé ▸ *cpd* de daim
suet ['suɪt] *n* graisse *f* de rognon (*de bœuf ou de mouton*)
Suez Canal ['suːɪz-] *n* canal *m* de Suez
suffer ['sʌfəʳ] *vt* souffrir, subir ; (*bear*) tolérer, supporter, subir ▸ *vi* souffrir ; **to ~ from** (*illness*) souffrir de, avoir ; **to ~ from the effects of alcohol/a fall** se ressentir des effets de l'alcool/ des conséquences d'une chute
sufferance ['sʌfərns] *n*: **he was only there on ~** sa présence était seulement tolérée
sufferer ['sʌfərəʳ] *n* malade *mf* ; victime *f*
suffering ['sʌfərɪŋ] *n* souffrance(s) *f(pl)*
suffice [sə'faɪs] *vi* suffire
sufficient [sə'fɪʃənt] *adj* suffisant(e) ; **~ money** suffisamment d'argent
sufficiently [sə'fɪʃəntlɪ] *adv* suffisamment, assez
suffix ['sʌfɪks] *n* suffixe *m*
suffocate ['sʌfəkeɪt] *vi* suffoquer ; étouffer
suffocation [sʌfə'keɪʃən] *n* suffocation *f* ; (*Med*) asphyxie *f*
suffrage ['sʌfrɪdʒ] *n* suffrage *m* ; droit *m* de suffrage *or* de vote
suffuse [sə'fjuːz] *vt* baigner, imprégner ; **the room was suffused with light** la pièce baignait dans la lumière *or* était imprégnée de lumière
sugar ['ʃugəʳ] *n* sucre *m* ▸ *vt* sucrer
sugar beet *n* betterave sucrière
sugar bowl *n* sucrier *m*
sugar cane *n* canne *f* à sucre
sugar-coated ['ʃugə'kəutɪd] *adj* dragéifié(e)
sugar lump *n* morceau *m* de sucre
sugar refinery *n* raffinerie *f* de sucre
sugary ['ʃugərɪ] *adj* sucré(e)
suggest [sə'dʒɛst] *vt* suggérer, proposer ; (*indicate*) sembler indiquer ; **what do you ~ I do?** que vous me suggérez de faire ?
suggestion [sə'dʒɛstʃən] *n* suggestion *f*
suggestive [sə'dʒɛstɪv] *adj* suggestif(-ive)
suicidal [suɪ'saɪdl] *adj* suicidaire
suicide ['suɪsaɪd] *n* suicide *m* ; **to commit ~** se suicider ; **~ bombing** attentat *m* suicide ; *see also* **commit**
suicide bomber *n* kamikaze *mf*
suit [suːt] *n* (*man's*) costume *m*, complet *m* ; (*woman's*) tailleur *m*, ensemble *m* ; (*Cards*) couleur *f* ; (*lawsuit*) procès *m* ; **to bring a ~ against sb** intenter un procès contre qn ; **to follow ~** (*fig*) faire de même ▸ *vt* (*subj: clothes, hairstyle*) aller à ; (*be convenient for*) convenir à ; (*adapt*): **to ~ sth to** adapter *or* approprier qch à ; **to be suited to sth** (*suitable for*) être adapté(e) *or* approprié(e) à qch ; **well suited** (*couple*) faits l'un pour l'autre, très bien assortis
suitability [suːtə'bɪlɪtɪ] *n* (*of product*) aptitude *f* à l'usage ; **~ for sth** aptitude *f* à qch
suitable ['suːtəbl] *adj* qui convient ; approprié(e), adéquat(e) ; **would tomorrow be ~?** est-ce que demain vous conviendrait ? ; **we found somebody ~** nous avons trouvé la personne qu'il nous faut
suitably ['suːtəblɪ] *adv* comme il se doit (*or* se devait *etc*), convenablement
suitcase ['suːtkeɪs] *n* valise *f*
suite [swiːt] *n* (*of rooms, also Mus*) suite *f* ; (*furniture*): **bedroom/dining room ~** (ensemble *m* de) chambre *f* à coucher/salle *f* à manger ; **a three-piece ~** un salon (canapé et deux fauteuils)
suitor ['suːtəʳ] *n* soupirant *m*, prétendant *m*
sulfate ['sʌlfeɪt] *n* (*US*) = **sulphate**
sulfur *etc* ['sʌlfəʳ] *n* (*US*) = **sulphur** *etc*
sulk [sʌlk] *vi* bouder
sulky ['sʌlkɪ] *adj* boudeur(-euse), maussade
sullen ['sʌlən] *adj* renfrogné(e), maussade ; morne
sulphate, (*US*) **sulfate** ['sʌlfeɪt] *n* sulfate *m* ; **copper ~** sulfate de cuivre
sulphur, (*US*) **sulfur** ['sʌlfəʳ] *n* soufre *m*
sulphur dioxide, (*US*) **sulfur dioxide** *n* anhydride sulfureux
sulphuric, (*US*) **sulfuric** [sʌl'fjuərɪk] *adj*: **~ acid** acide *m* sulfurique
sultan ['sʌltən] *n* sultan *m*
sultana [sʌl'tɑːnə] *n* (*fruit*) raisin (sec) de Smyrne
sultry ['sʌltrɪ] *adj* étouffant(e)
sum [sʌm] *n* somme *f* ; (*Scol etc*) calcul *m*
▸ **sum up** *vt* résumer ; (*evaluate rapidly*) récapituler ▸ *vi* résumer

Use the feminine word **somme** to refer to an amount: *a sum of money* **une somme d'argent**. The masculine word **un somme** means *a nap*.

Sumatra [su'mɑːtrə] *n* Sumatra
summarize ['sʌməraɪz] *vt* résumer
summary ['sʌmərɪ] *n* résumé *m* ▸ *adj* (*justice*) sommaire
summer ['sʌməʳ] *n* été *m* ; **in (the) ~** en été, pendant l'été ▸ *cpd* d'été, estival(e)
summer camp *n* (*US*) colonie *f* de vacances
summer holidays *npl* grandes vacances
summerhouse ['sʌməhaus] *n* (*in garden*) pavillon *m*
summertime ['sʌmətaɪm] *n* (*season*) été *m*
summer time *n* (*by clock*) heure *f* d'été
summery ['sʌmərɪ] *adj* estival(e) ; d'été
summing-up [sʌmɪŋ'ʌp] *n* résumé *m*, récapitulation *f*
summit ['sʌmɪt] *n* sommet *m* ; (*also*: **summit conference**) (conférence *f* au) sommet
summon ['sʌmən] *vt* appeler, convoquer ; **to ~ a witness** citer *or* assigner un témoin
▸ **summon up** *vt* rassembler, faire appel à
summons ['sʌmənz] *n* citation *f*, assignation *f* ; **to serve a ~ on sb** remettre une assignation à qn ▸ *vt* citer, assigner
sumo ['suːməu] *n*: **~ wrestling** sumo *m*
sump [sʌmp] *n* (*BRIT Aut*) carter *m*
sumptuous ['sʌmptjuəs] *adj* somptueux(-euse)
sun [sʌn] *n* soleil *m* ; **in the ~** au soleil ; **to catch the ~** prendre le soleil ; **everything under the ~** absolument tout

S

Sun. *abbr* (= *Sunday*) dim.
sunbathe ['sʌnbeɪð] *vi* prendre un bain de soleil
sunbeam ['sʌnbi:m] *n* rayon *m* de soleil
sunbed ['sʌnbɛd] *n* lit pliant ; (*with sun lamp*) lit à ultra-violets
sunblock ['sʌnblɔk] *n* écran *m* total
sunburn ['sʌnbə:n] *n* coup *m* de soleil
sunburned ['sʌnbə:nd], **sunburnt** ['sʌnbə:nt] *adj* brûlé(e) par le soleil ; **to get ~** prendre un coup de soleil
sun cream *n* crème *f* (anti-)solaire
sundae ['sʌndeɪ] *n* sundae *m*, coupe glacée
Sunday ['sʌndɪ] *n* dimanche *m* ; *see also* **Tuesday**
Sunday paper *n* journal *m* du dimanche

SUNDAY PAPER

Les **Sunday papers** sont une véritable institution en Grande-Bretagne et aux États-Unis. La plupart des quotidiens ont une édition du dimanche, avec une équipe de rédacteurs différente des éditions de la semaine. Elle s'accompagne le plus souvent de suppléments spéciaux consacrés aux affaires, au sport, aux voyages, à la vie littéraire, etc, ainsi que d'un magazine en couleur.

Sunday school *n* ≈ catéchisme *m*
sundial ['sʌndaɪəl] *n* cadran *m* solaire
sundown ['sʌndaun] *n* coucher *m* du soleil
sundries ['sʌndrɪz] *npl* articles divers
sundry ['sʌndrɪ] *adj* divers(e), différent(e) ; **all and ~** tout le monde, n'importe qui
sunflower ['sʌnflauə^r] *n* tournesol *m*
sung [sʌŋ] *pp of* **sing**
sunglasses ['sʌnglɑ:sɪz] *npl* lunettes *fpl* de soleil
sun hat *n* chapeau *m* de soleil
sunk [sʌŋk] *pp of* **sink**
sunken ['sʌŋkn] *adj* (*rock, ship*) submergé(e) ; (*cheeks*) creux(-euse) ; (*bath*) encastré(e)
sunlamp ['sʌnlæmp] *n* lampe *f* à rayons ultra-violets
sunlight ['sʌnlaɪt] *n* (lumière *f* du) soleil *m*
sunlit ['sʌnlɪt] *adj* ensoleillé(e)
sun lounger *n* chaise longue
sunny ['sʌnɪ] *adj* ensoleillé(e) ; (*fig*) épanoui(e), radieux(-euse) ; **it is ~** il fait (du) soleil, il y a du soleil
sunrise ['sʌnraɪz] *n* lever *m* du soleil
sun roof *n* (*Aut*) toit ouvrant
sunscreen ['sʌnskri:n] *n* crème *f* solaire
sunset ['sʌnsɛt] *n* coucher *m* du soleil
sunshade ['sʌnʃeɪd] *n* (*lady's*) ombrelle *f* ; (*over table*) parasol *m*
sunshine ['sʌnʃaɪn] *n* (lumière *f* du) soleil *m*
sunspot ['sʌnspɔt] *n* tache *f* solaire
sunstroke ['sʌnstrəuk] *n* insolation *f*
suntan ['sʌntæn] *n* bronzage *m*
suntan lotion *n* lotion *f* or lait *m* solaire
suntanned ['sʌntænd] *adj* bronzé(e)
suntan oil *n* huile *f* solaire
suntrap ['sʌntræp] *n* coin très ensoleillé
super ['su:pə^r] *adj* (*inf*) formidable
superannuation [su:pərænju'eɪʃən] *n* cotisations *fpl* pour la pension
superb [su:'pə:b] *adj* superbe, magnifique
Super Bowl *n* (*US Sport*) Super Bowl *m*

SUPER BOWL

Le **Super Bowl** est la finale du championnat annuel de la National Football League (NFL), le plus haut niveau du football américain professionnel. Plus de quarante ans après sa première édition, en 1967, le *Super Bowl Sunday* est devenu une tradition, célèbre pour les quantités de nourriture consommées par les millions de fans qui se réunissent pour regarder la finale et les réjouissances de l'après-match à la télévision. La retransmission du *Super Bowl* est l'émission la plus regardée des États-Unis.

superbug ['su:pəbʌg] *n* super bactérie *f*
supercilious [su:pə'sɪlɪəs] *adj* hautain(e), dédaigneux(-euse)
supercomputer [su:pəkəm'pju:tə^r] *n* superordinateur *m*
superconductor [su:pəkən'dʌktə^r] *n* supraconducteur *m*
superficial [su:pə'fɪʃəl] *adj* superficiel(le)
superficially [su:pə'fɪʃəlɪ] *adv* superficiellement
superfluous [su'pə:fluəs] *adj* superflu(e)
superglue ['su:pəglu:] *n* colle forte
superhero ['su:pəhɪərəu] *n* super héros *m*
superhighway ['su:pəhaɪweɪ] *n* (*US*) voie *f* express (à plusieurs files) ; **the information ~** la super-autoroute de l'information
superhuman [su:pə'hju:mən] *adj* surhumain(e)
superimpose ['su:pərɪm'pəuz] *vt* superposer
superintend [su:pərɪn'tɛnd] *vt* surveiller
superintendent [su:pərɪn'tɛndənt] *n* directeur(-trice) ; (*Police*) ≈ commissaire *m*
superior [su'pɪərɪə^r] *adj* supérieur(e) ; (*Comm: goods, quality*) de qualité supérieure ; (*smug*) condescendant(e), méprisant(e) ▸ *n* supérieur(e) ; **Mother S~** (*Rel*) Mère supérieure
superiority [supɪərɪ'ɔrɪtɪ] *n* supériorité *f*
superlative [su'pə:lətɪv] *adj* sans pareil(le), suprême ▸ *n* (*Ling*) superlatif *m*
superman ['su:pəmæn] *n* (*irreg*) surhomme *m*
supermarket ['su:pəmɑ:kɪt] *n* supermarché *m*
supermodel ['su:pəmɔdl] *n* top model *m*
supernatural [su:pə'nætʃərəl] *adj* surnaturel(le) ▸ *n*: **the ~** le surnaturel
supernova [su:pə'nəuvə] *n* supernova *f*
superpower ['su:pəpauə^r] *n* (*Pol*) superpuissance *f*
supersede [su:pə'si:d] *vt* remplacer, supplanter
supersonic ['su:pə'sɔnɪk] *adj* supersonique
superstar ['su:pəstɑ:^{r}] *n* (*Cine etc*) superstar *f* ; (*Sport*) superchampion(ne) ▸ *adj* (*status, lifestyle*) de superstar
superstition [su:pə'stɪʃən] *n* superstition *f*
superstitious [su:pə'stɪʃəs] *adj* superstitieux(-euse)
superstore ['su:pəstɔ:^{r}] *n* (BRIT) hypermarché *m*, grande surface
superstructure ['su:pəstrʌktʃə^r] *n* superstructure *f*

supertanker ['su:pətæŋkə^r] *n* pétrolier géant, superpétrolier *m*
supertax ['su:pətæks] *n* tranche supérieure de l'impôt
supervise ['su:pəvaɪz] *vt* (*children etc*) surveiller ; (*organization, work*) diriger
supervision [su:pə'vɪʒən] *n* surveillance *f* ; (*monitoring*) contrôle *m* ; (*management*) direction *f* ; **under medical ~** sous contrôle du médecin
supervisor ['su:pəvaɪzə^r] *n* surveillant(e) ; (*in shop*) chef *m* de rayon ; (*Scol*) directeur(-trice) de thèse
supervisory ['su:pəvaɪzərɪ] *adj* de surveillance
supine ['su:paɪn] *adj* couché(e) *or* étendu(e) sur le dos
supper ['sʌpə^r] *n* dîner *m* ; (*late*) souper *m* ; **to have ~** dîner ; souper
supplant [sə'plɑ:nt] *vt* supplanter
supple ['sʌpl] *adj* souple
supplement *n* ['sʌplɪmənt] supplément *m* ▸ *vt* [sʌplɪ'mɛnt] ajouter à, compléter
supplementary [sʌplɪ'mɛntərɪ] *adj* supplémentaire
supplier [sə'plaɪə^r] *n* fournisseur *m*
supply [sə'plaɪ] *vt* (*provide*) fournir ; (*equip*): **to ~ (with)** approvisionner *or* ravitailler (en) ; fournir (en) ; (*system, machine*): **to ~ sth (with sth)** alimenter qch (en qch) ; (*a need*) répondre à ; **it comes supplied with an adaptor** il (*or* elle) est pourvu(e) d'un adaptateur ▸ *n* provision *f*, réserve *f* ; (*supplying*) approvisionnement *m* ; (*Tech*) alimentation *f* ; **to be in short ~** être rare, manquer ; **the electricity/water/gas ~** l'alimentation en électricité/eau/gaz ; **~ and demand** l'offre *f* et la demande ; **supplies** *npl* (*food*) vivres *mpl* ; (*Mil*) subsistances *fpl* ; **office supplies** fournitures *fpl* de bureau
supply teacher *n* (Brit) suppléant(e)
support [sə'pɔ:t] *n* (*moral, financial etc*) soutien *m*, appui *m* ; (*Tech*) support *m*, soutien ▸ *vt* soutenir, supporter ; (*financially*) subvenir aux besoins de ; (*uphold*) être pour, être partisan de, appuyer ; (*Sport: team*) être pour ; **to ~ o.s.** (*financially*) gagner sa vie
supporter [sə'pɔ:tə^r] *n* (*Pol etc*) partisan(e) ; (*Sport*) supporter *m*
supporting [sə'pɔ:tɪŋ] *adj* (*wall*) d'appui
supporting role *n* second rôle *m*
supportive [sə'pɔ:tɪv] *adj*: **my family were very ~** ma famille m'a été d'un grand soutien
suppose [sə'pəuz] *vt, vi* supposer ; imaginer ; **to be supposed to do/be** être censé(e) faire/être ; **I don't ~ she'll come** je suppose qu'elle ne viendra pas, cela m'étonnerait qu'elle vienne
supposed [sə'pəuzd, sə'pəuzɪd] *adj* (*alleged*) supposé(e)
supposedly [sə'pəuzɪdlɪ] *adv* soi-disant
supposing [sə'pəuzɪŋ] *conj* si, à supposer que + *sub*
supposition [sʌpə'zɪʃən] *n* supposition *f*, hypothèse *f*
suppository [sə'pɔzɪtrɪ] *n* suppositoire *m*
suppress [sə'prɛs] *vt* (*revolt, feeling*) réprimer ; (*information*) faire disparaître ; (*scandal, yawn*) étouffer
suppression [sə'prɛʃən] *n* suppression *f*, répression *f*
suppressor [sə'prɛsə^r] *n* (*Elec etc*) dispositif *m* antiparasite
supremacy [su'prɛməsɪ] *n* suprématie *f*
supreme [su'pri:m] *adj* suprême
Supreme Court *n* (*US*) Cour *f* suprême

Supreme Court

La cour suprême (**Supreme Court**) des États-Unis, établie en 1789, est la plus haute juridiction fédérale, devant tous les tribunaux fédéraux et les tribunaux des différents États pour les questions de droit fédéral. Elle se compose d'un *chief justice* (président) et de huit *associate justices* (juges) nommés par le président des États-Unis et confirmés dans leurs fonctions par le Sénat. Les justices exercent leur rôle à vie à moins qu'ils ne démissionnent, ne prennent leur retraite, ou ne soient destitués par le Congrès. Chaque État a également une cour suprême, qui statue en dernier ressort sur la législation et l'administration du système judiciaire de l'État en question.

supremely [su'pri:mlɪ] *adv* suprêmement
supremo [su'pri:məu] *n* grand chef
Supt. *abbr* (*Police*) = **superintendent**
surcharge ['sə:tʃɑ:dʒ] *n* surcharge *f* ; (*extra tax*) surtaxe *f*
sure [ʃuə^r] *adj* (*gen*) sûr(e) ; (*definite, convinced*) sûr, certain(e) ; **I'm not ~ how/why/when** je ne sais pas très bien comment/pourquoi/quand ; **to be ~ of o.s.** être sûr de soi ; **to make ~ of sth/that** s'assurer de qch/que, vérifier qch/que ▸ *adv* (*US inf*): **that ~ is pretty, that's ~ pretty** c'est drôlement joli(e) (*inf*) ; **~!** (*of course*) bien sûr ! ; **~ enough** effectivement
sure-fire ['ʃuəfaɪə^r] *adj* (*inf*) certain(e), infaillible
sure-footed [ʃuə'futɪd] *adj* au pied sûr
surely ['ʃuəlɪ] *adv* sûrement ; certainement ; **~ you don't mean that!** vous ne parlez pas sérieusement !
surety ['ʃuərətɪ] *n* caution *f* ; **to go** *or* **stand ~ for sb** se porter caution pour qn
surf [sə:f] *n* (*waves*) ressac *m* ▸ *vi* (*Sport*) surfer ▸ *vt*: **to ~ the Net** surfer sur Internet, surfer sur le Net
surface ['sə:fɪs] *n* surface *f* ; **on the ~** (*fig*) au premier abord ▸ *cpd*: **by ~ mail** par voie de terre ; (*by sea*) par voie maritime ▸ *vt* (*road*) poser un revêtement sur ▸ *vi* remonter à la surface ; (*fig*) faire surface
surface area *n* superficie *f*, aire *f*
surface mail *n* courrier *m* par voie de terre (*or* maritime)
surface-to-surface ['sə:fɪstə'sə:fɪs] *adj* (*Mil*) sol-sol *inv*
surfboard ['sə:fbɔ:d] *n* planche *f* de surf
surfeit ['sə:fɪt] *n*: **a ~ of** un excès de ; une indigestion de
surfer ['sə:fə^r] *n* (*in sea*) surfeur(-euse) ; **(web** *or* **Net) ~** internaute *mf*
surfing ['sə:fɪŋ] *n* (*in sea*) surf *m*

S

surge [səːdʒ] *n (of emotion)* vague *f* ; *(Elec)* pointe *f* de courant ▸ *vi* déferler ; **to ~ forward** se précipiter (en avant)
surgeon ['səːdʒən] *n* chirurgien(ne)
Surgeon General *n (US)* chef *m* du service fédéral de la santé publique
surgery ['səːdʒərɪ] *n* chirurgie *f* ; *(BRIT: room)* cabinet *m* (de consultation) ; *(also:* **surgery hours**) heures *fpl* de consultation ; *(of MP etc)* permanence *f (où le député etc reçoit les électeurs etc)* ; **to undergo ~** être opéré(e)
surgical ['səːdʒɪkl] *adj* chirurgical(e)
surgically ['səːdʒɪklɪ] *adv* chirurgicalement
surgical spirit *n (BRIT)* alcool *m* à 90°
surly ['səːlɪ] *adj* revêche, maussade
surmise [səː'maɪz] *vt* présumer, conjecturer
surmount [səː'maunt] *vt* surmonter
surname ['səːneɪm] *n* nom *m* de famille
surpass [səː'pɑːs] *vt* surpasser, dépasser
surplus ['səːpləs] *n* surplus *m*, excédent *m* ▸ *adj* en surplus, de trop ; *(Comm)* excédentaire ; **it is ~ to our requirements** cela dépasse nos besoins ; **~ stock** surplus *m*
surprise [sə'praɪz] *n (gen)* surprise *f* ; *(astonishment)* étonnement *m* ; **to take by ~** *(person)* prendre au dépourvu ; *(Mil: town, fort)* prendre par surprise ▸ *vt* surprendre, étonner
surprised [sə'praɪzd] *adj (look, smile)* surpris(e), étonné(e) ; **to be ~** être surpris
surprising [sə'praɪzɪŋ] *adj* surprenant(e), étonnant(e)
surprisingly [sə'praɪzɪŋlɪ] *adv (easy, helpful)* étonnamment, étrangement ; **(somewhat) ~, he agreed** curieusement, il a accepté
surreal [sə'riːəl] *adj* surréel(le)
surrealism [sə'rɪəlɪzəm] *n* surréalisme *m*
surrealist [sə'rɪəlɪst] *adj, n* surréaliste *mf*
surrender [sə'rɛndəʳ] *n* reddition *f*, capitulation *f* ▸ *vi* se rendre, capituler ▸ *vt (claim, right)* renoncer à
surrender value *n* valeur *f* de rachat
surreptitious [sʌrəp'tɪʃəs] *adj* subreptice, furtif(-ive)
surrogate ['sʌrəgɪt] *n (BRIT: substitute)* substitut *m* ▸ *adj* de substitution, de remplacement ; **~ coffee** ersatz *m or* succédané *m* de café
surrogate mother *n* mère porteuse *or* de substitution
surround [sə'raund] *vt* entourer ; *(Mil etc)* encercler
surrounding [sə'raundɪŋ] *adj* environnant(e)
surroundings [sə'raundɪŋz] *npl* environs *mpl*, alentours *mpl*
surtax ['səːtæks] *n* surtaxe *f*
surtitles ['səːtaɪtlz] *npl* surtitres *mpl*
surveillance [səː'veɪləns] *n* surveillance *f*
survey *n* ['səːveɪ] enquête *f*, étude *f* ; *(in house buying etc)* inspection *f*, (rapport *m* d')expertise *f* ; *(of land)* levé *m* ; *(comprehensive view: of situation etc)* vue *f* d'ensemble ▸ *vt* [səː'veɪ] *(situation)* passer en revue ; *(examine carefully)* inspecter ; *(building)* expertiser ; *(land)* faire le levé de ; *(look at)* embrasser du regard
surveying [sə'veɪɪŋ] *n* arpentage *m*
surveyor [sə'veɪəʳ] *n (of building)* expert *m* ; *(of land)* (arpenteur *m*) géomètre *m*
survival [sə'vaɪvl] *n* survie *f* ; *(relic)* vestige *m* ▸ *cpd (course, kit)* de survie
survive [sə'vaɪv] *vi* survivre ; *(custom etc)* subsister ▸ *vt (accident etc)* survivre à, réchapper de ; *(person)* survivre à
survivor [sə'vaɪvəʳ] *n* survivant(e)
susceptible [sə'sɛptəbl] *adj*: **~ (to)** sensible (à) ; *(disease)* prédisposé(e) (à)
sushi ['suːʃɪ] *n* sushi *m*
suspect *adj, n* ['sʌspɛkt] suspect(e) ▸ *vt* [səs'pɛkt] soupçonner, suspecter
suspected [səs'pɛktɪd] *adj*: **a ~ terrorist** une personne soupçonnée de terrorisme ; **he had a ~ broken arm** il avait une supposée fracture du bras
suspend [səs'pɛnd] *vt* suspendre
suspended animation [səs'pɛndɪd-] *n*: **in a state of ~** en hibernation
suspended sentence [səs'pɛndɪd-] *n (Law)* condamnation *f* avec sursis
suspender belt [səs'pɛndə-] *n (BRIT)* porte-jarretelles *m inv*
suspenders [səs'pɛndəz] *npl (BRIT)* jarretelles *fpl* ; *(US)* bretelles *fpl*
suspense [səs'pɛns] *n* attente *f*, incertitude *f* ; *(in film etc)* suspense *m* ; **to keep sb in ~** tenir qn en suspens, laisser qn dans l'incertitude
suspension [səs'pɛnʃən] *n (gen, Aut)* suspension *f* ; *(of driving licence)* retrait *m* provisoire
suspension bridge *n* pont suspendu
suspicion [səs'pɪʃən] *n* soupçon(s) *m(pl)* ; **to be under ~** être considéré(e) comme suspect(e), être suspecté(e) ; **arrested on ~ of murder** arrêté sur présomption de meurtre
suspicious [səs'pɪʃəs] *adj (suspecting)* soupçonneux(-euse), méfiant(e) ; *(causing suspicion)* suspect(e) ; **to be ~ of** *or* **about sb/sth** avoir des doutes à propos de qn/sur qch, trouver qn/qch suspect(e)
suspiciously [sə'spɪʃəslɪ] *adv (suspecting: ask, look)* avec méfiance ; *(causing suspicion: act, behave)* de manière suspecte ; **it was ~ quiet** il régnait un calme suspect ; **to look/sound ~ like sth** ressembler à s'y méprendre à qch
suss out [sʌs-] *vt (BRIT inf: discover)* supputer ; *(: understand)* piger *(inf)*
sustain [səs'teɪn] *vt* soutenir ; supporter ; corroborer ; *(subj: food)* nourrir, donner des forces à ; *(damage)* subir ; *(injury)* recevoir
sustainability [səsteɪnə'bɪlɪtɪ] *n* durabilité *f*
sustainable [səs'teɪnəbl] *adj (rate, growth)* qui peut être maintenu(e) ; *(development)* durable
sustainably [sə'steɪnəblɪ] *adv* durablement ; **~ managed** géré(e) durablement
sustained [səs'teɪnd] *adj (effort)* soutenu(e), prolongé(e)
sustenance ['sʌstɪnəns] *n* nourriture *f* ; moyens *mpl* de subsistance
suture ['suːtʃəʳ] *n* suture *f*
SUV *n abbr (esp US: = sports utility vehicle)* SUV *m*, véhicule *m* de loisirs
svelte [svɛlt, sfɛlt] *adj* svelte
SW *abbr (= short wave)* OC
swab [swɔb] *n (Med)* tampon *m* ; prélèvement *m* ▸ *vt (Naut: also:* **swab down**) nettoyer

swagger ['swægəʳ] *vi* plastronner, parader
swallow ['swɔləu] *n* (*bird*) hirondelle *f* ; (*of food etc*) gorgée *f* ▸ *vt* avaler ; (*fig: story*) gober
▸ **swallow up** *vt* engloutir
swam [swæm] *pt of* **swim**
swamp [swɔmp] *n* marais *m*, marécage *m* ▸ *vt* submerger
swampy ['swɔmpɪ] *adj* marécageux(-euse)
swan [swɔn] *n* cygne *m*
swank [swæŋk] *vi* (*inf*) faire de l'épate
swanky ['swæŋkɪ] *adj* (*inf: hotel, car*) classe (*inf*)
swan song *n* (*fig*) chant *m* du cygne
swap [swɔp] *n* échange *m*, troc *m* ▸ *vt*: **to ~ (for)** échanger (contre), troquer (contre)
SWAPO ['swɑːpəu] *n abbr* (*= South-West Africa People's Organization*) SWAPO *f*
swarm [swɔːm] *n* essaim *m* ▸ *vi* (*bees*) essaimer ; (*people*) grouiller ; **to be swarming with** grouiller de
swarthy ['swɔːðɪ] *adj* basané(e), bistré(e)
swashbuckling ['swɔʃbʌklɪŋ] *adj* (*film*) de cape et d'épée
swastika ['swɔstɪkə] *n* croix gammée
SWAT *n abbr* (*US: = Special Weapons and Tactics*) ≈ CRS *f*
swat [swɔt] *vt* écraser ▸ *n* (Brit: *also*: **fly swat**) tapette *f*
swathe [sweɪð] *vt*: **to ~ in** (*bandages, blankets*) embobiner de
swatter ['swɔtəʳ] *n* (*also*: **fly swatter**) tapette *f*
sway [sweɪ] *vi* se balancer, osciller ; tanguer ▸ *vt* (*influence*) influencer ▸ *n* (*rule, power*): **~ (over)** emprise *f* (sur) ; **to hold ~ over sb** avoir de l'emprise sur qn
Swaziland ['swɑːzɪlænd] *n* Swaziland *m*
swear [swɛəʳ] (*pt* **swore** [swɔːʳ], *pp* **sworn** [swɔːn]) *vt*, *vi* jurer ; **to ~ to sth** jurer de qch ; **to ~ an oath** prêter serment
▸ **swear in** *vt* assermenter
swearword ['swɛəwəːd] *n* gros mot, juron *m*
sweat [swɛt] *n* sueur *f*, transpiration *f* ; **in a ~** en sueur ▸ *vi* suer
sweatband ['swɛtbænd] *n* (*Sport*) bandeau *m*
sweater ['swɛtəʳ] *n* tricot *m*, pull *m*
sweatshirt ['swɛtʃəːt] *n* sweat-shirt *m*
sweatshop ['swɛtʃɔp] *n* atelier *m* où les ouvriers sont exploités
sweaty ['swɛtɪ] *adj* en sueur, moite *or* mouillé(e) de sueur
Swede [swiːd] *n* Suédois(e)
swede [swiːd] *n* (Brit) rutabaga *m*
Sweden ['swiːdn] *n* Suède *f*
Swedish ['swiːdɪʃ] *adj* suédois(e) ▸ *n* (*Ling*) suédois *m*
sweep [swiːp] (*pt, pp* **swept** [swɛpt]) *n* coup *m* de balai ; (*curve*) grande courbe ; (*range*) champ *m* ; (*also*: **chimney sweep**) ramoneur *m* ▸ *vt* balayer ; (*subj: current*) emporter ; (*subj: fashion, craze*) se répandre dans ▸ *vi* avancer majestueusement *or* rapidement ; s'élancer ; s'étendre
▸ **sweep away** *vt* balayer ; entraîner ; emporter
▸ **sweep past** *vi* passer majestueusement *or* rapidement
▸ **sweep up** *vt*, *vi* balayer
sweeper ['swiːpəʳ] *n* (*person*) balayeur *m* ; (*machine*) balayeuse *f* ; (*Football*) libéro *m*
sweeping ['swiːpɪŋ] *adj* (*gesture*) large ; circulaire ; (*changes, reforms*) radical(e) ; **a ~ statement** une généralisation hâtive
sweepstake ['swiːpsteɪk] *n* sweepstake *m*
sweet [swiːt] *n* (Brit: *pudding*) dessert *m* ; (*: candy*) bonbon *m* ▸ *adj* doux (douce) ; (*not savoury*) sucré(e) ; (*fresh*) frais (fraîche), pur(e) ; (*kind*) gentil(le) ; (*baby*) mignon(ne) ; **to smell ~** sentir bon ; **to taste ~** avoir un goût sucré ; **~ and sour** aigre-doux (douce)
sweetbread ['swiːtbrɛd] *n* ris *m* de veau
sweetcorn ['swiːtkɔːn] *n* maïs doux
sweeten ['swiːtn] *vt* sucrer ; (*fig*) adoucir
sweetener ['swiːtnəʳ] *n* (*Culin*) édulcorant *m*
sweetheart ['swiːthɑːt] *n* amoureux(-euse)
sweetie ['swiːtɪ] *n* (*inf: as address*) mon chou *m* ; (*kind person*) chou *m* ; (Brit *inf: candy*) bonbon *m*
sweetly ['swiːtlɪ] *adv* (*smile*) gentiment ; (*sing, play*) mélodieusement
sweetness ['swiːtnɪs] *n* douceur *f* ; (*of taste*) goût sucré
sweet pea *n* pois *m* de senteur
sweet potato *n* patate douce
sweetshop ['swiːtʃɔp] *n* (Brit) confiserie *f*
sweet tooth *n*: **to have a ~** aimer les sucreries
swell [swɛl] (*pt* **swelled** [swɛld], *pp* **swollen** ['swəulən] *or* **swelled**) *n* (*of sea*) houle *f* ▸ *adj* (*US inf: excellent*) chouette ▸ *vt* (*increase*) grossir, augmenter ▸ *vi* (*increase*) grossir, augmenter ; (*sound*) s'enfler ; (*Med: also*: **swell up**) enfler
swelling ['swɛlɪŋ] *n* (*Med*) enflure *f* ; (*: lump*) grosseur *f*
sweltering ['swɛltərɪŋ] *adj* étouffant(e), oppressant(e)
swept [swɛpt] *pt, pp of* **sweep**
swerve [swəːv] *vi* (*to avoid obstacle*) faire une embardée *or* un écart ; (*off the road*) dévier
swift [swɪft] *n* (*bird*) martinet *m* ▸ *adj* rapide, prompt(e)
swiftly ['swɪftlɪ] *adv* rapidement, vite
swiftness ['swɪftnɪs] *n* rapidité *f*
swig [swɪg] *n* (*inf: drink*) lampée *f*
swill [swɪl] *n* pâtée *f* ▸ *vt* (*also*: **swill out, swill down**) laver à grande eau
swim [swɪm] (*pt* **swam** [swæm], *pp* **swum** [swʌm]) *n*: **to go for a ~** aller nager *or* se baigner ▸ *vi* nager ; (*Sport*) faire de la natation ; (*fig: head, room*) tourner ; **to go swimming** aller nager ▸ *vt* traverser (à la nage) ; (*distance*) faire (à la nage) ; **to ~ a length** nager une longueur
swimmer ['swɪməʳ] *n* nageur(-euse)
swimming ['swɪmɪŋ] *n* nage *f*, natation *f*
swimming baths *npl* (Brit) piscine *f*
swimming cap *n* bonnet *m* de bain
swimming costume *n* (Brit) maillot *m* (de bain)
swimmingly ['swɪmɪŋlɪ] *adv*: **to go ~** (*wonderfully*) se dérouler à merveille
swimming pool *n* piscine *f*
swimming trunks *npl* maillot *m* de bain
swimsuit ['swɪmsuːt] *n* maillot *m* (de bain)
swimwear ['swɪmwɛəʳ] *n* vêtements *mpl* de bain

S

swindle ['swɪndl] *n* escroquerie *f* ▸ *vt* escroquer
swindler ['swɪndlə^r] *n* escroc *m*
swine [swaɪn] *n* (*pl inv*) pourceau *m*, porc *m* ; (*inf!*) salaud *m* (*!*)
swine flu *n* grippe *f* A
swing [swɪŋ] (*pt, pp* **swung** [swʌŋ]) *n* (*in playground*) balançoire *f* ; (*movement*) balancement *m*, oscillations *fpl* ; (*change in opinion etc*) revirement *m* ; (*Mus*) swing *m* ; rythme *m* ; **a ~ to the left** (*Pol*) un revirement en faveur de la gauche ; **to be in full ~** battre son plein ; **to get into the ~ of things** se mettre dans le bain ▸ *vt* balancer, faire osciller ; (*also*: **swing round**) tourner, faire virer ▸ *vi* se balancer, osciller ; (*also*: **swing round**) virer, tourner ; **the road swings south** la route prend la direction sud
swing bridge *n* pont tournant
swing door *n* (Brit) porte battante
swingeing ['swɪndʒɪŋ] *adj* (Brit) écrasant(e) ; considérable
swinging ['swɪŋɪŋ] *adj* rythmé(e) ; entraînant(e) ; (*fig*) dans le vent ; **~ door** (*US*) porte battante
swipe [swaɪp] *n* grand coup ; gifle *f* ▸ *vt* (*hit*) frapper à toute volée ; gifler ; (*inf: steal*) piquer (*inf*) ; (*credit card etc*) faire passer (dans la machine)
swipe card *n* carte *f* magnétique
swirl [swəːl] *n* tourbillon *m* ▸ *vi* tourbillonner, tournoyer
swish [swɪʃ] *adj* (Brit *inf: smart*) rupin(e) ▸ *vi* (*whip*) siffler ; (*skirt, long grass*) bruire
Swiss [swɪs] *adj* suisse ▸ *n* (*pl inv*) Suisse(-sesse)
Swiss French *adj* suisse romand(e)
Swiss German *adj* suisse-allemand(e)
Swiss roll *n* gâteau roulé
switch [swɪtʃ] *n* (*for light, radio etc*) bouton *m* ; (*change*) changement *m*, revirement *m* ▸ *vt* (*change*) changer ; (*exchange*) intervertir ; (*invert*): **to ~ (round** *or* **over)** changer de place
▸ **switch off** *vt* éteindre ; (*engine, machine*) arrêter ; **could you ~ off the light?** pouvez-vous éteindre la lumière ?
▸ **switch on** *vt* allumer ; (*engine, machine*) mettre en marche ; (Brit: *water supply*) ouvrir
switchback ['swɪtʃbæk] *n* (Brit) montagnes *fpl* russes
switchblade ['swɪtʃbleɪd] *n* (*also*: **switchblade knife**) couteau *m* à cran d'arrêt
switchboard ['swɪtʃbɔːd] *n* (*Tel*) standard *m*
switchboard operator *n* (*Tel*) standardiste *mf*
Switzerland ['swɪtsələnd] *n* Suisse *f*
swivel ['swɪvl] *vi* (*also*: **swivel round**) pivoter, tourner
swollen ['swəulən] *pp of* **swell** ▸ *adj* (*ankle etc*) enflé(e)
swoon [swuːn] *vi* se pâmer
swoop [swuːp] *n* (*by police etc*) rafle *f*, descente *f* ; (*of bird etc*) descente en piqué ▸ *vi* (*bird: also*: **swoop down**) descendre en piqué, piquer
swop [swɔp] *n, vt* = **swap**
sword [sɔːd] *n* épée *f*
swordfish ['sɔːdfɪʃ] *n* espadon *m*
swore [swɔː^r] *pt of* **swear**
sworn [swɔːn] *pp of* **swear** ▸ *adj* (*statement, evidence*) donné(e) sous serment ; (*enemy*) juré(e)
swot [swɔt] *vt, vi* bûcher, potasser
swum [swʌm] *pp of* **swim**
swung [swʌŋ] *pt, pp of* **swing**
sycamore ['sɪkəmɔː^r] *n* sycomore *m*
sycophant ['sɪkəfænt] *n* flagorneur(-euse)
sycophantic [sɪkə'fæntɪk] *adj* flagorneur(-euse)
Sydney ['sɪdnɪ] *n* Sydney
syllable ['sɪləbl] *n* syllabe *f*
syllabus ['sɪləbəs] *n* programme *m* ; **on the ~** au programme
symbiotic [sɪmbaɪ'ɔtɪk] *adj* symbiotique
symbol ['sɪmbl] *n* symbole *m*
symbolic [sɪm'bɔlɪk], **symbolical** [sɪm'bɔlɪkl] *adj* symbolique
symbolically [sɪm'bɔlɪklɪ] *adv* symboliquement
symbolism ['sɪmbəlɪzəm] *n* symbolisme *m*
symbolize ['sɪmbəlaɪz] *vt* symboliser
symmetrical [sɪ'mɛtrɪkl] *adj* symétrique
symmetry ['sɪmɪtrɪ] *n* symétrie *f*
sympathetic [sɪmpə'θɛtɪk] *adj* (*showing pity*) compatissant(e) ; (*understanding*) bienveillant(e), compréhensif(-ive) ; **~ towards** bien disposé(e) envers

> ⚠ **sympathetic** ne veut pas dire *sympathique*.

sympathetically [sɪmpə'θɛtɪklɪ] *adv* avec compassion (*or* bienveillance)
sympathize ['sɪmpəθaɪz] *vi*: **to ~ with sb** plaindre qn ; (*in grief*) s'associer à la douleur de qn ; **to ~ with sth** comprendre qch
sympathizer ['sɪmpəθaɪzə^r] *n* (*Pol*) sympathisant(e)
sympathy ['sɪmpəθɪ] *n* (*pity*) compassion *f* ; **in ~ with** en accord avec ; (*strike*) en *or* par solidarité avec ; **with our deepest ~** en vous priant d'accepter nos sincères condoléances ;
sympathies *npl* (*support*) soutien *m*
symphonic [sɪm'fɔnɪk] *adj* symphonique
symphony ['sɪmfənɪ] *n* symphonie *f*
symphony orchestra *n* orchestre *m* symphonique
symposium [sɪm'pəuzɪəm] *n* symposium *m*
symptom ['sɪmptəm] *n* symptôme *m* ; indice *m*
symptomatic [sɪmptə'mætɪk] *adj* symptomatique
synagogue ['sɪnəgɔg] *n* synagogue *f*
sync [sɪŋk] *n* (*inf*): **in/out of ~** bien/mal synchronisé(e) ; **they're in ~ with each other** (*fig*) le courant passe bien entre eux
synchromesh [sɪŋkrəu'mɛʃ] *n* (*Aut*) synchronisation *f*
synchronize ['sɪŋkrənaɪz] *vt* synchroniser ▸ *vi*: **to ~ with** se produire en même temps que
synchronized swimming ['sɪŋkrənaɪzd-] *n* natation synchronisée
syncopated ['sɪŋkəpeɪtɪd] *adj* syncopé(e)
syndicate ['sɪndɪkɪt] *n* syndicat *m*, coopérative *f* ; (*Press*) agence *f* de presse
syndicated ['sɪndɪkeɪtɪd] *adj* (*Press: articles*) d'agence
syndrome ['sɪndrəum] *n* syndrome *m*
synergy ['sɪnədʒɪ] *n* synergie *f*

synod ['sɪnəd] *n* synode *m*
synonym ['sɪnənɪm] *n* synonyme *m*
synonymous [sɪ'nɔnɪməs] *adj*: ~ **(with)** synonyme (de)
synopsis [sɪ'nɔpsɪs] (*pl* **synopses** [-si:z]) *n* résumé *m*, synopsis *mf*
syntax ['sɪntæks] *n* syntaxe *f*
synthesis ['sɪnθəsɪs] (*pl* **syntheses** [-si:z]) *n* synthèse *f*
synthesize ['sɪnθɪsaɪz] *vt* synthétiser
synthesizer ['sɪnθəsaɪzə^r] *n* (*Mus*) synthétiseur *m*
synthetic [sɪn'θɛtɪk] *adj* synthétique ▸ *n* matière *f* synthétique ; **synthetics** *npl* textiles artificiels
syphilis ['sɪfɪlɪs] *n* syphilis *f*
syphon ['saɪfən] *n*, *vb* = **siphon**
Syria ['sɪrɪə] *n* Syrie *f*
Syrian ['sɪrɪən] *adj* syrien(ne) ▸ *n* Syrien(ne)
syringe [sɪ'rɪndʒ] *n* seringue *f*
syrup ['sɪrəp] *n* sirop *m* ; (BRIT: *also*: **golden syrup**) mélasse raffinée
syrupy ['sɪrəpɪ] *adj* sirupeux(-euse)
system ['sɪstəm] *n* système *m* ; (*order*) méthode *f* ; (*Anat*) organisme *m*
systematic [sɪstə'mætɪk] *adj* systématique ; méthodique
systematically [sɪstə'mætɪklɪ] *adv* systématiquement
system disk *n* (*Comput*) disque *m* système
systems analyst *n* analyste-programmeur *mf*

S

Tt

T, t [tiː] *n (letter)* T, t *m* ; **T for Tommy** T comme Thérèse
TA *n abbr (BRIT)* = **Territorial Army**
ta [tɑː] *excl (BRIT inf)* merci !
tab [tæb] *n abbr* = **tabulator** ▸ *n (loop on coat etc)* attache *f* ; *(label)* étiquette *f* ; *(on drinks can etc)* languette *f* ; **to keep tabs on** *(fig)* surveiller
tabby ['tæbɪ] *n (also:* **tabby cat***)* chat(te) tigré(e)
table ['teɪbl] *n* table *f* ; **to lay** *or* **set the ~** mettre le couvert *or* la table ; **to clear the ~** débarrasser la table ; **league ~** *(BRIT Football, Rugby)* classement *m* (du championnat) ; **~ of contents** table des matières ▸ *vt (BRIT: motion etc)* présenter
tablecloth ['teɪblklɔθ] *n* nappe *f*
table d'hôte [tɑːbl'dəut] *adj (meal)* à prix fixe
table football *n* baby-foot *m*
table lamp *n* lampe décorative *or* de table
tablemat ['teɪblmæt] *n (for plate)* napperon *m*, set *m* ; *(for hot dish)* dessous-de-plat *m inv*
table salt *n* sel fin *or* de table
tablespoon ['teɪblspuːn] *n* cuiller *f* de service ; *(also:* **tablespoonful**: *as measurement)* cuillerée *f* à soupe
tablet ['tæblɪt] *n (Med)* comprimé *m* ; *(: for sucking)* pastille *f* ; *(Comput)* tablette *f* (tactile) ; *(of stone)* plaque *f* ; **~ of soap** *(BRIT)* savonnette *f*
table tennis *n* ping-pong *m*, tennis *m* de table
tabletop ['teɪbltɔp] *n* plateau *m* de table
tableware ['teɪblwɛəʳ] *n* articles *mpl* de table
table wine *n* vin *m* de table
tabloid ['tæblɔɪd] *n (newspaper)* quotidien *m* populaire
taboo [tə'buː] *adj, n* tabou *m*
tabulate ['tæbjuleɪt] *vt (data, figures)* mettre sous forme de table(s)
tabulator ['tæbjuleɪtəʳ] *n* tabulateur *m*
tachograph ['tækəgrɑːf] *n* tachygraphe *m*
tachometer [tæ'kɔmɪtəʳ] *n* tachymètre *m*
tacit ['tæsɪt] *adj* tacite
taciturn ['tæsɪtəːn] *adj* taciturne
tack [tæk] *n (nail)* petit clou ; *(stitch)* point *m* de bâti ; *(Naut)* bord *m*, bordée *f* ; *(fig)* direction *f* ; **to change ~** virer de bord ; **on the wrong ~** *(fig)* sur la mauvaise voie ▸ *vt (nail)* clouer ; *(sew)* bâtir ; **to ~ sth on to (the end of) sth** *(of letter, book)* rajouter qch à la fin de qch ▸ *vi (Naut)* tirer un *or* des bord(s)
tackle ['tækl] *n* matériel *m*, équipement *m* ; *(for lifting)* appareil *m* de levage ; *(Football, Rugby)* plaquage *m* ▸ *vt (difficulty, animal, burglar)* s'attaquer à ; *(person: challenge)* s'expliquer avec ; *(Football, Rugby)* plaquer
tacky ['tækɪ] *adj* collant(e) ; *(paint)* pas sec (sèche) ; *(inf: shabby)* moche ; *(pej: poor-quality)* minable ; *(: showing bad taste)* ringard(e)
taco ['tækəu] *n* taco *m*
tact [tækt] *n* tact *m*
tactful ['tæktful] *adj* plein(e) de tact
tactfully ['tæktfəlɪ] *adv* avec tact
tactical ['tæktɪkl] *adj* tactique ; **~ error** erreur *f* de tactique
tactician [tæk'tɪʃən] *n* tacticien(ne)
tactics ['tæktɪks] *n, npl* tactique *f*
tactile ['tæktaɪl] *adj* tactile
tactless ['tæktlɪs] *adj* qui manque de tact
tactlessly ['tæktlɪslɪ] *adv* sans tact
tad ['tæd] *n (inf)*: **a ~** un tantinet *(inf)* ; **it was a ~ confusing** c'était un tantinet déroutant ; **a ~ more expensive** un poil plus cher *(inf)*
tadpole ['tædpəul] *n* têtard *m*
Tadzhikistan [tædʒɪkɪ'stɑːn] *n* = **Tajikistan**
taffeta ['tæfɪtə] *n* taffetas *m* ▸ *cpd (dress, gown)* de taffetas
taffy ['tæfɪ] *n (US)* (bonbon *m* au) caramel *m*
tag [tæg] *n* étiquette *f* ; **price/name ~** étiquette (portant le prix/le nom)
▸ **tag along** *vi* suivre
tag line *n (of joke)* chute *f* ; *(: phrase)* accroche *f*
Tahiti [tɑː'hiːtɪ] *n* Tahiti *m*
Tai Chi [taɪ'tʃiː] *n* tai chi *m*
tail [teɪl] *n* queue *f* ; *(of shirt)* pan *m* ; **to turn ~** se sauver à toutes jambes ; *see also* **head** ▸ *vt (follow)* suivre, filer ; **tails** *npl (suit)* habit *m*
▸ **tail away, tail off** *vi (in size, quality etc)* baisser peu à peu
tailback ['teɪlbæk] *n (BRIT)* bouchon *m*
tailcoat ['teɪlkəut] *n* queue *f* de pie
tail end *n* bout *m*, fin *f*
tailgate ['teɪlgeɪt] *n (Aut)* hayon *m* arrière
tailgating ['teɪlgeɪtɪŋ] *n* non-respect *m* des distances de sécurité
tail light *n (Aut)* feu *m* arrière
tailor ['teɪləʳ] *n* tailleur *m (artisan)* ; **~'s (shop)** (boutique *f* de) tailleur ▸ *vt*: **to ~ sth (to)** adapter qch exactement (à)
tailoring ['teɪlərɪŋ] *n (cut)* coupe *f*
tailor-made ['teɪlə'meɪd] *adj* fait(e) sur mesure ; *(fig)* conçu(e) spécialement
tailpipe ['teɪlpaɪp] *n (US)* pot *m* d'échappement

tailwind ['teɪlwɪnd] *n* vent *m* arrière *inv*
taint [teɪnt] *vt* (*meat, food*) gâter ; (*fig: reputation*) salir
tainted ['teɪntɪd] *adj* (*food*) gâté(e) ; (*water, air*) infecté(e) ; (*fig*) souillé(e)
Taiwan ['taɪ'wɑ:n] *n* Taïwan
Taiwanese [taɪwə'ni:z] *adj* taïwanais(e) ▸ *n inv* Taïwanais(e)
Tajikistan [tædʒɪkɪ'stɑ:n] *n* Tadjikistan *mf*
take [teɪk] (*pt* **took** [tuk], *pp* **taken** ['teɪkn]) *vt* prendre ; (*gain: prize*) remporter ; (*require: effort, courage*) demander ; (*tolerate*) accepter, supporter ; (*hold: passengers etc*) contenir ; (*accompany*) emmener, accompagner ; (*bring, carry*) apporter, emporter ; (*exam*) passer, se présenter à ; (*conduct: meeting*) présider ; **to ~ sth from** (*drawer etc*) prendre qch dans ; (*person*) prendre qch à ; **I ~ it that** je suppose que ; **I took him for a doctor** je l'ai pris pour un docteur ; **to ~ sb's hand** prendre qn par la main ; **to ~ for a walk** (*child, dog*) emmener promener ; **to be taken ill** tomber malade ; **to ~ it upon o.s. to do sth** prendre sur soi de faire qch ; **~ the first (street) on the left** prenez la première à gauche ; **it won't ~ long** ça ne prendra pas longtemps ; **I was quite taken with her/it** elle/cela m'a beaucoup plu ▸ *vi* (*dye, fire etc*) prendre ▸ *n* (*Cine*) prise *f* de vues
▸ **take after** *vt fus* ressembler à
▸ **take apart** *vt* démonter
▸ **take away** *vt* (*carry off*) emporter ; (*remove*) enlever ; (*subtract*) soustraire ▸ *vi*: **to ~ away from** diminuer
▸ **take back** *vt* (*return*) rendre, rapporter ; (*one's words*) retirer
▸ **take down** *vt* (*building*) démolir ; (*dismantle: scaffolding*) démonter ; (*letter etc*) prendre, écrire
▸ **take in** *vt* (*deceive*) tromper, rouler ; (*understand*) comprendre, saisir ; (*include*) couvrir, inclure ; (*lodger*) prendre ; (*orphan, stray dog*) recueillir ; (*dress, waistband*) reprendre
▸ **take off** *vi* (*Aviat*) décoller ▸ *vt* (*remove*) enlever ; (*imitate*) imiter, pasticher
▸ **take on** *vt* (*work*) accepter, se charger de ; (*employee*) prendre, embaucher ; (*opponent*) accepter de se battre contre
▸ **take out** *vt* sortir ; (*remove*) enlever ; (*invite*) sortir avec ; (*licence*) prendre, se procurer ; **to ~ sth out of** enlever qch de ; (*out of drawer etc*) prendre qch dans ; **don't ~ it out on me!** ne t'en prends pas à moi ! ; **to ~ sb out to a restaurant** emmener qn au restaurant
▸ **take over** *vt* (*business*) reprendre ▸ *vi*: **to ~ over from sb** prendre la relève de qn
▸ **take to** *vt fus* (*person*) se prendre d'amitié pour ; (*activity*) prendre goût à ; **to ~ to doing sth** prendre l'habitude de faire qch
▸ **take up** *vt* (*one's story*) reprendre ; (*dress*) raccourcir ; (*occupy: time, space*) prendre, occuper ; (*engage in: hobby etc*) se mettre à ; (*accept: offer, challenge*) accepter ; (*absorb: liquids*) absorber ▸ *vi*: **to ~ up with sb** se lier d'amitié avec qn
takeaway ['teɪkəweɪ] (Brit) *adj* (*food*) à emporter ▸ *n* (*shop, restaurant*) ≈ magasin *m* qui vend des plats à emporter
take-home pay ['teɪkhəum-] *n* salaire net
taken ['teɪkən] *pp of* **take**
takeoff ['teɪkɔf] *n* (*Aviat*) décollage *m*
takeout ['teɪkaut] *adj, n* (*US*) = **takeaway**
takeover ['teɪkəuvə^r] *n* (*Comm*) rachat *m*
takeover bid *n* offre publique d'achat, OPA *f*
taker ['teɪkə^r] *n* preneur *m* ; **to fail to find any takers** ne pas trouver preneur
takings ['teɪkɪŋz] *npl* (*Comm*) recette *f*
talc [tælk] *n* (*also:* **talcum powder**) talc *m*
tale [teɪl] *n* (*story*) conte *m*, histoire *f* ; (*account*) récit *m* ; (*pej*) histoire ; **to tell tales** (*fig*) rapporter
talent ['tælnt] *n* talent *m*, don *m*
talent competition, talent contest *n* concours *m* d'amateurs
talented ['tæləntɪd] *adj* doué(e), plein(e) de talent
talent scout *n* découvreur *m* de vedettes (*or* joueurs *etc*)
Taliban ['tælɪbæn] *n*: **the ~** les talibans ▸ *adj* taliban(e)
talisman ['tælɪzmən] *n* talisman *m*
talk [tɔ:k] *n* (*a speech*) causerie *f*, exposé *m* ; (*conversation*) discussion *f* ; (*interview*) entretien *m*, propos *mpl* ; (*gossip*) racontars *mpl* (*pej*) ; **to give a ~** faire un exposé ▸ *vi* parler ; (*chatter*) bavarder ; **to ~ about** parler de ; (*converse*) s'entretenir *or* parler de ; **talking of films, have you seen ...?** à propos de films, as-tu vu ... ? ▸ *vt* (*language, politics*) parler ; **to ~ shop** parler métier *or* affaires ; **to ~ sb out of/into doing** persuader qn de ne pas faire/de faire ; **talks** *npl* (*Pol etc*) entretiens *mpl* ; conférence *f*
▸ **talk over** *vt* discuter (de)
▸ **talk through** *vt* (*discuss*) discuter sérieusement ; (*explain*): **to ~ sb through sth** expliquer qch à qn ; **to ~ sth through with sb** discuter sérieusement de qch avec qn
talkative ['tɔ:kətɪv] *adj* bavard(e)
talking point ['tɔ:kɪŋ-] *n* sujet *m* de conversation
talking-to ['tɔ:kɪŋtu] *n*: **to give sb a good ~** passer un savon à qn
talk show *n* (*TV, Radio*) émission-débat *f*
tall [tɔ:l] *adj* (*person*) grand(e) ; (*building, tree*) haut(e) ; **to be 6 feet ~** ≈ mesurer 1 mètre 80 ; **how ~ are you?** combien mesurez-vous ?
tallboy ['tɔ:lbɔɪ] *n* (Brit) grande commode
tallness ['tɔ:lnɪs] *n* grande taille ; hauteur *f*
tall story *n* histoire *f* invraisemblable
tally ['tælɪ] *n* compte *m* ; **to keep a ~ of sth** tenir le compte de qch ▸ *vi*: **to ~ (with)** correspondre (à)
talon ['tælən] *n* griffe *f* ; (*of eagle*) serre *f*
tambourine [tæmbə'ri:n] *n* tambourin *m*
tame [teɪm] *adj* apprivoisé(e) ; (*fig: story, style*) insipide
Tamil ['tæmɪl] *adj* tamoul(e), tamil(e) ▸ *n* Tamoul(e), Tamil(e) ; (*Ling*) tamoul *m*, tamil *m*
tamper ['tæmpə^r] *vi*: **to ~ with** toucher à (*en cachette ou sans permission*)
tampon ['tæmpən] *n* tampon *m* hygiénique *or* périodique

t

tan [tæn] *n* (*also*: **suntan**) bronzage *m* ; **to get a ~** bronzer ▸ *vt, vi* bronzer, brunir ▸ *adj* (*colour*) marron clair *inv*
tandem ['tændəm] *n* tandem *m*
tandoori [tæn'duərɪ] *adj* tandouri
tang [tæŋ] *n* odeur (*or* saveur) piquante
tangent ['tændʒənt] *n* (*Math*) tangente *f* ; **to go off at a ~** (*fig*) partir dans une digression
tangerine [tændʒə'ri:n] *n* mandarine *f*
tangible ['tændʒəbl] *adj* tangible ; **~ assets** biens réels
Tangier [tæn'dʒɪə^r] *n* Tanger
tangle ['tæŋgl] *n* enchevêtrement *m* ; **to get in(to) a ~** s'emmêler ▸ *vt* enchevêtrer
tango ['tæŋgəu] *n* tango *m*
tank [tæŋk] *n* réservoir *m* ; (*for processing*) cuve *f* ; (*for fish*) aquarium *m* ; (*Mil*) char *m* d'assaut, tank *m*
tankard ['tæŋkəd] *n* chope *f*
tanker ['tæŋkə^r] *n* (*ship*) pétrolier *m*, tanker *m* ; (*truck*) camion-citerne *m* ; (*Rail*) wagon-citerne *m*
tankini [tæn'ki:nɪ] *n* tankini *m*
tanned [tænd] *adj* bronzé(e)
tannin ['tænɪn] *n* tanin *m*
tanning ['tænɪŋ] *n* (*of leather*) tannage *m*
Tannoy® ['tænɔɪ] *n* (Brit) haut-parleur *m* ; **over the ~** par haut-parleur
tantalizing ['tæntəlaɪzɪŋ] *adj* (*smell*) extrêmement appétissant(e) ; (*offer*) terriblement tentant(e)
tantamount ['tæntəmaunt] *adj*: **~ to** qui équivaut à
tantrum ['tæntrəm] *n* accès *m* de colère ; **to throw a ~** piquer une colère
Tanzania [tænzə'nɪə] *n* Tanzanie *f*
Tanzanian [tænzə'nɪən] *adj* tanzanien(ne) ▸ *n* Tanzanien(ne)
Taoiseach ['ti:ʃək] *n Premier ministre de la République d'Irlande*
tap [tæp] *n* (*on sink etc*) robinet *m* ; (*gentle blow*) petite tape ; **on ~** (*beer*) en tonneau ; (*fig: resources*) disponible ▸ *vt* frapper *or* taper légèrement ; (*resources*) exploiter, utiliser ; (*telephone*) mettre sur écoute
tap dancing *n* claquettes *fpl*
tape [teɪp] *n* (*for tying*) ruban *m* ; (*also*: **magnetic tape**) bande *f* (magnétique) ; (*cassette*) cassette *f* ; (*sticky*) Scotch® *m* ; **on ~** (*song etc*) enregistré(e) ▸ *vt* (*record*) enregistrer (au magnétoscope *or* sur cassette) ; (*stick*) coller avec du Scotch®
tape deck *n* platine *f* d'enregistrement
tape measure *n* mètre *m* à ruban
taper ['teɪpə^r] *n* cierge *m* ▸ *vi* s'effiler
tape recorder *n* magnétophone *m*
tapered ['teɪpəd], **tapering** ['teɪpərɪŋ] *adj* fuselé(e), effilé(e)
tapestry ['tæpɪstrɪ] *n* tapisserie *f*
tapeworm ['teɪpwə:m] *n* ver *m* solitaire, ténia *m*
tapioca [tæpɪ'əukə] *n* tapioca *m*
tappet ['tæpɪt] *n* (*Aut*) poussoir *m* (de soupape)
tar [tɑ:] *n* goudron *m* ; **low-/middle-~ cigarettes** cigarettes *fpl* à faible/moyenne teneur en goudron
tarantula [tə'ræntjulə] *n* tarentule *f*
tardy ['tɑ:dɪ] *adj* tardif(-ive)
target ['tɑ:gɪt] *n* cible *f* ; (*fig: objective*) objectif *m* ; **to be on ~** (*project*) progresser comme prévu
target practice *n* exercices *mpl* de tir (à la cible)
tariff ['tærɪf] *n* (*Comm*) tarif *m* ; (*taxes*) tarif douanier
tarmac ['tɑ:mæk] *n* (Brit: *on road*) macadam *m* ; (*Aviat*) aire *f* d'envol ▸ *vt* (Brit) goudronner
tarnish ['tɑ:nɪʃ] *vt* ternir
tarot ['tærəu] *n* tarot *m*
tarpaulin [tɑ:'pɔ:lɪn] *n* bâche goudronnée
tarragon ['tærəgən] *n* estragon *m*
tart [tɑ:t] *n* (*Culin*) tarte *f* ; (Brit *inf, pej: promiscuous woman*) pétasse *f* (*inf*) ; (*: prostitute*) poule *f* (*inf*) ▸ *adj* (*flavour*) âpre, aigrelet(te) ; (*remark, reply*) acide
▸ **tart up** *vt* (*inf*): **to ~ o.s. up** se faire beau (belle) ; (*pej*) s'attifer
tartan ['tɑ:tn] *n* tartan *m* ▸ *adj* écossais(e)
tartar ['tɑ:tə^r] *n* (*on teeth*) tartre *m*
tartar sauce, tartare sauce ['tɑ:tə-] *n* sauce *f* tartare
tartly ['tɑ:tlɪ] *adv* (*say, reply*) d'un ton acide
task [tɑ:sk] *n* tâche *f* ; **to take to ~** prendre à partie
task force *n* (*Mil, Police*) détachement spécial
taskmaster ['tɑ:skmɑ:stə^r] *n*: **he's a hard ~** il est très exigeant dans le travail
Tasmania [tæz'meɪnɪə] *n* Tasmanie *f*
tassel ['tæsl] *n* gland *m* ; pompon *m*
taste [teɪst] *n* goût *m* ; (*fig: glimpse, idea*) idée *f*, aperçu *m* ; **to have a ~ of sth** goûter (à) qch ; **can I have a ~?** je peux goûter ? ; **to have a ~ for sth** aimer qch, avoir un penchant pour qch ; **to be in good/bad** *or* **poor ~** être de bon/mauvais goût ▸ *vt* goûter ; **you can ~ the garlic (in it)** on sent bien l'ail ▸ *vi*: **to ~ bitter** être amer(-ère) ; **to ~ of** (*fish etc*) avoir le *or* un goût de ; **it tastes like fish** ça a un *or* le goût de poisson, on dirait du poisson ; **what does it ~ like?** quel goût ça a ?
taste bud *n* papille *f*
tasteful ['teɪstful] *adj* de bon goût
tastefully ['teɪstfəlɪ] *adv* avec goût
tasteless ['teɪstlɪs] *adj* (*food*) insipide ; (*remark*) de mauvais goût
taster ['teɪstə^r] *n* (*person*) dégustateur(-trice) ; (*esp* Brit: *foretaste*) avant-goût *m*
tasty ['teɪstɪ] *adj* savoureux(-euse), délicieux(-euse)
tat [tæt] *n* (Brit *inf*) camelote *f* (*inf*)
tattered ['tætəd] *adj see* **tatters**
tatters ['tætəz] *npl*: **in ~** (*also*: **tattered**) en lambeaux
tattoo [tə'tu:] *n* tatouage *m* ; (*spectacle*) parade *f* militaire ▸ *vt* tatouer
tatty ['tætɪ] *adj* (Brit *inf*) défraîchi(e), en piteux état
taught [tɔ:t] *pt, pp of* **teach**
taunt [tɔ:nt] *n* raillerie *f* ▸ *vt* railler
Taurus ['tɔ:rəs] *n* le Taureau ; **to be ~** être du Taureau

taut [tɔːt] *adj* tendu(e)
tautology [tɔː'tɔlədʒɪ] *n* tautologie *f*
tavern ['tævən] *n* taverne *f*
tawdry ['tɔːdrɪ] *adj* criard(e)
tawny ['tɔːnɪ] *adj* fauve (*couleur*)
tax [tæks] *n* (*on goods etc*) taxe *f* ; (*on income*) impôts *mpl*, contributions *fpl* ; **before/after ~** avant/après l'impôt ; **free of ~** exonéré(e) d'impôt ▸ *vt* taxer ; imposer ; (*fig: patience etc*) mettre à l'épreuve
taxable ['tæksəbl] *adj* (*income*) imposable
tax allowance *n* part *f* du revenu non imposable, abattement *m* à la base
taxation [tæk'seɪʃən] *n* taxation *f* ; impôts *mpl*, contributions *fpl* ; **system of ~** système fiscal
tax avoidance *n* évasion fiscale
tax collector *n* percepteur *m*
tax disc *n* (Brit *Aut*) vignette *f* (automobile)
tax evasion *n* fraude fiscale
tax exemption *n* exonération fiscale, exemption *f* d'impôts
tax exile *n personne qui s'expatrie pour raisons fiscales*
tax-free ['tæksfriː] *adj* exempt(e) d'impôts
tax haven *n* paradis fiscal
taxi ['tæksɪ] *n* taxi *m* ▸ *vi* (*Aviat*) rouler (lentement) au sol
taxidermist ['tæksɪdəːmɪst] *n* empailleur(-euse) (*d'animaux*)
taxi driver *n* chauffeur *m* de taxi
taxing ['tæksɪŋ] *adj* ardu(e)
tax inspector *n* (Brit) percepteur *m*
taxi rank, (US) **taxi stand** *n* station *f* de taxis
taxonomy [tæk'sɔnəmɪ] *n* taxinomie *f*, taxonomie *f*
tax payer [-peɪəʳ] *n* contribuable *mf*
tax rebate *n* ristourne *f* d'impôt
tax relief *n* dégrèvement *or* allègement fiscal, réduction *f* d'impôt
tax return *n* déclaration *f* d'impôts *or* de revenus
tax year *n* année fiscale
TB *n abbr* = **tuberculosis**
tbc *abbr* = **to be confirmed**
tbs., tbsp. *n abbr* (= *tablespoonful*) cuil. *f* à s. (= *cuillerée à soupe*)
TD *n abbr* (US) = **Treasury Department**; (: *Football*) = **touchdown**
tea [tiː] *n* thé *m* ; (Brit: *snack: for children*) goûter *m* ; **high ~** (Brit) *collation combinant goûter et dîner*
tea bag *n* sachet *m* de thé
tea break *n* (Brit) pause-thé *f*
teacake ['tiːkeɪk] *n* (Brit) ≈ petit pain aux raisins
teach [tiːtʃ] (*pt, pp* **taught** [tɔːt]) *vt*: **to ~ sb sth, to ~ sth to sb** apprendre qch à qn ; (*in school etc*) enseigner qch à qn ; **it taught him a lesson** (*fig*) ça lui a servi de leçon ▸ *vi* enseigner
teacher ['tiːtʃəʳ] *n* (*in secondary school*) professeur *m* ; (*in primary school*) instituteur(-trice) ; **French ~** professeur de français
teacher training college *n* (*for primary schools*) ≈ école normale d'instituteurs ; (*for secondary schools*) collège *m* de formation pédagogique (*pour l'enseignement secondaire*)
teaching ['tiːtʃɪŋ] *n* enseignement *m*
teaching aids *npl* supports *mpl* pédagogiques
teaching assistant *n* aide-éducateur(-trice)
teaching hospital *n* (Brit) C.H.U. *m*, centre *m* hospitalo-universitaire
teaching staff *n* (Brit) enseignants *mpl*
tea cosy *n* couvre-théière *m*
teacup ['tiːkʌp] *n* tasse *f* à thé
teak [tiːk] *n* teck *m* ▸ *adj* en *or* de teck
tea leaves *npl* feuilles *fpl* de thé
team [tiːm] *n* équipe *f* ; (*of animals*) attelage *m*
▸ **team up** *vi*: **to ~ up (with)** faire équipe (avec)
team games *npl* jeux *mpl* d'équipe
teammate ['tiːmmeɪt] *n* coéquipier(-ière)
teamwork ['tiːmwəːk] *n* travail *m* d'équipe
tea party *n* thé *m* (*réception*)
teapot ['tiːpɔt] *n* théière *f*
tear[1] ['tɪəʳ] *n* larme *f* ; **in tears** en larmes ; **to burst into tears** fondre en larmes
tear[2] [tɛəʳ] (*pt* **tore** [tɔːʳ], *pp* **torn** [tɔːn]) *n* déchirure *f* ▸ *vt* déchirer ; **to ~ to pieces** *or* **to bits** *or* **to shreds** mettre en pièces ; (*fig*) démolir ▸ *vi* se déchirer
▸ **tear along** *vi* (*rush*) aller à toute vitesse
▸ **tear apart** *vt* (*also fig*) déchirer
▸ **tear at** *vt fus* (*prey, meat, clothes*) arracher des lambeaux de
▸ **tear away** *vt*: **to ~ o.s. away (from sth)** (*fig*) s'arracher (de qch)
▸ **tear down** *vt* (*building, statue*) démolir ; (*poster, flag*) arracher
▸ **tear off** *vt* (*sheet of paper etc*) arracher ; (*one's clothes*) enlever à toute vitesse
▸ **tear out** *vt* (*sheet of paper, cheque*) arracher
▸ **tear up** *vt* (*sheet of paper etc*) déchirer, mettre en morceaux *or* pièces
tearaway ['tɛərəweɪ] *n* (*inf*) casse-cou *m inv*
teardrop ['tɪədrɔp] *n* larme *f*
tearful ['tɪəful] *adj* larmoyant(e)
tearfully ['tɪəfulɪ] *adv* (*say, smile*) à travers ses larmes
tear gas ['tɪə-] *n* gaz *m* lacrymogène
tearoom ['tiːruːm] *n* salon *m* de thé
tease [tiːz] *n* taquin(e) ▸ *vt* taquiner ; (*unkindly*) tourmenter
tea set *n* service *m* à thé
teashop ['tiːʃɔp] *n* (Brit) salon *m* de thé
teaspoon ['tiːspuːn] *n* petite cuiller ; (*as measurement: also:* **teaspoonful**) ≈ cuillerée *f* à café
tea strainer *n* passoire *f* (à thé)
teat [tiːt] *n* tétine *f*
teatime ['tiːtaɪm] *n* l'heure *f* du thé
tea towel *n* (Brit) torchon *m* (à vaisselle)
tea urn *n* fontaine *f* à thé
tech [tɛk] *n abbr* (*inf*) = **technology; technical college**
technical ['tɛknɪkl] *adj* technique
technical college *n* C.E.T. *m*, collège *m* d'enseignement technique
technicality [tɛknɪ'kælɪtɪ] *n* technicité *f* ; (*detail*) détail *m* technique ; **on a legal ~** à cause de (*or* grâce à) l'application à la lettre d'une subtilité juridique ; pour vice de forme

t

technically ['tɛknɪklɪ] *adv* techniquement ; (*strictly speaking*) en théorie, en principe
technician [tɛk'nɪʃən] *n* technicien(ne)
technique [tɛk'niːk] *n* technique *f*
techno ['tɛknəu] *n* (*Mus*) techno *f*
technocrat ['tɛknəkræt] *n* technocrate *mf*
technological [tɛknə'lɔdʒɪkl] *adj* technologique
technologically [tɛknə'lɔdʒɪklɪ] *adv* technologiquement
technologist [tɛk'nɔlədʒɪst] *n* technologue *mf*
technology [tɛk'nɔlədʒɪ] *n* technologie *f*
tectonic [tɛk'tɔnɪk] *adj* tectonique
teddy ['tɛdɪ], **teddy bear** *n* ours *m* (en peluche)
tedious ['tiːdɪəs] *adj* fastidieux(-euse)
tedium ['tiːdɪəm] *n* ennui *m*
tee [tiː] *n* (*Golf*) tee *m*
teem [tiːm] *vi*: **to ~ (with)** grouiller (de) ; **it is teeming (with rain)** il pleut à torrents
teen [tiːn] *adj* = **teenage** ▸ *n* (*US*) = **teenager**
teenage ['tiːneɪdʒ] *adj* (*fashions etc*) pour jeunes, pour adolescents ; (*child*) qui est adolescent(e)
teenager ['tiːneɪdʒə^r] *n* adolescent(e)
teens [tiːnz] *npl*: **to be in one's ~** être adolescent(e)
teepee ['tiːpiː] *n* tipi *m*
tee-shirt ['tiːʃəːt] *n* = **T-shirt**
teeter ['tiːtə^r] *vi* chanceler, vaciller
teeth [tiːθ] *npl of* **tooth**
teethe [tiːð] *vi* percer ses dents
teething ring ['tiːðɪŋ-] *n* anneau *m* (*pour bébé qui perce ses dents*)
teething troubles ['tiːðɪŋ-] *npl* (*fig*) difficultés initiales
teetotal ['tiː'təutl] *adj* (*person*) qui ne boit jamais d'alcool
teetotaller, (*US*) **teetotaler** ['tiː'təutlə^r] *n* personne *f* qui ne boit jamais d'alcool
TEFL ['tɛfl] *n abbr* = **Teaching of English as a Foreign Language**
Teflon® ['tɛflɔn] *n* Téflon® *m*
Teheran [tɛə'rɑːn] *n* Téhéran
tel. *abbr* (= *telephone*) tél
Tel Aviv ['tɛlə'viːv] *n* Tel Aviv
telecast ['tɛlɪkɑːst] *vt* télédiffuser, téléviser
telecommunications ['tɛlɪkəmjuːnɪ'keɪʃənz] *n* télécommunications *fpl*
telecommuting [tɛlɪkə'mjuːtɪŋ] *n* télétravail *m*
telecoms ['tɛlɪkɔmz] (*inf*) *npl* télécoms *fpl* ▸ *cpd* (*analyst*) télécoms ; (*firm*) de télécoms ; (*giant, industry*) des télécoms
teleconference ['tɛlɪkɔnfərəns] *n* téléconférence *f*
teleconferencing [tɛlɪ'kɔnfərənsɪŋ] *n* téléconférence(s) *f(pl)*
telegram ['tɛlɪgræm] *n* télégramme *m*
telegraph ['tɛlɪgrɑːf] *n* télégraphe *m*
telegraphic [tɛlɪ'græfɪk] *adj* télégraphique
telegraph pole *n* poteau *m* télégraphique
telegraph wire *n* fil *m* télégraphique
telemarketing ['tɛlɪmɑːkɪtɪŋ] *n* télémarketing *m*
telepathic [tɛlɪ'pæθɪk] *adj* télépathique
telepathy [tə'lɛpəθɪ] *n* télépathie *f*
telephone ['tɛlɪfəun] *n* téléphone *m* ; **to have a ~, to be on the ~** (*subscriber*) avoir le téléphone ; **to be on the ~** (*be speaking*) être au téléphone ▸ *vt* (*person*) téléphoner à ; (*message*) téléphoner
telephone book *n* = **telephone directory**
telephone booth, (Brit) **telephone box** *n* cabine *f* téléphonique
telephone call *n* appel *m* téléphonique
telephone directory *n* annuaire *m* (du téléphone)
telephone exchange *n* central *m* (téléphonique)
telephone number *n* numéro *m* de téléphone
telephone operator *n* téléphoniste *mf*, standardiste *mf*
telephone tapping [-tæpɪŋ] *n* mise *f* sur écoute
telephonist [tɪ'lɛfənɪst] *n* (Brit) téléphoniste *mf*
telephony [tɪ'lɛfənɪ] *n* téléphonie *m*
telephoto ['tɛlɪfəutəu] *adj*: **~ lens** téléobjectif *m*
teleprinter ['tɛlɪprɪntə^r] *n* téléscripteur *m*
telesales ['tɛlɪseɪlz] *npl* télévente *f*
telescope ['tɛlɪskəup] *n* télescope *m* ▸ *vi* se télescoper ▸ *vt* télescoper
telescopic [tɛlɪ'skɔpɪk] *adj* télescopique ; (*umbrella*) à manche télescopique
Teletext® ['tɛlɪtɛkst] *n* télétexte *m*
telethon ['tɛlɪθɔn] *n* téléthon *m*
televise ['tɛlɪvaɪz] *vt* téléviser
television ['tɛlɪvɪʒən] *n* télévision *f* ; **on ~** à la télévision
television licence *n* (Brit) redevance *f* (de l'audio-visuel)
television programme *n* (Brit) émission *f* de télévision
television set *n* poste *m* de télévision, téléviseur *m*
teleworker ['tɛlɪwəːkə^r] *n* télétravailleur(-euse)
teleworking ['tɛlɪwəːkɪŋ] *n* télétravail *m*
telex ['tɛlɛks] *n* télex *m* ▸ *vt* (*message*) envoyer par télex ; (*person*) envoyer un télex à ▸ *vi* envoyer un télex
tell [tɛl] (*pt, pp* **told** [təuld]) *vt* dire ; (*relate: story*) raconter ; (*distinguish*): **to ~ sth from** distinguer qch de ; **to ~ sb to do** dire à qn de faire ; **to ~ sb about sth** (*place, object etc*) parler de qch à qn ; (*what happened etc*) raconter qch à qn ; **to ~ the time** (*know how to*) savoir lire l'heure ; **can you ~ me the time?** pourriez-vous me dire l'heure ? ; **(I) ~ you what, …** écoute, … ; **I can't ~ them apart** je n'arrive pas à les distinguer ▸ *vi* (*talk*): **to ~ of** parler de ; (*have effect*) se faire sentir, se voir
▸ **tell off** *vt* réprimander, gronder
▸ **tell on** *vt fus* (*inform against*) dénoncer, rapporter contre
teller ['tɛlə^r] *n* (*in bank*) caissier(-ière)
telling ['tɛlɪŋ] *adj* (*remark, detail*) révélateur(-trice)
telltale ['tɛlteɪl] *n* rapporteur(-euse) ▸ *adj* (*sign*) éloquent(e), révélateur(-trice)
telly ['tɛlɪ] *n abbr* (Brit *inf*: = *television*) télé *f*
temerity [tə'mɛrɪtɪ] *n* témérité *f*

temp [tɛmp] *n* (Brit: = *temporary worker*) intérimaire *mf* ▸ *vi* travailler comme intérimaire
temper ['tɛmpəʳ] *n* (*nature*) caractère *m* ; (*mood*) humeur *f* ; (*fit of anger*) colère *f* ; **to be in a ~** être en colère ; **to lose one's ~** se mettre en colère ; **to keep one's ~** rester calme ▸ *vt* (*moderate*) tempérer, adoucir
temperament ['tɛmprəmənt] *n* (*nature*) tempérament *m*
temperamental [tɛmprə'mɛntl] *adj* capricieux(-euse)
temperance ['tɛmpərns] *n* modération *f* ; (*in drinking*) tempérance *f*
temperate ['tɛmprət] *adj* modéré(e) ; (*climate*) tempéré(e)
temperature ['tɛmprətʃəʳ] *n* température *f* ; **to have** *or* **run a ~** avoir de la fièvre
temperature chart *n* (*Med*) feuille *f* de température
tempered ['tɛmpəd] *adj* (*steel*) trempé(e)
tempest ['tɛmpɪst] *n* tempête *f*
tempestuous [tɛm'pɛstjuəs] *adj* (*fig*) orageux(-euse) ; (: *person*) passionné(e)
tempi ['tɛmpi:] *npl of* **tempo**
template ['tɛmplɪt] *n* patron *m*
temple ['tɛmpl] *n* (*building*) temple *m* ; (*Anat*) tempe *f*
templet ['tɛmplɪt] *n* = **template**
tempo ['tɛmpəu] (*pl* **tempos** *or* **tempi** ['tɛmpi:]) *n* tempo *m* ; (*fig: of life etc*) rythme *m*
temporal ['tɛmpərl] *adj* temporel(le)
temporarily ['tɛmpərərɪlɪ] *adv* temporairement ; provisoirement
temporary ['tɛmpərərɪ] *adj* temporaire, provisoire ; (*job, worker*) temporaire ; **~ secretary** (secrétaire *f*) intérimaire *f* ; **a ~ teacher** un professeur remplaçant *or* suppléant
temporize ['tɛmpəraɪz] *vi* atermoyer ; transiger
tempt [tɛmpt] *vt* tenter ; **to ~ sb into doing** induire qn à faire ; **to be tempted to do sth** être tenté(e) de faire qch
temptation [tɛmp'teɪʃən] *n* tentation *f*
tempting ['tɛmptɪŋ] *adj* tentant(e) ; (*food*) appétissant(e)
ten [tɛn] *num* dix ▸ *n*: **tens of thousands** des dizaines *fpl* de milliers
tenable ['tɛnəbl] *adj* défendable
tenacious [tə'neɪʃəs] *adj* tenace
tenacity [tə'næsɪtɪ] *n* ténacité *f*
tenancy ['tɛnənsɪ] *n* location *f* ; état *m* de locataire
tenant ['tɛnənt] *n* locataire *mf*
tend [tɛnd] *vt* s'occuper de ; (*sick etc*) soigner ▸ *vi*: **to ~ to do** avoir tendance à faire ; **to ~ to** (*colour*) tirer sur
tendency ['tɛndənsɪ] *n* tendance *f*
tender ['tɛndəʳ] *adj* tendre ; (*delicate*) délicat(e) ; (*sore*) sensible ; (*affectionate*) tendre, doux (douce) ▸ *n* (*Comm: offer*) soumission *f* ; (*money*): **legal ~** cours légal ; **to put in a ~ (for)** faire une soumission (pour) ; **to put work out to ~** (Brit) mettre un contrat en adjudication ▸ *vt* offrir ; **to ~ one's resignation** donner sa démission ▸ **tender for** *vt fus* soumissionner à un appel d'offres
tenderize ['tɛndəraɪz] *vt* (*Culin*) attendrir
tenderly ['tɛndəlɪ] *adv* tendrement
tenderness ['tɛndənɪs] *n* tendresse *f* ; (*of meat*) tendreté *f*
tendon ['tɛndən] *n* tendon *m*
tenement ['tɛnəmənt] *n* immeuble *m* (de rapport)
Tenerife [tɛnə'ri:f] *n* Ténérife *f*
tenet ['tɛnət] *n* principe *m*
Tenn. *abbr* (*US*) = **Tennessee**
tenner ['tɛnəʳ] *n* (Brit *inf*) billet *m* de dix livres
tennis ['tɛnɪs] *n* tennis *m* ▸ *cpd* (*club, match, racket, player*) de tennis
tennis ball *n* balle *f* de tennis
tennis court *n* (court *m* de) tennis *m*
tennis elbow *n* (*Med*) synovite *f* du coude
tennis match *n* match *m* de tennis
tennis player *n* joueur(-euse) de tennis
tennis racket *n* raquette *f* de tennis
tennis shoes *npl* (chaussures *fpl* de) tennis *mpl*
tenor ['tɛnəʳ] *n* (*Mus*) ténor *m* ; (*of speech etc*) sens général
tenpin bowling ['tɛnpɪn-] *n* (Brit) bowling *m* (à 10 *quilles*)
tense [tɛns] *adj* tendu(e) ; (*person*) tendu, crispé(e) ▸ *n* (*Ling*) temps *m* ▸ *vt* (*tighten: muscles*) tendre
tenseness ['tɛnsnɪs] *n* tension *f*
tension ['tɛnʃən] *n* tension *f*
tent [tɛnt] *n* tente *f*
tentacle ['tɛntəkl] *n* tentacule *m*
tentative ['tɛntətɪv] *adj* timide, hésitant(e) ; (*conclusion*) provisoire
tenterhooks ['tɛntəhuks] *npl*: **on ~** sur des charbons ardents
tenth [tɛnθ] *num* dixième
tent peg *n* piquet *m* de tente
tent pole *n* montant *m* de tente
tenuous ['tɛnjuəs] *adj* ténu(e)
tenure ['tɛnjuəʳ] *n* (*of property*) bail *m* ; (*of job*) période *f* de jouissance ; statut *m* de titulaire
tepid ['tɛpɪd] *adj* tiède
tequila [tɪ'ki:lə] *n* tequila *f*
Ter. *abbr* = **terrace**
term [tə:m] *n* (*limit*) terme *m* ; (*word*) terme, mot *m* ; (*Scol*) trimestre *m* ; (*Law*) session *f* ; **~ of imprisonment** peine *f* de prison ; **his ~ of office** la période où il était en fonction ; **in the short/long ~** à court/long terme ▸ *vt* appeler ; **terms** *npl* (*conditions*) conditions *fpl* ; (*Comm*) tarif *m* ; **"easy terms"** (*Comm*) « facilités de paiement » ; **to come to terms with** (*problem*) faire face à ; **to be on good terms with** bien s'entendre avec, être en bons termes avec
terminal ['tə:mɪnl] *adj* terminal(e) ; (*disease*) dans sa phase terminale ; (*patient*) incurable ▸ *n* (*Elec*) borne *f* ; (*for oil, ore etc, also Comput*) terminal *m* ; (*also*: **air terminal**) aérogare *f* ; (Brit: *also*: **coach terminal**) gare routière
terminally ['tə:mɪnlɪ] *adv*: **to be ~ ill** être en phase terminale

t

terminate ['tə:mɪneɪt] *vt* mettre fin à ; (*pregnancy*) interrompre ▸ *vi*: **to ~ in** finir en *or* par

termination [tə:mɪ'neɪʃən] *n* fin *f* ; cessation *f* ; (*of contract*) résiliation *f* ; **~ of pregnancy** (*Med*) interruption *f* de grossesse

termini ['tə:mɪnaɪ] *npl of* **terminus**

terminology [tə:mɪ'nɔlədʒɪ] *n* terminologie *f*

terminus ['tə:mɪnəs] (*pl* **termini** ['tə:mɪnaɪ]) *n* terminus *m inv*

termite ['tə:maɪt] *n* termite *m*

term paper *n* (*US University*) dissertation trimestrielle

terrace ['tɛrəs] *n* terrasse *f* ; (Brit: *row of houses*) rangée *f* de maisons (*attenantes les unes aux autres*) ; **the terraces** (Brit *Sport*) les gradins *mpl*

terraced ['tɛrəst] *adj* (*garden*) en terrasses ; (*in a row: house*) attenant(e) aux maisons voisines

terracotta ['tɛrə'kɔtə] *n* terre cuite

terra firma [tɛrə'fə:mə] *n*: **to be on ~** être sur la terre ferme

terrain [tɛ'reɪn] *n* terrain *m* (*sol*)

terrestrial [tɪ'restrɪəl] *adj* terrestre

terrible ['tɛrɪbl] *adj* terrible, atroce ; (*weather, work*) affreux(-euse), épouvantable

terribly ['tɛrɪblɪ] *adv* terriblement ; (*very badly*) affreusement mal

terrier ['tɛrɪə^r] *n* terrier *m* (*chien*)

terrific [tə'rɪfɪk] *adj* (*very great*) fantastique, incroyable, terrible ; (*wonderful*) formidable, sensationnel(le)

terrified ['tɛrɪfaɪd] *adj* terrifié(e) ; **to be ~ of sth** avoir très peur de qch

terrify ['tɛrɪfaɪ] *vt* terrifier

terrifying ['tɛrɪfaɪɪŋ] *adj* terrifiant(e)

terrifyingly ['tɛrɪfaɪɪŋlɪ] *adv* (*deep, high*) effroyablement ; (*escalate, shake*) de manière terrifiante

territorial [tɛrɪ'tɔ:rɪəl] *adj* territorial(e)

territorial waters *npl* eaux territoriales

territory ['tɛrɪtərɪ] *n* territoire *m*

terror ['tɛrə^r] *n* terreur *f*

terrorism ['tɛrərɪzəm] *n* terrorisme *m*

terrorist ['tɛrərɪst] *n* terroriste *mf*

terrorist attack *n* attentat *m* terroriste

terrorize ['tɛrəraɪz] *vt* terroriser

terry ['tɛrɪ] *n* (*also*: **terry cloth**, **terry towelling**) éponge *f*, tissu-éponge *m* ▸ *cpd* (*nappy, bathrobe*) en éponge, en tissu-éponge

terse [tə:s] *adj* (*style*) concis(e) ; (*reply*) laconique

tertiary ['tə:ʃərɪ] *adj* tertiaire ; **~ education** (Brit) enseignement *m* postscolaire

TESL ['tɛsl] *n abbr* = **Teaching of English as a Second Language**

test [tɛst] *n* (*trial, check*) essai *m* ; (*: of goods in factory*) contrôle *m* ; (*of courage etc*) épreuve *f* ; (*Med*) examen *m* ; (*Chem*) analyse *f* ; (*exam: of intelligence etc*) test *m* (d'aptitude) ; (*Scol*) interrogation *f* de contrôle ; (*also*: **driving test**) (examen du) permis *m* de conduire ; **to put sth to the ~** mettre qch à l'épreuve ▸ *vt* essayer ; contrôler ; mettre à l'épreuve ; examiner ; analyser ; tester ; faire subir une interrogation à

▸ **test for** *vt fus* (*virus*) dépister ; (*drugs, oil*) rechercher la présence de

▸ **test out** *vt* (*idea, theory*) mettre à l'épreuve

testament ['tɛstəmənt] *n* testament *m* ; **the Old/New T~** l'Ancien/le Nouveau Testament

test ban *n* (*also*: **nuclear test ban**) interdiction *f* des essais nucléaires

test case *n* (*Law*) affaire *f* qui fait jurisprudence

test drive *n* essai *m* sur route

tester ['tɛstə^r] *n* (*device*) testeur *m* ; (*person*): **she is a computer software ~** elle teste des logiciels

testes ['tɛsti:z] *npl* testicules *mpl*

test flight *n* vol *m* d'essai

testicle ['tɛstɪkl] *n* testicule *m*

testify ['tɛstɪfaɪ] *vi* (*Law*) témoigner, déposer ; **to ~ to sth** (*Law*) attester qch ; (*gen*) témoigner de qch

testimonial [tɛstɪ'məunɪəl] *n* (*reference*) recommandation *f* ; (*gift*) témoignage *m* d'estime

testimony ['tɛstɪmənɪ] *n* (*Law*) témoignage *m*, déposition *f*

testing ['tɛstɪŋ] *adj* (*situation, period*) difficile

test match *n* (*Cricket, Rugby*) match international

testosterone [tɛs'tɔstərəun] *n* testostérone *f*

test paper *n* (*Scol*) interrogation écrite

test pilot *n* pilote *m* d'essai

test tube *n* éprouvette *f*

test-tube baby ['tɛsttju:b-] *n* bébé-éprouvette *m*

testy ['tɛstɪ] *adj* irritable

tetanus ['tɛtənəs] *n* tétanos *m*

tetchy ['tɛtʃɪ] *adj* hargneux(-euse)

tether ['tɛðə^r] *vt* attacher ▸ *n*: **at the end of one's ~** à bout (de patience)

tetraplegic [tetrə'pli:dʒɪk] *adj, n* tétraplégique *mf*

Tex. *abbr* (*US*) = **Texas**

text [tɛkst] *n* texte *m* ; (*on mobile phone*) SMS *m inv*, texto® *m* ▸ *vt* envoyer un SMS *or* texto® à

textbook ['tɛkstbuk] *n* manuel *m*

textile ['tɛkstaɪl] *n* textile *m*

text message *n* SMS *m inv*, texto® *m*

text messaging [-'mɛsɪdʒɪŋ] *n* messagerie textuelle

textual ['tɛkstjuəl] *adj* textuel(le)

texture ['tɛkstʃə^r] *n* texture *f* ; (*of skin, paper etc*) grain *m*

TGIF *abbr* (*inf*) = **thank God it's Friday**

TGWU *n abbr* (Brit: = *Transport and General Workers' Union*) *syndicat de transporteurs*

Thai [taɪ] *adj* thaïlandais(e) ▸ *n* Thaïlandais(e) ; (*Ling*) thaï *m*

Thailand ['taɪlænd] *n* Thaïlande *f*

Thames [tɛmz] *n*: **the (River) ~** la Tamise

than [ðæn, ðən] *conj* que ; (*with numerals*): **more ~ 10/once** plus de 10/d'une fois ; **I have more/less ~ you** j'en ai plus/moins que toi ; **she has more apples ~ pears** elle a plus de pommes que de poires ; **it is better to phone ~ to write** il vaut mieux téléphoner (plutôt) qu'écrire ; **she is older ~ you think** elle est plus âgée que tu le crois ; **no sooner did he leave ~ the phone rang** il venait de partir quand le téléphone a sonné

thank [θæŋk] *vt* remercier, dire merci à ; **~ you (very much)** merci (beaucoup) ; **~ heavens, ~ God** Dieu merci ; **thanks** *npl* remerciements *mpl* ; **thanks!** merci ! ; **thanks to** *prep* grâce à

thankful ['θæŋkful] *adj*: **~ (for)** reconnaissant(e) (de) ; **~ for/that** *(relieved)* soulagé(e) de/que

thankfully ['θæŋkfəlɪ] *adv* avec reconnaissance ; avec soulagement ; *(fortunately)* heureusement ; **~ there were few victims** il y eut fort heureusement peu de victimes

thankless ['θæŋklɪs] *adj* ingrat(e)

Thanksgiving (Day) ['θæŋksgɪvɪŋ-] *n* jour *m* d'action de grâce

THANKSGIVING (DAY)

Thanksgiving (Day) est un jour de congé aux États-Unis, le quatrième jeudi du mois de novembre, commémorant la bonne récolte que les Pèlerins venus de Grande-Bretagne ont faite en 1621. Traditionnellement, c'était un jour où l'on remerciait Dieu et où l'on organisait un grand festin. Aujourd'hui, on fête *Thanksgiving* par un grand repas de famille où l'on sert un menu traditionnel : dinde et sauce aux airelles, patates douces, tarte au potiron. Des matches ont lieu pour l'occasion entre les grandes équipes de football américain du pays, et de nombreuses villes organisent un défilé. Une fête semblable, mais qui n'a aucun rapport avec les Pères Pèlerins, a lieu au Canada le deuxième lundi d'octobre.

KEYWORD

that [ðæt] *adj* (*pl* **those**: *demonstrative*) ce, cet *+ vowel or h mute*, cette *f* ; **that man/woman/book** cet homme/cette femme/ce livre ; *(not this)* cet homme-là/cette femme-là/ce livre-là ; **that one** celui-là (celle-là)

▸ *pron* **1** (*pl* **those**: *demonstrative*) ce ; *(not this one)* cela, ça ; *(that one)* celui (celle) ; **who's that?** qui est-ce ? ; **what's that?** qu'est-ce que c'est ? ; **is that you?** c'est toi ? ; **I prefer this to that** je préfère ceci à cela *or* ça ; **that's what he said** c'est *or* voilà ce qu'il a dit ; **will you eat all that?** tu vas manger tout ça ? ; **that is (to say)** c'est-à-dire, à savoir ; **at** *or* **with that, he ...** là-dessus, il ... ; **do it like that** fais-le comme ça

2 *(relative: subject)* qui ; *(: object)* que ; *(: after prep)* lequel (laquelle), lesquels (lesquelles) *pl* ; **the book that I read** le livre que j'ai lu ; **the books that are in the library** les livres qui sont dans la bibliothèque ; **all that I have** tout ce que j'ai ; **the box that I put it in** la boîte dans laquelle je l'ai mis ; **the people that I spoke to** les gens auxquels *or* à qui j'ai parlé ; **not that I know of** pas à ma connaissance

3 *(relative: of time)* où ; **the day that he came** le jour où il est venu

▸ *conj* que ; **he thought that I was ill** il pensait que j'étais malade

▸ *adv (demonstrative)*: **I don't like it that much** ça ne me plaît pas tant que ça ; **I didn't know it was that bad** je ne savais pas que c'était si *or* aussi mauvais ; **that high** aussi haut ; si haut ; **it's about that high** c'est à peu près de cette hauteur

thatched [θætʃt] *adj (roof)* de chaume ; **~ cottage** chaumière *f*

Thatcherism ['θætʃərɪzəm] *n* thatchérisme *m*

thaw [θɔ:] *n* dégel *m* ▸ *vi (ice)* fondre ; *(food)* dégeler ; **it's thawing** *(weather)* il dégèle ▸ *vt (food)* (faire) dégeler

KEYWORD

the [ði:, ðə] *def art* **1** *(gen)* le, la *f*, l' *+ vowel or h mute*, les *pl* (*NB : à + le(s) =* **au(x)** *; de + le =* **du** *; de + les =* **des**) ; **the boy/girl/ink** le garçon/la fille/l'encre ; **the children** les enfants ; **the history of the world** l'histoire du monde ; **give it to the postman** donne-le au facteur ; **to play the piano/flute** jouer du piano/de la flûte

2 *(+ adj to form n)* le, la *f*, l' *+ vowel or h mute*, les *pl* ; **the rich and the poor** les riches et les pauvres ; **to attempt the impossible** tenter l'impossible

3 *(in titles)*: **Elizabeth the First** Elisabeth première ; **Peter the Great** Pierre le Grand

4 *(in comparisons)*: **the more he works, the more he earns** plus il travaille, plus il gagne de l'argent ; **the sooner the better** le plus tôt sera le mieux

theatre, (US) **theater** ['θɪətə[r]] *n* théâtre *m* ; *(also:* **lecture theatre***)* amphithéâtre *m*, amphi *m (inf)* ; *(Med: also:* **operating theatre***)* salle *f* d'opération

theatre-goer, (US) **theater-goer** ['θɪətəgəuə[r]] *n* habitué(e) du théâtre

theatrical [θɪ'ætrɪkl] *adj* théâtral(e) ; **~ company** troupe *f* de théâtre

theft [θɛft] *n* vol *m (larcin)*

their [ðɛə[r]] *adj* leur, leurs *pl* ; *see also* **my**

theirs [ðɛəz] *pron* le (la) leur, les leurs ; **it is ~** c'est à eux ; **a friend of ~** un de leurs amis ; *see also* **mine**[1]

them [ðɛm, ðəm] *pron (direct)* les ; *(indirect)* leur ; *(stressed, after prep)* eux (elles) ; **I see ~** je les vois ; **give ~ the book** donne-leur le livre ; **give me a few of ~** donnez m'en quelques uns (*or* quelques unes) ; *see also* **me**

theme [θi:m] *n* thème *m*

themed [θi:md] *adj (esp* BRIT*: restaurant, bar)* à thème

theme music, theme tune *n (of film)* thème *m* principal ; (*TV, Radio*) musique *f* de générique, indicatif *m*

theme park *n* parc *m* à thème

theme song *n* chanson principale

themselves [ðəm'sɛlvz] *pl pron (reflexive)* se ; *(emphatic, after prep)* eux-mêmes (elles-mêmes) ; **between ~** entre eux (elles) ; *see also* **oneself**

t

then [ðɛn] *adv (at that time)* alors, à ce moment-là ; *(next)* puis, ensuite ; *(and also)* et puis ; **by ~** *(past)* à ce moment-là ; *(future)* d'ici là ; **from ~ on** dès lors ; **before ~** avant ; **until ~** jusqu'à ce moment-là, jusque-là ; **and ~ what?** et puis après ? ; **what do you want me to do ~?** *(afterwards)* que veux-tu que je fasse ensuite ? ; *(in that case)* bon alors, qu'est-ce que je fais ? ▸ *conj (therefore)* alors, dans ce cas ▸ *adj*: **the ~ president** le président d'alors *or* de l'époque
theologian [θɪə'ləudʒən] *n* théologien(ne)
theological [θɪə'lɔdʒɪkl] *adj* théologique
theology [θɪ'ɔlədʒɪ] *n* théologie *f*
theorem ['θɪərəm] *n* théorème *m*
theoretical [θɪə'rɛtɪkl] *adj* théorique
theoretically [θɪə'rɛtɪklɪ] *adv* théoriquement
theorize ['θɪəraɪz] *vi* élaborer une théorie ; *(pej)* faire des théories
theory ['θɪərɪ] *n* théorie *f*
therapeutic [θɛrə'pju:tɪk] *adj* thérapeutique
therapist ['θɛrəpɪst] *n* thérapeute *mf*
therapy ['θɛrəpɪ] *n* thérapie *f*

KEYWORD

there [ðɛəʳ] *adv* **1**: **there is, there are** il y a ; **there are 3 of them** *(people, things)* il y en a 3 ; **there is no-one here/no bread left** il n'y a personne/il n'y a plus de pain ; **there has been an accident** il y a eu un accident
2 *(referring to place)* là, là-bas ; **it's there** c'est là(-bas) ; **in/on/up/down there** là-dedans/ là-dessus/là-haut/en bas ; **he went there on Friday** il y est allé vendredi ; **to go there and back** faire l'aller-retour ; **I want that book there** je veux ce livre-là ; **there he is!** le voilà !
3: **there, there!** *(esp to child)* allons, allons !

Remember to spell the word **là** with an accent: *She's there!* **Elle est là !** The accent distinguishes it from the feminine article, **la**.

thereabouts ['ðɛərə'bauts] *adv (place)* par là, près de là ; *(amount)* environ, à peu près
thereafter [ðɛər'ɑ:ftəʳ] *adv* par la suite
thereby ['ðɛəbaɪ] *adv* ainsi
therefore ['ðɛəfɔ:ʳ] *adv* donc, par conséquent
there's ['ðɛəz] = **there is**; **there has**
thereupon [ðɛərə'pɔn] *adv (at that point)* sur ce ; *(formal: on that subject)* à ce sujet
thermal ['θə:ml] *adj* thermique ; **~ paper/ printer** papier *m*/imprimante *f* thermique ; **~ underwear** sous-vêtements *mpl* en Thermolactyl®
thermodynamics ['θə:mədaɪ'næmɪks] *n* thermodynamique *f*
thermometer [θə'mɔmɪtəʳ] *n* thermomètre *m*
thermonuclear ['θə:məu'nju:klɪəʳ] *adj* thermonucléaire
Thermos® ['θə:məs] *n (also*: **Thermos flask**) thermos® *m or f*
thermostat ['θə:məustæt] *n* thermostat *m*
thesaurus [θɪ'sɔ:rəs] *n* dictionnaire *m* synonymique
these [ði:z] *pl pron* ceux-ci (celles-ci) ▸ *pl adj* ces ; *(not those)*: **~ books** ces livres-ci
thesis ['θi:sɪs] (*pl* **theses** ['θi:si:z]) *n* thèse *f*
they [ðeɪ] *pl pron* ils (elles) ; *(stressed)* eux (elles) ; **~ say that ...** *(it is said that)* on dit que ...
they'd [ðeɪd] = **they had**; **they would**
they'll [ðeɪl] = **they shall**; **they will**
they're [ðɛəʳ] = **they are**
they've [ðeɪv] = **they have**
thick [θɪk] *adj* épais(se) ; *(crowd)* dense ; *(stupid)* bête, borné(e) ; **it's 20 cm ~** ça a 20 cm d'épaisseur ▸ *n*: **in the ~ of** au beau milieu de, en plein cœur de
thicken ['θɪkn] *vi* s'épaissir ▸ *vt (sauce etc)* épaissir
thicket ['θɪkɪt] *n* fourré *m*, hallier *m*
thickly ['θɪklɪ] *adv (spread)* en couche épaisse ; *(cut)* en tranches épaisses ; **~ populated** à forte densité de population
thickness ['θɪknɪs] *n* épaisseur *f*
thickset [θɪk'sɛt] *adj* trapu(e), costaud(e)
thick-skinned [θɪk'skɪnd] *adj (fig)* peu sensible
thief [θi:f] (*pl* **thieves** [θi:vz]) *n* voleur(-euse)
thieving ['θi:vɪŋ] *n* vol *m (larcin)*
thigh [θaɪ] *n* cuisse *f*
thighbone ['θaɪbəun] *n* fémur *m*
thimble ['θɪmbl] *n* dé *m* (à coudre)
thin [θɪn] *adj* mince ; *(skinny)* maigre ; *(soup)* peu épais(se) ; *(hair, crowd)* clairsemé(e) ; *(fog)* léger(-ère) ▸ *vt (hair)* éclaircir ; *(also*: **thin down**: *sauce, paint)* délayer ▸ *vi (fog)* s'éclaircir ; *(also*: **thin out**: *crowd)* se disperser ; **his hair is thinning** il se dégarnit
thing [θɪŋ] *n* chose *f* ; *(object)* objet *m* ; *(contraption)* truc *m* ; **first ~ (in the morning)** à la première heure, tout de suite (le matin) ; **last ~ (at night), he ...** juste avant de se coucher, il ... ; **the ~ is ...** c'est que ... ; **for one ~** d'abord ; **the best ~ would be to** le mieux serait de ; **to have a ~ about** *(be obsessed by)* être obsédé(e) par ; *(hate)* détester ; **poor ~!** le *(or* la) pauvre ! ; **things** *npl (belongings)* affaires *fpl* ; **how are things?** comment ça va ?
think [θɪŋk] (*pt, pp* **thought** [θɔ:t]) *vi* penser, réfléchir ; **to ~ about sth/sb** penser à qch/qn ; **I'll ~ about it** je vais y réfléchir ; **to ~ of** penser à ; **what do you ~ of it?** qu'en pensez-vous ? ; **what did you ~ of them?** qu'avez-vous pensé d'eux ? ; **to ~ of doing** avoir l'idée de faire ; **to ~ well of** avoir une haute opinion de ; **~ again!** attention, réfléchis bien ! ; **to ~ aloud** penser tout haut ▸ *vt* penser, croire ; *(imagine)* s'imaginer ; **I ~ so/not** je crois *or* pense que oui/ non
▸ **think back** *vi* repenser ; **thinking back, I ...** quand j'y repense, je ...
▸ **think out** *vt (plan)* bien réfléchir à ; *(solution)* trouver
▸ **think over** *vt* bien réfléchir à ; **I'd like to ~ things over** *(offer, suggestion)* j'aimerais bien y réfléchir un peu
▸ **think through** *vt* étudier dans tous les détails
▸ **think up** *vt* inventer, trouver
thinker ['θɪŋkəʳ] *n* penseur(-euse)

thinking ['θɪŋkɪŋ] *n*: **to my (way of) ~** selon moi
think tank *n* groupe *m* de réflexion
thinly ['θɪnlɪ] *adv* (*cut*) en tranches fines ; (*spread*) en couche mince
thinness ['θɪnnɪs] *n* minceur *f* ; maigreur *f*
third [θə:d] *num* troisième ▸ *n* troisième *mf* ; (*fraction*) tiers *m* ; (*Aut*) troisième (vitesse) *f* ; (Brit *Scol: degree*) ≈ licence *f* avec mention passable ; **a ~ of** le tiers de
third-degree burns ['θə:ddɪgri:-] *npl* brûlures *fpl* au troisième degré
thirdly ['θə:dlɪ] *adv* troisièmement
third party insurance *n* (Brit) assurance *f* au tiers
third-rate ['θə:d'reɪt] *adj* de qualité médiocre
Third World *n*: **the ~** le Tiers-Monde
thirst [θə:st] *n* soif *f*
thirsty ['θə:stɪ] *adj* qui a soif, assoiffé(e) ; (*work*) qui donne soif ; **to be ~** avoir soif
thirteen [θə:'ti:n] *num* treize
thirteenth [θə:'ti:nθ] *num* treizième
thirtieth ['θə:tɪɪθ] *num* trentième
thirty ['θə:tɪ] *num* trente

KEYWORD

this [ðɪs] *adj* (*pl* **these**: *demonstrative*) ce, cet + *vowel or h mute*, cette *f* ; **this man/woman/book** cet homme/cette femme/ce livre ; (*not that*) cet homme-ci/cette femme-ci/ce livre-ci ; **this one** celui-ci (celle-ci) ; **this time** cette fois-ci ; **this time last year** l'année dernière à la même époque ; **this way** (*in this direction*) par ici ; (*in this fashion*) de cette façon, ainsi
▸ *pron* (*pl* **these**: *demonstrative*) ce ; (*not that one*) celui-ci (celle-ci), ceci ; **who's this?** qui est-ce ? ; **what's this?** qu'est-ce que c'est ? ; **I prefer this to that** je préfère ceci à cela ; **they were talking of this and that** ils parlaient de choses et d'autres ; **this is where I live** c'est ici que j'habite ; **this is what he said** voici ce qu'il a dit ; **this is Mr Brown** (*in introductions*) je vous présente Mr Brown ; (*in photo*) c'est Mr Brown ; (*on telephone*) ici Mr Brown
▸ *adv* (*demonstrative*): **it was about this big** c'était à peu près de cette grandeur *or* grand comme ça ; **I didn't know it was this bad** je ne savais pas que c'était si *or* aussi mauvais

thistle ['θɪsl] *n* chardon *m*
thong [θɔŋ] *n* lanière *f*
thorn [θɔ:n] *n* épine *f*
thorny ['θɔ:nɪ] *adj* épineux(-euse)
thorough ['θʌrə] *adj* (*search*) minutieux(-euse) ; (*knowledge, research*) approfondi(e) ; (*work, person*) consciencieux(-euse) ; (*cleaning*) à fond
thoroughbred ['θʌrəbrɛd] *n* (*horse*) pur-sang *m inv*
thoroughfare ['θʌrəfɛə^r] *n* rue *f* ; **"no ~"** (Brit) « passage interdit »
thoroughgoing ['θʌrəgəuɪŋ] *adj* (*analysis*) approfondi(e) ; (*reform*) profond(e)
thoroughly ['θʌrəlɪ] *adv* (*search*) minutieusement ; (*study*) en profondeur ; (*clean*) à fond ; (*very*) tout à fait ; **he ~ agreed** il était tout à fait d'accord
thoroughness ['θʌrənɪs] *n* soin (méticuleux)
those [ðəuz] *pl pron* ceux-là (celles-là) ▸ *pl adj* ces ; (*not these*): **~ books** ces livres-là
though [ðəu] *conj* bien que + *sub*, quoique + *sub* ; **even ~** quand bien même + *cond* ▸ *adv* pourtant ; **it's not easy, ~** pourtant, ce n'est pas facile
thought [θɔ:t] *pt, pp of* **think** ▸ *n* pensée *f* ; (*idea*) idée *f* ; (*opinion*) avis *m* ; (*intention*) intention *f* ; **after much ~** après mûre réflexion ; **I've just had a ~** je viens de penser à quelque chose ; **to give sth some ~** réfléchir à qch
thoughtful ['θɔ:tful] *adj* (*deep in thought*) pensif(-ive) ; (*serious*) réfléchi(e) ; (*considerate*) prévenant(e)
thoughtfully ['θɔ:tfulɪ] *adv* pensivement ; avec prévenance
thoughtfulness ['θɔ:tfulnɪs] *n* prévenance *f*
thoughtless ['θɔ:tlɪs] *adj* qui manque de considération
thoughtlessly ['θɔ:tlɪslɪ] *adv* inconsidérément
thoughtlessness ['θɔ:tlɪsnɪs] *n* manque *m* de considération
thought-provoking ['θɔ:tprəvəukɪŋ] *adj* stimulant(e)
thousand ['θauzənd] *num* mille ; **one ~** mille ; **two ~** deux mille ; **thousands of** des milliers de
thousandth ['θauzəntθ] *num* millième
thrash [θræʃ] *vt* rouer de coups ; (*inf: defeat*) donner une raclée à (*inf*)
▸ **thrash about** *vi* se débattre
▸ **thrash out** *vt* débattre de
thrashing ['θræʃɪŋ] *n* (*inf*) raclée *f* (*inf*)
thread [θrɛd] *n* fil *m* ; (*of screw*) pas *m*, filetage *m* ▸ *vt* (*needle*) enfiler ; **to ~ one's way between** se faufiler entre
threadbare ['θrɛdbɛə^r] *adj* râpé(e), élimé(e)
threat [θrɛt] *n* menace *f* ; **to be under ~ of** être menacé(e) de
threaten ['θrɛtn] *vi* (*storm*) menacer ▸ *vt*: **to ~ sb with sth/to do** menacer qn de qch/de faire
threatening ['θrɛtnɪŋ] *adj* menaçant(e)
three [θri:] *num* trois
three-dimensional [θri:dɪ'mɛnʃənl] *adj* à trois dimensions ; (*film*) en relief
threefold ['θri:fəuld] *adv*: **to increase ~** tripler
three-piece suit ['θri:pi:s-] *n* complet *m* (avec gilet)
three-piece suite [θri:pi:s-] *n* salon *m* (canapé et deux fauteuils)
three-ply [θri:'plaɪ] *adj* (*wood*) à trois épaisseurs ; (*wool*) trois fils *inv*
three-quarters [θri:'kwɔ:təz] *pron* trois-quarts *mpl* ▸ *adv*: **~ full** aux trois-quarts plein
threesome ['θri:səm] *n* groupe *m* de trois personnes
three-wheeler [θri:'wi:lə^r] *n* (*car*) voiture *f* à trois roues
thresh [θrɛʃ] *vt* (*Agr*) battre
threshing machine ['θrɛʃɪŋ-] *n* batteuse *f*
threshold ['θrɛʃhəuld] *n* seuil *m* ; **to be on the ~ of** (*fig*) être au seuil de
threshold agreement *n* (*Econ*) accord *m* d'indexation des salaires
threw [θru:] *pt of* **throw**

thrift [θrɪft] *n* économie *f*
thrifty ['θrɪftɪ] *adj* économe
thrill [θrɪl] *n (excitement)* émotion *f*, sensation forte ; *(shudder)* frisson *m* ▸ *vi* tressaillir, frissonner ▸ *vt (audience)* électriser
thrilled [θrɪld] *adj*: ~ **(with)** ravi(e) de
thriller ['θrɪlə^r] *n* film *m (or* roman *m or* pièce *f)* à suspense
thrilling ['θrɪlɪŋ] *adj (book, play etc)* saisissant(e) ; *(news, discovery)* excitant(e)
thrive [θraɪv] *(pt* **thrived** [-d] *or* **throve** [θrəuv], *pp* **thrived** [-d] *or* **thriven** ['θrɪvn]) *vi* pousser *or* se développer bien ; *(business)* prospérer ; **he thrives on it** cela lui réussit
thriving ['θraɪvɪŋ] *adj* vigoureux(-euse) ; *(business, community)* prospère
throat [θrəut] *n* gorge *f* ; **to have a sore ~** avoir mal à la gorge
throb [θrɔb] *n (of heart)* pulsation *f* ; *(of engine)* vibration *f* ; *(of pain)* élancement *m* ▸ *vi (heart)* palpiter ; *(engine)* vibrer ; *(pain)* lanciner ; *(wound)* causer des élancements ; **my head is throbbing** j'ai des élancements dans la tête
throes [θrəuz] *npl*: **in the ~ of** au beau milieu de ; en proie à ; **in the ~ of death** à l'agonie
thrombosis [θrɔm'bəusɪs] *n* thrombose *f*
throne [θrəun] *n* trône *m*
throng ['θrɔŋ] *n* foule *f* ▸ *vt* se presser dans
throttle ['θrɔtl] *n (Aut)* accélérateur *m* ▸ *vt* étrangler
through [θru:] *prep* à travers ; *(time)* pendant, durant ; *(by means of)* par, par l'intermédiaire de ; *(owing to)* à cause de ; **(from) Monday ~ Friday** (US) de lundi à vendredi ▸ *adj (ticket, train, passage)* direct(e) ; **"no ~ traffic"** (US) « passage interdit » ; **"no ~ road"** (BRIT) « impasse » ▸ *adv* à travers ; **to let sb ~** laisser passer qn ; **to put sb ~ to sb** *(Tel)* passer qn à qn ; **to be ~** (BRIT *Tel*) avoir la communication ; *(esp US: have finished)* avoir fini
throughout [θru:'aut] *prep (place)* partout dans ; *(time)* durant tout(e) le (la) ▸ *adv* partout
throughput ['θru:put] *n (of goods, materials)* quantité de matières premières utilisée ; *(Comput)* débit *m*
throve [θrəuv] *pt of* **thrive**
throw [θrəu] *(pt* **threw** [θru:], *pp* **thrown** [θrəun]) *n* jet *m* ; *(Sport)* lancer *m* ▸ *vt* lancer, jeter ; *(Sport)* lancer ; *(rider)* désarçonner ; *(fig)* décontenancer ; *(pottery)* tourner ; **to ~ a party** donner une réception
▸ **throw about, throw around** *vt (litter etc)* éparpiller
▸ **throw away** *vt* jeter ; *(money)* gaspiller
▸ **throw in** *vt (Sport: ball)* remettre en jeu ; *(include)* ajouter
▸ **throw off** *vt* se débarrasser de
▸ **throw out** *vt* jeter ; *(reject)* rejeter ; *(person)* mettre à la porte
▸ **throw together** *vt (clothes, meal etc)* assembler à la hâte ; *(essay)* bâcler
▸ **throw up** *vi* vomir
throwaway ['θrəuəweɪ] *adj* à jeter
throwback ['θrəubæk] *n*: **it's a ~ to** ça nous *etc* ramène à
throw-in ['θrəuɪn] *n (Sport)* remise *f* en jeu
thrown [θrəun] *pp of* **throw**
thru [θru:] *prep (US)* = **through**
thrush [θrʌʃ] *n (Zool)* grive *f* ; *(Med: esp in children)* muguet *m* ; *(: in women:* BRIT*)* muguet vaginal
thrust [θrʌst] *(pt, pp ~) n (Tech)* poussée *f* ▸ *vt* pousser brusquement ; *(push in)* enfoncer
thrusting ['θrʌstɪŋ] *adj* dynamique ; qui se met trop en avant
thud [θʌd] *n* bruit sourd
thug [θʌg] *n* voyou *m*
thuggery ['θʌgərɪ] *n* brutalité *f*
thuggish ['θʌgɪʃ] *adj* brutal(e)
thumb [θʌm] *n (Anat)* pouce *m* ; **to give sb/sth the thumbs up/thumbs down** donner/refuser de donner le feu vert à qn/qch ▸ *vt (book)* feuilleter ; **to ~ a lift** faire de l'auto-stop, arrêter une voiture
▸ **thumb through** *vt (book)* feuilleter
thumb index *n* répertoire *m* (à onglets)
thumbnail ['θʌmneɪl] *n* ongle *m* du pouce
thumbnail sketch *n* croquis *m*
thumbtack ['θʌmtæk] *n (US)* punaise *f (clou)*
thump [θʌmp] *n* grand coup ; *(sound)* bruit sourd ▸ *vt* cogner sur ▸ *vi* cogner, frapper
thunder ['θʌndə^r] *n* tonnerre *m* ▸ *vi* tonner ; *(train etc)*: **to ~ past** passer dans un grondement *or* un bruit de tonnerre
thunderbolt ['θʌndəbəult] *n* foudre *f*
thunderclap ['θʌndəklæp] *n* coup *m* de tonnerre
thunderous ['θʌndrəs] *adj* étourdissant(e)
thunderstorm ['θʌndəstɔ:m] *n* orage *m*
thunderstruck ['θʌndəstrʌk] *adj (fig)* abasourdi(e)
thundery ['θʌndərɪ] *adj* orageux(-euse)
Thurs, Thur, Thu *abbr (= Thursday)* jeu.
Thursday ['θə:zdɪ] *n* jeudi *m* ; *see also* **Tuesday**
thus [ðʌs] *adv* ainsi
thwart [θwɔ:t] *vt* contrecarrer
thyme [taɪm] *n* thym *m*
thyroid ['θaɪrɔɪd] *n* thyroïde *f*
tiara [tɪ'ɑ:rə] *n (woman's)* diadème *m*
Tibet [tɪ'bɛt] *n* Tibet *m*
Tibetan [tɪ'bɛtən] *adj* tibétain(e) ▸ *n* Tibétain(e) ; *(Ling)* tibétain *m*
tibia ['tɪbɪə] *n* tibia *m*
tic [tɪk] *n* tic (nerveux)
tick [tɪk] *n (sound: of clock)* tic-tac *m* ; *(mark)* coche *f* ; *(Zool)* tique *f* ; **to put a ~ against sth** cocher qch ; **in a ~** (BRIT *inf)* dans un instant ; **to buy sth on ~** (BRIT *inf)* acheter qch à crédit ▸ *vi* faire tic-tac ▸ *vt (item on list)* cocher
▸ **tick off** *vt (item on list)* cocher ; *(person)* réprimander, attraper
▸ **tick over** *vi* (BRIT*: engine)* tourner au ralenti ; *(: fig)* aller *or* marcher doucettement
ticker tape ['tɪkə-] *n* bande *f* de téléscripteur ; *(US: in celebrations)* ≈ serpentin *m*
ticket ['tɪkɪt] *n* billet *m* ; *(for bus, tube)* ticket *m* ; *(in shop: on goods)* étiquette *f* ; *(from cash register)* reçu *m*, ticket ; *(for library)* carte *f* ; *(also:* **parking ticket**) contravention *f*, p.-v. *m* ; *(US Pol)* liste électorale *(soutenue par un parti)* ;

to get a (parking) ~ (*Aut*) attraper une contravention (pour stationnement illégal)
ticket agency *n* (*Theat*) agence *f* de spectacles
ticket barrier *n* (BRIT *Rail*) portillon *m* automatique
ticket collector *n* contrôleur(-euse)
ticket holder *n* personne munie d'un billet
ticket inspector *n* contrôleur(-euse)
ticket machine *n* billetterie *f* automatique
ticket office *n* guichet *m*, bureau *m* de vente des billets
tickle ['tɪkl] *n* chatouillement *m* ▸ *vi* chatouiller ▸ *vt* chatouiller ; (*fig*) plaire à ; faire rire
ticklish ['tɪklɪʃ] *adj* (*person*) chatouilleux(-euse) ; (*which tickles: blanket*) qui chatouille ; (*: cough*) qui irrite ; (*problem*) épineux(-euse)
tidal ['taɪdl] *adj* à marée
tidal wave *n* raz-de-marée *m inv*
tidbit ['tɪdbɪt] *n* (*esp US*) = **titbit**
tiddlywinks ['tɪdlɪwɪŋks] *n* jeu *m* de puce
tide [taɪd] *n* marée *f* ; (*fig: of events*) cours *m* ; **high/low ~** marée haute/basse ▸ *vt*: **to ~ sb over** dépanner qn
tidily ['taɪdɪlɪ] *adv* avec soin, soigneusement
tidiness ['taɪdɪnɪs] *n* bon ordre ; goût *m* de l'ordre
tidings ['taɪdɪŋz] *npl* nouvelle *f* ; **to be the bearer of bad ~** être le porteur de mauvaises nouvelles
tidy ['taɪdɪ] *adj* (*room*) bien rangé(e) ; (*dress, work*) net (nette), soigné(e) ; (*person*) ordonné(e), qui a de l'ordre ; (*: in character*) soigneux(-euse) ; (*mind*) méthodique ▸ *vt, vi* (*also:* **tidy up**) ranger ; **to ~ o.s. up** s'arranger
tie [taɪ] *n* (*string etc*) cordon *m* ; (BRIT: *also:* **necktie**) cravate *f* ; (*fig: link*) lien *m* ; (*Sport: draw*) égalité *f* de points ; match nul ; (*match*) rencontre *f* ; (*US Rail*) traverse *f* ; **"black/white ~"** « smoking/habit de rigueur » ; **family ties** liens de famille ▸ *vt* (*parcel*) attacher ; (*ribbon*) nouer ; **to ~ sth in a bow** faire un nœud à *or* avec qch ; **to ~ a knot in sth** faire un nœud à qch ▸ *vi* (*Sport*) faire match nul ; finir à égalité de points
▸ **tie down** *vt* attacher ; **to ~ sb down to** (*fig*) contraindre qn à accepter ; **to feel tied down** (*by relationship*) se sentir coincé(e)
▸ **tie in** *vi*: **to ~ in (with)** (*correspond*) correspondre (à)
▸ **tie on** *vt* (BRIT: *label etc*) attacher (avec une ficelle)
▸ **tie up** *vt* (*parcel*) ficeler ; (*dog, boat*) attacher ; (*prisoner*) ligoter ; (*arrangements*) conclure ; **to be tied up** (*busy*) être pris(e) *or* occupé(e)
tie-break ['taɪbreɪk], **tie-breaker** ['taɪbreɪkəʳ] *n* (*Tennis*) tie-break *m* ; (*in quiz*) question *f* subsidiaire
tie-on ['taɪɔn] *adj* (BRIT: *label*) qui s'attache
tie-pin ['taɪpɪn] *n* (BRIT) épingle *f* de cravate
tier [tɪəʳ] *n* gradin *m* ; (*of cake*) étage *m*
Tierra del Fuego [tɪ'ɛrədɛl'fweɪgəu] *n* Terre *f* de Feu
tie tack *n* (*US*) épingle *f* de cravate
tiff [tɪf] *n* petite querelle
tiger ['taɪgəʳ] *n* tigre *m*
tight [taɪt] *adj* (*rope*) tendu(e), raide ; (*clothes*) étroit(e), très juste ; (*budget, programme, bend*) serré(e) ; (*control*) strict(e), sévère ; (*inf: drunk*) ivre, rond(e) ▸ *adv* (*squeeze*) très fort ; (*shut*) à bloc, hermétiquement ; **to be packed ~** (*suitcase*) être bourré(e) ; (*people*) être serré(e) ; **hold ~!** accrochez-vous bien !
tighten ['taɪtn] *vt* (*rope*) tendre ; (*screw*) resserrer ; (*control*) renforcer ▸ *vi* se tendre ; se resserrer
▸ **tighten up** *vt* (*screw, knot*) resserrer ; (*rules, security*) renforcer
tightfisted [taɪt'fɪstɪd] *adj* avare
tight-lipped ['taɪt'lɪpt] *adj*: **to be ~ (about sth)** (*silent*) ne pas desserrer les lèvres *or* les dents (au sujet de qch) ; **she was ~ with anger** elle pinçait les lèvres de colère
tightly ['taɪtlɪ] *adv* (*grasp*) bien, très fort
tightrope ['taɪtrəup] *n* corde *f* raide
tights [taɪts] *npl* (BRIT) collant *m*
tigress ['taɪgrɪs] *n* tigresse *f*
tilde ['tɪldə] *n* tilde *m*
tile [taɪl] *n* (*on roof*) tuile *f* ; (*on wall or floor*) carreau *m* ▸ *vt* (*floor, bathroom etc*) carreler
tiled [taɪld] *adj* en tuiles ; carrelé(e)
tiling ['taɪlɪŋ] *n* (*tiled area*) carrelage *m*
till [tɪl] *n* caisse (enregistreuse) ▸ *vt* (*land*) cultiver ▸ *prep, conj* = **until**
tiller ['tɪləʳ] *n* (*Naut*) barre *f* (du gouvernail)
tilt [tɪlt] *vt* pencher, incliner ▸ *vi* pencher, être incliné(e) ▸ *n* (*slope*) inclinaison *f* ; **to wear one's hat at a ~** porter son chapeau incliné sur le côté ; **(at) full ~** à toute vitesse
timber ['tɪmbəʳ] *n* (*material*) bois *m* de construction ; (*trees*) arbres *mpl*
time [taɪm] *n* temps *m* ; (*epoch: often pl*) époque *f*, temps ; (*by clock*) heure *f* ; (*moment*) moment *m* ; (*occasion, also Math*) fois *f* ; (*Mus*) mesure *f* ; **a long ~** un long moment, longtemps ; **four at a ~** quatre à la fois ; **for the ~ being** pour le moment ; **from ~ to ~** de temps en temps ; **~ after ~, ~ and again** bien des fois ; **at times** parfois ; **in ~** (*soon enough*) à temps ; (*after some time*) avec le temps, à la longue ; (*Mus*) en mesure ; **in a week's ~** dans une semaine ; **in no ~** en un rien de temps ; **any ~** n'importe quand ; **on ~** à l'heure ; **to be 30 minutes behind/ahead of ~** avoir 30 minutes de retard/d'avance ; **by the ~ he arrived** quand il est arrivé, le temps qu'il arrive + *sub* ; **5 times 5** 5 fois 5 ; **what ~ is it?** quelle heure est-il ? ; **what ~ do you make it?** quelle heure avez-vous ? ; **what ~ is the museum/shop open?** à quelle heure ouvre le musée/magasin ? ; **to have a good ~** bien s'amuser ; **we (*or* they *etc*) had a hard ~** ça a été difficile *or* pénible ; **~'s up!** c'est l'heure ! ; **I've no ~ for it** (*fig*) cela m'agace ; **he'll do it in his own (good) ~** (*without being hurried*) il le fera quand il en aura le temps ; **he'll do it in** *or* (*US*) **on his own ~** (*out of working hours*) il le fera à ses heures perdues ; **to be behind the times** retarder (sur son temps) ▸ *vt* (*race*) chronométrer ; (*programme*) minuter ; (*visit*) fixer ; (*remark etc*) choisir le moment de

time-and-motion study ['taɪmənd'məuʃən-] *n* étude *f* des cadences
time bomb *n* bombe *f* à retardement
time clock *n* horloge pointeuse
time-consuming ['taɪmkənsju:mɪŋ] *adj* qui prend beaucoup de temps
time difference *n* décalage *m* horaire
time frame *n* délais *mpl*
time-honoured, (*US*) **time-honored** ['taɪmɔnəd] *adj* consacré(e)
timekeeper ['taɪmki:pə^r] *n* (*Sport*) chronomètre *m*
time lag *n* (Brit) décalage *m* ; (*: in travel*) décalage horaire
timeless ['taɪmlɪs] *adj* éternel(le)
time limit *n* limite *f* de temps, délai *m*
timeline ['taɪmlaɪn] *n* (*time frame*) calendrier *m* ; (*diagram*) ligne *f* du temps, ligne *f* des temps
timely ['taɪmlɪ] *adj* opportun(e)
time off *n* temps *m* libre
time out *n* (*in sport*) temps *m* mort ; (*break*) interruption *f* ; **to take ~ to do sth** interrompre ses activités pour faire qch
time-poor [taɪm'puə^r] *adj* qui a peu de temps
timer ['taɪmə^r] *n* (*in kitchen*) compte-minutes *m inv* ; (*Tech*) minuteur *m*
time-saving ['taɪmseɪvɪŋ] *adj* qui fait gagner du temps
timescale ['taɪmskeɪl] *n* délais *mpl*
time-share ['taɪmʃɛə^r] *n* maison *f*/appartement *m* en multipropriété
time-sharing ['taɪmʃɛərɪŋ] *n* (*Comput*) temps partagé
time sheet *n* feuille *f* de présence
time signal *n* signal *m* horaire
time switch *n* (Brit) minuteur *m* ; (*: for lighting*) minuterie *f*
timetable ['taɪmteɪbl] *n* (*Rail*) (indicateur *m*) horaire *m* ; (*Scol*) emploi *m* du temps ; (*programme of events etc*) programme *m*
time zone *n* fuseau *m* horaire
timid ['tɪmɪd] *adj* timide ; (*easily scared*) peureux(-euse)
timidity [tɪ'mɪdɪtɪ] *n* timidité *f*
timing ['taɪmɪŋ] *n* minutage *m* ; (*Sport*) chronométrage *m* ; **the ~ of his resignation** le moment choisi pour sa démission
timing device *n* (*on bomb*) mécanisme *m* de retardement
Timor ['ti:mɔ:^r] *n* Timor
Timorese ['tɪmɔri:z] *adj* timorais(e) ▸ *n* Timorais(e)
timpani ['tɪmpənɪ] *npl* timbales *fpl*
tin [tɪn] *n* étain *m* ; (*also:* **tin plate**) fer-blanc *m* ; (Brit*: can*) boîte *f* (de conserve) ; (*for baking*) moule *m* (à gâteau) ; (*for storage*) boîte ; **a ~ of paint** un pot de peinture
tinfoil [tɪnfɔɪl] *n* papier *m* d'étain *or* d'aluminium
tinge [tɪndʒ] *n* nuance *f* ▸ *vt*: **tinged with** teinté(e) de
tingle ['tɪŋgl] *n* picotement *m* ; frisson *m* ▸ *vi* picoter ; (*person*) avoir des picotements
tinker ['tɪŋkə^r] *n* rétameur ambulant ; (*gipsy*) romanichel *m*
▸ **tinker with** *vt fus* bricoler, rafistoler
tinkle ['tɪŋkl] *vi* tinter ▸ *n* (*inf*): **to give sb a ~** passer un coup de fil à qn
tin mine *n* mine *f* d'étain
tinned [tɪnd] *adj* (Brit*: food*) en boîte, en conserve
tinnitus ['tɪnɪtəs] *n* (*Med*) acouphène *m*
tinny ['tɪnɪ] *adj* métallique
tin opener [-'əupnə^r] *n* (Brit) ouvre-boîte(s) *m*
tinsel ['tɪnsl] *n* guirlandes *fpl* de Noël (*argentées*)
Tinseltown ['tɪnsltaun] *n* Hollywood la clinquante
tint [tɪnt] *n* teinte *f* ; (*for hair*) shampooing colorant ▸ *vt* (*hair*) faire un shampooing colorant à
tinted ['tɪntɪd] *adj* (*hair*) teint(e) ; (*spectacles, glass*) teinté(e)
tiny ['taɪnɪ] *adj* minuscule
tip [tɪp] *n* (*end*) bout *m* ; (*protective: on umbrella etc*) embout *m* ; (*gratuity*) pourboire *m* ; (Brit*: for coal*) terril *m* ; (Brit*: for rubbish*) décharge *f* ; (*advice*) tuyau *m* ▸ *vt* (*waiter*) donner un pourboire à ; (*tilt*) incliner ; (*overturn: also:* **tip over**) renverser ; (*empty: also:* **tip out**) déverser ; (*predict: winner etc*) pronostiquer ; **how much should I ~?** combien de pourboire est-ce qu'il faut laisser ? ; **he tipped out the contents of the box** il a vidé le contenu de la boîte
▸ **tip off** *vt* prévenir, avertir
tip-off ['tɪpɔf] *n* (*hint*) tuyau *m*
tipped ['tɪpt] *adj* (Brit*: cigarette*) (à bout) filtre *inv* ; **steel-~** à bout métallique, à embout de métal
Tipp-Ex® ['tɪpɛks] *n* (Brit) Tipp-Ex® *m*
tipple ['tɪpl] (Brit) *vi* picoler ▸ *n*: **to have a ~** boire un petit coup
tipster ['tɪpstə^r] *n* (*Racing*) pronostiqueur *m*
tipsy ['tɪpsɪ] *adj* un peu ivre, éméché(e)
tiptoe ['tɪptəu] *n*: **on ~** sur la pointe des pieds
tiptop ['tɪptɔp] *adj*: **in ~ condition** en excellent état
tirade [taɪ'reɪd] *n* diatribe *f*
tire ['taɪə^r] *n* (*US*) = **tyre** ▸ *vt* fatiguer ▸ *vi* se fatiguer
▸ **tire out** *vt* épuiser
tired ['taɪəd] *adj* fatigué(e) ; **to be/feel/look ~** être/se sentir/avoir l'air fatigué ; **to be ~ of** en avoir assez de, être las (lasse) de
tiredness ['taɪədnɪs] *n* fatigue *f*
tireless ['taɪəlɪs] *adj* infatigable, inlassable
tire pressure *n* (*US*) = **tyre pressure**
tiresome ['taɪsəm] *adj* ennuyeux(-euse)
tiring ['taɪərɪŋ] *adj* fatigant(e)
tissue ['tɪʃu:] *n* tissu *m* ; (*paper handkerchief*) mouchoir *m* en papier, kleenex® *m*
tissue paper *n* papier *m* de soie
tit [tɪt] *n* (*bird*) mésange *f* ; (*inf: breast*) nichon *m* (*inf*) ; **to give ~ for tat** rendre coup pour coup
titan ['taɪtən] *n* titan *m*
titanium [tɪ'teɪnɪəm] *n* titane *m*
titbit ['tɪtbɪt] *n* (*food*) friandise *f* ; (*before meal*) amuse-gueule *m inv* ; (*news*) potin *m*
titillate ['tɪtɪleɪt] *vt* titiller, exciter

titivate ['tɪtɪveɪt] *vt* pomponner
title ['taɪtl] *n* titre *m* ; (*Law: right*): **~ (to)** droit *m* (à)
titled ['taɪtld] *adj* (*lady, gentleman*) titré(e)
title deed *n* (*Law*) titre (constitutif) de propriété
title page *n* page *f* de titre
title role *n* rôle principal
titter ['tɪtəʳ] *vi* rire (bêtement)
tittle-tattle ['tɪtltætl] *n* bavardages *mpl*
titular ['tɪtjuləʳ] *adj* (*in name only*) nominal(e)
tizzy ['tɪzɪ] *n*: **to be in a ~** être dans tous ses états
T-junction ['tiːˈdʒʌŋkʃən] *n* croisement *m* en T
TM *n abbr* = **trademark; transcendental meditation**
TN *abbr* (*US*) = **Tennessee**
TNT *n abbr* (= *trinitrotoluene*) TNT *m*

KEYWORD

to [tuː, tə] *prep* (*with noun/pronoun*) **1** (*direction*) à ; (*: towards*) vers ; envers ; **to go to France/ Portugal/London/school** aller en France/au Portugal/à Londres/à l'école ; **to go to Claude's/the doctor's** aller chez Claude/le docteur ; **the road to Edinburgh** la route d'Édimbourg
2 (*as far as*) (jusqu')à ; **to count to 10** compter jusqu'à 10 ; **from 40 to 50 people** de 40 à 50 personnes
3 (*with expressions of time*): **a quarter to 5** 5 heures moins le quart ; **it's twenty to 3** il est 3 heures moins vingt
4 (*for, of*) de ; **the key to the front door** la clé de la porte d'entrée ; **a letter to his wife** une lettre (adressée) à sa femme
5 (*expressing indirect object*) à ; **to give sth to sb** donner qch à qn ; **to talk to sb** parler à qn ; **it belongs to him** cela lui appartient, c'est à lui ; **to be a danger to sb** être dangereux(-euse) pour qn
6 (*in relation to*) à ; **3 goals to 2** 3 (buts) à 2 ; **30 miles to the gallon** ≈ 9,4 litres aux cent (km)
7 (*purpose, result*): **to come to sb's aid** venir au secours de qn, porter secours à qn ; **to sentence sb to death** condamner qn à mort ; **to my surprise** à ma grande surprise
▸ *prep* (*with vb*) **1** (*simple infinitive*): **to go/eat** aller/ manger
2 (*following another vb*): **to want/try/start to do** vouloir/essayer de/commencer à faire
3 (*with vb omitted*): **I don't want to** je ne veux pas
4 (*purpose, result*) pour ; **I did it to help you** je l'ai fait pour vous aider
5 (*equivalent to relative clause*): **I have things to do** j'ai des choses à faire ; **the main thing is to try** l'important est d'essayer
6 (*after adjective etc*): **ready to go** prêt(e) à partir ; **too old/young to ...** trop vieux/jeune pour ...
▸ *adv*: **push/pull the door to** tirez/poussez la porte ; **to go to and fro** aller et venir

toad [təud] *n* crapaud *m*
toadstool ['təudstuːl] *n* champignon (vénéneux)
toady ['təudɪ] *vi* flatter bassement
toast [təust] *n* (*Culin*) pain grillé, toast *m* ; (*drink, speech*) toast ; **a piece** *or* **slice of ~** un toast ▸ *vt* (*Culin*) faire griller ; (*drink to*) porter un toast à
toaster ['təustəʳ] *n* grille-pain *m inv*
toastie ['təustɪ] *n* (BRIT *inf*) sandwich *m* grillé ; **a cheese and ham ~** ≈ un croque-monsieur
toastmaster ['təustmɑːstəʳ] *n* animateur *m* pour réceptions
toast rack *n* porte-toast *m inv*
tobacco [tə'bækəu] *n* tabac *m* ; **pipe ~** tabac à pipe
tobacconist [tə'bækənɪst] *n* marchand(e) de tabac ; **~'s (shop)** (bureau *m* de) tabac *m*
Tobago [tə'beɪgəu] *n see* **Trinidad and Tobago**
toboggan [tə'bɔgən] *n* toboggan *m* ; (*child's*) luge *f*
today [tə'deɪ] *adv, n* (*also fig*) aujourd'hui *m* ; **what day is it ~?** quel jour sommes-nous aujourd'hui ? ; **what date is it ~?** quelle est la date aujourd'hui ? ; **~ is the 4th of March** aujourd'hui nous sommes le 4 mars ; **a week ago ~** il y a huit jours aujourd'hui
toddler ['tɔdləʳ] *n* enfant *mf* qui commence à marcher, bambin *m*
toddy ['tɔdɪ] *n* grog *m*
to-do [tə'duː] *n* (*fuss*) histoire *f*, affaire *f*
toe [təu] *n* doigt *m* de pied, orteil *m* ; (*of shoe*) bout *m* ; **big ~** gros orteil ; **little ~** petit orteil ▸ *vt*: **to ~ the line** (*fig*) obéir, se conformer
TOEFL *n abbr* = **Test(ing) of English as a Foreign Language**
toehold ['təuhəuld] *n* prise *f*
toenail ['təuneɪl] *n* ongle *m* de l'orteil
toffee ['tɔfɪ] *n* caramel *m*
toffee apple *n* (BRIT) pomme caramélisée
tofu ['təufuː] *n* fromage *m* de soja
toga ['təugə] *n* toge *f*
together [tə'gɛðəʳ] *adv* ensemble ; (*at same time*) en même temps ; **~ with** *prep* avec
togetherness [tə'gɛðənɪs] *n* camaraderie *f* ; intimité *f*
toggle switch ['tɔgl-] *n* (*Comput*) interrupteur *m* à bascule
Togo ['təugəu] *n* Togo *m*
togs [tɔgz] *npl* (*inf: clothes*) fringues *fpl*
toil [tɔɪl] *n* dur travail, labeur *m* ▸ *vi* travailler dur ; peiner
toilet ['tɔɪlət] *n* (BRIT: *lavatory*) toilettes *fpl*, cabinets *mpl* ; **to go to the ~** aller aux toilettes ; **where's the ~?** où sont les toilettes ? ▸ *cpd* (*bag, soap etc*) de toilette

Use the plural **les toilettes** to translate *toilet*: *Where's the toilet?* **Où sont les toilettes ?** The singular word has other meanings.

toilet bag *n* (BRIT) nécessaire *m* de toilette
toilet bowl *n* cuvette *f* des W.-C.
toilet paper *n* papier *m* hygiénique
toiletries ['tɔɪlətrɪz] *npl* articles *mpl* de toilette
toilet roll *n* rouleau *m* de papier hygiénique
toilet water *n* eau *f* de toilette
to-ing and fro-ing ['tuːɪŋən'frəuɪŋ] *n* (BRIT) allées et venues *fpl*

t

token ['təukən] *n* (*sign*) marque *f*, témoignage *m* ; (*metal disc*) jeton *m* ; (*voucher*) bon *m*, coupon *m* ; **by the same ~** (*fig*) de même ; **book ~** (BRIT) chèque-livre *m* ; **gift ~** bon-cadeau *m* ▸ *adj* (*fee, strike*) symbolique
tokenism ['təukənɪzəm] *n* (*Pol*) : **it's just ~** c'est une politique de pure forme
Tokyo ['təukjəu] *n* Tokyo
told [təuld] *pt, pp of* **tell**
tolerable ['tɔlərəbl] *adj* (*bearable*) tolérable ; (*fairly good*) passable
tolerably ['tɔlərəblɪ] *adv* : **~ good** tolérable
tolerance ['tɔlərns] *n* (*also Tech*) tolérance *f*
tolerant ['tɔlərnt] *adj* : **~ (of)** tolérant(e) (à l'égard de)
tolerate ['tɔləreɪt] *vt* supporter ; (*Med, Tech*) tolérer
toleration [tɔlə'reɪʃən] *n* tolérance *f*
toll [təul] *n* (*tax, charge*) péage *m* ; **the accident ~ on the roads** le nombre des victimes de la route ▸ *vi* (*bell*) sonner
tollbridge ['təulbrɪdʒ] *n* pont *m* à péage
toll call *n* (*US Tel*) appel *m* (à) longue distance
toll-free ['təul'fri:] *adj* (*US*) gratuit(e) ▸ *adv* gratuitement
tomato [tə'mɑ:təu] (*pl* **tomatoes**) *n* tomate *f*
tomato sauce *n* sauce *f* tomate
tomb [tu:m] *n* tombe *f*
tombola [tɔm'bəulə] *n* tombola *f*
tomboy ['tɔmbɔɪ] *n* garçon manqué
tombstone ['tu:mstəun] *n* pierre tombale
tomcat ['tɔmkæt] *n* matou *m*
tomorrow [tə'mɔrəu] *adv, n* (*also fig*) demain *m* ; **the day after ~** après-demain ; **a week ~** demain en huit ; **~ morning** demain matin
ton [tʌn] *n* tonne *f* (*Brit : = 1016 kg ; US = 907 kg ; metric = 1000 kg*) ; (*Naut : also :* **register ton**) tonneau *m* (*= 2.83 cu.m*) ; **tons of** (*inf*) des tas de
tonal ['təunl] *adj* tonal(e)
tone [təun] *n* ton *m* ; (*of radio,* BRIT *Tel*) tonalité *f* ▸ *vi* (*also :* **tone in**) s'harmoniser
▸ **tone down** *vt* (*colour, criticism*) adoucir ; (*sound*) baisser
▸ **tone up** *vt* (*muscles*) tonifier
tone-deaf [təun'dɛf] *adj* qui n'a pas d'oreille
toner ['təunə^r] *n* (*for photocopier*) encre *f*
Tonga [tɔŋə] *n* îles *fpl* Tonga
tongs [tɔŋz] *npl* pinces *fpl* ; (*for coal*) pincettes *fpl* ; (*for hair*) fer *m* à friser
tongue [tʌŋ] *n* langue *f* ; **~ in cheek** *adv* ironiquement
tongue-tied ['tʌŋtaɪd] *adj* (*fig*) muet(te)
tonic ['tɔnɪk] *n* (*Med*) tonique *m* ; (*Mus*) tonique *f* ; (*also :* **tonic water**) Schweppes® *m*
tonight [tə'naɪt] *adv, n* cette nuit ; (*this evening*) ce soir ; **(I'll) see you ~!** à ce soir !
tonnage ['tʌnɪdʒ] *n* (*Naut*) tonnage *m*
tonne [tʌn] *n* (BRIT : *metric ton*) tonne *f*
tonsil ['tɔnsl] *n* amygdale *f* ; **to have one's tonsils out** se faire opérer des amygdales
tonsillitis [tɔnsɪ'laɪtɪs] *n* amygdalite *f* ; **to have ~** avoir une angine *or* une amygdalite
too [tu:] *adv* (*excessively*) trop ; (*also*) aussi ; **it's ~ sweet** c'est trop sucré ; **I went ~** moi aussi, j'y suis allé ; **~ much** (*as adv*) trop ; (*as adj*) trop de ; **~ many** *adj* trop de ; **~ bad!** tant pis !
took [tuk] *pt of* **take**
tool [tu:l] *n* outil *m* ; (*fig*) instrument *m* ▸ *vt* travailler, ouvrager
toolbar ['tu:lbɑ:^r] *n* barre *f* d'outils
tool box *n* boîte *f* à outils
tool kit *n* trousse *f* à outils
toot [tu:t] *n* coup *m* de sifflet (*or* de klaxon) ▸ *vi* siffler ; (*with car-horn*) klaxonner
tooth [tu:θ] (*pl* **teeth** [ti:θ]) *n* (*Anat, Tech*) dent *f* ; **to have a ~ out** *or* (*US*) **pulled** se faire arracher une dent ; **to brush one's teeth** se laver les dents ; **by the skin of one's teeth** (*fig*) de justesse
toothache ['tu:θeɪk] *n* mal *m* de dents ; **to have ~** avoir mal aux dents
toothbrush ['tu:θbrʌʃ] *n* brosse *f* à dents
toothless ['tu:θlɪs] *adj* (*person, smile*) édenté(e) ; (*ineffective : organization*) sans réel pouvoir ; (*: law*) sans effet
toothpaste ['tu:θpeɪst] *n* (pâte *f*) dentifrice *m*
toothpick ['tu:θpɪk] *n* cure-dent *m*
tooth powder *n* poudre *f* dentifrice
top [tɔp] *n* (*of mountain, head*) sommet *m* ; (*of page, ladder*) haut *m* ; (*of list, queue*) commencement *m* ; (*of box, cupboard, table*) dessus *m* ; (*lid : of box, jar*) couvercle *m* ; (*: of bottle*) bouchon *m* ; (*toy*) toupie *f* ; (*Dress : blouse etc*) haut ; (*: of pyjamas*) veste *f* ; **the ~ of the milk** (BRIT) la crème du lait ; **at the ~ of the stairs/page/street** en haut de l'escalier/de la page/de la rue ; **from ~ to bottom** de fond en comble ; **on ~ of** sur ; (*in addition to*) en plus de ; **from ~ to toe** (BRIT) de la tête aux pieds ; **at the ~ of the list** en tête de liste ; **at the ~ of one's voice** à tue-tête ; **over the ~** (*inf : behaviour etc*) qui dépasse les limites ▸ *adj* du haut ; (*in rank*) premier(-ière) ; (*best*) meilleur(e) ; **at ~ speed** à toute vitesse ▸ *vt* (*exceed*) dépasser ; (*be first in*) être en tête de
▸ **top up,** (*US*) **top off** *vt* (*bottle*) remplir ; (*salary*) compléter ; **to ~ up one's mobile (phone)** recharger son compte
topaz ['təupæz] *n* topaze *f*
top-class ['tɔp'klɑ:s] *adj* de première classe ; (*Sport*) de haute compétition
topcoat ['tɔpkəut] *n* pardessus *m*
topflight ['tɔpflaɪt] *adj* excellent(e)
top floor *n* dernier étage
top hat *n* haut-de-forme *m*
top-heavy [tɔp'hɛvɪ] *adj* (*object*) trop lourd(e) du haut
topiary ['təupɪərɪ] *n* topiaire *f*
topic ['tɔpɪk] *n* sujet *m*, thème *m*
topical ['tɔpɪkl] *adj* d'actualité
topless ['tɔplɪs] *adj* (*bather etc*) aux seins nus ; **~ swimsuit** monokini *m*
top-level ['tɔplɛvl] *adj* (*talks*) à l'échelon le plus élevé
topmost ['tɔpməust] *adj* le (la) plus haut(e)
top-notch ['tɔp'nɔtʃ] *adj* (*inf*) de premier ordre
topographical [tɔpə'græfɪkl] *adj* topographique
topography [tə'pɔgrəfɪ] *n* topographie *f*

topping ['tɔpɪŋ] *n* (*Culin*) *couche de crème, fromage etc qui recouvre un plat*
topple ['tɔpl] *vt* renverser, faire tomber ▸*vi* basculer ; tomber
top-ranking ['tɔpræŋkɪŋ] *adj* très haut placé(e)
top-secret ['tɔp'si:krɪt] *adj* ultra-secret(-ète)
top-security ['tɔpsə'kjuərɪtɪ] *adj* (BRIT) de haute sécurité
topsy-turvy ['tɔpsɪ'tə:vɪ] *adj, adv* sens dessus-dessous
top-up ['tɔpʌp] *n* (*for mobile phone*) recharge *f*, minutes *fpl* ; **would you like a ~?** (*drink*) je vous en remets *or* rajoute ?
top-up card *n* (*for mobile phone*) recharge *f*
top-up loan *n* (BRIT) prêt *m* complémentaire
torch [tɔ:tʃ] *n* torche *f* ; (BRIT: *electric*) lampe *f* de poche
torchlight ['tɔ:tʃlaɪt] *n*: **by ~** à la lumière de lampes de poche ▸*cpd* (*procession, parade*) aux flambeaux
tore [tɔ:ʳ] *pt of* **tear²**
torment *n* ['tɔ:mɛnt] tourment *m* ▸*vt* [tɔ:'mɛnt] tourmenter ; (*fig: annoy*) agacer
tormentor [tɔ:'mɛntəʳ] *n* tourmenteur(-euse)
torn [tɔ:n] *pp of* **tear²** ▸*adj*: **~ between** (*fig*) tiraillé(e) entre
tornado [tɔ:'neɪdəu] (*pl* **tornadoes**) *n* tornade *f*
torpedo [tɔ:'pi:dəu] (*pl* **torpedoes**) *n* torpille *f*
torpedo boat *n* torpilleur *m*
torpor ['tɔ:pəʳ] *n* torpeur *f*
torrent ['tɔrnt] *n* torrent *m*
torrential [tɔ'rɛnʃl] *adj* torrentiel(le)
torrid ['tɔrɪd] *adj* torride ; (*fig*) ardent(e)
torsion ['tɔ:ʃən] *n* torsion *f*
torso ['tɔ:səu] *n* torse *m*
tortoise ['tɔ:təs] *n* tortue *f*
tortoiseshell ['tɔ:təʃɛl] *adj* en écaille
tortuous ['tɔ:tjuəs] *adj* tortueux(-euse)
torture ['tɔ:tʃəʳ] *n* torture *f* ▸*vt* torturer
torturer ['tɔ:tʃərəʳ] *n* tortionnaire *m*
Tory ['tɔ:rɪ] *adj, n* (BRIT *Pol*) tory *mf*, conservateur(-trice)
toss [tɔs] *vt* lancer, jeter ; (BRIT: *pancake*) faire sauter ; (*head*) rejeter en arrière ; **to ~ a coin** jouer à pile ou face ▸*vi*: **to ~ for sth** (BRIT) jouer qch à pile ou face ; **to ~ and turn** (*in bed*) se tourner et se retourner ▸*n* (*movement: of head etc*) mouvement soudain ; (: *of coin*) tirage *m* à pile ou face ; **to win/lose the ~** gagner/perdre à pile ou face ; (*Sport*) gagner/perdre le tirage au sort
tot [tɔt] *n* (BRIT: *drink*) petit verre ; (*child*) bambin *m*
▸**tot up** *vt* (BRIT: *figures*) additionner
total ['təutl] *adj* total(e) ▸*n* total *m* ; **in ~** au total ▸*vt* (*add up*) faire le total de, additionner ; (*amount to*) s'élever à
totalitarian [təutælɪ'tɛərɪən] *adj* totalitaire
totalitarianism [təutælɪ'tɛərɪənɪzəm] *n* totalitarisme *m*
totality [təu'tælɪtɪ] *n* totalité *f*
totally ['təutəlɪ] *adv* totalement
tote bag [təut-] *n* fourre-tout *m inv*
totem pole ['təutəm-] *n* mât *m* totémique
totter ['tɔtəʳ] *vi* chanceler ; (*object, government*) être chancelant(e)
toucan ['tu:kən] *n* toucan *m*
touch [tʌtʃ] *n* contact *m*, toucher *m* ; (*sense, skill: of pianist etc*) toucher ; (*fig: note, also Football*) touche *f* ; **the personal ~** la petite note personnelle ; **to put the finishing touches to sth** mettre la dernière main à qch ; **a ~ of** (*fig*) un petit peu de ; une touche de ; **in ~ with** en contact *or* rapport avec ; **to get in ~ with** prendre contact avec ; **I'll be in ~** je resterai en contact ; **to lose ~** (*friends*) se perdre de vue ; **to be out of ~ with events** ne pas être au courant de ce qui se passe ▸*vt* (*gen*) toucher ; (*tamper with*) toucher à
▸**touch down** *vi* (*Aviat*) atterrir ; (*on sea*) amerrir
▸**touch on** *vt fus* (*topic*) effleurer, toucher
▸**touch up** *vt* (*paint*) retoucher
touch-and-go ['tʌtʃən'gəu] *adj* incertain(e) ; **it was ~ whether we did it** nous avons failli ne pas le faire
touchdown ['tʌtʃdaun] *n* (*Aviat*) atterrissage *m* ; (*on sea*) amerrissage *m* ; (*US Football*) essai *m*
touched [tʌtʃt] *adj* (*moved*) touché(e) ; (*inf*) cinglé(e)
touching ['tʌtʃɪŋ] *adj* touchant(e), attendrissant(e)
touchline ['tʌtʃlaɪn] *n* (*Sport*) (ligne *f* de) touche *f*
touchpad ['tʌtʃpæd] *n* (*Comput*) touchpad *m*
touch screen *n* (*Tech*) écran *m* tactile ; **~ mobile** (téléphone) portable *m* à écran tactile ; **~ technology** technologie *f* à écran tactile
touch-sensitive ['tʌtʃsɛnsɪtɪv] *adj* (*keypad*) à effleurement ; (*screen*) tactile
touch-type ['tʌtʃtaɪp] *vi* taper au toucher
touchy ['tʌtʃɪ] *adj* (*person*) susceptible
tough [tʌf] *adj* dur(e) ; (*resistant*) résistant(e), solide ; (*meat*) dur, coriace ; (*firm*) inflexible ; (*journey*) pénible ; (*task, problem, situation*) difficile ; (*rough*) dur ; **~ luck!** pas de chance ! ; tant pis ! ▸*n* (*gangster etc*) dur *m*
toughen ['tʌfn] *vt* rendre plus dur(e) (*or* plus résistant(e) *or* plus solide)
toughness ['tʌfnɪs] *n* dureté *f* ; résistance *f* ; solidité *f*
toupee ['tu:peɪ] *n* postiche *m*
tour ['tuəʳ] *n* voyage *m* ; (*also*: **package tour**) voyage organisé ; (*of town, museum*) tour *m*, visite *f* ; (*by band*) tournée *f* ; **to go on a ~ of** (*museum, region*) visiter ; **to go on ~** partir en tournée ▸*vt* visiter
tour guide *n* (*person*) guide *mf*
touring ['tuərɪŋ] *n* voyages *mpl* touristiques, tourisme *m*
tourism ['tuərɪzm] *n* tourisme *m*
tourist ['tuərɪst] *n* touriste *mf* ▸*adv* (*travel*) en classe touriste ▸*cpd* touristique ; **the ~ trade** le tourisme
tourist class *n* (*Aviat*) classe *f* touriste
tourist office *n* syndicat *m* d'initiative
touristy ['tuərɪstɪ] *adj* (*inf*) touristique
tournament ['tuənəmənt] *n* tournoi *m*
tourniquet ['tuənɪkeɪ] *n* (*Med*) garrot *m*
tour operator *n* (BRIT) organisateur *m* de voyages, tour-opérateur *m*
tousled ['tauzld] *adj* (*hair*) ébouriffé(e)

t

tout [taut] *n* (*Brit*: *ticket tout*) revendeur *m* de billets ▸ *vi*: **to ~ for** essayer de raccrocher, racoler ▸ *vt* (*Brit*): **to ~ sth (around)** essayer de placer *or* (re)vendre qch
tow [təu] *n*: **to give sb a ~** (*Aut*) remorquer qn ; **"on ~"**, (*US*) **"in ~"** (*Aut*) « véhicule en remorque » ▸ *vt* remorquer ; (*caravan, trailer*) tracter
▸ **tow away** *vt* (*subj*: *police*) emmener à la fourrière ; (: *breakdown service*) remorquer
toward [tə'wɔːd], **towards** [tə'wɔːdz] *prep* vers ; (*of attitude*) envers, à l'égard de ; (*of purpose*) pour ; **~ noon/the end of the year** vers midi/la fin de l'année ; **to feel friendly ~ sb** être bien disposé envers qn
towel ['tauəl] *n* serviette *f* (de toilette) ; (*also*: **tea towel**) torchon *m* ; **to throw in the ~** (*fig*) jeter l'éponge
towelling ['tauəlɪŋ] *n* (*fabric*) tissu-éponge *m*
towel rail, (*US*) **towel rack** *n* porte-serviettes *m inv*
tower ['tauəʳ] *n* tour *f* ▸ *vi* (*building, mountain*) se dresser (majestueusement) ; **to ~ above** *or* **over sb/sth** dominer qn/qch
tower block *n* (*Brit*) tour *f* (d'habitation)
towering ['tauərɪŋ] *adj* très haut(e), imposant(e)
towline ['təulaɪn] *n* (câble *m* de) remorque *f*
town [taun] *n* ville *f* ; **to go to ~** aller en ville ; (*fig*) y mettre le paquet ; **in the ~** dans la ville, en ville ; **to be out of ~** (*person*) être en déplacement
town centre *n* (*Brit*) centre *m* de la ville, centre-ville *m*
town clerk *n* ≈ secrétaire *mf* de mairie
town council *n* conseil municipal
town crier [-'kraɪəʳ] *n* (*Brit*) crieur public
town hall *n* ≈ mairie *f*
townie ['taunɪ] *n* (*Brit inf*) citadin(e)
town plan *n* plan *m* de ville
town planner *n* urbaniste *mf*
town planning *n* urbanisme *m*
townsfolk ['taunzfəuk] *npl* (*old*) habitants *mpl* de la ville
township ['taunʃɪp] *n* banlieue noire (*établie sous le régime de l'apartheid*)
townspeople ['taunzpiːpl] *npl* gens *mpl* de la ville ; **the ~ of Warwick** les gens de Warwick
towpath ['təupɑːθ] *n* (chemin *m* de) halage *m*
towrope ['təurəup] *n* (câble *m* de) remorque *f*
tow truck *n* (*US*) dépanneuse *f*
toxic ['tɔksɪk] *adj* toxique
toxic asset *n* (*Econ*) actif *m* toxique
toxic bank *n* (*Econ*) bad bank *f*, banque *f* toxique
toxicity [tɔk'sɪsɪtɪ] *n* toxicité *f*
toxicologist [tɔksɪ'kɔlədʒɪst] *n* toxicologue *mf*
toxicology [tɔksɪ'kɔlədʒɪ] *n* toxicologie *f*
toxin ['tɔksɪn] *n* toxine *f*
toy [tɔɪ] *n* jouet *m*
▸ **toy with** *vt fus* jouer avec ; (*idea*) caresser
toyshop ['tɔɪʃɔp] *n* magasin *m* de jouets
trace [treɪs] *n* trace *f* ; **without ~** (*disappear*) sans laisser de traces ; **there was no ~ of it** il n'y en avait pas trace ▸ *vt* (*draw*) tracer, dessiner ; (*follow*) suivre la trace de ; (*locate*) retrouver
traceable ['treɪsəbl] *adj*: **to be ~ to sth** être attribuable à qch
trace element *n* oligo-élément *m*
trachea [trə'kɪə] *n* (*Anat*) trachée *f*
tracing paper ['treɪsɪŋ-] *n* papier-calque *m*
track [træk] *n* (*mark*) trace *f* ; (*path*: *gen*) chemin *m*, piste *f* ; (: *of bullet etc*) trajectoire *f* ; (: *of suspect, animal*) piste ; (*Rail*) voie ferrée, rails *mpl* ; (*Comput, Sport*) piste ; (*on CD*) piste ; (*on record*) plage *f* ; **to keep ~ of** suivre ; **to be on the right ~** (*fig*) être sur la bonne voie ▸ *vt* suivre la trace *or* la piste de
▸ **track down** *vt* (*prey*) trouver et capturer ; (*sth lost*) finir par retrouver
tracker dog ['trækə-] *n* (*Brit*) *chien dressé pour suivre une piste*
track events *npl* (*Sport*) épreuves *fpl* sur piste
tracking station ['trækɪŋ-] *n* (*Space*) centre *m* d'observation de satellites
track meet *n* (*US*) réunion sportive sur piste
track record *n*: **to have a good ~** (*fig*) avoir fait ses preuves
tracksuit ['træksuːt] *n* survêtement *m*
tract [trækt] *n* (*Geo*) étendue *f*, zone *f* ; (*pamphlet*) tract *m* ; **respiratory ~** (*Anat*) système *m* respiratoire
traction ['trækʃən] *n* traction *f*
tractor ['træktəʳ] *n* tracteur *m*
trade [treɪd] *n* commerce *m* ; (*skill, job*) métier *m* ; **foreign ~** commerce extérieur ▸ *vi* faire du commerce ; **to ~ with/in** faire du commerce avec/le commerce de ▸ *vt* (*exchange*): **to ~ sth (for sth)** échanger qch (contre qch)
▸ **trade in** *vt* (*old car etc*) faire reprendre
trade barrier *n* barrière commerciale
trade deficit *n* déficit extérieur
Trade Descriptions Act *n* (*Brit*) *loi contre les appellations et la publicité mensongères*
trade discount *n* remise *f* au détaillant
trade fair *n* foire(-exposition) commerciale
trade-in ['treɪdɪn] *n* reprise *f*
trade-in price *n* prix *m* à la reprise
trademark ['treɪdmɑːk] *n* marque *f* de fabrique
trade mission *n* mission commerciale
trade name *n* marque déposée
trade-off ['treɪdɔf] *n* (*exchange*) échange *f* ; (*balancing*) équilibre *m*
trader ['treɪdəʳ] *n* commerçant(e), négociant(e)
trade secret *n* secret *m* de fabrication
tradesman ['treɪdzmən] *n* (*irreg*) (*shopkeeper*) commerçant *m* ; (*skilled worker*) ouvrier qualifié
trade union *n* syndicat *m*
trade unionist [-'juːnjənɪst] *n* syndicaliste *mf*
trade wind *n* alizé *m*
trading ['treɪdɪŋ] *n* affaires *fpl*, commerce *m*
trading estate *n* (*Brit*) zone industrielle
trading stamp *n* timbre-prime *m*
tradition [trə'dɪʃən] *n* tradition *f* ; **traditions** *npl* coutumes *fpl*, traditions
traditional [trə'dɪʃənl] *adj* traditionnel(le)
traditionalist [trə'dɪʃənlɪst] *adj*, *n* traditionaliste *mf*

traditionally [trə'dɪʃənlɪ] *adv* (*by tradition*) traditionnellement ; (*in an old-fashioned way*) de manière traditionnelle ; **~ ...** selon la tradition ...
traffic ['træfɪk] *n* trafic *m* ; (*cars*) circulation *f* ▸ *vi*: **to ~ in** (*pej: liquor, drugs*) faire le trafic de
traffic calming [-'kɑːmɪŋ] *n* ralentissement *m* de la circulation
traffic circle *n* (*US*) rond-point *m*
traffic island *n* refuge *m* (pour piétons)
traffic jam *n* embouteillage *m*
trafficker ['træfɪkəʳ] *n* trafiquant(e)
trafficking ['træfɪkɪŋ] *n* trafic *m* ; **drug ~** le trafic de drogue
traffic lights *npl* feux *mpl* (de signalisation)
traffic offence *n* (Brit) infraction *f* au code de la route
traffic sign *n* panneau *m* de signalisation
traffic violation *n* (*US*) = **traffic offence**
traffic warden *n* contractuel(le)
tragedy ['trædʒədɪ] *n* tragédie *f*
tragic ['trædʒɪk] *adj* tragique
tragically ['trædʒɪklɪ] *adv* (*die, end*) tragiquement
tragicomedy [trædʒi'kɔmədɪ] *n* tragicomédie *f*
trail [treɪl] *n* (*tracks*) trace *f*, piste *f* ; (*path*) chemin *m*, piste ; (*of smoke etc*) traînée *f* ; **to be on sb's ~** être sur la piste de qn ▸ *vt* (*drag*) traîner, tirer ; (*follow*) suivre ▸ *vi* traîner ; (*in game, contest*) être en retard
▸ **trail away, trail off** *vi* (*sound, voice*) s'évanouir ; (*interest*) disparaître
▸ **trail behind** *vi* traîner, être à la traîne
trailblazer ['treɪlbleɪzəʳ] *n* pionnier(-ière)
trailer ['treɪləʳ] *n* (*Aut*) remorque *f* ; (*US: caravan*) caravane *f* ; (*Cine*) bande-annonce *f*
trailer truck *n* (*US*) (camion *m*) semi-remorque *m*
train [treɪn] *n* train *m* ; (*in underground*) rame *f* ; (*of dress*) traîne *f* ; (Brit: *series*): **~ of events** série *f* d'événements ; **to go by ~** voyager par le train *or* en train ; **what time does the ~ from Paris get in?** à quelle heure arrive le train de Paris ? ; **is this the ~ for ...?** c'est bien le train pour ... ? ; **one's ~ of thought** le fil de sa pensée ▸ *vt* (*apprentice, doctor etc*) former ; (*Sport*) entraîner ; (*dog*) dresser ; (*memory*) exercer ; (*point: gun etc*): **to ~ sth on** braquer qch sur ; **to ~ sb to do sth** apprendre à qn à faire qch ; (*employee*) former qn à faire qch ▸ *vi* recevoir sa formation ; (*Sport*) s'entraîner
train attendant *n* (*US*) employé(e) des wagons-lits
trained [treɪnd] *adj* qualifié(e), qui a reçu une formation ; dressé(e)
trainee [treɪ'niː] *n* stagiaire *mf* ; (*in trade*) apprenti(e)
trainer ['treɪnəʳ] *n* (*Sport*) entraîneur(-euse) ; (*of dogs etc*) dresseur(-euse) ; **trainers** *npl* (*shoes*) chaussures *fpl* de sport
training ['treɪnɪŋ] *n* formation *f* ; (*Sport*) entraînement *m* ; (*of dog etc*) dressage *m* ; **in ~** (*Sport*) à l'entraînement ; (*fit*) en forme
training college *n* école professionnelle ; (*for teachers*) ≈ école normale
training course *n* cours *m* de formation professionnelle
training shoes *npl* chaussures *fpl* de sport
train wreck *n* (*fig*) épave *f* ; **he's a complete ~** c'est une épave
traipse [treɪps] *vi* (se) traîner, déambuler
trait [treɪt] *n* trait *m* (de caractère)
traitor ['treɪtəʳ] *n* traître *m*
trajectory [trə'dʒɛktərɪ] *n* trajectoire *f*
tram [træm] *n* (Brit: *also*: **tramcar**) tram(way) *m*
tramline ['træmlaɪn] *n* ligne *f* de tram(way)
tramp [træmp] *n* (*person*) vagabond(e), clochard(e) ; (*inf, pej: woman*): **to be a ~** être coureuse ▸ *vi* marcher d'un pas lourd ▸ *vt* (*walk through: town, streets*) parcourir à pied
trample ['træmpl] *vt*: **to ~ (underfoot)** piétiner ; (*fig*) bafouer
trampoline ['træmpəliːn] *n* trampoline *m*
trance [trɑːns] *n* transe *f* ; (*Med*) catalepsie *f* ; **to go into a ~** entrer en transe
tranche [trɑːnʃ] *n* tranche *f*
tranquil ['træŋkwɪl] *adj* tranquille
tranquillity [træŋ'kwɪlɪtɪ] *n* tranquillité *f*
tranquillizer, (*US*) **tranquilizer** ['træŋkwɪlaɪzəʳ] *n* (*Med*) tranquillisant *m*
transact [træn'zækt] *vt* (*business*) traiter
transaction [træn'zækʃən] *n* transaction *f* ; **cash ~** transaction au comptant ; **transactions** *npl* (*minutes*) actes *mpl*
transatlantic ['trænzət'læntɪk] *adj* transatlantique
transcend [træn'sɛnd] *vt* transcender ; (*excel over*) surpasser
transcendental [trænsɛn'dɛntl] *adj*: **~ meditation** méditation transcendantale
transcontinental [trænskɔntɪ'nɛntl] *adj* transcontinental(e)
transcribe [træn'skraɪb] *vt* transcrire
transcript ['trænskrɪpt] *n* transcription *f* (*texte*)
transcription [træn'skrɪpʃən] *n* transcription *f*
transept ['trænsɛpt] *n* transept *m*
transfer *n* ['trænsfəʳ] (*gen, also Sport*) transfert *m* ; (*Pol: of power*) passation *f* ; (*of money*) virement *m* ; (*picture, design*) décalcomanie *f* ; (*: stick-on*) autocollant *m* ; **by bank ~** par virement bancaire ▸ *vt* [træns'fəːʳ] transférer ; passer ; virer ; décalquer
transferable [træns'fəːrəbl] *adj* transmissible, transférable ; **"not ~"** « personnel »
transfer desk *n* (*Aviat*) guichet *m* de transit
transfix [træns'fɪks] *vt* transpercer ; (*fig*): **transfixed with fear** paralysé(e) par la peur
transform [træns'fɔːm] *vt* transformer
transformation [trænsfə'meɪʃən] *n* transformation *f*
transformer [træns'fɔːməʳ] *n* (*Elec*) transformateur *m*
transfusion [træns'fjuːʒən] *n* transfusion *f*
transgender [trænz'dʒɛndəʳ] *adj, n* transgenre *mf*
transgress [trænz'grɛs] *vt* transgresser
transgression [trænz'grɛʃn] *n* transgression *f*
transgressor [trænz'grɛsəʳ] *n* (*formal*) transgresseur *m*

t

transient ['trænzıənt] *adj* transitoire, éphémère
transistor [træn'zıstəʳ] *n* (*Elec: also:* **transistor radio**) transistor *m*
transit ['trænzıt] *n*: **in ~** en transit
transit camp *n* camp *m* de transit
transition [træn'zıʃən] *n* transition *f*
transitional [træn'zıʃənl] *adj* transitoire
transitive ['trænzıtıv] *adj* (*Ling*) transitif(-ive)
transit lounge *n* (*Aviat*) salle *f* de transit
transitory ['trænzıtərı] *adj* transitoire
translate [trænz'leıt] *vt*: **to ~ (from/into)** traduire (du/en) ; **can you ~ this for me?** pouvez-vous me traduire ceci ?
translation [trænz'leıʃən] *n* traduction *f* ; (*Scol: as opposed to prose*) version *f*
translator [trænz'leıtəʳ] *n* traducteur(-trice)
translucent [trænz'lu:snt] *adj* translucide
transmission [trænz'mıʃən] *n* transmission *f*
transmit [trænz'mıt] *vt* transmettre ; (*Radio, TV*) émettre
transmitter [trænz'mitəʳ] *n* émetteur *m*
transparency [træns'pεərnsı] *n* (Brit *Phot*) diapositive *f*
transparent [træns'pærnt] *adj* transparent(e)
transpire [træns'paıəʳ] *vi* (*become known*): **it finally transpired that ...** on a finalement appris que ... ; (*happen*) arriver
transplant *vt* [træns'plɑ:nt] transplanter ; (*seedlings*) repiquer ▸ *n* ['trænsplɑ:nt] (*Med*) transplantation *f* ; **to have a heart ~** subir une greffe du cœur
transport *n* ['trænspɔ:t] transport *m* ; **public ~** transports en commun ; **Department of T~** (Brit) ministère *m* des Transports ▸ *vt* [træns'pɔ:t] transporter
transportation [trænspɔ:'teıʃən] *n* (moyen *m* de) transport *m* ; (*of prisoners*) transportation *f* ; **Department of T~** (*US*) ministère *m* des Transports
transport café *n* (Brit) ≈ routier *m*, ≈ restaurant *m* des routiers
transporter [træns'pɔ:təʳ] *n* avion-cargo *m*
transpose [træns'pəuz] *vt* transposer
transsexual [trænz'sεksjuəl] *adj, n* transsexuel(le)
transverse ['trænzvə:s] *adj* transversal(e)
transvestite [trænz'vεstaıt] *n* travesti(e)
trap [træp] *n* (*snare, trick*) piège *m* ; (*carriage*) cabriolet *m* ; **to set** *or* **lay a ~ (for sb)** tendre un piège (à qn) ; **to shut one's ~** (*inf*) la fermer ▸ *vt* prendre au piège ; (*immobilize*) bloquer ; (*confine*) coincer
trap door *n* trappe *f*
trapeze [trə'pi:z] *n* trapèze *m*
trapped [træpt] *adj* piégé(e) ; **to feel ~** se sentir piégé(e)
trapper ['træpəʳ] *n* trappeur *m*
trappings ['træpıŋz] *npl* ornements *mpl* ; attributs *mpl*
trash [træʃ] *n* (*inf, pej: goods*) camelote *f* ; (*: nonsense*) sottises *fpl* ; (*US: rubbish*) ordures *fpl*
trash can *n* (*US*) poubelle *f*
trashy ['træʃı] *adj* (*inf*) de camelote (*inf*), qui ne vaut rien
trauma ['trɔ:mə] *n* traumatisme *m*
traumatic [trɔ:'mætık] *adj* traumatisant(e)
traumatize ['trɔ:mətaız] *vt* traumatiser
travel ['trævl] *n* voyage(s) *m(pl)* ▸ *vi* voyager ; (*move*) aller, se déplacer ; (*news, sound*) se propager ; **this wine doesn't ~ well** ce vin voyage mal ▸ *vt* (*distance*) parcourir
travel agency *n* agence *f* de voyages
travel agent *n* agent *m* de voyages
travel brochure *n* brochure *f* touristique
travel insurance *n* assurance-voyage *f*
traveller, (*US*) **traveler** ['trævləʳ] *n* voyageur(-euse) ; (*Comm*) représentant(e) de commerce
traveller's cheque, (*US*) **traveler's check** *n* chèque *m* de voyage
travelling, (*US*) **traveling** ['trævlıŋ] *n* voyage(s) *m(pl)* ▸ *adj* (*circus, exhibition*) ambulant(e) ▸ *cpd* (*bag, clock*) de voyage ; (*expenses*) de déplacement
travelling salesman, (*US*) **traveling salesman** *n* (*irreg*) voyageur *m* de commerce
travelogue ['trævəlɔg] *n* (*book, talk*) récit *m* de voyage ; (*film*) documentaire *m* de voyage
travel-sick ['trævlsık] *adj*: **to get ~** avoir le mal de la route (*or* de mer *or* de l'air)
travel sickness *n* mal *m* de la route (*or* de mer *or* de l'air)
traverse ['trævəs] *vt* traverser
travesty ['trævəstı] *n* parodie *f*
trawl [trɔ:l] *vi* pêcher au chalut ▸ *n* (*search*) exploration *f* ; **a ~ through sth** une exploration de qch
▸ **trawl through** *vt fus* éplucher
trawler ['trɔ:ləʳ] *n* chalutier *m*
tray [treı] *n* (*for carrying*) plateau *m* ; (*on desk*) corbeille *f*
treacherous ['trεtʃərəs] *adj* traître(sse) ; (*ground, tide*) dont il faut se méfier ; **road conditions are ~** l'état des routes est dangereux
treachery ['trεtʃərı] *n* traîtrise *f*
treacle ['tri:kl] *n* mélasse *f*
tread [trεd] (*pt* **trod** [trɔd], *pp* **trodden** ['trɔdn]) *n* (*step*) pas *m* ; (*sound*) bruit *m* de pas ; (*of tyre*) chape *f*, bande *f* de roulement ▸ *vi* marcher
▸ **tread on** *vt fus* marcher sur
treadle ['trεdl] *n* pédale *f* (*de machine*)
treadmill ['trεdmıl] *n* (*lit*) tapis *m* roulant ; (*fig*) corvée *f*
treas. *abbr* = **treasurer**
treason ['tri:zn] *n* trahison *f*
treasure ['trεʒəʳ] *n* trésor *m* ▸ *vt* (*value*) tenir beaucoup à ; (*store*) conserver précieusement
treasure hunt *n* chasse *f* au trésor
treasurer ['trεʒərəʳ] *n* trésorier(-ière)
treasury ['trεʒərı] *n* trésorerie *f* ; **the T~, the T~ Department** (*US*) ≈ le ministère des Finances
treasury bill *n* bon *m* du Trésor
treat [tri:t] *n* petit cadeau, petite surprise ; **it was a ~** ça m'a (*or* nous a *etc*) vraiment fait plaisir ▸ *vt* traiter ; **to ~ sb to sth** offrir qch à qn ; **to ~ sth as a joke** prendre qch à la plaisanterie
treatable ['tri:təbl] *adj* soignable
treatise ['tri:tız] *n* traité *m* (*ouvrage*)

treatment ['tri:tmənt] *n* traitement *m* ; **to have ~ for sth** (*Med*) suivre un traitement pour qch
treaty ['tri:tɪ] *n* traité *m*
treble ['trɛbl] *adj* triple ▸ *n* (*Mus*) soprano *m* ▸ *vt, vi* tripler
treble clef *n* clé *f* de sol
tree [tri:] *n* arbre *m*
treeless ['tri:lɪs] *adj* sans arbre
tree-lined ['tri:laɪnd] *adj* bordé(e) d'arbres
treetop ['tri:tɔp] *n* cime *f* d'un arbre
tree trunk *n* tronc *m* d'arbre
trek [trɛk] *n* (*long walk*) randonnée *f* ; (*tiring walk*) longue marche, trotte *f* ▸ *vi* (*as holiday*) faire de la randonnée
trellis ['trɛlɪs] *n* treillis *m*, treillage *m*
tremble ['trɛmbl] *vi* trembler
trembling ['trɛmblɪŋ] *n* tremblement *m* ▸ *adj* tremblant(e)
tremendous [trɪ'mɛndəs] *adj* (*enormous*) énorme ; (*excellent*) formidable, fantastique
tremendously [trɪ'mɛndəslɪ] *adv* énormément, extrêmement + *adjective* ; formidablement
tremor ['trɛmə^r] *n* tremblement *m* ; (*also*: **earth tremor**) secousse *f* sismique
tremulous ['trɛmjuləs] *adj* tremblant(e)
trench [trɛntʃ] *n* tranchée *f*
trenchant ['trɛntʃənt] *adj* (*criticism, views*) incisif(-ive)
trench coat *n* trench-coat *m*
trench warfare *n* guerre *f* de tranchées
trend [trɛnd] *n* (*tendency*) tendance *f* ; (*of events*) cours *m* ; (*fashion*) mode *f* ; **~ towards/away from doing** tendance à faire/à ne pas faire ; **to set the ~** donner le ton ; **to set a ~** lancer une mode
trendsetter ['trɛndsɛtə^r] *n personne qui lance une mode*
trendy ['trɛndɪ] *adj* (*idea, person*) dans le vent ; (*clothes*) dernier cri *inv*
trepidation [trɛpɪ'deɪʃən] *n* vive agitation
trespass ['trɛspəs] *vi*: **to ~ on** s'introduire sans permission dans ; (*fig*) empiéter sur ; **"no trespassing"** « propriété privée », « défense d'entrer »
trespasser ['trɛspəsə^r] *n* intrus(e) ; **"trespassers will be prosecuted"** « interdiction d'entrer sous peine de poursuites »
trestle ['trɛsl] *n* tréteau *m*
trestle table *n* table *f* à tréteaux
triage ['tri:ɑ:ʒ] *n* (*in hospital*) triage *m*
trial ['traɪəl] *n* (*Law*) procès *m*, jugement *m* ; (*test: of machine etc*) essai *m* ; (*worry*) souci *m* ; **~ by jury** jugement par jury ; **to be sent for ~** être traduit(e) en justice ; **to be on ~** passer en jugement ; **by ~ and error** par tâtonnements ; **trials** *npl* (*unpleasant experiences*) épreuves *fpl* ; (*Sport*) épreuves éliminatoires ; **horse trials** concours *m* hippique
trial balance *n* (*Comm*) balance *f* de vérification
trial basis *n*: **on a ~** pour une période d'essai
trial period *n* période *f* d'essai
trial run *n* essai *m*
triangle ['traɪæŋgl] *n* (*Math, Mus*) triangle *m*
triangular [traɪ'æŋgjulə^r] *adj* triangulaire
triathlete [traɪ'æθli:t] *n* triathlète *mf*
triathlon [traɪ'æθlən] *n* triathlon *m*
tribal ['traɪbl] *adj* tribal(e)
tribe [traɪb] *n* tribu *f*
tribesman ['traɪbzmən] *n* (*irreg*) membre *m* de la tribu
tribulation [trɪbju'leɪʃən] *n* tribulation *f*, malheur *m*
tribunal [traɪ'bju:nl] *n* tribunal *m*
tributary ['trɪbjutərɪ] *n* (*river*) affluent *m*
tribute ['trɪbju:t] *n* tribut *m*, hommage *m* ; **to pay ~ to** rendre hommage à
trice [traɪs] *n*: **in a ~** en un clin d'œil
triceps ['traɪsɛps] *n* triceps *m*
trick [trɪk] *n* (*magic*) tour *m* ; (*joke, prank*) tour, farce *f* ; (*skill, knack*) astuce *f* ; (*Cards*) levée *f* ; **to play a ~ on sb** jouer un tour à qn ; **it's a ~ of the light** c'est une illusion d'optique causée par la lumière ; **that should do the ~** (*inf*) ça devrait faire l'affaire ▸ *vt* attraper, rouler ; **to ~ sb into doing sth** persuader qn par la ruse de faire qch ; **to ~ sb out of sth** obtenir qch de qn par la ruse
trickery ['trɪkərɪ] *n* ruse *f*
trickle ['trɪkl] *n* (*of water etc*) filet *m* ▸ *vi* couler en un filet *or* goutte à goutte ; **to ~ in/out** (*people*) entrer/sortir par petits groupes
trick question *n* question-piège *f*
trickster ['trɪkstə^r] *n* arnaqueur(-euse), filou *m*
tricky ['trɪkɪ] *adj* difficile, délicat(e)
tricycle ['traɪsɪkl] *n* tricycle *m*
trifle ['traɪfl] *n* bagatelle *f* ; (*Culin*) ≈ diplomate *m* ▸ *adv*: **a ~ long** un peu long ▸ *vi*: **to ~ with** traiter à la légère
trifling ['traɪflɪŋ] *adj* insignifiant(e)
trigger ['trɪgə^r] *n* (*of gun*) gâchette *f*
▸ **trigger off** *vt* déclencher
trigger-happy [trɪgə'hæpɪ] *adj* (*inf*) à la gâchette facile ; **to be ~** avoir la gâchette facile
trigonometry [trɪgə'nɔmətrɪ] *n* trigonométrie *f*
trilby ['trɪlbɪ] *n* (Brit: *also*: **trilby hat**) chapeau mou, feutre *m*
trill [trɪl] *n* (*of bird, Mus*) trille *m*
trillion ['trɪljən] *num* (*a million million*) billion *m* (*mille milliards*)
trilogy ['trɪlədʒɪ] *n* trilogie *f*
trim [trɪm] *adj* net(te) ; (*house, garden*) bien tenu(e) ; (*figure*) svelte ▸ *n* (*haircut etc*) légère coupe ; (*embellishment*) finitions *fpl* ; (*on car*) garnitures *fpl* ; **to keep in (good) ~** maintenir en (bon) état ▸ *vt* (*cut*) couper légèrement ; (*Naut: a sail*) gréer ; (*decorate*): **to ~ (with)** décorer (de)
trimmings ['trɪmɪŋz] *npl* décorations *fpl* ; (*extras: esp Culin*) garniture *f*
Trinidad and Tobago ['trɪnɪdæd-] *n* Trinité et Tobago *f*
Trinity ['trɪnɪtɪ] *n*: **the ~** la Trinité
trinket ['trɪŋkɪt] *n* bibelot *m* ; (*piece of jewellery*) colifichet *m*
trio ['tri:əu] *n* trio *m*
trip [trɪp] *n* voyage *m* ; (*excursion*) excursion *f* ; (*stumble*) faux pas ; **on a ~** en voyage ▸ *vi* faire un faux pas, trébucher ; (*go lightly*) marcher d'un pas léger

t

▸ **trip up** *vi* trébucher ▸ *vt* faire un croc-en-jambe à
tripartite [traɪ'pɑ:taɪt] *adj* triparti(e)
tripe [traɪp] *n* (*Culin*) tripes *fpl* ; (*pej: rubbish*) idioties *fpl*
triple ['trɪpl] *adj* triple ▸ *adv*: **~ the distance/the speed** trois fois la distance/la vitesse
triple jump *n* triple saut *m*
triplets ['trɪplɪts] *npl* triplés(-ées)
triplicate ['trɪplɪkət] *n*: **in ~** en trois exemplaires
tripod ['traɪpɔd] *n* trépied *m*
Tripoli ['trɪpəlɪ] *n* Tripoli
tripper ['trɪpə^r] *n* (Brit) touriste *mf* ; excursionniste *mf*
tripwire ['trɪpwaɪə^r] *n* fil *m* de déclenchement
trite [traɪt] *adj* banal(e)
triumph ['traɪʌmf] *n* triomphe *m* ▸ *vi*: **to ~ (over)** triompher (de)
triumphal [traɪ'ʌmfl] *adj* triomphal(e)
triumphant [traɪ'ʌmfənt] *adj* triomphant(e)
trivia ['trɪvɪə] *npl* futilités *fpl*
trivial ['trɪvɪəl] *adj* insignifiant(e) ; (*commonplace*) banal(e)
triviality [trɪvɪ'ælɪtɪ] *n* caractère insignifiant ; banalité *f*
trivialize ['trɪvɪəlaɪz] *vt* rendre banal(e)
trod [trɔd] *pt of* **tread**
trodden [trɔdn] *pp of* **tread**
troll [trɔl] *n* (*Comput*) troll *m*, trolleur(-euse)
trolley ['trɔlɪ] *n* chariot *m*
trolley bus *n* trolleybus *m*
trollop ['trɔləp] *n* prostituée *f*
trombone [trɔm'bəun] *n* trombone *m*
trombonist [trɔm'bəunɪst] *n* tromboniste *mf*
troop [tru:p] *n* bande *f*, groupe *m* ▸ *vi*: **to ~ in/out** entrer/sortir en groupe ; **trooping the colour** (Brit) (*ceremony*) le salut au drapeau ; **troops** *npl* (*Mil*) troupes *fpl* ; (*: men*) hommes *mpl*, soldats *mpl*
troop carrier *n* (*plane*) avion *m* de transport de troupes ; (*Naut: also:* **troopship**) transport *m* (*navire*)
trooper ['tru:pə^r] *n* (*Mil*) soldat *m* de cavalerie ; (*US: policeman*) ≈ gendarme *m*
troopship ['tru:pʃɪp] *n* transport *m* (*navire*)
trophy ['trəufɪ] *n* trophée *m*
tropic ['trɔpɪk] *n* tropique *m* ; **in the tropics** sous les tropiques ; **T~ of Cancer/Capricorn** tropique du Cancer/Capricorne
tropical ['trɔpɪkl] *adj* tropical(e)
trot [trɔt] *n* trot *m* ; **on the ~** (Brit *fig*) d'affilée ▸ *vi* trotter
▸ **trot out** *vt* (*excuse, reason*) débiter ; (*names, facts*) réciter les uns après les autres
trouble ['trʌbl] *n* difficulté(s) *f(pl)*, problème(s) *m(pl)* ; (*worry*) ennuis *mpl*, soucis *mpl* ; (*bother, effort*) peine *f* ; (*Pol*) conflit(s) *m(pl)*, troubles *mpl* ; (*Med*): **stomach** *etc* **~** troubles gastriques *etc* ; **to be in ~** avoir des ennuis ; (*ship, climber etc*) être en difficulté ; **to have ~ doing sth** avoir du mal à faire qch ; **to go to the ~ of doing** se donner le mal de faire ; **it's no ~!** je vous en prie ! ; **the ~ is ...** le problème, c'est que ... ; **what's the ~?** qu'est-ce qui ne va pas ? ▸ *vt* (*disturb*) déranger, gêner ; (*worry*) inquiéter ; **please don't ~ yourself** je vous en prie, ne vous dérangez pas ! ▸ *vi*: **to ~ to do** prendre la peine de faire ; **troubles** *npl* (*Pol etc*) troubles ; (*personal*) ennuis, soucis
troubled [trʌbld] *adj* (*person*) inquiet(-ète) ; (*times, life*) agité(e)
trouble-free ['trʌblfri:] *adj* sans problèmes *or* ennuis
troublemaker ['trʌblmeɪkə^r] *n* élément perturbateur, fauteur *m* de troubles
troubleshooter ['trʌblʃu:tə^r] *n* (*problem solver*) expert *m* ; (*in conflict*) médiateur(-trice)
troubleshooting ['trʌblʃu:tɪŋ] *n* résolution *f* de problèmes
troublesome ['trʌblsəm] *adj* (*child*) fatigant(e), difficile ; (*cough*) gênant(e)
trouble spot *n* point chaud (*fig*)
troubling ['trʌblɪŋ] *adj* (*times, thought*) inquiétant(e)
trough [trɔf] *n* (*also:* **drinking trough**) abreuvoir *m* ; (*also:* **feeding trough**) auge *f* ; (*depression*) creux *m* ; (*channel*) chenal *m* ; **~ of low pressure** (*Meteorology*) dépression *f*
trounce [trauns] *vt* (*inf: defeat*) battre à plates coutures (*inf*)
troupe [tru:p] *n* troupe *f*
trouser press *n* presse-pantalon *m inv*
trousers ['trauzəz] *npl* pantalon *m* ; **short ~** (Brit) culottes courtes
trouser suit *n* (Brit) tailleur-pantalon *m*
trousseau ['tru:səu] (*pl* **trousseaux** *or* **trousseaus** [-z]) *n* trousseau *m*
trout [traut] *n* (*pl inv*) truite *f*
trowel ['trauəl] *n* truelle *f* ; (*garden tool*) déplantoir *m*
truancy ['tru:ənsɪ] *n* absentéisme *m* (*scolaire*)
truant ['truənt] *n*: **to play ~** faire l'école buissonnière
truce [tru:s] *n* trêve *f*
truck [trʌk] *n* camion *m* ; (*Rail*) wagon *m* à plate-forme ; (*for luggage*) chariot *m* (à bagages)
truck driver *n* camionneur *m*
trucker ['trʌkə^r] *n* (*esp US*) camionneur *m*
truck farm *n* (*US*) jardin maraîcher
trucking ['trʌkɪŋ] *n* (*esp US*) transport routier
trucking company *n* (*US*) entreprise *f* de transport (routier)
truckload ['trʌkləud] *n* cargaison *f* (*d'un camion*)
truck stop *n* (*US*) ≈ routier *m*, restaurant *m* de routiers
truculent ['trʌkjulənt] *adj* agressif(-ive)
trudge [trʌdʒ] *vi* marcher lourdement, se traîner
true [tru:] *adj* vrai(e) ; (*accurate*) exact(e) ; (*genuine*) vrai, véritable ; (*faithful*) fidèle ; (*wall*) d'aplomb ; (*beam*) droit(e) ; (*wheel*) dans l'axe ; **to come ~** se réaliser ; **~ to life** réaliste
truffle ['trʌfl] *n* truffe *f*
truism ['tru:ɪzəm] *n* truisme *m*, lieu *m* commun
truly ['tru:lɪ] *adv* vraiment, réellement ; (*truthfully*) sans mentir ; (*faithfully*) fidèlement ; **yours ~** (*in letter*) je vous prie d'agréer, Monsieur (*or* Madame *etc*), l'expression de mes sentiments respectueux

trump [trʌmp] *n* atout *m* ; **to come up trumps** (*fig*) faire des miracles
trump card *n* atout *m* ; (*fig*) carte *f* maîtresse
trumped-up [trʌmpt'ʌp] *adj* inventé(e) (de toutes pièces)
trumpet ['trʌmpɪt] *n* trompette *f*
trumpeter ['trʌmpɪtəʳ] *n* trompettiste *mf*
truncated [trʌŋ'keɪtɪd] *adj* tronqué(e)
truncheon ['trʌntʃən] *n* bâton *m* (d'agent de police) ; matraque *f*
trundle ['trʌndl] *vt, vi*: **to ~ along** rouler bruyamment
trunk [trʌŋk] *n* (*of tree, person*) tronc *m* ; (*of elephant*) trompe *f* ; (*case*) malle *f* ; (*US Aut*) coffre *m* ; **trunks** *npl* (*also*: **swimming trunks**) maillot *m or* slip *m* de bain
trunk call *n* (BRIT *Tel*) communication interurbaine
trunk road *n* (BRIT) ≈ (route *f*) nationale *f*
truss [trʌs] *n* (*Med*) bandage *m* herniaire ▸ *vt*: **to ~ (up)** (*Culin*) brider
trust [trʌst] *n* confiance *f* ; (*responsibility*): **to place sth in sb's ~** confier la responsabilité de qch à qn ; (*Law*) fidéicommis *m* ; (*Comm*) trust *m* ; **to take sth on ~** accepter qch les yeux fermés ; **in ~** (*Law*) par fidéicommis ▸ *vt* (*rely on*) avoir confiance en ; (*entrust*): **to ~ sth to sb** confier qch à qn ; (*hope*): **to ~ (that)** espérer (que)
▸ **trust in** *vt fus* croire en
▸ **trust to** *vt fus* (*luck, instinct*) faire confiance à
trust company *n* société *f* fiduciaire
trusted ['trʌstɪd] *adj* en qui l'on a confiance
trustee [trʌs'tiː] *n* (*Law*) fidéicommissaire *mf* ; (*of school etc*) administrateur(-trice)
trustful ['trʌstful] *adj* confiant(e)
trust fund *n* fonds *m* en fidéicommis
trusting ['trʌstɪŋ] *adj* confiant(e)
trustworthy ['trʌstwəːðɪ] *adj* digne de confiance
trusty ['trʌstɪ] *adj* fidèle
truth [truːθ] (*pl* **truths** [truːðz]) *n* vérité *f*
truthful ['truːθful] *adj* (*person*) qui dit la vérité ; (*answer*) sincère ; (*description*) exact(e), vrai(e)
truthfully ['truːθfəlɪ] *adv* sincèrement, sans mentir
truthfulness ['truːθfəlnɪs] *n* véracité *f*
try [traɪ] *n* essai *m*, tentative *f* ; (*Rugby*) essai ; **to give sth a ~** essayer qch ▸ *vt* (*attempt*) essayer, tenter ; (*test: sth new: also:* **try out**) essayer, tester ; (*Law: person*) juger ; (*strain*) éprouver ; **to ~ to do** essayer de faire ; (*seek*) chercher à faire ; **to ~ one's (very) best** *or* **one's (very) hardest** faire de son mieux ▸ *vi* essayer
▸ **try on** *vt* (*clothes*) essayer ; **to ~ it on** (*fig*) tenter le coup, bluffer
▸ **try out** *vt* essayer, mettre à l'essai
▸ **try for** *vt fus* (*baby*) essayer d'avoir ; (*gold medal*) essayer de décrocher
trying ['traɪɪŋ] *adj* pénible
tsar [zɑːʳ] *n* tsar *m*
T-shirt ['tiːʃəːt] *n* tee-shirt *m*
tsp. *abbr* (= *teaspoonful*) c. *f* à café, cuil. *f* à café
T-square ['tiːskwɛəʳ] *n* équerre *f* en T
tsunami [tsu'nɑːmɪ] *n* tsunami *m*
TT *adj abbr* (BRIT *inf*) = **teetotal** ▸ *abbr* (US) = **Trust Territory**
tub [tʌb] *n* cuve *f* ; (*for washing clothes*) baquet *m* ; (*bath*) baignoire *f*
tuba ['tjuːbə] *n* tuba *m*
tubby ['tʌbɪ] *adj* rondelet(te)
tube [tjuːb] *n* tube *m* ; (BRIT: *underground*) métro *m* ; (*for tyre*) chambre *f* à air ; (*inf: television*): **the ~** la télé
tubeless ['tjuːblɪs] *adj* (*tyre*) sans chambre à air
tuber ['tjuːbəʳ] *n* (*Bot*) tubercule *m*
tuberculosis [tjubəːkju'ləusɪs] *n* tuberculose *f*
tube station *n* (BRIT) station *f* de métro
tubing ['tjuːbɪŋ] *n* tubes *mpl* ; **a piece of ~** un tube
tubular ['tjuːbjuləʳ] *adj* tubulaire
TUC *n abbr* (BRIT: = *Trades Union Congress*) confédération *f* des syndicats britanniques
tuck [tʌk] *n* (*Sewing*) pli *m*, rempli *m* ▸ *vt* (*put*) mettre
▸ **tuck away** *vt* cacher, ranger ; (*money*) mettre de côté ; (*building*): **to be tucked away** être caché(e)
▸ **tuck in** *vt* rentrer ; (*child*) border ▸ *vi* (*eat*) manger de bon appétit ; attaquer le repas
▸ **tuck up** *vt* (*child*) border
tucker ['tʌkəʳ] *n* (AUSTRALIA, NEW ZEALAND *inf*) bouffe *f* (*inf*)
tuck shop *n* (BRIT *Scol*) boutique *f* à provisions
Tues., Tue. *abbr* (= *Tuesday*) ma., mar.
Tuesday ['tjuːzdɪ] *n* mardi *m* ; **(the date) today is ~ 23 March** nous sommes aujourd'hui mardi le 23 mars ; **on ~** mardi ; **on Tuesdays** le mardi ; **every ~** tous les mardis, chaque mardi ; **every other ~** un mardi sur deux ; **last/next ~** mardi dernier/prochain ; **~ next** mardi qui vient ; **the following ~** le mardi suivant ; **a week/fortnight on ~, ~ week/fortnight** mardi en huit/quinze ; **the ~ before last** l'autre mardi ; **the ~ after next** mardi en huit ; **~ morning/lunchtime/afternoon/evening** mardi matin/midi/après-midi/soir ; **~ night** mardi soir ; (*overnight*) la nuit de mardi (à mercredi) ; **~'s newspaper** le journal de mardi
tuft [tʌft] *n* touffe *f*
tug [tʌg] *n* (*ship*) remorqueur *m* ▸ *vt* tirer (sur)
tug-of-love [tʌgəv'lʌv] *n lutte acharnée entre parents divorcés pour avoir la garde d'un enfant*
tug-of-war [tʌgəv'wɔːʳ] *n* lutte *f* à la corde
tuition [tjuː'ɪʃən] *n* (BRIT: *lessons*) leçons *fpl* ; (*: private*) cours particuliers ; (*US: fees*) frais *mpl* de scolarité
tulip ['tjuːlɪp] *n* tulipe *f*
tulle [tjuːl] *n* tulle *m*
tumble ['tʌmbl] *n* (*fall*) chute *f*, culbute *f* ▸ *vi* tomber, dégringoler ; (*somersault*) faire une *or* des culbute(s) ; **to ~ to sth** (*inf*) réaliser qch
▸ *vt* renverser, faire tomber
tumbledown ['tʌmbldaun] *adj* délabré(e)
tumble dryer *n* (BRIT) séchoir *m* (à linge) à air chaud
tumbler ['tʌmbləʳ] *n* verre (droit), gobelet *m*
tummy ['tʌmɪ] *n* (*inf*) ventre *m*
tumour, (US) **tumor** ['tjuːməʳ] *n* tumeur *f*
tumult ['tjuːmʌlt] *n* tumulte *m*

t

tumultuous [tjuːˈmʌltjuəs] *adj* tumultueux(-euse)
tuna [ˈtjuːnə] *n (pl inv: also:* **tuna fish***)* thon *m*
tundra [ˈtʌndrə] *n* toundra *f*
tune [tjuːn] *n (melody)* air *m*; **to be in/out of ~** *(instrument)* être accordé/désaccordé; *(singer)* chanter juste/faux; **to be in/out of ~ with** *(fig)* être en accord/désaccord avec; **she was robbed to the ~ of £30,000** *(fig)* on lui a volé la jolie somme de 10 000 livres ▸ *vt (Mus)* accorder; *(Radio, TV, Aut)* régler, mettre au point
▸ **tune in** *vi (Radio, TV)*: **to ~ in (to)** se mettre à l'écoute (de)
▸ **tune up** *vi (musician)* accorder son instrument
tuneful [ˈtjuːnful] *adj* mélodieux(-euse)
tuner [ˈtjuːnəʳ] *n (radio set)* tuner *m*; **piano ~** accordeur *m* de pianos
tuner amplifier *n* ampli-tuner *m*
tungsten [ˈtʌŋstn] *n* tungstène *m*
tunic [ˈtjuːnɪk] *n* tunique *f*
tuning [ˈtjuːnɪŋ] *n* réglage *m*
tuning fork *n* diapason *m*
Tunis [ˈtjuːnɪs] *n* Tunis
Tunisia [tjuːˈnɪzɪə] *n* Tunisie *f*
Tunisian [tjuːˈnɪzɪən] *adj* tunisien(ne) ▸ *n* Tunisien(ne)
tunnel [ˈtʌnl] *n* tunnel *m*; *(in mine)* galerie *f* ▸ *vi* creuser un tunnel *(or* une galerie)
tunnel vision *n (Med)* rétrécissement *m* du champ visuel; *(fig)* vision étroite des choses
tunny [ˈtʌnɪ] *n* thon *m*
turban [ˈtəːbən] *n* turban *m*
turbid [ˈtəːbɪd] *adj* boueux(-euse)
turbine [ˈtəːbaɪn] *n* turbine *f*
turbo [ˈtəːbəu] *n* turbo *m*
turbocharged [ˈtəːbəutʃɑːdʒd] *adj* turbo *inv*
turbojet [təːbəuˈdʒɛt] *n* turboréacteur *m*
turboprop [təːbəuˈprɔp] *n (engine)* turbopropulseur *m*
turbot [ˈtəːbət] *n (pl inv)* turbot *m*
turbulence [ˈtəːbjuləns] *n (Aviat)* turbulence *f*
turbulent [ˈtəːbjulənt] *adj* turbulent(e); *(sea)* agité(e)
tureen [təˈriːn] *n* soupière *f*
turf [təːf] *n* gazon *m*; *(clod)* motte *f* (de gazon); **the T~** le turf, les courses *fpl* ▸ *vt* gazonner
▸ **turf out** *vt (inf)* jeter; jeter dehors
turf accountant *n (BRIT)* bookmaker *m*
turgid [ˈtəːdʒɪd] *adj (speech)* pompeux(-euse)
Turin [tjuəˈrɪn] *n* Turin
Turk [təːk] *n* Turc (Turque)
Turkey [ˈtəːkɪ] *n* Turquie *f*
turkey [ˈtəːkɪ] *n* dindon *m*, dinde *f*
Turkish [ˈtəːkɪʃ] *adj* turc (turque) ▸ *n (Ling)* turc *m*
Turkish bath *n* bain turc
Turkish delight *n* loukoum *m*
turmeric [ˈtəːmərɪk] *n* curcuma *m*
turmoil [ˈtəːmɔɪl] *n* trouble *m*, bouleversement *m*
turn [təːn] *n* tour *m*; *(in road)* tournant *m*; *(tendency: of mind, events)* tournure *f*; *(performance)* numéro *m*; *(Med)* crise *f*, attaque *f*; **a good ~** un service; **a bad ~** un mauvais tour; **it gave me quite a ~** ça m'a fait un coup; **"no left ~"** *(Aut)* « défense de tourner à gauche »; **it's your ~** c'est (à) votre tour; **in ~** à son tour; à tour de rôle; **to take turns** se relayer; **to take turns at** faire à tour de rôle; **at the ~ of the year/century** à la fin de l'année/du siècle; **to take a ~ for the worse** *(situation, events)* empirer; **his health** *or* **he has taken a ~ for the worse** son état s'est aggravé ▸ *vt* tourner; *(collar, steak)* retourner; *(age)* atteindre; *(shape: wood, metal)* tourner; *(milk)* faire tourner; *(change)*: **to ~ sth into** changer qch en ▸ *vi (object, wind, milk)* tourner; *(person: look back)* se (re)tourner; *(reverse direction)* faire demi-tour; *(change)* changer; *(become)* devenir; **to ~ into** se changer en, se transformer en; **~ left/right at the next junction** tournez à gauche/droite au prochain carrefour
▸ **turn about** *vi* faire demi-tour; faire un demi-tour
▸ **turn against** *vt fus*: **to ~ against sb/sth** se retourner contre qn/qch ▸ *vt*: **to ~ sb against sb** retourner qn contre qn
▸ **turn around** *vi (person)* se retourner ▸ *vt (object)* tourner
▸ **turn away** *vi* se détourner, tourner la tête ▸ *vt (reject: person)* renvoyer; *(: business)* refuser
▸ **turn back** *vi* revenir, faire demi-tour
▸ **turn down** *vt (refuse)* rejeter, refuser; *(reduce)* baisser; *(fold)* rabattre
▸ **turn in** *vi (inf: go to bed)* aller se coucher ▸ *vt (fold)* rentrer
▸ **turn off** *vi (from road)* tourner ▸ *vt (light, radio etc)* éteindre; *(tap)* fermer; *(engine)* arrêter; **I can't ~ the heating off** je n'arrive pas à éteindre le chauffage
▸ **turn on** *vt (light, radio etc)* allumer; *(tap)* ouvrir; *(engine)* mettre en marche; **I can't ~ the heating on** je n'arrive pas à allumer le chauffage
▸ **turn out** *vt (light, gas)* éteindre; *(produce: goods, novel, good pupils)* produire ▸ *vi (voters, troops)* se présenter; **to ~ out to be ...** s'avérer ..., se révéler ...
▸ **turn over** *vi (person)* se retourner ▸ *vt (object)* retourner; *(page)* tourner
▸ **turn round** *vi* faire demi-tour; *(rotate)* tourner
▸ **turn to** *vt fus*: **to ~ to sb** s'adresser à qn
▸ **turn up** *vi (person)* arriver, se pointer *(inf)*; *(lost object)* être retrouvé(e) ▸ *vt (collar)* remonter; *(radio, heater)* mettre plus fort
turnabout [ˈtəːnəbaut], **turnaround** [ˈtəːnəraund] *n* volte-face *f inv*
turncoat [ˈtəːnkəut] *n* renégat(e)
turned-up [ˈtəːndʌp] *adj (nose)* retroussé(e)
turning [ˈtəːnɪŋ] *n (in road)* tournant *m*; **the first ~ on the right** la première (rue *or* route) à droite
turning circle *n (BRIT)* rayon *m* de braquage
turning point *n (fig)* tournant *m*, moment décisif
turning radius *n (US)* = **turning circle**
turnip [ˈtəːnɪp] *n* navet *m*
turnout [ˈtəːnaut] *n* (nombre *m* de personnes dans l')assistance *f*; *(of voters)* taux *m* de participation

turnover ['tə:nəuvəʳ] *n* (*Comm: amount of money*) chiffre *m* d'affaires ; (*: of goods*) roulement *m* ; (*of staff*) renouvellement *m*, changement *m* ; (*Culin*) *sorte de chausson* ; **there is a rapid ~ in staff** le personnel change souvent
turnpike ['tə:npaɪk] *n* (*US*) autoroute *f* à péage
turnstile ['tə:nstaɪl] *n* tourniquet *m* (*d'entrée*)
turntable ['tə:nteɪbl] *n* (*on record player*) platine *f*
turn-up ['tə:nʌp] *n* (*Brit: on trousers*) revers *m*
turpentine ['tə:pəntaɪn] *n* (*also:* **turps**) (essence *f* de) térébenthine *f*
turquoise ['tə:kwɔɪz] *n* (*stone*) turquoise *f* ▸ *adj* turquoise *inv*
turret ['tʌrɪt] *n* tourelle *f*
turtle ['tə:tl] *n* tortue marine
turtleneck (sweater) ['tə:tlnɛk-] *n* pullover *m* à col montant
Tuscany ['tʌskənɪ] *n* Toscane *f*
tusk [tʌsk] *n* défense *f* (*d'éléphant*)
tussle ['tʌsl] *n* bagarre *f*, mêlée *f*
tutor ['tju:təʳ] *n* (*Brit Scol: in college*) directeur(-trice) d'études ; (*private teacher*) précepteur(-trice)
tutorial [tju:'tɔ:rɪəl] *n* (*Scol*) (séance *f* de) travaux *mpl* pratiques
tutu ['tu:tu:] *n* tutu *m*
tuxedo [tʌk'si:dəu] *n* (*US*) smoking *m*
TV [ti:'vi:] *n abbr* (= *television*) télé *f*, TV *f*
TV dinner *n* plateau-repas surgelé
twaddle ['twɔdl] *n* balivernes *fpl*
twang [twæŋ] *n* (*of instrument*) son vibrant ; (*of voice*) ton nasillard ▸ *vi* vibrer ▸ *vt* (*guitar*) pincer les cordes de
tweak [twi:k] *vt* (*nose*) tordre ; (*ear, hair*) tirer
tweed [twi:d] *n* tweed *m*
tweet [twi:t] (*on Twitter*) *n* tweet *m* ▸ *vt, vi* tweeter
tweezers ['twi:zəz] *npl* pince *f* à épiler
twelfth [twɛlfθ] *num* douzième
Twelfth Night *n* la fête des Rois
twelve [twɛlv] *num* douze ; **at ~ (o'clock)** à midi ; (*midnight*) à minuit
twenties ['twɛntɪz] *npl* (*age*): **to be in one's ~** avoir la vingtaine ; (*1920s*): **the ~** les années vingt ; (*temperature*): **in the ~** dans les vingt degrés ; **a woman in her ~** une femme d'une vingtaine d'années
twentieth ['twɛntɪɪθ] *num* vingtième
twenty ['twɛntɪ] *num* vingt ; **in ~ fourteen** en deux mille quatorze
twerp [twə:p] *n* (*inf*) imbécile *mf*
twice [twaɪs] *adv* deux fois ; **~ as much** deux fois plus ; **~ a week** deux fois par semaine ; **she is ~ your age** elle a deux fois ton âge
twiddle ['twɪdl] *vt, vi*: **to ~ (with) sth** tripoter qch ; **to ~ one's thumbs** (*fig*) se tourner les pouces
twig [twɪg] *n* brindille *f* ▸ *vt, vi* (*inf*) piger (*inf*)
twilight ['twaɪlaɪt] *n* crépuscule *m* ; (*morning*) aube *f* ; **in the ~** dans la pénombre
twill [twɪl] *n* sergé *m*
twin [twɪn] *adj, n* jumeau (jumelle) ▸ *vt* jumeler
twin-bedded room ['twɪn'bɛdɪd-] *n* = **twin room**
twin beds *npl* lits *mpl* jumeaux
twin-carburettor, (*US*) **twin carburetor** ['twɪnkɑ:bju'rɛtəʳ] *adj* à double carburateur
twine [twaɪn] *n* ficelle *f* ▸ *vi* (*plant*) s'enrouler
twin-engined [twɪn'ɛndʒɪnd] *adj* bimoteur ; **~ aircraft** bimoteur *m*
twinge [twɪndʒ] *n* (*of pain*) élancement *m* ; (*of conscience*) remords *m*
twinkle ['twɪŋkl] *n* scintillement *m* ; pétillement *m* ▸ *vi* scintiller ; (*eyes*) pétiller
twinning ['twɪnɪŋ] *n* jumelage *m*
twin room *n* chambre *f* à deux lits
twin town *n* ville jumelée
twirl [twə:l] *n* tournoiement *m* ▸ *vt* faire tournoyer ▸ *vi* tournoyer
twist [twɪst] *n* torsion *f*, tour *m* ; (*in wire, flex*) tortillon *m* ; (*bend: in road*) tournant *m* ; (*in story*) coup *m* de théâtre ▸ *vt* tordre ; (*weave*) entortiller ; (*roll around*) enrouler ; (*fig*) déformer ; **to ~ one's ankle/wrist** (*Med*) se tordre la cheville/le poignet ▸ *vi* s'entortiller ; s'enrouler ; (*road, river*) serpenter
twisted ['twɪstɪd] *adj* (*wire, rope*) entortillé(e) ; (*ankle, wrist*) tordu(e), foulé(e) ; (*fig: logic, mind*) tordu
twister ['twɪstəʳ] *n* (*US*) tornade *f*
twit [twɪt] *n* (*inf*) crétin(e) (*inf*)
twitch [twɪtʃ] *n* (*pull*) coup sec, saccade *f* ; (*nervous*) tic *m* ▸ *vi* se convulser ; avoir un tic
Twitter® ['twɪtəʳ] *n* Twitter® ▸ *vi* twitter
two [tu:] *num* deux ; **~ by ~, in twos** par deux ; **to put ~ and ~ together** (*fig*) faire le rapprochement
two-bit [tu:'bɪt] *adj* (*esp US inf, pej*) de pacotille
two-door [tu:'dɔ:ʳ] *adj* (*Aut*) à deux portes
two-faced [tu:'feɪst] *adj* (*pej: person*) faux (fausse)
twofold ['tu:fəuld] *adj* (*increase*) de cent pour cent ; (*reply*) en deux parties ▸ *adv*: **to increase ~** doubler
two-piece ['tu:'pi:s] *n* (*also:* **two-piece suit**) (costume *m*) deux-pièces *m inv* ; (*also:* **two-piece swimsuit**) (maillot *m* de bain) deux-pièces
two-seater [tu:'si:təʳ] *n* (*plane*) (avion *m*) biplace *m* ; (*car*) voiture *f* à deux places
twosome ['tu:səm] *n* (*people*) couple *m*
two-stroke ['tu:strəuk] *n* (*also:* **two-stroke engine**) moteur *m* à deux temps ▸ *adj* à deux temps
two-thirds [tu:'θə:dz] *pron* deux tiers *mpl* ; **~ of sth** les deux tiers de qch ; **by ~** de deux tiers ▸ *adv* aux deux tiers ▸ *adj* (*majority*) aux deux tiers
two-tone ['tu:'təun] *adj* (*in colour*) à deux tons
two-way ['tu:weɪ] *adj* (*traffic*) dans les deux sens ; **~ radio** émetteur-récepteur *m*
TX *abbr* (*US*) = **Texas**
tycoon [taɪ'ku:n] *n*: **(business) ~** gros homme d'affaires
type [taɪp] *n* (*category*) genre *m*, espèce *f* ; (*model*) modèle *m* ; (*example*) type *m* ; (*Typ*) type, caractère *m* ; **what ~ do you want?** quel genre voulez-vous ? ; **in bold/italic ~** en caractères gras/en italiques ▸ *vt* (*letter etc*) taper (à la machine)

t

▸ **type in** *vt* entrer ; **to ~ sth into a computer** entrer qch dans un ordinateur
▸ **type up** *vt* taper
typecast ['taɪpkɑːst] *adj* condamné(e) à toujours jouer le même rôle
typeface ['taɪpfeɪs] *n* police *f* (de caractères)
typescript ['taɪpskrɪpt] *n* texte dactylographié
typeset ['taɪpsɛt] *vt* (*irreg: like* **set**) composer (*en imprimerie*)
typesetter ['taɪpsɛtə^r] *n* compositeur *m*
typewriter ['taɪpraɪtə^r] *n* machine *f* à écrire
typewritten ['taɪprɪtn] *adj* dactylographié(e)
typhoid ['taɪfɔɪd] *n* typhoïde *f*
typhoon [taɪ'fuːn] *n* typhon *m*
typhus ['taɪfəs] *n* typhus *m*
typical ['tɪpɪkl] *adj* typique, caractéristique
typically ['tɪpɪklɪ] *adv* (*as usual*) comme d'habitude ; (*characteristically*) typiquement
typify ['tɪpɪfaɪ] *vt* être caractéristique de
typing ['taɪpɪŋ] *n* dactylo(graphie) *f*
typing error *n* faute *f* de frappe
typing pool *n* pool *m* de dactylos
typist ['taɪpɪst] *n* dactylo *mf*
typo ['taɪpəu] *n abbr* (*inf:* = *typographical error*) coquille *f*
typography [taɪ'pɔgrəfɪ] *n* typographie *f*
tyranny ['tɪrənɪ] *n* tyrannie *f*
tyrant ['taɪrənt] *n* tyran *m*
tyre, (*US*) **tire** ['taɪə^r] *n* pneu *m*
tyre pressure, (*US*) **tire pressure** *n* pression *f* (de gonflage)
Tyrol [tɪ'rəul] *n* Tyrol *m*
Tyrolean [tɪrə'liːən], **Tyrolese** [tɪrə'liːz] *adj* tyrolien(ne) ▸ *n* Tyrolien(ne)
Tyrrhenian Sea [tɪ'riːnɪən-] *n*: **the ~** la mer Tyrrhénienne
tzar [zɑː^r] *n* = **tsar**

Uu

U[1], u[1] [juː] *n (letter)* U, u *m* ; **U for Uncle** U comme Ursule
U[2] *n abbr (Brit Cine: = universal)* ≈ tous publics
UAW *n abbr (US: = United Automobile Workers) syndicat des ouvriers de l'automobile*
UB40 *n abbr (Brit: = unemployment benefit form 40) numéro de référence d'un formulaire d'inscription au chômage : par extension, le bénéficiaire*
U-bend [ˈjuːbɛnd] *n (Brit Aut)* coude *m*, virage *m* en épingle à cheveux ; *(in pipe)* coude
uber- [ˈuːbəʳ-] *prefix* super-
ubiquitous [juːˈbɪkwɪtəs] *adj* doué(e) d'ubiquité, omniprésent(e)
UCAS [ˈjuːkæs] *n abbr (Brit)* = **Universities and Colleges Admissions Service**
UDA *n abbr (Brit)* = **Ulster Defence Association**
UDC *n abbr (Brit)* = **Urban District Council**
udder [ˈʌdəʳ] *n* pis *m*, mamelle *f*
UDI *n abbr (Brit Pol)* = **unilateral declaration of independence**
UDR *n abbr (Brit)* = **Ulster Defence Regiment**
UEFA [juːˈeɪfə] *n abbr (= Union of European Football Associations)* UEFA *f*
UFO [ˈjuːfəu] *n abbr (= unidentified flying object)* ovni *m*
Uganda [juːˈgændə] *n* Ouganda *m*
Ugandan [juːˈgændən] *adj* ougandais(e) ▸ *n* Ougandais(e)
UGC *n abbr (Brit: = University Grants Committee) commission d'attribution des dotations aux universités*
ugh [əːh] *excl* pouah !
ugliness [ˈʌglɪnɪs] *n* laideur *f*
ugly [ˈʌglɪ] *adj* laid(e), vilain(e) ; *(fig)* répugnant(e)
UHF *abbr (= ultra-high frequency)* UHF
UHT *adj abbr (= ultra-heat treated)*: ~ **milk** lait *m* UHT *or* longue conservation
UK *n abbr* = **United Kingdom**
Ukraine [juːˈkreɪn] *n* Ukraine *f*
Ukrainian [juːˈkreɪnɪən] *adj* ukrainien(ne) ▸ *n* Ukrainien(ne) ; *(Ling)* ukrainien *m*
ukulele [juːkəˈleɪlɪ] *n* ukulélé *m*
ulcer [ˈʌlsəʳ] *n* ulcère *m* ; **mouth** ~ aphte *f*
Ulster [ˈʌlstəʳ] *n* Ulster *m*
ulterior [ʌlˈtɪərɪəʳ] *adj* ultérieur(e) ; ~ **motive** arrière-pensée *f*
ultimate [ˈʌltɪmət] *adj* ultime, final(e) ; *(authority)* suprême ▸ *n*: **the ~ in luxury** le summum du luxe
ultimately [ˈʌltɪmətlɪ] *adv (at last)* en fin de compte ; *(fundamentally)* finalement ; *(eventually)* par la suite
ultimatum [ʌltɪˈmeɪtəm] *(pl* **ultimatums** *or* **ultimata** [-tə]) *n* ultimatum *m*
ultramarine [ʌltrəməˈriːn] *n* outremer *m* ▸ *adj* outremer *inv*
ultrasonic [ʌltrəˈsɔnɪk] *adj* ultrasonique
ultrasound [ˈʌltrəsaund] *n (Med)* ultrason *m*
ultraviolet [ˈʌltrəˈvaɪəlɪt] *adj* ultraviolet(te)
umbilical [ʌmbɪˈlaɪkl] *adj*: ~ **cord** cordon ombilical
umbrage [ˈʌmbrɪdʒ] *n*: **to take ~** prendre ombrage, se froisser
umbrella [ʌmˈbrɛlə] *n* parapluie *m* ; *(for sun)* parasol *m* ; **under the ~ of** *(fig)* sous les auspices de ; chapeauté(e) par
umlaut [ˈumlaut] *n* tréma *m*
umpire [ˈʌmpaɪəʳ] *n* arbitre *m* ; *(Tennis)* juge *m* de chaise ▸ *vt* arbitrer
umpteen [ʌmpˈtiːn] *adj (inf)* je ne sais combien de
umpteenth [ʌmpˈtiːnθ] *adj (inf)* nième, énième ; **for the ~ time** pour la nième fois
UMW *n abbr (= United Mineworkers of America) syndicat des mineurs*
UN *n abbr* = **United Nations**
unabashed [ʌnəˈbæʃt] *adj* nullement intimidé(e)
unabated [ʌnəˈbeɪtɪd] *adj* non diminué(e)
unable [ʌnˈeɪbl] *adj*: **to be ~ to** ne (pas) pouvoir, être dans l'impossibilité de ; *(not capable)* être incapable de
unabridged [ʌnəˈbrɪdʒd] *adj* complet(-ète), intégral(e)
unacceptable [ʌnəkˈsɛptəbl] *adj (behaviour)* inadmissible ; *(price, proposal)* inacceptable
unaccompanied [ʌnəˈkʌmpənɪd] *adj (child, lady)* non accompagné(e) ; *(singing, song)* sans accompagnement
unaccountable [ʌnəˈkauntəbl] *adj (inexplicable)* inexplicable ; *(not accountable)* qui n'a pas à répondre de ses actes
unaccountably [ʌnəˈkauntəblɪ] *adv* inexplicablement
unaccounted [ʌnəˈkauntɪd] *adj*: **two passengers are ~ for** on est sans nouvelles de deux passagers
unaccustomed [ʌnəˈkʌstəmd] *adj* inaccoutumé(e), inhabituel(le) ; **to be ~ to sth** ne pas avoir l'habitude de qch
unacquainted [ʌnəˈkweɪntɪd] *adj*: **to be ~ with** ne pas connaître
unadulterated [ʌnəˈdʌltəreɪtɪd] *adj* pur(e), naturel(le)

unaffected [ʌnəˈfɛktɪd] *adj (person, behaviour)* naturel(le) ; *(emotionally)*: **to be ~ by** ne pas être touché(e) par
unafraid [ʌnəˈfreɪd] *adj*: **to be ~** ne pas avoir peur
unaided [ʌnˈeɪdɪd] *adj* sans aide, tout(e) seul(e)
unambiguous [ʌnæmˈbɪgjuəs] *adj* sans ambiguïté
unanimity [ju:nəˈnɪmɪtɪ] *n* unanimité *f*
unanimous [ju:ˈnænɪməs] *adj* unanime
unanimously [ju:ˈnænɪməslɪ] *adv* à l'unanimité
unanswered [ʌnˈɑ:nsəd] *adj (question, letter)* sans réponse
unappealing [ʌnəˈpi:lɪŋ] *adj (ugly)* laid(e) ; **an ~ habit** une mauvaise habitude
unappetizing [ʌnˈæpɪtaɪzɪŋ] *adj* peu appétissant(e)
unappreciative [ʌnəˈpri:ʃɪətɪv] *adj* indifférent(e)
unarmed [ʌnˈɑ:md] *adj (person)* non armé(e) ; *(combat)* sans armes
unashamed [ʌnəˈʃeɪmd] *adj* sans honte ; impudent(e)
unassailable [ʌnəˈseɪləbl] *adj (lead)* décisif(-ive) ; *(position)* inattaquable
unassisted [ʌnəˈsɪstɪd] *adj* non assisté(e) ▸ *adv* sans aide, tout(e) seul(e)
unassuming [ʌnəˈsju:mɪŋ] *adj* modeste, sans prétentions
unattached [ʌnəˈtætʃt] *adj* libre, sans attaches
unattainable [ʌnəˈteɪnəbl] *adj* inaccessible
unattended [ʌnəˈtɛndɪd] *adj (car, child, luggage)* sans surveillance
unattractive [ʌnəˈtræktɪv] *adj* peu attrayant(e) ; *(character)* peu sympathique
unauthorized [ʌnˈɔ:θəraɪzd] *adj* non autorisé(e), sans autorisation
unavailable [ʌnəˈveɪləbl] *adj (article, room, book)* (qui n'est) pas disponible ; *(person)* (qui n'est) pas libre
unavoidable [ʌnəˈvɔɪdəbl] *adj* inévitable
unavoidably [ʌnəˈvɔɪdəblɪ] *adv* inévitablement
unaware [ʌnəˈwɛə[r]] *adj*: **to be ~ of** ignorer, ne pas savoir, être inconscient(e) de
unawares [ʌnəˈwɛəz] *adv* à l'improviste, au dépourvu
unbalanced [ʌnˈbælənst] *adj* déséquilibré(e)
unbearable [ʌnˈbɛərəbl] *adj* insupportable
unbeatable [ʌnˈbi:təbl] *adj* imbattable
unbeaten [ʌnˈbi:tn] *adj* invaincu(e) ; *(record)* non battu(e)
unbecoming [ʌnbɪˈkʌmɪŋ] *adj (unseemly: language, behaviour)* malséant(e), inconvenant(e) ; *(unflattering: garment)* peu seyant(e)
unbeknown [ʌnbɪˈnəun], **unbeknownst** [ʌnbɪˈnəunst] *adv*: **~ to** à l'insu de
unbelief [ʌnbɪˈli:f] *n* incrédulité *f*
unbelievable [ʌnbɪˈli:vəbl] *adj* incroyable
unbelievably [ʌnbɪˈli:vəblɪ] *adv (fast, stupid)* incroyablement ; *(strange to say)* aussi incroyable que cela puisse paraître
unbelievingly [ʌnbɪˈli:vɪŋlɪ] *adv* avec incrédulité
unbend [ʌnˈbɛnd] *vi (irreg: like* **bend***)* se détendre ▸ *vt (wire)* redresser, détordre
unbending [ʌnˈbɛndɪŋ] *adj (fig)* inflexible
unbiased, unbiassed [ʌnˈbaɪəst] *adj* impartial(e)
unblemished [ʌnˈblɛmɪʃt] *adj* impeccable
unblinking [ʌnˈblɪŋkɪŋ] *adj (eyes, stare)* fixe
unblock [ʌnˈblɔk] *vt (pipe)* déboucher ; *(road)* dégager
unborn [ʌnˈbɔ:n] *adj* à naître
unbounded [ʌnˈbaundɪd] *adj* sans bornes, illimité(e)
unbreakable [ʌnˈbreɪkəbl] *adj* incassable
unbridled [ʌnˈbraɪdld] *adj* débridé(e), déchaîné(e)
unbroken [ʌnˈbrəukn] *adj* intact(e) ; *(line)* continu(e) ; *(record)* non battu(e)
unbuckle [ʌnˈbʌkl] *vt* déboucler
unburden [ʌnˈbə:dn] *vt*: **to ~ o.s.** s'épancher, se livrer
unbutton [ʌnˈbʌtn] *vt* déboutonner
uncalled-for [ʌnˈkɔ:ldfɔ:[r]] *adj* déplacé(e), injustifié(e)
uncanny [ʌnˈkænɪ] *adj* étrange, troublant(e)
uncaring [ʌnˈkɛərɪŋ] *adj* insensible
unceasing [ʌnˈsi:sɪŋ] *adj* incessant(e), continu(e)
unceremonious [ʌnsɛrɪˈməunɪəs] *adj (abrupt, rude)* brusque
uncertain [ʌnˈsə:tn] *adj* incertain(e) ; *(hesitant)* hésitant(e) ; **we were ~ whether …** nous ne savions pas vraiment si … ; **in no ~ terms** sans équivoque possible
uncertainty [ʌnˈsə:tntɪ] *n* incertitude *f*, doutes *mpl*
unchallenged [ʌnˈtʃælɪndʒd] *adj (gen)* incontesté(e) ; *(information)* non contesté(e) ; **to go ~** ne pas être contesté
unchanged [ʌnˈtʃeɪndʒd] *adj* inchangé(e)
uncharacteristic [ʌnkærɪktəˈrɪstɪk] *adj* contraire à ses habitudes ; **it was ~ of her father to disappear like this** c'était contraire aux habitudes de son père de disparaître ainsi
uncharacteristically [ʌnkærɪktəˈrɪstɪklɪ] *adv*: **he has been ~ silent** il est resté anormalement silencieux
uncharitable [ʌnˈtʃærɪtəbl] *adj* peu charitable
uncharted [ʌnˈtʃɑ:tɪd] *adj* inexploré(e)
unchecked [ʌnˈtʃɛkt] *adj* non réprimé(e)
uncivilized [ʌnˈsɪvɪlaɪzd] *adj* non civilisé(e) ; *(fig)* barbare
unclaimed [ʌnˈkleɪmd] *adj* non réclamé(e)
uncle [ˈʌŋkl] *n* oncle *m*
unclear [ʌnˈklɪə[r]] *adj* (qui n'est) pas clair(e) *or* évident(e) ; **I'm still ~ about what I'm supposed to do** je ne sais pas encore exactement ce que je dois faire
uncluttered [ʌnˈklʌtəd] *adj* dépouillé(e)
uncoil [ʌnˈkɔɪl] *vt* dérouler ▸ *vi* se dérouler
uncomfortable [ʌnˈkʌmfətəbl] *adj* inconfortable, peu confortable ; *(uneasy)* mal à l'aise, gêné(e) ; *(situation)* désagréable
uncomfortably [ʌnˈkʌmfətəblɪ] *adv* inconfortablement ; d'un ton *etc* gêné *or* embarrassé ; désagréablement
uncommitted [ʌnkəˈmɪtɪd] *adj (attitude, country)* non engagé(e)

uncommon [ʌn'kɔmən] *adj* rare, singulier(-ière), peu commun(e)
uncommunicative [ʌnkə'mju:nɪkətɪv] *adj* réservé(e)
uncomplicated [ʌn'kɔmplɪkeɪtɪd] *adj* simple, peu compliqué(e)
uncompromising [ʌn'kɔmprəmaɪzɪŋ] *adj* intransigeant(e), inflexible
unconcerned [ʌnkən'sə:nd] *adj* (*unworried*): **to be ~ (about)** ne pas s'inquiéter (de)
unconditional [ʌnkən'dɪʃənl] *adj* sans condition(s)
unconditionally [ʌnkən'dɪʃənlɪ] *adv* sans condition(s)
uncongenial [ʌnkən'dʒi:nɪəl] *adj* peu agréable
unconnected [ʌnkə'nɛktɪd] *adj* (*unrelated*): **~ (with)** sans rapport (avec)
unconscious [ʌn'kɔnʃəs] *adj* sans connaissance, évanoui(e) ; (*unaware*): **~ (of)** inconscient(e) (de) ; **to knock sb ~** assommer qn ▸ *n*: **the ~** l'inconscient *m*
unconsciously [ʌn'kɔnʃəslɪ] *adv* inconsciemment
unconstitutional [ʌnkɔnstɪ'tju:ʃənl] *adj* anticonstitutionnel(le)
uncontested [ʌnkən'tɛstɪd] *adj* (*champion*) incontesté(e) ; (*Pol: seat*) non disputé(e)
uncontrollable [ʌnkən'trəuləbl] *adj* incontrôlable
uncontrollably [ʌnkən'trəuləblɪ] *adv*: **to shake ~** être pris(e) de tremblements incontrôlables
uncontrolled [ʌnkən'trəuld] *adj* (*laughter, price rises*) incontrôlé(e)
unconventional [ʌnkən'vɛnʃənl] *adj* peu conventionnel(le)
unconvinced [ʌnkən'vɪnst] *adj*: **to be ~** ne pas être convaincu(e)
unconvincing [ʌnkən'vɪnsɪŋ] *adj* peu convaincant(e)
uncooperative [ʌnkəu'ɔpərətɪv] *adj* qui refuse de coopérer
uncork [ʌn'kɔ:k] *vt* déboucher
uncorroborated [ʌnkə'rɔbəreɪtɪd] *adj* non confirmé(e)
uncouth [ʌn'ku:θ] *adj* grossier(-ière), fruste
uncover [ʌn'kʌvə^r] *vt* découvrir
unctuous ['ʌŋktjuəs] *adj* onctueux(-euse), mielleux(-euse)
undamaged [ʌn'dæmɪdʒd] *adj* (*goods*) intact(e), en bon état ; (*fig: reputation*) intact
undaunted [ʌn'dɔ:ntɪd] *adj* non intimidé(e), inébranlable
undecided [ʌndɪ'saɪdɪd] *adj* indécis(e), irrésolu(e)
undefeated [ʌndɪ'fi:tɪd] *adj* (*team, player*) invaincu(e)
undelivered [ʌndɪ'lɪvəd] *adj* non remis(e), non livré(e)
undemanding [ʌndɪ'mɑ:ndɪŋ] *adj* (*not challenging: job*) peu exigeant(e) ; (*: book, film*) facile ; (*person*) accommodant(e)
undemocratic [ʌndɛmə'krætɪk] *adj* antidémocratique
undeniable [ʌndɪ'naɪəbl] *adj* indéniable, incontestable
undeniably [ʌndɪ'naɪəblɪ] *adv* (*true, difficult*) indéniablement ; **~ beautiful** d'une beauté indéniable
under ['ʌndə^r] *prep* sous ; (*less than*) (de) moins de ; au-dessous de ; (*according to*) selon, en vertu de ; **from ~ sth** de dessous *or* de sous qch ; **~ there** là-dessous ; **in ~ 2 hours** en moins de 2 heures ; **~ anaesthetic** sous anesthésie ; **~ discussion** en discussion ; **~ the circumstances** étant donné les circonstances ; **~ repair** en (cours de) réparation ▸ *adv* au-dessous ; en dessous
under... ['ʌndə^r] *prefix* sous-
underage [ʌndər'eɪdʒ] *adj* qui n'a pas l'âge réglementaire
underarm ['ʌndərɑ:m] *adv* par en-dessous ▸ *adj* (*throw*) par en-dessous ; (*deodorant*) pour les aisselles
undercapitalized [ʌndə'kæpɪtəlaɪzd] *adj* sous-capitalisé(e)
undercarriage ['ʌndəkærɪdʒ] *n* (Brit *Aviat*) train *m* d'atterrissage
undercharge [ʌndə'tʃɑ:dʒ] *vt* ne pas faire payer assez à
underclass ['ʌndəklɑ:s] *n* ≈ quart-monde *m*
underclothes ['ʌndəkləuðz] *npl* sous-vêtements *mpl* ; (*women's only*) dessous *mpl*
undercoat ['ʌndəkəut] *n* (*paint*) couche *f* de fond
undercover [ʌndə'kʌvə^r] *adj* secret(-ète), clandestin(e)
undercurrent ['ʌndəkʌrnt] *n* courant sous-jacent
undercut [ʌndə'kʌt] *vt* (*irreg: like* **cut**) vendre moins cher que
underdeveloped ['ʌndədɪ'vɛləpt] *adj* sous-développé(e)
underdog ['ʌndədɔg] *n* opprimé *m*
underdone [ʌndə'dʌn] *adj* (*Culin*) saignant(e) ; (*: pej*) pas assez cuit(e)
underemployed [ʌndərɪm'plɔɪd] *adj* sous-employé(e)
underestimate ['ʌndər'ɛstɪmeɪt] *vt* sous-estimer, mésestimer
underexposed ['ʌndərɪks'pəuzd] *adj* (*Phot*) sous-exposé(e)
underfed [ʌndə'fɛd] *adj* sous-alimenté(e)
underfoot [ʌndə'fut] *adv* sous les pieds
under-funded ['ʌndə'fʌndɪd] *adj*: **to be ~** (*organization*) ne pas être doté(e) de fonds suffisants
undergo [ʌndə'gəu] *vt* (*irreg: like* **go**) subir ; (*treatment*) suivre ; **the car is undergoing repairs** la voiture est en réparation
undergraduate [ʌndə'grædjuɪt] *n* étudiant(e) (qui prépare la licence) ▸ *cpd*: **~ courses** cours *mpl* préparant à la licence
underground ['ʌndəgraund] *adj* souterrain(e) ; (*fig*) clandestin(e) ▸ *n* (Brit: *railway*) métro *m* ; (*Pol*) clandestinité *f*
undergrowth ['ʌndəgrəuθ] *n* broussailles *fpl*, sous-bois *m*
underhand [ʌndə'hænd], **underhanded** [ʌndə'hændɪd] *adj* (*fig*) sournois(e), en dessous
underinsured [ʌndərɪn'ʃuəd] *adj* sous-assuré(e)
underlay ['ʌndəleɪ] *n* (Brit) sous-couche *f* d'isolation ▸ *pt of* **underlie**

underlie [ʌndəˈlaɪ] *vt* (*irreg: like* **lie**) être à la base de ; **the underlying cause** la cause sous-jacente
underline [ʌndəˈlaɪn] *vt* souligner
underling [ˈʌndəlɪŋ] *n* (*pej*) sous-fifre *m*, subalterne *m*
undermanning [ʌndəˈmænɪŋ] *n* pénurie *f* de main-d'œuvre
undermentioned [ʌndəˈmɛnʃənd] *adj* mentionné(e) ci-dessous
undermine [ʌndəˈmaɪn] *vt* saper, miner
underneath [ʌndəˈniːθ] *adv* (en) dessous ▸ *prep* sous, au-dessous de
undernourished [ʌndəˈnʌrɪʃt] *adj* sous-alimenté(e)
underpaid [ʌndəˈpeɪd] *adj* sous-payé(e)
underpants [ˈʌndəpænts] *npl* caleçon *m*, slip *m*
underpass [ˈʌndəpɑːs] *n* (Brit: *for pedestrians*) passage souterrain ; (: *for cars*) passage inférieur
underpin [ʌndəˈpɪn] *vt* (*argument, case*) étayer
underplay [ʌndəˈpleɪ] *vt* (Brit) minimiser
underpopulated [ʌndəˈpɔpjuleɪtɪd] *adj* sous-peuplé(e)
underprice [ʌndəˈpraɪs] *vt* vendre à un prix trop bas
underprivileged [ʌndəˈprɪvɪlɪdʒd] *adj* défavorisé(e)
underrate [ʌndəˈreɪt] *vt* sous-estimer, mésestimer
underscore [ʌndəˈskɔːʳ] *vt* souligner
underseal [ʌndəˈsiːl] *vt* (Brit) traiter contre la rouille
undersecretary [ˈʌndəˈsɛkrətrɪ] *n* sous-secrétaire *m*
undersell [ʌndəˈsɛl] *vt* (*irreg: like* **sell**) (*competitors*) vendre moins cher que
undershirt [ˈʌndəʃəːt] *n* (US) tricot *m* de corps
undershorts [ˈʌndəʃɔːts] *npl* (US) caleçon *m*, slip *m*
underside [ˈʌndəsaɪd] *n* dessous *m*
undersigned [ˈʌndəˈsaɪnd] *adj*, *n* soussigné(e)
underskirt [ˈʌndəskəːt] *n* (Brit) jupon *m*
understaffed [ʌndəˈstɑːft] *adj* en sous-effectif
understaffing [ʌndəˈstɑːfɪŋ] *n* sous-effectif *m*
understand [ʌndəˈstɑːf] *vt*, *vi* (*irreg: like* **stand**) comprendre ; **I don't ~** je ne comprends pas ; **I ~ that ...** je me suis laissé dire que ..., je crois comprendre que ... ; **to make o.s. understood** se faire comprendre
understandable [ʌndəˈstændəbl] *adj* compréhensible
understandably [ʌndəˈstændəblɪ] *adv* on le comprend
understanding [ʌndəˈstændɪŋ] *adj* compréhensif(-ive) ▸ *n* compréhension *f* ; (*agreement*) accord *m* ; **to come to an ~ with sb** s'entendre avec qn ; **on the ~ that ...** à condition que ...
understate [ʌndəˈsteɪt] *vt* minimiser
understatement [ˈʌndəsteɪtmənt] *n*: **that's an ~** c'est (bien) peu dire, le terme est faible
understood [ʌndəˈstud] *pt*, *pp of* **understand** ▸ *adj* entendu(e) ; (*implied*) sous-entendu(e)
understudy [ˈʌndəstʌdɪ] *n* doublure *f*
undertake [ʌndəˈteɪk] *vt* (*irreg: like* **take**) (*job, task*) entreprendre ; (*duty*) se charger de ; **to ~ to do sth** s'engager à faire qch
undertaker [ˈʌndəteɪkəʳ] *n* (Brit) entrepreneur *m* des pompes funèbres, croque-mort *m*
undertaking [ˈʌndəteɪkɪŋ] *n* entreprise *f* ; (*promise*) promesse *f*
undertone [ˈʌndətəun] *n* (*low voice*): **in an ~** à mi-voix ; (*of criticism etc*) nuance cachée
undervalue [ʌndəˈvæljuː] *vt* sous-estimer
underwater [ʌndəˈwɔːtəʳ] *adv* sous l'eau ▸ *adj* sous-marin(e)
underway [ʌndəˈweɪ] *adj*: **to be ~** (*meeting, investigation*) être en cours
underwear [ˈʌndəwɛəʳ] *n* sous-vêtements *mpl* ; (*women's only*) dessous *mpl*
underweight [ʌndəˈweɪt] *adj* d'un poids insuffisant ; (*person*) (trop) maigre
underwent [ʌndəˈwɛnt] *pt of* **undergo**
underwhelmed [ʌndəˈwɛlmd] *adj* (*hum*) pas (particulièrement) impressionné(e)
underworld [ˈʌndəwəːld] *n* (*of crime*) milieu *m*, pègre *f*
underwrite [ʌndəˈraɪt] *vt* (*irreg: like* **write**) (*Finance*) garantir ; (*Insurance*) souscrire
underwriter [ˈʌndəraɪtəʳ] *n* (*Insurance*) souscripteur *m*
undeserved [ʌndɪˈzəːvd] *adj* (*reputation*) injustifié(e), immérité(e) ; (*treatment*) injuste
undeserving [ʌndɪˈzəːvɪŋ] *adj*: **to be ~ of** ne pas mériter
undesirable [ʌndɪˈzaɪərəbl] *adj* peu souhaitable ; (*person, effect*) indésirable
undeveloped [ʌndɪˈvɛləpt] *adj* (*land, resources*) non exploité(e)
undies [ˈʌndɪz] *npl* (*inf*) dessous *mpl*, lingerie *f*
undignified [ʌnˈdɪgnɪfaɪd] *adj* indigne ; **to be ~** manquer de dignité
undiluted [ˈʌndaɪˈluːtɪd] *adj* pur(e), non dilué(e)
undiplomatic [ˈʌndɪpləˈmætɪk] *adj* peu diplomatique, maladroit(e)
undischarged [ˈʌndɪsˈtʃɑːdʒd] *adj*: **~ bankrupt** failli(e) non réhabilité(e)
undisciplined [ʌnˈdɪsɪplɪnd] *adj* indiscipliné(e)
undisclosed [ʌndɪsˈkləuzd] *adj* (*sum, address*) non communiqué(e)
undisguised [ˈʌndɪsˈgaɪzd] *adj* (*dislike, amusement etc*) franc (franche)
undisputed [ˈʌndɪsˈpjuːtɪd] *adj* incontesté(e)
undistinguished [ˈʌndɪsˈtɪŋgwɪʃt] *adj* médiocre, quelconque
undisturbed [ʌndɪsˈtəːbd] *adj* (*sleep*) tranquille, paisible ; **to leave ~** ne pas déranger
undivided [ʌndɪˈvaɪdɪd] *adj*: **can I have your ~ attention?** puis-je avoir toute votre attention ?
undo [ʌnˈduː] *vt* (*irreg: like* **do**) défaire
undoing [ʌnˈduːɪŋ] *n* ruine *f*, perte *f*
undone [ʌnˈdʌn] *pp of* **undo** ▸ *adj*: **to come ~** se défaire
undoubted [ʌnˈdautɪd] *adj* indubitable, certain(e)
undoubtedly [ʌnˈdautɪdlɪ] *adv* sans aucun doute
undress [ʌnˈdrɛs] *vi* se déshabiller ▸ *vt* déshabiller
undrinkable [ʌnˈdrɪŋkəbl] *adj* (*unpalatable*) imbuvable ; (*poisonous*) non potable
undue [ʌnˈdjuː] *adj* indu(e), excessif(-ive)

undulating ['ʌndjuleɪtɪŋ] *adj* ondoyant(e), onduleux(-euse)
unduly [ʌn'dju:lɪ] *adv* trop, excessivement
undying [ʌn'daɪɪŋ] *adj* éternel(le)
unearned [ʌn'ə:nd] *adj* (*praise, respect*) immérité(e) ; **~ income** rentes *fpl*
unearth [ʌn'ə:θ] *vt* déterrer ; (*fig*) dénicher
unearthly [ʌn'ə:θlɪ] *adj* surnaturel(le) ; (*hour*) indu(e), impossible
unease [ʌn'i:z] *n* malaise *m* ; **growing ~** un malaise croissant
uneasy [ʌn'i:zɪ] *adj* mal à l'aise, gêné(e) ; (*worried*) inquiet(-ète) ; (*feeling*) désagréable ; (*peace, truce*) fragile ; **to feel ~ about doing sth** se sentir mal à l'aise à l'idée de faire qch
uneconomic ['ʌni:kə'nɔmɪk], **uneconomical** ['ʌni:kə'nɔmɪkl] *adj* peu économique ; peu rentable
uneducated [ʌn'ɛdjukeɪtɪd] *adj* sans éducation
unemotional [ʌnɪ'məuʃənl] *adj* (*person*) impassible ; (*voice*) qui ne trahit aucune émotion
unemployable [ʌnɪm'plɔɪəbl] *adj* inemployable
unemployed [ʌnɪm'plɔɪd] *adj* sans travail, au chômage ▸ *npl*: **the ~** les chômeurs *mpl*
unemployment [ʌnɪm'plɔɪmənt] *n* chômage *m*
unemployment benefit, (*US*) **unemployment compensation** *n* allocation *f* de chômage
unending [ʌn'ɛndɪŋ] *adj* interminable
unenviable [ʌn'ɛnvɪəbl] *adj* peu enviable
unequal [ʌn'i:kwəl] *adj* inégal(e)
unequalled, (*US*) **unequaled** [ʌn'i:kwəld] *adj* inégalé(e)
unequivocal [ʌnɪ'kwɪvəkl] *adj* (*answer*) sans équivoque ; (*person*) catégorique
unequivocally [ʌnɪ'kwɪvəklɪ] *adv* sans équivoque
unerring [ʌn'ə:rɪŋ] *adj* infaillible, sûr(e)
UNESCO [ju:'nɛskəu] *n abbr* (= *United Nations Educational, Scientific and Cultural Organization*) UNESCO *f*
unethical [ʌn'ɛθɪkl] *adj* (*methods*) immoral(e) ; (*doctor's behaviour*) qui ne respecte pas l'éthique
uneven [ʌn'i:vn] *adj* inégal(e) ; (*quality, work*) irrégulier(-ière)
uneventful [ʌnɪ'vɛntful] *adj* tranquille, sans histoires
unexceptional [ʌnɪk'sɛpʃənl] *adj* banal(e), quelconque
unexciting [ʌnɪk'saɪtɪŋ] *adj* pas passionnant(e)
unexpected [ʌnɪk'spɛktɪd] *adj* inattendu(e), imprévu(e)
unexpectedly [ʌnɪk'spɛktɪdlɪ] *adv* (*succeed*) contre toute attente ; (*arrive*) à l'improviste
unexplained [ʌnɪk'spleɪnd] *adj* inexpliqué(e)
unexploded [ʌnɪk'spləudɪd] *adj* non explosé(e) *or* éclaté(e)
unfailing [ʌn'feɪlɪŋ] *adj* (*generosity, kindness*) inépuisable ; (*regularity*) infaillible
unfailingly [ʌn'feɪlɪŋlɪ] *adv* immanquablement ; **he was ~ polite to customers** il était d'une politesse à toute épreuve avec les clients
unfair [ʌn'fɛəʳ] *adj*: **~ (to)** injuste (envers) ; **it's ~ that ...** il n'est pas juste que ...
unfair dismissal *n* licenciement abusif
unfairly [ʌn'fɛəlɪ] *adv* injustement
unfairness [ʌn'fɛənɪs] *n* injustice *f*
unfaithful [ʌn'feɪθful] *adj* infidèle
unfamiliar [ʌnfə'mɪlɪəʳ] *adj* étrange, inconnu(e) ; **to be ~ with sth** mal connaître qch
unfashionable [ʌn'fæʃnəbl] *adj* (*clothes*) démodé(e) ; (*place*) peu chic *inv* ; (*district*) déshérité(e), pas à la mode
unfasten [ʌn'fɑ:sn] *vt* défaire ; (*belt, necklace*) détacher ; (*open*) ouvrir
unfathomable [ʌn'fæðəməbl] *adj* insondable
unfavourable, (*US*) **unfavorable** [ʌn'feɪvrəbl] *adj* défavorable
unfavourably, (*US*) **unfavorably** [ʌn'feɪvrəblɪ] *adv*: **to look ~ upon** ne pas être favorable à
unfeeling [ʌn'fi:lɪŋ] *adj* insensible, dur(e)
unfinished [ʌn'fɪnɪʃt] *adj* inachevé(e)
unfit [ʌn'fɪt] *adj* (*physically: ill*) en mauvaise santé ; (*: out of condition*) pas en forme ; (*incompetent*): **~ (for)** impropre (à) ; (*work, service*) inapte (à)
unflagging [ʌn'flægɪŋ] *adj* infatigable, inlassable
unflappable [ʌn'flæpəbl] *adj* imperturbable
unflattering [ʌn'flætərɪŋ] *adj* (*dress, hairstyle*) qui n'avantage pas ; (*remark*) peu flatteur(-euse)
unflinching [ʌn'flɪntʃɪŋ] *adj* stoïque
unfold [ʌn'fəuld] *vt* déplier ; (*fig*) révéler, exposer ▸ *vi* se dérouler
unforeseeable [ʌnfɔ:'si:əbl] *adj* imprévisible
unforeseen ['ʌnfɔ:'si:n] *adj* imprévu(e)
unforgettable [ʌnfə'gɛtəbl] *adj* inoubliable
unforgivable [ʌnfə'gɪvəbl] *adj* impardonnable
unforgiving [ʌnfə'gɪvɪŋ] *adj* sans merci
unformatted [ʌn'fɔ:mætɪd] *adj* (*disk, text*) non formaté(e)
unfortunate [ʌn'fɔ:tʃnət] *adj* malheureux(-euse) ; (*event, remark*) malencontreux(-euse)
unfortunately [ʌn'fɔ:tʃnətlɪ] *adv* malheureusement
unfounded [ʌn'faundɪd] *adj* sans fondement
unfriend [ʌn'frɛnd] *vt* (*Internet*) supprimer de sa liste d'amis
unfriendly [ʌn'frɛndlɪ] *adj* peu aimable, froid(e), inamical(e)
unfulfilled [ʌnful'fɪld] *adj* (*ambition, prophecy*) non réalisé(e) ; (*desire*) insatisfait(e) ; (*promise*) non tenu(e) ; (*terms of contract*) non rempli(e) ; (*person*) qui n'a pas su se réaliser
unfurl [ʌn'fə:l] *vt* déployer
unfurnished [ʌn'fə:nɪʃt] *adj* non meublé(e)
ungainly [ʌn'geɪnlɪ] *adj* gauche, dégingandé(e)
ungodly [ʌn'gɔdlɪ] *adj* impie ; **at an ~ hour** à une heure indue
ungrateful [ʌn'greɪtful] *adj* qui manque de reconnaissance, ingrat(e)
unguarded [ʌn'gɑ:dɪd] *adj*: **~ moment** moment *m* d'inattention
unhappily [ʌn'hæpɪlɪ] *adv* tristement ; (*unfortunately*) malheureusement
unhappiness [ʌn'hæpɪnɪs] *n* tristesse *f*, peine *f*
unhappy [ʌn'hæpɪ] *adj* triste, malheureux(-euse) ; (*unfortunate: remark etc*)

u

malheureux(-euse) ; (*not pleased*): **~ with** mécontent(e) de, peu satisfait(e) de
unharmed [ʌn'hɑːmd] *adj* indemne, sain(e) et sauf (sauve)
UNHCR *n abbr* (= *United Nations High Commission for Refugees*) HCR *m*
unhealthy [ʌn'hɛlθɪ] *adj* (*gen*) malsain(e) ; (*person*) maladif(-ive)
unheard-of [ʌn'həːdɔv] *adj* inouï(e), sans précédent
unheeded [ʌn'hiːdɪd] *adj* resté(e) lettre morte ; **to go ~** rester lettre morte
unhelpful [ʌn'hɛlpful] *adj* (*person*) peu serviable ; (*advice*) peu utile
unhesitating [ʌn'hɛzɪteɪtɪŋ] *adj* (*loyalty*) spontané(e) ; (*reply, offer*) immédiat(e)
unhesitatingly [ʌn'hɛzɪteɪtɪŋlɪ] *adv* sans hésitation
unholy [ʌn'həulɪ] *adj*: **an ~ alliance** une alliance contre nature ; **he got home at an ~ hour** il est rentré à une heure impossible
unhook [ʌn'huk] *vt* décrocher ; dégrafer
unhurt [ʌn'həːt] *adj* indemne, sain(e) et sauf (sauve)
unhygienic ['ʌnhaɪ'dʒiːnɪk] *adj* antihygiénique
UNICEF ['juːnɪsɛf] *n abbr* (= *United Nations International Children's Emergency Fund*) UNICEF *m*, FISE *m*
unicorn ['juːnɪkɔːn] *n* licorne *f*
unidentified [ʌnaɪ'dɛntɪfaɪd] *adj* non identifié(e) ; *see also* **UFO**
unification [juːnɪfɪ'keɪʃən] *n* unification *f*
uniform ['juːnɪfɔːm] *n* uniforme *m* ▸ *adj* uniforme
uniformity [juːnɪ'fɔːmɪtɪ] *n* uniformité *f*
unify ['juːnɪfaɪ] *vt* unifier
unilateral [juːnɪ'lætərəl] *adj* unilatéral(e)
unilaterally [juːnɪ'lætərəlɪ] *adv* unilatéralement
unimaginable [ʌnɪ'mædʒɪnəbl] *adj* inimaginable, inconcevable
unimaginative [ʌnɪ'mædʒɪnətɪv] *adj* sans imagination
unimpaired [ʌnɪm'pɛəd] *adj* intact(e)
unimportant [ʌnɪm'pɔːtənt] *adj* sans importance
unimpressed [ʌnɪm'prɛst] *adj* pas impressionné(e)
unimpressive [ʌnɪm'prɛsɪv] *adj* quelconque
uninhabited [ʌnɪn'hæbɪtɪd] *adj* inhabité(e)
uninhibited [ʌnɪn'hɪbɪtɪd] *adj* sans inhibitions ; sans retenue
uninitiated [ʌnɪ'nɪʃieɪtɪd] *npl*: **the ~** les non-initiés *mpl* ▸ *adj* non initié(e) ; **those ~ in sth** les non-initiés à qch
uninjured [ʌn'ɪndʒəd] *adj* indemne
uninspiring [ʌnɪn'spaɪərɪŋ] *adj* peu inspirant(e)
uninstall ['ʌnɪnstɔːl] *vt* (*Comput*) désinstaller
unintelligent [ʌnɪn'tɛlɪdʒənt] *adj* inintelligent(e)
unintelligible [ʌnɪn'tɛlɪdʒɪbl] *adj* inintelligible
unintended [ʌnɪn'tɛndɪd] *adj* non désiré(e)
unintentional [ʌnɪn'tɛnʃənəl] *adj* involontaire
unintentionally [ʌnɪn'tɛnʃnəlɪ] *adv* sans le vouloir
uninterrupted [ʌnɪntə'rʌptɪd] *adj* (*continuous*) ininterrompu(e) ; (*clear*): **an ~ view of sth** une vue dégagée sur qch ; **to continue ~** continuer sans interruption
uninvited [ʌnɪn'vaɪtɪd] *adj* (*guest*) qui n'a pas été invité(e)
uninviting [ʌnɪn'vaɪtɪŋ] *adj* (*place*) peu attirant(e) ; (*food*) peu appétissant(e)
union ['juːnjən] *n* union *f* ; (*also*: **trade union**) syndicat *m* ▸ *cpd* du syndicat, syndical(e)
unionism ['juːnjənɪzəm] *n* (*Pol*) unionisme *m* ; (*also*: **trade unionism**) syndicalisme *m*
unionize ['juːnjənaɪz] *vt* syndiquer
Union Jack *n drapeau du Royaume-Uni*
Union of Soviet Socialist Republics *n* (*formerly*) Union *f* des républiques socialistes soviétiques
union shop *n entreprise où tous les travailleurs doivent être syndiqués*
unique [juː'niːk] *adj* unique
uniquely [juː'niːklɪ] *adv* (*exclusively*) uniquement ; **~ among** cas unique parmi, à la différence des autres ; **to be ~ qualified to do sth** être le (la) mieux apte à faire qch
uniqueness [juː'niːknɪs] *n* singularité *f*
unisex ['juːnɪsɛks] *adj* unisexe
Unison ['juːnɪsn] *n* (*trade union*) *grand syndicat des services publics en Grande-Bretagne*
unison ['juːnɪsn] *n*: **in ~** à l'unisson, en chœur
unit ['juːnɪt] *n* unité *f* ; (*section: of furniture etc*) élément *m*, bloc *m* ; (*team, squad*) groupe *m*, service *m* ; **production ~** atelier *m* de fabrication ; **kitchen ~** élément de cuisine ; **sink ~** bloc-évier *m*
unit cost *n* coût *m* unitaire
unite [juː'naɪt] *vt* unir ▸ *vi* s'unir
united [juː'naɪtɪd] *adj* uni(e) ; (*country, party*) unifié(e) ; (*efforts*) conjugué(e)
United Arab Emirates *npl* Émirats Arabes Unis
United Kingdom *n* Royaume-Uni *m*
United Nations (Organization) *n* (Organisation *f* des) Nations unies
United States (of America) *n* États-Unis *mpl*
unit price *n* prix *m* unitaire
unit trust *n* (BRIT *Comm*) fonds commun de placement, FCP *m*
unity ['juːnɪtɪ] *n* unité *f*
Univ. *abbr* = **university**
universal [juːnɪ'vəːsl] *adj* universel(le)
universally [juːni'vəːsəlɪ] *adv* (*by everyone*) universellement, par tous ; (*everywhere*) partout ; (*always*) toujours
universe ['juːnɪvəːs] *n* univers *m*
university [juːnɪ'vəːsɪtɪ] *n* université *f* ▸ *cpd* (*student, professor*) d'université ; (*education, year, degree*) universitaire
unjust [ʌn'dʒʌst] *adj* injuste
unjustifiable ['ʌndʒʌstɪ'faɪəbl] *adj* injustifiable
unjustified [ʌn'dʒʌstɪfaɪd] *adj* injustifié(e) ; (*text*) non justifié(e)
unkempt [ʌn'kɛmpt] *adj* mal tenu(e), débraillé(e) ; mal peigné(e)
unkind [ʌn'kaɪnd] *adj* peu gentil(le), méchant(e)
unkindly [ʌn'kaɪndlɪ] *adv* (*treat, speak*) avec méchanceté

unknown [ʌn'nəun] *adj* inconnu(e) ; **~ to me** sans que je le sache ; **~ quantity** (*Math, fig*) inconnue *f*
unladen [ʌn'leɪdn] *adj* (*ship, weight*) à vide
unlawful [ʌn'lɔ:ful] *adj* illégal(e)
unlawfully [ʌn'lɔ:fulɪ] *adv* illégalement
unleaded [ʌn'lɛdɪd] *n* (*also*: **unleaded petrol**) essence *f* sans plomb
unleash [ʌn'li:ʃ] *vt* détacher ; (*fig*) déchaîner, déclencher
unleavened [ʌn'lɛvnd] *adj* sans levain
unless [ʌn'lɛs] *conj*: **~ he leaves** à moins qu'il (ne) parte ; **~ we leave** à moins de partir, à moins que nous (ne) partions ; **~ otherwise stated** sauf indication contraire ; **~ I am mistaken** si je ne me trompe
unlicensed [ʌn'laɪsnst] *adj* (Brit) non patenté(e) pour la vente des spiritueux
unlike [ʌn'laɪk] *adj* dissemblable, différent(e) ▸ *prep* à la différence de, contrairement à
unlikelihood [ʌn'laɪklɪhud] *adj* improbabilité *f*
unlikely [ʌn'laɪklɪ] *adj* (*result, event*) improbable ; (*explanation*) invraisemblable
unlimited [ʌn'lɪmɪtɪd] *adj* illimité(e)
unlisted ['ʌn'lɪstɪd] *adj* (*US Tel*) sur la liste rouge ; (*Stock Exchange*) non coté(e) en Bourse
unlit [ʌn'lɪt] *adj* (*room*) non éclairé(e)
unload [ʌn'ləud] *vt* décharger
unlock [ʌn'lɔk] *vt* ouvrir
unloved [ʌn'lʌvd] *adj* mal aimé(e) ; **to feel ~** ne pas se sentir aimé(e)
unlucky [ʌn'lʌkɪ] *adj* (*person*) malchanceux(-euse) ; (*object, number*) qui porte malheur ; **to be ~** (*person*) ne pas avoir de chance
unmade [ʌn'meɪd] *adj* (*bed*) défait(e)
unmanageable [ʌn'mænɪdʒəbl] *adj* (*unwieldy*: *tool, vehicle*) peu maniable ; (*: situation*) inextricable
unmanned [ʌn'mænd] *adj* sans équipage
unmannerly [ʌn'mænəlɪ] *adj* mal élevé(e), impoli(e)
unmarked [ʌn'mɑ:kt] *adj* (*unstained*) sans marque ; **~ police car** voiture de police banalisée
unmarried [ʌn'mærɪd] *adj* célibataire
unmask [ʌn'mɑ:sk] *vt* démasquer
unmatched [ʌn'mætʃt] *adj* sans égal(e)
unmentionable [ʌn'mɛnʃnəbl] *adj* (*topic*) dont on ne parle pas ; (*word*) qui ne se dit pas
unmerciful [ʌn'mə:sɪful] *adj* sans pitié
unmistakable, unmistakeable [ʌnmɪs'teɪkəbl] *adj* (*voice, sound, smell*) caractéristique, reconnaissable entre tous (toutes)
unmistakably, unmistakeably [ʌnmɪs'teɪkəblɪ] *adv* de toute évidence
unmitigated [ʌn'mɪtɪgeɪtɪd] *adj* non mitigé(e), absolu(e), pur(e)
unmoved [ʌn'mu:vd] *adj* impassible ; **to remain ~ by sth** rester de marbre face à qch
unnamed [ʌn'neɪmd] *adj* (*nameless*) sans nom ; (*anonymous*) anonyme
unnatural [ʌn'nætʃrəl] *adj* non naturel(le) ; (*perversion*) contre nature
unnecessarily [ʌnnɛsə'sɛrɪlɪ] *adv* inutilement
unnecessary [ʌn'nɛsəsərɪ] *adj* inutile, superflu(e)
unnerve [ʌn'nə:v] *vt* faire perdre son sang-froid à
unnerving [ʌn'nə:vɪŋ] *adj* (*experience*) troublant(e) ; (*habit*) déconcertant(e)
unnoticed [ʌn'nəutɪst] *adj* inaperçu(e) ; **to go ~** passer inaperçu
UNO ['ju:nəu] *n abbr* = **United Nations Organization**
unobservant [ʌnəb'zə:vnt] *adj* pas observateur(-trice)
unobtainable [ʌnəb'teɪnəbl] *adj* (*Tel*) impossible à obtenir
unobtrusive [ʌnəb'tru:siv] *adj* discret(-ète)
unoccupied [ʌn'ɔkjupaɪd] *adj* (*seat, table, Mil*) libre ; (*house*) inoccupé(e)
unofficial [ʌnə'fɪʃl] *adj* (*news*) officieux(-euse), non officiel(le) ; (*strike*) ≈ sauvage
unopened [ʌn'əupənd] *adj* (*bottle, envelope*) non ouvert(e) ; **she put the letters aside ~** elle mit les lettres de côté sans les ouvrir
unopposed [ʌnə'pəuzd] *adj* sans opposition
unorthodox [ʌn'ɔ:θədɔks] *adj* peu orthodoxe
unpack [ʌn'pæk] *vi* défaire sa valise, déballer ses affaires ▸ *vt* (*suitcase*) défaire ; (*belongings*) déballer
unpaid [ʌn'peɪd] *adj* (*bill*) impayé(e) ; (*holiday*) non-payé(e), sans salaire ; (*work*) non rétribué(e) ; (*worker*) bénévole
unpalatable [ʌn'pælətəbl] *adj* (*truth*) désagréable (à entendre)
unparalleled [ʌn'pærəlɛld] *adj* incomparable, sans égal
unpardonable [ʌn'pɑ:dənəbl] *adj* impardonnable
unpatriotic ['ʌnpætrɪ'ɔtɪk] *adj* (*person*) manquant de patriotisme ; (*speech, attitude*) antipatriotique
unpick [ʌn'pɪk] *vt* (*seam*) défaire ; (*fig: argument*) démêler
unplanned [ʌn'plænd] *adj* (*visit*) imprévu(e) ; (*baby*) non prévu(e)
unpleasant [ʌn'plɛznt] *adj* déplaisant(e), désagréable
unplug [ʌn'plʌg] *vt* débrancher
unpolluted [ʌnpə'lu:tɪd] *adj* non pollué(e)
unpopular [ʌn'pɔpjulə^r] *adj* impopulaire ; **to make o.s. ~ (with)** se rendre impopulaire (auprès de)
unprecedented [ʌn'prɛsɪdɛntɪd] *adj* sans précédent
unpredictable [ʌnprɪ'dɪktəbl] *adj* imprévisible
unprejudiced [ʌn'prɛdʒudɪst] *adj* (*not biased*) impartial(e) ; (*having no prejudices*) qui n'a pas de préjugés
unprepared [ʌnprɪ'pɛəd] *adj* (*person*) qui n'est pas suffisamment préparé(e) ; (*speech*) improvisé(e)
unprepossessing ['ʌnpri:pə'zɛsɪŋ] *adj* peu avenant(e)
unpretentious [ʌnprɪ'tɛnʃəs] *adj* sans prétention(s)
unprincipled [ʌn'prɪnsɪpld] *adj* sans principes
unproductive [ʌnprə'dʌktɪv] *adj* improductif(-ive) ; (*discussion*) stérile

U

unprofessional [ʌnprəˈfɛʃənl] *adj* (*conduct*) contraire à la déontologie
unprofitable [ʌnˈprɔfɪtəbl] *adj* non rentable
UNPROFOR [ʌnˈprəufɔːʳ] *n abbr* (= *United Nations Protection Force*) FORPRONU *f*
unprotected [ˈʌnprəˈtɛktɪd] *adj* (*sex*) non protégé(e)
unproven [ʌnˈpruːvən, ʌnˈprəuvən], **unproved** [ʌnˈpruːvd] *adj* non prouvé(e)
unprovoked [ʌnprəˈvəukt] *adj* (*attack*) sans provocation
unpublished [ʌnˈpʌblɪʃt] *adj* (*book, letter*) inédit(e), non publié(e) ; (*report*) non publié(e)
unpunished [ʌnˈpʌnɪʃt] *adj* impuni(e) ; **to go ~** rester impuni
unqualified [ʌnˈkwɔlɪfaɪd] *adj* (*teacher*) non diplômé(e), sans titres ; (*success*) sans réserve, total(e) ; (*disaster*) total(e)
unquestionably [ʌnˈkwɛstʃənəblɪ] *adv* incontestablement
unquestioning [ʌnˈkwɛstʃənɪŋ] *adj* (*obedience, acceptance*) inconditionnel(le)
unravel [ʌnˈrævl] *vt* démêler
unreal [ʌnˈrɪəl] *adj* irréel(le) ; (*extraordinary*) incroyable
unrealistic [ˈʌnrɪəˈlɪstɪk] *adj* (*idea*) irréaliste ; (*estimate*) peu réaliste
unreasonable [ʌnˈriːznəbl] *adj* qui n'est pas raisonnable ; **to make ~ demands on sb** exiger trop de qn
unrecognizable [ʌnˈrɛkəgnaɪzəbl] *adj* pas reconnaissable
unrecognized [ʌnˈrɛkəgnaɪzd] *adj* (*talent, genius*) méconnu(e) ; (*Pol: régime*) non reconnu(e)
unrecorded [ʌnrɪˈkɔːdɪd] *adj* non enregistré(e)
unrefined [ʌnrɪˈfaɪnd] *adj* (*sugar, petroleum*) non raffiné(e)
unrehearsed [ʌnrɪˈhəːst] *adj* (*Theat etc*) qui n'a pas été répété(e) ; (*spontaneous*) spontané(e)
unrelated [ʌnrɪˈleɪtɪd] *adj* sans rapport ; (*people*) sans lien de parenté
unrelenting [ʌnrɪˈlɛntɪŋ] *adj* implacable ; acharné(e)
unreliable [ʌnrɪˈlaɪəbl] *adj* sur qui (*or* quoi) on ne peut pas compter, peu fiable
unrelieved [ʌnrɪˈliːvd] *adj* (*monotony*) constant(e), uniforme
unremarkable [ʌnrɪˈmɑːkəbl] *adj* quelconque
unremitting [ʌnrɪˈmɪtɪŋ] *adj* inlassable, infatigable, acharné(e)
unrepeatable [ʌnrɪˈpiːtəbl] *adj* (*offer*) unique, exceptionnel(le)
unrepentant [ʌnrɪˈpɛntənt] *adj* impénitent(e)
unrepresentative [ˈʌnrɛprɪˈzɛntətɪv] *adj*: **~ (of)** peu représentatif(-ive) (de)
unreserved [ʌnrɪˈzəːvd] *adj* (*seat*) non réservé(e) ; (*approval, admiration*) sans réserve
unreservedly [ʌnrɪˈzəːvɪdlɪ] *adv* sans réserve
unresponsive [ʌnrɪsˈpɔnsɪv] *adj* insensible
unrest [ʌnˈrɛst] *n* agitation *f*, troubles *mpl*
unrestricted [ʌnrɪˈstrɪktɪd] *adj* illimité(e) ; **to have ~ access to** avoir librement accès *or* accès en tout temps à
unrewarded [ʌnrɪˈwɔːdɪd] *adj* pas récompensé(e)
unripe [ʌnˈraɪp] *adj* pas mûr(e)
unrivalled, (*US*) **unrivaled** [ʌnˈraɪvəld] *adj* sans égal, incomparable
unroll [ʌnˈrəul] *vt* dérouler
unruffled [ʌnˈrʌfld] *adj* (*person*) imperturbable ; (*hair*) qui n'est pas ébouriffé(e)
unruly [ʌnˈruːlɪ] *adj* indiscipliné(e)
unsafe [ʌnˈseɪf] *adj* (*in danger*) en danger ; (*journey, car*) dangereux(-euse) ; (*method*) hasardeux(-euse) ; **~ to drink/eat** non potable/comestible
unsaid [ʌnˈsɛd] *adj*: **to leave sth ~** passer qch sous silence
unsaleable, (*US*) **unsalable** [ʌnˈseɪləbl] *adj* invendable
unsatisfactory [ˈʌnsætɪsˈfæktərɪ] *adj* peu satisfaisant(e), qui laisse à désirer
unsavoury, (*US*) **unsavory** [ʌnˈseɪvərɪ] *adj* (*fig*) peu recommandable, répugnant(e)
unscathed [ʌnˈskeɪðd] *adj* indemne
unscheduled [ʌnˈʃɛdjuːld] *adj* non prévu(e)
unscientific [ˈʌnsaɪənˈtɪfɪk] *adj* non scientifique
unscrew [ʌnˈskruː] *vt* dévisser
unscrupulous [ʌnˈskruːpjuləs] *adj* sans scrupules
unseat [ʌnˈsiːt] *vt* (*rider*) désarçonner ; (*fig: official*) faire perdre son siège à
unsecured [ˈʌnsɪˈkjuəd] *adj*: **~ creditor** créancier(-ière) sans garantie
unseeded [ʌnˈsiːdɪd] *adj* (*Sport*) non classé(e)
unseemly [ʌnˈsiːmlɪ] *adj* inconvenant(e)
unseen [ʌnˈsiːn] *adj* (*person*) invisible ; (*danger*) imprévu(e)
unselfish [ʌnˈsɛlfɪʃ] *adj* désintéressé(e)
unsettled [ʌnˈsɛtld] *adj* (*restless*) perturbé(e) ; (*unpredictable*) instable ; incertain(e) ; (*not finalized*) non résolu(e)
unsettling [ʌnˈsɛtlɪŋ] *adj* qui a un effet perturbateur
unshakable, unshakeable [ʌnˈʃeɪkəbl] *adj* inébranlable
unshaven [ʌnˈʃeɪvn] *adj* non *or* mal rasé(e)
unsightly [ʌnˈsaɪtlɪ] *adj* disgracieux(-euse), laid(e)
unsigned [ʌnˈsaɪnd] *adj* (*document, cheque*) non signé(e)
unskilled [ʌnˈskɪld] *adj*: **~ worker** manœuvre *m*
unsociable [ʌnˈsəuʃəbl] *adj* (*person*) peu sociable ; (*behaviour*) qui manque de sociabilité
unsocial [ʌnˈsəuʃl] *adj* (*hours*) en dehors de l'horaire normal
unsold [ʌnˈsəuld] *adj* invendu(e), non vendu(e)
unsolicited [ʌnsəˈlɪsɪtɪd] *adj* non sollicité(e)
unsolved [ʌnˈsɔlvd] *adj* non résolu(e) ; **the murder remains ~** le meurtre n'a toujours pas été résolu
unsophisticated [ʌnsəˈfɪstɪkeɪtɪd] *adj* simple, naturel(le)
unsound [ʌnˈsaund] *adj* (*health*) chancelant(e) ; (*floor, foundations*) peu solide ; (*policy, advice*) peu judicieux(-euse)
unspeakable [ʌnˈspiːkəbl] *adj* indicible ; (*awful*) innommable
unspoiled [ˈʌnˈspɔɪld], **unspoilt** [ˈʌnˈspɔɪlt] *adj* (*place*) non dégradé(e)

unspoken [ʌn'spəukn] *adj* (*word*) qui n'est pas prononcé(e) ; (*agreement, approval*) tacite
unstable [ʌn'steɪbl] *adj* instable
unsteady [ʌn'stɛdɪ] *adj* mal assuré(e), chancelant(e), instable
unstinting [ʌn'stɪntɪŋ] *adj* (*support*) total(e), sans réserve ; (*generosity*) sans limites
unstoppable [ʌn'stɔpəbl] *adj* qu'on ne peut pas arrêter
unstuck [ʌn'stʌk] *adj*: **to come ~** se décoller ; (*fig*) faire fiasco
unsubstantiated ['ʌnsəb'stænʃɪeɪtɪd] *adj* (*rumour*) qui n'est pas confirmé(e) ; (*accusation*) sans preuve
unsuccessful [ʌnsək'sɛsful] *adj* (*attempt*) infructueux(-euse) ; (*writer, proposal*) qui n'a pas de succès ; (*marriage*) malheureux(-euse), qui ne réussit pas ; **to be ~** (*in attempting sth*) ne pas réussir ; ne pas avoir de succès ; (*application*) ne pas être retenu(e)
unsuccessfully [ʌnsək'sɛsfəlɪ] *adv* en vain
unsuitable [ʌn'su:təbl] *adj* qui ne convient pas, peu approprié(e) ; (*time*) inopportun(e)
unsuited [ʌn'su:tɪd] *adj*: **to be ~ for** *or* **to** être inapte *or* impropre à
unsung ['ʌnsʌŋ] *adj*: **an ~ hero** un héros méconnu
unsupported [ʌnsə'pɔ:tɪd] *adj* (*claim*) non soutenu(e) ; (*theory*) qui n'est pas corroboré(e)
unsure [ʌn'ʃuəʳ] *adj* pas sûr(e) ; **to be ~ of o.s.** ne pas être sûr de soi, manquer de confiance en soi
unsuspecting [ʌnsə'spɛktɪŋ] *adj* qui ne se méfie pas
unsweetened [ʌn'swi:tnd] *adj* non sucré(e)
unswerving [ʌn'swə:vɪŋ] *adj* inébranlable
unsympathetic ['ʌnsɪmpə'θɛtɪk] *adj* hostile ; (*unpleasant*) antipathique ; **~ to** indifférent(e) à
untangle [ʌn'tæŋgl] *vt* démêler, débrouiller
untapped [ʌn'tæpt] *adj* (*resources*) inexploité(e)
untaxed [ʌn'tækst] *adj* (*goods*) non taxé(e) ; (*income*) non imposé(e)
unthinkable [ʌn'θɪŋkəbl] *adj* impensable, inconcevable
unthinkingly [ʌn'θɪŋkɪŋlɪ] *adv* sans réfléchir
untidy [ʌn'taɪdɪ] *adj* (*room*) en désordre ; (*appearance, person*) débraillé(e) ; (*person: in character*) sans ordre, désordonné ; débraillé ; (*work*) peu soigné(e)
untie [ʌn'taɪ] *vt* (*knot, parcel*) défaire ; (*prisoner, dog*) détacher
until [ən'tɪl] *prep* jusqu'à ; (*after negative*) avant ; **~ now** jusqu'à présent, jusqu'ici ; **~ then** jusque-là ; **from morning ~ night** du matin au soir *or* jusqu'au soir ▸ *conj* jusqu'à ce que *+sub*, en attendant que *+sub* ; (*in past, after negative*) avant que *+sub* ; **~ he comes** jusqu'à ce qu'il vienne, jusqu'à son arrivée
untimely [ʌn'taɪmlɪ] *adj* inopportun(e) ; (*death*) prématuré(e)
untold [ʌn'təuld] *adj* incalculable ; indescriptible
untouched [ʌn'tʌtʃt] *adj* (*not used etc*) tel(le) quel(le), intact(e) ; (*safe: person*) indemne ; (*unaffected*): **~ by** indifférent(e) à
untoward [ʌntə'wɔ:d] *adj* fâcheux(-euse), malencontreux(-euse)
untrained ['ʌn'treɪnd] *adj* (*worker*) sans formation ; (*troops*) sans entraînement ; **to the ~ eye** à l'œil non exercé
untrammelled [ʌn'træmld] *adj* sans entraves
untranslatable [ʌntrænz'leɪtəbl] *adj* intraduisible
untrue [ʌn'tru:] *adj* (*statement*) faux (fausse)
untrustworthy [ʌn'trʌstwə:ðɪ] *adj* (*person*) pas digne de confiance, peu sûr(e)
unusable [ʌn'ju:zəbl] *adj* inutilisable
unused[1] [ʌn'ju:zd] *adj* (*new*) neuf (neuve)
unused[2] [ʌn'ju:st] *adj*: **to be ~ to sth/to doing sth** ne pas avoir l'habitude de qch/ de faire qch
unusual [ʌn'ju:ʒuəl] *adj* insolite, exceptionnel(le), rare
unusually [ʌn'ju:ʒuəlɪ] *adv* exceptionnellement, particulièrement
unveil [ʌn'veɪl] *vt* dévoiler
unwanted [ʌn'wɔntɪd] *adj* (*child, pregnancy*) non désiré(e) ; (*clothes etc*) à donner
unwarranted [ʌn'wɔrəntɪd] *adj* injustifié(e)
unwary [ʌn'wɛərɪ] *adj* imprudent(e)
unwavering [ʌn'weɪvərɪŋ] *adj* inébranlable
unwelcome [ʌn'wɛlkəm] *adj* importun(e) ; **to feel ~** se sentir de trop
unwell [ʌn'wɛl] *adj* indisposé(e), souffrant(e) ; **to feel ~** ne pas se sentir bien
unwieldy [ʌn'wi:ldɪ] *adj* difficile à manier
unwilling [ʌn'wɪlɪŋ] *adj*: **to be ~ to do** ne pas vouloir faire
unwillingly [ʌn'wɪlɪŋlɪ] *adv* à contrecœur, contre son gré
unwind [ʌn'waɪnd] *vt* (*irreg: like* **wind**[2]) dérouler ▸ *vi* (*relax*) se détendre
unwise [ʌn'waɪz] *adj* imprudent(e), peu judicieux(-euse)
unwitting [ʌn'wɪtɪŋ] *adj* involontaire
unwittingly [ʌn'wɪtɪŋlɪ] *adv* involontairement
unworkable [ʌn'wə:kəbl] *adj* (*plan etc*) inexploitable
unworthy [ʌn'wə:ðɪ] *adj* indigne
unwrap [ʌn'ræp] *vt* défaire ; ouvrir
unwritten [ʌn'rɪtn] *adj* (*agreement*) tacite
unzip [ʌn'zɪp] *vt* ouvrir (la fermeture éclair de) ; (*Comput*) dézipper

KEYWORD

up [ʌp] *prep*: **he went up the stairs/the hill** il a monté l'escalier/la colline ; **the cat was up a tree** le chat était dans un arbre ; **they live further up the street** ils habitent plus haut dans la rue ; **go up that road and turn left** remontez la rue et tournez à gauche
▸ *vi* (*inf*): **she upped and left** elle a fichu le camp sans plus attendre
▸ *adv* **1** en haut ; en l'air ; (*upwards, higher*): **up in the sky/the mountains** (là-haut) dans le ciel/ les montagnes ; **put it a bit higher up** mettez-le un peu plus haut ; **to stand up** (*get up*) se lever, se mettre debout ; (*be standing*) être debout ; **up there** là-haut ; **up above** au-dessus ; **"this side up"** « haut »
2: **to be up** (*out of bed*) être levé(e) ; (*prices*) avoir augmenté *or* monté ; (*finished*): **when the year**

U

was up à la fin de l'année ; **time's up** c'est l'heure
3: **up to** *(as far as)* jusqu'à ; **up to now** jusqu'à présent
4: **to be up to** *(depending on)*: **it's up to you** c'est à vous de décider ; *(equal to)*: **he's not up to it** *(job, task etc)* il n'en est pas capable ; *(inf: be doing)*: **what is he up to?** qu'est-ce qu'il peut bien faire ?
5 *(phrases)*: **he's well up in** *or* **on ...** *(BRIT: knowledgeable)* il s'y connaît en ... ; **up with Leeds United!** vive Leeds United ! ; **what's up?** *(inf)* qu'est-ce qui ne va pas ? ; **what's up with him?** *(inf)* qu'est-ce qui lui arrive ?
▶ *n*: **ups and downs** hauts et bas *mpl*

up-and-coming [ʌpənd'kʌmɪŋ] *adj* plein(e) d'avenir *or* de promesses
upbeat ['ʌpbi:t] *n (Mus)* levé *m* ; *(in economy, prosperity)* amélioration *f* ▶ *adj (optimistic)* optimiste
upbraid [ʌp'breɪd] *vt* morigéner
upbringing ['ʌpbrɪŋɪŋ] *n* éducation *f*
upcoming ['ʌpkʌmɪŋ] *adj* tout(e) prochain(e)
update [ʌp'deɪt] *vt* mettre à jour
upend [ʌp'ɛnd] *vt* mettre debout
upfront [ʌp'frʌnt] *adj (open)* franc (franche) ; **to be ~ about sth** ne rien cacher de qch ▶ *adv (pay)* d'avance
upgrade [ʌp'greɪd] *vt (person)* promouvoir ; *(job)* revaloriser ; *(property, equipment)* moderniser
upheaval [ʌp'hi:vl] *n* bouleversement *m* ; *(in room)* branle-bas *m* ; *(event)* crise *f*
uphill [ʌp'hɪl] *adj* qui monte ; *(fig: task)* difficile, pénible ▶ *adv (face, look)* en amont, vers l'amont ; *(go, move)* vers le haut, en haut ; **to go ~** monter
uphold [ʌp'həuld] *vt (irreg: like* **hold***)* maintenir ; soutenir
upholstery [ʌp'həulstərɪ] *n* rembourrage *m* ; *(cover)* tissu *m* d'ameublement ; *(of car)* garniture *f*
upkeep ['ʌpki:p] *n* entretien *m*
uplifting [ʌp'lɪftɪŋ] *adj* qui met de bonne humeur
upload ['ʌpləud] *vt (Comput)* télécharger
upmarket [ʌp'mɑ:kɪt] *adj (product)* haut de gamme *inv* ; *(area)* chic *inv*
upon [ə'pɔn] *prep* sur
upper ['ʌpə^r] *adj* supérieur(e) ; du dessus ▶ *n (of shoe)* empeigne *f*
upper class *n*: **the ~** la haute société
upper-class [ʌpə'klɑ:s] *adj* de la haute société, aristocratique ; *(district)* élégant(e), huppé(e) ; *(accent, attitude)* caractéristique des classes supérieures
uppercut ['ʌpəkʌt] *n* uppercut *m*
upper hand *n*: **to have the ~** avoir le dessus
Upper House *n*: **the ~** *(in Britain)* la Chambre des Lords, la Chambre haute ; *(in France, in the US etc)* le Sénat
uppermost ['ʌpəməust] *adj* le (la) plus haut(e), en dessus ; **it was ~ in my mind** j'y pensais avant tout autre chose
upper sixth *n* terminale *f*
Upper Volta [-'vɔltə] *n* Haute Volta

upright ['ʌpraɪt] *adj* droit(e) ; *(fig)* droit, honnête ▶ *n* montant *m*
uprising ['ʌpraɪzɪŋ] *n* soulèvement *m*, insurrection *f*
uproar ['ʌprɔ:^r] *n* tumulte *m*, vacarme *m* ; *(protests)* protestations *fpl*
uproarious [ʌp'rɔ:rɪəs] *adj (event etc)* désopilant(e) ; **~ laughter** un brouhaha de rires
uproot [ʌp'ru:t] *vt* déraciner
upset *n* ['ʌpsɛt] dérangement *m* ; **to have a stomach ~** *(BRIT)* avoir une indigestion ▶ *vt* [ʌp'sɛt] *(irreg: like* **set***)* *(glass etc)* renverser ; *(plan)* déranger ; *(person: offend)* contrarier ; *(: grieve)* faire de la peine à ; bouleverser ▶ *adj* [ʌp'sɛt] contrarié(e) ; peiné(e) ; *(stomach)* détraqué(e), dérangé(e) ; **to get ~** *(sad)* devenir triste ; *(offended)* se vexer
upset price *n (US, Scottish)* mise *f* à prix, prix *m* de départ
upsetting [ʌp'sɛtɪŋ] *adj (offending)* vexant(e) ; *(annoying)* ennuyeux(-euse)
upshot ['ʌpʃɔt] *n* résultat *m* ; **the ~ of it all was that ...** il a résulté de tout cela que ...
upside down ['ʌpsaɪd-] *adv* à l'envers ; **to turn sth ~** *(fig: place)* mettre sens dessus dessous
upstage ['ʌp'steɪdʒ] *vt*: **to ~ sb** souffler la vedette à qn
upstairs [ʌp'stɛəz] *adv* en haut ▶ *adj (room)* du dessus, d'en haut ▶ *n*: **the ~** l'étage *m* ; **there's no ~** il n'y a pas d'étage
upstart ['ʌpstɑ:t] *n* parvenu(e)
upstream [ʌp'stri:m] *adv* en amont
upsurge ['ʌpsə:dʒ] *n (of enthusiasm etc)* vague *f*
uptake ['ʌpteɪk] *n*: **he is quick/slow on the ~** il comprend vite/est lent à comprendre
uptight [ʌp'taɪt] *adj (inf)* très tendu(e), crispé(e)
up-to-date ['ʌptə'deɪt] *adj* moderne ; *(information)* très récent(e)
upturn ['ʌptə:n] *n (in economy)* reprise *f*
upturned ['ʌptə:nd] *adj (nose)* retroussé(e)
upward ['ʌpwəd] *adj* ascendant(e) ; vers le haut ▶ *adv* = **upwards**
upwardly-mobile ['ʌpwədlɪ'məubaɪl] *adj* à mobilité sociale ascendante
upwards ['ʌpwədz] *adv* vers le haut ; *(more than)*: **~ of** plus de ; **and ~** et plus, et au-dessus
URA *n abbr (US)* = **Urban Renewal Administration**
Ural Mountains ['juərəl-] *npl (also:* **the Urals***)*: **the ~** les monts *mpl* Oural, l'Oural *m*
uranium [juə'reɪnɪəm] *n* uranium *m*
Uranus [juə'reɪnəs] *n* Uranus *f*
urban ['ə:bən] *adj* urbain(e)
urban clearway *n (BRIT)* rue *f* à stationnement interdit
urbane [ə:'beɪn] *adj* urbain(e), courtois(e)
urbanization [ə:bənaɪ'zeɪʃən] *n* urbanisation *f*
urchin ['ə:tʃɪn] *n* gosse *m*, garnement *m*
Urdu ['uədu:] *n* ourdou *m*
urge [ə:dʒ] *n* besoin (impératif), envie (pressante) ▶ *vt (caution etc)* recommander avec insistance ; *(person)*: **to ~ sb to do** exhorter qn à faire, pousser qn à faire, recommander vivement à qn de faire
▶ **urge on** *vt* pousser, presser

urgency ['ə:dʒənsɪ] *n* urgence *f* ; (*of tone*) insistance *f*
urgent ['ə:dʒənt] *adj* urgent(e) ; (*plea, tone*) pressant(e)
urgently ['ə:dʒəntlɪ] *adv* d'urgence, de toute urgence ; (*need*) sans délai
urinal ['juərɪnl] *n* (BRIT: *place*) urinoir *m*
urinary ['juərɪnrɪ] *adj* urinaire
urinate ['juərɪneɪt] *vi* uriner
urine ['juərɪn] *n* urine *f*
URL *abbr* (= *uniform resource locator*) URL *f*
urn [ə:n] *n* urne *f* ; (*also*: **tea urn**) fontaine *f* à thé
Uruguay ['juərəgwaɪ] *n* Uruguay *m*
Uruguayan [juərə'gwaɪən] *adj* uruguayen(ne) ▸ *n* Uruguayen(ne)
US *n abbr* = **United States**
us [ʌs] *pron* nous ; *see also* **me**
USA *n abbr* = **United States of America**; (*Mil*) = **United States Army**
usable ['ju:zəbl] *adj* utilisable
USAF *n abbr* = **United States Air Force**
usage ['ju:zɪdʒ] *n* usage *m*
USB stick *n* clé *f* USB
USCG *n abbr* = **United States Coast Guard**
USDA *n abbr* = **United States Department of Agriculture**
USDAW ['ʌzdɔ:] *n abbr* (BRIT: = *Union of Shop, Distributive and Allied Workers*) *syndicat du commerce de détail et de la distribution*
USDI *n abbr* = **United States Department of the Interior**
use *n* [ju:s] emploi *m*, utilisation *f* ; usage *m* ; (*usefulness*) utilité *f* ; **in ~** en usage ; **out of ~** hors d'usage ; **to be of ~** servir, être utile ; **to make ~ of sth** utiliser qch ; **ready for ~** prêt à l'emploi ; **it's no ~** ça ne sert à rien ; **to have the ~ of** avoir l'usage de ▸ *aux vb* [ju:s] (*in past only*): **she used to do it** elle le faisait (autrefois), elle avait coutume de le faire ; **I used not to** *or* **I didn't ~ to worry so much** je ne m'inquiétais pas autant avant ▸ *vt* [ju:z] (*utilize*) se servir de, utiliser, employer ; **what's this used for?** à quoi est-ce que ça sert ?
▸ **use up** *vt* [ju:z-] finir, épuiser ; (*food*) consommer

> Use **utiliser** to mean *make use of*: *You can use my dictionary*. **Tu peux utiliser mon dictionnaire.** The verb **user** means *to wear out*.

used[1] [ju:zd] *adj* (*car*) d'occasion
used[2] [ju:st] *adj*: **to be ~ to** avoir l'habitude de, être habitué(e) à ; **to get ~ to** s'habituer à ▸ *aux vb see* **use**
useful ['ju:sful] *adj* utile ; **to come in ~** être utile
usefully ['ju:sfulɪ] *adv* utilement
usefulness ['ju:sfəlnɪs] *n* utilité *f*
useless ['ju:slɪs] *adj* inutile ; (*inf: person*) nul(le)
user ['ju:zə^r] *n* utilisateur(-trice), usager *m*
user-friendly ['ju:zə'frɛndlɪ] *adj* convivial(e), facile d'emploi
username ['ju:zəneɪm] *n* (*Comput*) nom *m* d'utilisateur
USES *n abbr* = **United States Employment Service**
usher ['ʌʃə^r] *n* placeur *m* ▸ *vt*: **to ~ sb in** faire entrer qn
usherette [ʌʃə'rɛt] *n* (*in cinema*) ouvreuse *f*
USIA *n abbr* = **United States Information Agency**
USM *n abbr* = **United States Mail; United States Mint**
USN *n abbr* = **United States Navy**
USP *n abbr* = **unique selling proposition**
USPHS *n abbr* = **United States Public Health Service**
USPO *n abbr* = **United States Post Office**
USS *abbr* = **United States Ship; United States Steamer**
USSR *n abbr* = **Union of Soviet Socialist Republics**
usu. *abbr* = **usually**
usual ['ju:ʒuəl] *adj* habituel(le) ; **as ~** comme d'habitude
usually ['ju:ʒuəlɪ] *adv* d'habitude, d'ordinaire
usurer ['ju:ʒərə^r] *n* usurier(-ière)
usurp [ju:'zə:p] *vt* usurper
UT *abbr* (*US*) = **Utah**
ute [ju:t] *n* (AUSTRALIA, NEW ZEALAND) pick-up *m inv*
utensil [ju:'tɛnsl] *n* ustensile *m* ; **kitchen utensils** batterie *f* de cuisine
uterus ['ju:tərəs] *n* utérus *m*
utilitarian [ju:tɪlɪ'tɛərɪən] *adj* utilitaire
utility [ju:'tɪlɪtɪ] *n* utilité *f* ; (*also*: **public utility**) service public
utility room *n* buanderie *f*
utilization [ju:tɪlaɪ'zeɪʃən] *n* utilisation *f*
utilize ['ju:tɪlaɪz] *vt* utiliser ; (*make good use of*) exploiter
utmost ['ʌtməust] *adj* extrême, le (la) plus grand(e) ; **of the ~ importance** d'une importance capitale, de la plus haute importance ▸ *n*: **to do one's ~** faire tout son possible
utopia [ju:'təupiə] *n* utopie *f*
utter ['ʌtə^r] *adj* total(e), complet(-ète) ▸ *vt* prononcer, proférer ; (*sounds*) émettre
utterance ['ʌtrns] *n* paroles *fpl*
utterly ['ʌtəlɪ] *adv* complètement, totalement
U-turn ['ju:'tə:n] *n* demi-tour *m* ; (*fig*) volte-face *f inv*
UV *adj* (= *ultraviolet*) ultraviolet *m*
Uzbekistan [ʌzbɛkɪ'stɑ:n] *n* Ouzbékistan *m*

u

Vv

V, v [viː] *n (letter)* V, v *m* ; **V for Victor** V comme Victor
v. *abbr* = **verse**; (= *vide*) v. ; (= *versus*) vs ; (= *volt*) V
VA, Va. *abbr (US)* = **Virginia**
vac [væk] *n abbr (BRIT inf)* = **vacation**
vacancy ['veɪkənsɪ] *n (job)* poste vacant ; *(room)* chambre *f* disponible ; **"no vacancies"** « complet »
vacant ['veɪkənt] *adj (post)* vacant(e) ; *(seat etc)* libre, disponible ; *(expression)* distrait(e)
vacant lot *n* terrain inoccupé ; *(for sale)* terrain à vendre
vacate [və'keɪt] *vt* quitter
vacation [və'keɪʃən] *n (esp US)* vacances *fpl* ; **to take a ~** prendre des vacances ; **on ~** en vacances
vacation course *n* cours *mpl* de vacances
vacationer [və'keɪʃənəʳ], *(US)* **vacationist** [və'keɪʃənɪst] *n* vacancier(-ière)
vaccinate ['væksɪneɪt] *vt* vacciner
vaccination [væksɪ'neɪʃən] *n* vaccination *f*
vaccine ['væksiːn] *n* vaccin *m*
vacuous ['vækjuəs] *adj* inepte
vacuum ['vækjum] *n* vide *m*
vacuum bottle *n (US)* = **vacuum flask**
vacuum cleaner *n* aspirateur *m*
vacuum flask *n (BRIT)* bouteille *f* thermos®
vacuum-packed ['vækjumpækt] *adj* emballé(e) sous vide
vagabond ['vægəbɔnd] *n* vagabond(e) ; *(tramp)* chemineau *m*, clochard(e)
vagary ['veɪgərɪ] *n* caprice *m*
vagina [və'dʒaɪnə] *n* vagin *m*
vaginal [və'dʒaɪnl] *adj* vaginal(e)
vagrancy ['veɪgrənsɪ] *n* vagabondage *m*
vagrant ['veɪgrənt] *n* vagabond(e), mendiant(e)
vague [veɪg] *adj* vague, imprécis(e) ; *(blurred: photo, memory)* flou(e) ; **I haven't the vaguest idea** je n'en ai pas la moindre idée
vaguely ['veɪglɪ] *adv* vaguement
vain [veɪn] *adj (useless)* vain(e) ; *(conceited)* vaniteux(-euse) ; **in ~** en vain
valance ['væləns] *n (of bed)* tour *m* de lit
valedictory [vælɪ'dɪktərɪ] *adj* d'adieu
valentine ['væləntaɪn] *n (also:* **valentine card**) carte *f* de la Saint-Valentin
Valentine's Day ['væləntaɪnz-] *n* Saint-Valentin *f*
valet ['vælɪt] *n* valet *m* de chambre
valet parking ['vælɪ-] *n* parcage *m* par les soins du personnel (de l'hôtel *etc*)
valet service ['vælɪ-] *n (for clothes)* pressing *m* ; *(for car)* nettoyage complet
valiant ['vælɪənt] *adj* vaillant(e), courageux(-euse)
valiantly ['vælɪəntlɪ] *adv* vaillamment
valid ['vælɪd] *adj (document)* valide, valable ; *(excuse)* valable
validate ['vælɪdeɪt] *vt (contract, document)* valider ; *(argument, claim)* prouver la justesse de, confirmer
validation [vælɪ'deɪʃən] *n* validation *f*
validity [və'lɪdɪtɪ] *n* validité *f*
valise [və'liːz] *n* sac *m* de voyage
valley ['vælɪ] *n* vallée *f*
valour, *(US)* **valor** ['væləʳ] *n* courage *m*
valuable ['væljuəbl] *adj (jewel)* de grande valeur ; *(time, help)* précieux(-euse)
valuables ['væljuəblz] *npl* objets *mpl* de valeur
valuation [vælju'eɪʃən] *n* évaluation *f*, expertise *f*
value ['væljuː] *n* valeur *f* ; **you get good ~ (for money) in that shop** vous en avez pour votre argent dans ce magasin ; **to lose (in) ~** *(currency)* baisser ; *(property)* se déprécier ; **to gain (in) ~** *(currency)* monter ; *(property)* prendre de la valeur ; **to be of great ~ to sb** *(fig)* être très utile à qn ▶ *vt (fix price)* évaluer, expertiser ; *(appreciate)* apprécier ; *(cherish)* tenir à ; **values** *npl (principles)* valeurs *fpl*
value added tax [-'ædɪd-] *n (BRIT)* taxe *f* à la valeur ajoutée
valued ['væljuːd] *adj (appreciated)* estimé(e)
valuer ['væljuəʳ] *n* expert *m* (en estimations)
valve [vælv] *n (in machine)* soupape *f* ; *(on tyre)* valve *f* ; *(in radio)* lampe *f* ; *(Med)* valve, valvule *f*
vampire ['væmpaɪəʳ] *n* vampire *m*
van [væn] *n (Aut)* camionnette *f* ; *(BRIT Rail)* fourgon *m*
V and A *n abbr (BRIT)* = **Victoria and Albert Museum**
vandal ['vændl] *n* vandale *mf*
vandalism ['vændəlɪzəm] *n* vandalisme *m*
vandalize ['vændəlaɪz] *vt* saccager
vanguard ['vængɑːd] *n* avant-garde *m*
vanilla [və'nɪlə] *n* vanille *f* ▶ *cpd (ice cream)* à la vanille
vanish ['vænɪʃ] *vi* disparaître
vanity ['vænɪtɪ] *n* vanité *f*
vanity case *n* sac *m* de toilette
vantage ['vɑːntɪdʒ] *n*: **~ point** bonne position
vaporize ['veɪpəraɪz] *vt* vaporiser ▶ *vi* se vaporiser

vapour, (*US*) **vapor** ['veɪpəʳ] *n* vapeur *f* ; (*on window*) buée *f*
variable ['vɛərɪəbl] *adj* variable ; (*mood*) changeant(e) ▸ *n* variable *f*
variance ['vɛərɪəns] *n*: **to be at ~ (with)** être en désaccord (avec) ; (*facts*) être en contradiction (avec)
variant ['vɛərɪənt] *n* variante *f*
variation [vɛərɪ'eɪʃən] *n* variation *f* ; (*in opinion*) changement *m*
varicose ['værɪkəus] *adj*: **~ veins** varices *fpl*
varied ['vɛərɪd] *adj* varié(e), divers(e)
variety [və'raɪətɪ] *n* variété *f* ; (*quantity*) nombre *m*, quantité *f* ; **a wide ~ of ...** un grand nombre de ... ; **for a ~ of reasons** pour diverses raisons
variety show *n* (spectacle *m* de) variétés *fpl*
various ['vɛərɪəs] *adj* divers(e), différent(e) ; (*several*) divers, plusieurs ; **at ~ times** (*different*) en diverses occasions ; (*several*) à plusieurs reprises
varnish ['vɑːnɪʃ] *n* vernis *m* ; (*for nails*) vernis (à ongles) ▸ *vt* vernir ; **to ~ one's nails** se vernir les ongles
vary ['vɛərɪ] *vt, vi* varier, changer ; **to ~ with** *or* **according to** varier selon
varying ['vɛərɪɪŋ] *adj* variable
vase [vɑːz] *n* vase *m*
vasectomy [væ'sɛktəmɪ] *n* vasectomie *f*
Vaseline® ['væsɪliːn] *n* vaseline *f*
vast [vɑːst] *adj* vaste, immense ; (*amount, success*) énorme
vastly ['vɑːstlɪ] *adv* infiniment, extrêmement
vastness ['vɑːstnɪs] *n* immensité *f*
VAT [væt] *n abbr* (Brit: = *value added tax*) TVA *f*
vat [væt] *n* cuve *f*
Vatican ['vætɪkən] *n*: **the ~** le Vatican
vatman ['vætmæn] *n* (*irreg*) (Brit *inf*) contrôleur *m* de la TVA
vaudeville ['vɔːdəvɪl, 'vəudəvɪl] *n* (*esp US*) vaudeville *m*
vault [vɔːlt] *n* (*of roof*) voûte *f* ; (*tomb*) caveau *m* ; (*in bank*) salle *f* des coffres ; chambre forte ; (*jump*) saut *m* ▸ *vt* (*also*: **vault over**) sauter (d'un bond)
vaunted ['vɔːntɪd] *adj*: **much-~** tant célébré(e)
VC *n abbr* = **vice-chairman**; (Brit: = *Victoria Cross*) *distinction militaire*
VCR *n abbr* = **video cassette recorder**
VD *n abbr* = **venereal disease**
VDU *n abbr* = **visual display unit**
veal [viːl] *n* veau *m*
veer [vɪəʳ] *vi* tourner ; (*car, ship*) virer
veg. [vɛdʒ] *n abbr* (Brit *inf*) = **vegetable**; **vegetables**
vegan ['viːgən] *n* végétalien(ne)
vegeburger ['vɛdʒɪbəːgəʳ] *n* burger végétarien
vegetable ['vɛdʒtəbl] *n* légume *m* ▸ *adj* végétal(e)
vegetable garden *n* (jardin *m*) potager *m*
vegetarian [vɛdʒɪ'tɛərɪən] *adj, n* végétarien(ne) ; **do you have any ~ dishes?** avez-vous des plats végétariens ?
vegetate ['vɛdʒɪteɪt] *vi* végéter
vegetation [vɛdʒɪ'teɪʃən] *n* végétation *f*
vegetative ['vɛdʒɪtətɪv] *adj* (*lit*) végétal(e) ; (*fig*) végétatif(-ive)
veggieburger ['vɛdʒɪbəːgəʳ] *n* = **vegeburger**
vehemence ['viːɪməns] *n* véhémence *f*, violence *f*
vehement ['viːɪmənt] *adj* violent(e), impétueux(-euse) ; (*impassioned*) ardent(e)
vehicle ['viːɪkl] *n* véhicule *m*
vehicular [vɪ'hɪkjuləʳ] *adj*: **"no ~ traffic"** « interdit à tout véhicule »
veil [veɪl] *n* voile *m* ; **under a ~ of secrecy** (*fig*) dans le plus grand secret ▸ *vt* voiler
veiled [veɪld] *adj* voilé(e)
vein [veɪn] *n* veine *f* ; (*on leaf*) nervure *f* ; (*fig: mood*) esprit *m*
Velcro® ['vɛlkrəu] *n* velcro® *m*
vellum ['vɛləm] *n* (*writing paper*) vélin *m*
velocity [vɪ'lɔsɪtɪ] *n* vitesse *f*, vélocité *f*
velour, velours [və'luəʳ] *n* velours *m*
velvet ['vɛlvɪt] *n* velours *m*
vendetta [vɛn'dɛtə] *n* vendetta *f*
vending machine ['vɛndɪŋ-] *n* distributeur *m* automatique
vendor ['vɛndəʳ] *n* vendeur(-euse) ; **street ~** marchand ambulant
veneer [və'nɪəʳ] *n* placage *m* de bois ; (*fig*) vernis *m*
venerable ['vɛnərəbl] *adj* vénérable
venereal [vɪ'nɪərɪəl] *adj*: **~ disease** maladie vénérienne
Venetian blind [vɪ'niːʃən-] *n* store vénitien
Venezuela [vɛnɛ'zweɪlə] *n* Venezuela *m*
Venezuelan [vɛnɛ'zweɪlən] *adj* vénézuélien(ne) ▸ *n* Vénézuélien(ne)
vengeance ['vɛndʒəns] *n* vengeance *f* ; **with a ~** (*fig*) vraiment, pour de bon
vengeful ['vɛndʒful] *adj* vengeur(-geresse)
Venice ['vɛnɪs] *n* Venise
venison ['vɛnɪsn] *n* venaison *f*
venom ['vɛnəm] *n* venin *m*
venomous ['vɛnəməs] *adj* venimeux(-euse)
vent [vɛnt] *n* conduit *m* d'aération ; (*in dress, jacket*) fente *f* ▸ *vt* (*fig: one's feelings*) donner libre cours à
ventilate ['vɛntɪleɪt] *vt* (*room*) ventiler, aérer
ventilation [vɛntɪ'leɪʃən] *n* ventilation *f*, aération *f*
ventilation shaft *n* conduit *m* de ventilation *or* d'aération
ventilator ['vɛntɪleɪtəʳ] *n* ventilateur *m*
ventriloquist [vɛn'trɪləkwɪst] *n* ventriloque *mf*
venture ['vɛntʃəʳ] *n* entreprise *f* ; **a business ~** une entreprise commerciale ▸ *vt* risquer, hasarder ; **to ~ to do sth** se risquer à faire qch ▸ *vi* s'aventurer, se risquer
venture capital *n* capital-risque *m*
venue ['vɛnjuː] *n* lieu *m* ; (*of conference etc*) lieu de la réunion (*or* manifestation *etc*) ; (*of match*) lieu de la rencontre
Venus ['viːnəs] *n* (*planet*) Vénus *f*
veracity [və'ræsɪtɪ] *n* véracité *f*
veranda, verandah [və'rændə] *n* véranda *f*
verb [vəːb] *n* verbe *m*
verbal ['vəːbl] *adj* verbal(e) ; (*translation*) littéral(e)
verbalize ['vəːbəlaɪz] *vt* verbaliser
verbally ['vəːbəlɪ] *adv* verbalement

V

verbatim [vəːˈbeɪtɪm] *adj, adv* mot pour mot
verbose [vəːˈbəus] *adj* verbeux(-euse)
verdant [ˈvəːdənt] *adj (literary)* verdoyant(e)
verdict [ˈvəːdɪkt] *n* verdict *m* ; **~ of guilty/not guilty** verdict de culpabilité/de non-culpabilité
verge [vəːdʒ] *n* bord *m* ; **"soft verges"** (BRIT) « accotements non stabilisés » ; **on the ~ of doing** sur le point de faire
▸ **verge on** *vt fus* approcher de
verger [ˈvəːdʒəʳ] *n (Rel)* bedeau *m*
verifiable [verɪˈfaɪəbl] *adj* vérifiable
verification [verɪfɪˈkeɪʃən] *n* vérification *f*
verify [ˈverɪfaɪ] *vt* vérifier
veritable [ˈverɪtəbl] *adj* véritable
vermin [ˈvəːmɪn] *npl* animaux *mpl* nuisibles ; *(insects)* vermine *f*
vermouth [ˈvəːməθ] *n* vermouth *m*
vernacular [vəˈnækjuləʳ] *n* langue *f* vernaculaire, dialecte *m*
verruca [vəˈruːkə] *n* (BRIT) verrue *f* plantaire
versatile [ˈvəːsətaɪl] *adj* polyvalent(e)
versatility [vəːsəˈtɪlɪtɪ] *n* polyvalence *f*
verse [vəːs] *n* vers *mpl* ; *(stanza)* strophe *f* ; *(in Bible)* verset *m* ; **in ~** en vers
versed [vəːst] *adj*: **~ in sth** versé(e) en qch ; **to be well ~ in sth** être (très) versé(e) en qch
version [ˈvəːʃən] *n* version *f*
versus [ˈvəːsəs] *prep* contre
vertebra [ˈvəːtɪbrə] *(pl* **vertebrae** [-briː]) *n* vertèbre *f*
vertebrate [ˈvəːtɪbrɪt] *n* vertébré *m*
vertical [ˈvəːtɪkl] *adj* vertical(e) ▸ *n* verticale *f*
vertically [ˈvəːtɪklɪ] *adv* verticalement
vertiginous [vəːˈtɪdʒɪnəs] *adj (literary)* vertigineux(-euse)
vertigo [ˈvəːtɪgəu] *n* vertige *m* ; **to suffer from ~** avoir des vertiges
verve [vəːv] *n* brio *m* ; enthousiasme *m*
very [ˈverɪ] *adv* très ; **~ well** très bien ; **~ little** très peu ; **~ much** beaucoup ; **the ~ last** le tout dernier ; **at the ~ least** au moins ▸ *adj*: **the ~ book which** le livre même que ; **the ~ thought (of it) …** rien que d'y penser … ; **at the ~ end** tout à la fin
vespers [ˈvespəz] *npl* vêpres *fpl*
vessel [ˈvesl] *n (Anat, Naut)* vaisseau *m* ; *(container)* récipient *m* ; *see also* **blood vessel**
vest [vest] *n* (BRIT: *underwear)* tricot *m* de corps ; (US: *waistcoat)* gilet *m* ▸ *vt*: **to ~ sb with sth, to ~ sth in sb** investir qn de qch
vested interest *n*: **to have a ~ in doing** avoir tout intérêt à faire ; **vested interests** *npl (Comm)* droits acquis
vestibule [ˈvestɪbjuːl] *n* vestibule *m*
vestige [ˈvestɪdʒ] *n* vestige *m*
vestry [ˈvestrɪ] *n* sacristie *f*
Vesuvius [vɪˈsuːvɪəs] *n* Vésuve *m*
vet [vet] *n abbr* (BRIT: *= veterinary surgeon)* vétérinaire *mf* ; (US: *= veteran)* ancien(ne) combattant(e) ▸ *vt* examiner minutieusement ; *(text)* revoir ; *(candidate)* se renseigner soigneusement sur, soumettre à une enquête approfondie
veteran [ˈvetərn] *n* vétéran *m* ; *(also:* **war veteran**) ancien combattant ▸ *adj*: **she's a ~ campaigner for …** cela fait très longtemps qu'elle lutte pour …
veteran car *n* voiture *f* d'époque
veterinarian [vetrɪˈnɛərɪən] *n* (US) = **veterinary surgeon**
veterinary [ˈvetrɪnərɪ] *adj* vétérinaire
veterinary surgeon (BRIT) *n* vétérinaire *mf*
veto [ˈviːtəu] *(pl* **vetoes**) *n* veto *m* ; **to put a ~ on** mettre (*or* opposer) son veto à ▸ *vt* opposer son veto à
vetting [ˈvetɪŋ] *n*: **positive ~** enquête *f* de sécurité
vex [veks] *vt* fâcher, contrarier
vexed [vekst] *adj (question)* controversé(e)
VFD *n abbr* (US) = **voluntary fire department**
VG *n abbr* (BRIT *Scol etc: = very good)* tb (*= très bien*)
VHF *abbr (= very high frequency)* VHF
VI *abbr* (US) = **Virgin Islands**
via [ˈvaɪə, ˈviːə] *prep* par, via
viability [vaɪəˈbɪlɪtɪ] *n* viabilité *f*
viable [ˈvaɪəbl] *adj* viable
viaduct [ˈvaɪədʌkt] *n* viaduc *m*
vial [ˈvaɪəl] *n* fiole *f*
vibes [vaɪbz] *npl (inf)*: **I get good/bad ~ about it** je le sens bien/ne le sens pas ; **there are good/bad ~ between us** entre nous le courant passe bien/ne passe pas
vibrant [ˈvaɪbrənt] *adj (sound, colour)* vibrant(e)
vibraphone [ˈvaɪbrəfəun] *n* vibraphone *m*
vibrate [vaɪˈbreɪt] *vi*: **to ~ (with)** vibrer (de) ; *(resound)* retentir (de)
vibration [vaɪˈbreɪʃən] *n* vibration *f*
vibrator [vaɪˈbreɪtəʳ] *n* vibromasseur *m*
vicar [ˈvɪkəʳ] *n* pasteur *m (de l'Église anglicane)*
vicarage [ˈvɪkərɪdʒ] *n* presbytère *m*
vicarious [vɪˈkɛərɪəs] *adj (pleasure, experience)* par procuration
vicariously [vɪˈkɛərɪəslɪ] *adv* par procuration
vice [vaɪs] *n (evil)* vice *m* ; *(Tech)* étau *m*
vice- [vaɪs] *prefix* vice-
vice-chairman [vaɪsˈtʃɛəmən] *n (irreg)* vice-président(e)
vice-chancellor [vaɪsˈtʃɑːnsələʳ] *n* (BRIT) ≈ président(e) d'université
vice-president [vaɪsˈprezɪdənt] *n* vice-président(e)
viceroy [ˈvaɪsrɔɪ] *n* vice-roi *m*
vice squad *n* ≈ brigade mondaine
vice versa [ˈvaɪsɪˈvəːsə] *adv* vice versa
vicinity [vɪˈsɪnɪtɪ] *n* environs *mpl*, alentours *mpl*
vicious [ˈvɪʃəs] *adj (attack, murder, blow)* brutal(e) ; *(dog)* méchant(e), dangereux(-euse) ; *(remark, letter)* acerbe ; *(lie)* cruel(le) ; **a ~ circle** un cercle vicieux
viciously [ˈvɪʃəsli] *adv (attack, beat)* brutalement ; *(say)* d'un ton acerbe
viciousness [ˈvɪʃəsnɪs] *n* méchanceté *f*, cruauté *f* ; brutalité *f*
vicissitudes [vɪˈsɪsɪtjuːdz] *npl* vicissitudes *fpl*
victim [ˈvɪktɪm] *n* victime *f* ; **to be the ~ of** être victime de
victimization [vɪktɪmaɪˈzeɪʃən] *n* brimades *fpl* ; représailles *fpl*
victimize [ˈvɪktɪmaɪz] *vt* brimer ; exercer des représailles sur

victor ['vɪktəʳ] *n* vainqueur *m*
Victorian [vɪk'tɔ:rɪən] *adj* victorien(ne)
victorious [vɪk'tɔ:rɪəs] *adj* victorieux(-euse)
victory ['vɪktərɪ] *n* victoire *f*; **to win a ~ over sb** remporter une victoire sur qn
video ['vɪdɪəu] *n (video film)* vidéo *f*; *(also:* **video cassette**) vidéocassette *f*; *(also:* **video cassette recorder**) magnétoscope *m* ▸ *vt (with recorder)* enregistrer ; *(with camera)* filmer ▸ *cpd* vidéo *inv*
video camera *n* caméra *f* vidéo *inv*
video cassette *n* vidéocassette *f*
video cassette recorder *n* = **video recorder**
videodisc ['vɪdɪəudɪsk] *n* vidéodisque *m*
video game *n* jeu *m* vidéo *inv*
video nasty *n vidéo à caractère violent ou pornographique*
videophone ['vɪdɪəufəun] *n* vidéophone *m*, visiophone *m*
video recorder *n* magnétoscope *m*
video recording *n* enregistrement *m* (en) vidéo *inv*
video shop *n* vidéoclub *m*
video tape *n* bande *f* vidéo *inv*; *(cassette)* vidéocassette *f*
video wall *n* mur *m* d'images vidéo
vie [vaɪ] *vi*: **to ~ with** lutter avec, rivaliser avec
Vienna [vɪ'ɛnə] *n* Vienne
Vietnam, Viet Nam ['vjɛt'næm] *n* Viêt-nam *m*, Vietnam *m*
Vietnamese [vjɛtnə'mi:z] *adj* vietnamien(ne) ▸ *n (pl inv)* Vietnamien(ne) ; *(Ling)* vietnamien *m*
view [vju:] *n* vue *f*; *(opinion)* avis *m*, vue ; **on ~** *(in museum etc)* exposé(e) ; **in full ~ of sb** sous les yeux de qn ; **to be within ~ (of sth)** être à portée de vue (de qch) ; **an overall ~ of the situation** une vue d'ensemble de la situation ; **in my ~** à mon avis ; **in ~ of the fact that** étant donné que ; **with a ~ to doing sth** dans l'intention de faire qch ▸ *vt* voir, regarder ; *(situation)* considérer ; *(house)* visiter
viewdata ['vju:deɪtə] *n* (BRIT) télétexte *m (version téléphonique)*
viewer ['vju:əʳ] *n (viewfinder)* viseur *m*; *(small projector)* visionneuse *f*; (TV) téléspectateur(-trice)
viewfinder ['vju:faɪndəʳ] *n* viseur *m*
viewpoint ['vju:pɔɪnt] *n* point *m* de vue
vigil ['vɪdʒɪl] *n* veille *f*; **to keep ~** veiller
vigilance ['vɪdʒɪləns] *n* vigilance *f*
vigilant ['vɪdʒɪlənt] *adj* vigilant(e)
vigilante [vɪdʒɪ'læntɪ] *n justicier ou membre d'un groupe d'autodéfense*
vignette [vɪ'njɛt] *n (résumé)* instantané *m*
vigorous ['vɪgərəs] *adj* vigoureux(-euse)
vigour, (US) **vigor** ['vɪgəʳ] *n* vigueur *f*
Viking ['vaɪkɪŋ] *n* Viking *m* ▸ *cpd* viking *inv*
vile [vaɪl] *adj (action)* vil(e) ; *(smell, food)* abominable ; *(temper)* massacrant(e)
vilify ['vɪlɪfaɪ] *vt* calomnier, vilipender
villa ['vɪlə] *n* villa *f*
village ['vɪlɪdʒ] *n* village *m*
villager ['vɪlɪdʒəʳ] *n* villageois(e)
villain ['vɪlən] *n (scoundrel)* scélérat *m*; (BRIT: *criminal)* bandit *m*; *(in novel etc)* traître *m*
villainous ['vɪlənəs] *adj* sans scrupules

VIN *n abbr (US)* = **vehicle identification number**
vinaigrette [vɪneɪ'grɛt] *n* vinaigrette *f*
vindicate ['vɪndɪkeɪt] *vt* défendre avec succès ; justifier
vindication [vɪndɪ'keɪʃən] *n*: **in ~ of** pour justifier
vindictive [vɪn'dɪktɪv] *adj* vindicatif(-ive), rancunier(-ière)
vindictiveness [vɪn'dɪktɪvnɪs] *n*: **out of ~** par rancune
vine [vaɪn] *n* vigne *f*; *(climbing plant)* plante grimpante
vinegar ['vɪnɪgəʳ] *n* vinaigre *m*
vine grower *n* viticulteur *m*
vine-growing ['vaɪngrəuɪŋ] *adj* viticole ▸ *n* viticulture *f*
vineyard ['vɪnjɑ:d] *n* vignoble *m*
vintage ['vɪntɪdʒ] *n (year)* année *f*, millésime *m*; **the 1970 ~** le millésime 1970 ▸ *cpd (car)* d'époque ; *(wine)* de grand cru
vinyl ['vaɪnl] *n* vinyle *m*
viola [vɪ'əulə] *n* alto *m*
violate ['vaɪəleɪt] *vt* violer
violation [vaɪə'leɪʃən] *n* violation *f*; **in ~ of** *(rule, law)* en infraction à, en violation de
violence ['vaɪələns] *n* violence *f*; *(Pol etc)* incidents violents
violent ['vaɪələnt] *adj* violent(e) ; **a ~ dislike of sb/sth** une aversion profonde pour qn/qch
violently ['vaɪələntlɪ] *adv* violemment ; *(ill, angry)* terriblement
violet ['vaɪələt] *adj (colour)* violet(te) ▸ *n (plant)* violette *f*
violin [vaɪə'lɪn] *n* violon *m*
violinist [vaɪə'lɪnɪst] *n* violoniste *mf*
VIP *n abbr (= very important person)* VIP *m*
viper ['vaɪpəʳ] *n* vipère *f*
viral ['vaɪərəl] *adj (also Comput)* viral(e)
virgin ['və:dʒɪn] *n* vierge *f*; **she is a ~** elle est vierge ; **the Blessed V~** la Sainte Vierge ▸ *adj* vierge
virginity [və:'dʒɪnɪtɪ] *n* virginité *f*
Virgo ['və:gəu] *n* la Vierge ; **to be ~** être de la Vierge
virile ['vɪraɪl] *adj* viril(e)
virility [vɪ'rɪlɪtɪ] *n* virilité *f*
virtual ['və:tjuəl] *adj (Comput, Physics)* virtuel(le) ; *(in effect)*: **it's a ~ impossibility** c'est quasiment impossible ; **the ~ leader** le chef dans la pratique
virtually ['və:tjuəlɪ] *adv (almost)* pratiquement ; **it is ~ impossible** c'est quasiment impossible
virtual reality *n (Comput)* réalité virtuelle
virtue ['və:tju:] *n* vertu *f*; *(advantage)* mérite *m*, avantage *m*; **by ~ of** en vertu *or* raison de
virtuosity [və:tju'ɔsɪtɪ] *n* virtuosité *f*
virtuoso [və:tju'əuzəu] *n* virtuose *mf*
virtuous ['və:tjuəs] *adj* vertueux(-euse)
virulent ['vɪrulənt] *adj* virulent(e)
virus ['vaɪərəs] *n (Med, Comput)* virus *m*
visa ['vɪ:zə] *n* visa *m*
vis-à-vis [vi:zə'vi:] *prep* vis-à-vis de
visceral ['vɪsərəl] *adj* viscéral(e)
viscount ['vaɪkaunt] *n* vicomte *m*
viscous ['vɪskəs] *adj* visqueux(-euse), gluant(e)

vise [vaɪs] *n (US Tech)* = **vice**
visibility [vɪzɪ'bɪlɪtɪ] *n* visibilité *f*
visible ['vɪzəbl] *adj* visible ; **~ exports/imports** exportations *fpl*/importations *fpl* visibles
visibly ['vɪzəblɪ] *adv* visiblement
vision ['vɪʒən] *n (sight)* vue *f*, vision *f* ; *(foresight, in dream)* vision
visionary ['vɪʒənrɪ] *n* visionnaire *mf*
visit ['vɪzɪt] *n* visite *f* ; *(stay)* séjour *m* ; **on a private/official ~** en visite privée/officielle ▸ *vt (person: US: also:* **visit with**) rendre visite à ; *(place)* visiter
visiting ['vɪzɪtɪŋ] *adj (speaker, team)* invité(e), de l'extérieur
visiting card *n* carte *f* de visite
visiting hours *npl* heures *fpl* de visite
visitor ['vɪzɪtə^r] *n* visiteur(-euse) ; *(to one's house)* invité(e) ; *(in hotel)* client(e)
visitor centre, *(US)* **visitor center** *n* hall *m or* centre *m* d'accueil
visitors' book *n* livre *m* d'or ; *(in hotel)* registre *m*
visor ['vaɪzə^r] *n* visière *f*
VISTA ['vɪstə] *n abbr (= Volunteers in Service to America) programme d'assistance bénévole aux régions pauvres*
vista ['vɪstə] *n* vue *f*, perspective *f*
visual ['vɪzjuəl] *adj* visuel(le)
visual aid *n* support visuel (pour l'enseignement)
visual arts *npl* arts *mpl* plastiques
visual display unit *n* console *f* de visualisation, visuel *m*
visualization [vɪzjuəlaɪ'zeɪʃən] *n* visualisation *f*
visualize ['vɪzjuəlaɪz] *vt (picture)* visualiser ; *(imagine)* s'imaginer
visually ['vɪzjuəlɪ] *adv* visuellement ; **~ handicapped** handicapé(e) visuel(le)
visually-impaired ['vɪzjuəlɪɪm'pɛəd] *adj* malvoyant(e)
vital ['vaɪtl] *adj* vital(e) ; **of ~ importance (to sb/sth)** d'une importance capitale (pour qn/qch)
vitality [vaɪ'tælɪtɪ] *n* vitalité *f*
vitally ['vaɪtəlɪ] *adv* extrêmement
vital statistics *npl (of population)* statistiques *fpl* démographiques ; *(inf: woman's)* mensurations *fpl*
vitamin ['vɪtəmɪn] *n* vitamine *f*
vitiate ['vɪʃɪeɪt] *vt* vicier
vitreous ['vɪtrɪəs] *adj (china)* vitreux(-euse) ; *(enamel)* vitrifié(e)
vitriol ['vɪtrɪəl] *n* attaques *fpl* au vitriol
vitriolic [vɪtrɪ'ɔlɪk] *adj (fig)* venimeux(-euse)
viva ['vaɪvə] *n (also:* **viva voce**) (examen) oral
vivacious [vɪ'veɪʃəs] *adj* animé(e), qui a de la vivacité
vivacity [vɪ'væsɪtɪ] *n* vivacité *f*
vivid ['vɪvɪd] *adj (account)* frappant(e), vivant(e) ; *(light, imagination)* vif (vive)
vividly ['vɪvɪdlɪ] *adv (describe)* d'une manière vivante ; *(remember)* de façon précise
vivisection [vɪvɪ'sɛkʃən] *n* vivisection *f*
vixen ['vɪksn] *n* renarde *f* ; *(pej: woman)* mégère *f*
viz [vɪz] *abbr (= vide licet: namely)* à savoir, c. à d.
VLF *abbr* = **very low frequency**
V-neck ['vi:nɛk] *n* décolleté *m* en V
VOA *n abbr (= Voice of America)* voix *f* de l'Amérique *(émissions de radio à destination de l'étranger)*
vocabulary [vəu'kæbjulərɪ] *n* vocabulaire *m*
vocal ['vəukl] *adj* vocal(e) ; *(articulate)* qui n'hésite pas à s'exprimer, qui sait faire entendre ses opinions ; **vocals** *npl* voix *fpl*
vocal cords *npl* cordes vocales
vocalist ['vəukəlɪst] *n* chanteur(-euse)
vocation [vəu'keɪʃən] *n* vocation *f*
vocational [vəu'keɪʃənl] *adj* professionnel(le) ; **~ guidance/training** orientation/formation professionnelle
vociferous [və'sɪfərəs] *adj* bruyant(e)
vodka ['vɔdkə] *n* vodka *f*
vogue [vəug] *n* mode *f* ; *(popularity)* vogue *f* ; **to be in ~** être en vogue *or* à la mode
voice [vɔɪs] *n* voix *f* ; *(opinion)* avis *m* ; **in a loud/soft ~** à voix haute/basse ; **to give ~ to** exprimer ▸ *vt (opinion)* exprimer, formuler
voice mail *n (system)* messagerie *f* vocale, boîte *f* vocale ; *(device)* répondeur *m* ; *(message)* message *m* vocal
voice-over ['vɔɪsəuvə^r] *n* voix off *f*
void [vɔɪd] *n* vide *m* ▸ *adj (invalid)* nul(le) ; *(empty)*: **~ of** vide de, dépourvu(e) de
voile [vɔɪl] *n* voile *m (tissu)*
vol. *abbr (= volume)* vol
volatile ['vɔlətaɪl] *adj* volatil(e) ; *(person)* d'humeur volatile
volatility [vɔlə'tɪlɪtɪ] *n (of situation, substance)* volatilité *f* ; *(of person, temper)* instabilité *f*
volcanic [vɔl'kænɪk] *adj* volcanique
volcano [vɔl'keɪnəu] *(pl* **volcanoes**) *n* volcan *m*
volition [və'lɪʃən] *n*: **of one's own ~** de son propre gré
volley ['vɔlɪ] *n (of gunfire)* salve *f* ; *(of stones etc)* pluie *f*, volée *f* ; *(Tennis etc)* volée
volleyball ['vɔlɪbɔ:l] *n* volley(-ball) *m*
volt [vəult] *n* volt *m*
voltage ['vəultɪdʒ] *n* tension *f*, voltage *m* ; **high/low ~** haute/basse tension
voluble ['vɔljubl] *adj* volubile
volume ['vɔlju:m] *n* volume *m* ; *(of tank)* capacité *f* ; **~ one/two** *(of book)* tome un/deux ; **his expression spoke volumes** son expression en disait long
volume control *n (Radio, TV)* bouton *m* de réglage du volume
volume discount *n (Comm)* remise *f* sur la quantité
voluminous [və'lu:mɪnəs] *adj* volumineux(-euse)
voluntarily ['vɔləntrɪlɪ] *adv* volontairement ; bénévolement
voluntary ['vɔləntərɪ] *adj* volontaire ; *(unpaid)* bénévole
voluntary liquidation *n (Comm)* dépôt *m* de bilan
voluntary redundancy *n (BRIT)* départ *m* volontaire *(en cas de licenciements)*
volunteer [vɔlən'tɪə^r] *n* volontaire *mf* ▸ *vt (information)* donner spontanément ; **to ~ to do** se proposer pour faire ▸ *vi (Mil)* s'engager comme volontaire

voluptuous [və'lʌptjuəs] *adj* voluptueux(-euse)
vomit ['vɔmɪt] *n* vomissure *f* ▸ *vt, vi* vomir
voodoo ['vu:du:] *n* vaudou *m*
voracious [və'reɪʃəs] *adj* vorace ; *(reader)* avide
vote [vəut] *n* vote *m*, suffrage *m* ; *(votes cast)* voix *f*, vote ; *(franchise)* droit *m* de vote ; **to put sth to the ~, to take a ~ on sth** mettre qch aux voix, procéder à un vote sur qch ; **~ for** *or* **in favour of/against** vote pour/contre ; **~ of censure** motion *f* de censure ; **~ of thanks** discours *m* de remerciement ▸ *vt (bill)* voter ; *(chairman)* élire ; *(propose)*: **to ~ that** proposer que + *sub* ; **to ~ to do sth** voter en faveur de faire qch ▸ *vi* voter
voter ['vəutə^r] *n* électeur(-trice)
voting ['vəutɪŋ] *n* scrutin *m*, vote *m*
voting paper *n* (BRIT) bulletin *m* de vote
voting right *n* droit *m* de vote
votive ['vəutɪv] *adj* votif(-ive)
vouch [vautʃ]: **to ~ for** *vt fus* se porter garant de
voucher ['vautʃə^r] *n (for meal, petrol, gift)* bon *m* ; *(receipt)* reçu *m* ; **travel ~** bon de transport
vow [vau] *n* vœu *m*, serment *m* ; **to take** *or* **make a ~ to do sth** faire le vœu de faire qch ▸ *vi* jurer
vowel ['vauəl] *n* voyelle *f*
voyage ['vɔɪɪdʒ] *n* voyage *m* par mer, traversée *f* ; *(by spacecraft)* voyage
voyeur [vwɑ:'jə:^r] *n* voyeur *m*
voyeurism ['vwaɪərɪzəm] *n* voyeurisme *m*
voyeuristic [vwaɪə'rɪstɪk] *adj* voyeuriste
VP *n abbr* = **vice-president**
vs *abbr (= versus)* vs
VSO *n abbr* (BRIT: *= Voluntary Service Overseas*) ≈ coopération civile
VT, Vt. *abbr* (US) = **Vermont**
vulgar ['vʌlgə^r] *adj* vulgaire
vulgarity [vʌl'gærɪtɪ] *n* vulgarité *f*
vulnerability [vʌlnərə'bɪlɪtɪ] *n* vulnérabilité *f*
vulnerable ['vʌlnərəbl] *adj* vulnérable
vulture ['vʌltʃə^r] *n* vautour *m*
vulva ['vʌlvə] *n* vulve *f*

V

Ww

W¹, w¹ ['dʌblju:] *n (letter)* W, w *m* ; **W for William** W comme William
W² *abbr (= west)* O ; *(Elec: = watt)* W
WA *abbr (US)* = **Washington**
wacky ['wækɪ] *adj (inf: person, idea)* farfelu(e) ; *(film, show, humour)* délirant(e)
wad [wɔd] *n (of cotton wool, paper)* tampon *m* ; *(of banknotes etc)* liasse *f*
wadding ['wɔdɪŋ] *n* rembourrage *m*
waddle ['wɔdl] *vi* se dandiner
wade [weɪd] *vi*: **to ~ through** marcher dans, patauger dans ; *(fig: book)* venir à bout de ▸ *vt* passer à gué
wafer ['weɪfəʳ] *n (Culin)* gaufrette *f* ; *(Rel)* pain *m* d'hostie ; *(Comput)* tranche *f* (de silicium)
wafer-thin ['weɪfə'θɪn] *adj* ultra-mince, mince comme du papier à cigarette
waffle ['wɔfl] *n (Culin)* gaufre *f* ; *(inf)* rabâchage *m* ; remplissage *m* ▸ *vi* parler pour ne rien dire ; faire du remplissage
waffle iron *n* gaufrier *m*
waft [wɔft] *vt* porter ▸ *vi* flotter
wag [wæg] *vt* agiter, remuer ; **the dog wagged its tail** le chien a remué la queue ▸ *vi* remuer
wage [weɪdʒ] *n (also: **wages**)* salaire *m*, paye *f* ; **a day's wages** un jour de salaire ▸ *vt*: **to ~ war** faire la guerre
wage claim *n* demande *f* d'augmentation de salaire
wage differential *n* éventail *m* des salaires
wage earner [-ə:nəʳ] *n* salarié(e) ; *(breadwinner)* soutien *m* de famille
wage freeze *n* blocage *m* des salaires
wage packet *n (BRIT)* (enveloppe *f* de) paye *f*
wager ['weɪdʒəʳ] *n* pari *m* ▸ *vt* parier
waggle ['wægl] *vt, vi* remuer
wagon, waggon ['wægən] *n (horse-drawn)* chariot *m* ; *(BRIT Rail)* wagon *m* (de marchandises)
waif [weɪf] *n* gamin(e) des rues
wail [weɪl] *n* gémissement *m* ; *(of siren)* hurlement *m* ▸ *vi* gémir ; *(siren)* hurler
waist [weɪst] *n* taille *f*, ceinture *f*
waistband ['weɪstbænd] *n* taille *f* ; **with an elasticated ~** à taille élastique
waistcoat ['weɪskəut] *n (BRIT)* gilet *m*
waistline ['weɪstlaɪn] *n* (tour *m* de) taille *f*
wait [weɪt] *n* attente *f* ; **to lie in ~ for** guetter ▸ *vi* attendre ; **to ~ for sb/sth** attendre qn/qch ; **to keep sb waiting** faire attendre qn ; **~ for me, please** attendez-moi, s'il vous plaît ; **~ a minute!** un instant ! ; **"repairs while you ~"** « réparations minute » ; **I can't ~ to ...** *(fig)* je meurs d'envie de ...
▸ **wait behind** *vi* rester (à attendre)
▸ **wait on** *vt fus* servir
▸ **wait up** *vi* attendre, ne pas se coucher ; **don't ~ up for me** ne m'attendez pas pour aller vous coucher
waiter ['weɪtəʳ] *n* garçon *m* (de café), serveur *m*
waiting ['weɪtɪŋ] *n*: **"no ~"** *(BRIT Aut)* « stationnement interdit »
waiting list *n* liste *f* d'attente
waiting room *n* salle *f* d'attente
waitress ['weɪtrɪs] *n* serveuse *f*
waive [weɪv] *vt* renoncer à, abandonner
waiver ['weɪvəʳ] *n* dispense *f*
wake [weɪk] *(pt* **woke** [wəuk] *or* **waked** [weɪkt], *pp* **woken** ['wəukn] *or* **waked**) *vt (also:* **wake up**) réveiller ▸ *vi (also:* **wake up**) se réveiller ; **to ~ up to sth** *(fig)* se rendre compte de qch ▸ *n (for dead person)* veillée *f* mortuaire ; *(Naut)* sillage *m* ; **in the ~ of** *(fig)* à la suite de ; **to follow in sb's ~** *(fig)* marcher sur les traces de qn
waken ['weɪkn] *vt, vi* = **wake**
Wales [weɪlz] *n* pays *m* de Galles ; **the Prince of ~** le prince de Galles ; **the National Assembly for ~** *le Parlement gallois*

NATIONAL ASSEMBLY FOR WALES

La **National Assembly for Wales** a été créée en 1998, la majorité de l'électorat gallois s'étant déclaré favorable à la décentralisation lors d'un référendum organisé l'année précédente. Elle diffère du parlement écossais par le fait que celui-ci possède un pouvoir législatif considérable dans ses domaines de responsabilité ainsi qu'en matière fiscale, tandis que l'assemblée galloise a un pouvoir législatif plus limité et n'est pas autorisée à lever des impôts. Composée de 60 députés, les *AMs (Assembly Members)*, qui sont élus pour quatre ans, elle est placée sous l'autorité du *First Minister*.

walk [wɔ:k] *n* promenade *f* ; *(short)* petit tour ; *(gait)* démarche *f* ; *(path)* chemin *m* ; *(in park etc)* allée *f* ; *(pace)*: **at a quick ~** d'un pas rapide ; **10 minutes' ~ from** à 10 minutes de marche de ; **to go for a ~** se promener ; faire un tour ; **from all walks of life** de toutes conditions sociales ▸ *vi* marcher ; *(for pleasure, exercise)* se

promener ▸ *vt* (*distance*) faire à pied ; (*dog*) promener ; **I'll ~ you home** je vais vous raccompagner chez vous
▸ **walk out** *vi* (*go out*) sortir ; (*as protest*) partir (en signe de protestation) ; (*strike*) se mettre en grève ; **to ~ out on sb** quitter qn
walkabout ['wɔːkəbaut] *n*: **to go (on a) ~** (VIP) prendre un bain de foule
walker ['wɔːkə^r] *n* (*person*) marcheur(-euse)
walkie-talkie ['wɔːkɪ'tɔːkɪ] *n* talkie-walkie *m*
walking ['wɔːkɪŋ] *n* marche *f* à pied ; **it's within ~ distance** on peut y aller à pied
walking holiday *n* vacances passées à faire de la randonnée
walking shoes *npl* chaussures *fpl* de marche
walking stick *n* canne *f*
Walkman® ['wɔːkmən] *n* Walkman® *m*
walk-on ['wɔːkɔn] *adj* (*Theat: part*) de figurant(e)
walkout ['wɔːkaut] *n* (*of workers*) grève-surprise *f*
walkover ['wɔːkəuvə^r] *n* (*inf*) victoire *f or* examen *m etc* facile
walkway ['wɔːkweɪ] *n* promenade *f*, cheminement piéton
wall [wɔːl] *n* mur *m* ; (*of tunnel, cave*) paroi *f* ; **to go to the ~** (*fig: firm etc*) faire faillite
▸ **wall in** *vt* (*garden etc*) entourer d'un mur
wallaby ['wɔləbɪ] *n* wallaby *m*
wall cupboard *n* placard mural
walled [wɔːld] *adj* (*city*) fortifié(e)
wallet ['wɔlɪt] *n* portefeuille *m* ; **I can't find my ~** je ne retrouve plus mon portefeuille
wallflower ['wɔːlflauə^r] *n* giroflée *f* ; **to be a ~** (*fig*) faire tapisserie
wall hanging *n* tenture (murale), tapisserie *f*
wallop ['wɔləp] *vt* (BRIT *inf*) taper sur, cogner
wallow ['wɔləu] *vi* se vautrer ; **to ~ in one's grief** se complaire à sa douleur
wallpaper ['wɔːlpeɪpə^r] *n* papier peint ▸ *vt* tapisser
wall-to-wall ['wɔːltə'wɔːl] *adj*: **~ carpeting** moquette *f*
walnut ['wɔːlnʌt] *n* noix *f* ; (*tree, wood*) noyer *m*
walrus ['wɔːlrəs] (*pl* **~** *or* **walruses**) *n* morse *m*
waltz [wɔːlts] *n* valse *f* ▸ *vi* valser
wan [wɔn] *adj* pâle ; triste
wand [wɔnd] *n* (*also*: **magic wand**) baguette *f* (magique)
wander ['wɔndə^r] *vi* (*person*) errer, aller sans but ; (*thoughts*) vagabonder ; (*river*) serpenter ▸ *vt* errer dans
wanderer ['wɔndərə^r] *n* vagabond(e)
wandering ['wɔndrɪŋ] *adj* (*tribe*) nomade ; (*minstrel, actor*) ambulant(e)
wanderings ['wɔndrɪŋz] *npl* errances *fpl*
wanderlust ['wɔndəlʌst] *n* soif *f* de voyages
wane [weɪn] *vi* (*moon*) décroître ; (*reputation*) décliner
wangle ['wæŋgl] (BRIT *inf*) *vt* se débrouiller pour avoir ; carotter ▸ *n* combine *f*, magouille *f*
wanker ['wæŋkə^r] *n* (*inf!*) branleur *m* (*!*)
wanna ['wɔnə] *modal aux vb* (*inf: want to*): **I ~ go** je veux y aller ; **they don't ~ do it** ils veulent pas le faire
wannabe ['wɔnəbiː] *adj* (*inf*) aspirant(e) ; **a ~ actor** un aspirant acteur
want [wɔnt] *vt* vouloir ; (*need*) avoir besoin de ; (*lack*) manquer de ; **to ~ to do** vouloir faire ; **to ~ sb to do** vouloir que qn fasse ; **you're wanted on the phone** on vous demande au téléphone ; **"cook wanted"** « on demande un cuisinier »
▸ *n* (*poverty*) pauvreté *f*, besoin *m* ; **for ~ of** par manque de, faute de ; **wants** *npl* (*needs*) besoins *mpl*
▸ **want in** *vi* (*inf*) vouloir en être ; **to ~ in on sth** vouloir être de qch
▸ **want out** *vi* (*inf*) vouloir laisser tomber ; **to ~ out of sth** vouloir sortir de qch
want ads *npl* (US) petites annonces
wanted ['wɔntɪd] *adj* (*criminal*) recherché(e) par la police
wanting ['wɔntɪŋ] *adj*: **to be ~ (in)** manquer (de) ; **to be found ~** ne pas être à la hauteur
wanton ['wɔntn] *adj* capricieux(-euse), dévergondé(e)
WAP [wæp] *n abbr* (= *wireless application protocol*) WAP *m*
war [wɔː^r] *n* guerre *f* ; **to go to ~** se mettre en guerre ; **to make ~ (on)** faire la guerre (à)
warble ['wɔːbl] *n* (*of bird*) gazouillis *m* ▸ *vi* gazouiller
warbler ['wɔːblə^r] *n* pinson *m*
war cry *n* cri *m* de guerre
ward [wɔːd] *n* (*in hospital*) salle *f* ; (*Pol*) section électorale ; (*Law: child: also*: **ward of court**) pupille *mf*
▸ **ward off** *vt* parer, éviter
warden ['wɔːdn] *n* (BRIT: *of institution*) directeur(-trice) ; (*of park, game reserve*) gardien(ne) ; (BRIT: *also*: **traffic warden**) contractuel(le) ; (*of youth hostel*) responsable *mf*
warder ['wɔːdə^r] *n* (BRIT) gardien *m* de prison
wardrobe ['wɔːdrəub] *n* (*cupboard*) armoire *f* ; (*clothes*) garde-robe *f* ; (*Theat*) costumes *mpl*
warehouse ['wɛəhaus] *n* entrepôt *m*
warehousing ['wɛəhauzɪŋ] *n* entreposage *m*
wares [wɛəz] *npl* marchandises *fpl*
warfare ['wɔːfɛə^r] *n* guerre *f*
war game *n* jeu *m* de stratégie militaire
warhead ['wɔːhɛd] *n* (*Mil*) ogive *f*
warily ['wɛərɪlɪ] *adv* avec prudence, avec précaution
warlike ['wɔːlaɪk] *adj* guerrier(-ière)
warm [wɔːm] *adj* chaud(e) ; (*person, thanks, welcome, applause*) chaleureux(-euse) ; (*supporter*) ardent(e), enthousiaste ; **it's ~** il fait chaud ; **I'm ~** j'ai chaud ; **to keep sth ~** tenir qch au chaud ; **with my warmest thanks/ congratulations** avec mes remerciements/ mes félicitations les plus sincères
▸ **warm to** *vt fus* apprendre à apprécier
▸ **warm up** *vi* (*person, room*) se réchauffer ; (*water*) chauffer ; (*athlete, discussion*) s'échauffer
▸ *vt* (*food*) (faire) réchauffer ; (*water*) (faire) chauffer ; (*engine*) faire chauffer
warm-blooded ['wɔːm'blʌdɪd] *adj* (*Zool*) à sang chaud
war memorial *n* monument *m* aux morts
warm-hearted [wɔːm'hɑːtɪd] *adj* affectueux(-euse)
warmly ['wɔːmlɪ] *adv* (*dress*) chaudement ; (*thank, welcome*) chaleureusement

W

warmonger ['wɔːmʌŋgə^{r}] *n* belliciste *mf*
warmongering ['wɔːmʌŋgrɪŋ] *n* propagande *f* belliciste, bellicisme *m*
warmth [wɔːmθ] *n* chaleur *f*
warm-up ['wɔːmʌp] *n* (*Sport*) période *f* d'échauffement
warn [wɔːn] *vt* avertir, prévenir ; **to ~ sb (not) to do** conseiller à qn de (ne pas) faire
warning ['wɔːnɪŋ] *n* avertissement *m* ; (*notice*) avis *m* ; (*signal*) avertisseur *m* ; **without (any) ~** (*suddenly*) inopinément ; (*without notifying*) sans prévenir ; **gale ~** (*Meteorology*) avis de grand vent
warning light *n* avertisseur lumineux
warning triangle *n* (*Aut*) triangle *m* de présignalisation
warp [wɔːp] *n* (*Textiles*) chaîne *f* ▸ *vi* (*wood*) travailler, se voiler *or* gauchir ▸ *vt* voiler ; (*fig*) pervertir
warpath ['wɔːpɑːθ] *n*: **to be on the ~** (*fig*) être sur le sentier de la guerre
warped [wɔːpt] *adj* (*wood*) gauchi(e) ; (*fig*) perverti(e)
warplane ['wɔːpleɪn] *n* avion *m* de guerre
warrant ['wɔrnt] *n* (*guarantee*) garantie *f* ; (*Law: to arrest*) mandat *m* d'arrêt ; (*: to search*) mandat de perquisition ▸ *vt* (*justify, merit*) justifier
warrant officer *n* (*Mil*) adjudant *m* ; (*Naut*) premier-maître *m*
warranty ['wɔrəntɪ] *n* garantie *f* ; **under ~** (*Comm*) sous garantie
warren ['wɔrən] *n* (*of rabbits*) terriers *mpl*, garenne *f*
warring ['wɔːrɪŋ] *adj* (*nations*) en guerre ; (*interests etc*) contradictoire, opposé(e)
warrior ['wɔrɪə^{r}] *n* guerrier(-ière)
Warsaw ['wɔːsɔː] *n* Varsovie
warship ['wɔːʃɪp] *n* navire *m* de guerre
wart [wɔːt] *n* verrue *f*
wartime ['wɔːtaɪm] *n*: **in ~** en temps de guerre
wary ['wɛərɪ] *adj* prudent(e) ; **to be ~ about** *or* **of doing sth** hésiter beaucoup à faire qch
was [wɔz] *pt of* **be**
wash [wɔʃ] *vt* laver ; (*sweep, carry: sea etc*) emporter, entraîner ; (*: ashore*) rejeter ; **he was washed overboard** il a été emporté par une vague ▸ *vi* se laver ; (*sea*): **to ~ over/against sth** inonder/baigner qch ▸ *n* (*paint*) badigeon *m* ; (*clothes*) lessive *f* ; (*washing programme*) lavage *m* ; (*of ship*) sillage *m* ; **to give sth a ~** laver qch ; **to have a ~** se laver, faire sa toilette
▸ **wash away** *vt* (*stain*) enlever au lavage ; (*subj: river etc*) emporter
▸ **wash down** *vt* laver ; laver à grande eau
▸ **wash off** *vi* partir au lavage
▸ **wash up** *vi* (Brit) faire la vaisselle ; (*US: have a wash*) se débarbouiller
Wash. *abbr* (*US*) = **Washington**
washable ['wɔʃəbl] *adj* lavable
washbasin ['wɔʃbeɪsn] *n* lavabo *m*
washcloth ['wɔʃklɔθ] *n* (*US*) gant *m* de toilette
washed out [wɔʃt'aut] *adj* (*colour*) délavé(e) ; (*person*) vanné(e)
washed up [wɔʃt'ʌp] *adj* (*inf*) fini(e)
washer ['wɔʃə^{r}] *n* (*Tech*) rondelle *f*, joint *m*
washing ['wɔʃɪŋ] *n* (Brit: *linen etc: dirty*) linge *m* ; (*: clean*) lessive *f*
washing line *n* (Brit) corde *f* à linge
washing machine *n* machine *f* à laver
washing powder *n* (Brit) lessive *f* (en poudre)
Washington ['wɔʃɪŋtən] *n* (*city, state*) Washington *m*
washing-up [wɔʃɪŋ'ʌp] *n* (Brit) vaisselle *f*
washing-up liquid *n* (Brit) produit *m* pour la vaisselle
wash-out ['wɔʃaut] *n* (*inf*) désastre *m*
washroom ['wɔʃrum] *n* (*US*) toilettes *fpl*
wasn't ['wɔznt] = **was not**
Wasp, WASP [wɔsp] *n abbr* (*US inf: = White Anglo-Saxon Protestant*) *surnom, souvent péjoratif, donné à l'américain de souche anglo-saxonne, aisé et de tendance conservatrice*
wasp [wɔsp] *n* guêpe *f*
waspish ['wɔspɪʃ] *adj* irritable
wastage ['weɪstɪdʒ] *n* gaspillage *m* ; (*in manufacturing, transport etc*) déchet *m*
waste [weɪst] *n* gaspillage *m* ; (*of time*) perte *f* ; (*rubbish*) déchets *mpl* ; (*also*: **household waste**) ordures *fpl* ; **it's a ~ of money** c'est de l'argent jeté en l'air ; **to go to ~** être gaspillé(e) ▸ *adj* (*energy, heat*) perdu(e) ; (*food*) inutilisé(e) ; (*land, ground: in city*) à l'abandon ; (*: in country*) inculte, en friche ; (*leftover*): **~ material** déchets ; **to lay ~** (*destroy*) dévaster ▸ *vt* gaspiller ; (*time, opportunity*) perdre ; **wastes** *npl* étendue *f* désertique
▸ **waste away** *vi* dépérir
wastebasket ['weɪstbɑːskɪt] *n* = **wastepaper basket**
waste disposal, waste disposal unit *n* (Brit) broyeur *m* d'ordures
wasteful ['weɪstful] *adj* gaspilleur(-euse) ; (*process*) peu économique
waste ground *n* (Brit) terrain *m* vague
wasteland ['weɪstlənd] *n* terres *fpl* à l'abandon ; (*in town*) terrain(s) *m(pl)* vague(s)
wastepaper basket ['weɪstpeɪpə-] *n* corbeille *f* à papier
waste pipe *n* (tuyau *m* de) vidange *f*
waste products *npl* (*Industry*) déchets *mpl* (de fabrication)
waster ['weɪstə^{r}] *n* (*inf*) bon(ne) à rien
watch [wɔtʃ] *n* montre *f* ; (*act of watching*) surveillance *f* ; (*guard: Mil*) sentinelle *f* ; (*: Naut*) homme *m* de quart ; (*Naut: spell of duty*) quart *m* ; **to keep a close ~ on sb/sth** surveiller qn/qch de près ; **to keep ~** faire le guet ▸ *vt* (*look at*) observer ; (*: match, programme*) regarder ; (*spy on, guard*) surveiller ; (*be careful of*) faire attention à ; **~ what you're doing** fais attention à ce que tu fais ▸ *vi* regarder ; (*keep guard*) monter la garde
▸ **watch out** *vi* faire attention
watchband ['wɔtʃbænd] *n* (*US*) bracelet *m* de montre
watchdog ['wɔtʃdɔg] *n* chien *m* de garde ; (*fig*) gardien(ne)
watchful ['wɔtʃful] *adj* attentif(-ive), vigilant(e)
watchmaker ['wɔtʃmeɪkə^{r}] *n* horloger(-ère)
watchman ['wɔtʃmən] *n* (*irreg*) gardien *m* ; (*also*: **night watchman**) veilleur *m* de nuit

watch stem *n* (*US*) remontoir *m*
watch strap ['wɔtʃstræp] *n* bracelet *m* de montre
watchtower ['wɔtʃtauəʳ] *n* tour *f* de guet
watchword ['wɔtʃwəːd] *n* mot *m* de passe
water ['wɔːtəʳ] *n* eau *f*; **a drink of ~** un verre d'eau ; **in British waters** dans les eaux territoriales britanniques ; **to pass ~** uriner ▸ *vt* (*plant, garden*) arroser ▸ *vi* (*eyes*) larmoyer ; **to make sb's mouth ~** mettre l'eau à la bouche de qn
▸ **water down** *vt* (*milk etc*) couper avec de l'eau ; (*fig: story*) édulcorer
water closet *n* (Brit) w.-c. *mpl*, waters *mpl*
watercolour, (*US*) **watercolor** *n* ['wɔːtəkʌləʳ] aquarelle *f*; **watercolours** *npl* couleurs *fpl* pour aquarelle
water-cooled ['wɔːtəkuːld] *adj* à refroidissement par eau
watercourse ['wɔːtəkɔːs] *n* cours *m* d'eau
watercress ['wɔːtəkrɛs] *n* cresson *m* (de fontaine)
waterfall ['wɔːtəfɔːl] *n* chute *f* d'eau
waterfowl ['wɔːtəfaul] *n* gibier *m* d'eau
waterfront ['wɔːtəfrʌnt] *n* (*seafront*) front *m* de mer ; (*at docks*) quais *mpl*
water heater *n* chauffe-eau *m*
water hole *n* mare *f*
water ice *n* (Brit) sorbet *m*
watering can ['wɔːtərɪŋ-] *n* arrosoir *m*
water level *n* niveau *m* de l'eau ; (*of flood*) niveau des eaux
water lily *n* nénuphar *m*
waterline ['wɔːtəlaɪn] *n* (*Naut*) ligne *f* de flottaison
waterlogged ['wɔːtəlɔgd] *adj* détrempé(e) ; imbibé(e) d'eau
water main *n* canalisation *f* d'eau
watermark ['wɔːtəmɑːk] *n* (*on paper*) filigrane *m*
watermelon ['wɔːtəmɛlən] *n* pastèque *f*
watermill ['wɔːtəmɪl] *n* moulin *m* à eau
water polo *n* water-polo *m*
waterproof ['wɔːtəpruːf] *adj* imperméable
water-repellent ['wɔːtərɪ'pɛlnt] *adj* hydrofuge
watershed ['wɔːtəʃɛd] *n* (*Geo*) ligne *f* de partage des eaux ; (*fig*) moment *m* critique, point décisif
waterside ['wɔːtəsaɪd] *n* bord *m* de l'eau ▸ *cpd* (*hotel, restaurant*) au bord de l'eau
water-skiing ['wɔːtəskiːɪŋ] *n* ski *m* nautique
water softener *n* adoucisseur *m* d'eau
water tank *n* réservoir *m* d'eau
watertight ['wɔːtətaɪt] *adj* étanche
water vapour *n* vapeur *f* d'eau
waterway ['wɔːtəweɪ] *n* cours *m* d'eau navigable
waterworks ['wɔːtəwəːks] *npl* station *f* hydraulique
watery ['wɔːtərɪ] *adj* (*colour*) délavé(e) ; (*coffee*) trop faible
watt [wɔt] *n* watt *m*
wattage ['wɔtɪdʒ] *n* puissance *f* or consommation *f* en watts
wattle ['wɔtl] *n* clayonnage *m*
wave [weɪv] *n* vague *f*; (*of hand*) geste *m*, signe *m* ; (*Radio*) onde *f*; (*in hair*) ondulation *f*; (*fig: of enthusiasm, strikes etc*) vague ; **short/medium ~** (*Radio*) ondes courtes/moyennes ; **long ~** (*Radio*) grandes ondes ; **the new ~** (*Cine, Mus*) la nouvelle vague ▸ *vi* faire signe de la main ; (*flag*) flotter au vent ; (*grass*) ondoyer ▸ *vt* (*handkerchief*) agiter ; (*stick*) brandir ; (*hair*) onduler ; **to ~ goodbye to sb** dire au revoir de la main à qn
▸ **wave aside, wave away** *vt* (*fig: suggestion, objection*) rejeter, repousser ; (*: doubts*) chasser ; (*person*): **to ~ sb aside** faire signe à qn de s'écarter
waveband ['weɪvbænd] *n* bande *f* de fréquences
wavelength ['weɪvlɛŋθ] *n* longueur *f* d'ondes
waver ['weɪvəʳ] *vi* vaciller ; (*voice*) trembler ; (*person*) hésiter
wavy ['weɪvɪ] *adj* (*hair, surface*) ondulé(e) ; (*line*) onduleux(-euse)
wax [wæks] *n* cire *f*; (*for skis*) fart *m* ▸ *vt* cirer ; (*car*) lustrer ; (*skis*) farter ▸ *vi* (*moon*) croître
waxworks ['wækswəːks] *npl* personnages *mpl* de cire ; musée *m* de cire
way [weɪ] *n* chemin *m*, voie *f*; (*path, access*) passage *m* ; (*distance*) distance *f*; (*direction*) chemin, direction *f*; (*manner*) façon *f*, manière *f*; (*habit*) habitude *f*, façon ; (*condition*) état *m* ; **which ~? — this ~/that ~** par où *or* de quel côté ? — par ici/par là ; **to crawl one's ~ to ...** ramper jusqu'à ... ; **to lie one's ~ out of it** s'en sortir par un mensonge ; **to lose one's ~** perdre son chemin ; **on the ~ (to)** en route (pour) ; **to be on one's ~** être en route ; **to be in the ~** bloquer le passage ; (*fig*) gêner ; **to keep out of sb's ~** éviter qn ; **it's a long ~ away** c'est loin d'ici ; **the village is rather out of the ~** le village est plutôt à l'écart *or* isolé ; **to go out of one's ~ to do** (*fig*) se donner beaucoup de mal pour faire ; **to be under ~** (*work, project*) être en cours ; **to make ~ (for sb/sth)** faire place (à qn/qch), s'écarter pour laisser passer (qn/qch) ; **to get one's own ~** arriver à ses fins ; **put it the right ~ up** (Brit) mettez-le dans le bon sens ; **to be the wrong ~ round** être à l'envers, ne pas être dans le bon sens ; **he's in a bad ~** il va mal ; **in a ~** dans un sens ; **by the ~** à propos ; **in some ways** à certains égards ; d'un côté ; **in the ~ of** en fait de, comme ; **by ~ of** (*through*) en passant par, via ; (*as a sort of*) en guise de ; **"~ in"** (Brit) « entrée » ; **"~ out"** (Brit) « sortie » ; **the ~ back** le chemin du retour ; **this ~ and that** par-ci par-là ; **"give ~"** (Brit *Aut*) « cédez la priorité » ; **no ~!** (*inf*) pas question !
waybill ['weɪbɪl] *n* (*Comm*) récépissé *m*
waylay [weɪ'leɪ] *vt* (*irreg: like* **lay**) attaquer ; (*fig*): **I got waylaid** quelqu'un m'a accroché
wayside ['weɪsaɪd] *n* bord *m* de la route ; **to fall by the ~** (*fig*) abandonner ; (*morally*) quitter le droit chemin
way station *n* (*US: Rail*) petite gare ; (*: fig*) étape *f*
wayward ['weɪwəd] *adj* capricieux(-euse), entêté(e)
W.C. *n abbr* (Brit: = *water closet*) w.-c. *mpl*, waters *mpl*
WCC *n abbr* (= *World Council of Churches*) COE *m* (*Conseil œcuménique des Églises*)

W

we [wiː] *pl pron* nous

In informal French **on** is often used to mean *we*.
We're going on holiday tomorrow. **On part en vacances demain.**

weak [wiːk] *adj* faible ; *(health)* fragile ; *(beam etc)* peu solide ; *(tea, coffee)* léger(-ère) ; **to grow ~** *or* **weaker** s'affaiblir, faiblir
weaken ['wiːkn] *vi* faiblir ▸ *vt* affaiblir
weak-kneed ['wiːk'niːd] *adj (fig)* lâche, faible
weakling ['wiːklɪŋ] *n* gringalet *m* ; faible *mf*
weakly ['wiːklɪ] *adj* chétif(-ive) ▸ *adv* faiblement
weakness ['wiːknɪs] *n* faiblesse *f* ; *(fault)* point *m* faible
wealth [wɛlθ] *n (money, resources)* richesse(s) *f(pl)* ; *(of details)* profusion *f*
wealth tax *n* impôt *m* sur la fortune
wealthy ['wɛlθɪ] *adj* riche
wean [wiːn] *vt* sevrer
weapon ['wɛpən] *n* arme *f* ; **weapons of mass destruction** armes *fpl* de destruction massive
weaponry ['wɛpənrɪ] *n* armes *fpl*
wear [wɛəʳ] *(pt* **wore** [wɔːʳ], *pp* **worn** [wɔːn]) *n (use)* usage *m* ; *(deterioration through use)* usure *f* ; **sportswear/babywear** vêtements *mpl* de sport/pour bébés ; **evening ~** tenue *f* de soirée ; **~ and tear** usure *f* ▸ *vt (clothes)* porter ; *(put on)* mettre ; *(beard etc)* avoir ; *(damage: through use)* user ; **to ~ a hole in sth** faire (à la longue) un trou dans qch ▸ *vi (last)* faire de l'usage ; *(rub etc through)* s'user
▸ **wear away** *vt* user, ronger ▸ *vi* s'user, être rongé(e)
▸ **wear down** *vt* user ; *(strength)* épuiser
▸ **wear off** *vi* disparaître
▸ **wear on** *vi* se poursuivre ; passer
▸ **wear out** *vt* user ; *(person, strength)* épuiser
wearable ['wɛərəbl] *adj* mettable
wearer ['wɛərəʳ] *n* porteur(-euse) ; **contact lens wearers** les porteurs de lentilles de contact
wearily ['wɪərɪlɪ] *adv* avec lassitude
weariness ['wɪərɪnɪs] *n* épuisement *m*, lassitude *f*
wearisome ['wɪərɪsəm] *adj (tiring)* fatigant(e) ; *(boring)* ennuyeux(-euse)
weary ['wɪərɪ] *adj (tired)* épuisé(e) ; *(dispirited)* las (lasse) ; abattu(e) ▸ *vt* lasser ▸ *vi*: **to ~ of** se lasser de
weasel ['wiːzl] *n (Zool)* belette *f*
weather ['wɛðəʳ] *n* temps *m* ; **what's the ~ like?** quel temps fait-il ? ; **under the ~** *(fig: ill)* mal fichu(e) ▸ *vt (wood)* faire mûrir ; *(storm: lit, fig)* essuyer ; *(crisis)* survivre à
weather-beaten ['wɛðəbiːtn] *adj (person)* hâlé(e) ; *(building)* dégradé(e) par les intempéries
weather forecast *n* prévisions *fpl* météorologiques, météo *f*
weatherman ['wɛðəmæn] *n (irreg)* météorologue *m*
weatherproof ['wɛðəpruːf] *adj (garment)* imperméable ; *(building)* étanche
weather report *n* bulletin *m* météo, météo *f*
weather vane [-veɪn] *n* girouette *f*
weave [wiːv] *(pt* **wove** [wəuv], *pp* **woven** ['wəuvn]) *vt (cloth)* tisser ; *(basket)* tresser ▸ *vi (pt, pp* **weaved**: *fig) (move in and out)* se faufiler
weaver ['wiːvəʳ] *n* tisserand(e)
weaving ['wiːvɪŋ] *n* tissage *m*
web [wɛb] *n (of spider)* toile *f* ; *(on duck's foot)* palmure *f* ; *(fig)* tissu *m* ; *(Comput)*: **the (World-Wide) W~** le Web
web address *n* adresse *f* Web
webbed ['wɛbd] *adj (foot)* palmé(e)
webbing ['wɛbɪŋ] *n (on chair)* sangles *fpl*
webcam ['wɛbkæm] *n* webcam *f*
webcast ['wɛbkɑːst] *n* webdiffusion *f*
webinar ['wɛbɪnɑːʳ] *n (Comput)* séminaire *m* en ligne ; webinaire *m*
weblog ['wɛblɔg] *n* blog *m*, blogue *m*
webmail ['wɛbmeɪl] *n* webmail *m*
webmaster ['wɛbmɑːstəʳ] *n* webmestre *mf*
web page *n* page *f* Web
website ['wɛbsaɪt] *n* site *m* Web
wed [wɛd] *(pt, pp* **wedded** ['wɛdɪd]) *vt* épouser ▸ *vi* se marier ▸ *n*: **the newly-weds** les jeunes mariés *mpl*
Wed. *abbr (= Wednesday)* me.
we'd [wiːd] = **we had; we would**
wedded ['wɛdɪd] *pt, pp of* **wed**
wedding ['wɛdɪŋ] *n* mariage *m*
wedding anniversary *n* anniversaire *m* de mariage ; **silver/golden ~** noces *fpl* d'argent/d'or
wedding day *n* jour *m* du mariage
wedding dress *n* robe *f* de mariée
wedding present *n* cadeau *m* de mariage
wedding ring *n* alliance *f*
wedge [wɛdʒ] *n (of wood etc)* coin *m* ; *(under door etc)* cale *f* ; *(of cake)* part *f* ▸ *vt (fix)* caler ; *(push)* enfoncer, coincer
wedge-heeled shoes ['wɛdʒhiːld-], **wedges** ['wɛdʒɪz] *npl* chaussures *fpl* à semelles compensées
wedlock ['wɛdlɔk] *n* (union *f* du) mariage *m*
Wednesday ['wɛdnzdɪ] *n* mercredi *m* ; *see also* **Tuesday**
wee [wiː] *adj (SCOTTISH)* petit(e) ; tout(e) petit(e)
weed [wiːd] *n* mauvaise herbe ▸ *vt* désherber
▸ **weed out** *vt* éliminer
weeding ['wiːdɪŋ] *n* désherbage *m*
weedkiller ['wiːdkɪləʳ] *n* désherbant *m*
weedy ['wiːdɪ] *adj (man)* gringalet
week [wiːk] *n* semaine *f* ; **once/twice a ~** une fois/deux fois par semaine ; **in two weeks' time** dans quinze jours ; **a ~ today/on Tuesday** aujourd'hui/mardi en huit
weekday ['wiːkdeɪ] *n* jour *m* de semaine ; *(Comm)* jour ouvrable ; **on weekdays** en semaine
weekend [wiːk'ɛnd] *n* week-end *m*
weekend case *n* sac *m* de voyage
weekly ['wiːklɪ] *adv* une fois par semaine, chaque semaine ▸ *adj, n* hebdomadaire *m*
weeknight ['wiːknaɪt] *n* soir *m* de semaine
weep [wiːp] *(pt, pp* **wept** [wɛpt]) *vi (person)* pleurer ; *(Med: wound etc)* suinter
weeping willow ['wiːpɪŋ-] *n* saule pleureur

weepy ['wi:pɪ] *n (inf: film)* mélo *m*
weft [wɛft] *n (Textiles)* trame *f*
weigh [weɪ] *vt, vi* peser ; **to ~ anchor** lever l'ancre ; **to ~ the pros and cons** peser le pour et le contre
▸ **weigh down** *vt (branch)* faire plier ; *(fig: with worry)* accabler
▸ **weigh on** *vt fus (problem, worry)* peser à ; **to ~ on sb's mind** peser à qn
▸ **weigh out** *vt (goods)* peser
▸ **weigh up** *vt* examiner
weighbridge ['weɪbrɪdʒ] *n* pont-bascule *m*
weighing machine ['weɪɪŋ-] *n* balance *f*, bascule *f*
weight [weɪt] *n* poids *m* ; **sold by ~** vendu au poids ; **to put on/lose ~** grossir/maigrir ; **weights and measures** poids et mesures ▸ *vt* alourdir ; *(fig: factor)* pondérer
▸ **weight down** *vt* maintenir en place
weighted ['weɪtɪd] *adj (biased)* biaisé(e) ; **to be (heavily) ~ in favour of sth/sb** être (fortement) biaisé(e) en faveur de qch/qn ; **to be ~ against sth/sb** être biaisé en défaveur de qch/qn
weighting ['weɪtɪŋ] *n*: **~ allowance** indemnité *f* de résidence
weightlessness ['weɪtlɪsnɪs] *n* apesanteur *f*
weightlifter ['weɪtlɪftəʳ] *n* haltérophile *m*
weightlifting ['weɪtlɪftɪŋ] *n* haltérophilie *f*
weight training *n* musculation *f*
weighty ['weɪtɪ] *adj* lourd(e)
weir [wɪəʳ] *n* barrage *m*
weird [wɪəd] *adj* bizarre ; *(eerie)* surnaturel(le)
weirdo ['wɪədəu] *n (inf)* type *m* bizarre
welcome ['wɛlkəm] *adj* bienvenu(e) ; **to be ~** être le (la) bienvenu(e) ; **to make sb ~** faire bon accueil à qn ; **you're ~ to try** vous pouvez essayer si vous voulez ; **you're ~!** *(after thanks)* de rien, il n'y a pas de quoi ▸ *n* accueil *m* ▸ *vt* accueillir ; *(also:* **bid welcome***)* souhaiter la bienvenue à ; *(be glad of)* se réjouir de
welcoming ['wɛlkəmɪŋ] *adj* accueillant(e) ; *(speech)* d'accueil
weld [wɛld] *n* soudure *f* ▸ *vt* souder
welder ['wɛldəʳ] *n (person)* soudeur *m*
welding ['wɛldɪŋ] *n* soudure *f* (autogène)
welfare ['wɛlfɛəʳ] *n (wellbeing)* bien-être *m* ; *(social aid)* assistance sociale
welfare state *n* État-providence *m*
welfare work *n* travail social
well [wɛl] *n* puits *m* ▸ *adv* bien ; **~ done!** bravo ! ; **to do ~** bien réussir ; *(business)* prospérer ; **to think ~ of sb** penser du bien de qn ; **as ~** *(in addition)* aussi, également ; **you might as ~ tell me** tu ferais aussi bien de me le dire ; **as ~ as** aussi bien que *or* de ; en plus de ▸ *adj*: **to be ~** aller bien ; **I don't feel ~** je ne me sens pas bien ; **get ~ soon!** remets-toi vite ! ▸ *excl* eh bien ! ; *(relief also)* bon ! ; *(resignation)* enfin ! ; **~, as I was saying ...** donc, comme je disais ...
▸ **well up** *vi (tears, emotions)* monter
we'll [wi:l] = **we will; we shall**
well-advised [wɛləd'vaɪzd] *adj (action, decision)* sage ; **sb would be ~ to do sth** qn serait bien avisé(e) de faire qch
well-balanced [wɛl'bælənst] *adj* équilibré(e) ; **a ~ diet** une alimentation équilibrée
well-behaved ['wɛlbɪ'heɪvd] *adj* sage, obéissant(e)
well-being ['wɛl'bi:ɪŋ] *n* bien-être *m*
well-bred ['wɛl'brɛd] *adj* bien élevé(e)
well-built ['wɛl'bɪlt] *adj (house)* bien construit(e) ; *(person)* bien bâti(e)
well-chosen ['wɛl'tʃəuzn] *adj (remarks, words)* bien choisi(e), pertinent(e)
well-deserved ['wɛldɪ'zə:vd] *adj* (bien) mérité(e)
well-developed ['wɛldɪ'vɛləpt] *adj (girl)* bien fait(e)
well-disposed ['wɛldɪs'pəuzd] *adj*: **~ to(wards)** bien disposé(e) envers
well-dressed ['wɛl'drɛst] *adj* bien habillé(e), bien vêtu(e)
well-earned ['wɛl'ə:nd] *adj (rest)* bien mérité(e)
well-established [wɛlɪ'stæblɪʃt] *adj* bien établi(e)
well-groomed ['wɛl'gru:md] *adj* très soigné(e)
well-heeled ['wɛl'hi:ld] *adj (inf: wealthy)* fortuné(e), riche
wellies ['wɛlɪz] *npl (*Brit *inf)* = **wellingtons**
well-informed ['wɛlɪn'fɔ:md] *adj (having knowledge of sth)* bien renseigné(e) ; *(having general knowledge)* cultivé(e)
Wellington ['wɛlɪŋtən] *n* Wellington
wellingtons ['wɛlɪŋtənz] *npl (also:* **wellington boots***)* bottes *fpl* en caoutchouc
well-kept ['wɛl'kɛpt] *adj (house, grounds)* bien tenu(e), bien entretenu(e) ; *(secret)* bien gardé(e) ; *(hair, hands)* soigné(e)
well-known ['wɛl'nəun] *adj (person)* bien connu(e)
well-mannered ['wɛl'mænəd] *adj* bien élevé(e)
well-meaning ['wɛl'mi:nɪŋ] *adj* bien intentionné(e)
wellness ['wɛlnɪs] *n* bien-être *m*
well-nigh ['wɛl'naɪ] *adv*: **~ impossible** pratiquement impossible
well-off ['wɛl'ɔf] *adj* aisé(e), assez riche
well-paid ['wɛl'peɪd] *adj* bien payé(e)
well-read ['wɛl'rɛd] *adj* cultivé(e)
well-spoken ['wɛl'spəukn] *adj (person)* qui parle bien ; *(words)* bien choisi(e)
well-stocked ['wɛl'stɔkt] *adj* bien approvisionné(e)
well-timed ['wɛl'taɪmd] *adj* opportun(e)
well-to-do ['wɛltə'du:] *adj* aisé(e), assez riche
well-travelled, (US) **well-traveled** [wɛl'trævld] *adj*: **to be ~** avoir voyagé
well-versed [wɛl'və:st] *adj*: **to be well versed in sth** être très versé(e) en qch
well-wisher ['wɛlwɪʃəʳ] *n* ami(e), admirateur(-trice) ; **scores of well-wishers had gathered** de nombreux amis et admirateurs s'étaient rassemblés ; **letters from well-wishers** des lettres d'encouragement
well-woman clinic ['wɛlwumən-] *n centre prophylactique et thérapeutique pour femmes*
Welsh [wɛlʃ] *adj* gallois(e) ▸ *n (Ling)* gallois *m* ; **the Welsh** *npl (people)* les Gallois *mpl*

W

Welsh Assembly *n* Parlement gallois
Welshman ['wɛlʃmən] *n (irreg)* Gallois *m*
Welsh rarebit *n* croûte *f* au fromage
Welshwoman ['wɛlʃwumən] *n (irreg)* Galloise *f*
welter ['wɛltər] *n* fatras *m*
went [wɛnt] *pt of* **go**
wept [wɛpt] *pt, pp of* **weep**
were [wəːr] *pt of* **be**
we're [wɪər] = **we are**
weren't [wəːnt] = **were not**
werewolf ['wɪəwulf] *(pl* **werewolves** [-wulvz]) *n* loup-garou *m*
west [wɛst] *n* ouest *m* ; **the W~** l'Occident *m*, l'Ouest ▸ *adj (wind)* d'ouest ; *(side)* ouest *inv* ▸ *adv* à *or* vers l'ouest
westbound ['wɛstbaund] *adj* en direction de l'ouest ; *(carriageway)* ouest *inv*
West Country *n*: **the ~** le sud-ouest de l'Angleterre
westerly ['wɛstəlɪ] *adj (situation)* à l'ouest ; *(wind)* d'ouest
western ['wɛstən] *adj* occidental(e), de *or* à l'ouest ▸ *n (Cine)* western *m*
westerner ['wɛstənər] *n* occidental(e)
westernized ['wɛstənaɪzd] *adj* occidentalisé(e)
West German *(formerly) adj* ouest-allemand(e) ▸ *n* Allemand(e) de l'Ouest
West Germany *n (formerly)* Allemagne *f* de l'Ouest
West Indian *adj* antillais(e) ▸ *n* Antillais(e)
West Indies [-'ɪndɪz] *npl* Antilles *fpl*
Westminster ['wɛstmɪnstər] *n (BRIT Parliament)* Westminster *m*
westward ['wɛstwəd], **westwards** ['wɛstwədz] *adv* vers l'ouest
wet [wɛt] *adj* mouillé(e) ; *(damp)* humide ; *(soaked: also:* **wet through**) trempé(e) ; *(rainy)* pluvieux(-euse) ; **to get ~** se mouiller ; **"~ paint"** « attention peinture fraîche » ▸ *vt*: **to ~ one's pants** *or* **o.s.** mouiller sa culotte, faire pipi dans sa culotte
wet blanket *n (fig)* rabat-joie *m inv*
wetness ['wɛtnɪs] *n* humidité *f*
wetsuit ['wɛtsuːt] *n* combinaison *f* de plongée
we've [wiːv] = **we have**
whack [wæk] *vt* donner un grand coup à
whacked [wækt] *adj (BRIT inf: tired)* crevé(e)
whacking ['wækɪŋ] *adj (BRIT inf: enormous)* un (une) vache de *(inf) before noun* ▸ *adv* vachement *(inf)* ; **a ~ great hole** un trou vachement gros
whale [weɪl] *n (Zool)* baleine *f*
whaler ['weɪlər] *n (ship)* baleinier *m*
whaling ['weɪlɪŋ] *n* pêche *f* à la baleine
wharf [wɔːf] *(pl* **wharves** [wɔːvz]) *n* quai *m*

KEYWORD

what [wɔt] *adj* **1** *(in questions)* quel(le) ; **what size is he?** quelle taille fait-il ? ; **what colour is it?** de quelle couleur est-ce ? ; **what books do you need?** quels livres vous faut-il ?
2 *(in exclamations)*: **what a mess!** quel désordre ! ; **what a fool I am!** que je suis bête !
▸ *pron* **1** *(interrogative)* que ; de/à/en *etc* quoi ; **what are you doing?** que faites-vous ?, qu'est-ce que vous faites ? ; **what is happening?** qu'est-ce qui se passe ?, que se passe-t-il ? ; **what are you talking about?** de quoi parlez-vous ? ; **what are you thinking about?** à quoi pensez-vous ? ; **what is it called?** comment est-ce que ça s'appelle ? ; **what about me?** et moi ? ; **what about doing ...?** et si on faisait ... ?
2 *(relative: subject)* ce qui ; *(: direct object)* ce que ; *(: indirect object)* ce à quoi, ce dont ; **I saw what you did/was on the table** j'ai vu ce que vous avez fait/ce qui était sur la table ; **tell me what you remember** dites-moi ce dont vous vous souvenez ; **what I want is a cup of tea** ce que je veux, c'est une tasse de thé
▸ *excl (disbelieving)* quoi !, comment !

whatever [wɔt'ɛvər] *adj*: **take ~ book you prefer** prenez le livre que vous préférez, peu importe lequel ; **~ book you take** quel que soit le livre que vous preniez ▸ *pron*: **do ~ is necessary** faites (tout) ce qui est nécessaire ; **~ happens** quoi qu'il arrive ▸ *adv (also:* **whatsoever**): **no reason ~** pas la moindre raison ; **nothing ~** rien du tout
whatsoever [wɔtsəu'ɛvər] *adj see* **whatever**
wheat [wiːt] *n* blé *m*, froment *m*
wheatgerm ['wiːtdʒəːm] *n* germe *m* de blé
wheatmeal ['wiːtmiːl] *n* farine bise
wheedle ['wiːdl] *vt*: **to ~ sb into doing sth** cajoler *or* enjôler qn pour qu'il fasse qch ; **to ~ sth out of sb** obtenir qch de qn par des cajoleries
wheel [wiːl] *n* roue *f* ; *(Aut: also:* **steering wheel**) volant *m* ; *(Naut)* gouvernail *m* ▸ *vt (pram etc)* pousser, rouler ▸ *vi (birds)* tournoyer ; *(also:* **wheel round**: *person)* se retourner, faire volte-face
wheelbarrow ['wiːlbærəu] *n* brouette *f*
wheelbase ['wiːlbeɪs] *n* empattement *m*
wheelchair ['wiːltʃɛər] *n* fauteuil roulant
wheel clamp *n (Aut)* sabot *m* (de Denver)
wheeler-dealer ['wiːlə'diːlər] *n (pej)* combinard(e), affairiste *mf*
wheelie-bin ['wiːlɪbɪn] *n (BRIT)* poubelle *f* à roulettes
wheeling ['wiːlɪŋ] *n*: **~ and dealing** *(pej)* manigances *fpl*, magouilles *fpl*
wheeze [wiːz] *n* respiration bruyante *(d'asthmatique)* ▸ *vi* respirer bruyamment
wheezy ['wiːzɪ] *adj* sifflant(e)

KEYWORD

when [wen] *adv* quand ; **when did he go?** quand est-ce qu'il est parti ?
▸ *conj* **1** *(at, during, after the time that)* quand, lorsque ; **she was reading when I came in** elle lisait quand *or* lorsque je suis entré
2 *(on, at which)*: **on the day when I met him** le jour où je l'ai rencontré
3 *(whereas)* alors que ; **I thought I was wrong when in fact I was right** j'ai cru que j'avais tort alors qu'en fait j'avais raison

In English the present tense follows *when* in statements about the future. In French the future must be used: *when I win the lottery* **quand je gagnerai à la loterie**.

whenever [wɛn'ɛvəʳ] *adv* quand donc ▸ *conj* quand ; (*every time that*) chaque fois que ; **I go ~ I can** j'y vais quand *or* chaque fois que je le peux
where [wɛəʳ] *adv, conj* où ; **this is ~** c'est là que ; **~ are you from?** d'où venez vous ?

Remember to spell **où** with an accent: *Where are you?* **Où es-tu ?** The word **ou** means *or*.

whereabouts ['wɛərəbauts] *adv* où donc ▸ *n*: **nobody knows his ~** personne ne sait où il se trouve
whereas [wɛər'æz] *conj* alors que
whereby [wɛə'baɪ] *adv* (*formal*) par lequel (*or* laquelle *etc*)
whereupon [wɛərə'pɔn] *adv* sur quoi, et sur ce
wherever [wɛər'ɛvəʳ] *adv* où donc ▸ *conj* où que + *sub* ; **sit ~ you like** asseyez-vous (là) où vous voulez
wherewithal ['wɛəwɪðɔːl] *n*: **the ~ (to do sth)** les moyens *mpl* (de faire qch)
whet [wɛt] *vt* aiguiser
whether ['wɛðəʳ] *conj* si ; **I don't know ~ to accept or not** je ne sais pas si je dois accepter ou non ; **it's doubtful ~** il est peu probable que + *sub* ; **~ you go or not** que vous y alliez ou non
whey ['weɪ] *n* petit-lait *m*

KEYWORD

which [wɪtʃ] *adj* **1** (*interrogative: direct, indirect*) quel(le) ; **which picture do you want?** quel tableau voulez-vous ? ; **which one?** lequel (laquelle) ?
2: **in which case** auquel cas ; **we got there at 8pm, by which time the cinema was full** quand nous sommes arrivés à 20h, le cinéma était complet
▸ *pron* **1** (*interrogative*) lequel (laquelle), lesquels (lesquelles) *pl* ; **I don't mind which** peu importe lequel ; **which (of these) are yours?** lesquels sont à vous ? ; **tell me which you want** dites-moi lesquels *or* ceux que vous voulez
2 (*relative: subject*) qui ; (*: object*) que ; sur/vers *etc* lequel (laquelle) (NB : *à + lequel* = **auquel** ; *de + lequel* = **duquel**) ; **the apple which you ate/which is on the table** la pomme que vous avez mangée/qui est sur la table ; **the chair on which you are sitting** la chaise sur laquelle vous êtes assis ; **the book of which you spoke** le livre dont vous avez parlé ; **he said he knew, which is true/I was afraid of** il a dit qu'il le savait, ce qui est vrai/ce que je craignais ; **after which** après quoi

whichever [wɪtʃ'ɛvəʳ] *adj*: **take ~ book you prefer** prenez le livre que vous préférez, peu importe lequel ; **~ book you take** quel que soit le livre que vous preniez ; **~ way you** de quelque façon que vous + *sub*
whiff [wɪf] *n* bouffée *f* ; **to catch a ~ of sth** sentir l'odeur de qch
while [waɪl] *n* moment *m* ; **for a ~** pendant quelque temps ; **in a ~** dans un moment ; **all the ~** pendant tout ce temps-là ; **we'll make it worth your ~** nous vous récompenserons de votre peine ▸ *conj* pendant que ; (*as long as*) tant que ; (*as, whereas*) alors que ; (*though*) bien que + *sub*, quoique + *sub*
▸ **while away** *vt* (*time*) (faire) passer
whilst [waɪlst] *conj* = **while**
whim [wɪm] *n* caprice *m*
whimper ['wɪmpəʳ] *n* geignement *m* ▸ *vi* geindre
whimsical ['wɪmzɪkl] *adj* (*person*) capricieux(-euse) ; (*look*) étrange
whimsy [wɪmzɪ] *n* fantaisie *f*
whine [waɪn] *n* gémissement *m* ; (*of engine, siren*) plainte stridente ▸ *vi* gémir, geindre, pleurnicher ; (*dog, engine, siren*) gémir
whinge [wɪndʒ] *vi* (BRIT *inf*) râler ; **to ~ about sth** râler à propos de qch
whip [wɪp] *n* fouet *m* ; (*for riding*) cravache *f* ; (*Pol: person*) chef *m* de file (*assurant la discipline dans son groupe parlementaire*) ▸ *vt* fouetter ; (*snatch*) enlever (*or* sortir) brusquement
▸ **whip up** *vt* (*cream*) fouetter ; (*inf: meal*) préparer en vitesse ; (*stir up: support*) stimuler ; (*: feeling*) attiser, aviver
whiplash ['wɪplæʃ] *n* (*Med: also:* **whiplash injury**) coup *m* du lapin
whipped cream [wɪpt-] *n* crème fouettée
whipping boy ['wɪpɪŋ-] *n* (*fig*) bouc *m* émissaire
whip-round ['wɪpraund] *n* (BRIT) collecte *f*
whirl [wəːl] *n* tourbillon *m* ▸ *vi* tourbillonner ; (*dancers*) tournoyer ▸ *vt* faire tourbillonner ; faire tournoyer
whirlpool ['wəːlpuːl] *n* tourbillon *m*
whirlwind ['wəːlwɪnd] *n* tornade *f*
whirr [wəːʳ] *vi* vrombir
whirring ['wəːrɪŋ] *n* vrombissement *m*
whisk [wɪsk] *n* (*Culin*) fouet *m* ▸ *vt* (*eggs*) fouetter, battre ; **to ~ sb away** *or* **off** emmener qn rapidement
whiskers ['wɪskəz] *npl* (*of animal*) moustaches *fpl* ; (*of man*) favoris *mpl*
whisky, (IRISH, US) **whiskey** ['wɪskɪ] *n* whisky *m*
whisper ['wɪspəʳ] *n* chuchotement *m* ; (*fig: of leaves*) bruissement *m* ; (*rumour*) rumeur *f* ▸ *vt, vi* chuchoter
whispering ['wɪspərɪŋ] *n* chuchotement(s) *m(pl)*
whist [wɪst] *n* (BRIT) whist *m*
whistle ['wɪsl] *n* (*sound*) sifflement *m* ; (*object*) sifflet *m* ▸ *vi* siffler ▸ *vt* siffler, siffloter
whistleblower ['wɪslbləuəʳ] *n* dénonciateur(-trice)
whistleblowing ['wɪslbləuɪŋ] *n* dénonciation *f*
whistle-stop ['wɪslstɔp] *adj*: **to make a ~ tour of** (*Pol*) faire la tournée électorale des petits patelins de
Whit [wɪt] *n* la Pentecôte
white [waɪt] *adj* blanc (blanche) ; (*with fear*) blême ; **to turn** *or* **go ~** (*person*) pâlir, blêmir ; (*hair*) blanchir ▸ *n* blanc *m* ; (*person*) blanc (blanche) ; **the whites** (*washing*) le linge blanc ; **tennis whites** tenue *f* de tennis
whitebait ['waɪtbeɪt] *n* blanchaille *f*
whiteboard ['waɪtbɔːd] *n* tableau *m* blanc ; **interactive ~** tableau (blanc) interactif

W

white coffee *n* (Brit) café *m* au lait, (café) crème *m*
white-collar worker ['waɪtkɔlə-] *n* employé(e) de bureau
white elephant *n* (*fig*) objet dispendieux et superflu
white goods *npl* (*appliances*) (gros) électroménager *m* ; (*linen etc*) linge *m* de maison
Whitehall ['waɪthɔːl] *n* (*place*) *à Londres, quartier gouvernemental* ; (*government*) le gouvernement britannique
white-hot [waɪt'hɔt] *adj* (*metal*) incandescent(e)
White House *n* (*US*): **the ~** la Maison-Blanche
white lie *n* pieux mensonge
whiteness ['waɪtnɪs] *n* blancheur *f*
white noise *n* son *m* blanc
whiteout ['waɪtaut] *n* jour blanc
white paper *n* (*Pol*) livre blanc
whitewash ['waɪtwɔʃ] *n* (*paint*) lait *m* de chaux ▸ *vt* blanchir à la chaux ; (*fig*) blanchir
whiting ['waɪtɪŋ] *n* (*pl inv*: *fish*) merlan *m*
Whit Monday *n* le lundi de Pentecôte
Whitsun ['wɪtsn] *n* la Pentecôte
whittle ['wɪtl] *vt*: **to ~ away, to ~ down** (*costs*) réduire, rogner
whizz [wɪz] *vi* aller (*or* passer) à toute vitesse
whizz kid *n* (*inf*) petit prodige
WHO *n abbr* (= *World Health Organization*) OMS *f* (*Organisation mondiale de la Santé*)
who [huː] *pron* qui
whodunit, whodunnit [huː'dʌnɪt] *n* (*inf*: *book, film*) polar *m* (*inf*)
whoever [huː'ɛvəʳ] *pron*: **~ finds it** celui (celle) qui le trouve(, qui que ce soit), quiconque le trouve ; **ask ~ you like** demandez à qui vous voulez ; **~ he marries** qui que ce soit *or* quelle que soit la personne qu'il épouse ; **~ told you that?** qui a bien pu vous dire ça ?, qui donc vous a dit ça ?
whole [həul] *adj* (*complete*) entier(-ière), tout(e) ; (*not broken*) intact(e), complet(-ète) ; **the ~ lot (of it)** tout ; **the ~ lot (of them)** tous (sans exception) ▸ *n* (*entire unit*) tout *m* ; (*all*): **the ~ of** la totalité de, tout(e) le (la) ; **the ~ of the time** tout le temps ; **the ~ of the town** la ville tout entière ; **on the ~, as a ~** dans l'ensemble
wholefood ['həulfuːd] *n*, **wholefoods** ['həulfuːdz] *npl* aliments complets
wholegrains ['həulgreɪnz] *npl* céréales *fpl* complètes
wholehearted [həul'hɑːtɪd] *adj* sans réserve(s), sincère
wholeheartedly [həul'hɑːtɪdlɪ] *adv* sans réserve ; **to agree ~** être entièrement d'accord
wholemeal ['həulmiːl] *adj* (Brit: *flour, bread*) complet(-ète)
whole note *n* (*US*) ronde *f*
wholesale ['həulseɪl] *n* (vente *f* en) gros *m* ▸ *adj* (*price*) de gros ; (*destruction*) systématique
wholesaler ['həulseɪləʳ] *n* grossiste *mf*
wholesome ['həulsəm] *adj* sain(e) ; (*advice*) salutaire
wholewheat ['həulwiːt] *adj* = **wholemeal**
wholly ['həulɪ] *adv* entièrement, tout à fait

KEYWORD

whom [huːm] *pron* **1** (*interrogative*) qui ; **whom did you see?** qui avez-vous vu ? ; **to whom did you give it?** à qui l'avez-vous donné ?
2 (*relative*) que ; à/de *etc* qui ; **the man whom I saw/to whom I spoke** l'homme que j'ai vu/à qui j'ai parlé

whoop [wuːp] *vi*: **to ~ with delight** pousser des cris de joie ▸ *n* cri *m* de joie
whooping cough ['huːpɪŋ-] *n* coqueluche *f*
whoops [wuːps] *excl* (*also*: **whoops-a-daisy**) oups !, houp-là !
whoosh [wuʃ] *vi* (*inf*): **the skiers whooshed past** les skieurs passèrent dans un glissement rapide
whopper ['wɔpəʳ] *n* (*inf*: *lie*) gros bobard ; (: *large thing*) monstre *m*, phénomène *m*
whopping ['wɔpɪŋ] *adj* (*inf*: *big*) énorme
whore [hɔːʳ] *n* (*inf, pej*) putain *f* (*inf*)

KEYWORD

whose [huːz] *adj* **1** (*possessive*: *interrogative*): **whose book is this?, whose is this book?** à qui est ce livre ? ; **whose pencil have you taken?** à qui est le crayon que vous avez pris ?, c'est le crayon de qui que vous avez pris ? ; **whose daughter are you?** de qui êtes-vous la fille ?
2 (*possessive*: *relative*): **the man whose son you rescued** l'homme dont *or* de qui vous avez sauvé le fils ; **the girl whose sister you were speaking to** la fille à la sœur de qui *or* de laquelle vous parliez ; **the woman whose car was stolen** la femme dont la voiture a été volée
▸ *pron* à qui ; **whose is this?** à qui est ceci ? ; **I know whose it is** je sais à qui c'est

Who's Who ['huːz'huː] *n* ≈ Bottin Mondain

KEYWORD

why [waɪ] *adv* pourquoi ; **why is he late?** pourquoi est-il en retard ? ; **why not?** pourquoi pas ?
▸ *conj*: **I wonder why he said that** je me demande pourquoi il a dit ça ; **that's not why I'm here** ce n'est pas pour ça que je suis là ; **the reason why** la raison pour laquelle
▸ *excl* eh bien !, tiens ! ; **why, it's you!** tiens, c'est vous ! ; **why, that's impossible!** voyons, c'est impossible !

whyever [waɪ'ɛvəʳ] *adv* pourquoi donc, mais pourquoi
WI *n abbr* (Brit: = *Women's Institute*) *amicale de femmes au foyer* ▸ *abbr* (*Geo*) = **West Indies**; (*US*) = **Wisconsin**
wick [wɪk] *n* mèche *f* (*de bougie*)
wicked ['wɪkɪd] *adj* méchant(e) ; (*mischievous*: *grin, look*) espiègle, malicieux(-euse) ; (*crime*) pervers(e) ; (*terrible*: *prices, weather*) épouvantable ; (*inf*: *very good*) génial(e) (*inf*)
wicker ['wɪkəʳ] *n* osier *m* ; (*also*: **wickerwork**) vannerie *f*
wicket ['wɪkɪt] *n* (*Cricket*: *stumps*) guichet *m* ; (: *grass area*) espace compris entre les deux guichets

wicket keeper *n (Cricket)* gardien *m* de guichet
wide [waɪd] *adj* large ; *(area, knowledge)* vaste, très étendu(e) ; *(choice)* grand(e) ; **it is 3 metres ~** cela fait 3 mètres de large ▸ *adv*: **to open ~** ouvrir tout grand ; **to shoot ~** tirer à côté
wide-angle lens ['waɪdæŋgl-] *n* objectif *m* grand-angulaire
wide-awake [waɪdə'weɪk] *adj* bien éveillé(e)
wide-eyed [waɪd'aɪd] *adj* aux yeux écarquillés ; *(fig)* naïf(-ïve), crédule
widely ['waɪdlɪ] *adv (different)* radicalement ; *(spaced)* sur une grande étendue ; *(believed)* généralement ; *(travel)* beaucoup ; **to be ~ read** *(author)* être beaucoup lu(e) ; *(reader)* avoir beaucoup lu, être cultivé(e)
widen ['waɪdn] *vt* élargir ▸ *vi* s'élargir
wideness ['waɪdnɪs] *n* largeur *f*
wide open *adj* grand(e) ouvert(e)
wide-ranging [waɪd'reɪndʒɪŋ] *adj (survey, report)* vaste ; *(interests)* divers(e)
widespread ['waɪdsprɛd] *adj (belief etc)* très répandu(e)
widget ['wɪdʒɪt] *n (Comput)* widget *m*
widow ['wɪdəu] *n* veuve *f*
widowed ['wɪdəud] *adj* (qui est devenu(e)) veuf (veuve)
widower ['wɪdəuə^r] *n* veuf *m*
width [wɪdθ] *n* largeur *f* ; **it's 7 metres in ~** cela fait 7 mètres de large
widthways ['wɪdθweɪz] *adv* en largeur
wield [wiːld] *vt (sword)* manier ; *(power)* exercer
wife [waɪf] *(pl* **wives** [waɪvz]) *n* femme *f*, épouse *f*
Wi-Fi ['waɪfaɪ] *n* wifi *m* ▸ *n abbr (= wireless fidelity)* WiFi *m* ▸ *adj (hot spot, network)* WiFi *inv*
wig [wɪg] *n* perruque *f*
wigging ['wɪgɪŋ] *n (BRIT inf)* savon *m*, engueulade *f*
wiggle ['wɪgl] *vt* agiter, remuer ▸ *vi (loose screw etc)* branler ; *(worm)* se tortiller
wiggly ['wɪglɪ] *adj (line)* ondulé(e)
wiki ['wɪkɪ] *n (Internet)* wiki *m*
wild [waɪld] *adj* sauvage ; *(sea)* déchaîné(e) ; *(idea, life)* fou (folle) ; *(behaviour)* déchaîné(e), extravagant(e) ; *(inf: angry)* hors de soi, furieux(-euse) ; *(: enthusiastic)*: **to be ~ about** être fou (folle) *or* dingue de ▸ *n*: **the ~** la nature ; **wilds** *npl* régions *fpl* sauvages
wild card *n (Comput)* caractère *m* de remplacement
wildcat ['waɪldkæt] *n* chat *m* sauvage
wildcat strike *n* grève *f* sauvage
wilderness ['wɪldənɪs] *n* désert *m*, région *f* sauvage
wildfire ['waɪldfaɪə^r] *n*: **to spread like ~** se répandre comme une traînée de poudre
wild-goose chase [waɪld'guːs-] *n (fig)* fausse piste
wildlife ['waɪldlaɪf] *n* faune *f* (et flore *f*)
wildly ['waɪldlɪ] *adv (behave)* de manière déchaînée ; *(applaud)* frénétiquement ; *(hit, guess)* au hasard ; *(happy)* follement
wiles [waɪlz] *npl* ruses *fpl*, artifices *mpl*
wilful, *(US)* **willful** ['wɪlful] *adj (person)* obstiné(e) ; *(action)* délibéré(e) ; *(crime)* prémédité(e)

KEYWORD

will [wɪl] *aux vb* **1** *(forming future tense)*: **I will finish it tomorrow** je le finirai demain ; **I will have finished it by tomorrow** je l'aurai fini d'ici demain ; **will you do it? — yes I will/no I won't** le ferez-vous ? — oui/non ; **you won't lose it, will you?** vous ne le perdrez pas, n'est-ce pas ?
2 *(in conjectures, predictions)*: **he will** *or* **he'll be there by now** il doit être arrivé à l'heure qu'il est ; **that will be the postman** ça doit être le facteur
3 *(in commands, requests, offers)*: **will you be quiet!** voulez-vous bien vous taire ! ; **will you help me?** est-ce que vous pouvez m'aider ? ; **will you have a cup of tea?** voulez-vous une tasse de thé ? ; **I won't put up with it!** je ne le tolérerai pas !
▸ *vt (pt, pp* **willed**): **to will sb to do** souhaiter ardemment que qn fasse ; **he willed himself to go on** par un suprême effort de volonté, il continua
▸ *n* **1** volonté *f* ; **to do sth of one's own free will** faire qch de son propre gré ; **against one's will** à contre-cœur
2 *(document)* testament *m*

willful ['wɪlful] *adj (US)* = **wilful**
willing ['wɪlɪŋ] *adj* de bonne volonté, serviable ; **he's ~ to do it** il est disposé à le faire, il veut bien le faire ▸ *n*: **to show ~** faire preuve de bonne volonté
willingly ['wɪlɪŋlɪ] *adv* volontiers
willingness ['wɪlɪŋnɪs] *n* bonne volonté
will-o'-the-wisp ['wɪləðə'wɪsp] *n (also fig)* feu follet *m*
willow ['wɪləu] *n* saule *m*
willpower ['wɪl'pauə^r] *n* volonté *f*
willy ['wɪlɪ] *n (BRIT inf: penis)* quéquette *f (inf)* ; **to give sb the willies** *(inf)* foutre la trouille à qn *(inf)*
willy-nilly ['wɪlɪ'nɪlɪ] *adv (inf)* bon gré mal gré
wilt [wɪlt] *vi* dépérir
Wilts [wɪlts] *abbr (BRIT)* = **Wiltshire**
wily ['waɪlɪ] *adj* rusé(e)
wimp [wɪmp] *n (inf)* mauviette *f*
win [wɪn] *(pt, pp* **won** [wʌn]) *n (in sports etc)* victoire *f* ▸ *vt (battle, money)* gagner ; *(prize, contract)* remporter ; *(popularity)* acquérir ▸ *vi* gagner
▸ **win over** *vt* convaincre
▸ **win round** *vt* gagner, se concilier
wince [wɪns] *n* tressaillement *m* ▸ *vi* tressaillir
winch [wɪntʃ] *n* treuil *m*
Winchester disk ['wɪntʃɪstə-] *n (Comput)* disque *m* Winchester
wind¹ [wɪnd] *n (also Med)* vent *m* ; *(breath)* souffle *m* ; **the ~(s)** *(Mus)* les instruments *mpl* à vent ; **into** *or* **against the ~** contre le vent ; **to get ~ of sth** *(fig)* avoir vent de qch ; **to break ~** avoir des gaz ▸ *vt (take breath away)* couper le souffle à
wind² [waɪnd] *(pt, pp* **wound** [waund]) *vt* enrouler ; *(wrap)* envelopper ; *(clock, toy)* remonter ▸ *vi (road, river)* serpenter

W

▸ **wind down** *vt* (*car window*) baisser ; (*fig: production, business*) réduire progressivement
▸ **wind up** *vt* (*clock*) remonter ; (*debate*) terminer, clôturer
windbreak ['wɪndbreɪk] *n* brise-vent *m inv*
windcheater ['wɪndtʃi:təʳ], (*US*) **windbreaker** ['wɪndbreɪkəʳ] *n* anorak *m*
winder ['waɪndəʳ] *n* (*BRIT: on watch*) remontoir *m*
windfall ['wɪndfɔ:l] *n* coup *m* de chance
wind farm *n* ferme *f* éolienne
winding ['waɪndɪŋ] *adj* (*road*) sinueux(-euse) ; (*staircase*) tournant(e)
wind instrument *n* (*Mus*) instrument *m* à vent
windmill ['wɪndmɪl] *n* moulin *m* à vent
window ['wɪndəu] *n* fenêtre *f* ; (*in car, train: also:* **windowpane**) vitre *f* ; (*in shop etc*) vitrine *f*
window box *n* jardinière *f*
window cleaner *n* (*person*) laveur(-euse) de vitres
window dressing *n* arrangement *m* de la vitrine
window envelope *n* enveloppe *f* à fenêtre
window frame *n* châssis *m* de fenêtre
window ledge *n* rebord *m* de la fenêtre
window pane *n* vitre *f*, carreau *m*
window seat *n* (*on plane*) place *f* côté hublot
window-shopping ['wɪndəuʃɔpɪŋ] *n*: **to go ~** faire du lèche-vitrines
windowsill ['wɪndəusɪl] *n* (*inside*) appui *m* de la fenêtre ; (*outside*) rebord *m* de la fenêtre
windpipe ['wɪndpaɪp] *n* gosier *m*
wind power *n* énergie éolienne
windscreen ['wɪndskri:n] *n* (*BRIT*) pare-brise *m inv*
windscreen washer, (*US*) **windshield washer** *n* lave-glace *m inv*
windscreen wiper, (*US*) **windshield wiper** [-waɪpəʳ] *n* essuie-glace *m inv*
windshield ['wɪndʃi:ld] *n* (*US*) = **windscreen**
windsurfing ['wɪndsə:fɪŋ] *n* planche *f* à voile
windswept ['wɪndswɛpt] *adj* balayé(e) par le vent
wind tunnel *n* soufflerie *f*
wind turbine *n* éolienne *f*
windy ['wɪndɪ] *adj* (*day*) de vent, venteux(-euse) ; (*place, weather*) venteux ; **it's ~** il y a du vent
wine [waɪn] *n* vin *m* ▸ *vt*: **to ~ and dine sb** offrir un dîner bien arrosé à qn
wine bar *n* bar *m* à vin
wine cellar *n* cave *f* à vins
wine glass *n* verre *m* à vin
wine list *n* carte *f* des vins
wine merchant *n* marchand(e) de vins
winery ['waɪnərɪ] (*US*) *n* cave *f* de vinification, vinerie *f*
wine tasting [-teɪstɪŋ] *n* dégustation *f* (de vins)
wine waiter *n* sommelier *m*
wing [wɪŋ] *n* aile *f* ; (*in air force*) groupe *m* d'escadrilles ; **wings** *npl* (*Theat*) coulisses *fpl*
winger ['wɪŋəʳ] *n* (*Sport*) ailier *m*
wing mirror *n* (*BRIT*) rétroviseur latéral
wing nut *n* papillon *m*, écrou *m* à ailettes
wingspan ['wɪŋspæn], **wingspread** ['wɪŋsprɛd] *n* envergure *f*
wink [wɪŋk] *n* clin *m* d'œil ▸ *vi* faire un clin d'œil ; (*blink*) cligner des yeux
winkle [wɪŋkl] *n* bigorneau *m*
winner ['wɪnəʳ] *n* gagnant(e)
winning ['wɪnɪŋ] *adj* (*team*) gagnant(e) ; (*goal*) décisif(-ive) ; (*charming*) charmeur(-euse)
winning post *n* poteau *m* d'arrivée
winnings ['wɪnɪŋz] *npl* gains *mpl*
winsome ['wɪnsəm] *adj* avenant(e), engageant(e)
winter ['wɪntəʳ] *n* hiver *m* ; **in ~** en hiver ▸ *vi* hiverner
winter sports *npl* sports *mpl* d'hiver
wintertime ['wɪntətaɪm] *n* hiver *m*
wintry ['wɪntrɪ] *adj* hivernal(e)
wipe [waɪp] *n* coup *m* de torchon (*or* de chiffon *or* d'éponge) ; **to give sth a ~** donner un coup de torchon/de chiffon/d'éponge à qch ▸ *vt* essuyer ; (*erase: tape*) effacer ; **to ~ one's nose** se moucher
▸ **wipe off** *vt* essuyer
▸ **wipe out** *vt* (*debt*) éteindre, amortir ; (*memory*) effacer ; (*destroy*) anéantir
▸ **wipe up** *vt* essuyer
wiper ['waɪpəʳ] *n* essuie-glace *m*
wire ['waɪəʳ] *n* fil *m* (de fer) ; (*Elec*) fil électrique ; (*Tel*) télégramme *m* ▸ *vt* (*fence*) grillager ; (*house*) faire l'installation électrique de ; (*also:* **wire up**) brancher ; (*person: send telegram to*) télégraphier à
wire brush *n* brosse *f* métallique
wire cutters [-kʌtəz] *npl* cisaille *f*
wireless ['waɪəlɪs] *n* (*BRIT*) télégraphie *f* sans fil ; (*set*) T.S.F. *f* ▸ *adj* sans fil
wireless technology *n* technologie *f* sans fil
wire netting *n* treillis *m* métallique, grillage *m*
wire service *n* (*US*) revue *f* de presse (*par téléscripteur*)
wire-tapping ['waɪə'tæpɪŋ] *n* écoute *f* téléphonique
wiring ['waɪərɪŋ] *n* (*Elec*) installation *f* électrique
wiry ['waɪərɪ] *adj* noueux(-euse), nerveux(-euse)
Wis. *abbr* (*US*) = **Wisconsin**
wisdom ['wɪzdəm] *n* sagesse *f* ; (*of action*) prudence *f*
wisdom tooth *n* dent *f* de sagesse
wise [waɪz] *adj* sage, prudent(e) ; (*remark*) judicieux(-euse) ; **I'm none the wiser** je ne suis pas plus avancé(e) pour autant
▸ **wise up** *vi* (*inf*): **to ~ up to** commencer à se rendre compte de
...wise [waɪz] *suffix*: **timewise** en ce qui concerne le temps, question temps
wisecrack ['waɪzkræk] *n* (*inf*) vanne *f* (*inf*)
wisecracking ['waɪzkrækɪŋ] *adj* vanneur(-euse)
wish [wɪʃ] *n* (*desire*) désir *m* ; (*specific desire*) souhait *m*, vœu *m* ; **best wishes** (*on birthday etc*) meilleurs vœux ; **with best wishes** (*in letter*) bien amicalement ; **give her my best wishes** faites-lui mes amitiés ▸ *vt* souhaiter, désirer, vouloir ; **to ~ sb goodbye** dire au revoir à qn ; **he wished me well** il m'a souhaité bonne chance ; **to ~ to do/sb to do** désirer *or* vouloir faire/que qn fasse ; **to ~ sth on sb** souhaiter qch à qn ▸ *vi*: **to ~ for** souhaiter
wishbone ['wɪʃbəun] *n* fourchette *f*
wishful ['wɪʃful] *adj*: **it's ~ thinking** c'est prendre ses désirs pour des réalités

wishy-washy ['wɪʃɪ'wɔʃɪ] *adj* (*inf: person*) qui manque de caractère, falot(e) ; (*: ideas, thinking*) faiblard(e)
wisp [wɪsp] *n* fine mèche (*de cheveux*) ; (*of smoke*) mince volute *f* ; **a ~ of straw** un fétu de paille
wistful ['wɪstful] *adj* mélancolique
wit [wɪt] *n* (*also:* **wits**: *intelligence*) intelligence *f*, esprit *m* ; (*presence of mind*) présence *f* d'esprit ; (*wittiness*) esprit ; (*person*) homme/femme d'esprit ; **to be at one's wits' end** (*fig*) ne plus savoir que faire ; **to have one's wits about one** avoir toute sa présence d'esprit, ne pas perdre la tête ; **to ~** *adv* à savoir
witch [wɪtʃ] *n* sorcière *f*
witchcraft ['wɪtʃkrɑːft] *n* sorcellerie *f*
witch doctor *n* sorcier *m*
witch-hunt ['wɪtʃhʌnt] *n* chasse *f* aux sorcières

KEYWORD

with [wɪð, wɪθ] *prep* **1** (*in the company of*) avec ; (*: at the home of*) chez ; **we stayed with friends** nous avons logé chez des amis ; **I'll be with you in a minute** je suis à vous dans un instant
2 (*descriptive*): **a room with a view** une chambre avec vue ; **the man with the grey hat/blue eyes** l'homme au chapeau gris/aux yeux bleus
3 (*indicating manner, means, cause*): **with tears in her eyes** les larmes aux yeux ; **to walk with a stick** marcher avec une canne ; **red with anger** rouge de colère ; **to shake with fear** trembler de peur ; **to fill sth with water** remplir qch d'eau
4 (*in phrases*): **I'm with you** (*I understand*) je vous suis ; **to be with it** (*inf: up-to-date*) être dans le vent

withdraw [wɪθ'drɔː] *vt* (*irreg: like* **draw**) retirer ▸ *vi* se retirer ; (*go back on promise*) se rétracter ; **to ~ into o.s.** se replier sur soi-même
withdrawal [wɪθ'drɔːəl] *n* retrait *m* ; (*Med*) état *m* de manque
withdrawal symptoms *npl*: **to have ~** être en état de manque, présenter les symptômes de sevrage
withdrawn [wɪθ'drɔːn] *pp of* **withdraw** ▸ *adj* (*person*) renfermé(e)
withdrew [wɪθ'druː] *pt of* **withdraw**
wither ['wɪðə^r] *vi* se faner
withered ['wɪðəd] *adj* fané(e), flétri(e) ; (*limb*) atrophié(e)
withering ['wɪðərɪŋ] *adj* (*look, attack*) cinglant(e)
withhold [wɪθ'həuld] *vt* (*irreg: like* **hold**) (*money*) retenir ; (*decision*) remettre ; **to ~ (from)** (*permission*) refuser (à) ; (*information*) cacher (à)
within [wɪð'ɪn] *prep* à l'intérieur de ; **~ his reach** à sa portée ; **~ sight of** en vue de ; **~ a mile of** à moins d'un mille de ; **~ the week** avant la fin de la semaine ; **~ an hour from now** d'ici une heure ; **to be ~ the law** être légal(e) *or* dans les limites de la légalité ▸ *adv* à l'intérieur
without [wɪ'ðaut] *prep* sans ; **~ a coat** sans manteau ; **~ speaking** sans parler ; **~ anybody knowing** sans que personne le sache ; **to go** *or* **do ~ sth** se passer de qch
withstand [wɪθ'stænd] *vt* (*irreg: like* **stand**) résister à
witness ['wɪtnɪs] *n* (*person*) témoin *m* ; (*evidence*) témoignage *m* ; **to bear ~ to sth** témoigner de qch ; **~ for the prosecution/defence** témoin à charge/à décharge ▸ *vt* (*event*) être témoin de ; (*document*) attester l'authenticité de ▸ *vi*: **to ~ to sth/having seen sth** témoigner de qch/d'avoir vu qch
witness box, (*US*) **witness stand** *n* barre *f* des témoins
witticism ['wɪtɪsɪzəm] *n* mot *m* d'esprit
witty ['wɪtɪ] *adj* spirituel(le), plein(e) d'esprit
wives [waɪvz] *npl of* **wife**
wizard ['wɪzəd] *n* magicien *m*
wizened ['wɪznd] *adj* ratatiné(e)
wk *abbr* = **week**
Wm. *abbr* = **William**
WMD *abbr* (= *weapons of mass destruction*) armes *fpl* de destruction massive
WO *n abbr* = **warrant officer**
wobble ['wɔbl] *vi* trembler ; (*chair*) branler
wobbly ['wɔblɪ] *adj* tremblant(e), branlant(e)
woe [wəu] *n* malheur *m*
woeful ['wəuful] *adj* (*sad*) malheureux(-euse) ; (*terrible*) affligeant(e)
wok [wɔk] *n* wok *m*
woke [wəuk] *pt of* **wake**
woken ['wəukn] *pp of* **wake**
wolf [wulf] (*pl* **wolves** [wulvz]) *n* loup *m*
woman ['wumən] (*pl* **women** ['wɪmɪn]) *n* femme *f* ; **young ~** jeune femme ; **women's page** (*Press*) page *f* des lectrices ▸ *cpd*: **~ doctor** femme *f* médecin ; **~ friend** amie *f* ; **~ teacher** professeur *m* femme
womanhood ['wumənhud] *n* (*being a woman*) vie *f* de femme ; (*women*) femmes *fpl*
womanize ['wumənaɪz] *vi* courir le jupon
womanizer ['wumənaɪzə^r] *n* coureur *m* de jupons
womanly ['wumənlɪ] *adj* féminin(e)
womb [wuːm] *n* (*Anat*) utérus *m*
women ['wɪmɪn] *npl of* **woman**
womenfolk ['wɪmɪnfəuk] *npl* femmes *fpl*
won [wʌn] *pt, pp of* **win**
wonder ['wʌndə^r] *n* merveille *f*, miracle *m* ; (*feeling*) émerveillement *m* ; **it's no ~ that** il n'est pas étonnant que + *sub* ▸ *vt*: **to ~ whether/why** se demander si/pourquoi ▸ *vi*: **to ~ at** (*surprise*) s'étonner de ; (*admiration*) s'émerveiller de ; **to ~ about** songer à
wonderful ['wʌndəful] *adj* merveilleux(-euse)
wonderfully ['wʌndəfəlɪ] *adv* (+ *adj*) merveilleusement ; (+ *vb*) à merveille
wonky ['wɔŋkɪ] *adj* (BRIT *inf*) qui ne va *or* ne marche pas très bien
wont [wəunt] *n*: **as is his/her ~** comme de coutume
won't [wəunt] = **will not**
woo [wuː] *vt* (*woman*) faire la cour à
wood [wud] *n* (*timber, forest*) bois *m* ▸ *cpd* de bois, en bois
wood carving *n* sculpture *f* en *or* sur bois
wooded ['wudɪd] *adj* boisé(e)
wooden ['wudn] *adj* en bois ; (*fig: actor*) raide ; (*: performance*) qui manque de naturel

W

woodland ['wudlənd] *n* forêt *f*, région boisée
woodpecker ['wudpɛkəʳ] *n* pic *m* (*oiseau*)
wood pigeon *n* ramier *m*
woodshed ['wudʃɛd] *n* hangar *m* à bois
woodwind ['wudwɪnd] *n* (*Mus*) bois *m* ; **the ~** les bois *mpl*
woodwork ['wudwə:k] *n* menuiserie *f*
woodworm ['wudwə:m] *n* ver *m* du bois ; **the table has got ~** la table est piquée des vers
woof [wuf] *n* (*of dog*) aboiement *m* ▸ *vi* aboyer ▸ *excl*: **~, ~!** oua, oua !
wool [wul] *n* laine *f* ; **to pull the ~ over sb's eyes** (*fig*) en faire accroire à qn
woollen, (*US*) **woolen** ['wulən] *adj* de *or* en laine ; (*industry*) lainier(-ière) ▸ *n*: **woollens** lainages *mpl*
woolly, (*US*) **wooly** ['wulɪ] *adj* laineux(-euse) ; (*fig: ideas*) confus(e)
woozy ['wu:zɪ] *adj* (*inf*) dans les vapes (*inf*)
word [wə:d] *n* mot *m* ; (*spoken*) mot, parole *f* ; (*promise*) parole ; (*news*) nouvelles *fpl* ; **~ for ~** (*repeat*) mot pour mot ; (*translate*) mot à mot ; **what's the ~ for "pen" in French?** comment dit-on « pen » en français ? ; **to put sth into words** exprimer qch ; **in other words** en d'autres termes ; **to have a ~ with sb** toucher un mot à qn ; **to have words with sb** (*quarrel with*) avoir des mots avec qn ; **to break/keep one's ~** manquer à sa parole/tenir (sa) parole ; **I'll take your ~ for it** je vous crois sur parole ; **to send ~ of** prévenir de ; **to leave ~ (with sb/ for sb) that ...** laisser un mot (à qn/pour qn) disant que ... ▸ *vt* rédiger, formuler
wording ['wə:dɪŋ] *n* termes *mpl*, langage *m* ; (*of document*) libellé *m*
word of mouth *n*: **by** *or* **through ~** de bouche à oreille
word-perfect ['wə:d'pə:fɪkt] *adj*: **he was ~ (in his speech** *etc*), **his speech** *etc* **was ~** il savait son discours *etc* sur le bout du doigt
wordplay ['wə:dpleɪ] *n* jeu *m* de mot(s)
word processing *n* traitement *m* de texte
word processor [-prəusɛsəʳ] *n* machine *f* de traitement de texte
wordwrap ['wə:dræp] *n* (*Comput*) retour *m* (automatique) à la ligne
wordy ['wə:dɪ] *adj* verbeux(-euse)
wore [wɔ:ʳ] *pt of* **wear**
work [wə:k] *n* travail *m* ; (*Art, Literature*) œuvre *f* ; **to go to ~** aller travailler ; **to set to ~, to start ~** se mettre à l'œuvre ; **to be at ~ (on sth)** travailler (sur qch) ; **to be out of ~** être au chômage *or* sans emploi ▸ *vi* travailler ; (*mechanism*) marcher, fonctionner ; (*plan etc*) marcher ; (*medicine*) agir ; **how does this ~?** comment est-ce que ça marche ? ; **the TV isn't working** la télévision est en panne *or* ne marche pas ; **to ~ hard** travailler dur ; **to ~ loose** se défaire, se desserrer ▸ *vt* (*clay, wood etc*) travailler ; (*mine etc*) exploiter ; (*machine*) faire marcher *or* fonctionner ; (*miracles etc*) faire ; **works** *n* (*Brit: factory*) usine *f* ; *npl* (*of clock, machine*) mécanisme *m* ; **road works** travaux *mpl* (d'entretien des routes)
▸ **work off** *vt* (*energy*) dépenser son trop plein de ; (*stress, anger, frustration*) évacuer ; (*debt*) travailler pour payer
▸ **work on** *vt fus* travailler à ; (*principle*) se baser sur
▸ **work out** *vi* (*plans etc*) marcher ; (*Sport*) s'entraîner ; **it works out at £100** ça fait 100 livres ▸ *vt* (*problem*) résoudre ; (*plan*) élaborer
▸ **work towards** *vt fus* (*solution, agreement*) travailler à
▸ **work up** *vt*: **to get worked up** se mettre dans tous ses états
workable ['wə:kəbl] *adj* (*solution*) réalisable
workaholic [wə:kə'hɔlɪk] *n* bourreau *m* de travail
workbench ['wə:kbɛntʃ] *n* établi *m*
workbook ['wə:kbuk] *n* cahier *m* d'exercices
workday ['wə:kdeɪ] *n* (*weekday*) jour *m* de travail ; (*esp US: day of work*) journée *f* de travail
worked up [wə:kt-] *adj*: **to get ~** se mettre dans tous ses états
worker ['wə:kəʳ] *n* travailleur(-euse), ouvrier(-ière) ; **office ~** employé(e) de bureau
work experience *n* stage *m*
workforce ['wə:kfɔ:s] *n* main-d'œuvre *f*
work-in ['wə:kɪn] *n* (*Brit*) occupation *f* d'usine *etc* (*sans arrêt de la production*)
working ['wə:kɪŋ] *adj* (*day, tools etc, conditions*) de travail ; (*wife*) qui travaille ; (*partner, population*) actif(-ive) ; **in ~ order** en état de marche ; **a ~ knowledge of English** une connaissance toute pratique de l'anglais
working capital *n* (*Comm*) fonds *mpl* de roulement
working class *n* classe ouvrière ▸ *adj*: **working-class** ouvrier(-ière), de la classe ouvrière
working man *n* (*irreg*) travailleur *m*
working party *n* (*Brit*) groupe *m* de travail
working week *n* semaine *f* de travail
work-in-progress ['wə:kɪn'prəugrɛs] *n* (*Comm*) en-cours *m inv* ; (*: value*) valeur *f* des en-cours
workload ['wə:kləud] *n* charge *f* de travail
workman ['wə:kmən] *n* (*irreg*) ouvrier *m*
workmanship ['wə:kmənʃɪp] *n* métier *m*, habileté *f* ; facture *f*
workmate ['wə:kmeɪt] *n* collègue *mf*
work of art *n* œuvre *f* d'art
workout ['wə:kaut] *n* (*Sport*) séance *f* d'entraînement
work permit *n* permis *m* de travail
workplace ['wə:kpleɪs] *n* lieu *m* de travail
works council *n* comité *m* d'entreprise
worksheet ['wə:kʃi:t] *n* (*Scol*) feuille *f* d'exercices ; (*Comput*) feuille de programmation
workshop ['wə:kʃɔp] *n* atelier *m*
work station *n* poste *m* de travail
work study *n* étude *f* du travail
work surface *n* plan *m* de travail
worktop ['wə:ktɔp] *n* plan *m* de travail
work-to-rule ['wə:ktə'ru:l] *n* (*Brit*) grève *f* du zèle
world [wə:ld] *n* monde *m* ; **all over the ~** dans le monde entier, partout dans le monde ; **to think the ~ of sb** (*fig*) ne jurer que par qn ; **what in the ~ is he doing?** qu'est-ce qu'il peut

bien être en train de faire ? ; **to do sb a ~ of good** faire le plus grand bien à qn ; **W~ War One/Two, the First/Second W~ War** la Première/Deuxième Guerre mondiale ; **out of this ~** *adj* extraordinaire ▸ *cpd* (*champion*) du monde ; (*power, war*) mondial(e)
World Cup *n*: **the ~** (*Sport*) la Coupe du monde
world-famous [wəːldˈfeɪməs] *adj* de renommée mondiale
worldly [ˈwəːldlɪ] *adj* de ce monde
world music *n* world music *f*
World Series *n*: **the ~** (*US Baseball*) le championnat national de baseball
world-wide [ˈwəːldˈwaɪd] *adj* universel(le) ▸ *adv* dans le monde entier
World-Wide Web *n*: **the ~** le Web
worm [wəːm] *n* (*also*: **earthworm**) ver *m*
worn [wɔːn] *pp of* **wear** ▸ *adj* usé(e)
worn-out [ˈwɔːnaut] *adj* (*object*) complètement usé(e) ; (*person*) épuisé(e)
worried [ˈwʌrɪd] *adj* inquiet(-ète) ; **to be ~ about sth** être inquiet au sujet de qch
worrier [ˈwʌrɪəʳ] *n* inquiet(-ète)
worrisome [ˈwʌrɪsəm] *adj* inquiétant(e)
worry [ˈwʌrɪ] *n* souci *m* ▸ *vt* inquiéter ▸ *vi* s'inquiéter, se faire du souci ; **to ~ about** *or* **over sth/sb** se faire du souci pour *or* à propos de qch/qn
worrying [ˈwʌrɪɪŋ] *adj* inquiétant(e)
worse [wəːs] *adj* pire, plus mauvais(e) ; **to get ~** (*condition, situation*) empirer, se dégrader ▸ *adv* plus mal ▸ *n* pire *m* ; **a change for the ~** une détérioration ; **he is none the ~ for it** il ne s'en porte pas plus mal ; **so much the ~ for you!** tant pis pour vous !
worsen [ˈwəːsn] *vt, vi* empirer
worse off *adj* moins à l'aise financièrement ; (*fig*): **you'll be ~ this way** ça ira moins bien de cette façon ; **he is now ~ than before** il se retrouve dans une situation pire qu'auparavant
worship [ˈwəːʃɪp] *n* culte *m* ; **Your W~** (Brit: *to mayor*) Monsieur le Maire (: *to judge*) Monsieur le Juge ▸ *vt* (*God*) rendre un culte à ; (*person*) adorer
worshipper [ˈwəːʃɪpəʳ] *n* adorateur(-trice) ; (*in church*) fidèle *mf*
worst [wəːst] *adj* le (la) pire, le (la) plus mauvais(e) ▸ *adv* le plus mal ▸ *n* pire *m* ; **at ~** au pis aller ; **if the ~ comes to the ~** si le pire doit arriver
worst-case [ˈwəːstkeɪs] *adj*: **the ~ scenario** le pire scénario *or* cas de figure
worsted [ˈwustɪd] *n*: **(wool) ~** laine peignée
worth [wəːθ] *n* valeur *f* ; **two pounds' ~ of apples** (pour) deux livres de pommes ▸ *adj*: **to be ~** valoir ; **how much is it ~?** ça vaut combien ? ; **it's ~ it** cela en vaut la peine, ça vaut la peine ; **it is ~ one's while (to do)** ça vaut la peine (de faire)
worthless [ˈwəːθlɪs] *adj* qui ne vaut rien
worthwhile [ˈwəːθˈwaɪl] *adj* (*activity*) qui en vaut la peine ; (*cause*) louable ; **a ~ book** un livre qui vaut la peine d'être lu
worthy [ˈwəːðɪ] *adj* (*person*) digne ; (*motive*) louable ; **~ of** digne de

KEYWORD

would [wud] *aux vb* **1** (*conditional tense*): **if you asked him he would do it** si vous le lui demandiez, il le ferait ; **if you had asked him he would have done it** si vous le lui aviez demandé, il l'aurait fait
2 (*in offers, invitations, requests*): **would you like a biscuit?** voulez-vous un biscuit ? ; **would you close the door please?** voulez-vous fermer la porte, s'il vous plaît ?
3 (*in indirect speech*): **I said I would do it** j'ai dit que je le ferais
4 (*emphatic*): **it WOULD have to snow today!** naturellement il neige aujourd'hui !, il fallait qu'il neige aujourd'hui !
5 (*insistence*): **she wouldn't do it** elle n'a pas voulu *or* elle a refusé de le faire
6 (*conjecture*): **it would have been midnight** il devait être minuit ; **it would seem so** on dirait bien
7 (*indicating habit*): **he would go there on Mondays** il y allait le lundi

would-be [ˈwudbiː] *adj* (*pej*) soi-disant
wouldn't [ˈwudnt] = **would not**
wound¹ [wuːnd] *n* blessure *f* ▸ *vt* blesser ; **wounded in the leg** blessé à la jambe
wound² [waund] *pt, pp of* **wind**²
wove [wəuv] *pt of* **weave**
woven [ˈwəuvn] *pp of* **weave**
wow [wau] (*inf*) *excl* ouah ▸ *vt* enthousiasmer
WP *n abbr* = **word processing; word processor** ▸ *abbr* (Brit *inf*) = **weather permitting**
WPC *n abbr* (Brit) = **woman police constable**
wpm *abbr* (= *words per minute*) mots/minute
WRAC *n abbr* (Brit: = *Women's Royal Army Corps*) *auxiliaires féminines de l'armée de terre*
WRAF *n abbr* (Brit: = *Women's Royal Air Force*) *auxiliaires féminines de l'armée de l'air*
wrangle [ˈræŋgl] *n* dispute *f* ▸ *vi* se disputer
wrap [ræp] *n* (*stole*) écharpe *f* ; (*cape*) pèlerine *f* ; **under wraps** (*fig*: *plan, scheme*) secret(-ète) ▸ *vt* (*also*: **wrap up**) envelopper ; (: *parcel*) emballer ; (*wind*) enrouler
wrapper [ˈræpəʳ] *n* (*on chocolate etc*) papier *m* ; (Brit: *of book*) couverture *f*
wrapping [ˈræpɪŋ] *n* (*of sweet, chocolate*) papier *m* ; (*of parcel*) emballage *m*
wrapping paper *n* papier *m* d'emballage ; (*for gift*) papier cadeau
wrath [rɔθ] *n* courroux *m*
wreak [riːk] *vt* (*destruction*) entraîner ; **to ~ havoc** faire des ravages ; **to ~ vengeance on** se venger de, exercer sa vengeance sur
wreath [riːθ] *n* couronne *f*
wreck [rɛk] *n* (*sea disaster*) naufrage *m* ; (*ship*) épave *f* ; (*vehicle*) véhicule accidenté ; (*pej*: *person*) loque (humaine) ▸ *vt* démolir ; (*ship*) provoquer le naufrage de ; (*fig*) briser, ruiner
wreckage [ˈrɛkɪdʒ] *n* débris *mpl* ; (*of building*) décombres *mpl* ; (*of ship*) naufrage *m*
wrecker [ˈrɛkəʳ] *n* (*US*: *breakdown van*) dépanneuse *f*
WREN [rɛn] *n abbr* (Brit) *membre du WRNS*
wren [rɛn] *n* (*Zool*) troglodyte *m*

W

wrench [rɛntʃ] *n* (*Tech*) clé *f* (à écrous) ; (*tug*) violent mouvement de torsion ; (*fig*) déchirement *m* ▸ *vt* tirer violemment sur, tordre ; **to ~ sth from** arracher qch (violemment) à *or* de
wrest [rɛst] *vt*: **to ~ sth from sb** arracher *or* ravir qch à qn
wrestle ['rɛsl] *vi*: **to ~ (with sb)** lutter (avec qn) ; **to ~ with** (*fig*) se débattre avec, lutter contre
wrestler ['rɛsləʳ] *n* lutteur(-euse)
wrestling ['rɛslɪŋ] *n* lutte *f* ; (Brit: *also*: **all-in wrestling**) catch *m*
wrestling match *n* rencontre *f* de lutte (*or* de catch)
wretch [rɛtʃ] *n* pauvre malheureux(-euse) ; **little ~!** (*often humorous*) petit(e) misérable !
wretched ['rɛtʃɪd] *adj* misérable ; (*inf*) maudit(e) (*inf*)
wriggle ['rɪgl] *n* tortillement *m* ▸ *vi* (*also*: **wriggle about**) se tortiller
wring [rɪŋ] (*pt, pp* **wrung** [rʌŋ]) *vt* tordre ; (*wet clothes*) essorer ; (*fig*): **to ~ sth out of** arracher qch à
wringer ['rɪŋəʳ] *n* essoreuse *f*
wringing ['rɪŋɪŋ] *adj* (*also*: **wringing wet**) tout mouillé(e), trempé(e)
wrinkle ['rɪŋkl] *n* (*on skin*) ride *f* ; (*on paper etc*) pli *m* ▸ *vt* rider, plisser ▸ *vi* se plisser
wrinkled ['rɪŋkld], **wrinkly** ['rɪŋklɪ] *adj* (*fabric, paper*) froissé(e), plissé(e) ; (*surface*) plissé ; (*skin*) ridé(e), plissé
wrist [rɪst] *n* poignet *m*
wristband ['rɪstbænd] *n* (Brit: *of shirt*) poignet *m* ; (: *of watch*) bracelet *m*
wrist watch *n* montre-bracelet *f*
writ [rɪt] *n* acte *m* judiciaire ; **to issue a ~ against sb, to serve a ~ on sb** assigner qn en justice
writable ['raɪtəbl] *adj* (*CD, DVD*) inscriptible
write [raɪt] (*pt* **wrote** [rəut], *pp* **written** ['rɪtn]) *vt, vi* écrire ; (*prescription*) rédiger ; **to ~ sb a letter** écrire une lettre à qn
▸ **write away** *vi*: **to ~ away for** (*information*) (écrire pour) demander ; (*goods*) (écrire pour) commander
▸ **write down** *vt* noter ; (*put in writing*) mettre par écrit
▸ **write in** *vi* écrire une lettre ; **you should ~ in and complain** vous devriez écrire une lettre de réclamation
▸ **write off** *vt* (*debt*) passer aux profits et pertes ; (*project*) mettre une croix sur ; (*depreciate*) amortir ; (*smash up*: *car etc*) démolir complètement
▸ **write out** *vt* écrire ; (*copy*) recopier
▸ **write up** *vt* rédiger
write-off ['raɪtɔf] *n* perte totale ; **the car is a ~** la voiture est bonne pour la casse
write-protect ['raɪtprə'tɛkt] *vt* (*Comput*) protéger contre l'écriture
writer ['raɪtəʳ] *n* auteur *m*, écrivain *m*
write-up ['raɪtʌp] *n* (*review*) critique *f*
writhe [raɪð] *vi* se tordre
writing ['raɪtɪŋ] *n* écriture *f* ; (*of author*) œuvres *fpl* ; **in ~** par écrit ; **in my own ~** écrit(e) de ma main
writing case *n* nécessaire *m* de correspondance
writing desk *n* secrétaire *m*
writing paper *n* papier *m* à lettres
written ['rɪtn] *pp of* **write**
WRNS *n abbr* (Brit: = *Women's Royal Naval Service*) *auxiliaires féminines de la marine*
wrong [rɔŋ] *adj* (*incorrect*) faux (fausse) ; (*incorrectly chosen*: *number, road etc*) mauvais(e) ; (*not suitable*) qui ne convient pas ; (*wicked*) mal ; (*unfair*) injuste ; **to be ~** (*answer*) être faux (fausse) ; (*in doing/saying*) avoir tort (de dire/faire) ; **you are ~ to do it** tu as tort de le faire ; **it's ~ to steal, stealing is ~** c'est mal de voler ; **you are ~ about that, you've got it ~** tu te trompes ; **what's ~?** qu'est-ce qui ne va pas ? ; **there's nothing ~** tout va bien ; **what's ~ with the car?** qu'est-ce qu'elle a, la voiture ? ; **I took a ~ turning** je me suis trompé de route ▸ *adv* mal ; **to go ~** (*person*) se tromper ; (*plan*) mal tourner ; (*machine*) se détraquer ▸ *n* tort *m* ; **to be in the ~** avoir tort ▸ *vt* faire du tort à, léser
wrongdoer ['rɔŋdu:əʳ] *n* malfaiteur *m*
wrong-foot [rɔŋ'fut] *vt* (*Sport*) prendre à contre-pied ; (*fig*) prendre au dépourvu
wrongful ['rɔŋful] *adj* injustifié(e) ; **~ dismissal** (*Industry*) licenciement abusif
wrongly ['rɔŋlɪ] *adv* à tort ; (*answer, do, count*) mal, incorrectement ; (*treat*) injustement
wrong number *n* (*Tel*): **you have the ~** vous vous êtes trompé de numéro
wrong side *n* (*of cloth*) envers *m*
wrote [rəut] *pt of* **write**
wrought [rɔ:t] *adj*: **~ iron** fer forgé
wrung [rʌŋ] *pt, pp of* **wring**
WRVS *n abbr* (Brit: = *Women's Royal Voluntary Service*) *auxiliaires féminines bénévoles au service de la collectivité*
wry [raɪ] *adj* désabusé(e)
wt. *abbr* (= *weight*) pds.
WTO *n* (= *World Trade Organisation*) OMC *f* (= *Organisation mondiale du commerce*)
WV, W. Va. *abbr* (*US*) = **West Virginia**
WWW *n abbr* = **World-Wide Web**
WY, Wyo. *abbr* (*US*) = **Wyoming**
WYSIWYG ['wɪzɪwɪg] *abbr* (*Comput*: = *what you see is what you get*) ce que vous voyez est ce que vous aurez

Xx

X, x [ɛks] *n* (*letter*) X, x *m* ; (BRIT *Cine: formerly*) film interdit aux moins de 18 ans ; **X for Xmas** X comme Xavier
xenophobia [zɛnəˈfəubiə] *n* xénophobie *f*
xenophobic [zɛnəˈfəubɪk] *adj* xénophobe
Xerox® [ˈzɪərɔks] *n* (*also*: **Xerox machine**) photocopieuse *f* ; (*photocopy*) photocopie *f* ▸ *vt* photocopier
XL *abbr* (= *extra large*) XL
Xmas [ˈɛksməs] *n abbr* = **Christmas**
X-rated [ˈɛksˈreɪtɪd] *adj* (*US*: *film*) interdit(e) aux moins de 18 ans
X-ray [ˈɛksreɪ] *n* (*ray*) rayon *m* X ; (*photograph*) radio(graphie) *f* ▸ *vt* radiographier
xylophone [ˈzaɪləfəun] *n* xylophone *m*

Yy

Y, y [waɪ] *n (letter)* Y, y *m* ; **Y for Yellow,** *(US)* **Y for Yoke** Y comme Yvonne
yacht [jɔt] *n* voilier *m* ; *(motor, luxury yacht)* yacht *m*
yachting ['jɔtɪŋ] *n* yachting *m*, navigation *f* de plaisance
yachtsman ['jɔtsmən] *n (irreg)* yacht(s)man *m*
yam [jæm] *n* igname *f*
Yank [jæŋk], **Yankee** ['jæŋkɪ] *n (pej)* Amerloque *mf*, Ricain(e)
yank [jæŋk] *vt* tirer d'un coup sec
yap [jæp] *vi (dog)* japper
yard [jɑːd] *n (of house etc)* cour *f* ; *(US: garden)* jardin *m* ; *(measure)* yard *m (= 914 mm)* ; **builder's ~** chantier *m*
yard sale *n (US)* brocante *f* (dans son propre jardin)
yardstick ['jɑːdstɪk] *n (fig)* mesure *f*, critère *m*
yarn [jɑːn] *n* fil *m* ; *(tale)* longue histoire
yawn [jɔːn] *n* bâillement *m* ▸ *vi* bâiller
yawning ['jɔːnɪŋ] *adj (gap)* béant(e)
yd. *abbr* = **yard; yards**
yeah [jɛə] *adv (inf)* ouais
year [jɪəʳ] *n* an *m*, année *f* ; *(Scol etc)* année ; **every ~** tous les ans, chaque année ; **this ~** cette année ; **a** *or* **per ~** par an ; **~ in, ~ out** année après année ; **to be 8 years old** avoir 8 ans ; **an eight-~-old child** un enfant de huit ans
yearbook ['jɪəbuk] *n* annuaire *m*
yearly ['jɪəlɪ] *adj* annuel(le) ▸ *adv* annuellement ; **twice ~** deux fois par an
yearn [jəːn] *vi*: **to ~ for sth/to do** aspirer à qch/à faire
yearning ['jəːnɪŋ] *n* désir ardent, envie *f*
yeast [jiːst] *n* levure *f*
yell [jɛl] *n* hurlement *m*, cri *m* ▸ *vi* hurler
yellow ['jɛləu] *adj, n* jaune *m*
yellow fever *n* fièvre *f* jaune
yellowish ['jɛləuɪʃ] *adj* qui tire sur le jaune, jaunâtre *(pej)*
Yellow Pages® *npl (Tel)* pages *fpl* jaunes
Yellow Sea *n*: **the ~** la mer Jaune
yelp [jɛlp] *n* jappement *m* ; glapissement *m* ▸ *vi* japper ; glapir
Yemen ['jɛmən] *n* Yémen *m*
Yemeni ['jɛmənɪ] *adj* yéménite ▸ *n* Yéménite *mf*
yen [jɛn] *n (currency)* yen *m* ; *(craving)*: **~ for/to do** grande envie de/de faire
yeoman ['jəumən] *n (irreg)*: **Y~ of the Guard** hallebardier *m* de la garde royale
yes [jɛs] *adv* oui ; *(answering negative question)* si ; **to say ~ (to)** dire oui (à) ▸ *n* oui *m*
yesterday ['jɛstədɪ] *adv, n* hier *m* ; **~ morning/evening** hier matin/soir ; **the day before ~** avant-hier ; **all day ~** toute la journée d'hier
yet [jɛt] *adv* encore ; *(in questions)* déjà ; **it is not finished ~** ce n'est pas encore fini *or* toujours pas fini ; **must you go just ~?** dois-tu déjà partir ? ; **have you eaten ~?** vous avez déjà mangé ? ; **the best ~** le meilleur jusqu'ici *or* jusque-là ; **as ~** jusqu'ici, encore ; **a few days ~** encore quelques jours ; **~ again** une fois de plus ▸ *conj* pourtant, néanmoins
yew [juː] *n* if *m*
Y-fronts® ['waɪfrʌnts] *npl (Brit)* slip *m* kangourou
YHA *n abbr (Brit)* = **Youth Hostels Association**
Yiddish ['jɪdɪʃ] *n* yiddish *m*
yield [jiːld] *n* production *f*, rendement *m* ; *(Finance)* rapport *m* ; **a ~ of 5%** un rendement de 5% ▸ *vt* produire, rendre, rapporter ; *(surrender)* céder ▸ *vi* céder ; *(US Aut)* céder la priorité
YMCA *n abbr (= Young Men's Christian Association)* ≈ union chrétienne de jeunes gens (UCJG)
yob ['jɔb], **yobbo** ['jɔbəu] *n (Brit inf)* loubar(d) *m (inf)*
yodel ['jəudl] *vi* faire des tyroliennes, jodler
yoga ['jəugə] *n* yoga *m*
yoghurt, yogurt ['jɔgət] *n* yaourt *m*
yoke [jəuk] *n* joug *m* ▸ *vt (also:* **yoke together***: oxen)* accoupler
yolk [jəuk] *n* jaune *m* (d'œuf)
Yom Kippur [jɔmkɪ'puəʳ] *n* Yom Kippour *m inv*
yonder ['jɔndəʳ] *adv* là(-bas)
yonks [jɔŋks] *npl (inf)*: **for ~** très longtemps ; **we've been here for ~** ça fait une éternité qu'on est ici ; **we were there for ~** on est resté là pendant des lustres
Yorks [jɔːks] *abbr (Brit)* = **Yorkshire**

KEYWORD

you [juː] *pron* **1** *(subject)* tu ; *(: polite form)* vous ; *(: plural)* vous ; **you are very kind** vous êtes très gentil ; **you French enjoy your food** vous autres Français, vous aimez bien manger ; **you and I will go** toi et moi *or* vous et moi, nous irons ; **there you are!** vous voilà !
2 *(object: direct, indirect)* te, t' *+ vowel* ; vous ; **I know you** je te *or* vous connais ; **I gave it to you** je te l'ai donné, je vous l'ai donné
3 *(stressed)* toi ; vous ; **I told YOU to do it** c'est à toi *or* vous que j'ai dit de le faire

4 (*after prep, in comparisons*) toi ; vous ; **it's for you** c'est pour toi *or* vous ; **she's younger than you** elle est plus jeune que toi *or* vous
5 (*impersonal: one*) on ; **fresh air does you good** l'air frais fait du bien ; **you never know** on ne sait jamais ; **you can't do that!** ça ne se fait pas !

Only use **tu** when speaking to a child, or someone with whom you're on informal terms. If in doubt, use **vous**.

you'd [juːd] = **you had; you would**
you'll [juːl] = **you will; you shall**
young [jʌŋ] *adj* jeune ; **a ~ man** un jeune homme ; **a ~ lady** (*unmarried*) une jeune fille, une demoiselle ; (*married*) une jeune femme *or* dame ; **my younger brother** mon frère cadet ; **the younger generation** la jeune génération ▸ *npl* (*of animal*) petits *mpl* ; **the ~** (*people*) les jeunes, la jeunesse
younger [jʌŋgəʳ] *adj* (*brother etc*) cadet(te)
youngish ['jʌŋɪʃ] *adj* assez jeune
youngster ['jʌŋstəʳ] *n* jeune *mf* ; (*child*) enfant *mf*
your [jɔːʳ] *adj* ton (ta), tes *pl* ; (*polite form, pl*) votre, vos *pl* ; *see also* **my**
you're [juəʳ] = **you are**
yours [jɔːz] *pron* le (la) tien(ne), les tiens (tiennes) ; (*polite form, pl*) le (la) vôtre, les vôtres ; **is it ~?** c'est à toi (*or* à vous) ? ; **a friend of ~** un(e) de tes (*or* de vos) amis ; *see also* **faithfully; mine[1]; sincerely**
yourself [jɔː'sɛlf] *pron* (*reflexive*) te ; (: *polite form*) vous ; (*after prep*) toi ; vous ; (*emphatic*) toi-même ; vous-même ; **you ~ told me** c'est vous qui me l'avez dit, vous me l'avez dit vous-même ; *see also* **oneself**
yourselves [jɔː'sɛlvz] *pl pron* vous ; (*emphatic*) vous-mêmes ; *see also* **oneself**
youth [juːθ] *n* jeunesse *f* ; (*pl* **youths** [juːðz]: *young man*) jeune homme *m* ; **in my ~** dans ma jeunesse, quand j'étais jeune
youth centre, (*US*) **youth center** *n* centre *m* de loisirs (*pour les jeunes*)
youth club *n* centre *m* de jeunes
youthful ['juːθful] *adj* jeune ; (*enthusiasm etc*) juvénile ; (*misdemeanour*) de jeunesse
youthfulness ['juːθfəlnɪs] *n* jeunesse *f*
youth hostel *n* auberge *f* de jeunesse
youth movement *n* mouvement *m* de jeunes
you've [juːv] = **you have**
yowl [jaul] *n* hurlement *m* ; miaulement *m* ▸ *vi* hurler ; miauler
yo-yo ['jəujəu] *n* Yo-Yo *m inv*
YT *abbr* (CANADA) = **Yukon Territory**
yuan [juː'æn] *n* yuan *m*
Yugoslav ['juːgəuslɑːv] *adj* (*Hist*) yougoslave ▸ *n* Yougoslave *mf*
Yugoslavia [juːgəu'slɑːvɪə] *n* (*Hist*) Yougoslavie *f*
Yugoslavian [juːgəu'slɑːvɪən] *adj* (*Hist*) yougoslave
yummy ['jʌmɪ] *adj* (*inf*) délicieux(-euse) ; **it smells ~** ça sent super bon
yuppie ['jʌpɪ] *n* yuppie *mf*
YWCA *n abbr* (= *Young Women's Christian Association*) union chrétienne féminine

Zz

Z, z [zɛd, (*US*) ziː] *n* (*letter*) Z, z *m* ; **Z for Zebra** Z comme Zoé
Zaïre [zɑːˈiːəʳ] *n* Zaïre *m*
Zambia [ˈzæmbɪə] *n* Zambie *f*
Zambian [ˈzæmbɪən] *adj* zambien(ne) ▸ *n* Zambien(ne)
zany [ˈzeɪnɪ] *adj* farfelu(e), loufoque
zap [zæp] *vt* (*Comput*) effacer
zeal [ziːl] *n* (*revolutionary etc*) ferveur *f* ; (*keenness*) ardeur *f*, zèle *m*
zealot [ˈzɛlət] *n* fanatique *mf*
zealous [ˈzɛləs] *adj* fervent(e) ; ardent(e), zélé(e)
zebra [ˈziːbrə] *n* zèbre *m*
zebra crossing *n* (Brit) passage clouté *or* pour piétons
zeitgeist [ˈzaɪtgaɪst] *n* air *m* du temps
zenith [ˈzɛnɪθ] *n* (*Astronomy*) zénith *m* ; (*fig*) zénith, apogée *m*
zero [ˈzɪərəu] *n* zéro *m* ; **5° below ~** 5 degrés au-dessous de zéro ▸ *vi*: **to ~ in on** (*target*) se diriger droit sur
zero hour *n* l'heure *f* H
zero option *n* (*Pol*): **the ~** l'option *f* zéro
zero-rated [ˈziːrəureɪtɪd] *adj* (Brit) exonéré(e) de TVA
zest [zɛst] *n* entrain *m*, élan *m* ; (*of lemon etc*) zeste *m*
zigzag [ˈzɪgzæg] *n* zigzag *m* ▸ *vi* zigzaguer, faire des zigzags
Zimbabwe [zɪmˈbɑːbwɪ] *n* Zimbabwe *m*
Zimbabwean [zɪmˈbɑːbwɪən] *adj* zimbabwéen(ne) ▸ *n* Zimbabwéen(ne)
Zimmer® [ˈzɪməʳ] *n* (*also*: **Zimmer frame**) déambulateur *m*
zinc [zɪŋk] *n* zinc *m*
Zionism [ˈzaɪənɪzəm] *n* sionisme *m*
Zionist [ˈzaɪənɪst] *adj* sioniste ▸ *n* Sioniste *mf*
zip [zɪp] *n* (*also*: **zip fastener**) fermeture *f* éclair® *or* à glissière ; (*energy*) entrain *m* ▸ *vt* (*Comput: file*) zipper ; (*also*: **zip up**) fermer (avec une fermeture éclair®)
zip code *n* (*US*) code postal
zip file *n* (*Comput*) fichier *m* zip *inv*
zipper [ˈzɪpəʳ] *n* (*US*) = **zip**
zit [zɪt] *n* (*inf*) bouton *m*
zither [ˈzɪðəʳ] *n* cithare *f*
zodiac [ˈzəudɪæk] *n* zodiaque *m*
zombie [ˈzɔmbɪ] *n* (*fig*): **like a ~** avec l'air d'un zombie, comme un automate
zone [zəun] *n* zone *f*
zoo [zuː] *n* zoo *m*
zoological [zuəˈlɔdʒɪkl] *adj* zoologique
zoologist [zuˈɔlədʒɪst] *n* zoologiste *mf*
zoology [zuːˈɔlədʒɪ] *n* zoologie *f*
zoom [zuːm] *vi*: **to ~ past** passer en trombe ; **to ~ in (on sb/sth)** (*Phot, Cine*) zoomer (sur qn/qch)
zoom lens *n* zoom *m*, objectif *m* à focale variable
zucchini [zuːˈkiːnɪ] *n* (*US*) courgette *f*
Zulu [ˈzuːluː] *adj* zoulou ▸ *n* Zoulou *mf*
Zürich [ˈzjuərɪk] *n* Zurich

L'anglais en situation

French in action

Collaborateurs/Contributors

Laurence Larroche   Anna Stevenson

L'anglais en situation

L'anglais en situation a pour objectif de vous aider à vous exprimer en anglais, dans un style simple et naturel.

Dans le **Mémo des tournures essentielles**, vous trouverez des centaines d'expressions anglaises de base, qui vous permettront de construire vos propres phrases dans toutes sortes de contextes.

La partie correspondance contient des modèles concrets de lettres et d'e-mails pour vos communications privées ou professionnelles, des lettres de candidature et des CV, ainsi que des exemples de formules de politesse employées en début et en fin de lettre, sans oublier des indications pour bien rédiger l'adresse sur l'enveloppe. Nous vous donnons en outre des conseils sous forme de notes pour vous permettre d'adapter ces modèles à vos besoins.

Un chapitre séparé est consacré aux expressions les plus couramment utilisées au téléphone, ainsi qu'au vocabulaire des réseaux sociaux et d'Internet.

L'anglais en situation, complément indispensable de votre dictionnaire, vous permettra de vous exprimer avec aisance dans toutes les situations.

Table des matières

Goûts et préférences

Pour dire ce que l'on aime

I like cakes.	J'aime ...
I like things to be in their proper place.	J'aime que ...
I really liked the film.	J'ai beaucoup aimé ...
I love going to clubs.	J'adore ...
What I like best about Matthew are his eyes.	Ce que je préfère ...
What I enjoy most is an evening with friends.	Ce que j'aime par-dessus tout, c'est ...
I very much enjoyed the trip to the vineyards.	... m'a beaucoup plu.
I've never tasted **anything better than** this chicken.	... rien ... de meilleur que ...
I've got a weakness for chocolate cakes.	J'ai un faible pour ...
You can't beat a good cup of tea.	Rien ne vaut ...
There's nothing quite like a nice hot bath!	Rien de tel que ...
My favourite dish is lasagne.	... mon ... favori.
Reading is **one of my favourite** pastimes.	... une de mes ... préférées.
I don't mind being alone.	Cela ne me déplaît pas de ...

Pour dire ce que l'on n'aime pas

I don't like fish.	Je n'aime pas ...
I don't like him **at all.**	Je ne ... aime pas du tout.
I'm not very keen on speaking in public.	Je n'aime pas beaucoup ...
I'm not particularly keen on the idea.	... ne m'emballe pas.
I hate chemistry.	Je déteste ...
I loathe sport.	J'ai horreur du ...
I can't stand being lied to.	Je ne supporte pas que ...
If there's one thing I hate it's ironing.	Ce que je déteste le plus, c'est de ...

Préférences

I prefer pop **to** classical music.	Je préfère ... à ...
I would rather live in Paris.	Je préférerais ...
I'd rather die **than** ask him a favour	J'aimerais mieux ... que de ...

Indifférence

It's all the same to me.	Ça m'est égal.
I have no particular preference.	Je n'ai pas de préférence.
As you like.	C'est comme vous voudrez.
It doesn't matter in the least.	Cela n'a aucune importance.
I don't mind.	Peu importe.

L'ANGLAIS EN SITUATION

Comment demander à quelqu'un ce qu'il aime

Do you like chocolate?	Est-ce que vous aimez ...
Do you like cooking?	Est-ce que vous aimez ...
Which do you like better: football or cricket?	Qu'est-ce que vous préférez : ...
Which would you rather have: the red one or the black one?	Lequel préférez-vous : ...
Do you prefer living in the town or in the country?	Est-ce que vous préférez ...
What do you like best on television?	Qu'est-ce que vous aimez le plus ...

Opinions

Comment demander l'avis de quelqu'un

What do you think about it?	Qu'en pensez-vous ?
What do you think about divorce?	Que pensez-vous du ...
What do you think of his behaviour?	Que pensez-vous de ...
I'd like to know what you think of his work.	Je voudrais savoir ce que vous pensez de ...
I would like to know your views on this.	J'aimerais connaître votre avis sur ...
What is your opinion on the team's chances of success?	Quelle est votre opinion sur ...
Could you give me your opinion on this proposal?	Est-ce que vous pourriez me donner votre avis sur ...
In your opinion, are men and women equal?	À votre avis ...
In your view, is this the best solution?	Selon vous ...

Comment donner son avis

You are right.	Vous avez raison.
He is wrong.	Il a tort.
He was wrong to resign.	Il a eu tort de ...
I think it ought to be possible.	Je pense que ...
I think it's a bit premature.	Je crois que ...
I think it's quite natural.	Je trouve que ...
Personally, I think that it's a waste of money.	Personnellement, je pense que ...
I have the impression that her parents don't understand her.	J'ai l'impression que ...
I'm sure he is completely sincere.	Je suis certain que ...
I'm convinced that there are other possibilities.	Je suis persuadé que ...

In my opinion, he hasn't changed. — À mon avis ...
In my view, he's their best player. — Selon moi ...

Comment éviter de donner son avis

It depends. — Ça dépend.
It all depends on what you mean by patriotism. — Tout dépend de ce que vous entendez par ...
I'd rather not express an opinion. — Je préfère ne pas me prononcer.
Actually, I've never thought about it. — À vrai dire, je ne me suis jamais posé la question.
I don't really know. — Je ne sais pas trop.
I'm not sure. — Je ne suis pas sûr.

Approbation et accord

I think it's an excellent idea. — Je trouve que c'est une excellente idée.
What a good idea! — Quelle bonne idée !
I very much enjoyed his speech. — J'ai beaucoup apprécié ...
It's a very good thing. — C'est une très bonne chose.
I think you're right to be wary. — Je trouve que vous avez raison de ...
You were right to leave your bags in left-luggage. — Vous avez bien fait de ...
Developing countries **rightly believe that** most pollution comes from developed countries. — ... estiment à juste titre que ...
You're quite justified in complaining. — Vous avez bien raison de ...
I share this view. — Je partage cette opinion.
I fully share your concern. — Je partage entièrement ...
We support the creation of jobs. — Nous sommes favorables à ...
We are in favour of a united Europe. — Nous sommes en faveur de ...
It is true that mistakes were made. — Il est vrai que ...
That is absolutely correct. — C'est tout à fait exact.
I agree with you. — Je suis d'accord avec vous.
I entirely agree with you. — Je suis entièrement d'accord avec toi.

Désapprobation et désaccord

I think he was wrong to borrow so much money.	Je trouve qu'il a eu tort de ...
It's a pity that you didn't tell me.	C'est dommage que ...
It is regrettable that they allowed this to happen.	Il est regrettable que ...
I dislike the idea **intensely.**	... me déplaît profondément.
I can't stand lies.	Je ne supporte pas ...
We are against hunting.	Nous sommes contre ...
I am dead against it.	Je suis absolument contre.
We do not condone violence.	Nous ne tolérons pas ...
I am opposed to compulsory screening.	Je suis opposé au ...
I don't share this point of view.	Je ne partage pas ce point de vue.
I am disappointed by his attitude.	Je suis déçu par ...
I am deeply disappointed.	Je suis profondément déçu.
You shouldn't have said that.	Tu n'aurais pas dû ...
What gives him **the right to** act like this?	De quel droit ...
I disagree.	Je ne suis pas d'accord.
We don't agree with them.	Nous ne sommes pas d'accord avec ...
I totally disagree with what he said.	Je ne suis absolument pas d'accord avec ...
It is not true to say that the disaster was inevitable.	C'est faux de dire que ...
You are wrong!	Vous vous trompez !

Réclamations

I'm not happy with my room.	Je ne suis pas satisfait de ...
I'm very disappointed with the service provided by your hotel.	Je suis très déçu du ...
I would like to make a complaint.	Je voudrais faire une réclamation.
I'd like to speak to the manager, please.	Je voudrais parler au responsable, s'il vous plaît.
There is a problem with the booking.	Il y a un problème avec ...
That's totally unacceptable.	C'est absolument inacceptable.
Can you see to it straightaway?	Pourriez-vous vous en occuper tout de suite ?

Excuses

Pour s'excuser

Sorry.	Excusez-moi.
Oh, sorry! I've got the wrong number.	Oh, pardon !
Sorry to bother you.	Excusez-moi de vous déranger.
I'm sorry I woke you.	Je suis désolé de ...
I'm terribly sorry about the misunderstanding.	Je suis navré de ...
I do apologize.	Je vous prie de m'excuser.
We hope our readers **will excuse** this oversight.	Nous prions ... de bien vouloir excuser ...

En assumant la responsabilité de ce qui s'est passé

It's my fault; I should have left earlier.	C'est (de) ma faute : j'aurais dû ...
I shouldn't have laughed at her.	Je n'aurais pas dû ...
We were wrong not to check this information.	Nous avons eu tort de ne pas ...
I take full responsibility for what I did.	J'assume seul l'entière responsabilité de ...
I admit that I should have made more of an effort.	Je reconnais que ...

En niant toute responsabilité

It's not my fault.	Ce n'est pas (de) ma faute.
It isn't my fault if we're late.	Ce n'est pas (de) ma faute si ...
I didn't do it on purpose.	Je ne l'ai pas fait exprès.
I had no option.	Je ne pouvais pas faire autrement.
But I thought that it was ok to park here.	J'avais pourtant cru comprendre que ...
I thought I was doing the right thing in warning him.	J'avais cru bien faire en ...

En exprimant ses regrets

I'm sorry, but it's impossible.	Je regrette, mais ...
I'm afraid we're fully booked.	Je regrette, mais ...
Unfortunately we are unable to meet your request.	Il nous est malheureusement impossible de ...

Explications

Causes

I didn't buy anything **because** I had no money.	... parce que ...
I arrived late **because of** the traffic.	... à cause de ...
Since you insist, I'll come again tomorrow.	Puisque ...
As I lived near the library, I used it a lot.	Comme ...
Given the present situation, finding a job will be difficult.	Vu ...
Given that there is an economic crisis, it is difficult to find work.	Étant donné que ...
Considering how many problems we had, we did well.	Étant donné ...
It was a broken axle **that caused** the derailment.	C'est ... qui a provoqué ...
He resigned **for** health **reasons.**	... pour des raisons de ...
The theatre is closing, **due to lack of** funds.	... faute de ...
The project was abandoned **owing to** legal problems.	... en raison de ...
Many cancers **are linked to** smoking.	... sont dus à ...
The problem is that people are disillusioned with politics.	Le problème vient de ce que ...
The drop in sales **is the result of** high interest rates.	... est due à ...
The quarrel **resulted from** a misunderstanding.	... a pour origine ...

Conséquences

I have to leave tonight, **so** I can't come with you.	... donc ...
Distribution has been improved **so that** readers now get their newspaper earlier.	... de telle sorte que ...
This cider is fermented for a very short time and is **consequently** low in alcohol.	... par conséquent ...
Our lack of consultation **has resulted in** a duplication of effort.	... a eu pour conséquence ...
That's why they are easy to remember.	Voilà pourquoi ...

Comparaisons

Gambling **can be compared to** a drug.	On peut comparer ... à ...
The shape of Italy **is often compared to** a boot.	... est souvent comparée à ...
The noise **was comparable to** that of a large motorbike.	... était comparable à ...
Africa is still underpopulated **compared with** Asia.	... comparé à ...

In the UK, the rate of inflation increased slightly **compared to** the previous year. ... par rapport à ...

What is so special about a holiday in Florida **as compared to** one in Spain? ... par rapport à ...

This story **is like** a fairy tale. ... ressemble à ...

He loved this countryside, which **reminded him of** Ireland. ... lui rappelait ...

Frightening levels of unemployment, **reminiscent of those** of the 30s. ... rappelant ceux ...

The snowboard **is the equivalent** on snow **of** the skateboard. ... est l'équivalent ... de ...

This sum **corresponds to** six months' salary. ... correspond à ...

A 'bap'? **It's the same thing as** a bread roll. C'est la même chose que ...

It comes to the same thing in terms of calories. Ça revient au même ...

Borrowing without permission and stealing **add up to the same thing**. ... reviennent au même.

Pour souligner une différence

No catastrophe **can compare with** the tsunami of 2004. Aucune ... ne peut être comparée à ...

Modern factories **cannot be compared with** those our grandparents worked in. On ne peut pas comparer ... à ...

The actions of this group **are in no way comparable to** those of terrorists. ... n'ont rien de comparable avec ...

The newspaper reports **differ** on this point. ... divergent ...

The history of the United States **in no way resembles** our own. ... ne ressemble en rien à ...

There are worse things than losing a European cup final. Il y a des événements bien plus tragiques que ...

This film **is less** interesting **than** his first one. ... est moins ... que ...

That's got nothing to do with it. Ça n'a rien à voir.

These are two completely different things. Ce sont deux choses complètement différentes.

Women's life expectancy is 81 years, **while** men's is 72. ... tandis que ...

While the consumption of wine and beer is decreasing, the consumption of bottled water is increasing. Alors que ...

L'ANGLAIS EN SITUATION

Demandes et propositions

Demandes

I'd like another beer.	Je voudrais ...
I'd like to know the times of trains to Lille.	Je voudrais connaître ...
Could you give us a hand?	Pourriez-vous ...
Can you tell Eleanor the good news?	Est-ce que vous pouvez ...
Could you please show me the way out?	Auriez-vous l'obligeance de ...
Could I ask you for a few minutes of your time?	Puis-je vous demander de ...
Be an angel, pop to the baker's for me.	Sois gentille ...
If you wouldn't mind waiting for a moment.	Merci de bien vouloir ...
Would you mind opening the window?	Est-ce que cela vous dérangerait de ...
Would you be very kind and save my seat for me?	Auriez-vous l'obligeance de ...
I would be grateful if you could reply as soon as possible.	Je vous serais reconnaissant de ...

Propositions

I can come and pick you up **if** you like.	Je peux ... si ...
I could go with you.	Je pourrais ...
Do you fancy a bit of Stilton?	Ça te dit ...
How about a pear tart?	Que diriez-vous de ...
Would you like to see my photos?	Ça vous dirait de ...
Would you like to have dinner with me one evening?	Est-ce que vous voulez ...
Do you want me to go and get your car?	Est-ce que vous voulez que ...

Conseils et suggestions

Comment demander conseil

What would you do if you were me?	À ma place, que feriez-vous ?
Would you accept, **if you were me?**	... à ma place ?
What's your opinion on this?	Quel est votre avis sur la question ?
What, in your opinion, should be done to reduce pollution?	À votre avis, que peut-on faire pour ...
What would you advise?	Que me conseillez-vous ?

What would you advise me to do? | Que me conseillez-vous de faire ?

Which would you recommend, Majorca or Ibiza? | Qu'est-ce que vous me conseillez …

If we were to sponsor a player, **who would you recommend?** | … lequel nous conseilleriez-vous ?

What strategy **do you suggest?** | Quelle … proposez-vous ?

How would you deal with unemployment? | Qu'est-ce que vous proposez contre …

Comment donner un conseil

If I were you, I'd be a bit wary. | À votre place …

If I were you I wouldn't say anything. | À ta place …

Take my advice, buy your tickets in advance. | Je vous conseille de …

A word of advice: read the instructions. | Un conseil …

A useful tip: always have some pasta in your cupboard. | Un bon conseil …

As you like languages, **you ought to** study to be a translator. | … vous devriez …

You should see a specialist. | Vous devriez …

You would do well to see a solicitor. | Vous feriez bien de …

You would do better to spend the money on a new car. | Vous feriez mieux de …

You could perhaps ask someone to go with you. | Vous pourriez peut-être …

You could try being a little more understanding. | Vous pourriez …

Perhaps you should speak to a plumber about it. | Il faudrait peut-être que …

Perhaps we ought to try a different approach. | Il faudrait peut-être …

Why don't you phone him? | Pourquoi ne pas …

How about downloading a film? | Et si on …

How about 3 March at 10.30am? | … ça vous va ?

It might be better to give her money rather than jewellery. | Il vaudrait peut-être mieux …

It would be better to wait a bit. | Il serait préférable de …

Encouragements

Well done! | Bravo !

Go on, you'll get there! | Vas-y, …

Very good, carry on. | C'est très bien …

Congratulations, you did very well. | Je vous félicite, …

You've done some very good work. | C'est du très bon travail.

L'ANGLAIS EN SITUATION

Mises en garde

I warn you, I intend to get my own back.	Je vous préviens ...
I'd better warn you that he knows you did it.	Mieux vaut que je te prévienne ...
Don't forget to keep a copy of your income tax return.	N'oubliez pas de ...
Remember: keep your luggage where you can see it at all times	N'oubliez pas de ...
Beware of buying tickets from touts.	Attention ...
Whatever you do, don't leave your camera in the car.	Surtout, ne ... jamais ...
If you don't book early **you risk** being disappointed.	... tu risques de ...

Intentions et souhaits

Pour demander à quelqu'un ce qu'il compte faire

What are you going to do?	Qu'est-ce que vous allez faire ?
What will you do if you fail your exams?	Qu'est-ce que tu vas faire si ...
What are you going to do when you get back?	Qu'allez-vous faire ...
Do you have anything planned?	Avez-vous des projets ?
Can we expect you next Sunday?	On peut compter sur vous ...
Are you planning to spend all of the holiday here?	Est-ce que tu comptes ...
Are you planning on staying long?	Vous comptez ...
What are you planning to do with your collection?	Que comptez-vous faire de ...
What are you thinking of doing?	Qu'est-ce que vous envisagez de faire ?
Do you intend to go into teaching?	Est-ce que tu as l'intention de ...
Are you thinking of making another film in Europe?	Songez-vous à ...

Pour dire ce qu'on a l'intention de faire

I was planning to go to Ajaccio on 8 July.	Je comptais ...
She plans to go to India for a year.	Elle prévoit de ...
There are plans to build a new stadium.	Il est prévu de ...
The bank **intends to** close a hundred branches.	... a l'intention de ...
I am thinking of giving up politics.	Je songe à ...
I have decided to get a divorce.	J'ai décidé de ...
I have made up my mind to stop smoking.	Je suis décidé à ...

We never had any intention of talking to the press.	Il n'a jamais été dans nos intentions de ...
That's settled, we'll go to Florida in May.	C'est décidé ...
For me, living abroad **is out of the question.**	Il n'est pas question ... de ...

Souhaits

I'd like to be able to play as well as him.	Je voudrais ...
I'd like to go hang-gliding.	J'aimerais ...
I would like my photos to be published.	J'aimerais que ...
I would like to have had a brother.	J'aurais aimé ...
I want to act in films.	Je veux ...
Ian **wanted at all costs** to prevent his boss finding out.	... voulait à tout prix ...
We wish to preserve our independence.	Nous souhaitons ...
I hope to have children.	J'espère ...
We hope that children will watch this programme with their parents.	Nous espérons que ...
Do you dream of winning the lottery?	Vous rêvez de ...
I dream of having a big house.	Mon rêve serait de ...

Obligation

I must find somewhere to live.	Il faut que je ...
We really must see each other more often!	Il faut absolument qu'on ...
If you're going to Poland, **you must** learn Polish.	... vous devez ...
He **made** his secretary answer all his calls.	... exigeait que ...
My mother **makes me** eat spinach.	... me force à ...
The hijackers **demanded that** the plane fly to New York.	... ont exigé que ...
A serious illness **forced me to** cancel my holiday.	... m'a obligé à ...
He **was obliged to** borrow more and more money.	... a été obligé de ...
Mary **had no choice but to** invite him.	... n'avait pas pu faire autrement que de ...
The only thing you can do is say no.	La seule chose à faire, c'est de ...
Many mothers **have to** work; **they have no other option.**	... sont obligées de ... elles n'ont pas le choix.
She had the baby adopted because **she had no other option.**	... elle ne pouvait pas faire autrement.
School **is compulsory** until the age of sixteen.	... est obligatoire ...
It is essential to know some history, if we are to understand the situation.	Il est indispensable de ...

Permission

Comment demander la permission de faire quelque chose

Can I ask you something?	Je peux ...
Is it ok if I come now, or is it too early?	Ça ne vous dérange pas si ...
You don't **mind if** I smoke, do you?	Ça ne vous dérange pas que ...
Do you mind if I open the window?	Est-ce que ça vous dérange si ...
Would you mind if I had a look in your briefcase, madam?	Vous permettez que ...
Could I have permission to leave early?	Est-ce que je peux vous demander la permission de ...

Autorisation

Do as you please.	(Vous) faites comme vous voulez.
Go ahead!	Allez-y !
Please do.	Je vous en prie.
No, of course I don't mind.	Bien sûr que non.
I have nothing against it.	Je n'y vois pas d'inconvénient.
Pupils **are allowed to** wear what they like.	... ont le droit de ...

Défense

I forbid you to go out!	Je te défends de ...
It's forbidden.	C'est défendu.
Smoking in the toilet **is forbidden.**	Il est interdit de ...
Child labour is **strictly forbidden by** a UN convention.	... formellement interdit par ...
No entry!	Défense d'entrer !
No parking.	Stationnement interdit.
It's not allowed.	C'est interdit.
You are not allowed to swim in the lake.	Il est interdit de ...
We weren't allowed to eat or drink while on duty.	On n'avait pas le droit de ...
That's out of the question.	Il n'en est pas question.

Certitude, probabilité et possibilité

Certitude

Undoubtedly, there will be problems.	Il est certain que ...
That course of action would **undoubtedly** lead to problems later.	... sans doute ...
They were **no doubt** right.	... sans doute ...
There is no doubt that the country's image has suffered.	Il ne fait aucun doute que ...
It's bound to cause trouble.	Cela va sûrement ...
Clearly the company is in difficulties.	Il est évident que ...
A foreign tourist is **quite obviously** a rare sight here.	... de toute évidence ...
It is undeniable that she was partly to blame.	Il est indéniable que ...
I am sure you will like my brother.	Je suis sûre que ...
I am sure that I will win.	Je suis sûr de ...
I'm sure that I won't get bored working with him.	J'ai la certitude que ...
I am certain that we are on the right track.	Je suis certain que ...
I am convinced that there are other solutions.	Je suis persuadé que ...

Probabilité

The price of petrol will **probably** rise.	Il est probable que ...
Inflation will **very probably** exceed 10%.	... très probablement ...
It is highly probable that they will abandon the project.	Il est fort probable que ...
The trend **is likely** to continue.	Il est probable que ...
The construction work **should** start in April.	... devrait ...
He must have forgotten to open the windows.	Il a dû ...

Possibilité

It's possible.	C'est possible.
It is possible that they got your name from the electoral register.	Il est possible que ...
It is not impossible that he has gone to Paris.	Il n'est pas impossible que ...
That might be more expensive.	Il se peut que ...
He may have misunderstood.	Il a peut-être ...
This virus **may** be extremely infectious.	Il se peut que ...
It may be that it will take time to achieve peace.	Il se peut que ...
In a few months everything **could** change.	... peut ...
Perhaps I am mistaken.	Peut-être que ...

Incertitude, improbabilité et impossibilité

Incertitude

I'm not sure (that) it's useful.	Je ne suis pas sûr que ...
I'm not sure I'll manage.	Je ne suis pas certain de ...
We cannot be sure that the problem will be solved.	Il n'est pas certain que ...
I very much doubt he'll adapt to not working.	Je doute fort que ...
Is it wise? **I doubt it.**	J'en doute.
He began to **have doubts about** his doctor's competence.	... douter de ...
I wonder if we've made much progress in this area.	Je me demande si ...
There is no guarantee that a vaccine can be developed.	Il n'est pas garanti que ...
Nobody knows exactly what happened.	Personne ne sait exactement ...

Improbabilité

He **probably won't** change his mind.	... ne ... probablement pas ...
It is unlikely that there'll be any tickets left.	Il est peu probable que ...
I'd be surprised if they had your size.	Ça m'étonnerait que ...
They are not likely to get the Nobel prize for Economics!	Ils ne risquent pas de ...
There is not much chance the growth rate will exceed 1.5%.	Il y a peu de chances que ...
There's no danger we'll get bored.	Nous ne risquons pas de ...
It would be amazing if everything went according to plan.	Il serait étonnant que ...

Impossibilité

It's impossible.	C'est impossible.
It is not possible for the government to introduce this Bill before the recess.	Il n'est pas possible que ...
This information **cannot be** wrong.	Il est impossible que ...
There is no chance of their helping us.	Il n'y a aucune chance que ...

Salutations

Hello!	Bonjour !
Hi!	Salut !
Good morning!	Bonjour !
Good afternoon!	Bonjour !
Good evening!	Bonsoir !
How's it going?	Comment ça va ?
How's things?	Comment (ça) va ?
How's life?	Comment (ça) va ?
How are you?	Comment allez-vous ?

Réponses

Very well, thanks, and you?	Très bien, merci, et vous ?
Fine, thanks.	Bien, merci.
Great!	Super bien !
So-so.	Comme ci comme ça.
Could be worse.	On fait aller.
Not bad, thanks.	Pas mal, merci.

Présentations

This is Charles.	Je te présente …
Let me introduce you to my girlfriend.	Je vous présente …
I'd like you to meet my husband.	Je vous présente …
I don't believe you know one another.	Je ne crois pas que vous vous connaissiez.

Une fois qu'on a été présenté

Pleased to meet you.	Enchanté.
Hello, how do you do?	Enchanté de faire votre connaissance.
Hi, I'm Jane.	Salut, moi c'est …

Pour prendre congé

Bye!	Au revoir !
Goodbye!	Au revoir !
Good night!	Bonne nuit !
See you!	Salut !
See you later!	À tout à l'heure !
See you soon!	À bientôt !

See you tomorrow!	À demain !
See you next week!	À la semaine prochaine !
See you (on) Thursday!	À jeudi !

Vœux et félicitations

Happy Birthday!	Bon anniversaire !
Many happy returns!	Bon anniversaire !
Merry Christmas!	Joyeux Noël !
Happy New Year!	Bonne année !
Happy Anniversary!	Bon anniversaire de mariage !
Congratulations!	Félicitations !
Welcome!	Soyez les bienvenus !
Good luck!	Bonne chance !
Safe journey!	Bon voyage !
Have fun!	Amusez-vous bien !
Get well soon!	Bon rétablissement !
Take care!	Fais bien attention à toi !
Cheers!	(À votre) santé !
Enjoy your meal!	Bon appétit !

Remerciements

Thank you.	Merci.
Thank you for your cooperation.	Merci de ...
Thank you for being so patient.	Je vous remercie de ...
Thank you very much.	Merci beaucoup.
Thank you ever so much.	Merci mille fois.
How can I ever thank you?	Je ne sais pas comment vous remercier.
We are very grateful to you for putting our daughter up.	Nous vous sommes très reconnaissants de ...

Pour commencer et terminer vos e-mails et vos lettres

Les lettres d'affaires

Formule de début	Formule de fin
Dear Sirs Dear Sir Dear Madam Dear Sir or Madam	Yours faithfully *(Brit)* Sincerely (yours) *(US)*
Dear Professor Meldrum Dear Ms Gilmour Dear Jayne McKenzie	Yours sincerely *(Brit)* Sincerely (yours) *(US)*
Dear Bill Dear David and Carrie	Best wishes Kind regards Best regards

Pour commencer un e-mail/une lettre d'affaires

Thank you for your email/letter	Je vous remercie de votre e-mail/lettre
In reply to your letter of ...	En réponse à votre lettre du ...
Further to ...	Suite à ...
I am writing to ...	Je vous écris pour ...
Please ...	Je vous prie de ...
Please find enclosed/attached ...	Veuillez trouver ci-joint ...
I would be grateful if you would ...	Je vous serais reconnaissant de ...
We are pleased to inform you ...	Nous avons le plaisir de vous informer ...
We regret to inform you ...	Nous sommes au regret de vous informer ...

Pour terminer un e-mail/une lettre d'affaires

I look forward to hearing from you.	Dans l'attente de votre réponse.
Thanking you in advance for your help.	En vous remerciant à l'avance pour votre aide.
If you require any further information please do not hesitate to contact me.	N'hésitez pas à me contacter pour toute information complémentaire.

If I can help you with anything else, please do get back in touch. — Si je peux vous aider en quoi que ce soit, n'hésitez pas à me recontacter.

Once again, I apologize for any inconvenience. — Veuillez m'excuser à nouveau pour le désagrément occasionné.

Les lettres personnelles

Formule de début	Formule de fin
Dear Mr and Mrs Roberts	Yours *(assez soutenu)*
Dear Kate and Jeremy	With best wishes
Dear Aunt Jane and Uncle Alan	Love from
Dear Granny	Lots of love from *(familier)*

Pour commencer un e-mail/une lettre personnel(le)

It was lovely to hear from you. — Cela m'a fait plaisir d'avoir de vos nouvelles.

Thank you for your letter. — Merci pour ta lettre.

I'm sorry I haven't written sooner. — Je suis désolé de ne pas t'avoir écrit plus tôt.

I hope all is well with you. — J'espère que tu vas bien.

Pour terminer un e-mail/une lettre personnel(le)

Write soon. — Écris-moi vite.

Say hello to ... for me. — Dis bonjour à ... de ma part.

Give my regards to ... — Transmettez mes amitiés à ...

Give my love to ... — Embrasse ... pour moi.

... sends his/her best wishes. — ... me charge de te transmettre ses amitiés.

... sends his/her love. — ... t'embrasse.

E-mail formel

New Message

File | Edit | View | Tools | Compose | Help | Send

To: aldunn@amd_pr.co.uk
Cc:
Bcc:
Subject: Request for possible internship

New
Reply to Sender
Reply to All
Forward
Attachment

Dear Mr Dunn

I am currently in my final year of a marketing degree at Oxford Brookes University and am interested in pursuing a career in public relations. I would like to enquire as to the possibility of carrying out an internship with your company this summer.

I know that AMD is one of the leading PR companies in the area and is particularly renowned for its work with social media, which is a great interest of mine and an area I am currently researching for my dissertation. I am expected to gain a first-class degree and have won several student awards in the course of my studies.

I am keen to learn more about the PR industry and believe I have several skills that would make me a valuable asset to your company. I have attached my CV which will give you more information about my background and would welcome the opportunity to come for interview.

Looking forward to hearing from you soon.

Yours sincerely

Sally Anderson

E-mail personnel

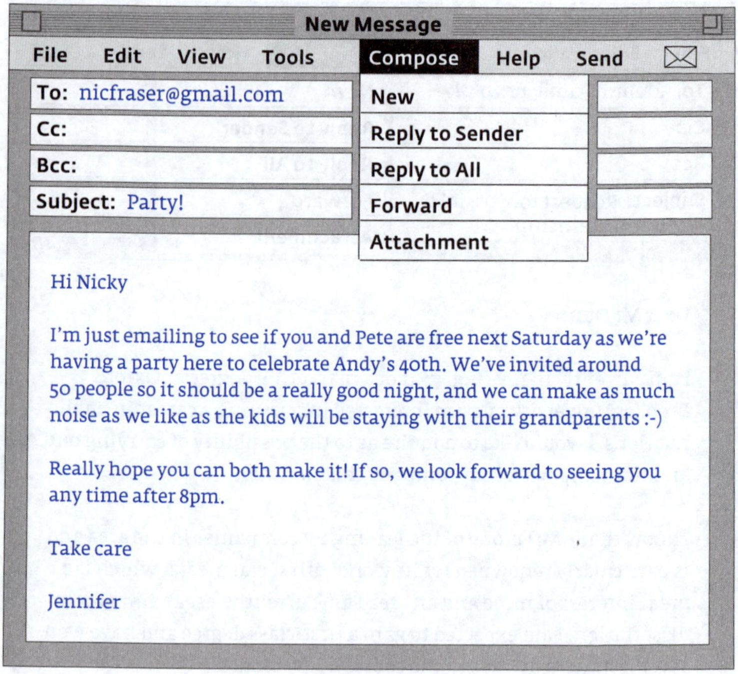

To: nicfraser@gmail.com

Cc:

Bcc:

Subject: Party!

Hi Nicky

I'm just emailing to see if you and Pete are free next Saturday as we're having a party here to celebrate Andy's 40th. We've invited around 50 people so it should be a really good night, and we can make as much noise as we like as the kids will be staying with their grandparents :-)

Really hope you can both make it! If so, we look forward to seeing you any time after 8pm.

Take care

Jennifer

File Edit	Fichier Édition
View	Affichage
Tools	Outils
Compose	Composer
Help	Aide
Send	Envoyer
New	Nouveau message
Reply to Sender	Répondre
Reply to All	Répondre à tous
Forward	Faire suivre
Attachment	Fichier joint
To	À
Cc	Cc
Bcc (blind carbon copy)	Copie cachée
Subject	Objet
From	De
Sent	Date

Lettre formelle

Alice Aubeuf
Les Glycines
12, chemin des Écoliers
87430 CERGY-LES-VOIS
France

International Language Centre
University of Liverpool
134 New Road
LIVERPOOL
L1 0BU

11 February 2014

Dear Sir/Madam

I am writing to ask for information about the summer language courses you offer. I am especially interested in the two-week intensive Business English course. I have been studying English at university in France but would like to improve my knowledge of business terminology and learn how to communicate with English-speaking companies.

I have looked at your website but there is no up-to-date information on prices for the intensive courses and so I would be grateful if you could send me a price list. Could you also tell me if there are still places available for the course beginning on 11 August?

Finally, I would also need accommodation in Liverpool and would like to know if you rent out rooms in the university halls of residence during the summer months. If so, could you advise me on how much a single room costs per week and who I would contact to reserve a room?

Thank you in advance and I look forward to hearing from you soon.

Yours faithfully
Alice Aubeuf

On utilise cette formule lorsque l'on ne connaît pas le nom du destinataire.

CV britannique

Aujourd'hui, dans les CV en anglais, il n'est plus nécessaire d'indiquer sa date de naissance ni sa situation de famille.

Rosalind A. Williamson
11 North Street, Barnton NE6 2BT
Tel: 01294 476230
Mob: 07763 687 422
rosawilliamson@gmail.com

Enthusiastic, career-driven professional with eight years' experience in events management now seeking a fresh challenge in a position that will allow me to use my energy, creativity, and organizational skills in a fast-paced environment.

CORE COMPETENCIES

- Excellent time management and organizational skills
- Enthusiastic and inspiring team leader
- Exemplary communication and client-handling skills

PROFESSIONAL EXPERIENCE

2008 to date: Events Organizer, Association of Marketing Professionals, Barnton

- Responsible for planning and managing c. 15 events per year to strict budgetary requirements
- Conducted research to identify new business opportunities
- Chaired regular meetings with clients to discuss requirements and budgets
- Communicated with external professionals to ensure efficient running of each event
- Responsible for training new and existing staff; line manager of team of five

2006-2008: Marketing Executive, Beech Tree Theatre, Bournemouth

- Managed and updated online content
- Built successful relationships with clients and festival organizers
- Enhanced brand image through direct and online marketing
- Maintained all databases and computer records

Si vous possédez des diplômes français, utilisez une formulation du type **equivalent to A-levels** (baccalauréat), **equivalent to BA (Hons)** (licence de lettres), etc.

QUALIFICATIONS

2005-2006: Postgraduate Diploma in Event Management, City University

2001-2005: University of Bournemouth, BA (Hons) Italian with Marketing – 2:1

2001: A-levels in Italian (A), English Literature (B), Business Studies (B)

OTHER SKILLS

Computer literate (Windows, Excel, PowerPoint, QuarkXPress, Wordpress)
Full clean driving licence
Member of the Chartered Institute of Marketing
Excellent working knowledge of Italian, conversational French

INTERESTS

Travel (have travelled extensively throughout Europe and North America), riding and sailing.

REFEREES

Ms Alice Brownlie
Managing Director
Association of Marketing Professionals
7 Howden Road
Barnton NE4 3KL
Email: abrownlie@amp.com

Ms Gwen Arthur
Marketing Manager
Beech Tree Theatre
Attersley Street
Bournemouth BN4 6TH
Email:
gwenarthur@beechtree.co.uk

CV américain

Le CV s'appelle **résumé** en anglais américain. Il est en général plus court et moins détaillé qu'un CV britannique.

Ross G. Brewer
450 Eastfield Street, Pittsburgh, PA 15201
Tel: 553 901-9785
rgbrewer@gmail.com

PROFILE
Web developer with 8 years' experience in HTML, CSS and SEO working as part of a technical team with line management of 3 junior staff members. Core responsibilities involve planning, creating and managing corporate websites for a range of blue-chip clients.

EMPLOYMENT HISTORY

Webwise, Pittsburgh, PA, November 2009 – Present
Senior Web Developer

- Responsible for creating and managing websites for around 10 high-profile clients from the finance sector
- Manage a team of 3 Junior Web Developers
- In charge of inhouse SEO training for new hires

Pennsylvania State University, Philadelphia, PA, 2005 – 2009
Technical Instructor

- Technical instructor and curriculum developer for the Web Development undergraduate course

EDUCATION

Si vous possédez un diplôme français, utilisez une formulation du type **equivalent to Bachelor of Science degree** (licence de sciences).

State University of New York, 2000 – 2004
Bachelor of Science degree in Computer Science and Systems Management
Overall GPA 3.7/4.0

GPA = « **grade point average** » ou moyenne des notes obtenues sur toute la durée des études.

REFERENCES
Available on request

On peut soit donner sur son CV les coordonnées des personnes dont on se recommande, soit attendre que l'employeur les demande (le plus souvent juste avant l'offre d'emploi).

Lettre de candidature

Claudine Martinon
Le Clos des Papillons
13678 VILLECROZE
France
18 April 2014

The Manager
La Fourchette
Clifton Passage
WELLS
LL33 0BU

Dear Sir or Madam

> Lorsqu'on ignore si le destinataire est un homme ou une femme, il convient d'utiliser la formule ci-contre. Toutefois, si l'on connaît le nom de la personne, on utilise la présentation suivante :
>
> **Ms Claire Harvey**
> **Manager**
> **La Fourchette** etc
>
> Pour commencer votre lettre, la formule à employer est la suivante :
>
> **Dear Ms Harvey**

With reference to your advertisement in the Guardian of 15 April, I would like to apply for the job of junior wine waiter. I have just graduated from university in Aix-en-Provence, where I studied languages. I am well informed about wines, since my family has a vineyard in Villecroze. In the university holidays I often worked in our own wine shop, where visitors are able to taste our wines. I therefore have plenty of experience of talking to people about wine, in English, French and German. I also have experience of working as a waitress: last year I worked for three months at a well-known restaurant in Aix-en-Provence (Les Trois Gouttes). The manager would be pleased to give me a reference.

I would like to work in England as I am interested in finding out about British tastes in wine. I would particularly like to work in your restaurant, which has such a good reputation.

Yours faithfully

Claudine Martinon

enc: CV

Comment rédiger l'adresse sur une enveloppe

Adresses britanniques

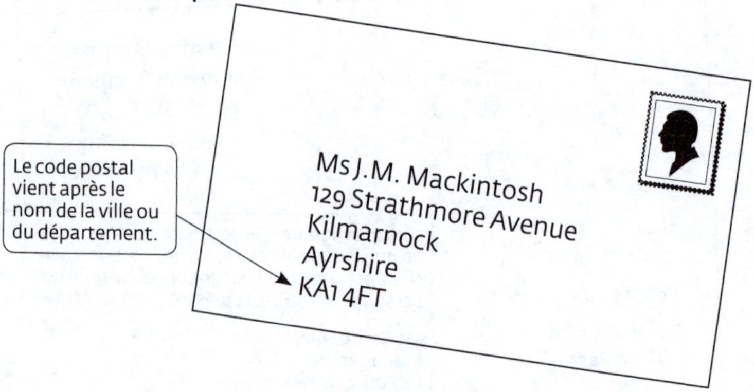

Adresses américaines

Abréviations couramment employées dans les adresses

Ave = avenue	Dr = drive	Pl = place	Sq = square
Cres = crescent	Gdns = gardens	Rd = road	St = street

Réseaux sociaux

an account	un compte
to check one's account	vérifier son compte
a blog	un blog
to comment (on)	faire un commentaire sur
to create/open an account	créer/ouvrir un compte
a dashboard	un tableau de bord
a (discussion) thread	un fil de discussion
a DM (direct message)	un message privé (MP), un message direct
to DM sb	envoyer un message privé *ou* un MP à quelqu'un
a follower	un suiveur, une suiveuse; un(e) abonné(e)
to follow	suivre
a forum	un forum
a friend	un(e) ami(e)
to friend	ajouter à sa liste d'amis
a hashtag	un mot-dièse, un hashtag
a news feed	un news feed, un fil d'actualités *ou* de nouvelles
a profile	un profil
a profile picture	une photo du profil
an RSS feed	un fil d'actualités *ou* de nouvelles RSS
a status update	une mise à jour du statut
to tag sb in a photo	taguer qn sur une photo
a trending topic	un sujet tendance
a tweet	un tweet
to tweet (about)	tweeter (sur)
to retweet	retweeter
to unfollow	arrêter de suivre
a wall	un mur
to post sth on/to sb's wall	poster qch sur le mur de qn
to write on sb's wall	écrire sur le mur de qn

Abréviations courantes dans les e-mails et SMS

2 = *to, too, to-* (*e.g.* **2moro** = *tomorrow*)
4 = *for*
b4 = *before*
btw = *by the way*
c = *see*
im(h)o = *in my (humble) opinion*
l8r = *later*
lol = *laugh out loud*
OMG = *oh my God*
pls *or* **plz** = *please*
r = *are*
rly = *really*
soz = *sorry*
thx = *thanks*
u = *you*
ur = *your, you're*

Téléphone et Internet

Les différents types de communication

Local/national call.	Communication locale/ interurbaine.
I want to make an international call.	Je voudrais appeler l'étranger.
I want to make a reverse charge call to a Paris **number** *(Brit) ou* **I want to call a** Paris **number collect** *(US)*.	Je voudrais appeler … en PCV.
How do I get an outside line?	Comment est-ce que je peux téléphoner à l'extérieur ?

Les renseignements

What is the number for directory enquiries *(Brit) ou* **directory assistance** *(US)*?	Quel est le numéro des renseignements ?
Can you give me the number for Europost, 20 Cumberland Street, Newquay?	Je voudrais le numéro de …
What is the code for Martinique?	Quel est l'indicatif de …
What is the number for the speaking clock?	Quel est le numéro de l'horloge parlante ?

Réponses

The number you require is 0181-613 3297. *(o-one-eight-one six-one-three three-two-nine-seven)*	Le numéro que vous avez demandé est le …
I'm sorry, there's no listing under that name.	Je regrette, mais il n'y a pas d'abonné à ce nom.
The number you require is ex-directory *(Brit) ou* **unlisted** *(US)*.	Le numéro que vous avez demandé est sur liste rouge.

Lorsque l'abonné répond

Could I speak to Mr Sanderson, please?	Pourrais-je parler à …
Could you put me through to Dr Evans, please?	Pourriez-vous me passer …
Can I have extension 6578, please?	Pourriez-vous me passer le poste …
I'll call back in half an hour.	Je rappellerai dans …
Would you ask him to call me when he gets back?	Pourriez-vous lui demander de me rappeler à son retour ?

Au standard

Who shall I say is calling?	C'est de la part de qui ?
I'm putting you through.	Je vous le passe.
I have a call from Tokyo **for** Mrs Thomson.	J'ai un appel de ... pour ...
I've got Miss Martin **on the line.**	J'ai ... en ligne.
Dr Roberts **is on another line. Do you want to hold?**	... est en ligne, vous patientez ?
Please hold.	Ne quittez pas.
There's no reply.	Ça ne répond pas.
Would you like to leave a message?	Voulez-vous laisser un message ?

Messages enregistrés

The number you have dialled has not been recognized. Please hang up.	Le numéro de votre correspondant n'est plus attribué. Veuillez raccrocher.
The number you have dialled has been changed to 020-7789 0044.	Le numéro de votre correspondant a changé. Veuillez composer désormais le ...
All the lines are busy right now. Please try again later.	Par suite de l'encombrement des lignes, votre appel ne peut aboutir. Veuillez rappeler ultérieurement.
Hello, you have reached Sunspot Insurance. **Please wait, your call will be answered shortly.**	Bonjour, vous êtes en communication avec ... Veuillez patienter, nous allons donner suite à votre appel dans quelques instants.
Hello, you are through to Emma and Matthew Hargreaves. **Please leave a message after the tone and we'll get back to you.** Thanks.	Bonjour, vous êtes bien chez ... Laissez un message après le bip sonore et nous vous rappellerons dès notre retour.

Pour répondre au téléphone

Hello, it's Anne **speaking.**	Allô, c'est ... à l'appareil.
Speaking.	C'est moi.
Who's speaking?	Qui est à l'appareil ?

L'ANGLAIS EN SITUATION

Assistance technique

Where can I charge my mobile *(Brit)* *ou* **cell** *(US)* **(phone)?**	Où est-ce que je peux recharger mon portable ?
I need a new battery.	Il me faut une batterie neuve.
I'd like to buy a SIM card with/without a contract.	Je voudrais acheter une carte SIM avec/sans abonnement.

En cas de difficulté

I can't get through.	Je n'arrive pas à avoir le numéro.
Their phone is out of order.	Leur téléphone est en dérangement.
We have been cut off.	Nous avons été coupés.
I must have dialled the wrong number.	J'ai dû faire un faux numéro.
This is a very bad line.	La ligne est très mauvaise.
I can't get a signal here.	Il y a une mauvaise réception ici.
I can't get a network.	Je n'ai pas de réseau.
You're breaking up.	Je ne te capte plus.
I've run out of credit.	Je n'ai plus de crédit.

Internet

Do you have an Internet connection/Wi-Fi?	Y a-t-il une connexion Internet/wi-fi ?
What's the Wi-Fi password?	Quel est le mot de passe pour le wi-fi ?
I've forgotten my password.	J'ai oublié mon mot de passe.
Do you know the website address?	Connaissez-vous l'adresse du site Web ?
I would like to download the timetable.	Je voudrais télécharger ...
Are you on Twitter®/Facebook®?	Est-ce que vous êtes sur Twitter®/Facebook® ?

French in action

The aim of **French in action** is to help you express yourself simply but correctly in fluent, natural French.

The **Sentence builder** section features hundreds of phrases in which the key elements have been translated, providing an invaluable point of reference when you then construct your own sentences.

The section on correspondence contains practical models of personal and business letters and emails, job applications and CVs, together with examples of standard opening and closing formulae and information on how to address an envelope. This section also offers guidance notes to help you adapt these models to your needs.

A separate section covers all the expressions you might need to make different types of phone calls as well as useful vocabulary on social networking and using the Internet.

We hope you will find **French in action** both relevant and useful and that, used in conjunction with the dictionary, it will improve your understanding and enjoyment of French.

Contents

Likes, dislikes and preferences

Saying what you like

J'aime les gâteaux.	I like ...
J'aime que les choses soient à leur place.	I like ...
J'ai bien aimé le film.	I liked ...
J'adore sortir en boîte.	I love ...
Ce que je préfère chez Laurent, c'est son enthousiasme.	What I like most ...
Ce que j'aime par-dessus tout, c'est son sourire.	What I like most of all is ...
La visite des vignobles **m'a beaucoup plu.**	I very much enjoyed ...
J'ai un faible pour le chocolat.	I've got a weakness for ...
Rien ne vaut un bon café.	You can't beat ...
Rien de tel qu'un bon bain chaud !	There's nothing better than ...
Le couscous est **mon** plat **favori.**	My favourite ...
La lecture est **une de mes** activités **préférées.**	... one of my favourite ...
Cela ne me déplaît pas de sortir seule.	I don't mind ...

Saying what you dislike

Je n'aime pas le poisson.	I don't like ...
Je n'aime pas beaucoup parler en public.	I'm not very keen on ...
Je ne l'aime **pas du tout.**	I don't like ... at all.
Cette idée **ne m'emballe pas.**	I'm not particularly keen on ...
Je déteste la chimie.	I hate ...
J'ai horreur du sport.	I loathe ...
Je ne supporte pas qu'on me mente.	I can't stand ...
Sa façon d'agir **ne me plaît pas du tout.**	I don't like ... at all.
Ce que je déteste le plus, c'est le repassage.	What I hate most is ...

Saying what you prefer

Je préfère le rock **à** la musique classique.	I prefer ... to ...
Je préférerais vivre à Paris.	I would rather ...
J'aimerais mieux mourir **que de** lui demander un service.	I'd sooner ... than ...

Expressing indifference

Ça m'est égal.	It's all the same to me.
Je n'ai pas de préférence.	I have no preference either way.
C'est comme vous voudrez.	As you wish.

Cela n'a aucune importance.	It doesn't matter in the least.
Peu importe.	I don't mind.

Asking what someone likes

Est-ce que vous aimez les frites ?	Do you like ...
Est-ce que vous aimez faire la cuisine ?	Do you like ...
Est-ce que cela vous plaît de vivre en ville ?	Do you enjoy ...
Qu'est-ce que vous préférez : la mer ou la montagne ?	Which do you like better ...
Vous préférez lequel, le rouge ou le noir ?	Which do you prefer ...
Est-ce que vous préférez vivre à la campagne ou en ville ?	Do you prefer ...
Qu'est-ce que vous aimez le plus à la télévision ?	What do you like best ...

Opinions

Asking for opinions

Qu'en pensez-vous ?	What do you think about it?
Que pensez-vous de sa façon d'agir ?	What do you think of ...
Je voudrais savoir ce que vous pensez de son travail.	I'd like to know what you think of ...
J'aimerais connaître votre avis sur ce problème.	I would like to know your views on ...
Est-ce que vous pourriez me donner votre opinion sur cette émission ?	What do you think of ...
Quelle est votre opinion sur la peine de mort ?	What is your opinion on ...
À votre avis, hommes et femmes sont-ils égaux ?	In your opinion ...
Selon vous, faut-il donner plus de liberté aux jeunes ?	In your opinion ...

Expressing opinions

Vous avez raison.	You are right.
Il a tort.	He is wrong.
Il a eu tort de démissionner.	He was wrong to ...
Je pense que ce sera possible.	I think ...
Je crois que c'est un peu prématuré.	I think ...
Je trouve que c'est bizarre.	I find it ...
Personnellement, je pense que c'est trop cher.	Personally, I think that ...
Il me semble que vous vous trompez.	I think ...
J'ai l'impression que ses parents ne la comprennent pas.	I get the impression that ...

FRENCH IN ACTION

Je suis certain qu'il est tout à fait sincère.	I'm sure ...
Je suis sûr que Marc va gagner.	I'm sure ...
Je suis persuadé qu'il y a d'autres solutions.	I am convinced that ...
À mon avis, il n'a pas changé.	In my opinion ...
D'après moi, il a fait une erreur.	In my view ...
Selon moi, c'est impossible.	In my view ...

Being noncommittal

Ça dépend.	It depends.
Tout dépend de ce que vous entendez par là.	It all depends what you mean by ...
Je ne peux pas me prononcer.	I'd rather not express an opinion.
Je n'ai pas d'opinion bien précise à ce sujet.	I have no definite opinion on this.
Je ne me suis jamais posé la question.	I have never thought about it.
Je ne sais pas trop.	I don't really know.
Je ne suis pas sûr.	I'm not sure.

Approval and agreement

Je trouve que c'est une excellente idée.	I think it's an excellent idea.
Quelle bonne idée !	What a good idea!
J'ai beaucoup apprécié son article.	I really enjoyed ...
C'est une très bonne chose.	It's a very good thing.
Je trouve que vous avez raison de vous méfier.	I think you're right to ...
Vous avez bien fait de laisser vos bagages à la consigne.	You were right to ...
Vous n'avez pas tort de critiquer le gouvernement.	You're quite justified in ...
Je partage cette opinion.	I share this view.
Je partage votre inquiétude.	I fully share your ...
Nous sommes favorables à la création d'emplois.	We are in favour of ...
Nous sommes en faveur d'une Europe unie.	We are in favour of ...
Il est exact que c'est un risque à prendre.	It is true that ...
Il est vrai que cette erreur aurait pu être évitée.	It is true that ...
Je suis d'accord avec vous.	I agree with you.
Je suis entièrement d'accord avec toi.	I entirely agree with you.

Disapproval and disagreement

Je trouve qu'il a eu tort d'emprunter autant d'argent.	I think he was wrong to ...
Il est dommage qu'il ait réagi ainsi.	It's a pity that ...
Il est regrettable qu'ils ne nous aient pas prévenus.	It is regrettable that ...
Cette idée **me déplaît profondément.**	I dislike ... intensely.
Je ne supporte pas le mensonge.	I can't stand ...
Nous sommes contre la chasse.	We are against ...
Je suis absolument contre.	I am dead against it.
Je refuse cette solution.	I reject ...
Je suis opposé à toute forme de censure.	I am opposed to ...
Je ne partage pas ce point de vue.	I don't share this point of view.
Je suis déçu par son attitude.	I am disappointed by ...
Je suis profondément déçu.	I am deeply disappointed.
Tu n'aurais pas dû lui parler sur ce ton.	You shouldn't have ...
Nous ne pouvons accepter de voir la situation se dégrader.	We can't stand by and ...
C'est inacceptable.	This is unacceptable.
De quel droit agit-**il** de la sorte ?	What gives him the right to ...
Je ne suis pas d'accord.	I disagree.
Nous ne sommes pas d'accord avec eux.	We don't agree with ...
Je ne suis absolument pas d'accord avec ce qu'il a dit.	I totally disagree with ...
C'est faux de dire que cette erreur était inévitable.	It is wrong to say that ...
Vous vous trompez !	You're wrong!

Complaints

Je ne suis pas satisfait de ma chambre.	I'm not happy with ...
Je suis très déçu du service fourni par votre hôtel.	I'm very disappointed with ...
Je voudrais faire une réclamation.	I would like to make a complaint.
Je voudrais parler au responsable, s'il vous plaît.	I would like to speak to the manager, please.
Il y a un problème avec la réservation.	There is a problem with ...
C'est absolument inacceptable.	That's totally unacceptable.
Pourriez-vous vous en occuper tout de suite ?	Can you see to it straightaway?

FRENCH IN ACTION

Apologies

How to say sorry

Excusez-moi.	Sorry.
Excusez-moi de vous déranger.	Sorry to bother you.
Oh, pardon ! J'ai dû faire un faux numéro.	Oh, sorry!
Je suis désolé de vous avoir réveillé.	I am sorry I ...
Je suis désolé pour tout ce qui s'est passé.	I am sorry about ...
Je vous prie de m'excuser.	I do apologize.
Nous prions nos lecteurs **de bien vouloir excuser** cette omission.	We hope ... will excuse ...

Admitting responsibility

C'est (de) ma faute : j'aurais dû partir plus tôt.	It's my fault, I should have ...
Je n'aurais pas dû me moquer d'elle.	I shouldn't have ...
Nous avons eu tort de ne pas vérifier cette information.	We were wrong not to ...
J'assume seul l'entière responsabilité de cette erreur.	I take full responsibility for ...
Je reconnais que j'aurais dû faire un effort.	I admit that ...

Disclaiming responsibility

Ce n'est pas (de) ma faute.	It's not my fault.
Ce n'est pas (de) ma faute si nous sommes en retard.	It's not my fault if ...
Je ne l'ai pas fait exprès.	I didn't do it on purpose.
Je ne pouvais pas faire autrement.	I had no other option.
J'avais pourtant cru comprendre que je pouvais me garer là.	But I thought that ...
J'avais cru bien faire en le prévenant.	I thought I was doing the right thing in ...

Apologizing for being unable to do something

Je regrette, mais ce n'est pas possible.	I'm sorry, but ...
Je suis désolé, mais je ne peux pas vous aider.	I'm sorry, but ...
Il nous est malheureusement impossible d'accéder à votre demande.	Unfortunately, it's impossible for us to ...

FRENCH IN ACTION

Explanations

Causes

Je n'ai rien acheté **parce que** je n'ai pas d'argent.	... because ...
Je suis arrivé en retard **à cause des** embouteillages.	... because of ...
Puisque tu insistes, je vais rester un jour de plus.	Since ...
Comme j'habitais près de la bibliothèque, j'y allais souvent.	As ...
Je ne pourrai pas venir **car** je n'ai pas fini.	... as ...
Vu la situation actuelle, nous ne pouvons pas nous prononcer.	Given ...
Étant donné la crise, il est difficile de trouver du travail.	Given ...
C'est une rupture d'essieu **qui a provoqué** le déraillement.	It was ... that caused ...
Le théâtre va fermer **faute de** moyens.	... due to lack of ...
Il a donné sa démission **pour des raisons de** santé.	... for ... reasons.
Le projet a été abandonné **en raison de** problèmes juridiques.	... owing to ...
Le malaise des enseignants **est lié à** la difficulté de leur métier.	... is linked to ...
Le problème vient de ce que les gens sont déçus par la politique.	The problem is that ...
Le ralentissement des exportations **provient de** la chute de la demande européenne.	... is the result of ...
La haine **résulte de** l'incompréhension.	... results from ...

Consequences

Je dois partir ce soir. Je ne pourrai **donc** pas venir avec vous.	... so ...
La distribution a été améliorée, **de telle sorte que** les lecteurs trouveront leur journal plus tôt.	... so that ...
Le cidre nouveau est très peu fermenté et **par conséquent** très peu alcoolisé.	... consequently ...
Ce manque de concertation **a eu pour conséquence** une duplication inutile de nos efforts.	... has resulted in ...
Voilà pourquoi on s'en souvient.	That's why ...

FRENCH IN ACTION

Comparisons

On peut comparer la télévision **à** une drogue.	... can be compared to ...
Un texte **qui tient** à la fois **du** conte et du récit d'aventures.	... which has elements of ...
Le Centre Pompidou **est souvent comparé à** un paquebot.	... is often compared to ...
Le bruit **était comparable à** celui d'une moto dépourvue de silencieux.	... was comparable to ...
L'Afrique reste un continent sous-peuplé **comparé à** l'Asie.	... compared with ...
Par comparaison avec l'Islande, l'Irlande a un climat tropical.	Compared to ...
Les investissements publicitaires ont connu une légère progression **par rapport à** l'année dernière.	... compared to ...
Cette histoire **ressemble à** un conte de fées.	... is like ...
Il adorait cette campagne qui **lui rappelait** l'Irlande.	... reminded him of ...
Des taux de chômage effrayants, **rappelant ceux** des années 30.	... reminiscent of those ...
Il me fait penser à mon frère.	He reminds me of ...
Le surf des neiges **est l'équivalent** sur neige **de** la planche à roulettes.	... is the equivalent ... of ...
Cette somme **correspond à** six mois de salaire.	... corresponds to ...
C'est la même chose.	It's the same thing.
Cela revient au même.	It comes to the same thing.
Ce disque **n'est ni meilleur ni moins bon que** les autres.	... is no better and no worse than ...

Stressing differences

Aucune catastrophe **ne peut être comparée au** tsunami de 2004.	No ... can compare with ...
On ne peut pas comparer les usines modernes **à** celles où travaillaient nos grands-parents.	... cannot be compared with ...
Les actions de ce groupe **n'ont rien de comparable avec** les agissements des terroristes.	... are in no way comparable to ...
Sa démarche le **différencie de** son frère.	... distinguishes ... from ...
L'histoire des États-Unis **ne ressemble en rien à** la nôtre.	... in no way resembles ...
Ça n'a rien à voir.	That's got nothing to do with it.
Ce sont deux choses complètement différentes.	These are two completely different things.

FRENCH IN ACTION

Il y a des événements bien plus tragiques que de perdre une finale de Coupe d'Europe.	There are worse things than ...
Le gruyère **est meilleur que** le comté.	... is better than ...
Son deuxième film **est moins** réussi **que** le premier.	... is less ... than ...
L'espérance de vie des femmes est de 81 ans, **tandis que** celle des hommes est de 72 ans.	... while ...
Alors que la consommation de vin et de bière diminue, l'eau minérale est un marché en expansion.	While ...

Requests and offers

Requests

Je voudrais trois tartelettes.	I'd like ...
Je voudrais connaître les horaires des trains pour Lille.	I'd like to ...
Pourriez-vous nous donner un coup de main ?	Could you ...
Est-ce que vous pouvez annoncer la bonne nouvelle à Éliane ?	Can you ...
Est-ce que vous pourriez venir me chercher ?	Could you ...
Sois gentille, fais un saut chez le boulanger.	Be an angel ...
Auriez-vous l'amabilité de m'indiquer la sortie ?	Would you be so kind as to ...
Auriez-vous la gentillesse de nous donner la recette ?	Would you be so kind as to ...
Auriez-vous l'obligeance de me garder ma place ?	Would you be very kind and ...
Puis-je vous demander de m'accorder un instant ?	Could I trouble you to ...
Merci de bien vouloir patienter.	If you wouldn't mind ...
Est-ce que cela vous dérangerait d'ouvrir la fenêtre ?	Would you mind ...
Je vous serais reconnaissant de me prévenir dès que possible.	I would be grateful if you would ...
Je vous serais reconnaissant de bien vouloir me communiquer votre décision d'ici vendredi.	I would be grateful if you would ...

Offers

Je peux passer vous prendre, **si** vous voulez.	I can ... if ...
Je pourrais vous accompagner.	I could ...
Ça te dirait, une glace ?	Do you fancy ...
Ça vous dirait d'aller faire un tour ?	How do you fancy ...
Que diriez-vous d'une balade en forêt ?	Do you feel like ...

FRENCH IN ACTION

Est-ce que vous voulez que j'aille chercher votre voiture ?	Do you want me to ...
Est-ce que vous voulez dîner avec nous un soir ?	Would you like to ...

Advice and suggestions

Asking for advice or suggestions

À ma place, que feriez-vous ?	What would you do if you were me?
Quel est votre avis sur la question ?	What's your opinion on the matter?
Qu'est-ce que vous me conseillez, les Baléares ou les Canaries ?	Which would you recommend ...
Que me conseillez-vous de faire ?	What would you advise me to do?
Parmi les excursions à faire, **laquelle nous conseilleriez-vous ?**	... which would you recommend?
Quelle stratégie **proposez-vous ?**	What ... do you suggest?
Que proposez-vous pour réduire la pollution ?	What, in your opinion, should be done to ...
Qu'est-ce que vous proposez contre le chômage ?	How would you deal with ...

Offering advice or suggestions

À votre place, je me méfierais.	If I were you ...
Si j'étais toi, je ne dirais rien.	If I were you ...
Si je peux vous donner un conseil, achetez votre billet à l'avance.	If I may give you a bit of advice ...
Un conseil : lisez le mode d'emploi.	A word of advice ...
Un bon conseil : n'attendez pas le dernier moment pour faire votre réservation.	A useful tip ...
Vous devriez voir un spécialiste.	You should ...
Vous feriez bien de consulter un avocat.	You would do well to ...
Vous feriez mieux d'acheter une nouvelle voiture.	You would do better to ...
Vous pourriez peut-être demander à quelqu'un de vous le traduire.	You could perhaps ...
Vous pourriez montrer un peu plus de compréhension.	You could ...
Pourquoi ne pas lui téléphoner ?	Why don't you ...
Il faudrait peut-être essayer autre chose.	Perhaps we ought to ...
Et si on allait au cinéma ?	How about ...

Je vous propose le 3 mars à 10 h 30.	How about ...
Il vaudrait mieux lui offrir de l'argent qu'un bijou.	It might be better to ...
Il serait préférable d'attendre le résultat.	It would be better to ...

Encouraging someone

Bravo !	Well done!
Vas-y, tu vas y arriver !	Go on, ...
C'est très bien, continuez comme ça.	Very good ...
Je vous félicite, vous vous êtes très bien débrouillé.	Congratulations, ...
C'est du très bon travail.	You've done some very good work.

Warnings

Je vous préviens, je ne me laisserai pas faire.	I warn you ...
Je te préviens que ça ne sera pas facile.	I'd better warn you that ...
N'oubliez pas de conserver le double de votre déclaration d'impôts.	Don't forget to ...
Méfiez-vous des apparences.	Remember: appearances can be deceptive.
Surtout, n'y allez **jamais** le samedi.	Whatever you do, don't ...
Si tu ne viens pas, **tu risques de** le regretter.	... you risk ...
Attention, ça pourrait vous attirer des ennuis.	Be careful, that could ...

Intentions and desires

Asking what someone intends to do

Qu'est-ce que vous allez faire ?	What are you going to do?
Qu'est-ce que tu vas faire si tu rates ton examen ?	What will you do if ...
Qu'allez-vous faire en rentrant? **Avez-vous des projets ?**	What are you going to do ... ? Do you have anything planned?
Quels sont vos projets ?	What are your plans?
Est-ce que tu comptes passer tes vacances ici ?	Are you planning to ...
Vous comptez rester longtemps ?	Are you planning on ...
Que comptez-vous faire de votre collection ?	What are you planning to do with ...
Comment comptez-vous faire ?	What are you thinking of doing?
Tu as l'intention de passer des concours ?	Do you intend to ...
Songez-vous à refaire un film en Europe ?	Are you thinking of ...

FRENCH IN ACTION

Talking about intentions

Je comptais m'envoler pour Ajaccio le 8 juillet.	I was planning to ...
Elle prévoit de voyager pendant un an.	She plans to ...
Il est prévu de construire un nouveau stade.	There are plans to ...
Ils envisagent d'avoir plusieurs enfants.	They are thinking of ...
Cette banque **a l'intention de** fermer un grand nombre de succursales.	... intends to ...
Je songe à abandonner la politique.	I am thinking of ...
J'ai décidé de changer de carrière.	I have decided to ...
Je suis décidée à arrêter de fumer.	I have made up my mind to ...
Je me suis décidée à y aller.	I have made up my mind to ...
C'est décidé, nous partons à la campagne.	That's settled ...
Il n'a jamais été dans nos intentions de lui cacher la vérité.	We never had any intention of ...
Il n'est pas question pour moi **de** renoncer à ce projet.	There is no question of ...

Wishes

Je veux faire du cinéma.	I want to ...
Je voudrais savoir jouer aussi bien que lui.	I'd like to ...
J'aimerais faire du deltaplane.	I'd like to ...
J'aimerais que mes photos soient publiées dans la presse.	I would like ...
J'aurais aimé avoir un frère.	I would have liked to ...
Lionel **voulait à tout prix** partir le soir-même.	... wanted at all costs ...
Nous souhaitons préserver notre indépendance.	We wish to ...
J'espère avoir des enfants.	I hope to ...
Nous espérons que les enfants regarderont cette émission avec leurs parents.	We hope that ...
Vous rêvez de faire le tour du monde ?	Do you dream of ...
Mon rêve serait d'avoir une grande maison.	My dream would be to ...

Obligation

Il faut que je me trouve un logement.	I must ...
Il faut absolument qu'on se revoie avant le 23 !	We really must ...
Si vous allez en Pologne, **vous devez** venir nous voir.	... you must ...
Les auteurs du détournement **ont exigé que** l'avion reparte vers New York.	... demanded that ...
Ça **me force à** faire de l'exercice.	... makes me ...

Une violente crise d'asthme **m'a obligé à** consulter un médecin.	... forced me to ...
Je suis obligé de partir.	I have to ...
Il est obligé de travailler, **il n'a pas le choix.**	He has to ... he has no other option.
Je ne peux pas faire autrement que d'accepter.	I have no choice but to ...
L'école **est obligatoire** jusqu'à seize ans.	... is compulsory ...
Il est indispensable de voyager pour comprendre les autres.	It is essential to ...

Permission

Asking for permission

Je peux téléphoner ?	Can I ...
Je peux vous demander quelque chose ?	Can I ...
Est-ce que je peux passer vous dire un petit bonjour tout à l'heure ?	Can I ...
Ça ne vous dérange pas si j'arrive en avance ?	Is it all right if ...
Ça ne vous dérange pas que je fume ?	Do you mind if ...
Est-ce que ça vous dérange si j'ouvre la fenêtre ?	Do you mind if ...
Vous permettez, Madame, **que** je regarde ce qu'il y a dans votre sac ?	Would you mind if ...

Giving permission

(Vous) faites comme vous voulez.	Do as you please.
Allez-y !	Go ahead!
Je vous en prie.	Please do.
Je n'y vois pas d'inconvénient.	I have nothing against it.
Vous avez le droit de porter plainte.	You have the right to ...

Saying something is not allowed

Je te défends de sortir !	I forbid you to ...
C'est défendu.	It's forbidden.
Il est interdit de fumer dans les toilettes.	... is forbidden.
Le travail des enfants **est formellement interdit par** une convention de l'ONU.	... is strictly forbidden by ...
Défense d'entrer.	No entry.
Stationnement interdit.	No parking.
Interdiction de stationner.	No parking.
C'est interdit.	It's not allowed.
Elle interdit à ses enfants **d'**ouvrir la porte.	She forbids ... to ...
Tu n'as pas le droit.	You're not allowed.

On n'avait pas le droit de manger ni de boire pendant le service.	We weren't allowed to ...
Il n'en est pas question.	That's out of the question.

Certainty, probability and possibility

Certainty

Il est certain qu'il y aura des problèmes.	Undoubtedly ...
Il ne fait aucun doute que ce produit connaîtra un réel succès.	There is no doubt that ...
Il est évident qu'il traverse une période difficile.	Clearly ...
C'est **de toute évidence** la seule chose à faire.	Quite obviously ...
Il est indéniable qu'il a eu tort d'agir ainsi.	It is undeniable that ...
Je suis sûre que mon frère te plaira.	I am sure that ...
Je suis sûr de gagner.	I am sure that I ...
Je suis certain que nous sommes sur la bonne voie.	I am certain that ...
J'ai la certitude qu'en travaillant avec lui, je ne m'ennuierai pas.	I am sure that ...
Je suis persuadé qu'il y a d'autres solutions.	I am convinced that ...
Il va gagner, **c'est obligé**.	He's bound to ...

Probability

Il est probable que le prix du pétrole va continuer d'augmenter.	... probably ...
Le taux d'inflation dépassera **très probablement** les 10 %.	... very probably ...
80 % des problèmes de peau sont **sans doute** d'origine psychique.	... undoubtedly ...
Ils avaient **sans doute** raison.	... no doubt ...
Les travaux **devraient** débuter au mois d'avril.	... should ...
Il se pourrait bien qu'ils cherchent à tester nos réactions.	It is quite possible that ...
La France a de fortes chances de gagner.	France stands a very good chance of winning.
Il a dû oublier d'ouvrir les fenêtres.	He must have ...

Possibility

C'est possible.	It is possible.
Il est possible que cela coûte plus cher.	That might ...
Il n'est pas impossible qu'il soit parti à Paris.	It is not impossible that ...
Il se pourrait que l'Amérique ait été découverte par des Chinois.	It is possible that ...

Il se peut que ce virus soit particulièrement virulent. ... may ...

En quelques mois tout **peut** changer. ... could ...

Les négociations **pourraient** aboutir très prochainement. ... could ...

Il a **peut-être** mal compris. Maybe ...

Peut-être que je me trompe. Perhaps ...

Doubt, improbability and impossibility

Doubt

Je ne suis pas sûr que ce soit utile. I'm not sure ...

Je ne suis pas sûre d'y arriver. I'm not sure I'll ...

Je ne suis pas certain d'avoir raison. I'm not sure I'm ...

Il n'est pas certain que cela soit une bonne idée. I'm not certain that ...

Personne ne sait si un vaccin pourra être mis au point. Nobody knows whether ...

Je me demande si nous avons fait beaucoup de progrès dans ce domaine. I wonder if ...

Est-ce sage ? **J'en doute.** I doubt it.

Il se mit à **douter de** la compétence de son médecin. ... to have doubts about ...

Je doute fort qu'il accepte de rester inactif. I very much doubt ...

On ne sait pas exactement ce qui s'est passé. Nobody knows exactly ...

Improbability

Il **ne** changera **probablement pas** d'avis. ... probably won't ...

Il est peu probable qu'il reste encore des places. It is unlikely that ...

Ça m'étonnerait qu'ils aient ta pointure. I'd be surprised if ...

Il serait étonnant que tout se passe conformément aux prévisions. It would be amazing if ...

Nous ne risquons pas de nous ennuyer. There's no danger of ...

Elles ne risquent pas d'avoir le prix Nobel d'économie. They are not likely to ...

Il y a peu de chances que le taux de croissance dépasse 1,5 %. There is not much chance of ...

Impossibility

C'est impossible. It's impossible.

Il n'est pas possible qu'il n'y ait rien à faire. It is not possible that ...

Il est impossible que ces renseignements soient faux. ... cannot ...

Il n'y a aucune chance qu'ils viennent à notre secours. There is no chance of ...

Greetings

Bonjour !	Hello!
Bonsoir !	Good evening!
Salut !	Hi!
Comment allez-vous ?	How are you?
Comment ça va ?	How's things?

What to say in reply

Très bien, merci, et vous ?	Very well, thanks, and you?
Ça va, et toi ?	Fine, thanks, how about you?
Super bien !	Great!
On fait aller.	Could be worse.
Pas mal, merci.	Not bad, thanks.
Couci-couça.	So-so.

Introductions

Je vous présente Charles.	This is ...
Je vous présente mon amie.	May I introduce ...
Marc ; Laurent	Marc, this is Laurent; Laurent, Marc.
Je ne crois pas que vous vous connaissiez.	I don't believe you know one another.

Replying to an introduction

Enchanté.	Pleased to meet you.
Enchanté *or* Ravi de faire votre connaissance.	How do you do?
Salut, moi c'est Dominique.	Hi, I'm ...

Leavetaking

Au revoir !	Goodbye!
Bonne nuit !	Good night!
Salut !	Bye!
Ciao !	See you!
À bientôt !	See you later!
À demain !	See you tomorrow!
À la semaine prochaine !	See you next week!
À jeudi !	See you Thursday!

Best wishes

Bon anniversaire !	Happy Birthday!
Joyeux Noël !	Merry Christmas!
Bonne année !	Happy New Year!
Félicitations !	Congratulations!
Bon voyage !	Safe journey!
Bonne chance !	Good luck!
Bienvenue !	Welcome!
Amusez-vous bien !	Have fun!
Bon appétit !	Enjoy your meal!
(À votre) santé !	Cheers!
Tchin-tchin !	Cheers!
À la tienne/À la vôtre !	Cheers!

Thanks

Merci.	Thank you.
Merci de votre coopération.	Thank you for ...
Merci beaucoup.	Thank you very much.
Je vous remercie d'avoir été si patients.	Thank you for ...
Je ne sais pas comment vous remercier.	How can I ever thank you?
Nous vous sommes très reconnaissants d'avoir hébergé notre fille.	We are very grateful to you for ...

FRENCH IN ACTION

Starting and ending emails and letters

In formal correspondence

Beginning	End
Monsieur le Directeur	Je vous prie d'agréer, Monsieur le Directeur, l'assurance de ma considération distinguée
Messieurs Monsieur Madame	Je vous prie d'agréer, Messieurs (*or* Monsieur *or* Madame), mes salutations distinguées *or* Veuillez accepter, Messieurs (*or* Monsieur *or* Madame), mes salutations distinguées
Cher Monsieur/Chère Madame	Croyez, cher Monsieur (*or* chère Madame), à l'expression de mes sentiments les meilleurs
Cher Thomas/Chère Océane	Cordialement (*in email only*)

Starting a formal email or letter

Je vous remercie de votre e-mail/lettre ...	Thank you for your email/letter ...
En réponse à votre lettre du ...	In reply to your letter of ...
Suite à ...	Further to ...
Je vous écris pour ...	I am writing to ...
Je vous prie de ...	Please ...
Veuillez trouver ci-joint ...	Please find enclosed/attached ...
Je vous serais reconnaissant de ...	I would be grateful if you would ...
Nous avons le plaisir de vous informer ...	We are pleased to inform you ...
Nous sommes au regret de vous informer ...	We regret to inform you ...

Ending a formal email or letter

Dans l'attente de votre réponse, je vous prie d'agréer mes salutations distinguées.	I look forward to hearing from you soon. Yours sincerely/Yours faithfully
N'hésitez pas à me contacter pour toute information complémentaire.	If you require any further information please do not hesitate to contact me.
En vous remerciant à l'avance pour votre aide.	Thanking you in advance for your help.

Si je peux vous aider en quoi que ce soit, n'hésitez pas à me recontacter.	If I can help you with anything else, please do get back in touch.
Veuillez m'excuser à nouveau pour le désagrément occasionné.	Once again, I apologize for any inconvenience.

In personal correspondence

Beginning	End
Cher Monsieur	Recevez, cher monsieur, mes cordiales salutations *(fairly formal)*
Chers Jean et Sylvie	Bien amicalement
Chère tante Laure	Je t'embrasse bien affectueusement
Mon cher Laurent	Grosses bises *(very informal)*
Salut Myriam	À la prochaine *(very informal)*

Starting a personal email or letter

Je te remercie de ton e-mail/ta lettre ...	Thanks for your email/letter ...
J'ai été très content d'avoir de tes nouvelles.	It was lovely to hear from you.
Je suis désolé de ne pas vous avoir répondu plus vite.	I'm sorry I didn't reply sooner.
J'espère que tu vas bien.	I hope all is well with you.

Ending a personal email or letter

Écris-moi vite.	Write soon.
Dis bonjour à ... de ma part.	Say hello to ... for me.
Transmettez mes amitiés à ...	Give my regards to ...
Embrasse ... pour moi.	Give my love to ...
... me charge de te transmettre ses amitiés.	... sends his/her best wishes.
... t'embrasse.	... sends his/her love.

Formal email

Nouveau message

Fichier | Edition | Affichage | Outils | **Composer** | Aide | Envoyer

A: centre.fleura@univ-bpclermont.fr
Cc:
Copie cachée:
Objet: Cours et visites culturelles de la région Auvergne

Nouveau message
Répondre
Répondre à tous
Faire suivre
Fichier joint

Madame, Monsieur,

Je vous écris pour vous demander des renseignements sur la formule « Cours d'été et visites culturelles de la région Auvergne » destinée aux étudiants étrangers, car je ne trouve pas d'informations précises à ce sujet sur votre site Web en dehors des dates et des formalités d'inscription.

J'aurais surtout voulu savoir comment s'organise chaque journée et comment s'articulent l'aspect apprentissage du français et l'aspect culturel : y a-t-il par exemple des cours le matin et des visites l'après-midi, ou bien l'apprentissage se fait-il au cours des visites ?

Pourriez-vous d'autre part me communiquer les horaires ainsi que le programme détaillé des visites ?

Je vous remercie par avance pour votre réponse.

Cordialement,

Alexander Garfield

Personal email

Nouveau message

Fichier | Edition | Affichage | Outils | **Composer** | Aide | Envoyer

A: hugo@europost.fr
Cc:
Copie cachée:
Objet: Warmania

Nouveau message
Répondre
Répondre à tous
Faire suivre
Fichier joint

Salut Hugo !

Tu connais le jeu Warmania ? Je l'ai trouvé sur Internet et il est super. Tu peux le télécharger directement, c'est gratuit.

La boîte qui l'a produit a un site très intéressant. L'adresse est http://www.gamebox.com. Connecte-toi et on en reparle. Amuse-toi bien !

Bonjour à tes parents et à ta sœur.
À bientôt.
Patrick

Fichier	File
Édition	Edit
Affichage	View
Outils	Tools
Composer	Compose
Aide	Help
Envoyer	Send
Nouveau message	New
Répondre	Reply to Sender
Répondre à tous	Reply to All
Faire suivre	Forward
Fichier joint	Attachment
À	To
Cc	Cc
Copie cachée	Bcc (blind carbon copy)
Objet	Subject
De	From
Date	Sent

Formal letter

The town or city from which the letter is being sent should be included along with the date. The article **le** should be included in the date.

Laurent Messier
47, rue de la Préfecture
06300 NICE

Jeanne Horlier
Bibliothèque des Musées de Strasbourg
1, Place Hans Jean Arp,
67076 Strasbourg Cedex

Nice, le 24 juin 2014

Madame,

Actuellement étudiant en deuxième année de DUT information-communication option métiers du livre et du patrimoine, je suis à la recherche d'un stage obligatoire de 2 mois dans le cadre de cette formation. Je serais particulièrement intéressé par un stage d'assistant bibliothécaire au sein d'une bibliothèque spécialisée dans les arts comme la vôtre.

Passionné de peinture, j'ai acquis, en plus de ma formation, une solide culture générale en histoire de l'art grâce aux cours du soir que j'ai suivis durant trois ans à l'École du Louvre.

J'ai également effectué l'année dernière, toujours dans le cadre du DUT, un stage d'un mois à la bibliothèque Arthur Rimbaud (75004 Paris), où j'ai beaucoup appris quant au fonctionnement des bibliothèques de prêt et aux tâches quotidiennes des agents qui y travaillent.

Dans l'espoir de pouvoir vous rencontrer prochainement pour vous convaincre de ma motivation, je vous prie d'agréer, Madame, mes salutations distinguées.

Laurent Messier

Laurent Messier

For alternatives see p. 50

CURRICULUM VITÆ

LEGUEN Marine
29, rue de Vannes
35000 RENNES
Tél : 2 99 02 71 28/7 93 92 36 54
e-mail : mleguen@gmail.fr

30 ans
célibataire
nationalité française

Assistante de direction

7 ans d'expérience dans l'export
Excellente capacité d'organisation, grande aisance relationnelle

EXPÉRIENCE PROFESSIONNELLE

mars 2009 à ce jour
Assistante du directeur à l'exportation, Agriventes, Rennes

- Participation à l'élaboration et suivi des budgets annuels clients
- Suivi des contrats, supervision des portefeuilles de commandes
- Interface commerciaux/administration des ventes/clients
- Marketing : organisation et participation aux évènements professionnels, élaboration des outils marketing (notamment maquettes des insertions publicitaires)

2007–2009
Secrétaire de direction, France-Exportations, Cognac

- Suivi de la clientèle
- Coordination marketing, production, douanes, logistique
- Organisation de salons

FRENCH IN ACTION

If you have British or American etc qualifications you should use wording such as **équivalence baccalauréat (3 A-levels), équivalence licence de lettres (BA Hons)** etc.

DIPLÔMES

2007	Diplôme de secrétaire bilingue (anglais), délivré par l'École de commerce de Poitiers
2006	Licence de langues étrangères appliquées (anglais et russe), Université de Poitiers
2002	Baccalauréat (langues) – mention assez bien

LANGUES

anglais et russe (courant), allemand (bonnes connaissances)

INFORMATIQUE

Excellente maîtrise du Pack Office (tableaux croisés sous Excel, animations sous PowerPoint, publipostage sous Word, Outlook)

LOISIRS

Voyages (Russie, Europe du Sud, Royaume-Uni, États-Unis) ; voile

RÉFÉRENCES

Jean-Alain Reboul
Directeur à l'exportation
Agriventes
192, route de Lorient
PA Rennes Ouest
35000 Rennes
02 99 54 12 13
jareboul@agriventes.fr

Although it is not essential to give references on French CVs, recruiters are increasingly keen to see this information. You can either give contact details or write **Références fournies sur demande**.

Covering letter

This is appropriate if you are writing to a company. However, if you are writing to the holder of a particular post use the following:
Monsieur le Directeur (*or* Madame la Directrice) des ressources humaines
Société GERBAULT etc
and begin the letter:
Monsieur le Directeur des ressources humaines,

If you know the name of the person you should use the following:
Monsieur Alain Dupont
Directeur des ressources humaines
Société GERBAULT etc
and begin the letter:
Monsieur,

Marine LEGUEN
29, rue de Vannes
35000 RENNES

Service du Personnel
Société GERBAULT
85, bd de la Liberté
35000 RENNES

Rennes, le 12 juillet 2014

Madame, Monsieur,

Votre annonce parue dans le Monde du 8 juillet concernant un poste d'assistante de direction dans votre service Import-Export m'a particulièrement intéressée.

Mon expérience de quatre ans en tant qu'assistante de direction dans le service d'exportation d'une petite entreprise m'a permis d'acquérir un sens des responsabilités ainsi qu'une grande capacité d'adaptation et d'organisation. Le poste que vous proposez m'intéresse tout particulièrement car j'aimerais beaucoup pouvoir utiliser dans le cadre de mon travail ma connaissance de la langue et de la culture russes, acquise lors de mes études et enrichie par de nombreux voyages.

Je me tiens à votre disposition pour vous apporter de plus amples renseignements sur ma formation et mon expérience.

Je vous prie, Madame, Monsieur, de bien vouloir agréer mes salutations distinguées.

Marine Leguen

Marine Leguen
PJ : CV

How to address an envelope

On the front

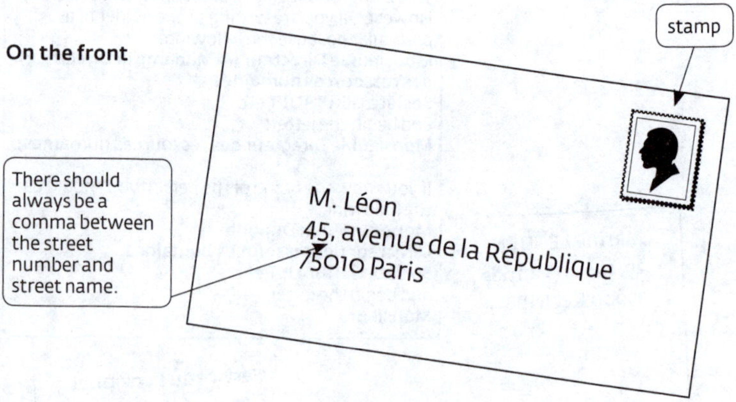

On the back

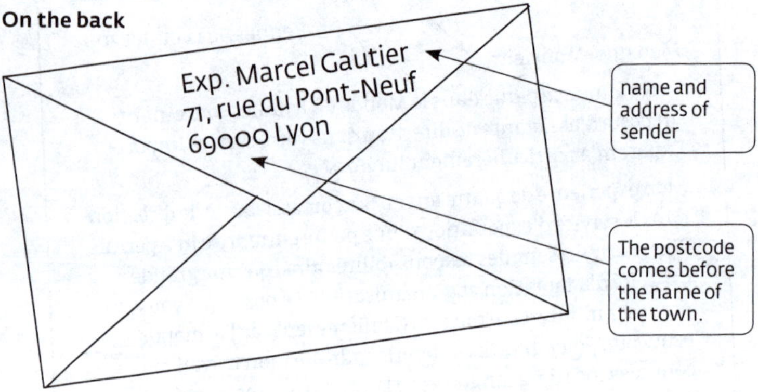

Common abbreviations used in addresses

av. = avenue
bd = boulevard
Exp. = expéditeur
fg = faubourg
pas. = passage
pl. = place

Social networking

un(e) ami(e)	a friend
ajouter à sa liste d'amis	to friend
un blog	a blog
un compte	an account
vérifier son compte	to check one's account
créer/ouvrir un compte	to create/open an account
faire un commentaire sur	to comment (on)
un fil d'actualités *or* de nouvelles RSS	an RSS feed
un fil de discussion	a (discussion) thread
un forum	a forum
un mot-dièse, un hashtag	a hashtag
un message privé, un MP, un message direct	a DM, a direct message
envoyer un message privé *or* un MP à qn	to DM sb
une mise à jour du statut	a status update
un mur	a wall
écrire sur le mur de qn	to write on sb's wall
un news feed, un fil d'actualités *or* de nouvelles	a news feed
une photo du profil	a profile picture
poster qch sur le mur de qn	to post sth on *or* to sb's wall
un profil	a profile
retweeter	to retweet
un suiveur, une suiveuse ; un(e) abonné(e)	a follower
suivre	to follow
arrêter de suivre	to unfollow
un sujet tendance	a trending topic
un tableau de bord	a dashboard
taguer qn sur une photo	to tag sb in a photo
un tweet	a tweet
tweeter (sur)	to tweet (about)

Abbreviations used in emails and text messages

@+ = *à plus tard*
2M1 = *demain*
6né = *ciné(ma)*
AM = *après-midi*
ama = *à mon avis*
asap = *aussi vite que possible*
ASV = *âge, sexe, ville*
b1 = *bien*
bal = *boîte aux lettres*
biz = *bisous, bises*
bjr = *bonjour*
bsr = *bonsoir*
c = *c'est, ces*
dsl = *désolé*
HT = *acheter*
IR = *hier*
ki = *qui*
koi = *quoi*
lol, mdr = *mort de rire*
NRV = *énervé*
pk = *pourquoi*
slt = *salut*

FRENCH IN ACTION

Telephone and Internet

Different types of call

Je voudrais appeler l'étranger.	I'd like to make an international call.
Je voudrais appeler Londres **en PCV.**	I'd like to make a reverse charge call *(Brit)* to a ... number *or* I'd like to call a ... number collect *(US)*.
Comment est-ce que je peux téléphoner à l'extérieur ?	How do I get an outside line?

Asking for information

Quel est le numéro des renseignements ?	What is the number for directory enquiries *(Brit) or* directory assistance *(US)*?
Je voudrais le numéro de la société Europost, 20, rue de la Marelle, à Pierrefitte.	Can you give me the number for ...
Quel est l'indicatif de la Martinique ?	What is the code for ...
Quel est le numéro de l'horloge parlante ?	What is the number for the speaking clock?

Receiving information

Le numéro que vous avez demandé est le 01 40 32 37 12. **(zéro-un quarante trente-deux trente-sept douze)**	The number you require is ...
Je regrette, mais il n'y a pas d'abonné à ce nom.	I'm sorry, there's no listing under that name.
Le numéro que vous avez demandé est sur liste rouge.	The number you require is ex-directory *(Brit) or* unlisted *(US)*.

When your number answers

Je voudrais parler à *or* **Pourrais-je parler à** M. Wolff, s'il vous plaît ?	Could I speak to ...
Pourriez-vous me passer le docteur Henderson, s'il vous plaît ?	Could you put me through to ...
Pourriez-vous me passer le poste 52 64, s'il vous plaît ?	Can I have extension ...
Je rappellerai dans une demi-heure.	I'll call back in ...
Pourriez-vous lui demander de me rappeler à son retour ?	Would you ask him to call me when he gets back?

FRENCH IN ACTION

The switchboard operator speaks

C'est de la part de qui ?	Who shall I say is calling?
Je vous le passe.	I'm putting you through.
J'ai un appel de Tokyo **pour** Mme Thomson.	I have a call from ... for ...
J'ai Mlle Martin **en ligne.**	I've got ... on the line.
Le docteur Roberts **est en ligne, vous patientez ?**	... is on another line. Do you want to hold?
Ne quittez pas.	Please hold.
Ça ne répond pas.	There's no reply.
Voulez-vous laisser un message ?	Would you like to leave a message?

Recorded messages

Le numéro de votre correspondant n'est plus attribué. Veuillez consulter l'annuaire ou le service de renseignements.	The number you have dialled has not been recognized. Please consult the telephone directory or directory enquiries.
Le numéro de votre correspondant a changé. Veuillez composer désormais le 33 42 21 70.	The number you have dialled has been changed to ...
Par suite de l'encombrement des lignes, votre appel ne peut aboutir. Veuillez rappeler ultérieurement.	All the lines are busy right now. Please try again later.
Bonjour, vous êtes en communication avec le service des ventes. **Veuillez patienter, nous allons donner suite à votre appel dans quelques instants.**	Hello, you have reached ... Please wait, your call will be answered shortly.
Bonjour, vous êtes bien chez M. et Mme Martin. **Laissez un message après le bip sonore et nous vous rappellerons dès notre retour.** Merci.	Hello, you are through to ... Leave a message after the tone and we'll get back to you.

Answering the telephone

C'est moi *or* **lui-même (***or* **elle-même).**	Speaking.
Qui est à l'appareil ?	Who's speaking?

Technical help

Où est-ce que je peux recharger mon portable ?	Where can I charge my mobile *(Brit)* *or* cell *(US)* (phone)?
Il me faut une batterie neuve.	I need a new battery.
Je voudrais acheter une carte SIM avec/sans abonnement.	I'd like to buy a SIM card with/without a contract.

When in trouble

Je n'arrive pas à avoir le numéro.	I can't get through.
Leur téléphone est en dérangement.	Their phone is out of order.
Nous avons été coupés.	We have been cut off.
J'ai dû faire un faux numéro.	I must have dialled the wrong number.
La ligne est très mauvaise.	This is a very bad line.
Je n'ai pas de réseau.	I can't get a network.
Je ne te capte plus.	You're breaking up.
Je n'ai plus de crédit.	I've run out of credit.

Internet

Y a-t-il une connexion Internet/wi-fi ?	Do you have an Internet connection/Wi-Fi?
Quel est le mot de passe pour le wi-fi ?	What's the Wi-Fi password?
J'ai oublié mon mot de passe.	I've forgotten my password.
Connaissez-vous l'adresse du site Web ?	Do you know the website address?
Je voudrais télécharger les horaires.	I would like to download ...
Est-ce que vous êtes sur Twitter®/Facebook® ?	Are you on Twitter®/Facebook®?

Grammaire anglaise

Table des matières

La prononciation de l'anglais, notamment des voyelles, est moins régulière que celle du français. Vous trouverez des règles de prononciation ci-dessous. Il est utile de connaître l'API (Alphabet phonétique international), utilisé dans cet ouvrage, pour pouvoir lire et apprendre la prononciation des mots.

1.1 Les voyelles

En anglais, les voyelles sont **brèves** ou **longues**. Les voyelles longues sont prolongées ; on les indique en phonétique par deux points : [ɑː], [ɔː], etc.

SYMBOLE	EXEMPLES	CONSEILS DE PRONONCIATION
Voyelles brèves		
[æ]	m**a**n, c**a**t	Ressemble au « **a** » de « n**a**tte » en plus fermé.
[ɛ]	l**e**t, br**ea**th	Un peu moins ouvert et plus bref que le « **è** » français.
[ɪ]	s**i**t, k**i**ss	Plus ouvert que le « **i** » français, ce son est à mi-chemin entre le « **é** » et le « **i** ».
[ɔ]	h**o**t, w**a**sp	Plus ouvert que notre « **o** », il se prononce dans le fond de la bouche.
[u]	f**u**ll, b**oo**k	Plus bref que le « **ou** » français, il se prononce dans le fond de la bouche.
[ʌ]	f**u**n, bl**oo**d	Ressemble au « **eu** » de « m**eu**ble » en plus bref. Fermez un peu plus la bouche pour le prononcer.
[ə]	**a**bove, c**o**nnect	On appelle ce son « **schwa** ». Il correspond à notre « **e** » muet et n'est pas accentué.
Voyelles longues		
[ɑː]	l**ar**ge, c**al**m	Ressemble au « **â** » de « p**â**te » en plus long.
[əː]	**ur**gent, w**or**k	Ressemble au « **eu** » de « p**eu** » en plus long.
[iː]	s**ea**, k**ey**	Un « **i** » très long.
[ɔː]	w**a**ll, b**or**n	Comme le « **au** » de « p**au**me » mais plus ouvert et plus long ; se prononce dans le fond de la bouche.
[uː]	sh**oe**, m**oo**n	Proche du « **ou** » français en plus long.

1.2 Les diphtongues et les triphtongues

Il s'agit de deux ou trois voyelles prononcées d'une seule émission de voix et ne formant donc qu'une seule syllabe. La diphtongue réunit deux sons vocaliques et la triphtongue, trois.

SYMBOLE	EXEMPLES	CONSEILS DE PRONONCIATION
Diphtongues		
[aɪ]	l**i**fe, cr**y**	Se prononce comme un « **a** » immédiatement suivi d'un « **i** ».
[au]	n**ow**, **ou**t	Se prononce comme un « **a** » immédiatement suivi d'un « **ou** ».
[ɛə]	th**ere**, f**air**	Ressemble au « **ai** » de « ch**ai**r » en plus long.
[eɪ]	d**ay**, l**a**te	Ressemble au son « **eille** » de « v**eille** ».
[əu]	g**o**, l**ow**	Combinaison d'un « **o** » fermé et d'un « **ou** ».
[ɪə]	b**eer**, h**ere**	Combinaison d'un « **i** » long et d'un « **e** » bref.
[ɔɪ]	b**oy**, b**oi**l	Ressemble au « **oï** » de « langue d'**oï**l ».

Une triphtongue est une diphtongue suivie d'un « **schwa** » [ə].

Triphtongues

[aɪə]	f**ire**, h**igher**
[auə]	h**our**, sh**ower**
[eɪə]	l**ayer**
[əuə]	l**ower**

1.3 Les consonnes

La plupart des consonnes anglaises se prononcent comme en français. Toutefois, certaines nécessitent un peu d'entraînement ; c'est le cas des lettres **h** et **r** et des sons [ð] et [θ].

SYMBOLE	EXEMPLES	CONSEILS DE PRONONCIATION
[b]	**b**a**b**y, **b**ag	Se prononce comme en français, sauf lorsqu'il est muet comme dans bom**b** (**b** final), plum**b**er, dou**b**t, etc.
[p]	**p**ul**p**, **p**u**pp**y	Se prononce comme en français. Le **p** est muet dans tous les mots commençant par **ps-** : **ps**ychology, **ps**ychiatrist.
[d]	**d**og, **d**a**dd**y	Se prononce comme en français.
[t]	**t**ry, **t**oe	Se prononce comme en français.
[k]	**c**or**k**, **k**iss	Se prononce comme le « **c** » de « **c**raindre ». En début de mot, devant un **n**, ne se prononce pas : **kn**ow, **kn**ee, **kn**it, etc. Les lettres **ch** se prononcent [k] dans certains mots : **ch**emist, **ch**olesterol, s**ch**ool, etc.
[g]	**g**uess, **g**i**g**	Se prononce comme le « **g** » de « **g**ratuit ».
[s]	**s**o, ri**c**e	Se prononce comme le « **s** » de « **s**i ».
[z]	cou**s**in, **z**oo	Se prononce comme le « **z** » de « **z**oo ».
[ʃ]	**s**ugar, **sh**ould	Se prononce comme le « **ch** » de « **ch**ien ».
[ʒ]	plea**s**ure, ca**s**ual	Se prononce comme le « **j** » de « **j**e ».
[tʃ]	**ch**ur**ch**	Se prononce comme le « **tch** » de « **Tch**écoslovaquie ».
[dʒ]	**j**u**dg**e, **g**iant	Se prononce comme le « **dj** » de « **j**ean ».
[f]	**f**arm, enou**gh**	Se prononce comme en français. Souvent, les lettres **gh** ne se prononcent pas, par exemple dans dau**gh**ter ou hi**gh**, mais elles se prononcent comme notre « **f** » dans les mots comme cou**gh**, lau**gh**, etc.
[v]	**v**ery, o**f**	Se prononce comme notre « **v** ».
[θ]	**th**in, ma**th**s	Il faut placer le bout de la langue sous les dents supérieures et souffler.
[ð]	**th**at, o**th**er	Il faut placer le bout de la langue sous les dents supérieures, souffler et produire un son sifflant comme le « **z** ».
[l]	**l**itt**le**, ba**ll**	Se prononce comme en français, sauf lorsqu'il est muet comme dans a**l**mond, cou**l**d, ha**l**f, etc.
[r]	**r**ight, a**rr**ow	Se prononce à mi-chemin entre le « **r** » et le « **w** » français, avec la langue proche du palais.
[m]	**m**u**mm**y, co**m**b	Se prononce comme en français.
[n]	**n**i**n**e, **n**othing	Se prononce comme en français.
[ŋ]	so**ng**, ba**n**k	Ressemble au « **ng** » de « parki**ng** ».

[h]	**h**eat, **h**air	Mettez votre main devant votre bouche et expirez (vous devez sentir votre souffle sur votre main). C'est ainsi que **h** se prononce en anglais. Muet dans quelques mots, comme : **h**onour, **h**our, **h**onest.
[x]	lo**ch**, Ba**ch**	Prononciation entre le « **k** » et le « **h** » anglais. N'existe que dans certains mots d'origine écossaise ou étrangère.

1.4 Les semi-consonnes (ou semi-voyelles)

[j]	**y**et	Se prononce comme le « **-ill** » de « mou**illé** ».
[w]	**w**all, **w**et	Se prononce comme le « **w** » de « **w**estern ». Le **w** ne se prononce pas devant **r** et dans les mots commençant par **who** : **w**rite, **w**rong, **w**hole.

1.5 L'accentuation

En français, les mots s'accentuent sur la dernière syllabe. En anglais, en revanche, l'accent est différent pour chaque mot. Il y a en outre un accent dit « de phrase » sur le mot considéré comme le plus important de la phrase. L'anglais est donc, contrairement au français, une langue rythmée.

Les mots se terminant par **-ee**, **-eer**, **-oo**, **-oon** ont tendance à être accentués sur la dernière syllabe, ceux se terminant par **-ian**, **-ion**, **-ious**, **-ic**, **-ics** sur l'avant-dernière syllabe et ceux finissant par **-graphy**, **-ity**, **-ible** sur l'avant-avant-dernière syllabe. Mais il existe de nombreuses exceptions. Il faut donc apprendre la prononciation de chaque mot.

2.1 Les noms dénombrables et indénombrables

Certaines choses sont des éléments individuels pouvant être comptés un par un. Les noms qui servent à les décrire sont des **noms dénombrables** qui possèdent une forme au singulier, ainsi qu'une forme au **pluriel** avec la terminaison **-s**.

> **... one table, ... two cats, ... three hundred pounds**
> *... une table, ... deux chats,... trois cents livres*

➢ Attention aux changements orthographiques que peut entraîner l'ajout de terminaisons :

church → churches	**lady → ladies**
knife → knives	**tomato → tomatoes**

➢ Certains noms possèdent des pluriels irréguliers, qui ne se forment pas avec la terminaison **-s** :

child → children	**mouse → mice**
foot → feet	**tooth → teeth**
man → men	**woman → women**

Il existe par ailleurs des choses qui ne peuvent se compter une par une ; elles sont désignées par des **noms indénombrables** :

> **The donkey needed <u>food</u> and <u>water</u>.**
> *L'âne avait besoin de nourriture et d'eau.*
> **All prices include <u>travel</u> to and from London.**
> *Tous les prix incluent l'aller-retour à Londres.*

Souvent, ces choses se rapportent à :

des substances :	**coal ▲ food ▲ ice ▲ iron ▲ rice ▲ steel ▲ water**
des qualités humaines :	**courage ▲ cruelty ▲ honesty ▲ patience**
des sentiments :	**anger ▲ happiness ▲ joy ▲ pride ▲ relief ▲ respect**
des activités :	**aid ▲ help ▲ sleep ▲ travel ▲ work**
des abstractions :	**beauty ▲ death ▲ freedom ▲ fun ▲ life ▲ luck**

Attention : dans certains cas, l'anglais utilise un indénombrable pour désigner quelque chose qui en français est dénombrable, du fait qu'il considère l'ensemble des éléments plutôt que les éléments de l'ensemble pris un par un. Par exemple, **furniture** signifie « mobilier, meubles » et pour dire « un meuble », il faut utiliser l'expression **a piece of furniture**. Souvenez-vous des règles suivantes quand vous employez des indénombrables :

- Les indénombrables n'ont qu'une seule forme. Ils ne possèdent pas de pluriel :

advice ▲ baggage ▲ equipment ▲ furniture ▲ homework ▲ information ▲ knowledge ▲ luggage machinery ▲ money ▲ news ▲ traffic

I needed help with my homework.
J'avais besoin d'aide pour mes devoirs.
The news is not good.
Les nouvelles ne sont pas bonnes.

- Certains indénombrables se terminent en **-s** et ressemblent à des dénombrables au pluriel. Ils s'emploient cependant avec un verbe au singulier. Ils désignent souvent :

des disciplines scolaires :	**mathematics ▲ physics**
des activités :	**athletics ▲ gymnastics**
des jeux :	**cards ▲ darts ▲ skittles**
des maladies :	**measles ▲ mumps**

Mathematics is too difficult for me.
Les maths, c'est trop difficile pour moi.

- Les indénombrables s'emploient souvent avec des tournures désignant une quantité approximative comme **some**, ou un élément comme **a loaf of**, **packets of** ou **a piece of**. **A bit of** est courant dans la langue parlée :

Please buy some bread when you go to the shop.
Achète du pain quand tu iras à l'épicerie, s'il te plaît.
Let me give you some advice.
Laisse-moi te donner un conseil.
He gave me a very good piece of advice.
Il m'a donné un très bon conseil.

I could do with a bit of help.
Ça m'arrangerait qu'on m'aide un peu.

- Comme en français, certains indénombrables relatifs à la nourriture ou à la boisson peuvent devenir dénombrables lorsqu'ils désignent des quantités définies :

Do you like coffee? (indénombrable)
Est-ce que tu aimes le café ?
We asked for two coffees. (dénombrable)
Nous avons demandé deux cafés.

- Certains noms sont indénombrables lorsqu'ils font référence à une chose en général et dénombrables quand ils renvoient à un cas particulier :

Education should be free for everyone.
L'éducation devrait être gratuite pour tout le monde.
I am interested in the education of young children.
Je m'intéresse à l'éducation des jeunes enfants.
Victory was now assured.
La victoire était maintenant assurée.
The political party won a convincing victory.
Le parti a remporté une nette victoire.

- D'autres noms peuvent s'employer au pluriel ou au singulier mais avec un sens différent :

Troops are being sent in today.
Des troupes seront envoyées aujourd'hui.
A troop of children ran past.
Une bande d'enfants passa en courant.

- Certains s'emploient généralement sans déterminant :

airs ▲ expenses ▲ goods ▲ refreshments ▲ riches

They have agreed to pay for travel and expenses.
Ils ont accepté de payer le déplacement et les frais.

2.2 Les noms collectifs

Avec un **nom collectif**, nom qui désigne un groupe de personnes ou de choses, le verbe peut être au pluriel ou au singulier selon que le groupe est considéré comme un seul ensemble ou plusieurs individus :

army ▲ audience ▲ committee ▲ company ▲ crew
enemy ▲ family ▲ flock ▲ gang ▲ government ▲ group
herd ▲ media ▲ navy ▲ press ▲ public ▲ staff ▲ team

Our family is well known in the village.
Notre famille est bien connue dans le village.
My family are from the North.
Ma famille vient du Nord.

2.3 Un nom peut être accompagné d'autres mots qui précisent son sens et qui font partie du groupe nominal. Ces mots peuvent être des déterminants, des adjectifs, un autre nom, éventuellement précédé d'une préposition ou suivi d'un pronom relatif (« que... », « qui... », etc.) :

He was eating a cake.
Il mangeait un gâteau.
He was using blue ink.
Il utilisait de l'encre bleue.
I like chocolate cake.
J'aime le gâteau au chocolat.
I spoke to a girl in a dark grey dress.
J'ai parlé à une fille qui portait une robe gris foncé.
She wrote to the man who employed me.
Elle a écrit à l'homme qui m'employait.
The front door of the house was wide open.
La porte d'entrée de la maison était grande ouverte.

2.4 Lorsqu'un nom précise le sens d'un autre, il est placé juste devant. En français, on emploie une construction avec une préposition (« de », « à ») ou parfois un adjectif.

a mathematics exam
un examen de mathématiques
chocolate cake
le gâteau au chocolat
the oil industry
l'industrie pétrolière

2.5 On emploie un groupe comportant la préposition **of** :

- Après des noms qui font référence à une action ou un fait pour en indiquer le sujet ou l'objet :

the arrival of the police
l'arrivée de la police
the destruction of their city
la destruction de leur ville

- Pour dire de quelle matière une chose est faite :

a wall of stone
un mur de ou *en pierre*

- Pour parler du thème d'un texte ou d'une image :

a picture of them in the paper
une photo d'eux dans le journal

2.6 Le groupe nominal peut comporter d'autres prépositions :

- Quand on décrit quelque chose ou quelqu'un à l'aide d'un lieu auquel on l'associe, on emploie la préposition de lieu correspondante :

the house on the prairie
la maison dans la prairie
the woman in the shop
la femme de la boutique

- **with** pour indiquer ce qu'une personne a sur elle :

  a girl with red hair
  une fille aux cheveux roux
  the man with the gun
  l'homme au pistolet

- **in** quand on veut indiquer ce qu'une personne porte :

  a man in a raincoat
  un homme portant un imperméable
  the man in dark glasses
  l'homme aux lunettes noires

- **to** avec les noms suivants :

  alternative ▲ answer ▲ approach ▲ attitude
  devotion ▲ introduction ▲ invitation ▲ reaction
  reference ▲ resistance ▲ return

  This was my first real introduction to Africa.
  C'était mon premier vrai contact avec l'Afrique.

- **for** avec les noms suivants :

  admiration ▲ desire ▲ dislike ▲ need ▲ reason ▲ respect
  responsibility ▲ search ▲ substitute ▲ taste ▲ thirst

  They have a pressing need for money.
  Ils ont besoin d'argent de toute urgence.

- **on** avec les noms suivants :

  agreement ▲ attack ▲ comment ▲ effect ▲ tax

  His pay rise will have a negligible effect on his standard of living.
  Son augmentation aura un effet négligeable sur son niveau de vie.

- **in** avec les noms suivants :

decrease ▲ difficulty ▲ fall ▲ increase ▲ rise

They demanded a large increase in wages.
Ils exigeaient une grosse augmentation de salaire.

2.7 Pour indiquer à qui appartient quelque chose, on utilise un nom suivi d'une apostrophe et d'un **s** (**'s**) :

Sylvia put her hand on John's arm.
Sylvia posa la main sur le bras de John.
Could you give me your doctor's phone number?
Pourrais-tu me donner le numéro de téléphone de ton médecin ?
They have bought Sue and Tim's car.
Ils ont acheté la voiture de Sue et Tim.

Si le nom est un pluriel se terminant par **-s**, on met seulement l'apostrophe. Si le pluriel ne se termine pas en **-s**, on ajoute l'apostrophe et le **s** :

It is not his parents' problem.
Ce n'est pas le problème de ses parents.
Where are the children's shoes?
Où sont les chaussures des enfants ?

Cette forme s'emploie beaucoup pour faire référence au domicile de quelqu'un ou à l'endroit où travaille un professionnel spécialisé. Elle sous-entend les mots **house** ou **shop** :

He's round at David's.
Il est chez David.
She must go to the chemist's.
Elle doit aller à la pharmacie

Elle s'utilise aussi quand une tournure temporelle décrit un autre nom :

They have four weeks' holiday per year.
Ils ont quatre semaines de vacances par an.

2.8 Les pronoms

On utilise un **pronom personnel** pour remplacer un nom :

John took the book and opened it.
John prit le livre et l'ouvrit.
My father is overweight – he weighs over 15 stone.
Mon père est en surpoids : il pèse plus de 95 kilos.
He rang Mary and invited her to dinner.
Il a appelé Mary et l'a invitée à dîner.
"Have you been to London?" – "Yes, it was very interesting."
« Tu es allé à Londres ? » – « Oui, c'était très intéressant. »
I do the washing up, he does the cooking.
Je fais la vaisselle, il fait la cuisine.

2.9 Les pronoms, comme les noms, peuvent avoir deux fonctions par rapport au verbe : sujet ou objet. Les pronoms objets peuvent être soit objets directs du verbe, soit s'employer après une préposition ou après **be** quand c'est le verbe principal.

- Formes **sujets** :

I ▲ you ▲ he ▲ she ▲ it ▲ we ▲ you ▲ they

- Formes **objets** :

me ▲ you ▲ him ▲ her ▲ it ▲ us ▲ you ▲ them

We were all sitting in a cafe with him.
Nous étions tous assis avec lui dans un café.
Did you give it to them?
Tu le leur as donné ?
Who is it? – It's me.
Qui est-ce ? – C'est moi.
There was only John, Baz and me in the room.
Il n'y avait que John, Baz et moi dans la pièce.

➢ Attention : l'anglais utilise **you** pour tutoyer comme pour vouvoyer. La distinction que fait le français entre « tu » et « vous » n'existe pas en anglais. Si on veut se montrer particulièrement respectueux avec son interlocuteur, il faut donc passer par le contexte, par exemple en employant des formules de politesse.

2.10 **You** et **they** peuvent s'employer pour parler des gens en général et équivalent alors à « on » ou à une forme impersonnelle :

They say she's very clever.
On dit qu'elle est très intelligente.
You have to drive on the left in Britain.
En Grande-Bretagne, il faut conduire à gauche.

2.11 **It** peut s'employer comme sujet impersonnel pour exprimer des généralités à propos de l'heure, de la date, du temps qu'il fait :

What time is it?
Quelle heure est-il ?
It is 19 January.
On est le 19 janvier.
It is rainy and cold.
Il pleut et il fait froid.
It is too far to walk.
C'est trop loin pour y aller à pied.
I like it here. Can we stay a bit longer?
J'aime bien cet endroit. Est-ce qu'on peut rester un peu plus ?

2.12 **They/them** peuvent renvoyer à :

- **Somebody/someone, anybody/anyone**, même si ceux-ci sont toujours suivis d'un verbe au singulier :

  If anybody comes, tell them I'm not in.
  Si jamais quelqu'un vient, dites-lui que je ne suis pas là.

- Des noms collectifs, même après un verbe au singulier :

  His family was waiting in the next room, but they had not yet been informed.
  Sa famille attendait dans la pièce voisine, mais n'avait pas encore été informée.

2.13 Les pronoms possessifs

Quand on veut dire à qui appartient quelque chose, on utilise un **pronom possessif** :

mine ▲ yours ▲ his ▲ hers ▲ its ▲ ours ▲ theirs

Is that coffee yours or mine?
Ce café est le tien ou le mien ?
It was his fault, not ours.
C'était de sa faute, pas de la nôtre.

2.14 Les pronoms réfléchis

Quand le pronom objet désigne la même personne que le sujet, on emploie un **pronom réfléchi** :

Singulier : **myself ▲ yourself ▲ himself ▲ herself ▲ itself**
Pluriel : **ourselves ▲ yourselves ▲ themselves**

He should give himself more time.
Il devrait se donner plus de temps.

Les pronoms réfléchis s'emploient aussi pour créer un effet d'insistance. Dans ce cas, ils équivalent à « moi(-même), toi(-même), soi(-même) », etc. :

I made it myself.
Je l'ai fait moi-même.

On emploie aussi un pronom réfléchi après une préposition (sauf dans les locutions adverbiales de lieu et après la préposition **with** lorsqu'elle signifie « en compagnie de ») :

Tell me about yourself.
Parle-moi de toi.
You should have your notes in front of you.
Tu devrais avoir tes notes devant toi.
He would have to bring Judy with him.
Il faudrait qu'il vienne avec Judy.

2.15 one, ones

One, **ones** sont des pronoms que l'on emploie pour parler de choses qui relèvent du même type mais se distinguent par certaines caractéristiques. Ils permettent de ne pas avoir à mentionner à nouveau le type de chose dont on parle et de ne parler que de ce qui la distingue de l'autre :

My car is the blue one.
Ma voiture est la bleue.
Don't you have one with flowers instead of a bird?
Vous n'en avez pas un avec des fleurs plutôt qu'un oiseau ?
Are the new curtains longer than the old ones?
Est-ce que les nouveaux rideaux sont plus longs que les anciens ?

2.16 **One** s'emploie en anglais recherché pour énoncer une généralité à partir de son propre cas, afin de donner l'impression que l'opinion exprimée est largement partagée :

One has to think of the practical side of things.
Il faut penser à l'aspect pratique des choses.
One never knows what to say in such situations.
On ne sait jamais que dire dans de telles situations.

2.17 Les déterminants

Devant un nom ou un adjectif (au début du groupe nominal, donc), on emploie souvent un **déterminant**. Il y en a de différentes sortes : certains s'utilisent pour désigner quelque chose de concret ou qui a déjà été nommé, d'autres renvoient à quelque chose de général, qu'on évoque pour la première fois. Beaucoup peuvent aussi s'employer comme pronoms.

Les déterminants sont :

the
this ▲ these ▲ that ▲ those
a/an
some ▲ any ▲ no

les quantifieurs	**much ▲ many ▲ little ▲ few ▲ all ▲ most ▲ a little ▲ a few ▲ the whole ▲ every ▲ each ▲ both ▲ half ▲ either▲ other ▲another ▲ more ▲ less ▲ fewer**
les adjectifs possessifs	**my ▲ your ▲ his ▲ her ▲ its ▲ our ▲ their**
les adjectifs interrogatifs	**what ▲ which ▲ whose**
les numéraux	**one ▲ two ▲ three ▲ four ...**

I met the two Swedish girls in London.
J'ai rencontré les deux Suédoises à Londres.
I don't like this picture.
Je n'aime pas cette photo.
There was a man in the lift.
Il y avait un homme dans l'ascenseur.
He was treated like any other customer.
On l'a traité comme n'importe quel client.
There weren't many people.
Il n'y avait pas beaucoup de monde.
Most people agreed.
La plupart des gens étaient d'accord.
We need more time.
Nous avons besoin de plus de temps.
We ought to eat less fat.
Nous devrions manger moins de graisse.
Few people like him.
Peu de gens l'apprécient.
We had a few drinks.
Nous avons bu quelques verres.

2.18 **The** s'utilise généralement comme les articles définis français correspondants « le, la, les » :

The girls were not at home.
Les filles n'étaient pas à la maison.
I don't like using the phone.
Je n'aime pas me servir du téléphone.
My father's favourite flower is the rose.
La fleur préférée de mon père est la rose.
We spent our holidays in the Canaries.
Nous avons passé nos vacances aux Canaries.

2.19 En anglais, pour parler d'un type de chose, d'animal ou de personne de manière générale, on utilise le pluriel du nom seul, sans déterminant :

Many adults don't listen to children.
Beaucoup d'adultes n'écoutent pas les enfants.
Whales are mammals, the same as mice and dogs.
Les baleines sont des mammifères, comme les souris et les chiens.

➢ Notez que l'on peut aussi parler d'un type de chose ou d'animal ou de personne en termes généraux avec un nom au singulier. On utilise alors **the** :

The whale is a mammal, the same as the mouse and the dog.
La baleine est un mammifère, comme la souris et le chien.

2.20 On n'emploie pas **the** dans les locutions adverbiales de temps construites avec **at, by, on** :

on Monday
lundi
by night
la nuit

- On ne l'emploie pas non plus avec les noms de lacs et de montagnes (mais on l'emploie avec les noms de chaînes de montagnes) :

Lake Michigan is in the north of the United States.
Le lac Michigan est dans le nord des États-Unis.
Mount Everest is in the Himalayas and Aconcagua in the Andes.
Le mont Everest est dans l'Himalaya et l'Aconcagua dans les Andes.

- Il n'est pas employé dans les adresses, ni pour dire les chiffres ou les lettres :

A famous shopping area of London is Oxford Street.
Oxford Street est un quartier commerçant connu de Londres.
The main post office is at 11 Union Street.
La grande poste est au 11, Union Street.
The winning number is 3545.
Le numéro gagnant est le 3545.

Z is the last letter of the alphabet.
Le z est la dernière lettre de l'alphabet.

- On l'utilise avec des adjectifs comme **rich**, **poor**, **young**, **old** et **unemployed**, ainsi qu'avec certains adjectifs de nationalité, pour parler de groupes de personnes :

They were discussing the problem of the unemployed.
Ils débattaient du problème des chômeurs.
The French are opposed to the idea.
Les Français sont opposés à cette idée.

2.21 this, that, these, those

This signifie « ce, cet, cette » et **these** est sa forme plurielle (« ces »). **That** signifie aussi « ce, cet, cette » ; il est employé à la place de **this** dans certains contextes, par exemple lorsqu'on veut indiquer l'éloignement. **Those** est sa forme plurielle :

This book is a present from my mother.
Ce livre est un cadeau de ma mère.
When did you buy that hat?
Quand as-tu acheté ce chapeau ?

Ces déterminants s'utilisent aussi comme pronoms :

This is a list of rules.
Ceci est une liste de règles.
'I brought you these'. Adam held out a bag of grapes.
« Je t'ai apporté ça ». Adam me tendit un sac de raisin.
That looks interesting.
Ça a l'air intéressant.
Those are mine.
Celles-là sont les miennes.

Ils peuvent aussi s'employer pour parler de choses qui ont déjà été mentionnées ou que l'on s'apprête à mentionner :

That was an interesting word you used just now.
Tu viens d'utiliser un mot intéressant.

These are not easy questions to answer.
Ce ne sont pas des questions auxquelles il est facile de répondre.
This is what I want to say: it wasn't my idea.
Voici ce que je veux dire : ce n'était pas mon idée.

2.22 **A/an** s'utilisent comme leurs équivalents français, les articles indéfinis « un, une » :

I got a postcard from Susan.
J'ai reçu une carte postale de Susan.
His brother was a sensitive child.
Son frère était un enfant sensible.
I chose a picture that reminded me of my own country.
J'ai choisi une image qui me rappelait mon propre pays.

On écrit **an** devant un mot qui commence par une voyelle ou un **h** muet :

an apple
an honest man
an hour

Si le son n'est pas une voyelle ou si c'est une semi-voyelle, il s'écrit **a** :

a university
a hamster
a dog

- Pour parler de la profession de quelqu'un, on utilise **a/an** après **be** et les autres verbes qui introduisent un attribut du sujet :

He became a school teacher.
Il est devenu professeur.
She is a model and an artist.
Elle est mannequin et artiste.

➢ Notez que quand on veut insister sur la quantité, c'est-à-dire préciser qu'il ne s'agit pas de deux, trois, quatre... mais bien d'un seul, on emploie **one** :

I got (only) one postcard from Susan (in the three years she was abroad).
J'ai reçu une (seule) carte postale de Susan (pendant les trois ans où elle était à l'étranger).

- On utilise par ailleurs **a/an** avec **hundred** et **thousand**, qui peuvent aussi s'employer avec **one** :

I've just spent a hundred pounds.
Je viens de dépenser cent livres.
I've told you a thousand times!
Je te l'ai dit mille fois !

- **A/an** s'emploient en parlant d'une quantité, pour dire « et demi(e) » :

One and a half sugars in my coffee, please.
Un sucre et demi dans mon café, s'il vous plaît.

- On l'utilise avant ou après **half** pour dire « un demi-, une demi- » :

She took a half-hour to write one email.
Il lui a fallu une demi-heure pour écrire un e-mail.
You'll have to walk for half an hour.
Vous devrez marcher une demi-heure.

2.23 some, any, no

- **Some** et **any** sont utilisés comme articles indéfinis pluriels :

He has bought some plants for the house.
Il a acheté des plantes pour la maison.
Do you have any suggestions?
Avez-vous des suggestions ?

- **Some** et **any** s'emploient pour parler d'une quantité indéterminée :

There's some chocolate cake over there.
Il y a du gâteau au chocolat là-bas.
I had some good ideas.
J'ai eu de bonnes idées.

Ask her if you have any questions.
Adressez-vous à elle si vous avez des questions.

- **Some** peut s'employer dans des questions polies ou quand on attend une réponse positive :

Would you like some coffee?
Voulez-vous du café ?
Could you give me some examples?
Est-ce que tu pourrais me donner des exemples ?

- **Any** s'emploie dans les questions et les négations. On l'utilise aussi avec les noms au singulier dans le sens de « n'importe quel » :

Are there any apples left?
Est-ce qu'il reste des pommes ?
I don't have any money.
Je n'ai pas d'argent.
Any container will do.
N'importe quel récipient conviendra.

- **No** peut s'employer au lieu de **not ... any** dans une négation :

I don't see any problem in that./I see no problem in that.
Je ne vois là aucun problème.

- **Some** et **any** peuvent s'employer à la place du nom, comme des pronoms. Dans le cas de **no**, le pronom correspondant est **none** :

You need change? I think I've got some on me.
Tu as besoin de monnaie ? Je crois que j'en ai sur moi.
Children? – No, I don't have any./No, I have none.
Des enfants ? – Non, je n'en ai pas.

- On utilise **some** et **any** avec les indénombrables dans le sens de « du, de la » ; dans les contextes négatifs, on utilise « no » pour dire « pas de, aucun, sans » :

I have left some food for you in the fridge.
Je t'ai laissé de quoi manger dans le frigo.
He's left me with no money.
Il m'a laissé sans argent.

- On les emploie avec des noms pluriels dans le sens de « certains, des » ou « pas de, aucun » :

Some trains are running late.
Certains trains ont du retard.
Are there any jobs only men can do?
Y a-t-il des emplois que seuls les hommes peuvent occuper ?
There weren't any tomatoes left./There were no tomatoes left.
Il ne restait pas de tomates.

2.24 **Some, any, no** et **every** se combinent avec **-body** ou **-one** pour dire « quelqu'un, n'importe qui, personne, tout le monde », avec **-thing** pour dire « quelque chose, n'importe quoi, rien, tout », et avec **-where** pour dire « quelque part, n'importe où, nulle part, partout » :

anybody ▲ anyone ▲ anything ▲ anywhere
everybody ▲everyone ▲ everything ▲ everywhere
nobody ▲ no one ▲ nothing ▲ nowhere
somebody ▲ someone ▲ something ▲ somewhere

I was there for an hour before anybody came.
J'ai attendu une heure avant que quelqu'un ne vienne.
It had to be someone with a car.
Il fallait que ce soit quelqu'un qui ait une voiture.
Jane said nothing for a while.
Pendant un moment, Jane n'a rien dit.
Everyone knows that.
Tout le monde sait ça.

- Si ces mots sont en position de sujet du verbe, celui-ci est au singulier même si l'on fait référence à plus d'une personne ou plus d'une chose :

Everyone knows that.
Tout le monde sait ça.
Is anybody there?
Il y a quelqu'un ?

- Après une forme combinée avec **-body** ou **-one**, on utilise le pronom personnel **they** et un verbe au pluriel :

Anybody can say what they think.
Tout le monde peut dire ce qu'il pense.

- On utilise ces formes suivies de **else** pour dire « plus, autre, différent » :

I don't want to see anybody else today.
Je ne veux voir personne d'autre aujourd'hui.
I don't like it here. Let's go somewhere else.
Je n'aime pas cet endroit. Allons ailleurs.

2.25 « Beaucoup » se dit **much** avec un indénombrable, dans le sens de « une grande quantité de » ou **many** dans le sens de « un grand nombre de ». De même, « peu de » se dit **little** quand on veut dire « une petite quantité de » et **few** quand on veut dire « un petit nombre de » :

I haven't got much time.
Je n'ai pas beaucoup de temps.
He wrote many novels.
Il a écrit de nombreux romans.
He has little time for that.
Il a peu de temps pour cela.
Visitors to our house? There were few.
Des visiteurs ? Nous en avions peu.

2.26 **Much** s'emploie seulement dans des négations, sauf quand il accompagne **very**, **so** et **too** :

He didn't speak much English.
Il ne parlait pas beaucoup anglais.

2.27 Au lieu de **much**, dans une phrase affirmative, on utilise habituellement d'autres expressions qui s'emploient aussi avec des dénombrables :

He needed a lot of attention.
Il avait besoin de beaucoup d'attention.
I've got plenty of *ou* **lots of money.**
J'ai beaucoup d'argent.

2.28 **Very** s'emploie avec **much, many, little** et **few** :

Very many old people live alone.
De très nombreuses personnes âgées vivent seules.
We have very little time.
Nous avons très peu de temps.
Very few shops are closed on Sundays.
Très peu de magasins sont fermés le dimanche.

2.29 **So** s'utilise avec **much/many** dans le sens de « tant », « tellement » et avec **little/few** dans celui de « si peu » :

They have so much money and we have so little.
Ils ont tellement d'argent et nous en avons si peu.
There were so few people interested that we had to cancel the course.
Il y avait si peu de gens intéressés que nous avons dû annuler le stage.

2.30 **Too** s'emploie avec **much/many** dans le sens de « trop de » et avec **little/few** dans celui de « trop peu de » :

Too many people still smoke.
Trop de gens continuent de fumer.
The team has too few good players.
L'équipe a trop peu de bons joueurs.

2.31 **All** s'utilise avec des dénombrables et des indénombrables dans le sens de « tous les » ou « tout ». **The** peut s'utiliser après **all**, qui peut se placer à différents endroits de la phrase, selon ce sur quoi on veut insister :

All children should be able to swim by the age of ten.
Tous les enfants devraient savoir nager avant l'âge de dix ans.
He soon lost all hope of becoming a rock star.
Il perdit bientôt tout espoir de devenir une star du rock.
All the items are priced individually./The items are all priced individually.
Tous les articles sont étiquetés.

2.32 **Every** s'emploie aussi dans le sens de « tous les », mais avec des dénombrables au singulier et un verbe au singulier :

Every child has milk every day.
Tous les enfants boivent du lait tous les jours.
She spoke to every person at that party.
Elle a parlé à tout le monde à cette fête.

2.33 **Every** se combine avec **-body** et **-one** pour signifier « tous, tout le monde », avec **-thing** pour signifier « tout » et avec **-where** pour dire « partout » :

Everyone else is downstairs.
Tous les autres sont en bas.

2.34 **Each** s'emploie avec ou sans nom dans le sens de « chaque, chacun, chacune ». Souvent, son sens équivaut à celui de **every**, « tous les, toutes les » :

Each county is subdivided into several districts.
Chaque comté est subdivisé en plusieurs districts.
Each applicant has five choices.
Chaque candidat a cinq choix.
Oranges are twenty pence each.
Les oranges coûtent vingt pence chacune.

2.35 **Both** s'emploie pour dire « les deux, tous les deux » :

Dennis held his coffee in both hands.
Dennis tenait son café à deux mains.
Both children were happy with their presents
Les deux enfants étaient contents de leurs cadeaux.
Both the young men agreed to come.
Les deux jeunes hommes acceptèrent de venir.

- **Both… and…** signifie « aussi bien… que… » lorsqu'on évoque deux choses ou deux personnes en même temps :

I am looking for opportunities both in this country and abroad.
Je suis à la recherche d'offres aussi bien ici qu'à l'étranger.

2.36 **Either** s'emploie pour évoquer deux choses ou deux personnes, quand on veut dire « l'un ou l'autre, n'importe lequel des deux » ou encore « les deux ». **Neither** est sa forme négative. Ils s'utilisent aussi dans certaines réponses :

There were tables on either side of the door.
Il y avait des tables des deux côtés de la porte.
You can sit at either side of the table.
Tu peux t'asseoir de n'importe quel côté de la table.
Which one do you prefer ? – Either will do.
Lequel est-ce que tu préfères ? – N'importe lequel fera l'affaire.
Neither man knew what he was doing.
Aucun des deux hommes ne savait ce qu'il faisait.

- **Either… or…** s'emploie dans le sens de « ou (bien)… ou… », ou « soit… soit… », quand on veut dire que, de deux possibilités, une seule est valable. **Neither… nor…**, sa forme négative, s'emploie dans le sens de « ni… ni… » :

You either love him or hate him.
Ou tu l'adores, ou tu le détestes.
I was expecting you neither today nor tomorrow.
Je ne t'attendais ni aujourd'hui ni demain.

2.37 **The other** s'emploie dans le sens de « l'autre » quand on parle de deux choses ou de deux personnes. Au pluriel, la forme reste la même :

The other customer has gone.
L'autre client est parti.
The other European countries have beaten us.
Les autres pays européens nous ont battus.

2.38 **Another** s'emploie avec les dénombrables dans le sens de « un autre ». Son pluriel est **other** (« d'autres »). Avec un nombre et un dénombrable pluriel, **another** a le sens de « de plus » :

Could I have another cup of coffee?
Est-ce que je pourrais avoir une autre tasse de café ?
I've got other things to do.
J'ai d'autres choses à faire.
He worked for another four years.
Il a travaillé encore quatre ans.

3.1 En anglais, les adjectifs se placent généralement juste devant le nom :

She bought a red scarf.
Elle a acheté une écharpe rouge.
There was no clear evidence.
Il n'y avait pas de preuve évidente.

3.2 Certains adjectifs se placent exclusivement devant le nom, comme épithètes. Par exemple, on dit **an atomic bomb** mais pas **The bomb was atomic**. Parmi ceux-ci :

eastern ▲ northern ▲ southern ▲ western ▲ atomic ▲ countless ▲ existing ▲ indoor ▲ introductory ▲ maximum ▲ neighbouring ▲ occasional ▲ outdoor

He sent countless letters to the newspapers.
Il envoya d'innombrables lettres aux journaux.

D'autres s'emploient presque toujours comme attributs. Par exemple, on peut dire **She was glad** mais pas **a glad woman** :

afraid ▲ alive ▲ alone ▲ asleep ▲ aware ▲ content ▲ due ▲ glad ▲ ready ▲ sorry ▲ sure ▲ unable ▲ well

I wanted to be alone.
Je voulais être seul.
He wasn't sorry for what he'd done.
Il ne regrettait pas ce qu'il avait fait.

3.3 Certains adjectifs sont souvent suivis d'une préposition et d'un groupe nominal :

aware of ▲ accustomed to ▲ fond of unaccustomed to ▲ unaware of ▲ used to

She's very fond of you.
Elle t'apprécie beaucoup.
He is unaccustomed to the heat.
Il n'est pas habitué à la chaleur.

3.4 Certains adjectifs peuvent être employés seuls ou bien suivis d'une préposition particulière. Les adjectifs suivants peuvent s'utiliser seuls ou suivis de **of** pour préciser la raison d'un état d'esprit, d'un sentiment :

afraid ▲ ashamed ▲ convinced ▲ critical ▲ envious ▲ frightened ▲ jealous ▲ proud ▲ scared ▲ suspicious ▲ tired

They may feel jealous (of your success).
Peut-être qu'ils seront jaloux (de ton succès).
I was terrified (of being alone).
J'étais terrifié (à l'idée d'être seul).

3.5 Les adjectifs suivants s'emploient seuls ou avec **of** pour préciser à qui on attribue telle ou telle qualité :

brave ▲ careless ▲ clever ▲ intelligent
sensible ▲ silly ▲ stupid
thoughtful ▲ unreasonable ▲ wrong

That was clever (of you)!
Très malin (de ta part) !
I turned the job down, which was stupid (of me).
J'ai refusé le travail, ce qui est idiot (de ma part).

3.6 Les adjectifs suivants s'emploient seuls ou avec un sujet impersonnel + **of** + le sujet de l'action, ou bien avec un sujet personnel + **to** + l'objet de l'action :

cruel ▲ friendly ▲ generous ▲ good ▲ kind ▲ mean ▲ nasty ▲ nice ▲ polite ▲ rude ▲ unfriendly ▲ unkind

He is very rude.
Il est très grossier.
It was rude of him to leave so suddenly.
C'était grossier de sa part de s'en aller si soudainement.
She was rude to him for no reason.
Elle a été grossière avec lui sans raison.

3.7 Sont employés seuls ou avec **to** les adjectifs qui évoquent habituellement :

la similarité : **close ▲ equal ▲ identical ▲ related ▲ similar**
le mariage : **engaged ▲ married**
la loyauté : **devoted ▲ loyal**
le rang : **junior ▲ senior**

My problems are very similar (to yours).
Mes problèmes sont très semblables (aux tiens).
He was dedicated (to his job).
Il s'investissait beaucoup (dans son travail).

3.8 On utilise seuls ou avec **with** pour préciser la cause d'un sentiment :

bored ▲ content ▲ displeased ▲ impatient
pleased ▲ satisfied

Don't be so impatient (with her)!
Ne sois pas si impatient (avec elle) !
He was pleased (with her).
Il était content (d'elle).

3.9 On utilise seuls ou avec **for** pour préciser la cause ou spécifier à qui on attribue une qualité :

common ▲ difficult ▲ easy ▲ essential ▲ important
necessary ▲ possible ▲ unnecessary ▲ unusual ▲ usual

It's difficult for young people on their own.
C'est difficile pour les jeunes qui sont seuls.
It was unusual for them to go away at the weekend.
C'était rare qu'ils s'en aillent le week-end.

3.10 On utilise seuls ou avec **about** pour préciser de quoi il est question et **with** pour préciser de qui il est question :

angry ▲ annoyed ▲ delighted ▲ disappointed
fed up ▲ furious ▲ happy ▲ upset

They looked very angry.
Ils avaient l'air très fâchés.
She was still angry about his comment.
Elle était toujours fâchée à cause de sa remarque.
I'm very angry with you.
Je suis très fâché contre toi.

3.11 Certains adjectifs relatifs aux mesures se placent après le nom désignant la mesure :

He was about six feet tall.
Il mesurait à peu près un mètre quatre-vingts.
The water was several metres deep.
L'eau était profonde de plusieurs mètres.
The baby is nine months old.
Le bébé a neuf mois.

3.12 Quand il y a plus d'un adjectif devant un nom, celui qui exprime un avis vient devant celui qui décrit objectivement. Entre des adjectifs attributs, on met simplement **and** :

You live in a nice big house.
Ta maison est jolie et grande.
She was wearing a beautiful pink suit.
Elle portait un beau tailleur rose.
He's tall and slim.
Il est grand et mince.

- Lorsque deux adjectifs ou plus expriment une opinion, celui dont le sens est le plus général vient en premier :

I sat in a lovely comfortable armchair.
Je m'assis dans un joli fauteuil confortable.

- Quand deux adjectifs ou plus décrivent des caractéristiques, ils se placent selon l'ordre suivant :

taille forme âge couleur nationalité matière

We met some young Chinese girls.
Nous avons fait la connaissance de jeunes Chinoises.
There was a large round wooden table in the room.
Il y avait une grande table ronde en bois dans la pièce.

- Quand on emploie les formes comparatives d'un adjectif, celles-ci se placent avant les autres adjectifs :

Some of the best English actors have gone to live in Hollywood.
Certains des meilleurs acteurs anglais sont partis vivre à Hollywood.
These are the highest monthly figures on record.
Ce sont les chiffres mensuels les plus hauts jamais relevés.

- Quand deux noms se suivent, l'adjectif, quel qu'il soit, se place toujours avant le premier nom, jamais entre les deux :

He works in the French film industry.
Il travaille dans l'industrie française du cinéma.
He receives a large weekly cash payment.
Il reçoit un important versement hebdomadaire en espèces.

3.13 Les propositions subordonnées

Les mots interrogatifs peuvent s'employer pour poser des questions. **Who**, **which**, **when**, **where** et **why** peuvent aussi s'employer pour former des propositions subordonnées qui jouent le même rôle qu'un adjectif dans l'énoncé principal en précisant les caractéristiques du nom :

The woman who lives next door is very friendly.
La femme qui habite à côté est très gentille.
The car that I wanted to buy was not for sale.
La voiture que je voulais acheter n'était pas à vendre.

- **Who** sert à désigner des personnes et **which** des choses. On les remplace souvent par **that** :

He was the man who ou **that bought my house.**
C'était l'homme qui a acheté ma maison.
There was ice cream which ou **that mum had made herself.**
Il y avait de la glace que maman avait faite elle-même.

- Si le verbe de la proposition relative contient une préposition, cette préposition se place à la fin de la proposition :

The house that we lived in was huge.
La maison dans laquelle nous vivions était immense.

- **Who**, **which** et **that** peuvent être omis s'ils ne jouent pas le rôle de sujet :

The woman who lives next door is very friendly.
La femme qui habite à côté est très gentille.
The car (that) I wanted to buy was not for sale.
La voiture que je voulais acheter n'était pas à vendre.
The house (that) we lived in was huge.
La maison où nous vivions était immense.

- **Whose** est le possessif de **who** ; il s'utilise dans le sens de « dont » :

We have only told the people whose work is relevant to this project.
Nous en avons seulement informé les gens dont le travail est en rapport avec ce projet.

- Après les propositions qui évoquent le temps, un moment etc., on emploie **when**. Après celles qui évoquent un lieu, on emploie **where**.

This is the year when profits should increase.
Cette année est celle où les profits devraient augmenter.
He showed me the place where they worked.
Il m'a montré l'endroit où ils travaillaient.

- Le mot **reason(s)** est suivi de **why** :

There are several reasons why he can't do that.
Il y a plusieurs raisons pour lesquelles il ne peut pas faire cela.

4.1 L'anglais repose beaucoup moins sur les terminaisons que le français pour indiquer la personne ou le temps du verbe. En effet, ceux-ci sont signalés dans le premier cas par les pronoms et souvent, dans le second, par les auxiliaires ou les modaux :

We wanted to know what happened.
Nous voulions savoir ce qui s'était passé.
Did she phone you?
Est-ce qu'elle t'a téléphoné ?
We will see how simple a language can be.
Nous verrons combien une langue peut être simple.
I might not go.
Il est possible que je n'y aille pas.

4.2 Sauf pour le **présent simple** ou le **prétérit** à la forme affirmative, l'**impératif** à la forme affirmative ou les formes impersonnelles telles que l'**infinitif**, le **gérondif** ou les **participes**, on conjugue les verbes en combinant le verbe principal avec un verbe auxiliaire, qui indique le **temps** ou la **voix** (**active** ou **passive**) :

I have seen it before.
Je l'ai déjà vu.
Had you heard about it?
Est-ce que tu en avais entendu parler ?
It could not be done.
Ça n'était pas faisable.
They have been robbed.
Ils ont été volés.

4.3 Les verbes auxquels on peut ajouter la terminaison **-ed** pour les temps du passé s'appellent les **verbes réguliers**. D'autres verbes changent de forme : ce sont les **verbes irréguliers**. Les **verbes réguliers** ont quatre formes :

- la **base verbale**, qui est celle sous laquelle on rencontre le verbe dans un dictionnaire et qui s'utilise pour pratiquement toutes les personnes au **présent**, avec les **modaux** et dans la construction **to...**
- la forme en **-s**, que l'on a uniquement au **présent** quand le sujet est à la troisième personne du singulier

- la forme du **participe présent** (ou **gérondif**) : **-ing**
- la forme du **participe passé** : **-ed**

N'oubliez pas que les modifications orthographiques entraînées par l'ajout d'une terminaison ne font pas d'un verbe un verbe irrégulier :

try	→	**tries**	→	**trying**	→	**tried**
reach	→	**reaches**	→	**reaching**	→	**reached**
dance	→	**dances**	→	**dancing**	→	**danced**
dip	→	**dips**	→	**dipping**	→	**dipped**

4.4 Les verbes irréguliers peuvent avoir trois, quatre ou cinq formes différentes et il arrive qu'on ait une forme distincte pour le passé et une autre pour le participe. Toutes ces formes apparaissent après la base verbale dans la partie anglais-français du dictionnaire :

cost	→	**costs**	→	**costing**	→	**cost**	→	**cost**
think	→	**thinks**	→	**thinking**	→	**thought**	→	**thought**
swim	→	**swims**	→	**swimming**	→	**swam**	→	**swum**

4.5 Les verbes auxiliaires : be, have, do

En anglais, on dénombre trois verbes auxiliaires : **be**, **have** et **do**

	be	**have**	**do**
présent	**am/is/are**	**have/has**	**do/does**
-ing	**being**	**having**	**doing**
passé	**was/were**	**had**	**did**
participe passé	**been**	**had**	**done**

Quand il est auxiliaire, **be** peut être accompagné :

- d'un verbe en **-ing** pour les formes **progressives** (ou **continues**, formes parfois notées **BE + V-ing**) :

  He is living in Germany.
  Il vit en Allemagne.
  They were going to phone you.
  Ils allaient t'appeler.

- d'un **participe passé** pour la **voix passive** :

  These cars are made in Japan.
  Ces voitures sont fabriquées au Japon.
  The walls were covered with posters.
  Les murs étaient couverts d'affiches.

Have s'emploie comme verbe auxiliaire avec un **participe passé** pour former les temps du **parfait** (formes **HAVE** + **V-en**) :

I have changed my mind.
J'ai changé d'avis.
I wish you had met Guy.
J'aurais aimé que tu rencontres Guy.

Have et **be** s'emploient ensemble pour former les formes **progressives** (ou **continues**) du **present perfect** et du **plus-que-parfait** (aussi appelé **pluperfect**), ainsi que leur **voix passive** :

He has been working very hard recently.
Il travaille très dur depuis quelque temps.
They had been walking for half an hour.
Cela faisait une demi-heure qu'ils marchaient.
The guest-room window has been repaired.
La fenêtre de la chambre d'amis a été réparée.
The people had been told the show was cancelled.
On avait dit aux gens que le spectacle était annulé.

Do s'emploie comme **auxiliaire** :

- pour la forme négative ou interrogative des verbes au **présent simple** et au **prétérit** :

  He doesn't think he can come to the party.
  Il ne pense pas pouvoir venir à la fête.
  Do you like her new haircut?
  Est-ce que tu aimes sa nouvelle coiffure ?
  She didn't buy the house.
  Elle n'a pas acheté la maison.

- dans les phrases affirmatives, mais uniquement pour insister sur le verbe ; dans ce cas, **do** est accentué à l'oral :

  People do make mistakes.
  Si, les gens font des erreurs.

4.6 Le verbe principal peut être précédé :

- d'un ou deux **auxiliaires**

  I had met him in Bristol.
  Je l'avais rencontré à Bristol.
  The car was being repaired.
  La voiture était en réparation.

- d'un **modal**

  You can go now.
  Tu peux partir maintenant.
  I would like to ask you a question.
  J'aimerais vous poser une question.

- d'un **modal** et d'un ou deux **auxiliaires**

  I could have spent the whole year on it.
  J'aurais pu y passer toute l'année.
  She would have been delighted to see you.
  Elle aurait été ravie de te voir.

4.7 Les temps progressifs (ou continus)

Les temps **progressifs** (**BE + V ing**) sont les suivants :

- **présent progressif** = **BE** au présent + **-ing :**

  They're (= They are) having a meeting.
  Ils sont en réunion.

- **futur progressif** = **will** + **BE** + **-ing** :

  She'll (= She will) be leaving tomorrow.
  Elle part demain.

- **passé progressif** (ou **prétérit progressif**) = passé de **BE** + **-ing :**

  The train was going very fast.
  Le train allait très vite.

- **present perfect progressif** = présent de **HAVE** + **been** + **-ing :**

  I've (= I have) been living here since last year.
  Cela fait un an que je vis ici.

- **plus-que-parfait progressif** = passé de **HAVE** + **been** + **-ing :**

  I'd (= I had) been walking for hours when I saw the road.
  Cela faisait des heures que je marchais quand j'ai vu la route.

Le **progressif** sert à :

- indiquer qu'une action se déroule avant et après une autre action qui vient l'interrompre

  The phone always rings when I'm having a bath.
  Le téléphone sonne toujours quand je suis en train de prendre un bain.
  He was watching television when the doorbell rang.
  Il regardait la télévision quand on a sonné à la porte.

- exprimer la durée

  We had been living in Athens for five years.
  Nous vivions depuis cinq ans à Athènes.
  They'll be staying with us for a couple of weeks.
  Ils vont passer deux semaines chez nous.

- décrire un état ou une situation temporaire

  I'm living in London at the moment.
  Je vis à Londres en ce moment.

He was working at home at the time.
Il travaillait chez lui à ce moment-là.
She's been spending the summer in Europe.
Elle passe l'été en Europe.

- dire que quelque chose se passe ou est en train de se passer

The children are growing quickly.
Les enfants grandissent à toute vitesse.
Her English was improving.
Son anglais s'améliorait.
I'm looking at the photographs my brother sent me.
Je suis en train de regarder les photos que mon frère m'a envoyées.

➢ Les verbes de perception s'emploient plus souvent avec le modal **can** qu'avec le progressif :

I can smell gas.
Je sens une odeur de gaz.

4.8 Les temps simples

Les **temps simples** s'emploient sans verbe auxiliaire à la forme affirmative. Le verbe se place juste après le sujet, sauf avec certains adverbes qui viennent s'insérer à cet endroit :

She often talks about her children.
Elle parle souvent de ses enfants.
I live in London.
Je vis à Londres.
George comes every Monday.
George vient tous les lundis.
I lived in Aberdeen.
J'ai vécu à Aberdeen.
George came every Tuesday.
George venait tous les mardis.

Les **temps simples** sont les suivants :

- **présent simple** = base verbale (+ **-s** pour **he/she/it**)

I live just outside London.
J'habite juste à côté de Londres.
He likes Spain.
Il aime l'Espagne.

- **passé simple** (ou **prétérit**) :

- base verbale + **-ed** pour les **verbes réguliers**

I liked her a lot.
Je l'aimais beaucoup.

- autres formes pour les verbes irréguliers

I bought six CDs.
J'ai acheté six CD.

➢ Avec la négation **not** et dans les questions, on utilise l'auxiliaire **do** ou **does** au **présent**, et **did** au **passé** :

I don't live in Birmingham.
Je n'habite pas à Birmingham.
George doesn't come every Friday.
George ne vient pas tous les vendredis.
Do you live round here?
Tu habites par ici ?
Does your husband do most of the cooking?
Est-ce ton mari qui fait le plus souvent la cuisine ?
George didn't come every Thursday.
George ne venait pas tous les jeudis.
Did you see him?
Est-ce que tu l'as vu ?

4.9 Les temps du **présent** sont le **présent simple**, le **present perfect** et leurs **formes progressives**.

Le **présent simple** sert :

- à parler du présent en général, de quelque chose d'habituel, qui arrive régulièrement

  George lives in Birmingham.
  George vit à Birmingham.
  Do you eat meat?
  Est-ce que tu manges de la viande ?

- à énoncer une vérité générale

  Water boils at 100 degrees Celsius.
  L'eau bout à 100 degrés.

- à parler du futur quand on évoque quelque chose de planifié ou de prévisible

  The next train leaves at two fifteen in the morning.
  Le prochain train part à deux heures et quart du matin.
  It's Tuesday tomorrow.
  Demain, c'est mardi.

4.10 Le **present perfect** se forme avec le présent de **HAVE** suivi du verbe au **participe passé** (souvent noté **V-en**) :

She's (= **She has**) **often climbed that tree.**
Elle est souvent montée à cet arbre.
I've (= **I have**) **lost my passport.**
J'ai perdu mon passeport.

Le **present perfect** s'emploie :

- pour évoquer les effets présents d'un événement ou d'une action du passé

  I'm afraid I've forgotten my book.
  Je suis désolé, mais j'ai oublié mon livre.
  Have you heard from Jill recently?
  As-tu eu des nouvelles de Jill récemment ?

Karen has just phoned you.
Karen vient de te téléphoner.

- lorsqu'on parle d'une période qui a débuté dans le passé et qui se prolonge dans le présent

Have you really lived here for ten years?
Est-ce que ça fait vraiment dix ans que tu vis ici ?
He has worked here since 1987.
Il travaille ici depuis 1987.

- Pour faire référence au futur dans la subordonnée de temps

Tell me when you have finished.
Dis-moi quand tu as fini.
I'll write to you as soon as I have heard from Jenny.
Je t'écrirai dès que j'aurai eu des nouvelles de Jenny.

4.11 Les **temps** du **passé** sont le **prétérit (simple past)** et le **plus-que-parfait (pluperfect)** et leurs formes continues.

- Le **pluperfect** (ou **plus-que-parfait**) se forme avec **HAVE** suivi du verbe au **participe passé** :

He had lived in the same village all his life.
Il avait vécu toute sa vie dans le même village.
I had forgotten my book.
J'avais oublié mon livre.

- Le **prétérit** s'emploie pour évoquer une action du passé qui est complètement révolue. Il se traduit le plus souvent par le **passé composé** et l'**imparfait** :

I woke up early and got out of bed.
Je me suis réveillé tôt et je me suis levé.
She lived just outside London.
Elle habitait juste à côté de Londres.
We usually spent the winter at Aunt Meg's house.
Nous passions généralement l'hiver chez tante Meg.

- Le **plus-que-parfait** s'emploie :

- quand on fait référence à un moment antérieur à un autre moment du passé

I apologized because I had forgotten my book.
Je me suis excusé car j'avais oublié mon livre.

- si l'on évoque une période qui a commencé à un moment antérieur dans le passé et qui s'est prolongée un moment, auquel cas on a recours à la forme continue

I was about 20. I had been studying French for a couple of years.
J'avais une vingtaine d'années. J'étudiais le français depuis deux ans.

➢ Dans les énoncés suivants, la seconde option est plus polie, moins directe ; on a parfois recours au passé pour être plus courtois.

Do you want to see me now? ou **Did you want to see me now?**
Vous voulez me voir maintenant ? ou *Vous vouliez me voir maintenant ?*
I wonder if you can help me. ou **I was wondering if you could help me.**
Je me demande si vous pouvez m'aider. ou *Je me demandais si vous pourriez m'aider.*

4.12 for, since, ago

- **Ago** équivaut à « il y a » ; il se place après l'expression qui se réfère au laps de temps écoulé depuis qu'une action complètement révolue a eu lieu. Avec **ago**, le verbe de la proposition principale est toujours au **prétérit** :

We moved into this house five years ago.
Nous avons emménagé dans cette maison il y a cinq ans.

- **For** exprime la durée d'une action. Avec **for**, le verbe de la proposition principale peut être :

- au **prétérit** si ce qui est évoqué est complètement révolu

We lived in China for two years.
Nous avons vécu deux ans en Chine.

- au **present perfect**, le plus souvent à la **forme continue**, pour indiquer que l'action a débuté dans le passé et se prolonge dans le présent

  We have been living here for five years.
  Cela fait cinq ans que nous vivons ici.
  I have been a member of the swimming club for many years.
  Cela fait des années que je suis membre du club de natation.

- au **past perfect** (**HAVE** au **prétérit** suivi du verbe au **participe passé**) ou sa **forme progressive** (**past perfect continuous**) quand on évoque deux événements ou actions passés

  We had been working ou **We had worked there for nine months when the company closed.**
  Cela faisait neuf mois que nous travaillions dans l'entreprise quand elle a fermé.

- au **futur** :

  We will be in Spain for two weeks.
  Nous passerons deux semaines en Espagne.
  I'll be staying with you for a month.
  Je passerai un mois chez toi.

• **Since** indique le début précis d'une action : il est suivi d'une date, d'un jour ou d'un événement précis. Le verbe de la proposition principale peut être :

- au **present perfect**, généralement à la **forme continue** (**present perfect continuous**) pour indiquer que l'action a débuté dans le passé et se prolonge dans le présent

  We have been living here since 1990.
  Nous vivons ici depuis 1990.
  I've been in politics since I was at university.
  Je fais de la politique depuis l'université.

- au **past perfect** ou au **past perfect continuous** quand on évoque deux actions ou événements qui ont eu lieu dans le passé

  I had not seen him since Christmas.
  Je ne l'avais pas vu depuis Noël.
  He hadn't played since he was 20.
  Il n'avait pas joué depuis l'âge de 20 ans.

4.13 Les modaux sont :

will ▲ shall ▲ would ▲ can ▲ could
may ▲ might ▲ must ▲ should ▲ ought to

Ils n'ont qu'une seule forme et s'emploient avec l'infinitif sans **to**, à l'exception de **ought**.

Il n'est pas possible d'employer deux modaux ensemble ni d'associer modal et auxiliaire. Ainsi, on ne dit pas **He will can come**, mais **He will be able to come** ; on a recours à la tournure **be able to**, qui a le même sens que **can**.

4.14 **Will** est un modal que l'on emploie la plupart du temps pour parler du futur :

The weather tomorrow will be warm and sunny.
Demain, le temps sera chaud et ensoleillé.
I'm tired. I think I'll go to bed.
Je suis fatigué. Je crois que je vais aller me coucher.
Don't be late. I'll be waiting for you.
Ne sois pas en retard. Je t'attendrai.

- Quand on parle d'intentions personnelles, on utilise **will** :

I'll call you tonight.
Je t'appellerai ce soir.

- **Will** s'utilise aussi pour demander quelque chose ou lancer une invitation :

Will you do me a favour?
Est-ce que tu peux me rendre un service ?
Will you come to my party on Saturday?
Tu veux venir à ma fête samedi ?

4.15 **Shall** s'emploie seulement avec **I** et **we**, principalement dans des interrogations, pour faire une suggestion à une autre personne :

Shall we go and see a film?
Veux-tu qu'on aille voir un film ?

Shall I shut the door?
Veux-tu que je ferme la porte ?

4.16 A l'oral, **would** s'emploie avec **you** pour lancer une invitation à quelqu'un ou lui demander poliment de faire quelque chose :

Would you tell her Adrian phoned?
Pourriez-vous lui dire qu'Adrian a téléphoné ?
Would you mind doing the washing up?
Est-ce que ça te dérangerait de faire la vaisselle ?
Would you like a drink?
Est-ce que tu veux boire quelque chose ?

- **Would** s'emploie avec des verbes come **like** pour demander un service, dire ce que l'on veut ou accepter quelque chose qu'on se voit offrir :

We'd like seats near the front, please.
Nous voudrions des places vers l'avant, s'il vous plaît.
I wouldn't like to see something so disgusting.
Je n'aimerais pas voir quelque chose d'aussi dégoûtant.
I'd like you to finish this work by Thursday.
Je voudrais que vous finissiez ce travail pour jeudi.
I wouldn't mind a cup of tea.
Je prendrais bien une tasse de thé.

- Suivi de **rather** ou **sooner** et de la base verbale, on emploie **would** pour exprimer ses préférences :

He'd rather be playing golf.
Il préférerait être en train de jouer au golf.
I'd sooner walk than take the bus.
Je préférerais marcher plutôt que de prendre le bus.

4.17 can, could, be able to

- On emploie **can** pour dire que quelque chose peut se réaliser :

Cooking can be a real pleasure.
Cuisiner peut être un véritable plaisir.

- On emploie **could** quand on veut dire que quelque chose pourrait ou aurait pu se réaliser :

  There could be a storm.
  Il pourrait y avoir une tempête.
  You could have gone to Paris.
  Tu aurais pu aller à Paris.
  If I'd been there, I could have helped you.
  Si j'avais été là, j'aurais pu t'aider.

- **Can** (**présent**) et **could** (**passé** ou **conditionnel**) s'utilisent pour parler de la capacité à faire quelque chose ; ils se traduisent souvent par « pouvoir » :

  He could run faster than anybody else.
  Il courait plus vite que n'importe qui d'autre.
  She couldn't have taken the car, because Jim was using it.
  Elle n'aurait pas pu prendre la voiture parce que c'est Jim qui l'avait.

- On les emploie aussi pour dire que quelqu'un sait faire quelque chose parce qu'il l'a appris ; ils se traduisent souvent par « savoir » :

  He can't dance.
  Il ne sait pas danser.
  A lot of them couldn't read or write.
  Beaucoup d'entre eux ne savaient ni lire ni écrire.

- Pour les temps auxquels il n'est pas possible de conjuguer **can**, on utilise la tournure équivalente **be able to** :

  Nobody else will be able to read it.
  Personne d'autre ne pourra le lire.
  He enjoyed the satisfaction of being able to do the job well.
  Il avait la satisfaction de pouvoir faire ce travail comme il fallait.
  Everyone used to be able to have free eye tests.
  Avant, tout le monde pouvait passer gratuitement un examen de la vue.

- Cette expression peut aussi s'employer là où **can** ou **could** seraient possibles :

  She was able to tie her own shoelaces./She could tie her own shoelaces.
  Elle savait attacher ses lacets toute seule.

- À l'oral, **can** et **could** s'emploient pour faire une demande polie ou une proposition :

  Can I help you with the dishes?
  Est-ce que je peux t'aider à faire la vaisselle ?
  Could I help you carry those bags?
  Est-ce que je peux t'aider à porter ces sacs ?
  We could go to the cinema on Friday.
  On pourrait aller au cinéma vendredi.
  Could you do me a favour?
  Est-ce que tu pourrais me rendre un service ?

- **Can**, **could**, **may** ou **be allowed to** s'emploient pour demander la permission. La tournure avec **may** est la plus soutenue :

  Can I ask a question?
  Est-ce que je peux poser une question ?
  Could I just interrupt a minute?
  Est-ce que je peux vous interrompre une minute ?
  May I have a cigarette?
  Puis-je avoir une cigarette ?

- Seuls **can** et **may** s'emploient pour accorder la permission :

  You can borrow that pen if you want to.
  Tu peux emprunter ce stylo si tu veux.
  You may leave as soon as you have finished.
  Tu peux partir dès que tu as fini.

- Pour exprimer la permission, on peut aussi employer **be allowed to** aux temps auxquels **may** n'existe pas :

  It was only after several months that I was allowed to visit her.
  Ce ne fut qu'au bout de quelques mois qu'on m'autorisa à lui rendre visite.
  Teachers will be allowed to decide for themselves.
  Les professeurs seront autorisés à décider eux-mêmes.

4.18 **May** et **might** s'emploient pour dire qu'il est possible que quelque chose ait lieu ou ait eu lieu :

He might come.
Il se peut qu'il vienne.

You may have noticed this advertisement.
Peut-être as-tu remarqué cette publicité.

4.19 must et have to

Pour dire que quelque chose doit être fait, doit arriver ou doit être d'une certaine façon, on emploie **must** :

The plants must have plenty of sunshine.
Les plantes ont besoin de beaucoup de soleil.
You must come to the meeting.
Il faut que tu viennes à la réunion.

Lorsqu'une personne donne son avis sur ce qu'une autre personne doit faire, on utilise **must**. S'il ne s'agit pas d'un point de vue personnel, on emploie **have to** :

They have to pay the bill by Thursday. *(ils ont une dette)*
They must pay the bill by Thursday. *(parce que c'est à moi qu'ils doivent cet argent)*
Il faut qu'ils règlent la facture avant jeudi.
She has to go now. *(car elle a des choses à faire)*
She must go now. *(car je l'ai décidé)*
Il faut qu'elle parte maintenant.

4.20 **Should** et **ought to** sont synonymes ; ils signifient « il faudrait que... » ou « devoir » au conditionnel en français :

We should send her a postcard.
Il faudrait qu'on lui envoie une carte postale.
You ought not to see him again.
Tu devrais arrêter de le voir.
We ought to have stayed in tonight.
Nous aurions dû rester à la maison ce soir.

4.21 L'impératif

La forme affirmative de l'**impératif** est la même que celle de la base verbale. Elle n'est pas précédée d'un pronom :

Come to my place.
Viens chez moi.
Start when you hear the bell.
Commencez quand vous entendrez la cloche.
Sit down and let me get you a drink.
Assieds-toi et laisse-moi te servir un verre.
Be careful!
Sois prudent !

Le **négatif** se construit avec l'auxiliaire **do** ou **never** + base verbale

Do not write in this book.
N'écris pas dans ce livre.
Don't go so fast.
Ne va pas si vite.
Never open the front door to strangers.
N'ouvre jamais la porte à des inconnus.

En anglais, l'impératif s'utilise avec les personnes que l'on connaît bien, ou dans des situations d'urgence ou de danger. Dans la plupart des autres cas, on emploie les modaux ou les constructions avec **let**, qui permettent de transformer un ordre en requête polie :

Would you mind waiting a moment?
Voulez-vous bien patienter un instant ?

4.22 let + groupe nominal + base verbale

L'impératif avec **let** s'emploie pour demander que l'on permette à une personne de faire quelque chose. Quand cette personne est celle qui parle, c'est une manière de proposer de rendre un service :

Let Philip have a look at it.
Laisse Philip regarder.
Let them go to bed late.
Laisse-les se coucher tard.
Let me take your coat.
Laisse-moi prendre ton manteau.

La forme négative se construit avec l'auxiliaire **do** : **don't** + **let** + groupe nominal + base verbale :

> **Don't let me make you late for your appointment.**
> *Je ne voudrais pas te mettre en retard pour ton rendez-vous.*

On emploie **let** avec **us** lorsque celui qui parle s'inclut dans un groupe. La forme contractée **let's** est plus fréquente. À la forme négative, on dit **let's not** ou **don't let's** :

> **Let's go outside.**
> *Allons dehors.*
> **Let us consider a very simple example.**
> *Prenons un exemple très simple.*
> **Let's not/Don't let's talk about that.**
> *Ne parlons pas de cela.*

4.23 Les verbes à deux objets

Certains verbes ont deux objets. L'objet qui renvoie à la personne (complément d'objet second) peut se mettre soit directement après le verbe, soit après l'autre objet, auquel cas il est précédé de **for** ou **to** :

> **They booked me a place.** ou **They booked a place for me.**
> *Ils m'ont réservé une place.*
> **I had given my cousin some books on India.** ou **I had given some books on India to my cousin.**
> *J'avais donné des livres sur l'Inde à mon cousin.*

Lorsqu'il comporte plus de deux mots, le groupe nominal objet qui renvoie à des personnes se place généralement derrière l'autre complément d'objet :

> **She taught physics to pupils at the local school.**
> *Elle enseignait la physique aux élèves de l'école du quartier.*

4.24 La proposition infinitive

Cette construction est introduite par un verbe (éventuellement suivi d'une préposition si c'est un **phrasal verb**), suivi d'un nom ou pronom complément et d'un verbe à l'infinitif avec **to**. Le verbe principal est souvent un verbe exprimant une volonté, un désir ou un ordre :

The teacher wants all pupils to write an essay for tomorrow.
Le professeur veut que tous les élèves fassent une rédaction pour demain.
We'll wait for you to finish.
Nous attendrons que tu finisses.
I'd like him to phone me back.
J'aimerais qu'il me rappelle.

Pour mettre une proposition infinitive à la forme négative, on place **not** devant **to** :

I asked you not to say anything.
Je t'ai demandé de ne rien dire.
You can expect John not to lie.
Tu peux compter sur le fait que John ne mentira pas.

4.25 On utilise un **pronom réfléchi** pour montrer que l'objet et le sujet du verbe de l'énoncé renvoient à la même personne :

Ann poured herself a drink.
Ann se servit un verre.
The men formed themselves into a row.
Les hommes se mirent en rang.
Here's the money, go and buy yourself an ice cream.
Voici l'argent, va t'acheter une glace.

- Les verbes pronominaux en français ne le sont pas nécessairement en anglais : c'est le cas de **shave, dress, wash** :

I usually shave before breakfast.
Normalement, je me rase avant le petit-déjeuner.
He prefers to shave himself, even with that broken arm.
Il préfère se raser lui-même, même avec son bras cassé.

- **Attention** : pour parler d'une partie du corps, on emploie un possessif en anglais là où le français utilise une forme réfléchie :

I hurt my foot.
Je me suis fait mal au pied.
He cut his nails before going out.
Il s'est coupé les ongles avant de sortir.

- Pour souligner la réciprocité d'une action, on peut employer **each other** ou **one another** comme objet du verbe. Ils interviennent souvent avec les verbes qui expriment des contacts physiques, comme **embrace**, **fight**, **hug**, **kiss**, **touch** etc. :

  We embraced each other.
  Nous nous sommes étreints.
  They fought one another desperately for it.
  Ils se le sont disputé avec acharnement.
  It was the first time they had touched one another.
  C'était la première fois qu'ils se touchaient.

- Certains verbes sont suivis d'un groupe nominal comportant une préposition. On met alors la préposition avant **each other** ou **one another** :

  They parted from each other after only two weeks.
  Ils se sont séparés après deux semaines seulement.
  We talk to one another as often as possible.
  Nous nous parlons le plus souvent possible.

4.26 Les **phrasal verbs** (verbes à particule) sont la combinaison d'un verbe avec un adverbe ou une préposition. Le sens de base du verbe peut parfois changer radicalement :

Turn right at the next corner.
Tourne à droite au prochain croisement.
She turned off the radio.
Elle a éteint la radio.
She broke her arm in the accident.
Elle s'est cassé le bras dans l'accident.
They broke out of prison on Thursday night.
Ils se sont évadés de prison jeudi soir.

Ces verbes à particule se répartissent en quatre groupes :

- Ceux du premier groupe n'ont pas de complément d'objet ; ils sont **intransitifs** :

break out ▲ catch on ▲ check up ▲ come in ▲ get by
give in ▲ go away ▲ grow up ▲ ring off ▲ start up
stay up ▲ stop off ▲ watch out ▲ wear off

War broke out in September.
La guerre éclata en septembre.
You'll have to stay up late tonight.
Tu devras veiller tard ce soir.

- Ceux du second groupe ont un objet qui se place après le verbe et sa préposition :

bargain for ▲ deal with ▲ fall for ▲ look after
part with ▲ pick on ▲ set about ▲ take after

She looked after her invalid mother.
Elle s'occupait de sa mère invalide.
Peter takes after his father but John is more like me.
Peter tient de son père, mais John me ressemble davantage.

- Pour les verbes à particule du troisième groupe, l'objet s'intercale entre le verbe et la particule :

bring round ▲ keep up ▲ knock out

They tried to bring her round.
Ils ont essayé de la ranimer.

- Certains verbes appartiennent à la fois au second et au troisième groupe, car l'objet peut se placer soit après la particule, soit après le verbe :

fold up ▲ hand over ▲ knock over ▲ point out
pull down ▲ put away ▲ put up ▲ rub out ▲ sort out
take up ▲ tear up ▲ throw away ▲ try out

It took ages to clean up the mess. ou **It took ages to clean the mess up.**
Ça a pris un temps fou pour nettoyer les saletés.

- Cependant, si l'objet est un pronom, il se place toujours juste après le verbe :

There was such a mess. It took ages to clean it up.
C'était vraiment sale. Ça a pris un temps fou à nettoyer.

- Les verbes de la quatrième catégorie sont ceux dont l'objet est introduit par une préposition qui vient s'ajouter à leur propre particule :

Verbe + particule + préposition + objet

come in for ▲ come up against ▲ get on with
lead up to ▲ look forward to ▲ put up with
stick up for ▲ walk out on

I'm looking forward to my holiday.
J'ai hâte d'être en vacances.
Children have to learn to stick up for themselves.
Les enfants doivent apprendre à se débrouiller par eux-mêmes.

- Un petit nombre de verbes du quatrième groupe acceptent un autre objet juste après le verbe :

Verbe + objet + particule + préposition + objet

do out of ▲ put down to ▲ put up to
take out on ▲ talk out of

John tried to talk her out of it.
John essaya de l'en dissuader.

4.27 Quand on veut attirer l'attention sur ce qui subit l'action (objet ou personne) et non sur son origine, on utilise la **voix passive**. Seuls les verbes transitifs peuvent se mettre au passif :

Mr Smith locks the gate at six o'clock every night.
M. Smith ferme le portail à six heures tous les soirs.
The gate is locked at six o'clock every night.
Le portail est fermé à six heures tous les soirs.

The storm destroyed dozens of trees.
La tempête a détruit des dizaines d'arbres.
Dozens of trees were destroyed.
Des dizaines d'arbres ont été détruits.

- La structure de la voix passive est la suivante :
(modal +) forme de **BE** + participe passé

Jobs are still being lost.
Il y a toujours des pertes d'emplois.
What can be done?
Qu'est-ce qu'on peut faire ?
We won't be beaten.
Nous ne nous laisserons pas vaincre.
He couldn't have been told by Jimmy.
Ce n'est pas possible que Jimmy le lui ait dit.

- Dans le cas des verbes à deux objets, n'importe lequel des deux objets peut être sujet de la phrase passive :

The secretary was given the key. ou **The key was given to the secretary.**
La clé a été donnée à la secrétaire.
The books will be sent to you. ou **You will be sent the books.**
Les livres vous seront envoyés.

➢ **Get** s'emploie parfois en anglais parlé au lieu de **be** pour former le passif :

Our car gets cleaned every weekend.
Notre voiture est lavée tous les week-ends.
I don't get paid until the end of the month.
Je ne suis payé qu'à la fin du mois.

- Lorsqu'on utilise la voix passive, il est fréquent de ne pas préciser l'origine de l'action, soit parce qu'on ne la connaît pas, soit parce qu'on ne veut pas le faire, soit parce que cette information n'a pas d'importance. Si on souhaite donner celle-ci, on la place après le verbe, précédée de la préposition **by** :

He was shot in the chest by an armed robber.
Il a été blessé à la poitrine par un cambrioleur armé.

4.29 Les tournures impersonnelles

Le pronom **it** peut être employé comme sujet d'un énoncé sans faire pour autant référence à quelque chose qui a déjà été cité. Cet emploi impersonnel de **it** s'utilise en particulier pour parler des heures ou des dates :

It is nearly one o'clock.
Il est presque une heure.
It's the sixth of April today.
On est le six avril aujourd'hui.

- **It** + verbes qui renvoient au temps qu'il fait :

It's still raining.
Il pleut toujours.
It was pouring with rain.
Il pleuvait à verse.

- On emploie **it** + forme de **be** + adjectif (+ nom) et **it** + forme de **get** + adjectif pour décrire le temps qu'il fait ou les changements de temps :

It's a lovely day.
C'est une journée magnifique.
It was getting cold.
Il commençait à faire froid.

- **It** + forme de **be** + adjectif/groupe nominal s'emploient pour donner une opinion sur un endroit, une situation, un événement :

It was terribly cold outside.
Il faisait terriblement froid dehors.
It's fun working for him.
C'est sympa de travailler pour lui.
It was a pleasure to be there.
C'était un plaisir d'être là.

- **It** + les verbes qui expriment des sentiments, des états d'esprit comme **interest**, **please**, **surprise** ou **upset** + pronom/groupe nominal + **that**.../**to**... s'emploient pour indiquer la réaction de quelqu'un face à quelque chose, une situation ou un événement :

It surprised me that he should want to talk about his work.
Cela m'a surpris qu'il veuille parler de son travail.
It upset her friends to hear that she was ill.
Ses amis ont été peinés d'apprendre qu'elle était malade.

- **There** peut être employé dans un tour impersonnel. Il est alors suivi d'un groupe verbal contenant l'une des formes de **be**, **appear to be** ou **seem to be** :

There is work to be done.
Il y a du travail à faire.
There'll be a party tonight.
Il va y avoir une fête ce soir.
There appears to be a mistake in the bill.
Il semble y avoir une erreur dans l'addition.

4.30 there is/there are

Le verbe qui suit **there** est au singulier (**is**, **has**, **appears**, **seems**) si le groupe nominal qui vient après (ou le premier nom s'il y en a plusieurs) est au singulier ou indénombrable :

There is one point we must add here.
Il y a un point que nous devons ajouter ici.
There seems to be an error in the calculations.
Il semble qu'il y ait une erreur dans les calculs.

Si le groupe nominal est au pluriel, ou devant des expressions comme **a number (of)**, **a lot (of)** et **a few (of)**, le verbe qui suit **there** est au pluriel :

There were two men in the room.
Il y avait deux hommes dans la pièce.
There were a lot of children in the street.
Il y avait beaucoup d'enfants dans la rue.

4.31 Le verbe au **gérondif** (forme en **-ing**) peut s'employer pour former un adjectif à partir d'un verbe. Il se place juste avant le nom ou après le verbe comme tout adjectif :

He lives in a charming house just outside the town.
Il habite une maison charmante juste à l'entrée de la ville.
His novels are always interesting.
Ses romans sont toujours intéressants.
Britain is an ageing society.
La société britannique est vieillissante.

- Le gérondif s'emploie après le nom pour apporter des informations sur l'action de celui-ci à un moment précis ou en général :

Most of the people strolling in the park were teenagers.
La plupart des gens qui se promenaient dans le parc étaient des adolescents.
The employees working there were not very friendly.
Les employés qui travaillaient là n'étaient pas très sympathiques.

- Le gérondif s'emploie après **while** (et **whilst** en anglais britannique) pour exprimer la simultanéité :

I like listening to classical music while working.
J'aime écouter de la musique classique tout en travaillant.
He twisted his ankle whilst running for the bus.
Il s'est tordu la cheville en courant pour attraper l'autobus.

- La forme en **-ing** du gérondif peut également remplir la fonction d'un nom, qui peut être soit sujet, soit complément du verbe. Contrairement aux autres noms, ce nom verbal n'est généralement pas précédé d'un article et ne se met jamais au pluriel. Il peut cependant parfois être modifié par un adjectif (et un adverbe) :

Smoking is bad for you.
Fumer nuit à la santé.
Swimming can be good exercise.
La natation peut être un bon exercice.
Do you like travelling?
Tu aimes voyager ?
There was some very good singing in the competition.
Certains concurrents ont très bien chanté.

- La forme en **-ing** peut être en position de complément, après une préposition :

I'd be interested in seeing his films.
Ça m'intéresserait de voir ses films.

They've been talking about building a new school.
On parle de construire une nouvelle école.

- Certains mots en **-ing** sont devenus des noms à part entière et se comportent donc normalement : ils peuvent se mettre au pluriel, être précédés d'un article, d'un adjectif, etc. :

This is my favourite painting by Rembrandt.
C'est mon tableau préféré de Rembrandt.
There are several new buildings on this street.
Il y a plusieurs bâtiments neufs dans cette rue.

- Le gérondif en **-ing** s'emploie après le verbe principal pour décrire une action dont le sujet est le même que celui du verbe principal. Il peut être mis au passif. Certains verbes sont suivis de la forme infinitive **to...** et d'autres, comme **bother**, **try** ou **prefer**, peuvent se construire des deux façons :

I don't mind telling you.
Ça ne me dérange pas de te le dire.
I've just finished reading that book.
Je viens de finir ce livre.
She carried on reading.
Elle continua de lire.
I dislike being interrupted.
Je déteste être interrompu.
I didn't bother answering./I didn't bother to answer.
Je n'ai pas pris la peine de répondre .

- La forme du gérondif **-ing** s'emploie après **come** et **go** pour parler d'une activité sportive ou physique :

They came running out.
Ils sont sortis en courant.
Did you say they might go camping?
Tu as bien dit qu'ils iraient peut-être camper ?

- La forme du gérondif **-ing** s'emploie après certains verbes comme **catch**, **find**, **imagine**, **leave**, **prevent**, **stop**, **watch** et leur objet. L'objet du verbe principal est sujet du verbe en **-ing** :

He left them making their calculations.
Il les a laissés faire leurs calculs.
I found her waiting for me outside.
Je l'ai trouvée en train de m'attendre dehors.

4.32 On utilise **l'infinitif** avec **to...** après certains verbes quand le sujet du verbe à l'infinitif est le même que celui du verbe principal :

She had agreed to let us use her flat.
Elle avait accepté de nous laisser occuper son appartement.
I decided not to go out for the evening.
J'ai décidé de ne pas sortir ce soir-là.
England failed to win a place in the finals.
L'Angleterre ne s'est pas qualifiée pour la finale.

- L'infinitif avec **to...** s'emploie après certains verbes suivis d'un complément d'objet qui est le sujet de l'infinitif :

I asked her to explain.
Je lui ai demandé d'expliquer.
I waited for him to speak.
J'ai attendu qu'il parle.
I want you to help me.
Je veux que tu m'aides.

4.33 Le **participe passé** du verbe peut s'employer comme adjectif :

A bored student complained to his teacher.
Un étudiant qui s'ennuyait s'est plaint à son professeur.
The bird had a broken wing.
L'oiseau avait une aile cassée.
The man injured in the accident was taken to hospital.
L'homme blessé dans l'accident fut emmené à l'hôpital.
She was wearing a dress bought in Paris.
Elle portait une robe achetée à Paris.

4.34 Les formes interrogatives

En anglais comme en français, l'ordre de la phrase change pour les questions directes mais pas pour les questions indirectes. Dans ce dernier cas, on utilise des formes verbales simples et non les formes avec **do** :

What will you talk about?
De quoi parlerez-vous ?

I'd like to know what you will talk about.
J'aimerais savoir de quoi vous parlerez.
Did you have a good rest?
Vous êtes-vous bien reposé ?
I asked him if he'd had a good rest.
Je lui ai demandé s'il s'était bien reposé.

4.35 Pour les questions auxquelles on répond par « oui » ou par « non », on place l'auxiliaire du verbe au début, avant le sujet. L'ordre du reste de la phrase est inchangé.

On répond à ce genre de question en plaçant après **yes** ou **no** l'auxiliaire, le modal ou la forme contractée de **be** correspondante, avec **not** si la réponse est **no** :

Is he coming? – Yes, he is./No, he isn't.
Est-ce qu'il vient ? – Oui./Non.
Can John swim? – Yes, he can./No, he can't.
Est-ce que John sait nager ? – Oui./Non.
Will you have finished by lunchtime? – No, I won't.
Est-ce que tu auras fini avant le déjeuner ? – Non.
Have you finished yet? – Yes, I have./No, I haven't.
Est-ce que tu as fini ? – Oui./Non.
Was it lonely without us? – Yes, it was.
Est-ce que vous vous êtes sentis seuls sans nous ? – Oui.

N'oubliez pas qu'avec les temps simples on emploie **do** comme auxiliaire pour ce genre de questions :

Do you like wine ? – Yes, I do./No, I don't.
Vous aimez le vin ? – Oui./Non.
Did he go to the theatre? – Yes, he did./No, he didn't.
Est-ce qu'il est allé au théâtre ? – Oui./Non.
Do you have any questions? – Yes, we do./No, we don't.
Est-ce que vous avez des questions ? – Oui./Non.

Lorsque son sens se rapproche de « posséder », **have** peut aussi se placer directement avant le sujet sans auxiliaire, mais cette tournure est moins habituelle :

Has he any idea what it's like?
Est-ce qu'il a la moindre idée de ce que ça fait ?

4.36 En anglais parlé, il est courant de poser des questions en ajoutant des **question tags** pour demander confirmation de quelque chose que l'on vient de dire. La « question tag » reprend le verbe de la phrase qui précède par l'intermédiaire de l'auxiliaire seul suivi de son sujet. S'il n'y a pas de négation dans ce qui vient d'être dit, on met **not** dans la « question tag » ; inversement, si ce qui vient d'être dit est une négation, il n'y a pas de **not** dans la « question tag » :

They don't live here, do they?
Ils n'habitent pas ici, il me semble ?
You haven't seen it before, have you?
Tu ne l'as pas encore vu, si ?
You will stay in touch, won't you?
Tu donneras des nouvelles, d'accord ?
It is quite warm, isn't it?
Il fait assez chaud, non ?

4.37 neither/nor

Pour dire « moi non plus, toi non plus » etc., on emploie **neither/nor** suivi de l'auxiliaire et du sujet, ou bien du sujet puis de la forme négative de l'auxiliaire suivis de **either** :

I don't know where it is. – Neither do I./Nor do I./I don't either.
Je ne sais pas où c'est. – Moi non plus.

Pour dire « moi aussi, toi aussi » etc. on emploie **so** suivi de l'auxiliaire et du sujet :

I have been working a lot. – So have all the others.
J'ai beaucoup travaillé. – Tous les autres aussi.

4.38 Les mots interrogatifs anglais sont :

what ▲ which ▲ when ▲ where ▲ who ▲ whom ▲ whose ▲ why ▲ how ▲ how much ▲ how many ▲ how long

Whom s'emploie seulement en anglais recherché. Les mots interrogatifs viennent toujours en premier dans les questions.

Avec ces mots, l'ordre de l'auxiliaire et du sujet s'inverse comme dans n'importe quelle interrogation :

How many are there?
Combien y en-a-t-il ?
Which do you like best?
Lequel préfères-tu ?
When would you be coming down?
Quand viendrais-tu ?
Why did you do it?
Pourquoi as-tu fait ça ?
Where did you get that from?
Où as-tu trouvé ça ?
Whose idea was it?
Qui a eu cette idée ?

La seule exception intervient quand le sujet de l'interrogative est celui du verbe, auquel cas l'ordre des mots ne change pas. Notez qu'on utilise alors des formes verbales simples sans avoir recours à l'auxiliaire **do** :

Who could have done it?
Qui a pu faire cela ?
What happened?
Qu'est-ce qui s'est passé ?
Which is the best restaurant?
Lequel de ces restaurants est le meilleur ?

Si l'on a une préposition, elle est rejetée à la fin. Dans le cas de **whom** cependant, elle vient toujours avant le pronom :

What's this for?
À quoi ça sert ?
What's the book about?
Quel est le sujet du livre ?
With whom were you talking?
Avec qui est-ce que tu parlais ?

How peut s'employer seul dans le sens de « comment », mais il peut aussi accompagner les adjectifs et les adverbes, ainsi que **many** et **much** :

How did you know we were coming?
Comment as-tu su que nous venions ?
How old are your children?
Quel âge ont vos enfants ?
How long have you lived here?
Depuis combien de temps vis-tu ici ?
How many were there?
Combien étaient-ils ?

4.39 La négation

Aux temps composés, la négation des verbes se construit en mettant le mot **not** (à la forme contractée ou non) après le premier verbe. Aux temps simples, il faut employer un auxiliaire à la forme négative :

They do not need to talk.
Ils n'ont pas besoin de parler.
I was not smiling.
Je ne souriais pas.
I haven't been playing football.
Je n'ai pas joué au foot.

➢ Souvenez-vous qu'avec **do** comme verbe principal on utilise aussi l'auxiliaire **do** :

I didn't do it.
Ce n'est pas moi qui ai fait ça.

Le tableau suivant montre quelques-unes des formes contractées les plus fréquentes :

isn't	**aren't**	**wasn't**	**weren't**	**hasn't**
haven't	**hadn't**	**doesn't**	**don't**	**didn't**
can't	**couldn't**	**mightn't**	**mustn't**	**oughtn't**
shan't	**shouldn't**	**won't**	**wouldn't**	**daren't**
needn't				

5.1 Les mots qui indiquent le moment, la modalité, le lieu, ou qui donnent des précisions sur les circonstances dans lesquelles quelque chose a eu lieu s'appellent **adverbes**. Leur rôle peut aussi être rempli par un groupe nominal, avec ou sans préposition, ou par deux adverbes ensemble. Dans ce cas on parle de **locutions adverbiales**.

Sit there quietly and listen to this music.
Reste assis sans faire de bruit et écoute cette musique.
Come and see me next week.
Viens me voir la semaine prochaine.
The children were playing in the park.
Les enfants jouaient dans le parc.
He did not play well enough to win.
Il n'a pas joué assez bien pour gagner.

5.2 Les adverbes ou locutions adverbiales qui répondent aux questions « comment ? », « où ? » et « quand ? » se placent après le verbe et son objet, s'il en a un :

She sang beautifully.
Elle chantait merveilleusement bien.
The book was lying on the table.
Le livre était posé sur la table.
The car broke down yesterday.
La voiture est tombée en panne hier.
I did learn to play a few tunes very badly.
J'ai appris à jouer très mal quelques airs.

5.3 Si plusieurs locutions renvoyant à ces notions se suivent, on les place d'habitude dans l'ordre suivant : comment + où + quand :

She spoke very well at the village hall last night.
Elle a très bien parlé à la salle communale hier soir.

5.4 Les adverbes ou locutions adverbiales qui donnent une indication sur la fréquence, la probabilité ou l'imminence d'un événement se placent juste avant le verbe principal, que la forme du verbe soit simple ou composée :

She occasionally comes to my house.
Elle vient chez moi à l'occasion.
You have very probably heard the news by now.
Tu as très probablement appris la nouvelle maintenant.
They had already given me the money.
Ils m'avaient déjà donné l'argent.
She really enjoyed the party.
Elle s'est vraiment amusée à la fête.

5.5 On peut mettre en relief un adverbe ou une locution adverbiale en les plaçant ailleurs dans l'énoncé :

Slowly, he opened his eyes.
Doucement, il ouvrit les yeux.
In September I travelled to California.
En septembre, je suis allé en Californie.
Next to the coffee machine stood a pile of cups.
À côté de la machine à café s'élevait une pile de gobelets.

➢ Vous noterez dans ce dernier exemple que dans les expressions de lieu, le verbe peut se placer avant le sujet.

L'adverbe ou la locution adverbiale composée de deux adverbes peut se placer juste devant le verbe principal pour être mis en valeur :

He deliberately chose it because it was cheap.
Il l'a choisi exprès parce que c'était bon marché.
I very much wanted to go with them.
Je voulais vraiment aller avec eux.

On peut changer l'ordre habituel pour mettre l'accent sur un point précis :

They were sitting in the car quite happily.
Ils étaient assis dans la voiture, très contents.
At the meeting last night, she spoke very well.
Hier soir à la réunion, elle a très bien parlé.

5.6 Certains adverbes ou locutions adverbiales nous disent à quelle fréquence quelque chose se produit :

a lot ▲ always ▲ ever ▲ frequently ▲ hardly ever
never ▲ normally ▲ occasionally ▲ often
rarely ▲ sometimes ▲ usually

We often swam in the sea.
Nous nagions souvent dans la mer.
She never comes to my parties.
Elle ne vient jamais à mes fêtes.

D'autres s'emploient pour exprimer la probabilité :

certainly ▲ definitely ▲ maybe ▲ obviously
perhaps ▲ possibly ▲ probably ▲ really

I definitely saw her yesterday.
Je suis sûr de l'avoir vue hier.
The driver probably knows the best route.
Le chauffeur connaît probablement le meilleur itinéraire.

Ces adverbes se placent *avant* un verbe simple et peuvent s'intercaler entre l'auxiliaire et le verbe des formes composées :

He sometimes works downstairs in the kitchen.
Il travaille parfois en bas dans la cuisine.
You are definitely wasting your time.
Il est certain que tu perds ton temps.
I have never had such a horrible meal!
Je n'ai jamais mangé un repas aussi mauvais !
I shall never forget this day.
Je n'oublierai jamais ce jour.

➢ Notez que ces adverbes se placent normalement *après* **be** quand c'est le verbe principal :

He is always careful with his money.
Il fait toujours très attention à son argent.
You are probably right.
Tu as probablement raison.

5.7 **Perhaps** se place en général au début de l'énoncé tandis que **a lot** vient en général après le verbe principal :

Perhaps the beaches are cleaner in the north.
Peut-être que les plages sont plus propres dans le Nord.
I go swimming a lot in the summer.
Je nage beaucoup en été.

5.8 **Ever** s'emploie en général dans les questions, les négations ou dans les phrases conditionnelles. On l'utilise parfois dans des affirmations, par exemple après un superlatif :

Have you ever been to a football match?
Est-ce que tu es déjà allé à un match de football ?
Don't ever do that again!
Ne refais jamais ça !
If you ever need anything, just call me.
Si jamais tu as besoin de quoi que ce soit, appelle-moi.
She is the best dancer I have ever seen.
C'est la meilleure danseuse que j'aie jamais vue.

➢ Notez qu'il existe deux façons de dire « jamais » : **never** ou **not ever** :

Don't ever do that again! ou **Never do that again!**
Ne refais jamais ça !

5.9 still, yet, already

Dans les phrases affirmatives, **still** signifie « toujours », même s'il se traduit parfois par « encore ». On le met devant le verbe aux temps simples. Il s'intercale entre les deux éléments des formes composées et suit le verbe **be** :

My family still lives in India.
Ma famille vit toujours en Inde.
You will still get tickets, if you hurry.
Tu peux encore avoir des billets si tu te dépêches.
We were still waiting for the election results.
Nous attendions toujours le résultat des élections.

His father is still alive.
Son père est toujours vivant.

- Dans les phrases négatives, **still** peut être mis après le sujet et avant le verbe pour exprimer la surprise ou l'impatience :

You still haven't given us the keys.
Tu ne nous as toujours pas donné les clés.

➢ Notez que **still** peut s'employer au début d'un énoncé dans le sens de « malgré tout, quand même » :

Still, he is my brother, so I'll have to help him.
C'est quand même mon frère, alors il va falloir que je l'aide.

- **Yet** s'emploie dans le sens de « encore » quand il est à la fin d'un énoncé négatif et de « déjà » quand il est à la fin d'une question :

We haven't got the tickets yet.
Nous n'avons pas encore les billets.
Have you joined the swimming club yet?
Est-ce que tu t'es (déjà) inscrit au club de natation ?

- **Yet** s'utilise aussi en début d'énoncé dans le sens de « cependant, pourtant » :

They know they won't win, yet they keep on trying.
Ils savent qu'ils ne gagneront pas, pourtant ils persistent.

- Les expressions **any longer** ou **any more** signifient « plus » dans les phrases négatives, où elles se placent à la fin :

I couldn't wait any longer.
Je ne pouvais plus attendre.
He's not going to play any more.
Il ne va plus jouer.

- **Already** signifie « déjà » dans les affirmations. Il se place avant le verbe quand celui-ci est à un temps simple, entre les deux éléments quand il est à un temps composé, et après le verbe **be** :

I already know her.
Je la connais déjà.
I've already seen them.
Je les ai déjà vus.
I am already aware of that problem.
Je suis déjà au courant de ce problème.

Pour le mettre en relief, on peut le placer en fin de phrase :

I've done it already.
Je l'ai déjà fait.

5.10 Notez que si **really** vient en début d'énoncé, il exprime la surprise, alors qu'en position finale c'est un adverbe de manière :

Really, I didn't know that!
Vraiment, je n'étais pas au courant !
He wanted it really, but he was too shy to ask.
Il le voulait vraiment, mais il était trop timide pour demander.

5.11 Certains adverbes ou locutions adverbiales renforcent ou réduisent l'intensité de ce qu'exprime le verbe :

I totally disagree.
Je ne suis pas du tout d'accord.
I can nearly swim.
Je sais presque nager.
The building was almost entirely destroyed.
Le bâtiment a été presque entièrement détruit.

5.12 Certains adverbes d'intensité peuvent se mettre avant ou après le verbe principal, ou après l'objet s'il y en a un :

badly ▲ completely ▲ greatly ▲ seriously ▲ strongly ▲ totally

I disagree completely ou **I completely disagree with John Taylor.**
Je ne suis pas du tout d'accord avec John Taylor.
That argument doesn't convince me totally ou **totally convince me.**
Cet argument ne me convainc pas tout à fait.

D'autres s'emploient surtout juste avant le verbe principal :

almost ▲ largely ▲ nearly ▲ quite ▲ really

He almost crashed into a lorry.
Il a failli rentrer dans un camion.
I quite like it.
J'aime bien.

5.13 **A lot** et **very much** se placent après le verbe principal ou après l'objet s'il y en a un. **Very much** peut se placer après le sujet et devant les verbes comme **want**, **prefer** et **enjoy** :

She helped a lot.
Elle nous a beaucoup aidés.
We liked him very much.
Nous l'aimions beaucoup.
I very much wanted to take it with me.
J'avais très envie de l'emporter avec moi.

5.14 Certains adverbes d'intensité qui précisent le sens d'adjectifs ou d'adverbes se placent devant ces derniers :

awfully ▲ extremely ▲ fairly ▲ pretty
quite ▲ rather ▲ really ▲ very

It's a fairly large office, with filing space.
C'est un bureau assez grand, avec des rangements.

➢ Notez que **rather** peut se placer devant ou derrière **a** ou **an** lorsqu'un adjectif et un nom viennent après :

Seaford is rather a pleasant town. ou **Seaford is a rather pleasant town.**
Seaford est une ville plutôt agréable.

5.15 On forme souvent les adverbes de manière en ajoutant la terminaison **-ly** à l'adjectif. Dans de nombreux cas, un adverbe en **-ly** équivaut à un adverbe français en « -ment », mais pas systématiquement :

Adjectifs		Adverbes
bad	→	**badly**
beautiful	→	**beautifully**
quick	→	**quickly**
quiet	→	**quietly**
soft	→	**softly**

Attention : il n'est pas possible de former des adverbes à partir d'adjectifs se terminant déjà par **-ly**. Par exemple on ne peut pas dire **He smiled at you friendlily.** À la place, on emploie parfois un groupe nominal introduit par une préposition :

He smiled at me in a friendly way.
Il m'a adressé un sourire amical.

5.16 Certains adverbes de manière comme **fast, hard** et **late** ont la même forme que les adjectifs correspondants :

I've always been interested in fast cars.
Je m'intéresse depuis toujours aux voitures rapides.
He was driving too fast.
Il conduisait trop vite.
It was a hard job.
C'était un travail difficile.
He works very hard.
Il travaille très dur.
The train arrived late, as usual.
Le train est arrivé en retard, comme d'habitude.

5.17 Il est rare d'employer des groupes nominaux comme locutions adverbiales de manière, qu'ils comportent une préposition ou non. Cela est parfois nécessaire cependant, en particulier quand il n'existe pas d'adverbe pour ce que l'on veut dire. Le groupe nominal comporte en général un nom comme **way, fashion** ou **manner** :

She asked me in such a nice manner that I couldn't refuse.
Elle me l'a demandé si gentiment que je n'ai pas pu refuser.
They spoke in angry tones.
Ils parlaient sur un ton irrité.

6.1 Les adjectifs d'une syllabe et ceux de deux syllabes qui se terminent par une consonne + **-y** prennent la terminaison **-er**. Attention aux changements d'orthographe que peut entraîner l'ajout d'une terminaison.

angry ▲ busy ▲ dirty ▲ easy ▲ friendly
funny ▲ heavy ▲ lucky ▲ silly ▲ tiny

This is harder than I thought.
C'est plus dur que je ne pensais.
It couldn't be easier.
Ça ne pourrait pas être plus facile.

- Certains adjectifs de deux syllabes fréquemment employés peuvent suivre le modèle **more** + adjectif ou prendre la terminaison **-er**, mais la première construction est plus fréquente :

common ▲ cruel ▲ gentle ▲ handsome ▲ likely
narrow ▲ pleasant ▲ polite ▲ simple ▲ stupid

This solution is simpler. /This solution is more simple.
Cette solution est plus simple.
This illness used to be more common ou **used to be commoner among men.**
Cette maladie était plus courante chez les hommes.

6.2 L'adjectif **more** (« plus de ») se place devant des noms indénombrables ou devant des noms dénombrables au pluriel :

His visit might do more harm than good.
Sa visite fera peut-être plus de mal que de bien.
He does more hours than I do.
Il fait plus d'heures que moi.

- **Less** s'emploie avec les indénombrables ; avec les dénombrables, on utilise **fewer** :

This machinery uses less energy.
Ces machines consomment moins d'énergie.

There are fewer trees here.
Il y a moins d'arbres ici.

6.3 Les tournures « plus... plus... » et « moins... moins... » se traduisent par **the more... the more...** et **the less... the less...** :

The more I see this house, the more I want to buy it.
Plus je vois cette maison, plus j'ai envie de l'acheter.
The less you try, the less you succeed.
Moins tu essaies, moins tu y arrives.
The bigger a parcel is, the more expensive it is to post.
Plus un colis est gros, plus il est cher à envoyer.

- Pour les expressions du type « de plus en plus », « de moins en moins » etc., l'anglais a recours à la répétition du comparatif et à la conjonction **and** :

She seemed less and less interested.
Elle semblait de moins en moins intéressée.
It's getting harder and harder to find a job.
Cela devient de plus en plus difficile de trouver un travail.

- **As... as...** s'emploie avec les adjectifs pour dire « aussi... que... ». Avec les noms, cette tournure est associée à **much/many** :

You're as funny as your sister.
Tu es aussi drôle que ta sœur.
He doesn't get as many calls as I do.
Il ne reçoit pas autant d'appels que moi.

6.4 **Most** et la terminaison **-est** sont employés dans le sens de « le plus, la plus, les plus », dans les mêmes cas que **more** et la terminaison **-er**. Certains adjectifs ont cependant des formes irrégulières :

good	→	**better**	→	**best**
bad	→	**worse**	→	**worst**
far	→	**farther/further**	→	**farthest/furthest**

Tokyo is Japan's largest city.
Tokyo est la plus grande ville du Japon.
He was the most interesting person there.
C'était la personne la plus intéressante de l'assemblée.
This really is the worst book I've ever read.
C'est vraiment le pire livre que j'aie jamais lu.

6.5 **Most** peut aussi s'employer sans idée de comparaison, dans le sens de « très », auquel cas on n'utilise pas **the** :

This book is most interesting.
Ce livre est très intéressant.
This book is the most interesting.
Ce livre est le plus intéressant.

6.6 **So… that** s'emploie dans les comparaisons et a pour équivalents « si … que, tellement … que » :

He is so busy that we never get to see him.
Il est si occupé que nous ne pouvons jamais le voir.

So peut aussi accompagner un groupe nominal précédé de **many/ much/few/little** :

I want to do so many different things.
Je veux faire tellement de choses.

6.7 **Such a…** s'emploie devant un nom au singulier comme intensif. Au pluriel, le **a** est omis. S'il est accompagné d'un adjectif, le nom vient après :

There was such a noise we couldn't hear.
Il y avait un tel bruit que nous n'entendions rien.
They said such nice things about you.
Ils ont dit des choses si gentilles sur toi.

7 Les prépositions

Les prépositions suivantes s'emploient pour introduire des compléments de lieu :

7.1 On emploie **at** pour parler d'un endroit particulier :

She waited at the bus stop for over 20 minutes.
Elle a attendu à l'arrêt de bus pendant plus de 20 minutes.

- **At** s'utilise avec **back**, **bottom**, **end**, **front** et **top** pour désigner les différentes parties d'un endroit :

Mr Castle was waiting at the bottom of the stairs.
M. Castle attendait en bas de l'escalier.
I saw a taxi at the end of the street.
J'ai vu un taxi au bout de la rue.

- Il s'utilise pour les lieux publics et les institutions, et aussi pour dire « à la maison » (**at home**) et « au travail » (**at work**) :

I have to be at the station by ten o'clock.
Je dois être à la gare pour dix heures.
She wanted to stay at home.
Elle voulait rester à la maison.

- On l'utilise aussi, de la même façon que pour faire référence au domicile de quelqu'un, pour désigner un commerce ou un service spécialisé :

'Where were you last night?' – 'At Mick's house.'
« Où étais-tu hier soir ? » – « Chez Mick. »
I'll see you at Fred's house.
Je te verrai chez Fred.
I buy my bread at the local baker's.
J'achète mon pain chez le boulanger du coin.

- Quand on veut parler d'une adresse, **at** permet de donner le numéro du bâtiment :

They used to live at 5, Weston Road.
Ils habitaient au 5, Weston Road.

7.2 **On** s'emploie quand on considère un lieu comme une surface :

I sat down on the sofa.
Je m'assis sur le canapé.
She put her keys on the table.
Elle posa ses clés sur la table.

- Il est aussi employé pour un lieu que l'on voit comme un point sur une ligne, par exemple une route, une ligne de train, une rivière ou une côte :

Scrabster is on the north coast.
Scrabster est sur la côte nord.
Oxford is on the A34 between Birmingham and London.
Oxford est sur la A34 entre Birmingham et Londres.
He lived on Fifth Avenue in New York City.
Il habitait sur la Cinquième Avenue à New York.

7.3 **In** s'emploie avec les pays, les régions, les villes et les villages :

A thousand homes in the east of Scotland suffered power cuts.
Un millier de foyers dans l'est de l'Écosse ont été touchés par des coupures de courant.
I've been teaching at a school in London.
J'enseigne dans une école à Londres.

- On l'utilise aussi avec les récipients de tous types, pour parler de ce qu'ils contiennent :

She kept the cards in a little box.
Elle rangeait les cartes dans une petite boîte.

- Ou encore pour un bâtiment quand il est question des personnes ou des choses qui se trouvent à l'intérieur :

They were sitting having dinner in the restaurant.
Ils étaient assis, en train de dîner, dans le restaurant.

7.4 at/in

On peut souvent considérer un lieu de deux manières : comme une institution ou comme un bâtiment. On utilise alors respectivement **at** ou **in** :

I had a hard day at the office.
J'ai eu une dure journée au bureau.
I left my coat behind in the office.
J'ai oublié mon manteau dans le bureau.
There's a good film at the cinema.
Il y a un bon film au cinéma.
It was very cold in the cinema.
Il faisait très froid dans le cinéma.

7.5 **On, onto** et **off** s'emploient pour faire référence à la position ou au mouvement d'une personne à l'intérieur et à l'extérieur de moyens de transport : bus, train, bateau et avion. Pour attirer l'attention sur la position ou le mouvement à l'intérieur ou à l'extérieur du véhicule lui-même plutôt que sur le moyen de transport, on peut employer **in, into** et **out of** :

Why don't you come on the train with me to New York?
Pourquoi est-ce que tu ne viens pas avec moi en train à New York ?
Peter Hurd was already on the plane from California.
Peter Hurd était déjà dans l'avion en provenance de Californie.
Mr Bixby stepped off the train and walked quickly to the exit.
M. Bixby descendit du train et se dirigea rapidement vers la sortie.
The passengers in the plane were beginning to panic.
Les passagers de l'avion commençaient à paniquer.
We jumped out of the bus and ran into the nearest shop.
Nous avons sauté du bus pour courir vers la boutique la plus proche

7.6 On emploie **in, into** et **out of** pour parler de la position ou du mouvement d'une personne ou d'une chose à l'intérieur et à l'extérieur d'une voiture, d'un camion, etc. :

I followed them in my car.
Je les ai suivis avec ma voiture.

Mr Ward happened to be getting into his lorry.
Il se trouva que M. Ward était en train de monter dans son camion.
She was carried out of the ambulance.
On la sortit de l'ambulance.

7.7 Pour préciser le moyen de transport que l'on emprunte pour se rendre quelque part, on emploie **by** :

by bicycle ▲ by bus ▲ by car ▲ by coach ▲ by plane ▲ by train

She had come by car with her husband.
Elle était venue en voiture avec son mari.
I left Walsall in the afternoon and went by bus and train to Nottingham.
J'ai quitté Walsall dans l'après-midi et je me suis rendu à Nottingham en bus et en train.
Marie decided to continue on foot.
Marie décida de continuer à pied.

7.8 Les prépositions suivantes s'utilisent dans des expressions de temps :

- **At** s'emploie avec :

Les heures :	**at eight o'clock ▲ at 3.15**
Les fêtes religieuses :	**at Christmas ▲ at Easter**
Les repas :	**at breakfast ▲ at lunchtime**
Certains moments précis :	**at night ▲ at the weekend ▲ at weekends**

- **In** s'emploie avec :

Les saisons :	**in autumn ▲ in the spring**
Les années et les siècles :	**in 1985 ▲ in the year 2000 ▲ in the 19th century**
Les mois :	**in July ▲ in December**
Les moments de la journée :	**in the morning ▲ in the evenings**

➢ Notez que **in** est aussi utilisé pour parler du futur :

I think we'll find out in the next few days.
Je pense qu'on le saura dans les jours qui viennent.

- **On** s'emploie avec :

Les jours de la semaine :	**on Monday**
	▲ **on Tuesday morning**
	▲ **on Sunday evenings**
Les jours fixes :	**on Christmas Day**
	▲ **on my birthday**
	▲ **on his wedding anniversary**
Les dates :	**on 14 July**

- **For** s'emploie avec les verbes à tous les temps pour exprimer la durée de quelque chose :

He is in Italy for a month.
Il est en Italie pour un mois.
I remained silent for a long time.
Je suis resté silencieux pendant un long moment.
I will be in London for three months.
Je serai à Londres pour trois mois.

- **During** et **over** servent à parler de la période de temps pendant laquelle quelque chose se passe :

I saw him twice during the summer holidays.
Je l'ai vu deux fois pendant les vacances d'été.
Will you stay in Edinburgh over Christmas?
Est-ce que tu resteras à Édimbourg à Noël ?

➢ Attention : **during** ne s'emploie pas pour dire combien de temps quelque chose dure. On ne dit pas **I went there during three weeks**. Pour ce sens on emploie **for**.

- **By** s'emploie pour dire « pas après », « pas plus tard que » :

  By eleven o'clock, Brody was back in his office.
  À onze heures, Brody était de retour dans son bureau.
  Can we get this finished by tomorrow?
  Est-ce qu'on peut finir ça pour demain ?

8 Les préfixes et les suffixes

Les préfixes et les suffixes sont des éléments qui se placent respectivement au début et à la fin de certains mots et qui en changent le sens. La plupart des suffixes ont également pour effet de modifier la catégorie grammaticale du mot en question.

8.1 Les principaux préfixes sont :

un- ▲ dis- ▲ mis- ▲ over- ▲ under-

- **un-** et **dis-** sont des préfixes qui expriment le contraire :

conscious	→	**unconscious**	*(inconscient)*
comfortable	→	**uncomfortable**	*(inconfortable)*
honour	→	**dishonour**	*(déshonneur)*
integrate	→	**disintegrate**	*(désintégrer)*

- **mis-** traduit l'idée d'erreur :

guided	→	**misguided**	*(dans l'erreur)*
understand	→	**misunderstand**	*(mal comprendre)*
informed	→	**misinformed**	*(mal informé)*

- **over-** traduit l'idée d'excès :

heat → **overheat** *(surchauffer)* ; **zealous** → **overzealous** *(trop zélé)*

- **under-** traduit l'idée d'insuffisance :

done	→	**underdone**	*(pas assez cuit)*
paid	→	**underpaid**	*(sous-payé)*

8.2 Les principaux suffixes sont :

-ness ▲ -hood ▲ -ism ▲ -ist ▲ -less ▲ -ful ▲ -ly ▲ -able ▲ -er

- **-ness**, **-hood** et **-ism** transforment un adjectif en nom :

kind	→	**kindness**	*(gentillesse)*
child	→	**childhood**	*(enfance)*
real	→	**realism**	*(réalisme)*

- **-ist** s'ajoute à un nom pour en faire un autre nom (personne qui pratique une profession ou un instrument particulier), ou à un adjectif pour en faire un nom ou un autre adjectif (adepte d'un courant de pensée) :

physics	→	**physicist**	*(physicien)*
piano	→	**pianist**	*(pianiste)*
social	→	**socialist**	*(socialiste)*

- **-less** (qui donne l'idée de privation) et **-ful** (qui donne l'idée de complétude ou plénitude) transforment un nom en adjectif :

heart	→	**heartless**	*(impitoyable)*
joy	→	**joyful**	*(joyeux)*

- **-ly** transforme un adjectif en adverbe, notamment en adverbe de manière :

nasty	→	**nastily**	*(méchamment)*
ironic	→	**ironically**	*(ironiquement)*

- **-able** et **-ible** transforment un verbe en adjectif de possibilité :

debate	→	**debatable**	*(discutable)*
avoid	→	**avoidable**	*(évitable)*
access	→	**accessible**	*(accessible)*

- **-er** transforme un verbe en nom :

farm	→	**farmer**	*(agriculteur)*
play	→	**player**	*(joueur)*

9.1 « -s »

La terminaison **-s** sert à former le pluriel des dénombrables et la forme du verbe au présent simple qui correspond à **she**, **he**, **it**.

Notez que les dénombrables sont les seuls noms dont on forme le pluriel en ajoutant **-s**. Les autres mots qui ont ou qui peuvent avoir un sens pluriel ne changent pas de forme.

- Pour les mots, noms ou verbes qui se terminent en **-ss**, **-ch**, **-s**, **-x**, on ajoute **-es** qui se prononce [iz] :

class	→	**classes**	**gas**	→	**gases**
fox	→	**foxes**	**watch**	→	**watches**
dish	→	**dishes**			

- Pour les noms qui se terminent en **-o**, on ajoute **-es**. À certains, on ajoute seulement **-s**. Dans les deux cas, la prononciation est [z] :

photo	→	**photos**	**hero**	→	**heroes**
piano	→	**pianos**	**potato**	→	**potatoes**

- Les mots qui se terminent par **-y**, si celui-ci est précédé d'une consonne, changent leur **y** en **-ies** ([iz]) :

country	→	**countries**	**cry**	→	**cries**
lady	→	**ladies**	**party**	→	**parties**
victory	→	**victories**			

Précédé d'une voyelle, le **-y** ne change pas :

boy	→	**boys**	**day**	→	**days**
key	→	**keys**	**pray**	→	**prays**
valley	→	**valleys**			

- **-f** et **-fe** en position finale deviennent **-ves** dans un certain nombre de mots :

half	→	**halves**	**wife**	→	**wives**
self	→	**selves**	**knife**	→	**knives**
wolf	→	**wolves**	**life**	→	**lives**

9.2 « -ing, -ed, -er, -est »

Les mots d'une syllabe qui se terminent par une voyelle courte et une consonne autre que **-w**, **-x**, **-y** doublent leur consonne avant la terminaison :

dip	→	**dipping/dipped**	**big**	→	**bigger/biggest**
fat	→	**fatter/fattest**	**thin**	→	**thinner/thinnest**
hot	→	**hotter/hottest**	**wet**	→	**wetter/wettest**
sad	→	**sadder/saddest**			

- Les mots qui se terminent par une consonne suivie de **-y** changent le **-y** en **-i** sauf avec la terminaison **-ing**, pour laquelle il n'y a pas de changement :

happy → happier/happiest
marry → marrying

- Quand on forme un adverbe en **-ly** à partir d'un adjectif, on observe les changements suivants :

-le devient **-ly**	**gentle**	→	**gently**
-y devient **-ily**	**easy**	→	**easily**
-ic devient **-ically**	**automatic**	→	**automatically**
-ue devient **-uly**	**true**	→	**truly**
-ful devient **-fully**	**beautiful**	→	**beautifully**

➢ Exception : **public** → **publicly**

N° d'éditeur : 10209392 - Dépôt légal : Février 2015
Imprimé en Italie par L.E.G.O. S.p. A., Lavis (TN)